BERNA

Dictionnaire latin
de poche
(latin-français)

LE LIVRE DE POCHE

Bernard Auzanneau est professeur agrégé des lettres.
Yves Avril, professeur agrégé de grammaire, est l'auteur de
l'*Anthologie de la littérature latine* (Livre de Poche, n° 4490).

© Librairie Générale Française, 2000.

SOMMAIRE

AVANT-PROPOS

Présentant le *Nouveau Dictionnaire latin-français* (1892), auquel notre cher Gaffiot doit tant, Henri Gœlzer écrivait : « Nous pouvons dire que nous donnons au public le dictionnaire latin *le plus complet qui existe en France*. Il contient *tous les mots de la langue latine*, depuis les origines jusqu'à Charlemagne, excepté, bien entendu, ceux qu'on serait choqué de trouver dans un livre destiné aux classes. » Nous sommes certes bien éloignés d'une si belle assurance. Néanmoins, compte tenu des limites qui nous étaient fixées, nous pensons présenter un dictionnaire de latin qui se recommande par sa commodité et son prix, et qui permet d'aborder la lecture des textes latins d'Ennius à saint Augustin.

Ce dictionnaire est destiné aux lycéens et étudiants, mais aussi aux latinistes plus âgés qui n'ont jamais voulu rompre avec la pratique de cette langue, à ceux qui désirent revivre les joies qu'elle leur a autrefois données, à ceux aussi qui veulent s'y initier. À l'intention de ces derniers, il a paru bon d'accorder à la grammaire une place plus importante que ce n'est habituellement le cas dans un dictionnaire. Aussi trouvera-t-on au début de l'ouvrage un *mémento* (« souviens-toi » !) morphologique auquel le latiniste débutant ou encore peu sûr de lui-même pourra se reporter. Il trouvera également, dans le dictionnaire même, lorsqu'un outil grammatical (préposition, conjonction) nous paraissait l'exiger, une présentation synthétique préalable. Quelques-uns des exemples sont d'ailleurs empruntés à la grammaire traditionnelle : une fois encore les Helvètes, à l'arrivée de César, lui enverront des ambassadeurs, et le maître, une fois encore, dira à l'esclave de chasser les mouches !

Afin de permettre aux amateurs d'Horace ou de Virgile de donner à la poésie le rythme qui lui convient, nous avons indiqué les quantités des voyelles, y compris les voyelles initiales des noms propres, lorsque nous le pouvions avec une certitude suffisante. Pour alléger la présentation, nous n'avons pas cru nécessaire de préciser pour les adjectifs de la première classe (*bonus, a, um ; niger, nigra, nigrum*) leur nature ; en revanche, nous l'avons fait pour la deuxième classe, avec le génitif quand cela s'imposait (*fortis, e ; acer, acris, acre ; ferox, ocis, prudens, entis*). Les sens des mots sont donnés, autant qu'il était possible, en suivant l'évolution historique : il est intéressant de savoir que le sens premier de *mitto* est « laisser aller », et que le sens de « envoyer », bien connu, n'est que secondaire, ce qui explique par exemple que *omitto* puisse signifier « omettre, oublier » ; que *templum* est d'abord un espace virtuel découpé dans le ciel par l'augure avant d'être un édifice de bois ou de pierre. Dans le même esprit nous avons donné, lorsqu'elle était éclairante, la racine indo-européenne, ou renvoyé par un *cf.* à des mots dont la parenté n'était pas évidente. Les exemples, en grande partie puisés dans la sura-bondante réserve du dictionnaire Gœlzer, sont, en cas de citation classique *(auri sacra fames ; summum jus, summa injuria)*, attribués à leur auteur, sans la référence précise à l'œuvre d'où ils étaient tirés, qui eût alourdi inutilement l'ouvrage. Quelques tableaux sur cer-tains aspects de la civilisation latine (calendrier, mesures…), quel-ques cartes essentielles (Rome, l'Empire romain…), des plans de la *domus*, des thermes ou du *castra* nous ont paru indispensables.

Il va de soi que ce travail ne pouvait se décider et se poursuivre sans, chez les auteurs, un amour tant passionné que raisonné pour le latin. Qu'on nous pardonne les imperfections, les maladresses (nous n'osons pas dire les erreurs). Cette langue qui, comme le disait Julien Gracq, « semble être à la plupart des autres ce que la pierre de taille est au torchis et au pisé », est un *monumentum aere perennius* que nous espérons n'avoir pas trop dégradé. Que notre modeste contri-bution aux études latines soit reçue comme un hommage à ceux qui ont élevé ce monument et à ceux qui le font vivre. Aussi nous per-mettons-nous de terminer cet avant-propos en reprenant les lignes que Jacques Perret, ce maître pour qui la grammaire appartenait au domaine spirituel, écrivait à la fin de son *Virgile*. Remplaçons, sans craindre de trahir sa pensée, « Virgile » ou « Enéide » par « latin », et « livre » par « langue » : « *L'Eneïde*, en particulier, doit être un de nos livres saints, l'équivalent sur le plan humain de ce que sont pour un chrétien les Écritures. Aucun livre, sans cesse repris, médité, amou-reusement commenté, ne nous a été aussi fidèle. Pourtant, depuis vingt siècles, quels renouvellements ! Le christianisme, les Barbares, la Renaissance, la Révolution ! Et cependant, à travers les vicissitudes et les incompréhensions passagères qui n'épargnent rien de ce qui vit, il est encore là. Il faut donc bien qu'il réponde à quelque chose de fondamental en nous, ou qu'il possède le pouvoir de nous gagner à lui du même mouvement qu'il nous découvre à nous-mêmes.

N'acceptons pas que vis-à-vis de cette tradition nous qui en som-mes issus puissions nous conduire en étrangers. On ne refait pas son passé. On ne renie pas les siens. Virgile, un peu notre père, a droit à notre piété. »[1]

Les auteurs

---

1. Jacques Perret, *Virgile, l'homme et l'œuvre*, Boivin et Cie, Paris, 1952, p. 166-167.

PRINCIPALES MESURES ROMAINES[1]

Longueur

correspond à

digitus = 0,0184 m

palmus = 0,0736 m

pes = 0,296 m

cubitus = 0,443 m

gradus = 0,739 m

passus = 1,479 m

mille passus = 1 479 m

Surface

quadratus pes = 0,087 m^2

actus = 1260 m^2

jugerum = 2 520 m^2 (25,20 ares)

Capacité

Liquides

sextarius = 0,545 l

congius = 3,27 l

urna = 13,132 l

amphora (**quadrantal**)= 26,264 l

Solides

sextarius = 0,545 l

modius = 8,730 l

Poids

uncia = 27,28 g

sextans = 54,50 g

libra = 327,45 g

---

1. L'unité de mesure est indiquée en gras

DIVISIONS DU TEMPS

Divisions du jour

La journée est divisée en 12 heures de jour et 12 heures de nuit (les 12 heures de nuit étant divisées en 4 veilles de 3 heures). La durée des heures varie selon les saisons : ainsi la neuvième heure du jour (**hora nona diei**) correspond en été à 14 h 30, en hiver à 13 h 30, la septième heure étant toujours midi/minuit.

Divisions de l'année et du mois

Jusqu'en 46 av. J.-C., l'année comprend 355 jours répartis en 12 mois lunaires (27 ou 28 jours). Tous les deux ans, le Grand Pontife ajoute un mois intercalaire. Jusqu'en 153 av. J.-C., l'année commençait en mars.

En 46, Jules César réforme le calendrier (le calendrier dit julien se maintiendra jusqu'en 1582, date de la réforme de Grégoire XIII = calendrier grégorien).

– L'année de 365 jours est divisée en 12 mois de 30 ou 31 jours, le mois de février étant de 28 jours. Tous les 4 ans, l'année est de 366 jours avec un mois de février de 29 jours.

– Les mois sont divisés en 3 périodes : des *Calendes* (1er du mois) aux *Nones* (le 7 pour mars, mai, juillet, octobre ; le 5 pour les autres mois), des *Nones* aux *Ides* (le 15 ou le 13 suivant la même répartition), des *Ides* aux *Calendes* du mois suivant.

Tous les 4 ans, au mois de février, on double le sixième jour avant les *Calendes* de mars (d'où le mot « bissextile »).

Datation

L'année est datée à partir de la fondation de Rome (an I de Rome = 753 av. J.-C.) ou par le nom des consuls en exercice.

Pour la datation du jour dans le mois, le compte est rétrograde en incluant le jour de départ.

Exemple : le 1er avril : **Kalendis Aprilibus**

le 31 mars : **pridie Kalendas Apriles**

le 30 mars : **ante diem tertium Kalendas Apriles**

le 15 mars : **Idibus Martiis**

le 8 octobre : **ante diem octavum Idus Octobres** (la construction est une déformation par l'usage de **die octavo ante Idus Octobres**)

Exemple : date de la bataille de Cannes : 216 av. J.-C.

– **anno DXXXVIII ab V.C.** ou **anno quingentesimo tricesimo octavo ab Urbe Conditā**

– **C. Terentio Varrone L. Æmilio Paullo consulibus**

PRINCIPALES FÊTES ROMAINES
SOUS LA RÉPUBLIQUE ET L'EMPIRE

JANVIER

3	*Votorum nuncupatio*	prières pour l'empereur
3-5	*Ludi compitales*	fête des dieux Lares aux carrefours
9	*Agonalia*	fête de Janus
25	*Sementivæ*	fête des semailles

FÉVRIER

14-21	*Parentalia*	fête des Trépassés
15	*Lupercalia*	purification du territoire (dieu Lupercus)
21	*Feralia*	clôture des *Parentalia*
23	*Terminalia*	fête du dieu Terme (révision du bornage)
24	*Regifugium*	anniversaire de la chute de la royauté

MARS

1er	*Matronalia*	fête des femmes romaines
9	*Ancilia movent*	procession des boucliers (Mars)
15	*Annæ Perennæ festum*	fête de l'année nouvelle
17	*Liberalia*	fête de Liber - prise de la toge virile
19-23	*Quinquatrus*	grandes fêtes de Minerve (purification)
24	*Tubilustrium*	purification des trompettes

AVRIL

1er	*Veneralia*	fête de Vénus
4-10	*Ludi Megalenses*	jeux en l'honneur de la Magna Mater (Cybèle)
12-19	*Ludi Ceriales*	jeux en l'honneur de Cérès
21	*Parilia*	anniversaire de la fondation de Rome (dieu Palès)
23	*Vinalia priora*	fête du vin nouveau
25	*Robigalia*	fête de la déesse Robigo (protection des champs)
28 **AVRIL**-3 **MAI**	*Ludi Florales*	jeux en l'honneur de Flore

MAI

9-13	*Lemuria*	expulsion des esprits des morts

14-15	*Argæi*	purification de Rome (24 manne-quins jetés dans le Tibre)
23	*Tubilustrium*	purification des trompettes
29	*Ambarvalia*	purification des moissons

JUIN

| 9 | *Vestalia* | fêtes de Vesta et des femmes de Rome |
| 13 | *Quinquatrus minus-culæ* | petites fêtes de Minerve |

JUILLET

| 5-13 | *Ludi Apollinenses* | jeux en l'honneur d'Apollon |
| 20-30 | *Ludi Victoriæ Cæsaris* | jeux en l'honneur de la Victoire de César |

AOÛT

17	*Portunalia*	fête de Portunus (portes et ports)
19	*Vinalia rustica*	fête des vendanges
21	*Consualia*	fête de Consus
23	*Volcanalia*	fête de Volcanus
25	*Opiconsivia*	fête d'Ops et Consus
27	*Volturnalia*	fête de Volturnus
30	*Mundus patet*	ouverture du monde infernal

fêtes agraires (accolade couvrant les lignes 21 à 25)

SEPTEMBRE

4-19	*Ludi Romani*	jeux en l'honneur de Jupiter
20	*Natalis Romuli*	anniversaire de Romulus
23	*Natalis Augusti*	anniversaire d'Auguste

OCTOBRE

2-13	*Ludi Augustales*	jeux en l'honneur d'Auguste et de la fonction impériale
5	*Mundus patet*	ouverture du monde infernal (sacrifice à Dispater)
11	*Meditrinalia*	fête de Méditrine (guérisons)
13	*Fontanalia*	fête des sources
15	*October equus*	sacrifice d'un cheval à Mars (clôture de la saison des campagnes militaires)
19	*Armilustrium*	purification des armes
23	*Liberi patri et Liberæ festum*	fête de Liber (Bacchus) et de Libera

NOVEMBRE

4-17	*Ludi Plebæi*	mémoire de la sécession de la plèbe
8	*Mundus patet*	ouverture du monde infernal (sacrifice à Dispater)
13	*Epulum Jovis*	banquet offert à Jupiter
14	*Feronia*	fête de Feronia (affranchis)

DÉCEMBRE

3-4	*Damia*	fêtes de la Bona Dea, réservées aux femmes
17-24	*Saturnalia*	fêtes de Saturne
19	*Opalia*	fête d'Ops
23	*Larentalia*	fête d'Acca Larentia

MONNAIES

– Jusqu'en 269 av. J.-C., l'unité est *l'as de bronze* (**as libralis** = 10 onces = 272 g ; livre = 327 g) divisé en :
>   *demi-as* : **semis**
>   *tiers d'as* : **triens**
>   *quart d'as* : **quadrans**

– Après 269, l'unité est le *sesterce* (**sestertius**) *d'argent* (= 2,5 as). L'as perd progressivement de sa valeur : = 4 onces (109 g), puis = 1 once (27,5 g), puis, au Bas Empire, = 1 once (2,25 g).

Le sesterce est remplacé sous l'Empire par le *nummus* de laiton = 1/12 once (27 g).

Le *denier* (**denarius**) *d'argent* vaut 4 sesterces ou 10 as (3,90 g).

– César crée l'**aureus** ou *denier d'or* (8,10 g) qui perd de sa valeur sous l'Empire et est remplacé sous Constantin par le *sou* (**solidus**) d'or (4 g).

Le *sesterce* est symbolisé par le signe HS (S = **Sestertius** ou **Semis** ; H = le chiffre II barré en son milieu pour désigner la moitié ajoutée).

3 *sesterces* = **tres sestertii**
1 000 *sesterces* = **mille sestertii**
2 000 *sesterces* = **bina milia sestertium** (gén. pl. pour **sestertiorum**)

1 000 *sesterces* = **sestertium**, **ii**, n.
3 000 *sesterces* = **tria sestertia**
10 000 *sesterces* = **decem milia sestertium** (HS $\overline{\text{X}}$)

1 000 000 de *sesterces* = **decies centena milia sestertium** (10 x 100 000) ou **sestertium decies** (HS $\overline{|\text{X}|}$)

NOMBRES ET CHIFFRES

cardinaux	ordinaux (décl.)	distributifs (un par un, deux par deux...) (décl.)	adv. numéraux (une fois, deux fois...)	chiffres romains
unus, *a, um*	primus, *a, um*	singuli, *æ, a*	semel	I
duo, *æ, duo* ambo, *æ, ambo* (tous les 2)	secundus	bini	bis	II
tres, *tres, tria*	tertius	trini, terni	ter	III
quattuor (indécl.)	quartus	quaterni	quater	IV
quinque	quintus	quini	quinquies	V
sex	sextus	seni	sexies	VI
septem	septimus	septeni	septies	VII
octo	octavus	octoni	octies	VIII
novem	nonus	noveni	nonies	IX
decem	decimus	deni	decies	X
undecim	undecimus	undeni	undecies	XI
duodecim	duodecimus	duodeni	duodecies	XII
tredecim	tertius decimus	terni deni	tredecies	XIII
quattuordecim	quartus decimus	quaterni deni	quatuor decies	XIV
quindecim	quintus decimus	quindeni/quini deni	quindecies	XV
sedecim	sextus decimus	seni deni	sedecies	XVI
septemdecim	septimus decimus	septeni deni	[*septem decies*]	XVII
decem et octo duodeviginti	octavus decimus duodevicesimus	duodeviceni	[*duodevicies*]	XVIII
decem et novem undeviginti	nonus decimus undevicesimus	undeviceni	[*undevicies*]	XIX
viginti	vicesimus	viceni	vicies	XX
viginti unus unus et viginti	vicesimus primus	[*viceni singuli*]	semel ac vicies	XXI
viginti octo octo et viginti duodetriginta	vicesimus octavus duodetricesimus	[*viceni octoni*]	octies ac vicies	XXVIII
triginta	tricesimus	triceni	tricies	XXX
quadraginta	quadragesimus	quadrageni	quadragies	XL
quinquaginta	quinquagesimus	quinquageni	quinquagies	L
sexaginta	sexagesimus	sexageni	sexagies	LX
septuaginta	septuagesimus	septuageni	septuagies	LXX
octoginta	octogesimus	octogeni	octogies	LXXX
nonaginta	nonagesimus	nonageni	nonagies	XC
centum	centesimus	centeni	centies	C

cardinaux	ordinaux (décl.)	distributifs (un par un, deux par deux...) (décl.)	adv. numéraux (une fois, deux fois...)	chiffres romains
ducenti, æ, a	ducentesimus	duceni/~centeni	ducenties	CC
trecenti, æ, a	trecentesimus	treceni/~centeni	trecenties	CCC
quadringenti, æ, a	quadringentesimus	quadringeni/~genteni	quadringenties	CCCC ou CD
quingenti, æ, a,	quingentesimus	quingeni/~genteni	quingenties	D ou IↃ
sescenti, æ, a	sescentesimus	sesceni/~centeni	sescenties	DC
septingenti, æ, a	septingentesimus	septingeni/~genteni	septingenties	DCC
octingenti, æ, a	octingentesimus	octingeni/~genteni	octingenties	DCCC
nongenti, æ, a	nongentesimus	nongeni/~genteni	nongenties	DCCCC
mille (indécl.) pl. milia (décl.)	millesimus	{ singula milia milleni	millies (milies)	M ou CIↃ
duo milia (décl.)	bis millesimus	bina milia	bis millies	MM
decem milia	decies millesimus	dena milia	decies millies	X̄
centum milia	centies millesimus	centena milia	centies milies	C̄
decies centena (centum) milia	decies centies millesimus	decies centena millena	decies centies millies	|X̄|

Noms et adjectifs

		1° FM	4° MF	N	5° F (M)
Singulier	N/V	rosa	manus	cornu	dies
	A	rosam	manum	cornu	diem
	G	rosae	manus	cornus	diei
	D	rosae	manui	cornui	diei
	Abl	rosā	manu	cornu	die
Pluriel	N/V	rosae	manus	cornua	dies
	A	rosas	manus	cornua	dies
	G	rosarum	manuum	cornuum	dierum
	D/Abl	rosis	manibus	cornibus	diebus

		M(F)	2° M		N
Singulier	N	dominus	puer	ager	templum
	V	domine	puer	ager	templum
	A	dominum	puerum	agrum	templum
	G	domini	pueri	agri	templi
	D/Abl	domino	puero	agro	templo
Pluriel	N/V	domini	pueri	agri	templa
	A	dominos	pueros	agros	templa
	G	dominorum	puerorum	agrorum	templorum
	D/Abl	dominis	pueris	agris	templis

		Imparisyllabiques		Parisyllabiques	
		MF	N	MF	N
Singulier	N/V	consul	corpus	civis	mare
	A	consulem	corpus	civem	mare
	G	consulis	corporis	civis	maris
	D	consuli	corpori	civi	mari
	Abl	consule	corpore	cive	mari
Pluriel	N/V/Abl	consules	corpora	cives	maria
	G	consulum	corporum	civium	marium
	D/Abl	consulibus	corporibus	civibus	maribus

Adjectifs 1ere classe (2e et 1e décl.)
Bonus, a, um ; tener, a, um ; niger, nigra, nigrum

Adjectifs 2eme classe (3e décl.)
+ impar. : vetus, pauper ; comparatifs : major, major, majus
+ par. : ferox, ferox, ferox ; fortis, is, e ; acer, acris, acre (abl. sg. en i)
+ les part. prés. ont l'abl. sg. en -e, mais le pl. des par.

Les déclinaisons

Pronoms et adjectifs

		Relatifs			**Interrogatifs**		
Singulier	N/V	qui	quae	quod	quis/qui quae quid/quod		
	A	quem	quam	quod	*autres cas :*		
	G	cujus	cujus	cujus	*mêmes formes que le pron. relatif.*		
	D	cui	cui	cui	uter, utra, utrum : G. utrius D utri		
	Abl	quo	quā	quo			
Pluriel	N/V	qui	quae	quae	**Indéfinis**		
	A	quos	quas	quae			
	G	quorum	quarum	quorum	quis/qui quae(qua) quid/quod		
	D/Abl	quibus	quibus	quibus	*autres cas :*		
					mêmes formes que le pron. relatif.		

Démonstratifs

Singulier	N/V	is	ea	id	idem	eadem	idem
	A	eum	eam	id	eumdem	eamdem	idem
	G	ejus	ejus	ejus	ejusdem	ejusdem	ejusdem
	D	ei	ei	ei	eidem	eidem	eidem
	Abl	eo	eā	eo	eodem	eādem	eodem
Pluriel	N/V	ei/ii	eae	ea	ei/iidem	eaedem	eadem
	A	eos	eas	ea	eosdem	easdem	eadem
	G	eorum	earum	eorum	eorumdem	earumdem	eorumdem
	D/Abl	eis/iis	eis/iis	eis/iis	eis/iisdem	eis/iisdem	eis/iisdem

Singulier	N/V	ipse	ipsa	ipsum	**Pluriel**	N/V	ipsi	ipsae	ipsa
	A	ipsum	ipsam	ipsum		A	ipsos	ipsas	ipsa
	G	ipsius	ipsius	ipsius		G	ipsorum	ipsarum	ipsorum
	D	ipsi	ipsi	ipsi		D/Abl	ipsis	ipsis	ipsis
	Abl	ipso	ipsā	ipso					

Singulier	N/V	hic	haec	hoc	iste	ista	istud	ille	illa	illud
	A	hunc	hanc	hoc	istum	istam	istud	illum	illam	illud
	G	hujus	hujus	hujus	istius	istius	istius	illius	illius	illius
	D	huic	huic	huic	isti	isti	isti	illi	illi	illi
	Abl	hoc	hāc	hoc	isto	istā	isto	illo	illā	illo
Pluriel	N/V	hi	hae	haec	isti	istae	ista	illi	illae	illa
	A	hos	has	haec	istos	istas	ista	illos	illas	illa
	G	horum	harum	horum	istorum	istarum	istorum	illorum	illarum	illorum
	D/Abl	his	his	his	istis	istis	istis	illis	illis	illis

Personnels

		1	2		1	2		(réfléchi) 3
N	**Sg.**	ego	tu	**Pluriel**	nos	vos	**Sg. / Pl.**	—
A		me	te		nos	vos		se
G		mei	tui		nostri/nostrum	vestri /vestrum		sui
D		mihi	tibi		nobis	vobis		sibi
Abl		me	te		nobis	vobis		se

La conjugaison

Actif

Term. o/m - s - t - mus - tis - nt

INDICATIF	**Présent**	1	amo	moneo	lego	capio	audio
		2	amas	mones	legis	capis	audis
		3	amat	monet	legit	capit	audit
		1	amamus	monemus	legimus	capimus	audimus
		2	amatis	monetis	legitis	capitis	auditis
		3	amant	monent	legunt	capiunt	audiunt
	Imparfait	1	amabam	manebam	legebam	capiebam	audiebam
		2	amabas	manebas	legebas	capiebas	audiebas
	Futur	1	amabo	monebo	legam	capiam	audiam
		2	amabis	monebis	leges	capies	audies
		3	amabit	monebit	leget	capiet	audiet
		3	amabunt	monebunt	legent	capient	audient
SUBJONCTIF	**Présent**	1	amem	moneam	legam	capiam	audiam
		2	ames	moneas	legas	capias	audias
	Imparfait	1	amarem	monerem	legerem	caperem	audirem
		2	amares	moneres	legeres	caperes	audires
IMPÉRATIF	**Présent**	2	ama	mone	lege	cape	audi
		2	amate	monete	legite	capite	audite
	Futur	2	amato	moneto	legito	capito	audito
		2	amatote	monetote	legitote	capitote	auditote

PARFAIT		amav~, monu~, leg~, cep~, audi(v)~
	Parfait	~i, ~isti, ~it, ~imus, ~istis, ~erunt (ere)
	Pl. q. parfait	~eram, ~eras, ~erat, ~eramus, ~eratis, ~erant
	Futur antérieur	~ero, ~eris, ~erit, ~erimus, ~eritis, ~erint
	Pf. du subjonctif	~erim, ~eris, ~erit, ~erimus, ~eritis, ~erint
	Pl.q. pf. du subjonctif	~issem, ~isses, ~isset, ~issemus, ~issetis, ~issent

INFINITIF						
	Prés.	amare	monere	legere	capere	audire
	Parf.	amavisse	monuisse	legisse	cepisse	audisse
	Fut.	amaturus	moniturus	lecturus	capturus	auditurus
		a, um, esse	a, um, esse	a, um, esse	a, um, esse	a, um, esse

PART.						
	Prés.	amans	monens	legens	capiens	audiens
	Fut.	amaturus	moniturus	lecturus	capturus	auditurus

Gérondif   amandi, o, um, monendi, o, um,   etc...

Supin   amatu, um, monitu, um   etc...

La conjugaison

Passif et formes déponentes

Term. or/r - ris(re) - tur - mur - mini - ntur

INDICATIF

Présent
amor	moneor	legor	capior	audior
amaris	moneris	legeris	caperis	audiris
amatur	monetur	legitur	capitur	auditur
amamur	monemur	legimur	capimur	audimur
amamini	monemini	legimini	capimini	audimini
amantur	monentur	leguntur	capiuntur	audiuntur

Imparfait
amabar	manebar	legebar	capiebar	audiebar
amabaris	manebaris	legebaris	capiebaris	audiebaris

Futur
amabor	monebor	legar	capiar	audiar
amaberis	moneberis	legeris	capieris	audieris
amabitur	monebitur	legetur	capietur	audietur
amabuntur	monebuntur	legentur	capientur	audientur

SUBJONCTIF

Présent
amer	monear	legar	capiar	audiar
ameris	monearis	legaris	capiaris	audiaris

Imparfait
amarer	monerer	legerer	caperer	audirer
amareris	monereris	legereris	capereris	audireris

IMPÉRATIF

Présent
amare	monere	legere	capere	audire
amamini	monemini	legimini	capimini	audimini

Futur
amator	monetor	legitor	capitor	auditor
amantor	monentor	leguntor	capiuntor	audiuntor

PARFAIT

part. passé passif (accordé avec le sujet) +

sum, es, est, sumus, estis, sunt	Parfait
eram, eras, erat, eramus, eratis, erant	Pl. q. parfait
ero, eris, erit, erimus, eritis, erunt	Futur antérieur
sim, sis, sit, simus, sitis, sint	Pf. du subjonctif
essem, esses, esset, essemus, essetis, essent	Pl.q. pf. du subjonctif

INFINITIF

amari	moneri	legi	capi	audiri	Prés.
amatus	monitus	lectus	captus	auditus, a, um, esse	Parf.
amatum	monitum	lectum	captum	auditum iri	Fut.

PART.

Verbes déponents (V. forme active) — Prés.
amatus	monitus	lectus	captus	auditus, a, um, Passé

adj. vb.
amandus	monendus	legendus	capiendus	audiendus, a, um,

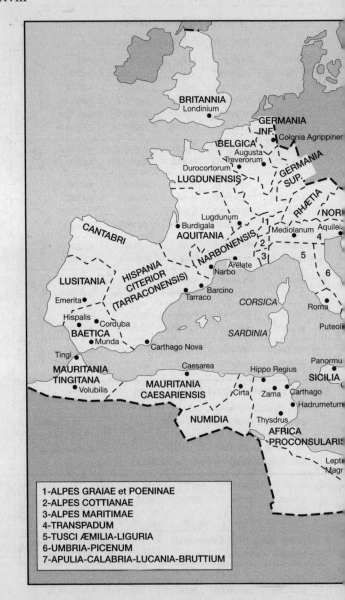

1-ALPES GRAIAE et POENINAE
2-ALPES COTTIANAE
3-ALPES MARITIMAE
4-TRANSPADUM
5-TUSCI ÆMILIA-LIGURIA
6-UMBRIA-PICENUM
7-APULIA-CALABRIA-LUCANIA-BRUTTIUM

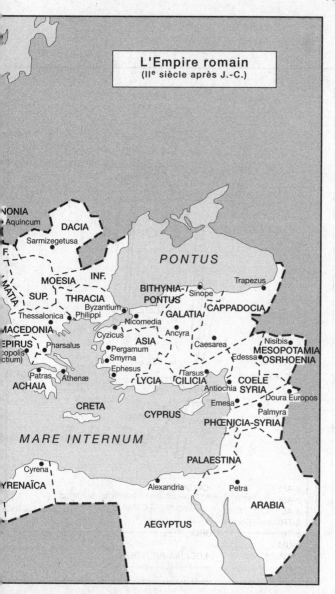

L'Empire romain
(IIᵉ siècle après J.-C.)

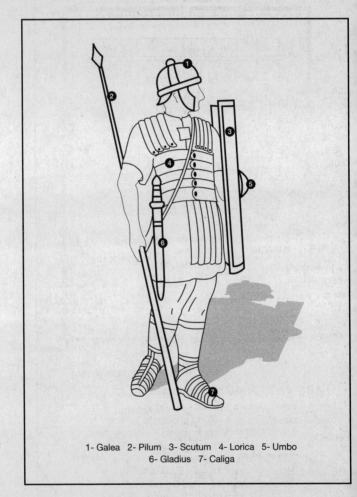

1- Galea 2- Pilum 3- Scutum 4- Lorica 5- Umbo
6- Gladius 7- Caliga

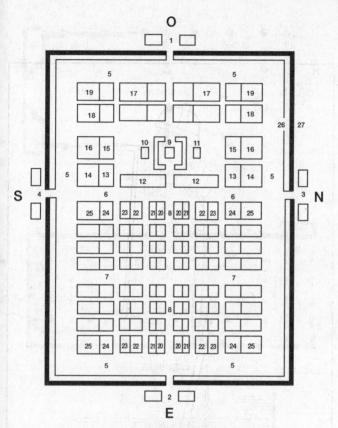

Castra

1 - Porta prætoria 2 - Porta decumana 3 - Porta
principalis dextra 4 - Porta principalis sinistra
5 - Intervallum 6 - Via principalis 7 - Via quintana
8 - Via prætoria 9 - Prætorium, ara, tribunal, augurale
10 - Quæstorium 11 - Forum 12 - Tribuni 13 - Legati
14 - Præfecti sociorum 15 - Equites delecti
16 - Pedites delecti 17 - Pedites extraordinarii
18 - Equites extraordinarii 19 - Auxilia 20 - Equites
Romani 21 - Triarii 22 - Principes 23 - Hastati
24 - Socii (equites) 25 - Socii (pedites) 26 - Agger
et vallum 27 - Fossa

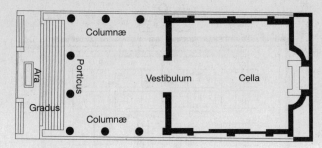

Templum

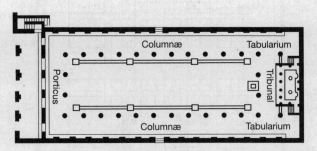

Basilica

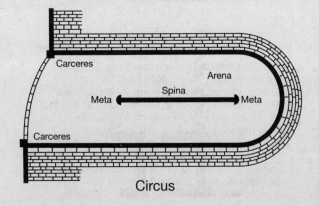

Circus

Domus

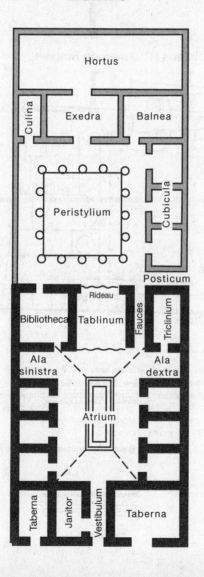

Balnea (Thermes de Stabies)

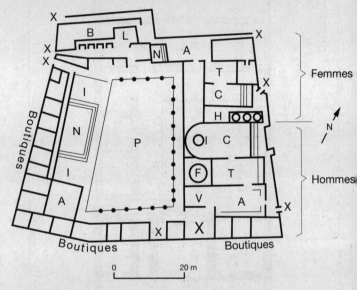

```
0          20 m
```

X - entrée principale x - entrées annexes V - *vestibulum*
A - *apodyterion* T - *tepidarium* F - *frigidarium*
C - *caldarium* et *labrum* H - *hypocaustum* avec chaudières
et réservoirs P - palestre et portique I - salle de massage
(iatraliptæ, unctores) N - *natatio* (piscine d'eau froide)
L - latrines B - baignoires individuelles

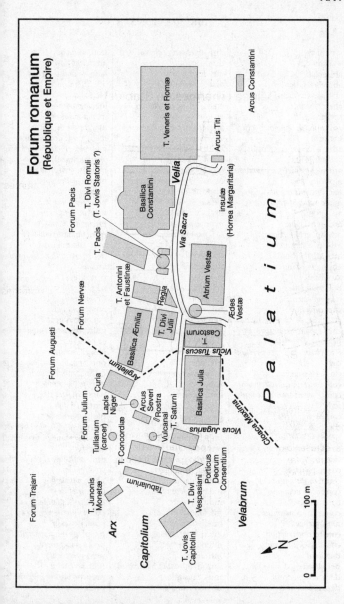

Forum romanum
(République et Empire)

Arcus Constantini

T. Veneris et Romæ

Forum Pacis

T. Divi Romuli
(T. Jovis Statoris ?)

Basilica Constantini

Velia

Arcus Titi

Via Sacra

insulæ
(Horrea Margaritaria)

T. Pacis

Atrium Vestæ

Forum Nervæ

T. Antonini
et Faustinæ

Regia

Ædes Vestæ

Forum Augusti

Argiletum

Basilica Æmilia

T. Divi
Julii

T. Castorum

Palatium

Curia

Vicus Tuscus

Forum Julium

Lapis Niger

Arcus Severi

Rostra

Basilica Julia

Tullianum
(carcer)

Vulcanal

T. Saturni

Vicus Jugarius

Cloaca Maxima

Forum Trajani

T. Concordiæ

Tabularium

Porticus
Deorum
Consentium

T. Junonis
Monetæ

Arx

T. Divi
Vespasiani

Velabrum

Capitolium

T. Jovis
Capitolini

N

0   100 m

ABRÉVIATIONS

< *vient de*
> *conduit à*
abl. *ablatif*
abr. *abréviation*
abs. *absolu (ment)*
abstr. *abstrait*
acc. *accusatif*
adj. *adjectif, (employé) adjectivement*
adv. *adverbe, (employé) adverbialement*
affirm. *affirmatif, affirmation*
alph. *alphabet*
anc. *ancien(nement)*
antéc. *antécédent*
ap. *après*
arch. *archaïque*
arithm. *arithmétique*
astron. *astronomie*
attr. *attribut(ion)*
auj. *aujourd'hui*
av. *avant*
bot. *botanique*
c. *complément*
cap. *capitale*
cf. *confer, se reporter à*
chr. *époque/littérature chrétienne*
circ. *circonstance, circonstanciel*
class. *classique*
coll. *collectif, collectivement*
comp. *comparaison, comparatif*
compl. *complétif*
compos. *composé, en composition*
concess. *concession, concessive*
concr. *concret*
cond. *condition(nelle)*
conj. *conjonction*
cons. *consonne*
conséc. *consécutive, (de) conséquence*
constr. *construction*
coord. *coordination*
dat. *datif*
déf. *défectif*
dém. *démonstratif*
dép. *déponent*

diff. *différence, différent*
dim. *diminutif*
dir. *direct*
distr. *distributif*
div. *divers*
en corrél. *en corrélation*
en gén. *en général*
en part. *en particulier*
ép. *époque*
épith. *épithète*
équiv. *équivalent*
érot. *érotique*
étym. *étymologie, étymologique(ment)*
ex. *par exemple*
excl. *exclamatif*
expr. *expression*
ext. *par extension*
f. *féminin*
fam. *familier, familièrement*
fig. *au sens figuré*
fl. *fleuve*
fréq. *fréquentatif*
fut. *futur*
fut. ant. *futur antérieur*
gén. *génitif*
géog. *géographie, géographique(ment)*
géom. *géométrie*
gér. *gérondif*
gramm. *grammaire*
h. *homme*
hab. *habitant*
hypoth. *hypothétique*
i.e. *c'est-à-dire*
impér. *impératif*
impers. *impersonnel*
impf. *imparfait*
ind. *indicatif*
indécl. *indéclinable*
indéf. *indéfini*
indép. *indépendante*
indir. *indirect*
inf. *infinitif*
intell. *intellectuel*
interj. *interjection*
interr. *interrogatif*
intr. *intransitif*
introd. *introductif, introduit*
inus. *inusité*
invar. *invariable*

iron. *ironique*
jur. *terme de droit*
laud. *laudativement*
litt. *littéralement*
loc. *locution*
log. *logique*
m. *masculin*
mar. *terme de marine*
méd. *terme de médecine*
métaph. *métaphore, métaphorique(ment)*
météor. *météorologie*
méton. *métonymie*
métr. *métrique*
mil. *terme militaire*
mor. *au sens moral*
mt. *mont, montagne*
mus. *terme de musique*
mvt. *mouvement*
myth. *en mythologie, mythologique*
n. *neutre*
nég. *négation, négatif, négativement*
nom. *nominatif*
not. *notamment*
num. *numéral, numération de nombre*
obsc. *obscénité*
opp. *opposé, (par) opposition*
ordin. *ordinairement*
orth. *orthographe*
parenth. *parenthèse*
part. *participe*
partic. *particule*
péj. *péjoratif, péjorativement*
pers. *personnage, personne(l)*
pf. *parfait*
phil. *philosophe, philosophie philosophique*
phys. *physique*
pl. *pluriel*
poét. *poétique(ment)*
pol. *politique(ment)*
poss. *possessif*
p.q.pf. *plus-que-parfait*
pr. *au sens propre*
préc. *précédent*
préf. *préfixe*
prép. *prépositif, préposition*
prés. *présent*

princ. *principal, proposition principale*
pron. *pronom(inal)*
prop. *proposition*
prov. *proverbe, proverbial*
qcq. *quelconque*
qq. *quelque*
qqch. *quelque chose*
qqf. *quelquefois*
qqn. *quelqu'un*
qqp. *quelque part*
qual. *qualité*
rar. *rare (ment)*
réfl. *réfléchi*
rel. *relatif, relative (ment)*
relig. *terme/domaine religieux*
rhét. *terme de rhétorique,*

rhétoriquement
riv. *rivière*
rom. *romain*
s. *siècle*
seul. *seulement*
sg. *singulier*
simpl. *simplement*
souv. *souvent*
spéc. *spécial(ement)*
ss.-ent. *sous-entendu*
sub. *subordonnée, subordination*
subj. *subjonctif*
subst. *substantif, substantivé, substantivement*
suff. *suffixe*
suiv. *suivant*

suj. *sujet*
sup. *supin*
superl. *superlatif*
surt. *surtout*
syn. *synonyme*
t. *terme*
techn. *technique*
tr. *transitif*
trad. *traduction*
V. *voir*
v. *ville*
vb. *verbal, verbe*
voc. *vocatif*
voy. *voyelle*
vulg. *vulgaire*

ABRÉVIATIONS D'AUTEURS

APUL. Apulée (125-170)
AUG. saint Augustin (354-430)
CAT. Catulle (84-54)
CÉS. César (101-44)
CIC. Cicéron (106-43)
ENN. Ennius (239-169)
FLOR. Florus (I-IIᵉ s ap. J.-C.)
GELL. Aulu-Gelle (130-165)
HOR. Horace (65-8)
JUV. Juvénal (65-128)
LIV. Tite-Live (59-17 ap. J.-C.)
LUC. Lucain (39-65)
LUCIL. Lucilius (IIᵉ s av. J.-C.)

LUCR. Lucrèce (95-55)
MART. Martial (40-104)
MAT. Matius (Iᵉ s av. J.-C.)
NÉP. Cornélius Népos (99-24)
OV. Ovide (43-17 ap. J.-C.)
PACUV. Pacuvius (220-130)
PERS. Perse (34-62)
PÉTR. Pétrone (mort vers 65 ap. J.-C.)
PHÈDR. Phèdre (Iᵉ s ap. J.-C.)
PL. Plaute (254-184)
PLINE Pline l'Ancien (23-79)
PL.-J. Pline le Jeune (61-114)
PROP. Properce (47-15)

Q.-CURCE Quinte-Curce (Iᵉ s ap. J.-C.)
QUINT. Quintilien (30-95)
SALL. Salluste (87-35)
SÉN. Sénèque (4-65)
SIL. Silius Italicus (25-101)
STACE Stace (40-96)
SUÉT. Suétone (75-160)
TAC. Tacite (55-120)
TÉR. Térence (185-159)
TERT. Tertullien (150-200)
TIB. Tibulle (50-18)
VAL.-MAX. Valère-Maxime (Iᵉ s ap. J.-C.)
VIRG. Virgile (70-19)

NOTE SUR LES QUANTITÉS

On sait que le latin distingue les voyelles brèves et les voyelles longues *(facio/feci)*. Pour la scansion du vers, c'est la syllabe qui
compte : une syllabe qui contient une voyelle longue est longue,
mais une syllabe dans laquelle une voyelle brève est suivie de deux
consonnes (syllabe fermée) est longue également *(facio/factum)*, ce
qui fait que dans ce dernier cas nous n'avons pas jugé nécessaire
d'indiquer la quantité. Pourtant, dans la poésie classique, les groupes occlusive *(b, p, ph ; d, t, th ; c, g, ch)* et *f* + liquide *(l, r)* n'allongent
en général pas la voyelle qui précède, et nous indiquons donc en
principe si celle-ci est brève ou longue. D'où quelques contradictions apparentes : ainsi le premier *a* de *Adrastus* est long chez Virgile
et Ovide, mais Stace scande *Adrastis* et *Adrastaeus* avec un premier
a bref.

A

A, **a**, f. et n., indécl., 1. a, première lettre de l'alph. latin ; 2. *A.*, abr. : *Aulus*, prénom ; *A(ntiquo)* = je rejette la proposition de loi ; *A(bsolvo)* = j'acquitte l'accusé ; *a(nte)* = dans la formule *ante diem* (pour dater).

ā, interj., ah !, hélas !

ā, **ăb**, **abs**, prép.+ abl., marquant le point d'origine (proximité).

I 1. de, venant de, d'auprès de, *fugare abs urbe* : fuir la ville ; *a Gallis discedere* : s'éloigner des Gaulois ; *a patre redeo* : je reviens de chez mon père ; 2. de, de la part de, *litteras a patre accipio* : je reçois une lettre de mon père ; *audire ab aliquo* : entendre dire à qqn. ; 3. au nom de, *dicere a reo* : parler au nom d'un accusé ; 4. de, à partir de, depuis, dès, après, *a sole orto* : dès le lever du soleil, *a pueritiā* : dès l'enfance, *a tuo digressu* : après ton départ.

II 1. à une distance de, *ab oppido mille passus* : à mille pas de la ville ; 2. par rapport à, *dissentire ab aliquo* : être en désaccord avec qqn. ; 3. de, contre, *defendere a hostibus* : défendre contre les ennemis, *aliquem deterrere a scribendo* (gér.) : détourner qqn. d'écrire.

III 1. du côté de, *a septentrione* : du côté du septentrion ; 2. en parlant de fonctions : *servus a pedibus* : valet de pied, *ab epistulis* : secrétaire chargé de la correspondance de l'empereur.

IV 1. de, à cause de, par, *laborare ab aliquā re* : souffrir de qqch. ; *ab aliquo interire* : être tué par qqn. ; *Gallia a paludibus invia* : la Gaule impraticable du fait des marais ; 2. avec le c. d'agent d'un vb. passif, *litteræ a puero scriptæ* : une lettre écrite par un enfant.

a~, **ab~**, **abs~**, préfixe marquant éloignement, séparation, privation, épuisement, excès.

ăbăcīnus, *a, um*, de mosaïque.

ăbactŏr, *ōris*, m., ravisseur.

ăbactŭs, *ūs*, m., action de chasser, d'expulser.

ăbăcŭlus, *i*, m., 1. tablette ; 2. pièce de mosaïque.

ăbăcus, *i*, m., 1. table de calcul ; 2. damier, échiquier ; 3. lambris en marqueterie ou en marbre ; 4. crédence, buffet.

ăbæto, *ĭs, ĕre*, intr., s'en aller, PL.

ăbălĭēnātĭo, *ōnis*, f., aliénation (d'un bien).

ăbălĭēno, *ās, āre*, tr., 1. éloigner, séparer, priver, délivrer ; 2. inspirer de l'éloignement, *~ aliquem ab aliquo* : à qqn. pour qqch. ; 3. aliéner, vendre ; fig., *~ mentem* : assoupir l'esprit.

Ăbantĭădēs, *æ*, m., Abantiade, descendant d'Abas.

Ăbantĭus, *a, um*, abantien (= d'Eubée).

Ăbăris, *is*, m., Abaris, nom de diff. guerriers.

Ăbās, *antis*, m., Abas, 1. nom d'un roi d'Argos ; 2. centaure ; 3. Troyen.

ăbăvĭa, *æ*, f., trisaïeule.

ăbăvuncŭlus, *i*, m., grand-oncle maternel.

ăbăvus, *i*, m., arrière-grand-père, aïeul.

abbæto et **abbīto**, V. *abæto*.

Abdagæses, *is*, m., Abdagèse, prince parthe.

Abdălōnymus, *i*, m., Abdalonyme, roi de Sidon.

Abdēra, *ōrum*, n. pl., et **Abdēra**, *æ*, f., Abdère, v. de Thrace ‖ **Abdērītānus**, *a, um*, 1. abdéritain ; 2. péj., d'Abdère = lourdaud, stupide, MART. ‖ **Abdērītēs**, *æ*, m., hab. d'Abdère.

abdĭcātĭo, *ōnis*, f., abdication, renoncement ; exhérédation.

abdĭco, *ās, āre*, tr., rejeter, renier, déshériter, *se ~* : renoncer, se démettre, abdiquer, *se ~ consulatu* : se démettre du consulat, *~ consulatum, dictaturam* : renoncer au consulat, à la dictature.

abdīco, *ĭs, ĕre, dixi, dictum*, tr., rejeter, ne pas admettre (t. augural).

abdĭtē, adv., en cachette.

abdĭtīvus, *a, um*, éloigné de, soustrait à.

abdĭtus, *a, um*, part. adj., [*~tior, ~tissimus*], éloigné, retiré, caché, secret.

abdo, *ĭs, ĕre, dĭdi, dĭtum*, tr., 1. écarter, éloigner, retirer, *se ~ in intimam Macedoniam* : se retirer au fin fond de la Macédoine ; 2. cacher, enfouir.

abdōmĕn, *ĭnis*, n., 1. ventre, bas-ventre ; 2. ventre de truie, de poisson (mets recherché) ; 3. ventre, plaisirs du ventre, gourmandise, *natus abdomini suo* : né pour son ventre, gourmand, sensuel.

abdūco, *ĭs, ĕre, duxi, ductum*, tr., 1. emmener, enlever, entraîner loin de,

~ *aliquem a foro, ex acie* : emmener qqn. du forum, du champ de bataille, ~ *in servitutem* : emmener en esclavage ; **2.** détacher, séparer, détourner, ~ *animum a corpore* : séparer l'âme du corps, ~ *ab omni rei publicæ curā* : éloigner des affaires publiques.

Ăbella, *æ*, f., Abella, v. de Campanie ‖ **Ăbellānus**, *a, um*, d'Abella.

Ăbellīnum, *i*, n., Abellinum, nom de plusieurs v., de Campanie, de Lucanie, du Samnium.

ăbĕo, *īs, īre, īvi (ĭi), ĭtum*, intr., **1.** s'en aller, partir, s'éloigner, sortir, quitter, ~ *ab urbe* : quitter la ville, ~ *ex Africā* : partir d'Afrique, ~ *in exsilium* : partir en exil, ~ *consulatu* : quitter le consulat, ~ *vitā* : quitter la vie, mourir ; **2.** passer à, se changer en, devenir, *abiit ad deos Hercules* : Hercule est passé au rang des dieux, *oppidum in villam abiit* : la ville est devenue une simple ferme ; **3.** abs., passer, s'écouler, se terminer, disparaître, *abiit ille annus* : cette année s'est écoulée, *non possunt hæc sic* ~ : cela ne peut se terminer ainsi.

ăbĕquĭto, *ās, āre*, intr., s'éloigner, partir à cheval.

ăberrātĭo, *ōnis*, f., éloignement, distraction, diversion.

ăberro, *ās, āre*, intr., **1.** s'écarter, s'éloigner, s'égarer, *puer aberravit a patre* : l'enfant a perdu de vue son père ; fig., ~ *a proposito* : s'éloigner de son sujet ; **2.** se distraire, être distrait, ~ *a miseriā* : être distrait de son malheur.

abfĕro, V. *aufero*.

abfŭgĭo, V. *aufugio*.

Abgar ou **Abgarus**, *i*, m., Abgar, nom de rois de Mésopotamie.

ăbhinc, adv., à partir d'ici, loin d'ici ; à partir de maintenant (en remontant dans le temps), avec abl., *jam ~ diebus tribus* : il y a trois jours ; avec acc., ~ *annos prope viginti* : il y a de cela presque vingt ans.

ăbhorrĕo, *ēs, ēre, horrŭi*, intr., **1.** avoir de l'aversion, détester, fuir, ~ *a re uxoriā* : fuir le mariage, *non ~ spectaculorum oblectamentis* : ne pas détester le plaisir des spectacles ; **2.** être éloigné, ne pas s'accorder avec, être en contradiction avec, *res abhorret a fide* : la chose est incroyable.

ăbĭcĭo, V. *abjicio*.

ăbĭegnus, *a, um*, de sapin.

ăbĭēs, *ĕtis*, f., **1.** sapin ; **2.** fig., vaisseau ; lance ; divers objets faits en bois de sapin.

ăbĭgo, *īs, ĕre, ēgi, actum*, tr., pousser loin de, chasser, *puer, abige muscas* : esclave,

chasse les mouches, *curas* ~ : chasser les soucis, *partum* ~ : avorter.

ăbĭtĭo, *ōnis*, f., départ, sortie.

ăbīto, V. *abæto*.

ăbĭtŭs, *ūs*, m., départ, sortie, issue.

abjectē, adv., [~*tius*], d'une façon humble, basse.

abjectus, *a, um*, part. adj., [~*tior, ~tissimus*], **1.** abattu, découragé ; **2.** bas, vil, abject ; **3.** (style) négligé, plat.

abjĭcĭo (ăbĭcĭo), *īs, ĕre, jēci, jectum*, tr., **1.** jeter, rejeter, renverser, abattre, *arma* ~ : jeter ses armes, *se ~ ad pedes alicujus* : se jeter aux pieds de qqn. ; **2.** rejeter, abandonner, négliger, ~ *vitam* : renoncer à la vie, *abjiciamus ista* : laissons cela ; **3.** abaisser, avilir, dégrader, ~ *senatus auctoritatem* : abaisser l'autorité du sénat, *se* ~ : se décourager ; vendre qqch à perte.

abjūdĭco, *ās, āre*, tr., enlever par jugement la possession de qqch. ; ôter, enlever, priver de.

abjungo, *īs, ĕre, junxi, junctum*, tr., dételer ; détacher, séparer, éloigner, tenir à l'écart.

abjūro, *ās, āre*, tr., nier par serment.

ablēgātĭo, *ōnis*, f., envoi dans un lieu relégation, bannissement.

ablēgo, *ās, āre*, tr., envoyer au loin **1.** éloigner, écarter, bannir, exiler, reléguer ; **2.** éloigner, empêcher d'être présent, priver, ~ *ab adventu fratris* : empêcher d'assister à l'arrivée d'un frère.

ablēvo, *ās, āre*, tr., **1.** soulever ; **2.** décharger, soulager.

ablĭgurrĭo, *īs, īre*, tr., **1.** lécher jusqu'au bout, déguster ; **2.** consumer, dissiper gaspiller.

ablĭgurrītĭo, *ōnis*, f., **1.** dégustation **2.** dissipation.

ablĭgurrītŏr, *ōris*, m., consommateur dissipateur.

ablŏco, *ās, āre*, tr., donner à loyer, louer

ablūdo, *īs, ĕre*, intr., ne pas s'accorde avec, différer de.

ablŭo, *īs, ĕre, lŭi, lŭtum*, tr., **1.** laver, nettoyer, purifier, baigner ; **2.** effacer, fair disparaître en lavant ; **3.** chr., baptiser.

ablūtĭo, *ōnis*, f., **1.** action de laver d'effacer ; **2.** chr., baptême.

ablūtŏr, *ōris*, m., celui qui lave, qui pu rifie.

abnăto, *ās, āre*, intr., s'éloigner e nageant.

abnĕgātĭo, *ōnis*, f., dénégation, néga tion.

abnĕgātŏr, *ōris*, m., celui qui nie.

abnĕgo, *ās, āre*, tr., refuser, dénier ; ave inf., refuser de.

abnĕpōs, *ōtis*, m., arrière-petit-fils.

abneptis, *is*, f., arrière-petite-fille.

Abnŏba, *æ*, f., Abnoba, région de Germanie où se trouvent les sources du Danube.

abnocto, *ās, āre*, intr., découcher.

abnormis, *e*, adj., qui s'écarte de la règle.

abnŭentĭa, *æ*, f., dénégation.

abnŭĕo, *ēs, ēre*, V. *abnuo*.

abnŭo, *ĭs, ĕre, nŭi*, tr. et intr., 1. faire signe de la tête ou de la main pour refuser, refuser, nier, ~ *aliquid* ou *de aliquā re* : refuser qqch. ; avec inf., refuser de ; avec prop. inf., refuser, nier que ; avec nég., et *quin* + subj., ne pas refuser de ; 2. se refuser à, rejeter, *pacem* ~ : rejeter les offres de paix.

abnūto, *ās, āre*, tr., refuser à plusieurs reprises, avec insistance.

ăbŏlĕfăcĭo, *ĭs, ĕre, fēci, factum*, tr., abolir, anéantir.

ăbŏlĕo, *ēs, ēre, ēvi, ĭtum*, tr., abolir, détruire ; faire disparaître, supprimer.

ăbŏlesco, *ĭs, ĕre, ēvi*, intr., dépérir, s'affaiblir, s'effacer, tomber en désuétude.

ăbŏlĭtĭo, *ōnis*, f., action de faire disparaître, abolition, suppression.

ăbŏlĭtŏr, *ōris*, m., celui qui fait disparaître.

ăbolla, *æ*, f., manteau de soldat, manteau.

ăbōmĭnāmentum, *i*, n., abomination.

ăbōmĭnātĭo, *ōnis*, f., réaction d'horreur, abomination.

ăbōmĭno, *ās, āre*, et **ăbōmĭnor**, *āris, āri*, tr., 1. repousser comme étant de mauvais présage ; 2. avoir en horreur, détester ; *abominatus*, sens actif ou passif.

Ăbŏrīgĭnes, *um*, m. pl., Aborigènes (premiers hab. du Latium ou d'un pays qcq.).

ăbŏrĭor, *īris, īri, abortus sum*, intr., périr, mourir.

ăbŏriscor, *ĕris, i*, intr., périr, mourir.

ăbortĭo, *ōnis*, f., avortement.

ăbortīvus, *a, um*, 1. né avant terme ; 2. abortif.

ăbortŭs, *ūs*, m., 1. avortement ; 2. avorton.

abrādo, *ĭs, ĕre, rāsi, rāsum*, tr., 1. racler, raser complètement ; 2. spolier, dépouiller.

abrĭpĭo, *ĭs, ĕre, rĭpui, reptum*, tr., 1. emporter, arracher, entraîner, ravir ; 2. détourner, détacher, éloigner.

abrōdo, *ĭs, ĕre, rōsi, rōsum*, tr., couper avec les dents.

abrŏgātĭo, *ōnis*, f., abrogation (d'une loi).

abrŏgo, *ās, āre*, tr., 1. abroger, casser, annuler (une loi) ; 2. enlever, ôter, supprimer.

abrŏtŏnum, *i*, n., et **abrŏtŏnus**, *i*, m., aurone (variété d'armoise).

abrumpo, *ĭs, ĕre, rūpi, ruptum*, tr., 1. briser, rompre, arracher, détacher en brisant, ~ *ramos* : casser des branches, ~ *pontem* : couper un pont ; 2. interrompre, *vitam* ~ : mettre fin à sa vie ; 3. rompre avec, renoncer à, ~ *a latrociniis* : renoncer aux brigandages, *dissimulationem* ~ : jeter le masque.

abruptē, adv., [~*tius*], brusquement, sans préparation.

abruptĭo, *ōnis*, f., 1. rupture ; 2. divorce.

abruptum, *i*, n., escarpement, précipice.

abruptus, *a, um*, [~*tior*, ~*tissimus*], 1. abrupt, raide, escarpé ; 2. fig., brusque, sans nuances, raide.

abs, V. *a*.

abscēdo, *ĭs, ĕre, cessi, cessum*, intr., 1. s'éloigner, se retirer, ~ *a mœnibus, Romā* : s'éloigner des remparts, de Rome ; ~ *Rhodum* : partir pour Rhodes ; 2. abandonner, renoncer à ; 3. abs., passer, disparaître, *abscedit ægritudo* : la maladie passe.

abscessĭo, *ōnis*, f., retraite, départ.

abscessŭs, *ūs*, m., retraite, éloignement.

abscīdo, *ĭs, ĕre, cīdi, cīsum*, (cf. *cædo*), tr., séparer en coupant, couper, retrancher définitivement.

abscindo, *ĭs, ĕre, scĭdi, scissum*, tr., 1. séparer en déchirant, arracher ; 2. séparer ; 3. supprimer, ~ *reditus* : supprimer la possibilité de retour.

abscīsus, *a, um*, [~*sior*], 1. coupé, escarpé ; 2. fig., concis, rude ; rigoureux, tranchant.

abscondĭtē, adv., 1. d'une manière cachée, obscure ; 2. avec profondeur.

abscondĭtŏr, *ōris*, m., celui qui cache.

abscondo, *ĭs, ĕre, condi* ou *condĭdi, condĭtum*, tr., 1. cacher, rendre invisible, enfouir, *aurum* ~ : cacher de l'or ; 2. couvrir, dissimuler ; 3. perdre de vue ; 4. oublier, faire disparaître.

absconsus ou **abscondĭtus**, *a, um*, part. adj., caché, secret.

absens, *entis*, (cf. *absum*), part. adj., [~*tissimus*], 1. absent, *me absente* : en mon absence ; 2. éloigné.

absentĭa, *æ*, f., absence, manque.

absentīvus, *a, um*, absent.

absĭlĭo, *ĭs, īre*, intr., fuir en sautant de.

absĭmĭlis, *e*, adj., différent.

absinthĭātus, *a, um*, qui contient de l'absinthe.

absinthĭum, *ĭi*, n., **1.** absinthe ; **2.** chr., amertume.

absis et **apsis**, *ĭdis*, f., **1.** arc ; voûte ; **2.** orbite d'une planète.

absisto, *ĭs*, *ĕre*, *stĭti*, intr., **1.** s'éloigner, se retirer ; **2.** se retirer, renoncer à, abandonner, ~ *bello* : renoncer à la guerre, ~ *continuando magistratu* : renoncer à prolonger une charge ; avec inf., *absiste moveri* : cesse de t'émouvoir.

absŏlūtē, adv., [~*tius*, ~*tissime*], parfaitement, entièrement.

absŏlūtĭo, *ōnis*, f., **1.** délivrance, séparation ; **2.** acquittement d'une dette ; **3.** (style) achèvement, exactitude, perfection.

absŏlūtōrĭus, *a*, *um*, relatif à l'acquittement, absolutoire.

absŏlūtus, *a*, *um*, [~*tior*, ~*tissimis*], **1.** achevé, parfait, complet ; **2.** absolu, indépendant ; **3.** gramm., absolu, sans compléments ; (en parlant d'adj.) positif (qui n'est ni au comp. ni au superl.).

absolvo, *ĭs*, *ĕre*, *absolvi*, *absŏlūtum*, tr., **1.** délier, détacher, dégager, affranchir, libérer, ~ *vinculis* : libérer de ses liens, ~ *populum Romanum longo bello* : délivrer le peuple romain d'une longue guerre ; **2.** désintéresser (un créancier), payer ; dégager (un objet placé en gage) ; **3.** absoudre, acquitter, ~ *improbitatis* : acquitter du chef de malhonnêteté, ~ *de prævaricatione*, absoudre du crime de prévarication ; abs., acquitter, absoudre ; **4.** achever, terminer, expédier.

absŏnē, adv., d'une manière discordante, d'une voix fausse.

absŏnus, *a*, *um*, **1.** discordant, faux ; **2.** qui ne concorde pas avec, + dat. ou abl.

absorbĕo, *ēs*, *ēre*, *absorbŭi*, *absorbĭtum*, tr., avaler, absorber, engloutir ; fig., absorber, envahir complètement.

absorbĭtĭo, *ōnis*, f., action d'absorber, d'envahir.

absp~, V. *asp~*.

absque, **1.** = *et abs* ; **2.** prép. + abl., sans, *absque me* : sans moi ; *absque me foret = si me absente foret* : si je n'étais pas là.

abstēmĭus, *a*, *um*, abstinent ; sobre, tempérant ; à jeun ; pingre.

abstentĭo, *ōnis*, f., action de se retenir ; rétention, constipation ; abstinence.

abstergĕo, *ēs*, *ēre*, *tersi*, *tersum*, tr., enlever en essuyant, nettoyer ; fig., effacer, faire disparaître, dissiper.

absterrĕo, *ēs*, *ēre*, *terrŭi*, *terrĭtum*, tr., éloigner (par la crainte), détourner (en faisant peur), ~ *hostes* : repousser les ennemis ; ~ *homines a pecuniis accipiendis* : détourner les gens de recevoir de l'argent, ~ *animos vitiis* : détourner les esprits du vice.

abstĭnax, *ācis*, adj., qui s'impose un régime sévère.

abstĭnens, *entis*, part. adj., [~*tior*, ~*tissimus*], qui s'abstient, réservé, retenu, désintéressé ; ~ *pecuniæ* : indifférent à l'argent.

abstĭnentĕr, adv., [~*tius*, ~*tissime*], de façon réservée, retenue.

abstĭnentĭa, *æ*, f., action de s'abstenir ; désintéressement, réserve, retenue, frugalité, sobriété ; abstinence, privation.

abstĭnĕo, *ēs*, *ēre*, *tĭnŭi*, *tentum*, **1.** tr., tenir à l'écart, écarter, retenir, contenir, ~ *manus ab alienis* : tenir ses mains à l'écart du bien d'autrui, ~ *militem a prædā* : empêcher le soldat de piller ; **2.** intr., s'abstenir de, se retenir de : ~ (*ab*) *aliquā re* : s'abstenir de ; avec *ne* + subj., se retenir de, s'empêcher de ; *non* ~ *quin*, *quominus* + subj. : ne pas se retenir de.

absto, *ās*, *āre*, intr., se tenir éloigné de.

abstractĭo, *ōnis*, f., action d'enlever ; abstraction.

abstractus, *a*, *um*, part. adj., abstrait.

abstrăho, *ĭs*, *ĕre*, *traxi*, *tractum*, tr., **1.** tirer loin de, arracher, entraîner, emmener, ~ *jumenta* : emmener les bêtes de somme, ~ *aliquem e sinu matris* : enlever qqn. des bras de sa mère ; **2.** retirer, exclure, détourner, distraire, ~ *ex comitatu* : exclure qqn. d'une compagnie, *se* ~ *a sollicitudine* : s'affranchir de tout souci.

abstrūdo, *ĭs*, *ĕre*, *trūsi*, *trūsum*, tr., **1.** pousser violemment à l'écart ; **2.** mettre à l'écart, dissimuler au plus profond ; **3.** enfoncer.

abstrūsĭo, *ōnis*, f., action de cacher.

abstrūsus, *a*, *um*, [~*sior*], caché, secret, renfermé ; fig., obscur, impénétrable.

abstŭli, V. *aufero*.

abstŭlo, *ĭs*, *ĕre*, V. *aufero*.

absum, *ăbes*, *ăbesse*, *āfŭi*, intr., **1.** être éloigné de, être à une distance de, être absent, ~ *ab urbe milia passuum ducenta* : être à deux cent mille pas de Rome, ~ *propius* : être à une moindre distance, ~ *ab urbe* : être absent de Rome, ~ *a periculis* : se tenir éloigné du danger, ~ *a consilio fugiendi* : repousser tout projet de fuite impers. : *haud multum abest quin* + subj. : il s'en faut de peu que, *ego istos tantum abest ut ornem*, *ut oderim* : il s'en faut tellement que je les loue, que même je les hais ; **2.** être absent, manquer, *alicui non* ~ : ne pas faire défaut à qqn. ; **3.** être exempt de, ~ *a culpā* : être exempt de reproche.

absūmēdo, *ĭnis*, f., gaspillage (jeu de mots avec *sumen*), PL.

absūmo, *ĭs*, *ĕre*, *sumpsi*, *sumptum*, tr., **1.** employer complètement, user, consommer ; **2.** gaspiller, épuiser ; faire disparaître, ruiner, faire périr, emporter (maladie).

absumptĭo, *ōnis*, f., consommation ; anéantissement.

absurdē, adv., [~*dius*, ~*dissime*], **1.** d'une manière désagréable à l'oreille, faux, ~ *canere* : chanter faux ; **2.** d'une manière absurde, déplacée.

absurdĭtās, *ātis*, f., **1.** discordance ; **2.** absurdité.

absurdus, *a*, *um*, [~*dior*, ~*dissimus*], **1.** désagréable à l'oreille, discordant ; **2.** déplacé, choquant ; **3.** dépourvu de sens, absurde, sot ; (pers.) incapable, propre à rien.

Absyrtus, *i*, m., Absyrtus, fl. d'Illyrie.

Absyrtus et **Absyrtos**, *i*, m., Absyrtus, frère de Médée.

ăbundābĭlis, *e*, adj., pléthorique.

ăbundans, *antis*, part. adj., [~*tior*, ~ *tissimus*], **1.** qui déborde (fleuve) ; **2.** débordant, plein, riche, abondant, *omnium rerum ~* : pourvu de tout en abondance, *locus fontibus ~* : lieu abondant en sources ; **3.** fig., fécond, riche ; **4.** surabondant.

ăbundantĕr, adv., [~*tius*, ~*tissime*], avec richesse, largesse, abondance.

ăbundantĭa, *æ*, f., **1.** débordement ; **2.** abondance, richesse, profusion ; **3.** sur-abondance.

ăbundātĭo, *ōnis*, f., débordement, inondation.

ăbundē, adv., **1.** abondamment, pleinement, suffisamment ; **2.** avec adj. : très, tout à fait, ~ *magnus* : très grand ; **3.** ~ *est* + inf. : il est suffisant.

ăbundo, *ās*, *āre*, (cf. *unda*), intr., déborder, abonder en, regorger de, + abl. ou gén., ~ *divitiis* : regorger de richesses.

ăbūsĭo, *ōnis*, f., abus de langage, catachrèse.

ăbūsīvē, adv., improprement, par catachrèse.

ăbusquĕ, prép. + abl., de, depuis.

ăbūsŭs, *ūs*, m., mauvais usage, abus.

ăbūtor, *ĕris*, *i*, *ūsus sum*, intr., + abl. et qqf. acc., **1.** user, se servir de, employer complètement, *omni tempore quod concessum est ~* : profiter de tout le temps qui est accordé ; **2.** employer, user de : *otio ~* : employer son loisir, *ad* + acc. : à ; **3.** abuser, ~ *militum sanguine* : verser inu-

tilement le sang des soldats ; **4.** employer improprement (un mot).

Ăbȳdēnus, *a*, *um*, d'Abydos ‖ **Ăbȳdēni**, *ōrum*, m. pl., les Abydéniens ‖ **Ăbȳdus** ou **Ăbȳdos**, *i*, f., Abydos, v. d'Asie Mineure, sur la rive gauche de l'Hellespont.

ac, V. *atque*.

Ăcădēmĭa, *æ*, f., **1.** l'Académie, gymnase des environs d'Athènes, où Platon enseignait ; **2.** l'Académie (école philosophique de Platon) ‖ **Ăcădēmĭcus**, *a*, *um*, académique, relatif à l'Académie ‖ **Ăcădēmĭca**, *ōrum*, n. pl., « Les Académiques », dialogues philosophiques de Cicéron ‖ **Ăcădēmus**, *i*, m., Académus, héros grec qui a donné son nom à l'Académie d'Athènes.

Ăcămās, *antis*, m., Acamas, fils de Thésée et de Phèdre.

Ăcanthis, *ĭdis*, f., Acanthis, nom de femme, PROP.

Ăcanthō, *ūs*, f., Acantho, mère du Soleil.

ăcanthus, *i*, **1.** f., acanthe, arbuste au feuillage toujours vert ; **2.** m., acanthe, plante dont la feuille inspire un motif architectural.

Ăcanthus, *i*, m., Acanthus, v. de Macédoine.

Ăcarnān, *ānis*, m., d'Acarnanie ‖ **Ăcarnānes**, *um*, m. pl., les Acarnaniens ‖ **Ăcarnānĭa**, *æ*, f., Acarnanie, région de l'O. de la Grèce, entre l'Étolie et l'Épire ‖ **Ăcarnānĭcus**, *a*, *um*, d'Acarnanie.

Ăcastus, *i*, m., Acaste, **1.** fils de Pélias, roi de Thessalie, un des Argonautes ; **2.** esclave de Cicéron.

Acbarus, V. *Abgar*.

Acca Lārentĭa, f., Acca Larentia, **1.** épouse du berger Faustulus qui recueillit Romulus et Rémus ; **2.** déesse des champs ; **3.** mère des dieux lares, célébrée à la fête des *Larentalia* (23 décembre).

accădo, *ĭs*, *ĕre*, intr., tomber.

accăno, *ĭs*, *ĕre*, intr., chanter avec.

accantĭto, *ās*, *āre*, intr., V. le préc.

accēdo, *ĭs*, *ĕre*, *cessi*, *cessum*, intr. et qqf. tr., **1.** s'approcher de, arriver à, ~ *ad urbem* : approcher de la ville ; **2.** se charger de, entreprendre, *ad rem publicam ~* : accéder aux emplois publics ; **3.** survenir à, échoir, arriver ; **4.** s'ajouter, venir en surcroît, *accedit ad causam novum crimen* : un nouveau grief s'ajoute à la cause, *accedit quod* + ind., *ut* + subj. : s'ajoute le fait que… ; **5.** accéder, adhérer, se joindre à, se ranger du côté de, ~ *ad condiciones pacis* : adhérer aux conditions de paix, *alicui ~* : se ranger aux côtés de qqn.

accĕlĕro, *ās*, *āre*, **1.** tr., accélérer, presser, *gradum ~* : presser le pas ; **2.** intr., se hâter, se presser.

① **accendo**, *ĭs*, *ĕre*, *cendi*, *censum*, (cf. *candeo*), tr., **1.** allumer, enflammer (pr. et fig.), *~ tædas* : allumer les torches ; *animos ~* : enflammer les esprits, *irā accensus* : enflammé de colère ; **2.** faire briller, éclairer ; **3.** augmenter, accroître, renforcer, *~ pretium* : augmenter le prix.

② **accendo**, *ōnis*, m., celui qui excite (au combat).

accensĕo, *ēs*, *ēre*, *censui*, *censum*, tr., adjoindre à.

accensŏr, *ōris*, m., celui qui allume.

accensus, *i*, m., **1.** appariteur chargé d'annoncer l'heure de midi ; **2.** au pl., *accensi*, *orum*, citoyens formant le bataillon de réserve de la légion (placés au 3ᵉ rang — *triarii* —, ils prennent la place des soldats tués) ; **3.** ordonnance attachée à un magistrat.

acceptātĭo, *ōnis*, f., **1.** action d'accepter ; **2.** considération (pour qqn.).

acceptātus, *a*, *um*, part. adj., [*~tior*], acceptable.

acceptĭo, *ōnis*, f., action de recevoir, admission ; phil., approbation d'une proposition.

acceptĭto, *ās*, *āre*, tr., recevoir à plusieurs reprises.

accepto, *ās*, *āre*, tr., recevoir, accepter, adopter, agréer.

acceptŏr, *ōris*, m., celui qui accepte ; celui qui approuve.

acceptrix, *īcis*, f. du préc.

acceptus, *a*, *um*, part. adj., [*~tior*, *~tissimus*], agréé, agréable, bienvenu, *plebi*, ad ou *apud plebem*, *in plebem ~* : bien vu du peuple, populaire.

accers~, V. *arcess~*.

accessĭbĭlĭtās, *ātis*, f., facilité d'abord, d'approche, accessibilité.

accessĭo, *ōnis*, f., **1.** action d'approcher, approche ; **2.** ajout, addition ; **3.** augmentation, accroissement ; **4.** accès (fièvre), paroxysme.

accessŭs, *ūs*, m., **1.** approche, arrivée, rapprochement, *~ et recessus æstuum* : flux et reflux des marées ; **2.** abords ; **3.** accès, libre entrée, *accessum dare* : donner accès.

Acciānus, *a*, *um*, d'Accius.

accĭdens, *entis*, n., **1.** phil., ce qui est fortuit, accidentel ; accident (opp. à substance) ; **2.** accident, événement fâcheux.

① **accĭdo**, *ĭs*, *ĕre*, *cĭdi*, (cf. *cado*), intr., **1.** tomber sur, auprès de, *~ ad alicujus pedes* : tomber aux pieds de qqn. ; **2.** tomber sur, arriver à, parvenir, *~ ad oculos* :

tomber sous les yeux, *vox accidit ad hostes* : la voix parvint aux ennemis ; **3.** arriver, survenir, *quidquid acciderit* : tout ce qui arrive, *~ incommode* : se mal passer ; impers. *accidit ut* + subj., *casu accidit ut id primus nuntiaret* : il arriva par hasard qu'il fut le premier à l'annoncer ; avec adv. et *quod* + ind. : *bene accidit quod* : un hasard heureux voulut que…

② **accĭdo**, *ĭs*, *ĕre*, *cĭdi*, *cĭsum* (cf. *cædo*), tr., **1.** se mettre à couper, couper, tailler, entamer ; **2.** tailler en pièces, ruiner ; **3.** réduire.

accĭĕo, *ēs*, *ēre*, V. *accio*.

accinctus, *a*, *um*, part. adj., [*~tior*], ceint, ajusté, tendu.

accingo, *ĭs*, *ĕre*, *cinxi*, *cinctum*, tr., **1.** ceindre, envelopper, *~ ense* : ceindre d'une épée, *~ pellibus* : envelopper de fourrures ; **2.** munir, pourvoir, armer (pr. et fig.) ; **3.** intr., s'apprêter, se préparer, *accingunt omnes operi* : tous s'apprêtent pour leur tâche, VIRG. ; qqf. avec inf.

accĭo, *īs*, *īre*, *cīvi* (*ĭi*), *cītum*, tr., appeler, mander, faire venir ; fig., *mortem ~* : se donner la mort.

accĭpĕtrīna, V. *accipitrina*.

accĭpĭo, *ĭs*, *ĕre*, *cēpi*, *ceptum*, tr., **1.** recevoir, prendre (pr. et fig.), *pecuniam ~* : recevoir de l'argent ; subst. n., *acceptum*, *i*, les recettes, l'avoir (opp. à *expensum*), *litteras ~* : recevoir une lettre ; *aquam ~* : prendre l'eau ; **2.** recevoir, admettre, accueillir, *~ in civitatem* : accorder le droit de cité ; *~ in deditionem* : recevoir la soumission ; *aliquem ~ male verbis* : accueillir qqn. par des injures ; *aliquid ~ in bonam partem* : prendre qqch. en bonne part ; *omen ~* : accepter un présage ; *~ verisimilia pro veris* : prendre le vraisemblable pour le vrai ; **3.** se charger de, *causam ~* : se charger d'une cause ; **4.** recevoir, supporter, éprouver, *injuriam ~* : subir une injustice.

accĭpĭtĕr, *tris*, m. et f., oiseau de proie, épervier, faucon.

accĭpĭtrīna, *æ*, f., femelle de l'épervier, action de l'épervier qui saisit sa proie, proie de l'épervier.

accītŭs, *ūs*, m., appel, convocation.

Accĭus, *i*, m., Accius, **1.** nom d'une famille rom. ; **2.** un des plus grands tragiques rom. (IIᵉ s. av. J.-C.).

acclāmātĭo, *ōnis*, f., cris favorables ou hostiles, applaudissements.

acclāmo, *ās*, *āre*, intr. et tr., crier, pousser des cris à, devant, **1.** acclamer, pousser des cris de joie ; **2.** huer ; **3.** proclamer, déclarer hautement.

acclāro, *ās*, *āre*, tr., rendre clair, faire connaître clairement.

acclīnis, *e*, adj., 1. appuyé, adossé à ou contre ; 2. enclin, porté à, qui a un penchant pour.

acclīno, *ās*, *āre*, tr., 1. pencher, appuyer à ou contre ; 2. pencher vers, se ranger du côté de.

acclīvis, *e*, adj., qui s'élève en pente.

acclīvĭtās, *ātis*, f., pente, montée.

accognosco, *ĭs*, *ĕre*, *nōvi*, *nĭtum*, tr., reconnaître.

accŏla, *æ*, m., qui demeure près d'un lieu, voisin, riverain.

accŏlo, *ĭs*, *ĕre*, *cŏlŭi*, *cultum*, tr., 1. habiter près de ; 2. être situé près de.

accommŏdātē, adv., [*~tius*, *~tissime*], d'une manière appropriée, conforme.

accommŏdātĭo, *ōnis*, f., 1. action d'approprier, d'ajuster ; 2. esprit d'accommodement, complaisance.

accommŏdātus, *a*, *um*, part. adj., [*~tior*, *~tissimus*], approprié, conforme, fait pour, *~ ad persuadendum* : fait pour persuader, *tempora accommodata demetendis frugibus* : saison convenable pour les moissons.

accommŏdo, *ās*, *āre*, tr., 1. approprier, adapter, conformer, *se ~ ad consilium alicujus* : se plier aux vues de qqn. ; 2. appliquer, employer, *curam ~ studiis* : employer son soin aux études ; 3. donner des facilités, accorder, *orandæ litis tempus ~* : donner tout le temps de plaider.

accommŏdus, *a*, *um*, convenable, propre à.

accongĕro, *ĭs*, *ĕre*, *gessi*, *gestum*, tr., entasser.

accrēdo, *ĭs*, *ĕre*, *crēdĭdi*, *crēdĭtum*, tr. et intr., croire, faire confiance à.

accrēmentum, *i*, n., accroissement.

accresco, *ĭs*, *ĕre*, *crēvi*, *crētum*, intr., croître, s'accroître, augmenter, grandir, s'ajouter.

accrētĭo, *ōnis*, f., accroissement.

Accŭa, *æ*, f., Accua, v. d'Apulie.

accŭbātĭo et **accŭbĭtĭo**, *ōnis*, f., action de se coucher ou de se mettre à table.

accŭbĭto, V. accubo.

accŭbĭtús, *ūs*, m., action de se mettre à table.

accŭbo, *ās*, *āre*, *cŭbŭi*, *cŭbĭtum*, intr., 1. être allongé, couché auprès de ; 2. être à table près de qqn.

accŭbŭo, *ās*, en position allongée (forgé par Plaute, sur *assiduo*, V. ce mot).

accŭdo, *ĭs*, *ĕre*, *cūdi*, *cūsum*, tr., frapper (des pièces de monnaie) en plus, Pl.

Accŭleia (**cŭrĭa**), f., sanctuaire d'Acca Larentia, sur le Germal, au Palatin.

accumbo, *ĭs*, *ĕre*, *cŭbŭi*, *cŭbĭtum*, intr. et qqf. tr., se coucher, s'étendre ; spéc. prendre place à table, *~ in convivio apud aliquem* : prendre place à un banquet à côté de qqn., *~ supra* ou *infra aliquem* : au-dessus ou en dessous de qqn. (protocole), V. *triclinium*.

accŭmŭlātē, adv., [*~tissime*], abondamment.

accŭmŭlātĭo, *ōnis*, f., accumulation.

accŭmŭlātŏr, *ōris*, m., celui qui accumule, entasse.

accŭmŭlo, *ās*, *āre*, tr., 1. accumuler, entasser, amasser ; 2. combler, *aliquem ~ donis* : combler qqn. de dons.

accūrātē, adv., [*~tius*, *~tissime*], soigneusement, exactement ; avec adresse.

accūrātĭo, *ōnis*, f., soin, exactitude.

accūrātus, *a*, *um*, part. adj., [*~tior*, *~tissimus*], soigné, fait avec exactitude, précision, recherche ; étudié.

accūro, *ās*, *āre*, tr., s'occuper avec soin de, donner ses soins à.

accurro, *ĭs*, *ĕre*, *cŭcurri* et *curri*, *cursum*, intr., courir vers, accourir ; *~ ad aliquem*, *in auxilium* : accourir vers qqn., au secours ; *~ auxilio suis* (double dat.) : courir au secours des siens.

accursŭs, *ūs*, m., action d'accourir, arrivée rapide.

accūsābĭlis, *e*, adj., accusable, blâmable.

accūsātŏr, *ōris*, m., 1. accusateur ; 2. délateur, dénonciateur.

accūsātōrĭē, adv., en accusateur.

accūsātōrĭus, *a*, *um*, qui concerne l'accusateur ou l'accusation, accusateur.

accūsātrix, *īcis*, f. du préc.

accūsĭto, *ās*, *āre*, tr., ne cesser d'accuser, incriminer, s'en prendre à.

accūso, *ās*, *āre*, (cf. *causa*), tr., 1. mettre en cause, accuser en justice, publiquement, *~ aliquem ambitus* (gén.) : accuser qqn. de brigue, *~ capitis* : accuser d'un crime capital, *~ propter injurias* : accuser qqn. d'outrages, *~ inter sicarios* : accuser d'assassinat ; avec *quod*, qqf. avec l'inf., accuser de ; 2. accuser, blâmer, reprocher, *~ inertiam adulescentium* : reprocher aux jeunes gens leur indolence.

Acē, *ēs*, f., Acé, v. de Phénicie, auj. Saint-Jean-d'Acre.

ăcĕo, *ēs*, *ēre*, intr., être acide.

① **ăcĕr**, *ĕris*, n., érable.

② **ăcĕr**, *acris*, *acre*, adj., [*acrior*, *acerrimus*], 1. (sensations phys.) âcre, vif, fort, éclatant, perçant, violent, aigu, pénétrant ; 2. (sentiments, qual. du cœur ou de l'esprit) vif,

ardent, courageux, animé, emporté ;
3. péj., violent, cruel, acharné.

ăcerbātĭo, ōnis, f., aggravation.

ăcerbē, adv., [~bius, ~bissime], 1. amèrement, durement, violemment ; 2. avec
douleur, peine.

ăcerbĭtās, ātis, f., 1. âpreté, aigreur, dureté, rudesse ; 2. amertume, douleur, affliction.

ăcerbĭtĕr, V. acerbe.

ăcerbo, ās, āre, tr., 1. rendre amer ;
2. aigrir, envenimer, aggraver.

ăcerbus, a, um, [~ bior, ~bissimus],
1. (sensations phys.) acide, acerbe, âpre,
aigre, perçant ; vert (fruit) ; 2. (pers.) dur,
cruel, violent, âpre, rigide ; 3. (choses)
dur, rigoureux, pénible, douloureux.

ăcernus, a, um, d'érable.

ăcerra, æ, f., coffret où l'on conserve
l'encens pour les cérémonies.

Ăcerrāni, ōrum, m. pl., les hab. d'Acerres
‖ **Ăcerræ**, ārum, f. pl., Acerres, v. de
Campanie.

ăcersĕcŏmēs, æ, m., 1. qui n'a pas encore coupé ses cheveux (épith. d'Apollon ou de Bacchus) ; 2. jeune efféminé.

ăcervālis, e, adj., mis en tas.

ăcervātim, adv., 1. en tas, en monceau ;
2. fig., en gros, sommairement.

ăcervātĭo, ōnis, f., entassement.

ăcervo, ās, āre, tr., entasser, amonceler,
accumuler.

ăcervus, i, m., 1. tas, amas, monceau ;
2. fig., amas, quantité, grand nombre ;
3. sorite (t. de logique).

ăcesco, ĭs, ĕre, intr., devenir aigre, acide.

Ăcĕsīnēs, is, m., Acésinès, affluent de
l'Indus, auj. Chenab.

Ăcesta, æ, f., Acesta, v. du N. de la Sicile,
plus tard Égesta, puis Ségeste ‖ **Ăcestæi**,
ōrum, m. pl., les hab. d'Acesta ‖ **Ăcesten-
ses**, ĭum, V. le préc.

Ăcestēs, æ, m., Aceste, Troyen, roi de
Sicile.

ăcētăbŭlum, i, n., 1. vinaigrier ; 2. gobe-
let ; 3. calice (des fleurs).

ăcētasco, ĭs, ĕre, intr., devenir aigre.

ăcētum, i, n., 1. vinaigre ; 2. fig., amertume ; esprit acide, mordant.

Ăchæi, ōrum, m. pl., Achéens, hab. de
l'Achaïe, région de Grèce (= les Grecs).

Ăchæmĕnēs, is, m., Achéménès, premier roi de Perse, fondateur de la dynastie des Achéménides ‖ **Ăchæmĕnĭdæ**,
ārum, m. pl., les Achéménides, les Perses
‖ **Ăchæmĕnĭdēs**, æ, m., Achéménide
(compagnon d'Ulysse) ‖ **Ăchæmĕnĭus**, a,
um, achéménien (= perse).

① **Ăchæus**, a, um, d'Achaïe, grec ‖ **Ăchāïa**,
æ, f., Achaïe, 1. région N. du Péloponnèse ; 2. province romaine, la Grèce ‖
Ăchāïăs, ădis, f., Achéenne, Grecque ‖
Ăchāïcus, a, um, 1. d'Achaïe ; 2. l'Achaï-
que, surnom de Mummius, vainqueur
de la Grèce ‖ **Ăchāïs**, ĭdis ou ĭdos, f.,
Achéenne, Grecque ‖ **Ăchāïus**, V. Achaicus.

② **Ăchæus**, i, m., Achæus, roi de Lydie.

Ăchanto, V. Acantho.

Ăcharnæ, ārum, f. pl., Acharnes, bourg
à côté d'Athènes ‖ **Ăcharnānus**, a, um,
d'Acharnes.

ăcharnē, ēs ou æ, f., loup de mer, bar.

Ăcharneūs, ĕi, m., Acharnien.

Ăchātēs, æ, m., Achate, fidèle compagnon d'Énée.

Ăchĕlōĭăs, ădis, f., de l'Achéloüs ‖ **Ăchĕlōis**,
ĭdis, f., V. le préc. ‖ **Ăchĕlōïus**, a, um, de
l'Achéloüs ‖ **Ăchĕlōüs** ou **Ăchĕlŏüs**, i, m.,
Achéloüs, le plus grand des fl. de Grèce ; le
père des Sirènes.

Ăchĕrīni, ōrum, m. pl., les hab. d'Aché-
ris (Sicile).

Ăchĕrōn, ontis, m., Achéron, 1. fl. de
Grèce ; 2. fl. du Bruttium ; 3. myth., fl.
des Enfers.

Ăchĕrontĭa, æ, f., Achérontia (v. d'Apulie) ‖ **Ăchĕrontĭcus**, a, um, de l'Achéron.

Ăchĕros, V. Acheron 2.

Ăchĕruns, V. Acheron 3 ‖ **Ăchĕrūsĭa**, æ,
f., Achérusie, 1. marais où coule l'Aché-
ron ; 2. lac de Campanie entre Misène et
Cumes ‖ **Ăchĕrūsis**, ĭdos, f., V. le préc.
‖ **Ăchĕrūsĭus**, a, um, de l'Achéron (= des
Enfers).

Ăchillās, æ, m., Achillas, général égyptien, meurtrier de Pompée.

Ăchilleĭs, ĭdos, f., « L'Achilléide », poème
épique de Stace.

ăchilleŏs, i, ou **ăchilleă (herba)**, æ, f.,
l'herbe d'Achille (qui guérit Téléphe
avec cette herbe).

Ăchillēs, is, m., 1. Achille, héros grec de
« L'Iliade », fils de Thétis et de Pélée ;
2. fig., un Achille, homme beau et fort ‖
Ăchillēum, i, n., Achilléum, v. de Troade
près du tombeau d'Achille ‖ **Ăchillēus**, a,
um, 1. d'Achille ; 2. ~ cothurnus : le style
épique ‖ **Ăchillĭdēs**, æ, m., Achillide, descendant d'Achille.

Ăchīvi, ōrum (um), m. pl., Achéens, Grecs
‖ **Ăchīvus**, a, um, achéen.

Ăchrădīna, æ, f., Achradine, quartier de
Syracuse.

ăcĭa, æ, f., aiguillée de fil, ab aciā et aciā :
de fil en aiguille.

Ăcĭdălĭa, æ, f., Acidalie, surnom de Vénus, du nom de la source Acidalia, en Béotie, où se baignaient les Grâces ‖ **Ăcīdălĭus**, a, um, d'Acidalie, de Vénus.

ăcĭdē, adv., [~dius], avec aigreur.

Ăcĭdīnus, i, m., Acidinus, surnom de la gens Manlia.

ăcĭdĭtās, ātis, f., aigreur.

ăcĭdŭlus, i, m, un peu aigre, acidulé.

ăcĭdus, a, um, [~dior, ~dissimus], 1. aigre, acide ; 2. aigre, âpre, désagréable, mordant.

ăcĭēs, ēī, f., 1. pointe, tranchant, fil d'une épée, lance ; 2. (par comp. avec le fil d'une lame) front d'une armée, ligne de bataille, prima ~ : la première ligne, extrema, novissima ~ : la dernière ligne, legionem in acie constituere : mettre l'armée en ligne de bataille ; d'où : bataille, combat, copias in aciem educere : mener les troupes au combat, acie excedere : quitter le combat ; 3. pointe, vivacité du regard, regard perçant, ~ oculorum : l'éclat perçant des yeux ; d'où : regard, œil, pupille, aciem dimittere : jeter son regard ; 4. vivacité de l'esprit, pénétration intellectuelle, ~ ingenii : esprit pénétrant.

Ăcīlĭānus, a, um, d'Acilius ‖ **Ăcīlĭus**, a, um, d'Acilius, lex Acilia : la loi Acilia ‖ **Ăcīlĭus**, ĭi, m., nom d'une famille rom., not. C. Acilius Glabrio, historien rom. (IIᵉ s. av. J.-C.).

ăcĭnăcēs, is, m., sabre recourbé, cimeterre (arme des peuples orientaux).

ăcĭnus, i, m., **ăcĭnum**, i, n., **ăcĭna**, æ, f., grain de raisin ou de grenade.

ăcĭpensĕr, ĕris, m., poisson de mer, esturgeon (?).

Ăcis, ĭdis et is, m., Acis, 1. riv. de Sicile ; 2. beau berger de la fable, amant de Galatée.

ăclys, ĭdis, f., javelot attaché à une courroie.

Acmē, ēs, f., Acmé, nom de femme, Cat.

Acmōn, ŏnis, m., Acmon, 1. guerrier troyen ; 2. compagnon de Diomède.

Acmŏnensis, e, adj., d'Acmonia ‖ **Acmŏnenses**, ĭum, m. pl., les hab. d'Acmonia ‖ **Acmŏnĭa**, æ, f., Acmonia, v. de Phrygie.

Acmŏnĭdēs, is, m., Acmonide, forgeron de Vulcain.

Acœnōnētus, i, m., Acœnonétus, nom propre formé sur le grec = qui n'aime pas partager, Juv.

Acœtēs, æ, m., Acœtès, 1. compagnon de Bacchus ; 2. serviteur d'Évandre, puis d'Énée.

ăcōnĭti, adv., sans poussière (dont les athlètes se frottaient le corps), d'où : sans peine.

ăcŏnītum, i, n., aconit, plante vénéneuse, poison.

Ăcontĕūs, i, m., Acontéus, nom d'un guerrier latin.

Ăcontĭus, ĭi, m., Acontius, amant de Cydippe, Ov.

ăcŏr, ōris, m., saveur acide, vinaigrée ; fig., aigreur, contrariété.

acquĭesco, ĭs, ĕre, quĭēvi, quĭētum, intr., 1. se reposer ; fig., reposer (dans la mort) ; 2. se reposer, se complaire dans, être content, satisfait de, qui Clodii morte acquierunt : ceux qui enfin respirèrent à la mort de Clodius ; 3. acquiescer, consentir à.

acquīro, ĭs, ĕre, quīsīvi, quīsītum, tr., 1. augmenter, ajouter à ; 2. acquérir, gagner, moram ~ : gagner du temps ; s'enrichir, acquirendi facultas : le pouvoir de s'enrichir.

acquīsītŏr, ōris, m., acquéreur.

Acrădīna, V. Achradina.

Acræphĭa, æ, f., Achræphia, v. de Béotie.

Acræus, a, um, qui se trouve sur les hauteurs (épith. de Junon et de Jupiter).

Ăcrăgās, antis, m., **Ăcrăgantīnus**, a, um, V. Agrigentum.

ăcrātŏphŏron, i, n., ou ~phŏros, i, m., vase pour conserver le vin pur.

ăcrĕ, V. acriter.

ăcrēdŭla, æ, f., (animal inconnu qui coasse ou ulule) grenouille (?).

Acrĭæ, ārum, f. pl., Acriæ, v. de Laconie.

ăcrĭcŭlus, a, um, un peu vif, mordant.

ăcrĭfŏlĭus, a, um, qui a des feuilles en pointe, piquantes ; subst. n., acrifolium, ii, houx.

Acrillæ, ārum, f. pl., Acrillæ, v. de Sicile.

ācrĭmōnĭa, æ, f., 1. aigreur, âcreté, acidité ; 2. vivacité, pénétration, mordant, dureté.

Ăcrĭsĭōnē, ēs, f., Acrisioné ou Danaé, fille d'Acrisius ‖ **Ăcrĭsĭōnēus**, a, um, d'Acrisius ‖ **Ăcrĭsĭōnĭădēs**, æ, m., descendant d'Acrisius ‖ **Ăcrĭsĭus**, ĭi, m., Acrisius, roi d'Argos.

ăcrĭtās, ātis, f., vigueur, âpreté.

ācrĭtĕr, adv., [acrius, acerrime], 1. vivement, violemment, ardemment ; 2. vivement, rigoureusement, sévèrement, cruellement.

ācrĭtūdo, ĭnis, f., âcreté ; vivacité, ardeur.

ācrŏāma, ătis, n., 1. audition, concert, lecture publique ; 2. musicien, lecteur, virtuose, amuseur.

ācrŏāsis, is, f., 1. audition, lecture publique ; 2. auditoire.

Acrŏcĕraunĭa, *ōrum*, n. pl., les monts Acrocérauniens (Épire) ; ext., *acroceraunius, a, um*, abrupt, périlleux.

Acrŏcŏrinthus, *i*, f., Acrocorinthe, citadelle de Corinthe.

Ăcrōn, *ōnis* ou *ontis*, m., Acron, nom de diff. hers.

Ăcrŏnŏma saxa, n. pl., Acronoma Saxa, lieu-dit proche de Rome (?).

Ăcrŏta, *æ*, m., Acrota, roi d'Albe.

ăcrōtērĭum, *ĭi*, n., **1.** môle, jetée ; **2.** acrotère.

① **acta**, *æ*, f., rivage, côte, plage ; ext., plaisirs de la plage.

② **acta**, *ōrum*, V. *actum*.

Actæōn, *ōnis*, m., Actéon, petit-fils de Cadmos, qui surprit Diane au bain, fut changé en cerf et déchiré par ses chiens.

Actæus, *a, um*, d'Attique, athénien ‖ **Actæi**, *ōrum*, m. pl., les Athéniens ‖ **Actē**, *ēs*, f., Acté, nom primitif de l'Attique.

Actĭācus, *a, um*, d'Actium.

Actĭăs, *ădis*, f., d'Attique, athénienne.

actīnōsus, *a, um*, rayonnant, radieux.

actĭo, *ōnis*, f.,
I 1. action, faculté d'agir, de se mouvoir ; **2.** action, acte, ~ *gratiarum* : action de grâces, ~ *honesta* : acte honnête ; **3.** activité, action politique ; **4.** négociation, ~ *de pace* : pourparlers de paix.
II 1. action judiciaire, procès, ~ *civilis* : procès civil, ~ *furti* : procès, plainte pour vol, *actionem intendere, instituere* : intenter un procès ; **2.** formule de droit permettant de régler un procès, *actiones Maniliæ* : formules prescrites par la loi Manilia.
III 1. discours, plaidoirie ; **2.** action oratoire, gestes, jeu de l'orateur.
IV action dramatique, intrigue.

actĭto, *ās*, *āre*, tr., **1.** plaider souvent ; **2.** jouer souvent au théâtre.

Actĭum, *ĭi*, n., Actium, promontoire d'Acarnanie devant lequel Octave vainquit Antoine et Cléopâtre en 31 av. J.-C.

actĭuncŭla, *æ*, f., petite plaidoirie.

Actĭus, *a, um*, d'Actium.

actīvus, *a, um*, actif, pratique.

actŏr, *ōris*, m., **1.** celui qui pousse, met en mouvement ; **2.** celui qui dirige, exécute, ~ *rerum* : homme d'action, agent ; **3.** celui qui intente un procès, demandeur, plaignant, avocat ; **4.** acteur ; **5.** administrateur, gérant.

Actŏr, *ōris*, m., Actor, **1.** héros thessalien ; **2.** nom de diff. pers. ‖ **Actŏrĭdēs**, *æ*, m., Actoride, descendant d'Actor (comme Patrocle).

Actŏrĭus Nāso, m., Actorius Naso, historien rom.

actrix, *īcis*, f., actrice.

actŭālis, *e*, adj., actif, pratique.

actŭārĭŏla, *æ*, f., petit vaisseau rapide à rames, barque.

① **actŭārĭus**, *a, um*, qui est mis facilement en mouvement, léger, rapide, *navigium actuarium* : bâtiment léger et rapide à rames.

② **actŭārĭus**, *ĭi*, m., **1.** scribe ; **2.** comptable.

actum, *i*, n., le plus souv. au pl., **acta**, *ōrum*, **1.** faits, actions ; **2.** procès-verbaux des assemblées, d'où : lois, ordonnances, décrets, *acta alicuius servare, rescindere* : maintenir, annuler les décisions de qqn. **3.** registre officiel où sont rapportés l'objet de la discussion, les propositions, les décisions de l'assemblée, *acta diurna populi Romani* : journal officiel, registre publics du peuple romain ; registre d'état civil ; actes judiciaires, *acta fori* : journal du forum, des tribunaux ; **4.** chr. *Acta apostolica* : les Actes des apôtres.

actŭōsē, adv., avec action, passion, véhémence.

actŭōsus, *a, um*, [~*sior*], actif, passionné, véhément.

① **actus**, *a, um*, V. *ago*.

② **actŭs**, *ūs*, m.,
I 1. mouvement, impulsion ; **2.** action de pousser, de faire avancer ; **3.** espace, étendue de terrain où on a le droit de faire passer le bétail, d'où : mesure de superficie (120 pieds carrés).
II 1. action de se mouvoir, mouvement, allure ; **2.** activité, action ; **3.** activité administrative, gestion, charge, fonction ; **4.** procédure ; **5.** gestes, jeu d'un acteur ; représentation théâtrale ; acte d'une pièce de théâtre.
III période, espace de temps, *primus ~ vitæ* : début de la vie.

actūtum, adv., aussitôt, rapidement.

ăcŭālis, *e*, adj., gramm., pourvu de l'accent aigu.

ăcŭla, V. *aquula*.

ăcŭlĕātus, *a, um*, pourvu d'un aiguillon piquant ; fig., piquant, mordant, subtil.

Ăcŭlĕo, *ōnis*, m., Aculéo, surnom de diff. familles rom.

ăcŭlĕus, *i*, m., **1.** aiguillon, dard, piquant, pointe ; **2.** fig., trait piquant, mordant.

ăcūmen, *ĭnis*, n., **1.** pointe, aiguillon, dard ; fig., aiguillon, piquant ; **2.** pénétration d'esprit, finesse, subtilité ; au pl., subtilités, finesses, artifices.

ăcūmĭno, *ās*, *āre*, tr., aiguiser, affiler.

ăcŭo, *ĭs, ĕre, ăcŭi, ăcūtum*, tr., **1.** rendre aigu, pointu, aiguiser, affiler ; fig., aiguiser, rendre plus vif ; **2.** exercer, stimuler, animer, *juventutem ~ ad dicendum* : exciter la jeunesse à parler.

① **ăcus**, *i*, m., aiguille, poisson de mer.

② **ăcŭs**, *ūs*, f., **1.** aiguille ; **2.** épingle à cheveux.

Ăcūsĭlās, *æ*, m., Acousilas, historien.

ăcūtē, adv., [*~tius, ~tissime*], **1.** d'une manière aiguë, perçante ; **2.** finement, spirituellement.

Acūtĭlĭānus, *a, um*, d'Acutilius ‖ **Acūtĭlĭus**, *ĭi*, m., Acutilius, ami d'Atticus.

Acūtĭus, *ĭi*, m., Marcus Acutius, tribun de la plèbe.

ăcūtŭlē, adv., avec un certain piquant.

ăcūtŭlus, *a, um*, un peu fin, aigu, subtil.

ăcūtus, *a, um*, [*~tior, ~tissimus*], **1.** aigu, vif, pointu, perçant, épineux ; **2.** fig., fin, subtil, ingénieux, clairvoyant, perspicace.

ad, prép. + acc.

> **I. direction vers :**
>   **1.** lieu avec mvt. : à, vers, chez, dans la direction de, près de, jusqu'à
>   **2.** lieu avec vb., nom ou adj. impliquant mvt.
>   **3.** temps : jusqu'à
>   **4.** aboutissement d'une action : jusqu'à
> **II. proximité :**
>   **1.** lieu sans mvt. : à, vers, du côté de, chez, près de
>   **2.** temps : à, vers, aux environs de
>   **3.** mesure : environ, près de
> **III. but :** pour, en vue de
> **IV. relation :**
>   **1.** pour, quand il s'agit de, en matière de
>   **2.** conformément à, d'après, selon
> **V. addition :** à, en outre, en plus de

I 1. à, vers, chez, dans la direction de, près de, jusqu'à, *eo ad Romam* : je vais dans la direction de Rome, *eo ad patrem* : je vais chez mon père, *mittere librum ad aliquem* : envoyer un livre à qqn. ; avec gén. (ss.-ent. *domum, ædem*), *eo ad Jovis* : je vais au temple de Jupiter ; **2.** *impellere ad faciendum* : pousser à faire, *cupiditas ad venandum* : la passion de chasser, *propensus ad misericordiam*, enclin à la pitié ; **3.** jusqu'à, *a sole orto usque ad noctem* : du lever du jour jusqu'à la nuit ; **4.** jusqu'à, *ad necem cædi* : être battu à mort, *ad assem perdere* : perdre jusqu'à son dernier sou.

II 1. à, vers, du côté de, chez, près de, *sum ad Romam* : je suis près de Rome, *sum ad patrem* : je suis chez mon père, *pugna ad Cannas* : la bataille de Cannes (= *apud*) ; avec gén., *sum ad Jovis* : je suis au temple de Jupiter ; **2.** à, vers, aux environs de, *ad noctem* : à la nuit, *ad vesperum* : vers le soir ; **3.** environ, près de, *ad ducentos* : environ deux cents ; rar. adv. *ad mille trecenti* : environ mille trois cents.

III pour, en vue de, *ad omnes casus* : pour faire face à toutes les éventualités ; avec gér. ou adj. vb., *ad petendam pacem mittere legatos* : envoyer des légats pour demander la paix.

IV 1. pour, quand il s'agit de, en matière de, *ad omnia cæcitas* : aveuglement en tout, *impiger ad labores belli* : actif aux travaux de la guerre ; **2.** conformément à, d'après, selon, *ad lineam* : en suivant la ligne, *agere ad præscriptum* : agir selon les ordres.

V en plus de, outre, *ad hæc* : outre cela.

ad~, préf. marquant la direction, le commencement d'une action, la juxtaposition, l'accroissement, l'addition ; le *d* s'assimile qqf. à la cons. suiv. : devant *c, f, g, l, m, n, p, r, s, t* ; devant *b*, devient qqf. *r* ; devant *q*, devient *c* ; disparaît qqf. devant *s*.

ădactĭo, *ōnis*, f., action de contraindre, d'amener à faire qqch.

ădactŭs, *ūs*, m., action d'appliquer, d'amener.

ădæquātĭo, *ōnis*, f., action d'égaler, d'adapter.

ădæquē, adv., aussi, autant, également.

ădæquo, *ās, āre*, tr. et intr., **1.** rendre égal, mettre au même plan que, *~tecta solo* : mettre les murs au niveau du sol, raser, *~ cum virtute fortunam* : élever sa fortune à la hauteur de son mérite ; **2.** égaler en comparant, comparer ; **3.** égaler, atteindre le niveau de, *aliquem ~ gratiā* : égaler qqn. en crédit ; **4.** abs., être égal, se partager en deux moitiés égales.

ădæstŭo, *ās, āre*, intr., s'élever en bouillonnant.

ădăgĭo, *ōnis*, f., et **ădăgĭum**, *ĭi*, n., adage, maxime.

ădagnĭtĭo, *ōnis*, f., action de connaître.

ădămantēus, *a, um*, d'acier, dur comme l'acier.

ădămantīnus, V. le préc.

ădămās, *antis*, m., **1.** acier ; ext., tout objet solide et dur comme l'acier ; **2.** diamant.

Ădămāstus, *i*, m., Adamastus, nom d'un hab. d'Ithaque.

ădămātŏr, *ōris*, m., amant.

ădambŭlo, *ās, āre*, intr., marcher aux côtés de.

ădămo, *ās, āre*, tr., **1.** prendre en affection, s'éprendre de ; **2.** aimer passionnément ; **3.** aimer d'un amour coupable.

ădăpĕrĭo, *īs, īre, pĕrŭi, pertum*, tr., **1.** découvrir, mettre à nu, dévoiler ; **2.** ouvrir grand, ouvrir (ce qui était fermé).

ădăpertĭlis, *e*, adj., qu'on peut ouvrir.

ădăpertĭo, *ōnis*, f., **1.** ouverture ; **2.** explication.

ădapto, *ās, āre*, tr., adapter, approprier.

ădăquo, *ās, āre*, tr., **1.** faire boire ; **2.** aller boire.

ădăquor, *āris, āri*, intr., faire provision d'eau.

ădāresco, *īs, ĕre*, intr., sécher.

ădauctŏr, *ōris*, m., celui qui enrichit.

ădauctŭs, *ūs*, m., accroissement, augmentation.

ădaugĕo, *ēs, ēre, auxi, auctum*, tr., **1.** augmenter, accroître ; **2.** vouer, consacrer, offrir en sacrifice (V. *augeo*).

ădaugesco, *īs, ĕre*, intr., commencer à s'accroître, à s'agrandir.

ădaugmĕn, *ĭnis*, n., augmentation, croissance.

adbĭbo, *īs, ĕre, bĭbi*, tr., **1.** boire, s'abreuver à ; **2.** fig., boire (les paroles), écouter avidement, s'imbiber, se pénétrer (d'un discours).

adbĭto, *īs, ĕre*, intr., s'approcher, avancer.

adblătĕro, *ās, āre*, tr., débiter, jaser.

adc~, V. *acc~*.

Adda, *æ*, f., Adda, v. de Mauritanie.

Addās, *æ*, m., Addas, prénom africain.

addĕcet, impers., il est convenable, il sied.

addensĕo, *ēs, ēre*, tr., épaissir.

Addensis, *e*, adj., d'Adda.

addīco, *īs, ĕre, dixi, dictum*, tr. et intr., **I 1.** être favorable à qqn., se prononcer en faveur de qqn. (dans la langue augurale), donner des présages favorables, être favorable ; **2.** jur., se prononcer en faveur de qqn., lui attribuer la possession de, *bona ~ alicui* : adjuger des biens à qqn., *~ aliquem alicui* : livrer qqn. à qqn., *addictus* : remis comme esclave aux créanciers ; adjuger, vendre, *~ pecuniā* : adjuger pour de l'argent, *~ in publicum* : adjuger au profit de l'État ; **3.** dédier, consacrer, vouer, *aliquem ~ morti* : vouer qqn. à la mort, abandonner, *suos ~ amores* : sacrifier ce qu'on aime.
II désigner, nommer, *aliquem ~ arbitrum* : désigner qqn. comme arbitre.

addictĭo, *ōnis*, f., adjudication légale.

addictus, *i*, m., V. *addico* **I, 2.**

addisco, *īs, ĕre, dĭdĭci*, tr., apprendre en plus, ajouter à ce que l'on sait.

addĭtāmentum, *i*, n., addition, ajout, complément.

addĭtīcĭus, *a, um*, supplémentaire.

addo, *īs, ĕre, dĭdi, dĭtum*, tr., **1.** placer, mettre à côté, en plus, *frena ~ equis* : mettre un mors aux chevaux ; **2.** joindre, attacher à, *~ aliquem comitem* : donner à qqn. comme compagnon ; spéc., *additus + dat.*, attaché à, acharné contre, *Teucris addita Juno* : Junon acharnée contre les Troyens ; **3.** consacrer, *noctem ~ operi* : consacrer la nuit au travail ; **4.** appliquer, donner, inspirer, *alicui animum ~* : donner du courage à qqn. ; **5.** augmenter, ajouter, *gradum ~* : doubler le pas, *in orationem quædam ~* : ajouter certaines choses au discours, *~ sceleri scelus* : entasser crime sur crime ; *adde quod + ind.* : ajoute que, qqf. avec *ut* + subj. ; **6.** additionner.

addŏcĕo, *ēs, ēre*, tr., enseigner en plus.

addormĭo, *īs, īre*, et **addormisco**, *īs, ĕre*, intr., s'endormir un peu, faire un petit somme.

Addŭa et **Adŭa**, *æ*, f., Adduam, riv. de la Gaule Cisalpine, auj. Adda.

addŭbĭto, *ās, āre*, tr. et intr., incliner au doute, hésiter (avec interr. indir.).

addūco, *īs, ĕre, duxi, ductum*, tr., **1.** attirer à soi ; **2.** tendre, contracter, *arcum ~* : tendre un arc, *frontem ~* : plisser le front ; **3.** conduire vers, amener à, *ad ægros medicum ~* : amener le médecin aux malades, *~ in jus* : *~ in judicium* : faire comparaître en justice ; **4.** pousser, entraîner à, *ad iracundiam ~* : mettre en colère, *in metum ~* : faire peur à ; *~ ut* + subj. : conduire à ce que ; passif : être amené à ; *~ in extremum discrimen* : mettre dans une situation critique, *est res jam in eum locum adducta ut...* : l'affaire en est déjà venue à ce point que...

adductus, *a, um*, part. adj., [*~tior*], **1.** contracté, resserré ; **2.** plissé, ridé ; **3.** grave, sévère, rigoureux.

ădĕdo, *īs, ĕre, ēdi, ēsum*, tr., pr. et fig., **1.** commencer à manger, à ronger, entamer ; **2.** manger, dévorer.

Ădelphāsĭum, *ĭi*, n., Adelphasium (nom d'une courtisane), PL.

Ădelphi, *ōrum*, m. pl., « Les Adelphes » (titre d'une pièce de Térence)

ădemptĭo, *ōnis*, f., action d'enlever, confiscation.

ădemptŏr, *ōris*, m., celui qui enlève.

① **ădĕo**, adv., **1.** jusque-là, jusqu'à ce point (dans l'espace et dans le temps), *res rediit* : la chose en est arrivée à ce point ; tant, tellement, *~ omnis senatus*

Hannibalis erat : tant le sénat était dans son ensemble acquis à Hannibal ; **2.** ~ *ut* + subj. : à tel point que, ~ *non sustinebant ut contra etiam pedem referrent* : ils les soutenaient si peu que même ils lâchèrent pied (~ *non* = loin de) ; **3.** (pour renforcer) et même, bien plus : *ducem hostium intra mœnia atque* ~ *in senatu* : nous voyons le chef des ennemis dans nos murs et même au sénat ; **4.** précisément, justement, surtout, *te* ~ *consule* : sous ton consulat précisément, VIRG.

② **ădĕo**, *īs, īre, īvi (ĭi), ĭtum*, intr. et tr., **1.** aller vers, s'approcher de, ~ *ad aliquem* : aller vers qqn., ~ *ad urbem* : s'approcher de la ville ; sans prép. : ~ *prætorem* : aller trouver le préteur, ~ *curiam* : entrer dans la curie, ~ *Corinthum* : aller voir, visiter Corinthe ; **2.** s'adresser, avoir recours à qqn., à qqch., ~ *deos* : invoquer les dieux, ~ *libros* : consulter les livres ; **3.** s'approcher de (avec hostilité), attaquer, ~ *oppida* : attaquer les places fortes, *ad hostes* : aller attaquer l'ennemi ; **4.** s'attaquer à, aborder, entreprendre, ~ *ad periculum* : affronter un danger, ~ *ad rem publicam* : se lancer dans la politique.

Adeodatus, *i*, m., Adéodat (fils de saint Augustin).

ădeps, *ĭpis*, f., **1.** graisse ; au pl., *adipes, ium*, embonpoint, obésité ; **2.** enflure, boursouflure (du style).

ădeptĭo, *ōnis*, f., acquisition.

ădĕquĭto, *ās, āre*, tr. et intr., **1.** passer à cheval auprès de ; **2.** aller à cheval jusqu'à, s'approcher à cheval de.

ăderro, *ās, āre*, intr., errer auprès ou autour.

ădēsŭrĭo, *īs, īre*, intr., commencer à avoir faim.

adf~, V. *aff~*.

adfŏrĕ, inf. fut. de *adsum*.

adfŭtūrus, *a, um*, part. fut. de *adsum*.

adg~, V. *agg~*.

adhærentĭa, *æ*, f., adhérence.

adhærĕo, *ēs, ēre, hæsi, hæsum*, intr., **1.** être attaché à, s'attacher à, coller à, ~ *saxis* : être attaché aux rochers, *manus oneri adhærentes* : mains qui ne peuvent se décoller de leur fardeau ; fig., *fortunæ nulli* ~ : n'être attaché à aucune situation, *lateri* ~ : être aux trousses ; **2.** toucher à, être voisin, contigu (dans l'espace et dans le temps).

ădhæresco, *īs, ĕre, hæsi, hæsum*, intr., **1.** devenir adhérent, s'attacher à, *ad saxa Sirenum* ~ : rester collé aux rochers des Sirènes (ou s'écraser sur) ; **2.** s'attacher à, ne point s'éloigner de, ~ *justitiæ* : s'atta-

cher à la justice ; **3.** abs., s'arrêter, rester court (orateur).

ădhæsĭo, *ōnis*, f., adhésion.

ădhæsŭs, *ūs*, m., adhérence, union étroite.

Ădherbăl, *ălis*, m., Adherbal, roi de Numidie.

ădhĭbĕo, *ēs, ēre, hĭbŭi, hĭbĭtum*, (cf. *habeo*), tr., **1.** tenir vers, du côté de, appliquer à, *huc adhibete aures* : tournez vos oreilles de ce côté ; **2.** appliquer, offrir, ~ *ægro medicinam* : employer un remède pour un malade, ~ *preces diis* : offrir des prières aux dieux ; **3.** faire venir pour, employer, ~ *aliquem ad consilium* : faire venir qqn. pour un conseil, ~ *Siciliam testem* : invoquer comme témoin la Sicile ; **4.** faire servir, faire usage de, employer, ~ *sævitiam in famulos* : user de cruauté envers les serviteurs ; **5.** traiter comme, ~ *aliquem liberaliter* : traiter qqn. avec générosité ; **6.** *se* ~ : se comporter, se montrer, *se* ~ *severius* : se montrer plus rigoureux.

ădhĭbĭtĭo, *ōnis*, f., **1.** admission ; **2.** emploi.

ădhinnĭo, *īs, īre*, intr., **1.** hennir à la vue de ; **2.** fig., pousser des cris de joie à.

ădhoc, V. *adhuc*.

ădhortāmĕn, *ĭnis*, n., motif d'encouragement.

ădhortātĭo, *ōnis*, f., exhortation, encouragement.

ădhortātŏr, *ōris*, m., celui qui exhorte, encourage.

ădhortātŭs, *ūs*, m., V. *adhortatio*.

ădhortor, *āris, āri, hortātus sum*, tr., exhorter, encourager, engager ; ~ *ut* + subj. : engager à, *ne* + subj. : à ne pas.

ădhūc, adv., **1.** jusqu'à ce point-ci, jusqu'ici, encore, *nihil* ~ : rien jusqu'à présent, *numquam* ~ : jamais encore ; **2.** de plus, en outre, *unam rem* ~ *adjiciam* : j'ajouterai une chose encore ; **3.** avec *ut* + subj., V. *adeo* ①.

ădhūcĭne = *adhucne*, encore ?

Ădĭăbēnē, *ēs*, et **Ădĭăbēna**, *æ*, f., Adiabène, région d'Assyrie, auj. le Kurdistan ‖ **Ădĭăbēni**, *ōrum*, m. pl., les hab. de l'Adiabène ‖ **Ădĭăbēnus**, *a, um*, de l'Adiabène.

Ădĭātŏrix, *ĭgis*, m., Adiatorix, roi des Comaniens (Cappadoce).

ădĭcĭo, V. *adjicio*.

ădĭgo, *īs, ĕre, ēgi, actum*, tr., **1.** pousser vers, amener à, amener près de ; **2.** pousser, lancer, enfoncer, *telum* ~ : lancer un trait, ~ *ferrum jugulo* : enfoncer le fer dans la gorge ; **3.** pousser à, contraindre, obliger, *ad mortem* ~ : pousser à la mort,

~ *ad jus jurandum, jure jurando* : contraindre à prêter serment ; **4.** réduire à, former, façonner.

ădĭmo, *ĭs, ĕre, ēmi, emptum*, tr., enlever, ôter, supprimer ; poét., ôter le droit de ; poét., *ademptus* : enlevé par la mort.

ădimplĕo, *ēs, ēre, ēvi, ētum*, tr., **1.** remplir ; **2.** accomplir.

ădimplētĭo, *ōnis*, f., chr., accomplissement.

ădinfĕro, *fers, ferre, tŭli*, tr., citer (un texte).

ădinflo, *ās, āre*, tr., enfler.

ădingrĕdĭor, *ĕris, i, gressus sum*, intr., pénétrer dans.

ădinsurgo, *ĭs, ĕre, rexi, rectum*, intr., s'élever.

ădinvĕnĭo, *ĭs, īre, vēni, ventum*, tr., découvrir en plus.

ădinventŏr, *ōris*, m., inventeur.

ădinvestīgo, *ās, āre*, tr., découvrir à force de recherches.

ădinvĭcem, V. *invicem*.

ădĭpālis, *e*, adj., graisseux.

ădĭpāta, *ōrum*, n. pl., pâtisserie, pâté gras.

ădĭpātus, *a, um*, **1.** gras ; **2.** (style) empâté, lourd.

ădĭpiscor, *ĕris, i, ădeptus sum*, tr., arriver à, atteindre (pr. et fig.), ~ *gloriam, senectutem, fugientes* : atteindre la gloire, la vieillesse, rejoindre les fuyards, + gén. : *rerum* ~ : s'emparer du pouvoir ; avec *ut (ne)* + subj. : obtenir que, arriver à ce que (ne... pas).

ădips, V. *adeps*.

ădĭtĭālis, *e*, adj., d'entrée en fonction (repas donné par les magistrats et les prêtres).

ădĭtĭo, *ōnis*, f., **1.** action d'aller vers ; **2.** jur., entrée en possession.

ădĭto, *ās, āre*, intr., aller trouver souvent.

ădĭtŭs, *ūs*, m., **1.** action d'aller vers, d'approcher ; **2.** accès, possibilité de pénétrer, entrée ; **3.** accès (auprès de qqn.), abord, audience ; **4.** entrée, accès d'un lieu, *in primo aditu* : tout à l'entrée ; **5.** moyen d'accès, occasion, ouverture, *nactus* ~ *ad ea conanda* : trouvant une occasion de tenter cette entreprise.

① **adjăcentĭa**, *æ*, f., bonne disposition.

② **adjăcentĭa**, *ĭum*, n. pl., les environs.

adjăcĕo, *ēs, ēre, ŭi*, intr., **1.** être couché auprès de ; **2.** être situé auprès de, être voisin de.

adjectĭo, *ōnis*, f., **1.** addition, adjonction, ajout ; **2.** augmentation, surenchère (ventes) ; **3.** (architecture) saillie ; bâtiment additionnel.

adjectŭs, *ūs*, m., action d'ajouter, d'approcher.

adjĭcĭo et **adīcĭo**, *ĭs, ĕre, jēci, jectum*, tr., **1.** jeter à, dans, en plus, *telum* ~ : lancer un trait ; *oculos* ~ : tourner les yeux vers ; **2.** mettre à côté, sur, dans ; spéc., ~ *album calculum* : mettre dans l'urne un caillou blanc (= émettre un vote favorable) ; fig., ~ *animos* : inspirer du courage ; **3.** ajouter, joindre à, *munitionem* ~ : ajouter un retranchement, *ad belli laudem ingenii gloriam* ~ : ajouter à la gloire des armes celle du talent ; ajouter (à ce qu'on dit), *adjicio quod* + ind., *ut* + subj. : ajouter que.

adjūdĭcātĭo, *ōnis*, f., adjudication.

adjūdĭco, *ās, āre*, tr., attribuer par jugement, adjuger, ~ *causam alicui* : donner gain de cause à qqn. ; ext., attribuer qqch. à qqn.

adjŭgo, *ās, āre*, tr., attacher au joug ; lier.

adjūmentum, *i*, n., aide, secours, assistance.

adjunctĭo, *ōnis*, f., **1.** action de joindre, d'unir ; union, liaison ; **2.** rapprochement, *animi* ~ : sympathie ; **3.** rhét., action de joindre ; jonction (ellipse), répétition.

adjunctŏr, *ōris*, m., celui qui joint ajoute.

adjunctum, *i*, n., **1.** ce qui se rattache à ou caractérise ; **2.** au pl., *adjuncta, orum* circonstances accessoires.

adjunctus, *a, um*, part. adj., [~ *tior, ~tissinus*], lié, adjoint à.

adjungo, *ĭs, ĕre, junxi, junctum*, tr., **1.** attacher, atteler, joindre ; **2.** adjoindre, unir, associer, *se* ~ *socium fugæ* : s'associer à l'exil de qqn., *ad causam alicujus se* ~ : embrasser le parti de qqn., *urbem* ~ *ad amicitiam* : gagner l'amitié d'une ville ; **3.** adjoindre, ajouter, *agros* ~ : annexer des terres ; ajouter (à ce que l'on dit), *similitudines* ~ : joindre des exemples ; **4.** attacher, appliquer, ajouter, *fidem* ~ : ajouter foi, *pœnam* ~ : infliger un châtiment ; **5.** appliquer (son esprit), ~ *animum ad studium* : s'adonner à l'étude.

adjūrātĭo, *ōnis*, f., action de jurer au nom de qqch. + gén.

adjūro, *ās, āre*, tr., **1.** jurer en outre, ajouter comme serment ; **2.** affirmer par serment, jurer que + prop. inf. ; **3.** jurer par *per deos* ~ : jurer par les dieux ; **4.** adjurer, supplier.

adjūtābĭlis, *e*, adj., secourable.

adjūto, *ās, āre*, tr., aider, seconder, soulager qqn. + acc. ou dat.

adjūtŏr, *ōris*, m., **1.** celui qui aide ; soutien, aide, appui, ~ *consiliorum* : qui aide à réaliser les projets, ~ *victoriæ* : qui contribue à la victoire ; **2.** auxiliaire, adjoint collaborateur, ~ *consuli datus* : donné comme adjoint au consul.

adjūtŏrĭum, *ĭi*, n., aide, assistance.

adjūtrix, *īcis*, f., **1.** celle qui aide, qui soutient ; **2.** *legiones adjutrices* : légions auxiliaires (composées de soldats de la flotte).

adjŭvo, *ās, āre, jūvi, jūtum,* tr., **1.** aider, appuyer, seconder qqn. ; **2.** entretenir, soutenir, fortifier, *ignem* ~ : entretenir le feu ; **3.** servir à, être utile, *ad verum probandum auctoritas juvat* : l'autorité sert à confirmer la vérité ; **4.** impers. avec inf. ou *quod* + ind., *adjuvat procedere in virtute* : il est profitable d'avancer dans la vertu ; qqf. avec *ut* + subj.

adl~, V. *all~*.

admātūro, *ās, āre,* tr., hâter.

admĕmŏrātĭo, *ōnis,* f., rappel à la mémoire.

admētĭor, *īris, īri, mensus sum,* tr., mesurer.

Admētus, *i,* m., Admète, roi de Thessalie, dont l'épouse Alceste consentit à mourir à la place de son mari.

admīgro, *ās, āre,* intr., aller trouver.

admĭnĭcŭla, *æ,* f., **1.** appui ; **2.** servante.

admĭnĭcŭlo, *ās, āre,* tr., étayer, appuyer, échalasser ; fig., appuyer, soutenir.

admĭnĭcŭlor, *āris, āri,* V. le préc.

admĭnĭcŭlum, *i,* n., étai, échalas ; soutien, instrument pour soutenir ; fig., soutien, appui, assistance.

admĭnister, *tri,* m., **1.** celui qui aide par son travail, ses services, agent ; **2.** exécutant, complice.

admĭnistra, *æ,* f. du préc.

admĭnistrātĭo, *ōnis,* f., **1.** action d'aider, assistance, ministère ; **2.** maniement, usage pratique, ~ *navis* : maniement d'un vaisseau ; **3.** gestion, direction, administration, exercice.

admĭnistrātīvus, *a, um,* actif.

admĭnistrātŏr, *ōris,* m., gérant, administrateur.

admĭnistro, *ās, āre,* tr., **1.** aider, assister, seconder ; **2.** exécuter, s'occuper de ; **3.** conduire, diriger, gérer, administrer, ~ *bellum, provinciam, rem familiarem* : conduire la guerre, administrer une province, gérer ses biens ; **4.** abs., faire son service.

admĭrābĭlis, *e,* adj., *[~lior]*, admirable, étonnant, merveilleux, surprenant.

admĭrābĭlĭtās, *ātis,* f., fait d'être admirable.

admĭrābĭlĭtĕr, adv., admirablement, étonnamment, de façon surprenante.

admĭrandus, *a, um,* qui doit être admiré.

admīrātĭo, *ōnis,* f., **1.** étonnement, surprise ; **2.** admiration ; **3.** ce qui étonne, fait admirer.

admīrātŏr, *ōris,* m., admirateur.

admīror, *āris, āri, ātus sum,* tr., **1.** voir avec étonnement, être surpris de, *aliquam rem, in aliquā re, de aliquā re* ~ : s'étonner de qqch. ; avec prop. inf. ou *quod* + ind. ou subj., s'étonner que, de ce que ; avec interr. indir. : se demander ; **2.** admirer, voir avec admiration.

admiscĕo, *ēs, ēre, miscŭi, mixtum,* tr., **1.** ajouter en mélangeant ; mêler à, adjoindre ; **2.** immiscer, impliquer dans.

admissārĭus *(ĕquus)*, *i,* m., étalon ; fig., débauché.

admissĭo, *ōnis,* f., **1.** action d'introduire, admission, accès, audience ; spéc., audience de l'empereur ; **2.** saillie, monte (d'une jument).

admissŏr, *ōris,* m., **1.** qui introduit ; **2.** qui commet qqch.

admissum, *i,* n., action, acte (surt. mauvais), crime, méfait.

admissūra, *æ,* f., monte, saillie ; haras.

admissŭs, *ūs,* m., action d'admettre.

admitto, *ĭs, ĕre, mīsi, missum,* tr., **1.** envoyer vers, laisser aller, lancer, pousser, ~ *equum* : lancer son cheval, *equo admisso* : à bride abattue ; **2.** laisser entrer, admettre, introduire, donner accès, donner audience ; **3.** écouter favorablement, bien accueillir, exaucer ; **4.** laisser faire, admettre, permettre ; spéc. dans la langue augurale : être favorable ; **5.** commettre (un méfait).

admixtĭo, *ōnis,* f., mélange.

admixtŭs, *ūs,* m., V. le préc.

admŏdĕrātē, adv., d'une manière appropriée.

admŏdĕror, *āris, āri,* intr., se retenir.

admŏdum, adv., **1.** selon la mesure exacte, exactement, en tout, *mille* ~ *hostium* : mille ennemis en tout ; **2.** pleinement, tout à fait, fort, très, ~ *dives* : tout à fait riche, *nuper* ~ : tout récemment ; avec nég., pas du tout, *litterarum* ~ *nihil sciebat* : il ne connaissait absolument rien aux lettres ; **3.** avec indication d'âge, *puer* ~ : encore tout enfant ; **4.** dans une réponse : oui, tout à fait.

admœnĭo, *īs, īre,* tr., entourer d'un mur, investir.

admōlĭor, *īris, īri, mōlītus sum,* tr., **1.** élever, entasser avec effort ; **2.** faire des efforts vers ; s'efforcer d'approcher.

admŏnĕo, *ēs, ēre, mŏnŭi, mŏnĭtum,* tr., **1.** remettre dans l'esprit, rappeler, avertir, ~ *aliquem alicujus rei* ou *de aliquā re* : rappeler qqch. à qqn. ; **2.** informer, avertir, ~

aliquem : informer qqn., avec prop. inf. : informer que ; avec interr. indir., faire comprendre ; **3.** rappeler de, inviter, exhorter, inciter à, avec *ut/ne* + subj. ; **4.** admonester.

admŏnĭtĭo, *ōnis*, f., **1.** action de rappeler, souvenir, ressouvenir ; **2.** avertissement, avis ; **3.** remontrance.

admŏnĭtŏr, *ōris*, m., celui qui rappelle, fait ressouvenir, conseille.

admŏnĭtrix, *īcis*, f. du préc.

admŏnĭtum, *i*, n., avertissement, conseil.

admŏnĭtŭs, *ūs*, m., **1.** rappel ; **2.** conseil, avertissement ; **3.** exhortation ; **4.** réprimande.

admordĕo, *ēs, ēre, mŏmordi* (arch. *admĕmordi*), *morsum*, tr., mordre dans, enlever en mordant ; fig., soutirer de l'argent à qqn., escroquer.

admorsŭs, *ūs*, m., morsure.

admōtĭo, *ōnis*, f., **1.** application ; **2.** application (des doigts sur un instrument de musique), doigté.

admŏvĕo, *ēs, ēre, mōvi, mōtum*, tr., **1.** faire approcher, faire avancer, *~ exercitum ad Ariminum* : faire avancer l'armée vers Ariminum ; **2.** rapprocher ; fig., réconcilier ; **3.** avancer, approcher, *~ labra poculis* : approcher les lèvres de la coupe, *~ manum operi* : mettre la main à l'ouvrage ; **4.** approcher, appliquer, employer, *~ aures* : prêter l'oreille, *~ orationem animis judicum* : mettre son discours à la portée de l'esprit des juges, *~ terrorem* : semer la terreur.

admūgĭo, *īs, īre*, intr., mugir à.

admurmŭrātĭo, *ōnis*, f., murmure d'approbation ou de désaveu.

admurmŭro, *ās, āre*, intr., réagir par un murmure à.

admŭtĭlo, *ās, āre*, tr., tondre, escroquer.

adna~, adni~, adno~, V. *anna~, anni~, anno~*.

adnascor, V. *agnascor*.

adnātus, V. *agnatus*.

adnōm~.V. *agnom~*

adnosco, V. *agnosco*.

adnu~, V. *annu~*.

Ădŏlenda, *æ*, f., Adolenda, déesse qui, avec *Commolenda, Coinquenda* et *Deferenda*, préside à la destruction d'un arbre frappé par la foudre ; cf. *adoleo* : faire brûler.

ădŏlĕo, *ēs, ēre, ădŏlĕvi, ădultum*, tr., **1.** transformer en fumée ; **2.** faire brûler (parfums, encens pour honorer un dieu) ; **3.** couvrir de la fumée des offrandes ; **4.** brûler.

ădŏlescens, V. *adulescens*.

① **ădŏlesco**, *ĭs, ĕre, ădŏlĕvi, ădultum*, intr. pousser, croître, grandir, se développe (pr. et fig.).

② **ădŏlesco**, *ĭs, ĕre*, intr., se transforme en fumée.

Ădōn, *ōnis*, V. *Adonis* ‖ **Ădōnĕus**, *ĕi (ĕos)*, V. *Adonis* ‖ **Ădōnĕus**, *a, um*, d'Adonis **Ădōnis**, *ĭdis*, m., Adonis, aimé de Vénu et, victime de la jalousie de Mars, dé chiré par un sanglier.

ădōnĭum, *ĭi*, n., fleur (« goutte de sang » en laquelle fut transformé Adonis.

ădŏpĕrĭo, *īs, īre, ŏpĕrui, opertum*, tr. **1.** couvrir ; **2.** fermer.

ădŏpīnor, *āris, āri*, tr., ajouter foi à.

ădoptātīcĭus, *a, um*, adoptif, adopté.

ădoptātĭo, *ōnis*, f., adoption.

ădoptĭo, *ōnis*, f., **1.** action d'adopte adoption ; **2.** greffe.

ădoptīvus, *a, um*, **1.** qui concern l'adoption, adoptif ; **2.** obtenu par l greffe.

ădopto, *ās, āre*, tr., **1.** prendre pour so par choix, choisir, s'approprier ; **2.** adop ter (ex., pour fils) ; fig., prendre, adopte (comme nom) ; **3.** greffer.

ădŏr, *ŏris (ōris)*, n., épeautre.

ădōrābĭlis, *e*, adj., adorable.

ădōrātĭo, *ōnis*, f., adoration, supplica tion.

ădōrātŏr, *ōris*, m., adorateur.

ădōrĕus, *a, um*, d'épeautre.

Adōrĕus (mons), m., (mont) Adoré (Galatie).

ădŏrĭa (ădŏrĕa), *æ*, f., présent de blé (o fert aux soldats valeureux) ; récompens pour la bravoure ; gloire.

ădŏrĭo, V. *adorior*.

ădŏrĭor, *īris, īri, ortus sum*, tr., **1.** se leve pour aller vers, aborder ; **2.** attaquer, as saillir ; **3.** s'attaquer à, entreprendre, ten ter.

ădornātē, adv., d'une manière élégante

ădorno, *ās, āre*, tr., **1.** préparer, apprête équiper (navires, guerre) ; avec inf + sub ou avec inf. : préparer tout pour que, s préparer à ; **2.** orner, parer, décorer.

ădōro, *ās, āre*, tr., **1.** adresser la parole qqn. ; **2.** prier, demander en priant, ave *ut* + subj., demander de ; **3.** adorer, ren dre un culte, adorer ; spéc., se proster ner devant (à l'orientale).

ădoxus, *a, um*, sans gloire.

adp ~, adqu~, V. *app~, acqu~*.

adrādo, *ĭs, ĕre, rāsi, rāsum*, tr., **1.** raser, ra cler, gratter ; **2.** dégrossir (un ouvrage) **3.** fig., tondre, duper.

Ădrămyttēum, *i*, et **~myttĭon**, *ĭi*, n., ou **~myttēos**, *i*, f., Adramytte, v. de Mysie.

Adrăna, *æ*, m., Adrana, fl. de Germanie.

Ădrastēa (**~ĭa**), *æ*, f., Adrastée (= que l'on ne peut pas fuir), surnom de la Némésis.

Ădrastēus, *a*, *um*, d'Adraste ‖ **Ādrastis**, *ĭdis*, f., fille d'Adraste ‖ **Ādrastus**, *i*, m., Adraste, roi d'Argos, un des sept chefs qui luttèrent contre Thèbes.

Ădrĭa~, V. *Hadria~*.

adri~, adro~, V. *arri~, arro~*.

Ădrūmētīni, *ōrum*, m. pl., les hab. d'Adrumète ‖ **Ādrūmētum**, *i*, n., Adrumète, v. d'Afrique.

adrŭo, *ĭs*, *ĕre*, tr., entasser ; amonceler.

Ădryăs, *ădis*, f., Hamadryade, nymphe des bois.

ads~, adsc~, adst~, V. *ass~, asc~, ast~*.

adsum, *es*, *esse*, *adfŭi*, intr., **1.** être là, être présent, être auprès, assister à, participer à, *omnes qui aderant* : tous ceux qui étaient là, ~ *senatui* : assister aux séances du sénat ; **2.** être là, arriver, *hi jam adfuturi videntur* : il paraît qu'ils arriveront bientôt ; **3.** comparaître, se présenter, ~ *ad judicium* : se présenter devant le tribunal ; **4.** être présent, prêter assistance à qqn., défendre, ~ *Quinctio* : assister Quinctius, ~ *alicujus rebus* : veiller aux affaires de qqn.

adt~, V. *att~*.

Ăduăca, Ātŭāca, Ăduātŭca, Ătuātŭca, *æ*, f., Aduatuca, v. des Éburons, en Gaule Belgique ‖ **Ăduātŭci**, *ōrum*, m. pl., les Aduatuques, peuple de la Gaule Belgique.

ădūlābĭlis, *e*, adj., **1.** sensible à la flatterie ; **2.** caressant.

ădūlans, *antis*, part. adj., [*~tior*], caressant, flatteur.

ădūlantĕr, adv., avec flatterie.

ădūlātĭo, *ōnis*, f., **1.** caresse, adulation, flatterie ; **2.** action de se prosterner (à la mode orientale).

ădūlātŏr, *ōris*, m., adulateur, flatteur.

ădūlātōrĭē, adv., avec basse complaisance.

ădūlātrix, *īcis*, f., flatteuse.

ădūlescens, *entis*, **1.** adj., [*~tior*], qui grandit, jeune ; **2.** subst. m. et f., jeune homme, jeune fille, adolescent, adolescente (légalement, de 17 à 30 ans).

ădūlescentĭa, *æ*, f., **1.** jeunesse, adolescence ; **2.** les jeunes gens (V. *adulescens* 2).

ădūlescentŭla, *æ*, f., jeune fille, fillette.

ădūlescentŭlus, *a*, *um*, **1.** adj., tout jeune ; **2.** subst. m., *adulescentulus*, *i*, tout jeune homme ; péj., petit jeune homme.

ădūlo, *ās*, *āre*, tr., caresser, flatter.

ădūlor, *āris*, *āri*, *ātus sum*, tr., **1.** caresser, flatter, aduler ; **2.** flatter, flagorner + acc. ou dat. ; **3.** se prosterner devant (à l'orientale).

① **ădultĕr**, *ĕra*, *ĕrum*, (cf. *alter*), adj., **1.** adultère ; **2.** falsifié, faux.

② **ădultĕr**, *ĕri*, m., **ădultĕra**, *æ*, f., **1.** adultère (pers.) ; **2.** amant, amante ; **3.** faussaire.

ădultĕrātĭo, *ōnis*, f., altération.

ădultĕrātŏr, *ōris*, m., celui qui altère, falsifie.

ădultĕrīnus, *a*, *um*, **1.** falsifié, faux ; **2.** né de l'adultère, adultérin.

ădultĕrĭum, *ĭi*, n., **1.** adultère (acte) ; **2.** falsification, faux ; **3.** greffe, ente.

ădultĕro, *ās*, *āre*, tr., **1.** entraîner à l'adultère, corrompre ; abs., commettre un adultère ; **2.** falsifier, altérer.

ădultĕror, *āris*, *āri*, **1.** intr., commettre un adultère ; **2.** tr., falsifier, altérer.

ădultus, *a*, *um*, part. adj., qui a grandi, devenu grand ; fig., avancé, développé.

ădumbrātim, adv., de façon vague, floue.

ădumbrātĭo, *ōnis*, f., **1.** esquisse, ébauche ; **2.** illusion, apparence.

ădumbrātus, *a*, *um*, part. adj., **1.** esquissé, ébauché ; **2.** apparent, superficiel, vague ; **3.** faux, simulé.

ădumbro, *ās*, *āre*, tr., **1.** ombrager, abriter ; **2.** esquisser ; **3.** retracer, peindre, décrire ; **4.** imiter.

ădūnātĭo, *ōnis*, f., union, association.

ăduncĭtās, *ātis*, f., courbure.

ădunco, *ās*, *āre*, tr., courber, recourber en crochet.

ăduncus, *a*, *um*, recourbé en crochet, crochu.

ădurgĕo, *ēs*, *ēre*, tr., presser ; poursuivre, harceler.

ădūro, *ĭs*, *ĕre*, *ussi*, *ustum*, tr., **1.** brûler à la surface, griller ; **2.** brûler (par le froid) ; **3.** brûler d'amour.

ădustĭo, *ōnis*, f., action de brûler, brûlure.

ădustus, *a*, *um*, part. adj., [*~tior*], brûlé, hâlé.

advectīcĭus, *a*, *um*, importé, étranger.

advectĭo, *ōnis*, f., transport, importation.

advecto, *ās*, *āre*, tr., transporter, charrier.

advectŏr, *ōris*, m., celui qui transporte.

advectŭs, *ūs*, m., action de transporter, transfert.

advĕho, *ĭs, ĕre, vexi, vectum*, tr., amener, transporter (à cheval, en voiture, en bateau) ; passif : être transporté, arriver, aborder, approcher.

advēlo, *ās, āre*, tr., voiler, couvrir.

advĕna, *æ*, m. et f., celui, celle qui arrive qqp., étranger.

advĕnĕror, *āris, āri, ātus sum*, tr., vénérer, révérer, témoigner son respect.

advĕnĭo, *ĭs, īre, vēni, ventum*, intr., 1. arriver à, ~ *ad forum, in provinciam, ex urbe* : au forum, en province, de la ville ; 2. abs., arriver, *dies advenit* : le jour est arrivé.

adventīcĭus, *a, um*, 1. qui vient du dehors, de l'extérieur, étranger ; 2. qui vient en surplus, accidentel, inattendu ; 3. qui concerne l'arrivée, *adventicia cena* : repas de bienvenue.

advento, *ās, āre*, intr., approcher, *Romam ~* : approcher de Rome, *portis ~* : approcher des portes, *adventans senectus* : la vieillesse qui approche.

adventŏr, *ōris*, m., visiteur, client, hôte, étranger.

adventōrĭus, *a, um*, relatif à l'arrivée, *adventoria cena* : repas de bienvenue.

adventŭs, *ūs*, m., arrivée, approche, venue.

adverbĕro, *ās, āre*, tr., frapper sur.

adverro, *ĭs, ĕre*, tr., balayer.

adversābĭlis, *e*, adj., enclin à s'opposer.

adversārĭus, *a, um*, 1. qui se tient en face, à l'opposé ; spéc., subst. n. pl., *adversaria, orum*, ce que l'on a devant soi, notes, brouillons ; 2. opposé, contraire, adversaire ; subst. m. et f., adversaire, ennemi(e).

adversātĭo, *ōnis*, f., opposition, contradiction.

adversātŏr, *ōris*, m., celui qui s'oppose, adversaire.

adversātrix, *īcis*, f. du préc.

adversĭo, *ōnis*, f., application, *animi ~* : attention.

adversĭtās, *ātis*, f., 1. antipathie ; 2. adversité.

adversĭtŏr, *ōris*, m., esclave chargé d'aller au-devant de son maître.

adverso, *ās, āre*, tr., diriger sans relâche (son esprit) vers.

adversor, *āris, āri, ātus sum*, intr., être contraire, opposé à ; s'opposer à, faire opposition à, *fortunâ adversante* : malgré la fortune, *non ~ quominus* + subj., ne pas s'opposer à ce que.

adversum, V. *adversus* ②.

① **adversus**, *a, um*, part. adj., [*~sior, ~sissimus*], 1. tourné vers, en face de, *adversæ manus* : paume de la main, *adversa vunera* : blessures reçues en faisant face ; 2. en sens opposé, *adverso flumine* : en remontant le fleuve, en amont ; 3. opposé, contraire, fâcheux, *adversa fortuna* : mauvaise fortune, *adversæ res* : échecs, revers, *valetudo adversa* : mauvaise santé ; 4. hostile, *adversa acclamatio* : cris hostiles.

② **adversŭs** (**adversum**), 1. adv., contre, vis-à-vis, en face, ~ *ire alicui* : aller au-devant de qqn. ; 2. prép. + acc., a) en face de, face à, en présence de ; b) dans un sens opposé à, en remontant, ~ *clivum* : en remontant la pente ; c) au-devant de, contre, *copias ~ hostem ducere* : mener les troupes contre l'ennemi, ~ *rem publicam agere* : agir contre l'État ; d) à l'égard de, envers, face à, ~ *deos impii* : impies envers les dieux, *gratus ~ aliquem* : reconnaissant envers qqn. ; e) face à, devant, en comparaison de.

adverto, *ĭs, ĕre, verti, versum*, tr., 1. tourner, diriger vers, ~ *classem in portum* : diriger la flotte vers le port ; 2. diriger (son esprit) vers, *oculos ~ in* : diriger ses yeux vers, *animos ~ ad religionem* : attacher son esprit à la religion ; abs., être attentif, faire attention ; 3. sévir, punir, *in aliquem ~* : sévir contre qqn. ; 4. appeler l'attention (d'autrui), faire remarquer, avertir.

advespĕrascit, *ĕre, vesperāvit*, impers., se fait tard, le soir approche.

advĭābĭlis, *e*, adj., accessible.

advĭgĭlo, *ās, āre*, intr., veiller sur, être attentif à.

advīvo, *ĭs, ĕre, vixi, victum*, intr., vivre auprès de.

advŏcātĭo, *ōnis*, f., 1. appel en consultation judiciaire ; 2. assistance prêtée en justice, défense ; 3. ensemble de ceux qui assistent, des défenseurs ; 4. délai, ajournement, sursis (pour pouvoir trouver un défenseur).

advŏcātus, *i*, m., celui qui est appelé pour assister en justice, conseiller juridique ; avocat, avoué, défenseur.

advŏco, *ās, āre*, tr., 1. appeler auprès de, convoquer, ~ *contionem* : convoquer l'assemblée du peuple, ~ *populum ad contionem* : convoquer le peuple à l'assemblée ; fig., *animum ad se ~* : appeler l'âme à elle-même ; 2. prendre pour aide, chercher un défenseur ; fig., avoir recours à, appeler à son aide ; 3. invoquer.

advŏlātŭs, *ūs*, m., action de s'approcher en volant.

advŏlĭto, *ās, āre*, intr., voleter près de.

advŏlo, *ās*, *āre*, intr., voler vers ; fig., voler, accourir, venir en toute hâte.

advŏlvo, *ĭs*, *ĕre*, *volvi*, *vŏlūtum*, tr., **1.** rouler vers, faire avancer en roulant ; **2.** s'élever en tournant ; **3.** rouler (aux pieds de), se prosterner, *pedibus alicujus se ~* : se jeter aux pieds de qqn.

advor~, V. *adver~*.

adўtĭcŭlum, *i*, n., petit sanctuaire.

adўtum, *i*, n., adyton, partie la plus reculée d'un sanctuaire où seuls les prêtres avaient le droit d'entrer, où étaient proférés les oracles.

Æa, *æ*, f., Éa, presqu'île de Colchide.

Æăcĭdēĭus, *a*, *um*, d'Éacide, d'Éaque ‖ **Æăcĭdēs**, *æ*, m., Éacide, descendant d'Éaque (Pélée, Achille, Pyrrhus, le roi Persée) ‖ **Æăcĭdīnus**, *a*, *um*, Éacide ‖ **Æăcĭus**, *a*, *um*, d'Éaque ‖ **Æăcus**, *i*, m., Éaque, juge des Enfers.

Æææ, *ēs*, f., Ééa, île, séjour de Circé ou de Calypso ‖ **Ææus**, *a*, *um*, **1.** d'Ééa ; **2.** Ééa, surnom de Circé ou de Calypso.

Æās, *antis*, m., **1.** Æas, fl. d'Épire ; **2.** Ajax.

Æbūtĭus, *ĭi*, m., nom d'une famille rom. ‖ **Æbūtĭus**, *a*, *um*, d'Ébutius, *Æbutia lex* : la loi Ébutia.

Æcæ, *ārum*, f. pl., Æcæ, v. d'Apulie.

Æcĕtĭa, arch., V. *Æquitas*.

Æcŭlānum, *i*, n., Æculanum, v. du Samnium.

æcus, V. *æquus*.

ædĕpol, V. *edepol*.

ædēs, *is*, et **ædis**, *is*, f., **1.** foyer, demeure ; **2.** maison des dieux, temple ; **3.** au pl., *ædes, ium*, maison, demeure, habitation.

ædĭcŭla, *æ*, f., **1.** petit appartement ; **2.** petit temple, chapelle ; **3.** niche (pour une statue) ; **4.** au pl., *ædiculæ, arum*, petite maison.

ædĭfex, *ĭcis*, m., constructeur, architecte.

ædĭfĭcātĭo, *ōnis*, f., **1.** action de bâtir, construction ; **2.** édifice, bâtiment.

ædĭfĭcātĭuncŭla, *æ*, f., petite construction.

ædĭfĭcātŏr, *ōris*, m., constructeur, architecte, bâtisseur.

ædĭfĭcātŏrĭus, *a*, *um*, à l'origine (de la construction) de.

ædĭfĭcĭum, *ĭi*, n., édifice, bâtiment.

ædĭfĭco, *ās*, *āre*, tr., construire, bâtir, édifier (pr. et fig.).

ædĭlĭcĭus, *a*, *um*, d'édile, relatif à l'édilité ; *~ vir* : ancien édile.

ædĭlis, *is*, m., édile (magistrat romain chargé de l'inspection des bâtiments publics, de la voirie, des marchés, des poids et mesures, des spectacles publics) ; *ædiles plebeii* : les (deux) édiles élus par les conciles de la plèbe ; *ædiles curules* : les (deux) édiles curules, élus par les comices tributes ; *ædiles cereales* : édiles chargés de l'approvisionnement.

ædĭlĭtās, *ātis*, f., édilité, fonction d'édile.

ædĭlĭtĭus, V. *ædilicius*.

ædis, V. *ædes*.

ædĭtĭmus, V. *æditumus*.

ædĭtŭa, *æ*, f., gardienne d'un temple.

ædĭtŭālis, *e*, adj., relatif à la garde d'un temple.

ædĭtŭens, *entis*, V. *æditumus*.

ædĭtŭmus, *i*, m., gardien d'un temple, gardien.

ædĭtŭus, V. *æditumus*.

ăēdōn, *ŏnis*, f., rossignol.

ăēdŏnĭus, *a*, *um*, de rossignol.

Ædŭus, *a*, *um*, éduen ‖ **Ædŭi**, *ōrum*, m. pl., les Éduens, peuple de Gaule, cap. Bibracte, auj. le mt. Beuvray ‖ **Ædŭĭcus**, *a*, *um*, relatif aux Éduens.

Æēta et **Æētēs**, *æ*, m., Éétès, roi d'Éa, en Colchide, père de Médée ‖ **Æētēus**, *a*, *um*, relatif à Éétès ‖ **Æētĭăs**, *ădis*, f., fille de Éétès ‖ **Æētīnē**, *ēs*, V. le préc. ‖ **Æētis**, *ĭdis*, V. le préc.

Æfŭla, *æ*, f., et **Æfŭlum**, *i*, n., Éfula, v. du Latium ‖ **Æfŭlānus**, *a*, *um*, d'Éfula.

Ægæ, **Ægææ**, **Ægĕæ**, **Ægĭæ**, *ārum*, f. pl., Égée, v. de Grèce ou d'Asie Mineure.

Ægæōn, *ŏnis*, m., **1.** Égéon ou Briarée, Géant ; **2.** la mer Égée ‖ **Ægæum**, *i*, n., la mer Égée ‖ **Ægæus**, *a*, *um*, égéen, de la mer Égée.

Ægălĕōs, m., Égaléos, mt. de l'Attique.

Ægātes, *ĭum*, et **Ægătæ**, *ārum*, f. pl., les îles Égates (victoire des Romains sur les Carthaginois en 241 av. J.-C.).

Ægēădēs, *æ*, m., d'Égée (Macédoine) ‖ **Ægēātēs**, *æ*, m., d'Égée (Macédoine ou Éolide).

ægĕr, *gra*, *grum*, [*~grior*, *~gerrimus*], **1.** malade (physiquement ou moralement), souffrant, affaibli, *ægri gravi morbo* : atteints d'une grave maladie, *~ pedibus* : goutteux, *~ avaritiā* : travaillé par l'avarice ; + gén. : *~ animi* : tourmenté, triste, *~ consilii* : irrésolu, indécis ; **2.** qui rend mécontent ; douloureux, pénible, *ægra senectus* : vieillesse pénible.

Ægēum (mare), V. *Ægæum*.

Ægēus, *ĕi*, m., Égée, roi d'Athènes, père de Thésée.

Ægĭălĕus, *ĕi*, m., Égialée ou Absyrtos, frère de Médée.

Ægīdēs, *æ*, m., descendant d'Égée, spéc. Thésée.

Ægiensis, *e*, adj., d'Égium.

Ægimŭrus ou **Ægimŏrŏs**, *i*, f., Égimure, île au large de Carthage.

Ægīna, *æ*, f., Égine, île du golfe Saronique, entre l'Attique et l'Argolide ‖ **Æginensis**, *e*, adj., d'Égine.

Ægĭnĭum, *ĭi*, n., Éginium, v. de Macédoine.

Ægĭon ou **Ægĭum**, *ĭi*, n., Égium, v. d'Achaïe.

Ægĭpān, *ānos*, m., Égipan, divinité des forêts, aux pieds de chèvre.

ægis, *ĭdis*, f., égide, 1. bouclier de Jupiter, recouvert de la peau de la chèvre Amalthée ; 2. bouclier de Minerve, avec la tête de la Gorgone ; 3. fig., protection, abri.

ægĭsŏnus, *a*, *um*, au bruit de l'égide.

Ægissos, *i*, f., Égisse, v. de Mésie.

Ægisthus, *i*, m., Égisthe, fils de Thyeste, amant de Clytemnestre et complice du meurtre d'Agamemnon.

Ægĭum, V. *Ægion*.

Æglē, *ēs*, f., Églé, Naïade, fille de Jupiter.

Ægŏcĕrōs, *ōtis* ou *i*, m., le Capricorne (signe du zodiaque).

Ægŏn, *ōnis*, m., 1. mer Égée ; 2. nom d'un chevrier, VIRG.

Ægŏs Flūmĕn, *ĭnis*, n., Ægos Potamos, en Chersonèse de Thrace, où la flotte athénienne fut vaincue par les Lacédémoniens, en 405 av. J.-C.

ægrē, adv., [~*grius*, ~*gerrime*], péniblement, à grand-peine, ~ *conficere aliquid* : achever difficilement qqch., ~ *ferre* : être contrarié, éprouver de la peine de, ~ *accipere* : recevoir avec mauvaise grâce.

ægrĕo, *ēs*, *ēre*, intr., être malade.

ægresco, *ĭs*, *ĕre*, intr., 1. devenir malade ; 2. s'affliger, se chagriner ; 3. s'exaspérer, empirer.

ægrĭmōnĭa, *æ*, f., peine morale, chagrin, trouble.

ægrĭtūdo, *ĭnis*, f., 1. maladie morale, chagrin, tristesse, inquiétude ; 2. maladie physique.

ægrŏr, *ōris*, m., maladie.

ægrōtātĭo, *ōnis*, f., maladie du corps ou de l'âme.

ægrōto, *ās*, *āre*, intr., être malade, souffrant ; être affaibli, être usé (pr. et fig.).

ægrōtus, *a*, *um*, malade, souffrant ; subst. m., *ægrotus*, *i*, un malade.

Ægypta, *æ*, f., Égypta, esclave de Cicéron.

Ægyptĭăcus, *a*, *um*, d'Égypte ‖ **Ægyptĭus**, *a*, *um*, égyptien ‖ **Ægyptĭus**, *ĭi*, m., Égyptien ‖ **Ægyptus**, *i*, f., l'Égypte ‖ **Ægyptus**, *i*, m., Égyptus, frère de Danaüs et oncle des Danaïdes.

Ælĭānus, *a*, *um*, relatif à Ælius ou Élius, nom rom.

Aellō, *ūs*, f., Aello, 1. nom d'une des Harpyes ; 2. chienne d'Actéon.

Æmăthĭa, V. *Emathia*.

Æmīlĭa, *æ*, f., Émilie, province du N. d[e] l'Italie.

Æmīlĭānus, *a*, *um*, Émilien, surnom rom., spéc. celui du fils de L. Æmiliu[s] Paullus, adopté par Scipion l'Africain e[t] destructeur de Carthage (146 av. J.-C.).

Æmīlĭus, *ĭi*, m., nom d'une grand[e] famille rom. à multiples branches (Pau[l]lus, Lepidus, Scaurus, etc.).

Æmon~, V. *Hæmon~*.

æmŭlantĕr, adv., avec émulation.

æmŭlātĭo, *ōnis*, f., 1. émulation, ardeu[r] pour imiter, désir vif d'égaler ; 2. riva[li]lité, jalousie.

æmŭlātŏr, *ōris*, m., celui qui cherche [à] imiter, imitateur.

æmŭlātŭs, *ūs*, m., rivalité.

æmŭlo, *as*, *are*, V. *æmulor*.

æmŭlor, *āris*, *āri*, tr., 1. essayer d'imite[r], d'égaler ; 2. être jaloux de, envie[r] ~ *aliquem*, ~ *alicui*, avec qqn. ; ~ *vitiis* : rivaliser de vices.

æmŭlus, *a*, *um*, adj. et subst., 1. celui qu[i] cherche à imiter, émule, rival ; 2. e[n]vieux, jaloux, *Carthago æmula imper[ii] Romani* : Carthage envieuse de la puis[s]sance romaine.

Æmus, V. *Hæmus*.

Ænārĭa, *æ*, f., Ænaria, île pourvue d[e] sources thermales en face de Baïes, au[j.] Ischia.

Ænēa, *æ*, f., Énéa, v. de Chalcidique, fon[-]dée par Énée.

Ænĕădæ, *ārum* et *um*, m. pl., 1. compa[-]gnons d'Énée ; 2. Énéades, descendant[s] d'Énée (les Romains) ‖ **Ænĕădēs**, *æ*, m[.], Énéade, descendant d'Énée (Ascag[ne,] Auguste, un Romain qcq.) ‖ **Ænĕānĭcu**[~] *a*, *um*, qui descend d'Énée ‖ **Ænēās**, *æ* m., Énée, fils de Vénus et d'Anchis[e,] Troyen, ancêtre des Romains, héros d[e] « L'Énéide » de Virgile.

Ænĕātes, *um*, m. pl., les hab. d'Énéa.

ăĕnĕātŏr (**ăhē~**), *ōris*, m., (un) trompett[e.]

Ænēis, *ĭdos* et *ĭdis*, f., « L'Énéide », épo[-]pée de Virgile.

Ænēĭus, *a*, *um*, relatif à Énée.

ăĕnĕŏlus, *a*, *um*, d'airain, de bronze.

ăĕnĕus (**ăhē~**), *a*, *um*, d'airain, de bronze[,] fig., dur.

Ænīa, V. *Ænea*.

Ænīanes, *um*, m. pl., les hab. d'Énéa.

Ænīdēs, *æ*, m., descendant d'Énée.

Ænīenses, V. *Ænianes*.

ænigma, *ătos*, n., 1. énigme ; 2. obscurité du style.

ænigmătĭcē, adv., de façon énigmatique.

ænigmătista (~tēs), æ, m., qui parle par énigmes ou qui déchiffre les énigmes.

ăēnĭpēs, *pĕdis*, adj., qui a des pieds d'airain.

Ăēnŏbarbus (**Ăhēnŏ~**), *i*, m., Ahénobarbus, surnom d'une famille rom., à laquelle appartenait Néron.

ăēnus (**ăhēnus**), *a*, *um*, d'airain, de bronze ; fig., dur, solide, invincible ; subst. n., *aenum*, *i*, vase de bronze.

Ænus (**Ænos**), *i*, 1. f., v. de Thrace ; 2. m., fl. du Noricum, auj. Inn.

Æŏlenses, *ĭum*, **Æŏles**, *um*, et **Æŏlī** (**Æŏlĭi**), *ōrum*, m. pl., Éoliens ‖ **Æŏlĭa**, *æ*, f., 1. Éolide, région d'Asie Mineure, colonisée par les Grecs Éoliens ; 2. demeure d'Éole ‖ **Æŏlĭcus**, *a*, *um*, des Éoliens, de l'Éolide ‖ **Æŏlĭdes**, *um*, m. pl., descendants d'Éole (Sisyphe, Ulysse, etc.) ‖ **Æŏlis**, *ĭdos*, f., 1. descendante d'Éole ; 2. Éolie ‖ **Æŏlĭus**, *a*, *um*, 1. éolien ; 2. relatif à Éole ‖ **Æŏlus**, *i*, m., Éole, 1. dieu des vents ; 2. nom d'un Troyen.

æpŭlum, V. *epulum*.

æquābĭlis, *e*, adj., [~*lior*], 1. qui peut être égalé à, égal ; 2. équitable, impartial ; 3. constamment égal à soi-même, uniforme ; régulier (cours d'un fleuve, style, etc.).

æquābĭlĭtās, *ātis*, f., 1. égalité, uniformité, unité ; 2. équité, impartialité ; 3. égalité civile des droits.

æquābĭlĭtĕr, adv., [~*lius*], également, uniformément, régulièrement.

æquævus, *a*, *um*, du même âge, aussi vieux.

æquālis, *e*, adj., 1. égal, uni, de même niveau, *virtutes sunt inter se æquales*: les vertus sont égales entre elles ; avec gén., dat., *cum* + abl. : égal à ; 2. égal en durée, du même âge, contemporain, ~ *illorum temporum* : qui vécut en ces temps-là ; subst., ~ *meus* : mon contemporain ; 3. égal (à soi-même), constant, uniforme, régulier, *cursus* ~ : cours régulier, *nihil æquale homini illi* : rien de constant chez cet homme.

æquālĭtās, *ātis*, f., 1. égalité (surface, âge) ; 2. égalité, similitude, proportion, *similitudo æqualitasque verborum* : juste proportion des mots ; 3. uniformité, régularité, constance.

æquālĭtĕr, adv., [~*lius*], également, uniformément, régulièrement.

æquănĭmĭtās, *ātis*, f., 1. égalité d'âme, patience, équanimité ; 2. bienveillance, faveur.

æquănĭmĭtĕr, adv., avec égalité d'âme, patience.

æquănĭmus, *a*, *um*, dont l'âme est égale, patient.

æquătĭo, *ōnis*, f., action de rendre égal, égalisation, égalité.

æquē, adv., [~*quius*, ~*quissime*], 1. également, sans distinction ; loc. comp. : de la même manière (que), aussi (… que), autant (… que), + *et*, *atque*, *ac* : ~ *amicos ac nos diligimus* : nous aimons nos amis autant que nous-mêmes, ~ *a te peto ac si mea negotia essent* : je te le demande comme s'il s'agissait de mes propres affaires ; avec *quam*, *quam ut*, *ut* + subj. ; avec *cum* + abl., ~ *mecum* : autant que moi ; avec abl. seul ; 2. équitablement.

Æqui, *ōrum*, m. pl., Èques, peuple d'Italie, voisin des Sabins, des Volsques et des Latins ‖ **Æquĭcŏli**, V. le préc. ‖ **Æquĭcus**, *a*, *um*, des Èques.

æquĭdĭānus, *a*, *um*, équinoxial.

æquĭlībrĭtās, *ātis*, f., équilibre, harmonie.

æquĭlībrĭum, *ĭi*, n., équilibre, niveau.

Æquĭmælĭum, *ĭi*, n., Équimélium, esplanade où l'on exposait à Rome les animaux destinés aux sacrifices.

æquĭmănus, *a*, *um*, ambidextre.

Æquĭmēlĭum, V. *Æquimælium*.

æquĭnoctĭālis, *e*, adj., équinoxial, équatorial.

æquĭnoctĭum, *ĭi*, n., équinoxe.

æquĭpār, *păris*, adj., tout à fait égal.

æquĭpar~, V. *æquiper~*.

æquĭpēdus, *a*, *um*, isocèle.

æquĭpĕrābĭlis, *e*, adj., comparable.

æquĭpĕrantĭa, *æ*, f., comparaison.

æquĭpĕrātĭo, *ōnis*, f., comparaison.

æquĭpĕro, *ās*, *āre*, tr. et intr., 1. égaler, comparer, ~ *ad* + acc. ou dat. : comparer à ; 2. rivaliser avec, être égal à ; 3. égaler le niveau de, atteindre.

æquĭpollens, *entis*, adj., équivalent.

æquĭpondĭum, *ĭi*, n., 1. poids égal ; 2. solstice.

æquĭtās, *ātis*, f., 1. disposition égale, égalité (d'âme, d'esprit), modération ; 2. équité, impartialité, justice ; 3. égalité, proportion, symétrie ; 4. l'Équité, déesse.

æquĭtĕr, V. *æque*.

æquo, *ās*, *āre*, tr., 1. niveler, aplanir ; 2. égaliser, rendre égal, mettre sur le même plan, ~ *fortunas* : rendre les fortunes égales, *æquato periculo omnibus* : le danger étant rendu égal pour tous, *solo*

~ *omnia* : rendre tout égal au sol, raser tout ; **3.** comparer, ~ *Hannibali Philippum* : comparer Philippe à Hannibal ; **4.** égaler, atteindre le niveau de, ~ *facta dictis* : égaler les actes aux paroles, ~ *equitem cursu* : égaler un cavalier à la course.

æquŏr, *ŏris*, n., **1.** surface plane, plaine ; **2.** plaine liquide, nappe d'eau, mer (surt. au pl.), *æquora ponti* : la surface de la mer, la mer.

æquŏrĕus, *a, um*, **1.** relatif à la surface plane ; **2.** de la mer, maritime.

æquus, *a, um*, [~*quior*, ~*quissimus*], **1.** plat, égal, uni, *in æquum locum se demittere* : descendre dans la plaine, *ex æquo loco loqui* : parler au sénat (où l'orateur est de plain-pied avec les auditeurs, par opp. à la tribune aux harangues : *ex superiore loco*, et aux tribunaux : *ex inferiore loco*) ; subst. n., *æquum, i*, terrain plat, plaine ; **2.** égal, constant, *æquo animo* : avec sérénité ; **3.** égal, pareil, semblable : *passibus æquis* : à pas égaux, *æquo Marte = æquā pugnā* : en un combat égal, avec des chances égales (à issue indécise) ; **4.** favorable, avantageux, *æquiore tempore* : dans une circonstance plus favorable, *æquis auribus audire* : écouter avec bienveillance ; **5.** équitable, juste, impartial, *judex* ~ : juge équitable, *lex æqua* : loi équitable ; subst. n., *æquum, i*, équité, justice ; *æquum et bonum* ou *æquum bonum* : le juste et le bien, la justice naturelle ; *æquum est* + inf., prop. inf., qqf. *ut* + subj. : il est juste de.

āēr, *āĕris*, m., **1.** air, atmosphère ; **2.** poét., nuage, brouillard, odeur.

ærāmĕn, *ĭnis*, n., objet d'airain, cymbale.

ærāmentum, *i*, n., objet d'airain.

ærānĕus, *a, um*, couleur de cuivre.

ærārĭum, *ĭi*, (cf. *æs*), n., Trésor public (au temple de Saturne), *præfectus ærarii* : préfet du trésor, ~ *sanctius* : la partie la plus secrète du trésor public, inviolable.

① **ærārĭus**, *a, um*, **1.** qui se rapporte à l'airain, au bronze ; **2.** qui se rapporte à l'argent (monnaie), *æraria ratio* : cours de la monnaie ; mil., *tribuni ærarii* : tribuns de la solde.

② **ærārĭus**, *ĭi*, m., **1.** artisan armurier ; **2.** éraire, citoyen exclu du droit de suffrage (sous la République) mais soumis à un impôt.

ærātus, *a, um*, **1.** garni d'airain, d'airain ; **2.** pourvu de monnaie, « argenté ».

ærĕus, *a, um*, d'airain, de bronze, de cuivre.

Aĕrĭās, *æ*, m., Aérias, roi de Chypre.

ærĭfĕr, *ĕra, ĕrum*, qui porte de l'airain.

āĕrĭnus, *a, um*, de la couleur du ciel.

ærĭpēs, *pĕdis*, adj., qui a des pieds d'airain ; aux pieds rapides.

ærĭsŏnus, *a, um*, retentissant du bruit de l'airain, des cymbales.

āĕrĭus, *a, um*, de l'air, aérien, léger.

āĕrŏmantis, m., devin, aéromancien.

Āĕrŏpē, *ēs*, f., Aéropé, petite-fille de Minos, femme d'Atrée, mère d'Agamemnon.

ærūgĭnōsus, *a, um*, couvert de rouille ; fig., rouillé par le contact avec la monnaie, vert-de-grisé.

ærūgo, *ĭnis*, f., **1.** rouille, vert-de-gris ; **2.** fiel, envie, cupidité.

ærumna, *æ*, f., surt. au pl., peines, soucis, tristesse, misères, tribulations ; spéc., *Herculis ærumnæ* : les travaux d'Hercule.

ærumnābĭlis, *e*, adj., misérable, affligeant.

ærumnōsus, *a, um*, [~*sior*, ~*sissimus*], pr. et fig., tourmenté, malheureux, agité.

ærusco, *ās, āre*, tr., mendier.

æs, *æris*, n.,

I 1. cuivre, airain, bronze, *ex ære fundere* : couler en bronze ; **2.** objet en bronze, *æra legum* : les tables des lois (fixées au mur) ; *ære ciere viros* : assembler les soldats au son de la trompette ; *æra micantia* : les cuirasses étincelantes.

II 1. as, la plus petite monnaie romaine, ~ *rude* : pièce à l'état brut, ~ *signatum* : pièce poinçonnée ; **2.** monnaie, argent : *gravis ære dextra* : la main pleine d'argent ; **3.** biens, propriétés, avoir, ~ *alienum* : dettes, *in meo ære* : dans mes propriétés ; **4.** impôt, taxe ; **5.** solde, salaire, *æra militibus dare* : verser leur solde aux soldats, d'où : campagne militaire, *omnia istius æra vetera* : toutes ses anciennes campagnes.

Æsăcŏs et Æsăcus, *i*, m., Ésacus, Troyen, un des fils de Priam.

① **Æsăr**, *ăris*, m., Ésar, dieu étrusque.

② **Æsăr**, *ăris*, m., Ésar, fl. du Bruttium ‖ **Æsărĕus**, *a, um*, relatif à l'Ésar.

Æschĭnēs, *is*, m., Eschine, **1.** disciple de Socrate ; **2.** disciple de Carnéade ; **3.** orateur athénien, rival de Démosthène ; **4.** orateur asiatique, contemporain de Cicéron.

Æschĭnus, *i*, m., Eschine, nom d'esclave de comédie.

Æschўlēus, *a, um*, d'Eschyle ‖ **Æschўlus**, *i*, m., Eschyle, **1.** un des plus grands tragiques grecs ; **2.** rhéteur grec, contemporain de Cicéron.

Æscŭlānus, *i*, m., dieu de la monnaie de cuivre.

Æscŭlāpĭum, *ĭi*, n., temple d'Esculape ‖
Æscŭlāpĭus, *ĭi*, m., Esculape, dieu de la
médecine.

æscŭlētum, *i*, n., bois de chênes.

æscŭlĕus (~**līnus**), *a*, *um*, de chêne.

æscŭlus, *i*, f., chêne, rouvre.

Æsēpus, *i*, m., Ésépus, fl. de Mysie.

Æsernĭa, *æ*, f., Ésernie, v. du Samnium ‖
Æsernīnus, *a*, *um*, d'Ésernie, **1.** hab.
d'Ésernie ; **2.** surnom d'un Marcellus.

Æsis, *is*, m., Ésis, fl. d'Ombrie.

Æsōn, *ŏnis*, m., Éson, père de Jason ‖
Æsŏnĭdēs, *æ*, m., descendant d'Éson ‖
Æsŏnĭus, *a*, *um*, d'Éson.

Æsōpēus, **Æsŏpīus**, **Æsōpĭcus**, *a*, *um*,
d'Ésope, ésopien, ésopique ‖ **Æsŏpus**, *i*,
m., Ésope, **1.** fabuliste grec ; **2.** acteur tragique, ami de Cicéron.

Æsquĭlĭæ, V. *Esquiliæ*.

æstās, *ātis*, f., **1.** été (sens étroit ou sens
large), d'où : chaleur ; **2.** chaleurs d'été,
température estivale ; **3.** saison des
bains ; **4.** campagne militaire ; **5.** année.

æstĭfĕr, *ĕra*, *ĕrum*, **1.** qui amène la chaleur ; **2.** qui souffre de la chaleur.

Æstĭi, *ōrum*, m. pl., Estes, peuple de la
Baltique.

æstĭmābĭlis, *e*, adj., évaluable, appré-
ciable, estimable.

æstĭmātĭo, *ōnis*, f., **1.** évaluation, estimation, ~ *frumenti* : estimation du blé, ~ *litis*, *multæ* : évaluation du procès, de
l'amende ; **2.** a) évaluation d'un bien qui
sert au paiement d'une dette, d'où : bien
évalué ; b) bien évalué à prix réduit,
d'où : perte, dommage pécuniaire ; **3.** appréciation, prix, valeur (d'une pers.,
d'une chose).

æstĭmātŏr, *ōris*, m., **1.** estimateur, éva-
luateur ; **2.** appréciateur, connaisseur.

æstĭmātŭs, *ūs*, m., évaluation, appréciation.

æstĭmo, *ās*, *āre*, (cf. *æs* ?), tr., **1.** évaluer,
estimer, apprécier, ~ *domum* : estimer la
valeur d'une maison, + gén. ou abl. : à
tel prix, ~ *magni*, *magno* : à grand prix ;
2. estimer, faire cas de, *aliquem* ~ *magni*
(*magno*), *pluris*, *maximi*, *minoris* : faire
grand, plus grand, très grand cas, moins
de cas de qqn. ; avec adv., *vitam mortem-
que juxta* ~ : faire le même cas de la vie
et de la mort ; **3.** rar., estimer que, juger
que (V. *existimo*).

æstīva, *ōrum*, n. pl., **1.** mil., quartiers
d'été ; **2.** campagne, expédition ; **3.** trans-
humance d'été.

æstīvē, adv., d'une manière estivale,
« en été », légèrement.

æstīvo, *ās*, *āre*, intr., passer l'été qqp.

æstīvus, *a*, *um*, **1.** d'été ; **2.** qui sert aux
pâturages d'été.

æstŭārĭum, *ĭi*, n., **1.** zone inondée par la
mer à la marée montante ou par un
fleuve en crue ; **2.** estuaire ; barre.

æstŭo, *ās*, *āre*, intr., **1.** bouillonner, être
en effervescence ; **2.** être brûlant, brûler
(pr. et fig.) ; **3.** être dans une violente agitation.

æstŭor, *āris*, *āri*, intr., avoir chaud.

æstŭōsē, adv., [~*sius*], en bouillonnant,
de façon brûlante.

æstŭōsus, *a*, *um*, [~*sissimus*], **1.** bouillant,
bouillonnant ; **2.** agité violemment.

æstŭs, *ūs*, m., **1.** bouillonnement, grande
chaleur, ardeur, feu (d'une plaie) ; **2.**
bouillonnement, agitation de la mer, marée, vagues, houle, *æstuum accessus et recessus* : flux et reflux ; **3.** ardeur, passion
enflammée, fureur, *magnus irarum* ~ : les
violents transports de la colère.

Æsŭl~, V. *Æful~*.

ætās, *ātis*, f., **1.** vie, âge, ~ *acta honeste* : vie
passée honnêtement, *agere*, *degere æta-
tem* : passer sa vie ; **2.** âge, époque de la
vie, *ab ineunte ætate* : à l'adolescence, *flos
ætatis* : la fleur de l'âge, ~ *consularis* : âge
du consulat (45 ans), *ætate confectus* : accablé par l'âge ; *id ætatis* : à, de cet âge,
omnes ætates : gens de tous les âges ;
3. âge, temps, siècle, époque, *aurea* ~ :
l'âge d'or, *nostra* ~ : notre génération, notre temps.

ætātŭla, *æ*, f., jeune âge, âge tendre.

æternābĭlis, *e*, adj., qui peut être éternel.

æternālis, *e*, adj., éternel.

æternālĭtĕr, adv., éternellement.

æternĭtās, *ātis*, f., **1.** éternité ; **2.** immortalité.

① **æternō**, adv., éternellement.

② **æterno**, *ās*, *āre*, tr., rendre éternel.

æternum, adv., pour l'éternité.

æternus, *a*, *um*, [~*nior*], **1.** éternel ; **2.** immortel.

Æthălĭa, *æ*, f., Éthalia (île d'Elbe).

æthēr, *ĕris*, m., **1.** feu, éther, air subtil des
plus hautes régions du ciel ; **2.** éther, ciel,
air ; **3.** air libre (surface de la terre opp.
aux Enfers) ; **4.** Éther (dieu du Ciel, assimilé à Jupiter).

æthĕrĭus, *a*, *um*, éthéré, céleste, aérien,
qui touche le ciel.

Æthĭŏpes, *um*, m. pl., Éthiopiens ‖
Æthĭŏpĭa, *æ*, f., **1.** Éthiopie ; **2.** Éthiopie
= région centrale de l'Afrique centrale ou
orientale ‖ **Æthĭŏpĭcus**, *a*, *um*, d'Éthiopie ‖ **Æthĭŏpissa**, *æ*, f., Éthiopienne ‖
Æthĭŏps, *ŏpis*, m., **1.** Éthiopien ; **2.** nègre,

Noir (du grec : « au visage brûlé ») ‖
Æthĭŏpus, *i*, m., Éthiopien.

Æthra, *æ*, f., Ethra, **1.** fille d'Hypérion,
mère du Soleil ; **2.** Océanide, mère des
Pléiades ; **3.** mère de Thésée.

æthra, *æ*, f., **1.** région de l'éther, espaces
sereins du ciel ; **2.** pureté du ciel, de l'air.

ætĭŏlŏgĭa, *æ*, f., étiologie ; phil., recherche sur les causes.

Ætna, *æ*, et **Ætnē**, *ēs*, f., Etna, **1.** volcan
de Sicile ; **2.** ville de Sicile ‖ **Ætnæus**, *a*,
um, relatif à l'Etna (ou à la Sicile) ‖
Ætnensis, *e*, adj., de la ville d'Etna.

Ætōli, *ōrum*, m. pl., Étoliens ‖ **Ætōlĭa**, *æ*,
f., Étolie ‖ **Ætōlĭcus**, *a*, *um*, d'Étolie ‖
Ætōlis, *ĭdis*, f., Étolienne ‖ **Ætōlĭus** et
Ætōlus, *a*, *um*, étolien.

ævĭfĭco, *ās*, *āre*, tr., éterniser.

ævĭtās, *ātis*, f., **1.** temps de la vie, âge ;
2. immortalité.

ævĭternus, V. *æternus*.

ævum, *i*, n., **1.** temps, durée (illimitée),
éternité, *in ~* : pour l'éternité ; **2.** temps,
durée (limitée), vie, *~ leniter traducere* :
passer tranquillement son existence ;
3. âge, époque de la vie, *meum ~* : l'âge
que j'ai, *omnis ævi homines* : hommes de
tout âge ; **4.** temps, époque, génération,
siècle : *omnis ævi clari viri* : les grands
hommes de tous les temps, *~ nostrum* :
notre temps.

af, arch., V. *ab*.

afannæ, V. *affaniæ*.

Afer, *fra*, *frum*, africain.

affăbĕr, *bra*, *brum*, habile, ingénieux.

affābĭlis, *e*, adj., [*~lior*], à qui l'on peut
parler, affable, aimable, courtois.

affābĭlĭtās, *ātis*, f., affabilité, abords
faciles.

affābrē, adv., avec art, artistement.

affabrĭcātus, *a*, *um*, ajouté artificiellement.

affābŭlātĭo, *ōnis*, f., moralité (fable).

affāmĕn, *ĭnis*, n., discours, entretien.

affanĭæ, *ārum*, f. pl., faux-fuyants.

affātim, adv., litt. : jusqu'à se fendre,
crever (cf. *fatis*, *fatisco*), d'où : à satiété,
amplement.

affātŭs, *ūs*, m., paroles adressées à qqn.,
entretien.

affăvĕo, *ēs*, *ēre*, intr., favoriser.

affectātĭo, *ōnis*, f., **1.** recherche, effort
pour atteindre, poursuite ; **2.** passion
pour ; **3.** affectation, recherche excessive.

affectātŏr, *ōris*, m., celui qui recherche
avec ardeur ; prétendant, amateur.

affectātrix, *īcis*, f. du préc.

affectē, adv., vivement, de façon saisis-
sante.

affectĭo, *ōnis*, f., **1.** impression, état, disposition physique ou morale, causés par
l'extérieur ou naturels, *vitia sunt affec-
tiones manentes* : les vices sont des affec-
tions permanentes ; *firma corporis ~* : forte
constitution physique ; **2.** disposition,
sentiment, inclination, goût.

affectĭōnālis, *e*, adj., relatif à l'affection.

affectĭōsus, *a*, *um*, affectueux.

affecto, *ās*, *āre*, tr., **1.** chercher à atteindre, *viam ~* : prendre une route ; **2.** chercher à obtenir, prétendre à, *~ immortali-
tatem* : prétendre à l'immortalité, *~ Gal-
liarum societatem* : rechercher l'alliance
avec la Gaule ; **3.** affecter, *~ decus in dicendo* : affecter un langage orné.

affector, *āris*, *āri*, V. le préc.

affectōrĭus, *a*, *um*, qui fait impression.

affectŭōsē, adv., [*~sissime*], tendrement.

affectŭōsus, *a*, *um*, plein de tendresse.

① **affectus**, *a*, *um*, part. adj., [*~tissimus*],
1. affecté, touché, atteint, affaibli, *senectute ~* : accablé par la vieillesse ; *affecta fides* : crédit affaibli ; **2.** disposé (de telle
ou telle manière), *probe ~* : convenablement disposé ; **3.** avancé, presque
achevé, *bellum affectum* : une guerre qui
touche à sa fin ; **4.** pourvu, muni, doué
de, *~ virtutibus* : doué de vertus, *~ præmio* : ayant reçu une récompense.

② **affectŭs**, *ūs*, m., **1.** disposition, affection physique ou morale ; **2.** sentiment,
désir, passion ; **3.** affection, tendresse.

Affĕrenda, *æ*, f., déesse qui préside aux
cadeaux de noce.

affĕro, *fers*, *ferre*, *attŭli*, *allātum*, tr., **1.** apporter, porter à, *epistulam ~* : apporter
une lettre, *~ manum alicui* : mettre la
main sur qqn., *alicui rei* : sur qqch.,
vim ~ : faire violence ; **2.** apporter (une
nouvelle), annoncer, *allatum est rebella-
visse Etruscos* : on annonça que les
Étrusques s'étaient soulevés ; **3.** apporter (comme raison), alléguer, *ætatem ~* :
alléguer son âge ; avec prop. inf. ou *quod*
+ ind. : apporter comme preuve que ;
4. produire, porter (fruits, moissons) ;
5. causer, produire, *~ incommodum*, *dolorem*, *lætitiam* : causer un dommage, du
chagrin, de la joie.

affestīno, *ās*, *āre*, tr., hâter.

affĭcĭo, *ĭs*, *ĕre*, *fēci*, *fectum*, tr., **1.** mettre
dans tel ou tel état, affecter physique-
ment ou moralement, *~ aliquem maxima
lætitia* : causer à qqn. une très grande
joie, *vulnere gravi ~* : blesser gravement ;
2. affecter, affaiblir ; **3.** pourvoir de,
munir de, donner, *~ honore* : honorer,
~ sepultura : ensevelir.

affīgo, *īs, ĕre, fixi, fixum*, tr., 1. attacher à, clouer, appliquer ; fig., ~ *aliquem lecto* : clouer qqn. au lit ; *alicui affixum esse* : être attaché à qqn. ; 2. fixer, graver, empreindre, *animis ~* : imprimer dans les esprits.

affingo, *īs, ĕre, finxi, fictum*, tr., 1. former, façonner, ajouter en façonnant, *multa natura adfingit* : la nature ajoute beaucoup dans ses créations ; 2. ajouter (à la réalité), peindre, imaginer, inventer, *multa rumore affingebantur* : la rumeur publique y ajoutait de nombreux détails inventés.

affīnis, *e*, adj., 1. voisin, limitrophe ; 2. allié, parent par alliance ; 3. impliqué dans, touché par, mêlé à, *ejus rei adfines* : complices dans cette affaire.

affīnĭtās, *ātis*, f., 1. contiguïté, voisinage ; 2. affinité, parenté.

affirmātē, adv., [*~tissime*], fermement, positivement.

affirmātĭo, *ōnis*, f., 1. affirmation, assurance formelle, garantie.

affirmātŏr, *ōris*, m., celui qui affirme, garant.

affirmo, *ās, āre*, tr., 1. affermir, fortifier, établir solidement ; 2. confirmer, établir ; 3. affirmer, attester, assurer.

afflātŭs, *ūs*, m., 1. souffle, haleine, vent ; 2. inspiration, enthousiasme.

afflecto, *īs, ĕre, flexi, flectum*, tr., 1. tourner vers ; 2. fléchir (par des prières).

afflĕo, *ēs, ēre, flēvi, flētum*, intr., pleurer à, devant.

afflictātĭo, *ōnis*, f., manifestation de douleur, abattement moral et physique.

afflictātŏr, *ōris*, m., qui frappe, tourmente ; bourreau.

afflictĭo, *ōnis*, f., coup qui abat, affliction, épreuve.

afflicto, *ās, āre*, tr., frapper, heurter avec violence, malmener, maltraiter, abattre, accabler.

afflictŏr, *ōris*, m., celui qui abat, destructeur.

afflictrix, *īcis*, f. du préc.

① **afflictus**, *a, um*, part. adj., [*~ctior*], 1. abattu, jeté à terre, terrassé ; 2. malheureux ; avili, méprisé.

② **afflictŭs**, *ūs*, m., choc, heurt.

afflīgo, *īs, ĕre, flixi, flictum*, tr., 1. heurter contre, jeter à bas, renverser, abattre ; 2. maltraiter, accabler, ruiner, décourager ; rabaisser, déprécier.

afflo, *ās, āre*, intr. et tr., 1. souffler vers, toucher de son souffle ; 2. se répandre (par le souffle), s'exhaler ; 3. inspirer, insuffler.

afflŭens, *entis*, part. adj., [*~tior, ~tissimus*], 1. affluant, coulant abondamment ; 2. abondant, ruisselant.

afflŭentĕr, adv., [*~tius*], abondamment.

afflŭentĭa, *æ*, f., 1. afflux ; 2. affluence, abondance.

afflŭo, *īs, ĕre, fluxi, fluxum*, intr., couler vers, dans, auprès de ; fig., parvenir naturellement, *nihil rumoris affluxit* : il n'est pas parvenu le plus léger bruit.

affŏdĭo, *īs, ĕre*, tr., ajouter en creusant.

affor, *āris, āri, fātus sum*, tr., parler, s'adresser à, ~ *aliquem* : à qqn. ~ *aliquem extremum* : parler à qqn. pour la dernière fois ; rar., sens passif, *adfatum est* : il a été dit.

affŏrĕm, subj. impf. de *adsum*.

afformīdo, *ās, āre*, tr., avoir peur de.

affrango, *īs, ĕre, frēgi, fractum*, tr., briser contre.

affrĕmo, *īs, ĕre*, intr., frémir, murmurer à.

affrĭco, *ās, āre, frĭcŭi, frictum*, tr., 1. frotter à, contre ; 2. communiquer par frottement.

affrictŭs, *ūs*, m., frottement, friction.

affringo, V. *affrango*.

affulgĕo, *ēs, ēre, fulsi*, intr., 1. briller, apparaître en brillant ; 2. apparaître sous un jour lumineux, favorable, *et mihi talis fortuna affulsit* : moi aussi j'ai vu la fortune me faire ces sourires, LIV.

affundo, *īs, ĕre, fūdi, fūsum*, tr., 1. verser à, ajouter en versant, *affunditur venenum in frigidā aquā* : dans l'eau froide est ajouté du poison, TAC. ; 2. se répandre, *affusa turba* : une foule répandue ; 3. passif, qqf. : se prosterner.

Āfrānĭa, *æ*, f., Afrania, nom de femme.

Āfrānĭus, *ĭi*, m., Afranius, 1. poète comique (IIᵉ s. av. J.-C.) ; 2. lieutenant de Pompée.

Āfri, *ōrum*, m. pl., Africains ‖ **Āfrĭca**, *æ*, f., Afrique ‖ **Āfrĭcānus**, *a, um*, d'Afrique ‖ **Āfrĭcānus**, *i*, m., l'Africain (surnom de deux Scipions) ‖ **Āfrĭcus**, *a, um*, d'Afrique ‖ **Āfrĭcus**, *i*, m., vent d'Afrique.

ăgăga, *æ*, m., entremetteur.

ăgăgŭla, *æ*, f., entremetteuse.

Ăgămēdēs, *is*, m., Agamède, architecte grec.

Ăgămemnōn, *ŏnis*, m., Agamemnon, roi d'Argos, époux de Clytemnestre, père d'Iphigénie, d'Électre et d'Oreste ‖ **Ăgămemnŏnĭus**, *a, um*, d'Agamemnon.

Ăgănippē, *ēs*, f., Aganippe, source en Béotie, consacrée aux Muses ‖ **Ăgănippēus**, *a, um*, d'Aganippe ‖ **Ăgănippis**, *ĭdos*, f., de la source Aganippe.

ăgăpē, *ēs*, f., **1.** amour du prochain ; **2.** agape, repas des premiers chrétiens.

ăgāso, *ōnis*, m., **1.** ânier, muletier ; **2.** péj., goujat.

Ăgăthŏclēs, *is*, m., Agathoclès, **1.** tyran de Syracuse ; **2.** historien grec.

Ăgăthyrna, *æ*, f., et **Ăgathyrnum**, *i*, n., Agathyrnum, v. de Sicile septentrionale.

Ăgăthyrsi, *ōrum*, m. pl., Agathyrses, peuple de Sarmatie.

Ăgāvē, *ēs*, f., Agavé, fille de Cadmos, mère de Penthée.

ăgĕ, **ăgĭtĕ**, **ăgĕdŭm**, **ăgĭtĕdŭm** (cf. *ago*), interj., allons !, voyons !, eh bien !, maintenant.

ăgĕa, *æ*, f., mar., travée conduisant vers les bancs de nage.

Ăgedincum, *i*, n., Agédincum, v. des Sénons, auj. Sens.

Ăgĕlastus, *i*, m., Agélaste, surnom grec (= qui ne rit pas).

ăgellŭlus, *i*, m., tout petit champ.

ăgellus, *i*, m., petit champ.

ăgēma, n., unité d'élite de l'armée macédonienne.

Ăgēnōr, *ŏris*, m., Agénor, roi de Phénicie, fils de Neptune, père de Cadmus, ancêtre de Didon ‖ **Ăgēnŏrĕus**, *a*, *um*, d'Agénor.

Ăgēnŏria, *æ*, f., Agénoria, divinité romaine qui pousse aux entreprises.

Ăgēnŏrĭdēs, *æ*, m., descendant d'Agénor.

ăgens, *entis*, part. adj., **1.** agissant, actif ; **2.** demandeur (en justice), plaignant.

ăger, *gri*, m., **1.** terre (cultivable), champ, *agrum colere* : cultiver un champ ; **2.** campagne (opp. à la ville), surt. au pl. ; **3.** propriété foncière, *~ publicus* : domaine public ; **4.** territoire qui dépend d'un État.

Ăgēsĭlāus, *i*, m., Agésilas, roi de Sparte.

Ăgēsimbrŏtus, *i*, m., Agésimbrote, chef de la flotte rhodienne contre Philippe de Macédoine.

aggĕmo, *ĭs*, *ĕre*, intr., gémir avec + dat.

aggĕnĕro, *ās*, *āre*, intr. et tr., naître ou faire naître en plus.

aggĕnĭcŭlātĭo, *ōnis*, f., agenouillement.

aggĕnĭcŭlor, *āris*, *āri*, intr., s'agenouiller devant.

agger, *ĕris*, (*ad* + *gero*), m., **1.** tout ce qu'on amasse pour former une éminence, matériaux de remblai, terre, sable ; **2.** élévation construite pour défendre un camp, retranchement, rempart, *aggerem apparare, instruere, exstruere, facere* : construire un retranchement ; **3.** hauteur, levée, digue, butte, tribune,

élévation ; **4.** amas, monceau, amoncellement.

aggĕrātim, adv., en monceaux.

① **aggĕro**, *ās*, *āre*, tr., **1.** entasser, amonceler ; **2.** remblayer, combler ; **3.** poét., grossir, enfler.

② **aggĕro**, *ĭs*, *ĕre*, *gessi*, *gestum*, tr., **1.** porter vers, à, apporter ; **2.** entasser, accumuler (pr. et fig.).

aggestĭo, *ōnis*, f., rapport, entassement.

aggestum, *i*, n., remblai, terrasse.

aggestŭs, *ūs*, m., **1.** action d'apporter, transport ; **2.** levée de terre.

agglŏmĕro, *ās*, *āre*, tr. et intr., ajouter (pour former une pelote), réunir, assembler, amasser, gonfler, amonceler.

agglūtĭnātĭo, *ōnis*, f., **1.** action de souder ; **2.** attachement, dévouement.

agglūtĭno, *ās*, *āre*, tr., coller, souder, unir étroitement.

aggrăvātĭo, *ōnis*, f., surcharge, accablement.

aggrăvesco, *ĭs*, *ĕre*, intr., s'alourdir, s'aggraver.

aggrăvo, *ās*, *āre*, tr., **1.** rendre plus lourd, surcharger ; **2.** aggraver, empirer ; **3.** grever en plus.

aggrĕdĭor, *ĕris*, *i*, *gressus sum*, tr. et intr., **1.** marcher vers, s'avancer vers, (*ad*) *aliquem ~* : aller trouver qqn. ; **2.** s'approcher de, chercher à gagner, *aliquem pecuniā ~* : chercher à corrompre qqn. avec de l'argent, *provinciarum animos ~* : chercher à gagner les esprits des provinces ; **3.** surt. tr. : marcher contre, attaquer, *~ aliquem ferro* : attaquer qqn. le fer à la main, *murum~* : donner l'assaut au mur ; **4.** s'attaquer à, entreprendre, *causam ~* : entreprendre une cause, *oppidum oppugnare ~* : entreprendre d'assiéger une place, *ad dicendum ~* : se mettre à parler.

aggrĕgo, *ās*, *āre*, tr., attrouper, assembler, réunir, joindre, *se ~ Romanis* : se joindre aux Romains, *se ~ ad amicitiam alicujus* : entrer dans l'amitié de qqn.

aggressĭo, *ōnis*, f., attaque, tentative, entreprise.

aggressŏr, *ōris*, m., agresseur.

aggressūra, *æ*, f., agression, attaque, guet-apens.

aggŭberno, *ās*, *āre*, tr., diriger vers.

ăgĭlis, *e*, adj., [*~lior*], **1.** facile à mouvoir, à conduire ; **2.** agile, rapide, leste ; **3.** actif, agissant.

ăgĭlĭtās, *ātis*, f., facilité à se mouvoir, agilité, rapidité.

ăgĭlĭtĕr, adv., [*~lius*], avec agilité.

Aginnum, *i*, n., Aginnum, v. de l'Aquitaine, auj. Agen.

ăgīno, *ās*, *āre*, intr., tourner, virer, s'agiter.

ăgĭpēs, *pĕdis*, adj., aux pieds agiles.

Agis, *ĭdis*, m., Agis, nom de rois de Sparte.

ăgĭtābĭlis, *e*, adj., facile à mouvoir.

ăgĭtātĭo, *ōnis*, f., 1. mise en mouvement ; 2. mouvements, agitation ; 3. exercice, pratique, *studiorum ~* : pratique des études.

ăgĭtātŏr, *ōris*, m., 1. cocher, conducteur de char (jeux du cirque) ; 2. celui qui pousse devant lui (une charrue, du bétail).

ăgĭtātrix, *īcis*, f., celle qui met en mouvement.

① **ăgĭtātus**, *a*, *um*, part. adj., [*~tior*], 1. mobile, agité, actif ; 2. passionné.

② **ăgĭtātŭs**, *ūs*, m., mise en mouvement.

ăgĭtĕ, **ăgĭtĕdum**, V. *age*.

ăgĭto, *ās*, *āre*, tr., 1. pousser vivement, diriger, conduire, *~ equum spumantem* : lancer son cheval écumant ; poursuivre, chasser, *feras ~* : poursuivre les bêtes sauvages ; 2. agiter, secouer, ébranler, *mare ventorum vi agitatum* : une mer secouée par la violence des vents ; tourmenter, inquiéter, *suum quemque scelus agitat* : chacun est poursuivi par son crime, Cic. ; 3. agiter dans son esprit, méditer, songer à, *~ rem animo, cum animo, mente* : songer à qqch., *~ fugam* : songer à la fuite ; discuter de, *~ legem, de lege* : discuter une loi, d'une loi ; 4. exercer, pratiquer, faire, *imperium ~* : exercer le pouvoir, *~ pacem* : être en paix, *~ dies festos* : célébrer les jours de fête, d'où : *~ vitam* : mener sa vie ; abs., *agitare* : vivre habituellement.

Aglăĭē, *ēs*, f., Aglaé, l'aînée des Grâces.

Aglăŏphōn, *ontis*, m., Aglaophon, nom d'un peintre.

Aglaurŏs, *i*, f., Aglauros, fille de Cécrops, un des premiers rois d'Athènes.

agmĕn, *ĭnis*, (cf. *ago*), n., 1. marche, cours, mouvement, *leni fluit agmine fluvium* : le fleuve coule d'un cours paisible ; 2. file, troupe, troupeau, bande, *stipatus agmine patriciorum* : entouré d'une foule de patriciens ; 3. colonne, armée en marche, *~ primum* : avant-garde, *~ extremum, ~ novissimum* : arrière-garde, *~ claudere, cogere* : fermer la marche ; marche d'une armée, *citato agmine* : à marche forcée.

agmentum, V. *amentum*.

agmīnātim, adv., en troupe ; en masse.

agna, *æ*, f., agnelle, jeune brebis.

Agnālĭa, V. *Agonalia*.

agnascor, *ĕris*, *i*, *nātus sum*, intr., 1. naître après le testament du père, devenir

agnat ; 2. naître sur, à côté, en plus ; surcroître.

agnātĭo, *ōnis*, f., 1. état d'agnat, agnation, parenté du côté paternel ; 2. surcroît, excroissance.

agnātus, *i*, m., 1. enfant qui naît après que le père a fait un testament ; 2. parent du côté paternel, agnat.

agnellus, *i*, m., petit agneau.

agnĭcŭla, *æ*, f., petite brebis.

agnĭcŭlus, *i*, m., petit agneau, agnelet.

agnīnus, *a*, *um*, relatif à l'agneau ; subst. f., *agnina (caro)*, viande d'agneau.

agnĭtĭo, *ōnis*, f., action de connaître, reconnaître.

agnĭtĭōnālis, *e*, adj., connaissable, reconnaissable.

agnĭtŏr, *ōris*, m., celui qui reconnaît.

agnōmĕn, *ĭnis*, n., surnom, qui s'ajoute aux *prænomen, nomen gentilicium, cognomen*, ex. : *Africanus* est l'*agnomen* de Publius Cornelius Scipio.

agnōmentum, *i*, n., surnom, sobriquet.

agnosco, *ĭs*, *ĕre*, *nōvi*, *nĭtum*, tr., 1. reconnaître, *~ deum ex operibus ejus* : reconnaître l'existence de Dieu à ses œuvres ; 2. reconnaître comme, pour, *filium ~* : reconnaître pour fils.

agnus, *i*, m., 1. agneau ; 2. chr., l'Agneau, le Christ.

ăgo, *ĭs*, *ĕre*, *ēgi*, actum, tr., 1. a) pousser, pousser devant soi, faire avancer, *~ capellas* : faire avancer ses chèvres ; *agmen ~* : faire avancer son armée ; b) pousser devant soi, emmener avec soi (troupeaux, captifs) ; c) pousser, chasser, poursuivre, *~ Pompeianos* : harceler les Pompéiens ; abs., *ferre et ~* : ravager, piller ; d) pousser en un même lieu, rassembler : *~ senatum* : assembler le sénat, *~ dilectum* : faire une levée de troupes ; e) pousser à, conduire à, *in desperationem ~* : mener au désespoir ; f) ext., pousser, produire, *folia ~* : pousser des feuilles ; 2. a) mener, conduire, *~ currum* : conduire un char ; b) mener, tracer, *~ limitem* : tracer une ligne de séparation, *~ fundamenta* : construire des fondations ; c) mener, passer (période de temps), *vitam ~* : passer sa vie, *~ noctem quietam* : passer une nuit tranquille ; d) abs., demeurer, résider, vivre, *~ in castris* : vivre dans les camps ; e) abs., *agere* ou *se agere* : se comporter, *cum aliquo* : avec qqn. ; rar., être, *ceterorum nescii egere* : les autres circonstances, on les ignora (on fut ignorant), Tac. ; 3. a) mener (une affaire), s'occuper de, remplir (une fonction), *~ stationem* : monter la garde ; b) soutenir, plaider une cause, *causam ~*, d'où : abs., *agere*, plaider, parler, *~ cum populo* : s'adresser au peuple ; c) célébrer, *festum diem ~* : célébrer un jour de fête, d'où : abs., au sens fort, *agere* : sacrifier ; d) soutenir, jouer un rôle, *primas partes ~* : jouer le premier rôle ; 4. a) effectuer, faire, *gratias alicui ~* : rendre grâces à, remercier qqn. ; b) faire, *hæc dum aguntur* : pendant que cela se fait, *quid agis ?* : que fais-tu ? (= comment vas-tu ?), *nihil agunt* : ils ne font rien (= ils perdent leur temps), pour eux c'est peine perdue ; c) passif : s'agir de, *res de quā agitur* : la chose dont il s'agit, *agitur de gloriā* ou *agitur gloria* (nom. suj.) *populi Romani* : il s'agit de la gloire du peuple romain.

ăgōn, *ōnis*, m., agôn, jeu public, concours à l'imitation des Grecs.

Ăgōnālĭa, *ĭum*, n. pl., Agonales, fêtes en l'honneur de Janus (janvier, mars, mai, décembre).

Ăgōnĭa, *ōrum*, V. le préc.

ăgōnista, *æ*, m., athlète à l'agôn.

ăgōnistĭcus, *a, um*, relatif à l'agôn, athlétique.

ăgŏrănŏmus, *i*, m., agoranome, magistrat grec chargé de la surveillance des marchés.

ăgrārĭus, *a, um*, **1.** relatif aux champs ; **2.** qui concerne le partage des terres, *lex agraria* : loi agraire ; subst. m. pl., *agrarii, orum*, partisans du partage des terres.

Agrē, *ēs*, f., Agré, chienne d'Actéon.

ăgrestis, *e*, adj., [*~tior, ~tissimus*], **1.** qui a rapport aux champs, qui cultive les champs, agriculteur, campagnard, *~ mus*, le rat des champs ; **2.** rustre, grossier.

Agriānes, *um*, m. pl., Agrianes, peuple de Thrace.

ăgrĭcŏla, *æ*, m., agriculteur, cultivateur, laboureur.

Ăgrĭcŏla, *æ*, m., Agricola, général romain, beau-père de Tacite.

ăgrĭcŏlor, *āris, āri*, intr., cultiver la terre.

ăgrĭcultĭo (ăgrī cultĭo), *ōnis*, f., agriculture.

ăgrĭcultŏr (ăgrī cultŏr), *ōris*, m., agriculteur.

ăgrĭcultūra (ăgrī cultūra), *æ*, f., agriculture.

Agrĭgentīnus, *a, um*, agrigentin ‖ **Agrĭgentum**, *i*, n., Agrigente, v. de Sicile.

ăgrĭmensŏr, *ōris*, m., arpenteur.

ăgrĭpĕta, *æ*, m., personne qui cherche à se faire attribuer des terres, colon (mot fabriqué par Cicéron).

Agrippa, *æ*, m., Agrippa, **1.** surnom d'une famille rom. ; gendre d'Auguste ; **2.** nom de deux rois de Judée.

Agrippīna, *æ*, f., Agrippine, **1.** première femme de Tibère ; **2.** fille d'Agrippa, petite-fille d'Auguste, épouse de Germanicus ; **3.** fille de la préc., mère de Néron, épouse de Claude.

Agrippīna, cŏlōnĭa Agrippīnensis, f., (colonie d')Agrippine, en Germanie, auj. Cologne ‖ **Agrippīnenses**, *ĭum*, m. pl., les hab. d'Agrippine.

Āgrĭus, *ĭi*, m., Agrius, père de Thersite.

agrōstis, *is* et *ĭdis*, f., chiendent.

Agyīēus, *ĕi*, m., Agyieus, surnom d'Apollon, protecteur des rues.

Ăgylla, *æ*, f., Agylla, v. d'Étrurie.

Ăgyllē, *ēs*, f., Agyllé, nymphe du lac Trasimène.

Ăgyllēus, *ĕos*, m., Apollon Agylléen (du temple d'Agylla) ‖ **Ăgyllīnus**, *a, um*, d'Agylla.

Ăgўrīnensis, *e*, adj., d'Agyrium ‖ **Ăgўrĭum**, *ĭi*, n., Agyrium, v. de Sicile.

āh, interj., V. *a*.

Ăhāla, *æ*, m., Ahala, surnom des Servilius.

Aharna, *æ*, f., Aharna, v. d'Étrurie, auj. Bargiano.

ăhēn~, V. *aen~*.

ai, interj., ah !, hélas !

āiam, subj. prés. de *aio*.

āientĭa, *æ*, f., affirmation.

āio, vb. déf., prés. *ais, ait, aiunt*, impf. *aiebam* (seul temps complet), autres formes rar., **1.** dire oui, affirmer ; **2.** dire, *ait aiunt* : comme on dit, *ain* (*aisne*) *tu ?* : vraiment ?

Āius Lŏquens ou **Āius Lŏcūtĭus**, m., le dieu qui parle (voix qui avertit les Romains de l'arrivée des Gaulois).

Ăjax, *ācis*, m., Ajax, **1.** héros grec, fils d'Oïlée ; **2.** héros grec, fils de Télamon.

āla, *æ*, (cf. *axilla*), f., **1.** aile ; épaule, aisselle ; **2.** aile d'un bâtiment, pédicule d'une tige ; **3.** aile d'une armée, *~ dextra, sinistra* : aile droite, aile gauche ; cavalerie alliée (qui couvrait les ailes de l'armée romaine) ; corps de cavalerie, escadron.

Ălăbanda, *æ*, f., et **Ălăbanda**, *ōrum*, n. pl., Alabanda, v. de Carie ‖ **Ălăbandensis**, *e*, adj., et **Ălăbandēus**, *a, um*, d'Alabanda ‖ **Ălăbandus**, *i*, m., Alabandus (héros éponyme d'Alabanda).

ălăbarchēs, V. *arabarches*.

ălăbaster, *tri*, m., vase d'albâtre pour les parfums.

ălăbastrum, *i*, n., V. le préc.

ălăcĕr, *cris, cre*, adj., [*~crior*], **1.** vif, alerte, animé, ardent ; **2.** allègre, dispos, gai.

ălăcrĭtās, *ātis*, f., **1.** vivacité, ardeur, entrain ; **2.** gaieté, allégresse.

Ălămanni, *ōrum*, m. pl., Alamans, peuple de Germanie ‖ **Ălămannĭa**, *æ*, f., Alamannie ‖ **Ălămannĭcus** et **Ălămannus**, *a*, *um*, alamannique.

Alander ou **Alandrus**, *i*, m., Alandre, fl. de Phrygie.

Ălāni, *ōrum*, m. pl., Alains, peuple d'Europe orientale ‖ **Ălānus**, *a*, *um*, des Alains.

ălăpa, *æ*, f., soufflet, gifle ; spéc., soufflet donné à un esclave pour marquer qu'on l'affranchit.

Alărīcus, *i*, m., Alaric, roi des Wisigoths.

ălārĭus, *a*, *um*, et **ălāris**, *e*, adj., qui appartient aux ailes d'une armée ; subst. m. pl., *alarii*, *orum*, et *alares*, *ium*, auxiliaires.

Alastŏr, *ŏris*, m., Alastor, **1.** héros troyen tué par Ulysse ; **2.** cheval de Phaéton.

Ălatr~, V. *Aletr~*.

ālātus, *a*, *um*, ailé.

ălauda, *æ*, f., **1.** alouette (mot gaulois) ; **2.** l'Alauda (légion gauloise formée par César).

ălausa, *æ*, f., alose (poisson).

Ălāzōn, *ŏnis*, m., « le Fanfaron » (mot grec).

Alba, *æ*, f., Albe, nom de diff. villes, et surt. de la v. du Latium *Alba Longa*, Albe la Longue, ville mère de Rome ‖ **Albāni**, *ōrum*, m. pl., les Albains, hab. d'Albe la Longue ‖ **Albānus**, *a*, *um*, d'Albe.

albātus, *a*, *um*, vêtu de blanc.

Albenses, *ĭum*, m. pl., les hab. d'*Alba Fucentia*, v. des Marses sur le lac Fucin.

albĕo, *ēs*, *ēre*, intr., être blanc, brillant.

albesco, *ĭs*, *ĕre*, intr., devenir blanc, clair.

Albĭānus, *a*, *um*, d'Albius.

albĭcăpillus, *i*, m., tête blanche, vieillard chenu.

Albĭci, *ōrum*, m. pl., Albiques, peuple du S.-E. de la Gaule.

albĭco, *ās*, *āre*, intr., être blanc.

albĭdus, *a*, *um*, [~*dior*, ~*dissimus*], blanchâtre.

Albĭga, *æ*, f., Albiga, v. d'Aquitaine, auj. Albi ‖ **Albĭgensis**, *e*, adj., d'Albiga.

Albīna, *æ*, f., Albina, nom de femme.

Albingauni, *ōrum*, m. pl., les hab. d'Albingaunum, v. de Ligurie.

Albīnĭus, *ĭi*, m., Albinius, nom d'h.

Albīnŏvānus, *i*, m., Albinovanus, nom de diff. pers.

Albintĭmĭlium, *ii*, n., Albintimilium, v. de Ligurie, auj. Vintimille.

Albīnus, *i*, m., Albinus, nom d'une famille rom., branche de la *gens Postumia*.

Albis, *is*, m., Alf ou Elf(e), fl. de Germanie, auj. Elbe.

Albĭus, *ĭi*, m., Albius, nom de plusieurs pers., spéc. Albius Tibullus : le poète Tibulle.

albŏr, *ōris*, m., blanc, couleur blanche.

Albrūna, *æ*, f., Albruna, prophétesse de Germanie.

Albūcĭus, **Albūtĭus**, *ĭi*, m., Albucius, nom de diff. pers.

Albūdignus fons, m., source d'Albudine, dans la Sabine.

Albŭla, *æ*, f., Albula, ancien nom du Tibre ; *Albulæ aquæ* : sources d'Albula, sources sulfureuses, près de Tibur.

albŭlus, *a*, *um*, blanc, blanchâtre.

album, *i*, n., **1.** blanc ; **2.** partie blanche, blanc de l'œil ; **3.** tableau blanc (sur lequel le grand pontife inscrit les événements de l'année ; sur lequel le préteur inscrit ses édits, d'où : édit du préteur) ; **4.** rôle, liste (des sénateurs, des juges).

Albŭnĕa, *æ*, f., Albunéa, source et grotte près de Tibur.

alburnum, *i*, n., aubier.

alburnus, *i*, m., ablette.

Alburnus, *i*, m., Alburnus, mt. de Lucanie.

albus, *a*, *um*, [~*bior*, ~*bissimus*, rar.], **1.** blanc (opp. à *ater*), *alba et atra discernere* : distinguer le blanc et le noir, *alba avis* (= *rara avis*), oiseau rare ; **2.** blême, pâle ; **3.** brillant, clair ; **4.** heureux, favorable.

Alcæus, *i*, m., Alcée, poète grec.

Alcămĕnēs, *is*, m., Alcamène, statuaire.

Alcăthŏē, *ēs*, f., Alcathoé (Mégare), v. et région de Grèce.

Alcăthŏus, *i*, m., Alcathoüs, fondateur de Mégare.

Alcē, *ēs*, f., Alcé, v. d'Espagne.

alcēdo, *ĭnis*, f., alcyon.

alcēdŏnĭa, *ōrum*, n. pl., temps serein (durée de la couvaison de l'alcyon).

alcēs, *is*, f., élan (animal).

Alcestis, *ĭdis*, ou **Alcestē**, *ēs*, f., Alceste, héroïne de la tragédie d'Euripide.

Alcĭbĭădēs, *is*, m., Alcibiade, **1.** célèbre Athénien du vᵉ s. av. J.-C. ; **2.** Lacédémonien qui combattit les Romains.

Alcĭdămās, *antis*, m., Alcidamas, rhéteur grec du vᵉ s. av. J.-C.

Alcĭdēmos, *i*, f., Alcidémos (Minerve).

Alcīdēs, *æ*, m., Alcide, Hercule (descendant d'Alcée).

Alcĭmĕdē, *ēs*, f., Alcimède, mère de Jason.

Alcĭmĕdōn, *ontis*, m., Alcimédon, nom d'h.

Alcĭnŏus, *i*, m., Alcinoüs, roi des Phéaciens, père de Nausicaa, célèbre pour la fécondité de ses vergers.

Alcis ou **Alci**, m. pl., Alci, dieux jumeaux des Naharvales, peuple de Germanie.

Alcĭthŏē, *ēs*, f., Alcithoé, fille de Minyas d'Orchomène.

Alcmæo, **Alcmæōn**, *ŏnis*, et **Alcŭmæus**, *i*, m., Alcméon, un des Épigones, fils d'Amphiaraüs, roi d'Argos.

Alcmēna, *æ*, et **Alcmēnē**, *ēs*, f., Alcmène, épouse d'Amphitryon et mère d'Hercule.

alcўŏn, *ŏnis*, f., alcyon, oiseau de mer.

Alcўŏnē, *ēs*, f., Alcyoné, **1.** fille d'Éole ; **2.** une des Pléiades, fille d'Atlas.

Alĕa, *æ*, f., Aléa ou Minerve, honorée à Aléa, en Arcadie.

ālĕa, *æ*, f., **1.** dé, jeu de dés, *aleā ludere* : jouer aux dés, d'où : sort, *jacta ~ est* : le sort en est jeté, Suét. ; **2.** chance, hasard, incertitude, risque.

ālĕārĭus, *a*, *um*, relatif aux jeux de hasard.

ālĕātŏr, *ōris*, m., joueur de dés, joueur (péj.).

ālĕātŏrĭus, *a*, *um*, relatif aux jeux de hasard.

Alĕbās ou **Alēvās**, *æ*, m., Alévas, tyran de Larissa.

ālēc, V. *allec*.

Alectō ou **Allectō**, f., indécl., Alecto, une des trois Furies.

Alĕïi campi, m. pl., plaine d'Alé (Cilicie).

Alēman~, V. *Alaman~*.

Alēmōn, *ŏnis*, m., Alémon, père de Myscélos, fondateur de Crotone.

Alēmōna et **Alīmōna**, *æ*, f., Alémona, divinité qui protège l'enfant dans le sein de sa mère.

ālĕo, *ōnis*, m., joueur professionnel.

ālĕs, *ālītis*, **1.** adj., ailé, rapide ; **2.** poét. subst. f. ou m., oiseau ; **3.** oiseau qui annonce les présages par son vol (opp. à *oscen*), *bonā (secundā)*, *malā (lugubri) alite* : sous de bons, de mauvais présages.

Alēsa, V. *Halæsa*.

ālesco, *ĭs*, *ĕre*, intr., croître, augmenter.

Alēsĭa, *æ*, f., Alésia, cap. des *Mandubii* (V. ce mot), où César reçut la capitulation de Vercingétorix en 52 av. J.-C.

Alētrīnās, *ātis*, adj., d'Alétrium ǁ **Alētrĭum**, *ĭi*, n., Alétrium, v. du Latium.

ālēum, V. *alium*.

Alēus, V. *Eleus*.

Alēvās, V. *Alebas*.

ālex, V. *allec*.

Alexandĕr, *dri*, m., Alexandre, **1.** autre nom de Pâris, fils de Priam ; **2.** Alexandre le Grand, fils de Philippe et roi de Macédoine (356-323 av. J.-C.) ; **3.** nom d'autres pers.

Alexandrēa ou **Alexandrīa**, *æ*, f., Alexandrie, **1.** v. d'Égypte ; **2.** v. de Syrie, Troade, Bactriane, etc. ; **3.** nourrice de Néron ǁ **Alexandrēus**, *a*, *um*, d'Alexandrie ǁ **Alexandrīnus**, *a*, *um*, d'Alexandrie, alexandrin.

Alexĭcăcus, *i*, m., Alexicacus (= qui repousse les maux), surnom d'Hercule.

Alexīnus, *i*, m., Alexinus, philosophe de Mégare.

Alexīon, *ōnis*, m., Alexion, médecin de Cicéron.

Alexĭrhŏē, *ēs*, f., Alexirhoé, nymphe.

alfă, V. *alpha*.

Alfēnus, *i*, m., Alfénus, cordonnier devenu jurisconsulte réputé.

Alfius, *ĭi*, m., C. Alfius Flavus, ami de Cicéron.

alga, *æ*, f., algue.

algĕo, *ēs*, *ēre*, *alsi*, intr., avoir froid.

algesco, *ĭs*, *ĕre*, *alsi*, intr., se refroidir.

Algĭdum, *i*, n., Algidum, v. des Èques.

algĭdus, *a*, *um*, froid, glacé.

Algĭdus (mons), m., le mt. Algide (Latium).

algŏr, *ōris*, et **algŭs**, *ūs*, m., froid, sensation de froid.

ălĭā, adv., d'un autre côté.

Alĭa, V. *Allia*.

Alĭacmōn, V. *Haliacmon*.

ălĭās, adv., **1.** une autre fois, d'autres fois, *alias... alias* ou *alias... interdum* : tantôt... tantôt ; **2.** autrement, d'ailleurs, du reste ; **3.** ailleurs.

ālĭātus, *a*, *um*, assaisonné d'ail, qui se nourrit d'ail.

ălĭbī, adv., ailleurs, dans un autre endroit, dans une autre chose.

ălĭca, *æ*, f., épeautre ; bouillie d'épeautre.

ălĭcārĭus, *a*, *um*, d'épeautre.

ălĭcŭbī, adv., quelque part, *alicubi... alicubi...* : tantôt... tantôt.

ălĭcŭla, *æ*, f., vêtement léger.

ălĭcundĕ, adv., de quelque part, de quelqu'un.

ălĭd pour *aliud*, V. *alius*.

ălĭēnātĭo, *ōnis*, f., **1.** aliénation, cession, transmission d'un bien ; **2.** défection, désaffection, éloignement ; **3.** égarement, aliénation.

ălĭēnĭgĕna, *æ*, m., étranger.

ălĭēnĭgĕnus, *a*, *um*, **1.** étranger ; **2.** hétérogène.

ălĭēno, *ās, āre*, tr., **1.** aliéner, céder, vendre, transmettre ; **2.** aliéner, éloigner, rendre étranger, hostile ; passif : *alienari* : se détacher de, être ennemi de (*ab* + abl.) ; **3.** frapper d'aliénation, égarer, ~ *mentem* : ôter la raison.

ălĭēnus, *a, um*, [~*nior*, ~*nissimus*], **1.** d'autrui, qui appartient à autrui, ~ *puer* : esclave qui appartient à autrui, *metus* ~ : la crainte d'autrui, *æs alienum* : argent d'autrui = dette ; subst. n., *alienum, i*, le bien d'autrui ; **2.** étranger, à qui ne touche pas, qui n'appartient pas à, *nihil humani a me alienum puto* : je considère que rien de ce qui est humain ne m'est étranger, Tér., *alienum dignitatis* : contraire à la dignité ; **3.** étranger, *aliena religio* : religion d'origine étrangère ; **4.** défavorable, hostile, inopportun, déplacé, *alieno loco* : en un lieu défavorable ; rhét., *alienum verbum* : mot impropre.

Ālĭfānus, V. *Allifanus*.

ālĭfĕr et **ālĭgĕr**, *ĕra, ĕrum*, qui porte des ailes, ailé.

ălĭmentārĭus, *a, um*, **1.** qui concerne la répartition des vivres ; **2.** qui reçoit de ses parents ou de l'État une pension alimentaire, ailé.

ălĭmentum, *i*, n., aliment, nourriture (pr. et fig.), entretien, aide alimentaire.

Ālĭmentus, *i*, m., Alimentus, surnom de la *gens Cincia*.

ălĭmōnĭa, *æ*, f., et **ălĭmōnĭum**, *ĭi*, n., nourriture, entretien.

ălĭō, adv., ailleurs (avec mvt.), vers un autre lieu, une autre chose, un autre sujet.

ălĭōquī ou **ălĭōquīn**, adv., **1.** à d'autres points de vue, au demeurant, du reste, en général, ~ *moderatus et probus* : au demeurant un honnête homme ; **2.** autrement, sinon.

ălĭorsum, **ălĭorsŭs**, **ălĭōversum**, **ălĭōversŭs,** adv., dans une autre direction, autrement.

ālĭpēs, *pĕdis*, adj., aux pieds ailés ; rapide, léger.

Ālĭphæ, V. *Allifæ*.

Ălĭphēra, *æ*, f., Aliphéra, v. d'Arcadie ‖ **Ālĭphēræi**, *ōrum*, m. pl., les hab. d'Aliphéra.

ālĭpĭlus, *i*, m., qui épile les aisselles.

ălipta et **ăliptēs**, *æ*, m., masseur (qui frotte d'huile pour le bain ou la lutte).

ălĭquā, adv., par quelque endroit, moyen.

ălĭquamdĭū, adv., pendant quelque temps.

ălĭquam multi, *æ, a*, assez nombreux.

ălĭquam multum, adv. et pron., une assez grande quantité.

ălĭquandĭū, V. *aliquamdiu*.

ălĭquandō, adv., **1.** un jour, une fois (dans le passé ou le futur), jadis, *si forte aliquando, si* (*ali*)*quando* : si un jour, si jamais ; **2.** enfin, une bonne fois, *scribe aliquando ad nos* : écris-nous enfin ; **3.** parfois.

ălĭquantillum, adv., si peu que ce soit.

ălĭquantispĕr, adv., pendant quelque temps.

ălĭquantō = *aliquantum* avec comp.

ălĭquantŭlum, adv. et pron., un petit peu.

ălĭquantum, adv. et pron., **1.** une assez grande quantité, ~ *itineris* : une bonne distance ; **2.** quelque peu, passablement.

ălĭquantŭs, *a, um*, assez grand, d'une certaine grandeur, assez fort, assez long, etc.

ălĭquātĕnŭs, adv., jusqu'à un certain point.

① **ălĭquī**, *quă* (rar. *quæ*), *quŏd*, pron.-adj. indéf., quelque, quelqu'un.

② **ălĭquī**, **1.** abl. arch. de *aliquis* ; **2.** adv., de quelque façon.

ălĭquis, *quă, quĭd, quŏd*, pron.-adj. indéf., **1.** quelqu'un, quelque chose (indéterminé mais existant réellement, opp. à *quis* = quelqu'un de supposé, imaginaire), *quisquis est ille, si modo est aliquis* : quel qu'il soit, si toutefois c'est quelqu'un, *aliquā re publicā* : si la république existe encore ; au nom.-acc. n. avec adj. ou nom au gén. : *aliquid falsi* : quelque chose de faux, *aliquid agri* : quelque chose (en fait) de terre = un peu de terre ; **2.** collectif : *aperite aliquis* : ouvrez, quelqu'un ; **3.** quelqu'un ou quelque chose d'important : *esse aliquem* : être quelqu'un, *si modo est aliquis* ; **4.** avec nom de nombre : *aliquos viginti dies* : quelque vingt jours ; **5.** avec *alius* : *aliquid aliud videbimus* : nous verrons quelque chose d'autre ; rar. seul, *aliquis* : quelqu'un d'autre.

ălĭquō, adv., quelque part (avec mvt.).

ălĭquŏt, adj. invar., quelques-uns.

ălĭquŏtĭēs ou **ălĭquŏtĭens**, adv., quelquefois.

ălĭquōversum, adv., de quelque côté.

ălĭs, *ălĭd*, arch., V. *alius*.

Ālis, V. *Elis*.

Ālĭso, *ōnis*, m., Alison, forteresse de Germanie.

Ālĭsontĭa, *æ*, f., Alisontia, affluent de la Moselle, auj. Elze.

ălĭtĕr, adv., **1.** autrement, *aliter et, ac, atque, quam* : autrement que ; *aliter ac* (*atque, quam*) *si* : autrement que si, *non aliter nisi* : pas autrement que si, exactement comme si ; **2.** autrement, sans quoi, dans le cas contraire.

① **ălĭtus**, *a, um*, V. *alo*.

② **ālĭtŭs**, *ūs*, V. *halitus*.

ălĭŭbī, adv., ailleurs, en un autre endroit (sans mvt.).

ālĭum, *ĭī*, n., ail.

ălĭundĕ, adv., d'ailleurs, d'un autre endroit, d'une autre chose, d'une autre personne.

ălĭus, *a, um*, gén. *alīus* et plus souv. *alterius*, dat. *alīi*, **1.** autre (en parlant de plusieurs par opp. à *alter* = autre quand il s'agit de deux, V. ce mot), *omnes alii* : tous les autres, *alio loco* : en un autre lieu, *alius ex alio, super alium, post alium* : l'un après l'autre, *et in aliis causis et in hac* : dans les autres causes et en particulier dans celle-ci ; *alius et, ac, atque, quam* : autre… que, *aliud quam ut* + subj. : autre chose que de, *aliud sentire et loqui* : penser une chose et en dire une autre ; avec nég., *nihil aliud nisi, nihil aliud quam* : rien d'autre que ; **2.** *alii… alii* (*reliqui, nonnulli, pars, partim*) : les uns… les autres ; **3.** différent, *in alia omnia ire, discedere, transire* : être d'un avis contraire, *homines alii facti sunt* : les hommes ont changé ; **4.** le reste de (= *reliquus*), *alia multitudo* : le reste de la foule ; **5.** qqf., autre (en parlant de deux, comme *alter*).

ălĭusmŏdī, adv., d'une autre manière.

allābor, *ĕris, i, lapsus sum*, intr., glisser vers, parvenir, aborder en glissant, se glisser dans.

allăbŏro, *ās, āre*, intr., **1.** se donner du mal pour ; **2.** ajouter en se donnant du mal.

allăcrĭmans, *antis*, part. adj., pleurant à.

allambo, *ĭs, ĕre*, tr., lécher autour ; effleurer.

① **allapsus**, *a, um*, V. *allabor*.

② **allapsŭs**, *ūs*, m., action d'arriver en glissant.

allātĭo, *ōnis*, f., action d'apporter.

allātŏr, *ōris*, m., celui qui apporte.

allātro, *ās, āre*, intr. et tr., **1.** aboyer à ; **2.** aboyer après, crier contre.

allātum, **allātus**, V. *affero*.

allaudābĭlis, *e*, adj., louable.

allaudo, *ās, āre*, tr., combler d'éloges.

allēc, n., et **allex**, *ēcis*, m. et f., saumure.

allectātĭo, *ōnis*, f., action de câliner, séduction.

allectĭo, *ōnis*, f., **1.** choix ; **2.** nomination (par l'empereur), promotion par faveur.

allecto, *ās, āre*, tr., attirer, séduire.

Allectō, V. *Alecto*.

allēgātĭo, *ōnis*, f., **1.** délégation ; **2.** allégation, excuse ; **3.** rescrit impérial.

allēgātŭs, *ūs*, m., mandat, mission, ordre.

① **allēgo**, *ās, āre*, tr., **1.** déléguer, députer, envoyer en mission ; **2.** alléguer, exposer, faire valoir.

② **allēgo**, *ĭs, ĕre, lēgi, lectum*, tr., adjoindre par choix, faire admettre (dans un corps), élire.

allel~, V. *hallel~*.

allĕvāmentum, *i*, n., allègement, soulagement.

allĕvātĭo, *ōnis*, f., **1.** action de lever ; **2.** allègement, soulagement.

allĕvātŏr, *ōris*, m., celui qui élève, exalte.

allĕvĭo, *ās, āre*, tr., rendre plus léger.

allĕvo, *ās, āre*, tr., **1.** lever, soulever, relever ; **2.** alléger, soulager, calmer ; **3.** rendre moins solide, amoindrir.

allexi, V. *allicio*.

Allĭa, *æ*, f., Allia, fl. du Latium, où les Romains furent vaincus par les Gaulois en 365 av. J.-C. ‖ **Allĭensis**, *e*, adj., de l'Allia.

allĭbesco, V. *allubesco*.

allĭcĕfăcĭo, *ĭs, ĕre, fēci, factum*, tr., séduire.

allĭcĕo, *ēs, ĕre*, V. le suiv.

allĭcĭo, *ĭs, ĕre, lexi, lectum*, tr., attirer à soi, attirer, séduire, charmer, engager, amener.

allīdo, *ĭs, ĕre, līsi, līsum*, tr., **1.** jeter violemment contre, briser, fracasser ; **2.** fig., faire subir un grave échec.

Allĭēni Fŏrum, n., Forum d'Alliénus, en Gaule Transalpine.

Allĭfæ, *ārum*, f. pl., Allifæ, v. du Samnium ‖ **Allĭfānus**, *a, um*, d'Allifæ.

allĭgāmentum, *i*, n., lien.

allĭgātĭo, *ōnis*, f., action de lier, d'attacher.

allĭgātŏr, *ōris*, m., celui qui lie, lieur.

allĭgātūra, *æ*, f., ligature, attache.

allĭgo, *ās, āre*, tr., **1.** attacher à, lier, enchaîner ; **2.** fixer, bloquer, retenir, obliger, astreindre, *fœdere alligari* : se lier par un traité, *scelere se ~* : se rendre coupable ou complice d'un crime.

allĭno, *ĭs, ĕre, lēvi, lĭtum*, tr., **1.** enduire, oindre ; spéc., *~ atrum signum* : mettre une marque noire (pour rectifier une incorrection) ; **2.** imprégner, *vitia sua ~ alicui* : souiller qqn. de ses vices.

allīsĭo, *ōnis*, f., action de heurter contre, de broyer.

Allŏbrŏges, *um*, m. pl., Allobroges, peuple de la Gaule Narbonnaise ‖ **Allŏbrŏgĭcus**, *a, um*, des Allobroges ‖ **Allŏbrox**, *ŏgis*, m., et **Allŏbrŏgus**, *i*, m., Allobroge.

allŏcūtĭo, *ōnis*, f., allocution, harangue, exhortation.

allŏquĭum, *ĭi*, n., discours, allocution, exhortation, consolation.

allŏquor, *ĕris*, i, *lŏcūtus sum*, tr., adresser des paroles à, exhorter, haranguer, consoler.

allŭbentĭa, *æ*, f., penchant, désir, envie.

allŭbesco, *ĭs*, *ĕre*, intr., **1.** complaire à ; **2.** commencer à plaire ; **3.** commencer à se plaire à.

allūcĕo, *ēs*, *ĕre*, *luxi*, intr., briller sur, auprès, éclairer.

allūcĭn~, V. *hallucin~*.

alluctāmentum, *i*, n., moyen de lutter contre.

allūdĭo, *ās*, *āre*, intr., s'amuser.

allūdo, *ĭs*, *ĕre*, *lūsi*, *lūsum*, intr., **1.** jouer, se jouer, plaisanter, badiner, avec *ad* + acc. ou avec dat. ; **2.** flatter, sourire à ; **3.** faire allusion à, *ad* + acc.

allŭo, *ĭs*, *ĕre*, tr., couler auprès, baigner.

allūsĭo, *ōnis*, f., action de jouer, badinage.

allŭvĭēs, *ēi*, f., débordement, inondation.

allŭvĭo, *ōnis*, f., **1.** alluvion ; **2.** débordement.

allŭvĭum, *ĭi*, n., alluvion.

Almo, *ōnis*, m., Almon, ruisseau au S. de Rome ; divinité de ce ruisseau.

almus, *a*, *um*, (cf. *alo*), nourricier, fertile, fécond.

alnus, *i*, f., **1.** aulne ; **2.** objet fait en bois d'aulne ; spéc., bateau.

ălo, *ĭs*, *ĕre*, *ălui*, *ălĭtum* ou *altum*, (R. *al~/ ol~/ul~*), tr., nourrir, alimenter, entretenir, élever ; fig., fortifier, développer, nourrir.

ălŏē, *ēs*, f., **1.** aloès ; **2.** fig., amertume.

Ălōĕūs, *ĕi*, m., Aloée, fils de Neptune.

ălŏgĭa, *æ*, f., **1.** propos privé de sens, folie ; **2.** repas sans parole.

ălŏgus, *a*, *um*, privé de raison.

Ălōĭdæ, *ārum*, m. pl., les Aloïdes, Ottos et Éphialtès, géants.

Ălŏpē, *ēs*, f., Alopé, v. de Locride.

Alpes, *ĭum*, f. pl., **1.** les Alpes ; **2.** les Alpes, provinces romaines, ~ *maritimæ* : les Alpes maritimes, ~ *Graiæ* : les Alpes Grées, ~ *Cottianæ* : les Alpes Cottiennes ; **3.** ext., toute chaîne de montagnes élevée.

alphă, n., indécl., alpha, première lettre de l'alphabet grec.

Alphēĭăs, *ădis*, f., fille d'Alphée (Aréthuse).

Alphēsĭbœa, *æ*, f., Alphésibée, femme d'Alcméon.

Alphēsĭbœus, *i*, m., Alphésibée, nom d'un berger.

Alphēus et **Alphēos**, *i*, m., Alphée, fl. de l'Élide, dans le Péloponnèse ‖ **Alphēĭus**, *a*, *um*, d'Alphée.

Alpĭcus, *a*, *um*, des Alpes ‖ **Alpīnus**, *a*, *um*, des Alpes.

Alpīnus, *i*, m., Alpinus, nom d'un poète.

Alsĭensis, *e*, adj., d'Alsium ‖ **Alsĭum**, *ĭi*, n., Alsium, v. d'Étrurie.

① **alsĭus**, *a*, *um*, frileux, exposé au froid.

② **alsĭus**, adj. (seul. au comp. n.), plus frais.

altānus, *i*, m., l'autan, vent du S.-O.

altăr, *āris*, et **altāre**, *is*, n., le plus souv. au pl., **altārĭa**, *ĭum*, autel (pour les sacrifices).

altē, adv., [~*tius*, ~*tissime*], **1.** en haut, haut, *se tollere altius* : s'élever plus haut, ~ *spectare* : avoir de hautes visées ; **2.** profondément, loin.

altĕr, *ĕra*, *ĕrum*, gén. *ĕrīus* (*ĭus*), dat. *ĕri*, l'un des deux, l'autre (quand il s'agit de deux), *altera manus* : l'une des (deux) mains, *alter consulum* : l'un des (deux) consuls, *alter... alter* (*hic, ille, iste*) : l'un... l'autre, *alteri... alteri* : les uns... les autres (s'il s'agit de deux groupes) ; **2.** second, *unus et alter* : le premier et le second, *altero vicesimo die* : le 22ᵉ jour, *alter ego* : un second soi-même ; **3.** autrui ; **4.** opposé, différent, contraire, *altera ripa* : la rive d'en face ; *pars altera* : le parti opposé ; *altera sors* : le sort contraire.

altĕrās, adv., une autre fois.

altĕrātĭo, *ōnis*, f., changement.

altercātĭo, *ōnis*, f., débat, dispute, joute oratoire (entre adversaires dans les procès ou au sénat, avec échange de questions et de réponses) ; dispute philosophique.

alterco, *ās*, *āre*, et **altercor**, *āris*, *āri*, intr., disputer, débattre, discuter, lutter par arguments.

alternātim, adv., alternativement.

alternātĭo, *ōnis*, f., alternance, succession.

alterno, *ās*, *āre*, **1.** tr., faire tour à tour, alterner ; **2.** intr., alterner, aller et venir ; hésiter.

alternus, *a*, *um*, alternatif, successif, qui se fait tour à tour, *alternis trabibus ac saxis* : en employant successivement les poutres et les pierres, *alterna loqui* : dialoguer, ~ *metus* : crainte de part et d'autre.

altĕro, *ās*, *āre*, tr., changer, altérer.

altĕrŭtĕr, *tra*, *trum*, gén. *altĕrŭtrīus* ou *altĕrīus ŭtrīus*, pron.-adj., **1.** l'un ou l'autre, l'un des deux ; **2.** réciproque.

Althæa, *æ*, f., Althée, fille de Thestius, mère de Méléagre et de Déjanire.

altĭcinctus, *a, um*, dont la robe est retroussée haut (pour un esclave empressé).

altĭcŏmus, *a, um*, à la cime feuillue.

altĭlis, *e*, (cf. *alo*), adj., 1. engraissé, gras, gros (pr. et fig.) ; 2. *altilis* (*avis*), *altiles* (*aves*) et subst. n. pl., *altilia, ium*, volaille(s), grasse(s) poularde(s).

Altīnās, *ātis*, m., d'Altinum, v. de Vénétie.

altĭpĕtax, *ācis*, adj., qui vise haut.

altĭsŏnus, *a, um*, 1. qui sonne fort, qui résonne de haut ; 2. aux accents sublimes.

altĭtŏnans, *antis*, adj., qui tonne d'en haut, retentissant dans les hauteurs.

altĭtūdo, *ĭnis*, f., 1. hauteur (pr. et fig.), ~ *montis* : hauteur d'une montagne ; ~ *animi* : élévation de l'âme ; 2. profondeur (pr. et fig.), ~ *maris* : profondeur de la mer, ~ *mentis* : profondeur d'esprit ; péj., dissimulation.

altĭuscŭlē, adv., un peu haut.

altĭuscŭlus, *a, um*, assez haut.

altĭvŏlans, *antis*, adj., qui vole haut.

altŏr, *ōris*, m., nourricier.

altrim~ ou **altrinsĕcŭs**, adv., 1. de l'autre côté ; 2. des deux côtés.

altrix, *īcis*, f., nourrice, nourricière.

altrorsŭs, **altrōversŭs** ou **~vorsŭs**, adv., de l'autre côté.

① **altus**, *a, um*, (cf. *alo*), part. adj., [*~tior, ~tissimus*], « qui a grandi », d'où : 1. haut, élevé (pr. et fig.), *mons* ~ : haute montagne, *alta mens* : esprit élevé, *alta oratio* : style sublime ; subst. n., *altum, i*, les hauteurs (de l'air, du ciel, du pouvoir) ; 2. profond (pr. et fig.), *altum flumen* : fleuve profond, *alta nox* : nuit profonde ; subst. n., profondeur ; 3. reculé, lointain (dans le temps ou dans l'espace), *aliquid ex alto petere* : remonter loin dans le passé, *alto a sanguine* : d'un vieux sang, d'une antique famille ; subst. n., *altum, i*, la haute mer.

② **altŭs**, *ūs*, m., action de nourrir.

ālūcĭn~, V. *hallucin~*.

ālumnor, *āris, āri*, tr., nourrir, élever.

ālumnus, *a, um*, (cf. *alo*), adj., celui qui est nourri, élevé ; nourrisson, élève, disciple.

Ăluntīnus, *a, um*, d'Aluntium ‖ **Ăluntĭum**, *ĭi*, n., Aluntium, v. de Sicile.

ālūta, *æ*, f., 1. cuir préparé à l'alun ; 2. objet de cuir : bourse, chaussure, mouche pour faire ressortir le teint du visage.

alvārĭum, *ĭi*, **alvĕārĕ**, *is*, **alvĕārĭum**, *ĭi*, n., ruche d'abeilles.

alvĕŏlus, *i*, m., 1. petit vase, sébile ; 2. damier ; 3. lit d'une petite rivière.

alvĕus, *i*, m., 1. cavité, creux ; 2. baquet, auge ; 3. coque d'un bateau, barque ; 4. lit d'une rivière ; 5. ruche.

alvus, *i*, f., 1. ventre, bas-ventre, intestins ; 2. estomac ; 3. matrice ; 4. flanc, coque d'un bateau.

Ălўattēs, *is* ou *ĕi*, m., Alyatte, père du roi Crésus de Lydie.

ălўseidĭon ou **ălўsīdĭon**, n., chaînette.

ăma, V. *hama*.

ămābĭlis, *e*, adj., [*~lior, ~lissimus*], digne d'être aimé, aimable.

ămābĭlĭtās, *ātis*, f., amabilité.

Āmādrўăs, V. *Hamadryas*.

Amafīnĭus, *ĭi*, m., Amafinius, phil. épicurien.

ămalocīa et **amalusta**, *æ*, f., camomille.

Ămalthēa, *æ*, f., Amalthée, 1. chèvre qui allaita Jupiter ; 2. nom d'une Sibylle ‖ **Ămalthēum**, **Ămalthīum**, *ĭi*, n., sanctuaire d'Amalthée.

āmandātĭo, *ōnis*, f., éloignement, bannissement, exil.

āmando, *ās, āre*, tr., éloigner, bannir, exiler, reléguer.

Ămănĭcæ Pylæ, f. pl., gorges du mt. Amanus.

Ămănĭenses, *ĭum*, m. pl., Amaniens, peuple de Cilicie.

ămans, *antis*, épris de, part. adj., [*~tior, ~tissimus*], 1. aimant, épris de, ~ *patriæ* : qui aime sa patrie ; 2. tendre, affectueux ; 3. subst. m. et f., amant, amante.

ămantĕr, adv., [*~tius, ~tissime*], avec amour, affection, tendrement.

Amantĭa, *æ*, f., Amantia, v. d'Épire ‖ **Amantĭāni**, *ōrum*, m. pl., les hab. d'Amantia.

ămănŭensis, *is*, (cf. *manus*), m., secrétaire, scribe.

Ămānus, *i*, m., Amanus, mt. du Taurus.

ămărăcĭnum, *i*, n., essence de marjolaine.

ămărăcus, *i*, m. et f., et **ămărăcum**, *i*, n., marjolaine.

ămărantus, *i*, m., amarante.

ămārē, adv., [*~rius, ~rissime*], amèrement.

ămāresco, *ĭs, ĕre*, intr., devenir amer.

ămārĭtĕr, adv., amèrement.

ămārĭtĭēs, *ĕi*, f., amertume.

ămārĭtūdo, *ĭnis*, f., amertume, aigreur (pr. et fig.).

ămārŏr, *ōris*, m., amertume.

ămărŭlentus, *a, um*, plein d'amertume.

ămārus, *a, um*, [~*rior*, ~*rissimus*], amer, aigre (pr. et fig.) ; mordant, sarcastique, désagréable, acerbe, acariâtre.

Ămăryllis, *ĭdis*, f., Amaryllis, nom d'une bergère.

Ămărynthis, *ĭdis*, f., Amarynthis, surnom de Diane à Amarynthe, en Eubée.

ămāsēnus, *i*, m., Amasène, fl. du Latium.

ămāsĭo, *ōnis*, m., amant.

ămāsĭuncŭla, *æ*, f., petite amie, amante.

ămāsĭuncŭlus, *i*, m., petit ami, amant.

ămāsĭus, *ĭi*, m., amant.

ămassĕ, **ămasso** (= *amavero*), V. *amo*.

Ămastrĭăcus, *a, um*, d'Amastris ‖ **Ămastrĭāni**, *ōrum*, m. pl., les hab. d'Amastris ‖ **Ămastris**, *ĭdis*, f., Amastris, v. de Paphlagonie.

Ămāta, *æ*, f., Amata, femme de Lavinius, mère de Lavinia.

ămāta, *æ*, f., amante.

Ămāthūs, *untis*, 1. m., Amathus, fondateur d'Amathonte ; 2. f., Amathonte, v. de Chypre ‖ **Ămăthūsĭa**, *æ*, f., Amathusia, surnom de Vénus, honorée à Amathonte ‖ **Ămăthūsĭăcus**, *a, um*, d'Amathonte.

ămātĭo, *ōnis*, f., histoire d'amour.

ămātŏr, *ōris*, m., 1. celui qui aime, ami, amateur, partisan ; 2. amoureux ; 3. débauché.

ămātorcŭlus, *i*, m., petit amoureux, amant.

ămātōrĭē, adv., amoureusement.

ămātōrĭus, *a, um*, d'amour, relatif à l'amour, *ars amatoria* : l'art d'aimer ; subst. n., *amatorium, ii*, philtre amoureux.

ămātrix, *īcis*, f., amoureuse, amante.

Ămāzōn, *ŏnis*, f. et **Ămāzŏnes**, *um*, f. pl., une Amazone, les Amazones, femmes guerrières de Scythie ‖ **Ămāzŏnĭcus**, *a, um*, d'Amazone ‖ **Ămāzŏnis**, *ĭdis*, f., **Ămāzŏnĭdes**, *um*, f. pl., une Amazone, les Amazones ‖ **Ămāzŏnĭus**, *a, um*, d'Amazone.

amb~, **ambi~**, préf. marquant le mvt. autour, de part et d'autre ; le va-et-vient ; la dualité ; l'incertitude.

ambactus, *i*, m., esclave, vassal, ambacte.

ambāges, *um*, f. pl., (au sg. seul. à l'abl. *ambage*), 1. détours, sinuosités ; 2. circonlocutions, ambages, digressions, moyens dilatoires, échappatoires ; 3. ambiguïtés, obscurités.

ambăgo, *ĭnis*, f., obscurité, énigme.

Ambarri, *ōrum*, m. pl., Ambarres, peuple de Gaule.

Ambarvālĭa, *ĭum*, n. pl., Ambarvales, fêtes en l'honneur de Cérès, célébrées en mai.

ambĕdo, *ĭs, ĕre, ēdi, ēsum* (3ᵉ sg. prés. ind. : *ambest*), tr., ronger autour, des deux côtés.

ambestrix, *īcis*, f., celle qui dévore.

Ambĭāni, *ōrum*, m. pl., Ambiens, peuple de Gaule, cap. Samarobriva, auj. Amiens.

Ambĭbārĭi, *ōrum*, m. pl., Ambibares, peuple d'Armorique.

ambĭfārĭam, adv., des deux côtés.

ambĭgo, *ĭs, ĕre*, (*amb~* + *ago*), tr. et intr., pousser qqch. dans les deux sens, 1. balancer, être dans l'hésitation, discuter, disputer ; 2. passif : être douteux, incertain, *jus quod ambigitur* : droit qui est l'objet d'un débat ; impers., *id de quo ambigitur* : le point qui est en discussion.

ambĭgŭē, adv., d'une manière ambiguë.

ambĭgŭĭtās, *ātis*, f., ambiguïté, équivoque, incertitude, obscurité.

ambĭgŭŏ, V. *ambigue*.

ambĭgŭus, *a, um*, 1. variable, flottant, changeant, *Proteus~* : Protée flottant entre deux formes ; 2. irrésolu, incertain, *~ futuri* : incertain de l'avenir ; 3. qui est l'objet de contestation, équivoque, litigieux, douteux ; subst. n., *ambiguum, i*, doute, incertitude.

Ambĭlĭāti, *ōrum*, m. pl., Ambiliates, peuple gaulois, voisin des Ambiani.

ambĭo, *īs, īre*, (*amb~* + *eo*), tr., 1. aller autour, tourner autour ; 2. entourer ; 3. tourner autour (de qqn., pour le supplier ou obtenir qqch.), circonvenir, courtiser ; 4. briguer (une magistrature).

Ambĭŏrix, *ĭgis*, m., Ambiorix, chef des Éburons, en Gaule Belgique.

ambĭtĭo, *ōnis*, f., 1. action de tourner autour ; 2. tournées (électorales), démarches, brigue, intrigues ; 3. complaisance, désir de plaire ; 4. ambition, vues intéressées ; 5. cortège, escorte, pompe.

ambĭtĭōsē, adv., [~*sius*, ~*sissime*], 1. par intrigues, démarches ; 2. par complaisance ; 3. par ambition.

ambĭtĭōsus, *a, um*, [~*sior*, ~*sissimus*], 1. qui va autour, qui enlace ; 2. qui fait des démarches, se livre à des intrigues ; 3. qui montre une complaisance intéressée, partial ; 4. ambitieux ; 5. vaniteux, fastueux, plein d'ostentation.

ambĭtūdo, *ĭnis*, f., circuit.

ambĭtŭs, *ūs*, m.,

I 1. mouvement circulaire, *~ siderum* : révolution des astres ; 2. détours, sinuosités ; 3. circonférence, pourtour, bord, enceinte ; 4. rhét., période, digression, périphrase ; 5. période, révolution (du temps).

II 1. intrigue, poursuite (des honneurs), brigue, recherche intéressée, manœuvres ; **2.** complaisance ; **3.** faste, ostentation, pompe ; **4.** rhét., emphase, recherche excessive (des mots et expressions).

Ambĭvarēti, *ōrum*, m. pl., Ambivarètes, peuple de la Gaule Celtique, allié des Éduens.

Ambĭvarīti, *ōrum*, m. pl., Ambivarites, peuple de la Gaule Belgique.

Ambĭvĭus, *ĭi*, m., Ambivius Turpion, acteur du IIe siècle av. J.-C.

ambō, *æ, o,* adj., tous deux ensemble, à la fois (opp. à *uterque*).

Ambrăcĭa, *æ,* f., Ambracie, v. d'Épire ‖ **Ambrăcĭensis**, *e,* adj., d'Ambracie ‖ **Ambrăcĭōtēs**, *æ,* m., originaire d'Ambracie ‖ **Ambrăcĭus**, *a, um,* d'Ambracie.

Ambrōnes, *um,* m. pl., Ambrons, peuple celtique.

ambrŏsĭa, *æ,* f., ambroisie (= immortalité), breuvage des dieux, baume divin.

ambrŏsĭus, *a, um,* d'ambroisie, divin, immortel.

Ambrŏsĭus, *ĭi,* m., saint Ambroise, Père de l'Église, évêque de Milan, IVe s. ap. J.-C. ‖ **Ambrŏsĭānus**, *a, um,* d'Ambroise.

Ambrysus, *i,* f., Ambryse, v. de Phocide.

ambūbāiæ, *ārum,* f. pl., joueuses de flûte, courtisanes (d'origine syrienne).

ambŭlācrum, *i,* n., promenade plantée d'arbres.

ambŭlātĭo, *ōnis,* f., **1.** promenade, va-et-vient (spéc., de l'orateur devant la tribune) ; **2.** lieu de promenade.

ambŭlātĭuncŭla, *æ,* f., petite promenade (action et lieu).

ambŭlātŏr, *ōris,* m., **1.** promeneur ; **2.** vendeur ambulant.

ambŭlātŏrĭus, *a, um,* qui se fait en se promenant.

ambŭlātrix, *īcis,* f., promeneuse.

ambŭlo, *ās, āre,* (*amb~* + R. *el~* : aller), intr., **1.** aller et venir, se promener, marcher ; **2.** traverser, parcourir (avec acc.), *bene ambula !* : bon voyage !

ambūro, *ĭs, ĕre, ussi, ustum,* tr., brûler tout autour, brûler à moitié.

ambustĭo, *ōnis,* f., brûlure ; chr., *~ æterna* : feu éternel.

ambustŭlātus, *a, um,* brûlé tout autour.

ămellus, *i,* m., amelle (fleur) aster pourpre.

Ămēnānus, *i,* m., Aménanus, fl. de Sicile ‖ **Ămēnānus** *id.,* v. de l'Aménanus.

āmens, *entis,* adj., [*~tior, ~tissimus*], hors de sens, hors de soi, éperdu, égaré, fou, furieux, extravagant.

āmentātĭo, *ōnis,* (cf. *amentum*), f., action de lancer un trait à courroie.

āmentātus, *a, um,* garni d'une courroie.

āmentĭa, *æ,* f., démence, folie, égarement.

āmento, *ās, āre,* tr., garnir (un trait) d'une courroie ; lancer, décocher (pr. et fig.).

āmentum, *i,* n., courroie de javelot.

Ămĕrĭa, *æ,* f., Amérie, v. d'Ombrie ‖ **Ămĕrīnus**, *a, um,* d'Amérie.

Ămĕrĭŏla, *æ,* f., Amériola, v. de Sabine.

āmĕs, *ĭtis,* m., perche qui supporte les filets de l'oiseleur.

Ămestrătīnus, *a, um,* d'Amestrate ‖ **Ămestrătīni**, *ōrum,* m. pl., les hab. d'Amestrate ‖ **Ămestrătus**, *i,* f., Amestrate, v. de Sicile, auj. Mistretta.

ămĕthystĭnātus, *a, um,* de couleur d'améthyste (vêtements et celui qui les porte).

ămĕthystĭnus, *a, um,* couleur d'améthyste, garni d'améthystes.

ămĕthystus, *i,* f., améthyste.

amf~, V. *amph~*.

ămĭa, f., et **ămĭas**, *æ,* m., thon.

ămĭca, *æ,* f., amie, maîtresse, amante.

ămĭcē, adv., [*~cissime*], amicalement.

ămīcīmen, *ĭnis,* n., vêtement.

ămĭcĭo, *īs, īre, ĭcŭi* et *ixi, ictum,* (*amb~* + *jacio*), tr., jeter autour, envelopper, couvrir, revêtir.

ămĭcĭtĕr, adv., amicalement.

ămĭcĭtĭa, *æ,* f., **1.** amitié, *amicitiam colere, gerere, jungere* : cultiver, contracter, lier amitié, *amicitiam dimittere, dissolvere, dissociare* : rompre une amitié ; **2.** alliance, *amicitiam petere* : rechercher une alliance.

ămīcĭtĭēs, *ĕi,* f., amitié.

ămīco, *ās, āre,* tr., rendre ami.

ămictŭs, *ūs,* m., **1.** toute espèce d'enveloppe ou de couverture ; **2.** vêtement de dessus, manteau ; **3.** mise, costume.

ămīcŭla, *æ,* f., petite amie, maîtresse.

ămĭcŭlum, *i,* n., petit vêtement de dessus.

ămīcŭlus, *i,* m., petit ami.

ămīcus, *a, um,* adj., [*~cior, ~cissimus*], ami (relations privées et politiques), *~ vultus,* visage ami, *~ rei publicæ* : attaché, dévoué aux intérêts de l'État ; favorable, *ventus ~* : vent favorable ; *mihi est amicum* : il me plaît de ; subst. m., *amicus, i,* ami, allié (ami politique) ; spéc., *amici principis* : entourage de l'empereur.

āmĭgro, *ās, āre,* intr., émigrer.

Āmilcăr, v. *Hamilcar*.

Ămīnæus (**Ămīnēus**), *a, um,* d'Aminéa (région de Campanie).

Amĭnŭla, æ, f., Aminula, bourg d'Apulie.

Ămīsēni, ōrum, m. pl., les hab. d'Amisos.

Ămīsĭa, æ, f., Amisia, **1.** fl. de Germanie, auj. Ems ; **2.** v. à l'embouchure de l'Amisia.

Ămīsos, V. *Amisus*.

ămissĭo, ōnis, f., action de perdre, perte.

ămissŭs, ūs, m., V. le préc.

Ămīsus, i, f., Amisus, v. du Pont.

ămĭta, æ, f., tante paternelle.

Ămĭternīnus, a, um, d'Amiterne ‖ **Ămĭternum**, i, n., Amiterne, v. de Sabine.

Ămith~, V. *Amyth~*.

ămitto, ĭs, ĕre, mīsi, missum, tr., **1.** envoyer loin de soi, *domum ~ aliquem* : envoyer qqn. chez soi ; **2.** renoncer à, *~ matrimonium* : renoncer au mariage ; **3.** laisser aller, lâcher, laisser échapper, *~ occasionem, tempus* : laisser échapper une occasion, le moment favorable ; **4.** perdre, *~ arma, mentem, amicum* : perdre ses armes, la raison, un ami.

Ammĭānus Marcellīnus, i, m., Ammien Marcellin, historien latin du ɪvᵉ s. ap. J.-C.

ammo~, V. *admo~*.

ammŏdўtēs, V. *hammodytes*.

amnĭcŏla, æ, m., qui habite les bords d'un fleuve.

amnĭcŭlus, i, m., petite rivière.

amnĭcus, a, um, de fleuve, de rivière.

amnĭgĕna, æ, m., né d'un fleuve.

amnĭgĕnus, a, um, V. le préc.

amnis, is, m. (arch., f.), **1.** cours d'eau, rivière, fleuve ; **2.** lit d'un cours d'eau ; **3.** eau en général ; **4.** poét., constellation (l'Éridan).

ămo, ās, āre, tr., **1.** aimer (d'amitié, d'amour, passionnément) *~ fraterne* : aimer comme un frère, *se ipse amans* : égoïste, *si me amas* : s'il te plaît ; **2.** se complaire dans, être content de, *te multum amamus quod* : nous te sommes très obligés de ce que, avec *ut/ne* + subj. : de/ de ne pas ; **3.** avec inf., aimer à, avoir coutume de.

ămœbæum carmen, n., chant amébée (dont les parties se répondent).

Ămœbēus, i, m., Amébée, joueur de cithare.

ămœnē, adv., [*~nius, ~nissime*], agréablement.

ămœnĭtās, ātis, f., agrément, charme.

ămœno, ās, āre, tr., égayer, divertir.

ămœnus, a, um, [*~nior, ~nissimus*], agréable, charmant, riant, gracieux.

ămōlĭor, īris, īri, mōlītus sum, tr., écarter, ôter, éloigner avec difficulté, se débarrasser avec peine (de qqch. ou de qqn.).

ămōmum (**ămōmon**), i, n., amome (plante odoriférante venue d'Orient).

ămŏr, ōris, m., **1.** amour, attachement, passion, désir, *noster in te ~* : notre vive affection pour toi, *~ consulatus* : la passion du consulat, *cognitionis ~* : passion de la recherche, du savoir ; **2.** personne aimée.

Ămorgos (**Ămorgus**), i, f., Amorgos, une des Sporades, auj. Morgo.

ămŏrĭfĕr, ĕra, ĕrum, et **ămōrĭfĭcus**, a, um, qui apporte ou provoque l'amour.

ămōtĭo, ōnis, f., action d'écarter, d'éloigner.

ămōtus, a, um, part. adj., éloigné.

ămŏvĕo, ēs, ēre, mōvi, mōtum, tr., éloigner, écarter, *~ sacra ab hostium oculis* : écarter les objets sacrés des yeux des ennemis, *amoto ludo*, plaisanterie mise à part, *~ aliquem a magistratu* : retirer à qqn. sa charge, *aliquem ~ insulam* : reléguer qqn. dans une île.

Amphĭărāus, i, m., Amphiaraüs, héros grec qui fit partie des Sept contre Thèbes ‖ **Amphĭărēus**, a, um, d'Amphiaraüs ‖ **Amphĭărēĭādēs**, æ, m., fils d'Amphiaraüs, Alcméon.

Amphictўŏnes, um, m. pl., Amphictyons, magistrats représentant les cités grecques dans diff. sanctuaires.

Amphĭdāmās, antis, m., Amphidamas, un des Argonautes.

Amphĭgĕnĭa, æ, f., Amphigénie, v. du Péloponnèse.

Amphĭlŏchi, ōrum, m. pl., Amphilochiens, peuple d'Acarnanie, à l'O. de la Grèce ‖ **Amphĭlŏchĭa**, æ, f, Amphilochie ‖ **Argos Amphĭlŏchĭum**, ĭi, n., Argos Amphilochium, cap. de l'Amphilochie.

Amphĭlŏchus, i, m., Amphiloque, fils d'Amphiaraüs.

Amphĭnŏmus, i, m., Amphinomus, qui sauva ses parents des flammes de l'Etna.

Amphĭo et **Amphīōn**, ŏnis, m., Amphion, fils de Jupiter et d'Antiope, célèbre joueur de lyre, fondateur de Thèbes ‖ **Amphīŏnĭus**, a, um, d'Amphion.

Amphĭpŏlis, is, f., Amphipolis, v. de Macédoine.

Amphīsa, V. *Amphissa*.

amphisbæna, æ, f., amphisbène, serpent qui rampe vers l'avant et l'arrière.

Amphissa, æ, f., Amphissa, v. des Locriens Ozoles, près de Delphes ‖ **Amphissĭus**, a, um, d'Amphissa.

Amphissŏs et **Amphissus**, i, m., Amphissus, fils d'Apollon et de Dryopé.

amphĭthĕātrālis, *e*, adj., d'amphi-théâtre.

amphĭthĕātrum, *i*, n., amphithéâtre, lieu de spectacle circulaire destiné aux combats de gladiateurs et aux bêtes.

Amphĭtrītē, *ēs*, f., Amphitrite, épouse de Neptune et déesse de la mer.

Amphĭtrŭo et **Amphĭtrўōn**, *ōnis*, m., Amphitryon, héros thébain, fils d'Alcée, époux d'Alcmène ‖ **Amphĭtrўōnĭădēs**, *æ*, m., l'Amphitryonide : Hercule, fils d'Alcmène.

amphŏra, *æ*, f., amphore, 1. grand vase ; 2. mesure de capacité pour les liquides (= 26 l environ) ; 3. mesure de jaugeage des navires.

Amphrўsŏs et **Amphrўsus**, *i*, m., Amphryse, riv. de Thessalie ‖ **Amphrўsĭăcus**, *a*, *um*, de l'Amphryse ‖ **Amphrўsĭus**, *a*, *um*, de l'Amphryse, ou relatif à Apollon, qui fut berger du roi Admète sur les bords de cette rivière.

ampla, *æ*, f., anse, poignée, V. *ansa*.

amplē, adv., [~*plius*, ~*plissime*], ample-ment, largement, généreusement ; dans un langage noble, élevé ; avec abon-dance.

amplecto, V. *amplector*.

amplector, *ĕris*, *i*, *amplexus sum*, (*amb*~ + *plecto*), tr., 1. entourer de ses bras, em-brasser ; 2. entourer, envelopper (un lieu, une armée…) ; 3. entourer d'affec-tion, honorer ; 4. embrasser (dans son es-prit), concevoir, comprendre.

amplexo, *ās*, *āre*, V. *amplexor*.

amplexor, *āris*, *āri*, tr., 1. embrasser, en-tourer de ses bras ; 2. s'attacher à.

amplexŭs, *ūs*, m., enlacement, embras-sement, étreinte.

amplĭātĭo, *ōnis*, f., 1. agrandissement ; 2. report d'un jugement.

amplĭfĭcātĭo, *ōnis*, f., 1. augmentation, agrandissement ; 2. rhét., amplification.

amplĭfĭcātŏr, *ōris*, m., celui qui aug-mente, amplifie (pr. et fig.).

amplĭfĭcē, adv., magnifiquement.

amplĭfĭco, *ās*, *āre*, tr., 1. augmenter, agrandir, développer ; 2. rhét., ampli-fier, rehausser.

amplĭfĭcus, *a*, *um*, grandiose.

amplĭo, *ās*, *āre*, tr., 1. augmenter, agran-dir ; 2. rehausser, illustrer ; 3. ajourner jusqu'à plus ample informé.

amplĭtĕr, adv., richement, amplement.

amplĭtūdo, *ĭnis*, f., 1. grandeur, largeur, étendue ; 2. grandeur, excellence, dis-tinction, dignité ; 3. rhét., magnificence, majesté, abondance.

amplĭus, adv., comp. d'*ample*, 1. plus, davantage, *nihil* ~ : et voilà tout ; 2. plus

que, plus de, *triennium, triennio* ~ : plus de trois ans, *spatium non* ~ *pedum sescen-torum* : une distance inférieure ou égale à six cents pieds ; 3. de plus, *eo* ~ : en outre ; 4. ~ *pronuntiare* : ordonner une plus ample information.

amplĭuscŭlē, adv., rhét., avec un peu plus d'abondance.

amplĭuscŭlus, *a*, *um*, un peu plus grand.

amplo, *ās*, *āre*, tr., relever, rehausser.

amplus, *a*, *um*, [~*plior*, ~*plissimus*], 1. am-ple, large, grand, considérable, de vastes dimensions ; 2. magnifique, riche, su-perbe, somptueux ; 3. noble, grand, il-lustre ; 4. (style) noble, grand, élevé.

Ampsanctus, *i* , m., lac d'Ampsanctus, en Sabine, célèbre pour ses exhalaisons méphitiques.

Ampsivarii, *ōrum*, m. pl., Ampsiva-riens, peuple de Germanie.

amptrŭo (**antrŭo**), *ās*, *āre*, intr., danser, sauter (comme les prêtres Saliens).

ampulla, *æ*, (dim. de *amphora*), f., 1. pe-tite amphore, fiole à ventre bombé ; 2. fig., style boursouflé.

ampullārĭus, *ĭi*, m., fabricant de fioles.

ampullor, *āris*, *āri*, intr., parler en style ampoulé, avec emphase.

ampullŭla, *æ*, f., tout petit flacon.

ampŭtātĭo, *ōnis*, f., action de couper, d'élaguer tout autour, d'élaguer.

ampŭtātŏr, *ōris*, m., celui qui élague.

ampŭtātrix, *īcis*, f. du préc.

ampŭto, *ās*, *āre*, (*amb*~ + *puto*), tr., 1. cou-per autour, tailler, émonder ; 2. couper, amputer ; 3. retrancher, élaguer, abréger (style) ; 4. hacher (style).

Ampўcĭdēs, *æ*, m., fils d'Ampycus : Mopsus, un des Lapithes ‖ **Ampўcus**, *i*, m., 1. prêtre de Cérès ; 2. V. *Ampyx* ‖ **Am-pyx**, *ўcis*, m., 1. Lapithe, père de Mop-sus ; 2. guerrier pétrifié par Persée.

Āmūlĭus, *ĭi*, m., Amulius, fils de Procas, usurpateur du trône de Numitor à Albe, oncle de Romulus et de Rémus.

Āmuncl~, V. *Amycl*~.

ămussis, *is*, f., niveau, cordeau.

ămussītātus, *a*, *um*, tiré au cordeau.

Ămўclæ, *ārum*, f. pl., Amyclées, 1. v. de Laconie ; 2. v. du Latium ‖ **Ămўclæus**, *a*, *um*, d'Amyclées ‖ **Ămўclīdēs**, *æ*, m., descendant d'Amyclas, le fondateur d'Amyclées.

Ămўcus, *i*, m., Amycus, 1. fils de Nep-tune ; 2. centaure.

Ămўdōn, *ōnis*, f., Amydon, v. de Macé-doine.

ămygdăla, *æ*, f., et **ămygdălum**, *i*, n., amande.

Ămȳmōnē, ēs, f., Amymoné, fille de Danaüs.

Ămyntās, æ, m., Amyntas, père de Philippe de Macédoine ‖ **Ămyntĭădēs**, æ, m., le fils d'Amyntas, Philippe.

Ămyntŏr, ŏris, m., Amyntor, roi des Dolopes ‖ **Ămyntŏrĭdēs**, æ, m., le fils d'Amyntor, Phœnix.

Ămȳrus, i, m., Amyrus, fl. de Thessalie.

ămystis, ĭdis, f., action de vider la coupe d'un seul trait.

Ămȳthāŏn, ŏnis, m., Amythaon, père de Mélampe ‖ **Ămȳthāŏnĭus**, a, um, d'Amythaon.

ăn, particule introduisant une interr. dir. ou indir., simple ou double, exprimant le doute réel ou feint.

I interr. dir. simple (souv. avec 1ᵉʳ terme implicite et valeur rhét.), **1.** pour appeler une réponse nég. : ou bien est-ce que ?, *an quisquam potest sine perturbatione mentis irasci ?* : ou bien peut-on se mettre en colère sans que l'âme soit troublée ? ; **2.** avec un raisonnement *a fortiori*: *an quod adulescens præstiti, id nunc ætate præcipitatā commutem ?*: ou bien (crois-tu que) les engagements que j'ai pris étant jeune, je vais les modifier l'âge venant ? ; **3.** avec nuance de doute, *an existimas ?*: ou bien penses-tu ? sans doute, peut-être penses-tu ?

II interr. indir. simple avec le subj., **1.** si, *quæsitum est an...*: on a demandé si, *consulti an darent*: consultés pour savoir s'ils donneraient ; **2.** après vb. de doute ou nég. : si ne... pas : *nescio, haud scio, incertum est an venerit* : je ne sais pas, on ne sait pas s'il n'est pas venu (= peut-être bien qu'il est venu) ; post-class. : si : *nescio an venerit* : je ne sais pas s'il est venu.

III interr. dir. ou indir. double avec 1ᵉʳ terme introd. par *utrum*, ~ *ne*, *num* ou sans mot introd. (nég. : *annon*), *utrum ea vestra an nostra culpa ?* : est-ce votre faute ou la nôtre ? ; *Romamne venio an hic maneo ?* : vais-je à Rome ou resté-je ici ? ; *dii immortales sit Latium annon in vestrā manu posuerunt* : les dieux immortels ont mis en vos mains le salut ou la perte du Latium.

ănăbathrum, i, n., estrade, siège élevé.

Ănăces, um, m. pl., les Anaces (= les chefs), mot grec désignant Castor et Pollux.

Ănăcharsis, ĭdis, m., Anacharsis, phil. du VIᵉ s. av. J.-C.

Ănăcrĕōn, ontis, m., Anacréon, poète grec.

ănădēma, ătis, n., bandeau pour les cheveux.

Ănădyŏmĕnē, ēs, f., Anadyomène, surnom de Vénus sortant de l'eau.

Ănagnĭa, æ, f., Anagnia, v. du Latium ‖ **Ănagnīnum**, i, n., Anagninum (domaine de Cicéron près d'Anagnia) ‖ **Ănagnīnus**, a, um, d'Anagnia ‖ **Ănagnīnus**, i, m., hab. d'Anagnia.

ănagnostēs, æ, m., lecteur.

ănălecta, æ, m., esclave qui ramasse les restes de la table ; iron., ramasse-miettes.

ănălectris (~**leptris**), ĭdis, f., coussinet pour adoucir la courbe des épaules.

ănălŏgĭa, æ, f., analogie ; symétrie, proportions.

ănancæum, i, n., grande coupe, hanap qu'on devait vider d'un trait.

ănăpæstum, i, n., poème anapestique.

ănăpæstus, i, m., **1.** anapeste (pied formé de deux brèves suivies d'une longue) ; **2.** vers anapestique.

Ănăpauŏmĕnē, ēs, f., « Anapauomène », tableau d'Aristide, représentant Byblis « se reposant ».

Ănăpauŏmĕnos, i, m., « Anapauoménos », tableau de Protogène, représentant un satyre « appuyé » contre un arbre.

Ănăphē, ēs, f., Anaphé, île grecque.

ănăphŏra, æ, f., **1.** lever (des astres), ascension ; **2.** fig., rhét., anaphore, répétition d'un mot au début d'une proposition ; gramm., syllepse.

ănăphȳsēma, ătis, n., gaz qui s'exhale des profondeurs de la terre.

Ănāpis, is, et **Ănāpus**, i, m., Anapus, **1.** frère d'Amphinomus ; **2.** riv. de Sicile.

Anartes, um, m. pl., Anartes, peuple de Dacie.

Anas, æ, m., Anas, fl. d'Espagne, auj. Guadiana.

ănăs, ătis, f., canard, cane.

Ănastăsĭus, ĭi, m., Anastase, **1.** orateur, ami de Symmaque (IVᵉ s. ap. J.-C.) ; **2.** grammairien.

ănăthȳmĭasis, is, f., gaz, flatuosité.

ănătĭcŭla, æ, f., **1.** petit canard ; **2.** petit canard (t. d'affection).

ănătīna, æ, f., canard (viande).

ănătīnus, a, um, de canard.

ănătŏcismus, i, m., intérêt composé.

Ănaurus, i, m., Anaurus, fl. de Thessalie.

Ănaxăgŏrās, æ, m., Anaxagore, phil., maître de Périclès et d'Euripide.

Ănaxarchus, i, m., Anaxarque, phil. d'Abdère.

Ănaxărĕtē, ēs, f., Anaxarète, jeune fille métamorphosée en pierre.

Ănaxĭmandĕr, *dri*, m., Anaximandre, phil. de Milet.

Ănaxĭmĕnēs, *is*, m., Anaximène, **1.** phil. de Milet ; **2.** rhéteur de Lampsaque.

Ancæus, *i*, m., Ancée, un des Argonautes.

Ancălĭtes, *um*, m. pl., Ancalites, peuple de Bretagne, auj. région d'Oxford.

ancărĭus (angărĭus), *ĭi*, m., porteur de fardeau, bête de somme (?).

anceps, *cĭpĭtis*, (*amb~* + *caput*), adj., **1.** à deux têtes, deux faces, *Janus ~* : Janus au double visage, *~ ferrum* : fer à double tranchant, *~ hostis* : ennemi qui menace des deux côtés ; **2.** à double effet, double, *~ faciendi et dicendi sapientia* : la science à la fois de bien faire et de bien dire, CIC. ; **3.** à double sens, *~ sententia* : pensée à double sens ; **4.** incertain, douteux, hésitant, *certamen ~* : combat douteux, *Mars ~* : Mars (= fortune des armes) incertain ; **5.** dangereux, périlleux, *in ancipiti esse* : être dans une situation périlleuse.

Anchārĭa, *æ*, f., Ancharia, déesse des hab. d'Asculum.

Anchārĭānus, *a*, *um*, d'Ancharius ‖ **Anchārĭus**, *ĭi*, m., Ancharius, nom d'une famille rom.

Anchĭălŏs, *i*, f., Anchialos, port de Thrace.

Anchĭalus, *i*, m., Anchialus, esclave du poète Martial.

Anchīsa et **Anchīsēs**, *æ*, m., Anchise, fils de Capys et de Thémis, père d'Énée ‖ **Anchīsēus**, *a*, *um*, d'Anchise ‖ **Anchīsĭădēs**, *æ*, m., fils d'Anchise (= Énée).

ancho~, V. *anco~*.

ancīle, *is*, gén. pl. *ancilium* ou *anciliorum*, n., bouclier sacré (tombé du ciel sous le règne de Numa et confié aux prêtres Saliens) ; le plus souv. au pl., *ancilia* : les douze boucliers sacrés ; ext., bouclier ovale.

ancilla, *æ*, f., servante, esclave.

ancillărĭŏlus, *i*, m., coureur de servantes.

ancillāris, *e*, adj., de servante.

ancillor, *āris*, *āri*, intr., être esclave de, servir.

ancīsus, *a*, *um*, coupé autour.

Ancōn, *ōnis*, et **Ancōna**, *æ*, f., Ancône, port d'Italie sur l'Adriatique ‖ **Ancōnĭtānus**, *a*, *um*, d'Ancône.

ancŏra, *æ*, f., ancre, *ancoram jacere*, *ponere* : jeter l'ancre, *ancoram tollere* : lever l'ancre.

ancŏrālis, *e*, adj., d'ancre ; subst. n., *ancorale*, *is*, câble d'ancre.

ancŏrārĭus, *a*, *um*, d'ancre.

Ancus Marcĭus, V. *Marcius*.

Ancȳra, *æ*, f., Ancyre, **1.** v. de Phrygie, auj. Ankara ; **2.** cap. de la Galatie.

andăbăta, *æ*, m., gladiateur dont le casque n'avait pas d'ouverture pour les yeux, combattant « aveugle ».

Andănĭa, *æ*, f., Andanie, v. de Messénie.

Andĕcăvi et **Andĕgăvi**, *orum*, m. pl., Andécaves, peuple gaulois de la basse Loire, auj. Anjou.

① **Andēs**, *ĭum*, V. *Andecavi*.

② **Andēs**, *ĭum*, f. pl., Andes, village près de Mantoue, auj. Pietola, patrie de Virgile.

Andŏcĭdēs, *is*, m., Andocide, orateur athénien (Ve-IVe s. av. J.-C.).

Andræmōn, *ŏnis*, m., Andrémon, **1.** roi de Calydon (Étolie) ; **2.** père d'Amphissa, métamorphosé en lotus.

Andrĭa, *æ*, f., « L'Andrienne », comédie de Térence.

Andrĭcus, *i*, m., Andricus, esclave de Cicéron.

Andriscus, *i*, m., Andriscus, esclave qui se fit passer pour le fils de Persée.

Andrĭus, *a*, *um*, andrien, d'Andros.

Andrŏgĕōn, *ōnis*, **Andrŏgĕōs** et **Andrŏgĕus**, *i*, m., Androgée, fils de Minos et de Pasiphaé, demi-frère du Minotaure ‖ **Andrŏgĕōnēus**, *a*, *um*, d'Androgée.

andrŏgy̆nēs, *is*, f., androgyne, femme qui a le courage d'un homme, VAL.-MAX.

andrŏgy̆nus, *i*, m., androgyne, hermaphrodite ; homme efféminé.

Andrŏmăchē, *ēs*, et **Andrŏmăcha**, *æ*, f., Andromaque, femme d'Hector.

Andrŏmĕdē, *ēs*, et **Andrŏmĕda**, *æ*, f., Andromède, délivrée d'un monstre par Persée.

Andrŏnĭcus, *i*, m., Livius Andronicus, premier poète tragique de Rome.

Andrŏs et **Andrus**, *i*, f., Andros, une des Cyclades.

Androsthĕnēs, *is*, m., Androsthène, nom d'h.

Andus, *a*, *um*, des Andes ou Andécaves.

ānellus, *i*, m., petit anneau.

ănĕmōnē, *ēs*, f., anémone.

Ănĕmōrĭa, *æ*, f., Anémoria, v. de Grèce.

Ănĕmūriensis, *e*, adj., d'Anémurium ‖ **Ănĕmūrĭum**, *ĭi*, n., Anémurium, promontoire et v. de Cilicie.

ănĕo, *ēs*, *ēre*, et **ănesco**, *ĭs*, *ĕre*, intr., devenir une vieille femme.

ănĕthum et **ănētum**, *i*, n., aneth.

anfractŭōsus, *a*, *um*, plein de détours, tortueux.

① **anfractus**, *a*, *um*, tortueux, sinueux.

② **anfractŭs**, *ūs*, m., **1.** tournant, courbure, sinuosité, révolution (d'un astre) ; **2.** échancrure, renfoncement ; **3.** biais, moyen détourné, subterfuge ; **4.** (style) circonlocution.

angărĭo, *ās, āre*, tr., réquisitionner.

Angēa, *æ*, f., Angée, v. de Thessalie.

angēla, *æ*, f., chr., ange féminin.

angĕlĭcē, adv., chr., à la manière des anges.

angĕlĭcus, *a, um*, chr., angélique.

angĕlĭfĭcātus, *a, um*, chr., changé en ange.

angellus, *i*, m., petit angle.

angĕlus, *i*, m., chr., ange, messager.

angĭna, *æ*, f., angoisse ; angine.

angĭportum, *i*, n., et **angĭportŭs**, *ūs*, m., ruelle, rue étroite, impasse.

Angĭtĭa, *æ*, f., Angitia, sœur de Médée et de Circé.

Anglĭi, *ōrum*, m. pl., Angles, peuple de Germanie.

ango, *ĭs, ĕre*, tr., **1.** serrer à la gorge, étrangler ; **2.** tourmenter, angoisser.

angŏr, *ōris*, m., angoisse, serrement de cœur, tourment, anxiété.

Angrĭvărĭi, *ōrum*, m. pl., Angrivariens, peuple de Germanie, auj. région de la Weser.

anguĭcŏmus, *a, um*, à la chevelure faite de serpents.

anguĭcŭlus, *i*, m., petit serpent.

anguĭfĕr, *ĕra, ĕrum*, qui porte ou produit des serpents.

anguĭgĕna, *æ*, m. et f., engendré par un serpent.

anguilla, *æ*, f., anguille ; fig., anguille, homme rusé.

anguĭmănŭs, *ūs*, m. et f., à la trompe en forme de serpent (l'éléphant).

anguĭnĕus et **anguīnus**, *a, um*, de serpent.

anguĭpēs, *pĕdis*, m., qui se termine en serpent.

anguis, *is*, m. et f., **1.** serpent ; **2.** Hydre, Dragon, Serpentaire (constellations).

Anguĭtĕnens, *entis*, m., le Serpentaire (constellation).

angŭlāris, *e*, adj., anguleux.

angŭlārĭtĕr, adv., en angle.

angŭlātus, *a, um*, qui a des angles.

angŭlo, *ās, āre*, tr., rendre anguleux.

angŭlōsus, *a, um*, anguleux.

angŭlus, *i*, m., **1.** angle, coin ; **2.** coin, lieu retiré, recoin.

angustē, adv. [~*tius*, ~*tissime*], **1.** étroitement, de façon resserrée ; **2.** pauvrement, de façon étriquée, chichement ; **3.** de façon concise, ramassée.

angustĭa, *æ*, f., le plus souv. **angustĭæ**, *ārum*, f. pl., **1.** étroitesse ; **2.** passage étroit, détroit, défilé, gorges ; **3.** difficultés, embarras, gêne, ~ *pecuniæ* : embarras d'argent, ~ *spiritus* : difficultés respiratoires, *in angustiis esse* : être dans les difficultés, ~ *temporis* : manque de temps.

angusticlāvĭus, *ĭi*, m., qui porte l'angusticlave (bordure étroite de pourpre des tribuns de la plèbe et du rang équestre).

angustĭtās, *ātis*, V. *angustia*.

angusto, *ās, āre*, tr., rétrécir, resserrer, restreindre.

angustum, *i*, n., **1.** espace étroit, passage étroit ; **2.** situation critique, embarras.

angustus, *a, um*, [~*tior*, ~*tissimus*], **1.** étroit, resserré (espace) ; **2.** borné, court, bref, limité, restreint (temps) ; **3.** étroit, mesquin (caractère) ; **4.** maigre, sec, étique (style) ; **5.** faible, médiocre, pauvre (ressources) ; **6.** qui laisse peu de choix, périlleux.

ănhēlĭtŭs, *ūs*, m., **1.** respiration, haleine ; **2.** respiration difficile.

ănhēlo, *ās, āre*, tr. et intr., **1.** respirer difficilement, être haletant ; **2.** exhaler, respirer, souffler.

ănhēlus, *a, um*, **1.** haletant, essoufflé, épuisé ; **2.** qui essouffle.

ănhȳdrŏs, *i*, f., narcisse.

Ănĭcātus, *i*, m., Anicatus, affranchi d'Atticus.

ănīcētum, *i*, n., anis.

Ănĭcētus, *i*, m., Anicétus, affranchi de Néron.

Ănĭcĭānus, *a, um*, d'Anicius ; qui date du consulat d'Anicius (160 av. J.-C.) ‖ **Ănĭcĭus**, *ĭi*, m., Anicius, nom d'une famille rom.

ănĭcŭla, *æ*, f., petite vieille.

ănĭcŭlāris, *e*, adj., de vieille femme.

Ănĭēn, *ēnis*, V. *Anio* ‖ **Ănĭensis**, *e*, adj., de l'Anio ‖ **Ănĭēnus**, *a, um*, de l'Anio ‖ **Ănĭēnus**, *i*, m., Anio, V. *Anio*.

Ănīgrŏs, *i*, m., Anigros, fl. d'Élide.

ănīlis, *e*, adj., de vieille femme.

ănīlĭtās, *ātis*, f., vieillesse (des femmes).

ănīlĭtĕr, adv., comme les vieilles femmes.

ănĭlĭtor, *āris, āri*, intr., devenir vieille.

ănilla, *æ*, f., petite vieille.

ănĭma, *æ*, f., **1.** souffle, air (élément de la nature) ; **2.** haleine, respiration, souffle, *animam ducere* : prendre haleine, *animam retinere* : retenir sa respiration ; **3.** souffle vital, vie animale, âme, *animam edere, efflare* : rendre l'âme, *animam agere* : être à l'agonie ; **4.** être vivant, âme, créature ; **5.** âme (terme de tendresse), *meæ carissimæ* *animæ* : mes très chères âmes ; 6. âme (opp. au corps), esprit, *animæ morte carent* : les âmes ne connaissent pas la mort.

ănĭmābĭlis, *e*, adj., qui donne la vie.

ănĭmadversĭo, *ōnis*, f., 1. attention, observation ; 2. observation, réprimande, remarque, blâme, ~ *censoria* : blâme des censeurs, ~ *vitiorum* : répression des vices.

ănĭmadversŏr, *ōris*, m., observateur, censeur.

ănĭmadverto, *ĭs, ĕre, verti, versum*, tr., 1. tourner son esprit vers, remarquer, faire attention à, qqf. abs. ; 2. faire attention, prendre garde, *ut/ne* + subj., que, que ne... pas ; 3. reconnaître, remarquer, constater que, avec prop. inf. ; 4. remarquer pour reprocher, blâmer, punir, sévir, *in aliquem* : contre qqn.

ănĭmăl, *ālis*, n., 1. être animé, être vivant ; 2. animal, bête ; péj., bête brute.

ănĭmālis, *e*, adj., 1. fait d'air, aérien ; 2. qui donne la vie, vivifiant ; 3. vivant, animé.

ănĭmālĭtĕr, adv., à la façon des bêtes.

ănĭmans, *antis*, part. adj., 1. qui anime ; 2. qui est animé, vivant ; subst., être vivant, créature, animal.

ănĭmātĭo, *ōnis*, f., 1. fait d'être animé, animation ; 2. action d'animer ; 3. animosité.

ănĭmātŏr, *ōris*, m., celui qui anime.

ănĭmātrix, *īcis*, f. du préc.

ănĭmātus, *a, um*, part. adj., 1. qui respire ; 2. animé, vivant ; 3. animé de tel ou tel sentiment, ~ *erga, in aliquem* : envers qqn.

ănĭmo, *ās, āre*, tr., 1. remplir d'air, de souffle ; 2. donner le souffle, la vie ; animer ; 3. animer, mettre dans telle ou telle disposition.

ănĭmōsē, adv., [~*sius*, ~*sissime*], avec courage, passion, ardeur.

ănĭmōsĭtās, *ātis*, f., 1. ardeur, énergie ; 2. animosité.

ănĭmōsus, *a, um*, [~*sior*], 1. poét., doué de vie, de souffle, qui respire ; 2. qui a du cœur, du courage, de l'ardeur, hardi, brave, passionné, impétueux.

ănĭmŭla, *æ*, f., 1. très léger souffle ; *quidquam animulæ* : rien qu'un souffle de vie ; 2. petite âme.

ănĭmŭlus, *i*, m., petit cœur (t. d'affection).

ănĭmus, *i*, m., 1. principe de la vie intellectuelle et morale, principe agissant dans l'être vivant, âme ; 2. esprit, pensée, jugement, réflexion, mémoire, *agitare aliquid animo, in animo, cogitare, repu-*

tare cum animo : remuer dans son esprit, réfléchir en soi-même, *excidere ex animo* : sortir de l'esprit, *meo animo* : selon moi ; 3. désir, volonté, intention, résolution, *mihi in animo est* + inf. : j'ai l'intention de, *hoc animo ut* + subj. : dans l'intention de ; 4. cœur, inclination, sentiment, désir, passion : *bono, alieno animo esse in aliquem* : nourrir des sentiments favorables, hostiles à l'égard de qqn., *animi multitudinis* : les sentiments du peuple ; 5. cœur, courage : *magnum animum ostendere* : montrer un grand courage, *animum bonum habe* : aie bon courage ; péj., orgueil, fierté, colère.

Ănĭo, *ēnis* (*ōnis*), m., Anio, affluent du Tibre.

Ănĭus, *ĭi*, m., Anius, prêtre d'Apollon.

Anna, *æ*, f., Anna, 1. sœur de Didon ; 2. Anna Pérenna, divinité romaine.

Annæus, *i*, m., **Annæa**, *æ*, f., **Annæi**, *ōrum*, m. pl., la *gens Annæa*, à laquelle appartenaient les Sénèque.

annālis, *e*, adj., 1. relatif à l'année ; 2. qui a lieu tous les ans ; 3. subst. m. pl., *Annales, ium*, les Annales, a) *Annales maximi, vetustiores, pontificum maximorum* : annales où sont consignés année par année les événements, sous la responsabilité des grands pontifes ; b) œuvres des premiers historiens latins ; c) épopée d'Ennius.

annascor, V. *agnascor*.

annăto, *ās, āre*, intr., nager vers, à côté de.

annătus, V. *agnatus*.

annāvĭgo, *ās, āre*, intr., naviguer vers.

anne, V. *an*.

annecto, *ĭs, ĕre, nexŭi, nexum*, tr., attacher, lier, joindre à, rattacher à.

Annēĭus, *ĭi*, m., M. Annéius, lieutenant de Cicéron.

annexŭs, *ūs*, m., annexion, jonction.

Annĭānus, *a, um*, d'Annius.

Annĭbăl, V. *Hannibal*.

annicto, *ās, āre*, intr., cligner de l'œil (à qqn.).

annĭhĭlātĭo, *ōnis*, f., mépris absolu.

annĭhĭlo, *ās, āre*, tr., réduire à néant, mépriser.

annīsŭs, *ūs*, m., effort.

annītor, *ĕris, i, nīsus* (*nixus*) *sum*, intr., 1. s'appuyer contre ou sur ; 2. faire effort, s'efforcer, tâcher de, avec *ut* + subj. ou avec inf.

Annĭus, *a, um*, Annius, nom d'une famille rom., dont faisait partie Milon, défendu par Cicéron.

annixus, *a, um*, V. *annitor*.

anniversārĭus, *a, um*, annuel, anniversaire.

Anno, V. *Hanno*.

anno, *ās, āre*, intr., **1.** nager vers ou à côté de ; **2.** arriver par voie d'eau.

annon, V. *an*.

Annōna, *æ*, f., Annone, déesse de l'approvisionnement.

annōna, *æ*, (cf. *annus*), f., **1.** récolte de l'année, provisions pour l'année ; **2.** prix des denrées, cours du blé, ~ *salaria* : prix du sel.

annōno, *ās, āre*, intr., pourvoir à la subsistance.

annōsĭtās, *ātis*, f., longue série d'années, vieillesse.

annōsus, *a, um*, chargé d'ans.

annōtāmentum, *i*, n., annotation.

annŏtātĭo, *ōnis*, f., **1.** annotation, notes ; **2.** écrit signé de l'empereur.

annŏtātŏr, *ōris*, m., celui qui prend note de.

annŏtātŭs, *ūs*, m., action de remarquer, remarque.

annŏto, *ās, āre*, tr., **1.** mettre une note, des notes à, annoter, consigner par écrit ; **2.** observer, remarquer ; **3.** spéc., marquer, désigner pour un châtiment.

annūbĭlo, *ās, āre*, intr., répandre des nuages sur.

annŭmĕrātĭo, *ōnis*, f., calcul, supputation.

annŭmĕro, *ās, āre*, tr., **1.** compter en outre, mettre au nombre de ; **2.** compter ; **3.** payer.

annuntĭo, *ās, āre*, tr., annoncer, présenter.

annuntĭus, *a, um*, qui annonce.

annŭo, *ĭs, ĕre, nŭi, nūtum*, tr. et intr., **1.** faire un signe de la tête ; **2.** désigner par un signe de tête ; **3.** approuver ; **4.** affirmer, consentir, accorder ; **5.** être favorable à.

annus, *i*, m., **1.** cercle, orbe ; **2.** année, *anni principium* : début de l'année, *exeunte anno* : à la fin de l'année, *in annum* : pour un an, *annum* : pendant un an ; **3.** période d'un certain nombre d'années, *magnus ~* : la Grande Année (pour les Pythagoriciens) ; **4.** âge, période de la vie, *annorum ferme novem* : âgé d'environ neuf ans, *anni pueriles* : les années de l'enfance ; **5.** âge requis (pour telle ou telle charge) ; **6.** saison, ~ *frigidus* : la saison froide ; **7.** récolte de l'année.

annūto, *ās, āre*, intr., faire un signe appuyé d'approbation.

annūtrĭo, *ĭs, īre*, tr., nourrir, élever auprès de.

annŭum, *i*, n., rente annuelle.

annŭus, *a, um*, **1.** annuel, d'un an ; **2.** qui revient tous les ans.

anquīna, *æ*, f., cordage de navire.

anquīro, *ĭs, ĕre, quīsīvi, quīsītum, (amb~ + quæro)*, tr. et intr., **1.** chercher (autour de soi), rechercher avec soin ; rechercher, s'enquérir ; **2.** faire une enquête, intenter des poursuites.

ansa, *æ*, f., **1.** anse, poignée, crampon ; **2.** prise, occasion, *habere reprehensionis ansam* : donner prise à la critique.

ansātus, *a, um*, pourvu d'anses ; fig., les poings sur les hanches, PL.

ansĕr, *ĕris*, m., oie.

Ansĕr, *ĕris*, m., Anser, poète rom.

ansĕrīnus, *a, um*, d'oie.

ansŭla, *æ*, f., petite anse.

Antæus, *i*, m., Antée, géant étouffé par Hercule.

Antandrĭus, *a, um*, d'Antandros ‖ **Antandros (~us)**, *i*, f., Antandros, v. de Mysie, au pied de l'Ida.

antarctĭcus, *a, um*, antarctique, méridional.

antĕ, adv. et prép.,

I adv., devant, en avant (espace et temps), ~ *pugnare* : combattre en avant ; *multis ~ annis* : bien des années auparavant, *multo ~ quam* : bien avant que.

II prép. + acc. (espace et temps), **1.** ~ *pedes* : devant les pieds, ~ *aliquem causam dicere* : plaider une cause devant qqn., ~ *oculos* : sous les yeux, ~ *signa progredi* : marcher devant les enseignes ; **2.** ~ *lucem* : avant le jour, ~ *tempus* : avant le moment fixé ; adv. devenu prép., *sexto die ~ kalendas > ~ diem sextum kalendas* : le sixième jour avant les calendes ; **3.** pour marquer la supériorité, ~ *omnes* : plus que tous, ~ *omnia* : avant tout, surtout, *longe ~* : bien au-dessus de.

antĕā, adv., auparavant, *antea... quam*, V. *antequam*.

antĕambŭlo, *ōnis*, m., esclave qui marche devant son maître, laquais.

Antĕcănem, indécl., le Petit Chien, Procyon (constellation).

antĕcantāmentum, *i*, n., prélude, chant.

antĕcăpĭo, *ĭs, ĕre, cēpi, captum (ceptum)*, tr., **1.** occuper auparavant, prendre le premier ; **2.** s'occuper par avance, prévoir ; **3.** prévenir, devancer ; **4.** phil., *antecepta animo informatio* : idée a priori.

antĕcēdens, *entis*, part. adj., **1.** précédent, antérieur ; **2.** phil., subst. n., cause efficiente.

antĕcēdo, *ĭs, ĕre, cessi, cessum*, tr. et intr., **1.** marcher devant, précéder ; abs., prendre de l'avance ; **2.** devancer, arriver avant ; **3.** l'emporter sur, devancer ; abs., se distinguer.

antĕcello, *is, ĕre*, tr. et intr., surpasser, l'emporter sur, ~ *ceteris eloquentiā* : l'emporter sur les autres en éloquence.

antĕcessĭo, *ōnis*, f., **1.** action de précéder ; **2.** ce qui précède, condition, antécédent.

antĕcessīvus, *a, um*, qui précède.

antĕcessŏr, *ōris*, m., **1.** éclaireur ; **2.** prédécesseur ; **3.** chr., guide, maître.

antĕcessŭs, *ūs*, m., anticipation, avance.

antĕcursŏr, *ōris*, m., **1.** avant-garde, éclaireur ; **2.** chr., le Précurseur.

antĕĕo, *is, īre, īvi (ĭi), ĭtum*, tr. et intr., **1.** marcher devant, précéder, ~ *alicui, aliquem* : marcher devant qqn. ; **2.** prévenir, devancer, ~ *damnationem* : prévenir une condamnation ; **3.** surpasser, l'emporter sur, *alicui, aliquem ~ aliquā re* : l'emporter sur qqn. en qqch.

antĕfĕrō, *fers, ferre, tŭli, lātum*, tr., **1.** porter devant ; **2.** placer avant, faire précéder ; **3.** mettre avant, au-dessus, *aliquem, aliquid ~ alicui, alicui rei*, préférer qqn. ou qqch. à qqn. ou à qqch.

antĕfixus, *a, um*, part. adj., attaché devant ; subst. n. pl., *antefixa, orum* : antéfixes, ornements en terre cuite sur le fronton des temples.

antĕgĕrĭō, V. *antigerio*.

antĕgrĕdĭor, *ĕris, i, gressus sum*, tr., marcher devant, précéder.

antĕhăbĕo, *ēs, ēre*, tr., préférer.

antĕhāc, adv., avant ce temps-ci, auparavant.

Antēlĭi, *ōrum*, m. pl., génies placés « face au soleil », devant les portes.

antēlŏgĭum, *ĭi*, n., prologue.

antĕlŏquĭum, *ĭi*, n., **1.** droit de parler le premier ; **2.** avant-propos.

antĕlūcānus, *a, um*, qui est ou se fait avant le jour, matinal.

antĕlūcĭo et **antĕlūcŭlo**, adv., avant le jour.

antĕmĕrīdĭānus, *a, um*, qui est ou se fait avant midi.

antĕmitto = *ante mitto*.

antemna, V. *antenna*.

Antemnæ, *ārum*, f. pl., Antemnes, v. de Sabine, au confluent de l'Anio et du Tibre ‖ **Antemnātes**, *ĭum*, m. pl., les hab. d'Antemnes.

antĕmūrāle, *is*, n., avant-mur.

antĕmūrānus, *a, um*, qui est devant un mur.

antenna, *æ*, f., antenne, vergue.

Antēnŏr (**~ōr**), *ŏris*, m., Anténor, vieillard troyen, sage (ou traître à sa patrie), fondateur de Padoue ‖ **Antēnŏrēus**, *a, um*, d'Anténor, de Padoue ‖ **Antēnŏrĭdæ**, *ārum*, m. pl., les descendants d'Anténor.

antĕoccŭpātĭo, *ōnis*, f., rhét., antéoccupation, prolepse, réfutation anticipée d'objections.

antĕparta, *ōrum*, n. pl., biens acquis auparavant.

antĕpendŭlus, *a, um*, qui pend par-devant.

antĕpēs, *pĕdis*, m., pied de devant.

antĕpīlānus, *i*, m., soldat qui combat au premier rang (devant les *pilani*).

antĕpollĕo, *ēs, ēre*, tr. et intr., surpasser.

antĕpōno, *is, ĕre, pŏsui, pŏsĭtum*, tr., **1.** placer devant ; **2.** préférer, ~ *mortem servituti* : préférer la mort à l'esclavage ; **3.** mettre au-dessus de.

antĕpŏtens, *entis*, adj., supérieur.

antĕpræcursŏr, *ōris*, m., chr., le Précurseur.

antĕquam ou **antĕ... quam**, conj. de sub., avant que, **1.** avec l'ind., simple rapport de temps, ~ *dico* : avant que je parle, ~ *veni in Siciliam* : avant mon arrivée en Sicile, *nec ante, quam vires deerant, expugnati sunt* : ils ne furent réduits que quand les forces leur manquèrent ; avec fut. ant., *non ante desinam quam cognovero* : je ne cesserai pas avant d'avoir appris ; **2.** avec le subj., souv. avec idée d'intention = sans attendre que, ~ *verbum facerem, abiit* : il partit avant que je pusse prendre la parole, ~ *exsilio multatus esset, aufugit* : il s'enfuit sans attendre d'être frappé d'exil ; **3.** sans vb. après *quam* : *insignes ante milites quam duces* : remarquables comme soldats avant de l'être comme chefs.

antĕrĭŏr, *ōris*, adj., antérieur, premier.

Antĕrōs, *ōtis*, m., Antéros, fils de Mars et de Vénus, dieu vengeur de l'amour dédaigné.

antēs, *ĭum*, m. pl., rangs de ceps de vigne.

antĕsignānus, *i*, m., **1.** soldat qui combat devant les enseignes ; **2.** soldat équipé à la légère, qui combat en première ligne ; **3.** chef, guide.

antesto, V. *antisto*.

antestor, *āris, āri*, tr., prendre comme témoin en justice.

antĕvĕnĭo, *īs, īre, vēni, ventum*, tr. et intr., **1.** arriver avant, précéder ; **2.** prévenir, ~ *consilia hostium* : prévenir les desseins des ennemis ; **3.** surpasser, dépasser.

antĕventŭlus, V. *antependulus*.

antēversĭo, *ōnis*, f., action de devancer.

antēverto, *ĭs*, *ĕre*, *verti*, *versum*, tr. et intr., **1.** marcher devant, précéder ; **2.** devancer, prévenir ; **3.** préférer.

antēvertor, *ĕris*, *i*, V. le préc.

antēvŏlo, *ās*, *āre*, tr., voler devant, précéder en allant très vite.

Antēvorta, *æ*, f., Antévorta, déesse qui favorise, lors des accouchements, la sortie de l'enfant la tête en avant, opp. à *Postvorta*.

antēvorto, V. *anteverto*.

Anthēdōn, *ŏnis*, f., Anthédon, v. de Béotie ‖ **Anthēdŏnĭus**, *a*, *um*, d'Anthédon.

Anthēmūsĭa, *æ*, et **Anthēmūsĭās**, *ădis*, f., Anthémusia, v. de Mésopotamie.

anthĭās, *æ*, m., poisson de mer d'espèce inconnue.

antĭæ, *ārum*, f. pl., cheveux qui couvrent le front.

Antĭānus, *a*, *um*, d'Antium ‖ **Antĭās**, *ātis*, adj., d'Antium ‖ **Antĭātīnus**, *a*, *um*, d'Antium.

antĭcătēgŏrĭa, *æ*, f., accusation en retour.

Antĭcăto, *ōnis*, m., « Anticaton » (titre d'un ouvrage de César).

antĭcĭpātĭo, *ōnis*, f., **1.** connaissance anticipée, idée *a priori* ; **2.** prolepse.

antĭcĭpātŏr, *ōris*, m., celui qui est là plus tôt, qui prévient.

antĭcĭpo, *ās*, *āre*, tr., prendre, accueillir par avance, anticiper, devancer.

Antĭclēa et **Antĭclīa**, *æ*, f., Anticlée, mère d'Ulysse, femme de Laërte.

antīcus, *a*, *um*, **1.** antérieur ; **2.** V. *antiquus*.

Antĭcȳra, *æ*, f., Anticyre, v. de Phocide.

antĭdāc et **antĭdĕā**, V. *antea*.

antĭdĕo, V. *anteeo*.

antĭdhāc, V. *antehac*.

antĭdŏtum, *i*, n., et **antĭdŏtus**, *i*, f., contre-poison ; remède.

Antĭgĕnēs, *is*, m., Antigène, **1.** nom d'un général d'Alexandre ; **2.** nom d'un berger.

Antĭgĕnĭdās, *æ*, m., Antigénidas, joueur de flûte célèbre.

antĭgĕrĭo, adv. arch., beaucoup.

Antĭgŏnē, *ēs*, et **Antĭgŏna**, *æ*, f., Antigone, fille d'Œdipe.

Antĭgŏnēa, *æ*, f., Antigonée, nom de plusieurs v. grecques.

Antĭgŏnus, *i*, m., Antigone, **1.** général d'Alexandre ; **2.** nom de rois de Macédoine.

Antĭlĭbănus, *i*, m., Antiliban, monts de Phénicie-Syrie.

Antĭlŏchus, *i*, m., Antiloque, fils de Nestor, ami d'Achille.

Antĭmăchus, *i*, m., Antimaque, poète grec.

antĭnŏmĭa, *æ*, f., antinomie.

Antĭnŏus, *i*, m., Antinoüs, **1.** un des prétendants de Pénélope ; **2.** favori d'Hadrien, divinisé après sa mort.

Antĭŏchĭenses, *ĭum*, m. pl., les hab. d'Antioche ‖ **Antĭŏchīa** et **Antĭŏchēa**, *æ*, f., Antioche, **1.** cap. de la Syrie ; **2.** v. de Carie ‖ **Antĭŏchīnus**, *a*, *um*, relatif à **1.** Antioche ; **2.** Antiochus ‖ **Antĭŏchēus**, *a*, *um*, relatif à Antiochus ‖ **Antĭŏchus**, *i*, m., Antiochus, **1.** nom de plusieurs rois de Syrie ; **2.** phil. d'Ascalon.

Antĭŏpa, *æ*, et **Antĭŏpē**, *ēs*, f., Antiope, **1.** fille de Nyctée, mère d'Amphion et de Zéthos ; **2.** épouse de Piéros et mère des Muses.

Antĭpătĕr, *tri*, m., Antipater, **1.** général d'Alexandre ; **2.** nom de plusieurs phil.

antĭpăthēs, *is*, n., préservatif contre les enchantements.

Antĭpătrĭa, *æ*, f., Antipatria, v. de Macédoine.

Antĭphătēs, *æ*, m., Antiphatès, fils de Sarpédon.

Antĭpho, *ōnis*, et **Antĭphōn**, *ontis*, m., Antiphon, **1.** personnage de la comédie latine ; **2.** orateur grec du ve s. av. J.-C ; **3.** sophiste grec, contemporain de Socrate ; **4.** histrion.

antĭpŏdes, *um*, et **antĭpŏdæ**, *ārum*, m. pl., **1.** antipodes ; **2.** iron., gens qui dorment le jour et vivent la nuit, « antipodes ».

Antĭpŏlis, *is*, f., Antipolis, v. de Narbonnaise, auj. Antibes ‖ **Antĭpŏlītānus**, *a*, *um*, d'Antipolis.

antĭquārĭus, *a*, *um*, **1.** de l'antiquité ; **2.** subst. m., *antiquarius*, *ii*, et f., *antiquaria*, *æ*, celui, celle qui aime l'antiquité.

antīquē, adv., [*~quius*, *~quissime*], à l'antique.

antīquĭtās, *ātis*, f., **1.** temps anciens, antiquité, le passé ; les gens d'autrefois, les anciens ; **2.** histoire des temps anciens, histoire ; **3.** caractère antique, mœurs antiques (en bonne part) ; **4.** ancienneté, ~ *generis* : ancienneté de la race.

antīquĭtŭs, adv., **1.** anciennement ; **2.** depuis les anciens temps.

antīquo, *ās*, *āre*, tr., **1.** rejeter, abroger (une loi) ; **2.** faire tomber dans l'oubli, supprimer.

antīquus, *a*, *um*, [*~quior*, *~quissimus*], **1.** qui est en avant (valeur spatiale conservée seul. dans le comp. et le superl.), *nec habui quicquam antiquius quam ut* : je n'ai rien eu de plus important que de, *longe antiquissimum ratus est* : il considéra comme son tout premier devoir de ; **2.** d'avant, antérieur, *antiquior dies* : date antérieure ; **3.** ancien, passé, antique, *antiqua concordia* : l'harmonie d'autrefois, *antiquior dies* : date antérieure ; subst. n., *antiquum, i,* l'ancien usage, l'ancienne mode ; n. pl., *antiqua, orum,* les temps anciens.

antiscĭi, *ōrum,* m. pl., les hab. de l'autre hémisphère (« dont l'ombre est inversée »).

antĭsŏphistæ, *ārum,* m. pl., antisophistes.

Antissa, *æ,* f., Antissa, v. et île proches de Lesbos ‖ **Antissæi**, *ōrum,* m. pl., les hab. d'Antissa.

antistătŭs, *ūs,* m., prééminence.

antistēs, *ĭtis,* m. et f., **1.** maître ; **2.** prêtre ; **3.** préposé.

Antisthĕnēs, *is* et *æ,* m., Antisthène, phil. grec, fondateur de l'école des Cyniques.

antistĭta, *æ,* f., prêtresse.

Antistĭus, *ĭi,* m., Antistius, nom de diff. pers.

antisto, *ās, āre, stĭti,* tr. et intr., surpasser ; abs., l'emporter, être au premier rang.

antithĕton, *i,* n., antithèse.

Antĭum, *ĭi,* n., Antium, v. du Latium.

antlĭa, *æ,* f., pompe hydraulique.

Antōnĭa, *æ,* f., Antonia, **1.** filles de Marc Antoine et d'Octavie, *~ major* : Antonia l'aînée, *~ minor* : Antonia la cadette ; **2.** fille de Claude.

Antōnĭānus, *a, um,* d'Antoine (Antonius) ‖ **Antōnĭāni**, *ōrum,* m. pl., partisans d'Antoine.

Antōnĭastĕr, *tri,* m., Antoniâtre, « Antoine au petit pied » = mauvais imitateur d'Antoine, l'orateur, CIC.

Antōnĭa turris, f., la tour Antonia à Jérusalem.

Antōnīnus, *i,* m., Antonin, nom de plusieurs empereurs.

Antōnĭus, *ĭi,* m., Antoine ou Antonius, nom de plusieurs Romains et surt. **1.** orateur célèbre du début du Ier s. av. J.-C. ; **2.** triumvir, lieutenant de César, ennemi de Cicéron, rival d'Octave ‖ **Antōnĭus**, *a, um,* d'Antoine.

Antōrēs, *is* et *æ,* m., Antorès, compagnon d'Hercule.

Antrōn, *ōnis,* f., Antron, v. de Thessalie.

antrŏo, V. *amptruo.*

antrum, *i,* n., antre, grotte, caverne, cavité.

Ānūbis, *ĭdis,* m., Anubis.

ānŭlārĭus, *a, um,* **1.** qui concerne l'anneau ; *Scalæ anulariæ* : les Degrés annulaires (quartier de Rome) ; **2.** subst. m., *anularius, ii,* fabricant d'anneaux.

ānŭlātus, *a, um,* pourvu d'un anneau ou d'anneaux.

ănulla, *æ,* f., petite vieille.

ānŭlŏcultĕr, *tri,* m., instrument de chirurgie en forme d'anneau.

ānŭlus, *i,* m., **1.** anneau, bague, cachet, sceau, *~ equestris* : l'anneau d'or des chevaliers, *jus anulorum* : rang de chevalier ; **2.** toute espèce d'objet en forme d'anneau, cerceau, annelet, boucle.

① **ānus**, *i,* m., **1.** anneau ; **2.** anus, fondement.

② **ănŭs**, *ūs,* f., subst. et adj., vieille (femme).

anxĭē, adv., avec anxiété, amèrement.

anxĭĕtās, *ātis,* et **anxĭĕtūdo**, *ĭnis,* f., **1.** anxiété, caractère inquiet ; **2.** scrupule excessif, méticulosité.

anxĭfĕr, *ĕra, ĕrum,* qui tourmente.

anxĭor, *āris, āri,* intr., se tourmenter.

anxĭtūdo, *ĭnis,* f., angoisse.

anxĭus, *a, um,* (cf. *ango*), **1.** qui a le cœur serré, tourmenté, angoissé ; avec interr. indir. : qui se demande avec angoisse ; **2.** hésitant, irrésolu ; **3.** méticuleux ; **4.** qui serre le cœur, qui tourmente.

Anxŭr, *ŭris,* n. et m., Anxur, v. du Latium, cap. des Volsques ‖ **Anxurnās**, *ātis,* adj., d'Anxur ‖ **Anxūrus**, *a, um,* d'Anxur, surnom du Jupiter des Volsques.

Ănўtus, *i,* m., Anytos, accusateur de Socrate.

Aœdē, *ēs,* f., Aœdé, une des quatre Muses primitives.

Āŏnēs, *um,* m. pl., Aoniens, Béotiens ‖ **Āŏnĭdæ**, *um,* m. pl., Aonides, Béotiens ‖ **Āŏnĭdĕs**, *æ,* m., Aonide, Béotien ‖ **Āŏnis**, *ĭdis,* f., femme d'Aonie, de Béotie ‖ **Āŏnĭdes**, *um,* f. pl., les Aonides, les Muses, originaires de Béotie ‖ **Āŏnĭus**, *a, um,* d'Aonie.

Āŏrnis, f., Aornis, rocher sur l'Indus.

Āŏrnŏs, *i,* m. et f., Aornos = « sans oiseaux » (explication étym. du nom du lac Averne).

Aorsi, *ōrum,* m. pl., Aorsi, peuple sarmate.

Aŏus, *i,* m., Aous, riv. d'Illyrie.

ăpăgĕ, interj., arrière ! loin d'ici !

Ăpămæa (~mēa), *æ,* f., Apamée, v. **1.** de Syrie ; **2.** de Grande Phrygie ; **3.** de Bithynie ; **4.** de Cœlé-Syrie ‖ **Ăpămēi**, *ōrum,* m. pl., les Apaméens ‖ **Ăpămensis**, *e,* adj., d'Apamée.

ăparctĭās, *æ,* m., vent du N.

ăpăthīa, æ, f., apathie, absence de trouble de l'âme, principe moral des stoïciens.

Ăpătūrĭa, ōrum, n. pl., Apaturies, fête populaire à Athènes.

Ăpēlaurus, i, m., Apélaurus, lieu situé en Arcadie.

ăpēlĭōtēs, æ, m., vent de l'E.

Ăpella, æ, m., Apella, 1. nom d'un affranchi ; 2. nom d'un juif.

Ăpellēs, is, m., Apelle, célèbre peintre grec ‖ Ăpellēus, a, um, d'Apelle.

Ăpennīnĭcŏla, æ, m. et f., hab. de l'Apennin ‖ Ăpennīnĭgĕna, æ, m. et f., né dans l'Apennin ‖ Ăpennīnus, i, m., Apennin.

ăpĕr, ăpri, m., sanglier ; apros immittere liquidis fontibus : lâcher des sangliers dans des sources limpides (= agir en dépit du bon sens), VIRG.

Ăpĕr, Ăpri, m., Aper, nom de plusieurs Romains dont un célèbre orateur du 1er s. ap. J.-C.

Ăpĕrantĭa, æ, f., Apérantie, région de Thessalie ‖ Ăpĕrantĭi, ōrum, m. pl., les Apérantiens.

ăpĕrĭo, īs, īre, ăpĕrŭi, ăpertum, tr., 1. ouvrir, ~ ostium, testamentum, oculos : ouvrir une porte, un testament, les yeux ; ouvrir, donner accès à, ~ occasionem : fournir une occasion ; 2. ouvrir, creuser, frayer, ~ fundamenta templi : creuser les fondations d'un temple, ~ viam : frayer une route ; 3. découvrir, mettre à nu, montrer, aperit ramum : il laisse voir le rameau, aperto pectore : la poitrine découverte ; 4. découvrir, expliquer, éclaircir, faire connaître, ~ occulta quædam : dévoiler des choses cachées, ~ sententiam suam : faire connaître sa pensée.

ăpertē, adv., [~tius, ~tissime], 1. ouvertement, clairement ; 2. franchement, publiquement.

ăpertĭo, ōnis, f., action d'ouvrir.

ăperto, ās, āre, tr., ouvrir.

ăpertŏr, ōris, m., celui qui ouvre, initiateur.

ăpertum, i, n., 1. libre espace, lieu découvert, in aperto : au grand air, dans un espace découvert, esse in aperto : être libre d'accès, aisé, sans obstacles ; 2. est in aperto : il est clair.

ăpertus, a, um, part. adj., [~tior, ~tissimus], 1. ouvert, découvert, latus apertum : flanc découvert ; 2. ouvert, libre, accessible, via aperta : route découverte ; 3. qui a lieu à découvert, aperta acies : combat en rase campagne ; 4. manifeste, clair, évident, apertum latrocinium : brigandage

manifeste, apertis verbis : en termes clairs, apertum est : il est clair que ; 5. ouvert ; franc (en parlant de qqn.) ; qqf., péj., impudent.

ăpēs, V. apis.

ăpex, ĭcis, m., 1. pointe, sommet, cime, faîte ; 2. aigrette surmontée d'une touffe de laine au sommet du bonnet du flamen Dialis, d'où : bonnet de flamine, mitre sacerdotale, dignité sacerdotale ; 3. diadème, tiare ; 4. cimier ; 5. signe des voyelles longues.

Ăphărēus, ĕi, m., Apharée, 1. roi de Messénie, père de Lyncée ; 2. centaure ‖ Ăphărēius, a, um, d'Apharée.

Ăphidna, æ, f., et Ăphidnæ, ārum, f. pl., Aphidna, bourg de l'Attique.

ăphractus, i, f., vaisseau non ponté.

aphrissa, æ, f., estragon.

Ăphrŏdīsĭa, ōrum, n. pl., Aphrodisies, fêtes de Vénus.

Ăphrŏdīsĭăs, ădis, f., Aphrodisias, 1. v. à la frontière de la Phrygie et de la Carie ; 2. port de Cilicie ‖ Ăphrŏdīsĭenses, ĭum, m. pl., les hab. d'Aphrodisias ‖ Ăphrŏdīsĭēus, a, um, d'Aphrodisias.

Ăphrŏdītē, ēs, f., et Ăphrŏdītē, ēs, f., Aphrodite, nom grec de Vénus.

ăpĭcātus, a, um, coiffé du bonnet des flamines.

Ăpĭcĭānus, a, um, relatif à Apicius ‖ Ăpĭcĭus, ĭi, m., Apicius, nom de plusieurs Romains et surt. de M. Gabius Apicius, célèbre gastronome.

ăpĭcŭla, æ, f., petite abeille, avette.

Ăpĭdănus, i, m., Apidanus, riv. de Thessalie.

ăpīnæ, ārum, f. pl., bagatelles.

Apĭŏlæ, ārum, f. pl., Apioles, v. du Latium.

Ăpĭōn, ōnis, m., Apion, 1. Ptolémée Apion, roi de Cyrène ; 2. rhéteur d'Alexandrie.

ăpis, is, f., abeille.

Ăpis, is, m., Apis, bœuf de Memphis, divinisé par les Égyptiens.

ăpiscor, ĕris, i, aptus sum, tr., 1. s'attacher à ; 2. atteindre, gagner, obtenir (avec gén. dans TAC.) ; 3. atteindre par la pensée, saisir, comprendre.

ăpĭum, ĭi, n., herbe des abeilles, ache.

ăplustrĕ, is, n., surt. au pl., ăplustrĭa, ĭum, et ăplustra, ōrum, aplustre, pièce de bois recourbée, formant ornement à la poupe des vaisseaux.

ăpŏcătastăsis, is, f., retour d'un astre au même point.

ăpŏclēti, ōrum, m. pl., apoclètes, membres du conseil secret de la ligue étolienne.

Ăpŏcŏlŏcynthōsis, *is*, f., « Apocolo-quintose (Métamorphose en citrouille) », œuvre de Sénèque, parodie grotesque de l'apothéose de Claude.

ăpŏcrўphus, *a*, *um*, apocryphe ; subst. n. pl., *apocrypha*, *orum* : les Apocryphes.

ăpŏcŭlo, *ās*, *āre*, tr., rendre invisible ; *se* ~ : déguerpir.

ăpŏdixis, *is*, f., preuve irréfragable.

Ăpŏdŏti, *ōrum*, m. pl., Apodotes, peuple d'Étolie.

ăpŏdўtērĭum, *ĭi*, n., vestiaire d'un éta-blissement de bains.

Ăpollīnāris, *e*, adj., relatif à Apollon, *ludi Apollinares* : jeux consacrés à Apol-lon ; subst. n., *Apollinare*, *is*, lieu consacré à Apollon.

Ăpollīnāris, *is*, m., Apollinaire, **1.** ami du poète Martial ; **2.** Sidoine Apollinaire, poète (Vᵉ s. ap. J.-C.).

Ăpollĭnĕus, *a*, *um*, d'Apollon ‖ **Ăpollo**, *ĭnis*, m., Apollon, fils de Jupiter et de La-tone, dieu des arts et de la médecine.

Ăpollŏdōrēi, *ōrum*, m. pl., imitateurs d'Apollodore ‖ **Ăpollŏdōrus**, *i*, m., Apol-lodore, **1.** rhéteur, maître d'Auguste ; **2.** grammairien athénien du IIᵉ s. av. J.-C.

Ăpollōnĭa, *æ*, f., Apollonie, nom de différ. v. ‖ **Ăpollōnĭātēs**, *ĭum*, m. pl., les hab. d'Apollonie ‖ **Ăpollōnĭātēs**, *æ*, m., Apol-loniate ‖ **Ăpollōnĭensis**, *e*, adj., d'Apollo-nie.

Ăpollōnĭus, *ĭi*, m., Apollonius, nom de plusieurs écrivains célèbres dont Apol-lonius de Rhodes Apollonius de Tyane.

ăpŏlŏgātĭo, *ōnis*, f., apologue, fable.

ăpŏlŏgētĭcŏn et **ăpŏlŏgētĭcum**, *i*, n., écrit apologétique.

ăpŏlŏgo, *ās*, *āre*, tr., repousser.

ăpŏlŏgus, *i*, m., apologue, fable, récit.

Ăpŏnus, *i*, m., Aponus, source d'eau chaude près de Padoue ‖ **Ăpŏnus**, *a*, *um*, d'Aponus.

ăpŏphŏrēta, *ōrum*, n. pl., présents of-ferts par un hôte à ses convives à la fin d'un banquet.

ăpŏphŏrētĭcus, *a*, *um*, relatif aux dons faits par un hôte.

ăpŏphŏrētus, V. le préc.

ăpŏprŏegmĕna, *ōrum*, n. pl., phil., ce qui, selon les stoïciens, est à rejeter par l'homme (maladie, pauvreté).

ăposphrāgisma, *ătis*, n., figure gravée sur le chaton d'une bague.

ăpostrŏphē, *ēs*, et **ăpostrŏpha**, *æ*, f., rhét., apostrophe.

ăpŏthēca, *æ*, f., lieu où on dépose qqch. ; garde-manger, cellier, cave, grenier.

ăpŏthĕōsis, *is*, f., apothéose.

appărātē, adv., [~*tius*], avec de grands préparatifs, magnifiquement.

appărātĭo, *ōnis*, f., **1.** préparation, ap-prêt, grand appareil, magnificence ; **2.** apprêt, recherche (style).

① **appărātus**, *a*, *um*, part. adj., [~*tior*, ~*tissimus*], **1.** préparé, disposé, muni ; **2.** plein d'apparat, magnifique.

② **appărātŭs**, *ūs*, m., **1.** préparation, ap-prêt ; **2.** appareil, ameublement, vais-selle, équipement, ~ *belli* : appareil (ma-chine) de guerre ; **3.** grand appareil, ma-gnificence ; **4.** apprêt, recherche (style).

appărentĕr, adv., f., apparemment.

appărentĭa, *æ*, f., chr., apparition.

appārĕo, *ēs*, *ēre*, *ŭi*, *ĭtum*, intr., **1.** apparaî-tre, se montrer, être visible ; **2.** apparaî-tre clairement, être manifeste, évident ; impers., il est clair, avec inf. ou prop. inf., *apparet (eum) esse commotum* : il est clair qu'il a été ébranlé ; avec interr. indir., *ap-paret uter sit insidiator* : on voit qui des deux est l'agresseur ; **3.** être auprès de qqn., être attaché à son service, être ap-pariteur + dat., ~ *consulibus* : être au ser-vice des consuls.

appārĭo, *ĭs*, *ĕre*, tr., se procurer, acquérir.

appārĭtĭo, *ōnis*, f., **1.** fonction d'appari-teur, service effectué auprès de qqn., *ap-paritiones necessariæ* : serviteurs indis-pensables ; **2.** chr., apparition, épipha-nie.

appārĭtŏr, *ōris*, m., appariteur, serviteur attaché à la pers. d'un magistrat.

appārĭtūra, *æ*, f., fonction d'appariteur.

appāro, *ās*, *āre*, tr., préparer, apprêter (repas, noces, guerre) ; avec inf., se pré-parer à ; avec *ut* + subj., même sens ; *se* ~ + inf. : se disposer à.

appellātĭo, *ōnis*, f., **1.** action d'adresser la parole ; **2.** recours, appel (en justice ou devant un magistrat) ; **3.** dénomination, appellation, titre, nom ; **4.** prononcia-tion.

appellātŏr, *ōris*, m., celui qui fait appel.

appellĭto, *ās*, *āre*, tr., appeler souvent, habituellement.

① **appello**, *ās*, *āre*, tr., **1.** adresser la pa-role à, s'adresser à, ~ *legatos superbius* : s'adresser aux délégués avec hauteur ; ~ *nomine* : appeler par son nom ; **2.** appe-ler, désigner, citer, *aliquem* ~ *regem* : don-ner à qqn. le nom de roi ; **3.** faire appel (devant les tribunaux ou en justice) ; **4.** sommer, *aliquem* ~ *de pecuniā* : faire commandement à qqn. de payer ; **5.** as-signer, citer en justice ; **6.** prononcer.

② **appello**, *ĭs*, *ĕre*, *pŭli*, *pulsum*, tr. et intr., **1.** pousser, diriger vers, ~ *turres ad opera Cæsaris* : pousser les tours vers les travaux de César, ~ *ad mortem* : pousser à la mort ; ~ *naves litori, ad ripam* : faire aborder les navires au rivage, à la rive ; passif : aborder, *appellitur navis Syracusas* : le navire aborde à Syracuse.

appendĭcŭla, *æ*, f., et **appendĭcŭlum**, *i*, n., petit appendice.

appendix, *ĭcis*, f., ce qui est suspendu à, appendice ; supplément.

appendo, *ĭs, ĕre, pendi, pensum*, tr., peser (pr. et fig.), donner la valeur exacte de.

appensŏr, *ōris*, m., celui qui pèse.

appensŭs, *ūs*, m., action de peser.

appĕtens, *entis*, part. adj., [*~tior, ~tissimus*], qui désire, avide, cupide, ~ *gloriæ* : avide de gloire.

appĕtentĕr, adv., avec avidité.

appĕtentĭa, *æ*, f., recherche, désir, convoitise, appétit, passion ; *~laudis* : recherche passionnée de la gloire.

appĕtībĭlis, *e*, adj., désirable.

appĕtītĭo, *ōnis*, f., 1. effort pour atteindre, désir, recherche, appétit ; ~ *alieni* : convoitise du bien d'autrui ; 2. aspiration (naturelle ou raisonnée).

appĕtītrix, * īcis*, f., celle qui recherche avec passion.

appĕtītŭs, *ūs*, m., penchant naturel, désir, convoitise (chez les hommes et chez les bêtes).

appĕto, *ĭs, ĕre, īvi (ĭi), ītum*, intr. et tr.,
I intr., approcher, s'approcher, *ubi nox appetit* : à l'approche de la nuit.
II tr., 1. tendre vers, chercher à saisir, ~ *solem manibus* : chercher à attraper le soleil avec ses mains ; 2. gagner, marcher vers, ~ *Europam* : se rendre en Europe, *mare appetens terram* : la mer qui gagne sur la terre ; 3. attaquer, ~ *aliquem lapidibus* : attaquer qqn. à coups de pierres ; 4. désirer, rechercher, ~ *regnum* : convoiter le pouvoir, ~ *inimicitias* : encourir des inimitiés ; avec inf., *appetit animus aliquid agere* : l'esprit cherche à faire qqch. ; 5. aller chercher, faire venir.

Appĭa, *æ*, f., Appia, v. de Phrygie ‖ **Appĭa** (*vĭa*), *æ*, f., la voie Appienne, de Rome à Capoue, construite par Appius Claudius Cæcus au IVe s. av. J.-C. ‖ **Appĭānus**, *a, um*, 1. d'Appia ; 2. d'Appius ‖ **Appĭas**, *ădis*, f., Appiade, 1. nymphe qui orne la fontaine Aqua Appia ; 2. surnom donné par Cicéron à une Minerve offerte par son ami Appius ‖ **Appĭĕtās**, *ātis*, f., « Appiété » (mot fabriqué par Cicéron ironisant sur la noblesse des grandes familles comme celle d'Appius, V. ce mot).

① **appingo**, *ĭs, ĕre, pinxi, pinctum*, (cf. *pingo*), tr., peindre sur ou à côté de.

② **appingo**, *ĭs, ĕre*, (cf. *pango*), tr., ajouter en écrivant, en composant.

Appĭus, *ĭi*, m., **Appĭa**, *æ*, f., Appius (abrégé en Ap.), Appia, prénoms fréquents dans la *gens Claudia* ‖ **Appĭus**, *a, um*, d'Appius.

applaudo, *ĭs, ĕre, plaudi, plausum*, 1. tr., frapper, heurter contre ; 2. intr., applaudir.

applausŭs, *ūs*, m., applaudissement.

applĭcātĭo, *ōnis*, f., 1. attachement, inclination ; 2. *jus applicationis* : droit en vertu duquel le patron hérite du client.

applĭcĭor, *ōris*, adj. au comp., plus serré.

applĭco, *ās, āre, āvi (ŭi), ātum* et *ītum*, tr., 1. mettre contre, appliquer, *se ~ ad arborem* : s'appuyer contre un arbre, ~ *ensem capulo tenus* : (appuyer) enfoncer l'épée jusqu'à la garde ; 2. diriger vers, faire aborder, ~ *naves ad terram, terræ* : faire aborder les navires ; 3. attacher à, joindre, unir, ~ *voluptatem ad honestatem* : joindre le plaisir à la vertu, *se ~ ad alicujus familiaritatem* : se lier d'amitié avec qqn. ; 4. appliquer (son esprit, ses oreilles) à.

applōro, *ās, āre*, 1. intr., pleurer auprès de ; 2. tr., pleurer sur.

appōno, *ĭs, ĕre, pŏsŭi, pŏsĭtum*, tr., 1. mettre à, sur, contre, auprès, devant, ~ *gladium propter* : placer une épée à côté ; spéc., servir (à table), ~ *cenam in argento* : donner à dîner dans de la vaisselle d'argent ; 2. placer auprès, adjoindre, ~ *custodem aliquem alicui* : confier la garde de qqn. à qqn. ; aposter, *accusatorem ~* : aposter un accusateur ; 3. placer en outre, ajouter, *appositum est ut* + subj. : il fut ajouté que.

apporrectus, *a, um*, part. adj., allongé auprès.

apporto, *ās, āre*, tr., 1. apporter, transporter (objets, nouvelles) ; 2. apporter avec soi, causer.

apposco, *ĭs, ĕre*, tr., demander en plus.

appŏsĭtē, adv., convenablement.

appŏsĭtĭo, *ōnis*, f., 1. action de mettre auprès, application ; 2. addition.

appŏsĭtum, *i*, n., adjectif, épithète.

appŏsĭtus, *a, um*, part. adj., [*~tior, ~tissimus*], 1. mis sur, à côté ; voisin, contigu ; 2. approprié, convenable, propre à, fait pour.

appostŭlo, *ās, āre*, tr., demander instamment.

appōtus, *a, um*, qui a bu tout son saoul.

apprĕcĭo, V. *appretio*.

apprĕcor, *āris, āri*, tr., demander en priant.

apprĕhendo (apprendo), ĭs, ĕre, prĕhendi (prendî), prĕhensum (prensum), tr., **1.** saisir, prendre, s'emparer de ; **2.** saisir par l'esprit, embrasser.

apprĕhensĭo, ōnis, f., action de saisir.

apprendo, V. apprehendo.

apprĕtĭo, ās, āre, tr., apprécier, évaluer.

apprīmē, adv., en premier, beaucoup, principalement.

apprīmo, ĭs, ĕre, pressi, pressum, tr., serrer contre, presser fortement.

apprŏbābĭlis, e, adj., digne d'approbation.

apprŏbāmentum, i, n., preuve.

apprŏbātĭo, ōnis, f., **1.** approbation, assentiment ; **2.** confirmation, preuve, démonstration.

apprŏbātŏr, ōris, m., approbateur.

apprŏbē, adv., très bien, parfaitement.

apprŏbo, ās, āre, tr., **1.** reconnaître pour bon, approuver, ~ sententiam alicujus : approuver l'avis de qqn., + prop. inf. : reconnaître que ; **2.** faire approuver ; **3.** prouver, démontrer.

apprŏbus, a, um, très honnête.

apprōmitto, ĭs, ĕre, tr., se porter garant que + prop. inf.

apprōno, ās, āre, tr., courber, plier en avant.

apprŏpĕro, ās, āre, **1.** tr., hâter, presser ; **2.** intr., se hâter de.

apprŏpinquātĭo, ōnis, f., approche.

apprŏpinquo, ās, āre, intr., **1.** s'approcher de ; **2.** abs., approcher.

approxĭmo, ās, āre, intr., s'approcher de.

appugno, ās, āre, tr., attaquer, assaillir.

Appŭle~, Appŭli~, V. Apule~, Apuli~.

① appulsus, a, um, V. appello ②.

② appulsŭs, ūs, m., **1.** action de pousser vers, de faire approcher, aborder, ~litorum : accès aux rivages ; **2.** atteinte, contact, influence, frigoris ~ : atteintes du froid, appulsu deorum : sous l'influence des dieux.

Appŭlus, V. Apulus.

ăpra, æ, f., laie, femelle du sanglier.

ăprīcātĭo, ōnis, f., exposition au soleil.

ăprīco, ās, āre, tr., exposer, chauffer au soleil.

ăprīcor, āris, āri, intr., se chauffer au soleil.

ăprīcŭlus, i, m., poisson ressemblant au sanglier.

ăprĭfĕr, ĕra, ĕrum, fertile en sangliers.

Aprīlis, e, (étrusque Apru = Aphrodite ?), adj., (d')avril, mensis ~ : mois d'avril, Idibus Aprilibus : aux Ides d'avril.

ăprīnus, a, um, de sanglier.

Ăprōnĭānus, a, um, d'Apronius.

Ăprōnĭus, ĭi, m., Apronius, nom de plusieurs Romains.

ăprugnus, a, um, de sanglier.

aps~, V. abs~.

Apsus, i, m., Apsus, fl. d'Illyrie.

aptē, adv., [~tius, ~tissime], en s'adaptant étroitement, de façon ajustée, exactement ; convenablement, avec justesse.

apto, ās, āre, tr., appliquer, adapter, ajuster, ~ enses dexteris : adapter les épées à la main ; disposer, arranger, apprêter ~ arma pugnæ : apprêter les armes pour le combat ; approprier, assortir, ~ orationem temporibus : adapter les discours aux circonstances.

aptus, a, um, part. adj., [~tior, ~tissimus] **1.** ajusté, attaché, joint, gladius e lacunar ~ : une épée attachée au plafond ; fig. (style) lié, enchaîné, uni, proportionné, cohérent, apta dissolvere : rompre l'équilibre, apta oratio : style bien lié ; **2.** préparé, garni, quinqueremes aptæ ad navigandum : quinquérèmes prêtes à la navigation ; **3.** approprié, convenable, fait pour, adapté, locus ad insidias aptior : lieu plus approprié pour une embuscade, aptum tempus : moment convenable.

Apŭāni, ōrum, m. pl., Apuans, peuple de Ligurie.

ăpŭd, prép. + acc. (sans mvt.), près de, auprès de, chez, devant, à, apud aliquem sedere : siéger auprès de qqn., apud patrem sum : je suis chez mon père, pugna apud Cannas : la bataille de Cannes, consequi gratiam apud bonos viros : acquérir de la faveur auprès des gens de bien, apud populum dicere : parler devant le peuple ; apud Xenophontem legitur : on lit dans, chez Xénophon ; apud patres, majores nostros : du temps de nos ancêtres.

Āpŭlēiānus, a, um, d'Apuléius, tribun du peuple ‖ Āpŭlēius, i, m., Apuléius, nom de diff. Romains, et surt., **1.** tribun du peuple en 90 av. J.-C., d'où : adj., lex Apuleia : la loi Apuléia ; **2.** Apulée, écrivain du IIe s. ap. J.-C., auteur des « Métamorphoses ».

Āpūlĭa, æ, f., Apulie, province de l'Italie du S.-E. ‖ Āpŭli, ōrum, m. pl., les Apuliens, hab. d'Apulie ‖ Āpŭlĭcus, a, um, d'Apulie ‖ Āpŭlus, a, um, d'Apulie, apulien.

āpŭlĭæ, ārum, f. pl., vélum tendu au-dessus du théâtre pour protéger du soleil.

ăpȳrēnum, i, n., grenade à pépins tendres.

ăqua, æ, f., **1.** eau, ~ pluvia, marina : eau de pluie, de mer, aquam præbere : offrir de l'eau (pour les ablutions), d'où : inviter à dîner ; ~ *et ignis* : l'eau et le feu (les nécessités absolues de la vie), *aquā et igni interdicere alicui* : prononcer contre qqn. l'interdiction de l'eau et du feu (le bannir avec interdiction à quiconque de l'héberger et de le nourrir) ; *aquam terramque petere ab hoste* : réclamer de l'ennemi l'eau et la terre, exiger sa soumission ; eau de la clepsydre, *aquam dare* : donner le temps de parler ; **2.** au pl., *aquæ, arum,* eaux thermales ; **3.** aqueduc, *Aqua Martia, Appia, Virgo,* etc. : diff. aqueducs de Rome.

ăquæductŭs et **ăquæ ductŭs**, *ūs,* m., **1.** conduite d'eau, aqueduc ; **2.** droit d'amener l'eau.

ăquælĭcĭum, V. *aquilicium.*

ăquālĭcŭlus, *i,* m., **1.** suc gastrique ; **2.** ventre, panse.

ăquărĭŏlus, *i,* m., porteur d'eau.

ăquărĭus, *a, um,* relatif à l'eau, *aquaria provincia* : surveillance des conduites d'eau ; subst. m., *aquarius, ii,* **1.** porteur d'eau ; **2.** inspecteur des eaux ; **3.** le Verseau (signe du zodiaque).

ăquătĭcus, *a, um,* **1.** qui vit dans l'eau, aquatique ; **2.** humide.

ăquātĭlis, *e,* adj., relatif à l'eau, aquatique.

ăquātĭo, *ōnis,* f., mil., corvée d'eau.

ăquātŏr, *ōris,* m., celui qui est chargé de chercher l'eau, de la corvée d'eau (mil.).

ăquātus, *a, um,* [~*tior,* ~*tissimus*], mêlé d'eau, aqueux.

ăquĭgĕnus, *a, um,* né dans l'eau.

ăquĭla, *æ,* f., **1.** aigle, enseigne de légion, d'où : porte-enseigne, légion ; **3.** l'Aigle (constellation) ; **4.** ornement en forme d'aigle au fronton du temple de Jupiter Capitolin.

Ăquĭla, *æ,* m., Aquila, nom d'h.

Ăquĭlārĭa, *æ,* f., Aquilaria, v. d'Afrique.

ăquĭlĕgus, *a, um,* qui sert à tirer de l'eau.

Ăquĭlĕia, *æ,* f., Aquilée, v. d'Istrie ‖ **Ăquĭlĕiensis**, *e,* adj., d'Aquilée.

Ăquĭlĭānus, *a, um,* d'Aquilius.

ăquĭlĭcĭum, *ĭi,* n., sacrifice aux dieux pour obtenir la pluie.

ăquĭlĭfĕr, *ĕri,* m., porte-aigle, porte-enseigne.

ăquĭlĭnus, *a, um,* d'aigle, aquilin.

ăquĭlĭus, *a, um,* brun foncé.

Ăquĭlĭus, *ĭi,* m., Aquilius, nom de plusieurs Romains, dont C. Aquilius Gallus, ami de Cicéron, et M. Aquilius Regulus, délateur sous l'Empire ‖ **Ăquĭlĭus**, *a, um,* d'Aquilius, *lex Aquilia* : la loi Aquilia.

Ăquĭlo, *ōnis,* m., **1.** Aquilon, vent du N. ; **2.** le Nord ; **3.** Aquilon, pers. myth. ‖

Ăquĭlōnĭa, *æ,* f., Aquilonia, v. du pays des Hirpins ‖ **Ăquĭlōnĭgĕna**, *æ,* m. et f., né(e) dans le Nord ‖ **Ăquĭlōnĭus**, *a, um,* **1.** du Nord, septentrional ; **2.** relatif à l'Aquilon, père de Calaïs et de Zétès.

ăquĭlus, V. *aquilius.*

Ăquīnās, *ātis,* adj., d'Aquinum ‖ **Ăquīnum**, *i, n.,* Aquinum, v. du pays des Volsques.

Ăquītāni, *ōrum,* m. pl., Aquitains ‖ **Ăquītānĭa**, *æ,* f., Aquitaine : Gaule du S.-O., de la Garonne aux Pyrénées et de l'Océan à la Narbonnaise.

ăquŏla, V. *aquila.*

ăquŏr, *āris, āri,* intr., mil., aller à la corvée d'eau.

ăquōsus, *a, um,* [~*sior, ~sissimus*], **1.** aqueux, humide, pluvieux ; **2.** clair, limpide.

ăquŭla, *æ,* f., **1.** un peu d'eau ; **2.** filet d'eau.

ar, arch. pour *ad* (dans la composition des mots).

āra, *æ,* f., **1.** autel, *aram condere, ponere* : élever un autel, *aræ et foci* : autels et foyers (les biens domestiques les plus sacrés des Romains), *de, pro aris et focis decernere, certare* : combattre pour ses autels et ses foyers ; **2.** sanctuaire, refuge, *aræ legum* : le sanctuaire des lois ; **3.** monument ; **4.** l'Autel (constellation).

Āra Ubĭōrum, f., l'Autel des Ubiens, v. de Germanie.

ărăbarchēs, *æ,* m., arabarque, percepteur des droits de douane sur le Nil ; iron., surnom donné par Cicéron à Pompée.

Ărabs, *bis,* m., Arabe ‖ **Ărăbes**, *um,* m. pl., les Arabes ‖ **Ărăbĭa**, *æ,* f., Arabie ‖ **Ărăbĭcē**, adv., à la manière arabe ; **Ărăbĭus** et **Ărăbus**, *a, um,* arabe, d'Arabie ‖ **Ărăbus**, *i,* m., Arabe.

Ărăbus, *i,* m., Arabus, riv. de Gédrosie.

Ărachnē, *ēs,* f., Arachné, habile fileuse, transformée en araignée par Athéna.

Ărăchōsĭa, *æ,* f., Arachosie, région de Perse ‖ **Ărăchōsĭi, Ărăchōti**, *ōrum,* et **Ărăchōtæ**, *ārum,* m. pl., les Arachosiens.

Ărăcynthus, *i,* m., Aracynthe, **1.** mt. d'Étolie ; **2.** mt. de Béotie.

Ărădĭus, *a, um,* d'Aradus ‖ **Ărădus**, *i,* f., Aradus, v. de Phénicie.

Āræ, *ārum,* f. pl., **1.** les Autels, récifs à l'entrée de la baie de Carthage ; **2.** nom de plusieurs v., ~ *Alexandri,* ~ *Herculis,* etc.

ărănĕa, *æ,* f., **1.** araignée ; **2.** toile d'araignée.

ărănĕans, *antis,* adj., tapissé de toiles d'araignée (= par où rien n'a pu passer).

ărănĕŏla, æ, f., petite araignée.

ărănĕŏlus, i, m., V. le préc.

ărănĕum, i, n., toile d'araignée.

ărănĕus, i, m., araignée ; adj., *araneus, a, um*, d'araignée ; ~ *mus* : musaraigne.

Ărăr et **Ărăris**, is, m., Arar, fl. de Gaule, auj. Saône.

Ărătæus, **Ărătēus**, **Ărătīus**, a, um, d'Aratus.

ărătĭo, ōnis, f., 1. labourage, labour ; 2. terre cultivée ; 3. terres affermées par l'État pour être cultivées.

ărătiuncŭla, æ, f., lopin cultivable.

ărătrum, i, n., charrue, ~ *circumducere* : tracer l'enceinte d'une ville avec la charrue.

Ărātus et **Ărātos**, i, m., Aratus, poète grec dont le poème astronomique fut traduit par Cicéron.

Ărausĭo, ōnis, f., Arausio, v. de Narbonnaise, auj. Orange ‖ **Ărausĭcus**, a, um, d'Arausio.

Ăraxēs, is, m., Araxe, 1. fl. d'Arménie, auj. Aras ; 2. fl. de Perse, auj. Ben Emir.

Arbēla, ōrum, n. pl., Arbèles, v. d'Assyrie où Darius fut battu par Alexandre (331 av. J.-C.).

arbĭtĕr, tri, (*ad* + R. *bu* = être ?), m., 1. celui qui se trouve présent, qui assiste à un fait ; témoin, *arbitris procul remotis* : les témoins ayant été écartés ; 2. arbitre, juge d'un différend (choisi par les parties et investi par la loi), ~ *litis* : arbitre d'un procès ; 3. arbitre, juge, au sens général. ; fig., arbitre, maître, ~ *imperii* : maître de l'empire, ~ *elegantiæ* : arbitre du bon goût (à propos de Pétrone), Tac.

Arbĭtĕr, tri, m., Arbiter, surnom de Pétrone.

arbĭtra, æ, f., 1. confidente, témoin ; 2. celle qui juge, décide.

arbĭtrālis, e, adj., d'arbitre.

arbĭtrārĭō, adv., arbitrairement, *haud* ~ : sans contestation possible.

arbĭtrārĭus, a, um, sujet à contestation.

arbĭtrātrix, īcis, f., celle qui règle, maîtresse.

arbĭtrātŭs, ūs, m., 1. sentence arbitrale, arbitrage, décision ; 2. volonté, gré, *arbitratu meo, suo* : à mon, son gré.

arbĭtrĭum, ĭi, n., 1. arbitrage, sentence arbitrale ; spéc. au pl., droits, frais fixés par arbitrage, *arbitria funeris* : droits funéraires ; 2. jugement, décision ; 3. volonté libre, choix, libre choix, gré, agrément, ~ *eligendi* : liberté de choix, *arbitrio suo, ad* ~ *suum* : à son gré ; 4. autorité souveraine, libre exercice du pouvoir, ~ *rerum Romanarum agere* : gouverner en

maître souverain l'empire romain ; 5. présence d'un témoin, *sine arbitrio* : sans témoin.

arbĭtror, āris, āri, tr., 1. être témoin de, observer, examiner ; 2. penser, juger, croire, estimer, abs., *ut ego arbitror* : à mon avis, + prop. inf., *arbitror bellum celeriter confici posse* : je pense que la guerre peut être rapidement terminée ; qqf., sens passif : être jugé, considéré comme.

Arbŏcāla, æ, f., Arbocala, v. d'Espagne Tarraconnaise.

arbŏr, ŏris, f., 1. arbre, ~ *fici* : figuier, ~ *Jovis* : arbre de Jupiter : chêne ; 2. poét., tout objet fait de bois, et surt. mât, navire.

arbŏrārĭa (herba), æ, f., lierre noir.

arbŏrĕus, a, um, d'arbre, relatif à l'arbre.

arbōs, V. arbor.

arbuscŭla, æ, f., arbuste, arbrisseau.

Arbuscŭla, æ, f., Arbuscula, nom d'une mime, contemporaine de Cicéron.

arbustum, i, n., lieu planté d'arbres, plantation d'arbres ; au pl., arbres.

arbustus, a, um, planté d'arbres.

arbŭtĕus, a, um, d'arbousier.

arbŭtum, i, n., arbouse.

arbŭtus, i, f., arbousier.

arca, æ, f., 1. coffre, armoire ; 2. coffret, cassette ; argent du coffre ; 3. cercueil ; 4. cachot ; 5. chr., l'Arche d'alliance.

Arcădĭa, æ, f., Arcadie, région du Péloponnèse ‖ **Arcădes**, um, m. pl., les Arcadiens ‖ **Arcădĭcus**, **Arcădĭus**, a, um, d'Arcadie, arcadien, ~ *deus* : le dieu d'Arcadie, Pan.

Arcădĭus, ĭi, m., Arcadius, empereur rom. (IVe-Ve s. ap. J.-C.).

Arcæāni, ōrum, m. pl., les hab. d'Arcées, v. de Cappadoce.

arcānē et **arcānō**, adv., secrètement, en secret.

Arcānum, i, n., Arcanum, propriété du frère de Cicéron, dans le Latium.

arcānum, i, n., secret, mystère.

arcānus, a, um, (cf. *arca*), secret, mystérieux.

Arcăs, ădis, m., 1. Arcadien ; 2. Arcas, fils de Jupiter et de Callisto, père des Arcadiens.

Arcens, entis, m., Arcens, pers. de « L'Énéide ».

arcĕo, ēs, ēre, arcŭi, tr., 1. contenir, enfermer, maintenir dans les limites ; 2. empêcher, éloigner, écarter, repousser, ~ *hostem Galliā* : tenir l'ennemi loin de la Gaule, ~ *ab injuriā* : empêcher de commettre une injustice ; ~ *ne* + subj. : empêcher que ; *non ~ quin* + subj. : ne pas empêcher que.

Arcĕsĭlās, *æ*, et **Arcĕsĭlāus**, *i*, m., Arcésilas, phil. grec, fondateur de l'Académie moyenne (IIIe s. av. J.-C.).

Arcēsĭus, *ĭi*, m., Arcésius, père de Laërte et grand-père d'Ulysse.

accessĭtŏr, *ōris*, m., celui qui fait venir, qui mande.

① **accessītus**, *a*, *um*, part. adj., **1.** mandé ; **2.** qu'on fait venir de trop loin, recherché, artificiel, *~ jocus* : plaisanterie forcée.

② **accessītŭs**, *ūs*, m., seul. abl., appel, invitation.

accesso, *ĭs*, *ĕre*, *īvi* (*ĭi*), *ītum*, tr., **1.** faire venir, mander, *~ aliquem litteris Capuā* : faire venir qqn. de Capoue par lettre ; **2.** citer en justice, accuser, *~ in crimen*, *crimine* : appeler en justice pour répondre d'une accusation ; **3.** faire venir de, tirer de, rechercher, *~ gloriam ex periculo* : rechercher la gloire dans le danger ; procurer.

Archē, *ēs*, f., Arché, une des quatre Muses, filles du second Jupiter, Cic.

Archĕlāus, *i*, m., Archélaüs, **1.** phil. grec, disciple d'Anaxagore (Ve s. av. J.-C.) ; **2.** fils de Perdiccas II, roi de Macédoine ; **3.** général de Mithridate ; **4.** roi de Cappadoce.

archĕtўpus, *a*, *um*, original ; subst. n., *archetypum*, *i*, original, modèle.

Archĭăcus, *a*, *um*, d'Archias, célèbre ébéniste.

Archĭās, *æ*, m., A. Licinius Archias, poète grec connu par le *Pro Archiā* de Cicéron.

archĭclīnĭcus, *i*, m., ordonnateur de pompes funèbres, Mart.

Archĭgĕnēs, *is*, m., Archigénès, nom d'un célèbre médecin.

Archĭlŏchus, *i*, m., Archiloque, poète grec, inventeur du poème iambique ‖ **Archĭlŏchīus**, *a*, *um*, d'Archiloque.

archĭmăgīrus, *i*, m., chef de cuisine.

archĭmartўr, *ўris*, m., chr., premier martyr, Aug.

Archĭmēdēs, *is*, m., Archimède, mathématicien et physicien célèbre, tué lors de la prise de Syracuse, en 212 av. J.-C.

archĭmīmus, *i*, m., chef d'une troupe de mimes, premier mime de la troupe.

archĭpīrāta, *æ*, m., chef de pirates.

architectōn, *ŏnis*, m., architecte ; fig., ingénieur en fourberies, Pl.

architectŏnor et **architector**, *āris*, *āri*, tr., tracer le plan d'un édifice, bâtir ; fig., inventer, arranger.

architectūra, *æ*, f., architecture.

architectus, *i*, m. architecte.

archīvum, *i*, n., archives.

archōn, *ontis*, m., archonte, magistrat supérieur à Athènes.

Archўtas, *æ*, m., Archytas de Tarente, phil. pythagoricien et mathématicien.

arcĭsellĭum, *ĭi*, n., chaise à dossier.

arcĭtĕnens, *entis*, m., **1.** qui tient un arc (épith. d'Apollon et de Diane) ; **2.** spéc., le Sagittaire (signe du zodiaque).

Arctŏphўlax, *ăcos*, m., le Bouvier (constellation).

Arctŏs, *i*, f., l'Ourse, la Grande Ourse, la Petite Ourse ; fig., le Nord.

Arctūrus, *i*, m., Arcturus, **1.** la plus brillante étoile du Bouvier ; **2.** le Bouvier.

arctus, V. *artus* ①.

arcŭātus, *a*, *um*, **1.** en arc, cintré, voûté ; **2.** qui a la couleur de l'arc-en-ciel = qui a la jaunisse.

arcŭla, *æ*, f., petit coffret, cassette pour l'argent, les objets précieux, les fards, les couleurs.

arcŭlārĭus, *ĭi*, m., fabricant d'*arcula*.

arcŭs, *ūs*, m., **1.** arc, *arcum intendere*, *adducere* : bander un arc ; **2.** arc-en-ciel ; **3.** arc, voûte ; arc de triomphe ; **4.** arc de cercle.

ardălĭo, V. *ardelio*.

ardĕa, *æ*, f., héron.

Ardĕa, *æ*, f., Ardée, cap. de Turnus, roi des Rutules ‖ **Ardĕās**, *ātis*, d'Ardée ‖ **Ardĕātes**, *um*, m. pl., les hab. d'Ardée ‖ **Ardĕātīnus**, *a*, *um*, d'Ardée.

ardĕlĭo, *ōnis*, m., homme qui fait l'empressé, le nécessaire, faiseur d'embarras.

ardens, *entis*, part. adj., [*~tior*, *~tissimus*], brûlant, enflammé ; ardent, passionné, *~ actio* : action oratoire pleine de feu.

ardentĕr, adv., [*~tius*, *~tissime*], avec passion, ardemment.

ardĕo, *ēs*, *ĕre*, *arsi*, *arsum*, intr., **1.** être brûlant, brûler ; briller, étinceler ; **2.** brûler, se consumer ; fig., être enflammé, brûler, *~ furore*, *amore* : être enflammé de fureur, d'amour ; *~ ad ulciscendum* : brûler de se venger, *~ aliquā*, *in aliquam* : brûler d'amour pour une femme ; qqf. tr. dans ce sens ; **3.** abs., brûler, se déchaîner, être à son paroxysme.

ardesco, *ĭs*, *ĕre*, *arsi*, intr., prendre feu, s'embraser, s'enflammer, s'échauffer ; devenir brûlant (pr. et fig.).

ardŏr, *ōris*, m., **1.** embrasement, feu, flamme, ardeur, chaleur brûlante ; éclat, flamme (du regard) ; **2.** feu ardent, zèle, enthousiasme, désir violent, *~ retinendæ potentiæ* : désir passionné de garder le pouvoir, *~ mentis ad gloriam* : passion de la gloire ; poét., passion de l'amour, flamme, *~ virginis* : passion pour une jeune fille.

Ardŭenna (silva), *æ*, f., la forêt des Ardennes, l'Ardenne.

ardŭum, *i*, n., **1.** lieu escarpé, hauteur, *ardua montis* : escarpements d'une montagne ; **2.** difficultés ardues, obstacles.

ardŭus, *a*, *um*, **1.** qui se dresse haut, élevé ; **2.** escarpé, à pic ; **3.** difficile à atteindre, ardu, pénible, malaisé, *arduum factu* : très difficile à faire.

ărĕ, sec, V. *arefacio*.

ārĕa, *æ*, f., **1.** sol uni, plat, d'où : place autour des temples et des palais, *~ Vulcani* : place du temple de Vulcain ; **2.** tout emplacement plat : aire pour battre le grain, cour d'une habitation, arène, aire (nid), etc.

ărĕfăcĭo, *ĭs*, *ĕre*, *fēci*, *factum*, tr., dessécher.

Arĕi, *ōrum*, m. pl., Aréens, peuple d'Afrique.

Ărēĭŏs păgus, V. *Areopagus*.

Ărĕlătĕ, n. indécl., et **Ărĕlās**, *ātis*, f., Arles, v. de Gaule Narbonnaise.

Ărellĭus, *ĭi*, m., Arellius, nom d'une famille rom.

Ărēmŏrĭcus, *a*, *um*, d'Armorique.

ărēna (hărēna), *æ*, f., **1.** sable ; *semina committere arenæ, mandare arenæ* : semer dans le sable (prov.) ; **2.** terrain sablonneux, désert de sable ; **3.** arène de l'amphithéâtre : combats de l'arène ; lice, terrain, *in arenā meā* : sur mon terrain.

Arēnăcum, *i*, n., Arénacum, place forte des Bataves, en Gaule Belgique.

ărēnārĭa, *æ*, f., carrière de sable.

ărēnārĭus, *ĭi*, m., **1.** gladiateur ; **2.** celui qui enseigne les éléments du calcul (avec des chiffres dessinés sur le sable).

ărēnōsus, *a*, *um*, de sable, sablonneux, aride.

ārens, *entis*, part. adj., desséché, aride ; altéré.

ārĕo, *ēs*, *ēre*, *ŭi*, intr., être desséché ; être altéré.

Ărĕŏpăgītēs, *æ*, m., aréopagite, membre de l'Aréopage ‖ **Ărĕŏpăgos** et **Ărĕŏpăgus**, *i*, m., l'Aréopage, tribunal d'Athènes.

Ărēs, *is*, m., Arès, dieu grec de la guerre.

āresco, *ĭs*, *ĕre*, *ārŭi*, intr., se dessécher, se sécher, se durcir.

Ărestŏrīdēs, *æ*, m., fils d'Arestor, Argus.

ărĕtălŏgus, *i*, m., conteur de moralités et de faits merveilleux.

Ărĕtē, *ēs*, f., Arété, fille de Denys, tyran de Syracuse.

Ărēthūsa, *æ*, f., Aréthuse, **1.** nymphe ; **2.** source près de Syracuse ‖ **Ărēthūsis**, *ĭdis*, f., et **Ărēthūsĭus**, *a*, *um*, d'Aréthuse.

Ārētĭum, ou **Arrētĭum**, *ĭi*, n., V. *Arretium*.

① **Ărēus**, *a*, *um*, de l'Aréopage.

② **Ărēus**, *i*, m., Aréus, phil. grec, confident d'Auguste.

Arganthōnĭus, *ĭi*, m., Arganthonius, roi de Tartessos, en Espagne.

Arganthus, *i*, m., Arganthus, mt. de Bithynie.

Argēi, *ōrum*, m. pl., les Argées, **1.** génies protecteurs des quartiers de Rome ; **2.** les 24 mannequins jetés par les pontifes dans le Tibre le 15 mai.

Argentānum, *i*, n., Argentanum, v. du Bruttium.

argentārĭa, *æ*, f., **1.** mine d'argent ; **2.** banque ; comptoir de changeur, *argentariam facere* : faire la banque.

argentārĭus, *a*, *um*, d'argent, relatif à l'argent (métal ou monnaie) ; subst. m., *argentarius, ii*, changeur, banquier.

argentātus, *a*, *um*, muni d'argent (monnaie), argenté.

argentĕŏlus, *a*, *um*, d'argent (petits objets).

argentĕus, *a*, *um*, d'argent, en argent, revêtu d'argent, qui a la couleur de l'argent.

argentĕus (nummus), *i*, m., denier d'argent.

argentum, *i*, n., argent (métal ou monnaie) ; objet en argent ; argenterie.

Argentumextĕrĕbrōnĭdēs, *æ*, m., « qui-extorque-l'argent », surnom grec forgé par Plaute. (V. *argentum* et *exterebro*)

Argĕnussæ, V. *Arginussæ*.

Argēus, *a*, *um*, d'Argos, argien ; poét. grec.

Argi, *ōrum*, V. *Argos*.

Argīa, *æ*, f., Argia, épouse de Polynice.

Argīlētum, *i*, n., Argilète, quartier de Rome, près du Forum ‖ **Argīlētānus**, *a*, *um*, de l'Argilète.

argilla, *æ*, f., argile, terre à potier.

Argĭlŏs, *i*, f., Argilos, v. de Macédoine ‖ **Argĭlĭus**, *a*, *um*, d'Argilos.

Argīnussæ, *ārum*, f. pl., les Arginuses, îles situées en mer Égée, en face de Mitylène, célèbres par la victoire navale des Athéniens (406 av. J.-C.).

Argīvus, *a*, *um*, d'Argos, argien ; poét. grec ‖ **Argīvi**, *ōrum*, m. pl., les Argiens, poét., les Grecs.

Argō, *ūs*, f., Argo, nom du vaisseau des Argonautes.

Argŏlĭcus, *a*, *um*, d'Argolide ; poét. grec ‖ **Argŏlis**, *ĭdis*, f., argienne.

Argŏnautæ, *ārum*, m. pl., les Argonautes ; iron., paresseux (jeu de mots de Martial) ‖ **Argŏnautĭca**, *ōrum*, n. pl., « Les Argonautiques », poème de Valérius Flaccus.

Argos, n., et **Argi**, *ōrum*, m. pl., 1. Argos ou Argolide ; 2. Argos, cap. de l'Argolide.

Argŏus, *a, um*, qui concerne *Argo* ou les Argonautes.

argūmentātĭo, *ōnis*, f., argumentation ; arguments.

argūmentātŏr, *ōris*, m., argumentateur.

argūmentātrix, *īcis*, f. du préc.

argūmentor, *āris, āri*, intr. et tr., 1. produire ses preuves, argumenter ; 2. donner comme preuve, avancer comme argument.

argūmentōsus, *a, um*, riche en arguments, dont la matière est riche.

argūmentum, *i, n.*, 1. déclaration, exposition ; qqf. indication, indice ; 2. indication d'un sujet, sujet, matière, argument (d'une pièce) ; 3. ordin., preuve, argument, *argumenta et rationes* : preuves et conclusions.

argŭo, *ĭs, ĕre, argŭi, argūtum*, tr., 1. mettre en lumière, éclairer ; exposer clairement, démontrer, *speculatores, non legatos venisse arguit* : il montre que ce sont des espions et non des ambassadeurs qui sont venus ; dénoter, prouver, montrer ; 2. montrer qu'une chose est fausse, réfuter, convaincre d'erreur ; 3. ordin., dévoiler la culpabilité de qqn., inculper, accuser, dénoncer, ~ *dedecoris* : convaincre d'infamie, *hoc crimine te non arguo* : je ne te poursuis pas sous ce chef d'accusation ; imputer à qqn.

① **Argus**, *a, um*, d'Argos.

② **Argus**, *i*, m., Argus, monstre aux cent yeux, chargé par Junon de garder Io.

argūtātĭo, *ōnis*, f., babil, trépignement (d'un lit qui craque) révélateur, CAT.

argūtē, adv., [~*tius, ~tissime*], d'une façon subtile, fine, ingénieuse.

argūtĭæ, *ārum*, f. pl., 1. finesse, délicatesse (visage, art, esprit) ; 2. finesses excessives, subtilités.

argūto, *ās, āre*, V. *argutor*.

argūtor, *āris, āri*, intr. et tr., 1. bavarder, jaser ; 2. trépigner, piétiner (comme les foulons).

argūtŭlus, *a, um*, assez avisé ; un peu subtil.

argūtus, *a, um*, part. adj., [~*tior, ~tissimus*], 1. expressif, clair, précis, détaillé ; 2. fin, délicat, subtil, ingénieux ; 3. pointu, piquant, pénétrant, clair, strident.

Argўnnus ou **Argўnus**, *i*, m., Argynus, jeune favori d'Agamemnon.

argўraspĭdes, *um*, m. pl., argyraspides, soldats d'élite macédoniens, qui portaient un bouclier d'argent.

Argўrĭpa, V. *Arpi*.

Argўrŏtoxus, *i*, m., à l'arc d'argent, surnom d'Apollon.

Ărĭadna, *æ*, et **Ărĭadnē**, *ēs*, f., Ariane, fille de Minos et de Pasiphaé, sœur de Phèdre, abandonnée par Thésée à Naxos et transformée par Dionysos en constellation.

Ărĭărāthēs, *is*, m., Ariarathès, nom de plusieurs rois de Cappadoce.

Ărĭcĭa, *æ*, f., Aricie, 1. v. du Latium ; 2. nymphe, épouse d'Hippolyte et mère de Virbius, VIRG. ‖ **Ărĭcĭnus**, *a, um*, d'Aricie 1.

ārĭdŭlus, *a, um*, un peu sec.

ārĭdum, *i*, n., le sec ; le rivage.

ārĭdus, *a, um*, [~*dior, ~dissimus*], 1. sec, aride, ~ *fragor, sonus* : crépitation ; 2. desséché, altéré ; 3. décharné, maigre, ~ *victus* : maigre chère ; 4. sec, pauvre, avare ; 5. sec, aride, stérile (style, connaissances).

ărĭēs, *ĕtis*, m., 1. bélier ; 2. le Bélier (constellation) ; 3. bélier de siège.

ărĭĕtātĭo, *ōnis*, f., choc, heurt.

ărĭēto, *ās, āre*, intr. et tr., 1. donner des coups de corne (bélier), cosser ; 2. se heurter contre ; 3. heurter violemment, cogner.

Ărĭmaspi, *ōrum*, m. pl., Arimaspes, peuple de Scythie.

Ărĭmīnum, *i*, n., Ariminum, v. d'Ombrie, auj. Rimini ‖ **Ărĭmīnensis**, *e*, adj., d'Ariminum, hab. d'Ariminum.

Ărĭŏbarzănēs, *is*, m., Ariobarzane, nom d'un satrape de Perse et de différents rois de Cappadoce ou d'Arménie.

ărĭol~, V. *hariol~*.

Ărīōn ou **Ărĭo**, *ōnis*, m., Arion, 1. poète sauvé par un dauphin ; 2. cheval envoyé par Neptune à Adraste ; 3. phil. pythagoricien ‖ **Ărīōnĭus**, *a, um*, d'Arion.

Ărĭŏpăg~, V. *Areopag~*.

Ărĭovistus, *i*, m., Arioviste, chef des Suèves, vaincu par César au début de la guerre des Gaules.

Arisba, *æ*, et **Ărisbē**, *ēs*, f., Arisba, v. de la Troade.

ărista, *æ*, f., 1. barbe d'épi ; épi ; 2. poil hérissé ; 3. arête de poisson.

Ărĭstæus, *i*, m., Aristée, berger inventeur de l'apiculture.

Ărĭstandĕr, *dri*, m., Aristandre, devin d'Alexandre le Grand.

Ăristarchus, *i*, m., Aristarque de Samothrace, grammairien et critique célèbre pour sa sévérité.

Ăristīdēs, *is* et *i*, m., Aristide, **1.** Athénien, modèle de vertu (v⁰ s. av. J.-C.) ; **2.** auteur de fables milésiennes.

ăristĭfĕr, *ĕra, ĕrum*, qui porte des épis.

Ăristippus, *i*, m., Aristippe de Cyrène, fondateur de l'école cynique ‖ **Ăristippēus**, *a, um*, d'Aristippe.

Ăristĭus Fuscus, *i*, m., Aristius Fuscus, ami d'Horace.

Ăristo et **Ăristōn**, *ōnis*, m., Ariston, phil. sceptique.

Ăristŏdēmus, *i*, m., Aristodème, **1.** acteur tragique d'Athènes ; **2.** tyran de Cumes.

Ăristŏgītōn, *ŏnis*, m., Aristogiton, **1.** un des deux tyrannoctones qui tuèrent le tyran Hippias (vi⁰ s. av. J.-C.) ; **2.** orateur athénien, contemporain de Démosthène (iv⁰ s. av. J.-C.).

ăristŏlŏchĭa, *æ*, f., aristoloche.

Ăristŏmăchē, *ēs*, f., Aristomaque, sœur de Dion et femme de Denys de Syracuse.

Ăristŏnīcus, *a, um*, d'Ariston.

Ăristŏnīcus, *i*, m., Aristonicus, **1.** tyran de Lesbos ; **2.** roi de Pergame.

Ăristŏphănēs, *is*, m., Aristophane, **1.** le plus grand auteur comique d'Athènes (v⁰-iv⁰ s. av. J.-C.) ; **2.** grammairien célèbre ‖ **Ăristŏphănēus** et **Ăristŏphănīus**, *a, um*, d'Aristophane.

Ăristŏtĕlēs, *is*, m., Aristote, un des plus célèbres phil. grecs (iv⁰ s. av. J.-C.) ‖ **Ăristŏtĕlēus** et **Ăristŏtĕlīus**, *a, um*, d'Aristote ‖ **Ăristŏtĕlĭcus**, *a, um*, V. le préc.

Ăristoxĕnus, *i*, m., Aristoxène, phil. et musicien, disciple d'Aristote.

Ăristus, *i*, m., Aristus, phil. ami de Cicéron.

ărithmētĭcus, *a, um*, arithmétique ; subst. n. pl., *arithmetica, orum*, l'arithmétique.

ārĭtūdo, *ĭnis*, f., sécheresse, aridité.

Arīus, *ĭi*, m., chr., Arius, hérésiarque (iv⁰ s. ap. J.-C.).

Arīūsĭus, *a, um*, d'Ariusium (région où l'on récoltait le meilleur vin de Chios).

armă, *ōrum*, (R. *ar~* : ajuster) n. pl., **1.** tout objet qui s'adapte au corps, qu'on prend en main ; ustensile, instrument, matériel, *equestria* ~ : les harnais, ~ *navis* : les agrès ; **2.** armes, surt. défensives, de combat rapproché (opp. à *tela*), *tela et* ~ : les armes offensives et défensives, ~ *capere, sumere* : prendre les armes ; *armis certare, decernere* : engager le combat ; **3.** troupes armées ; **4.** guerre, combat,

~ *civilia* : guerre civile, ~ *movere* : prendre l'offensive.

armămaxa, *æ*, f., voiture couverte, pour le voyage des femmes et des enfants, en Perse.

armāmenta, *ōrum*, n. pl., **1.** instruments, outils, attirail ; **2.** agrès, cordages.

armāmentārĭum, *ĭi*, n., arsenal.

armātūra, *æ*, f., armement, équipement du soldat ; **2.** soldats en armes, *levis* ~ : soldats armés à la légère.

① **armātus**, *a, um*, part. adj., [*~tior, ~tissimus*], armé, équipé, ~ *togatusque* : sous les armes et sous la toge ; subst. m., *armatus, i*, soldat.

② **armātŭs**, *ūs*, m., **1.** armement ; **2.** troupes.

Armĕnĭa, *æ*, f., Arménie, la Grande et la Petite Arménie ‖ **Armĕnĭus**, *a, um*, arménien ‖ **Armĕnĭus**, *ĭi*, m., Arménien.

armentālis, *e*, adj., relatif au gros bétail.

armentārĭus, *a, um*, V. le préc. ; subst. m., *armentarius, ii*, gardien de troupeau, bouvier, vacher.

armentum, *i*, n., **1.** troupeau de gros bétail (opp. à *grex*) ; **2.** troupeau d'animaux.

armĭfĕr, *ĕra, ĕrum*, **1.** qui porte des armes ; belliqueux ; **2.** qui produit des hommes d'armes.

armĭgĕr, *ĕra, ĕrum*, **1.** V. le préc. ; **2.** subst. m., *armiger, eri*, qui porte les armes d'un autre, écuyer, ~ *Jovis* : l'aigle qui porte la foudre de Jupiter ; péj., homme de main.

armilla, *æ*, f., bracelet, anneau de fer.

armillātus, *a, um*, orné d'un bracelet.

armillum, *i*, n., vase qu'on porte sur l'épaule ; broc.

armĭlustrĭum, *ĭi*, et **armĭlustrum**, *i*, n., **1.** purification des armes (mars et octobre) ; **2.** lieu de cette purification.

Armĭnĭus, *ĭi*, m., Arminius (Hermann), chef germain qui défit les légions romaines à Teutobourg (i⁰ʳ s. ap. J.-C.).

armĭpŏtens, *entis*, adj., puissant par les armes, belliqueux.

armĭsŏnus, *a, um*, **1.** qui fait retentir ses armes ; **2.** qui résonne du bruit des armes.

armo, *ās, āre*, tr., **1.** équiper, pourvoir de **2.** armer, donner des armes à (pr. et fig.)

armŏn~, V. *harmon~*.

Armŏrĭcus, V. *Aremoricus*.

armus, *i*, m., (R. *ar~* : ajuster), **1.** jointure du bras et de l'épaule, partie supérieure du bras ; **2.** épaule, paleron d'un animal **3.** côte, flanc, spéc. d'un cheval.

Arnē, *ēs*, f., Arné, **1.** fille d'Éole ; **2.** v. de Béotie.

Arnĭensis, *e*, adj., de l'Arno.

Arnŏbĭus, *ĭi*, m., Arnobe, écrivain chrétien originaire d'Afrique du N. (IIIᵉ s. ap. J.-C.).

Arnus, *i*, m., Arno, fl. d'Étrurie.

ăro, *ăs*, *āre*, tr., 1. labourer ; sillonner ; poét., *maris æquor* ~ : labourer, sillonner la surface de la mer ; 2. cultiver, faire valoir (une terre).

Arpi, *ōrum*, m. pl., Arpi, v. d'Apulie.

Arpīnās, *ātis*, adj., d'Arpinum ‖ **Arpīnās**, *ātis*, 1. n., maison de Cicéron à Arpinum ; 2. m., l'Arpinate (Cicéron ou Marius) ‖ **Arpīnātes**, *um*, m. pl., les hab. d'Arpinum ‖ **Arpīnum**, *i*, n., Arpinum, v. du Samnium, patrie de Cicéron et de Marius ‖ **Arpīnus**, *a*, *um*, 1. d'Arpi ; 2. d'Arpinum.

arquātus, V. *arcuatus*.

arra, *æ*, f., et **arrăbo**, *ōnis*, m., arrhes, gage.

arrectus, *a*, *um*, part. adj., [~*tior*], 1. dressé, droit ; 2. escarpé.

arrēmĭgo, *ās*, *āre*, intr., se diriger vers en ramant.

arrēpo, *ĭs*, *ĕre*, *repsi*, *reptum*, intr., se glisser vers, s'insinuer dans.

Arrētĭum, *ĭi*, n., Arrétium, v. d'Étrurie, auj. Arezzo.

arrīdĕo, *ēs*, *ĕre*, *rīsi*, *rīsum*, tr. et intr., 1. rire à, rire avec, sourire, ~ *omnibus* : sourire à tout le monde, *video quid arriseris* : je vois de quoi vous avez ri ; se moquer de ; 2. sourire, être favorable, plaire.

arrĭgo, *ĭs*, *ĕre*, *rexi*, *rectum*, tr., 1. lever en l'air, dresser ; 2. éveiller (l'attention, l'intérêt), exciter (le courage).

arrĭpĭo, *ĭs*, *ĕre*, *rĭpui*, *reptum*, tr., 1. tirer à soi, saisir brusquement, attraper, ~ *arma* : saisir ses armes, ~ *occasionem*, *tempus* : saisir l'occasion ; 2. saisir, comprendre rapidement, *arreptis suspicionibus* : ayant conçu rapidement des soupçons ; 3. saisir, appréhender (pour traîner en justice).

arrīsŏr, *ōris*, m., qui sourit (aux propos de).

arrŏdo, *ĭs*, *ĕre*, *rōsi*, *rōsum*, tr., ronger autour, grignoter (pr. et fig.).

arrŏgans, *antis*, part. adj., [~*tior*, ~*tissimus*], présomptueux, arrogant.

arrŏgantĕr, adv., [~*tius*, ~*tissime*], d'une manière présomptueuse, avec arrogance.

arrŏgantĭa, *æ*, f., présomption, hauteur, arrogance.

arrŏgātĭo, *ōnis*, f., adrogation, adoption d'une personne qui n'est pas sous la puissance paternelle.

arrŏgātŏr, *ōris*, m., 1. qui s'arroge ; 2. qui adopte.

arrŏgo, *ās*, *āre*, tr., 1. demander en outre, poser une question supplémentaire ; 2. ajouter, adjoindre, attribuer ; 3. *sibi* ~ : revendiquer comme sien, s'arroger ; 4. adopter.

arrōsŏr, *ōris*, m., rongeur.

arrŏtans, *antis*, adj., qui tourne autour.

Arruns, *untis*, m., Arruns, fils puîné de Tarquin le Superbe.

Arruntĭus, *ĭi*, m., Arruntius, nom de diff. pers.

ars, *artis*, (R. *ar~* : ajuster), f., façon d'être ou de faire, naturelle et surt. acquise, bonne ou mauvaise, 1. moyen, manière, *capti eādem arte* : capturés de la même façon. surt. au pl., *novas artes pectore versat* : il réfléchit à de nouveaux expédients ; 2. conduite habituelle, pratique, surt. au pl., *artes antiquæ tuæ* : tes vieux procédés, *bonæ artes* : les vertus, *artibus bonis malisque mixtus* : un composé de qualités et de défauts ; 3. dextérité, talent, savoir-faire, art, *opus est vel arte vel diligentiā* : il y faut de l'habileté ou du soin ; 4. technique, art, profession, métier, *discere artem* : apprendre un métier, *artes ingenuæ*, *liberales* : les arts libéraux (exercés par un homme libre), *artes sordidæ* : les métiers des basses classes ; 5. ce qui donne les moyens d'être habile dans un art : règles, théorie, *ex arte dicere* : parler suivant les règles de l'art ; d'où : manuel, livre qui contient les règles ; *artes oratoriæ* : les traités d'éloquence ; 6. aboutissement de connaissances et de pratique : art, *summā arte* : du plus grand art ; *artes* : les œuvres d'art.

Arsăcēs, *is*, m., Arsacès, fondateur de la dynastie parthe des Arsacides ‖ **Arsăcĭdēs**, *æ*, m., Arsacide ‖ **Arsăcĭus**, *a*, *um*, d'Arsacès, des Parthes.

Arsămōsăta, *æ*, f., Arsamosata, v. d'Arménie.

Artăbānus, *i*, m., Artaban, 1. roi parthe ; 2. meurtrier de Xerxès.

Artăcĭē, *ēs*, f., Artacié, source dans le pays des Lestrygons.

Artăphernēs, *is*, m., Artaphernès, neveu de Darius.

Artăvasdēs, *is*, m., Artavasdès, roi d'Arménie.

Artaxăta, *æ*, f., et **Artaxăta**, *ōrum*, n. pl., Artaxata, cap. de la Grande Arménie.

Artaxerxēs, *is*, m., Artaxerxès, nom de plusieurs rois perses.

artē, adv., [~*tius*, ~*tissime*], 1. d'une manière bien ajustée, serrée, étroite ; 2. sévèrement, strictement, rigoureusement.

Artĕmis, ĭdis, f., Artémis, nom grec de Diane.

Artĕmīsĭum, ĭi, n., Artémision, promontoire et v. d'Eubée.

Artĕmīta, æ, f., Artémita, v. d'Assyrie.

artĕmo, ŏnis, m., voile du mât d'artimon.

Artĕmo, ŏnis, m., Artémon, nom d'h.

artērĭa, æ, f., artère, trachée-artère.

artĭcŭlāris, e, adj., articulaire.

artĭcŭlātim, adv., 1. par morceaux, en détail ; 2. en articulant, distinctement.

artĭcŭlātus, a, um, part. adj., articulé.

artĭcŭlo, ās, āre, tr., articuler, prononcer distinctement.

artĭcŭlōsus, a, um, articulé, détaillé.

artĭcŭlus, i, m., 1. jointure, articulation, nœud ; 2. membre, doigt ; 3. division d'un discours, membre, partie d'une période ; 4. division du temps, moment, instant pécis.

artĭfex, ĭcis,

I subst. m. et f., 1. celui qui exerce un art, un métier, qui fabrique, ~ *statuarum* : sculpteur ; 2. celui qui est passé maître dans un art, *Græci dicendi artifices* : les Grecs, ces maîtres de la parole, *qualis ~ pereo* : quel artiste meurt en moi ! 3. créateur, auteur, artisan, *mundi ~* : le créateur du monde, *sceleris ~* : artisan d'un crime.

II adj., habile, plein d'art, ~ *stilus* : un style plein d'art.

artĭfĭcĭālis, e, adj., conforme aux règles de l'art.

artĭfĭcĭālĭtĕr, adv., conformément aux règles de l'art.

artĭfĭcĭōsē, adv., [~*sius*, ~*sissime*], avec art, ingénieusement ; artificiellement.

artĭfĭcĭōsus, a, um, [~*sior*, ~*sissimus*], 1. fait avec art, artistique ; 2. versé dans son art, artiste, habile ; 3. artificiel.

artĭfĭcĭum, ĭi, n., 1. art, profession, état, métier ; 2. ce qui donne l'habileté, talent, règles, théorie ; 3. habileté, savoir-faire, technique ; 4. adresse, expédient ; ruses ; 5. facture, art ; œuvre d'art, art, *artificii cupidus, non argenti* : attiré par l'art et non par l'argent.

arto, ās, āre, tr., 1. serrer fortement, resserrer ; 2. écourter.

artŏlăgănus et **artŏlăgўnos**, i, m., pain ou gâteau au vin, au lait et aux épices.

artopta, æ, f., tourtière pour cuire le pain.

Artŏtrŏgus, i, m., Artotrogus (= rongepain), nom d'un parasite, Pʟ.

artum, i, n., 1. espace étroit, *pugna in arto* : corps à corps ; 2. situation embarrassante, *in arto res est* : la situation est délicate.

① **artus**, a, um, (R. *ar*~ : ajuster), [~*tior*, ~*tissimus*], 1. ajusté au plus près, étroit, fermé, *arta toga* : une toge bien serrée, ~ *complexus* : un embrassement étroit, *artissimæ tenebræ* : des ténèbres très épaisses, ~ *somnus* : sommeil dur, *arta jura* : la contrainte des lois ; 2. limité, étroit, restreint, *artum tempus* : temps limité.

② **artūs**, ūs, (R. *ar*~ : ajuster), m., surt. pl., jointures, articulations, membres.

artūtus, a, um, membru.

ārŭla, æ, f., petit autel.

ărŭndĭfĕr, ĕra, ĕrum, qui porte des roseaux.

ărŭndĭnĕus, a, um, 1. fait de roseau ; 2. de flûte.

ărŭndĭnōsus, a, um, rempli de roseaux.

ărŭndo, ĭnis, f., 1. roseau ; 2. tout objet fait en roseau : flûte de Pan, chalumeau, gluau ; canne à pêche ; plume pour écrire, calame ; lisse ; bâton pour monter à califourchon ; attelle, éclisse ; balai.

ărŭspex, V. *haruspex*.

arvālis, e, adj., relatif aux champs et aux moissons ; *fratres Arvales* : les frères Arvales, sodalité vouée au culte des saisons et de la terre.

Arvernus, a, um, arverne ‖ **Arverni** ōrum, m. pl., les Arvernes, peuple de la Gaule Aquitaine dont le chef fut Vercingétorix.

arvīna, æ, f., graisse de porc.

arvum, i, n., 1. terre labourée ; 2. poét., campagne, champs, plaines, *arva Neptunia* : les champs de Neptune = la mer.

arx, arcis, f., 1. partie la plus élevée d'une v., acropole ; hauteur fortifiée ; ~ *Romana, Tarpeia, Capitolii*, ou simpl. *arx* : le Capitole ; 2. hauteur, point élevé, *septem arces* : les sept collines ; ~ *corporis* : le sommet du corps, la tête ; 3. citadelle, forteresse, rempart ; fig., ~ *civium perditorum* : le refuge des citoyens égarés, *consulatus ~ libertatis* : le consulat, rempart de la liberté ; 4. point capital, ~ *causæ* : point essentiel de la cause ; 5. qqf., sommet du pouvoir.

ās, *assis*, m., 1. as, monnaie de cuivre, divisée en 12 onces ; 2. as, monnaie de valeur très faible ; sou, *ad assem perdere omnia* : perdre tout jusqu'au dernier sou, *ab asse crevit* : il est parti de rien ; 3. unité de compte du système duodécimal romain.

Asbŏlus, i, m., Asbolus, chien d'Actéon.

ascalpo, ĭs, ĕre, tr., gratter.

Ascānĭus, ĭi, m., Ascagne, 1. fils d'Énée et de Créüse, ou d'Énée et de Lavinie ; 2. fl. de Bithynie.

ascaulēs, æ, m., joueur de cornemuse.

ascendo, *ĭs, ĕre, scendi, scensum*, intr. et tr., monter, s'élever, gravir, ~ *(in) murum* : monter sur un mur ; ~ *navem* : embarquer ; fig., s'élever, *ad honores* ~ : s'élever aux honneurs, ~ *summum locum civitatis* : aux plus hauts rangs de l'État.

ascensĭo, *ōnis*, f., 1. action de monter, de s'élever ; montée ; embarquement ; 2. progrès.

ascensŭs, *ūs*, m., 1. action de monter, ascension, escalade ; 2. montée, chemin par lequel on monte ; 3. ascension, élévation (droit, charge).

ascĭa, *æ*, f., herminette, hache de charpentier.

Ascĭburgĭum, *ĭi*, n., Asciburgium, v. de la Gaule Belgique, auj. Asburg.

① **ascĭo**, *ās, āre*, tr., travailler à l'herminette.

② **ascĭo**, *ĭs, īre*, (cf. *scio*), tr., s'associer, s'adjoindre qqn., adopter.

ascisco, *ĭs, ĕre, scīvi (ĭi), scītum*, tr., 1. s'adjoindre, s'attacher, adopter, admettre, ~ *aliquem in senatum* : admettre qqn. au sénat ; 2. admettre, sanctionner, recevoir, donner son aval à ; 3. s'attribuer, ~ *sibi sapientiam* : se piquer de sagesse.

Asclēpĭădēs, *æ*, m., Asclépiade, 1. médecin célèbre de Bithynie ; 2. phil. aveugle d'Érétrie.

Asclēpĭŏdōtus, *i*, m., Cassius Asclépiodotus, de Nicée.

ascŏpa et **ascŏpēra**, *æ*, f., sac de cuir.

Ascra, *æ*, f., Ascra, bourg de Béotie, où est né Hésiode ‖ **Ascræus**, *a, um*, d'Ascra, de l'Hélicon ; d'Hésiode.

ascrībo, *ĭs, ĕre, scripsi, scriptum*, tr., 1. ajouter en écrivant, écrire à côté, *salutem plurimam* ~ : ajouter dans sa lettre une foule de compliments ; 2. inscrire sur une liste, enrôler, enregistrer, ~ *in civitatem* : inscrire comme citoyen ; mettre au nombre de, compter parmi : ~ *aliquem diis* : mettre qqn. au nombre des dieux ; 3. attribuer, imputer, assigner, *alicui aliquid* ~ : imputer qqch. à qqn., *alicui aliquem collegam* ~ : assigner qqn. comme collègue à qqn.

ascrīptīcĭus, *a, um*, nouvellement inscrit, enrôlé ; surnuméraire.

ascrīptĭo, *ōnis*, f., action d'ajouter en écrivant, addition écrite.

ascrīptīvus, *a, um*, mil., surnuméraire.

ascrīptŏr, *ōris*, m., celui qui ajoute par écrit, qui contresigne, qui approuve.

Ascŭlum, *i*, n., Asculum, cap. du Picénum ‖ **Ascŭlānus**, *a, um*, d'Asculum ‖ **Ascŭlāni**, *ōrum*, m. pl., les hab. d'Asculum.

Asdrŭbăl, V. *Hasdrubal*.

ăsella, *æ*, f., ânesse.

Asellĭo, *ōnis*, m., Asellion, historien rom.

ăsellus, *i*, m., 1. ânon, âne, *iniquus* ~ : âne rétif ; 2. poisson, églefin.

Ăsellus, *i*, m., Asellus, nom rom.

Ăsĭa, *æ*, f., Asie, 1. partie du monde ; 2. Asie Mineure ; 3. province d'Asie (129 av. J.-C.).

Ăsĭānē, adv., rhét., à la manière asiatique, V. *Asianus* 2.

Ăsĭānus, *a, um*, 1. de la province d'Asie ; 2. d'un style, d'une éloquence asiatique (grâce et joliesse, légèreté et élégance) ‖ **Ăsĭātĭcus**, *a, um*, 1. V. *Asianus* ; 2. surnom de L. Cornélius Scipion ‖ **Ăsĭātĭci**, *ōrum*, m. pl., les orateurs du genre asiatique.

ăsīlus, *i*, m., taon.

Ăsĭna, *æ*, m., Asina, surnom dans la *gens Cornelia*.

ăsĭnālis, *e*, adj., d'âne.

ăsĭnārĭus, *a, um*, d'âne ; subst. m., *asinarius, ii*, ânier ; f., *Asinaria, æ*, « Le Prix des ânes », comédie de Plaute.

Ăsĭnĭus, *ĭi*, m., Asinius, nom d'une famille rom., dont fait partie C. Asinius Pollio, ami de Virgile et d'Horace ; C. Asinius Gallus, fils du préc.

ăsĭnus, *i*, m., âne ; fig., pers. stupide, hargneuse.

Ăsis, *ĭdis*, f., asiatique.

Ăsīsĭum, *i*, n., Assise, v. de l'Ombrie.

Ăsĭus, *a, um*, de l'Asie.

Ăsōpus, *i*, m., Asopus, fleuve, 1. fils de l'Océan et de Téthys ; 2. fl. de Phthiotide ‖ **Ăsōpĭădēs**, *æ*, m., descendant d'Asopus, Éaque ‖ **Ăsōpis**, *ĭdis* ou *ĭdos*, f., Asopide, fille d'Asopus, Égine.

ăsōtus, *i*, m., libertin, débauché.

Ăspărăgĭum, *ĭi*, n., Asparagium, v. d'Illyrie.

aspărăgus, *i*, m., asperge.

aspargo, V. *aspergo*.

Ăspăsĭa, *æ*, f., Aspasie de Milet, amie de Socrate, aimée de Périclès.

aspectābĭlis, *e*, adj., visible ; qui mérite d'être vu.

aspectĭo, *ōnis*, f., action de regarder.

aspecto, *ās, āre*, tr., 1. regarder avec attention, avec insistance ; contempler ; 2. observer (une prescription) ; regarder, être situé en face, faire face à (lieu).

aspectŭs, *ūs*, m., 1. action de regarder, coup d'œil, vue, *primo aspectu* : au premier coup d'œil, *te aspectu ne subtrahe nostro* : ne te soustrais pas à notre regard, VIRG. ; 2. faculté de voir, vision, *aspectum amittere* :

perdre la vue ; 3. aspect, vue, apparence, apparition.

aspello, *ĭs*, *ĕre*, *pŭli*, *pulsum*, tr., pousser hors de, chasser.

Aspendŭs, *i*, f., Aspendus, v. de Pamphylie ‖ **Aspendĭus**, *a*, *um*, d'Aspendus.

aspĕr, *ĕra*, *ĕrum*, [~*perior*, ~*perrimus*], 1. âpre, rude, raboteux, brut, *aspera barba* : barbe piquante, *per aspera* : par des chemins raboteux, *pronuntiationis genus asperum* : prononciation dure à l'oreille ; *aspera oratio* : style dur et inégal ; *homo* ~ : homme rude, bourru ; 2. sévère, rigoureux, cruel, *doctrina paulo asperior* : une doctrine un peu trop rigoureuse ; *bellum asperum* : une guerre sauvage ; *aspera fata* : sort cruel ; 3. difficile, pénible ; subst. n. pl., *aspera, orum*, situation pénible, embarrassante.

Aspĕr, *ĕri*, m., Asper, surnom rom.

aspĕrē, adv., [~*perius*, ~*perrime*], rudement ; de façon dure, brusque ; sévèrement, rigoureusement, ~ *aliquem tractare* : traiter qqn. avec rigueur.

① **aspergo**, *ĭs*, *ĕre*, *spersi*, *spersum*, tr., répandre sur, asperger ; arroser ; jeter ici et là (pr. et fig.), ~ *aquam* : jeter de l'eau ; ~ *sales orationi* : parsemer le discours ou le style de finesses ; avec abl., ~ *aram sanguine* : éclabousser l'autel de sang, ~ *aliquid mendaciunculis* : parsemer un récit de petits mensonges, broder.

② **aspergo**, *ĭnis*, f., action d'asperger, aspersion, arrosement ; pluie, gouttes ; suintement.

aspĕrĭtās, *ātis*, f., 1. aspérité, âpreté, rudesse, *asperitates viarum* : les inégalités des routes ; 2. rudesse de caractère, impolitesse ; 3. rigueur, dureté (froid, guerre) ; 4. difficulté, embarras.

aspĕrĭtūdo, *ĭnis*, f., rudesse.

aspernābĭlis, *e*, adj., méprisable.

aspernantĕr, adv., [~ *tius*], avec mépris.

aspernātĭo, *ōnis*, f., action de repousser.

aspernātŏr, *ōris*, m., celui qui dédaigne.

aspernor, *āris*, *āri*, tr., se détourner de, repousser, rebuter (souv. avec idée de mépris), dédaigner.

aspĕro, *ās*, *āre*, tr., 1. rendre raboteux, dur ; aiguiser, aviver ; 2. rendre violent, aggraver, exaspérer.

aspersĭo, *ōnis*, f., action de verser sur.

aspĭcĭo, *ĭs*, *ĕre*, *spexi*, *spectum*, tr., 1. regarder vers ou sur, considérer, regarder en face ; 2. regarder, considérer, examiner (par les yeux et par la pensée) ; considérer, faire cas de ; 3. apercevoir, voir ; 4. regarder, être situé en face de, ~ *meridiem* : donner au midi.

aspīrātĭo, *ōnis*, f., 1. action d'aspiration ; 2. souffle, exhalaison ; 3. gramm., aspiration.

aspīro, *ās*, *āre*,
I intr., 1. souffler vers ou sur, faire une expiration ; 2. gramm., aspirer ; 3. seconder, favoriser, *aspirante fortunā* : avec le souffle favorable de la fortune ; 4. chercher à s'approcher de, aspirer à, ~ *in curiam* : aspirer à assister aux séances du sénat, ~ *ad Africanum* : prétendre égaler (Scipion) l'Africain.
II tr., envoyer un souffle sur, inspirer, ~ *ventos* : faire souffler les vents, ~ *amorem* : inspirer l'amour.

aspis, *ĭdis*, f., aspic, vipère.

asportātĭo, *ōnis*, f., transport.

asporto, *ās*, *āre*, tr., emporter, transporter (en voiture ou en bateau).

asprēta, *ōrum*, n. pl., endroits rocailleux.

asprĭtūdo, *ĭnis*, f., rudesse, aspérité.

Assărăcus, *i*, m., Assaracus, fils de Tros, grand-père d'Anchise.

assārĭus, *a*, *um*, qui vaut un as.

assēcla (assēcŭla), *æ*, m., qui appartient à la suite de qqn. ; acolyte.

assectātĭo, *ōnis*, f., 1. action d'accompagner un candidat, de lui faire escorte ; 2. observation, étude.

assectātŏr, *ōris*, m., 1. compagnon assidu, partisan, sectateur ; 2. poursuivant prétendant.

assector, *āris*, *āri*, tr., accompagner obstinément ; escorter, faire cortège.

assĕcŭē, adv., en suivant de près.

assĕcŭla, V. *assecla*.

assĕcūtĭo, *ōnis*, f., 1. succession ; 2. acquisition.

assĕnesco, *ĭs*, *ĕre*, intr., se faire vieux.

assensĭo, *ōnis*, f., 1. assentiment, approbation ; 2. phil., assentiment donné à la perception des sens.

assensŏr, *ōris*, m., approbateur.

assensŭs, *ūs*, m., 1. V. *assensio* 1 ; 2. répercussion du son, écho.

assentātĭo, *ōnis*, f., 1. approbation constante, parti pris d'approbation, d'où flatterie, obséquiosité ; 2. assentiment.

assentātĭuncŭla, *æ*, f., flatterie mesquine.

assentātŏr, *ōris*, m., 1. approbateur constant, flatteur ; 2. celui qui donne son assentiment.

assentātŏrĭē, adv., par complaisance.

assentātrix, *īcis*, f., flatteuse, approbatrice.

assentĭo, *īs*, *īre*, *sensi*, *sensum*, et **assentĭor**, *īris*, *īri*, *assensus sum*, intr., donner son assentiment à, approuve

+ dat., *assentio tibi ut* + subj. : je suis d'accord avec toi que, pour que ; avec prop. inf. : accorder que.

assentor, *āris*, *āri*, intr. approuver constamment, être d'accord en tout avec, d'où : flatter, chercher à plaire.

assĕquē, V. *assecue.*

assĕquor, *ĕris*, *i*, *secutus sum*, tr., 1. aller à la suite de, poursuivre, atteindre, rejoindre ; 2. saisir, atteindre par l'intelligence, comprendre ; 3. acquérir, obtenir.

assĕr, *ĕris*, m., solive, pieu ; bras (d'une litière).

① **assĕro**, *ĭs*, *ĕre*, *sēvi*, *sĭtum*, tr., semer à côté.

② **assĕro**, *ĭs*, *ĕre*, *sĕrui*, *sertum*, tr., 1. attacher à soi, ~ *manu aliquem liberali causā* : prendre qqn. par la main pour le déclarer libre, ~ *in libertatem*, ~ *in servitutem* : revendiquer pour la liberté, l'esclavage ; 2. libérer, affranchir ; 3. revendiquer ; 4. affirmer.

assertĭo, *ōnis*, f., 1. revendication solennelle de la qualité d'homme libre (ou d'esclave) ; 2. affirmation.

assertŏr, *ōris*, m., 1. celui qui revendique, qui affirme la qualité d'homme libre (ou d'esclave) pour qqn. ; 2. en gén., protecteur, défenseur.

assertrix, *īcis*, f. du préc.

assertum, *i*, n., affirmation, preuve.

asservĭo, *ĭs*, *īre*, intr., se mettre au service de.

asservo, *ās*, *āre*, tr., 1. garder, conserver ; 2. surveiller.

assessĭo, *ōnis*, f., 1. action de se tenir auprès de qqn. (pour le consoler) ; 2. fonction d'assesseur.

assessŏr, *ōris*, m., assesseur, aide, auxiliaire.

assessŭs, *ūs*, m., action de s'asseoir auprès de.

assĕvĕrantĕr, adv., [~*tius*], catégoriquement.

assĕvĕrātē, adv., avec assurance.

assĕvĕrātĭo, *ōnis*, f., 1. sérieux, action de prendre au sérieux ; 2. assurance, énergie ; 3. affirmation solennelle, protestation ardente.

assĕvĕro, *ās*, *āre*, tr., parler sérieusement, affirmer, protester, assurer.

assībĭlo, *ās*, *āre*, 1. intr., siffler à ; 2. tr., exhaler (son âme) en sifflant.

assiccesco, *ĭs*, *ĕre*, intr., devenir sec.

assicco, *ās*, *āre*, tr., sécher.

assĭdĕo, *ēs*, *ēre*, *sēdi*, *sessum*, intr., + dat. et qqf. acc., 1. être assis auprès de, être proche de ; 2. résider auprès de, être établi devant, *muris* ~ : être campé devant les murs, d'où : assiéger ; 3. être assis auprès

de qqn., le soigner, *habes qui assideat* : tu as qqn. pour prendre soin de toi, d'où : s'occuper de, s'appliquer à ; 4. monter la garde, être de garde devant.

assīdo, *ĭs*, *ĕre*, *sēdi*, *sessum*, tr. et intr., s'asseoir, se poser (oiseaux).

assĭdŭē, adv., [~*duissime*], assidûment.

assĭdŭĭtās, *ātis*, f., 1. présence continuelle, soins constants ; 2. continuité, fréquence, permanence.

assĭdŭō, V. *assidue.*

assĭdŭus, *a*, *um*, [~*duior*, ~*duissimus*], jur., qui a un domicile fixe, propriétaire, d'où : 1. qui se tient constamment auprès, assidu ; 2. persévérant, diligent, obstiné, tenace ; 3. constant, fréquent, incessant.

assignātĭo, *ōnis*, f., action d'assigner ; répartition ; spéc., concession (de terres).

assignātŏr, *ōris*, m., celui qui assigne.

assigno, *ās*, *āre*, tr., 1. assigner, conférer ; concéder (des terres) ; 2. attacher à ; 3. attribuer, mettre sur le compte de ; 4. imprimer un sceau.

assĭlĭo, *ĭs*, *īre*, *sĭlui*, intr., sauter, bondir sur ; fig., sauter brusquement (d'un genre à un autre).

assĭmĭlātĭo, V. *assimulatio.*

assĭmĭlis, *e*, adj., à peu près semblable à.

assĭmĭlĭtĕr, adv., d'une manière analogue.

assĭmĭlo, V. *assimulo.*

assĭmŭlātĭo, *ōnis*, f., 1. action de rendre semblable ; 2. ressemblance ; 3. comparaison ; 4. fiction.

assĭmŭlo, *ās*, *āre*, tr., 1. rendre semblable, assimiler, comparer, reproduire ; 2. simuler, feindre.

assis, V. *as* et *axis* ②.

assisto, *ĭs*, *ĕre*, *astĭti* (*adstĭti*), intr., 1. se placer auprès de, devant ; 2. se tenir auprès de, devant ; assister, secourir ; assister en justice + dat. ; 3. se tenir immobile.

assĭtus, *a*, *um*, situé à côté de.

assŏcĭo, *ās*, *āre*, tr., associer, unir, rattacher.

assŏlet, *ēre*, (seul. 3ᵉ sg. et pl. aux modes pers.), intr., avoir l'habitude, *ut assolet* : comme il est d'usage.

assŏlo, *ās*, *āre*, tr., raser, détruire.

assŏno, *ās*, *āre*, 1. intr., résonner à, répondre à (écho) ; 2. tr., faire retentir.

assubrĭgo, *ĭs*, *ĕre*, tr., dresser.

assuēfăcĭo, *ĭs*, *ĕre*, *fēci*, *factum*, tr., habituer, accoutumer à.

assuesco, *ĭs*, *ĕre*, *suēvi*, *suētum*, intr., rar. tr., 1. s'habituer à, apprendre ; 2. se familiariser avec + dat.

assuētūdo, *ĭnis*, f., 1. habitude, accoutumance ; 2. fréquentation, commerce, liaison.

assuētus, *a, um*, part. adj., [*~tior*], 1. habitué, accoutumé à ; 2. habituel, ordinaire.

assūgo, *ĭs, ĕre, suxi, suctum*, tr., adhérer par succion.

assŭla et **astŭla**, *æ*, f., copeau, éclat de bois.

assulto, *ās, āre*, intr., sauter, bondir sur, assaillir.

assultŭs, *ūs*, m., bond, saut ; attaque impétueuse, assaut.

assūmo, *ĭs, ĕre, sumpsi, sumptum*, tr., 1. prendre pour soi, prendre en main(s) ; 2. prendre avec soi, adjoindre, associer, admettre ; 3. s'approprier, acquérir ; *sibi ~* : s'arroger, s'attribuer ; 4. employer, avoir recours à ; 5. prendre en plus, ajouter ; 6. spéc., poser la mineure d'un syllogisme.

assumptĭo, *ōnis*, f., 1. action de prendre, de choisir ; 2. phil., action d'admettre, d'adopter ; 3. mineure d'un syllogisme.

assumptīvus, *a, um*, emprunté à des circonstances extérieures (argument).

assumptŏr, *ōris*, m., celui qui prend pour soi.

assŭo, *ĭs, ĕre, sŭi, sūtum*, tr., coudre à.

assurgo, *ĭs, ĕre, surrexi, surrectum*, (*ad-sub-rego*), intr., se dresser, se lever, se relever, *e morbo ~* : relever de maladie, *alicui ~* : se lever pour saluer qqn. ; fig., s'élever, croître, grandir, augmenter, *colles assurgunt* : des collines s'élèvent.

assus, *a, um*, part. adj., 1. desséché, sec ; 2. rôti ; 3. qui se fait à sec, sec.

assuspīro, *ās, āre*, intr., soupirer à, auprès de.

Assўria, *æ*, f., Assyrie ‖ **Assўrĭus**, *a, um*, d'Assyrie, assyrien ‖ **Assўrii**, *ōrum*, m. pl., les Assyriens.

ast, conj., 1. d'autre part, quant à ; 2. V. *at*.

Asta, *æ*, f., Asta, v. de Bétique.

Astăcus, *i*, m., Astacus, père de Mélanippe.

Astăpa, *æ*, f., Astapa, v. de Bétique.

Astartē, *ēs*, f., Astarté, déesse des Phéniciens, assimilée à Vénus.

astēr, *ĕris*, m., étoile.

Astĕrĭa, *æ*, et **Astĕrĭē**, *ēs*, f., Astéria, 1. fille de Polus et de Phœbé ; 2. fille du Titan Cœus ; 3. nom de femme.

astĕriscus, *i*, m., astérisque (= petite étoile).

asterno, *ĭs, ĕre*, tr., étendre, allonger auprès de.

astĭpŭlātĭo, *ōnis*, f., accord, concordance.

astĭpŭlātŏr, *ōris*, m., 1. jur., qui s'engage solidairement, garant, caution ; 2. qui adhère à, partisan de.

astĭpŭlor, *āris, āri*, 1. intr., jur., s'engager solidairement avec ; être d'accord avec qqn. + dat. ; 2. tr., confirmer.

astĭtŭo, *ĭs, ĕre, stĭtŭi, stĭtūtum*, tr., placer auprès de.

asto, *ās, āre, stĭti, stĭtum* (*stătum*), intr., 1. se tenir debout auprès de ; se dresser ; 2. assister qqn. en justice.

Astræa, *æ*, f., Astrée, déesse de la justice fille de Jupiter et de Thémis, qui quitta la terre à la fin de l'âge d'or.

Astræus, *i*, m., Astrée, Titan.

astrangŭlo, *ās, āre*, tr., étrangler.

astrĕpo, *ĭs, ĕre, strĕpui, strĕpĭtum*, 1. intr. faire du bruit à, faire entendre un bruit en réponse à + dat. ; 2. remplir de murmures.

astrictē, adv., [*~tius*], 1. d'une façon étroite serrée ; 2. rigoureusement ; 3. d'une manière concise.

astrictus, *a, um*, part. adj., [*~tior*] 1. serré, resserré ; 2. froncé, plissé 3. serré, avare, économe ; 4. (style) serré concis.

astrīdo, *ĭs, ĕre*, intr., siffler, hurler à.

astringo, *ĭs, ĕre, strinxi, strictum*, tr. 1. serrer, attacher étroitement ; 2. resserrer, constiper ; 3. resserrer, assujettir, en chaîner, lier ; 4. obliger, rendre responsable.

astrŏlŏgĭa, *æ*, f., science des astres, astronomie ; astrologie.

astrŏlŏgus, *i*, m., astronome ; astrologue.

astrŏnŏmĭa, *æ*, f., astronomie.

astructĭo, *ōnis*, f., argumentation.

astrŭo, *ĭs, ĕre, struxi, structum*, tr., 1. bâti auprès de, ajouter (à un édifice) ; 2. fig. ajouter, attribuer ; 3. appuyer par des preuves, des arguments.

astu, n., indécl., la Ville = Athènes (mo grec).

astŭpĕo, *ēs, ĕre, stŭpŭi*, intr., rester stupé fait devant.

Astŭr, *ŭris*, m., Asturien ; adj., d'Asturie asturien.

Astŭra, *æ*, Astura, 1. m., riv. du Latium 2. f., île et v. du Latium.

asturco, *ōnis*, m., cheval d'Asturie, gene d'Espagne.

Astŭrĭa, *æ*, f., Asturie, province d'Espa gne.

astŭs, *ūs*, m., ruse, fourberie, stratagème

astūtē, adv., [~*tius*, ~*tissime*], avec ruse, adroitement.

astūtĭa, *æ*, f., ruse, astuce, stratagème.

astūtŭlus, *a, um*, finaud, assez rusé.

astūtus, *a, um*, [~*tior*, ~*tissimus*], rusé, fourbe ; adroit, intelligent.

Astўăgēs, *is*, m., Astyage, 1. roi de Médie, grand-père de Cyrus ; 2. compagnon de Phinée.

Astўănax, *actis*, m., Astyanax, 1. fils d'Hector et d'Andromaque ; 2. auteur contemporain de Cicéron.

Astўpălæa, *æ*, f., Astypalée, île grecque ‖ **Astўpălæensis**, *e*, adj., d'Astypalée ‖ **Astўpălēus**, *a, um*, d'Astypalée.

ăsўlum, *i*, n., lieu inviolable, asile, refuge.

ăsymbŏlus, *a, um*, qui ne paie pas son écot.

ăt, conj. marquant le plus souv. une forte opposition ; 1. mais, quant à, *at ego* : quant à moi, de mon côté ; 2. marquant une objection supposée : mais, dira-t-on ; ou une réponse à une objection : *at ludos… curavi. At id pertinet ad privatum officium* : mais, dira-t-on, j'ai organisé les jeux… À cela je réponds que cela touche à une obligation d'ordre privé, MAT. ; 3. du moins, pourtant, après cond. : *si pars ceciderit, at…* : si une partie succombe, du moins… ; souv. avec *certe, tamen, saltem* ; 4. interpellation vive de l'interlocuteur : *at vide* : mais regarde ; 5. dans la mineure d'un syllogisme : or, *at nemo sapiens nisi fortis* : or, personne n'est sage s'il n'est courageux ; 6. précédant souhaits ou imprécations, *at tibi di bene faciant* ! : Ah ! puissent les dieux te combler de bienfaits, *at te di perdant* ! : Ah ! puissent les dieux te perdre !

ătăbŭlus, *i*, m., vent d'Apulie, sirocco.

Ătăcīnus, *a, um*, de l'Atax.

ătăgĕn, V. *attagen*.

Ătălanta, *æ*, et **Ătălantē**, *ēs*, f., Atalante, 1. qui défia ses prétendants à la course et que conquit, par ruse, Hippomène ; 2. nom d'autres pers. ; 3. petite île proche de l'Eubée ‖ **Ătălantĭădēs**, *æ*, f., fille d'Atalante, Parthénopée.

Atănagrum, *i*, n., Atanagrum, v. d'Espagne Tarraconnaise.

Atandrus, V. *Antandrus*.

Atargătis, f., Atargatis, autre nom de Dercéto, déesse syrienne.

Atarnĭtēs, *æ*, m., d'Atarnée, v. de Mysie.

ătăt, V. *attat*.

ătăvus, *i*, m., quadrisaïeul ; ancêtre.

Ătax, *ăcis*, m., Atax, fl. de la Gaule Narbonnaise, auj. Aude.

Ătēius ou **Attēius**, *i*, m., Atéius, nom de plusieurs Romains célèbres (tribun, jurisconsulte).

Ătella, *æ*, f., Atella, v. de Campanie ‖ **Ătellāna**, *æ*, f., atellane, comédie populaire, jouée par la jeunesse, spécialité de la v. d'Atella ‖ **Ătellānus**, **Ătellānĭcus** et **Ătellānĭus**, *a, um*, d'Atella.

ătĕr, *tra, trum*, [*atrior, aterrimus*], 1. noir, sombre, *alba et atra discernere* : distinguer le blanc du noir ; 2. sombre, triste, lugubre, *atra cura* : noir souci, *atra dies* : jour noir, de la mort ; 3. rar., obscur, peu clair.

Ăteste, *is*, n., Atesté, v. de Vénétie, auj. Este ‖ **Ătestīnus**, *a, um*, d'Atesté.

Ăthămānes, *um*, m. pl., les hab. d'Athamanie ‖ **Ăthămānĭa**, *æ*, f., Athamanie (Épire du S.) ‖ **Ăthămānus**, *a, um*, d'Athamanie.

Ăthămās, *antis*, m., Athamas, fils d'Éole, époux d'Ino, roi de Thèbes ‖ **Ăthămantēus**, *a, um*, d'Athamas ‖ **Ăthămantĭădēs**, *æ*, m., descendant d'Athamas, Palémon ‖ **Ăthămantis**, *ĭdos*, f., fille d'Athamas, Hellé.

Ăthēnæ, *ārum*, f. pl., Athènes, cap. de l'Attique ‖ **Ăthēnæi**, *ōrum*, m. pl., les Athéniens.

Ăthēnæum, *i*, n., Athénéum, 1. nom de plusieurs temples en Grèce et à Rome ; 2. v. d'Athamanie.

Ăthēnæus, *a, um*, d'Athènes, athénien.

Ăthēnăgŏrās, *æ*, m., Athénagoras, nom de plusieurs pers. grecs.

Ăthēnăis, *ĭdis*, f., Athénaïs, épouse d'un roi de Cappadoce.

Ăthēnĭensis, *e*, adj., d'Athènes, athénien.

Ăthēnĭo, *ōnis*, m., Athénion, nom d'un berger de Sicile qui souleva les esclaves.

Ăthēnŏdōrus, *i*, m., Athénodore, nom de plusieurs pers., dont un ami d'Auguste, disciple du phil. stoïcien Posidonius.

Ăthēsis et **Ătēsis**, *is*, m., Atésis, fl. d'Italie, auj. Adige.

athlēta, *æ*, m., athlète.

athlētĭcē, adv., en athlète.

Ătho, **Ăthōn**, **Ăthōs**, *ōnis*, m., le mt. Athos.

Ătĭa, *æ*, f., Atia, mère d'Auguste.

Ătīlĭus, *ĭi*, m., Atilius, nom d'une famille rom. ; M. Atilius Regulus, mort héroïquement à Carthage lors de la 1re guerre punique ‖ **Ătīliānus**, *a, um*, d'Atilius.

Ătīna, *æ*, f., Atina, v. du Latium ‖ **Ătīnās**, *ātis*, adj., d'Atina.

Ătīnĭus, *ĭi*, m., Atinius, nom d'une famille rom. ‖ **Ătīnĭus**, *a, um*, d'Atinius.

Ătintānĭa, *æ*, f., Atintania, région de l'Épire.

Ătĭus, *ĭi*, m., Atius, nom d'une famille rom., dont le représentant le plus célèbre est M. Atius Balbus; grand-père maternel d'Auguste ‖ **Ătĭus**, *a, um*, d'Atius.

Ătlantēus, **Ătlantĭăcus**, *a, um*, d'Atlas ‖ **Ătlantĭăs**, *ădis*, f., fille ou descendante d'Atlas ‖ **Ătlantĭcus**, *a, um*, relatif à Atlas, du mt. Atlas, atlantique ‖ **Ătlantĭs**, *ĭdis* et *ĭdos*, f., d'Atlas, du mt. Atlas ‖ **Ătlantĭdes**, *um*, f. pl., les Pléiades ‖ **Ătlās**, *antis*, m., 1. Atlas, géant, fils de Japet et de Clymène, qui dut soutenir, en punition de sa rébellion contre Jupiter, la voûte du ciel ; 2. le mt. Atlas.

ătŏmus, *i*, m., corpuscule insécable, atome.

atque (surt. devant voy. et *h*), **ac** (devant cons.), conj. de coord. : et aussi, et même ; le plus souv. : et **1.** pour insister : *vitam parce ac duriter agebat* : il vivait chichement et même durement, *atque ei ne integrum quidem erat ut* : et avec cela il n'était même plus le maître de ; **2.** pour marquer une opposition (faible), souv. avec *tamen* : et pourtant ; **3.** avec idée de simultanéité : *Quinctium hastā transfigit, atque ille procidit* : il transperce Quinctius de sa lance, et aussitôt celui-ci tombe ; *simul atque, ac* : aussitôt que ; **4.** après un mot exprimant ressemblance ou différence, ou un comp. : *animus te erga idem ac fuit* : mes sentiments pour toi sont les mêmes qu'autrefois, *aliquid ab isto simile atque a ceteris factum est* : il a fait qqch. de semblable à ce qu'ont fait les autres, *alio ingenio ac tu* : d'un autre caractère que toi, *haud secus atque* : pas autrement que, *minus atque ego* : moins que moi.

atquī, conj. de coord., **1.** et pourtant, mais cependant ; **2.** eh bien (non !), eh bien (oui ! si !) ; **3.** pour amener la mineure d'un syllogisme : or.

atquin, V. *atqui*.

Ătrăcĭdēs, *æ*, m., Atracide, Thessalien ‖ **Ătrăcis**, *ĭdis*, f., Atracide, Thessalienne ‖ **Ătrăcĭus**, *a, um*, d'Atrax, thessalien.

ātrāmentum, *i*, n., **1.** tout liquide noir ; **2.** encre.

ātrātus, *a, um*, **1.** noirci ; **2.** vêtu de noir.

Ătrātus, *i*, m., Atratus, riv. près de Rome.

Ătrax, *ăcis*, m., Atrax, v. de Thessalie.

Ătrĕbas, *ătis*, m., Atrébate ‖ **Ătrĕbătes**, *um*, m. pl., les Atrébates, auj. région de l'Artois.

Ătrēus, *i*, m., Atrée, fils de Pélops et d'Hippodamie, frère de Thyeste, père d'Agamemnon et de Ménélas ‖ **Ătrēus**, *a, um*, d'Atrée.

ātrĭcŏlŏr, *ōris*, adj., de couleur noire.

Ătrīdēs et **Ătrīda**, *æ*, m., Atride, descendant d'Atrée.

ātrĭensis, *is*, m., gardien de l'atrium, concierge, intendant.

ātrĭŏlum, *i*, n., petit atrium.

ātrĭtās, *ātis*, f., couleur noire.

ātrĭum, *ĭi*, n., **1.** (peut-être, à l'origine, pièce noircie par la fumée du foyer), atrium (grande pièce à l'entrée des maisons romaines), entrée ; **2.** salle d'entrée des édifices publics, ex. *Atrium Libertatis*, où se trouvaient les archives des censeurs, *Atrium Vestæ* : palais des Vestales.

ătrŏcĭtās, *ātis*, f., horreur, cruauté, violence, dureté, barbarie (action ou caractère).

ătrŏcĭtĕr, adv., [*~cius, ~cissime*], avec cruauté, violence, barbarie.

ătrox, *ōcis*, (cf. *ater*) adj., [*~cior, ~cissimus*], à l'aspect sombre, d'où : affreux, horrible, funeste ; sombre, cruel, féroce, acharné ; inflexible.

Atta, *æ*, m., Atta, surnom d'une famille rom.

attactŭs, *ūs*, m., attouchement, toucher.

attăgēn, *gēnis*, m., francolin, gélinotte.

Attălenses, *ĭum*, m. pl., les hab. d'Attalia, v. de Pamphylie.

Attălĭcus, *a, um*, d'Attale ‖ **Attălis**, *ĭdis*, f., la tribu d'Attale ‖ **Attălus**, *i*, m., Attale, nom de rois de Pergame, spéc. Attale III, qui légua à Rome son royaume devenu dès lors province d'Asie (129 av. J.-C.).

attămĕn, conj de coord., mais cependant, toutefois ; au moins.

attāmĭno, *ās, āre*, tr., toucher à, porter la main sur.

āttăt et **attătæ**, interj. exprimant la joie, l'étonnement ou la douleur.

attēgĭa, *æ*, f., cabane.

attempĕrātē, adv., à point, à propos.

attempĕrĭēs, *ēi*, f., action de tempérer.

attempĕro, *ās, āre*, tr., adapter, ajuster à.

attempt~, V. *attent~*.

attendo, *ĭs, ĕre, tendi, tentum*, tr., **1.** tendre vers, devant ; **2.** tendre (son esprit vers), ~ *animum* ou simpl. *attendere* : faire attention à, ~ *ad rem*, ~ *aliquid, aliquem* : à une chose, à qqch., à qqn. ; abs., faire attention, être attentif.

attentātĭo, *ōnis*, f., tentative.

attentē, adv., [*~tius, ~tissime*], avec attention, application.

attentĭo, *ōnis*, f., attention, tension, application (de l'esprit).

attento (**attempto**), *ās, āre*, tr., **1.** tendre la main vers ; **2.** essayer, sonder, ~ *inimicos, fidem* : sonder ses adversaires, la bonne foi ; **3.** chercher à s'emparer, s'attaquer à ; **4.** attenter à ; **5.** rar., aborder (un sujet).

① **attentus**, *a, um*, part. adj., [*~tior, ~tissimus*]. **1.** tendu, fixé sur ; **2.** attentif, appliqué ; **3.** regardant, économe.

② **attentŭs**, *ūs*, m., action de fixer les yeux sur.

attĕnŭātē, adv., avec simplicité, discrétion.

attĕnŭātĭo, *ōnis*, f., **1.** atténuation ; **2.** simplicité (du style), discrétion.

attĕnŭātus, *a, um*, part. adj., **1.** affaibli, amoindri ; **2.** aigu, de fausset (voix) ; **3.** simple, sobre, sans éclat.

attĕnŭo, *ās, āre*, tr., **1.** amincir, affaiblir, amoindrir ; **2.** *vocem ~* : prendre une voix de fausset ; **3.** rabaisser, ravaler.

attĕro, *ĭs, ĕre, trĭvi, trītum*, tr., **1.** frotter à, contre, user en frottant, écraser ; **2.** écraser, ruiner, abattre.

atterrānĕus, *a, um*, qui vient de la terre.

attestātŏr, *ōris*, m., celui qui atteste, témoigne.

attestor, *āris, āri*, tr., attester, témoigner, confirmer.

attexo, *ĭs, ĕre, texŭi, textum*, tr., ajouter en tissant, joindre, entrelacer ; rattacher à.

Atthis, *ĭdis*, f., de l'Attique, athénienne ; subst. f., l'Attique.

Attĭānus, *a, um*, d'Attius.

Attĭca, *æ*, f., l'Attique.

Attĭcē, adv., à la manière attique.

attĭcisso, *ās, āre*, intr., parler comme les Athéniens ; parler grec.

① **Attĭcus**, *a, um*, de l'Attique, d'Athènes ; fig., *~ stilus* : style attique (sobre, opp. au style asiatique) ; délicat, fin ‖ **Attĭci**, *ōrum*, m. pl., les orateurs attiques.

② **Attĭcus**, *i*, m., Atticus, surnom de T. Pomponius, ami de Cicéron.

attĭgo, V. *attingo*.

attĭgŭus, *a, um*, contigu, voisin.

attĭnĕo, *ēs, ēre, tĭnŭi, tentum*, **1.** tr., tenir auprès, retenir à ; **2.** intr., s'étendre jusqu'à, toucher à ; fig., toucher à, concerner, *quod ad me attinet* : en ce qui me concerne ; impers., importer, être d'intérêt, *nihil attinet me plura dicere* : je n'ai nul besoin d'en dire davantage.

attingo, *ĭs, ĕre, tĭgi, tactum*, tr., **1.** toucher à, porter la main sur, *~ aliquid extremis digitis* : ne toucher à qqch. que du bout des doigts (en passant) ; **2.** atteindre, *Italiam ~* : parvenir en Italie ; *aliquem ~* : rencontrer qqn. ; rencontrer, se heurter à, attaquer ; **3.** toucher à, tenir à qqn., *~ aliquem necessitudine* : être lié à qqn. par l'amitié ; **4.** aborder, s'occuper de, *rempublicam ~* : aborder la politique.

Attis, *ĭdis*, m., Attis, jeune berger phrygien aimé de Cybèle qui en fit son prêtre.

Attĭus, *ĭi*, m., Attius, nom d'une famille rom. ‖ **Attĭus**, *a, um*, d'Attius.

attŏlĕro, *ās, āre*, tr., supporter, soutenir.

attollo, *ĭs, ĕre*, tr., **1.** élever, lever, hausser, *oculos ~* : lever les yeux, *malos ~* : dresser les mâts ; fig., *animos ~* : relever les courages ; **2.** grandir, rehausser, *~ rempublicam armis* : rehausser la gloire de l'État par la guerre, *~ cuncta in majus* : amplifier tout.

attŏlo, V. *attulo*.

attondĕo, *ēs, ēre, tondi, tonsum*, tr., tondre, élaguer ; fig., **1.** raser, « plumer » ; **2.** entamer, réduire.

attŏnĭtē, adv., avec étonnement.

① **attŏnĭtus**, *a, um*, part. adj., **1.** frappé (comme par la foudre), étourdi, frappé de stupeur, consterné, interdit, hébété ; **2.** en proie au délire prophétique, égaré ; en extase, inspiré ; **3.** privé de sens.

② **attŏnĭtŭs**, *ūs*, m., **1.** stupéfaction ; **2.** exaltation.

attŏno, *ās, āre, tŏnŭi, tŏnĭtum*, tr., frapper de la foudre ; frapper de stupeur, égarer.

attonsĭo, *ōnis*, f., **1.** action de tondre ; **2.** ruine.

attorquĕo, *ēs, ēre*, tr., brandir, lancer contre.

attorrĕo, *ēs, ēre*, tr., faire griller.

attracto, V. *attrecto*.

① **attractus**, *a, um*, part. adj., [*~tior*], contracté ; renfrogné.

② **attractŭs**, *ūs*, m., action d'attirer.

attraho, *ĭs, ĕre, traxi, tractum*, tr., **1.** tirer, attirer à soi, *arcum ~* : bander un arc ; **2.** contracter (visage) ; **3.** attirer, entraîner, *Romam ~* : attirer à Rome.

attrectātĭo, *ōnis*, f., action de toucher, attouchement, contact.

attrecto, *ās, āre*, tr., **1.** toucher à, manier ; **2.** entreprendre.

attrĕmo, *ĭs, ĕre*, intr., trembler à, devant.

attrĕpĭdo, *ās, āre*, intr., se remuer (= se dépêcher).

attrĭbŭo, *ĭs, ĕre, trĭbŭi, trĭbūtum*, tr., **1.** attribuer, assigner, mettre à la disposition de, *naves, equos, pecuniam alicui ~* : attribuer des navires, des chevaux, de l'argent à qqn. ; **2.** assigner comme tâche, *legionibus castra munienda ~* : donner aux légions la tâche de fortifier le camp ; **3.** attribuer, imputer, *~ aliquid alicui* : imputer qqch. à qqn., lui en donner la responsabilité ; **4.** ajouter, *non ~ ad amissionem amicorum miseriam nostram* : ne pas ajouter à la perte de nos amis notre propre malheur, Cic.

attrĭbūtĭo, *ōnis*, f., **1.** assignation, délégation, mandat, transfert de créance ; **2.** phil., attribut, propriété.

attrītĭo, *ōnis*, f., action de frotter contre.

① **attrītus**, *a, um*, part. adj., [*~tior*], **1.** usé par le frottement ; **2.** affaibli, épuisé ; **3.** endurci, impudent.

② **attrītŭs**, *ūs*, m., **1.** frottement ; **2.** escarre.

attŭlo, *ĭs, ĕre*, arch., tr., apporter.

attŭmŭlo, *ās, āre*, tr., entasser, recouvrir d'un tertre.

Attus Nāvĭus, *i*, m., Attus Navius, célèbre augure du temps de Tarquin l'Ancien.

Ătūrus, *i*, m., Aturus, riv. d'Aquitaine, auj. Adour.

Ătўs, *ўos*, m., Attys, **1.** fils d'Hercule et d'Omphale, ancêtre des rois de Lydie ; **2.** ancêtre de la *gens Atia*.

au !, interj. (indignation ou étonnement), oh ! ah ! ho ! holà.

auceps, *cŭpis*, (*avis + capio*), m., **1.** oiseleur ; **2.** qui est à l'affût de, qui épie.

auctārĭum, *ĭi*, n., bonne mesure, ce qu'on donne par-dessus le marché.

auctĭfĕr, *ĕra, ĕrum*, fécond.

auctĭfĭcus, *a, um*, qui fait croître.

auctĭo, *ōnis*, f., **1.** vente publique, vente à l'encan, enchères ; **2.** objet vendu à l'encan.

auctĭōnārĭus, *a, um*, relatif aux ventes aux enchères.

auctĭōnor, *āris, āri*, **1.** intr., faire une vente aux enchères ; **2.** tr., acheter à une vente aux enchères.

auctĭto, *ās, āre*, tr., augmenter sans cesse.

aucto, *ās, āre*, tr., **1.** accroître de plus en plus ; **2.** procurer, favoriser.

auctŏr, *ōris*, (cf. *augeo*), m., **1.** celui qui fait croître, pousser, *~ frugum* : qui fait pousser les fruits de la terre ; **2.** celui qui fonde, fondateur, qui est à l'origine de, *~ nobilitatis tuæ* : origine de ta noblesse ; auteur, *~ carminis* : auteur d'un poème ; **3.** *~ legis* : celui qui propose ou qui soutient une loi ; **4.** promoteur, instigateur, conseiller, *auctore aliquo* : à l'instigation de qqn., *~ alicui rei, ad aliquid* : conseiller, instigateur de qqch. ; **5.** garant, répondant, autorité, *certis auctoribus* : de source sûre ; *auctoribus optimis* (avoir pour soi) les meilleures autorités ; modèle, *malus ~ latinitatis* : mauvais modèle de latinité ; **6.** garant, témoin, *nuptiarum auctores* : témoins qui assistent au contrat de mariage ; **7.** garant pour l'acheteur, sûreté ; vendeur.

auctōrāmentum, *i*, n., engagement, contrat, salaire, prime (pr. et fig.).

auctōrĭtās, *ātis*, f., **1.** a) initiative, conseils, *per auctoritatem civitatum repudiatæ preces* : l'intervention des États amena le rejet de ces prières ; b) responsabilité, *auctoritatem defugere* : esquiver la responsabilité, *~ majorum* : les précédents, les modèles fournis par les anciens ; **2.** a) autorité, délégation, pleins pouvoirs, *~ legum dandarum* : le pouvoir de donner des lois ; spéc., pouvoir de ratification des sénateurs ; autorisation du sénat ; b) ordre, commandement, *auctoritatem Cæsaris persequi* : se conformer à l'autorité de César ; c) pouvoir, considération, crédit, influence, autorité, *auctoritatem facere* : donner du poids, de l'autorité, *sua ~* : son crédit personnel, *~ testimonii* : autorité d'un témoignage ; **3.** a) garantie, caution, *auctoritatem promittere* : promettre caution ; b) titre légitime à la possession, droit de propriété, *~ æterna* : droit imprescriptible.

auctōro, *ās, āre*, tr., **1.** garantir, confirmer ; **2.** *se ~*, *auctorari* : s'engager pour un salaire.

auctōror, *āris, āri*, tr., vendre.

① **auctus**, *a, um*, **1.** V. *augeo* ; **2.** adj., seul. au comp., *auctior*, agrandi, enrichi.

② **auctŭs**, *ūs*, m., augmentation, accroissement, croissance, progrès.

aucŭpābundus, *a, um*, qui épie.

aucŭpātĭo, *ōnis*, f., chasse aux oiseaux, fig., recherche.

aucŭpātōrĭus, *a, um*, qui sert pour la chasse aux oiseaux.

aucŭpo, *ās, āre*, tr., être à l'affût, chercher à saisir.

aucŭpor, *āris, āri*, tr., chasser les oiseaux, fig., faire la chasse à, épier, être à l'affût de.

audācĭa, *æ*, f., **1.** hardiesse, audace, courage ; **2.** témérité, effronterie, insolence, absence de scrupules.

audācĭtĕr et **audactĕr**, adv., [*~cius ~cissime*], **1.** avec audace, courage ; **2.** avec effronterie, impudemment.

audācŭlus, *a, um*, assez audacieux.

audax, *ācis*, (cf. *audeo*), adj., [*~cior, ~cissimus*], **1.** audacieux ; **2.** souv. péj., téméraire, effronté, sans scrupule.

audens, *entis*, part. adj., [*~tior, ~tissimus*], hardi, courageux, audacieux.

audentĕr, adv., [*~tius*], avec hardiesse, résolument.

audentĭa, *æ*, f., courage, hardiesse, résolution.

audĕo, *ēs, ēre, ausus sum*, (cf. *avidus, aveo*) tr., **1.** être désireux de, vouloir, se résoudre à ; **2.** ordin., prendre sur soi de, risquer, entreprendre, oser, *~ tantum facinus* : oser un si grand forfait, *~ aliquid in*

+ acc. ou abl. : prendre des libertés à l'égard de ; 3. abs., être audacieux, oser, prendre des initiatives.

audībĭlis, *e*, adj., qui peut être entendu.

audĭens, *entis*, part. adj., 1. V. *audio* ; 2. adj. + dat., obéissant, docile à ; 3. subst. m. et f., auditeur ; chr., disciple, catéchumène.

audĭentĭa, *æ*, f., 1. faculté d'entendre ; 2. action d'écouter attentivement, *fac populo audientiam* : fais en sorte que le public puisse écouter = fais taire le public.

audĭo, *īs, īre, īvi (ĭi), ītum*, tr., 1. entendre, *audiendi sensu carere* : être privé du sens de l'ouïe ; 2. entendre qqch., *vocem ~* : entendre une voix, *~ aliquem loquentem* : entendre qqn. parler ; 3. entendre dire, apprendre, *~ adventum alicujus* : apprendre l'arrivée de qqn., *~ aliquem advenisse* : apprendre que qqn. est arrivé, *hāc pugnā auditā* : la nouvelle de ce combat ayant été apprise ; *aliquid ~ de* + abl. : apprendre qqch. sur qqn., *ab ou ex* + abl. : de qqn. ; 4. prêter l'oreille, écouter, *~ litteras* : écouter la lecture d'une lettre ; spéc., *~ aliquem* : entendre la déposition de qqn. : exaucer ; 5. écouter, ajouter foi à ; 6. écouter, obéir, *te audi* : n'obéis qu'à toi-même ; fig., *neque audit currus habenas* : et le char n'obéit pas aux rênes, VIRG. ; 7. spéc., s'entendre nommer, *bene, male ~ ab aliquo* : avoir bonne, mauvaise réputation auprès de qqn. ; 8. rar., avoir le sens de, prendre le sens de.

audītĭo, *ōnis*, f., 1. action d'entendre ; audition ; 2. ouï-dire, bruit, rumeur ; 3. lecture publique.

audīto, *ās, āre*, tr., entendre sans cesse.

audītŏr, *ōris*, m., celui qui écoute, auditeur ; disciple, élève.

audītōrĭālis, *e*, adj., d'audience, de tribunal.

audītōrĭum, *ĭi*, n., 1. salle de lecture publique ; 2. auditoire, public.

audītus, *a, um*, part. adj., 1. entendu ; subst. n., *auditum*, *i*, ce qu'on a entendu, nouvelle ; 2. connu.

aufĕro, *fers, ferre, abstŭli, ablātum*, tr., 1. emporter, enlever ; *se ~* : s'éloigner, se retirer ; 2. enlever, dérober, voler, ravir, *pecuniam ~* : dérober de l'argent ; 3. enlever, soustraire ; *~ curas* : soustraire aux soucis ; 4. éloigner, faire cesser, *aufer abhinc lacrimas* : cesse de verser des larmes, LUCR. ; 5. emporter, d'où : réussir à, obtenir, *paucos dies ab aliquo ~* : réussir à obtenir de qqn. un délai de qq. jours ; *præmium ~* : remporter un prix.

Aufĭdēna, *æ*, f., Aufidène, v. du Samnium.

Aufĭdĭus, *ĭi*, m., Aufidius, nom d'une famille rom. ‖ **Aufĭdĭus**, *a, um*, d'Aufidius.

Aufĭdus, *i*, m., Aufide, riv. d'Apulie (près de laquelle eut lieu la bataille de Cannes).

aufŭgĭo, *īs, ĕre, fūgi*, intr. et tr., s'enfuir de, fuir, éviter.

Augē, *ēs*, f., Augé, mère de Télèphe.

Augēās et **Augīās**, *æ*, m., Augias, roi d'Élide, dont Hercule nettoya les écuries (6e des 12 travaux), *cloacas Augeæ purgare* : nettoyer les écuries d'Augias.

augĕo, *ēs, ēre, auxi, auctum*, tr., 1. accroître, développer, *cibus auget corpus* : les aliments développent le corps ; 2. augmenter, *~ vectigalia, rem, munitiones* : augmenter les impôts, sa fortune, les fortifications ; aggraver (une maladie, un déplaisir) ; *~ vocem* : grossir sa voix ; 3. enrichir, pourvoir abondamment de, *~ aliquem divitiis* : enrichir qqn. ; augmenter la valeur de, honorer, favoriser, *augeri cognomento Augustæ* : recevoir le titre d'épouse d'Augusta ; *~ aram aliquā re* : honorer l'autel de qq. offrande ; 4. forcer l'expression, exagérer, *non verbi neque criminis augendi causā* : non pas pour forcer l'expression ni pour grossir l'accusation, CIC.

augesco, *īs, ĕre, auxi*, intr., commencer à croître, s'accroître ; se développer, s'agrandir.

augĭfĭco, *ās, āre*, tr., augmenter.

augmĕn, *ĭnis*, n., augmentation, accroissement.

augŭr, *ŭris*, (arch. **auger**), (cf. *augeo*), m. et f., 1. augure, prêtre chargé d'interpréter les présages venus des oiseaux ; 2. interprète, devin, prophète.

augŭrāle, *is*, n., 1. augural, place située dans le camp romain, à la droite de la tente du général ; 2. bâton augural ; où l'on prenait les auspices.

augŭrālis, *e*, adj., relatif aux augures, à la divination.

augŭrātĭo, *ōnis*, f., action de prendre les augures.

augŭrātō, part. passé à l'abl. n. absolu de *auguro* : après avoir pris les augures.

augŭrātŏr, *ōris*, m., devin.

augŭrātŭs, *ūs*, m., 1. augurat, fonction d'augure ; 2. prédiction.

augŭrĭālis, *e*, adj., qui concerne la divination par les augures.

augŭrĭum, *ĭi*, (cf. *augeo*), n., 1. augure, observation et interprétation des présages par le vol des oiseaux, *~ capere* : prendre les augures ; 2. divination, prophétie ; 3. science augurale ;

4. en gén., prédiction, pronostic, indice, ~ *accipio* : j'en accepte l'augure.

augŭrĭus, *a*, *um*, augural.

augŭro, *ăs*, *āre*, tr., **1.** exercer les fonctions d'augure, prendre les augures, ; **2.** consacrer par les augures ; **3.** agir comme un augure, deviner, prédire.

augŭror, *āris*, *āri*, **1.** intr., exercer les fonctions d'augure, prendre les augures, observer, interpréter les signes ; **2.** tr., prédire, prophétiser, ~ *belli Trojani annos* : prédire la durée de la guerre de Troie.

Augusta, *æ*, f., **1.** Augusta, titre donné à l'épouse, à la fille, à la sœur ou à la mère de l'empereur ; **2.** nom de plusieurs v.

Augustālis, *e*, adj., d'Auguste ‖ **Augustāles**, *ĭum*, m. pl., Augustales, prêtres chargés du culte du Génie et des Lares de l'empereur ‖ **lūdi Augustāles**, m. pl., **Augustālĭa**, *ĭum*, n. pl., fêtes et jeux en l'honneur d'Auguste (5-12 octobre).

augustē, adv., [~*tius*], avec vénération, religieusement.

Augustĭāni, *ōrum*, m. pl., les Augustiens, membres de l'ordre équestre assurant la claque aux spectacles de Néron.

① **Augustīnus**, *a*, *um*, d'Auguste

② **Augustīnus**, *i*, m., saint Augustin, écrivain, évêque et théologien des IVe-Ve s.

augustus, *a*, *um*, (cf. *augeo*), [~*tior*, ~*tissimus*], **1.** consacré, saint ; **2.** vénérable, majestueux, auguste.

Augustus, *i*, m., Auguste, **1.** surnom d'Octave (= le saint, le consacré) ; **2.** titre porté par les empereurs ‖ **Augustus**, *a*, *um*, d'Auguste ; ~ (*mensis*) : mois d'août (Auguste est mort le 19 de ce mois, anc. Sextilis).

① **aula**, *æ*, f., **1.** cour, enclos ; **2.** atrium ; **3.** palais ; cour, ensemble des courtisans ou des services d'un palais ; pouvoir central.

② **aula**, *æ*, f., pot, marmite.

③ **aula**, *æ*, f., flûte.

aulæum, *i*, n., ordin. au pl., **1.** draperie, tapisserie ; **2.** rideau de théâtre, toile que l'on baisse avant le spectacle : *aulæa premuntur*, et que l'on relève à la fin : ~ *tollitur*.

Aulerci, *ōrum*, m. pl., Aulerques, peuple de la Gaule Celtique, auj. région du Perche et du Maine-et-Loire.

aulĭcus, *a*, *um*, de la cour ; subst. m. pl., *aulici*, *orum*, serviteurs de la cour ; courtisans.

Aulis, *ĭdis*, f., Aulis, port de Béotie, où la flotte grecque partant pour Troie se trouva immobilisée, faute de vents.

aulœdus, *i*, m., chanteur accompagné de la flûte.

Aulōn, *ōnis*, m., Aulon, région voisine de Tarente, qui produisait du vin très estimé.

aulŭla, *æ*, f., petite marmite.

Aulŭlārĭa, *æ*, f., « L'Aululaire (Comédie de la Marmite) », comédie de Plaute.

Aulus, *i*, m., Aulus, prénom rom., abrégé en A.

aura, *æ*, f., **1.** souffle, air, brise, vent léger ; fig., vent favorable, faveur, ~ *honoris* : le souffle de la gloire ; **2.** les airs, le ciel, *in auras se attollere* : s'élever vers le ciel ; le monde des vivants opp. aux Enfers ; **3.** vapeur lumineuse, lumière, émanation, rayonnement, ~ *auri* : le scintillement de l'or.

aurārĭus, *a*, *um*, relatif à l'or, d'or.

aurātūra, *æ*, f., dorure.

aurātus, *a*, *um*, [~*tior*], d'or, doré, orné d'or, *aurata pellis* : la toison d'or.

Aurēlĭānus, *i*, m., Aurélien, empereur romain (fin du IIIe s. ap. J.-C.) ‖ **Aurēliānensis**, *e*, adj., de la ville d'Aurélien, auj. Orléans.

Aurēlĭus, *ĭi*, m., Aurélius, nom d'une famille plébéienne ‖ **Aurēlĭus**, *a*, *um*, d'Aurélius, *lex Aurelia judiciaria*, *de ambitu* : loi Aurélia sur l'organisation des tribunaux, sur la brigue.

aurĕŏlus, *a*, *um*, d'or, orné d'or ; fig., ~ *libellus* : un livre qui vaut de l'or ; subst. m., *aureolus*, *i*, pièce d'or.

aurĕus, *a*, *um*, **1.** d'or ; subst. m., *aureus*, *i*, monnaie d'or créée par César, valant 100 sesterces ; **2.** garni d'or ; couleur d'or ; **3.** d'or, beau, magnifique, heureux *ætas aurea* : l'âge d'or, *aurea mediocritas* : la juste mesure qui vaut de l'or, HOR.

aurĭchalcum, *i*, n., laiton, cuivre jaune.

aurĭcilla, V. *auricula*.

aurĭcŏmans, *antis*, adj., à la chevelure d'or.

aurĭcŏmus, *a*, *um*, à la chevelure ou au feuillage d'or.

aurĭcŭla, *æ*, f., lobe de l'oreille, oreille ; fig., *auriculæ deorum* : l'oreille des dieux, la faveur avec laquelle ils écoutent les prières.

aurĭfĕr, *ĕra*, *ĕrum*, qui produit ou porte de l'or.

aurĭfex, *ĭcis*, m., orfèvre, bijoutier.

aurĭflŭus, *a*, *um*, qui roule de l'or.

aurīga, *æ*, m., aurige, conducteur de char, cocher ; fig., pilote.

aurīgārĭus, *ĭi*, m., cocher de cirque.

aurīgātĭo, *ōnis*, f., action de conduire un char.

Aurĭgĕna, æ, m., Aurigène, surnom de Persée, fils de Danaé que féconda Jupiter, changé en pluie d'or.

aurĭgĕr, ĕra, ĕrum, qui porte de l'or.

aurĭgo, ās, āre, intr., tenir les guides d'un char, être conducteur de char.

auris, is, f., **1.** oreille, *benignis auribus accipere* : accueillir d'une oreille bienveillante, *præbere aurem* : prêter l'oreille, *admovere aurem* : tendre l'oreille, *demittere aures* : avoir l'oreille basse ; fig., oreille, sens ou jugement délicat, *aures alicujus implere* : satisfaire le goût de qqn. ; **2.** oreillon d'une charrue.

auriscalpĭum, ĭi, n., cure-oreille.

aurītŭlus, i, m., l'animal aux longues oreilles, l'âne, PHÈDR.

aurītus, a, um, **1.** qui a des oreilles longues ; **2.** qui écoute, attentif.

aurōra, æ, f., **1.** aurore ; **2.** Aurore, divinité.

aurūgĭno, ās, āre, intr., avoir la jaunisse.

aurŭla, æ, f., très léger souffle.

aurŭlentus, a, um, qui a la couleur de l'or.

aurum, i, n., **1.** or ; couleur de l'or ; **2.** tout objet fait en or (vaisselle, coupe, mors) ; **3.** or monnayé, *aula onusta auri* : marmite pleine d'or, *auri sacra fames* : le maudit appétit de l'or, VIRG. ; **4.** taxe, impôt en or ; **5.** = *aurea ætas*.

Aurunca, æ, f., Aurunca, v. de Campanie ‖ **Auruncus**, a, um, d'Aurunca ‖ **Aurunci**, ōrum, m. pl., les hab. d'Aurunca.

Ausa, æ, f., Ausa, v. d'Espagne.

Ausci, ōrum, m. pl., Ausques, peuple du S.-O. de la Gaule.

auscŭlor, V. *osculor*.

auscultātĭo, ōnis, f., **1.** action d'écouter ; **2.** obéissance.

auscultātŏr, ōris, m., **1.** auditeur ; **2.** celui qui obéit.

auscultātŭs, ūs, m., action d'écouter.

ausculto, ās, āre, (cf. *auris*), intr. et tr., **1.** écouter avec attention ; **2.** ajouter foi ; **3.** écouter en cachette, veiller, faire le guet ; **4.** obéir.

auscŭlum, V. *osculum*.

Ausētānus, a, um, d'Ausa ‖ **Ausētāni**, ōrum, m. pl., les hab. d'Ausa.

Auson, ŏnis, adj., ausonien, d'Ausonie ‖ **Ausŏna**, æ, f., Ausona, v. d'Ausonie ‖ **Ausŏnĭa**, æ, f., Ausonie, ancien nom de l'Italie ‖ **Ausŏnĭdæ**, um, m. pl., les Ausoniens ‖ **Ausŏnis**, ĭdis, f., Ausonienne ‖ **Ausŏnĭus**, a, um, ausonien, italien, latin ‖ **Ausŏnĭi**, ōrum, m. pl., les Ausoniens, anciens hab. de l'Italie.

auspex, ĭcis, (*avis* + *spec*~), m., **1.** auspice, celui qui observe les oiseaux et interprète leur nombre et la direction de leur vol, ainsi que leur appétit ; **2.** auteur, guide, inspirateur, *auspicibus diis* : à l'instigation des dieux ; **3.** témoin du mari à un mariage, paranymphe ; **4.** heureux, favorable, de bon augure.

auspĭcātō, part. passé à l'abl. n. abs. de *auspicor*, **1.** après avoir pris les auspices ; **2.** sous de favorables auspices.

auspĭcātus, a, um, part. adj., [~*tior*, ~*tissimus*], **1.** consacré par les auspices, inauguré ; **2.** commencé sous d'heureux auspices, favorable.

auspĭcĭum, ĭi, (*avis* + *spec*~), n., **1.** divination par les oiseaux, auspice ; **2.** droit de prendre les auspices, *jus auspiciorum majorum* : droit des auspices majeurs (de prendre les auspices en tout lieu), *jus auspiciorum minorum* : droit des auspices mineurs (de prendre les auspices seulement à Rome) ; **3.** direction suprême, commandement ; **4.** signe, présage, pronostic.

auspĭco, ās, āre, intr., **1.** prendre les auspices ; **2.** pronostiquer.

auspĭcor, āris, āri, tr., **1.** prendre les auspices ; **2.** entreprendre sous d'heureux auspices, inaugurer ; **3.** commencer.

austellus, i, m., léger vent du S.

Austĕr, tri, m., **1.** Auster, vent du S. ; **2.** le midi, les régions méridionales.

austērē, adv., sévèrement, sérieusement.

austērĭtās, ātis, f., **1.** saveur âpre ; **2.** sévérité, gravité.

austērŭlus, a, um, un peu âpre.

austērus, a, um, [~*rior*, ~*rissimus*], **1.** âpre au goût ; **2.** sombre, foncé ; **3.** sérieux, grave, sévère, *austeri senes* : vieillards austères, *suavitas austera* : la grave douceur (du style) ; péj., morose, chagrin.

austrīnus, a, um, du midi.

ausum, i, n., entreprise audacieuse.

ausús, ūs, m., V. le préc.

aut, conj. de coord. pour distinguer deux objets dont l'un exclut l'autre : ou, ou bien, *aut hoc aut illud* : ou c'est ceci ou c'est cela, *vincendum aut moriendum* : il faut vaincre ou mourir ; avec atténuation de l'exclusion : *aut certe, saltem* : ou du moins, *aut potius* : ou plutôt ; *aut... aut...* : ou bien... ou bien... ; avec nég., *sine quibus nec intelligi quicquam nec quæri aut disputari potest* : sans lesquels on ne peut rien comprendre ni rien rechercher ou discuter, CIC.

autem, partic. adv. ou conj., toujours placée en 2ᵉ position dans la prop. qu'elle introduit, **1.** simple articulation, avec qqf. léger renforcement : et, et d'autre part, de plus, *iratus senex, edax* *parasitus, sycophanta autem* : un vieillard irrité, un parasite glouton et de plus un sycophante impudent ; **2.** avec opp. faible : mais, tandis que, en revanche, *ipse nihil scribo, lego autem libentissime* : pour moi je n'écris rien, mais je lis avec très grand plaisir, Cic. ; **3.** dans un syllogisme : or, *aut hoc, aut illud* ; *non autem hoc* ; *illud igitur* : ou c'est ceci ou c'est cela ; or ce n'est pas ceci ; donc c'est cela, Cic. ; **4.** pour reprendre un mot et le corriger : mais que dis-je ?

authentĭcum, *i*, n., pièce originale.

authepsa, *æ*, f., autocuiseur.

autochthōn, *ŏnis*, m., autochtone.

autŏgrăphus, *a, um*, autographe.

Autŏlȳcus, *i*, m., Autolycus, fils de Mercure, aïeul maternel d'Ulysse, célèbre voleur.

autŏmătus, *a, um*, qui agit de soi-même, spontanément ; subst. n., *automatum, i*, automate.

Autŏmĕdōn, *ontis*, m., Automédon, cocher d'Achille ; cocher.

Autŏnŏē, *ēs*, f., Autonoé, fille de Cadmus, mère d'Actéon ‖ **Autŏnŏēius**, *a, um*, d'Autonoé.

Autrōnĭānus, *a, um*, d'Autronius ‖ **Autrōnĭus**, *ĭi*, m., Autronius, nom d'une famille rom. et spéc. d'un complice de Catilina.

autumnālis, *e*, adj., d'automne.

autumnus, *i*, m., automne ; adj., *autumnus, a, um*, d'automne.

autŭmo, *ās, āre*, tr., dire, prétendre, affirmer, garantir.

auxĭliābundus, *a, um*, secourable.

auxĭlĭāris, *e*, adj., **1.** qui secourt, secourable ; **2.** auxiliaire, d'appoint, *auxiliares cohortes* : les cohortes auxiliaires ; subst. m., *auxiliaris, is*, un (soldat) auxiliaire.

auxĭlĭārĭus, *a, um*, V. le préc.

auxĭlĭātĭo, *ōnis*, f., action de secourir, aide.

auxĭlĭātŏr, *ōris*, m., celui qui secourt, défenseur, soutien.

auxĭlĭo, *ās, āre*, tr., secourir.

auxĭlĭor, *āris, āri*, intr., porter secours, prêter assistance, ~ *alicui* : aider qqn.

auxĭlĭum, *ĭi*, (cf. *augeo*), n., **1.** accroissement de forces, renfort ; ord., secours, assistance, *auxilium, auxilio esse alicui* : secourir qqn., *alicui opem auxiliumque ferre* : prêter à qqn. secours et assistance ; **2.** surt., au pl., *auxilia, orum*, troupes auxiliaires ; **3.** ressource, moyen de ressource, remède.

Auxĭmātes, *ĭum*, m. pl., les hab. d'Auximum ‖ **Auxĭmum**, *i*, n., Auximum, v. du Picénum, auj. Osimo.

Auzēa, *æ*, f., Auzéa, v. de Mauritanie.

ăvārē, adv., [~*rius*, ~*rissime*], avec avidité, cupidité ; avec avarice.

Avārĭcensis, *e*, adj., d'Avaricum ‖ **Avārĭcum**, *i*, n., Avaricum, cap. des Bituriges, auj. Bourges.

ăvārĭtĕr, adv., avec avidité, avarice.

ăvārĭtĭa, *æ*, f., **1.** désir immodéré, avidité, convoitise ; spéc., désir de richesse, cupidité ; **2.** avarice.

ăvārĭtĭēs, *ēi*, V. le préc.

ăvārus, *a, um*, [~*rior*, ~*rissimus*], **1.** qui convoite, avide ; **2.** cupide.

① **ăvĕ**, abl. de *avis*.

② **ăvĕ**, voc. de *avus*.

③ **ăvĕ** (**hăvĕ**), **ăvēte** et **ăvētō**, etc., formule de salutation : bonjour, salut ; adieu.

āvĕho, *ĭs, ĕre, vexi, vectum*, tr., emmener (dans une voiture, une barque), emporter, transporter loin de.

Ăvella, **Ăvellānus**, V. *Abella, Abellanus*.

āvello, *ĭs, ĕre, velli* ou *vulsi, vulsum*, tr., arracher, enlever avec force, détacher.

ăvēna, *æ*, f., **1.** avoine ; tige de l'avoine ou d'une céréale ; **2.** chalumeau, flûte de Pan.

Aventĭcum, *i*, n., Aventicum, v. des Helvètes, auj. Avenche.

Āventīnus, *i*, m., **1.** Aventinus, nom du roi d'Albe qui donna son nom à l'Aventin ; **2.** Aventin, colline de Rome ‖ **Āventīnus**, *a, um*, de l'Aventin.

① **ăvĕo**, *ēs, ēre*, tr., souhaiter, désirer avidement, vivement.

② **ăvĕo** ou **hăvĕo**, V. *ave* ③.

Āvernus, *i*, m., **1.** l'Averne, lac de Campanie ; où se trouvait, dit-on, l'entrée des Enfers ; **2.** les Enfers ‖ **Āvernus**, *a, um*, de l'Averne, des Enfers.

āverro, *ĭs, ĕre, verri*, tr., balayer, enlever.

āverrunco, *ās, āre*, tr., détourner une calamité, *di averruncent !* : que les dieux nous préservent !

āversābĭlis, *e*, adj., abominable.

āversātĭo, *ōnis*, f., aversion, dégoût.

āversātrix, *īcis*, f., celle qui a de l'aversion pour.

āversĭo, *ōnis*, f., **1.** action de détourner ; **2.** diversion par laquelle l'orateur quitte son propos.

① **āversor**, *āris, āri*, **1.** intr., se détourner ; **2.** tr., se détourner de, repousser, dédaigner ; refuser d'écouter.

② **āversŏr**, *ōris*, m., celui qui détourne à son profit les deniers publics.

āversus, *a, um*, part. adj., [~*sior*, ~*sissimus*], **1.** détourné, de dos, par-derrière, *adversus et* ~ : par-devant et par-derrière, *aversa porta* : porte de derrière ; **2.** dégoûté de, prévenu contre, hostile, *aversissimo animo esse ab aliquo* : être très mal disposé à l'égard de qqn.

āverto, *ĭs, ĕre, verti, versum*, tr., **1.** détourner, éloigner ; au passif, *averti* : se détourner, *aversus ab suo itinere* : s'étant détourné de sa route ; **2.** détourner, écarter, repousser de, *barbaros* ~ *a portis castrorum* : repousser les barbares des portes du camp, ~ *pestem ab Ægyptiis* : préserver l'Égypte d'un fléau, ~ *causam in aliquem* : rejeter l'affaire sur un autre ; **3.** détourner, s'approprier.

① **ăvĭa**, *æ*, f., grand-mère.

② **āvĭa**, *ōrum*, V. *avius*.

Avĭānĭus, *ĭi*, m., Avianius, nom d'une famille rom.

ăvĭārĭum, *ĭi*, n., **1.** volière, basse-cour ; **2.** bocages remplis d'oiseaux.

ăvĭcŭla, *æ*, f., petit oiseau.

ăvĭdē, adv., [~*dius, ~dissime*], avec avidité.

ăvĭdĭtās, *ātis*, f., **1.** désir instinctif, impatient, avidité ; **2.** cupidité ; avarice.

ăvĭdus, *a, um*, [~*dior, ~dissimus*], **1.** qui désire vivement, avide de, passionné pour, ~ *novarum rerum* : révolutionnaire, ~ *cognoscendi* : avide de connaissances ; **2.** cupide ; avare ; **3.** impatient, passionné, dévorant.

ăvis, *is*, f., **1.** oiseau ; **2.** présage fourni par les oiseaux.

ăvītĭum, *ĭi*, n., la gent ailée.

ăvītus, *a, um*, relatif à l'aïeul ou aux ancêtres.

Āvītus, *i*, m., Avitus, nom d'une famille rom.

āvīus, *a, um*, **1.** loin du chemin, écarté, peu fréquenté ; subst. n. pl., *avia, ōrum*, lieux déserts, solitudes ; **2.** qui s'écarte de la route, ~ *errat animus* : l'esprit fait fausse route.

āvŏcāmentum, *i*, n., distraction, divertissement.

āvŏcātĭo, *ōnis*, f., action de distraire, diversion.

āvŏcātŏr, *ōris*, m., celui qui détourne.

āvŏcātrix, *īcis*, f. du préc.

āvŏco, *ās, āre*, tr., **1.** rappeler qqn de qqp. ; **2.** éloigner, détourner, écarter, ~ *milites a signis* : détourner les soldats de leurs obligations militaires ; **3.** distraire, divertir.

āvŏlātĭo, *ōnis*, f., action de s'envoler.

āvŏlo, *ās, āre*, intr., s'envoler ; s'enfuir rapidement.

Ăvŏna, *æ*, m., Avona, fl. de Bretagne, auj. Avon.

ăvonculus, V. *avunculus*.

ăvos, V. *avus*.

ăvuncŭlus, *i*, m., oncle (en gén., frère de la mère).

ăvus, *i*, m., **1.** aïeul, grand-père ; **2.** ancêtre.

Axĕnus, *i*, m., Axénus, le Pont-Euxin.

axĭcĭa, *æ*, f., ciseaux de perruquier.

axilla, *æ*, f., aisselle.

Axīnus, V. *Axenus*.

① **axis**, *is*, m., **1.** axe, essieu ; char ; **2.** axe du monde, pôle, voûte du ciel, ciel ; zone, climat.

② **axis (assis)**, *is*, m., madrier.

Axŏna, *æ*, m., Axona, fl. de la Gaule Belgique, auj. Aisne.

B

B, b, f. et n., indécl., b, deuxième lettre de l'al ph. latin ; abr. de *bene* ou de *bonus, a, um*, ex. : *B.V. = bene vale* : porte-toi bien ; *B.D. = Bona Dea* : la Bonne Déesse.

Balba, æ, m., Baba, nom d'un esclave.

băbæ (păpæ), interj., oh ! là ! là ! ; très bien !

băbæcălus, *i*, m., imbécile heureux (?), PÉTR.

Babilus, *i*, m., Babilus, astronome sous Néron.

Ba bullius, *ii*, m., Babullius, ami de César.

bă bŭlus, *i*, m., hâbleur.

Bă bўlō, *ōnis*, m., un Babylonien = un nabab ‖ **Băbўlōn**, *ōnis*, f., Babylone ‖ **Băbўlōnĭa**, æ, f., la Babylonie ‖ **Băbўlōnĭăcus** et **Băbўlōnĭcus**, *a, um*, babylonien, chaldéen, *babylonica doctrina* : la science des Babyloniens, l'astrologie ‖ **Băbўlōnĭensis**, *e*, et **Băbўlōnĭus**, *a, um*, babylonien.

băca et **bacca**, æ, f., 1. baie ; tout fruit de forme arrondie ; tout fruit d'arbre ; 2. fig., perle.

Bacan~, V. *Bacchan~*.

băcatus, *a, um*, fait de perles.

baccăr, *ăris*, n., et **baccăris**, *is*, f., baccar, plante odorante dont on extrayait un parfum.

Baccara, æ, m., Baccara, nom d'esclave, MART.

Baccha, æ, f., Bacchante, femme qui célébrait les mystères de Bacchus.

bacchābundus, *a, um*, pris du délire des Bacchantes, déchaîné ; débauché.

bacchānăl, *ălis*, n., bacchanal, lieu où l'on célèbre les mystères de Bacchus ; au pl., **Bacchānālĭa**, *ĭum*, Bacchanales, fêtes de Bacchus ; orgies, débauches des Bacchanales.

bacchātim, adv., à la manière des Bacchantes.

bacchātĭo, *ōnis*, f., 1. célébration des mystères de Bacchus ; 2. orgie, débauche.

Bacchēis, *ĭdos*, f., de Bacchis, roi de Corinthe ; d'où : Corinthienne.

Bacchēĭus et **Bacchēus**, *a, um*, de Bacchus ; des Bacchantes.

Bacchĭădæ, *ārum*, m. pl., Bacchiades, descendants de Bacchis, roi de Corinthe.

Bacchĭcus, *a, um*, de Bacchus.

Bacchis, *ĭdis*, f., 1. Bacchante ; 2. Bacchis, nom de femme.

Bacchĭum, *ĭi*, n., Bacchium, île de la mer Égée.

① **Bacchĭus**, *a, um*, de Bacchus, bachique.

② **Bacchĭus**, *ĭi*, m., Bacchius, nom d'un gladiateur.

bacchĭus (pēs), m., bacchiaque, pied composé d'une brève suivie de deux longues.

bacchor, *ăris, ări*, intr. et qqf. tr., 1. célébrer les fêtes de Bacchus ; 2. être en proie au délire, *bacchatur vates* : la prêtresse se débat dans son délire inspiré, VIRG. ; 3. se déchaîner, se répandre, errer çà et là en divaguant ; 4. réciter avec emphase, ou d'un air inspiré ; 5. sens passif : être hanté, envahi par les Bacchantes.

Bacchus, *i*, m., 1. Bacchus ou Liber, fils de Jupiter et de Sémélé, dieu de la vigne et du vin ; 2. la vigne ; le vin.

baccĭballum, *i*, n., une belle fille bien ronde, PÉTR.

baccīna, æ, f., bot., morelle.

Băcēnis, *is*, f., la forêt de Bacénis, en Germanie, auj. Thuringe.

băcĕŏlus, *i*, m., sot, niais.

băcĭfĕr, *ĕra, ĕrum*, qui porte des baies, des olives.

băcillum, *i*, n., 1. petit bâton ; 2. spéc., bâton des licteurs pour écarter la foule.

Bacis, *ĭdis*, m., Bacis, 1. devin de Béotie ; 2. taureau vénéré en Égypte.

Bactra, *ōrum*, n. pl., Bactres, cap. de la Bactriane ‖ **Bactrĭāna**, æ, f., la Bactriane, province de la Perse ‖ **Bactrĭānus**, **Bactrīnus** et **Bactrĭus**, *a, um*, de la Bactriane.

Bactrus, *i*, m., Bactrus, fl. de Bactriane.

băcŭlum, *i*, n., et **băcŭlus**, *i*, m., bâton, canne ; bâton d'augure (V. *lituus*) ; sceptre.

bădisso et **bădizo**, *ās, āre*, intr., marcher (grec latinisé), PL.

Baduhennæ lūcus, *i*, m., forêt de Baduhenne, chez les Frisons, en Germanie.

Bæbĭus, *ĭi*, m., Bæbius, nom d'une famille rom. ; ‖ **Bæbĭus**, *a, um*, de Bæbius *lex Bæbia* : la loi Bæbia (sur la nomination des préteurs).

Baecŭla, æ, f., Baecula, v. d'Espagne Bétique, auj. Baylen.

Baetĭca, æ, f., la Bétique, province d'Espagne, auj. Andalousie ‖ **Baetĭcŏla**, æ, m., hab. de la Bétique ‖ **Baetĭcus**, a, um, de la Bétique ou du Bétis ‖ **Baetĭgĕna**, æ, m., natif de Bétique ‖ **Baetis**, is, m., Bétis, fl. de Bétique, auj. Guadalquivir.

baetĭcātus, a, um, revêtu de laine provenant de Bétique.

baeto et **bēto**, ĭs, ĕre, intr., marcher, aller.

Baetūrĭa, æ, f., Béturie, région de Bétique.

Băgenni ou **Văgenni**, ōrum, m. pl., Bagiennes, peuple de Ligurie.

băgīna, V. vagina.

Băgōās, æ, et **Băgōus**, i, m., Bagoas, nom d'h. signifiant « eunuque » en persan ; eunuque.

Bagophănēs, is, m., Bagophane, satrape de Darius.

Băgrăda, æ, m., Bagrada, riv. de Numidie.

Băiæ, ārum, f. pl., 1. Baïes, v. de Campanie ; 2. bains, thermes, station balnéaire ‖ **Băiānus**, a, um, de Baïes.

Băiŏcasses, ĭum, m. pl., Bajocasses, peuple de la Gaule Lyonnaise, auj. région de Bayeux.

băjŭlo, ās, āre, tr., 1. porter sur le dos ; 2. faire le portefaix.

băjŭlus, i, m., portefaix.

bălæna, æ, f., baleine.

bălænācĕus, a, um, de baleine.

bălănātus, a, um, parfumé au balanus.

bălănus, i, m., 1. gland ; 2. huile odoriférante ; 3. balane.

Bălări, ōrum, m. pl., Balares, peuple de Sardaigne.

bălātro, ōnis, m., bouffon, hâbleur.

bălātŭs, ūs, m., bêlement.

balbē, adv., en bégayant.

Balbilĭus, ĭi, m., Balbilius, nom rom.

Balbillus, i, m., Balbillus, préfet d'Égypte sous Néron.

Balbīnus, i, m., Balbinus, nom rom.

balbus, a, um, bègue.

Balbus, i, m., Balbus, 1. surnom rom. ; 2. mt. d'Afrique.

balbūtĭo, īs, īre, 1. intr., bégayer, balbutier, bredouiller ; 2. tr., dire en bégayant.

Bălĕāres, ĭum, f. pl., les îles Baléares ‖ **Bălĕārĭcus**, a, um, des Baléares ‖ **Bălĕāris**, e, adj., des Baléares ‖ **Balearis**, is, m., hab. des Baléares, funditores Baleares : les frondeurs baléares.

bălĭn~, V. baln~.

bălĭŏlus, a, um, tacheté, moucheté.

băliscus, i, m., pratique du bain.

bālĭtans, antis, part. adj., qui ne cesse de bêler.

Ballĭo, ōnis, m., Ballion, 1. nom d'un entremetteur ; 2. vaurien ‖ **Ballĭōnĭus**, a, um, de Ballion.

ballista et **bālista**, æ, f., 1. baliste, machine de guerre qui lance de grosses pierres ; 2. projectile d'une baliste.

Ballista, æ, m., Ballista, mt. de Ligurie.

ballistārĭum, ĭi, n., baliste.

balnĕātŏr, ōris, m., baigneur, iron. pour Neptune, PL.

balnĕŏlæ, ārum, f. pl., petits bains.

balnĕŏlum, i, n., petit bain.

balnĕum, i, n., bains, salle de bains ; au pl., balnea, orum, bains, bains publics ou privés.

bālo, ās, āre, intr., bêler ; subst. f. pl., balantes, ium, les brebis.

balsămum, i, n., 1. bot., baumier ; 2. baume, parfum.

baltĕus, i, m., 1. baudrier, ceinturon ; 2. ceinture.

Bandŭsĭa, æ, f., Bandusie, source célébrée par Horace.

Bantĭa, æ, f., Bantia, v. d'Apulie.

Baphyrus, i, m., Baphyrus, fl. de Macédoine.

Baptæ, ārum, m. pl., Baptes, prêtres de la déesse thrace Cotytto.

baptisma, ătis, n., 1. ablution, immersion ; 2. chr., baptême.

baptismus, i, m., V. le préc. 2.

Baptista, æ, m., chr., Jean le Baptiste.

baptistērĭum, ĭi, n., 1. piscine, bassin d'eau froide ; 2. chr., baptistère.

baptizo, ās, āre, tr., chr., baptiser.

bărăthrum, i, n., 1. gouffre, abîme ; 2. enfer ; 3. fig., gouffre, grand appétit ou homme insatiable.

bărăthrus, i, m., vaurien, misérable.

barba, æ, f., barbe, ~ demissa, immissa, promissa : longue barbe, barbam vellere alicui : tirer la barbe à qqn., l'insulter gravement, barbam auream habere : avoir une barbe d'or, être l'égal des dieux.

Barba, æ, m., Barba, surnom rom.

Barbāna, æ, m., Barbana, fl. d'Illyrie.

barbărē, adv., 1. à la manière barbare ; (ce qui n'est pas grec), d'où : en latin ; 2. stupidement ; 3. cruellement ; 4. fautivement, incorrectement.

barbărĭa, æ, f., 1. le monde barbare (ce qui n'est pas grec) ; 2. le monde barbare (ce qui n'est ni grec ni latin) ; l'étranger ; 3. barbarie, grossièreté, sauvagerie ; 4. langue incorrecte.

barbărĭcus, a, um, 1. barbare, étranger ; 2. pour un Grec : italien, romain, PL.

barbărismus, *i*, m., prononciation vicieuse d'un mot latin ; faute contre le latin.

barbărus, *a*, *um*, [*~rior*], **1.** étranger, barbare (qui n'est pas grec) ; qqf. italien, romain, PL. ; **2.** étranger, barbare (qui n'est ni grec ni romain) ; **3.** ennemi ; **4.** sauvage, cruel ; **5.** grossier, inculte.

barbātōria, *æ*, f., action de se faire la barbe pour la première fois, PÉTR.

barbātŭlus, *i*, m., **1.** qui porte une barbe naissante ; **2.** ~ *mullus* : barbeau (mets de luxe).

barbātus, *a*, *um*, **1.** qui porte la barbe, barbu ; **2.** vieux Romain traditionaliste ; **3.** philosophe (barbu) ; **4.** subst. m., *barbatus*, *i*, bouc ; **5.** ~ *liber* : livre éraillé par le frottement.

Barbātus, *i*, m., Barbatus, surnom rom.

barbĭgĕr, *ĕra*, *ĕrum*, qui porte la barbe.

barbĭtĭum, *ĭi*, n., barbe.

barbĭtŏs, *i*, m., **1.** lyre ; **2.** chant, mélodie.

Barbosthĕnēs, *is*, m., Barbosthène, mt. de Laconie.

barbŭla, *æ*, f., petite barbe, poil follet.

Barbŭla, *æ*, m., Barbula, surnom rom.

barbus, *i*, m., barbeau d'eau douce.

Barcæi, *ōrum*, m. pl., les hab. de Barcé.

barcăla, *æ*, m., imbécile, niais, PÉTR.

Barcāni, *ōrum*, m. pl., Barcaniens, peuple parthe.

Barcās, *æ*, m., Barca, premier ancêtre de la famille punique des Barcas ; surnom d'Hamilcar ‖ **Barcæus** et **Barcīnus**, *a*, *um*, des Barcas.

Barcē, *ēs*, f., Barcé, **1.** nourrice de Sychée, épouse de Didon ; **2.** nom de plusieurs v.

Barcĭno, *ōnis*, f., Barcino, v. de l'Espagne Tarraconnaise, auj. Barcelone ‖ **Barcĭnōnensis**, *e*, adj., de Barcino.

Bardæi, *ōrum*, m. pl., Bardéens, peuple d'Illyrie ‖ **Bardăĭcus**, *a*, *um*, des Bardéens ; ~ *calceus* (ou abs.) : sorte de chaussure.

bardĭtus, V. *barrītus* 3.

Bardō, *ōnis*, f., Bardon, v. d'Espagne.

bardŏcŭcullus, *i*, m., cape à manches.

① **bardus**, *a*, *um*, [*~dior*, *~dissimus*], lourd, stupide.

② **bardus**, *i*, m., barde, poète et chanteur gaulois.

Bardўlis, *is*, m., Bardylis, usurpateur illyrien.

① **Bărĕa**, *æ*, f., Baréa, v. d'Espagne, auj. Vera.

② **Bărĕa**, *æ*, m., Baréa, nom d'h.

Bargŭllum, *i*, n., Bargullum, v. d'Épire.

Bargūsĭi, *ōrum*, m. pl., Bargusiens, peuple d'Espagne Tarraconnaise.

Bargylĭa, *ōrum*, n. pl., et **Bargylĭæ**, *ārum*, f. pl., Bargylies, v. de Carie ‖ **Bargylĭētæ**, *ārum*, m. pl., les Bargyliens, hab. de Bargylies ‖ **Bargylĭētĭcus**, *a*, *um*, de Bargylies.

Bārīnē, *ēs*, f., Bariné, nom de femme (de Barium ?), HOR.

bāris, *ĭdos*, f., bateau égyptien.

Bārĭum, *ĭi*, n., Barium, v. d'Apulie, auj. Bari.

bāro, *ōnis*, m., lourdaud, imbécile.

barrĭo, *īs*, *īre*, intr., barrir.

barrītŭs, *ūs*, m., **1.** barrissement ; **2.** cri de guerre ; **3.** spéc., chant de guerre (le bardit des Germains)

barrus, *i*, m., éléphant.

Barrus, *i*, m., Barrus, surnom rom.

bascauda, *æ*, f., cuvette pour la vaisselle.

bāsĭātĭo, *ōnis*, f., embrassement, baiser.

bāsĭātŏr, *ōris*, m., qui donne des baisers.

bāsĭlĭca, *æ*, f., basilique, grand édifice public des places romaines, où se traitaient les affaires, où se rendait la justice et où l'on se promenait (ex. la basilique Æmilia sur le Forum).

bāsĭlĭcē, adv., royalement, PL.

bāsĭlĭcum, *i*, n., vêtement royal, PL.

bāsĭlĭcus, *a*, *um*, royal, princier, magnifique ; subst. m., *basilicus*, *i*, le coup (de dés) royal, PL.

Bāsĭlus, *i*, m., Basilus, surnom rom.

bāsĭo, *ās*, *āre*, tr., baiser, donner un baiser.

bāsĭŏlum, *i*, n., petit baiser.

bāsis, *is* (*ĕos*), f., base, fondement, soubassement ; spéc., base d'un triangle.

bāsĭum, *ĭi*, n., baiser.

Bassānĭa, *æ*, f., Bassania, v. d'Illyrie ‖ **Bassānītæ**, *ārum*, m. pl., les hab. de Bassania.

Bassăreūs, *ĕi*, m., Bassarée (= couvert d'une peau de renard, dont se paraient les Bacchantes), surnom de Dionysos-Bacchus ‖ **Bassărĭcus**, *a*, *um*, bachique ‖ **Bassaris**, *ĭdis*, f., Bassaride = Bacchante.

Bassus, *i*, m., surnom d'une famille rom.

Bastarna et **Basterna**, *æ*, m. et f., un(e) Bastarne ‖ **Bastarnæ**, *ārum*, m. pl., les Bastarnes, peuple de Germanie.

băt, interj., antithèse iron. de *at*, ah ! bah !

Bătāvi, *ōrum*, m. pl., Bataves, peuple de basse Germanie, auj. la Hollande ‖ **Bătāvus**, *a*, *um*, de Batave ‖ **Bătāvŏdūrum**, *i*, n., Batavodurum, v. des Bataves.

Băthyllus, *i*, m., Bathyllus, **1.** ami d'Anacréon ; **2.** pantomime célèbre, favori de Mécène.

bătillum ou **vătillum**, *i*, n., bassinoire.

Bāto, *ōnis*, m., Baton, chef pannonien ou dalmate.

Batrăchŏmyŏmăchĭa, *æ*, f., « La Batrachomyomachie (Combat des rats et des grenouilles) », poème attribué à Homère.

Battara, *æ*, m., Battara, nom d'un Romain.

Battĭădēs, *æ*, m., Battiade, descendant de Battus, fondateur de Cyrène.

Battis, *ĭdis*, f., Battis, nom de femme.

battŭo et **bătŭo**, *ĭs*, *ĕre*, **1.** tr., battre ; **2.** intr., faire des armes, escrimer ; **3.** obsc., baiser.

Battus, *i*, m., Battus, **1.** fondateur de Cyrène ; **2.** nom d'un berger.

Bătŭlum, *i*, n., Batulum, v. de Campanie.

baubor, *āris*, *āri*, intr., aboyer, hurler.

Baucis, *ĭdis*, f., Baucis, Phrygienne épouse de Philémon.

Bauli, *ōrum*, m. pl., Baules, v. de Campanie.

Băvĭus, *ĭi*, m., Bavius, mauvais poète.

bdellĭum, *ĭi*, n., palmier qui produit une résine odorante ; fig., parfum d'Arabie, PL.

bĕătē, adv., [*~tius*, *~tissime*], d'une manière heureuse.

bĕātĭfĭcātŏr, *ōris*, m., celui qui rend heureux.

bĕātĭfĭco, *ās*, *āre*, tr., rendre heureux.

bĕātĭfĭcus, *a*, *um*, qui rend heureux.

bĕātĭtās, *ātis*, et **bĕātĭtūdo**, *ĭnis*, f., état de bonheur, bonheur, béatitude.

bĕātŭlus, *a*, *um*, un peu heureux.

bĕātum, *i*, n., fait d'être heureux, bonheur.

bĕātus, *a*, *um*, (cf. *beo*), [*~tior*, *~tissimus*], **1.** comblé de biens, à qui rien ne manque, d'où : heureux ; **2.** riche, opulent, abondant (pr. et fig.) ; **3.** heureux, bienheureux ; part. subst., *insulæ Beatorum* : les îles des Bienheureux, le paradis des élus.

bēbo, *ās*, *āre*, intr., crier bê, bê, bêler.

Bēbrўcĭa, *æ*, f., Bébrycie, ancien nom de la Bithynie ‖ **Bēbrўcĭus**, *a*, *um*, de la Bébrycie (Bithynie) ou d'une colonie établie dans les Pyrénées ‖ **Bēbryx**, *ўcis*, m., Bébryx, **1.** roi des Bébryces d'Asie ; **2.** roi des colons des Pyrénées.

beccus, *i*, m., bec.

Bēdrĭăcum, **Bētrĭăcum** et **Bēbrĭăcum**, *i*, n., Bédriac, v. d'Italie, où Othon fut battu par Vitellius en 69 ap. J.-C. ‖ **Bēdrĭăcensis**, *e*, adj., de Bédriac.

Bĕgorrītēs lăcus, m., lac Bégorrite en Macédoine.

Belbīnātēs ăger, m., territoire Belbinate, dans le Péloponnèse (Arcadie).

Bĕlēnus, *i*, m., Bélénus, dieu celte du Soleil.

Belga, *æ*, m., Belge ‖ **Belgæ**, *ārum*, m. pl., les Belges, hab. de la Gaule Belgique ‖ **Belgĭcus**, *a*, *um*, des Belges.

Belgĭum, *ĭi*, n., Belgium, territoire des Bellovaques, auj. Picardie.

Bēlĭăs, *ădis*, **1.** f., Béliade, descendante de Bélus ; **2.** m., riv. de Phénicie ‖ **Bēlĭdēs**, *æ*, m., Bélide, descendant de Bélus ‖ **Bēlis**, *ĭdis*, f., Bélis, petite-fille de Bélus ; surt. **Bēlĭdes**, *um*, f. pl., les filles de Danaüs, descendant de Bélus : les Danaïdes.

bellātŏr, *ōris*, m., **1.** guerrier (par tempérament) ; homme de guerre ; **2.** adj., de guerre, de bataille, ~ (*equus*) : cheval de bataille.

bellātōrĭus, *a*, *um*, **1.** de guerre ; **2.** polémique, agressif (style).

bellātrix, *īcis*, f., **1.** guerrière ; **2.** adj., de guerre, de combat ; fig., belliqueuse, batailleuse.

bellātŭlus, *a*, *um*, joli, mignon, bellot.

bellax, *ācis*, adj., belliqueux, guerrier.

bellē, adv., [*~lissime*], d'une manière jolie, gracieuse ; avec esprit, élégance ; bien, heureusement, ~ *se habere* : se bien porter.

Bellĕrŏphōn, *ontis*, et **Bellĕrŏphontēs**, *æ*, m., Bellérophon, vainqueur de la Chimère ‖ **Bellĕrŏphontēus**, *a*, *um*, de Bellérophon.

bellĭătŭlus, V. *bellatulus*.

bellĭātus, *a*, *um*, joli, gentil.

bellĭcōsus, *a*, *um*, [*~sior*, *~sissimus*], belliqueux ; guerrier ; de guerre ; vaillant.

bellĭcrĕpa saltātĭo, f., danse armée, pyrrhique.

bellĭcum, *i*, n., sonnerie de trompette, *bellicum canere* : sonner de la trompette pour appeler aux armes ; fig., pousser à prendre les armes.

bellĭcus, *a*, *um*, **1.** de guerre, militaire, *bellica res* : fait de guerre ; **2.** belliqueux, guerrier.

Bellĭēnus, *i*, m., Belliénus, surnom rom.

bellĭgĕr, *ĕra*, *ĕrum*, qui apporte, cause la guerre.

bellĭgĕrātŏr, *ōris*, m., guerrier, capitaine.

bellĭgĕro, *ās*, *āre*, intr., faire la guerre, lutter, combattre.

bellĭpŏtens, *entis*, adj., puissant dans la guerre.

bello, *ās*, *āre*, intr., faire la guerre ; combattre.

Bellōcass~, V. *Vellocass~*.

Bellōna, *æ*, f., Bellone, déesse de la guerre.

bellor, *āris, āri*, V. *bello*.

Bellŏvăci, *ōrum*, m. pl., Bellovaques, peuple de la Gaule Belgique, auj. région de Beauvais.

Bellŏvĕsus, *i*, m., Bellovèse, chef biturige.

bellŭ, **~a**, **~ātus**, **~īnus**, V. *belu~*.

bellŭlē, adv., joliment.

bellŭlus, *a, um*, gentil, joli, bellot.

bellum (anc. *duellum*), *i*, n., 1. guerre, ~ *domesticum*, *civile* : guerre civile, ~ *intestinum* : guerre intestine, ~ *externum* : guerre étrangère, *belli* : à la guerre, ~ *concire*, *conflare* : allumer une guerre, ~ *facere* : provoquer une guerre, ~ *suscipere* : entreprendre une guerre, ~ *gerere* : faire la guerre, ~ *ducere*, *coquere* : traîner la guerre en longueur, ~ *conficere*, *profligare*, *restinguere* : achever une guerre ; 2. au pl., *bella, orum*, armées.

bellus, *a, um*, [~*issimus*], 1. joli, charmant, délicat ; 2. agréable, élégant, de bonne compagnie ; 3. fam., en bonne santé.

bēlŭa, *æ*, f., 1. grosse bête ou bête féroce (éléphant, loup, lion) ; 2. homme impudent ou stupide ; 3. monstre.

bēlŭāta (**tăppētia**), n. pl., tapis où sont représentées des bêtes.

bēlŭīnus, *a, um*, de bête, bestial.

bēlŭōsus, *a, um*, rempli de bêtes monstrueueses.

Bēlus, *i*, m., Bélus, 1. héros fondateur de Babylone (Baal) ; 2. fils de Neptune, aïeul des Danaïdes ; 3. père de Didon ; 4. fl. de Phénicie.

Bēnācus, *i*, m., lac Bénacus, en Italie du N., auj. lac de Garde.

Bendĭdĭus, *a, um*, de Bendis, déesse de la lune chez les Parthes.

bĕnĕ, adv., [*melius, optime*], 1. bien (au physique et au moral), convenablement, heureusement, ~ *acta vita* : vie bien employée, ~ *narrare* : annoncer une bonne nouvelle, ~ *mereri de aliquo* : bien mériter de qqn., lui rendre service, ~ *audire ab aliquo* : avoir l'estime de qqn., ~ *dicere* : parler avec éloquence, ~ *dicere alicui* : dire du bien de qqn., ~ *agere* : faire bien, ~ *facere* : faire du bien, le bien, *alicui*, *in* ou *erga aliquem* : à qqn., ~ *est*, *habet* : c'est bien, parfaitement ; ~ *vobis*, *vos* : à votre santé ; 2. dans de bonnes conditions, ~ *emere* : acheter à bon marché ; 3. très, fort, ~ *ante lucem* : bien avant le jour.

bĕnĕdīcē, adv., civilement, courtoisement.

bĕnĕdīco, V. *bene*.

bĕnĕdictĭo, *ōnis*, f., 1. louange ; 2. bénédiction.

bĕnĕdictum, *i*, n., bonne ou sage parole.

bĕnĕfăcĭo, V. *bene*.

bĕnĕfactĭo, *ōnis*, f., action de faire le bien.

bĕnĕfactum, *i*, n., belle ou bonne action.

bĕnĕfĭcentĭa, *æ*, f., bienfaisance, bonté.

bĕnĕfĭcĭārĭus, *a, um*, 1. relatif aux bienfaits ; 2. subst. m. pl., *beneficiarii, orum*, soldats dispensés des corvées.

bĕnĕfĭcĭum, *ĭi*, n., 1. bienfait, service, faveur, grâce, *alicui* ~ *dare*, *tribuere*, *in aliquem* ~ *conferre*, *deferre*, *apud aliquem* ~ *ponere*, *collocare* : rendre service à qqn. ; 2. faveur, entremise, aide, *deorum beneficio* : avec le secours des dieux ; 2. privilège, attribution, concession, gratification procurée par la loi.

bĕnĕfĭcus, *a, um*, [~*centior*, ~*centissimus*], bienfaisant, obligeant, complaisant.

bĕnĕplăcĭtum, *i*, n., bon plaisir.

Bĕnĕventum, *i*, n., Bénévent (anc. *Maleventum*, avant la colonisation des Romains), v. du Samnium ‖ **Bĕnĕventānus**, *a, um*, de Bénévent ‖ **Bĕnĕventāni**, *ōrum*, m. pl., les hab. de Bénévent.

bĕnĕvŏlē, adv., avec bienveillance.

bĕnĕvŏlens, *entis*, part. adj., [~*tior*, ~*tissimus*], bienveillant, favorable, plein d'affection.

bĕnĕvŏlentĭa, *æ*, f., bienveillance, bonnes dispositions, dévouement, affection, amitié, ~ *erga aliquem* : amitié pour qqn.

bĕnĕvŏlus, *a, um*, (comp. et superl., V. *benevolens*), bienveillant, dévoué, affectueux.

bĕnīf~ et **bĕnĭv~**, V. *benef~* et *benev~*.

bĕnignē, adv., [~*gnius*, ~*gnissime*], 1. avec bonté, obligeance, volontiers ; ~ *facere alicui*, *adversus aliquem* : faire du bien à qqn. ; 2. pour remercier : ~ *dicis* ou *facis* ou simpl. *benigne* : bien obligé, merci.

bĕnignĭtās, *ātis*, f., bonté, bienveillance ; obligeance, générosité.

bĕnignus, *a, um*, [~*gnior*, ~*gnissimus*], 1. bienveillant, amical, affable ; 2. obligeant, généreux, libéral, ~ *alicui*, *erga*, *adversus aliquem* : généreux envers qqn. ; 3. abondant ; poét., fertile in + gén.

bĕo, *ās, āre*, tr., combler (de biens), gratifier, enrichir ; rendre heureux, faire plaisir.

Bĕrĕcyntus, **~ thus**, *i*, m., le Bérécynthe, mt. de Phrygie, consacré à Cybèle ‖ **Bĕrĕcynthĭăcus**, *a, um*, du Bérécynthe, de Cybèle ‖ **Bĕrĕcynthĭădēs**, *æ*, m., le Bérécynthien, Attis ‖ **Bĕrĕcynthĭus**, *a, um*, du Bérécynthe, de Cybèle, *Berecynthia mater* : Cybèle.

Bĕrĕnīcē, *ēs*, f., Bérénice, 1. princesse orientale, aimée de Titus ; 2. nom de plusieurs v. ‖ **Bĕrĕnīcēus**, *a, um*, de Bérénice.

Bergistāni, *ōrum*, m. pl., Bergistanes, peuple de l'Espagne Tarraconnaise.

Bĕrŏē, *ēs*, f., Béroé, 1. nourrice de Sémélé ; 2. Océanide ; 3. épouse de Doryclus.

Bĕrœa, *æ*, f., Bérée, v. de Macédoine ‖ **Bĕrœæus**, *a, um*, de Bérée.

Bĕrōnes, *um*, m. pl., Bérons, peuple de l'Espagne Tarraconnaise.

bēs, *bessis*, et **bessis**, *is*, (= *bis as*), m., 1. 2/3 de l'as ou 8/12 ; 2. intérêt de 2/3 par mois = 8% par an.

Besidĭæ, *ārum*, f. pl., Bésidies, v. du Bruttium.

Bessa, *æ*, f., Bessa, v. de Locride.

bessālis et **bēsālis**, *e*, adj., qui contient 8 (8 onces, 8 pouces) ; fig., de deux sous, de rien, PÉTR.

Bessi, *ōrum*, m. pl., Besses, peuple de Thrace ‖ **Bessĭcus**, *a, um*, des Besses.

bestĭa, *æ*, f., 1. bête (pr. et fig., opp. à homme) ; 2. bête féroce (pour les jeux de l'amphithéâtre).

Bestĭa, *æ*, m., Bestia, surnom de la *gens Calpurnia*.

bestĭālis, *e*, adj., de bête, bestial.

bestĭālĭtĕr, adv., comme les bêtes sauvages.

bestĭārĭus, *a, um*, 1. de bêtes ; 2. subst. m., *bestiarius, ii*, bestiaire, gladiateur qui combat les bêtes.

Bestĭus, *ĭi*, m., Bestius, nom rom.

① **bēta**, *æ*, f., bette (plante).

② **bēta**, n. indécl., ou **bēta**, *æ*, f., bêta, 1. 2e lettre de l'alph. grec ; 2. le second.

bētizo, *ās, āre*, intr., être mou, languissant.

bēto, V. *bæto*.

Bētrĭăc~, V. *Bedriac~*.

Beudos vĕtus, *n.*, Beudos, v. de Phrygie.

Bēvus, *i*, m., Bévus, riv. de Macédoine.

Bĭānŏr, *ōris*, m., Bianor, 1. centaure ; 2. fondateur de Mantoue.

Bĭās, *antis*, m., Bias, un des Sept Sages de la Grèce.

Bĭbācŭlus, *i*, m., Bibaculus, surnom des Furius et des Sextius.

Bĭbērĭus, *ĭi*, m., Bibérius, surnom donné à Tibère (le « biberonneur »).

Bĭbēsĭa ou **Perbĭbēsĭa**, *æ*, f., le « pays des buveurs », PL.

bibliŏpōla, *æ*, m., librairie.

bibliŏthēca, *æ*, f., bibliothèque, 1. meuble ; 2. ensemble de livres.

biblŏs, *i*, f., papyrus.

① **bĭbo**, *ĭs, ĕre, bĭbi, bĭbĭtum*, tr., boire (pr. et fig.), *vinum, pocula* ~ : boire du vin, vider des coupes, ~ *græco more* : boire à la grecque, porter des toasts, ~ *longum amorem* : boire à longs traits l'amour, ~ *aure* : boire (les paroles).

② **bĭbo**, *ōnis*, m., grand buveur.

Bĭbractĕ, *is*, n., Bibracte, cap. des Éduens, auj. Autun.

Bĭbrax, *actis*, f., Bibrax, v. des Rémois, en Gaule Belgique.

Bibrŏci, *ōrum*, m. pl., Bibroces, peuple de Bretagne.

bĭbŭlus, *a, um*, 1. qui boit volontiers ; 2. spongieux ; 3. qui se boit volontiers ; 4. avide (d'entendre).

Bĭbŭlus, *i*, m., Bibulus, surnom de familles rom.

bĭcămĕrātus, *a, um*, à double voûte ; à deux compartiments.

bĭceps, *cĭpĭtis*, adj., 1. à deux têtes, deux sommets, deux tranchants ; 2. à deux sens, ambigu ; *argumentum* ~ : le dilemme, APUL.

bĭcōdŭlus, *a, um*, à deux queues.

bĭcŏlŏr, *ōris*, adj., à deux couleurs.

bĭcornĭgĕr, *ĕri*, m., à deux cornes (Bacchus).

bĭcornis, *e*, adj., à deux cornes.

bĭcorpŏr, *ōris*, m., à deux corps (centaures).

bĭdens, *entis*, adj., à deux dents ; subst. 1. m., houe, fourche ; 2. f., brebis d'un an et demi (deux dents lui ont déjà repoussé) destinée au sacrifice.

bĭdentăl, *ālis*, n., lieu frappé par la foudre, où l'on sacrifie une brebis *bidens*.

Bidis, *is*, f., Bidis, v. de Sicile ‖ **Bidenses**, *ĭum*, et **Bidĭni**, *ōrum*, m. pl., les hab. de Bidis.

bĭdŭum, *i*, n., espace de deux jours.

bĭennis, *e*, adj., de deux ans.

bĭennĭum, *ĭi*, n., espace de deux ans.

bĭfārĭam, adv., de deux côtés, dans deux directions, en deux parties.

bĭfĕr, *ĕra, ĕrum*, qui produit deux fois par an (arbre).

bĭfĭdus, *a, um*, fendu en deux, bifide.

bĭfŏris, *e*, adj., à deux embouchures (flûte).

bĭformātus, *a, um*, et **bĭformis**, *e*, adj., qui a une double forme, une double apparence.

bĭfrons, *ontis*, adj., à double visage (épith. de Janus).

bĭfurcum, *i*, n., 1. embranchement ; 2. entre-deux.

bĭfurcus, *a, um*, fourchu.

bīga, æ, f., et **bīgæ**, *ārum*, f. pl., bige, attelage ou char à deux chevaux.

bīgātus, *a, um*, marqué d'un bige (monnaie).

Bǐgerræ, *ārum*, f. pl., Bigerra, v. de l'Espagne Tarraconnaise.

Bǐgerri, *ōrum*, et **Bǐgerrǐōnes**, *um*, m. pl., Bigerres, peuple de l'Aquitaine, auj. pays de Bigorre.

bǐjŭgis, *e*, et **bǐjŭgus**, *a, um*, adj., attelé à deux, couplé ; subst. m. pl., *bijugi, orum*, char attelé à deux chevaux.

Bilbǐlis, *is*, f., Bilbilis, v. de l'Espagne Tarraconnaise, patrie du poète Martial.

bīlībra, *æ*, f., poids de deux livres.

bǐlinguis, *e*, adj., 1. qui a deux langues ; 2. qui parle deux langues ; 3. qui a double langage, fourbe.

bīlis, *is*, f., bile ; ~ *atra* : bile noire, colère, hypocondrie; mélancolie, folie furieuse, *bilem movere* : exciter la colère.

bǐlix, *īcis*, adj., à double tissu, à doubles mailles.

bǐlustris, *e*, adj., qui dure deux lustres.

bǐlychnis, *e*, adj., à deux becs (lampe).

bǐmāris, *e*, adj., baigné par deux mers.

bǐmārītus, *i*, m., bigame.

bǐmātěr, *tris*, adj., qui a deux mères (épith. de Bacchus).

bǐmembris, *e*, adj., qui a des membres de deux natures.

bǐmestris, *e*, adj., de deux mois.

bǐmŭlus, *a, um*, dim. de *bimus*.

bīmus, *a, um*, âgé de deux ans, qui dure deux ans.

bīnārǐus, *a, um*, double.

Bingǐum, *ǐi*, n., Bingium, v. de Gaule Belgique, auj. Bingen.

bīni, *æ, a*, adj. num. distr. pl., 1. deux chacun, deux à chaque fois…, *unicuique binos pedes assignare* : assigner à chacun deux pieds de terre ; 2. deux (pour les subst. seul. pl.), *bina castra* : deux camps ; 3. deux, une paire de, *bini boves* : une paire de bœufs ; 4. *bis bina* : deux fois deux.

bǐnōmǐnis, *e*, adj., qui a deux noms.

bīnus, *a, um*, rar., V. *bini*.

Bǐōn et **Bǐo**, *ōnis*, m., Bion, phil. satirique ‖ **Bǐōnēus**, *a, um*, de Bion, satirique.

bǐpalmus, *a, um*, qui a deux palmes (0,15 m).

bǐpartītō et **bǐpertītō**, adv., en deux parties, dans deux directions, de deux manières.

bǐpătens, *entis*, adj., ouvert à deux battants.

bǐpědālis, *e*, adj., de deux pieds (60 cm environ).

bǐpědǐus, *a, um*, bipède.

bǐpennǐfěr, *ěra, ěrum*, qui porte une hache à deux tranchants.

bǐpennis, *e*, adj., à deux ailes ; à deux tranchants.

bǐpēs, *pědis*, adj., à deux pieds, bipède ; subst. m., un bipède (homme, opp. aux quadrupèdes).

bǐrēmis, *e*, adj., birème ; subst. f., *biremis, is*, 1. birème, bateau à deux rangs de rames ; 2. barque à deux rames.

birrum, *i*, n., cape avec capuchon.

bǐs, adv., deux fois, ~ *tanto* : deux fois autant.

bǐsaccǐum, *ǐi*, n., bissac, besace.

Bǐsaltæ, *ārum*, m. pl., Bisaltes, peuple thrace ‖ **Bǐsaltǐca**, *æ*, f., Bisaltie, région de Thrace occidentale.

Bǐsaltis, *ǐdos*, f., fille de Bisalte : Théophane, aimée de Neptune et mère du bélier porteur de la toison d'or.

Bistǒnǐa, *æ*, f., Bistonie, autre nom de la Thrace ‖ **Bistǒnis**, *ǐdis*, f., de Bistonie, ~ *ales* : Procné ‖ **Bistǒnǐdes**, *um*, f. pl., les Bistonides : les Bacchantes ‖ **Bistǒnǐus**, *a, um*, de Bistonie, de Thrace.

bǐsulcis, *e*, adj., fourchu.

Bīthȳnǐa, *æ*, f., Bithynie, région d'Asie Mineure ‖ **Bīthȳni**, *ōrum*, m. pl., les Bithyniens ‖ **Bīthȳnǐcus**, *a, um*, de Bithynie ‖ **Bīthȳnis**, *ǐdis*, f., Bithynienne.

Bǐtǐās, *æ*, f., Bitias, nom de diff. pers.

bīto, V. *bæto*.

Bǐtōn, *ōnis*, m., Biton, frère de Cléobis.

Bǐtuïtus, *i*, m., Bituit, roi des Arvernes.

bǐtūměn, *ǐnis*, n., bitume.

bǐtūmǐněus, *a, um*, de bitume.

bǐtūmǐno, *ās, āre*, tr., enduire de bitume.

Bǐtūrix, *ǐgis*, m., Biturige ‖ **Bǐtūrǐges**, *um*, m. pl., les Bituriges, auj. région de Bourges.

bǐvǐum, *ǐi*, n., 1. intersection de deux routes ; 2. fig., double voie, incertitude.

bǐvǐus, *a, um*, qui se partage en deux voies.

Blæsǐus, *ǐi*, m., Blésius, nom d'h. ‖ **Blæsǐānus**, *a, um*, de Blésius.

blæsus, *a, um*, adj. et subst., qui bégaie, bègue.

Blæsus, *i*, m., Blésus, surnom rom.

Blandæ, *ārum*, f. pl., Blanda, v. de Lusitanie.

blandē, adv., [~*dius*, ~*dissime*], de manière caressante, flatteuse ; doucement.

blandǐcŭlē, adv., avec des cajoleries.

blandĭdĭcus, *a*, *um*, aux paroles caressantes.

blandĭlŏquentĭa, *æ*, f., langage caressant.

blandĭlŏquentŭlus, *a*, *um*, aux paroles doucereuses.

blandĭlŏquĭum, *ĭi*, n., langage caressant.

blandĭlŏquus, *a*, *um*, aux paroles caressantes.

blandīmentum, *i*, n., 1. caresse, cajolerie ; 2. tout ce qui flatte les sens ; douceurs ; 3. assaisonnement.

blandĭor, *īris*, *īri*, *ītus sum*, ordin. intr. + dat., 1. flatter, caresser, cajoler ; 2. favoriser, encourager, sourire à.

blandĭtĕr, V. *blande*.

blandĭtĭa, *æ*, f., surt. pl., flatteries, caresses, douceurs ; charmes, séductions.

blandĭtĭēs, *ĕi*, V. *blanditia*.

blandum, V. *blande*.

blandus, *a*, *um*, [~*dior*, ~*dissimus*], + dat., ou *adversus* + acc., ou *in* + abl., ou sans prép. (poét.) avec abl., gén., qqf. l'inf. : caressant, flatteur, insinuant, charmant, engageant ; subst. n. pl., *blanda*, *orum*, les séductions, les charmes.

blasphēmātĭo, *ōnis*, f., action de blâmer, d'insulter, de blasphémer.

blasphēmātŏr, *ōris*, m., blasphémateur.

blasphēmo, *ās*, *āre*, tr. et intr., blasphémer.

blasphēmus, *i*, m., blasphémateur.

blătĕrātĭo, *ōnis*, f., bavardage.

blătĕro, *ās*, *āre*, 1. intr., bavarder ; 2. tr., débiter.

blătĭo, *īs*, *īre*, tr., débiter, dire (des riens).

blatta, *æ*, f., mite, blatte.

blattārĭus, *a*, *um*, de blatte.

Blaudēnus, *a*, *um*, de Blaudus, v. de Phrygie.

Blāvĭa, *æ*, f., Blavia, v. d'Aquitaine, auj. Blaye.

blennus, *i*, m., idiot (= qui bave).

blĭtĕus, *a*, *um*, fade comme la bette, insipide.

blĭtum, *i*, n., bette ou blette.

Blossĭus, *ĭi*, m., Blossius, nom rom.

bŏārĭus et **bŏvārĭus**, *a*, *um*, relatif aux bœufs, *Boarium Forum* : le marché aux bœufs à Rome, près du Tibre.

bŏātūs, *ūs*, m., beuglement.

bōbus, dat. et abl. pl. de *bos*.

Boccăr et **Būcăr**, *āris*, m., Boccar, 1. roi de Mauritanie ; 2. officier de Syphax.

Bocchus, *i*, m., Bocchus, roi de Mauritanie.

Bŏdotrĭa, *æ*, f., Bodotria, golfe de Bretagne, auj. Forth, en Écosse.

Bœbē, *ēs*, et **Bœbēis**, *ĭdis*, f., lac Bœbé en Thessalie ‖ **Bœbēĭus**, *a*, *um*, de Thessalie.

bœōtarchēs, *æ*, m., béotarque, magistrat thébain.

Bœōtĭa, *æ*, f., Béotie ‖ **Bœōti** et **Bœōtĭi**, *ōrum*, m. pl., les Béotiens ‖ **Bœōtĭcus** et **Bœōtĭus**, *a*, *um*, béotien.

Bŏēthĭus, *ĭi*, m., Boèce, phil. et théologien latin (Vᵉ-VIᵉ s. ap. J.-C.).

Bŏēthus, *i*, m., Boéthus, 1. ciseleur célèbre ; 2. phil. stoïcien.

Bogud, *ŭdis*, m., Bogud, roi de Mauritanie Tingitane.

bŏia, *æ*, f., et **bŏiæ**, *ārum*, f. pl., carcan.

Bŏia, *æ*, f., pays des Boïens ‖ **Bŏius**, *a*, *um*, boïen ‖ **Bŏi** et **Bŏi**, *ōrum*, m. pl., les Boïens, peuple celte venu du Noricum ‖ **Bŏĭŏhæmum**, *i*, n., pays des Boïens établis en Germanie, auj. Bohême ‖ **Bŏĭŏrix**, *īgis*, m., Boiorix, roi des Boïens.

Bōla, *æ*, f., et **Bōlæ**, *ārum*, f. pl., Bola, anc. ville des Éques ‖ **Bōlānus**, *a*, *um*, de Bola ‖ **Bōlāni**, *ōrum*, m. pl., les hab. de Bola.

Bōlānus, *i*, m., Bolanus, nom d'h.

bōlētăr, *āris*, n., plat pour les bolets.

bōlētus, *i*, m., bolet, cèpe.

bōlus, *i*, m., 1. coup de dés ; 2. coup de filet, capture ; 3. gain, profit.

bombax, interj. marquant l'étonnement : oh ! ah ! diable !

bombĭlo, *ās*, *āre*, intr., bourdonner.

bombus, *i*, m., bruit sourd ou éclatant.

bombȳcĭnus, *a*, *um*, de soie.

Bŏmilcăr, *ăris*, m., Bomilcar, nom de généraux carthaginois, spéc. général d'Hannibal.

bŏna, *ōrum*, V. *bonum*.

bŏnātus, *a*, *um*, bonasse.

bŏnĭlŏquus, *a*, *um*, beau parleur.

bŏnĭtās, *ātis*, f., 1. bonne qualité phys. ou mor., bonté naturelle ; 2. honnêteté, bienfaisance ; 3. bienveillance.

Bonna, *æ*, f., Bonna, v. de Germanie, auj. Bonn ‖ **Bonnensis**, *e*, adj., de Bonna.

Bŏnōnĭa, *æ*, f., Bononia, v. de Cisalpine, auj. Bologne ‖ **Bŏnōnĭensis**, *e*, adj., de Bononia.

bŏnum, *i*, n.,

I 1. bien matériel ou moral, bonheur, *summum ~* : le souverain bien, *~ publicum* : le bien public, de l'État ; 2. avantage, *bono esse alicui* : être avantageux à qqn.

II au pl., *bona*, *orum*, 1. les biens, *~ et mala* : les biens et les maux ; bonnes qualités, vertus ; 2. bien-être, bonheur ; 3. biens matériels, fortune, richesses, ~ *paterna* : le patrimoine.

bŏnus, *a*, *um*, [*melior*, *optimus*], **1.** bon (qual. phys.), beau, grand, considérable, riche, ~ *ager*, bonne (fertile) terre, *bona ætas* : le bel âge, *boni nummi* : pièces de bon aloi, *bona pars hominum* : une bonne partie des hommes, *bonis rebus explere* : combler de biens ; **2.** bon à, propre à, compétent, ~ *auctor* : une source fiable, ~ *inflare calamos* : habile à jouer de la flûte, *optimum factu* : ce qu'il y a de mieux à faire ; **3.** bon, favorable, bienveillant, ~ *in me* : bienveillant à mon égard, *bona fides* : bonne foi, loyauté, honnêteté ; brave, vaillant ; noble, distingué ; **4.** du bon parti, du parti des honnêtes gens (tendance conservatrice d'une partie du sénat et des chevaliers) ; subst. m. pl., *boni*, *orum*, les honnêtes gens, les bons citoyens.

bŏo, *ās*, *āre*, intr., mugir, retentir, crier.

Bŏōtēs, *æ*, m., le Bouvier (constellation).

Bŏrĕās, *æ*, m., Borée, vent du N.

bŏrĕus, *a*, *um*, de Borée, du nord.

borrĭo, *īs*, *īre*, intr., fourmiller.

Bŏrysthĕnēs, *is*, m., Borysthène, fl. de Sarmatie, auj. Dniepr ‖ **Bŏrysthĕnĭdæ**, *ārum*, m. pl., les hab. des rives du Borysthène ‖ **Bŏrysthĕnĭus**, *a*, *um*, du Borysthène.

bōs, *bŏvis*, m. et f., bœuf, vache.

Bospŏrus et **Bosphŏrus**, *i*, m., (« le Passage de la vache », d'Io), Bosphore, détroits de la mer Égée au Pont-Euxin ‖ **Bospŏrānus**, **Bospŏrĕus** et **Bospŏrĭus**, *a*, *um*, du Bosphore.

Bostra, *æ*, f., Bostra, v. d'Arabie ‖ **Bostrēnus**, *a*, *um*, de Bostra.

bŏtellus, *i*, m., petit boudin.

bŏtrōnātŭs, *ūs*, m., coiffure féminine en forme de grappe.

bŏtrŭōsus, *a*, *um*, en forme de grappe.

Bottĭa et **Bottĭæa**, *æ*, f., Bottiée, région de Macédoine.

bŏtŭlārĭus, *ĭi*, m., marchand de boudins.

bŏtŭlus, *i*, m., boudin, saucisse.

Boudĭcea et **Boudicca**, *æ*, f., Boudicée, reine des Bretons Icènes.

boum, gén. pl. de *bos*.

Bŏvĭānum, *i*, n., Bovianum, v. du Samnium.

Bŏvillæ, *ārum*, f. pl., Bovilles, anc. v. du Latium ‖ **Bŏvillānus**, *a*, *um*, de Bovilles.

bŏvillus, *a*, *um*, de bœuf.

brăbeuta, *æ*, m., arbitre des concours d'athlètes.

brāca, *æ*, f., et souv. pl. **brācæ**, *ārum*, braies (pantalons larges des barbares).

brācātus, *a*, *um*, qui porte des braies ; gaulois.

bracch~, V. *brach~*.

brāchĭālis, *e*, adj., du bras.

brāchĭŏlum, *i*, n., petit bras.

brāchĭum, *ĭi*, n., **1.** avant-bras, bras ; **2.** objet ressemblant à un bras : branche, pince, nageoire ; digue, jetée ; bras de mer ; contrefort d'une montagne.

bractĕa, *æ*, f., mince feuille de métal, placage.

bractĕālis, *e*, adj., de feuille plaquée (d'or).

bractĕātus, *a*, *um*, **1.** plaqué (d'or) ; **2.** plaqué, superficiel.

bractĕŏla, *æ*, f., petite feuille (d'or).

Branchĭdæ, *ārum*, m. pl., Branchides, prêtres d'Apollon ‖ **Branchus**, *i*, m., Branchus, fondateur du temple d'Apollon à Didyme.

Brannŏvĭi, *ōrum*, m. pl., Brannoviens, peuple de la Gaule Celtique.

brassĭca, *æ*, f., chou.

Bratuspantĭum, *ĭi*, n., Bratuspantium, v. de la Gaule Belgique.

Braurōn, *ōnis*, m., Brauron, v. de l'Attique.

Brennus, *i*, m., Brennus, **1.** chef des Gaulois Sénons qui vainquit les Romains, et prit et incendia Rome en 390 av. J.-C. ; **2.** chef gaulois qui envahit la Grèce.

Breuni, *ōrum*, m. pl., Breunes, peuple de la Rhétie.

brĕvī, adv., **1.** brièvement, en peu de mots ; **2.** en peu de temps, bientôt, ~ *ante*, *post* : peu avant, après.

brĕvĭātĭo, *ōnis*, f., abréviation ; abrégé.

brĕvĭātŏr, *ōris*, m., abréviateur.

brĕvĭcŭlus, *a*, *um*, **1.** un peu court de taille ; **2.** de courte durée.

brĕvĭlŏquens, *entis*, adj., concis, laconique.

brĕvĭlŏquentĭa, *æ*, f., concision, laconisme.

brĕvĭo, *ās*, *āre*, tr., **1.** abréger, resserrer ; **2.** prononcer brève une syllabe.

brĕvis, *e*, adj., [~*vior*, ~*vissimus*], de peu d'étendue,

I espace : **1.** en longueur, largeur, épaisseur : ~ *via* : court chemin, ~ *aqua* : mince filet d'eau ; **2.** en hauteur, profondeur : ~ *statura* : taille peu élevée, *montes breviores* : des montagnes un peu moins élevées ; subst. n. pl., *brevia*, *ium*, hauts-fonds.

II temps : *vita* ~ : une vie courte, *memor quam sis ævi* ~ : conscient de la brièveté de ton existence, HOR. ; de durée brève (syllabe).

III quantité : ~ *census* : un faible revenu.

~V (discours) bref, précis, concis, *breve faciam* : je ferai court.

brĕvĭtās, *ātis*, f., **1.** peu d'étendue, petite taille ; **2.** courte durée, brièveté ; durée brève d'une syllabe ; **3.** brièveté d'un discours, concision.

brĕvĭtĕr, adv., [*~vius, ~vissime*], avec peu d'étendue, de longueur ; en peu de temps ; en peu de mots, brièvement.

Brĭărēūs, *ĕi*, m., Briarée, Géant aux cent bras (Hécatonchire).

Brĭgantes, *um*, m. pl., Brigantes, peuple de Bretagne.

Brĭnĭātes, *um* ou *ĭum*, m. pl., Briniates, peuple de Ligurie.

Brinnĭus, *ĭi*, m., Brinnius, nom d'une famille rom. ‖ **Brinnĭānus**, *a, um*, de Brinnius.

Brīsæus, *i*, m., Brisée, surnom de Bacchus (cf. *brisa* : marc de raisin).

Brīsēis, *ĭdos*, f., Briséis, fille de Brisès, captive d'Achille.

Brĭtanni, *ōrum*, m. pl., Bretons ‖ **Brĭtannĭa**, *æ*, f., la Bretagne, auj. la Grande-Bretagne ‖ **Brĭtannĭcus**, *a, um*, **1.** de Bretagne, breton ; **2.** surnom donné à des généraux ayant fait campagne en Bretagne, spéc. à l'empereur Claude qui légua ce nom à son fils ‖ **Brĭtannus**, *a, um*, de Bretagne.

Brĭto, *ōnis*, m., Breton de Bretagne ou de l'Armorique ‖ **Brĭtōnes**, *um*, m. pl., les Bretons.

Britt~, V. *Brit~*.

Brixĭa, *æ*, f., Brixia, v. de Gaule Transpadane, auj. Brescia ‖ **Brixĭānus**, *a, um*, de Brixia ‖ **Brixĭāni**, *ōrum*, m. pl., les hab. de Brixia ‖ **Brixĭensis**, *e*, adj., de Brixia.

brocchus, *a, um*, à dents saillantes.

Brocchus, *i*, m., Brocchus, surnom rom.

Brogĭtārus, *i*, m., Brogitarus, gendre du roi Déjotarus.

Brŏmĭus, *ĭi*, m., Bromius, surnom de Bacchus (= le Frémissant ou l'Écumant).

Bromus, *i*, m., Bromus, un des centaures.

Brontēs, *æ*, m., Brontès, un des Cyclopes.

Brŏtĕās, *æ*, m., Brotéas, **1.** nom d'un Lapithe ; **2.** fils de Vulcain.

Bructĕri, *ōrum*, m. pl., Bructères, peuple de Germanie ‖ **Bructĕrus**, *a, um*, des Bructères.

brūma (= *brevissima dies*), *æ*, f., **1.** le jour le plus court de l'année, solstice d'hiver ; **2.** hiver ; **3.** ext., année.

brūmālis, *e*, adj., **1.** du solstice d'hiver, *brumale signum* : le Capricorne ; **2.** de l'hiver.

Brundĭsīni, *ōrum*, m. pl., les hab. de Brindes ‖ **Brundĭsīnum**, *i*, n., le territoire de Brindes ‖ **Brundĭsīnus**, *a, um*, de Brin-

des ‖ **Brundĭsīum**, *ĭi*, n., Brindes, v. de Calabre, auj. Brindisi.

Brundu~, V. *Brundi~*.

brūtālis, *e*, adj., de brute ; subst. n. pl., *brutalia, ium*, les animaux privés de raison.

Brūtĭānus, *i*, m., Brutianus, poète sous Trajan.

Brūtīnus, *a, um*, de Brutus.

Bruttedĭus Nĭger, m., Bruttedius Niger, historien sous Tibère.

Bruttĭi, *ōrum*, m. pl., les hab. du Bruttium (extrême S.-O. de l'Italie) ‖ **Bruttĭānus** et **Bruttĭus**, *a, um*, du Bruttium.

brūtus, *a, um*, **1.** lourd, pesant ; **2.** brute, sans raison ; **3.** stupide.

Brūtus, *i*, m., Brutus, surnom d'une famille rom., spéc., **1.** Lucius Junius Brutus, premier consul de Rome (VIᵉ s. av. J.-C.) ; **2.** Marcus Junius Brutus, assassin de César (Iᵉʳ s. av. J.-C.) ; **3.** Decimus Junius Brutus, même époque.

Būbăcenē, *ēs*, f., Bubacène, région d'Asie Mineure.

būbălus et **būfalus**, *i*, m., buffle.

Būbāsis, *ĭdis*, f., de Bubase, v. de Carie.

Būbastis, *is*, f., Bubastis, déesse de la lune chez les Égyptiens.

būbĭle, *is*, n., étable à bœufs.

Būbōna, *æ*, f., Bubona, déesse protectrice des bœufs.

bubsĕqua et **būsĕqua**, *æ*, m., bouvier.

būbŭla, *æ*, f., viande de bœuf.

būbulcĭto, *ās*, *āre*, et **būbulcĭtor**, *āris*, *āri*, intr., garder les bœufs.

būbulcus, *i*, m., bouvier, vacher.

būbŭlus, *a, um*, de bœuf, de vache ; de lanières faites en cuir de bœuf, d'étrivières.

būbum, **būbus**, gén., dat. et abl. pl. de *bos*.

būcæda, *æ*, m., tueur de bœufs.

Būcăr, V. *Boccar*.

bucca, *æ*, f., **1.** cavité buccale, bouche ; au pl., *buccæ, arum*, les joues ; **2.** bouchée ; goinfre, glouton ; **3.** qui fait du bruit avec sa bouche ou gonfle ses joues.

buccĕa, *æ*, f., bouchée.

buccella, *æ*, f., petite bouchée.

bucco, *ōnis*, m., stupide, niais.

buccŭla, *æ*, f., **1.** petite bouche ; **2.** bosse du bouclier ; **3.** jugulaire d'un casque.

buccŭlentus, *a, um*, qui a de grosses joues, une grande bouche.

būcella, V. *buccella*.

Būcĕphălās, *æ*, m., Bucéphale, cheval d'Alexandre.

būcĕrĭus (**~ rus**), *a, um*, qui a des cornes de bœuf, de bœuf.

būcētum, *i*, n., pâture pour les bœufs.

bŭcĭna, æ, f., **1.** cornet à bouquin, trompe de bouvier ; **2.** trompette pour annoncer les heures de veille et de garde, ~ *tertia* : la troisième veille ; **3.** conque des Tritons.

bŭcĭnātŏr, *ōris*, m., **1.** celui qui sonne de la trompette, trompette ; **2.** celui qui fait savoir au son de la trompe.

bŭcĭno, *ās*, *āre*, intr., sonner de la trompe.

bŭcŏlĭcus, *a*, *um*, bucolique, pastoral.

bŭcŭla, æ, f., génisse.

bŭfo, *ōnis*, m., crapaud.

Būlē, *ēs*, f., la Boulè, sénat des Athéniens ‖ **būleuta**, æ, m., bouleute, sénateur athénien ‖ **Būleutērĭon**, *ĭi*, n., salle du sénat athénien.

bulla, æ, f., **1.** bulle d'eau (pr. et fig.) ; **2.** tout objet rond de petite dimension : clou d'or d'une porte, bouton pour marquer les jours heureux ou malheureux ; ornement de ceinturon, de baudrier ; ~ *aurea* : bulle d'or, portée par les jeunes patriciens jusqu'à dix-sept ans ; amulette.

bullātus, *a*, *um*, en forme de bulle.

Bullĭdenses, *ĭum*, **Bullīni**, *ōrum*, et **Bullĭōnes**, *um*, m. pl., les hab. de Bullis.

bullĭo, *īs*, *īre*, intr., bouillonner, bouillir (pr. et fig.).

Bullis (**Byllis**), *ĭdis*, f., Bullis, v. d'Illyrie.

Bulotus amnis, m., Bulote, riv. de Locride.

būmastus, *i*, f., raisin à gros grain.

Būpălus, *i*, m., Bupalus, sculpteur de Chio.

Būra, æ, et **Būris**, *is*, f., Buris, v. d'Achaïe.

Burbŭlēius, *i*, m., Burbuléius, nom d'un acteur.

Burdĕgăla, **Burdĭgăla**, æ, f., Burdigala, v. d'Aquitaine, auj. Bordeaux.

Burdo, *ōnis*, m., Burdo, surnom rom.

burdŭbasta, **burdŏbasta**, æ, m., mulet écrasé sous la charge.

Būri, *ōrum*, m. pl., Bures, peuple de Germanie.

būris, *is*, f., manche de charrue.

burræ, *ārum*, f. pl., sottises.

Burrĭēnus, *i*, m., Burriénus, nom d'h.

Burrus, *i*, m., **1.** arch. pour Pyrrhus **2.** Burrus, gouverneur de Néron.

① **Bursa**, æ, f., V. *Byrsa*.

② **Bursa**, æ, m., Bursa, surnom rom.

Būsīris, *ĭdis*, m., Busiris, roi d'Égypte.

Bussenĭus, *ĭi*, m., Bussénius, nom d'une famille rom.

Busta Gallĭca, n. pl., les Bûchers gaulois, lieu où furent enterrés les Gaulois tués lors de l'invasion de Rome en 39(... av. J.-C.

bustĭrăpus, *i*, m., pilleur de tombeaux (mot fabriqué par Plaute).

bustŭālis, *e*, adj., de bûcher, de tombeau.

bustŭārĭus, *a*, *um*, relatif aux bûchers aux tombeaux, ~ *gladiator* : gladiateur qui combattait en l'honneur d'un mort.

bustum, *i*, n., **1.** lieu où l'on brûle les morts ; **2.** bûcher ; **3.** monument, tertre sur une tombe.

Būthrōti, *ōrum*, m. pl., les hab. de Buthrote ‖ **Būthrōtius**, *a*, *um*, de Buthrote ‖ **Būthrōtum**, *i*, n., Buthrote, v. d'Épire.

būthȳsĭa, æ, f., sacrifice de bœufs.

Butrōtus, *i*, m., Butrotus, fl. du Bruttium.

buxans, *antis*, adj., qui a la couleur du buis.

Buxentum, *i*, n., Buxentum, v. de Lucanie.

buxēnum, *i*, n., lieu planté de buis.

buxĕus, *a*, *um*, de la couleur du buis.

buxĭfĕr, *ĕra*, *ĕrum*, qui produit du buis.

buxum, *i*, n., et **buxus**, *i*, f., **1.** buis ; **2.** objet fabriqué en buis : toupie ; flûte tablettes pour écrire ; damier.

Byblis, *ĭdis*, f., Byblis, fille de Mélitus e de Cyanée, changée en fontaine.

Byblŏs, *i*, f., Byblos, v. de Phénicie.

Byrsa, æ, f., Byrsa, citadelle de Carthage

byssĭnus, *a*, *um*, de lin fin ; subst. n., *bys sinum*, *i*, vêtement de lin.

byssus, *i*, f., lin fin.

Byzantĭăcus, **Byzantīnus**, **Byzantĭus** *a*, *um*, de Byzance ‖ **Byzantĭi**, *ōrum*, m pl., les hab. de Byzance ‖ **Byzantĭum**, *ĭi* n., Byzance, v. de Thrace.

C

C, c, f. et n., indécl., c, **1.** troisième lettre de l'alph. latin ; remplace K et G dans l'ancienne orth. ; **2.** abr. a) du prénom *Caius* ou *Gaius* ; b) de *condemno*, d'où son nom de *littera tristis* ; c) sur les inscriptions, de *centuria, centurio, cohors, conjunx,* etc. ; **3.** signe numérique, C = 100 (*centum*), I⊃ = 500, CI⊃ = 1 000, I⊃⊃ = 50 000, CCCI⊃⊃⊃ = 100 000.

căballīnus, *a, um,* de cheval.

căballus, *i,* m., **1.** cheval hongre ; **2.** mauvais cheval, rosse, bidet. CAT.

Căbillōnum, *i,* n., Cabillonum, v. des Éduens, auj. Chalon-sur-Saône.

Căbīrus, *i,* m., Cabirus ou Cabire, divinité adorée par les Pélasges à Lemnos et à Samothrace ; surt. au pl., *Cabiri, orum,* les Cabires.

Căburus, *i,* m., C. Valérius Caburus, Gaulois.

căcātŭrĭo, *īs, īre,* intr., avoir envie de chier.

caccăbācĕus, *a, um,* de marmite.

caccăbŭlus, *i,* m., petite marmite, casserole.

caccītus, *i,* m., jeune adolescent, mignon.

cachinnābĭlis, *e,* adj., capable de rire ; avec des éclats de rire.

căchinnātĭo, *ōnis,* f., action de rire aux éclats.

① **căchinno,** *ās, āre,* **1.** intr., rire aux éclats ; **2.** tr., tourner en dérision.

② **căchinno,** *ōnis,* m., grand rieur.

căchinnus, *i,* m., **1.** éclat de rire ; **2.** poét. « rire énorme de la mer », CAT.

căco, *ās, āre,* intr. et tr., **1.** chier ; **2.** couvrir de merde.

căcŏĕthĕs, *is,* n., mal invétéré, mauvaise habitude.

căcŏzēlĭa, *æ,* f., mauvaise imitation.

căcŏzēlus, *i,* m., mauvais imitateur.

căcŭla, *æ,* m., valet d'armée.

căcūmĕn, *ĭnis,* n., **1.** extrémité, pointe, cime, sommet ; **2.** comble, faîte, perfection.

căcūmĭno, *ās, āre,* tr., rendre pointu.

Cācus, *i,* m., Cacus, fils de Vulcain, qui vola les troupeaux de Géryon et fut tué par Hercule.

cădāvĕr, *ĕris,* n., corps mort, cadavre.

cădāvĕrīnus, *a, um,* de cadavre.

cădāvĕrōsus, *a, um,* cadavéreux.

Cădi, *ōrum,* m. pl., Cades, peuple de Phrygie.

Cadmēa, *æ,* f., Cadmée, citadelle de Thèbes ‖ **Cadmēis,** *ĭdos,* adj., de Cadmus ; subst. f., une des filles de Cadmus (Sémélé, Ino, Agavé) ‖ **Cadmēïus** et **Cadmēus,** *a, um,* de Cadmus, de Thèbes ; subst. m. et f., Cadméen, éenne ‖ **Cadmus,** *i,* m., Cadmus, **1.** fils d'Agénor et père fondateur de Thèbes ; **2.** bourreau cruel cité par Horace.

cădo, *ĭs, ĕre, cĕcĭdi, căsum,* intr.,
I 1. tomber, ~ *ex equo* : tomber de cheval ; *cadit sol* : le soleil se couche ; **2.** tomber (au combat), périr, *in acie ab hoste* ~ : périr au combat sous les coups de l'ennemi ; **3.** succomber à la séduction ; **4.** tomber, cesser, s'apaiser, *cadit ira metu* : la crainte apaise la colère, *animis* ~ : perdre courage ; **5.** échouer, être vaincu, ~ *causā* : perdre un procès ; **6.** se terminer, finir ; rhét., gramm., avoir une désinence.
II 1. arriver par hasard, s'accomplir, aboutir à, *hoc mihi cecidit peropportune quod…* : il arriva fort à propos pour moi que…, *verebar quorsum id casurum esset* : je redoutais l'issue de cette affaire, *ad* ou *in irritum, in cassum, frustra* ~ : ne pas se réaliser, échouer ; **2.** être soumis à, *in morbum* ~ : tomber malade, ~ *sub imperium, in manus alicujus* : tomber au pouvoir, aux mains de qqn. ; **3.** tomber bien, s'accorder à, convenir à, cadrer avec, *cadit ergo in virum bonum mentiri ?* : convient-il donc à un honnête homme de mentir ?, *verbum non cadit in consuetudinem* : le mot n'est pas conforme à l'usage.

Cadra, *æ,* f., Cadra, mt. d'Asie.

cădūcārĭus, *a, um,* épileptique.

cădūcĕātŏr, *ōris,* m., porteur du caducée, héraut.

cădūcĕus, *i,* m., caducée, sceptre de Mercure.

cădūcĭfĕr, *fĕri,* m., qui porte le caducée.

cădūcus, *a, um,* **1.** qui tombe ; **2.** qui peut tomber ; fragile, infirme, périssable ; **3.** jur., caduc, non réclamé, sans maître, *caduca hereditas* : héritage en déshérence.

Cădurci, *ōrum,* m. pl., Cadurques, peuple de la Gaule Aquitaine, auj. Quercy ‖ **Cadurcus,** *a, um,* cadurque, de Cadurcum, auj. Cahors.

cădurcum, *i*, n., couverture de lit, fabriquée par les Cadurques.

cădus, *i*, m., **1.** jarre pour conserver le vin, l'huile, le miel, etc. ; **2.** urne cinéraire.

Cădūsĭi, *ōrum*, m. pl., Cadusiens, peuple des bords de la mer Caspienne.

cæcĭgĕnus, *a*, *um*, aveugle-né.

Cæcĭlĭānus, *a*, *um*, de Cæcilius, poète comique ‖ **Cæcĭlĭus**, *ĭi*, m., Cæcilius, nom d'une célèbre *gens*, à laquelle appartenaient les Metellus ‖ **Cæcĭlĭus**, *ĭi*, m., Cæcilius, poète comique (III*-II* s. av. J.-C.) ‖ **Cæcĭlĭus**, *a*, *um*, de Cæcilius.

Cæcĭna, *æ*, m., Cécina, nom d'une branche de la *gens Licinia*.

cæcĭtās, *ātis*, f., cécité ; aveuglement de l'esprit.

cæco, *ās*, *āre*, tr., **1.** aveugler ; **2.** éblouir ; **3.** obscurcir, rendre inintelligible.

Cæcŭbum, *i*, n., le Cécube, vignoble célèbre par la qualité de ses vins, au S. du Latium ; vin du Cécube.

Cæcŭlus, *i*, m., Cæculus, fils du roi Latinus et fondateur de Préneste.

cæcus, *a*, *um*, [~*cior*], **1.** aveugle, qui ne voit pas ; aveugle d'esprit, ignorant, borné ; déraisonnable ; **2.** qui n'est pas ou ne peut être vu, obscur, noir, sombre, impénétrable ; caché, invisible, mystérieux, *cæcæ fores* : portes secrètes, *cæcum venenum* : poison qui agit obscurément, *cæcum murmur* : murmure qui vient d'on ne sait où ; incertain, douteux.

cædēs, *is*, f., **1.** action de couper ou d'abattre ; **2.** meurtre, assassinat ; **3.** massacre ; cadavres ; sang versé.

cædo, *ĭs*, *ĕre*, *cĕcīdi*, *cæsum*, tr., **1.** couper, abattre, ~ *arbores* : abattre des arbres ; **2.** couper, fendre, *lapides* ~ : tailler des pierres ; **3.** abattre en tuant, tuer, massacrer, *cæsis hostibus* : les troupes ennemies taillées en pièces ; **4.** immoler, sacrifier, ~ *hostias* : immoler des victimes ; **5.** battre, frapper, corriger, ~ *aliquem pugnis* : frapper qqn. à coups de poing ; fig., *cædi testibus* : être accablé par les témoins ; **6.** ~ *sermones* : bavarder, TÉR.

cælāmĕn, *ĭnis*, n., ciselure, ouvrage ciselé.

cælātūra, *æ*, f., **1.** art de ciseler ; **2.** gravure, ciselure.

cælebs, *ĭbis*, adj., célibataire.

cælĕs, *ĭtis*, adj. et subst., habitant du ciel, dieu.

cælestis, *e*, adj., **1.** céleste, qui vient du ciel ou habite le ciel ; subst. m. pl., *cælestes*, *ium*, les dieux du ciel ; subst. n. pl., *cælestia*, *ium*, les corps, les phénomènes célestes ; **2.** divin, surhumain.

Cælĭānus, *a*, *um*, de Cælius.

cælĭbātŭs, *ūs*, m., célibat.

cælĭcŏla, *æ*, m., habitant du ciel, divinité, dieu.

cælĭfĕr, *fĕra*, *fĕrum*, qui porte le ciel (en parlant d'Atlas).

cælĭgĕna, *æ*, m., né dans le ciel.

Cælĭmontānus, *i*, m., Cælimontanus, surnom rom. ; *Cælimontana (porta)* : la porte Célimontane (près du mt. Cælius).

cælĭpŏtens, *entis*, adj., maître du ciel.

Cælĭus ou **Cœlĭus**, *ĭi*, m., le Cælius, une des sept collines de Rome.

Cælĭus, *ĭi*, m., Cælius, nom d'une famille rom. dont firent partie l'historien Cælius Antipater et M. Cælius Rufus, correspondant de Cicéron.

cælo, *ās*, *āre*, tr., ciseler, tailler, graver ; fig., ciseler, travailler avec le plus grand art.

cælum, *i*, n.,

I 1. l'espace céleste en tant qu'il est découpé (cf. *cædo*) en régions, le ciel ; **2.** ciel, ce qui vient du ciel (foudre, signes), *de cælo tangi* : être frappé de la foudre, *cælo sereno ceciderunt fulgura* : dans un ciel pur tomba la foudre, VIRG. ; **3.** ciel, résidence des dieux ; **4.** apothéose ; fig., comble de gloire, de bonheur, triomphe.

II 1. ciel, température, air, climat, contrée ; **2.** poét., le monde d'en haut, la terre par opp. aux Enfers.

cælus, *i*, m., **1.** V. *cælum* ; **2.** Ciel personnifié, fils d'Éther, père de Saturne (grec : Ouranos).

cæmentum, *i*, n., pierre non traitée, moellon.

Cænēus, *ĕi*, Cænée, **1.** f., fille d'un Lapithe, changée en homme par Neptune ; **2.** m., guerrier troyen.

Cænīna, *æ*, f., Cænina, v. près de Rome ‖ **Cænīnenses**, *ĭum*, m. pl., les hab. de Cænina ‖ **Cænīnus**, *a*, *um*, de Cænina.

Cænis, *ĭdis*, f., V. *Cæneus* 1.

cænōsĭtās, *ātis*, f., lieu plein de boue.

cænōsus, *a*, *um*, boueux, fangeux.

cænŭlentus, *a*, *um*, V. le préc.

cænum, *i*, n., boue, fange, ordure (pr. et fig.).

cæp~, V. *cep~*.

Cæpāsĭus, *ĭi*, m., Cæpasius, nom de deux orateurs rom.

Cæpĭo, *ōnis*, m., Cépion, surnom de la *gens Servilia*.

Cærĕ, n. indécl., et **Cærēs**, *ĭtis* (*ētis*) et *ĭdis*, f., Céré, v. d'Étrurie, auj. Cerveteri ‖ **Cærĕs**, *ĭtis* et *ētis*, adj., de Céré (les hab. de Céré n'avaient pas le droit de vote) ‖ **Cærētānus**, *a*, *um*, de Céré.

cærĭmōnĭa, æ, f., **1.** caractère saint ou sacré ; **2.** vénération, respect religieux ; **3.** au pl., cérémonies, rites, culte.

Cærœsi, ōrum, m. pl., Cérèses, peuple de la Gaule Belgique, auj. région du Luxembourg.

cærŭla, ōrum, n. pl., **1.** les plaines azurées (de la mer) ; **2.** l'azur (du ciel).

cærŭlĕus (~lus), a, um, bleu d'azur, bleu foncé, bleu-vert.

Cæsăr, ăris, m., César, **1.** nom de famille dans la gens Julia, en part. de C. Julius Cæsar (101-44) ; **2.** à partir d'Auguste, petit-neveu de César : titre des empereurs de Rome ‖ **Cæsărĕāna, Cæsărĕus, Cæsărīnus, Cæsărĭānus**, a, um, de César, césarien ; impérial.

Cæsărēa, æ, f., Césarée, v. de Palestine.

cæsărĭānus, a, um, **1.** chevelu ; **2.** orné de feuillage.

Cæsărĭensis, e, adj., Césarien, épith. de v. ou de régions.

cæsărĭēs, ēi, f., chevelure.

Cæsărĭo, ōnis, m., Césarion, fils de César et de Cléopâtre.

Cæsēna, æ, f., Céséna, v. de Gaule Cisalpine.

Cæsennĭus, ĭi, et **Cæsennĭa**, æ, f., Cæsennius, Cæsennia, noms rom.

Cæsĭa Silva, f., Cæsia Silva, forêt de Germanie.

cæsim, adv., **1.** à coups de tranchant, de taille ; **2.** par incises (phrases courtes et détachées).

cæsĭōnes, um, m. pl., assassins.

cæsĭus, a, um, bleu-vert, gris, pers.

Cæsĭus, ĭi, m., Cæsius, nom d'h.

Cæso (Kæso), ōnis, m., Céson, surnom et prénom rom.

Cæsōnĭa, æ, f., Cæsonia, épouse de Caligula.

Cæsōnīnus, i, m., Cæsoninus, surnom rom.

Cæsōnĭus, ĭi, m., Cæsonius, nom d'une famille rom.

cæspĕs, ĭtis, m., **1.** motte de gazon, gazon coupé ; **2.** objets faits en gazon : hutte, autel.

cæstŭs, ūs, m., ceste, gantelet de cuir garni de plomb pour le combat du ceste.

caet~, V. cet~.

① **Cæus**, i, V. Cœus.

② **Cæus**, a, um, V. Ceus.

Caïa, V. Gaia.

Caïānus (ās), m., as de Caius Caligula, qui en avait réduit la valeur.

Caïcus, i, m., Caïque, **1.** fl. de Mysie ; **2.** compagnon d'Énée.

Cāĭēta, æ, et **Cāĭētē**, ēs, f., Caiéta, **1.** v. et port du Latium, auj. Gaète ; **2.** nourrice d'Énée ‖ **Cāĭētānus**, a, um, de Caiéta.

cāĭo, ās, āre, tr., donner une correction, battre.

Cāĭus, ĭi, m., Caius, prénom rom. (abrégé en C.), V. aussi Gaius.

Călăbĕr, bra, brum, de la Calabre, calabrais ‖ **Călăbrĭa**, æ, f., la Calabre.

Călactē, ēs, f., Calacté, v. de Sicile ‖ **Călactīni**, ōrum, m. pl., les hab. de Calacté.

Călăgorris ou **Călăgurris**, is, f., Calagurris, v. de l'Espagne Tarraconnaise ‖ **Călăgurrītāni**, ōrum, m. pl., les hab. de Calagurris.

Călăis, is, m., Calaïs, **1.** fils de Borée et frère de Zétès ; **2.** nom d'un jeune h.

călămārĭus, a, um, relatif aux roseaux qui servent pour écrire.

Călămis, ĭdis, m., Calamis, sculpteur célèbre, contemporain de Phidias (vᵉ s. av. J.-C.)

călămistĕr, tri, m., **1.** fer à friser ; **2.** fig., faux ornements du style.

călămistrātus, a, um, frisé au petit fer ; efféminé.

călămistrum, i, n., V. calamister.

călămĭtās, ātis, f., **1.** fléau qui s'abat sur les récoltes ; **2.** fléau, désastre, calamité, malheur.

călămĭtōsē, adv., misérablement, malheureusement.

călămĭtōsus, a, um, [~sior, ~sissimus], **1.** qui ravage, désastreux ; **2.** ravagé, exposé aux fléaux ; **3.** misérable, accablé par le malheur.

călămus, i, m., **1.** roseau, tige de roseau ; chaume ; **2.** objet fait en roseau : flûte, gluau, canne à pêche, roseau pour écrire.

Calānus, i, m., Calanus, phil. indien.

Călăthana, ōrum, m. pl., Calathana, v. de Thessalie.

călăthiscus, i, m., petite corbeille.

călăthus, i, m., **1.** corbeille ; **2.** coupe.

Călātĭa, æ, f., et **Călātĭæ**, ārum, f. pl., Calatia, v. de Campanie ‖ **Călātīni**, ōrum, m. pl., les hab. de Calatia ‖ **Călātĭnus**, a, um, de Calatia ‖ **Călātīnus**, i, m., surnom rom.

călātŏr, ōris, m., héraut, appariteur, crieur public ou privé.

Călaurēa, æ, f., Calaurie, île grecque.

călautĭca, æ, f., coiffe pour les femmes.

calb~, V. galb~.

Calbis, is, f., Calbis, fl. de Carie.

calcăr, āris, n., éperon ; aiguillon.

calcārĭum, ĭi, n., four à chaux.

Calcăs, V. *Calchas*.

calcātūra, *æ*, f., action de fouler le raisin.

calcĕāmentum, *i*, n., chaussure, soulier.

calcĕārĭum, *ĭi*, n., indemnité donnée aux soldats pour acheter des chaussures.

Calcēd~, V. *Chalced~*.

calcĕo(~ĭo), *ās*, *āre*, tr. (pr. et fig.), chausser.

calcĕŏlārĭus, *ĭi*, m., cordonnier.

calcĕŏlus, *i*, m., petit soulier.

calcĕus, *i*, m., soulier, chaussure ; fig., *calceos mutare* : changer de chaussures = devenir sénateur (chaussures de couleur différente).

Calchās, *antis*, m., Calchas, devin grec.

① **calcĭtro**, *ās*, *āre*, intr., 1. ruer ; fig., se montrer récalcitrant, regimber ; 2. (en parlant d'un mourant) agiter les pieds.

② **calcĭtro**, *ōnis*, m., qui frappe à coups de pied (pr. et fig.).

calco, *ās*, *āre*, tr. et intr. (pr. et fig.), marcher sur, fouler aux pieds, écraser.

calcŭlātŏr, *ōris*, m., calculateur.

① **calcŭlo**, *ās*, *āre*, tr., calculer, supputer.

② **calcŭlo**, *ōnis*, m., calculateur.

calcŭlus, *i*, m., 1. petite pierre, caillou ; 2. jeton qui sert au calcul, d'où : compte, calcul, *vocare aliquem ad calculos* : appeler qqn. à un règlement de compte ; 3. caillou qui servait pour voter, d'où : vote, *albus ~* : caillou blanc pour absoudre, *ater ~* : caillou noir pour condamner ; 4. caillou blanc pour marquer les jours heureux ; 5. pion pour échiquier.

calda ou **călĭda**, *æ*, f., eau chaude.

caldārĭum, *ĭi*, n., étuve.

caldĭcĕrĕbrĭus, *ĭi*, m., tête chaude.

Caldĭus, *ĭi*, m., Caldius, jeu de mots sur Claudius (Tibère) à cause de son goût pour le vin (*caldum* = vin chaud).

caldus, V. *calidus*.

Caldus, *i*, m., Caldus, surnom rom.

Călēdŏnes, *um*, m. pl., les Calédoniens ‖ **Călēdŏnĭa**, *æ*, f., Calédonie, partie N. de la Bretagne.

călĕfăcĭo, *ĭs*, *ĕre*, *fēci*, *factum*, tr., chauffer fortement (pr. et fig.).

călĕfacto, *ās*, *āre*, tr., chauffer fortement.

Călendæ ou **Kălendæ**, *ārum*, f. pl., 1. les Calendes, premier jour du mois romain, *ad Calendas græcas solvere* : payer aux calendes grecques = ne jamais payer ; 2. mois.

călendārĭum, *ĭi*, n., 1. livre de compte (les dettes se paient aux Calendes) ; 2. avoir, fortune.

călens, *entis*, part. adj., chaud, bouillant (pr. et fig.).

Călēnum, *i*, n., Calès, v. de Campanie ‖ **Călēnus**, *a*, *um*, de Calès ‖ **Călēnum**, *i*, n., propriété près de Calès.

Călēnus, *i*, m., Calénus, surnom rom.

călĕo, *ēs*, *ēre*, *călŭi*, intr., 1. être chaud, brûlant ; passif impers., *caletur* : il fait très chaud ; 2. être brûlant (de passion), brûler, être enflammé ; 3. être tourmenté, inquiet, « sur des charbons ardents » ; 4. marcher activement, battre son plein, *judicia calent* : l'instruction est menée rondement ; 5. être tout récent, tout récent.

Căles, *ĭum*, f. pl., V. *Calenum*.

călesco, *ĭs*, *ĕre*, *călŭi*, intr., 1. s'échauffer ; 2. s'enthousiasmer, s'enflammer.

Călētes, *um*, et **Călēti**, *ōrum*, m. pl., Calètes, peuple de Gaule Belgique, auj. pays de Caux.

Caletrānus ăger, m., territoire de Calétra, en Étrurie.

călĭcŭlus, *i*, m., petit calice, petite coupe.

Călĭdæ Aquæ, f. pl., les Eaux chaudes, région d'Afrique du N.

călĭdē, adv., chaudement.

Călĭdĭus, *ĭi*, m., Calidius, nom d'un orateur ‖ **Călĭdĭānus**, *a*, *um*, de Calidius.

călĭdus, *a*, *um*, [*~dior*, *~dissimus*], 1. chaud, brûlant ; 2. fig., ardent, plein de feu, emporté ; 3. tout chaud, servi chaud, tout récent ; 4. inconsidéré, irréfléchi.

călĭga, *æ*, f., chaussure militaire ; ext. service armé, armée.

călĭgātus, *a*, *um*, chaussé de bottines militaires ; subst. m., simple soldat.

călĭgĭnōsus, *a*, *um*, 1. sombre, ténébreux ; 2. obscur, incertain.

① **călĭgo**, *ās*, *āre*, intr., 1. être nébuleux, couvert de nuages, d'une brume épaisse ; 2. avoir la vue obscurcie, être ébloui.

② **călĭgo**, *ĭnis*, f., 1. fumée noire, brouillard sombre, ténèbres épaisses ; 2. fig., brouillard, aveuglement de l'esprit ; confusion, troubles, ténèbres, nuages (d'une époque, d'une situation).

călĭgŭla, *æ*, f., petite bottine militaire.

Călĭgŭla, *æ*, m., Caligula, surnom du 3ᵉ empereur rom. (37-41).

Călisto, V. *Callisto*.

călix, *ĭcis*, m., 1. coupe, calice, vase à boire ; d'où : contenu du vase, vin ; 2. plat.

Callæcus ou **Callăĭcus**, *a*, *um*, de Callécie, auj. Galice ‖ **Callăĭcus**, *i*, m., le Callaïque, surnom de D. Brutus.

callentĕr, adv., adroitement, habilement.

callĕo, *ĕs, ēre, callŭi*, intr., **1.** avoir des durillons, des callosités ; **2.** être endurci, insensible ; **3.** être expert, habile, rompu à, *ad* + acc., *in* + abl., abl. seul ; tr., avoir la pratique de.

Calliās, *æ*, m., Callias, nom d'h.

Callĭcīnus, *i*, m., Callicinus, mt. de Thessalie.

Callĭcrătēs, *is*, m., Callicrate, nom d'h.

Callĭcrătĭdās, *æ*, m., Callicratidas, général spartiate tué aux Arginuses.

Callĭcŭla, *æ*, f., Callicula, mt. de Campanie.

Callĭdămē, *ēs*, f., Callidamé, nom de femme.

callĭdē, adv., [*~dius, ~dissime*], **1.** habilement, avec adresse ; très bien ; **2.** avec ruse.

callĭdĭtās, *ātis*, f., **1.** expérience, habileté, adresse ; **2.** ruse.

Callĭdrŏmŏs, *i*, m., Callidromos, partie de l'Œta, près des Thermopyles.

callĭdus, *a, um*, [*~dior, ~dissimus*]. **1.** habile, adroit, expert ; **2.** rusé, fin, astucieux.

Callĭfæ, *ārum*, f. pl., Callifes, v. du Samnium ‖ **Callĭfānus**, *a, um*, de Callifes.

Callĭmăchus, *i*, m., Callimaque, poète grec alexandrin.

Calliŏpē, *ēs*, et **Calliŏpēa**, *æ*, f., Calliope, muse de la poésie élégiaque.

Callĭphō et **Callĭphōn**, *ōnis*, m., Calliphon, phil. grec.

Callĭpŏlis, *is*, f., Callipolis, nom de plusieurs v. grecques.

Callirhŏē, *ēs*, f., Callirhoé, **1.** nom de plusieurs sources ; **2.** fille de l'Achéloüs et épouse d'Alcméon.

callis, *is*, m. et f., **1.** sentier, piste de troupeau, surt. en forêt ; chemin ; **2.** vaine pâture.

Callisthĕnēs, *is*, m., Callisthène, neveu d'Aristote et ami d'Alexandre.

Callistō, *ūs*, f., Callisto, fille de Lycaon, roi d'Arcadie, changée en ourse par Junon ; devenue constellation, la Grande Ourse.

Callōn, *ōnis*, m., Callon, fondeur grec.

callōsĭtās, *ātis*, f., callosité, durillon ; fig., endurcissement.

callōsus, *a, um*, **1.** calleux ; **2.** (œuf) à la coque épaisse.

callum, *i*, n., peau épaisse et dure, cal ; fig., insensibilité, endurcissement.

cālo, *ōnis*, m., valet d'écurie, d'armée ; homme de peine ; porteur de litière.

călŏr, *ōris*, m., **1.** chaleur ; **2.** ardeur, feu, zèle.

Călŏr, *ōris*, m., Calor, fl. du Samnium.

călōrātus, *a, um*, ardent, bouillant.

Calpē, *ēs*, f., Calpé, mt. de Bétique, auj. Gibraltar.

Calpurnĭus, *ĭi*, m., Calpurnius, nom de plusieurs Romains ‖ **Calpurniānus**, *a, um*, de Calpurnius ; subst. m., nom d'h. ‖ **Calpurnĭus**, *a, um*, de Calpurnius, *lex Calpurnia* : loi Calpurnia sur la brigue.

calt(h)a, *æ*, f., souci (fleur).

calt(h)ŭla, *æ*, f., vêtement jaune souci.

călumnĭa, *æ*, f., **1.** chicane, fausse accusation, *calumniam jurare* : jurer qu'on n'accuse pas de mauvaise foi ; **2.** accusation de chicane, de calomnie ; **3.** artifices, menées, cabale, manœuvres dilatoires, prétextes, *~ religionis* : prétexte emprunté à la religion.

călumnĭātŏr, *ōris*, m., faux accusateur, chicaneur.

călumnĭor, *āris, āri*, tr. et intr., **1.** tramer des cabales, chicaner, manœuvrer en justice ; **2.** interpréter faussement, accuser faussement, calomnier ; critiquer trop sévèrement.

călumnĭōsē, adv., calomnieusement.

călumnĭōsus, *a, um*, [*~sissimus*], **1.** chicaneur, calomniateur ; **2.** calomnieux, faux.

calva, *æ*, f., boîte crânienne, crâne.

Calva, *æ*, m., Calva, nom d'h.

calvārĭa, *ĭum*, n. pl., espèce de poisson.

Calvēna, *æ*, m., Calvéna, surnom de Matius, ami de César et de Cicéron (= le Chauve)

Calventĭus, *ĭi*, m., Calventius, nom d'une famille rom.

Calvīna, *æ*, f., Calvina, nom de femme.

Calvīnus, *i*, m., Calvinus, surnom de diff. familles rom., spéc. des *Domitii*.

Calvĭsĭus, *ĭi*, m., Calvisius, nom d'une famille rom.

calvĭtĭēs, *ēi*, f., calvitie.

calvĭtĭum, *ĭi*, n., tête chauve.

calvor, *ĕris, i*, tr., chicaner, abuser, tromper.

calvus, *a, um*, **1.** chauve ; **2.** lisse ; **3.** dénudé.

Calvus, *i*, m., Calvus, surnom de diff. familles rom., spéc. des Licinius.

① **calx**, *calcis*, f., talon ; pied des hommes ou des animaux.

② **calx**, *calcis*, f., qqf. m., **1.** pierre ; caillou pour jouer, pion ; **2.** pierre à chaux, craie ; **3.** fin de la piste de course marquée par une corde blanchie à la chaux, *ad carceres a calce revocari* : être ramené du terme au point de départ.

Călўbē, *ēs*, f., Calybé, prêtresse de Junon.

călўbīta, *æ*, m., hab. d'une cabane.

Călȳcadnus, *i*, m., Calycadnus, promontoire de Cilicie.

Călȳdōn, *ōnis*, f., Calydon, v. d'Étolie ‖ **Călȳdōnēus** (**~nĭus**) *a, um*, de Calydon, *Calydonius heros* : le héros de Calydon, Méléagre ‖ **Călȳdōnis,** *ĭdis*, f., la Calydonienne : Déjanire.

Călymnē, *ēs*, f., Calymné, île près de Rhodes.

Călypsō, *ūs* et *ōnis*, f., Calypso, fille d'Atlas qui retint Ulysse dans l'île d'Ogygie (près de Gibraltar ?).

Cămălŏdūnum, V. *Camulodunum*.

Cămărīna, *æ*, f., Camarine, v. de Sicile.

cambĭo, *ās, āre*, tr., échanger, troquer.

Cambūnĭi montes, m. pl., monts Cambuniens, en Thessalie.

cămella, *æ*, f., vase à boire, bol.

cămēlus, *i*, m., chameau, dromadaire.

Cămēna, *æ*, f., Camène, nymphe ; surt. pl., *Camenæ, arum*, les Camènes, nymphes des sources, confondues plus tard avec les Muses.

cămĕra, *æ*, f., **1.** voûte, plafond voûté ; **2.** pont d'un vaisseau ; bateau ponté.

Cămĕrē, *ēs*, f., Caméré, v. du S. de l'Italie.

Cămĕrĭa, *æ*, f., Camérie, v. du Latium.

Cămĕrīnum, *i*, n., Camérinum, v. d'Ombrie.

Cămĕrīnus, *a, um*, Camérinus, surnom de la *gens Sulpicia*.

cămĕro, *ās, āre*, tr., voûter.

Cămers, *ertis*, adj., de Camérinum ‖ **Cămertes,** *ĭum*, m. pl., les hab. de Camérinum ‖ **Camertīnus,** *a, um*, de Camérinum.

Cămilla, *æ*, f., Camille, reine des Volsques.

Cămillānus, *a, um*, de Camille, le dictateur ‖ **Cămillus,** *i*, m., Camille, surnom de la *gens Furia* à laquelle appartenait le dictateur Camille (v⁰-iv⁰ s. av. J.-C.).

cămīnus, *i*, m., **1.** fourneau ; forge (des Cyclopes) ; **2.** âtre, foyer.

Cămīrus, *i*, m., Camirus, fondateur de Camiros, v. de l'île de Rhodes.

cammărus, *i*, m., homard, crevette, écrevisse.

campæ, *ārum*, f. pl., faux-fuyants.

Campānĭa, *æ*, f., la Campanie ‖ **Campānus,** *a, um*, de Campanie ‖ **Campāni,** *ōrum*, m. pl., les Campaniens.

campensis, *e*, adj., du Champ de Mars ; surnom d'Isis qui y avait un temple.

campester, *tris, tre*, adj., **1.** de plaine, uni, plat ; subst. n. pl., *campestria, ium*, pays plat ; **2.** du Champ de Mars, *campestre certamen* : lutte électorale (pour les élections aux comices qui se déroulaient au Champ de Mars) ; subst. n., *campestre, is*, n., tenue de Champ de Mars (pour l'exercice).

campso, *ās, āre*, tr., doubler (un cap).

① **campus,** *i*, m., **1.** plaine ; **2.** champ cultivé, prairie ; **3.** lieu de plaine pour le combat, champ de bataille ; **4.** spéc., *Campus Martius* ou *Campus* : le Champ de Mars, lieu des exercices militaires, du recensement, des élections, *fors domina Campi* : le hasard est le maître des élections, Cic. ; **5.** champ, carrière où l'on exerce un art ; domaine, sujet.

② **campus,** *i*, m., hippocampe.

Cămŭlŏdūnum, *i*, n., Camulodunum, v. de Bretagne, auj. Colchester.

cămŭr, *a, um*, courbé, recourbé.

cāmus, *i*, m., licol, carcan.

Cănăcē, *ēs*, f., Canacé, fille d'Éole.

Cănăchus, *i*, m., Canacus, nom d'artistes grecs.

cănălĭcŏlæ, *ārum*, m. pl., désœuvrés qui passent leur temps près du *canalis*. V. le suiv.

① **cănālis,** *is*, m. et f., **1.** canal pour abreuver le bétail ; **2.** fossé du Forum dont l'eau s'écoulait dans la *Cloaca Maxima* ; **3.** toute espèce de tube ou de conduit.

② **cănālis,** *e*, adj., de chien.

Cănastræum Pallēnēs prōmuntŭrĭum, n., promontoire de Pallène (Macédoine).

cancelli, *ōrum*, m. pl., **1.** barrières, balustrades (devant les tribunaux des juges au Forum) ; **2.** bornes, limites.

cancer, *cri*, m., **1.** crabe, écrevisse ; **2.** le Cancer, constellation d'été ; ext., grande chaleur.

Candāvĭa, *æ*, f., Candavie, région de Macédoine.

candēla, *æ*, f., **1.** chandelle, flambeau ; **2.** corde enduite de cire pour la conservation.

candēlābrum, *i*, n., candélabre.

candēlĭfĕra, *æ*, adj. f., porte-cierge.

candens, *entis*, part. adj., [*~tior, ~ tissimus*], **1.** blanc, brillant, étincelant ; **2.** ardent.

candĕo, *ēs, ĕre, candŭi*, intr., **1.** être d'un blanc éclatant ; **2.** être chauffé à blanc, bouillant (pr. et fig.).

candesco, *ĭs, ĕre, candŭi*, intr., **1.** devenir d'un blanc éclatant ; **2.** être chauffé à blanc.

candīco, *ās, āre*, intr., devenir blanc.

candĭdātĭo, *ōnis*, f., blancheur.

candĭdātŏrĭus, *a, um*, de candidat.

① **candĭdātus,** *a, um*, vêtu de blanc.

② **candĭdātus**, *i*, m., candidat (vêtu d'une toge blanche passée à la craie), ~ *consularis* ou *consulatus* : candidat au consulat ; ext., qui aspire à + gén.

candĭdē, adv., 1. en blanc ; 2. avec candeur.

candĭdo, *ās*, *āre*, tr., rendre d'un blanc éclatant.

candĭdŭlus, *a*, *um*, bien blanc.

candĭdum, *i*, n., couleur blanche.

candĭdus, *a*, *um*, [~*dior*, ~*dissimus*], 1. d'un blanc éclatant (opp. à *niger*) ; 2. resplendissant, étincelant ; 3. clair, pur, sans tache, franc, sincère (pr. et fig.) ; 4. *candida lapis* : pierre blanche dont on marquait les jours heureux.

candĭfĭco, *ās*, *āre*, tr., rendre blanc.

candĭfĭcus, *a*, *um*, qui rend blanc.

candŏr, *ōris*, m., 1. blancheur éclatante, éclat ; 2. pureté, clarté, netteté, éclat (du style) ; 3. pureté, loyauté, sincérité, franchise.

Cănens, *entis*, f., la « Chantante », prophétesse, fille de Janus et de Vénilie.

cānĕo, *ēs*, *ēre*, *cānŭi*, intr., tirer sur le blanc, blanchir (par l'âge, la rosée).

cănēphŏros, *i*, f., canéphore, porteuse de corbeille à la procession des Panathénées ; statue de canéphore.

cănēs, V. *canis*.

cānesco, *ĭs*, *ĕre*, *cānŭi*, intr., commencer à blanchir, grisonner ; ext., prendre de l'âge.

Cangi, *ōrum*, m. pl., Canges, peuple de Bretagne.

cănīcŭla, *æ*, f., 1. petite chienne ; sale chienne (en parl. d'une femme) ; 2. Sirius, étoile de la constellation du Chien ; grandes chaleurs ; 3. le coup du chien au jeu de dés, mauvais coup.

Cānĭdĭa, *æ*, f., Canidie, sorcière.

Cānĭdĭus, *ĭi*, m., Canidius, nom de diff. Romains.

Cănĭnĭānus, *a*, *um*, de Caninius ‖ **Cănĭnĭus**, *ĭi*, m., C. Caninius Rébilus, lieutenant de César.

cănīnus, *a*, *um*, de chien ; agressif.

cănis, *is*, m. et f., 1. chien, chienne ; chien, terme injurieux ; 2. le Chien, constellation ; la canicule ; 3. myth., chien : Scylla, Cerbère, Anubis ; *canes infernæ* : les chiennes des Enfers, Euménides, Érinyes, Furies ; 4. coup du chien aux dés (ambesas) ; 5. entrave, carcan.

cănistrum, *i*, n., corbeille sans anses.

cānĭtĭēs, *ēi*, f., couleur blanche ou grise des cheveux ; vieillesse.

Cānĭus, *ĭi*, m., Canius, nom de diff. Romains.

canna, *æ*, f., 1. roseau, jonc ; 2. objet fait en roseau : flûte ; barque.

Canna, *æ*, f., Canna, fl. près de Cannes, en Apulie.

Cannæ, *ārum*, f. pl., Cannes, v. d'Apulie où Hannibal vainquit les Romains en 216 av. J.-C. ‖ **Cannensis**, *e*, adj., de Cannes.

Canninefātes, *ium*, m. pl., Canninéfates, peuple de Germanie occidentale.

cannŭla, *æ*, f., petit roseau.

căno, *ĭs*, *ĕre*, *cĕcĭni*, *cantum*, tr. et intr., 1. chanter (hommes et animaux), ~ *ad tibicinem* : chanter en s'accompagnant de la flûte, *corvi, ranæ canunt* : les corbeaux croassent, les grenouilles coassent ; 2. jouer d'un instrument ; 3. réciter, dire des paroles rythmées, des vers ; composer ; 4. mil., sonner de la trompette, ~ *classicum receptui* : donner le signal de la retraite ; 5. dire des prophéties, prédire ; dire des paroles magiques.

cănōn, *ŏnis*, m., 1. règle, cordeau ; 2. chr., ensemble des livres de l'Écriture reconnus comme inspirés.

cănŏnĭcus, *a*, *um*, 1. régulier ; 2. chr., canonique.

Cănōpus, *i*, m., Canope, v. d'Égypte ; Égypte ‖ **Cănōpēus**, **Cănōpĭcus**, **Cănōpĭus**, *a*, *um*, de Canope ‖ **Cănōpītæ**, *ārum*, m. pl., les hab. de Canope.

cănŏr, *ōris*, m., son harmonieux, chant.

cănŏrus, *a*, *um*, sonore, mélodieux, harmonieux ; subst. n., *canorum, i*, son harmonieux de la voix.

Cantăbri, *ōrum*, m. pl., Cantabres, peuple d'Espagne Tarraconnaise ‖ **Cantăbrĭa**, *æ*, f., Cantabrie, pays des Cantabres ‖ **Cantăbrĭcus**, *a*, *um*, des Cantabres.

cantābundus, *a*, *um*, plein de chants, le cœur en fête.

cantāmĕn, *ĭnis*, n., charme, enchantement.

cantātŏr, *ōris*, m., celui qui chante.

cantātrix, *īcis*, f., 1. celle qui chante ; 2. magicienne.

canthăris, *ĭdis*, f., cantharide (insecte).

canthărus, *i*, m., canthare, grande coupe à anses.

canthēlĭus, *ĭi*, m., âne bâté.

canthērīnus, *a*, *um*, de cheval hongre.

canthērĭus, *ĭi*, m., cheval hongre, bidet, rosse.

canthus, *i*, m., cerclage de fer d'une roue.

cantĭcŭlum, *ĭ*, n., chansonnette.

cantĭcum, *i*, n., 1. chant, chanson ; 2. partie chantée accompagnée par un musicien et un mime dans la comédie rom. ; 3. formule magique chantée.

cantĭlēna, æ, f., chanson, refrain, ren-gaine.

cantĭlo, ās, āre, intr., fredonner.

cantĭo, ōnis, f., **1.** chant, chanson ; **2.** enchantement, incantation magique.

Cantĭum, ĭi, n., Cantium, région de Bretagne, auj. Kent.

cantĭuncŭla, æ, f., chansonnette.

canto, ās, āre,
I intr., **1.** chanter (hommes et oiseaux) ; **2.** jouer d'un instrument ; **3.** résonner, se faire entendre ; **4.** prononcer des formules magiques.
II tr., **1.** chanter en vers, célébrer ; **2.** jouer un rôle chanté ; **3.** fam., chanter, dire, annoncer ; **4.** ensorceler, produire par formule magique.

cantŏr, ōris, m., **1.** chanteur, musicien ; **2.** acteur qui chante à côté d'un mime ; **3.** radoteur, rabâcheur ; **4.** chanteur de louanges, prôneur.

cantrix, īcis, f., chanteuse, musicienne.

cantŭs, ūs, m., **1.** chant (de l'homme ou des oiseaux), cri (des animaux) ; **2.** chant, poésie, vers ; **3.** formule magique ; **4.** prédiction.

Cănŭlēĭus, ĭi, m., Canuléius, tribun qui obtint pour les plébéiens le *jus conubium* ‖ **Cănŭlēĭus**, *a*, *um*, de Canuléius.

cănŭsīna, æ, f., vêtement fait de laine de Canusium.

cănŭsīnātus, *a*, *um*, vêtu de laine de Canusium.

Cănŭsĭum, ĭi, n., Canusium, v. d'Apulie ‖ **Cănŭsīnus**, *a*, *um*, de Canusium.

căpābĭlis, *e*, adj., saisissable.

căpācĭtās, ātis, f., **1.** capacité, contenance ; réservoir, réceptacle ; **2.** capacité, aptitude.

Căpăneūs, ĕi, m., Capanée, un des Sept contre Thèbes.

căpax, ācis, adj., [~*cior*, ~ *cissimus*], **1.** qui contient ou peut contenir, *circus* ~ *populi* : cirque qui peut contenir beaucoup de monde, *cibi capacissimus* : qui peut énormément manger ; **2.** capable de, apte à, *animus* ~ *ad præcepta* : esprit capable de retenir les préceptes, ~ *imperii* : apte à régner.

căpēdo, ĭnis, f., cruche à anse.

căpēduncŭla, æ, f., petite cruche à anse.

căpella, æ, f., **1.** petite chèvre ; **2.** la Chèvre, constellation.

Căpella, æ, m., Capella, **1.** poète élégiaque du s. d'Auguste ; **2.** surnom d'un Romain ; **3.** grammairien ‖ **Căpellĭānus**, *a*, *um*, de Capella.

Căpēna, æ, f., Capène, v. d'Étrurie ‖ **Căpēnās**, ātis, adj., de Capène ; subst. m., hab. de Capène ; subst. n., région de Ca-

pène ‖ **Căpēnus**, *a*, *um*, de Capène, *Capena porta* ou simpl. *Capena* : la porte Capène, à Rome.

căpĕr, *pri*, m., bouc ; odeur de bouc.

căpĕro, ās, āre, **1.** tr., rider, froncer ; **2.** intr., se rider, se froncer.

căpesso, ĭs, ĕre, īvi (ĭi), ĭtum, tr., **1.** chercher à prendre, saisir avidement ; **2.** entreprendre de faire qqch., se mettre à, *fugam* ~ : se mettre à fuir, ~ *rempublicam* : se charger des affaires de l'État, ~ *magistratus* : entrer en charge d'une magistrature ; **3.** tendre vers, chercher à gagner, *animus superiora capessit* : l'âme tend vers les espaces supérieurs ; *se* ~ : se rendre vite qqp., Pl.

Căphāreūs, ĕi ou ĕos, m., le Capharée, promontoire d'Eubée ‖ **Căphārēus**, *a*, *um*, du Capharée ‖ **Căphāris**, ĭdis, f., du Capharée.

căpillācĕus, *a*, *um*, de cheveux.

căpillāgo, ĭnis, f., chevelure.

căpillāmentum, *i*, n., **1.** cheveux ; **2.** perruque.

căpillāre, *is*, n., pommade pour les cheveux.

căpillāris, *e*, adj., de cheveux.

căpillātūra, æ, f., chevelure ; coiffure.

căpillātus, *a*, *um*, [~*tior*], chevelu, à longue chevelure ; de l'époque où l'on portait les cheveux longs = très ancien ; subst. m. pl., *capillati*, *orum*, jeunes aristocrates aux cheveux longs.

căpillĭtĭum, ĭi, n., chevelure.

căpillus, *i*, m., **1.** cheveu, chevelure ; **2.** système pileux ; **3.** barbe.

căpĭo, ĭs, ĕre, cēpi, captum, tr., **1.** prendre, saisir, ~ *arma* : prendre les armes, ~ *exemplum de aliquo* : prendre exemple sur qqn., ~ *occasionem* : saisir l'occasion ; **2.** prendre, choisir, élire, ~ *locum castris* : choisir un emplacement pour le camp, ~ *sacerdotem* : élire un prêtre ; **3.** s'emparer de, ~ *duces* : faire prisonniers les chefs, ~ *locum* : occuper une position ; **4.** prendre, ôter, priver de, *captus oculis* : privé de la vue ; **5.** gagner, atteindre, ~ *portum* : toucher à un port ; **6.** prendre, recevoir, obtenir, accueillir, ~ *consulatum* : obtenir le consulat ; ~ *fructum* : retirer de l'utilité de ; ~ *initium*, *finem* : commencer, finir ; **7.** éprouver, subir, *ne quid detrimenti res publica capiat* : que la république ne subisse aucun dommage, ~ *desiderium*, *voluptatem*, *lætitiam* : éprouver du regret, du plaisir, de la joie ; **8.** prendre, saisir, charmer, séduire, *captus dulcedine* : séduit par la douceur ; **9.** pouvoir prendre, contenir, renfermer, *portus ingentem vim navium capit* : le port peut recevoir une immense quantité de navires ; **10.** admettre, comporter, *non capiunt angustiæ pectoris tui tantam personam* : l'étroitesse de ton esprit ne comporte pas un si grand rôle, Cic. ; **11.** saisir par l'intelligence, embrasser, concevoir, ~ *veram speciem Romani senatus* : comprendre la véritable nature du sénat de Rome.

căpistro, *ās, āre,* tr., mettre une muselière.

căpistrum, *i,* n., muselière, licol.

căpĭtăl, *ālis,* n., crime capital.

căpĭtālis, *e,* adj., [~*lior*], **1.** capital, où il va de la tête, qui mérite la peine de mort, qui peut entraîner la mort, *triumviri capitales* : triumvirs chargés d'exécuter les sentences de mort ; mortel, fatal ; **2.** capital, supérieur.

căpĭtālĭtĕr, adv., jusqu'à la mort.

căpĭtātus, *a, um,* à grosse tête.

Căpĭtĭum, *ĭi,* n., Capitium, v. de Sicile ‖ **Căpĭtīnus**, *a, um,* de Capitium.

căpĭto, *ōnis,* m., **1.** qui a une grosse tête ; **2.** sorte de poisson.

Căpĭto, *ōnis,* m., Capiton, surnom de familles rom.

Căpĭtōlĭnus, *a, um,* du Capitole, capitolin, *ludi Capitolini* : les jeux Capitolins ‖ **Căpĭtōlīni**, *ōrum,* m. pl., commissaires chargés des jeux Capitolins ‖ **Căpĭtōlĭum**, *ĭi,* n., **1.** le Capitole de Rome ; **2.** capitole d'autres v.

căpĭtŭlātim, adv., sommairement.

căpĭtŭlum, *i,* n., **1.** petite tête ; ext., iron., homme, femme ; **2.** division d'un ouvrage, chapitre.

Cappădŏcĭa, *æ,* f., la Cappadoce, province d'Asie Mineure ‖ **Cappădŏcus**, *a, um,* et **Cappădox**, *ŏcis,* adj., de Cappadoce.

căpra, *æ,* f., **1.** chèvre ; odeur forte ; **2.** la Chèvre, étoile du Cocher ; **3.** *palus Capræ,* le marais de la Chèvre, sur le Champ de Mars, où disparut Romulus.

Căpra, *æ,* m., Capra, surnom d'une famille rom.

căprĕa, *æ,* f., chèvre sauvage, chevreuil ; *Capreæ palus,* V. *capra* 3.

Căprĕæ, *ārum,* f. pl., Caprée, île de la mer Tyrrhénienne où Tibère séjournait volontiers, auj. Capri ‖ **Căprĕensis**, *e,* adj., de Caprée.

căprĕŏlātim, adv., comme les vrilles de la vigne.

căprĕŏlus, *i,* m., chevreuil.

Căprĭcornus, *i,* m., le Capricorne.

căprĭfīcus, *i,* m., figuier sauvage, Pers.

căprĭgĕnus, *a, um,* de la race des chèvres.

căprĭmulgus, *i,* m., qui trait les chèvres.

căprīnus, *a, um,* de chèvre.

căprĭpēs, *pĕdis,* adj., aux pieds de chèvre.

căprōnæ, *ārum,* f. pl., boucles de cheveux qui tombent sur le front.

capsa, *æ,* f., boîte en bois pour les livres.

Capsa, *æ,* f., Capsa, v. de Numidie.

capsārĭus, *ĭi,* m., esclave qui porte la boîte à livres du jeune maître.

Capsenses, *ĭum,* m. pl., les hab. de Capsa.

capsŭla, *æ,* f., petite boîte, cassette à bijoux, à livres, à argent.

Capta, *æ,* f., Capta, surnom de Minerve.

captātēla, *æ,* f., action de prendre.

captātĭo, *ōnis,* f., action de chercher à saisir, à surprendre, ~ *verborum* : chicane de mots, ~ *testamenti* : captation de testament.

captātŏr, *ōris,* m., celui qui cherche à saisir, à surprendre, ~ *auræ popularis* : démagogue ; abs., captateur de testament.

captātōrĭus, *a, um,* séducteur, trompeur.

captātrix, *īcis,* f., celle qui cherche à saisir, qui poursuit qqch.

captĭo, *ōnis,* f., tromperie, piège, surprise ; raisonnement captieux, sophisme.

captĭōsē, adv., d'une manière captieuse.

captĭōsus, *a, um,* [~*sior, ~sissimus*], trompeur ; captieux.

captĭto, *ās, āre,* tr., **1.** chercher à attraper.

captĭuncŭla, *æ,* f., argutie, subtilité.

captīva, *æ,* f., captive.

captīvĭtās, *ātis,* f., **1.** captivité, servitude ; **2.** captifs ; **3.** conquête, prise ; **4.** privation, ~ *oculorum* : cécité.

captīvus, *a, um,* **1.** captif, prisonnier de guerre ; **2.** de captif ; **3.** pris, conquis.

capto, *ās, āre,* tr., **1.** chercher à prendre, à saisir, à avoir, rechercher, ~ *undam refugam* : chercher à saisir une onde fugitive, Ov., ~ *misericordiam* : chercher à inspirer la pitié, ~ *sonitum* : chercher à distinguer un bruit, ~ *occasionem* : épier l'occasion ; **2.** chercher à tromper, à surprendre, ~ *hostem insidiis* : chercher à attirer l'ennemi dans une embuscade ; **3.** chercher à séduire, à capter (un héritage).

captŏr, *ōris,* m., celui qui prend, qui attrape.

captōrĭus, *a, um,* qui sert à prendre.

captūra, *æ,* f., **1.** prise ; **2.** gain, profit.

captŭs, *ūs,* m., **1.** action de prendre, prise ; **2.** dimension, capacité, portée.

Căpŭa, *æ,* f., Capoue, v. de Campanie ‖ **Căpŭensis**, *e,* adj., de Capoue.

căpŭlāris, *e,* adj., promis au cercueil.

căpŭlus, *i*, m., **1.** manche, poignée, garde d'une épée ; **2.** cercueil.

căpŭt, *ĭtis*, n., **1.** tête, ~ *operire* : se couvrir la tête, ~ *dolet* : j'ai mal à la tête ; **2.** tête, siège de l'intelligence, esprit, *incolumi capite es ?* : es-tu dans ton bon sens ? ; **3.** extrémité supérieure d'un objet, sommet, cime ; source, ~ *amnis* : source du fleuve ; source, origine, ~ *legum* : origine des lois ; **4.** tête, individu, ~ *liberum* : homme libre, ~ *hoc* : ma tête, moi ; **5.** tête, vie, *capitis causa* : affaire capitale, *capitis periculum* : danger mortel, *capitis damnare* : condamner à mort ; *deminutio capitis* : perte des droits civils et politiques, mort civile, *capite se deminuere* : renoncer à ses droits ; **6.** point essentiel, essentiel, ~ *cenæ* : le plat principal ; **7.** personnage principal, chef, *capita conjurationis* : les chefs de la conjuration ; **8.** capitale, *Thebæ caput totius Græciæ* : Thèbes, capitale de la Grèce entière ; **9.** paragraphe, chapitre, sommaire, *capita rerum* : sommaire d'un discours ; **10.** capital d'une dette.

Căpўs, *ўis*, m., Capys, **1.** fils d'Assaracus et père d'Anchise ; **2.** compagnon d'Énée et fondateur de Capoue ; **3.** roi de Capoue.

Căr, *āris*, m., Carien.

Cărăcalla, *æ*, m., Caracalla, empereur rom. (211-217).

Cărālis, *is*, f., Caralis, v. de Sardaigne ‖ **Cărālītānus**, *a*, *um*, de Caralis.

Cărālītis, *ĭdis*, f., lac Caralitide en Pisidie.

Cărantōnus, *i*, m., Carantonus, fl. de Gaule, auj. Charente.

Căranus, *i*, m., Caranus, roi de Macédoine.

Caratācus, *i*, m., Caratacus, roi des Silures.

carbăsěus, *a*, *um*, de lin fin.

carbăsus, *i*, f., au pl., souv., **carbăsa**, *ōrum*, n., **1.** lin fin ; **2.** voile de navire ; **3.** vêtement de lin ; **4.** voile tendu au-dessus des théâtres.

carbo, *ōnis*, m., **1.** charbon ; **2.** charbon pour écrire, *carbone notare* : marquer au charbon, satiriser.

Carbo, *ōnis*, m., Carbon, surnom rom.

carbuncŭlus, *i*, m., petit charbon ; fig., charbon ardent, souci cuisant.

Carcaso, *ōnis*, f., Carcaso, v. de la Gaule Narbonnaise, auj. Carcassonne.

carcěr, *ĕris*, m., **1.** prison, cachot ; ext., les prisonniers ; **2.** gibier de prison ; **3.** ordin., pl., *carceres*, *um*, barrières d'où partent les chars dans une course. V. *calx* ② **3.**

carcěrārĭus, **carcěrěus**, *a*, *um*, de prison.

Carchēdōn, *ŏnis*, f., Carthage ‖ **Carchēdŏnĭus**, *a*, *um*, de Carthage.

carchēsĭum, *ĭi*, n., **1.** coupe à deux anses ; **2.** hune.

carcĭnōma, *ătis*, n., **1.** cancer ; **2.** plaie (fig.).

Carcĭnŏs, *i*, m., le Cancer.

Cardăces, *um*, ou **Cardăcæ**, *ārum*, m. pl., Cardaces, milice perse.

Carděa ou **Carda**, *æ*, f., Carda, divinité des portes.

Cardĭa, *æ*, f., Cardia, v. de Chersonèse de Thrace ‖ **Cardĭānus**, *a*, *um*, de Cardia.

cardĭăcus, *i*, m., malade de l'estomac.

cardo, *ĭnis*, m., **1.** gond d'une porte ; **2.** pivot, axe essentiel ; **3.** ligne de démarcation ; **4.** point cardinal ; pôle ; saison.

cardŭus, *i*, m., chardon.

cārē, adv., [~*rius*, ~*rissime*] chèrement, à haut prix.

cărěo, *ēs*, *ēre*, *cărŭi*, part. fut. *cărĭtūrus*, intr., + abl., poét. avec gén., acc., inf. **1.** manquer de, être privé de, avoir besoin de, ~ *libertate* : être privé de liberté ; ~ *patriā* : être en exil ; **2.** être exempt de, ~ *morte* : être immortel ; **3.** être absent, ~ *foro*, *senatu* : ne pas paraître au forum, au sénat.

Căres, *um*, m. pl., les hab. de Carie ‖ **Cārĭa**, *æ*, f., Carie, région d'Asie Mineure.

cărĭca, *æ*, f., figue sèche de Carie.

cărĭes (sans gén.), f., pourriture, décomposition.

cărīna, *æ*, f., **1.** coquille de noix ; **2.** carène, coque de navire ; ext., navire.

Cărīnæ, *ārum*, f. pl., les Carènes, quartier de Rome.

cărīnārĭus et **cărīnus**, *a*, *um*, couleur de noix.

cărĭōsus, *a*, *um*, pourri, carié, décrépit.

cāris, *ĭdis*, f., crevette.

căristĭa, V. *charistia*.

cārĭtās, *ātis*, f., **1.** cherté ; haut prix ; **2.** affection, tendresse, amour.

Carmāni, *ōrum*, m. pl., les hab. de la Carmanie, en Perse.

Carmēlus, *i*, m., Carmel, **1.** mt. de Judée ; **2.** dieu adoré sur le Carmel.

carmĕn, *ĭnis*, (cf. *cano*), n., **1.** chant ; **2.** chant poétique, vers, poème, *carmina canere*, *pangere*, *condere* : composer des vers, de la poésie ; poésie, spéc. poésie épique et lyrique ; **3.** oracle, prophétie **4.** formule magique, enchantement.

Carmenta, *æ*, ou **Carmentis**, *is*, f., Carmenta, mère d'Évandre ‖ **Carmentālis**, *e*, adj., de Carmenta ‖ **Carmentālĭa**, *ĭum*, n. pl., les Carmentales, fêtes de Carmenta (11 et 15 janvier).

Carmo, *ōnis*, f., Carmon, v. de Bétique.

Carna, V. *Cardea*.

carnālis, *e*, adj., de chair, charnel.

carnālĭtĕr, adv., charnellement ; corporellement.

carnārĭum, *ĭi*, n., **1.** croc de boucher ; **2.** fig., abattoir ; **3.** saloir.

carnārĭus, *ĭi*, m., mangeur de viande.

Carnĕădēs, *is*, m., Carnéade, phil. de Cyrène, fondateur de la Nouvelle Académie ‖ **Carnĕădēus**, *a*, *um*, de Carnéade.

carnĕus, *a*, *um*, **1.** charnel ; **2.** corporel, matériel.

carnĭfex, *ĭcis*, m., **1.** bourreau ; **2.** fig., bourreau, vaurien.

carnĭfĭcīna, *æ*, f., **1.** lieu de torture ; **2.** fonctions de bourreau ; **3.** torture, supplice.

carnĭfĭco, *ās*, *āre*, tr., torturer.

carnuf~, V. *carnif~*.

carnŭlentus, *a*, *um*, **1.** charnu ; **2.** chr., charnel, soumis à la chair.

Carnūtes, *um*, et **Carnūti**, *ōrum*, m. pl., Carnutes, peuple de la Gaule Celtique, auj. région de Chartres.

① **căro**, *ĭs*, *ĕre*, tr., carder.

② **căro**, *carnis*, f., **1.** morceau, part de viande ; viande, chair ; **2.** chair, opp. à esprit ; **3.** (injure) charogne.

③ **cārō**, adv., cher, à haut prix.

Carpāthus et **Carpăthos**, *i*, f., Carpathos, île de la mer Égée ‖ **Carpăthĭus**, *a*, *um*, de Carpathos.

carpătīnus, *a*, *um*, de cuir grossier.

carpentum, *i*, n., **1.** voiture couverte à deux roues ; **2.** char d'armée.

Carpētāni, *ōrum*, m. pl., les hab. de la Carpétanie ‖ **Carpētānĭa**, *æ*, f., Carpétanie, région de la Tarraconnaise.

carpo, *ĭs*, *ĕre*, *carpsi*, *carptum*, tr., **1.** détacher, cueillir, arracher, ~ *flores ex* ou *ab arbore* : cueillir les fleurs sur un arbre ; **2.** brouter, tondre, butiner ; **3.** prendre par parties ou par étapes, choisir, ~ *pensum* : litt., prendre brin à brin un écheveau de laine, d'où : accomplir sa tâche ; *in legendo carpsi* : j'ai fait des extraits de mes lectures ; ~ *viam*, *iter* : prendre la route ; **4.** détacher par parcelles pour goûter, jouir, *carpe diem* : cueille le jour, profite d'aujourd'hui, HOR., ~ *securam quietem* : goûter un repos sans nuages ; **5.** diviser en parties, ~ *exercitum in multas partes* : morceler une armée ; **6.** déchirer, lacérer (pr. et fig.) ; **7.** harceler, attaquer sans relâche ; affaiblir à force d'assauts, miner, consumer.

carptim, adv., par fragments, par morceaux, en différents endroits.

carptŏr, *ōris*, m., esclave qui découpe.

Carpus, *i*, m., Carpus, nom d'h. (celui qui tranche).

Carræ ou **Carrhæ**, *ārum*, f. pl., Carrhes, v. d'Assyrie où Crassus fut vaincu et tué par les Parthes (53 av. J.-C.).

carrūca, *æ*, f., voiture de luxe à quatre roues.

Carrūca, *æ*, f., Carruca, v. de Bétique.

carrŭs, *ūs*, m., ou **carrum**, *i*, n., chariot.

Carsĕŏlānus, *a*, *um*, de Carséoles ‖ **Carsĕŏli**, *ōrum*, m. pl., Carséoles, v. des Èques, dans le Latium.

Carsŭlæ, *ārum*, f. pl., Carsules, v. d'Ombrie ‖ **Carsŭlānum**, *i*, n., domaine de Carsules.

cart~, V. *chart~*.

Cartāgo, V. *Carthago*.

Cartēĭa, *æ*, f., Cartéia, **1.** v. de Bétique ; **2.** v. de Tarraconnaise ‖ **Cartēĭensis**, *e*, adj., de Cartéia.

Carthæa, *æ*, f., Carthée, v. de l'île de Céos ‖ **Carthæus**, *a*, *um*, de Carthée.

① **Carthāgo**, *ĭnis*, f., Carthage, ville d'Afrique, patrie d'Hannibal ‖ **Carthāgĭnĭensis**, *e*, adj., de Carthage, carthaginois ‖ **Carthāgĭnĭenses**, *ĭum*, m. pl., les Carthaginois.

② **Carthāgo**, *ĭnis*, f., Carthago, fille d'Hercule.

Carthāgo Nŏva, f., Carthagène, v. de Tarraconnaise.

căruncŭla, *æ*, f., petit morceau de chair.

cārus, *a*, *um*, [~*rior*, ~*rissimus*], **1.** cher, précieux, à haut prix ; **2.** cher, chéri, aimé, estimé.

Cārus, *i*, m., Carus, nom de diff. Romains.

Carventāna Arx, f., citadelle de Carventum, dans le Latium.

Căryæ, *ārum*, f. pl., Caryes, v. de Laconie.

Cărybdis, V. *Charybdis*.

Cărystus, *i*, f., Carystos, **1.** v. d'Eubée ; **2.** v. de Ligurie ‖ **Cărystēus** et **Cărystĭus**, *a*, *um*, de Carystos.

căsa, *æ*, f., hutte, cabane, chaumière.

Casca, *æ*, m., Casca, surnom rom.

cascus, *a*, *um*, ancien, vieux, antique.

cāsēātus, *a*, *um*, fait, mêlé de fromage.

cāsĕus, *i*, m., fromage ; fig., terme d'affection, PL.

căsĭa, *æ*, f., **1.** cannelle sauvage ; **2.** bot., daphné.

Căsĭlīnum, *i*, n., Casilinum, v. de Campanie ‖ **Căsĭlīnenses**, *ĭum*, m. pl., les hab. de Casilinum.

Căsīnum, *i*, n., Casinum, v. du Latium, auj. Monte Cassino ‖ **Căsīnās**, *ātis*, adj., de Casinum ‖ **Căsīnātes**, *ĭum*, m. pl., les hab. de Casinum.

Căsĭus, *ĭi*, m., le mt. Casius en Égypte ‖ **Căsĭus**, *a*, *um*, du mt. Casius.

Caspĕrĭa, *æ*, f., Caspérie, v. de Sabine.

Caspĭus, *a*, *um*, de la Caspienne ; *(portæ) Caspiæ* : les portes Caspiennes (dans le Caucase).

Cassandĕr, *dri*, m., Cassandre, 1. roi de Macédoine, fils d'Antipater ; 2. astronome grec ‖ **Cassandrus**, *a*, *um*, de Cassandre.

Cassandra, *æ*, f., Cassandre, fille de Priam et d'Hécube, prophétesse, captive d'Agamemnon.

Cassandrĕa, *æ*, f., Cassandrée, v. de Chalcidique (anc. Potidée) ‖ **Cassendrenses**, *ĭum*, m. pl., les hab. de Cassandrée ‖ **Cassandreūs**, *ĕi*, m., le Cassandréen (Apollodore, tyran de Cassandrée).

cassātim et **cassē**, adv., inutilement.

Cassĭānus, *a*, *um*, de Cassius ‖ **Cassĭāni**, *ōrum*, m. pl., les Cassiens, disciples du jurisconsulte C. Cassius Longinus.

cassĭda, *æ*, f., casque de métal.

Cassĭŏpē, *ēs*, f., Cassiopée, 1. mère d'Andromède, devenue constellation ; 2. v. de l'île de Corcyre.

① **cassis**, *ĭdis*, f., casque de métal.

② **cassis**, *is*, m., surt. pl., **casses**, *ium*, 1. filets de chasse, rets ; piège ; 2. toile d'araignée.

Cassĭus, *ĭi*, m., Cassius, nom de diff. pers., entre autres : 1. C. Cassius Longinus, un des meurtriers de César ; 2. C. Cassius Longinus, célèbre jurisconsulte sous Tibère ; 3. T. Cassius Sévérus, orateur et poète sous Auguste et Tibère ‖ **Cassĭus**, *a*, *um*, ou **Cassĭānus**, V. ce mot.

casso, *ās*, *āre*, intr., vaciller.

cassum, adv., sans motif, en vain.

cassus, *a*, *um*, 1. creux, vide, privé de ; 2. vain, inutile, sans motif, *in cassum* : en vain, pour rien ; 3. rien, néant.

Castālĭa, *æ*, f., Castalie, source en Béotie consacrée aux Muses ‖ **Castālīdes**, *um*, f. pl., les Muses ‖ **Castālis**, *ĭdis*, f., de Castalie ‖ **Castālĭus**, *a*, *um*, de Castalie.

castănĕa, *æ*, f., châtaignier, châtaigne.

castē, adv., [*~tius*, *~tissime*], 1. conformément aux rites ; 2. avec piété, religieusement ; 3. purement, chastement.

castellānus, *a*, *um*, relatif à une forteresse ; subst. m. pl., *castellani*, *orum*, hab. d'une forteresse, garnison.

castellātim, adv., par places fortes.

castellum, *i*, n., 1. petit poste fortifié, redoute ; 2. citadelle, refuge, asile ; 3. village, hameau bâti sur les hauteurs.

castērĭa, *æ*, f., soute, cale d'un vaisseau.

castĭfĭco, *ās*, *āre*, tr., 1. purifier ; 2. rendre chaste.

castĭfĭcus, *a*, *um*, pur, chaste.

castĭgābĭlis, *e*, adj., punissable.

castĭgātē, adv., avec réserve, retenue.

castĭgātĭo, *ōnis*, f., blâme, réprimande.

castĭgātŏr, *ōris*, m., critique, celui qui blâme.

castĭgātŏrĭus, *a*, *um*, qui critique, qui blâme.

castĭgātus, *a*, *um*, [*~tior*], 1. réprimandé, blâmé, puni ; 2. retenu, contenu.

castīgo, *ās*, *āre*, (cf. *castus*), tr., 1. réprimander, blâmer, punir ; 2. corriger, amender (faute, écrit) ; 3. réprimer, contenir, maintenir.

castĭmōnĭa, *æ*, f., chasteté, pureté du corps ou des mœurs, vertu.

castĭmōnĭālis, *is*, f., chr., religieuse, nonne, Aug.

castĭmōnĭum, *ĭi*, n., V. *castimonia*.

castĭtās, *ātis*, f., chasteté, pureté du corps ou des mœurs.

Castŏr, *ōris*, m., Castor, jumeau de Pollux, fils de Tyndare et de Léda ‖ **Castōres**, *um*, m. pl., les Dioscures, Castor et Pollux ; les Gémeaux ‖ **Castŏrĕus**, *a*, *um*, de Castor.

castra, *ōrum*, V. *castrum*.

Castrānus, *a*, *um*, de Castrum, v. des Rutules.

castrātŏr, *ōris*, m., châtreur.

castrensis, *e*, adj., des camps, *~ ratio* : règlement militaire.

castro, *ās*, *āre*, tr., 1. châtrer, émasculer ; 2. corriger, expurger.

castrum, *i*, n.,

I sg. 1. fort, citadelle, poste militaire ; 2. toponymie : *Inui Castrum* (place forte des Rutules), *Castrum Mutilum, Novum Vergium*, etc.

II surt. au pl., *castra, orum*, 1. camp fortifié, retranchement, *~ stativa* : campements fixes, *~ æstiva, hiberna* : quartiers d'été, d'hiver ; *~ ponere, locare, facere* camper, installer un camp ; *~ movere* décamper, lever le camp ; 2. vie des camps, service militaire, période de guerre ; 3. journée de marche (entre deux camps) ; 4. camp, parti ; 5. toponymie : *Castra Hannibalis, Castra Vetera*, etc.

Castŭlo, *ōnis*, m., Castulon, v. de Tarraconnaise ‖ **Castŭlōnensis**, *e*, adj., de Castulon.

castus, *a*, *um*, [*~tior*, *~tissimus*], 1. conforme aux rites ; 2. pieux, religieux ; 3. pur, chaste, intègre (de corps ou de mœurs).

căsŭla, æ, f., **1.** petite cabane ; **2.** tombeau ; **3.** chr., vêtement de dessus, AUG. ; chasuble.

căsŭs, ūs, m., **1.** chute ; fig., disgrâce, ruine, déclin, fin, ~ *urbis Trojanæ* : la chute de Troie ; **2.** sort, hasard, chance, accident, *rem in casum dare* : abandonner l'affaire au hasard, *casu* : par hasard, *casus secundi* : événements heureux ; risque ; événement malheureux, malheur, *casus nostri* : nos infortunes ; **3.** occasion, ~ *invadendæ Armeniæ* : l'occasion d'envahir l'Arménie ; **4.** gramm., cas, ~ *rectus* : le cas direct, le nominatif.

Cătăbathmos, i, m., Catabathmos, dépression en Libye.

cătăclista (vestis), f., vêtement de fête.

cătăclistos, ŏn, adj. grec, qui est sous clef, précieux.

cătăclysmos, i, m., déluge universel.

cătădrŏmus, i, m., corde pour les funambules ; praticable.

Cătădūpa, ōrum, n. pl., Catadupes, cataractes du Nil.

cătægis, ĭdis, f., coup de vent, ouragan (en Pamphylie).

cătăgĕlăsĭmus, i, m., ridiculisé (jeu de Plaute sur le nom d'un pers. du *Stichus*).

cătăgrăphus, i, m., broderie.

Cătămītus, i, m., **1.** Catamitus (déformation du nom Ganymède) ; **2.** mignon, débauché.

Cătăŏnes, um, m. pl., les hab. de Cataonie ‖ **Cătăŏnĭa**, æ, f., Cataonie, région d'Asie Mineure.

cătăphractē, ēs, f., armure en écailles de fer qui couvrait le cheval et le cavalier.

cătăphractus, a, um, en armure, cuirassé.

cătăplūs, i, m., retour d'un navire au port.

cătăpulta, æ, f., **1.** catapulte ; **2.** projectile de catapulte.

cătăpultārĭus, a, um, de catapulte.

cătăracta, æ, f., **1.** cataracte ; **2.** écluse, réservoir ; **3.** herse, pont-levis.

cătasta, æ, f., **1.** estrade pour la mise en vente des esclaves ; **2.** gril (torture).

cătastrŏpha, æ, f., retour de fortune.

cătē, adv., avec finesse, esprit, ruse.

cătēchizo, ās, āre, tr. et intr., chr., catéchiser, répandre la foi chrétienne.

cătēchūmĕnus, i, m., et **cătēchūmĕna**, æ, f., chr., catéchumène.

cătēgŏrĭa, æ, f., accusation, reproche.

cătēia, æ, f., arme de jet gauloise qui revient à son point de départ (*reciproca*).

① **cătella**, æ, f., petite chienne ; fig., terme d'affection.

② **cătella**, æ, f., petite chaîne (parure).

cătellus, i, m., **1.** petit chien ; fig., terme d'affection ; **2.** jeu de mots chienne-chaîne, PL.

cătēna, æ, f., **1.** chaîne ; entraves, chaînes, prison ; **2.** chaînes, contrainte ; **3.** enchaînement, série.

cătēnārĭus, a, um, qui est à la chaîne.

cătēnātĭo, ōnis, f., assemblage.

cătēnātus, a, um, enchaîné, lié, à la chaîne.

căterva, æ, f., **1.** troupe en désordre, bande ; **2.** foule, masse.

cătervārĭus, a, um, qui combat en groupe.

cătervātim, adv., en masse, par bandes.

căthĕdra, æ, f., **1.** siège avec dossier ; **2.** chaise à porteurs ; **3.** chaire ; **4.** chr., siège épiscopal.

căthĕdrālĭcĭus, a, um, qui préfère la chaise à dossier, efféminé, MART.

căthĕdrārĭus, a, um, relatif à la chaise ou à la chaire.

căthŏlĭcē, adv., chr., universellement.

căthŏlĭcus, a, um, chr., **1.** universel ; subst. n. pl., *catholica, orum*, ensemble des règles générales ; **2.** catholique.

Cătĭa, æ, f., Catia, nom de femme.

Cătĭānus, a, um, de Catius.

Cătĭlīna, æ, m., L. Sergius Catilina, dont la conjuration fut découverte par Cicéron en 63 av. J.-C. ‖ **Cătĭlīnārĭus**, a, um, de Catilina.

① **cătillo**, ās, āre, tr., lécher les plats.

② **cătillo**, ōnis, m., lécheur de plats.

cătillum, i, n., petit plat.

Cătĭllus et **Cătīlus**, i, m., Catilus, fils d'Amphiaraüs, fondateur de Tibur.

Cătĭna, æ, f., Catane, v. de Sicile ‖ **Cătĭnensis**, e, adj., de Catane ‖ **Cătĭnenses**, ĭum, m. pl., les Cataniens.

cătīnus, i, m., plat creux, bassin.

① **Cătĭus**, ĭi, m., divinité rom. qui inspirait intelligence et ruse aux garçons.

② **Cătĭus**, ĭi, m., Catius, nom d'h., spéc., phil. épicurien du temps d'Auguste.

Căto, ōnis, m., Caton, surnom d'une branche de la *gens Porcia*, dont Porcius Caton, le Censeur ou l'Ancien, auteur du fameux *delenda Carthago*, et M. Porcius Caton, dit d'Utique où il se tua après la victoire de César à Thapsus (46 av. J.-C.).

cătōmidĭo, ās, āre, tr., porter qqn sur les épaules pour qu'on le fouette, fouetter, PÉTR.

Cătōnĭānus, a, um, de Caton ‖ **Cătōnīni**, ōrum, m. pl., Catoniens, partisans de Caton d'Utique.

catta, æ, f., chatte.

cattus, i, m., chat.

cătŭla, æ, f., petite chienne.

cătŭlīnus, a, um, de chien.

Cătullĭānus, a, um, de Catulle ‖ **Cătullus**, i, m., Catulle, poète latin contemporain de César.

cătŭlus, i, m., **1.** petit chien ; **2.** petit d'un animal qcq.

Cătŭlus, i, m., Catulus, surnom de la *gens Lutatia*.

Cătŭrīges, um, m. pl., Caturiges, peuple de la Gaule, auj. région du Dauphiné.

cătus, a, um, **1.** aigu, perçant ; **2.** avisé, fin, habile.

Caucăsus, i, m., le Caucase ‖ **Caucăsĕus** et **Caucăsĭus**, a, um, du Caucase.

caucŭla, æ, f., petite coupe.

cauda, æ, f., **1.** queue des animaux ; **2.** vulg., queue (membre viril).

caudĕus, a, um, de jonc.

caudex, V. *codex*.

Caudex, ĭcis, m., Caudex, surnom rom.

caudĭcālis, e, adj., relatif aux troncs, aux bûches, ~ *provincia* : corvée de bois, Pl.

caudĭcārĭus, a, um, fait de troncs d'arbres (radeau).

caudĭcĕus, a, um, fait de bois brut.

Caudĭum, ĭi, n., Caudium, v. du Samnium où les Samnites forcèrent les Romains à passer sous un joug ‖ **Caudīnus**, a, um, de Caudium, *Caudinæ furculæ* : les Fourches Caudines ‖ **Caudīni**, ōrum, m. pl., les hab. de Caudium.

caulæ, ārum, f. pl., **1.** cavités, ouvertures ; **2.** parc à moutons.

caulātŏr, V. *cavillator*.

caulis, is, m., **1.** tige ; **2.** chou ; **3.** membre viril.

Caulōn, ōnis, et **Caulōnĕa**, æ, f., Caulon, v. du Bruttium.

Caunus, i, f., Caune, v. de Carie ‖ **Caunĕus** et **Caunĭus**, a, um, de Caune ‖ **Caunĕi**, ōrum, m. pl., les hab. de Caune ‖ **Caunĕæ**, ārum, f. pl., figues de Caune, figues ‖ **Caunus** ou **Caunos**, i, m., Caunos, fondateur de Caune.

caupo, ōnis, m., aubergiste, cabaretier.

caupōna, æ, f., **1.** auberge, cabaret ; **2.** cabaretière.

caupōnĭum, ĭi, n., auberge.

caupōnĭus, ĭi, V. *caupo*.

caupōnor, āris, āri, tr., trafiquer.

caupōnŭla, æ, f., gargote.

Caurus et **Cōrus**, i, m., le Caurus, vent du N.-O.

causa, æ, f.,

I 1. cause, raison, motif, *nihil potest evenire sine causā antecedente* : rien ne peut

arriver sans cause antécédente, *quā de causā ?* : pour quelle raison ?, *certā de causā* : pour une raison précise, *ob eam causam quia* : pour cette raison que, ~ *ut, quare* + subj. : raison de, pour, *ut ne, ne, quin, quominus* + subj. : raison de ne... pas ; *meā, tuā causā*, pour moi, pour toi, *exempli, verbi causā* : par exemple ; *pacis petendæ causā* : en vue de, pour demander la paix ; **2.** raison alléguée, motif, excuse, *causam accipere, negligere* : accepter, refuser des explications.

II 1. cas, matière à discussion, cause, procès, ~ *capitis* : affaire capitale, *causam agere, vincere, perdere* : plaider, gagner, perdre un procès, ~ *disserendi* : sujet de controverse ; **2.** cause, parti, ~ *optimatium* : le parti de l'aristocratie ; **3.** état, situation, position, *suam causam nosse* : connaître ses propres affaires ; **4.** rapports, liens d'amitié ; **5.** cas (maladie).

causārĭus, a, um, malade, infirme, invalide.

causātĭo, ōnis, f., **1.** mise en cause ; **2.** occasion.

causĭa, æ, f., chapeau macédonien à larges bords.

causĭdĭcus, i, m., avocat, défenseur (payé, donc moins estimé que l'orateur)

causĭfĭcor, āris, āri, tr., prétexter.

causor, āris, āri, tr., prétexter, objecter.

causŭla, æ, f., petite cause.

cautē, adv., [~*tius, ~tissime*], avec précaution, prudemment.

cautēla, æ, f., précaution, défiance.

cautēr, ēris, m., fer chaud, brûlure au fer chaud.

cautēs et **cōtēs**, is, f., écueil, brisant, pierre, caillou.

cautim, adv., avec précaution.

cautĭo, ōnis, f., **1.** précaution, action de se tenir en garde ; moyen de se préserver ; **2.** assurance, garantie verbale ou écrite, reçu.

cautŏr, ōris, m., **1.** homme prudent, défiant ; **2.** qui se porte garant.

cautus, a, um, (cf. *caveo*), part. adj., [~*tior, ~tissimus*], **1.** en sûreté, garanti ; **2.** prudent, prévoyant, circonspect, attentif ; **3.** fin, rusé.

Căvārīnus, i, m., Cavarinus, chef sénon.

căvātus, a, um, part. adj., creusé, creux.

căvĕa, æ, f., **1.** cavité ; **2.** enclos, parc, loge, cage, ruche ; cage pour les poulets sacrés ; **3.** partie du théâtre en gradins où étaient assis les spectateurs, ~ *prima* ou *ima, media, ultima* ou *summa* : gradins inférieurs, du centre, du haut ; ext. théâtre.

căvĕo, ēs, ēre, cāvi, cautum, tr. et intr., **1.** prendre garde, éviter, *cave canem* : prends garde au chien, *cave (ne) cadas* : prends garde à ne pas tomber, *quod ut ne accidat cavendum est* : il faut veiller à ce que cela n'arrive pas, *caveant consules ne quid detrimenti res publica capiat* : que les consuls veillent à ce que l'État ne subisse aucun dommage ; = nég., *cave vereri* : ne crains pas ; **2.** prendre des sûretés, exiger une caution ; **3.** veiller sur, aux intérêts de, *ei ~ volo* : je veux veiller sur lui ; prendre des dispositions en faveur de, *heredi ~* : tester en faveur d'un héritier.

căverna, æ, f., cavité, ouverture, partie intérieure d'une voûte.

căvernōsus, a, um, creux, à cavités.

căvilla, æ, f., **1.** plaisanterie, taquinerie ; **2.** sophisme.

căvillābundus, a, um, plein de sophismes.

căvillātĭo, ōnis, f., **1.** plaisanterie, raillerie, taquinerie ; **2.** subtilités, sophismes.

căvillātŏr, ōris, m., **1.** moqueur, railleur ; **2.** sophiste.

căvillātrix, īcis, f., qui se perd en subtilités.

căvillātŭs, ūs, m., plaisanterie.

căvillo, ās, āre, et **căvillor**, āris, āri, tr. et intr., **1.** plaisanter, railler, se moquer ; **2.** user de subtilités, de sophismes.

căvillŭla, æ, f., petite plaisanterie.

căvo, ās, āre, tr., creuser, percer.

căvōsĭtās, ātis, f., cavité.

căvum, i, n., creux, trou.

① **căvus**, a, um, **1.** creux, creusé, concave, voûté, profond ; **2.** vide, vain, sans consistance.

② **căvus**, i, m., V. *cavum*.

Căystros et **Căystrus**, i, m., Caystre, fl. de Lycie ‖ **Căystrĭus**, a, um, du Caystre.

-cĕ, partic. dém., *hice* = *hic*, *hisce* = *his* ; devient *-ci* devant l'enclitique *-ne* : *hæcine*.

Cĕa, æ, ou **Cĕos**, i, f., Céos, île de la mer Égée.

Cĕbenna mons, m., et **Cĕbennæ**, ārum, m. pl., les Cévennes.

Cĕbrēnis, ĭdos, f., fille de Cébren, dieu d'une riv. de Troade.

Cĕcrŏpĭa, æ, f., Cécropie (= Athènes) ‖ **Cĕcrŏpĭdæ**, ārum et um, m. pl., les Cécropides (= Athéniens) ‖ **Cĕcrŏpĭdēs**, æ, m., Cécropide, descendant de Cécrops ; fig., homme de noblesse très ancienne ‖ **Cĕcrŏpis**, ĭdis, f., descendante ou fille de Cécrops, Athénienne ‖ **Cĕcrŏpĭus**, a, um, de Cécrops ; athénien ‖ **Cĕcrops**, ŏpis, m., Cécrops, un des premiers rois d'Athènes.

① **cēdo**, ĭs, ĕre, cessi, cessum,
I intr., **1.** aller, marcher, venir, *miles cedit* : le soldat arrive ; **2.** en venir à, aboutir, avoir tel ou tel résultat : *utcumque cessura res est* : de qq. façon que l'affaire doive s'exécuter, *injuria ei cessit in gloriam* : l'injustice tourna à sa gloire, *~ bene* : réussir ; **3.** valoir pour, tenir lieu de, *epulæ pro stipendiis cedunt* : les festins tiennent lieu de solde ; **4.** échoir à, passer à, *~ prædæ* ou *in prædam alicujus* : devenir la proie de qqn., *Pompei potentia cedit in Cæsarem* : la puissance de Pompée passe à César ; **5.** s'écouler, passer, *horæ cedunt* : les heures passent ; **6.** s'en aller, sortir de, se retirer de, *~ (ex) ingratā patriā* : quitter son ingrate patrie, *~ e vitā* : quitter la vie, *~ paulatim* : reculer peu à peu ; **7.** le céder, être inférieur à, *~ alicui re, de re* : le céder à qqn. en qqch. ; **8.** céder, se plier à, se résigner à, *~ tempori* : céder aux circonstances, *~ legibus* : se soumettre aux lois, *~ precibus* : se laisser gagner par les prières.
II tr., céder, abandonner, accorder qqch., *~ ut* + subj. : concéder que.

② **cĕdŏ**, pl. **cettĕ**, impér., **1.** donne, donnez ; **2.** allons, dis, voyons.

cĕdrus, i, f., cèdre ; bois de cèdre ; huile de cèdre.

Cĕlænæ, ārum, f. pl., Célènes, v. de Phrygie.

Cĕlænō, ūs, f., Célèno, **1.** une des Harpyes ; **2.** une des Pléiades.

cēlātŏr, ōris, m., celui qui cache.

cēlātum, i, n., secret.

cĕlĕbĕr, bris, bre, adj., [~brior, ~berrimus], **1.** fréquenté, populeux ; abondant, nombreux ; **2.** célébré par une foule nombreuse, où il y a affluence ; **3.** célébré en l'honneur de ; consacré, fêté ; **4.** répété souvent, répandu ; célèbre, illustre.

cĕlĕbrābĭlis, e, adj., digne d'être célébré.

cĕlĕbrātĭo, ōnis, f., **1.** affluence ; **2.** célébration, solennité.

cĕlĕbrātŏr, ōris, m., celui qui célèbre.

cĕlĕbrātus, a, um, part. adj., [~tior, ~tissimus], **1.** fréquenté ; **2.** célébré, fêté ; **3.** répandu, divulgué ; célèbre, illustre.

cĕlĕbrĭtās, ātis, f., **1.** affluence, foule, grand concours ; **2.** célébration, solennité ; **3.** diffusion ; notoriété, célébrité.

cĕlĕbro, ās, āre, tr., **1.** visiter souvent, venir fréquemment ; **2.** fréquenter en foule, se presser autour de, peupler, remplir ; **3.** assister en foule à une fête, célébrer solennellement ; **4.** répandre, divulguer, faire connaître ; célébrer, glorifier ;

5. faire souvent, pratiquer, exécuter avec empressement ou fréquemment.

Celēiātes, *ĭum*, m. pl., Céléiates, peuple de Ligurie.

Cĕlemna, *æ*, f., Célemna, v. de Campanie.

cĕlĕr, *ĕris*, *ĕre*, adj., [~*lerior*, ~*lerrimus*], prompt, rapide, vif, empressé ; avec inf., gén. du gér., sup. : prompt à, rapide à.

Cĕlĕr, *ĕris*, m., Céler, nom d'h. et surnom de famille rom.

cĕlĕrĕ, adv., V. *celeriter*.

Cĕlĕres, *um*, m. pl., les Célères, gardes à cheval sous la royauté.

cĕlĕrĭpēs, *pĕdis*, adj., aux pieds rapides.

cĕlĕrĭtās, *ātis*, f., 1. agilité, rapidité, promptitude, ~ *dicendi* : volubilité, ~ *veneni* : prompt effet du poison, ~ *ingenii* : activité, rapidité d'esprit, ~ *consilii* : rapidité de décision ; 2. quantité brève d'une syllabe.

cĕlĕrĭtĕr, adv., [~*lerius*, ~*lerrime*], rapidement, promptement.

cĕlĕro, *ās*, *āre*, 1. tr., hâter, presser, accélérer ; 2. intr., se hâter de.

cĕlĕrrĭmō, adv., très vite.

Celetrum, *i*, n., Célétrum, v. de Macédoine.

cĕleuma, *ătis*, n., chant pour régler les mouvements des rameurs.

Cĕlĕus, *i*, m., Céléus, roi d'Éleusis.

cella, *æ*, f., 1. cave, cellier, garde-manger ; ext., provisions ; 2. cellule, chambre, niche, alvéole ; 3. partie intérieure du temple où se trouvait la statue du dieu.

cellārĭus, *a, um*, qui a rapport à l'office, à la réserve de provisions ; subst. f., *cellaria*, *æ*, intendante ; subst. n., *cellarium*, *ii*, garde-manger.

cellātĭo, *ōnis*, f., suite de petites chambres pour les esclaves.

cellŭla, *æ*, f., dim. de *cella*, V. ce mot.

cēlo, *ās*, *āre*, tr., cacher, dérober, tenir secret, ~ *aliquid* : cacher qqch. ; ~ *aliquem* : cacher à qqn. ; passif : *celor* : on se cache de moi ; ~ *aliquem aliquid* ou *de aliquā re* : cacher à qqn. qqch.

cĕlox, *ōcis*, m. et f., navire léger et rapide.

celsĭtūdo, *ĭnis*, f., hauteur, élévation.

celsus, *a, um*, [~*sior*, ~*sissimus*], haut, élevé ; fig., élevé (âme et sentiments), grand, noble, fier.

Celsus, *i*, m., Celsus, nom de diff. Romains.

Celtæ, *ārum*, m. pl., Celtes, ensemble de peuples qui habitaient la Gaule, l'Espagne et le N. de l'Italie.

Celtĭbēri, *ōrum*, m. pl., Celtibères, peuple du centre de l'Espagne ‖ **Celtĭbērĭa**, *æ*, f., la Celtibérie ‖ **Celtĭbērĭcus**, *a, um*, de Celtibérie.

Celtĭcum, *i*, n., ensemble des peuples celtes.

Celtĭcus, *a, um*, celtique.

cēna, *æ*, f., 1. dîner, repas principal des Romains (vers 3 h de l'après-midi), *aliquem ad cenam invitare, vocare, cenam dare alicui* : inviter qqn. à dîner, *inter cenam* : pendant le dîner ; 2. plat, mets, service, *prima cena* : premier service ; 3. ensemble des convives.

cēnācŭlum, *i*, n., étage supérieur (où se donnait la *cena*), logement, chambre à l'étage supérieur.

Cēnæum, *i*, n., Cénéum, promontoire de l'Eubée ‖ **Cēnæus**, *a, um*, du Cénéum.

cēnātĭcus, *a, um*, relatif au dîner.

cēnātĭo, *ōnis*, f., salle à manger.

cēnātĭuncŭla, *æ*, f., petite salle à manger.

cēnātōrĭus, *a, um*, de table, de dîner ; subst. n. pl., *cenatoria, orum*, toilette de table.

cēnātŭrĭo, *īs*, *īre*, intr., avoir envie de dîner.

Cenchrĕæ, *ārum*, f. pl., Cenchrées, un des ports de Corinthe ‖ **Cenchrēus**, *a, um*, de Cenchrées.

Cenchrēis, *ĭdis*, f., Cenchréis, mère de Myrrha (mère d'Adonis).

Cenchrĭus, *ĭi*, m., Cenchrius, fl. d'Ionie.

cēnĭto, *ās*, *āre*, intr., dîner souvent.

cēno, *ās*, *āre*, 1. intr., dîner ; *cenatus* : ayant dîné ; 2. tr., dîner de, manger.

Cĕnŏmāni, *ōrum*, m. pl., Cénomans, peuple de la Gaule Celtique, auj. le Maine ‖ **Cĕnŏmānus**, *a, um*, cénoman.

① **censĕo**, *ēs*, *ēre*, *censŭī*, *censum*, tr., 1. déclarer d'une façon formelle ; 2. faire l'évaluation des biens d'un citoyen au cens, recenser, inscrire au cens ; 3. faire la déclaration de son nom et de ses biens pour le cens ; 4. estimer, évaluer, taxer, prendre en compte ; 5. estimer, avoir telle ou telle opinion, être de tel ou tel avis, penser, juger, *ita censeo* : voilà mon avis, *censeo Carthaginem esse delendam* : je suis d'avis qu'il faut détruire Carthage, ~ *ut/ne* + subj. : juger qu'il faut, qu'il ne faut pas ; 6. en parl. du sénat : voter, décréter, ordonner.

② **censĕo**, V. *succenseo*.

censĭo, *ōnis*, f., 1. évaluation d'une amende infligée par le censeur ; amende ; 2. opinion, avis.

censŏr, *ōris*, m., censeur, magistrat rom. chargé du cens et de la morale publique ; ext., censeur, critique.

censōrĭē, adv., de façon critique.

Censōrīnus, *i*, m., Censorinus, surnom d'une famille rom.

censōrĭus, *a, um*, 1. des censeurs, de censeur, *nota censoria* : flétrissure infligée par les censeurs ; 2. qui a été censeur ; 3. sévère, rigoureux, critique.

censūra, *æ*, f., 1. censure, magistrature des censeurs ; 2. évaluation, critique, censure.

censŭs, *ūs*, m., 1. cens, évaluation des fortunes, recensement, *censum habere* : procéder au recensement ; 2. liste du cens, rôle dressé par les censeurs, *censu excludere* : chasser du cens, priver de la citoyenneté rom. ; 3. dénombrement des citoyens, recensement ; 4. contributions annuelles du citoyen ; 5. état de fortune, revenus, *~ equester* : cens équestre, qui correspond à la classe des chevaliers ; patrimoine, fortune, richesses.

centaurēum, *ĕi*, n., bot., centaurée.

Centaurēus et **Centaurĭcus**, *a, um*, de centaure, des centaures ‖ **Centauri**, *ōrum*, m. pl., les centaures, êtres mi-hommes mi-chevaux, nés d'Ixion et de la nuée qui avait pris la forme de Junon ‖ **Centaurus**, *i*, m., 1. centaure ; 2. le Sagittaire ; 3. nom d'un navire.

centēnārĭus, *a, um*, de cent, composé de cent (en années, en poids, en argent, etc.).

centēnus, *a, um*, au nombre de cent ; *centeni*, *æ*, *a*, par cent, cent chaque fois, cent par personne.

centēsĭmus, *a, um*, centième ; *centesima (pars)* : taxe de 1%.

centĭceps, *cĭpĭtis*, adj., à cent têtes.

centĭens et **centĭēs**, adv., cent fois.

centĭmănus, *a, um*, à cent mains.

centĭplex, V. *centuplex*.

cento, *ōnis*, m., 1. vêtement composé de diff. morceaux d'étoffe cousus ensemble ; diff. objets de ce type : portière, coussin ou matelas contre les projectiles ; 2. calembredaines, PL. ; 3. centon.

centōnārĭus, *ĭi*, m., chiffonnier, rapetasseur.

centrum, *i*, n., 1. pointe, aiguille ; branche du compas qui demeure fixe ; 2. centre.

centum, adj. indécl., 1. cent ; 2. un grand nombre.

Centum Cellæ, f. pl., Centum Cellæ, port d'Étrurie, auj. Civitavecchia.

centumgĕmĭnus, *a, um*, multiplié par cent, centuple.

centumpĕda, *æ*, m., aux cent pieds.

centumpondĭum, *ĭi*, n., poids de 100 livres.

centumvĭr, *vĭri*, m., centumvir (appartenant à un collège de cent magistrats, chargé de régler les affaires d'héritage).

centumvĭrālis, *e*, adj., des centumvirs.

centuncŭlus, *i*, m., 1. V. *cento* ; 2. habit bariolé.

centŭplex, *ĭcis*, adj., centuple.

centŭplĭcĭtĕr, adv., au centuple.

centŭplus, *a, um*, centuple.

centŭrĭa, *æ*, f., 1. centurie, compagnie de cent, puis de deux cents hommes ; 2. division du peuple rom. (193 centuries).

centŭrĭātim, adv., par centuries.

centŭrĭātŭs, *ūs*, m., 1. division en centuries ; 2. grade de centurion.

centŭrĭo, *ās, āre*, tr., diviser en centuries ; part. pl., *centuriatus, a, um* : du peuple divisé en centuries, centuriate, *comitia centuriata* : les comices centuriates.

centŭrĭo, *ōnis*, m., centurion, officier commandant une centurie ou une compagnie.

centŭrĭōnātŭs, *ūs*, m., 1. grade de centurion ; 2. ensemble des centurions.

Centŭrĭpæ, *ārum*, f. pl., Centuripa, v. au pied de l'Etna ‖ **Centŭrĭpīni**, *ōrum*, m. pl., les hab. de Centuripa ‖ **Centŭrĭpīnus**, *a, um*, de Centuripa.

cēnŭla, *æ*, f., petit dîner.

Cēos, V. *Cea*.

cēpa, *æ*, f., oignon.

cēpārĭus, *ĭi*, m., marchand d'oignons.

Cēphālĭo, *ōnis*, m., Céphalion, nom d'un esclave.

Cēphallēnĭa, *æ*, f., Céphallénie, île de la mer Ionienne ‖ **Cēphallēnes**, *um*, m. pl., les hab. de Céphallénie.

Cēphālō, *ōnis*, m., Céphalon, surnom (grosse tête).

Cēphālœdis, *ĭdis*, f., Céphalédis, v. de Sicile ‖ **Cēphālœdītānus**, *a, um*, de Céphalédis ‖ **Cēphālœdĭum**, *ĭi*, n., V. *Cephalœdis*.

Cēphālus, *i*, m., Céphale, 1. époux de Procris ; 2. diff. autres personnages.

Cēphēis, *ĭdos*, f., Céphéis ou Andromède (fille de Céphée) ‖ **Cēphēus**, *a, um*, de Céphée ‖ **Cēphēnes**, *um*, m. pl., les Céphènes, peuple d'Éthiopie ‖ **Cēphēnus**, *a, um*, des Céphènes ‖ **Cēpheūs**, *ĕi* ou *ĕos*, m., Céphée, roi d'Éthiopie, père d'Andromède ‖ **Cēphēus**, *a, um*, de Céphée, éthiopien.

Cēphīsĭa, *æ*, f., Céphise, source en Attique ‖ **Cēphīsĭăs**, *ădis*, adj. f., du Céphise de l'Attique ‖ **Cēphīsĭs**, *ĭdis*, adj. f., du Céphise de Phocide ‖ **Cēphīsĭus**, *ĭi*, m., le fils du Céphise, Narcisse ‖ **Cēphissos** ou **Cēphissus**, *i*, m., Céphise, **1.** fl. de Phocide ; **2.** torrent de l'Attique.

cēpŏlindrum, *i*, n., variété d'épice.

cēra, *æ*, f., **1.** cire ; **2.** tablettes enduites de cire, pour écrire ; lettre, page, ~ *prima* : la première page des tablettes, ~ *ima* : le bas de la page ; **3.** statue, image en cire ; **4.** cachet, sceau ; **5.** fard ; **6.** peinture à l'encaustique ; **7.** crayon de cire ; **8.** goudron pour calfatage.

Cĕrambus, *i*, m., Cérambus, berger de Thessalie, transformé en scarabée par les Muses pour lui permettre d'échapper au déluge.

Cĕrămīcus, *i*, m., le Céramique, quartier d'Athènes (nom de deux places à l'intérieur et à l'extérieur de la ville).

cērārĭum, *ĭi*, n., droit du sceau, impôt pour la cire.

cĕrăsĭnus, *a*, *um*, rouge cerise.

Cĕrastæ, *ārum*, m. pl., Cérastes, peuple mythique de Chypre qui portait des cornes.

cĕrastēs, *æ*, m., céraste, serpent à cornes.

cērātus, *a*, *um*, part. adj., enduit de cire.

cĕraula, *æ*, m., corniste, joueur de cor.

Cĕraunĭa, *ōrum*, n. pl., **1.** monts Cérauniens (= frappés de la foudre) en Épire ; **2.** caps et rocs Acrocérauniens, entre l'Épire et la Macédoine ; ext., passage dangereux ‖ **Cĕraunus**, *a*, *um*, des monts Cérauniens.

Cerbĕrĕus, *a*, *um*, de Cerbère ‖ **Cerbĕros** et **Cerbĕrus**, *i*, m., Cerbère, chien à trois têtes, gardien des Enfers.

Cercĕtĭus mons, m., le mt. Cercétius, au S. du Pinde.

Cercĭna, *æ*, f., Cercina, île et v. sur la côte d'Afrique.

Cercŏnīcus, *i*, m., Cerconicus (= vainqueur des singes), nom forgé par Plaute.

Cercōpĭa, *æ*, f., Cercopie (pays des singes) ‖ **Cercōpes**, *um*, m. pl., Cercopes, peuple de brigands changés en singes, Pl.

cercūrus et **cercȳrus**, *i*, m., **1.** navire léger ; **2.** poisson de mer.

cerdo, *ōnis*, m., petit artisan.

Cerdo, *ōnis*, m., Cerdon, nom d'esclave.

cĕrēălis, *e*, adj., de blé ; qui se rapporte au blé au pain.

Cĕrēălis, *e*, adj., de Cérès ‖ **Cĕrēălĭa**, *ĭum*, n. pl., les fêtes de Cérès (12-19 avril).

cĕrēbrōsus, *a*, *um*, tête chaude ; furieux.

cĕrēbrum, *i*, n., **1.** cerveau, cervelle ; **2.** tête, intelligence, raison ; **3.** tête chaude, colère.

cĕrēmōnĭa, V. *cærimonia*.

Cĕrēs, *ĕris*, f., Cérès, fille de Saturne et de Rhéa, déesse de l'agriculture (en grec : Déméter) ; ext., moisson, blé, pain.

① **cērĕus**, *a*, *um*, **1.** de cire ; **2.** couleur de cire, blond, lisse ; **3.** cireux, jaunâtre, graisseux ; **4.** mou, malléable.

② **cērĕus**, *i*, m., cierge pour les Saturnales ou pour les enterrements.

cērintha, *æ*, f., bot., cérinthe.

Cērinthus, *i*, m., Cérinthus, nom d'h.

cērĭnum, *i*, n., étoffe couleur de cire.

cerno, *ĭs*, *ĕre*, *crēvi*, *crētum*, (R. *cer-~*, *cr-~*), tr., **1.** tamiser, passer au crible ; diviser, séparer ; **2.** distinguer, voir distinctement, *ex eo loco Pompeianum non cerno* : d'ici je ne distingue pas la villa de Pompée ; **3.** distinguer par l'esprit, ~ *animo* : comprendre, juger ; **4.** résoudre, décider, *priusquam id sors creverit* : avant que le sort en ait décidé ; décider par la voie des armes, ~ *ferro inter se* : combattre le fer à la main les uns contre les autres, *de* + abl., au sujet de, pour ; se décider, prendre une résolution, *quodcumque senatus creverit* : quelle que soit la décision du sénat, avec inf. : décider que ; spéc., se décider à accepter (une succession).

cernŭlo, *ās*, *āre*, tr., faire faire la culbute à qqn.

cernŭlus, *a*, *um*, qui fait une culbute.

cernŭo, *ās*, *āre*, **1.** intr., faire une culbute ; **2.** tr., courber.

① **cernŭus**, *a*, *um*, courbé à terre, qui tombe la tête en avant.

② **cernŭus**, *i*, m., acrobate, saltimbanque.

cērōma, *ătis*, n., onguent fait d'huile et de cire pour les lutteurs ; ext., gymnase, lutte.

cērōmătĭcus, *a*, *um*, frotté d'huile.

Cerretānus, *a*, *um*, des Cerrétains, peuple de la Tarraconnaise.

cerrītus, *a*, *um*, fou, possédé.

certābundus, *a*, *um*, qui discute beaucoup.

certāmĕn, *ĭnis*, (cf. *certo* ②), n., **1.** lutte où on rivalise de force, d'adresse, de talent ; concours, joute ; **2.** efforts pour l'emporter dans la lutte ; chances de gagner ; **3.** combat, bataille, ~ *inire*, *conserere* : engager le combat ; **4.** discussion, débat, dispute.

certātim, adv., à l'envi.

certātĭo, *ōnis*, f., **1.** lutte, joute ; **2.** contestation, débat.

certātŏr, *ōris*, m., disputeur.

certātŭs, *ūs*, m., lutte (dans les jeux).

certē, adv., [~*tius*, ~*tissime*], **1.** certainement, sûrement, *nescio quid* ~ *est* : il y a sûrement qqch. ; **2.** dans les réponses :

oui, certes, assurément ; **3.** au moins, en tout cas, *res fortasse veræ, ~ graves* : des principes peut-être vrais, en tout cas sérieux ; souv. avec *at, sed, tamen.*

Certima, *æ*, f., Certima, v. de Tarraconnaise.

① **certō**, adv., certainement, sûrement, assurément.

② **certo**, *ās, āre,* (R. *cer~, cr~,* cf. *cerno*), intr., **1.** combattre pour obtenir une décision, rivaliser, *~ cum aliquo de aliquā re* : lutter avec qqn. au sujet de qqch. ; **2.** débattre en justice, plaider ; **3.** prendre part à des jeux, lutter ; **4.** poét., avec inf., lutter pour, tâcher de ; **5.** tr., rar., débattre de.

certus, *a, um,* (R. *cer~, cr~*), [*~tior, ~tissimus*], **1.** (en parlant des choses et des pers.), décidé, résolu, *certum est mihi* : j'ai pris la décision de, *~ fugæ* : décidé à s'exiler ; **2.** sûr, indubitable, certain, *pro certo habere, dicere, affirmare* : tenir, donner pour certain, affirmer ; **3.** fixe, stable, déterminé, *in diem certum* : pour un jour précis, déterminé ; **4.** quelque (indéf. et défini), certain, *habet certos sui studiosos* : il a un certain nombre de partisans ; **5.** sur qui l'on peut compter, sûr, *amicus ~* : un ami sûr ; **6.** informé de, sûr de, *~ consilii* : informé d'un projet, *certiorem facere aliquem* + gén. ou *de* + abl. : informer qqn. de.

cērŭchus, *i,* m., câble, cordage.

cērŭla, *æ,* f., bâton de cire pour annoter (en rouge) un livre.

cērussa, *æ,* f., céruse.

cērussātus, *a, um,* blanchi à la céruse.

cerva, *æ,* f., biche.

cervīcăl, *ālis,* n., oreiller, coussin.

cervīcŭla, *æ,* f., petit cou, nuque.

cervīnus, *a, um,* de cerf ; *cervina senectus* : vieillesse de cerf (= longue).

cervix, *īcis,* f., surt. au pl., **1.** nuque, cou, épaules, *frangere cervices* : briser la nuque ; fig., *bellum est in cervicibus* : la guerre est imminente (sur votre nuque) ; *suis cervicibus rempublicam sustinere* : porter l'État sur ses épaules ; **2.** audace, hardiesse, témérité ; **3.** col (d'une amphore).

cervus, *i,* m., **1.** cerf ; **2.** chevaux de frise.

cēryx, *īcis,* m., **1.** héraut ; **2.** magistrat étranger.

cessātĭo, *ōnis,* f., **1.** lenteur, retard, hésitation ; **2.** cessation, relâche, loisir.

cessātŏr, *ōris,* m., paresseux, lambin.

cessātrix, *īcis,* f. du préc.

cessim, adv., **1.** en perdant pied ; **2.** obliquement.

cessĭo, *ōnis,* f., action de céder, cession.

cesso, *ās, āre,* (cf. *cedo* ①), intr., **1.** tarder, différer, hésiter ; **2.** s'interrompre, se relâcher, flâner, être dans l'inaction ; avoir du loisir ; **3.** être sans emploi, être vacant ; **4.** manquer de, ne pas s'acquitter de + abl. : faire défaut, être en faute.

cestrosphendŏnē, *ēs,* f., petit appareil pour lancer des traits.

① **cestus**, *i,* m., **1.** sangle ; **2.** ceinture de Vénus (talisman érotique).

② **cestŭs**, *ūs,* V. *cæstus.*

cētārĭum, *ĭi,* m., vivier à gros poisson.

① **cētārĭus**, *a, um,* relatif aux gros poissons.

② **cētārĭus**, *ĭi,* m., marchand de poissons, mareyeur.

cētĕra, n. pl. de *ceterus,* adv., quant au reste ; pour la suite.

cētĕrōquī et **cētĕrōquīn**, adv., d'ailleurs, au surplus.

cētĕrum, adv., **1.** du reste, d'ailleurs ; **2.** mais, toutefois.

cētĕrus, *a, um,* **1.** le reste de, *cetera classis* : le reste de la flotte, *cetera audacia* : les autres aspects de son audace ; **2.** pl., tous les autres, *missos facio ceteros* : je laisse de côté tous les autres ; à la fin d'une énumération : *et cetera* ou *cetera* : et ainsi de suite ; **3.** expr. div., *de cetero* : quant au reste ; *ad cetera* : par ailleurs, à tous égards ; *in ceterum* : pour l'avenir.

Cēthēgus, *i,* m., Céthégus, surnom de la *gens Cornelia* ; au pl., *Cethegi, orum,* des Céthégus (= des hommes d'autrefois).

Cētō, *ūs,* f., Céto, **1.** mère des Gorgones ; **2.** une des Néréides.

cētos, V. *cetus.*

cētra et **cætra**, *æ,* f., petit bouclier de cuir.

cētrātus et **cætrātus**, *a, um,* armé du *cetra.*

cettĕ, V. *cedo* ②.

cētus, *i,* m., gros poisson de mer.

ceu (*ce + ve*), conj., comme ; comme si.

Cēus, *a, um,* de Céos ‖ **Cēi**, *ōrum,* m. pl., les hab. de Céos.

Ceutrōnes, *um,* m. pl., Ceutrons, peuple gaulois des Alpes, auj. Savoie.

cēvĕo, *ēs, ēre,* intr., remuer, tortiller le derrière.

Cēyx, *ȳcis,* m., Céyx, époux d'Alcyoné ‖ **Cēyces**, *um,* m. pl., les alcyons mâles.

Chabrĭas, *æ,* m., Chabrias, général athénien.

Chærōnēa, *æ,* f., Chéronée, v. de Béotie.

chalcaspis, *ĭdis,* m., soldat armé d'un bouclier d'airain (Macédoine).

Chalcēdōn, *ŏnis,* f., Chalcédoine, v. de Bithynie ‖ **Chalcēdŏnĭus**, *a, um,* de Chalcédoine.

chalcĕus, *a, um,* d'airain, de bronze.

Chalcĭdensis, *e*, et **Chalcĭdĭcus**, *a*, *um*, de Chalcis ‖ **Chalcĭdenses, Chalcĭdĭenses**, *ĭum*, m. pl., les hab. de Chalcis ‖ **Chalcis**, *ĭdis*, f., Chalcis, v. de l'Eubée.

Chalcĭœcos, *i*, f., temple de Minerve à Sparte.

Chalcĭŏpē, *ēs*, f., Chalciope, sœur de Médée.

Chaldæa, *æ*, f., la Chaldée ‖ **Chaldæi**, *ōrum*, m. pl., les Chaldéens, astronomes et astrologues réputés ‖ **Chaldæus** et **Chaldăĭcus**, *a*, *um*, chaldéen.

Chălўbes, *um*, m. pl., Chalybes, peuple du Pont, célèbre pour la préparation de l'acier.

chălўbs, *ўbis*, m., acier, objet en acier.

Chămāvi, *ōrum*, m. pl., Chamaves, peuple de la rive droite du Rhin.

Chāōn, *ŏnis*, m., Chaon, fils de Priam.

Chāŏnes, *um*, m. pl., Chaoniens ‖ **Chāŏnĭa**, *æ*, f., Chaonie, région de l'Épire ‖ **Chāŏnis**, *ĭdis*, f., de Chaonie ; consacrée au Jupiter de Dodone en Épire ‖ **Chāŏnĭus**, *a*, *um*, de Chaonie.

chăŏs, *i*, n., 1. espace originel, vide et sans bornes ; 2. Chaos, divinité primordiale du vide, père de la Nuit et de l'Érèbe ; 3. ténèbres, masse confuse.

chara, *æ*, f., « chara », tubercule dont les soldats de César faisaient du pain en Épire.

Chărax, *ăcis*, f., Charax, place forte de Thessalie.

Chăraxus, *i*, m., Charaxus, nom de diff. pers. myth.

chăristĭa, *ōrum*, n. pl., fête de famille.

Chărĭtes, *um*, f. pl., les Charites, les Grâces.

chărĭtas, V. *caritas.*

Charmădās, *æ*, m., Charmadas, phil., disciple de Carnéade.

Charmĭdēs, *æi* et *i*, m., Charmide, pers. de comédie.

charmĭdor, *āris, āri*, intr., verbe formé sur Charmide (V. le préc.) et le mot grec *charis*, la joie, d'où : « s'encharmider » = se réjouir, Pl.

Chărōn, *ontis*, m., Charon, le nocher des Enfers.

Chărondās, *æ*, m., Charondas, législateur de Thurium.

charta, *æ*, f., 1. papyrus ; 2. feuille de papyrus pour écrire, papier ; 3. écrit, lettre, livre ; 4. feuille de matière quelconque.

chartārĭus, *a*, *um*, relatif au papier pour écrire.

chartŭla, *æ*, f., 1. petit papier : 2. petit écrit.

Chărybdis, *is*, f., Charybde, gouffre entre la Sicile et l'Italie ; ext., écueil, gouffre.

chasma, *ătis*, n., 1. ouverture béante ; 2. espèce de météore.

Chasuārĭi, *ōrum*, m. pl., Chasuaires, peuple de Germanie.

Chatti et **Catti**, *ōrum*, m. pl., Chattes ou Cattes, peuple de Germanie ‖ **Chattus**, *a*, *um*, chatte.

Chauci, Cauci et **Căўci**, *ōrum*, m. pl., Chauques, peuple de Germanie ‖ **Chaucĭus**, *ĭi*, m., Chaucius, surnom du vainqueur des Chauques.

Chaus, *i*, m., Chaus, fl. de Carie.

chēlē, *ēs*, f., 1. pince de l'écrevisse ; 2. au pl., *Chelæ, arum*, le Scorpion.

Chēlĭdōn, *ŏnis*, f., Chélidon, nom d'une courtisane (= l'hirondelle).

chēlўdrus, *i*, m., chélydre, serpent venimeux.

chēlўs, *ўis* et *ўos*, f., 1. tortue ; 2. écaille de tortue, lyre, cithare.

chēniscus, *i*, m., chénisque, ornement de navire en forme de cou d'oie (grec *chen* : oie).

Cherrhēsus et **Chersŏnēsus**, *i*, f., la Chersonèse, 1. de Thrace ; 2. Taurique, auj. la Crimée ‖ **Chersŏnenses**, *ĭum*, m. pl., les Chersonésiens ‖ **Chersŏnensis**, *e*, adj., de Chersonèse.

Chersĭdămās, *antis*, m., Chersidamas, nom d'un Troyen.

Chērusci, *ōrum*, m. pl., Chérusques, peuple de Germanie.

Chii, *ōrum*, m. pl., les hab. de Chios.

Chimæra, *æ*, f., la Chimère, 1. monstre, fille de Typhon et d'Échidna, tuée par Bellérophon ; 2. un des vaisseaux d'Énée ‖ **Chimærēus**, *a*, *um*, de la Chimère ‖ **Chimærĭfĕr**, *ĕra*, *ĕrum*, qui produit la Chimère.

Chĭŏnē, *ēs*, f., Chioné, 1. nom de diff. pers. myth. ; 2. nom de femme ‖ **Chĭŏnĭdēs**, *æ*, m., le Chionide : Eumolpe, fils de Chioné et de Poséidon.

Chĭos et **Chĭus**, *ĭi*, f., Chios, île de la mer Égée.

chīragra ou **chĕragra**, *æ*, f., chiragre, goutte des mains.

chīrămaxĭum, *ĭi*, n., voiture à bras.

chīrŏdўti, *ōrum*, m. pl., manches (d'habit).

chīrŏgrăphum, *i*, n., 1. autographe ; 2. engagement écrit, reconnaissance de dette, obligation.

Chīrōn, *ŏnis*, m., Chiron, centaure, maître d'Achille et de Jason ‖ **Chīrōnēus**, *a*, *um*, relatif à Chiron.

chīrŏnŏmōn, *ontis*, et **chīrŏnŏmos**, *i*, m., pantomime.

Chīrŭchus, *i*, m., Chiruchus (= qui tient bien en main), nom d'un pers. de comédie, Pl.

chīrurgĭa, *æ*, f., chirurgie.

Chīum, *ĭi*, n., (vin de) Chios.

Chīus, V. *Chios* ‖ **Chīus**, *a*, *um*, de Chios.

chlæna, *æ*, f., chlæna, manteau grec.

chlămýdātus, *a*, *um*, vêtu d'une chlamyde.

chlămýs, *ýdis*, f., chlamyde, **1.** manteau grec ; **2.** manteau militaire.

Chlōris, *ĭdis*, f., Chloris, **1.** divinité des fleurs ; **2.** nom de femme.

Chŏaspēs, *is*, m., Choaspe, fl., **1.** de Médie ; **2.** de l'Inde.

Chœrĭlus, *i*, m., Chœrilus, poète grec de l'époque d'Alexandre, exemple de mauvais poète selon Horace.

chŏrāgĭum, *ĭi*, n., **1.** matériel pour la représentation théâtrale ; **2.** dépenses pour l'équipement d'un chœur ; **3.** pompe, apparat.

chŏrāgus, *i*, m., chorège, directeur de théâtre.

chŏraulēs et **chŏraula**, *æ*, m., musicien qui accompagne un chœur à la flûte.

chorda, *æ*, f., boyau, corde, **1.** d'un instrument de musique ; ext., lyre, musique ; **2.** d'un arc ; **3.** toute espèce de corde ; **4.** tripes.

chŏrēa, *æ*, f., ronde avec chants.

chŏrēus, *i*, m., chorée ou trochée (longue suivie d'une brève).

chŏrŏcĭthăristēs, *æ*, m., musicien qui accompagne un chœur à la cithare.

chŏrus, *i*, m., **1.** chœur, danse ; fig., mouvement des astres ; **2.** troupe de danseurs, chœur ; **3.** troupe, foule, groupe.

Chrĕmēs, *ētis* et *is*, m., Chrémès, pers. de comédie.

chresti~, V. *christi~*.

Chrestus ou **Chrestos**, *i*, m., Chrestus, **1.** nom d'h. ; **2.** le Christ.

chrisma, *ătis*, n., **1.** action d'oindre ; **2.** le sacrement de confirmation.

christĭānismus, *i*, m., le christianisme.

christĭānīzo, *ās*, *āre*, intr., professer le christianisme.

christĭānus, *a*, *um*, chrétien.

christĭcŏla, *æ*, m., adorateur du Christ.

christĭfĕr, *fĕra*, *fĕrum*, qui porte le Christ.

christĭgĕna, *æ*, m. et f., de la famille du Christ.

christĭpŏtens, *entis*, adj., qui a la puissance du Christ.

christus, *a*, *um*, qui a reçu l'onction.

Christus, *i*, m., le Christ.

Chrýsa, *æ*, et **Chrýsē**, *ēs*, f., Chrysé, v. de Mysie.

chrýsĕa, *ōrum*, n. pl., objets en or.

Chrýsēis, *ĭdos*, f., Chryséis, fille de Chrysès.

chrýsendĕta, *ōrum*, n. pl., vases dorés.

chrýsendĕtos, *a*, *um*, ciselé d'or.

Chrýsēs, *æ* et *i*, m., Chrysès, prêtre d'Apollon.

Chrýsippēus, *a*, *um*, de Chrysippe ‖ **Chrýsippus**, *i*, m., Chrysippe, **1.** phil. stoïcien ; **2.** nom d'affranchi.

Chrýsis, *ĭdis*, f., Chrysis, nom de femme.

chrýsŏlĭthus, *i*, m., chrysolithe, topaze.

chrýsŏphrýs, *ŏos*, f., daurade.

chrýsos, *i*, m., or.

Chýtros, *i*, f., Chytres, v. de Chypre.

Cīa, V. *Cea*.

Cĭāni, *ōrum*, m. pl., les hab. de Cios.

cĭbārĭa, *ōrum*, n. pl., **1.** aliments ; **2.** ration militaire ; **3.** indemnité allouée aux magistrats des provinces.

cĭbārĭus, *a*, *um*, **1.** relatif à la nourriture ; bon à manger ; **2.** commun, ordinaire, grossier.

cĭbĭcīda, *æ*, m., « cibicide » = gros mangeur, Lucil.

cĭbo, *ās*, *āre*, tr., nourrir, élever (des animaux).

cĭbor, *āris*, *āri*, intr., se nourrir.

cĭbōrĭum, *ĭi*, n., grande coupe.

cĭbus, *i*, m., **1.** nourriture, aliments (pr. et fig.) ; repas ; **2.** sucs de la digestion ; **3.** appât.

Cĭbýra, *æ*, f., Cibyre, v. de Phrygie ‖ **Cĭbýrātēs**, *æ*, m., hab. de Cibyre ‖ **Cĭbýrātæ**, *ārum*, m. pl., les hab. de Cibyre ‖ **Cĭbýrātĭcus**, *a*, *um*, de Cibyre.

cĭcāda, *æ*, f., **1.** cigale ; **2.** bijou en forme de cigale.

cĭcăro, *ōnis*, m., polisson.

cĭcātrīcōsus, *a*, *um*, couvert de cicatrices.

cĭcātrix, *īcis*, f., **1.** cicatrice, *venire ad cicatricem* : se cicatriser ; **2.** écorchure, entaille, déchirure.

ciccum, *i*, n., cavité des grains de grenade ; fig., zeste, rien.

cĭcĕr, *ĕris*, n., pois chiche.

Cĭcĕrēius, *ĭi*, m., Cicéréius, nom d'h.

Cĭcĕro, *ōnis*, m., **1.** M. Tullius Cicéron (106-43), grand homme politique et orateur rom. ; **2.** Q. Tullius Cicéron, son frère ; **3.** M. Cicéron, son fils ; **4.** Q. Cicéron, son neveu ‖ **Cĭcĕrōnĭānus**, *a*, *um*, de Cicéron.

cĭcĭlendrum et **cĭcĭmandrum**, *i*, n., noms d'épices, peut-être imaginaires, Pl.

Cĭcirrus, *i*, m., Cicirrus, surnom rom.

Cĭcŏnes, *um*, m. pl., Ciconiens, peuple de Thrace.

cĭcōnĭa, *æ*, f., cigogne.

cĭcŭr, *ŭris*, adj., apprivoisé, domestique.

cĭcūta, *æ*, f., 1. ciguë ; poison ; 2. flûte fabriquée avec la tige de la ciguë.

Cĭcūta, *æ*, m., Cicuta, nom d'h.

cĭĕo, *ēs*, *ēre*, *cīvi*, *cītum*, tr., 1. mettre en mouvement, agiter, soulever, ébranler, ~ *æquora* : soulever les flots ; 2. mettre en mouvement, susciter, ~ *varios motus* : produire des mouvements variés, ~ *lacrimas* : faire pleurer (ou pleurer), ~ *bellum* : provoquer la guerre ; 3. appeler à soi, invoquer, évoquer, ~ *Manes* : invoquer les Mânes ; appeler par son nom ; 4. émettre, proférer, ~ *voces* : pousser des cris ; 5. spéc., diviser un héritage (placer les diff. parts).

Cĭĕrĭum et **Cĭĕros**, *i*, n., Ciéros, v. de Thessalie.

Cĭetæ, *ārum*, m. pl., Ciètes, peuple d'Asie Mineure.

Cĭlĭces, *um*, m. pl., Ciliciens ‖ **Cĭlĭcĭa**, *æ*, f., Cilicie, province d'Asie ‖ **Cĭlĭcĭensis**, *e*, adj., de Cilicie ‖ **cĭlĭcĭum**, *ĭi*, n., étoffe en poil de chèvre de Cilicie ‖ **Cĭlissa**, *æ*, f., Cilicienne, de Cilicie.

Cilla, *æ*, f., Cilla, v. d'Éolie.

Cilnĭus, *a*, *um*, de Cilnius, nom d'une famille originaire d'Étrurie.

Cimber, *bra*, *brum*, de Cimbre ‖ **Cimber**, *bri*, m., Cimber, surnom rom. ‖ **Cimbri**, *ōrum*, m. pl., Cimbres, peuple de Germanie ‖ **Cimbrĭcus**, *a*, *um*, relatif aux Cimbres.

cīmex, *ĭcis*, m., 1. punaise ; 2. punaise, terme d'injure.

Cĭmĭnĭus, *a*, *um*, du Ciminus ‖ **Cĭmĭnus**, *i*, m., le lac Ciminus en Étrurie.

Cimmĕrĭi, *ōrum*, m. pl., Cimmériens, 1. peuple d'origine thrace ; 2. peuple fabuleux habitant aux extrémités du monde dans un pays couvert de ténèbres, V. *Hyperborei* ‖ **Cimmĕrĭus**, *a*, *um*, cimmérien.

Cĭmōlus, *i*, f., Cimolus, une des Cyclades.

Cĭmōn, *ōnis*, m., Cimon, général athénien.

cĭnædĭcus, *a*, *um*, voluptueux, efféminé.

cĭnædus, *a*, *um*, débauché, efféminé.

Cĭnăra, *æ*, f., Cinara, nom de femme.

cincinnātus, *a*, *um*, qui a des cheveux frisés ou bouclés ; épith. d'une comète.

Cincinnātus, *i*, m., L. Quinctius Cincinnatus, dictateur (vᵉ s. av. J.-C.).

cincinnus, *i*, m., 1. boucle de cheveux (au fer chaud) ; 2. ornement recherché, afféteries.

Cincĭŏlus, *i*, m., notre petit Cincius, Cic.

Cincĭus, *ĭi*, m., Cincius, nom d'h. ; *lex Cincia* : la loi Cincia (549 av. J.-C.).

cinctĭcŭlus, *i*, m., petit tablier.

cinctĭo, *ōnis*, f., action de ceindre.

cinctūra, *æ*, f., action de ceindre, ceinture.

cinctŭs, *ūs*, m., 1. action de se ceindre ; 2. manière de ceindre ou de porter la toge ; 3. ceinture ; 4. jupe courte pour les travaux pénibles.

cinctūtus, *a*, *um*, 1. vêtu du *cinctus*, V. le préc. 4 ; 2. à l'ancienne mode.

Cĭnĕās, *æ*, m., Cinéas, ami de Pyrrhus.

cĭnĕfactus, *a*, *um*, réduit en cendres.

cĭnĕrārĭus, *ĭi*, m., esclave qui faisait chauffer le fer à friser dans les cendres, esclave friseur, coiffeur.

cĭnĕresco, *ĭs*, *ĕre*, intr., tomber en cendres.

cĭnĕrōsus, *a*, *um*, 1. plein de cendres ; 2. réduit en cendres.

Cinga, *æ*, Cinga, riv. de la Tarraconaise.

Cingĕtŏrix, *ĭgis*, m., Cingétorix, 1. chef des Trévires ; 2. chef breton.

cingillum, *i*, n., ceinture de femme.

cingo, *ĭs*, *ĕre*, *cinxi*, *cinctum*, tr., 1. ceindre, entourer d'une ceinture, souv. passif, *cingitur ferrum* : il se ceint d'une épée ; armer, équiper, revêtir ; passif : se retrousser (passer le bas de sa tunique dans sa ceinture), spéc. pour dégager les jambes, courir ; 2. entourer, environner, faire le tour de, *flumen pæne totum oppidum cingit* : le fleuve fait presque tout le tour de la place ; protéger ; 3. entourer, envelopper, investir, assiéger ; 4. entourer, escorter, accompagner qqn.

cingŭla, *æ*, f., 1. ceinture ; 2. sangle, sous-ventrière.

cingŭlum, *i*, n., ceinture de la cuirasse qui protège le ventre.

Cingŭlum, *i*, n., Cingulum, v. du Picénum.

cingŭlus, *i*, m., ceinture (de la terre), zone.

cĭnĭflo, *ōnis*, m., friseur.

cĭnis, *ĕris*, m. et qqf. f., cendre (surt. à la suite d'une incinération) ; fig., mort.

Cinna, *æ*, m., Cinna, 1. partisan de Marius ; 2. chef d'une conspiration contre Auguste.

cinnămĕus, *a*, *um*, de cannelle.

cinnămōma, *æ*, f., et **cinnămōmum**, **cinnămon** et **cinnămum**, *i*, n., cannelle.

Cinnānus, *a*, *um*, de Cinna.

cinnus, *i*, m., grimace.

Cīnўphĭus, *a, um*, du Cinyps, de la Libye ‖ **Cīnyps**, *ўphis*, m., Cinyps, fl. de Libye.

Cĭnўrās, *æ*, m., Cinyras, père de Myrrha et d'Adonis ‖ **Cĭnўræus**, *a, um*, de Cinyras.

cĭo, *cīs, cīre*, V. cieo.

Cĭos et **Cĭus**, *ĭi*, f., Cios, v. de Bithynie.

cippus, *i*, m., cippe, colonne funéraire ; fig., nom donné par les soldats de César aux branchages plantés dans le parapet d'un retranchement.

Cipĭus, *ĭi*, m., Cipius, nom d'h.

Circa, *æ*, V. Circe.

circā, adv. et prép.

I adv., autour, dans les environs.

II prép. + acc., 1. autour, auprès de, vers, dans les environs de (sans mvt.) ; 2. auprès, vers, chez (avec mvt.), *legatos ~ vicinas gentes misit* : il envoya des légats chez tous les peuples voisins ; 3. environ, vers le temps de, ~ *eandem horam* : vers la même heure, ~ *Ciceronem* : à l'époque de Cicéron ; 4. avec noms de nombre : environ, à peu près ; 5. au sujet de, touchant, à l'égard de, ~ *bonas artes* : pour ce qui touche les occupations honorables.

Circæus, *a, um*, de Circé ; *Circæa mœnia* : les remparts de Circé, Tusculum.

circămœrĭum, *ĭi*, V. pomœrium.

Circē, *ēs*, f., Circé, magicienne, fille d'Apollon et de Persé, qui retint Ulysse captif.

Circēii, *ōrum*, m. pl., Circéies, v. du Latium ‖ **Circēienses**, *um*, m. pl., les hab. de Circéies.

circensis, *e*, adj., du cirque, *Circenses* (*ludi*), les jeux du cirque (surt. courses de chevaux) ; ~ *pompa* : le défilé triomphal du cirque.

circíno, *ās, āre*, tr., parcourir en cercle ; faire un cercle.

circīnus, *i*, m., compas.

circissārĭus, *ĭi*, m., passionné des jeux du cirque.

circĭtĕr, adv. et prép., 1. adv., environ, à peu près ; 2. prép. + acc., à peu près, vers.

circĭto, *ās, āre*, tr., entourer ; étourdir.

circĭtŏr et **circumĭtŏr**, *ōris*, m., surveillant qui fait sa ronde, gardien.

circĭus, *ĭi*, m., vent violent du N.-O.

circlus, V. circulus.

circŭĕo, V. circumeo.

circŭĭtĭo, *ōnis*, f., 1. action de tourner autour, révolution ; 2. inspection, ronde, patrouille ; 3. fig., circonlocutions, moyens détournés, faux-fuyants.

circŭĭtŏr, V. circitor.

circŭĭtŭs, *ūs*, m., 1. mouvement en rond, circulaire, révolution, tour ; 2. circuit, détour ; 3. périmètre, circonférence ; 4. fig., circuit, détour, circonlocutions, périphrases.

circŭlātim, adv., à la ronde.

circŭlātŏr, *ōris*, m., 1. charlatan ; 2. revendeur d'objets achetés à l'encan.

circŭlātrix, *īcis*, f. du préc.

circŭlo, *ās, āre*, tr., arrondir.

circŭlor, *āris, āri*, intr., 1. se former en groupes ; 2. faire le charlatan.

circŭlus, *i*, m., 1. cercle, circonférence, enceinte ; 2. orbite ; 3. cercle, réunion, assemblée, petit groupe ; 4. diff. objets en forme de cercle (ex. : collier plat).

circum, adv. et prép.

I adv., 1. à l'entour, tout autour ; 2. au voisinage, dans les environs.

II prép. + acc., 1. autour de (souv. postposé) ; 2. dans le voisinage de, aux côtés de, auprès de ; 3. autour de, en allant de l'un à l'autre, ~ *villulas nostras errare* : visiter tour à tour nos petites villas.

circumactŭs, *ūs*, m., action de tourner autour, révolution.

circumăgo, *ĭs, ĕre, ēgi, actum*, tr., 1. mener autour, faire tourner ; spéc., affranchir (un esclave, que l'on faisait tourner sur lui-même) ; 2. faire faire demi-tour, volte-face ; faire changer ; 3. passif ou réfl., a) faire un détour, se détourner de la route ; b) en parl. du temps : opérer sa révolution, évoluer, changer.

circumambĭo, *ĭs, īre*, tr., entourer de tous les côtés.

circumămĭcĭo, *ĭs, īre*, tr., envelopper d'un vêtement.

circumamplector, *ĕris, i*, tr., embrasser, entourer.

circumăro, *ās, āre*, tr., tracer un sillon autour de.

circŭmaufĕro, *fers, ferre*, tr., supprimer complètement.

circumcæsūra, *æ*, f., contours, configuration extérieure.

circumcellĭo, *ōnis*, m., chr., moine ambulant.

circumcellĭōnĭcus, *a, um*, chr., relatif aux moines ambulants.

circumcīdo, *ĭs, ĕre, cīdi, cīsum*, tr., 1. couper autour, tailler ; spéc., circoncire ; 2. retrancher, supprimer, élaguer.

circumcircā, adv., tout autour.

circumcīsē, adv., avec concision, brièveté.

circumcīsĭo, *ōnis*, f., circoncision.

circumcīsus, *a*, *um*, part. adj., **1.** coupé autour, taillé, abrupt ; **2.** concis.

circumclūdo, *ĭs*, *ĕre*, *clūsi*, *clūsum*, tr., enfermer de tous les côtés, bloquer.

circumcŏla, *æ*, m., qui habite autour.

circumcŏlo, *ĭs*, *ĕre*, *cŏlŭi*, tr., habiter autour, auprès de.

circumcŭmŭlo, *ās*, *āre*, tr., accumuler autour.

circumcurro, *ĭs*, *ĕre*, intr., courir autour.

circumcursĭo, *ōnis*, f., action de courir autour, de tous les côtés.

circumcurso, *ās*, *āre*, intr. et tr., **1.** courir autour ; **2.** courir de tous les côtés, vagabonder.

circumdătĭo, *ōnis*, f., action d'entourer.

circumdo, *ās*, *āre*, *dĕdi*, *dătum*, tr., mettre, jeter, mener autour de ; entourer, envelopper, a) qqn. ou qqch. (dat.) de qqch. (acc.), ~ *murum urbi* : entourer la ville d'un mur, ~ *milites sibi* : s'entourer de soldats ; b) qqn. ou qqch. (acc.) de qqch. (abl.), ~ *oppidum vallo fossāque* : entourer une place d'un parapet et d'un fossé, *frontem circumdatus uvis* : le front couronné de grappes.

circumdūco, *ĭs*, *ĕre*, *duxi*, *ductum*, tr., **1.** conduire, mener autour, faire faire le tour de ; **2.** ~ *agmen* : faire faire un détour à son armée ; **3.** tracer, mener en courbe, en cercle, *flumen ut circino circumductum* : rivière décrivant une courbe comme tracée au compas ; **4.** circonvenir, tromper ; **5.** allonger, étendre, délayer (style).

circumductĭo, *ōnis*, f., **1.** action de conduire autour ; **2.** action de tromper, de circonvenir ; **3.** développement d'une pensée ou d'une phrase.

circumductŏr, *ōris*, m., **1.** celui qui conduit d'un lieu dans un autre ; **2.** trompeur.

circumductum, *i*, n., rhét., période.

circumductŭs, *ūs*, m., contour ; mouvement circulaire.

circŭmĕo ou **circŭĕo**, *ĭs*, *īre*, *ĭvi* (*ĭi*), *ĭtum*, intr. et tr., **1.** aller autour de, entourer, envelopper, investir ; **2.** tourner, contourner, éviter ; **3.** abs., faire un détour, tourner ; **4.** faire le tour de, aller de l'un à l'autre, visiter, parcourir ; **5.** solliciter, briguer, intriguer, circonvenir ; **6.** tromper, duper ; **7.** tourner autour d'un mot pour éviter de le prononcer, user de périphrases.

circŭmĕquĭto, *ās*, *āre*, tr., aller à cheval autour de.

circumerro, *ās*, *āre*, intr. et tr., errer autour de.

circumfĕrentĭa, *æ*, f., circonférence.

circumfĕro, *fers*, *ferre*, *tŭli*, *lātum*, tr., **1.** porter autour, faire faire le tour de, faire circuler, passer à la ronde, porter, répandre de tous côtés, partout ; **2.** spéc., purifier qqn. ou qqch. (en répandant de l'eau lustrale).

circumfigo, *ĭs*, *ĕre*, tr., fixer autour ; spéc., crucifier aux côtés de.

circumfingo, *ĭs*, *ĕre*, *finxi*, *fictum*, tr., façonner, créer autour.

circumflecto, *ĭs*, *ĕre*, *flexi*, *flexum*, intr., **1.** recourber, arquer ; **2.** décrire (un cercle).

circumflĕo, *ēs*, *ēre*, intr., pleurer autour.

circumflŭentĭa, *æ*, f., affluence.

circumflŭo, *ĭs*, *ĕre*, *fluxi*, *fluxum*, tr. et intr., **1.** couler autour de, baigner ; **2.** être inondé de, déborder, regorger de, ~ *gloriā* : être comblé de gloire ; **3.** déborder, être surabondant, redondant (style).

circumflŭus, *a*, *um*, **1.** qui coule autour ; **2.** entouré, baigné par ; **3.** bordé par ; **4.** ruisselant (style).

circumfŏdĭo, *ĭs*, *ĕre*, *fŏdi*, *fossum*, tr., creuser autour, entourer d'un fossé.

circumfŏrānĕus, *a*, *um*, **1.** qui circule au forum ; **2.** qui court les marchés, ambulant ; **3.** portatif, mobile.

circumfossĭo, *ōnis*, f., action de creuser autour.

circumfossŏr, *ōris*, m., celui qui creuse autour.

circumfossūra, *æ*, f., action de creuser autour, terre creusée autour.

circumfrĕmo, *ĭs*, *ĕre*, tr. et intr., gronder, murmurer, gémir autour.

circumfulcĭo, *ĭs*, *īre*, tr., soutenir, étayer autour de.

circumfulgĕo, *ēs*, *ēre*, tr., briller autour de.

circumfundo, *ĭs*, *ĕre*, *fūdi*, *fūsum*, tr., **1.** verser, répandre autour, envelopper ; mil., cerner, envelopper l'ennemi ; **2.** passif : se répandre, se presser, affluer ; **3.** passif : *circumfundi aliquem* ou *alicui* : envelopper qqn. de ses bras.

circumfūsĭo, *ōnis*, f., action de se répandre autour.

circumgĕlo, *ās*, *āre*, tr., congeler autour de.

circumgĕmo, *ĭs*, *ĕre*, intr., gronder autour.

circumgesto, *ās*, *āre*, tr., colporter, porter alentour.

circumgrĕdĭor, *ĕris*, *i*, *gressus sum*, tr., faire le tour de, investir, cerner, tourner.

circumgressŭs, *ūs*, m., action de faire le tour, de cerner, d'investir ; circuit, enceinte.

circumĭcĭo ou **circumjĭcĭo**, *ĭs, ĕre, jēci, jectum*, tr., jeter, placer, construire autour, entourer, envelopper ; subst. n. pl., *circumjecta, orum*, les environs.

circuminsĭdĭor, *āris, āri*, intr., tendre des pièges de tous côtés.

circumĭtĭo, V. *circuitio*.

circumĭtŏr, V. *circitor*.

circumĭtŭs, V. *circuitus*.

circumjăcĕo, *ēs, ēre*, intr., être situé autour, avoisiner, environner.

circumjăcĭo, V. *circumicio*.

circumjectŭs, *ūs*, m., action d'envelopper ou d'entourer ; étreinte, enceinte ; vêtement.

circumjĭcĭo, V. *circumicio*.

circumlābor, *ĕris, i*, intr., glisser autour.

circumlātĭo, *ōnis*, f., action de porter autour.

circumlātrātŏr, *ōris*, m., qui aboie à la ronde.

circumlātro, *ās, āre*, tr., aboyer à la ronde contre.

circumlăvo, *ās, āre*, et *ĭs, ĕre*, tr., arroser, baigner.

circumlĭgo, *ās, āre*, tr., lier autour, attacher.

circumlĭnĭo, *ĭs, īre, īvi, ītum*, et **circumlĭno**, *ĭs, ĕre, līvi, lĭtum*, tr., 1. oindre, frotter, appliquer autour ; 2. farder, maquiller, faire ressortir.

circumlĭtĭo, *ōnis*, f., action d'enduire ; application des couleurs, des enduits.

circumlŏcūtĭo, *ōnis*, f., circonlocution, périphrase.

circumlŏquor, *ĕris, i*, intr., user de circonlocutions.

circumlūcens, *entis*, part. adj., qui brille tout autour.

circumlŭo, *ĭs, ĕre*, tr., baigner, arroser.

circumlustro, *ās, āre*, tr., 1. faire le tour pour purifier, purifier ; 2. faire le tour de, parcourir.

circumlŭvĭo, *ōnis*, f., et **circumlŭvĭum**, *ĭi*, n., circonluvion (formation d'une île dans un fleuve).

circummĕo, *ās, āre*, tr., faire le tour de.

circummingo, *ĭs, ĕre, minxi*, tr., uriner tout autour.

circummitto, *ĭs, ĕre, mīsi, missum*, tr., envoyer tout autour, de tous les côtés.

circummūgĭo, *ĭs, īre*, tr., mugir autour de.

circummūnĭo, *ĭs, īre*, tr., enclore, enfermer.

circummūnītĭo, *ōnis*, f., circonvallation, investissement.

circummūrānus, *a, um*, qui est autour des murs.

circumnŏto, *ās, āre*, tr., dessiner autour.

circumornātus, *a, um*, orné tout autour.

circumpădānus, *a, um*, qui avoisine le Pô.

circumpendĕo, *ēs, ēre*, intr., être suspendu autour.

circumplaudo, *ĭs, ĕre*, tr., applaudir à la ronde.

circumplecto, *ĭs, ĕre*, et **circumplector**, *ĕris, i, plexus sum*, tr., 1. ceindre, enlacer, entourer, embrasser ; 2. assiéger, investir.

circumplĭco, *ās, āre*, tr., envelopper de ses replis, enlacer.

circumpŏno, *ĭs, ĕre, pŏsŭi, pŏsĭtum*, tr., placer autour ; subst. n. pl., *circumposita, orum*, les environs.

circumpŏtātĭo, *ōnis*, f., action de boire à la ronde.

circumquāquĕ, adv., tout alentour.

circumrētĭo, *ĭs, īre*, tr., entourer de pièges, de ruses, d'embûches.

circumrōdo, *ĭs, ĕre, rōsi*, tr., ronger autour, grignoter.

circumrōrans, *antis*, part. adj., qui arrose tout autour.

circumrŏto, *ās, āre*, tr., faire rouler autour.

circumsæpĭo, *ĭs, īre, sæpsi, sæptum*, tr., entourer, enclore, enfermer.

circumsaltans, *antis*, part. adj., qui danse en rond.

circumscindo, *ĭs, ĕre*, tr., déchirer autour.

circumscrībo, *ĭs, ĕre, scripsi, scriptum*, tr., 1. tracer autour, en rond, *aliquem stantem virgula* ~ : tracer un cercle autour de qqn. debout ; 2. circonscrire, renfermer, limiter ; 3. limiter l'action de qqn., l'empêcher d'agir, restreindre sa liberté ; ~ *prætorem* : marquer à un préteur les limites de son pouvoir ; 4. supprimer, biffer (en entourant d'un cercle les passages à éliminer), faire abstraction de ; 5. entourer de pièges, tromper, duper ; interpréter captieusement (ex. un testament).

circumscriptē, adv., 1. d'une manière limitative, précise ; 2. rhét., en style périodique.

circumscriptĭo, *ōnis*, f., 1. tracé d'un cercle ; 2. limites, contours, bornes ; 3. cercle tracé ; rhét., période, phrase ; 4. tromperie, fraude, ruse.

circumscriptŏr, *ōris*, m., 1. trompeur, fourbe ; 2. qui écarte, supprime, annule (opinion).

circumscriptus, *a, um*, part. adj., [*~tior*], 1. limité ; 2. précis, concis ; 3. rhét., périodique.

circumsĕco, *ās*, *āre*, *sĕcŭi*, *sectum*, tr., **1.** couper autour ; **2.** circoncire.

circumsĕcŭs, adv., tout autour.

circumsĕdĕo, *ēs*, *ēre*, *sēdi*, *sessum*, **1.** être assis autour, environner ; **2.** investir, assiéger, assaillir (pr. et fig.).

circumsessĭo, *ōnis*, f., siège, investissement.

circumsīdo, *ĭs*, *ĕre*, *sēdi*, tr., assiéger.

circumsĭlĭo, *ĭs*, *īre*, **1.** intr., sauter autour ; **2.** tr., assaillir (en parlant des maladies).

circumsisto, *ĭs*, *ĕre*, *stĕti* ou *stĭti*, intr. et tr., se tenir autour de qqn. ; entourer, cerner.

circumsŏno, *ās*, *āre*, **1.** intr., retentir de tous côtés ; **2.** tr., faire retentir autour.

circumsŏnus, *a*, *um*, qui retentit tout autour.

circumspectātrix, *īcis*, f., qui regarde de tous les côtés, fureteuse, espionne.

circumspectē, adv., [*~tius*], avec circonspection, prudence.

circumspectĭo, *ōnis*, f., **1.** action de regarder autour de soi ; **2.** circonspection.

circumspecto, *ās*, *āre*, intr. et tr., **1.** regarder attentivement autour de soi, guetter ; **2.** avoir l'œil sur qqn., l'observer de tous les côtés ; **3.** chercher attentivement l'occasion de.

circumspectus, *a*, *um*, part. adj., **1.** observé, examiné avec soin, pesé ; **2.** circonspect, réfléchi ; **3.** distingué, considéré.

circumspectŭs, *ūs*, m., **1.** action de regarder autour de soi ; **2.** vue, panorama ; **3.** contemplation, examen.

circumspĭcĭo, *ĭs*, *ĕre*, *spexi*, *spectum*, tr., **1.** regarder autour de soi ; **2.** promener son regard, embrasser du regard ; **3.** regarder attentivement, chercher à découvrir ; **4.** considérer, peser, réfléchir, examiner avec soin ; *se* ~ : s'examiner soi-même, mesurer ses capacités, prendre conscience de sa valeur.

circumstagno, *ās*, *āre*, intr., se répandre autour.

circumstantĭa, *æ*, f., **1.** fait d'être autour, action d'entourer, **2.** circonstances particulières (d'une cause).

circumsto, *ās*, *āre*, *stĕti*, tr. et intr., **1.** se tenir autour de, entourer, assister ; **2.** entourer, assiéger, envelopper, faire le siège de (pr. et fig.).

circumstrĕpo, *ĭs*, *ĕre*, *strĕpŭi*, *strĕpĭtum*, tr., **1.** faire du bruit autour de, entourer, assaillir de cris ; **2.** dénoncer à grands cris.

circumstringo, *ĭs*, *ĕre*, *strinxi*, *strictum*, tr., serrer autour ; ceindre.

circumtendo, *ĭs*, *ĕre*, *tendi*, *tentum*, tr., tendre autour de.

circumtermĭno, *ās*, *āre*, tr., fixer les limites autour de.

circumtĕro, *ĭs*, *ĕre*, tr., frotter, presser de tous côtés.

circumtextus, *a*, *um*, tissé, brodé tout autour.

circumtŏno, *ās*, *āre*, *tŏnŭi*, tr., tonner autour de ; ébranler la raison de.

circumtonsus, *a*, *um*, tondu, limé, rogné tout autour ; (style) trop châtié.

circumtorquĕo, *ēs*, *ēre*, tr., faire tourner.

circumtŭĕor, *ēris*, *ēri*, tr., observer autour.

circumtundo, *ĭs*, *ĕre*, tr., étourdir, assommer de paroles.

circumvādo, *ĭs*, *ĕre*, *vāsi*, tr., envahir, envelopper de tous côtés.

circumvăgus, *a*, *um*, qui se répand autour de.

circumvallo, *ās*, *āre*, tr., entourer d'une circonvallation, bloquer, cerner.

circumvectĭo, *ōnis*, f., **1.** transport, colportage ; **2.** révolution (d'un astre).

circumvectĭtor, *āris*, *āri*, tr., transporter, colporter dans.

circumvector, *āris*, *āri*, tr., parcourir, traverser souvent, faire le tour de (pr. et fig.).

circumvĕhor, *ēris*, *i*, *vectus sum*, intr., **1.** faire le tour de (à cheval, en voiture, en bateau) ; **2.** faire un détour, contourner, doubler (un cap).

circumvēlo, *ās*, *āre*, tr., envelopper d'un voile.

circumvĕnĭo, *ĭs*, *īre*, *vēni*, *ventum*, tr., **1.** entourer, environner ; **2.** entourer de pièges, mettre dans l'embarras, assiéger ; **3.** perdre, faire tomber qqn.

circumventĭo, *ōnis*, f., action de circonvenir, tromperie.

circumventōrĭus, *a*, *um*, fallacieux, trompeur.

circumversĭo, *ōnis*, f., **1.** action de tourner, de retourner ; **2.** mouvement circulaire.

circumversor, *āris*, *āri*, intr., tourner autour.

circumverto, *ĭs*, *ĕre*, *verti*, *versum*, tr., **1.** tourner, faire tourner ; spéc., faire tourner un esclave sur lui-même (= l'affranchir) ; passif : tourner, *rota circumvertitur* : la roue tourne ; **2.** duper, voler.

circumvestĭo, *ĭs*, *īre*, tr., envelopper (pr. et fig.), dissimuler.

circumvincĭo, *ĭs*, *īre*, *vinxi*, *vinctum*, tr., entourer de liens, garrotter, envelopper.

circumvīso, ĭs, ĕre, tr., inspecter de tous les côtés.

circumvŏlĭto, ās, āre, tr. et intr., voleter autour de.

circumvŏlo, ās, āre, tr., voler autour de, courir, voltiger autour de.

circumvolvo, ĭs, ĕre, volvi, vŏlūtum, tr., passif ou réfl., s'enrouler autour de, opérer un révolution.

circumvorto, V. *circumverto*.

circus, i, m., 1. cercle, orbite ; 2. cirque, carrière de forme oblongue pour les courses, *Circus Maximus* : le grand Cirque, à Rome ; 3. enceinte pour les jeux publics.

cīris, is, f., aigrette (oiseau), en quoi fut changée Scylla, la fille de Nisus.

cirrātus, a, um, qui porte des cheveux bouclés ; subst. m. pl., *cirrati, orum*, les têtes bouclées = les enfants.

Cirrha, æ, f., Cirrha, v. de Phocide, proche de Delphes ‖ **Cirrhæus**, a, um, de Cirrha, de Delphes, d'Apollon.

cirrus, i, m., 1. cheveu bouclé naturellement, opp. à *cincinnus*, V. ce mot ; 2. frange d'un vêtement.

Cirta, æ, f., Cirta, v. de Numidie ‖ **Cirtenses**, ĭum, m. pl., les hab. de Cirta.

cĭs, prép. + acc., opp. à *trans*, 1. de ce côté-ci, en deçà ; 2. avant, d'ici à, *cis paucos dies* : sous peu de jours.

Cīsalpīnus, a, um, cisalpin.

cĭsĭum, ĭi, n., voiture légère à deux roues.

cispello, ĭs, ĕre, tr., repousser.

Cispĭus, ĭi, m., Cispius, nom d'h.

Cisrhēnānus, a, um, qui est de ce côté-ci du Rhin (rive gauche).

Cissēis, ĭdis, f., la fille de Cissée, Hécube ‖ **Cisseūs**, ĕi, m., Cissée, 1. roi de Thrace, père d'Hécube ; 2. compagnon de Turnus.

cista, æ, f., 1. panier ; cassette ; 2. boîte dans laquelle se trouvaient les objets du culte de Bacchus et de Cérès, ciste mystique.

cistella, æ, f., petite corbeille, coffret.

Cistellāria, æ, f., titre d'une comédie de Plaute (« Le Coffret »).

cistellātrix, īcis, f., esclave chargée des parures contenues dans la *cistella*, V. ce mot.

cistellŭla, æ, f., toute petite corbeille.

cisterna, æ, f., 1. citerne ; 2. cave, glacière.

cisternīnus, a, um, de citerne.

cistĭfĕr, ĕri, m., qui porte un fardeau.

cistŏphŏros, i, m., cistophore, monnaie d'argent portant au revers la ciste, V. *cista* 2.

cistŭla, æ, f., petite corbeille.

cĭtātim, adv., [~tius, ~tissime], promptement, vivement, à la hâte.

cĭtātus, a, um, part. adj., [~tior, ~tissimus], 1. mis en mouvement, agité, secoué ; 2. que l'on a pressé, hâté, rapide, *citato gradu* : à pas précipités, *citato equo* : à bride abattue, *citato agmine* : à marche forcée ; 3. ardent, vif, qui a du mouvement, pressant.

cĭtĕr, adj., seul. comp. **cĭtĕrĭor**, ōris, qui est en deçà, plus près, plus rapproché ; et superl. **cĭtĭmus**, a, um, le plus proche, le plus rapproché.

cĭtĕrĭor, V. le préc.

Cĭthærōn, ōnis, m., le Cithéron, mt. de Béotie.

cĭthăra, æ, f., cithare ; lyre ; art de la cithare ; chant ; poésie lyrique.

cĭthărista, æ, m., joueur de cithare.

cĭthăristrĭa, æ, f., joueuse de cithare.

cĭthărizo, ās, āre, intr., jouer de la cithare.

cĭthărœdus, i, m., chanteur qui s'accompagne à la cithare.

Cĭtĭēus, a, um, de Citium ‖ **Cĭtĭēi**, ōrum, m. pl., les hab. de Citium ‖ **Cĭtĭum**, ĭi, n., Citium, 1. v. de Chypre, patrie de Zénon ; 2. v. de Macédoine ‖ **Cĭtĭus**, ĭi, m., le Citius, mt. de Macédoine.

① **cĭto**, adv., [~tius, ~tissime], 1. tôt, vite, promptement ; 2. facilement.

② **cĭto**, ās, āre, tr., 1. mouvoir, exciter, pousser ; provoquer ; 2. faire venir, appeler, convoquer ; 3. citer en justice ; 4. invoquer comme garant, citer ; 5. proclamer (comme vainqueur).

cĭtrā, adv. et prép. (opp. à *ultra*),

I adv., [*citerius*], 1. en deçà ; 2. *citra quam* : moins que, *citerius debito* : moins qu'on ne doit.

II prép. + acc., 1. en deçà de, de ce côté-ci de ; 2. sans aller jusqu'à, en dehors de, au-dessous de, *peccavi citra scelus* : ma faute n'a pas été jusqu'au crime ; 3. avant.

cĭtrō, adv., par ici, *ultro ac citro* : de part et d'autre.

cĭtrum, i, n., citronnier (bois).

cĭtrus, i, f., citronnier (arbre).

cĭtus, a, um, part. adj., 1. mis en mouvement, poussé, excité ; 2. rapide, prompt, agile, *cito equo* : à toute bride.

① **Cīus**, V. *Ceus*.

② **Cīus**, V. *Cios*.

cīvĭcus, *a, um,* de citoyen, civique, civil, *corona civica* : couronne civique (récompense du citoyen qui, au combat, avait sauvé la vie d'un autre citoyen en tuant son adversaire).

cīvīlis, *e,* adj., [*~lior*], **1.** de citoyen, civil, national ; *bellum civile* : guerre civile, *civile jus* : droit civil, droit privé ; **2.** relatif à l'État, à la cité, politique, *rerum civilium cognitio* : la science politique, *~ oratio* : discours politique ; **3.** qui convient à un citoyen, modéré, affable, doux, *quid civilius Augusto ?* : est-il rien de plus affable qu'Auguste ?

Cīvīlis, *is,* m., Civilis, chef des Bataves.

cīvīlĭtās, *ātis,* f., comportement simple, sans prétention ; affabilité.

cīvīlĭtěr, adv., [*~lius, ~lissime*], **1.** en bon citoyen ; **2.** avec simplicité, affabilité.

cīvis, *is,* m. et f., **1.** citoyen, citoyenne ; homme, femme de condition libre ; **2.** concitoyen ; **3.** sujet (d'un roi).

cīvĭtās, *ātis,* f., **1.** ensemble des citoyens d'un État, nation, peuple ; **2.** cité, gouvernement, régime politique, république ; **3.** état, condition, droits du citoyen et spéc. du citoyen rom., *jus civitatis* ou *jus ~* : le droit de cité, *civitatem dare, amittere* : donner, perdre le droit de cité ; **4.** ville, Rome et ses habitants.

cīvĭtātŭla, *æ,* f., **1.** droit de cité dans une petite ville ; **2.** petite cité.

clādēs, *is,* f., **1.** dégâts causés par un fléau ; **2.** fléau ; **3.** perte, dommage ; **4.** défaite, désastre militaire.

clăm (arch. **calam, calim**), **1.** adv., en cachette, secrètement, à la dérobée ; **2.** prép. + abl. ou acc., *~ patre, patrem* : à l'insu de son père.

clāmātŏr, *ōris,* m., braillard.

clāmĭtātĭo, *ōnis,* f., cris qui ne cessent pas, criailleries.

clāmĭto, *ās, āre,* intr. et tr., ne cesser de crier, crier à plusieurs reprises, vociférer.

clāmo, *ās, āre,* **1.** intr., crier, pousser un cri, des cris ; **2.** tr., déclarer hautement, proclamer, appeler à haute voix, *~ aliquem furem* : appeler qqn. voleur.

clāmŏr, *ōris,* m., **1.** cri(s), clameur(s), *clamorem edere, tollere* : pousser un cri, des cris ; **2.** acclamation(s) ; **3.** huée(s), invective(s).

clāmōsē, adv., avec bruit, en criant.

clāmōsus, *a, um,* **1.** criard ; **2.** bruyant.

clămўs, V. chlamys.

clancŭlārĭus, *a, um,* secret, caché.

clancŭlō, adv., en secret.

clancŭlum, **1.** adv., V. le préc. ; **2.** prép. + acc., en cachette de, à l'insu de.

clandestīnō, adv., en secret.

clandestīnus, *a, um,* clandestin, secret, qui agit secrètement, de façon occulte.

clango, *ĭs, ěre,* **1.** sonner (trompette) ; **2.** crier (corbeau, aigle).

clangŏr, *ōris,* m., **1.** son (de la trompette) ; **2.** bruit éclatant, cri.

Clănĭus, *ĭi,* m., Clanius, riv. de Campanie.

clārē, adv., [*~rius, ~rissime*], **1.** clairement, distinctement (pour la vue, l'ouïe, l'esprit) ; **2.** d'une manière éclatante, glorieuse.

clārĕo, *ēs, ēre, clārŭi,* intr., **1.** luire, briller (pr. et fig.) ; **2.** être clair, évident.

clāresco, *ĭs, ěre, clārŭi,* intr., **1.** commencer à luire, à briller, devenir clair, lumineux ; **2.** devenir distinct, clair (pour la vue, l'ouïe, l'esprit) ; **3.** devenir illustre, fameux.

clārĭco, *ās, āre,* intr., scintiller.

clārĭfĭco, *ās, āre,* tr., **1.** éclaircir ; **2.** glorifier.

clārĭfĭcus, *a, um,* qui éclaire.

clārĭgātĭo, *ōnis,* f., **1.** réclamation officielle de restitution adressée à l'ennemi ; **2.** droit de s'emparer de la pers. ou des biens d'un ennemi.

clārĭgo, *ās, āre,* intr., réclamer satisfaction à l'ennemi.

clārĭsŏnus, *a, um,* au son clair, retentissant.

clārĭtās, *ātis,* f., **1.** clarté, éclat (de la lumière ou du son) ; **2.** netteté ; **3.** illustration, éclat (de la renommée).

clārĭtūdo, *ĭnis,* V. le préc.

Clărĭus, *a, um,* de Claros, d'Apollon.

clāro, *ās, āre,* tr., **1.** rendre lumineux ; **2.** éclaircir, expliquer ; **3.** illustrer.

Clărŏs, *i,* f., Claros, v. d'Ionie, célèbre par le temple et l'oracle d'Apollon.

clārus, *a, um,* [*~rior, ~rissimus*], **1.** clair, éclatant, brillant, étincelant (pour la vue et pour l'ouïe) ; **2.** clair, évident, manifeste ; **3.** éclatant, illustre, fameux.

classĭārĭus, *a, um,* de la flotte ; subst. m. pl., *classiarii, orum,* les troupes de marine.

classĭcŭla, *æ,* f., flottille.

classĭcum, *i,* n., signal donné par la trompette de guerre ; trompette de guerre.

classĭcus, *a, um,* **1.** qui appartient à une des classes du peuple rom. ; subst. m. pl., *classici, orum,* les citoyens de la première classe (les plus élevés en dignité) ; **2.** de la flotte, de la marine ; subst. m. pl., *classici, orum,* les équipages de la flotte.

classis, *is,* f., **1.** classe, rang social (une des 5 classes du peuple rom.) ; **2.** division sociale, politique ou intellectuelle qcq. ; **3.** armée, et surt. flotte, marine, *classem facere* : construire une flotte, *classem comparare, ornare* : armer, équiper une flotte ; *classe* ou *classi* : sur mer.

Clastĭdĭum, *ĭi*, n., Clastidium, v. de Gaule Cisalpine, auj. Casteggio.

Clăterna, *æ*, f., Claterna, v. de Gaule Cisalpine.

clātra, *ōrum*, n. pl., V. *clatri*.

clātrātus, *a*, *um*, part. adj., garni de barreaux, grillagé.

clātri, *ōrum*, m. pl., barreaux, grillage.

claudĕo, *ēs*, *ēre*, intr., boiter, clocher.

Claudĭa, *æ*, f., Claudia, nom de femme, en part. dans la famille impériale.

Claudĭānus, *a*, *um*, de Claude (l'empereur), de Claudius.

claudĭcātĭo, *ōnis*, f., claudication.

claudĭco, *ās*, *āre*, intr., **1.** boiter, clocher ; **2.** ne pas être d'aplomb, être en déséquilibre ; **3.** chanceler, menacer de crouler, être défectueux.

Claudĭŏpŏlis, *is*, f., Claudiopolis, v. de Bithynie ‖ **Claudĭŏpŏlītāni**, *ōrum*, m. pl., les hab. de Claudiopolis.

claudĭtās, *ātis*, f., claudication.

Claudĭus, *ĭi*, m., Claudius, nom d'une famille rom. ; spéc., Appius Claudius Regillensis, Appius Claudius Pulcher, Marcus Claudius Marcellus, vainqueur de Syracuse, Tiberius Claudius Nero et Lucius Domitius Claudius Nero, empereurs ‖ **Claudĭus**, *a*, *um*, de Claudius, de la *gens Claudia*, de Claude ; *aqua Claudia* : l'aqueduc de Claude, à Rome.

① **claudo**, *ĭs*, *ĕre*, intr., boiter, clocher, marcher mal.

② **claudo**, *ĭs*, *ĕre*, *clausi*, *clausum*, tr., **1.** fermer, ~ *portas*, *os* : fermer les portes, la bouche ; **2.** arrêter, intercepter, interdire ; **3.** bloquer ; **4.** enfermer, ~ *aliquem in curiam* ou *in curiā* : enfermer qqn dans le sénat, ~ *sententias numeris* : soumettre ses pensées au rythme oratoire ; **5.** clore, se terminer, finir, ~ *epistulam* : finir une lettre ; ~ *agmen* : fermer la marche.

claudus, *a*, *um*, **1.** boiteux (pr. et fig.) ; **2.** chancelant, défectueux, incomplet.

clausē, adv., obscurément.

claustrum, *i*, n., **1.** tout ce qui sert à fermer une porte, barre intérieure, verrou, serrure, ~ *perfringere*, *rumpere* : forcer une porte, une serrure ; **2.** tout ce qui fait obstacle à l'entrée ou à la sortie, surt. au pl., *claustra*, *orum*, passe, défilé, barrière, clôture, remparts, digue, môle, ~ *montium* : défilés, cols des montagnes ; ~ *maris*, passes, détroits de la mer ; **3.** lieu fermé, enceinte, prison (pr. et fig.).

clausŭla, *æ*, f., **1.** fin, terme, extrémité, conclusion ; **2.** trait final, mot de la fin ; **3.** chute d'une période, clausule.

clausum, *i*, n., lieu fermé, enclos.

clāva, *æ*, f., **1.** gourdin, massue ; **2.** bâton d'exercice pour faire des armes.

clāvārĭum, *ĭi*, n., indemnité allouée aux soldats pour les clous de leurs chaussures.

clāvātŏr, *ōris*, m., qui porte une massue.

clāvĭcŭla, *æ*, f., **1.** petite clef ; **2.** vrille de la vigne.

① **clāvĭgĕr**, *gĕra*, *gĕrum*, porte-clefs (Janus).

② **clāvĭgĕr**, *gĕra*, *gĕrum*, porte-massue (Hercule).

clāvis, *is*, f., **1.** clef ; **2.** au pl., *claves*, *ium*, les clefs, symbole de l'état de maîtresse de maison ou d'une fonction de gérant ; **3.** ~ *trochi* : baguette pour pousser le cerceau.

clāvus, *i*, m., **1.** clou, ~ *annalis* : clou annuel, planté au temple de Jupiter Capitolin pour compter les années ; **2.** bande de couleur pourpre sur les vêtements, *latus* ~ : laticlave, bande large sur la toge des sénateurs, *angustus* ~ : angusticlave, bande étroite sur la toge des chevaliers.

Clāzŏmĕnæ, *ārum*, f. pl., Clazomènes, v. d'Ionie, patrie d'Anaxagore ‖ **Clāzŏmĕnĭi**, *ōrum*, m. pl., les hab. de Clazomènes ‖ **Clāzŏmĕnĭus**, *a*, *um*, de Clazomènes.

Clĕanthēs, *is*, m., Cléanthe, phil. stoïcien ‖ **Clĕanthēus**, *a*, *um*, de Cléanthe.

clēmens, *entis*, adj., [~*tior*, ~*tissimus*], **1.** en pente douce (rar.) ; **2.** doux, paisible, calme, modéré, pacifique, indulgent, clément.

Clēmens, *entis*, m., Clémens, nom rom.

clēmentĕr, adv., [~*tius*, ~*tissime*], **1.** en pente douce ; **2.** avec douceur, modération, indulgence, clémence.

clēmentĭa, *æ*, f., douceur, modération, indulgence, clémence (pr. et fig.).

Clĕōbis, *is*, m., Cléobis, frère de Biton.

Clĕombrŏtus, *i*, m., Cléombrote, nom de diff. pers.

Clĕōn, *ōnis*, m., Cléon, **1.** démagogue athénien ; **2.** nom de diff. pers.

Clĕōnæ, *ārum*, f. pl., Cléones, v. de l'Argolide ‖ **Clĕōnæus**, *a*, *um*, de Cléones.

Clĕŏpătra, *æ*, f., Cléopâtre, nom de diff. pers. et spéc. de la reine d'Égypte, aimée de César, puis d'Antoine et morte avec celui-ci en 30 av. J.-C.

clĕpo, *ĭs*, *ĕre*, *clepsi*, *cleptum*, tr., **1.** dérober, voler furtivement ; **2.** cacher, dissimuler.

clepsydra, æ, f., clepsydre, horloge à eau pour mesurer le temps, spéc. de la parole.

clepta, æ, m., voleur.

Clērūmĕnœ, ōrum, m. pl., « Les Tireurs au sort », titre d'une comédie de Diphile.

clērus, i, m., chr., clergé ; clerc.

clĭens (arch. **clŭens**), entis, m., 1. client, qui fait partie de la clientela d'un patronus, V. ces mots ; 2. vassal.

clĭenta (arch. **clŭenta**), æ, f., cliente.

clĭentēla, æ, f., 1. condition de client, protégé par un patronus auquel il est lié par des obligations précises ; 2. ensemble des clients d'un patronus, clientèle ; 3. alliance, vassalité.

clĭentŭlus, i, m., petit client.

clīma, ătis, n., climat, chaleur ou froid, région.

clīnāmĕn, ĭnis, n., clinamen, inclinaison, modification du trajet de gravitation des atomes, Lucr.

clīnĭcus, i, m., 1. médecin qui visite les malades alités ; 2. croque-mort.

Clīō, ūs, f., Clio, 1. muse de l'histoire ; 2. nymphe de l'Océan.

clĭpĕātus, a, um, armé du clipeus, V. ce mot.

clĭpĕo, ās, āre, tr., armer du clipeus, V. ce mot.

clĭpĕus (arch. **clŭpĕus**), i, m., et **clĭpĕum**, i, n., 1. bouclier rond en métal (opp. au scutum, long et en bois) ; 2. écusson, plaque de métal portant l'effigie d'un pers. ou d'un dieu ; 3. fig., disque (du soleil), voûte (céleste).

Clisthĕnēs, is, m., Clisthène, orateur athénien.

Clitæ, ārum, f. pl., Clitæ, ville de Chalcidique.

clītellæ, ārum, f. pl., bât fait de deux paniers.

clītellārĭus, a, um, qui porte un bât.

Clīternīnus, a, um, de Cliternum ǁ **Clīternum**, i, n., Cliternum, v. des Èques.

Clītŏmăchus, i, m., Clitomaque, phil. de Carthage.

Clītŏr, ŏris, m., 1. Clitor, fondateur de Clitore ; 2. Clitore, v. d'Arcadie, et source ǁ **Clītŏrĭus**, a, um, de Clitore.

Clītumnus, i, m., Clitumne, riv. d'Ombrie ǁ **Clītumnus**, a, um, du Clitumne.

Clītus, i, m., Clitus, général macédonien.

Clīvĭcŏla, æ, f., Clivicola, déesse romaine qui aidait à monter les pentes.

clīvōsus, a, um, en pente, montueux.

clīvus, i, m., montée, pente, route escarpée.

clŏāca, æ, f., égout, cloaque, Cloaca Maxima : le grand égout de Rome ; fig., ventre.

Clŏācīna, æ, f., Vénus Cloacine, qui purifie (déesse des Sabins).

Clōdĭānus (**Claudĭānus**), a, um, relatif à Clodius ǁ **Clōdĭus**, ĭi, m., P. Clodius Pulcher, tribun du peuple, ennemi de Cicéron, tué en 52 av. J.-C.

Clœlĭa, æ, f., Clélie, héroïne rom.

Clœlĭus, ĭi, m., Clœlius, 1. dernier roi d'Albe ; 2. nom d'une famille rom.

clostrum, V. claustrum.

clŏua~, **clŏva~**, **clŭa~**, V. cloa~.

clūdĕn, ĭnis, n., poignard de théâtre.

clūdo, **clūdus**, V. claudo, claudus.

clŭens, **clŭenta**, V. cliens, clienta.

Clŭentĭus, ĭi, m., Cluentius, nom d'une famille rom., spéc. d'un pers. défendu par Cicéron ǁ **Clŭentĭus**, a, um, de Cluentius.

clŭĕo, ēs, ēre, intr., 1. s'entendre appeler, avoir la réputation de, passer pour ; 2. s'illusionner ; 3. avoir un nom, d'où simpl. : exister, Lucr.

Clŭīlĭus, V. Clœlius.

clūnis, is, m. et f., surt. au pl., **clūnes**, ĭum, derrière, fesses ; croupe, croupion.

clŭo, V. clueo.

Clŭpĕa, æ, f., et **Clŭpĕæ**, ārum, f. pl., Clupæa, v. proche de Carthage ǁ **Clŭpĕāni**, ōrum, m. pl., les hab. de Clupea.

clūrīnus, a, um, de singe.

Clūsīnus, a, um, de Clusium ǁ **Clūsīni**, ōrum, m. pl., les hab. de Clusium ǁ **Clūsĭum**, ĭi, n., Clusium, v. d'Étrurie, auj. Chiusi.

Clūsĭus, ĭi, m., Clusius, surnom de Janus, dont le temple était fermé (clausus) en temps de paix.

clūsum, V. clausum, claudo ②.

Clŭtemnestra, V. Clytæmnestra.

Clŭtŏmestōrĭdȳsarchĭdēs, æ, m., nom pr. forgé par Plaute (= qui recherche la gloire sans arriver à se faire obéir).

Clŭvĭa, æ, f., Cluvia, forteresse dans le Samnium ǁ **Clŭvĭānus**, a, um, de Cluvia ; de Cluvius, V. ce mot.

Clŭvĭus, ĭi, m., Cluvius, nom de plusieurs pers., spéc. Cluvius Rufus, historien du Ier s. ap. J.-C.

Clўmĕnē, ēs, f., Clymène, 1. mère de Phaéton ; 2. autres pers. ǁ **Clўmĕnēĭus**, a, um, de Clymène.

Clўmĕnus, i, m., Clyménus, 1. surnom de Pluton ; 2. compagnon de Phinée.

clȳp~, V. clip~.

clystēr, ēris, m., clystère, lavement.

Clўtæmnestra, *æ*, f., Clytemnestre, fille de Tyndare et de Léda, sœur d'Hélène, épouse d'Agamemnon.

Clўtĭē, *ēs*, f., Clytie, fille de l'Océan, changée par Apollon en héliotrope.

Cnæus ou **Gnæus**, *i*, m., Cnæus, prénom rom. (abrégé en Cn.).

Cnĭdĭus, *a, um*, de Cnide ‖ **Cnĭdĭi**, *ōrum*, m. pl., les hab. de Cnide ‖ **Cnĭdos** ou **Cnĭdus**, *i*, f., Cnide, v. de Carie.

Cnōs~, V. *Gnos~*.

co~, V. *com~* (*cum* en composition).

Cŏa, *ōrum*, n. pl., étoffes de Cos.

cŏăcervātĭo, *ōnis*, f., accumulation.

cŏăcervo, *ās, āre*, tr., entasser, accumuler.

cŏăcesco, *ĭs, ĕre, cŏăcŭi*, intr., tourner à l'aigre.

cŏactē, adv., 1. par force ; 2. avec précision.

cŏactĭo, *ōnis*, f., action de recueillir, encaissement.

cŏacto, *ās, āre*, tr., forcer souvent, contraindre.

cŏactŏr, *ōris*, m., 1. celui qui rassemble ; spéc., caissier des ventes à l'encan, collecteur d'impôts, percepteur ; 2. celui qui ferme la marche (d'une armée) ; 3. celui qui use de contrainte.

cŏactum, *i*, n., couverture de feutre ; au pl., *coacta, orum*, laines foulées, feutrées.

cŏactŭs, *ūs*, m., impulsion, contrainte.

cŏædĭfĭcātĭo, *ōnis*, f., édification (pr. et fig.).

cŏædĭfĭco, *ās, āre*, tr., 1. couvrir de constructions ; 2. édifier (mor.).

cŏægrōtŏ, *ās, āre*, intr., être malade avec.

cŏæquālis, *e*, adj., du même âge.

cŏæquo, *ās, āre*, tr., rendre égal, de même niveau, niveler.

cŏætānĕus, *a, um*, du même âge, contemporain.

cŏæternĭtās, *ātis*, f., chr., coéternité.

cŏæternus, *a, um*, chr., coéternel.

cŏæto, *ās, āre*, intr., être du même âge.

cŏævĭtās, *ātis*, f., le fait d'être du même âge.

cŏævus, *a, um*, du même âge, contemporain.

cŏagmentātĭo, *ōnis*, f., assemblage.

cŏagmento, *ās, āre*, tr., assembler, réunir, emboîter ; fig., *~ pacem* : cimenter la paix.

cŏagmentum, *i*, n., assemblage, jointure, joint, liaison.

cŏagŭlo, *ās, āre*, tr., coaguler, figer.

cŏălesco, *ĭs, ĕre, ălŭi, ălĭtum*, intr., grandir ensemble, s'unir en croissant, se rapprocher en évoluant ; s'unir, former corps ;

vulnus coalescit : la plaie se cicatrise ; part., *coalitus* : fortifié.

cŏangusto, *ās, āre*, tr., rétrécir, resserrer.

cŏapto, *ās, āre*, tr., attacher, unir étroitement.

cŏarct~, V. *coart~*.

cŏargŭo, *ĭs, ĕre, argŭi, argūtum*, tr., 1. démontrer, mettre en évidence (surt. en mauvaise part) ; 2. convaincre en accusant qqn. (acc.) de qqch. (gén.), confondre ; 3. démontrer comme erroné, injustifié.

cŏargūtĭo, *ōnis*, f., démonstration irréfutable, preuve accablante.

cŏartātĭo, *ōnis*, f., action de resserrer, de réunir.

cŏarto, *ās, āre*, tr., 1. serrer, presser, bloquer ; 2. resserrer, condenser.

cŏaxo, *ās, āre*, intr., coasser.

Cobiomachus, *i*, m., Cobiomachus, v. de Narbonnaise.

Cobulātus, *i*, m., Cobulatus, fl. d'Asie.

Cōcălus, *i*, m., Cocale, roi de Sicile.

Cocceĭus, *ĭi*, m., Coccéius, nom d'une famille rom. à laquelle appartenait l'empereur Nerva.

coccĭnātus, *a, um*, vêtu d'écarlate.

coccĭnĕus, *a, um*, d'écarlate.

coccĭnum, *i*, n., étoffe teinte en écarlate.

coccĭnus, V. *coccineus*.

coccum, *i*, n., 1. cochenille ; 2. écarlate.

cŏchlĕa, *æ*, f., limaçon, escargot.

cŏchlĕăr et **cŏchlĕāre**, *is*, n., cuiller.

cŏcĭn~, V. *coquin~*.

cŏclēs, *ĭtis*, m., borgne.

Cŏclēs, *ĭtis*, m., Horatius Coclès, héros rom. qui interdit le pont du Tibre aux soldats de Porsenna.

cocta, *æ*, f., décoction.

coctŏr, *ōris*, m., cuisinier.

coctūra, *æ*, f., 1. cuisson ; 2. calcination.

cŏcŭlum, *i*, n., casserole.

cŏcus, V. *coquus*.

Cōcўtĭus, *a, um*, du Cocyte ‖ **Cōcўtos** ou **Cōcўtus**, *i*, m., Cocyte (= où l'on gémit), fl. des Enfers ‖ **Cōcўtus**, *a, um*, du Cocyte.

cŏda, V. *cauda*.

Cōdānus sĭnŭs, m., golfe de Codanus, auj. mer Baltique.

Cōdēta, *æ*, f., Codéta (= champ-aux-prêles), plaine près de Rome.

cōdex, *ĭcis*, m., 1. tronc d'arbre ; fig. homme stupide, bûche ; 2. poteau où l'on attachait les suppliciés ; 3. assemblage de planches ; 4. livre blanc pour écrire (fait à l'origine de fines tablettes de bois), feuilles reliées ensemble ; 5. livre de compte, registre.

cōdĭcillus, *i*, m., **1.** petit tronc ; **2.** petites tablettes pour écrire ; **3.** lettre, billet ; **4.** placet, requête, mémoire ; **5.** décret, ordre signé par l'empereur.

Codrus, *i*, m., Codrus, **1.** dernier roi d'Athènes ; **2.** nom de diff. pers.

Cœla Eubœæ et **Cœla Eubœa**, n. pl. ; **Cœlē Thessalīa, Cœlē Sўrĭa**, f., golfe d'Eubée ; défilé de Thessalie, de Syrie.

cœl~, V. *cæl~*.

cŏēmo, *ĭs, ĕre, cŏēmi, cŏemptum*, tr., acheter à la fois, en grande quantité, accaparer.

cŏemptĭo, *ōnis*, f., coemption, spéc. mariage par coemption ou achat fictif.

cŏemptĭōnālis, *e*, adj., qui se vend en bloc, de peu de valeur.

cœna~, V. *cena~*.

cœnŏbīta, *æ*, m., cénobite, moine.

cœnŏbĭum, *ĭi*, n., cloître, couvent.

cŏĕo, *ĭs, īre, īvi (ĭi), ĭtum*, intr. et tr., **1.** aller ensemble, s'assembler, se réunir ; tr., *~ societatem* : former une société, conclure une alliance ; **2.** s'unir, s'accoupler ; **3.** faire corps, se figer, se fermer, *coit sanguis* : le sang se glace ; **4.** s'allier, aller ensemble, *~ adversus rempublicam* : conspirer contre l'État, *virtus et summa potestas non coeunt* : la vertu et le pouvoir suprême ne vont pas ensemble, Luc.

cœpi, V. *cœpio*.

cœpĭo, *cœpĕre*, formes inus. à l'époque class. ; *cœpi, isti, isse, cœptum*, commencer (avoir commencé) à, se mettre à + acc. ou inf., *cœpit orationem* : il commença un discours, *cœpit dicere* : il commença à parler ; avec inf. passif : *lapides jaci cœpti sunt* : on commença à jeter des pierres, *consuli cœpti sumus* : on s'est mis à nous consulter ; part. pf., *cœptus, a, um*, commencé, entrepris, *bellum cœptum* : la guerre entreprise ; subst. n. pl., *cœpta, orum*, entreprises, desseins, *temere cœpta* : les entreprises hasardeuses ; intr., *ubi dies cœpit* : dès que le jour parut.

cœpto, *ās, āre*, tr. et intr., commencer avec ardeur à, se mettre avec empressement à ; commencer, débuter.

cœptum, *i*, n., entreprise, projet (avec commencement d'exécution).

cœptŭs, *ūs*, m., début d'une entreprise.

cŏĕpūlōnus, *i*, m., compagnon de table.

cŏĕpŭlor, *āris, āri*, intr., être compagnon de table.

Cœrănus, *i*, m., Céranus, phil. stoïcien.

cŏercĕo, *ēs, ēre, ercŭi, ercĭtum*, tr., **1.** resserrer, renfermer ; **2.** réprimer, arrêter, réfréner, limiter ; **3.** châtier, punir, corriger, *~ aliquem supplicio* : infliger un supplice à qqn.

cŏercĭtĭo, *ōnis*, f., droit de coercition, de réprimande, de châtiment.

cœrŭlĕus, V. *cæruleus*.

cœtŭs, *ūs*, m., **1.** rencontre, union, assemblage ; **2.** réunion, société, rassemblement, attroupement ; **3.** association, conjuration ; **4.** rencontre hostile, engagement.

Cœus, *i*, m., Céus, un des Titans.

cŏexercĭto, *ās, āre*, tr., exercer ensemble

cofānus, *i*, m., pélican.

cōgĭtābĭlis, *e*, adj., concevable.

cōgĭtātē, adv., avec réflexion.

cōgĭtātĭo, *ōnis*, f., **1.** action de penser e son résultat : pensée, réflexion ; **2.** idée projet, dessein, plan, *aliquem adducere in eam cogitationem ut* + subj. : amener qqr à penser que ; **3.** faculté de penser, capa cité de réflexion, intelligence.

cōgĭtātōrĭum, *ĭi*, n., siège de la pensée.

cōgĭtātum, *i*, n., et **cōgĭtātŭs**, *ūs*, m pensée, idée.

cōgĭto, *ās, āre*, (*co + agito*, cf. *ago*), tr., **1.** re muer, rassembler dans son esprit, d'où songer à, penser à, méditer de, *ad hæc co gita* : réfléchis à cela, *de profectione* songer au départ ; *~ secum, cum animo, ir animo, animo* : agiter intérieurement, se dire en soi-même ; **2.** penser, réfléchir *homo cui vivere est ~* : un homme pour qu vivre, c'est penser ; **3.** avoir des inten tions (bonnes ou mauvaises) à l'égar de.

cognāta, *æ*, f., parente.

cognātĭo, *ōnis*, f., **1.** parenté, lien de sang ; **2.** parenté, ensemble des parents **3.** lien étroit, rapports, affinités.

cognātus, *a, um*, uni par les liens du sang, parent (côté paternel et maternel) de la même famille ; parent, proche, qu a une ressemblance.

cognĭtĭo, *ōnis*, f., **1.** action d'apprendre à connaître, de chercher à connaître **2.** étude, recherche, apprentissage **3.** connaissance, science ; **4.** instructio judiciaire, connaissance d'une affaire enquête ; **5.** action de reconnaître.

cognĭtŏr, *ōris*, m., **1.** celui qui connaî qqn., qui en affirme l'identité, garant ; té moin ; **2.** représentant d'une partie ab sente au procès, défendeur, demandeur arbitre ; **3.** représentant du fisc devan les tribunaux.

cognĭtūra, *æ*, f., office d'agent du fisc.

① **cognĭtus**, *a, um*, part. adj., [*~tior, ~tis simus*], **1.** appris, connu, reconnu ; **2.** exa miné judiciairement.

② **cognĭtŭs**, *ūs*, m., étude, connaissance

cognōmĕn, *ĭnis*, n., **1.** surnom, qui dis tinguait les branches d'une même *gens* ex., *Scipio* pour la *gens Cornelia, Cicero* pour la *gens Tullia* ; **2.** surnom individuel, ex. *Africanus*.

cognōmentum, *i*, V. le préc.

cognōmĭnātus, *a, um*, **1.** surnommé ; **2.** synonyme.

cognōmĭnis, *e*, adj., **1.** qui porte le même nom que, homonyme de + gén. ; **2.** qui porte le nom ou le surnom de + gén.

cognōmĭno, *ās, āre*, tr., surnommer, nommer.

cognoscentĕr, adv., de manière à connaître.

cognoscĭbĭlis, *e*, adj., qui peut être connu.

cognosco, *ĭs, ĕre, cognōvi, cognĭtum*, tr., **1.** chercher à savoir, à connaître, apprendre, étudier, ~ *naturam rerum* : étudier la nature des choses, ~ *aliquid de aliquo* : apprendre qqch. sur qqn., ~ *ab aliquo* : par qqn. ; au pf., savoir, *his rebus cognitis* : ayant appris, sachant ces choses ; **2.** reconnaître, vérifier, examiner ; **3.** étudier une affaire, en connaître, instruire un procès, *Verres cognoscebat, Verres judicabat* : Verrès était instructeur et juge, CIC. ; **4.** mil., faire une reconnaissance ; **5.** avoir une relation illégitime avec qqn.

cōgo, *ĭs, ĕre, cŏēgi, cŏactum*, (*co + ago*), tr., **1.** pousser, faire aller, faire entrer ensemble, en même temps, rassembler, réunir, ~ *multitudinem hominum* : rassembler une foule d'hommes, spéc., ~ *senatum* : convoquer le sénat, ~ *pecuniam* : faire rentrer, encaisser de l'argent ; **2.** pousser à, forcer, contraindre, ~ *aliquem facere, ut faciat, ad faciendum* : forcer qqn. à faire ; **3.** pousser devant soi, ~ *agmen* : fermer la marche ; **4.** conclure ; **5.** resserrer, restreindre, ~ *potestatem in spatium anni* : réduire le pouvoir à une durée d'un an, ~ *iram ad salutarem modum* : ramener la colère à des proportions salutaires.

cŏhăbĭtătĭo, *ōnis*, f., cohabitation.

cŏhăbĭtātŏr, *ōris*, m., qui habite avec.

cŏhăbĭtātrix, *īcis*, f. du préc.

cŏhăbĭto, *ās, āre*, intr., habiter avec.

cŏhærentĭa, *æ*, f., union étroite, liaison, cohérence.

cŏhærĕo, *ēs, ēre, hæsi, hæsum*, intr., **1.** tenir ensemble, être attaché ensemble, former un tout, se maintenir, se soutenir, (pr. et fig.) ; **2.** être composé, constitué de ; **3.** s'adapter à, cadrer avec, être cohérent, s'accorder.

cŏhærēs, V. coheres.

cŏhæresco, *ĭs, ĕre*, intr., s'attacher ensemble.

cŏhæsum, cŏhæsus, V. cohæreo.

cŏhercĕo, V. coerceo.

cŏhērēs, *ēdis*, m. et f., cohéritier, cohéritière.

cŏhĭbĕo, *ēs, ēre, hĭbŭi, hĭbĭtum*, (*co + habeo*), tr., **1.** tenir ensemble, contenir, renfermer ; **2.** retenir, maîtriser, arrêter, empêcher, ~ *ventos in antris* : tenir les vents enfermés dans leurs antres, ~ *iracundiam* : réprimer sa colère, ~ *assensionem* : suspendre son assentiment ; **3.** maintenir sous son pouvoir, régir, ~ *provincias* : gouverner les provinces.

cŏhĭbĭlĭtĕr, adv., de façon resserrée, concise.

cŏhĭbĭtĭo, *ōnis*, f., action de maîtriser.

cŏhĭbĭtus, *a, um*, part. adj., [~*tior*], **1.** retenu, contenu, maîtrisé ; **2.** concis.

cŏhŏnesto, *ās, āre*, tr., donner de l'honneur à, rehausser, embellir, orner.

cŏhorresco, *ĭs, ĕre*, intr., commencer à être secoué de frissons.

cŏhors (arch. **cors**), *cŏhortis*, (cf. *hortus*), f., **1.** enclos, parc ; **2.** troupe d'hommes ou d'animaux contenue dans un espace ; **3.** cohorte, 10e partie de la légion ; spéc., *cohortes* : les troupes alliées (non réunies en légions) ; ~ *prætoria* : la cohorte prétorienne, garde du général en chef ; *cohortes prætoriæ* : les cohortes prétoriennes, garde de l'empereur, troupes d'élite ; **4.** escorte, cortège, suite.

cŏhortātĭo, *ōnis*, f., exhortation, encouragement, harangue.

cŏhortātĭuncŭla, *æ*, f., petite exhortation.

cŏhortĭcŭla, *æ*, f., petite cohorte, petite troupe.

cŏhortor, *āris, āri*, tr., exhorter vivement, encourager, *ut, ne* + subj., à, à ne pas.

cŏhūmĭdo, *ās, āre*, tr., mouiller entièrement.

coib~, coic~, V. cohib~, conjic~.

cŏinquĭnābĭlis, *e*, adj., qui peut souiller.

cŏinquĭno, *ās, āre*, tr., souiller entièrement.

cŏïtĭo, *ōnis*, f., **1.** rencontre, combat ; **2.** coalition, complot ; **3.** accouplement.

cŏïtŭs, *ūs*, m., **1.** réunion, rapprochement ; **2.** mariage, union ; accouplement.

cŏlăphĭzātŏr, *ōris*, m., celui qui donne un coup de poing.

cŏlăphizo, *ās, āre*, tr., donner un coup de poing à.

cŏlăphus, *i*, m., coup de poing (mot grec).

cōlātus, *a, um*, part. adj., [~*tior*], filtré, tamisé ; clair.

Cŏlax, ācis, m., « Le Flatteur » (mot grec), comédie de Ménandre, imitée par Nævius et Plaute.

Colchi, ōrum, m. pl., Colchidiens ‖ **Colchĭăcus** et **Colchĭcus**, a, um, de Colchide ‖ **Colchis**, ĭdis, f., la Colchide, région d'Asie Mineure, patrie de Médée ‖ **Colchis**, ĭdis, adj. f., de Colchide ‖ **Colchus**, a, um, de Colchide, de Médée ; magique ‖ **Colchus**, i, m., Colchidien.

cŏlens, entis, part. adj., qui honore, respecte.

cōlesco, V. coalesco.

cōlĕus, i, m., testicule, V. aussi culleus.

collābasco, ĭs, ĕre, intr., menacer ruine.

collăbĕfacto, ās, āre, tr., ébranler complètement.

collăbĕfīo, fīs, fĭĕri, 1. être ébranlé, tomber en ruine, en pièces ; 2. se dissoudre.

collābor, ĕris, i, lapsus sum, intr., tomber, glisser d'un seul coup, s'écrouler, s'effondrer, s'abattre.

collăbōro, ās, āre, intr., travailler avec.

Collābus, i, m., Collabus, nom d'un pers. de comédie.

collăcĕrātus, a, um, dilacéré, mis en pièces.

collăcrĭmātĭo, ōnis, f., action de fondre en larmes.

collăcrĭmo, ās, āre, 1. intr., pleurer ensemble ; 2. tr., déplorer, pleurer sur.

collætor, āris, āri, intr., se réjouir ensemble.

collāre, is, n., carcan ; collier.

Collātĭa, æ, f., Collatie, v. de Sabine.

collātīcĭus, a, um, à frais communs, d'emprunt.

Collātīna dĕa, æ, f., Collatina, déesse des collines et des vallées.

Collātīni, ōrum, m. pl., les hab. de Collatie ‖ **Collātīnus**, a, um, de Collatie ‖ **Collātīnus**, i, m., Tarquin Collatin, mari de Lucrèce.

collātĭo, ōnis, f., 1. action d'apporter au même endroit, réunion, ~ signorum : confrontation des enseignes militaires = engagement, combat ; 2. contribution, collecte, cotisation ; 3. rapprochement, comparaison.

collātīvus, a, um, 1. qui peut recevoir beaucoup, de grande capacité ; 2. mis en commun.

collātor, ōris, m., 1. celui qui contribue, cotisant, souscripteur ; 2. celui qui compare.

collātro, ās, āre, tr., aboyer à, contre.

collātus, V. confero.

collaudābĭlis, e, adj., digne de louanges.

collaudātĭo, ōnis, f., action de louer, panégyrique.

collaudātŏr, ōris, m., panégyriste.

collaudo, ās, āre, tr., 1. combler de louanges ; 2. louer ensemble.

collaxo, ās, āre, tr., élargir, dilater.

collecta, æ, f., 1. contribution, collecte, écot ; 2. quête ; 3. réunion.

collectānĕus, a, um, recueilli, rassemblé.

collectīcĭus, a, um, ramassé de tous côtés.

collectĭo, ōnis, f., 1. action de rassembler, recueillir ; 2. récapitulation ; 3. conclusion, conséquence ; 4. amas d'humeur, abcès.

collectīvus, a, um, rassemblé, recueilli.

collectŏr, ōris, m., compagnon d'études.

collectus, a, um, part. adj., [~tior], 1. ramassé, recueilli ; 2. réduit, concis.

collēga, æ, m., collègue = qui fait partie d'un même collège de magistrats ; collègue, compagnon, camarade, associé, confrère (diff. activités ou états).

collēgĭālis, e, et **collēgĭārĭus**, a, um, d'un collège, d'une association, d'une communauté.

collēgĭum, ĭi, n., 1. collège, association, communauté, réunion de pers. qui ont mêmes charges, activités ou états ; 2. état de ces pers.

collībertus, i, m., affranchi d'un même maître, affranchi en même temps, avec.

collĭbet (**collŭbet**), lĭbŭit et lĭbĭtum est, impers., il plaît, il prend fantaisie.

collĭcĭo, ĭs, ĕre, tr., séduire, amener à.

collĭcrĕpĭda, æ, m., qui a le cou sonore (du collier de fer des esclaves), PL.

collĭcŭlus, i, m., monticule, tertre.

collīdo, ĭs, ĕre, līsi, līsum, tr., 1. heurter, frapper contre, entrer en collision avec (pr. et fig.) ; 2. briser, fracasser.

collĭgātē, adv., [~tius], avec enchaînement, étroitement.

collĭgātĭo, ōnis, f., enchaînement, liaison.

① **collĭgo**, ās, āre, (cf. ligo), tr., 1. lier ensemble, attacher, enchaîner ; 2. réunir, rassembler ; 3. entraver, enchaîner.

② **collĭgo**, ĭs, ĕre, lēgi, lectum, (cf. lego ②), tr., 1. recueillir, rassembler, réunir, ~ fructus, flores : cueillir, ramasser des fruits, des fleurs ; ~ facete dicta : faire un recueil de bons mots ; ~ milites : lever des soldats ; ~ reliquos ex fuga : rallier les restes d'une armée en fuite ; 2. ramasser, replier, serrer, contracter, se colligit in sua arma : il se tient ramassé sous ses armes, collige togam : retrousse ta toge ; 3. se ~ : reprendre ses esprits, se remettre ; 4. ramasser, concentrer, acquérir (souv. en mauvaise part), ~ odium exercitus : s'attirer la haine de l'armée ; ~ frigus : attraper froid ; **5.** recueillir dans son esprit, passer en revue ; **6.** conclure, inférer, *ita ratione ~ ut* + subj. : conclure logiquement que ; **7.** comprendre, contenir ; embrasser (quantité, nombre) ; **8.** retenir, contenir, *~ iram* : contenir sa colère.

Collīna porta, *æ*, f., la porte Colline, au N.-E. de Rome.

collīnĕo, *ās, āre*, **1.** tr., diriger en droite ligne vers ; **2.** intr., viser juste.

collĭno, *ĭs, ĕre, lēvi, lĭtum*, tr., **1.** oindre, enduire de ; **2.** souiller, salir.

Collīnus, *a, um*, de la porte Colline (quartier de Rome).

ollĭquĕfīo, *fīs, fĭĕri*, intr., se liquéfier.

ollĭquesco, *ĭs, ĕre*, intr., commencer à fondre.

ollis, *is*, m., colline, coteau, hauteur.

① **collīsus**, *a, um*, V. *collido*.

② **collīsŭs**, *ūs*, m., choc, rencontre brutale.

ollŏcātĭo, *ōnis*, f., placement, disposition, arrangement ; fig., établissement (d'une fille à marier).

ollŏco, *ās, āre*, tr., placer, **1.** disposer, établir, installer ; **2.** spéc., établir, marier (une fille) ; **3.** placer (de l'argent), faire valoir, employer, *~ pecuniam nominibus* : placer de l'argent à intérêt, *~ rem familiarem* : faire valoir son patrimoine ; *~ adulescentiam in voluptatibus* : consacrer sa jeunesse aux plaisirs, *~ omne studium in doctrinā* : employer tous ses soins à l'étude ; **4.** organiser, arranger, disposer (État, cérémonie, phrase, etc.).

ollŏcŭplēto, *ās, āre*, tr., enrichir.

ollŏcūtĭo, *ōnis*, f., entretien, pourparlers.

ollŏquĭum, *ĭi*, n., entretien, entrevue, rencontre, pourparlers, conférence, colloque.

ollŏquor, *ĕris, i, lŏcūtus sum*, intr., s'entretenir avec, avoir une entrevue, conférer ; causer avec.

ollūcĕo, *ēs, ēre*, intr., briller de tous ses feux, resplendir ; fig., être d'une évidence éclatante.

olluctātĭo, *ōnis*, f., lutte, combat.

olluctor, *āris, āri*, intr., lutter avec, contre.

ollūdo, *ĭs, ĕre, lūsi, lūsum*, intr., **1.** jouer avec ; **2.** être d'intelligence avec qqn. pour tromper un tiers.

ollum, *i*, n., **1.** cou, échine, épaules, *~ torquere* : prendre qqn. par le cou pour le traîner en justice ; **2.** col, goulot ; tige.

ollūmĭno, *ās, āre*, tr., éclairer de tous côtés.

ollŭo, *ĭs, ĕre, lŭi, lūtum*, tr., laver complètement, nettoyer, arroser.

ollurcĭnātĭo, *ōnis*, f., ripaille, orgie.

collus, *i*, m., V. *collum*.

collūsĭo, *ōnis*, f., collusion, entente secrète et frauduleuse.

collūsŏr, *ōris*, m., compagnon de jeu, partenaire.

collustro, *ās, āre*, tr., **1.** éclairer de tous côtés, répandre sa lumière sur ; **2.** porter ses regards sur, examiner complètement, observer.

collŭtŭlento, *ās, āre*, tr., couvrir de boue, PL.

collŭvĭēs, *ēi*, f., mélange liquide impur, bourbier ; confusion.

collŭvĭo, *ōnis*, f., mélange impur, immondices, bourbier.

collўbus, *i*, m., **1.** agio, taxe sur le change ; **2.** change.

collӯra, *æ*, f., pain trempé dans la soupe.

collӯrĭcus, *a, um*, fait avec de la *collyra*, V. ce mot.

collӯrĭum, *ĭi*, n., collyre.

① **cŏlo**, *ās, āre*, tr., filtrer ; passer, épurer.

② **cŏlo**, *ĭs, ĕre, cŏlŭi, cultum*, tr., **1.** cultiver, *~ agrum* : cultiver un champ ; abs., être cultivateur ; **2.** tr. et intr., habiter, *~ urbem* : habiter une ville, *colentes* : les habitants ; **3.** s'attacher à, s'occuper de, s'intéresser à, pratiquer, *~ virtutem* : pratiquer la vertu ; *~ servitutem* : être esclave ; *~ vitam* : vivre ; **4.** prendre soin de, honorer, cultiver, avoir un culte pour, *~ deos* : honorer les dieux ; **5.** chérir, aimer ; **6.** parer, soigner, orner, *~ corpus* : soigner son corps.

cŏlŏcāsĭum, *ĭi*, n., colocasie, plante d'Égypte.

cŏlŏn, V. *colum* ②.

cŏlōna, *æ*, f. de *colonus*, V. ce mot.

Cŏlōnæ, *ārum*, f. pl., Colones, v. de Troade ‖ **Cŏlōnēus Œdĭpus**, « Œdipe à Colone », tragédie de Sophocle.

cŏlōnĭa, *æ*, f., **1.** exploitation agricole ; **2.** demeure, habitation ; **3.** colonie, établissement en pays étranger ; les colons eux-mêmes.

cŏlōnĭcus, *a, um*, de colonie.

cŏlōnus, *i*, m., **1.** cultivateur ; **2.** habitant d'une colonie, colon ; **3.** habitant.

Cŏlŏphōn, *ōnis*, f., Colophon, v. d'Ionie ‖ **Cŏlŏphōnĭi**, *ōrum*, m. pl., les hab. de Colophon ‖ **Cŏlŏphōnĭus**, *a, um*, de Colophon.

cŏlŏr, *ōris*, m., **1.** couleur ; **2.** couleur du visage, teint, éclat du teint ; **3.** état, condition, circonstances extérieures ; espèce, genre ; **4.** ton, nuances, coloris (style) ; **5.** dehors avantageux, éclat ; **6.** couleur trompeuse, prétexte.

cŏlōrātē, adv., d'une façon spécieuse.

cŏlōrātus, *a, um*, part. adj., **1.** coloré, peint ; **2.** de couleur, bronzé, bruni ; **3.** fardé.

cŏlōro, *ās, āre*, tr., **1.** colorer, teindre ; **2.** brunir, bronzer ; **3.** colorer, farder, déguiser ; **4.** donner un coloris.

Cŏlossæ, *ārum*, f. pl., Colosses, v. de Phrygie ‖ **Cŏlossenses**, *ĭum*, m. pl., les Colossiens.

Cŏlossērōs, *ōtis*, m., Éros Colosse, surnom d'un pers. de grande beauté sous Caligula, SUÉT.

cŏlossēus (**cŏlossæus**) *a, um*, colossal.

cŏlossus *i*, m., statue colossale, colosse.

cŏlostrum, *i*, n., premier lait après l'accouchement ; t. d'affection, PL.

cŏlŭbra, *æ*, f., couleuvre femelle ; pl., serpents agités par les Furies.

cŏlŭbrĭfĕr, *fĕra, fĕrum*, qui porte des serpents (Méduse).

cŏlŭbrīnus et **cŏlŭbrōsus**, *a, um*, de couleuvre, de serpent.

① **cōlum**, *i*, n., passoire, filtre ; nasse.

② **cōlum** et **cōlon**, *i*, n., **1.** côlon, partie de l'intestin ; **2.** partie d'un vers ou d'une strophe.

cŏlumba, *æ*, f., pigeon, colombe ; terme d'affection.

cŏlumbăr, *āris*, n., carcan.

cŏlumbārĭum, *ĭi*, n., **1.** pigeonnier ; **2.** niche pour les urnes funéraires.

cŏlumbīnus, *a, um*, de pigeon, de colombe.

cŏlumbor, *āris, āri*, intr., se becqueter comme les pigeons.

cŏlumbus, *i*, m., pigeon mâle, tourtereau.

cŏlŭmella, *æ*, f., petite colonne, petit pilier ; fig., appui solide.

Cŏlŭmella, *æ*, m., Columelle, auteur d'ouvrages sur l'agriculture (1er s. ap. J.-C.).

cŏlŭmĕn, *ĭnis*, n., **1.** cime, faîte, sommet (pr. et fig.) ; **2.** colonne ; fig., soutien.

cŏlumna, *æ*, f., **1.** colonne, pilier ; fig., pilier, soutien ; **2.** tout objet semblable à une colonne (de feu, de nuées) ; **3.** *columnæ Protei* : les colonnes de Protée (Égypte) ; **4.** sommet, faîte, voûte céleste.

cŏlumnārĭi, *ōrum*, m. pl., vauriens (qui étaient souvent amenés à la *Columna Mænia* où on les jugeait et châtiait).

cŏlumnārĭum, *ĭi*, n., impôt sur les colonnes.

cŏlumnātĭo, *ōnis*, f., action de soutenir par des colonnes.

cŏlumnātus, *a, um*, soutenu par une colonne.

cŏlumnĭfĕr, *fĕra, fĕrum*, qui forme un colonne.

cŏlurnus, *a, um*, de coudrier.

cŏlŭs, *ūs*, m. et f., et **cŏlus**, *i*, f., quenouille

cŏlūtĕa, *ōrum*, n. pl., fruits du baguenau dier, PL.

cŏlymbus, *i*, m., lavoir ; piscine.

cŏlўphĭa, *ōrum*, n. pl., boulettes d viande (nourriture pour les athlètes).

com (arch.), V. *cum*.

cŏma, *æ*, f., **1.** chevelure ; **2.** poil, laine toison, duvet, panache ; **3.** chevelur d'une comète, rayons du soleil.

Cōmāgēn~, V. *Commagen~*.

cŏmans, *antis*, part. adj., **1.** qui a une che velure ; chevelu ; **2.** couvert de feuillage

cōmarchus, *i*, m., maire de village, PL.

cŏmātōrĭus, *a, um*, qui concerne la che velure.

cŏmātus, *a, um*, **1.** chevelu ; *Gallia c mata* : la Gaule chevelue ; **2.** feuillu épais, touffu.

① **combĭbo**, *ĭs, ĕre, bĭbi*, **1.** intr., boire e société ; **2.** tr., boire, absorber entière ment, imbiber, faire pénétrer.

② **combĭbo**, *ōnis*, m., compagnon d bouteille.

combīno, *ās, āre*, tr., unir deux choses.

Combultĕrĭa, *æ*, f., Combultéria, v. d Campanie.

combūro, *ĭs, ĕre, ussi, ustum*, tr., brûle entièrement ; fig., gaspiller, ruiner.

combustĭo, *ōnis*, et **combustūra**, *æ*, combustion.

Cōmē, *ēs*, f., Comé, nom de diff. localité

① **cŏmĕdo**, *ĭs, ĕre, ēdi, ēsum, essum* ou e *tum*, tr., manger complètement, avale dévorer (pr. et fig.).

② **cŏmĕdo**, *ōnis*, m., mangeur, dissip teur.

Cōmensis, *e*, adj. et subst., hab. d Côme.

cŏmĕs, *ĭtis*, m. et f., **1.** compagnon, con pagne ; associé, associée, *~ alicujus, a cui* : compagnon de qqn. ; **2.** qui accon pagne, escorte ; **3.** client, partisan, disc ple.

cŏmĕsā~, V. *comissa~*.

cŏmestūra, *æ*, f., consommation.

cŏmēta et **cŏmētēs**, *æ*, f., comète.

cŏmĭcē, adv., comiquement.

cŏmĭcus, *a, um*, de comédie ; subst. m *comicus*, *i*, comédien ; auteur comique.

Cōmĭnĭus, *ĭi*, m., Cominius, nom d'h.

cōmĭnŭs, V. *comminus*.

cōmis, *e*, adj., [*~mior, ~missimus*], dou affable, sociable, bienveillant, compla sant, prévenant, obligeant, engagean pour les choses : élégant, délicat, joli.

cōmissābundus, *a, um*, qui participe à un repas de fête, à une beuverie.

cōmissātĭo, *ōnis*, f., partie de plaisir, festin ; dernière partie d'un banquet, beuverie.

cōmissātŏr, *ōris*, m., qui participe à une partie de plaisir, convive d'un festin ; fig., complice.

cōmissor, *āris, āri*, intr., faire la fête à table ou, après le festin, dans la rue.

cōmĭtas, *ātis*, f., 1. douceur, affabilité, bienveillance, obligeance ; 2. libéralité.

cōmĭtātŭs, *ūs*, m., 1. accompagnement ; 2. foule qui accompagne, escorte, cortège, train ; 3. entourage impérial, cour ; 4. convoi.

cōmĭtĕr, adv., [*~tissime*], avec douceur, affabilité, prévenance, obligeance, libéralité.

cōmĭtĭa, V. *comitium*.

cōmĭtĭālis, *e*, adj., relatif aux comices, *comitiales dies* : jours où l'on peut tenir les comices, jours fastes ; *~ morbus* : mal comitial, épilepsie (qui suspend la tenue des comices).

cōmĭtĭātŭs, *ūs*, m., assemblée par comices.

cōmĭtĭum, *ĭi*, n.,

◀ 1. comitium, endroit du Forum où l'on réunissait les comices ; 2. lieu d'assemblée du peuple ; 3. supplice (subi sur le comitium).

◀ au pl., *comitia, orum*, et f. pl., *comitiæ, arum*, comices, assemblées du peuple, *~ curiata, centuriata, tributa* : comices curiates, centuriates, tributes, *~ habere, gerere* : tenir les comices, *~ creandis consulibus* : comices réunis pour élire les consuls ; ext., assemblée.

cōmĭto, *ās, āre*, et surt. **cōmĭtor**, *āris, āri*, tr. et intr., 1. accompagner, suivre, escorter ; 2. fig., être lié à + dat. ; qqf. sens passif.

comma, *ătis*, n., rhét., partie d'une période.

commācĕrātĭo, *ōnis*, f., maigreur généralisée.

commācĕro, *ās, āre*, tr., épuiser de maigreur.

commăcŭlātĭo, *ōnis*, f., action de souiller complètement.

commăcŭlo, *ās, āre*, tr., souiller complètement.

commădĕo, *ēs, ēre*, intr., être tout trempé.

Commāgēna, *æ*, f., Commagène, région de Syrie ‖ **Commāgēnus**, *a, um*, de Commagène.

commandūcor, *āris, āri*, tr., dévorer.

commănĕo, *ēs, ēre*, intr., se fixer, demeurer toujours.

commănĭpŭlāris, *e*, adj., du même manipule.

commărītus, *i*, m., qui a la même femme.

commartўr, *ўris*, m., chr., compagnon de martyre.

commascŭlo, *ās, āre*, tr., rendre fort, viril.

commātĭcē, adv., en phrases courtes.

commātĭcus, *a, um*, coupé, haché (style).

commĕātŏr, *ōris*, m., messager (Mercure).

commĕātŭs, *ūs*, m., 1. passage dans un sens ou dans un autre, action d'aller et de venir, circulation ; 2. congé ; 3. transport, convoi ; convoi de marchandises, approvisionnements ; mil., train des équipages.

commēdĭtor, *āris, āri*, tr., tenter de reproduire.

commembrum, *i*, n., membre d'un même corps.

commĕmĭni, *isti, isse*, tr. et intr., se ressouvenir, se rappeler.

commĕmŏrābĭlis, *e*, adj., mémorable.

commĕmŏrātĭo, *ōnis*, f., action de rappeler à son souvenir, commémoration ; souvenir, mémoire.

commĕmŏro, *ās, āre*, 1. tr., (se) remettre en mémoire, (se) rappeler ; 2. intr., faire mention, faire mémoire.

commendābĭlis, *e*, adj., recommandable.

commendātīcĭus, *a, um*, de recommandation.

commendātĭo, *ōnis*, f., action de recommander, recommandation, titre de recommandation.

commendātŏr, *ōris*, m., celui qui recommande.

commendātrix, *īcis*, f., celle qui recommande.

commendātus, *a, um*, part. adj., [*~tior, ~tissimus*], 1. confié, mis en dépôt ; 2. recommandé, estimé.

commendo, *ās, āre*, tr., 1. confier, recommander, commettre ; 2. recommander, *~ aliquem, aliquid alicui magno opere* : recommander vivement qqn., qqch. à qqn. ; 3. recommander, faire valoir.

commentārĭŏlum, *i*, n., et **commentārĭŏlus**, *i*, m., petit cahier de notes, petit mémoire.

commentārĭum, *ĭi*, n., et **commentārĭus**, *ĭi*, m., 1. carnet, recueil de notes, livre-journal, aide-mémoire ; spéc., *Commentarii Cæsaris* : « Les Commentaires de César » ; 2. archives ; registres ; procès-verbaux ; formulaire ; 3. notes de cours.

commentātĭo, ōnis, f., examen approfondi, méditation, préparation soigneuse et réfléchie.

commentātŏr, ōris, m., celui qui a imaginé.

commentīcĭus, a, um, 1. inventé, imaginé ; 2. fictif ; 3. faux, mensonger.

commentĭor, īris, īri, mentītus sum, tr., feindre, simuler, se donner faussement pour.

commento, ās, āre, V. le suiv.

① **commentor**, āris, āri, tr. et intr., 1. réfléchir profondément, méditer ; 2. étudier soigneusement, préparer ; sens passif : commentata oratio : discours travaillé avec soin ; 3. commenter ; 4. imaginer, inventer.

② **commentŏr**, ōris, m., inventeur.

commentum, i, n., invention, imagination ; chimère.

commĕo, ās, āre, intr., aller dans un sens ou dans un autre, d'un endroit à l'autre, circuler, passer, voyager ; venir souvent, fréquenter.

commercĭālis, e, adj., de commerce.

commercĭum, ĭi, n., 1. échange de marchandises, commerce, trafic ; droit de vendre ou d'acheter ; objets de commerce, articles ; lieu de commerce ; 2. commerce, relations habituelles, liens ; relations sexuelles.

commercor, āris, āri, tr., acheter en masse.

commĕrĕo, ēs, ēre, mĕrŭi, mĕrĭtum, tr., 1. mériter ; 2. se rendre coupable de.

commĕrĕor, ēris, ēri, V. le préc.

commers, Pl., V. commercium.

commētĭor, īris, īri, mensus sum, tr., 1. arpenter complètement ; 2. comparer, confronter.

commēto, ās, āre, tr., mesurer (avec les poings) = rouer de coups, Pl.

commīgrātĭo, ōnis, f., passage d'un lieu à un autre.

commīgro, ās, āre, intr., passer d'un lieu dans un autre.

commīlĭtĭum, ĭi, n., service sous les mêmes drapeaux, fraternité d'armes ; fig., compagnonnage d'études, de goûts.

① **commīlĭto**, ās, āre, intr., être compagnon d'armes.

② **commīlĭto**, ōnis, m., frère d'armes, compagnon d'armes.

commĭnābundus, a, um, plein de graves menaces.

commĭnātĭo, ōnis, f., démonstration menaçante, intimidation.

commĭnātīvus, a, um, menaçant.

commĭnātŏr, ōris, m., celui qui menace.

commingo, ĭs, ĕre, minxi, mictum ou minctum, tr., inonder, souiller d'urine, compisser.

commĭnisco, ĭs, ĕre, et **commĭniscor**, ĕris, i, commentus sum, tr., inventer, imaginer, forger ; part. pf., commentus, a, um : feint, imaginaire.

commĭno, ās, āre, tr., mener ensemble (des troupeaux).

commĭnor, āris, āri, 1. intr., faire de violentes menaces ; 2. tr., ~ carcerem alicui : menacer qqn. de prison.

commĭnŭo, ĭs, ĕre, mĭnŭi, mĭnūtum, tr., 1. mettre en petits morceaux, briser, broyer ; 2. diminuer, amoindrir, affaiblir considérablement, épuiser ; 3. ruiner, re familiari comminutum esse : avoir perdu tout son patrimoine.

commĭnūs, (cf. manus), adv., 1. sous la main, de tout près, ~ pugnare : combattre corps à corps, ~ manus conserere : en venir aux mains ; 2. tout droit, directement.

commiscĕo, ēs, ēre, miscŭi, mixtum, tr., 1. mélanger, mêler avec, confondre ; 2. unir charnellement ; 3. concerter.

commiscĭbĭlis, e, adj., qu'on peut mêler.

commĭsĕrātĭo, ōnis, f., action d'exciter la pitié, rhét., d'émouvoir.

commĭsĕresco, ĭs, ĕre, intr., qqf. im pers., avoir pitié.

① **commĭsĕro**, ās, āre, et **commĭsĕror**, āris, āri, tr., plaindre, déplorer ; exciter la pitié.

② **commĭsĕro**, ōnis, m., compagnon d'infortune.

commissĭo, ōnis, f., 1. action de mettre en contact, de joindre, d'unir ; 2. action de mettre en présence des concurrents, ouverture des jeux publics ; concours public.

commissum, i, n., 1. entreprise ; 2. acte commis, faute, crime ; 3. chose confiée, secret, dépôt ; 4. bien confisqué.

commissūra, æ, f., 1. assemblage, jointure, point de jonction, commissure ; 2. enchaînement, liaison des mots, des idées.

commītĭgo, ās, āre, tr., amollir par des coups, Tér.

committo, ĭs, ĕre, mīsi, missum, tr.,

I 1. mettre ensemble, unir, assembler (pr. et fig.) ; 2. mettre aux prises, faire lutter ; 3. engager, commencer, inaugurer, ~ prælium : engager le combat, ~ ludos, spectaculum : ouvrir, inaugurer des jeux, un spectacle ; 4. comparer.

II 1. commettre, se rendre coupable de, ~ scelus : commettre un crime ; abs transgresser une loi ; 2. s'exposer à, faire en sorte que, *non committam ut* + subj. : je ne m'exposerai pas à ce que ; **3.** encourir (une amende, un châtiment).

II 1. confier, commettre, abandonner, *se ~ fidei, in fidem alicujus* : s'abandonner à la discrétion de qqn., *senatus ei commisit ut/ne* + subj. ; le sénat s'en reposa sur lui du soin de/de ne pas ; **2.** se confier, se risquer, *se ~ in senatum, se ~ populo* : oser se présenter au sénat, devant le peuple.

'ommixtĭo, *ōnis*, f., mélange.

'ommixtrix, *īcis*, f., celle qui mélange, mêle.

'ommŏdātĭo, *ōnis*, f., action de prêter.

'ommŏdē, adv., [*~dius, ~dissime*], **1.** conformément aux circonstances, convenablement, de façon appropriée, bien ; **2.** obligeamment, complaisamment ; **3.** commodément, à l'aise.

'ommŏdĭtās, *ātis*, f., **1.** juste mesure, proportion, convenance ; propriété, justesse (des termes) ; **2.** utilité, avantage, intérêt, profit ; **3.** opportunité ; **4.** t. d'affection, « mon bonheur », PL.

'ommŏdo, *ās, āre*, tr. et intr., **1.** disposer convenablement, adapter, appliquer ; **2.** se mettre à la disposition de, rendre service, être utile à, obliger, *alicui tuā causā commodas* : tu obliges qqn. dans ton propre intérêt ; **3.** prêter un objet (qui sera rendu en nature, opp. à *mutuum dare* dont seul l'équivalent est à rendre) ; *~ aurem* : prêter l'oreille.

'ommŏdŭlē (~lum), adv., plutôt convenablement.

Ⓓ **commŏdum**, *i*, n., **1.** commodité, convenance, *commodo meo* : à ma convenance ; **2.** avantage, utilité, profit, intérêt, *sui commodi causā* : en vue de son intérêt personnel ; qqf. les biens ; **3.** récompense ; **4.** prêt, chose prêtée.

Ⓔ **commŏdum**, adv., à propos, à point nommé, justement, précisément.

'ommŏdus, *a, um*, [*~dior, ~dissimus*], **1.** qui a la juste mesure, entier, complet, en bon état ; **2.** commode, convenable, approprié ; heureux, favorable, avantageux ; **3.** bon, accommodant, aimable, prévenant, obligeant.

'ommœnĭo, V. *communio* ①.

Commŏlenda, *æ*, f., déesse qui présidait au tronçonnage d'un arbre frappé par la foudre.

'ommŏlĭor, *īris, īri*, tr., mettre en mouvement.

'ommŏnĕfăcĭo, *īs, ĕre, fēci, factum*, tr., faire vivement ressouvenir.

'ommŏnĕfīo, passif du préc.

'ommŏnĕo, *ēs, ēre, mŏnŭi, mŏnĭtum*, tr., faire souvenir, rappeler ; avertir.

commŏnĭtĭo, *ōnis*, f., action de rappeler, rappel.

commŏnĭtŏr, *ōris*, m., celui qui rappelle.

commŏnĭtōrĭŏlum, *i*, n., petite instruction.

commŏnĭtōrĭum, *īi*, n., instruction.

commonstro, *ās, āre*, tr., montrer, indiquer.

commŏrātĭo, *ōnis*, f., séjour, arrêt durable.

commordĕo, *ēs, ēre*, tr., mordre de toutes ses forces.

commŏrĭor, *ĕris, i, mortuus sum*, intr., mourir avec.

commŏro, *ās, āre*, et **commŏror**, *āris, āri*, intr. et tr., **1.** s'attarder, demeurer, séjourner ; **2.** insister ; **3.** retarder, arrêter.

commorsĭco (~ĭto), *ās, āre*, tr., déchirer par des morsures.

commōtĭo, *ōnis*, f., ébranlement, secousse, émotion.

commōtĭuncŭla, *æ*, f., petite émotion.

commōtĭus, adv., avec trop de vivacité.

commōtŏr, *ōris*, m., celui qui met en mouvement.

commōtus, *a, um*, part. adj., [*~tior*], **1.** mis en mouvement, ébranlé ; secoué ; **2.** chancelant, peu sûr, instable ; **3.** profondément agité, troublé, ému.

commŏvens, *entis*, part. adj., qui remue, émeut.

commŏvĕo, *ēs, ēre, mōvi, mōtum*, **1.** ébranler, mettre en mouvement, déplacer, *~ hostem* : faire reculer l'ennemi, *non ~ se domo* : ne pas mettre le pied dehors ; **2.** ébranler, agiter, secouer, *~ æquora* : agiter la surface des flots ; émouvoir fortement, *graviter commotus* : profondément troublé ; **3.** exciter vivement, soulever, *~ bellum* : faire éclater la guerre ; *~ memoriam* : réveiller le souvenir.

commulcĕo, *ēs, ēre, mulsi, mulsum*, tr., flatter, caresser.

commulco, *ās, āre*, tr., rosser.

commūne, *is*, adj. subst., n., **1.** ce qui est en commun, bien commun ; **2.** ensemble d'un pays, d'un État ; État, commune, pays ; **3.** loc. adv., *in commune* : en commun ; en général.

commūnĭcābĭlis, *e*, adj., communicable.

commūnĭcātĭo, *ōnis*, f., action de communiquer, de faire part, de faire partager, communication.

commūnĭcātŏr, *ōris*, m., **1.** celui qui communique ; **2.** celui qui participe à.

commūnĭcātōrĭus, *a, um*, qui communique, nique.

commūnǐcātǔs, *ūs*, m., participation.
commūnǐco, *ās*, *āre*, tr., **1.** rendre commun, mettre en commun ; **2.** communiquer, faire part de, associer, *~ furta cum quæstore* : partager ses vols avec le questeur, *~ omnia unā cum aliquo* : informer qqn. de tout ; prendre sa part de, *labores ~ cum aliquo* : partager les épreuves de qqn. ; **3.** se mettre, être en relation avec ; **4.** rendre commun, avilir.
commūnǐcor, *āris*, *āri*, V. le préc.
① **commūnǐo**, *īs*, *īre*, tr., fortifier (pr. et fig.).
② **commūnǐo**, *ōnis*, f., **1.** mise en commun, communauté, société, association, participation (pr. et fig.) ; **2.** chr., communion.
commūnǐs, *e*, adj., [*~nior*, *~nissimus*], **1.** commun, qui appartient à plusieurs ou à tous, *~ hominibus infirmitas* : faiblesse commune à tous les hommes, *communia loca* : lieux publics ; **2.** accessible, agréable, facile ; **3.** banal, vulgaire.
commūnǐtas, *ātis*, f., **1.** communauté, condition commune, sort commun ; **2.** sociabilité, affabilité.
commūnǐtěr, adv., **1.** conjointement, en commun ; **2.** communément, en général.
commūnītǐo, *ōnis*, f., action de construire une route.
commurmǔror, *āris*, *āri*, intr., murmurer à part soi.
commūtābǐlǐs, *e*, adj., **1.** changeant, incertain ; **2.** interchangeable.
commūtābǐlǐtās, *ātis*, f., état de ce qui peut être changé.
commūtābǐlǐtěr, adv., d'une manière changeante.
commūtātǐo, *ōnis*, f., **1.** changement, mutation, succession ; **2.** échange.
commūtātǔs, *ūs*, m., changement.
commūto, *ās*, *āre*, tr., **1.** changer complètement, transformer, *~ aliquid ex vero in falsum* : transformer le vrai en faux ; *~ iter* : changer de route ; **2.** échanger, troquer, *~ aliquid (cum) aliquā re* : échanger qqch. contre qqch., *cum aliquo* : avec qqn.
cōmo, *ǐs*, *ěre*, *compsi*, *comptum*, (*co + emo*), tr., **1.** unir, joindre, arranger ensemble ; **2.** arranger (ses cheveux), peigner ; **3.** orner, parer.
cōmœdǐa, *æ*, f., comédie, genre comique.
cōmœdǐcē, adv., selon les règles de la comédie.
cōmœdǐcus, *a*, *um*, comique, de comédie.
cōmœdus, *a*, *um*, V. le préc. ; subst. m., *comœdus, i*, acteur comique, comédien.

cōmōsus, *a*, *um*, pourvu d'une abor dante chevelure.
compǎcǐscor, *ěris*, *i*, *compactus (compectus) sum*, intr., convenir de.
compactǐcǐus, *a*, *um*, convenu.
compactǐo, *ōnis*, f., assemblage, liaison
compactum, *i*, n., convention, traite *compacto*, *ex compacto* : en vertu de conventions.
compāgēs, *is*, f., assemblage, constru tion par imbrication, étroite union ; éd fice ; voûte, arche.
compāgǐno, *ās*, *āre*, tr., assembler, joir dre.
compāgo, *ǐnis*, V. *compages*.
compalpo, *ās*, *āre*, tr., caresser.
compār, *păris*, adj., égal, semblable, p reil ; subst. m. et f., compagnon, cama rade, collègue, conjoint, époux, épouse
compǎrābǐlǐs, *e*, adj., comparable.
compǎrātē, adv., comparativement.
compǎrātǐcǐus, *a*, *um*, comparable.
① **compǎrātǐo**, *ōnis*, f., **1.** position, situa tion respective ; **2.** comparaison, *in, e sub comparatione, ad, per comparationem* en comparaison ; **3.** appariement, acco plement ; **4.** action de se mesurer.
② **compǎrātǐo**, *ōnis*, f., **1.** préparatio apprêts ; **2.** action de se procurer, acqu sition, achats.
compǎrātīvus, *a*, *um*, qui sert à, qui e propre à, qui utilise la comparaison.
comparco, *ǐs*, *ěre*, *parsi (persi)*, *parsum*, t **1.** épargner ; **2.** cesser de.
compārěo, *ēs*, *ěre*, *pārǔi*, intr., apparaîtr se montrer, être manifeste ; s'accompli
① **compǎro**, *ās*, *āre*, (cf. *par*), tr., **1.** mett ensemble, rapprocher, associer, assorti **2.** comparer, mettre en parallèle, *~ ter pus cum tempore* : comparer une époqu à une autre ; examiner par comparaison **3.** *~ inter se* : s'entendre à l'amiable, s concerter (en parlant de hauts magi trats) ; **4.** apparier (ex. : gladiateurs mettre aux prises.
② **compǎro**, *ās*, *āre*, (cf. *paro*), tr., **1.** pr parer, apprêter, équiper, organise *~ convivium* : faire les apprêts d'un fe tin, *~ classem* : équiper une flotte ; *con paratum est ut + subj.*, il a été réglé, vou que ; **2.** acquérir, se procurer, *~ nave laudem* : acquérir un navire, de la gloi
compartǐor, *īris*, *īri*, tr., partager avec.
compartǔrǐo, *īs*, *īre*, intr., accoucher même temps qu'une autre.
compasco, *ǐs*, *ěre*, *pāvi* (inus.), *pastu* intr., faire paître en commun.
compascǔus, *a*, *um*, soumis à la vai pâture.

ompassĭbĭlis, *e*, adj., compatissant.

ompassĭo, *ōnis*, f., compassion, sympa-thie.

ompătĭor, *ĕris, i, passus sum*, intr., souf-frir avec ; compatir.

ompătrŭēlis, *is*, m., cousin germain.

ompaupĕr, *ĕris*, m., compagnon de mi-sère.

ompăvĭtus, *a, um*, roué de coups.

ompĕdĭo, *īs, īre*, tr., entraver ; embar-rasser.

ompellātĭo, *ōnis*, f., interpellation vio-lente, invectives.

① **compello**, *ās, āre*, tr., 1. adresser la pa-role à qqn., appeler ; 2. s'en prendre à, traiter de ; 3. s'en prendre à, attaquer ; 4. citer, attaquer en justice.

② **compello**, *īs, ĕre, pŭli, pulsum*, tr., 1. pousser ensemble, rassembler ; 2. res-serrer, concentrer ; 3. pousser, contraindre, forcer, ~ *ut* + subj. : forcer à, amener à.

ompendĭārĭus, *a, um*, abrégé, rac-courci ; subst. n., *compendiarium, ii*, rac-courci (chemin).

ompendĭo, *ās, āre*, tr., abréger ; abréger la vie de qqn.

ompendĭōsus, *a, um*, abrégé, raccourci.

ompendĭum, *ĭi*, n., 1. économie, épar-gne, gain, intérêt, *privatum* ~ : intérêt personnel ; 2. abréviation, abrégé, som-maire.

ompensātĭo, *ōnis*, f., compensation, échange, équilibre.

ompenso, *ās, āre*, tr., 1. comparer le poids de ; 2. compenser ; 3. abréger, rac-courcir.

omperco, V. *comparco*.

ompĕrendĭnātĭo, *ōnis*, f., et **compe-rendĭnātŭs**, *ūs*, m., renvoi à trois jours pour le prononcé d'un jugement ; ren-voi.

ompĕrendĭno, *ās, āre*, 1. tr., renvoyer à trois jours ; 2. intr., demander le renvoi à trois jours.

ompĕrīclĭtor, *āris, āri*, intr., courir des dangers communs.

ompĕrĭo, *īs, īre, pĕri, pertum*, découvrir, apprendre, être informé, ~ *certis auc-toribus* : tenir de source sûre ; part. pf. *compertus, a, um*, 1. reconnu pour vrai, avéré, *habere compertum aliquid* : être ab-solument certain de qqch. ; abl. abs. : *omperto Eordeam petituros Romanos :* quand on sut que les Romains allaient marcher sur Éordée, Liv. ; 2. convaincu d'une faute).

ompĕrĭor, *īris, īri*, V. *comperio*.

ompĕrpĕtŭus, *a, um*, coéternel.

ompēs, *pĕdis*, f., 1. chaîne, entrave ; 2. an-neau de cheville pour les femmes.

compesco, *īs, ĕre, pescŭi*, tr., (réunir dans un même enclos), contenir, dompter, maîtriser, réprimer ; empêcher de.

compĕtens, *entis*, part. adj., qui convient à, approprié.

compĕtītĭo, *ōnis*, f., concurrence, rivalité pour une même charge.

compĕtītŏr, *ōris*, m., concurrent, rival.

compĕtītrix, *īcis*, f. du préc.

compĕto, *īs, ĕre, pĕtīvi (īi), pĕtītum*, intr., 1. aboutir ensemble, se rencontrer ; 2. coïncider, se produire (par l'effet de plusieurs causes) ; 3. être fait pour, pro-pre à, capable de ; s'accorder ; aller avec.

compīlātĭo, *ōnis*, f., pillage.

compīlātŏr, *ōris*, m., plagiaire.

① **compīlo**, *ās, āre*, tr., entasser pour vo-ler, piller, dépouiller, voler (pr. et fig.).

② **compīlo**, *ās, āre*, tr., assommer.

① **compingo**, *īs, ĕre, pēgi, pactum*, (cf. *pango*), tr., 1. assembler, joindre, fabri-quer par assemblage ; 2. pousser dans, enfermer.

② **compingo**, *īs, ĕre, pinxi, pictum*, (cf. *pingo*), tr., couvrir de peinture, bar-bouiller.

compinguesco, *īs, ĕre*, intr., s'épaissir.

Compĭtālĭa, *ĭum* ou *ĭōrum*, n. pl., les Compitalia, fêtes en l'honneur des Lares des carrefours (*compitum*, V. ce mot).

compĭtālīcĭus, *a, um*, qui concerne les Compitalia, V. le préc.

compĭtālis, *e*, adj., de carrefour.

compĭtum, *i*, n., et surt. **compĭta**, *ōrum*, n. pl., endroit où aboutissent plusieurs routes, carrefour ; place publique ; autel d'un carrefour.

complăcentĭa, *æ*, f., complaisance.

complăcĕo, *ēs, ēre, plăcŭi*, intr., plaire à plusieurs, en même temps ; plaire beau-coup ; *sibi* ~ *in* + abl. : se complaire dans.

complăcĭtĭo, *ōnis*, f., désir de plaire.

complăcĭtus, *a, um*, qui plaît, agréable.

complānātĭo, *ōnis*, f., aplanissement.

complānātŏr, *ōris*, m., celui qui aplanit.

complāno, *ās, āre*, tr., aplanir (pr. et fig.) ; raser.

complanto, *ās, āre*, tr., planter de tous les côtés.

complecto, *īs, ĕre*, et surt. **complector**, *ĕris, i, complexus sum*, tr., 1. enlacer, em-brasser, entourer, envelopper ; 2. entou-rer (de soins) ; 3. embrasser, contenir, comprendre, faire entrer dans ; 4. com-prendre, saisir dans son ensemble par la pensée ; 5. renfermer (dans un discours), conclure.

complēmentum, *i*, n., complément.

complĕo, *ēs*, *ēre*, *plēvi*, *plētum*, tr., **1.** remplir, combler (pr. et fig.) ; **2.** mil., compléter l'effectif de ; **3.** achever, accomplir (âge, carrière) ; **4.** parachever, *complent ea vitam beatissimam* : cela rend la vie parfaitement heureuse.

complētĭo, *ōnis*, f., accomplissement.

complētĭvus, *a*, *um*, qui accomplit.

complētus, *a*, *um*, part. adj., **1.** plein, rempli ; **2.** achevé, accompli ; **3.** complété.

complex, *ĭcis*, adj., allié, complice.

complexĭo, *ōnis*, f., **1.** assemblage de diff. parties, union ; **2.** action d'embrasser, d'étreindre ; **3.** résumé, sommaire ; conclusion ; **4.** dilemme ; **5.** cercle du zodiaque.

complexo, *ās*, *āre*, et **complexor**, *āris*, *āri*, tr., embrasser, envelopper étroitement.

complexŭs, *ūs*, m., **1.** action d'enlacer, d'envelopper : embrassement, étreinte ; fig., sein, amour protecteur ; **2.** mêlée, combat ; **3.** rhét., liaison, enchaînement.

complĭcātĭo, *ōnis*, f., multiplication.

complĭco, *ās*, *āre*, *āvi* (*ŭi*), *ātum* (*ĭtum*), tr., plier en roulant, rouler, replier, *se* ~ : se blottir ; part. pf., *complicatus*, *a*, *um* : complexe.

complōdo, *ĭs*, *ĕre*, *plōsi*, *plōsum*, tr., frapper ensemble, ~ *manus* : applaudir.

complōrātĭo, *ōnis*, f., action de se lamenter, gémissements.

complōrātŭs, *ūs*, m., V. le préc.

complōro, *ās*, *āre*, tr., pleurer ensemble, déplorer.

complŭo, *ĭs*, *ĕre*, *plŭi*, *plūtum*, tr., arroser de pluie.

complūres, m. et f., **complūra**, n., *ium*, pron.-adj., plusieurs, beaucoup, en grand nombre.

complūrĭens (~plūrĭēs), adv., plusieurs fois, souvent.

complūrĭmum, adv., extrêmement, beaucoup.

compluscŭli, *æ*, *a*, adj., assez nombreux.

complūtŏr, *ōris*, m., qui arrose.

Complūtum, *i*, n., Complutum, v. de Tarraconnaise.

complŭvĭum, *ĭi*, n., ouverture dans le toit de l'atrium pour recevoir les eaux de pluie dans l'impluvium ; cour intérieure.

compondĕrans, *antis*, part. adj., qui pèse ensemble.

compōno, *ĭs*, *ĕre*, *pŏsui*, *pŏsĭtum*, tr., mettre ensemble, rassembler, rapprocher.
I 1. composer un tout, former, constituer, fabriquer, ~ *urbem*, *templum* : fonder une ville, édifier un temple ; **2.** composer, rédiger, produire (une œuvre), ~ *orationem* : composer un discours, ~ *senatus*

consultum : rédiger un sénatus-consulte ; **3.** mettre en ordre, arranger, organiser, ~ *crines* : arranger ses cheveux ; ~ *verba* : combiner des mots ; ~ *vultum* : composer son visage ; poét., ~ *membra* : disposer, étendre ses membres, se coucher, *se* ~ : se coucher ; **4.** fixer, convenir de, concerter, *compositum est ut* + subj. : il fut convenu que ; **5.** approprier à un usage, disposer, modeler, préparer, le plus souv. avec *ad* + acc. : selon, suivant, d'après ; **6.** arranger, apaiser, calmer, ~ *bellum* : mettre fin à une guerre ; *compositis rebus* : les choses ayant été réglées.
II mettre de côté, en réserve, serrer, recueillir, ~ *ossa alicujus* : ensevelir les restes de qqn. ; abs., ensevelir, enterrer.
III 1. apparier, accoupler ; **2.** confronter, mettre aux prises ; **3.** comparer, *parva ~ magna* : comparer les grandes choses aux petites, VIRG.

comporto, *ās*, *āre*, tr., transporter en un même lieu, importer.

compŏs, *ŏtis*, adj., + gén., rar. abl., **1.** qui est en possession de, maître de ; **2.** qui a acquis, réalisé, commis.

compŏsĭtē, adv., **1.** avec ordre, art, goût, soin ; **2.** avec calme, sang-froid.

compŏsĭtīcĭus, *a*, *um*, composé, assemblé.

compŏsĭtĭo, *ōnis*, f., **1.** action de mettre ensemble, de disposer, composer, rédiger, ~ *juris* : la rédaction du droit ; **2.** organisation, arrangement, agencement, composition (d'un discours, d'une œuvre) ; **3.** action d'apparier (des gladiateurs) ; **4.** préparation, confection, recette.

compŏsĭtŏr, *ōris*, m., celui qui arrange, organise, règle, ordonne.

compŏsĭtūra, *æ*, f., organisation.

compŏsĭtus, *a*, *um*, part. adj., [~*tior*, ~*tissimus*], **1.** composé, organisé ; fabriqué ; **2.** bien composé, élégant, soigné ; **3.** qui affecte tel ou tel sentiment ; **4.** calme, paisible, équilibré ; subst. n. pl., *composita*, *orum*, la paix publique.

compossessŏr, *ōris*, m., qui possède avec.

compōtātĭo, *ōnis*, f., réunion de buveurs.

compōtātŏr, *ōris*, m., qui boit avec.

compŏtĭo, *ĭs*, *īre*, tr., mettre en possession de, faire jouir de + gén. ou acc. ; passif : être en possession de, jouir de.

compŏtŏr, *ōris*, m., compagnon de bouteille.

compŏtrix, *īcis*, f. du préc.

compransŏr, ōris, m., compagnon de table.

comprĕcātĭo, ōnis, f., prière collective.

comprĕcor, āris, āri, tr. et intr., prier instamment, implorer ; souhaiter.

comprĕhendo, ĭs, ĕre, prĕhendi (prendi), prĕhensum (prensum), tr., 1. saisir ensemble, envelopper, renfermer, contenir, comprendre ; 2. saisir, prendre, arrêter, ~ aliquid morsu : saisir qqch. avec les dents, ~ vehicula : s'emparer des chariots, ~ tam nefarium hostem : arrêter un ennemi si néfaste ; 3. prendre sur le fait, ~ rem indicio alicujus : découvrir un crime sur dénonciation, ~ fures : prendre des voleurs sur le fait ; 4. saisir, gagner qqn., ~ aliquem omnibus officiis : gagner qqn. en lui rendant toutes sortes de services ; 5. saisir (par l'intelligence), ~ animo, mente : comprendre, concevoir ; ~ memoriā : se rappeler.

comprĕhensĭbĭlis, e, adj., saisissable, perceptible, compréhensible.

comprĕhensĭo, ōnis, f., 1. action de saisir ensemble, saisie globale ; 2. arrestation, capture ; 3. conception, compréhension.

compresbytĕr, ĕri, m., chr., collègue dans l'exercice de la prêtrise.

compressē, adv., [~sius], avec densité, concision.

compressĭo, ōnis, f., 1. embrassement, étreinte ; viol ; 2. densité, concision.

compresso, ās, āre, tr., presser, serrer.

compressŏr, ōris, m., violeur.

① **compressus**, a, um, part. adj., pressé, comprimé, serré, étroit.

② **compressŭs**, ūs, m., 1. action de presser, de serrer, pression ; 2. étreinte.

comprĭmo, ĭs, ĕre, pressi, pressum, tr., 1. comprimer, serrer, fermer (main, bouche) ; 2. forcer, violer ; 3. réprimer, retenir, arrêter, ~ vocem : garder le silence, ~ gressum (poét.) : suspendre sa marche, ~ audaciam : réprimer l'audace ; empêcher ; 4. cacher, accaparer (le blé) ; 5. cacher, dissimuler, tenir secret.

comprŏbātĭo, ōnis, f., approbation.

comprŏbātŏr, ōris, m., approbateur.

comprŏbo, ās, āre, tr., 1. approuver pleinement, reconnaître pour vrai, juste ; 2. conformer, faire apparaître comme vrai, juste.

comprōmissum, i, n., engagement conjoint, réciproque, compromis.

comprōmitto, ĭs, ĕre, mīsi, missum, tr., s'engager mutuellement à remettre la décision d'une affaire à un arbitre choisi.

Compsa, æ, f., Compsa, v. du Samnium

Compsānus, a, um, de Compsa.

compsissŭmē, adv., très finement, Pl.

comptē, adv., d'une manière soignée.

comptŭlus, a, um, paré comme une femme.

① **comptus**, a, um, part. adj., [~tior, ~tissimus], paré, orné, peigné, soigné.

② **comptŭs**, ūs, m., 1. union ; 2. arrangement de coiffure.

compugnātĭo, ōnis, f., action de se battre ensemble, lutte.

compulsātĭo, ōnis, f., conflit, heurt, dissentiment, débat.

compulso, ās, āre, tr. et intr., pousser, heurter fortement ; se heurter.

Compultĕrĭa, V. Combulteria.

compunctĭo, ōnis, f., 1. piqûre ; 2. componction, vif regret.

compungo, ĭs, ĕre, punxi, punctum, tr., 1. piquer de tous les côtés (pr. et fig.) ; tatouer ; 2. faire une vive impression sur les sens, blesser les sens.

compŭtātĭo, ōnis, f., calcul, supputation ; compte minutieux.

compŭtātŏr, ōris, m., calculateur.

compŭto, ās, āre, tr., compter, calculer, supputer.

Cōmum, i, n., Côme, v. de Gaule Transpadane.

con~, V. com~.

cōnāmĕn, ĭnis, n., 1. effort, élan ; 2. appui.

cōnātĭo, ōnis, f., effort, entreprise difficile, tentative, peine.

cōnātum, i, n., entreprise, tentative.

cōnātŭs, ūs, m., effort, tentative, essai, entreprise.

concăco, ās, āre, tr., souiller de merde, embrener.

concădo, ĭs, ĕre, intr., tomber ensemble.

concălĕfăcĭo, ĭs, ĕre, tr., chauffer entièrement.

concălĕfactĭo, ōnis, f., action de chauffer entièrement.

concălĕo, ēs, ēre, călŭi, intr., être très chaud ; fig., être très amoureux.

concălesco, ĭs, ĕre, intr., s'échauffer entièrement.

concallesco, ĭs, ĕre, callŭi, intr., 1. devenir calleux, s'endurcir ; 2. devenir habile, expérimenté ; 3. s'émousser.

Concăni, ōrum, m. pl., Concaniens, peuple d'Espagne.

concandĕo, ēs, ĕre, candŭi, intr., s'embraser.

concaptīvus, i, m., compagnon de captivité.

concarnātĭo, ōnis, f., commerce charnel.

concarno, ās, āre, tr., incarner.

concastīgo, *ās*, *āre*, tr., blâmer sévèrement, châtier.

concătēnātĭo, *ōnis*, f., enchaînement.

concătēno, *ās*, *āre*, tr., enchaîner.

concăvo, *ās*, *āre*, tr., creuser ; courber.

concăvus, *a*, *um*, adj., creux, creusé, concave, courbé.

concēdo, *ĭs*, *ĕre*, *cēdi*, *cessum*,
I intr., 1. quitter, s'en aller de, s'éloigner de pour aller à, ~ *ab aliquo* : quitter qqn., ~ *trans Rhenum* : passer le Rhin ; 2. en venir à, ~ *in dicionem* : consentir à se rendre, ~ *in sententiam* : se ranger à l'avis de ; 3. ~ *(vitā)* : succomber, mourir ; 4. céder à, être inférieur à, se soumettre à, ~ *naturæ* : céder à la nature (mourir) ; céder le pas à, *concedat laurea laudi* : que la gloire du soldat s'efface devant celle du citoyen, Cic. ; ~ *hostibus de victoriā* : abandonner la victoire aux ennemis ; déférer à, céder à la volonté de, *tibi uni concedo* : je ne te cède qu'à toi, ~ *postulationi* : déférer à la demande ; 5. faire remise de, concéder, excuser, pardonner, ~ *temere dicto* : excuser une parole imprudente.
II tr., 1. céder, abandonner, concéder, ~ *tempus quieti* : donner du temps au repos ; 2. faire une concession, accorder que, admettre que + prop. inf. ; 3. renoncer à, faire le sacrifice de, *amicitias rei publicæ* ~ : sacrifier ses amitiés au bien public ; 4. pardonner, ~ *alicui peccata* : pardonner ses fautes à qqn.

concĕlĕbro, *ās*, *āre*, tr., 1. fréquenter, peupler, animer, remplir ; 2. répandre, publier, propager ; 3. faire souvent, s'adonner à ; 4. célébrer.

concēnātĭo, *ōnis*, f., action de prendre un repas en commun.

concentĭo, *ōnis*, f., action de chanter de concert, chœur, concert, harmonie.

concentŭrĭo, *ās*, *āre*, tr., réunir par centuries ; ext., réunir, assembler, amasser.

concentŭs, *ūs*, m., 1. accord de voix ou d'instruments ; orchestre ; 2. accord de sentiments, de pensées ; concorde, harmonie.

conceptĭo, *ōnis*, f., 1. action de contenir, de recevoir ; 2. conception, grossesse ; 3. rédaction, formule d'un acte juridique.

conceptīvus, *a*, *um*, qui est reçu, qui vient du dehors.

conceptŭs, *ūs*, m., 1. action de contenir ; 2. réservoir ; 3. action de prendre (feu) ; 4. conception, génération, procréation ; fruit, fœtus, progéniture.

concerno, *ĭs*, *ĕre*, tr., cribler ensemble ; mélanger, mêler, unir.

concerpo, *ĭs*, *ĕre*, *cerpsi*, *cerptum*, tr., déchirer, mettre en pièces (pr. et fig.).

concertātĭo, *ōnis*, f., 1. lutte, rivalité, dispute ; 2. discussion.

concertātīvus, *a*, *um*, relatif à une lutte (devant les tribunaux).

concertātŏr, *ōris*, m., émule, rival.

concertātōrĭus, *a*, *um*, relatif à une lutte à une discussion.

concerto, *ās*, *āre*, intr., 1. lutter ensemble, rivaliser, combattre ; 2. discuter, débattre.

concessĭo, *ōnis*, f., 1. action de se rapprocher, rapprochement ; 2. action d'accorder, concession (pr. et fig.).

concesso, *ās*, *āre*, intr., cesser, s'arrêter de.

concessŭs, *ūs*, m., action d'accorder, concession, permission.

concha, *æ*, f., 1. coquillage ; poét., coquillage à pourpre, pourpre ; 2. écaille ; 3. tout objet en forme de coquillage ; conque marine, trompette de Triton.

conchĕus, *a*, *um*, de coquillage.

conchis, *is*, f., fève.

conchīta, *æ*, m., pêcheur de coquillages.

conchylĭātus, *a*, *um*, teint, vêtu de pourpre.

conchylĭum, *ĭi*, n., coquillage ; pourpre, teinture, étoffe de pourpre.

① **concīdo**, *ĭs*, *ĕre*, *cīdi*, *cīsum*, (cf. *cædo*) tr., 1. couper en morceaux, tailler en pièces ; 2. déchirer, battre (à coups de fouet, de poing…) ; 3. accabler, ruiner, anéantir ; 3. hacher, briser (phrases, harmonie) ; 4. décomposer, analyser.

② **concĭdo**, *ĭs*, *ĕre*, *cĭdi*, (cf. *cado*), intr., 1. tomber, s'écrouler, s'abattre ; 2. tomber mort, périr ; 3. être détruit, ruiné ; tomber, échouer, cesser.

concĭens, *entis*, adj. f., enceinte, grosse.

concĭĕo, *ēs*, *ēre*, *īvi*, *ĭtum*, et **concĭo**, *īre*, *cīvi*, *cītum*, tr., 1. rassembler, réunir ; 2. mettre en mouvement, exciter, susciter, soulever, provoquer.

concĭlĭābŭlum, *i*, n., lieu d'assemblée de réunion.

concĭlĭātĭo, *ōnis*, f., 1. association, union, société ; 2. action de gagner la faveur, de se concilier la bienveillance ; acquisition ; 3. attachement, inclination, penchant.

concĭlĭātŏr, *ōris*, m., celui qui procure, qui ménage, qui organise, agent intermédiaire.

concĭlĭātrīcŭla, *æ*, f., petite entremetteuse.

concĭlĭātrix, *īcis*, f., médiatrice ; entremetteuse.

concĭlĭātūra, æ, f., métier d'entremetteur.

① **concĭlĭātus**, a, um, part. adj., [~tior], **1.** qui s'est attiré les bonnes grâces de, aimé, chéri ; **2.** incliné à, porté vers.

② **concĭlĭātŭs**, ūs, m., assemblage, liaison.

concĭlĭo, ās, āre, tr., **1.** assembler, unir, réunir ; rapprocher naturellement ; **2.** unir les cœurs, gagner, concilier, rendre ami, ~ pacem inter cives : ménager la paix entre les citoyens, ~ civitatem alicui : gagner une cité à qqn. ; **3.** procurer, accorder, ménager ; **4.** se ménager, se procurer, acheter.

concĭlĭum, ĭi, n., **1.** union, assemblage, réunion, assemblée ; **2.** conseil, assemblée politique, ~ patrum : le sénat, concilia plebis : les « conciles de la plèbe », devenus comices tributes.

concĭnĕrātus, a, um, couvert de cendres.

concĭnnātĭcĭus, a, um, bien agencé, élégant.

concĭnnē, adv., avec goût, élégamment ; de façon équilibrée, harmonieuse.

concinnis, e, adj., élégant.

concĭnnĭtās, ātis, f., arrangement habile, disposition ingénieuse, symétrie, harmonie, élégance.

concĭnnĭtūdo, ĭnis, V. concinnitas.

concĭnno, ās, āre, tr., **1.** ajuster, arranger, joindre, disposer avec art ; **2.** procurer, mettre dans tel ou tel état, PL.

concĭnnus, a, um, [~nior], **1.** bien proportionné, régulier ; **2.** conforme aux règles de l'art, de bon goût, harmonieux, élégant ; **3.** agréable, joli, charmant.

concĭno, ĭs, ĕre, cĭnŭi, centum, intr. et tr., **1.** chanter ensemble, accompagner (d'un instrument) ; **2.** être en harmonie, être d'accord ; **3.** chanter ; célébrer.

① **concĭo**, V. concieo.

② **concĭo**, V. contio.

concĭon~, V. contion~.

concĭpĭlo, ās, āre, tr., **1.** écraser, réduire en miettes ; **2.** mettre au pillage.

concĭpĭo, ĭs, ĕre, cēpi, ceptum, tr., **1.** prendre, saisir, recueillir ; **2.** prendre pour soi, ~ humorem : absorber l'humidité ; ~ ignem : prendre feu ; ~ vitia : contracter des vices ; **3.** concevoir un enfant ; abs., être fécondée.

¶ **1.** percevoir par les sens, l'esprit, ~ oculis : apercevoir, ~ animo : concevoir, comprendre ; **2.** concevoir un sentiment, ~ spem : espérer, ~ iram : être saisi de colère ; **3.** concevoir, former projet, ~ scelus : concevoir l'idée d'un crime.

III 1. réunir dans des formules jur., rédiger, ~ jusjurandum : rédiger une formule de serment, conceptis verbis jurare : jurer d'après la formule solennelle ; **2.** faire le compte, le total.

concīsē, adv., d'une manière serrée, dense.

concīsĭo, ōnis, f., rhét., incise.

concīsūra, æ, f., coupure, distribution.

concīsus, a, um, part. adj., **1.** brisé, coupé, taillé ; **2.** taillé en pièces, détruit ; **3.** concis, court, serré.

concĭtāmentum, i, n., excitant.

concĭtātē, adv., [~tius, ~tissime], rapidement, vivement, violemment.

concĭtātĭo, ōnis, f., **1.** action de mettre en mouvement, mouvement rapide ; **2.** mouvement de l'âme, émotion, emportement ; **3.** mouvement politique, émeutes.

concĭtātŏr, ōris, m., qui excite, soulève.

concĭtātrix, īcis, f. du préc.

concĭtātus, a, um, part. adj., [~tior, ~tissimus], **1.** mis vivement en mouvement, prompt, rapide ; **2.** excité, emporté, vif, animé, violent.

concĭto, ās, āre, tr., **1.** pousser vivement, imprimer un mouvement violent à, presser, exciter ; **2.** pousser qqn à qqch., contre qqch., animer, exciter, soulever ; **3.** soulever, provoquer, susciter (des sentiments, des passions).

concĭtŏr, ōris, m., celui qui excite, instigateur.

conclāmātĭo, ōnis, f., clameurs, acclamations.

conclāmo, ās, āre, tr. et intr., **1.** crier ensemble, pousser des acclamations, proclamer avec des cris ; **2.** appeler à grands cris ; **3.** s'écrier, pousser un cri ; **4.** spéc., appeler trois fois un mort = rendre les derniers devoirs, donner le dernier adieu ; **5.** faire retentir de cris.

conclāve, is, n., appartement ou pièce fermant à clef ; chambre à coucher, salle à manger.

conclŭdo, ĭs, ĕre, clūsi, clūsum, tr., **1.** enfermer, fermer, enclore, borner (pr. et fig.) ; **2.** renfermer, comprendre, ~ omnia judicia in unam formulam : comprendre tous les jugements dans une seule formule ; **3.** achever, accomplir complètement, facinus summā crudelitate conclusum : un crime consommé avec la plus grande cruauté ; achever avec art, mener à sa perfection ; **4.** achever, finir, clore, ~ epistulam : terminer une lettre ; **5.** conclure, tirer une conclusion, ~ summum malum esse dolorem : conclure que la douleur est le plus grand des maux, Cic.

conclūsē, adv., rhét., de façon périodique.

conclūsĭo, ōnis, f., **1.** action d'enfermer, de fermer ; **2.** blocus ; **3.** terme, fin ; **4.** péroraison, conclusion.

conclūsĭuncŭla, æ, f., péj., petite déduction.

conclūsus, a, um, part. adj., resserré, concis.

concōgĭto, ās, āre, tr., méditer, penser.

concŏlŏr, ōris, adj., de même couleur.

concŏlōrans, antis, part. adj., V. le préc.

concŏmĭtor, āris, āri, tr., accompagner ; part. à sens passif, Pl.

concŏquo, ĭs, ĕre, coxi, coctum, tr., **1.** faire cuire en même temps ; **2.** décomposer, amollir, digérer ; **3.** fig., digérer, supporter, endurer ; réfléchir mûrement, méditer, mûrir.

concordātĭo, ōnis, f., réconciliation.

concordĭa, æ, f., concorde, accord, entente, union, harmonie (pr. et fig.), ~ equestris : concorde entre les chevaliers, rerum ~ discors : l'unité dans la diversité, Hor. ‖ **Concordĭa,** æ, f., **1.** la Concorde, déesse ; **2.** Concordia, nom de diff. v.

concordĭtĕr, adv., [~dius, ~dissime], de bon accord, de bonne intelligence.

concordo, ās, āre, **1.** intr., s'accorder, s'entendre, vivre en bonne intelligence ; **2.** tr., mettre en accord.

concorpŏrātĭo, ōnis, f., union des corps.

concorpŏrĭfĭcātus, a, um, réuni en un seul corps.

concors, cordis, adj., uni de cœur ; qui est en accord, vit en bonne intelligence avec ; où il y a accord, union.

concrēbresco, ĭs, ĕre, intr., devenir plus violent.

concrēdo, ĭs, ĕre, crēdĭdi, crēdĭtum, tr., confier, remettre en dépôt, se fier à.

concrēdŭo, (arch.), V. le préc.

concrēmātĭo, ōnis, f., embrasement général.

concrēmentum, i, n., concrétion.

concrēmo, ās, āre, brûler entièrement.

concrĕpo, ās, āre, crĕpŭi, crĕpĭtum, intr. et tr., bruire, faire du bruit, craquer, résonner, retentir ; claquer (des doigts) ; faire retentir.

concresco, ĭs, ĕre, crēvi, crētum, intr., **1.** s'accroître, croître en même temps, se développer par agrégation de parties ; **2.** se solidifier, se durcir, s'épaissir ; **3.** s'obscurcir.

concrētĭo, ōnis, f., **1.** action de croître en semble, accroissement par agrégation **2.** agrégat, matière, substance.

concrētus, a, um, part. adj., [~tior **1.** formé par agrégation ; **2.** solidifié durci ; **3.** ramassé, recourbé.

concrīmĭnor, āris, āri, tr., mettre en cause en disant que.

concrispans, antis, part., qui brandit.

concrispo, ās, āre, tr., agiter avec un mv tournant ; brandir.

concrŭcĭor, āris, āri, intr., être torturé.

concŭbīna, æ, f., concubine, maîtresse.

concŭbīnātŭs, ūs, m., concubinage adultère.

concŭbīnus, i, m., **1.** concubin ; **2.** amant

concŭbĭtālis, e, adj., qui concerne l commerce charnel.

concŭbĭtŭs, ūs, m., **1.** fait d'être plac sur le même lit (à table) ; **2.** union char nelle, accouplement.

concŭbĭum, ĭi, n., **1.** heure où l'on es couché, profond de la nuit ; **2.** V. concu bitus.

concŭbĭus, a, um, relatif au temps o l'on est couché, concubiā nocte : à un mo ment assez avancé de la nuit.

conculcātĭo, ōnis, f., action de fouler au pieds, d'écraser.

conculcātŭs, ūs, m., V. le préc.

conculco, ās, āre, tr., fouler aux pieds écraser ; fig., mépriser.

concumbo, ĭs, ĕre, cŭbŭi, cŭbĭtum, intr coucher avec ou ensemble ; cohabite avoir des relations sexuelles avec qqn.

concŭmŭlātus, a, um, accumulé, en tassé.

concŭpĭo, ĭs, ĕre, īvi (ĭi), ītum, tr., désire avec passion, être avide de.

concŭpiscentĭa, æ, f., vif désir, convo tise ; appétit sensuel, concupiscence.

concŭpiscentīvus, a, um, qui convoit vivement ; relatif à la concupiscence.

concŭpiscĭbĭlis, e, adj., convoitable.

concŭpisco, ĭs, ĕre, cŭpīvi (cŭpĭi cŭpĭtum, tr., désirer vivement, convoite

concūro, ās, āre, tr., entourer de se soins.

concurro, ĭs, ĕre, curri (cŭcurri), cursur intr., **1.** courir ensemble, accourir, a fluer ; **2.** se réfugier ensemble auprès d avoir recours à ; **3.** se rapprocher, se se rer, se rencontrer ; **4.** coïncider ; **5.** se lan cer l'un sur l'autre, se heurter, en ver aux mains ; attaquer, lutter contre.

concursātĭo, ōnis, f., **1.** action d'accour d'affluer ; concours, affluence ; **2.** cou ses, allées et venues ; agitation ; **3.** re contre ; **4.** coïncidence, conformité ; **5.** lutte, combat, escarmouche.

concursātŏr, ōris, m., fantassin léger, voltigeur.

concursĭo, ōnis, f., **1.** rencontre, choc, concours ; **2.** rhét., symploque.

concurso, ās, āre, intr., **1.** ne cesser de courir çà et là, courir de tous côtés, être animé de mouvements désordonnés ; **2.** escarmoucher ; **3.** parcourir.

concursŭs, ūs, m., **1.** concours (de peuple), affluence, action de courir ensemble ; **2.** agitation ; **3.** rencontre, réunion ; **4.** heurt, conflit.

concussĭbĭlis, e, adj., ébranlable.

concussĭo, ōnis, f., ébranlement, agitation, secousse.

concussŏr, ōris, m., concussionnaire.

concussūra, æ, f., concussion.

① **concussus**, a, um, V. concutio.

② **concussŭs**, ūs, m., ébranlement, forte secousse.

concŭtĭo, ĭs, ĕre, cussi, cussum, tr., **1.** ébranler, secouer fortement, frapper l'un contre l'autre ; **2.** ébranler, faire chanceler, renverser, détruire ; **3.** ébranler, troubler l'âme, agiter fortement, inquiéter ; **4.** secouer pour examiner, fouiller, scruter, te ipsum concute : secoue-toi dans tous les sens = examinetoi, Hor.

condālĭum, ĭi, n., bague d'esclave.

Condās, ātis, adj., de Condate ‖ **Condātē**, is, n., Condate, **1.** v. de Gaule Celtique, auj. Rennes ; **2.** v. d'Aquitaine, auj. Condat.

condĕcens, entis, part. adj., convenable.

condĕcet, impers., il convient, il sied.

condĕcŏro, ās, āre, tr., décorer avec soin.

condemnātŏr, ōris, m., celui qui condamne, qui fait condamner, accusateur.

condemno, ās, āre, tr., condamner, ~ injuriarum : pour injures, ~ de ambitu : pour brigue, ~ capitis, capite : à la peine capitale ; condamner, désapprouver, blâmer ; faire condamner.

condenseo, ēs, ēre, V. condenso.

condenso, ās, āre, tr., rendre épais, dense ; condenser, serrer, grouper.

condensus, a, um, serré, dense, compact.

condēsertŏr, ōris, m., chr., compagnon d'apostasie.

condĭcĭo (~dĭtĭo), ōnis, f., **1.** convention, accord, pacte (entre deux partis), condicionem repudiare, dimittere : repousser un traité ; condition, eā condicione ut + subj. : à cette condition que ; **2.** mariage, établissement conjugal, ~ uxoria ou simpl. condicio : établissement, ma-

riage ; **3.** condition, sort, fortune, état, ~ humana : la condition humaine, prædia optimā condicione : des propriétés dans le meilleur état ; **4.** manière d'être, situation, qualité.

condĭcĭōnālis, e, adj., soumis à conditions, conditionnel.

condīco, ĭs, ĕre, dixi, dictum, tr., **1.** s'entendre au sujet de, convenir de ; **2.** annoncer, prévenir, condicta cena : repas où l'on s'invite soi-même = sans cérémonie ; **3.** réclamer, faire une réclamation ; **4.** s'accorder à dire.

condictum, i, n., convention, traité, pacte.

condignē, adv., d'une manière tout à fait digne (de).

condignus, a, um, tout à fait digne de + abl., ou gén.

condīmentārĭus, ĭi, m., épicier.

condīmentum, i, n., assaisonnement ; fig., adoucissement.

condĭo, ĭs, īre, īvi (ĭi), ītum, tr., confire ; assaisonner, relever (pr. et fig.) ; embaumer, parfumer ; adoucir.

condiscĭpŭla, æ, f., compagne d'études.

condiscĭpŭlātŭs, ūs, m., état de condisciple, camaraderie.

condiscĭpŭlus, i, m., condisciple, compagnon d'études.

condiscumbo, ĭs, ĕre, intr., se mettre à table avec.

condītārĭus, a, um, où l'on assaisonne.

① **condītĭo**, ōnis, f., assaisonnement.

② **condītĭo**, ōnis, f., action de créer, création.

③ **condītĭo**, ōnis, V. condicio.

condītĭus, adv. au comp., avec plus d'assaisonnement.

condītīvum, i., n., tombeau.

① **condītŏr**, ōris, m., qui assaisonne, qui prépare, apprête.

② **condītŏr**, ōris, m., **1.** fondateur, créateur, auteur, instigateur ; **2.** auteur, écrivain.

condītōrĭum, ĭi, n., caveau, sépulcre.

condītrix, īcis, f., fondatrice, créatrice, auteur.

① **condītūra**, æ, f., préparation pour confire ; assaisonnement ; art du confiseur.

② **condītūra**, æ, f., fabrication, confection.

① **condītus**, a, um, part. adj., [~tior], assaisonné, piquant (pr. et fig.).

② **condītus**, a, um, V. condo.

③ **condītŭs**, ūs, m., **1.** fondation ; **2.** action de cacher, dissimulation.

condo, *ĭs, ĕre, dĭdi, dĭtum*, tr., mettre ensemble, réunir, rassembler,

I 1. fonder, créer, bâtir, construire, établir, ~ *templum* : bâtir un temple, *ab Urbe condĭtā* : depuis la fondation de Rome ; **2.** relig., ~ *lustrum* : clore le cens par des cérémonies lustrales ; **3.** composer, rédiger, créer, écrire, ~ *carmen* : écrire un poème.

II 1. serrer, renfermer, mettre en réserve ; **2.** enfouir, recueillir, ~ *ossa terrā, aliquem humo* : mettre les os en terre, enterrer qqn. ; **3.** enfouir, plonger, ~ *telum jugulo* : plonger un javelot dans la gorge ; **4.** cacher, renfermer, recouvrir, dissimuler.

condŏcĕfăcĭo, *ĭs, ĕre, fĕci, factum*, tr., dresser, former, façonner.

condŏcĕo, *ēs, ēre*, tr., instruire ensemble.

condoctĭor, *ōris*, adj. au comp., plus instruit, plus formé.

condŏlĕo, *ēs, ēre*, intr., partager la souffrance.

condŏlesco, *ĭs, ĕre, dŏlŭi*, intr., **1.** souffrir avec ; **2.** souffrir ; **3.** faire mal.

condŏmo, *ās, āre*, tr., dompter entièrement.

condōnātĭo, *ōnis*, f., donation complète.

condōno, *ās, āre*, tr., **1.** donner complètement, sans réserve, abandonner qqn., qqch. à qqch., à qqn. ; **2.** faire remise de, pardonner, ~ *alicui scelus* : pardonner à qqn. un crime ; *multa is condonabitur* (arch.) : on lui fera grâce de beaucoup de choses.

condormĭo, *ĭs, ĭre*, intr., dormir profondément.

condormisco, *ĭs, ĕre, dormīvi*, intr., s'endormir profondément.

Condrūsi, *ōrum*, m. pl., Condruses, peuple de la Gaule Belgique.

condūcĭbĭlis, *e*, adj., utile.

condūcĭbĭlĭtĕr, adv., utilement.

condūco, *ĭs, ĕre, duxi, ductum*,

I tr., **1.** conduire ensemble, assembler, ~ *exercitum in unum locum* : concentrer une armée sur un seul point ; **2.** unir en rapprochant, resserrer, contracter ; cicatriser ; faire cailler ; **3.** prendre à loyer, à bail, à ferme, engager, embaucher, ~ *domum, coquum* : louer une maison, les services d'un cuisinier ; se charger à prix d'argent d'une entreprise.

II intr., être utile, avantageux, convenir, *homini injuste facta non conducunt* : les actions injustes ne profitent pas à l'homme, *ad, in aliquid* ~ : être utile pour qqch.

conductīcĭus, *a, um*, loué, pris à gages, mercenaire.

conductĭo, *ōnis*, f., **1.** location, bail **2.** rhét., récapitulation.

conductŏr, *ōris*, m., celui qui prend à ga ges, afferme, fermier, entrepreneur.

conductum, *i*, n., location, ferme ; mai son louée.

condulco, *ās, āre*, tr., adoucir ; charmer

condŭplĭcātĭo, *ōnis*, f., redoublemen = étreinte amoureuse (doublement de corps), PL.

condŭplĭco, *ās, āre*, tr., doubler, redou bler ; ~ *corpora* : doubler les corp = s'étreindre, PL.

condūro, *ās, āre*, tr., rendre très dur.

condus, *i*, m., esclave chargé de veiller l'approvisionnement, aux réserves de l maison, V. *promus*.

condўlus, *i*, m., jointure, nœud de ro seau, d'où : flûte.

conecto, **conexĭo**, V. *connecto, connexio*

confābŭlātĭo, *ōnis*, f., conversation.

confābŭlātŏr, *ōris*, m., interlocuteur.

confābŭlor, *āris, āri*, intr. et tr., s'entre tenir avec, traiter de qqch. avec.

confarrēātĭo, *ōnis*, f., confarréation (l rite le plus ancien et le plus solennel d mariage avec offrande du *farrum*, gâtea d'épeautre, à Jupiter).

confarrĕo, *ās, āre*, intr. et tr., se marier marier par confarréation.

confectĭo, *ōnis*, f., **1.** action de compose de confectionner, composition, confec tion, achèvement ; **2.** recouvrement (im pôts) ; **3.** trituration (aliments) ; **4.** épais sissement.

confectŏr, *ōris*, m., celui qui confec tionne, qui prépare, qui achève, qui vien à bout de.

confercĭo, *ĭs, ĭre, fersi, fertum*, tr., entas ser, bourrer, accumuler en pressant.

confermento, *ās, āre*, tr., faire fermente complètement.

confĕro, *fers, ferre, contŭli, conlātu (collātum)*, tr.,

I 1. porter, apporter ensemble, réuni rassembler, ~ *impedimenta in unu locum* : rassembler les bagages en u seul endroit ; concentrer, abréger, *ut i pauca conferam* : pour abréger ; **2.** mettr en commun, communiquer, confére discuter, ~ *seria cum aliquo* : discuter d choses sérieuses avec qqn. ; **3.** contr buer, fournir son écot.

II 1. mettre en parallèle, compare **2.** mettre aux prises, opposer, ~ *arma* : vrer la bataille, *collatis signis* : en batail rangée.

III 1. porter, transporter, apporter, *se* ~ se rendre (en un lieu) ; **2.** faire pass d'un état dans un autre, transforme métamorphoser; **3.** remettre, différer, ~ *in longiorem diem* : renvoyer à un jour plus éloigné; **4.** tourner (ses pensées, ses sentiments, ses soucis) vers, offrir, consacrer, appliquer, ~ *curas ad philosophiam* : consacrer ses soins à la philosophie; **5.** imputer, faire retomber sur, ~ *permulta in aliquem* : attribuer à qqn. beaucoup de choses.

confertim, adv., en troupe serrée.

confertus, *a, um*, part. adj., [*~tior, ~tissimus*], **1.** entassé, serré, pressé; **2.** rempli, bourré de + abl.

confervĕfăcĭo, *ĭs, ĕre*, tr., mettre en fusion, fondre, liquéfier.

confervesco, *ĭs, ĕre, ferbŭi*, intr., se mettre à bouillir.

onfessĭo, *ōnis*, f., **1.** aveu, confession; **2.** attestation, témoignage, reconnaissance.

onfessŏr, *ōris*, m., chr., confesseur (de la foi).

onfessus, *a, um*, part. adj., **1.** qui a avoué; **2.** qui a été avoué; subst. n., *confessum, i*, chose confessée, manifeste, reconnue.

onfĭcĭens, *entis*, part. adj., qui opère, achève; efficace; efficient.

onfĭcĭo, *ĭs, ĕre, fēci, fectum*, tr.

1. faire complètement, exécuter, achever, ~ *anulum, dialogos, sacra, nuptias, pacem* : fabriquer un anneau, composer des dialogues, célébrer des sacrifices, des noces, conclure la paix; *confecto bello* : la guerre achevée; **2.** causer, procurer, constituer, ~ *reditum alicui* : ménager le retour de qqn., ~ *legiones* : former des légions, ~ *bibliothecam* : constituer une bibliothèque.

1 **1.** réduire, broyer (les aliments), absorber, engloutir, ~ *patrimonium* : dissiper son patrimoine; **2.** accabler, affaiblir, achever, *mærore confectus* : accablé de douleur; ~ *saucium* : achever un blessé; **3.** réduire, soumettre : ~ *Britanniam* : soumettre la Bretagne.

onfictĭo, *ōnis*, f., action de forger, d'inventer, d'imaginer de toutes pièces.

onfictūra, *æ*, f., fabrication.

onfĭdens, *entis*, part. adj. [*~tior, ~tissimus*], **1.** qui a confiance, qui se fie; **2.** confiant, hardi, résolu; péj., trop confiant, téméraire, insolent, impudent.

onfĭdentĕr, adv., [*~tius, ~tissime*], hardiment, résolument; audacieusement, témérairement, impudemment.

onfĭdentĭa, *æ*, f., **1.** confiance, assurance; **2.** hardiesse, courage; péj., insolence, audace, effronterie, impudence.

confĭdentĭlŏquus, *a, um*, [*~quior*], qui parle avec présomption, impudence.

confĭdo, *ĭs, ĕre, confīsus sum*, intr., se fier entièrement à, avoir toute confiance en, ~ *alicui* : se confier à qqn., ~ *sibi* : compter sur soi; ~ *duce, præsidio* : mettre sa confiance dans un général, dans un secours.

confīgo, *ĭs, ĕre, fixi, fixum*, tr., **1.** fixer ensemble, assembler, clouer; **2.** transpercer, crever.

configūrātĭo, *ōnis*, f., ressemblance.

configūro, *ās, āre*, tr., donner la même forme à, former, façonner.

confindo, *ĭs, ĕre*, tr., fendre.

confĭne, V. *confinis*.

confingo, *ĭs, ĕre, confinxi, confictum*, tr., **1.** façonner, fabriquer; **2.** inventer, forger.

confīnis, *e*, adj., qui a les mêmes limites, qui touche à, contigu, voisin; subst. m., *confinis, is*, voisin; n., *confine, is*, frontière.

confīnĭum, *ĭi*, n., limite, frontière, confins; espace étroit entre deux choses très voisines, *in confinio mortis ac vitæ* : entre la vie et la mort.

confĭo, *ĭs, fĭĕri*, passif de *conficio*, **1.** être fait, complété, parfait; **2.** se produire, arriver; **3.** être épuisé, consommé, dépensé.

confirmātĭo, *ōnis*, f., **1.** action de consolider, d'affermir; **2.** encouragement, consolation; **3.** affirmation, témoignage; **4.** rhét., confirmation; exposé des preuves.

confirmātīvē, adv., affirmativement.

confirmātŏr, *ōris*, m., garant, caution.

confirmātrix, *īcis*, f., celle qui garantit.

confirmātus, *a, um*, part. adj., [*~tior, ~tissimus*], **1.** affermi, consolidé, ferme, solide; **2.** encouragé; **3.** établi, prouvé, certain.

confirmĭtās, *ātis*, f., obstination, entêtement.

confirmo, *ās, āre*, tr., **1.** affermir, consolider, fortifier, *se* ~ : se rétablir, se guérir; **2.** encourager, affermir le courage de, rassurer; **3.** confirmer, affermir qqn. dans ses sentiments, dans ses dispositions; **4.** confirmer, appuyer de preuves, affirmer pour certain + acc. ou prop. inf.

confisco, *ās, āre*, tr., **1.** serrer, garder en caisse (*fiscus*, V. ce mot), avoir en réserve; **2.** confisquer au profit de l'État, du Trésor.

confĭsĭo, *ōnis*, f., confiance, assurance.

confĭtĕor, *ēris, ēri, confessus sum*, (cf. *fateor*), tr., **1.** avouer + acc. ou prop. inf.;

~ *de aliquā re* : convenir de ; **2.** poét., manifester.

confixĭlis, *e*, adj., fait de pièces assemblées.

confixĭo, *ōnis*, f., action de fixer, de serrer.

conflābello, *ās*, *āre*, tr., attiser, allumer.

conflăgrātĭo, *ōnis*, f., conflagration, éruption ; embrasement général.

conflăgro, *ās*, *āre*, intr., brûler, être consumé, flamber, être dévoré par les flammes de (pr. et fig.).

conflātĭo, *ōnis*, f., action de souffler ; d'exciter en soufflant ; insufflation ; ardeur.

conflātŏr, *ōris*, m., fondeur.

conflātŏrĭum, *ĭi*, n., fonderie, forge, creuset.

conflātūra, *æ*, f., fonte, fusion.

conflĕo, *ēs*, *ēre*, intr., pleurer avec.

conflictĭo, *ōnis*, f., choc, heurt ; lutte.

conflictātrix, *īcis*, f., persécutrice.

conflictĭo, *ōnis*, f., **1.** choc, heurt ; **2.** lutte, conflit, débat.

conflicto, *ās*, *āre*, **1.** intr., se heurter violemment contre, lutter, se battre ; **2.** tr., heurter violemment, maltraiter, tourmenter.

conflictŏr, *āris*, *āri*, intr., se heurter violemment contre.

conflictŭs, *ūs*, m., heurt violent, choc.

conflīgo, *ĭs*, *ĕre*, *flixi*, *flictum*, **1.** intr., se heurter ; lutter, combattre ; **2.** tr., heurter, choquer.

conflo, *ās*, *āre*, tr., **1.** souffler sur, allumer, embraser (pr. et fig.) ; **2.** faire fondre (des métaux), forger ; **3.** former, composer, rassembler, amasser ; fig., forger, inventer, combiner.

conflōrĕo, *ēs*, *ēre*, intr., fleurir avec.

conflŭo, *ĭs*, *ĕre*, *fluxi*, *fluxum*, intr., **1.** couler ensemble, réunir ses eaux, confluer ; part. subst. m., *confluens*, *entis*, confluent ; **2.** affluer, se répandre, accourir ensemble, en grand nombre (dans le même endroit).

conflŭus, *a*, *um*, qui coule avec.

confŏdĭo, *ĭs*, *ĕre*, *fōdi*, *fossum*, tr., **1.** creuser, fouiller entièrement ; **2.** percer, transpercer, ~ *jugulum* : égorger, ~ *oculos* : crever les yeux ; **3.** critiquer.

confœdĕrātĭo, *ōnis*, f., pacte, alliance.

confœdĕro, *ās*, *āre*, tr., unir par un traité.

confœdo, *ās*, *āre*, tr., souiller entièrement.

conformālis, *e*, adj., de même forme.

conformātĭo, *ōnis*, f., **1.** conformation, disposition, forme ; **2.** formation, adap-

tation ; **3.** conception de l'esprit, idée concept ; **4.** figure de rhétorique.

conformātŏr, *ōris*, m., formateur, ordonnateur.

conformis, *e*, adj., de même forme, semblable.

conformo, *ās*, *āre*, tr., donner une forme façonner, former ; arranger.

confortātĭo, *ōnis*, f., réconfort.

confortātŏr, *ōris*, m., qui réconforte.

conforto, *ās*, *āre*, tr., réconforter.

confŏvĕo, *ēs*, *ēre*, *fōvi*, *fōtum*, tr., réchauffer, ranimer.

confractĭo, *ōnis*, f., déchirure, rupture.

confrăgōsus, *a*, *um*, **1.** inégal, raboteux rude ; **2.** difficile, dangereux, embarrassant ; subst. n. pl., *confragosa*, *orum*, questions épineuses.

confrĕmo, *ĭs*, *ĕre*, intr., frémir, murmurer, gronder, bruire de toutes parts.

confrĭcātĭo, *ōnis*, f., frottement.

confrĭco, *ās*, *āre*, *frĭcŭi*, *frĭcātum*, tr., frotter fort ; ~ *genua* : se frotter contre les genoux de qqn., le supplier ardemment, Pl.

confrīgo, *ĭs*, *ĕre*, frixi, frixum, tr., faire frire.

confringo, *ĭs*, *ĕre*, *frēgi*, *fractum*, tr., rompre brutalement, briser, casser.

confŭgĭo, *ĭs*, *ĕre*, *fūgi*, intr., **1.** se réfugier, chercher asile + acc., *in*, *ad* + acc. ; **2.** se réfugier dans, invoquer comme prétexte que + prop. inf., *ut* + subj.

confŭgĭum, *ĭi*, n., refuge, asile, abri.

confŭit, *fūtūrum*, *fŏre*, se passer en même temps, arriver.

confulcĭo, *ĭs*, *īre*, tr., étayer, soutenir presser contre.

confulgĕo, *ēs*, *ēre*, intr., briller de tou côtés.

confundo, *ĭs*, *ĕre*, *fūdi*, *fūsum*, tr., **1.** verser ensemble, répandre ; passif : se ré pandre ; mêler en versant, mélanger **2.** mêler, confondre ; **3.** trouble brouiller, jeter la confusion dans (pr. e fig.) ; **4.** bouleverser, renverser.

confūsē, adv., [~*sius*], confusément, e désordre, pêle-mêle, en masse.

confūsīcĭus, *a*, *um*, versé et mélangé.

confūsĭo, *ōnis*, f., **1.** action de mêler e versant, mélange, confusion ; **2.** trouble désordre ; indistinction ; **3.** confusio trouble des sentiments.

confūsŏr, *ōris*, m., celui qui brouille.

confūsus, *a*, *um*, part. adj., [~*sior*, ~*sissimus*], **1.** versé, répandu ; **2.** mélang mêlé, confus, indistinct ; **3.** troublé, bou leversé (sentiments).

confūtātĭo, ōnis, f., réfutation.

confūtātŏr, ōris, m., celui qui réfute.

confūto, ās, āre, tr., 1. arrêter l'ébullition ; 2. abattre, réprimer, calmer ; 3. réfuter.

confūtūrus, V. confuit.

confŭtŭo, ĭs, ĕre, tr., foutre, baiser (vulg.).

congarrĭo, ĭs, īre, tr., babiller, jaser.

Congĕdus, i, m., Congédus, fl. d'Espagne.

congĕlasco, ĭs, ĕre, intr., se geler.

congĕlo, ās, āre, 1. tr., geler, figer entièrement, épaissir, durcir ; 2. intr., se geler, s'engourdir.

congĕmĭnātĭo, V. conduplicatio.

congĕmĭno, ās, āre, 1. tr., frapper à coups redoublés, redoubler ; 2. intr., (se) redoubler.

congĕmisco, ĭs, ĕre, intr., gémir profondément.

congĕmo, ĭs, ĕre, 1. intr., gémir ensemble, pousser de profonds gémissements ; 2. tr., gémir sur, s'affliger profondément de.

congĕnĕro, ās, āre, tr., engendrer avec, produire.

congentīlis, e, adj., gentil (idolâtre, païen) avec, AUG.

congĕr, gri, m., congre.

congĕrĭēs, ĕi, f., entassement, amas, chaos.

congermānesco, ĭs, ĕre, intr., sympathiser.

congermĭnālis, e, adj., du même germe.

congĕro, ĭs, ĕre, gessi, gestum, tr., 1. porter au même endroit, entasser, amasser ; rassembler ; 2. couvrir, combler, accumuler.

congerro, ōnis, m., compagnon de plaisir.

congestīcĭus, a, um, formé par entassement, amoncellement, rapport.

congestim, adv., en tas.

congestĭo, ōnis, f., action de mettre en tas, entassement, accumulation.

congestŭs, ūs, m., 1. action d'entasser, d'accumuler ; 2. tas, monceau, amas, masse.

congĭālis, e, adj., qui contient un conge.

congĭārĭum, ĭi, n., conge rempli de vin, d'huile ou de sel donné au peuple par les empereurs, d'où : largesses, dons en nature ou en argent.

congĭus, ĭi, m., conge (= 6 setiers : 3,283 litres).

conglăcĭo, ās, āre, intr., se congeler, geler (pr. et fig.).

conglisco, ĭs, ĕre, intr., se répandre, s'étendre.

conglŏbātim, adv., en tas, en masse.

conglŏbātĭo, ōnis, f., accumulation, agglomération.

conglŏbo, ās, āre, tr., mettre en boule ; ramasser, rassembler, grouper.

conglŏmĕro, ās, āre, tr., mettre en pelote ; accumuler.

conglōrĭfĭco, ās, āre, tr., glorifier avec.

conglūtĭnātĭo, ōnis, f., action de coller, de cimenter, d'agglutiner, de lier étroitement.

conglūtĭno, ās, āre, tr., 1. coller ensemble, cimenter, lier étroitement ; former, constituer par liaison ; 2. assembler des inventions, imaginer.

congræco, ās, āre, tr., faire le Grec avec son argent = le dépenser en débauches, PL.

congrātŭlātĭo, ōnis, f., félicitation.

congrātŭlor, āris, āri, tr. et intr., féliciter ; se féliciter.

congrĕdĭor, ĕris, i, gressus sum, intr., qqf. tr., 1. marcher avec, aller trouver, aborder, rencontrer, se rencontrer, avoir une entrevue avec ; 2. se rencontrer en combat, livrer bataille, en venir aux mains.

congrĕgābĭlis, e, adj., sociable.

congrĕgātim, adv., en foule, en troupe.

congrĕgātĭo, ōnis, f., action de réunir en troupe, de se grouper, réunion.

congrĕgo, ās, āre, tr., rassembler en troupe, rassembler, réunir.

congressĭo, ōnis, f., 1. action de se rencontrer, entrevue, entretien ; 2. combat.

congressŏr, ōris, m., celui qui a une rencontre avec qqn. ; combattant ; ami, familier.

congressŭs, ūs, m., 1. réunion, entrevue, rencontre ; 2. rencontre, combat, lutte.

congrex, grĕgis, adj., qui s'assemble.

Congrĭo, ōnis, m., Congrio, pers. de Plaute.

congrŭē, adv., d'une manière convenable.

congrŭens, entis, part. adj., [~tior, ~tissimus], 1. qui s'accorde à, convenable, juste, mors minime ~ vitæ : une mort sans rapport avec sa vie ; congruens est ut + subj. : il paraît juste que ; 2. symétrique, bien proportionné, uniforme.

congrŭentĕr, adv., [~tius, ~tissime], d'une manière convenable.

congrŭentĭa, æ, f., accord, conformité, proportion, équilibre.

congrŭo, ĭs, ĕre, grŭi, intr., 1. tomber ensemble, coïncider, se rencontrer ; impers., se trouver, arriver, ut + subj. : que ; 2. s'accorder, convenir, cadrer avec ; 3. s'entendre, s'accorder.

congrŭus, *a, um*, convenable, conforme à ; qui est d'accord avec.

cōnĭa, V. *ciconia*, Pl.

cōnĭcĭo, V. *conjicio*.

cōnĭfĕr, *fĕra, fĕrum*, qui porte des fruits en cône.

cōnĭgĕr, *gĕra, gĕrum*, V. le préc.

cōnīla, V. *cunila*.

cōnītor, *ĕris, i, cōnīsus (cōnixus) sum*, intr., **1.** faire des efforts, s'efforcer par tous les moyens, se raidir ; mettre bas avec effort ; **2.** avec inf., *ut* + subj., *ad* + gér., s'efforcer de.

cōnīum, *ĭi*, n., ciguë.

cōnīventĭa, *æ*, f., connivence.

cōnīvĕo, *ēs, ēre, nīvi (nixi)*, intr., **1.** s'appuyer, s'incliner, se fermer (yeux) ; **2.** fermer les yeux, faire semblant de ne pas voir, être de connivence ; **3.** s'éclipser (lune).

conjectĭo, *ōnis*, f., **1.** action de jeter, de lancer ensemble ; **2.** comparaison ; **3.** conjecture, explication, interprétation.

conjecto, *ās, āre*, tr., **1.** jeter ensemble ; **2.** conjecturer, présumer, supposer ; **3.** présager, prédire.

① **conjector**, *āris, āri*, tr., expliquer.

② **conjectŏr**, *ōris*, m., interprète.

conjectūra, *æ*, f., **1.** conjecture, supposition ; **2.** interprétation, divination.

conjectūrālis, *e*, adj., qui procède par conjecture.

conjectŭs, *ūs*, m., **1.** action de jeter ensemble, d'amasser en jetant ; **2.** jet, lancer, portée (de flèches).

conjĭcĭo, *ĭs, ĕre, jēci, jectum*, tr., **1.** jeter ensemble, au même endroit ; amasser ; **2.** jeter, lancer, plonger ; **3.** conjecturer, deviner, prévoir ; **4.** interpréter (songe, présage).

conjūcundor, *āris, āri*, intr., se réjouir avec.

conjŭga, *æ*, f., épouse.

conjŭgālis, *e*, adj., du mariage, conjugal.

conjŭgātĭo, *ōnis*, f., **1.** action d'attacher ensemble, d'unir, d'accoupler ; union ; **2.** parenté étymologique ; **3.** phil., enchaînement.

conjŭgātŏr, *ōris*, m., celui qui unit.

conjŭgĭālis, *e*, adj., du mariage, nuptial.

conjŭgĭum, *ĭi*, n., **1.** union, liaison ; **2.** union, mariage, accouplement ; **3.** époux, épouse.

conjŭgo, *ās, āre*, tr., unir, lier, apparier ; part. pf., *conjugatus, a, um*, lié étymologiquement.

conjunctē, adv., [*~tius, ~tissime*], **1.** conjointement, ensemble, à la fois ; **2.** étroitement, intimement.

conjunctim, adv., ensemble, conjointement.

conjunctĭo, *ōnis*, f., **1.** assemblage, union, liaison ; au pl., relations, rapports ; **2.** union conjugale, mariage ; **3.** rhét., enchaînement des mots dans une période.

conjunctīvus, *a, um*, qui sert à lier, conjonctif.

conjunctrix, *īcis*, f., celle qui unit, réunit.

conjunctum, *i*, n., **1.** propriété liée essentiellement à un corps, Lucr. ; **2.** au pl., mots de même famille, idées voisines.

conjunctus, *a, um*, part. adj., [*~tior, ~tissimus*], **1.** joint, lié, uni étroitement ; **2.** contigu, voisin, réuni, attenant à.

conjungo, *ĭs, ĕre, junxi, junctum*, tr., **1.** joindre, unir, réunir, attacher ensemble (pr. et fig.) ; **2.** unir par mariage, alliance, amitié, ~ *societatem, necessitudinem* : lier alliance, amitié ; *aliquam sibi ~ (matrimonio)* : épouser une femme.

conjunx, V. *conjux*.

conjūrātĭo, *ōnis*, f., **1.** action de jurer ensemble ; **2.** union par serment contre qqn., qqch., conjuration, complot, conspiration ; réunion de conjurés ; ligue, parti.

conjūro, *ās, āre*, intr., **1.** jurer ensemble, se lier par serment + prop. inf. ; part. pf., *conjuratus, a, um*, lié par serment, ligué, conjuré ; **2.** s'unir pour s'aider ; **3.** conspirer, comploter.

conjux, *ŭgis*, m. et f., époux, épouse ; fiancée ; maîtresse.

conl~ et **conm~**, V. *coll~* et *comm~*.

connascor, *ĕris, i, nātus sum*, intr., naître avec.

connecto, *ĭs, ĕre, nexŭi, nexum*, tr., **1.** attacher ensemble, joindre, nouer, lier étroitement, ajuster (pr. et fig.) ; **2.** associer à, impliquer dans.

connexĭo, *ōnis*, f., jonction, liaison.

connexum, *i*, n., connexion, enchaînement.

connexŭs, *ūs*, m., lien étroit, connexion.

connītor, V. *conitor*.

connīv~, V. *coniv~*.

connūbĭālis, *e*, adj., conjugal, nuptial.

connūbĭum, *ĭi*, n., **1.** mariage légal ; **2.** union charnelle.

connŭmĕro, *ās, āre*, tr., compter avec ou ensemble.

connus, V. *cunnus*.

Cŏnōn, *ōnis*, m., Conon, **1.** général athénien ; **2.** mathématicien de Samos.

cōnōpēum (**~pĭum**), *i*, n., moustiquaire, tente, pavillon.

cōnor, *āris, āri*, intr., s'efforcer de, entreprendre de + inf. ; se préparer, se disposer à.

conp~, V. *comp~*.

conquădro, *ās, āre*, tr., cadrer avec.

conquassātĭo, *ōnis*, f., forte secousse, ébranlement, altération profonde.

conquasso, *ās, āre*, tr., secouer fortement, bouleverser.

conquĕror, *ĕris, i, questus sum*, intr., se plaindre vivement.

conquestĭo, *ōnis*, f., 1. action de se plaindre vivement, vive doléance ; 2. mécontentement, plainte ; 3. rhét., partie du discours où l'on excite la compassion.

conquestŭs, *ūs*, m., plainte vive.

conquĭesco, *ĭs, ĕre, quĭēvi, quĭētum*, intr., 1. se reposer, être en repos, en paix ; 2. se ralentir, se calmer, être suspendu.

conquĭnisco, *ĭs, ĕre*, intr., (se) baisser.

conquĭno, V. *coinquino*.

conquīro, *ĭs, ĕre, quīsīvi (ĭi), quīsītum*, tr., chercher ensemble, de tous les côtés, rechercher, réunir avec effort, recueillir (pr. et fig.).

conquīsītĭo, *ōnis*, f., action de chercher ensemble, de rassembler, rechercher ; spéc., enrôlement, levée de troupes.

conquīsītŏr, *ōris*, m., enrôleur, recruteur ; chasseur (d'esclaves fugitifs) ; espion.

conquīsītus, *a, um*, part. adj., [~tior, ~tissimus], cherché avec soin, recherché (pr. et fig.).

conr~, V. *corr~*.

consæpĭo, *ĭs, īre, sæpsi, sæptum*, tr., enclore (d'une haie).

consæptum, *i*, n., enclos, parc.

consălūtātĭo, *ōnis*, f., action de saluer, salutation collective ou réciproque.

consălūto, *ās, āre*, tr., saluer ensemble, saluer, *inter se ~* : échanger un salut ; *~ aliquem regem* : décerner à qqn. le titre de roi, le proclamer roi.

consănesco, *ĭs, ĕre, sānŭi*, intr., se rétablir, se guérir.

consanguĭnĕus, *a, um*, du même sang que, uni par le sang, parent ; subst. m., *consanguineus, i*, frère (consanguin) ; f., *consanguinea, æ*, sœur (consanguine).

consanguĭnĭtās, *ātis*, f., consanguinité, lien du sang, parenté, communauté d'origine.

consăv~, V. *consuav~*.

conscĕlĕrātus, *a, um*, souillé de crimes.

conscĕlĕro, *ās, āre*, tr., souiller de crimes.

conscendo, *ĭs, ĕre, scendi, scensum*, tr. et intr., monter sur ou dedans, s'élever à,

~ equum, in equum : monter à cheval, *~ naves, in naves* : embarquer ; abs., embarquer.

conscensĭo, *ōnis*, f., action de monter sur ou dans ; embarquement.

conscĭentĭa, *æ*, f., 1. connaissance de qqch. à plusieurs, en commun ; confidence ; connivence, complicité ; 2. conviction, connaissance intime ; 3. conscience morale.

conscindo, *ĭs, ĕre, scĭdi, scissum*, tr., déchirer entièrement, mettre en pièces (pr. et fig.).

conscĭo, *īs, īre*, tr., avoir conscience.

conscĭsco, *ĭs, ĕre, scīvi (scĭi), scītum*, tr., 1. prendre une décision (officielle), décréter ; 2. se décider à, pour.

conscissĭo, *ōnis*, f., action de déchirer, de mettre en pièces.

conscissūra, *æ*, f., coupure, schisme.

conscĭus, *a, um*, qui sait avec d'autres ou intimement, 1. confident, témoin, complice ; 2. qui a conscience de, *~ mihi sum* + prop. inf., interr. indir. : je suis parfaitement conscient que ; 3. qui se sent coupable.

conscrĕor, *āris, āri*, intr., cracher avec bruit, avec effort.

conscrībillo, *ās, āre*, tr., griffonner, égratigner, sillonner (de coups de fouet).

conscrībo, *ĭs, ĕre, scripsi, scriptum*, tr., 1. écrire en même temps, inscrire sur une liste, enrôler, *~ exercitum* : lever une armée, V. *conscriptus* ; 2. consigner par écrit, rédiger, composer (lois, testament, ordonnances…) ; 3. écrire sur.

conscriptĭo, *ōnis*, f., rédaction, écrit.

conscriptŏr, *ōris*, m., rédacteur, auteur.

conscriptus, *a, um*, inscrit, enrôlé ; spéc., *patres conscripti* : sénateurs (inscrits sur la liste des membres du sénat) ; subst. m., *conscriptus, i*, sénateur.

consĕco, *ās, āre, sĕcŭi, sectum*, tr., couper en petits morceaux, détacher en coupant.

consĕcrānĕus, *a, um*, qui participe aux mêmes mystères, coreligionnaire.

consĕcrātĭo, *ōnis*, f., 1. consécration (aux dieux, aux dieux infernaux) ; 2. déification, apothéose ; 3. idolâtrie.

consĕcro, *ās, āre*, tr., 1. consacrer, vouer à une divinité ; 2. consacrer, donner un caractère sacré à ; 3. immortaliser, rendre inviolable ; 4. honorer comme dieu, mettre au rang des dieux ; 5. vouer à l'exécration, maudire, déclarer *sacer* (V. ce mot).

consectānĕus, *a, um*, qui suit une même secte.

consectārĭus, *a, um*, conséquent, logique.

consectātĭo, *ōnis*, f., poursuite, recherche ardente.

consectātrix, *īcis*, f., celle qui recherche avec ardeur.

consectĭo, *ōnis*, f., action de couper.

consector, *āris, āri*, tr., 1. poursuivre sans relâche, s'attacher à qqn. ou qqch. ; poursuivre (un ennemi), harceler ; 2. rechercher avec opiniâtreté, s'obstiner dans.

consĕcŭē, adv., en conséquence.

consĕcūtĭo, *ōnis*, f., 1. action de suivre, suite ; conséquence, conclusion ; enchaînement ; 2. recherche.

consĕnesco, *ĭs, ĕre, sĕnŭi*, intr., devenir vieux, vieillir ; dépérir, s'affaiblir.

consensĭo, *ōnis*, f., 1. conformité de sentiments, accord, harmonie ; 2. ligue, conspiration, complot.

consensŭs, *ūs*, m., accord, harmonie, *~ omnium* : unanimité, *consensu* : à l'unanimité.

consentānĕē, adv., 1. d'accord avec ; 2. de façon plausible.

consentānĕus, *a, um*, 1. d'accord avec, conforme à, en rapport avec ; 2. convenable ; subst. n. pl., *consentanea, orum*, les compatibilités (opp. à *repugnantia*).

Consentes dĭi, m. pl., les douze grands dieux Consentes qui siègent au Conseil de l'Olympe.

Consentĭa, *æ*, f., Consentia, v. du Bruttium ‖ **Consentīni**, *ōrum*, m. pl., les hab. de Consentia.

consentībĭlis, *e*, adj., à quoi l'on peut acquiescer.

consentĭens, *entis*, part. adj., 1. qui est du même sentiment, du même avis que, qui s'accorde ; 2. unanime.

consentĭo, *īs, īre, sensi, sensum*, intr., et qqf. tr., 1. être du même sentiment, avis, être d'accord, décider unanimement, s'entendre, consentir, *de, in* + abl. : de, sur, en qqch., *ăd* + acc. : pour qqch., *~ bellum* : consentir à la guerre ; 2. se concerter, conspirer, comploter sur, avec acc., prop. inf., *ut* + subj. ; 3. s'accorder avec, correspondre à ; abs., être unanime, s'accorder.

consēp~, V. *consæp~*.

consĕpĕlĭo, *īs, īre, īvi* (*ĭi*), *sĕpultum*, tr., ensevelir avec.

consĕquē, V. *consecue*.

consĕquens, *entis*, part. adj., 1. qui suit régulièrement ou exactement ; 2. logique, conséquent, *~ est* : il est logique que + prop. inf.

consĕquentĕr, adv., logiquement ; en conséquence.

① **consĕquentĭa**, *æ*, f., suite, conséquence, enchaînement, succession.

② **consĕquentĭa**, *ĭum*, n. pl., part. subst. de *consequens*, conséquences logiques.

consĕquĭus, *a, um*, qui suit.

consĕquor, *ĕris, i, sĕcūtus sum*, intr. et tr., 1. venir après, suivre, accompagner (dans l'espace et le temps) ; 2. poursuivre ; 3. suivre, se conformer à ; 4. suivre, être la suite logique de ; 5. atteindre, rejoindre ; égaler ; 6. arriver à, obtenir, acquérir, *~ opes quam maximas* : atteindre le sommet de la puissance ; 7. échoir en partage, résulter pour qqn., *tanta prosperitas consecuta est Cæsarem* : tel fut le bonheur de César ; 8. atteindre par la pensée, *omnia alicujus facta memoriā ~* : parvenir à se rappeler toutes les actions de qqn.

① **consĕro**, *ĭs, ĕre, sēvi, sĭtum*, tr., ensemencer, planter ; fig., couvrir de.

② **consĕro**, *ĭs, ĕre, sĕrŭi, sertum*, tr., 1. joindre, attacher, entrelacer, réunir ; fig., *~ sermonem* : lier conversation ; *~ bella bellis* : engager guerres sur guerres ; 2. mettre aux prises, *~ manus, pugnam cum aliquo, alicui* : engager le combat contre qqn. ; abs., en venir aux mains.

consertē, adv., avec liaison, enchaînement.

conserva, *æ*, f., compagne d'esclavage.

conservābĭlis, *e*, adj., qui peut être conservé.

conservans, *antis*, part. adj., conservateur de.

conservātĭo, *ōnis*, f., 1. action de conserver, mise en réserve ; 2. observation, respect.

conservātŏr, *ōris*, m., conservateur, sauveur.

conservātrix, *īcis*, f., celle qui conserve, qui sauve.

conservĭtĭum, *ĭi*, n., servitude commune.

conservo, *ās, āre*, tr., 1. conserver, sauver, épargner ; 2. observer, respecter.

conservus, *i*, m., compagnon d'esclavage.

consessŏr, *ōris*, m., celui qui est assis avec ou auprès de, voisin (table, théâtre, tribunal).

consessŭs, *ūs*, m., réunion (de gens assis), assistance.

consīdĕrātē, adv., [*~tius, ~tissime*], avec réflexion, prudence.

consīdĕrātĭo, *ōnis*, f., action de considérer, d'observer ; attention, examen.

consīdĕrātus, *a, um*, part. adj., [*~tior, ~tissimus*], réfléchi, mûrement pesé (choses) ; réfléchi, circonspect (pers.).

consīdĕro, *ās, āre*, tr., (cf. *sidus*), (sens originel : observer les astres), **1.** considérer, observer attentivement ; **2.** réfléchir, examiner, *considera quid agas* : réfléchis à ce que tu dois faire ; *~ ut, ne* + subj. : veiller avec soin à, à ne pas.

Consīdĭus, *ĭi*, m., Considius, nom d'h.

consīdo, *ĭs, ĕre, sēdi, sessum*, intr., **1.** s'asseoir, prendre place, se poser ; **2.** siéger, *~ in reum* : pour juger un accusé ; **3.** faire halte, se poster, prendre position, camper ; **4.** faire séjour, s'établir, se fixer ; **5.** s'abaisser, tomber ; se calmer, cesser.

consignātĭo, *ōnis*, f., preuve écrite, document.

consigno, *ās, āre*, tr., **1.** mettre un sceau, sceller, signer, *~ testamentum* : rédiger un testament ; **2.** consigner par écrit, noter, marquer ; attester, confirmer.

① **consĭlĭārĭus**, *a, um*, qui donne des conseils.

② **consĭlĭārĭus**, *ĭi*, m., **1.** conseiller ; **2.** interprète (de la volonté des dieux).

consĭlĭātŏr, *ōris*, m., conseiller.

consĭlĭātrix, *īcis*, f. du préc.

consĭlĭor, *āris, āri*, intr., **1.** tenir conseil, délibérer ; **2.** conseiller, donner un conseil + dat.

consĭlĭum, *ĭi*, n., **1.** lieu où l'on délibère ; assemblée délibérante, commission, conseil, *senatus orbis terræ sanctissimum ~* : le sénat, l'assemblée la plus sacrée au monde, Cic., *~ convocare, dimittere* : convoquer, renvoyer l'assemblée ; **2.** délibération, consultation, examen en commun, *ire in ~* : se consulter, *res est magni consilii* : l'affaire demande un examen approfondi ; **3.** résultat de la délibération : plan, projet, dessein, parti, résolution, décision, *~ audax* : projet audacieux, *~ inire, capere, suscipere, intendere* : prendre la résolution, la décision de, *eo consilio ut* + subj. : dans le but de, *consilio* : à dessein ; stratagème ; **4.** sagesse, prudence, réflexion, bon sens, *vir minimi consilii* : homme de très peu de réflexion ; **5.** conseil, avis, *suo consilio uti* : prendre conseil de soi-même.

consĭmĭlis, *e*, adj., tout à fait semblable, pareil, ressemblant.

consĭmĭlo, *ās, āre*, tr., assimiler.

consĭpĭo, *ĭs, ĕre*, intr., être dans son bon sens.

consisto, *ĭs, ĕre, stĭti*, intr., se tenir debout avec ; **1.** se placer, se tenir, se poser, *~ in muro* : se tenir sur le rempart ; **2.** s'arrêter, faire halte, *viatores ~ cogunt* :

ils forcent les voyageurs à s'arrêter ; **3.** s'arrêter, prendre fin, *constitit bellum* : la guerre s'arrêta ; **4.** se fixer, s'établir ; **5.** s'arrêter, tenir ferme, résister, se maintenir, *constitit consilium* : c'est une résolution bien arrêtée ; **6.** consister dans, reposer sur, *in interitu tuo salus optimi cujusque consistit* : le salut des meilleurs citoyens repose sur ta mort, Cic. ; **7.** être d'accord avec.

consistōrĭum, *ĭi*, n., lieu où l'on séjourne, où l'on se réunit.

consĭtĭo, *ōnis*, f., ensemencement, plantation.

consĭtŏr, *ōris*, m., semeur, planteur.

consĭtūra, *æ*, f., ensemencement, plantation.

Consīva, *æ*, f., Ops Consiva : déesse qui préside aux semences, aux plantations ‖ **Consīvĭus**, *ĭi*, m., surnom de Janus semeur.

consŏbrīna, *æ*, f., cousine (du côté maternel).

consŏbrīnus, *i*, m., cousin (du côté maternel).

consŏcĕr, *ĕri*, m., père du gendre ou de la bru.

consŏcĭa, *æ*, f., compagne, épouse.

consŏcĭābĭlis, *e*, adj., convenable.

consŏcĭātĭo, *ōnis*, f., association, union, alliance.

consŏcĭātus, *a, um*, part. adj., [*~tior, ~tissimus*], étroitement associé, en accord parfait.

consŏcĭo, *ās, āre*, tr., associer, réunir, allier, mettre en commun.

consŏcĭus, *ĭi*, m., compagnon, associé.

consōlābĭlis, *e*, adj., [*~lior*], qui peut être consolé.

consōlātĭo, *ōnis*, f., **1.** consolation, soulagement ; **2.** encouragement.

consōlātŏr, *ōris*, m., consolateur.

consōlātōrĭē, adv., d'une manière consolante.

consōlātōrĭus, *a, um*, qui vise à consoler.

consōlātrix, *īcis*, f., consolatrice.

consōlor, *āris, āri*, tr., **1.** consoler, encourager, soulager qqn. ; qqf., être consolé ; **2.** soulager, adoucir (une douleur).

consomnĭo, *ĭs, īre*, tr., voir en rêve.

consŏnans, *antis*, part. adj., [*~tior*], **1.** qui retentit avec ; **2.** qui a le même son que ; **3.** qui est en harmonie avec.

consŏnantĭa, *æ*, f., accord, harmonie ; concordance.

consŏno, *ās, āre, sŏnŭi*, intr., résonner ensemble ; répercuter, faire écho ; être en harmonie, concorder.

consŏnus, *a*, *um*, **1.** qui résonne ensemble, en accord avec ; **2.** convenable.

consōpĭo, *īs*, *īre*, tr., assoupir, endormir.

consors, *ortis*, subst. et adj., **1.** qui vit en communauté de biens avec, qui partage la propriété avec ; commun ; **2.** poét., frère, sœur ; fraternel.

consortĭo, *ōnis*, f., communauté, association, partage indivis.

consortĭum, *ĭi*, n., association, participation, communauté.

conspătĭor, *āris*, *āri*, intr., se promener avec.

conspectŏr, *ōris*, m., qui aperçoit, qui voit.

① **conspectus**, *a*, *um*, part. adj., [~*tior*], **1.** visible, remarqué, apparent ; **2.** remarquable.

② **conspectŭs**, *ūs*, m., action d'embrasser du regard, **1.** vue, faculté de voir, regard, *venire in conspectum* : devenir visible (proche), *e conspectu fugere* : fuir hors de la vue, loin des regards, *e conspectu tollere* : faire disparaître ; **2.** point de vue, endroit d'où l'on peut voir ; **3.** apparition, *conspectu suo prœlium restituit* : son apparition rétablit la situation ; **4.** aspect général.

conspergo, *ĭs*, *ĕre*, *spersi*, *spersum*, tr., arroser, répandre en abondance ; fig., parsemer, semer, saupoudrer.

conspĭcābĭlis, *e*, adj., visible.

conspĭcĭendus, *a*, *um*, adj. vb., digne d'être vu et remarqué, remarquable.

conspĭcĭo, *ĭs*, *ĕre*, *spexi*, *spectum*, tr., **1.** embrasser du regard, regarder, observer ; **2.** apercevoir ; **3.** regarder : être orienté vers (choses) ; **4.** remarquer ; passif : se faire remarquer, attirer l'attention, *arma atque equi conspiciebantur* : c'étaient ses chevaux et ses armes qui attiraient l'attention, Liv.

conspĭcor, *āris*, *āri*, tr., voir, apercevoir, remarquer ; qqf. sens passif : être remarqué.

conspĭcŭus, *a*, *um*, **1.** exposé à la vue, visible, apparent ; **2.** remarquable.

conspīrantĕr, adv., [~*tissime*], d'un accord unanime.

conspīrātĭo, *ōnis*, f., **1.** accord, union, harmonie d'inspiration, de projets ; **2.** conspiration, complot.

conspīrātus, *a*, *um*, part. adj. et subst., conjuré.

conspīro, *ās*, *āre*, intr., **1.** souffler ensemble (instruments) ; **2.** s'accorder, tendre au même but ; **3.** comploter, conspirer.

conspŏlĭo, *ās*, *āre*, tr., dépouiller entièrement.

conspondĕo, *ēs*, *ēre*, *spondi*, *sponsum*, intr., s'engager mutuellement.

consponsŏr, *ōris*, m., qui est caution avec d'autres.

conspŭo, *ĭs*, *ĕre*, *spŭi*, *spūtum*, tr., couvrir de crachats, conspuer ; cracher sur.

conspurco, *ās*, *āre*, tr., salir, souiller.

conspūto, *ās*, *āre*, tr., couvrir de crachats.

constăbĭlĭo, *īs*, *īre*, tr., établir, fonder solidement, consolider.

constans, *antis*, part. adj., [~*tior*, ~*tissimus*], **1.** qui se tient solidement ensemble, qui a de la consistance, ferme, immuable, invariable ; **2.** ferme, constant, persévérant, opiniâtre ; **3.** qui s'accorde avec, concordant.

constantĕr, adv., [~*tius*, ~*tissime*] **1.** d'une manière stable, continue, constamment ; **2.** d'une manière ferme, cohérente, conséquente ; **3.** d'une manière ferme, courageusement, opiniâtrement, avec constance, résolution.

constantĭa, *æ*, f., **1.** stabilité, continuité, permanence, constance ; **2.** cohérence, accord, harmonie ; **3.** fermeté, courage, opiniâtreté ; constance.

Constantīnus, *i*, m., Constantin, empereur rom. (306-337).

Constantĭus, *ĭi*, m., Constance Chlore, empereur rom. (293-306).

consternātĭo, *ōnis*, f., **1.** abattement, bouleversement ; **2.** tumulte, soulèvement.

① **consterno**, *ās*, *āre*, tr., **1.** épouvanter, effrayer, bouleverser ; **2.** soulever, pousser à la révolte.

② **consterno**, *ĭs*, *ĕre*, *strāvi*, *strātum*, tr., **1.** étendre, répandre sur, couvrir, joncher ; **2.** renverser, abattre.

constīpātĭo, *ōnis*, f., action de resserrer, de ramasser, de concentrer.

constīpo, *ās*, *āre*, tr., **1.** serrer, presser ; **2.** bourrer, boucher.

constĭti, V. *consto* et *consisto*.

constĭtŭo, *ĭs*, *ĕre*, *stĭtŭi*, *stĭtūtum*, tr.,
I 1. placer, établir, mettre ; mil., poster, aligner ; **2.** arrêter, faire faire halte.
II 1. fonder, ériger, dresser, ~ *turres* : construire des tours, ~ *ludos* : instituer des jeux ; **2.** organiser, constituer, former, ~ *rem publicam* : organiser l'État, *legio ex veteranis constituta* : une légion formée de vétérans ; **3.** instituer, créer, ~ *aliquem regem* : instituer qqn. roi.
III 1. établir, déterminer, définir, ~ *controversiam* : définir le point en litige ; **2.** fixer, assigner, ~ *posterum diem pugnæ* : fixer le lendemain pour le combat ; **3.** arrêter, décider, *ut* + subj., *constituimus ut ambulationem faceremus* : nous

avons décidé de faire une promenade, + inf., *constituit gerere bellum* : il a décidé de faire la guerre.

constĭtūtŏr, *ōris*, m., fondateur, créateur.

constĭtūtum, *i*, n., ce qui a été établi, décidé ; accord, pacte, ordonnance, disposition ; rendez-vous.

consto, *ās, āre, stĭti,* part. fut. *stātūrus,* intr.,

I 1. s'arrêter, faire halte ; 2. se tenir immobile, se maintenir, persévérer ; 3. exister, subsister.

II être d'accord, être conséquent, *sibi* ~ : être conséquent avec soi-même.

III se composer de, consister en, *ex, in, de* + abl. ou abl. seul ; dépendre de.

IV être constant, certain, arrêté, évident, *exempla quæ constant* : les exemples qui sont reconnus ; impers., *constat* : il est certain, évident + prop. inf., ~ *inter omnes* : tout le monde reconnaît que ; *satis constat* : c'est un fait bien établi que.

V coûter, revenir à + gén. ou abl.

constrātŏr, *ōris*, m., qui aplanit.

constrātum, *i*, n., plancher, pont (navire).

constrĕpo, *ĭs, ĕre*, intr. et tr., faire un grand bruit ; faire retentir.

constrictē, adv., d'une manière étroite.

constrictĭo, *ōnis*, f., action de resserrer ; de rendre plus strict ; résumé.

constricto, *ās, āre*, tr., serrer fortement.

constrictus, *a, um*, [~*tior*], resserré.

constringo, *ĭs, ĕre, strinxi, strictum,* tr., 1. serrer étroitement, lier ; enchaîner ; 2. tenir, serrer, contenir, étouffer.

constructĭo, *ōnis*, f., construction, structure ; arrangement.

constrŭo, *ĭs, ĕre, struxi, structum,* tr., 1. entasser, accumuler ; 2. disposer, ranger ; 3. bâtir, construire.

constŭprātĭo, *ōnis*, f., action de souiller, de déshonorer.

constŭprātŏr, *ōris*, m., celui qui souille, déshonore.

constŭpro, *ās, āre*, tr., déshonorer, débaucher, souiller.

consuādĕo, *ēs, ēre*, tr. et intr., conseiller fortement ; chercher à convaincre + dat.

Consŭālis, *e*, adj., relatif au dieu Consus.

consuāsŏr, *ōris*, m., qui conseille fortement.

consuāvĭo, *ās, āre*, et **consuāvĭor**, *āris, āri*, tr., couvrir de caresses.

consubsīdo, *ĭs, ĕre*, intr., rester ensemble.

consubstantĭālis, *e*, adj., chr., consubstantiel.

consubstantĭālĭtās, *ātis*, f., chr., consubstantialité.

consūdo, *ās, āre*, intr., être inondé de sueur.

consuēfăcĭo, *ĭs, ĕre, fēci, factum,* tr., accoutumer, habituer à.

consuesco, *ĭs, ĕre, suēvi, suētum*, intr. et qqf. tr., 1. s'accoutumer, s'habituer à ; pf., *consuevi* : j'ai l'habitude, j'ai coutume de + inf. ; tr., habituer, accoutumer ; 2. avoir des relations, un commerce avec qqn.

consuētĭo, *ōnis*, f., liaison, commerce.

consuētūdo, *ĭnis*, f., 1. habitude, coutume, usage, (*ex, pro) consuetudine* : comme c'est l'usage ; 2. relations habituelles, commerce avec qqn., *se dare in consuetudinem, jungere consuetudines cum aliquo* : nouer des relations avec qqn. ; relations coupables.

consuētus, *a, um*, part. adj., [~*tissimus*], 1. habitué, accoutumé, habituel ; 2. qui a commerce avec.

consŭl, *ŭlis*, m., 1. consul, un des deux magistrats suprêmes élus chaque année à Rome, *L. Pisone A. Gabinio consulibus* : sous le consulat de L. Pison et de A. Gabinius ; *in destinatos consules*, litt., pour les consuls désignés = l'année prochaine ; abr., *cos* (sg.) et *coss* (pl.) ; 2. proconsul.

consŭlāris, *e*, adj., de consul, consulaire ; subst. m., *consularis, is*, personnage consulaire, ancien consul.

consŭlārĭtĕr, adv., d'une manière digne d'un consul, en consul.

consŭlātūs, *ūs*, m., 1. consulat, dignité, fonction de consul, *consulatum petere* : être candidat au consulat, *consulatum inire* : entrer en fonctions (de consul) ; 2. proconsulat.

consŭlo, *ĭs, ĕre, sŭlŭi, sultum,*

I intr., 1. délibérer, se consulter, ~ *de communibus negotiis* : se consulter sur les affaires communes ; 2. veiller à, songer à, s'intéresser à, ~ *parti civium* : s'occuper d'une partie des citoyens, ~ *ut* + subj. : veiller à ce que ; 3. prendre des mesures, des décisions, ~ *libere ad summam rerum* : agir avec indépendance dans l'intérêt général.

II tr., 1. consulter, demander un avis, des instructions, ~ *populum* : demander au peuple son avis ; *qui de jure civili consuluntur* : les jurisconsultes ; 2. examiner, étudier, réfléchir, *Galli quid agant consulunt* : les Gaulois se demandent quoi faire.

III *boni* ~ *aliquid* : regarder comme une bonne chose, approuver.

consultātĭo, *ōnis*, f., 1. action de délibérer, délibération, examen : 2. question à résoudre.

consultātŏr, *ōris*, m., consultant.

consultē, adv., [*~tius*], avec réflexion, prudemment.

① **consultō**, adv., à dessein, exprès, de propos délibéré.

② **consulto**, *ās*, *āre*, tr. et intr., 1. délibérer sur ; 2. demander conseil, consulter qqn. ; 3. réfléchir mûrement, délibérer.

① **consultor**, *āris*, *āri*, V. le préc.

② **consultŏr**, *ōris*, m., 1. qui conseille, conseiller ; 2. qui consulte, consultant.

consultrix, *īcis*, f., celle qui pourvoit à.

consultum, *i*, n., 1. résolution, arrêté, décret, dessein, plan ; *senatus consultum* : décision du sénat, sénatus-consulte ; 2. réponse d'un oracle.

consultus, *a*, *um*, part. adj., [*~tior*], 1. délibéré, examiné, étudié ; 2. qui a réfléchi sur, compétent, versé dans, expert, *juris ~* ou simpl. *consultus* : jurisconsulte.

consummābĭlis, *e*, adj., susceptible de perfection ; qui peut s'accomplir.

consummātē, adv., d'une manière parfaite, achevée.

consummātĭo, *ōnis*, f., 1. action de faire la somme, total, accumulation ; 2. accomplissement, achèvement ; 3. perfection.

consummātŏr, *ōris*, m., celui qui accomplit, qui achève.

consummātus, *a*, *um*, part. adj., [*~tissimus*], accompli, achevé, parfait.

consummo, *ās*, *āre*, tr., 1. faire la somme de ; 2. accomplir, achever, consommer, compléter, rendre parfait.

consūmo, *ĭs*, *ĕre*, *sumpsi*, *sumptum*, tr., prendre pour soi complètement, 1. absorber, dépenser, consumer, *sumat, consumat, perdat* : qu'il prenne, qu'il dévore, qu'il perde (ma fortune), Tér. ; 2. consumer, ruiner, anéantir, faire périr ; 3. consommer ; 4. employer complètement, utiliser, *~ ingenium in musicis* : appliquer son talent à la musique, *~ diem navigatione* : passer un jour en mer.

consumptĭo, *ōnis*, f., épuisement, consomption.

consumptŏr, *ōris*, m., 1. dissipateur ; 2. destructeur.

consŭo, *ĭs*, *ĕre*, *sŭi*, *sūtum*, tr., coudre ensemble, attacher, fermer (la bouche).

consurgo, *ĭs*, *ĕre*, *surrexi*, *surrectum*, intr., se lever ensemble, se dresser, partir d'un seul élan.

consurrectĭo, *ōnis*, f., action de se lever ensemble, comme un seul homme.

Consus, *i*, m., Consus, dieu de la végétation.

consŭsurro, *ĭs*, *ĕre*, intr., chuchoter avec.

consūtĭlis, *e*, adj., fait de pièces cousues.

consūtĭo, *ōnis*, f., action de coudre ensemble.

contābēfăcĭo, *ĭs*, *ĕre*, tr., épuiser, miner.

contābesco, *ĭs*, *ĕre*, intr., s'épuiser, dépérir.

contăbŭlātĭo, *ōnis*, f., 1. plancher ; 2. pli de la toge.

contăbŭlo, *ās*, *āre*, tr., planchéier, construire en planches ; mettre des planches sur.

contactŭs, *ūs*, m., 1. contact, toucher, attouchement ; 2. contagion, souillure.

contāgēs, *is*, f., contact.

contāgĭo, *ōnis*, f., 1. contact, attouchement, commerce, liaison, rapport ; 2. contagion, infection.

contāgĭum, *ĭi*, n., 1. contact, attouchement ; 2. contagion (phys. ou mor.).

contāmĕn, *ĭnis*, n., souillure.

contāmĭnābĭlis, *e*, adj., susceptible de souillure.

contāmĭnātĭo, *ōnis*, f., souillure, tache.

contāmĭnātŏr, *ōris*, m., celui qui souille.

contāmĭno, *ās*, *āre*, tr., 1. mettre en contact, mêler ; 2. souiller, infecter ; débaucher.

contechnor, *āris*, *āri*, tr., machiner, ourdir.

contectĭo, *ōnis*, f., action de couvrir.

contĕgo, *ĭs*, *ĕre*, *texi*, *tectum*, tr., couvrir entièrement ; enfouir ; dissimuler, dérober.

contĕmĕro, *ās*, *āre*, tr., souiller, profaner.

contemnĭfĭcus, *a*, *um*, méprisant.

contemno, *ĭs*, *ĕre*, *tempsi*, *temptum*, tr., mépriser, faire peu de cas de ; dédaigner de + inf.

contempĕrātĭo, *ōnis*, f., mélange homogène.

contempĕro, *ās*, *āre*, tr., 1. délayer, mélanger ; 2. rendre égal, homogène.

contemplābundus, *a*, *um*, qui contemple.

contemplātĭo, *ōnis*, f., 1. action de regarder attentivement, de viser ; 2. étude approfondie, examen sérieux.

contemplātīvus, *a*, *um*, contemplatif, spéculatif, théorique.

contemplātŏr, *ōris*, m., celui qui observe, observateur, contemplateur.

contemplātrix, *īcis*, f. du préc.

contemplātŭs, *ūs*, m., observation, contemplation.

contemplo, *ās*, *āre*, et **contemplor**, *āris*, *āri*, (cf. *templum*), tr., regarder attentivement, observer, contempler.

contempno, V. *contemno*.

contempŏrālis, *e*, adj., contemporain.

contempŏro, *ās*, *āre*, intr., être contemporain.

contemptĭbĭlĭtĕr, adv., avec mépris.

contemptim, adv., [*~tius*], V. le préc.

contemptĭo, *ōnis*, f., mépris, dédain.

contemptŏr, *ōris*, m., qui méprise, contempteur.

contemptrix, *īcis*, f. du préc.

① **contemptus**, *a*, *um*, part. adj., [*~tior*, *~tissimus*], méprisé, dédaigné, méprisable.

② **contemptŭs**, *ūs*, m., mépris, dédain.

contendo, *ĭs*, *ĕre*, *tendi*, *tentum*, tr. et intr., **1.** tendre avec force, bander, étendre, *tormenta telorum* ~ : tendre les cordes des balistes, *ne omnia contendamus* : pour ne pas toujours tendre les ressorts de notre esprit ; **2.** faire tous ses efforts pour, *fugā salutem petere* ~ : s'efforcer de chercher son salut dans la fuite ; **3.** chercher à atteindre, se mettre en marche, ~ *domum* : se rendre chez soi ; **4.** insister, presser de, *a militibus* ~ *ne* + subj. : insister auprès des soldats pour que... ne... pas ; **5.** soutenir énergiquement, *sic hoc contendo* + prop. inf. : ce que je soutiens, c'est que... ; **6.** lutter, rivaliser, *cum* + abl., *adversus* + acc. ; **7.** rapprocher, confronter, comparer.

contĕnĕbrātĭo, *ōnis*, f., obscurcissement.

contĕnĕbresco, *ĭs*, *ĕre*, intr., se couvrir de ténèbres.

contĕnĕbro, *ās*, *āre*, tr., couvrir de ténèbres.

① **contentē**, adv., [*~tius*, *~tissime*], avec effort, véhémence.

② **contentē**, adv., chichement.

contentĭo, *ōnis*, f., **1.** action de tendre avec effort, tension, effort, contention (de l'esprit) ; **2.** action de tendre vers ; **3.** rivalité, lutte, débat ; **4.** rapprochement.

contentĭōsē, adv., [*~sius*, *~sissime*], obstinément, opiniâtrement.

contentĭōsus, *a*, *um*, [*~sior*], **1.** opiniâtre, obstiné ; **2.** litigieux.

contentĭuncŭla, *æ*, f., petite contestation.

contento, *ās*, *āre*, tr., contraindre, forcer.

① **contentus**, *a*, *um*, part. adj., tendu, raide, forcé.

② **contentus**, *a*, *um*, part. adj., content, satisfait de + abl.

Contĕrĕbromnĭa, *æ*, f., qui foule avec ardeur le raisin (mot forgé par Plaute).

contermĭnum, *i*, n., limite, frontière.

contermĭnus, *a*, *um*, limitrophe.

contĕro, *ĭs*, *ĕre*, *trīvi*, *trītum*, tr., **1.** broyer, piler, pulvériser ; fig., assommer (d'ennui), écraser (de mépris) ; **2.** user, frotter, fouler, *proverbium vetustate contritum* : proverbe vieux et rebattu (usé par l'âge), Cic. ; **3.** utiliser complètement, ~ *omne otiosum tempus in studiis* : consacrer tout son temps libre à l'étude.

conterrĕo, *ēs*, *ēre*, *terrŭi*, *terrĭtum*, tr., effrayer, épouvanter.

contessĕrātĭo, *ōnis*, f., lien d'hospitalité, d'amitié, V. le suiv.

contessĕro, *ās*, *āre*, intr., échanger des signes de reconnaissance (*tessera*, V. ce mot), contracter des liens d'hospitalité.

contestātē, adv., [*~tissime*], incontestablement.

contestātĭo, *ōnis*, f., **1.** attestation, témoignage ; **2.** prière instante, pressante.

contestĭfĭcor, *āris*, *āri*, tr., attester avec d'autres.

contestor, *āris*, *āri*, tr., **1.** prendre à témoin, invoquer le témoignage de ; **2.** ouvrir un débat judiciaire, entamer un procès ; part. à sens passif, *contestatus*, *a*, *um*, attesté.

contexo, *ĭs*, *ĕre*, *texŭi*, *textum*, tr., **1.** entrelacer, tisser ensemble, ourdir, tramer (pr. et fig.) ; **2.** composer, former par assemblage ; **3.** lier, unir, rattacher étroitement.

contextē, adv., avec enchaînement, liaison.

contextĭo, *ōnis*, f., action d'assembler ; composition (d'un livre).

① **contextus**, *a*, *um*, part. adj., tissé étroitement, serré, compact, continu, cohérent ; composé, construit.

② **contextŭs**, *ūs*, m., **1.** contexture, enchaînement ; **2.** construction, assemblage.

contĭcesco, *ĭs*, *ĕre*, *tĭcŭi*, intr., se taire, faire silence ; se calmer, cesser.

contignātĭo, *ōnis*, f., charpente, plancher, étage.

contigno, *ās*, *āre*, tr., couvrir d'une charpente, poutrer.

contĭgŭus, *a*, *um*, qui touche, voisin, proche ; qui peut être atteint.

contĭnens, *entis*, part. adj., [*~tior*, *~tissimus*], **1.** qui touche à, qui tient à, contigu, qui suit, *continentibus diebus* : les jours suivants ; **2.** ininterrompu, continu, ~ *labor* : travail soutenu ; ~ *litus* : la terre ferme ; subst. f., *continens*, *entis*, la terre ferme, le continent ; **3.** qui s'abstient, tempérant, sobre ; **4.** subst. n., *continens, entis*, l'essentiel.

contĭnentĕr, adv., **1.** en se touchant, sans interruption, continuellement ; **2.** sobrement, avec tempérance.

contĭnentĭa, *æ*, f., maîtrise de soi, modération, tempérance, sobriété.

contĭnĕo, *ēs, ēre, tĭnŭi, tentum*, tr., **1.** tenir fortement, maintenir ; **2.** tenir ensemble, envelopper, maintenir, ~ *manipulos ad signa* : maintenir des manipules près des enseignes (sous les armes) ; **3.** contenir, retenir, bloquer, ~ *Pompeium* : bloquer Pompée ; réprimer, empêcher, *vix me contineo quin* + subj. : j'ai peine à m'empêcher de ; **4.** maintenir stable, ferme, ~ *rempublicam* : assurer le salut de l'État ; **5.** garder pour soi, conserver, ~ *murenas in piscinā* : conserver les murènes dans un vivier ; renfermer ; **6.** renfermer, contenir (l'essentiel de), *hoc quod rem continet* : voici qui est l'essentiel de l'affaire.

① **contingo**, *ĭs, ĕre, tĭgi, tactum, (cum + tango)*, tr.,

I 1. toucher, atteindre, ~ *terram osculo* : baiser la terre ; toucher, concerner, regarder, *mea causa nihil eo facto contingitur* : mon affaire n'a aucun rapport avec ce fait ; **2.** souiller, profaner.

II 1. toucher à, avoisiner, *turris contingens vallum* : tour contiguë au retranchement ; **2.** être lié à, ~ *aliquem a matre* : être parent de qqn. par sa mère.

III 1. atteindre, aborder, arriver à, rencontrer, ~ *Italiam* : toucher l'Italie ; **2.** impers., arriver (en bonne ou mauvaise part), avoir lieu, échoir, *omnia quæ contingunt acciduntque* : tout ce qui arrive (par le sort et par accident) ; *non cuivis homini contingit adire Corinthum* : il n'est pas donné à tout le monde d'aller à Corinthe, Hor., *tecum ut essem non contigit* : je n'ai pas eu le bonheur de me trouver avec toi.

② **contingo**, *ĭs, ĕre, tinxi, tinctum, (cum + tingo)*, tr., teindre entièrement, imbiber, frotter, enduire.

contĭnŭantĕr, adv., sans interruption.

contĭnŭatim, V. *continue*.

contĭnŭātĭo, *ōnis*, f., **1.** exercice continu (d'une magistrature) ; **2.** continuation, continuité ; **3.** suite ; série.

contĭnŭē, adv., d'une manière continue.

① **contĭnŭō**, adv., **1.** sans interruption ; **2.** sans désemparer, aussitôt, sur-le-champ, incontinent ; **3.** *non continuo* : il ne s'ensuit pas que, *continuone ?* : s'ensuit-il que ?

② **contĭnŭo**, *ās, āre*, tr., **1.** ranger à la suite, joindre, unir, faire suivre ; **2.** faire

sans interruption, continuer ; passif : succéder, se succéder.

contĭnŭor, *āris, āri*, tr., suivre (qqn.).

contĭnŭus, *a, um*, continu, ininterrompu, suivi ; assidu, obstiné.

contĭo, *ōnis*, f., **1.** assemblée du peuple ou de l'armée (convoquée légalement), *contionem habere, dimittere* : tenir, renvoyer l'assemblée ; **2.** discours, harangue, *contionem habere* : prononcer une harangue.

contĭōnābundus, *a, um*, qui harangue.

contĭōnālis, *e*, adj., relatif aux assemblées du peuple ou aux harangues.

contĭōnārius, *a, um*, **1.** V. le préc. ; **2.** qui fréquente les assemblées.

contĭōnātŏr, *ōris*, m., orateur, harangueur ; prédicateur.

contĭōnor, *āris, āri*, intr., **1.** être réuni en assemblée ; **2.** faire une harangue ; tr., dire dans une harangue + acc. ou prop. inf.

contĭro, *ōnis*, m., camarade (soldat).

contĭuncŭla, *æ*, f., **1.** petite assemblée ; **2.** petit discours au peuple.

contollo, *ĭs, ĕre*, arch., V. *confero*.

contŏno, *ās, āre*, intr., dire d'une voix tonnante ; impers., *contonat* : il tonne fort.

contŏrquĕo, *ēs, ēre, torsi, tortum*, tr., **1.** faire tourner, tournoyer, tordre (pr. et fig.) ; **2.** brandir, lancer (un javelot, la foudre) ; **3.** amener, conduire à (en faisant tourner).

contortē, adv., [~*tius*], **1.** d'une manière contournée, entortillée ; **2.** d'une manière serrée, ramassée.

contortĭo, *ōnis*, f., entortillement, complication, obscurité (style).

contortĭplĭcātus, *a, um*, « entortipliqué », compliqué (mot forgé par Plaute).

contortŏr, *ōris*, m., qui tord, torture.

contortŭlus, *a, um*, un peu entortillé.

contortus, *a, um*, part. adj., **1.** lancé avec vigueur, impétueux, véhément ; **2.** entortillé, compliqué.

contrā, adv. et prép.,

I 1. vis-à-vis, en face ; **2.** en opposition, d'une manière opposée, ~ *obsistere* : s'opposer, ~ *dicere* : contredire, parler contre, accuser ; **3.** au contraire, contrairement ; d'un autre côté, d'autre part.

II prép. + acc., **1.** en face de ; **2.** contre, contrairement à ; **3.** à l'égard de, envers.

contractē, adv., à l'étroit.

contractĭo, *ōnis*, f., **1.** action de contracter, contraction ; **2.** réduction ; **3.** concision.

contractĭuncŭla, *æ*, f., léger serrement du cœur ou de l'âme.

① **contractus**, *a, um*, part. adj., [~*tior*], **1.** resserré, rentré, ramassé (pr. et fig.) ; **2.** resserré, rétréci, abrégé ; **3.** restreint, sobre, modéré ; péj., mesquin.

② **contractŭs**, *ūs*, m., **1.** resserrement ; **2.** traitement (d'une affaire).

contrādīcĭbĭlis, *e*, adj., susceptible de contradiction.

contrādīco, *ĭs, ĕre, dixi, dictum*, intr., contredire, réfuter, s'opposer à.

contrādictĭo, *ōnis*, f., contradiction, objection, réplique.

contrādictĭuncŭla, *æ*, f., petite contradiction.

contrādictŏr, *ōris*, m., contradicteur.

contrăĕo, *ĭs, īre*, intr., aller contre, s'opposer à.

contrăho, *ĭs, ĕre, traxi, tractum*, tr., **1.** tirer ensemble vers soi, rassembler, réunir, concentrer ; **2.** resserrer, plisser (le front), restreindre ; part. pf., *contractus, a, um*, engourdi ; **3.** réprimer, contraindre ; **4.** contracter, abréger, résumer ; **5.** contracter, produire, ~ *amicitiam* : lier amitié, ~ *æs alienum* : contracter des dettes ; **6.** avoir des rapports d'affaires.

contrăpōno, *ĭs, ĕre, pŏsŭi, pŏsĭtum*, tr., opposer ; subst. n., *contrapositum, i*, antithèse.

contrārĭē, adv., de manière opposée.

contrārĭĕtās, *ātis*, f., opposition, contradiction.

contrārĭus, *a, um*, **1.** qui est en face, du côté opposé ; **2.** opposé, contraire ; subst. n., *contrarium, i*, contraire, contraste ; *ex contrario* : au contraire ; **3.** hostile, funeste ; nuisible.

contrāscrībo, *ĭs, ĕre, scripsi, scriptum*, intr., contrôler.

contrăvĕnĭo, *ĭs, īre, vēni, ventum*, intr., s'opposer à.

contrectābĭlis, *e*, adj., tangible, palpable.

contrectābĭlĭtĕr, adv., en effleurant.

contrectātĭo, *ōnis*, f., **1.** action de toucher, attouchement ; **2.** vol, larcin.

contrecto, *ās, āre*, tr., toucher, manier, palper, tâter, observer en tâtant (pr. et fig.).

contrĕmĕbundus, *a, um*, qui ne cesse de trembler.

contrĕmisco, *ĭs, ĕre, trĕmŭi*, intr., commencer à trembler fortement, chanceler ; trembler fort devant.

contrĕmo, *ĭs, ĕre*, intr., trembler de tous ses membres.

contrībŭlātĭo, *ōnis*, f., brisement du cœur ou de l'âme, abattement.

contrībŭlis, *e*, adj., coreligionnaire ; compatriote.

contrībŭlo, *ās, āre*, tr., briser, froisser, accabler.

contrībŭo, *ĭs, ĕre, trĭbŭi, trĭbūtum*, tr., **1.** fournir ensemble, apporter en contribution ; **2.** incorporer, annexer.

contristātĭo, *ōnis*, f., tristesse profonde, affliction.

contristo, *ās, āre*, tr., **1.** rendre triste, contrister, affliger ; **2.** rendre sombre, obscurcir.

contrītĭo, *ōnis*, f., **1.** action de broyer ; **2.** abattement d'esprit, brisement de cœur, contrition.

contrītus, *a, um*, part. adj., **1.** broyé, foulé aux pieds ; **2.** rebattu, usé ; **3.** contrit.

controvĕrsĭa, *æ*, f., avis opposé, contestation, différend, débat, controverse.

controvĕrsĭŏla, *æ*, f., petite controverse.

controvĕrsĭŏsus, *a, um*, litigieux, contestable.

controvĕrsor, *āris, āri*, intr., discuter.

① **controvĕrsŭs** ou **controvĕrsum**, adv., à l'opposé.

② **controvĕrsus**, *a, um*, discuté, litigieux, controversé.

contrŭcīdo, *ās, āre*, tr., **1.** égorger (plusieurs pers.), faire un massacre de ; **2.** percer de coups.

contrūdo, *ĭs, ĕre, trūsi, trūsum*, tr., pousser violemment ensemble, refouler, entasser.

contrunco, *ās, āre*, tr., **1.** couper la tête (à plusieurs pers.) ; **2.** rogner, raccourcir.

contŭbernālis, *is*, m., **1.** qui partage la même tente, le même toit ; camarade, compagnon ; **2.** attaché à la pers. d'un général, d'un magistrat ; collègue.

contŭbernĭum, *ĭi*, n., **1.** camaraderie (V. le préc. 1) ; **2.** vie commune (V. le préc. 2) ; **3.** intimité, fréquentation ; concubinage ; **4.** habitation commune (surt. des esclaves).

contŭĕor, *ēris, ēri, tŭĭtus sum*, tr., considérer attentivement ; remarquer, apercevoir ; veiller à, faire attention.

contŭĭtŭs, *ūs*, m., regard attentif, perçant.

contŭmācĭa, *æ*, f., esprit de révolte, de résistance, obstination ; fierté, orgueil.

contŭmācĭtĕr, adv., [~*cius*], avec obstination, ténacité ; avec fierté, arrogance.

contŭmax, *ācis*, adj., [~*cior, ~cissimus*], **1.** rebelle, insoumis, opiniâtre ; **2.** fier, orgueilleux, arrogant ; **3.** obstiné, constant, persévérant.

contŭmēlĭa, *æ*, f., parole ou traitement offensant, affront, insulte ; reproche.

contŭmēlĭōsē, adv., [~*sius, ~sissime*], outrageusement.

cont**ŭmēlĭōsus** 144

contŭmēlĭōsus, a, um, [~sior, ~sissimus], injurieux, outrageant, insolent.
contŭmŭlo, ās, āre, tr., couvrir d'un tumulus, ensevelir.
contundo, ĭs, ĕre, tŭdi, tūsum, tr., écraser, broyer ; meurtrir ; réduire, émousser.
contŭo et contŭor, V. contueor.
conturbātĭo, ōnis, f., trouble, désordre complet, bouleversement (pr. et fig.).
conturbātŏr, ōris, m., qui ruine (fortune).
conturbātus, a, um, part. adj., [~tior], troublé, bouleversé ; déconcerté.
conturbo, ās, āre, tr., 1. troubler, bouleverser, déranger, mettre du désordre dans (pr. et fig.) ; 2. spéc., faire banqueroute.
contus, i, m., perche, gaffe.
contūtor, āris, āri, tr., protéger, mettre à l'abri.
cōnūbĭum, V. connubium.
cōnus, i, m., 1. cône ; 2. sommet du casque.
convădor, āris, āri, tr., cautionner ; assigner à comparaître.
convălesco, ĭs, ĕre, vălŭi, intr., 1. prendre des forces, se fortifier, grandir ; 2. se rétablir (d'une maladie).
convallātĭo, ōnis, f., mil., retranchement.
convallis, is, f., vallée encaissée.
convallo, ās, āre, tr., entourer de retranchements, entourer, enclore.
convărĭo, ās, āre, tr., barioler, tacheter.
convāso, ās, āre, tr., emballer, empaqueter.
convecto, ās, āre, tr., charrier, transporter.
convectŏr, ōris, m., compagnon de voyage (par voiture ou par bateau).
convĕho, ĭs, ĕre, vexi, vectum, tr., charrier, transporter (par terre ou par mer).
convello, ĭs, ĕre, velli (rar. vulsi), vulsum, tr., 1. arracher violemment, enlever de force, ~ signa, vexilla : arracher de terre les enseignes, les étendards = lever le camp ; déchirer, briser ; 2. passif, convelli : être atteint de spasmes ; 3. ébranler, ruiner.
convēna, æ, adj., venu avec d'autres, qui rencontre ; subst. m. pl., convenæ, arum, étrangers.
convĕnĭens, entis, part. adj., [~tior, ~tissimus], 1. qui s'accorde, qui vit en bonne intelligence, qui sympathise avec ; 2. qui est conforme à ; 3. séant, convenable.
convĕnĭentĕr, adv., [~tissime], conformément à, avec dat., cum + abl. ou ad + acc. ; de façon conséquente.

convĕnĭentĭa, æ, f., rapport, convenance, conformité, proportion ; sympathie.
convĕnĭo, īs, īre, vēni, ventum,
I 1. intr., venir ensemble, se réunir, se rassembler, se rencontrer, ~ Romam, ad judicium : se donner rendez-vous à Rome, accourir au tribunal ; aboutir au même point ; 2. tr., aller trouver, rencontrer, aborder, conveniendus Phormio est il faut rencontrer Phormion, se convenir non vult : il ne veut pas qu'on vienne le trouver.
II intr., 1. s'adapter à, s'accorder, concorder, s'entendre, non in omnes omnia conveniunt : tout ne convient pas à tous CIC. ; 2. convenir, être utile ; être convenable, confestim te interfectum esse convenit : il eût fallu qu'on te tuât sur-le-champ ; 3. être convenu, être l'objet d'un accord, pax convenit : on convint de la paix, id signum quod convenerant : c'était le signal dont on était convenu ; convenit ut + subj., convenit + prop. inf. : on s'accorde à penser que, on convient que ; impers., il y a accord, ut convenerat comme il était convenu.
conventīcĭus, a, um, rencontré par hasard ; subst. n., conventicium, ii, indemnité versée pour la présence à une assemblée.
conventĭcŭlum, i, n., 1. petite réunion 2. lieu de réunion.
conventĭo, ōnis, f., 1. réunion, union 2. convention, accord, pacte.
conventĭuncŭla, æ, f., petite réunion.
conventum, i, n., convention, accord traité.
conventŭs, ūs, m., 1. concours, assemblée, réunion, rencontre ; 2. spéc., a) assises provinciales ; b) circonscription judiciaire ; c) communauté des citoyens rom. d'une province ; 3. convention, accord.
converbĕro, ās, āre, tr., frapper, flageller (pr. et fig.).
converrĭtŏr, ōris, m., balayeur.
converro, ĭs, ĕre, verri, versum, tr., enlever, nettoyer en balayant.
conversātĭo, ōnis, f., 1. usage fréquent et multiple (d'une chose) ; 2. séjour fréquent, demeure ; 3. relations habituelles fréquentation ; 4. genre de vie.
conversĭo, ōnis, f., 1. mouvement circulaire, révolution ; retour périodique 2. rhét., période ; répétition ; 3. transformation ; 4. traduction ; 5. chr., conversion.
converso, ās, āre, tr., tourner et retourner.

① **conversor**, *āris*, *āri*, intr., se trouver habituellement, fréquenter.

② **conversŏr**, *ōris*, m., chr., celui qui convertit.

convertĭbĭlis, *e*, adj., qu'on peut changer, qui peut se changer.

convertĭbĭlĭtĕr, adv., d'une manière variable, changeante.

converto, *ĭs*, *ĕre*, *verti*, *versum*,

I tr., **1.** tourner, faire tourner, diriger vers, détourner, *terra circum axem se convertit* : la terre tourne autour de son axe, ~ *se* ou *converti domum* : retourner chez soi, ~ *terga* : tourner le dos, ~ *omnium oculos*, *animos in* + acc. : tourner les yeux, l'attention de tous vers, ~ *se* ou *converti ad*, *in aliquem* : s'en remettre à qqn. **2.** transformer, faire passer (d'un état dans un autre) ; **3.** traduire.

II intr., **1.** se retourner ; **2.** se changer.

convertor, *ĕris*, *i*, V. *converto*.

convescor, *ĕris*, *i*, intr., manger avec.

convestĭo, *īs*, *īre*, couvrir, vêtir, envelopper.

convexus, *a*, *um*, convexe, voûté, arrondi, circulaire ; subst. n., *convexum*, *i*, n., creux, fond ; voûte (céleste).

convĭbro, *ās*, *āre*, tr., mouvoir rapidement, secouer.

convīcĭātŏr, *ōris*, m., insulteur.

convīcĭor, *āris*, *āri*, intr., injurier, invectiver + dat.

convīcĭum, *ĭi*, n., **1.** bruit de voix, clameurs, dispute, tumulte ; **2.** huées, reproches, invectives ; objet de reproches = vaurien, Pl.

① **convictĭo**, *ōnis*, (cf. *vinco*), f., action de convaincre, démonstration sans réplique.

② **convictĭo**, *ōnis*, (cf. *vivo*), f., action de vivre ensemble, commerce, intimité.

convictŏr, *ōris*, m., convive, commensal.

convictŭs, *ūs*, (cf. *vivo*), m., **1.** vie commune, liaison ; **2.** banquet, repas en commun.

convĭdĕo, *ēs*, *ēre*, tr., voir avec ou ensemble.

convĭgĭlo, *ās*, *āre*, intr., veiller ensemble.

convinco, *ĭs*, *ĕre*, *vīci*, *victum*, tr., **1.** confondre, convaincre, *aliquem alicujus rei* : qqn. de qqch., + inf. : d'avoir fait qqch. ; **2.** démontrer, prouver ; **3.** réfuter.

convinctĭo, *ōnis*, f., gramm., conjonction.

convĭŏlo, *ās*, *āre*, tr., transgresser, violer.

conviscĕro, *ās*, *āre*, tr., incorporer, mêler intimement.

convīso, *ĭs*, *ĕre*, tr., regarder attentivement ; visiter en même temps.

convītĭ~, V. *convici~*.

convīva, *æ*, m., convive, commensal.

convīvālis, *e*, adj., relatif aux festins, aux repas.

convīvātŏr, *ōris*, m., celui qui donne un repas, qui traite.

convīvĭfĭco, *ās*, *āre*, tr., vivifier ensemble.

convīvĭum, *ĭi*, n., repas, festin, banquet.

① **convīvo**, *ās*, *āre*, ou **convīvor**, *āris*, *āri*, intr., faire un repas, manger ensemble ; donner ou prendre un repas.

② **convīvo**, *ĭs*, *ĕre*, *vixi*, *victum*, intr., **1.** vivre avec, en même temps que ; **2.** manger avec.

convŏcātĭo, *ōnis*, f., convocation.

convŏcātŏr, *ōris*, m., celui qui invite.

convŏco, *ās*, *āre*, tr., appeler ensemble, convoquer, réunir.

convolnĕro, V. *convulnero*.

convolsĭo, V. *convulsio*.

convŏlūtor, *āris*, *āri*, intr., rouler avec, tournoyer.

convolvo, *ĭs*, *ĕre*, *volvi*, *vŏlūtum*, tr., rouler autour, rouler avec force, envelopper, *se* ~ : accomplir une révolution.

convŏmo, *ās*, *āre*, tr., vomir sur.

convŏro, *ĭs*, *ĕre*, tr., dévorer en même temps, engloutir.

convulnĕro, *ās*, *āre*, tr., blesser grièvement.

convulsĭo, *ōnis*, f., spasme, convulsion.

cŏŏdĭbĭlis, *e*, adj., haïssable par tous.

cŏŏpĕrātĭo, *ōnis*, f., coopération, collaboration.

cŏŏpĕrātŏr, *ōris*, m., coopérateur, collaborateur.

cŏŏpĕrĭo, *īs*, *īre*, *pĕrŭi*, *pertum*, tr., couvrir entièrement, charger, accabler.

cŏŏpertē, adv., d'une manière cachée.

cŏŏpertōrĭum, *ĭi*, n., couverture, vêtement.

cŏoptātĭo, *ōnis*, f., choix, élection pour former un collège ; admission (dans un rang).

cŏopto, *ās*, *āre*, tr., choisir, élire, associer, admettre (dans une classe, à un rang).

cŏŏrĭor, *ĕris* (*īris*), *īri*, *ortus sum*, intr., naître, surgir, se lever ensemble, d'un seul coup, avec force ; éclater (orage, tempête, guerre) ; ~ *in* + acc. : se lever, s'élever contre.

cŏortŭs, *ūs*, m., action de naître, de commencer ensemble, brusquement ; origine.

Cŏos (Cŏus), *i*, f., Cos, île de la mer Égée.

cŏpa, *æ*, f., fille d'auberge.

Cŏpāis, *ĭdis*, f., le lac Copaïs en Béotie.

cōper~, V. *cooper~*.

cŏphĭnus, *i*, m., couffin, manne.

cōpĭa, *æ*, (*co-op~*, cf. *ops*), f., **1.** amassement, grande abondance, grande quantité ; moyens, fortune ; **2.** approvisionnements ; **3.** foule, multitude ; au pl., *copiæ, arum*, troupes, forces militaires, armée ; **4.** abondance oratoire, ressources (du langage) ; **5.** faculté, latitude de, *facere copiam* : donner la possibilité de, tenir à la disposition de.

Cōpĭa, *æ*, f., l'Abondance, déesse.

cōpĭŏlæ, *ārum*, f. pl., petite armée.

cōpĭōsē, adv., [*~sius, ~sissime*], abondamment (pr. et fig.).

cōpĭōsus, *a, um*, [*~sior, ~sissimus*], **1.** abondant, riche en, pourvu abondamment de, *ab* + abl. ou abl. seul ; **2.** bien pourvu, doué ; fécond (style, orateur).

① **cŏpis**, *ĭdis*, f., cimeterre ; couteau.

② **cōpis**, *is*, adj., bien pourvu, riche.

cōpl~, V. *copul~*.

cōpo~, V. *caupo~*.

Cōpōnĭus, *ĭi*, m., Coponius, nom rom. ‖ **Cōpōnĭānus**, *a, um*, de Coponius.

cŏprĕa, *æ*, m., bouffon (injure).

copta et **coptŏplăcenta**, *æ*, f., massepain.

Coptītĭcus, *a, um*, de Coptos ‖ **Coptos**, *i*, f., Coptos, v. d'Égypte.

cōpŭla, *æ*, (*cum + apio*) f., tout ce qui sert à attacher, **1.** lien, chaîne, cordon, corde, etc. ; crampons, grappin ; partie du harnais ; **2.** liaison, union ; **3.** liaison, enchaînement des mots.

cōpŭlābĭlis, *e*, adj., qui peut être attaché.

cōpŭlātĭo, *ōnis*, f., action d'attacher, d'unir ; liaison.

cōpŭlātīvus, *a, um*, qui unit, copulatif.

cōpŭlātŏr, *ōris*, m., qui unit, lie.

cōpŭlātrix, *īcis*, f. du préc.

cōpŭlātus, *a, um*, part. adj., [*~tior*], attaché, lié, uni, joint ; composé (mot) ; sens actif : qui unit.

cōpŭlo, *ās, āre*, tr., attacher, joindre, unir, associer ; réunir, fondre en un.

cōpŭlor, *āris, āri*, V. le préc.

cŏqua, *æ*, f., cuisinière.

cŏquĭno, *ās, āre*, tr. et intr., faire la cuisine ; faire cuire.

cŏquīnus, *a, um*, de cuisine, pour la cuisine.

cŏquĭtātĭo, *ōnis*, f., cuisson prolongée.

cŏquo, *ĭs, ĕre*, coxi, coctum, tr., **1.** cuire ; **2.** faire cuire, griller, rôtir, bouillir ; subst. n., *coctum, i*, aliment cuit, décoction ; **3.** brûler, dessécher ; fig., sécher, tourmenter, inquiéter ; **4.** mûrir ; fig., mûrir (des projets), ruminer, tramer ;

part. pf., *coctus, a, um* : recuit dans, expert en + gén.

cŏquus, *i*, m., cuisinier.

cŏr, *cordis*, n., **1.** cœur (organe) ; **2.** estomac ; au pl., entrailles ; **3.** cœur (siège des passions, du désir), *esse cordi alicui* : être à cœur à qqn. ; **4.** intelligence, bon sens, esprit ; **5.** *meum cor !* : mon cher cœur !

cŏra, *æ*, f., prunelle (de l'œil).

Cŏra, *æ*, f., Cora, v. du Latium.

Cŏrăcēsĭum, *ĭi*, n., Coracésium, v. de Cilicie.

cŏrăcīnus, *i*, m., poisson (du Nil).

Cŏralli, *ōrum*, m. pl., Coralles, peuple de Mésie.

cŏrallĭum, *ĭi*, n., corail.

cōrăm,
I adv., en face, vis-à-vis, *~ audire ex aliquo* : apprendre de la bouche de qqn.
II prép. + abl. et qqf. gén., en présence de, devant, *~ populo* : devant le peuple.

Cŏrānus, *a, um*, de Cora.

Cŏrax, *ăcis*, m., Corax, **1.** rhéteur grec ; **2.** « Corbeau », nom d'esclave.

Corbĭo, *ōnis*, f., Corbion, **1.** v. des Èques ; **2.** v. de Tarraconnaise.

corbis, *is*, m., corbeille d'osier.

corbīta, *æ*, f., navire (employé au transport des grains).

corbŭla, *æ*, f., petite corbeille.

Corbŭlo, *ōnis*, m., Corbulon, nom de diff. Romains, spéc., général sous Néron.

corcillum, *i*, n., « bon petit cœur ».

corcŏdīlus, V. *crocodilus*.

corcŭlum, *i*, n., **1.** petit cœur ; **2.** surnom de Scipion Nasica (= la Sagesse).

Corcȳra, *æ*, f., Corcyre, grande île de la mer Ionienne, auj. Corfou ‖ **Corcȳræus**, *a, um*, de Corcyre ‖ **Corcȳræi**, *ōrum*, m. pl., les hab. de Corcyre.

Cordălĭo, *ōnis*, m., Cordalion, nom d'esclave.

cordātē, adv., prudemment, sagement.

cordātus, *a, um*, sensé, prudent, sage.

cordax, *ăcis*, m., **1.** cordax, danse grecque licencieuse ; **2.** de rythme inconvenant.

cordŏlĭum, *ĭi*, n., crève-cœur.

Cordŭba, *æ*, f., Cordoue, v. d'Espagne, patrie des deux Sénèque et de Lucain.

Cordŭēna, *æ*, f., Gordyène, région d'Arménie ‖ **Cordŭēni**, *ōrum*, m. pl., les hab. de la Gordyène.

Cordus, *i*, m., Cordus, nom rom.

Corfīnĭensis, *e*, adj., de Corfinium ‖ **Corfīnĭenses**, *ĭum*, m. pl., les hab. de Corfinium ‖ **Corfīnĭum**, *ĭi*, n., Corfinium, v. du Samnium (Abruzzes).

Cŏrĭa, *æ*, f., Coria, épith. de Minerve en Arcadie.

Cŏrinna, æ, f., Corinne, **1.** poétesse grecque ; **2.** nom d'une femme chantée par Ovide.

Cŏrinthĕus, a, um, de Corinthe ‖ **Cŏrinthĕa**, ōrum, n. pl., des corinthes (vases faits d'un alliage d'or, d'argent et de bronze) ‖ **Corinthĭacus**, a, um, de Corinthe ‖ **Corinthĭārius**, n. pl., m., celui qui travaille les bronzes de Corinthe ‖ **Corinthĭensis**, e, adj., de Corinthe ‖ **Corinthĭus**, a, um, de Corinthe, *Corinthia vasa*, n. pl., les vases de Corinthe ‖ **Corinthĭi**, ōrum, m. pl., les Corinthiens ‖ **Corinthos** et **Corinthus**, i, f., Corinthe.

Cŏrĭŏlānus, i, m., Coriolan, surnom de C. Marcius qui triompha de Corioles (vᵉ s. av. J.-C.) ‖ **Cŏrĭŏlānus**, a, um, de Coriolan ‖ **Cŏrĭŏli**, ōrum, m. pl., Corioles, v. du Latium.

cŏrĭum, ĭi, n., et **cŏrĭus**, ĭi, m., **1.** cuir, peau ; *periit corium* : c'en est fait de ma peau, *~ alicui concidere* : tanner le cuir de qqn., *corio tuo* : à tes risques et périls ; **2.** lanière, courroie ; **3.** enveloppe, écorce, revêtement.

Cornēlĭa, æ, f., Cornélie, **1.** fille de Scipion l'Africain, mère des Gracques ; **2.** nom de diff. Romaines de cette famille ‖ **Cornēlĭānus**, a, um, de Cornélius ‖ **Cornēlĭus**, ĭi, m., Cornélius, nom de diff. Romains ‖ **Cornēlĭus**, a, um, de Cornélius, *gens Cornelia* : la famille Cornélia.

cornĕŏlus, a, um, de corne ; dur.

① **cornĕus**, a, um, de corne ; cornu ; dur, insensible.

② **cornĕus**, a, um, de cornouiller.

cornĭcĕn, ĭnis, m., sonneur de cor.

Cornĭcĕn, ĭnis, m., Cornicen, surnom dans la *gens Oppia*.

cornĭcor, āris, āri, intr., croasser, jacasser.

cornĭcŭla, æ, f., petite corneille.

cornĭcŭlans, antis, (lune) dans son croissant.

Cornĭcŭlānus, a, um, de Corniculum.

cornĭcŭlārĭus, ĭi, m., corniculaire (soldat attaché à un centurion ou à un tribun), ordonnance, V. *corniculum*.

cornĭcŭlātus, a, um, en forme de croissant.

cornĭcŭlum, i, n., **1.** petite corne ; **2.** décoration en forme de corne sur le casque.

Cornĭcŭlum, i, n., Corniculum, v. du Latium.

cornĭcŭlus, i, m., office de corniculaire.

cornĭfĕr, fĕra, fĕrum, qui a des cornes.

Cornĭfĭcĭus, ĭi, m., Cornificius, nom de diff. pers.

cornĭfrons, ontis, adj., qui a des cornes au front.

cornĭgĕr, gĕra, gĕrum, qui a des cornes.

cornĭpēs, pĕdis, adj., qui a des sabots de corne ; subst. m. et f., cheval ; centaure ; satyre.

cornix, īcis, f., corneille.

cornū (**~nŭ**), ūs, n., **1.** corne ; *cornua tollere* : montrer les cornes, manifester de l'agressivité ; corne d'abondance ; **2.** tout objet ressemblant à une corne (bec, corne de croissant de lune) ; *~ Indicum* : ivoire ; tout objet fait de corne (sabot, cor, huilier, entonnoir, table d'harmonie, lanterne, etc.) ; **3.** aile (de l'infanterie déployée).

Cornūcōpĭa, æ, f., corne d'abondance, PL.

cornŭlum, i, n., petite corne.

① **cornum**, V. *cornu*.

② **cornum**, i, n., cornouille ; cornouiller.

cornŭpĕta, æ, m., qui attaque de la corne.

① **cornus**, i, ou **cornŭs**, ūs, f., cornouiller ; javelot en bois de cornouiller.

② **cornŭs**, ūs, m., V. *cornu*.

cornūtus, a, um, qui a des cornes, cornu.

Cŏrœbus, i, m., Corèbe, Troyen fiancé à Cassandre.

cŏrolla, æ, f., petite couronne ; guirlande.

cŏrollārĭum, ĭi, n., petite couronne ; gratification en sus, pourboire.

cŏrōna, æ, f., **1.** couronne ; tout objet en forme de couronne ; **2.** assemblée, réunion d'auditeurs ; **3.** cordon (de troupes) ; **4.** halo.

Cŏrōna, æ, f., Couronne d'Ariane, Couronne australe (constellations).

Cŏrōnæus, a, um, de Coronée, en Béotie ‖ **Cŏrōnæi**, ōrum, m. pl., les hab. de Coronée.

cŏrōnālis, e, adj., de couronne.

cŏrōnāmĕn, ĭnis, et **cŏrōnāmentum**, i, n., couronne.

cŏrōnārĭus, a, um, de couronne ; *coronarium aurum* : présent en or fait au général vainqueur, aux gouverneurs, à l'empereur par les provinces.

cŏrōnātĭo, ōnis, f., couronnement.

cŏrōnātŏr, ōris, m., celui qui couronne.

Cŏrōnē, ēs, f., Coroné, v. de Messénie.

Cŏrōnēa, æ, f., Coronée, v. de Béotie ‖ **Cŏrōnensis**, e, adj., de Coronée.

Cŏrōnēus, ĕi, m., Coronée, roi de Phocide et père de Coronis ‖ **Cŏrōnīdēs**, æ, m., le Coronide (fils de Coronis), Esculape ‖ **Cŏrōnis**, ĭdis, f., Coronis, fille de Phlégyas.

cŏrōno, ās, āre, tr., **1.** décorer de couronnes ou de guirlandes, couronner ; **2.** couronner, décerner un prix à ; **3.** entourer, ceindre.

corpŏrālis, *e*, adj., corporel, matériel.

corpŏrālĭtās, *ātis*, f., nature corporelle, matérialité.

corpŏrālĭtĕr, adv., corporellement.

corpŏrasco, *ĭs, ĕre*, intr., prendre un corps.

corpŏrātĭo, *ōnis*, f., nature corporelle.

corpŏrĕus, *a, um*, corporel, qui tient au corps.

corpŏro, *ās, āre*, tr., **1.** donner un corps, matérialiser, incarner ; **2.** réduire à l'état de corps, tuer.

corpŭlentĭa, *æ*, f., **1.** qualité de ce qui est corporel, matériel ; **2.** structure du corps.

corpŭlentus, *a, um, [~tior]*, **1.** gros, gras ; corpulent ; **2.** corporel.

corpŭs, *ŏris*, n., **1.** corps ; **2.** chair, graisse, *~ amittere* : maigrir ; **3.** corps inanimé, cadavre ; **4.** tronc ; **5.** personne, individu, être, homme, *delecta virum corpora* : guerriers d'élite, VIRG. ; **6.** substance, matière, *corpora individua* : atomes ; **7.** principal, essentiel d'une chose ; **8.** corps, ensemble, réunion, *~ rei publicæ* : le corps politique ; *~ juris Romani* : le corps du droit rom. (recueil complet des lois).

corpuscŭlum, *i*, n., petit corps ; corpuscule, atome.

corrādo, *ĭs, ĕre, rāsi, rāsum*, tr., réunir en raclant, rassembler, amasser ; racoler.

Corrāgum, *i*, n., Corragum, v. de Macédoine.

Corrāgus, *i*, m., Corragus, nom d'h.

corrātĭōnālĭtās, *ātis*, f., analogie.

correctĭo, *ōnis*, f., redressement, réforme ; censure, réprimande.

correctŏr, *ōris*, m., celui qui redresse, réforme, corrige ; censeur.

correcumbo, *ĭs, ĕre*, intr., s'allonger aux côtés de.

corrēgĭo, *ōnis*, f., tracé de limites spatiales (pour asseoir une taxe territoriale ou prendre les augures).

corrēgĭōnāles, *ĭum*, m. pl., voisins, propriétaires limitrophes.

corregno, *ās, āre*, intr., régner ensemble.

corrēpo, *ĭs, ĕre, repsi, reptum*, intr., ramper ; se glisser, se faufiler, se perdre dans.

correptē, adv., *[~tius]*, d'une manière brève (quantité rythmique).

correptĭo, *ōnis*, f., **1.** réprimande, reproche ; **2.** réduction de la quantité d'une voyelle.

correptŏr, *ōris*, m., celui qui reprend, censeur.

corrĕquĭesco, *ĭs, ĕre*, intr., reposer avec.

corrĕsŭpīnātus, *a, um*, renversé ensemble.

corrĕsuscĭto, *ās, āre*, intr., chr., ressusciter avec, ensemble.

corrīdĕo, *ēs, ēre*, intr., **1.** rire avec ; **2.** être irradié de joie.

corrīgĭa, *æ*, f., courroie, lacet.

corrīgo, *ĭs, ĕre, rexi, rectum*, tr., **1.** redresser, remettre droit ; **2.** corriger, amender, réformer.

corrīpĭo, *ĭs, ĕre, rĭpŭi, reptum*, tr., **1.** saisir complètement, prendre vivement, s'emparer de ; *viam ~* : se mettre promptement en marche ; **2.** se faire l'accusateur de, dénoncer ; **3.** resserrer, abréger, *~ moras* : abréger les délais.

corrīvālis, *is*, m., concurrent.

corrōbŏro, *ās, āre*, tr., fortifier, affermir, renforcer, corroborer.

corrōdo, *ās, āre, rōsi, rōsum*, tr., ronger complètement.

corrōgo, *ās, āre*, tr., **1.** rassembler, réunir à force de prières ; prier, mendier, quêter ; **2.** convier.

corrōsīvus, *a, um*, corrosif.

corrŏtundo, *ās, āre*, tr., arrondir.

corrūgo, *ās, āre*, tr., faire froncer.

corrumpo, *ĭs, ĕre, rūpi, ruptum*, tr., **1.** détruire complètement, briser, anéantir ; **2.** affaiblir, exténuer, épuiser ; faire perdre, rendre vain ; **3.** altérer, gâter, corrompre (pr. et fig.) ; falsifier, fausser, dénaturer ; **4.** corrompre, séduire, acheter qqn.

corrumpt~, V. *corrupt~*.

corrŭo, *ĭs, ĕre*, **1.** intr., tomber en ruine, s'écrouler ; s'effondrer ; **2.** tr., précipiter, entraîner ; entasser à la hâte, amasser.

corruptē, adv., *[~tius, ~tissime]*, d'une manière vicieuse, faussée.

corruptēla, *æ*, f., corruption morale, séduction, dépravation, ce qui corrompt.

corruptĭbĭlĭtās, *ātis*, f., corruptibilité.

corruptĭo, *ōnis*, f., action de corrompre, corruption.

corruptīvus, *a, um*, corruptible.

corruptŏr, *ōris*, m., falsificateur ; corrupteur, séducteur ; destructeur.

corruptōrĭus, *a, um*, corruptible.

corruptrix, *īcis*, f. de *corruptor*, V. ce mot.

corruptus, *a, um*, part. adj., *[~tior, ~tissimus]*, corrompu ; altéré, vicieux, falsifié ; perverti.

cors, V. *cohors*.

Corsĭca, *æ*, f., la Corse ‖ **Corsĭcus** et **Corsus**, *a, um*, de Corse ‖ **Corsi**, *ōrum*, m. pl., les Corses.

:ortex, *ĭcis*, m. et f., écorce extérieure (opp. au *liber*, écorce intérieure) ; écorce de liège, liège.

'ortĭcōsus, *a*, *um*, qui a beaucoup d'écorce.

:ortīna, *æ*, f., **1.** vase, chaudron, bassine, encrier ; **2.** trépied de la Pythie ; autel ; **3.** voûte ; **4.** cercle d'auditeurs.

:ortīnĭpŏtens, *entis*, adj., maître du trépied (Apollon).

Cortōna, *æ*, f., Cortone, v. d'Étrurie ‖ **Cortōnensis**, *e*, adj., de Cortone ‖ **Cortōnenses**, *ĭum*, m. pl., les hab. de Cortone.

Cŏruncānĭus, *ĭi*, m., Coruncanius, nom d'une famille plébéienne.

ͨōrus, V. *Caurus*.

ͨŏruscāmĕn, *ĭnis*, n., éclat, splendeur.

ͨŏrusco, *ās*, *āre*, **1.** tr., menacer de la corne ou de la tête ; fig., ~ *hastam* : brandir une lance ; **2.** intr., s'agiter, osciller, branler ; miroiter, scintiller, étinceler, briller.

ͨŏruscus, *a*, *um*, **1.** branlant, vibrant, tremblant fortement, agité ; **2.** brillant, étincelant.

Corvīnus, *a*, *um*, Corvinus, surnom de la *gens Valeria*.

'orvus, *i*, m., **1.** corbeau ; **2.** machine de guerre ; grappin.

Corvus, *i*, m., Corvus, surnom de M. Valérius, qui dut sa victoire à un corbeau.

Cŏrўbās, *antis*, m., Corybante, prêtre de Cybèle ‖ **Cŏrўbantĭus**, *a*, *um*, des Corybantes.

Cŏrўcĭdes, *um*, f. pl., nymphes coryciennes, V. *Corycos* ‖ **Cŏrўcĭus**, *a*, *um*, de Corycos ‖ **Cŏrўcos** et **Cŏrўcus**, *i*, m., Corycos, **1.** v. de Cilicie, près de laquelle se trouvait une grotte consacrée aux Muses ; **2.** v. d'Ionie.

ͨōrўcus, *i*, m., sac rempli de sable suspendu dans la palestre pour exercer ses forces.

Cŏrўdōn, *ōnis*, m., Corydon, berger.

ͨŏrўlētum, *i*, n., coudraie.

ͨŏrўlus, *i*, f., coudrier.

ͨŏrymbĭfĕr, *fĕra*, *fĕrum*, couronné de lierre.

ͨŏrymbĭon, *ĭi*, n., postiche, perruque.

ͨŏrymbus, *i*, m., grappe de lierre ; guirlande de lierre.

ͨŏrўphæus, *i*, m., coryphée, chef de chœur ; ext., chef.

Cŏrўthus, *i*, **1.** f., Corythus, ancien nom de Cortone ; **2.** m., Corythus, a) fondateur de cette ville ; b) fils de Pâris.

ͨōrўthus et **cōrўthos**, *i*, m., carquois.

cōs, *ōtis*, f., pierre dure, roc ; pierre à aiguiser ; au pl., *cotes*, *ium*, écueils ; V. *Cautes*.

Cōs, *ō*, V. *Coos*.

Cŏsa, *æ*, f., et **Cosæ**, *ārum*, f. pl., Cosa, **1.** v. d'Étrurie ; **2.** v. de Lucanie ‖ **Cŏsānus**, *a*, *um*, de Cosa ‖ **Cŏsāni**, *ōrum*, m. pl., les hab. de Cosa.

coscĭnŏmantĭa, *æ*, f., divination par un crible.

cosmētēs, *æ*, m., esclave chargé de la garde-robe de la maîtresse.

Cosmĭānus, *a*, *um*, de Cosmus ‖ **Cosmĭānum**, *i*, n., parfum composé par Cosmus.

cosmĭcŏs, *ŏn*, ou **cosmĭcus**, *a*, *um*, adj. grec, du monde, de l'univers ; subst. m., *cosmicos*, *i*, citoyen du monde.

Cosmœ, *ōrum*, m. pl., Cosmes, magistrats crétois.

Cosmus, *i*, m., Cosmus, parfumeur célèbre à Rome (1ᵉʳ s. ap. J.-C.).

Cossa, V. *Cosa*.

cossis, *is*, et **cossus**, *i*, m., ver de bois.

Cossus, *i*, m., Cossus, surnom d'une branche de la *gens Cornelia*.

Cossўra, *æ*, f., Cossyra, île entre la Sicile et l'Afrique.

costa, *æ*, f., côte, flanc, paroi.

costum, *i*, n., et **costus**, *i*, f., costus, plante aromatique.

Cŏsūra et **Cŏsўra**, V. *Cossyra*.

cŏthurnātĭo, *ōnis*, f., représentation d'une tragédie.

cŏthurnātus, *a*, *um*, **1.** chaussé de cothurne ; subst. m. pl., *cothurnati*, *orum*, tragédiens, acteurs tragiques ; **2.** de la tragédie.

cŏthurnus, *i*, m., cothurne, chaussure des acteurs tragiques, d'où : tragédie, style tragique, sujet de tragédie, genre sublime (épopée, ode…).

cŏtīdĭānus, V. *quotidianus*.

cŏtĭla, V. *cotula*.

Cŏtĭlĭæ, V. *Cutiliæ*.

Cotta, *æ*, m., Cotta, surnom de la *gens Aurelia*.

cottăbus, *i*, m., bruit de coups (comme les gouttes de vin tombant en pluie dans un vase, au jeu de cottabe).

Cottĭānus et **Cottĭus**, *a*, *um*, de Cottius, cottien, *Cottianæ Alpes* : les Alpes Cottiennes ‖ **Cottĭus**, *ĭi*, m., Cottius, nom de rois gaulois.

cottĭd~, V. *quotid~*.

cŏtŭla, *æ*, f., cotyle (0,26 litre).

cŏturnix, *ĭcis*, f., caille ; petite caille (terme d'affection).

cŏturnus, V. *cothurnus*.

Cŏtus, V. Cotys.

cŏtўla, **cŏtўlē**, V. cotula.

Cŏtys, ўis, m., Cotys, nom de diff. rois de Thrace.

Cŏtyttĭa, ōrum, n. pl., les mystères de Cotytto ‖ **Cŏtyttō**, ūs, f., Cotytto, déesse thrace de la débauche.

Cŏus, V. Coos.

Cŏus, a, um, de Cos ‖ **Cōum**, i, n., le vin de Cos ‖ **Cōi**, ōrum, m. pl., les hab. de Cos.

cŏvinnārĭus, ĭi, m., covinnaire, qui combat sur le covinnus, V. ce mot.

cŏvinnus, i, m., char de guerre ; voiture de voyage.

coxa, æ, f., cuisse.

coxendix, īcis, f., os de la hanche ; cuisse.

(Aqua) Crabra, æ, f., riv. près de Tusculum.

crābro, ōnis, m., frelon.

crăcens, entis, adj. arch., grêle.

Crăgus, i, m., Cragus, mt. de Lycie.

crambē, ēs, f., chou ; ~ repetita : chou servi deux fois, réchauffé, redites.

Crānē, is, V. Cardea.

Cranĭi, ōrum, m. pl., les hab. de Cranium, v. de Céphallénie.

Crānōn, ōnis, f., Cranon, v. de Thessalie ‖ **Crānōnĭus**, a, um, de Cranon.

Crantŏr, ōris, m., Crantor, 1. frère de Phénix ; 2. nom d'un phil. de l'Académie.

crāpŭla, æ, f., migraine, maux de tête consécutifs à l'ivresse ; ivresse.

crāpŭlārĭus, a, um, de l'ivresse.

crās, adv., demain ; subst. n., le lendemain.

crassē, adv., [~sius], d'une manière épaisse, grossière.

crassĭtās, ātis, f., épaisseur.

crassĭtĭēs, ēi, f., épaisseur, embonpoint.

crassĭtūdo, ĭnis, f., épaisseur, densité, consistance.

crasso, ās, āre, tr., épaissir, rendre épais ; passif : épaissir, devenir épais.

crassus, a, um, [~sior, ~sissimus], 1. épais, gras ; 2. grossier, lourd, stupide.

Crassus, i, m., Crassus, un des surnoms de la gens Licinia ; 1. célèbre orateur ; 2. triumvir aux côtés de César et de Pompée (115-53 av. J.-C.).

crastĭnum, i, n., le lendemain.

crastĭnus, a, um, de demain, du lendemain.

Crătēis, ĭdis, f., Cratéis, nymphe, mère de Scylla.

crātēr, ēris, m., cratère, vase pour le mélange de l'eau et du vin ; vase ; bassin ;

gouffre ; cratère d'un volcan ; le Versea (constellation).

Crătērus, i, m., Cratérus, nom de dif pers.

Crătēs, is, m., Cratès, nom d'un phil.

Crāthis, ĭdis, m., Crathis, nom de fl.

crātīcŭla, æ, f., petit gril.

Crătīnus, i, m., Cratinos, poète comiqu grec contemporain d'Aristophane.

Crătippus, i, m., Cratippe, phil. grec.

crātis, is, f., 1. claie ; 2. panier ; 3. fasc nes ; créneaux de tours de guerre ; 4. ins trument de supplice.

crĕābĭlis, e, adj., qui peut être créé.

crĕāmĕn, ĭnis, n., créature.

crĕātĭo, ōnis, f., 1. action de créer, créa tion ; 2. nomination d'élection.

crĕātŏr, ōris, m., créateur, fondateur.

crĕātrix, īcis, f., créatrice, productrice.

crĕātūra, æ, f., 1. création ; 2. créature.

crēber, bra, brum, [~brior, ~berrimus 1. pressé, dru, serré ; 2. abondant en, r che en ; 3. fréquent, répété.

crēbresco, ĭs, ĕre, crēbrŭi et crēbŭi, intr se répéter, devenir fréquent, se répar dre, se propager.

crēbrĭtās, ātis, f., état de ce qui est serr dru, fréquence, multiplicité.

crēbrĭtĕr, adv., très souvent.

crēbrō, adv., [~brius, ~berrime], très sou vent, à chaque instant, coup sur coup.

crēdĭbĭlis, e, adj., [~lior], croyable, vra semblable ; qui fait croire que + prop. in

crēdĭbĭlĭtĕr, adv., [~lius], d'une ma nière croyable, vraisemblable.

crēdĭtŏr, ōris, m., créancier.

crēdĭtum, i, n., prêt, créance, dette, de pôt.

crēdo, ĭs, ĕre, crēdĭdi, crēdĭtum, intr. et tr 1. se fier à, avoir confiance en, croi qqn. ou en qqn., equo ne credite : n'aye pas confiance dans le cheval, VIRG., ~ vi tuti militum : compter sur le courage de soldats ; croire aux paroles de qqn., (rog ut) mihi credas nullam communionem cu improbis esse posse : crois-moi quand dis qu'on ne peut s'associer à des ger malhonnêtes, MAT. ; 2. croire, penser (e s'appuyant sur l'autorité d'autrui), ten pour vrai + prop. inf. ; 3. confier, ~ libr arcana : confier des secrets aux livres, ~ pugnæ : se livrer aux hasards d'un bataille ; 4. confier à titre de prêt, prête res creditæ : créances actives.

crēdŭlĭtās, ātis, f., crédulité.

crēdŭlus, a, um, qui croit aisémer prompt à croire, crédule ; que l'on cro aisément.

Crĕmĕra, æ, m., Crémère, affluent du Tibre ‖ **Crĕmĕrensis**, e, du Crémère.

crĕmo, ās, āre, tr., brûler ; incendier.

Crĕmōna, æ, f., Crémone, v. d'Italie ‖ **Crĕmōnensis**, e, de Crémone ‖ **Crĕmōnenses**, ĭum, m. pl., les hab. de Crémone.

Crĕmōnis jugum, n., partie des Alpes.

crĕmŏr, ōris, m., jus, suc.

Crĕmūtĭus, ĭi, m., Crémutius Cordus, historien latin (Iᵉ s. ap. J.-C.).

crĕo, ās, āre, (R. cer~, cre~, cf. cresco), tr., **1.** créer, produire ; faire naître, causer ; **2.** créer, nommer, élire, choisir.

Crĕo, ōnis, et **Crĕōn**, ontis, m., Créon, **1.** roi de Thèbes ; **2.** roi de Corinthe ; **3.** nom de diff. pers.

crĕpax, ācis, adj., qui pétille, crépite.

crĕpĕr, ĕra, ĕrum, **1.** obscur, ténébreux ; **2.** douteux, incertain.

crĕpĭda, æ, f., sandale ; soulier, *ne sutor ultra crepidam* : que le cordonnier se limite à ses souliers = à chacun son métier, PLINE.

crĕpĭdātus, a, um, chaussé de sandales.

crĕpīdo, ĭnis, f., **1.** base, socle, piédestal ; **2.** trottoir ; **3.** avance, saillie.

crĕpis, ĭdis, V. crepida.

crĕpĭtācillum, i, n., crécelle, hochet.

crĕpĭtācŭlum, i, n., crécelle.

crĕpĭto, ās, āre, intr., produire des bruits répétés, cliqueter, pétiller, claquer, craquer, etc.

crĕpĭtŭlum, i, n., ornement de tête.

crĕpĭtŭs, ūs, m., bruit sec, craquement, claquement, pétillement, grincement, etc.

crĕpo, ās, āre, crĕpui, crĕpĭtum, **1.** intr., faire entendre un bruit, cliqueter, craquer, etc. ; **2.** tr., faire retentir, faire sonner bien haut, avoir toujours à la bouche.

crĕpundĭa, ōrum, n. pl., **1.** hochets pour les enfants ; collier qu'on suspendait au cou des enfants ; **2.** amulette.

crĕpuscŭlum, i, n., crépuscule ; obscurité.

Crēs, Crētis, m., Crétois ‖ **Crētes**, um, m. pl., les Crétois.

cresco, ĭs, ĕre, crēvi, crētum, (R. cer~, cre~, cf. creo), intr., **1.** naître, pousser ; **2.** croître, grandir, s'élever, augmenter ; s'accroître, progresser ; **3.** triompher.

Crēsĭus et **Cressĭus**, a, um, de Crète, crétois ‖ **Cressa**, æ, f., **1.** Crétoise ; **2.** de craie (rattaché par fausse étym. à la Crète) ‖ **Crēta**, æ, f., la Crète ‖ **Crētæus**, a, um, crétois ‖ **Crētāni**, ōrum, m. pl., les Crétois.

crēta, æ, f., craie ; craie utilisée pour noter les jours heureux, blanchir les limites d'une piste au cirque.

crētātus, a, um, blanchi à la craie (pour le sacrifice) ; passé à la craie (toge des candidats), vêtu de blanc.

Crētē, ēs, f., V. Creta ‖ **Crētensis**, e, adj., crétois ‖ **Crētenses**, ĭum, m. pl., les Crétois.

crētĕus, a, um, de craie ; d'argile.

Crētheūs, ĕi ou ĕos, m., Créthée, **1.** Troyen ; **2.** aïeul de Jason.

crētĭcē, ēs, f., bot., mauve.

Crētĭcus, a, um, de Crète, crétois ‖ **Crētĭcus**, i, m., nom ou surnom rom.

crētĭo, ōnis, f., crétion (acceptation d'héritage).

Crētis, ĭdis, f., Crétoise.

crētōsus, a, um, crayeux, riche en craie.

crētŭla, æ, f., argile crayeuse pour teindre ou pour cacheter.

crētus, a, um, V. cerno et cresco.

Crĕūsa, æ, f., Créüse, **1.** fille de Créon, roi de Corinthe, qui épousa Jason après la répudiation de Médée ; **2.** épouse d'Énée ; **3.** v. de Béotie.

crēvi, V. cerno et cresco.

crībrum, i, (R. cer~, cr~), n., crible, tamis.

Crĭcŏlābus, i, m., Cricolabus (= qui tient un cerceau), nom d'un pers. de Plaute.

crīmĕn, ĭnis, (R. cer~, cr~, cf. cerno), n., **1.** imputation, plainte, reproche, accusation, ~ *meum* : accusation portée contre moi, *crimini dare alicui aliquid* : faire grief à qqn. de qqch., *esse crimini* : être un sujet de reproche ; pers. accusée, coupable ; **2.** cause réelle ou alléguée ; **3.** crime, faute, délit ; infamie ; déshonneur.

crīmĭnātĭo, ōnis, f., accusation ; accusation calomnieuse.

crīmĭnātŏr, ōris, m., accusateur ; calomniateur.

crīmĭno, ās, āre, et surt. **crīmĭnor**, āris, āri, tr., **1.** mettre en accusation, en cause, accuser, dénoncer ; **2.** incriminer, blâmer.

crīmĭnōsē, adv., [~sius, ~sissime], en accusant, pour dénigrer, de manière malveillante.

crīmĭnōsus, a, um, [~sior, ~sissimus], **1.** qui établit une accusation, agressif ; **2.** dont on peut faire grief.

Crīmissus, i, m., Crimissus, fl. de Sicile.

crīnālis, e, adj., de cheveux, à cheveux ; subst. n., *crinale, is*, large peigne.

crīnĭcŭlus, i, m., **1.** petit cheveu ; **2.** corde.

crīnĭgĕr, gĕra, gĕrum, chevelu.

crīnĭo, īs, īre, tr., garnir de cheveux, de feuillage.

crīnis, is, m., cheveu, poil, *crines soluti* : cheveux dénoués, *crines capere* : prendre la coiffure d'une femme mariée = se marier.

crīnītus, *a*, *um*, chevelu ; orné d'une chevelure, d'une crinière.

crĭsis, f., crise.

crīso ou **crisso**, *ās*, *āre*, intr., se tortiller.

crispans, *antis*, adj., **1.** bouclé, frisé ; **2.** ridé ; **3.** qui brandit, lance.

crispĭo, *ās*, *āre*, intr., glousser.

crispo, *ās*, *āre*, **1.** boucler, friser ; **2.** froncer, rider, hérisser ; **3.** imprimer un mouvement courbe, lancer, brandir.

crispŭlus, *a*, *um*, bien frisé.

crispus, *a*, *um*, [~*pior*], **1.** frisé, bouclé, crépu ; **2.** ridé, veiné ; **3.** agité d'un mouvement vibratoire, agile, souple.

Crispus, *i*, m., Crispus, surnom de Salluste.

crista, *æ*, f., aigrette, huppe, crête.

cristātus, *a*, *um*, qui porte une aigrette, huppe, crête.

Crīthotē, *ēs*, f., Crithote, v. de Chersonèse de Thrace.

Crĭtĭās, *æ*, m., Critias, un des Trente tyrans d'Athènes.

① **crĭticus**, *a*, *um*, critique, décisif.

② **crĭticus**, *i*, m., critique, juge (en littérature.).

Crĭto, *ōnis*, m., Criton, disciple de Socrate.

Crĭtŏbūlus, *i*, m., Critobule, **1.** célèbre médecin grec ; **2.** disciple de Socrate.

Crĭtŏlāus, *i*, m., Critolaüs, **1.** général grec ; **2.** phil. péripatéticien ; **3.** commis de Verrès.

Crixus, *i*, m., Crixus, lieutenant de Spartacus.

crōbўlos, *i*, m., genre de coiffure.

crŏcĕus et **crŏcĭnus**, *a*, *um*, de safran, jaune.

crōcĭo, *īs*, *īre*, intr., croasser.

crŏcĭto, *ās*, *āre*, V. le préc.

crŏcŏdīlīnus et **crŏcŏdīlōnĭus**, *a*, *um*, de crocodile.

crŏcŏdīlus et **corcŏdīlus**, *i*, m., crocodile.

crŏcōta, *æ*, f., robe couleur de safran.

crŏcōtārĭus, *a*, *um*, qui a rapport au safran, à la *crocota*, V. ce mot.

crŏcōtŭla, *æ*, f., petite *crocota*, V. ce mot.

crŏcum, *i*, n., **1.** essence de safran dont on parfumait la scène, d'où : la scène, le théâtre ; **2.** couleur de safran.

crŏcus, *i*, et **crŏcŭs**, *ūs*, m. et f., safran ; V. *crocum*.

Crœsus, *i*, m., **1.** Crésus, roi de Lydie ; **2.** un Crésus.

Crŏmўōn, *ōnis*, m., Cromyon, entre Corinthe et Mégare.

Crŏnĭus, *i*, m., Cronius, nom d'h.

crŏtālĭa, *ōrum*, m. pl., pendant d'oreilles.

crŏtālistrĭa, *æ*, f., **1.** joueuse de crotale ou de castagnettes, danseuse ; **2.** qui fai un bruit de castagnettes.

crŏtālum, *i*, n., crotale, castagnettes.

Crŏto, *ōnis*, **1.** m., Croton, fondateur d Crotone ; **2.** f., Crotone, v. du Bruttium
Crŏtōnĭātēs, *æ*, m., hab. de Crotone
Crŏtōnĭātæ, *ārum*, et **Crŏtōnĭenses**, *ĭum* m. pl., les Crotoniates.

Crŏtōpĭădēs, *æ*, m., le Cropotiade Linus, petit-fils de Crotope, roi d'Argos

crŭcĭābĭlis, *e*, adj., qui torture, cruel.

crŭcĭābĭlĭtās, *ātis*, f., torture, tourment

crŭcĭābĭlĭtĕr, adv., au milieu des tour ments, par la torture, cruellement.

crŭcĭābundus, *a*, *um*, plein de tour ments.

crŭcĭāmĕn, *ĭnis*, n., tourment, martyre.

crŭcĭāmentum, *i*, n., tourment, souf france, torture.

crŭcĭārĭus, *a*, *um*, relatif à la croix, dou loureux ; subst. m., *cruciarius*, *ii*, crucifié pendu ; gibier de potence.

crŭcĭātĭo, *ōnis*, f., crucifiement, torture.

crŭcĭātōrĭus, *a*, *um*, relatif à la croix, à l torture ; cruel.

crŭcĭātūs, *ūs*, m., tourments, supplice torture (phys. ou mor.).

crŭcĭfĕr, *ĕri*, m., qui porte sa croix.

crŭcĭfigo, *īs*, *ĕre*, *fixi*, *fixum*, tr., mettre e croix, crucifier.

crŭcĭfixĭo, *ōnis*, f., crucifiement.

crŭcĭfixŏr, *ōris*, m., celui qui met e croix.

crŭcĭo, *ās*, *āre*, tr., mettre en croix, tortu rer (phys. ou mor.).

Crŭcĭsălus, *i*, m., Crucisalus (= qu danse sur une croix), nom d'esclav forgé par Plaute.

crūdēlis, *e*, adj., [~*lior*, ~*lissimus*], cruel dur, inhumain, atroce.

crūdēlĭtās, *ātis*, f., cruauté, dureté, inhu manité, atrocité.

crūdēlĭtĕr, adv., [~*lius*, ~*lissime*], ave cruauté, dureté.

crūdesco, *īs*, *ĕre*, *crūdŭi*, intr., deveni plus violent.

crūdĭtās, *ātis*, f., indigestion, aigreu d'estomac.

crūdĭto, *ās*, *āre*, tr. et intr., mal digérer.

crūdus, *a*, *um*, [~*dior*, ~*dissimus*], **1.** sai gnant, cru, non cuit ; **2.** non digéré, ma digéré ; **3.** vert (fruit, âge), frais ; **4.** brut non travaillé ; **5.** dur, insensible, cruel.

crŭentātĭo, *ōnis*, f., action d'ensanglan ter.

crŭentē, adv., [~*tius*, ~*tissime*], avec effusion de sang, d'une manière sanglante, cruelle.

crŭentĕr, adv., V. le préc.

crŭento, *ās*, *āre*, tr., **1.** ensanglanter, souiller de sang ; massacrer ; **2.** souiller.

crŭentus, *a*, *um*, [~*tior*, ~*tissimus*], **1.** ensanglanté, sanglant ; **2.** sanguinaire, cruel ; **3.** couleur de sang.

crŭmēna et **crŭmīna**, *æ*, f., bourse, gibecière ; argent contenu dans la bourse.

crŭmilla, *æ*, f., petite bourse.

crŭŏr, *ōris*, m., **1.** sang qui coule (opp. à *sanguis*) ; meurtre, carnage ; **2.** force vitale, vie.

cruppellārĭus, *ĭi*, m., gladiateur bardé de fer.

crūrālis, *e*, adj., relatif à la jambe.

Crūrĭcrĕpĭda, *æ*, m., Cruricrépida (= dont les fers résonnent aux pieds), nom d'esclave forgé par Plaute.

crūrĭfrăgĭus, *ĭi*, m., à qui on a brisé les jambes.

crūs, *crūris*, n., jambe, tibia, patte ; pile d'un pont.

Crūs, *Crūris*, m., Crus, surnom de la *gens Cornelia*.

cruscŭlum, *i*, n., petite jambe.

crusma, *ătis*, n., son musical (instrument ou voix).

crusta, *æ*, f., couche dure qui enveloppe ou recouvre, écaille, écorce, croûte, revêtement, enduit.

crusto, *ās*, *āre*, tr., revêtir, enduire, incruster.

crustŭlārĭus, *ĭi*, m., pâtissier.

crustŭlum, *i*, n., gâteau, bonbon.

crustum, *i*, n., gâteau, pâtisserie.

Crustŭmēri, *ōrum*, m. pl., **~mērĭa**, *æ*, f., **~mērĭum**, *ĭi*, n., Crustumère, v. des Sabins ‖ **Crustŭmīnum**, *i*, n., territoire de Crustumère ‖ **Crustŭmīnus**, *a*, *um*, de Crustumère ‖ **Crustŭmīni**, *ōrum*, m. pl., les hab. de Crustumère ‖ **Crustŭmĭus**, *a*, *um*, de Crustumère.

crux, *ŭcis*, f., **1.** pal, potence, croix, *in crucem tollere*, *cruci affigere* : mettre en croix, *abi in malam crucem* : va te faire pendre ; gibier de potence ; **2.** fig., supplice, torture.

crypta, *æ*, f., galerie couverte, voûte, grotte, passage souterrain.

cryptŏportĭcŭs, *ūs*, m., galerie couverte.

crystallĭnus, *a*, *um*, de cristal, transparent ; subst., n., *crystallinum*, *i*, vase de cristal.

crystallum, *i*, n., et **crystallus**, *i*, m., **1.** glace ; **2.** cristal ; globe de cristal.

① **Ctēsĭphōn**, *ontis*, m., Ctésiphon, Athénien défendu par Démosthène.

② **Ctēsĭphōn**, *ontis*, f., Ctésiphon, v. d'Assyrie.

cŭăthus, V. *cyathus*.

cŭbans, *antis*, part. adj., qui penche, incliné.

cŭbi, adv., arch., quelque part.

cŭbĭcl~, V. *cubicul~*.

cŭbĭcŭlāris, *e*, et **cŭbĭcŭlārĭus**, *a*, *um*, relatif à la chambre à coucher, au coucher.

cŭbĭcŭlārĭus, *ĭi*, m., valet de chambre.

cŭbĭcŭlātus, *a*, *um*, pourvu de chambres à coucher ; pourvu de cabines (navire).

cŭbĭcŭlum, *i*, n., **1.** chambre à coucher ; **2.** loge de l'empereur au théâtre.

cŭbĭle, *is*, n., **1.** lit, couche ; **2.** chambre à coucher ; **3.** gîte, tanière, résidence.

cŭbĭtăl, *ālis*, n., coussin, oreiller.

cŭbĭtālis, *e*, adj., d'une coudée.

cŭbĭtĭo, *ōnis*, f., le coucher.

cŭbĭto, *ās*, *āre*, intr., **1.** être souvent couché, avoir coutume de se coucher ; **2.** coucher avec.

cŭbĭtōrĭus, *a*, *um*, qui sert pour le lit ou la table (vêtement).

cŭbĭtum, *i*, n., et **cŭbĭtus**, *i*, m., **1.** coude, *cubitum ponere* : se mettre à table ; **2.** coudée (0,4436 m) ; **3.** coude, courbure, inflexion.

cŭbo, *ās*, *āre*, *cŭbŭi*, *cŭbĭtum*, intr., **1.** être couché, être étendu ; **2.** reposer, dormir, être immobile ; **3.** être alité, malade ; **4.** être situé.

cŭbus et **cўbus**, *i*, m., **1.** cube ; **2.** cube (mesure).

cŭculla, *æ*, f., **cŭcullĭo**, *ōnis*, f., **cŭcullus**, *i*, m., cape, capuchon.

cŭcūlus, *i*, m., **1.** coucou (oiseau) ; **2.** niais ; fainéant.

cŭcŭma, *æ*, f., **1.** chaudron ; **2.** bain privé.

cŭcŭmŭla, *æ*, f., petit chaudron.

cŭcurbĭta, *æ*, f., **1.** gourde (pr. et fig.) ; **2.** ventouse.

cŭcurbĭtārĭus, *ĭi*, m., qui cultive les courges.

cŭcŭrĭo et **cŭcurrĭo**, *īs*, *īre*, intr., coqueliner, faire cocorico.

cŭcus, V. *cuculus*.

cūdo, *īs*, *ĕre*, *cūdi*, *cūsum*, tr., **1.** battre, frapper ; **2.** battre au marteau, forger ; **3.** forger, inventer, tramer.

cuīcuĭmŏdī, adv. rel., de quelque manière que.

cūjās, *ātis*, et **cūjātis**, *is*, pron. interr., de quel pays, d'où.

① **cūjus**, gén. de *qui* et de *quis*.

② **cūjus**, *a, um,* adj. rel., dont, de qui, à qui, *is cuja res est* : celui que l'affaire regarde.

cūjuscěmŏdī, adv. rel., de quelque manière que.

cūjuscunquěmŏdī, V. le préc.

cūjusdammŏdī (**cūjusdam mŏdī**), adv., d'une certaine manière.

cūjusmŏdī (**cūjus mŏdī**), adv. interr., de quelle manière.

cūjusmŏdicunque, adv. rel., de quelque manière que.

cūjusnăm, *cūjănăm, cūjumnăm,* adv. interr., de qui donc, à qui donc.

cūjusquěmŏdī (**cūjusquě mŏdī**), adv. indéf., de toute manière, de toute espèce.

cūjusvis, *cūjăvis, cūjumvis,* adj. indéf., de qui que ce soit.

culcĭta, *æ,* f., matelas, couche, lit.

culcĭtella et **culcĭtŭla**, *æ,* f., petit matelas.

culcĭtra, V. *culcita.*

cūlĕus, V. *coleus* et *culleus.*

cūlex, *ĭcis,* m., moucheron, moustique.

cūlillus, V. *culullus.*

cūlīna, *æ,* f., cuisine ; foyer portatif ; régal.

cullĕus, *i,* m., outre, sac de cuir.

culmĕn, *ĭnis,* n., 1. faîte, sommet, cime (pr. et fig.) ; 2. tige, paille, chaume.

culmum, *i,* n., et **culmus**, *i,* m., tige, chaume ; toit en chaume.

cūlo, *ās, āre,* tr., faire servir à la saillie.

cūlōsus, *a, um,* au large cul.

culpa, *æ,* f., 1. faute, culpabilité, *esse in culpā* : être coupable, *esse extra culpam, culpā carere* : être innocent, *committere culpam* : commettre une faute ; 2. négligence ; 3. imperfection, défectuosité.

culpābĭlis, *e,* adj., blâmable, coupable.

culpābĭlĭtěr, adv., [~*lius*], d'une manière blâmable, coupable.

culpātus, *a, um,* part. adj., blâmable, coupable.

culpĭto, *ās, āre,* tr., blâmer souvent ou sévèrement.

culpo, *ās, āre,* tr., blâmer, reprendre, critiquer.

culta, *ōrum,* n. pl., les champs cultivés.

cultē, adv., [~*tius*], avec soin ; avec élégance.

culter, *tri,* m., couteau, *me sub cultro linquit* : il me laisse sous le couteau (= dans un grand embarras), HOR.

cultĭo, *ōnis,* f., action de cultiver, culture.

cultŏr, *ōris,* m., 1. celui qui cultive, qui soigne, *agri ~* : laboureur, cultivateur, *vitis ~* : vigneron ; 2. qui habite, habitant ; 3. éducateur, formateur ; 4. qui rend un

culte, adorateur, prêtre ; 5. ami, protecteur, fauteur.

cultrix, *īcis,* f. du préc.

cultūra, *æ,* f., 1. culture, agriculture ; 2. culture de l'âme, de l'esprit ; 3. action de cultiver qqn., de lui faire sa cour ; 4. adoration.

① **cultus**, *a, um,* part. adj., [~*tior, ~tissimus*], 1. cultivé, soigné, travaillé ; 2. cultivé (esprit) ; 3. vêtu, orné, paré ; 4. honoré, respecté, chéri.

② **cultŭs**, *ūs,* m., 1. culture, travail de la terre ; 2. culture de l'esprit, éducation ; 3. genre de vie, culture, civilisation, mœurs ; raffinement, luxe ; élégance, culture, beauté ; 4. vêtement, ornement, parure ; 5. culte, hommages, honneur rendu, respect.

cŭlulla, *æ,* f., et **cŭlullus**, *i,* m., vase en poterie.

cŭlus, *i,* m., cul, derrière.

cum, prép. et conj. de sub.,

I. prép. + abl.
  1. avec (accompagnement) ; contre
  2. avec (manière)
  3. avec, en même temps que (simultanéité)

II. conj. de sub. + ind. ou subj.
  A. le plus souv. ind.
    1. quand, dès que, au moment où (coïncidence de temps)
    2. quand, chaque fois que (répétition)
    3. quand, par le fait même que (simultanéité)
  B. subj.
    1. quand, lorsque, comme (rapport logique de cause à effet)
    2. quand, puisque (cause)
    3. quand, alors que, tandis que, bien que (opposition)
  C. expr. div.
    1. d'une part... d'autre part
    2. quand surtout, surtout.

I prép. + abl., 1. *ambulare cum aliquo* : se promener avec qqn. ; *congruere cum aliquo* : être d'accord avec qqn. ; ext., *reputare secum* : penser (avec) en soi-même, réfléchir, s'interroger ; *pugnare cum hostibus* : combattre (avec) contre des ennemis ; 2. *cum curā scribere* : écrire avec soin ; 3. *cum ortu solis* : (avec le) au lever du soleil ; *unā cum* : en même temps que.

II conj. de sub. + ind. ou subj.,

A. le plus souv. + ind., 1. *cum Cæsar in Galliam venit, factiones erant* : quand César vint en Gaule, il y avait des divisions politiques ; *tum... cum* : au moment où ;

2. *cum ver esse cœperat, prætor ambulabat* : quand le printemps commençait, le préteur se promenait ; 3. *cum taces, probas* : en te taisant, tu approuves, ton silence est une approbation.
B. + subj., 1. *cum Cæsar in Galliam venisset, Helvetii ad eum legatos miserunt* : quand César vint en Gaule, les Helvètes lui envoyèrent des messagers : rapport log. plus lâche : *cum Athenæ florerent* : au moment où Athènes florissait, à l'époque de l'apogée d'Athènes ; 2. *quæ cum ita sint* : puisqu'il en est ainsi ; 3. *Socrates cum e custodiā exire posset, noluit* : Socrate, bien qu'il pût sortir de prison, s'y refusa.
C. 1. *cum in ceteris rebus, tum præcipue in bello* : non seulement dans d'autres occasions, mais surtout dans la guerre ; 2. *cum maxime* : quand surtout ; adv., surtout ; *cum primis, cumprimis* : surtout.

Cūmæ, *ārum*, f. pl., Cumes, v. de Campanie ‖ **Cūmæus**, *a, um*, de Cumes ‖ **Cūmāni**, *ōrum*, m. pl., les hab. de Cumes ‖ **Cūmānum**, *i*, n., territoire de Cumes, propriété à Cumes.

cumba, V. *cymba*.

Cūmē et **Cȳmē**, *ēs*, f., V. *Cumæ*.

cŭmĕra, *æ*, f., corbeille, coffre.

cŭmīnīnus, *a, um*, de cumin.

cŭmīnum, *i*, n., cumin.

① **cumquĕ**, adv., en toute circonstance ; V. *quicumque*.

② **cumquĕ** = *et cum*.

cŭmŭlātē, adv., [~*tius*, ~*tissime*], pleinement, amplement.

cŭmŭlātŏr, *ōris*, m., celui qui accumule.

cŭmŭlātus, *a, um*, part. adj., [~*tior*, ~*tissimus*], comblé, plein de, chargé, complet, parfait.

cŭmŭlo, *ās, āre*, tr., 1. entasser, amonceler, accumuler ; 2. remplir, surcharger, combler, augmenter, grossir ; 3. mettre le comble à, parfaire.

cŭmŭlus, *i*, m., 1. amas, monceau ; 2. surplus, surcroît, comble.

cūna, *æ*, f., V. *cunæ*.

cūnābŭla, *ōrum*, n. pl., berceau (pr. et fig.), origine, lieu de naissance.

cūnæ, *ārum*, f. pl., berceau, naissance, premier âge ; nid.

cunctābundus, *a, um*, plein d'hésitation, qui tarde à agir.

cunctans, *antis*, part. adj., [~*tior*, ~*tissimus*], qui hésite, qui tarde, qui renâcle ; lent, circonspect.

cunctantĕr, adv., [~*tius*], en tardant, avec hésitation.

cunctātĭo, *ōnis*, f., retard, lenteur, hésitation ; temporisation.

cunctātŏr, *ōris*, m., qui hésite, lent à agir ; circonspect, temporisateur (surnom de Q. Fabius Maximus, au moment de la 2ᵉ guerre punique).

cunctātus, *a, um*, part. adj., [~*tior*], qui tarde, lent.

cunctim, adv., en masse.

cunctĭpărens, *entis*, adj., père, mère de toutes choses.

cunctĭpŏtens, *entis*, adj., tout-puissant.

cuncto, *ās, āre*, V. *cunctor*.

cunctor, *āris, āri*, intr., hésiter, tarder, être lent à ; avec interr. indir. : se demander ; passif : *cunctatum est* : on hésita.

cunctus, *a, um*, adj., tout entier, complet ; surt. pl., *cuncti, æ, a*, adj. et pron., tous ensemble, sans exception ; *cuncta mortalium* : l'ensemble des mortels.

cŭnĕātim, adv., en forme de coin.

cŭnĕātus, *a, um*, qui est en forme de coin, cunéiforme.

cŭnēbŭla et **cŭnēla**, *æ*, f., V. *cunila*.

cŭnĕo, *ās, āre*, tr., 1. serrer, unir par un coin ; insérer, faire entrer de force ; 2. donner la forme d'un coin.

cŭnĕŏlus, *i*, m., petit coin.

cŭnĕus, *i*, m., 1. coin pour fendre le bois ; 2. pièce saillante d'un vaisseau ; 3. forme triangulaire d'une troupe qui avance ; 4. rangées de sièges au théâtre qui forment un coin ; places pour le spectacle.

cŭnīcŭlus, *i*, m., 1. lapin ; 2. terrier ; 3. canal souterrain, conduit, mine, galerie ; intrigues, manœuvres souterraines.

cūnīla (cŏnīla), *æ*, f., sarriette.

cunnus (connus), *i*, m., con (vulg.).

cūnŭlæ, *ārum*, f. pl., petit berceau.

cūpa ou **cuppa**, *æ*, f., barrique, tonneau.

cūpēd~, V. *cupped~*.

cŭpĭdē, adv., [~*dius*, ~*dissime*], 1. avec avidité, ardemment, avec empressement ; 2. avec partialité.

Cŭpīdĭnĕus, *a, um*, de Cupidon, qui ressemble à Cupidon.

cŭpĭdĭtās, *ātis*, f., 1. désir, envie, passion (en bonne ou mauvaise part) ; 2. ambition ; 3. cupidité ; 4. passion amoureuse.

cŭpīdo, *ĭnis*, f., violent désir ; au pl., *cupidines, um*, les passions.

Cŭpīdo, *ĭnis*, m., Cupidon.

cŭpĭdus, *a, um*, [~*dior*, ~*dissimus*], 1. désireux, avide, passionné de ; 2. avare, cupide ; 3. partial.

cŭpĭens, *entis*, part. adj., qui désire, qui souhaite ; désireux de + gén.

cŭpĭentĕr, adv., ardemment, passionnément.

cŭpĭo, *ĭs, ĕre, cupīvi (cupĭi), cupītum*, tr., 1. désirer, avoir envie de, convoiter

+ inf., prop. inf., *ut/ne* + subj., subj. seul ;
subst. n., *cupitum, i*, objet d'un souhait ;
2. être avide, passionné de (en mauvaise
part) + avec gén. ; **3.** être cupide ; **4.** être
partial, vouloir du bien à + dat. ; **5.** être
amoureux de, aimer + gén.

cŭpo, V. *caupo*.

cuppēdĭa, *æ*, f., gloutonnerie.

cuppēdĭum, *ĭi*, n., morceau friand.

cuppēdo, V. *cupido*.

cuppēs, m., fine gueule.

cupressētum, *i*, n., lieu planté de cyprès.

cupressĕus, *a, um*, de cyprès.

cupressĭfĕr, *fĕra, fĕrum*, qui porte des
cyprès.

cupressus, *i* et *ūs*, f., rar. m., cyprès ; coffret en cyprès.

cŭr (cf. *quare*), adv. interr., **1.** pourquoi,
argumenta cur + subj. : preuves que, *non
est cur* + subj. : il n'y a pas de raison pour
que, *quid est cur* + subj. : quelle raison y
a-t-il pour que ; **2.** parce que.

cŭra, *æ*, f., **1.** soin, diligence, attention, *adhibere, ponere curam in* + abl. : donner
tous ses soins à qqch. ; **2.** intérêt qu'on
porte à qqch., soin, *res tuæ mihi maximæ
curæ sunt* (double dat.) : je m'intéresse
beaucoup à tes affaires ; **3.** cure, remède ; **4.** occupation, travail, tâche ;
ouvrage ; **5.** administration, *~ rei publicæ* : gestion des affaires publiques ;
6. souci, préoccupation, inquiétude,
mihi maximæ curæ est non de meã vitã… :
je suis très inquiet non pour ma vie… ;
7. amour ; objet de l'amour ; tourments
de l'amour.

cŭrābĭlis, *e*, adj., qui peut être guéri, léger.

cŭrātē, adv., [*~tius, ~tissime*], avec soin,
avec empressement.

cŭrātĭo, *ōnis*, f., **1.** action de s'occuper de,
soin, attention ; **2.** administration, emploi, charge, office.

cŭrātŏr, *ōris*, m., **1.** celui qui s'occupe de,
qui a soin de ; **2.** chargé de, préposé à.

cŭrātūra, *æ*, f., soin minutieux.

cŭrātus, *a, um*, part. adj., [*~tior, ~tissi-
mus*], **1.** soigné ; **2.** empressé.

Curcŭlĭo, *ōnis*, m., « Le Charançon », comédie de Plaute.

curcŭlĭōnĕus, *a, um*, de charançon.

curcŭlĭunculus, *i*, m., petit charançon.

Cŭrensis, *e*, adj., de Cures ‖ **Cŭrēs**, *ĭum*,
m. et f. pl., Cures, v. de Sabine.

Cŭrētes, *um*, m. pl., Curètes, **1.** peuple
de Phrygie, hab. de la Crète ; **2.** prêtres
de Cybèle.

① **Cŭrētis**, *ĭdis*, adj., de Cures.

① **Cŭrētis**, *ĭdis*, f., de Crète.

cŭrĭa, *æ*, f., curie, **1.** une des trente divisions du peuple rom. ; **2.** édifice où les
curies s'assemblaient ; **3.** lieu de réunion
du sénat, sénat ; **4.** salle de réunion.

cŭrĭālis, *e*, adj., **1.** de la même curie ;
2. de la cour, courtisan.

Cŭrĭānus, *a, um*, de Curius.

Cŭrĭātĭi, *ōrum*, m. pl., les Curiaces, famille d'Albe.

cŭrĭātim, adv., par curies.

cŭrĭātus, *a, um*, de la curie, *curiata lex* :
loi curiate, votée dans les comices curiates.

① **cŭrĭo**, *ōnis*, m., **1.** curion, prêtre d'une
curie ; **2.** crieur public.

② **cŭrĭo**, *ōnis*, m., pers. dévorée par les
soucis.

Cŭrĭo, *ōnis*, m., Curion, **1.** tribun, partisan de César ; **2.** surnom de diff. pers.

cŭrĭōsē, adv., [*~sius, ~sissime*], **1.** avec
soin, attention ; **2.** avec curiosité ; **3.** avec
recherche, affectation (style).

cŭrĭōsĭtās, *ātis*, f., recherche soigneuse,
empressement de savoir, de connaître.

cŭrĭōsŭlus, *a, um*, un peu trop curieux,
indiscret.

cŭrĭōsus, *a, um*, [*~sior, ~sissimus*], **1.** soigneux, qui s'occupe avec soin de ; **2.** soigneux à l'excès, recherché ; **3.** inquiet ;
4. curieux, indiscret ; subst. m., *curiosus,
i*, curieux ; espion.

cŭrĭto, *ās, āre*, tr., être aux petits soins
pour.

Cŭrĭus, *ĭi*, m., Curius, nom rom. ; M. Curius Dentatus, symbole de l'austérité
rom.

cŭro, *ās, āre*, tr. et qqf. intr., **1.** soigner,
avoir soin, s'occuper de, *nihil curare* : être
indifférent, *~ cenam* : préparer un dîner
~ de emendo : s'occuper d'acheter, *~ epistulam referendam* : faire remettre une lettre, *curare ut/ne* + subj. : veiller à, à ne
pas ; **2.** administrer, gérer, diriger, *~ bellum* : gérer une guerre, *~ Asiam* : administrer l'Asie ; **3.** faire un achat, un paiement ; **4.** soigner, bien traiter, *~ corpora*
soigner son corps = se nourrir ; soigner
~ vulnus : soigner une blessure.

currĭcŭlum, *i*, n., **1.** course, *curriculo* : en
courant ; **2.** course de chevaux, de chars
char ; **3.** piste de course, carrière ; fig.
champ d'activité, *~ vitæ* : carrière de la
vie.

curro, *ĭs, ĕre, cŭcurri, cursum*, intr. et qqf
tr., **1.** courir, se hâter ; se dérouler rapi
dement, couler rapidement ; **2.** courir
parcourir, *~ iter* : poursuivre sa course.

currūca, *æ*, f., oiseau (fauvette ?).

currŭlis, *e*, adj., relatif à un char.

currŭs, *ūs*, m., 1. char (rom.) ; 2. attelage ; 3. triomphe.

cursim, adv., à la course, à la hâte.

cursĭo, *ōnis*, f., course.

cursĭto, *ās*, *āre*, intr., courir çà et là.

curso, *ās*, *āre*, intr., courir çà et là, courir fréquemment.

cursŏr, *ōris*, m., 1. celui qui court, parcourt ; athlète, coureur ; coureur, esclave qui précède à pied la litière ou le char du maître ; 2. messager, courrier.

Cursŏr, *ōris*, m., Cursor, surnom rom.

cursūra, *æ*, f., course.

cursŭs, *ūs*, m., 1. course, marche rapide, *cursu ferri* : aller au pas de course ; 2. mouvement, cours, durée, marche, direction (astres, vent, fleuve, vie), *in cursu esse* : être en activité, ~ *honorum* : (diff. étapes de la) carrière politique ; 3. course dans les jeux.

Curtĭus, *ĭi*, m., Curtius, nom de diff. Romains célèbres.

curto, *ās*, *āre*, tr., écourter, rogner, écorner (pr. et fig.).

curtus, *a*, *um*, écourté, court, raccourci, brisé, mutilé ; circoncis.

cŭrūlis, *e*, (cf. *currus*), adj., 1. de char, relatif aux chars, surt. de triomphe ou de cirque ; 2. curule, (*sella*) ~ : chaise curule (pour certains magistrats).

curvāmĕn, *ĭnis*, n., courbure.

curvātūra, *æ*, f., courbure, convexité, voûte.

curvo, *ās*, *āre*, tr., 1. courber, arrondir, plier ; 2. fléchir, émouvoir.

curvus, *a*, *um*, 1. courbe, courbé, arrondi, plié ; 2. tortu, de travers, pervers, faux.

cuspĭam, adv., V. *uspiam*.

cuspis, *ĭdis*, f., pointe d'une lance ; épieu, lance, broche ; dard ; trident.

cusquam, **cusque**, V. *usquam*, *usque*.

custōdĭa, *æ*, f., 1. garde, surveillance ; 2. poste de garde, gardiens ; 3. lieu où l'on garde ; 4. détention, prison, *in custodiam dare* : mettre en prison, détenu, prisonnier ; 5. garde, observation, respect.

custōdĭārĭum, *ĭi*, n., guérite.

custōdĭo, *īs*, *īre*, *īvi* (*ĭi*), *ītum*, tr., 1. garder, veiller, défendre, protéger ; 2. garder, conserver, retenir, ~ *memoriā*, conserver dans sa mémoire ; 3. garder, prendre garde, observer, être fidèle à, respecter ; 4. surveiller, épier ; 5. retenir en prison.

custōdītē, adv., avec circonspection, réserve.

custōdītĭo, *ōnis*, f., observation, respect.

custōs, *ōdis*, m. et f., 1. garde, gardien, qui veille sur, protecteur ; 2. garde, sentinelle ; geôlier.

Cusus, *i*, m., Cusus, affluent du Danube.

cŭtīcŭla, *æ*, f., petite peau ; personne délicate.

Cŭtīlĭa, *æ* f., et **Cŭtīlĭæ**, *ārum*, f. pl., Cutilies, v. des Sabins.

Cŭtīna, *æ*, f., Cutina, v. du Samnium.

cŭtis, *is*, f., 1. peau (pr. et fig.), *cutem curare* : soigner sa personne, *ego te intus et in cute novi* : je te connais à fond, MART. ; 2. peau, cuir ; 3. surface, écorce.

Cўanē, *ēs*, f., Cyané, nymphe de Sicile ; fontaine de Cyané.

Cўanēæ, *ārum*, f. pl., îles Cyanées, près du Pont-Euxin (Symplégades) ‖ **Cўanēus**, *a*, *um*, des Cyanées.

Cўanēē, *ēs*, f., Cyanée, fille du fl. Méandre.

cўanĕus, *a*, *um*, bleu foncé ou bleu azuré.

cўanus, *i*, m., bluet ; pierre bleue.

cўathisso, *ās*, *āre*, intr., verser à boire.

cўathus, *i*, m., coupe à anse ; mesure de capacité (0,045 litre).

cўbæa (navis), *æ*, f., vaisseau de transport.

Cўbēbē et **Cўbēlē**, *ēs*, f., 1. Cybèle, mère des dieux ; 2. Cybèle, mt. de Phrygie ‖ **Cўbēlēus**, *a*, *um*, 1. de Cybèle ; 2. du mt. Cybèle ‖ **Cўbēlista**, *æ*, f., prêtre de Cybèle ‖ **Cўbēlus**, *i*, m., V. *Cybele* 2.

cўbĭosactēs, *æ*, m., marchand de thon salé (surnom donné à Vespasien).

Cўbistra, *ōrum*, n. pl., Cybistra, v. de Cappadoce.

cўbĭum, *ĭi*, n., thon salé.

cўbus, V. *cibus* et *cubus*.

cўclădātus, *a*, *um*, vêtu de la *cyclas*, V. ce mot.

Cўclădes, *um*, f. pl., les îles Cyclades.

cўclăs, *ădis*, f., cyclade, robe de femme.

cўclĭcus, *a*, *um*, relatif à un cycle.

Cўclōpēus et **Cўclōpĭus**, *a*, *um*, de Cyclope, cyclopéen ‖ **Cўclops**, *ōpis*, m., le Cyclope, Polyphème ‖ **Cўclōpes**, *um*, m. pl., les Cyclopes.

Cycnēius, *a*, *um*, de Cycnus.

cycnēus, *a*, *um*, de cygne.

cycnus, *i*, m., cygne.

Cycnus, *i*, m., Cycnus, 1. fils de Neptune, changé en cygne ; 2. fils de Sthénélus, changé en cygne.

Cydnus, *i*, m., Cydnus, fl. de Cilicie.

Cўdōn, *ōnis*, m., Cydon, fils de Phorcus.

Cўdōnēa, *æ*, f., Cydon, v. de Crète ‖ **Cўdōnēus** et **Cўdōnĭus**, *a*, *um*, de Cydon, de Crète ‖ **Cўdōnĭātæ**, *ārum*, m. pl., les hab. de Cydon.

cўlindrus, *i*, m., **1.** cylindre ; **2.** rouleau en pierre pour aplanir ou niveler.

Cylla, V. *Cilla*.

Cyllǎros et **Cyllǎrus**, *i*, m., Cyllarus, **1.** centaure ; **2.** cheval des Dioscures.

Cyllēnē, *ēs*, f., Cyllène, **1.** montagne d'Arcadie ; **2.** port de l'Élide ; **3.** nourrice de Mercure ‖ **Cyllēnēus** et **Cyllēnǐus**, *ǐi*, m., **1.** de Cyllène ; **2.** le Cyllénien : Mercure ‖ **Cyllēnis**, *ǐdis*, f., de Cyllène, de Mercure.

Cylōnǐus, *a, um*, de Cylon, Athénien qui tenta d'instaurer une tyrannie.

① **Cymæus**, V. *Cumæus*.

② **Cymæus**, *a, um*, de Cymé ‖ **Cymaei**, *ōrum*, m. pl., les hab. de Cymé, V. ce mot.

cymba ou **cumba**, *æ*, f., barque, esquif.

cymbǎlista, *æ*, m., cymbalier.

cymbǎlistrǐa, *æ*, f., joueuse de cymbales.

cymbǎlum, *i*, n., et **cymbǎla**, *ōrum*, n. pl., cymbale(s).

cymbǐum, *ǐi*, n., vase ou lampe en forme de *cymba*, V. ce mot.

cymbǔla, *æ*, f., petite barque, canot, gondole.

Cymē, *ēs*, f., **1.** Cumes ; **2.** Cymé, v. d'Éolie, métropole de Cumes.

cўnǐcē, adv., en cynique.

cўnǐcus, *a, um*, de cynique ; subst. m., *Cynicus, i*, un Cynique.

cўnǒcěphǎlus, *i*, m., cynocéphale (singe).

Cўnos ou **Cўnus**, *i*, f., Cynus, port de Locride.

Cўnǒsargěs, *is*, n., le Cynosarge, faubourg d'Athènes.

Cўnoscěphǎlæ, *ārum*, f. pl., Cynoscéphales, région de Thessalie.

Cўnǒsūra, *æ*, f., **1.** la Petite Ourse ; **2.** v. et mt. d'Arcadie.

Cўnǒsūræ, *ārum*, f. pl., Cynosure, **1.** promontoire de l'Attique ; **2.** v. et mt. d'Arcadie.

Cўnǒsūris, *ǐdis*, subst. et adj. f., (de la) Petite Ourse.

Cynthǐa, *æ*, f., Cynthie, **1.** Diane, déesse du Cynthe ; **2.** nom d'une jeune fille aimée de Properce.

Cynthǐus, *ǐi*, m., le dieu du Cynthe, Apollon ‖ **Cynthus**, *i*, m., le mt. Cynthe, à Délos.

Cўnus, V. *Cynos*.

cўpǎrissǐas, *æ*, m., météore igné (en forme de cyprès).

cўpǎrissus, V. *cupressus*.

Cўpǎrissus, *i*, m., Cyparissus, favori d'Apollon, changé en cyprès.

cўpressus, V. *cupressus*.

Cyprǐa, *æ*, f., Vénus, déesse de Chypre ‖ **Cyprǐcus**, *a, um*, de Chypre ‖ **Cypris**, *ǐdis*, f., V. *Cypria* ‖ **Cyprǐus**, *a, um*, de Chypre ‖ **Cyprus** et **Cypros**, *i*, f., Chypre ou Cypre.

Cypsěla, *ōrum*, n. pl., Cypséla, v. de Thrace.

Cypsělǐdēs, *æ*, m., Périandre, fils de Cypsélus ‖ **Cypsělus**, *i*, m., Cypsélus, tyran de Corinthe.

Cўra, *æ*, f., et **Cўrēnæ**, *ārum*, f. pl., Cyrène, v. de la Pentapole, auj. Libye ‖ **Cўrēnæǐcus** et **Cўrēnæus**, *a, um*, cyrénéen, de Cyrène ‖ **Cўrēnæǐci**, **Cўrēnæi** et **Cўrēnǎǐci**, *ōrum*, m. pl., les hab. de Cyrène ; les Cyrénaïques (disciples d'Aristippe) ‖ **Cўrēnē**, *ēs*, f., Cyrène, **1.** mère d'Aristée ; **2.** V. *Cyrenæ* ‖ **Cўrēnensis**, *e*, adj., de Cyrène ‖ **Cўrēnenses**, *ǐum*, m. pl., les hab. de Cyrène.

Cўrětǐæ, *ārum*, f. pl., Cyrétiées, v. de Thessalie.

Cўrēus, *a, um*, de Cyrus (l'architecte).

Cyrnēus, *a, um*, de Cyrnos, de Corse ‖ **Cyrnǒs**, *i*, f., Cyrnos, nom grec de la Corse.

Cyrtæi et **Cyrtǐi**, *ōrum*, m. pl., Cyrtéens, peuple de Médie.

Cўrus, *i*, m., Cyrus, **1.** nom de diff. monarques perses, dont Cyrus le Grand (VIe s. av. J.-C.) ; **2.** architecte du temps de Cicéron.

Cyssus, *untis*, f., Cyssonte, port d'Ionie.

Cytæ, *ārum*, f. pl., Cyta, v. de Colchide ‖ **Cytæis**, *ǐdis*, f., la Cytéenne : Médée ‖ **Cytæus**, *a, um*, de Cyta, de Colchide ‖ **Cytāīnē**, *ēs*, f., V. *Cytæis*.

Cythēra, *ōrum*, n. pl., Cythère, île de la mer Égée, célèbre par le culte rendu à Vénus ‖ **Cythērē**, *ēs*, **Cythěrēa**, *æ*, et **Cythěrēīa**, *æ*, f., Cythérée, Vénus ‖ **Cythěrēīas**, *ǎdis*, f., de Cythère, de Vénus ‖ **Cythěrēis**, *ǐdis*, f., V. *Cythereias* ‖ **Cythěrēīus** et **Cythěrǐǎcus**, *a, um*, de Cythère, de Vénus.

Cўthēris, *ǐdis*, f., Cythéris, comédienne maîtresse d'Antoine ‖ **Cythērǐus**, *ǐi*, m., le Cythérien, surnom donné à Antoine amant de Cythéris.

Cythnǐus, *a, um*, de Cythnos ‖ **Cythnos**, *i*, f., Cythnos, une des Cyclades.

cўtǐsus, *i*, m. et f., cytise.

Cўtōrǐǎcus et **Cўtōrǐus**, *a, um*, du mt. Cytore ‖ **Cўtōrus**, *i*, m., Cytore, v. et mt. de Paphlagonie.

Cўzǐcos, *i*, f., **Cўzǐcum**, *i*, n., **Cўzǐcus**, *i, f.*, Cyzique, v. de Mysie ‖ **Cўzǐcēni**, *ōrum*, m. pl., les hab. de Cyzique.

D

D, d, f. et n., indécl., **1.** d, quatrième lettre de l'alph. latin ; **2.** abr. du prénom *Decimus,* de *Deus, Divus, Dominus* ; *D. M. : Diis Manibus* ; *D. O. M : Deo Optimo Maximo,* etc. ; dans une lettre, D = *Dabam* ou *Datum* pour indiquer la date ; *a. d. (ante diem) VI :* le sixième jour avant ; *D :* signe numérique, D = 500 (= IƆ).

Dăæ, V. *Dahæ.*

Dăci, *ōrum,* m. pl., Daces, peuple du Danube inférieur ‖ **Dăcĭa,** *æ,* f., la Dacie ‖ **Dăcĭcus,** *a, um,* dace, de Dacie.

dăcrĭma ou **dăcrŭma,** arch., V. *lacrima.*

dactўlĭcus, *a, um,* dactylique.

dactўlĭŏthēca, *æ,* f., écrin pour bague.

dactўlus et **dactўlos,** *i,* m., dactyle, pied composé d'une longue et de deux brèves.

Dædăla, *ōrum,* n. pl., Dédales, lieu fortifié de Carie.

Dædălēus (~ĕus), *a, um,* de Dédale, du labyrinthe (de Crète) ‖ **Dædălus** et **Dædălos,** *i,* m., Dédale, inventeur génial, constructeur du labyrinthe de Crète, père d'Icare.

dædălus, *a, um,* **1.** habile, industrieux, inventif ; **2.** bien fait, artistement ouvragé.

dæmōn, *ŏnis,* m., génie, bon génie, démon (de Socrate).

dæmŏnĭăcus, *a, um,* démoniaque ; diabolique.

dæmŏnĭcŏla, *æ,* m., adorateur du démon.

dæmŏnĭcus, *a, um,* V. *dæmoniacus.*

dæmŏnĭum, *ĭi,* n., petit génie : mauvais génie.

Dafn~, V. *Daphn~.*

Dăhæ, *ārum,* m. pl., Dahes, peuple de Scythie, auj. Daghestan.

Dalmătæ, *ārum,* m. pl., Dalmates, hab. de la Dalmatie ‖ **Dalmătĭa,** *æ,* f., Dalmatie ‖ **Dalmătĭcus,** *a, um,* dalmate, de Dalmatie ‖ **Dalmătĭcus,** *i,* m., Dalmaticus, surnom de L. Métellus, vainqueur des Dalmates.

dāma, *æ,* f., V. *damma.*

Dāma, *æ,* m., Dama, nom d'un esclave.

Dămascēnus, *a, um,* de Damas ‖ **Dămascēna,** *ōrum,* n. pl., prunes de Damas ‖ **Dămascus** et **Dămascos,** *i,* f., Damas.

Dămăsichthōn, *ōnis,* m., Damasichthon, fils de Niobé.

Dămăsippus, *i,* m., Damasippe, nom de diff. pers.

damma, *æ,* f. et m., daim, chèvre, chevreuil, chamois, etc.

dammŭla, *æ,* f., petit de *damma,* V. ce mot.

damnābĭlis, *e,* adj. [*~lior*], condamnable ; damnable.

damnābĭlĭtěr, adv., d'une manière condamnable.

damnās, indécl., arch., condamné à.

damnātīcĭus, *a, um,* condamnable.

damnātĭo, *ōnis,* f., condamnation judiciaire ; condamnation, rejet, réprobation ; chr., damnation.

damnātŏr, *ōris,* m., celui qui condamne, rejette.

damnātōrĭus, *a, um,* de condamnation.

damnātus, *a, um,* part. adj., [*~tior*], condamné, rejeté, réprouvé.

damnĭfĭco, *ās, āre,* tr., léser.

damnĭfĭcus, *a, um,* nuisible, malfaisant.

damnĭgěrŭlus, V. le préc.

damno, *ās, āre,* tr., **1.** condamner judiciairement, *~ de vi, majestatis, ambitus :* condamner pour violence, lèse-majesté, brigue, *~ capitis, capite :* condamner à la peine de mort ; **2.** condamner, accuser, réprouver, *~ stultitiæ :* accuser de sottise ; **3.** obliger, lier par une clause, *~ voti, voto :* obliger à accomplir un vœu, exaucer ; **4.** chr., damner.

damnōsē, adv., d'une manière ruineuse.

damnōsus, *a, um,* [*~sior, ~sissimus*], **1.** qui cause du dommage, du tort, qui ruine, coûteux, funeste ; **2.** dépensier ; **3.** qui subit un dommage.

damnum, *i,* n., **1.** dommage, tort, préjudice, perte, *~ dare :* causer du dommage, *~ facere, ferre, accipere :* subir un dommage ; **2.** amende, peine pécuniaire ; **3.** perte, objet perdu.

Dămŏclēs, *is,* m., Damoclès, courtisan de Denys de Syracuse.

Dāmōn, *ŏnis,* m., Damon, nom de diff. pers. (phil., musicien) ; nom d'un berger.

dampnum, V. *damnum.*

dāmŭla, V. *dammula.*

Dănăē, *ēs*, f., Danaé, mère de Persée, que Jupiter féconda en se transformant en pluie d'or ‖ **Dănăēĭus**, *a*, *um*, de Danaé.

Dănăi, *ōrum*, m. pl., les Danéens = les Grecs (dans la guerre de Troie) ‖ **Dănăĭdæ**, *ārum*, m. pl., les Danaïdes = les Grecs ‖ **Dănăĭdes**, *um*, f. pl., les Danaïdes, filles du roi Danaüs ‖ **Dănăŭs**, *i*, m., Danaüs, roi d'Égypte, fondateur du royaume d'Argos ; père des 50 Danaïdes ‖ **Dănăŭs**, *a*, *um*, de Danaüs ; grec.

Dandări, *ōrum*, et **Dandărĭdæ**, *ārum*, m. pl., Dandariens, peuple scythe ‖ **Dandărĭca**, *æ*, f., le pays des Dandariens.

dănista, *æ*, m., prêteur, usurier (mot grec).

dănistĭcus, *a*, *um*, d'usurier.

dăno, *ĭs*, arch., V. do.

Dānŭbĭus et **Dānŭvĭus**, *ĭi*, m., Danube, fl. de Germanie.

dăpālis, *e*, adj., relatif au festin des sacrifices ; copieux, somptueux (repas).

daphnē, *ēs*, f., laurier.

① **Daphnē**, *ēs*, f., Daphné, fille du fl. Pénée, qui fut changée en laurier.

② **Daphnē**, *ēs*, f., Daphnée, bourg de Syrie.

Daphnis, *ĭdis*, m., Daphnis, **1.** fils de Mercure ; **2.** nom d'un berger.

daphnōn, *ōnis*, m., lieu planté de lauriers.

dăpīno, *ās*, *āre*, tr., traiter somptueusement à table.

daps, *dăpis*, f., **1.** sacrifice en l'honneur des dieux, festin sacré ; **2.** repas somptueux, festin.

dapsĭlĕ, adv., [~*lius*], en grand gala, magnifiquement.

dapsĭlis, *e*, adj., copieux, magnifique.

Dardănĭa, *æ*, f., Dardanie, **1.** v. fondée par Dardanus sur l'Hellespont ; **2.** la région de Troie ; Troie ‖ **Dardănĭdēs**, *æ*, m., Dardanide, descendant de Dardanus ; Énée ‖ **Dardănĭdæ**, *ārum* et *um*, m. pl., les Troyens ‖ **Dardănis**, *ĭdis*, f., Troyenne ; Créüse, épouse d'Énée ‖ **Dardănĭus**, *a*, *um*, de Dardanus ; de Troie, troyen ‖ **Dardănus**, *i*, m., Dardanus, **1.** fils de Jupiter et d'Électre, ancêtre des Troyens ; **2.** phil. stoïcien ‖ **Dardănus**, *a*, *um*, de Dardanus, de Troie, troyen ; Énée ; ext., romain.

Dărēs, *ētis*, m., Darès, compagnon d'Énée.

Dārēus, *ĕi*, et **Dārīus**, *ĭi*, m., Darius, nom de souverains perses.

dārīus, *ĭi*, m., darique, pièce d'or.

Dătămēs, *is*, m., Datame, satrape perse.

dătārĭus, *a*, *um*, qui peut ou doit être donné.

dătātim, adv., en retour, mutuellement.

dătĭo, *ōnis*, f., **1.** action de donner ; **2.** droit de faire don de ses biens.

Dātis, *is* et *ĭdis*, m., Datis, lieutenant de Darius, vaincu à Marathon (490 av. J.-C.).

dătīvus (casus), m., gramm., datif.

dăto, *ās*, *āre*, tr., donner souvent.

dătŏr, *ōris*, m., **1.** celui qui donne ; **2.** esclave qui fait le service au jeu de balle.

dătum, *i*, n., don, présent.

① **dătus**, *a*, *um*, V. do.

② **dătŭs**, *ūs*, m., action de donner.

Daulĭăs, *ădis*, f., de Daulis ‖ **Daulis**, *ĭdis*, f., Daulis, v. de Phocide dont le roi était Térée, père de Procné et de Philomène ‖ **Daulĭus**, *a*, *um*, de Daulis.

Daunĭa, *æ*, f., Daunie, autre nom de l'Apulie, V. *Daunus* ‖ **Daunĭăs**, *ădis*, f., de Daunie ‖ **Daunĭus**, *a*, *um*, de Daunie ; ext., d'Italie ; de Rome ‖ **Daunus**, *i*, m., Daunus, roi légendaire d'Apulie, ancêtre de Turnus.

dē, prép. + abl.

I. lieu
  1. de, venant de, partant de, à
  2. de, du haut de, à
  3. issu de
  4. de, qui fait partie de, parmi
  5. de, pris dans, sur
II. temps
  1. au moment de, pendant, au cours de
  2. à partir de, aussitôt après
III. manière, cause, relation
  1. d'après, conformément à, suivant
  2. d'après, pour, par, à cause de
  3. sur, touchant, au sujet de.

I 1. *de digito anulum detrahere* : enlever un anneau au doigt, *de vitā excedere* : quitter la vie, *de aliquo mercari* : acheter à qqn. ; **2.** *de muro se dejicere* : se jeter du haut d'un mur, *de collo pendere* : être suspendu au cou ; **3.** *de gente vetustā* : (issu) d'une antique famille ; **4.** *unus de illis* : l'un de ceux-là, *nemo de nobis* : personne d'entre nous ; **5.** *factum de marmore* : fait en marbre, *de publico*, *de meo* : aux frais de l'État, à mes frais ; *victoria de hostibus* : victoire sur les ennemis.

II 1. *de nocte* : au cours de la nuit, *de tertiā vigiliā* : pendant la troisième veille ; **2.** *de die differre* : repousser de jour en jour, *statim de auctione* : aussitôt après la vente.

III 1. *de consilii sententiā* : de l'avis du conseil, *de more vetusto* : suivant l'antique usage ; *de industriā* : à dessein ; **2.** *quā de causā* : pour cette raison ; **3.** *fama de illo* :

ce qu'on dit de lui, *lex de ambitu* : la loi sur la brigue, *sermo de amicitiā* : entretien sur l'amitié.

dē~ (**dĕ~** devant voy. et *h*), préf. indiquant : **1.** mvt. de haut en bas ; **2.** éloignement, privation (spéc. avec noms et adj. : *demens*, *dedecus*, etc.) ; **3.** retranchement, prélèvement ; **4.** succession, causalité ; **5.** cessation ; **6.** accroissement (valeur intensive, spéc. avec vb. et adj. : *devincere*, *deparcus*, etc.), aboutissement de l'action.

dĕa, *æ*, f., déesse, divinité.

dĕalbātĭo, *ōnis*, f., blanchissage ; purification ; éclat éblouissant.

dĕalbātus, *a, um*, part. adj., [*~tior*], blanchi, d'un blanc éblouissant.

dĕalbo, *ās, āre*, tr., blanchir à la chaux ; purifier.

dĕambŭlātĭo, *ōnis*, f., promenade.

dĕambŭlo, *ās, āre*, intr., se promener (longtemps).

dĕāmo, *ās, āre*, tr., aimer éperdument.

dĕargento, *ās, āre*, tr., **1.** dépouiller de son argent ; **2.** argenter.

dĕarmo, *ās, āre*, tr., désarmer ; soustraire, enlever.

dĕartŭo, *ās, āre*, tr., dépecer, démembrer.

dĕascĭo, *ās, āre*, tr., **1.** raboter ; **2.** escroquer.

dĕauro, *ās, āre*, tr., dorer.

dēbacchor, *āris, āri*, intr., se déchaîner, faire rage.

dēbattŭo, *ĭs, ĕre*, tr., s'escrimer avec (sens obsc.).

dēbellātŏr, *ōris*, m., vainqueur.

dēbellātrix, *īcis*, f. du préc.

dēbello, *ās, āre*, intr. et tr., **1.** terminer la guerre (par une victoire), *primā acie debellatum est* : le premier combat mit fin à la guerre ; **2.** réduire par les armes, triompher de, vaincre ; **3.** livrer une bataille acharnée.

dēbĕo, *ēs, ēre, dēbŭi, dēbĭtum*, tr., (*de-habeo*), tenir de, d'où : **1.** devoir, être débiteur, ~ *aliquid alicui* : devoir qqch. à qqn. ; part. prés. subst. m. pl., *debentes, ium*, les débiteurs ; subst. n., *debitum, i*, la dette ; **2.** devoir, être tenu moralement à, être obligé, ~ *opus* : avoir une tâche, *maxima debetur puero reverentia* : on doit le plus grand respect à l'enfance, JUV. ; **3.** passif, *deberi* : être destiné, réservé à, *animæ quibus altera fato corpora debentur* : les âmes auxquelles le destin réserve un second corps, VIRG., *debemur morti* : nous sommes voués à la mort.

dēbĭlis, *e*, adj., [*~lior*], **1.** faible, infirme, impotent, estropié ; **2.** faible, défectueux, incapable, défaillant.

dēbĭlĭtās, *ātis*, f., **1.** faiblesse, infirmité ; **2.** faiblesse de caractère, incapacité.

dēbĭlĭtātĭo, *ōnis*, f., affaiblissement.

dēbĭlĭtĕr, adv., avec ou par faiblesse.

dēbĭlĭto, *ās, āre*, tr., affaiblir, énerver, rendre infirme ; dégoûter.

dēbĭtĭo, *ōnis*, f., action de devoir ; dette.

dēbĭtŏr, *ōris*, m., celui qui doit, débiteur, redevable de.

dēbĭtrix, *īcis*, f. du préc.

dēblătĕro, *ās, āre*, tr. et intr., bavarder, parler ou dire à tort et à travers.

dēbrĭo, *ās, āre*, tr., enivrer complètement.

dēbūcĭno, *ās, āre*, tr., publier à son de trompe.

dēcăchinno, *ās, āre*, tr., rire de.

dēcălautĭco, *ās, āre*, tr., dépouiller de la *calautica*, V. ce mot.

Dĕcălŏgus, *i*, m., chr., le Décalogue.

dēcalvātĭo, *ōnis*, f., action de se raser la tête.

dēcalvo, *ās, āre*, tr., rendre chauve, raser, épiler.

dēcanto, *ās, āre*, tr., **1.** chanter, déclamer, réciter ; **2.** rabâcher ; **3.** enchanter, ensorceler ; **4.** cesser de chanter.

dēcānus, *i*, m., dizenier (chef d'un groupe de dix), doyen.

dĕcăs, *ădis*, f., dizaine, décade.

dēcēdo, *ĭs, ĕre, cessi, cessum*, intr., **1.** s'éloigner de, se retirer de, ~ *de, ex statione* : quitter son poste, ~ *Italiā* : quitter l'Italie ; abs., céder le pas, fuir, ~ *alicui de, in viā* : laisser le passage à qqn., ~ *impiis* : fuir les impies ; **2.** se retirer, s'arrêter, cesser, disparaître, finir, *quartana mihi decessit* : la fièvre m'a quitté, *decedente die* : au déclin du jour ; **3.** renoncer à, se départir de, ~ *(de) sententiā* : renoncer à son opinion, ~ *(de, ab) officio* : manquer à son devoir.

dĕcem, adj. num. indécl., dix ; dix = nombre indéterminé.

dĕcember, *bris, bre*, adj., de décembre, décembre (10ᵉ mois de l'ancien calendrier rom.).

dĕcemjŭgis, *e*, adj., à dix chevaux.

dĕcempĕda, *æ*, f., perche de dix pieds, mesure d'arpentage (= 2,957 m).

dĕcempĕdātŏr, *ōris*, m., arpenteur.

dĕcemplex, *ĭcis*, adj., décuple.

dĕcemprīmi ou **dĕcem prīmi**, *ōrum*, m. pl., les dix premiers décurions d'un municipe ou d'une colonie.

dĕcemscalmus, *a, um*, à dix rames.

dĕcemvir, *vĭri*, m., décemvir, V. *decemviri*.

dĕcemvĭrālis, *e*, adj., décemviral, relatif aux décemvirs.

dĕcemvĭrātŭs, *ūs*, m., décemvirat, magistrature de décemvir.

dĕcemvĭri, *ōrum (um)*, m. pl., décemvirs, collège de dix magistrats chargés d'une mission précise, ~ *legibus scribendis* : décemvirs chargés de rédiger les lois (loi des XII Tables), ~ *stlitibus judicandis* : décemvirs remplaçant le *prætor urbanus* dans les procès de droit privé.

dĕcennālis, *e*, adj., décennal.

dĕcennis, *e*, adj., qui dure dix ans ; décennal ; âgé de dix ans.

dĕcennĭum, *ĭi*, n., espace de dix ans.

dĕcens, *entis*, part. adj., [~*tior*, ~*tissimus*], 1. qui convient, bienséant ; 2. beau, régulier, harmonieux.

dĕcentĕr, adv., [~*tius*, ~*tissime*], convenablement, décemment.

dĕcentĭa, *æ*, f., convenance, décence, bienséance.

dĕcĕo, V. *decet*.

dĕceptĭo, *ōnis*, f., déception, tromperie.

dĕceptŏr, *ōris*, m., trompeur.

dĕceptōrĭus, *a, um*, trompeur, mensonger.

dĕceptŭs, *ūs*, m., tromperie, erreur.

dĕcēris, *is*, f., navire à dix rangs de rames.

dĕcermĭna, *um*, n. pl., branches mortes ; fig., épaves, rebuts.

dĕcerno, *ĭs, ĕre, dĕcrēvi, dĕcrētum*, tr. et intr., 1. décider, trancher, *primus impetus rem decernit* : le premier assaut décide de l'affaire, *rem dubiam* ~ : lever toute incertitude sur une question ; 2. décider, décréter (en assemblée), *bellum* ~ : voter la guerre, *nihil decernendum censeo* : je suis d'avis de ne prendre aucune décision, *senatus decrevit* : le sénat a décrété ; 3. décider par les armes, ~ *de salute rei publicæ* : lutter pour le salut de l'État, ~ *lapidibus* : combattre à coups de pierre, ~ *de capite* : combattre pour sa vie ; 4. se décider, se résoudre à, décider de, *Cæsar Rhenum transire decreverat* : César avait décidé de traverser le Rhin ; *decretum est mihi* + inf. : j'ai décidé de.

dĕcerpo, *ĭs, ĕre, cerpsi, cerptum*, tr., 1. détacher en cueillant ; cueillir, recueillir, prélever ; 2. retrancher, affaiblir, détruire.

dĕcerptŏr, *ōris*, m., celui qui détache, prélève.

dĕcertātĭo, *ōnis*, f., décision, solution.

dĕcertātŏr, *ōris*, m., combattant.

dĕcerto, *ās, āre*, intr., 1. décider par les armes, combattre, ~ *armis, prœlio, acie* : livrer bataille ; 2. lutter, faire assaut de, rivaliser.

dĕcessĭo, *ōnis*, f., 1. sortie, départ ; sortie de charge (d'un magistrat) ; 2. diminution, soustraction, affaiblissement.

dĕcessŏr, *ōris*, m., (magistrat) sortant, prédécesseur.

dĕcessŭs, *ūs*, m., 1. sortie de charge ; 2. diminution, affaiblissement, décroissance ; 3. décès, mort.

dĕcet, *dĕcēre, dĕcŭit*, 1. impers., il convient, il sied, il faut, *oratorem* (ou *oratori*) *irasci minime decet* : l'orateur ne doit en aucun cas s'emporter, Cic. ; *decuit* : il fallait, il eût fallu ; 2. pers., *hæc vestis me decet* : ce vêtement me va bien.

Dĕcētĭa, *æ*, f., Décétie, v. des Éduens, auj. Decize.

dĕcharmĭdo, *ās, āre*, intr., décharmider (jeu sur le nom de Charmide, pers. du *Trinummus* de Plaute).

Dĕcĭānus, *a, um*, de Décius.

① **dĕcĭdo**, *ĭs, ĕre, cĭdi* (cf. *cado*), intr., 1. tomber de ; 2. tomber mort, mourir ; 3. tomber, succomber, ~ *in fraudem, in somnum* : tomber dans un piège, succomber au sommeil, ~ *spe* : être déçu dans ses espérances ; échouer.

② **dĕcĭdo**, *ĭs, ĕre, cĭdi, cīsum* (cf. *cædo*), tr., 1. couper, trancher, retrancher, ~ *caput* : trancher la tête ; 2. décider, résoudre, régler à l'amiable, transiger.

dĕcĭens ou **dĕcĭēs**, adv., dix fois, ~ *centena milia*, ~ *centum milia*, ~ *centena* ou simpl. *decies* : un million ; dix fois (nombre indéterminé).

dĕcĭma, *æ*, f., dîme ; libéralité faite au peuple par les magistrats ou les empereurs.

Dĕcĭma, *æ*, f., Décima, déesse qui préside à l'accouchement (10ᵉ mois lunaire).

dĕcĭmāna (**mŭlĭer**), *æ*, f., femme ou maîtresse d'un fermier des dîmes.

dĕcĭmānus ou **dĕcŭmānus**, *a, um*, 1. relatif à la dîme ; subst. m., *decimanus* (*decumanus*), *i*, fermier, percepteur des dîmes ; 2. de la 10ᵉ cohorte, *porta decumana* : porte du camp, près de laquelle campait la 10ᵉ cohorte ; *decumanus* (*limes*) : tracé E.-O. ; subst. m., soldat de la 10ᵉ cohorte ; 3. considérable, énorme.

dĕcĭmārĭus, *a, um*, soumis à la dîme.

dĕcĭmātes ăgri, m. pl., champs soumis à la dîme.

dĕcĭmātĭo, *ōnis*, f., dîme.

dĕcĭmātus, *a, um*, part. adj., [~*tissimus*], de choix, d'élite.

Dĕcĭmĭus, *ĭi*, m., Décimius, nom d'h.

dĕcĭmo ou **dĕcŭmo**, *ās, āre*, tr., décimer, punir ou tuer une personne sur dix.

dĕcĭmum, adv., pour la dixième fois.

dĕcĭmus, *a*, *um*, **1.** dixième ; **2.** considérable, énorme.

Dĕcĭmus, *i*, m., Décimus, prénom rom. (abrégé en D.).

dĕcĭnĕrātus, *a*, *um*, réduit en cendres.

dĕcĭnĕresco, *ĭs*, *ĕre*, intr., tomber en cendres.

dĕcĭpĭo, *ĭs*, *ĕre*, *cēpi*, *ceptum*, tr., surprendre, tromper, séduire, abuser.

dĕcĭpŭlum, *i*, n., piège.

dĕcīsĭo, *ōnis*, f., **1.** action de retrancher, d'amoindrir ; **2.** arrangement, transaction, décision à l'amiable.

Dĕcĭus, *a*, *um*, de Décius ‖ **Dĕcĭus**, *ĭi*, m., Décius, **1.** nom d'une famille rom. ; **2.** empereur rom. (249-251).

dēclāmātĭo, *ōnis*, f., **1.** déclamation, exercice d'éloquence ; sujet d'une déclamation ; **2.** discours déclamatoire, bavardage, suite de lieux communs.

dēclāmātŏr, *ōris*, m., celui qui fait ou dirige les exercices de déclamation.

dēclāmātōrĭē, adv., en déclamateur.

dēclāmātōrĭus, *a*, *um*, relatif à l'exercice de la parole ; déclamatoire.

dēclāmĭto, *ās*, *āre*, tr. et intr., **1.** s'exercer souvent à la parole, à la déclamation, à plaider ; **2.** crier, déclamer contre qqn.

dēclāmo, *ās*, *āre*, tr. et intr., **1.** s'exercer à la parole, se livrer aux exercices oratoires, déclamer ; **2.** crier, s'emporter, déclamer contre.

dēclārātĭo, *ōnis*, f., déclaration, manifestation, exposition.

dēclārātīvus, *a*, *um*, qui éclaircit, précise.

dēclārātŏr, *ōris*, m., celui qui proclame.

dēclāro, *ās*, *āre*, tr., **1.** faire voir clairement, déclarer, manifester ; **2.** proclamer, nommer ; **3.** rendre célèbre.

dēclīnātĭo, *ōnis*, f., **1.** action de détourner, d'incliner ; déviation ; **2.** action d'éviter, aversion, répugnance ; **3.** digression ; **4.** gramm., flexion.

dēclīnātŭs, *ūs*, m., action d'éviter, aversion, répugnance.

dēclīnis, *e*, adj., qui s'éloigne.

dēclīno, *ās*, *āre*, tr. et intr., **1.** détourner, écarter, éloigner, fléchir, *se ~ de viā* : s'écarter du chemin ; se détourner, *~ a proposito* : s'éloigner du but, changer d'avis ; **2.** éviter, fuir, *~ impetum* : éviter un assaut, *~ urbem* : éviter la ville ; **3.** diminuer, décliner, faiblir, *declinata ætas* : déclin de l'âge ; **4.** gramm., fléchir, décliner, conjuguer.

dēclīvis, *e*, adj., [*~vior*], **1.** incliné, en pente, qui descend ; subst. n., *declīve, is*, pente ; **2.** sur son déclin, *ætate ~* : au déclin de l'âge.

dēclīvĭtās, *ātis*, f., pente, penchant.

dēcŏco, V. *decoquo*.

dēcocta, *æ*, f., eau bouillie, rafraîchie ensuite dans la neige.

dēcoctus, *a*, *um*, part. adj., [*~tior*], bouilli, amolli, fade ; élaboré.

dēcollo, *ās*, *āre*, tr., ôter de son cou ; dépouiller ; décapiter.

dēcōlo, *ās*, *āre*, intr., s'en aller, passer (= passer au travers d'un *colum*, V. ce mot ①) ; échouer.

dēcŏlŏr, *ōris*, adj., **1.** qui a perdu sa couleur, terne, sali, hâlé, bruni ; **2.** altéré, déprécié, terni.

dēcŏlōrātē, adv., [*~tius*], d'une façon terne.

dēcŏlōrātĭo, *ōnis*, f., altération de la couleur.

dēcŏlōrātus, *a*, *um*, part. adj., [*~tior*], terne ; altéré, corrompu.

dēcŏlōro, *ās*, *āre*, tr., altérer la couleur de, ternir ; dégrader, tacher.

dēcŏlōrus, *a*, *um*, V. *decolor*.

dēcondo, *ĭs*, *ĕre*, tr., enfouir au fond de.

dēcontor, *āris*, *āri*, intr., balancer, hésiter.

dēcŏquo, *ĭs*, *ĕre*, *coxi*, *coctum*, tr. et intr., **1.** réduire par la cuisson, d'où : réduire, retrancher, diminuer ; causer du dommage ; intr., manger son bien, faire banqueroute, se ruiner ; **2.** faire bouillir, cuire, fondre.

① **dĕcŏr**, *ōris*, m., **1.** ce qui convient, convenance, décence ; **2.** ornement, parure ; **3.** grâce, beauté.

② **dĕcŏr**, *ōris*, adj., beau, gracieux.

dĕcŏrāmĕn, *ĭnis*, n., ornement, parure.

dĕcŏrāmentum, *i*, V. le préc.

dĕcŏrē, adv., décemment, dignement ; artistement.

dĕcŏrĭo, *ās*, *āre*, tr., enlever la peau, peler.

dĕcŏrĭtĕr, V. *decore*.

dĕcŏro, *ās*, *āre*, tr., décorer, embellir, orner ; honorer.

dĕcŏrōsus, *a*, *um*, beau, brillant.

dĕcŏrtĭco, *ās*, *āre*, tr., écorcer, décortiquer.

dĕcŏrus, *a*, *um*, [*~rior, ~rissimus*], **1.** convenable, qui convient à, bienséant, décent, *decorum est + inf.*, il est beau, noble de ; **2.** beau, gracieux, distingué, paré ; subst. n., *decorum, i*, bienséance, convenance.

dēcrēmentum, *i*, n., diminution, déclin, décours.

dēcrēmo, *ās*, *āre*, tr., brûler entièrement.

dēcrĕpĭtus, *a*, *um*, lézardé ; décrépit.

dēcresco, *ĭs*, *ĕre*, *crēvi*, *crētum*, intr., décroître, diminuer, s'affaiblir, décliner.

dēcrētōrĭus, *a, um*, décisif, définitif.

dēcrētum, *i*, n., décision, arrêt, décret ; principes, doctrine.

dēculco, *ās, āre*, tr., fouler aux pieds ; abattre.

dĕcŭma, V. *decima*.

dēcumbo, *ĭs, ĕre, cŭbŭi, cŭbĭtum*, intr., 1. se coucher, s'aliter ; (s'étendre pour) se mettre à table ; 2. tomber au combat, succomber.

dēcunctor, V. *decontor*.

dĕcŭplum, *i*, n., décuple.

dĕcŭrĭa, *æ*, f., groupe de dix, dizaine ; décurie, classe, collège (juges).

dĕcŭrĭālis, *e*, adj., relatif au nombre 10.

dĕcŭrĭātĭo, *ōnis*, f., division par décuries.

dĕcŭrĭātŭs, *ūs*, m., répartition par décuries.

① **dĕcŭrĭo**, *ās, āre*, tr., 1. répartir en décuries ; 2. embaucher dans une cabale ; cabaler.

② **dĕcŭrĭo**, *ōnis*, m., décurion, 1. chef de dix cavaliers ; 2. sénateur d'un municipe ou d'une colonie ; 3. chef d'un service à la cour de l'empereur.

dĕcŭrĭōnātŭs, *ūs*, m., décurionat, fonction ou dignité de décurion.

dēcurro, *ĭs, ĕre, curri* et rar. *cŭcurri, cursum*, I intr., 1. descendre en courant, dévaler, se précipiter, s'abaisser en pente ; 2. courir, recourir, en venir, aboutir à, *eo decursum est ut* + subj. : on aboutit à cette décision que, ~ *ad preces* : en venir aux prières ; 3. faire une marche rapide, évoluer, manœuvrer ; défiler ; 4. abs., accomplir un trajet, une traversée.
II tr., 1. parcourir, accomplir, achever, ~ *spatium* : parcourir toute la carrière, ~ *ætatem, vitam* : passer toute sa vie ; 2. parcourir, passer en revue, raconter.

dēcursĭo, *ōnis*, f., 1. décours ; 2. descente, attaque, irruption ; 3. évolution, manœuvre, défilé.

dēcursĭto, *ās, āre*, tr., parcourir.

dēcursŭs, *ūs*, m., 1. course en descendant, décours, chute (d'eau) ; 2. course, marche, passage ; 3. descente, attaque, irruption ; 4. évolution, manœuvre, exercice, défilé ; 5. carrière achevée, *decursu honorum* : après avoir parcouru toute la carrière des honneurs.

dēcurto, *ās, āre*, tr., couper, écourter ; mutiler, tronquer.

dĕcŭs, *ŏris*, n., 1. ce qui sied, ce qui convient ; 2. ornement, beauté, honneur, parure, gloire (pr. et fig.).

dēcussĭo, *ōnis*, f., action de rejeter, de retrancher.

dēcusso, *ās, āre*, tr., croiser en x.

① **dĕcŭtĭo**, *ĭs, ĕre, cussi, cussum*, tr., secouer, faire tomber, abattre en frappant.

② **dĕcŭtĭo**, *ĭs, īre* (cf. *cutis*), tr., écorcher.

dēdamno, *ās, āre*, tr., acquitter.

dēdĕcet, *ēre, dēdĕcŭit*, 1. impers., il ne convient pas, souv. avec nég., *non dedecet* : il ne messied pas, il convient fort bien ; 2. pers., ne pas faire honneur à, déparer.

dēdĕcŏr, *ŏris*, adj., honteux, difforme, laid, indigne.

dēdĕcŏrātĭo, *ōnis*, f., déshonneur, infamie.

dēdĕcŏrātŏr, *ōris*, m., qui déshonore.

dēdĕcŏro, *ās, āre*, tr., déshonorer, flétrir, souiller, enlaidir.

dēdĕcŏrōsus, *a, um*, [~*sior*], déshonorant, honteux.

dēdĕcŏrus, V. le préc.

dēdĕcŭs, *ŏris*, n., 1. déshonneur, honte, infamie ; 2. action déshonorante ; 3. vice.

dēdĭcātĭo, *ōnis*, f., dédicace (d'un temple), consécration, inauguration.

dēdĭcātīvus, *a, um*, affirmatif.

dēdĭcātŏr, *ōris*, m., qui inaugure ; auteur.

dēdĭco, *ās, āre*, tr., 1. affirmer, déclarer officiellement ; 2. dédier, consacrer (pr. et fig.) ; 3. donner une place d'honneur à ; 4. inaugurer, prendre possession pour la première fois.

dēdignātĭo, *ōnis*, f., dédain, refus méprisant.

dēdignor, *āris, āri*, tr., dédaigner, refuser avec mépris.

dēdisco, *ĭs, ĕre, dēdĭdĭci*, tr., désapprendre, ne plus savoir.

dēdĭtīcĭus, *a, um*, qui a fait sa soumission, qui s'est rendu sans condition ; subst. m., *dediticius, ii*, déditice, celui qui a capitulé, s'est rendu.

dēdĭtĭo, *ōnis*, f., reddition, soumission, capitulation.

dēdĭtŏr, *ōris*, m., celui qui se livre.

dēdĭtus, *a, um*, part. adj., 1. qui s'est livré, rendu ; 2. adonné, dévoué, livré à ; *dedita (opera)* : à dessein.

dēdo, *ĭs, ĕre, dēdĭdi, dēdĭtum*, tr., 1. donner entièrement, livrer, remettre, *se* ~ : se livrer, se rendre ; 2. appliquer, dévouer, consacrer, *se* ~ *ad legendum* : s'adonner à la lecture.

dēdŏcĕo, *ēs, ēre, dŏcŭi, doctum*, tr., faire désapprendre, déshabituer.

dēdŏlĕo, *ēs, ēre, dŏlŭi*, intr., cesser de s'affliger.

dēdŏlo, *ās, āre*, tr., travailler à la doloire, raboter ; fig., raboter, étriller (de coups).

dēdūco, ĭs, ĕre, duxi, ductum, tr., tirer, mener de haut en bas, tout du long ; tirer de, 1. faire descendre, abaisser ; 2. tirer de, faire venir de, ~ *nomen ab*, *ex* + abl. : tirer son nom de ; 3. amener, conduire hors de, porter d'un point à un autre (troupes, navires) ; ~ (*colonos*) : conduire des colons, fonder une colonie ; 4. escorter, accompagner (avec honneur), reconduire, ~ *aliquem ad forum*, *domum* : escorter qqn. au forum, le reconduire chez lui ; spéc. ~ *virginem ad aliquem*, *domum* : conduire une jeune fille chez un époux ; conduire à une école, confier à un maître ; 5. faire revenir, détourner, amener à, ~ *de pravitate* : détourner du vice, ~ *in periculum* : mettre en péril, ~ *rem ad arma* : rendre le combat inévitable, ~ *rem in eum locum*, *eo*, *huc ut* + subj. : amener les choses au point que ; 6. évincer, déposséder ; 7. étendre, allonger, *brachia* ~ : étendre les bras ; 8. tirer le fil, travailler à l'aiguille, filer, broder ; 9. composer, ~ *versus* : composer des vers ; 10. déduire, retrancher, soustraire.

dēducta, æ, f., prélèvement, somme déduite (d'un héritage).

dēductĭo, ōnis, f., 1. action d'emmener, de faire sortir, de détourner ; 2. établissement, fondation d'une colonie ; 3. éviction ; 4. retranchement, déduction ; 5. déduction (de raisons), exposé.

dēductŏr, ōris, m., 1. celui qui accompagne, escorte (un patron, un candidat, un magistrat) ; 2. celui qui mène, qui guide.

① **dēductus**, a, um, part. adj., [~*tior*], 1. abaissé, bas (voix), courbe (nez), modéré (ton) ; 2. travaillé avec soin, apprêté.

② **dēductŭs**, ūs, m., action de conduire de haut en bas ; descente, chute.

dēdux, *ŭcis*, adj., issu de.

dĕĕo, ĭs, īre, intr., descendre.

dĕĕram, **dĕĕro**, **dĕĕris**, V. *desum*.

dĕĕrro, ās, āre, intr., s'écarter de la route, s'égarer, se perdre, dévier.

dēfæcātĭo, ōnis, f., purification.

dēfæco, ās, āre, tr., purifier, nettoyer.

dēfæn~, V. *defen~*.

dēfāmis, e, adj., décrié, infâme.

dēfārīnātus, a, um, réduit en farine.

dēfātīgātĭo, ōnis, f., fatigue extrême, épuisement.

dēfātīgo, ās, āre, tr., fatiguer beaucoup, épuiser ; passif, *defatigari* : se lasser de.

dēfātiscor, V. *defetiscor*.

dēfectĭbĭlis, e, adj., faillible.

dēfectĭo, ōnis, f., 1. action d'abandonner, défection, désertion ; 2. défaillance, affaiblissement, découragement.

dēfectīvus, a, um, défectueux, imparfait.

dēfectŏr, ōris, m., qui fait défection, déserteur, traître.

dēfectrix, īcis, f., défectueuse, imparfaite.

① **dēfectus**, a, um, part. adj., [~*tior*], affaibli, réduit, épuisé.

② **dēfectŭs**, ūs, m., défaillance, défaut, affaiblissement, ~ *solis* : éclipse de soleil.

dēfendo, ĭs, ĕre, fendi, fensum, tr., 1. écarter, détourner, repousser, ~ *bellum* : repousser la guerre, ~ *ictus* : parer des coups ; 2. défendre, protéger, ~ *locum suum* : défendre son poste, ~ *aliquem de ambitu* : défendre qqn. accusé de brigue ; abs., *defendere* : assurer la défense ; 3. dire pour sa défense, soutenir, affirmer, *hoc jure factum esse defendit* : il soutient que cela a été fait légalement, *reus id quod fecerit fecisse defenditur* : l'accusé est disculpé d'avoir fait ce qu'il a fait ; 4. soutenir, jouer (un rôle).

dēfēnĕro, ās, āre, tr., épuiser par l'usure, accabler de dettes.

dēfensa, æ, f., défense, protection.

dēfensābĭlis, e, adj., défendable.

dēfensācŭlum, i, n., rempart, protection.

dēfensātŏr, ōris, m., défenseur.

dēfensātrix, īcis, f. du préc.

dēfensĭo, ōnis, f., 1. défense ; protection ; 2. défense écrite, plaidoirie.

dēfensĭto, ās, āre, tr., défendre souvent ou énergiquement.

dēfenso, ās, āre, tr., défendre, protéger (énergiquement).

dēfensŏr, ōris, m., 1. celui qui écarte, repousse ; 2. défenseur, protecteur.

dēfensōrĭus, a, um, qui sert à défendre.

Dēfĕrenda, V. *Adolenda*.

dēfĕro, fers, ferre, tŭli, lātum, tr., 1. porter de haut en bas ; abattre, renverser, ~ *ædes in planum* : transporter sa maison dans la plaine, ~ *aciem in campos* : porter ses troupes dans la plaine ; porter d'un lieu à un autre, transporter, remettre, ~ *litteras ad aliquem*, *alicui* : porter une lettre à qqn. ; ~ *rem ad senatum* : porter une affaire devant le sénat ; *tempestas navem in litus desertum detulit* : la tempête a jeté le navire sur une côte déserte ; 2. porter au marché, mettre en vente ; 3. déférer (un commandement), décerner (une récompense), offrir, charger de, proposer, ~ *imperium alicui*, *ad aliquem* : déférer le commandement à qqn., ~ *pacem hostibus* : offrir la paix aux ennemis, ~ *benevolentiam ad aliquem* : mettre sa bonne volonté au service de qqn. ; 4. annoncer, rapporter, déclarer ; accuser ; dénoncer, *ad eum de* *fertur* + prop. inf. : il lui est rapporté que… ; ~ *crimen apud aliquem* : porter une accusation devant qqn., ~ *reos* : accuser en justice ; abs., *deferre* : dénoncer ; 5. déposer, inscrire sur les registres du Trésor public.

dēfervĕo, *ēs, ēre*, intr., bouillir.

dēfervesco, *ĭs, ĕre, fervi (ferbŭi)*, intr., cesser de bouillir ; fig., se refroidir, se calmer.

dēfessus, *a, um*, épuisé, usé, affaibli.

dēfĕtĭg~, V. *defatig~*.

dēfĕtiscentĭa, *æ*, f., épuisement.

dēfĕtiscor, *ĕris, i, fessus sum*, intr., être épuisé, las, fatigué.

dēfĭcĭentĕr, adv., elliptiquement.

dēfĭcĭo, *ĭs, ĕre, fēci, fectum*, intr., 1. quitter, faire défection, renoncer à, abandonner, ~ *ab amicitiā populi Romani* : abandonner l'alliance du peuple romain ; ~ *virtute* : renoncer à la vertu ; 2. finir, se terminer en, *in deficiente porticu* : au bout du portique ; 3. intr. et tr., manquer, faire défaut, disparaître, quitter, *nisi memoria defecerit* : si la mémoire n'est pas en défaut, ~ *(vitā)* : mourir, *sol deficit* : le soleil s'éclipse ; *dubiis ne defice rebus* : ne m'abandonne pas dans les difficultés, VIRG., *nostros vires deficiebant* : les forces abandonnaient nos gens ; au passif : *defici tempore* : manquer de temps, *mulier consilio deficitur* : la femme manque de sagesse.

dēfīgo, *ĭs, ĕre, fixi, fixum*, tr., 1. ficher, fixer, enfoncer, planter ; transpercer ; 2. fig., attacher, fixer, ~ *oculos in terram* : tenir ses yeux fixés sur le sol, ~ *omnes curas in rei publicæ salute* : consacrer tous ses soins au salut de l'État ; 3. rendre immobile, figer (de frayeur), paralyser, stupéfier ; 4. arrêter, déclarer irrévocablement ; 5. envoûter, enchaîner par des sortilèges.

dēfingo, *ĭs, ĕre, finxi, fictum*, tr., façonner, modeler avec soin.

dēfīnĭentĕr, adv., distinctement.

dēfīnĭo, *ĭs, īre, īvi (ĭi), ĭtum*, tr., 1. délimiter, borner, circonscrire ; 2. définir, déterminer, fixer ; 3. terminer.

dēfīnītē, adv., [~*tissime*], d'une manière déterminée, précise, claire.

dēfīnītĭo, *ōnis*, f., 1. action de borner, de délimiter ; 2. définition ; détermination, précision.

dēfīnītīvē, adv., en définissant, clairement.

dēfīnītīvus, *a, um*, relatif à la définition, circonscrit, délimité, précis.

dēfīnītŏr, *ōris*, m., 1. celui qui fixe les limites, qui prescrit ; 2. celui qui définit.

dēfīnītus, *a, um*, défini, déterminé, précis.

dēfīo, *ĭs, flĕri*, intr., manquer, faire défaut ; défaillir.

dēfĭŏcŭlus, *i*, m., borgne.

dēflāgrātĭo, *ōnis*, f., embrasement, conflagration.

dēflāgro, *ās, āre*, intr., 1. être entièrement brûlé, consumé ; 2. cesser de brûler, s'éteindre.

dēflammo, *ās, āre*, tr., éteindre.

dēflecto, *ĭs, ĕre, flexi, flexum*, 1. tr., abaisser en courbant, fléchir, infléchir, détourner, modifier, ~ *oculos* : détourner les yeux, ~ *sententiam* : changer d'avis ; 2. intr., se détourner, s'écarter, dévier, ~ *(viā)* : s'écarter de son chemin, *oratio deflexit ad* + acc. : le discours a dévié sur.

dēflĕo, *ēs, ēre, flēvi, flētum*, 1. tr., pleurer sur, déplorer ; 2. intr., pleurer abondamment.

dēflexĭo, *ōnis*, f., égarement, erreur.

dēflexŭs, *ūs*, m., détour.

dēflo, *ās, āre*, tr., débiter (un discours).

dēflocco, *ās, āre*, tr., dégarnir de flocons de laine, de cheveux, de poils.

dēflōrātĭo, *ōnis*, f., défloration.

dēflōresco, *ĭs, ĕre, flōrŭi*, intr., cesser de fleurir ; se flétrir, se faner (pr. et fig.).

dēflōro, *ās, āre*, tr., prendre la fleur (le meilleur) de.

dēflŭo, *ĭs, ĕre, fluxi, fluxum*, intr., 1. couler de, découler ; 2. suivre le cours, descendre le courant ; 3. glisser, tomber, *defluebant coronæ* : les couronnes glissaient (de sa tête) ; 4. découler, être issu de, venir de ; 5. se détourner, s'orienter vers ; 6. s'écouler entièrement, cesser de couler, s'évanouir, disparaître doucement.

dēflŭus, *a, um*, 1. qui découle ; tombant, flottant, pendant ; 2. d'où l'eau s'écoule.

dēfluxĭo, *ōnis*, f., émanation.

dēfluxŭs, *ūs*, m., écoulement, chute.

dēfŏdĭo, *ĭs, ĕre, fōdi, fossum*, tr., 1. creuser profondément, fouir ; 2. enfouir, enterrer.

dēfŏrīs, adv., de dehors, au-dehors.

dēformātĭo, *ōnis*, f., défiguration, dégradation.

dēformātus, *a, um*, part. adj., dégradé, flétri.

dēformis, *e*, adj., [~*mior*], 1. défiguré, difforme, laid, affreux, honteux (phys. et mor.), *deforme est* + inf., il est malséant de ; 2. sans forme, sans consistance.

dēformĭtās, *ātis*, f., difformité, laideur, honte, déshonneur.

dēformĭtĕr, adv., [~*mius*], d'une façon difforme, honteusement, ignoblement.

① **dēformo**, *ās*, *āre*, tr., donner une forme à, façonner, dessiner, figurer, représenter.

② **dēformo**, *ās*, *āre*, tr., rendre difforme, défigurer, déformer ; déshonorer, flétrir, dégrader.

dēfraudātĭo, *ōnis*, f., privation, frustration, manque.

dēfraudātŏr, *ōris*, m., trompeur.

dēfraudātrix, *īcis*, f. du préc.

dēfraudo, *ās*, *āre*, tr., frustrer, enlever frauduleusement, faire tort, priver.

dēfrēnātus, *a*, *um*, sans frein, effréné.

dēfrĭcātē, adv., de façon mordante.

dēfrĭco, *ās*, *āre*, tr., 1. frotter fortement, frictionner ; 2. fig., frictionner, étriller.

dēfringo, *ĭs*, *ĕre*, *frēgi*, *fractum*, tr., détacher en rompant, rompre, casser.

dēfrūdo, V. *defraudo*.

dēfrŭor, *ĕris*, *i*, intr., jouir complètement de.

dēfrustror, *āris*, *āri*, tr., abuser, tromper.

dēfrŭtum, *i*, n., vin cuit, raisiné.

dēfŭgĭo, *ĭs*, *ĕre*, *fūgi*, 1. tr., fuir, éviter par la fuite ; 2. intr., s'enfuir.

dēfulgŭro, *ās*, *āre*, tr., lancer comme un éclair, réverbérer.

dēfunctōrĭē, adv., par manière d'acquit, négligemment.

dēfunctōrĭus, *a*, *um*, 1. qui a accompli sa tâche ; 2. léger, négligent.

dēfunctŭs, *ūs*, m., mort, décès.

dēfundo, *ĭs*, *ĕre*, *fūdi*, *fūsum*, tr., verser, déverser (pr. et fig.) ; tirer (du vin).

dēfungor, *ĕris*, *i*, *functus sum*, intr., s'acquitter de, exécuter, accomplir complètement, achever, ~ *imperio regis* : exécuter l'ordre du roi, *defunctus honoribus* : qui a rempli les plus hautes charges, *defunctus periculis* : qui a triomphé de tous les dangers ; ~ *pœnā* : subir un châtiment ; *defunctus sum* : je suis quitte ; spéc., *defunctus terrā*, *vitā* ou simpl. *defunctus* : mort, défunt ; part. passé qqf. de sens passif : terminé, accompli (temps).

dēgĕnĕr, *ĕris*, adj., dégénéré, abâtardi, bâtard, indigne (de sa race) ; fig., vil, bas, honteux.

dēgĕnĕrātum, *i*, n., dépravation, indignité.

dēgĕnĕro, *ās*, *āre*, intr., 1. dégénérer, s'abâtardir, déchoir, devenir indigne de, s'abaisser à ; 2. flétrir, déshonorer.

dēgĕro, *ĭs*, *ĕre*, *gessi*, *gestum*, tr., porter, emporter, transporter de.

dēgi, V. *dego*.

dēglūbo, *ĭs*, *ĕre*, *gluptum*, tr., écorcher.

dēgo, *ĭs*, *ĕre*, *dēgi*, (*de* + *ago*) tr., passer (le temps), ~ *ætatem*, *vitam* ou abs. *degere* : passer sa vie.

dēgrădātĭo, *ōnis*, f., dégradation.

dēgrandĭnat, impers., il grêle fort.

dēgrassor, *āris*, *āri*, intr. et tr., se précipiter ; tomber sur.

dēgrăvo, *ās*, *āre*, tr., surcharger, accabler.

dēgrĕdĭor, *ĕris*, *i*, *gressus sum*, intr., descendre, sortir, s'éloigner.

dēgress~, V. *digress~*.

dēgrūmo, *ās*, *āre*, tr., tracer en ligne droite.

dēgrunnĭo, *ĭs*, *īre*, intr., grogner.

dēgŭlātŏr, *ōris*, m., glouton.

dēgŭlo, *ās*, *āre*, tr., engloutir.

dēgustātĭo, *ōnis*, f., action de goûter.

dēgusto, *ās*, *āre*, tr., 1. goûter, déguster ; 2. atteindre légèrement, effleurer ; 3. essayer, faire l'essai de, éprouver.

dĕhăbĕo, *ēs*, *ēre*, tr., avoir en moins.

dēhaurĭo, *ĭs*, *īre*, *hausi*, *haustum*, tr., avaler.

dĕhĭbĕo, V. *debeo*.

dĕhinc, adv., d'ici, de là, à partir de là ; ensuite, désormais ; donc, par conséquent.

dēhisco, *ĭs*, *ĕre*, *hīvi* (*hĭi*), intr., s'ouvrir, s'entrouvrir, se fendre.

dĕhŏnestāmentum, *i*, n., difformité ; honte, opprobre, déshonneur.

dĕhŏnestātĭo, *ōnis*, f., déshonneur, outrage.

dĕhŏnesto, *ās*, *āre*, tr., déshonorer, dégrader, souiller, flétrir.

dĕhortātĭo, *ōnis*, f., action de dissuader.

dĕhortātŏr, *ōris*, m., celui qui dissuade.

dĕhortātōrĭus, *a*, *um*, qui dissuade.

dĕhortor, *āris*, *āri*, tr., dissuader de, détourner de.

Dēĭănīra, *æ*, f., Déjanire, épouse d'Hercule.

dēĭcĭo, V. *dejicio*.

Dēĭdămīa, *æ*, f., Déidamie, nom de diff. pers. myth.

dĕĭfĭco, *ās*, *āre*, tr., déifier.

dĕĭfĭcus, *a*, *um*, qui fait des dieux ; divin.

Dēillĭus, *ĭi*, m., Deillius, nom d'une famille rom.

dĕim, **dĕin**, V. *deinde*.

① **dĕinceps**, *cĭpis* ou *cĭpĭtis*, adj., qui vient après, suivant.

② **dĕinceps**, adv., successivement, à la suite, de suite ; ensuite, tout de suite après.

dĕindĕ ou **dĕin**, adv., ensuite, après ; *deinde tum*, *tunc*, *postea*, *post* : ensuite,

dorénavant, désormais ; *primum…
deinde…* : d'abord… ensuite.

dĕīntĕgro, *ās, āre,* tr., entamer ; déshonorer.

dĕīntŭs, adv., en dedans, au-dedans.

Dēīŏnĭdēs, *æ,* m., le Déionide : Milétus,
fils d'Apollon et de Déioné.

Dēīŏpēa, *æ,* f., Déiopée, nymphe.

Dēïphŏbē, *ēs,* f., Déiphobé, fille de
Glaucus, nom de la Sibylle de Cumes,
Virg.

Dēïphŏbus, *i,* m., Déiphobe, fils de
Priam et d'Hécube, époux d'Hélène
après Pâris.

dēïtās, *ātis,* f., chr., nature divine, déité,
Dieu.

Dējănīra, V. *Deianira.*

dējectē, adv., [~*tius*], humblement.

dējectĭo, *ōnis,* f., 1. action de jeter à bas,
d'abattre ; 2. déjection ; 3. éviction ;
4. abattement, abaissement ; 5. humilité.

① **dējectus**, *a, um,* part. adj., [~*tior*],
1. bas, inférieur ; 2. bas, vil ; 3. abattu,
découragé ; 4. faible (style).

② **dējectŭs**, *ūs,* m., 1. action de jeter à
bas, de renverser ; chute ; 2. pente, escarpement.

dējĕrātĭo, *ōnis,* f., serment solennel.

dējĕro, *ās, āre,* et **dējēror**, *āris, āri,* intr.,
jurer, faire serment ; attester par ser-
ment.

dējĭcĭo, *ĭs, ĕre, jēci, jectum,* tr., 1. jeter à
bas, abattre, renverser, lancer (vers le
bas) ; abaisser ; 2. chasser, déloger ; exproprier, évincer ; 3. écarter, éloigner,
priver de, faire disparaître, *dejici de
gradu* : lâcher pied ; ~ *aliquem de sententiā* :
contraindre qqn. à changer d'avis.

Dējŏtărus, *i,* m., Déjotarus, 1. roi d'Arménie ; 2. fils du préc., défendu par Cicéron.

dējŭgis, *e,* adj., en pente, incliné.

dējungo, *ĭs, ĕre, junxi, junctum,* tr., désunir, séparer ; dételer.

dējūr~, V. *dejer~.*

dējŭvo, *ās, āre,* intr., refuser son secours.

dēlābor, *ĕris, i, lapsus sum,* intr., 1. glisser, tomber, descendre de, ~ *ex equo* :
descendre de cheval, ~ *in medios hostes* :
tomber au milieu des ennemis ; 2. tomber, s'abaisser à, en venir à, pencher
vers.

dēlăcĕro, *ās, āre,* tr., déchirer, mettre en
pièces.

dēlambo, *ĭs, ĕre,* tr., lécher avidement.

dēlāmentor, *āris, āri,* tr., déplorer, se lamenter de, sur.

dēlănĭo, V. *dilanio.*

dēlasso, *ās, āre,* tr., accabler de fatigue,
épuiser.

dēlātĭo, *ōnis,* f., 1. dénonciation, déla-
tion, accusation, rapport ; 2. déclaration.

dēlātŏr, *ōris,* m., dénonciateur, délateur.

dēlātro, *ās, āre,* tr., dire en hurlant, en
criant, en gémissant.

dēlātūra, *æ,* f., dénonciation, calomnie.

dēlēbĭlis, *e,* adj., qui peut être effacé, détruit.

dēlectābĭlis, *e,* adj., [~*lior*], agréable, dé-
lectable, délicieux.

dēlectāmentum, *i,* n., réjouissance,
plaisir, jeu.

dēlectātĭo, *ōnis,* f., plaisir, délectation,
jouissance, agrément.

dēlecto, *ās, āre,* tr., attirer, séduire,
plaire, délecter, charmer ; au passif : être
charmé de, se plaire à, *delectari ab aliquo* :
aimer qqn., *delectari in aliquā re* : se plaire
à qqch.

dēlector, *āris, āri,* tr., amuser, divertir, V.
le préc.

① **dēlectus**, *a, um,* part. adj., choisi, élu,
désigné, *delecti Ætolorum* : l'élite des Étoliens.

② **dēlectŭs**, *ūs,* m., 1. choix, discernement, tri, *nullo delectu* : sans choix, au hasard ; 2. levée de troupes, recrutement,
delectum habere, agere, constituere : faire
une levée de troupes, recruter des soldats ; troupes levées.

dēlēgātĭo, *ōnis,* f., délégation, procura-
tion.

dēlēgo, *ās, āre,* tr., 1. envoyer, ~ *aliquem
in Tullianum* : transférer qqn. dans la prison du Tullianum ; 2. déléguer, confier,
renvoyer à, ~ *obsidionem in curam col-
legæ* : confier à son collègue le soin d'assiéger ; 3. constituer comme créancier ou
débiteur à sa place, *delegavi amico* : j'ai
chargé un ami de payer à ma place ;
4. imputer à, rejeter sur.

dēleiro, arch., V. *deliro.*

dēlēnĭfĭcus, *a, um,* séduisant, flatteur.

dēlēnīmentum, *i,* n., 1. soulagement,
adoucissement ; 2. charme, séduction,
appât.

dēlēnĭo, *ĭs, īre, īvi (ĭi), ītum,* tr., 1. adoucir, soulager ; 2. charmer, séduire.

dēlēnītŏr, *ōris,* m., celui qui charme ; celui qui apaise.

dēlĕo, *ēs, ēre,* tr., 1. effacer, raturer, biffer,
faire disparaître ; 2. détruire, anéantir,
raser.

dēlētĭo, *ōnis,* f., anéantissement.

dēlētrix, *īcis,* f., destructrice.

dēlētŭs, *ūs,* m., destruction.

Delf~, V. *Delph~.*

Dēlía, æ, f., 1. la Délienne = Diane, née dans l'île de Délos ; 2. Délie, nom de femme ‖ **Dēlíăcus**, *a, um*, de Délos.

dēlībātĭo, *ōnis*, f., prélèvement.

dēlībĕrābundus, *a, um*, qui délibère, réfléchit profondément.

dēlībĕrātĭo, *ōnis*, f., 1. délibération, consultation, réflexion ; 2. rhét., discours du genre délibératif.

dēlībĕrātīvus, *a, um*, qui appartient au genre délibératif.

dēlībĕrātŏr, *ōris*, m., celui qui délibère, qui réfléchit.

dēlībĕrātus, *a, um*, part. adj., [~tior], décidé, arrêté, tranché.

① **dēlībĕro**, *ās, āre*, tr. et intr., 1. peser mûrement, examiner, délibérer, *de* + abl. : au sujet de, + interr. indir. : pour savoir si ; 2. consulter un oracle ; 3. se décider à, se résoudre à, *mihi deliberatum est* + inf. : j'ai résolu de.

② **dēlībĕro**, *ās, āre*, tr., délivrer.

dēlībo, *ās, āre*, tr., 1. enlever un peu de qqch., prélever, détacher ; 2. effleurer, goûter ; 3. entamer, amoindrir, altérer.

dēlībro, *ās, āre*, tr., écorcer.

dēlībŭo, *ĭs, ĕre, lĭbŭi, lĭbŭtum*, tr., frotter, oindre, imprégner ; surt. part., *delibutus, a, um*, imprégné de, baignant dans.

dēlĭcātē, adv., [~tius, ~tissime], délicatement, mollement, voluptueusement, sans heurt, paisiblement.

dēlĭcātus, *a, um*, [~tior, ~tissimus], 1. délicat, doux, tendre ; 2. délicat, recherché, élégant, choisi, exquis ; 3. mou, efféminé, voluptueux, licencieux ; subst. m., *delicatus, i*, favori, mignon, efféminé ; f., *delicata, æ*, favorite, maîtresse ; 4. délicat, qui fait le difficile, trop sensible.

dēlĭcĭa, æ, f., surt., **dēlĭcĭæ**, *ārum*, f. pl., 1. délices, jouissances, plaisirs, volupté ; licence, libertinage, caprices ; recherche, luxe ; plaisanteries, farces ; 2. objet de l'affection, délices, amour, *amor et deliciæ generis humani* : l'amour et les délices du genre humain (Titus), SUÉT.

dēlĭcĭēs, *ēi*, V. *delicia*.

dēlĭcĭo, *ĭs, ĕre*, tr., allécher, amadouer.

dēlĭcĭŏlæ, *ārum*, f. pl., dim. de *deliciæ* 2.

dēlĭcĭŏlum, *i*, n., V. le préc.

dēlĭcĭor, *āris, āri*, intr. et tr., s'adonner aux plaisirs, à la volupté.

dēlĭcĭōsē, adv., délicieusement.

dēlĭcĭōsus, *a, um*, délicieux, charmant, voluptueux.

dēlĭcĭum, *ĭi*, n., V. *delicia*.

dēlĭco, V. *deliquo*.

dēlictŏr, *ōris*, m., coupable, pécheur.

dēlictum, *i*, n., faute, manquement, délit, crime.

dēlĭcŭus, *a, um*, qui manque, fait défaut.

① **dēlĭgo**, *ās, āre*, tr., lier, attacher, amarrer.

② **dēlĭgo**, *ĭs, ĕre, lēgi, lectum*, tr., 1. cueillir, détacher ; 2. choisir, élire, désigner ; 3. mettre à part, laisser de côté ; expulser.

dēlīnĕātĭo, *ōnis*, f., dessin, esquisse.

dēlīnĕo, *ās, āre*, tr., dessiner, esquisser, tracer.

dēlingo, *ĭs, ĕre*, tr., lécher.

dēlīni~, V. *deleni~*.

dēlĭno, *ĭs, ĕre, lĭtum*, tr., enduire, frotter, oindre ; *delitus*, effacé, raturé, anéanti.

dēlinquentĭa, æ, f., faute, manquement.

dēlinquo, *ĭs, ĕre, lĭqui, lictum*, 1. intr., faire défaut, manquer ; 2. tr. et intr., commettre une faute, ~ *in aliquā re, aliquid* : en qqch.

dēlíquesco, *ĭs, ĕre, lĭcŭi*, intr., se fondre, se liquéfier ; fig., se dissoudre.

dēlíquĭo, *ōnis*, f., privation, manque.

① **dēlíquĭum**, *ĭi*, n., 1. V. le préc. ; 2. éclipse.

② **dēlíquĭum**, *ĭi*, n., écoulement.

dēlíquo, *ās, āre*, tr., filtrer ; fig., tirer au clair.

dēlíquus, V. *delicuus*.

dēlīrāmentum, *i*, n., folie, extravagance.

dēlīrātĭo, *ōnis*, f., action de déraisonner.

dēlīro, *ās, āre*, intr., 1. sortir du sillon, de la ligne droite ; 2. déraisonner, délirer ; radoter.

dēlīrus, *a, um*, [~rior], qui délire, extravagant.

dēlītesco, *ĭs, ĕre, lĭtŭi*, intr., se cacher, se dérober.

dēlītīgo, *ās, āre*, intr., quereller.

Dēlĭum, *ĭi*, n., Délion, v. de Béotie.

Dēlĭus, *a, um*, de Délos ; *Delius (vates)* : Apollon, *Delia dea* : Diane.

Delma~, V. *Dalma~*.

dēlongē, adv., de loin.

Dēlŏs, *i*, f., Délos, une des Cyclades, lieu de naissance d'Apollon et de Diane.

Delphi, *ōrum*, m. pl., Delphes ‖ **Delphĭcŏla**, æ, m., qui habite Delphes (Apollon) ‖ **Delphĭcus**, *a, um*, de Delphes ; *Delphicus (deus)* : le dieu de Delphes Apollon, *Delphica (mensa)* : le trépied de Delphes.

delphĭn, *ĭnis*, m., dauphin ; le Dauphin (constellation).

delphīnus, *i*, V. le préc.

Delphis, *ĭdis*, f., la prêtresse de Delphes, la Pythie.

delta, n. indécl., ou **delta**, æ, f., delta, 4e lettre de l'alph. grec.

deltŏtŏn, i, n., le Triangle (constellation).

dēlūbrum, i, n., lieu de purification ; sanctuaire, temple.

dēlucto, ās, āre, et **dēluctor**, āris, āri, intr., lutter, combattre.

dēlūdĭfĭco, ās, āre, tr., se moquer de.

dēlūdo, ĭs, ĕre, lūsi, lūsum, tr., se jouer de, tromper, abuser.

dēlumbis, e, adj., faible des reins ; sans force, éreinté.

dēlumbo, ās, āre, tr., briser les reins ; éreinter ; fig., énerver, affaiblir (style).

dēlŭo, ĭs, ĕre, tr., laver, purifier.

dēlustro, ās, āre, tr., arroser, asperger pour purifier.

Dēmădēs, is, m., Démade, orateur athénien.

dēmădesco, ĭs, ĕre, mădŭi, intr., devenir humide.

Dēmænĕtus, i, m., Démænétus, nom d'esclave.

dēmăgis, adv., en outre.

dēmandātĭo, ōnis, f., recommandation.

dēmando, ās, āre, tr., confier, recommander ; mettre en sécurité.

dēmāno, ās, āre, tr., s'écouler, se répandre ; venir de.

Dēmārātus, i, m., Démarate, **1.** Corinthien, père de Tarquin l'Ancien ; **2.** roi de Sparte.

dēmarchus, i, m., chef d'un dème ; tribun de la plèbe.

Dēmĕa, æ, m., Déméa, pers. de comédie.

dēmĕăcŭlum, i, n., descente sous terre.

dēmens, entis, adj., [~tior, ~tissimus], privé de raison, insensé.

dēmensĭo, ōnis, f., mesure, dimension.

dēmensus, V. demetior.

dementĕr, adv., [~tissime], follement, de façon insensée.

dēmentĭa, æ, f., perte de la raison, folie, démence, extravagance.

dēmentĭo, ĭs, īre, intr., être en démence, délirer, extravaguer.

dēmento, ās, āre, **1.** tr., faire perdre la raison, rendre fou ; **2.** intr., perdre la raison.

dēmĕrĕo, ēs, ēre, mĕrŭi, mĕrĭtum, tr., gagner ; se rendre digne de, mériter ; conquérir les bonnes grâces de.

dēmĕrĕor, ēris, ēri, mĕrĭtus sum, tr., mériter, gagner les bonnes grâces de.

dēmergo, ĭs, ĕre, mersi, mersum, tr., plonger, enfoncer, enfouir ; couler (un vaisseau) ; part., demersus, a, um : abattu, écrasé.

dēmersŭs, ūs, m., submersion.

dēmētĭor, īris, īri, mensus sum, tr., mesurer rigoureusement ; allouer (seul. au part. avec sens passif).

① **dēmēto**, ās, āre, V. dimeto.

② **dēmēto**, ĭs, ĕre, messŭi, messum, tr., moissonner, faucher (pr. et fig.).

Dēmētrĭăs, ădis, f., Démétriade, v. de Thessalie ‖ **Dēmētrĭăcus**, a, um, de Démétriade.

Dēmētrĭus, ĭi, m., Démétrius, nom d'h.

dēmĭgrātĭo, ōnis, f., émigration, départ.

dēmĭgro, ās, āre, intr., émigrer, déloger, changer de résidence, s'éloigner de ; fig., ~ hinc : partir d'ici, mourir.

dēmĭnōrātĭo, ōnis, f., amoindrissement, humiliation.

dēmĭnōro, ās, āre, tr., amoindrir, humilier.

dēmĭnŭo, ĭs, ĕre, mĭnŭi, mĭnūtum, tr., **1.** retrancher, amoindrir ; ~ aliquid de jure : porter atteinte au droit ; **2.** ~ prædia : aliéner des biens, des domaines, ~ se capite ou capite deminui : perdre ses droits de citoyen.

dēmĭnūtĭo, ōnis, f., **1.** amoindrissement, diminution, réduction ; fig., déconsidération, déchéance ; **2.** aliénation, droit d'aliéner ses biens ; ~ capitis : perte des droits de citoyen.

dēmĭnūtīvē, adv., gramm., au diminutif.

dēmĭnūtīvus, a, um, gramm., diminutif.

dēmĭnūtus, a, um, part. adj. [~tior], diminué, amoindri, inférieur ; capite ~, V. deminuo 2.

dēmīror, āris, āri, ātus sum, tr., **1.** admirer, s'étonner de ; **2.** être désireux, curieux de savoir + interr. indir.

dēmissē, adv., [~sius, ~sissime], bas, près de terre ; fig., humblement ; de façon vile.

dēmissīcĭus, a, um, qui tombe bas (vêtement).

dēmissĭo, ōnis, f., **1.** action d'abaisser, de laisser pendre ; **2.** abattement, découragement.

dēmissus, a, um, part. adj., [~sior, ~sissimus], **1.** pendant, tombant, baissé, enfoncé, bas, profond (pr. et fig.) ; **2.** abattu, découragé ; **3.** avili, ravalé ; **4.** humble, modeste.

dēmītĭgo, ās, āre, tr., adoucir.

dēmitto, ĭs, ĕre, mīsi, missum, tr., **1.** envoyer d'en haut, faire descendre, faire ou laisser tomber (pr. et fig.) ; **2.** baisser, abaisser, abattre (pr. et fig.) ; spéc., ~ animum, mentem, se ~ animo : être abattu, découragé, se désespérer ; **3.** enfoncer, creuser.

dēmĭurgus, *i*, m., **1.** démiurge, magistrat grec ; **2.** chr., le Créateur.

dēmo, *ĭs, ĕre, dempsi, demptum*, tr., **1.** ôter, retrancher, enlever, prélever ; **2.** chasser, dissiper (peur, souci…).

Dēmŏchărēs, *is*, m., Démocharès, orateur grec.

Dēmŏcrătēs, *is*, m., Démocratès, nom d'h.

Dēmŏcrĭtēus (**~īus**), *a, um*, de Démocrite ; subst. m. pl., *Democritei, orum*, les disciples de Démocrite ; n. pl., *Democritea, orum*, la doctrine de Démocrite ‖ **Dēmŏcrĭtus**, *i*, m., Démocrite, phil. grec (v[e]-IVe s av. J.-C.).

dēmōlĭo, *īs, īre*, et **dēmōlĭor**, *īris, īri*, tr., **1.** démolir, détruire, abattre ; abolir ; **2.** éloigner, détourner.

dēmōlītĭo, *ōnis*, f., démolition, destruction.

dēmonstrātĭo, *ōnis*, f., **1.** action de montrer, de désigner ; démonstration, représentation, description ; **2.** rhét., le genre démonstratif.

dēmonstrātīvus, *a, um*, rhét., démonstratif.

dēmonstrātŏr, *ōris*, m., celui qui montre, démontre, décrit.

dēmonstrātrix, *īcis*, f. du préc.

dēmonstro, *ās, āre*, tr., montrer, indiquer, désigner, représenter ; faire connaître, mentionner, prouver.

Dēmŏphĭlus, *i*, m., Démophile, poète comique athénien.

dēmŏrātĭo, *ōnis*, f., action de séjourner, de s'arrêter un certain temps ; séjour.

dēmordĕo, *ēs, ēre, mordi, morsum*, tr., enlever avec ses dents ou ses ongles, entamer.

dēmŏrĭor, *ĕris, i, mortŭus sum*, intr., mourir, dépérir (pr. et fig.).

dēmŏror, *āris, āri*, intr. et tr., **1.** s'attarder, demeurer ; **2.** retarder, arrêter, retenir ; **3.** attendre.

dēmorsĭco, *ās, āre*, tr., mordiller.

Dēmosthĕnēs, *is*, m., Démosthène, célèbre orateur grec (IVe s. av. J.-C.) ‖ **Dēmosthĕnĭcus**, *a, um*, de Démosthène.

dēmŏvĕo, *ēs, ēre, mōvi, mōtum*, tr., déplacer, écarter, détourner, *~ aliquem de sententiā* : faire changer d'avis à qqn. ; congédier.

demptĭo, *ōnis*, f., retranchement, diminution.

dēmūgītus, *a, um*, rempli de mugissements.

dēmulcĕo, *ēs, ēre, mulsi, mulsum* et *mulctum*, tr., caresser, flatter.

dēmum, adv., **1.** précisément, justement, surtout, assurément, vraiment ; **2.** seule-

ment (surt. valeur temporelle), enfin, *tum* ou *tunc demum* : alors seulement, *ita demum* : dans ce seul cas.

dēmurmŭro, *ās, āre*, tr., murmurer, dire à voix basse.

dēmus, V. *demum*.

dēmusso, *ās, āre*, tr., supporter en silence.

dēmūtābĭlis, *e*, adj., sujet au changement, variable.

dēmūtātĭo, *ōnis*, f., changement (en mal), perversion.

dēmūtātŏr, *ōris*, m., celui qui change.

dēmūto, *ās, āre*, tr. **1.** changer, altérer, détourner ; **2.** intr., changer, se changer.

dēnārĭus, *ĭi*, m., denier : monnaie valant 10 as, puis 4 sesterces ; monnaie, argent en gén.

dēnarro, *ās, āre*, tr., raconter de bout en bout.

dēnāso, *ās, āre*, tr., priver de nez.

dēnăto, *ās, āre*, intr., nager en suivant le courant ; couler, s'écouler.

dēnĕgo, *ās, āre*, tr., nier ; dénier, refuser de, se refuser à ; abs., opposer un refus.

dēni, *æ, a*, pron.-adj. distr. pl., **1.** dix par dix, dix chacun ; **2.** dix, *bis deni* : deux fois dix ; **3.** sg., *denus, a, um*, chaque dixième (pour qqch. de périodique).

dēnĭcāles fērĭæ, (cf. *nex*), f. pl., fêtes de purification après un décès.

dēnĭgro, *ās, āre*, tr., noircir (pr. et fig.).

dēnĭquĕ, adv., ensuite, après cela, alors, maintenant ; dans une énumération : bref, en un mot, enfin ; seulement, enfin, même, *ex tuis litteris ~ cognovi* : ce n'est que par ta lettre que j'ai appris, *nemo bonus, nemo ~ civis* : pas un homme de bien, je dirai plus, pas un citoyen, Cic.

dēnixē, adv., avec effort.

dēnōmĭnātĭo, *ōnis*, f., rhét., métonymie.

dēnōmĭno, *ās, āre*, tr., nommer, désigner par son nom.

dēnormo, *ās, āre*, tr., rendre irrégulier.

dēnŏtātĭo, *ōnis*, f., désignation.

① **dēnŏtātus**, *a, um*, part. adj., [*~tior*] flétrissant ; offensant.

② **dēnŏtātŭs**, *ūs*, m., V. *denotatio*.

dēnŏto, *ās, āre*, tr., **1.** marquer, désigner, faire connaître ; **2.** noter d'infamie, flétrir.

dens, *dentis*, m., **1.** dent (de l'homme ou des animaux) ; défense (de l'éléphant) ; ivoire ; **2.** morsure ; **3.** tout objet en forme de dent : croc, pointe, épée, soc, pince, patte d'une ancre, etc.

densē, adv., [*~sius*], **1.** d'une manière serrée, pressée, en rangs serrés ; **2.** fréquemment.

Densēlētæ, *ārum*, V. *Dentheleti*.

densĕo, *ēs*, *ēre*, tr., condenser, épaissir, serrer ; fig., rapprocher, faire suivre rapidement, accumuler.

densĭtās, *ātis*, f., épaisseur ; abondance.

denso, *ās*, *āre*, V. *denseo*.

densus, *a*, *um*, [~*sior*, ~*sissimus*], **1.** épais, serré, pressé, dense, dru ; **2.** plein, rempli, couvert (de qqch. d'épais) ; **3.** nombreux, abondant, fréquent ; **4.** dense, serré, concis (style).

dentālĭa, *ĭum*, n. pl., partie de charrue où s'enclave le soc ; charrue.

dentārĭus, *a*, *um*, relatif aux dents.

dentātus, *a*, *um*, **1.** pourvu de dents, denté, endenté ; qui a la dent dure, féroce ; **2.** poli (avec une dent d'animal).

Dentātus, *i*, m., Dentatus, surnom d'un Romain.

Denthēlēti, *ōrum*, m. pl., Denthélètes, peuple de Thrace.

Denthēlĭās ou **Denthālĭās**, *ātis*, adj., de Denthélias, v. du Péloponnèse.

dentĭculus, *i*, m., petite dent

Dentĭculus, *i*, m., Denticulus, surnom rom.

dentĭfĕr, *fĕra*, *fĕrum*, pourvu de dents.

dentĭfrangĭbŭlus, *a*, *um*, qui casse les dents, Pl.

dentĭfrĭcĭum, *ĭi*, n., dentifrice.

dentĭlĕgus, *i*, m., qui ramasse les dents (qu'on lui a cassées), Pl.

dentĭo, *īs*, *īre*, intr., s'allonger (en parlant des dents de celui qui a faim).

dēnūbo, *īs*, *ĕre*, *nupsi*, *nuptum*, intr., se marier (en parlant d'une femme).

dēnūdātĭo, *ōnis*, f., **1.** action de mettre à nu ; **2.** révélation.

dēnūdo, *ās*, *āre*, tr., **1.** mettre à nu, découvrir ; **2.** révéler ; **3.** dépouiller.

dēnūmĕro, *ās*, *āre*, tr., compter (de l'argent).

dēnuntĭātĭo, *ōnis*, f., annonce, avis, avertissement, déclaration ; dénonciation, injonction, menace.

dēnuntĭo, *ās*, *āre*, tr., **1.** annoncer, avertir, déclarer, ~ *bellum* : déclarer la guerre, ~ *alicui ut/ne* + subj. : avertir qqn. de/de ne pas ; **2.** ordonner, signifier, *denuntiat ut arma capiant* : il leur ordonne de prendre les armes ; **3.** citer (témoins), convoquer ; abs., *non denuntiavi* : je n'ai pas cité de témoins.

dēnŭŏ, (*de novo*), adv., de nouveau, à nouveau ; encore un coup, encore une fois ; mvt. en sens inverse : *aperi*, *continuo operito* ~ : ouvre et referme aussitôt, Pl.

dēnus, *a*, *um*, V. *deni*.

Dēōis, *ĭdis*, f., la fille de Déo (Cérès), Proserpine ‖ **Dēōĭus**, *a*, *um*, consacré à Déo (Cérès).

dĕŏnĕro, *ās*, *āre*, tr., décharger.

dĕŏpĕrĭo, *īs*, *īre*, tr., découvrir, ouvrir.

dĕorsum, **dĕorsŭs**, adv., en bas, dessous.

dĕoscŭlātĭo, *ōnis*, f., baisers.

dĕoscŭlor, *āris*, *āri*, tr., embrasser tendrement, baiser, couvrir de baisers ; part. passé à sens passif.

dēpāciscor, V. *depeciscor*.

dēpālātŏr, *ōris*, m., celui qui délimite par des pieux ; qui consolide, fonde.

dēpālo, *ās*, *āre*, tr., planter des pieux ; fonder (une ville).

dēpango, *īs*, *ĕre*, *pactum*, tr., enfoncer, planter ; fixer.

dēparcus, *a*, *um*, très avare, chiche.

dēpasco, *īs*, *ĕre*, *pāvi*, *pastum*, tr., **1.** mener paître ; **2.** paître, brouter, butiner ; consommer complètement.

dēpascor, *ĕris*, *i*, *pastus sum*, tr., se repaître de, brouter, manger.

dēpĕciscor, *ĕris*, *i*, *pectus sum*, tr., faire un pacte, conclure un accord sur, ~ *ut* + subj. : convenir que ; s'entendre sur, accepter de (au prix de + abl.).

dēpecto, *īs*, *ĕre*, *pexi*, *pectum*, tr., peigner, démêler ; fig., donner une peignée, rosser.

dēpectŏr, *ōris*, m., négociateur.

dēpĕcūlātŏr, *ōris*, m., voleur, pillard.

dēpĕcūlor, *āris*, *āri*, tr., dépouiller, voler.

dēpello, *īs*, *ĕre*, *pŭli*, *pulsum*, tr., repousser, chasser de, écarter, éloigner, ~ *aliquem* (*ex urbe*) : chasser qqn. de la ville, ~ *morbum* : chasser, guérir la maladie, ~ *vincula* : délivrer, ~ *ab ubere*, *a lacte* : sevrer ; ~ *aliquem de causā susceptā* : détacher qqn. d'une cause qu'il a embrassée, ~ *de spe* : anéantir les espérances ; jeter à bas.

dēpendĕo, *ēs*, *ēre*, intr., **1.** être suspendu à, pendre de ; **2.** dépendre de, reposer sur ; **3.** venir, dériver de.

dēpendo, *īs*, *ĕre*, *pendi*, *pensum*, tr., **1.** payer, donner en paiement, *pœnas* ~ : expier, subir un châtiment ; **2.** dépenser, sacrifier.

dēpendŭlus, *a*, *um*, qui pend.

dēperdo, *īs*, *ĕre*, *perdĭdi*, *perdĭtum*, tr., ruiner, consommer, anéantir, perdre.

dēpĕrĕo, *īs*, *īre*, *ĭvi* (*ĭi*), *ĭtum*, intr., être perdu, périr, mourir ; fig., tr. et intr., ~ *amore alicujus*, *aliquem*, *aliquam* : aimer éperdument, se mourir d'amour pour qqn.

dēpĕtīgo, *ĭnis*, f., dartre, gale.

dēpĕto, ĭs, ĕre, tr., demander instamment.

dēpĭlis, e, adj., sans poil.

dēpĭlo, ās, āre, tr., épiler, plumer, peler ; fig., voler, dépouiller.

dēpingo, ĭs, ĕre, pinxi, pictum, tr., **1.** peindre, représenter en peinture ; fig., dépeindre, décrire, imaginer ; **2.** orner de couleurs vives, colorer.

dēplango, ĭs, ĕre, planxi, planctum, tr., déplorer, gémir sur qqn. ou qqch.

dēplāno, ās, āre, tr., aplanir.

dēplĕo, ēs, ēre, tr., désemplir, vider.

dēplexus, a, um, qui étreint fortement.

dēplōrābundus, a, um, qui se lamente.

dēplōrātĭo, ōnis, f., lamentations, pleurs.

dēplōrātŏr, ōris, m., celui qui déplore, se lamente.

dēplōro, ās, āre, **1.** intr., se lamenter, gémir ; **2.** tr., déplorer, gémir sur ; déplorer la perte de, renoncer à, abandonner.

dēplŭit, ĕre, impers., pleuvoir, tomber en pluie.

dēpōcŭlo, ās, āre, intr., vider des coupes, LUCIL.

dēpōlĭo, ĭs, īre, tr., polir (à coups de bâton).

dēpompātĭo, ōnis, f., dégradation.

dēpompo, ās, āre, tr., dégrader.

dēpondĕro, ās, āre, tr., faire descendre par son poids.

dēpōno, ĭs, ĕre, pŏsŭi, pŏsĭtum, tr., **1.** mettre à bas, déposer, mettre à terre, ~ onus : déposer un fardeau, ~ capillos : couper ses cheveux ; **2.** mettre en dépôt, en sûreté, déposer, confier, ~ pecuniam ad aliquem : mettre de l'argent en dépôt chez qqn., ~ aliquid in publicā fide : confier qqch. à la loyauté publique ; **3.** déposer, quitter, abandonner, ~ imperium : résigner son commandement, ~ amicitias : renoncer à ses amitiés, ~ consilium : abandonner un projet, ~ memoriam alicujus rei ou aliquam rem ex memoriā : perdre la mémoire de qqch. ; **4.** spéc., enterrer, inhumer, depositus meus : mon défunt.

dēpŏpŭlātĭo, ōnis, f., dévastation, ravage, pillage.

dēpŏpŭlātŏr, ōris, m., dévastateur, ravageur, pillard.

dēpŏpŭlo, ās, āre, tr., dévaster, ravager, saccager, désoler.

dēpŏpŭlor, āris, āri, V. le préc.

dēporto, ās, āre, tr., **1.** emporter, transporter ; **2.** rapporter, ramener, remporter, ~ victorem exercitum : ramener une armée victorieuse ; ~ victoriam, triumphum : remporter la victoire, obtenir le triomphe ; **3.** exiler, déporter (avec confisca-

tion des biens et perte des droits civils et pol., par opp. à relego, V. ce mot ①).

dēposco, ĭs, ĕre, pŏposci, tr., **1.** demander instamment, réclamer, exiger ; ~ aliquem in, ad pœnam : réclamer le châtiment pour qqn. ; **2.** défier, provoquer.

dēpŏsĭtĭo, ōnis, f., action de déposer ; abandon ; destitution ; rhét., chute, conclusion.

dēpŏsĭtŏr, ōris, m., celui qui dépose ; celui qui détruit.

dēpostŭlātŏr, ōris, m., celui qui réclame (pour le supplice).

dēpostŭlo, ās, āre, tr., demander instamment.

dēprædātŏr, ōris, m., pillard.

dēprædor, āris, āri, tr., piller, dépouiller.

dēpræhen~, V. deprehen~.

dēpræl~, V. deprœl~.

dēpræsentĭārum, adv., sur-le-champ.

dēprāvātē, adv., de travers.

dēprāvātĭo, ōnis, f., **1.** contorsion, altération ; grimace ; **2.** dépravation, corruption.

dēprāvātŏr, ōris, m., corrupteur.

dēprāvo, ās, āre, tr., **1.** tordre, contourner, rendre contrefait, difforme ; **2.** dépraver, gâter, corrompre, pervertir, altérer.

dēprĕcābĭlis, e, adj., qui se laisse fléchir.

dēprĕcābundus, a, um, suppliant.

dēprĕcātĭo, ōnis, f., **1.** action de détourner par des prières, de conjurer ; prière, instance, intercession, réclamation ; **2.** imprécation, malédiction.

dēprĕcātŏr, ōris, m., qui détourne par des prières, intercesseur, protecteur.

dēprĕcātōrĭus, a, um, suppliant.

dēprĕcātrix, īcis, f. de deprecator, V. ce mot.

dēprĕci~, V. depreti~.

dēprĕcor, āris, āri, tr., **1.** détourner par des prières, conjurer, supplier de ne pas, ~ iram : désarmer la colère par des prières, ~ periculum : conjurer un danger ; intercéder, excuser en disant que + prop. inf. ; **2.** prier instamment, supplier, implorer, ~ ne + subj. : prier que... ne... pas, non ~ quin, quominus + subj. : ne pas s'opposer à ce que.

dēprĕhendo ou **dēprendo**, ĭs, ĕre, prĕhendi (prendi), prĕhensum (prensum), tr., **1.** arrêter au passage, intercepter, saisir, prendre, surprendre, ~ litteras : intercepter une lettre ; prendre sur le fait, trouver, ~ aliquem in manifesto scelere : prendre qqn. en flagrant délit ; **2.** saisir par l'intelligence, remarquer, découvrir, s'apercevoir de, ~ oculis : apercevoir, ~ suspicione : soupçonner.

dēprěhensĭo, ōnis, f., action de prendre sur le fait, découverte.

dēprendo, V. *deprehendo*.

dēpressĭo, ōnis, f., enfoncement.

dēpressĭus, adv., comp. de *depresse*, inus., plus profondément.

dēpressus, *a, um*, part. adj., [~*sior*], 1. abaissé, enfoncé, bas ; 2. bas, sans valeur ; misérable (style).

dēprětĭātŏr, ōris, m., dépréciateur.

dēprětĭo, ās, āre, tr., déprécier, ravaler.

dēprĭmo, ĭs, ĕre, *pressi, pressum*, tr., 1. presser de haut en bas, abaisser, faire descendre, enfoncer, courber ; 2. enfoncer dans la terre, creuser ; 3. couler (des navires) ; 4. baisser, abaisser, abattre, ravaler, humilier.

dēprœlĭans, *antis*, part. de l'inus. *deprœlior*, qui combat avec acharnement.

dēprōmo, ĭs, ĕre, *prompsi, promptum*, tr., tirer de, prendre dans, puiser dans.

dēprŏpěro, ās, āre, 1. intr., se hâter beaucoup ; 2. tr., faire promptement, hâter, dépêcher.

dēprŏpĭtĭātĭo, ōnis, f., action de rendre propice.

dēprŏpĭtĭo, ās, āre, tr., rendre propice.

depso, ĭs, ĕre, *depsui, deptum*, tr., broyer, pétrir ; avec sens obsc., Cic.

dēpŭdesco, ĭs, ĕre, intr., 1. perdre toute honte ; 2. avoir honte de + gén.

dēpŭdet, ĕre, *pŭduit*, impers., avoir toute honte bue.

dēpūgis, *e*, adj., qui n'a pas de fesses.

dēpugnātĭo, ōnis, f., combat acharné.

dēpugno, ās, āre, intr. et qqf. tr., combattre avec acharnement, lutter, *cum* + abl., *adversus* + acc. : contre.

dēpulsĭo, ōnis, f., 1. action de chasser, d'éloigner, de supprimer ; 2. renversement, changement de direction ; 3. réfutation.

dēpulso, ās, āre, tr., chasser violemment.

dēpulsŏr, ōris, m., celui qui chasse.

dēpurgo, ās, āre, tr., nettoyer.

dēpŭto, ās, āre, tr., 1. tailler, émonder, élaguer ; 2. évaluer, estimer, supputer, juger, compter ; 3. imputer à.

dēpŭvĭo, ĭs, ĭre, *pūvĭi* (*pūvi*), tr., frapper violemment.

dēquĕ, V. *susque deque*.

dēquestus, *a, um*, part. adj., qui s'est plaint vivement de.

dēquŏquo, V. *decoquo*.

dērādo, ĭs, ĕre, *rāsi, rāsum*, tr., enlever en raclant, racler.

Derbētēs, *is*, m., de Derbé, v. de Lycaonie.

Dercětis, *is*, et **Dercětō**, *ūs*, f., Dercéto, déesse syrienne (Atargatis ou Astarté).

dērectus, V. *directus*.

dērělinquo, ĭs, ĕre, *rělĭqui, rělictum*, tr., 1. abandonner complètement, délaisser, renoncer à, négliger ; 2. laisser derrière soi.

dērěpentě, **dērěpentīnō**, adv., brusquement, soudain.

dērěpo, ĭs, ĕre, *repsi*, intr., descendre en rampant, descendre.

dērīděo, ēs, ēre, *rīsi, rīsum*, tr., rire (de), se moquer (de), bafouer, railler.

dērīdĭcŭlum, *i*, n., objet de raillerie.

dērīdĭcŭlus, *a, um*, ridicule, risible.

dērĭgesco, ĭs, ĕre, intr., devenir raide, glacé, immobile.

dērĭgo, V. *dirigo*.

dērĭpĭo, ĭs, ĕre, *rĭpŭi, reptum*, tr., ôter, enlever, arracher.

dērīsĭo, ōnis, f., moquerie, dérision.

dērīsŏr, ōris, m., railleur, moqueur ; bouffon, parasite ; mime.

dērīsŭs, ūs, m., moquerie, raillerie.

dērīvātĭo, ōnis, f., 1. action de détourner les eaux ; 2. gramm., dérivation ; rhét., substitution.

dērīvo, ās, āre, tr., 1. détourner (un cours d'eau), faire dériver ; 2. fig., détourner, écarter, reporter ; 3. gramm., dériver.

dērōdo, ĭs, ĕre, tr., ronger.

dērŏgātĭo, ōnis, f., dérogation.

dērŏgātŏr, ōris, m., détracteur.

dērŏgo, ās, āre, tr., 1. abroger, déroger à ; 2. ôter, diminuer, retrancher, porter atteinte, ~ *sibi* : s'abaisser.

dērōsus, *a, um*, rongé.

Dertōna, *æ*, f., Dertona, v. de Ligurie.

dēruncĭno, ās, āre, tr., raboter ; escroquer, duper.

dērŭo, ĭs, ĕre, *rŭi, rŭtum*, 1. tr., jeter à bas, renverser ; fig., rabattre ; 2. intr., s'abattre.

dēruptus, *a, um*, [~*tior*], escarpé, à pic ; subst. n. pl., *derupta, orum*, lieux escarpés, précipices.

dēsăcro et **dēsěcro**, ās, āre, tr., dédier.

dēsævĭo, ĭs, ĭre, *ĭi, ītum*, intr., 1. exercer sa violence contre, se déchaîner ; 2. cesser de sévir, relâcher sa violence.

dēsalto, ās, āre, tr., danser, accompagner par la danse.

descendo, ĭs, ĕre, *scendi, scensum*, intr., 1. descendre, ~ *ex equo* : descendre de cheval ; 2. descendre à, s'abaisser à, ~ *ad vim* : recourir à la force, ~ *ad accusandum* : en venir à accuser, *eo descensum est ut* + subj. : on en était arrivé à ce point que ; 3. s'abaisser ; baisser (eau) ; se jeter dans (fl.) ; **4.** fig., pénétrer dans (le cœur, l'âme).

descensĭo, ōnis, f., descente (d'un cours d'eau).

descensōrĭus, a, um, qui va en descendant.

descensŭs, ūs, m., action de descendre, descente ; pente.

descisco, ĭs, ĕre, scīvi (scĭi), scītum, intr., se séparer de, devenir infidèle à, faire défection, trahir ; renoncer à.

descrībo, ĭs, ĕre, scripsi, scriptum, tr., **1.** transcrire, copier ; **2.** représenter par l'écriture, tracer, dessiner, dépeindre, décrire ; représenter par la parole, décrire, exposer ; **3.** délimiter, déterminer, fixer ; taxer ; répartir, distribuer, classer.

descriptē, adv., d'une manière distincte.

descriptĭo, ōnis, f., **1.** transcription, copie ; **2.** représentation par l'écriture, tracé, plan, dessin ; représentation par la parole, description, tableau, explication, exposition ; **3.** détermination ; répartition, classification, classement, organisation.

descriptĭuncŭla, æ, f., courte description.

descriptŏr, ōris, m., celui qui décrit.

descriptus, a, um, part. adj., [~tior], régulier, réglé.

descrŏbo, ās, āre, tr., enchâsser.

dēsĕco, ās, āre, sĕcŭi, sectum, tr., détacher en coupant, séparer, tailler.

dēsĕcro, V. desacro.

dēsĕnesco, ĭs, ĕre, sĕnŭi, intr., perdre de sa force avec le temps.

dēsĕro, ĭs, ĕre, sĕrŭi, sertum, tr., détacher de soi, d'où : **1.** laisser là, délaisser, abandonner, ~ agros : laisser les champs en friche ; se ~ : désespérer de soi, a mente deseri : perdre la tête ; renoncer à, négliger ; **2.** déserter, trahir ; abs., faire défection ; **3.** ~ vadimonium ou abs. deserere : abandonner le gage, faire défaut, ne pas comparaître.

dēserpo, ĭs, ĕre, intr., descendre en rampant, en glissant.

dēsertŏr, ōris, m., celui qui néglige, trahit ; poét., fugitif.

dēsertrix, īcis, f. du préc.

dēsertus, a, um, part. adj., [~tior, ~tissimus], **1.** abandonné ; **2.** non habité, non cultivé, désert, solitaire ; subst. n. pl., deserta, orum, déserts, solitudes.

dēservĭo, ĭs, īre, intr., servir avec zèle, se consacrer entièrement, se vouer à ; se rendre esclave de qqn. ou de qqch. + dat.

dēsĕs, ĭdis, adj., inoccupé, oisif, flâneur.

dēsĭdĕo, ēs, ēre, sēdi, sessum, intr., ne pas bouger, rester assis, être oisif, rester sans rien faire.

dēsīdĕrābĭlis, e, adj. [~lior], désirable, souhaitable ; aimé.

dēsīdĕrābĭlĭter, adv., passionnément.

dēsīdĕrantissimus, a, um, très vivement désiré ou regretté.

dēsīdĕrātĭo, ōnis, f., désir, souhait.

dēsīdĕrātīvus, a, um, qui exprime un souhait ; gramm., désidératif.

dēsīdĕrātus, a, um, part. adj., [~tissimus], désiré, attendu ; très aimé.

dēsīdĕrĭum, ĭi, n., **1.** désir ardent, souhait ; regret ; **2.** objet du désir ou du regret, personne ou chose tendrement aimée ; **3.** vœux exprimés par écrit, placet, supplique ; **4.** besoin naturel.

dēsīdĕro, ās, āre, tr., **1.** constater l'absence de, d'où : regretter l'absence de, desideror : je me fais attendre, regretter ; avoir à regretter, perdre ; passif, desiderari : être perdu, manquer, neque quidquam desideratum est : et on n'eut rien à regretter ; **2.** désirer, souhaiter vivement.

① **dēsĭdĭa**, æ, f., position assise prolongée ; inaction, oisiveté, paresse.

② **dēsĭdĭa**, æ, f., action de s'abaisser, reflux.

dēsĭdĭābŭlum, i, n., lieu de réunion pour les fainéants.

dēsĭdĭōsus, a, um, [~sior, ~sissimus], oisif, inoccupé, inactif, désœuvré.

dēsĭdo, ĭs, ĕre, sēdi (sīdi), intr., s'abaisser, s'affaisser ; tomber en décadence.

dēsignātĭo, ōnis, f., indication, désignation ; disposition, arrangement ; désignation (à une fonction).

dēsignātŏr, ōris, m., préposé qui place au théâtre, qui organise les funérailles.

dēsigno, ās, āre, tr., **1.** marquer, tracer, dessiner, représenter ; **2.** indiquer, montrer (par des signes) ; indiquer, signifier, exprimer ; **3.** disposer, ordonner, régler ; spéc., faire, produire qqch. (d'extraordinaire, surt. en mal) ; **4.** désigner pour une charge, nommer ; part., designatus, a, um, futur, en espérance.

dēsĭlĭo, ĭs, īre, sĭlŭi, sultum, intr., sauter de, se jeter à bas de, se précipiter ; abs., sauter, tomber.

dēsĭno, ĭs, ĕre, sĭi, sĭtum, **1.** tr. et intr., s'abstenir de, renoncer à, cesser de, ~ artem : renoncer à un art, ~ dominam : quitter sa maîtresse ; + acc., abl., gén. ; avec l'inf. : cesser de, ~ moveri : cesser de s'agiter ; desine : cesse ; **2.** intr., prendre fin, cesser, se terminer, bellum desinit : la guerre cesse, ~ in piscem : se terminer en poisson (à propos d'un tableau incohérent), HOR.

dēsĭpĭens, *entis*, part. adj., insensé.

dēsĭpĭentĭa, *æ*, f., folie, extravagance.

dēsĭpĭo, *ĭs*, *ĕre*, *sĭpŭi*, 1. tr., ôter le goût, rendre insipide ; 2. intr., s'écarter de la raison, extravaguer.

dēsĭpisco, *ĭs*, *ĕre*, intr., extravaguer.

dēsisto, *ĭs*, *ĕre*, *stĭti*, *stĭtum*, intr., se tenir à l'écart de ; renoncer à, ne pas continuer à, s'abstenir de + abl., *ab* ou *de* + abl., + dat., + inf.

dēsōlātĭo, *ōnis*, f., isolement, solitude.

dēsōlātŏr, *ōris*, m., qui ravage, désole.

dēsōlo, *ās*, *āre*, tr., ravager, désoler ; laisser seul, abandonner.

dēsomnis, *e*, adj., privé de sommeil.

dēsorbĕo, *ēs*, *ĕre*, tr., engloutir.

despectātŏr, *ōris*, m., qui regarde d'en haut, contempteur.

despectĭo, *ōnis*, f., mépris.

despecto, *ās*, *āre*, tr., regarder d'en haut, mépriser.

despectŏr, V. *despectator*.

despectrix, *īcis*, f. du préc.

① **despectus**, *a*, *um*, part. adj., [*~tior*, *~tissimus*], méprisé, méprisable.

② **despectŭs**, *ūs*, m., vue de haut en bas ; mépris.

despērābĭlis, *e*, adj., [*~lior*], dont on désespère.

despērantĕr, adv., avec désespoir.

despērātē, adv., [*~tius*], V. le préc.

despērātĭo, *ōnis*, f., action de désespérer, désespoir, état désespéré.

despērātus, *a*, *um*, part. adj., [*~tior*, *~tissimus*], 1. désespéré, dont on désespère ; 2. incorrigible, sans avenir, sans espoir d'amélioration ; subst. m. pl., *desperati*, *orum*, (malades) condamnés ; péj., gens perdus d'honneur.

desperno, *ĭs*, *ĕre*, tr., dédaigner.

despēro, *ās*, *āre*, 1. intr., n'avoir plus aucun espoir, désespérer de, *de*, *a* + abl. ; 2. tr., désespérer, mettre dans une impasse, *desperatis rebus* : dans une situation désespérée.

despĭcātĭo, *ōnis*, f., mépris, dédain.

① **despĭcātus**, *a*, *um*, part. adj., [*~tissimus*], méprisé.

② **despĭcātŭs**, *ūs*, m., mépris.

despĭcĭentĭa, *æ*, V, *despicatio*.

despĭcĭo, *ĭs*, *ĕre*, *spexi*, *spectum*, tr. et intr., 1. regarder d'en haut, plonger, *~ in terras, terras* : regarder les terres au-dessous de soi ; 2. détourner son regard ; 3. regarder de haut, mépriser, dédaigner ;

part. prés., *despiciens sui* : qui a du mépris pour soi-même.

despŏlĭātĭo, *ōnis*, f., spoliation.

despŏlĭātŏr, *ōris*, m., spoliateur.

despŏlĭo, *ās*, *āre*, tr., dépouiller ; frustrer.

despondĕo, *ēs*, *ēre*, *spondi*, *sponsum*, tr., 1. promettre solennellement, accorder, garantir ; dédier (un livre) ; promettre en mariage, fiancer ; 2. abandonner, renoncer à, *~ animum* : perdre courage.

desponsātĭo, *ōnis*, f., fiançailles.

desponsĭo, V. le préc.

desponso, *ās*, *āre*, tr., fiancer.

despūmātĭo, *ōnis*, f., action d'ôter l'écume, refroidissement.

despūmo, *ās*, *āre*, tr. et intr., ôter l'écume ; cuver (son vin) ; cesser d'écumer, se refroidir.

despŭo, *ĭs*, *ĕre*, *spŭi*, *spūtum*, intr. et tr., cracher sur (pr. et fig.).

desquāmo, *ās*, *āre*, tr., enlever les écailles, écailler.

desterto, *ĭs*, *ĕre*, *stertŭi*, intr., cesser de ronfler (en rêvant).

destillātĭo, *ōnis*, f., catarrhe.

destillo, V. *distillo*.

destĭmŭlo, *ās*, *āre*, tr., larder de coups d'aiguillon ; gaspiller.

destĭna, *æ*, f., support, soutien.

destĭnātē, adv., [*~tius*], obstinément.

destĭnātĭo, *ōnis*, f., 1. fixation, désignation ; 2. résolution, détermination.

destĭnātum, *i*, n., but fixé ; *(ex) destinato* : à dessein.

destĭnātus, *a*, *um*, part. adj., 1. fixé, résolu, ferme, opiniâtre ; 2. subst. f., *destinata, æ*, fiancée à + dat.

destĭno, *ās*, *āre*, tr., 1. fixer, assujettir ; 2. fixer, arrêter, désigner, *~ ad mortem* : vouer à la mort ; 3. fixer comme but, viser, *quod agere destinaverat* : ce qu'il avait résolu de faire ; 4. spéc., fiancer ; 5. désigner, choisir, élire (magistrats) ; 6. fixer un prix.

destĭtŭo, *ĭs*, *ĕre*, *stĭtŭi*, *stĭtūtum*, tr., 1. mettre de côté, déposer, laisser en arrière, abandonner, *~ aliquem in convivio* : laisser qqn. dans un festin, *destituti inermes* : laissés sans armes, *~ fugam* : cesser de fuir ; 2. laisser à un endroit, dresser, placer, poser, *~ cohortes* : poster des cohortes ; 3. tromper, frustrer, *eorum consiliis destitutus* : compromis par leurs conseils ; abs., *spes destituit* : l'espérance est trompeuse.

destĭtūtĭo, *ōnis*, f., action d'abandonner, abandon, trahison ; déception.

destĭtūtŏr, *ōris*, m., celui qui abandonne, trahit.

destrictē, adv., [~*tius*, ~*tissime*], rigoureusement, sévèrement ; catégoriquement.

destrictus, *a, um*, [~*tior*], rigoureux, sévère ; catégorique.

destringo, *ĭs, ĕre, strinxi, strictum,* tr., détacher en serrant, **1.** détacher, cueillir ; ~ *gladium* : dégainer ; extorquer ; **2.** frotter, étriller ; **3.** effleurer, toucher légèrement ; fig., toucher, critiquer, déchirer.

destructĭlis, *e,* adj., destructible.

destructĭo, *ōnis,* f., destruction, ruine.

destructŏr, *ōris,* m., destructeur.

destrŭo, *ĭs, ĕre, struxi, structum,* tr., détruire, abattre, renverser, anéantir, ruiner.

dēsuādĕo, *ēs, ēre,* tr., dissuader.

dēsŭbĭtō, adv., soudain, tout à coup.

dēsūdasco, *ĭs, ĕre,* intr., suer beaucoup.

dēsūdo, *ās, āre,* intr. et tr., **1.** suer sang et eau, se donner beaucoup de mal ; **2.** distiller, faire couler.

dēsuēfăcĭo, *ĭs, ĕre, fēci, factum,* tr., déshabituer, faire tomber en désuétude.

dēsuēfīo, *ĭs, fĭĕri, factus sum,* passif du préc.

dēsuesco, *ĭs, ĕre, suēvi, suētum,* tr. et intr., **1.** faire perdre l'habitude, désaccoutumer ; **2.** se déshabituer, perdre l'habitude.

dēsuētūdo, *ĭnis,* f., désaccoutumance, perte de l'habitude, désuétude.

dēsulto, *ās, āre,* intr., sauter de.

dēsultŏr, *ōris,* m., celui qui saute d'un cheval à l'autre ; voltigeur, d'où : qui saute d'un objet à l'autre, inconstant.

dēsultōrĭus, *a, um,* de voltige ; fig., magique.

dēsultrix, *ĭcis,* f., inconstante, changeante.

dēsultūra, *æ,* f., action du *desultor,* V. ce mot.

dēsum, *dēes, dēesse, dēfui,* intr., **1.** manquer, faire défaut ; *non ~ + inf.,* ne pas manquer de, ne pas se priver de, *hoc defuit unum ut + subj.* : la seule chose qui a manqué, c'est que/de, *nihil contumeliarum defuit quin subiret* : on ne lui épargna aucun outrage, SUÉT. ; **2.** ne pas assister à, ~ *bello* : ne pas prendre part à la guerre ; **3.** manquer, faire défaut à qqn., négliger, faillir à, *nullo loco ~ alicui* : servir qqn. en toute circonstance, ~ *officio* : manquer à son devoir ; *non ~ + inf.* ou *quin/quominus + subj.* : ne pas manquer de.

dēsūmo, *ĭs, ĕre, sumpsi, sumptum,* tr., prendre pour soi, choisir.

dēsŭpĕr, adv., d'en haut, de dessus ; vers le haut, au-dessus de.

dēsurgo, *ĭs, ĕre, surrexi, surrectum,* intr., se lever de.

dēsursum, adv., d'en haut.

dētectĭo, *ōnis,* f., révélation.

dētectŏr, *ōris,* m., révélateur.

dētĕgo, *ĭs, ĕre, texi, tectum,* découvrir, révéler, mettre à nu ; *se ~* et *detegi* : se manifester, se faire connaître.

dētendo, *ĭs, ĕre, tendi, tensum,* tr., détendre ; plier.

dētentŭs, *ūs,* m., action de détenir, de retenir.

dētergĕo, *ēs, ēre, tersi, tersum,* tr., enlever en essuyant, essuyer ; fig., balayer, faire disparaître ; être nettoyé de, dépenser ; briser par le frottement (rames d'un navire).

dētĕrĭŏr, *ōris,* adj. au comp., [~*terrimus*], inférieur, moins bon, ~ *pars (civium)* : les mauvais citoyens ; *homo deterrimus* : personnage exécrable ; subst. m., *deterior, oris,* lâche ; n., *deterius, oris,* le mal, le pire, *deteriora sequi* : suivre une mauvaise voie, Ov., *in deterius* : en mal.

dētĕrĭoro, *ās, āre,* tr., détériorer, gâter.

dētĕrĭus, adv. au comp., moins bien, pis, ~ *spe nostrā* : moins que je n'espère.

dētermĭnābĭlis, *e,* adj., dont on peut assigner les bornes, limité.

dētermĭnātĭo, *ōnis,* f., fin, extrémité ; conclusion.

dētermĭnātŏr, *ōris,* m., celui qui détermine, fixe ; régulateur.

dētermĭno, *ās, āre,* tr., marquer les limites, fixer, déterminer ; définir.

dētĕro, *ĭs, ĕre, trīvi, trītum,* tr., user par le frottement, diminuer, affaiblir ; part., *detritus, a, um,* usé, affaibli ; rebattu, trivial.

dētĕrrĕo, *ēs, ēre, terrŭi, terrĭtum,* tr., **1.** détourner (par la peur), dissuader, empêcher, ~ *aliquem a scribendo* : détourner qqn. d'écrire, *nihil deterreri quin/quominus + subj.* : ne pas être détourné, empêché de ; **2.** écarter, empêcher.

dētestābĭlis, *e,* adj., [~*lior*], détestable, exécrable.

① **dētestātĭo**, *ōnis,* f., action de prendre les dieux à témoin pour une malédiction, imprécation, exécration ; malédiction ; répulsion, horreur.

② **dētestātĭo**, *ōnis,* f., castration, APUL.

dētestātŏr, *ōris,* m., celui qui maudit.

dētestātus, *a, um,* part. adj., qui a maudit ; sens passif : maudit, abhorré.

dētestor, *āris, āri,* tr., **1.** prendre les dieux à témoin pour une malédiction, prononcer des imprécations, ~ *minas in alicujus caput* : appeler la colère des dieux sur la tête de qqn. ; **2.** maudire, exécrer ;

3. écarter, détourner solennellement (un mal) de.

dētexo, *ĭs, ĕre, texŭi, textum,* tr., achever de tisser ou de tresser (pr. et fig.).

dētĭnĕo, *ēs, ēre, tĭnŭi, tentum,* tr., 1. retenir, empêcher d'avancer, retarder ; 2. détourner de, *ab* ou *de* + abl. ; 3. captiver, intéresser ; 4. retenir, occuper, *se ~* ou *detineri in* + abl. : s'occuper de.

dētondĕo, *ēs, ēre, tondi, tonsum,* tr., tondre, couper ras.

dētŏno, *ās, āre, tŏnŭi,* intr., 1. tonner fortement, éclater, tomber comme la foudre ; 2. cesser de tonner ; se calmer.

dētorquĕo, *ēs, ēre, torsi, tortum,* tr. et intr., 1. détourner en tordant, tourner d'un autre côté ; 2. contourner, contrefaire, dénaturer.

dētractātŭs, *ūs,* m., traité, ouvrage.

dētractĭo, *ōnis,* f., 1. action de retrancher, enlèvement, vol ; 2. déjection ; 3. dénigrement ; 4. gramm., élision, syncope.

dētracto, V. *detrecto.*

dētractŏr, *ōris,* m., détracteur.

dētractŭs, *ūs,* m., retranchement, suppression.

dētrăho, *ĭs, ĕre, traxi, tractum,* tr., 1. tirer à bas, arracher de, abattre ; 2. ôter, enlever, *~ vestem* : se déshabiller, *~ aliquid ex* ou *de summā* : prélever qqch. sur une somme ; 3. réduire, retirer, rabaisser, faire du tort, *multum ei detraxit quod* : ce qui lui fit grand tort, c'est que ; *~ de rebus gestis* : rabaisser les exploits ; 4. tirer après soi, traîner, entraîner, *~ in judicium* : traîner en justice.

dētrectātĭo, *ōnis,* f., refus.

dētrectātŏr, *ōris,* m., celui qui refuse ; celui qui rabaisse, détracteur.

dētrecto, *ās, āre,* tr., 1. repousser loin de soi, refuser, se refuser à ; 2. rabaisser, dénigrer, décrier ; médire.

dētrīmentōsum = *detrimento summo* (Cés.), V. *detrimentum*

dētrīmentum, *i,* n., 1. action d'enlever en frottant, amoindrissement ; 2. perte, dommage, préjudice, *~ capere, accipere, facere* : subir une perte, *alicui detrimento* (double dat.) *esse* : faire du tort à qqn. ; défaite, échec.

dētrūdo, *ĭs, ĕre, trūsi, trūsum,* tr., 1. pousser violemment en bas, plonger violemment en bas, précipiter ; 2. réduire de force, contraindre ; 3. chasser, évincer ; 4. repousser, reculer, renvoyer, ajourner (sans droit).

dētruncātĭo, *ōnis,* f., élagage, taille ; amputation.

dētrunco, *ās, āre,* tr., couper, tailler, élaguer ; mutiler, décapiter.

dētŭmesco, *ĭs, ĕre,* intr., désenfler ; se calmer, s'apaiser.

dētundo, *ĭs, ĕre, tunsum,* tr., écraser, broyer.

dēturbo, *ās, āre,* tr., 1. jeter à bas, renverser, précipiter ; 2. déloger, chasser ; évincer, déposséder.

dēturpo, *ās, āre,* tr., rendre laid, défigurer.

Deucălĭon, *ōnis,* m., Deucalion, fils de Prométhée ‖ **Deucălĭōnēus**, *a, um,* de Deucalion.

dĕungo, *ĭs, ĕre,* tr., imprégner.

dĕunx, *uncis,* f., (l'unité moins 1/12) onze douzièmes.

dēūro, *ĭs, ĕre, ussi, ustum,* tr., brûler entièrement, dessécher complètement, griller.

dĕus, (arch. *deivos*), *i,* (R. *dei-w-*, cf. *dies, divus*), m., dieu, divinité ; *di boni !* : grands dieux ! ; *pro deum atque hominum fidem* : au nom des dieux et des hommes ; *dii velint, dii meliora (ferant)* : que les dieux nous préservent ; fig., dieu (homme supérieur).

dĕustĭo, *ōnis,* f., action de brûler entièrement.

dĕūtor, *ĕris, i, ūsus sum,* intr., maltraiter.

dēvasto, *ās, āre,* tr., dévaster, ravager.

dēvĕho, *ĭs, ĕre, vexi, vectum,* tr., transporter, charrier, voiturer ; passif, *devehi* : se transporter ; naviguer.

dēvello, *ĭs, ĕre, velli, vulsum,* tr., détacher brutalement, arracher ; mettre en pièces.

dēvēlo, *ās, āre,* tr., dévoiler.

dēvĕnĕror, *āris, āri,* 1. honorer, vénérer ; 2. détourner par des prières.

dēvĕnĭo, *īs, īre, vēni, ventum,* intr., venir de, se rendre, arriver ; tomber dans ; descendre à, en venir à.

dēverbĕro, *ās, āre,* tr., assommer de coups.

dēverro, *ĭs, ĕre,* tr., nettoyer en balayant.

dēversĭtŏr, *ōris,* m., celui qui descend habituellement dans une hôtellerie, client d'une auberge.

① **dēversor**, *āris, āri,* intr., descendre (dans une hôtellerie, chez qqn.), loger ; résider.

② **dēversŏr**, *ōris,* m., voyageur de passage, hôte d'une hôtellerie.

dēversōrĭŏlum, *i,* n., petite auberge.

dēversōrĭum, *ĭi,* n., auberge, hôtellerie ; asile, repaire.

dēversōrĭus, *a, um,* où l'on peut s'arrêter, loger.

dēvertĭcŭlum, *i,* n., 1. chemin écarté, voie détournée ; détour, digression ;

2. endroit où l'on peut loger sur la route, auberge, hôtellerie ; asile, repaire.

dēverto, ĭs, ĕre, verti, versum, **1.** tr., détourner ; passif, deverti : a) se détourner de, prendre le chemin de ; b) loger, descendre (chez qqn.) ; c) recourir à ; **2.** intr., se détourner de ; se retirer ; descendre, loger (chez qqn.) ; s'écarter du sujet, faire une digression.

dēvescor, ĕris, i, intr., se repaître de.

dēvestĭo, ĭs, īre, tr., dévêtir.

dēvestīvus, a, um, dévêtu.

dēvexĭtās, ātis, f., plan incliné.

dēvexus, a, um, part. adj., [~xior], qui va en descendant, incliné, en pente ; sur son déclin ; subst. n., devexum, i, pente ; fig., chemin aisé, pratique facile.

dēvictĭo, ōnis, f., victoire complète.

dēvĭgesco, ĭs, ĕre, intr., perdre sa vigueur.

dēvincĭo, ĭs, īre, vinxi, vinctum, tr., **1.** lier solidement, attacher, enchaîner ; fig., lier, enchaîner (par des bienfaits), obliger, s'attacher ; **2.** rhét., enchaîner les mots.

dēvinco, ĭs, ĕre, vīci, victum, tr., vaincre complètement, soumettre ; poét., terminer (une guerre) avec succès.

dēvinctus, a, um, part. adj. [~tior], lié, attaché.

dēvĭo, ās, āre, intr., dévier, s'écarter du droit chemin ; se tromper.

dēvirgĭno, ās, āre, tr., déflorer.

dēvĭtātĭo, ōnis, f., action d'éviter.

dēvīto, ās, āre, tr., éviter ; esquiver.

dēvĭus, a, um, **1.** qui s'écarte de la route ; écarté, éloigné de la route, qqf., impraticable, infranchissable ; subst. n. pl., devia, orum, endroits écartés, chemins détournés ; **2.** qui dévie de sa ligne, inconstant, peu sûr ; déréglé, déviant.

dēvŏco, ās, āre, tr., **1.** rappeler, faire venir ; **2.** appeler, inviter, citer ; **3.** faire descendre ; rapporter à.

dēvŏlo, ās, āre, intr., descendre en volant ; descendre rapidement.

dēvolvo, ĭs, ĕre, volvi, vŏlūtum, tr., **1.** rouler d'en haut, précipiter ; passif, devolvi ; rouler, tomber en roulant ; **2.** dérouler, faire descendre ; passif : se laisser aller à, être réduit à.

dēvŏmo, ĭs, ĕre, tr., vomir.

dēvŏrātĭo, ōnis, f., action de dévorer.

dēvŏrātŏr, ōris, m., celui qui dévore.

dēvŏrātōrĭum, ĭi, n., gueule, gouffre.

dēvŏrātōrĭus, a, um, qui dévore.

dēvŏro, ās, āre, tr., avaler, dévorer, engloutir (pr. et fig.) ; avaler sans digérer, sans comprendre.

dēvorro, V. deverro.

dēvort~, V. devert~.

dēvōtāmentum, i, n., malédiction, anathème.

dēvōtātĭo, ōnis, f., V. le préc.

dēvōtē, adv., [~tissime], avec dévouement ; dévotement.

dēvōtĭo, ōnis, f., **1.** action de vouer aux dieux (surt. infernaux), sacrifice ; imprécation, malédiction ; sortilège, maléfice ; **2.** vœu, prière ; **3.** dévouement, zèle ; **4.** chr., dévotion.

dēvōto, ās, āre, tr., **1.** vouer, dévouer aux dieux infernaux ; maudire ; ensorceler ; **2.** invoquer une divinité.

dēvōtus, a, um, part. adj., [~tior, ~tissimus], consacré par un vœu, **1.** voué aux dieux infernaux, maudit ; **2.** dévoué, fidèle ; subst., m. pl., devoti, orum, fidèles ; partisans ; **3.** adonné à, ardent à ; **4.** chr., dévot.

dēvŏvĕo, ēs, ēre, vōvi, vōtum, tr., **1.** vouer, dévouer, consacrer aux dieux (surt. infernaux) ; sacrifier ; **2.** maudire, charger de malédictions ; **3.** ensorceler, charmer ; **4.** fig., sacrifier, faire le sacrifice entier de.

Dexămĕnus, i, m., Dexamenus, centaure.

Dexĭus, ĭi, m., Dexius, nom d'une famille rom.

dextans, antis, m., (l'unité moins 1/6), cinq sixièmes de la livre rom.

dextella, æ, f., dim. de dextra, « petit bras droit ».

dextĕr, tĕra ou tra, tĕrum ou trum, [~terior, ~timus], **1.** qui est du côté droit, à droite, droit, dexterum cornu : l'aile droite ; subst. n. pl., dextra, orum, le côté droit, la droite ; f., dextera ou dextra, æ, la main droite, a) dextras jungere : se donner la main, se lier d'amitié ou d'alliance, d'où : parole donnée, fidélité, alliance, traité, sauf-conduit ; b) aide, secours ; c) bras (qui porte les armes), force, action d'éclat ; d) ad dexteram, a dextrā, dextrā : à droite ; **2.** habile, adroit ; **3.** propice, favorable.

dextĕr, tri, m., l'Aquilon.

dextĕrē ou **dextrē**, adv., [~terius], avec dextérité, adroitement, habilement.

dextĕrĭtās, ātis, f., dextérité, habileté.

dextĭmus, V. dexter.

dextrorsum ou **dextrorsŭs**, adv., vers la droite.

dī~, préf., V. dis~.

Dīa, æ, f., Dia, **1.** anc. nom de l'île de Naxos ; **2.** mère de Mercure.

dĭăbăthrārĭus, ĭi, m., fabricant de chaussure légère.

dĭăbăthrum, *i*, n., chaussure légère (à l'usage des femmes).

Dĭablinti, *ōrum*, m. pl., Diablintes, peuple de Gaule, auj. Jublains, dans le Maine.

dĭăbŏlus, *i*, m., chr., le diable (= l'Accusateur, mot grec).

dĭădēma, *ătis*, n., et **dĭădēma**, *æ*, f., bandeau royal, diadème.

dĭădēmātus, *a*, *um*, orné d'un diadème.

dĭæta, *æ*, f., séjour, demeure ; appartement, chambre ; cabine de navire.

Dĭăgŏrās, *æ*, m., Diagoras, 1. phil. grec ; 2. athlète rhodien.

① **dĭălectĭcē**, adv., selon la dialectique.

② **dĭălectĭcē**, *ēs*, f., la dialectique.

dĭălectĭcus, *a*, *um*, relatif à la dialectique, à l'art de raisonner ; subst. f., *dialectica*, *æ*, et n. pl., *dialectica*, *orum*, la dialectique ; m., *dialecticus*, *i*, dialecticien.

dĭălectŏs, *i*, m., dialecte, idiome.

Dĭālis, *e*, adj., 1. de Jupiter, *flamen ~* : le flamine de Jupiter ; 2. qui concerne le *flamen Dialis* ; 3. de l'air, aérien.

dĭălŏgus, *i*, m., dialogue (phil.).

dĭămastīgōsis, *is*, f., flagellation (des enfants à Sparte).

Dĭāna, *æ*, f., Diane, fille de Jupiter et de Latone, sœur d'Apollon, déesse de la chasse ; déesse de la lune ; la Lune ‖ **Dĭānĭum**, *ĭi*, n., 1. temple de Diane ; 2. Dianium, v. de Bétique ‖ **Dĭānĭus**, *a*, *um*, relatif à Diane, à la chasse.

dĭăpasma, *ătis*, n., poudre odoriférante.

Dĭăpontĭus, *ĭi*, m., Diapontius (= d'outre-mer), nom forgé par Plaute.

dĭārĭa, *ōrum*, n. pl., ration journalière.

dĭătrēta, *ōrum*, n. pl., vases faits au tour.

dībălo, *ās*, *āre*, tr., décrier.

dībăphus, *i*, f., robe pourpre (litt., teinte deux fois) des magistrats.

dīc, impér. de *dico* ②.

dīca, *æ*, f., (mot grec), procès, action en justice, *dicam scribere* : intenter un procès.

dīcăbŭla et **dīcĭbŭla**, *ōrum*, n. pl., bavardages, sornettes.

dīcăcĭtās, *ātis*, f., esprit mordant, caustique ; persiflage.

dīcăcŭlē, adv., d'une manière piquante.

dīcăcŭlus, *a*, *um*, railleur, impertinent, pétillant d'esprit.

Dīcæarchēi, *ēum*, m. pl., les hab. de Dicéarchée, v. de Campanie (V. *Puteoli*).

Dīcæarchus, *i*, m., Dicéarque, nom de diff. pers.

dīcātĭo, *ōnis*, f., déclaration pour demander la citoyenneté d'une autre cité.

dīcax, *ācis*, adj., [*~cior*, *~cissimus*], railleur, impertinent, satirique, mordant.

dĭchŏrēus, *i*, m., dichorée, double trochée.

dīcĭbĭlis, *e*, qu'on peut dire.

dīcĭo, *ōnis*, f., puissante autorité, *esse in dicione alicujus* : être sous l'autorité de qqn.

dīcis, gén. de *dix*, inus., *dicis causā* ou *gratiā* : pour la forme, par manière d'acquit.

① **dīco**, *ās*, *āre*, tr., 1. faire connaître publiquement, annoncer solennellement, publier ; 2. consacrer, vouer, dédier ; se *~civitati* ou *in civitatem* : se faire citoyen d'un État ; 3. inaugurer.

② **dīco**, *ĭs*, *ĕre*, dixi, dictum, tr., montrer, exprimer par des paroles, d'où : 1. dire, parler, *~ mendacium* : dire un mensonge, *ut ita dicam* : pour ainsi dire, *difficile dictu* : difficile à dire ; *dicitur inventor* : il passe pour l'inventeur ; 2. vouloir dire, *mortem dico et deos* : je veux parler de la mort et des dieux, *hoc lex non dicit* : ce n'est pas le sens de la loi ; 3. affirmer, assurer, soutenir, *quem esse negas, eumdem esse dico* : l'existence de cet homme que tu nies, moi je l'affirme ; 4. dire, avertir, *dico ut/ne* + subj. : je dis de/de ne pas ; 5. exprimer, prononcer (un discours), plaider, *sententiam ~* : exprimer son avis, *~ jus* : dire le droit, *~ causam* : plaider une cause, *ars dicendi* : éloquence ; 6. exposer, raconter, *~ carmen* : composer un poème ; chanter, célébrer ; 7. nommer, désigner, appeler, *dici pater et princeps* : être appelé du nom de père et de prince ; 8. nommer, désigner, élire, *~ aliquem dictatorem* : nommer qqn. dictateur ; 9. fixer, régler, constituer, établir, *~ sua bona alicui* : léguer ses biens à qqn. ; *~ diem nuptiis* : fixer le jour du mariage ; *diem ~* : fixer un jour, citer à comparaître ; 10. prédire, prophétiser.

dicrŏtus, *a*, *um*, pourvu de deux rangs de rames superposés.

Dicta, *æ*, ou **Dictē**, *ēs*, f., Dicté, mt. de Crète ‖ **Dictæus**, *a*, *um*, du mt. Dicté, en Crète.

dictamnus, *i*, f., et **dictamnum**, *i*, n., dictame (plante).

dictāta, *ōrum*, n. pl., dictées, leçons données par un maître ; règles, préceptes.

dictātĭo, *ōnis*, f., action de dicter ; commentaire.

dictātĭuncŭla, *æ*, f., petite dictée.

dictātŏr, *ōris*, m., dictateur, 1. magistrat suprême nommé pour un temps déterminé en cas de situation d'urgence ; 2. premier magistrat de certaines villes latines, maire ; 3. celui qui dicte.

dictātōrĭus, *a*, *um*, de dictateur.

dictātrix, īcis, f., souveraine absolue, PL.

dictātūra, æ, f., 1. dictature, dignité ou magistrature du dictateur ; 2. action de dicter des devoirs aux écoliers (calembour de César).

Dictē, ēs, V. Dicta.

dictērĭa, ōrum, n. pl., bons mots.

dictĭo, ōnis, f., 1. action de dire, de prononcer, de fixer, fixation (peine) ; 2. discours, plaidoirie ; 3. conversation, entretien ; 4. réponse d'un oracle ; 5. expression, mot ; rhét., diction, style.

dictĭto, ās, āre, tr., 1. dire très souvent, répéter, soutenir obstinément ; 2. plaider souvent, exercer la profession d'avocat.

dictĭuncŭla, æ, f., petit mot, particule.

dicto, ās, āre, tr., 1. dire à plusieurs reprises ; 2. dicter ; rédiger, composer ; 3. faire répéter ; prescrire, commander.

dictŏr, ōris, m., celui qui dit, diseur.

dictum, i, n., chose dite, mot, parole ; bon mot ; injure ; ordre, commandement ; précepte ; réponse d'un oracle.

Dictynna, æ, f., Dictynna, 1. nymphe ; 2. surnom de Diane chasseresse ‖ **Dictynnēum**, i, n., Dictynnéum, promontoire de Crète où se trouvait un temple de Diane.

Dĭdĭus, ĭi, m., Didius, nom d'une famille rom.

Dīdō, ūs ou ōnis, f., Didon, reine de Carthage.

dīdo, ĭs, ĕre, dīdĭdi, dīdĭtum, tr., distribuer, répandre ; passif, didi : se répandre.

dĭdrachma, ātis, et **dĭdrachmum**, i, n., double drachme, didrachme, monnaie grecque.

dīdūco, ĭs, ĕre, duxi, ductum, tr., 1. conduire dans des sens différents, écarter, séparer, disjoindre, ~ digitos : écarter les doigts, ~ os : ouvrir la bouche, ~ fores : ouvrir les portes ; 2. diviser, séparer, partager ; 3. séparer violemment, désunir, rompre, disperser ; 4. mil., diviser (ses forces), étendre, déployer (armées).

dīductĭo, ōnis, f., séparation ; étendue, expansion.

Dĭdŭmāōn, ŏnis, m., Didymaon, nom d'un ciseleur.

Dĭdўma, ōn, n. pl., Didyma, v. près de Milet ‖ **Dĭdўmēon**, ēi, n., temple d'Apollon à Didyme.

Dĭdўmē, ēs, f., Didyme, île de la mer Égée.

dĭēcŭla, æ, f., petite journée ; court délai.

dĭērectē, adv., abi dierecte : va te faire pendre, PL.

dĭērectus, a, um, distendu, pendu, crucifié ; i in dierectum : va te faire pendre.

dĭes, ēi, (R. dei- : ciel, jour, cf. deus), m. et f. au sg., m. au pl., 1. jour (date), ~ fastus, nefastus : jour faste, néfaste, hesterno, hodierno, crastino die : hier, aujourd'hui, demain, postero die : le lendemain, post diem tertium : le surlendemain, in dies : de jour en jour, diem de die : d'un jour à l'autre ; date (d'une lettre) ; ~ natalis : jour de naissance, ~ meus : mon anniversaire ; supremus, fatalis ~ : le dernier jour, obire diem supremum : mourir ; 2. jour (opp. à nuit), journée, multo die : à un moment avancé du jour, ad multum diem : jusqu'à une heure avancée du jour, de die, de medio die : en plein jour, noctes et ~, ~ atque noctes : jour et nuit ; 3. terme fixé, ~ dictus, constitutus, certus ou ~ dicta, constituta, certa : jour fixé ; diem dicere : assigner en justice ; 4. temps, délai, durée, ~ tempusque : le temps et les circonstances, diem ex die ducere : traîner en longueur, ~ levat luctum : le temps adoucit les chagrins, CIC. ; 5. lumière du jour ; 6. climat, ciel, température, temps (qu'il fait), diem mutare : changer de climat.

Dĭespĭtĕr, tris, m., « père du jour », nom arch. de Jupiter.

diffāmātĭo, ōnis, f., action de divulguer.

diffāmo, ās, āre, tr., 1. divulguer, répandre (un bruit) ; 2. diffamer ; décrier en disant que + prop. inf. ; 3. rendre célèbre, AUG.

diffĕrentĭa, æ, f., différence ; espèce particulière.

diffĕro, fers, ferre, distŭli, dīlātum, tr. et intr., porter dans des sens différents ou opposés,

I tr., 1. a) disperser, disséminer, répandre ; b) surt. passif : agiter violemment, tourmenter, differi lætitiā, doloribus : être transporté de joie, être tourmenté par les douleurs ; c) répandre un bruit, colporter, ~ rumores : répandre des bruits, fama distulit + prop. inf. : la nouvelle se répandit que ; 2. différer, tarder, renvoyer, ~ tempus : accorder du répit, ~ aliquem in tempus aliud : renvoyer qqn. à un autre moment, nihil ~ quin + subj. : ne pas tarder à.

II intr., différer, être différent, ~ inter se : différer l'un de l'autre, les uns des autres, ~ ab aliquo, aliquā re : différer de qqn., de qqch., quid differt + interr. indir. : double : quelle différence y a-t-il si… ou si…

differtus, a, um, rempli, bourré à craquer.

difficĭlis, e, adj., [~ilior, ~illimus], 1. difficile, malaisé, pénible, difficile est + inf. ou ut + subj. : il est difficile de, ~ tractatu, ad tractandum : difficile à traiter ; 2. difficile (caractère), peu traitable, revêche.

difficĭlĭtĕr, adv., [~ilius, ~illime], difficilement, avec peine.

difficultās, ātis, f., 1. difficulté, peine ; 2. besoin, manque, pénurie, embarras ; 3. fatigue ; 4. humeur difficile.

difficultĕr, V. difficiliter.

diffīdens, entis, adj., défiant.

diffīdentĕr, adv., [~tius], avec défiance.

diffīdentĭa, æ, f., défiance, manque de confiance ; manque de foi.

diffīdo, ĭs, ĕre, fīsus sum, intr., ne pas se fier à, se défier de, douter de, ~ sibi, suæ saluti : douter de soi, désespérer de son salut ; ~ invenire se posse : craindre de ne pouvoir trouver ; abs., perdre espoir.

diffindo, ĭs, ĕre, fīdi, fissum, tr., fendre, séparer, diviser, partager ; retrancher ; jur., ~ diem : interrompre un procès pour l'ajourner.

diffingo, ĭs, ĕre, finxi, fictum, tr., transformer, refaire.

diffĭtĕor, ēris, ēri, tr., nier, disconvenir.

difflētus, a, um, (œil) perdu à force de pleurer, Apul.

difflo, ās, āre, tr., disperser en soufflant.

difflŭentĭa, æ, f., débordement.

difflŭo, ĭs, ĕre, fluxi, fluxum, intr., couler de côté et d'autre, se répandre, s'étendre en coulant, ruisseler ; fig., se dissoudre, s'amollir, se relâcher, ~ otio : vivre dans une oisiveté amollissante ; être sans rigueur, lâche (style) ; s'écouler, décroître, disparaître.

diffringo, ĭs, ĕre, frēgi, fractum, tr., briser, mettre en pièces.

diffŭgĭo, ĭs, ĕre, fūgi, intr., fuir de tous côtés, se disperser ; se diviser.

diffŭgĭum, ĭi, n., fuite de côté et d'autre, dispersion.

diffŭgo, ās, āre, tr., mettre en fuite, disperser.

diffundo, ĭs, ĕre, fūdi, fūsum, tr., 1. étendre en versant, verser, répandre, épancher, sanguis diffunditur : le sang se répand ; lux diffusa toto cælo : lumière répandue dans tout le ciel ; 2. disperser, étendre, éparpiller, ~ equitem campis : éparpiller la cavalerie dans la plaine ; 3. étendre, diffuser, ~ vim : étendre sa puissance ; 4. détendre ; épanouir, dilater (visage, cœur).

diffūsē, adv., [~sius], d'une façon diffuse, sans cohérence.

diffūsĭlis, e, adj., qui se répand facilement, expansible.

diffūsĭo, ōnis, f., 1. action de répandre, débordement, expansion ; 2. épanouissement moral.

diffūsus, a, um, adj., [~sior], étendu répandu ; disséminé ; traînant, espace (en parlant du rythme, opp. à contractus).

diffūtūtus, a, um, épuisé à force de baiser (obsc.), Cat.

dĭgămĭa, æ, f., remariage ; bigamie.

dĭgamma, n. indécl., ou **dĭgammos**, f., digamma (lettre du grec arch.) ; caractère confondu avec la lettre F : registre des revenus (F = Fenus, V. ce mot).

Dĭgentĭa, æ, f., Digentia, riv. de Sabine auj. Licenza.

dĭgero, ĭs, ĕre, gessi, gestum, tr., 1. porter emporter dans diff. sens ; séparer ; 2. diviser, partager, distribuer, répartir 3. classer, ranger, organiser ; 4. calculer compter ; 5. éliminer, faire aboutir ; di gérer.

dĭgesta, ōrum, n. pl., ouvrage divisé en livres, chapitres ; digestum Lucæ : évangile de Luc, Tert.

dĭgestĭo, ōnis, f., distribution, arrangement ; énumération ; digestion.

dĭgestŭs, ūs, m., distribution ; digestion

dĭgĭtŭlus, i, m., petit doigt.

dĭgĭtus, i, m., 1. doigt de la main, crepar digitis, digitos : claquer les doigts, ne dig tum quidem porrigere : ne pas lever le peti doigt, extremis digitis attingere : touche du bout des doigts ; doigt du pied 2. (longueur d'un) doigt (1,8 cm) ; (lar geur d'un) doigt, digitum non discedere ne pas s'éloigner d'un pouce.

dĭglădĭābĭlis, e, adj., acharné au com bat.

dĭglădĭor, āris, āri, intr., lutter à mort se disputer.

dignantĕr, adv., avec bonté, gracieuse ment.

dignātĭo, ōnis, f., considération, estime faveur, crédit (que l'on accorde ou dor on jouit).

dignē, adv., [~nius], dignement, juste ment.

dignĭtās, ātis, f., 1. ce qui fait qu'on es digne, titre, mérite ; 2. considération, es time ; 3. dignité, rang, condition ; 4. di gnité morale, beauté, noblesse ; 5. aspec majestueux, noble.

digno, ās, āre, tr., juger digne (surt. a passif).

dignor, āris, āri, tr., juger digne de + abl que + inf. ; admettre comme ; juger bo + inf.

dignosc~, V. dinosc~.

dignus, a, um, [~nior, ~nissimus], 1. d gne de, ~ laude : digne de louange, ~ qu ametur : digne d'être aimé ; aussi ave gén., acc., inf., ut + subj. ; 2. qui répon à, conforme, mérité, te digna : ce que t mérites, *dignum est* : il convient, il est juste que.

dīgrĕdĭor, *ĕris, i, gressus sum*, intr., s'éloigner, se séparer, s'en aller, s'écarter de ou vers.

dīgressĭo, *ōnis*, f., action de s'éloigner, de s'en aller, de s'écarter ; digression, épisode annexe (d'un récit).

dīgressŭs, *ūs*, m., 1. action de s'éloigner ; 2. digression.

dījūdĭcātĭo, *ōnis*, f., discernement, jugement.

dījūdĭcātrix, *īcis*, f., celle qui discerne.

dījūdĭco, *ās, āre*, tr., juger (en discernant), se prononcer sur, trancher ; discerner, distinguer.

dījun~, V. *disjun~*.

dīlābor, *ĕris, i, lapsus sum*, intr., 1. s'écouler de côté et d'autre, se fondre, se dissiper ; 2. se disperser, se débander ; 3. s'écrouler, tomber en ruine ; fig., s'affaiblir, disparaître.

dīlăcĕrātĭo, *ōnis*, f., déchirement.

dīlăcĕro, *ās, āre*, tr., déchirer, mettre en pièces ; ruiner.

dīlancĭno, *ās, āre*, tr., déchiqueter.

dīlănĭo, *ās, āre*, tr., déchirer.

dīlăpĭdo, *ās, āre*, tr., jeter de tous côtés (comme des pierres), gaspiller, dilapider.

dīlapsĭo, *ōnis*, f., dissolution, décomposition.

dīlargĭor, *īris, īri*, tr., donner de tous côtés, faire des largesses, prodiguer.

dīlātātĭo, *ōnis*, f., extension.

dīlātĭo, *ōnis*, f., délai, ajournement, remise ; répit ; intervalle.

dīlāto, *ās, āre*, tr., élargir, étendre ; prolonger, faire connaître ; allonger, développer (son sujet).

dīlaudo, *ās, āre*, tr., se répandre en louanges sur, louer sur tous les tons.

dīlectĭo, *ōnis*, f., amour, dilection.

dīlectŏr, *ōris*, m., celui qui aime, ami de.

① **dīlectus**, *a, um*, part. adj., [*~tior, ~tissimus*], choisi ; aimé, chéri, favori.

② **dīlectŭs**, *ūs*, m., V. *delectus* ②.

dīlīdo, *ĭs, ĕre*, tr., casser, briser.

dīlīgens, *entis*, part. adj., [*~tior, ~tissimus*], 1. qui aime, attaché à ; 2. attentif, soigneux, exact, consciencieux, scrupuleux ; économe.

dīlīgentĕr, adv., [*~tius, ~tissime*], soigneusement, avec exactitude, attention.

dīlīgentĭa, *æ*, f., attention (opp. à *neglegentia*), soin, zèle, exactitude, application, scrupule ; économie, épargne, ordre.

dīlīgĭbĭlis, *e*, adj., estimable.

dīlīgo, *ĭs, ĕre, lexi, lectum*, tr., séparer, diviser, d'où : 1. choisir ; 2. aimer, apprécier, avoir des égards pour.

dīlōrīco, *ās, āre*, tr., ouvrir brusquement, déchirer (un vêtement).

dīlūcĕo, *ēs, ēre*, intr., 1. être éclairé ; 2. être clair, évident.

dīlūcesco, *ĭs, ĕre, luxi*, intr., s'éclaircir, devenir clair, commencer à paraître ; impers. : il commence à faire jour.

dīlūcĭdē, adv., [*~dius, ~dissime*], clairement, avec netteté.

dīlūcĭdo, *ās, āre*, tr., éclaircir.

dīlūcĭdus, *a, um*, [*~dior*], clair, lumineux.

dīlūcŭlum, *i*, n., le point du jour.

dīlūdĭum, *ĭi*, n., pause (dans les combats de gladiateurs) ; répit.

dīlŭo, *ĭs, ĕre, lŭi, lūtum*, tr., 1. détremper, délayer, laver ; 2. dissoudre, effacer, affaiblir, dissiper ; 3. débrouiller, expliquer.

dīlūtĭo, *ōnis*, f., action de se justifier.

dīlūtus, *a, um*, part. adj., [*~tior*], détrempé, mouillé ; imbibé (de vin) ; allongé d'eau.

dīlŭvĭēs, *ēi*, f., inondation, déluge.

① **dīlŭvĭo**, *ās, āre*, tr., inonder.

② **dīlŭvĭo**, *ōnis*, V. *diluvies*.

dīlŭvĭum, *ĭi*, n., inondation, déluge ; dévastation, destruction.

dīmăchæ, *ārum*, m. pl., soldats qui combattent à pied et à cheval.

dīmădesco, *ĭs, ĕre, mădui*, intr., se fondre.

dīmāno, *ās, āre*, intr., se répandre, s'étendre.

dīmētĭor, *īris, īri, mensus sum*, tr., 1. prendre la mesure de ; 2. tracer, délimiter (un camp) ; 3. mesurer au compas ; 4. mesurer (un vers).

dīmēto, *ās, āre*, et **dīmētor**, *āris, āri*, tr., mesurer, délimiter, borner.

dīmĭcātĭo, *ōnis*, f., action de combattre, bataille, lutte.

dīmĭco, *ās, āre*, (*dis + mico*), intr., s'agiter en sens divers, d'où : faire des passes, escrimer, d'où : combattre, lutter.

dīmĭdĭātĭo, *ōnis*, f., partage par moitié.

dīmĭdĭātus, *a, um*, partagé par moitié.

dīmĭdĭo, *ās, āre*, tr., partager en deux.

dīmĭdĭum, *ĭi*, n., moitié.

dīmĭdĭus, *a, um*, demi.

dīmĭnŭo, *ĭs, ĕre*, tr., mettre en morceaux, briser, V. aussi *deminuo*.

dīmĭnūt~, V. *deminut~*.

dīmissĭo, *ōnis*, f., envoi, expédition ; renvoi, congé ; chr., rémission.

dīmissŏr, *ōris*, m., chr., celui qui remet (les péchés).

dīmitto, *ĭs, ĕre, mīsi, missum*, tr., **1.** envoyer de diff. côtés, expédier, dépêcher ; **2.** éloigner de soi, laisser aller, renvoyer ; laisser échapper, laisser tomber ; **3.** congédier, licencier, *senatum* ~ : lever la séance du sénat, ~ *legionem* : licencier une légion ; ~ *uxorem* : répudier sa femme ; **4.** laisser là, quitter, abandonner, *se* ~ : se donner un peu de relâche ; abandonner, renoncer à, faire le sacrifice de, ~ *libertatem* : dire adieu à la liberté, ~ *fugam* : cesser de fuir ; **5.** désintéresser un créancier, payer ; remettre (une dette), exempter.

dīmŏvĕo, *ēs, ēre, mōvi, mōtum*, tr., **1.** mouvoir de diff. côtés ; **2.** séparer, écarter, fendre ; **3.** éloigner, détourner de.

Dīnarchus, *i*, m., Dinarque, orateur athénien (IVᵉ s. av. J.-C.).

Dindȳma, *ōrum*, n. pl., **Dindȳmus**, *i*, m., le mt. Dindyme, en Phrygie ‖ **Dindȳmēnē**, *ēs*, f., la déesse du Dindyme, Cybèle ‖ **Dindȳmus**, *a, um*, du Dindyme.

Dīnŏmăchē, *ēs*, f., Dinomaque, mère d'Alcibiade.

dīnoscentĭa, *æ*, f., discernement.

dīnosco, *ĭs, ĕre, nōvi, nōtum*, tr., reconnaître, discerner, distinguer, juger.

dīnŭmĕrātĭo, *ōnis*, f., dénombrement, calcul, compte ; énumération.

dīnŭmĕrātŏr, *ōris*, m., celui qui compte.

dīnŭmĕro, *ās, āre*, tr., dénombrer, compter, calculer (une somme), payer.

Dīō, V. *Dion*.

dĭŏbŏlāris, *e*, adj. (femme) à deux oboles (= de rien).

Dĭŏchărēs, *is*, m., Diocharès, affranchi de César ‖ **Dĭŏchărīnus**, *a, um*, de Diocharès.

Dĭŏclētĭānus, *i*, m., Dioclétien, empereur rom. (284-305).

Dĭŏdōrus, *i*, m., Diodore, **1.** phil. du IIᵉ s. av. J.-C. ; **2.** Diodore de Sicile, historien grec (Iᵉʳ s. av. J.-C.).

diœcēsis, *ĕos et is*, f., diocèse (circonscription judiciaire) ; district ; chr., diocèse.

diœcētēs, *æ*, m., intendant.

Dĭŏgĕnēs, *is*, m., Diogène, **1.** nom de phil., spéc. Diogène le Cynique ; **2.** ami de Cælius Rufus.

Dĭŏmēdēs, *is*, m., Diomède, **1.** héros grec ; **2.** roi de Thrace ‖ **Dĭŏmēdēus**, *a, um*, de Diomède.

Dĭŏn, *ōnis*, m., Dion, **1.** tyran de Syracuse ; **2.** phil. de l'Académie.

Dĭōna, *æ*, et **Dĭōnē**, *ēs*, f., Dioné, fille d'Océan et de Téthys, mère de Vénus ‖ Vénus ‖ **Dĭōnæus**, *a, um*, de Dioné.

Dĭŏnȳsĭācus, *a, um*, de Dionysos.

① **Dĭŏnȳsĭus**, *a, um*, de Dionysos.

② **Dĭŏnȳsĭus**, *ĭi*, m. Denys, nom de diff. pers., spéc. Denys, tyran de Syracuse.

Dĭŏnȳsŏpŏlis, *is*, f., Dionysopolis, v. de Phrygie ‖ **Dĭŏnȳsŏpŏlītæ**, *ārum*, m. pl. les Dionysopolitains.

Dĭŏnȳsus, *i*, m., Dionysos (Bacchus).

Dĭŏphănēs, *is*, m., Diophane, nom de diff. pers.

Dĭōrēs, *æ*, m., Diorès, nom d'un prince troyen.

Dĭoscŏri, et **Dĭoscŭri**, *orum*, m. pl., les Dioscures, Castor et Pollux (fils de Jupiter et de Léda).

Dĭoscŏrĭdēs, *is*, m., Dioscoride, nom d'h. grec.

dĭōta, *æ*, f., cruche à deux anses.

Dīphĭlus, *i*, m., Diphile, poète comique grec du IVᵉ s. av. J.-C.

dĭplōma, *ătis*, n., document officiel brevet, sauf-conduit, licence.

dipsăs, *ădis*, f., dipsade, serpent dont la blessure est mortelle.

Dĭpȳlŏn, *i*, n., la porte Dipyle, à Athènes.

dĭpȳrŏs, *ŏn*, adj., deux fois brûlé.

Dīræ, *ārum*, f. pl., les déesses de la vengeance, les Furies, V. *dirus*.

dĭrăpĭo, *ĭs, ĕre*, tr., entraîner, détourner.

Dircæus, *a, um*, de Dircé ; de Béotie ‖ **Dircē**, *ēs*, f., Dircé, femme du roi de Béotie, changée en fontaine.

Dircenna, *æ*, f., Dircenna, fontaine d'Espagne.

dīrē, adv., de façon affreuse, cruelle.

dīrectē, adv., [~*tius*], directement ; naturellement, simplement.

dīrectĭo, *ōnis*, f., ligne droite ; direction.

dīrectō, V. *directe*.

dīrectus, *a, um*, part. adj., [~*tior*], **1.** en ligne droite, droit, direct, horizontal vertical ; **2.** à angle droit ; à pic, escarpé **3.** direct, sans détour ; rigide, sévère.

dīremptĭo, *ōnis*, f., séparation.

dīremptŭs, *ūs*, m., V. le préc.

dīreptĭo, *ōnis*, f., pillage.

dīreptŏr, *ōris*, m., pillard, brigand.

dīrĭbĕo, *ēs, ĕre, ĭbŭi, ĭbĭtum*, (*dis + habeo*) tr., tenir loin l'un de l'autre, d'où : répartir, trier, compter (votes).

dīrĭbĭtĭo, *ōnis*, f., tri des votes.

dīrĭbĭtŏr, *ōris*, m., **1.** scrutateur ; **2.** esclave qui découpe les viandes.

dīrĭbĭtōrĭum, *ĭi*, n., lieu où on dépouille le scrutin ; où l'on distribue argent e provisions au peuple ; où l'on paie la solde.

dīrĭgesco, V. *derigesco*.

dīrĭgo, *ĭs, ĕre, rexi, rectum,* tr., **1.** mettre en ligne droite, faire aller droit ; **2.** donner une direction déterminée, diriger, orienter, ~ *cursum ad litora* : diriger sa course vers le rivage, *se* ~ : se diriger, ~ *vulnera* : lancer des coups qui blessent ; diriger, guider, ~ *ad veritatem* : conduire à la vérité ; **3.** placer, disposer en ligne, ranger, ~ *naves in pugnam* : mettre ses vaisseaux en ligne de bataille ; ~ *regiones lituo* : délimiter les régions du ciel à l'aide du bâton augural.

dīrĭmo, *ĭs, ĕre, ēmi, emptum, (dis + emo),* tr., prendre à part, tirer, **1.** diviser, séparer, partager ; **2.** dissoudre, interrompre, ~ *sermonem* : mettre fin à un entretien ; ~ *tempus* : ajourner ; supprimer, détruire.

dīrĭpĭo, *ĭs, ĕre, rĭpŭi, reptum,* tr., **1.** tirer en sens divers, tirailler ; s'arracher, se disputer qqn. ou qqch. ; **2.** enlever, arracher, dérober ; **3.** saccager, piller.

dīrĭtās, *ātis,* f., caractère funeste, sinistre ; malheur, accident affreux ; cruauté, barbarie.

dīrumpo, *ĭs, ĕre, rūpi, ruptum,* tr., séparer en brisant, briser, faire éclater ; exténuer ; passif : *dirumpor,* je crève (de dépit, de colère, de rire).

dīrŭo, *ĭs, ĕre, rŭi, rŭtum,* tr., démolir, renverser, détruire ; ruiner.

dīrus, *a, um,* adj., **1.** sinistre, de mauvais augure, funeste ; qui inspire une terreur religieuse ; subst., f. pl., *dirae, arum,* et n. pl., *dira, orum,* présage funeste ; imprécations, exécrations ; **2.** barbare, cruel.

① **dīs**, *dīte,* V. *ditis.*

② **dīs**, dat. et abl. pl. de *deus,* V. ce mot.

dīs~, dĭr~, dī~, préf. indiquant éloignement, séparation, dispersion, répartition ; ext., indique aussi la négation, le contraire du simple (ex. *displiceo, dissimilis*) ; qqf. à valeur intensive (ex. *discupio*).

Dīs, *Dītis,* m., Dis, dieu des Enfers (trad. du grec *Ploutōn* = riche).

discalcĕātus, *a, um,* déchaussé.

discalcĕo, *ās, āre,* tr., déchausser.

discăpĕdĭno, *ās, āre,* tr., disjoindre.

discăvĕo, *ēs, ēre,* intr., se préserver de + abl.

discēdo, *ĭs, ĕre, cessi, cessum,* intr., **1.** s'écarter, s'éloigner de, s'en aller, se diviser, se séparer, ~ *ex ou a vita* : quitter la vie, mourir ; ~ *ab officio* : manquer à son devoir ; **2.** se retirer, se tirer de, ~ *non male* : ne pas s'en tirer trop mal ; **3.** laisser de côté, excepter, *cum a vobis discesse-*

rim : si je vous excepte ; **4.** en venir à, ~ *in sententiam* : se ranger à l'avis de.

discentĭa, *æ,* f., action d'apprendre ; connaissance.

disceptātĭo, *ōnis,* f., débat, discussion, contestation ; point litigieux ; décision, sentence judiciaire.

disceptātŏr, *ōris,* m., celui qui décide, arbitre, juge.

discepto, *ās, āre,* **1.** tr., juger, décider de, trancher ; **2.** intr. et abs., débattre, discuter, disputer ; être en cause.

discernĭbĭlis, *e,* adj., discernable.

discerno, *ĭs, ĕre, crēvi, crētum,* tr., **1.** séparer, diviser ; **2.** discerner, distinguer (souv. avec interr. indir.).

discerpo, *ĭs, ĕre, cerpsi, cerptum,* tr., déchirer, mettre en pièces (pr. et fig.), éparpiller.

discessĭo, *ōnis,* f., séparation ; éloignement, départ ; spéc., action de passer du côté de celui dont on adopte l'avis, d'où : *discessionem facere* : mettre aux voix.

discessŭs, *ūs,* m., séparation, division ; éloignement, départ ; mil., retraite.

discīdĭum, *ĭi,* n., séparation par déchirement ; séparation ; divorce ; désunion, discorde.

discīdo, *ĭs, ĕre,* tr., couper, séparer.

discinctus, *a, um,* part. adj., sans ceinture, débraillé ; indolent, mou, dissolu.

discindo, *ĭs, ĕre, scĭdi, scissum,* tr., diviser, séparer en coupant, en fendant ; couper, fendre, rompre, déchirer.

discingo, *ĭs, ĕre, cinxi, cinctum,* tr., ôter, dégrafer la ceinture, son baudrier, désarmer ; passif, *discingi* : avoir son vêtement dégrafé ; fig., relâcher, amollir, affaiblir, énerver, réduire à l'impuissance.

discĭplīna, *æ, (cf. disco)* f., **1.** enseignement, instruction (donnée ou reçue), théorie, études ; **2.** science, connaissance, ~ *bellica, navalis* : art militaire, naval, *disciplinæ liberales* : les arts libéraux ; **3.** manière d'enseigner, méthode, système, doctrine ; **4.** éducation, ~ *puerilis* : l'éducation des enfants ; **5.** règlement, principes, mœurs, discipline ; **6.** constitution d'un État.

discĭplīnātus, *a, um,* [~*tior*], bien instruit, élevé, formé.

discĭpŭla, *æ,* f., élève, écolière ; apprentie.

discĭpŭlātŭs, *ūs,* m., condition d'écolier.

discĭpŭlīna, V. *disciplina.*

discĭpŭlus, *i,* m., élève, écolier ; disciple ; apprenti.

discissĭo, *ōnis,* f., déchirement, division.

disclūdo, *ĭs, ĕre, clūsi, clūsum,* tr., **1.** tenir écarté l'un de l'autre, séparer, isoler ; **2.** ouvrir, séparer, fendre ; couper, barrer.

disclūsĭo, *ōnis,* f., séparation, isolement.

disco, *ĭs, ĕre, dĭdĭci,* tr., **1.** apprendre (par l'étude ou par la pratique), étudier, s'instruire, ~ *litteras* : apprendre à lire, à écrire, ~ *de, ab, ex aliquo, apud aliquem* : apprendre, recevoir des leçons de qqn., ~ *loqui* : apprendre à parler ; **2.** apprendre à connaître ; **3.** apprendre (une nouvelle) ; **4.** étudier (une affaire), s'instruire (d'une cause).

discŏbŏlos, *i,* m., discobole.

discŏlŏr, *ōris,* adj., de couleurs variées, bigarré, bariolé ; d'une couleur diff. ; dissemblable.

discŏlōrĭus et **discŏlōrus**, *a, um,* de couleurs variées.

discondūco, *ĭs, ĕre,* intr., ne pas être avantageux.

disconvĕnĭentĭa, *æ,* f., désaccord.

disconvĕnĭt, *īre,* impers., il y a désaccord.

discŏŏpĕrĭo, *ĭs, īre, pĕrui, pertum,* tr., mettre à découvert.

discŏphŏrus, *i,* m., celui qui porte les plats.

discordābĭlis, *e,* adj., qui est en désaccord.

discordĭa, *æ,* f., défaut d'harmonie, désaccord, désunion, discorde ; rébellion, conflit, spéc. guerre civile.

discordĭōsē, adv., dans le désaccord.

discordĭōsus, *a, um,* porté à la discorde.

discordo, *ās, āre,* intr., être en désaccord, ne pas s'accorder ; être en opposition avec.

discors, *cordis,* adj., **1.** qui est en désaccord, divisé ; **2.** discordant ; **3.** opposé, différent.

discrĕpantĭa, *æ,* f., désaccord.

discrĕpātĭo, *ōnis,* V. le préc.

discrĕpo, *ās, āre, crĕpŭi (crĕpāvi),* intr., rendre un son différent, être en dissonance, en désaccord (pr. et fig.) ; différer, être différent, contradictoire ; impers., *discrepat* : il y a désaccord.

discrētim, adv., séparément, à part.

discrētĭo, *ōnis,* f., différence, distinction.

discrētŏr, *ōris,* m., celui qui sépare, discerne.

discrīmen, *ĭnis,* (cf. *discerno),* n., ce qui sépare, distingue, **1.** intervalle, séparation, distance, espace ; différence ; **2.** moyen de distinguer, moment où l'on décide, crise, instant décisif, *in discrimine est* + interr. indir. souv. double : il s'agit de décider si ; **3.** position critique, grand danger, *in tanto discrimine* : dans un si grand péril.

discrīmĭnālis, *e,* adj., qui sert à séparer.

discrīmĭnātĭo, *ōnis,* f., séparation, distinction.

discrīmĭnātŏr, *ōris,* m., celui qui discerne, fait la différence.

discrīmĭno, *ās, āre,* tr., séparer, distinguer, différencier.

discriptĭo, V. *descriptio* 3.

discrŭcĭātŭs, *ūs,* m., tourment, torture, martyre.

discrŭcĭo, *ās, āre,* tr., torturer, martyriser, *discrucior (animi)* : je suis à la torture à la pensée que + prop. inf.

discŭbĭtĭo, *ōnis,* f., lit de repos.

discumbo, *ĭs, ĕre, cŭbŭi, cŭbĭtum,* intr., se coucher à diff. places ; s'allonger, se mettre à table ; aller se coucher.

discŭpĭo, *ĭs, ĕre, cŭpīvi (cupĭi), cŭpĭtum,* tr., désirer ardemment.

discurro, *ĭs, ĕre, curri (cŭcurri), cursum,* intr., courir en diff. sens, se disperser en courant ; parcourir.

discursātĭo, *ōnis,* f., course en diff. sens, allées et venues ; visites multipliées.

discursĭo, *ōnis,* f., action de parcourir, de voyager à la hâte.

discurso, *ās, āre,* intr., aller et venir sans cesse, courir çà et là.

discursŭs, *ūs,* m., **1.** action de se disperser en courant ; de courir çà et là, de s'agiter en tous sens ; **2.** charge (dans un combat) ; croisière, navigation ; cours, révolution des astres ; démarches fréquentes, intrigues.

discus, *i,* m., disque ; plat, plateau.

discussĭo, *ōnis,* f., **1.** secousse, ébranlement ; **2.** examen, discussion.

discussŏr, *ōris,* m., **1.** celui qui scrute, qui examine ; **2.** contrôleur des finances publiques.

discutĭo, *ĭs, ĕre, cussi, cussum,* tr., **1.** séparer en frappant, briser, fracasser ; **2.** disperser violemment, écarter, chasser, dissiper, faire disparaître.

disdo, V. *dido.*

dīsertē, adv., [~*tius,* ~*tissime*], **1.** clairement, expressément ; **2.** éloquemment.

dīsertim, adv., clairement, expressément.

dīsertītūdo, *ĭnis,* f., éloquence.

dīsertus, *a, um,* [~*tior,* ~*tissimus*], **1.** bien composé, ordonné, bien tourné ; **2.** habile à parler, éloquent, disert.

disglūtĭno, *ās, āre,* tr., disjoindre, détacher.

dīsĭcĭo, V. *disjicio.*

disjecto, *ās, āre*, tr., jeter çà et là, disperser.

disjectŭs, *ūs*, m., action de disperser, dissolution.

disjĭcĭo, *ĭs, ĕre, jēci, jectum*, tr., 1. jeter çà et là, disperser, dissiper, *disjecti membra poëtæ* : les membres du poète écartelé, Hor. ; 2. briser, renverser, détruire, désorganiser.

disjunctē, adv., [*~tius, ~tissime*], séparément.

disjunctĭo, *ōnis*, f., 1. séparation, rupture ; 2. diversité, divergence ; 3. gramm., disjonction.

disjunctus, *a, um*, part. adj., [*~tior, ~tissimus*], 1. séparé, éloigné ; opposé, différent, distinct ; 2. rhét., interrompu, décousu ; 3. gramm., disjonctif, exclusif.

disjungo, *ĭs, ĕre, junxi, junctum*, tr., séparer, disjoindre, détacher ; distinguer.

dispālesco, *ĭs, ĕre*, intr., se répandre au loin, s'ébruiter.

dispālor, *āris, āri*, intr., errer, se répandre.

dispando, *ĭs, ĕre, pandi, pansum* (*pessum*), tr., étendre, élargir ; écarteler.

dispār, *ăris*, adj., dissemblable, différent, inégal.

dispargo, V. *dispergo*.

dispărĭlis, *e*, V. *dispar*.

dispărĭlĭtās, *ātis*, f., dissemblance, différence, inégalité.

dispăro, *ās, āre*, tr., séparer, diviser ; subst. n., *disparatum, i*, proposition contradictoire.

dispartĭbĭlis, *e*, adj., divisible.

dispart~, V. *dispert~*.

dispătĕo, *ēs, ēre*, intr., être ouvert de tous côtés.

dispectĭo, *ōnis*, f., examen attentif.

dispectŏr, *ōris*, m., celui qui examine, scrute.

dispectŭs, *ūs*, m., examen, discernement.

dispello, *ĭs, ĕre, pŭli, pulsum*, tr., pousser de côté et d'autre, disperser ; chasser, écarter.

dispendĭum, *ĭi*, n., perte (d'argent), frais, perte, dommage.

① **dispendo**, V. *dispando*.

② **dispendo**, *ĭs, ĕre, pensum*, tr., partager.

dispenno, V. *dispando*.

dispensātĭo, *ōnis*, f., 1. partage exact, distribution égale ; 2. administration, économie ; office d'administrateur, d'intendant.

dispensātīvē, adv., en bon administrateur.

dispensātŏr, *ōris*, m., administrateur, intendant, économe, trésorier.

dispensātŏrĭē, adv., avec économie.

dispensātŏrĭus, *a, um*, qui concerne la gestion, l'administration, le ménage.

dispensātrix, *īcis*, f., intendante, femme de charge, trésorière.

dispenso, *ās, āre*, tr., litt. : peser exactement les parts, d'où : 1. partager, distribuer ; 2. disposer, régler, administrer, gérer.

dispercŭtĭo, *ĭs, ĕre*, tr., fracasser.

disperdo, *ĭs, ĕre, dĭdi, dĭtum*, tr., perdre entièrement, détruire, ruiner.

dispĕrĕo, *ĭs, īre, ĭi*, intr., périr entièrement, être perdu, *disperii* : c'en est fait de moi.

dispergo, *ĭs, ĕre, spersi, spersum*, tr., répandre çà et là, disperser, jeter de tous côtés, disséminer, répandre, divulguer, semer (un bruit) ; éclabousser.

dispersē et **dispersim**, adv., çà et là.

dispersĭo, *ōnis*, f., dispersion ; destruction.

dispersŭs, *ūs*, m., dispersion.

dispertĭo, *ĭs, īre*, tr., distribuer, partager, répartir, faire la part de ; passif, *dispertiri* : se séparer.

dispertĭor, *īris, īri*, V. le préc.

dispertītĭo, *ōnis*, f., partage.

dispesco, *ĭs, ĕre, pescŭi, pestum*, tr., séparer ; rompre.

dispessus, V. *dispando*.

dispĭcĭo, *ĭs, ĕre, spexi, spectum*, tr.,
I intr., 1. voir distinctement ; 2. ouvrir l'œil, prendre garde.
II tr., 1. commencer à distinguer, apercevoir, découvrir, entrevoir ; reconnaître, distinguer ; 2. prendre en considération, considérer, examiner.

displĭcentĭa, *æ*, f., déplaisir, mécontentement, dégoût.

displĭcĕo, *ēs, ēre, plĭcŭi, plĭcĭtum*, intr., déplaire ; ~ *sibi* : être mécontent de soi, être de mauvaise humeur.

displōdo, *ĭs, ĕre, plōsi, plōsum*, tr., faire éclater.

dispŏlĭo, *ās, āre*, tr., dépouiller.

dispōno, *ĭs, ĕre, pŏsŭi, pŏsĭtum*, tr., 1. placer çà et là, en des points diff., distribuer, disposer, établir ; 2. mettre en ordre, disposer, ranger, régler, fixer.

dispŏsĭtē, adv., [*~tius*], avec ordre, régulièrement, en forme.

dispŏsĭtĭo, *ōnis*, f., disposition régulière, ordre, arrangement ; agencement (d'un discours).

dispŏsĭtŏr, *ōris*, m., ordonnateur.

dispŏsĭtūra, *æ*, f., ordre, disposition.

① **dispŏsĭtus**, *a, um*, part. adj., [*~tior*], distribué régulièrement, rangé, en ordre ; méthodique.

② **dispŏsĭtŭs**, *ūs*, m., arrangement, disposition.

dispŭdet, *pŭdŭit*, impers., mourir de honte.

dispŭli, dispulsus, V. *dispello*.

dispulvĕro, *ās, āre*, tr., pulvériser.

dispunctĭo, *ōnis*, f., apurement, règlement d'un compte, compte arrêté.

dispunctŏr, *ōris*, m., examinateur.

dispungo, *ĭs, ĕre, punxi, punctum*, tr., litt. : séparer par des points, d'où : régler, apurer un compte ; passer en revue, mettre au net.

dispŭtābĭlis, *e*, adj., discutable.

dispŭtātĭo, *ōnis*, f., discussion, débat, controverse.

dispŭtātĭuncŭla, *æ*, f., petite discussion.

dispŭtātŏr, *ōris*, m., celui qui discute, argumentateur.

dispŭtātŏrĭus, *a, um*, relatif à la discussion, à l'argumentation.

dispŭtātrix, *īcis*, f., celle qui discute, qui argumente ; méthode dialectique.

dispŭto, *ās, āre*, tr., **1.** supputer, évaluer, calculer (dans le détail) ; **2.** peser mûrement, examiner minutieusement ; **3.** disserter, discourir, raisonner, *aliquid, de aliquā re, ad aliquid* : de, sur qqch.

disquīro, *ĭs, ĕre*, tr., examiner soigneusement.

disquīsītĭo, *ōnis*, f., recherche, enquête soigneuse.

disrăpĭo, disrumpo, V. *dirapio, dirumpo*.

dissæpĭo, *īs, īre, sæpsi, sæptum*, tr., **1.** séparer par une barrière, séparer ; **2.** renverser, détruire.

dissæptum, *i*, n., séparation, cloison, clôture.

dissăvĭor, *āris, āri*, tr., couvrir de baisers.

dissĕco, *ās, āre, sĕcŭi, sectum*, tr., couper, tailler, trancher.

dissēmĭnātĭo, *ōnis*, f., action de répandre, de disséminer.

dissēmĭnātŏr, *ōris*, m., propagateur.

dissēmĭno, *ās, āre*, tr., litt. : jeter la semence de tous côtés, d'où : disséminer, répandre.

dissensĭo, *ōnis*, f., dissentiment, dissension, désaccord, contradiction.

dissensŭs, *ūs*, m., V. le préc.

dissentānĕus, *a, um*, qui ne s'accorde pas avec, opposé.

dissentĭo, *īs, īre, sensi, sensum*, intr., ne pas s'accorder, être d'un avis différent ; être en désaccord, en mésintelligence.

dissēp~, V. *dissæp~*.

dissĕrēnascit, *āvit*, impers., s'éclaircir (temps).

dissĕrēno, *ās, āre*, tr., rasséréner.

① **dissĕro**, *īs, ĕre, sēvi, sĭtum*, tr., semer, enfoncer à intervalles ; disséminer.

② **dissĕro**, *īs, ĕre, sĕrŭi, sertum*, tr. et intr., enchâsser de place en place, d'où : enchaîner des raisonnements, discuter, raisonner, s'entretenir de, traiter de, disserter + acc. ou *de* + abl.

disserpo, *īs, ĕre*, intr., s'étendre de façon insinuante.

dissertātŏr, *ōris*, m., celui qui discute, disserte.

dissertĭo, *ōnis*, f., **1.** dissolution graduelle ; **2.** discussion.

disserto, *ās, āre*, tr., disserter sur, traiter.

dissertŏr, V. *dissertator*.

dissĭcĭo, V. *disjicio*.

dissĭdĕo, *ēs, ēre, sēdi*, intr., se séparer, s'écarter de, être éloigné de ; ne pas s'entendre, ~ *ab, cum aliquo, alicui* : être en désaccord avec qqn. ; se tenir éloigné de, être brouillé avec ; différer, être en contradiction ; se combattre.

dissĭdĭōsus, *a, um*, qui sépare, divise.

dissĭdĭum, *ĭi*, n., séparation, division.

dissign~, V. *design~*.

dissĭlĭo, *īs, īre, sĭlŭi, sultum*, intr., litt. : sauter de côté et d'autre, d'où : se séparer, se diviser avec violence, ~ *risu* : crever de rire.

dissĭmĭlis, *e*, adj. [*~ilior, ~illimus*], dissemblable, différent de + gén. ou dat., ou *et, atque, quam*.

dissĭmĭlĭtūdo, *ĭnis*, f., dissemblance, différence.

dissĭmŭlābĭlĭtĕr, adv., en dissimulant, secrètement.

dissĭmŭlantĕr, V. le préc.

dissĭmŭlantĭa, *æ*, f., dissimulation (de la pensée).

dissĭmŭlātĭo, *ōnis*, f., **1.** action de dissimuler, de feindre, de déguiser, dissimulation, complicité tacite ; **2.** ironie.

dissĭmŭlātŏr, *ōris*, m., celui qui dissimule, qui cache.

dissĭmŭlo (**dissĭmĭlo**), *ās, āre*, tr., litt. : rendre dissemblable, d'où : **1.** rendre méconnaissable, dissimuler, cacher, déguiser ; feindre de (pr. et fig.), *non ~ quin* + subj., ne pas cacher que ; **2.** ne pas tenir compte de, négliger.

dissĭpābĭlis, *e*, adj., qui se dissipe, s'évapore aisément.

dissĭpātĭo, ōnis, f., 1. dispersion, dissipation ; 2. gaspillage, dissipation ; 3. rhét., dispersion des idées.

dissĭpātŏr, ōris, m., destructeur.

dissĭpātrix, īcis, f. du préc.

dissĭpātus, a, um, part. adj., éparpillé, désordonné, décousu.

dissĭpo, ās, āre, tr., 1. jeter çà et là, répandre, *ignis se dissipavit* : le feu se répandit, *~ famam* : faire courir un bruit ; 2. disperser, dissiper, *dissipatos homines congregare* : rassembler des hommes dispersés, *~ hostes* : mettre les ennemis en déroute ; 3. détruire, démolir, ruiner.

dissĭptum, V. *dissæptum*.

① **dissĭtus**, V. *dissero* ①.

② **dissĭtus**, a, um, séparé, écarté.

dissŏcĭābĭlis, e, adj., 1. qu'on ne peut réunir, incompatible ; 2. qui sépare.

dissŏcĭātĭo, ōnis, f., séparation.

dissŏcĭo, ās, āre, tr., séparer ; désunir, diviser, rompre (une amitié).

dissŏlūbĭlis, e, adj., [~lior], sujet à la dissolution, divisible, séparable.

dissŏlūtē, adv., 1. sans énergie, mollement, avec faiblesse ; 2. gramm., sans union, sans liaison ; 3. d'une façon extravagante.

dissŏlūtĭo, ōnis, f., 1. dissolution, désagrégation, dislocation ; destruction, anéantissement ; 2. faiblesse, mollesse, lâcheté ; 3. gramm., absence de liaison.

dissŏlūtrix, īcis, f., destructrice.

dissŏlūtus, a, um, part. adj., [~tior, ~tissimus], 1. séparé, disjoint, désagrégé ; 2. décousu, lâche, négligé ; 3. insouciant, négligent ; 4. énervé, débauché, dissolu.

dissolvo, ĭs, ĕre, solvi, sŏlūtum, tr., 1. dissoudre, défaire, désunir, désagréger, rompre, disloquer ; détruire, supprimer, abolir, anéantir, ruiner ; 2. dégager, délier, tirer d'embarras ; payer (dette), acquitter (dette, vœu) ; 3. résoudre ; 4. gramm., rhét., supprimer les liaisons, *~ orationem* : avoir un style lâche, *~ versum* : briser le rythme d'un vers.

dissŏnantĕr, adv., en discordance.

dissŏnantĭa, æ, f., dissonance ; désaccord, différence.

dissŏnus, a, um, dissonant, discordant ; qui ne s'accorde pas, qui diffère ; divisé.

dissors, sortis, adj., qui a un lot distinct, qui n'a rien de commun avec.

dissŭādĕo, ēs, ēre, suāsi, suāsum, tr., dissuader, détourner de, déconseiller, s'opposer à.

dissŭāsĭo, ōnis, f., action de dissuader, de déconseiller ; opposition à + gén.

dissŭāsŏr, ōris, m., celui qui dissuade, déconseille, s'oppose à, *~ legis* : opposant à une loi, CIC.

dissŭāvĭor, V. *dissavior*.

dissue~, V. *desue~*.

dīsulto, ās, āre, intr., sauter çà et là ; rebondir, rejaillir.

dīsŭo, ĭs, ĕre, sŭi, sūtum, tr., découdre ; défaire, séparer ; se défaire de.

dissŭpo, V. *dissipo*.

distābesco, ĭs, ĕre, tābŭi, intr., se corrompre.

distædet, ēre, impers., s'ennuyer à mourir.

distantĭa, æ, f., différence.

distantīvus, a, um, qui forme une distance.

distendo, ĭs, ĕre, tendi, tentum (tensum), tr., 1. tendre en écartant, distendre, écarteler, étendre ; torturer ; 2. diviser, partager, distraire.

distensĭo, ōnis, f., extension, tension.

distento, ās, āre, tr., s'efforcer d'étendre.

① **distentus**, a, um, part. adj., (*distendo*), [~tior], tendu, rempli, gonflé.

② **distentus**, a, um, part. adj., (*distineo*), [~tissimus], retenu à l'écart, occupé.

distermĭnātŏr, ōris, m., celui qui borne, qui sépare.

distermĭno, ās, āre, tr., séparer, borner.

disterno, ĭs, ĕre, strāvi, strātum, tr., étendre, déployer, dresser (un lit).

distĕro, ĭs, ĕre, trīvi, tr., broyer, épuiser.

distĭchŏn, i, n., distique (surt., succession d'un hexamètre et d'un pentamètre).

distillo, ās, āre, intr., tomber goutte à goutte, dégoutter.

distinctē, adv., [~tius], séparément, d'une manière distincte, nettement.

distinctĭo, ōnis, f., 1. action de faire la différence, distinction ; caractère distinctif ; 2. rhét., reprise d'un mot avec des nuances diff. ; disjonction ; pause dans le discours.

distinctŏr, ōris, m., celui qui distingue.

① **distinctus**, a, um, part. adj., [~tior], 1. séparé, espacé, distinct ; 2. net, clair ; 3. méthodique, bien réglé.

② **distinctŭs**, ūs, m., diversité de nuances.

distĭnĕo, ēs, ēre, tĭnŭi, tentum, tr., 1. tenir à l'écart, tenir séparé, diviser ; 2. arrêter, retenir, occuper, retarder ; distraire.

distinguo, ĭs, ĕre, tinxi, tinctum, (*dis* + *stinguo*), tr., litt. : séparer par des points, 1. isoler, diviser ; séparer ; distinguer, discerner, démêler ; trancher ; 2. mettre une différence, nuancer, varier, diversifier, *~ orationem sententiis* : relever le style par des traits ; **3.** gramm., couper, séparer, ponctuer (des phrases).

disto, *ās, āre*, intr., **1.** être distant, séparé, éloigné, *castra inter se distantia* : camps éloignés l'un de l'autre, *non multum* ~ : ne pas être très éloigné (espace ou temps) ; **2.** différer, être différent ; impers., *distat* : il y a une différence.

distorquĕo, *ēs, ēre, torsi, tortum*, tr., tordre de côté et d'autre, disloquer ; torturer, tourmenter.

distorsĭo (~tortĭo), *ōnis*, f., distorsion, contorsion.

distortus, *a, um*, part. adj., [*~tior, ~tissimus*], tors, tordu, tortu, contrefait ; torturé, tourmenté ; perverti.

distractĭo, *ōnis*, f., action de tirer en sens diff. ou opp. ; séparation, division, désunion ; destruction, perte.

distractus, *a, um*, part. adj., [*~tior*], divisé.

distrǎho, *ĭs, ĕre, traxi, tractum*, intr., tirer en sens diff. ou opp.,
I 1. déchirer, rompre, écarteler ; fig., diffamer ; **2.** désunir, rompre, dissoudre, détruire ; **3.** solliciter, distraire (l'attention), passif, *distrahi* : être dans l'incertitude ; **4.** vendre au détail, débiter ; gaspiller.
II tirer violemment loin de, arracher à, avec *a/ab* + abl.

distrĭbŭo, *ĭs, ĕre, trĭbŭi, trĭbūtum*, tr., distribuer, partager, répartir, *~ pecunias exercitui* : distribuer de l'argent à l'armée, *~ frumentum civitatibus* : imposer aux cités une fourniture de blé.

distrĭbūtē, adv., [*~tius*], avec ordre, méthode.

distrĭbūtĭo, *ōnis*, f., **1.** distribution, répartition ; **2.** rhét., répartition logique des termes ; distribution.

distrĭbūtŏr, *ōris*, m., distributeur, dispensateur.

distrĭbūtrix, *īcis*, f. du préc.

distrĭbūtus, *a, um*, part. adj., bien divisé, méthodique.

districtē, V. *districte*.

districtus, *a, um*, part. adj., [*~tior*], occupé de diff. côtés, distrait ; tiraillé, hésitant.

distringo, *ĭs, ĕre, strinxi, strictum*, tr., **1.** tirer de diff. côtés, distendre ; **2.** occuper de diff. côtés, faire une diversion ; **3.** distraire, accaparer (l'attention de).

distrunco, *ās, āre*, tr., couper en deux.

disturbātĭo, *ōnis*, f., destruction, ruine.

disturbo, *ās, āre*, tr., **1.** disperser violemment ; **2.** renverser, détruire ; briser, anéantir, bouleverser.

dīsulco, *ās, āre*, tr., séparer par un sillon, fendre.

dītātŏr, *ōris*, m., celui qui enrichit.

dītesco, *ĭs, ĕre*, intr., s'enrichir.

dīthўrambĭcus, *a, um*, de dithyrambe.

dīthўrambus, *i*, m., dithyrambe, hymne à Bacchus.

dītĭæ, V. *divitiæ*.

dītis, *e*, adj., [*~tior, ~tissimus*], riche, opulent ; fertile, abondant, V. *dives*.

Dītis, V. *Dis*.

dītĭus, adv. au comp., plus richement.

dīto, *ās, āre*, tr., enrichir ; passif, *ditari* : s'enrichir.

① **dĭū**, adv., [*diutius, diutissime*], **1.** de jour, pendant le jour, *noctu et diu* : de jour et de nuit ; **2.** quelque temps ; longtemps ; depuis longtemps, *jam diu factum est cum* ou *postquam* : il y a déjà longtemps que.

② **dĭū**, arch., *sub diu* : en plein air.

dĭurnus, *a, um*, **1.** de jour, diurne ; **2.** journalier, quotidien ; subst. n. pl., *diurna (acta), orum*, le journal (du peuple romain) ; n. sg., *diurnum, i*, ration journalière.

dīus, *a, um*, adj., **1.** Dius Fidius, V. *Fidius* ; **2.** divin, semblable aux dieux.

dĭuscŭlē, adv., assez longtemps.

dĭūtĭnē (~nō), adv., longtemps.

dĭūtĭnus, *a, um*, qui dure longtemps, depuis longtemps, long.

dĭūtĭus, dĭūtissĭmē, V. *diu* ①.

dĭūturnĭtās, *ātis*, f., longueur de temps, longue durée.

dĭūturnus, *a, um*, [*~nior, ~nissimus*], qui dure longtemps, de longue durée, durable, de longue date.

dīvārĭco, *ās, āre*, tr., écarter.

dīvello, *ĭs, ĕre, velli (vulsi), vulsum*, tr., tirer violemment en diff. sens, arracher, séparer, rompre ; interrompre.

dīvendo, *ĭs, ĕre, vendĭtum*, tr., vendre au détail, débiter.

dīventĭlātus, *a, um*, disséminé.

dīverbĕro, *ās, āre*, tr., séparer en frappant, frapper pour écarter ; rouer de coups.

dīversē ou **dīvorsē**, adv., [*~sius, ~sissime*], dans diff. directions, en sens opp. à l'écart, à distance.

dīversĭmŏdē, adv., de diff. façons.

dīversĭtās, *ātis*, f., diversité, différence opposition, contradiction.

dīversōrĭum, V. *deversorium*.

dīversus ou **dīvorsus**, *a, um*, [*~sior, ~sissimus*], **1.** tourné ou dirigé dans des sens divers ou opp., *diversi pugnabant* : ils combattaient séparément, *diversi abeunt* ils s'en vont chacun de son côté ; tiraillé en divers sens, irrésolu, ~ *animi* : indécis ; 2. éloigné, *diversi loci* : lieux éloignés ; 3. qui va dans une direction opposée, opposé, *in diversum* : dans un sens contraire ; opposé, hostile, *diversa acies* : l'armée ennemie, *ex diverso* : du côté adverse ; 4. différent, dissemblable, avec dat., *ab* + abl., *inter* + acc., *quam* ou *atque* : différent de ; 5. divers, varié.

dīvertĭum, V. *divortium*.

dīverto ou **dīvorto**, *ĭs, ĕre, verti (vorti), versum (vorsum)*, intr., s'en aller de diff. côtés, se séparer, s'éloigner ; différer de.

dīvĕs, *vĭtis*, adj., [*divitior* ou *ditior, divitissimus* ou *ditissimus*], riche, opulent (pr. et fig.) ; abondant.

dīvĕxo, *ās, āre*, tr., saccager ; tracasser, tourmenter.

dīvĭdĭa, *æ, f.*, souci, inquiétude.

dīvĭdo, *ĭs, ĕre, vīsi, vīsum*, tr., 1. diviser, partager ; ~ *aliquem medium* : couper qqn. en deux, ~ *exercitum in duas partes* : diviser son armée en deux corps de troupe, ~ *genus in species* : partager le genre en espèces ; rompre, briser, ~ *consensum* : mettre fin à la bonne entente ; 2. distribuer, partager, ~ *rapta pastoribus* : partager le butin entre les bergers, Liv., ~ *cum aliquo* : partager avec qqn., ~ *partes* : distribuer les rôles ; 3. distribuer en plusieurs endroits, répartir ; 4. séparer de ; distinguer.

dīvĭdŭus, *a, um*, 1. divisé, partagé, réparti ; 2. divisible.

dīvīnātĭo, *ōnis, f.*, 1. divination, action de prédire ; 2. débat préalable au procès pour désigner l'accusateur.

dīvīnātrix, *īcis, f.*, devineresse, *ars* ~ : divination.

dīvīnē, adv., 1. de façon divine (pr. et fig.) ; 2. en devin.

dīvīnĭtās, *ātis, f.*, divinité, nature divine ; fig., excellence, perfection.

dīvīnĭtŭs, adv., par la puissance ou l'inspiration divine ; divinement.

dīvīno, *ās, āre*, tr., présager, pressentir, deviner.

dīvīnus, *a, um*, [~*nior*, ~*nissimus*], de dieu, des dieux, divin (pr. et fig.), 1. subst. n. pl., *divina humanaque* : les choses divines et humaines, avec sens très diff. : a) chez Plaute = toutes choses ; b) chez Cicéron, la philosophie est définie comme *rerum divinarum et humanarum scientia* : science des dieux (de la création et de l'homme (= du monde phys. et mor.) ; subst. n. sg., *divinum, i*, le divin ; sacrifice divin ; 2. inspiré, prophétique ; subst. m., *divinus, i*, devin, pro-

phète ; f., *divina, æ*, devineresse, prophétesse.

dīvīsĭbĭlis, *e*, adj., divisible.

dīvīsim, adv., en séparant, à part.

dīvīsĭo, *ōnis, f.*, 1. séparation, division ; 2. distribution, partage ; 3. rhét., division.

dīvīsŏr, *ōris, m.*, 1. celui qui divise, sépare ; 2. celui qui partage ; 3. celui qui distribue l'argent pour les élections.

① **dīvīsus**, *a, um*, part. adj., [~*sior*], distinct, séparé.

② **dīvīsŭs**, *ūs, m.*, division, partage ; distribution.

dīvĭtĭæ, *ārum, f. pl.*, richesses, biens (pr. et fig.).

Dīvŏdūrum, *i, n.*, Divodurum, v. de Gaule Belgique, auj. Metz.

dīvol~, V. *divel~*.

Dīvŏna, *æ, f.*, Divona, v. des Cadurques, auj. Cahors.

dīvors~, V. *divers~*.

dīvortĭum, *ĭi, n.*, 1. point de séparation, embranchement, carrefour ; ligne de partage (des eaux, entre deux pays) ; séparation ; 2. divorce, brouille, rupture.

dīvorto, V. *diverto*.

dīvulgātĭo, *ōnis, f.*, action de répandre, de faire connaître.

dīvulgātus, *a, um*, part. adj., [~*tissimus*], 1. rendu public, divulgué ; 2. rendu commun, banal, vulgaire.

dīvulgo, *ās, āre*, tr., 1. divulguer, faire connaître, publier ; répandre le bruit que (pr. et fig.) ; 2. livrer à tout le monde.

dīvulsĭo, *ōnis, f.*, action d'arracher, de séparer.

dīvus, *a, um*, (R. *dei-w-*, cf. *deus, dies*), 1. divin, de nature divine ; subst. m., *divus, i*, un dieu ; m. pl., *divi, orum*, les dieux ; f., *diva, æ*, une déesse ; n., *divum, i*, le ciel ; *sub divo* : en plein air ; 2. divin, épith. des Césars divinisés, *Divus Julius* : le Divin César.

do, *dās, dăre, dĕdi, dătum*, tr., donner, 1. donner, offrir, ~ *munus* : offrir un présent ; consacrer, ~ *templum deo* : consacrer un temple à un dieu, *se* ~ *ad defendendos homines* : se consacrer à la défense des hommes ; payer, ~ *pecuniam* : compter de l'argent, payer, ~ *pœnas* (payer une compensation) : subir un châtiment ; donner un/son nom, ~ *nomen alicui* : donner un nom à qqn., le nommer ; mil., ~ *nomen* : donner son nom, s'enrôler ; dire, ~ *responsum* : répondre, *iste qui deus sit, da* : dis-nous (permets-nous de savoir) quel est ce dieu ; 2. attribuer, imputer, ~ *aliquid alicui laudi, crimini* (double dat.) : faire louange, reproche à qqn. de qqch. ; **3.** donner de, permettre, *vetustas mihi multa scire dedit* : la vieillesse m'a permis de savoir beaucoup de choses, Ov. ; accorder, ~ *diem* : accorder un délai, *senatus ei datus est* : une audience du sénat lui a été accordée, ~ *ut* + subj. : accorder de ; concéder, *da nunc ut* + subj. : admets que ; **4.** donner, remettre, confier, ~ *litteras* : remettre une lettre, *data (epistula) kal.* : (lettre) datée des calendes ; ~ *pueros educandos* : confier des enfants à élever ; transmettre, ~ *in omnem memoriam* : faire passer à la postérité ; **5.** donner, livrer, abandonner, ~ *exitio* : livrer à la mort, *se* ~ *somno, fugæ* : s'abandonner au sommeil, prendre la fuite ; **6.** donner, présenter, fournir, procurer, produire, ~ *viam* : frayer la route, ~ *sonitum, gemitum* : émettre un son, un gémissement ; **7.** ~ *in fugam* : mettre en fuite, ~ *bracchia collo* : jeter ses bras autour du cou, *se* ~ *alicui in conspectum* : paraître devant qqn.

~do, radical vb. seul. en composition avec le sens de : placer, mettre (R. *dhe~* : placer, cf. *facio*), souv. confondu avec les composés de *do.*

dŏcĕo, *ēs, ēre, dŏcŭi, doctum,* tr., **1.** montrer, faire voir ; **2.** enseigner, instruire, ~ *pueros grammaticam* (double acc.) : enseigner la grammaire aux enfants, ~ *aliquem equo armisque* : apprendre à qqn. l'équitation et l'escrime ; abs., enseigner ; donner des leçons ; **3.** faire savoir que ; **4.** mettre au courant (d'une affaire), exposer.

dŏcĭbĭlis, *e,* adj., qui apprend facilement.

dŏcĭlis, *e,* adj., [*~lior*], qui apprend facilement, qui se laisse instruire, docile ; qui s'apprend facilement.

dŏcĭlĭtās, *ātis,* f., aptitude à apprendre, docilité.

doctē, adv., [*~tius, ~tissime*], savamment, habilement ; sagement, prudemment.

doctĭlŏquus, *a, um,* qui parle habilement.

doctĭtantĕr, adv., savamment.

doctŏr, *ōris,* m., celui qui enseigne.

doctrīna, *æ, f.,* **1.** enseignement, instruction ; **2.** science, connaissance, culture ; **3.** doctrine, théorie.

doctrix, *īcis,* f., celle qui enseigne.

doctus, *a, um,* (cf. *doceo*), [*~tior, ~tissimus*], **1.** qui a été instruit, savant, lettré ; **2.** habile, expérimenté, ~ *fandi* : habile à parler, ~ *tendere sagittas* : habile à manier l'arc ; **3.** rusé, fin.

dŏcŭmĕn, *ĭnis,* V. *documentum.*

dŏcŭmentum, *i,* n., enseignement, leçon, preuve ; exemple, modèle, ~ *sui*

dare : faire ses preuves, *esse documento alicui* (double dat.) : servir d'exemple à qqn.

Dōdōna, *æ, f.,* Dodone, v. d'Épire, où les chênes d'un bois sacré rendaient des oracles ; forêt de chênes de Dodone ‖ **Dōdōnæus**, *a, um,* de Dodone ‖ **Dōdōnē**, *ēs, f.,* V. *Dodona* ‖ **Dōdōnis**, *ĭdis, f.,* de Dodone.

dodrans, *antis,* m., l'unité moins 1/4, trois quarts (surface, longueur).

dodrantārĭus, *a, um,* relatif aux 3/4 d'un tout ; relatif à la réduction des dettes de 3/4.

dogma, *ătis,* n., opinion, croyance, doctrine ; dogme.

dogmătĭcus, *a, um,* relatif aux systèmes phil.

dogmătistēs, *æ, m.,* dogmatiste, qui établit une doctrine.

dogmătizo, *ās, āre,* intr., établir un dogme, une doctrine.

Dŏlăbella, *æ, m.,* Dolabella, nom d'une branche de la *gens Cornelia* ; P. Cornelius Dolabella, gendre de Cicéron.

dŏlăbra, *æ, f.,* dolabre, outil faisant à la fois hache et pioche.

dŏlāmĕn, *ĭnis,* n., **dŏlātĭo**, *ōnis,* f., et **dŏlātŭs**, *ūs,* m., travail à la dolabre.

dŏlentĕr, adv., [*~tius*], avec chagrin, douleur.

dŏlĕo, *ēs, ēre, dŏlŭi, dŏlĭtūrus,* intr., **1.** douloureux, *oculi dolent* : j'ai mal aux yeux ; **2.** souffrir (mor. et phys.), être affligé, se plaindre de, ~ *laude alienā* s'affliger de la gloire d'autrui, ~ *aliquem aliquid* : plaindre le sort de qqn., souffrir de qqch. ; avec prop. inf., *quod* + ind. ou subj., avoir du chagrin de ce que, regretter que ; impers., *mihi dolet* : je souffre.

dŏlĭāris, *e,* adj., en forme de tonneau.

Dŏlĭchē, *ēs, f.,* Doliché, v. de Thessalie.

dōlĭŏlum, *i,* n., petit tonneau, baril.

dōlĭum, *ĭi,* n., tonneau.

① **dŏlo**, *ās, āre,* tr., **1.** travailler à la dolabre, dégrossir ; **2.** fig., dégrossir, ébaucher.

② **dŏlo** et **dŏlōn**, *ōnis,* m., bâton ferré, canne-épée ; aiguillon ; voile de proue.

Dŏlōn, *ōnis,* m., Dolon, espion troyen.

Dŏlŏpĭa, *æ, f.,* Dolopie ‖ **Dŏlops**, *ŏpis,* m., Dolope ‖ **Dŏlŏpes**, *um,* m. pl., les Dolopes, peuple de Thessalie.

dŏlŏr, *ōris,* m., **1.** douleur phys. ou mor., chagrin, affliction, souffrance, *dolorem capere, accipere, suscipere* : éprouver de la douleur, du chagrin, *(ex, in) aliquā re* ou *dolorem facere, dare, afferre alicui* : causer de la douleur, du chagrin à qqn. en qqch. ;

hoc erit tibi dolori (double dat.) : cela te fera souffrir, te chagrinera ; **2.** ressentiment, irritation ; **3.** sujet de chagrin, de ressentiment ;   **4.** rhét.,   expression pathétique, pathos.

dŏlōsē, adv., avec ruse, fourberie.

dŏlōsĭtās, *ātis*, f., fourberie.

dŏlōsus, *a, um,* rusé, fourbe, trompeur.

dŏlus, *i,* m., adresse, ruse, artifice ; fourberie, piège ; dol.

dŏmābĭlis, *e,* adj., domptable.

dŏmĕfactus, *a, um,* dompté.

dŏmestĭcus, *a, um,* **1.** de la maison, domestique ; **2.** de la famille, du ménage, *homo ~* : un familier, un membre de la famille ; subst. m. pl., *domestici, orum,* les pers. attachées à la maison ou à la famille ; **3.** particulier, personnel, *domestica exempla* : exemples empruntés à sa propre expérience ; **4.** de la patrie, national, intérieur aux frontières, *bellum domesticum* : guerre intestine.

dŏmĭcēnĭum, *ĭi,* n., repas chez soi.

dŏmĭcĭlĭum, *ĭi,* n., domicile, habitation ; séjour, siège habituel.

Dŏmĭdŭcus, *i,* m., et **Dŏmĭdūca,** *æ,* f., qui conduit à la maison (du mari), épith. de Jupiter et de Junon.

dŏmĭna, *æ,* f., maîtresse de maison ; maîtresse, souveraine, reine ; maîtresse, amante.

dŏmĭnans, *antis,* part. adj., [~tior], qui domine ; subst. m., maître, despote.

dŏmĭnātĭo, *ōnis,* f., domination, souveraineté, pouvoir ; pouvoir despotique, tyrannie.

dŏmĭnātŏr, *ōris,* m., maître, souverain.

dŏmĭnātrix, *īcis,* f. du préc.

dŏmĭnātŭs, *ūs,* m., pouvoir absolu, empire ; tyrannie.

dŏmĭnĭcārĭus, *a, um,* chr., du dimanche.

dŏmĭnĭcus, *a, um,* du maître ou de la maîtresse de maison ; subst. m., *dominicus (dies),* chr., dimanche (jour du Seigneur).

dŏmĭnĭum, *ĭi,* n., **1.** propriété ; **2.** banquet solennel chez soi ; **3.** au pl., *dominia, orum,* maîtres, souverains, tyrans.

dŏmĭnor, *āris, āri,* intr., être maître, dominer, régner + dat. ou gén.

dŏmĭnus, *i,* m., **1.** maître de la maison, nom. pl., *domini* : le maître et la maîtresse de maison ; **2.** propriétaire ; **3.** maître, souverain, chef ; **4.** président, organisateur (des jeux publics, des enchères) ; *~ convivii* : maître du festin, celui qui le préside et lui donne les règles ; **5.** seigneur (titre) ; **6.** amant.

dŏmĭporta, *æ,* f., qui porte sa maison (escargot).

Dŏmĭtĭānus, *a, um,* de Domitius ; de Domitien ‖ **Dŏmĭtĭānus,** *i,* m., Domitien, empereur rom., fils de Vespasien et frère de Titus (81-96).

dŏmĭtĭo, V. *domuitio.*

① **Dŏmĭtĭus,** *ĭi,* m., Domitius, nom d'une famille rom., à laquelle appartenait Néron ‖ **Dŏmĭtĭus,** *a, um,* de Domitius, cf. *via Domitia,* construite par Cn. Domitius en 121 av. J.-C.

② **Dŏmĭtĭus,** V. *Domiducus.*

dŏmĭto, *ās, āre,* tr., dompter, dresser.

dŏmĭtŏr, *ōris,* m., dompteur, dresseur ; celui qui soumet, triomphe de.

dŏmĭtrix, *īcis,* f. du préc.

dŏmĭtŭs, *ūs,* m., action de dompter, dresser.

domna, domnus, V. *domina, dominus.*

dŏmo, *ās, āre, dŏmŭi, dŏmĭtum,* tr., dompter, dresser, apprivoiser ; soumettre, vaincre, réduire, contenir, maîtriser (pr. et fig.).

dŏmŭĭtĭo, *ōnis,* f., retour chez soi.

dŏmŭs, *ūs,* f., **1.** maison, habitation, résidence, *sum domi* (loc.) : je suis chez moi, *eo domum* : je vais chez moi, *venire domo* : venir de chez soi, *bonæ domi artes* : les qualités personnelles ; **2.** maison, famille, race ; **3.** ménage, train de maison ; **4.** école phil., secte ; **5.** patrie, pays, foyer, *domi militiæque, belli domique,* belli domique, etc. : en temps de paix et en temps de guerre.

dŏmuscŭla, *æ,* f., petite maison.

dŏmūsĭo, *ōnis,* f., usage de la maison.

dōnābĭlis, *e,* adj., que l'on peut donner.

dōnārĭus, *a, um,* destiné aux offrandes ; subst. n. pl., *donaria, orum,* autel, temple, trésor d'un temple.

Dōnātĭānus, *a, um,* de Donat, V. *Donatus.*

dōnātĭo, *ōnis,* f., action de donner, don.

Dōnātista, *æ,* m., donatiste, V. *Donatus.*

dōnātīvum, *i,* n., don en argent fait aux soldats par l'empereur, spéc. lors de son avènement.

dōnātŏr, *ōris,* m., donateur.

dōnātrix, *īcis,* f. du préc.

Dōnātus, *i,* m., Donat ou Donatus, **1.** hérétique (ivᵉ s.) ; **2.** grammairien et précepteur de saint Jérôme ; **3.** célèbre grammairien du ivᵉ s. ap. J.-C. commentateur de Virgile.

dōnĕc, conj. de sub., **1.** aussi longtemps que, tant que + ind. et qqf. subj., *~ eris felix, multos numerabis amicos* : tant que tu seras heureux, tu auras beaucoup d'amis, Ov. ; **2.** jusqu'à ce que, jusqu'au moment où, *satis quiete iter fecit ~ ad Druentiam pervenit* : la route fut assez paisible jusqu'au moment où il atteignit la Durance ; jusqu'à ce que + subj., avec idée d'intention ou de conséc., *expectabo ~ me consulas* : j'attendrai (jusqu'à ce) que tu me consultes.

dōnĕquĕ, **dōnĭcum**, **dōnĭquĕ** (arch.), V. *donec.*

dōno, *ās*, *āre*, tr., **1.** gratifier qqn. ; faire don, présent à qqn. de qqch. ; donner, accorder, octroyer, ~ *prædam militibus* : faire don du butin aux soldats, ~ *aliquem civitate* : accorder à qqn. le droit de cité ; **2.** sacrifier, ~ *inimicitias rei publicæ* : faire le sacrifice de ses inimitiés à l'intérêt public ; faire remise, faire grâce de, ~ *alicui aes alienum* : remettre une dette à qqn. ; **3.** pardonner, *culpa donatur* : on pardonne sa faute.

dōnum, *i*, n., don, présent, *donis aliquem donare* : donner à qqn. des présents, *id dono datur* : on le donne à titre de présent ; offrande (aux dieux).

Dōnūsa, *æ*, f., Donusa, île de la mer Égée.

dorcās, *ădis*, f., gazelle, biche.

Dōres, *um*, m. pl., Doriens ‖ **Dōrĭcē**, adv., à la manière des Doriens ; en dialecte dorien ‖ **Dōrĭcus**, *a*, *um*, dorien, dorique.

Dōrĭŏn, *ĭi*, n., Dorion, v. de Messénie.

① **Dōris**, *ĭdis*, f., Dorienne ; subst., la Doride, au nord de la Grèce.

② **Dōris**, *ĭdis*, f., Doris, **1.** fille d'Océan et de Téthys, mère des Néréides ; la mer ; **2.** nom de femme.

Dōrĭus, *a*, *um*, dorien ‖ **Dōrĭum**, *ĭi*, n., mus., le mode dorien.

dormĭo, *īs*, *īre*, intr., dormir ; fig., être désœuvré, insouciant.

Dormītantĭus, *ĭi*, m., l'Endormi (surnom d'un hérétique).

dormītātĭo, *ōnis*, f., sommeil.

dormītātŏr, *ōris*, m., dormeur de jour (= qui dérobe pendant la nuit), Pl.

dormītĭo, *ōnis*, f., sommeil ; sommeil éternel.

dormīto, *ās*, *āre*, intr., avoir envie de s'endormir, s'endormir, somnoler ; sommeiller ; s'assoupir.

dormītŏr, *ōris*, m., dormeur.

dormītōrĭus, *a*, *um*, relatif au sommeil, *cubiculum dormitorium* : chambre à coucher.

dorsŭālis (**nota**), f., marque sur le dos d'un cheval.

dorsum, *i*, n., dos, croupe ; partie saillante d'un objet ; ~ *jugi* : croupe d'une montagne.

Dŏrўlæum, *i*, n., Dorylée, v. de Phrygie ‖ **Dŏrўlenses**, *ĭum*, m. pl., les hab. de Dorylée.

dŏrўphŏros (**~us**), *i*, m., doryphore ; soldat porte-lance ; statue célèbre : le Doryphore.

dōs, *dōtis*, f., dot (de la femme) ; don, avantage, mérite, qualité.

Dossennus (**~ēnus**), *i*, m., Dossennus, nom d'un pers. comique des Atellanes. V. ce mot.

dōtālis, *e*, adj., apporté en dot, dotal.

dōtātus, *a*, *um*, part. adj., [*~tissimus*] richement doté ; richement doué.

dōto, *ās*, *āre*, tr., doter.

drăchma, **drăchŭma**, *æ*, f., drachme, monnaie grecque.

drăchŭmisso, *ās*, *āre*, intr., servir pour un salaire d'une drachme.

drăco, *ōnis*, m., **1.** dragon, gros serpent ; le Dragon (constellation) ; **2.** appareil de chauffage à gros tuyaux.

Drăco, *ōnis*, m., Dracon, législateur grec du VIe s. av. J.-C.

drăcōnĭgĕna, *æ*, adj., né d'un dragon.

drăcōnĭpēs, *pĕdis*, adj., aux pieds de dragon.

drăcontārĭum, *ĭi*, n., collier ou couronne en forme de serpent.

Drangæ, *ārum*, m. pl., Dranges, peuple de la Drangiane, auj. Afghanistan.

drāpĕta, *æ*, m., (esclave) fugitif (mot grec).

drenso, *ās*, *āre*, intr., crier (cygne).

Drĕpănă, *ōrum*, n. pl., et **Drĕpănē**, *ēs*, f., V. *Drepanum* ‖ **Drĕpănītānus**, *a*, *um*, de Drépane ‖ **Drĕpănītāni**, *ōrum*, m. pl., les hab. de Drépane ‖ **Drĕpănum**, *i*, n., Drépane, v. de Sicile.

drindro, *ās*, *āre*, intr., crier (belette).

drŏmăs, *ădis*, m., dromadaire.

Drŏmŏs, *i*, m., le Dromos, stade de Lacédémone.

drŏpax, *ăcis*, m., onguent épilatoire.

Drŭentĭa, *æ*, Durance, riv. de la Narbonnaise.

Drŭĭdæ, *ārum*, et **Drŭĭdes**, *um*, m. pl., les druides.

Drŭma, *æ*, m., Druma, auj. Drôme.

Drŭsĭānus et **Drŭsīnus**, *a*, *um*, de Drusus ‖ **Drŭsilla**, *æ*, f., Drusilla, nom de femme dans la famille des Drusus ‖ **Drŭsus**, *i*, m., Drusus, surnom d'une branche de la *gens Livia* et de qq. *Claudii*.

Drўantĭdēs, *æ*, m., fils de *Dryas* ②.

① **Drўăs**, *ădis*, f., dryade, nymphe des arbres et des forêts (grec *drus* : le chêne).

② **Drўăs**, *antis*, m., Dryas, père de Lycurgue, roi de Thrace.

Drўŏpes, *um*, m. pl., Dryopes, peuple pélagique ‖ **Drўops**, *ŏpis*, m., un Dryope.

dŭālis, *e*, adj., de deux ; subst. n., *duale, is*, gramm., le duel.

dŭālĭtās, *ātis*, f., dualité.

dŭbĭē, adv., en hésitant, d'une manière douteuse, incertaine, *non* ou *haud dubie* : sans aucun doute.

dŭbĭō, adv., d'une manière douteuse.

Dūbis, *is*, m., Doubs, riv. des Séquanes.

dŭbĭtābĭlis, *e*, adj., douteux ; qui doute.

dŭbĭtantĕr, adv., avec doute, en hésitant.

dŭbĭtātĭo, *ōnis*, f., **1.** action de douter, doute, incertitude, *sine (ullā) dubitatione* : sans (aucun) doute, *nulla ~ est quin* + subj. : il est hors de doute que ; **2.** hésitation, irrésolution, *sine dubitatione* : sans hésiter.

dŭbĭtātīvē, adv., avec doute.

dŭbĭtātīvus, *a, um*, douteux.

dŭbĭtātŏr, *ōris*, m., celui qui doute.

dŭbĭto, *ās, āre*, intr. et tr., balancer entre deux choses (cf. *du-o*), d'où : **1.** être incertain, douter, *de aliquā re*, qqf. *aliquid* : de qqch. ; *non dubito quid agendum sit* : je sais bien ce qu'il faut faire ; *~ utrum... an* + subj. : se demander si... ou si... ; *non ~ quin* + subj., ne pas douter que ; **2.** hésiter, tarder ; avec inf. : hésiter à, *non ~ quin* + subj. : ne pas hésiter à.

dŭbĭus, *a, um*, **1.** qui hésite entre deux voies (cf. *du-o*), qui doute, incertain, irrésolu ; **2.** douteux, indéterminé, *dubia victoria* : victoire indécise, *dubium est* : il est douteux, *non est dubium quin* + subj. : il n'est pas douteux que, *dubium est utrum... an... + subj.* : on se demande si... ou si ; subst. n., *dubium, ii, in ~ vocare, ponere* : mettre en question, *venire in ~ alicui* : devenir douteux pour qqn., *sine dubio, procul dubio* : sans doute ; **3.** critique, dangereux, *res dubiæ* : circonstances critiques ; subst. n., *in dubio esse* : être en danger, *in ~ devocare* : mettre dans une situation critique ; **4.** où il est difficile de choisir : varié, abondant (repas).

dŭcātŏr, *ōris*, m., chef, guide.

dŭcātrix, *īcis*, f. du préc.

dŭcātŭs, *ūs*, m., fonction de général, commandement militaire.

dŭcēnārĭus, *a, um*, qui contient ou concerne deux cents ; qui a un traitement de 200 000 sesterces.

dŭcēni, *æ, a*, pron.-adj. distr. pl., deux cents par deux cents ; deux cents à la fois.

dŭcentēsĭmus, *a, um*, deux centième ; subst. f., *ducentesima, æ*, impôt du deux centième (0,5 %).

dŭcenti, *æ, a*, deux cents ; nombre considérable, indéterminé (= des centaines de, mille).

dŭcentĭēs ou **~centĭens**, adv., deux cents fois ; un nombre considérable de fois (= des centaines de fois, mille fois).

dūco, *īs, ĕre, duxi, ductum*, tr., tirer sans discontinuité, de façon prolongée ;

I	**1.** tirer, traîner
	2. attirer, séduire
	3. tirer de, retirer ; dériver, faire venir de
	4. tirer un trait, tracer, allonger
	5. tirer, aspirer
	6. tirer, étendre, allonger ; faire durer, prolonger
	7. tirer un fil, tisser, ourdir ; composer
II	**1.** calculer, compter
	2. estimer, juger, penser
III	**1.** conduire vers, mener à
	2. mener (au tribunal, en prison...)
	3. mener chez soi, prendre pour épouse
	4. mener (par le bout du nez), abuser
	5. emporter, enlever
IV	**1.** conduire, être le chef, commander
	2. conduire (un cortège, un chœur)

I 1. ~ *navem* : remorquer un navire, ~ *capellam* : traîner après soi une chèvre ; **2.** *magnes ducit ferrum* : l'aimant attire le fer ; *te ducit species* : l'apparence te séduit ; **3.** ~ *ferrum e vaginā* : tirer le fer du fourreau, ~ *sortes* : tirer les sorts, ~ *aliquem sorte* : tirer, désigner qqn. au sort ; *vivos ducent de marmore vultus* : ils tireront du marbre des figures vivantes, VIRG. ; *aquam ~ per fundum* : faire passer l'eau par un domaine ; ~ *principium ab aliquo* : tirer son origine de, *ab eodem verbo ducitur oratio* : le discours commence par le même mot ; **4.** ~ *orbem* : tracer une circonférence, ~ *fossam* : creuser un fossé ; ~ *colaphum* : allonger, donner un coup ; **5.** ~ *spiritum* : respirer, ~ *pocula* : vider des coupes ; **6.** ~ *os* : allonger la bouche, grimacer ; ~ *vitam* : passer ses jours, ~ *tempus* : traîner le temps en longueur, ~ *aliquem die ex die* : remettre qqn. de jour en jour, ~ *bellum* : prolonger la guerre ; **7.** ~ *fila* : tirer le fil, filer ; ~ *carmen* : composer un chant ; ~ *rationes* : établir ses comptes.

II 1. *aliquem ~ in hostium numeros* : compter qqn. au nombre des ennemis ; ~ *aliquid parvi, pluris* : (compter qqch. pour peu, pour davantage), faire peu de cas, faire davantage de cas de qqch. ; **2.** *quos idoneos ducebat* : ceux qu'il estimait capables, *se regem esse ducebat* : il se croyait roi. **III 1.** ~ *aliquem domum* : emmener qqn. chez soi, *se* ~ : se transporter ; **2.** ~ *in jus, in vincula* : conduire en justice, en prison ; **3.** ~ *uxorem aliquam* : prendre qqne pour épouse, abs., *ducere* : épouser ; **4.** *aliquem* ~ *dictis* : abuser qqn. par des paroles ; **5.** *duxit sua præmia victor* : le vainqueur emporta les prix de son triomphe. **IV 1.** ~ *exercitum contra hostes* : mener une armée contre l'ennemi, ~ *exercitum* : commander une armée, ~ *familiam* : être le chef de file ; **2.** ~ *chorum, funus* : conduire un chœur, célébrer des funérailles.

ductĭlis, *e*, adj., qu'on peut tirer, mobile ; qu'on peut détourner (eau).

ductim, adv., d'un trait (boire).

ductĭto, *ās, āre*, tr., conduire, emmener avec soi ; épouser ; conduire à son gré, abuser.

ducto, *ās, āre*, tr., conduire, emmener chez soi ; conduire, commander ; duper, tromper.

ductŏr, *ōris*, m., **1.** conducteur, guide ; **2.** chef, commandant, général.

ductŭs, *ūs*, m., **1.** action de tirer, traction ; **2.** tracé, mouvement, direction, construction ; **3.** action de dériver (l'eau) ; **4.** action de commander, commandement.

dūdum, adv., **1.** précisément aujourd'hui ; il y a qq. temps, il y a un moment, naguère ; auparavant ; **2.** il y a longtemps, depuis longtemps. V. *jamdudum* et *quamdudum*.

Dŭēlĭus, V. Duilius.

dŭell~, V. bell~.

Dŭīlĭus, *ĭi*, m., Duilius, vainqueur des Carthaginois, à Myles (260 av. J.-C.).

dŭim, **dŭis**, subj. arch. de *do*, V. ce mot.

dŭis, **1.** V. le préc. ; **2.** V. *bis*.

Dŭītæ, *ārum*, m. pl., Duites, hérétiques chr. qui admettaient l'existence de deux dieux.

dulcĕ, adv., [~*cius*, ~*cissime*], doucement, agréablement.

dulcēdo, *ĭnis*, f., douceur ; agrément, charme, attrait, plaisir.

dulcesco, *ĭs, ĕre*, intr., s'adoucir, devenir doux.

dulcĭārĭus, *ĭi*, m., confiseur, pâtissier.

dulcĭcŭlus, *a, um*, un peu doux.

dulcĭfĕr, *fĕra, fĕrum*, qui contient de la douceur.

dulcĭlŏquus, *a, um*, au son doux, agréable.

dulcĭmŏdus, V. le préc.

dulcĭŏla, *ōrum*, n. pl., friandises.

dulcis, *e*, adj., [~*cior*, ~*cissimus*], doux, agréable, suave (pr. et fig.) ; aimable, aimé, chéri.

dulcĭtās, *ātis*, f., douceur.

dulcĭtĕr, adv., [~*cius*, ~*cissime*], doucement, agréablement.

dulcŏr, *ōris*, m., douceur, saveur douce.

Dulgubnĭi, *ōrum*, m. pl., Dulgubniens, peuple germanique (rives de la Weser).

dūlĭcē, adv., à la manière d'un esclave (mot grec).

Dūlĭchĭa, *æ*, f., et **Dūlĭchĭum**, *ĭi*, n., Doulichion, île de la mer Ionienne ‖ **Dūlĭchĭus**, *a, um*, de Doulichion.

dum,

I. partic. adv.
　1. jusqu'à ce point, maintenant, encore
　2. eh bien donc ! maintenant !
II. conj. de sub.
　1. surt. avec ind.
　　a) pendant que, tant que,
　　le temps que, tandis que
　　b) tandis que, en ; dans
　　la mesure où
　　c) jusqu'au moment où, jusqu'à ce que
　2. avec subj.
　　a) jusqu'à ce que
　　b) du moment que, pourvu que

I 1. V. *nondum, nullusdum, vixdum* ; *nedum* ; **2.** *age dum (agedum)* : eh bien donc !, *itera dum* : répète donc, *qui dum ?* : comment donc ?

II 1. a) *dum eram vobiscum* : tant que j'étais avec vous, *hæc civitas, dum erit, lætabitur* : cette cité, tant qu'elle existera, sera heureuse ; *dum hæc geruntur* (ind. prés.), *Cæsari nuntiatum est* : pendant que ces choses se passaient, on annonça à César ; b) *dum Alexandri similis esse voluit, L. Crassi simillimus inventus est* : en voulant ressembler à Alexandre, il finit par ressembler en tous points à L. Crassus ; avec subj., *illa, dum te fugeret, non vidit...* : elle, en voulant te fuir, ne vit pas... c) *ea mansit in condicione usque ad eum finem dum judices rejecti sunt* : il resta dans cet état jusqu'après la récusation des juges ; *expecta dum redeo* : attends que je revienne ; *expecta dum rediero* (fut. ant.) : attends que je sois revenu ; **2.** a) avec idée d'intention : *expecta dum Atticum conveniam* : attends que j'aille trouver Atticus *observavit dum dormitarent canes*: il a guetté le moment où les chiens dormiraient ; b) *oderint, dum metuant* : qu'ils haïssent pourvu qu'ils craignent (Accius, cité par Cic. et Sen.), *dum ut/ne* : pourvu que, que… ne… pas.

dūmētum, *i*, n., lieu couvert de buissons, d'épines ; fig., *dumeta, orum*, n. pl., les endroits épineux, les épines (difficultés).

dummŏdō, V. *dum*, II 2 b.

Dumnŏrix, *ĭgis*, m., Dumnorix, chef éduen.

dūmōsus, *a, um*, couvert de buissons.

dumtăxăt (litt. : jusqu'à ce qu'il touche), jusqu'à ce point seulement, tout au plus ; au moins, du moins ; *non dumtaxat… sed* : non seulement… mais.

dūmus, *i*, m., buisson, broussaille.

dŭŏ, *æ, ŏ*, adj. num., deux, les deux.

dŭŏdĕcăjŭgum, *i*, n., attelage de 12 bœufs.

dŭŏdĕcăs, *ădis*, f., douzaine ; le nombre 12.

dŭŏdĕcĭēs, adv., douze fois.

dŭŏdĕcim, indécl., douze.

dŭŏdĕcĭmus, *a, um*, douzième.

dŭŏdēnārĭus, *a, um*, qui contient le nombre 12.

dŭŏdēni, *æ, a*, douze par douze ; douze ensemble.

dŭŏdennis, *e*, adj., âgé de 12 ans.

dŭŏdēquădrāgēsĭmus, *a, um*, 38e.

dŭŏdēquădrāgintā, indécl., 38.

dŭŏdēquinquāgēsĭmus, *a, um*, 48e.

dŭŏdēquinquāgintā, indécl., 48.

dŭŏdētrīcĭes ou **~trīcĭens**, adv., 28 fois.

dŭŏdētrīgintā, indécl., 28.

dŭŏdēvīcēni, *æ, a*, 18 chaque fois, par 18.

dŭŏdēvīginti, indécl., 18.

dŭŏdēvīcēsĭmus, *a, um*, 18e.

dŭŏetvīcēsīmāni, *ōrum*, m. pl., soldats de la 22e légion.

dūplex, *ĭcis*, adj. (litt. : plié en deux), **1.** double, en deux parties ; à double sens, équivoque ; faux, perfide ; **2.** doublé, deux fois autant ; subst. n., *duplex, icis*, le double.

dūplĭcārĭus (**mīlĕs**), m., (soldat) qui reçoit double solde.

dūplĭcātĭō, *ōnis*, f., action de doubler ; spéc., réflexion, réfraction.

dūplĭcĭtās, *ātis*, f., état de ce qui est double ; équivoque ; fourberie.

dūplĭcĭtĕr, adv., doublement.

dūplĭco, *ās, ăre*, tr., (plier en deux), **1.** doubler ; multiplier par deux, redoubler ; **2.** courber en deux.

dŭplus, *a, um*, double, deux fois aussi nombreux, aussi grand, aussi long, aussi cher.

dŭpondĭārĭus, *a, um*, de deux as = de peu de valeur, méprisable.

dŭpondĭus, *ĭi*, m., pièce de deux as, valeur minime.

dūrābĭlis, *e*, adj., [~*lior*], **1.** qui se durcit ; **2.** durable.

dūrāmĕn, *ĭnis*, n., durcissement.

dūrāmentum, *i*, n., affermissement.

dūrătĕus, *a, um*, de bois (mot grec).

dūrē et **dūrĭtĕr**, adv., [~*rius*, ~*rissime*], durement, lourdement ; rugueusement ; péniblement ; sévèrement, rigoureusement, cruellement ; malheureusement.

dūresco, *ĭs, ĕre, dūrŭi*, intr., devenir dur, s'endurcir ; se tasser.

dūrēta, *æ*, f., cuve de bois pour les bains.

dūrĭcordĭa, *æ*, f., dureté de cœur.

Dūris, *ĭdis*, m., Duris, historien grec.

dūrĭtās, *ātis*, f., dureté, rudesse.

dūrĭtĕr, V. *dure*.

dūrĭtĭa, *æ*, f., dureté, rudesse ; sévérité, insensibilité ; rigueur ; ~ *alvi* : constipation.

dūrĭtĭes, *ēi*, V. le préc.

dūrĭuscŭlus, *a, um*, un peu dur, rude.

Durnĭum, *ĭi*, n., Durnium, v. d'Illyrie.

dūro, *ās, āre*,
I tr., **1.** durcir, rendre dur ; dessécher ; **2.** endurcir ; ~ *se labore* : s'endurcir par le travail ; rendre dur, insensible ; **3.** supporter, endurer, ~ *laborem* : résister aux fatigues.
II intr., **1.** devenir dur, se durcir ; se dessécher ; **2.** s'endurcir, devenir insensible ; **3.** résister, persévérer ; **4.** durer, continuer, se conserver.

Dūrŏcortŏrum, *i*, n., Durocortorum, cap. des Rémois, auj. Reims.

Durōnĭa, *æ*, f., Duronia, v. du Samnium.

Durrach~, V. *Dyrrach~*.

dūrus, *a, um*, [~*rior*, ~*rissimus*], **1.** dur, rude (au toucher), ferme, compact ; desséché, sec ; dur (au goût ou à l'oreille) ; dur (à l'œil), raide, désagréable ; **2.** endurci, dur à la fatigue, résistant ; **3.** rude, grossier ; sec, abrupt ; **4.** dur, sévère, rigoureux, insensible, cruel ; pénible, *durum est* : il est difficile, pénible, dangereux.

dŭŭmvir et **dŭŏvir**, *vĭri*, m., ordin. au pl., **dŭŏvĭri**, *ōrum*, duumvirs, magistrats ou prêtres faisant partie d'une commission ou d'un collège de deux membres (crime d'État, construction d'un temple, équipement de la flotte, conservation des livres sibyllins).

dŭumvĭrālĭcĭus, *a, um,* et **dŭumvĭrālis**, *e,* adj., qui a été duumvir.

dŭumvĭrātŭs, *ūs,* m., duumvirat.

dux, *dūcis,* m., **1.** conducteur, celui qui dirige, guide, instigateur ; **2.** chef ; général ; **3.** prince, souverain.

dўăs, *ădis,* f., le nombre deux.

Dўmæus, *a, um,* de Dymes ‖ **Dўmæi**, *ōrum,* m. pl., les hab. de Dymes ‖ **Dўmæ**, *ārum,* f. pl., Dymes, v. d'Achaïe.

Dўmantis, *ĭdis,* f., la fille de Dymas, Hécube ‖ **Dўmās**, *antis,* m., Dymas, père d'Hécube.

dўnastēs, *æ,* m., dynaste, souverain d'un petit État ; iron., tyran, maître.

dўŏdĕcăs, *ădis,* f., douzaine.

Dўraspēs, *is,* m., Dyraspe, fl. de Scythie.

Dyrrăchīnus, *a, um,* de Dyrrachium ‖ **Dyrrăchīni**, *ōrum,* m. pl., les hab. de Dyrrachium ‖ **Dyrrăchĭum**, *ĭi,* n., Dyrrachium, v. d'Épire, auj. Durazzo.

dўsĕrōs, *ōtis,* m., malheureux en amour (mot grec).

Dyspăris, *ĭdis,* m., Dysparis, nom d'h.

E

E, e, f. et n., indécl., e, cinquième lettre de l'alph. latin ; abr. d'*Emeritus* ou *Evocatus* ; EQ. R. : *Eques Romanus* ; E désigne le nombre 250.

ē, V. *ex*.

ĕ~, partic. de renforcement entrant dans la composition de certains mots, *equidem, eheu, edepol*.

① **ĕă**, V. *is*.

② **ĕă**, adv., par là, par cette raison.

① **ĕădem**, V. *idem*.

② **ĕădem**, adv., par le même chemin ; par le même moyen.

ĕampsĕ, arch., V. *ipse*.

ĕăproptĕr, V. *propterea*.

ĕăpsĕ, arch., V. *ipse*.

ĕărīnus, *a, um*, du printemps.

ĕātĕnus, adv., tant (que), aussi longtemps (que) ; en tant que ; seulement.

ĕbĕnĭnus, *a, um*, d'ébène.

ĕbĕnum, i, n., et **ĕbĕnus**, i, f., ébène.

ĕbĭbo, *ĭs, ĕre*, tr., boire jusqu'au bout ; fig., avaler.

ĕblandĭor, *īris, īri*, tr. et intr., obtenir par des caresses, mendier.

ĕbŏr~, V. *ebur~*.

ĕbrĭāmĕn, *ĭnis*, n., boisson enivrante.

ĕbrĭĕtās, *ātis*, f., ivresse, ébriété.

ĕbrĭŏlus, *a, um*, un peu ivre.

ĕbrĭŏsĭtās, *ātis*, f., ivrognerie.

ĕbrĭŏsus, *a, um*, [~*sior*], ivrogne.

ĕbrĭus, *a, um*, ivre, pris de vin, grisé ; fig., abreuvé, gorgé de.

ĕbullĭo, *īs, īre*,
I intr., jaillir en bouillonnant, bouillonner, jaillir, éclater.
II tr., 1. faire sortir en bouillonnant, faire jaillir, ~ *animam* : rendre l'âme ; 2. émettre en faisant mousser, dire avec pompe.

ĕbŭlum, *i*, n., et **ĕbŭlus**, *i*, f., hièble, sureau.

ĕbŭr, *ŏris*, n., ivoire ; objet d'ivoire ; éléphant.

ĕbŭrātus, *a, um*, orné d'ivoire.

Ĕbŭrīna (juga), *ōrum*, n. pl., les hauteurs d'Éburnum, v. de Lucanie, auj. Eboli.

ĕburnĕŏlus, *a, um*, d'ivoire.

ĕburnĕus et **ĕburnus**, *a, um*, d'ivoire ; blanc comme l'ivoire ; d'éléphant.

Ĕbūrōnes, *um*, m. pl., Éburons, peuple de la Gaule Belgique.

Ĕbŭrŏvīces, *um*, m. pl., Éburovices, peuple de la Gaule Celtique, auj. Évreux.

Ĕbŭsus et **Ĕbŭsos**, *i*, f., Ébusus, île de Tarraconnaise, auj. Ibiza.

ec, V. *ex*.

ēcastŏr, interj., par Castor (serment des femmes).

Ecbătăna, *ōrum*, n. pl., **Ecbătăna**, *æ*, f., et **Ecbătănæ**, *ārum*, f. pl., Ecbatane, v. de Médie.

ecbĭbo, arch., V. *ebibo*.

ecca, eccam, V. le suiv.

eccĕ, adv., voici, voici que, voilà que, *ecce me* : me voici ; avec les dém., *ecca (ecce ea), eccillud (ecce illud)* etc., *Ostende huc manus - Eccas* : Montre tes mains - Les voici, PL.

eccĕrĕ, adv., en vérité ; voici que.

eccilla, eccillum, eccistum, V. *ecce*.

ecclēsĭa, *æ*, f., assemblée du peuple ; chr., assemblée des chrétiens, église.

ecclēsĭastĭcus, *a, um*, chr., de l'Église ; subst. m., *Ecclesiasticus, i*, l'Ecclésiaste, un des livres de la Bible.

eccum, eccos, V. *ecce*.

ecdĭcus, *i*, m., avocat d'une cité.

Ĕcĕtra, *æ*, f., Écétra, v. des Volsques ‖ **Ĕcĕtrānus**, *a, um*, d'Écétra.

Ĕchĕcrătēs, *æ*, m., Échécrate, 1. phil. pythagoricien ; 2. roi de Macédoine.

ĕchĕnēis, *ĭdis*, f., rémora (= qui retient les navires).

ĕchidna, *æ*, f., serpent, vipère, hydre.

Ĕchidna, *æ*, f., Échidna, monstre, fille de Chrysaor, mère de Cerbère ‖ **Ĕchidnæus**, *a, um*, d'Échidna.

Ĕchĭnădes, *um*, f. pl., les Échinades, nymphes changées en îles (Ioniennes).

ĕchīnus, *i*, m., 1. oursin ; 2. instrument pour rincer les verres.

Ĕchīŏn, *ŏnis*, m., Échion, 1. un des Argonautes ; 2. père de Penthée ; 3. nom d'un peintre grec ‖ **Ĕchīŏnĭdes**, *æ*, m., l'Échionide, Penthée ‖ **Ĕchīŏnĭus**, *a, um*, d'Échion ; de Thèbes.

ēchō, *ūs*, f., écho.

Ēchō, *ūs*, f., Écho, nymphe des forêts.

ēclipsis, *is*, f., éclipse ; ellipse.

ēclŏga, *æ*, f., 1. choix ; 2. églogue.

ĕclŏgārĭus, *a, um*, extrait ; *eclogarius (locus)* : passage choisi.

ecquandō, adv. interr., dir. : est-ce que jamais ? ; indir. : si jamais.

ecquī, *quæ* ou *qua, quod*, adj. interr., est-ce qu'un, y a-t-il qq., *ecquod bellum gessimus ?* Y a-t-il une guerre que nous ayons faite ?

ecquī, adv., est-ce que par hasard ?

ecquis, *quæ, quid*, pron. interr., est-ce que qqn. y a-t-il qqn. qui, *ecquis in ædibus est ?* : y a-t-il qqn. dans la maison ? ; adv., *ecquid*, est-ce que ?

ecquisnam, renforcement du préc.

ecquō, adv., y a-t-il un endroit où, est-ce que qqp. ? (avec mvt.).

ecstăsis, *is*, f., chr., extase.

ectrōma, *ătis*, n., avortement.

ectўpus, *a, um*, saillant, en relief.

Ĕcŭlānum, V. *Æculanum.*

ĕcŭlĕus, V. *equuleus.*

ecvŏlus, *a, um*, qui s'envole.

ĕdācĭtās, *ātis*, f., voracité.

ĕdax, *ācis*, adj., [~*cior*, ~*cissimus*], qui mange avidement, vorace ; rongeur, destructeur.

ēdento, *ās, āre*, tr., arracher les dents.

ēdentŭlus, *a, um*, qui a perdu ses dents, édenté ; vieux, sans force.

ĕdĕpŏl, interj., par Pollux.

ĕdĕra, V. *hedera.*

Ĕdessa, *æ*, f., Édesse, **1.** v. de Macédoine ; **2.** v. de Mésopotamie ‖ **Ĕdessæus**, *a, um*, d'Édesse.

ēdīco, *ĭs, ĕre, dixi, dictum*, tr., **1.** dire hautement, déclarer, proclamer ; **2.** publier par édit, édicter (spéc. en parlant du préteur en début de charge) ; publier, annoncer, fixer.

ēdictĭo, *ōnis*, f., ordonnance, proclamation.

ēdicto, *ās, āre*, tr., dire hautement, déclarer.

ēdictum, *i*, n., proclamation, ordonnance, édit ; édit (du préteur qui fixe en début de charge les principes qu'il suivra).

ēdisco, *ĭs, ĕre, dĭdĭci*, tr., apprendre à fond ; apprendre par cœur ; pf., *edidici* : je sais parfaitement.

ēdissĕro, *ĭs, ĕre, sĕrŭi, sertum*, tr., exposer en entier, en détail.

ēdissertātŏr, *ōris*, m., celui qui expose en détail.

ēdissertĭo, *ōnis*, f., exposition, explication détaillée.

ēdisserto, *ās, āre*, tr., exposer en détail, développer.

ēdītīcĭus, *a, um*, choisi, proposé par les plaideurs (juge).

ēdītĭo, *ōnis*, f., action de mettre au jour, **1.** publication, production, édition ; **2.** représentation, spectacle ; **3.** nomination, désignation ; **4.** accouchement.

ēdītŏr, *ōris*, m., qui produit, qui cause.

ēdītus, *a, um*, part. adj. de *edo* ①, [~*tior*, ~*tissimus*], **1.** mis au jour, sorti, apparu, né, issu de ; **2.** publié, promulgué ; **3.** saillant, en vue, haut, élevé.

① **ēdo**, *ĭs, ĕre, dĭdi, dĭtum* (cf. ~*do*), tr., **1.** faire sortir, mettre au jour, émettre, ~ *geminos* : mettre au monde des jumeaux, ~ *gemitus* : pousser des gémissements ; **2.** publier, rendre public, ~ *libros* : publier des livres ; annoncer, faire savoir, faire connaître, *Apollo oraculo edidit* : Apollon a déclaré par un oracle ; désigner, ~ *judices* : désigner des juges ; **3.** produire, faire voir, spéc. donner des jeux ; **4.** produire, causer, réaliser, ~ *scelus* : commettre un crime ; ~ *pugnam* : livrer une bataille.

② **ĕdo**, *ĕdĭs (ēs), ĕdĕre (esse), ēdi, ēsum* (R. *es*~), tr., manger, fig., dévorer, absorber, ronger, *si quid est animum* : si qqch. te ronge le cœur, Hor.

ēdŏcĕo, *ēs, ēre, dŏcui, doctum*, tr., instruire jusqu'au bout, enseigner complètement, informer dans les détails.

ēdŏlo, *ās, āre*, tr., travailler à la dolabre ; fig., mettre au point, composer (œuvre).

ēdŏmo, *ās, āre, dŏmŭi, dŏmĭtum*, tr., dompter entièrement, soumettre, venir à bout de.

Ĕdōni, *ōrum*, m. pl., Édoniens, peuple de Thrace ‖ **Ĕdōnis**, *ĭdis*, f., Édonienne, Thrace ; Bacchante, Ménade ‖ **Ĕdōnus**, *a, um*, des Édoniens, de Thrace.

ēdormĭo, *ĭs, īre*, tr., **1.** faire passer en dormant, cuver (du vin) ; passer (du temps) à dormir ; **2.** intr., finir de dormir.

ēdormisco, *ĭs, ĕre*, tr. et intr., V. le préc.

Ĕdūca, V. *Edula.*

ēdŭcātĭo, *ōnis*, f., action d'élever, élevage, culture ; éducation.

ēdŭcātŏr, *ōris*, m., celui qui élève, nourricier ; éducateur, précepteur.

ēdŭcātrix, *īcis*, f. du préc.

ēdŭcātŭs, *ūs*, m., éducation.

① **ēdŭco**, *ās, āre*, tr., élever, nourrir ; instruire, former, éduquer.

② **ēdūco**, *ĭs, ĕre, duxi, ductum*, tr.,

I 1. conduire au-dehors, faire sortir, tirer de, ~ *gladium* : tirer l'épée, ~ *exercitum* : mettre l'armée en campagne ; tirer au sort ; **2.** enfanter, produire ; **3.** élever, nourrir.

II élever, exhausser, *aram cælo ~* : élever un autel jusqu'au ciel ; élever, exalter.

III mener jusqu'au bout, **1.** employer (le temps) jusqu'au bout, *noctem ludo ~* : passer la nuit à jouer ; **2.** vider (une coupe), avaler.

ēductǐo, *ōnis*, f., action de faire sortir, d'emmener au-dehors, sortie.

Ēdūla, **Ēdūlǐa** ou **Ēdūlǐca**, *æ*, f., Édulica, déesse qui préside à l'alimentation des enfants.

ĕdūlis, *e*, adj., bon à manger, comestible.

ĕdūlǐum, *ǐi*, n., aliments.

ēdūro, *ās*, *āre*, intr., durer, subsister.

ēdūrus, *a*, *um*, très dur.

Ēdūsa, V. Edula.

Ēëtǐōn, *ōnis*, m., Éétion, père d'Andromaque ‖ **Ēëtǐōnēus**, *a*, *um*, d'Éétion.

effābǐlis, *e*, adj., qui peut se dire.

effæcātus, *a*, *um*, épuré, purifié.

effarcǐo, V. *effercio*.

effātum, *i*, n., proposition, maxime, sentence.

effectē, adv., [*~tius*], effectivement, dans la réalité.

effectǐo, *ōnis*, f., **1.** action d'achever, d'exécuter ; exécution, fini ; **2.** cause efficiente.

effectīvus, *a*, *um*, effectif, pratique.

effectǒr, *ōris*, m., celui qui fait, produit ; ouvrier, artisan, cause, créateur.

effectōrǐus, *a*, *um*, qui produit, créateur.

effectrix, *īcis*, f. de *effector*.

① **effectus**, *a*, *um*, part. adj. de *efficio*, [*~tior*], fait, exécuté, achevé ; parfait.

② **effectǔs**, *ūs*, m., **1.** achèvement, accomplissement, exécution ; **2.** vertu, force ; effet, conséquence, résultat.

effēmǐnātē, adv., d'une manière efféminée, en femme.

effēmǐnātǐo, *ōnis*, f., faiblesse, mollesse.

effēmǐnātus, *a*, *um*, part. adj., [*~tior*, *~tissimus*], efféminé, énervé, amolli.

effēmǐno, *ās*, *āre*, tr., **1.** rendre femme, féminiser ; **2.** efféminer ; amollir.

effěrātē, adv., d'une façon sauvage.

effěrātǐo, *ōnis*, f., action de prendre un aspect farouche.

effěrātus, *a*, *um*, part. adj., [*~tior*, *~tissimus*], rendu sauvage, furieux, barbare.

effercǐo, *īs*, *īre*, *fersi*, *fertum*, (cf. *farcio*), tr., remplir complètement, bourrer, farcir.

effěrǐtās, *ātis*, f., état sauvage.

① **effěro**, *ās*, *āre*, (cf. *fera*), tr., rendre sauvage, furieux, barbare ; donner un aspect sauvage, cruel.

② **effěro**, *fers*, *ferre*, *extŭli*, *ēlātum*, tr.,

I 1. porter dehors, emporter, transporter ; spéc., porter au-dehors (de la maison),

enterrer ; au passif, être emporté, transporté, *efferri lætitiā, dolore* : être transporté de joie, céder au chagrin ; **2.** faire naître, produire ; **3.** proférer, exprimer ; **4.** publier, faire connaître, divulguer.

II 1. élever, porter en haut ; **2.** hausser, élever, exalter, grandir, *~ laudibus ad cælum* : porter aux nues.

III porter jusqu'au bout, supporter.

effertus, *a*, *um*, part. adj., [*~tissimus*], bien rempli, abondant.

effěrus, *a*, *um*, sauvage, farouche, furieux.

effervěo, *ēs*, *ēre*, intr., bouillonner ; sortir en foule, fourmiller, grouiller.

effervesco, *ǐs*, *ěre*, *ferbŭi* et *fervi*, intr., **1.** entrer en ébullition, bouillonner, fermenter ; **2.** apparaître en foule, fourmiller ; **3.** bouillir (de colère), se déchaîner.

effervo, *ǐs*, *ěre*, V. *efferveo*.

effētus, *a*, *um*, [*~tior*], épuisé par l'enfantement ; qui ne peut plus produire + gén. ; épuisé, languissant, fatigué.

efficācǐtās, *ātis*, f., efficacité, force.

efficācǐtěr, adv., [*~cius*, *~cissime*], avec efficacité, succès.

efficax, *ācis*, adj., [*~cior*, *~cissimus*], qui produit des effets, efficace, puissant ; actif, agissant.

efficǐens, *entis*, part. adj., qui produit + gén., efficient.

efficǐo, *ǐs*, *ěre*, *fēci*, *fectum*, tr., **1.** faire complètement, effectuer, opérer, accomplir, exécuter, *~ ut/ne* + subj. : faire en sorte que/que… ne… pas ; **2.** faire, rendre, *~ Catilinam consulem* : faire de Catilina un consul, *~ se metuendum* : se rendre redoutable ; **3.** produire, rendre, rapporter (gain, profit) ; **4.** produire, *ex quo efficitur ut* + subj. : il en résulte que.

effigǐa, *æ*, V. *effigies*.

effigǐātǔs, *ūs*, m., V. *effigies*.

effigǐēs, *ēi*, f., **1.** représentation, image, figure, copie, portrait, statue ; fig., tableau, représentation idéale, image ; **2.** fantôme, spectre.

effigǐo, *ās*, *āre*, tr., représenter, figurer.

effindo, *ǐs*, *ěre*, tr., fendre.

effingo, *ǐs*, *ěre*, *finxi*, *fictum*, tr.,

I 1. reproduire, imiter, copier ; **2.** dépeindre, décrire, figurer ; **3.** représenter par la pensée, imaginer.

II 1. faire disparaître, essuyer, éponger ; **2.** toucher doucement.

effio, passif arch. de *efficio*.

efflāgǐtātǐo, *ōnis*, f., demande pressante et continuelle, instance.

efflāgǐtātǔs, *ūs*, m., V. le préc.

efflăgĭto, *ās*, *āre*, tr., demander instamment et continuellement, prier, presser, solliciter, *ut/ne* + subj. : de/de ne pas.

efflātĭo, *ōnis*, f., échappement de gaz, souffle.

efflātŭs, *ūs*, m., échappement d'air, de vent.

efflĕo, *ēs*, *ēre*, tr., faire sortir toutes les larmes de.

efflictē et **efflictim**, adv., violemment, ardemment.

effligo, *ĭs*, *ĕre*, *flixi*, *flictum*, tr., abattre, assommer, écraser.

efflo, *ās*, *āre*, 1. tr., rejeter par le souffle, exhaler ; abs., mourir ; 2. intr., s'exhaler.

efflōresco, *ĭs*, *ĕre*, *flōrŭi*, intr., être en fleur, fleurir ; fig., être florissant, s'épanouir.

effluĕsco, *ĭs*, *ĕre*, intr., se laisser emporter (par les plaisirs).

efflŭo, *ĭs*, *ĕre*, *fluxi*,

I intr., **1.** couler hors de, s'écouler ; **2.** s'échapper, s'en aller, se perdre, disparaître ; échapper (à la mémoire), *quod totum effluxerat* : ce qui m'avait totalement échappé ; **3.** se répandre, s'ébruiter.

II tr., laisser couler, laisser s'échapper.

efflŭvĭum, *ĭi*, n., écoulement.

effluxĭo, *ōnis*, f., écoulement.

effōco, *ās*, *āre*, tr., étouffer, suffoquer.

effŏdĭo, *ĭs*, *ĕre*, *fŏdi*, *fossum*, tr., **1.** fouir, creuser, fouiller, ~ *portum* : creuser un port, ~ *agrum* : remuer un champ ; **2.** creuser, crever (les yeux) ; **3.** tirer (de la terre), extraire, déterrer.

effœc~, **effœm~**, **effœt~**, V. *effec~*, *effem~*, *effet~*.

effœdo, *ās*, *āre*, tr., souiller.

effor, *āris*, *āri*, *fātus sum*, tr., **1.** exprimer, parler, dire, énoncer ; formuler ; **2.** (t. augural) fixer l'emplacement d'un temple ; *templa effata* : temples consacrés.

effossĭo, *ōnis*, f., fouille.

effractārĭus, *ĭi*, m., voleur avec effraction.

effractŏr, *ōris*, V. le préc.

effractūra, *æ*, f., effraction.

effrēnātē, adv., [~*tius*], d'une manière effrénée, sans retenue.

effrēnātĭo, *ōnis*, f., débordement, dérèglement.

effrēnātus, *a*, *um*, part. adj., [~*tior*, ~*tissimus*], sans frein, déchaîné, effréné.

effrēnis, *e*, adj., sans frein, sans bride, déchaîné, effréné.

effrēno, *ās*, *āre*, tr., déchaîner.

effrēnus, *a*, *um*, V. *effrenis*.

effrĭco, *ās*, *āre*, *frixi*, *frĭcātum*, tr., enlever en frottant, frotter, essuyer ; étriller ; fig., dérouiller.

effringo, *ĭs*, *ĕre*, *frēgi*, *fractum*, tr., ouvrir en brisant, briser, rompre, forcer ; fracasser.

effrŭtĭco, *ās*, *āre*, intr. et tr., pousser (plantes), feuiller.

effŭgĭo, *ĭs*, *ĕre*, *fūgi*, intr. et tr., fuir, s'enfuir, s'échapper de, échapper à, ~ *e prœlio* : fuir du combat, ~ *equitatum Cæsaris* : fuir la cavalerie de César ; ~ *ne* + subj. : éviter de ; fig., échapper à la connaissance de qqn., *nihil te effugiet* : rien ne t'échappera.

effŭgĭum, *ĭi*, n., **1.** action de fuir ; **2.** voie ou moyen de fuite, issue de secours, issue.

effŭgo, *ās*, *āre*, tr., faire fuir.

effulgĕo, *ēs*, *ēre*, *fulsi*, intr., jaillir en brillant, luire, briller, éclater.

effultus, *a*, *um*, part. adj., appuyé, couché sur.

effūmĭgo, *ās*, *āre*, tr., chasser par la fumée.

effundo, *ĭs*, *ĕre*, *fūdi*, *fūsum*, tr., **1.** répandre, verser, épancher (sang, larme, vin, etc.), ~ *crines* : laisser flotter ses cheveux, ~ *spiritum* : rendre l'âme ; *magna frequentia se effundit* ou *effunditur* : une grande foule se répand ; **2.** produire en abondance, verser, prodiguer, ~ *fruges* : produire d'abondantes moissons, ~ *honores* : prodiguer des honneurs, ~ *verba* : parler abondamment, ~ *questus* : émettre des plaintes ; ~ *patrimonium* : dissiper son patrimoine ; **3.** lâcher, laisser aller, donner libre cours, ~ *frena* : lâcher les rênes, *effundi ad luxuriam* : s'abandonner à tous les excès ; **4.** verser, renverser, *equus consulem effudit* : le cheval jeta à terre le consul.

effūsē, adv., [~*sius*, ~*sissime*], **1.** en se répandant sans ordre, à la débandade ; **2.** avec profusion, en grande abondance ; **3.** avec excès, immodérément.

effūsĭo, *ōnis*, f., **1.** action de verser, de répandre, écoulement, effusion ; **2.** profusion, prodigalité ; **3.** effusion (d'un sentiment), épanchement.

effūsŏr, *ōris*, m., **1.** celui qui répand ; **2.** celui qui prodigue.

effūsus, *a*, *um*, part. adj. de *effundo*, [~*sior*, ~*sissimus*], **1.** versé, répandu ; **2.** lâche, flottant, *effusis habenis* : à bride abattue, *crines* ~ : les cheveux en désordre ; **3.** large, étendu, vaste ; **4.** répandu, dispersé ; **5.** large, généreux, prodigue ; **6.** immodéré, excessif.

effūtĭo, *īs, īre*, tr., débiter des riens, parler inconsidérément.

effūtŭo, *īs, ĕre, fūtŭi, fūtūtum*, tr., obsc., épuiser à force de baiser.

ēgĕlĭdus, *a, um*, 1. dégelé, tiède ; 2. frais.

ĕgens, *entis*, part. adj., [~*tior*, ~*tissimus*], 1. manquant de, dénué de ; 2. indigent, pauvre, nécessiteux.

ĕgēnus, *a, um*, 1. qui manque de, privé de + gén. ou abl. ; 2. pauvre, nécessiteux.

ĕgĕo, *ēs, ēre, ĕgŭi*, intr., manquer de, être privé de, avoir besoin de + gén. ou abl., ~ *auxilii* ou *auxilio* : avoir besoin d'aide, avec acc. pl. n. : ~ *multa* : manquer de beaucoup de choses ; abs., être dans le besoin.

Ēgĕrĭa, *æ*, f., Égérie, nymphe dont le roi Numa disait qu'elle lui inspirait ses décisions.

ēgĕro, *ēs, ĕre, gessi, gestum*, tr., 1. porter au-dehors, emporter, enlever ; 2. rejeter, évacuer, vomir ; 3. émettre, exhaler, répandre ; 4. épuiser, vider.

ĕgestās, *ātis*, f., 1. indigence, pauvreté ; 2. manque, disette, pénurie.

ēgestĭo, *ōnis*, f., 1. action de porter au-dehors, d'emporter, d'enlever ; 2. action d'épuiser, de vider ; gaspillage.

ĕgestōsus, *a, um*, plein d'indigence.

① **ēgestus**, *a, um*, V. *egero*.

② **ēgestŭs**, *ūs*, m., 1. action d'enlever, de retirer ; 2. évacuation, déjection.

ēgigno, *īs, ĕre*, 1. tr., produire ; 2. intr., naître de.

Egnātĭa, *æ*, f., Égnatia, nom de femme ‖ **Egnātĭus**, *ĭi*, m., Égnatius, nom de diff. pers., dont un ami de Cicéron.

ĕgŏ, *mĕi*, pron. pers., je, moi, ~ *ille consul qui* : c'est moi le consul qui ; *mihi* (explétif) : pour moi, d'après moi.

ĕgŏmĕt, *mĕimĕt*, pron. pers., moi-même.

ēgrĕdĭor, *ĕris, i, ēgressus sum*, intr. et tr., sortir, quitter, aller au-delà ; ~ *ex urbe* ou ~ *urbem* : sortir de la ville ; ~ *ad prœlium* : se mettre en bataille, ~ *modum* : dépasser la mesure ; *septemdecim annos egressus* : à dix-sept ans accomplis, SÉN.

ēgrĕgĭē, adv., d'une manière distinguée, exceptionnelle, remarquable ; très bien.

ēgrĕgĭus, *a, um* (cf. *grex*), [~*gissimus*], de choix, d'élite, distingué, exceptionnel, remarquable, éminent.

ēgressĭo, *ōnis*, f., action de sortir, sortie ; rhét., digression.

ēgressŭs, *ūs*, m., action de sortir, sortie ; débarquement ; issue ; rhét., digression.

ēgurgĭto, *ās, āre*, tr., déverser, jeter dehors.

ĕhem, interj. marquant la surprise, tiens !

ĕheu, interj. marquant la douleur, hélas ! ah !

ĕho, interj. pour appeler : hola, hé !

ei ou **hei**, interj. marquant la douleur, hélas ! *ei mihi !* : malheureux que je suis !

ĕĭă ou **hēĭă**, interj. pour encourager, allons ! courage ! ; iron., allons donc !

ēĭcĭo, V. *ejicio*.

ĕidus, V. *idus*.

ējăcŭlor, *āris, āri*, tr., jeter, projeter ; *se* ~ : s'élancer.

ējectāmentum, *i*, n., ce qui est rejeté.

ējectĭo, *ōnis*, f., action de rejeter, expulsion.

ējecto, *ās, āre*, (fréq. de *ejicio*), tr., rejeter, chasser.

ējectŭs, *ūs*, m., action de rejeter, expulsion.

ējēr~, V. *ejur~*.

ējĭcĭo, *īs, ĕre, jēci, jectum*, tr., 1. jeter dehors, rejeter, chasser ; ~ *e civitate* : exiler, bannir ; exclure ; chasser de la scène, huer ; 2. émettre (parole) ; 3. faire aborder (un navire), échouer ; part. subst., *ejectus, i*, m., un naufragé.

ējŭlābĭlis, *e*, adj., accompagné de lamentations.

ējŭlātĭo, *ōnis*, f., plaintes, douleur bruyante, lamentation.

ējŭlātŭs, *ūs*, m., V. le préc.

ējŭlĭto, *ās, āre*, intr., se lamenter souvent.

ējŭlo, *ās, āre*, 1. intr., se lamenter, se plaindre ; 2. tr., pleurer sur.

ējūrātĭo, *ōnis*, f., renonciation.

ējūro, *ās, āre*, tr., refuser en jurant, repousser, protester contre ; abs., donner sa démission ; renier.

ējuscĕmŏdi, gén. adv., de ce genre précisément.

ējusdemmŏdi, gén. adv., de la même façon.

ējusmŏdi, gén. adv., de cette façon.

ēlābor, *ĕris, i, lapsus sum*, intr., et tr., 1. glisser hors de, s'échapper, se dérober, ~ *telis* : échapper aux traits, ~ *pugnam* : fuir la bataille ; ~ *criminibus* : échapper aux accusations ; 2. tomber, disparaître.

ēlăbōrātĭo, *ōnis*, f., effort assidu, travail attentif.

ēlăbōrātŭs, *ūs*, m., V. le préc.

ēlăbōro, *ās, āre*, 1. intr., travailler laborieusement, s'appliquer à, *ut* + subj. : à ce que ; 2. tr., aboutir par le travail à, produire, élaborer, perfectionner.

Ēlæa, *æ*, f., Élée, v. d'Éolie.

ēlæōn, *ōnis*, m., lieu planté d'oliviers.

ēlāmentābĭlis, *e*, adj., plaintif.

ēlanguĕo, *ēs, ēre, langŭi*, intr., languir, s'alanguir.

ēlanguesco, *ĭs*, *ĕre*, *langŭi*, intr., languir, s'affaiblir.

ēlăquĕo, *ās*, *āre*, tr., délivrer des liens, libérer, affranchir.

ēlargĭor, *īris*, *īri*, tr., donner largement, faire des largesses.

ēlātē, adv., [*~tius*], avec élévation, noblesse ; avec orgueil, fierté.

Ēlătēa, *æ*, f., Élatée, v. de Phocide.

Ēlătēĭus, *a*, *um*, né d'Élatus, père de Cénée.

ēlātĭo, *ōnis*, f., **1.** action d'emporter ; **2.** élévation, noblesse (d'âme) ; fierté, orgueil ; **3.** gramm. et rhét., élévation (du ton) ; prononciation ; amplification, hyperbole.

ēlātro, *ās*, *āre*, intr. et tr., aboyer.

ēlātus, *a*, *um*, part. adj. de *effero* ②, [*~tior*, *~tissimus*], **1.** élevé, haut ; **2.** élevé, noble ; fier, orgueilleux ; **3.** entraîné, emporté, ravi, transporté.

Ēlăvĕr, *ĕris*, n., Élaver, riv. de Gaule, auj. Allier.

ēlāvo, *ās*, *āre*, *lāvi*, *lautum* (*lōtum*), tr., laver, nettoyer ; fig., ruiner.

Ēlĕa, *æ*, f., Élée ou Vélie, v. de Lucanie ‖ **Ēlĕātēs**, *æ*, m., Éléate, d'Élée ‖ **Ēlĕātĭcus**, *a*, *um*, éléate.

ēlĕcĕbra, *æ*, f., charme, séduction.

ēlectē, adv., avec choix.

ēlectĭlis, *e*, adj., choisi.

ēlectĭo, *ōnis*, f., choix.

① **ēlecto**, *ās*, *āre*, (fréq. de *elicio*), tr., attirer, séduire ; tirer les vers du nez à qqn.

② **ēlecto**, *ās*, *āre*, (fréq. de *eligo*), tr., choisir.

ēlectŏr, *ōris*, m., celui qui choisit.

Ēlectra, *æ*, f., Électre, **1.** fille d'Atlas, mère de Dardanus ; **2.** fille d'Agamemnon et de Clytemnestre, sœur d'Iphigénie et d'Oreste.

ēlectrum, *i*, n., ambre jaune ; électrum (or + 1/5 d'argent).

① **ēlectus**, *a*, *um*, part. adj. de *eligo*, [*~tior*, *~tissimus*], choisi, de choix, d'élite ; exquis ; subst. m. pl., *electi*, *orum*, les gens d'élite, l'élite.

② **ēlectŭs**, *ūs*, m., choix.

ĕlĕēmŏsўna, *æ*, f., aumône.

ēlĕgans, *antis*, adj., [*~tior*, *~tissimus*], recherché ; péj., délicat ; **1.** (pers.) distingué, qui a bon goût, fin connaisseur ; **2.** (choses) de bon goût, exquis, délicat ; **3.** (style) châtié, correct.

ēlĕgantĕr, adv., [*~tius*, *~tissime*], avec goût, finesse ; avec correction, dans un style pur.

ēlĕgantĭa, *æ*, f., choix délicat, **1.** (pers.) bon goût, délicatesse, élégance ; **2.** (choses) goût, finesse, délicatesse, pureté.

ēlĕgātus, *i*, m., sorte de poisson.

ēlĕgēa et **ēlĕgēĭa**, *æ*, V. *elegia*.

ēlĕgēĭon et **ēlĕgēŏn**, *i*, n., pièce élégiaque.

ēlĕgēus, *a*, *um*, d'élégie, élégiaque.

ēlĕgi, *ōrum*, m. pl., vers élégiaques, élégie.

ēlĕgīa, *æ*, f., élégie.

ēlĕgīdărĭon et **ēlĕgīdĭon**, *ĭi*, n., petite élégie.

ēlēgo, *ās*, *āre*, tr., léguer.

Ēlēis, *ĭdis*, f., d'Élide.

Ēlĕlēides, *um*, f. pl., les Bacchantes ‖ **Ēlĕlēus**, *ĕi*, m., le dieu qui pousse le cri « eleleu », Bacchus.

ēlĕmentārĭus, *a*, *um*, qui a rapport aux éléments ; *~ senex* : vieillard qui en est encore à l'abc.

ēlĕmentĭcĭus, *a*, *um*, élémentaire.

ēlĕmentum, *i*, n., surt. pl., **ēlĕmenta**, *ōrum*, **1.** les premières lettres de l'alph. ; **2.** les éléments premiers, les quatre éléments ; **3.** premiers principes, rudiments (d'une science, d'une éducation) ; **4.** les commencements, les germes.

ēlenchus, *i*, m., **1.** grosse perle en forme de poire, boucle d'oreille ; **2.** appendice critique d'un livre.

ēlĕphantĭăcus, *a*, *um*, lépreux.

Ēlĕphantīnē, *ēs*, f., Éléphantine, île de Haute-Égypte, sur le Nil.

ēlĕphantīnus, *a*, *um*, **1.** d'éléphant ; **2.** d'ivoire.

Ēlĕphantis, *ĭdis*, f., **1.** V. *Elephantine* ; **2.** Elephantis, nom de femme.

ēlĕphantus, *i*, m., éléphant ; ivoire ; **2.** f., éléphante.

ēlĕphās, *antis*, m., **1.** V. le préc. ; **2.** lèpre.

Ēlēus et **Ēlīus**, *a*, *um*, d'Élis, éléen ‖ **Ēlēi**, *ōrum*, m. pl., les hab. d'Élis.

Ēleusīn, *īnis*, f., Éleusis, bourg d'Attique, célèbre par les mystères de Déméter-Cérès qu'on y célébrait ‖ **Ēleusīnĭus**, *a*, *um*, d'Éleusis ‖ **Ēleusīnĭa**, *ōrum*, n. pl., les mystères d'Éleusis ‖ **Ēleusīnus**, *a*, *um*, d'Éleusis.

ĕleuthĕrĭa, *æ*, f., la liberté (mot grec).

Ēleuthĕrĭa, *ōrum*, n. pl., les Éleuthères, fêtes de Zeus libérateur.

Ēleuthĕrŏcĭlĭces, *um*, m. pl., Éleuthérociliciens, peuplade de Cilicie.

Ēleuthĕrŏpŏlis, f., Éleuthéropolis, v. de Palestine ‖ **Ēleuthĕrŏpŏlītānus**, *a*, *um*, d'Éleuthéropolis.

ēlĕvātĭo, *ōnis*, f. **1.** action d'élever ; **2.** rhét., éloge ironique, détraction.

ēlĕvo, *ās, āre*, (cf. *levis* ②), tr., 1. lever, élever ; 2. soulager, alléger ; 3. atténuer, diminuer, affaiblir.

Ēlĭās, *ădis*, f., d'Élide.

ēlĭcĭo, *ĭs, ĕre, ēlĭcŭi, ēlĭcĭtum*, tr., 1. attirer au-dehors, faire sortir ; attirer, gagner (qqn.) ; 2. attirer (par des charmes), ~ *manes* : évoquer les mânes ; ~ *fulmina* : attirer la foudre ; 3. faire sortir, tirer de, arracher, ~ *lacrimas* : tirer des larmes (à qqn.), ~ *responsum* : arracher une réponse.

Ēlĭcĭus, *ĭi*, m., (Jupiter) Élicien (qui envoie des éclairs).

ēlīdo, *ĭs, ĕre, līsi, līsum*, tr., 1. faire sortir en frappant, arracher brutalement ; 2. écraser, broyer, briser.

ēlĭgo, *ĭs, ĕre, lēgi, lectum*, tr., 1. ôter en cueillant, arracher ; 2. trier, choisir ; élire.

ēlīmātĭus, adv. au comp., avec plus de soin, d'exactitude.

ēlīmātŏr, *ōris*, m., qui nettoie (fig.).

ēlīmātus, *a, um*, [*~tior, ~tissimus*], limé, poli, fin.

ēlīmĭno, *ās, āre*, (cf. *limen*), tr., 1. faire passer le seuil à, faire sortir, chasser ; 2. publier.

① **ēlīmo**, *ās, āre*, (cf. *lima*), tr., enlever à la lime, limer ; polir.

② **ēlīmo**, *ās, āre*, (cf. *limus*), tr., nettoyer, purifier.

ēlingo, *ĭs, ĕre, linxi*, tr., goûter, savourer en léchant.

ēlinguis, *e*, adj., privé de sa langue, muet, incapable de bien parler.

ēlinguo, *ās, āre*, tr., enlever, couper la langue à.

ēlīno, *ĭs, ĕre, lēvi, lĭtum*, tr., salir.

ēlĭquo, *ās, āre*, tr., 1. purifier, clarifier ; 2. laisser couler ; 3. chercher minutieusement.

Ēlīs, *ĭdis*, f., Élide, région du Péloponnèse.

Ēlīsa, V. *Elissa*.

ēlīsĭo, *ōnis*, f., action de faire sortir avec force.

Élissa, *æ*, f., Élissa, Didon ‖ **Élissæus**, *a, um*, d'Élissa, de Carthage.

Ēlīus, V. *Eleus*.

elix, *ĭcis*, m., rigole, fossé d'écoulement.

ēlixus, *a, um*, (cf. *elix, lix*), cuit dans l'eau, bouilli ; trempé, très mouillé.

ellĕbŏrōsus, *a, um*, qui a besoin d'ellébore, peu sensé.

ellĕbŏrum, *i*, n., et **ellĕbŏrus**, *i*, m., ellébore, remède contre la folie.

ellipsis, *is*, f., ellipse.

ellum, ellam, V. *en* ①.

ēlŏco, *ās, āre*, tr., donner à bail, louer, affermer.

ēlŏcūtĭo, *ōnis*, f., expression ; style ; rhét., élocution.

ēlŏcūtōrĭus, *a, um*, qui concerne l'élocution, le style.

ēlŏcūtrix, *īcis*, f., V. le préc.

ēlŏgĭum, *ĭi*, n., sentence, apophtegme ; inscription, épitaphe, clause d'un testament ; registre d'écrou.

ēlonginquo, *ās, āre*, intr. et tr., (s')éloigner.

ēlongo, *ās, āre*, intr. et tr., 1. V. le préc. ; 2. prolonger.

ēlŏquens, *entis*, adj., [*~tior, ~tissimus*], qui a le don de la parole, éloquent.

ēlŏquentĕr, adv., [*~tius, ~tissime*], avec éloquence.

ēlŏquentĭa, *æ*, f., art de la parole, éloquence.

ēlŏquĭum, *ĭi*, n., parole ; expression de la pensée ; éloquence, art de la parole.

ēlŏquor, *ĕris, i, lŏcūtus sum*, 1. tr., énoncer, exprimer ; 2. intr., s'exprimer, parler.

Ēlōrīni, *ōrum*, m. pl., les hab. d'Élore ‖ **Ēlōrĭus**, *a, um*, d'Élore ‖ **Ēlōrum**, *i*, n., **Ēlōrus**, *i*, m., Élore, fl. et v. de Sicile.

ēlōtus, V. *elavo*.

ēlŏvĭēs, V. *eluvies*.

Elpēnōr, *ŏris*, m., Elpénor, compagnon d'Ulysse.

ēlūcens, *entis*, part. adj., clair, lumineux.

ēlūcĕo, *ēs, ēre, luxi*, intr., luire, briller, resplendir ; éclater au grand jour.

ēlūcesco, *ĭs, ĕre, luxi*, intr., commencer à luir, à briller ; devenir clair.

ēluctābĭlis, *e*, adj., qu'on peut vaincre en luttant.

ēluctor, *āris, āri*, intr., parvenir à sortir au prix de gros efforts ; surmonter avec peine.

ēlūcŭbrātus, *a, um*, travaillé, préparé avec soin.

ēlūcŭbro, *ās, āre*, (cf. *lux*), tr., travailler au prix de longues veilles, composer avec soin.

ēlūcŭbror, *āris, āri*, V. le préc.

ēlūcus, *i*, m., assoupissement.

ēlūdo, *ĭs, ĕre, lūsi, lūsum*,
I intr., se jouer, jouer.
II tr., 1. gagner au jeu ; 2. parer, éviter, échapper à ; 3. tourner en dérision, railler ; se jouer de, berner.

ēlūgĕo, *ēs, ēre, luxi*, intr. et tr., porter le deuil (de).

ēlumbis, *e*, adj., sans reins ; éreinté, sans énergie ; paralysant.

ēlŭo, *ĭs*, *ĕre*, *lŭi*, *lūtum*, tr., enlever en lavant, nettoyer ; se laver de, purifier ; fig., nettoyer, ruiner.

ēlūtus, *a*, *um*, part. adj., [~*tior*], lavé, nettoyé ; délayé, affaibli.

ēlŭvĭēs, *ēi*, f., **1.** écoulement, égout ; **2.** débordement, inondation ; **3.** ravin, fondrière ; **4.** écroulement, ruine.

ēlŭvĭo, *ōnis*, f., inondation.

Elvīna, V. *Helvina*.

Ēlўmæus, *a*, *um*, d'Élymaïde, région de Perse.

Ēlўsĭum, *ĭi*, n., l'Élysée, séjour des bienheureux ‖ **Ēlўsĭus**, *a*, *um*, de l'Élysée, *Elysii (campi)* : les champs Élysées.

ēm, (impér. de *emo*), interj., voilà, tiens.

ēmăcĕro, *ās*, *āre*, tr., amaigrir, exténuer.

ēmăcŭlo, *ās*, *āre*, tr., (enlever les taches de) nettoyer.

ēmancĭpātĭo, *ōnis*, f., émancipation (de la puissance paternelle) ; aliénation.

ēmancĭpātŏr, *ōris*, m., celui qui émancipe.

ēmancĭpo, *ās*, *āre*, tr., émanciper, affranchir de la puissance paternelle ; aliéner ; *se* + dat. : se livrer à.

ēmănĕo, *ēs*, *ēre*, *mansi*, *mansum*, intr., rester longtemps à l'extérieur.

ēmāno, *ās*, *āre*, intr., **1.** couler de, découler ; provenir, émaner ; **2.** se répandre, être divulgué.

ēmarcesco, *ĭs*, *ĕre*, intr., se faner, se flétrir.

ēmascŭlātŏr, *ōris*, m., qui émascule.

ēmascŭlo, *ās*, *āre*, tr., émasculer, châtrer.

Ēmăthĭa, *æ*, f., Émathie, région de Macédoine, d'où : Macédoine ‖ **Ēmăthĭs**, *ĭdis*, f., d'Émathie ‖ **Ēmăthĭus**, *a*, *um*, d'Émathie, *Emathia cædes*, *acies* : la bataille d'Émathie, Philippes (42 av. J.-C.).

ēmātūresco, *ĭs*, *ĕre*, *mātūrŭi*, intr., s'adoucir, se calmer.

ēmax, *ācis*, adj., qui a la passion d'acheter ; qui peut acheter.

embăsĭcœtās, *æ*, m., coupe à boire ou personne qu'on fait entrer dans son lit (jeu de mots grec), PÉTR.

emblēma, *ătis*, n., marqueterie, mosaïque ; ciselure sur métal.

embŏlĭum, *ĭi*, n., **1.** intermède de musique et de danse ; **2.** épisode, hors-d'œuvre.

embŏlum, *i*, n., éperon de navire.

ēmendābĭlis, *e*, adj., amendable, réparable.

ēmendātē, adv., [~*tius*], avec correction (style).

ēmendātĭo, *ōnis*, f., action de corriger, d'amender, correction ; perfectionnement ; rhét., correction.

ēmendātŏr, *ōris*, m., celui qui corrige, amende, réforme ; réformateur.

ēmendātōrĭus, *a*, *um*, qui est fait pour corriger.

ēmendātrix, *īcis*, f. de *emendator*.

ēmendātus, *a*, *um*, part. adj., [~*tior*, ~*tissimus*], **1.** corrigé, amendé ; **2.** parfait, accompli, exempt de défauts, pur.

ēmendīco, *ās*, *āre*, tr., mendier.

ēmendo, *ās*, *āre*, (cf. *mendum*), tr., effacer les fautes, corriger, purifier, amender, parfaire.

ēmentĭor, *īris*, *īri*, **1.** abs., mentir ; **2.** tr., simuler, alléguer faussement, raconter mensongèrement ; sens passif, *ementitus* : affirmé faussement, simulé ; subst. n. pl., *ementita*, *orum*, mensonges.

ēmĕo, *ās*, *āre*, intr. et tr., sortir de, s'échapper, franchir.

ēmercor, *āris*, *āri*, tr., acheter ; sens passif : être acheté.

ēmĕrĕo, *ēs*, *ēre*, *mĕrŭi*, *mĕrĭtum*, et **ēmĕrĕor**, *ēris*, *ēri*, *mĕrĭtus sum*, tr., **1.** mériter, obtenir, gagner par des services, ~ *favorem* : mériter la faveur ; + inf. : mériter de ; **2.** ~ *stipendia* ou abs. *emereri* : achever son service militaire, *stipendia emerita* : service militaire accompli ; subst. m., *emeritus*, *i*, dégagé des obligations militaires, vétéran ; **3.** *emeritus*, *a*, *um*, a) qui a servi, b) qui a beaucoup servi, vieux, hors d'usage.

ēmergo, *ĭs*, *ĕre*, *mersi*, *mersum*, **1.** intr., sortir (de l'eau) ; sortir de, apparaître, se montrer ; **2.** tr., faire sortir, faire apparaître, *se* ~ : sortir, apparaître.

Ēmĕrītenses, *ĭum*, m. pl., les hab. d'Émérita, v. de Lusitanie, auj. Mérida.

ēmĕrĭtus, V. *emereo*.

Ēmĕsa, **Ēmīsa**, **Ēmissa**, *æ*, et **Ēmĕsus**, *i*, f., Émèse, v. de Syrie.

ēmĕtĭcus, *a*, *um*, qui fait vomir.

ēmētĭor, *īris*, *īri*, *mensus sum*, tr., **1.** mesurer complètement ; **2.** parcourir, traverser (espace ou temps) ; **3.** faire bonne mesure de, attribuer, fournir.

ēmēto, *ĭs*, *ĕre*, *messum*, tr., moissonner.

ēmĭcātĭo, *ōnis*, f., action de s'élever rapidement.

ēmĭco, *ās*, *āre*, *mĭcŭi*, *mĭcātum*, intr., **1.** jaillir, s'élancer, surgir hors de ; **2.** apparaître brutalement, éclater.

ēmĭgro, *ās*, *āre*, intr. et qqf. tr., changer de résidence, émigrer, déménager.

ēmīna, V. *hemina*.

ēmĭnens, *entis*, part. adj., [*~tior*, *~tissimus*], 1. saillant, élevé, proéminent ; 2. éminent, distingué.

ēmĭnentĕr, adv., [*~tius*], de façon éminente.

ēmĭnentĭa, *æ*, f., 1. éminence, hauteur, élévation, saillant, relief ; 2. prééminence, supériorité, excellence.

ēmĭnĕo, *ēs, ēre, mĭnŭi*, intr., 1. s'élever hors de, être saillant ; être en relief (peinture) ; 2. s'élancer hors de ; éclater, paraître ; 3. se distinguer, surpasser, exceller.

ēmĭniscor, *ĕris, i, mentus sum*, tr., imaginer.

ēmĭnŭlus, *a, um*, qui s'avance un peu, légèrement saillant.

ēmĭnŭs (cf. *manus*), adv., de loin (opp. à *comminus*).

ēmīror, *ăris, āri*, tr., rester stupéfait de.

Ēmĭsa, Ēmĭssa, V. *Emesa*.

ēmissārĭum, *ĭi*, n., canal d'écoulement, émissaire d'évacuation.

ēmissārĭus, *ĭi*, m., émissaire, espion, agent secret.

ēmissīcĭus, *a, um*, qu'on envoie à la découverte, fureteur, PL.

ēmissĭo, *ōnis*, f., action de lancer, jet ; action de lâcher (un animal).

ēmissŏr, *ōris*, m., celui qui envoie, qui lance.

ēmitto, *ĭs, ĕre, mīsi, missum*, tr., 1. mettre hors, faire sortir, lancer, jeter ; laisser échapper, ~ *equites in hostem* : lancer la cavalerie contre l'ennemi, *emisit caseum ore* : il laissa tomber de son bec le fromage, PHÆDR. ; 2. affranchir ; 3. émettre, proférer ; publier (un ouvrage).

ēmo, *ĭs, ĕre, ēmi, emptum*, tr., sens primitif : prendre, d'où : 1. acheter, *magno, parvo, pluris, minoris* : acheter cher, bon marché, plus cher, moins cher ; 2. acheter, soudoyer.

ēmŏdĕror, *ăris, āri*, tr., modérer, calmer.

ēmŏdŭlor, *ăris, āri*, tr., chanter harmonieusement.

ēmŏlĭor, *īris, īri*, tr., soulever (une masse), élever ; se sortir difficilement de.

ēmollĭo, *ĭs, īre*, tr., amollir, rendre mou ; rendre doux, affaiblir.

ēmŏlo, *ĭs, ĕre, mŏlŭi, molĭtum*, tr., moudre entièrement.

ēmŏlŭmentum, *i*, (cf. *emolo*), n., somme payée pour moudre le grain, d'où : avantage, profit, bénéfice, intérêt, *esse emolumento* : être avantageux.

ēmŏnĕo, *ēs, ēre*, tr., recommander de, inviter à.

ēmŏrĭor, *ĕris, i, mortuus sum*, intr., finir de mourir, mourir, s'éteindre, disparaître.

ēmortŭālis (dĭēs), m., le jour de la mort.

ēmŏvĕo, *ēs, ēre, mŏvi, mōtum*, tr., ôter d'un lieu, déplacer, faire sortir ; éloigner, chasser.

Empĕdŏclēs, *is* et *i*, m., Empédocle, phil. grec né en Sicile (ve s. av. J.-C.) ‖ **Empĕdŏclēus**, *a, um*, d'Empédocle.

emphăsis, *is* ou *ĕos*, f., rhét., emphase.

empīrĭcus, *i*, m., médecin empirique.

empleurŏs, *ŏn*, adj., à larges flancs.

Empŏrĭa, *ōrum*, n. pl., les Comptoirs (possessions carthaginoises sur la côte libyenne).

Empŏrĭæ, *ārum*, f. pl., Empories, v. de Tarraconnaise, auj. Ampurias ‖ **Empŏrītāni**, *ōrum*, m. pl., les hab. d'Empories.

empŏrĭum, *ĭi*, n., marché, ville de marché, comptoir, entrepôt.

empŏros et **empŏrus**, *i*, m., marchand.

emptīcĭus, *a, um*, qui s'achète, acheté.

emptĭo, *ōnis*, f., achat, acquisition ; objet acheté.

emptĭto, *ās, āre*, tr., acheter souvent.

emptŏr, *ōris*, m., acheteur.

emptus, V. *emo*.

Empŭlum, *i*, n., Empulum, v. du Latium.

Empўlus, *i*, m., Empylos, historien grec.

empўrĭus, *a, um*, de feu, embrasé.

ēmūgĭo, *ĭs, īre*, tr., dire en mugissant.

ēmulcĕo, *ēs, ēre*, tr., adoucir.

ēmulgĕo, *ēs, ēre, mulsi, mulsum*, tr., traire complètement ; fig., épuiser.

ēmunctĭo, *ōnis*, f., action de se moucher.

ēmunctus, *a, um*, part. adj., mouché ; fig., qui a le nez fin, qui a du flair, subtil.

ēmundātĭo, *ōnis*, f., chr., purification.

ēmundo, *ās, āre*, tr., nettoyer, purifier.

ēmungo, *ĭs, ĕre, munxi, munctum*, tr., moucher ; abs. ou *se* ~ : se moucher ; fig., « faire cracher », soutirer.

ēmūnĭo, *ĭs, īre*, tr., fortifier, consolider ; rendre praticable ; garnir.

ēmūtātĭo, *ōnis*, f., changement.

ēmūto, *ās, āre*, tr., changer complètement.

① **ēn**, interj., 1. voici, voilà (que), *en causa* : voici la raison, *ellum* = *en illum* : le voilà ; 2. eh bien ! allons ! voyons !, *en age* : allons !

② **en**, arch., V. *in*.

ēnarrābĭlis, *e*, adj., qu'on peut raconter, décrire, exprimer complètement.

ēnarrātĭo, *ōnis*, f., 1. développement, commentaire ; 2. énumération exhaustive.

ēnarro, *ās*, *āre*, tr., **1.** raconter par ordre, en détail ; **2.** expliquer, commenter.

ēnascor, *ĕris*, *i*, intr., naître de, pousser, s'élever de.

ēnăto, *ās*, *āre*, intr., nager hors de, se sauver à la nage ; fig., échapper à, se tirer d'affaire.

ēnāvĭgo, *ās*, *āre*, intr., **1.** achever une traversée, aborder ; fig., parvenir à bon port ; **2.** traverser en naviguant, *unda omnibus enaviganda* : l'eau que tous sont appelés à traverser (le Styx), Hor.

encænĭa, *ōrum*, n. pl., chr., fête de la dédicace, inauguration (d'un temple).

encænĭo, *ās*, *āre*, tr., chr., inaugurer.

encaustum, *i*, n., encre rouge (dont se servaient les empereurs).

encaustus, *a*, *um*, peint à l'encaustique.

Encĕlădus, *i*, m., Encelade, **1.** un des Géants ; **2.** mt. de Sicile.

encolpĭās, *æ*, m., vent qui souffle dans un golfe.

endrŏmis, *ĭdis*, f., endromide, peignoir de pourpre dont on se revêtait après les exercices phys.

Endymĭōn, *ōnis*, m., Endymion, fils de Jupiter, endormi par Séléné dans un sommeil éternel ‖ **Endymĭōnēus**, *a*, *um*, d'Endymion.

ēnĕcātrix, *īcis*, f., tueuse.

ēnĕco, *ās*, *āre*, (cf. *neco*), tr., mettre lentement à mort, tuer ; fig., épuiser, assommer, harasser.

ĕnergēma et **ĕnergīma**, *ătis*, n., influence, action.

ĕnergīa, *æ*, f., phil., force en puissance.

ēnervātus, *a*, *um*, part. adj., **1.** affaibli, énervé, sans force, efféminé, lâche ; **2.** eunuque.

ēnervis, *e*, adj., sans nerfs, faible, mou, efféminé.

ēnervĭtĕr, adv., mollement, faiblement.

ēnervo, *ās*, *āre*, tr., **1.** priver de nerfs ; castrer ; **2.** affaiblir, énerver, épuiser.

ēnervus, *a*, *um*, V. *enervis*.

Engŏnăsi, indécl., l'Agenouillé ou Hercule, constellation (mot grec).

Engŭīnus, *a*, *um*, d'Engyum ‖ **Engŭīni**, *ōrum*, m. pl., les hab. d'Engyum ‖ **Engyŏn**, *i* ou *ĭi*, n., Engyum, v. de Sicile.

ēnīco, V. *eneco*.

ĕnim, adv. et conj., le plus souvent ap. le premier mot, rar. en tête de phrase,
I adv., **1.** assurément, effectivement, *odiosa illa enim fuerunt* : ce fut effectivement une chose odieuse, *Quid tute tecum ? - Nihil enim* : que dis-tu en toi-même ? - Rien en vérité, Pl. ; **2.** iron., apparemment, sans doute, *est enim obscurum* : apparemment

on ignore ; **3.** pour marquer une objection : mais ; souv. avec *at*, *at enim* : mais dira-t-on.
II conj. de coord. exprimant la cause : car, en effet, *video difficile esse consilium : sum enim solus* : je vois que c'est un parti difficile : je suis seul en effet ; explétivement dans *quia enim*, *quippe enim*.

ĕnimvērō, adv., **1.** c'est un fait que, car, en effet, effectivement ; **2.** iron., sans doute ; **3.** mais, mais dira-t-on.

Ēnīpeūs, *ĕi* ou *ĕos*, m., Énipée, **1.** fl. de Thessalie ; **2.** fl. de Macédoine.

ēnīsē, V. *enixe*.

ēnīsus, V. *enixus* ① et ②.

ēnītĕo, *ēs*, *ēre*, *nĭtŭi*, intr., devenir brillant, resplendir, éclater ; se distinguer.

ēnĭtesco, *ĭs*, *ĕre*, *nĭtŭi*, intr., commencer à briller, prendre de l'éclat.

ēnītor, *ĕris*, *i*, *nīsus* (*nixus*) *sum*, intr. et tr., **1.** faire effort pour sortir, se dégager avec peine, s'élever difficilement, ~ *ad consulatum* : s'élever au consulat, ~ *aggerem* : escalader un rempart ; **2.** faire des efforts pour/ne pas, avec *ut/ne* + subj. ; **3.** mettre bas, accoucher.

ēnixē, adv., [~*xius*, ~*xissime*], avec effort, de toutes (ses) forces.

① **ēnixus** et **ēnīsus**, *a*, *um*, part. adj. [~*xior*], qui fait des efforts, ardent, acharné.

② **ēnixŭs**, *ūs*, m., enfantement, accouchement.

Enna~, **Enne~**, V. *Henna~*, *Henne~*.

Ennĭānus, *a*, *um*, d'Ennius ‖ **Ennĭus**, *ĭi*, m., Ennius, un des premiers grands poètes latins (IIIe s. av. J.-C.).

Ennŏsĭgæus, *i*, m., celui qui ébranle la Terre, surnom de Poséidon-Neptune.

ēno, *ās*, *āre*, intr., et tr., se sauver à la nage, parvenir à la nage à.

ēnōdābĭlis, *e*, adj., explicable.

ēnōdātē, adv., [~*tius*, ~*tissime*], clairement, explicitement.

ēnōdātĭo, *ōnis*, f., explication, explicitation, éclaircissement.

ēnōdātŏr, *ōris*, m., celui qui éclaircit.

ēnōdātus, *a*, *um*, part. adj., [~*tior*, ~*tissimus*], débrouillé, éclairci, expliqué.

ēnōdis, *e*, adj., **1.** sans nœuds, lisse, uni ; **2.** (style) coulant, souple.

ēnōdo, *ās*, *āre*, (cf. *nodus*), tr., **1.** ôter les nœuds à : détendre ; **2.** débrouiller, expliquer, éclaircir.

ēnormis, *e*, adj., **1.** qui sort de la règle, irrégulier, hors de mode ; **2.** démesuré, immense, énorme.

ēnormĭtās, *ātis*, f., **1.** irrégularité ; **2.** grandeur démesurée, énormité.

ēnormĭtĕr, adv., irrégulièrement.

ēnōtesco, *ĭs*, *ĕre*, *nōtŭi*, intr., devenir public, être divulgué, se faire connaître.

ēnōto, *ās*, *āre*, tr., noter, marquer, consigner, annoter.

ens, *entis*, part. prés. de *sum* ; subst. n. pl., *entia*, *ium*, phil., les choses existantes.

ensĭcŭlus, *i*, m., petite épée.

ensĭfĕr, *fĕra*, *fĕrum*, qui porte une épée.

ensĭle, V. *insile*.

ensis, *is*, m., épée, glaive ; fig., pouvoir royal ; guerre.

entĕlĕchīa, *æ*, f., entéléchie : énergie agissante et efficace selon Aristote.

Entella, *æ*, f., Entella, v. de Sicile ‖ **Entellīnus**, *a*, *um*, d'Entella ‖ **Entellīni**, *ōrum*, m. pl., les hab. d'Entella ‖ **Entellus**, *i*, m., Entellus, fondateur légendaire d'Entella.

enthĕātus, *a*, *um*, inspiré par une divinité, enthousiaste.

enthēca, *æ*, f., cassette ; épargne.

enthĕus, *a*, *um*, inspiré par une divinité ; qui inspire.

enthȳmēma, *ătis*, n., 1. conception profonde, pensée ; 2. phil., enthymème.

enthȳmēsis, *is*, f., réflexion, conception, pensée.

ēnūbĭlo, *ās*, *āre*, tr., faire sortir de la nuée, d'où : éclaircir, éclairer.

ēnūbo, *ĭs*, *ĕre*, nupsi, nuptum, intr., sortir par mariage de sa condition (classe, patrie).

ēnŭclĕātē, adv., [~*tius*, ~*tissime*], clairement, facilement, simplement.

ēnŭclĕo, *ās*, *āre*, tr., ôter le noyau, d'où : rendre clair, expliquer.

ēnūdātĭo, *ōnis*, f., action de mettre à nu.

ēnŭmĕrātĭo, *ōnis*, f., 1. dénombrement ; 2. rhét., récapitulation.

ēnŭmĕro, *ās*, *āre*, tr., 1. supputer, calculer ; 2. dénombrer, passer en revue ; exposer en détail.

ēnunc~, V. *enunt~*.

ēnundĭno, *ās*, *āre*, tr., trafiquer de.

ēnuntĭātĭo, *ōnis*, f., 1. énonciation, exposé ; 2. phil., proposition.

ēnuntĭātīvus, *a*, *um*, énonciatif.

ēnuntĭātŏr, *ōris*, m., celui qui énonce, expose.

ēnuntĭātrix, *īcis*, f. du préc.

ēnuntĭātum, *i*, n., proposition.

ēnuntĭo, *ās*, *āre*, tr., 1. faire savoir, faire connaître, dévoiler, divulguer ; 2. énoncer, prononcer, exprimer.

ēnuptĭo, *ōnis*, f., mariage d'une femme hors de sa condition.

ēnūtrĭo, *ĭs*, *īre*, tr., nourrir, élever complètement, entretenir.

Ĕnȳō, *ūs*, f., Ényo (grec) : Bellone, déesse de la guerre.

① **ĕo**, *īs*, *īre*, *īvi (ĭi)*, *ĭtum*, (R. *ei~/i~*), intr., 1. aller, marcher, ~ *pedibus*, *equis* : aller à pied, à cheval, ~ *domum*, *Romam*, *ad aliquem* : aller chez soi, à Rome, aller trouver qqn., ~ *cubitum* : aller se coucher ; 2. couler, se répandre, *it sudor* : la sueur coule, *rumor it* : le bruit se répand ; 3. aller du côté de, ~ *in sententiam* : se ranger à l'avis de ; 4. aller, marcher, *ibat res* : l'affaire marchait, *melius ~* : marcher mieux ; 5. en venir à, ~ *in lacrimas* : en venir aux larmes ; 6. s'écouler, passer, *eunt anni* : les années s'écoulent ; 7. à l'inf. passif + *sum* pour exprimer l'inf. fut. passif, *addit se occisum iri* : il ajoute qu'il sera tué.

② **ĕō**, adv., 1. là (avec mvt.), *eo se recipere* : se retirer là ; 2. à ce point, jusque-là, *eo rem adducam ut* + subj. : j'amènerai l'affaire à ce point que ; 3. pour annoncer le but et surt. la conséc., *eo ut* + subj. : pour que, au point que.

③ **ĕō**, abl. adv. de *id*, 1. par ce fait, à cause de cela, *eo vereor ne* + subj. : ainsi je crains que, *eo quia* : parce que ; 2. avec comp., a) *eo magis quod* : d'autant plus que ; b) en corrél. avec *quo* : *quo quis melior est*, *eo magis laudatur* : meilleur on est, plus on est loué, *is eo magis laudatur*, *quo melior est* : on est d'autant plus loué, qu'on est meilleur.

ĕōăd, adv., jusque-là.

ĕōdem, adv., au même endroit (avec mvt.), *eodem unde profectus erat redit* : il retourne au (même) point d'où il était parti ; qqf. = *eodem loco* : au même endroit (sans mvt.).

Ēoi, *ōrum*, V. *Eous*.

ĕopse = *eo ipso*.

Ēōs et **Ĕōs**, f., Éos, nom grec de l'Aurore ; l'orient ‖ **Ēōus**, **Ĕōus**, *a*, *um*, de l'aurore, du matin ; d'orient ‖ **ĕōus**, *i*, m., l'étoile du matin ; l'orient ‖ **Ēōi**, *ōrum*, m. pl., les peuples d'Orient.

Ĕpămīnondās, *æ*, m., Épaminondas, général thébain (IVe s. av. J.-C.).

Ĕpăphrŏdītus, *i*, m., Épaphrodite, affranchi de Néron.

ēpastus, *a*, *um*, mangé complètement.

ĕpendȳtēs, *æ*, m., vêtement de dessus.

Ĕpēōs, **Ĕpēŭs**, **Ĕpīus**, *i*, m., Épéus, constructeur du cheval de Troie.

ĕphēbĭcus, *a*, *um*, d'éphèbe.

ĕphēbus, *i*, m., éphèbe (jeune homme de 16 à 20 ans).

ĕphēmĕrĭda, *æ*, et **ĕphēmĕris**, *ĭdis*, f., journal, mémorial journalier.

Ĕphĕsĭus, *a, um*, d'Éphèse ‖ **Ĕphĕsĭi**, *ōrum*, m. pl., les Éphésiens ‖ **Ĕphĕsus**, *i*, f., Éphèse, une des 12 v. ioniennes d'Asie Mineure, célèbre par son temple de Diane.

Ĕphĭaltēs, *æ*, m., Éphialtès, Géant.

ĕphippĭātus, *a, um*, qui monte un cheval sellé.

ĕphippĭum, *ĭi*, n., selle, couverture de cheval.

ĕphŏrus, *i*, m., éphore (= surveillant), magistrat de Sparte.

Ĕphŏrus, *i*, m., Éphore, historien grec (IVᵉ s. av. J.-C.).

Ĕphȳra, *æ*, et **Ĕphȳrē**, *ēs*, f., Éphyre, 1. nymphe ; 2. ancien nom de Corinthe ‖ **Ĕphȳræus**, **Ĕphȳrēĭus**, **Ĕphȳrĕus**, *a, um*, d'Éphyre ‖ **Ĕphȳrēĭădēs**, *æ*, m., Éphyriade, Corinthien ‖ **Ĕphȳrēĭăs**, *ădis*, f., Éphyriade, Corinthienne.

ĕpĭbăta, *æ*, m., soldat embarqué (troupes de marine).

ĕpĭcēdĭŏn, *ĭi*, n., chant funèbre.

Ĕpĭchăris, *is*, f., Épicharis, femme qui conspira contre Néron.

Ĕpĭcharmus, *i*, m., Épicharme, un des premiers poètes comiques grecs.

ĕpĭchīrēma, *ătis*, n., épichérème, argument composé de plusieurs parties.

ĕpĭchȳsis, *is*, f., vase à eau.

ĕpĭcĭthărisma, *ătis*, n., morceau de musique à la fin d'une représentation théâtrale.

Ĕpĭclēros, *i*, f., « L'Épiclère (L'Héritière) », comédie de Térence.

ĕpĭclintæ, *ārum*, m. pl., secousses sismiques obliques.

ĕpĭcœnos, *ŏn*, adj., épicène = commun au m. et au f.

ĕpĭcōpus, *a, um*, muni de rames.

Ĕpĭcrătēs, *is*, m., Épicrate, 1. phil. grec ; 2. surnom de Pompée = le Puissant.

ĕpĭcrŏcus, *a, um*, fin, clair, délié, transparent ; subst. n., *epicrocum, i*, vêtement de laine fine.

Ĕpictētus, *i*, m., Épictète, phil. stoïcien (Iᵉʳ s. ap. J.-C.).

Ĕpĭcūrēus, **Ĕpĭcūrīus**, *a, um*, d'Épicure ‖ **Ĕpĭcūrēi**, *ōrum*, m. pl., les épicuriens ‖ **Ĕpĭcūrus**, *i*, m., Épicure, phil. grec du IVᵉ-IIIᵉ s. av. J.-C.

ĕpĭcus, *a, um*, épique ; subst. m. pl., *epici, orum*, les poètes épiques.

Ĕpĭdamnĭensis, *e*, adj., d'Épidamne ‖ **Ĕpĭdamnĭi**, *ōrum*, m. pl., les hab. d'Épidamne ‖ **Ĕpĭdamnos** et **Ĕpĭdamnus**, *i*, f., Épidamne, v. d'Épire.

Ĕpĭdaphna et **Ĕpĭdaphnēs**, *æ*, f., Épidaphné, village proche d'Antioche.

Ĕpĭdaurĭtāni, *ōrum*, m. pl., les hab. d'Épidaure ‖ **Ĕpĭdaurĭus**, *a, um*, d'Épidaure ‖ **Ĕpĭdaurĭus**, *ĭi*, m., le dieu d'Épidaure, Esculape ‖ **Ĕpĭdauros**, **Ĕpĭdaurus**, *i*, f., et **Ĕpĭdaurum**, *i*, n., Épidaure, v. de l'Argolide.

Ĕpĭdĭcazŏmĕnos, *i*, m., « Le Demandeur », titre de la pièce d'Apollodore dont s'est inspiré Térence pour « Phormion ».

ĕpĭdictĭcus, *a, um*, rhét., démonstratif ; d'apparat.

ĕpĭdipnis, *ĭdis*, f., dessert.

Ĕpĭgŏni, *ōrum*, m. pl., les Épigones, fils des sept chefs qui firent l'expédition contre Thèbes ; tragédie d'Eschyle.

ĕpĭgramma, *ătis*, n., inscription ; épitaphe ; épigramme, pièce satirique.

ĕpĭlŏgus, *i*, m., épilogue, péroraison.

ĕpĭmēnĭa, *ōrum*, n. pl., provisions pour un mois.

Ĕpĭmĕnīdēs, *is*, m., Épiménide, phil. grec de Crète (VIᵉ s. av. J.-C.).

Ĕpĭmētheūs, *ĕi* et *ĕos*, m., Épiméthée, frère de Prométhée, époux de Pandore.

Ĕpĭmēthis, *ĭdis*, f., Pyrrha, fille d'Épiméthée et de Pandore, épouse de Deucalion.

Ĕpĭphănĕa et **Ĕpĭphănĭa**, *æ*, f., Épiphanie, v. de Cilicie.

Ĕpĭphănēs, *is*, m., Épiphane, surnom de rois de Syrie et d'Égypte.

ĕpĭphŏnēma, *ătis*, n., rhét., épiphonème, exclamation sentencieuse.

Ĕpĭpŏlæ, *ārum*, f. pl., les Épipoles, quartier de Syracuse.

ĕpĭrædĭum et **ĕpĭrēdĭum**, *ĭi*, n., courroie, trait, attelage.

Ĕpīrensis, *e*, adj., d'Épire ‖ **Ĕpīrōtæ**, *ārum*, m. pl., les Épirotes, hab. de l'Épire ‖ **Ĕpīrōtĭcus**, *a, um*, d'Épire ‖ **Ĕpīros** et **Ĕpīrus**, *i*, f., l'Épire, province de Grèce.

ĕpiscŏpālis, *e*, adj., chr., épiscopal.

ĕpiscŏpālĭtĕr, adv., chr., en évêque.

ĕpiscŏpātŭs, *ūs*, m., chr., épiscopat.

ĕpiscŏpĭum, *ĭi*, n., chr., épiscopat.

ĕpiscŏpus, *i*, m., chr., évêque.

ĕpiscȳnĭum, *ĭi*, n., froncement du front, d'où : sévérité.

ĕpistătēs, *æ*, m., surveillant, chef.

ĕpistŏla et **ĕpistŭla**, *æ*, f., 1. envoi (d'une lettre), courrier ; 2. lettre, missive, dépêche, ~ *ab aliquo* : lettre de qqn., *epistulam facere, scribere, conscribere, texere, exarare* : écrire une lettre.

ĕpistŏlāris, *e*, adj., relatif à une lettre.

ĕpistŏlĭcus, *a, um*, V. le préc.

ĕpistŏlĭum, *ĭi*, n., petite lettre, billet.

ĕpĭtăphĭus, *ĭi*, m., oraison funèbre en l'honneur des guerriers morts au combat.

ĕpĭthălămĭŏn (~mĭum), *ĭi*, n., épithalame, chant nuptial.

ĕpĭthēca, *æ*, f., surcroît, surplus.

ĕpĭthĕtŏn, *i*, n., gramm., épithète.

ĕpĭtŏgĭum, *ĭi*, n., épitoge, vêtement qu'on met sur la toge.

ĕpĭtŏma, *æ*, et **ĕpĭtŏmē**, *ēs*, f., épitomé, abrégé.

ĕpĭtŏnĭum, *ĭi*, n., robinet.

ĕpĭtrăpezĭos, *ŏn*, adj., qu'on place sur la table.

Ĕpĭtrĕpontes, m. pl., « Ceux qui font confiance » (aux arbitres), titre d'une comédie de Ménandre.

ĕpĭtrŏpos, *i*, m., intendant, régisseur.

ĕpĭtyrum, *i*, n., plat composé d'olives confites et de plantes aromatiques.

Ēpĭus, V. *Epeos*.

ĕpōdes, *um*, m. pl., poissons de mer.

ĕpōdŏs, *i*, m., épode, pièce lyrique où un vers court succède à un vers long, ex. les Épodes d'Horace.

Ĕpōna, *æ*, f., Épone, déesse protectrice des chevaux et des ânes.

ĕpops, *ŏpis*, m., huppe (oiseau).

ĕpoptēs, *æ*, m. épopte, grand initié des mystères d'Éleusis.

Ĕpŏrĕdĭa, *æ*, f., Éporédia, colonie romaine de Gaule Transalpine.

ĕpŏs, n., poème épique, épopée (mot grec).

ēpōto, *ās*, *āre*, *pōtāvi*, *pōtum*, tr., boire entièrement, vider en buvant ; s'imbiber, s'imprégner.

ēpōtus, V. *expotus*.

ĕpŭla, *æ*, f., et surt. **ĕpŭlæ**, *ārum*, f. pl., 1. nourriture, aliments, mets ; 2. banquet, festin.

ĕpŭlāris, *e*, adj., relatif à la table, au festin.

ĕpŭlātĭo, *ōnis*, f., repas, festin, banquet.

ĕpŭlātŏr, *ōris*, m., amateur de festins.

ĕpŭlātŏrĭum, *ĭi*, n., V. *epulatio*.

ĕpŭlo, *ōnis*, m., épulon, membre d'un collège de trois ou sept prêtres chargés d'organiser les repas publics lors de fêtes religieuses.

ĕpŭlor, *āris*, *āri*, 1. intr., manger, faire un repas ; festoyer ; 2. tr., manger, festoyer, se repaître de.

ĕpŭlum, *i*, n., repas public, repas sacré.

ĕqua, *æ*, f., jument, cavale.

ĕquārĭus, *a*, *um*, de cheval.

ĕquĕs, *ĭtis*, m., 1. cavalier ; poét., cheval et cavalier ; 2. chevalier, ordre des chevaliers.

ĕquester ou **ĕquestris**, *tris*, *tre*, adj., 1. de cheval, équestre ; 2. de cavalier, de cavalerie, *prælium equestre* : combat de cavalerie ; 3. de chevalier, *ordo equestris* : l'ordre équestre ; subst. n. pl., *equestria*, *ium*, les places de chevaliers au théâtre.

ĕquĭdem, adv., certes, sans doute, assurément ; avec 1re pers. du sg. : quant à moi, moi en tout cas, moi du moins.

ĕquīnus, *a*, *um*, de cheval.

Ĕquirrĭa, *um* ou *ōrum*, (cf. *equus* + *curro*) n. pl., Équiries, courses de chevaux en l'honneur de Mars.

ĕquīso ou **ĕquĭso**, *ōnis*, m., écuyer, dresseur de chevaux.

ĕquĭtātŭs, *ūs*, m., cavalerie, cavaliers ; ordre équestre.

ĕquĭto, *ās*, *āre*, intr. et qqf. tr., aller à cheval, chevaucher.

ĕquŭla, *æ*, f., pouliche.

ĕquŭlĕus, *i*, m., 1. poulain ; 2. chevalet, instrument de torture.

ĕquus, *i*, m., 1. cheval, *conscendere (in) equum* : monter à cheval, *equi virique* : la cavalerie et l'infanterie, ~ *publicus* : cheval offert par l'État ; 2. Pégase, constellation.

ēra, V. *hera*.

ērādīcātĭo, *ōnis*, f., action de déraciner, d'arracher.

ērādīcātŏr, *ōris*, m., celui qui déracine.

ērādīcĭtŭs, adv., en arrachant la racine, radicalement.

ērādīco, *ās*, *āre*, (cf. *radix*), tr., déraciner, arracher ; extirper, anéantir.

ērādo, *ĭs*, *ĕre*, *rāsi*, *rāsum*, tr., enlever en raclant, raser ; rayer (d'une liste) ; déraciner, arracher, détruire.

Ĕrăna, *æ*, f., Érana, bourg de Cilicie.

ĕrănus, *i*, m., cotisation, caisse de secours mutuel.

Ĕrăsīnus, *i*, m., Érasinus, fl. d'Argolide.

Ĕrătō, *ūs*, f., Érato, muse de la poésie érot. ; muse.

Ĕrătosthĕnēs, *is*, m., Ératosthène, mathématicien et géographe grec (IIIe s. av. J.-C.).

Erbesŏs, *i*, f., Erbesse, v. de Sicile.

Ĕrĕbĕus, *a*, *um*, de l'Érèbe, des Enfers ‖ **Ĕrĕbus**, *i*, m., l'Érèbe, divinité infernale ; les Enfers.

Ĕrechthĕus, *ĕi*, m., Érechthée, roi d'Athènes ‖ **Ĕrechthēus**, *a*, *um*, d'Érechthée ‖ **Ĕrechthīdæ**, *ārum*, m. pl., les Érechthides, descendants d'Érechthée : les Athéniens ‖ **Ĕrechthis**, *ĭdis*, f., la fille d'Érechthée (Orithye ou Procris).

ērectĭo, *ōnis*, f., action de dresser, érection.

ērectŏr, *ōris*, m., celui qui érige, redresse.

ērectus, *a, um*, part. adj. de *erigo*, [~*tior*],
1. dressé, redressé, debout ; 2. qui va la
tête levée, fier ; plein d'élévation, noble ;
3. tendu vers, attentif à, éveillé.

ērēmĭgo, *ās, āre*, tr., parcourir en naviguant à la rame, fendre de ses rames.

ērēmus, *i*, f., chr., désert, solitude.

ērēpo, *ĭs, ĕre*, repsi, reptum, intr. et tr.,
1. sortir en rampant, se glisser hors de ;
parcourir en rampant ; 2. s'élever peu à
peu ; gravir péniblement.

ēreptĭo, *ōnis*, f., vol, spoliation.

ēreptŏr, *ōris*, m., voleur, spoliateur.

ērēs, V. *heres*.

Ērētinus, *a, um*, d'Érétum.

Ērētria, *æ*, f., Érétrie, 1. v. de Thessalie ;
2. v. d'Eubée ‖ **Ērētrĭăci**, *ōrum*, m. pl., les
phil. de l'école d'Érétrie ‖ **Ērētrĭcus**, *a,
um*, d'Érétrie ‖ **Ērētrĭci**, *ōrum*, m. pl., V.
Eretriaci ‖ **Ērētrĭensis**, *e*, adj., V. *Eretricus*
‖ **Ērētrĭenses**, *ĭum*, m. pl., les hab. d'Érétrie ‖ **Ērētrĭus**, V. *Eretricus*.

Ērētum, *i*, n., Érétum, v. de Sabine sur le
Tibre.

ergā, prép. + acc., 1. face à, en face de ;
2. envers, à l'égard de, pour, *amor erga te
suus* : son amour pour toi ; envers, contre, *odium erga aliquem* : haine contre
qqn. ; 3. en ce qui concerne, au sujet de.

ergastērĭum, *ĭi*, n., atelier, boutique.

ergastŭlum, *i*, n., prison d'esclaves,
maison de force ; esclaves en prison.

ergastŭlus, *i*, m., esclave en prison.

ergō, 1. rar., postposition avec gén., *honoris ergo* : pour l'honneur ; 2. conj. de
coord., donc, par conséquent, *ergo igitur* :
ainsi donc ; oui, certes.

Ērichtō ou **Ērichthō**, *ūs*, f., Érichto, magicienne de Thessalie que consulta Pompée.

Ērichtŏnĭus ou **Ērichthŏnĭus**, *ĭi*, m.,
Érichtoni, 1. roi d'Athènes ; 2. roi des
Troyens, fils de Dardanus ‖ **Ērichtŏnĭus**,
a, um, 1. d'Athènes ; 2. de Troie.

Ērĭcinĭum, *ĭi*, n., Éricinium, v. de Thessalie.

ērĭcīnus, *a, um*, de hérisson.

ērĭcĭus, *ĭi*, m., 1. hérisson ; 2. hérisson,
machine de guerre avec pointe de fer.

Ērĭdănus, *i*, m., Éridan, 1. fl. mythique
assimilé au Pô ; 2. constellation.

ērĭfŭga, V. *herifuga*.

ērĭgo, *ĭs, ĕre*, rexi, rectum, tr., 1. dresser,
élever, ériger ; 2. redresser, relever, ranimer, ~ *spem* : ranimer l'espoir, encourager ; pousser à la révolte, *erigi* ou *se* ~ :
se soulever ; 3. rendre attentif.

Ērĭgŏnē, *ēs*, f., Érigone, fille d'Icare,
changée en constellation ‖ **Ērĭgŏnēĭus**, *a,
um*, d'Érigone.

Ērĭgŏnus, *i*, m., Érigon, riv. de Macédoine.

ērīlis, V. *herilis*.

Ērillĭi, *ōrum*, m. pl., les disciples d'Érillus ‖ **Ērillus**, *i*, m., Érillus, phil. stoïcien
(IIIe s. av. J.-C.).

Erindēs, *is*, m., Érinde, fl. de Médie.

Ērinna, *æ*, et **Ērinnē**, *ēs*, f., Érinne, poétesse de Lesbos.

Ērīnȳs et **Ērinnȳs**, *ўos*, f., Érinye ou Furie ; fureur, ~ *civilis* : fureur de la guerre
civile.

Ērĭphȳla, *æ*, et **Ērĭphȳlē**, *ēs*, f., Ériphyle, femme d'Amphiaraüs, qui trahit
son mari et fut tuée par son fils Alcméon
‖ **Ērĭphȳlæus**, *a, um*, d'Ériphyle.

ērĭpĭo, *ĭs, ĕre, rĭpŭi, reptum*, tr., 1. arracher, ~ *ensem vaginā* : tirer l'épée du fourreau, ~ *alicui oculum* : arracher un œil à
qqn. ; *subito ereptus* : arraché brutalement (à la vie) ; 2. arracher, soustraire,
dérober, ~ *filium a morte* : soustraire son
fils à la mort, *se* ~ : se dérober ; poét.,
eripe fugam : prends bien vite la fuite.

Ērĭsichthōn, V. *Erysichthon*.

Ērĭtĭum, *ĭi*, n., Éritium, v. de Thessalie.

Ēriza, *æ*, f., Ériza, v. de Carie.

① **ĕro**, *ĭs*, fut. de *sum*.

② **ĕro** ou **hĕro**, dat.-abl. de *erus* ou *herus*.

ērōdo, *ĭs, ĕre, rōsi, rōsum*, tr., ronger complètement ou lentement ; corroder.

ērŏgātĭo, *ōnis*, f., 1. frais, dépense, contribution, distribution ; 2. abrogation.

ērŏgātŏr, *ōris*, m., celui qui établit une
fille.

ērŏgĭto, *ās, āre*, tr., demander instamment.

ērŏgo, *ās, āre*, tr., 1. fournir pour des dépenses publiques ; fournir, payer, dépenser ; 2. léguer par testament ; 3. sacrifier ; 4. fléchir par ses prières.

Ērōs, *ōtis*, m., 1. Éros ; 2. comédien cité
par Cicéron ; 3. nom de diff. esclaves.

errābundus, *a, um*, qui ne cesse d'errer,
vagabond.

errans, *antis*, part. adj., errant ; indécis.

errātĭcus, *a, um*, errant, vagabond ;
spéc., qui pousse dans tous les sens (ex. :
vigne).

errātĭo, *ōnis*, f., 1. action d'errer ; 2. erreur, égarement.

errātum, *i*, n., erreur, faute.

errātŭs, *ūs*, m., action d'errer, de s'égarer.

① **erro**, *ās, āre*, intr. et qqf. tr., 1. errer, aller çà et là ; *litora errata* : rivages où l'on

aborde par hasard, que l'on parcourt à l'aventure ; **2.** s'égarer, ~ *a vero* : s'éloigner de la vérité ; se tromper, *si quid erro* : si je me trompe ; **3.** commettre une erreur morale, une faute.

)̄ erro, *ōnis*, m., homme toujours errant, vagabond.

rrōnĕus, *a, um*, qui erre, vagabond.

rrŏr, *ōris*, m., **1.** action d'errer, d'aller au hasard, errance, détour ; **2.** incertitude, flottement, doute, hésitation ; **3.** action de s'écarter (de la vérité), de se tromper, erreur ; ~ *veri* : éloignement de la vérité, *errorem deponere* : revenir d'une erreur ; **4.** erreur, faute.

rŭbescentĭa, *æ*, f., rougeur, honte.

rŭbesco, *ĭs, ĕre, rŭbŭi*, intr., rougir, devenir rouge ; rougir de honte, de pudeur ; rougir de, avoir honte de, de ce que, avec *in* + abl., *propter* + acc., *ut* + subj., inf. ; adj. vb., *erubescendus, a, um* : dont on doit rougir.

rūbrus, *i*, m., Érubrus, affluent de la Moselle.

rūca, *æ*, f., roquette (plante).

ructo, *ās, āre*, tr., **1.** vomir ; roter ; vomir des menaces ; **2.** exhaler, lancer ; intr., s'élancer, jaillir.

ructŭo, V. *eructo*.

rūdĕro, *ās, āre*, tr., déblayer ; nettoyer ; purifier.

rŭdĭo, *ĭs, īre*, (cf. *rudis*), tr., dégrossir, sortir de l'ignorance, d'où : enseigner, instruire, ~ *aliquem* : qqn., *de, in* + abl., *ad* + acc. : au sujet de, dans qqch. ; + inf. ou prop. inf. : à faire qqch.

rŭdītē, adv., [~*tius*, ~*tissime*], savamment, doctement, en homme instruit.

rŭdītĭo, *ōnis*, f., **1.** action d'enseigner, d'instruire ; **2.** savoir, connaissances ; culture.

rŭdītŏr, *ōris*, m., maître ; précepteur.

rŭdītrix, *īcis*, f. du préc.

rŭdītŭlus, *i*, m., demi-savant.

)̄ ērŭdītus, *a, um*, part. adj., [~*tior, ~s̄imus*], instruit, formé, dressé, façonné, ~ *litteris* : formé aux belles-lettres ; subst. n. pl., *eruditi, orum*, les savants, *erudita tempora* : les temps éclairés, *erudita oratio* : langage cultivé, poli (opp. à *rudis* ou *popularis*).

)̄ ērŭdītŭs, *ūs*, m., érudition.

rūgo, *ĭs, ĕre, ruxi, ructum*, intr., jaillir avec violence.

rūli, V. *Heruli*.

rumpo, *ĭs, ĕre, rūpi, ruptum*, tr., faire sortir en brisant, brutalement, *e ~ foras* : se précipiter au-dehors, ~ *gaudium* : faire éclater sa joie.

II intr., **1.** s'élancer, se précipiter, jaillir, ~ *per, inter hostes* : s'élancer au milieu de l'ennemi ; *erupit seditio* : la révolte éclata ; **2.** déboucher, aboutir, *hæc quo sint eruptura timeo* : je crains l'issue de tout cela, CIC.

ērŭo, *ĭs, ĕre, rŭi, rŭtum*, tr., **1.** tirer en creusant, déterrer, fouiller, ~ *oculum* : crever l'œil ; **2.** faire sortir à la lumière, découvrir, dévoiler ; **3.** renverser, détruire de fond en comble.

ērupțĭo, *ōnis*, f., **1.** sortie brutale, impétueuse, éruption ; **2.** mil., sortie ; irruption, invasion.

ĕrus, V. *herus*.

ĕruscus, *i*, m., ronce.

ērŭtŏr, *ōris*, m., celui qui débarrasse, délivre.

ervĭlĭa ou **ervilla**, *æ*, f., pois chiche.

ervum, *i*, n., ers, lentille.

Ĕrўcīnus, *a, um*, du mt. Éryx, *(Venus) Erycina* : la Vénus honorée sur le mt. Éryx ‖ **Ĕrўcus mons**, m., le mt. Éryx.

Ĕrўmanthĭăs, *ădis*, et **Ĕrўmanthis**, *ĭdis*, f., de l'Érymanthe ‖ **Ĕrўmanthĭus**, *a, um*, d'Érymanthe ‖ **Ĕrўmanthos** et **Ĕrўmanthus**, *i*, m., Érymanthe, **1.** montagne d'Arcadie, où Hercule tua un sanglier monstrueux ; **2.** riv. d'Élide, affluent de l'Alphée.

Ĕrўsichthōn, *ōnis*, m., Érysichthon, roi de Thessalie.

Ĕrўthēa ou **Ĕrўthīa**, *æ*, f., Érythée, île voisine de l'Hispanie, où habitait Géryon ‖ **Ĕrўthēis**, *ĭdis*, f., d'Érythée.

Ĕrўthræ, *ārum* f. pl., Érythres, **1.** v. de Béotie ; **2.** v. d'Ionie ; **3.** v. de Locride ; **4.** v. de l'Inde ‖ **Ĕrўthræus**, *a, um*, **1.** d'Érythres (Béotie) ; **2.** Érythrée, *mare Erythræum* : mer Érythrée ou mer Rouge ; de l'Inde ‖ **Ĕrўthræa**, *æ*, f., le territoire d'Érythres (Béotie) ‖ **Ĕrўthræi**, *ōrum*, m. pl., les hab. d'Érythres (Béotie) ‖ **Ĕrўthrus**, *i*, m., Érythrus, roi d'Érythres (Inde).

Ĕryx, *ўcis*, m., Éryx, **1.** fils de Vénus, tué par Hercule ; **2.** mt. et v. de Sicile.

esca, *æ*, f., **1.** nourriture, aliments ; **2.** appât, amorce.

escārĭus, *a, um*, **1.** qui concerne la nourriture, la table ; **2.** qui concerne l'appât.

escātĭlis, *e*, adj., comestible.

escendo, *ĭs, ĕre, scendi, scensum*, intr. et tr., **1.** monter, gravir, ~ *in rostra* : monter à la tribune, ~ *in navem* : en bateau, ~ *Capitolium, equos* : monter au Capitole, à cheval ; **2.** pénétrer dans, à l'intérieur (des terres).

escensĭo, *ōnis*, f., mil., descente, débarquement.

escensŭs, *ūs*, m., escalade, assaut.

eschătocolliŏn, *ĭi*, n., la dernière page.

escŭlenta, *ōrum*, n. pl., aliments, comestibles.

escŭlentĭa, *æ*, f., nourriture.

escŭlentus, *a*, *um*, [~*tior*], mangeable, bon à manger ; nourrissant.

escŭlētum, **escŭlĕus**, **escŭlus**, V. *æscul~*.

Esquĭlĭæ, *ārum*, f. pl., les Esquilies, quartier de Rome, sur le mt. Esquilin ‖ **Esquĭlĭārĭus**, **Esquĭlīnus**, **Esquĭlĭus**, *a*, *um*, Esquilin, ~ *mons* : le mt. Esquilin, *Esquilina* (*porta*) : la porte Esquiline.

esse, V. *sum* et *edo* ②.

essĕda, V. *essedum*.

essĕdārĭus, *ĭi*, m., essédaire, soldat combattant sur un char.

Essĕdŏnĭus, *a*, *um*, des Essédons, peuple de Scythie.

essĕdum, *i*, n., char gaulois à deux roues.

essentĭa, *æ*, f., phil., essence, nature d'une chose.

essentĭālis, *e*, adj., phil., qui tient à l'essence.

essentĭālĭtĕr, adv., phil., essentiellement.

essu, **essum**, V. *edo* ②.

essŭrĭo, V. *esurio*.

estrix, *īcis*, f., grande mangeuse.

Esubĭi, *ōrum*, m. pl., Ésubiens, peuple d'Armorique.

ēsum, V. *edo* ②.

ēsŭrĭālis, *e*, adj., de la faim, de jeûne.

ēsŭrĭentĕr, adv., en affamé.

ēsŭrĭēs, *ĕi*, f., faim, appétit.

① **ēsŭrĭo**, *īs*, *īre*, intr., avoir faim, être affamé ; + acc. ou gén., avoir faim de, convoiter.

② **ēsŭrĭo**, *ōnis*, m., gros mangeur.

ēsŭrītĭo, *ōnis*, f., faim.

ēsŭrītŏr, *ōris*, m., gros mangeur.

① **ēsus**, *a*, *um*, V. *edo* ②.

② **ēsŭs**, *ūs*, m., action de manger.

Ēsus, *i*, m., Ésus, le Mars des Gaulois.

ĕt, conj. de coord., sens premier : aussi, **1.** et, *mater et soror* : la mère et la sœur, *pueri et mulierculæ et servi* : les enfants, les femmes et les esclaves, *et discipulus et magister* : et l'élève et le maître ; en corrél. avec ~*que* ou *atque* : *et singulis universisque* : et pour chacun en particulier et pour tous ensemble, *et labore atque industriā* : à force de travail et à force de talent ; avec opp., *et non* : et non pas ; **2.** balancement entre deux mots ou deux groupes de mots : *et... et...* : d'une part..., d'autre part, *nec... et...* : d'une

part... ne... pas..., d'autre part, *et. nec...* : d'une part..., d'autre part... ne. pas ; **3.** sens adv. : aussi, même, *salve tu* : à toi aussi salut, *et alii multi* : bie d'autres encore ; et même, *te jam appel et eā voce ut* : c'est à toi que je m'adres et même avec cette voix que, *multi et docti* : beaucoup et même des savant *vixdum, vix... et...* : à peine... que **4.** pour renforcer une interr. : *et sunt q querantur ?* : et il y a des gens qui se pla gnent ? ; **5.** pour marquer l'égalité ou diff., équivalent de *ac, atque, quam* : *n eadem nobis et illis necessitas* : ce n'est p la même nécessité pour eux et po nous, *lux longe alia est et solis et lychn rum* : il y a une grande différence ent la lumière du soleil et celle des lampe Cic.

ĕtĕnim, **ĕt ĕnim**, conj. de coord., et effet.

Ětĕŏclēs, *is* et *ĕos*, m., Étéocle, fi d'Œdipe et de Jocaste, frère d'Antigo et de Polynice ‖ **Ětĕŏclēus**, *a*, *um*, d'Ét ocle.

ĕtēsĭæ, *ārum*, f. pl., les vents étésiens, q soufflent chaque année lors de la Car cule.

ĕtēsĭus, *a*, *um*, annuel.

ēthĕr~, V. *æther~*.

ēthĭcē, *ēs*, et **ēthĭca**, *æ*, f., l'éthique.

ēthĭcōs, adv., moralement (mot grec).

ethnĭcālis, *e*, adj., chr., relatif au païens, aux gentils.

ethnĭcē, adv., chr., comme les païens, le gentils.

ethnĭcus, *a*, *um*, chr., païen, gentil.

ēthŏlŏgĭa, *æ*, f., éthologie, science d mœurs et des caractères.

ēthŏlŏgus, *i*, m., éthologue ; qui imi les mœurs, les caractères.

ĕtĭam (*et* + *jam*), adv., **1.** et même, mêm aussi, encore, de plus, *pueri, mutæ etia bestiæ* : les enfants (et) même les bête *quin etiam, immo etiam* : bien plus, *non s lum* (*non modo, non tantum*)... *sed etia* (*verum etiam*) : non seulement... mais e core ; avec comp., *etiam clarius* : enco plus clairement ; **2.** avec idée de temp encore, toujours, *etiam nunc* : enco maintenant ; pour indiquer la continui d'une action : *etiam atque etiam* : sa cesse, encore et toujours ; **3.** affirmatio oui, certes, précisément, *Numquid vis ?* Etiam. : Veux-tu quelque chose ? - Ou PL. ; **4.** pour renforcer une interr. : *etia aperis ?* : eh bien ! tu ouvres ?, PL.

ĕtĭamdum, **ĕtĭam dum**, adv., encore alors.

tĭamnunc, ĕtĭam nunc, adv., encore maintenant ; de plus.

tĭamsi, ĕtĭam si, conj. + ind. (class.) ou subj., même si, quand bien même, bien que, quoique.

tĭamtum, ĕtĭamtunc, adv., alors encore, alors même.

trūria, æ, f., Étrurie, région d'Italie, auj. Toscane ‖ Etruscus, a, um, étrusque ‖ Etrusci, ōrum, m. pl., les Étrusques.

tsi, conj., 1. + ind. (class.) ou subj. : même si, quoique, bien que ; employé sans vb., etsi non iniquum certe triste senatus consultum : sénatus-consulte qui, sans être inique, n'en est pas moins dangereux, LIV. ; 2. en princ. : pourtant, toutefois, et encore.

tўmŏlŏgĭa, æ, f., étymologie.

u, interj., bien ! bravo ! (mot grec).

uadnē, ēs, f., Évadné, femme de Capanée, un des Sept contre Thèbes.

uan, V. euhan.

uandĕr et Euandrus, dri, m., Évandre, 1. héros grec qui fonda une ville au pied du Palatin, qq. s. av. la fondation de Rome ; 2. général macédonien ; 3. phil. académicien ‖ Euandrĭus, a, um, d'Évandre.

uangĕlĭcus, a, um, évangélique.

uangĕlista, æ, f., évangéliste.

uangĕlĭum, ĭi, n., Évangile.

uangĕlĭzātŏr, ōris, m., prédicateur de l'Évangile.

uangĕlĭzo, ās, āre, tr., évangéliser.

uans, V. euhans.

uax, interj., ah ! oh ! (cri de joie).

ubœa, æ, f., Eubée, île de la mer Égée, au large de la Béotie ‖ Eubœus et Eubŏĭcus, a, um, de l'Eubée ou de Cumes (colonie eubéenne) ‖ Eubŏis, ĭdis, f., de l'Eubée.

ubŭleūs, ĕi, m., Eubuléus, fils de Jupiter et de Proserpine.

ubūlĭda et Eubūlĭdēs, æ, m., Eubulide, phil., maître de Démosthène.

uchăristĭa, æ, f., eucharistie.

uchăristĭcŏn, i, n., action de grâces.

uchĕtæ, ārum, m. pl., Euchètes (secte hérétique).

uclīdēs, is, m., Euclide, 1. célèbre mathématicien d'Alexandrie ; 2. phil. de Mégare.

udēmus, i, m., Eudème, nom de diff. pers.

udoses, um, m. pl., Eudoses, peuple de Germanie.

udoxus, i, m., Eudoxe, nom de diff. pers.

Euēnīnus, a, um, du fleuve Événus, d'Étolie ‖ Euēnus, i, m., Événus, roi d'Étolie.

Eugănĕi, ōrum, m. pl., Euganéens, peuple d'Italie du Nord ‖ Eugănĕus, a, um, des Euganéens.

eugĕ, interj., bien ! bravo !

Eugĕnĭum, ĭi, n., Eugénium, v. d'Illyrie.

eugĕpæ, V. euge.

euglўphus, a, um, bien taillé (pierre).

Euhadnē, V. Euadne.

euhan et euan, interj., 1. Évan ! cri de joie des Bacchantes ; 2. Évan, surnom de Bacchus.

euhans et euans, antis, adj., qui crie Evan ! (pour invoquer Bacchus).

Euhēmĕrus, i, m., Évhémère, phil. et historien grec (IVe s. av. J.-C.).

euhĭăs, ădis, f., Bacchante.

Euhippē, ēs, f., Évippé, mère des Néréides.

Euhĭus ou Euĭus, ĭi, m., Évius, Bacchus ‖ Euhĭus, a, um, de Bacchus.

euhoe et euoe, interj., évohé !, cri des Bacchantes.

eulŏgĭa, æ, f., cadeau ; chr., pain bénit.

Eumēdēs, is, m., Eumède, héros troyen.

Eumēlis, ĭdis, f., fille d'Eumèle ‖ Eumēlus, i, m., Eumèle, 1. roi de Patras ; 2. compagnon d'Énée.

Eumĕnēs, is, m., Eumène, général d'Alexandre le Grand.

Eumĕnis, ĭdis, f., Euménide (= Bienveillante, nom donné par euphémisme aux Érinyes ou Furies).

Eumolpĭdæ, ārum, m. pl., les Eumolpides, descendants d'Eumolpe ‖ Eumolpus, i, m., Eumolpe, 1. fils de Poséidon, qui émigra en Attique et fonda les mystères d'Éleusis ; 2. fils de Musée et élève d'Orphée ; 3. nom d'h., PÉTR.

eundus, a, um, adj. vb. de eo ①.

eunt~, V. eo ① (part. prés.).

eunūchīnus, a, um, d'eunuque.

eunūchizo, ās, āre, tr., châtrer.

eunūchus, i, m., eunuque ; « L'Eunuque », pièce de Térence.

Eupătĕreïa, æ, f., fille d'un noble père = Hélène de Troie.

Euphorbus, i, m., Euphorbe, Troyen.

Euphŏrĭōn, ōnis, m., Euphorion, poète de Chalcis, en Eubée (IIIe s. av. J.-C.).

Euphrānŏr, ōris, m., Euphranor, 1. peintre et sculpteur ; 2. général de Persée.

Euphrātæus, a, um, de l'Euphrate ‖ Euphrātēs, is ou æ, m., Euphrate, fl. d'Asie.

Euphrŏsўnē, ēs, f., Euphrosyne, une des trois Grâces.

euplŏcămŏs ou **euplŏcămus**, *a, um*, aux cheveux bouclés (mot grec).

Euplœa, *æ*, f., Euplœa, île près de Naples.

Eupŏlis, *ĭdis*, m., Eupolis, un des grands auteurs de l'ancienne comédie athénienne (ve s. av. J.-C.).

Eurīpĭdēs, *is* ou *i*, m., Euripide, un des plus grands tragiques grecs (ve s. av. J.-C.) ‖ **Eurīpĭdēus**, *a, um*, d'Euripide.

eurīpus et **eurīpŏs**, *i*, m., détroit ; canal ; aqueduc, rigole ; fossé rempli d'eau qui entourait le cirque à Rome.

Eurīpus et **Eurīpŏs**, *i*, m., l'Euripe, détroit qui sépare l'Eubée de la Béotie.

Eurōmenses, *ĭum*, m. pl., les hab. d'Eurome, v. de Carie.

Eurōpa, *æ*, et **Eurōpē**, *ēs*, f., 1. Europe, fille d'Agénor, enlevée par Jupiter qui avait pris la forme d'un taureau ; 2. l'Europe ‖ **Eurōpæus**, *a, um*, d'Europe.

Eurōtās, *æ*, m., Eurotas, fl. de Laconie.

Eurus, *i*, m., l'Eurus, vent du S.-E. ; l'Orient.

① **Euryălus**, *i*, m., Euryale, 1. Argonaute, chef des Argiens à Troie ; 2. Troyen, fidèle ami de Nisus ; 3. nom d'un histrion à Rome.

② **Euryălus**, *i*, f., Euryale, citadelle de l'Épipole à Syracuse.

Eurybătēs, *æ*, m., Eurybate, héraut des Grecs à Troie.

Eurybĭădēs, *is*, m., Eurybiade, prince spartiate.

Euryclēa, **Euryclīa**, *æ*, f., Euryclée, nourrice d'Ulysse.

Eurydămas, *antis*, m., Eurydamas, surnom d'Hector.

Eurydĭca, *æ*, et **Eurydĭcē**, *ēs*, f., Eurydice, 1. épouse d'Orphée ; 2. nom de f.

Eurylŏchus, *i*, m., Euryloque, compagnon d'Ulysse, qui refusa de boire le breuvage de Circé.

Eurymăchus, *i*, m., Eurymaque, prétendant de Pénélope.

Eurymĕdōn, *ontis*, m., Eurymédon, 1. fils de Faune ; 2. fl. de Pamphylie.

Eurymĕnæ, *ārum*, f. pl., Eurymène, v. de Thessalie.

Eurymĭdēs, *æ*, m., le devin Télémus, fils d'Eurymus.

Eurynŏmē, *ēs*, f., Eurynome, nymphe.

Eurypylis, *ĭdis*, f., d'Eurypyle ‖ **Eurypylus**, *i*, m., Eurypyle, 1. fils d'Hercule, roi de Cos ; 2. nom d'un devin ; 3. fils de Télémaque ; 4. chef des Pergaméniens à Troie.

Eurysthĕnēs, *is*, m., Eurysthène, Héraclide, roi de Lacédémone.

Eurystheūs, *ěi*, m., Eurysthée, fils de Sthénélus, roi de Mycènes ‖ **Eurystheūs** *a, um*, d'Eurysthée.

Eurytĭōn, *ōnis*, m., Eurytion, 1. centaure ; 2. Argonaute ; 3. compagnon d'Énée ; 4. nom d'un ciseleur.

Eurytis, *ĭdis*, f., fille d'Eurytus, Iole ‖ **Eurytus**, *i*, m., Eurytus, 1. roi d'Œchalie tué par Hercule ; 2. centaure.

euschēmē, adv., avec grâce (mot grec).

Eusĕbēs, *is* et *ētis*, m., le Pieux, surnom d'Ariobarzane, roi de Cappadoce.

Eusĕbĭus, *ĭi*, m., Eusèbe, évêque de Césarée, en Palestine.

Euterpē, *ēs*, f., Euterpe, muse de la musique.

Euxīnus, *a, um*, « hospitalier », épith. de l'actuelle mer Noire, ~ *pontus*, *Euxinum mare*, *fretum* : le Pont-Euxin ‖ **Euxīnus**, m., le Pont-Euxin.

Ēva, *æ*, f., chr., Ève, femme d'Adam.

ēvăcŭātĭo, *ōnis*, f., évacuation ; affaiblissement ; suppression, destruction.

ēvăcŭo, *ās*, *āre*, tr., vider ; affaiblir, épuiser ; supprimer.

Evadnē, V. *Euadne*.

ēvādo, *ĭs*, *ĕre*, *vāsi*, *vāsum*, intr. et tr. 1. sortir de, aller hors, partir, s'échapper, ~ *ex aquā* : sortir de l'eau, ~ *in terram* : débarquer, ~ *amnem* : passer un fleuve, ~ *vitam* : sortir de la vie ; 2. gravir, parvenir à, ~ *in jugum* : gravir une colline, ~ *ardua* : gravir des hauteurs ; 3. traverser, venir à bout de, échapper à, ~ *viam* : parcourir une route ; ~ *flammas, necem* : échapper aux flammes, à la mort ; 4. parvenir à, aboutir à, finir en, ~ *in malum* : tourner mal, ~ *oratorem* : devenir orateur, ~ *vanum* : échouer.

ēvăgātĭo, *ōnis*, f., action d'errer.

ēvăgor, *āris*, *āri*, intr. et qqf. tr., courir çà et là, se répandre, s'étendre ; se donner carrière.

ēvălesco, *ĭs*, *ĕre*, *vălŭi*, intr., 1. prendre de la force, se fortifier ; finir par s'imposer ; 2. avoir la force de, être capable de ; 3. avoir pour résultat, déboucher sur.

evan, V. *euhan*.

Evander, V. *Euander*.

ēvānesco, *ĭs*, *ĕre*, *vānŭi*, (cf. *vanus*), intr., s'évanouir, se perdre, disparaître ; perdre de sa force, s'éventer.

ēvangĕl~, V. *euangel~*.

ēvānĭdus, *a, um*, qui disparaît, vide, épuisé.

ēvans, V. *euhans*.

ēvăpōrātĭo, *ōnis*, f., évaporation.

ēvăpōro, *ās*, *āre*, tr., faire évanouir, évaporer ; détruire.

ēvasto, *ās*, *āre*, tr., dévaster complètement, de fond en comble.

ēvax, V. *euax*.

ēvectātĭo, *ōnis*, f., sortie (d'un navire).

ēvectĭo, *ōnis*, f., action de s'élever en l'air.

ēvĕho, *ĭs*, *ĕre*, *vexi*, *vectum*, tr., 1. transporter au-dehors, emporter ; passif : être transporté, s'avancer (autrement qu'à pied), *evehi in altum* : gagner la haute mer, *evehi longius* : se laisser emporter trop loin ; 2. élever, faire monter, ~ *ad consulatum* : élever au consulat, ~ *ad auras* : porter aux nues.

ēvello, *ĭs*, *ĕre*, *velli* (*vulsi*), *vulsum*, tr., arracher, déraciner ; extirper.

ēvĕnĭo, *ĭs*, *īre*, *vēni*, *ventum*, intr., 1. venir hors de, sortir de ; 2. avoir telle ou telle issue, arriver, avoir lieu (à la suite de, opp. à *accido* : arriver par hasard), ~ *bene* : avoir un bon résultat, ~ *feliciter*, *prospere* : réussir ; *si quid sibi eveniret* : s'il lui arrivait qqch. (= s'il venait à mourir) ; 3. impers., arriver par hasard, *(forte) evenit ut* + subj. : il arriva (par hasard) que.

ēventĭlo, *ās*, *āre*, tr., vanner (le grain) ; fig., éplucher, faire une critique minutieuse.

ēventum, *i*, n., 1. chose arrivée, événement ; 2. résultat, effet, issue ; 3. phil., accident (opp. à *conjunctum*, V. ce mot).

ēventŭs, *ūs*, m., 1. événement heureux ou malheureux, ce qui est arrivé à + gén. ; 2. issue, dénouement, *dubio eventu pugnare* : combattre avec un résultat incertain, sans résultat.

Ēvēnus, V. *Euenus*.

ēverbĕro, *ās*, *āre*, tr., frapper (à coups redoublés).

ēvergo, *ĭs*, *ĕre*, tr., répandre, faire jaillir.

ēverrĭcŭlum, *i*, n., tout ce qui sert à balayer, balai (chez Cɪᴄ., jeu de mots sur Verrès = nettoyeur, pillard).

ēverro, *ĭs*, *ĕre*, *verri*, *versum*, tr., enlever en balayant ; fig., balayer = piller, spolier, V. le préc.

ēversĭo, *ōnis*, f., 1. renversement ; 2. destruction, bouleversement.

ēversŏr, *ōris*, m., celui qui renverse, destructeur.

ēversŭs, *ūs*, m., réfutation.

ēverto, *ĭs*, *ĕre*, *verti*, *versum*, tr., 1. mettre sens dessus dessous, renverser ; 2. détruire, abattre ; 3. expulser, exproprier, dépouiller.

ēvestīgātus, *a*, *um*, part. adj., dépisté, découvert à force de recherches.

Ēvh~, V. *Euh~*.

ēvĭbro, *ās*, *āre*, tr., lancer ; fig., animer, stimuler.

ēvĭdens, *entis*, adj., [~*tior*, ~*tissimus*], 1. visible, clair, manifeste, évident ; 2. digne de foi.

ēvĭdentĕr, adv., [~*tissime*], clairement, de façon évidente.

ēvĭdentĭa, *æ*, f., 1. évidence ; 2. visibilité.

ēvĭgesco, *ĭs*, *ĕre*, intr., perdre sa vigueur.

ēvĭgĭlātĭo, *ōnis*, f., réveil.

ēvĭgĭlo, *ās*, *āre*,
I intr., 1. s'éveiller, se réveiller ; 2. veiller à, s'appliquer à.
II tr., 1. passer (la nuit) en veillant ; 2. faire à force de veilles, mûrir longuement.

ēvĭgōro, *ās*, *āre*, intr., perdre sa vigueur.

ēvĭlesco, *ĭs*, *ĕre*, *vīlŭi*, intr., devenir vil, sans valeur.

ēvincĭo, *ĭs*, *īre*, *vinxi*, *vinctum*, tr., lier, attacher ; ceindre.

ēvinco, *ĭs*, *ĕre*, *vīci*, *victum*, tr., 1. vaincre complètement, parvenir à vaincre, supplanter, triompher de ; 2. conquérir, obtenir, fléchir ; passif, *evinci* : se laisser fléchir ; 3. parvenir à convaincre, à démontrer.

ēvĭrātus, *a*, *um*, part. adj., [~*tior*], privé de virilité, efféminé.

ēviscĕro, *ās*, *āre*, tr., ôter les entrailles à, éviscérer ; mettre en pièces.

ēvītābĭlis, *e*, adj., qu'on peut éviter.

① **ēvĭto**, *ās*, *āre*, tr., éviter, fuir.

② **ēvīto**, *ās*, *āre*, (cf. *vita*), tr., priver de la vie, tuer.

Evĭus, V. *Euhius*.

ēvŏcātĭo, *ōnis*, f., 1. appel, levée de soldats ; 2. évocation (des âmes aux Enfers).

ēvŏcātŏr, *ōris*, m., celui qui appelle, lève les troupes.

ēvŏco, *ās*, *āre*, tr., 1. faire sortir en appelant, faire venir, appeler ; 2. ~ *manes* : évoquer les mânes, ~ *deum* : faire sortir la divinité d'une ville assiégée ; 3. lever des troupes, enrôler, requérir ; part. subst. m., *evocatus*, *i*, vétéran rappelé, rengagé ; 4. provoquer (au combat), citer (en justice) ; 5. exciter, provoquer, faire naître, ~ *memoriam* : rafraîchir la mémoire.

ēvoe, V. *euhoe*.

ēvŏlātĭo, *ōnis*, f., action de fuir à tire-d'aile.

ēvŏlo, *ās*, *āre*, intr., 1. s'envoler, s'élever en volant ; s'élancer pour s'échapper de, s'échapper de, se dérober à ; 2. fig., prendre son essor, s'élever à une certaine altitude (mor., style).

ēvolsus, V. *evulsus*.

ēvŏlūtĭo, *ōnis*, f., action de dérouler, de parcourir, de lire un volume ; lecture.

ēvolvo, *ĭs, ĕre, volvi, vŏlūtum*, tr., **1.** rouler de haut en bas ou de bas en haut, faire rouler, ~ *silvas* : déraciner des forêts ; **2.** précipiter, abattre, jeter à bas de, *se* ~ ou *evolvi* : se rouler, se précipiter ; **3.** déployer, déplier, dévider, dérouler, ~ *volumen* : lire un manuscrit, ~ *vestem* : déplier un vêtement, ~ *fusos* : dévider les fuseaux (des Parques), abs. : décider d'un destin ; **4.** dérouler, expliquer, découvrir, démêler ; **5.** dérouler, développer en racontant, passer en revue ; **6.** *se-cum* ~ : rouler dans son esprit, se remémorer.

ēvŏmo, *ăs, ăre, vŏmŭi, vŏmĭtum*, tr., vomir entièrement, rendre, rejeter (pr. et fig.).

ēvorto, V. *everto*.

ēvulgo, *ăs, ăre*, tr., divulguer, publier.

ēvulsĭo, *ōnis*, f., action d'arracher.

ēvulsus, V. *evello*.

ex (devant voy. ou *h*, et souv. devant cons.) ou *e* (devant cons.), prép. + abl., **1.** lieu d'où l'on vient : a) de, hors de, *navis solvitur e portu* : le navire levant l'ancre quitte le port, *e castris equo advehi* : quitter le camp à cheval, *excedere e vita* : quitter la vie ; *ex utrāque parte* : des deux côtés, *e regione* : à partir de la direction, d'où : directement, en droite ligne ; b) de, du haut de, *ex equo cadere* : tomber de cheval, *pendere ex arbore* : pendre à un arbre ; **2.** lieu d'où l'on prend : de, à, dans, *gladium e vaginā educere* : tirer l'épée du fourreau, *quærere ex aliquo* : demander à qqn., *ex tuis litteris scio* : j'ai appris par (dans) ta lettre ; **3.** origine : de, *ex improbo patre natus* : né d'un père malhonnête (descendance dir.), *ex Hispaniā* : originaire d'Espagne, *quidam ex proximo* : qqn. du voisinage ; **4.** partie d'un ensemble : de, parmi, dans, *ex civitate delectus* : choisi parmi les citoyens, *unus ex eis* : l'un d'eux ; c. du superl., *altissima ex arboribus* : le plus haut des arbres ; **5.** matière : de, en, *statua ex aere* : une statue en bronze ; **6.** conformité : selon, d'après, *ex edicto* : selon l'édit, *ex omnium sententiā* : selon l'avis de tous, *ex more* : suivant l'usage ; **7.** manière : *e facili* : facilement, *e toto* : entièrement ; **8.** cause : de, à cause de, par suite de, pour, *ex renibus laborare* : souffrir des reins, *ex doctrinā nobilis* : célèbre pour sa science, *quā ex causā* : pour cette raison, *ex quo fit ut* + subj. : de là vient que ; **9.** temps : de, à la suite de, aussitôt après, depuis, *ex hoc die* : depuis ce jour, *ex magnis rupibus nactus planitiem* : après de gros rochers rencontrant un espace plat, Cés., *aliud ex alio* : l'un

après l'autre, *e consulatu* : aussitôt après le consulat, *ex itinere* : leur marche à peine achevée, sans désemparer.

ex~, préf. indiquant : **1.** point de départ, origine ; qqf. mvt. vers le haut (opp. à *de*) ; **2.** éloignement, retranchement (*extrahere*) ; **3.** changement complet d'état, négation du sens du simple (*expers*) ; **4.** achèvement complet d'une action, perfection (*excolere, edocere*) ; compos., devant voy. et devant cons. sourde (*c, p, t*), le plus souv. *ex~* ; devant cons. sonore (*b, d, g, j, l, m, n, v*), le plus souv. *e~* ; devant *f*, *s* assimile : *ef~* ; après *ex, s* subsiste ou disparaît (*exsilium/exilium*).

exābūtor, *ĕris, i, ūsus sum*, intr., abuser complètement de.

exăcerbātĭo, *ōnis*, f., action d'irriter.

exăcerbesco, *ĭs, ĕre*, intr., s'aigrir.

exăcerbo, *ăs, ăre*, tr., aigrir, irriter à l'extrême.

exăcervo, *ăs, ăre*, intr., s'entasser.

exactĭo, *ōnis*, f., **1.** expulsion, bannissement ; **2.** réclamation (d'une dette), perception (des impôts) ; impôts ; **3.** achèvement complet.

exactŏr, *ōris*, m., **1.** celui qui expulse, bannit, chasse ; **2.** celui qui réclame (une dette), lève (un impôt), perçoit (les impôts) ; **3.** contrôleur, surveillant (rigoureux).

exactrix, *īcis*, f., celle qui exige.

① **exactus**, *a, um*, part. adj. de *exigo* [~*tior*, ~*tissimus*], **1.** achevé, accompli ; **2.** parfait, exact, précis.

② **exactŭs**, *ūs*, m., vente, écoulement.

exăcŭo, *ĭs, ĕre, ăcŭi, ăcūtum*, tr., **1.** rendre très aigu, effiler, aiguiser ; affiner ; **2.** stimuler, exciter.

exadversum et **exadversŭs**, adv. et prép. + acc., vis-à-vis (de), en face (de).

exædĭfĭcātĭo, *ōnis*, f., rhét., construction.

exædĭfĭco, *ăs, ăre*, tr., **1.** achever de bâtir ; édifier, construire complètement ; **2.** (jeu de mots : *ex-ædes-facio*), mettre à la porte, Pl.

exæquātĭo, *ōnis*, f., égalisation, partage égal.

exæquo, *ăs, ăre*, tr., **1.** mettre sur le même plan, égaliser, niveler, *nos exæquat victoria cælo* : sa victoire nous met au niveau du ciel, Lucr. ; **2.** être égal à, égaler.

exæstĭmo, V. *existimo*.

exæstŭo, *ăs, ăre*, **1.** intr., s'élever en bouillonnant, déborder ; fig., bouillonner (de colère...) ; **2.** tr., faire sortir en bouillonnant.

exaggĕrantēr, adv., [~*tius*], en accumulant de grands mots.

exaggĕrātĭo, *ōnis*, f., **1.** action d'entasser, d'élever ; élévation (de l'âme) ; **2.** exagération.

exaggĕrātŏr, *ōris*, m., celui qui exagère.

exaggĕrātus, *a, um*, part. adj., amplifié, outré, excessif ; hyperbolique.

exaggĕro, *ās, āre*, tr., **1.** élever en accumulant de la terre, hausser, surélever ; fig., élever, agrandir (âme) ; **2.** grossir, augmenter ; **3.** amplifier, grossir ; exalter, faire valoir.

exăgĭtātĭo, *ōnis*, f., action de poursuivre, de pourchasser.

exăgĭtātŏr, *ōris*, m., celui qui poursuit, pourchasse ; censeur impitoyable.

exăgĭto, *ās, āre*, tr., **1.** pousser dehors, poursuivre, faire lever (gibier) ; **2.** poursuivre, tourmenter, harceler ; critiquer, censurer ; **3.** exciter, animer, stimuler ; irriter, aigrir, exaspérer.

exăgōga, *æ*, f., exportation.

exălăpo, *ās, āre*, tr., souffleter.

exalbesco, *ĭs, ĕre, albŭi*, intr., devenir blanc, pâle.

exalbo, *ās, āre*, tr., rendre blanc, blanchir.

exālo, V. *exhalo*.

exaltātĭo, *ōnis*, f., **1.** action d'élever ; **2.** exaltation, transport, orgueil.

exaltātŏr, *ōris*, m., celui qui élève.

exalto, *ās, āre*, tr., exhausser, élever (pr. et fig.).

exaltus, *a, um*, très haut.

exambĭo, *īs, īre*, tr. **1.** intr., aller çà et là en priant ; **2.** tr., assiéger de ses prières.

exambŭlo, *ās, āre*, intr., aller se promener.

exāmĕn, *ĭnis*, (cf. *ex-ag-s-men*, cf. *ago*), n., **1.** troupe en marche, essaim, banc (de poissons), nuage (de sauterelles) ; foule, multitude.
2. aiguille d'une balance ; **2.** pesée, contrôle, épreuve, examen.

exāmĭnātē, adv., [~*tius*], en examinant attentivement, avec soin, attention.

exāmĭnātŏr, *ōris*, m., celui qui examine, juge, contrôle, met à l'épreuve.

exāmĭnātōrĭus, *a, um*, relatif à l'examen.

exāmĭnātrix, *īcis*, f., celle qui met à l'épreuve.

exāmĭnātus, *a, um*, [~*tissimus*], pesé, réfléchi, attentif.

exāmĭno, *ās, āre*, tr., **1.** peser, équilibrer ; **2.** peser, mesurer, apprécier, examiner.

exămurgo (~co), *ās, āre*, tr., ôter l'*amurca* (marc d'huile) ; sécher.

exāmussim, adv., avec régularité, exactement.

exancillor, *āris, āri*, intr., servir en esclave.

exanclo et **exantlo**, *ās, āre*, tr., vider, épuiser, tarir ; supporter, souffrir jusqu'au bout.

exanguis, V. *exsanguis*.

exănĭmābĭlĭtĕr, adv., de manière à être essouflé.

exănĭmālis, *e*, adj., **1.** qui ôte la vie, mortel ; **2.** privé de vie, de souffle.

exănĭmātĭo, *ōnis*, f., état où l'on a le souffle coupé, saisissement, effroi.

exănĭmis, *e*, adj., V. *exanimus*.

exănĭmo, *ās, āre*, tr., **1.** ôter l'air, ôter le souffle, priver de vie, tuer ; passif, *exanimari* : être essoufflé, épuisé, hors d'haleine ; être tué, mourir ; **2.** exhaler.

exănĭmus, *a, um*, qui a perdu le souffle, la vie ; inanimé, mort (pr. ou fig.).

exantlo, V. *exanclo*.

exăpĕrĭo, *īs, īre*, tr., ouvrir entièrement ; expliquer.

exapto, *ās, āre*, tr., adapter.

exaptus, *a, um*, attaché, adapté à, suspendu à.

exarcĭo, V. *exsarcio*.

exardesco, *ĭs, ĕre, arsi, arsum*, intr., s'enflammer, s'allumer (pr. et fig.).

exāresco, *ĭs, ĕre, ārŭi*, intr., se dessécher entièrement, s'épuiser (pr. et fig.).

exārĭdus, *a, um*, complètement sec.

exarmo, *ās, āre*, tr., **1.** désarmer, dépouiller de ses armes ; **2.** désarmer, dégréer (un navire) ; **3.** fig., désarmer, fléchir (par des prières).

exăro, *ās, āre*, tr., **1.** mettre au jour en labourant, déterrer ; **2.** obtenir en labourant ; **3.** labourer profondément, creuser ; **4.** tracer (sur la cire), écrire.

exartĭcŭlātus, *a, um*, sans membres, inarticulé.

exartus, *a, um*, très resserré.

exascĭo, *ās, āre*, tr., **1.** dégrossir à l'herminette (*ascia*) ; **2.** ébaucher.

exaspĕrātĭo, *ōnis*, f., violente irritation, exaspération.

exaspĕro, *ās, āre*, tr., **1.** rendre rude, âpre, inégal, aigre ; hérisser ; **2.** irriter, aigrir, exaspérer, envenimer.

exauctōro, *ās, āre*, tr., délier du serment, licencier, congédier ; mil., *se ~* : quitter le service.

exaudĭbĭlis, *e*, adj., digne d'être entendu, exaucé.

exaudĭo, *īs, īre*, tr., **1.** entendre de loin, au loin ; **2.** entendre nettement, saisir, percevoir ; **3.** entendre, écouter, exaucer ; obéir.

exaudītĭo, *ōnis*, f., action d'exaucer.

exaudītŏr, ōris, m., celui qui exauce.

exaugĕo, ēs, ēre, tr., augmenter considérablement.

exaugŭrātĭo, ōnis, f., action de désaffecter un lieu de culte, désacralisation.

exaugŭro, ās, āre, tr., désaffecter un lieu de culte, désacraliser.

exauspĭco, ās, āre, intr., se sauver grâce aux auspices.

exballisto, ās, āre, tr., frapper d'un coup de baliste, mettre hors de combat.

exbĭbo, V. ebibo.

exbŏla, æ, f., pièce de rebut.

excæcātĭo, ōnis, f., action d'aveugler.

excæcātŏr, ōris, m., celui qui aveugle.

excæco, ās, āre, tr., 1. rendre aveugle, aveugler ; 2. éblouir, aveugler (mor.) ; 3. aveugler, obstruer (un conduit).

excalcĕo et **excalcĭo**, ās, āre, tr., ôter la chaussure, déchausser ; spéc., ôter le cothurne (acteurs comiques).

excandescentĭa, æ, f., emportement.

excandesco, ĭs, ĕre, candŭi, intr., prendre feu, s'enflammer, s'emporter.

excantātŏr, ōris, m., celui qui guérit par des enchantements.

excanto, ās, āre, tr., attirer par des enchantements.

excarnĭfĭco, ās, āre, tr., arracher la chair, lacérer, torturer, faire périr sous la torture.

excătărisso, ās, āre, tr., purifier complètement, d'où : saigner à blanc (fig.).

excăvātĭo, ōnis, f., cavité, trou.

excăvo, ās, āre, tr., creuser, rendre creux.

excēdo, ĭs, ĕre, cessi, cessum, intr. et tr., 1. sortir, s'en aller, se retirer, ~ e templo : sortir du temple, ~ curiam : quitter la curie, ~ patriā : s'exiler, ~ e memoriā : disparaître de la mémoire ; ~ e vitā, vitā, ou abs. excedere : s'en aller (de la vie), mourir ; 2. dépasser, aller plus loin, au-delà de, nubes excedit Olympus : l'Olympe dépasse les nuages, ~ modum : dépasser la mesure ; 3. aller jusqu'à, ad quærimoniam excessit res : l'affaire alla jusqu'aux plaintes.

excellens, entis, part. adj., [~tior, ~tissimus], 1. qui s'élève haut ; 2. supérieur, distingué, éminent, excellent.

excellentĕr, adv., [~tius, ~tissime], d'une manière supérieure, excellente.

excellentĭa, æ, f., supériorité, excellence.

excello, ĭs, ĕre, intr., s'élever, être élevé au-dessus, surpasser, exceller, ~ dignitate : surpasser en dignité, ~ inter omnes : exceller entre tous, longe aliis excellis : tu l'emportes de beaucoup sur les autres.

excelsē, adv., [~sius], avec élévation.

excelsĭtās, ātis, f., élévation, grandeur.

excelsus, a, um, [~sior, ~sissimus], 1. élevé, haut ; subst. n., excelsum, i, lieu élevé, hauteur ; 2. élevé, grand, relevé, noble ; subst. n., excelsum, i, rang élevé, dignité.

exceptācŭlum, i, n., réceptacle, moyen pour recueillir.

exceptĭo, ōnis, f., 1. exception, restriction, réserve, cum eā exceptione : avec cette réserve ; 2. clause restrictive ; 3. objection, fin de non-recevoir.

exceptĭuncŭla, æ, f., petite exception.

excepto, ās, āre, tr., 1. retirer à plusieurs reprises ; 2. saisir successivement (par la main) ; 3. accueillir, se pénétrer de.

exceptŏr, ōris, m., celui qui recueille, saisit ; secrétaire.

excĕrĕbrātus, a, um, qui a perdu la raison.

excerno, ĭs, ĕre, crēvi, crētum, tr., séparer trier.

excerpo, ĭs, ĕre, cerpsi, cerptum, tr., 1. tirer de, extraire, recueillir, prendre des extraits ; subst. n., excerptum, i, extrait, morceau choisi ; 2. mettre hors de, séparer, se ~ : se retrancher de.

excervīcātĭo, ōnis, f., entêtement.

excessĭo, ōnis, f., sortie.

excessŭs, ūs, m., 1. sortie, ~ (e) vitā : sortie de la vie, mort ; 2. digression ; 3. chr. transport, extase.

excĕtra, æ, f., serpent ; fig., vipère (injure).

excĭdĭum, ĭi, n., 1. destruction, anéantissement, ruine, V. exscidium ; 2. coucher du soleil.

① **excĭdo**, ĭs, ĕre, cĭdi, (cf. cado), intr., 1. tomber de, tomber, ~ de manibus : tomber des mains, ~ in flumen : tomber dans le fleuve ; 2. échapper, sortir involontairement, quod verbum tibi non excidit : ce mot ne t'est pas échappé, CIC., qui libellus me invito excidit : le petit livre a vu le jour malgré moi, CIC. ; ~ de memoriā, ex animis, animo : s'échapper de la mémoire, mihi ista exciderant : j'avais oublié tout cela, CIC. ; 3. tomber, disparaître, s'évanouir, périr, cum virtus excidit : quand la vertu n'est plus, HOR. ; 4. échouer, être dépossédé de, ~ magnis ausis : échouer dans une grande entreprise ; 5. finir, se terminer en, in vitium libertas excidit : la liberté dégénère en vice, HOR.

② **excīdo**, ĭs, ĕre, cīdi, cīsum, (cf. cædo), tr., 1. couper, retrancher en coupant, abattre ; 2. abattre, renverser, détruire 3. extirper.

excĭĕo, ēs, ēre, V. excio.

excindo, V. exscindo.

excĭo, *īs*, *īre*, *cīvi* (*cĭi*), *cītum* (*cĭtum*), tr., **1.** attirer hors, appeler, faire venir, ~ *aliquem foras* : faire sortir qqn. devant la maison ; citer (en justice) ; appeler (à l'aide) ; ~ *somno, ex somno* ou abs. *excire* : réveiller ; **2.** faire sortir, tirer, provoquer, soulever, ~ *lacrimas* : tirer des larmes, ~ *terrorem* : provoquer la terreur, ~ *plebem* : soulever le peuple ; part., *excitus, a, um*, simulé, ému.

excĭpĭo, *īs*, *ĕre*, *cēpi*, *ceptum*, tr., **I** prendre de, retirer de, **1.** ~ *aliquem e mari* : retirer qqn. de la mer ; **2.** excepter, *exceptis vobis duobus* : vous deux exceptés ; **3.** établir par exception, stipuler, *lex excipit ut* + subj. : la loi stipule que.
II prendre, recevoir, recueillir, accueillir, **1.** ~ *sanguinem paterā* : recueillir le sang dans une coupe, ~ *extremum spiritum* : recueillir le dernier souffle ; **2.** accueillir, héberger, ~ *aliquem benigno vultu* : faire bon visage à qqn., ~ *aliquem hospitio* : donner l'hospitalité à qqn. ; **3.** prendre en notes, ~ *versus* : prendre des vers sous la dictée ; **4.** recevoir, prendre, surprendre, ~ *servos* : capturer des esclaves, ~ *voluntates* : s'attirer les sympathies ; **5.** recevoir, soutenir, ~ *aliquem labentem* : soutenir qqn. qui tombe ; **6.** recevoir, supporter, ~ *omnium tela* : recevoir les coups de tous ; ~ *labores magnos* : s'exposer à de grandes fatigues ; ~ *rem publicam* : se charger de la défense de l'État.
III prendre la suite (de), venir à la suite (de), remplacer, *hiemem æstas excepit* : l'été succéda à l'hiver, Liv. ; abs., *excepit clamor* : des cris s'ensuivirent.

excīsĭo, *ōnis*, f., **1.** entaille, coupure ; **2.** ruine, destruction, sac.

excissātus, *a*, *um*, coupé, déchiré.

excĭtātĭo, *ōnis*, f., action de réveiller.

excĭtātŏr, *ōris*, m., celui qui réveille.

excĭtātōrĭus, *a*, *um*, qui réveille, excitant.

excĭtātus, *a*, *um*, part. adj., [~*tior*, ~*tissimus*], **1.** réveillé ; **2.** animé, fort, violent.

excĭto, *ās*, *āre*, tr., **1.** faire sortir de, lever, ~ *feras* : faire lever des bêtes sauvages ; ~ *e somno* : éveiller, réveiller ; ~ *testes* : appeler des témoins ; **2.** élever, dresser, ~ *turrem* : construire une tour ; **3.** soulever, causer, produire, ~ *incendium* : allumer un incendie, ~ *fletum* : faire couler des larmes ; **4.** animer, exciter, inciter, ~ *hominum studia* : susciter les sympathies, ~ *ad virtutem, ad canendum* : inciter à la vertu, à chanter.

excĭtŭs, *ūs*, m., action d'appeler, appel.

exclāmātĭo, *ōnis*, f., exclamation, cri.

exclāmĭto, *ās*, *āre*, intr., s'exclamer (plusieurs fois).

exclāmo, *ās*, *āre*, **1.** intr., crier, s'écrier, s'exclamer ; **2.** tr., appeler à grands cris, appeler à haute voix, ~ *ut* + subj. : crier de.

exclūdo, *īs*, *ĕre*, *clūsi*, *clūsum*, tr., **1.** ne pas laisser entrer, exclure, éloigner ; **2.** faire sortir, chasser ; faire éclore, couver ; **3.** exclure, excepter, empêcher, *tempore exclusus* : empêché par le manque de temps, *excludi quominus* + subj. : être empêché de ; **4.** clore, achever.

exclūsĭo, *ōnis*, f., exclusion ; action de fermer.

exclūsŏr, *ōris*, m., **1.** celui qui chasse ; **2.** ciseleur.

exclūsus, *a*, *um*, part. adj. de *excludo*, [~*sissimus*], exclu.

excōdĭco, *ās*, *āre*, tr., extirper.

excōgĭtātĭo, *ōnis*, f., action d'imaginer, invention, imagination.

excōgĭtātŏr, *ōris*, m., celui qui imagine, invente.

excōgĭtātus, *a*, *um*, part. adj., [~*tissimus*], imaginé, bien imaginé.

excōgĭto, *ās*, *āre*, tr., produire par la réflexion, l'imagination, imaginer, inventer, trouver, *ad hæc cogita vel potius excogita* : songe à la chose ou plutôt trouve une solution, Cic.

① **excŏlo**, *ās*, *āre*, tr., filtrer, tirer au clair.

② **excŏlo**, *īs*, *ĕre*, *cŏlŭi*, *cultum*, tr., **1.** bien cultiver, travailler avec soin ; **2.** soigner, orner, embellir ; **3.** cultiver, polir, policer, ~ *se philosophiā* : se donner une culture philosophique, *vita exculta* : vie civilisée, policée.

excŏmĕdo, *īs*, *ĕre*, tr., manger entièrement.

excommūnĭcātĭo, *ōnis*, f., excommunication.

excommūnĭco, *ās*, *āre*, tr., excommunier.

exconcinno, *ās*, *āre*, tr., donner une belle apparence à.

excondo, *īs*, *ĕre*, tr., révéler, manifester.

excongrŭus, *a*, *um*, qui ne convient pas à.

excŏquo, *īs*, *ĕre*, coxi, coctum, tr., **1.** purger par la cuisson ; faire cuire ; **2.** cuire, durcir, dessécher ; **3.** fig., cuisiner, machiner ; tourmenter.

excŏrĭo, *ās*, *āre*, tr., écorcher.

excornis, *e*, adj., sans cornes.

excors, *cordis*, adj., dépourvu de raison, insensé.

excortĭco, *ās*, *āre*, tr., écorcer.

excrātĭo, *īs*, *īre*, tr., expulser.

excrēmentum, *i*, (cf. *cerno*), n., sécrétion, excrétion.

excrēmo, *ās*, *āre*, tr., brûler complètement.

excrĕo, V. *exscreo*.

excresco, *ĭs*, *ĕre*, *crēvi*, *crētum*, intr., 1. croître, se développer ; 2. former une excroissance.

excrŭciābĭlis, *e*, adj., 1. digne d'être torturé ; 2. qui torture.

excrŭciātĭo, *ōnis*, f., torture ; chr., martyre.

excrŭciātŏr, *ōris*, m., chr., celui qui torture, bourreau.

excrŭciātŭs, *ūs*, m., chr., torture, martyre.

excrŭcĭo, *ās*, *āre*, tr., torturer, faire souffrir, martyriser (phys. et mor.) ; passif, *excrucior* : je souffre le martyre, CAT.

excŭbĭæ, *ārum*, (cf. *cubo*), f. pl., 1. nuits passées au-dehors ; 2. action de monter la garde, veille, faction, garde ; sentinelles.

excŭbĭtŏr, *ōris*, m., sentinelle.

excŭbĭtrix, *īcis*, f., celle qui veille.

excŭbo, *ās*, *āre*, *cŭbŭi*, *cŭbĭtum*, intr., 1. découcher ; 2. monter la garde, être en faction, veiller ; 3. veiller, être attentif.

excŭdo, *ĭs*, *ĕre*, *cūdi*, *cūsum*, tr., 1. faire sortir en frappant ; faire éclore ; 2. forger ; façonner, produire ; composer.

exculco, *ās*, *āre*, (cf. *calx*, *calco*), tr., 1. faire sortir en foulant, en piétinant ; 2. tasser avec les pieds.

excultŏr, *ōris*, m., celui qui cultive.

excŭnĕātus, *a*, *um*, privé de place (*cuneus*) au théâtre, APUL.

excūrātŏr, *ōris*, m., ancien curateur.

excūrātus, *a*, *um*, bien soigné, préparé.

excurro, *ĭs*, *ĕre*, *cŭcurri* (*curri*), *cursum*,
I intr., courir hors de, s'élancer, faire une rapide sortie ; mil., faire une sortie, un coup de main, ~ *omnibus portis* : faire une sortie par toutes les portes, ~ *in fines Romanos* : faire une incursion sur le territoire romain ; 2. s'étendre, se prolonger au-dehors ; se déployer ; se donner carrière.
II tr., 1. parcourir complètement ; 2. passer, dépasser, ~ *modum* : dépasser la mesure.

excursātŏr, *ōris*, m., éclaireur.

excursĭo, *ōnis*, f., 1. excursion ; allées et venues, évolutions ; 2. mil., sortie, irruption, coup de main ; 3. écart, digression.

excurso, *ās*, *āre*, intr., sortir souvent.

excursŏr, *ōris*, m., mil., coureur, éclaireur, flanc-garde.

excursŭs, *ūs*, m., 1. essor, élan ; 2. mil., sortie, coup de main ; 3. digression.

excūsābĭlis, *e*, adj., excusable.

excūsābĭlĭtĕr, adv., [~*lius*], d'une façon excusable.

excūsābundus, *a*, *um*, tout à fait excusable de + prop. inf., APUL.

excūsātē, adv., [~*tius*], d'une manière excusable.

excūsātus, *a*, *um*, part. adj., [~*tior*, ~*tissimus*], excusé.

excūso, *ās*, *āre*, (cf. *causa*), tr., 1. mettre hors de cause, excuser, disculper, justifier, ~ *se apud aliquem* ou *alicui de aliquo re* : s'excuser auprès de qqn. de qqch. *quod* + ind. ou subj., de ce que, en disant que ; 2. donner, alléguer pour excuse, prétexter ; 3. décliner, refuser d'accepter ~ *se* ou *excusari* : se dérober.

excūsŏr, *ōris*, m., fondeur.

excussē, adv., en lançant de toute sa force.

① **excussus**, *a*, *um*, part. adj. de *excutio* [~*sissimus*], 1. tendu, raidi ; 2. bien examiné, scruté.

② **excussŭs**, *ūs*, m., action de secouer.

excŭtĭo, *ĭs*, *ĕre*, *cussi*, *cussum*, (cf. *quatio*) tr., 1. faire sortir en frappant, en secouant ; agiter, secouer, chasser avec violence, ~ *cæsariem* : secouer sa chevelure, ~ *patriā* : chasser de sa patrie, ~ *equo* : jeter à bas de son cheval, ~ *oculum alicui* : faire sauter l'œil à qqn. ; 2. arracher, ~ *opinionem* : arracher une opinion, ~ *risum* : arracher un rire, faire rire ; 3. fouiller, scruter, examiner, *non excutio te* : je ne te fouille pas, CIC. ; ~ *verbum* : litt., secouer un mot pour lui faire donner tous ses sens, CIC.

exdorsŭo, *ās*, *āre*, tr., enlever l'arête dorsale d'un poisson.

exdūco, V. *educo*.

exdŭumvir, *vĭri*, m., ancien duumvir.

exec~, V. *exsec~*.

exĕdo, *ĭs*, *ĕre*, *ēdi*, *ēsum*, tr., manger, dévorer, ronger complètement ; fig., consumer, ronger, miner ; détruire.

exĕdra, *æ*, f., salle de réunion.

exĕdrĭum, *ĭi*, n., petite salle de réunion.

exēdūrātus, *a*, *um*, qui a perdu sa dureté.

exemplăr et **exemplāre**, *āris*, n., 1. modèle, type, original ; 2. copie, exemplaire ; image, reproduction.

exemplāres, *ĭum*, m. pl., exemplaire (d'un ouvrage).

exemplārĭum, *ĭi*, n., modèle, exemple, copie.

exemplo, *ās*, *āre*, tr., donner pour exemple.

exemplum, *i*, (cf. *emo*), n., 1. exemple, preuve, *exemplo confirmare* : prouver par un exemple, *exempli causā* ou *gratiā* : par exemple ; 2. exemple, modèle, type, original, ~ *antiquæ probitatis* : modèle de l'antique probité, *exemplo Pompilii* : à l'exemple de Pompilius ; exemple, punition exemplaire ; 3. procédé, façon, manière, *eodem exemplo vivere* : vivre de la même façon ; 4. type, formule, teneur, *litteræ hoc exemplo* : lettre dont la teneur suit ; 5. copie, portrait, reproduction, ~ *scribere* : écrire une copie, ~ *pingere* : peindre un tableau.

exentĕro, *ās*, *āre*, tr., ôter l'intérieur, vider, épuiser ; torturer.

exĕo, *īs*, *īre*, *īvi* (*ĭi*), *ĭtum*, intr. et qqf. tr., 1. sortir, s'en aller, partir, ~ *de finibus*, *domo*, quitter le territoire, sa maison, ~ *in locum* : s'en aller dans un lieu, ~ *prædatum* : aller faire du butin ; mil., se mettre en marche, s'ébranler ; ~ *de*, *e vitā* : sortir de la vie, mourir ; ~ *ex potestate*, *a se* : sortir de soi-même, ne plus se contenir ; *a*, *e memoriā* : sortir de la mémoire ; tr., échapper à, esquiver, ~ *tela* : échapper aux traits ; 2. sortir de l'urne, être tiré au sort ; 3. s'élever (en hauteur) ; 4. se jeter dans, déboucher (fl.) ; 5. se répandre ; 6. s'étendre au-delà, dépasser ; tr., ~ *limen* : franchir le seuil, ~ *modum* : dépasser la mesure ; 7. se terminer, s'écouler, passer.

exĕqu~, V. *exsequ~*.

exercĕo, *ēs*, *ēre*, *ercŭi*, *ercĭtum*, (cf. *arceo*), tr., 1. poursuivre sans relâche, harceler, tourmenter, inquiéter, éprouver, ~ *odiis aliquem* : poursuivre qqn. de sa haine, *exerceri pœnis* : être soumis à des châtiments ; 2. tenir en mouvement, agiter, fatiguer, ~ *manum* : agiter la main, ~ *servos* : faire travailler ses esclaves sans relâche, *ego te exercebo* : je vais te secouer, TÉR. ; 3. travailler, activer, ~ *solum*, *humum*, *arva* : travailler la terre ; ~ *diem* : remplir le jour par le travail ; 4. exercer, former, dresser, ~ *in labore* : exercer au travail, ~ *ingenium*, *memoriam*, *stilum* : former l'esprit, la mémoire, le style, *se* ~ ou *exerceri* : s'exercer ; 5. exercer (une profession), pratiquer, administrer, ~ *medicinam*, *regnum* : exercer la médecine, le pouvoir ; 6. manifester de façon concrète, exercer, mettre en pratique, exécuter, ~ *crudelitatem* : exercer sa cruauté, ~ *inimicitias* : manifester son inimitié, ~ *leges* : exécuter les lois.

exercĭtāmentum, *i*, n., exercice.

exercĭtātē, adv., [~*tius*, ~*tissime*], d'une manière exercée.

exercĭtātĭo, *ōnis*, f., exercice (du corps ou d'un art), entraînement, pratique, usage, expérience pratique.

exercĭtātōrĭus, *a*, *um*, qui exerce, d'exercice.

exercĭtātrix, *īcis*, f., celle qui exerce.

exercĭtātus, *a*, *um*, part. adj., [~*tior*, ~*tissimus*], 1. agité, tourmenté, inquiet ; 2. très exercé, entraîné, très versé, formé, dressé, habile à, *in* + abl., *ad* + acc.

exercĭtē, adv., [~*tius*], avec grands efforts.

exercĭtĭum, *ĭi*, n., exercice militaire, manœuvre.

exercĭto, *ās*, *āre*, tr., exercer souvent.

exercĭtŏr, *ōris*, m., celui qui exerce, maître, instructeur.

exercĭtōrĭus, *a*, *um*, qui concerne l'exercice.

① **exercĭtus**, *a*, *um*, part. adj. de *exerceo*, [~*tior*], 1. agité, tourmenté, inquiété ; 2. difficile, laborieux ; 3. exercé, rompu, habile à.

② **exercĭtŭs**, *ūs*, m., 1. exercice ; fig., tourment, inquiétude ; 2. exercice militaire, d'où : troupe exercée, armée, *exercitum conficere*, *cogere*, *facere*, *complere* : lever une armée, *exercitum dimittere* : licencier une armée ; (opp. à *equitatus*) infanterie ; fig., multitude, nuée.

exēro, V. *exsero*.

exerro, *ās*, *āre*, intr., s'égarer.

exert~, V. *exsert~*.

exēsŏr, *ōris*, m., celui qui ronge.

exfāfillātus, *a*, *um*, bien dégagé (bras), PL.

exfībŭlo, *ās*, *āre*, tr., dégrafer.

exfŏdĭo, V. *effodio*.

exfr~, **exfu~**, V. *effr~*, *effu~*.

exg~, V. *eg~*.

exhærē~, V. *exhere~*.

exhærēsĭmus, *a*, *um*, qui doit être retranché (mot grec).

exhālātĭo, *ōnis*, f., exhalaison.

exhālo, *ās*, *āre*, 1. tr., rendre par le souffle, exhaler, ~ *crapulam* : sentir le vin, ~ *vitam*, *animam* : rendre le dernier souffle ; 2. intr., sentir, avoir une odeur.

exhaurĭo, *īs*, *īre*, *hausi*, *haustum*, tr., 1. vider en puisant, épuiser ; vider en buvant ; vider en prenant, ruiner ; 2. ôter, enlever, ~ *vitam sibi manu* : s'ôter la vie ; 3. épuiser, mener à terme, supporter jusqu'au bout.

exhĕdra, V. *exedra*.

exhērēdātĭo, *ōnis*, f., exhérédation.

exhērēdo, *ās*, *āre*, tr., déshériter.

exhērēs, *ēdis*, m. et f., déshérité, qui n'hérite pas.

exhĭbĕo, ēs, ēre, hĭbŭi, hĭbĭtum, (cf. habeo), tr., tenir à l'extérieur, d'où : **1.** montrer, faire voir, présenter, exhiber ; **2.** montrer, faire preuve de ; **3.** représenter, reproduire, spéc. au théâtre ; **4.** produire, ~ molestiam : causer des ennuis ; **5.** sustenter, entretenir.

exhĭbĭtĭo, ōnis, f., entretien, nourriture.

exhĭbĭtŏr, ōris, m., celui qui fournit, montre.

exhĭlărātĭo, ōnis, f., action d'égayer.

exhĭlăro, ās, āre, tr., égayer, récréer.

exhinc, adv., depuis ce temps, ensuite.

exhŏnōro, ās, āre, tr., déshonorer, outrager.

exhorrĕo, ēs, ēre, tr., frissonner devant, avoir grand-peur de.

exhorresco, ĭs, ĕre, horrŭi, **1.** intr., frissonner, frémir ; **2.** tr., trembler devant, frémir de.

exhortātĭo, ōnis, f., exhortation, encouragement.

exhortātīvus, a, um, propre à exhorter.

exhortātŏr, ōris, m., celui qui exhorte.

exhortātōrĭus, a, um, d'exhortation.

exhortor, āris, āri, tr., exhorter, encourager, exciter, ~ aliquem ad + acc., ut + subj., exhorter qqn. à, à ce que ; qqf., sens passif.

exhўdrĭās, æ, m., vent pluvieux.

exĭbĕo, V. exhibeo.

exĭbĭlo, V. exsibilo.

exĭco, V. exseco.

exĭgo, ĭs, ĕre, ēgi, actum, (cf. ago), tr.,
I **1.** pousser au-dehors, faire sortir, chasser, ~ reges ex civitate : chasser les rois de la cité ; **2.** faire sortir de, faire payer, ~ pecunias : faire rentrer de l'argent ; **3.** réclamer, exiger, ~ pensionem : réclamer son dû, ~ promissum ab aliquo : réclamer de qqn. l'accomplissement d'une promesse, ~ ut + subj. : exiger que.
II **1.** pousser jusqu'au bout, ~ gladium : enfoncer une épée ; **2.** passer, traverser, ~ vitam : passer toute la vie, exactā ætate : tout à la fin de sa vie ; **3.** exécuter, achever, parfaire, exegi monumentum ære perennius : j'ai élevé un monument plus durable que le bronze, HOR.
III **1.** achever une pesée, peser exactement, d'où : juger, régler, ~ pondus margaritarum : juger du poids des perles, ~ opus ad vires suas : juger d'un ouvrage d'après ses propres forces ; **2.** délibérer, traiter, ~ secum aliquid : examiner qqch. en soi-même.

exĭgŭē, adv., avec parcimonie, chichement ; brièvement.

exĭgŭĭtās, ātis, f., petitesse, exiguïté ; petit nombre, petite quantité ; faible durée, brièveté ; petit espace, étroitesse.

exĭgŭus, a, um, (cf. exigo III, 1), [~uissimus], très exactement pesé, d'où : petit, exigu, étroit, court, faible, modique ; subst. n., exiguum, i, un peu, une petite quantité de ; petit espace ; adv., exiguum, exiguo, peu de temps.

exĭlĭo, V. exsilio.

exīlis, e, adj., [~lior], **1.** délié, fin, mince, grêle, chétif, sec ; **2.** manquant de + gén.

exīlĭtās, ātis, f., ténuité, minceur ; sécheresse, maigreur (style) ; gracilité (voix).

exīlĭtĕr, adv., chétivement, pauvrement ; avec sécheresse, brièvement.

exĭlĭum, V. exsilium.

exim, V. exinde.

exĭmĭē, adv., excellemment.

exĭmĭĕtās, ātis, f., excellence.

exĭmĭus, a, um, (cf. eximo), **1.** pris à part, privilégié, réservé ; **2.** excellent, éminent ; remarquable.

exĭmo, ĭs, ĕre, ēmi, emptum, (cf. emo), tr., **1.** tirer de, retrancher, ôter, faire disparaître ; **2.** délivrer, affranchir, ~ e vinculis : délivrer des fers, ~ metu : libérer de la peur ; **3.** laisser s'écouler, consumer (le temps), ~ diem dicendo : passer tout un jour à parler.

exin, V. exinde.

exĭnānĭo, ĭs, īre, tr., **1.** vider complètement, épuiser ; dévaster, piller ; **2.** chr., se ~ : se dépouiller de sa personnalité.

exindĕ et **exin** ou **exim**, adv., **1.** de là, de ce lieu ; **2.** immédiatement après, à la suite ; par suite, par conséquent ; là-dessus, ensuite ; ubi, postquam... exinde : dès que... alors.

exintĕro, V. exentero.

existĭmātĭo, ōnis, f., **1.** évaluation, appréciation, opinion, jugement ; **2.** estime, considération, réputation, alicujus existimationem violare, offendere, oppugnare, lacerare : attaquer l'honneur de qqn.

existĭmātŏr, ōris, m., appréciateur, connaisseur.

existĭmo, ās, āre, (cf. æstimo), tr., **1.** apprécier, juger, penser, croire, être d'avis + prop. inf. ; **2.** examiner, peser, considérer, décider ; avec an, utrum... + interr. indir., décider si ; part. subst. m. pl., existimantes, ium, les connaisseurs.

existo, V. exsisto.

exĭtĭābĭlis, e, adj., funeste, fatal.

exĭtĭābĭlĭtĕr, adv., d'une manière funeste.

exĭtĭālis, e, adj., funeste, pernicieux.

exĭtĭālĭtĕr, adv., d'une manière funeste

exĭtĭo, ōnis, f., action de sortir, moyen de sortir.

exĭtĭōsē, adv., d'une manière fatale.

exĭtĭōsus, a, um, [~sior, ~sissimus], funeste, pernicieux, fatal.

exĭtĭum, ĭi, n., ruine, perte, destruction, désastre.

exĭtŭs, ūs, m., 1. action de sortir, sortie ; 2. endroit par où l'on sort, sortie, issue ; 3. résultat, suites, conclusion ; 4. fin, mort.

exlĕcĕbra, V. elecebra.

exlex, lēgis, adj., non soumis à la loi ; sans loi, sans frein, sans retenue.

exlīdo, V. elido.

exlŏquor, V. eloquor.

exmŏvĕo, V. emoveo.

exobsĕcro, ās, āre, tr., conjurer, prier instamment.

exŏcŭlo, ās, āre, tr., arracher les yeux à.

exŏdĭum, ĭi, n., dénouement, terme, fin ; petite pièce qui clôt une représentation.

exŏdōrātus, a, um, qui a perdu son odeur.

Exŏdus, i, f., chr., l'Exode, second livre du Pentateuque.

exŏlesco, ĭs, ĕre, ŏlēvi, ŏlētum, intr., 1. cesser de grandir, achever sa croissance ; 2. dépérir, tomber en désuétude ; part. adj., exoletus, a, um, hors d'usage à force d'avoir servi, débauché.

exŏlo, V. exsulo.

exolvo, V. exsolvo.

exŏmŏlŏgēsis, is, f., chr., confession.

exŏnĕro, ās, āre, tr., décharger, vider ; soulager.

exŏno, V. exsono.

exŏpīnisso, ās, āre, tr., penser, juger (mot latin hellénisé), PÉTR.

exoptābĭlis, e, adj., très désirable.

exoptātĭo, ōnis, f., souhait, vif désir.

exoptātus, a, um, part. adj., [~tior, ~tissimus], très désiré, souhaité.

exopto, ās, āre, tr., 1. choisir, préférer ; 2. désirer vivement + inf. ou ut + subj.

exŏrābĭlis, e, adj., [~lior], qu'on peut fléchir par des prières.

exŏrābŭlum, i, n., moyen de fléchir.

exŏrātĭo, ōnis, f., action de fléchir par des prières.

exŏrātŏr, ōris, m., celui qui fléchit en priant.

exŏrātōrĭum, ĭi, n., moyen pour fléchir, propitiatoire.

exorbĕo, V. exsorbeo.

exorbĭtātĭo, ōnis, f., déviation, écart.

exorbĭtātŏr, ōris, m., transgresseur.

exorbĭto, ās, āre, intr., dévier, s'écarter de.

exorcismus, i, m., chr., exorcisme.

exorcīso et **exorcīzo**, ās, āre, tr., chr., exorciser.

exordĭor, īris, īri, orsus sum, tr. et intr., 1. commencer à tisser, ourdir, tramer ; 2. commencer, ~ bellum : commencer une guerre, ~ dicere ou abs. : commencer à parler ; part. subst. n. pl., exorsa, orum, début, exorde.

exordĭum, ĭi, n., 1. commencement, origine, principe ; 2. commencement d'un discours, exorde.

exorĭens, entis, m., le levant, l'orient.

exŏrĭor, ĕris, īri, ortus sum, intr., 1. se lever, naître, apparaître, s'élever, exortus est servus : un esclave apparut ; exoritur discordia : une discorde s'élève ; 2. se relever, renaître, avoir pour origine, commencer ; découler, illud honestum quod ex his virtutibus exoritur : cette beauté morale qui a sa source dans ces vertus, CIC.

exornātĭo, ōnis, f., 1. ornement, parure ; 2. rhét., discours d'apparat, du genre démonstratif.

exornātŏr, ōris, m., celui qui orne.

exornātŭlus, a, um, habillé de façon très mignonne.

exornātus, a, um, part. adj., très orné.

exorno, ās, āre, tr., 1. pourvoir de tout le nécessaire, munir, équiper, arranger, disposer ; abs., faire le nécessaire ; 2. orner, parer, embellir ; honorer ; 3. rar., dépouiller de sa parure.

exōro, ās, āre, tr., 1. prier instamment, chercher à obtenir par des prières, ut/ne + subj. : que/que… ne… pas ; 2. vaincre par des prières, fléchir ; 3. obtenir à force de prières, ~ aliquem ut/ne + subj. : obtenir de qqn. que/que… ne… pas ; passif, exorari ne + subj. : être empêché par des prières de, non exorari quominus + subj. : ne pas se laisser entraîner par des prières à ne pas.

exors, V. exsors.

exorsa, exorsus, V. exordior.

exorsŭs, ūs, m., exorde.

exortŭs, ūs, m., lever, commencement, ~ solis : lever du soleil, ~ imperatoris : avènement d'un empereur.

exŏs, ossis, adj., qui est sans os.

exoscŭlor, āris, āri, tr., baiser tendrement ; fig., louer, chérir très vivement.

exossis, e, adj., 1. sans os ; 2. souple, élastique, mou.

exosso, ās, āre, tr., désosser.

exossus, a, um, V. exossis.

exostra, æ, f., machine de théâtre pour les changements à vue.

exōsus, *a*, *um*, (cf. *odi*), 1. qui déteste ; 2. haï.

exōtǐcus, *a*, *um*, étranger, exotique ; subst. n., *exoticum*, *i*, vêtement exotique.

expallesco, *ǐs*, *ěre*, *pallǔi*, 1. intr., devenir très pâle ; 2. tr., devenir pâle de frayeur devant, redouter.

expalliātus, *a*, *um*, à qui l'on a pris son manteau.

expallǐdus, *a*, *um*, très pâle, blême.

expalmo, *ās*, *āre*, tr., souffleter.

expalpo, *ās*, *āre*, tr., chercher à obtenir par des caresses.

expando, *ǐs*, *ěre*, *pandi*, *pansum* (*passum*) tr., 1. étendre, déployer, étaler ; 2. développer, expliquer.

expansǐo, *ōnis*, f., action d'étendre.

expăpillātus, *a*, *um*, les seins découverts, PL. (autre leçon, V. *exfafillatus*).

expassus, V. *expando*.

expătǐor, V. *exspatior*.

expăvěo, *ēs*, *ěre*, tr. et intr., être épouvanté (de).

expăvesco, *ǐs*, *ěre*, tr. et intr., s'effrayer de, prendre grand-peur de.

expectātǐo, V. *exspectatio*.

① **expecto**, *ās*, *āre*, V. *exspecto*.

② **expecto**, *ǐs*, *ěre*, tr., peigner soigneusement.

expectǒro, *ās*, *āre*, tr., chasser du cœur.

expěcūlǐātus, *a*, *um*, dépouillé de tous ses biens.

expědīmentum, *i*, n., solution, expédient.

expědǐo, *ǐs*, *īre*, (cf. *pes*), tr., litt., ôter des pieds, désentraver, d'où : 1. dégager, débarrasser, *e laqueis se ~* : se dégager de filets, *~ iter* : se frayer un chemin ; *se ~* : se tirer d'affaire ; 2. dégager, apprêter, préparer, fournir, *~ arma* : préparer ses armes, *~ pecuniam* : fournir de l'argent ; passif, *expediri* : se rendre prêt, se préparer ; 3. expliquer, développer, exposer, *~ omnem famam* : expliquer toute la légende ; 4. *sese ~* ou abs. *expedire* : se développer, aboutir, réussir, PL. ; 5. *res expedit* ou impers. *expedit* : il est profitable de, il importe que + inf., ou prop. inf., ou *ut* + subj.

expědītē, adv., [*~tius*, *~tissime*], sans obstacle, de manière dégagée, aisément, promptement.

expědītǐo, *ōnis*, f., 1. action de démêler, de débrouiller ; 2. préparatifs de guerre, de campagne, campagne militaire.

expědītus, *a*, *um*, part. adj., [*~tior*, *~tissimus*], 1. dégagé, débarrassé, libre ; mil., subst. m., *expeditus*, *i*, soldat sans bagage ; infanterie légère ; 2. résolu

3. aisé, prompt, tout prêt, sous la main *in expedito esse* : être sous la main.

expello, *ǐs*, *ěre*, *pǔli*, *pulsum*, tr., pousser hors de, repousser, chasser, déloger bannir ; subst. m. pl., *expulsi*, *orum*, les bannis ; *expulsa uxor* : épouse répudiée ~ *aliquem vitā* : chasser qqn. de la vie, lu ôter la vie, *~ bonis* : dépouiller de ses biens.

expendo, *ǐs*, *ěre*, *pendi*, *pensum*, tr., 1. peser avec soin ; fig., peser, apprécier, exa miner ; 2. compter de l'argent, payer, dé penser ; part. subst. n., *expensum*, somme comptée, payée ; dépense, *ferr alicui ~* : porter en dépense pour le compte de qqn. ; 3. payer, expier (une faute).

expensǐo, *ōnis*, f., dépense, frais.

expenso, *ās*, *āre*, tr., payer, compter, ac quitter.

expergēfăcǐo, *ǐs*, *ěre*, *fēci*, *factum*, tr., ré veiller ; éveiller, animer, exciter.

expergēfactǐo, *ōnis*, f., réveil.

expergēfǐo, *fīs*, *fǐěri*, *factus sum*, passif d *expergefacio*.

expergǐfǐcus, *a*, *um*, qui réveille, anime

expergiscor, *ěris*, *i*, *perrectus sum*, intr. se réveiller.

expergǐtē, adv., avec vigilance.

expěrǐens, *entis*, part. adj., [*~tior*, *~tissi mus*], 1. qui s'essaie à qqch., entrepre nant, actif ; 2. qui a (fait) l'expérience d + gén.

expěrǐentǐa, *æ*, f., 1. essai, tentative, ex périence ; 2. habileté acquise dans la pra tique, connaissance pratique.

expěrīmentum, *i*, n., essai, épreuve, ex périence, fait d'expérience, épreuve de faits.

expěrǐor, *īris*, *īri*, *pertus sum*, (cf. *pericu lum*, *peritus*), tr., 1. faire l'essai, l'expé rience de, tenter, *~ belli fortunam* : tente les hasards de la guerre ; *~ amicos* : mettre ses amis à l'épreuve ; se mesurer avec ~ *cum aliquo* : être en procès avec qqn. *~ ut* + subj. : tenter de ; 2. essayer, ris quer, *~ omnia de pace* : tenter tout pou sauver la paix ; mettre à profit, utilise ~ *sua propria* : tirer parti de tout ce qu'o a ; *~ jus* : faire valoir son droit ; 3. arrive par l'expérience à la connaissance, ap prendre à connaître, *de me experior* : j'e fais l'expérience par moi-même, CIC puella virum experta : une fille qui connaî le mariage, *experiendo magis quam dis cendo* : par une connaissance pratiqu plutôt que théorique, CIC. ; 4. éprouve subir, *nondum alteram fortunam expertus* sans avoir encore subi une fortune con traire, LIV.

experrectus, *a, um*, part. adj. de *expergis-cor*, éveillé, vif, alerte.

expers, *pertis*, (cf. *pars*), adj., + gén. ou abl., **1.** qui ne prend pas part, qui n'a pas part à, ~ *imperii* : qui ne participe pas au commandement ; **2.** qui manque de, dépourvu de, ~ *eruditionis* : sans instruction, ~ *domo* : sans abri, ~ *somno* : privé de sommeil.

expertus, *a, um*, part. adj. de *experior*, [~*tissimus*], qui a l'expérience de, éprouvé, reconnu, ~ *miles* : soldat qui a fait ses preuves, ~ *belli* : aguerri.

expětendus, *a, um*, adj. vb., désirable.

expětens, *entis*, part. adj., désireux.

expětesso, *ĭs, ĕre*, tr., désirer fortement, ~ *preces ab aliquo* : implorer, venir supplier qqn., PL.

expětĭbĭlis, *e*, adj., désirable.

expětītor, *ōris*, m., celui qui désire ardemment.

expěto, *ĭs, ĕre, pětīvi (pětĭi), pětītum*, **I** tr., **1.** souhaiter, désirer, aspirer à, rechercher, *nihil optare aut* ~ : ne rien souhaiter ni rechercher, CIC., ~ + inf., prop. inf. ou *ut* + subj. : souhaiter que ; **2.** rechercher, réclamer, ~ *vitam* : en vouloir à la vie, ~ *pœnas ab aliquo* : chercher à obtenir le châtiment de qqn. ; **3.** prendre de l'extension, a) tendre vers ; b) ~ *ætatem* : durer très longtemps, PL.
II intr., arriver, survenir à, tomber sur, ~ *alicui* ou *in aliquem* : tomber sur qqn., PL.

expĭāmentum, *i*, n., moyen expiatoire.

expĭātĭo, *ōnis*, f., expiation.

expĭātor, *ōris*, m., celui qui expie.

expĭātōrĭus, *a, um*, expiatoire.

expĭātŭs, *ūs*, m., expiation.

expīlātĭo, *ōnis*, f., action de piller, pillage.

expīlo, *ās, āre*, tr., piller, dépouiller, voler (jeu de mots : épiler, PL.).

expingo, *ĭs, ĕre, pinxi, pictum*, tr., peindre, farder ; fig., décrire.

expĭo, *ās, āre*, tr., **1.** purifier par des expiations, ~ *forum* : purifier le forum, ~ *filium* : libérer le fils (d'une faute) ; **2.** expier, réparer, racheter, ~ *prodigium* : détourner l'effet d'un prodige par des cérémonies expiatoires ; faire expier ; **3.** calmer, apaiser, ~ *manes* : apaiser les mânes.

expīro, V. *exspiro*.

expiscor, *āris, āri*, tr., chercher à pêcher ici ou là, à obtenir en fouillant, furetant, TÉR., CIC.

explānābĭlis, *e*, adj., clair, intelligible.

explānātē, adv., [~*tius*], d'une manière claire, intelligible.

explānātĭo, *ōnis*, f., **1.** éclaircissement, explication ; **2.** prononciation distincte ; **3.** rhét., hypotypose, description vivante.

explānātŏr, *ōris*, m., interprète, commentateur.

explānātus, *a, um*, part. adj., clair, distinct, nettement perceptible.

explāno, *ās, āre*, tr., éclaircir, expliquer, développer, interpréter.

explaudo, V. *explodo*.

explēmentum, *i*, n., ce qui sert à remplir, nourriture, pâture ; fig., remplissage (style).

explendesco, V. *exsplendesco*.

explĕo, *ēs, ēre, plēvi, plētum*, tr., **1.** remplir, combler, ~ *fossam* : remplir un fossé, ~ *locum* : occuper complètement un lieu ; **2.** combler, compléter, ~ *quod deperierat* : combler les vides que laissent les morts ; **3.** combler, rassasier, satisfaire, contenter, ~ *libidinem* : satisfaire une passion ; **4.** achever, rendre complet, accomplir, ~ *vitam beatam* : rendre la vie parfaitement heureuse, ~ *sententias* : achever des pensées ; **5.** remplir (une obligation), ~ *officium* : remplir son devoir ; **6.** achever, accomplir (temps), *expletus annus* : une année accomplie, ~ *supremum diem* : achever sa vie.

explētĭo, *ōnis*, f., **1.** action de compléter ; **2.** satisfaction, contentement ; **3.** achèvement.

explētus, *a, um*, part. adj., accompli, complet, parfait.

explĭcābĭlis, *e*, adj., qu'on peut débrouiller, explicable.

explĭcātē, adv., [~*tius*], d'une façon développée, claire.

explĭcātĭo, *ōnis*, f., **1.** action de déplier, développer, dérouler ; développement ; **2.** explication, éclaircissement, interprétation.

explĭcātŏr, *ōris*, m., celui qui développe, explique.

explĭcātrix, *īcis*, f. du préc.

① **explĭcātus**, *a, um*, part. adj., [~*tior, ~tissimus*], **1.** débarrassé de ses difficultés, qui a une situation claire ; **2.** bien exposé, expliqué ; **3.** clair, évident, *habere aliquid explicatum* : voir clairement qqch.
② **explĭcātŭs**, *ūs*, m., développement ; éclaircissement.

explĭcit(us) (liber), fin du livre.

explĭcĭtus, *a, um*, part. adj., [~*tior*], sans difficulté d'exécution, aisé.

explĭco, *ās, āre, āvi (ŭi), ātum (ĭtum)*, (cf. *plico*, ~*plex*), tr., **1.** déployer, déplier, dérouler, ~ *volumen* : dérouler un volume, ~ *frontem* : se dérider ; **2.** dégager,

~ *nomen* : dégager sa signature, ~ *se* : se tirer d'affaire ; débarrasser, débrouiller, mener à bien, ~ *negotia* : débrouiller des affaires, ~ *iter commode* : accomplir heureusement un voyage ; 3. étendre, allonger, ~ *forum usque ad* : étendre le forum jusqu'à ; ~ *convivium* : étaler la magnificence d'un festin ; mil., ~ *agmen, equitatum* : allonger la colonne, déployer la cavalerie ; ~ *sagittis* : étendre à coups de flèches (= laisser pour mort) ; 4. expliquer, éclaircir, commenter, ~ *aliquid definitione* : définir une chose ; développer, raconter, ~ *totam vitam* : raconter toute sa vie.

explōdo ou **explaudo**, *ĭs, ĕre, plausi, plausum,* tr., 1. rejeter en battant des mains, huer, siffler, ~ *histrionem* : siffler un acteur ; 2. chasser, faire fuir ; rejeter, désapprouver, ~ *sententiam* : condamner une opinion.

explōrātē, adv., [~*tius*], en connaissance de cause.

explōrātĭo, *ōnis,* f., observation, recherche, examen approfondi.

explōrātŏr, *ōris,* m., explorateur, observateur ; mil., éclaireur, espion ; ~ *viæ* : valet qui court devant l'empereur.

explōrātōrĭus, *a, um,* qui va à la découverte, envoyé en reconnaissance.

explōrātus, *a, um,* part. adj., [~*tior, ~tissimus*], 1. observé, reconnu, éprouvé ; 2. certain, assuré, *explorata victoria* : victoire assurée, *habere exploratum, pro explorato* + prop. inf., tenir pour assuré, avoir la certitude que.

explōro, *ās, āre,* tr., 1. battre le terrain, explorer, partir à la découverte, examiner, ~ *Africam* : explorer l'Afrique, ~ *cibos potusque gustu* : goûter les aliments solides et liquides ; abl. abs., *explorato profectos esse* : quand on eut vérifié qu'ils étaient partis, Tac. ; 2. mil., faire une reconnaissance, reconnaître, épier.

explōsĭo, *ōnis,* f., action de huer, siffler.

expŏlĭātĭo, V. *exspoliatio.*

① **expŏlĭo**, *ās, āre,* V. *exspolio.*

② **expŏlĭo**, *ĭs, īre,* tr., 1. polir entièrement, lisser ; 2. polir, perfectionner, soigner.

expŏlītĭo, *ōnis,* f., 1. action de polir, de faire briller ; 2. ornement, parure (style).

expŏlītus, *a, um,* part. adj., [~*tior*], pr. et fig., poli, bien soigné, brillant ; perfectionné ; qui a de bonnes manières.

expōno, *ĭs, ĕre, pŏsŭi, pŏsĭtum,* tr., 1. mettre dehors, en vue, exposer, ~ *aliquem* : mettre qqn. à la porte, ~ *vitam in omnium oculis* : exposer sa vie à tous les regards ; ~ *pueros* : exposer, abandonner des en-

fants ; 2. abandonner, livrer, ~ *beluis* : livrer aux bêtes ; 3. débarquer, mettre à terre, ~ *copias, milites, exercitum* : opérer un débarquement de troupes ; 4. présenter, proposer, ~ *vitam ad imitandum* : donner sa vie en exemple ; 5. exposer, expliquer, raconter, *totam causam exponamus* : exposons toute l'affaire, abl. abs., *exposito quid* + subj. : après avoir exposé pourquoi ; 6. chr., dépouiller.

exporrĭgo, *ĭs, ĕre, porrexi, porrectum,* tr., étendre, déployer, déplier, allonger.

exportātĭo, *ōnis,* f., 1. exportation ; 2. déportation, bannissement.

exporto, *ās, āre,* tr., 1. transporter au-dehors, emporter, exporter ; 2. déporter, bannir.

exposco, *ĭs, ĕre, pŏposci,* tr., demander instamment, réclamer, ~ *misericordiam, victoriam a diis* : implorer la pitié, demander la victoire aux dieux ; V. *deposco,* réclamer qqn. pour le punir, réclamer son extradition.

expŏsītīcĭus, *a, um,* exposé, abandonné.

expŏsītĭo, *ōnis,* f., 1. exposition d'un enfant, abandon ; 2. exposition d'un sujet exposé ; explication.

expŏsītĭuncŭla, *æ,* f., courte exposition

expŏsītŏr, *ōris,* m., celui qui expose.

expŏsītus, *a, um,* part. adj. de *expono,* 1. exposé, étalé, déployé ; subst. n. pl. *exposita, orum,* façade extérieure ; 2. accessible, ouvert (pr. et fig.) ; 3. banal, trivial.

expostŭlātĭo, *ōnis,* f., demande pressante ; réclamation, plainte, grief.

expostŭlātŭs, *ūs,* m., réclamation.

expostŭlo, *ās, āre,* tr. et intr., 1. demander instamment, + inf. ou *ut* + subj. que ; 2. présenter des réclamations ~ *cum aliquo aliquid, aliquem* : demander satisfaction à qqn. pour qqch., pour qqn. ~ *de aliqua re* : être en différend avec qqn. sur qqch.

expōtus ou **ēpōtus**, *a, um,* pr. et fig., bu entièrement.

expressē, adv., [~*sius*], clairement, distinctement ; d'une façon expressive.

expressĭo, *ōnis,* f., 1. action de faire sortir en pressant ; 2. description expressive.

expressŏr, *ōris,* m., celui qui exprime expose.

expressus, *a, um,* part. adj. de *exprimo* [~*sior*], 1. nettement détaché, articulé distinct ; 2. saillant, frappant, expressif.

exprētus, V. *exspretus.*

exprĭmo, *ĭs, ĕre, pressi, pressum,* tr. 1. faire sortir en pressant, exprimer, extraire ; faire ressortir, saillir ; faire jaillir faire monter, élever ; 2. tirer par force arracher, ~ *risum, confessionem* : arracher un rire, un aveu ; **3.** exprimer, reproduire, imiter, ~ *patrem* : être le portrait de son père ; **4.** exprimer, exposer ; traduire, ~ *aliquid latine* : traduire en latin, ~ *verbum de, e verbo* : traduire mot à mot ; prononcer de façon nette, articulée.

exprŏbrātĭo, *ōnis*, f., reproche, blâme.

exprŏbrātŏr, *ōris*, m., celui qui fait des reproches, qui blâme.

exprŏbrātrix, *īcis*, f. du préc.

exprŏbro, *ās, āre*, tr., reprocher, blâmer, *alicui aliquid* : à qqn. qqch. ; + prop. inf. ou *quod* + subj. : reprocher de.

exprōmo, *ĭs, ĕre, prompsi, promptum, (expro-emo)*, tr., **1.** tirer au-dehors, faire sortir, faire paraître ; **2.** exprimer, exposer, déclarer, révéler.

expromptus, *a, um*, part. adj., tout prêt, sous la main.

expŭdōrātus, *a, um*, éhonté, sans pudeur.

expugnābĭlis, *e*, adj., qu'on peut prendre d'assaut, prenable.

expugnans, *antis*, part. adj., [~*tior*], qui triomphe de, efficace.

expugnātĭo, *ōnis*, f., prise d'assaut.

expugnātŏr, *ōris*, m., celui qui prend d'assaut.

expugnātrix, *īcis*, f. du préc.

expugnax, *ācis*, adj., qui peut vaincre.

expugno, *ās, āre*, tr., prendre d'assaut, forcer, réduire (une ville, une place) ; vaincre, triompher de, venir à bout de, *expugnari precibus* : se laisser vaincre par des prières, ~ *pudicitiam* : triompher de la vertu d'une femme.

expulsĭo, *ōnis*, f., expulsion, bannissement.

expulso, *ās, āre*, tr., lancer à plusieurs reprises (une balle), renvoyer.

expulsŏr, *ōris*, m., celui qui chasse, bannit.

expultrix, *īcis*, f. du préc.

expūmĭco, *ās, āre*, tr., enlever à la pierre ponce, purifier.

expunctĭo, *ōnis*, f., achèvement.

expunctŏr, *ōris*, m., celui qui efface, détruit.

expunctrix, *īcis*, f. du préc.

expungo, *ĭs, ĕre, punxi, punctum*, tr., couvrir de points la tablette de cire, d'où : **1.** effacer, biffer, rayer ; annuler ; licencier ; **2.** contrôler, apurer ; **3.** accomplir scrupuleusement ; terminer, achever.

expŭo, V. *exspuo*.

expurgātĭo, *ōnis*, f., excuse, justification.

expurgo, *ās, āre*, tr., nettoyer, émonder, purger ; corriger ; disculper, justifier.

expurĭg~, V. *expurg~*.

expūtesco, *ĭs, ĕre*, intr., sentir très mauvais.

expŭto, *ās, āre*, tr., **1.** tailler, émonder, éplucher ; **2.** examiner à fond, approfondir.

exquæro, V. *exquiro*.

Exquil~, V. *Esquil~*.

exquīro, *ĭs, ĕre, quīsīvi, quīsītum*, tr., **1.** chercher avec grand soin, rechercher ; demander, s'informer, ~ *aliquid ab, ex aliquo* : s'informer de qqch. auprès de qqn. ; **2.** examiner, vérifier, scruter.

exquīsītē, adv., [~*tius*], **1.** avec recherche, en choisissant soigneusement ; **2.** de façon distinguée.

exquīsītus, *a, um*, part. adj., [~*tior, ~tissimus*], cherché avec soin, trié sur le volet ; distingué, exquis.

exrādīc~, V. *eradic~*.

exsăcrĭfĭco, *ās, āre*, tr., sacrifier.

exsævĭo, *ĭs, īre*, intr., apaiser sa fureur.

exsanguis, *e*, adj., **1.** pr. et fig., qui n'a plus de sang, exsangue ; pâle, livide ; sans force, épuisé, incolore ; **2.** poét., qui rend pâle.

exsarcĭo, *ĭs, īre*, tr., raccommoder, réparer.

exsătĭo, *ās, āre*, tr., rassasier, assouvir, combler, satisfaire entièrement.

exsătŭrābĭlis, *e*, adj., qu'on peut rassasier.

exsătŭro, *ās, āre*, tr., pr. et fig., rassasier, assouvir complètement.

exscalpo, V. *exsculpo*.

exscen~, V. *escen~*.

exscĭdĭum, *ĭi*, n., ruine, destruction, sac.

exscindo, *ĭs, ĕre, scĭdi, scissum*, tr., **1.** séparer violemment, briser, fendre, forcer, ~ *portas* : enfoncer les portes ; **2.** détruire, ruiner, anéantir.

exscissārĭus, *a, um*, déchiré, fendu.

exscrattĭo, V. *excratio*.

exscrĕo, *ās, āre*, intr., cracher.

exscrībo, *ĭs, ĕre, scripsi, scriptum*, tr., **1.** copier, transcrire ; fig., reproduire, rendre par l'imitation ; **2.** inscrire, noter.

exsculpo, *ĭs, ĕre, sculpsi, sculptum*, tr., **1.** enlever en grattant ; façonner par le ciseau ; creuser, tailler, sculpter, graver ; **2.** arracher, obtenir par force et difficilement.

exsculptĭo, *ōnis*, f., action de sculpter, ciseler.

exsĕco, *ās, āre, sĕcŭi, sectum*, tr., enlever en coupant, retrancher, amputer ; châtrer ; prélever.

exsĕcrābĭlis, *e*, adj., 1. exécrable, abominable ; 2. qui maudit, exècre ; implacable.

exsĕcrābĭlĭtās, *ātis*, f., malédiction.

exsĕcrābĭlĭtĕr, adv., [*~lius*], avec exécration.

exsĕcrāmentum, *i*, n., imprécation.

exsĕcrātĭo, *ōnis*, f., 1. serment accompagné d'imprécations ; 2. imprécation, malédiction.

exsĕcrātŏr, *ōris*, m., celui qui exècre.

exsĕcrātus, *a*, *um*, part. adj., [*~tissimus*], maudit, exécré, odieux.

exsĕcror, *āris*, *āri*, (cf. *sacer*), tr. et intr., 1. charger d'imprécations, maudire, ~ *(in) aliquem* : qqn. ; 2. avec *ut* + subj. : souhaiter en lançant des imprécations ; 3. faire un serment accompagné d'imprécations.

exsectĭo, *ōnis*, f., action de couper, amputation.

exsectŏr, *ōris*, m., celui qui coupe, ampute.

exsĕcūtĭo, *ōnis*, f., 1. accomplissement, achèvement, exécution ; 2. développement (d'un propos).

exsĕcūtŏr, *ōris*, m., 1. celui qui accomplit, exécute ; 2. celui qui poursuit, vengeur.

exsĕcūtōrĭus, *a*, *um*, exécutif.

exsĕquĭæ, *ārum*, (cf. *sequor*), f. pl., cortège de funérailles, pompe funèbre, obsèques, *cohonestare exsequias* : célébrer les funérailles en grande pompe.

exsĕquĭālis, *e*, adj., de funérailles, funèbre.

exsĕquor, *ĕris*, *i*, *sĕcūtus sum*, tr., suivre jusqu'au bout, 1. poursuivre, rechercher, s'attacher à, aspirer à, ~ *æternitatem* : aspirer à l'éternité, ~ *mortem* : affronter la mort ; 2. ~ *aliquem* : suivre qqn. jusqu'à sa dernière demeure, l'enterrer ; 3. finir par obtenir, accomplir, exécuter, ~ *incepta* : achever une entreprise, ~ *imperium* : exécuter un ordre ; 4. poursuivre l'exécution de, faire valoir (un droit) ; poursuivre, venger ; 5. passer successivement en revue ; exprimer, traiter, exposer, développer.

exsercĭo, V. *exsarcio*.

exsĕro, *ĭs*, *ĕre*, *sĕrŭi*, *sertum*, tr., pr. et fig., dégager, tirer hors, sortir, découvrir, faire voir, montrer, ~ *linguam* : tirer la langue, *hæc exserit narratio* : ce récit fait voir que ; *se* ~ : se dégager de.

exsertē, adv., [*~tius*], ouvertement ; avec force.

exserto ou **exerto**, *ās*, *āre*, tr., tirer hors, faire sortir, montrer, découvrir.

exsertus, *a*, *um*, part. adj., [*~tior*], 1. saillant, proéminent ; 2. manifeste, déclaré ; 3. vif, éveillé ; sonore.

exsībĭlo, *ās*, *āre*, 1. intr., siffler ; 2. tr., siffler, huer.

exsiccātĭo, *ōnis*, f., dessèchement.

exsicco, *ās*, *āre*, tr., 1. dessécher ; 2. épuiser, vider (une coupe).

exsĭco, V. *exseco*.

exsigno, *ās*, *āre*, tr., prendre note de, noter.

exsĭlĭo, *īs*, *īre*, *sĭlŭi*, *sultum*, (cf. *salio*), intr., sauter hors de, s'élancer de, bondir, ~ *stratis* : sauter à bas de son lit, *exsilit lumen* : la lumière jaillit.

exsĭlĭum, *ĭi*, (cf. *exsul*), n., exil, bannissement, *in ~ ejicere, expellere, agere* : exiler ; *in ~ ire, proficisci* : partir pour l'exil ; lieu d'exil.

exsĭnŭo, *ās*, *āre*, tr., déployer.

exsisto ou **existo**, *ĭs*, *ĕre*, *exstĭti*, intr., 1. sortir de, paraître, se montrer, *nympha gurgite existit* : la nymphe sortit du gouffre, Ov. ; 2. s'élever, provenir, naître, *vermes de stercore existunt* : les vers proviennent du fumier, Lucr., *ex licentiā existit tyrannus* : le despotisme naît de la licence, Cic. ; 3. *existit ut* + subj. : il s'ensuit que ; 4. se montrer, se révéler ; exister, être, *timeo ne exsistam crudelior* : je crains de me montrer trop cruel, Cic.

exsōlesco, *ĭs*, *ĕre*, intr., se déshabituer.

exsōlētus, V. *exoletus*.

exsōlo, V. *exsulo*.

exsōlūtĭo, *ōnis*, f., affranchissement, délivrance.

exsolvo, *ĭs*, *ĕre*, *solvi*, *sŏlūtum*, tr., 1. délivrer, dénouer, détacher ; 2. dégager, délivrer, ~ *se paulatim corpore* : se dégager peu à peu des liens du corps ; 3. se libérer, d'où : payer intégralement, s'acquitter de, ~ *jusjurandum, fidem* : tenir sa parole, ~ *gratiam* : payer une dette de reconnaissance.

exsomnis, *e*, adj., qui veille, éveillé.

exsŏno, *ās*, *āre*, *sŏnŭi*, intr., retentir.

exsorbĕo, *ēs*, *ēre*, *sorpsi*, tr., absorber entièrement, dévorer, engloutir.

exsors, *sortis*, adj., 1. qui est excepté du tirage au sort ; 2. qui ne partage pas le sort de, qui n'a pas part à, exempt de + gén. ~ *fœderis* : exclu d'un traité, ~ *culpæ* : qui n'est pas fautif ; 3. exceptionnel.

exspargo, V. *exspergo*.

exspătĭor, *āris*, *āri*, intr., pr. et fig., sortir de la carrière, s'étendre, se répandre ; déborder.

exspectābĭlis, *e*, adj., attendu.

exspectātĭo, ōnis, f., 1. attente, espérance, *præter*, *contra exspectationem* : contre toute espérance, inattendu, *exspectatione minor* : plus petit qu'on ne le croyait ; 2. curiosité, impatience de savoir.

exspectātŏr, ōris, m., celui qui attend.

exspectātrix, īcis, f. du préc.

exspectātus, *a*, *um*, part. adj., [*~tior*, *~tissimus*], attendu, désiré, espéré.

exspecto, *ās*, *āre*, tr., regarder de loin, d'où : 1. attendre, s'attendre à (espérer, craindre), *~ eventum pugnæ* : attendre l'issue du combat, *nescio quod malum exspecto* : je m'attends à je ne sais quel malheur, *~ aliquid ab aliquo* : attendre qqch. de qqn., *~ dum, quoad, donec, si* : attendre que, *~ ut* + subj. : s'attendre à ce que, *non ~ quin* + subj. : ne pas attendre que ; abs., être dans l'attente, attendre ; 2. attendre, être réservé à, *me tranquilla senectus exspectat* : une vieillesse tranquille m'attend, HOR.

exspergo, *ĭs*, *ĕre*, tr., répandre, disperser.

exspes (seul. au nom.), adj., privé d'espoir, *~ vitæ* : qui a perdu l'espoir de vivre.

exspīrātĭo, ōnis, f., exhalaison.

exspīro, *ās*, *āre*, 1. tr., souffler au-dehors, exhaler ; 2. intr., s'exhaler, s'évaporer ; 3. abs., exhaler le dernier souffle, expirer.

explendesco, *ĭs*, *ĕre*, *splendŭi*, intr., devenir, être très brillant, éclatant.

exspŏlĭātĭo, ōnis, f., action de dépouiller, de piller, spoliation.

exspŏlĭātŏr, ōris, m., spoliateur, pillard.

exspŏlĭo, *ās*, *āre*, tr., dépouiller entièrement ; piller ; spolier, priver de.

exsprētus, *a*, *um*, part. adj., méprisé.

exspŭo, *ĭs*, *ĕre*, *spŭi*, *spūtum*, tr., pr. et fig., rejeter en crachant, cracher, vomir.

exstans, *antis*, part. adj., en saillie.

externo, *ās*, *āre*, tr., abattre, consterner.

exstillesco, *ĭs*, *ĕre*, et **exstillo**, *ās*, *āre*, intr., couler goutte à goutte, dégoutter.

exstĭmŭlātŏr, ōris, m., celui qui stimule, instigateur.

exstĭmŭlo, *ās*, *āre*, tr., piquer, aiguillonner, stimuler, exciter.

exstinctĭo, ōnis, f., extinction ; mort, anéantissement.

exstinctŏr, ōris, m., celui qui éteint, anéantit, détruit.

exstinguĭbĭlis, *e*, adj., qu'on peut anéantir.

exstinguo, *ĭs*, *ĕre*, *stinxi*, *stinctum*, tr., 1. éteindre ; 2. faire mourir ; part. adj. et subst., *exstinctus* : mort ; 3. dessécher, tarir.

exstirpātŏr, ōris, m., celui qui déracine.

exstirpo, *ās*, *āre*, (cf. *stirps*), tr., déraciner, dessoucher, arracher ; extirper.

exsto, *ās*, *āre*, intr., 1. se tenir au-dessus de, dépasser, être saillant, avoir du relief, *~ capite solo ex aquā* : dépasser l'eau seulement de la tête ; 2. subsister, se montrer, paraître, être, *exstant epistulæ Philippi* : il subsiste des lettres de Philippe, CIC. ; *nemo exstat qui* : il n'est personne au monde qui ; impers., *exstat* + prop. inf. : il est certain que.

exstructĭo, ōnis, f., action de bâtir, construction ; fig., coiffure élevée en hauteur.

exstructĭus, adv. au comp., d'une manière excessive.

exstructŏr, ōris, m., celui qui élève, construit.

exstructōrĭus, *a*, *um*, qui élève, édifie (l'âme).

exstructus, *a*, *um*, part. adj., [*~tissimus*], élevé en hauteur, haut.

exstrŭo, *ĭs*, *ĕre*, *struxi*, *structum*, tr., 1. élever en hauteur, accumuler, entasser ; 2. bâtir, construire en hauteur ; fig., édifier (une œuvre), composer.

exsuccĭdus et **exsūcĭdus**, *a*, *um*, qui n'a pas de suc.

exsuctus, *a*, *um*, part. adj., qu'on a sucé jusqu'à épuisement, épuisé, desséché.

exsuccus et **exsūcus**, *a*, *um*, desséché, sec.

exsūdo, *ās*, *āre*, 1. intr., sortir par transpiration, s'évaporer ; 2. tr., rendre par transpiration, suer ; fig., faire à grandes suées, suer à, s'épuiser à.

exsufflo, *ās*, *āre*, tr., souffler sur.

exsūgo, *ĭs*, *ĕre*, *suxi*, *suctum*, tr., tarir en suçant, sucer.

exsŭl ou **exŭl**, *ŭlis*, (*ex* + *solum* ou *ex* + R. *~ ul*, cf. *ambulo* : aller), adj., exilé, banni, proscrit, *~ mundi* : banni du monde, *~ mentis domusque* : hors de sa raison et de sa maison, OV.

exsŭlāris, *e*, adj., causé par l'exil.

exsŭlātĭo, ōnis, f., bannissement.

exsŭlo, *ās*, *āre*, intr., être exilé, partir pour l'exil, vivre en exil.

exsultans, *antis*, part. adj., [*~tissimus*], sautillant, bondissant ; vif, impétueux (style).

exsultantĕr, adv., [*~tius*], en sautant de joie, d'une manière enthousiaste, avec exubérance.

exsultātĭo, ōnis, f., transport de joie.

exsultim, adv., en bondissant, par bonds.

exsulto, *ās*, *āre*, (cf. *salio*), intr., 1. sauter, bondir ; 2. s'abandonner, se donner libre carrière (orateur) ; 3. être transporté d'une passion violente, ~ *lætitiā* : être transporté d'allégresse ; manifester sa joie, son orgueil de, ~ *victoriā* : être ivre de son succès.

exsŭpĕrābĭlis, *e*, adj., qui peut être surmonté.

exsŭpĕrans, *antis*, part. adj., [*~tissimus*], qui surpasse, excelle.

exsŭpĕrantĭa, *æ*, f., supériorité, excellence.

exsŭpĕro, *ās*, *āre*, tr., 1. s'élever au-dessus de, dépasser ; l'emporter sur ; triompher de, vaincre ; 2. franchir, passer ; 3. durer au-delà de.

exsuppūro, *ās*, *āre*, tr., faire suppurer.

exsurdo, *ās*, *āre*, tr., rendre sourd, rendre insensible ; émousser.

exsurgo, *ĭs*, *ĕre*, *surrexi*, *surrectum*, intr., 1. se lever de ; s'élever, croître ; 2. se relever, reprendre courage ; 3. se lever contre, s'insurger.

exsuscĭto, *ās*, *āre*, tr., éveiller, tirer du sommeil ; éveiller, émouvoir, exciter ; allumer.

exta, *ōrum*, n. pl., 1. entrailles (cœur, poumon, foie, rate, parties vitales et nobles de la victime), ~ *spectare*, *dare* : examiner, présenter les entrailles ; repas du sacrifice ; présages ; 2. chair, viande.

extābesco, *ĭs*, *ĕre*, *tābŭi*, intr., se dessécher, se dissoudre, devenir maigre ; dépérir, disparaître.

extāris, *e*, adj., relatif aux entrailles des victimes.

extemplō (**extempŭlō**), adv., sur-le-champ, à l'instant, aussitôt.

extempŏrālis, *e*, adj., 1. qui se fait sans préparation, improvisé ; 2. qui improvise.

extempŏrālĭtās, *ātis*, f., talent d'improvisateur.

extendo, *ĭs*, *ĕre*, *tendi*, *tentum* (*tensum*), tr., 1. étendre (dans l'espace), élargir, agrandir, allonger, déployer ; 2. étendre (dans le temps), prolonger ; 3. étendre, répandre, accroître, ~ *famam* : étendre sa renommée, ~ *pretia* : faire monter les prix.

extensē, adv., d'une manière étendue.

extensĭo, *ōnis*, f., extension.

extensŏr, *ōris*, m., qui soumet à la torture, bourreau.

extensus, *a*, *um*, qui a été allongé (voyelle, son).

extentē, adv., [*~tius*], d'une manière étendue.

① **extento**, *ās*, *āre*, (cf. *tendo*), tr., tendre fortement, déployer entièrement.

② **extento**, *ās*, *āre*, (cf. *tempto*, *tento*), tr., faire l'essai de, tenter.

extentus, *a*, *um*, part. adj., [*~tissimus*], étendu, élargi, prolongé.

extĕnŭātĭo, *ōnis*, f., 1. raréfaction ; 2. rhét., atténuation.

extĕnŭātus, *a*, *um*, part. adj., [*~tissimus*], réduit à l'extrême, diminué, resserré, faible.

extĕnŭo, *ās*, *āre*, tr., rendre ténu, mince, faible à l'extrême ; affaiblir, amincir.

extĕr et **extĕrus**, *a*, *um*, [*exterior*, *extremus*, V. ces mots], externe, du dehors, étranger, *externæ gentes* : les nations étrangères.

extĕrĕbro, *ās*, *āre*, tr., 1. retirer en perçant ; 2. obtenir par force.

extergĕo, *ēs*, *ēre*, *tersi*, *tersum*, tr., essuyer, nettoyer.

extĕrĭor, *ōris*, adj., comp. de *externus*, du dehors, extérieur, externe (opp. à *interior*), *exteriorem ire alicui* : marcher à gauche de qqn.

extermĭnātĭo, *ōnis*, f., ruine, destruction.

extermĭnātŏr, *ōris*, m., 1. celui qui chasse, bannit ; 2. celui qui ruine, exterminateur.

extermĭnĭum, *ĭi*, n., 1. bannissement ; 2. perte, ruine, destruction.

extermĭno, *ās*, *āre*, (cf. *terminus*), tr., 1. chasser (hors des limites), bannir, écarter, éliminer ; 2. ruiner, détruire, exterminer.

externo, V. *exsterno*.

externus, *a*, *um*, 1. du dehors, extérieur, externe, *externa commoda*, *bona* : les biens extérieurs ; 2. étranger, importé, exotique, *externa bella* : les guerres étrangères.

extĕro, *ĭs*, *ĕre*, *trīvi*, *trītum*, tr., faire sortir par frottement ; écraser, broyer.

exterrĕo, *ēs*, *ēre*, *terrŭi*, *terrĭtum*, tr., épouvanter, effrayer.

extersŭs, *ūs*, m., action d'essuyer.

extĕrus, V. *exter*.

extexo, *ĭs*, *ĕre*, tr., défaire le tissu, d'où : dévaliser, PL.

extillo, V. *exstillo*.

extĭmātĭo, *ōnis*, f., chr., la fin (des temps).

extĭmesco, *ĭs*, *ĕre*, *tĭmŭi*, intr. et tr., épouvanté, craindre fortement, redouter.

extĭmo, *ās*, *āre*, tr., reléguer aux extrémités.

extĭmus, superl. de *exter*, V. *extremus*.

extinguo, V. *exstinguo*.

extirpo, V. *exstirpo*.

extispex, *spĭcis*, m., haruspice, qui prédit par l'inspection des entrailles (*exta*).

exto, V. *exsto*.

extollo, *ĭs*, *ĕre*, *extŭli (exsustŭli)*, *ēlātum*, tr., **1.** lever, élever, soulever, relever ; **2.** élever, construire ; **3.** élever (un enfant) ; **4.** relever (le courage) ; **5.** élever (à une dignité) ; **6.** élever, louer, vanter, exalter, ~ *ad cælum* : porter aux nues ; **7.** reporter, différer.

extorquĕo, *ēs*, *ēre*, *torsi*, *tortum*, tr., **1.** arracher en tordant, arracher ; **2.** obtenir par la violence, difficilement ; **3.** disloquer, démettre (un membre), estropier.

extorris, *e*, (cf. *terra*), adj., chassé, expulsé, ~ *ab solo Romano*, *patriā* : du sol romain, de la patrie ; ext., dépouillé, privé de.

extorsĭo, *ōnis*, f., action d'extorquer.

extortŏr, *ōris*, m., celui qui extorque.

extrā,
I adv., **1.** au-dehors, à l'extérieur, *ea quæ ~ sunt* : les objets extérieurs ; **2.** excepté, ~ *quam (si)* : excepté si ; **3.** en outre, en sus, en plus.
II prép. + acc., **1.** hors de, au-delà de, ~ *urbem* : hors de la ville ; ~ *consuetudinem* : contre l'habitude, ~ *modum* : au-delà de la mesure ; **2.** à l'exception de, hormis, ~ *ducem* : excepté le général.

extrăho, *ĭs*, *ĕre*, *traxi*, *tractum*, tr., **1.** tirer, retirer de, extraire, ~ *telum ex*, *de vulnere* : retirer un trait de la blessure ; arracher à ou de, ~ *ex animis religionem* : délivrer les âmes d'une crainte superstitieuse ; **2.** tirer au-delà, traîner en longueur, prolonger, ~ *bellum in tertium annum* : prolonger la guerre pendant trois ans, ~ *diem de die* : remettre de jour en jour ; ~ *aliquem* : amuser qqn., lui donner de fausses espérances.

extrāmundānus, *a*, *um*, qui n'est pas de ce monde.

extrāmūrānus, *a*, *um*, qui est hors des murs.

extrānātūrālis, *e*, adj., surnaturel.

extrănĕo, *ās*, *āre*, tr., traiter comme un étranger.

extrănĕus, *a*, *um*, extérieur, étranger.

extrāordĭnārĭē, adv., d'une manière extraordinaire.

extrāordĭnārĭus, *a*, *um*, qui sort de l'ordre habituel des choses, extraordinaire.

extrārĭus, *a*, *um*, **1.** extérieur, du dehors ; **2.** étranger, qui n'est pas de la famille.

extrēmĭtās, *ātis*, f., extrémité, bout, fin ; circonférence, contour ; surface.

extrēmus, *a*, *um*, superl. de *exterus*, [post-class., ~*mior*, ~*missimus*], extrême, le dernier, placé tout au bout (dans l'espace, dans le temps, dans la qualité ou le rang), **1.** *extremi fines* : l'extrême frontière, *in extremā parte epistulæ* : à la fin de

la lettre ; subst. n., *extremum*, *i*, et pl., *extrema*, *orum*, le bout de, la fin de, le fond de, *extremum mundi* : l'extrémité du monde ; **2.** le dernier, à la fin, *mensis extremus anni* : le dernier mois de l'année, *extremum illud est ut* + subj. : il me reste à, *alloquor extremum* : je m'adresse pour la dernière fois ; **3.** le dernier, le plus élevé, le plus haut ou le plus bas, extrême, suprême, *extrema fames* : une faim extrême, *res extremæ* : situation critique, *descendere ad extrema* : en venir aux extrémités, *extrema pati* : endurer les pires souffrances, *extrema necessitas* : la nécessité suprême = la mort, *extrema mancipia* : les derniers des esclaves.

extrīco, *ās*, *āre*, tr., débrouiller.

extrinsĕcŭs, adv., du dehors, de l'extérieur.

extrūdo, *ĭs*, *ĕre*, *trūsi*, *trūsum*, tr., pousser dehors avec violence, chasser, repousser.

extrŭo, V. exstruo.

extŭbĕro, *ās*, *āre*, tr., enfler, gonfler, élever.

extŭmĕfactus, *a*, *um*, gonflé.

extŭmĕo, *ēs*, *ēre*, et **extŭmesco**, *ĭs*, *ĕre*, *tŭmŭi*, intr., être enflé, s'enfler.

extŭmus, V. extimus, extremus.

extundo, *ĭs*, *ĕre*, *tŭdi*, tr., **1.** faire sortir en frappant, fabriquer, produire avec effort, forger ; **2.** arracher, obtenir avec peine.

exturbo, *ās*, *āre*, tr., **1.** faire sortir de force, chasser, arracher de ; **2.** bouleverser, troubler complètement.

exūbĕro, *ās*, *āre*, **1.** intr., déborder de, abonder en, regorger de ; **2.** tr., déborder, dépasser.

exuc~, exud~, exug~, V. exsu~.

exŭl, V. exsul.

exulcĕrātĭo, *ōnis*, f., irritation.

exulcĕro, *ās*, *āre*, tr., former des ulcères, d'où : ulcérer, irriter, envenimer, aigrir.

exūlo, V. exsulo.

exult~, V. exsult~.

exŭlŭlo, *ās*, *āre*, intr. et tr., appeler en hurlant, pousser de longs hurlements.

exundantĕr, adv., [~*tius*], d'une manière surabondante.

exundantĭa, *æ*, f., débordement, exubérance.

exundātĭo, *ōnis*, f., débòrdement, inondation.

exundo, *ās*, *āre*, **1.** intr., couler de, s'échapper en coulant, déborder ; fig., déborder, abonder, surabonder ; **2.** tr., répandre en abondance.

exungo et **exunguo**, *ĭs*, *ĕre*, tr., oindre soigneusement ; au passif : dépenser (son bien) en parfums.

exunguis, *e*, adj., qui est sans ongles.

exŭo, *ĭs, ĕre, ŭi, ūtum*, (cf. *~uo* : vêtir, V. *vestis*), tr., **1.** dépouiller d'un vêtement, dévêtir, mettre à découvert, à nu, *~ aliquem veste* : déshabiller qqn., *~ ensem vaginā* : dégainer ; **2.** dépouiller, enlever, *~ patrimonia* : dépouiller du patrimoine ; **3.** se dépouiller de, ôter, *~ pallam* : quitter sa robe ; fig., *~ humanitatem omnem* : quitter tout sentiment humain, *~ promissa* : manquer à ses promesses.

exŭpĕr~, V. *exsuper~*.

exurdo, V. *exsurdo*.

exurgĕo, *ēs, ēre*, tr., exprimer en pressant.

exurgo, V. *exsurgo*.

exūro, *ĭs, ĕre, ussi, ustum*, tr., **1.** brûler complètement, consumer, incendier ; **2.** fig., brûler, dessécher, consumer, tarir ; anéantir sans laisser de traces.

exustĭo, *ōnis*, f., combustion ; embrasement, incendie.

exūtĭo, *ōnis*, f., exclusion.

exŭvĭæ, *ārum* (cf. *exuo*), f. pl., ce qui a été ôté de dessus le corps, vêtements, armes, dépouilles ; peau écorchée ; dépouilles, butin.

exŭvĭum, *ĭi*, n., V. le préc.

exv~, V. *ĕv~*.

F

F, f, f. et n., indécl., f, **1.** sixième lettre de l'alph. latin ; **2.** abr. de *filius, feci* ; FF : *fecerunt* ; FC : *faciendum curavit* ; FJ : *fieri jussit* ; FL. : *Flavius, flamen.*

făba, æ, f., fève.

făbālis, *e*, adj., de fèves.

Făbāris, *is*, m., Fabaris, riv. de Sabine.

făbella, æ, f., petit récit, historiette ; petite pièce de théâtre ; fable, apologue.

① **făber**, *bra, brum*, [*~berrimus*], fait avec art, ingénieux, habile.

② **făber**, *bri*, m., **1.** ouvrier, artisan (qui travaille une matière dure) ; **2.** poisson de mer, dorée.

Făbĕrĭānus, *a, um*, de Fabérius ‖ **Făbĕrĭānum**, *i*, n., domaine de Fabérius ‖ **Făbĕrĭus**, *ĭi*, m., Fabérius, relation de Cicéron.

Făbĭāni, *ōrum*, m. pl., les gens de la *gens Fabia* ‖ **Făbĭānus**, *a, um*, des Fabius, de la *gens Fabia* ‖ **Făbĭi**, *ōrum*, m. pl., les (306) Fabius qui défendirent Rome contre les Véiens ‖ **Făbĭus**, *ĭi*, m., Fabius, nom de Romains illustres, entre autres Q. Fabius Maximus Cunctator, dictateur, qui combattit Hannibal ; Fabius Pictor, historien ‖ **Făbĭus**, *a, um*, de Fabius, *gens Fabia* : la famille des Fabius.

Făbrātĕrĭa, æ, f., Fabratérie, ville des Volsques ‖ **Făbrāterni**, *ōrum*, m. pl., les hab. de Fabratérie ‖ **Făbrāternus**, *a, um*, de Fabratérie.

făbrē, adv., [*~berrime*], artistement, savamment.

făbrĕfăcĭo, *ĭs, ĕre, fēci, factum*, tr., travailler avec art.

făbrĭca, æ, f., **1.** art, métier, travail d'art appliqué à une matière (bois, bronze, pierre, etc.) ; **2.** action de travailler, de réaliser avec art, pratique d'un art ; **3.** atelier ; **4.** habileté ; ruse.

făbrĭcātĭo, *ōnis*, f., **1.** travail de mise en œuvre, fabrication ; **2.** structure, organisation.

făbrĭcātŏr, *ōris*, m., constructeur, ouvrier, artisan.

făbrĭcātōrĭus, *a, um*, producteur, créateur.

făbrĭcātrix, *īcis*, f., créatrice.

Făbrĭcĭānus, *a, um*, de Fabricius ‖ **Făbrĭcĭus**, *a, um*, de Fabricius, nom d'une illustre famille rom.

făbrĭco, *ās, āre*, et **făbrĭcor**, *āris, āri*, tr., **1.** travailler, façonner, construire (en matière dure) ; **2.** préparer (repas), forger (mots) ; **3.** façonner, inventer.

făbrĭfĭcātĭo, *ōnis*, f., confection, exécution.

făbrĭlis, *e*, adj., d'ouvrier, d'artisan ; de forgeron.

făbrĭlĭtĕr, adv., selon les procédés de l'art.

① **fābŭla**, æ, f., petite fève.

② **fābŭla**, æ, (cf. *for*, R. *fā-*), f., **1.** propos, conversation ; rumeur, bruit, *quæ est ista fabula ?* : qu'est-ce que tu racontes ?, PL. ; prov., *lupus in fabula* : quand on parle du loup… ; **2.** récit fictif, a) récit sans fondement, sottise, fable (fig.) ; b) récit mythologique, poétique ; fable ; c) sujet d'une composition dramatique, pièce de théâtre, *fabulam dare, agere, docere* : faire représenter une pièce de théâtre.

făbŭlāris, *e*, adj., fabuleux, mythologique.

făbŭlātŏr, *ōris*, m., **1.** conteur ; **2.** bavard.

Fābŭlīnus (deus), *i*, m., le « dieu de la parole » (des enfants qui commencent à parler).

① **făbŭlo**, *ās, āre*, V. fabulor.

② **făbŭlo**, *ōnis*, m., raconteur de mensonges.

făbŭlor, *āris, āri*, intr., causer, bavarder, s'entretenir ; inventer, fabuler.

făbŭlōsē, adv., [*~sius, ~sissime*], de manière fabuleuse, mensongère.

făbŭlōsĭtās, *ātis*, f., ensemble de fictions.

făbŭlōsus, *a, um*, [*~sior, ~sissimus*], **1.** fertile en fables, en fictions ; **2.** porté aux légendes, aux fictions ; **3.** relatif à la fable.

făcesso, *ĭs, ĕre, făcessi*, **1.** tr., faire avec zèle ; exécuter, créer ; **2.** intr., s'en aller, s'éloigner, se mettre en route ; tr., éloigner, *dictum facessas* : au diable les discours ! PL.

făcētē, adv., [*~tius, ~tissime*], avec grâce, spirituellement, finement, coquettement.

făcētĭa, æ, f., **1.** agrément, gentillesse, amabilité ; **2.** plaisanterie, espièglerie ; au pl., *facetiæ, arum*, propos railleurs, bons mots, traits d'esprit.

făcētus, *a*, *um*, [~*tior*, ~*tissimus*], **1.** bien fait, beau ; gracieux, joli, élégant, fin ; **2.** fin, plaisant, spirituel.

făcĭēs, *ēi*, (cf. *facio*), f., façon, forme, aspect, d'où : **1.** aspect extérieur, mine, apparence, *facies maris* : aspect de la mer ; **2.** forme, espèce, *plures eloquentiæ facies* : diverses formes d'éloquence ; apparence, prétexte (V. *species*), *publici consilii facie* : sous prétexte de délibération publique ; **3.** visage, face ; beauté, belle apparence.

făcĭlē, adv., [~*ilius*, ~*illime*], **1.** facilement, sans peine, aisément ; **2.** sans hésiter, sans contredit.

făcĭlis, *e* (cf. *facio*), adj., [~*ilior*, ~*illimus*], **I** sens passif, **1.** qui peut se faire, qui se fait aisément, faisable, facile ; **2.** commode à, pour ; aisé, bien disposé, ~ *campus operi* : plaine propice à la culture ; **3.** qu'on se procure facilement, abondant ; banal, sans valeur ; **4.** heureux, prospère.
II sens actif, **1.** qui fait, qui fait facilement, adroit, souple, *faciles oculi* : yeux mobiles, ~ *ad dicendum* : qui s'exprime avec facilité ; **2.** qui fait volontiers, porté à, enclin à, ~ *bello*, *ad bellum* : porté à la guerre ; **3.** qui se lie facilement, traitable, aimable, doux, complaisant.

făcĭlĭtās, *ātis*, f.,
I sens passif, qualité de ce qui se laisse faire ou travailler facilement, maniabilité, facilité d'exécution.
II sens actif, **1.** qualité de celui qui a de la facilité, bonne disposition à, penchant ; **2.** qualité de celui qui se prête facilement à, humeur facile, douceur, complaisance ; **3.** légèreté, étourderie.

făcĭlĭter, V. *facile*.

făcĭnŏrōsē, adv., avec perversité.

făcĭnŏrōsus, *a*, *um*, [~*sior*, ~*sissimus*], criminel, pervers, scélérat.

făcĭnus, *ŏris*, (cf. *facio*), n., **1.** action (bonne ou mauvaise), acte, fait ; affaire, chose ; **2.** le plus souv., action criminelle, forfait, scélératesse, crime, ~ *facere*, *obire*, *committere*, *in se admittere* : commettre, se rendre coupable d'un crime ; ext., criminel.

făcĭo, *ĭs*, *ĕre*, *fēci*, *factum*, (R. *dhe-*, V. ~*do*), tr., (passif, V. *fio*),
I établir, poser, supposer, **1.** *esse deos faciamus* : posons qu'il y ait des dieux, Cic. ; **2.** *se facit esse venustum* : il se donne pour beau, Cat., *facio me alias agere* : je feins de m'occuper d'autre chose, Cic. ; **3.** représenter, *quem Homerus conveniri facit cum Ulixe* : celui qu'Homère nous montre rencontrant Ulysse, Cic. ; **4.** ~ *nomen alicui* : donner un nom à qqn. ; **5.** ~ *sacrum* : offrir un sacrifice ; intr., ~ *vitulā* : offrir

une génisse en sacrifice ; abs., sacrifier à + dat. ; **6.** estimer, apprécier, faire cas de, ~ *aliquem*, *aliquid magni*, *parvi*, *pluris* : faire grand cas, peu de cas, plus de cas de qqn., de qqch., *non* ~ *flocci* : ne faire aucun cas de.
II faire, exécuter, créer, causer, rendre ; **1.** *quid faciam ?* : que pourrais-je faire ? ; (faire) faire, *Cæsar fecit pontem* : César fit faire un pont ; *exempla* ~ *in aliquem* : faire des exemples sur qqn. ; ~ *ludos* : donner des jeux ; **2.** exercer, pratiquer, ~ *argentariam* : exercer le métier de banquier ; **3.** créer, composer, ~ *alicui negotium* : créer des embarras à qqn., ~ *silentium* : établir le silence ; ~ *orationem* : composer un discours ; ~ *potestatem* : donner la possibilité de ; **4.** instituer, nommer, ~ *aliquem consulem* : nommer qqn. consul ; **5.** mettre dans tel ou tel état, rendre, ~ *aliquem certiorem* : informer qqn., ~ *aliquem sanum* : guérir qqn., ~ *aliquid planum* : rendre clair, expliquer qqch. ; **6.** causer, provoquer, ~ *bellum* : provoquer la guerre, ~ *alicui desiderium* : susciter le désir chez qqn. ; **7.** ~ *ut*/*ne*, *ut non* + subj. : faire en sorte que, que... ne... pas, *facite ut recordemini* : faites en sorte que nous nous rappelions ; avec subj. seul, *fac sciam* : fais-moi savoir ; *non possum facere quin* + subj. : je ne peux m'empêcher de, je ne peux faire moins que.
III **1.** acquérir, gagner, se procurer, ~ *manum* : faire une levée, ~ *prædam* : faire du butin ; **2.** éprouver, supporter, ~ *damnum* : subir un dommage ; ~ *initium* : commencer ; **3.** gramm., faire, présenter telle forme, *cur « aper » « apri » facit ?* : pourquoi *« aper »* donne-t-il *« apri »* ?, Quint.
IV intr., **1.** agir, se conduire, ~ *nequiter*, *amice*, *e re publicā* : se conduire de façon méchante, en ami, conformément à l'intérêt de l'État ; **2.** être du parti de, ~ *cum aliquo*, *adversus aliquem* : marcher avec qqn., contre qqn. ; **3.** être efficace, propre à, avec *ad* + acc. ; être utile.
V faire (pour rappeler une action), *me*, *ut adhuc fecistis*, *audiatis* : écoutez-moi comme vous avez fait jusqu'ici.

factĕŏn, adj. vb. à la grecque fabriqué par Cicéron sur le radical de *facio*.

factīcĭus, *a*, *um*, artificiellement fait, imité.

factĭo, *ōnis*, f., **1.** a) action, pouvoir légal de faire ou d'agir ; b) procédé, conduite, Pl. ; **2.** groupe de gens appartenant au même corps de métier, parti, secte, coterie, a) parti politique, association factieuse, faction, cabale ; spéc., parti des nobles (opp. à *partes*) ; b) faction au cirque ou au théâtre (groupe de cochers ou d'acteurs) ; **3.** beau parti (mariage).

factĭōsus, *a*, *um*, [~*sior*, ~*sissimus*], **1.** prompt, actif ; **2.** qui est puissant par ses amis, par son parti ; subst. m., chef de parti ; factieux, intrigant.

factĭtāmentum, *i*, n., œuvre, ouvrage.

factĭtātĭo, *ōnis*, f., structure.

factĭtātŏr, *ōris*, m., celui qui produit, accomplit.

factĭto, *ās*, *āre*, tr., **1.** faire habituellement, à plusieurs reprises, exécuter ; célébrer ; **2.** reconnaître (comme héritier) ; **3.** exercer (un métier), pratiquer.

factŏr, *ōris*, m., **1.** celui qui fait, auteur, créateur, artisan ; **2.** celui qui envoie la balle au jeu.

factum, *i*, n., **1.** ce qui a été fait ; **2.** fait, action, ouvrage, travail ; *bonum* ~ : salut !

factūra, *æ*, f., **1.** façon, fabrication ; **2.** création ; œuvre.

factus, *a*, *um*, part. adj. de *facio*, [~ *tior*], **1.** fait, exécuté ; **2.** travaillé, soigné ; préparé, équipé, paré, orné.

făcŭl, arch., V. *facile*.

făcŭla, *æ*, f., petite torche ; fig., lueur.

făcultās, *ātis*, (cf. *facio*), f., **1.** possibilité de faire, faculté, aptitude ; spéc., aptitude à parler, éloquence ; **2.** possibilité, opportunité, occasion, *dare facultatem dicendi*, *ad dicendum* : donner la possibilité de parler ; **3.** moyens abondants, grand nombre, provisions, biens, ressources.

făcultāt(ĭc)ŭla, *æ*, f., tout petits moyens (de fortune).

făcundē, adv., [~*dius*, ~*dissime*], avec éloquence.

făcundĭa, *æ*, f., facilité à s'exprimer, abondance oratoire, éloquence, faconde ; style.

făcundĭtās, *ātis*, f., habileté à parler, facilité d'élocution.

făcundus, *a*, *um*, (cf. *for*, R. *fā*~) [~*dior*, ~*dissimus*], qui parle avec aisance, faconde ; disert, éloquent ; qui a du style.

Fadĭus, *ĭi*, m., Fadius, nom d'une famille rom.

fæcĕus, *a*, *um*, de boue, de lie, impur.

fæcŭla, *æ*, f., marc (de raisin) ; tartre ; condiment.

fæcŭlentĭa, *æ*, f., amas de lie, lie, ordure.

fæcŭlentus, *a*, *um*, [~*tior*, ~*tissimus*], bourbeux, impur.

fæles, V. *feles*.

fæn~, V. *fēn~*.

Fæsŭlæ, *ārum*, f. pl., Fésules, v. d'Étrurie, auj. Fiesole ‖ **Fæsŭlānus**, *a*, *um*, de Fésules.

fæt~, V. *fœt~*.

fæx, *fæcis*, f., sédiment, lie, bourbe, tartre ; sauce, saumure ; résidu, ordures ; fig., lie, rebut, ~ *plebis* : la lie du peuple.

fāgĕus, **fāgĭnĕus**, **fāgĭnus**, *a*, *um*, de hêtre.

fāgus, *i*, f., hêtre ; faîne.

Fāgūtăl, *ālis*, n., chapelle sur le mont Esquilin, entourée de hêtres et consacrée à Jupiter ‖ **Fāgūtālis**, *e*, adj., du Fagutal ; de Jupiter.

făla, *æ*, f., échafaudage ; tour de siège ; colonne de bois sur la *spina* du cirque.

fălārĭca (phălārĭca), *æ*, f., **1.** falarique, javelot (lancé d'une *fala*) ; **2.** trait enduit de poix enflammée.

falcārĭus, *ĭi*, m., fabricant de faux.

falcātus, *a*, *um*, armé de faux ; recourbé en forme de faux, de faucille.

falcĭcŭla, *æ*, f., faucille.

Falcĭdĭānus, *a*, *um*, de Falcidius ‖ **Falcĭdĭus**, *ĭi*, m., Falcidius, h. politique rom., contemporain de Cicéron.

falcĭfĕr, *fĕra*, *fĕrum*, qui porte une faux.

falcĭgĕr, *gĕra*, *gĕrum*, V. le préc.

fălēræ, V. *phaleræ*.

Fălērĭi, *ōrum*, m. pl., Faléries, v. d'Étrurie ‖ **Fălĕrīna (trĭbŭs)**, f., la tribu Falérine, ancienne tribu rom.

Fălernus, *i*, m., **1.** (vin de) Falerne ; **2.** Falerne, propriété de Pompée ‖ **Fălernus**, *a*, *um*, de Falerne en Campanie.

Fălisci, *ōrum*, m. pl., Falisques, peuple d'Étrurie ‖ **Făliscum**, *i*, n., le territoire des Falisques ‖ **Făliscus**, *a*, *um*, des Falisques.

fallācĭa, *æ*, f., **1.** ruse, artifice, fourberies ; *sine fuco ac fallaciā* : sans déguisement ni tromperie, Cic., *per fallaciam* : par ruse ; **2.** erreur ; **3.** charme, magie.

fallācĭēs, *ēi*, V. le préc.

fallācĭlŏquus, *a*, *um*, dont les paroles sont trompeuses.

fallācĭōsus, *a*, *um*, fallacieux, trompeur.

fallācĭtĕr, adv., [~*cissime*], **1.** d'une manière trompeuse ; **2.** par erreur.

fallax, *ācis*, adj., [~*cior*, ~*cissimus*], trompeur, faux, perfide, menteur.

fallo, *ĭs*, *ĕre*, *fĕfelli*, *falsum*, tr., **1.** faire glisser, faire trébucher ; **2.** tromper, décevoir, *nisi me fallo*, *nisi fallor* : si je ne me trompe, ~ *alicujus spem* : tromper l'espoir de qqn. ; **3.** mentir, se parjurer, *si sciens fallo* : si je mens sciemment ; **4.** tromper, trahir, violer, ~ *promissum*, *fidem* : manquer à sa promesse, à sa parole ; **5.** chercher à tromper, faire oublier, *fallebat curas labor* : le travail faisait oublier les soucis, Ov., ~ *sermonibus horas* : faire passer les heures en causant ; **6.** cacher, dissimuler, ~ *furta* : dissimuler ses vols ; **7.** échapper aux regards ou à la pensée,

~ dominum : échapper à l'œil du maître ; *fallit ætas* : le temps passe insensiblement, Ov.

falsārĭus, *ĭi*, m., faussaire.

falsātĭo, *ōnis*, f., altération, falsification.

falsātŏr, *ōris*, m., faussaire.

falsē, adv., [*~sissime*], faussement.

falsĭdĭcus, *a, um*, dont les paroles sont menteuses.

falsĭfĭcātus, *a, um*, falsifié.

falsĭlŏquĭum, *ĭi*, n., propos mensonger.

falsĭlŏquus et **falsĭlŏcus**, *a, um*, dont les propos sont mensongers, menteur, imposteur.

falsĭmōnĭa, *æ*, f., mensonge.

falsĭpărens, *entis*, adj., qui a un père supposé.

falsĭtās, *ātis*, f., falsification, fausseté, mensonge.

① **falso**, *ās, āre*, tr., falsifier, fausser.

② **falso**, adv., faussement, sans fondement, à tort.

① **falsum**, *i*, n., fausseté, mensonge ; faux, acte falsifié ; erreur, méprise.

② **falsum**, adv., faussement.

falsus, *a, um*, part. adj. de *fallo*, [*~sissimus*], **1.** (choses) faux, controuvé, simulé, mal fondé, menteur ; **2.** (pers.) supposé, faux, menteur, *~ testis* : faux témoin.

falx, *falcis*, f., faux, faucille ; autres instruments : serpe, serpette, couteau, dolabre, etc.

fāma, *æ*, (cf. *for*, R. *fā~*), f., **1.** ce qu'on dit : paroles, bruit, rumeur, nouvelles, *~ tenet* + prop. inf. : un bruit répandu dit que, *~ exercitus* : l'annonce de l'arrivée des troupes ; rumeur publique, *famā accipere* : apprendre par ouï-dire ; **2.** tradition, renommée, *~ rerum* : l'histoire ; *Fama* : la Renommée ; **3.** opinion publique, jugement, *~ popularis* : la faveur populaire, *bona ~ bonorum* : la bonne opinion, l'estime des gens de bien, Cic. ; réputation, renom, *famam temeritatis subire* : encourir la réputation de légèreté ; gloire, honneur ; péj., mauvaise réputation, déshonneur, *me ~ vexabat* : j'étais en butte à la médisance, Sall.

fāmātus, *a, um*, trop fameux, décrié.

fămēlĭcus, *a, um* (cf. *fames*), affamé, famélique ; qui laisse sur sa faim ; subst. m., *famelicus, i*, celui qui a faim, indigent.

fămēs, *is*, f., **1.** faim (pr. et fig.), *auri sacra fames* : la maudite passion de l'or, Virg. ; état famélique, indigence, pauvreté ; **2.** famine.

fāmĭgĕrābĭlis, *e*, adj., célèbre, fameux.

fāmĭgĕrātĭo, *ōnis*, f., renommée, rumeur publique.

fāmĭgĕrātŏr, *ōris*, m., celui qui fait courir des bruits, qui porte les nouvelles.

fāmĭgĕro, *ās, āre*, tr., célébrer.

fāmĭgĕrŭlus, *i*, m., porteur de nouvelles.

fămĭlĭa, *æ*, f., **1.** tout ce qui est dans la maison, êtres ou objets, *pater familias* (gén. arch.) : le maître de maison, le chef de famille ; **2.** a) ensemble des pers. libres ou non d'une maison ; famille, race, *~ vetus et illustris* : famille ancienne et illustre ; b) spéc., ensemble des esclaves d'une maison, domesticité, *~ Catoniana* : les esclaves de Caton, *~ rustica, urbana* : esclaves d'une maison de campagne, de ville ; c) troupe appartenant à un maître, *~ gladiatoria* : troupe de gladiateurs ; d) secte, école ; **3.** patrimoine, fortune.

① **fămĭlĭāris**, *e*, adj., [*~rior, ~rissimus*], **1.** relatif à la maison, à la famille, *Lares familiares* : les Lares familiaux, *res ~* : le patrimoine ; **2.** qui fréquente la maison, ami de la maison ; **3.** amical, familier, confidentiel, intime, *aditus familiarior* : un abord plus amical ; **4.** relig., *pars ~* : partie des entrailles des victimes réservée à l'État.

② **fămĭlĭāris**, *is*, m. et f., **1.** esclave, serviteur, servante ; **2.** ami, amie, intime.

fămĭlĭārĭtās, *ātis*, f., **1.** commerce amical, liaison étroite, amitié ; **2.** entourage immédiat, intimes.

fămĭlĭārĭtĕr, adv., [*~rius, ~rissime*], **1.** familièrement, comme à la maison, intimement ; **2.** entièrement, intimement, à fond.

fămĭlĭŏla, *æ*, f., petite famille.

fămis, V. *fames*.

fāmōsē, adv., [*~sius*], **1.** avec gloire ; **2.** scandaleusement, avec infamie.

fāmōsĭtās, *ātis*, f., mauvaise réputation.

fāmōsus, *a, um*, [*~sior, ~sissimus*], **1.** fameux, renommé, célèbre, glorieux ; **2.** souv., scandaleux, mal famé, infamant, *~ versus* : vers diffamatoire.

fămŭla, *æ*, f., esclave, servante.

fămŭlābundus, *a, um*, officieux, serviable.

fămŭlantĕr, adv., servilement.

fămŭlāris, *e*, adj., relatif aux esclaves, aux serviteurs.

fămŭlātĭo, *ōnis*, f., **1.** servitude ; **2.** troupe de serviteurs.

fămŭlātōrĭus, *a, um*, de serviteur, servile.

fămŭlātŭs, *ūs*, m., condition d'esclave.

fămŭlĭtĭum, *ĭi*, n., personnel servile, service domestique.

fămŭlo, *ās, āre*, tr., asservir.

fămŭlor, *āris*, *āri*, intr., servir, être au service de ; être utile, avec dat. ou *ad* + acc.

fămŭlus, *a*, *um*, qui est au service de ; subst. m., *famulus*, *i*, 1. esclave, domestique ; 2. prêtre desservant.

fānātĭcē, adv., avec exaltation, furieusement.

fānātĭcus, *a*, *um*, (cf. *fanum*), du temple, d'où : enthousiaste, en délire, furieux, fanatique.

fandus, *a*, *um*, V. *for*.

Fannĭānus et **Fannĭus**, *a*, *um*, de Fannius ‖ **Fannĭus**, *ĭi*, m., Fannius, nom d'un consul et d'autres pers.

fānor, *āris*, *āri*, intr., se démener en furieux.

fānum, *i*, n., enceinte sacrée délimitée par les pontifes ; temple, sanctuaire.

Fānum et **Fānum Fortūnæ**, n., Fanum, v. et port d'Ombrie ‖ **Fānum Ăpollĭnis**, n., « Enceinte d'Apollon », bois sacré et oracle en Ionie.

fār, *farris*, n., blé, froment ; pain ; gâteau de blé sacré.

farcĭo, *īs*, *īre*, *farsi*, *farctum* (*farsum*), tr., bourrer, remplir, presser ; farcir (pr. et fig.).

farctŏr, V. *fartor*.

Farfărus, *i*, V. *Fabaris*.

farfĕrum, *i*, n., bot., tussilage.

fărīna, *æ*, f., farine ; fig., *nostræ farinæ* : de la même pâte que nous, PERS.

fărīnātus, *a*, *um*, enfariné.

fărīnŭlentus, *a*, *um*, farineux.

fărĭo (**sărĭo**), *ōnis*, m., truite saumonée.

farrāgo, *ĭnis*, f., mélange de grains pour bestiaux ; fig., mélange, fatras ; bagatelle.

farrātus, *a*, *um*, de blé.

farrĕātus, *a*, *um*, qui a rapport à la *confarreatio*, V. ce mot.

farrĕum, *ĕi*, n., gâteau de blé.

farsūra, *æ*, f., action de farcir, bourrage.

fartĭcŭlum, *i*, n., farce, hachis.

fartīlĭa, *ĭum*, n. pl., farce, mélange.

fartim, adv., de manière à garnir, à bourrer.

fartŏr, *ōris*, m., celui qui bourre, farcit.

fartum, *i*, n., farce, pâté.

fās, (cf. *for*, R. *fā~* ?), indécl., 1. loi ou parole divine, ce qui a été prononcé par les dieux, décret des dieux, ~ *obstat* : la loi éternelle s'y oppose, VIRG. ; ~ *jusque* : les lois divines et humaines ; destin ; justice divine, droit, devoir, *per omne* ~ *et nefas aliquem sequi* : suivre qqn. dans le bien et dans le mal, LIV. ; 2. ce qui est légitime, permis, possible, ~ *est* : il est permis, légitime, légal.

fascĕa, V. *fascia*.

fascĭa, *æ*, f., bande, bandelette, bandage ; bandelette pour les seins ; serre-tête, diadème ; sangle ; au pl., *fasciæ*, *arum*, langes.

fascĭātĭm, adv., en faisceau, en paquet.

fascĭcŭlus, *i*, m., petit paquet ; bouquet.

fascĭnātĭo, *ōnis*, f., action de fasciner, enchantement.

fascĭnātŏr, *ōris*, m., enchanteur, sorcier.

fascĭno, *ās*, *āre*, tr., fasciner, ensorceler.

fascĭnum, *i*, n., et **fascĭnus**, *i*, m., 1. charme, maléfice ; 2. membre viril.

fascĭo, *ās*, *āre*, tr., lier, attacher, bander, envelopper.

fascĭŏla, *æ*, f., bandelette, serre-tête.

fascis, *is*, m., 1. faisceau, fagot, paquet ; au pl., *fasces*, *ium*, faisceaux des licteurs, ~ *habere* : avoir l'honneur des faisceaux, ~ *summittere* : céder le pas à qqn., *dare alicui* ~ : donner à qqn. le pouvoir consulaire, d'où : pouvoir, puissance ; 2. charge, fardeau, poids.

fāsēlus, V. *phaselus*.

Fāsi~, V. *Phasi~*.

fasti, V. *fastus* ①.

fastīdĭbĭlis, *e*, adj., qui cause du dégoût.

fastīdĭentĕr, adv., avec dégoût.

fastīdĭo, *īs*, *īre*, (cf. *fastus* ②), tr., rejeter avec dégoût, être dégoûté de, repousser, dédaigner ; abs., être dégoûté, blasé ; prendre des airs dédaigneux, se gonfler.

fastīdĭōsē, adv., [~*sius*], avec dégoût, dédain.

fastīdĭōsus, *a*, *um*, [~*sior*, ~*sissimus*], 1. qui éprouve du dégoût ; dédaigneux, dégoûté, difficile à contenter ; 2. qui inspire du dégoût, rebutant.

fastīdĭum, *ĭi*, n., dégoût (phys. et mor.), lassitude ; aversion, dédain ; goût difficile ; orgueil.

fastīgātē, adv., en talus.

fastīgātĭo, *ōnis*, f., disposition en talus, en pointe.

fastīgĭo, V. *fastigo*.

fastīgĭum, *ĭi*, n., 1. inclinaison en pente, surface inclinée, talus, pente ; 2. profondeur (d'un fossé) ; 3. sommet, faîte, comble d'une construction, arête ; 4. fig., faîte, haute position, plus haut rang, dignité ; 5. partie la plus remarquable (d'une histoire), fait saillant.

fastīgo, *ās*, *āre*, tr., élever en pointe, incliner en pente ; donner la forme d'un toit.

fast(ŭ)ōsus, *a*, *um*, plein de dédain, d'orgueil.

① **fastus**, *a*, *um* (cf. *fas*), faste ; subst., m. pl., *fasti* (*dies*), *orum*, 1. jours fastes, où le préteur pouvait rendre la justice et où pouvaient s'accomplir les actes publics

(opp. aux *nefasti*) ; **2.** calendrier romain tenu par les pontifes ; **3.** annales, tableau des fastes consulaires ou des magistrats.
② **fastŭs**, *ūs*, m., dédain, orgueil, grands airs, morgue.

fātālis, *e*, (cf. *fatum*), adj., du destin, marqué, prévu par le destin, fatal ; prophétique ; fig., fatal, funeste, de mort ; subst. n., *fatale, is*, le destin.

fātālĭtĕr, adv., fatalement.

fătĕor, *ēris, ēri, fassus sum*, (cf. *for*, R. *fă~* ?), tr., reconnaître, avouer, confesser, accorder, ~ *peccatum* : avouer sa faute, *fatetur se peccasse* : il avoue qu'il a commis une faute, *de facto turpi* ~ : faire l'aveu d'une action honteuse.

fātĭcănus et **fātĭcĭnus**, *a, um*, prophétique.

fātĭfĕr, *fĕra, fĕrum*, qui apporte la mort.

fătīgābĭlis, *e*, adj., fatigable.

fătīgātĭo, *ōnis*, f., action de se fatiguer, fatigue, lassitude.

fătīgātŏr, *ōris*, m., celui qui fatigue.

fătīgo, *ās, āre*, (cf. *fatis*), tr., **1.** fatiguer, abattre, épuiser, affaiblir ; **2.** harceler, harasser, poursuivre sans relâche, tourmenter, importuner.

fātĭlĕgus, *a, um*, qui récolte la mort.

fātĭlŏquĭum, *ĭi*, n., parole fatale.

fātĭlŏquus, *a, um*, qui annonce la destinée, qui prédit ; subst. m., *fatiloquus, i*, prophète, devin.

fătis, *is*, f., fente, V. *affatim*.

fătisco, *ĭs, ĕre*, (cf. *fatis*), intr., **1.** se fendre, s'ouvrir ; **2.** se vider, s'épuiser, s'affaiblir.

fătiscor, *ĕris, i*, V. le préc.

fătŭē, adv., follement, de manière insensée.

fătŭĭtās, *ātis*, f., folie, sottise.

fātum, *i* (cf. *for*, R. *fă~*), n., **1.** le destin en tant qu'il est annoncé, prédit : prédiction, prophétie, oracle ; **2.** le destin en tant qu'il est fixé : ordre du monde, loi, volonté des dieux, *fiunt omnia fato* : tout est réglé par les lois immuables du destin, CIC., *sic erat in fatis* : c'était écrit, OV. ; **3.** destinée personnelle, *fuit meum ~ ut* + subj. : mon destin a voulu que, *alicujus, alicui fatum est* + prop. inf. : c'est le sort de qqn. de ; **4.** destin malheureux, malheur, fléau, *duo illa rei publicae fata, Gabinius et Piso* : ces deux fléaux de la république, G. et P., CIC. ; **5.** temps fixé pour la vie ; **6.** mort.

fătŭor, *āris, āri*, intr., faire l'insensé, parler sottement ; part., *fatuatus* : dit sottement.

fătŭus, *a, um*, **1.** sot, insensé, sans esprit, fat ; subst. *i, fatua, æ*, sotte ; m., *fatuus, i*, sot, bouffon ; **2.** fade, insipide.

Faunĭgĕna, *æ*, m., issu de Faunus ‖ **Faunus**, *i*, m., Faunus, ancien roi du Latium père de Latinus, honoré comme dieu des champs et des bois, et confondu avec Lupercus.

Fausta, *æ*, f., Fausta, fille de Sylla.

faustē, adv., favorablement, heureusement.

Faustīnus, *i*, m., Faustinus, nom d'h.

Faustŭlus, *i*, m., Faustulus, berger du roi d'Albe, qui recueillit et éleva Romulus et Rémus.

faustus, *a, um*, (cf. *faveo*), qui favorise, favorable, heureux, propice.

Faustus, *i*, m., « l'Heureux », surnom de certains descendants de Sylla.

fautŏr, *ōris*, (cf. *faveo*), m., celui qui favorise, fauteur, partisan, zélateur ; claqueur (théâtre).

fautrix, *īcis*, f. du préc.

faux, *faucis*, f., et surt. **fauces**, *ĭum*, f. pl. **1.** partie supérieure du pharynx, gosier, gorge, *arente fauce* : le gosier sec ; fig., *faucibus teneor* : je suis pris à la gorge **2.** passage étroit, gorge, ~ *Orci* : les gorges de l'Orcus, défilé ; détroit ; passe (dans un port), goulet, embouchure **3.** gouffre, abîme.

făvĕa, *æ*, f., esclave de confiance, suivante.

făventĭa, *æ*, f., silence, recueillement.

făvĕo, *ēs, ēre, fāvi, fautum*, intr., **1.** favoriser, aider, appuyer, secourir, seconder, *faventibus diis* : si les dieux sont favorables, avec l'appui des dieux, ~ *nobilitati* : favoriser, être du parti de la noblesse ; **2.** s'intéresser à, avoir de la complaisance pour, *suo ~ dolori* : se complaire dans son chagrin ; approuver, applaudir ; **3.** avoir une attitude favorable, recueillie, *favete linguis* : faites silence.

făvilla, *æ*, (cf. *foveo*), f., cendre brûlante, poussière de charbon, cendres (d'un bûcher).

făvīsŏr, **făvītŏr**, V. *fautor*.

Făvōnĭus, *ĭi*, m., Favonius, **1.** vent doux de l'O., zéphyr ; **2.** nom d'h.

făvŏr, *ōris*, m., **1.** aide, appui, protection **2.** faveur, appui, sympathie ; approbation, applaudissement ; **3.** recueillement

făvōrābĭlis, *e*, adj., [*~lior*], **1.** favorisé, aimé, bienvenu ; **2.** qui attire la faveur.

făvōrābĭlĭtĕr, adv., favorablement.

făvus, *i*, m., gâteau ou rayon de miel, *crescere tamquam favum* : pousser à vue d'œil, PÉTR.

fax, *făcis*, f., **1.** torche, flambeau, brandon, tison enflammé, *faces nuptiales* : torches nuptiales, ~ *funebris* : torche funèbre, ~ *utraque* : le mariage et les funérailles ;

2. fig., flamme, feu, ardeur, a) ce qui enflamme, stimulant, incitation, b) ce qui brûle, détruit, perte, ruine, fléau ; **3.** comète, météore.

faxim, faxo, subj. et fut. arch. de *facio.*

fēbrĭcĭto, *ās, āre,* intr., être pris de fièvre.

fēbrĭcŭla, *æ,* f., fièvre légère.

fēbrĭcŭlōsus, *a, um,* qui a la fièvre.

fēbris, *is,* f., fièvre (pr. et fig.).

Fēbrŭa, *ōrum,* n. pl., fêtes de purification à Rome en février.

fēbrŭārĭus, *a, um,* relatif à la purification, V. *februum.*

Fēbrŭārĭus, *a, um,* de février (mois des purifications), *Idus Februariæ,* les Ides de février.

fēbrŭum, *i,* n., purification.

Fēbrŭus, *i,* m., Februus, dieu étrusque, identifié à Pluton.

fēcĭālis, V. *fetialis.*

fēcŭ~, V. *fæcu~.*

fēcundē, adv., [*~dius, ~dissime*], avec fécondité.

fēcundĭtās, *ātis,* f., fécondité, abondance, fertilité.

fēcundo, *ās, āre,* tr., féconder, fertiliser.

fēcundus, *a, um,* (R. *fē~*), [*~dior, ~dissimus*], qui produit beaucoup, fécond, fertile, riche ; qui se remplit, se renouvelle sans cesse.

fĕl, *fellis,* n., vésicule et bile, fiel ; fig., fiel, amertume ; colère ; venin.

fĕlēs et **fĕlis,** *is,* f., chat, chatte ; fig., voleur.

fēlĭcātus, V. *filicatus.*

Fēlĭcĭo, *ōnis,* m., Félicion, nom d'h.

fēlĭcĭtās, *ātis,* f., **1.** fertilité, fécondité ; **2.** réussite, succès ; **3.** bonheur, heureuse fortune, félicité.

fēlĭcĭtĕr, adv., [*~cius, ~cissime*], **1.** avec abondance ; **2.** avec succès, heureusement, *bella ~ gerere* : être heureux à la guerre ; formule de souhait, *vade ~ !* : bon voyage ! *~ quod agis !* : bonne réussite !

fēlĭcŭlus, *a, um,* dim. de *felix* ①.

fēlĭo, *īs, īre,* intr., crier, miauler, feuler.

① **fēlix,** *īcis,* (R. *fē~*), adj., [*~cior, ~cissimus*], **1.** qui porte fruit, fertile, fécond ; **2.** qui donne le succès, le bonheur ; favorable, propice ; **3.** qui réussit, heureux, prospère, fortuné, riche, *ad fortunam ~* : favorisé de la fortune, *~ vobis corrumpendis fuit* : il a réussi à vous corrompre, LIV., *~ mendacium* : mensonge qui réussit.

② **fēlix,** V. *filix.*

Fēlix, *īcis,* m., « l'Heureux », surnom de Sylla.

fellātŏr, *ōris,* m., celui qui suce.

fellātrix, *īcis,* f. du préc.

fellĕus, *a, um,* chargé de fiel, de bile, fielleux.

fellītus, *a, um,* de fiel, amer.

fello, *ās, āre,* tr., sucer, téter.

Felsĭna, *æ,* f., V. *Bononia.*

fēmella, *æ,* f., petite femme.

fēmĭna, *æ,* (R. *fē~*), f., qui produit, qui enfante, d'où : femme ; femelle ; adj., féminin, *~ turba* : une troupe de femmes.

fēmĭnăl, *ălis,* n., sexe de la femme.

fēmĭnālĭa, *ĭum,* n. pl., (cf. *femur*), bandes pour envelopper les cuisses, caleçon.

fēmĭnĕus, *a, um,* **1.** de femme, féminin ; qui s'adresse à une femme ; **2.** efféminé, mou, faible.

fēmĭnīnus, *a, um,* féminin, de femme.

fēmŭr, *ŏris* et *ĭnis,* n., cuisse.

fēnĕbris, *e,* adj., qui concerne l'usure.

fēnĕrātĭo, *ōnis,* f., prêt usuraire, usure.

fēnĕrātō, adv., à usure.

fēnĕrātŏr, *ōris,* m., celui qui prête à intérêt.

fēnĕrātus, *a, um,* part. adj., [*~tior*], prêté à intérêt, *pulchre ~* : bien placé.

fēnĕro, *ās, āre,* (cf. *fenus*), tr., **1.** produire, rapporter, rendre avec usure ; **2.** faire produire son argent, prêter à intérêt, placer ; **3.** abs., faire l'usure ; **4.** ruiner par l'usure, ruiner.

fēnĕror, *āris, āri,* tr., faire produire pour soi, placer son argent, faire valoir (son argent).

fĕnestella, *æ,* f., petite fenêtre.

Fĕnestella, *æ,* f., Fénestella, porte de Rome.

fĕnestrŭla, *æ,* f., petite fenêtre.

fēnĕus, *a, um,* de foin.

fēnĭcŭlārĭus, *a, um,* de fenouil ; *Feniculārius campus,* le Champ du Fenouil, lieu-dit de Tarraconnaise.

fēnĭcŭlum, *i,* n., fenouil.

fēnīle, *is,* n., fenil.

fēnum, *i,* (R. *fē~* ?), n., foin.

fēnus, *ŏris,* (R. *fē~*), n., **1.** produit, rapport, gain ; **2.** produit de l'argent prêté, intérêt, *pecuniam dare fenori* ou *fenore* : prêter de l'argent à intérêt, *grandi, iniquissimo fenore* : à gros intérêts, à taux exorbitant ; **3.** produit excessif, usure ; **4.** ext., capital, argent placé, *~ et impendium* : capital et intérêts ; **5.** dettes, *fenore laborare* : être accablé de dettes.

fēnuscŭlum, *i,* n., petit intérêt.

fer, ferte, impér. de *fero.*

fĕra, *æ,* f., animal, bête sauvage ; *magna minorque feræ* : la Grande Ourse et la Petite Ourse.

fĕrācĭtĕr, adv., [~cius], avec fertilité, abondance.

① **fĕrālis**, e (cf. feriæ ?), adj., 1. qui a rapport aux dieux mânes, aux morts, aux funérailles ; subst. n. pl., Feralia, ium, jour des morts (février) ; 2. qui procure la mort, funeste, fatal.

② **fĕrālis**, e, (cf. ferus), adj. de bête sauvage ; cruel.

fĕrālĭtĕr, adv., d'une manière funeste, fatale.

fĕrax, ācis, (cf. fero), adj., [~cior, ~cissimus], qui produit, rapporte beaucoup, fertile, fécond (pr. et fig.).

ferbĕo, **ferbesco**, V. ferveo, fervesco.

ferctum, V. fertum.

fercŭlum, i, (cf. fero), n., 1. brancard pour porter les dépouilles opimes, les trophées, le butin dans les triomphes ; 2. litière pour promener les images des dieux dans les processions ; 3. cercueil, bière ; 4. plat pour les mets ; mets, aliments.

fĕrē, adv., 1. presque, à peu près ; avec nég., presque pas ; 2. presque toujours, généralement.

fĕrentārĭus, ĭi, m., soldat armé à la légère ; fig., adj., m., qui apporte son aide, serviable.

Fĕrentīna, æ, f., Férentina, déesse de Férentinum ‖ **Fĕrentīnās**, ātis, adj., de Férentinum ‖ **Fĕrentīnātes**, ĭum, m. pl., les hab. de Férentinum ‖ **Fĕrentīnum**, i, n., Férentinum, v., 1. du Latium ; 2. d'Étrurie ‖ **Fĕrentīnus**, a, um, de Férentinum ‖ **Fĕrentīni**, ōrum, m. pl., les hab. de Férentinum.

Fĕrentum, V. Forentum.

Fĕrētrĭus, ĭi, m., (Jupiter) Férétrien (= à qui on porte les dépouilles opimes).

fĕrētrum, i, (cf. fero), n., 1. brancard pour porter les dépouilles ; 2. cercueil, bière.

fĕrĭæ, ārum, f. pl., féries, jours consacrés au repos, aux fêtes ; repos, relâche.

fĕrĭātus, a, um, part. adj., qui chôme, qui vaque, qui est en fête, se repose ; férié.

fĕrĭcŭlum, i, n., **fĕrĭcŭlus**, i, m., V. ferculum.

fĕrīna, æ, f., chair de bête sauvage, gibier, venaison.

fĕrīnus, a, um, de bête sauvage ; bestial.

fĕrĭo, īs, īre, tr., 1. donner un coup, frapper, heurter, battre, ~ caput : frapper la tête, ~ carmina : chanter des vers (en marquant le rythme) ; « taper », « estamper », escroquer ; 2. frapper (les sens) ; 3. frapper, immoler, sacrifier, ~ agnam : immoler une agnelle ; frapper, conclure, ~ fœdus : conclure un traité (accompagné

d'un sacrifice) ; 4. atteindre (une cible) fig., ~ medium : trouver le juste milieu.

fĕrĭtās, ātis, f., nature sauvage, férocité.

fermē, adv., (superl. de fere), 1. d'une manière très approchante, à peu de chose près ; 2. en grande partie, presque entièrement ; 3. V. fere.

fermentātĭo, ōnis, f., fermentation.

fermento, ās, āre, tr., faire fermenter amollir ; aigrir.

fermentum, i, (= fervimentum, cf. ferveo) n., bouillonnement, fermentation, gonflement ; fig., bouillonnement de colère.

fĕro, fers, ferre, tŭli, lātum, tr.,

I 1. porter, avoir sur ou avec soi, ~ onus porter un fardeau, arma ~ posse : être en état de porter les armes ; ~ (ventrem) porter, être enceinte ; 2. avoir en soi comporter, exiger, ut natura fert : comme l'exige la nature, si ita res fert : si la chose le comporte ; 3. avoir dans l'esprit, penser, juger, considérer comme, utcumque ferent minores : quel que soit le jugement de la postérité, VIRG. ; 4. porter, avoir hors de soi, produire, arbuta tellus majora ferebat : la terre produisait des arbouses mais plus grosses, LUCR. ; 5. porter, savoir, manifester, ~ nomen iniqui : avoir la réputation d'homme injuste, ~ præ se odium : manifester sa haine ; 6. supporter, endurer, souffrir, optimates quis ferat ? : qui pourrait supporter les optimates ?, CIC., ~ moleste, ægre, graviter : supporter avec peine, souffrir de ; + prop inf. : supporter que.

II 1. porter dans une direction donnée porter vers, entraîner, quo ventus fert : où le vent porte, CÉS., ~ signa : porter les enseignes ; se porter en avant, se ~ alicui obviam : se porter au-devant de qqn., equis ferri : être emporté par les chevaux, fumus ad cælum fertur : la fumée s'élève vers le ciel, SUÉT., ~ aliquem laudibus exalter qqn., le combler d'éloges ; 2. avec suj. nom de chose : porter, mener, conduire, itinera duo ad portum ferebant deux chemins menaient au port, CÉS., fert animus + inf. : (mon) esprit (me porte à.

III 1. apporter, offrir, présenter, ~ argentum : apporter de l'argent, ~ suprema rendre les derniers devoirs, ~ caput : offrir sa tête ; 2. ~ sententiam : apporter son avis ; ~ legem : présenter, proposer une loi, ~ rogationem ad plebem : faire une proposition sur, ~ ad populum ut + subj. proposer devant le peuple que.

IV 1. porter hors d'un lieu, emporter, enlever, non tacitum feres : tu n'auras pas mon silence, CIC., ~ aliquid impune : rester impuni ; 2. emporter, remporter, obtenir, ~ *laudem inter suos* : obtenir de la gloire auprès des siens, ~ *jus* : obtenir justice, ~ *suffragia* : remporter des suffrages : 3. emporter, piller ; détruire, *incensa ferunt Pergama* : ils pillent Troie en flammes, VIRG. ; ~ *et agere* : ravager, piller.

V porter, rapporter, raconter, prétendre, (*homines*) *ferunt* + prop. inf. : le bruit court que.

fĕrōcĭa, æ, f., **1.** sauvagerie, férocité, orgueil, emportement ; **2.** fierté, intrépidité, passion.

fĕrōcĭtās, ātis, V. le préc.

fĕrōcĭtĕr, adv., [~*cius*, ~*cissime*], **1.** avec sauvagerie, férocité ; **2.** avec fierté, intrépidité.

Fērōnĭa, æ, f., Féronia, antique divinité de l'Italie, protectrice des sources, patronne des affranchis.

fĕrox, ōcis (cf. *ferus*), adj., [~*cior*, ~*cissimus*], celui qui se laisse entraîner par ses instincts, **1.** sauvage, féroce, brutal, violent, insolent, orgueilleux ; **2.** laud., fier, hardi, intrépide.

ferrāmentum, i, n., divers instruments en fer : rasoir, ciseaux, épée, lance, etc.

ferrārĕa et **ferrārĭa**, æ, f., mine de fer ; atelier de forgeron.

ferrārĭus, a, um, relatif au fer, ~ *faber* : forgeron ; subst. m., *ferrarius*, *ii*, forgeron.

ferrātĭlis, e, adj., mis aux fers, enchaîné.

ferrātus, a, um, garni de fer ; bardé de fer (soldat, arme) ; enchaîné.

ferrĕus, a, um, de fer, *ferrea lorica* : cuirasse de fer, *ferreæ litteræ* : caractères gravés ; fig., **1.** de fer, dur, insensible, cruel, inflexible, *ferrea sæcula* : l'âge de fer, TIB. ; **2.** fort, indomptable.

ferrĭcrĕpĭnus, a, um, qui retentit du bruit du fer, V. *ferriterus*.

ferrĭtĕrĭum, ĭi, n., atelier d'esclaves, ergastule.

ferrĭtĕrus, i, m., (qui use les fers) esclave.

ferrĭtrĭbax, ācis, V. le préc.

ferrūgĭnans, antis, adj., qui a un goût de fer, ferrugineux.

ferrūgĭnĕus, a, um, de couleur fer ; sombre, bleu foncé ; rouillé.

ferrūgĭnus, V. le préc.

ferrūgo, ĭnis, f., rouille ; couleur de fer, gris fer, bleu sombre ; fig., envie, jalousie.

ferrum, i, n., **1.** fer ; fig., dureté, insensibilité, rigidité ; **2.** tout instrument de fer, spéc. épée, poignard ; soc (de charrue).

fertĭlis, e, (cf. *fero*), adj., qui peut produire ; qui produit, fertile, fécond (pr. et fig.) ; qui fertilise.

fertĭlĭtās, ātis, f., fertilité, fécondité, abondance.

fertĭlĭtĕr, adv., [~*lius*], abondamment.

fertum, i, n. gâteau d'orge pour offrande.

fertus, a, um, V. *effertus*.

fĕrŭla, æ, f., férule ; baguette ; verge pour châtier les écoliers ; cravache, houssine.

fĕrŭlāris, e, adj., fait avec une férule.

fĕrūmĕn et **ferrūmĕn**, ĭnis, n., soudure.

fĕrus, a, um, **1.** sauvage, inculte ; féroce ; **2.** farouche, cruel, barbare ; **3.** laud., fier, intrépide.

fervĕfăcĭo, ĭs, ĕre, fēci, factum, tr., faire bouillir, rendre bouillant.

fervens, entis, part. adj., [~*tior*, ~*tissimus*], bouillant, très chaud, brûlant ; fig., bouillant, brûlant, enflammé, impétueux.

ferventĕr, adv., [~*tius*, ~*tissime*], avec ardeur, fougue, impétuosité.

fervĕo, ēs, ēre, ferbŭi, intr., **1.** bouillir, bouillonner, être en ébullition (pr. et fig.) ; fourmiller, grouiller, être dans une grande activité ; **2.** chauffer, être très chaud, brûler (pr. et fig.) ; **3.** brûler, briller.

fervesco, ĭs, ĕre, intr., devenir bouillant, brûlant, s'échauffer (pr. et fig.).

fervĭdus, a, um, **1.** bouillant, bouillonnant, brûlant, (pr. et fig.) ; **2.** impétueux, emporté ; **3.** brillant.

fervo, ĭs, ĕre, fervi, V. *ferveo*.

fervŏr, ōris, m., **1.** bouillonnement, effervescence, fermentation ; très grande chaleur, chaleur brûlante ; **2.** ardeur, fougue.

Fescennīnus, a, um, de Fescennia, v. d'Étrurie, fescennin, *Fescennini versus* : vers fescennins (poésie sans règle et grossière) ‖ **Fescennīna**, ōrum, n. pl., poèmes fescennins.

Fessōna, æ, (cf. *fessus*), f., Fessona, déesse de la fatigue ou de la maladie.

fessŭlus, a, um, un peu fatigué.

fessus, a, um, (cf. *fatis*, *fatisco*), fatigué, harassé, épuisé, abattu, fourbu ; affaibli.

festīnantĕr, adv., [~*tissime*], en se hâtant, avec empressement, promptement.

festīnātō, adv., [~*tius*], V. *festinanter*.

festīnis, e, adj., V. *festinus*.

festīno, ās, āre, **1.** intr., se hâter, se dépêcher, s'empresser + inf. ou sup. ; **2.** tr., hâter, précipiter, ~ *fugam* : presser sa fuite.

festīnus, a, um, qui se hâte, empressé, prompt, rapide.

festīvē, adv., [~vius], **1.** gaiement, joyeusement ; **2.** spirituellement, avec grâce.

festīvĭtās, ātis, f., **1.** air de fête, contentement, allégresse, gaieté ; au pl., festivitates, um, agréments, ornements, enjolivements ; **2.** gentillesse, grâce, élégance.

festīvus, a, um, (cf. festus), [~vior, ~vissimus], **1.** de fête, consacré à la joie, joyeux, gai, amusant ; **2.** joli, gentil, gracieux, élégant, bon, excellent, charmant, ~ homo : un être charmant ; **3.** fin, spirituel, bien tourné.

① **festūca**, æ, f., **1.** fétu, brin d'herbe, tige ; **2.** baguette pour affranchir un esclave.

② **festūca**, V. fistuca.

festus, a, um, (cf. feriæ), [~tior], **1.** de fête, consacré aux fêtes, ~ dies : jour de fête ; subst. n., festum, i, jour de fête, fête ; **2.** fig., de fête, joyeux.

Fēsŭl~, V. Fæsul~.

Fētālĭa, ĭum, n. pl., Fétalia, fêtes rustiques pour la naissance des agneaux.

fētĕo, V. fœteo.

fētĭālis, is, m., fécial, membre d'un collège de vingt prêtres qui présidaient à la déclaration de guerre et à la conclusion de la paix ; adj., fetialis, e, qui a rapport aux féciaux.

fētĭdus, V. fœtidus.

fēto, ās, āre, (R. fē~), tr., féconder.

fētŏr, V. fœtor.

fētōsus et **fētŭōsus**, a, um, fécond.

fētūra, æ, f., acte d'engendrer, génération ; pousse.

fētūrātus, a, um, fécondé.

① **fētus**, a, um, gros de, rempli de ; ensemencé ; subst. f., feta, æ, mère.

② **fētŭs**, ūs, (R. fē~), m., **1.** action d'enfanter, enfantement, couches, ponte ; portée, petit enfant, ~ canis : petit chien ; **2.** action de pousser (plantes), de produire ; pousse, fruit ; **3.** production, génération.

fex, V. fæx.

fībra, æ, f., **1.** filament des plantes, des racines, fibre ; **2.** entrailles.

Fībrēnus, i, m., Fibrénus, riv. du Latium.

fībula, æ, (cf. figo) f., ce qui sert à attacher, à fixer ; lien, attache, agrafe, broche, fibule, crampon ; fig., attache, contrainte.

Fīcāna, æ, f., Ficana, v. du Latium.

fīcārĭus, ĭi, m., marchand de figues.

fīcēdŭla, æ, f., becfigue, grive (oiseau).

fīcēdŭlenses, ĭum, m. pl., amateurs de becfigues, gourmets, gourmands.

fīcella, V. ficedula.

fīcētum, i, n., **1.** lieu planté de figuiers ; **2.** fig., corps couvert de plaies, d'ulcères (fics).

Fīcŏlensis, V. Ficulensis.

fīcōsus, a, um, couvert d'ulcères (fics).

fictē, adv., d'une manière simulée, faussement.

fictĭlis, e, adj., d'argile, de terre ; subst. n. pl., fictilia, ium, vaisselle de terre, poterie.

fictĭo, ōnis, (cf. fingo), f., **1.** modelage, confection, façon, formation, création ; **2.** action de feindre, fiction ; hypothèse, supposition.

fictĭōsus, a, um, inventé, faux.

fictŏr, ōris, (cf. fingo), m., **1.** celui qui modèle, pétrit, façonne une matière qcq. ; statuaire, sculpteur ; **2.** créateur, auteur, artisan.

fictrix, īcis, f. du préc.

fictum, i, n., fiction, invention.

fictūra, æ, f., **1.** confection, façon, formation ; **2.** invention, fiction.

fictus, a, um, V. fingo.

fīcŭla, æ, f., petite figue.

Fīcŭlĕa, æ, f., Ficuléa, v. des Sabins ‖ **Fīcŭlensis**, e, adj., de Ficuléa ‖ **Fīcŭlenses**, ĭum, m. pl., les hab. de Ficuléa.

fīculnus, a, um, de figuier.

fīcus, i et **fīcŭs**, ūs, f., **1.** figuier ; figue, arbor fici : figuier ; **2.** verrue, ulcère, fic.

fīdāmĕn, ĭnis, n., foi, croyance.

fīdē, adv., [~dissime], fidèlement.

fīdēdictŏr, ōris, m., garant, caution.

fīdēĭcommissum, i, n., fidéicommis.

fīdējussŏr, ōris, m., celui qui garantit par un acte.

fīdēlē, adv., fidèlement.

fīdēlĭa, æ, f., vase en terre (destiné à recueillir diff. liquides) ; récipient à chaux.

fīdēlis, e, adj., [~lior, ~lissimus], **1.** (pers.) qui inspire confiance, honnête, sûr, loyal, fidèle ; **2.** (choses) à quoi l'on peut se fier, éprouvé, solide.

fīdēlĭtās, ātis, f., fidélité, sincérité, constance.

fīdēlĭtĕr, adv., [~lius, ~lissime], fidèlement, loyalement, de façon sûre, fiable.

Fīdēnæ, ārum, f. pl., et **Fīdēna**, æ, f., Fidènes, v. des Sabins ‖ **Fīdēnās**, ātis, m., hab. de Fidènes.

fīdens, entis, part. adj., [~tior, ~tissimus], confiant, résolu, hardi.

fīdentĕr, adv., [~tius, ~tissime], avec confiance, en toute sûreté, sans crainte.

fīdentĭa, æ, f., assurance, confiance, hardiesse.

Fīdentĭa, æ, f., Fidentia, v. de Gaule Cispadane.

① **fĭdēs**, *ĕī*, f.,
I confiance (qu'on éprouve ou qu'on inspire), **1.** croyance, créance, *fidem habere, tribuere, adjungere* : ajouter foi à + dat., *fidem facere* + prop. inf. : convaincre, arriver à persuader que ; **2.** confiance, crédit, *homo sine re, sine fide, sine spe* : homme sans avoir, sans crédit, sans espérance, CIC.
II ce qui dans les pers. inspire la confiance, **1.** droiture, loyauté, honneur, honnêteté, bonne foi, fidélité, parole, *fidem praestare* : tenir sa parole, *in fide manere* : rester fidèle à ses engagements, *bonā fide* : en toute sincérité, *fidem suam obligare* : engager sa parole, *fidem solvere, exsolvere* : s'acquitter de ses engagements, *fidem prodere, violare, mutare* : manquer à sa parole, *fide meā !* : parole d'honneur ! ; **2.** garantie, sauf-conduit, *fidem publicam postulare* : réclamer la garantie de l'État ; **3.** protection, appui, assistance, *conferre se in alicujus fidem* : se mettre sous la protection de qqn., *aliquem in fidem recipere* : prendre qqn. sous sa protection, *pro deum atque hominum fidem* : au nom des dieux et des hommes.
III ce qui dans les choses inspire confiance, **1.** vraisemblance, probabilité, authenticité, autorité, certitude, *orationi fidem afferre* : donner à ses paroles le caractère de la vérité, *addere fidem alicui rei* : donner de l'autorité à qqch., *ultra fidem* : au-delà de la vraisemblance ; **2.** preuve, *ad fidem criminum* : comme preuve des accusations ; **3.** accomplissement, réalisation des promesses, parole tenue, *promissa exhibuere fidem* : les promesses ont reçu leur exécution ; **4.** *Fides*, la Bonne Foi, divinité.

② **fĭdēs**, *is*, f., **1.** boyau, corde d'un instrument de musique ; au pl., *fides, ium*, instrument à cordes, lyre, cithare, etc. ; **2.** *Fides*, la Lyre, constellation.

fĭdĭcĕn, *ĭnis*, m., joueur de lyre ; poète lyrique.

fĭdĭcĭna, *æ*, f., joueuse de lyre.

fĭdĭcĭnus, *a, um*, qui a rapport avec la lyre.

fĭdĭcŭla, *æ*, f., et **fĭdĭcŭlæ**, *ārum*, f. pl., **1.** instrument à cordes, lyre ; **2.** cordes d'un chevalet, instrument de torture.

fĭdis, V. *fides* ②.

Fĭdĭus, *ĭi*, m., Fidius, surnom de Jupiter invoqué pour garantir la bonne foi, *me Dius* ou *medius Fidius (juvet)* : j'en atteste le dieu de la Bonne Foi.

fīdo, *ĭs, ĕre, fīsus sum*, intr., se fier à, avoir confiance en + abl., qqf. dat. ; + inf. : être persuadé de, se flatter de.

fĭdūcĭa, *æ*, f., action de se fier à qqn., **1.** confiance, assurance, *mea fides fiducia-*

que : la confiance que j'inspire et qu'on a en moi, PL., *fiducia sui* : confiance en soi ; confiance en soi, hardiesse ; péj., présomption, forfanterie ; **2.** jur., cession de biens sur parole, fidéicommis ; bien donné en gage, nantissement, hypothèque.

fĭdūcĭālĭtĕr, adv., avec confiance.

fĭdūcĭārĭus, *a, um*, fiduciaire ; provisoire, intérimaire.

fĭdūcĭo, *ās, āre*, tr., mettre en gage.

fīdus, *a, um*, [~*dior*, ~*dissimus*], **1.** (pers.) fidèle, à qui on peut se fier, se confier, sûr, ~ *tibi, tui* : fidèle à toi ; **2.** (choses) assuré, sûr, solide, *fida pax* : paix assurée, *fida litora* : rivages sûrs.

figmĕn, *ĭnis*, n., modelage, façon.

figmentum, *i*, n., création, image, représentation ; fiction.

fīgo, *ĭs, ĕre, fixi, fixum*, tr., **1.** attacher, fixer, ~ *aliquem in cruce* : attacher qqn. à la croix, ~ *leges* : afficher, publier des lois ; ~ *spolia* : suspendre des dépouilles (aux murs d'un temple) ; **2.** appliquer, poser, ~ *oscula* : donner des baisers ; **3.** fixer, arrêter, ~ *vestigia* : arrêter ses pas, ~ *oculos in terram* : fixer ses yeux à terre, ~ *mentem in* + acc. : tourner son attention vers ; **4.** fixer dans, enfoncer, planter, ~ *clavum* : enfoncer un clou, ~ *aliquid animo* : graver qqch. dans le cœur ; **5.** percer, traverser, ~ *cervam telis* : percer une biche de ses traits.

fĭgŭlātĭo, *ōnis*, f., modelage, formation, création.

fĭgŭlo, *ās, āre*, tr., modeler, former, façonner.

fĭgŭlus, *i*, m., potier ; briquetier, tuilier.

Fĭgŭlus, V. *Nigidius*.

fĭgūra, *æ*, (cf. *fingo*) f., **1.** configuration extérieure, forme, aspect, figure, ~ *humana* : forme humaine, ~ *cæli* : aspect du ciel ; forme d'un mot, cas ; **2.** forme, caractère, espèce, genre, ~ *dicendi* : forme d'éloquence, *pereundi mille figuræ* : mille manières de mourir, OV. ; **3.** spectre, fantôme, ombre ; **4.** beauté ; **5.** représentation, image, figure ; idée, concept ; rhét., figure de style, trope, métaphore.

fĭgūrālĭtĕr, adv., au sens figuré.

fĭgūrātĭo, *ōnis*, f., forme extérieure, configuration, forme ; imagination.

fĭgūrātō, adv., d'une manière figurée.

fĭgūrātus, *a, um*, part. adj., figuré, fictif.

fĭgūro, *ās, āre*, tr., **1.** donner une forme à, façonner, mouler, conformer ; **2.** figurer, représenter ; **3.** rhét., orner, exprimer par des figures.

fīlātim, adv., fil à fil.

fīlĭa, *æ*, f., fille.

fīlĭālis, *e*, adj., de fils, filial.

fīlĭcātus et **fēlĭcātus**, *a*, *um*, orné de fougères.

fīlĭĕtās et **fīlĭĕtās**, *ātis*, f., filiation.

fīlĭŏla, *æ*, f., petite fille ; t. d'affection : chère petite fille ; t. de mépris : fillette, poupée.

fīlĭŏlus, *i*, m., fils bien-aimé ; tout jeune fils.

fīlĭus, *ĭi*, m., fils, *adoptare sibi filium* : adopter un fils ; au pl., *filii*, *orum*, les enfants.

fīlix, *īcis*, f., fougère ; fig., poils.

filos~, V. *philos~*.

filum, *i*, n., 1. fil (lin, laine, etc.), *ducere fila* : filer, *pendere filo* : être suspendu à un fil ; *sororum fila trium* : les fils des trois sœurs (Parques), la destinée, Hor. ; ext., fil, filament, corde (d'un instrument de musique), fil (de l'épée) ; rhét., fil, suite, ~ *orationis* : le fil du discours, ~ *argumentandi* : l'enchaînement des preuves ; 2. tissu, objet filé ; fig., tissu, contexture, forme extérieure, *scitum filum mulieris* : un beau brin de femme, Pl. ; rhét., tissu, style, *crasso filo* : en style tout simple, Cic.

fimbrĭa, *æ*, f., surt. pl., **fimbrĭæ**, *arum*, franges (d'un vêtement) ; tresses d'une chevelure.

Fimbrĭa, *æ*, m., C. Flavius Fimbria, partisan de Marius ‖ **Fimbrĭātus**, *a*, *um*, transformé en Fimbria.

fimbrĭātus, *a*, *um*, orné de franges.

fĭmum, *i*, n., et **fĭmus**, *i*, m., fumier, engrais ; ordures, immondices.

fīnālis, *e*, adj., qui borne, relatif aux limites.

findo, *ĭs*, *ĕre*, *fĭdi*, *fissum*, tr., 1. fendre, crevasser ; 2. diviser, séparer, ouvrir.

fingo, *ĭs*, *ĕre*, *finxi*, *fictum*, tr.,
I 1. modeler, façonner, pétrir, *ars fingendi* : la sculpture ; qqf., caresser ; 2. façonner, faire, bâtir, composer, ~ *nidos* : bâtir des nids, ~ *versus* : composer des vers ; 3. façonner, arranger, disposer, régler, redresser, *ficti cincinni* : boucles arrangées avec art, Pl., *se ~ alicui* : s'arranger, se faire beau pour qqn., ~ *se ad arbitrium alicujus* : se régler sur la volonté de qqn. ; ~ *vitem putando* : tailler la vigne ; 4. former, instruire, dresser, ~ *vocem* : régler la voix, ~ *animos* : façonner les esprits ; 5. façonner, rendre tel ou tel, ~ *nobilem* : rendre illustre, *te dignum finge deo* : rends-toi digne d'un dieu, Virg.
II 1. façonner par la pensée, inventer, imaginer, ~ *causas*, *crimina* : inventer des prétextes, forger des accusations, *ficti dei* : dieux imaginaires ; 2. feindre, dissimuler, mentir, *nihil fingam* : je ne mentirai point, ~ *stultitiam* : feindre la folie ;

3. former dans l'esprit, méditer, ~ *parricidia* : méditer un parricide ; 4. représenter, imaginer, supposer, *finge aliquem fieri sapientem* : suppose que qqn. devient sage, Cic.

fīnĭens (orbis), *entis*, m., l'horizon.

fīnĭo, *īs*, *īre*,
I tr., 1. borner, limiter ; mettre une borne, des bornes à ; 2. délimiter, arrêter, fixer ; 3. définir ; 4. finir, terminer, achever ; rhét., clore une période.
II intr., finir, cesser ; finir, mourir.

fīnis, *is*, m. et qqf. f., ce qui limite,
I 1. borne, clôture, frontière, limite, *fines regere*, *propagare* : fixer, étendre les limites ; au m. pl., *fines*, *ium*, a) frontières ; b) ce qui est compris entre les frontières : territoire, pays ; 2. rhét., définition.
II 1. borne, terme, *quem ad finem ?* : jusqu'où ? *fine* ou *fini* + gén. : jusqu'à ; 2. définition ; 3. ce qui termine, fin, *finem facere* + gén. ou dat. : mettre fin à, *finem habere*, *capere* : prendre fin ; 4. fin, mort, destruction, perte ; 5. le plus haut degré, le faîte, le comble, *fines bonorum* : le souverain bien, Cic. ; 6. fin, but auquel on tend, dessein, *domus finis est usus* : la fin d'une maison, c'est l'usage, Cic.

fīnītē, adv., d'une manière limitée.

fīnĭtĭmus ou **fīnĭtŭmus**, *a*, *um*, 1. qui borne, confine, voisin, contigu, limitrophe, *finitimo bellum* : guerre aux frontières ; subst. m. pl., *finitimi*, *orum*, les pays limitrophes, les voisins ; 2. qui est en étroit rapport, qui présente une grande analogie avec.

fīnītĭo, *ōnis*, f., 1. action de borner, de délimiter, de définir ; 2. définition, explication.

fīnītīvus, *a*, *um*, qui a trait à la définition, l'exposition.

fīnītŏr, *ōris*, m., 1. celui qui limite, arpenteur, répartiteur ; fig., l'horizon ; 2. celui qui marque la fin, achève.

fīnītŭmus, V. *finitimus*.

fĭo, *fīs*, *fĭĕri*, *factus sum*, (R. *bhu~*, cf. *fui*, pf. de *sum*), intr.,
I 1. naître, pousser, être produit ; 2. arriver, advenir, se passer, avoir lieu, *nihil fit* : rien ne se passe, *quid illo fiet ?* : qu'adviendra-t-il de lui ?, *ut fit*, *ut fieri solet* : comme cela arrive (habituellement), *fieri potest ut* + subj. : il peut arriver que, *fieri non potest* : il est impossible ; *ex quo fit ut* + subj. : de là vient que.
II passif de *facio*, 1. être fait, se faire, *Chabrias statuam sibi fieri voluit* : Chabrias voulut qu'on lui élevât une statue, Nép. ; *fit furtum* : un vol s'accomplit ; 2. devenir, *melior fis* : tu deviens meilleur ; être fait, nommé, *prætor factus est* : il fut

nommé préteur ; **3.** être jugé, estimé, *plurimi* ~ : être très estimé ; **4.** être sacrifié, s'accomplir (sacrifice) ; **5.** arithm., faire, *ter quinquaginta fiunt*… : trois fois cinquante font…

firmāmĕn, *ĭnis*, V. le suiv.

firmāmentum, *i*, n., **1.** ce qui consolide, soutient, ce sur quoi on fixe ; **2.** chr., firmament, voûte du ciel.

Firmānus, *a, um*, de Firmum ‖ **Firmāni**, *ōrum*, m. pl., les hab. de Firmum.

firmātŏr, *ōris*, m., celui qui consolide, affermit.

firmē, adv., [~*ius*, ~*issime*], solidement, fortement, de façon sûre, avec assurance.

firmĭtās, *ātis*, f., solidité, force, fermeté, stabilité ; force d'âme, constance.

firmĭtĕr, adv., [~*mius*, ~*missime*], solidement, fermement ; avec constance, stabilité ; avec certitude, expressément.

firmĭtūdo, *ĭnis*, f., solidité, fermeté, stabilité ; force d'âme, constance, fermeté.

firmo, *ās, āre*, tr., **1.** rendre ferme, fortifier, affermir, consolider ; recréer, refaire (pr. et fig.) ; **2.** rendre constant, fidèle ; soutenir, raffermir (mor.).

Firmum, *i*, n., Firmum, v. du Picénum.

firmus, *a, um*, [~*mior*, ~*missimus*], **1.** phys., qui peut résister, solide, dur, fort, ~ *ramus* : branche solide ; vigoureux, fort, solide, résistant, *firmum corpus* : corps vigoureux, ~ *ac valens* : fort et bien portant ; mil., *firmus ad dimicandum* : bien préparé au combat ; qui résiste au temps, durable ; **2.** mor., ferme, constant, persévérant, intrépide ; ferme, sûr, à qui on peut se fier ; efficace.

fiscālis, *e*, adj., du fisc, fiscal.

fiscella, *æ*, f., petite corbeille.

fiscīna, *æ*, f., corbeille, panier.

fiscus, *i*, m., **1.** corbeille, panier (pour le raisin ou les olives) ; **2.** corbeille, caisse pour l'argent ; l'argent lui-même ; **3.** a) caisse publique, trésor de l'État ; b) caisse particulière de l'empereur ; c) impôt destiné à la caisse de l'empereur.

fissĭcŭlo, *ās, āre*, tr., ~ *exta* : inciser le foie des victimes.

fissĭlis, *e*, (cf. *findo*), adj., qui peut se fendre, fendu.

fissĭo, *ōnis*, f., action de fendre.

fissĭpēs, *pĕdis*, adj., qui a le pied fourchu ; ~ *calamus* : roseau pour écrire.

fissum, *i*, n., incision dans le foie des victimes.

fistūca, *æ*, f., maillet pour enfoncer les pieux.

fistŭla, *æ*, f., **1.** tuyau, conduit ; **2.** tige creuse de roseau, flûte, pipeau, chalumeau ; plume à écrire.

fistŭlātim, adv., en forme de roseau.

fistŭlātŏr, *ōris*, m., joueur de flûte.

fistŭlātus, *a, um*, muni de tuyaux, de tubes ; qui a la forme d'un tuyau ; creux comme un roseau.

fistŭlōsus, *a, um*, poreux ; muni d'un tuyau, en forme de tube, creux.

fĭtilla, *æ*, f., bouillie pour les sacrifices.

fixē, adv., [~*xius*], avec fixité, solidement.

fixĭo, *ōnis*, f., action de ficher.

fixūra, *æ*, V. le préc.

fixus, *a, um*, part. adj. de *figo*, fiché, fixé ; solide, résistant, durable.

flābellĭfĕra, *æ*, f., esclave porte-éventail.

flābello, *ās, āre*, tr., éventer, souffler sur.

flābellŭlum, *i*, n., petit éventail.

flābellum, *i*, n., éventail ; soufflet pour attiser.

flābĭlis, *e*, (cf. *flo*), adj., aériforme, aérien, léger ; chr., spirituel.

flābrālis, *e*, adj., produit par le vent.

flaccĕo, *ēs, ēre*, intr., être mou, flasque ; fig., languir, perdre son ressort, être démoralisé.

flaccesco, *ĭs, ĕre*, intr., devenir mou, flasque ; fig., languir, s'émousser.

flaccĭdus, *a, um*, affaibli, sans force.

flaccus, *a, um*, flasque ; aux oreilles pendantes.

Flaccus, *i*, m., Flaccus, surnom d'une famille rom., et spéc. du poète Horace.

flăgellātĭo, *ōnis*, f., action de battre avec des verges.

flăgello, *ās, āre*, tr., **1.** battre avec des verges, fouetter, fustiger, frapper (pr. et fig.) ; **2.** garder enfermé (par contrainte), accaparer.

flăgellum, *i*, (cf. *flagrum*), n., **1.** verges, lanières, fouet, étrivières ; fig., fléau, peste ; remords ; **2.** courroie pour diff. usages ; **3.** fléau (pour battre le blé) ; **4.** vrille (plantes).

flăgĭtātĭo, *ōnis*, f., demande pressante, incessante.

flăgĭtātŏr, *ōris*, m., celui qui demande instamment, solliciteur ; celui qui presse l'exécution (d'une promesse, d'une dette).

flăgĭtātrix, *īcis*, f., celle qui demande instamment.

flăgĭtĭōsē, adv., [~*sissime*], d'une manière honteuse, de façon déshonorante.

flăgĭtĭōsus, *a, um*, [~*sior*, ~*sissimus*], couvert de crimes, de vices, honteux, scandaleux.

flăgĭtĭum, *ĭi*, (cf. *flagito*), n., **1.** esclandre, tapage fait à la porte de qqn. pour protester, réclamer ; bruit, tapage, PL. ;

2. scandale, action infamante, ~ *est* + prop. inf. : c'est un scandale que, de ; honte, déshonneur ; ext., homme déshonoré, ~ *hominis* : scandale vivant.

flăgĭto, *ās, āre*, tr., **1.** réclamer avec insistance, demander obstinément (spéc. qqch. à quoi on estime avoir droit), ~ *auxilium* : réclamer assistance, ~ *stipendium*, ~ *pactum pretium* : réclamer le paiement de la solde, du prix convenu ; avec double acc. : ~ *aliquem frumentum* : demander instamment du blé à qqn., avec *ut* + subj. : réclamer de ; exiger, *causa postulat, non flagitat* : la cause le demande mais ne l'exige pas, Cᴵᴄ. ; **2.** citer en justice ; **3.** solliciter à la débauche.

flăgrans, *antis*, part. adj., [~*tior*, ~*tissimus*], **1.** en feu, embrasé, enflammé, brûlant (pr. et fig.) ; **2.** brillant, resplendissant.

flăgrantĕr, adv., [~*tius*, ~*tissime*], en brûlant, avec ardeur, vivement.

flăgrantĭa, *æ*, f., embrasement, flamme, ardeur, foyer brûlant (pr. et fig.).

flăgrĭfĕr, *fĕra, fĕrum*, qui porte un fouet.

flăgrĭtrība, *æ*, m., (esclave) qui use le fouet (à force d'être battu), Pʟ.

flăgro, *ās, āre*, intr., **1.** être en feu, embrasé ; flamber, brûler ; être consumé de, être en proie à, *Italia flagrans bello* : l'Italie en proie à la guerre, *invidiā* ~ : être en butte à la haine ; ~ *cupiditate, amore, odio* : brûler de désir, d'amour, de haine, + inf. : ~ *ire in aciem* : brûler de marcher au combat ; **2.** être brillant, dans tout son éclat, se manifester de façon éclatante ; se déchaîner.

flăgrum, *i*, n., fouet, étrivières (lanières à bout d'os ou de métal) ; *gymnasium flagri* : terrain d'exercice pour le fouet (en parlant d'un esclave), Pʟ.

① **flāmen**, *ĭnis*, (cf. *flo*), n., souffle, vent.

② **flāmen**, *ĭnis*, m., flamine, prêtre attaché à une divinité, ~ *Dialis*, flamine de Jupiter.

flāmĭnĕa, *æ*, f., épouse du *flamen Dialis*.

Flāmĭnĭānus, *a, um*, de Flaminius.

Flāmĭnīnus, *i*, m., Flamininus, nom d'h.

Flāmĭnĭus, *ĭi*, m., Flaminius, nom d'une famille rom., spéc. C. Flaminius, battu par Hannibal au lac Trasimène (217 av. J.-C.) ‖ **Flāmĭnĭus**, *a, um*, de Flaminius, ~ *circus* : le cirque de Flaminius, *Flaminia* (*via*) : la voie Flaminia.

flamma, *æ*, f., **1.** flamme, feu, *flammam concipere* : prendre feu ; fig., feu, torche, flambeau, ~ *belli, invidiæ* : le feu de la guerre, de l'envie ; **2.** vif éclat, couleur éclatante.

flammārĭus et **flammĕārĭus**, *ĭi*, m. celui qui teint de couleur flamme, Pʟ.

flammĕŏlum, *i*, n., petit *flammeum*, V. ce mot.

flammesco, *ĭs, ĕre*, intr., s'enflammer.

flammĕum, *i*, n., voile rouge orangé des jeunes mariées ; couleur rouge.

flammĕus, *a, um*, de flamme, de feu, ardent, embrasé ; de couleur vive, ardente, rouge.

flammĭcŏmus, *a, um*, à la chevelure de flamme.

flammĭdus, *a, um*, brûlant, torride, rose, rosé.

flammĭfĕr, *fĕra, fĕrum*, qui porte ou produit des flammes, enflammé.

flammĭgĕr, *gĕra, gĕrum*, qui porte la flamme, le feu (du ciel) ; qui enflamme, brille.

flammĭgĕro, *ās, āre*, intr., flamber.

flammo, *ās, āre*, **1.** intr., être en flammes, brûler ; **2.** tr., enflammer, embraser (pr. et fig.).

flammŭla, *æ*, f., petite flamme.

flāmōnĭum, *ĭi*, n., dignité de flamine.

flātĭlis, *e*, adj., produit par le souffle.

flāto, *ās, āre*, tr., souffler.

flātūra, *æ*, f., **1.** souffle, haleine ; **2.** fonte (des métaux) ; fig., trempe (caractère).

flātūrālis, *e*, adj., qui contient du souffle, de l'air.

flātŭs, *ūs*, (cf. *flo*) m., **1.** souffle, agitation de l'air, vent ; **2.** flatuosité, vent ; **3.** souffle vital ; haleine ; **4.** fig., orgueil (V. *spiritus*).

flāvĕo, *ēs, ēre*, intr., être jaune, blond doré, jaune roux.

flāvesco, *ĭs, ĕre*, intr., prendre une couleur, une teinte jaune, blond doré.

Flāvĭālis (**flāmĕn**), *is*, m., flamine de la *gens Flavia* ‖ **Flāvĭānus**, *a, um*, de Flavius, flavien.

flāvĭcŏmans, *antis*, adj., aux cheveux blonds, d'or.

Flāvīna, *æ*, f., Flavina, v. d'Étrurie ‖ **Flāvīnĭus**, *a, um*, de Flavina.

Flāvĭus, *ĭi*, m., Flavius, nom d'une famille rom., d'où sont issus Vespasien, Titus, Domitien ‖ **Flāvĭus**, *a, um*, de Flavius.

flāvus, *a, um*, d'un jaune ardent, blond, jaune roux, rougissant ; subst. m., *flavus i*, pièce d'or (= jaunet).

flēbĭlĕ, adv., d'une manière qui évoque les larmes, tristement.

flēbĭlis, *e*, (cf. *fleo*) adj. [~*lior*], **1.** digne d'être pleuré, regrettable, triste ; **2.** qui fait pleurer ; **3.** qui pleure, éploré, lamentable.

flēbǐlǐtĕr, adv., en pleurant, en se lamentant.

flecto, *ĭs, ĕre, flexi, flexum*, tr.,
I modifier la direction de, **1.** courber, fléchir, plier, ~ *ramum* : courber une branche, ~ *membra* : fléchir les membres ; fig., ~ *promuntorium* : doubler un promontoire ; **2.** infléchir, moduler, *flexus sonus* : ton mineur, triste ; ~ *verba* : former des mots (par des terminaisons) ; **3.** modifier, tourner, changer, ~ *viam* : modifier sa route, ~ *vitam* : changer de vie ; **4.** modifier la pensée ou les intentions de qqn., faire plier, ~ *aliquem* : fléchir qqn., *non flecti posse precibus* : être insensible aux prières.
II imprimer une direction à, **1.** diriger, conduire, ~ *equos* : conduire des chevaux, ~ *acies* : tourner son regard vers, *se* ~ ou *flecti* : s'étendre vers, gagner sur (pays, fleuve) ; avec *ab* + abl. : éloigner, écarter de, détourner ; **2.** intr., prendre le chemin de.

flēmǐna, *um*, n. pl., varices.

flĕo, *flēs, flēre*, **1.** intr., pleurer, verser des pleurs ; fig., suinter ; **2.** tr., pleurer, ~ *amissum fratrem* : pleurer la perte d'un frère ; + prop. inf. : déplorer que ; qqf., implorer.

flētǐfĕr, *fĕra, fĕrum*, qui pleure, qui suinte.

flētǔs, *ūs*, m., larmes, pleurs, gémissements.

Flēvum, *i*, n., Flévum, place forte sur le Rhin.

flexǎnǐmus, *a, um*, qui remue l'âme, le cœur.

flexǐbǐlis, *e*, adj., souple, flexible, élastique ; fig., docile, traitable, souple.

flexǐbǐlǐtĕr, adv., avec souplesse, docilité.

flexǐlis, *e*, adj., souple, flexible ; courbé, plié.

flexǐlŏquus, *a, um*, qui peut être tourné en différents sens (parole, discours).

flexǐo, *ōnis*, f., **1.** action de courber, de fléchir ; **2.** courbure, sinuosité ; **3.** flexion, modulation.

flexǐpēs, *pĕdis*, adj., dont la marche est sinueuse (en parlant du lierre).

flexǔōsus, *a, um*, sinueux.

flexūra, *æ*, f., **1.** action de courber, de fléchir ; **2.** courbure, sinuosité.

① **flexus**, *a, um*, V. *flecto*.

② **flexŭs**, *ūs*, m., **1.** action de courber ou de se courber, flexion, courbure, détour, changement, ~ *itineris* : changement de route, *notis flexibus* : par des détours connus ; fig., détour, écart, variation, *itinera flexusque rerum publicarum* : le cours et les

variations de la politique, Cic. ; inflexion, modulation ; courbe décrite par les chars autour de la borne ; point extrême de la course, d'où : retour, penchant, déclin, *ætatis flexu* : au déclin de la vie ; **2.** courbe, détour, *in aliquo flexu viæ* : à un détour de la route, *fluminis ad flexum* : à la courbe du fleuve ; **3.** gramm., flexion des mots.

flīgo, *ĭs, ĕre*, tr., heurter, frapper contre, renverser.

flo, *ās, āre*, **1.** intr., souffler (en parlant du vent, d'un instrument à vent ou de pers.) ; **2.** tr., souffler, jouer (d'un instrument à vent), *prælia ~ tubā* : emboucher la trompette héroïque (chanter les combats) ; fig., souffler sur, dédaigner.

floccōsus, *a, um*, floconneux.

floccǔlus, *i*, m., petit flocon.

floccus, *i*, m., flocon (de laine) ; fig., *non flocci facio* ou *pendo* : je m'en soucie comme d'une guigne.

Flōra, *æ*, f., Flore, déesse des jardins, des fleurs et du printemps ‖ **Flōrālǐa**, *ǐum*, n. pl., les Floralies, fêtes de Flore ‖ **Flōrālǐcǐus**, *a, um*, relatif aux fêtes de Flore.

flōrens, *entis*, part. adj., [*~tior, ~tissimus*], **1.** fleuri, couvert de fleurs ; fig., ~ *orationis genus* : style fleuri, Cic. ; **2.** florissant, vigoureux, prospère, ~ *ætate* : à la fleur de l'âge, ~ *civitas* : état prospère ; brillant, puissant, supérieur, ~ *ætate, opibus, gratiā* : au premier rang par l'âge, les richesses, le crédit.

flōrentĕr, adv., [*~tissime*], d'une manière riche, ornée.

Flōrentǐa, *æ*, f., Florence, v. d'Étrurie ‖ **Flōrentīni**, *ōrum*, m. pl., les hab. de Florence.

flōrĕo, *ēs, ēre, flōrŭi*, intr., **1.** être en fleur, fleurir, être fleuri ; **2.** être florissant, s'épanouir ; être en honneur, se distinguer, *floret Epicurus* : Épicure est en honneur, Cic., ~ *gratiā et auctoritate* : être riche en crédit et en autorité.

flōresco, *ĭs, ĕre*, intr., commencer à fleurir ; fig., être dans sa fleur, prospérer.

flōrĕus, *a, um*, de fleur, fleuri.

flōrǐcŏmus, *a, um*, couronné de fleurs.

flōrǐdē, adv., d'une manière fleurie, brillante.

flōrǐdǔlus, *a, um*, gentiment fleuri.

flōrǐdus, *a, um*, [*~dior, ~dissimus*], couvert ou émaillé de fleurs, fleuri ; fait de fleurs ; (en parlant de couleurs), vif, éclatant, brillant ; (style) fleuri.

flōrǐfĕr, *fĕra, fĕrum*, qui porte ou produit des fleurs.

flōrĭgĕr, *gĕra, gĕrum*, qui porte des fleurs.

flōrĭlĕgus, *a, um*, qui recueille des fleurs.

flōrĭo, *īs, īre*, V. *floreo*.

flōrĭpărus, *a, um*, qui engendre ou produit des fleurs.

flōrĭtĭo, *ōnis*, f., floraison.

flōrŭlentus, *a, um*, fleuri.

flōrus, *a, um*, fleuri ; brillant, éclatant.

Flōrus, *i*, m., Florus, **1.** historien rom. (début IIe s. ap. J.-C.) ; **2.** Julius Florus, chef de la révolte des Trévires ; **3.** Gessius Florus, préfet de Judée sous Néron.

flōs, *flōris*, m., **1.** fleur ; **2.** fig., point de floraison, fleur, épanouissement, ~ *ætatis* ou abs. : la fleur de l'âge ; **3.** qualité, premier choix, ce qu'il y a de meilleur, ~ *farinæ* : fleur de farine, *Italiæ ~ ac robur* : l'ornement et la force de l'Italie, Cic. ; fleur de rhétorique, de style.

floscellus, *i*, m., petite fleur.

floscŭlus, *i*, m., **1.** petite fleur, jeune fleur ; **2.** fig., ~ *vitæ angustæ* : la fleur d'une vie qui dure si peu, Juv. ; *orationis flosculi* : les beautés d'un discours ; maxime tirée d'un discours.

fluctĭcŭlus, *i*, m., petit flot.

fluctĭfrăgus, *a, um*, qui brise les flots.

fluctĭgĕr, *gĕra, gĕrum*, qui pousse les flots.

fluctĭsŏnus, *a, um*, qui retentit du bruit des flots.

fluctŭābundus, *a, um*, ondoyant, chancelant.

fluctŭātĭo, *ōnis*, f., mouvement ondoyant, fluctuation ; fig., instabilité, incertitude.

fluctŭo, *ās, āre*, intr., **1.** rouler des flots, des vagues ; **2.** flotter ; fig., être agité comme les flots, être en mouvement incessant, flotter, ondoyer, bouillonner ; être indécis, flottant.

fluctŭor, *āris, āri*, V. le préc.

fluctŭōsus, *a, um*, aux flots agités.

fluctŭs, *ūs*, m., **1.** flot, courant, mouvement d'un liquide ; vague ; émanation ; **2.** agitation de la mer, tempête, ~ *in simpulo* : tempête dans un verre d'eau, Cic. ; fig., agitation, épreuve, tumulte, orage.

flŭens, *entis*, part. adj., **1.** qui coule ; **2.** (style) qui coule doucement, doux, coulant ; **3.** (style) qui coule uniformément, monotone ; **4.** fluide, flasque, mou, relâché.

flŭentĕr, adv., en coulant.

flŭentĭa, *æ*, f., flux.

flŭentĭsŏnus, V. *fluctisonus*.

flŭentum, *i*, n., flot, vague, torrent, fleuve.

flŭesco, *ĭs, ĕre*, intr., se mettre à couler.

flŭĭdus, *a, um*, **1.** qui peut couler, liquide, qui dégoutte ; **2.** qui échappe, qui tombe ; caduc (feuille) ; **3.** mou, languissant ; **4.** qui amollit.

flŭĭto, *ās, āre*, intr., **1.** couler, rouler çà et là, rouler des vagues, ondoyer ; bouillonner ; **2.** flotter, surnager ; **3.** flotter, être agité de mouvements, se balancer ; **4.** flotter, être indécis, balancer.

flūmĕn, *ĭnis*, (cf. *fluo*) n., **1.** masse d'eau en mouvement, cours d'eau, fleuve, rivière ; poét., au pl., *flumina, um*, les eaux, l'eau, les ondes ; **2.** flot d'un liquide qcq (sang, larmes) ; **3.** fig., flot généreux abondance.

Flūmentāna porta, f., porte Flumentane, à Rome, sur le Tibre.

flūmĭnĕus, *a, um*, qui a rapport au fleuve.

flŭo, *ĭs, ĕre, fluxi, fluxum*, intr., **1.** couler fig., se répandre comme les flots, s'étendre, avancer régulièrement, sans obstacles, *turba fluit castris* : la foule se répand hors du camp, Virg. ; conduire irrésistiblement à, *res fluit ad interregnum* : les choses tournent à un interrègne, Cic. émaner, *omnia ex naturā fluunt* : tout a sa source dans la nature, Quint. ; **2.** (s') échapper, s'évanouir, passer, *tarda fluunt tempora* : les années passent lentement, Hor. ; se dissiper, se dissoudre, s'affaiblir ; **3.** être fluide, ondoyant, flotter fig., flotter, être agité comme les flots, aller çà et là, *nec fluat oratio* : que le discours n'aille pas à la dérive, Cic.

flŭŏr, *ōris*, m., écoulement, courant, flux

flustra, *ōrum*, n. pl., calme de la mer, bonace.

flūto, V. *fluito*.

flŭvĭālis, *e*, adj., de fleuve, de rivière fluvial.

flŭvĭātĭlis, V. le préc.

flŭvĭdus, *a, um*, V. *fluidus*.

Flŭvōnĭa et **Flŭvōnĭa**, *æ*, f., Fluvonia surnom de Junon.

flŭvĭus, *ĭi*, m., fleuve, rivière, eau courante, eau.

fluxē, adv., [~*xius*], de façon relâchée négligemment.

fluxĭlis, *e*, adj., fluide, liquide.

① **fluxus**, *a, um*, part. adj. de *fluo*, [~*xior*] **1.** qui coule, fluide ; liquide ; **2.** ondoyant, traînant, flottant ; ~ *amictus* manteau flottant ; **3.** lâche, négligé, *fluxe arma* : armes portées avec négligence faible, peu solide, amolli, *fluxa corpora* corps amollis, *fluxa fides* : fidélité chancelante, ~ *animus* : caractère faible.

② **fluxŭs**, *ūs*, m., 1. écoulement, cours, flux ; 2. partie flottante d'un vêtement.

fōcālĕ (= *faucale*, cf. *faux*), *is*, n., écharpe pour protéger la gorge.

fŏcīlo, *ās, āre*, (cf. *focus*), tr., réchauffer, ranimer, rappeler à la vie.

fŏcŭlum, *i*, n., tout ce qui sert à réchauffer ou à nourrir ; vase où cuisent les mets, casserole.

fŏcŭlus, *i*, m., petit foyer, petit fourneau ; réchaud pour les sacrifices ; feu du foyer.

fŏcus, *i*, m., 1. place affectée au feu, foyer, âtre ; ext., foyer domestique, maison, famille, *domo et focis patriis ejicere* : chasser de sa demeure et du foyer de ses pères, Cic., *pro aris et focis certare, dimicare* : combattre pour les autels et les foyers domestiques (= ce qu'on a de plus cher), Sall., Liv. ; feu (habitation, famille) ; 2. bûcher ; 3. réchaud ; 4. autel pour les sacrifices.

fŏdĭco, *ās, āre*, tr., piquer, percer ; heurter, pousser ; fig., tourmenter.

fŏdĭo, *ĭs, ĕre, fōdi, fossum*, tr., 1. creuser, fouir ; bêcher, labourer ; 2. creuser, faire un trou, ~ *puteum* : creuser un puits, abs., *fodientes* : les mineurs ; 3. fouiller ; déterrer, extraire ; 4. percer, crever, piquer, ~ *equum calcaribus* : éperonner un cheval ; fig., piquer, aiguillonner, tourmenter, fouailler.

fœdē, adv., [~*dius*, ~*dissime*], d'une manière affreuse, repoussante, indigne.

fœdĕrātĭo, *ōnis*, f., alliance, union, lien.

fœdĕrātus, *a, um*, part. adj., allié, confédéré ; subst. m. pl., *fœderati, orum*, les alliés.

fœdĕro, *ās, āre*, (cf. *fœdus* ②), tr., 1. conclure par un traité ; 2. unir par une alliance.

fœdĭfrăgus, *a, um*, qui rompt, viole une alliance.

fœdĭtās, *ātis*, (cf. *fœdus* ①), f., laideur, difformité, aspect horrible et repoussant (phys. et mor.).

fœdo, *ās, āre*, tr., souiller, salir, gâter, corrompre, mutiler, défigurer ; flétrir, déshonorer, avilir.

① **fœdus**, *a, um*, (cf. *fœteo* ?), [~*dior*, ~*dissimus*], 1. laid, repoussant, hideux, horrible, sale, dégoûtant ; 2. honteux, déshonorant, crapuleux.

② **fœdŭs**, *ĕris*, (cf. *fides*), n., alliance, traité, pacte, convention, ~ *facere, icere, ferire cum aliquo* : conclure une alliance, un pacte avec qqn., ~ *componere, pangere* : faire un traité (surt. de paix), ~ *frangere*,

rumpere, violare, solvere : rompre une alliance, *stare fœdere* : rester fidèle au traité ; convention, contrat, union, liens, ~ *criminum* : association criminelle, ~ *amicitiæ* : liens d'amitié.

fœn~, V. *fēn~*.

fœtĕo, *ēs, ēre*, intr., être fétide, exhaler une mauvaise odeur, puer.

fœtĭdus, *a, um*, [~*dior*, ~*dissimus*], fétide, qui exhale une mauvaise odeur ; répugnant.

fœtŏr, *ōris*, m., mauvaise odeur.

fœtŭlentus, *a, um*, fétide.

fœtūtīnæ, *ārum*, f. pl., lieux fétides, infects.

Fōlĭa, *æ*, f., Folia, magicienne d'Ariminum, Hor.

fŏlĭātum, *i*, n., extrait, parfum de nard ou d'autres plantes.

fŏlĭātus, *a, um*, feuillu, pourvu de feuilles.

fŏlĭum, *ĭi*, n., feuille ; fig., chose légère, mobile ; vétille.

follĕo, *ēs, ēre*, intr., se mouvoir comme un soufflet.

follĭco, *ās, āre*, intr., se dilater et se rétrécir tour à tour comme un soufflet.

follĭcŭlus, *i*, m., 1. petit sac de peau, outre ; enveloppe, sachet ; 2. petite balle, ballon ; 3. soufflet.

follis, *is*, m., 1. sac de cuir ; bourse ; 2. petite balle, ballon ; 3. soufflet.

follītus, *a, um*, pourvu d'un sac.

fōmentum, *i*, (cf. *foveo*) n., surt. pl., **fōmenta**, *ōrum*, cataplasme (pour réchauffer), fomentation, topique, calmant ; pansement ; fig., adoucissement, calmant, soulagement.

fōmĕs, *ĭtis*, m., brindilles, copeaux (pour allumer le feu).

fons, *fontis*, (cf. *fundo* ②), m., source, fontaine, eau jaillissante ; fig., source, origine, cause, principe, *a fonte repetere* : remonter à l'origine.

Fons, *Fontis*, et **Fontus**, *i*, m., Fons ou Fontus, fils de Janus et dieu des sources.

fontānus, *a, um*, de source.

Fontēĭa, *æ*, f., Fontéia, vestale, sœur de Fontéius ‖ **Fontēĭānus**, *a, um*, de Fontéius ‖ **Fontēĭus**, *ĭi*, m., M. Fontéius, préteur des Gaules, défendu par Cicéron ‖ **Fontēĭus**, *a, um*, de Fontéius.

fontĭcŏla, *æ*, adj., qui habite les sources.

fontĭcŭlus, *i*, m., petite source.

Fontĭnālis porta, f., la porte Fontinale, à Rome, sur le Quirinal.

Fontus, V. *Fons*.

for, *fāris, fāri, fātus sum*, (R. *fā~*), tr. et intr., surt. poét., 1. dire, parler, *sic fatus* : ayant ainsi parlé, *fando audire* : entendre dire, *talia fando* : au récit de telles choses, VIRG. ; **2.** énoncer, publier, proférer (en parlant des oracles) ; prophétiser, prédire ; célébrer, chanter.

fŏrābĭlis, *e*, adj., que l'on peut percer.

fŏrāmĕn, *ĭnis*, n., ouverture naturelle ou artificielle, trou, passage, accès.

fŏrāmĭnōsus, *a, um*, plein de trous.

fŏrās, **1.** adv., dehors, au-dehors (avec mvt.), *~ abire* : sortir, *vade ~* ! : dehors !, *cenare ~* : dîner en ville ; **2.** prép. + gén., en dehors de.

fŏrātŭs, *ūs*, m., percement, forage.

forceps, *ĭpis*, (cf. *formus* = chaud, et *capio*), m. et f., tenailles, pinces de forgeron ; instrument de torture.

forcillo, V. *furcillo.*

forcŭla, V. *furcula.*

Forcŭlus, *i*, m., Forculus, dieu protecteur des portes (*foris*).

forda (bos), *æ*, (cf. *fero*), f., vache pleine.

fŏrĕ, inf. fut. de *sum* (= *futurus, a, um esse*).

fŏrem, **fŏrēs**, etc., subj. impf. de *sum* (= *essem, esses*, etc.).

fŏrensis, *e*, (cf. *forum*), adj., **1.** relatif au forum, au marché ; **2.** (opp. à *domesticus*), relatif à l'extérieur, au public ; subst. n. pl., *forensia, ium*, les habits de cérémonie ; **3.** qui se rapporte aux jugements ou aux procès du forum, au barreau, *~ causa* : plaidoirie ; subst. m., *forensis, is*, avocat ; **4.** qui se rapporte à la place publique ; démagogique ; **5.** de l'extérieur, étranger.

Fŏrentum, *i*, n., Forentum, v. d'Apulie.

forfex, *ĭcis*, m. et f., pinces, ciseaux.

forfĭcŭla, *æ*, f., petits ciseaux.

fŏrĭca, *æ*, f., latrines publiques.

fŏrinsĕcŭs, adv., dehors (avec mvt.).

① **fŏris**, *is*, f., porte, surt. pl., *fores, ium*, porte à deux battants, *fores aperire, recludere* : ouvrir la porte, *~ claudere* : fermer la porte, *~ moliri* : forcer la porte.

② **fŏrīs**, adv., **1.** dehors, au-dehors, extérieurement (sans mvt.) ; **2.** du dehors, de l'extérieur.

forma, *æ*, f., **1.** moule, forme (qui sert à former) ; coin (pour la frappe des monnaies) ; **2.** forme extérieure, allure, port, *~ liberalis* : maintien d'homme libre ; **3.** dessin, profil, galbe, aspect, *formæ dignitas* : la dignité des traits ; belle apparence, beauté ; fam., une beauté ; **4.** conformation, forme, type, *~ rerum publicarum* : constitution, type de régime politique, *in formam provinciæ redigere* : réduire à l'état de province ; **5.** façon, forme, espèce, sorte, *~ vitæ* : manière de

vivre ; **6.** façon de concevoir, idée, notion, expression, *ut ad formam officii redeamus* : pour en revenir à la notion de devoir, CIC. ; **7.** reproduction, figure, image, dessin, plan, configuration, *formæ virorum* : des images de héros, *~ templi* : plan d'un temple ; *~ vitæ beatæ* : tableau d'une vie heureuse ; figure (de rhétorique) ; tour (de phrase) ; **8.** phil., espèce (subdivision du *genus* : genre).

formābĭlis, *e*, adj., susceptible d'être formé.

formābĭlĭtās, *ātis*, f., état de ce qui est susceptible d'être formé.

formālis, *e*, adj., relatif au moule ; *~ epistula* : lettre circulaire (modèle).

formāmentum, *i*, n., type.

formātĭo, *ōnis*, f., action de former ; éducation.

formātŏr, *ōris*, m., celui qui forme, crée, établit un plan ; créateur, formateur.

formātrix, *īcis*, f. du préc.

formātūra, *æ*, f., conformation, figure.

Formĭæ, *ārum*, f. pl., Formies, v. du littoral du Latium ‖ **Formĭānus**, *a, um*, de Formies ‖ **Formĭāni**, *ōrum*, m. pl., les hab. de Formies ‖ **Formĭānum**, *i*, n., propriété aux environs de Formies.

formīca, *æ*, f., fourmi.

formīcānus, *a, um*, de fourmi.

formīcŭla, *æ*, f., petite fourmi.

formīdābĭlis, *e*, adj., redoutable, effrayant.

formīdāmĕn, *ĭnis*, n., figure effrayante.

formīdātŏr, *ōris*, m., celui qui redoute.

① **formīdo**, *ās, āre*, **1.** intr., être effrayé, épouvanté, éprouver de l'horreur ; **2.** tr., être effrayé de, redouter fortement, avec acc., *ut* + subj., inf., qqf. *si* + subj.

② **formīdo**, *ĭnis*, f., **1.** effroi, épouvante, peur, crainte religieuse, horreur sacrée ; **2.** épouvantail, objet de terreur.

formīdŏlōsē et **formīdŭlōsē**, adv., avec épouvante, grand effroi, terriblement.

formīdŏlōsus, *a, um*, [*~sior, ~sissimus*], **1.** craintif, peureux ; ombrageux ; **2.** redoutable, terrible, effrayant.

formĭo (**phormĭo**), *ōnis*, m., panier, corbeille de jonc.

formo, *ās, āre*, tr., **1.** donner une forme à, façonner, *~ materiam* : façonner la matière, *~ orationem* : composer un discours ; **2.** former, disposer, arranger, régler, *formatis omnibus ad belli et pacis usus* : tout ayant été disposé en vue de la paix et de la guerre, LIV. ; **3.** instruire, former, *~ mentes* : former les esprits, *~ boves ad usum agrestem* : dresser les bœufs aux travaux de la terre, VIRG. ; travailler, influencer, ~ *animos* : agir sur les esprits ; **4.** créer (à partir de), ~ *signum e marmore* : faire une statue de marbre, ~ *personam novam* : composer un personnage nouveau.

formons~, V. *formos~*.

formōsē, adv., [~*sius*, ~*sissime*], avec beauté, élégance, grâce.

formōsĭtās, *ātis*, f., belle apparence, beauté des formes.

formōsŭlus, *a, um*, joli, gracieux.

formōsus, *a, um* (cf. *forma*), [~*sior*, ~*sissimus*], dont les formes sont belles, bien fait, beau.

formŭla, *æ*, (dim. de *forma*), f., **1.** grâce des formes, joliesse ; **2.** petit plan, mise en forme ; règlement, règle, méthode, principe, ~ *scribendi* : méthode d'écriture, ~ *vitæ* : principes de vie ; **3.** formulaire des traités et actes publics, *sociorum* ~ : charte applicable aux alliés, ~ *testamentorum* : formule propre aux testaments ; ~ *censendi* : formulaire pour le cens ; jur., formule (que fixe le préteur et que doivent suivre le juge et les parties aux procès), *formulā cadere, excidere* : perdre son procès.

formŭlārĭus, *ĭi*, m., praticien, expert en droit.

fornācālis, *e*, adj., relatif aux fours ; subst. n. pl., *Fornacalia, ium*, fêtes en l'honneur de Fornax, déesse des fours.

fornācŭla, *æ*, f., petit four ; fig., foyer, lieu où on fomente.

fornax, *ācis*, f., four.

Fornax, *ācis*, f., Fornax, déesse des fours.

fornĭcārĭa, *æ*, (cf. *fornix*), f., prostituée.

fornĭcārĭus, *ĭi*, m., débauché.

fornĭcātĭo, *ōnis*, f., **1.** construction en forme de voûte ; **2.** prostitution, débauche, V. *fornix*.

fornĭcātŏr, *ōris*, m., débauché.

fornĭcātrix, *īcis*, f., débauchée, prostituée.

fornĭcātus, *a, um*, part. adj., voûté, cintré, en arcade.

fornĭco, *ās, āre*, et **fornĭcor**, *āris, āri*, (cf. *fornix*), intr., vivre dans la débauche.

fornix, *ĭcis*, m., **1.** voûte, arcade, galerie ; arc de triomphe ; chemin couvert, porte voûtée ; **2.** spéc., lieux voûtés et souterrains fréquentés par les prostituées, lupanar ; ext., débauché.

fŏro, *ās, āre*, intr., percer.

Fŏrōjūlĭense oppĭdum, n., **Fŏrōjūlĭensis** ou **Fŏrōjūlĭensĭum cŏlōnĭa**, f., Forum Julii, v. de la Gaule Narbonnaise, auj. Fréjus.

① **fors**, seul. nom. et abl., (cf. *fero* ?), f., hasard, sort, fortune, *fors fuat (ut)* : fasse le sort (que), *forte* : par hasard, *fors fortuna* : heureuse fortune.

② **fors**, adv., par hasard, peut-être.

forsăn, adv., peut-être.

forsit (= *fors sit*), adv., peut-être.

forsĭtan, adv., + subj. (rar. ind.) : peut-être que ; sans vb., peut-être.

fortassĕ, adv., **1.** peut-être bien, probablement ; + subj. : peut-être bien que ; **2.** (avec nom de nombre) peut-être, environ, à peu près.

fortassis, adv., peut-être.

fortĕ, adv., par hasard, *si forte* : si d'aventure, si par hasard, *nisi forte* : à moins que par hasard.

fortĭcŭlus, *a, um*, assez courageux, fort.

fortĭfĭco, *ās, āre*, tr., rendre fort, fortifier.

fortis, *e*, adj., [~*tior*, ~*tissimus*], fort, solide (phys. et mor.), **1.** fort, robuste, vigoureux, efficace ; **2.** fort, courageux, hardi, brave, énergique, entreprenant.

fortĭtĕr, adv., [~*tius*, ~*tissime*], **1.** avec force, solidement (phys. et mor.), **1.** avec force, avec vigueur ; **2.** avec courage, hardiesse, énergie, fermeté, ~ *pati* : supporter avec beaucoup de patience.

fortĭtūdo, *ĭnis*, f., vaillance, courage, audace, sang-froid.

fortĭtō et **fortŭĭtū**, adv., par hasard.

fortŭĭtus, *a, um*, (cf. *fors*), qui arrive par hasard, fortuit ; improvisé.

fortūna, *æ*, (cf. *fors*), f., **1.** fortune, sort, hasard, destinée, événement heureux ou malheureux, *fortunæ se committere* : s'abandonner à la fortune, ~ *secunda, prospera* : bonne fortune, chance, succès, ~ *mala, adversa* : mauvaise fortune, malchance, *utraque fortuna* : la bonne et la mauvaise fortune, SÉN., ~ *altera* : fortune contraire ; **2.** destinée, sort, condition, état, rang, ~ *magna* : haute situation, *humilis* ~ : humble condition ; **3.** au pl., *fortunæ, arum*, état de fortune, biens, richesse, *fortunis maximis ornatus* : pourvu d'une très grande fortune.

Fortūna, *æ*, f., la Fortune, déesse.

fortūnātē, adv., heureusement, avec bonheur.

fortūnātim, adv., par bonheur.

fortūnātus, *a, um*, part. adj. [~*tior*, ~*tissimus*], **1.** fortuné, heureux, favorisé ; **2.** fortuné, riche, opulent.

fortūno, *ās, āre*, tr., **1.** faire prospérer ; **2.** favoriser qqn + dat., en qqch. + acc.

fŏrŭli, *ōrum*, m. pl., rayons pour les livres.

Fŏrŭli, *ōrum*, m. pl., Foruli, v. des Sabins.

fŏrum, *i*, (cf. *foris, foras*), n., **1.** espace libre en avant d'un temple ou d'un pressoir ; **2.** place quadrangulaire pour le marché et les affaires publiques et civiles, place publique, *ad ~ ire* : aller au forum ; *Forum Romanum* ou *Forum* : le Forum de Rome, *Forum Cæsaris, Augusti* : le Forum de César, d'Auguste ; marché, *~ boarium, olitorium, piscatorium* : marché aux bœufs, aux légumes, au poisson ; **3.** le forum, lieu de la vie publique (judiciaire, commerciale, politique), *~ attingere* : faire ses débuts au forum, *de foro decedere* : renoncer aux affaires publiques, *cedere foro* : faire banqueroute ; **4.** dans les noms de diff. villes, *Forum Alieni*, en Gaule Transpadane, auj. Ferrare ; *~ Appii*, dans le Latium ; *~ Cornelium*, en Émilie, auj. Imola ; *~ Gallorum*, en Gaule Cispadane, auj. Castelfranco ; *~ Julium* ou *Julii*, V. *Forojuliense oppidum* ; *~ Voconii*, en Gaule Narbonnaise, auj. Le Luc ou Draguignan.

fŏrus, *i*, m., **1.** tillac, pont d'un navire, sièges ou bancs de nage ; **2.** sièges ou bancs de théâtre ; **3.** cellule des abeilles ; **4.** échiquier.

Fōsi, *ōrum*, m. pl., Foses, peuple de Germanie.

fossa, *æ*, (cf. *fodio*), f., **1.** fosse, fossé, *fossam ducere, facere* : creuser un fossé, *vallo et fossā cingere* : entourer d'une palissade et d'un fossé ; fosse d'une tombe ; sillon marquant l'enceinte d'une ville ; **2.** rigole ; canal, *~ Corbulonis* : canal de Corbulon (de la Meuse au Rhin), *~ Drusiana* : canal de Drusus (du Rhin à l'Océan).

fossŏr, *ōris*, m., celui qui creuse, bêche, cultive ; sapeur ; fig., homme grossier, rustaud.

fōtŏr, *ōris*, m., celui qui prend soin.

fōtŭs, *ūs*, m., action de chauffer, réchauffer.

fŏvĕa, *æ*, f., fosse ; piège.

fŏvĕo, *ēs, ēre, fōvi, fōtum*, tr., **1.** chauffer, réchauffer, tenir chaud ; baisser à l'eau chaude, soigner ; **2.** poét., tenir chaude une place = n'en pas bouger, *~ castra* : se tenir dans le camp ; **3.** tenir chaud (en soi), garder, entretenir, *~ spem* : nourrir un espoir ; caresser, favoriser, soutenir, *~ aliquem* : faire la cour à qqn., *~ alias partes* : soutenir un autre parti.

fŏvīmentum, V. *fomentum*.

fractē, adv., d'une manière efféminée.

fractĭo, *ōnis*, f., action de briser ; fracture.

fractus, *a, um*, part. adj. de *frango*, [*~tior*], **1.** brisé ; **2.** faible, sans force, abattu, dégradé, *fracta pronuntiatio* : prononciation languissante ; amolli, efféminé.

frăgĭlis, *e*, (cf. *frango*), adj., [*~lior, ~lissimus*], **1.** que l'on peut briser, rompre, fragile ; **2.** craquant, crépitant ; **3.** faible, périssable, sans force.

frăgĭlĭtās, *ātis*, f., fragilité ; faiblesse, caducité.

frăgĭlĭtĕr, adv., avec fragilité.

frăgĭum, *ĭi*, n., bris, éclat.

fragmĕn, *ĭnis*, n., brisure ; débris, morceau, fragment.

fragmentum, *i*, n., débris, morceau, fragment.

frăgŏr, *ōris*, (cf. *frango*), m., **1.** rupture, fracture ; **2.** bruit d'une chose qui se brise, fracas, bruit éclatant.

frăgōsē, adv., [*~sius*], avec un bruit éclatant.

frăgōsus, *a, um*, cassant, friable ; raboteux, rocailleux, inégal ; heurté.

frăgrans, *antis*, part. adj., odorant, parfumé.

frăgro, *ās, āre*, intr. et tr., exhaler une odeur (agréable), sentir.

frăgum, *i*, n., surt. pl., **frāga**, *ōrum* fraise ; fraisier.

frămĕa, *æ*, f., javelot des Germains, framée.

Francĭa, *æ*, f., pays des Francs (IVe s. ap J.-C. ‖ **Francus**, *a, um*, des Francs.

frango, *ĭs, ĕre, frēgi, fractum*, tr., **1.** briser rompre, *~ anulum* : briser un anneau *~ fores* : enfoncer une porte ; broyer moudre ; **2.** rompre, déchirer, violer *~ fœdus* : déchirer un traité, *~ fidem* : violer la foi jurée ; **3.** briser, affaiblir, abattre, épuiser, *~ furorem* : apaiser le cour roux ; *frangi animo* : être découragé amollir, adoucir, attendrir, *flecti atque frangi* : se laisser fléchir et ébranler, Cic. efféminer ; **4.** dompter, maîtriser, vain cre, *~ nationes, cupiditates* : dompter de peuples, ses passions.

frātĕr, *tris*, m., frère, *uxor fratris* : belle sœur, *uxoris ~* : beau-frère, *~ germanus* frère de père et de mère ; cousin ger main, *~ patruelis* : cousin par le père ext., frère, allié, jumeau, parent, ami, etc

frātercŭlus, *i*, m., petit frère.

frāternē, adv., en frère ; cordialement.

frāternĭtās, *ātis*, f., fraternité, lien frater nel ; ensemble des frères.

frāternus, *a, um*, de frère, fraternel ; de cousin ; inspiré par une affection fraternelle

frātrĭcīda, *æ*, m., fratricide (pers.).

frātrĭcīdĭum, *ĭi*, n., fratricide (acte).

frātrŭēlis, *is*, m., cousin germain.

fraudātĭo, *ōnis*, f., tromperie, fourberie.

fraudātŏr, *ōris*, m., trompeur, fourbe qui trompe en qqch. + gén.

fraudātrix, *īcis*, f. du préc.

fraudĭgĕr, *gĕra, gĕrum*, qui porte tort, qui trompe.

fraudo, *ās, āre*, tr., **1.** tromper, mentir à, faire tort à ; priver de, frustrer, ~ *creditores* : duper ses créanciers, ~ *aliquem debitā laude* : frustrer qqn. de la gloire qui lui est due ; **2.** s'approprier frauduleusement, dérober.

fraudŭlentĕr, adv., frauduleusement.

fraudŭlentĭa, *æ*, f., tromperie, fourberie.

fraudŭlentus, *a, um*, [~*tior*, ~*tissimus*], frauduleux, déloyal, illégal.

fraus, *fraudis*, f., **1.** action de duper, de tromper, mensonge, fraude, fourberie, escroquerie, ~ *odio digna* : fourberie odieuse, ~ *locorum* : terrain trompeur, *sine fraude* : sans mentir ; **2.** fait d'être dupé, erreur, illusion, méprise, *in fraudem delabi, incidere* : tomber dans l'erreur, dans un piège ; **3.** tort, dommage, perte, *alicui fraudem ferre* ou *fraudi esse* : faire du tort à qqn. : délit, faute, *fraudem capitalem admittere, audere* : commettre un crime capital.

frausus sum, pf. dép. de *fraudo* : méditer, commettre (une action délictueuse).

fraxĭnĕus, *a, um*, de frêne, en frêne.

① **fraxĭnus**, *a, um*, V. *fraxineus*.

② **fraxĭnus**, *i*, f., frêne ; javelot de frêne.

Frĕgellæ, *ārum*, f. pl., Frégelles, v. des Volsques, dans le Latium ‖ **Frĕgellāni**, *ōrum*, m. pl., les hab. de Frégelles.

Frĕgēnæ, *ārum*, f. pl., Frégènes, v. d'Étrurie.

frēgi, V. *frango*.

frĕmĕbundus, *a, um*, bruissant, grondant, frémissant, mugissant.

frĕmĭdus, *a, um*, mugissant, frémissant.

frĕmĭtŭs, *ūs*, m., bruit sourd, grondement, bruissement, rugissement ; murmures hostiles.

frĕmo, *ĭs, ĕre, frĕmŭi, frĕmĭtum*, **1.** intr., bruire, gronder, murmurer, rugir, frémir, *fremit leo, lupus* : le lion rugit, le loup hurle, *fremunt venti* : les vents mugissent, *Volscos Æquosque* ~ : les Volsques et les Èques grondaient, Liv. ; **2.** tr., faire retentir ensemble ; + acc. ou prop. inf., manifester bruyamment (que), murmurer, protester en frémissant ; demander à grands cris.

frĕmŏr, *ōris*, m., bruit sourd, rugissement ; murmure, bruit confus.

frēnātĭo, *ōnis*, f., action de modérer.

frēnātŏr, *ōris*, m., celui qui tient les rênes, qui modère, qui conduit.

frendo, *ĭs, ĕre, frēsum (fressum)*, (cf. *frenum*), intr., grincer des dents, frémir (de

rage, d'indignation) ; crier (animaux), gronder, siffler.

frendŏr, *ōris*, m., grincement des dents.

frĕnētīcus, V. *phreneticus*.

frēnĭgĕr, *gĕra, gĕrum*, qui porte un frein, un mors.

frēno, *ās, āre*, tr., brider, mettre un frein, un mors à ; tenir en bride, contenir, réprimer.

Frentāni, *ōrum*, m. pl., Frentans, peuple du Samnium, sur les bords de l'Adriatique.

frēnum, *i*, n., **frēna**, *ōrum*, n. pl., et **frēni**, *ōrum*, m. pl., **1.** mors, frein (pr. et fig.), *alicui frena adhibere* : tenir la bride courte à qqn., *frenum* ou *frenos mordere* : ronger son frein ; **2.** liens, entraves.

frĕquens, *entis*, adj., [~*tior*, ~*tissimus*], répété dans l'espace et dans le temps,
I 1. en foule, nombreux, ~ *sententia* : avis qui recueille beaucoup de suffrages ; **2.** fréquenté, plein de monde, *senatu frequentissimo* : en séance plénière du sénat, ~ *convivium* : banquet nombreux, ~ *acies armatis* : ligne de bataille bien pourvue de combattants.
II 1. qui vient fréquemment, souvent présent, assidu, ~ *Platonis auditor* : disciple assidu de Platon ; **2.** souvent employé, usité, fréquent, *frequentia pocula* : libations répétées.

frĕquentĭātĭo, *ōnis*, f., fréquence, répétition, usage fréquent.

frĕquentātō, adv., fréquemment.

frĕquentātŏr, *ōris*, m., visiteur assidu ; qui répète souvent.

frĕquentātus, *a, um*, part. adj., abondant, riche en qqch.

frĕquentĕr, adv., [~*tius*, ~*tissime*], **1.** en grand nombre, en foule ; **2.** souvent, presque toujours.

frĕquentĭa, *æ*, f., nombreuse assistance, foule, concours de peuple ; masse, grande quantité.

frĕquento, *ās, āre*, tr.,
I 1. rendre nombreux, rassembler en grand nombre ; **2.** visiter en grand nombre, affluer, ~ *ludos* : assister en foule aux jeux ; **3.** peupler.
II 1. se présenter fréquemment, ~ *domum* : être l'habitué d'une maison ; **2.** voir souvent chez soi, ~ *aliquem* : recevoir souvent la visite de qqn. ; **3.** répéter souvent qqch., user souvent de, ~ *memoriam* : raviver souvent un souvenir.

frēsus et **fressus**, V. *frendo*.

frĕtālis, *e*, adj., de détroit.

frĕtensis, *e*, adj., V. le préc., *Fretense mare* : le détroit de Sicile.

frĕtum, *i*, n., **1.** courant, flot qui se brise ; fig., cours violent, impétuosité, fougue ; **2.** endroit où la mer se resserre, détroit, canal ; abs., *Fretum* : le détroit de Sicile ; fig., passage.

① **frētus**, *a, um*, appuyé sur ; qui s'appuie sur, fermement confiant dans, fort de, + abl. : *~ intelligentiā vestrā* : comptant sur votre intelligence ; + inf. : *~ excipi posse hostem* : sûr qu'on pouvait soutenir le choc des ennemis.

② **frētŭs**, *ūs*, m., appui, confiance, assurance.

③ **frētŭs**, *ūs*, m., V. *fretum*.

frĭco, *ās, āre*, tr., frotter, frictionner ; sens obsc., PÉTR.

frictrix, *īcis*, f., celle qui frictionne.

frīgĕfacto, *ās, āre*, tr., refroidir.

frīgĕo, *ēs, ēre*, intr., **1.** être froid, avoir froid, être engourdi par le froid ; **2.** fig., être glacé, engourdi, indifférent ; être reçu froidement.

frīgesco, *ĭs, ĕre*, intr., devenir froid, se refroidir, se glacer, s'engourdir (pr. et fig.).

frīgĭda, *æ*, f., eau froide.

frīgĭdārĭum, *ĭi*, n., chambre froide des bains, bain froid, glacière.

frīgĭdārĭus, *a, um*, qui sert à rafraîchir.

frīgĭdē, adv., [*~dius*], froidement (pr. et fig.).

frīgĭdĕfacto, V. *frigefacto*.

frīgĭdŭlus, *a, um*, un peu froid (pr. et fig.).

frīgĭdus, *a, um*, [*~dior*, *~dissimus*], **1.** froid ; qui amène le froid ; **2.** fig., froid, engourdi, sans force, languissant ; froid, indifférent ; qui laisse froid, sans portée.

frīgo, *ĭs, ĕre, frixi, frictum* et *frixum*, tr., faire griller, frire.

frīgŭs, *ŏris*, n., **1.** froid ; frimas, glace ; saison du froid, froidure ; région froide ; température froide du corps, *~ colligere* : attraper froid ; **2.** fig., froideur, indifférence ; faiblesse.

frīguscŭlum, *i*, n., froid léger, fraîcheur.

frĭgŭtĭo et **frĭguttĭo**, *īs, īre*, intr., gazouiller ; bavarder ; balbutier, bredouiller.

fringillus, *i*, m., pinson.

fringultĭo, V. *frigutio*.

Frinĭātes, *um*, m. pl., Friniates, peuple de Ligurie.

frĭo, *ās, āre*, tr., réduire en menus morceaux, en miettes, broyer.

Frīsĭi, *ōrum*, m. pl., Frisons, peuple de Germanie ‖ **Frīsĭus**, *a, um*, des Frisons.

frītilla, V. *fitilla*.

frītillus, *i*, m., cornet à dés.

frītinnĭo, *īs, īre*, intr., gazouiller ; chanter (cigale) ; vagir.

frīvŏlē, adv., d'une manière frivole.

frīvŏlus, *a, um*, **1.** (choses) sans valeur, sans importance ; subst. n., *frivolum, i* : bagatelle ; subst. n. pl., *frivola, orum*, mobilier sans valeur ; **2.** (pers.) frivole, futile, léger.

frixōrĭum, *ĭi*, n., poêle à frire.

frondātŏr, *ōris*, m., élagueur, émondeur.

frondĕo, *ēs, ēre*, intr., avoir des feuilles, être feuillu, touffu.

frondesco, *ĭs, ĕre*, intr., se couvrir de feuilles, feuillir, devenir feuillu.

frondĕus, *a, um*, de feuille, de feuillage.

frondĭcŏmus, *a, um*, couvert de feuilles.

frondĭfĕr, *fĕra, fĕrum*, qui a un feuillage feuillu, touffu.

frondōsĭtās, *ātis*, f., frondaison.

frondōsus, *a, um*, couvert de feuilles, qui a beaucoup d'arbres.

① **frons**, *frondis*, f., feuillage, feuilles, branchages ; couronne de feuillage.

② **frons**, *frontis*, f., rar. m., **1.** front, *frontem contrahere, adducere, astringere* : plisser le front ; fig., front, visage, air, *verissimā fronte dicere* : parler d'un air tout à fait véridique ; **2.** front, devant, façade d'un édifice ; **3.** front de bataille, devant d'une position, *a fronte et a tergo* : pardevant et par-derrière, *dextra ~* : l'aile droite ; **4.** partie antérieure, largeur ; face extérieure, bord ; extérieur, dehors, *primā fronte* : à première vue.

Frontīnus, *i*, m., Frontin, écrivain du Iᵉ s. ap. J.-C.

fronto, *ōnis*, m., qui a un large front.

Fronto, *ōnis*, m., M. Cornelius Fronto, Fronton, écrivain du IIᵉ s. ap. J.-C.

frontōsus, *a, um*, [*~sior*], **1.** qui a plusieurs fronts ; **2.** hardi, audacieux, effronté.

Fructēsĕa, *æ*, f., Fructéséa, déesse des produits des champs.

fructētum, *i*, n., verger.

fructĭfĭcātĭo, *ōnis*, f., fructification.

fructĭfĭco, *ās, āre*, intr., produire des fruits, faire fructifier.

fructŭōsē, adv., [*~sius*], avec fruit.

fructŭōsus, *a, um*, [*~sior*, *~sissimus*], abondant en fruits, d'un bon revenu, fertile ; fig., fructueux ; avantageux.

fructŭs, *ūs*, (cf. *fruor*), m., **1.** droit de percevoir et de garder les fruits d'une chose ; jouissance, fruit, profit, usufruit, *ad animi mei fructum* : pour mon profit intellectuel, CIC. ; **2.** ce qui donne la jouissance, rapport, revenu, intérêt, *fructum ferre* : rapporter ; **3.** ce qui est rapporté fruit, production, récolte, *fructus perci-pere* : recueillir les fruits ; fig., fruit, résultat, effet, *fructum ferre, capere, percipere* : tirer profit de.

frūgālis, *e*, (cf. *frux*), adj., [~*lior*, ~*lissimus*], **1.** qui rapporte ; **2.** économe, réglé, frugal, honnête ; **3.** qui a rapport aux fruits.

frūgālĭtās, *ātis*, f., économie, vie rangée, frugalité, sobriété, honnêteté.

frūgālĭtĕr, adv., [~*lius*], avec économie, sobriété, honnêteté.

frūgī, adj. indécl. (dat. de *frux*), **1.** de rapport, qui rapporte ; **2.** économe, frugal, rangé, sobre ; **3.** honnête.

frūgĭfĕr, *fĕra, fĕrum*, qui porte des fruits, productif, fertile, fécond.

frūgĭfĕrens, *entis*, adj., qui porte des fruits.

frūgĭlĕgus, *a, um*, qui recueille des provisions.

frūgĭpărens, *entis*, et **frūgĭpărus**, *a, um*, productif, fertile.

frūĭtĭo, *ōnis*, f., jouissance.

frūmentācĕus, *a, um*, de blé.

frūmentārĭa, *æ*, f., commerce du blé.

frūmentārĭus, *a, um*, qui concerne le blé, *frumentariæ provinciæ* : provinces qui fournissent le blé, *lex frumentaria* : loi sur le blé ; subst. m., *frumentarius, ii*, blatier, marchand de blé ; fournisseur de vivres pour l'armée.

frūmentātĭo, *ōnis*, f., **1.** action de se procurer du blé ou des provisions en campagne, fourrage ; **2.** distribution de blé.

frūmentātŏr, *ōris*, m., **1.** soldat qui va couper le blé, qui récolte, fourrageur ; **2.** celui qui fait les livraisons de blé.

frūmentor, *āris, āri*, intr., faire les provisions de blé en campagne, fourrager ; pourvoir de blé.

frūmentum, *i*, (cf. *fruor*), n., grain, céréale à épis, blé.

frūniscor, *ĕris, i, frūnītus sum*, V. *fruor.*

frŭor, *ĕris, i, frŭĭtus (fructus) sum*, intr., le plus souv. + abl., **1.** avoir la jouissance de, ~ *fundis* : avoir la jouissance d'une propriété ; **2.** jouir de, profiter de, *cum victoriā uti posset, frui maluit* : alors qu'il pouvait tirer profit de sa victoire, il préféra en jouir, FLOR., ~ *votis* : avoir ce qu'on désire ; qqf. tr., *fruenda sapientia est* : il faut goûter les joies de la sagesse, CIC., *ad rem fruendam oculis* : pour jouir du spectacle de la chose.

frūs, *undis*, V. *frons* ①.

Frūsīnās, *ātis*, adj., de Frusino ‖ **Frŭsīnātes**, *ĭum*, m. pl., les hab. de Frusino ‖ **Frŭsīno**, *ōnis*, m., Frusino, v. d'Étrurie.

frustātim, adv., par morceaux.

frustĭlātim ou **frustillātim**, adv., en tout petits morceaux.

frustrā, (cf. *fraus* ?), adv., **1.** par erreur, faussement, frauduleusement, ~ *esse* : se tromper, ~ *aliquem habere* : tromper qqn. ; **2.** en vain, inutilement, sans résultat, ~ *ire* : faire une course inutile, ~ *esse alicui* : ne pas réussir à qqn. (entreprise) ; **3.** sans motif, sans but, *ut multi nec frustra opinantur* : comme beaucoup le croient et non sans raison, SUÉT.

frustrāmĕn, *ĭnis*, n., erreur, illusion.

frustrātĭo, *ōnis*, f., **1.** duperie, tromperie ; **2.** illusion, déception, échec.

frustrātŏr, *ōris*, m., celui qui abuse, élude.

frustrātōrĭus, *a, um*, qui trompe, abuse, élude.

frustrātŭs, *ūs*, m., tromperie, duperie.

frustro, *ās, āre*, et **frustror**, *āris, āri*, tr., tromper l'attente de, duper, ~ *aliquem* : tromper qqn., *frustrantur spe* : ils sont déçus dans leur espoir, *frustrari se ipsum* : se leurrer soi-même, *inceptus clamor frustratur hiantes* : le cri expire dans leur bouche grande ouverte, VIRG.

frustŭlentus, *a, um*, plein de petits morceaux.

frustŭlum, *i*, n., petit morceau, parcelle.

frustum, *i*, n., morceau, fragment, parcelle, débris ; fig., *frustum pueri !* : avorton d'enfant !, PL.

frŭtesco, *ĭs, ĕre*, intr., pousser des branches

frŭtex, *ĭcis*, m., **1.** arbuste, buisson, broussailles, branchages ; au pl., *frutices, um*, fourré ; **2.** fig., sot, stupide.

frŭtĭcētum, *i*, n., lieu buissonneux, broussailles.

frŭtĭco, *ās, āre*, et **frŭtĭcor**, *āris, āri*, intr., devenir buissonneux, touffu.

frŭtĭcōsus, *a, um*, [~*sior*, ~*sissimus*], plein de jeunes pousses, buissonneux, touffu ; couvert de buissons.

frux, *frūgis*, (cf. *fruor*), f., **1.** productions de la terre, céréales, légumes (opp. à *fructus* : productions des arbres), *sine fruge tellus* : terre sans moissons, *terræ fruges* : les fruits de la terre, *ubertas frugum atque fructuum* : abondance de moissons et de fruits, CIC. ; **2.** fig., fruit, heureux résultat, *pervenire ad frugem* : parvenir à maturité, à la perfection ; ext., bien, amélioration, *ad bonam frugem se recipere* : revenir à de meilleurs sentiments, V. aussi *frugi.*

fū, interj., fi !

fŭam, subj. arch. de *sum.*

fūcātē, adv., [~*tius*], d'une manière qui n'est pas naturelle.

fūcātus, *a*, *um*, coloré, fardé, paré, apprêté ; affecté, emprunté.

fūcǐnus, *a*, *um*, coloré avec du fucus.

Fūcǐnus (**lăcŭs**), *i*, m., le lac Fucin, en Italie méridionale, célèbre pour ses huîtres.

fūco, *ās*, *āre*, tr., colorer, teindre, farder (pr. et fig.).

fūcōsus, *a*, *um*, fardé, coloré, enjolivé, faussé.

① **fūcus**, *i*, m., **1.** fucus, lichen de mer qui teint en rouge, orseille ; pourpre ; **2.** fard, rouge de toilette ; fig., *sine fuco* : sans fard, franchement, *fucum facere* : faire illusion, jeter de la poudre aux yeux ; **3.** propolis (résine utilisée par les abeilles pour les ruches).

② **fūcus**, *i*, m., frelon.

Fūfētǐus, V. *Mettius.*

Fūfǐdǐānus, *a*, *um*, de Fufidius ‖ **Fūfǐdǐus**, *ǐi*, m., Fufidius, nom d'une famille rom., dont l'orateur Fufidius.

Fūfǐus, *ǐi*, m., Fufius Calénus, **1.** tribun du peuple ; **2.** lieutenant de César ‖ **Fūfǐus**, *a*, *um*, de Fufius.

fŭga, *æ*, f., **1.** fuite, déroute, évasion, *esse in fugā* : être en fuite, *in fugam vertere* : mettre en fuite, *dare se in fugam, capere fugam* : prendre la fuite ; moyen d'échapper, remède ; **2.** exil, bannissement, ~ *Metelli* : l'exil de Métellus ; lieu de refuge ; **3.** fig., fuite, marche précipitée ; **4.** éloignement, aversion, ~ *laboris* : aversion pour le travail.

fŭgācǐus, adv. au comp., avec plus de disposition à fuir.

Fŭgālǐa, *ǐum*, n. pl., les Fugalies, fêtes à Rome pour commémorer l'expulsion des rois.

fŭgātŏr, *ōris*, m., celui qui met en fuite.

fŭgātrix, *īcis*, f. du préc.

fŭgax, *ācis*, adj., [~*cior*, ~*cissimus*], **1.** disposé à fuir, fuyard, poltron ; **2.** qui cherche à fuir ; qui évite, ~ *ambitionis* : qui fuit l'ambition ; **3.** qui passe, coule, vole rapidement ; fugitif, éphémère.

fŭgēla, *æ*, f., fuite.

fŭgǐens, *entis*, part. adj., qui fuit, évite, ~ *laboris* : qui évite la fatigue.

fŭgǐo, *īs*, *ĕre*, *fūgi*, *fŭgǐtūrus*, intr. et tr., **1.** fuir, s'enfuir, ~ *longe* : s'enfuir au loin, ~ *ex prœlio* : s'enfuir du champ de bataille, *fugientes* : les fuyards, ~ *ex patriā*, *patriam* : fuir sa patrie, partir en exil, ~ *conspectum* : fuir la vue de, échapper à, ~ *judicium* : échapper aux poursuites ; **2.** passer rapidement, *fugiunt nubes* : les nuages courent, *fugiente pennā* : d'une aile rapide ; disparaître, s'évanouir, *fugiunt de corpore vires* : ses forces s'étei-

gnent, *fugit irreparabile tempus* : le temps fuit sans espoir de retour, VIRG. ; **3.** passer inaperçu, échapper, *te non fugit* : tu n'ignores pas, *fugerat me rescribere* : j'avais oublié de répondre, CIC.

fŭgǐtans, *antis*, part. adj., qui fuit, évite constamment + gén.

fŭgǐtīvus, *a*, *um*, **1.** qui fuit, fugitif ; subst. m., *fugitivus*, *i*, un (esclave) fugitif ; un déserteur ; **2.** qui s'affranchit de ; **3.** fugitif, éphémère.

fŭgǐto, *ās*, *āre*, intr. et tr., fuir constamment ou rapidement ; avoir horreur de + inf.

fŭgǐtŏr, *ōris*, m., qui fuit, fuyard.

fŭgo, *ās*, *āre*, tr., mettre en fuite ; chasser, repousser, écarter ; exiler.

fŭi, **fŭēre**, pf. de *sum*.

fulcīmĕn, *ǐnis*, n., étai, soutien, appui, support.

fulcīmentum, *i*, V. le préc.

fulcǐo, *īs*, *īre*, *fulsi*, *fultum*, tr., étayer, soutenir, fortifier, renforcer (pr. et fig.).

fulcǐpĕdǐa, *æ*, f., appui pour les pieds.

fulcrum, *i*, n., pied, support, bois ou châssis d'un lit ; ext., lit.

fulctūra, V. *fultura.*

Fulfŭlæ, *ārum*, f. pl., Fulfules, v. des Samnites.

fulgens, *entis*, part. adj., [~*tior*, ~*tissimus*], brillant, rayonnant (pr. et fig.).

fulgentĕr, adv., [~*tius*], avec éclat.

fulgĕo, *ēs*, *ēre*, *fulsi*, intr., lancer des éclairs, briller, étinceler, rayonner (pr. et fig.).

fulger~, V. *fulgur~.*

fulgǐdŭlus, *a*, *um*, un peu lumineux.

fulgǐdus, *a*, *um*, [~*dior*], brillant, étincelant.

Fulgǐnās, *ātis*, adj., de Fulginie ‖ **Fulgǐnǐa**, *æ*, f., Fulginie, v. d'Ombrie, auj. Foligno.

fulgo, V. *fulgeo.*

fulgŏr, *ōris*, m., éclair ; vive clarté, lumière brillante, éclatante ; fig., splendeur, éclat.

Fulgŏra, *æ*, f., Fulgora, déesse de la foudre.

fulgŏr~, V. *fulgur~.*

fulgŭr, *ŭris*, (cf. *fulgeo*), n., éclair, foudre ; éclat, rayonnement.

fulgŭrālis, *e*, adj., relatif à la foudre.

fulgŭrāta, *ōrum*, n. pl., objets touchés par la foudre.

fulgŭrātǐo, *ōnis*, f., lueur des éclairs.

fulgŭrātŏr, *ōris*, m., **1.** celui qui lance la foudre ; **2.** haruspice chargé d'expliquer les présages relatifs à la foudre.

fulgŭrǐo, *īs*, *īre*, intr., lancer la foudre.

fulgŭrĭto, ās, āre, intr., lancer souvent la foudre.

fulgŭrītus, a, um, frappé par la foudre, foudroyé.

fulgŭro, ās, āre, intr., faire des éclairs, éclairer, *fulgurat* : il éclaire ; fig., briller, resplendir.

fŭlĭca, æ, f., foulque, poule d'eau.

fūlīgĭnātus, a, um, teint en noir, fuligineux.

fūlīgĭnĕus, a, um, semblable à la suie.

fūlīgĭnōsus, a, um, plein de suie.

fūlīgo, ĭnis, f., suie ; fumée des lampes ; crayon noir (pour les sourcils).

fúlix, ĭcis, V. fulica.

fullo, ōnis, m., foulon (celui qui foule les draps, les dégraisse).

fullōnĭa, æ, f., atelier ou métier de foulon.

① **fulmĕn**, ĭnis, (cf. *fulgeo*) n., **1.** foudre, éclair, tonnerre ; fig., coup, malheur imprévu ; caractère foudroyant ; chef de guerre efficace et intrépide, foudre de guerre ; **2.** éclat.

② **fulmĕn**, ĭnis, (cf. *fulcio*), n., colonne, appui, support, soutien.

fulmenta, æ, f., talon de soulier.

fulmĭnātĭo, ōnis, f., action de lancer la foudre.

fulmĭnātŏr, ōris, m., celui qui lance la foudre, foudroyant.

fulmĭnātus, a, um, qui a l'éclat ou la rapidité de la foudre.

fulmĭnĕus, a, um, de la foudre ; rapide comme la foudre, foudroyant.

fulmĭno, ās, āre, **1.** intr., lancer la foudre, éclairer, tonner ; **2.** tr., foudroyer.

fultūra, æ, f., soutien, nourriture qui sustente.

fulvastĕr, tra, trum, d'un jaune roussâtre.

Fulvĭa, æ, f., Fulvia, épouse de Clodius, puis d'Antoine ‖ **Fulvĭastĕr**, tri, m., imitateur de Fulvius (péj.) ‖ **Fulvĭus**, ĭi, m., nom de diff. pers., entre autres M. Fulvius Flaccus, partisan de C. Gracchus ‖ **Fulvĭus**, a, um, de Fulvius.

fulvus, a, um, roux, roussâtre, fauve.

fūmārĭŏlum, i, n., petite cheminée ; cratère d'un volcan.

fūmārĭum, ĭi, n., pièce pour sécher (bois), vieillir (vin) ; cheminée.

fūmĕus, a, um, **1.** de fumée, enfumé ; **2.** qui s'en va en fumée, sans valeur.

fūmĭdus, a, um, fumeux, fumant.

fūmĭfĕr, fĕra, fĕrum, qui produit de la fumée.

fūmĭfĭco, ās, āre, intr., faire de la fumée.

fūmĭfĭcus, a, um, qui fait de la fumée ; fumeux, vaporeux.

fūmĭgo, ās, āre, **1.** intr., fumer ; brûler de l'encens, des parfums ; **2.** tr., noircir de fumée.

fūmo, ās, āre, intr., et tr., fumer, exhaler des vapeurs ; noircir de fumée.

fūmōsus, a, um, plein de fumée, enfumé, noirci par la fumée.

fūmus, i, m., fumée, vapeur épaisse ; ext., vin fumé ; fig., fumée, bavardage insignifiant, *vendere fumum* ou *fumos* : leurrer de vaines promesses, APUL., MART. ; *de fumo ad flammam ire* : aller de mal en pis.

fūnāle, is, n., corde enveloppée de cire, torche, flambeau.

fūnālis, e, adj., **1.** de corde, ~ *cereus* : bougie ou cierge ; **2.** que l'on conduit avec des guides, ~ *equus* : cheval de volée.

fūnambŭlus, i, m., funambule, danseur de corde ; comédien.

functĭo, ōnis, (cf. *fungor*), f., **1.** accomplissement, exécution, ~ *muneris* : exercice d'une charge ; **2.** service public, fonction, charge.

functus, a, um, V. fungor.

funda, æ, f., fronde ; épervier (pour la pêche).

fundāmĕn, ĭnis, n., base, fondement.

fundāmentālis, e, adj., qui a rapport avec la base.

fundāmentum, i, n., fondement, fondation, sol, assise ; base, principe, point de départ.

Fundānĭus, ĭi, m., Fundanius, nom d'une famille rom.

Fundānus, a, um, de Fondi ‖ **Fundāni**, ōrum, m. pl., les hab. de Fondi ‖ **Fundāna**, ōrum, n. pl., les vins de Fondi.

① **fundātŏr**, ōris, m., fondateur (pr. et fig.).

② **fundātŏr**, ōris, m., frondeur.

fundātus, a, um, part. adj., [~*tior*, ~*tissimus*], établi, affermi, solide, assis.

Fundi, ōrum, m. pl., Fondi, v. du Latium.

fundĭbălus, i, m., machine à lancer des projectiles.

fundĭto, ās, āre, tr., répandre abondamment, lancer de tous côtés, déverser.

fundĭtŏr, ōris, m., frondeur.

fundĭtŭs, adv., de fond en comble ; entièrement ; tout au fond (pr. et fig.).

① **fundo**, ās, āre, tr., asseoir fortement, établir solidement, fonder (pr. et fig.), consolider.

② **fundo**, ĭs, ĕre, fūdi, fūsum, tr., **1.** verser, répandre, ~ *sanguinem e paterā* : répandre du sang d'une coupe, ~ *pateram* : verser (le contenu d') une coupe, ~ *lacrimas* : verser des larmes ; **2.** rendre liquide, fondre ; **3.** verser à terre, étendre, abattre, *fusus humi* : étendu à terre ; **4.** répandre de tous côtés, faire disparaître, chasser, mettre en fuite, ~ *copias hostium* : mettre en déroute les forces ennemies, *cædere fundereque* : battre et mettre en fuite, ~ *fugareque* : disperser et mettre en fuite ; **5.** répandre, laisser aller, lâcher, étendre, déployer, ~ *comam* : laisser flotter sa chevelure ; envoyer, lancer, ~ *tela* : décocher des traits ; **6.** dissiper, perdre, ~ *opes* : gaspiller des richesses, ~ *vitam* : rendre l'âme ; **7.** répandre, proférer, énoncer, faire entendre, *hæc dicta* ~ : prononcer ces mots, ~ *oracula* : proclamer les oracles ; **8.** produire en abondance, créer, enfanter, *terra fundit fruges* : la terre produit des moissons abondantes.

fundus, *i*, m., **1.** fond, ~ *maris* : le fond de la mer, *vertere fundo* : détruire de fond en comble ; fond d'une coupe, coupe ; fig., base, garantie, *fundum esse alicujus rei* : se porter garant de qqch. ; **2.** propriété, terres, bien-fonds, fonds.

fūnĕbris, *e*, adj., **1.** qui a trait aux funérailles, funèbre ; subst. n. pl., *funebria, ium*, obsèques, funérailles ; **2.** qui a rapport au mort, à la mort ; qui donne la mort, funeste.

fūnĕrālis, *e*, adj., qui a trait aux funérailles.

fūnĕrĕpus, *i*, m., danseur de corde.

fūnĕrĕus, *a*, *um*, **1.** qui concerne les funérailles ; **2.** qui donne la mort, fatal.

fūnĕro, *ās*, *āre*, tr., célébrer les funérailles de ; fig., mettre à mort.

fūnesto, *ās*, *āre*, tr., souiller par un meurtre.

fūnestus, *a*, *um*, [~*tior*, ~*tissimus*], **1.** de deuil, funèbre, funéraire ; dans le deuil, malheureux ; **2.** souillé par la mort, funeste, néfaste, *funestum omen* : présage sinistre.

fungīnus, *a*, *um*, qui a un rapport au champignon.

fungor, *ĕris*, *i*, *functus sum*, intr. et qqf. tr., le plus souv. + abl., **1.** s'acquitter de, remplir, achever, ~ *officiis justitiæ* : remplir ses devoirs de justice, ~ *imperio* : exécuter un ordre, ~ *more barbarorum* : suivre les usages des barbares ; + acc., ~ *militare munus* : faire son service militaire, ~ *suprema munera* : rendre les derniers devoirs ; ~ *vitā*, *fato suo* : accomplir sa vie, son destin = mourir ; **2.** supporter, endurer, ~ *mala multa* : endurer beaucoup de maux, *facere et fungi* : être actif et passif, LUCR.

fungus, *i*, m., champignon ; gourde (injure) ; fig., fongus (maladie) ; champignon (d'une mèche en combustion).

fūnĭcŭlus, *i*, m., cordelette ; ficelle.

fūnis, *is*, m., corde, câble ; câble de l'ancre, ancre ; fig., *funem ducere* : commander, *funem sequi* : obéir.

fūnus, *ĕris*, n., **1.** solennité, cortège des funérailles, funérailles, deuil, ~ *ducere* : conduire le deuil, *in* ~ *venire* : se rendre aux funérailles ; **2.** corps du mort, dépouille ; fig., *funem ducere* : commander, **3.** mort, mort violente ; **4.** ext., fléau, ruine.

fŭo, arch., V. *fui* et *sum*.

fūr, *fūris*, m. et f., voleur, voleuse, larron.

fūrācĭtĕr, adv., [~*cissime*], en voleur.

fūrātim, adv., comme les voleurs.

fūrātŏr, *ōris*, m., voleur, fripon.

fūrātrīna, *æ*, f., larcin.

fūrax, *ācis*, adj., [~*cior*, ~*cissimus*], voleur, rapace.

furca, *æ*, f., fourche, *naturam expellas furcā* : chasse le naturel à coups de fourche, HOR. ; pieu fourchu, support ; fourchon, crochet pour porter les fardeaux ; fourchon, carcan pour le châtiment des esclaves, ext., esclavage ; fig., pinces de l'écrevisse ; étroit défilé, *Furcæ Caudinæ* : les Fourches Caudines.

furcĭfĕr, *ĕri*, m., et **furcĭfĕra**, *æ*, f. gibier de potence, pendard, pendarde.

furcilla, *æ*, f., petite fourche, *furcillā extrudi* : être chassé à coups de fourche (= honteusement).

furcillo, *ās*, *āre*, tr., étayer, protéger.

furcōsus, *a*, *um*, fourchu.

furcŭla, *æ*, f., petite fourche ; petit défilé.

furcŭlōsus, *a*, *um*, fourchu.

fŭrens, *entis*, part. adj., [~*tior*], furieux, déchaîné.

fŭrentĕr, adv., furieusement, avec rage.

furfŭr, *ŭris*, m., son, balle.

fŭrĭa, *æ*, f., fureur, frénésie, déchaînement.

Fŭrĭa, *æ*, f., Furie, et surt. **Fŭrĭæ**, *ārum*, f. pl., les Furies, équivalent latin des Érinyes ou Euménides, divinités de la vengeance ; mauvais génie, possession ; furie ; fléau.

fŭrĭālĕ, adv., avec fureur.

fŭrĭālis, *e*, adj., **1.** furieux, délirant, insensé ; **2.** qui appartient aux Furies.

fŭrĭālĭtĕr, adv., avec fureur.

Fŭrĭāni, *ōrum*, m. pl., les soldats de Furius (le dictateur Camille).

fŭrĭbundus, *a*, *um*, **1.** plein de rage, de fureur ; **2.** saisi par un délire divin.

Fūrīna, *æ*, f., Furina, divinité rom.

fūrīnus, *a*, *um*, qui a trait aux voleurs.

① **fŭrĭo**, *ās*, *āre*, tr., rendre furieux, égarer.

② **fŭrĭo**, *īs*, *īre*, intr., être furieux, hors de soi.

fŭrĭōsē, adv., [*~sius*, *~sissime*], avec fureur, en furieux.

fŭrĭōsus, *a*, *um*, [*~sior*, *~sissimus*], furieux, frénétique ; qui fait délirer.

Fūrĭus, *ĭi*, m., M. Furius Camillus, vainqueur des Gaulois (390 av. J.-C.) et dictateur ‖ **Fūrĭus**, *a*, *um*, de Furius.

furnax, V. *fornax*.

furnus, *i*, m., four, fourneau, fournil.

fŭro, *īs*, *ĕre*, intr., **1.** être en fureur, en délire, hors de soi, être déchaîné ; sévir, faire rage ; extravaguer.; **2.** être saisi du délire prophétique.

① **fūror**, *āris*, *āri*, (cf. *fur*), tr., **1.** voler, dérober, escroquer, qqf. sens passif ; fig., usurper ; **2.** dérober, cacher ; **3.** opérer des coups de main.

② **fŭror**, *ōris*, m., **1.** fureur, folie furieuse, délire, frénésie, violence déchaînée, emportement, passion sans frein ; **2.** fureur religieuse, délire sacré, transports ; délire prophétique.

Furrīna, V. *Furina*.

furtĭfĭcus, *a*, *um*, qui a rapport au vol, voleur, fripon.

furtim, adv., à la façon des voleurs, furtivement ; à la dérobée, secrètement.

furtīvē, V. le préc.

furtīvus, *a*, *um*, **1.** dérobé, détourné, soustrait ; **2.** furtif, secret, dissimulé, caché.

furtum, *i*, n., **1.** vol, larcin, escroquerie ; produit du vol ; **2.** acte secret, clandestin, ruse ; prétexte.

furtŭs, *ūs*, m., V. le préc.

fŭruncŭlus, *i*, (cf. *fur*) m., **1.** petit voleur, filou ; **2.** gourmand, rejet de la vigne ; furoncle, clou.

furvus, *a*, *um*, d'un noir de charbon ; fig., assombri, ténébreux, triste ; noir, infernal, des Enfers.

fuscātŏr, *ōris*, m., celui qui obscurcit, assombrit.

fuscĭna, *æ*, f., trident, fourche (de Neptune, des rétiaires), harpon.

fuscĭtās, *ātis*, f., obscurité, ténèbres.

fusco, *ās*, *āre*, tr., noircir, brunir ; intr., se noircir, s'obscurcir.

fuscus, *a*, *um*, [*~cior*], **1.** d'une couleur sombre, noirâtre, brun ; **2.** rauque, sourd, voilé (voix) ; **3.** sordide, indélicat.

fūsē, adv., [*~sius*], sur une large étendue ; largement, amplement.

fūsĭlis, *e*, adj., fondu, fluide, liquide ; coulé.

fūsĭo, *ōnis*, f., action de verser, écoulement ; expansion, diffusion.

fūsŏr, *ōris*, m., celui qui verse, répand ; fondeur.

fustĭcŭlus, *i*, m., petit bâton.

fustis, *is*, m., bâton, pieu.

fustĭtŭdĭnus, *a*, *um*, qui frappe avec un bâton.

fustŭārĭum, *ĭi*, n., bastonnade (supplice des déserteurs).

① **fūsus**, *a*, *um*, part. adj. de *fundo* ②, **1.** qui s'étend de tous côtés, répandu, ample, vaste, *campi fusi in omnem partem* : plaines qui s'étendent de tous les côtés, VIRG. ; **2.** flottant (vêtement, cheveux) ; **3.** rhét., diffus, loquace, développé, prolixe, abondant.

② **fūsus**, *i*, m., fuseau ; le fuseau des Parques.

fūtĭlĕ, adv., vainement.

fūtĭlis et **futtĭlis**, *e*, (cf. *fundo* ②), adj., **1.** qui laisse échapper son contenu, qui ne garde rien ; **2.** qui ne mérite aucune confiance, vain, inutile, futile, frivole.

fūtĭlĭtās, *ātis*, f., futilité, indiscrétion.

fŭtŭo, *īs*, *ĕre*, *fŭtŭi*, *fŭtūtum*, tr., obsc., baiser, foutre.

fŭtūrus, *a*, *um*, **1.** part. fut. de *sum* ; **2.** adj., qui sera, à venir, futur ; subst. n., *futurum*, *i*, et n. pl., *futura*, *orum*, l'avenir.

fŭtūtĭo, *ōnis*, f., obsc., baisage.

fŭtūtŏr, *ōris*, m., obsc., baiseur.

fŭtūtrix, *īcis*, f. du préc.

fūvi, arch. pour *fui*, V. *sum*.

G

G, g, f. et n., indécl., g, **1.** septième lettre de l'alph. latin, distinguée du **C** au VIe s. av. J.-C. ; **2. G.,** abr. de *Gaius* (ou *Caius*) ; *G.I., G.S. : Germania Inferior, Superior* ; *G.L. : Genio Loci.*

Găbăli, *ōrum,* et **Găbāles,** *um,* m. pl., Gabales, peuple de la Gaule Aquitaine, auj. Gévaudan.

găbăta, *æ,* f., plat, assiette.

Gabba, *æ,* m., Gabba, bouffon d'Auguste.

Găbĭi, *ōrum,* m. pl., Gabies, v. du Latium.

Găbīnĭa, *æ,* f., Gabinia, nom de femme.

① **Găbīnĭānus,** *i,* m., Gabinianus, rhéteur célèbre.

② **Găbīnĭānus** et **Gabīnĭus,** *a, um,* de Gabinius ‖ **Găbīnĭus,** *ĭi,* m., Gabinius, nom de diff. pers.

Găbīnus, *a, um,* de Gabies ‖ **Găbīni,** *ōrum,* m. pl., les hab. de Gabies.

Gādēs, *ĭum,* f. pl., et **Gādis,** *is,* f., Gadès, v. d'Espagne, auj. Cadix ‖ **Gādir,** *ĭris,* n., Gadir, nom phénicien de Gadès ‖ **Gādītānus,** *a, um,* de Gadès ‖ **Gādītānus,** *i,* m., hab. de Gadès.

gæsum, *i,* n., javelot en fer.

Gætūli, *ōrum,* m. pl., Gétules, peuple de l'Afrique du Nord ‖ **Gætūlĭcus** et **Gætūlus,** *a, um,* de Gétulie ; des Gétules.

Gāius, *ĭi,* m., **Gāia,** *æ,* f., Gaius, Gaia, prénoms rom. ; noms du fiancé et de la fiancée lors de la cérémonie nuptiale, *ubi tu Gaius, ego Gaia* : litt., là où tu es Gaius, je suis Gaia ; Gaius, prénom de Caligula.

Gălæsus et **Gălēsus,** *i,* m., Galésus, fl. de l'Italie méridionale.

Gălătæ, *ārum,* m. pl., Galates, peuple d'origine celtique, hab. de la Galatie ‖ **Gălătĭa,** *æ,* f., Galatie, région de Phrygie.

gălătĭcor, *āris, āri,* intr., imiter les Galates.

galba, *æ,* f., larve du chêne ; fig., gros ventre (mot gaulois).

Galba, *æ,* m., Galba, surnom dans la *gens Sulpicia,* spéc. Galba, empereur rom. (68-69).

galbănĕus, *a, um,* de galbanum, gomme de Syrie.

galbĕŏlus, *i,* m., et **galbĕum,** *i,* n., bande de laine enveloppant des amulettes et entourant le bras.

Galbĭani, *ōrum,* m. pl., les partisans de Galba.

galbĭnātus, *a, um,* vêtu du galbinum.

galbĭnum, *i,* n., galbinum, vêtement jaune-vert porté par les femmes ou les efféminés.

galbĭnus, *a, um,* d'un jaune tirant sur le vert ; efféminé.

galbŭlus, *i,* m., loriot.

gălĕa, *æ,* f., casque (de cuir, puis de métal).

gălĕo, *ās, āre,* tr., casquer, coiffer d'un casque.

gălĕŏlus, *i,* m., guêpier (oiseau).

Gălĕōtæ, *ārum,* m. pl., Galéotes, devins de Sicile.

gălērĭa, *æ,* f., Galéria, nom d'une des tribus rustiques de Rome ; nom de l'épouse de Vitellius.

gălērĭcŭlum, *i,* n., petit bonnet ; petite perruque.

gălērītus, *a, um,* couvert d'un bonnet ou d'une huppe.

gălērum, *i,* n., et **gălērus,** *i,* m., bonnet ; perruque.

Gălēsus, V. *Galæsus.*

Gălĭlæi, *ōrum,* m. pl., Galiléens, hab. de la Galilée.

galla, *æ,* f., **1.** noix de galle ; **2.** vin âpre.

① **Galla,** *æ,* f., **1.** Gauloise ; **2.** Galla, nom de femme.

② **Galla,** *æ,* m., Galle, prêtre de Cybèle.

① **Galli,** *ōrum,* m. pl., Gaulois.

② **Galli,** *ōrum,* m. pl., les Galles, V. *Galla* ②.

Gallĭa, *æ,* f., la Gaule, ~ *Cisalpina, citerior* : la Gaule Cisalpine, ~ *Transalpina, ulterior* : la Gaule Transalpine ‖ **Gallĭæ,** *ārum,* f. pl., les Gaules (Belgique, Celtique, Aquitaine).

gallĭambŏs (~us), *i,* m., chant, rythme des Galles.

gallĭca, *æ,* f., galoche, chaussure gauloise.

Gallĭcāni, *ōrum,* m. pl., les hab. de la Gaule Cisalpine ‖ **Gallĭcānus,** *a, um,* de Gaule Cisalpine.

gallĭcārĭus, *ĭi,* m., fabricant de galoches.

gallĭcĭnĭum, *ĭi,* n., le chant du coq ; l'aube, le point du jour.

gallĭcŭla, *æ,* f., petite galoche.

① **Gallĭcus,** *a, um,* de Gaule, gaulois.

② **Gallĭcus,** *a, um,* des Galles ; phrygien.

gallīna, æ, f., poule.

gallīnācĕus, a, um, relatif aux poules.

Gallīnārĭa (silva), æ, f., forêt de Campanie.

Gallĭo, ōnis, m., Gallion, 1. rhéteur ; 2. fils de Sénèque le Rhéteur, adopté par Gallion.

Gallŏgræcĭa, æ, f., Gallogrèce ou Galatie ‖ **Gallŏgræci**, ōrum, m. pl., les Gallogrecs ou Galates ‖ **Gallŏgræcus**, a, um, de Gallogrèce ou Galatie.

Gallŏhispānus, a, um, Gaulois né en Espagne.

Gallŭlus, a, um, gaulois.

gallus, i, m., coq.

① **Gallus**, i, m., Gaulois

② **Gallus**, i, m., Gallus, fl. de Phrygie.

③ **Gallus**, i, m., V. Galla ②.

④ **Gallus**, i, m., Gallus, surnom de diff. pers., spéc. Cornélius Gallus, poète et ami de Virgile.

Gamăla, æ, f., Gamala, place forte de Palestine.

Gămēlĭŏn, ōnis, m., Gamélion, 7ᵉ mois de l'année attique.

gamma, n. indécl., ou **gamma**, æ, f., 3ᵉ lettre de l'alph. grec.

gănĕa, æ, f., taverne ; gargote, mauvais lieu.

gănĕo, ōnis, m., débauché, viveur.

gănĕum, i, n., V. ganea.

gangăba, æ, m., portefaix (mot persan).

Gangărĭdæ, ārum, et **Gangărĭdes**, um, m. pl., Gangarides, peuple de l'Inde, voisins du Gange ‖ **Gangēs**, is, m., Gange ‖ **Gangēticus**, a, um, du Gange ‖ **Gangētis**, ĭdis, f., du Gange, de l'Inde.

gangræna, æ, f., gangrène, corruption.

gannĭo, īs, īre, intr., 1. crier, criailler, japper, glapir ; 2. badiner, folâtrer.

gannītŭs, ūs, m., cris, criaillerie, jappement ; gazouillement ; bavardages.

Gănўmēdēs, is, m., Ganymède, 1. fils du roi Tros, enlevé par Jupiter qui en fit son échanson ; 2. constellation ‖ **Gănўmēdēus**, a, um, de Ganymède.

Gărămantes, um, m. pl., Garamantes, peuple d'Afrique (Sud de la Numidie) ‖ **Gărămantis**, ĭdis, f., des Garamantes.

Gargānus, i, m., Gargane, mt. d'Apulie ‖ **Gargānus**, a, um, du Gargane.

Gargăphĭē, ēs, f., Gargaphié, vallée consacrée à Diane en Béotie.

Gargăra, ōrum, n. pl., Gargara, sommet du mt. Ida, en Phrygie.

Gargettĭus, a, um, de Gargette, dème de l'Attique et lieu de naissance d'Épicure.

Găromna, V. Garumna.

gărŏn et **gărum**, i, n., sauce, condiment à base de poisson, fort apprécié à Rome.

garrĭo, īs, īre, intr. et tr., bavarder, jaser, babiller ; ext., dire des bêtises.

garrītŏr, ōris, m., bavard.

garrŭlĭtās, ātis, f., bavardage, babil, caquet.

garrŭlus, a, um, bavard, babillard ; fig., murmurant, gazouillant (rivière, musique).

Gărumna, æ, m., et qqf. f., Garonne, fl. de Gaule ‖ **Gărumni**, ōrum, m. pl., les hab. de la vallée de la Garonne.

gastrum, i, n., vase à large ventre.

Gates, ĭum, m. pl., Gates, peuple de l'Aquitaine.

gau, arch. pour gaudium.

gaudĕo, ēs, ēre, gāvīsus sum, intr., 1. se réjouir, être content, avoir du plaisir, ~ (in, de) aliquā re : se réjouir de qqch., qqf. + acc., rar. + gén. ; avec prop. inf., aliquid scire se gaudent : ils se réjouissent de savoir qqch. ; avec quod ou quia + ind. ou subj., sane gaudeo quod te interpellavi : j'éprouve un réel plaisir à t'avoir interrompu ; 2. aimer à, voir avec plaisir.

gaudĭālis, e, adj., agréable, qui réjouit.

gaudĭbundus, a, um, plein de joie.

gaudĭmōnĭum, ĭi, n., joie.

gaudĭum, ĭi, n., 1. joie intérieure, contentement, ~ atque lætitia : joie intérieure et extérieure, SALL., gaudio lacrimare : pleurer de joie ; au pl., gaudia, orum, manifestations de joie ; 2. ce qui cause la joie ; 3. plaisir, jouissance.

gaulus, i, m., coupe en forme de bateau.

Gaureleos, i, m., Gauréléos, port d'Andros.

Gaurus, i, m., Gaurus, mt. de Campanie.

gausăpa, æ, f., **gausăpĕ**, is, et **gausăpum**, i, n., gausape, vêtement de laine, peignoir ; fig., barbe touffue.

gausăpātus, a, um, vête d'une gausape ; velu.

gausăpīnus, a, um, de gausape ; subst. f., gausapina, æ, gausape.

gāvĭa, æ, f., mouette.

gaza, æ, f., trésor, richesses.

Gāza, æ, f., Gaza, v. de Palestine ‖ **Gāzensis**, e, adj., de Gaza ‖ **Gāzenses**, ĭum, m. pl., les hab. de Gaza.

Gĕdrōsi(i), ōrum, m. pl., les hab. de la Gédrosie, région de Perse.

Gĕla, æ, f., Géla, v. de Sicile ‖ **Gĕlās**, æ, m., Gélas, fl. de Sicile.

gĕlăsīnus, i, m., fossette (produite par le rire).

Gĕlenses, ĭum, m. pl., les hab. de Géla.

gĕlĭda, æ, f., eau froide.

gĕlĭdē, adv., de façon glacée.

gĕlĭdus, *a, um*, [*~dior, ~dissimus*], gelé, glacé ; qui donne le frisson.

Gellĭus, *ĭi*, m., Gellius, nom d'une famille rom. ‖ **Gellĭus**, *a, um*, de Gellius.

gĕlo, *ās, āre*, tr., glacer, geler.

Gĕlōni, *ōrum*, m. pl., Gélons, peuple de Scythie ‖ **Gĕlōnus**, *i*, m., Gélon.

Gĕlōus, *a, um*, de Géla.

gĕlū (seul. abl. : *gelū*) et **gĕlum**, *i*, n., gelée, glace, froid ; frisson.

gĕmĕbundus, *a, um*, qui se répand en gémissements.

gĕmellārĭum, *ĭi*, n., vase à deux compartiments pour l'huile sortant du pressoir.

gĕmellĭpărus, *a, um*, qui donne le jour à des jumeaux.

gĕmellus, *a, um*, (cf. *geminus*), double, jumeau ; subst. m., *gemellus, i*, jumeau.

gĕmĭbĭlis, *e*, adj., que l'on doit déplorer.

gĕmĭnātĭo, *ōnis*, f., redoublement, répétition.

gĕmĭnē, adv., en doublant, en répétant.

gĕmĭno, *ās, āre*, tr., 1. doubler, redoubler, répéter, *geminata victoria* : double victoire ; 2. accoupler, joindre ; 3. intr., être double.

gĕmĭnus, *a, um*, [*~nissimus*], 1. uni par la naissance, né en même temps, jumeau ; 2. double, à double forme, *~ Chiron* : le centaure Chiron ; 3. semblable, pareil ; 4. ext., deux, *gemina acies* : la double armée = les deux armées.

gĕmĭtŭs, *ūs*, m., 1. gémissement, plainte, hurlement ; ext., douleur qui arrache des plaintes ; 2. grondement sourd, murmure.

gemma, *æ*, f., 1. bourgeon ; 2. pierre précieuse, gemme ; joyau ; coupe ; œil de la queue du paon ; 3. cachet, sceau.

gemmātus, *a, um*, enrichi de pierres précieuses.

gemmĕus, *a, um*, de pierres précieuses ; fig., étincelant.

gemmĭfĕr, *fĕra, fĕrum*, qui porte ou produit des pierres précieuses.

gemmo, *ās, āre*, intr., 1. pousser des bourgeons; bourgeonner ; 2. être orné de pierres précieuses ; fig., briller, étinceler comme des pierres précieuses.

gemmōsus, *a, um*, plein ou couvert de pierres précieuses.

gemmŭla, *æ*, f., 1. petit bourgeon ; 2. petite pierre précieuse ; 3. pupille ou prunelle de l'œil.

gĕmo, *ĭs, ĕre, gĕmŭi, gĕmĭtum*, 1. intr., gémir, soupirer, se plaindre ; (choses) crier, grincer ; 2. tr., soupirer sur, déplorer.

Gĕmōnĭæ, *ārum*, f. pl., les Gémonies, escaliers du Capitole où l'on exposait les corps des condamnés à des peines infamantes, avant de les jeter au Tibre, V. *uncus* ②.

gĕmŭlus, *a, um*, plaintif.

gĕna, *æ*, f., surt. au pl., **gĕnæ**, *ārum*, 1. pommette de la joue, joue ; 2. paupière.

Gĕnăbensis, *e*, adj., de Génabum ‖ **Gĕnăbenses**, *ĭum*, m. pl., les hab. de Génabum ‖ **Gĕnăbum**, *i*, n., cap. des Carnutes, auj. Orléans.

Gĕnauni, *ōrum*, m. pl., Génaunes, peuple de Germanie, auj. région d'Augsbourg.

Gĕnăva, *æ*, f., Genève, v. des Allobroges.

gĕnĕălŏgus, *i*, m., généalogiste.

gĕnĕr, *ĕri*, (R. *gen~*), m., gendre (mari de la fille, de la petite-fille, de l'arrière-petite-fille) ; mari de la sœur, beau-frère.

gĕnĕrālis, *e*, adj., 1. qui a rapport à la race, à l'espèce ; 2. général.

gĕnĕrālĭtās, *ātis*, f., généralité.

gĕnĕrālĭtĕr, adv., en général.

gĕnĕrasco, *ĭs, ĕre*, intr., être engendré, naître.

gĕnĕrātim, adv., 1. par genre, par espèce, par classe ; 2. en général.

gĕnĕrātĭo, *ōnis*, (R. *gen~*), f., 1. génération, reproduction ; 2. chr., génération (d'hommes).

gĕnĕrātŏr, *ōris*, m., générateur, créateur, producteur.

gĕnĕrātōrĭus, *a, um*, qui a rapport à la création, à la production.

gĕnĕrātrix, *īcis*, f. de *generator*.

gĕnĕro, *ās, āre*, tr., engendrer, créer, produire.

gĕnĕrōsē, adv., [*~sius*], noblement, courageusement.

gĕnĕrōsus, *a, um*, (R. *gen~*), [*~sior, ~sissimus*], 1. de bonne race, noble ; d'excellente qualité ; 2. qui a des sentiments nobles ; généreux, magnanime ; 3. fertile.

gĕnĕsis, *is*, f., 1. création, enfantement, genèse ; 2. étoile, horoscope.

gĕnĕtīvus, *a, um*, 1. inné, de naissance, natif ; 2. gramm., *casus ~* : le génitif.

gĕnĕtrix, *īcis*, f., celle qui enfante, mère.

gĕnĭālis, *e*, adj., 1. qui a rapport au génie, à la naissance ; 2. nuptial, conjugal, *~ lectus* : le lit conjugal ; 3. fécond, riche ; 4. consacré aux fêtes, joyeux, de plaisir.

gĕnĭālĭtās, *ātis*, f., joie, réjouissance.

gĕnĭālĭtĕr, adv., joyeusement.

gĕnĭcŭlātĭo, *ōnis*, f., chr., génuflexion.

gĕnĭcŭlum, *i*, n., petit genou, genou.

gĕnĭtābĭlis, *e*, adj., fécondant.

gĕnĭtālis, *e*, adj., qui a rapport à l'enfantement, à la naissance ; créateur ; fécondant, fertile ; subst. f., *Genitalis, is*, la Fécondante, surnom de Diane ; n., *genitale, is*, et au pl., *genitalia, ium*, parties génitales, sexuelles.

gĕnĭtālĭtĕr, adv., d'une manière féconde.

gĕnĭtŏr, *ōris*, m., créateur, producteur, père ; fig., auteur.

gĕnĭtrix, V. *genetrix*.

gĕnĭtūra, *æ*, f., **1.** enfantement, production ; **2.** horoscope.

gĕnĭtŭs, *ūs*, m., enfantement, production.

Gĕnĭus, *ĭi*, m., **1.** le Génie, divinité propre à un homme, un lieu, un peuple, et qui l'accompagne de sa naissance à sa mort ; destin particulier (bon ou mauvais) ; **2.** bon génie, protecteur.

gĕno, *ĭs, ĕre*, arch. pour *gigno*.

gens, *gentis*, f., (R. *gen~*), f., **1.** race, famille (avec ascendance et cultes communs), descendance ; **2.** peuple, nation, communauté de citoyens ; pays, contrée, *ubicumque gentium* : partout au monde, *nusquam gentium* : nulle part au monde ; au pl., *gentes, ium, qqf.* les peuples étrangers, les barbares ; chr., les païens, les gentils ; **3.** espèce, ~ *humana* : le genre humain.

gentĭcus, *a, um*, propre à une nation, national.

gentīlĭcĭus, *a, um*, propre à une famille, *nomen gentilicium* : le nom de famille.

① **gentīlis**, *e*, adj., [~*lissimus*], **1.** de la même race, lignée, propre à la famille ; **2.** de la même nationalité, du même peuple, national, *gentile solum* : sol national ; **3.** barbare, étranger ; chr., païen, gentil.

② **gentīlis**, *is*, m., qui est de la parenté, de la famille, ~ *tuus* : ton parent.

gentīlĭtās, *ātis*, f., **1.** communauté de la *gens*, parenté ; gentilité ; **2.** chr., les païens, les gentils.

gentīlĭtŭs, adv., à la manière du pays.

gĕnŭ, *ūs*, n., genou, *advolvi genua, provolvi genibus, submittere se ad genua* : se jeter, tomber aux genoux (de qqn.), *genu* ou *genua attingere, amplecti, comprehendere* : saisir les genoux (de qqn. pour le supplier).

Gĕnŭa, *æ*, f., **1.** Gênes, v. de Ligurie ; **2.** V. *Genava*.

gĕnŭāle, *is*, n., genouillère.

① **gĕnŭīnus**, *a, um*, (cf. *gena*) qui a rapport aux joues, *genuini (dentes)* : molaires.

② **gĕnŭīnus**, *a, um*, (R. *gen~*), de naissance, inné, naturel.

Gĕnŭmānus, V. *Cenomanus*.

gĕnus, *ĕris*, (R. *gen~*), n., **1.** naissance, origine ; ~ *ducere, trahere* : tirer son origine ; noble origine, noblesse ; **2.** race, famille, descendance, maison, *auctores generis mei* : les auteurs de ma race, ~ *Fabium* : la famille des Fabius ; rejeton, lignée, *Divi* ~ : rejeton de Jupiter ; **3.** génération ; race, peuple, nation ; **4.** genre, espèce, *divom* ~ *humanumque* : race des dieux et des hommes, LUCR. ~ *humanum* : le genre humain ; **5.** classe, catégorie ; **6.** genre, espèce, nature, sorte, *alia id genus* : d'autres choses de ce genre ; genre littéraire, style, *hoc genus scribendi* : ce genre d'écrits ; **7.** moyen, manière, façon, *quo genere* ? : de quelle façon ?, *in omni genere* : à tous égards.

Gĕnūsus, *i*, m., Génuse, fl. d'Illyrie.

gĕŏgrăphĭa, *æ*, f., géographie.

gĕŏgrăphĭcus, *a, um*, géographique.

gĕŏgrăphus, *i*, m., géographe.

gĕŏmĕtrēs, *æ*, m., géomètre, mathématicien.

gĕŏmĕtrĭa, *æ*, f., arpentage, géométrie, mathématique.

gĕŏmĕtrĭcus, *a, um*, qui a rapport avec l'arpentage, géométrique ; subst. n. pl., *geometrica, orum*, géométrie.

Gĕræstĭcus portus, m., port d'Ionie.

Gĕræstŏs (~us), *i*, f. ou m., Géreste, port et cap d'Eubée.

gĕrens, *entis*, **1.** part. de *gero* ; **2.** adj. + gén. : qui s'occupe de, qui gère.

Gergīthus, *i*, f., Gergithus, v. d'Éolie.

Gergŏvĭa, *æ*, f., Gergovie, v. des Gaules, cap. des Arvernes.

Germălus, *i*, m., le Germal, prolongement N.-O. du Palatin.

germānē, adv., véritablement, sincèrement.

Germāni, *ōrum*, m. pl., Germains, peuples situés entre le Rhin, le Danube, la mer du Nord et la Baltique ‖ **Germānĭa**, *æ*, f., la Germanie, pays des Germains.

Germānĭcĭāna, *æ*, f., Germaniciana, v. de la Byzacène, région d'Afrique du N. ‖ **Germānĭcĭānensis**, *e*, adj., de Germaniciana.

Germānĭcĭānus, *a, um*, qui sert en Germanie ‖ **Germānĭcus**, *a, um*, de Germanie ‖ **Germānĭcus**, *i*, m., Germanicus, surnom donné à diff. pers. vainqueurs des Germains, spéc. à Drusus Néron, neveu de Tibère et époux d'Agrippine l'Aînée (15 av. J.-C.-19 ap. J.-C.).

germānĭtās, *ātis*, f., **1.** lien de parenté entre les enfants de même père, lien fraternel ; **2.** lien entre diff. v., filles d'une même métropole.

germānĭtĕr, adv., fraternellement.

germānus, *a, um*, (R. gen~), [~*nior*, ~*nissimus*], de la (même) race, souche, **1.** naturel, vrai, propre, *hæc germana ironia est* : c'est de la pure ironie, Cic. ; **2.** du même père et de la même mère, *germanus (frater)* : frère, *germana (soror)* : sœur ; ext., cher, bien-aimé ; **3.** uni intimement.

Germānus, *a, um*, germain, de Germanie.

germĕn, *ĭnis*, (R. gen~), n., germe, bourgeon, rejeton, pousse (pr. et fig.).

germĭnasco, *ĭs, ĕre*, intr., bourgeonner.

germĭno, *ās, āre*, **1.** intr., pousser des bourgeons, germer, bourgeonner ; **2.** tr., produire, pousser.

① **gĕro**, *ĭs, ĕre, gessi, gestum*, tr., **1.** porter (fardeau, vêtement), ~ *onus* : porter un fardeau ; ~ *vestem, hastam* : porter un vêtement, une lance ; **2.** porter, avoir de façon habituelle ou temporaire, ~ *fortem animum* : être courageux, ~ *amicitiam* : avoir de l'amitié ; **3.** porter, montrer, faire voir, ~ *præ se utilitatem* : présenter de l'intérêt ; **4.** jouer le rôle de, *principem* ~ : jouer le rôle d'un prince, *personam* ~ : jouer un rôle ; **5.** *se* ~ : se montrer tel ou tel, se comporter, ~ *se honeste* : se comporter honorablement, ~ *se pro cive* : se comporter en citoyen ; **6.** porter le poids (d'une charge), conduire (une affaire), administrer, faire, exécuter, ~ *bellum* : faire la guerre, *negotium, rem* ~ *bene, male* : réussir, échouer dans une affaire ; **7.** faire, *hæc dum geruntur* : pendant que ces choses se font, sur ces entrefaites.

② **gĕro**, *ōnis*, m., porteur.

gerræ, *ārum*, f. pl., sornettes, bagatelles.

gerrīnum, *i*, n., objet de nulle valeur.

gerro, *ōnis*, m., conteur de sornettes.

gĕrŭla, *æ*, f., porteuse.

gĕrŭlĭfĭgŭlus, *i*, m., fabricant-livreur à domicile, Pl.

gĕrŭlus, *a, um*, qui porte, porteur, porte-faix.

Gēryo et **Gēryōn**, *ŏnis*, et **Gēryŏnēs**, *æ*, m., Géryon, monstre à trois corps, dont Hercule ravit les bœufs ‖ **Gēryŏnācĕus** et **Gēryŏnēus**, *a, um*, de Géryon.

gestābĭlis, *e*, adj., qui peut être porté.

gestāmĕn, *ĭnis*, n., fardeau, charge.

gestātĭo, *ōnis*, f., **1.** action de porter ; **2.** mouvement, promenade.

gestātŏr, *ōris*, m., **1.** porteur ; **2.** celui qui se donne du mouvement, se promène.

gestātōrĭus, *a, um*, qui sert à porter, *gestatoria sella* : chaise à porteurs.

gestĭcŭlārĭus, *ĭi*, m., pantomime.

gestĭcŭlātĭo, *ōnis*, f., mouvement du pantomime.

gestĭcŭlātŏr, *ōris*, m., pantomime.

gestĭcŭlor, *āris, āri*, intr. et tr., gesticuler ; exprimer par la pantomime.

gestĭcŭlus, *i*, m., geste, gesticulation.

① **gestĭo**, *īs, īre*, (cf. *gestus*), intr., **1.** exprimer ses sentiments par des gestes, ~ *lætitiā* : s'abandonner à des manifestations de joie ; **2.** trahir son désir de, brûler de, *gestio tibi agere gratias* : je brûle de te remercier, *gestiunt mihi pugni* : les poings me démangent.

② **gestĭo**, *ōnis*, f., gestion, exécution.

gestĭto, *ās, āre*, (fréq. de *gesto*), tr., porter, avoir habituellement sur soi ou en soi, avoir constamment.

gesto, *ās, āre*, (cf. *gero*), tr., **1.** porter habituellement, porter, avoir avec soi ; **2.** porter partout, répandre, colporter ; **3.** transporter ; intr., se faire porter en litière.

gestŏr, *ōris*, m., **1.** porteur (de nouvelles) ; **2.** gérant, qui s'occupe de.

gestŭōsus, *a, um*, qui gesticule.

gestŭs, *ūs*, (cf. *gero*), m., **1.** port, maintien, attitude, tenue, mouvement ; **2.** mouvement des bras et des mains, geste, *gestum agere* : faire un geste.

Gĕta, *æ*, m., **1.** Gète ; **2.** Géta, surnom ‖ **Gĕtæ**, *ārum*, m. pl., les Gètes, peuple des bords de la mer Noire ‖ **Gĕtēs**, *æ*, m., Gète ‖ **Gĕtĭcē**, adv., à la manière des Gètes ‖ **Gĕtĭcus**, *a, um*, gète, gétique.

Gĕtūl~, V. *Gætul~*.

gibba, *æ*, f., bosse, gibbosité.

gibbĕr, *ĕris* et *ĕri*, m., V. le préc.

gibbus, *i*, m., bosse, convexité.

gĭgantēus, *a, um*, de Géant.

Gĭgās, *antis*, m., Géant, fils de la Terre.

gignentĭa, *ĭum*, n. pl., part. subst., espèces organiques, végétaux.

gigno, *ĭs, ĕre, gĕnŭi, gĕnĭtum*, (R. gen~), tr., faire naître, enfanter, créer, produire, *Herculem Jupiter genuit* : Jupiter engendra Hercule, *quæ terra gignit* : ce que la terre produit, *genitus diis* : issu, fils des dieux ; fig., engendrer, causer, produire, ~ *iram* : causer la colère.

gilvus, *a, um*, jaune pâle.

gingĭlĭphus, *i*, m., rire bruyant.

gīrus, V. *gyrus*.

glăbĕr, *bra, brum*, sans poil, lisse, glabre, chauve, épilé.

glăbrārĭa, *æ*, f., femme qui aime les esclaves épilés ou qui a perdu tout son avoir (cf. *expilatus* : épilé ou pillé, ruiné).

glăcĭālis, *e*, adj., de glace.

glăcĭēs, *ēi*, f., glace ; fig., dureté.

glăcĭo, *ās*, *āre*, tr., glacer (pr. et fig.).

glădĭātŏr, *ōris*, m., gladiateur ; *gladiatores dare*, *edere* : donner un spectacle de gladiateurs ; fig., assassin, homme de main.

glădĭātŏrĭcĭus et **glădĭātŏrĭus**, *a*, *um*, de gladiateur(s), *gladiatorium munus*, *spectaculum* : spectacle de gladiateurs ; fig., de tueur, d'homme de main ; subst. n., *gladiatorium*, *ii*, salaire de gladiateur.

glădĭātūra, *æ*, f., métier de gladiateur.

glădĭŏlum, *i*, n., et **glădĭŏlus**, *i*, m., petite épée.

glădĭus, *ĭi*, m., épée, glaive, *gladium stringere*, *condere* : tirer, rengainer l'épée ; fig., violence, agression, meurtre.

glæba, V. gleba.

glæsum, *i*, n., ambre jaune.

glandĭfĕr, *fĕra*, *fĕrum*, qui porte des glands.

glandĭŏnĭda, *æ*, f., glande, ris.

glandĭum, *ĭi*, n., glande de porc (mets recherché).

glandŭlæ, *ārum*, f. pl., V. le préc.

glans, *glandis*, f., 1. gland ou tout fruit ressemblant à un gland ; 2. balle de plomb ou d'argile (fronde).

glārĕa, *æ*, f., gravier.

glattĭo, *i*, *īre*, intr., japper.

Glaucē, *ēs*, f., Glaucé, mère de la troisième Diane.

Glaucĭa, *æ*, m., Glaucia, surnom dans la *gens Servilia*.

glaucĭna, *ōrum*, n. pl., essence de glaucion, plante (papavéracée).

Glaucis, *ĭdos*, f., Glaucis, nom d'une chienne.

glaucōma, *ătis*, n., glaucome, cataracte.

glaucus, *a*, *um*, glauque, vert-bleu ; pers ; gris.

Glaucus, *i*, m., Glaucus, 1. dieu marin ; 2. fils de Sisyphe ; 3. guerrier troyen.

glēba, *æ*, f., 1. glèbe, motte de terre ; sol, terre ; 2. morceau, boule, bloc.

glēbālis, *e*, adj., de glèbe, de motte de terre.

glēbōsus, *a*, *um*, plein de mottes, bosselé.

glēbŭla, *æ*, f., petit bout de terre.

glēbŭlentus, *a*, *um*, de terre, fait en terre.

glēsum, V. glæsum.

gliccĭo, *īs*, *īre*, intr., crier (oie).

glīs, *īris*, m., loir.

glisco, *īs*, *ĕre*, intr., 1. commencer à grandir, se développer, engraisser, croître, faire des progrès ; 2. brûler de passion, de désir.

glŏbātim, adv., par tas, par groupes.

glŏbor, *āris*, *āri*, intr., s'arrondir ; se grouper.

glŏbōsus, *a*, *um*, arrondi, sphérique.

glŏbŭlus, *i*, m., petite boule ; rhét., *verborum globuli* : périodes arrondies.

glŏbus, *i*, m., corps sphérique, boule, globe ; balle, peloton de laine, de fil ; groupe ou masse d'h., troupe.

glŏmĕrāmĕn, *ĭnis*, n., agglomération, peloton, boule ; au pl., *glomeramina*, *um*, atomes sphériques.

glŏmĕrārĭus, *ĭi*, m., celui qui aime la mêlée, le choc des armées.

glŏmĕro, *ās*, *āre*, tr., mettre en boule, en pelote, amonceler ; fig., grouper, regrouper, attrouper.

glŏmus, *ĕris*, n., peloton, pelote.

glōrĭa, *æ*, f., 1. gloire, renommée, *gloriam habere*, *consequi*, *capere* : acquérir de la gloire ; titre de gloire, exploit ; gloire, honneur, parure ; 2. amour de la gloire ; vanité, ambition.

glōrĭābundus, *a*, *um*, qui se vante, fanfaronne.

glōrĭātĭo, *ōnis*, f., action de se glorifier.

glōrĭātŏr, *ōris*, m., celui qui se glorifie, rodomont.

glōrĭfĭcātĭo, *ōnis*, f., chr., glorification.

glōrĭfĭco, *ās*, *āre*, tr., chr., glorifier.

glōrĭŏla, *æ*, f., petite gloire ; gloriole.

glōrĭor, *āris*, *āri*, intr., se glorifier, se faire gloire, tirer vanité, se vanter, ~ *apud aliquem* : se glorifier auprès de qqn., *(de, in) aliquā re* : de qqch., *aliquid* : en qqch., avec prop. inf., ou *quod* + ind. ou subj. : se vanter de (ce que).

glōrĭōsē, adv., [~*sius*, ~*sissime*], glorieusement ; péj., orgueilleusement, avec forfanterie.

glōrĭōsus, *a*, *um*, [~*sior*, ~*sissime*], glorieux, fameux ; péj., avide de gloire, ambitieux ; glorieux, vain, fanfaron.

glōs, *glōris*, f., sœur du mari, belle-sœur.

glōsa et **glossa**, *æ*, f., glose.

glossēma, *ătis*, n., mot vieilli ou étranger.

glŭbo, *īs*, *ĕre*, *glupsi*, *gluptum*, tr., écorcer ; fig., dépouiller, spolier.

glūs, *glūtis*, f., colle, glu.

glūtĕn, *ĭnis*, n., V. le préc.

glūtĭnātŏr, *ōris*, m., celui qui colle les feuillets d'un livre, relieur.

glūtĭnum, *i*, n., V. glus.

glūtĭo et **gluttĭo**, *īs*, *īre*, tr., avaler.

glūtŭs, *ūs*, m., absorption, déglutition.

Glўcĕra, *æ*, f., Glycère, courtisane athénienne.

Glўco et **Glўcōn**, *ōnis*, m., Glycon, nom de diff. pers. (athlète, médecin, rhéteur).

Gnæus

268

Gnæus, V. *Cnæus*.

gnărĭtās, *ătis*, f., connaissance.

gnārus, *a, um*, (R. *gna~, gno~*), **1.** qui connaît, informé, *~ rei publicæ* : au fait des affaires de l'État ; **2.** connu, su.

Gnătho, *ōnis*, m., Gnathon, parasite de comédie ; parasite ‖ **Gnăthōnĭci**, *ōrum*, m. pl., disciples de Gnathon.

Gnātĭa, V. *Egnatia*.

gnātus, gnāvĭtās, gnāvĭtĕr, V. *natus, navitas, naviter*.

gnāvus, *a, um*, actif, empressé, V. *navus*.

gnōbĭlis, V. *nobilis*.

gnosco, V. *nosco*.

Gnōsĭăcus, *a, um*, de Gnosse, Cnossos, de Crète ‖ **Gnōsĭa**, *æ*, f., la Gnossienne : Ariane ‖ **Gnōsĭăs**, *ădis*, et **Gnōsis**, *ĭdis*, f., de Cnossos, crétoise ; subst., la Crétoise, Ariane ‖ **Gnōsĭi**, *ōrum*, m. pl., les Gnossiens, les Crétois ‖ **Gnōsĭus**, *a, um*, V. *Gnosiacus*.

gnostĭci, *ōrum*, m. pl., les gnostiques, secte phil. du IIᵉ ap. J.-C.

Gnōsus ou **Gnōssus**, *i*, f., Gnosse, Cnossos, v. de Crète, auj. Iraklion.

gōbĭo, *ōnis*, et **gōbĭus**, *ĭi*, m., goujon.

gŏētĭa, *æ*, f., enchantement, magie.

Golgi, *ōrum*, m. pl., Golgi, v. de Chypre.

Gŏmorrha, *æ*, f., et **Gŏmorrhum**, *i*, n., chr., Gomorrhe, v. de Palestine.

Gomphenses, *ĭum*, m. pl., les hab. de Gomphes ‖ **Gomphi**, *ōrum*, m. pl., Gomphes, v. de Thessalie.

gomphus, *i*, m., clou, cheville.

Gordĭum, *ĭi*, n., Gordium, cap. de la Grande Phrygie ‖ **Gordĭus**, *ĭi*, m., Gordius, roi de Grande Phrygie ‖ **Gordĭus**, *a, um*, de Gordium, *nodus ~* : nœud gordien.

Gorgē, *ēs*, f., Gorgé, sœur de Déjanire.

Gorgĭās, *æ*, m., Gorgias, **1.** célèbre sophiste grec du vᵉ s. av. J.-C. ; **2.** rhéteur d'Athènes, précepteur du fils de Cicéron.

Gorgō et **Gorgōn**, *ŏnis*, **Gorgŏna**, *æ*, f., Gorgone (Sthéno, Euryale et Méduse) ‖ **Gorgŏnĕus**, *a, um*, des Gorgones.

Gortỹnĭi, *ōrum*, m. pl., les hab. de Gortyne, v. de Crète ‖ **Gortỹnĭăcus** et **Gortỹnĭus**, *a, um*, de Gortyne, crétois ‖ **Gortỹnis**, *ĭdis*, f., de Gortyne.

Gŏthi, *ōrum*, m. pl., Goths ‖ **Gŏthĭni**, *ōrum*, m. pl., les Gothins, peuple de Germanie ‖ **Gŏthōnes**, *um*, m. pl., les Gothons, peuple de Germanie.

grăbātŭlus, *i*, m., petit grabat.

grăbātus, *i*, m., grabat, lit pour les malades.

Gracchānus, *a, um*, de Gracchus, des Gracques ‖ **Gracchus**, *i*, m., Gracchus, Gracque, nom d'une branche de la *gens Sempronia*, dont les membres les plus célèbres sont Ti. et C. Gracchus, tribuns du peuple ‖ **Gracchi**, *ōrum*, m. pl., les Gracques.

grăcĭlesco, *ĭs, ĕre*, intr., s'amincir.

grăcĭlis, *e*, adj., [*~lior, ~lissimus*], **1.** mince, maigre, chétif, grêle ; **2.** svelte, fin ; **3.** simple, sans ornement (style).

grăcĭlĭtās, *ātis*, f., **1.** maigreur, état chétif ; **2.** finesse, forme élancée ; **3.** simplicité, sobriété (du style).

grăcĭlĭtĕr, adv., [*~lius*], **1.** d'une manière déliée ; **2.** avec simplicité, sobriété (style).

grăcĭlus, *a, um*, V. *gracilis*.

grācŭlus, *i*, m., choucas.

grădārĭus, *a, um*, qui s'avance pas à pas, sans secousse ; posé.

grădātĭo, *ōnis*, f., rhét., gradation.

grădĭlis, *e*, adj., qui a des degrés, des marches.

grădĭor, *ĕris, i, gressus sum*, intr., marcher, s'avancer.

Grădīvus, m., qui s'avance (*gradior*) ou qui fait pousser (*grandio*) les moissons, épith. de Mars.

grădŭs, *ūs*, m., **1.** pas (mesure de longueur = 2 pieds 1/2 = environ 0,75 m) ; **2.** pas (mvt. de marche), marche, *gradum facere* : faire un pas, marcher, *gradum sustinere* : suspendre sa marche, *citato gradu* : à vive allure ; **3.** position (du combattant), *stabili gradu* : de pied ferme, *de gradu dejicere* : déloger (qqn.) de sa position ; **4.** degré, gradin, échelon, (pr. et fig.) ; degré (de parenté, d'amitié) ; dignité, rang ; **5.** gradation, hiérarchie, succession, ordre.

Græa, *æ*, f., Gréa, v. de Béotie.

Græca, *æ*, f., Grecque, femme grecque ‖ **Græcāti**, *ōrum*, m. pl., imitateurs des Grecs ‖ **Græcătim**, adv., à la grecque ‖ **Græcātus**, *a, um*, fait ou écrit à la grecque ‖ **Græcē**, adv., en grec ‖ **Græci**, *ōrum*, m. pl., les Grecs ‖ **Græcĭa**, *æ*, f., la Grèce, *Magna Græcia* : la Grande-Grèce (S. de l'Italie) ‖ **Græcĭgĕna**, *æ*, m., Grec de naissance ‖ **Græcostāsis**, *is*, f., Grécostase, lieu de réception des ambassadeurs sur le Forum, près de la curie ‖ **Græcŭlĭo**, *ōnis*, V. *Græculus*, *i* ‖ **Græcŭlus**, *a, um*, grec (souv. iron.) ; vétilleux ; douteux, à quoi l'on ne peut se fier ‖ **Græcŭlus**, *i*, m., « petit Grec », phil. parasite ‖ **Græcum**, *i*, n., le grec, les lettres grecques ‖ **Græcus**, *a, um*, grec (peuple, culture ou langue) ‖ **Græcus**, *i*, m., Grec.

græcisso, *ās, āre*, intr., imiter les Grecs ; parler grec.

Grāi, Grāii, Grāius, V. *Græci, Græcus.*

Grāiæ Alpes, V. *Alpes.*

Grāiŏcĕli, *ōrum*, m. pl., Graiocèles, peuple de la Narbonnaise.

Grāiŭgĕna, *æ*, m., Grec de naissance.

grallātŏr, *ōris*, m., celui qui marche sur des échasses (< *grallae* < *gradulæ*, cf. *gradus*).

grāmĕn, *ĭnis*, n., gazon, herbe ; plante.

grāmĭnĕus, *a, um*, de gazon, d'herbe ; *graminea corona* : couronne d'herbe (offerte par les assiégés à leur libérateur) ; de jonc, de bambou.

grammătĕūs, *ĕi*, m., écrivain, scribe.

grammătĭca, *æ*, f., **grammătĭca**, *ōrum*, n. pl., et **grammătĭcē**, *ēs*, f., grammaire, philologie.

grammătĭcē, adv., grammaticalement.

grammătĭcŏmastix, *ĭgis*, m., le « Père Fouettard » des grammairiens (critique sévère, Zoïle).

grammătĭcus, *a, um*, de grammaire ; subst. m., *grammaticus, i*, 1. grammairien, maître de langage ; 2. maître d'école (premier degré de l'enseignement rom.) ; 3. érudit, lettré.

grammătista, *æ*, V. *grammaticus* 2.

Grampĭus, V. *Graupius.*

grānārĭum, *ĭi*, n., grenier, grange.

grānasco, *ĭs, ĕre*, intr., grener, faire des grains ou des graines ; fructifier.

grānātim, adv., grain par grain.

grandævus, *a, um*, d'un grand âge.

grandesco, *ĭs, ĕre*, intr., devenir grand, se développer, croître.

grandĭcŭlus, *a, um*, assez grand, assez gros.

grandĭfĕr, *fĕra, fĕrum*, qui produit de grands revenus, de grands avantages.

grandĭfĭcus, *a, um*, qui se conduit noblement.

grandĭlŏquus, *a, um*, 1. qui tient des propos grandioses ou pompeux ; 2. sublime, plein de grandeur.

grandĭnat, *āre, ātum est*, impers., intr., il grêle.

grandĭo, *īs, īre*, tr., agrandir, allonger.

grandis, *e*, adj., [*~dior, ~dissimus*], 1. grand, de haute taille, de belle venue ; 2. étendu, considérable, volumineux ; gros, énorme ; avancé (en âge) ; 3. de grande conséquence, important ; 4. élevé, sublime, imposant (style).

grandiscāpĭus, *a, um*, au tronc élevé.

grandĭtās, *ātis*, f., grandeur ; élévation (du style), sublimité, solennité.

grandĭtĕr, adv., avec élévation, sublimité.

grandĭuscŭlus, *a, um*, déjà un peu grand.

grando, *ĭnis*, f., grêle.

Grānĭcus, *i*, m., Granique, riv. de Mysie.

grānĭfĕr, *fĕra, fĕrum*, qui porte des grains.

grānōsus, *a, um*, grenu.

grānum, *i*, n., grain, graine, pépin.

grăphĭārĭum, *ĭi*, n., étui pour les stylets (à écrire).

grăphĭārĭus, *a, um*, de stylet (à écrire).

grăphĭcē, adv., comme sur modèle, artistement, parfaitement.

grăphĭcus, *a, um*, 1. qui a trait au dessin ; 2. conforme à l'original, consommé, parfait.

grăphĭum, *ĭi*, n., stylet (pour écrire sur les tablettes de cire).

grassātĭo, *ōnis*, f., vagabondage.

grassātŏr, *ōris*, m., vagabond, flâneur ; vaurien, coureur de nuit, bandit.

grassātūra, *æ*, f., vagabondage ; brigandage.

grassor, *āris, āri*, (cf. *gradus*), intr. et qqf. tr. 1. avancer, cheminer, marcher habituellement ; 2. procéder, ~ *jure, non vi* : recourir au droit et non à la violence, Liv. ; 3. s'avancer contre, attaquer, s'acharner contre ; abs., *vis grassabatur* : la violence se déchaînait ; 4. courir çà et là, vagabonder, faire du tapage, commettre des violences.

grātantĕr, adv., avec joie.

grātē, adv., [*~tius*], 1. avec plaisir, volontiers ; 2. avec reconnaissance.

grātes (sans gén.) f. pl., grâces, actions de grâces, *alicui ~ agere, dicere* : rendre grâces à qqn., V. le suiv.

grātĭa, *æ*, f., 1. faveur, complaisance, obligeance, grâce, *gratiam dare* : accorder une faveur, *in loco gratiæ* : à titre de faveur, *gratiis* ou *gratis*, V. ce mot ; gén. + *gratiā* (*causā*) : en faveur, à cause, en vue de, pour ; *alicui gratiam facere alicujus rei* : faire grâce à qqn. de qqch., pardonner ; 2. reconnaissance, remerciement (pour une faveur), *gratias agere alicui* : remercier qqn., *gratiam habere quod* : être reconnaissant de ce que, *gratiam referre* : témoigner de la reconnaissance ; 3. accord, amitié, bonne intelligence, *redire in gratiam cum aliquo* : se réconcilier avec qqn. ; 4. crédit, influence, popularité, *esse in gratiā* : avoir du crédit, de l'influence ; 5. charme, agrément (phys. ou intell.), ~ *in vultu* : air aimable, ~ *verborum* : agrément du style.

Grātĭæ, *ārum*, f. pl., les Grâces, divinités filles de Jupiter et d'Eurynomé (Euphrosyne, Aglaé et Thalie).

Grātĭānŏpŏlis, *is*, f., Gratianopolis, v. de la Narbonnaise, auj. Grenoble ‖ **Grātĭānŏpŏlītānus**, *a, um*, de Gratianopolis.

Grātĭdĭus, *ĭi*, m., Gratidius, orateur.

grātĭfĭcātĭo, *ōnis*, f., bienfaisance, libéralité.

grātĭfĭcŏr, *āris, āri*, 1. intr., faire plaisir, complaire, avoir des égards, ~ *alicui, pro aliquo* : avoir des prévenances pour qqn. ; 2. tr., accorder ; faire le sacrifice de.

grātĭōsĭtās, *ātis*, f., bienveillance, prévenance.

grātĭōsus, *a, um*, [~*sior*, ~*sissimus*], 1. plaisant, aimable ; complaisant ; 2. qui est en faveur, en crédit ; 3. conféré à titre gracieux.

grātīs et **grātĭīs**, abl. adv., par complaisance, par pure bienveillance, à titre gracieux, gratis.

Grātĭus, *ĭi*, m., Gratius, nom de diff. pers.

grātŏr, *āris, āri*, intr., témoigner sa sympathie, ~ *alicui* : féliciter qqn., ~ *sibi* : se féliciter, se réjouir ; remercier avec joie.

grātŭĭtās, *ātis*, f., gratuité.

grātŭĭtō, adv., gratuitement, sans frais.

grātŭĭtus, *a, um*, 1. gratuit, qui ne coûte rien ; 2. gratuit, inutile, sans motif.

grātŭlābĭlis, *e*, adj., qui se réjouit, qui se félicite.

grātŭlābundus, *a, um*, qui se répand en félicitations.

grātŭlātĭo, *ōnis*, f., souv. au pl., 1. témoignage de joie, de satisfaction, compliments, félicitations ; 2. actions de grâces publiques et solennelles.

grātŭlātŏr, *ōris*, m., celui qui félicite.

grātŭlātōrĭē, adv., en félicitant, avec joie.

grātŭlātōrĭus, *a, um*, de félicitations.

grātŭlŏr, *āris, āri*, intr., 1. témoigner sa joie ou sa reconnaissance, ~ *alicui de, in* + abl., *ob* + acc., abl. seul et qqf. acc. : féliciter qqn. de, pour ; avec prop. inf. ou *quod* : féliciter de ce que ; 2. se féliciter, se réjouir de ; 3. remercier ; rendre grâces.

grātus, *a, um*, [~*tior*, ~*tissimus*], 1. accueilli avec faveur, bienvenu, ~ *et jucundus* : reçu avec plaisir et avec joie, *grata in vulgus lex* : loi bien reçue du peuple ; 2. accueilli avec reconnaissance, qui mérite de la reconnaissance, *gratum mihi est* + prop. inf., *quod ou si* : je suis reconnaissant de ce que ; 3. qui rend grâces, reconnaissant, ~ *in, erga, adversus aliquem* : re-

connaissant envers qqn. ; 4. agréable, gracieux, charmant.

Graupĭus (mons), m., mt. Graupius, auj Grampians, en Écosse.

grăvantĕr, adv., avec peine, malgré soi.

grăvastellus, *i*, m., alourdi par l'âge, petit vieux.

grăvātē, adv., à regret, de mauvaise grâce.

grăvātim, adv., avec difficulté ; de mauvaise grâce.

grăvēdĭnōsus, *a, um*, qui a le rhume.

grăvēdo, *ĭnis*, f., pesanteur ; lourdeur des membres, engourdissement ; rhume, coryza.

grăvĕŏlens, *entis*, adj., qui exhale des senteurs lourdes, fétide, nauséabond.

grăvesco, *ĭs, ĕre*, intr., 1. s'alourdir 2. s'aggraver ; 3. perdre de son prix.

grăvĭdĭtās, *ātis*, f., grossesse.

grăvĭdo, *ās, āre*, tr., féconder ; rendre mère.

grăvĭdŭlus, *a, um*, fécondé.

grăvĭdus, *a, um*, 1. f., *gravida* (femme) enceinte, grosse ; 2. gros, rempli, gonflé chargé.

grăvis, *e*, adj., [~*vior, ~vissimus*], 1. lourd pesant, *grave onus* : fardeau pesant ; ~ *cibus* : nourriture lourde ; qui se meut lourdement, *grave agmen* : lourds bataillons grave, sourd, bas, *vox* ~ : voix grave 2. qui a du poids, important, grave ~ *causa* : affaire grave, ~ *vir* : homme d'importance ; sérieux, grave, réfléchi, ~ *sententia* : pensée sérieuse, *gravissimi domini* maîtres très sévères, *grave plectrum* : lyrisme plein de gravité, *grave carmen* : poésie élevée (épique) ; 3. dur, accablant, violent, *grave bellum* : guerre acharnée, *aliquid gravius statuere* : prendre des mesures rigoureuses ; lourd, fort, gros *grave fenus* : taux onéreux ; 4. à charge, pénible, douloureux, désagréable, *mullus* ~ *est* : le mulet sent mauvais ; ~ *senectus* : vieillesse pénible, *grave est* + inf. : il est pénible de, *gravia auditu* : choses dures à entendre.

Grăviscæ, *ārum*, f. pl., Gravisque, v. d'Étrurie.

grăvĭtās, *ātis*, f., 1. poids, lourdeur, gravité ; gravité (du son) ; 2. poids, importance, influence, autorité, sévérité, ~ *civitatis* : l'importance de la cité, ~ *dicendi* : parole imposante ; pondération, sérieux, réflexion, ~ *Cæsaris* : le caractère réfléchi de César ; 3. poids accablant, charge excessive, ~ *belli* : les lourdes charges de la guerre ; ~ *annonæ* : prix excessif des denrées ; insalubrité, ~ *cæli* : l'insalubrité du climat ; 4. accablement, lourdeur, pesanteur, état maladif, ~ *lin-guæ* : embarras de la langue, ~ *mentis* : ennuis ; grossesse.

grăvĭtĕr, adv., [~*vius*, ~*vissime*], **1.** lourdement, pesamment ; d'un ton grave, d'une voix basse ; **2.** avec poids, sérieux, autorité, *orationem* ~ *habere* : parler avec autorité ; ~ *agere* : se conduire en homme responsable ; **3.** fortement, grièvement, sévèrement, violemment, ~ *amare* : être passionnément amoureux, ~ *ægrotare* : être gravement malade, ~ *decernere* : prendre une décision sévère ; **4.** péniblement, ~ *olere* : sentir mauvais, *se* ~ *habere* : être indisposé ; avec peine, à regret, difficilement, ~ *accipere*, *ferre* : supporter avec peine, s'indigner.

grăvĭtūdo, *ĭnis*, f., lourdeur de tête, de membres, d'estomac.

grăvo, *ās*, *āre*, tr., **1.** exercer une pression sur, charger, alourdir ; **2.** aggraver, accroître ; **3.** appesantir, accabler, fatiguer, ~ *caput* : donner des maux de tête, *officium quod gravat* : charge qui accable.

grăvor, *āris*, *āri*, tr., supporter avec peine, être fâché de, faire des difficultés, + inf. : se refuser à.

grĕgālis, *e*, adj., **1.** du troupeau ; **2.** du même groupe ; subst. m. pl., *gregales*, *ium* : compagnons, amis ; **3.** de simple soldat ; **4.** commun, vulgaire.

grĕgārĭus, *a*, *um*, **1.** du troupeau ; **2.** *gregarii (milites)* : simples soldats ; **3.** commun, sans valeur.

grĕgātim, adv., en troupeau ; en troupe, par groupes.

grĕgor, *āris*, *āri*, intr., s'attrouper.

grĕmĭum, *ĭi*, n., giron, sein (pr. et fig.).

gressŭs, *ūs*, (cf. *gradus*), m., marche, pas, démarche (pr. et fig.).

grex, *grĕgis*, m., troupeau, troupe, réunion d'animaux ou d'hommes ; réunion, groupe, corps, cercle, ~ *amicorum* : groupe d'amis ; troupe (d'acteurs), école ou secte (de philosophes), collège (de prêtres) ; coterie, cabale.

Grinnes, *ĭum*, f. pl., Grinnes, v. de Gaule Belgique.

grossē, adv., [~*sius*], en gros.

grossus, *a*, *um*, [~*sior*], gros, grossier, épais.

grūmŭla, *æ*, f., gousse, cosse.

grūmus, **grūmŭlus**, *i*, m., tertre, petit tertre.

grundītŭs, *ūs*, m., grognement (du porc).

grunnĭo, *īs*, *īre*, intr., grogner (porc).

grunnītŭs, V. *grundītus*.

grūo, *īs*, *ĕre*, intr., crier comme la grue.

grūs, *grŭis*, m. et f., grue (oiseau).

Gryllus, *i*, m., Gryllus, **1.** fils de Xénophon ; **2.** nom d'h.

Grȳnēus, *a*, *um*, de Grynium ‖ **Grȳnīa**, *æ*, f., et **Grȳnīum**, *ĭi*, n., Grynium, v. d'Éolide.

gryps, *grȳpis*, m., vautour ; griffon.

gŭbernābĭlis, *e*, adj., qui peut être dirigé.

gŭbernācŭlum, *i*, n., gouvernail ; fig., gouvernement, direction, administration des affaires politiques.

gŭbernātĭo, *ōnis*, f., action de diriger un navire ; fig., administration, gouvernement, gestion.

gŭbernātŏr, *ōris*, m., pilote, timonier ; fig., celui qui conduit, dirige.

gŭbernātrix, *īcis*, f., celle qui conduit, dirige.

Gŭberni, V. *Gugerni*.

gŭberno, *ās*, *āre*, tr. et qqf. intr., gouverner, tenir le gouvernail ; fig., gouverner, diriger, administrer.

gŭbernum, V. *gubernaculum*.

Gŭgerni, *ōrum*, m. pl., Gugernes, peuple de la Gaule Belgique.

gŭla, *æ*, f., pharynx, œsophage, gosier, gueule ; ext., gourmandise, gloutonnerie.

gŭlo, *ōnis*, m., glouton, gourmand.

gŭlōsē, adv., [~*sius*], gloutonnement.

gŭlōsus, *a*, *um*, glouton, gourmand, friand (pr. et fig.).

gŭmĭa, *æ*, m., gourmand, fine gueule.

gumn~, V. *gymn~*.

gurgĕs, *gĭtis*, m., abîme où l'eau s'engouffre, tourbillon, gouffre, précipice ; ext., toute eau profonde, mer, fleuve, lac.

gurgŭlĭo, *ōnis*, m., gorge, larynx.

gurgustĭŏlum, *ĭi*, n., misérable petite cabane, gargote.

gurgustĭum, *ĭi*, n., hutte, cabane ; gargote.

gustābĭlis, *e*, adj., que l'on peut goûter.

gustātĭo, *ōnis*, f., **1.** action de goûter ; **2.** premier plat, hors-d'œuvre.

gustātŏr, *ōris*, m., celui qui goûte.

gustātŏrĭum, *ĭi*, n., vase ou tasse à déguster.

gustātŭs, *ūs*, m., **1.** action de goûter ; goût, sens du goût ; ext., goût, sentiment, jugement, appréciation ; **2.** goût, saveur.

gusto, *ās*, *āre*, tr., goûter ; toucher légèrement à, effleurer.

gustŭlum, *i*, n., petite entrée (plat) ; avant-goût.

gustŭs, *ūs*, m., **1.** action de goûter, *gustu explorare cibum* : goûter la nourriture ; **2.** avant-goût : entrée, gorgée ; **3.** goût, saveur.

gutta, *æ*, f., **1.** goutte (pluie, sang, larme...) ; **2.** point ou tache ; **3.** toute petite quantité de.

Gutta, *æ*, m., Gutta, surnom rom.

guttātim, adv., goutte à goutte.

guttŭla, *æ*, f., gouttelette.

guttŭr, *ŭris*, n. et qqf. m., gorge, gosier, gésier ; ext., gourmandise.

guttus, *i*, m., cruche à goulot étroit.

Gўărŏs, *i*, et **Gўăra**, *æ*, f., Gyara, une des îles Cyclades.

Gўās et **Gўēs**, *æ*, m., Gyas, **1.** Géant ; **2.** compagnon d'Énée.

Gўgæus, *a, um*, de Gygès, de Lydie ‖ **Gўgēs**, *is* et *æ*, m., Gygès, **1.** roi de Lydie ; **2.** nom de diff. pers.

Gўlippus, *i*, m., Gylippe, nom d'un général lacédémonien.

gymnăs, *ădis*, f., lutte.

gymnăsĭarchus, *i*, m., gymnasiarque, qui est à la tête d'un gymnase.

gymnăsĭum, *ĭi*, n., gymnase, lieu d'exercices sportifs ou école phil.

Gymnăsĭum, *ĭi*, n., Gymnasium, courtisane, Pʟ.

gymnastĭcus, *a, um*, gymnastique.

gymnĭcus, *a, um*, gymnique.

gўnæcēum et **gўnæcīum**, *ĭi*, n., gynécée.

Gyndēs, acc. *en*, m., Gyndès, fl. d'Assyrie

gypsĕus, *a, um*, de gypse, de plâtre.

gypso, *ās, āre*, tr., marquer de plâtre (le pied d'un prisonnier pour le vendre comme esclave).

gypsum, *i*, n., plâtre ; figure de plâtre.

gўro, *ās, āre*, tr. et intr., faire tourner, tourner.

Gyrtōn, *ōnis*, et **Gyrtōnē**, *ēs*, f., Gyrton, v. de Thessalie.

gўrus, *i*, m., **1.** cercle, rond, mouvement circulaire ; **2.** cycle, cercle, carrière, limite, espace borné ; **3.** manège, piste.

Gўthēum, *i*, et **Gўthĭum**, *ĭi*, n., Gythium, v. de Laconie.

H

H, h, f. et n., indécl., h, huitième lettre de l'alph. latin ; abr., *HS = sestertius* [*I + I + S(emis)* (= demi) = 2 as et demi] et *sestertium.*

ha !, interj., ah ! (surprise, rire).

hăbēna, æ, (cf. *habeo*), f., ce qu'on tient à la main, courroie ; fouet ; bride, rêne, *habenas immittere, effundere* : lâcher les rênes, donner carrière (pr. et fig.) ; fig., rênes du pouvoir, gouvernement.

hăbentĭa, æ, f., avoir, fortune, biens.

hăbĕo, ēs, ēre, hăbŭi, hăbĭtum, tr., **1.** tenir, porter, avoir avec soi, en soi, a) ~ *jaculum in manibus* : avoir un javelot dans les mains, ~ *vestem* : porter un vêtement, ~ *coronam in capite* : avoir une couronne sur la tête ; b) ~ *in animo, in ore* : avoir à l'esprit, à la bouche ; c) éprouver, ~ *fiduciam, amorem, odium in, erga aliquem* : avoir de la confiance, de l'amour, de la haine pour qqn. ; **2.** tenir, prendre en main, s'occuper de, ~ *senatum* : tenir une séance du sénat, ~ *contionem* : tenir une assemblée, prononcer une harangue, ~ *verba* : parler ; **3.** tenir, contenir, a) *nihil epistula habebat* ; la lettre ne contenait rien ; b) comporter, avoir pour conséquence : ~ *admirationem, lætitiam, timorem* : susciter l'admiration, la joie, la peur ; **4.** tenir, détenir, occuper, habiter, posséder, avoir, a) ~ *mœnia* : occuper les murs ; b) *quis istic habet ?* : qui habite ici ? ; ~ *in Bruttiis* : avoir des possessions dans le Bruttium, ~ *in prædiis* : avoir des biens immobiliers ; c) gouverner, régir, *urbem Romam a principio reges habuere* : au début Rome fut gouvernée par des rois, TAC. ; d) avoir en sa possession, ~ *pecuniam* : avoir de l'argent ; e) avoir (sens général), a) ~ *patrem clarissimum* : avoir un père très illustre ; f) avoir à, pouvoir, savoir, *habeo etiam dicere* : je puis encore ajouter, *non habeo quid scribam* : je n'ai rien à écrire = je ne sais qu'écrire ; **5.** tenir, maintenir, retenir, faire rester, garder, a) ~ *milites in castris* : garder les soldats à l'intérieur du camp, ~ *arma procul* : éviter la guerre ; b) *tantum habeto* : retiens cela seulement ; c) avec part. passif, ~ *in adversariis scriptum* : garder écrit dans ses notes, ~ *cognitum, perspectum* : connaître, connaître (pour avoir examiné) à fond ; **6.** a) tenir, entretenir, traiter, ~ *aliquem sollicitum* : tenir qqn.

dans l'inquiétude, ~ *exercitum luxuriose* : entretenir l'armée dans la mollesse, ~ *aliquem ludibrio* : traiter qqn. en dérision, ~ *rem publicam quæstui* : trafiquer de la chose publique ; b) *se habere* ou *habere* : se comporter, se porter, se trouver dans tel ou tel état, *graviter se ~* : être gravement malade, *sic habemus* : voilà dans quelle situation nous sommes, *res sic (ita) se habet* : voilà où en sont les choses ; c) avoir qqn. pour, comme, ~ *aliquem collegam* : avoir qqn. comme collègue, ~ *aliquem inimicum* : avoir qqn. pour ennemi ; d) tenir pour, considérer comme, ~ *aliquem deum* : considérer qqn. comme un dieu, ~ *deos æternos* : regarder les dieux comme éternels, *magnæ habitus auctoritatis* : tenu pour un homme de grande autorité, ~ *pro certo* : considérer comme assuré, ~ *aliquid religioni* : se faire un scrupule de qqch.

hăbĭlis, e, adj., (cf. *habeo*), [~*lior*], **1.** qui est bien en main, maniable, facile à porter, à mouvoir, souple, docile ; **2.** fig., convenable, capable, ~ *currus* : char facile à diriger, *ingenium idem ad parendum atque imperandum habile* : caractère qui se prête aussi bien à l'obéissance qu'au commandement.

hăbĭlĭtās, ātis, f., aptitude, talent.

hăbĭlĭtĕr, adv., facilement, commodément.

hăbĭtābĭlis, e, adj., habitable.

hăbĭtācŭlum, i, n., habitation, demeure.

hăbĭtātĭo, ōnis, f., action d'habiter, habitation ; loyer.

hăbĭtātĭuncŭla, æ, f., toute petite habitation.

hăbĭtātŏr, ōris, m., habitant (d'une maison).

hăbĭtātrix, īcis, f. du préc.

hăbĭto, ās, āre, (cf. *habeo*), tr. et intr., **1.** habiter ; **2.** se trouver habituellement ; demeurer sur une chose, s'en occuper exclusivement, insister.

hăbĭtūdo, ĭnis, f., forme extérieure ; état, disposition, tempérament ; bon état, santé.

hăbĭtŭrĭo, īs, īre, tr., désirer avoir.

① **hăbĭtus,** a, um, part. adj., [~*tior*], bien traité, soigné, nourri ; orné, paré.

② **hăbĭtŭs,** ūs, m., **1.** extérieur, dehors, attitude, physionomie, comportement ;

2. vêtement, habillement ; 3. situation, état, position, disposition (mor. ou phys.).

hāc, adv., de ce côté-ci, par ici, *hac illac* : par-ci, par-là.

hactĕnŭs, adv., jusqu'à ce point seulement, jusqu'ici (espace et temps) ; fig., jusqu'ici, voilà tout ; seulement, ne... que.

Hădrĭa, æ, f., Hadria, 1. v. du Picénum ; 2. v. de Vénétie ‖ **Hădrĭăcus**, *a, um*, adriatique ‖ **Hădrĭāni**, *ōrum*, m. pl., les hab. d'Hadria ‖ **Hădrĭānus**, *a, um*, d'Hadria ‖ **Hădrĭăticum**, *i*, n., la mer Adriatique ‖ **Hădrĭăticus**, *a, um*, adriatique.

Hădrĭānus, *i*, m., Hadrien, empereur rom. (117-138).

Hădrūm~, V. *Adrum~*.

hædĭlĭa, æ, f., chevrette.

hædillus, *i*, m., petit chevreau, cabri.

hædīnus, *a, um*, de chevreau.

hædŭlus, *i*, m., petit chevreau, cabri.

hædus, *i*, m., chevreau ; au pl., *Hædui, orum*, les Chevreaux (constellation).

Hædŭus, V. *Æduus*.

Hæmōn, *ŏnis*, m., Hémon, fils de Créon, fiancé d'Antigone.

Hæmŏnĭa, æ, f., Hémonie, anc. nom de la Thessalie ‖ **Hæmŏnĭdēs**, æ, m., Hémonide, de Thessalie ‖ **Hæmŏnis**, *ĭdis*, f., Hémonide, Thessalienne ‖ **Hæmŏnĭus**, *a, um*, d'Hémonie, de Thessalie ; ext., de Thrace.

hæmorrhŏissa, æ, f., chr., femme qui souffre d'une perte de sang, hémorroïsse.

Hæmus, *i*, m., Hémus, 1. pers. myth. changé en montagne ; 2. mt. de Thrace.

hærēd~, V. *hered~*.

hærĕo, *ēs, ēre, hæsi, hæsum*, intr., 1. être fixé, demeurer attaché, adhérer à ; être collé à, ~ *in equo, equo* : se tenir solidement à cheval ; fig., tenir à, ~ *proposito* : tenir au sujet ; 2. se fixer, rester, *hic hæreo* : je reste ici ; ~ *in oculis, in memoriā* : demeurer toujours devant les yeux, à la mémoire, ~ *in eādem sententiā* : persister dans le même avis ; 3. s'arrêter, rester immobile ; être arrêté, dans l'embarras, s'embrouiller, hésiter.

hærēs, V. *heres*.

hæresco, *ĭs, ĕre*, intr., être en suspens, s'arrêter court.

hærĕsĭarcha (~archēs), æ, m., chr., hérésiarque.

hærĕtĭcus, *a, um*, chr., hérétique.

hæsĭtābundus, *a, um*, qui est plongé dans l'embarras, plein d'hésitation.

hæsĭtantĕr, adv., avec hésitation.

hæsĭtantĭa, æ, f., hésitation, embarras.

hæsĭtātĭo, *ōnis*, f., 1. embarras de la langue, bégaiement ; 2. hésitation, indécision.

hæsĭtātŏr, *ōris*, m., celui qui hésite, tarde.

hæsĭto, *ās, āre*, (cf. *hæreo*), intr., 1. être arrêté, embarrassé, s'arrêter ; s'embourber, patauger ; 2. hésiter, être en suspens, balancer.

Hagna, æ, f., Hagna, nom de femme.

hăhæ, hăhăhæ, hăhăhē !, interj., V. *ha !*

Hălæsa, æ, f., Halésa, v. de Sicile ‖ **Hălæsīnus**, *a, um*, d'Halésa.

Hălæsus, *i*, m., Halésus, 1. descendant d'Agamemnon ; 2. nom d'un Lapithe.

hălăgŏra, æ, f., marché au sel.

hālēc, V. *allec*.

Hălĕs, *ētis*, m., Halès, fl. de Lucanie.

Hălēs~, V. *Halæs~*.

Hălĭacmōn, *ŏnis*, m., Haliacmon, fl. de Macédoine.

Hălĭartĭi, *ōrum*, m. pl., les hab. d'Haliarte ‖ **Hălĭartus**, *i*, f., Haliarte, v. de Béotie.

Hălĭcarnassenses, *ĭum*, m. pl., les hab. d'Halicarnasse ‖ **Hălĭcarnasseŭs**, *ĕi*, m., natif d'Halicarnasse ‖ **Hălĭcarnassii**, *ōrum*, m. pl., les hab. d'Halicarnasse ‖ **Hălĭcarnassŏs (~us)**, *i*, f., Halicarnasse, v. de Carie.

Hălĭcyensis, *e*, adj., d'Halicyes, v. de Sicile.

Hălĭeutĭca, *ōrum*, n. pl., « Les Halieutiques », recueil poétique d'Ovide sur la pêche.

hālĭto, *ās, āre*, intr., souffler avec force.

hālĭtŭs, *ūs, m.*, souffle, haleine, soupir.

hallēlūia, interj., chr., alleluia !

hallēlūiātĭcus, *a, um*, chr., qui loue Dieu.

hallūcĭnātĭo, *ōnis*, f., hallucination, délire, rêverie, aberration.

hallūcĭnor, *āris, āri*, intr., divaguer, extravaguer, avoir des hallucinations.

hālo, *ās, āre*, intr. et tr., souffler ; exhaler une odeur ; exhaler, répandre.

hălŏphanta, æ, m., imposteur (mot forgé par Plaute sur *sycophanta*).

hălōs, *ō*, f., halo.

hălōsis, *is*, f., prise (d'une v.) (mot grec).

haltēres, *ērum*, m. pl., haltères.

hālŭc~, V. *halluc~*.

Halunt~, V. *Alunt~*.

Hălus, *i*, f., Halus, v. d'Assyrie.

Hălyattes, V. *Alyattes*.

Hălys, *ўos*, m., Halys, fl. d'Asie Mineure.

hălўsis, *is*, V. *halos*.

hāma, æ, f., seau.

Hămādrўăs, *ădis*, f., Hamadryade, nymphe des arbres et des forêts.

Hămartĭgĕnĭa, *æ*, f., chr., lire : « L'Origine du Péché » ou « Le Péché originel », poème de Prudence.

hāmātĭlis, *e*, adj., qui se fait avec un crochet, un hameçon ; pourvu d'un crochet.

hāmātus, *a*, *um*, part. adj., pourvu de crochets ou d'hameçons ; crochu, courbe, *hamata corpora* : atomes crochus.

Hămilcăr, *ăris* ou *āris*, m., Hamilcar, nom de diff. Carthaginois, spéc. du père d'Hannibal (290-229).

hāmĭōta, *æ*, m., pêcheur à la ligne.

hammŏdўtēs, *æ*, m., serpent des sables.

Hammōn, *ōnis*, m., Hammon, divinité égyptienne, plus tard honorée par les Romains sous le nom de Jupiter Hammon (Ammon).

hāmo, *ās*, *āre*, tr., pêcher à l'hameçon.

hāmŭlus, *i*, m., petit hameçon.

hāmus, *i*, m., crochet, croc, hameçon ; serre d'un oiseau de proie ; épine.

Hannĭbăl, *ălis*, m., Hannibal, nom de diff. Carthaginois, spéc. général qui s'illustra lors de la 2e guerre punique (247-183).

Hanno et **Hannōn**, *ōnis*, m., Hannon, nom de diff. Carthaginois, spéc. d'un grand navigateur et du rival d'Hannibal.

hăpālopsis, *ĭdis*, f., sorte d'épice.

hăphē, *ēs*, f., sable ou poussière dont se frottaient les athlètes.

hăra, *æ*, f., porcherie.

hărēna, V. *arena*.

Hāriī, *ōrum*, m. pl., Hariens, peuple de Germanie.

hărĭōla, *æ*, f., devineresse.

hărĭōlātĭo, *ōnis*, f., divination, prophétie.

hărĭōlor, *āris*, *āri*, intr., prédire l'avenir, présager ; fig., radoter.

hărĭŏlus, *i*, m., devin ; charlatan.

hărispex, V. *haruspex*.

Harmŏdĭus, *i*, m., Harmodius, l'un des deux tyrannoctones athéniens qui tuèrent le tyran Hipparque ; ext., tyrannicide.

harmŏnĭa, *æ*, f., harmonie ; union parfaite ; mélodie, chant.

Harmŏnĭa, *æ*, f., Harmonie, fille de Mars et de Vénus, épouse de Cadmus, mère de Sémélé.

harmŏnĭcus, *a*, *um*, harmonique, harmonieux.

① **harpăgo**, *ās*, *āre*, tr., voler, dérober.

② **harpăgo**, *ōnis*, m., crampon, crochet de fer ; grappin d'abordage ; fig., crocheteur, coupeur de bourse.

Harpălus, *i*, m., Harpalus, esclave de Cicéron.

Harpălўcē, *ēs*, f., Harpalycé, reine des Amazones.

Harpăsĭdēs, *æ*, m., de Carie ‖ **Harpăsus**, *i*, m., Harpasus, fl. de Carie.

harpastum, *i*, n., balle, ballon (jeu).

harpē, *ēs*, f., épée courbe, cimeterre.

Harpŏcrătēs, *is*, m., Harpocrate, dieu égyptien du silence.

Harpўia, *æ*, f., Harpye, monstre ailé et rapace.

Harūdes, *um*, m. pl., Harudes, peuple de Germanie.

hăruspex, *ĭcis*, m., haruspice, devin qui observe les entrailles des victimes ; devin.

hăruspĭca, *æ*, f., devineresse.

hăruspĭcīna, *æ*, f. et **hăruspĭcĭum**, *ĭi*, n., science des haruspices.

Hasdrŭbăl, *ălis*, m., Hasdrubal, nom de diff. Carthaginois, spéc. du beau-frère (270-221) et du frère (245-207) d'Hannibal.

hasta, *æ*, f., **1.** hampe, bâton ; pique, lance, javelot, *hastam jacere, conjicere, contorquere* : lancer le javelot ; ~ *pura* : javelot sans fer (récompense mil.) ; **2.** javelot planté en terre, a) pour indiquer une vente aux enchères, d'où : enchères, vente publique, *sub hastā vendere* : mettre aux enchères ; b) devant le tribunal des centumvirs, d'où : autorité, dignité des centumvirs ; **3.** broche dans les cheveux de la mariée (symbole du pouvoir du mari).

hastārĭum, *ĭi*, n., vente aux enchères.

hastāti, *ōrum*, m. pl., hastats, soldats armés du javelot ; premier corps de la légion rom.

hastātus, *a*, *um*, armé du javelot ; *primus ~ (ordo)* : première compagnie des hastats.

hastīlĕ, *is*, n., bois, pieu ; bois de la lance ou du javelot, hampe ; javelot.

Hătĕrĭānus, *a*, *um*, d'Hatérius, jurisconsulte.

Hătĕrĭus, *ĭi*, m., Hatérius, orateur (1ers. av.- 1er ap. J.-C.).

hastŭla, *æ*, f., petite tige, bâton.

hau !, interj., V. *au !*

haud, adv. de nég., équiv. de *non*, souv. dans les litotes : ne pas, non point, *haud scio* : je ne sais pas ; *haud ignobilis* : non sans célébrité ; *haud quisquam* : personne ; *haud injuriā* : non à tort ; *haud dubie* : sans nul doute ; *haud quia... sed quia...* : non que... mais parce que.

hauddum, adv., pas encore.

haudquāquam, adv., pas du tout, en aucune façon.

haurĭo, *īs*, *īre*, *hausi*, *haustum*, tr., 1. puiser (pr. et fig.), ~ *aquam ex puteo* : tirer de l'eau d'un puits, ~ *ex vano* : puiser à des sources peu sûres ; 2. tirer du sol, creuser, arracher ; 3. vider, ouvrir, percer, ~ *latus gladio* : percer le flanc avec l'épée ; 4. tirer (des veines), verser, ~ *sanguinem*, *cruorem* : verser le sang ; 5. vider, absorber, avaler, engloutir, dévorer, ~ *pateram* : vider une coupe ; 6. vider, épuiser, consumer, dissiper, ~ *patrias opes*, dévorer son patrimoine ; 7. venir à bout, achever ; aller jusqu'au bout, ~ *iter* : achever sa route, ~ *supplicia* : endurer les derniers supplices ; qqf., faire disparaître, tuer ; 8. absorber, recueillir avidement, ~ *aliquid cogitatione* : savourer qqch. par la pensée, ~ *voluptates* : s'enivrer de voluptés.

haurītōrĭum, *ĭi*, n., vase à puiser.

haustŏr, *ōris*, m., 1. celui qui puise ; 2. buveur.

haustrum, *i*, n., drague ; roue à godets.

haustŭs, *ūs*, m., 1. action de puiser, de creuser, de tirer ; 2. action de respirer, d'avaler ; action de boire, gorgée, trait, coup.

haut, V. *haud*.

hăvĕo, V. *aveo* ②.

Hĕautontīmōrūmĕnŏs, *i*, m., « Celui qui se châtie lui-même », comédie de Térence, inspirée de Ménandre.

hebdŏmăda, *æ*, f., chr., nombre de sept ; semaine.

hebdŏmăs, *ădis*, f., septième jour (moment critique d'une maladie).

Hēbē, *ēs*, f., Hébé, déesse de la jeunesse.

hĕbĕo, *ēs*, *ēre*, intr., être émoussé ; fig., être engourdi, sans force, stupide.

hĕbĕs, *ĕtis*, adj., [~*tior*, ~*tissimus*], 1. émoussé, arrondi, ~ *gladius* : glaive émoussé ; 2. émoussé, insensible, inerte, languissant, traînant, sans éclat ; (esprit) émoussé, épais, obtus, hébété, stupide.

hĕbesco, *īs*, *ĕre*, intr., 1. s'émousser ; 2. perdre sa sensibilité, s'obscurcir, se ternir, s'alanguir, perdre de sa vigueur, s'engourdir (pr. et fig.).

hĕbĕtātĭo, *ōnis*, f., affaiblissement, atténuation, engourdissement.

hĕbĕto, *ās*, *āre*, tr., 1. émousser ; 2. affaiblir, engourdir, éteindre, éclipser.

hĕbĕtūdo, *ĭnis*, f., état d'affaiblissement, torpeur.

Hēbræi, *ōrum*, m. pl., les Hébreux ‖ **Hēbræus**, *a*, *um*, hébreu ‖ **Hēbrāĭcus**, *a*, *um*, des Hébreux, hébraïque ‖ **Hēbrāĭcē**

ou **Hēbrēĭcē**, adv., en hébreu, à la manière des Hébreux.

Hēbrus, *i*, m., Hèbre, 1. fl. de Thrace ; 2. nom de diff. pers., spéc. d'un Troyen.

Hĕcăbē, V. *Hecuba*.

Hĕcălē, *ēs*, f., Hécalé, vieille femme qui accueillit Thésée.

Hĕcătē, *ēs*, et **Hĕcăta**, *æ*, f., Hécate, divinité qui préside aux enchantements, souvent confondue avec Diane ‖ **Hĕcătēis**, *ĭdos*, f., et **Hĕcătēĭus**, *a*, *um*, d'Hécate, magique.

hĕcătombē, *ēs*, f., sacrifice de 100 bœufs.

hĕcătonstŷlŏs, *ŏn*, qui repose sur 100 colonnes.

hĕcătontăs, *ădis*, f., une centaine.

Hectŏr, ou **Hēctŏr**, *ŏris*, m., Hector, héros troyen, fils de Priam, époux d'Andromaque, tué par Achille ‖ **Hectŏrĕus**, *a*, *um*, d'Hector ; troyen.

Hĕcŭba et **Hĕcŭbē**, *ēs*, f., Hécube, épouse de Priam ; fig., vieille femme.

Hĕcŷra, *æ*, f., « L'Hécyre (La Belle-Mère) », comédie de Térence.

hĕdĕra, *æ*, f., lierre.

hĕdĕrĭgĕr, *gĕra*, *gĕrum*, qui porte du lierre.

hĕdĕrōsus, *a*, *um*, couvert de lierre.

Hĕdessa, V. *Edessa*.

Hēdŭi, V. *Ædui*.

hēdŷchrum, *i*, n. sorte d'onguent, baume.

Hēdŷmĕlēs, *is*, m., Hédymélès, nom d'un joueur de flûte.

Hēdŷphăgĕtĭca, *ōrum*, n. pl., « Les Friandises », poème d'Ennius.

Hēgēsĭās, *æ*, m., Hégésias, 1. philosophe ; 2. orateur et historien.

hĕhæ, V. *ha* !

hei ! **heia** ! V. *ei* ! *eia* !

Hēĭus, *ĭi*, m., Héius, nom d'un Sicilien.

hējŭl~, V. *ejul~*.

helcĭārĭŭs, *ĭi*, m., haleur.

helcĭum, *ĭi*, n., collier de trait.

Hĕlĕna, *æ*, et **Hĕlĕnē**, *ēs*, f., Hélène, fille de Jupiter et de Léda, sœur de Clytemnestre, épouse de Ménélas, dont l'enlèvement par le Troyen Pâris fut la cause directe de la guerre de Troie.

Hĕlĕnĭus, *ĭi*, m., Hélénius, nom d'h.

Hĕlĕnŏr, *ŏris*, m., Hélénor, nom d'un Troyen.

Hĕlĕnus, *i*, m., Hélénus, fils de Priam, devin.

Hĕlernus, *i*, m., Hélernus, bois proche du Tibre.

Hēlĭădes, *um*, f. pl., les Héliades, filles du Soleil et sœurs de Phaéton.

hĕlīca, æ, f., circonvolution de la coquille d'escargot.

Hĕlĭcāōn, ŏnis, m., Hélicaon, fils d'Anténor, fondateur de Padoue ‖ **Hĕlĭcāŏnĭus**, a, um, d'Hélicaon, de Padoue.

Hĕlĭcē, ēs, f., Hélicé, 1. v. d'Achaïe ; 2. la Grande Ourse ; le nord.

Hĕlĭcōn, ōnis, m., l'Hélicon, mt. de Béotie, avec un temple d'Apollon ‖ **Hĕlĭcōnĭădes**, um, f. pl., les hab. de l'Hélicon, les Muses ‖ **Hĕlĭcōnis**, ĭdis, f., de l'Hélicon ‖ **Hĕlĭcōnĭus**, a, um, de l'Hélicon.

hĕlĭŏcămīnus, i, m., chambre exposée au soleil.

Hēlĭŏdōrus, i, m., Héliodore, 1. rhéteur du temps d'Horace ; 2. chirurgien du temps de Juvénal.

Hēlĭŏpŏlis, ĕos, f., Héliopolis, v. d'Égypte.

Hēlĭos ou **Hēlĭus**, ĭi, m., Hélios, le Soleil.

Hellănĭcē, ēs, f., Hellanicé, nourrice d'Alexandre le Grand.

Hellănĭcus, i, m., Hellanicus, historien grec.

Hellăs, ădis, f. 1. Hellade, la Grèce ; 2. Hellas, nom de femme.

Hellē, ēs, f., Hellé, fille d'Athamas, qui se noya dans l'Hellespont (= mer d'Hellé).

hellĕbŏr~, V. ellebor~.

Hellēn, ēnis, m., Hellen, fils de Deucalion.

Hellespontĭăcus et **Hellespontĭus**, a, um, de l'Hellespont ‖ **Hellespontĭus**, ĭi, m., hab. de l'Hellespont ‖ **Hellespontus**, i, m., Hellespont (mer d'Hellé), région de l'Hellespont.

hellŭātĭo, ōnis, f., gloutonnerie ; débauche.

hellŭo, ōnis, m., glouton ; débauché.

hellŭor, āris, āri, intr., faire bombance, être glouton ; se débaucher.

Hellusĭi, ōrum, m. pl., Hellusiens, peuple de Germanie.

hĕlops, ŏpis, m., esturgeon.

Hĕlōr~, V. Elor~.

Helveconæ, ārum, m. pl., Helvécones, peuple de Germanie.

helvella, æ, f., petit légume.

Helvētĭi, ōrum, m. pl., Helvètes ‖ **Helvētĭcus** et **Helvētĭus**, a, um, des Helvètes.

Helvĭdĭus, ĭi, m., Helvidius, nom d'une famille rom.

Helvĭi et **Helvi**, ōrum, m. pl., Helviens, peuple de Gaule.

Helvīna (Cērēs), f., Cérès Helvina.

Helvĭus, ĭi, m., Helvius, nom d'une famille rom.

hem ! interj., ah ! oh ! hélas ! (étonnement, douleur, indignation).

hēmĕrŏdrŏmos, i, m., hémérodrome, courrier rapide.

hēmĭcillus, i, m., moitié d'âne (injure).

hēmĭcyclĭum, ĭi, n., hémicycle ; siège demi-circulaire.

hēmīna, æ, f., hémine, mesure de capacité (0,27 l).

hēmīnārĭum, ĭi, n., présent d'une hémine (= petit présent).

hēmistĭchĭum, ĭi, n., hémistiche.

hēmĭtrĭtæus, i, m., fièvre demi-tierce (qui revient à un jour et demi d'intervalle) ; ext., celui qui est atteint de cette fièvre.

hēmo, V. homo.

hendĕcăsyllăbus (~ ŏs), i, m., hendécasyllabe.

Hĕnĕti, V. Veneti.

Henna, æ, f., Enna, v. de Sicile ‖ **Hennæa**, æ, f., l'Ennéenne (Proserpine) ‖ **Hennæus**, a, um, et **Hennensis**, e, adj., d'Enna ‖ **Hennenses**, ĭum, m. pl., les hab. d'Enna.

hĕpătĭa, ōrum, n. pl., foie, intestins.

hĕpătĭărĭus, a, um, de foie.

Hēphæstĭo, ōnis, m., Héphestion, général et ami d'Alexandre.

Hēphæstĭum, ĭi, n., Héphestium, v. de Lycie.

heptămyxŏs, ŏn, à sept lampes.

heptăpўlŏs, ŏn, à sept portes.

heptērēs et **heptēris**, is, f., navire à sept rangs de rames.

hĕra, æ, f., maîtresse de maison, maîtresse.

Hēra, æ, f., Héra, v. de Sicile.

Hēraclēa, æ, f., Héraclée, nom d'un très grand nombre de v. (Grande-Grèce, Thessalie, Bithynie, Macédoine) ‖ **Hēraclēenses** et **~ĭenses**, ĭum, m. pl., les hab. d'Héraclée ‖ **Hēraclĕōtēs**, æ, m., hab. d'Héraclée.

Hēraclĕo, ōnis, m., Héracléon, nom d'h.

Hēraclēum, i, n., Héracléum, v. de Macédoine.

Hēraclēus et **~īus**, a, um, d'Hercule.

Hēraclīdēs, æ, m., Héraclide, 1. descendant d'Hercule ; 2. nom d'un phil. grec.

Hēraclītus, i, m., Héraclite, 1. grand phil. d'Éphèse (vɪᵉ- vᵉ s. av. J.-C.) ; 2. phil. de l'Académie.

① **Hēræa**, æ, f., Hérée, v. d'Arcadie.

② **Hēræa**, ōrum, n. pl., fêtes en l'honneur d'Héra ou Junon.

herba, æ, f., herbe ; chaume ; tige ; mauvaise herbe ; au pl., herbages.

herbens, *entis*, part. adj., qui est en herbe.

herbesco, *ĭs, ĕre*, intr., se couvrir d'herbe.

herbĕus, *a, um*, de couleur d'herbe, vert.

herbĭdus, *a, um*, herbu, abondant en herbe.

herbĭfĕr, *fĕra, fĕrum*, qui produit de l'herbe.

herbĭlis, *e*, adj., nourri d'herbe.

Herbĭta, æ, f., Herbita, v. de Sicile ‖ **Herbĭtensis**, *e*, adj., d'Herbita ‖ **Herbĭtenses**, *ĭum*, m. pl., les hab. d'Herbita.

herbōsus, *a, um*, herbeux, plein d'herbes.

herbŭla, æ, f., petite herbe, herbette.

Hercātes, *um* ou *ĭum*, m. pl., Hercates, peuple de Gaule Transpadane.

Hercĕus, *a, um*, de Jupiter Hercéen, protecteur des enclos et des maisons.

hercisco, *ĭs, ĕre*, tr., partager (un héritage).

herclĕ, interj., par Hercule, V. *mehercle*.

Hercŏlēs, V. *Hercules*.

herctum, *i*, n., partage (d'un bien hérité).

Hercŭlānensis, *e*, adj., d'Herculanum ‖ **Hercŭlānĕum**, *i*, n., Herculanum, **1.** v. de Campanie engloutie avec Pompéi en 79 ap. J.C. ; **2.** v. du Samnium ‖ **Hercŭlānus** et **~lānus**, *a, um*, d'Hercule ; ~ *nodus* : nœud d'Hercule (difficile à dénouer) ‖ **hercŭlĕ**, V. *hercle*. ‖ **Hercŭlēs**, *is* et *i*, m., Hercule, fils de Jupiter et d'Alcmène, célèbre par ses douze travaux, *ærumnæ Herculi* : les travaux d'Hercule, *Herculis columnæ* : les colonnes d'Hercule, auj. Gibraltar ‖ **Hercŭlĕus**, *a, um*, d'Hercule, *Herculea gens* : la *gens Fabia*, *Herculea arbor*, l'arbre d'Hercule, le peuplier blanc.

Hercўnĭa silva, æ, f., la forêt Hercynienne, en Germanie.

Hercyn(n)a, æ, f., Hercyn(n)a, nymphe amie de Proserpine, qui donna son nom à une source en Béotie.

Herdōnĕa et **~nĭa**, æ, f., Herdonée, v. d'Apulie.

hĕrĕ, V. *heri*.

hērēdĭpĕta, æ, m., chasseur d'héritage.

hērēdĭtārĭus, *a, um*, héréditaire.

hērēdĭtās, *ātis*, f., héritage, succession.

hērēdĭto, *ās, āre*, tr., prendre pour héritier.

Hĕrennĭānus, *a, um*, d'Hérennius ‖ **Hĕrennĭus**, *ĭi*, m., Hérennius, nom rom., spéc. d'un orateur et d'un historien.

hērēs, *ēdis*, m. et f., héritier, légataire, ~ *alicujus, alicui* : héritier de qqn., *heredem scribere, facere, instituere* : instituer comme héritier ; ext., successeur ; possesseur.

hĕrī (arch. **hesi**), adv., hier.

hĕrīfŭga, æ, m., qui fuit son maître.

hĕrīlis, *e*, adj., du maître de maison, du maître.

Hērill~, V. *Erill~*.

Hērīlus, *i*, m., Hérilus, roi de Préneste.

Herma, V. *Hermes*.

Hermæum, *i*, n., Herméum, bourg de Béotie.

hermæum, *i*, n., herméum, galerie ornée de bustes d'Hermès.

Hermăgŏrās, æ, m., Hermagoras, nom d'un rhéteur, **1.** de Rhodes ; **2.** de Temnos ‖ **Hermăgŏræi**, *ōrum*, m. pl., disciples d'Hermagoras de Rhodes.

Hermandĭca, æ, f., Hermandica, v. de Tarraconnaise.

hermăphrŏdītus, *i*, m., hermaphrodite.

Hermăphrŏdītus, *i*, m., Hermaphrodite, fils de Mercure et de Vénus.

Hermarchus, *i*, m., Hermarque, nom d'un phil., **1.** de Mitylène ; **2.** de Chios.

Hermăthēna, æ, f., double buste d'Hermès (Mercure) et d'Athéna (Minerve).

hermēneuma, *ătis*, n., interprétation, exégèse.

Hermērāclēs, *is*, m., double buste d'Hermès (Mercure) et d'Héraclès (Hercule).

Hermēs et **Herma**, æ, m., Hermès ou Mercure ‖ **Hermæ**, *ārum*, m. pl., bustes d'Hermès, dans les rues ou sur les places, surt. à Athènes.

Hermĭnĭus, *ĭi*, m., Herminius, **1.** mt. en Lusitanie, auj. Sierra d'Estrella ; **2.** nom de diff. guerriers.

Hermĭŏnē, *ēs*, et **Hermĭŏna**, æ, f., Hermione, **1.** fille de Ménélas et d'Hélène ; **2.** v. d'Argolide.

Hermĭŏnes, *um*, m. pl., Hermions, peuple de Germanie.

Hermĭŏnēus, **Hermĭŏnĭcus**, **Hermĭŏnĭus**, *a, um*, de la v. d'Hermione.

Hermippus, *i*, m., Hermippe, nom d'h.

Hermŏdōrus, *i*, m., Hermodore, **1.** phil. d'Éphèse ; **2.** architecte de Salamine.

Hermŏgĕnēs, *is*, m., Hermogène, nom de diff. pers., spéc. d'un musicien célèbre.

Hermŏlāus, *i*, m., Hermolaüs, Macédonien qui conspira contre Alexandre.

Hermundŭri, *ōrum*, m. pl., Hermondures, peuple de Germanie.

Hermus, *i*, m., Hermus, fl. de Lydie.

Hernĭci, *ōrum*, m. pl., Herniques, peuple du Latium ‖ **Hernĭcus**, *a, um*, des Herniques.

Hērō, *ūs*, f., Héro, prêtresse de Vénus à Sestos, pour qui se noya, en traversant l'Hellespont à la nage, Léandre d'Abydos.

Hērōdēs, *is*, m., Hérode, nom de diff. pers., spéc. du roi de Judée (Ier s. av. J.-C.) ‖ **Hērōdĭānus**, *a, um*, d'Hérode.

Hērŏdŏtus, *i*, m., Hérodote d'Halicarnasse, célèbre historien grec, le « père de l'histoire » (Ve s. av. J.-C.).

hērōĭcus, *a, um*, de(s) héros, héroïque ; épique.

hērōĭnē, *ēs*, f., héroïne, demi-déesse.

hērōĭs, *ĭdis*, V. le préc.

Hērŏphĭlē, *ēs*, f., Hérophile, prêtresse d'Apollon.

hērōs, *ōis*, m., héros, demi-dieu ; fig., pers. héroïque.

hērōus, *a, um*, de héros ; héroïque, épique ; subst., m., *herous, i*, vers héroïque (hexamètre dactylique).

Hērōus, *a, um*, relatif à Héro.

Hersē, *ēs*, f., Hersé, fille de Cécrops.

Hersĭlĭa, *æ*, f., Hersilia, femme de Romulus.

Hĕrŭli, *ōrum*, m. pl., Hérules, peuple de Germanie, établi en Scythie.

hĕrus, *i*, m., maître de maison, maître ; propriétaire.

hervum, V. *ervum*.

Hēsĭŏdēus, Hēsĭŏdĭcus, *a, um*, d'Hésiode ‖ **Hēsĭŏdus**, *i*, m., Hésiode, le plus ancien poète grec après Homère (VIIe s. av. J.-C.).

Hēsĭŏna, *æ*, et **Hēsĭŏnē**, *ēs*, f., Hésione, fille de Laomédon, sauvée d'un monstre marin par Hercule.

Hespĕrĭa, *æ*, f., l'Hespérie (= le pays du couchant), régions occidentales, Espagne, Italie ‖ **Hespĕrĭdes**, *um*, f. pl., les Hespérides, nymphes qui habitaient aux extrémités occidentales du monde, dans le jardin aux pommes d'or ‖ **Hespĕris**, *ĭdis*, f., de l'Hespérie, du couchant ‖ **Hespĕrĭus**, *a, um*, du couchant, occidental.

hespĕrūgo, *ĭnis*, f., étoile du soir.

Hespĕrus, *i*, m., Hespérus, fils de l'Aurore et d'Atlas ; étoile du soir.

hesternus, *a, um* (cf. *heri*), d'hier, *hesterno die* : hier ; subst., n. pl., *hesterna, orum*, les événements de la veille.

Hēsus, V. *Esus*.

hĕtæria, *æ*, f., confrérie, collège, société.

hĕtærĭcē, *ēs*, f., corps d'élite, garde du corps du roi en Macédoine.

Hetrĭcŭlum, *i*, n., Hétriculum, v. du Bruttium.

heu !, interj., ah ! oh ! hélas ! (étonnement ou douleur).

heurĕta et **heurĕtēs**, *æ*, m., inventeur (mot grec).

heus !, interj., hé ! holà ! (pour attirer l'attention).

hexăclīnŏn, *i*, n., lit de table à six places.

Hexăēmĕrŏn, *i*, n., « Les Six Jours » (de la création), poème de saint Ambroise.

hexămĕtĕr, *tri*, m., hexamètre (six mesures).

hexăphŏrŏn, *i*, n., litière à six porteurs.

Hexăpўlŏn, *i*, n., Porte aux six entrées, à Syracuse.

hexēris, *is*, f., navire à six rangs de rameurs.

hexis, *is*, f., aptitude, manière d'être.

hĭātĭo, *ōnis*, f., bâillement, ouverture béante.

hĭātŭs, *ūs*, (cf. *hio*) m., **1.** action de s'ouvrir ; ouverture béante, large et profonde ; crevasse ; **2.** désir passionné, convoitise, passion.

Hĭbĕr~, V. *Iber~*.

hĭberna (**castra**), *ōrum*, n. pl., les quartiers d'hiver.

hĭbernācŭlum, *i*, n., **1.** V. le préc. ; **2.** appartement d'hiver.

Hĭbernĭa, *æ*, f., Hibernie, auj. Irlande ‖ **Hĭbernĭus**, *a, um*, d'Hibernie.

hĭberno, *ās, āre*, intr., **1.** hiverner, passer l'hiver ; mil., tenir ses quartiers d'hiver ; **2.** être en tempête (mer).

hĭbernus, *a, um* (cf. *hiems*), **1.** hivernal, d'hiver ; **2.** orageux, en tempête.

Hĭbērus, V. *Iberus*.

hĭbiscum, *i*, n., guimauve.

hĭbrĭda, *æ*, m., enfant né de parents de conditions sociales ou d'origines différentes.

① **hīc** (**hĭc**), *hæc, hoc, hujus* (< *hi* + *ce*), pron.-adj. dém., indiquant la proximité dans l'espace ou dans le temps (opp. à *ille*) : celui-ci, celle-ci, ceci, ce, cet, d'où : *hic... ille* : celui-ci (dont je viens de parler, dont je vais parler)... celui-là (dont j'ai parlé avant, dont je vais parler après), le premier... le second, l'un... l'autre ; avec *idem* : *hoc idem* : cette même chose ; le plus proche de moi, moi, nous, mon, ton, *hic homo* : l'homme que voici, moi, *hic gladius* : l'épée que je tiens, mon épée ; *status hic rerum* : l'état de choses actuel, *hi mores* : les mœurs d'aujourd'hui, *hoc ætatis* : à notre époque ; au n. pl., *hæc* : les circonstances présentes.

② **hīc** (arch. **heic**), adv., ici, en ce lieu-ci, près de moi, de nous, *hic... illic* : ici... là ; alors, à ce moment-ci ; dans ce cas, puisqu'il en est ainsi.

hīcĕ, haecĕ, hōcĕ, V. hic.

Hīcĕtāōn, ŏnis, m., Hicétaon, fils de Laomédon ‖ Hīcĕtāŏnĭus, a, um, d'Hicétaon.

Hīcĕtās, æ, m., Hicétas, phil. pythagoricien.

hīcĭnĕ, haecĭnĕ, hocĭnĕ, pron.-adj. dém. interr. et excl., est-ce ce(lui-ci) ? ; est-ce que ce(lui-ci) ?, faut-il que ce(lui-ci) ?

hĭĕmālis, e, adj., 1. d'hiver ; 2. de tempête, orageux.

hĭĕmo, ās, āre, intr., 1. hiverner, passer l'hiver ; mil., tenir ses quartiers d'hiver ; 2. être orageux, en tempête.

Hiempsăl, ălis, m., Hiempsal, 1. fils de Micipsa, roi de Numidie ; 2. roi de Numidie.

hĭems, hĭĕmis, f., 1. hiver ; froid, glace ; 2. temps pluvieux, orageux, tempête, intempéries.

hĭĕra, æ, f., dans l'expr. hieran (ss. -ent. nikēn, acc. grec) fecimus : il n'y a pas eu de vainqueur à la course (le prix est allé aux dieux), Sén.

Hĭĕra Cōmē, V. Come.

Hĭĕro et Hĭĕrōn, ŏnis, m., Hiéron, nom de tyrans de Syracuse.

Hĭĕrŏcæsărēa, æ, f., Hiérocésarée, v. de Lydie ‖ Hĭĕrŏcæsărĭenses, ĭum, m. pl., les hab. de Hiérocésarée.

Hĭĕroclēs, is, m., Hiéroclès, 1. orateur grec ; 2. Sicilien qui livra Zacynthe aux Achéens.

hĭĕrŏnīca, æ, m., hiéronique, vainqueur aux grands jeux de la Grèce.

Hĭĕrŏnўmus, i, m., Hiéronyme, 1. neveu de Hiéron II ; 2. phil. de Rhodes ; 3. saint Jérôme, un des Pères de l'Église (331-420).

hĭĕrŏphanta, æ, m., hiérophante (qui initie aux mystères).

Hĭĕrŏsŏlўma, ōrum, n. pl., Jérusalem ‖ Hĭĕrŏsŏlўmārĭus, ĭi, m., « le Jérusalémite », surnom iron. donné à Pompée après sa victoire en Judée ‖ Hĭĕrŏsŏlўmīta, æ, m., hab. de Jérusalem ‖ Hĭĕrŏsŏlўmītānus, a, um, de Jérusalem.

hĭĕto, ās, āre, intr., ouvrir la bouche toute grande, bâiller.

Hĭlāīra, æ, f., Hilaïra, épouse de Pollux (ou de Castor).

hĭlărē, adv., [~rius], joyeusement, gaiement.

hĭlăresco, īs, ĕre, intr. et tr., devenir gai ; égayer.

hĭlărĭcŭlus, a, um, un peu gai.

hĭlăris, e, et hĭlărus, a, um, [~rior, ~rissimus], gai, joyeux, content, de bonne humeur.

hĭlărĭtās, ātis, f., gaieté, bonne humeur, air plaisant.

hĭlărĭtĕr, V. hilare.

hĭlărĭtūdo, ĭnis, V. hilaritas.

hĭlăro, ās, āre, tr., égayer, émoustiller, éveiller, réjouir.

hĭlărŭlus, a, um, plutôt gai.

hĭlărus, V. hilaris.

Hĭlărus, i, m., Hilarus, nom d'h.

Hĭlerda, V. Ilerda.

Hĭlernus, V. Helernus.

hilla, æ, f., boyau, andouille.

Hillur~, Hilur~, V. Illyr~.

Hillus, V. Illus.

Hīlōtæ, ārum, m. pl., ilotes, condition inférieure à Sparte.

hīlum et hillum, i, n., 1. fil ; 2. un brin, un rien, V. nihil.

Himella, æ, m., Himelle, riv. de Sabine.

Hīmĕra, æ, f., et Hīmĕra, ōrum, n. pl., Himère, v. de Sicile ‖ Hīmĕra, æ, m., Himère, fl. de Sicile.

Hīmilco, ŏnis, m., Himilcon, nom de diff. Carthaginois.

hinc, adv., (le lieu proche d'où l'on vient, le moment proche d'où l'on part) d'ici, de là, à partir d'ici, à partir de ce moment, hinc atque illinc : de part et d'autre ; hinc… illinc : de ce côté-ci, de ce côté-là ; hinc atque hinc : des deux côtés.

hinnĭbĭlis, e, adj., hennissant.

hinnĭo, īs, īre, intr., hennir.

hinnītŭs, ūs, m., hennissement.

hinnŭlĕus, i, m., faon.

hĭo, ās, āre, intr. et tr., 1. s'ouvrir, être béant, oculi hiantes : yeux grands ouverts ; fig., manquer de suite, de liaison, hians compositio : style décousu, Tac. ; 2. ouvrir la bouche de désir, être avide, aspirer à, avaritiā hiante : d'une avidité insatiable, Cic. ; 3. ouvrir la bouche pour déclamer, déclamer.

hippăgōgœ, ōn, f. pl., navires de transport pour la cavalerie.

Hipparchus, i, m., Hipparque, 1. mathématicien grec ; 2. fils de Pisistrate.

Hippăsus, i, m., Hippase, 1. centaure ; 2. diff. pers. myth.

Hippĭa, æ, f., Hippia, nom de femme.

Hippĭās, æ, m., Hippias, 1. fils de Pisistrate ; 2. célèbre sophiste (vᵉ s. av. J.-C.).

Hippĭus, ĭi, m., Hippius, nom d'h.

Hippo, ŏnis, m., Hippone, 1. v. de Numidie, dont saint Augustin fut évêque, auj. Annaba, anc. Bône ; 2. v. de Tarraconnaise.

hippŏcămēlus, i, m., cheval-chameau, animal fabuleux.

hippŏcentaurus, i, m., centaure.

Hippŏcrătēs, *is*, m., Hippocrate, célèbre médecin grec (ve s. av. J.-C.) ‖ **Hippŏcrătĭcus**, *a, um*, d'Hippocrate.

Hippŏcrēnē, *ēs*, f., Hippocrène, source que Pégase fit jaillir d'un coup de sabot.

Hippŏdămās, *antis*, m., Hippodamas, père de Périmélé.

Hippŏdămē, *ēs*, et **Hippŏdămēa (~īa)**, *æ*, f., Hippodamie, 1. épouse de Pélops, mère d'Atrée ; 2. épouse de Pirithoüs.

hippŏdămus, *i*, m., dompteur de chevaux.

Hippŏdrŏmŏs, *i*, m., hippodrome, champ de courses.

Hippŏlŏchus, *i*, m., Hippoloque, général thessalien.

Hippŏlўtē, *ēs*, et **Hippŏlўta**, *æ*, f., Hippolyte, 1. reine des Amazones ; 2. femme d'Acaste.

Hippŏlўtus, *i*, m., Hippolyte, fils de Thésée.

hippŏmănĕs, *is*, n., hippomane, 1. corps dur sur le front des poulains ; 2. humeur sécrétée par les juments (utilisée pour les philtres).

Hippŏmĕnēis, *ĭdis*, f., fille d'Hippomène, Limoné ‖ **Hippŏmĕnēs**, *æ*, m., Hippomène, 1. père de Limoné ; 2. époux d'Atalante.

Hipponactēus, *a, um*, dans le style d'Hipponax ‖ **Hippōnax**, *actis*, m., Hipponax, poète satirique (vie s. av. J.-C.).

Hippŏnĭcus, *i*, m., Hipponicus, beau-père d'Alcibiade.

Hippŏnoüs, *i*, m., Hipponoüs, nom d'h.

hippŏpēra, *æ*, f., portemanteau.

hippŏpŏtămus, *i*, m., hippopotame.

Hippŏtădēs, *æ*, m., descendant d'Hippotès, Éole.

Hippŏthŏus, *i*, m., Hippothoüs, nom de diff. pers. myth.

hippŏtoxŏta, *æ*, m., archer à cheval.

hippŭrus, *i*, m., hippurus (poisson).

hīra, *æ*, f., intestin.

hircīnus et **hircōsus**, *a, um*, de bouc, qui sent le bouc.

hircŭōsus, *a, um*, qui ressemble au bouc.

hircus, *i*, m., bouc.

hirnĕa, *æ*, f., vase à boire.

Hirpīni, *ōrum*, m. pl., Hirpins, peuple samnite ; le pays des Hirpins ‖ **Hirpīnus**, *a, um*, des Hirpins (*hirpus*, mot sabin pour *lupus*).

hirqu~, V. *hirc~*.

Hirrus, *i*, m., Hirrus, nom d'h., déformé iron. par Cicéron en *Hillus* (= andouille).

hirsūtus, *a, um*, [~tior], hérissé, hirsute, rude, armé de pointes ou de piquants ; grossier, inculte.

Hirtĭānus et **Hirtīnus**, *a, um*, d'Hirtius ‖ **Hirtĭus**, *ĭi*, m., Hirtius, nom d'une famille rom., spéc. Hirtius, auteur du livre VIII du *De Bello Gallico*.

hirtus, *a, um*, [~tior], qui a des pointes, hérissé, rude, velu, raboteux ; grossier, inculte.

hĭrūdo, *ĭnis*, f., sangsue (pr. et fig.).

hĭrundĭnīnus, *a, um*, d'hirondelle.

hĭrundo, *ĭnis*, f., hirondelle.

hisco, *ĭs*, *ĕre*, intr. et tr., 1. se disjoindre, s'ouvrir, être béant ; 2. ouvrir la bouche, émettre un son ; dire, raconter.

Hispăl, *ălis*, n., et **Hispălis**, *is*, f., Hispalis, v. de Bétique, auj. Séville ‖ **Hispālĭenses**, *ĭum*, m. pl., les hab. d'Hispalis.

Hispānē, adv., à l'espagnole ‖ **Hispāni**, *ōrum*, m. pl., les Espagnols ‖ **Hispānĭa**, *æ*, f., l'Espagne, ~ *citerior* : la Tarraconnaise ; ~ *ulterior* : la Bétique et la Lusitanie ‖ **Hispānĭcus**, *a, um*, d'Espagne ‖ **Hispānensis (~ĭensis)**, *e*, adj., qui a rapport à l'Espagne ‖ **Hispānus**, *a, um*, d'Espagne, espagnol.

Hispellātes, *ĭum*, m. pl., les hab. d'Hispellum, v. d'Ombrie.

hispĭdus, *a, um*, hérissé, rude, plein d'aspérités, raboteux.

histĕr, *tri*, V. *histrio*.

Histĕr, V. *Ister*.

histŏrĭa, *æ*, f., (mot grec = recherche, enquête), 1. recherche, connaissance ; 2. histoire, relation historique, *historiæ Græcæ* : l'histoire grecque, ~ *Romana* : l'histoire de Rome, mais ~ *Græca* : une histoire écrite en grec ; 3. récit, histoire ; fig., fable, racontar.

histŏrĭālis, *e*, adj., historique.

① **histŏrĭcē**, adv., historiquement.

② **histŏrĭcē**, *ēs*, f., explication des auteurs.

histŏrĭcus, *a, um*, qui a rapport à l'histoire, historique ; subst. m., *historicus, i*, historien.

histŏrĭŏgrăphus, *i*, m., historiographe, historien.

Histri, Histria, V. *Istri, Istria*.

histrĭcus, *a, um*, d'histrions, de comédiens (jeu de mots avec *Istricus*, PL.).

Histrĭcus, V. *Istricus*.

histrĭo, *ōnis*, m., histrion, comédien, acteur ; mime.

histrĭōnālis, *e*, adj., qui a rapport au métier de comédien.

histrĭōnĭa, *æ*, f., art ou métier d'acteur.

histrĭōnĭcus, *a, um*, d'acteur, de comédien.

Histrus, V. *Istrus*.

hĭulcē, adv., d'une manière heurtée (élocution).

hĭulco, *ās*, *āre*, tr., fendre, crevasser.

hĭulcus, *a*, *um*, **1.** fendu, crevassé, ouvert, béant ; qui fait hiatus ; **2.** qui attend la bouche ouverte, qui désire vivement ; **3.** qui fend.

hoc, **1.** V. *hic*, *hæc*, *hoc* ; **2.** V. *huc*.

hŏdĭē (hōc dĭē), adv., en ce jour, aujourd'hui ; ext., maintenant, actuellement ; sur-le-champ.

hŏdĭernus, *a*, *um*, de ce jour, d'aujourd'hui ; ext., de maintenant.

hœd~, V. *hæd~*.

hŏlĭtŏr, V. *olitor*.

Hŏlo, *ōnis*, f., Holon, v. de Bétique.

hŏlŏcaustum, *i*, n., holocauste (= ce qui est brûlé entièrement).

hŏlŏsērĭcātus, *a*, *um*, tout habillé de soie (= luxueusement vêtu).

hŏlŭs, V. *olus*.

Hŏmērĭcus, *a*, *um*, d'Homère, homérique ‖ **Hŏmērĭda**, *æ*, m., imitateur d'Homère ‖ **Hŏmērista**, *æ*, m., homériste, rhapsode ‖ **Hŏmērĭus**, *a*, *um*, d'Homère ‖ **Hŏmērus**, *i*, m., Homère (VIIIᵉ s. av. J.-C.), poète de « L'Iliade » et de « L'Odyssée ».

hŏmĭcīda, *æ*, m., homicide, meurtrier.

hŏmĭcīdālis, *e*, adj., qui a trait à l'homicide.

hŏmĭcīdĭum, *ĭi*, n., homicide, meurtre.

hŏmīlētĭcus, *a*, *um*, chr., homilétique.

hŏmīlĭa, *æ*, f., chr., homélie, discours familier.

hŏmŏ, *ĭnis* (= le terrestre, cf. *humus*), m., **1.** homme (opp. à dieu ou à animal), ~ *adulescens*, ~ *senex* : jeune homme, vieillard, *nemo* ~ : personne, *inter homines esse* : être vivant ; *odium hominis* : un être détestable ; **2.** homme (personnalité, caractère), *si vis* ~ *esse* : si tu veux être un homme ; **3.** homme (remplaçant un dém.), *nosti os hominis* : tu connais sa figure, *valde hominem diligo* : j'ai pour l'homme (lui) une grande affection.

hŏmœŏmĕrīa, *æ*, f., égalité des parties.

hŏmœūsĭŏs (~ousĭŏs), *ŏn*, adj., chr., consubstantiel.

Hŏmŏlē, *ēs*, f., Homolé, mt. de Thessalie.

Hŏmŏlĭum, *ĭi*, n., Homolium, v. de Thessalie.

Homonadenses, *ĭum*, m. pl., Homonadiens, peuple de Cilicie.

hŏmōnŷmē, adv., par homonymie.

hŏmōnŷmus, *a*, *um*, homonyme.

hŏmullus, *i*, **hŏmuncĭo**, *ōnis*, **hŏmuncŭlus**, *i*, m., misérable petit homme, petit homme.

hŏnestāmentum, *i*, n., parure, ornement.

hŏnestās, *ātis*, f., **1.** estime, considération ; au pl., *honestates* : distinctions honorifiques ; notabilités ; **2.** honnêteté, honorabilité, dignité, honneur, noblesse ; vertu, beauté, charme.

hŏnestē, adv., [~*tius*, ~*tissime*], **1.** honnêtement, noblement, décemment, avec dignité ; **2.** de façon honorable, ~ *natus* : bien né ; **3.** convenablement, correctement, bien.

hŏnesto, *ās*, *āre*, tr., honorer, distinguer ; gratifier.

hŏnestum, *i*, n., le bien, la moralité, la vertu.

hŏnestus, *a*, *um*, [~*tior*, ~*tissimus*], **1.** honorable, distingué, bienséant, convenable, digne ; **2.** qui donne de la considération, honorable, *honesto loco natus* : d'une bonne naissance, *vir* ~ : homme de situation honorable ; **3.** honnête, moral, vertueux ; bien fait, beau.

hŏnŏr, V. *honos*.

hŏnōrābĭlis, *e*, adj., [~*lior*], qui fait honneur ; qui mérite de l'honneur.

hŏnōrārĭus, *a*, *um*, qui se fait ou se donne pour faire honneur, à titre d'honneur, d'où : honoraire, gratuit ; subst. n., *honorarium*, *ii*, n., **1.** honoraires que paie le nouveau titulaire d'une charge ; **2.** cadeau.

hŏnōrātē, adv., [~*tius*, ~*tissime*], honorablement, par honneur.

hŏnōrātus, *a*, *um*, part. adj., [~*tior*, ~*tissimus*], **1.** considéré, honoré, digne d'honneur ; **2.** qui a occupé ou occupe de hautes charges.

hŏnōrĭfĭcē, adv., [~*centius*, ~*centissime*], avec honneur, honorablement.

hŏnōrĭfĭco, *ās*, *āre*, tr., honorer.

hŏnōrĭfĭcus, *a*, *um*, [~*ficentior*, ~*ficentissimus*], qui honore, rend hommage, honorifique.

hŏnōrĭgĕr, *gĕra*, *gĕrum*, qui procure de l'honneur.

Hŏnōrīnus, *i*, m., dieu de l'honneur.

hŏnōrĭpĕta, *æ*, m., celui qui recherche les distinctions.

Hŏnōrĭus, *ĭi*, m., Honorius, fils de Théodose, empereur d'Occident (395-424).

hŏnōro, *ās*, *āre*, tr., **1.** honorer, rendre honneur ; **2.** distinguer, récompenser ; **3.** fêter, parer, orner.

hŏnōrus, *a*, *um*, qui procure de l'honneur, honorable ; distingué, noble.

hŏnōs et **hŏnŏr**, *ōris*, m., **1.** charge honorifique, charge, magistrature, *honore acto* : au sortir de charge, *cursus honorum* : carrière des honneurs, *honoribus amplissimis perfunctus* : ayant rempli les plus hautes fonctions ; **2.** récompense honorifique ; salaire, honoraires ; **3.** témoignage honorifique, hommage, respect, honneur, *honorem alicui habere, tribuere* : témoigner du respect à qqn., *in honore habere* : avoir en grande considération, estimer beaucoup, *honoris causā, gratiā* : par respect, *mortis* ~ : les honneurs funèbres ; **4.** poét., honneur, ornement, parure.

Hŏnōs, *ōris*, m., l'Honneur (divinité).

hŏplītēs, *æ*, m., hoplite.

hŏplŏmăchus, *i*, m., gladiateur.

hōra, *æ*, f., **1.** heure, *primā horā* : à la première heure (entre 5 et 7 h), *in horam vivere* : vivre au jour le jour ; ~ *quota est ?* : quelle heure est-il ? ; au pl., *horæ, arum* : horloge, cadran ; *Horæ* : les Heures, divinités du temps et des saisons ; **2.** moment, saison ; temps, époque.

Hŏra et **Hōra**, *æ*, f., nom d'Hersilie, épouse de Romulus divinisée.

hōræus, *a, um*, de saison, frais.

Hŏrātĭa, *æ*, f., Horatia, sœur des trois Horaces ‖ **Hŏrātĭus**, *ĭi*, m., Horatius, Horace, nom de diff. pers., spéc., **1.** *Horatii* : les trois Horaces, opposés aux trois Curiaces ; **2.** Horatius Coclès, héros de la guerre contre les Étrusques ; **3.** Q. Horatius Flaccus, le poète Horace (65-8 av. J.-C.) ‖ **Hŏrātĭus**, *a, um*, d'Horace.

hordĕārĭus, *a, um*, relatif à l'orge ; fig., gonflé comme l'orge, boursouflé (iron.).

hordĕum, *i*, n., orge.

hōrĭa, *æ*, f., barque de pêcheur.

hōrĭŏla, *æ*, f., dim. du préc.

hŏrĭor, *tris, īri*, tr., exciter, stimuler.

hŏrĭtor, V. *hortor*.

hornō, adv., pendant l'année.

hornōtĭnus et **hornus**, *a, um*, de l'année.

hōrŏlŏgĭum, *ĭi*, n., horloge (cadran solaire ou clepsydre).

horrendus, *a, um*, à faire trembler, à faire peur ; **1.** horrible, effrayant ; **2.** qui inspire une terreur sacrée, redoutable.

horrens, *entis*, part. adj., hérissé.

horrentĭa, *æ*, f., horreur, frisson.

horrĕo, *ēs, ēre, horrŭi*, intr. et tr., **1.** être hérissé, rugueux ; être rude, durci ; se dresser ; **2.** frissonner, trembler, frémir, avoir horreur, redouter, *horret animus ne quid inconsulte fiat* : je tremble à la pensée qu'on ne commette qq. acte irréfléchi, Liv., ~ *crudelitatem alicujus* : être effrayé de la cruauté de qqn., ~ *referre* : reculer devant le récit de.

horresco, *ĭs, ĕre, horrŭi*, intr. et tr., **1.** se hérisser, se dresser ; **2.** frémir, reculer d'effroi, d'étonnement, redouter, *hor-*

resco referens : je frémis de le rappeler, Virg.

horrĕum, *i*, n., grenier, magasin, entrepôt, cellier.

Horrĕum, *i*, n., Horréum, v. d'Épire.

horrĭbĭlis, *e*, adj., [~*lior*], horrible, repoussant ; surprenant ; qui inspire une terreur sacrée.

horrĭbĭlĭtĕr, adv., [~*lius*], prodigieusement.

horrĭcŏmis, *e*, adj., au poil hérissé.

horrĭdē, adv., [~*dius*], d'une manière rugueuse, rude, grossière.

horrĭdŭlus, *a, um*, un peu hérissé ; fig., un peu raide, sans grande finesse.

horrĭdus, *a, um*, [~*dior*], **1.** hérissé, plein d'aspérités, rugueux, raboteux, épineux ; fig., inculte, grossier, sans art, négligé ; **2.** crispé, frissonnant, qui fait frissonner (de froid, de peur) ; effrayant, horrible, *horrida fata* : destinée terrible, *horridiore aspectu* : d'un aspect assez effrayant.

horrĭfĕr, *fĕra, fĕrum*, qui fait frissonner, horrible.

horrĭfĭcābĭlis, *e*, adj., qui cause de l'effroi.

horrĭfĭcē, adv., avec horreur (religieuse).

horrĭfĭco, *ās, āre*, tr., **1.** dresser, hérisser ; **2.** rendre terrible ; **3.** effrayer, terroriser.

horrĭfĭcus, *a, um*, **1.** hérissé ; **2.** horrible.

horrĭpĭlo, *ās, āre*, intr., **1.** se hérisser (cheveux) ; **2.** être saisi d'effroi, d'épouvante.

horrĭsŏnus, *a, um*, au bruit horrible.

horror, *ōris*, m., **1.** action de se hérisser, de se dresser, de se soulever, de trembler (cheveux, mer, terre) ; **2.** âpreté, rudesse ; **3.** frisson (froid, fièvre, peur), tressaillement ; **4.** effroi, épouvante, horreur ; terreur religieuse.

horsum, adv., de ce côté-ci (avec mvt.).

Hortălus, *i*, m., Hortalus, V. *Hortensius*.

hortāmĕn, *ĭnis*, n., exhortation, encouragement.

hortāmentum, *i*, n., (moyen d')encouragement.

hortātĭo, *ōnis*, f., action d'exhorter, exhortation, encouragement.

hortātīvus, *a, um*, rhét., fait pour exhorter.

hortātŏr, *ōris*, m., celui qui exhorte, encourage, instigateur ; celui qui harangue les soldats ; chef de nage.

hortātōrĭus, *a, um*, qui sert à exhorter.

hortātrix, *īcis*, f., celle qui exhorte, instigatrice.

hortātŭs, *ūs*, m., encouragement.

Hortensĭa, æ, f., Hortensia, fille d'Hortensius ‖ **Hortensĭānus** et **Hortensĭus,** *a, um,* d'Hortensius ‖ **Hortensĭus,** *ĭi,* m., Q. Hortensius Hortalus, célèbre orateur, ami de Cicéron.

Hortīnus, *a, um,* d'Horta, v. d'Étrurie.

horto, *ās, āre,* V. *hortor.*

hortor, *āris, āri,* tr., **1.** exhorter, exciter, encourager, pousser, engager à, ~ *aliquem ad diligentiam* : exhorter qqn. à l'activité, ~ *ut/ne* + subj., exhorter à, à ne pas, ~ *pacem* : conseiller la paix ; *multæ res ad hoc consilium hortabantur* : beaucoup de motifs poussaient à prendre cette décision ; **2.** mil., haranguer.

hortŭlānus, *a, um,* relatif au jardin ; subst. m., *hortulanus, i,* jardinier.

hortŭlus, *i,* m., petit jardin, jardinet.

hortus, *i,* m., **1.** enclos, enceinte, **2.** jardin, parc.

hospĕs, *ĭtis,* (cf. *hostis*), m. et f., **1.** qui donne l'hospitalité, hôte, hôtesse ; **2.** qui reçoit l'hospitalité, hôte ; ext., étranger ; adj., hospitalier, ami ; étranger, exotique.

hospĭtālis, *e,* adj., [~*lior,* ~*lissimus*], **1.** qui donne l'hospitalité, hospitalier, accueillant ; subst., n. pl., *hospitalia, ium,* égards dus à un hôte ; **2.** relatif à l'hôte, à l'hospitalité.

hospĭtālĭtĕr, adv., avec hospitalité, en ami.

hospĭtātŏr, *ōris,* m., hôte.

hospĭtĭŏlum, *i,* n., petit logement.

hospĭtĭum, *ĭi,* n., **1.** exercice de l'hospitalité, action de recevoir, *hospitio accipere, excipere* : héberger ; **2.** logis, hôtellerie, chambre d'hôte, ~ *renuntiare* : donner congé ; mil., cantonnement ; **3.** liens d'hospitalité, ~ *cum aliquo facere, jungere, conjungere* : nouer des liens d'hospitalité avec qqn.

hospĭto, *ās, āre,* et **hospĭtor,** *āris, āri,* intr., être hébergé.

hospĭtus, *a, um,* **1.** qui donne l'hospitalité, ami qui reçoit (pr. et fig.) ; subst. f., *hospita, æ,* hôtesse ; **2.** qui vient ou est reçu comme étranger, étranger ; subst. f., *hospita, æ,* étrangère.

hostĭa, *æ,* (cf. *hostio* ?), f., offrande expiatoire, victime sacrifiée.

hostĭātus, *a, um,* pourvu de victimes.

hostĭcum, *i,* n., territoire ennemi.

hostĭcus, *a, um,* **1.** étranger ; **2.** relatif à l'ennemi, ennemi.

hostĭfĭcus, *a, um,* hostile, pernicieux.

Hostīlĭa, *æ,* f., Hostilia, bourg de la Gaule Cisalpine.

Hostīlīna, *æ,* (cf. *hostio*), f., Hostilina, déesse qui égalise les épis ou compense exactement le travail accompli par le produit récolté.

hostīlis, *e,* adj., **1.** de l'ennemi, qui a rapport à l'ennemi, ~ *exercitus* : armée ennemie ; subst. n. pl., *hostilia, ium,* a) pays ennemi ; b) partie des entrailles attribuée à l'ennemi par les haruspices ; **2.** hostile, funeste.

hostīlĭtĕr, adv., en ennemi, hostilement.

Hostīlĭus, *ĭi,* m., Tullus Hostilius, 3ᵉ roi de Rome ‖ **Hostīlĭus,** *a, um,* d'Hostilius, *curia Hostilia* : la curie d'Hostilius, ancien lieu de réunion du sénat.

hostīmentum, *i,* n., compensation.

hostĭo, *īs, īre,* tr., rendre égal ; rendre la pareille, donner en retour.

hostis, *is,* m. et f., **1.** qui est du dehors, étranger ; poét., hôte ; **2.** étranger qui porte les armes contre la patrie, ennemi de la patrie, *cives hostesque* : citoyens et ennemis ; ext., ennemi, adversaire déclaré, ~ *diis hominibusque* : ennemi juré des dieux et des hommes ; **3.** adversaire, rival ; **4.** pièce d'un jeu d'échecs.

hūc, adv., (le lieu proche où l'on va, avec mvt.) ici, en ce lieu, vers moi, *accede huc ad me* : viens ici près de moi ; ce point, jusque-là, *rem huc deduxi ut* : j'en suis arrivé à ce point que ; à cela, pour cela, *accedat huc* : qu'on ajoute à cela ; *huc et illuc, huc illuc* : çà et là.

hūcĭnĕ, adv. interr., jusqu'à ce point, si loin ?

hūcusquĕ, adv., jusqu'ici, vers ce point (avec mvt.).

hŭi ! interj., (étonnement, dépit) ah ! comment ! quoi !

hūjuscĕmŏdĭ, gén. adv., de cette manière précisément.

hūjusmŏdĭ, gén. adv., de cette manière.

hūmānē, adv., [~*nissime*], **1.** humainement, comme il sied à un homme ; **2.** avec modestie, résignation ; **3.** avec douceur, bienveillance, affabilité.

hūmānĭtās, *ātis,* f., **1.** humanité, nature humaine, sentiments humains ; le genre humain ; **2.** douceur, dévouement, affabilité ; **3.** culture intellectuelle, civilisation ; **4.** convenances, politesse, délicatesse.

hūmānĭtĕr, adv., [~*nius,* ~*nissime*], **1.** humainement, en homme ; **2.** avec affabilité, courtoisie.

hūmānĭtŭs, adv., humainement, conformément à la nature humaine, *si quid mihi ~ accidisset* : s'il m'arrivait ce qui arrive à l'homme = si je venais à mourir.

hūmānum, *i,* n., la condition humaine ; au pl., *humana, orum,* les choses humaines, le sort de l'homme.

hūmānus, *a, um,* (cf. *homo, humus*), [~*nior,* ~*nissimus*], **1.** de l'homme, humain, *humanum genus* : genre humain, *humanum scelus* : crime contre les hommes ; *homo sum* : *humani nihil a me alienum puto* : je suis homme : j'estime que rien de ce qui est humain ne m'est étranger, TÉR. ; **2.** qui est conforme, convient à la nature humaine ; **3.** bienveillant envers les hommes, doux, affable, complaisant ; **4.** cultivé, poli, civilisé.

hŭmātĭo, *ōnis* (cf. *humus*), f., inhumation, enterrement.

hŭmātŏr, *ōris*, m., celui qui enterre.

hŭmecto, *ās*, *āre*, (cf. *humeo*), et **hŭmēfăcĭo**, *ĭs*, *ĕre*, tr., mouiller, humecter, arroser.

hŭmĕo, *ēs*, *ēre*, intr., être humide.

hŭmĕrāle, *is*, n., vêtement pour les épaules.

hŭmĕrŭlus, *i*, m., petite épaule.

hŭmĕrus, *i*, m., épaule ; épaulement.

hŭmesco, *ĭs*, *ĕre*, intr., devenir humide.

hŭmī, V. *humus*.

hŭmĭdē, adv., avec humidité.

hŭmĭdŭlus, *a*, *um*, un peu humide.

hŭmĭdus, *a*, *um*, [*~dior*], humide, mouillé ; subst. n. pl., *humida, ōrum*, lieux humides.

hŭmĭfĕr, *fĕra*, *fĕrum*, humide.

hŭmĭfĭco, *ās*, *āre*, tr., humecter.

hŭmĭgātus (**ūmĭ~**), *a*, *um*, humidifié, mouillé.

hŭmĭlĭātĭo, *ōnis*, f., chr., humiliation.

hŭmĭlĭfĭco, V. le suiv.

hŭmĭlĭo, *ās*, *āre*, tr., chr., humilier.

hŭmĭlis, *e*, (cf. *humus*), adj., [*~ilior*, *~illimus*], **1.** qui est au sol, peu élevé, bas, petit, peu profond, *avis volat ~* : l'oiseau vole en rasant la terre, VIRG. ; **2.** adj. et subst., fig., humble, bas (condition sociale), faible, commun, de peu de valeur, *humilibus parentibus natus* : né de parents obscurs ; ~ *civitas* : cité sans importance ; *humilia (verba)* : expressions vulgaires ; ~ *sermo* : conversation familière ; **3.** abattu, soumis, résigné, *consulum humiles mentes* : le découragement des consuls ; vil, servile.

hŭmĭlĭtās, *ātis*, f., **1.** état d'une chose peu élevée, bassesse, petite taille ; **2.** bassesse de condition, de rang ; insignifiance ; **3.** abattement, découragement ; **4.** extérieur humble, attitude modeste, humilité.

hŭmĭlĭtĕr, adv., [*~ilius*, *~illime*], **1.** à peu de distance du sol, bas ; **2.** servilement, bassement, lâchement ; **3.** chr., avec humilité.

hŭmĭlĭto, *ās*, *āre*, tr., humilier, rabaisser.

hŭmo, *ās*, *āre*, tr., mettre en terre, inhumer, enterrer, ensevelir.

hūmŏr, *ōris*, m., toute sorte de liquide, eau, humeur, humidité.

hūmōrōsus, *a*, *um*, plein d'humidité.

hŭmus, *i*, (même R. que *homo*), f., **1.** terre, sol, terrain ; *humi* : à terre, *jacere humi* : être étendu à terre, *humo sedere* : être assis par terre, *humo surgere* : se lever de terre ; **2.** contrée, pays.

Hunni, *ōrum*, m. pl., Huns.

Hўăcinthĭa, *ōrum*, n. pl., les Hyacinthies, fêtes en l'honneur d'Hyacinthe et d'Apollon ‖ **hўăcinthĭnus**, *a*, *um*, **1.** d'Hyacinthe ; **2.** de couleur d'hyacinthe ‖ **Hўăcinthus**, *i*, m., Hyacinthe, jeune Lacédémonien aimé d'Apollon qui le tua par mégarde et le métamorphosa en fleur ‖ **hўăcinthus**, *i*, m., hyacinthe.

Hўădes, *um*, f. pl., les Hyades, groupe de 7 étoiles.

Hўagnis, *ĭdis*, m., Hyagnis, père du Silène Marsyas.

Hўălē, *ēs*, f., Hyalé, nymphe.

hўălus, *i*, m., verre ; couleur de verre.

Hўampŏlis, *is*, f., Hyampolis, v. de Phocide.

Hўantēus, **Hўantĭus**, *a*, *um*, des Hyantes, des Béotiens ‖ **Hўantĭus**, *ĭi*, m., Hyante (Actéon).

Hўărōtis, *ĭdis*, m., Hyarotis, fl. de l'Inde.

Hўas, *antis*, m., Hyas, fils d'Atlas et frère des Hyades.

Hżbla, *æ*, et **Hżblē**, *ēs*, f., Hybla, mt. et v. de Sicile ‖ **Hżblæus**, *a*, *um*, de l'Hybla ‖ **Hżblenses**, *ĭum*, m. pl., les hab. d'Hybla.

hżbrĭda, V. *hibrida*.

Hżdaspēs, *is*, m., Hydaspe, **1.** fl. de l'Inde ; ext., Orient ; **2.** nom d'un esclave indien ; **3.** nom d'un Troyen.

hżdr~ ou **hżdr~**, V. les mots suiv.

hydra, *æ*, f., hydre, serpent d'eau ; monstre infernal à cent têtes (l'hydre de Lerne).

Hydra, *æ*, f., **1.** Hydra, mère de Cerbère ; **2.** l'Hydre (constellation).

hydraula, **hydraulēs**, *æ*, m., joueur d'orgue hydraulique.

hydraulus, *i*, m., orgue hydraulique.

hydrĭa, *æ*, f., cruche à eau ; urne.

hydrĭus, *a*, *um*, d'eau.

Hydrŏchŏus, *i*, m., le Verseau.

hydrŏmantĭa, *æ*, f., hydromancie, divination par l'eau.

hydrŏmantis, *is*, m., celui qui pratique l'hydromancie.

hydrops, *ŏpis*, m., hydropisie.

hydrus, *i*, m., serpent d'eau, serpent.

Hydrus, *untis*, f., et **Hydruntum**, *i*, n., Hydronte, v. de Calabre, auj. Otrante.

Hўgīa, *æ*, f., Hygie, déesse de la santé.

Hўgīnus, *i*, m., Hygin, fabuliste du Ier s. av. J.-C.

Hўlactŏr, *ŏris*, m., Hylactor, chien d'Actéon.

Hўlæus, *i*, m., Hylée, centaure tué par Atalante ou par Thésée ‖ **Hўlæus**, *a*, *um*, d'Hylée.

Hўlās, *æ*, m., Hylas, ami d'Hercule, enlevé par les nymphes, éprises de sa beauté.

hўlē, *ēs*, f., matière, matériau (mot grec).

Hўlēs, *æ*, m., Hylès, centaure.

Hўleūs, *ĕi*, m., Hylée, chasseur du sanglier de Calydon.

Hyllus, *i*, m., Hyllus, fils d'Hercule et de Déjanire.

Hўlŏnŏmē, *ēs*, f., Hylonomé, centauresse, épouse de Cyllarus.

Hўmēn, *ĕnis*, m., Hymen, dieu du mariage ; chant d'hyménée ‖ **hўmēnæus**, *i*, m., chant d'hyménée ; cortège de la fiancée ; noce, mariage ‖ **Hўmēnæus**, *i*, V. *Hymen*.

Hўmettĭus, *a*, *um*, de l'Hymette ‖ **Hўmettos** et **Hўmettus**, *i*, m., Hymette, mt. de l'Attique, célèbre pour le miel de ses abeilles.

hymnĭfĕr, *fĕra*, *fĕrum*, qui chante des hymnes.

hymnĭo, *īs*, *īre*, intr., chr., chanter des hymnes.

Hymnis, *ĭdis*, f., Hymnis, nom d'une courtisane grecque.

hymnĭzo, *ās*, *āre*, intr., chr., V. *hymnio*.

hymnus, *i*, m., hymne.

Hўpæpa, *ŏrum*, n. pl., Hypépa, bourgade de Lydie ‖ **Hўpæpēni**, *ŏrum*, m. pl., les hab. d'Hypépa.

Hўpănis, *is*, m., Hypanis, fl. de Sarmatie.

Hўpāsis, *is*, m., Hypasis, fl. de l'Inde.

Hўpăta, *æ*, f., Hypata, v. de Thessalie ‖ **Hўpătæi**, *ŏrum*, m. pl., les hab. d'Hypata ‖ **Hўpătæus**, *a*, *um*, d'Hypata ‖ **Hўpătensis**, *e*, adj., d'Hypata.

hўperbŏlē, *ēs*, f., hyperbole.

hўperbŏlĭcē, adv., hyperboliquement.

Hўperbŏrĕānus, *a*, *um*, hyperboréen ‖ **Hўperbŏrĕi**, *ŏrum*, m. pl., les Hyperboréens, peuple myth. du N. ‖ **hўperbŏrĕus**, *a*, *um*, hyperboréen, glacial.

Hўpĕrīdēs, *is*, m., Hypéride, orateur athénien.

Hўpĕrīōn, *ŏnis*, m., Hypérion, Titan, fils d'Uranus et de la Terre, père du Soleil ; le Soleil.

Hўpermnestra, *æ*, et **Hўpermnestrē**, *ēs*, f., Hypermnestre, la plus jeune des Danaïdes.

Hypnus, *i*, m., Hypnus, nom d'un esclave.

Hўpŏbŏlĭmæus, *i*, m., « L'Enfant supposé », comédie de Ménandre.

hўpŏbrўchĭum, *ĭi*, n., tourbillon, gouffre.

hўpŏcauston et **hўpŏcaustum**, *i*, n., hypocauste, système de chauffage par le sous-sol.

hўpŏcrĭta et **hўpŏcrĭtēs**, *æ*, m., mime, comédien.

hўpŏdĭdascălus, *i*, m., précepteur-adjoint.

hўpŏgæum (~**gēum**), *i*, n., caveau, hypogée.

hўpŏthēca, *æ*, f., hypothèque.

Hypsĭpўla, *æ*, et **Hypsĭpўlē**, *ēs*, f., Hypsipyle, fille de Thoas, roi de Lemnos ‖ **Hypsĭpўlæus**, *a*, *um*, d'Hypsipyle.

Hyrcāni, *ŏrum*, m. pl., Hyrcaniens, hab. de l'Hyrcanie ‖ **Hyrcānĭa**, *æ*, f., Hyrcanie, région d'Asie, près de la mer Caspienne.

Hўrĭē, *ēs*, f., Hyrié, v. et lac de Béotie ‖ **Hўrĭeūs**, *ĕi*, m., Hyriée, père d'Orion et fondateur d'Hyrié ‖ **Hўrĭeūs**, *a*, *um*, d'Hyriée.

Hyrtăcĭdēs, *æ*, m., l'Hyrtacide : Nisus, fils d'Hyrtacus ‖ **Hyrtăcus**, *i*, m., Hyrtacus, nom d'un Troyen.

Hystaspēs, *is*, m., Hystaspe, père de Darius Ier.

hystĕrĭcus, *i*, m., et **hystĕrĭca**, *æ*, f., hystérique.

hystrĭcōsus, *a*, *um*, dangereux.

hystrĭcŭlus, *a*, *um*, au poil épais et rude.

I

I, i, f. et n., indécl., i, **1.** neuvième lettre de l'alph. latin ; **2.** abr., *IMP* : *imperator* ; I = *unus, primus.*

Ī, impér. 2ᵉ pers. sg. de *eo* : va !

Iacchus, *i*, m., Iacchus, nom de Bacchus ; fig., le vin.

Iæra, *æ*, f., Iéra, nom d'une nymphe.

Iălўsĭus, *a, um*, d'Ialysos ; rhodien ‖ **Iălўsos,** *i*, m., Ialysos, **1.** v. de Rhodes ; **2.** nom d'h.

iambēus, *a, um*, iambique.

iambĭcus, *i*, m., poète iambique, satirique.

iambus, *i*, m., iambe (pied composé d'une brève suivie d'une longue) ; poème iambique.

Iamĭdæ, *ārum*, m. pl., Iamides, descendants d'Iamos, « l'enfant aux violettes », fils d'Évadné et d'Apollon, devin célèbre.

Iamphŏrynna, *æ*, f., Iamphorynna, v. de Thrace.

ianthĭnus, *a, um*, couleur de violette ; subst. n. pl., *ianthina, orum*, vêtements violets.

Iăpĕtĭŏnĭdēs, *æ*, m., descendant de Japet ‖ **Iăpĕtus,** *i*, m., Japet, Titan, fils du Ciel et de la Terre, père d'Atlas, de Prométhée et d'Épiméthée.

Iăpўdes, *um*, m. pl., Iapydes, peuple d'Illyrie ‖ **Iăpўdĭa,** *æ*, f., Iapydie.

Iăpўgĭa, *æ*, f., Iapygie, contrée de l'Italie du S. (Apulie ou Calabre) ‖ **Iăpўgĭus,** *a, um*, d'Iapygie.

Iăpys, *ўdis*, adj., du pays des Iapydes.

Iăpyx, *ўgis*, m., Iapyx, **1.** fils de Dédale, qui donna son nom à l'Iapygie ; **2.** Troyen aimé d'Apollon, médecin d'Énée ; **3.** fl. et vent d'Apulie ‖ **Iăpyx,** *ўgis*, adj., d'Iapyx.

Iarba(s), *æ*, m., Iarbas, roi de Mauritanie, prétendant de Didon ‖ **Iarbīta(s),** *æ*, m., sujet d'Iarbas, Mauritanien.

Iardănis, *ĭdis*, f., la fille d'Iardanus, Omphale.

Iăsĭdēs, *æ*, m., descendant d'Iasius ‖ **Iăsĭōn,** *ōnis*, m., Iasion ou Iasius, **1.** fils de Jupiter et d'Électre, frère de Dardanos, aimé de Cérès ; **2.** roi d'Étrurie ‖ **Iăsis,** *ĭdos*, f., la fille d'Iasius, Atalante ‖ **Iăsĭus,** *ĭi*, m., **1.** V. *Iasion* ; **2.** nom de diff. pers.

Iăsōn, *ŏnis*, m., Jason, **1.** époux de Médée, chef des Argonautes ; **2.** tyran de Phères, en Thessalie ‖ **Iăsŏnĭdēs,** *æ*, m., descendant de Jason ‖ **Iăsŏnĭus,** *a, um*, de Jason.

Iassenses, *ĭum*, et **Iassĭi,** *ōrum*, m. pl., les hab. d'Iassus ‖ **Iassus** et **Iāsus,** *i*, f., Iassus, v. de Carie.

iătrălipta et **iătrăliptēs,** *æ*, m., masseur.

Iāzyges, *um*, m. pl., Iazyges, peuple sarmate ‖ **Iāzyx,** *ĭgis*, m., Iazyge.

ibam, impf. de *eo.*

Ibēr, *ēris*, m., Ibère ‖ **Ibēres,** *um*, m. pl., les Ibères, hab. de l'Ibérie ‖ **Ibērĭa,** *æ*, f., Ibérie, **1.** ancien nom de l'Espagne ; **2.** région d'Asie ‖ **Ibērĭăcus** et **Ibērĭcus,** *a, um*, d'Ibérie, d'Espagne ‖ **Ibērus,** *i*, m., l'Èbre, fl. de Tarraconnaise.

ĭbī (ĭbĭ), adv., ici, en ce lieu (sans mvt.) ; en ce moment, alors ; dans ce cas.

ĭbīdem, adv., ici même, là même (sans mvt.) ; dans ce même cas.

ĭbĭdum, adv., là.

ĭbis, *is* ou *ĭdis*, f., ibis.

ĭbo, fut. de *eo.*

ĭbus = *iis*, dat. et abl. pl. de *is, ea, id.*

Ibўcus, *i*, m., Ibycus, **1.** poète grec (IVᵉ s. av. J.-C.) ; **2.** nom d'h.

Ĭcădĭōn, *ŏnis*, et **Ĭcădĭus,** *ĭi*, m., Icadion, pirate.

Ĭcărĭōtis, *ĭdis*, f., la fille d'Icarius, Pénélope ; adj., d'Icarius, de Pénélope ‖ **Ĭcărĭus,** *a, um*, d'Icarius ; d'Icare ‖ **Ĭcărĭus,** *ĭi*, m., Icarius, **1.** père d'Érigone ; **2.** père de Pénélope ‖ **Ĭcărus,** *i*, m., Icare, **1.** fils de Dédale, **2.** V. *Icarius.*

Ĭcĕlus, *i*, m., Icélus, dieu des cauchemars.

Icēni, *ōrum*, m. pl., Icènes, peuple de Bretagne.

ichneumōn, *ŏnis*, m., ichneumon, rat d'Égypte.

Ichnŏbātēs, *æ*, m., Ichnobatès, chien d'Actéon.

īcĭo et **īco,** *īs, ĕre, īci, ictum*, tr., **1.** frapper (pr. et fig.) ; **2.** conclure (un traité).

īcōn, *ŏnis*, f., portrait.

īcŏnĭcus, *a, um*, fait d'après nature.

īcŏnismus, *i*, m., portrait, représentation fidèle.

Ĭcŏnĭum, *ĭi*, n., Iconium, v. de Lycaonie.

ictĕrĭcus, *a, um*, qui a la jaunisse.

ictis, *ĭdis*, f., furet.

① ictus, *a, um*, V. *icio.*

② **ictŭs**, *ūs*, m., coup, choc, heurt (pr. et fig.), *sub ictu, extra ictum esse* : être en danger, être hors d'atteinte ; rhét., trait brillant ; mus., jeu des doigts (sur un instrument à cordes), battement de la mesure.

Icŭlisma, *æ*, f., Iculisma, v. d'Aquitaine, auj. Angoulême.

īcuncŭla, *æ*, f., statuette.

Ĭda, *æ*, et **Ĭdē**, *ēs*, f., Ida, **1.** mt. de Phrygie, où eut lieu le jugement de Pâris ; **2.** mt. de Crète, où naquit Jupiter ‖ **Idæus**, *a*, *um*, du mt. Ida, en Crète.

Ĭdălĭē, *ēs*, f., Idalie, surnom de Vénus adorée à Idalie ‖ **Idālĭum**, *ĭi*, n., Idalie, v. et promontoire de Chypre ‖ **Idālĭus**, *a*, *um*, d'Idalie, de Chypre, de Vénus.

idcircō, adv., pour cette raison, *si..., non idcirco* : si..., ce n'est pas une raison pour.

ĭdĕa, *æ*, f., idée, idéal, prototype.

īdem, *ĕădem*, *ĭdem*, *ējusdem*, pr.-adj. dém., le même, la même, *eodem modo* : de la même façon, *unus et idem* : un seul et même ; *philosophus idemque poeta* : à la fois philosophe et poète, *fortis idemque saevus* : courageux mais en même temps cruel ; *idem qui, et, ac, ut, quasi* : le même que, *eodem patre mecum genitus* : né du même père que moi.

ĭdentĭdem, adv., à plusieurs reprises, sans cesse.

ĭdĕō, adv., pour cela, *ideo... quia* : pour cette raison que, parce que, *ideo... ut* : pour que.

ĭdĭōta et **ĭdĭōtēs**, *æ*, m., qui n'est pas initié, profane, ignorant.

ĭdĭōtĭcus, *a*, *um*, ignorant, maladroit.

ĭdĭōtismŏs, *i*, m., idiotisme.

Idistavisum, *i*, n., Idistavisum, plaine de Germanie.

Idmōn, *ŏnis*, m., Idmon, **1.** père d'Arachné ; **2.** nom de diff. pers. ‖ **Idmŏnĭus**, *a*, *um*, d'Idmon.

īdōlĭcus, *a*, *um*, chr., d'idole.

īdōlŏlătrēs, *æ*, m., chr., idolâtre.

īdōlŏlătrīa, *æ*, f., chr., idolâtrie.

īdōlŏlătris, *ĭdis*, f., chr., femme idolâtre.

īdōlŏthўtus, *a*, *um*, chr., offert aux idoles.

īdōlum, *i*, n., **1.** image, spectre, fantôme ; **2.** représentation, idée ; **3.** chr., idole.

Ĭdŏmĕneūs, *ĕi* ou *ĕos*, m., Idoménée, **1.** roi de Crète ; **2.** élève d'Épicure.

Ĭdŏmĕnĭus, *a*, *um*, d'Idomène, v. de Macédoine.

ĭdōnēē, adv., [~*nius*], convenablement.

ĭdōnĕĭtās, *ātis*, f., convenance, aptitude.

ĭdōnĕus, *a*, *um*, **1.** bon pour, convenable, capable de, approprié à, *tempus idoneum*

---

ad eam rem : temps favorable à cette occupation, *locus ~ castris* : lieu approprié pour établir un camp ; **2.** capable, digne, méritant, ~ *homo* : un homme capable, compétent ; *idonei (homines)* : hommes de mérite.

īdŏs, n., aspect, forme (mot grec).

īdum ! = *i dum* = va donc !

Ĭdūmæa, *æ*, et **Ĭdūmē**, *ēs*, f., Idumée, région de Palestine ‖ **Idūmæus**, *a*, *um*, d'Idumée, iduméen, de Palestine.

īdūs, *ŭum*, f. pl., Ides, division du mois rom. : le 13, ou le 15 (en mars, mai, juillet, octobre) du mois, *postridie Id(us) Jan(uarias)* : le lendemain des Ides de janvier (le 14 janvier), *a(nte) d(iem) III Id(us) Mart(ias)* : le troisième jour avant les Ides de mars (le 13 mars).

Ĭdўïa, *æ*, f., Idyia, mère de Médée.

īdyllĭum, *ĭi*, n., idylle, poème pastoral.

Iĕrĕmĭās, **Iĕrĭchō**, V. *Jer~*.

Iĕrŏsŏlўma, V. *Hierosolyma*.

Iēsūs, V. *Jesus*.

Ĭgĭlĭum, *ĭi*, n., Igilium, île de la mer Tyrrhénienne.

ĭgĭtŭr, adv., **1.** alors, dans ce cas ; **2.** donc, en conséquence.

ignārus, *a*, *um*, (R. *gna~/gno~*), [~*rissimus*], **1.** qui ne sait pas, ignorant, *me ignaro* : à mon insu, ~ *ante malorum* : oublieux des maux passés ; **2.** inconnu, ignoré, *ignari montes* : monts inconnus.

ignāvē, adv., [~*vius*], mollement, sans énergie ; lâchement.

ignāvesco, *ĭs*, *ĕre*, intr., devenir inerte, paresseux.

ignāvĭa, *æ*, f., mollesse, apathie ; lâcheté.

ignāvĭtĕr, V. *ignave*.

ignāvus, *a*, *um*, (cf. *navus*), [~*vior*, ~*vissimus*], **1.** mou, indolent, sans énergie, paresseux ; inefficace, inutile ; qui rend mou ; **2.** subst. m., *ignavus, i*, lâche.

ignĕŏlus, *a*, *um*, assez ardent.

ignesco, *ĭs*, *ĕre*, intr., prendre feu, s'embraser (pr. et fig.).

ignĕus, *a*, *um*, de feu ; enflammé, brûlant (pr. et fig.).

ignĭcŏmus, *a*, *um*, à la chevelure de feu.

ignĭcŭlus, *i*, m., petit feu, flamme, étincelle ; fig., vivacité ; au pl., *igniculi, orum*, étincelles, germes.

ignĭfĕr, *fĕra*, *fĕrum*, qui porte le feu, enflammé.

ignĭflŭus, *a*, *um*, qui répand des torrents de feu.

ignĭgĕna, *æ*, m., né du feu (Bacchus).

ignīnus, *a*, *um*, qui se tient dans le feu.

ignĭo, *ĭs*, *īre*, tr., allumer, embraser.

ignĭpēs, *pĕdis*, adj., aux pieds de feu, rapide.

ignĭpŏtens, *entis*, adj., qui a la maîtrise du feu (Vulcain).

ignis, *is*, m., 1. feu, *ignem concipere, comprehendere* : prendre feu, *igni ferroque vastare* : ravager par le fer et le feu ; brandon, étincelle ; fig., feu, ardeur, flamme, amour ; 2. couleur, lumière, éclat.

ignītŭlus, *a*, *um*, assez enflammé.

ignītus, *a*, *um*, part. adj., enflammé, brûlant.

ignōbĭlis, *e*, (R. *gna~/gno~*), adj., [~*lior*, ~*lissimus*], 1. inconnu, obscur ; 2. qui est de naissance obscure ; 3. bas, abject.

ignōbĭlĭtās, *ātis*, f., 1. défaut de renommée, obscurité ; 2. bassesse de naissance.

ignōbĭlĭto, *ās*, *āre*, tr., déconsidérer.

ignōmĭnĭa, *æ*, f., ignominie, déshonneur, flétrissure, honte, infamie.

ignōmĭnĭōsus, *a*, *um*, [~*sissimus*], 1. ignominieux, flétrissant, honteux ; 2. frappé de flétrissure, déshonoré.

ignōrābĭlis, *e*, adj., inconnu, ignoré.

ignōrābĭlĭtĕr, adv., d'une manière obscure.

ignōrantĕr, adv., par ignorance.

ignōrantĭa, *æ*, f., défaut de connaissance, ignorance.

ignōrātĭo, *ōnis*, f., fait ou action d'ignorer.

ignōro, *ās*, *āre*, (R. *gna~/gno~*), tr., ignorer, ne pas connaître ; ne pas reconnaître, méconnaître ; part., *ignoratus* : inconnu ; non aperçu, non découvert ; involontaire.

ignoscens, *entis*, part. adj., qui pardonne aisément, indulgent.

ignosco, *ĭs*, *ĕre*, *nōvi*, *nōtum*, (R. *gna~/gno~*), 1. ne pas connaître ; 2. (ne pas vouloir connaître) oublier, pardonner.

① **ignōtus**, *a*, *um*, V. *ignosco*.

② **ignōtus**, *a*, *um*, [~*tior*, ~*tissimus*], 1. inconnu, ignoré ; de naissance obscure ; 2. qui ne connaît pas, qui ignore.

Igŭvīnātes, *ĭum*, et **Igŭvīni**, *ōrum*, m. pl., les hab. d'Iguvium ‖ **Igŭvĭum**, *ĭi*, n., Iguvium, v. d'Ombrie, auj. Gubbio.

Īlerda, *æ*, f., Ilerda, v. de la Tarraconnaise, auj. Lérida.

Īlergăōnes, *um*, m. pl., Ilergaons, peuple de la Tarraconnaise ‖ **Īlergăōnis**, *e*, adj., des Ilergaons.

Īlergētes, *um*, m. pl., Ilergètes, peuple de la Tarraconnaise, cap. Ilerda.

īlex, *ĭcis*, f., yeuse, chêne vert.

Īlĭa, *æ*, f., Ilia ou Rhéa Silvia, mère de Romulus et Rémus.

īlĭa, *ĭum*, n. pl., flancs, ventre, entrailles.

Īlĭăcus, *a*, *um*, d'Ilion, de Troie ‖ **Īlĭădēs**, *æ*, m., 1. descendant d'Ilos, Troyen (Ganymède) ; 2. descendant d'Ilia, Romulus ou Rémus ‖ **Īlĭăs**, *ădos*, f., 1. Troyenne ; 2. « L'Iliade », poème d'Homère.

īlĭcet (= *īre lĭcet*), adv., (vous pouvez partir), 1. c'est trop tard, au diable ; 2. sur-le-champ.

īlĭcētum, *i*, n., bois d'yeuses.

īlĭcĕus, *a*, *um*, d'yeuse.

īlĭcō ou **illĭcō**, (*in loco*), adv., sur place ; sur-le-champ, tout de suite.

Īlĭenses, *ĭum*, m. pl., 1. les hab. d'Ilion ; 2. peuple de Sardaigne.

īlignus, *a*, *um*, d'yeuse.

Īlĭŏn, *ĭi*, n., 1. Ilion ou Troie, 2. Ilion, v. de Macédoine.

Īlĭŏna, *æ*, ou **Īlĭŏnē**, *ēs*, f., Ilioné, fille aînée de Priam, épouse du roi de Thrace Polymestor.

Īlĭŏs, *ĭi*, f., V. Ilion.

Īlīthўia, *æ*, f., Ilithye, déesse qui favorise les accouchements.

Īlĭturgi, *ōrum*, m. pl., Iliturgi, v. de Bétique, auj. Andujar ‖ **Īlĭturgītāni**, *ōrum*, m. pl., les hab. d'Iliturgi.

Īlĭum, *ĭi*, n., V. *Ilion* ‖ **Īlĭus**, *a*, *um*, d'Ilion, troyen ‖ **Īlĭi**, *ōrum*, m. pl., les Troyens.

illā, adv., par là ; de ce côté (avec mvt.).

illăbĕfactus, *a*, *um*, qui n'est pas ébranlé.

illābor, *ĕris*, *i*, *lapsus sum*, intr., tomber sur, se glisser dans, pénétrer, s'insinuer dans.

illăbōrātus, *a*, *um*, qui n'est pas travaillé ; qui n'a pas coûté de peine.

illăbōro, *ās*, *āre*, intr., travailler à.

illāc, adv., par là-bas ; là-bas.

illăcĕrābĭlis, *e*, adj., qu'on ne peut déchirer.

illăcessītus, *a*, *um*, qu'on n'a pas harcelé.

illăcrĭmābĭlis, *e*, adj., 1. qui n'est pas pleuré ; 2. inexorable.

illăcrĭmo, *ās*, *āre*, intr., pleurer sur, déplorer.

illăcrĭmor, *āris*, *āri*, intr. et tr., V. le préc.

illăcrĭmōsus, *a*, *um*, qu'on ne pleure pas.

illæsĭbĭlis, *e*, adj., qui ne peut être endommagé.

illæsus, *a*, *um*, qui n'a pas été blessé ou endommagé.

illætābĭlis, *e*, adj., dont on ne peut se réjouir.

illapsŭs, *ūs*, m., action de se glisser.

illăquĕo, *ās*, *āre*, tr., prendre dans des filets ; fig., enlacer, séduire.

illātĕnŭs, adv., jusqu'à ce point-là.

illātĭo, *ōnis*, (cf. *infero*), f., action d'apporter dans, contribution ; action de faire subir.

illātrix, *īcis*, f., celle qui est la cause de.

illātro, *ās, āre*, intr., aboyer contre.

illaudābĭlis, *e*, adj., qui ne doit pas être loué.

illaudātus, *a, um*, qui n'a pas été loué ; qui n'est pas digne d'être loué.

illautus, V. *illotus*.

ille, *illa, illud*, gén. *illīus*, dat. *illi*, pron.-adj. dém., indiquant l'éloignement dans l'espace ou dans le temps (opp. à *hic*), **1.** celui-là, celle-là, cela, d'où : *hic… ille* : celui-ci (dont je viens de parler, dont je vais te parler)… celui-là (dont j'ai parlé avant, dont je vais parler après), le premier… le second, l'un… l'autre ; (le plus loin de moi) lui, son, eux, leur, *ille homo* : l'homme que voilà, *ille gladius* : l'épée qui est là-bas, qu'il tient, son épée ; *paucis illis diebus* : peu de jours auparavant, poét. *ex illo* : depuis ce temps-là ; **2.** dans le style indir., désigne souvent la pers. à qui on s'adresse, *si quid ille se velit* : si lui (César) veut quelque chose de lui (Arioviste, qui parle) ; **3.** remplace souvent *hic* ; **4.** emphatique : ce fameux, ce grand, *illa Medea* : la fameuse Médée.

illĕcĕbra, *æ*, f., souvent au pl., **illĕcĕbræ**, *ārum*, appât, attrait, séduction, charme ; sortilèges, magie.

illĕcĕbro, *ās, āre*, tr., charmer, séduire.

illĕcĕbrōsē, adv., [~*sius*, ~*sissime*], d'une manière séduisante.

illĕcĕbrōsus, *a, um*, [~*sior*, ~*sissimus*], plein de séductions, attrayant.

illectāmentum, *i*, n., moyen de séduction.

illecto, *ās, āre*, tr., attirer, séduire.

① **illectus**, *a, um*, (cf. *lego*), non lu.

② **illectŭs**, *ūs*, m., (cf. *illicio*), séduction, appât.

illĕpĭdē, adv., sans grâce, sans finesse.

illĕpĭdus, *a, um*, qui est sans grâce, sans finesse.

① **illex**, *īcis*, (cf. *illicio*) adj., qui attire, séduit ; subst. f., appeau ; m. ou f., séducteur, séductrice.

② **illex**, *ēgis* (*in-lex*) adj., qui est sans lois, contraire à la loi.

illī, **1.** dat. sg. et nom. m. pl. de *ille* ; **2.** adv., en cet endroit-là.

illĭbābĭlis, *e*, adj., à qui on ne peut rien enlever, qu'on ne peut amoindrir.

illĭbātus, *a, um*, qui n'a pas été entamé, effleuré ; entier, intact.

illĭbĕrālis, *e*, adj., qui n'est pas digne d'un homme libre, peu noble, commun, grossier ; peu généreux, avare.

illĭbĕrālĭtās, *ātis*, f., conduite indigne d'un homme libre ; mesquinerie, petitesse.

illĭbĕrālĭtĕr, adv., sans noblesse ; peu généreusement, mesquinement.

illĭbĕris, *e*, adj., sans enfants.

① **illīc**, *illaec, illuc, illūsce*, V. *ille*, avec renforcement.

② **illīc**, adv., là, dans cet endroit-là (sans mvt.) ; dans l'autre monde ; chez ces gens-là ; en cela, en ce cas-là.

illĭcet, V. *ilicet*.

illĭcĭbĭlis, *e*, adj., qui attire, séduit.

illĭcĭo, *īs, ĕre, lexi, lectum*, tr., attirer, gagner, séduire, engager à, avec *ut* + subj., subj. seul, inf.

illĭcĭtātŏr, *ōris*, m., enchérisseur fictif.

illĭcĭtē, adv., d'une manière illicite.

illĭcĭtus, *a, um*, [~*tissimus*], illicite, illégitime.

illĭcō, V. *ilico*.

illīdo, *īs, ĕre, līsi, līsum*, (cf. *laedo*), tr., briser, heurter, pousser contre ; broyer, écraser.

illĭgo, *ās, āre*, tr., **1.** lier, attacher, adapter ; **2.** fig., enchaîner, engager, embarrasser.

illim, arch., V. *illinc*.

illinc, adv., de là-bas, de ce côté-là.

illĭnĭo, *īs, īre*, V. le suiv.

illĭno, *īs, ĕre, lēvi, lĭtum*, tr., étendre (un corps gras) sur, enduire, appliquer.

illĭquĕfactus, *a, um*, fondu, liquéfié.

illĭquor, *ĕris, i*, intr., couler dans.

illīsĭo, *ōnis*, f., heurt, choc, écrasement.

① **illīsus**, *a, um*, V. *illido*.

② **illīsŭs**, *ūs*, m., heurt, choc.

illittĕrātus, *a, um*, illettré, ignorant, sans culture.

① **illĭtus**, *a, um*, V. *illino*.

② **illĭtŭs**, *ūs*, m., application d'un médicament.

illō, **1.** abl. m. et n. sg. de *ille* ; **2.** adv., là-bas (avec mvt.) ; vers ce but.

illŏc, V. *illuc*.

illŏcābĭlis, *e*, adj., incasable.

illōtus, *a, um*, (cf. *lavo*), qui n'est pas lavé, malpropre.

illūbrĭco, *ās, āre*, tr., rendre glissant.

illūc, adv., là-bas, de ce côté-là (avec mvt.), *huc atque illuc* : ici et là ; à ce point ; jusque-là (temps).

illūcĕo, *ēs, ēre*, intr., briller sur ou dans, éclairer, illuminer.

illūcesco, *īs, ĕre, luxi*, **1.** intr., commencer à briller, à faire jour ; **2.** tr., éclairer.

illuctor, *āris, āri*, intr., lutter contre.

illūdo, ĭs, ĕre, lūsi, lūsum, intr. et tr., 1. jouer sur, avec, + dat. ; gaspiller ; 2. se jouer de, se moquer de, railler, maltraiter, ~ *capto* : insulter un prisonnier, ~ *miseros* : railler les malheureux.

illūmĭnātē, adv., d'une manière lumineuse.

illūmĭnātĭo, ōnis, f., action d'éclairer, d'illuminer ; éclat, illumination (pr. et fig.).

illūmĭnātŏr, ōris, m., celui qui éclaire.

illūmĭnātrix, īcis, f. du préc.

illūmĭnātus, a, um, part. adj., [~tissimus], éclairé, illuminé, splendide.

illūmĭno, ās, āre, tr., éclairer, illuminer ; rendre éclatant, rehausser, mettre en lumière.

illūmĭnus, a, um, sans éclat, sombre.

illūnis, e, adj., sans lune.

illūnĭus, a, um, V. le préc.

Illurgăvŏnenses, V. *Ilergaones*.

Illūri~, V. *Illyri~*.

illūsĭo, ōnis, f., 1. moquerie ; 2. erreur des sens, illusion.

illūsŏr, ōris, m., railleur ; trompeur.

illūsōrĭus, a, um, trompeur, illusoire.

illustrāmentum, i, n., embellissement, ornement.

illustrātĭo, ōnis, f., action d'éclairer ; rhét., description lumineuse.

illustrātŏr, ōris, m., celui qui éclaire, illustre.

illustris, e, (cf. *lustro*), adj., [~rior, ~rissimus], 1. mis en lumière, clair, éclairé, lumineux ; évident, manifeste ; 2. brillant, éclatant, illustre ; *equites illustres* : jeunes chevaliers de l'ordre sénatorial.

illustrĭus, adv. au comp., plus clairement.

illustro, ās, āre, tr., 1. mettre en lumière, éclairer, illuminer ; rendre clair, évident ; 2. rendre brillant, orner ; 3. rendre célèbre, illustrer.

illūtĭbarbus, a, um, à la barbe sale, mal rasé.

illūtĭlis, e, adj., ineffaçable.

illūtus, V. *illotus*.

illŭvĭēs, ēi, f., 1. débordement ; eau stagnante ; 2. saleté, ordure.

illŭvĭo, ōnis, f., débordement, inondation.

Illўrĭa, æ, f., Illyrie, province de la Grèce du N.-O. ‖ **Illўrĭcus**, a, um, d'Illyrie ‖ **Illўrĭcum**, i, n., la province d'Illyrie ‖ **Illўris**, ĭdis, adj. f., illyrienne ; subst. f., l'Illyrie ‖ **Illўrĭus**, a, um, d'Illyrie ‖ **Illўrĭi**, ōrum, m. pl., les Illyriens.

Īlōtæ, V. *Hilotæ*.

Ilucia, æ, f., Ilucia, v. de Tarraconnaise.

Īlŭrĭi, V. *Illyrii*.

Īlus, i, m., 1. fils de Tros, roi et fondateur d'Ilion ; 2. surnom d'Ascagne ; 3. nom d'un guerrier rutule.

Ilva, æ, f., Ilva, île de la mer Tyrrhénienne, auj. île d'Elbe.

Īmăchăra, æ, f., Imachara, v. de Sicile ‖ **Īmăchărensis**, e, adj., d'Imachara ‖ **Īmăchărenses**, ĭum, m. pl., les hab. d'Imachara.

ĭmāgĭnābundus, a, um, qui se représente vivement.

ĭmāgĭnālĭtĕr, adv., au moyen d'une image.

ĭmāgĭnārĭē, adv., en imagination.

ĭmāgĭnārĭus, a, um, qui n'existe qu'en apparence, apparent, faux.

ĭmāgĭnātĭo, ōnis, f., imagination, vision.

ĭmāgĭno, ās, āre, tr., représenter, figurer.

ĭmāgĭnor, āris, āri, tr., se représenter, s'imaginer, se figurer ; rêver.

ĭmāgĭnōsus, a, um, qui s'abandonne à l'imagination.

ĭmāgo, ĭnis, f., 1. image, ressemblance, portrait, imitation, copie, ~ *Epicuri* : le portrait d'Épicure, ~ *animi vultus est* : le visage est le portrait de l'âme, CIC., ~ *tabularum* : copie des registres ; au pl., *imagines, um*, images, portraits des ancêtres (ayant exercé des magistratures curules) ; 2. image, ombre, apparence, fantôme, *imagines somniorum* : les visions des rêves, qqf. fantôme, revenant ; ~ *et simulacrum judiciorum* : une ombre et un simulacre de justice, CIC. ; 3. allégorie, fable ; 4. représentation, image, idée (que l'on se fait).

ĭmāguncŭla, æ, f., petit portrait.

Īmăōn, ōnis, m., Imaon, guerrier rutule.

imbalnĭtĭēs, ēi, f., état d'une pers. qui ne prend pas de bains, saleté, crasse.

imbēcillis, e, adj., V. *imbecillus*.

imbēcillĭtās, ātis, f., faiblesse de corps, débilité ; faiblesse morale, lâcheté.

imbēcillĭtĕr, adv., [~lius], par faiblesse ; par lâcheté.

imbēcillōsus, a, um, plein de faiblesse.

imbēcillus, a, um, (cf. *baculum*), [~lior, ~lissimus], 1. faible, frêle, maladif ; 2. impuissant, sans force, insignifiant ; faible, lâche, pusillanime.

imbellis, e, (cf. *bellum*), adj., [~lior]. 1. peu propre à la guerre, pacifique ; 2. lâche, pusillanime ; 3. faible, sans force.

imbēnignus, a, um, qui n'est pas bienveillant.

imbĕr, bris, m., pluie, averse, eau de pluie ; fig., torrent (de larmes).

imberbis, *e*, et **imberbus**, *a, um*, sans barbe.

imbĭbo, *ĭs, ĕre, bĭbi*, tr., s'imbiber, s'imprégner, se pénétrer de (pr. et fig.).

imbīto, *ĭs, ĕre*, intr., pénétrer dans.

imbŏnĭtās, *ātis*, f., dureté, rudesse.

imbractĕo, *ās, āre*, tr., plaquer (de métal).

imbrex, *ĭcis*, m., **1.** tuile faîtière ; fig., manière d'applaudir en creusant les paumes ; **2.** entrecôte de porc.

imbrĭcĭtŏr, *ōris*, m., celui qui fait la pluie (surnom de Jupiter).

imbrĭco, *ās, āre*, tr., couvrir de tuiles creuses.

imbrĭcus, *a, um*, qui amène la pluie, pluvieux.

imbrĭfĕr, *fĕra, fĕrum*, V. le préc.

imbrĭfĭco, *ās, āre*, tr., mouiller, humecter.

Imbrĭus, *a, um*, d'Imbros ‖ **Imbrŏs** et **Imbrus**, *i*, f., Imbros, île de la mer Égée.

imbŭo, *ĭs, ĕre, ŭi, ūtum*, tr., **1.** imbiber, imprégner ; tacher, souiller ; **2.** fig., faire pénétrer, imprégner, d'où : instruire, former, *studia quibus se imbuerat* : les études dont il s'était pénétré, qui l'avaient formé ; **3.** poét., imprégner pour la première fois, tenter, inaugurer, *~ exemplum palmæ primæ* : donner le premier exemple d'une victoire, PROP.

ĭmĭtābĭlis, *e*, adj., [*~lior*], qu'on peut imiter.

ĭmĭtāmĕn, *ĭnis*, et **ĭmĭtāmentum**, *i*, n., imitation, copie.

ĭmĭtātĭo, *ōnis*, f., action d'imiter, imitation, copie, instinct d'imitation.

ĭmĭtātŏr, *ōris*, m., imitateur.

ĭmĭtātōrĭus, *a, um*, qui sert à l'imitation, produit par imitation.

ĭmĭtātrix, *īcis*, f., imitatrice.

ĭmĭtātŭs, *ūs*, m., imitation.

ĭmĭto, *ās, āre*, V. *imitor*.

ĭmĭtor, *āris, āri*, tr., imiter ; reproduire en imitant, copier, contrefaire, affecter ; part. à sens passif : *imitata simulacra* : copies.

immăcŭlābĭlis, *e*, adj., qui ne peut être souillé.

immăcŭlātus, *a, um*, [*~tissimus*], non souillé, sans tache.

immădesco, *ĭs, ĕre, mădŭi*, intr., se mouiller, s'humecter.

immădĭdo, *ās, āre*, tr., mouiller, humecter.

immānĕ, adv., [*~nius*], de façon horrible, monstrueuse ; de façon prodigieuse.

immănĕo, *ēs, ēre*, intr., demeurer dans, s'arrêter sur, s'attacher à.

immānis, *e*, (cf. *manus* ①), adj., **1.** méchant, malfaisant, cruel, sauvage, horri-

ble ; **2.** énorme, démesuré ; monstrueux ; prodigieux, formidable.

immānĭtās, *ātis*, f., **1.** barbarie, sauvagerie, inhumanité ; **2.** énormité, monstruosité.

immānĭtĕr, V. *immane*.

immansuētus, *a, um*, [*~tior, ~tissimus*], non apprivoisé, sauvage, féroce.

immarcescĭbĭlis, *e*, adj., qui ne peut se flétrir, qui ne passe pas.

immătĕrĭālis, *e*, adj., immatériel.

immātūrē, adv., prématurément.

immātūrĭtās, *ātis*, f., **1.** défaut de maturité ; **2.** activité intempestive, précipitation.

immātūrus, *a, um*, **1.** qui n'est pas mûr ; **2.** prématuré.

immĕdĭcābĭlis, *e*, adj., incurable (pr. et fig.).

① **immĕdĭcātus**, *a, um*, qui n'est pas soigné.

② **immĕdĭcātus**, *a, um*, fardé.

immĕdĭtātus, *a, um*, non médité, non étudié.

immĕmŏr, *ōris*, adj., **1.** qui ne se souvient pas de, qui ne pense pas à, oublieux de, *~ rerum a se gestarum* : qui oublie ce qu'il a fait ; **2.** poét., qui donne l'oubli.

immĕmŏrābĭlis, *e*, adj., **1.** dont on ne doit pas se souvenir ; **2.** qui ne peut être exprimé ; **3.** qui ne veut pas parler.

immĕmŏrātus, *a, um*, non mentionné ; inédit.

immĕmŏris, *e*, adj., qui oublie.

immendo, *ās, āre*, tr., mettre en faute.

immensĭtās, *ātis*, f., immensité, grandeur incommensurable.

immensūrābĭlis, *e*, adj., qui ne peut se mesurer.

immensus, *a, um*, (cf. *metior*), sans mesure, immense, démesuré ; subst. n., *immensum, i*, l'immensité ; adv., *immensum* : immensément.

immĕrens, *entis*, adj., qui ne mérite pas ; innocent.

immergo, *ĭs, ĕre, mersi, mersum*, tr., plonger dans, immerger, submerger, enfoncer (pr. et fig.).

immĕrĭtō, adv., [*~tissimo*], injustement, à tort.

immĕrĭtus, *a, um*, **1.** qui ne mérite pas, qui n'est pas coupable de ; **2.** qui n'est pas mérité.

immersābĭlis, *e*, adj., qui ne peut être englouti.

immētātus, *a, um*, non mesuré, non borné.

immĭgro, *ās, āre,* intr., passer dans, aller habiter dans, immigrer.

immĭnĕo, *ēs, ēre,* (cf. *minæ*), intr., **1.** s'élever au-dessus, dominer, surplomber, *cælum imminet orbi* : le ciel domine le monde ; **2.** être tout proche, tout contre, *insulæ Italiæ imminentes* : les îles qui avoisinent l'Italie ; **3.** être au-dessus de, menacer, *mors quotidie imminet* : la mort menace chaque jour, Cic. ; être imminent, *imminentium nescius* : ne sachant ce qui allait arriver ; **4.** chercher à atteindre (souv. en mauvaise part), convoiter, ~ *alieno* : convoiter le bien d'autrui, ~ *ad cædem* : épier le moment du massacre.

immĭnŭo, *ĭs, ĕre, mĭnŭi, mĭnūtum,* tr., **1.** diminuer, amoindrir, affaiblir, réduire, abréger, ~ *copias* : diminuer les effectifs, ~ *corpus otio* : affaiblir le corps par l'oisiveté, ~ *libertatem* : restreindre la liberté ; **2.** déprécier, traiter avec moins d'égards.

immĭnūtĭo, *ōnis,* f., **1.** diminution, amoindrissement ; **2.** déconsidération, dommage, atteinte à ; **3.** rhét., litote.

immiscĕo, *ēs, ēre, miscŭi, mixtum,* tr., mêler à, associer, confondre, ~ *sortem regni cum rebus Romanis* : associer les destinées du royaume à la fortune de Rome, Liv. ; ~ *manus manibus* : lutter corps à corps ; ~ *summis ima* : mettre sens dessus dessous.

immĭsĕrābĭlis, *e,* adj., qui n'est pas pris en pitié.

immĭsĕrĭcordĭa, *æ,* f., insensibilité, dureté de cœur.

immĭsĕrĭcordĭtĕr, adv., sans pitié.

immĭsĕrĭcors, *cordis,* adj., sans pitié.

immissĭo, *ōnis,* f., **1.** action d'admettre ; **2.** instigation ; **3.** action de laisser pousser (les branches).

immītesco, *ĭs, ĕre,* intr., entrer en fureur.

immītis, *e,* adj., [~*tior*, ~*tissimus*], **1.** qui n'est pas doux (au goût), âpre, aigre ; **2.** rude, dur, sauvage ; cruel, impitoyable.

immitto, *ĭs, ĕre, mīsi, missum,* tr., **1.** laisser aller, envoyer vers ou dans ; lancer contre, ~ *canes* : lâcher les chiens, ~ *habenas classi* : lâcher les rênes à la flotte, mettre toutes voiles dehors, ~ *barbam* : laisser pousser sa barbe ; ~ *aliquem in urbem* : introduire qqn dans la ville ; ~ *in bona alicujus* : envoyer en possession des biens de qqn. ; **2.** envoyer comme émissaire, aposter, suborner, *immissus a Cicerone* : émissaire de Cicéron.

① **immixtus**, *a, um,* V. *immisceo.*

② **immixtus**, *a, um,* non mêlé, pur.

immō, adv., bien plus, bien plutôt ; oui, sans doute ; mais non, au contraire (souv. renforcé par *etiam, vero, magis, po-*

tius), *Servi sunt.* – *Immo homines* : Ce sont des esclaves. – Bien plutôt (Oui, mais) des êtres humains, Sén. ; *Silebitne ? Immo vero…* : Va-t-il garder le silence ? Bien au contraire…, Cic.

immōbĭlis, *e,* adj., [~*lior*], immobile, ferme, inflexible, inébranlable.

immōbĭlĭtās, *ātis,* f., immobilité.

immōbĭlĭtĕr, adv., en gardant l'immobilité ; impassiblement.

immŏdĕrantĭa, *æ,* f., défaut de modération, intempérance.

immŏdĕrātē, adv., [~*tius*], sans mesure, sans règle ; sans frein, outre mesure.

immŏdĕrātĭo, *ōnis,* f., intempérance, dérèglement, excès.

immŏdĕrātus, *a, um,* [~*tior*, ~*tissimus*], sans mesure, infini ; immodéré, déréglé, excessif.

immŏdestē, adv., [~*tius*], sans mesure, sans retenue, au-delà des bornes.

immŏdestĭa, *æ,* f., défaut de mesure, de retenue, excès ; indiscipline.

immŏdestus, *a, um,* sans retenue, indiscret, intempérant.

immŏdĭcē, adv., sans retenue ; insolemment.

immŏdĭcus, *a, um,* sans retenue, exagéré, excessif, violent ; qui ne connaît pas de règle, ~ *linguā* : qui ne sait pas retenir sa langue, ~ *lætitiā* : affolé de joie ; *immodica oratio* : discours trop long.

immŏdŭlātus, *a, um,* dépourvu de cadence.

immœnis, arch., V. *immunis.*

immŏlātīcĭus, *a, um,* chr., offert en sacrifice.

immŏlātĭo, *ōnis,* f., action d'immoler, immolation ; victime.

immŏlātŏr, *ōris,* m., sacrificateur.

immŏlītus, *a, um,* (cf. *molior*), bâti sur.

immŏlo, *ās, āre,* (cf. *mola*), tr. et intr., placer la farine sacrée (*mola*) sur la victime, d'où : immoler, sacrifier ; chr., faire le sacrifice de, offrir.

immŏrĭor, *ĕris, i, mortuus sum,* intr., **1.** mourir dans, sur, auprès de, ~ *sorori* : tomber mort sur le cadavre de sa sœur ; **2.** s'épuiser, se consumer ; expirer, prendre fin.

immŏror, *āris, āri,* intr., rester sur, séjourner, s'attarder à, insister.

immorsus, *a, um,* mordu profondément ; rongé, corrodé.

immortālis, *e,* adj., immortel ; subst. m., *immortalis, is,* un immortel ; fig., éternel, impérissable.

immortālĭtās, *ātis,* f., immortalité ; fig., éternité, mémoire éternelle ; béatitude divine.

immortālĭtĕr, adv., d'une manière immortelle ; éternellement ; infiniment.

immōtus, *a, um*, 1. immobile, calme, tranquille, paisible ; 2. immuable, inébranlable, impassible, insensible.

immūgĭo, *īs, īre*, intr., mugir, gronder contre ou dans, retentir.

immulgĕo, *ēs, ēre*, tr., traire dans, presser (les mamelles) contre.

immundābĭlis, *e*, adj., chr., qu'on ne peut laver.

immundĭtĭa, *æ*, f., impureté, ordure.

① **immundus**, *a, um*, [~*dior*, ~*dissimus*], malpropre, sale, boueux, ordurier, immonde.

② **immundus**, *i*, m., chr., absence de parure.

immūnĭo, *īs, īre*, tr., fortifier.

immūnis, *e*, (cf. *munia*), adj., 1. exempt de charges, d'impôts, de droits, ~ *portoriorum, militiā* : exempt des droits de douane, du service armé, ~ *tellus* : terre franche ; 2. exempt, libre, innocent de, ~ *mali* : pur de tout mal, *terra ~ a periculo* : terre à l'abri du danger ; 3. qui ne contribue pas, parasite ; qui ne fait pas de libéralités, peu généreux ; qui ne rapporte rien.

immūnĭtās, *ātis*, f., franchise, exemption ; dispense, immunité.

immūnītus, *a, um*, (cf. *munio*), non fortifié, ouvert (ville) ; sans défense ; non pavé (route).

immurmŭro, *ās, āre*, intr., murmurer dans ou contre.

immūsĭcus, *a, um*, chr., non cultivé, sans instruction.

① **immūtābĭlis**, *e*, adj., changé, différent.

② **immūtābĭlis**, *e*, adj., [~*lior*], immuable, qui ne change pas.

immūtābĭlĭtās, *ātis*, f., immutabilité.

immūtābĭlĭtĕr, adv., d'une manière immuable.

immūtātĭo, *ōnis*, f., changement ; rhét., métonymie.

① **immūtātus**, *a, um*, qui n'est pas changé, constant.

② **immūtatus**, *a, um*, V. *immuto*.

immūtesco, *īs, ĕre*, intr., devenir muet.

immūtĭlātus, *a, um*, non mutilé, intact.

immūto, *ās, āre*, 1. tr., modifier, altérer ; rhét., employer par métonymie, par allégorie ; 2. intr., changer, se modifier.

īmō, V. *immo* et *imus*.

impācātus, *a, um*, [~*tior*], non pacifié ; agité, troublé.

impācĭfĭcus, *a, um*, non pacifique.

impactĭo, *ōnis*, f., action de heurter.

impænĭtendus, *a, um*, dont on ne doit pas se repentir.

impænĭtens, *entis*, adj., chr., impénitent.

impænĭtentĭa, *æ*, f., chr., impénitence.

impallesco, *īs, ĕre*, *pallŭi*, intr., pâlir sur ou de.

impār, *păris*, adj., 1. inégal (grandeur, nombre, durée), dissemblable ; 2. inéquitable, ~ *pugna* : combat inégal ; 3. insuffisant, impuissant, qui est au-dessous de, inférieur, ~ *dolori* : qui ne peut résister à la douleur, TAC. ; spéc., inférieur en naissance, moins illustre ; 4. impair.

impărātus, *a, um*, [~*tior*], non préparé, mal préparé, mal disposé à.

impărĭlĭtās, *ātis*, f., dissimilitude.

impărĭtĕr, adv., inégalement.

impartĭcĭpābĭlis, *e*, adj., chr., qui ne peut participer.

impartĭor, V. *impertior*.

impassĭbĭlis, *e*, adj., chr., sans passion, impassible.

impassĭbĭlĭtĕr, adv., avec impassibilité.

impastus, *a, um*, non repu, affamé, à jeun.

impătĭens, *entis*, (cf. *patior*), 1. qui ne supporte pas, qui n'est pas disposé à endurer, impatient, ~ *laborum* : qui supporte mal les travaux, ~ *iræ* : qui ne peut maîtriser sa colère, ~ *viri* : qui ne supporte pas le mariage ; abs., qui ne se maîtrise pas ; 2. phil., qui ne supporte pas la souffrance ; insensible aux passions.

impătĭentĕr, adv., avec impatience.

impătĭentĭa, *æ*, f., impatience, incapacité de supporter, ~ *frigoris* : horreur du froid, ~ *caritatis* : susceptibilité d'un cœur aimant, TAC.

impăvĭdus, *a, um*, inaccessible à la peur, intrépide.

impeccantĭa, *æ*, f., chr., éloignement de toute faute, état d'innocence.

impēdĭco, *ās, āre*, tr., prendre au piège.

impēdīmentum, *i, n.*, litt., ce qui est dans les pieds, d'où : 1. empêchement, entrave, obstacle, embarras, *esse impedimento* ou *impedimenti loco* : être un obstacle, ~ *alicui facere, inferre* : susciter des embarras à qqn. ; 2. au pl., *impedimenta, orum*, bagages, train d'une armée, *nullis impedimentis* : sans aucun bagage.

impēdĭo, *īs, īre*, (cf. *pes, pedis*), tr., litt., mettre dans les pieds (opp. à *expedio*), 1. empêtrer, entraver, embarrasser, ~ *pisces reti* : prendre des poissons au filet, ~ *amplexu* : enlacer, embrasser ; ~ *profectionem* : mettre obstacle au départ, ~ *aliquem fugā* : couper la retraite à qqn. ; 2. empêcher, *non* ~ *quin* ou *quomi-*

nus + subj. : ne pas empêcher que, ne pas faire obstacle à ce que ; *impedior ne* + subj. : je suis empêché de, *nihil impedit* + inf. : rien ne s'oppose à ce que.

impĕdītĭo, *ōnis*, f., obstacle, empêchement.

impĕdīto, *ās, āre*, tr., empêcher.

impĕdītŏr, *ōris*, m., celui qui empêche.

impĕdītus, *a, um*, part. adj., [*~tior, ~tissimus*], 1. (opp. à *expeditus*) qui n'est pas libre de ses mouvements, embarrassé, entravé, gêné, ~ *miles* : soldat avec armes et bagages ; 2. embarrassé, difficile, *itinera impeditissima* : marches ralenties, très difficiles ; *impedita solutio* : explication embrouillée ; *impedita tempora* : circonstances critiques, difficiles.

impello, *ĭs, ĕre, pŭli, pulsum*, tr., 1. pousser vers, frapper, heurter, ~ *marmor remis* : frapper de ses rames le marbre de la mer, VIRG. ~ *chordas* : faire vibrer les cordes (de la lyre) ; 2. pousser, inciter, exciter, ~ *ad bellum* : pousser à la guerre, ~ *in spem* : induire en espérance ; *ut/ne* + subj. : inciter à/à ne pas ; qqf. avec inf. ; 3. donner la dernière impulsion, faire tomber, précipiter, ~ *hostes* : culbuter l'armée ennemie ; ~ *aliquem ruentem* : précipiter la chute de qqn.

impendĕo, *ēs, ēre*, intr. et qqf. tr., 1. pendre, être suspendu au-dessus de, ~ *cervicibus* : être suspendu au-dessus de la tête ; dominer, surplomber ; 2. menacer, être imminent.

impendĭō, adv., abondamment, ~ *magis, minus* : beaucoup plus, beaucoup moins.

impendĭōsus, *a, um*, dépensier.

impendĭum, *ĭī*, n., 1. dépense, frais, *impendio privato, publico* : aux frais des particuliers, de l'État, *probitatis impendio* : au prix de l'honnêteté ; 2. intérêt (d'une somme).

impendo, *ĭs, ĕre, pendi*, tr., dépenser, débourser ; fig., employer, sacrifier ; ~ *curam ad* + acc. : employer son soin à, *vitam ~ vero* : consacrer sa vie à la vérité, JUV.

impĕnētrābĭlis, *e*, adj., impénétrable ; fig., inaccessible, inattaquable.

impensa, *æ*, f., 1. dépense, frais, *impensam facere in aliquid* : faire des frais pour qqch., *nullā impensā* : sans frais ; fig., *impensis officiorum* : à force de bons offices ; 2. ce qu'on se procure, matériel, fournitures.

impensē, adv., [*~sius, ~sissime*], 1. à grands frais ; 2. d'une manière instante, pressante ; excessivement ; beaucoup.

impensŏr, *ōris*, m., celui qui dépense ; dispensateur.

① **impensus**, *a, um*, part. adj., [*~sior, ~sissimus*], 1. coûteux, cher, *impenso (pretio)* : à grands frais ; 2. pressant, exprès, marqué, vif, *impensa voluntas* : volonté expresse.

② **impensŭs**, *ūs*, m., dépense.

impĕrātŏr, *ōris*, (cf. *impero, paro* ①), m., celui qui a et exerce le pouvoir, commandant, chef ; spéc., général en chef des armées rom. (une des fonctions impériales), d'où : empereur.

impĕrātōrĭus, *a, um*, de général en chef ; *haud imperatorium* : indigne d'un chef ; relatif au *princeps imperator*, impérial.

impĕrātrix, *īcis*, f., iron., « générale », CIC.

impĕrātum, *i*, n., ordre, commandement.

impĕrātŭs, *ūs*, m., ordre, commandement.

imperceptus, *a, um*, non perçu, inaperçu.

impercussus, *a, um*, non frappé.

imperdĭtus, *a, um*, non détruit, non tué.

imperfectē, adv., imparfaitement.

imperfectĭo, *ōnis*, f., chr., imperfection.

imperfectus, *a, um*, 1. inachevé, incomplet ; 2. imparfait.

imperfossus, *a, um*, non percé.

imperfundĭēs, *ēi*, f., ordure, malpropreté.

impĕrĭālis, *e*, adj., impérial, de l'empereur.

impĕrĭōsus, *a, um*, [*~sior, ~sissimus*], qui commande en maître, puissant ; impérieux, tyrannique, despotique.

impĕrītē, adv., [*~tius, ~tissime*], sans habileté, maladroitement.

impĕrītĭa, *æ*, f., inhabileté, maladresse, ignorance, incapacité.

impĕrīto, *ās, āre*, tr., 1. commander, ordonner ; donner des ordres, formuler des exigences ; 2. être à la tête de, commander.

impĕrītus, *a, um*, (cf. *peritus*), [*~tior, ~tissimus*], inexpérimenté, inhabile, ignorant, ~ *dicendi* : sans expérience de la parole ; subst. m. pl., *imperiti, orum*, 1. soldats inexpérimentés ; 2. les ignorants.

impĕrĭum, *ĭī*, n., 1. ordre, commandement, ~ *exsequi* : exécuter un ordre ; 2. pouvoir souverain, droit de commandement, autorité (des parents, du chef de famille), *pro imperio* : en vertu du droit de commandement, *tenere ~ in suos* : conserver de l'empire sur les siens ; spéc., souveraineté absolue de l'État, *sub populi Romani ~ redigere* : soumettre au pouvoir du peuple romain, *summa imperii* : l'autorité suprême ; ~ *permittere* : déléguer à un magistrat l'autorité de l'État, *cum imperio esse* : avoir un pouvoir absolu ; commandement militaire ; ext., celui qui commande ; au pl., *imperia, orum*, les autorités ; 3. État, empire, *imperii fines propagare* : reculer les limites de l'empire.

imperjūrātus, *a, um*, par qui on ne se parjure pas.

impermissus, *a, um*, chr., non permis, illicite.

impermixtus, *a, um*, non mélangé.

impermūtābĭlis, *e*, adj., immuable.

impĕro, *ās, āre*, (cf. *paro* ①), tr., litt., prendre toutes mesures pour, d'où : 1. commander, ordonner, ~ *justam rem* : commander une chose juste, ~ *cenam* : commander son dîner ; avec prop. inf. au passif : *tibi præsentem pecuniam solvi imperavi* : j'ai ordonné qu'on te comptât l'argent disponible, Cic., ~ *aliquem in vincula duci* : faire mettre qqn. en prison ; qqf. avec inf. actif : surt. *ut/ne* + subj., *imperat ut/ne faciam* : il m'ordonne de faire/de ne pas faire ; 2. exiger, imposer, réquisitionner ; 3. trop exiger de, ~ *voci suæ* : forcer sa voix ; 4. avoir autorité sur, commander à : ~ *liberis suis* : commander à ses enfants ; ~ *cupiditatibus* : maîtriser ses passions ; 5. gouverner, régner.

imperpētŭus, *a, um*, qui n'est pas perpétuel.

imperspĭcābĭlis, *e*, adj., impénétrable.

imperspĭcŭus, *a, um*, impénétrable, caché.

imperterrĭtus, *a, um*, sans effroi, intrépide.

impertĭlis, *e*, adj., indivisible.

impertĭo, *īs, īre*, (cf. *pars*), tr., 1. donner à qqn. la part qui lui revient, accorder, gratifier, ~ *alicui civitatem* : accorder à qqn. le droit de cité ; *laborem, tempus* ~ : consacrer sa peine, son temps ; 2. ~ *aliquem aliquā re* : faire participer qqn. à qqch. ; 3. spéc., présenter ses salutations, *vicinos impertio* : salut aux voisins, Pl.

impertĭor, *īris, īri*, V. le préc.

impertītĭo, *ōnis*, f., partage, gratification.

imperturbābĭlis, *e*, adj., qu'on ne peut troubler.

imperturbātio, *ōnis*, f., impassibilité.

imperturbātus, *a, um*, non troublé, impassible.

impervĭus, *a, um*, impraticable, infranchissable, qui ne peut être atteint.

impĕs, *ĕtis*, m., arch., élan brusque, assaut.

① **impĕtĭbĭlis**, *e*, (cf. *patior*), adj., intolérable, insupportable ; insensible, impassible.

② **impĕtĭbĭlis**, *e*, (cf. *peto*), adj., qui fond sur.

impĕto, *īs, ĕre*, tr., fondre sur, attaquer, assaillir (pr. et fig.).

impĕtrābĭlis, *e*, adj., [~*lior*], qu'on peut obtenir ; qui obtient facilement, efficace ; où l'on peut obtenir.

impĕtrābĭlĭus, adv. au comp., d'une manière plus réalisable.

impĕtrātĭo, *ōnis*, f., action d'obtenir.

impĕtrātŏr, *ōris*, m., celui qui obtient.

impĕtrātŭs, *ūs*, m., obtention, réalisation.

impĕtrĭo, *īs, īre*, tr., chercher à obtenir (par d'heureux présages), *impetritum est* : les augures sont favorables.

impĕtro, *ās, āre*, (cf. *patro*), tr., 1. amener qqch. au point désiré, effectuer, accomplir, mener à bonne fin, ~ *optatum* : venir à bout de ce qu'on désire, *incipere multo facilius est quam* ~ : il est beaucoup plus facile d'entreprendre que de réussir, Pl. ; 2. obtenir, atteindre, *ut/ne* + subj. : obtenir que/que ne pas : gagner qqn.

impĕtŭs, *ūs*, (cf. *peto*), m., 1. mouvement brusque vers, en avant ; élan, *impetu capto* : prenant leur élan, *impetum habere* : se porter en avant ; 2. attaque, assaut, charge, *primo impetu* : au premier choc, *impetum facere, continere, sustinere* : lancer, réprimer, soutenir un assaut ; 3. impétuosité, violence, emportement, fougue, accès, ~ *ovationis* : véhémence d'un discours, *impetu animi incitari* : être emporté par la passion ; ~ *divinus, sacer* : enthousiasme sacré ; 4. brusque décision, vif désir.

impexus, *a, um*, (cf. *pecto*), non ou mal peigné ; rude, grossier.

impĭāmentum, *i*, n., chr., souillure, profanation.

impĭē, adv., d'une manière impie, indignement.

impĭĕtās, *ātis*, f., impiété, scélératesse ; crime de lèse-majesté.

impĭgĕr, *gra, grum*, actif, diligent, prompt, infatigable, ~ *vexare* : ardent à harceler.

impĭgrē, adv., activement, avec diligence, promptement, avec entrain, infatigablement.

impĭgrĭtās, *ātis*, f., activité sans relâche.

impĭgrĭtĭa, *æ*, V. le préc.

impingo, *īs, ĕre, pēgi, pactum*, (cf. *pango*), tr., 1. pousser, jeter, lancer, frapper contre, appliquer, ~ *pugnum in os* : mettre son poing dans la figure ; 2. imposer, mettre de force (sur le cou, les épaules, dans la main), ~ *alicui calicem* : mettre de force une coupe dans la main de qqn. ; fig., ~ *alicui epistulam ingentem* : infliger à qqn. une lettre interminable ; **3.** pousser, chasser, réduire à, *~ hostes in vallum* : coincer l'ennemi contre les palissades.

impinguesco, *ĭs, ĕre*, intr., devenir gras, gros.

impĭo, *ās, āre*, tr., souiller, profaner.

impĭus, *a, um*, [*~iissimus*], impie, irréligieux, sans conscience, scélérat, dénaturé, *impia Carthago* : Carthage infidèle à ses serments, *impia arma* : guerre impie.

implācābĭlis, *e*, adj., qui ne peut être apaisé, implacable, inexorable.

implācābĭlĭtās, *ātis*, f., inflexibilité, dureté.

implācābĭlĭus, adv. au comp., d'une manière plus implacable.

implācātus, *a, um*, non apaisé, inflexible, cruel.

implācĭdus, *a, um*, [*~dissimus*], qui n'a pas de repos, agité ; violent.

implaudo, *ĭs, ĕre*, tr., frapper contre.

implecto, *ĭs, ĕre, plexi, plexum*, tr., entrelacer ; enchaîner, unir étroitement, envelopper.

implĕo, *ēs, ēre*, tr., **1.** emplir, remplir, combler (pr. et fig.), *~ mero pateram* : emplir une coupe de vin, *~ aliquem fustibus* : charger qqn. de coups de bâton ; rassasier, enfler, gonfler, *~ Bacchi carnisque* : se gorger de vin et de viandes ; *luna impletur* : c'est la pleine lune ; **2.** compléter (nombre) ; fig., combler, achever, *~ finem vitæ* : atteindre la fin de sa vie ; **3.** occuper (une place), *~ vicem alicujus* : tenir la place de qqn. ; **4.** achever, accomplir, *~ aliquid* : réaliser qqch., *~ promissum* : accomplir sa promesse.

implētĭo, *ōnis*, f., action de remplir.

implētŏr, *ōris*, m., celui qui remplit, accomplit.

implĭcāmentum, *i*, n., complication, embarras.

implĭcātĭo, *ōnis*, f., **1.** entrelacement ; enchaînement ; **2.** complication, embarras.

implĭcātus, *a, um*, [*~tior, ~tissimus*], **1.** entrelacé, embrouillé ; **2.** compliqué, embarrassé.

implĭciscor, *ĕris, i*, intr., s'embrouiller.

implĭcĭtē, adv., d'une manière embrouillée.

implĭcĭtus, *a, um*, part. adj., embrouillé, confus.

implĭco, *ās, āre, plĭcŭi* et *plĭcāvi, plĭcĭtum* et *plĭcātum*, tr., **1.** plier l'un dans l'autre, envelopper, enrouler, enlacer, entremêler, confondre de manière inextricable, *~ orbes* : faire détour sur détour, *~ brachia collo alicujus* : mettre ses bras autour du cou de qqn., embrasser étroitement qqn. ; **2.** unir étroitement, lier, engager,

impliquer, *implicatus familiaritatibus nostris* : associé intimement à nos amis, de notre intimité, Cic., *consiliis Agrippinæ implicari* : s'engager dans les intrigues d'Agrippine, Tac. ; **3.** embarrasser, engager, *implicari morbo* ou *in morbum* : tomber malade.

implōrātĭo, *ōnis*, f., action d'implorer.

implōrātŏr, *ōris*, m., celui qui implore, solliciteur pressant.

implōro, *ās, āre*, tr., appeler en pleurant ; implorer, invoquer, supplier.

implŭit, *ĕre, plŭit, plŭtum*, impers., il pleut sur, il pleut.

implūmis, *e*, adj., sans plumes ; nu.

implŭvĭātus, *a, um*, en forme d'impluvium.

implŭvĭum, *ĭi*, n., impluvium, cour carrée au centre de la maison rom., avec un bassin pour recueillir les eaux de pluie.

impœn~, V. *impun~*.

impŏlītē, adv., sans ornement, avec simplicité.

impŏlītus, *a, um*, non poli, non travaillé ; sans finesse, inculte, négligé, sans art.

impollūtus, *a, um*, non souillé, non profane, impollu, chaste, pur.

impōno, *ĭs, ĕre, pŏsŭi, pŏsĭtum*, tr., **1.** mettre, placer, déposer sur ou dans, *~ (in navem)* : embarquer, *~ alicui coronam* : couronner qqn., *~ aliquem in perditam causam* : engager qqn. dans une cause perdue ; **2.** imposer, assigner, infliger, *~ nimis duras leges* : imposer de trop dures conditions, *~ plagam mortiferam rei publicæ* : porter un coup fatal à l'État, Cic., *~ finem* : mettre fin ; **3.** en imposer à, tromper, + dat.

importābĭlis, *e*, adj., que l'on peut porter ou supporter.

importo, *ās, āre*, tr., porter dans, importer ; causer.

importūnē, adv., [*~nius, ~nissime*], à contretemps ; brusquement, rudement.

importūnĭtās, *ātis*, f., **1.** désavantage ; **2.** importunité, insistance, obstination ; **3.** brutalité, cruauté.

importūnus, *a, um*, (cf. *portus*, V. *opportunus*), [*~nior, ~nissimus*], **1.** où l'on ne peut aborder en sûreté, inabordable, inaccessible, inhospitalier ; **2.** fig., (choses) difficile, inopportun, dur, fâcheux, *importunum bellum* : guerre sans issue, *importunum tempus* : moment mal choisi ; (pers.) incommode, fâcheux, *~ senex* : vieillard tracassier ; *hostis ~* : ennemi très dangereux.

importŭōsus, *a, um*, qui n'a pas de port, inhospitalier.

impŏs, ŏtis, (cf. *potis, possum*), adj., qui n'est pas maître de, qui ne possède pas, ~ *sui* : qui n'est pas maître de soi.

impŏsĭtĭo, ōnis, f., action d'imposer, imposition ; chr., ~ *manuum* : imposition des mains.

impossĭbĭlis, e, adj., impossible.

impossĭbĭlĭtās, ātis, f., impossibilité.

impostŏr, ōris, m., imposteur.

impostūra, æ, f., imposture, tromperie.

impōtābĭlis, e, adj., non potable.

impŏtens, entis, adj., [~tior, ~tissimus], 1. impuissant, faible, ~ *homo* : homme débile ; 2. qui n'est pas maître de, ~ *iræ* : qui ne peut maîtriser sa colère, ~ *quidlibet sperare* : incapable de modérer même les plus folles espérances, HOR. ; 3. qui ne se possède pas, emporté, violent, despotique ; effréné, immodéré, ~ *injuria* : injustice qui passe les bornes.

impŏtentĕr, adv., [~tius, ~tissime], 1. sans force, de manière inefficace ; 2. sans mesure, excessivement ; violemment, despotiquement.

impŏtentĭa, æ, f., 1. impuissance, faiblesse, incapacité ; 2. défaut de mesure, emportement, passion.

imprægno, ās, āre, tr., féconder.

impræpărātus, a, um, qui n'est pas préparé.

impræpĕdītē, adv., sans empêchement.

impræpĕdītus, a, um, non empêché, non entravé.

impræpūtĭātus, a, um, chr., incirconcis.

impræscĭentĭa, æ, f., défaut de prescience.

impræsentĭārum (= *in præsentiā rerum*), adv., pour le moment, présentement.

imprævārĭcābĭlis, e, adj., qui ne peut faillir, sans faute.

impransus, a, um, qui n'a pas déjeuné, à jeun.

imprĕcor, āris, āri, tr., 1. souhaiter, demander par des prières (du bien ou du mal) ; 2. charger d'imprécations.

impressē, adv., de manière à pénétrer profondément, à faire impression.

impressĭo, ōnis, f., 1. action d'appuyer sur, impression ; 2. heurt, attaque appuyée, charge (contre un ennemi) ; 3. articulation nette, prononciation distincte, intonation ; 4. phil., impression sur les sens, sensation.

impressŭs, ūs, m., impression.

imprīmis (= *in primis*), adv., avant tout, principalement.

imprīmo, ĭs, ĕre, pressi, pressum, tr., 1. presser fortement sur, appuyer, imprimer, empreindre, graver, *signo impressæ tabellæ* : tablettes scellées ; 2. faire pénétrer en appuyant, ~ *mucronem* : enfoncer une épée, ~ *vestigium* : laisser la trace de ses pas ; creuser ; graver, empreindre, figurer, représenter, ~ *in animo, in animis, menti* : graver dans l'esprit.

imprŏbābĭlis, e, adj., qu'on ne peut approuver, inadmissible.

imprŏbātĭo, ōnis, f., désapprobation.

imprŏbātŏr, ōris, m., improbateur.

imprŏbātus, a, um, désapprouvé, rejeté ; décrié.

imprŏbē, adv., [~bius, ~bissime], 1. de manière défectueuse, incorrecte ; méchamment, malhonnêtement ; 2. de manière excessive, impudente.

imprŏbĭtās, ātis, f., 1. méchanceté, malhonnêteté, déloyauté ; 2. insolence, effronterie, impudence.

imprŏbĭtĕr, V. *improbe*.

imprŏbo, ās, āre, tr., désapprouver, rejeter, infirmer, condamner, ~ *aliquem testem* : récuser qqn. comme témoin.

imprŏbŭlus, a, um, un petit peu fripon.

imprŏbus, a, um, [~bior, ~bissimus], 1. qui n'est pas bon ; mauvais, de mauvaise qualité, piètre ; méchant, fourbe, pervers, malhonnête, ~ *homo* : méchant homme, *improbum factum* : mauvaise action, *callidus* ~ : rusé coquin ; 2. qui n'est pas conforme à la règle, démesuré, excessif, acharné ; 3. laud., *labor omnia vicit* ~ : un travail sans relâche triompha de tout, VIRG. ; hardi, décidé, aventureux : ~ *Æneas* : le hardi Énée.

imprŏcērus, a, um, de petite taille.

imprōcrĕābĭlis, e, adj., qui ne peut être créé.

imprōdictus, a, um, non différé.

imprōdūcĭbĭlis, e, adj., qui ne peut être produit.

imprōfessus, a, um, qui n'a pas déclaré ; qui n'a pas été déclaré.

impromptus, a, um, qui n'est pas disposé, hésitant ; qui éprouve de la difficulté.

imprŏpĕ, adv., tout près.

imprŏpĕrantĕr, adv., insensiblement, peu à peu.

imprŏpĕrātus, a, um, qui ne se hâte pas, lent.

imprŏpĕro, ās, āre, tr., adresser des reproches.

imprŏpĕrus, a, um, qui ne se hâte pas, lent.

imprŏprĭus, a, um, impropre.

impūgnātus, a, um, non fortifié.

improspectē, adv., imprudemment.

improspĕr, ĕra, ĕrum, qui ne réussit pas, malheureux ; défavorable, funeste.

imprŏspĕrē, adv., malheureusement.
imprōtectus, *a, um*, qui n'est pas protégé.
imprōvĭdē, adv., sans prévoyance, par mégarde.
imprōvĭdentĭa, *æ*, f., imprévoyance.
imprōvĭdus, *a, um*, 1. qui ne prévoit pas, qui ne s'attend pas à, *improvidos hostes opprimere* : tomber sur les ennemis à l'improviste ; 2. imprévoyant, léger, frivole.
imprōvīsō, adv., à l'improviste, subitement.
imprōvīsus, *a, um*, [~*sior*, ~*sissimus*], qui ne prévoit pas, ne songe pas ; *de* ou *ex improviso* : à l'improviste.
imprūdens, *entis*, adj., [~*tior*, ~*tissimus*], 1. qui ne prévoit pas, ne songe pas, ne se doute pas, *imprudentem hostem aggredi* : tomber sur l'ennemi à l'improviste ; 2. qui ignore, étranger à, ~ *legis* : qui ignore la loi ; 3. mal avisé, inconsidéré, imprudent.
imprūdentĕr, adv., [~*tius*], sans le savoir, par ignorance ; inconsidérément, imprudemment.
imprūdentĭa, *æ*, f., 1. défaut de connaissance, ignorance, inadvertance, *per imprudentiam* : sans intention particulière, par mégarde ; 2. imprévoyance, imprudence.
impūbēs, *ĕris*, et **impūbis**, *e*, adj., 1. qui n'a pas de poils, impubère ; juvénile ; subst. m. pl., *impuberes, um*, et *impubes, ium*, les enfants ; 2. chaste.
impūdens, *entis*, adj., [~*tior*, ~*tissimus*], qui ne rougit pas, sans pudeur, effronté.
impūdentĕr, adv., [~*tius*, ~*tissime*], impudemment, effrontément.
impūdentĭa, *æ*, f., impudence, effronterie.
impŭdīcē, adv., d'une manière impudique.
impŭdīcĭtĭa, *æ*, f., impudicité.
impŭdīcus, *a, um*, [~*cior*, ~*cissimus*], sans pudeur, éhonté ; impudique, débauché ; répugnant.
impugnātĭo, *ōnis*, f., attaque, assaut.
impugnātŏr, *ōris*, m., celui qui attaque.
impugno, *ās, āre*, tr., attaquer, assaillir ; lutter contre, combattre.
impulsĭo, *ōnis*, f., impulsion ; incitation, excitation.
impulsŏr, *ōris*, m., celui qui pousse à, instigateur.
impulsŭs, *ūs*, m., 1. action de pousser à, impulsion ; incitation, excitation, engagement ; 2. mobile intérieur, instinct naturel.
impunctus, *a, um*, sans points, sans taches.
impūnĕ, adv., [~*nius, ~nissime*], impunément, avec impunité ; sans dommage.
impūnis, *e*, adj., impuni ; sans dommage.

impūnĭtās, *ātis*, f., impunité, exemption.
impūnītē, adv., impunément.
impūnītus, *a, um*, [~*tior*], impuni, indemne ; effréné ; excessif.
impūrātus, *a, um*, [~*tissimus*], souillé moralement, infâme.
impūrē, adv., [~*rissime*], d'une manière ignoble, infâme.
impurgābĭlis, *e*, adj., injustifiable.
impūrĭtās, *ātis*, f., impureté, infamie.
impūrĭtĭa, *æ*, f., V. le préc.
impūrus, *a, um*, [~*rior, ~rissimus*], qui n'est pas pur ; malpropre, souillé, corrompu, infâme.
impŭtātīvus, *a, um*, qui demande compte, qui accuse.
impŭtātŏr, *ōris*, m., celui qui porte en compte.
① **impŭtātus**, *a, um*, part. adj., non taillé, non élagué.
② **impŭtātus**, *a, um*, V. imputo.
impŭto, *ās, āre*, tr., 1. porter en compte, imputer ; 2. imputer, attribuer, assigner ; faire valoir, se faire un mérite de ; faire un crime de, reprocher, *sibi* ~ : se mettre dans son tort, ~ *alicui initium belli* : attribuer à qqn. le déclenchement des hostilités.
impŭtrĭbĭlis, *e*, adj., imputrescible.
impŭtrĭbĭlĭtĕr, adv., sans se pourrir.
īmŭlus, *a, um*, qui est à l'extrême bout.
īmus, *a, um*, (superl. de *inferus*), le plus bas, la partie la plus basse de, le bas de, le plus profond, *ima sedes* : le siège le plus bas, ~ *lectus* : le lit (de table) le plus bas (le bas bout de la table), *ima cauda* : l'extrémité de la queue, *ab imo pectore* : du fond du cœur, *in imo mari* : au fond de la mer, subst. m. pl., *maxima imique* : les puissants et les humbles, SÉN. ; n., *imum, i*, et pl. *ima, orum*, le fond ; *imo* : en bas, *ex imo* : profondément, *ad imum* : jusqu'à la fin, enfin.

ĭn, prép.,

I. avec abl.
  1. lieu (sans mvt.) : à l'intérieur de ; dans, chez, entre, parmi
  2. temps : dans, en, au cours de, pendant ; dans l'espace de
  3. au milieu de ; à l'égard de
II. avec acc.
  1. lieu (avec mvt.) : à l'intérieur de, en, dans, à, sur ; vers, dans le sens de, du côté de
  2. temps : jusqu'au moment de ; pour
  3. à l'égard de, pour, contre ; suivant, selon ; en
  4. en vue de, pour
  5. par (distr.)

I. avec ablatif, 1. lieu (sans mvt.) : a) à l'intérieur de, en, dans, à, sur, *esse in agris, in urbe, in Italiā, in equo, in veste domesticā, in armis, in vinculis* : être aux champs, en ville, en Italie, à cheval, en habit d'intérieur, en armes, en prison ; b) dans, chez, entre, parmi, *in barbaris* : chez les barbares, *esse in clarissimis civibus* : faire partie des plus illustres citoyens, *in Epaminondæ virtutibus* : parmi les vertus d'Épaminondas. **2.** temps : a) dans, en, au cours de, pendant, *in ipso negotio* : au moment même de l'action, *in bello* : pendant la guerre, *in tempore* : au moment opportun, *in itinere* : pendant la marche ; *in pueritiā* : dans l'enfance, *in senectute* : dans la vieillesse ; *in petendā pace* : quand il s'agit de demander la paix, en demandant la paix, *in deliberando* : durant la délibération ; b) dans l'espace de : *ter in anno* : trois fois par an, *semel in anno* : une fois dans la vie ; *in horā* : à l'heure (mesure de vitesse). **3.** a) au milieu de, avec, *in tantis tuis occupationibus* : avec tes grandes occupations, *in tantā iniquitate* : vu l'extrême difficulté ; *in magno impetu maris* : à cause de la violence des marées, *in variis voluntatibus, tamen...* : malgré les divergences de vues, pourtant... ; b) à l'égard de, *idem in bono servo dici solet* : on dit souvent la même chose à propos d'un esclave honnête, Cic.

II. avec accusatif, **1.** lieu (avec mvt.) : a) à l'intérieur de, en, dans, à, sur, *ire in agros, in urbem, in Italiam* : aller dans les champs, à la ville, en Italie, *conscendere in equum* : monter à cheval, *conjicere in vincula* : jeter en prison ; avec vb. d'état, *adesse in senatum* : se présenter au sénat, *alicui esse in mentem* : venir à l'esprit de qqn. ; b) vers, dans le sens de, du côté de, *spectare in septentrionem* : être orienté vers le nord, *in altitudinem pedum sedecim* : de seize pieds en hauteur, *in omnes partes* : dans toutes les directions ; fig., *in vulgus gratum esse* : être bien vu aux yeux du peuple. **2.** temps : a) jusqu'au moment de, *dormire in lucem* : dormir jusqu'au jour, *usque in adventum ejus* : jusqu'à son arrivée ; b) pour, *aliquem invitare in posterum diem* : inviter qqn. pour le lendemain, *in diem* : pour un jour, au jour le jour, *in dies* : de jour en jour, *in tempus* : pour la circonstance ; à temps. **3.** a) à l'égard de, pour, contre, *amor in patriam* : amour pour la patrie, *severus in filium* : sévère envers son fils ; contre, *in Sarmatos expeditio* : campagne contre les Sarmates, *in Catilinam oratio* : discours contre Catilina ; en faveur de, *in eam legem oratio* : discours pour appuyer cette loi ; b) suivant, selon, *in eam sententiam loqui* : parler dans le même sens, *jurare in verba alicujus* : jurer en suivant les paroles de qqn., lui prêter serment ; *in remesse* : être conforme aux intérêts, utile ; *hostilem in modum* : à la manière d'un ennemi, *in vicem* : alternativement ; de manière à, en forme de, *excisum latus in antrum* : la paroi d'une montagne creusée de façon à ménager une caverne, Sén. ; c) en (point d'aboutissement) : *vertere aquam in vinum* : changer l'eau en vin ; (répartition) : *Gallia est divisa in partes tres* : la Gaule est divisée en trois parties ; **4.** en vue de, pour, *venire in funus* : venir pour des funérailles, *pecuniam in rem militarem dare* : donner de l'argent pour les besoins de l'armée. **5.** par (distributif), *semilibras in militem praestare* : fournir une demi-livre par soldat.

① **in~**, préf. indiquant l'état, l'action ou le mvt. dans ou sur, la permanence, la progression ou le renforcement de l'action exprimée par le vb. simple. Pour l'assimilation du *n* du préf. à la cons. suiv., V. le suivo.

② **in~**, préf. nég. correspondant aux préf. français non-, in- ; devant *b*, *m*, *p*, devient *im-* ; devant *l*, *r*, s'assimile le plus souv. : *il-, ir-.*

ĭnabruptus, *a, um*, non brisé.

ĭnabsŏlūtus, *a, um*, non accompli, inachevé.

ĭnaccensus, *a, um*, non allumé.

ĭnaccessĭbĭlis, *e*, adj., inaccessible.

ĭnaccessĭbĭlĭtās, *ātis*, f., inaccessibilité.

ĭnaccessus, *a, um*, **1.** où l'on ne peut entrer, inaccessible ; **2.** que l'on ne peut acquérir.

ĭnaccresco, *ĭs, ĕre*, intr., s'accroître.

ĭnaccūsātus, *a, um*, qu'on n'accuse pas.

ĭnăcesco, *ĭs, ĕre, ăcŭi*, intr., s'aigrir ; devenir odieux.

Ĭnăchĭa, *æ*, f., Inachie, **1.** autre nom de l'Argolide ; **2.** nom de femme ‖ **Ĭnăchĭdēs**, *æ*, m., Inachide, descendant d'Inachus ‖ **Ĭnăchis**, *ĭdos*, f., d'Inachus ; l'Inachide, Io ‖ **Ĭnăchĭus**, *i, m.*, d'Inachus ; Argien ‖ **Ĭnăchus et Ĭnăchŏs**, *i*, m., Inachus, premier roi d'Argos et fleuve d'Argolide.

ĭnactŭōsus, *a, um*, oisif.

ĭnactus, *a, um*, V. *inigo*.

ĭnadc~, ĭnadf~, ĭnadp~, ĭnads~, ĭnadsc~, ĭnadsp~, inadt~, V. *inacc~, inaff~, inapp~, inass~, inasc~, inasp~.*

ĭnădustus, *a, um*, non brûlé.

ĭnædĭfĭco, *ās, āre*, tr., bâtir sur ou dans ; entasser ; barricader ; fig., surcharger.

ĭnæquābĭlis, *e*, adj., inégal, accidenté ; irrégulier.

ĭnæquābĭlĭtĕr, adv., de façon inégale.

ĭnæquālis, *e*, adj., [*~lior, ~lissimus*], 1. inégal, accidenté ; fig., capricieux, inconstant ; 2. qui rend inégal, accidenté.

ĭnæquālĭtās, *ātis*, f., inégalité, dissemblance ; insalubrité.

ĭnæquālĭtĕr, adv., inégalement, sans régularité.

ĭnæquātus, *a, um*, qui n'est pas égalisé, inégal.

ĭnæquo, *ās, āre*, tr., mettre de même niveau.

ĭnæstĭmābĭlis, *e*, adj., 1. incalculable ; qu'on ne peut apprécier exactement ; inestimable, extrême ; 2. qui n'est pas digne d'estime.

ĭnæstŭo, *ās, āre*, intr., être en effervescence.

ĭnaffectātus, *a, um*, sans recherche, sans affectation.

ĭnaggĕrātus, *a, um*, entassé, amoncelé.

ĭnăgĭtābĭlis, *e*, adj., qu'on ne peut agiter, mettre en mouvement ; immobile.

ĭnăgĭtātus, *a, um*, non agité ; en repos.

ĭnalbĕo, *ēs, ēre*, intr., devenir blanc, brillant.

ĭnalbo, *ās, āre*, 1. tr., rendre blanc ; 2. intr., faire clair, faire jour.

ĭnalpīnus, *a, um*, qui habite sur les Alpes ‖ ĭnalpīni, *ōrum*, m. pl., les hab. des Alpes.

ĭnaltĕro, *ās, āre*, tr., mettre l'un dans l'autre ; impliquer.

ĭnămābĭlis, *e*, adj., [*~lior*], qui n'est pas aimable, odieux.

ĭnămāresco, *ĭs, ĕre*, intr., devenir amer.

ĭnămārĭco, *ās, āre*, 1. tr., aigrir, irriter ; 2. intr., s'aigrir, s'irriter.

ĭnambĭtĭōsus, *a, um*, sans prétention, simple.

ĭnambŭlātĭo, *ōnis*, f., action de se promener dans, promenade.

ĭnambŭlo, *ās, āre*, intr., aller et venir dans, se promener.

ĭnāmissĭbĭlis, *e*, adj., qu'on ne peut perdre.

ĭnămœnus, *a, um*, qui n'est pas plaisant, affreux.

ĭnāne, *is*, n., 1. vide ; 2. fig., vide, néant, vanité, *inania honoris* : honneur chimérique ; vanité, fatuité.

ĭnānesco, *ĭs, ĕre*, intr., se vider, se désemplir ; se réduire à rien.

ĭnānĭæ, *ārum*, f. pl., frivolités, riens, bagatelles.

ĭnănĭlŏquus, *a, um*, qui parle pour ne rien dire.

ĭnănĭmālis, *e*, adj., qui n'a pas de vie, inanimé.

ĭnănĭmans, *antis*, adj., privé de vie.

ĭnănĭmātus, *a, um*, sans vie, sans mouvement, inanimé.

ĭnānĭmentum, *i*, n., vide.

ĭnănĭmis, *e*, adj., sans haleine, sans souffle ; privé de vie ou de sentiment.

ĭnănĭmus, *a, um*, inanimé, privé de vie ; subst. n., *inanimum, i*, être inanimé.

ĭnānĭo, *īs, īre*, tr., rendre vide, vider.

ĭnānis, *e*, adj., [*~nior, ~nissimus*], 1. vide, libre, sans emploi, ~ *domus* : maison vide, ~ *tumulus* : cénotaphe, ~ *equus* : cheval sans cavalier, *inania regna* : le royaume du vide (les Enfers), VIRG., *inanes litteræ* : lettre sans contenu ; 2. qui a les mains vides ; pauvre, sans ressources ; qui a le ventre vide, à jeun ; 3. vide, creux, vain, ~ *causa* : raison spécieuse, *inane crimen* : accusation sans fondement, *inanes cogitationes* : pensées frivoles ; 4. léger, vain ; suffisant, vaniteux.

ĭnānĭtās, *ātis*, f., vide, cavité, creux ; vide, néant, inanité ; vanité, suffisance.

ĭnānĭtĕr, adv., vainement, sans fondement ; en vain, sans profit ; vaniteusement.

ĭnānītum, *i*, n., le vide.

ĭnăpertus, *a, um*, qui n'est pas ouvert à, qui ne donne pas accès à.

ĭnapprĕhensĭbĭlis, *e*, adj., que l'on ne peut saisir ou comprendre.

ĭnăquōsus, *a, um*, sans eau ; subst. n. pl., *inaquosa, orum*, lieux privés d'eau.

ĭnărātus, *a, um*, non labouré, inculte.

ĭnardesco, *ĭs, ĕre, arsi*, intr., brûler sur ; s'embraser, s'enflammer (pr. et fig.).

ĭnāresco, *ĭs, ĕre, ārŭi*, intr., se dessécher ; se tarir.

Ĭnărĭmē, *ēs*, V. Ænaria.

ĭnăro, *ās, āre*, tr., labourer (pr. et fig.).

ĭnartĭfĭcĭālis, *e*, adj., sans art, sans artifice.

ĭnartĭfĭcĭālĭtĕr, adv., sans art, sans artifice.

ĭnarto, *ās, āre*, tr., resserrer, amoindrir.

ĭnascensus, *a, um*, non gravi.

ĭnaspectus, *a, um*, non vu, non aperçu.

ĭnaspĭcŭus, *a, um*, invisible.

ĭnassuētus, *a, um*, inaccoutumé.

ĭnattāmĭnātus, *a, um*, chr., non souillé.

ĭnattĕnŭātus, *a, um*, non diminué.

ĭnaudax, *ācis*, adj., sans hardiesse, peureux.

ĭnaudientĭa, *æ*, f., désobéissance.

ĭnaudĭo, *īs, īre*, tr., prêter l'oreille à, entendre ; écouter (secret, nouvelle) ; apprendre par ouï-dire.

① ĭnaudītus, *a, um*, adj., 1. non entendu, non public ; 2. non encore entendu, inouï, sans précédent ; 3. qu'on n'a pas entendu, qui n'a pu se défendre.

② **ĭnaudītus**, *a, um,* V. *inaudio.*

ĭnaugŭrātĭo, *ōnis,* f., inauguration, début.

ĭnaugŭrātō, part., abl., abs., après avoir pris les augures.

ĭnaugŭro, *ās, āre,* **1.** intr., prendre, consulter les augures ; **2.** tr., consacrer par la consultation des augures, inaugurer ; sacrer, consacrer.

ĭnaurātus, *a, um,* [~*tior*], doré.

ĭnauris, *is,* f., boucle, pendant d'oreille.

ĭnauro, *ās, āre,* tr., dorer ; couvrir d'or, enrichir.

ĭnauspĭcātō, part., abl. abs., sans avoir pris convenablement les auspices.

ĭnauspĭcātus, *a, um,* [~*tissimus*], fait sans avoir pris les auspices ; de mauvais présage, fâcheux.

ĭnausus, *a, um,* non osé, non tenté.

ĭnāversĭbĭlis, *e,* adj., non évitable.

inb~, V. *imb~.*

incædŭus, *a, um,* non coupé, non taillé.

incæn~, V. *incen~.*

incălesco, *ĭs, ĕre, călŭi,* **1.** intr., s'échauffer ; s'enflammer, s'éprendre ; **2.** tr., échauffer.

incalfăcĭo, *ĭs, ĕre,* tr., échauffer.

incallĭdē, adv., sans habileté.

incallĭdus, *a, um,* sans habileté, maladroit.

incandesco, *ĭs, ĕre,* intr., devenir blanc ; devenir brûlant, s'enflammer (pr. et fig.).

incānesco, *ĭs, ĕre, incānŭi,* intr., devenir blanc ; devenir blanc-gris, grisonner.

incantāmentum, *i,* n., enchantement, formule magique.

incantātĭo, *ōnis,* f., sortilège, incantation.

incantātŏr, *ōris,* m., enchanteur, magicien.

incanto, *ās, āre,* **1.** intr., chanter dans + dat. ; **2.** tr., enchanter, soumettre à des enchantements.

incānus, *a, um,* entièrement blanc, chenu.

incăpābĭlis, *e,* adj., insaisissable.

incăpax, *ācis,* adj., incapable de recevoir.

incăpistro, *ās, āre,* tr., mettre un licou ou une muselière ; museler, immobiliser.

incaptus, *a, um,* non pris, non saisi.

incarnātĭo, *ōnis,* f., chr., incarnation.

incarno, *ās, āre,* tr., chr., incarner.

incăsēātus, *a, um,* bien pourvu de fromages ; abondant, riche, gras.

incassum, V. *cassus.*

incastīgātus, *a, um,* non réprimandé, non châtié.

incautē, adv., [~*tius, ~tissime*], sans précaution, sans souci, imprudemment.

incautus, *a, um,* [~*tior, ~tissimus*], **1.** sans précaution, inconsidéré, imprudent, irréfléchi, insouciant, *incautum est* + inf. : il est imprudent de ; **2.** non gardé, non surveillé, peu sûr ; **3.** dont on ne se garde pas, imprévu, inopiné.

incēdo, *ĭs, ĕre, cessi, cessum,* intr. et qqf. tr., **1.** marcher, s'avancer (avec une certaine gravité), *non ambulamus sed incedimus* : nous n'avons pas une allure naturelle, nous marchons à pas comptés, Sén., ~ *magnifice* : s'avancer majestueusement, *quācumque incederet* : partout où il passait, ~ *a foro domum* : aller du forum à la maison, ~ *scænam* : monter sur la scène ; mil., se mettre en marche, s'ébranler, se porter en avant ; **2.** survenir, envahir, pénétrer, envahir, *incessit in castra vis morbi* : la violence du fléau envahit le camp, Liv., *miseratio incessit omnes* : la pitié s'empara de tous, Liv. ; *rumor incessit* + prop. inf. : le bruit se répandit que.

incĕlĕbĕr, *bris, bre,* adj., inconnu, obscur.

incĕlĕbrātus, *a, um,* non publié.

incēnātus, *a, um,* qui n'a pas soupé.

incendĭālis, *e,* adj., de feu, d'incendie.

incendĭārĭus, *a, um,* qui incendie, incendiaire ; subst. m., *incendiarius, ii,* incendiaire.

incendĭum, *ĭi,* n., **1.** incendie, embrasement, ~ *excitare, conflare, facere* : provoquer un incendie, mettre le feu, ~ *restinguere, sedare, arcere, inhibere* : éteindre un incendie ; ext., danger, ruine ; **2.** brandon, torche ; **3.** fig., feu, ardeur, passion.

incendo, *ĭs, ĕre, cendi, censum,* (R. *cand~*), tr., **1.** mettre le feu à, incendier, brûler, consumer ; **2.** enflammer ; faire briller ; **3.** fig., enflammer, exciter, ~ *amore, desiderio* : enflammer d'amour, de désir ; **4.** réduire en cendres, détruire ; **5.** augmenter, ~ *vires, luctum* : redoubler ses forces, un deuil.

incēnis, *e,* adj., V. *incenatus.*

incēno, *ās, āre,* intr., dîner dans.

incensĭo, *ōnis,* f., action d'incendier.

incensŏr, *ōris,* m., allumeur, incendiaire ; boutefeu.

incensum, *i,* n., **1.** chr., encens ; sacrifice ; **2.** action d'allumer.

① **incensus,** *a, um,* (cf. *incendo*), part. adj., enflammé, qui parle avec feu, emporté, violent.

② **incensus,** *a, um,* (cf. *censeo*), qui n'est pas recensé, qui n'est pas inscrit sur les registres du cens.

incentīvus, *a, um,* qui met en mouvement, qui excite, *incentiva (tibia)* : flûte qui joue la partie haute ; subst. n., *incentivum, i,* stimulant.

incentŏr, *ōris*, m., celui qui donne le ton ; instigateur.

incentrix, *īcis*, f. du préc.

inceptĭo, *ōnis*, f., début, commencement ; entreprise, projet.

incepto, *ās*, *āre*, 1. tr., commencer, projeter ; 2. intr., chercher querelle.

inceptŏr, *ōris*, m., celui qui commence.

inceptum, *i*, n., début, commencement ; esprit d'initiative, entreprise.

inceptŭs, *ūs*, m., début, commencement ; esprit d'initiative, entreprise.

incernĭcŭlum, *i*, n., crible, tamis.

incerno, *ĭs*, *ĕre*, *crēvi*, *crētum*, tr., passer au crible, tamiser.

incēro, *ās*, *āre*, tr., enduire, couvrir de cire.

incertē et **incertō**, adv., d'une manière douteuse, avec incertitude.

incerto, *ās*, *āre*, tr., rendre indistinct ; rendre indécis.

incertus, *a*, *um*, [~tior, ~tissimus], 1. (choses) non décidé, incertain, mal assuré, peu sûr, douteux, indistinct ; abl. abs., *incerto quid peterent* : sans savoir bien où ils allaient ; subst. n., *incertum, i*, incertitude, *in incerto esse* : être dans l'incertitude, *ad incertum revocare* : remettre en question, *incerta belli* : les hasards de la guerre ; 2. (pers.) incertain, hésitant, irrésolu, ~ *futurorum* : incertain de l'avenir, *me incerto* : sans que j'en sois certain.

incessābĭlis, *e*, adj., qui ne cesse pas.

incessābĭlĭtĕr, adv., sans cesse.

incesso, *ĭs*, *ĕre*, intr. et tr., fondre sur, s'élancer sur, assaillir, attaquer, *in erumpentes incessit* : il fondit sur les assaillants ; ~ *aliquem criminibus* : accabler qqn. d'accusations.

incessŭs, *ūs*, m., 1. action de marcher, de s'avancer ; démarche, allure, marche étudiée ; 2. mil., marche en avant, invasion ; 3. entrée, accès.

incestātŏr, *ōris*, m., celui qui souille d'un inceste.

incestē, adv., [~tius], d'une manière impure, coupable, criminelle.

① **incestus**, *a*, *um*, (cf. *castus*), 1. impur, souillé, corrompu, criminel ; subst. m., *incestus, i*, impie, sacrilège ; 2. impudique, débauché, incestueux ; subst. n., *incestum, i*, débauche, inceste.

② **incestŭs**, *ūs*, m., inceste.

inchŏātē, adv., en commençant.

inchŏātĭo, *ōnis*, f., action de commencer.

inchŏātŏr, *ōris*, m., celui qui commence.

inchŏo, *ās*, *āre*, tr., 1. mettre la main à qqch., commencer, entreprendre, ~ *annum* : ouvrir l'année (consuls), ~ *aras nocturnas* : commencer par un sacrifice nocturne ; prendre l'initiative ; 2. ébaucher, esquisser, *inchoata cognitio* : connaissance incomplète.

① **incĭdo**, *ĭs*, *ĕre*, *cĭdi*, (cf. *cado*), 1. intr. et tr., tomber sur, se jeter dans, ~ *in insidias* : tomber dans une embuscade, ~ *portis patentibus* : se précipiter sur les portes ouvertes, ~ *in manus* : tomber entre les mains ; 2. intr., survenir, arriver, se produire (au milieu d'un ensemble d'événements, d'un processus en cours), ~ *alicui in mentem* : venir à l'esprit de qqn., *si qua clades incidisset* : si quelque désastre intervenait, *forte ita incidit ut* + subj. : il arriva par hasard que ; 3. tomber sur, rencontrer par hasard, survenir au milieu de, ~ *alicui*, *in aliquem* : tomber sur qqn. ; ~ *in sermonem* : tomber au milieu d'une conversation.

② **incīdo**, *ĭs*, *ĕre*, *cīdi*, *cīsum*, (cf. *cædo*), tr., 1. faire une entaille, couper dans, entailler, inciser, graver, ~ *in aere* : graver dans l'airain ; 2. trancher, couper, ~ *funem* : couper un câble ; fig., couper la parole à qqn. ; ~ *omnem spem* : enlever tout espoir.

incīdŭus, V. *incæduus*.

incīlĕ, *is*, n., fosse de décharge, bourbier ; rigole.

incīlo, *ās*, *āre*, tr., critiquer, blâmer.

incingo, *ĭs*, *ĕre*, *cinxi*, *cinctum*, tr., ceindre, entourer d'une ceinture, enceindre, couronner.

incĭno, *ĭs*, *ĕre*, tr., jouer (sur un instrument) ; chanter.

incĭpĭo, *ĭs*, *ĕre*, *cēpi*, *ceptum*, (cf. *capio*), 1. tr., prendre en mains, entreprendre, commencer ; 2. intr., être à son début, commencer, *die incipiente* : au lever du jour.

incĭpisso, *ĭs*, *ĕre*, tr., commencer avec ardeur.

incircumcīsĭo, *ōnis*, f., chr., incirconcision.

incircumcīsus, *a*, *um*, chr., incirconcis.

incircumscriptus, *a*, *um*, illimité.

incīsē et **incīsim**, adv., avec concision, brièvement.

incīsĭo, *ōnis*, f., entaille, incision ; rhét., incise, membre d'une période.

incīsum, *i*, n., rhét., incise.

incĭta, *ōrum*, n. pl., et **incĭtæ**, *ārum*, (cf. *incitus* ①), f. pl., pièces du jeu qu'on ne peut plus bouger.

incĭtāmentum, *i*, n., aiguillon, mobile, stimulant ; excitation, encouragement.

incĭtātē, adv., avec animation, ardeur.

incĭtātĭo, *ōnis*, f., 1. action de mettre en mouvement ; excitation, provocation, entraînement ; 2. mouvement précipité ; fougue, impétuosité.

incĭtātŏr, *ŏris*, m., instigateur, provocateur.

incĭtātus, *a, um*, part. adj., [*~tior, ~tissimus*], mis en mouvement, lancé ; vif, rapide, *incitato equo* : à bride abattue ; véhément, impétueux.

incĭto, *ās, āre*, tr., 1. mettre en mouvement, lancer, pousser, *~ equos* : éperonner les chevaux, *se ~* ou *incitari* : accélérer, se précipiter ; 2. activer, accroître, aviver, animer, entraîner, encourager, exhorter.

① **incĭtus**, *a, um*, (cf. *cieo*), qu'on ne peut mouvoir.

② **incĭtus**, *a, um*, mû rapidement, prompt.

incīvīlĭtās, *ātis*, f., violence, brutalité.

incīvīlĭtĕr, adv., [*~lius*], brutalement.

inclāmātĭo, *ŏnis*, f., cri, appel.

inclāmĭto, *ās, āre*, tr., crier souvent sur, contre.

inclāmo, *ās, āre*, tr., crier à qqn., appeler en criant, avec *ut* + subj. : crier de ; crier à l'aide, invoquer en criant ; crier contre.

inclāresco, *ĭs, ĕre*, intr., devenir clair, brillant ; fig., s'illustrer, devenir célèbre.

inclārus, *a, um*, inconnu, obscur.

inclēmens, *entis*, adj., [*~tior, ~tissimus*], inclément, dur, impitoyable.

inclēmentĕr, adv., [*~tius*], durement, impitoyablement.

inclēmentĭa, *æ*, f., inclémence, dureté ; rigueur.

inclīnābĭlis, *e*, adj., qui peut se plier, docile.

inclīnātĭo, *ŏnis*, f., 1. action de se pencher, de se baisser ; inclinaison, courbure ; 2. variation, changement, mutation ; rhét., inflexion (de la voix) ; 3. inclination, penchant, disposition.

inclīnātus, *a, um*, part. adj., [*~tior*], 1. incliné, penché ; qui est sur son déclin ; 2. qui incline à, porté vers ; bien disposé pour.

inclīno, *ās, āre*, 1. tr., pencher, incliner, *~ caput* : pencher la tête ; faire pencher, incliner, *~ animum ut* + subj. : décider (qqn.) à ; dévier, faire retomber sur, *~ omnem culpam in aliquem* : rejeter toute la faute sur qqn. ; faire décliner, ruiner ; 2. réfl., passif ou intr., *se ~, inclinari* ou *inclinare* : se pencher, pencher, plier, *~ ad sanitatem* : tourner vers la guérison ; *acies inclinatur* ou *inclinat* : l'armée plie, *~ in fugam* : lâcher pied ; *fortuna se inclinat* : la fortune change ; pencher vers, se tourner du côté de, *~ ad Stoicos* : pencher du côté des stoïciens, *inclinavit animus ut* + subj. : on inclina à.

inclĭtus, V. *inclutus*.

inclūdo, *ĭs, ĕre, clūsi, clūsum*, (cf. *claudo*), tr., 1. enfermer, renfermer ; enclaver, enchâsser, insérer, intercaler ; 2. boucher, arrêter, comprimer, *~ vocem* : étouffer la voix, interdire la parole, *~ viam* : barrer la route ; 3. clore, borner, *~ epistulam* : terminer une lettre.

inclūsĭo, *ŏnis*, f., action d'enfermer, emprisonnement.

inclūsŏr, *ŏris*, m., sertisseur, joaillier.

inclŭtus, *a, um*, [*~tissimus*], illustre, glorieux, célèbre.

incŏactus, *a, um*, non forcé.

① **incoctus**, *a, um*, V. *incoquo*.

② **incoctus**, *a, um*, non cuit.

incœn~, V. *incen~*.

① **incœptus**, *a, um*, V. *inceptus*.

② **incœptus**, *a, um*, (cf. *cœpio*), qui n'a pas de commencement.

incōgĭtābĭlis, *e*, adj., 1. inconsidéré, ~réfléchi ; 2. impensable.

incōgĭtans, *antis*, adj., irréfléchi, étourdi.

incōgĭtantĭa, *æ*, f., irréflexion, légèreté.

incōgĭtātus, *a, um*, 1. fait sans réflexion, sans étude ; impensable ; 2. inconsidéré, irréfléchi.

incōgĭto, *ās, āre*, tr., méditer (qqch.) contre.

incognĭtus, *a, um*, 1. non connu, inconnu ; subst., *incognito assentiri* : adopter l'avis d'un inconnu ; 2. non informé, non examiné, *incognitā causā* : sans avoir examiné la cause ; 3. qu'on ne reconnaît pas, qu'on ne réclame pas.

incognosco, *ĭs, ĕre*, tr., prendre connaissance de.

incŏhĭbĭlis, *e*, adj., qu'on ne peut arrêter.

incŏho, V. *inchoo*.

incŏinquĭnābĭlis, *e*, adj., chr., qu'on ne peut souiller.

incŏinquĭnābĭlĭtĕr, adv., chr., sans souillure.

incŏinquĭnātus, *a, um*, chr., non souillé.

incŏla, *æ*, (cf. *colo* ②), m. et f., 1. habitant, qui est du pays ; 2. métèque (mot adapté du grec).

incŏlātŭs, *ūs*, m., résidence en pays étranger, élection de domicile.

① **incŏlo**, *ās, āre*, tr., résider dans.

② **incŏlo**, *ĭs, ĕre, cŏlŭi, cultum*, tr. et intr., résider, habiter dans ; subst. m. pl., *incolentes, ium*, les habitants.

incŏlŭmis, *e*, (cf. *calamitas*, *~cello, clades*), adj., qui n'a pas éprouvé de mal, sain et sauf, intact.

incŏlŭmĭtās, *ātis*, f., salut, intégrité du corps, vie sauve.

incŏmĭtātus, *a, um,* non accompagné, sans escorte ; sans être accompagné de.

incŏmĭtĕr, adv., sans esprit, sans grâce.

incŏmĭtĭo, *ās, āre,* tr., injurier publiquement.

incomma, *ătis,* n., toise.

incommendātus, *a, um,* non recommandé, exposé aux atteintes de.

incommiscĭbĭlis, *e,* adj., qui ne peut se mélanger.

incommōbĭlĭtās, *ātis,* f., impassibilité.

incommŏdē, adv., [*~dius, ~dissime*], d'une manière peu commode, désavantageuse ; mal ; mal à propos, dans de mauvaises conditions.

incommŏdestīcus, *a, um,* peu commode (mot forgé par Plaute).

incommŏdĭtās, *ātis,* f., inopportunité, incommodité, désagrément ; incivilité ; désavantage, dommage.

incommŏdo, *ās, āre,* intr., causer du désagrément, incommoder, être à charge.

incommŏdum, *i,* n., **1.** incommodité, désavantage, inconvénient, désagrément, *incommodo tuo* : malgré toi ; tort, préjudice, *alicui ~ ferre, afferre, dare, importare* : causer du tort à qqn. ; **2.** incommodité, indisposition.

incommŏdus, *a, um,* [*~dior, ~dissimus*], incommode, désavantageux, désagréable, importun, *incommoda valetudo* : indisposition, *incommoda uxor* : épouse insupportable, *incommodum est* + inf. : il est fâcheux de.

incommōnĭtus, *a, um,* non averti.

incommūnĭcābĭlis, *e,* adj., incommunicable.

incommūnis, *e,* adj., non commun.

incommūtābĭlis, *e,* adj., immuable.

incommūtābĭlĭtās, *ātis,* f., immuabilité.

incommūtābĭlĭtĕr, adv., d'une manière immuable.

incommūtātus, *a, um,* resté sans changement.

incompărābĭlis, *e,* adj., incomparable, sans pareil (pr. et fig.).

incompărābĭlĭtās, *ātis,* f., qualité de ce qui est incomparable.

incompărābĭlĭtĕr, adv., incomparablement.

incompertus, *a, um,* qui n'est pas exposé ou connu ; obscur.

incompŏsĭtē, adv., d'une manière désordonnée ; sans art, grossièrement.

incompŏsĭtus, *a, um,* **1.** non composé, simple ; **2.** mal agencé, mal bâti ; désordonné ; sans art, grossier.

incompréhensĭbĭlis, *e,* adj., **1.** insaisissable (pr. et fig.) ; incompréhensible ; **2.**

qu'on ne peut renfermer dans des limites, immense, infini.

incompréhensĭbĭlĭtĕr, adv., d'une manière insaisissable, incompréhensible.

incomprensus, *a, um,* non saisi, non compris.

incomptē, adv., grossièrement ; sans apprêt.

incomptus, *a, um,* [*~tior*], non peigné, non soigné, sans apprêt ; négligé, sans art.

inconcessĭbĭlis, *e,* adj., inadmissible.

inconcessus, *a, um,* non admis, non permis, illicite ; impossible.

inconcĭlĭo, *ās, āre,* **1.** tr., séduire par des intrigues, tromper ; **2.** tr. et intr., mettre dans l'embarras ; créer des embarras.

inconcinnē, adv., sans cohérence.

inconcinnĭtās, *ātis,* f., manque d'harmonie.

inconcinnus, *a, um,* maladroit ; sans grâce ni harmonie.

inconcussē, adv., fermement.

inconcussus, *a, um,* non ébranlé, solide, inébranlable.

incondĭtē, adv., sans ordre, confusément ; sans art.

incondĭtus, *a, um,* **1.** non enfoui ; non enseveli ; **2.** désordonné, déréglé, confus, informe.

incōnexus, V. *inconnexus.*

inconfectus, *a, um,* inachevé.

inconfūsus, *a, um,* **1.** non confondu ; **2.** non confus, non déconcerté.

incongressĭbĭlis, *e,* adj., inabordable.

incongrŭē, adv., improprement ; d'une manière inconvenante.

incongrŭens, *entis,* adj., [*~tissimus*], inconséquent, déraisonnable, saugrenu, absurde.

incongrŭentĕr, adv., d'une manière déplacée.

incongrŭentĭa, *æ,* f., défaut de rapport, inconvenance.

incongrŭus, *a, um,* V. *incongruens.*

incōnīv~, V. *inconniv~.*

inconnexus, *a, um,* non lié, non connexe.

inconnīvens, *entis,* adj., qui ne (se) ferme pas (œil).

inconnīvus, *a, um,* V. le préc.

inconséquens, *entis,* adj., inconséquent, illogique.

inconséquentĕr, adv., illogiquement, en contradiction.

inconséquentĭa, *æ,* f., inconséquence, défaut de suite.

inconsīdĕrantĕr, adv., [*~tissime*], sans réflexion.

inconsīděrantĭa, æ, f., irréflexion, inadvertance.

inconsīděrātē (~tō), adv., [~tius], inconsidérément.

inconsīděrātus, a, um, [~tior, ~tissimus], 1. à quoi l'on n'a pas réfléchi, irréfléchi ; 2. qui ne réfléchit pas, irréfléchi.

inconsōlābĭlis, e, adj., inconsolable ; incurable.

inconsŏnans, antis, adj., qui sonne en désaccord, discordant, qui jure.

inconspĭcŭus, a, um, peu remarquable, obscur.

inconstans, antis, adj., [~tior, ~tissimus], inconstant, changeant, inconséquent.

inconstantěr, adv., [~tius, ~tissime], d'une manière inconstante, inconséquente.

inconstantĭa, æ, f., inconstance, mobilité, inconséquence.

inconsuētus, a, um, qui n'a pas l'habitude de.

inconsultē, adv., [~tius], inconsidérément, sans réflexion.

① **inconsultus**, a, um, 1. qui n'a pas été consulté ; 2. qui n'a pas reçu de conseils ; 3. irréfléchi.

② **inconsultŭs**, ūs, m., action de ne pas consulter, *inconsultu meo* : sans mon avis.

inconsummātĭo, ōnis, f., imperfection.

inconsummātus, a, um, inachevé, imparfait ; (pers.) non dégrossi, grossier.

inconsumptus, a, um, non consumé ; qui ne se consume pas.

inconsūtĭlis, e, adj., chr., sans couture.

inconsūtus, a, um, V. le préc.

incontāmĭnābĭlis, e, adj., qu'on ne peut souiller.

incontāmĭnābĭlĭtěr, adv., sans souillure possible.

incontāmĭnātus, a, um, [~tissimus], pur de toute souillure.

incontantěr, **incontātus**, V. *incunct~*.

incontemplābĭlis, e, adj., chr., qu'on ne peut contempler.

incontemptĭbĭlis, e, adj., chr., qu'on ne peut mépriser.

incontentus, a, um, non tendu, lâche.

incontĭnens, entis, adj., 1. qui ne retient pas ; 2. qui ne se retient pas, intempérant, incontinent.

incontĭnentěr, adv., sans retenue, avec excès.

incontĭnentĭa, æ, f., 1. difficulté de retenir ; 2. impossibilité de se retenir, intempérance.

incontrādīcĭbĭlis, e, adj., [~lior], qu'on ne peut contredire.

incontrectābĭlis, e, adj., insaisissable.

incontrītus, a, um, chr., sans contrition.

inconvěnĭens, entis, adj., 1. qui ne s'accorde pas, discordant ; 2. inconvenant, malséant.

inconvěnĭentěr, adv., sans convenance.

inconvěnĭentĭa, æ, f., manque d'accord, incohérence.

inconvertĭbĭlis (~sĭbĭlis), e, adj., qu'on ne peut retourner, immuable ; qu'on ne peut convertir.

inconvertĭbĭlĭtās, ātis, f., immuabilité.

inconvertĭbĭlĭtěr, adv., immuablement.

inconvincĭbĭlis, e, adj., chr., irréductible.

inconvŏlūtus, a, um, enroulé ; obscur.

incōpĭōsus, a, um, qui est sans ressources.

incŏquo, ĭs, ěre, coxi, coctum, tr., faire cuire dans ; imprégner de, teinter ; bien cuire, mûrir, brunir, brûler.

incŏram, adv. et prép. + gén., en présence (de) ; ouvertement.

incŏrōnātus, a, um, non couronné.

incorpŏrābĭlis, e, adj., incorporel.

incorpŏrālis, e, adj., incorporel, abstrait ; subst. n. pl., *incorporalia, ium*, abstractions.

incorpŏrālĭtās, ātis, f., immatérialité.

incorpŏrālĭtěr, adv., sans corps, de façon immatérielle.

incorpŏrěus, a, um, incorporel, immatériel.

incorpŏro, ās, āre, tr., 1. revêtir d'un corps, incarner ; 2. adjoindre, incorporer.

incorrectus, a, um, non corrigé.

incorruptē, adv., [~tius], 1. sans altération ; 2. avec impartialité.

incorruptēla, æ, f., chr., incorruptibilité.

incorruptĭbĭlis, e, adj., chr., incorruptible.

incorruptĭbĭlĭtās, ātis, f., chr., incorruptibilité.

incorruptĭbĭlĭtěr, adv., chr., d'une manière incorruptible.

incorruptĭo, ōnis, f., chr., état ou nature incorruptible.

incorruptīvus, a, um, chr., incorruptible.

incorruptōrĭus, a, um, V. le préc.

incorruptus, a, um, [~tior, ~tissimus], 1. non corrompu, non altéré, intact, sain ; 2. intègre, incorruptible, irréprochable.

incrasso, ās, āre, tr. et intr., engraisser, épaissir.

incrěātus, a, um, incréé.

incrēbresco et **incrēbesco**, ĭs, ěre, crēbrŭi et crēbŭi, intr., devenir plus fréquent ; augmenter, s'accroître, se répandre.

incrēdendus, a, um, qu'on ne peut croire.

incrēdĭbĭlis, *e*, adj., [~*lior*], **1.** incroyable ; subst. n. pl., *incredibilia, ium*, choses incroyables ; fig., extraordinaire ; **2.** incrédule ; chr., qui ne croit pas, incroyant.

incrēdĭbĭlĭtās, *ātis*, f., **1.** caractère de ce qui est incroyable ; **2.** incrédulité, manque de foi, incroyance.

incrēdĭbĭlĭtĕr, adv., [~*lius*], d'une manière incroyable ; étonnamment.

incrēdĭtus, *a, um*, à quoi l'on ne croit pas.

incrēdŭlē, adv., avec incrédulité.

incrēdŭlĭtās, *ātis*, f., incrédulité ; chr., manque de foi, incrédulité.

incrēdŭlus, *a, um*, **1.** incrédule ; chr., incrédule, incroyant ; **2.** incroyable.

incrēmento, *ās, āre*, intr., s'accroître.

incrēmentŭlum, *i*, n., petit accroissement.

incrēmentum, *i*, n., (cf. *cresco*), **1.** accroissement, augmentation ; rhét., amplification ; **2.** ce qui accroît, supplément, intérêts (d'une somme) ; **3.** rejeton, descendance.

increpātĭo, *ōnis*, f., vif reproche, réprimande.

increpātīvē, adv., sous forme de reproche.

increpātŏr, *ōris*, m., celui qui réprimande.

increpĭto, *ās, āre*, intr. et tr., **1.** crier à qqn. pour l'exhorter ou pour le réprimander ; apostropher, rudoyer, rabrouer, gronder ; **2.** faire reproche de, reprocher.

increpĭtŭs, *ūs*, m., reproche sanglant, outrage.

increpo, *ās, āre*, crēpŭi, crēpĭtum, **1.** intr., a) faire du bruit, craquer, claquer ; ext., s'ébruiter, se manifester bruyamment, *quidquid increpuerit* : au moindre bruit ; b) s'emporter, se répandre en sarcasmes ; **2.** tr., a) faire retentir, étourdir, abasourdir ; b) faire résonner, ~ *lyram* : faire retentir les accords de la lyre ; c) faire entendre à qqn. un bruit violent, invectiver, incriminer, ~ *aliquem verbis* : faire une semonce à qqn., ~ *aliquem desertorem* : traiter qqn. de déserteur, ~ *aliquem quod* : accuser qqn. de ; ~ + prop. inf., s'écrier ironiquement que ; d) exhorter, stimuler ; e) se plaindre, déplorer.

incresco, *ĭs, ĕre*, crēvi, crētum, intr., croître dans ou sur ; croître, grandir, se développer, faire des progrès.

incrēto, *ās, āre*, tr., blanchir à la craie.

① **incrētus**, *a, um*, non tamisé.

② **incrētus**, *a, um*, V. *incerno*.

incrīmĭnātĭo, *ōnis*, f., innocence.

incrispātĭo, *ōnis*, f., action de friser.

incrŭentātus, *a, um*, non ensanglanté.

incrŭentē, adv., sans répandre le sang.

incrŭentus, *a, um*, **1.** non sanglant ; **2.** qui n'a pas versé de sang.

incrusto, *ās, āre*, tr., entartrer.

incŭbātŏr, *ōris*, m., celui qui couche habituellement dans ou sur ; gardien, surveillant.

incŭbatrix, *īcis*, f., celle qui s'étend sur.

incŭbĭto, *ās, āre*, tr., couver.

① **incŭbo**, *ās, āre*, cŭbāvi ou cŭbŭi, cŭbĭtum, intr. et qqf. tr., **1.** être couché dans ou sur, reposer sur, ~ *in fano* : se coucher dans un temple (pour y attendre des songes prophétiques) ; fig., s'étendre au-dessus, surplomber ; **2.** couver ; fig., garder, surveiller jalousement, ~ *pecuniæ* : couver son argent ; **3.** ne plus quitter un endroit, ~ *rure* : être rivé à la campagne.

② **incŭbo**, *ōnis*, m., **1.** génie gardien d'un trésor ; **2.** incube.

incŭbus, *i*, m., incube (démon) ; cauchemar.

incūdis, V. *incus*.

incūdo, *ĭs, ĕre*, (cūdi), cūsum, tr., forger.

inculcātē, adv., [-*tius*], avec une très grande insistance.

inculcātĭo, *ōnis*, f., action d'inculquer.

inculco, *ās, āre*, (cf. *calx, calco*), tr., fouler, tasser avec les pieds, d'où : faire entrer en tassant, enfoncer, faire pénétrer, introduire de force ; fig., ~ *verba Græca* : fourrer des mots grecs (dans son style), ~ *alicui ut* + subj. : inculquer à qqn. de ; imposer, *se ~ alicujus auribus* : forcer qqn. à (vous) écouter.

inculpābĭlis, *e*, adj., irréprochable.

inculpābĭlĭtĕr, adv., d'une manière irréprochable.

inculpātē, adv., sans faute.

inculpātus, *a, um*, irréprochable.

inculpo, *ās, āre*, tr., imputer (qqch. à qqn.).

incultē, adv., [~*tius*], sans apprêt, sans art, de façon sauvage.

① **incultus**, *a, um*, [~*tior*], **1.** non cultivé, non travaillé, inculte ; inhabité, désert ; subst. n. pl., *inculta, orum*, lieux déserts, sauvages ; **2.** qui n'est pas soigné ; négligé, sans art, sans parure ; ext., sans culture, rude, grossier, sans élégance.

② **incultŭs**, *ūs*, m., **1.** manque de soin, négligence ; **2.** défaut de culture.

incumbo, *ĭs, ĕre*, cŭbŭi, cŭbĭtum, intr. et qqf. tr., **1.** se coucher sur, s'appuyer, ~ *toro* : se coucher sur un lit, ~ *ad aliquem* : se pencher vers qqn., ~ (*in*) *gladium* : se jeter sur son épée ; fig., peser, s'appesantir, *invidia mihi incumbit* : la haine pèse sur moi ; faire pression sur

+ dat. ; **2.** se jeter sur, assaillir, ~ *in Macedoniam* : tomber sur la Macédoine ; **3.** fig., se pencher sur, s'appliquer à, s'occuper de, se donner pour tâche de, ~ *in aliquod studium* : s'appliquer à quelque étude, ~ *in bellum* : ne s'occuper que de guerre, qqf. avec *ut* + subj. ou prop. inf. ; **4.** incomber.

incūnābŭla, *ōrum*, n. pl., langes d'un enfant au berceau ; fig., berceau, lieu de naissance ; naissance, première enfance ; berceau, origine.

incunctantĕr, adv., sans retard.

incunctātus, *a, um*, qui n'hésite pas.

incūrātus, *a, um*, non soigné.

incūrĭa, *æ*, f., manque de soin, négligence, incurie.

incūrĭōsē, adv., [~*sius*], sans soin, négligemment.

incūrĭōsus, *a, um*, **1.** qui est sans soin, négligent, indifférent, insouciant ; **2.** qui est fait ou traité sans soin, négligé.

incurro, *ĭs, ĕre, curri* et *cŭcurri, cursum*, intr. et tr., **1.** courir sur, fondre sur, attaquer, ~ *in confertissimos hostes* : se précipiter au plus épais des ennemis, ~ *in Macedoniam* : faire une incursion en Macédoine ; s'emporter contre, s'en prendre à ; **2.** rencontrer par hasard, tomber sur, ~ *in aliquem* : tomber sur qqn., ~ *in oculos, oculis* : tomber sous les yeux ; **3.** tomber sous le coup de, ~ *in morbum* : tomber malade, ~ *in reprehensionem* : encourir un reproche ; **4.** survenir, arriver, avoir lieu, échoir à ; tomber dans, au milieu de, coïncider avec.

incursātĭo, *ōnis*, f., incursion, attaque.

incursĭo, *ōnis*, f., **1.** choc, rencontre ; incursion, irruption, attaque, assaut.

incursĭto, *ās, āre,* intr., **1.** faire des incursions fréquentes ; **2.** se heurter.

incurso, *ās, āre,* intr. et tr., **1.** se jeter sur, attaquer, assaillir, fondre sur, faire irruption ; **2.** rencontrer, heurter, donner contre.

incursŭs, *ūs*, m., choc, rencontre, attaque, irruption, envahissement.

incurvātĭo, *ōnis*, f., infléchissement ; chr., perversion.

incurvesco et **incurvisco**, *ĭs, ĕre,* intr., se recourber, plier.

incurvĭcervīcus, *a, um*, qui plie la nuque.

incurvo, *ās, āre,* tr., courber, recourber, ployer ; fig., abattre, terrasser ; fléchir.

incurvus, *a, um*, courbé, incurvé, voûté.

incūs, *ūdis*, f., enclume.

incūsābĭlis, *e*, adj., blâmable.

incūso, *ās, āre,* (cf. *causa*), tr., mettre en cause, accuser, blâmer, incriminer, avec prop. inf. ou *quod* + subj. ; ~ *aliquem superbiæ* : taxer qqn. d'orgueil.

incussŭs, *ūs*, m., choc, heurt.

incustōdītus, *a, um*, **1.** non gardé, non surveillé ; ext., non dissimulé, qu'on ne tient pas secret ; négligé ; **2.** qui ne tient pas sur ses gardes.

① **incūsus**, *a, um*, brut, grossier.

② **incūsus**, *a, um*, part. adj., incrusté, gravé.

incŭtĭo, *ĭs, ĕre, cussi, cussum*, tr., **1.** frapper contre ou sur, choquer, heurter, cogner, ~ *scipionem* : asséner un coup de bâton ; ext., jeter, lancer ; **2.** pousser contre, exciter, causer, ~ *alicui metum* : inspirer de la peur à qqn., ~ *fœdum nuntium* : communiquer une horrible nouvelle ; **3.** faire pression, faire une vive impression sur.

indāgātĭo, *ōnis*, f., recherche, investigation.

indāgātŏr, *ōris*, m., pisteur ; chercheur, investigateur.

indāgātrix, *īcis*, f. du préc.

indāgātŭs, *ūs*, m., V. *indagatio*.

indāgēs, *is*, V. *indagatio*.

① **indāgo**, *ās, āre,* (cf. *ago*), tr., pister (gibier) ; fig., rechercher minutieusement.

② **indāgo**, *ĭnis*, f. ligne de chasseurs et de filets encerclant le gibier ; troupe de rabatteurs ; battue ; fig., réseau, mailles, cercle étroit.

indĕ, adv., **1.** lieu : de là, de ce lieu, en, *inde loci* : à partir de ce lieu ; de lui, d'elle, d'eux ; **2.** temps : à partir de ce moment, dès lors, après cela, là-dessus, ensuite, *jam inde a principio* : dès le début ; **3.** log., de là, par conséquent.

indēbĭtus, *a, um*, non dû, immérité.

indēcens, *entis*, adj., [~*tior*, ~*tissimus*], qui ne convient pas, inconvenant, indécent, impertinent.

indēcentĕr, adv., [~*tius*, ~*tissime*], d'une manière inconvenante, indécemment.

indēcet, *ēre*, impers., ne pas convenir.

indēclīnābĭlis, *e*, adj., inflexible, ferme.

indēclīnābĭlĭtĕr, adv., sans fléchir, d'une manière immuable.

indēclīnātus, *a, um*, inébranlable.

indēcŏr, V. *indecoris*.

indēcŏrābĭlĭtĕr et **indēcŏrē**, adv., sans grâce ; d'une manière inconvenante, malséante.

indēcōrē, adv., **1.** sans élégance ; **2.** de façon inconvenante.

indēcŏris, *e*, adj., sans gloire, indigne.

indēcŏro, *ās, āre,* tr., déshonorer, enlaidir.

indēcŏrus, *a, um*, adj., **1.** qui n'est pas beau à voir, disgracieux, *indecoræ (mulieres)* : laiderons ; **2.** qui ne convient pas ;

déshonorant, déshonnête, sans gloire, *indecorum est* + inf. : il est honteux de.

ĭndēfătīgābĭlis, *e*, adj., infatigable.

ĭndēfătīgātus, *a, um*, V. le préc.

ĭndēfectus, *a, um*, non amoindri, non affaibli.

ĭndēfensus, *a, um*, non défendu, sans défense (pr. et fig.).

ĭndēfessē et **ĭndēfessim**, adv., sans se fatiguer.

ĭndēfessus, *a, um*, infatigable.

ĭndēfĭcĭens, *entis*, adj., qui ne fait pas défaut.

ĭndēfĭcĭentĕr, adv., sans faiblir.

ĭndēfīnītē, adv., d'une manière indéfinie, indéterminée.

ĭndēflētus, *a, um*, non pleuré, non regretté.

ĭndēflexus, *a, um*, non courbé, qui ne dévie pas ; fig., qui ne se laisse pas plier, résistant.

ĭndējectus, *a, um*, non abattu.

ĭndēlassātus, *a, um*, infatigable.

ĭndēlēbĭlis, *e*, adj., ineffaçable, impérissable ; indélébile.

ĭndēlectātus, *a, um*, non réjoui, contrarié.

ĭndēlĭbātus, *a, um*, non entamé, intact.

ĭndēlictus, *a, um*, exempt de fautes.

ĭndemnātus, *a, um*, 1. non condamné ; innocent ; 2. condamné sans jugement.

ĭndemnis, *e*, (cf. *damnum*), adj., sans dommage, indemne.

ĭndemnĭtās, *ātis*, f., absence de tout dommage, préservation, salut.

ĭndēmonstrābĭlis, *e*, adj., qui ne peut être démontré.

ĭndēmūtābĭlis, *e*, adj., immuable, invariable.

ĭndēnuntĭātus, *a, um*, non déclaré.

ĭndēplōrātus, *a, um*, non pleuré.

ĭndēprāvātus, *a, um*, non altéré, non détérioré.

ĭndēprĕhensus (~prensus), *a, um*, insaisissable, qu'on ne peut percevoir.

ĭndeptus, *a, um*, V. *indipiscor*.

ĭndescriptus, *a, um*, non délimité.

ĭndēsertus, *a, um*, non abandonné.

ĭndēsĭnentĕr, adv., perpétuellement, sans cesse.

ĭndespectus, *a, um*, invisible d'en haut.

ĭndēsponsāta, *æ*, f., non fiancée.

ĭndestrictus, *a, um*, non atteint, non touché.

ĭndētermĭnābĭlis, *e*, adj., qu'on ne peut déterminer, définir.

ĭndētermĭnātus, *a, um*, indéterminé, infini.

ĭndētonsus, *a, um*, dont on n'a pas coupé les cheveux.

ĭndētrītus, *a, um*, non usé.

ĭndēvītātus, *a, um*, qu'on n'a pas évité.

ĭndēvōtē, adv., chr., sans respect, sans égards.

ĭndēvōtĭo, *ōnis*, f., chr., irrévérence, irréligion.

ĭndēvōtus, *a, um*, chr., irrévérencieux, irréligieux.

index, *ĭcis*, m. et f., 1. (pers.) celui qui montre, indique ; indicateur, révélateur ; 2. (choses) ce qui indique, marque, *(digitus) index* : l'index ; *(liber) index* : répertoire, catalogue ; subst. m., titre, en-tête, frontispice, inscription ; pierre de touche.

Indi, *ōrum*, m. pl., Indiens ; fig., Éthiopiens ; Arabes ‖ **Indĭa**, *æ*, f., l'Inde.

ĭndĭcātĭo, *ōnis*, f., indication (du prix), évaluation, taxe.

① **ĭndĭcens**, *entis*, adj., qui ne parle pas, *me indicente* : sans mon ordre.

② **ĭndĭcens**, *entis*, V. de *indico* ②.

ĭndĭcībĭlis, *e*, adj., indicible.

ĭndĭcĭum, *ĭi*, n., 1. déclaration, indication, révélation, dénonciation ; *~ facere* : faire une déposition, témoigner, *~ postulare* : demander à faire des révélations ; prime d'une dénonciation ; 2. indice, trace, marque, preuve.

ĭndĭcīva, *æ*, f., dénonciation, prix d'une dénonciation.

① **ĭndĭco**, *ās, āre*, tr., 1. indiquer, révéler, découvrir, déclarer, notifier ; 2. dénoncer, faire des révélations ; 3. fixer (la valeur ou le prix).

② **ĭndĭco**, *ĭs, ĕre, dixi, dictum*, tr., 1. notifier, publier, *~ diem* : fixer officiellement le jour de + dat. ou gén., *~ bellum* : déclarer la guerre, *~ alicui ut* + subj. : inviter officiellement qqn à ; 2. imposer, prescrire.

indictĭo, *ōnis*, f., 1. avis officiel ; 2. impôt extraordinaire, contribution.

indictĭōnālis, *e*, adj., relatif à l'impôt.

indictīvus, *a, um*, annoncé (par le crieur public).

① **indictus**, *a, um*, 1. qui n'a pas été dit ; 2. qui n'a pas été plaidé, *indictā causā* : sans qu'il y ait eu plaidoyer.

② **indictus**, *a, um*, V. *indico* ②.

ĭndĭcŭlum, *i*, n., petite notice ; court exemple.

ĭndĭcŭlus, *i*, m., court exposé.

Indĭcus, *a, um*, de l'Inde, *~ dens* : ivoire.

indĭdem, adv., du même lieu ; de la même chose ; de la même personne.

indiffĕrens, *entis*, adj., 1. qui ne diffère pas, qui ne se distingue pas ; phil., indif-

férent, sans valeur morale positive ou
négative ; métr., (pied) qui peut être bref
ou long ; **2.** indifférent à, qui ne fait pas
de différence.

indifférentĕr, adv., sans faire de différence ; indifféremment.

indifférentĭa, æ, f., état de ce qui n'est
pas différent, indistinction.

indiffĭcultĕr, adv., sans difficulté.

indĭgĕna, æ, f., originaire du pays, indigène.

indĭgens, entis, part. adj., qui manque
de, qui a besoin de ; insuffisant ; subst.
m. pl., *indigentes, ium*, les pauvres.

indĭgentĭa, æ, f., indigence, besoin, nécessité ; manque, défaut ; exigence, insatiabilité.

indĭgĕnus, a, um, du pays.

indĭgĕo, ēs, ēre, ŭi, (cf. *egeo*), intr., manquer, être privé, avoir besoin de + gén.
ou abl.

indĭgĕs, ĕtis, adj., né à l'intérieur du
pays, national, *di indigetes* : dieux indigè-
tes (divinités primitives des Romains) ;
héros national divinisé.

indĭgestĭbĭlis, e, adj., indigeste.

indĭgestĭo, ōnis, f., indigestion.

indĭgestus, a, um, **1.** informe, embrouillé, confus ; **2.** non ou mal digéré.

indĭgĕto (~**gĭto**), ās, āre, tr., invoquer
selon le rituel précis.

indignābundus, a, um, plein d'une
vive indignation.

indignans, antis, part. adj., mécontent,
chagrin, impatient ; rebelle, révolté.

indignantĕr, adv., avec indignation.

indignātĭo, ōnis, f., mécontentement,
mauvaise humeur ; ce qui excite l'indignation, indignité ; rhét., indignation.

indignātĭuncŭla, æ, f., légère indignation.

indignātīvus, a, um, porté à l'indignation.

indignē, adv., [~*nius, ~nissime*], **1.** d'une
manière indigne, déshonorante, révol-
tante ; **2.** avec indignation, ~ *ferre* : supporter avec peine que (V. *indignor*).

indignĭtās, ātis, f., **1.** indignité (d'une
pers., d'un procédé), traitement indigne,
outrage, bassesse ; **2.** sentiment d'une indignité, indignation.

indignor, āris, āri, tr. et intr., tenir pour
indigne ; ~ *aliquid* : s'indigner de qqch.,
de aliquā re : à propos de qqch.

indignus, a, um, [~*nior, ~nissimus*], **1.**
qui ne mérite pas, indigne, ~ *avorum* : indigne de ses ancêtres, ~ *injuriā* : qui ne
mérite pas une injustice, ~ *qui faceret* : indigne de faire, ~ *ut redimatur* : indigne
d'être racheté ; abs., indigne, sans mé-

rite ; **2.** qui n'est pas conforme, qui ne
convient pas, *non indignum videtur*
+ inf. : il ne paraît pas hors de propos
de ; **3.** immérité, injuste, indigne, révoltant, *facinus indignum* + inf. : c'est un prop[.]
inf. : c'est un scandale que ; ext., immo[.]
déré, excessif.

indĭgus, a, um, **1.** qui manque de, indi[.]
gent ; **2.** désireux, avide.

indīlĭgens, entis, adj., [~*tior*], sans soin[.]
négligent.

indīlĭgentĕr, adv., [~*tius*], sans soin, né[.]
gligemment.

indīlĭgentĭa, æ, f., défaut de soin, d'at[.]
tention.

indīmensus, a, um, qu'on ne peu[.]
compter, mesurer.

indīmissus, a, um, non répudié.

indīpisco, ĭs, ĕre, et **indīpiscor**, ĕris[.]
indeptus sum, tr., saisir, atteindre, obte[.]
nir, récolter.

indīreptus, a, um, non pillé.

indiscĭplīnātĭo, ōnis, f., indiscipline, li[.]
cence.

indiscĭplīnātus, a, um, indiscipliné.

indiscissus, a, um, non déchiré, entier.

indiscrĕpans, antis, adj., qui ne s'écart[.]
pas de la norme, convenable.

indiscrētē, adv., indistinctement.

indiscrētĭo, ōnis, f., indiscernabilité.

indiscrētus, a, um, **1.** non séparé, insé[.]
parable, indissociable ; **2.** qu'on ne peu[.]
distinguer, indistinct, confondu.

indiscussē, adv., sans discussion.

indĭsertē, adv., sans éloquence.

indĭsertus, a, um, qui n'a pas d'élo[.]
quence.

indispensātus, a, um, qui n'est pas mé[.]
nagé, excessif.

indispŏsĭtē, adv., d'une façon désor[.]
donnée.

indispŏsĭtus, a, um, **1.** désordonné ; **2**[.]
non préparé, surpris.

indissĭmĭlis, e, adj., non dissemblable.

indissŏcĭābĭlis, e, adj., inséparable.

indissŏlŭbĭlis, e, adj., indissoluble ; ir[.]
destructible.

indissŏlūtus, a, um, indestructible.

indistantĕr, adv., sans exception.

indistinctus, a, um, non distingué, in[.]
distinct, désordonné ; confus, em[.]
brouillé.

indīvĭdŭĭtās, ātis, f., indivisibilité.

indīvĭdŭus, a, um, qui ne se sépare pas[.]
indivisible, insécable ; subst. n., *indiv[.]
duum*, i, atome ; individu.

indīvīsĭbĭlis, e, adj., indivisible.

indīvīsĭbĭlĭtĕr, adv., d'une manière in[.]
divisible.

indīvīsus, *a, um,* indivis, non partagé.

indīvulsus, *a, um,* qui ne se sépare pas.

indo, *ĭs, ĕre, dĭdi, dĭtum,* tr., mettre dans ou sur ; introduire, apporter, ajouter ; imposer, donner (un nom).

indŏcĭbĭlis, *e,* adj., qui a de la peine à apprendre.

indŏcĭlis, *e,* adj., 1. qu'on ne peut instruire, apprivoiser, dresser à + gén. ou dat., + inf. ; 2. ignorant, inexpérimenté ; maladroit ; 3. qu'on ne peut apprendre ; 4. non appris, non enseigné.

indŏcĭlĭtās, *ātis,* f., incapacité d'apprendre.

indoctē, adv., en ignorant ; gauchement.

indoctus, *a, um,* [~tior, ~tissimus], 1. qui n'est pas instruit, ignorant, inhabile à + inf. ; 2. qu'on n'a pas appris ; 3. sans art, grossier.

indōlātĭlis, *e,* adj., qui ne peut être façonné.

indōlātus, *a, um,* qui n'est pas équarri, brut.

indŏlens, *entis,* adj., insensible à la douleur.

indŏlentĭa, *æ,* f., absence de douleur ; insensibilité.

indŏlēs, *is,* (cf. (ad)olesco), f., 1. qualités natives, dispositions naturelles, caractère, naturel ; inclination, penchant ; 2. jeunesse, jeune génération.

indŏlesco, *ĭs, ĕre, dŏlŭi,* intr. et qqf. tr., 1. être douloureux, faire mal ; 2. ressentir une douleur (mor.) du fait de, + abl., acc., prop. inf., *quod* ou *quia.*

indōlŏrĭa, V. *indolentia.*

indŏmābĭlis, *e,* adj., indomptable.

indŏmĭtus, *a, um,* 1. non dompté, non soumis, sauvage ; 2. indomptable, invincible ; effréné.

indormĭo, *ĭs, īre,* intr., dormir sur ou dans ; fig., s'endormir sur, traîner sur.

indormisco, *ĭs, ĕre,* intr., s'endormir.

indōtātus, *a, um,* sans dot ; sans ornement, pauvre ; privé des honneurs (funèbres).

indŭ et **indŭ~**, arch., V. *in* et *in~* ①.

indŭbĭtābĭlis, *e,* adj., indubitable.

indŭbĭtandus, *a, um,* V. le préc.

indŭbĭtantĕr, adv., indubitablement.

indŭbĭtātē, adv., indubitablement.

indŭbĭtātus, *a, um,* hors de doute, incontestable.

indŭbĭto, *ās, āre,* intr., douter de + dat.

indŭbĭus, *a, um,* hors de doute, incontestable.

indūcĭæ, V. *indutiae.*

indūco, *ĭs, ĕre,* duxi, ductum, tr.,

I 1. mener à ou dans, faire entrer, introduire, ~ *exercitum Ægyptum* : faire entrer une armée en Égypte ; 2. faire paraître, représenter, ~ *gladiatores* : faire paraître sur la scène des gladiateurs, ~ *Afranii togatam* : faire représenter une comédie d'Afranius ; ~ *Gygen* : représenter le personnage de Gygès ; 3. importer, introduire, ~ *morem novum* : introduire de nouvelles habitudes ; 4. porter (en compte), adjuger (un bien) ; 5. entraîner à, ~ *aliquem in errorem* : induire qqn. en erreur, d'où : *inducere* : « mettre dedans », tromper, abuser ; ~ *animum in animum ut* + subj., se mettre en tête de, se résoudre à, *non posse ~ in animum quin* ou *quominus* + subj. : ne pas pouvoir se résoudre à.

II 1. mener sur, mettre sur, appliquer, étendre, ~ *tectorium* : couvrir d'une toiture ; 2. passer (le stylet) sur, biffer, raturer, ~ *nomina* : biffer des noms, ~ *decretum* : rapporter un décret.

inductīcĭus, *a, um,* importé, emprunté.

inductĭo, *ōnis,* f., 1. action d'introduire, introduction ; représentation ; rhét., prosopopée ; 2. ~ *animi* : penchant, sympathie ; résolution, détermination (de l'esprit) ; phil., induction ; ~ *(erroris)* : tromperie.

inductŏr, *ōris,* m., 1. celui qui recouvre (le dos de coups de bâton), PL. ; 2. celui qui initie à, professeur.

inductōrĭus, *a, um,* séduisant, trompeur.

inductrix, *īcis,* f., séductrice.

① **inductus**, *a, um,* part. adj., importé, étranger, exotique (pr. et fig.).

② **inductŭs**, *ūs,* m., instigation.

indūcŭla, *æ,* f., chemise (de femme).

indŭgrĕdĭor, V. *ingredior.*

indulco, *ās, āre,* tr., rendre doux.

indulgens, *entis,* part. adj., [~tior, ~tissimus], bienveillant, complaisant, indulgent.

indulgentĕr, adv., [~tius, ~tissime], avec bienveillance, complaisance, indulgence.

indulgentĭa, *æ,* f., bonté, douceur, bienveillance, complaisance, indulgence, tendresse.

indulgĕo, *ēs, ēre, dulsi, dultum,* intr. et tr., 1. avoir de la complaisance, de la bienveillance pour, céder à, ~ *sibi* : ne se rien refuser, ~ *precibus* : céder aux prières, ~ *somno* : se livrer au sommeil, ~ *iræ* : s'abandonner à la colère ; s'occuper attentivement de, ~ *valetudini* : ménager sa santé ; 2. permettre, autoriser, concéder, faire don de.

indultŏr, *ōris*, m., celui qui favorise, qui protège.

indūmentum, *i*, n., vêtement.

indŭo, *ĭs*, *ĕre*, *dŭi*, *dūtum*, (cf. *ex-uo*, *vestis*), tr., **1.** mettre (à qqn.) un vêtement, vêtir, habiller, ~ *alicui tunicam* : mettre une tunique à qqn., ~ *arma alicui* : armer qqn. ; ext., faire prendre, communiquer, inspirer, ~ *alicui nomen* : imposer un nom à qqn., *sibi* ~ *cognomen* : prendre un surnom, ~ *eloquentiam pueris* : inculquer l'éloquence aux enfants ; **2.** se mettre, endosser, passer (un vêtement), ~ *galeam* : mettre son casque, ~ *prætextam* : passer la robe prétexte (remplir la charge de consul), *indutus veste, galeā, personā* : vêtu, casqué, masqué ; *dii induti specie humanā* : des dieux revêtus de la forme humaine, CIC. ; ~ *proditorem* : entrer dans le rôle d'un traître ; **3.** faire entrer dans, enfoncer, ~ *se in laqueos* : se mettre dans l'embarras ; ~ *se mucrone* : se percer de son épée ; ~ *se rei publicæ* : s'identifier avec la république.

indŭpĕdĭo, **indŭpĕro**, **indŭpĕrātŏr**, V. *impedio, impero, imperator.*

indūrātĭo, *ōnis*, f., chr., endurcissement (du cœur).

indūresco, *ĭs*, *ĕre*, *dūrŭi*, intr., **1.** devenir dur, se durcir, s'endurcir ; fig., s'habituer à ; **2.** tenir ferme, s'obstiner.

indūro, *ās*, *āre*, tr., rendre dur, durcir ; endurcir, tromper.

① **Indus**, *a*, *um*, indien, ~ *dens* : ivoire ‖ **Indus**, *i*, m., Indien ; Arabe ; cornac.

② **Indus**, *i*, m., Indus, fl., **1.** de l'Inde ; **2.** de Phrygie.

indūsĭārĭus, *ĭi*, m., fabricant de tuniques.

indūsĭātus, *a*, *um*, qui porte une tunique.

indūsĭum, *ĭi*, n., tunique, chemise.

industrĭa, *æ*, (cf. *struo*), f., activité, application, zèle ; au pl., *industriæ, arum*, marques d'activité, travaux ; *industriā, de, ex industriā, ob industriam* : de propos délibéré, exprès, à dessein.

industrĭē, adv., avec application, zèle.

industrĭus, *a*, *um*, [~*trior*], actif, laborieux, zélé.

indūtĭæ, *ārum*, f. pl., trêve, armistice, suspension d'armes ; fig., relâche, répit, repos.

Indūtĭŏmārus, *i*, m., Indutiomare, prince germain.

indūtŏr, *ōris*, m., endosseur.

indūtŭs, *ūs*, m., action de prendre ou de porter un vêtement.

indŭvĭæ, *ārum*, f. pl., vêtement.

ĭnēbrĭātĭo, *ōnis*, f., enivrement.

ĭnēbrĭātŏr, *ōris*, m., celui qui enivre.

ĭnēbrĭo, *ās*, *āre*, tr., enivrer (pr. et fig.).

ĭnēdĭa, *æ*, f., privation de nourriture, abstinence, diète ; famine, disette.

ĭnēdĭtus, *a*, *um*, qui n'est pas publié.

ĭneffābĭlis, *e*, adj., qu'on ne peut dire, exprimer, raconter, ineffable.

ĭneffābĭlĭtās, *ātis*, f., ineffabilité.

ĭneffābĭlĭtĕr, adv., d'une manière ineffable.

ĭneffectus, *a*, *um*, non achevé.

ĭneffĭcācĭtĕr, adv., de manière inefficace.

ĭneffĭcax, *ācis*, adj., sans effet, qui ne produit pas, inefficace.

ĭneffĭgĭābĭlis, *e*, adj., dont on ne peut reproduire l'image.

ĭneffĭgĭātus, *a*, *um*, non figuré, immatériel.

ĭneffŭgĭbĭlis, *e*, adj., inévitable.

ĭnēlăbŏrātus, *a*, *um*, qui n'est pas travaillé, négligé ; qu'on a obtenu sans peine.

ĭnēlĕgans, *antis*, adj., qui n'est pas choisi, grossier, inélégant.

ĭnēlĕgantĕr, adv., sans choix, sans goût, sans élégance.

ĭnēlŏquens, *entis*, adj., sans éloquence.

ĭnēlŏquĭbĭlis, *e*, adj., inexprimable.

ĭnēluctābĭlis, *e*, adj., dont on ne peut se dégager, impraticable ; insurmontable, inéluctable.

ĭnēlŭĭbĭlis, *e*, adj., qu'on ne peut laver.

ĭnēmendābĭlis, *e*, adj., qu'on ne peut corriger, irrémédiable.

ĭnēmendatus, *a*, *um*, non corrigé.

ĭnēmĕrĭbĭlis, *e*, adj., qu'on ne peut mériter, obtenir.

ĭnēmŏrĭor, *ĕris*, *i*, intr., mourir à + dat.

ĭnemptus, *a*, *um*, non acheté ; qui ne coûte rien, qui n'est pas à vendre.

ĭnēnarrābĭlis, *e*, adj., qu'on ne peut raconter, décrire ; indicible, inénarrable.

ĭnēnarrābĭlĭtĕr, adv., de façon inénarrable.

ĭnēnarrātīvus, *a*, *um*, inexprimable, inénarrable.

ĭnēnătābĭlis, *e*, adj., dont on ne peut sortir en nageant.

ĭnēnōdābĭlis, *e*, adj., indénouable, inextricable ; insoluble, inexplicable.

ĭnēnormis, *e*, adj., qui n'est pas démesuré.

ĭnĕo, *ĭs*, *īre*, *īvi* (*ĭi*), *ĭtum*, intr. et tr., **1.** aller dans, entrer dans, ~ *in urbem, urbem* : entrer dans la ville, ~ *in prælium* : entrer dans la mêlée ; **2.** s'engager dans, commencer, ~ *magistratum* : entrer en charge ; abs., *ineunte anno* : au début de l'année *(ab) ineunte ætate* : dès l'âge le plus tendre ; ~ *consilium* : prendre un parti, le parti de, ~ *gratiam* : entrer en grâce, ~ *nexum* : engager sa propre personne (pour dettes), ~ *numerum, rationem* : faire le compte de, calculer, ~ *societatem, amicitiam* : entrer en société, lier amitié ou faire alliance.

ĭneptē, adv., [~*tius, ~tissime*], d'une manière déplacée, à contretemps ; maladroitement.

ĭneptĭa, æ, f., gaucherie, maladresse ; au pl., *ineptiæ, arum*, sottises, inepties, sornettes ; manies.

ĭneptĭo, *īs, īre*, intr., agir ou parler sottement.

ĭneptĭŏla, æ, f., baliverne, puérilité.

ĭneptus, a, um, (cf. *aptus*), [~*tior, ~tissimus*], qui ne convient pas, maladroit, absurde ; qui n'est propre à rien ; qui ne vaut rien ; (pers.) sot, niais, inepte ; subst. m., *ineptus, i*, un sot.

nĕquĭtābĭlis, e, adj., où l'on ne peut aller à cheval.

nĕquĭto, *ās, āre*, intr. et tr., chevaucher (sur).

ĭnermis, e, et **ĭnermus**, a, um, (cf. *arma*), adj., sans armes, non armé, désarmé, inoffensif ; ext., qui n'est pas ferré à chaux.

ĭnerrābĭlis, e, adj., 1. qui n'est pas errant, fixe ; 2. qui ne peut se tromper, infaillible.

① **ĭnerrans**, antis, adj., fixe (étoiles).

② **ĭnerrans**, antis, V. *inerro*.

ĭnerro, *ās, āre*, intr., errer dans ou sur ; décrire des cercles sans but.

ĭners, *ertis*, (cf. *ars*), adj., [~*tior, ~tissimus*], 1. maladroit, gauche ; 2. inactif, endormi, paresseux, mou, sans force, sans énergie, languissant ; 3. qui engourdit.

ĭnertĭa, æ, f., 1. incapacité ; au pl., *inertiæ, arum*, maladresses ; 2. inactivité, paresse, indolence, négligence.

ĭnērŭdītē, adv., avec ignorance.

ĭnērŭdītus, a, um, ignorant, peu éclairé, peu délicat.

ĭnesco, *ās, āre*, tr., 1. appâter ; allécher, leurrer ; 2. donner à manger, gaver.

ĭnēvectus, a, um, qui s'élève.

ĭnēvītābĭlis, e, adj., inévitable.

ĭnēvītābĭlĭtĕr, adv., inévitablement.

ĭnēvŏlūtus, a, um, non déroulé (volume, livre), non ouvert.

ĭnēvulsĭbĭlis, e, adj., qu'on ne peut arracher.

nexcĭtābĭlis, e, adj., dont on ne peut être réveillé.

nexcĭtus, a, um, non soulevé ; en repos.

nexcoctus, a, um, non desséché.

ĭnexcŏgĭtābĭlis, e, adj., qu'on ne peut imaginer.

ĭnexcūsābĭlis, e, adj., inexcusable ; qu'on ne peut éviter.

ĭnexcūsābĭlĭtĕr, adv., inexcusablement ; sans qu'on puisse l'éviter.

ĭnexcūsātus, a, um, sans excuse.

ĭnexcussus, a, um, non ébranlé, non abattu.

ĭnexercĭtātus, a, um, qui ne prend pas d'exercice ; qui n'est pas exercé, qui est peu exercé, novice.

ĭnexercĭtus, a, um, non tourmenté.

ĭnexēsus, a, um, non rongé.

ĭnexhaustus, a, um, non épuisé ; inépuisable.

ĭnexōrābĭlis, e, adj., qu'on ne peut fléchir par des prières, inexorable, implacable.

ĭnexōrātus, a, um, inexorable.

ĭnexpectātus, V. *inexspectatus*.

ĭnexpědĭbĭlis, e, adj., dont on ne peut sortir.

ĭnexpědītus, a, um, embarrassant ; maladroit.

ĭnexpěrĭentia, æ, f., inexpérience.

ĭnexperrectus, a, um, non réveillé.

ĭnexpertus, a, um, 1. qui n'a pas fait l'expérience de, qui ne connaît pas ; subst. m., *inexpertus, i*, novice ; 2. dont on n'a pas fait l'essai, non essayé, non éprouvé ; qu'on n'a pas encore rencontré, inédit ; peu sûr.

ĭnexpĭābĭlis, e, adj., qui ne peut être réparé par aucune expiation, inexpiable ; implacable.

ĭnexpĭābĭlĭtĕr, adv., sans qu'on puisse réparer, expier.

ĭnexpĭātus, a, um, non expié, non réparé.

ĭnexplēbĭlis, e, adj., 1. qui ne peut être rassasié, insatiable ; 2. qui ne peut rassasier.

ĭnexplētus, a, um, non rassasié, insatiable.

ĭnexplĭcābĭlis, e, adj., qu'on ne peut dénouer, inextricable ; dont on ne peut se tirer, imprenable, incurable, sans issue, insoluble.

ĭnexplĭcābĭlĭtĕr, adv., de manière inextricable, inexplicable.

ĭnexplĭcĭtus, a, um, 1. inextricable ; embrouillé, obscur ; 2. dont le front ne se déplisse pas.

ĭnexplōrātō, adv., sans avoir envoyé à la découverte, sans recherche préalable.

ĭnexplōrātus, a, um, non exploré ; inconnu.

ĭnexpugnābĭlis, e, adj., qu'on ne peut prendre d'assaut, inexpugnable, imprenable ; impraticable ; dont on ne peut venir à bout.

ĭnexsŏlūbĭlis, *e*, adj., indissoluble.

ĭnexspectātus, *a*, *um*, inattendu.

ĭnexstinctus, *a*, *um*, non éteint ; inextinguible ; impérissable.

ĭnexstinguĭbĭlis, *e*, adj., inextinguible.

ĭnexsŭpĕrābĭlis, *e*, adj., infranchissable ; invincible ; insurmontable.

ĭnextermĭnābĭlis, *e*, adj., indestructible.

ĭnextrīcābĭlis, *e*, adj., dont on ne peut se démêler, inextricable.

infābrē, adv., sans art, grossièrement.

infābrĭcātus, *a*, *um*, non travaillé.

infăcētē, adv., sans esprit, sans goût.

infăcētĭae, *ārum*, f. pl., stupidités, inepties.

infăcētus, *a*, *um*, [*~tior*], sans esprit, sans goût.

infācundus, *a*, *um*, peu éloquent.

infæco, *ās*, *āre*, tr., souiller.

infallĭbĭlĭtĕr, adv., infailliblement.

infalsātŏr, *ōris*, m., faussaire.

infalsātus, *a*, *um*, falsifié.

infāmĭa, *æ*, (cf. *fama*), f., mauvaise réputation ; déshonneur, honte, *infamiam habere* : être déshonorant.

infāmis, *e*, adj., perdu de réputation, décrié, infâme ; honteux, déshonorant.

infāmo, *ās*, *āre*, tr., décrier, diffamer ; déshonorer ; rendre suspect de + gén., accuser, noircir.

infāmus, *a*, *um*, V. *infamis*.

infandus, *a*, *um*, (cf. *for*, R. *fā~*), qu'on ne doit pas dire, indicible ; abominable.

infans, *antis*, (cf. *for*, R. *fā~*), adj., [*~tior*, *~tissimus*], **1.** qui ne peut parler ; qui empêche de parler ; qui n'a pas le don de la parole ; **2.** tout petit, tout jeune ; subst. m. et f., enfant en bas âge, *ab infante* : dès la plus tendre enfance ; fœtus ; **3.** enfantin, puéril.

infantārĭus, *a*, *um*, ami des enfants ; subst. m. pl., *infantarii*, *orum*, chr., ceux qui tuent les enfants.

infantĭa, *æ*, f., **1.** incapacité de parler ; absence de talent oratoire ; **2.** enfance, bas âge, *statim ab infantiā* : dès la plus tendre enfance ; **3.** niaiserie, enfance ; nouveauté, fraîcheur.

infantĭcīda, *æ*, m., infanticide (pers.).

infantĭcīdĭum, *ĭi*, n., infanticide (acte).

infantĭlis, *e*, adj., d'enfant ; tout enfant.

infantĭlĭtĕr, adv., en enfant.

infanto, *ās*, *āre*, tr., nourrir comme un enfant.

infantŭla, *æ*, f., petite enfant, petite fille.

infantŭlus, *i*, m., petit enfant, petit garçon.

infarcĭo, *īs*, *īre*, *farsi*, *farsum* et *fartum*, tr., bourrer, fourrer dans, farcir.

infastīdītus, *a*, *um*, qui ne rebute pas.

infătĭgābĭlis, *e*, adj., infatigable.

infătĭgābĭlĭtĕr, adv., sans se fatiguer.

infătŭātĭo, *ōnis*, f., action déraisonnable

infătŭo, *ās*, *āre*, tr., **1.** rendre déraisonnable, sot, infatuer ; **2.** ôter le goût.

infaustus, *a*, *um*, **1.** de mauvais augure ; funeste ; malheureux ; **2.** qui éprouve des revers.

infecto, *ās*, *āre*, tr., troubler.

infectŏr, *ōris*, m., teinturier.

infectrix, *īcis*, f., celle qui teint ; celle qu empoisonne.

① **infectus**, *a*, *um*, **1.** non fait, non fabriqué ; non travaillé ; **2.** non fait, qui n'a pas eu lieu, *pro infecto habere* : tenir pour non avenu, *infectis rebus* : sans être venu à bout de l'entreprise, *facta et infecta canere* : proclamer le vrai et le faux, VIRG. **3.** qui n'est pas faisable, impossible.

② **infectus**, *a*, *um*, V. *inficio*.

infēcundĭtās, *ātis*, f., stérilité, disette.

infēcundus, *a*, *um*, infécond, stérile.

infēlīcĭtās, *ātis*, f., **1.** stérilité ; **2.** infortune, situation pénible, malheur.

infēlīcĭtĕr, adv., [*~cius*, *~cissime*], malheureusement.

infēlīco, *ās*, *āre*, tr., rendre malheureux.

infēlix, *īcis*, adj., [*~cior*, *~cissimus*], **1.** infécond, stérile ; **2.** à qui rien ne réussit infortuné, malheureux ; **3.** qui porte malheur, funeste, fatal.

infensē, adv., [*~sius*], en ennemi, d'une manière hostile.

infenso, *ās*, *āre*, tr. et intr., traiter en ennemi ; avoir des sentiments hostiles.

infensus, *a*, *um*, (R. *~fend~* : heurter, cf *offendo*), [*~sior*, *~sissimus*], hostile acharné, menaçant, ennemi, + dat. ou *i* + acc.

infĕrax, *ācis*, adj., infertile, stérile.

infercĭo, V. *infarcio*.

infĕri, *ōrum*, m. pl., V. *inferus*.

infĕrĭae, *ārum*, f. pl., sacrifices ou offran des aux mânes.

infĕrĭālis, *e*, adj., qui concerne les mânes.

infĕrĭŏr, *ŭis*, adj., comp. de *inferus*, **1.** qu est plus bas, *~ ætate* : plus jeune, *~ gra dus* : rang inférieur ; subst. m. pl., *inferio res*, *um*, hommes sans naissance, de rien **2.** plus faible, *~ esse* : avoir le dessous.

infĕrĭus, **1.** n. d'*inferior* ; **2.** adv., comp de *infra* : plus bas, plus au-dessous.

infernālis, *e*, adj., infernal.

infernē, adv., en bas, au-dessous.

infernus, *a, um*, qui se trouve en bas, au-dessous ; qui est sous terre, infernal ; subst. m, *infernus (locus)* : enfer, pl. *inferni (loci)* et n. pl. *inferna (loca)* : monde infernal, les Enfers.

infĕro, *fers, ferre, intŭli, inlātum* ou *illātum*, tr., **1.** porter dans, apporter, *~ ignes* : mettre le feu ; *~ honores Anchisæ* : offrir un sacrifice à Anchise ; *~ rationes* : produire ses comptes, *~ sumptum civibus* : imputer la dépense aux citoyens ; *~ manus alicui, in aliquem* : porter la main sur qqn., *~ vim alicui* : faire violence à qqn. ; **2.** spéc., mettre en terre ; **3.** porter (les armes) contre, attaquer, *~ signa in hostem* : faire avancer les troupes contre l'ennemi ; *~ bellum, arma* : prendre l'offensive, engager les hostilités ; **4.** faire avancer, avancer, *~ pedem, gressum* : se porter en avant, *se ~ alicui* : se précipiter, se jeter sur qqn. ; **5.** apporter, causer, *~ mortem alicui* : causer la mort de qqn., *~ terrorem* : inspirer de l'effroi, *~ crimina* : introduire des griefs, *~ sermonem de* + abl. : faire porter l'entretien sur ; **6.** *~ causam* : alléguer, prendre prétexte ; **7.** inférer, conclure.

infersus et **infertus**, *a, um*, V. *infercio*.

infertĭlĭtās, *ātis*, f., stérilité.

infĕrus, *a, um*, **1.** qui est en bas, inférieur, *inferum mare* : la mer Inférieure ou Tyrrhénienne ; **2.** qui est sous la terre ; subst. m. pl., *inferi, orum*, les Enfers, le monde infernal.

infervesco, *ĭs, ĕre, ferbŭi*, intr., bouillir dans ou sur.

infestātĭo, *ōnis*, f., hostilité ; harcèlement.

infestē, adv., [*~tius, ~tissime*], en ennemi, de façon menaçante.

infesto, *ās, āre*, tr., **1.** attaquer, harceler ; **2.** altérer, corrompre.

infestus, *a, um*, [*~tior, ~tissimus*], **1.** attaqué, exposé à des attaques, infesté, *infesta terra colubris* : terre infestée de serpents ; **2.** hostile, ennemi + dat., *in* + acc. ; mil., prêt à l'attaque, *infestis pilis* : avec les javelots prêts à frapper.

infĭcet~, V. *infacet~*.

infĭcĭæ, V. *infitias*.

infĭcĭo, *ĭs, ĕre, fēci, fectum*, tr., **1.** placer dans, tremper, mélanger ; **2.** imprégner, teindre, colorer, *~ puerum artibus* : pénétrer (l'esprit de) l'enfant de connaissances ; **3.** péj., imprégner (de poison), infecter, altérer, gâter, corrompre, souiller, *infecti superstitione* : infectés de superstition, *infectum scelus* : souillure du crime, VIRG.

nfĭcĭor, V. *infitior*.

infĭdēlis, *e*, adj., [*~lior*], infidèle, déloyal ; chr., qui n'a pas la foi.

infĭdēlĭtās, *ātis*, f., infidélité, déloyauté ; chr., manque de foi, incroyance.

infĭdēlĭtĕr, adv., de manière infidèle, déloyale.

infĭdus, *a, um*, à qui on ne peut se fier, peu sûr ; infidèle.

infīgo, *ĭs, ĕre, fixi, fixum*, tr., ficher dans, enfoncer, clouer ; fig., enfoncer (dans l'esprit), graver, fixer ; *infixum est* : c'est un principe immuable de.

infĭgūrābĭlis, *e*, adj., sans forme.

infĭmātis, *e*, adj., de la plus basse condition.

infĭmē, adv., tout en bas.

infĭmĭtās, *ātis*, f., bassesse, humble condition.

infĭmo, *ās, āre*, tr., abaisser, rabaisser.

infĭmus, *a, um*, superl. de *inferus*, le plus bas, *ab infimo* : d'en bas, tout en bas, *ad infimos montes* : jusqu'au pied des montagnes, *infimo loco natus* : de très petite extraction ; subst. m. pl., *infimi, orum*, les gens de rien.

infindo, *ĭs, ĕre, fĭdi, fissum*, tr., faire une fente dans (la terre), tracer des sillons, sillonner.

infingo, *ĭs, ĕre*, tr., façonner, imaginer.

infīnībĭlis, *e*, adj., infini.

infīnĭtās, *ātis*, f., état de ce qui est sans limites, infinité, immensité.

infīnĭtē, adv., **1.** à l'infini ; **2.** de façon indéfinie.

infīnĭtĭo, *ōnis*, f., infinité, immensité.

infīnĭtō, adv., à l'infini, infiniment.

infīnĭtus, *a, um*, [*~tior*], **1.** sans limites, infini, immense, éternel ; subst. n., *infinitum, i*, l'infini ; **2.** indéterminé, indéfini, général.

infirmātĭo, *ōnis*, f., **1.** action d'affaiblir ; **2.** rhét., réfutation ; **3.** annulation (d'un jugement).

infirmē, adv., [*~mius*], **1.** sans fermeté ; **2.** avec pusillanimité ; **3.** d'une manière douteuse.

infirmĭtās, *ātis*, f., manque de force, faiblesse ; qqf., le sexe faible ou les enfants ; infirmité, maladie ; faiblesse de caractère, pusillanimité, manque d'assurance.

infirmĭtĕr, adv., sans fermeté.

infirmo, *ās, āre*, tr., **1.** affaiblir ; **2.** réfuter ; infirmer, annuler, casser.

infirmor, *āris, āri*, intr., être malade.

infirmus, *a, um*, [*~mior, ~missimus*], peu solide, faible ; débile, maladif, souffrant ; faible d'esprit, de caractère ; poltron, pusillanime ; (choses) inefficace, sans valeur.

infīt, vb. déf., commencer à, avoir l'initiative de ; commencer à dire + prop. inf.

infītĭas, acc. de *infitiæ*, inus., ~ *ire* : contester, nier + acc. ou prop. inf.

infĭtĭālis, *e*, adj., négatif.

infĭtĭātĭo, *ōnis*, f., dénégation ; action de nier (une dette, un dépôt).

infĭtĭātŏr, *ōris*, m., celui qui nie (un dépôt, une dette).

infĭtĭātrix, *īcis*, f. du préc.

infĭtĭor, *āris*, *āri*, (cf. *fateor*), tr., 1. nier, désavouer, + acc. ou prop. inf. ; 2. nier (une dette, un dépôt).

inflābello, *ās*, *āre*, tr., attiser (le feu).

inflābĭlis, *e*, adj., qui peut se gonfler.

inflammātĭo, *ōnis*, f., action d'incendier ; fig., ~ *animorum* : enthousiasme.

inflammātrix, *īcis*, f., celle qui enflamme, excite.

inflammo, *ās*, *āre*, tr., mettre le feu, allumer, embraser, enflammer, brûler (pr. et fig.).

inflātĭo, *ōnis*, f., gonflement, dilatation ; flatuosité, vents.

inflātĭus, adv. au comp., avec trop d'emphase.

inflātŏr, *ōris*, m., celui qui gonfle, donne de l'orgueil.

inflātrix, *īcis*, f. du préc.

① **inflātus**, *a*, *um*, part. adj., [~*tior*], enflé, gonflé (pr. et fig.), *juvenis inflatior* : jeune homme trop plein de lui-même.

② **inflātŭs**, *ūs*, m., action de souffler ; inspiration.

inflecto, *ĭs*, *ĕre*, *flexi*, *flectum*, tr., courber, plier, ~ *bacillum* : courber un bâton, ~ *oculos* : attirer les regards ; passif, *inflecti* : se plier, se courber ; fig., plier, modifier ; rhét., varier les inflexions (de la voix), assouplir ; dériver, détourner de son sens (un mot) ; fléchir, émouvoir.

inflētus, *a*, *um*, non pleuré.

inflexĭbĭlis, *e*, adj., inflexible.

inflexĭbĭlĭtĕr, adv., de manière inflexible.

inflexĭo, *ōnis*, f., action de plier ; courbure.

inflexŭs, *ūs*, m., courbure ; modulation.

inflīgo, *ĭs*, *ĕre*, *flixi*, *flictum*, tr., 1. heurter contre, frapper, ~ *alicui plagam* : asséner un coup à qqn. ; 2. infliger, ~ *turpitudinem alicui* : infliger une honte à qqn.

inflo, *ās*, *āre*, tr., 1. souffler dans, ~ *tibias* : jouer de la flûte ; ~ *sonum* : donner le ton ; 2. enfler, gonfler, ~ *buccas* : gonfler les joues ; fig., *inflata verba* : paroles boursouflées, ~ *animos* : inspirer de l'orgueil ; 3. augmenter ; exalter.

inflŭo, *ĭs*, *ĕre*, *fluxi*, *fluxum*, intr., 1. couler, s'écouler dans ; fig., déborder sur ~ *in Galliam* : se déverser comme un torrent sur la Gaule ; *influentia negotia* : le flot montant des affaires, Pl.-J. ; 2. se glisser, s'insinuer.

infŏdĭo, *ĭs*, *ĕre*, *fōdi*, *fossum*, tr., enfouir.

infœc~, V. *infec~*.

infœdĕrātus, *a*, *um*, qui n'est pas allié.

informābĭlis, *e*, adj., qui ne prend pas de forme.

informātĭo, *ōnis*, f., 1. action de donner forme ; 2. conception de l'esprit, idée, notion, représentation ; gramm., étymologie ; 3. enseignement ; doctrine.

informātŏr, *ōris*, m., celui qui façonne, instruit.

informīdātus, *a*, *um*, non redouté.

informis, *e*, adj., [~*mior*], 1. non formé, informe ; 2. difforme, laid, affreux.

informĭtās, *ātis*, f., absence de forme.

informītĕr, adv., sans forme.

informo, *ās*, *āre*, tr., 1. donner une forme, façonner, modeler ; 2. figurer, imaginer, faire le portrait, décrire, représenter ; 3. former, instruire, élever.

infŏro, *ās*, *āre*, tr., citer en justice.

infortūnātus, *a*, *um*, [~*tior*, ~*tissimus*] infortuné.

infortūnĭum, *ĭi*, n., malheur, infortune, fig., châtiment, correction, coups.

infrā, adv. et prép.,

I adv., [*inferius*], au-dessous, plus bas, *exemplum* ~ *scriptum* : ci-dessous copié ~ *quam* : plus bas que ; fig., ~ *descendere* : descendre bien bas ; (temps) plus tard.

II prép. + acc., au-dessous de, *accubuera* ~ *me* : il s'était assis à table plus bas que moi = à ma droite ; fig., au-dessous de (grosseur, nombre, importance), *nequa* *Neroni* ~ *servos ingenium* : Néron n'étai pas de caractère à se soumettre à ses es claves, Tac.

infractĭo, *ōnis*, f., action de briser ~ *animi* : abattement.

① **infractus**, *a*, *um*, non brisé ; nor courbé, droit ; fig., non abattu.

② **infractus**, *a*, *um*, brisé, cassé ; effé miné, doux ; faible ; abattu.

infrăgĭlis, *e*, adj., qu'on ne peut briser indestructible, inébranlable.

infrangĭbĭlis, *e*, V. le préc.

infrĕmo, *ĭs*, *ĕre*, *frĕmŭi*, intr., frémir gronder, résonner.

infrēnātĭo, *ōnis*, f., action de modérer de freiner.

① **infrēnātus**, *a*, *um*, sans bride, san mors.

② **infrēnātus**, *a*, *um*, V. *infreno*.

infrendĕo, *ĕs*, *ĕre*, intr., grincer des dents, montrer les dents.

infrendo, *ĭs*, *ĕre*, V. le préc.

infrēnis, *e*, adj., V. *infrenus*.

infrēno, *ās*, *āre*, tr., mettre une bride, un mors à, brider ; fig., modérer, dompter.

infrēnus, *a*, *um*, sans bride, sans frein, effréné.

infrĕquens, *entis*, adj., [~*tior*, ~*tissimus*], 1. peu nombreux, rare, ~ *senatus* : sénat qui n'est pas en nombre ; 2. qui fréquente peu, peu assidu, ~ *cultor deorum* : peu exact à remplir ses devoirs religieux, Hor. ; 3. peu fréquenté, *infrequentissima* (subst. n. pl.) *urbis* : les quartiers les moins peuplés de la ville, ~ *causa* : affaire peu étudiée.

infrĕquentātus, *a*, *um*, peu usité, rare.

infrĕquentĕr, adv., non fréquemment.

infrĕquentĭa, *æ*, f., petit nombre, rareté ; état de dépeuplement.

infringo, *ĭs*, *ĕre*, *frēgi*, *fractum*, tr., briser contre, briser, casser, ~ *hastam* : casser une hampe ; fig., ~ *vim militum* : briser l'élan des soldats ; affaiblir, ruiner, détruire, ~ *alicujus potentiam* : ruiner la puissance de qqn., *veritas infracta* : atteintes portées à la vérité, Tac. ; ~ *spem* : ruiner les espérances ; rhét., ~ *numeros* : briser le rythme, *infracta et amputata loqui* : parler par phrases saccadées et tronquées, Cic.

infrons, *ondis*, adj., sans feuillage.

infructŭōsē, adv., [~*sius*], sans fruit, sans profit.

infructŭōsĭtās, *ātis*, f., absence de profit.

infructŭōsus, *a*, *um*, stérile, sans profit, infructueux, inutile.

infrūnītus, *a*, *um*, qui n'a pas le sens commun.

infūcātus, *a*, *um*, fardé, vernissé.

infŭla, *æ*, f., bande, ruban ; spéc., bandelette, tresse (de laine blanche et rouge sur la tête des prêtres, des suppliants ou des victimes) ; espace inviolable.

infŭlātus, *a*, *um*, orné de bandelettes sacrées.

infulcĭo, *ĭs*, *īre*, *fulsi*, *fultum*, tr., fourrer dans ; introduire dans.

infŭmus, V. *infimus*.

infundo, *ĭs*, *ĕre*, *fūdi*, *fūsum*, tr., 1. verser dans, ~ *aliquid in vas* : verser qqch. dans un vase, ~ *alicui venenum* : verser du poison à qqn. ; faire pénétrer, introduire, ~ *orationem in aurem* : glisser un discours dans l'oreille ; passif, *infundi* : se glisser dans ; 2. répandre, étendre sur, *caligo infusa terræ* : brouillard répandu sur la terre, *nix infusa* : couche de neige ; *conju-*

gis infusus gremio : la tête cachée dans le sein de son épouse, Virg.

infusco, *ās*, *āre*, tr., 1. teindre en brun, noircir ; 2. assourdir (la voix) ; 3. altérer, dénaturer ; souiller, corrompre.

infūsĭo, *ōnis*, f., action de verser dans ; action de mouiller, d'humecter.

infūsŏr, *ōris*, m., celui qui verse dans, inculque.

Ingævŏnes, *um*, m. pl., Ingévons, peuple du N. de l'Europe.

Ingauni, *ōrum*, m. pl., Ingaunes, peuple de Ligurie.

ingĕmesco, V. *ingemisco*.

ingĕmĭno, *ās*, *āre*, tr. et intr., redoubler, répéter.

ingĕmisco, *ĭs*, *ĕre*, *gĕmŭi*, intr. et tr., (se mettre à) gémir, se lamenter sur, déplorer.

ingĕmo, *ĭs*, *ĕre*, intr. et tr., gémir sur, déplorer.

ingĕnĕro, *ās*, *āre*, tr., faire naître dans, implanter, inculquer (dès la naissance) ; faire naître, créer.

ingĕnĭātus, *a*, *um*, créé par la nature ; naturellement disposé, enclin à.

ingĕnĭŏlum, *i*, n., lueur de talent.

ingĕnĭōsē, adv., [~*sius*, ~*sissime*], ingénieusement, avec esprit, talent.

ingĕnĭōsus, *a*, *um*, [~*sior*, ~*sissimus*], 1. naturellement apte à, propre à ; bien doué, habile ; 2. ingénieux, adroit, spirituel.

① **ingĕnĭtus**, *a*, *um*, chr., non créé.

② **ingĕnĭtus**, *a*, *um*, inné, naturel, V. *ingigno*.

ingĕnĭum, *ĭi*, (R. *gen*~), n., 1. nature, qualité naturelle, propriété ; 2. caractère, naturel, penchant, *ingenio suo vivere* : vivre selon son tempérament, *redire ad* ~ : reprendre ses vieilles habitudes ; 3. dispositions naturelles, intelligence, esprit, capacité, habileté, talent, *ingenii acies* ou *acumen* : esprit pénétrant, *promptus ingenio* : un homme capable ; ext., invention ingénieuse ; ext., génie, homme de génie, de talent.

ingens, *entis*, adj., [~*tior*, ~*tissimus*, (rares)], très grand, immense, considérable, important.

ingĕnŭē, adv., 1. en homme libre ; d'une manière libérale ; 2. franchement, sincèrement.

ingĕnŭĭtās, *ātis*, f., 1. condition d'h. libre ; noble origine, noblesse ; sentiments d'un h. libre, noblesse de sentiments ; 2. honnêteté, sincérité.

ingĕnŭus, *a*, *um*, 1. né dans le pays, indigène ; 2. inné, naturel ; 3. de parents libres, de condition libre, bien né, ingénu, subst. m., *ingenuus*, *i*, et f., *ingenua*, *æ*, un homme libre, une femme libre ; **4.** digne d'un h. libre, libéral, *ingenuæ artes, disciplinæ* : les arts libéraux, *ingenua studia* : les études libérales ; délicat, fin, de bon ton ; **5.** franc, sincère ; **6.** tendre, délicat.

ingĕro, *ĭs, ĕre, gessi, gestum*, tr., **1.** porter dans, sur ou contre, ~ *ligna foco* : mettre du bois dans le feu, ~ *alicui osculum* : donner un baiser à qqn., ~ *probra* : proférer des outrages ; **2.** ingérer ; **3.** imposer, forcer à accepter, ~ *alicui nomen* : imposer un nom à qqn., *se* ~ : se pousser (à un emploi), *se* ~ *alicui* : s'imposer à qqn.

ingestŭs, *ūs*, m., action de conférer, attribution.

ingigno, *ĭs, ĕre, gĕnŭi, gĕnĭtum*, tr., faire naître, faire pousser dans ; implanter, inculquer.

inglŏmĕro, *ās, āre*, tr., agglomérer.

inglōrĭōsus, *a, um*, sans gloire.

inglōrĭus, *a, um*, sans gloire, sans éclat.

inglŭvĭes, *ĕi*, f., jabot, gésier ; fig., gloutonnerie, voracité.

ingrātē, adv., **1.** d'une façon désagréable ; à regret ; **2.** sans reconnaissance.

ingrātĭa, *æ*, f., ingratitude.

ingrātĭis et **ingrātīs**, adv., contre le gré, malgré, ~ *alicujus* : malgré qqn. ; à contrecœur.

ingrātĭtūdo, *ĭnis*, f., ingratitude.

ingrātus, *a, um*, [~*tior*, ~*tissimus*], **1.** désagréable, déplaisant ; **2.** ingrat, ~ *in amicos, adversus beneficium* : ingrat envers ses amis, à l'égard d'un bienfait ; subst. n., *ingratum, i*, ingratitude ; **3.** dont on n'est pas reconnaissant, *ingrata dona* : présents reçus sans plaisir.

ingrăvātē, adv., sans faire de difficultés.

ingrăvātĭo, *ōnis*, f., chr., endurcissement du cœur.

ingrăvesco, *ĭs, ĕre*, intr., **1.** devenir lourd, pesant ; devenir enceinte ; **2.** devenir pénible, s'aggraver, *ætas ingravescens* : l'âge qui devient plus difficile à supporter, *ingravescit bellum* : la guerre s'aggrave ; *Cæsar in dies ingravescit* : César devient chaque jour plus dur, CIC. ; **3.** s'accroître, prendre de l'importance.

ingrăvĭdo, *ās, āre*, tr., alourdir.

ingrăvo, *ās, āre*, **1.** tr., alourdir, surcharger ; rendre plus pénible, aggraver ; **2.** intr., devenir insupportable.

ingrĕdĭor, *ĕris, i, gressus sum*, intr. et tr., **1.** aller dans, ~ *in urbem, urbem* : entrer dans la ville ; entrer dans, commencer, entreprendre, ~ *in orationem, orationem* : commencer un discours ; ~ *dicere* : commencer à parler ; ~ *iter* : entreprendre un voyage ; attaquer ; **2.** aller, marcher, ~ *tardius* : marcher d'un pas plus lent.

ingressĭo, *ōnis*, f., entrée ; début ; marche, allure.

ingressŭs, *ūs*, m., **1.** action d'aller dans, entrée ; début ; attaque ; **2.** entrée, vestibule ; **3.** marche, démarche, allure.

ingrŭentĭa, *æ*, f., imminence.

ingrŭo, *ĭs, ĕre*, intr., fondre sur, attaquer ; abs., menacer.

inguĕn, *ĭnis*, n., aine, flanc, bas-ventre, parties sexuelles.

ingurgĭtātĭo, *ōnis*, f., goinfrerie.

ingurgĭto, *ās, āre*, tr., plonger (dans un gouffre), engouffrer (pr. et fig.) ; bourrer (de nourriture), *se* ~ : faire bombance, se goinfrer.

ingustātus, *a, um*, dont on n'a pas goûté.

ingusto, *ās, āre*, tr., faire goûter.

ĭnhăbĭlis, *e*, adj., **1.** difficile à manier, incommode ; impropre à ; **2.** inhabile, incapable.

ĭnhăbĭtābĭlis, *e*, adj., inhabitable.

ĭnhăbĭtātĭo, *ōnis*, f., habitation.

ĭnhăbĭtātŏr, *ōris*, m., habitant.

ĭnhăbĭto, *ās, āre*, tr. et intr., habiter (dans).

ĭnhærĕo, *ēs, ēre, hæsi, hæsum*, intr., être attaché, fixé à, tenir à, adhérer ; être inhérent, fixé dans ; ~ *in mente* : être gravé dans l'esprit, ~ *studiis* : s'attacher aux études.

ĭnhæresco, *ĭs, ĕre, haesi, haesum*, intr., s'attacher, adhérer à ; se fixer, se graver dans l'esprit.

ĭnhālātŭs, *ūs*, m., parfum, souffle.

ĭnhālo, *ās, āre*, **1.** intr., souffler sur, exhaler ; **2.** tr., exhaler, sentir.

ĭnherbōsus, *a, um*, sans herbages.

ĭnhĭantĕr, adv., bouche bée, avidement.

ĭnhĭbĕo, *ēs, ēre, hĭbŭi, hĭbĭtum*, (cf. *habeo*), tr., **1.** retenir, arrêter, ~ *equos* : retenir les chevaux ; arrêter, détourner, empêcher de + inf. ou *ne, quin* ou *quominus* + subj. ; spéc., ~ *(navem remis)* : ramer en arrière ; **2.** appliquer, employer, ~ *imperium* : exercer une autorité.

ĭnhĭbĭtĭo, *ōnis*, f., action de ramer en arrière.

ĭnhĭo, *ās, āre*, intr., **1.** avoir la bouche, la gueule béante ; **2.** ouvrir grand la bouche, la gueule pour happer ; convoiter ardemment ; **3.** être ébahi d'admiration ou d'étonnement (devant).

ĭnhŏnestāmentum, *i*, n., déshonneur, honte.

ĭnhŏnestās, *ātis*, f., honte.

ĭnhŏnestē, adv., sans honneur, d'une façon déshonorante ; malhonnêtement.

ĭnhŏnesto, *ās, āre*, tr., déshonorer.

ĭnhŏnestus, *a, um,* [*~tior, ~tissimus*], **1.** déshonorant, honteux, déconsidéré ; **2.** laid, hideux ; **3.** déshonorant, malhonnête, immoral.

ĭnhŏnōrābĭlis, *e,* adj., méprisé.

ĭnhŏnōrātus, *a, um,* [*~tior, ~tissimus*], **1.** non honoré, sans considération ; **2.** qui n'a pas reçu de récompense, sans distinction.

ĭnhŏnōrĭfĭcus, *a, um,* déshonorant.

ĭnhŏnōro, *ās, āre,* tr., déshonorer.

ĭnhŏnōrus, *a, um,* sans honneur ; laid, affreux.

ĭnhorrĕo, *ēs, ēre,* intr., être hérissé de ; se hérisser.

ĭnhorresco, *ĭs, ĕre, horrŭi,* intr., **1.** se hérisser, se dresser, *inhorruit unda tenebris*: la mer se hérissa de sombres vagues, Virg. ; devenir âpre, glacé ; **2.** frissonner, trembler (de froid, de peur), *inhorrui frigore*: j'eus la chair de poule ; tressaillir.

ĭnhortor, *āris, āri,* tr., exciter contre ; part. à sens passif : *inhortatus, a, um,* excité.

ĭnhospĭtālis, *e,* adj., inhospitalier.

ĭnhospĭtālĭtās, *ātis,* f., inhospitalité.

ĭnhospĭtālĭtĕr, adv., d'une manière inhospitalière.

ĭnhospĭtus, *a, um,* inhospitalier.

ĭnhūmānē, adv., inhumainement, cruellement.

ĭnhūmānĭtās, *ātis,* f., **1.** inhumanité, cruauté, barbarie ; **2.** manque d'éducation, grossièreté ; **3.** mesquinerie, crasse.

ĭnhūmānus, *a, um,* [*~nior, ~nissimus*], **1.** inhumain, cruel, barbare ; **2.** grossier, incivil ; qui manque de culture, non civilisé ; **3.** surhumain.

① **ĭnhŭmātus**, *a, um,* sans sépulture.

② **ĭnhŭmātus**, *a, um,* V. *inhumo.*

ĭnhŭmo, *ās, āre,* tr., mettre en terre, inhumer.

ĭnĭbī(~ĭ), adv., en ce lieu même ; à l'instant ; *inibi est*: il est presque là.

ĭnĭcĭo, V. *injicio.*

ĭnĭgo, *ĭs, ĕre, ēgi, actum,* (cf. *ago*), tr., pousser dans, faire entrer ; exciter.

ĭnĭmīcālis, *e,* adj., d'ennemi.

ĭnĭmīcē, adv., [*~cius, ~cissime*], en ennemi, avec hostilité.

ĭnĭmīcĭtĕr, V. le préc.

ĭnĭmīcĭtĭa, *æ,* f., inimitié, haine, *inimicitias gerere, exercere cum aliquo*: être l'ennemi de qqn., *inimicitias suscipere*: s'attirer des inimitiés.

ĭnĭmīco, *ās, āre,* tr., rendre ennemi.

ĭnĭmīcor, *āris, āri,* intr., être animé de sentiments hostiles.

ĭnĭmīcus, *a, um,* [*~cior, ~cissimus*], ennemi, **1.** qui a des sentiments hostiles, haineux ; subst. m., *inimicus, i,* ennemi (le plus souv. particulier, opp. à *hostis,* ennemi public) ; f., *inimica, æ,* ennemie ; **2.** ennemi de, désavantageux, préjudiciable, nuisible ; **3.** ennemi, syn. de *hostilis* ; **4.** haï, détesté, odieux.

ĭnĭmĭtābĭlis, *e,* adj., inimitable.

ĭninterprĕtātus, *a, um,* non expliqué.

ĭninventĭbĭlis, *e,* adj., qu'on ne peut trouver, approfondir ; insondable.

ĭninvestĭgābĭlis, *e,* adj., impénétrable.

ĭnīquē, adv., [*~quius, ~quissime*], **1.** inégalement ; **2.** avec peine, impatiemment ; **3.** injustement, iniquement.

ĭnīquĭtās, *ātis,* f., **1.** inégalité, manque de niveau ; manque de proportion ; **2.** désavantage, difficulté ; **3.** injustice, iniquité.

ĭnīquus, *a, um,* (cf. *æquus*), [*~quior, ~quissimus*], **1.** inégal, ~ *locus*: terrain accidenté ; **2.** défavorable, difficile, ~ *ascensus*: montée difficile, ~ *locus*: terrain désavantageux (ex., pour une bataille) ; mal choisi ; mal proportionné, excessif ; **3.** difficile (de caractère), mal disposé, contrarié, *iniquæ mentis asellus*: un petit âne capricieux, Hor., *animo iniquo*: à contrecœur ; malveillant, ennemi ; subst., *iniquissimi mei*: mes pires ennemis ; **4.** injuste, inique, partial ; subst. m., *iniquus, i,* homme injuste ; n., *iniquum, i,* l'injuste, injustice, iniquité.

ĭnĭtĭālis, *e,* adj., initial.

ĭnĭtĭāmentum, *i,* n., initiation.

ĭnĭtĭātĭo, *ōnis,* f., V. le préc.

ĭnĭtĭātŏr, *ōris,* m., initiateur.

ĭnĭtĭātrix, *īcis,* f. du préc.

ĭnĭtĭo, *ās, āre,* tr., commencer ; initier aux mystères ; introduire (un usage) ; chr., initier, baptiser.

ĭnĭtĭum, *ĭi,* (cf. *ineo*), n., **1.** commencement, début, ~ *capere ab* ou *ex* + abl. : commencer par, *ab initio*: dès le début, *initio*: au début ; **2.** au pl., *initia, orum,* éléments, corps simples ; **3.** avènement ; **4.** auspices ; mystères ; objets d'un culte secret.

ĭnĭtŭs, *ūs,* m., **1.** entrée, arrivée ; **2.** commencement ; **3.** saillie, accouplement.

injectĭo, *ōnis,* f., action de jeter dans, sur ou contre ; *manus ~*: mainmise, contrainte par corps ; **2.** inspiration.

injecto, *ās, āre,* tr., jeter dans, sur ou contre, mettre la main sur.

injectŭs, *ūs,* m., action de jeter dans, sur ou contre, ~ *animi*: conception.

injĭcĭo, *ĭs, ĕre, jēci, jectum,* tr., **1.** jeter dans, sur ou contre, ~ *ignes in domum*: mettre le feu à une maison, ~ *se in hostes*:

se jeter au milieu des ennemis ; ~ *alicui
in sermone* : jeter, dire brusquement à
qqn. dans la conversation ; **2.** jeter sur ou
contre, ~ *pontem flumini* : jeter un pont
sur un fleuve, ~ *alicui manum* : mettre la
main sur qqn., l'arrêter ; ~ *manum* ou *manus alicui, alicui rei* : emporter qqn. ou
qqch. de vive force, faire violence ;
3. susciter, inspirer, ~ *alicui metum* : inspirer de la peur à qqn., ~ *alicui mentem ut*
+ subj. : suggérer à qqn. de.

injūcundĭus, adv. au comp., d'une manière un peu désagréable.

injūcundĭtās, *ātis*, f., désagrément.

injūcundus, *a, um*, désagréable, sans
bienveillance.

injūdĭcātus, *a, um*, non jugé ; non décidé.

injŭgātus, *a, um*, qui n'a pas été mis
sous le joug.

① **injunctus**, *a, um*, non uni, non joint.

② **injunctus**, *a, um*, V. *injungo*.

injungo, *ĭs, ĕre, junxi, junctum*, tr., **1.** joindre à, réunir, relier ; **2.** infliger, causer,
~ *alicui detrimentum* : causer un dommage à qqn. ; **3.** enjoindre, imposer,
~ *alicui munus* : prescrire une tâche à
qqn., ~ *ut* + subj. : enjoindre de.

injūrātus, *a, um*, qui n'a pas juré ; non
assermenté.

injūrĭa, *æ*, (cf. *jus*), f., **1.** action contraire
à la justice, injustice, préjudice injuste,
tort, attentat, *injuriam alicui inferre, imponere, facere* : causer du tort à qqn., *injuriam accipere* : subir une injustice, ~ *tua* :
l'injustice commise contre toi ou par toi,
per injuriam, injuriā : injustement, *jure an
injuriā* : à tort ou à raison ; **2.** dommage,
dégât, *actio injuriarum* : action en réparation des dommages (matériels ou mor.) ;
outrage, injure (pr. et fig.) ; **3.** vengeance
d'une injustice subie.

injūrĭē, adv., injustement.

injūrĭo, *ās, āre*, tr., traiter avec injustice,
maltraiter, violenter.

injūrĭōsē, adv., [~*sius, ~sissime*], injustement.

injūrĭōsus, *a, um*, [~*sior, ~sissimus*], injuste ; nuisible.

injūrĭus, *a, um*, injuste.

injūrus, *a, um*, sans droit.

① **injussus**, *a, um*, qui n'a pas reçu l'ordre ; qui agit de soi-même, spontané.

② **injussŭs**, *ūs*, m., absence d'ordre, *injussu meo* : sans mon ordre, *injussu* : sans
ordre.

injustē, adv., [~*tissime*], injustement.

injustĭtĭa, *æ*, f., injustice.

injustus, *a, um*, [~*tior, ~tissimus*], **1.** contraire au droit, à la justice, injuste,

inique, illégitime ; **2.** disproportionné,
excessif.

inl~, V. *ill~*.

inm~, V. *imm~*.

innābĭlis, *e*, adj., où l'on ne peut nager
ou naviguer.

innascĭbĭlis, *e*, adj., qui ne peut être né.

innascor, *ĕris, i, nātus sum*, intr., naître
dans ou sur, V. *innatus* ②.

innăto, *ās, āre*, intr. et tr., **1.** entrer en nageant dans ; nager dans ; **2.** surnager,
fig., flotter à la surface, être superficiel ;
3. déborder.

① **innātus**, *a, um*, chr., incréé.

② **innātus**, *a, um*, inné, naturel ; subst. n
pl., *innata, orum*, dispositions innées.

innāvĭgābĭlis, *e*, adj., non navigable.

innāvĭgo, *ās, āre*, intr., naviguer dans ou
sur.

innecto, *ĭs, ĕre, nexŭi, nexum*, tr., lier, attacher, nouer ; unir, enlacer ; fig., tramer.

innītor, *ĕris, i, nixus* ou *nīsus sum*, intr.,
s'appuyer sur ; fig., reposer sur, dépendre de.

inno, *ās, āre*, intr. et tr., nager dans ou
sur, naviguer dans ou sur ; déborder sur

innŏcens, *entis*, adj. [~*tior, ~tissimus*],
1. inoffensif ; **2.** innocent, irréprochable,
honnête.

innŏcentĕr, adv., [~*tius, ~tissime*], innocemment, irréprochablement, honnêtement.

innŏcentĭa, *æ*, f., **1.** innocuité ; **2.** innocence, intégrité, vertu ; désintéresse-
ment.

innŏcŭē, adv., **1.** sans faire de tort ; **2.** à
l'abri de tout reproche.

innŏcŭus, *a, um*, **1.** qui ne fait pas de
mal, inoffensif, sans danger ; **2.** innocent
honnête ; **3.** non endommagé, intact.

innōdo, *ās, āre*, tr., attacher, nouer solidement.

innōmĭnābĭlis, *e*, adj., innommable.

innōmĭnis, *e*, adj., qui n'a pas de nom.

innōtesco, *ĭs, ĕre, nōtŭi*, intr., **1.** devenir
connu, certain, *quod ubi innotuit* : quand
la chose fut connue, TAC. ; **2.** devenir
clair, briller (jour).

innōto, *ās, āre*, tr., marquer, désigner.

innŏvātĭo, *ōnis*, f., changement, innova-
tion.

innŏvo, *ās, āre*, tr., changer, innover.

innoxĭē, adv., honnêtement, vertueusement.

innoxĭus, *a, um*, **1.** qui ne fait pas de mal
inoffensif ; **2.** innocent, honnête ; **3.** non
endommagé, intact ; **4.** qu'on n'a pas
mérité ; dont on est innocent.

innūbĭlus, *a, um*, sans nuages, serein.

innūbis, *e*, adj., V. le préc.

innūbo, *ĭs*, *ĕre*, *nupsi*, *nuptum*, intr., s'unir (à un époux), se marier avec, ~ *thalamis* : partager la couche ; ext., passer dans un autre lieu.

innūbus, *a*, *um*, non marié, vierge, chaste.

innŭmĕrābĭlis, *e*, adj., innombrable.

innŭmĕrābĭlĭtās, *ātis*, f., multitude innombrable.

innŭmĕrābĭlĭtĕr, adv., en nombre infini.

innŭmĕrālis, *e*, adj., innombrable.

innŭmĕrātus, *a*, *um*, qu'on n'a pas compté.

innŭmĕrus, *a*, *um*, 1. innombrable ; 2. sans rythme.

innŭo, *ĭs*, *ĕre*, intr., faire un signe (de tête).

innuptus, *a*, *um*, non marié, vierge ; célibataire.

innūtrĭo, *ĭs*, *īre*, tr., nourrir dans ou sur, *innutriri armis, pessimis* : être nourri dans les armes, dans le mal.

Īnō, *ūs* ou *ōnis*, f., Ino, fille de Cadmus et d'Harmonie, épouse d'Athamas.

ĭnŏbaudĭentĭa, *æ*, f., désobéissance.

ĭnŏbaudĭo, *ĭs*, *īre*, intr., désobéir.

ĭnoblector, *āris*, *āri*, intr., se réjouir de.

ĭnoblītĕrātus, *a*, *um*, non effacé.

ĭnoblītus, *a*, *um*, qui n'oublie pas.

ĭnoboed~, V. *inobaud~*.

ĭnoboedĭentĕr, adv., avec désobéissance.

ĭnobrūtus, *a*, *um*, non englouti.

ĭnobsæptus, *a*, *um*, non enclos.

ĭnobscūrābĭlis, *e*, adj., qui ne peut être obscurci.

ĭnobsĕquens, *entis*, adj., désobéissant.

ĭnobservantĭa, *ae*, f., 1. défaut d'attention ; 2. défaut de soin.

ĭnobservātus, *a*, *um*, non observé.

ĭnobsŏlētus, *a*, *um*, non vieilli, non désuet.

ĭnoccĭdŭus, *a*, *um*, qui ne se couche pas ; toujours éveillé.

ĭnōcĭōsus, V. *inotiosus*.

ĭnŏcŭlo, *ās*, *āre*, tr., écussonner ; décorer.

ĭnŏdōrus, *a*, *um*, sans odeur, sans parfum.

ĭnoffensē, adv., sans empêchement.

ĭnoffensus, *a*, *um*, non heurté ; qui ne rencontre pas d'obstacles, ininterrompu, sans encombre.

ĭnofficĭōsus, *a*, *um*, qui manque à ses devoirs, qui manque d'égards ; peu serviable, peu complaisant ; *testamentum inofficiosum* : testament qui lèse les héritiers légitimes.

ĭnŏlens, *entis*, adj., sans odeur.

ĭnŏlesco, *ĭs*, *ĕre*, *ŏlēvi*, *ŏlĭtum*, 1. intr., croître, se développer dans ; s'implanter, s'enraciner ; 2. tr., implanter.

ĭnōmĭnātus, *a*, *um*, (cf. *omen*), de sinistre présage.

ĭnŏpĕrātus, *a*, *um*, 1. inoccupé, inactif ; 2. non travaillé, brut, grossier.

ĭnŏpĕror, *āris*, *āri*, tr., opérer, produire.

ĭnŏpĭa, *ae*, (cf. *ops*), f., manque de ressources, défaut, privation, détresse, pénurie, disette, pauvreté ; petit nombre ; rhét., pauvreté, sécheresse du style.

ĭnŏpīnans, *antis*, adj., qui ne s'attend pas à.

ĭnŏpīnantĕr, adv., inopinément.

ĭnŏpīnātē et **ĭnŏpīnātō**, V. le préc.

ĭnŏpīnātus, *a*, *um*, 1. inattendu, inopiné ; 2. qui ne s'attend à rien, pris à l'improviste.

ĭnŏpīnus, *a*, *um*, inattendu, inopiné.

ĭnŏpĭōsus, *a*, *um*, qui manque de.

ĭnoppĭdātus, *a*, *um*, sans ville.

ĭnopportūnē, adv., mal à propos.

ĭnops, *ŏpis*, (cf. *ops*), adj., qui manque de ressources, privé de, pauvre en, malheureux, indigent, ~ *pecuniæ* : qui manque d'argent, ~ *cupido* : avidité jamais satisfaite, ~ *consilii* : perplexe ; faible, impuissant, sans secours.

ĭnoptābĭlis, *e*, adj., non souhaitable.

ĭnoptātus, *a*, *um*, non souhaité, déplaisant.

ĭnōrātus, *a*, *um*, non exposé par la parole, non plaidé.

ĭnordĭnātē, adv., sans ordre, confusément.

ĭnordĭnātĭo, *ōnis*, f., manque d'ordre, confusion.

ĭnordĭnātus, *a*, *um*, mal ordonné, en désordre ; subst. n., *inordinatum, i*, désordre, confusion.

ĭnornātus, *a*, *um*, sans parure (style) ; sans ornement, simple ; non paré, non loué.

ĭnorno, *ās*, *āre*, tr., orner, parer.

ĭnōro, *ās*, *āre*, tr., entourer, border.

ĭnōtĭōsus, *a*, *um*, sans repos, toujours actif.

Īnōus, *a*, *um*, d'Ino.

ĭnŏvans, *antis*, adj., exultant, triomphant.

inprīmis, V. *imprimis*.

inquæsītus, *a*, *um*, non cherché ; non examiné.

inquam, *ĭs*, *inquĭt*, vb. déf., dis-je, dis-tu, dit-il.

inquantumcumquĕ, adv., V. *quantuscumque*.

① **inquĭēs**, *ētis*, f., absence de repos, agitation.

② **inquĭēs**, *ētis*, adj., sans repos, agité, inquiet.

inquĭētātĭo, *ōnis*, f., trouble, mouvement, agitation.

inquĭētātŏr, *ōris*, m., celui qui tourmente.

inquĭētē, adv., [*~tius*], sans repos.

inquĭēto, *ās, āre*, tr., troubler, agiter, inquiéter.

inquĭētūdo, *ĭnis*, f., trouble, agitation.

inquĭētus, *a, um*, sans repos, agité, inquiet.

inquĭlīna, *æ*, f., habitante, locataire.

inquĭlīnātŭs, *ūs*, m., condition de locataire.

inquĭlīnus, *i*, (cf. *colo* ②), m., habitant (d'une maison qui ne lui appartient pas), locataire ; citoyen d'occasion ; colocataire.

inquĭnātē, adv., sans pureté (langage).

inquĭnātĭo, *ōnis*, f., souillure.

inquĭnātus, *a, um*, part. adj., [*~tior, ~tissimus*], souillé, sale, corrompu, ignoble.

inquĭno, *ās, āre*, tr., salir, souiller, tacher, flétrir, déshonorer.

inquĭo, V. *inquam*.

inquīro, *ĭs, ĕre, quīsīvi, quīsītum*, (cf. *quæro*), tr., chercher à découvrir, rechercher ; examiner, s'enquérir ; jur., faire une enquête, instruire un procès.

inquīsītĭo, *ōnis*, f., recherche, investigation, poursuite ; jur., enquête judiciaire, instruction.

inquīsītŏr, *ōris*, m., celui qui recherche ou épie, espion ; investigateur, chercheur ; jur., commissaire enquêteur, juge d'instruction.

① **inquīsītus**, *a, um*, non recherché.

② **inquīsītus**, *a, um*, V. *inquiro*.

inr~, V. *irr~*.

insæpĭo, *īs, īre*, tr., ceindre, entourer, enclore.

insălūber (**insălūbris**), *bris, bre*, adj., malsain, insalubre.

insălūtātus, *a, um*, non salué.

insānābĭlis, *e*, adj., qui ne peut être guéri, incurable ; irréparable.

insānābĭlĭtĕr, adv., d'une manière incurable.

insānē, adv., [*~nius, ~nissime*], d'une manière insensée ; à la folie.

insānĭa, *æ*, f., **1.** démence, folie ; rage, passion furieuse ; au pl., *insaniæ, arum*, actes de folie ; **2.** délire poétique.

insānĭfūsŏr, *ōris*, m., qui déverse la folie (trad. polémique de *manichæus*, AUG.).

insānĭo, *īs, īre*, intr., être pris de démence, être fou, délirer, agir comme un fou (pr. et fig.), *~ ex amore* : être fou d'amour ; faire des folies ; + acc., *~ hilarem insaniam* : avoir une folie gaie.

insānītās, *ātis*, f., mauvaise santé.

insānus, *a, um*, [*~nior, ~ nissimus*], **1.** malade d'esprit, qui a perdu la raison ; fou, insensé, extravagant ; insensé, démesuré, *insana moles* : masse folle, énorme ; n. adv., *insanum* : follement ; **2.** inspiré, plein du délire divin ; **3.** qui rend fou.

insăpĭens, V. *insipiens*.

insătĭābĭlis, *e*, adj., **1.** qui ne peut être rassasié, insatiable ; **2.** qui ne rassasie pas.

insătĭābĭlĭtās, *ātis*, f., insatiabilité.

insătĭābĭlĭtĕr, adv., sans pouvoir être rassasié.

insătĭātus, *a, um*, qui n'est pas rassasié.

insătĭĕtās, *ātis*, f., appétit insatiable.

insătŭrābĭlis, *e*, adj., insatiable.

insătŭrābĭlĭtĕr, adv., sans pouvoir être rassasié.

inscalpo, *ĭs, ĕre*, tr., graver, entailler.

inscendo, *ĭs, ĕre, scendi, scensum*, intr. et tr., **1.** monter dans ou sur ; (s') embarquer ; **2.** monter, saillir.

inscensĭo, *ōnis*, f., action de monter dans ou sur.

inscensŭs, *ūs*, m., monte, saillie.

inscĭē, adv., par ignorance ; par niaiserie.

inscĭens, *entis*, adj., qui ne sait pas, qui ignore, *me insciente* : à mon insu ; malhabile.

inscĭentĕr, adv., avec ignorance ; maladroitement.

inscindo, *ĭs, ĕre*, tr., déchirer à belles dents.

inscītē, adv., sans habileté, maladroitement, sottement.

inscītĭa, *æ*, f., ignorance, inexpérience, incapacité, incompétence ; défaut d'intelligence, *~ rerum* : manque de savoir-vivre.

inscītus, *a, um*, [*~tior, ~tissimus*], ignorant, maladroit, sot, stupide.

inscĭus, *a, um*, **1.** qui ne sait pas, qui ignore, inconscient, *me inscio* : à mon insu, *~ omnium rerum* : étranger à tout ; **2.** inconnu, ignoré.

inscrībo, *ĭs, ĕre, scripsi, scriptum*, tr., **1.** écrire sur, inscrire ; graver, marquer, tracer sur ; **2.** mettre une inscription, un titre, une adresse, un écriteau sur, *~ epistulam alicui* : adresser une lettre à qqn., *~ libros rhetoricos* : intituler un livre « Rhétorique » ; mettre l'écriteau « à vendre » sur une maison, mettre maison, un esclave en vente ; **3.** assigner, attribuer, *~ sibi nomen philosophi* : s'attribuer le nom de philosophe, ~ *deos sceleri* : imputer un crime aux dieux.

inscriptĭo, *ōnis*, f., action d'écrire sur, inscription ; inscription (sur une statue), titre ; stigmate, flétrissure.

inscriptūra, *æ*, V. le préc.

① **inscriptus**, *a, um*, non écrit ; non déclaré.

② **inscriptus**, *a, um*, V. inscribo.

inscrūtābĭlis, *e*, adj., [~lior], insondable.

inscrūtor, *āris, āri*, intr., chercher soigneusement.

insculpo, *ĭs, ĕre, sculpsi, sculptum*, tr., graver sur, inciser.

insĕcābĭlis, *e*, adj., insécable, indivisible.

① **insĕco**, *ās, āre, sĕcŭi, sectum*, tr., couper, tailler.

② **insĕco** ou **insĕquo**, *ĭs, ĕre*, arch., vb. déf., dire, raconter.

insectātĭo, *ōnis*, f., action de poursuivre, de harceler ; acharnement contre ; attaque, reproche.

insectātŏr, *ōris*, m., persécuteur ; censeur.

insecto, *ās, āre*, et **insector**, *āris, āri*, tr., poursuivre, harceler, persécuter ; s'acharner contre, attaquer, reprocher, invectiver.

insĕcūtĭo, *ōnis*, f., poursuite.

insĕcūtŏr, *ōris*, m., celui qui poursuit.

insĕdābĭlĭtĕr, adv., sans pouvoir être calmé.

insĕmĕl, adv., en une fois, à la fois.

insĕnesco, *ĭs, ĕre, sĕnŭi*, intr., vieillir dans ou sur.

insensātus, *a, um*, insensé, stupide.

insensĭbĭlis, *e*, adj., 1. qu'on ne sent pas ; 2. qui ne sent pas ; 3. insensé.

insensĭbĭlĭtās, *ātis*, f., insensibilité.

insēpărābĭlis, *e*, adj., [~lior], inséparable.

insēpărābĭlĭtās, *ātis*, f., indissolubilité.

insēpărābĭlĭtĕr, adv., indissolublement.

insēpĭo, V. insæpio.

insēpultus, *a, um*, non enseveli.

insĕquo, V. inseco ②.

insĕquor, *ĕris, i, sĕcūtus sum*, intr. et tr., 1. suivre, venir après, *insequentes consules* : les consuls de l'année suivante ; subst. n. pl., *insequentia, ium*, les conséquences ; 2. suivre (du regard) ; 3. poursuivre, persévérer, continuer, *insequebatur* : il poursuivait (son discours) ; 4. poursuivre (l'ennemi), harceler, s'acharner contre ; attaquer (en paroles) ; 5. atteindre, *mors insecuta est Gracchum* : la mort atteignit Gracchus, CIC.

insĕrēnus, *a, um*, qui n'est pas serein.

insĕrīnuntur, V. insero ②.

① **insĕro**, *ĭs, ĕre, sēvi, sĭtum*, tr., 1. semer dans ; fig., implanter, inculquer ; part., *insitus, a, um* : implanté, inné, naturel, *penitus insita opinio* : opinion profondément enracinée, CIC., *naturā insitum est ut* + subj. : la nature nous porte d'elle-même à, CIC. ; 2. greffer dans ou sur ; fig., introduire par adoption ; unir intimement.

② **insĕro**, *ĭs, ĕre, sĕrŭi, sertum*, tr., 1. mettre dans, introduire, fourrer, ~ *collum in laqueum* : passer un lacet au cou, ~ *se turbæ* : se faufiler dans la foule ; 2. intercaler, mêler, insérer, ~ *narrationes orationibus* : entremêler ses discours de récits.

inserpo, *ĭs, ĕre, serpsi, serptum*, intr., se glisser (en rampant) dans ou sur.

insertĭo, *ōnis*, f., action de greffer.

inserto, *ās, āre*, tr., introduire dans.

inservĭo, *ĭs, īre*, intr. et tr., 1. être sujet, vassal ; 2. être asservi à, ~ *alicui, aliquem* : chercher à plaire à qqn., ~ *suis commodis* : s'occuper exclusivement de ses intérêts, ~ *temporibus* : se plier aux circonstances, *nihil a me inservitum est temporis causā* : je n'ai pas fait la moindre concession aux circonstances, CIC.

inservo, *ās, āre*, tr., observer, considérer avec attention.

insessŏr, *ōris*, m., celui qui assiège, attaque.

insessus, *a, um*, V. insideo et insido.

insībĭlātĭo, *ōnis*, f., action de siffler dans.

insībĭlātŏr, *ōris*, m., celui qui siffle dans.

insībĭlo, *ās, āre*, 1. intr., siffler dans ; 2. tr., insuffler en sifflant.

insiccābĭlis, *e*, adj., qui ne peut être séché.

insiccātus, *a, um*, non séché.

insĭcĭārĭus, V. isiciarius.

insĭdĕo, *ēs, ēre, sēdi, sessum*, 1. intr., être assis ou placé sur, ~ *equo* : être à cheval, *his insidentibus malis* : sous l'impression de ces maux ; 2. tr., occuper, ~ *vias* : occuper les routes, ~ *locum* : être maître d'une position ; habiter.

insĭdĭæ, *ārum*, f. pl., 1. embuscade, *insidias collocare* : dresser une embuscade, *in insidiis collocare* : placer en embuscade ; ext., embûches, piège, attentat, *insidias struere, parare, tendere, collocare, opponere, facere, ponere, portare alicui, contra aliquem* : tendre un piège à qqn., préparer un attentat contre qqn., *per insidias, insidiis, ex insidiis* : par trahison ; 2. tromperie, artifice.

insĭdĭātŏr, *ōris*, m., qui est en embuscade ; ext., celui qui tend des pièges, traître.

insĭdĭātrix, *īcis*, f. du préc.

insĭdĭor, *āris*, *āri*, intr., 1. dresser une embuscade ; ext., tendre un piège ; intriguer contre, attenter à ; 2. guetter, ~ *tempori* : épier l'occasion.

insĭdĭōsē, adv., [~*sissime*], par trahison.

insĭdĭōsus, *a*, *um*, plein d'embûches, insidieux ; traître, perfide.

insĭdo, *ĭs*, *ĕre*, *sēdi*, *sessum*, 1. intr., s'asseoir, se placer sur, ~ *equo* : monter à cheval ; s'établir, se poster, ~ *silvis* : se poster dans les forêts ; se fixer dans, ~ *in animo*, *in memoriā* : se graver dans l'esprit, dans la mémoire ; 2. tr., occuper, ~ *arcem milite* : mettre un poste dans la citadelle.

insignĕ, *is*, n., 1. marque, signe distinctif ; insigne, décoration, ornement, ~ *regium* : emblème du pouvoir royal, *insignia triumphi* : ornements du triomphe ; *verborum insignia* : expressions brillantes ; 2. signal, ~ *nocturnum* : signal de nuit.

insignĭo, *ĭs*, *īre*, tr., 1. distinguer par un signe, marquer ; signaler, rendre remarquable, mettre en valeur ; passif, *insigniri omnibus* : se singulariser ; 2. graver, imprimer.

insignis, *e*, adj., [~*nior*, ~*nissimus*], 1. qui a un signe particulier, qui se fait remarquer, ~ *maculis* : reconnaissable aux taches, ~ *ad deformitatem* : d'une laideur frappante ; 2. qui se distingue, remarquable ; extraordinaire, insigne ; illustre, ~ *virtus* : vertu éclatante, ~ *improbitas* : malhonnêteté insigne, ~ *incendiis annus* : année signalée par des incendies.

insignītē, adv., [~*tius*], d'une manière remarquable.

insignĭtĕr, adv., [~*tius* ou ~*gnius*, ~*tissime*], d'une manière remarquable ; singulièrement, extraordinairement.

insignītŏr, *ōris*, m., graveur, ciseleur.

insignītus, *a*, *um*, part. adj., [~*tior*], 1. reconnaissable à qq. signe ; mil., qui porte un signe distinctif (étendard, panache, etc.) ; 2. remarqué, distingué ; extraordinaire.

insĭlĕ, *is*, n., cylindre pour enrouler la toile des tisserands, ensouple.

insĭlĭo, *ĭs*, *īre*, *sĭlŭi* ou *sĭlīvi*, *sultum*, (cf. *salio* ②), intr. et tr., sauter dans ou sur, s'élancer contre, bondir ; ext., attaquer (en paroles).

insĭmĭl~, V. *insimul~*.

insĭmŭl, adv., en même temps, ensemble.

insĭmŭlātĭo, *ōnis*, f., accusation.

insĭmŭlātŏr, *ōris*, m., accusateur.

insĭmŭlo, *ās*, *āre*, tr., monter une accusation (fausse), d'où : accuser (le plus souv., à tort) ~ *aliquem insontem* : accuser un innocent, *servum occidisse insimulatus est* : il fut accusé d'avoir tué un esclave, ~ *proditionis* : rendre suspect de trahison ; ~ *aliquid* : imputer qqch.

insincērus, *a*, *um*, gâté, corrompu ; impur ; insincère.

insĭnŭātĭo, *ōnis*, f., rhét., exorde insinuant.

insĭnŭātŏr, *ōris*, m., celui qui (s')insinue.

insĭnŭātrix, *īcis*, f. du préc.

insĭnŭo, *ās*, *āre*, (cf. *sinus*), tr. et qqf. intr., glisser dans le sein de, à l'intérieur de, insinuer, *se* ~, *insinuari* ou abs., *insinuare* : s'insinuer, pénétrer insensiblement, *cunctis insinuat pavor* : la peur se glisse dans tous les cœurs, ~ *se in familiaritatem alicujus* : s'insinuer dans l'intimité de qqn., *insinuari alicui* : chercher à gagner les faveurs de qqn.

insĭpĭdus, *a*, *um*, sans saveur, fade.

insĭpĭens, *entis*, (cf. *sapiens*), adj., [~*tior*, ~*tissimus*], déraisonnable, insensé, sot.

insĭpĭentĕr, adv., d'une manière déraisonnable, insensée, sotte.

insĭpĭentĭa, *æ*, f., déraison, sottise.

insĭpĭo, *ĭs*, *ĕre*, intr., déraisonner.

insisto, *ĭs*, *ĕre*, *stĭti*, intr. et tr., 1. se tenir sur, ~ *in sinistrum pedem* : se tenir sur le pied gauche, *villæ margini insistunt* : des villas sont installées sur le bord ; marcher sur, ~ *limen* : mettre le pied sur le seuil, ~ *firmiter* : marcher d'un pas ferme ; qqf., abs., *insistere* : marcher ; s'engager dans, ~ *viam* : prendre une route ; 2. se tenir près de, serrer de près, poursuivre, ~ *hostibus* : donner la chasse aux ennemis ; être sur le dos de qqn. ; 3. poursuivre un projet, s'attacher à, avec acc., dat., *ad* + acc., ~ *rationem belli* : poursuivre l'exécution du plan de guerre, ~ *studiis* : donner tous ses soins aux études ; 4. s'appesantir sur, insister, + dat. : persister, persévérer, ~ *flagitare* : demander instamment ; 5. s'arrêter (de parler), *paulum institit* : il marqua qq. instants de pause.

insĭtīcĭus, *a*, *um*, inséré dans ; greffé ; emprunté, étranger.

insĭtĭo, *ōnis*, f., action d'enter, de greffer ; greffe ; saison des greffes.

insĭtīvus, *a*, *um*, greffé, obtenu par greffe ; importé, étranger ; adoptif ; faux, illégitime.

insĭtŏr, *ōris*, m., celui qui greffe.

insŏcĭābĭlis, *e*, adj., qu'on ne peut associer, incompatible ; ~ *generi humano* : insociable.

insōlābĭlĭtĕr, adv., sans consolation possible.

insŏlens, *entis*, (cf. *soleo*), adj., [*~tior, ~tissimus*], 1. qui n'a pas l'habitude, *~ belli* : sans expérience de la guerre, *~ in dicendo* : qui n'a pas l'habitude de parler ; 2. inhabituel, insolite, auquel on n'est pas accoutumé ; 3. immodéré, *~ lætitia* : joie excessive ; prodigue ; 4. arrogant, insolent.

insŏlentĕr, adv., [*~tius, ~tissime*], 1. contre l'habitude, contre l'usage ; 2. d'une manière excessive ; 3. avec arrogance, insolemment.

insŏlentĭa, *æ*, f., 1. défaut d'habitude, inexpérience, *~ fori* : inexpérience des affaires ; 2. singularité, bizarrerie ; 3. excès ; prodigalité, faste ; 4. arrogance, insolence.

insŏlesco, *ĭs, ĕre*, intr., 1. prendre une apparence inaccoutumée ; changer, muer ; grossir ; 2. dépasser la mesure ; 3. devenir arrogant, insolent.

insŏlĭtē, adv., contrairement à l'habitude.

insŏlĭtus, *a, um*, 1. non accoutumé à, peu habitué à, *~ ad laborem* : peu fait à la fatigue ; 2. non habituel, inusité, insolite.

insŏlŭbĭlis, *e*, adj., 1. qu'on ne peut dénouer, indissoluble ; 2. insoluble ; 3. dont on ne peut s'acquitter ; 4. indestructible ; 5. indiscutable.

insŏlŭbĭlĭtās, *ātis*, f., indissolubilité.

insŏlŭbĭlĭtĕr, adv., indissolublement.

insŏlūtus, *a, um*, laissé irrésolu.

insomnĭa, *æ*, f., privation de sommeil, insomnie.

insomnis, *e*, adj., sans sommeil, privé de sommeil.

① **insomnĭum**, *ĭi*, n., seul. pl., **insomnĭa**, *ōrum*, insomnie.

② **insomnĭum**, *ĭi*, n., songe, rêve ; cauchemar.

insŏnābĭlĭtĕr, adv., sans faire entendre un son perceptible.

insŏno, *ās, āre, sŏnŭi, sŏnĭtum*, 1. intr., résonner, retentir ; tousser (pour s'éclaircir la voix) ; 2. tr., faire résonner, retentir.

insons, *ontis*, adj., non coupable, innocent, inoffensif.

insŏnus, *a, um*, qui ne fait pas de bruit.

insŏpītus, *a, um*, qui ne peut s'endormir, qui veille.

insŏpŏr, *ōris*, adj., qui ne dort pas, qui veille.

insordesco, *ĭs, ĕre, sordŭi*, intr., devenir sale.

inspĕcĭātus, *a, um*, qui n'a pas de forme.

inspĕcĭōsus, *a, um*, laid.

inspectātĭo, *ōnis*, f., action de regarder dans ou sur, inspection, contrôle, examen ; recherche, réflexion.

inspecto, *ās, āre*, tr., jeter fréquemment les yeux sur, examiner, inspecter, *aliquo inspectante* : sous les regards de qqn.

inspectŏr, *ōris*, m., observateur ; chr., celui qui sonde (les cœurs).

inspectrix, *īcis*, f. du préc.

inspectŭs, *ūs*, m., inspection, examen ; contemplation.

inspērābĭlis, *e*, adj., inespéré.

inspērans, *antis*, adj., qui n'espère pas, *insperanti mihi* : contre mon attente.

inspērātō, adv., [*~tius*], d'une manière inattendue.

inspērātus, *a, um*, [*~tior*], inespéré, inopiné, inattendu, *ex insperato* : inopinément.

inspergo, *ĭs, ĕre, spersi, spersum*, tr., répandre sur, verser.

inspersŭs, *ūs*, m., action de répandre sur.

inspĭcĭo, *ĭs, ĕre, spexi, spectum*, tr., 1. jeter les yeux sur, regarder dans, *~ (in) speculum* : regarder dans un miroir ; 2. examiner, regarder de près, *~ leges* : consulter les textes de lois ; abs., *inspicere* : consulter les livres sibyllins ; sonder, examiner (les entrailles des victimes) ; 3. inspecter, passer en revue (armes, soldats).

inspĭcĭum, *ĭi*, n., examen.

inspīco, *ās, āre*, tr., rendre pointu (comme un épi).

inspīrātĭo, *ōnis*, f., action d'insuffler ; fig., inspiration.

inspīro, *ās, āre*, intr. et tr., souffler dans ou sur ; insuffler, souffler ; fig., inspirer ; animer, enflammer.

inspŏlĭātus, *a, um*, non dépouillé, non pillé.

inspūmo, *ās, āre*, intr., écumer.

inspŭo, *ĭs, ĕre, spŭi, spūtum*, intr. et tr., cracher dans, sur ou contre.

inspurco, *ās, āre*, tr., souiller, salir.

inspūto, *ās, āre*, tr., couvrir de crachats.

instăbĭlis, *e*, adj., 1. qui manque de stabilité, mal assuré ; mobile, inconstant ; 2. où l'on ne peut se tenir, mouvant.

instăbĭlĭtās, *ātis*, f., mobilité.

instăbĭlĭtĕr, adv., d'une manière changeante, avec inconstance.

instans, *antis*, part. adj., [*~tior, ~tissimus*], 1. présent ; subst. n., *instans, antis*, et pl., *instantia, ium*, le présent ; 2. pressant, menaçant ; empressé.

instantĕr, adv., [*~tius, ~tissime*], d'une manière pressante, instante.

instantĭa, æ, f., 1. imminence ; 2. assiduité, application ; 3. caractère pressant (discours) ; 4. insistance.

instăr, n. indécl., 1. poids, valeur ; nombre, mesure, *momenti ~ habere* : être le poids qui fait pencher la balance ; dimension, volume, grandeur, *urbis ~ habere* : avoir la grandeur d'une ville ; *quantum ~ in ipso !* : quelle grandeur en lui !, VIRG. ; 2. équivalent ; type, patron, modèle ; 3. équivalent de, aussi grand que, *~ montis equum ædificant* : ils construisent un cheval aussi haut qu'une montagne, VIRG. ; ext., autant que, comme.

instaurātĭo, ōnis, f., renouvellement, répétition ; rétablissement.

instaurātīvus, a, um, repris, célébré à nouveau.

instaurātŏr, ōris, m., celui qui rétablit, restaure.

instauro, ās, āre, tr., 1. mettre en place, établir ; fonder ; 2. rétablir ; renouveler, reprendre, *~ scelus* : renouveler un crime.

insterno, ĭs, ĕre, strāvi, strātum, tr., étendre sur, établir sur ; coucher sur ; couvrir, *instrati equi* : chevaux sellés.

instīgātĭo, ōnis, f., action d'exciter, instigation.

instīgātŏr, ōris, m., celui qui excite, instigateur.

instīgātrix, īcis, f. du préc.

instīgo, ās, āre, tr., piquer ; stimuler, exciter.

instillo, ās, āre, tr., verser goutte à goutte ; poét., dégoutter sur.

instĭmŭlātŏr, ōris, m., celui qui stimule, excite.

instĭmŭlo, ās, āre, tr., stimuler, exciter.

instinctŭs, ūs, m., instigation, excitation, impulsion.

instinguo, ĭs, ĕre, stinxi, stinctum, tr., exciter, pousser ; enflammer, enthousiasmer.

instĭpŭlor, āris, āri, tr., stipuler.

instīta, æ, f., 1. volant d'une robe (de dame) ; ext., dame, matrone (« un jupon »), OV. ; 2. bande, sangle.

instĭtĭo, ōnis, f., immobilité, fixité.

instĭtŏr, ōris, m., vendeur, colporteur, commis voyageur.

instĭtōrĭum, ĭi, n., métier de colporteur.

instĭtŭo, ĭs, ĕre, stĭtŭi, stĭtūtum, tr., 1. mettre, placer debout dans ou sur, *~ arborem* : planter un arbre ; ext., placer, *~ aliquem in animum* : faire une place à qqn. dans son cœur ; 2. édifier, construire, fabriquer, *~ naves, pontem* : construire des navires, un pont, *~ pila* : fabriquer des javelots ; former, dresser,

~ aciem : disposer une ligne de bataille ; 3. établir, instituer, *~ aliquem heredem* : instituer qqn. comme héritier, *~ pœnam* : établir une peine ; décider, fixer, régler, *~ vitam* : adopter une règle de vie ; 4. dresser, instruire, former, enseigner, *~ aliquem ad dicendum* : former qqn. à l'art de la parole ; 5. commencer, entreprendre, *~ viam* : se mettre en route, + inf., prendre des mesures pour, *~ castra munire* : se mettre à fortifier le camp ; 6. introduire l'usage, prendre l'habitude de, avec *ut* + subj. ou subj. seul, *quod* + subj., inf. ; *ut instituerat* : comme il l'avait institué, selon son habitude.

instĭtūtĭo, ōnis, f., 1. disposition ; 2. formation, enseignement, instruction, éducation ; 3. doctrine.

instĭtūtŏr, ōris, m., celui qui établit ; créateur, fondateur.

instĭtūtum, i, n., 1. ce qui est établi ; 2. entreprise, intention, projet ; décision ; 3. usage, coutume ; règle, principe, *ex instituto* : conformément à l'usage, à la règle ; 4. enseignement, leçon.

insto, ās, āre, stĭti, intr. et tr., 1. se tenir dans ou sur, *~ ante oculos* : rester devant les yeux, *~ rectam viam* : se trouver dans la bonne voie ; 2. être près, voisin de, *~ adversario* : serrer de près un adversaire ; abs., presser l'ennemi ; 3. être imminent, menacer, *hiems instat* : l'hiver est proche, *bellum instat* : la guerre est imminente, *instantia ora* : gueule menaçante ; 4. presser, s'appliquer à, *~ currum* : presser la construction d'un char, *~ poscere* : persister à demander ; demander avec insistance, insister, *~ alicui ut/ne* + subj. : insister auprès de qqn. pour / pour que… ne… pas.

① **instrātus**, a, um, non couvert.

② **instrātus**, a, um, V. insterno.

instrēnŭus, a, um, qui manque d'énergie, inactif, paresseux ; lâche.

instrĕpo, ĭs, ĕre, strĕpŭi, strĕpĭtum, intr., faire du bruit, résonner.

instrīdo, ĭs, ĕre, intr., siffler dans.

instringo, ĭs, ĕre, strinxi, strictum, tr., 1. serrer fortement, enserrer, lier ; 2. exciter.

instructē, adv., [*~tius*], bien organisé.

instructĭlis, e, adj., non assemblé.

instructĭo, ōnis, f., 1. mise en ordre, arrangement ; 2. construction ; 3. enseignement.

instructŏr, ōris, m., celui qui établit ou bâtit ; fondateur, créateur.

① **instructus**, a, um, part. adj., [*~tior*, *~tissimus*], 1. pourvu, garni ; 2. dressé, instruit.

② **instructŭs**, *ūs*, m., arrangement, appareil.

instrŭmentum, *i*, n., 1. ameublement, mobilier ; attirail, matériel, ~ *militare* : matériel de guerre ; équipement ; documentation ; 2. ressource, moyen, instrument, ~ *regni* : instrument de règne ; 3. document, pièce.

instrŭo, *ĭs, ĕre, struxi, structum*, tr., 1. disposer dans, dresser dans, engager, encastrer ; 2. dresser, élever, bâtir, ~ *muros* : construire des murs ; 3. disposer, préparer, ~ *convivium* : faire les apprêts d'un festin ; ~ *alicui insidias* : tendre un piège à qqn., ~ *bellum* : préparer une guerre ; mil., ~ *aciem, exercitum, exercitum in aciem* : ranger une armée en bataille ; 4. procurer, pourvoir, garnir, ~ *domum suam* : monter sa maison, la meubler ; ~ *causam* : réunir toutes les pièces nécessaires à une affaire, ~ *aliquem armis* : armer qqn.

instŭdĭōsus, *a, um*, qui n'a pas de zèle pour.

insuāsĭbĭlĭtās, *ātis*, f., impossibilité d'être persuadé.

insuāsĭbĭlĭtĕr, adv., d'une façon qu'on ne peut conseiller.

insuāvis, *e*, adj., [~*vior, ~vissimus*], d'une saveur désagréable, désagréable ; déplaisant.

insuāvĭtās, *ātis*, f., absence d'agréments.

insuāvĭtĕr, adv., désagréablement.

insubdĭtīvus, *a, um*, non exposé à.

Insŭbĕr, *bris*, m., Insubre ‖ **Insŭbĕr**, *bris, bre*, adj., insubre, V. *Insubres*.

insubjectus, *a, um*, non soumis, non dépendant.

Insŭbres, *ĭum* ou *um*, m. pl., Insubres, peuple de la Gaule Cisalpine, cap. Médiolanum, auj. Milan.

insubstantīvus, *a, um*, qui n'a pas de substance.

insūdo, *ās, āre*, intr., suer sur.

insuēfactus, *a, um*, accoutumé, habitué.

insuesco, *ĭs, ĕre, suēvi, suētum*, 1. intr., s'habituer à ; 2. tr., habituer à.

insuētē, adv., [~*tius*], contre l'habitude.

① **insuētus**, *a, um*, 1. non habitué à, ~ *laboris, navigandi* : qui n'a pas l'habitude de la peine, de naviguer ; 2. inaccoutumé, inusité.

② **insuētus**, *a, um*, V. *insuesco*.

insufficĭens, *entis*, adj., insuffisant.

insufficĭentĭa, *æ*, f., insuffisance.

insufflātĭo, *ōnis*, f., insufflation.

insufflo, *ās, āre*, tr., insuffler.

insŭla, *æ*, f., 1. île ; 2. pâté de maisons, îlot, grand immeuble habité par des locataires.

insŭlānus, *a, um*, insulaire.

insŭlāris, *e*, adj., d'île.

insŭlārĭus, *ĭi*, m., locataire.

insŭlātus, *a, um*, changé en île.

insŭlōsus, *a, um*, plein d'îles.

insulsē, adv., sans goût ; sans esprit.

insulsĭtās, *ātis*, f., manque de goût.

insulsus, *a, um*, (cf. *salsus*), [~*sior, ~sissimus*], 1. non salé, sans goût ; 2. sans esprit ; sot, imbécile ; subst. f. pl., *insulsæ, arum*, stupides créatures.

insultābundus, *a, um*, plein de moquerie.

insultātĭo, *ōnis*, f., bravade ; outrage, insulte.

insultātŏr, *ōris*, m., celui qui outrage, insulteur.

insultātŏrĭē, adv., d'une façon outrageante.

insultātŏrĭus, *a, um*, outrageant.

insultātrix, *īcis*, f., celle qui outrage.

insulto, *ās, āre*, (cf. *salto*), intr. et tr., 1. sauter, bondir sur ; 2. s'en prendre à, insulter, outrager ; abs., être insolent.

insultūra, *æ*, f., action de sauter sur.

insum, *ĭnĕs, ĭnesse, infŭi*, intr., avec dat. ou *in* + abl., 1. être dans ou sur, *nullus digitis annus inest* : il n'a pas un anneau aux doigts, Ov. ; 2. se trouver dans, exister, *vitium inest in moribus* : le défaut est dans le caractère, Cic.

insūmo, *ĭs, ĕre, sumpsi, sumptum*, tr., 1. dépenser, employer, consacrer, ~ *operam in aliquā re* : se donner de la peine pour qqch. ; 2. prendre pour soi, se fixer sur.

insŭo, *ĭs, ĕre, sŭi, sūtum*, tr., coudre dans ou sur ; broder.

insŭpĕr, 1. adv., par-dessus ; d'en haut ; en sus, en plus, *aliquid* ~ *habere* : tenir qqch. pour superflu, dédaigner ; 2. prép. + acc., par-dessus.

insŭpĕrābĭlis, *e*, adj., qu'on ne peut gravir, franchir ; fig., insurmontable ; inévitable ; invincible.

insŭpĕrābĭlĭtĕr, adv., d'une manière invincible.

insurgo, *ĭs, ĕre, surrexi, surrectum*, intr. et qqf. tr., 1. se relever ; se lever, se dresser sur ; monter sur, gravir ; s'élever, *Aquilo insurgit* : l'aquilon se lève ; 2. fig., s'élever, grandir, *Cæsar paulatim insurgere* : César grandissait insensiblement, Tac. ; *insurgit oratio* : le style s'élève, Quint. ; 3. s'élever contre, s'insurger ; 4. faire effort pour.

insŭsurrātĭo, *ōnis*, f., chuchotement.

insŭsurro, *ās, āre*, intr. et tr., chuchoter, murmurer (à l'oreille de qqn.).

insūtŭs, *ūs*, m., action de coudre dans.

intābesco, *ĭs, ĕre, tābŭi*, intr., se fondre, se liquéfier ; fig., se consumer, dépérir.

intactĭlis, *e*, adj., qu'on ne peut toucher.

① **intactus**, *a, um*, (cf. *tango*), [*~tior*], **1.** non touché, non endommagé, intact, *integer intactusque* : sain et sauf ; chaste, pur ; **2.** préservé de, qui n'a pas été atteint par, *~ infamiā* : pur de toute mauvaise réputation.

② **intactŭs**, *ūs*, m., intangibilité.

intāmĭnābĭlis, *e*, adj., qui ne peut être souillé.

intāmĭnātus, *a, um*, non souillé, pur.

① **intectus**, *a, um*, **1.** non couvert ; non vêtu ; **2.** fig., ouvert, franc, sincère.

② **intectus**, *a, um*, V. *intego*.

intĕgellus, *a, um*, à peu près intact.

intĕgĕr, *gra, grum*, (cf. *tango*), [*~grior*, *~gerrimus*], **1.** non entamé, non endommagé, non altéré, intact, entier, *integra pars* : partie en bon état, *integro die* : (le jour encore entier) au point du jour, *integra fama* : réputation sans tache ; *integris viribus* : avec des forces entières, *~ mentis* : qui a tout son bon sens ; pur, chaste ; novice ; **2.** complet, renouvelé entièrement, *integrum bellum* : guerre entièrement nouvelle, *de, ex, ab integro* : à nouveau, sur nouveaux frais, *in integrum restituere* : rétablir dans son intégrité, dans son état originel ; **3.** qui reste entier, non décidé, *re integrā* : quand la question reste entière, n'est pas tranchée, *in integro mihi res est* ou *mihi integrum est* : j'ai les mains libres, les coudées franches ; **4.** qui n'a pas d'opinions préconçues, *integris animis* : avec impartialité ; honnête, désintéressé.

intĕgo, *ĭs, ĕre, texi, tectum*, tr., couvrir, recouvrir.

intĕgrasco, *ĭs, ĕre*, intr., se renouveler.

intĕgrātĭo, *ōnis*, f., renouvellement ; rétablissement.

intĕgrātŏr, *ōris*, m., celui qui renouvelle ou rétablit.

intĕgrē, adv., [*~gerrime*], **1.** purement, correctement (style) ; **2.** avec intégrité ; avec impartialité.

intĕgrĭtās, *ātis*, f., **1.** état de ce qui est entier, intact, intégrité ; **2.** chasteté, pureté ; netteté, pureté (style) ; fraîcheur des sentiments ; bon état de santé ; **3.** intégrité, honnêteté, innocence ; impartialité.

intĕgro, *ās, āre*, tr., **1.** rétablir dans l'état primitif, restituer, restaurer ; **2.** renouveler, recommencer ; refaire, recréer, rafraîchir (esprit).

intĕgŭlātus, *a, um*, recouvert en tuiles.

intĕgŭmentum, *i*, n., **1.** ce qui recouvre ; couverture, vêtement ; fig., manteau, voile, masque ; **2.** ce qui protège, abri.

intellectĭo, *ōnis*, f., chr., interprétation.

intellectīvus, *a, um*, spéculatif.

intellectŏr, *ōris*, m., celui qui comprend.

intellectŭālis, *e*, adj., intellectuel.

intellectŭālĭtās, *ātis*, f., capacité de comprendre.

intellectŭālĭtĕr, adv., intellectuellement.

intellectŭo, *ās, āre*, tr., donner l'intelligence.

intellectŭs, *ūs*, m., **1.** faculté de saisir, de comprendre, entendement, intelligence ; **2.** perception, sensation ; conception, idée, *~ deorum* : la notion de divinité ; **3.** sens, *intellectu carere* : n'avoir pas de sens.

intellĕgo, V. *intelligo*.

intellĭgens, *entis*, part. adj., [*~tior*], qui comprend, qui connaît ; intelligent, éclairé ; subst. m. pl., *intelligentes, ium*, les connaisseurs.

intellĭgentĕr, adv., avec intelligence.

intellĭgentĭa, *æ*, f., **1.** intelligence, entendement, faculté de comprendre ; **2.** connaissance, notion, perception, idée, sentiment ; **3.** connaissance, habileté ; **4.** chr., interprétation.

intellĭgĭbĭlis, *e*, adj., **1.** perceptible ; **2.** intelligible, imaginable ; **3.** théorique, abstrait.

intellĭgĭbĭlĭtĕr, adv., intelligiblement.

intellĭgo, *ĭs, ĕre, lexi, lectum*, (*inter + lego* ②), tr., **1.** (choisir entre, discerner, d'où :) percevoir par les sens, sentir, remarquer, reconnaître, *de gestu intelligo quid respondeas* : je vois bien à ton geste ce que tu vas répondre, CIC. ; conjecturer, savoir, conclure, *intellexi ex tuis litteris te audisse* : j'ai conclu de ta lettre que tu as appris, CIC. ; **2.** concevoir, comprendre, se faire une idée exacte de, *intelligo quid loquar* : je sais bien ce que je dis, *~ alicujus linguam* : comprendre la langue de qqn. ; *~ aliquid in aliquā re, sub aliquā re, per aliquid* : entendre par telle chose telle autre chose ; *Intellextin ? – Intellego* : Compris ? – Compris. ; *dii esse beati intelliguntur* : les dieux sont conçus comme bienheureux, CIC. ; **3.** s'entendre à qqch., *~ non multum in re aliquā* : ne pas se connaître beaucoup en qqch.

Intĕmĕlĭi, *ōrum*, m. pl., Intéméliens, peuple ligure ‖ **Intĕmĕlĭum**, *ĭi*, n., Intémélium, auj. Vintimille.

intĕmĕrandus, *a, um*, qui ne doit pas être souillé.

intĕmĕrātus, *a, um,* non souillé, pur, sans tache.

intempĕrans, *antis,* adj., [*~tior, ~tissimus*], qui ne se modère pas ; qui passe la mesure, violent ; intempérant, dissolu.

intempĕrantĕr, adv., [*~tius, ~tissime*], sans modération, sans retenue.

intempĕrantĭa, *æ,* f., **1.** absence de modération, de retenue, excès ; insubordination ; intempérance ; **2.** intempérie.

intempĕrātē, adv., [*~tius*], sans retenue, avec excès.

intempĕrātus, *a, um,* [*~tior, ~tissimus*], **1.** non tempéré, pur ; **2.** immodéré, excessif.

intempĕrĭæ, *ārum,* f. pl., **1.** intempéries ; **2.** emportements, folie.

intempĕrĭes, *ēi,* f., **1.** intempérie, ~ *cæli* : climat malsain ; fig., orage, malheur ; **2.** manque de mesure, excès ; intempérance ; indiscipline.

intempestīvē, adv., mal à propos, hors de saison.

intempestīvus, *a, um,* [*~vior*], **1.** hors de saison, inopportun, intempestif ; **2.** qui vient avant terme.

intempŏrālis, *e,* adj., **1.** qui n'est pas soumis à la durée, éternel ; **2.** inopportun.

intempt~, V. intent~.

intendo, *ĭs, ĕre, tendi, tentum,* tr.,
I 1. étendre, étendre, diriger vers ou contre, ~ *manus* : lever la main sur, ~ *se* : se diriger, se tourner vers ; ~ *fugam* : fuir, ~ *aliquo* : diriger ses pas qqp. ; *periculum quod in omnes intenditur* : le danger qui menace tout le monde, ~ *bellum in Hispaniam* : diriger l'effort de guerre contre l'Espagne ; ~ *litem alicui* : intenter un procès à qqn. ; **2.** ~ *animum aliquo, ad, in aliquid* : tendre son esprit vers qqch., d'où : fixer son attention sur, avoir en vue, se proposer, avoir l'intention de, *quod animo intendebat* : ce qu'il se proposait ; s'appliquer à, s'efforcer de, *fugā salutem petere intenderunt* : ils s'efforcèrent de trouver leur salut dans la fuite ; **3.** soutenir, affirmer énergiquement, *eam sese intendit esse* : elle soutient que c'est elle.
II 1. tendre, étendre, *tabernacula carbaseis intenta velis* : des tentes (tendues) de voiles de lin très fin, CIC. ; tendre fortement, ~ *ingenium* : bander tous les ressorts de son esprit ; passif, *intendi* : se surmener ; **2.** tendre, augmenter, grandir, ~ *officia* : faire plus que son devoir, ~ *metum* : redoubler les craintes ; ~ *gradum* : accélérer le pas ; hausser, forcer (bruit, son, voix).

intĕnĕbresco, *ĭs, ĕre,* intr., s'enténébrer.

intĕnĭbĭlis, *e,* adj., qu'on ne peut tenir.

intensē, adv., [*~sius*], attentivement.

intensĭo, *ōnis,* f., tension, ardeur excessive.

intensus, *a, um,* part. adj., [*~sior, ~sissimus*], **1.** tendu, attentif ; **2.** intense.

intentātĭo, *ōnis,* f., **1.** action de tendre ou d'étendre ; **2.** menace.

① **intentātus**, *a, um,* non tenté, non essayé ; non touché.

② **intentātus**, *a, um,* V. intento.

intentē, adv., [*~tius*], **1.** avec attention ; **2.** de toutes ses forces, avec empressement ; ardemment.

intentĭo, *ōnis,* f., **1.** action de diriger vers ou contre ; **2.** attention ; **3.** intention, projet ; **4.** contention, application ; **5.** élévation, augmentation ; degré d'intensité du son ; **6.** phil., majeure d'un syllogisme.

intento, *ās, āre,* tr., diriger vers ou contre, ~ *manus in aliquem* : lever la main sur qqn. ; présenter, tendre (avec menace), ~ *mortem alicui* : menacer qqn. de mort ; intenter (une accusation).

① **intentus**, *a, um,* part. adj., [*~tior, ~tissimus*], **1.** tendu, violent, intense ; rude, sévère ; **2.** tendu, qui est sur le qui-vive, dans l'attente ; **3.** qui a les yeux fixés sur, attentif ; empressé, zélé, ardent, ~ *ad dicto parendum* : tout prêt à obéir à la parole, ~ *in hoc* : tout entier à ceci, *intentus paratusque* : tout disposé à, + dat., *ad* ou *in* + acc.

② **intentŭs**, *ūs,* m., **1.** action de diriger vers ; **2.** action de tendre ou d'étendre.

intĕpĕo, *ēs, ēre,* intr., être tiède.

intĕpesco, *ĭs, ĕre, tĕpŭi,* intr., tiédir ; fig., s'adoucir, perdre de sa violence.

inter, prép. + acc. (qqf. postposée),
1. dans l'intervalle de, entre, ~ *urbem ac Tiberim* : entre la ville et le Tibre, *nihil interest* ~ *te et quadripedem* : il n'y a aucune différence entre toi et un quadrupède, CIC., *bellum* ~ *et pacem dubitabant* : ils hésitaient entre la guerre et la paix, TAC. ; **2.** au milieu de, parmi, au nombre de, *cum* ~ *homines esset* : quand il était parmi les hommes, ~ *falcarios esse* ou *habitare* : demeurer rue des fabricants de faux, ~ *jocum minari* : menacer en plaisantant, *amicitiam* ~ *bonos esse non posse* : l'amitié ne peut exister qu'entre gens de bien, CIC. ; *honestissimus* ~ *Romanos* : le plus honnête des Romains ; **3.** temps : au milieu de, pendant, ~ *ipsum pugnæ tempus* : pendant la durée même du combat, ~ *agendum* : pendant qu'on agit ; **4.** rapports réciproques : ~ *se amare* : s'aimer les uns les autres, *colloqui* ~ *se* : s'entretenir ensemble ; *colles propinqui* ~ *se* : colli-

nes voisines l'une de l'autre, *res ~ se similes* : choses qui se ressemblent, *~ se contrariæ opiniones* : opinions contradictoires ; **5.** expr., *~ pauca* : tout particulièrement, *~ cetera* : notamment, *~ cuncta, omnia* : avant tout, *~ exempla esse* : servir d'exemples.

intĕræstŭo, *ās, āre,* intr., être agité par instants.

intĕrāmenta, *ōrum,* n. pl., varangues.

Intĕramna, *æ,* f., Intéramne, **1.** v. d'Ombrie, auj. Terni ; **2.** v. du Latium, auj. Teramo ‖ **Intĕramnānus**, *a, um,* d'Intéramne ‖ **Intĕramnās**, *ātis,* adj., d'Intéramne ‖ **Intĕramnātes**, *ĭum,* m. pl., les hab. d'Intéramne ‖ **Intĕramnĭum**, *ĭi,* n., Intéramnie.

intĕraptus, *a, um,* uni ensemble.

intĕrāresco, *ĭs, ĕre,* intr., tarir.

interbĭbo, *ĭs, ĕre,* tr., boire entièrement.

interbĭto, *ĭs, ĕre,* v. *intereo.*

interblandĭor, *īris, īri,* intr., flatter par moments.

intercălāris, *e,* adj., intercalaire, *intercalares calendæ* : le premier jour du mois intercalaire.

intercălārĭus, *a, um,* intercalaire, intercalé.

intercălo, *ās, āre,* tr., (annoncer l'intercalation), **1.** intercaler ; *intercalatur* : il y a une intercalation (d'un ou plusieurs jours) ; **2.** différer.

intercăpēdo, *ĭnis,* f., interruption, suspension ; remise, délai.

Intercatĭa, *æ,* f., Intercatia, v. d'Espagne.

intercēdo, *ĭs, ĕre, cessi, cessum,* intr., **1.** venir entre, se placer entre ; se trouver entre, *palus intercedebat* : un marais se trouvait au milieu ; s'écouler entre, *intercessere pauci dies* : il s'écoula qq. jours dans l'intervalle ; survenir, intervenir ; **2.** intervenir, s'opposer à, *~ alicui* : faire de l'opposition à qqn., *~ legi* : opposer son veto à une loi, abs., protester, mettre son veto ; *nihil intercedit quominus* + subj. : rien ne s'oppose à ce que ; **3.** intervenir, s'interposer, *pro* + abl. : en faveur de (qqn.) ; cautionner.

interceptĭo, *ōnis,* f., soustraction, vol.

interceptŏr, *ōris,* m., celui qui soustrait, dérobe.

intercessĭo, *ōnis,* f., **1.** interposition ; **2.** opposition ; spéc., a) droit de veto (des tribuns) ; b) intervention (d'un tribun en faveur d'un citoyen) ; **3.** caution, garantie.

intercessŏr, *ōris,* m., **1.** celui qui fait opposition ; **2.** garant, caution.

intercessŭs, *ūs,* m., entremise, intercession.

① **intercĭdo**, *ĭs, ĕre, cĭdi,* (cf. *cado*), intr., **1.** tomber dans l'intervalle, entre ; **2.** survenir dans l'intervalle ; **3.** tomber, périr, se perdre, *~ memoriā* : s'échapper de la mémoire.

② **intercīdo**, *ĭs, ĕre, cīdi, cīsum,* (cf. *cædo*), tr., **1.** couper par le milieu ; couper ; percer, *~ pontem* : couper un pont ; **2.** tailler dans ; déchirer.

Intercīdōna, *æ,* f., Intercidona, divinité qui veille sur les accouchées.

intercĭno, *ĭs, ĕre,* tr., chanter dans l'intervalle.

intercĭpĭo, *ĭs, ĕre, cēpi, ceptum,* tr., **1.** prendre au passage, arrêter, intercepter, *~ commeatus* : intercepter des convois de vivres, *~ litteras* : intercepter une lettre, *~ venenum* : boire le poison destiné à un autre ; **2.** soustraire, dérober, *~ pecunias e publico* : soustraire les fonds publics ; *~ aliquem neci* : ravir qqn. à la mort ; **3.** faire périr (avant le temps), *interceptus* : surpris par la mort ; **4.** interrompre, empêcher, *~ sermonem* : couper la parole.

intercīsē, adv., d'une manière hachée.

intercīsĭo, *ōnis,* f., action de couper au milieu.

interclāmo, *ās, āre,* intr., crier par instants.

interclūdo, *ĭs, ĕre, clūsi, clūsum,* tr., **1.** fermer, boucher, barrer, *~ iter, fugam, commeatum* : couper la route, la retraite, les vivres ; couper, séparer, tenir loin de, *~ aliquem commeatū* : intercepter les convois de qqn. ; fig., *intercludor quominus* : je suis empêché de ; **2.** enfermer, bloquer.

interclūsĭo, *ōnis,* f., **1.** action de boucher, d'obstruer ; **2.** rhét., parenthèse.

intercŏlumnĭum, *ĭi,* n., entrecolonnement.

intercurro, *ĭs, ĕre, cŭcurri* ou *curri, cursum,* intr. et tr., **1.** courir dans l'intervalle ou au milieu ; courir en attendant ; **2.** intervenir, s'interposer ; survenir, se mêler à ; **3.** parcourir.

intercurso, *ās, āre,* intr., **1.** courir au milieu, se jeter entre ; **2.** se trouver entre.

intercursŭs, *ūs,* m., intervention rapide ; apparition brusque.

intercŭs, *ŭtis,* adj., qui est sous la peau, entre cuir et chair, *morbus aquæ intercutis* : hydropisie.

interdīco, *ĭs, ĕre, dixi, dictum,* tr. et intr., **1.** dire par intervalles, en passant ; **2.** jur., interposer son autorité, rendre un interdit (préteur) ; ordonner, avec *ut* + subj. ; **3.** interdire, défendre, prohiber, exclure de, *~ Romanis omni Galliā* : interdire aux Romains toute la Gaule, *~ alicui aquā et igni* : interdire à qqn. l'eau et le feu, prononcer le bannissement de qqn., ~ *histrionibus scænam* : chasser les histrions de la scène, ~ *ne* + subj. : interdire de.

interdictĭo, *ōnis*, f., interdiction, prohibition ; ~ *aquæ et ignis* : bannissement.

interdictŏr, *ōris*, m., celui qui interdit.

interdictum, *i*, n., **1.** interdiction, défense ; **2.** interdit (du préteur), ordonnance sur un cas litigieux.

interdictŭs, *ūs*, m., interdiction.

interdĭŭ(s), adv., pendant le jour, *noctu an interdiu* : de jour ou de nuit, *interdiu nocte* : jour et nuit, Liv.

interdo, *ās*, *āre*, tr., donner entre temps ; distribuer, partager.

interdŭim, subj. arch., V. *interduo*.

interdum, adv., quelquefois, parfois, de temps en temps, *interdum… interdum* (*interim, modo, nonnumquam*) : tantôt… tantôt.

interdŭo, arch., tr., donner en échange, Pl., V. *interdo*.

intĕrĕā, adv., pendant ce temps-là, entre temps ; en corrél. avec *cum* : lorsque dans la suite, *dum* : pendant que, *quoad* : jusqu'à ce que ; cependant.

intĕrĕmo, V. *interimo*.

intĕremptĭbĭlis, *e*, adj., qui peut être tué.

intĕremptĭo, *ōnis*, f., meurtre, destruction.

intĕremptŏr, *ōris*, m., meurtrier, destructeur.

intĕremptōrĭus, *a*, *um*, meurtrier.

intĕremptrix, *īcis*, f., celle qui met à mort.

intĕrĕo, *īs*, *īre*, *ĭvi* (*ĭi*), *ĭtum*, intr., se perdre complètement, disparaître (dans), périr, *interii !* : je suis perdu, je suis mort !

intĕrĕquĭto, *ās*, *āre*, intr. et tr., chevaucher dans l'intervalle ou au milieu de.

intĕrerro, *ās*, *āre*, intr., errer parmi ; fig., se trouver parmi.

interfātĭo, *ōnis*, f., **1.** action de s'interrompre en parlant ; **2.** action de couper la parole à qqn.

interfectĭo, *ōnis*, f., meurtre.

interfectŏr, *ōris*, m., meurtrier (de) ; celui qui détruit.

interfectōrĭē, adv., mortellement.

interfectōrĭus, *a*, *um*, qui donne la mort.

interfectrix, *īcis*, f., celle qui tue.

interfĭcĭo, *īs*, *ĕre*, *fēci*, *fectum*, tr., couper de, priver de, *me interfecisti pæne vitā et lumine* : tu m'as presque ôté la vie et la lumière, Pl., d'où ordin. : tuer, faire dis-

paraître, ~ *aliquem fame, veneno, gladio* : faire mourir qqn. de faim, par le poison, par l'épée ; détruire.

interfĭo, *īs*, *fĭĕri*, *fectus sum*, passif de *interficio*.

interflŭo, *īs*, *ĕre*, *fluxi*, *fluxum*, intr. et tr., couler entre, au milieu de ; passif, *interflui* : être séparé (par un fleuve, un bras de mer).

interflŭus, *a*, *um*, qui coule entre.

interfŏdĭo, *īs*, *ĕre*, *fōdi*, *fossum*, tr., creuser entre, percer, trouer.

interfor, *āris*, *āri*, *fātus sum*, tr. et intr., parler entre, interrompre.

interfŭgĭo, *īs*, *ĕre*, intr., se faufiler rapidement entre.

interfundo, *īs*, *ĕre*, *fūdi*, *fūsum*, tr., répandre entre, au milieu de, dans ; passif, *interfundi* : se répandre entre, couler entre, *novies Styx interfusa* : le Styx qui sépare les deux mondes de ses neuf replis, Virg.

interfŭro, *īs*, *ĕre*, tr., se déchaîner dans.

interfūsĭo, *ōnis*, f., action de couler entre.

intergarrĭo, *īs*, *īre*, tr., chuchoter dans l'intervalle.

intergressŭs, *ūs*, m., intervention.

intĕrhĭo, *ās*, *āre*, intr., s'ouvrir entre.

intĕrĭbī(~ĭ), adv., sur ces entrefaites.

intĕrĭbĭlis, *e*, adj., périssable, mortel.

intĕrĭcĭo, V. *interjicio*.

intĕrim, adv., pendant ce temps, cependant ; pour le présent, en attendant, provisoirement ; cependant, toutefois ; *interim… interim* : tantôt… tantôt.

intĕrĭmo, *īs*, *ĕre*, *ēmi*, *emptum*, tr., enlever (du milieu de), détruire, ~ *vitam suam* : mettre fin à ses jours ; ext., faire périr, tuer.

intĕrĭor, *ĭus*, adj. au comp., **1.** intérieur, qui est dedans (opp. au reste), ~ *pars ædium* : la partie intérieure de la maison, ~ *domus* : l'intérieur de la maison, *Falernum interiore notā* : un Falerne dont l'étiquette est au fond du cellier, « de derrière les fagots », Hor. ; ~ *ictibus* : hors de portée des coups, ~ *periculo* : à l'abri du danger ; subst. n. pl., *interiora*, *um*, l'intérieur ; **2.** intérieur, éloigné du bord, *interiores nationes* : les peuples de l'intérieur, ~ *gyrus* : tour de piste moins long (près du centre), *ibat* ~ : il marchait à gauche ; **3.** intime, secret, ~ *amicitia* : amitié intime, *interiores litteræ* : connaissances profondes.

intĕrĭtĭo, *ōnis*, f., meurtre, mort.

intĕrĭtŭs, *ūs*, m., destruction, ruine ; meurtre, mort.

intĕrĭus, adv. au comp., plus à l'intérieur.

interjăcĕo, *ēs*, *ēre*, intr., être placé entre.

interjăcĭo, V. *interjicio*.

interjectĭo, *ōnis*, f., gramm. et rhét., 1. incidente, parenthèse ; 2. interjection.

interjectŭs, *ūs*, m., action de mettre entre, intercalation ; interposition ; intervalle (de temps).

interjĭcĭo, *ĭs, ĕre, jēci, jectum*, tr., jeter, placer entre, interposer, intercaler, *paucis interjectis diebus* : à peu de jours d'intervalle.

interjungo, *ĭs, ĕre, junxi, junctum*, tr., 1. joindre, unir ; 2. dételer (en attendant de repartir) ; faire une pause.

interlābor, *ĕris, i*, intr., 1. se glisser entre ; 2. s'écouler dans l'intervalle.

interlătĕo, *ēs, ēre*, intr., être caché à l'intérieur.

interlātro, *ās, āre*, intr., aboyer par instants.

interlectĭo, *ōnis*, f., lecture faite par instants.

interlĕgo, *ĭs, ĕre*, tr., cueillir, élaguer.

interlĭgo, *ās, āre*, tr., lier au milieu.

interlĭno, *ĭs, ĕre, lēvi, lĭtum*, tr., 1. enduire par places, relier (des pierres), jointoyer avec du mortier ; 2. raturer par intervalles ; altérer par des ratures.

interlŏcūtĭo, *ōnis*, f., interpellation.

interlŏquor, *ĕris, i, lŏcūtus sum*, intr., interrompre ; jur., faire une objection.

interlūcĕo, *ēs, ēre, luxi*, intr., 1. briller, luire entre, briller soudainement ; 2. se distinguer, se montrer par intervalles ; 3. être clairsemé.

interlūdo, *ĭs, ĕre*, intr., jouer entre ; fig., se renvoyer la balle.

interlūnis, *e*, adj., de nouvelle lune.

interlūnĭum, *ĭi*, n., temps de nouvelle lune.

interlŭo, *ĭs, ĕre, lŭi*, tr., couler entre, arroser, baigner.

interlŭvĭēs, *ēi*, f., bras de mer.

intermănĕo, *ēs, ēre*, intr., demeurer entre.

intermenstrŭus, *a, um*, entre deux lunaisons ; subst. n., *intermenstruum, i*, nouvelle lune.

intermĭco, *ās, āre, mĭcŭi*, intr., briller par instants.

intermĭnābĭlis, *e*, adj., illimité, infini ; éternel.

① **intermĭnātus**, *a, um*, (*in-terminatus*), non limité, sans bornes.

② **intermĭnātus**, *a, um*, (*inter-minatus*), V. *interminor*.

intermĭnor, *āris, āri*, tr., menacer ; défendre en menaçant, *ne* + subj. : de ; part. à sens passif : *interminatus*, interdit.

intermĭnus, *a, um*, sans bornes ; sans fin, éternel.

intermĭscĕo, *ēs, ēre, miscŭi, mixtum*, tr., mêler, mélanger ; entremêler à.

intermissĭo, *ōnis*, f., interruption, suspension, cessation, *sine ullā temporis intermissione* : sans aucune interruption, sans cesse.

intermitto, *ĭs, ĕre, mīsi, missum*, tr., 1. mettre entre, *trabes paribus intermissæ spatiis* : poutres disposées à intervalles égaux, Cés. ; 2. laisser passer, *nocte intermissā* : une nuit s'étant passée, *nullum diem ~ quin* + subj. ; ne pas laisser passer un jour sans ; 3. interrompre, suspendre, *~ prœlium, iter* : suspendre le combat, la marche ; *vento intermisso* : le vent étant tombé ; *intermissa verba* : paroles entrecoupées ; 4. intr., s'interrompre, s'arrêter pour un temps.

intermŏrĭor, *ĕris, i, mortuus sum*, intr., mourir lentement ; s'éteindre, dépérir ; défaillir ; fig., *contiones intermortuæ* : harangues languissantes.

intermŏvĕo, *ēs, ēre*, tr., remuer, creuser entre.

intermundĭa, *ōrum*, n. pl., espaces entre les mondes, intermondes.

intermūrālis, *e*, adj., qui se trouve entre les murs.

intermūto, *ās, āre*, tr., échanger, croiser.

internascor, *ĕris, i, nātus sum*, intr., naître entre.

internē, adv., intérieurement.

internĕcĭo, *ōnis*, f., tuerie, carnage, massacre ; ruine totale, anéantissement.

internĕcīvē, adv., en anéantissant totalement.

internĕcīvus, *a, um*, qui détruit complètement, *internecivum bellum* : guerre d'extermination.

internecto, *ĭs, ĕre*, tr., unir étroitement, réunir.

internĭcĭo, V. *internecio*.

internĭgro, *ās, āre*, intr., être noir par endroits.

internĭtĕo, *ēs, ēre, nĭtŭi*, intr., briller entre, à travers ; briller par endroits.

internōdĭum, *ĭi*, n., espace entre deux articulations.

internosco, *ĭs, ĕre, nōvi, nōtum*, tr., distinguer, discerner.

internuntĭo, *ās, āre*, tr., parlementer.

internuntĭus, *a, um*, adj., qui s'entremet ; subst. m., *internuntius, ii*, négociateur, intermédiaire, parlementaire ; f., *internuntia, æ*, celle qui sert d'intermédiaire ; n. pl., *internuntia, orum*, intermédiaires.

internus, *a, um*, intérieur, interne ; subst. n. pl., *interna, orum*, la partie intérieure, les intérieurs ; les affaires intérieures.

intĕro, *ĭs, ĕre, trīvi, trītum*, tr., broyer, pétrir ; émietter ; subst. n., *intritum, i*, soupe, brouet.

interpătĕo, *ēs, ēre*, intr., s'étendre largement entre.

interpĕdĭo, V. *impedio*.

interpellātĭo, *ōnis*, f., 1. interruption, interpellation ; 2. trouble, désorganisation.

interpellātŏr, *ōris*, m., interrupteur ; celui qui dérange, fâcheux, importun.

interpellātrix, *īcis*, f., celle qui fait une réclamation.

interpello, *ās, āre*, tr., 1. interrompre, interpeller ; 2. présenter comme une objection, objecter ; 3. troubler, empêcher, ~ *aliquem ne, quominus* + subj. : empêcher qqn. de ; 4. fatiguer de questions ou de prières.

interplĭco, *ās, āre*, tr., tresser entre, entrelacer.

interpŏlātĭo, *ōnis*, f., 1. interpolation ; 2. altération.

interpŏlātŏr, *ōris*, m., celui qui altère ici et là, falsificateur.

interpŏlātrix, *īcis*, f. du préc.

interpŏlis, *e*, adj., réparé ; requinqué.

interpŏlo, *ās, āre*, tr., 1. remettre à neuf, réparer, métamorphoser ; 2. falsifier, contrefaire.

interpōno, *ĭs, ĕre, pŏsŭi, pŏsĭtum*, tr., 1. mettre, placer entre, insérer, intercaler ; laisser s'écouler un certain temps, *spatio interposito* : après qq. intervalle de temps ; ~ *nullam moram quin* + subj. : ne perdre aucun instant pour ; 2. faire intervenir, interposer, ~ *operam, studium, laborem* : faire intervenir ses soins, son zèle, sa peine, ~ *fidem* : engager sa parole ; ~ *se audaciæ alicujus* : faire barrage à l'audace de qqn. ; ~ *se in aliquid, alicui rei* : se mêler de qqch. ; 3. alléguer, prétexter.

interpŏsĭtĭo, *ōnis*, f., 1. action de placer entre ; 2. intercalation, mot intercalé ; parenthèse ; 3. rature, surcharge.

interpŏsĭtŭs, *ūs*, m., interposition.

interprĕs, *ĕtis*, (cf. *pretium* ?), m. et f., 1. intermédiaire, négociateur, médiateur, agent, *te interprete* : par ton entremise ; 2. celui qui explique, interprète ; truchement, interprète, traducteur ; commentateur.

interprĕtābĭlis, *e*, adj., qui peut être expliqué, traduit.

interprĕtāmentum, *i*, n., explication, interprétation.

interprĕtātĭo, *ōnis*, f., explication, interprétation ; traduction ; signification, sens.

interprĕtātĭuncŭla, *æ*, f., petite interprétation.

interprĕtātŏr, *ōris*, m., celui qui explique, interprète.

interprĕtātōrĭus, *a, um*, propre à expliquer.

interprĕtĭum, *ĭi*, n., courtage, commission.

interprĕto, *ās, āre*, et surt. **interprĕtor**, *āris, āri*, 1. intr., servir de négociateur, d'intermédiaire ; 2. tr., interpréter, expliquer ; traduire, donner le sens de ; prendre dans tel ou tel sens, comprendre, *liberatum se esse jurejurando interpretabatur* : il entendait par là qu'il était libéré de son serment, Cıc., ~ *aliquem callidum* : voir en qqn. un trompeur ; s'expliquer clairement sur qqch.

interprĭmo, *ĭs, ĕre, pressi, pressum*, tr., serrer, presser ; fig., comprimer, dissimuler soigneusement.

interpunctĭo, *ōnis*, f., division, séparation par des points, ponctuation.

interpungo, *ĭs, ĕre, punxi, punctum*, tr., (mettre un point entre deux mots) séparer par des signes de ponctuation, ponctuer ; *interpuncta verborum* : signes de ponctuation ; paragraphes.

interquiĕsco, *ĭs, ĕre, quiēvi, quiētum*, intr., prendre quelques instants de repos, de relâche.

interrāsĭlis, *e*, adj., ciselé, ajouré.

interregnum, *i*, n., interrègne.

interrex, *rēgis*, m., interroi, magistrat chargé de l'intérim en cas de vacance du trône, puis du consulat.

interrĭtus, *a, um*, non effrayé, intrépide.

interrŏgantĕr, adv., en interrogeant.

interrŏgātĭo, *ōnis*, f., 1. interrogation, interpellation, question, demande ; interrogatoire, audition (des témoins) ; rhét., interrogation ; phil., argument, syllogisme ; 2. engagement verbal.

interrŏgātĭuncŭla, *æ*, f., petite question ; série de questions dans une déduction.

interrŏgātīvē, adv., sous forme d'interrogation.

interrŏgātŏr, *ōris*, m., celui qui interroge.

interrŏgātōrĭus, *a, um*, qui sert à interroger ; formé d'interrogations.

interrŏgo, *ās, āre*, tr., 1. interroger, questionner, demander, ~ *aliquem de aliquâ re* : questionner qqn. sur qqch., *interrogatus sententiam* : invité à donner son avis ; subst. n., *interrogatum, i*, question ; 2. interroger en justice ; poursuivre en justice, accuser ; 3. phil., argumenter, déduire.

interrumpo, ĭs, ĕre, rūpi, ruptum, tr., **1.** rompre par le milieu ; séparer, entre-couper ; **2.** interrompre.

interruptē, adv., en s'interrompant.

interruptĭo, ōnis, f., interruption ; rhét., réticence.

interruptŏr, ōris, m., celui qui inter-rompt.

intersæpĭo, ĭs, īre, sæpsi, sæptum, tr., fer-mer, barrer, boucher, obstruer ; séparer.

intersæpta, ōrum, n. pl., barrières, clô-tures.

interscăpŭlum, i, n., espace entre les deux épaules.

interscindo, ĭs, ĕre, scĭdi, scissum, tr., sé-parer par le milieu, rompre ; séparer ; di-viser.

interscrībo, ĭs, ĕre, tr., écrire entre les li-gnes, raturer.

intersĕco, ās, āre, sĕcŭi, sectum, tr., cou-per par le milieu.

intersēmĭno, ās, āre, tr., semer entre, par intervalles.

① **intersĕro**, ĭs, ĕre, sēvi, sĭtum, tr., semer, planter entre.

② **intersĕro**, ĭs, ĕre, sĕrŭi, tr., entremêler, insérer ; fig., alléguer en passant.

intersĭlĕo, ēs, ēre, intr., faire une pause.

intersisto, ĭs, ĕre, stĭti, intr., se tenir en-tre, s'insérer dans ; s'arrêter au milieu (d'un discours).

intersĭtus, a, um, placé, situé entre.

intersŏno, ās, āre, intr., retentir au mi-lieu.

interspătĭum, ĭi, n., espace intermé-diaire ; division du jour.

interspergo, ĭs, ĕre, spersi, spersum, tr., arroser çà et là ; parsemer, saupoudrer.

interspīrātĭo, ōnis, f., action de repren-dre haleine par instants, pause pour res-pirer.

interstes, ĭtis, m., qui se tient entre, in-termédiaire.

① **interstinguo**, ĭs, ĕre, stinxi, stinctum, tr., parsemer, piquer çà et là.

② **interstinguo**, ĭs, ĕre, tr., éteindre ; achever, tuer.

intersto, ās, āre, stĕti ou stĭti, intr., se pas-ser entre.

interstrĕpo, ĭs, ĕre, intr. et tr., faire du bruit entre.

interstringo, ĭs, ĕre, tr., serrer au milieu.

interstrŭo, ĭs, ĕre, tr., **1.** joindre, assem-bler ; **2.** faire intervenir.

intersum, intĕrĕs, intĕresse, interfŭi, intr., **I 1.** être entre, dans l'intervalle, parmi, Ti-beris inter eos interest : le Tibre les sépare ; **2.** être parmi, présent à, assister, partici-

per, ~ in convivio : assister à un festin, ~ negotiis : prendre part aux affaires.
II 1. être différent, différer, in his rebus ni-hil omnino interest : entre ces choses il n'y a pas la moindre différence, Cic. ; **2.** im-pers., interest : être important, intéres-sant, être de l'intérêt de, ~ rei publicæ : il est de l'intérêt public, meā, vestrā ~ : il est de mon, de votre intérêt, ad nostram lau-dem ~ : il importe à notre gloire, magni, pluris ~ : il importe grandement, davan-tage, multum, nihil ~ : cela a une grande importance, cela n'a aucune impor-tance ; ~ + inf. ou prop. inf., il importe de, que ; avec interr. indir., divesne (...) nil interest an pauper (...) sub divo moreris : aucune importance (différence) si ton sé-jour sous le ciel se passe dans la richesse ou dans la pauvreté, Hor.

intertexo, ĭs, ĕre, texŭi, textum, tr., tisser entre, entrelacer, brocher.

intertrăho, ĭs, ĕre, traxi, tr., ôter, sup-primer.

intertrīmentum, i, n., usure par frotte-ment, déchet ; perte, dommage.

intertrūdo, ĭs, ĕre, trūdi, trūsum, tr., pousser, entraîner dans ou parmi.

interturbo, ās, āre, tr., troubler, déranger (au milieu des occupations).

interŭla, æ, f., chemise.

interŭtrasquĕ, adv., entre les deux.

intervallo, ās, āre, tr., séparer par des in-tervalles.

intervallum, i, n., (distance entre deux pieux), **1.** intervalle, espace, pari inter-vallo : à égale distance ; intervalle de temps, sine intervallo loquacitas : bavar-dage sans interruption, datum hoc inter-valli : on accorde ce délai, longo intervallo : longtemps après ; **2.** différence, contraste ; **3.** mus., intervalle.

intervello, ĭs, ĕre, vulsi, vulsum, tr., arra-cher au milieu ou par places.

intervĕnĭo, ĭs, īre, vēni, ventum, intr. et rar. tr., **1.** venir ou exister entre, survenir, intervenir, ~ bellis germanicis : se pro-duire pendant les guerres de Germanie, ~ sermoni : prendre part à un entretien, ~ alicui : surprendre qqn. ; **2.** intervenir, interrompre, couper, ~ coeptis : faire obs-tacle à des entreprises ; **3.** intervenir, s'entremettre, s'interposer.

interventŏr, ōris, m., visiteur (impor-tun).

interventŭs, ūs, m., **1.** arrivée soudaine, intervention ; **2.** intervention, entremise, médiation.

interversĭo, ōnis, f., déformation.

interversŏr, ōris, m., celui qui commet des malversations.

interverto, ĭs, ĕre, verti, versum, tr., 1. détourner (de sa direction), changer, altérer ; 2. détourner, soustraire, dérober, escamoter, ~ *donum* : s'approprier un cadeau ; 3. dépouiller, ~ *aliquem* : dépouiller qqn.

intervĭrĕo, ēs, ēre, intr., verdoyer au milieu de.

intervīso, ĭs, ĕre, vīsi, vīsum, tr., 1. aller voir secrètement, surveiller en cachette. ; 2. aller voir de temps en temps.

intervōcālĭtĕr, adv., distinctement, par intervalles.

intervŏlĭto, ās, āre, intr., voltiger entre.

intervŏlo, ās, āre, intr. et tr., voler entre.

intervŏmo, ĭs, ĕre, tr., vomir, répandre parmi.

intestābĭlis, e, adj., [~lior], qui ne peut tester ; ext., malhonnête, infâme.

intestātus, a, um, 1. qui n'a pas fait de testament, intestat ; 2. condamné sans faire appel à des témoins ; avec jeu de mots sur *testis* (= témoin et testicule) : privé de « moyens », PL.

intestīnus, a, um, (cf. *intus*), 1. intérieur, d'intérieur ; subst. n., *intestinum, i,* et pl. *intestina, orum,* intestin(s), entrailles ; *intestinum bellum* : guerre intestine, civile ; 2. intérieur au sujet, subjectif.

intexo, ĭs, ĕre, texŭi, textum, tr., tisser dans, entrelacer ; *stragula auro intexta* : tapis brochés d'or ; fig., ~ *fabulas* : faire entrer des contes (dans un récit).

intextĭo, ōnis, f., action de tisser dans, d'entremêler.

intĭbum, i, n., et **intĭbus**, i, m. et f., chicorée, endive.

intĭmē, adv., 1. au plus profond ; 2. avec intimité, intimement ; 3. avec empressement, instamment.

intĭmĭdē, adv., [~dius], sans crainte.

intĭmo, ās, āre, tr., 1. faire pénétrer ; faire entrer dans l'esprit ; 2. annoncer, publier.

intĭmus, a, um, superl. d'*interior*, 1. le plus intérieur, le plus profond, *intima spelunca* : le fond de la caverne ; profond, secret, *intima disputatio* : discussion très profonde ; 2. intime, familier, ~ *amicus* : ami intime.

intinctĭo, ōnis, f., action de tremper dans ; chr., baptême.

intinctŏr, ōris, m., celui qui trempe dans ; chr., celui qui baptise.

intingo ou **intinguo**, ĭs, ĕre, tinxi, tinctum, tr., tremper dans, imprégner ; chr., baptiser.

intŏlĕrābĭlis, e, adj., [~lior], qu'on ne peut supporter, intolérable, insupportable.

intŏlĕrandus, a, um, V. le préc.

intŏlĕrans, antis, adj., [~tior, ~tissimus], 1. qui ne supporte pas ; 2. intolérable.

intŏlĕrantĕr, adv., [~tius, ~tissime], d'une manière intolérable ; immodérément.

intŏlĕrantĭa, æ, f., impatience ; conduite insolente.

intollo, ĭs, ĕre, tr., pousser (un cri).

intŏno, ās, āre, tŏnŭi, tŏnātum, intr. et tr., tonner, retentir ; faire retentir (comme le tonnerre).

intonsus, a, um, non tondu, non rasé, non coupé, non élagué ; à la longue chevelure ; hirsute ; ext., rude, sauvage, grossier, barbare.

intorquĕo, ēs, ēre, torsi, tortum, tr., 1. tordre, tourner, retourner, *intorti capilli* : cheveux bouclés ; fig., mêler, brouiller ; tordre, corrompre ; 2. brandir, lancer, ~ *telum in hostem* : lancer un javelot contre l'ennemi, ~ *contumelias* : lancer des injures ; 3. faire entrer en tournant, en tourbillonnant.

intortē, adv., d'une manière entortillée.

intortĭo, ōnis, f., frisure.

intrā, adv. et prép.,

I adv., à l'intérieur, dans l'intérieur, au-dedans.

II prép.+ acc., 1. à l'intérieur de, en dedans de, ~ *munitiones* : dans l'enceinte des murs ; 2. dans l'intervalle de, pendant, en, ~ *decimum diem quam venerat* : dans les dix jours qui suivirent son arrivée ; 3. en deçà de, sous, ~ *famam esse* : rester sans gloire ; ~ *modum* : plutôt pas assez que trop ; 4. expr., *quod ~ nos sit* : soit dit entre nous.

intrābĭlis, e, adj., où l'on peut entrer.

intractābĭlis, e, adj., qu'on ne peut manier, intraitable, rude, indocile, ~ *bello* : invincible à la guerre.

intractātus, a, um, non manié ; non essayé.

intrăho, ĭs, ĕre, traxi, tractum, tr., traîner ; fig., ramener lentement.

intrāmūrānus, a, um, à l'intérieur des murs.

intransgressĭbĭlis, e, adj., infranchissable.

intransĭbĭlis, V. le préc.

intrect~, V. *intract~*.

intrĕmisco, ĭs, ĕre, trĕmŭi, intr. et tr., se mettre à trembler (devant).

intrĕmo, ĭs, ĕre, trĕmŭi, intr. et tr., trembler, se troubler (devant).

intrĕmŭlus, a, um, tremblant.

intrĕpĭdē, adv., sans trembler, sans effroi.

intrĕpĭdus, *a, um,* **1.** qui ne tremble pas, sans peur, assuré, intrépide ; **2.** qui ne donne pas de craintes.

intrĭbŭo, *ĭs, ĕre,* tr., imposer un nouvel impôt.

intrīco, *ās, āre,* tr., embarrasser, embrouiller.

intrīmentum, *i,* n., assaisonnement.

intrinsĕcŭs, adv., à l'intérieur ; vers l'intérieur.

① **intrītus,** *a, um,* non broyé ; fig., non épuisé.

② **intrītus,** *a, um,* V. *intero.*

① **intrō,** adv., dedans (avec mvt.).

② **intro,** *ās, āre,* intr. et tr., pénétrer, entrer dans, ~ *in hortos, portum* : entrer dans les jardins, dans un port, *intratæ silvæ* : on pénétra dans des forêts ; subst. m. pl., *intrantes, ium,* ceux qui entrent ; fig., pénétrer (les secrets de), ~ *in rerum naturam* : pénétrer les secrets de la nature ; ext., attaquer ; transpercer.

intrōcēdo, *ĭs, ĕre,* intr., entrer.

intrōcurro, *ĭs, ĕre,* intr., courir pour entrer dans.

intrōdūco, *ĭs, ĕre, duxi, ductum,* tr., faire entrer, introduire (pr. et fig.) ; avancer, prétendre + prop. inf.

intrōductĭo, *ōnis,* f., introduction (pr. et fig.).

intrōductŏr, *ōris,* m., introducteur, guide.

intrŏĕo, *ĭs, īre, īvi (ĭi), ĭtum,* intr. et tr., entrer, pénétrer.

intrōfĕro, *fers, ferre, tŭli,* tr., porter dans.

intrōgrĕdĭor, *ĕris, i, gressus sum,* intr. et tr., entrer dans, pénétrer.

intrŏĭtŭs, *ūs,* m., **1.** action d'entrer, entrée ; entrée (en fonctions) ; entrée en matière, exorde ; **2.** entrée, accès, endroit où l'on entre.

intrōmitto, *ĭs, ĕre, mīsi, missum,* tr., faire entrer, introduire.

intrōrēpo, *ĭs, ĕre,* intr., s'introduire en rampant.

introrsŭm et **introrsŭs,** adv., en dedans, vers l'intérieur (avec et sans mvt.).

intrōrumpo, *ĭs, ĕre, rūpi, ruptum,* intr., entrer de force, faire irruption dans.

introspecto, *ās, āre,* tr., regarder dans.

introspĭcĭo, *ĭs, ĕre, spexi, spectum,* tr., regarder à l'intérieur, examiner ; sonder ; percer à jour.

intrōsŭm, V. *introrsum.*

intrōversŭs, V. *introrsum.*

intrōvŏco, *ās, āre,* tr., appeler à l'intérieur.

intŭb~, V. *intib~.*

intŭĕor, *ēris, ēri, tŭĭtus sum,* tr., **1.** regarder attentivement, considérer, contempler ; regarder avec admiration ; **2.** avoir égard à, tenir compte de ; **3.** regarder avoir vue sur.

intŭĭtĭo, *ōnis,* f., regard, vue.

intŭli, V. *infero.*

intŭmesco, *ĭs, ĕre, tŭmŭi,* intr., (s') enfler (se) gonfler ; (se) grossir ; fig., (s') enfle d'orgueil, de colère, (se) bouffir.

intŭmŭlātus, *a, um,* privé de sépulture

intŭor, *ĕris,* i, V. *intueor.*

inturbātus, *a, um,* non troublé, calme.

inturbĭdus, *a, um,* **1.** non troublé, calme tranquille ; **2.** non turbulent.

intŭs, adv., au-dedans, à ou vers l'inté rieur (avec et sans mvt.), ~ *corpore* : à l'in térieur du corps ; intérieurement, *ego t intus et in cute novi* : je te connais inté rieurement et dans la peau, PERS. ; de l'intérieur, de dedans.

intŭtus, *a, um,* non gardé, non fortifié peu sûr.

intўb~, V. *intib~.*

ĭnŭla, *æ,* f., bot., aunée.

ĭnultus, *a, um,* **1.** non vengé, impuni **2.** *odium inultum* : haine inassouvie.

ĭnumbro, *ās, āre,* tr., ombrager, couvri d'ombre ; rendre sombre, obscurcir.

ĭnunco, *ās, āre,* tr., saisir avec un croc des griffes, crocher ; chercher à arracher

ĭnundātĭo, *ōnis,* f., inondation, déborde ment.

ĭnundo, *ās, āre,* (cf. *unda*), **1.** tr., inonder déborder sur (pr. et fig.) ; fig., abreuver remplir ; **2.** intr., être inondé de, débor der.

ĭnungo, *ĭs, ĕre, unxi, unctum,* tr., oindre frotter, frictionner, enduire.

ĭnūnītus, *a, um,* réuni.

ĭnurbānē, adv., sans élégance, sans es prit, sans politesse.

ĭnurbānĭtĕr, V. le préc.

ĭnurbānus, *a, um,* sans usage, sans civi lité ; sans esprit, sans élégance.

ĭnurgĕo, *ēs, ēre, ursi,* intr. et tr., se lance contre, harceler.

ĭnūro, *ĭs, ĕre, ussi, ustum,* tr., **1.** brûler sur imprimer en brûlant dans ; fig., grave imprimer (une flétrissure), *inuri notā* être noté d'infamie ; **2.** brûler profondé ment, consumer ; **3.** friser au fer.

ĭnūsĭtātē, adv., [~*tius,* ~*tissime*], d'un manière inusitée.

ĭnūsĭtātus, *a, um,* [~*tior,* ~*tissimus*], inu sité, inaccoutumé, *inusitatum est* + prop inf. : il est sans exemple que.

① **ĭnustus,** *a, um,* non brûlé.

② **ĭnustus,** *a, um,* V. *inuro.*

ĭnūtĭlis, *e*, adj., [~*lior*], **1.** qui ne sert pas, inutile, impropre, inapte ; **2.** nuisible.

ĭnūtĭlĭtās, *ātis*, f., **1.** inutilité ; **2.** nocivité.

ĭnūtĭlĭtĕr, adv., **1.** inutilement ; **2.** d'une manière nuisible.

Ĭnŭus, *i*, m., Inuus, nom du dieu Pan.

ĭnuxōrus, *a, um*, célibataire.

invādo, *ĭs, ĕre, vāsi, vāsum*, intr. et tr., **1.** marcher vers, entrer dans, ~ *in urbem, portum* : entrer dans la ville, le port, ~ *viam* : se mettre en route ; **2.** se jeter sur, attaquer, ~ *in hostem* : fondre sur l'ennemi, ~ *aliquid magnum* : s'attaquer à une grande entreprise ; attaquer (en paroles), apostropher ; **3.** envahir, s'emparer par violence de (pr. et fig.).

invălentĭa, *æ*, f., indisposition.

invălĕo, *ēs, ēre*, intr., faire des progrès.

invălesco, *ĭs, ĕre, vălŭi*, intr., se fortifier, s'affermir, prendre force (pr. et fig.).

invălĭdus, *a, um*, [~*dior, dissimis*], faible, affaibli, sans force.

invāsĭo, *ōnis*, f., attaque ; attentat.

invāsŏr, *ōris*, m., envahisseur, usurpateur.

invectīcĭus, *a, um*, d'importation ; affecté, insincère.

invectĭo, *ōnis*, f., action de transporter dans, de faire pénétrer ; importation ; introduction (par bateau) ; fig., attaque en paroles.

invectīvālĭtĕr, adv., avec invectives.

invectīvus, *a, um*, plein d'invectives, insultant.

invectŏr, *ōris*, m., importateur.

invectŭs, *ūs*, m., action de transporter dans.

invĕho, *ĭs, ĕre, vexi, vectum*, tr., **1.** transporter dans, voiturer, charrier ; importer ; apporter ; **2.** passif, *invehi* : se transporter à cheval, en voiture, en bateau, ~ *equo* : aller à cheval ; **3.** *se* ~ ou *invehi in aliquem* : se déchaîner contre qqn. ; abs., s'emporter.

invēlātus, *a, um*, non voilé.

invendĭbĭlis, *e*, adj., invendable.

invĕnĭābĭlis, *e*, adj., impardonnable.

invĕnĭbĭlis, *e*, adj., qu'on peut trouver.

invĕnĭo, *ĭs, īre, vēni, ventum*, tr., (arriver sur), **1.** trouver par hasard, rencontrer, + prop. inf. : trouver que ; découvrir, *inventa est civis* : on découvre qu'elle était citoyenne ; **2.** trouver après recherches, mettre au jour, découvrir, ~ *conjurationem* : découvrir une conspiration ; *se* ~ : se retrouver, prendre conscience de soi ; découvrir en interrogeant, apprendre, *inventum est* + prop. inf. : on constata que ; **3.** trouver après réflexion, imaginer, inventer, ~ *aliquid acute* : inventer

qqch. d'ingénieux ; rendre possible, *per me inventa est salus* : c'est grâce à moi que le salut a été possible, Cic. ; **4.** trouver, obtenir, acquérir, ~ *cognomen* : obtenir un surnom.

inventĭo, *ōnis*, f., **1.** action de trouver par hasard, rencontre ; **2.** action de découvrir en cherchant, découverte, invention ; rhét., invention ; **3.** faculté d'invention, imagination ; trouvaille.

inventĭuncŭla, *æ*, f., petite découverte.

inventŏr, *ōris*, m., celui qui trouve, découvre ; inventeur.

inventrix, *īcis*, f. du préc.

inventum, *i*, n., invention, découverte.

invĕnustē, adv., sans grâce, sans élégance.

invĕnustus, *a, um*, **1.** sans grâce, sans charme, sans élégance ; **2.** malheureux en amour.

invĕrēcundē, adv., [~*dius*], sans pudeur, impudemment.

invĕrēcundus, *a, um*, [~*dior, ~dissimis*], qui manque de respect, d'égards ; impudent.

invergo, *ĭs, ĕre*, tr., verser sur.

inversĭo, *ōnis*, f., **1.** renversement ; rhét., anastrophe ; **2.** sarcasme déguisé, ironie ; **3.** allégorie.

invertĭbĭlĭtās, *ātis*, f., immutabilité.

inverto, *ĭs, ĕre, verti, versum*, tr., retourner, renverser ; se tourner (le pied) ; fig., renverser, modifier, altérer, *inversi mores* : désordre moral, ~ *verba* : détourner les mots de leur sens, les employer dans un sens iron.

invespĕrascit, impers., il se fait tard.

① **investĭgābĭlis**, *e*, adj., compréhensible.

② **investĭgābĭlis**, *e*, adj., insondable, incompréhensible.

investĭgātĭo, *ōnis*, f., recherche poussée, investigation.

investĭgātŏr, *ōris*, m., celui qui fait des recherches poussées, investigateur.

investĭgo, *ās, āre*, (cf. *vestigium*), tr., **1.** suivre à la trace, pister (le gibier) ; fig., rechercher attentivement ; **2.** découvrir à force de recherches.

investĭo, *ĭs, īre*, tr., revêtir, entourer.

investis, *e*, adj., **1.** non vêtu, nu ; **2.** impubère, chaste, innocent.

invĕtĕrasco, *ĭs, ĕre, vĕtĕrāvi*, intr., **1.** devenir vieux, vieillir ; **2.** fig., s'invétérer, s'enraciner, impers., *inveteravit ut* + subj. : l'usage s'est établi que ; s'implanter, rester à demeure.

invĕtĕrātĭo, *ōnis*, f., maladie invétérée.

invĕtĕrātus, *a, um*, part. adj., enraciné, implanté, invétéré.

invĕtĕro, *ās*, *āre*, tr., **1.** faire vieillir, donner de l'ancienneté ; faire tomber en désuétude ; **2.** passif, *inveterari* : s'implanter, s'enraciner, s'installer solidement.

invĕtĭtus, *a*, *um*, non défendu.

invexātus, *a*, *um*, non troublé.

invĭcem, (cf. *vicis*), adv., **1.** alternativement, tour à tour ; **2.** réciproquement, mutuellement, *~ se obstrectare* : se faire des reproches mutuels ; de part et d'autre ; **3.** inversement ; en revanche.

invictē, adv., de manière invincible.

invictus, *a*, *um*, [*~tior*, *~tissimus*], non vaincu, invincible, qui résiste à.

① **invĭdens**, *entis*, V. *invideo*.

② **invĭdens**, *entis*, adj., qui ne voit pas.

invĭdentĭa, *æ*, f., sentiment de jalousie.

invĭdĕo, *ēs*, *ēre*, *vīdi*, *vīsum*, intr. et tr., **1.** regarder avec le mauvais œil, voir d'un mauvais œil ; **2.** vouloir du mal ; regarder avec envie, envier, jalouser + dat., *mihi invidetur* : on me porte envie ; **3.** envier, refuser, *~ alicui laudem* : refuser des louanges à qqn., *~ sepulturā* : priver de sépulture, avec prop. inf., *ut*, *ne* + subj. : s'opposer à ce que.

invĭdĭa, *æ*, f., jalousie, envie, haine (que l'on éprouve ou dont on est l'objet), *invidiam suscipere provinciæ* : encourir la haine d'une province, *~ dictatoria* : haine contre le dictateur, *alicui invidiam facere* : rendre qqn. odieux, *in invidiā esse* : être odieux, *absit ~* : soit dit sans offense, *aliquem in summam invidiam adducere* : discréditer complètement qqn. ; autres sens : malveillance, impopularité, hostilité, etc.

invĭdĭōsē, adv., [*~sius*], avec jalousie, malveillance.

invĭdĭōsus, *a*, *um*, [*~sior*, *~sissimus*], **1.** envieux, jaloux ; **2.** qui excite la jalousie, l'envie, la haine ; odieux, impopulaire ; révoltant.

invĭdus, *a*, *um*, envieux, jaloux ; hostile, ennemi, funeste.

invĭgĭlo, *ās*, *āre*, intr., veiller sur ; s'occuper de, s'appliquer à.

invincĭbĭlis, *e*, adj., invincible.

invincĭbĭlĭtĕr, adv., invinciblement.

invīnĭus, *a*, *um*, qui s'abstient de vin.

invĭŏlābĭlis, *e*, adj., inviolable ; invulnérable.

invĭŏlābĭlĭtĕr, adv., inviolablement.

invĭŏlātē, V. le préc.

invĭŏlātus, *a*, *um*, **1.** non violé, sur qui ou sur quoi on n'a pas fait violence, *inviolatā vestrā amicitiā* : sans porter atteinte à votre amitié, CIC. ; **2.** inviolable.

inviscĕro, *ās*, *āre*, tr., mettre dans les entrailles ; fig., faire entrer profondément inculquer.

invisco, *ās*, *āre*, tr., engluer.

invīsĭbĭlis, *e*, adj., invisible.

invīsĭbĭlĭtās, *ātis*, f., invisibilité.

invīsĭbĭlĭtĕr, adv., invisiblement.

invīsĭtātus, *a*, *um*, **1.** non visité ; **2.** non encore vu, nouveau, rare, extraordinaire

invīso, *īs*, *ĕre*, *vīsi*, *vīsum*, tr. et intr., alle voir souvent, visiter, rendre visite ; jete les yeux sur.

invīsŏr, *ōris*, m., envieux, jaloux.

① **invīsus**, *a*, *um*, **1.** non encore vu, nou veau ; **2.** invisible.

② **invīsus**, *a*, *um*, [*~sior*, *sissimus*], **1.** haï détesté, odieux, *aliquem invisum habere* : détester qqn., *~ infestusque alicui* : qui es haï de qqn. et qui le lui rend bien ; **2.** qu hait, ennemi.

invītāmentum, *i*, n., appât, attrait, incitation.

invītātĭo, *ōnis*, f., **1.** invitation (à loger, à dîner) ; **2.** invitation (à faire), incitation.

invītātŏr, *ōris*, m., **1.** celui qui invite (à dîner) ; **2.** celui qui invite + gén.

invītātōrĭus, *a*, *um*, d'invitation.

invītātrix, *īcis*, f., celle qui invite, engage.

invītātŭs, *ūs*, m., invitation.

invītē, adv., malgré soi.

invītĭābĭlis, *e*, adj., qui ne peut être abîmé.

① **invīto**, *ās*, *āre*, tr., **1.** réjouir, égayer animer ; régaler, *se cibo vinoque ~* : manger et boire avec excès ; **2.** traiter, héberger ; inviter (à dîner, à loger) ; **3.** engager inviter, inciter.

② **invītō**, V. *invite*.

invītŭpĕrābĭlis, *e*, adj., non blâmable.

invītus, *a*, *um*, (cf. *vis* de *volo* ②), [*~tior ~tissimus*], qui agit malgré soi, à con trecœur, *me invito* : malgré moi ; involon taire, *verba haud invita sequentur* : les mots viendront d'eux-mêmes, HOR.

invĭus, *a*, *um*, (cf. *via*), où il n'y a pas de route, impraticable ; subst. n. pl., *invia orum*, lieux difficilement accessibles ou inaccessibles.

invŏcātĭo, *ōnis*, f., action d'invoquer, in vocation.

① **invŏcātus**, *a*, *um*, non appelé ; non invité.

② **invŏcātus**, *a*, *um*, V. *invoco*.

invŏco, *ās*, *āre*, tr., appeler, invoquer.

invŏlātŭs, *ūs*, m., action de voler vers.

invŏlĭto, *ās*, *āre*, intr., voleter sur ; flotte sur.

involn~, V. *invuln~*.

irrāsus

invŏlo, *ās, āre*, intr. et tr., voler dans ou sur ; fondre, se précipiter sur, s'emparer de.

invŏlūcrĕ, *is*, n., peignoir de bain.

invŏlūcrum, *i*, n., enveloppe, couverture, voile.

invŏlūmentum, *i*, n., enveloppe.

invŏluntās, *ātis*, f., manque de volonté.

invŏlūtus, *a, um*, part. adj., enveloppé ; obscur.

involvo, *ĭs, ĕre, volvi, volūtum*, tr., 1. enrouler dans, envelopper ; rouler sur ; 2. envelopper, couvrir, cacher, ~ *se litteris* : se plonger dans l'étude.

involvŭlus, *i*, m., petite chenille (qui s'enroule).

invulnĕrābĭlis, *e*, adj., invulnérable.

invulnĕrātus, *a, um*, non blessé.

Iō, interj. exprimant joie ou douleur, ah ! ; hélas !

Iō, *ūs* et *ōnis*, f., Io, fille d'Inachus, aimée de Jupiter et changée en génisse par Junon.

Iŏcasta, *æ*, et **Iŏcastē**, *ēs*, f., Jocaste, femme de Laïus et mère d'Œdipe.

Iŏlāus, *i*, m., Iolas, compagnon d'Hercule.

Iolcĭăcus, *a, um*, d'Iolcos ‖ **Iolcŏs** et **Iolcus**, *i*, f., Iolcos, v. de Thessalie, où fut construite *Argo*.

Iŏlē, *ēs*, f., Iole, fille d'Eurytus, enlevée par Hercule.

① **Iōn**, *ōnis*, V. *Io*.

② **Iōn**, *ōnis*, m., Ion, héros grec qui donna son nom à l'Ionie ‖ **Iōnes**, *um*, m. pl., Ioniens, hab. de l'Ionie ‖ **Iōnĭa**, *æ*, f., Ionie, Grèce d'Asie Mineure ‖ **Iōnĭăcus** et **Iōnĭcus**, *a, um*, d'Ionie, ionien ‖ **Iōnis**, *ĭdis*, f., Ionienne ‖ **Iōnĭus**, *a, um*, d'Ionie, ionien.

Iŏs, *i*, f., Ios, petite île des Sporades.

iōta, n. indécl., et **iŏta**, *æ*, f., iota, lettre grecque.

Iphĭănassa, arch. pour *Iphigenia*.

Iphĭăs, *ădis*, f., la fille d'Iphis, Évadné.

Iphĭgĕnīa, *æ*, f., Iphigénie, fille d'Agamemnon et de Clytemnestre.

① **Iphis**, *ĭdis*, f., Iphis, fille de Ligdus, élevée comme un garçon et transformée en homme par Isis.

② **Iphis**, *ĭdis*, m., Iphis, 1. héros d'Argos, père d'Étéocle et d'Évadné ; 2. Argonaute ; 3. amant d'Anaxarète.

Iphĭtus, *i*, m., Iphitus, guerrier troyen.

ipsĕ, *ipsa, ipsum*, gén. *ipsīus*, dat. *ipsi*, pron.-adj., 1. même, moi-même, toi-même, lui-même, en personne, etc., *ipse videbo* : je verrai moi-même, *agam per me ipse* : j'agirai par moi-même, *ipse etiam,*

quoque : moi, toi, lui aussi ; superl., *ipsissimus* : lui-même en personne ; 2. de moi-même, toi-même, lui-même, *valvæ se ipsæ aperuerunt* : les portes s'ouvrirent d'elles-mêmes ; 3. dans une opposition : *mihi satis est, ipsis non satis* : c'est assez pour moi, mais non pour eux ; dans le style indir., pour différencier les réfl. : *(Cæsar dixit…) cur de suā virtute aut de ipsius diligentiā desperarent* : (César dit…) pourquoi désespéreraient-ils de leur courage et de son zèle (à lui, César), Cés. ; remplace qqf. le réfl. ; 4. (pour un esclave) il, elle = le maître, la maîtresse, *me ipsa misit* : la maîtresse m'a envoyé ; 5. pour préciser ou renforcer : *an haec ipsa vis est ?* : n'est-ce pas là une véritable violence ?, *supra ipsum balneum habitare* : habiter juste au-dessus des bains ; précisément, juste, *triginta dies erant ipsi* : il y avait juste trente jours, *sub ipsā profectione* : au moment même du départ.

ipsĕmĕt, *ipsimĕt*, V. *ipse*.

ipsĭmus, *i*, m., **ipsĭma**, *æ*, f., le maître, la maîtresse.

ipsus, arch., V. *ipse*.

ira, *æ*, f., colère, courroux, ressentiment, *iræ indulgere* : se laisser aller à la colère, *alicui esse iræ* : être odieux à qqn. ; ext., fureur, rage, violence ; occasion de colère, outrage.

īrācundē, adv., [*~dius*], avec colère.

īrācundĭa, *æ*, f., penchant à la colère, irascibilité ; mouvement de colère, colère, emportement.

īrācundĭtĕr, adv., avec colère.

īrācundus, *a, um*, [*~dior, ~dissimus*], enclin à la colère, irascible, emporté ; irrité.

īrascentĭa, V. *iracundia*.

īrascĭbĭlis, *e*, adj., irascible.

īrascor, *ĕris, i, īrātus sum*, intr., se mettre en colère, s'emporter, s'irriter, *alicui, in, contra aliquem* : contre qqn., *ob aliquid* : à propos de qqch.

īrātē, adv., avec colère.

īrātus, *a, um*, part. adj., [*~tior, ~tissimus*], en colère, irrité, furieux (contre).

Īresĭæ, *ārum*, f. pl., Irésies, v. de Thessalie.

īrĭcŏlŏr, *ōris*, adj., couleur d'arc-en-ciel.

Īris, *ĭdis*, f., 1. Iris, messagère des dieux, déesse de l'arc-en-ciel ; 2. arc-en-ciel.

irnĕa, V. *hirnea*.

īrōnĭa, *æ*, f., ironie.

Īrŏs, V. *Irus*.

Irp~, V. *Hirp~*.

irrădĭo, *ās, āre*, tr. et intr., répandre ses rayons sur ; briller, éclairer.

irrāsus, *a, um*, non raboté, non poli ; non rasé.

irrătĭŏnābĭlis, *e*, adj., déraisonnable ; privé de raison.

irrătĭŏnābĭlĭtās, *ātis*, f., absence de raison.

irrătĭŏnābĭlĭtĕr, adv., d'une manière déraisonnable.

irrătĭŏnālis, *e*, adj., **1.** déraisonnable ; **2.** irrationnel ; mécanique.

irrătĭŏnālĭtĕr, adv., déraisonnablement.

irraucesco, *ĭs, ĕre, rausi*, intr., s'enrouer.

irrĕcōgĭtātĭo, *ōnis*, f., irréflexion ; oubli.

irrĕcŭpĕrābĭlis, *e*, adj., irréparable ; que l'on ne peut purifier.

irrĕcūsābĭlis, *e*, adj., qui ne peut être refusé ou évité.

irrĕdux, *ŭcis*, adj., par où l'on ne peut revenir.

irrĕformābĭlis, *e*, adj., qui ne peut être réformé.

irrĕfrēnābĭlis, *e*, adj., qu'on ne peut réfréner.

irrĕfūtātus, *a, um*, non réfuté.

irrĕgressĭbĭlis, *e*, adj., d'où l'on ne peut revenir.

irrĕlĭgātus, *a, um*, non lié, non relié.

irrĕlĭgĭo, *ōnis*, f., absence de scrupules ; irréligion, impiété.

irrĕlĭgĭōsē, adv., irréligieusement, avec impiété ; de façon sacrilège.

irrĕlĭgĭōsĭtās, *ātis*, f., irréligion, impiété.

irrĕlĭgĭōsus, *a, um*, [~sior, ~sissimus], irréligieux, impie, sacrilège.

irrĕmĕābĭlis, *e*, adj., que l'on ne peut retraverser.

irrĕmĕdĭābĭlis, *e*, adj., **1.** irrémédiable ; **2.** implacable.

irrĕmĕdĭābĭlĭtĕr, adv., irrémédiablement.

irrĕmissē, adv., sans rémission.

irrĕmissĭbĭlis, *e*, adj., irrémissible.

irrĕmōtus, *a, um*, immobile.

irrĕmūnĕrābĭlis, *e*, adj., qu'on ne peut récompenser dignement.

irrĕpărābĭlis, *e*, adj., irréparable ; qu'on ne peut acquérir de nouveau, remplacer.

irrĕpărābĭlĭtĕr, adv., irréparablement.

irrĕpercussus, *a, um*, non repoussé ; non réfuté.

irrĕpertus, *a, um*, non trouvé, non découvert.

irrĕpo, *ĭs, ĕre, repsi, reptum*, intr. et tr., ramper dans ; se glisser dans, s'introduire furtivement ; s'insinuer, s'introduire insensiblement.

irrĕposcĭbĭlis, *e*, adj., qui ne peut être réclamé.

irrĕprĕhensĭbĭlis, *e*, adj., irrépréhensible.

irrĕprĕhensĭbĭlĭtĕr, adv., d'une manière irrépréhensible.

irrĕprĕhensus, *a, um*, qui ne mérite pas le blâme.

irreptĭo, *ōnis*, f., action de s'insinuer dans.

irrĕpto, *ās, āre*, intr. et tr., se glisser dans

irrĕquĭēs, *ētis*, adj., qui est sans repos.

irrĕquĭētus, *a, um*, sans relâche, incessant ; inquiet.

irrĕquīsītus, *a, um*, non recherché.

irrĕsectus, *a, um*, non coupé.

irrĕsŏlūbĭlis, *e*, adj., indissoluble.

irrĕsŏlūtus, *a, um*, non relâché, non dénoué.

irrespīrābĭlis, *e*, adj., où l'on ne peut respirer.

irrestinctus, *a, um*, non éteint.

irrētĭo, *ĭs, īre*, tr., prendre dans un filet, enlacer ; fig., enlacer, captiver, emprisonner.

irrĕtortus, *a, um*, qu'on ne détourne pas

irrĕtractābĭlis, *e*, adj., qui ne peut être rétracté.

irrĕvĕrens, *entis*, adj., [~tissimus], sans respect, irrévérencieux, qui n'a pas d'égards pour.

irrĕvĕrentĕr, adv., sans respect.

irrĕvĕrentĭa, *æ*, f., manque de respect, irrévérence, insolence, mépris.

irrĕvŏcābĭlis, *e*, adj., qu'on ne peut rappeler, irrévocable ; qu'on ne peut modifier, inflexible, implacable.

irrĕvŏcandus, *a, um*, irrévocable.

irrĕvŏcātus, *a, um*, **1.** sans être obligé, de soi-même ; **2.** irrévocable, inflexible.

irrīdentĕr, adv., avec moquerie.

irrīdĕo, *ēs, ēre, rīsi, rīsum*, intr. et tr., se moquer de, railler, tourner en ridicule.

irrīdĭcŭlē, adv., d'une manière peu plaisante.

irrīdĭcŭlum, *i*, n., objet de dérision.

irrīdo, *ĭs, ĕre*, V. *irrideo*.

irrĭgātĭo, *ōnis*, f., **1.** arrosage, irrigation **2.** inondation.

irrĭgātŏr, *ōris*, m., celui qui arrose.

irrĭgo, *ās, āre*, tr., faire couler dans, vers ou sur ; arroser, irriguer, humecter, baigner ; rafraîchir.

irrĭgŭus, *a, um*, **1.** qui arrose, rafraîchit **2.** arrosé.

irrīsĭbĭlis, *e*, adj., digne d'être raillé, ridicule.

irrīsĭo, *ōnis*, f., moquerie, raillerie, dérision.

irrīsŏr, *ōris*, m., celui qui se moque, railleur.

irrīsŏrĭus, *a, um*, de ton moqueur, railleur.

irrīsŭs, *ūs*, m., moquerie, raillerie, *irrisui esse* : être un objet de raillerie, *irrisum pueri sperans* : espérant faire rire aux dépens du jeune garçon, Tac.

irrītăbĭlis, *e*, adj., 1. irritable, susceptible ; 2. irritant.

irrītăbĭlĭtās, *ātis*, f., irritabilité.

irrītămĕn, *ĭnis*, et **irrītămentum**, *i*, n., ce qui excite, stimulant, excitant ; excitation, irritation.

irrītātĭo, *ōnis*, f., action d'exciter, stimulant ; irritation.

irrītātŏr, *ōris*, m., celui qui excite.

irrītātus, *a*, *um*, provoqué, excité, irrité.

irrītē, adv., en vain.

irrīto, *ās*, *āre*, tr., 1. exciter, stimuler, provoquer, ~ *ad certamen* : provoquer en combat singulier ; 2. pousser à la colère, irriter ; 3. provoquer (un sentiment violent), entraîner (un mal).

irrĭtus, *a*, *um*, (cf. *ratus*, *ratio*, *reor*), 1. non ratifié, annulé, nul, *testamentum facere irritum* : casser un testament ; 2. sans effet, vain, inutile ; subst. n., *irritum*, *i*, inutilité, inefficacité ; *ad*, *in irritum venire*, *cadere* : ne pas aboutir, ne pas se réaliser ; 3. (pers.) qui ne réussit pas, *domum ~ rediit* : il rentra chez lui sans avoir réussi, ~ *legationis* : qui a échoué dans sa mission.

irrŏgātĭo, *ōnis*, f., action d'infliger, condamnation.

irrŏgo, *ās*, *āre*, tr., proposer contre, prononcer contre, imposer, infliger, ~ *alicui legem* : proposer une loi contre qqn., ~ *pœnas* : infliger un châtiment, *sibi ~ mortem* : se donner la mort.

irrōro, *ās*, *āre*, 1. tr., couvrir de rosée ; arroser, baigner, mouiller ; 2. intr., tomber en rosée.

irrōto, *ās*, *āre*, tr., faire rouler sur.

irrŭbesco, *ĭs*, *ĕre*, *rŭbŭi*, intr., devenir rouge, s'empourprer.

irructo, *ās*, *āre*, intr., roter.

irrŭfo, *ās*, *āre*, tr., rendre roux, teindre en roux.

irrŭgo, *ās*, *āre*, tr., couvrir de rides, rider.

irrumpo, *ĭs*, *ĕre*, *rūpi*, *ruptum*, intr. et tr., 1. se précipiter, jaillir dans ou vers, envahir, forcer, ~ *in castra* : faire irruption dans le camp ; ~ *thalamo* : forcer la porte de la chambre ; fig., ~ *deos* : accabler les dieux de prières ; 2. faire main basse, usurper, ~ *in patrimonium* : usurper le patrimoine ; 3. rompre violemment, enfreindre.

irrŭo, *ĭs*, *ĕre*, *rŭi*, intr. et tr., 1. se jeter, se ruer sur ou dans, ~ *in aliquem* : fondre sur qqn. ; fig., *ne quo irruas* : pour que tu ne te lances pas à l'aventure, pour t'éviter quelque faux pas, Cic. ; 2. faire écrouler.

irruptĭo, *ōnis*, f., irruption, attaque, invasion.

① **irruptus**, *a*, *um*, non rompu, inséparable.

② **irruptus**, *a*, *um*, V. *irrumpo*.

irrŭtĭlo, *ās*, *āre*, intr., rougeoyer ; briller.

ĭrŭdo, V. *hirudo*.

Irus, *i*, m., Irus, mendiant d'Ithaque.

ĭs, *ĕa*, *ĭd*, gén. *ĕjus*, dat. *ĕi*, pron.-adj. dém., 1. ce, cet, cette, celui(-ci), celle(-ci) ; il, elle, *ejus adventu* : à son arrivée, *ea causa belli fuit* : ce fut là la cause de la guerre ; style indir. : (*Cæsar dixit*) *haec esse quae ab eo postularet* : (César dit) voici ce qu'il (César) lui (à Vercingétorix) demandait ; nom. et acc. n. : *ad id loci*, *locorum* : jusqu'ici ; *id temporis*, *ætatis* : de cette époque, de cet âge ; *in eo res est ut* + subj. : les choses en sont au point que, *id est* : c'est-à-dire ; 2. avec une conj. de coord. ou *quidem*, pour ajouter une détermination, *sermo isque multus de nobis fuit* : on parla de nous et abondamment, Cic., *unā in domo et eā quidem angustā* : dans une seule maison et qui de plus était étroite, Cic., *Apollonium doctum hominem cognovi idque a pueris* : j'ai connu Apollonius comme savant et cela dès l'enfance, Cic. ; 3. tel, de telle sorte, *neque is es qui* + subj. : et tu n'es pas homme à..., *ea stultitia ut* + subj. : sottise si grande que...

Isæus, *i*, m., Isée, 1. orateur athénien ; 2. rhéteur célèbre sous Trajan.

Ĭsāpis (**Sāpis**), *is*, m., Sapis, riv. de Gaule Cispadane, auj. Savio.

Ĭsăra, *æ*, m., Isara, auj., Isère.

Ĭsaura, *æ*, f., Isaura, cap. de l'Isaurie ‖ **Ĭsauri**, *ōrum*, m. pl., les Isauriens ‖ **Ĭsaurĭa**, *æ*, f., Isaurie, région d'Asie Mineure ‖ **Ĭsaurĭcus** et **Ĭsaurus**, *a*, *um*, isaurien.

Ĭsaurus, *i*, m., Pisaurus, fl. d'Ombrie.

Ischŏmăchē, *ēs*, f., Ischomaque, femme de Pirithoüs.

ĭsĕlastĭcus, *a*, *um*, qui concerne une entrée triomphale après une victoire aux Jeux ; subst. n., *iselasticum*, *i*, récompense de l'empereur au vainqueur.

Ĭsĕŏn, *i*, n., Iséon, temple d'Isis ‖ **Ĭsĭăcus**, *a*, *um*, qui concerne Isis.

ĭsīcĭārĭus, *ĭi*, m., marchand de boudins, charcutier.

Ĭsis, *ĭdis*, f., Isis, divinité égyptienne, épouse d'Osiris.

Ismăra, *ōrum*, n. pl., Ismara, v. et mt. de Thrace ‖ **Ismărus**, *i*, m., Ismarus, mt. de Thrace.

Ismēnē, *ēs*, f., Ismène, sœur d'Antigone.

Ismēnĭās, *æ*, m., Isménias, nom d'un Thébain ‖ **Ismēnis**, *ĭdis*, f., Thébaine ‖ **Ismēnĭus**, *a, um*, de l'Isménus, thébain ‖ **Ismēnus (Ismēnŏs)**, *i*, m., Isménus, fl. de Béotie.

Īsŏcrătēs, *is*, m., Isocrate, orateur athénien (IVᵉ s. av. J.-C.) ‖ **Īsŏcrătēus** et **Īsŏcrătĭus**, *a, um*, d'Isocrate.

īsoscĕlēs, *is*, adj. m., isocèle.

Israēl, *ēlis*, qqf. indécl., m., Israël, autre nom de Jacob ‖ **Israēlītēs**, *æ*, m., Israélite ‖ **Israēlītĭcus**, *a, um*, israélite, d'Israël ‖ **Israēlītis**, *ĭdis*, f., Israélite.

① **Issa**, *æ*, f., Issa, nom d'une chienne.

② **Issa**, *æ*, f., Issa, île de l'Adriatique ‖ **Issæus** et **Issăĭcus**, *a, um*, d'Issa.

issa, *iæse*, V. *ipsa, ipse*.

īsse, īssem, inf. pf. et subj. p. q. pf. de *eo*.

Issensis, *e*, adj., d'Issa ‖ **Issenses**, *ĭum*, m. pl., les hab. d'Issa.

Issĭcus, *a, um*, d'Issus ‖ **Issŏs (Issus)**, *i*, f., Issus, port de Cilicie, où Alexandre battit Darius.

istāc, adv., par là (où tu es) ; selon ce que tu dis.

istāctĕnŭs, adv., jusqu'à ce point-là (seulement).

istĕ, *ista, istud*, gén. *istīus*, dat. *isti*, **1.** pron. -adj. dém., ce, cette, celui(-là), celle(-là) (qui est près de toi, que tu sais), *adventu tuo ista subsellia vacuefacta sunt* : à ton arrivée ces bancs (où tu sièges) se sont vidés, Cic., *tu istis faucibus, istis lateribus* : toi, avec cette (ta) gorge, ces (tes) flancs, Cic., *de istis rebus* : sur ce qui se passe (là où tu es), *istud faciam* : je ferai ce que vous dites ; **2.** celui (qui est assis au banc de la partie adverse), mon adversaire ; d'où, souv., nuance de mépris, *veni nunc ad istius studium* : j'en viens maintenant à la passion de cet homme (cet individu), Cic.

Istĕr, *tri*, m., Ister, auj. Danube.

Isthmĭăcus, Isthmĭcus, Isthmĭus, *a, um*, de l'Isthme (de Corinthe), isthmique, des Jeux isthmiques ‖ **Isthmĭa**, *ōrum*, n. pl., les Jeux isthmiques ‖ **Isthmus**, *i*, m., l'Isthme (de Corinthe).

isthmus, *i*, m., isthme.

istī, adv., là (où tu es).

① **istĭc**, *aec, ŏc (ŭc)*, V. *iste* (avec une insistance particulière).

② **istĭc**, adv., là (précisément) où tu es (sans mvt.) ; fig., ~ *sum* : je vous écoute, je suis tout oreilles.

① **istīce**, *istăce*, V. *iste* ; surt. dans l'interr., *isticine* ? est-ce bien celui-là ?

② **istīce**, adv., V. *istic* ② ; dans l'interr., *isticine vos habitatis* ? est-ce bien là que vous habitez ?

istim, V. *istinc*.

istīmŏdī, V. *istiusmodi*.

istinc, adv., de là (où tu es).

istĭusmŏdī (istīus mŏdī), gén. adv. de cette sorte.

istō, adv., là (où tu es) (avec mvt.) ; dans cela, dans cette affaire (dont tu parles).

istōc, V. le préc., *istic* ② et *istuc* ②.

Istri, *ōrum*, m. pl., Istriens, hab. de l'Istrie ‖ **Istrĭa**, *æ*, f., Istrie, région proche de l'Illyrie ‖ **Istrĭāni**, *ōrum*, m. pl., les Istriens hab. de l'Istrie ‖ **Istrĭcus** et **Istrus**, *a, um*, de l'Istrie, V. aussi *histricus*.

① **istūc**, V. *istic* ①.

② **istūc**, adv., là (où tu es) (avec mvt.) là, à cette question, PL. ; *istuc ibam* : j'allais en parler (de ce que vous dites).

istūcĭnĕ, adv. interr., jusqu'au point que tu dis ?

ĭtă, adv., **1.** ainsi, de cette manière-là, *ita scripsit ad me* : voici ce qu'il m'a écrit, *est ita* : c'est cela ; *fraterne* ? – *ita* : est-ce mon frère ? – oui ; *non ita* : pas précisément pas beaucoup ; *ita est* ? : est-ce vraiment cela ?, *quid ita* ? : comment, pourquoi cela ? qu'est-ce que cela signifie ? ; ainsi (fait), *ita est homo* : l'homme est ainsi (fait) ; **2.** dans la princ. d'une comp. a) *non ita amo ut sani homines* (amant) : je n'aime pas de la même manière que les gens sensés, PL. ; *ut (sicut, quemadmodum)... ita (sic)* : de même que... de même ; b) avec superl. : *ut quisque est vir optimus, ita difficillime esse alios improbos suspicatur* : plus on est homme de bien plus il est difficile de supposer les autres malhonnêtes, Cic. ; c) avec subj., formule d'affirmation solennelle : dans la mesure où, aussi vrai que, *ita me ament (amabunt) ut (si) ego non laetor* : que les dieux m'aiment autant que je ne me réjouis pas (= les dieux m'en sont témoins), Tér. **3.** dans la princ. d'une conséc. : a) tellement, à tel point que, *erat ita non superstitiosus ut sacrificia contemneret* : il était si peu superstitieux qu'il méprisait les sacrifices, Cic. ; b) à la condition que, dans des conditions telles que, avec cette restriction que, *pax ita convenerat ut* + subj. la paix avait été convenue à la condition que, *ita... ne* + subj. : à la condition que... *ne... pas, ita... si* : à la condition que.

Ĭtălī, *ōrum*, m. pl., Italiens, hab. de l'Italie ‖ **Ĭtălĭa**, *æ*, f., Italie.

Ĭtălĭca, *æ*, f., Italica, **1.** (Corfinium), cap. de la confédération italique ; **2.** v. de Bétique ‖ **Ĭtălĭcensis**, *e*, adj., d'Italica ‖ **Ĭtălĭcenses**, *ĭum*, m. pl., les hab. d'Italica

Ĭtălĭcus, *a, um,* d'Italie, italique ‖ **Ĭtălĭcus**, *i,* m., Italien ‖ **Ĭtălĭci**, *ōrum,* m. pl., les Italiens confédérés ‖ **Ĭtălis**, *ĭdis,* f., Italienne ‖ **Ĭtălĭdes**, *um,* f. pl., les Italiennes ‖ **Ĭtălus**, *a, um,* d'Italie, italien.

Ĭtăque, adv., **1.** et ainsi ; **2.** c'est pourquoi ; ainsi donc, par conséquent.

Ĭtem, adv., **1.** de même, également ; *sicut... item* : de même que... de même, *item... ut (quemadmodum)* : de même que, comme ; **2.** dans une énumération : en outre, de plus.

Ĭtĕr, *ĭtĭnĕris,* (cf. *eo, ire*), n., **1.** marche, voyage, chemin (parcouru), route, ~ *illi sæpius erat in Forum* : il allait assez souvent au Forum, *in itinere* : en marchant, ~ *ingredi, inire* : se mettre en route, ~ *facere* : faire route, *ex itinere* : immédiatement après la marche, *abest ~ unius diei* : c'est à un jour de marche ; mil., marche, étape, ~ *justum* : étape normale, *magnis itineribus* : à grandes étapes, *quam maximis itineribus* : à marche forcée ; fig., marche (d'une discussion, d'un discours) ; **2.** voie, route, chemin, ~ *angustum* : voie étroite, ~ *facere* : construire une route ; rue ; **3.** voie, moyen.

Ĭtĕrābĭlis, *e,* adj., qui peut être répété.

Ĭtĕrātĭo, *ōnis,* f., répétition.

Ĭtĕrātō, adv., une seconde fois, à nouveau.

Ĭtĕro, *ās, āre,* tr., **1.** recommencer, renouveler, reprendre, ~ *pugnam* : reprendre le combat ; répéter, redire ; **2.** spéc., donner une nouvelle façon à la terre, sarcler une seconde fois.

Ĭtĕrŭm, adv., **1.** de nouveau, à nouveau, une seconde fois, ~ *atque* ~ : à plusieurs reprises ; **2.** d'autre part.

Ĭthăca, *æ,* et **Ĭthăcē**, *ēs,* f., Ithaque, île de la mer Ionienne, patrie d'Ulysse ‖ **Ĭthăcensis**, *e,* adj., d'Ithaque ‖ **Ĭthăcēsĭus**, *a, um,* d'Ithaque ‖ **Ĭthăcus**, *a, um,* d'Ithaque ‖ **Ĭthăcus**, *i,* m., hab. d'Ithaque ; Ulysse.

Ĭtĭdem, adv., de la même manière, semblablement.

Ĭtĭnĕr, V. *iter.*

Ĭtĭnĕrārĭus, *a, um,* de voyage, de marche ; subst. n., *itinerarium, ii,* signal de la marche ; relation de voyage.

Ĭtĭnĕror, *āris, āri,* intr., se mettre en route.

Ĭtĭo, *ōnis,* f., action d'aller, allée.

Ĭtĭus (portus), m., Itius, port de la Gaule Belgique, auj. Boulogne-sur-Mer.

Ĭtōnæi, *ōrum,* m. pl., les hab. d'Itone ‖ **Ĭtōnē**, *ēs,* f., Itone, v. de Béotie ‖ **Ĭtōnĭus** et **Ĭtōnus**, *a, um,* d'Itone.

Ĭtūræi, *ōrum,* m. pl., Ituréens, hab. de l'Iturée, région de Cyrénaïque ‖ **Ĭtūræus**, *a, um,* de l'Iturée.

Ĭtŭs, *ūs,* m., action d'aller ; *itus et reditus* : aller et retour.

Ĭtўlus, *i,* m., Itylus, fils de Zétas, roi de Thèbes.

Ĭtўr~, V. *Itur~.*

Ĭtўs, *ŭos,* m., Itys, fils de Térée et de Procné.

Ĭūlēus, *a, um,* **1.** d'Iule, fils d'Énée ; **2.** de la *gens Iulia, Iuleæ calendæ* : le premier juillet ; de l'empereur, impérial, V. *Julius.*

Ĭūlis, *ĭdis,* f., Iulis, v. de l'île de Céos.

Ĭūlus, *i,* m., iule (poisson).

Ĭūlus, *i,* m., Iule, fils d'Énée et de Créüse.

Ixīōn, *ŏnis,* m., Ixion, roi des Lapithes, père de Pirithoüs et des centaures ‖ **Ixīŏnĭus**, *a, um,* d'Ixion ‖ **Ixīŏnĭdēs**, *æ,* m., Ixionide (Pirithoüs ou un centaure).

J

J, j, f. et n., indécl., graphie du I cons., devenue habituelle à partir de la Renaissance.

jăcĕo, *ēs, ēre, jăcŭi, (jăcĭtum),* (R. *ja/je~* : jeter), intr., **1.** (être jeté) être étendu, couché, ~ *humi* : être étendu à terre ; ext., être étendu mort ou blessé, ~ *pro patriā* : être mort pour la patrie ; **2.** s'étendre, être situé, *quæ gens jacet supra Ciliciam* : peuple qui se trouve au-dessus de la Cilicie ; être situé dans un lieu bas, *jacentia urbis loca* : les parties basses de la ville ; **3.** être inactif, inerte, *jacuit mare* : la mer se calma ; ~ *Brundisii* : croupir à Brindes ; être abattu, *jacet, diffidit* : il est découragé, il ne croit plus au succès, CIC. ; être négligé, laissé de côté, avili, *jacent pretia prædiorum* : le prix des terres est tombé, *philosophia jacuit usque ad hanc ætatem* : jusqu'à cette époque, la philosophie a été négligée ; être improductif, *pecuniæ otiosæ jacent* : les capitaux dorment.

Jăcĕtāni, *ōrum,* m. pl., Jacétans, peuple de Tarraconnaise.

jăcĭo, *ĭs, ĕre, jēci, jactum,* (R. *ja/je~* : jeter), tr., **1.** jeter, envoyer, lancer, ~ *tela* : lancer des traits, ~ *ancoram* : jeter l'ancre, *jacta alea est* : le dé (le sort) (en) est jeté, SUÉT. ; ~ *probra* : outrager ; **2.** jeter hors de soi, répandre, ~ *odorem* : exhaler une odeur ; jeter (dans le discours), émettre, *quod jacis obscure* : ce que tu dis à mots couverts ; **3.** établir, poser, asseoir, installer, ~ *muros* : construire des murs, ~ *fundamenta urbi, pacis* : jeter les fondements d'une ville, de la paix.

jactăbĭlis, *e,* adj., que l'on peut jeter.

jactăbundus, *a, um,* plein de forfanterie.

jactans, *antis,* adj., [~*tior*], qui se vante.

jactantĕr, adv., [~*tius*], avec jactance, ostentation, forfanterie.

jactantĭa, *æ,* f., jactance, présomption, forfanterie, vanité.

jactantĭcŭlus, *a, um,* un peu vantard.

jactātĭo, *ōnis,* f., **1.** action d'agiter, de remuer, de ballotter, ~ *navis* : ballottement d'un navire (par la tempête), ~ *corporis modica* : gestes sobres ; **2.** jactance, ostentation, ~ *verborum* : menaces vaines, *jactationem in populo habere* : se faire valoir auprès du peuple, ~ *dicendi* : éloquence d'apparat.

jactātŏr, *ōris,* m., celui qui se vante.

jactātŭs, *ūs,* m., agitation, mouvement action de remuer en tous sens, ~ *(maris)* roulis.

jactĭtābundus, *a, um,* plein de jactance

jactĭto, *ās, āre,* tr., **1.** débiter en public **2.** tirer sans cesse vanité de.

jacto, *ās, āre,* (cf. *jacio*), tr., **1.** jeter (à plusieurs reprises ou avec force, précipitation), lancer vers, sur, ~ *hastas* : lancer des javelots ; **2.** jeter, rejeter, ~ *jugum* : secouer le joug ; **3.** répandre hors de soi projeter, ~ *odorem* : répandre au loin une odeur ; **4.** mouvoir, agiter, remuer, secouer, ballotter, ~ *brachium* : agiter le bras, ~ *pennas* : battre des ailes ; *jactatus in alto* : ballotté sur les mers ; *jactari febri* être en proie à la fièvre ; fig., *jactari* : flotter (monnaie) ; **5.** agiter (dans son esprit), ~ *curas pectore* : rouler dans son esprit des pensées sérieuses, ~ *se valde in republicā* : s'occuper activement de politique ; **6.** répéter, dire sans cesse, faire valoir, mettre en avant, *jactatum est in condicionibus* : on mit en avant dans les clauses du traité, *fabula jactaris in urbe* tu es la fable de la ville ; ~ *(se)* : se vanter être fier, ~ *se ultorem* : se donner pour vengeur, *jactabat hostis quam socius* : il se vantait d'être ennemi plutôt qu'allié TAC., ~ *se tribuniciis actionibus* : se vanter d'avoir participé aux poursuites des tribuns.

jactūra, *æ,* f., **1.** action de jeter (par dessus bord) ; perte, dommage, préjudice ; sacrifice, dépense, *jacturam facere rei* : perdre qqch. ; **2.** échec, défaite.

jactŭs, *ūs,* m., action de jeter, lancer, jet *intra teli jactum* : à portée de trait ; *se jactu dedit æquor in altum* : d'un bond il s'élança dans la mer, VIRG.

jăcŭlābĭlis, *e,* adj., qu'on peut lancer.

jăcŭlātĭo, *ōnis,* f., action de lancer (pr. e fig.).

jăcŭlātŏr, *ōris,* m., celui qui lance, jette soldat armé du javelot ; pêcheur (qu lance le filet).

jăcŭlātrix, *īcis,* f., celle qui lance le javelot (à la chasse) ; épith. de Diane).

jăcŭlātŭs, *ūs,* m., action de lancer, de jeter.

jăcŭlo, *ās, āre,* et **jăcŭlor,** *āris, āri,* **1.** intr. lancer, jeter le javelot ; **2.** tr., frapper atteindre (avec le javelot, l'épée, l foudre...) ; fig., lancer, jeter (foudre, lumière, paroles...).

jăcŭlum, i, n., **1.** trait, javelot, javeline, dard, toute arme de jet ; **2.** filet (de pêcheur ou de gladiateur).

① **jăcŭlus,** a, um, qui se lance, de jet.

② **jăcŭlus,** i, m., serpent (qui se jette d'un arbre).

jam, adv.,

I rapports temporels : **1.** dans le présent : maintenant, en ce moment, déjà, à l'instant, *jamne autem ut soles deludis ?* : veux-tu maintenant me tromper à ton habitude ?, *sunt duo menses jam* : il y a déjà deux mois, *jam nunc* : dès à présent, *jam jamque* : en ce moment même ; **2.** dans le passé : déjà, tout à l'heure, *illa quæ jam posui* : ces principes que j'ai déjà posés, *jam ante* : déjà auparavant, *jam dudum, jam pridem,* V. *jamdudum, jampridem* ; **3.** dans le futur : bientôt, tout à l'heure, au plus tôt, désormais, *jam intelliges cum veneris* : tu comprendras dès que tu seras arrivé, *jam te premet nox* : bientôt la nuit t'enveloppera, *ille quidem aut jam hic aderit aut jam adest* : il sera bientôt là, s'il n'y est pas encore ; **4.** *jam... non* : ne plus, *non... jam* : pas encore.

II rapports logiques : même, encore, de plus, *jam vero, jam porro* : qui plus est, *quid jam expectas ?* : qu'attends-tu encore ? *quæ cum ita sint, jam prædico* : cela étant, je dis en outre que, *et jam* : et même, *jam... jam* : tantôt... tantôt.

jamdūdum (jam dūdum), adv., **1.** à l'instant, sur l'heure, promptement, bientôt ; **2.** depuis longtemps, *dixi ego ~ tibi* : il y a longtemps que je te l'ai dit.

jamjam (jam jam), adv., **1.** bientôt, à l'instant, dans un instant, *jamjam lapsura* : qui est bien près de tomber ; **2.** maintenant, déjà.

jamprīdem (jam prīdem), adv., depuis longtemps.

Jāna, æ, f., Jana, **1.** déesse des passages (f. de *Janus*) ; **2.** Diane.

Jānālis, e, adj., qui appartient à Janus ‖ **Jānĭcŭlum,** i, n., et **collis, mons Jānĭculus,** m., le Janicule, mt. sur la rive droite du Tibre à Rome (où Janus avait élevé une citadelle) ‖ **Jānĭgĕna,** æ, m. et f., enfant de Janus.

jānĭtŏr, ōris, m., portier, gardien.

jānĭtrix, īcis, f. du préc.

jānŭa, æ, (cf. *Janus*), f., porte (de la maison) ; entrée, accès ; fig., chemin, voie, passage, ouverture.

Jānŭārĭus, a, um, de Janus ; ~ (*mensis*) : le mois de Janus, janvier, *Kalendis Januariis* : aux Calendes de janvier.

Jānus, i, m., **1.** Janus, roi légendaire de l'Italie anc. divinisé comme dieu des commencements, des ouvertures, des portes ; ext., mois de Janus : janvier ; **2.** passage couvert, voûte, guichet, porte ; portique sur le Forum.

Jaxămătæ, ārum, m. pl., Jaxamates, peuple de Scythie.

jĕcŏrōsus, a, um, malade du foie.

jĕcŭr, jĕcŏris et **jĕcĭnŏris,** et **jŏcŭr, jŏcĭnĕris,** n., foie ; siège des passions (amour, colère) ; bile.

jĕcuscŭlum, i, n., petit foie.

jējūnātĭo, ōnis, f., action de jeûner, jeûne.

jējūnātŏr, ōris, m., celui qui jeûne, jeûneur.

jējūnē, adv., [~*nius*], maigrement, d'une manière sèche, pauvre, sans ornement.

jējūnĭōsus, a, um, [~*sior*], à jeun, affamé.

jējūnĭtās, ātis, f., grande faim, ventre creux ; fig., (style) sécheresse, pauvreté ; ext., manque, absence.

jējūnĭum, ĭi, n., privation de nourriture, diète, jeûne ; ext., faim ; maigreur.

jējūno, ās, āre, intr., jeûner, s'abstenir de nourriture ; ext., s'abstenir de, se priver de.

jējūnus, a, um, (cf. *jento*), **1.** à jeun, qui n'a rien mangé ni bu, qui a faim ou soif ; **2.** qui manque de, qui est vide de ; **3.** sec, stérile, inutile, *jejuna calumnia* : vaine calomnie ; **4.** sec, maigre, pauvre, insignifiant (action, caractère, style).

jentācŭlum, i, n., le petit déjeuner.

jento, ās, āre, intr. et tr., déjeuner.

Jĕrĕmīās, æ, m., chr., le prophète Jérémie.

Jĕrĭchō, indécl., f., chr., Jéricho, v. de Palestine ‖ **Jĕrĭchontīnus (Jĕrĭchuntīnus),** a, um, de Jéricho.

Jĕrūsălem, V. *Hierosolyma*.

Jēsūs (Iē~), ū, m., chr., **1.** Jésus ; **2.** Josué.

Jŏannēs (Iō~), is, m., chr., **1.** Jean (le Baptiste) ; **2.** Jean (l'Apôtre).

jŏcābundus, a, um, qui plaisante, badine.

jŏcālĭtĕr, adv., en plaisantant.

jŏcātĭo, ōnis, f., plaisanterie, badinage.

jŏcond~, V. *jucund~*.

jŏcor, āris, āri, **1.** intr., plaisanter, badiner ; jouer, folâtrer ; **2.** tr., dire en plaisantant.

jŏcōsē, adv. [~*sius*], en plaisantant, plaisamment.

jŏcōsus, *a*, *um*, plaisant, enjoué, badin, folâtre.

jŏcŭlantĕr, adv., en plaisantant.

jŏcŭlāris, *e*, adj., plaisant, enjoué, badin ; bouffon, risible.

jŏcŭlārĭtās, *ātis*, f., humeur railleuse, enjouée.

jŏcŭlārĭtĕr, adv., plaisamment, gaiement.

jŏcŭlārĭus, *a*, *um*, plaisant, drôle ; risible.

jŏcŭlātŏr, *ōris*, m., rieur, railleur, qui aime à plaisanter.

jŏcŭlor, *āris*, *āri*, tr. et intr., dire en plaisantant, plaisanter.

jŏcŭlus, *i*, m., petite plaisanterie, bon mot.

jōcund~, V. *jucund~*.

jŏcus, *i*, m., 1. plaisanterie, raillerie, badinage, moquerie, *jocos dare alicui* : faire rire qqn. (à ses dépens), *joci causâ*, *gratiâ*, *per jocum* : pour rire, en plaisantant, *extra jocum*, *remoto joco*, *omissis jocis* : plaisanterie à part ; 2. jeu, ébats, passe-temps ; 3. poésies légères, badinage ; 4. jeu, chose facile ou sans importance ; 5. *Joci* : les Jeux, divinités de la suite de Vénus.

Jōnās, *æ*, m., chr., le prophète Jonas ‖ **Jōnæus**, *a*, *um*, de Jonas.

Jŏpē (Jŏppē), *ēs*, f., Joppé, v. de Judée, auj. Jaffa ‖ **Jŏpīcus**, *a*, *um*, de Joppé ‖ **Joppītæ**, *ārum*, m. pl., les hab. de Joppé.

Jordānēs (Jordānis), *is*, m., Jourdain, fl. de Judée ‖ **Jordānĭcus**, *a*, *um*, du Jourdain.

Jōsēph (Iō~), indécl., m., chr., Joseph, 1. fils de Jacob et de Rachel ; 2. époux de la Vierge Marie.

Jŏvĭālis, *e*, adj., de Jupiter.

Jŏvĭāni, *ōrum*, m. pl., les Joviens, garde d'honneur de Dioclétien.

Jŏvis, *is*, V. *Juppiter*.

Jŏvĭus, *ĭi*, m., Jovien, surnom de l'empereur Dioclétien.

jūba, *æ*, f., crinière ; ext., chevelure abondante ou pendante ; crête de coq ou de serpent ; panache d'un casque ; fig., abondance, opulence (style).

Jŭba, *æ*, m., Juba, nom de rois de Numidie.

jŭbăr, *āris*, n., rar. m., chevelure d'un astre, éclat, lumière, *jubare exorto* : après le lever du soleil ; fig., éclat, majesté.

jŭbātus, *a*, *um*, qui a une crinière, une crête, une queue (comète).

jŭbĕo, *ēs*, *ēre*, *jussi*, *jussum*, tr. et intr., 1. inviter, engager à + dat. et inf., ou prop. inf., qqf. avec *ut* + subj., *Cæsar te sine curâ esse jussit* : César t'a invité à te tranquilliser, *jubeto (eum) bonum animum*

habere : invite-le à prendre courage, *Dionysium jube salvere* : salue Dionysius de ma part ; dire de, faire (faire), ordonner, commander, *jussit milites (milites) facere pontem* : il ordonna aux soldats de construire un pont, *jussit Britannico ut exsurgeret* : il fit lever Britannicus ; 2. ordonner, décider, sanctionner, *~ legem*, *fœdus*, *regem* : porter une loi, ratifier un traité, élire un roi ; 3. *~ provinciam alicui* : assigner une province à qqn.

Jŭberna, V. *Hibernia*.

jūbĭlæus, *i*, m., **jūbĭlæum**, *i*, n., **jūbĭlæus (annus)**, m., chr., année jubilaire, jubilé.

jūbĭlātĭo, *ōnis*, f., cris ; chr., jubilation.

jūbĭlo, *ās*, *āre*, intr., pousser des cris ; chr., crier de joie.

jūbĭlum, *i*, n., cris, clameurs, acclamations.

jūcundē, adv., [*~dius*, *~dissime*], agréablement, joyeusement.

jūcundĭtās, *ātis*, f., agrément, charme, plaisir ; joie, bonne humeur.

jūcundo, *ās*, *āre*, tr., réjouir, charmer.

jūcundor, *āris*, *āri*, intr., se réjouir.

jūcundus, *a*, *um*, (cf. *juvo*), [*~dior*, *~dissimus*], agréable, aimable, qui cause de la joie ; joyeux.

Jūdæa, *æ*, f., Judée, région de Palestine ‖ **Jūdæus**, *a*, *um*, de Judée, juif ‖ **Jūdæus**, *i*, m., un Juif ‖ **Jūdæa**, *æ*, f., une Juive ‖ **Jūdæi**, *ōrum*, m. pl., les Juifs ‖ **Jūdăĭcē**, adv., en Juif ‖ **Jūdăĭcus**, **Jūdæĭcus**, *a*, *um*, des Juifs, judaïque.

jūdăĭsmus, *i*, m., chr., le judaïsme.

jūdăĭzo, *ās*, *āre*, intr., chr., vivre à la manière des Juifs, judaïser.

jūdex, *ĭcis*, (*jus* ② + *dico*), m., juge (qui dit le droit), *judicem dare alicui* : renvoyer qqn. devant un juge ; ext., juge, arbitre, appréciateur, *me judice* : à mon avis.

jūdĭcātĭo, *ōnis*, f., enquête judiciaire ; jugement, décision.

jūdĭcātōrĭus, *a*, *um*, de juge.

jūdĭcātrix, *ĭcis*, f., celle qui juge.

jūdĭcātum, *i*, n., chose jugée, jugement, arrêt, *~ non facere* : ne pas exécuter l'arrêt.

jūdĭcātŭs, *ūs*, m., judicature, office de juge.

jūdĭcĭālis, *e*, adj., relatif aux jugements.

jūdĭcĭārĭus, *a*, *um*, relatif à la justice, judiciaire, *judiciariæ leges* : lois qui régissent l'organisation des tribunaux, la procédure.

jūdĭcĭŏlum, *i*, n., petit jugement.

jūdĭcĭum, *ĭi*, n., 1. enquête judiciaire, instruction d'une affaire, procès, jugement, justice, *~ publicum* : procès public (opp. à *causa*), ~ *capitis* : procès capital, ~ *dare* : autoriser une action judiciaire en désignant les juges ; 2. tribunal, juges, justice, *in* ~ *vocare, adducere* : traduire en justice, accuser, ~ *sortiri* : tirer les juges au sort ; 3. jugement rendu, sentence, arrêt, ~ *ferre de aliquā re* : prononcer un jugement sur une affaire ; 4. jugement, opinion, avis, *meo judicio* : à mon sens, *de aliquo præclara judicia facere* : faire très grand cas de qqn. ; 5. faculté de jugement, goût, discernement, *magni judicii esse* : avoir beaucoup de goût, avoir un jugement sûr, *judicio aliquid facere* : agir avec réflexion ; 6. jugement favorable, témoignage d'estime ; 7. dispositions testamentaires, dernières volontés.

jūdĭco, *ās, āre*, intr. et tr., 1. faire l'office de juge, rendre la justice ; 2. juger, prononcer un arrêt, une sentence, *res judicata* : jugement prononcé, chose jugée ; ext., condamner, déclarer coupable, ~ *capitis, pecuniæ* : condamner à mort, à une amende ; poursuivre en justice, ~ *alicui perduellionem* : requérir contre qqn. une peine pour crime d'État ; 3. adjuger ; 4. décider, résoudre, *mihi judicatum est* + inf. : j'ai décidé de ; 5. juger, penser, estimer, ~ *aliquid pulcherrimum* : regarder qqch. comme fort beau, *nos bene emisse judicati sumus* : on a jugé que nous avions acheté à bon compte.

jūgālis, *e*, adj., 1. de joug, attelé au joug, d'attelage, *jugales (equi)* : attelage ; 2. conjugal, nuptial, d'hymen.

jūgārĭus (vicus), *ĭi*, m., le « quartier des jougs », à Rome, près du Capitole.

Jūgātīnus, *i*, m., Jugatinus, dieu du lien conjugal.

jūgātĭo, *ōnis*, f., action de lier la vigne au treillage.

jūgĕ, adv., sans cesse, sans interruption.

jūgĕrum, *i*, (cf. *jugum*), n., jugère, arpent (= 2 actus = environ 25 a).

jūgĕs, *ĕtis*, adj., d'animal attelé.

jūgis, *e*, adj., 1. d'animal attelé, d'attelage ; 2. qui dure toujours, continuel, intarissable.

jūgĭtĕr, adv., 1. en coulant toujours, sans interruption ; 2. aussitôt, à l'instant.

jūglans, *andis*, (*Jovis glans*), f., noix ; noyer.

jūgo, *ās, āre*, tr., attacher, lier, coupler, joindre, unir.

jūgōsus, *a, um*, de montagne, montueux.

Jūgŭlæ, *ārum*, f. pl., Orion, constellation.

jūgŭlātĭo, *ōnis*, f., égorgement, massacre.

jūgŭlo, *ās, āre*, tr., couper la gorge, égorger ; tuer, massacrer ; fig., perdre (qqn.), mettre fin à ; gâter, corrompre (qqn.).

jūgŭlum, *i*, n., et **jūgŭlus**, *i*, m., clavicule ; creux près de la gorge, gorge, ~ *porrigere* : tendre la gorge, ~ *petere* : viser à la gorge, vouloir tuer ; fig., ~ *premere* : prendre à la gorge, serrer de près, acculer ; fig., point principal, nœud (d'une question).

jūgum, *i*, n., 1. joug (des bœufs), attelage ; paire, *multa juga* : de nombreuses paires de bœufs ; espace labourable en un jour, V. *jugerum* ; 2. lien, liaison ; 3. joug, servitude, esclavage, ~ *accipere* : se soumettre, ~ *exuere, excutere* : secouer le joug, se révolter ; joug (sous lequel on faisait passer les vaincus) ; 4. fléau (de la balance) ; la Balance (constellation) ; 5. banc de nage ; 6. crête de montagne, croupe, cime, sommet ; chaîne de montagnes ; montagne ; 7. ensouple (métier à tisser).

Jŭgurtha, *æ*, m., Jugurtha, roi de Numidie ‖ **Jŭgurthīnus**, *a, um*, de Jugurtha.

jūgus, *a, um*, qui unit.

Jūlĭa, *æ*, f., Julia, nom de femme, spéc. de la fille de César, de la fille et de la petite-fille d'Auguste.

Jūlĭānus, *a, um*, de Jules César, julien ‖ **Jūlĭāni**, *ōrum*, m. pl., les soldats du parti de César ‖ **Jūlĭānus**, *i*, m., Julien, nom de diff. pers., entre autres les empereurs M. Didius Salvius Julianus (193) et Julien l'Apostat (361-363).

Jūlĭus, *ĭi*, m., Julius, nom d'une famille rom. dont sont issus Jules César et son petit-neveu Octave, adopté par César ‖ **Jūlĭus**, *a, um*, de Jules César, de la *gens Julia, Juliæ leges* : les lois Juliennes (portées par Auguste), *Julium sidus* : l'astre de César divinisé, (*mensis*) ~ : le mois de juillet, appelé ainsi en l'honneur de César, né le 13 de ce mois, anc. Quintilis.

jūmentālis, *e*, adj., de bête de somme.

jūmentārĭus, *a, um*, V. le préc.

jūmentum, *i*, (*jug-s-mentum*), n., bête de somme, de trait (cheval, bœuf, mulet).

juncĕus, *a, um*, de jonc, semblable au jonc.

juncōsus, *a, um*, rempli de joncs.

junctim, adv., ensemble, côte à côte ; consécutivement.

junctĭo, *ōnis*, f., liaison, union, assemblage.

junctūra, *æ*, f., assemblage, jointure, point de jonction ; alliance de mots, liaison ; parenté, alliance.

junctus, *a, um*, part. adj., [*~tior, ~tissi-mus*], **1.** attelé, apparié ; **2.** joint, uni, lié, contigu ; **3.** continu, consécutif.

juncus, *i*, m., jonc.

jungo, *ĭs, ĕre, junxi, junctum*, tr., **1.** atteler ensemble, mettre sous le même joug ; **2.** joindre, assembler, unir, lier, réunir, rapprocher, adjoindre, associer, ~ *aliquid alicui rei, cum aliquā re* : joindre une chose à une autre, ~ *fluvium ponte* : jeter un pont sur le fleuve, ~ *ostia* : fermer les portes ; ~ *amicitiam, fœdus* : lier amitié, faire une alliance ; unir par le mariage, ~ *aliquem secum (in) matrimonio*, ou *se* ~ ou *jungi cum aliquo* : se marier ; **3.** joindre, faire succéder, faire suivre sans interruption (temps et espace), ~ *somnum morti* : faire succéder la mort au sommeil, ~ *laborem* : travailler sans relâche ; **4.** gramm. et rhét., ~ *verba* : former des mots composés ; lier les mots dans la phrase.

Jūnĭānus, *a, um*, de Junius.

jūnĭŏr, *ōris*, adj., comp. de *juvenis*, V. ce mot.

jūnĭpĕrus, *i*, f., genévrier.

Jūnĭus, *ĭi*, m., Junius, nom d'une famille rom., dont L. Junius Brutus qui expulsa les Tarquins, M. Junius Brutus, assassin de César ‖ **Jūnĭus**, *a, um*, de Junius ; (*mensis*) ~ : le mois de juin (de Junon).

Jūno, *ōnis*, (étrusque : *Uni*), f., Junon, fille de Saturne, sœur-épouse de Jupiter ; ~ *inferna* : la Junon des Enfers, Proserpine ‖ **Jūnōnālis**, *e*, adj., de Junon, du mois de juin ‖ **Jūnōnĭcŏla**, *æ*, m. et f., adorateur, adoratrice de Junon ‖ **Jūnōnĭus**, *a, um*, de Junon, ~ *mensis* : le mois de juin.

Juppĭtĕr (Jūpĭtĕr), *Jŏvis*, (R. *dei*~ : qui brille, ciel, jour + *pater*), m., Jupiter, le père du jour, de la lumière, du ciel, fils de Saturne, ~ *Optimus Maximus* : Jupiter très bon, très grand ; fig., *sub Jove* : sous le ciel, en plein air, à la belle étoile, ~ *malus, metuendus* : le mauvais temps, la pluie ; *æquo Jove judicare* : juger avec bon sens.

Jūra (mons), *æ*, m., les monts du Jura.

jūrāmentum, *i*, n., serment.

jūrandum, *i*, n., serment, V. *jusjuran-dum*.

jūrātĭo, *ōnis*, f., action de prêter serment, de jurer.

jūrātŏr, *ōris*, m., celui qui jure, atteste par serment ; assesseur juré (pour le cens) ; témoin assermenté.

jūrātus, *a, um*, part. adj., [*~tissimus*], juré, qui a prêté serment, assermenté.

jūrĕconsultus, V. *consultus*.

Jūrensis, *e*, adj., du Jura.

jūrĕpĕrītus, V. *peritus*.

jurgātōrĭus, *a, um*, querelleur.

jurgātrix, *īcis*, f., femme querelleuse.

jurgĭum, *ĭi*, (cf. *jus* ②), n., contestation en justice, litige, procès ; querelle, dispute.

jurgo, *ās, āre*, intr. et tr., être en procès, en différend, se quereller.

jurgor, *āris, āri*, intr., V. le préc.

jūrĭdĭcĭālis, *e*, adj., qui concerne le droit.

jūrĭdĭcīna, *æ*, V. *jurisdictio*.

① **jūrĭdĭcus**, *a, um*, qui concerne la justice, le droit, les tribunaux ; juridique.

② **jūrĭdĭcus**, *i*, m., celui qui rend la justice, juge.

jūrĭgo, V. *jurgo*.

jūrisconsultus, V. *consultus*.

jūrisdictĭo, *ōnis*, f., **1.** action de dire le droit, de rendre la justice, judicature, juridiction ; **2.** connaissance d'une affaire ; **3.** compétence judiciaire ; ext., compétence, autorité ; **4.** tribunal.

jūrispĕrītus, V. *peritus*.

jūro, *ās, āre*, (cf. *jus* ②) tr. et intr., **1.** jurer, faire serment, affirmer avec serment, ~ *(per) deos* : jurer par les dieux, ~ *falsum* : faire un faux serment, *di cujus jurare timent et fallere numen* : divinités sur lesquelles les dieux craignent de jurer et de se parjurer, Virg., *juravi verissimum jusjurandum* : j'ai juré la vérité toute pure ; ~ *in verba alicujus* : répéter la formule de serment dictée par qqn., ~ *in legem* : jurer d'observer la loi, ~ *alicui* : jurer fidélité à qqn. ; *jurat se eum non esse deserturum* : il jure qu'il ne l'abandonnera pas ; subst. n. pl., *jurata, orum*, promesses faites sous serment ; **2.** jurer qu'on s'abstient de, ~ *calumniam* : se défendre par serment d'agir par chicane ; **3.** conspirer, conjurer, ~ *in aliquem* : conspirer contre qqn.

jūror, *āris, āri*, intr., (seul. pf. et part. passé), prêter serment, *quod fui juratus feci* : j'ai fait ce que j'ai promis par serment, *jurato mihi crede* : crois-en le serment que j'ai fait.

jūrŭlentĭa, *æ*, f., jus de viande.

① **jūs**, *jūris*, n., jus, sauce, bouillon ; *jus Verrinum* (jeu de mots de Cicéron sur *jus* : jus/droit, et *Verrinus* : de verrat/de Verrès) : jus de porc = justice de Verrès.

② **jūs**, *jūris*, n., **1.** le droit (ensemble des lois, des coutumes et des décisions des magistrats), *fas et jura* : la religion et les lois, *jura dare* : donner des lois ou une constitution, ~ *hominum* : droit naturel, ~ *gentium* : droit des gens, ~ *civile* : droit civil, ~ *æquum* : droit fondé sur l'équité ; **2.** le droit (ce qui est conforme à la loi, la justice), *summum ~, summa injuria* : le droit strict est la suprême injustice, CIC., *~ dicere* : rendre la justice, *~ petere* : demander la justice, *de jure respondere* : donner des consultations de droit, *jure* : à bon droit, *jure an injuriā* : à tort ou à raison, *~ est* + inf. : il est légitime, permis de, *meum ~ est ut* + subj. : j'ai le droit de ; **3.** le droit (autorité qui en dérive, privilège, puissance), *sui juris esse* : être son maître, indépendant, libre, *alieni juris esse* : dépendre de qqn. d'autre, être légalement mineur, *~ civitatis* : droit de cité, *~ militum* : autorité sur les soldats ; **4.** le droit, la justice (application des lois), *rapere in ~* : traîner en justice, *in ~ vocare* : citer en justice, traduire devant un tribunal.

jūsjūrandum, *jūris jūrandi,* n., serment, *~ dare* : prêter serment, + prop. inf. : promettre par serment que, *~ servare* : être fidèle à son serment, *~ negligere, violare* : trahir son engagement par serment, *jure jurando interposito* : sous la foi du serment.

jussĭo, *ōnis,* f., action d'ordonner, ordre.

jussum, *i,* n., ce qui est ordonné, ordre, commandement, *jussa efficere, exsequi* : exécuter les ordres, *jussa detrectare, abnuere* : refuser d'exécuter les ordres ; ordre, décret, loi.

jussŭs, *ūs,* m., ordre, commandement, permission.

justē, adv., [*~tius, ~tissime*], avec justice, justement, légitimement.

justĭfĭcātĭo, *ōnis,* f., chr., justification.

justĭfĭcātŏr, *ōris,* m., chr., celui qui justifie.

justĭfĭcātrix, *īcis,* f. du préc.

justĭfĭco, *ās, āre,* tr., traiter avec justice, rendre justice à ; chr., justifier, absoudre.

justĭfĭcus, *a, um,* qui agit avec justice.

Justīnus, *i,* m., Justin, **1.** historien latin (IVᵉ s. ap. J.-C.) ; **2.** saint Justin, martyr.

justĭtĭa, *æ,* f., **1.** justice, équité, sentiment de la justice, *justitiam colere* : pratiquer la justice ; **2.** droit, lois ; **3.** justesse du poids, de la mesure ; **4.** honnêteté, bonté.

justĭtĭum, *ĭi, (jus ② + stare),* n., **1.** vacance des tribunaux, suspension des affaires ; ext., trêve, repos, interruption ; deuil public ; **2.** absence de toute garantie.

justus, *a, um,* [*~tior, ~tissimus*], **1.** juste, qui observe les lois, la justice ; équitable ; **2.** légitime, conforme au droit, aux lois, *justum supplicium* : châtiment mérité ; subst. n., *justum, i,* la justice, *~ colere* : pratiquer la justice ; **3.** juste, exact, suffisant, qui a la juste mesure, ce à quoi on a droit, ce qu'on doit, *justum prælium* :

combat dans les règles, *justum iter* : étape normale, *justa altitudo* : hauteur voulue ; subst. n. pl., *justa servis præbere* : donner aux esclaves ce à quoi ils ont droit (nourriture, vêtements), *justa militaria* : devoirs militaires, *justa (funebria) solvere, persolvere, facere* : rendre les derniers devoirs ; **4.** doux, modéré, bon.

jūsum, adv., en bas.

Jūturna, *æ,* f., Juturne, **1.** sœur de Turnus ; **2.** fontaine du Latium ; **3.** la fontaine Juturne, source sur le Forum, près du temple de Castor et Pollux.

jŭvĕnālis, *e,* adj., de jeunesse, de jeune homme ; *ludi Juvenales,* ou subst. n. pl., *Juvenalia, ium,* les Juvénales, fêtes en l'honneur de la jeunesse.

Jŭvĕnālis, *is,* m., Juvénal, poète rom., auteur de satires (IIᵉ s. ap. J.-C.).

jŭvĕnālĭtĕr, adv., en jeune homme, avec la vigueur de la jeunesse.

jŭvenca, *æ,* f., **1.** jeune fille ; **2.** génisse.

jŭvencŭla, *æ,* f., petite jeune fille.

jŭvencŭlesco, *ĭs, ĕre,* intr., entrer dans l'adolescence.

jŭvencŭlus, *a, um,* tout jeune ; subst. m., *juvenculus, i,* **1.** tout jeune homme ; **2.** tout jeune taureau.

jŭvencus, *a, um,* jeune (animal) ; subst. m., *juvencus, i,* **1.** jeune homme, jouvenceau ; **2.** jeune taureau.

jŭvĕnesco, *ĭs, ĕre, jŭvĕnŭi,* intr., **1.** grandir, atteindre l'âge et la force de la jeunesse ; **2.** rajeunir, reprendre de l'éclat.

jŭvĕnīlis, *e,* adj., de jeune homme, juvénile, vif.

jŭvĕnīlĭtĕr, adv., en jeune homme.

jŭvĕnis, *e,* adj., [*junior*], jeune, *junior anno* : plus jeune d'un an ; subst. m. pl., *juniores* (opp. à *seniores*) : les jeunes gens, les jeunes soldats ; m. et f., *juvenis, is,* jeune homme, jeune fille.

jŭvĕnĭtās (jŭvĕnīlĭtās), *ātis,* f., jeunesse.

jŭvĕnix, *īcis,* f., génisse ; ext., jeune fille.

jŭvĕnor, *āris, āri,* intr., faire le jeune homme.

jŭventa, *æ,* f., jeunesse, âge de l'homme jeune (20 à 40 ans), *ab juventā* : dès la jeunesse ; jeunes gens ; fig., duvet, première barbe ; la Jeunesse, divinité.

jŭventās, *ātis,* f., jeunesse, jeune âge ; la Jeunesse, divinité.

jŭventūs, *ūtis,* f., jeunesse, âge de l'homme jeune (20 à 40 ans) ; les jeunes gens, les hommes jeunes (en âge de porter les armes), *princeps juventutis* : prince de la jeunesse (chevalier inscrit le premier dans son ordre).

jūvo, *ās, āre, jūvi, jūtum*, tr. et intr., **1.** faire plaisir à, plaire, *nec lusus juvant* : les jeux n'ont plus d'attrait (pour moi), *ut juvit te cena ?* : comment as-tu trouvé le souper ? t'a-t-il plu ? ; impers., *juvat* + inf. ou prop. inf., il plaît de, il est agréable de, *juvat ire et Dorica castra videre* : on se plaît à aller voir le camp des Grecs, VIRG. ; **2.** aider, secourir, servir, seconder, favoriser, *~ aliquem in aliquā re* : être utile à qqn. en qqch., *~ disciplinam beatæ vitæ* : faire avancer dans la voie du bonheur, *juvantibus diis* : avec l'aide des dieux, *nox juvit sideribus illustris* : la nuit étoilée favorisa l'entreprise, TAC. ; impers., *juvat* + inf. ou prop. inf. : il est utile de.

juxtā, adv. et prép.,
I adv., **1.** tout proche, tout très, tout contre, *~ accedere* : s'approcher ; **2.** tout de suite après ; **3.** autant, également, *plebi patribusque ~ carus* : aimé du peuple aussi bien que des patriciens, *~ ac/atque, quam* : aussi bien que, *~ ac si* : exactement comme si, + dat., *res parva ac ~ magnis difficilis* : petite chose mais aussi difficile que les grandes, avec *cum* + abl., *juxta eam curo cum meā* : je la soigne comme si c'était ma propre fille, PL.

II prép. + acc., **1.** (juste) à côté de, près de, *~ genitorem adstat* : elle se tient tout près de son père, *~ seditionem ventum* : on en vint presque à l'émeute ; **2.** avec, aussi bien que, *~ suam quisque centuriam* : chacun avec sa centurie ; **3.** immédiatement après ; **4.** conformément à, selon.

juxtim, adv., tout près, tout proche.

K

K, k, f. et n., indécl., k, anc. lettre de l'alph. latin, employée pour désigner le son C lorsque le C avait le son de G. Disparaît pratiquement quand C et G se distinguent, sauf dans qq. abr., *K* ou *Kal.* : *Kalendæ* (V. *Calendæ*), *K* : *Kæso* (V. *Cæso*).

kallăĭs, *is,* f., turquoise.

Karthāgo, V. *Carthago.*

klepsydra, V. *clepsydra.*

koppa, n. indécl., lettre de l'anc. alph. grec (Q) désignant pour les Grecs le nombre 90.

L

L, l, f. et n., indécl., **1.** l, onzième lettre de l'alph. latin ; **2.** *L.*, abr. de *Lucius* ; **3.** dans la numération = 50.

lăbărum, *i,* n., étendard impérial ; spéc., après Constantin, étendard portant la croix et le monogramme du Christ.

lăbasco, *ĭs, ĕre,* intr., commencer à fléchir, chanceler.

Labdăcĭdēs, *æ,* m., Labdacide, descendant de Labdacus ‖ **Labdăcĭus,** *a, um,* de Labdacus ‖ **Labdăcus,** *i,* m., Labdacus, roi de Thèbes, père de Laios et grand-père d'Œdipe.

lăbēcŭla, *æ,* f., tache légère.

lăbĕfăcĭo, *ĭs, ĕre, fēci, factum,* tr., **1.** ébranler ; **2.** renverser, ruiner.

lăbĕfactātĭo, *ōnis,* f., ébranlement profond, secousse violente.

lăbĕfacto, *ās, āre,* tr., **1.** ébranler fortement ; **2.** renverser, ruiner.

lăbĕfīo, *ĭs, fĭĕri,* passif de labefacio.

① **lăbellum,** *i,* n., dim. de *labrum* ①, petite lèvre, lèvre délicate.

② **lăbellum,** *i,* n., dim. de *labrum* ②, cuvette à libations.

lăbens, *entis,* V. *labor* ①.

lăbĕōsus, V. *labiosus.*

Lăbĕrĭus, *ĭi,* m. Labérius, nom d'une famille rom. ; not., Decimus Laberius, auteur de mimes.

lăbēs, *is,* f., **1.** chute, effondrement ; **2.** ruine, destruction ; **3.** souillure, déshonneur.

lăbĭa, *æ,* f., lèvre.

Lăbīcānus, *a, um,* de Labicum ‖ **Lăbīcāni,** *ōrum,* m. pl., les hab. de Labicum ‖ **Lăbīcānum,** *i,* n., territoire de Labicum ‖ **Lăbīci,** *ōrum,* m. pl., ou **Lăbīcum,** *i,* n., Labicum, v. du Latium entre Tusculum et Préneste.

Lăbĭēnus, *i,* m., Labiénus, lieutenant de César en Gaule.

lăbĭōsus, *a, um,* qui a de grosses lèvres, lippu.

lăbĭum, *ĭi,* n., ordin. au pl. **lăbĭa,** *ōrum,* lèvre, lèvres.

lăbo, *ās, āre,* intr., **1.** chanceler, vaciller ; **2.** fig., être incertain, hésiter.

① **lābor,** *ĕris, i, lapsus sum,* intr., **1.** glisser, tomber ; **2.** fig., s'écouler, s'enfuir ; trébucher, se tromper.

② **lăbŏr,** *ōris,* m., **1.** charge, fatigue, travail ; **2.** activité ; résistance ; **3.** travail à accomplir ; **4.** œuvre, résultat du travail ; **5.** malheur, maladie, peine, *scis laborem meum* : tu connais mes misères, PL. ; *lunæ labores* : les phases ou les éclipses de la lune, VIRG.

lăbōrĭfĕr, *fĕra, fĕrum,* qui supporte la fatigue.

lăbōrĭōsē, adv., [~*sius*, ~*sissime*], laborieusement, avec peine.

lăbōrĭōsus, *a, um,* [~*sior*, ~*sissimus*], **1.** qui coûte de la peine ; **2.** laborieux, occupé.

lăbōro, *ās, āre,*
I intr. **1.** travailler, se fatiguer, avec *ut/ne* + subj., travailler à ce que, à ce que … ne … pas ; + inf., s'efforcer de ; + interr. indir. ; souv. avec nég., ne pas s'occuper de ; **2.** être en peine, s'inquiéter de, a) avec pron. n. à l'acc., *hoc laborant* : voilà ce qui les met en peine ; b) avec pron. n. suj. du vb. au passif pers., *hoc laboratur* : c'est un sujet d'inquiétude de ; peiner, être en difficulté, être en danger, ~ *ex aere alieno* : être tourmenté par les dettes ; passif impers., *laboratur* : on est en situation critique ; **3.** souffrir, être malade ; spéc., *luna laborat,* la lune est en défaillance, il y a éclipse.
II tr., rar., faire, fabriquer ; cultiver, travailler.

① **lābrum,** *i,* n., **1.** lèvre ; **2.** bord, rebord.

② **lābrum** (= *lavabrum*), *i,* n., vase, bassin.

lăbrusca, *æ,* f., vigne sauvage, lambruche.

lăbўrinthēus, *a, um,* de labyrinthe.

lăbўrinthus (~ŏs), *i,* m., et **lăbўrinthum,** *i,* n., labyrinthe (d'Égypte ou de Crète).

lac, *lactis,* n., **1.** lait ; **2.** suc laiteux des plantes ; **3.** couleur laiteuse.

Lăcæna, *æ,* f., Lacédémonienne ; spéc. Hélène ‖ **Lăcĕdæmōn,** *ŏnis,* f., Lacédémone, Sparte ‖ **Lăcĕdæmŏnĭus,** *a, um,* de Lacédémone ‖ **Lăcĕdæmŏnĭus,** *ĭi,* m., Lacédémonien.

lăcĕr, *ĕra, ĕrum,* **1.** déchiré, mutilé, mis en pièces ; **2.** qui déchire.

lăcĕrātĭo, *ōnis,* f., action de déchirer.

lăcerna, *æ,* f., manteau de grosse étoffe avec un capuchon.

lăcernātus, *a*, *um*, couvert d'une *lacerna*.

lăcĕro, *ās*, *āre*, tr., **1.** déchirer ; **2.** railler ; **3.** faire souffrir ; **4.** dissiper, gaspiller.

lăcerta, *æ*, f., lézard.

lăcertōsus, *a*, *um*, musculeux, robuste.

① **lăcertus**, *i*, m., surt. au pl., **lăcerti**, *ōrum*, les muscles ; spéc., muscles de la partie supérieure du bras ; bras.

② **lăcertus**, *i*, m., lézard.

lăcesso, *ĭs*, *ĕre*, *īvi* (*ĭi*), *ītum*, tr., **1.** harceler, exciter, provoquer ; **2.** attaquer ; **3.** exciter à, pousser à, provoquer, ~ *ad pugnam* : exciter au combat.

Lăchĕsis, *is*, f., Lachésis, une des trois Parques.

lăcĭnĭa, *æ*, f., pièce, morceau, pan de vêtement.

lăcĭnĭōsus, *a*, *um*, découpé, dentelé.

Lăcĭnĭum, *ĭi*, n., promontoire Lacinium, site d'un temple de Junon, à l'entrée du golfe de Tarente ‖ **Lăcĭnĭus**, *a*, *um*, de Lacinium, *diva Lacinia* : la déesse de Lacinium (Junon).

Lăco (~ōn), *ōnis*, m., **1.** Lacédémonien **2.** chien de Laconie ‖ **Lăcōnes**, *um*, m. pl., les Lacédémoniens, spéc. Castor et Pollux ; ‖ **Lăcōnĭa** (~ĭca), *æ*, ou **Lăcōnĭcē**, *ēs*, f., la Laconie, région méridionale du Péloponnèse ‖ **Lăcōnĭcus**, *a*, *um*, de Laconie, lacédémonien ; *laconicæ canes* : chiennes de chasse de Laconie.

lăcōnĭcum, *i*, n., étuve.

lăcrĭma (~ŭma), *æ*, f., larme.

lăcrĭmābĭlis, *e*, adj., déplorable ; lamentable.

lăcrĭmābundus, *a*, *um*, qui est en larmes.

lăcrĭmātĭo, *ōnis*, f., larmoiement.

lăcrĭmo, *ās*, *āre*, intr. et tr., pleurer, verser des larmes ; distiller.

lăcrĭmōsē, adv., en pleurant.

lăcrĭmōsus, *a*, *um*, **1.** pleurant ; **2.** déplorable.

lăcrĭmŭla, *æ*, f., petite larme.

lăcrŭm~, V. *lacrim~*.

lact, arch., V. *lac*.

lactans, *antis*, **1.** part. adj. de *lacto* ① et ② ; **2.** adj., gonflé de lait.

Lactantĭus, *ĭi*, m., Lactance, dit le Cicéron des chrétiens (IIIᵉ-IVᵉ s. ap. J.-C.).

lactārĭus, *a*, *um*, de lait, laiteux.

lactens, *entis*, part. adj. de *lacteo*, qui tète encore, délicat ; qui est encore en sève ; subst. m. pl., *lactentes*, *ium*, animaux à sacrifier encore à la mamelle ; n. pl., *lactentia*, *ium*, laitage.

lactĕo, *ēs*, *ēre*, intr., **1.** téter, être à la mamelle ; **2.** être laiteux.

lactĕŏlus, *a*, *um*, blanc comme le lait.

lactes, *ĭum*, f. pl., intestin grêle ; intestins ; laitance de la murène.

lactesco, *ĭs*, *ĕre*, intr., **1.** se changer en lait ; **2.** commencer à avoir du lait.

lactĕus, *a*, *um*, de lait, **1.** gonflé de lait ; **2.** couleur de lait, ~ *circulus*, *lactea via* : la Voie lactée ; **3.** doux comme le lait, *lactea ubertas Livii* : Tite-Live qui a la richesse nourrissante du lait, QUINT.

① **lacto** (cf. *lac*), *ās*, *āre*, tr., allaiter.

② **lacto** (~*licio*, cf. *illicio*), *ās*, *āre*, tr., attirer, séduire.

lactūca, *æ*, f., laitue.

lactūcŭla, *æ*, f., dim. de *lactuca*.

lăcūna, *æ*, f., **1.** fondrière ; **2.** creux, cavité ; **3.** lacune, manque.

lăcūnăr, *āris*, ou **lăcūnārĭum**, *ĭi*, n., plafond lambrissé, à caissons.

lăcūno, *ās*, *āre*, tr., couvrir comme d'un lambris.

lăcūnōsus, *a*, *um*, qui a des creux, inégal.

lăcŭs, *ūs*, m., **1.** bassin, lac ; **2.** réservoir ; cuve (ex., à moût), baquet ; **3.** case du grenier ; caisson du plafond.

lăcuscŭlus, *i*, m., petite fosse ; compartiment.

Lādōn, *ōnis*, m., Ladon, fl. d'Arcadie consacré à Apollon, affluent de l'Alphée.

Læca (**Lecca**), *æ*, m., Læca, complice de Catilina.

lædo, *ĭs*, *ĕre*, *læsi*, *læsum*, tr., **1.** heurter ; **2.** blesser ; **3.** nuire, faire du tort à ; **4.** faire impression sur.

Lælĭus, *ĭi*, m., Lélius, nom d'une famille rom., not. C. Lælius, ami de Scipion l'Africain ; son fils C. Lælius, dit Sapiens, ami de Scipion Émilien, qui donne son nom au traité de Cicéron « Sur l'Amitié » ; D. Lælius, commandant de la flotte pompéienne d'Asie.

læna, *æ*, f., manteau d'hiver.

Lăerta et **Lăertēs**, *æ*, m., Laërte, père d'Ulysse ‖ **Lăertĭădēs**, *æ*, m., fils de Laërte, Ulysse ‖ **Lăertĭus**, *a*, *um*, de Laërte.

Lāertĭus, *a*, *um*, de Laërte, v. de Cilicie, not. *Diogenes* ~, Diogène Laërce, auteur d'une histoire des philosophes.

læsi, V. *lædo*.

læsĭo, *ōnis*, f., **1.** choc, dommage ; **2.** attaque oratoire.

Læstrÿgōn, *ŏnis*, m., Lestrygon ‖ **Læstrÿgōnes**, *um*, m. pl., les Lestrygons, ancien peuple anthropophage, voisin de l'Etna ‖ **Læstrÿgōnĭus**, *a*, *um*, des Lestrygons.

lætābĭlis, *e*, adj., [~*lior*], qui cause de la joie, heureux, agréable.

lætābundus, *a*, *um*, tout joyeux.

lætandus, *a, um*, dont il faut se réjouir.

lætans, *antis*, 1. part. adj. de *lætor* ; 2. adj., joyeux ; agréable.

lætātĭo, *ōnis*, f., transport de joie.

lætē, adv., [~*tius*, ~*tissime*], 1. avec joie ; 2. d'une manière enjouée ; 3. en style fleuri, abondant.

lætĭfĭco, *ās, āre*, tr., 1. rendre joyeux ; 2. fertiliser.

lætĭfĭcus, *a, um*, qui rend joyeux ; subst. n. pl., *lætifica, orum*, bonnes nouvelles.

lætĭtĭa, *æ*, f., 1. joie débordante ; 2. fertilité ; agrément du style.

lætor, *āris, āri*, intr., se réjouir, ~ *malo alieno* : se réjouir du malheur d'autrui, ~ *de communi salute* : se réjouir du salut commun, avec prop. inf. ou *quod* + ind. ou subj.

lætus, *a, um*, [~*tior*, ~*tissimus*], 1. gras, fertile (animaux et plantes) ; 2. joyeux ; 3. qui réjouit, agréable ; 4. favorable, d'heureux augure ; 5. riant, plaisant ; 6. orné, fleuri, *locos lætiores attentavit* : il s'essaya à des développements brillants.

lævē, adv., gauchement, mal.

lævum, n. adv., du côté gauche.

lævus, *a, um*, 1. gauche, du côté gauche ; subst. f., *læva, æ*, la main gauche ; n., *lævum, i*, et pl. *læva, orum*, le côté gauche ; 2. fig., a) maladroit, stupide, sot ; b) défavorable ou au contraire propice (la gauche de l'observateur augural est la droite des dieux).

lăgœna ou lăgōna, *æ*, f., cruche à corps bombé et col étroit pour le vin.

lăguncŭla, *æ*, f., carafon.

Lagus, *i*, m., Lagus, père de Ptolémée, chef de la dynastie des Lagides.

Lāĭus (Lājus), *i*, m., Laïos, père d'Œdipe, roi de Thèbes.

lambo, *ĭs, ĕre, lambi* ou *lambĭi*, tr., 1. lécher, laper ; 2. baigner, laver ; 3. effleurer.

lāmella, *æ*, f., petite lame de métal.

lāmenta, *ōrum*, n. pl., lamentations, gémissements.

lāmentābĭlis, *e*, adj., 1. plaintif ; 2. déplorable, lamentable.

lāmentātĭo, *ōnis*, f., lamentations, gémissements.

lāmentor, *āris, āri*, 1. intr., se lamenter ; 2. tr., déplorer.

lămĭa, *æ*, f., lamie, vampire-femme qui suçait le sang des petits enfants.

① Lămĭa, *æ*, f., ville de la Phthiotide.

② Lămĭa, *æ*, m., Lamia, surnom d'une branche de la *gens Ælia* ‖ Lămĭānus, *a, um*, de Lamia.

lāmĭna (lammĭna, lamna), *æ*, f., 1. lame 2. feuille de métal ; plaque mince ; 3. o ou argent en lingot.

lampăs, *ădis*, f., lampe, torche, flam beau ; fig., splendeur, éclat.

Lampsăcēnus, *a, um*, de Lampsaque Lampsăcēni, *ōrum*, m. pl., les hab. de Lampsaque ‖ Lampsăcum, *i*, n., o Lampsăcus, *i*, f., Lampsaque, v. de My sie, sur l'Hellespont, où Priape était ho noré.

lāna, *æ*, f., 1. laine ; 2. travail de la laine 3. plumes, duvet ; 4. fig., flocons de lain = nuages, moutons.

lānārĭus, *a, um*, qui a rapport à la laine subst. m., *lanarius, ii*, ouvrier en laine.

lānātus, *a, um*, 1. de laine ; 2. laineux duveteux.

lancĕa, *æ*, f., lance, pique ; fig., coup d lance, préoccupation, APUL.

lancĭno, *ās, āre*, tr., mettre en morceaux déchirer.

lānĕus, *a, um*, de laine.

languēfăcĭo, *ĭs, ĕre*, tr., rendre languis sant.

languĕo, *ēs, ēre, gŭi*, intr., 1. être languis sant, sans reconst, faible, abattu, *æquo languet* : la mer est étale ; 2. être indolent mou.

languesco, *ĭs, ĕre, gŭi*, intr., 1. deveni languissant ; 2. fig., s'affaiblir.

languĭdē, adv., [~*dius*], languissam ment, mollement, sans courage.

languĭdŭlus, *a, um*, un peu alangui fané.

languĭdus, *a, um*, 1. affaibli, languis sant ; 2. paresseux, mou, sans énergie 3. amollissant.

languŏr, *ōris*, m., 1. faiblesse, abatte ment, langueur ; calme (de la mer) 2. maladie ; 3. inactivité, paresse.

lănĭātĭo, *ōnis*, f., action de déchirer.

lănĭātŭs, *ūs*, m., action de déchirer, mor sure.

lănĭēna, *æ*, f., boucherie.

lānĭfĭcĭum, *ĭi*, n., travail de la laine.

lānĭfĭcus, *a, um*, qui travaille la laine.

lānĭgĕr, *gĕra, gĕrum*, qui porte une toi son ; subst. m., *laniger, eri*, mouton ; f., *la nigera, æ*, brebis.

① lănĭo, *ās, āre*, tr., déchirer.

② lănĭo, *ōnis*, m., boucher.

lănĭōnĭus, *a, um*, de boucher.

lănista, *æ*, m., laniste, celui qui dresse le gladiateurs.

lānĭtĭum, *ĭi*, n., lainage, toison ; ~ *silva rum* : le coton.

lānĭus, *ĭi*, m., 1. boucher ; 2. victimaire sacrificateur.

Lānĭvĭum, V. *Lanuvium*.

anterna, *æ*, f., lanterne.

anternārĭus, *ĭi*, m., porte-lanterne ; fig., porte-lanterne = complice.

ānūgĭnōsus, *a, um*, laineux, cotonneux ; qui tisse une toile.

ānūgo, *ĭnis*, f., 1. lainage ; 2. duvet, poil follet.

Lānŭvīnus, *a, um*, de Lanuvium ‖ **Lānŭvīni**, *ōrum*, m. pl., les hab. de Lanuvium ‖ **Lānŭvĭum**, *ĭi*, n., Lanuvium, v. du Latium.

anx, *lancis*, f., 1. plat, plateau ; 2. spéc., plateau d'une balance, balance.

Lăŏcŏōn, *ontis*, m., Laocoon, prêtre troyen de Neptune qui s'opposa à l'entrée du cheval de Troie et fut étouffé par deux serpents.

Lăŏdĭcēa, *æ*, f., Laodicée, 1. cap. de la Syrie ; 2. autres v., en Phrygie, etc. ‖ **Lăŏdĭcensis**, *e*, adj., de Laodicée.

Lăŏmĕdōn, *ontis*, m., Laomédon, roi de Troie, père de Priam ‖ **Lăŏmĕdontēus**, *a, um*, de Laomédon, troyen ‖ **Lăŏmĕdontĭădēs**, *æ*, m., fils ou descendant de Laomédon ‖ **Lăŏmĕdontĭădæ**, *ārum*, m. pl., les Troyens.

lăpĭcīda, *æ*, m., tailleur de pierres.

lăpĭcīdīnæ, *ārum*, f. pl., carrières de pierres.

lăpĭdārĭus, *a, um*, qui a rapport à la pierre, de pierre ; subst. m., *lapidarius, ii,* tailleur de pierres.

lăpĭdat, *āre, āvit*, impers., ~ *de cælo* : il pleut des pierres du ciel

lăpĭdātĭo, *ōnis*, f., action de jeter des pierres ; pluie de pierres.

lăpĭdātŏr, *ōris*, m., celui qui lance des pierres.

lăpĭdĕus, *a, um*, 1. de pierre ; 2. fig., pétrifié ; dur, insensible ; 3. pierreux.

lăpĭdĭcīnæ, V. *lapicidinæ*.

lăpĭdo, *ās, āre*, 1. tr., lapider ou frapper à coups de pierres ; 2. impers., V. *lapidat*.

lăpĭdōsus, *a, um*, plein de pierres, pierreux ; dur comme de la pierre.

lăpillus, *i*, m., 1. petite pierre, caillou ; 2. pierre précieuse.

lăpis, *ĭdis*, m., 1. pierre ; fig., homme insensible ; 2. borne milliaire, *ad quartum, ad octavum* (ss.-ent. *lapidem*) : à quatre, à huit milles ; tribune de pierre du crieur public des ventes d'esclaves ; borne des propriétés ; pierre tumulaire ; 3. pierre précieuse ; 4. marbre ; 5. *Jupiter* ~ : Jupiter de pierre que l'on tenait à la main pour prêter serment.

lapsĭo, *ōnis*, f., faux pas.

lapso, *ās, āre*, intr., glisser, chanceler, tomber ; tomber sans cesse.

① **lapsus**, *a, um*, V. *labor*.

② **lapsŭs**, *ūs*, m., 1. glissement, écoulement (de l'eau, des astres, des animaux, etc.) ; 2. chute ; 3. fig., faux pas, erreur.

lăquĕans, *antis*, et **lăquĕātus**, *a, um*, lambrissé.

lăquĕārĕ, *is*, n., ordin. au pl., **lăquĕārĭa**, *ĭum*, plafond lambrissé, à caissons.

lăquĕus, *i*, m., 1. lacet, nœud coulant ; 2. lacs, filet ; fig., surt. au pl., *laquei, orum*, filets, pièges.

Lār, *Lăris*, m., au pl. **Lăres**, *um* et *ĭum*, 1. Lare, Lares, les Lares, divinités protectrices du foyer (ou de la ville), âmes des ancêtres défunts ; ~ *familiaris*, le dieu du foyer familial ; *lares compitales, viales,* dieux protecteurs des carrefours, des rues ; 2. fig., foyer, maison.

Lăra et **Lărunda**, *æ*, f., Lara ou Larunda, nymphe du Tibre, mère des Lares ; Jupiter lui enleva la langue pour la punir de son bavardage.

lardum, *i*, n., lard.

Lārentālĭa, *ĭum*, n. pl., Larentales, fêtes du 23 décembre en l'honneur d'Acca Larentia ou Laurentia ‖ **Lārentĭa** ou **Laurentĭa**, *æ*, f., Acca Larentia ou Laurentia, femme de Faustulus, mère des douze frères Arvales, nourrice de Romulus et Rémus ; homonyme d'Acca Larentia, qui dans les premiers temps de Rome accorda ses faveurs à Hercule et fut la bienfaitrice de la ville.

Lăres, V. *Lar*.

largē, adv., [~*gius*, ~*gissime*], abondamment, largement.

largĭfĭcus, *a, um*, abondant.

largĭflŭus, *a, um*, qui coule abondamment.

largĭlŏquus, *a, um*, bavard.

largĭor, *īris, īri, ītus sum*, tr., donner largement, faire des largesses.

largĭtās, *ātis*, f., largesse, libéralité.

largĭtĕr, adv., [~*gius*, ~*gissime*], largement, abondamment ; beaucoup.

largĭtĭo, *ōnis*, f., largesse, libéralité ; corruption.

largĭtŏr, *ōris*, m., celui qui donne libéralement ; corrupteur.

largus, *a, um*, [~*gior*, ~*gissimus*], 1. abondant, ample ; 2. généreux, large.

lārĭda, *æ*, f., ou **lārĭdum**, *i*, n., lard.

Lārīsa ou **Lārissa**, *æ*, f., Larissa, v. natale d'Achille en Thessalie ‖ **Lārīsæus** ou **Lārissæus**, *a, um*, de Larissa ‖ **Lārīsæi** ou **Lārissæi**, *ōrum*, **Lārīsenses** ou **Lārissenses**, *ĭum*, m. pl., les hab. de Larissa en Thessalie.

lars, *lartis*, m., lar, chef militaire (mot étrusque).

lārŭa ou **larva**, *æ*, f., **1.** fantôme ; **2.** masque de théâtre.

larvālis, *e*, adj., de spectre ; effrayant.

larvo, *ās, āre*, tr., ensorceler ; part. *larvatus* (*laruatus*), possédé.

lăsănum, *i*, n., vase de nuit.

lascīvē, adv., [*~vius*], en folâtrant.

lascīvĭa, *æ*, f., **1.** humeur folâtre ; **2.** licence, excès.

lascīvĭo, *īs, īre, ĭi, ītum*, intr., **1.** folâtrer ; **2.** s'abandonner à la licence.

lascīvus, *a, um*, [*~vior, ~vissimus*], **1.** folâtre, pétulant, *lasciva verba* : langage enjoué, Hor. ; **2.** licencieux, obscène.

lassĭtūdo, *ĭnis*, f., fatigue, lassitude.

lasso, *ās, āre*, tr., lasser, fatiguer.

lassus, *a, um*, las, fatigué, épuisé ; affaibli.

lātē, adv., [*~tius, ~tissime*], **1.** largement, sur une large étendue ; **2.** fig., avec une grande extension.

lătĕbra, *æ*, f., **1.** cachette, refuge, retraite (ordin. au pl.) ; **2.** fig., secret ou subterfuge.

lătĕbrōsus, *a, um*, caché, obscur.

lătens, *entis*, **1.** part. de *lateo* ; **2.** adj., caché, secret.

lătentĕr, adv., en cachette, secrètement.

lătĕo, *ēs, ēre, ŭi*, **1.** intr., être caché ; mener une vie retirée ; **2.** tr., être inconnu à, échapper à + acc., *nec latuere doli fratrem Junonis* : et les ruses de Junon n'échappèrent pas à son frère, Virg.

lătĕr, *ĕris*, m., brique.

lătĕrālis, *e*, adj., de côté, latéral.

lătĕrāmĕn, *ĭnis*, n., paroi d'argile d'un vase, Lucr.

lătĕrārĭus, *a, um*, de briques, à briques.

lătercŭlus, *i*, m., petite brique.

lătĕrīcĭus, *a, um*, de brique ; subst. n., *latericium, ii*, maçonnerie en brique.

lāterna, **lāternārĭus**, V. *lanterna, lanternarius*.

① **lătesco**, *īs, ĕre*, intr., se cacher.

② **lătesco**, *īs, ĕre*, intr., s'élargir, grossir.

lătex, *ĭcis*, m., toute espèce de liquide ; spéc., eau vive ; poét., *~ vineus* : vin, *Palladii latices* : liqueur de Minerve (= huile).

Lătĭālis, *e*, adj., latin, du Latium ; *Juppiter ~*, Jupiter Latial, fêté chaque année par tous les peuples du Latium.

Lătĭăr, *āris*, n., fête avec sacrifice à Jupiter Latial en janvier et avril ‖ **Lătĭāris**, V. *Latialis*.

lătĭbŭlum, *i*, n., retraite, cachette.

lātĭclāvĭus, *a, um*, **1.** garni d'une large bande de pourpre ; **2.** qui porte le laticlave ; subst. m., *laticlavius, ii*, celui qui porte le laticlave, patricien, sénateur, etc.

lătĭfundĭum, *ĭi*, n., grande propriété.

Lătīnē, adv., **1.** en latin ; **2.** en bon latin, correctement.

lătīnĭtās, *ātis*, f., **1.** latinité, langue latine correcte ; **2.** droit latin.

① **Lătīnus**, *a, um*, latin, du Latium ; *Latinæ (feriæ)*, féries latines ; subst. n., *Latinum, i*, le latin ‖ **Lătīna**, *ōrum*, n. pl., les œuvres écrites en latin ‖ **Lătīni**, *ōrum*, m. pl., a) les hab. du Latium ; b) les peuples de droit latin.

② **Lătīnus**, *i*, m., Latinus, roi mythique du Latium qui donna en mariage à Énée sa fille Lavinia.

lătĭo, *ōnis*, f., action de porter (du secours), de proposer (une loi).

lătĭto, *ās, āre*, intr., **1.** essayer de se cacher ; **2.** se tenir caché.

lătĭtūdo, *ĭnis*, f., **1.** largeur ; **2.** ampleur étendue ; **3.** prononciation appuyée ; ampleur du style.

Lătĭum, *ĭi*, n., Latium, région d'Italie centrale ; *jus Latii* ou simpl. *Latium* : droit latin ‖ **Lătĭus**, *a, um*, du Latium, latin = romain.

Latŏbrĭgi, *ōrum*, m. pl., Latobriges, peuple celtique des sources du Danube.

Lātōis, *ĭdis* ou *ĭdos*, adj. f., de Latone ; subst. f., fille de Latone, Diane ‖ **Lātōius**, *a, um*, de Latone ‖ **Lātōĭus**, *ĭi*, m., fils de Latone, Apollon ‖ **Lātōĭa**, *æ*, f., fille de Latone, Diane.

lătŏmĭæ et **lautŭmĭæ**, *ārum*, f. pl., latomies ou lautumies, carrières servant de prison.

Lātōna, *æ*, f., Latone (Lèto), mère d'Apollon et de Diane, persécutée par Junon qui envoya contre elle le serpent Python ‖ **Lătōnĭa**, *æ*, f., fille de Latone, Diane ‖ **Lātōnĭgĕna**, *æ*, m. et f., fils ou fille de Latone, Apollon, Diane ‖ **Lātōnĭus**, *a, um*, de Latone.

lātŏr, *ōris*, m., celui qui propose une loi.

Lātōus, *a, um*, de Latone ‖ **Lātōus**, *i*, m., Apollon.

Latovīci, V. *Latobrigi*.

lātrans, *antis*, **1.** V. *latro* ① ; **2.** subst. m., chien.

lātrātŏr, *ōris*, m., **1.** aboyeur ; **2.** avocat braillard.

① **lātrātus**, *a, um*, V. *latro* ①.

② **lātrātŭs**, *ūs*, m., aboiement.

lātrīna, *æ*, (cf. *lavo*), f., **1.** bain ; **2.** lieu d'aisances ; **3.** bordel.

① **lātro**, *ās, āre*, **1.** intr., aboyer, brailler retentir ; **2.** tr., aboyer contre, réclamer à grands cris.

② **lătro**, ōnis, m., **1.** soldat mercenaire ; **2.** brigand, bandit ; chasseur ; **3.** pion d'un échiquier.

lătrōcĭnātĭo, ōnis, f., brigandage.

lătrōcĭnĭum, ĭi, n., **1.** service de soldat mercenaire ; **2.** brigandage ; **3.** au pl., *latrocinia*, *orum*, actes de piraterie ; **4.** bande de brigands ; **5.** jeu des latroncules (échecs).

lătrōcĭnor, āris, āri, intr., **1.** être soldat mercenaire ; **2.** voler à main armée ; **3.** chasser.

lătruncŭlārĭa tăbŭla, æ, f., table du jeu des latroncules.

lătruncŭlus, i, m., dim. de *latro* ②, **1.** brigand, voleur ; **2.** pion, pièce du jeu des latroncules (sorte d'échecs).

① **lātus**, a, um, V. *fero*.

② **lātus**, a, um, [~*tior*, ~*tissimus*], **1.** large ; subst. n., *latum*, *i*, largeur ; **2.** poét., en personnage important, en se rengorgeant ; **3.** étendu ; **4.** prononcé de façon traînante ; **5.** ample, abondant de style.

③ **lātus**, ĕris, n., **1.** côté, flanc ; **2.** flancs ; au pl., *latera*, *um*, poumons ; fig., l'entourage ; **3.** côté, flanc (d'un camp, d'une armée, d'un triangle).

laudābĭlis, e, adj., louable.

laudābĭlĭtĕr, adv., honorablement.

laudandus, a, um, V. *laudabilis* ; subst. n. pl., *laudanda*, *orum*, actions louables.

laudātĭo, ōnis, f., **1.** éloge, panégyrique ; **2.** abs., oraison funèbre ; **3.** dans un procès : témoignage favorable.

laudātīvus, a, um, qui concerne l'éloge ; subst. f., *laudativa*, *æ*, rhét., le genre démonstratif.

laudātŏr, ōris, m., **1.** celui qui loue, apologiste ; **2.** celui qui prononce un éloge funèbre ; **3.** témoin à décharge.

laudātrix, īcis, f., celle qui loue.

laudātus, a, um, **1.** V. *laudo* ; **2.** adj., [~*tior*, ~*tissimus*], loué, estimé, renommé.

laudo, ās, āre, tr., **1.** louer, approuver, vanter ; **2.** prononcer une oraison funèbre ; **3.** déposer en faveur de qqn.

laurĕa, æ, f., **1.** laurier, couronne de laurier ; **2.** gloire poétique ou militaire ; **3.** victoire, triomphe.

laurĕātus, a, um, orné de laurier ; spéc., *laureatæ litteræ* ou *laureatæ* seul : lettre ornée de laurier d'un général victorieux.

Laurens, entis, adj., de Laurente ‖ **Laurentes**, *ĭum*, m. pl., les hab. de Laurente ‖ **Laurentum**, *i*, n., Laurentum ou Laurente, v. du Latium.

Laurentālĭa, V. *Larentalia*.

Laurentĭa, V. *Larentia*.

laurĕŏla, æ, f., feuille de laurier, couronne de laurier ; fig., mince succès.

laurĕus, a, um, de laurier.

laurĭcŏmus, a, um, qui a la tête ceinte de laurier.

laurĭfĕr, fĕra, fĕrum, **1.** qui produit des lauriers ; **2.** couronné de lauriers.

laurĭgĕr, gĕra, gĕrum, **1.** qui porte du laurier ; **2.** orné (couronné) de laurier.

laurus, i, f., **1.** laurier ; **2.** fig., couronne de laurier, victoire, triomphe.

laus, laudis, f., **1.** louange, gloire, *aliquem laudibus ferre* : louer qqn., *ad cælum laudibus efferre* : porter aux nues ; **2.** estime générale, *in laude vivere* : vivre dans l'estime ; **3.** titre de gloire, mérite, ~ *est*, *laudis est* + inf. : c'est un titre de gloire de ; hauts faits, actions d'éclat.

Lausus, i, m., fils de Mézence, tué par Énée.

lautē, adv., [~*tius*, ~*tissime*], **1.** élégamment, somptueusement ; **2.** excellemment.

lautĭa, ōrum, n. pl., train de maison offert aux ambassadeurs reçus à Rome, présents d'hospitalité.

lautĭtĭa, æ, f., luxe, somptuosité, faste.

lautŭmĭæ, V. *latomiæ*.

lautus, a, um, [~*tior*, ~*tissimus*], **1.** V. *lavo* ; **2.** adj., a) riche, somptueux ; b) distingué, brillant.

lăvābrum, i, n., baignoire.

lăvācrum, i, n., bain ; salle de bains.

lăvātĭo, ōnis, f., **1.** action de laver, nettoyage ; **2.** bain ; **3.** bains (édifice).

Lāvīnĭa, æ, f., Lavinie, fille du roi Latinus, promise à Turnus et donnée comme épouse à Énée ‖ **Lāvīnĭum**, *ĭi*, et **Lāvīnum**, *i*, n., Lavinium, v. fondée par Énée dans le Latium ‖ **Lāvīnĭus** et **Lāvīnus**, a, um, de Lavinium.

lăvo, ās, āre, lāvi, lăvātum, et **lăvo**, ĭs, ĕre, lāvi, lautum, **1.** tr., laver, baigner ; passif, *lavari* : se baigner ; **2.** intr., se baigner.

laxāmentum, i, n., **1.** développement, extension ; **2.** relâche, répit, relâchement.

laxātus, a, um, **1.** V. *laxo* ; **2.** adj., [~*tior*], relâché, libre.

laxē, adv., [~*xius*, ~*xissime*], **1.** largement, amplement ; **2.** librement ; sans contrainte.

laxĭtās, ātis, f., **1.** étendue, espace libre ; **2.** relâchement.

laxo, ās, āre, tr. et qqf. intr., **1.** étendre, élargir ; **2.** relâcher, détendre ; intr., lâcher, céder ; **3.** fig., a) relâcher, donner du repos ; b) abaisser ; intr., diminuer ; passif : *pugna laxata* : rémission dans le combat.

laxus, a, um, [~*xior*, ~*xissimus*], **1.** large ; **2.** lâche, relâché.

lĕa, æ, ou **lĕæna**, æ, f., lionne.

Lĕandĕr (**~drus**), i, m., Léandre, amoureux d'Héro, qui se noya en traversant l'Hellespont pour la rejoindre.

Lĕbădĕa (**~īa**), æ, f., Lébadée, v. de Béotie.

lĕbēs, ētis, m., bassin recevant l'eau lustrale qu'on versait sur les mains; cuvette; chaudron.

lectīca, æ, f., litière, chaise à porteurs.

lectīcārĭus, ĭi, m., porteur de litière.

lectīcŭla, æ, f., petite litière; lit de repos.

lectĭo, ōnis, f., 1. action de recueillir; 2. choix, élection; 3. lecture; texte lu.

lectisternĭum, ĭi, n., repas offert aux dieux dont on couchait les statues sur des coussins.

lectĭto, ās, āre, tr., 1. cueillir, ramasser souvent ou avec soin; 2. lire et relire.

lectĭuncŭla, æ, f., petite lecture.

lectŏr, ōris, m., lecteur qui lit pour soi ou pour les autres, en privé ou en public.

lectŭlus, i, m., petit lit, lit (de repos, de table, funèbre, nuptial).

① **lectus**, a, um, 1. V. lego ②; 2. adj., [~tior, ~tissimus], choisi, distingué.

② **lectus**, i, m., lit (de table, funèbre, nuptial).

③ **lectus**, ūs, m., lit, PL.

Lēda, æ, ou **Lēdē**, ēs, f., Léda, épouse de Tyndare, aimée de Zeus (transformé en cygne), mère d'Hélène, de Clytemnestre, de Castor et de Pollux ‖ **Lēdæus**, a, um, de Léda.

lēgālis, e, adj., relatif aux lois.

lēgāta, æ, f., ambassadrice.

lēgātārĭus, a, um, imposé par testament; subst. m., legatarius, ii, et f., legataria, æ, légataire.

lēgātĭo, ōnis, f., délégation, ambassade, lieutenance.

lēgātŏr, ōris, m., testateur, celui qui laisse un legs.

lēgātōrĭus, a, um, de légat, de lieutenant.

lēgātum, i, n., legs, don par testament.

① **lēgātus**, a, um, V. lego ①.

② **lēgātus**, i, m., délégué, d'où: 1. député, ambassadeur; 2. lieutenant (dans des fonctions diverses).

lĕgens, entis, V. lego ②; subst. m., lecteur.

lēgi, V. lego ②.

lēgĭfĕr, fĕra, fĕrum, qui établit des lois; subst. m., legifer, eri, législateur.

lĕgĭo, ōnis, f., (cf. lego ②), « levée », 1. légion, corps de troupe de l'armée romaine, i.e. 6 000 h. divisés en 10 cohortes de 3 manipules et 6 centuries; elle a l'aigle pour enseigne; son chef est originellement un consul ou un préteur, plus tard un tribun militaire, et sous l'Empire un legatus; elle a un numéro d'ordre et souv. un surnom; 2. poét., armée, troupes.

lĕgĭōnārĭus, a, um, d'une légion, de légion, légionnaire.

lēgĭrŭpa, æ, m., celui qui viole les lois.

lēgĭrŭpĭo, ōnis, f., violation des lois.

lēgĭtĭmē, adv., 1. conformément aux lois; 2. comme il faut, selon les règles.

lēgĭtĭmus, a, um, conforme aux lois; légal; régulier.

lĕgĭuncŭla, æ, f., petite légion.

① **lēgo**, ās, āre, (cf. lex), tr., 1. députer; 2. nommer lieutenant, légat; 3. laisser par testament, léguer.

② **lĕgo**, ĭs, ĕre, lēgi, lectum, tr., 1. assembler, cueillir, ramasser, ~ nuces: ramasser des noix, ~ oleam, récolter des olives; ramasser en volant; 2. parcourir, ~ vestigia: recueillir les traces; ~ viam, saltus, cælum: parcourir une route, les forêts, le ciel; 3. choisir, ~ judices, choisir des juges, ~ aliquem ex senatu: choisir qqn. dans le sénat; 4. lire (i. e., assembler des lettres et des mots, et recueillir par les yeux).

lēgŭlēius, i, m., procédurier.

lēgŭlus, i, m., celui qui cueille les olives, le raisin.

lĕgūmĕn, ĭnis, n., légume.

Lĕlĕges, um, m. pl., Lélèges, ancien peuple habitant l'Asie Mineure et certaines régions de la Grèce, Thessalie, Locride et Mégaride.

Lĕmannus (**~ānus**), i, m., le lac Léman.

lembus, i, m., barque, canot.

lemma, ătis, n., 1. argument, thème, sujet; 2. titre d'un écrit, d'une pièce; 3. majeure d'un syllogisme; 4. conte de nourrice.

Lemnĭăcus, a, um, de Lemnos ‖ **Lemnĭăs**, ădis, f., femme de Lemnos ‖ **Lemnĭcŏla**, æ, m., hab. de Lemnos, Vulcain ‖ **Lemnĭensis**, e, adj., de Lemnos.

lemniscātus, a, um, orné de lemnisques.

lemniscus, i, m., lemnisque (ruban pendant d'une couronne honorifique).

Lemnĭus, a, um, de Lemnos ‖ **Lemnĭus**, ĭi, m., Vulcain, le dieu de Lemnos qui y tomba quand Jupiter le précipita du ciel ‖ **Lemnŏs** (**~us**), i, f., Lemnos, île au N.-O. de Lesbos en mer Égée.

Lēmōnĭa, æ, f., Lémonia, tribu rustique romaine.

Lĕmŏvīces, um, m. pl., Lémovices, peuple d'Aquitaine, auj. Limousin.

lĕmŭres, um, m. pl., lémures, fantômes, spectres des trépassés.

Lĕmŭrĭa, *ōrum*, n. pl., Lémuries, fêtes célébrées le 9 mai pour délivrer les maisons des fantômes.

lēna, *æ*, f., entremetteuse ; séductrice.

Lēnæus, *a, um*, de Bacchus ; *Lenæi latices* ou *~ honor*: le vin ; *~ pater*: Bacchus ‖ **Lēnæus**, *i*, m., Lénæus, un des noms de Bacchus.

lēnīmĕn, *ĭnis*, n., adoucissement ; consolation.

lēnīmentum, *i*, n., lénitif ; fig., soulagement.

lēnĭo, *īs*, *īre*, *īvi* (*ĭi*), *ītum*, 1. tr., adoucir ; calmer ; 2. intr., s'adoucir.

lēnis, *e*, adj., [*~nior, ~nissimus*], 1. doux ; 2. calme ; + inf., qui se laisse facilement aller à.

lēnĭtās, *ātis*, f., 1. douceur ; 2. clémence, modération.

lēnĭtĕr, adv., [*~nius, ~nissime*], 1. doucement ; 2. avec calme.

lēnĭtūdo, *ĭnis*, f., douceur, bonté ; douceur du style.

lēno, *ōnis*, m., léno, marchand de femmes ; corrupteur (type de comédie).

lēnōcĭnĭum, *ĭi*, n., 1. métier d'entremetteur, de corrupteur ; 2. charme, séduction ; parure ; artifice de style.

lēnōcĭnor, *āris*, *āri*, intr., 1. faire le métier de proxénète ; 2. chercher à séduire, flatter, caresser.

lēnōnĭus, *a, um*, d'entremetteur, de corrupteur.

lens, *lentis*, f., lentille.

lentē, adv., [*~tius, ~tissime*], lentement ; fig., avec calme, avec tranquillité.

lentĕo, *ēs, ēre*, intr., aller lentement.

lentesco, *īs, ĕre*, intr., 1. devenir souple, collant, visqueux ; 2. fig., s'adoucir.

lentĭcŭla, *æ*, f., dim. de *lens*, lentille ; objet en forme de lentille ; au pl., *lenticulæ*, *arum*, taches de rousseur.

lentīgo, *ĭnis*, f., tache de rousseur.

lentiscum, *i*, n., et **lentiscus**, *i*, f., lentisque ; bois de lentisque (dont on fait des cure-dents) ; huile de lentisque.

lentĭtūdo, *ĭnis*, f., 1. flexibilité ; 2. mollesse ; lenteur, apathie ; 3. froideur du style.

lento, *ās, āre*, tr., 1. rendre flexible, faire plier ; 2. prolonger.

lentŭlus, *a, um*, un peu lent.

Lentŭlus, *i*, m., Lentulus, surnom d'une branche de la *gens Cornelia* ; not. P. Cornelius Lentulus Sura, complice de Catilina, et P. Cornelius Lentulus Spinther, consul qui contribua au rappel de Cicéron.

lentus, *a, um*, [*~tior, ~tissimus*], 1. flexible ; 2. tenace ; 3. lent, paresseux ; 4. insensible.

① **lēnuncŭlus**, *i*, m., dim. de *leno*.

② **lēnuncŭlus**, *i*, m., petit bateau, barque.

lĕo, *ōnis*, m., 1. lion, peau de lion ; 2. le Lion, constellation.

Lĕōnĭdās, *æ*, m., Léonidas, roi de Sparte mort aux Thermopyles.

lĕōnīnus, *a, um*, de lion.

Lĕontīni, *ōrum*, m. pl., Léontini ou Léontium, v. de Sicile ‖ **Lĕontīnus**, *a, um*, de Léontini ‖ **Lĕontīni**, *ōrum*, m. pl., les hab. de Léontini.

lĕpĭdē, adv., [*~dius, ~dissime*], 1. avec grâce ; parfaitement ; 2. avec esprit.

lĕpĭdus, *a, um*, 1. gracieux, agréable ; 2. charmant ; 3. spirituel.

Lĕpĭdus, *i*, m., Lépide, surnom d'une branche de la *gens Æmilia*, not. M. Æmilius Lepidus, triumvir avec Octave et Antoine en 43 av. J.-C.

Lĕpontĭi, *ōrum*, m. pl., Lépontiens, peuple des Alpes.

lĕpŏrārĭum, *ĭi*, n., garenne.

lĕpŏrārĭus, *a, um*, relatif aux lièvres.

lĕpŏrīnus, *a, um*, de lièvre.

lĕpōs, *ōris*, m., 1. grâce, agrément ; 2. esprit.

Leptis, *is*, f., Leptis, nom de deux v. maritimes d'Afrique : *Leptis magna* en Tripolitaine, *Leptis parva* en Numidie.

lĕpŭs, *ŏris*, m., 1. lièvre ; 2. poisson venimeux de la couleur du lièvre ; 3. le Lièvre, constellation.

lĕpusculus, *i*, m., petit lièvre, levraut.

Lerna, *æ*, ou **Lernē**, *ēs*, f., Lerne, v. de l'Argolide, près du marais où Hercule tua l'hydre ‖ **Lernæus**, *a, um*, de Lerne.

Lesbĭa, *æ*, f., Lesbie, nom de femme, not. l'inspiratrice de Catulle.

Lesbĭăcus ou **Lesbĭus**, *a, um*, lesbien, de Lesbos ; *Lesbius civis* : le citoyen de Lesbos, Alcée ; *Lesbia vates* : la poétesse de Lesbos, Sapho ‖ **Lesbĭăs**, *ădis*, ou **Lesbis**, *ĭdis*, f., de Lesbos, Lesbienne ‖ **Lesbŏs**, *i*, f., Lesbos, île de la mer Égée ‖ **Lesbōus**, *a, um*, de Lesbos.

lessŭs, acc. *um*, m., lamentations funèbres.

Lestrȳgōn, V. *Læstrygon*.

lētālis, *e*, adj., funeste, mortel.

Lēthæus, *a, um*, du Léthé ; des Enfers ; qui donne le sommeil, l'oubli.

lēthargĭcus, *a, um*, qui est en léthargie ; subst. m., *lethargicus*, *i*, pers. en léthargie.

lēthargus, *i*, m., léthargie.

Lēthē, *ēs*, f., Léthé, fl. des Enfers, qui donne l'oubli.

lētǐfěr

lētǐfěr, *fěra, fěrum*, qui porte la mort.

lēto, *ās, āre*, tr., tuer.

lētum, *i*, n., 1. mort, trépas; 2. ruine, destruction.

Leucădǐa, *æ*, f., Leucade, île de la mer Ionienne, près de la côte d'Acarnanie, site d'un fameux temple d'Apollon ‖ **Leucădǐus**, *a, um*, de Leucade ‖ **Leucădǐus**, *ǐi*, m., surnom d'Apollon ‖ **Leucădǐi**, *ōrum*, m. pl., les hab. de Leucade ‖ **Leucăs**, *ădis*, f., 1. V. *Leucadia*; 2. promontoire et v. de l'île homonyme.

leucaspis, *ǐdis*, f., qui porte un bouclier blanc.

Leucaspis, *ǐdis*, m., Leucaspis, compagnon d'Énée.

Leucātās (~ēs), *æ*, m., promontoire de Leucate, au S. de l'île de Leucade.

Leuci, *ōrum*, m. pl., Leuques, peuple de Gaule Belgique, auj. Toul.

Leucippus, *i*, m., Leucippe, 1. père de Phébé et d'Hilaïra; 2. fils d'Hercule et d'Augé; 3. phil. grec d'Abdère, fondateur avec Démocrite de l'atomisme.

Leucŏpĕtra, *æ*, f., promontoire du Bruttium près de Rhégium, auj. Capo dell'Armi.

Leucŏthĕa, *æ*, ou **Leucŏthĕē**, *ēs*, f., Leucothée, nom d'Ino devenue déesse marine et confondue à Rome avec Matuta.

Leuctra, *ōrum*, n. pl., et **Leuctræ**, *ārum*, f. pl., Leuctres, bourg de Béotie où Épaminondas vainquit les Spartiates en 371 av. J.-C. ‖ **Leuctrǐcus**, *a, um*, de Leuctres.

lěvāmĕn, *ǐnis*, n., soulagement.

lěvāmentum, *i*, n., allègement, soulagement, consolation.

lěvātǐo, *ōnis*, f., action d'alléger, de soulager.

① **lěvatus**, *a, um*, 1. V. *levo* ①; 2. adj., poli, lisse.

② **lěvatus**, *a, um*, V. *levo* ②.

lēvi, V. *lino*.

lěvǐcǔlus, *a, um* (cf. *levis* ②), futile, insignifiant.

lěvǐdensis, *e*, adj., de peu de consistance, léger.

lěvǐfǐdus, *a, um*, peu digne de foi.

① **lēvǐgātus**, *a, um*, 1. V. *levigo* ①; 2. adj., [*~tior*], glissant, onctueux.

② **lěvǐgātus**, *a, um*, 1. V. *levigo* ②; 2. adj., allégé.

① **lēvǐgo**, *ās, āre*, tr., aplanir, polir; réduire en poudre.

② **lěvǐgo**, *ās, āre*, tr., alléger.

① **lēvis**, *e*, adj., [*~vior, ~vissimus*], poli, lisse.

② **lěvis**, *e*, adj., [*~vior, ~vissimus*],

I 1. sens pr., léger, peu pesant, *leves milites*: soldats armés à la légère; 2. agile, rapide; 3. léger (= facile à digérer); (terre) peu pesante ou pas grasse, maigre.
II fig., 1. léger, peu important; 2. léger, doux; 3. léger, inconsistant, peu sérieux, irresponsable.

lěvǐsomnus, *a, um*, qui a le sommeil léger.

① **lěvǐtās**, *ātis*, f., le poli.

② **lěvǐtās**, *ātis*, f., 1. légèreté; 2. inconsistance, V. *levis* ②, II 3.

lěvǐtěr, adv., [*~vius, ~vissime*], 1. légèrement; 2. faiblement; facilement.

① **lēvo**, *ās, āre*, tr., aplanir, polir.

② **lěvo**, *ās, āre*, tr., 1. alléger, soulager; 2. délivrer; 3. soulever, élever en l'air; 4. amoindrir; 5. consoler, réconforter.

lex, *lēgis*, f., 1. proposition de loi, projet de loi, *legem ferre, rogare*: présenter un projet de loi, *~ promulgare*: l'afficher, *~ sciscere, jubere*, l'agréer (pour le peuple), *~ antiquare, repudiare*, le rejeter, *~ suadere, dissuadere*: parler pour ou contre; 2. loi, i.e. projet sanctionné par le peuple (opp. à *plebiscitum*: décret de la plèbe); fig., loi, règle, précepte; 3. contrat, *~ mancipii*, contrat de vente; clause, condition, *eā lege ut* + subj.: à la condition que.

Lexŏbǐi (~vǐi), *ōrum*, m. pl., Lexoviens, peuple de Gaule Lyonnaise, auj. Lisieux.

lībāmĕn, *ǐnis*, n., libation, offrande.

lībāmentum, *i*, n., libation, offrande aux dieux dans les sacrifices; fig., échantillon.

Lībānus, *i*, m., Liban, mt. de Syrie.

lībārǐus, *ǐi*, m., marchand de gâteaux pour les libations.

lībātǐo, *ōnis*, f., libation, offrande.

lībella, *æ*, f., 1. petite monnaie d'argent d'un as (1/10ᵉ du denier); 2. niveau, instrument pour bâtir.

lībellus, *i*, m., dim. de *liber* ②, 1. petit livre, tablette; 2. petit traité; 3. recueil de notes; 4. requête; 5. programme; 6. affiche; 7. lettre; 8. libelle.

lībens (lŭ~), *entis*, part. adj. de *libet*, [*~tior, ~tissimus*], 1. qui agit volontiers, *libente te*: avec ton agrément; 2. joyeux, content.

lībentěr (lŭ~), adv., [*~tius, ~tissime*], volontiers, avec plaisir, de bon gré.

lībentǐa (lŭ~), *æ*, f., plaisir, gaieté.

① **līběr**, *ěra, ěrum*, [*~erior, ~errimus*], 1. socialement libre, de condition libre; subst. m., *liber, eri*, homme libre; 2. indépendant et autonome politiquement (en parlant d'un peuple); 3. affranchi de charges; libre, vacant; **4.** fig., débarrassé, affranchi de; indépendant; qqf., sans frein.

② **līber**, *bri*, m., **1.** pr., la pellicule entre le bois et l'écorce; écorce (sur laquelle on écrivait avant l'invention du papyrus), d'où: **2.** livre composé de feuilles, a) livre, ouvrage, traité, *librum edere*: publier un livre; b) partie d'une œuvre, *sermo in novem libros distributus*: dialogue divisé en neuf livres; c) au pl. *libri, orum*, spéc. les livres sibyllins; **3.** sens très variés: recueil, catalogue, décrets, etc.

Līber, *ĕri*, m., Liber, ancien dieu italien des fruits, fils de Cérès, identifié ensuite à Bacchus; fig., le vin.

Lībĕra, *æ*, f., Libéra, divinité italique identifiée avec **1.** Proserpine, fille de Cérès; **2.** Ariane, épouse de Bacchus.

Lībĕrālĭa, *ĭum*, n. pl., Libéralia, fêtes de Bacchus célébrées le 17 mars, jour où les jeunes gens endossent la toge virile.

lībĕrālis, *e*, adj., [~*lior*, ~*lissimus*], **1.** relatif à unes pers. de condition libre; **2.** digne d'un homme libre; a) phys., noble, distingué; b) mor., généreux, libéral, bienfaisant; c) pour qualifier la culture désintéressée: *liberales artes, doctrinæ*: les arts libéraux (géométrie, musique, littérature, philosophie); **3.** copieux, abondant.

lībĕrālĭtās, *ātis*, f., **1.** sentiments d'un homme libre, bienveillance, bonté; **2.** générosité; **3.** au pl., *liberalitates, um*, libéralités, dons.

lībĕrālĭtĕr, adv., [~*lius*, ~*lissime*], comme il convient à un homme libre, a) délicatement; b) noblement; c) libéralement, généreusement.

lībĕrātĭō, *ōnis*, f., **1.** délivrance, libération: **2.** absolution; acquittement; **3.** extinction d'une dette.

lībĕrātŏr, *ōris*, m., celui qui délivre, libérateur; *Liberator*, épith. de Jupiter.

lībĕrē, adv., [~*rius*], **1.** librement, comme il convient à un homme libre; **2.** sans crainte, ouvertement; **3.** spontanément.

lībĕri, *ōrum* ou *um*, m. pl., **1.** enfants (de naissance libre) par rapport à leurs parents et non à leur âge (opp. à *famuli* ou *servi* de la *familia*); **2.** garçons; **3.** rar. sg., *liber, eri*, en parlant d'un seul enfant; **4.** filles; **5.** qqf., petits des animaux.

lībĕro, *ās, āre*, tr., rendre libre, **1.** affranchir un esclave; délivrer, ~ *patriam*, donner la liberté à la patrie (libérée de la royauté); **2.** libérer, exempter + abl., ~ *aere alieno*: libérer d'une dette; exempter d'impôts; + acc.: ~ *promissa*: délier d'une promesse; **3.** acquitter, absoudre,

~ *aliquem crimine*: absoudre qqn. d'une accusation; **4.** franchir.

lībertā, *æ*, f., esclave affranchie.

lībertās, *ātis*, f., **1.** condition d'homme libre, liberté civile; **2.** liberté politique, *Brutus, conditor Romanæ libertatis*: Brutus, fondateur de la liberté romaine; indépendance, *libertatem Græciæ defendere*: défendre l'indépendance de la Grèce; **3.** pouvoir d'agir à sa guise, *vivendi, vitæ* ~, liberté de la vie, existence indépendante; **4.** liberté de parole, franchise.

Lībertās, *ātis*, f., la Liberté, déesse qui avait un temple sur l'Aventin et un au Forum.

lībertīna, *æ*, f., affranchie.

① **lībertīnus**, *a, um*, d'affranchi.

② **lībertīnus**, *i*, m., affranchi (condition sociale); fils d'affranchi.

lībertus, *i*, m., affranchi (par rapport à son patron); *alicujus* ou *alicui* ~: affranchi de qqn.

lĭbet (*lŭ~*), *ēre, lĭbŭit* ou *lĭbĭtum est*, **1.** impers., il plaît, il plaît, ~ *alicui*: à qqn., + inf.: de; **2.** intr., avec un pron. n. sg. suj. (qqf. au pl.), *id mihi non libet*: cela ne me plaît pas.

lĭbīdĭnōsē (*lŭ~*), adv., [~*sius*], **1.** suivant son caprice, tyranniquement; **2.** avec licence.

lĭbīdĭnōsus (*lŭ~*), *a, um*, [~*sior*, ~*sissimus*], **1.** qui suit son caprice; **2.** fait par caprice, licencieux.

lĭbīdo (*lŭ~*), *ĭnis*, f., **1.** envie, désir, passion; **2.** caprice, désir déréglé, frénésie; **3.** débauche, sensualité effrénée.

Lĭbītīna, *æ*, f., (Vénus) Libitine, déesse de la mort (d'abord une sorte de Vénus, dont le nom vient de *libitum*, « désir »; puis déesse des funérailles parce qu'on vendait dans son temple les objets utiles aux décès et qu'on y trouvait les registres des défunts); poét., la mort; en gén., les pompes funèbres.

lĭbītīnārĭus, *ĭi*, m., entrepreneur de pompes funèbres.

lĭbĭtus, *a, um*, V. *libet*; subst. n. pl., *libita, orum*, volontés, caprices, TAC.

lībo, *ās, āre*, tr., **1.** verser, répandre en l'honneur d'un dieu; **2.** goûter, entamer, effleurer; **3.** consacrer, offrir.

lībra, *æ*, f., **1.** livre romaine (327 g), unité monétaire; **2.** mesure de capacité; **3.** balance; niveau, *ad libram*: de niveau; **4.** contrepoids; **5.** la Balance, constellation.

lībrālis, *e*, adj., d'une livre.

lībrāmentum, *i*, n., **1.** contrepoids, poids; **2.** action de mettre à niveau, en équilibre; **3.** égalité, hauteur d'eau étale.

① **lĭbrārĭa**, æ, f., boutique de libraire.

② **lĭbrārĭa**, æ, f., intendante qui pèse et distribue la laine aux esclaves.

lĭbrārĭŏlus, i, m., 1. copiste; 2. écrivassier.

lĭbrārĭum, ĭi, n., lieu de dépôt pour les livres et les papiers, archives.

① **lĭbrārĭus**, a, um, du poids d'une livre.

② **lĭbrārĭus**, a, um, concernant les livres.

③ **lĭbrārĭus**, ĭi, m., 1. copiste; 2. libraire.

lĭbrātĭo, ōnis, f., nivellement; position horizontale; balancement (de mots).

lĭbrātŏr, ōris, m., 1. celui qui prend le niveau; 2. soldat qui manœuvre les balistes.

lĭbrīle, is, n., 1. fléau de balance; 2. balance.

lĭbrīlis, e, adj., d'une livre, *fundæ libriles* : frondes lançant des projectiles d'une livre; subst. n. pl., *librilia, ium*, pierres d'une livre lancées avec une courroie.

lĭbrītŏr, V. *librator*.

lĭbro, ās, āre, tr., 1. peser; 2. niveler, tenir en équilibre; 3. balancer, lancer, *glans librata* : le projectile lancé par la fronde; *se ~* : s'élancer, VIRG.; (voiles) passif, *librari* : se balancer, osciller, OV.

lĭbum, i, n., (cf. *libo*), gâteau sacré arrosé (pour une libation).

lĭburna et **lĭburnĭca**, æ, f., liburne, navire léger, brigantine.

Lĭburni, ōrum, m. pl., les hab. de la Liburnie ‖ **Lĭburnĭa**, æ, f., Liburnie, région d'Illyrie.

Lĭbўa, æ, ou **Lĭbўē**, ēs, f., Libye, partie septentrionale de l'Afrique ‖ **Lĭbўcus**, a, um, libyen ‖ **Lĭbўes**, um, m. pl., les Libyens ‖ **Lĭbўs**, ўos, adj., libyen ‖ **Lĭbўus**, a, um, libyen; *Libya terra*, la Libye.

lĭcens, entis, 1. V. *liceo* et *liceor*; 2. adj., [~*tior*], déréglé, libre, sans frein.

lĭcentĕr, adv., [~*tius*], librement, sans frein.

lĭcentĭa, æ, f., 1. liberté, pouvoir de faire ce que l'on veut; 2. permission, droits; 3. liberté sans contrôle, sans frein, dérèglement; 4. licence morale.

lĭcentĭōsus, a, um, libre, déréglé, sans retenue.

lĭcĕo, ēs, ēre, lĭcŭi, lĭcĭtum, intr. et tr., 1. être mis en vente; 2. mettre en vente.

lĭcĕor, ēris, ēri, lĭcĭtus sum, intr. et tr., se porter acquéreur, abs., ou + acc.

① **lĭcĕt**, ēre, lĭcŭit ou lĭcĭtum est, intr. et impers., 1. intr., être permis (avec un pron. n. comme suj.; qqf. au pl.), *in servum omnia licent*: tout est permis contre un esclave; 2. impers., il est permis = il est laissé à, il est offert à (cf. *liceo*), a) *per me licet*: je ne m'oppose pas; b) + inf. et

acc. ou dat., *licet me uti*: je peux en profiter, *diviti licet esse otiosum* ou *otioso*: il est permis au riche d'avoir des loisirs; c) + prop. inf.; d) dans le dialogue, *licet* équivaut à: je veux bien, soit, *licet venias*: il est possible que tu viennes, tu peux bien venir, d'où :

② **lĭcĕt**, conj. + subj., quoique, quand même, *fremant omnes licet, dicam quod sentio*: quand bien même ils protesteraient tous, je dirai ce que je pense.

Lĭchās, æ, m., Lichas, esclave d'Hercule.

Lĭcĭnĭus, ĭi, m., Licinius, nom d'une famille rom., not. C. Licinius Crassus et le triumvir M. Licinius Crassus ‖ **Lĭcĭnĭus**, a, um, de Licinius.

lĭcĭtātĭo, ōnis, f., vente aux enchères, licitation.

lĭcĭtātŏr, ōris, m., enchérisseur.

lĭcĭtus, a, um, permis, licite; subst. n. pl., *licita, orum*, les choses permises, TAC.

lĭcĭum, ĭi, n., 1. lisse du métier à tisser; 2. fil, cordon; 3. ceinture passée autour des reins.

lictŏr, ōris, m., licteur; au pl., *lictores*, les 6, 12 ou 24 appariteurs escortant les magistrats possédant l'*imperium*, et portant les faisceaux, *fasces*, avec une hache au milieu.

lĭcŭi, V. *liceo*, *liqueo* et *liquesco*.

lĭcŭit, V. *licet*.

lĭēn, ēnis, n., ou **lĭēnis**, is, m., la rate.

lĭēnōsus, a, um, qui souffre de la rate; fig., *cor lienosum*: cœur gros.

lĭgāmĕn, ĭnis, n., lien, cordon.

lĭgāmentum, i, n., bandage, bande.

Lĭgārĭus, ĭi, m., Ligarius, nom d'une famille rom., not. Q. Ligarius, proconsul d'Afrique, adversaire de César, défendu par Cicéron ‖ **Lĭgārĭānus**, a, um, de Ligarius.

Lĭgĕr, ĕris, m., Loire, fl. de Gaule.

lignātĭo, ōnis, f., action de faire du bois.

lignātŏr, ōris, m., soldat envoyé pour faire du bois.

lignĕŏlus, a, um, dim. de *ligneus*.

lignĕus, a, um, de bois, en bois, semblable au bois.

lignor, āris, āri, intr., aller à la corvée de bois.

lignōsus, a, um, semblable à du bois, ligneux.

lignum, i, n., 1. bois; 2. planche; 3. noyau des fruits; 4. arbre.

① **lĭgo**, ās, āre, tr., lier, attacher; assembler, unir, joindre.

② **lĭgo**, ōnis, m., houe, hoyau; par méton., l'agriculture.

lĭgŭla et lingŭla, æ, f., **1.** petite langue; parcelle de terre; **2.** cuiller, cuillerée.

lĭgūmĕn, V. legumen.

① Lĭgŭr, ŭris, m., Ligur, surnom dans la gens Ælia et la gens Octavia.

② Lĭgŭr, ŭris, et Lĭgus, ŭris, m., Ligurien; adj. m. et f., de Ligurie ‖ Lĭgŭres, um, m. pl., les Liguriens, hab. de la Ligurie ‖ Lĭgŭrĭa, æ, f., Ligurie, territoire des Ligures, en Gaule Cisalpine.

lĭgŭrĭo (lĭgurrĭo), īs, īre, īvi (ĭi), ītum, tr., lécher; avoir envie de, goûter à.

lĭgūrītĭo, ōnis, f., gourmandise.

lĭgustrum, i, n., troène.

lĭlĭum, ĭi, n., lis; chevaux de frise.

Lĭlўbæum, i, n., Lilybée, promontoire et v. de Sicile occidentale ‖ Lĭlўbætānus, ~bæus, ~bēĭus, a, um, de Lilybée.

līma, æ, f., lime; retouche, correction.

līmātē, adv., [~tius], avec soin.

līmātŭlus, a, um, limé finement, délicat.

līmātus, a, um, **1.** V. limo; **2.** adj., [~tior], passé à la lime, poli.

līmax, ācis, m. et f., limace, limaçon; courtisane.

limbus, i, m., **1.** ruban, bordure de vêtement; **2.** ruban pour les cheveux; **3.** ceinture, zone.

līmĕn, ĭnis, n., **1.** seuil, entrée; **2.** maison; **3.** fig., début, commencement; fin, achèvement; **4.** poét., barrière dans un champ de courses.

līmĕs, ĭtis, m., **1.** chemin de traverse; sentier; **2.** limite, frontière fortifiée.

līmĭto, ās, āre, tr., délimiter.

līmo, ās, āre, tr., **1.** limer; **2.** fig., a) polir, affiner; b) amoindrir.

līmōsus, a, um, fangeux.

limpĭdus, a, um, clair, transparent, limpide.

① līmus, a, um, (qqf. līmis, e), oblique.

② līmus, i, m., limon, fange.

③ līmus, i, m., sorte de tablier orné d'une bande de pourpre à l'usage des victimaires.

līnāmentum, i, n., toile de lin; compresse, bande.

linctus, a, um, V. lingo.

līnĕa (~ĭa), æ, f., **1.** fil de lin, corde; **2.** ligne de pêche, filet; **3.** droite perpendiculaire; **4.** ligne, trait, ex. ligne tracée à la craie dans le cirque ou dernière ligne de la vie (mort).

līnĕālis, e, adj., linéaire.

līnĕāmentum, i, n., ligne, trait; au pl., lineamenta, orum, contours, spéc. traits du visage.

līnĕāris, e, adj., de ligne, linéaire.

līnĕo (līnĭo), ās, āre, tr., tracer une ligne, aligner; part., lineatus: tiré au cordeau.

līnĕŏla, æ, f., petite ligne, petit trait.

līnĕus, a, um, de lin, couvert de lin.

lingo, īs, ĕre, linxi, linctum, tr., lécher.

Lingŏnes, um, m. pl., Lingons, peuple de la Gaule Celtique, auj. pays de Langres.

lingua, æ, f., **1.** langue; **2.** langue, parole, langage; **3.** langue d'un peuple, utraque lingua: les deux langues, le grec et le latin; **4.** façon de parler; **5.** métaph. div. (pour des plantes en part.).

lingŭla, V. ligula.

līnĭa, līnĭāmentum, V. linea, lineamentum.

līnĭgĕr, gĕra, gĕrum, vêtu de lin, spéc. les prêtres d'Isis.

līno, īs, ĕre, līvi ou lēvi, lĭtum, tr., **1.** enduire; **2.** couvrir; effacer; **3.** barbouiller, salir.

Līnŏs, V. Linus.

linquo, īs, ĕre, līqui, (lictum), **1.** laisser; laisser en arrière, de côté; **2.** surt. poét., abandonner; lumen, vitam: la vie; passif, linqui: s'évanouir.

lintĕātus, a, um, vêtu de lin.

lintĕŏlum, i, n., petite étoffe de lin.

lintĕr, tris, f. (qqf. m.), barque, canot; auge, spéc. pour le raisin.

Lintern~, V. Litern~.

lintĕum, i, n., toile de lin; toile; voile de navire; tissu, étoffe.

lintĕus, a, um, de lin; libri lintei: ancienne chronique rom. écrite sur lin et conservée dans le temple de Junon Moneta.

līnum, i, n., **1.** lin (plante et tissu); **2.** fil; **3.** ligne de pêche; **4.** vêtement, tissu de lin; **5.** voile de navire; **6.** câble, corde; **7.** filet pour la pêche ou la chasse.

Līnus (Līnŏs), i, m., Linus, inventeur de la mélodie, maître d'Orphée.

Lĭpăra, æ, et Lĭpărē, ēs, f., et pl., Lĭpăræ, ārum, Lipara, la plus grande des îles Éoliennes, auj. Lipari ‖ Lĭpăræus, a, um, de Lipara ‖ Lĭpăræi, ōrum, m. pl., les hab., de Lipara ‖ Lĭpărænsis (~rensis), e, adj., de Lipara ‖ Lĭpărænses (~renses), ĭum, m. pl., les hab. de Lipara.

lippĭo, īs, īre, īvi, intr., être chassieux.

lippĭtūdo, ĭnis, f., humeur chassieuse, inflammation des yeux.

lippus, a, um, chassieux.

līquāmĕn, ĭnis, n., liquide, suc.

līquĕfăcĭo, īs, ĕre, fēci, factum, et passif, līquĕfīo, īs, fĭĕri, factus sum, **1.** faire fondre; **2.** amollir; passif: fondre, se liquéfier.

① līquens, entis, V. liqueo.

② **līquens**, *entis*, V. *liquor* ①.

līquĕo, *ēs, ēre, lĭcŭi* ou *līqui*, intr., être limpide, ou liquide; impers., *liquet*: il est clair; jur., *non liquet*: il y a doute (le juge demande un supplément d'information).

līquesco, *ĭs, ĕre, lĭcŭi*, intr., 1. devenir liquide; 2. s'amollir; 3. fondre; disparaître.

① **līqui**, V. *liqueo*.

② **līqui**, V. *linquo, liqueo* et *liquor*.

līquĭdĭuscŭlus, *a, um*, arch., un peu plus clair, plus serein.

līquĭdō, adv., [*~dius, ~dissime*], avec pureté, sérénité; clairement, nettement.

līquĭdus, *a, um*, 1. liquide, fluide; subst. n., *liquidum, i*, eau; 2. limpide, clair; 3. calme, serein; 4. clair, certain; 5. pur.

līquo, *ās, āre*, tr., 1. liquéfier; 2. filtrer, clarifier.

① **līquor**, *ĕris, i*, intr., être liquide; fondre; fig., s'évanouir.

② **līquŏr**, *ōris*, m., 1. liquide; 2. fluidité.

līra, *æ*, f., sillon fait en labourant.

Līris, *is*, m., Liris, fl. entre la Campanie et le Latium.

līro, *ās, āre*, tr., 1. tracer des sillons en labourant; 2. V. *deliro*.

līs, *lītis*, f., 1. querelle; 2. débat, procès; 3. point en litige; amende, peine réclamée.

Lĭtăna, *æ*, f., Litana, forêt de la Gaule Cisalpine.

lītātĭo, *ōnis*, f., offrande agréable aux dieux.

lītātus, *a, um*, qui a été offert avec de bons présages.

Līternīnus, *a, um*, de Literne ‖ **Līternīnum**, *i, n.*, maison de campagne de Scipion l'Africain, près de Literne ‖ **Līternum**, *i, n.*, 1. Literne, port de Campanie; 2. villa de Literne ‖ **Līternus**, *a, um*, de Literne ‖ **Līternus**, *i, m.*, Literne, fl. de Campanie.

lĭtĭcĕn, *ĭnis*, m., qui sonne du clairon.

lītĭgātŏr, *ōris*, m., plaideur; partie en cause.

lītĭgātŭs, *ūs*, m., contestation.

lītĭgĭōsus, *a, um*, 1. querelleur; 2. litigieux.

lītĭgĭum, *ĭi, n.*, arch., contestation.

lītĭgo, *ās, āre*, intr., 1. être en dispute; 2. être en procès.

līto, *ās, āre*, intr. et tr., 1. obtenir des signes favorables dans un sacrifice, d'où: apaiser les dieux; 2. en gén., tr., sacrifier; *sacra litare*: offrir un sacrifice bien reçu des dieux.

lītŏrālis, *e*, adj., du littoral.

lītŏrĕus, *a, um*, du littoral.

lītŏrōsus, *a, um*, du rivage, voisin du rivage.

littĕra ou **lītĕra**, *æ*, f., caractère d'écriture, lettre (de l'alphabet); écriture poét., au lieu de *litteræ*, lettre, missive; *ac litteram*: à la lettre.

littĕræ, *ārum*, f. pl., 1. lettre, épître; 2. rudiments grammaticaux, *litteras scire nescire*: savoir, ne pas savoir lire et écrire (chez Cicéron, sens plus large: être, ne pas être cultivé); 3. abl. *litteris*: sur le papier, théoriquement (opp. à *vere* = réellement); 4. documents écrits; 5. belles-lettres (cf. 2.), littérature; études littéraires, culture; 6. œuvre littéraire.

littĕrārĭus, *a, um*, relatif à la lecture ou à l'écriture; *litterarius ludus*, l'enseignement élémentaire.

littĕrātē, adv., [*~tius*], 1. lisiblement 2. littéralement; 3. en homme instruit.

littĕrātŏr, *ōris*, m., grammairien; demi-savant.

littĕrātūra, *æ*, f., 1. écriture; alphabet 2. grammaire; 3. instruction.

littĕrātus, *a, um*, [*~tior, ~tissimus*], 1. marqué de lettres; 2. instruit; lettré 3. subst. m., *litteratus, i*, critique.

littĕrŭla, *æ*, f., petit caractère d'écriture au pl., *litterulæ, arum*, petites lettres; petites connaissances littéraires.

littŏr~, V. *litor~*.

littus, V. *litus*.

lītūra, *æ*, f., 1. enduit; 2. tache; 3. rature.

① **lĭtus**, *a, um*, V. *lino*.

② **lĭtŭs**, (mieux que **littus**), *ŏris*, n., rivage plage, rive.

lĭtŭus, *i*, (cf. *lito*), m., (gén. pl., *lituum*) 1. bâton augural recourbé; 2. clairon recourbé à l'extrémité; 3. fig., instigateur.

līvĕo, *ēs, ēre*, intr., 1. être pâle ou livide 2. être envieux.

līvesco, *ĭs, ĕre*, intr., 1. devenir livide 2. devenir jaloux.

līvi, V. *lino*.

Līvĭa, *æ*, f., Livie, nom de femme; not. Livie Drusilla, épouse d'Auguste, et Livie ou Liville, épouse de Drusus, fils de Tibère ‖ **Līvĭānus**, *a, um*, de Livius, ou de Livia.

līvĭdus, *a, um* [*~dior, ~dissimus*], 1. bleuâtre, gris plomb; 2. qui provient d'un coup, bleu, livide; 3. envieux.

Līvĭus, *ĭi, m.*, Livius, nom d'une famille rom.; not. Livius Salinator qui eut comme esclave Livius Andronicus, traducteur de « L'Odyssée »; l'historien Tite-Live, etc. ‖ **Līvĭus** (*~ĭānus*), *a, um*, de Livius.

līvŏr, ōris, m., **1.** couleur bleu-gris plomb; bleu provenant d'un coup; lividité; au pl., *livores, um* : taches livides; **2.** envie.

① **lixa**, æ, f. ou **lix**, m. , eau pour la lessive.

② **lixa**, æ, m., **1.** valet d'armée, cantinier; **2.** appariteur.

lŏcātĭo, ōnis, f., **1.** disposition, arrangement; **2.** loyer, bail.

lŏco, ās, āre, tr., **1.** placer, établir, disposer; spéc., établir, marier (une fille); **2.** donner à loyer, louer; subst. n., *locatum, i*, contrat de location, bail; **3.** prêter, placer de l'argent à intérêt.

Lŏcri, ōrum, m. pl., **1.** Locres, v. du Bruttium; **2.** Locriens, hab. de Locres, ou de la Locride en Grèce ‖ **Lŏcrensis**, *e*, adj., de Locres ou de la Locride ‖ **Lŏcris**, *ĭdis*, f., **1.** Locride; **2.** Locrienne.

lŏcŭlāmentum, *i*, n., boîte divisée en compartiments; rayons de bibliothèque.

lŏcŭlātus et **lŏcŭlōsus**, *a, um*, divisé en compartiments.

lŏcŭlus, *i*, m., petit endroit; au pl., *loculi, orum*, cassette.

lŏcŭplēs, ētis, (*locus + ples = plenus*), adj., [*~tior, ~tissimus*], **1.** riche en terres, opulent, riche + abl., rar. + gén.; subst. m., un riche; **2.** qui peut répondre, digne de foi, *locuples auctor*: une autorité digne de foi.

lŏcŭplēto, ās, āre, tr., enrichir.

lŏcus, *i*, m., pl. *loci* : lieux particuliers, passages d'un auteur; n. pl., *loca* : emplacements, région, **1.** lieu, place, pays; place (not. au théâtre, au cirque); lieu d'habitation; méd., l'appareil reproducteur; **2.** place, occasion, prétexte, *locum dare* : donner lieu à + dat.; **3.** place, rang, rôle social ou politique, *loco dicere*: parler à son tour; *non loco*: pas à propos; condition, *obscuro loco, loco nobili natus*: de naissance obscure, d'une famille connue; **4.** en lieu de, à la place de, comme, *parentis loco*: comme un père; **5.** moment, temps, *ad id locorum*: jusqu'à ce moment, *sententiae loco*: au moment d'exprimer son avis; **6.** situation, état: *in eum locum ventum est ut*: on en vint à ce point que; **7.** lieu d'une œuvre, passage d'un écrit; **8.** point, question, thème; *loci*: a) lieux communs; b) argument.

lŏcusta, æ, f., sauterelle; langouste.

Lōcusta, æ, f., Locuste, empoisonneuse complice de Néron.

lŏcūtĭo, ōnis, f., action de parler; langage ; prononciation; (style) expression.

lŏcūtus, *a, um*, V. loquor.

lōdix, * īcis*, f., couverture.

lŏgŏs et **lŏgus**, *i*, m., (mot grec), **1.** mot; au pl., *logi, orum*, bavardage; **2.** finesse, mot d'esprit; **3.** fable.

lŏlĭum, *ĭi*, n., bot., ivraie.

lollīgo, *ĭnis*, f., seiche, calmar.

Lollīus, *ĭi*, m., Lollius, nom d'une famille rom. ‖ **Lollīānus**, *a, um*, de Lollius.

lōmentum, *i*, n., **1.** savon; **2.** crème de beauté faite de farine de fève et de riz; **3.** couleur bleue.

Londĭnĭum, *ĭi*, n., Londinium, v. de Bretagne, auj. Londres.

longævus, *a, um*, d'un grand âge, ancien; subst. f., *longæva, æ*, vieille femme.

longē, adv., [*~gius, ~gissime*], **1.** espace: en long; loin, au loin, ~ *abesse*: être éloigné, *longius milia passuum octo*: à plus de 8 000 pas; **2.** temps: longuement, de loin, au loin; *longius anno*: plus d'un an; *paulo longius*: un peu plus longtemps; **3.** quantité: beaucoup, de beaucoup (+ comp. ou superl.), ~ *melior*: bien meilleur, ~ *doctissimus* : le plus savant de beaucoup.

longinquē, adv., [*~quius*], au loin, à distance.

longinquĭtās, *ātis*, f., **1.** éloignement; **2.** longue durée.

longinquus, *a, um*, **1.** long; **2.** lointain; **3.** éloigné; **4.** qui dure longtemps.

longĭtūdo, *ĭnis*, f., **1.** longueur; **2.** durée.

longĭuscŭlus, *a, um*, assez long, plutôt long.

longŭlus, *a, um*, plutôt long.

longum, n. adv., longtemps.

longŭrĭus, *ĭi*, m., longue perche.

longus, *a, um*, (pr.: lent, puis: long dans le temps, enfin: long dans l'espace), **1.** long, étendu (espace et temps); poét., lointain; **2.** long, trop long, lent.

lŏquācĭtās, *ātis*, f., bavardage, prolixité.

lŏquācĭtĕr, adv., verbeusement.

lŏquācŭlus, *a, um*, arch., un peu bavard.

lŏquax, *ācis*, adj., [*~cior, ~cissimus*], bavard.

lŏquēla (**~ella**), æ, f., parole, langage, mots.

lŏquentĭa, æ, f., faconde.

lŏquĭtor, *āris, āri*, intr., parler beaucoup ou vivement.

lŏquor, *ĕris, i, lŏcūtus* ou *lŏquūtus sum*, **1.** intr., parler (dans la conversation ; *dicere* s'applique au discours oratoire), *bene Latine ~*: parler le latin avec pureté, ~ *de* + abl.: parler de; *male ~*: dire du mal; **2.** tr., dire, raconter, parler sans cesse de.

lŏra, æ, f., piquette.

lōrāmentum, *i*, n., courroie.

lōrārĭus, *ĭi*, m., fouetteur (d'esclaves).

lōrātus, *a*, *um*, attaché avec une courroie.

lōrĕus, *a*, *um*, de cuir.

lōrīca, *æ*, f., **1.** cuirasse (spéc. de cuir); **2.** fig., parapet; **3.** barrière; **4.** enduit.

lōrīco, *ās*, *āre*, tr., **1.** recouvrir d'une cuirasse ; part., *loricatus*, couvert d'une cuirasse; **2.** recouvrir d'un enduit.

lōrīpēs, *pĕdis*, adj., aux pieds flageolants, qui a les pieds en lanières.

lōrum, *i*, n., **1.** courroie; **2.** cuir; **3.** au pl., *lora*, *orum*, les rênes; **4.** fouet, martinet.

lōtŏs (**~us**), *i*, f., **1.** lotus, nom de diverses plantes et de leurs fruits (micocoulier, etc.); **2.** flûte.

lōtus, *a*, *um*, V. *lautus* 1.

Lōtŏphăgi, *ōrum*, m. pl., Lotophages, mangeurs plantes de lotus, peuple africain des Syrtes.

Loxĭās, *æ*, m., Loxias, surnom d'Apollon (= l'oblique).

Lŭa, *æ*, f., Lua, déesse qui présidait aux expiations.

lŭb~, V. *lib~*.

lŭbrĭco, *ās*, *āre*, tr., **1.** rendre glissant; **2.** faire vaciller.

lŭbrĭcum, *i*, n., lieu glissant.

lŭbrĭcus, *a*, *um*, **1.** glissant; **2.** mobile; **3.** peu sûr, incertain; **4.** trompeur, décevant ; **5.** disposé à + inf. passif.

Lūca, *æ*, f., Luca, v. d'Étrurie, auj. Lucques.

Lūca bos, *Lucæ bovis*, m. et f., éléphant (appelé bœuf de Lucanie par les Romains).

Lūcānĭa, *æ*, f., Lucanie, région de l'Italie méridionale ‖ **Lūcānus**, *a*, *um*, de Lucanie ‖ **Lūcāni**, *ōrum*, m. pl., les hab. de Lucanie.

lūcānĭca, *æ*, f., saucisson.

lūcānum, *i*, n., le point du jour.

Lūcānus, *i*, m., M. Annæus Lucanus, Lucain, poète latin (39-65), condamné à mort par Néron.

lŭcellum, *i*, n., petit gain.

Lūcensis, *e*, adj., de Luca, v. d'Étrurie.

Lūcentum, *i*, n., Lucentum, v. de la Tarraconnaise, auj. Alicante.

lūcĕo, *ēs*, *ēre*, *luxi*, (cf. *lux*) intr. et qqf. tr., **1.** être brillant, briller; *lucet*: il fait jour; **2.** être visible; fig., être évident, manifeste ; **3.** tr., faire briller.

Lūcĕrēses, *ĭum*, ou **Lūcĕres**, *um*, m. pl., Lucères ou Lucériens, une des trois tribus établies par Romulus.

Lūcĕrĭa, *æ*, f., Lucérie, v. d'Apulie ‖ **Lūcĕrīnus**, *a*, *um*, de Lucérie ‖ **Lūcĕrīni**, *ōrum*, m. pl., les hab. de Lucérie.

lūcerna, *æ*, f., **1.** lampe; **2.** travail de nuit, veille.

lūcesco (**~isco**), *ĭs*, *ĕre*, *luxi*, intr., commencer à briller, *luciscit*: il fait jour.

lūcĭdē, adv., [*~dius*, *~dissime*], clairement ; avec lucidité.

lūcĭdum, n. adv., d'une manière brillante.

lūcĭdus, *a*, *um*, (cf. *lux*), **1.** brillant; **2.** clair, manifeste.

lūcĭfĕr, *fĕra*, *fĕrum*, qui apporte la lumière.

Lūcĭfĕr, *ĕri*, m., Vénus, l'étoile du matin.

Lūcĭfĕra, *æ*, f., Diane, la lune.

lūcĭfŭga, *æ*, m., ou **lūcĭfŭgus**, *a*, *um*, qui fuit la lumière ; subst. m. pl., *lucifugi*, *orum*, les noctambules.

Lūcīlĭus, *ĭi*, m., Lucilius, nom d'une famille rom.; not. C. Lucilius, chevalier rom., poète satirique (180-103), et Q. Lucilius Balbus, stoïcien, disciple de Panétius ‖ **Lūcīlĭānus**, *a*, *um*, de Lucilius.

Lūcīna, *æ*, f., **1.** Lucine, déesse de la lumière et des accouchements; épith. de Diane et de Junon; **2.** Hécate; **3.** fig., accouchement.

lūcisco, V. *lucesco*.

Lūcĭus, *ĭi*, m., Lucius, prénom rom., abrégé en L.

lŭcrātĭo, *ōnis*, f., gain.

lŭcrātīvus, *a*, *um*, lucratif; acquis par donation, ou testament.

Lūcrētĭa, *æ*, f., Lucrèce, femme de Tarquin Collatin, qui se donna la mort pour échapper au déshonneur; fig., femme honnête.

Lūcrētĭus, *ĭi*, m., Lucrétius, nom d'une famille rom.; spéc. le poète T. Lucretius Carus, Lucrèce, auteur du *De rerum natura* (99-55).

Lūcrīnus, *a*, *um*, du lac Lucrin ‖ **Lūcrīnus** **lăcŭs** ou **Lūcrīnus**, *i*, m., le lac Lucrin, en Campanie, près de Baïes ‖ **Lūcrīna**, *ōrum*, n. pl., les huîtres du lac Lucrin ‖ **Lūcrīnensis**, *e*, adj., du lac Lucrin.

lŭcrĭpĕta, *æ*, m., âpre au gain.

lŭcror, *āris*, *āri*, tr., gagner; acquérir.

lŭcrōsus, *a*, *um*, [*~sior*, *~sissimus*], lucratif, profitable.

lŭcrum, *i*, n., gain, profit, *lucrum facere*: faire du bénéfice; *lucri fieri*: être objet de bénéfice.

luctāmĕn, *ĭnis*, n., **1.** exercice de la lutte; **2.** lutte.

luctātĭo, *ōnis*, f., pr. et fig., lutte.

luctātŏr, *ōris*, f., lutteur.

luctātŭs, *ūs*, m., lutte, effort.

luctĭfĕr, *fĕra*, *fĕrum*, qui apporte le deuil, affligeant.

luctĭfĭcus, *a, um*, qui cause de la peine, du chagrin.

luctĭsŏnus, *a, um*, au son lugubre.

lucto, *ās, āre*, V. le suiv.

luctor, *āris, āri*, intr., lutter, combattre, *cum* + abl.: contre.

luctŭōsē, adv., [~*sius*], d'une façon pitoyable.

luctŭōsus, *a, um*, [~*sior, ~sissimus*], 1. déplorable ; 2. affligé.

luctŭs, *ūs*, (cf. *lugeo*), m., 1. deuil (pour la mort d'une personne chère), *luctus filii* (gén. objectif): douleur causée par la mort d'un fils ; 2. signes extérieurs du deuil ; source de douleur.

lūcŭbrātĭo, *ōnis*, f., travail de nuit ; fig., lettre écrite de nuit.

lūcŭbro, *ās, āre*, (cf. *lux*), 1. intr., travailler de nuit (= à la lumière de la lampe) ; 2. tr., faire de nuit.

lūcŭlentē, adv., nettement ; excellemment.

lūcŭlentĕr, adv., très bien.

lūcŭlentus, *a, um*, (cf. *lux*), [~*tior*], 1. brillant, lumineux ; 2. fig., beau, éclatant, remarquable ; 3. important ; 4. net et précis, de poids.

Lūcullus, *i*, m., Lucullus, nom d'une branche de la *gens Licinia*, not. L. Licinius Lucullus, célèbre par ses victoires sur Mithridate et par ses richesses.

lūcŭlus, *i*, m., petit bois.

Lūcŭmo, *ōnis*, m., Lucumon, 1. titre de chef suprême étrusque ; 2. nom d'un allié de Romulus ; 3. nom étrusque de Tarquin l'Ancien (entre autres).

lūcus, *i*, (cf. *lux*), m., pr.: clairière ; espace consacré ; bois sacré.

Lūcus, *i*, m., Lucus, Luc, nom de plusieurs villes, not. Luc-en-Diois dans la Drôme.

lūcusta, V. *locusta*.

Lūcusta, V. *Locusta*.

lūdĭa, *æ*, f., danseuse ; femme de gladiateur.

lūdĭbrĭōsē, adv., de façon insultante.

lūdĭbrĭōsus, *a, um*, insultant ; subst. n. pl., *ludibriosa, orum*, outrages.

lūdĭbrĭum, *ĭi*, n., 1. moquerie, dérision, *ludibrio habere aliquem*: se moquer de qqn. ; 2. objet de moquerie ; 3. illusion, *ludibrium oculorum*: illusion d'optique.

lūdĭbundus, *a, um*, qui aime à jouer.

lūdĭcĕr ou **lūdĭcrus**, *a, um*, de jeu, de divertissement.

lūdĭcrē, adv., en jouant.

lūdĭcrum, *i*, n., 1. divertissement, jeu ; 2. jeu public, spectacle.

lūdĭfĭcābĭlis, *e*, adj., qu'on peut duper ; propre à duper.

lūdĭfĭcātĭo, *ōnis*, f., mystification.

lūdĭfĭcātŏr, *ōris*, m., arch., mystificateur.

lūdĭfĭco, *ās, āre*, tr., jouer, tromper.

lūdĭfĭcor, *āris, āri*, tr., 1. se jouer de, tromper ; 2. esquiver, déjouer.

lūdĭo, *ōnis*, et **lūdĭus**, *ĭi*, m., acteur, pantomime ; danseur.

lūdo, *ĭs, ĕre, lūsi, lūsum*, intr. et tr.,
I intr., 1. jouer : + abl. ou acc. d'objet interne, *aleā* ou *aleam* ~ : jouer aux dés ; 2. s'amuser, ~ *versibus*: s'amuser à faire des vers ;
II tr., 1. employer (en s'amusant), ~ *otium*: employer son temps libre ; 2. s'amuser à, jouer (un rôle) ; se moquer de, ~ *aliquem*: se moquer de qqn. ; 3. duper, mystifier ; 4. dire en se moquant que + prop. inf.

lūdus, *i*, m., 1. jeu, amusement ; spéc., *ludi*, jeux publics, *ludos facere Apollini*: célébrer les jeux pour Apollon, *Cerialia ludi*: jeux en l'honneur de Cérès ; 2. fig., a) jeu, plaisanterie ; b) jeu, tour, *facere ludos*: jouer des tours ; *ludum dare alicui*: laisser s'amuser qqn. ; 3. école, *magister ludi*: maître d'école, ~ *litterarius* ou *litterarum*: école élémentaire ; ~ *gladiatorius*: école de gladiateurs.

lŭēs, *is*, f., 1. chose liquéfiée ; 2. souillure, contagion ; 3. fléau.

Lugdūnum, *i*, n., Lugdunum, nom de plusieurs villes, mais surt. de Lyon ‖ **Lugdūnensis**, *e*, adj., lyonnais, de Lyon.

lūgĕo, *ēs, ēre, luxi, luctum*, 1. être dans le deuil, porter le deuil ; *lugentes campi*: les champs de larmes (dans les Enfers), VIRG.; 2. pleurer ; + prop. inf.: déplorer que ; passif pers., *lugebere nobis*: tu seras pleuré de nous.

lūgŭbrĕ, adv., de manière sinistre.

lūgŭbris, *e*, adj., de deuil ; lugubre.

lŭi, V. *luo* ②.

lŭis, V. *lues*.

lumbĭfrăgĭum, *ĭi*, n., néologisme de Plaute : rupture de reins.

lumbrīcus, *i*, m., 1. ver intestinal ; 2. ver de terre.

lumbus, *i*, m., ordin. au pl., **lumbi**, *ōrum*, reins, échine.

lūmĕn, *ĭnis*, (R. *lū*~, cf. *lux*), n.,
I pr., 1. lumière, éclairage ; 2. lampe, flambeau ; feux (d'un navire) ; 3. lumière du jour, jour, *lumine quarto*: au quatrième jour ; 4. la vie, l'existence (= *vita*) ; 5. lumière des yeux, yeux ; 6. jour, lumière, fenêtre ; lumière en peinture.
II fig., 1. clarté, lumière ; 2. ornement, exemple lumineux, *lumina civitatis*: les lumières de la cité ; 3. au pl., *lumina, um*:

ornements du style, *dicendi lumina*: ornements du discours.

lūmĭnārĕ, *is*, n., surt. au pl., **lūmĭnārĭa**, *ĭum*, fenêtre.

lūmĭno, *ās*, *āre*, tr., éclairer, rendre lumineux.

lūmĭnōsus, *a*, *um*, [~*sior*, ~*sissimus*], clair, lumineux; rhét., brillant.

lūna, *æ*, (R. *lū*~, cf. *lux*), f., **1**. la lune, ~ *laborat*: il y a éclipse, *lunæ defectus* ou *defectio*: éclipse de lune; **2**. mois; nuit; **3**. gorge; **4**. croissant d'ivoire sur la chaussure des sénateurs.

Lūna, *æ*, f., Luna, v. et port d'Étrurie, auj. La Spezzia ‖ **Lūnensis**, *e*, adj., de Luna ‖ **Lūnenses**, *ĭum*, m. pl., les hab. de Luna.

lūnāris, *e*, adj., **1**. de la lune, lunaire; **2**. semblable à la lune.

lūnātus, *a*, *um*, qui a la forme d'un croissant.

lūno, *ās*, *āre*, tr., courber en forme de croissant ; disposer en demi-lune.

luntĕr, V. *linter*.

lūnŭla, *æ*, f., petit croissant, ornement pour les femmes et les enfants.

① **lŭo**, *ĭs*, *ĕre*, tr., laver, baigner.

② **lŭo**, *ĭs*, *ĕre*, *lŭi*, *lŭĭtūrus*, (cf. *solvo*), tr., **1**. payer, acquitter; **2**. subir un châtiment ; ~ *pœnam*: expier; **3**. détourner.

lŭpa, *æ*, f., **1**. louve; **2**. prostituée; **3**. nom d'un chien.

lŭpānăr, *āris*, n., lieu de prostitution.

lŭpātus, *a*, *um*, garni de pointes ressemblant à des dents de loup; subst. m. pl., *lupati*, *orum*, et n. pl., *lupata*, *orum*, sorte de mors garni de pointes.

Lŭpercăl, *ālis*, n., Lupercal, grotte du Palatin (consacrée à Pan Lycéen), où selon la légende la louve nourrit Romulus et Rémus ‖ **Lŭpercăl**, *ālis*, adj. n., consacré à Lupercus ‖ **Lŭpercăl lūdĭcrum**, n., ou **Lŭpercālĭa**, *ĭum* et *ōrum*, n. pl., Lupercales, fêtes célébrées à Rome en février ‖ **Lŭpercālis**, *e*, adj., de Lupercus, des Luperques ‖ **Lŭpercus**, *i*, m., Lupercus, **1**. nom italique du dieu Pan; **2**. luperque, prêtre du dieu Lupercus; **3**. nom d'h.

lŭpi, V. *lupati*.

lŭpīnum, *i*, n., lupin.

① **lŭpīnus**, *a*, *um*, de loup.

② **lŭpīnus**, *i*, m., lupin; monnaie de comédien.

lŭpus, *i*, m., **1**. loup; **2**. espèce de poisson ; **3**. collier armé de dents; grappin; **4**. houblon.

lurchĭnābundus, *a*, *um*, arch., glouton.

① **lurco**, *ās*, *āre*, et **lurcor**, *āris*, *āri*, tr., arch., manger gloutonnement.

② **lurco**, *ōnis*, m., glouton.

lūrĭdus, *a*, *um*, jaunâtre, livide, couleur de plomb; qui rend livide.

lūrŏr, *ōris*, m., teint jaunâtre, livide.

luscĭnĭa, *æ*, f., rossignol.

luscĭnĭŏla, *æ*, f., petit rossignol.

luscĭnĭus, *ĭi*, m., V. *luscinia*.

luscĭtĭōsus, *a*, *um*, myope.

luscus, *a*, *um*, borgne.

lūsi, V. *ludo*.

lūsĭo, *ōnis*, f., jeu, divertissement.

Lūsĭtānĭa, *æ*, f., Lusitanie, partie occidentale de la péninsule Ibérique, auj Portugal ‖ **Lūsĭtānus**, *a*, *um* de Lusitanie ‖ **Lūsĭtāni**, *ōrum*, m. pl., les Lusitaniens, hab. de la Lusitanie.

lūsĭto, *ās*, *āre*, intr., jouer sans cesse, s'amuser.

lūsŏr, *ōris*, m., **1**. joueur; pantomime, **2**. écrivain badin; **3**. railleur.

lūsōrĭus, *a*, *um*, **1**. de jeu, de joueur; **2**. divertissant, récréatif; **3**. dérisoire, vain, subst. f. pl., *lusoriæ*, *arum*, croiseurs, yachts.

lustrālis, *e*, adj., **1**. de purification, lustral, expiatoire; **2**. relatif à une période de cinq ans (lustre), quinquennal.

lustrātĭo, *ōnis*, f., **1**. purification, **2**. parcours.

lustrĭcus, *a*, *um*, de purification, lustral, *dies* ~ : jour lustral où l'on purifiait les nouveau-nés (huit jours après la naissance pour les filles, neuf pour les garçons).

lustro, *ās*, *āre*, (cf. *luo* ①, *lavo*?), tr.,
I pr., purifier par un sacrifice expiatoire, passif, *lustrari*: se purifier.
II fig., **1**. tourner autour (rite purificatoire) ; **2**. parcourir, visiter, ~ *Ægyptum*: parcourir l'Égypte; **3**. passer en revue, **4**. examiner, ~ *animo*, examiner par la pensée; ~ *lumine*: éclairer de sa lumière; *sol omnia lustrans* : le soleil qui visite tout.

① **lustrum**, *i*, n., (cf. *lues*), flaque d'eau, bauge, retraite de bêtes féroces; fig. mauvais lieu.

② **lustrum**, *i*, n., (cf. *luo* ①, *lavo*?), **1**. cérémonie publique de purification qui se renouvelait régulièrement tous les cinq ans et à laquelle on joignait à Rome un recensement de la population; **2**. sacrifice expiatoire; **3**. lustre, espace de cinq ans ; spéc., bail, fermage (des biens de l'État) tous les cinq ans.

① **lūsus**, *a*, *um*, V. *ludo*.

② **lūsus**, *ūs*, m., **1**. jeu; **2**. badinage, spéc. en vers; raillerie.

Lūtātĭus, *ĭi*, m., Lutatius, nom d'une famille rom.; spéc., Q. Lutatius Catulus, auteur de la loi Lutatia, et C. Lutatius

Catulus, vainqueur des Carthaginois aux îles Ægates en 241 av. J.-C.

lūtĕŏlus, *a, um,* jaunâtre (dim. de *luteus* ②).

Lūtētĭa, *æ,* f., Lutèce, cap. des *Parisii,* v. de Gaule Celtique, auj. Paris.

① **lŭtĕus**, *a, um,* de boue, de limon ; sale; fig., abject.

② **lŭtĕus**, *a, um,* d'un jaune de safran; couleur de feu; rougeâtre (l'Aurore).

lŭto, *ās, āre,* tr., **1.** enduire de boue, d'argile ; **2.** enduire, oindre.

lŭtōsus, *a, um,* boueux, bourbeux; couvert de boue.

lŭtŭlentus, *a, um,* [*-tior*], boueux, fangeux ; sale; (style) trouble.

① **lŭtum**, *i,* n., **1.** boue ; **2.** terre à potier, argile; **3.** bourbier, ordure (injure).

② **lūtum**, *i,* n., **1.** gaude (plante à teinture), safran; **2.** couleur jaune.

lux, *lūcis,* f., **1.** lumière, éclat, clarté; **2.** lumière du jour, *primā luce, cum primā luce, cum primo luci* (locatif): à l'aube; **3.** astre, étoile; **4.** lumière de la vie, *luce frui*: vivre; **5.** lumière des yeux, vue; **6.** lumière, grand jour, *in luce*: en public; **7.** lumière du salut, espoir, secours; **8.** ornement, gloire.

luxi, V. *luceo, lucesco* et *lugeo.*

luxo, *ās, āre,* tr., luxer, déboîter, disloquer ; déplacer.

luxor, *āris, āri,* intr., vivre dans la mollesse, dans la débauche ; se déranger.

luxŭrĭa, *æ,* et **luxŭrĭēs**, *ēi,* f., **1.** excès (végétation, ardeur, pouvoir) ; **2.** luxe ; **3.** vie molle et voluptueuse.

luxŭrĭo, *ās, āre,* intr., **1.** être exubérant, abondant en + adj.; **2.** déborder, passer les bornes; **3.** s'abandonner aux excès.

luxŭrĭōsē, adv., [*-sius, -sissime*], **1.** de manière déréglée; **2.** dans la mollesse.

luxŭrĭōsus, *a, um,* [*-sior, -sissimus*], **1.** exubérant ; **2.** excessif; voluptueux.

① **luxus**, *a, um,* luxé, démis.

② **luxŭs**, *ūs,* m., luxation.

③ **luxŭs**, *ūs,* m., excès; débauche; luxe.

Lўæus, *i,* m., surnom de Bacchus : le Libérateur; le vin ‖ **Lўæus**, *a, um,* de Bacchus, *latex ~* : le vin.

Lўcæus, *i,* m., Lycée, mt. d'Arcadie consacré à Pan ‖ **Lўcæus**, *a, um,* du Lycée.

Lўcambēs, *æ,* m., Lycambès, Thébain qui avait refusé sa fille Néobulé à Archiloque ; le poète satirique fut si mordant contre eux que le père et sa fille se pendirent.

Lўcāōn, *ŏnis,* m., Lycaon, roi d'Arcadie, changé en loup par Jupiter ‖ **Lўcāōnis**, *ĭdis,* f., fille de Lycaon ‖ **Lўcāōnĭus**, *a, um,*

de Lycaon, *Callisto Lycaonia*: Callisto, fille de Lycaon.

Lўcāōnĭa, *æ,* f., Lycaonie, région d'Asie Mineure ‖ **Lўcāōnes**, *um,* m. pl., les hab. de la Lycaonie ‖ **Lўcāōnĭus**, *a, um,* lycaonien.

Lўcēum (**~īum**), *i,* n., **1.** le Lycée, célèbre gymnase (situé hors d'Athènes, sur l'Ilissos), où enseignait Aristote; **2.** lycée avec bibliothèque dans la villa cicéronienne de Tusculum; **3.** gymnase de l'empereur Hadrien dans sa villa de Tibur.

lychnŏbĭus, *ĭi,* m., qui vit à la clarté des lampes, qui fait de la nuit le jour.

lychnūchus, *i,* m., chandelier à branches.

lychnus, *i,* m., lampe.

Lўcĭa, *æ,* f., Lycie, province d'Asie Mineure ‖ **Lўcĭus**, *a, um,* de Lycie, lycien, *~ deus* ou *Lycius* seul: Apollon Lycien ‖ **Lўcĭi**, *ōrum,* m. pl., les Lyciens, hab. de la Lycie.

Lўcĭdās, *æ,* m., Lycidas, **1.** nom d'un centaure; **2.** nom de berger; **3.** nom de jeune h.

Lўcurgĕus, *a, um,* de Lycurgue; sévère, dur ‖ **Lўcurgus**, *i,* m., Lycurgue, **1.** roi de Thessalie, que Bacchus punit en le rendant fou; **2.** mythique législateur de Sparte; **3.** célèbre orateur athénien fameux pour son intégrité, contemporain et ami de Démosthène; **4.** mythique roi d'Arcadie, père d'Ancée (pilote des Argonautes).

Lўcus (**~ŏs**), *i,* m., Lycus, nom d'un roi de Lycie, et de beaucoup d'autres pers. myth.

Lўdĭa, *æ,* f., Lydie, province d'Asie Mineure, pays d'origine des Étrusques ‖ **Lўdĭus**, *a, um,* **1.** lydien, de Lydie; **2.** étrusque ‖ **Lўdus**, *a, um,* lydien ‖ **Lўdi**, *ōrum,* m. pl., **1.** les Lydiens ; **2.** les Étrusques.

Lygĭi, *ōrum,* m. pl., Lygiens, peuple de l'Europe du nord, auj. région de la Pologne.

lympha, *æ,* f., source, eau transparente (cf. grec *nymphē*).

Lymphæ, *ārum,* f. pl., nymphes des eaux.

lymphātĭcus, *a, um,* **1.** qui a le délire (les nymphes passaient pour des divinités prophétiques) ; **2.** produit par le délire.

lympho, *ās, āre,* tr. et intr., **1.** mêler à de l'eau ; **2.** troubler la raison; part., *lymphatus*: en proie à une terreur panique; **3.** intr., être en proie au délire.

Lyncestæ, *ārum,* m. pl., Lyncestes, peuple de Macédoine.

Lyncĕŭs, *ĕi* ou *ĕos,* m., Lyncée, **1.** Argonaute célèbre par sa vue perçante; **2.** fils d'Égyptos et mari d'Hypermnestre qui le sauva de la mort; **3.** compagnon d'Énée ‖

Lyncēus, *a, um*, de Lyncée, qui a la vue perçante.

Lyncus, *i*, Lyncus, **1.** m., roi de Scythie changé en lynx par Cérès; **2.** f., v. de Macédoine.

lynx, *lyncis*, m. et f., lynx, animal qui passait pour avoir les yeux perçants.

lўra, *æ*, f., lyre; poésie lyrique.

lўrĭcus, *a, um*, lyrique, de la lyre ; subst. n. pl., *lyrica, orum*, poésie lyrique; m., *lyricus, i*, poète lyrique.

lyristēs, *æ*, m., joueur de lyre.

Lyrnē(s)sŏs (~us), *i*, f., Lyrnesse, v. de Troade, patrie de Briséis aimée d'Achille.

Lўsandĕr, *dri*, m., Lysandre, **1.** général spartiate vainqueur des Athéniens à Ægos Potamos en 405 av. J.-C.; **2.** éphore spartiate envoyé en exil.

Lўsĭās, *æ*, m., Lysias, célèbre orateur et logographe athénien, contemporain de Platon.

Lўsĭmăchīa, *æ*, f., Lysimachie, v. de la Chersonèse de Thrace.

Lўsĭmăchus, *i*, m., Lysimaque, général d'Alexandre le Grand, puis roi de Thrace.

Lўsippus, *i*, m., Lysippe, célèbre sculpteur du IVᵉ s. av. J.-C.

① **Lўsis**, *ĭdis*, m., Lysis de Tarente, phil. pythagoricien, maître d'Épaminondas.

② **Lўsis**, *is*, m., Lysis, fl. d'Ionie.

M

M, m, f. et n., indécl., **1.** m, douzième lettre de l'alph. latin ; **2.** abr., *M.* = *Marcus*, *M'* = *Manius* ; *M* = *mille* : mille.

Maccus, *i*, m., personnage bouffon de la farce traditionnelle (atellanes) ; ext., niais, lourdaud.

Măcĕdo (~ōn), *ŏnis*, m., Macédonien ‖ **Măcĕdŏnĭa**, *æ*, f., Macédoine (région au N. de la Grèce, entre Thessalie et Thrace) ‖ **Măcĕdŏnĭcus**, *a*, *um*, de Macédoine ‖ **Măcĕdŏnĭcus**, *i*, m., surnom de Q. Cæcilius Metellus, conquérant de la Macédoine.

măcellārĭus, *a*, *um*, qui concerne le marché ou le commerce de la viande ; subst. m., *macellarius, ii*, boucher, charcutier, marchand de comestibles.

măcellum, *i*, n., marché (spéc., des viandes) ; provisions faites au marché.

① **măcellus**, *a*, *um*, un peu maigre.

② **măcellus**, *i*, m., V. *macellum*.

măcĕo, *ēs*, *ēre*, intr., être maigre.

măcer, *cra*, *crum*, [~*crior*, ~*cerrimus*], maigre.

Măcer, *cri*, m., surnom de : **1.** C. Licinius Macer, historien latin (sous la République) ; **2.** Æmilius Macer, poète né à Vérone (époque d'Auguste).

măcĕrātĭo, *ōnis*, f., macération ; décomposition.

măcĕrĭa, *æ*, qqf. **măcĕrĭēs**, *ēi*, f., mur de pierres sèches.

măcĕro, *ās*, *āre*, tr., **1.** amollir, faire tremper ; **2.** affaiblir, épuiser (le corps) ; **3.** consumer, miner, tourmenter (l'âme).

măcesco, *ĭs*, *ĕre*, intr., maigrir, s'étioler, s'appauvrir.

măchæra, *æ*, f., sabre, coutelas.

măchærŏphŏrus, *i*, m., soldat armé d'un sabre.

Măchāōn, *ŏnis*, m., Machaon, fils d'Esculape, médecin des Grecs à Troie ; fig., médecin.

măchĭna, *æ*, f., **1.** machine, assemblage : ~ *mundi* : le savant édifice du monde, Lucr. ; spéc., machine de guerre, engin ; **2.** plate-forme d'exposition pour les esclaves ; échafaudage ; **3.** fig., machination.

măchĭnālis, *e*, adj., relatif aux machines, ~ *scientia* : la mécanique.

măchĭnāmentum, *i*, n., **1.** machine, spéc., de guerre ; **2.** instrument de chirurgie ; **3.** organe des sens ; **4.** moyen, expédient.

măchĭnārĭus, *a*, *um*, de machine ; subst. m., *machinarius, ii*, ouvrier, mécanicien.

măchĭnātĭo, *ōnis*, f., mécanisme ; machine ; machination.

măchĭnātŏr, *ōris*, m., constructeur de machines, ingénieur ; fig., machinateur, artisan.

măchĭnātrix, *īcis*, f., celle qui machine.

măchĭnātŭs, *ūs*, m., machination.

măchĭnor, *āris*, *āri*, tr., combiner, imaginer ; péj., machiner, ourdir, tramer.

măchĭnōsus, *a*, *um*, ingénieusement combiné.

măcĭēs, *ēi*, f., maigreur ; fig., aridité, sécheresse ; pauvreté (du style).

măcĭlentus, *a*, *um*, maigre, appauvri.

măcresco, *ĭs*, *ĕre*, *măcrŭi*, intr., maigrir, dépérir.

Măcrŏbĭus, *ĭi*, m., Macrobe, grammairien latin (vers 400 ap. J.-C.).

măcrŏcollum, *i*, n., papier de grand format.

mactăbĭlis, *e*, adj., qui peut donner la mort.

mactātĭo, *ōnis*, f., immolation.

mactātŏr, *ōris*, m., meurtrier.

mactātŭs, *ūs*, m., V. *mactatio*.

macte, macti, V. *mactus* ①.

macto, *ās*, *āre*, (cf. *magnus*), tr., **1.** honorer qqn. + acc., de + abl. ; **2.** punir ; **3.** sacrifier, immoler ; **4.** tuer ; **5.** ruiner, détruire.

① **mactus**, *a*, *um*, employé surt. au voc. sg. et pl., *macte, macti*, honoré, glorifié, applaudi ; interj., courage ! bravo !

② **mactus**, *a*, *um*, part. adj., frappé, atteint.

măcŭla, *æ*, f., **1.** tache, marque ; **2.** fig., souillure ; **3.** maille d'un filet.

măcŭlātĭo, *ōnis*, f., tache.

măcŭlo, *ās*, *āre*, tr., marquer, tacher ; pr. et fig., salir.

măcŭlōsus, *a*, *um*, marqué ; taché, souillé ; fig., sali, flétri.

Madauri, *ōrum*, m. pl., Madaure, v. entre Numidie et Gétulie, patrie d'Apulée.

mădĕfăcĭo, *ĭs*, *ĕre*, *fēci*, *factum*, tr., rendre humide, mouiller, arroser.

mădĕfacto, *ās*, *āre*, tr., arroser.

mădĕfīo, *fīs*, *fĭĕri*, *factus sum*, passif de *madefacio*.

mădens, *entis*, part. adj., humide, trempé, mouillé.

mădĕo, *ēs*, *ĕre*, *mădŭi*, intr., **1.** être mouillé, imprégné ; **2.** être ivre ; **3.** être amolli par la cuisson, **4.** ruisseler de, être plein de + abl.

mădesco, *ĭs*, *ĕre*, *mădŭi*, intr., devenir humide, s'imprégner, s'enivrer.

mădĭdē, adv., de façon à être trempé ; ~ *madeo* : je suis complètement ivre, PL.

mădĭdus, *a*, *um*, [~*didior*], **1.** humide, imprégné ; **2.** ivre ; **3.** cuit ; **4.** ramolli, gâté ; **5.** imbu de, imprégné de + abl.

mădŏr, *ōris*, m., moiteur, humidité.

Mæander (~**drus**, ~**drŏs**), *i*, m., **1.** Méandre, fl. sinueux près de Milet ; **2.** fig., sinuosité, détour ; **3.** bordure en arabesque.

Mæcēnās, *ātis*, m., Mécène, chevalier rom. d'origine étrusque, ami d'Auguste et protecteur de Virgile et d'Horace.

Mædi, *ōrum*, m. pl., Mèdes (peuple de Thrace) ‖ **Mædĭca**, *æ*, f., le pays des Mèdes.

Mælĭus, *ĭi*, m., Mælius, nom d'une famille rom. ; spéc., Sp. Mælius, chevalier rom. tué parce qu'il aspirait à la royauté.

mæna, *æ*, f., petit poisson de mer (sardine, mendole).

Mænăla, *ōrum*, n. pl., ou **Mænălus**, *i*, m., Ménale, mt. d'Arcadie consacré à Pan ‖ **Mænălĭdēs**, *æ*, m., **Mænālis**, *ĭdis*, f., **Mænălĭus**, *a*, *um*, du Ménale ‖ **Mænălŏs**, *i*, m., V. *Mænalus*.

Mænăs, *ădis*, f., Ménade, Bacchante.

mænĭānum, *i*, n., galerie extérieure, portique (invention de l'architecte Ménius).

Mæŏnĭa, *æ*, f., Méonie ou Lydie (Asie Mineure) ; Étrurie (colonie méonienne ?) ‖ **Mæŏnĭdēs**, *æ*, m., de Méonie, spéc. Homère ; Étrusque ‖ **Mæŏnis**, *ĭdis*, f., la Lydienne : Arachné ou Omphale ‖ **Mæŏnĭus**, *a*, *um*, **1.** de Méonie ; **2.** homérique, épique ; **3.** étrusque.

Mæŏtæ, *ārum*, m. pl., Méotes, peuple du Palus-Méotide ‖ **Mæŏtĭcus** et **Mæŏtĭus**, *a*, *um*, des Méotes ; *Mæotica palus* et *Mæotius lacus*, le Palus-Méotide ‖ **Mæŏtis**, *ĭdis* ou *ĭdos*, adj. f., des Méotes, scythique ; subst. f., le Palus-Méotide, auj. mer d'Azov.

mærens, *entis*, part. adj., affligé.

mærĕo, *ēs*, *ēre*, intr. et tr., **1.** être triste, affligé ; **2.** s'affliger de, déplorer, ~ *mortem alicujus* : déplorer la mort de qqn. ; + prop. inf., déplorer que ; *mæretur*, on s'afflige.

mærŏr, *ōris*, m., tristesse, affliction profonde ; *in mærore esse*, *jacere* : être accablé de tristesse.

mæstē, adv., tristement.

mæstĭtĭa, *æ*, f., tristesse, abattement ; fig., sévérité froide (du style).

mæstus, *a*, *um*, triste, abattu ; morne, sombre ; funèbre, sinistre.

Mævĭus, *ĭi*, m., Mævius, (mauvais) poète cité par Virgile et Horace.

māfors, *ortis*, m., et **māfortĕ**, *is*, n., voile de femme, capeline.

măga, *æ*, f., magicienne.

măgălĭa ou **măgārĭa**, *ĭum*, n. pl., **1.** cabanes, huttes de nomades ; **2.** *Magalia* : nom d'un quartier de Carthage.

măgīa, *æ*, f., magie.

măgĭcus, *a*, *um*, magique, relatif à la magie.

① **măgĭs**, adv. au comp. (superl. : *maxime*), plus, davantage, plutôt ; *magis quam* : plus que ; *alius alio magis* : l'un plus que l'autre, à qui mieux mieux ; *magis solito* : plus que de coutume ; avec un comp., *mollior magis* : beaucoup plus mou, *multo magis* : beaucoup plus, *magis etiam* : encore plus ; *nihilo magis* : en rien davantage ; *eo*, *tanto magis* : d'autant plus, avec *quod* : d'autant plus, que ; *quo (quanto) magis*... *eo (tanto) magis*... : plus..., plus... ; poét., *quo magis*... *tam magis*..., *quam magis*... *tam magis*... : plus..., plus... ; *magis magisque* : toujours plus ; *magis velle* = *malle* : préférer.

② **măgis**, *ĭdis*, f., sorte de plat, pétrin.

măgistĕr, *tri*, (cf. *magis* ①), m., **1.** celui qui dirige, chef, *morum* : censeur, CIC. ; ~ *pecoris* : berger ; ~ *navis* : commandant ou pilote de navire ; ~ *equitum* : maître de la cavalerie, adjoint du dictateur ; **2.** maître qui enseigne, *ludi* ~ : maître d'école, *dicendi* ~ : maître d'éloquence ; **3.** conseiller, instigateur.

măgistĕrĭum, *ĭi*, n., **1.** direction, présidence, spéc., du festin ; **2.** fonction de maître, de précepteur ; **3.** enseignement, leçons.

măgistra, *æ*, f., maîtresse, directrice ; fig., qui enseigne.

măgistrātŭs, *ūs*, m., **1.** charge, fonction publique, magistrature ; **2.** fonctionnaire public ; **3.** qqf., l'autorité, le gouvernement.

magma, *ătis*, n., résidu d'un parfum.

magnănĭmĭtās, *ātis*, f., magnanimité, grandeur d'âme.

magnănĭmus, *a*, *um*, généreux, magnanime.

magnārĭus, *ĭi*, m., marchand en gros.

Magnēs, *ētis*, m., de Magnésie ; **Magnē-tes**, *um*, m. pl., les Magnètes, hab. de Magnésie ‖ **Magnēsĭa**, *æ*, f., Magnésie, **1.** province de la Thessalie ; **2.** v. de Lydie ; **3.** v. de Carie ‖ **Magnēsĭus**, *a, um*, de Magnésie ; ~ *lapis* : pierre d'aimant.

nagnēs (lăpĭs), m., aimant minéral.

nagnĭdĭcus, *a, um*, vantard, fanfaron.

nagnĭfăcĭo, *ĭs, ĕre*, tr., faire grand cas de.

nagnĭfĭcē, adv., [~*centius*, ~*centissime*], magnifiquement, somptueusement ; pompeusement, emphatiquement.

nagnĭfĭcentĭa, *æ*, f., **1.** magnificence, splendeur, faste ; **2.** générosité, grandeur d'âme ; **3.** emphase, sublime.

nagnĭfĭco, *ās, āre*, tr., faire grand cas de ; glorifier, exalter.

nagnĭfĭcus, *a, um*, [~*centior*, ~*centissimus*], **1.** fastueux ; glorieux ; généreux (pers.) ; **2.** somptueux, éclatant ; pompeux, emphatique ; beau, sublime (choses).

nagnĭlŏquentĭa, *æ*, f., **1.** sublimité de style ; **2.** pompe, emphase.

nagnĭlŏquus, *a, um*, **1.** dont le langage est sublime ; **2.** emphatique, prétentieux, ampoulé.

nagnĭtūdo, *inis*, f., **1.** grandeur, ~ *mundi* : de l'univers ; ~ *fluminis* : largeur d'un fleuve ; **2.** grande quantité, abondance ; **3.** longue durée ; **4.** force, puissance, ~ *animi* : grandeur d'âme ; **5.** importance, dignité.

nagnŏpĕrē ou **magnŏ ŏpĕrĕ**, [*majore opere, maximo opere*], adv., vivement, avec insistance (avec vb. de prière, de demande, etc.) ; avec nég. : pas beaucoup.

nagnus, *a, um*, [*major, maximus*], **1.** grand, de grande dimension ; **2.** grand (en quantité), *magna pars* : une grande partie ; *magno emere* : acheter cher, *magni æstimare* : estimer beaucoup ; **3.** grand (en force, en intensité), *magnā voce* : à haute voix ; fig., *major natu* : plus âgé, aîné ; **4.** grand, important, *vir* ~ : un grand homme ; **5.** grand, noble, généreux, *magno animo esse* : avoir l'âme grande ; **6.** extraordinaire, étrange, singulier, *gravis quamvis magnæ rei auctor* : témoin de poids dans une affaire aussi étrange, Liv. ; **7.** péj., orgueilleux.

Magnus, *i*, m., surnom de Pompée, d'Alexandre.

Māgo, *ōnis*, m., Magon, **1.** général carthaginois, frère d'Hannibal ; **2.** auteur carthaginois d'un traité d'agriculture ; **3.** père d'Hamilcar l'Ancien.

① **măgus**, *a, um*, magique.

② **măgus**, *i*, m., mage, prêtre perse ; sorcier.

Măgus, *i*, m., Magus, guerrier tué par Énée.

Măharbăl ou **Măherbăl**, *ălis*, m., Maharbal, commandant de la cavalerie carthaginoise à Cannes.

Māia, *æ*, f., Maia, **1.** mère de Mercure ; **2.** une des Pléiades.

Māius, *a, um*, du mois de mai ; subst. m., *Maius, ii*, le mois de mai.

mājestās, *ātis*, f., **1.** majesté, grandeur ; souveraineté de l'État, *crimen majestatis* : accusation de lèse-majesté ; **2.** fig., honneur, dignité.

mājŏr, *ŭs*, gén. *ōris*, comp. de *magnus*, V. ce mot ; expr. div. : *majores natu* : les aînés ; *Plinius Major* : Pline l'Ancien ; *mos majorum* : la coutume des ancêtres, la tradition ; *majoris æstimare* (non class.) : estimer plus.

mājuscŭlus, *a, um*, un peu plus grand, plus âgé, *quam* : que.

māla, *æ*, (cf. *maxilla*), f., ordin. au pl. **mālæ**, *ārum*, mâchoire (supérieure) ; joue.

mălăcĭa, *æ*, f., **1.** bonace, calme de la mer ; **2.** fig., langueur, apathie, ~ *stomachi* : inappétence.

mălăcus, *a, um*, doux, moelleux ; fig., agréable.

mălaxo, *ās, āre*, tr., amollir.

mălĕ, adv., [*pejus, pessime*], **1.** mal, autrement qu'il ne faut, ~ *olere* : sentir mauvais, ~ *loqui* : mal parler ; **2.** à tort, injustement ; d'une façon qui ne convient pas ; = *non*, ~ *sanus* : fou ; **3.** violemment, fortement, ~ *odisse aliquem* : détester qqn.

Mălĕa et **Mălēa**, *æ*, f., **Mălĕæ**, *ārum*, f. pl. Malée, promontoire du Péloponnèse.

mălĕdĭcē, adv., en médisant.

mălĕdīcens, *entis*, adj., [~*tior*, ~*tissimus*], médisant.

mălĕdĭcentĭa, *æ*, f., médisance.

mălĕdīco, *ĭs, ĕre, dixi, dictum*, intr. et rar. tr., médire, *alicui* : de qqn. ; outrager.

mălĕdictĭo, *ōnis*, f., médisance, insulte.

mălĕdictum, *i*, n., injure, outrage ; malédiction.

mălĕdĭcus, *a, um*, [comp. et superl. : V. *maledicens*], médisant, injurieux.

mălĕfăcĭo, *ĭs, ĕre, fēci, factum*, intr., faire du mal, nuire, *alicui* : à qqn.

mălĕfactum, *i*, n., mauvaise action.

mălĕfĭcentĭa, *æ*, f., malfaisance, méchanceté.

mălĕfĭcĭum, *ĭi*, n., **1.** mauvaise action, méfait ; **2.** fraude, tromperie ; **3.** torts, dommages ; **4.** vermine.

mălĕfĭcus, *a, um*, [~ *centissimus*], malfaisant, méchant, nuisible ; subst. m., *maleficus, i*, faiseur de tort, criminel ; n., *maleficum, i*, charme, sortilège.

mălĕsuādus, *a, um*, qui conseille le mal.

Mălĕum, *i*, n., cap Malée ‖ **Mălēus**, *a, um*, du cap Malée.

mălĕvŏlens, *entis*, adj., [~*tissimus*], malintentionné, malveillant.

mălĕvŏlentĭa, *æ*, f., malvaillance, jalousie, haine.

mălĕvŏlus, *a, um*, malintentionné, malveillant, jaloux.

Mālĭăcus sĭnŭs, *i*, m., golfe Maliaque, entre Thessalie et Locride.

mālĭfĕr, *fĕra, fĕrum*, qui produit des pommes.

mălĭfĭcĭum, mălĭfĭcus, V. *maleficium, maleficius*.

mălĭgnē, adv. [~*gnius*], avec méchanceté ; jalousement, chichement, peu.

mălĭgnĭtās, *ātis*, f., méchanceté ; avarice, parcimonie.

mălĭgnus, *a, um*, méchant, envieux ; chiche, avare ; fig., stérile, chétif, étroit.

mălĭtĭa, *æ*, f., 1. mauvaise qualité ; 2. malignité, malice, ruse.

mălĭtĭōsē, adv., [~*sius*], avec malice, de mauvaise foi.

mălĭtĭōsus, *a, um*, méchant, trompeur, fourbe.

mălĭvŏl~, V. *malevol~*.

mallĕŏlus, *i*, m., 1. petit marteau ; 2. bouture ; 3. trait enflammé.

mallĕus, *i*, m., marteau, maillet (pour assommer les victimes).

mālo, *māvīs, malle, mālŭi*, (*magis volo*) tr., 1. aimer mieux, préférer ; *quam* : que, *nihil ~ quam pacem* : ne rien préférer à la paix ; + prop. inf. ou subj. (rar.), aimer mieux que, *principem se esse mavult quam videri* : il préfère être le chef que le paraître, SALL. ; *malo non roges* : j'aime mieux que tu ne poses pas de question, CIC. ; 2. être plus favorable à.

mălŏbăthrŏn (~um), *i*, n., malobathre, arbre produisant une essence ; parfum.

① **mălum**, interj., malheur !

② **mălum**, *i*, n., 1. mal, maladie, *corporis mala* : les maux physiques ; *bona, mala* : les biens, les maux ; 2. malheur, calamité ; 3. préjudice, mauvais traitement.

③ **mālum**, *i*, n., pomme ou fruit ressemblant à une pomme : orange, grenade, pêche.

① **mălus**, *a, um*, [*pejor, pessimus*], 1. mauvais ; 2. laid, en mauvais état, malade ; 3. méchant, vicieux, malhonnête.

② **mālus**, *i*, f., pommier.

③ **mālus**, *i*, m., mât de navire ; mât pour soutenir les toiles du théâtre ou du cirque.

malva, *æ*, f., bot., mauve.

Māmertīnus, *a, um*, de Messine ‖ **Māmertīni**, *ōrum*, m. pl., les Mamertins, hab. de Messine.

mamma, *æ*, f., 1. sein, mamelle ; 2. maman (dans le langage enfantin) ; 3. bourgeon d'un arbre.

mammōsus, *a, um*, qui a de gros seins.

mammŭla, *æ*, f., petite mamelle ; dim. petite mère.

Māmŭrĭus (~urrĭus), *ĭi*, m., Mamurius, nom d'h.

Māmurra, *æ*, m., nom d'h.

mānābĭlis, *e*, adj., qui pénètre.

manceps, *ĭpis*, m., 1. acquéreur ; 2. adjudicataire ; 3. entrepreneur ; chef (spéc. de claque) ; 4. garant, répondant.

mancĭpĭum, *ĭi* ou *i*, (*manus* + *capio*), n. 1. acquisition officielle (et solennelle) 2. propriété, droit de propriété, *mancipi accipere, dare* : acheter, vendre ; 3. propriété, bien acquis, not., esclaves.

mancĭpo, *ās, āre*, tr., céder en toute propriété, vendre ; fig., abandonner, céder.

mancŭp~, V. *mancip~*.

mancus, *a, um*, manchot, estropié ; fig. imparfait, défectueux.

mandātum, *i*, n., ordre, mandat, commission ; au pl., *mandata, orum*, instruction.

mandātŭs, (dat. et abl. en *ū*), m., commission, recommandation.

① **mando**, *ās, āre*, tr., 1. donner en mission, *aliquid alicui* : qqch. à qqn. ; ~ *alicui ut, ne* + subj. : donner à qqn. mission de ne pas ; 2. confier, faire savoir.

② **mando**, *ĭs, ĕre, mandi, mansum*, tr., mâcher, manger, mordre ; fig., dévorer.

Mandūbĭi, *ōrum*, m. pl., Mandubiens, peuple séquanais, auj. Franche-Comté.

① **mandūco**, *ās, āre*, tr., mâcher, manger

② **mandūco**, *ōnis*, m., glouton.

mandūcus, *a, um*, goinfre ; marionnette de comédie mastiquant bruyamment.

mānĕ, 1. n. indécl., matin, matinée 2. adv., le matin.

mănĕo, *ēs, ēre, mansi, mansum*, intr. et tr. I intr., rester, ~ *domi* : rester chez soi ; séjourner, habiter ; persister, persévérer ~ *alicui* : rester acquis à qqn.
II tr., attendre qqn. qqch. ; être réservé à

Mānes, *ĭum*, m. pl., mânes, âmes des morts ; *dii* ~ : les dieux mânes ; séjour des mânes, les Enfers.

mango, *ōnis*, m., marchand qui maquille sa marchandise ; marchand d'esclaves.

mănĭca, æ, f., ordin. au pl., **mănĭcæ**, *ārum*, longue manche de tunique ; gant ; menottes.

mănĭcātus, *a, um,* qui est à manches.

mănĭcŭla, æ, f., petite main ; manche de la charrue.

mănĭfestărĭus, *a, um,* manifeste, évident ; flagrant, pris sur le fait.

mănĭfestē, adv., [~*tius,* ~*tissime*], manifestement, clairement.

① **mănĭfestō**, adv., V. *manifeste* ; sur le fait.

② **mănĭfesto**, *ās, āre,* tr., rendre manifeste, découvrir, révéler.

mănĭfestus, *a, um,* [~*tior,* ~*tissimus*], 1. manifeste, palpable, évident ; 2. pris en flagrant délit ; convaincu de + gén., laissant paraître.

Mănīlĭus, *ĭi,* m., Manilius, nom d'une famille rom., spéc. tribun de la plèbe, auteur de la *lex Manilia* accordant les pleins pouvoirs à Pompée contre Mithridate ; poète sous Tibère.

mănĭpŭlāris, *e,* adj., du manipule ; subst. m., *manipularis, is,* simple soldat ou camarade de manipule.

mănĭpŭlārĭus, *a, um,* de simple soldat ; subst. m., *manipularius, ii,* simple soldat.

mănĭpŭlātim, adv., par poignées ; par manipules ; en botte, en faisceau.

mănĭpŭlus, et poét. **mănĭplus**, *i,* m., 1. poignée, gerbe, botte (herbes, fleurs) ; 2. manipule = trentième partie de la légion ; 3. troupe.

Mănĭus, *ĭi,* m., Manius, prénom rom., abrégé en M'.

Manlĭānus, *a, um,* de Manlius ; à la manière, dure, de Manlius ‖ **Manlĭus**, *ĭi,* m., Manlius, nom d'une famille rom. illustre ; spéc., Manlius Capitolinus et Manlius Torquatus.

mannŭlus, *i,* m., petit poney.

mannus, *i,* m., poney, petit cheval.

Mannus, *i,* m., Mannus, dieu des Germains.

māno, *ās, āre,* intr. et tr.,

I intr., 1. couler, se répandre, dégoutter ; 2. fig., se propager, circuler ; provenir, découler de.

II tr., faire couler, répandre.

mansĭo, *ōnis,* f., 1. séjour ; 2. lieu de séjour, habitation ; 3. étape, spéc. auberge.

mansĭto, *ās, āre,* (fréq. de *maneo*), tr., se tenir habituellement dans un lieu, habiter.

mansuĕfăcĭo, *ĭs, ĕre, fēci, factum,* tr., apprivoiser ; humaniser, civiliser.

mansuĕfīo, *fīs, fĭĕri, factus sum,* passif de *mansuefacio,* s'apprivoiser ; s'adoucir.

mansuĕs, *ētis* et *is,* adj. arch., V. *mansuetus.*

mansuesco, *ĭs, ĕre, suēvi, suētum,* 1. tr. apprivoiser ; 2. intr., s'apprivoiser.

mansuĕtē, adv., [~*tius,* post-class.], avec douceur.

mansuĕtūdo, *ĭnis,* f., douceur (des animaux) ; bonté, bienveillance.

mansuĕtus, *a, um,* (*manus* ② + *suetus*), apprivoisé ; doux, traitable, tranquille.

mansūrus, *a, um,* part. fut. de *mando* ② et de *maneo.*

mansus, *a, um,* V. *mando* ② et *maneo.*

mantēle, *is,* et **mantēlĭum**, *ĭi,* n., serviette, essuie-main.

mantĭca, æ, f., bissac, valise.

Mantĭnēa, æ, f., Mantinée, v. d'Arcadie célèbre pour la victoire et la mort d'Épaminondas.

Mantŭa, æ, f., Mantoue, patrie de Virgile, sur le Mincio (affluent du Pô).

mănŭālis, *e,* adj., qui peut se prendre dans la main, maniable ; subst. n., *manuale, is,* étui à livre.

mănŭbĭa, æ, (cf. *manus*), f., 1. foudre, coup de tonnerre (t. augural) ; 2. au pl., *manubiæ, arum,* argent provenant de la vente du butin ; butin ; vol.

mănŭbrĭum, *ĭi,* n., manche, poignée.

mănŭlĕātus, *a, um,* muni de longues manches ; vêtu d'une tunique à longues manches.

mănŭmissĭo, *ōnis,* f., affranchissement d'un esclave ; remise de peine.

mănŭmitto ou **mănū mitto**, *ĭs, ĕre, mīsi, missum,* tr., affranchir (un esclave).

mănŭprĕtĭum, *ĭi,* n., prix de la main-d'œuvre ; salaire, récompense.

① **mānus**, *a, um,* bon.

② **mănŭs**, *ūs,* f., 1. main, bras, *manum conserere, conferre, committere :* en venir aux mains, attaquer ; *alicui manum inicere :* mettre la main au collet de qqn., appréhender (spéc. un débiteur) ; *ad manum habere :* avoir sous la main, à la disposition ; 2. force physique (= *vis*), *æquis manibus :* à égalité de forces ; *alicui manus adferre :* porter les mains sur qqn. ; 3. pouvoir, autorité (du *paterfamilias,* du maître, du mari), *manu mittere :* affranchir ; *convenire in manum viri :* tomber (pour l'épouse) sous la puissance légale du mari ; 4. entreprise, travail, habileté, *manus dare :* fournir une main-d'œuvre ; *prima, extrema ~ :* première, dernière main (pour un artiste) ; 5. poignée d'hommes, troupe, *facere manum :* former une troupe, une bande ; 6. coup de dés, *manum alicui remittere :* faire grâce d'un coup gagnant aux dés ; 7. coup à l'escrime ; 8. ~ (*ferrea*) : grappin ; 9. trompe d'éléphant.

măpālĭa et **māpālĭa**, *ĭum*, n. pl., V. *ma-galia* 1.

mappa, *æ*, f., **1.** serviette de table ; **2.** drapeau donnant aux coureurs du cirque le signal du départ.

Mărăthōn, *ōnis*, f., Marathon, bourg et plaine de l'Attique où Miltiade vainquit les Perses (490 av. J.-C.).

Marcellus, *i*, m., Marcellus nom d'une branche de la *gens Claudia* ; spéc., **1.** M. Claudius Marcellus qui prit Syracuse ; **2.** le neveu d'Auguste, mort à 19 ans.

marcĕo, *ēs*, *ēre*, intr., être fané, flétri ; être affaibli, alangui.

marcesco, *ĭs*, *ĕre*, intr., se faner, se flétrir ; s'affaiblir, s'engourdir.

marcĭdus, *a*, *um*, fané, flétri ; alangui, engourdi.

Marcĭus, *ĭi*, m., Marcius, nom d'une famille rom. ; spéc., Ancus Marcius, quatrième roi de Rome.

Marcŏmăni, *ōrum*, m. pl., Marcomans, peuple germain établi sur le Main, puis en Bohême.

marcŏr, *ōris*, m., **1.** état d'une chose fanée, flétrie ; **2.** putréfaction ; **3.** engourdissement.

Marcus, *i*, m., Marcus, prénom rom., abrégé en M.

Mardŏnĭus, *ĭi*, m., Mardonius, général perse vaincu par Pausanias.

mărĕ, *is*, n., **1.** la mer, ~ *Oceanus* : l'Océan ; **2.** eau de mer ; **3.** vert de mer ; **4.** fig., *maria et montes polliceri* : promettre monts et merveilles.

margărīta, *æ*, f., et **margărītum**, *i*, n., perle.

margĭno, *ās*, *āre*, tr., entourer d'une bordure ; border.

margo, *ĭnis*, m. et f., bord, bordure, frontière.

Mărĭānus, *a*, *um*, de Marius, partisan de Marius.

mărīnus, *a*, *um*, de mer, marin.

mărīta, *æ*, f., femme mariée, épouse.

mărītālis, *e*, adj., conjugal, marital, nuptial.

mărītĭmus, *a*, *um*, de mer, marin, maritime ; subst. n. pl., *maritima, orum*, les côtes.

mărīto, *ās*, *āre*, tr., unir, marier.

① **mărītus**, *a*, *um*, nuptial, conjugal ; uni à la vigne (arbre).

② **mărītus**, *i*, m., mari, époux ; fiancé.

Mărĭus, *ĭi*, m., Marius, nom d'une famille rom. ; spéc., C. Marius, d'Arpinum, vainqueur de Jugurtha et des Cimbres, rival de Sylla (157-86 av. J.-C.).

marmŏr, *ōris*, n., **1.** marbre ; **2.** poussière de marbre ; **3.** objet en marbre, statue etc. ; **4.** surface unie de la mer.

marmŏrārĭus, *a*, *um*, de marbre ; subst. m., *marmorarius, ii*, marbrier.

marmŏrĕus, *a*, *um*, de marbre, en marbre ; semblable au marbre, dur, poli comme le marbre.

marmŏro, *ās*, *āre*, tr., couvrir de marbre

Măro, *ōnis*, m., **1.** surnom du poète Virgile ; **2.** compagnon de Bacchus.

Marpē(s)sĭus, *a*, *um*, de Marpesse, de Paros, de marbre ‖ **Marpē(s)sus**, *i*, m., Marpesse, mt. de l'île de Paros, d'où était extrait le marbre.

Marrūbĭum, *ĭi*, n., v. des Marses, près du lac Fucin.

Marrūcīni, *ōrum*, m. pl., Marrucins, peuple d'Italie.

Mars (arch. **Mavors**), *Martis*, m., **1.** Mars, dieu de la guerre, père de Romulus et du peuple romain ; **2.** fig., a) guerre, bataille, manière de combattre ; b) résultat issue de la guerre : *æquo Marte* : (combattre) à chances égales ; *ancipiti Marte* : à l'issue incertaine ; c) valeur militaire, courage ; **3.** la planète Mars.

Marsi, *ōrum*, m. pl., Marses, peuple du Latium ‖ **Marsĭcus** ou **Marsus**, *a*, *um*, des Marses.

marsūpĭum (~**ppĭum**), *ĭi*, n., bourse.

Marsўās (~**sўa**), *æ*, m., **1.** Marsyas, satyre, célèbre joueur de flûte ; **2.** statue de Marsyas ; **3.** fl. de Phrygie.

① **Martĭālis**, *is*, m., Martial, épigrammatiste latin (seconde moitié du 1ᵉʳ s. ap. J.-C.)

② **Martĭālis**, *e*, adj., de Mars ‖ **Martĭāles** *ĭum*, m. pl., soldats de la légion de Mars

Martĭus, *a*, *um*, **1.** de Mars ; *Martia proles* : la descendance de Mars, Romulus et Rémus ; subst. m., *Martius, ii*, le mois de Mars ; *Idus Martiæ* : Ides de Mars ; **2.** guerrier, courageux ; **3.** de la planète Mars.

mās, *măris*, adj. et subst., m., mâle ; masculin ; fig., viril.

mascŭlīnus, *a*, *um*, masculin ; viril gramm., du genre masculin.

mascŭlus, *a*, *um*, mâle ; subst. m., *masculus, i*, un mâle ; mâle, viril.

Măsĭnissa, *æ*, m., Masinissa, roi des Numides.

massa, *æ*, f., masse, amas, tas ; bloc de marbre ; masse d'or ; le chaos.

Massăgĕtæ, *ārum*, m. pl., Massagètes peuple scythe.

Massĭcus, *i*, m., Massique, mt. de Campanie célèbre pour son vin ‖ **Massĭcus**, *a*, *um*, du Massique ‖ **Massĭcum**, *i*, n., vin du Massique.

Massĭlĭa, *æ*, f., Marseille, v. de Gaule Narbonnaise, colonie de Phocée ‖ **Massĭlĭensis**, *e*, adj., de Marseille ‖ **Massĭlĭenses**, *ĭum*, m. pl., les hab. de Marseille.

mătăra, *æ*, et **mătăris**, *ĭs*, f., javelot gaulois.

mătella, *æ*, f., pot, pot de chambre.

mătellĭo, *ōnis*, m., pot de chambre.

mātĕr, *tris*, f., 1. mère, *pietas in matrem* : affection pour la mère ; 2. fig., dame, maîtresse ; *Vesta ~* : auguste Vesta ; *Mater magna* ou *Mater* : la grande mère des dieux, Cybèle ; 3. mère, cause, origine ; 4. cité mère, patrie, métropole ; 5. affection maternelle.

mātercŭla, *æ*, f., dim. affectueux de *mater*.

māterfămĭlĭās, f., mère de famille.

mātĕrĭa, *æ*, et **mātĕrĭes**, *ēi*, f., 1. la matière, *corpora materiai* : les éléments de la matière, les atomes, LUCR. ; 2. matériaux de construction, spéc. le bois ; 3. fig., a) matière, sujet, thème ; b) aliment, occasion, prétexte ; c) disposition, caractère, fonds ; d) question traitée, exposé.

mātĕrĭālis, *e*, adj., matériel, formé de matière.

mātĕrĭārĭus, *a*, *um*, relatif au bois de construction ; subst. m., *materiarius, ii*, marchand de bois.

mātĕrĭo, *ās*, *āre*, tr., construire avec des charpentes.

mātĕrĭor, *āris*, *āri*, intr., aller à la provision de bois de construction.

māternus, *a*, *um*, maternel.

Māternus, *i*, m., Maternus, surnom rom.

mātertĕra, *æ*, f., tante maternelle.

măthēmătĭca, *æ*, ou **măthēmătĭcē**, *ēs*, f., mathématique ; astrologie.

măthēmătĭcus, *a*, *um*, mathématique ; subst. m., *mathematicus, i*, 1. mathématicien ; 2. astronome ; 3. astrologue.

mātrĭcīda, *æ*, m. et f., celui ou celle qui tue sa mère, parricide.

mātrĭcīdĭum, *ĭi*, n., crime d'un parricide, de celui qui tue sa mère.

mātrĭmōnĭum, *ĭi*, n., 1. mariage, *in ~ dare* : donner en mariage, *aliquam in ~ ducere* : prendre femme, *in ~ ire* : prendre un mari ; 2. au pl., *matrimonia, orum*, méton., femmes mariées.

mātrīmus, *a*, *um*, dont la mère est encore en vie.

mātrix, *īcis*, f., 1. reproductrice, femelle ; 2. mère ; 3. souche, origine.

mātrōna, *æ*, f., femme mariée, dame.

Mātrōna, *æ*, m., Marne, riv. de la Gaule.

mātrōnālis, *e*, adj., de femme mariée ; *Matronalia, ium*, n. pl., fête célébrée en l'honneur de Junon, le 1er mars.

mātūrē, adv., [*~rius, ~rrime* ou *~rissime*] 1. à temps, à propos ; 2. vite, tôt, promptement ; 3. trop tôt, prématurément.

mātūresco, *ĭs, ĕre, mātūrŭi*, intr., 1. devenir mûr, mûrir ; 2. se développer ; 3. atteindre son plein développement.

mātūrĭtās, *ātis*, f., 1. maturité ; 2. plein développement, perfection ; 3. opportunité ; 4. promptitude.

mātūro, *ās, āre*, 1. tr., faire mûrir ; conduire à terme ; accélérer, hâter ; 2. intr., se hâter de + inf. ; devenir mûr.

mātūrus, *a*, *um*, 1. mûr ; 2. développé, à point, favorable ; 3. prématuré, prompt, hâtif ; 4. qui a fait son temps.

mătus ou **mattus**, *a*, *um*, humide.

Mātūta, *æ*, f., déesse du matin, l'Aurore.

mātūtīnum, *i*, n., le matin.

mātūtīnus, *a*, *um*, matinal, du matin.

Maurētānĭa (Maurĭ~), *æ*, f., Mauritanie ‖ **Maurus**, *a*, *um*, de Mauritanie ‖ **Mauri**, *ōrum*, m. pl., les Maures.

Mausōlēus, *a*, *um*, de Mausole ‖ **Mausōlēum**, *i*, n., tombeau de Mausole ; mausolée, tombeau magnifique ‖ **Mausōlus**, *i*, m., Mausole, roi de Carie à qui sa femme fit construire un tombeau splendide, l'une des merveilles du monde.

māvīs, V. *malo*.

Māvors, *tis*, m., arch. et poét., Mars ; fig., la guerre ‖ **Māvortĭus**, *a*, *um*, de Mars ; *Mavortia tellus*, la terre de Mars, la Thrace ‖ **Māvortĭus**, *ĭi*, Méléagre, le fils de Mars.

maxilla, *æ*, f., mâchoire.

maxillāris, *e*, adj., de la mâchoire, maxillaire.

maxĭmē (~ŭmē), adv., superl. de *magis*, I au plus haut degré, très, le plus, *unus maxime* ou *maxime omnium* : le plus de tous ; *quam maxime* : le plus possible ; *ut quisque maxume excellit, ita maxume volt* : plus on a l'excellence, plus on veut (litt., dans la mesure où chacun…, dans cette mesure…).

II 1. surtout, principalement, *cum… tum maxime* : d'une part…, d'autre part surtout ; 2. précisément, *nunc cum maxime* : maintenant plus que jamais ; 3. pour l'essentiel ; 4. formule d'acquiescement : tout à fait, très bien.

maxĭmus (~ŭmus), superl. de *magnus*.

Maxĭmus, *i*, m., Maximus, surnom rom., spéc. de Q. Fabius dit aussi *Cunctator* (2e guerre punique) ; *Maximi* : les hommes comme Fabius Maximus.

mĕābĭlis, e, adj., accessible, praticable ; qui pénètre.

Mĕandĕr, V. *Mæander*.

mĕātŭs, ūs, m., passage, course ; ~ *animæ* : voies respiratoires.

mĕcastŏr, interj., par Castor (juron des femmes).

mēchănĭcus, a, um, mécanique ; subst. m., *mechanicus, i*, mécanicien ; f., *mechanica, æ*, mécanique ; n. pl., *mechanica, orum*, engins.

mēcum (pour *cum me*), V. *cum*.

meddix, ĭcis, m., magistrat osque.

Mēdēa, æ, f., Médée, fille d'Éétès, meurtrière des enfants de Jason ; titre d'une tragédie de Sénèque.

mĕdēla, æ, f., médicament, remède.

mĕdens, entis, 1. V. *medeor* ; 2. subst. m., médecin.

mĕdĕor, ēris, ēri, 1. intr., soigner, traiter, *alicui* : qqn. ; 2. tr., soigner, guérir.

Mēdi, ōrum, m. pl., Mèdes, Perses ‖ **Mēdĭa**, æ, f., Médie, région d'Asie.

mĕdiastīnus, i, m., esclave à tout faire, du dernier rang ; infirmier.

① **mĕdĭca**, æ, f., femme médecin.

② **mĕdĭca**, æ, f., luzerne (plante de Médie).

mĕdĭcābĭlis, e, adj., guérissable ; qui peut guérir, salutaire.

mĕdĭcāmĕn, ĭnis, n., 1. médicament, remède ; 2. drogue, ingrédient ; 3. teinture, fard, cosmétique ; 4. moyen d'amélioration, engrais.

mĕdĭcāmentum, i, n., 1. médicament, remède ; 2. drogue, philtre, poison ; 3. teinture, fard, moyen artificiel ; 4. antidote.

① **mĕdĭcātus**, a, um, 1. V. *medico* et *medicor* ; 2. adj., [~tior, ~tissimus], médicinal, à vertu curative.

② **mĕdĭcātŭs**, ūs, m., composition magique.

mĕdĭcīna, æ, f., 1. science de la médecine, médecine, chirurgie ; 2. cabinet médical ; 3. médecine, remède ; fig., soulagement.

mĕdĭcīnālis, e, adj., médical ; ~ *digitus* : le doigt annulaire.

mĕdĭco, ās, āre, tr., soigner, traiter ; imprégner, mélanger ; teindre ; part., *medicatus*, traité, préparé ; empoisonné.

mĕdĭcor, āris, āri, intr. et tr., soigner, traiter + dat. ou acc.

mĕdĭcus, a, um, propre à guérir, qui soigne ; magique ; subst. m., *medicus, i*, 1. médecin ; 2. doigt annulaire.

Mēdĭcus, a, um, de Médie, perse.

mĕdĭē, adv., moyennement.

mĕdĭētās, ātis, f., milieu ; moitié.

mĕdimnum, i, n., et **mĕdimnus**, i, m. médimne, mesure grecque de capacité.

mĕdĭŏcris, e, adj., 1. moyen, qui tient le milieu ; 2. ordinaire, petit, médiocre ; *non* ~ : qui compte, non commun, important.

mĕdĭŏcrĭtās, ātis, f., moyenne, juste milieu, *aurea* ~ : la juste mesure qui vaut de l'or, HOR. ; infériorité, insuffisance.

mĕdĭŏcrĭtĕr, adv., moyennement ; modérément, faiblement ; *haud* ou *non* ~ fortement.

Mēdĭŏlānensis, e, adj., milanais ‖ **Mēdĭŏlānenses**, ĭum m. pl., les Milanais. ‖ **Mēdĭŏlānum**, i ou ~**nĭum**, ĭi, n., Médiolanum, 1. Milan, v. de la Gaule Transpadane, cap. des Insubres ; 2. cité gauloise sur la Charente, auj. Saintes.

Mēdĭŏmatrĭci, ōrum, m. pl., Médiomatrices, peuple de la Gaule Celtique, près de Metz.

mĕdĭtābundus, a, um, qui médite.

mĕdĭtāmĕn, ĭnis, n., projet.

mĕdĭtāmentum, i, n., travail préparatoire ; exercice ; éléments enseignés aux enfants.

mĕdĭtātē, adv., à dessein ; avec étude, précisément.

mĕdĭtātĭo, ōnis, f., 1. réflexion, méditation ; 2. étude, préparation, exercice.

mĕdĭterrānĕus, a, um, qui est au milieu des terres.

mĕdĭtor, āris, āri, tr., 1. méditer, réfléchir ; 2. étudier, s'exercer à, préparer.

mĕdĭum, ĭi, n., 1. milieu, centre ; 2. lieu accessible, au grand jour, sous les regards de tous, *rem in medio ponere* : mettre un fait sous les yeux ; *consulere in medium* : prendre des mesures dans l'intérêt commun.

mĕdĭus, a, um, 1. qui est au milieu, central, *media insula* : l'île du milieu ; 2. qui est le milieu, *in mediā insulā* : au milieu de l'île ; 3. intermédiaire entre deux extrêmes, entre deux partis, neutre, mixte qui s'interpose ; 4. moitié.

mēdĭus Fĭdĭus, V. *Fidius*.

mĕdulla, æ, f., moelle des os ; fig., cœur entrailles.

Mēdus, a, um, de Médie, des Mèdes Mēdus, i, m., Mède.

Mĕdūsa, æ, f., Méduse, une des Gorgones ‖ **Mĕdūsæus**, a, um, de Méduse.

Mĕgæra, æ, f., Mégère, une des Furies.

Mĕgălĕ(n)sis, e, adj., relatif à Cybèle ‖ **Mĕgălensia** et **Mĕgălĕsia**, ĭum, n. pl., Mégalésiennes, fêtes en l'honneur de Cybèle.

Mĕgăra, æ, f., et **Mĕgăra**, ōrum, n. pl., Mégare, **1.** v. de Grèce ; **2.** v. de Sicile ‖ **Mĕgărēa**, ōrum, n. pl., Mégare en Sicile ‖ **Mĕgărensis**, e, adj., de Mégare en Grèce ‖ **Mĕgărēus**, a, um, de Mégare en Grèce ‖ **Mĕgărēus**, ĕi ou ĕos, m., Mégarée, fils de Neptune et père d'Hippomène. ‖ **Mĕgărĭcus**, a, um, de Mégare en Grèce ‖ **Mĕgărĭci**, ōrum, m. pl. les philosophes de l'école de Mégare (Euclide) ‖ **Mĕgăris**, ĭdis, f., Mégare en Sicile ; Mégaride (région de Grèce).

mĕgistānes, um, m. pl., les grands, les puissants (mot grec).

mēhercŭlē, **mēherclĕ**, **mē hercŭlē**, **mēhercŭlēs**, interj., par Hercule ; oui, assurément (juron des hommes).

mēio, ĭs, ĕre, intr., **1.** uriner ; **2.** s'épancher, fuir.

mĕl, *mellis*, n., **1.** miel ; **2.** douceur, charme.

Mĕlampūs, ŏdis, m., Mélampe, médecin et devin d'Argos.

mĕlanchŏlĭcus, a, um, causé par la bile noire ; mélancolique, atrabilaire.

Mĕlĕăgĕr ou **Mĕlĕăgrŏs** (~us), i, m. Méléagre, Argonaute qui tua le sanglier de Calydon ‖ **Mĕlĕăgrĭdes**, um, f. pl., sœurs de Méléagre.

Mĕlēs, ētis, m., Mélès, fl. d'Ionie qui vit naître, dit-on, Homère.

Mĕlĕtē, ēs, f., Mélété, une des Muses.

Mĕlĭbœa, æ, f., Mélibée, v. de Thessalie où était produite une pourpre très appréciée ‖ **Mĕlĭbœus**, a, um, de Mélibée ‖ **Mĕlĭbœus**, i, m., Mélibée, nom de berger.

Mĕlĭcerta (~tēs), æ, m., Mélicerte, dieu marin, fils d'Ino et d'Athamas.

mĕlĭcus, a, um, musical, harmonieux ; lyrique ; subst. m., *melicus*, i, poète lyrique ; f., *melica*, æ, poésie lyrique.

mĕlĭor, ūs, gén. ōris, comp. de *bonus*.

mĕlisphyllum et **mĕlissŏphyllŏn**, i, n., mélisse.

Mĕlissa, æ, f., Mélissa, nymphe qui découvrit le moyen de recueillir le miel, nourrice de Jupiter.

Mĕlissus, i, m., **1.** Mélissos, phil. de Samos ; **2.** Mélissus, grammairien et bibliothécaire d'Auguste.

Mĕlĭta, æ, et **Mĕlĭtē**, ēs, f., Mélite, **1.** Néréide ; **2.** île de Malte ; **3.** île de Dalmatie ; **4.** v. d'Ionie ; **5.** v. de Cappadoce ‖ **Mĕlĭtensis**, e, adj., de Malte ; ‖ **Mĕlĭtensia**, ĭum, n. pl., étoffes, tapis de Malte.

mĕlĭus, **1.** adj., comp. n. de *bonus* ; **2.** adv., comp. de *bene*, mieux.

① **Mĕlĭus**, a, um, de l'île de Mélos.

② **Mĕlĭus**, ĭi, V. *Mælius*.

mĕlĭuscŭlē, adv., un peu mieux.

mĕlĭuscŭlus, a, um, dim. de *melior*, un peu meilleur, qui est un peu mieux.

mellārĭum, ĭi, n., ruche.

mellārĭus, a, um, à miel, fait pour le miel ; subst. m., *mellarius*, ii, apiculteur.

mellātĭo, ōnis, f., récolte du miel.

mellĕus, a, um, de miel ; doux.

mellĭfĕr, fĕra, fĕrum, qui produit le miel.

mellĭfĭcĭum, ĭi, n., production de miel.

mellĭfĭco, ās, āre, intr., faire du miel.

mellĭfĭcus, a, um, qui produit du miel.

mellĭflŭens, entis, adj., d'où coule le miel ; dont la parole est douce comme le miel.

mellĭflŭus, a, um, d'où coule le miel ; doux comme le miel.

mellītus, a, um, **1.** de miel ; assaisonné de miel ; **2.** doux comme le miel, cher.

Mēlo, ōnis, m., nom latin du Nil.

mĕlŏs, pl. **mĕlē**, n., chant, poème lyrique (mot grec).

Mēlŏs (~us), i, f., Mélos, île de la mer Égée, auj. Milo.

Melpŏmēnē, ēs, f., Melpomène, muse de la tragédie et de la poésie lyrique.

membrāna, æ, f., **1.** pellicule, membrane ; **2.** enveloppe des fruits, de l'œuf, etc. ; **3.** surface ; peau d'un serpent ; **4.** parchemin pour écrire.

membrānŭla, æ, f., petite membrane ; parchemin.

membrātim, adv., **1.** membre par membre ; **2.** point par point ; par membres de phrase.

membrum, i, n., **1.** membre du corps ; au pl., *membra, orum* : le corps ; **2.** partie d'un tout ; appartement, pièce ; membre de phrase.

mĕmĭni, isti, isse, (R. men~, cf. mens), tr. et intr., **1.** avoir à l'esprit, penser à ; **2.** se souvenir, se rappeler, *aliquem, aliquid*, ou *alicujus, alicujus rei* : qqn., qqch. ; + interr. indir. ou prop. inf. ; *memento* + inf. : souviens-toi de ; **3.** faire mention de, avec gén. ou *de* + abl.

Memmĭus, ĭi, m. Memmius, nom d'une famille rom. ; spéc., C. Memmius à qui Lucrèce dédie son poème.

Memnōn, ŏnis, m., Memnon, fils de Tithon et de l'Aurore ‖ **Memnŏnĭus**, a, um, de Memnon ; oriental, noir, mauresque.

mĕmŏr, ŏris, adj., **1.** qui se souvient, *alicujus, alicujus rei* : de qqn., de qqch. ; + prop. inf. ou interr. indir. ; **2.** qui a de la mémoire, ~ *Junonis ira* : la rancune de Junon, VIRG. ; **3.** qui fait se souvenir, qui rappelle.

mĕmŏrābĭlis, *e*, adj., 1. qu'on peut raconter ; vraisemblable ; 2. digne d'être raconté, mémorable.

mĕmŏrandus, *a, um*, 1. adj. vb. de *memoro* ; 2. adj., mémorable, glorieux, fameux.

① **mĕmŏrātus**, *a, um*, 1. V. *memoro* ; 2. mémorable, fameux.

② **mĕmŏrātŭs**, *ūs*, m., action de rappeler.

mĕmŏrĭa, *æ*, f., 1. mémoire, *memoriā tenere aliquid* : garder qqch. en mémoire ; 2. ressouvenir, réminiscence ; 3. période embrassée par le souvenir, époque, *nostrā memoriā* : de notre temps ; 4. fait rapporté, événement ; relation, récit, ~ *annalium* : le récit des annales ; 5. monument consacré au souvenir de qqn.

mĕmŏrĭālis, *e*, adj., qui aide la mémoire ; subst. m., *memorialis, is*, historiographe.

mĕmŏrĭŏla, *æ*, f., pauvre petite mémoire ; petit monument.

mĕmŏrĭtĕr, adv., 1. de mémoire ; 2. avec une bonne mémoire.

mĕmŏro, *ās, āre*, tr. et intr., rappeler, mentionner, *rem* : une chose ; abs., faire mention de ; + prop. inf. : rappeler que.

Memphis, *is* ou *ĭdis*, f., Memphis, cap. de l'Égypte ‖ **Memphītes**, *æ*, m., **Memphīticus**, *a, um*, **Memphītis**, *ĭdis*, f., de Memphis.

Mĕnæchmi, *ōrum*, m. pl., « Les Ménechmes », comédie de Plaute.

Mĕnandĕr (**~drŏs**, **~drus**), *i*, m., 1. Ménandre, poète comique grec ; 2. nom d'esclave ou d'affranchi.

Mĕnăpĭi, *ōrum*, m. pl., Ménapiens, peuple de Gaule Belgique.

menda, *æ*, f., tache sur le corps, défaut phys. ; faute, erreur.

mendācĭlŏquus, *a, um*, menteur.

mendācĭum, *ĭi*, n., 1. mensonge, fausseté ; illusion, erreur ; 2. fable, fiction ; 3. reproduction, imitation.

mendax, *ācis*, adj., [*~cior, ~cissimus*], 1. menteur, + gén. : à propos de qqch. ; subst. m., un menteur ; 2. mensonger, trompeur, faux.

mendīcĭtās, *ātis*, f., action de mendier ; indigence, misère.

mendīco, *ās, āre*, 1. intr., demander l'aumône ; part. subst. m. pl., *mendicantes, ium*, mendiants ; 2. tr., mendier.

mendīcor, *āris, āri*, V. le préc. ‖.

mendīcus, *a, um*, [*~cior*, post-class. *~cissimus*, class.], de mendiant ; subst. m., *mendicus, i*, mendiant ; au pl. *mendici,*

orum, quêteurs, prêtres mendiants de Cybèle ; fig., indigent.

mendōsē, adv., [*~sissime*], de manière erronée.

mendōsus, *a, um*, [*~sior, ~sissimus*], 1. plein de défauts ; 2. fautif, défectueux.

mendum, *i*, n., faute, erreur.

Mĕnĕlāĕus, *a, um*, de Ménélas ‖ **Mĕnĕlāŏs** (**~us**), *i*, m., Ménélas, roi de Sparte, fils d'Atrée, frère d'Agamemnon et époux d'Hélène.

Mĕnēnĭus, *a, um*, de Ménénius ‖ **Mĕnēnĭus**, *ĭi*, m., Ménénius, nom d'une famille rom. ; spéc., Ménénius Agrippa qui réconcilia patriciens et plébéiens en leur racontant l'apologue « Les membres et l'estomac ».

Mĕnippus, *i*, m., Ménippe, phil. cynique.

mens, *mentis*, (R. men~, cf. memini), f., 1. intelligence (mémoire et imagination), ~ *animi* : faculté intellectuelle de l'esprit ; *mentem amittere* : perdre la raison ; 2. esprit, pensée, *venit mihi Platonis* (ou *Plato*) *in mentem* : Platon me vient à l'esprit ; *venit (mihi) in mentem* (avec compl.) : il me vient à l'esprit de, que ; 3. disposition d'esprit, ~ *publica* : esprit public ; intention, *eā mente ut* : avec l'intention de ; 4. courage ; 5. *Mens*, déesse de la raison (V. *Minerva*).

mensa, *æ*, (cf. metior), f., 1. table de repas ; fig., nourriture, plat, repas ; invités ; 2. comptoir, table de banquier ; table de sacrifice ; 3. étal de boucher ; plate-forme de présentation d'esclaves ; petit autel sur un tombeau.

mensārĭus, *a, um*, qui concerne les tables de changeurs ; qui concerne les finances ; subst. m., *mensarius, ii*, banquier, changeur, comptable public.

mensĭo, *ōnis*, f., action de mesurer ; mesure.

mensis, *is*, (gén. pl. *mensum* et *mensium*), m., mois.

mensŏr, *ōris*, m., mesureur, arpenteur, architecte.

menstrŭus, *a, um*, 1. de chaque mois, mensuel : *usura menstrua* : intérêt au mois ; 2. qui dure un mois ; 3. subst. n., *menstruum, i* : service mensuel ; vivres pour un mois ; au pl., *menstrua, orum*, menstrues.

mensūra, *æ*, f., 1. mesure, mesurage ; 2. degré, dimension, quantité ; 3. quantité prosodique d'une syllabe ; 4. perspective (en peinture).

mensus, *a, um*, V. metior.

menta ou **mentha**, *æ*, f., menthe.

mentĭens, *entis*, V. mentior ; subst. m., argument captieux.

mentĭo, ōnis, f., 1. action de rappeler, de citer ; 2. proposition, motion, projet.

mentĭor, tris, tri, titus sum, (R. men~, cf. mens), tr. et intr.,
I intr., 1. mentir, ne pas dire la vérité ; 2. manquer de parole, tromper ; fabuler.
II tr., 1. dire mensongèrement, affirmer faussement ; 2. abuser, décevoir ; 3. feindre, falsifier ; 4. imiter, contrefaire.

Mentŏr, ŏris, m., Mentor, 1. ami d'Ulysse dont Minerve prit les traits pour conseiller Télémaque ; 2. célèbre ciseleur ; fig., coupe ciselée.

mentŭla, æ, f., membre viril.

mentum, i, n., menton.

mĕo, ās, āre, intr., aller, passer, circuler.

mĕphītis, is, f., exhalaison méphitique, pestilentielle.

Mĕphītis, is, f., Méphitis, déesse des exhalaisons pestilentielles.

mĕrācus, a, um, pur, sans mélange.

mercābĭlis, e, adj., qui peut être acheté.

mercātĭo, ōnis, f., commerce.

mercātŏr, ōris, m., marchand, commerçant ; trafiquant + gén.

mercātōrĭus, a, um, de marchand.

mercātūra, æ, f., métier de marchand ; trafic, achat, commerce.

① **mercātus**, a, um, V. mercor.

② **mercātŭs**, ūs, m., commerce, trafic ; marché, foire.

mercēdŭla, æ, f., 1. maigre salaire ; 2. maigre revenu.

mercēnārĭus (mercennā~), a, um, salarié, mercenaire ; subst. m., mercenarius, ii, serviteur à gages.

mercēs, ēdis, f., 1. salaire, récompense, prix ; 2. rémunération, paie ; 3. revenu, intérêt.

mercor, āris, āri, tr., 1. acheter, magno pretio : cher ; 2. abs., être commerçant.

Mercŭriālis, e, adj., de Mercure ; subst. m. pl. mercuriales, ium, membres du collège des marchands ‖ **Mercŭrĭus**, ĭi, m., 1. Mercure (messager des dieux, dieu de l'éloquence, des poètes, du commerce, des voleurs) ; 2. statue de Mercure, hermès ; 3. la planète Mercure.

merda, æ, f., excrément, merde.

mĕrens, entis, 1. V. mereo et mereor ; 2. digne de, méritant ; qui rend service, alicui : à qqn.

mĕrĕo, ēs, ēre, ŭi, ĭtum, et **mĕrĕor**, ēris, ēri, ĭtus sum,
I tr., 1. gagner, mériter, ut + subj : de ; 2. gagner, toucher en paiement, quid mereas ut ? : que voudrais-tu toucher pour que ? ; 3. stipendia ~ : gagner sa solde, servir comme soldat ; ~ equo, pedibus :

servir dans la cavalerie, dans l'infanterie ; 4. être coupable.
II intr., mériter bien ou mal de qqn., rendre un bon ou mauvais service, se comporter bien ou mal, de aliquo : envers qqn.

mĕrētrīcĭus, a, um, de courtisane ; subst. n., meretricium, ii, métier de courtisane.

mĕrētrīcor, āris, āri, intr., faire le métier de courtisane.

mĕrētrīcŭla, æ, f., courtisane de bas étage.

mĕrētrix, īcis, f., courtisane.

mergæ, ārum, f. pl., fourches pour soulever les gerbes.

mergēs, ĭtis, f., botte, gerbe.

mergo, ĭs, ĕre, mersi, mersum, tr., 1. plonger, enfoncer ; 2. fig., engloutir, précipiter dans ; rendre invisible.

mergus, i, m., plongeon (oiseau).

mĕrīdĭānus, a, um, 1. de midi ; subst. m. pl., meridiani, orum, les gladiateurs de midi (matin réservé aux bestiaires) ; 2. du Sud ; subst. n. pl., meridiana, orum, les régions méridionales.

mĕrīdĭātĭo, ōnis, f., sieste, méridienne.

mĕrīdĭēs, ēi, m., 1. midi ; 2. sud ; 3. milieu, moitié.

mĕrīdĭo, ās, āre, et **mĕrīdĭor**, āris, āri, intr., faire la sieste.

Mērĭŏnēs, æ, m., Mérion, écuyer d'Idoménée.

① **mĕrītō**, adv., [~tissimo, post-class. ~tissime], à bon droit, avec raison.

② **mĕrĭto**, ās, āre, (fréq. de mereo), tr., gagner (un salaire) ; abs., être soldat.

mĕrītōrĭus, a, um, qui rapporte un salaire ou un gain ; subst. m., meritorius, ii, qqf., prostitué ; n., meritorium, ii, qqf., mauvais lieu ; n. pl., meritoria, orum, appartements de rapport.

mĕrītum, i, n., 1. gain, salaire ; 2. en gén., service rendu (cf. mereo) ; mérite, valeur, qualité ; qqf., faute, nullo meo merito : sans aucune faute de ma part.

mĕrītus, a, um, 1. qui est mérité ; 2. qui a mérité, qui a bien mérité de, qui a servi.

Mĕro, ōnis, m., l'Ivrogne ; surnom donné iron. à Tibère (Tiberius Nero).

mĕrops, ŏpis, f., mésange.

Mĕrops, ŏpis, m., Mérops, roi d'Éthiopie.

mersi, V. mergo.

merso, ās, āre, (fréq. de mergo), tr., plonger à différentes reprises ; fig., submerger.

mĕrŭla, æ, f., merle.

mĕrum, i, n., vin pur.

mĕrus, a, um, 1. pur, sans mélange ; 2. seul, unique ; 3. pur, vrai.

merx, *mercis*, (gén. pl. *mercium*), f., pr. et fig., marchandise.

Mĕsŏpŏtămĭa, *æ*, f., Mésopotamie, région d'Asie entre le Tigre et l'Euphrate.

Messāla (~alla), *æ*, m., Messala, surnom dans la *gens Valeria*.

Messālīna, *æ*, f., Messaline (Valeria Messalina, troisième femme de Claude qui la condamna à mort pour adultère).

Messāna, *æ*, f., Messine, v. de Sicile.

Messāpĭa, *æ*, f., Messapie, contrée de l'Italie ‖ **Messāpĭus**, *a, um*, de Messapie ‖ **Messāpĭi**, *ōrum*, m. pl., les hab. de Messapie (région de Salente).

Messēna, *æ*, et **Messēnē**, *ēs*, f., Messène, v. du Péloponnèse ‖ **Messēnĭus**, *a, um*, de Messène ‖ **Messēnĭi**, *ōrum*, m. pl., les Messéniens.

messis, *is*, f., 1. moisson, récolte ; 2. récolte future ; 3. temps de la moisson.

messŏr, *ōris*, m., moissonneur.

messōrĭus, *a, um*, de moissonneur.

messŭi, V. meto.

messus, *a, um*, V. meto.

~met, suffixe de renforcement qui se place à la fin des pron. pers. et poss. : *egomet, mihimet, meamet, suusmet*.

mēta, *æ*, f., 1. pyramide, cône ; 2. borne (autour de laquelle on tournait dans le cirque) ; 3. extrémité, but, terme, fin.

Mĕtăbus, *i*, m., Métabus, chef des Volsques, père de Camille.

mĕtallĭcus, *a, um*, de métal ; subst. m., *metallicus, i*, ouvrier mineur.

mĕtallĭfĕr, *fĕra, fĕrum*, riche en métaux

mĕtallum, *i*, n., métal ; au pl. *metalla, orum, mines*.

mĕtămorphōsis, *is*, f., métamorphose, changement de forme ; au pl., *Metamorphoses, eon*, « Les Métamorphoses », titre d'un poème d'Ovide et d'un roman d'Apulée.

mĕtăphŏra, *æ*, f., rhét., métaphore.

Mĕtăpontum, *i*, n., Métaponte, v. de Lucanie ‖ **Mĕtăpontīnus**, *a, um*, de Métaponte ‖ **Mĕtăpontīni**, *ōrum*, m. pl., les hab. de Métaponte.

mĕtātĭo, *ōnis*, f., action de délimiter ; bornage.

mĕtātŏr, *ōris*, m., celui qui délimite.

Mĕtaurus, *i*, m., Métaure, fl. de l'Ombrie (défaite d'Hasdrubal en 207 av. J.-C.).

Mĕtellīnus, *a, um*, concernant Métellus ; *oratio Metellina* : discours de Cicéron contre Métellus Népos ‖ **Mĕtellus**, *i*, m., Métellus, surnom d'une branche de la *gens Cæcilia*.

Mēthymna, *æ*, f., Méthymne, v. de Lesbos ‖ **Mēthymnæus**, *a, um*, et **Mēthymnĭăs**, *ădis*, f., de Méthymne.

mĕtĭcŭlōsus (mĕtū~), *a, um*, 1. craintif ; 2. qui cause l'effroi.

mētĭor, *īris, īri, mensus sum*, tr., 1. mesurer ; 2. répartir, distribuer ; 3. poét., parcourir ; 4. évaluer, estimer, mesurer ; part. à sens passif, *mensus, a, um* : mesuré.

mĕto, *ĭs, ĕre, messŭi, messum*, intr. et tr., faire la moisson, récolter ; prov., *ut sementem feceris, ita metes* : tu récolteras ce que tu as semé ; cueillir, récolter, couper ; fig., faucher.

mētor, *āris, āri*, tr., 1. mesurer, arpenter ; poét., parcourir ; 2. délimiter, partager, fixer.

mĕtrēta, *æ*, f., métrète, vase pour le vin et l'huile ; mesure de capacité.

mĕtrĭcus, *a, um*, de mesure ; métrique ; subst. m. pl., *metrici, orum*, les spécialistes de métrique.

Mētrŏdōrus, *i*, m., Métrodore, 1. disciple d'Épicure ; 2. disciple de Carnéade ; 3. disciple de Démocrite et maître d'Hippocrate.

Mētrŏpŏlis, *is*, f., Métropolis, v. de Thessalie ; nom de div. v. d'Asie.

mĕtrum, *i*, n., 1. mètre, mesure d'un vers ; 2. vers.

Mettĭus, *ĭi*, m., Mettius, nom d'h. ; spéc., Mettius Curtius, chef des Sabins contre Romulus ; Mettius Fufetius, chef des Albains contre Tullus Hostilius.

mĕtŭendus, *a, um*, part. adj., redoutable, à craindre.

mĕtŭens, *entis*, 1. V. metuo ; 2. adj. [*~tior*], craintif.

mĕtŭo, *ĭs, ĕre, ŭi, ūtum*,

I tr., craindre, redouter ; avec inf. : de ; avec *ne* + subj. : craindre que ; avec *ne non* ou *ut* + subj. : craindre que... ne... pas.

II intr., craindre, *de aliqua re* : au sujet de qqch., *ab Hannibale* : du côté d'Hannibal, *pueris* : pour les enfants.

mĕtŭs, *ūs*, m., 1. crainte, inquiétude, anxiété ; 2. crainte religieuse, horreur sacrée.

Mĕtŭs, *ūs*, m., la Peur (personnifiée), divinité fille de l'Érèbe et de la Nuit.

mĕus, *a, um*, adj. et pron. poss. (voc. m. *mi* ; arch., *meius, mius*), mon, ma, le mien, la mienne, 1. mien, qui est à moi, qui m'appartient, *meum est* + inf. : c'est mon devoir, mon droit, mon habitude de ; 2. en mon pouvoir, ~ *est* : il m'appartient ; 3. propre, original, *nisi plane esse vellem ~* : si je ne voulais être absolument moi-même, Cic. ; 4. mon cher ; 5. dirigé

vers moi, *invidia mea* : la haine dont je
suis l'objet ; **6.** subst. n., *meum*, mon
bien ; au pl. *mea*, mes biens ; m. pl., *mei*,
mes parents, mes amis.

Mezentĭus, *ĭi*, m., Mézence, roi étrusque, allié de Turnus contre Énée.

① **mī**, voc. de *meus*.

② **mī** = *mihi*, dat. de *ego*.

mīca, *æ*, f., **1.** parcelle, miette ; au pl.,
micæ, *arum*, minuscules éléments
(= *atomi*) ; **2.** petite salle à manger.

mĭcans, *antis*, **1.** V. *mico* ; **2.** adj., brillant,
étincelant.

Mĭcipsa, *æ*, m., Micipsa, roi de Numidie,
fils de Massinissa ‖ *Mĭcipsae*, *ārum*, m. pl.,
les Numides.

mĭco, *ās*, *āre*, *mĭcŭi*, intr., **1.** s'agiter, tressaillir, battre ; spéc., jouer à la mourre ;
2. pétiller, scintiller, étinceler.

mĭcŭi, V. *mico*.

Mīdās, *æ*, m., Midas, roi légendaire de
Phrygie.

mĭgrātĭo, *ōnis*, f., **1.** migration, passage
d'un lieu dans un autre ; **2.** métaphore.

mĭgro, *ās*, *āre*, **1.** intr., s'en aller, partir,
émigrer ; **2.** tr., déménager, emporter ;
fig., transgresser.

mīlĕs, *ĭtis*, m., soldat ; sg. coll. : l'armée ;
spéc., l'infanterie ; fig., qui escorte ; pion
d'échiquier.

Mīlēsĭus, *a*, *um*, de Milet, milésien ; *Mi-
lesiæ (fabulæ)*, *arum*, les fables milésiennes, contes érotiques ‖ *Mīlēsĭi*, *ōrum*, m.
pl., les hab. de Milet ‖ *Mīlētus*, *i*, f., Milet,
v. d'Ionie, célèbre pour son miel, ses laines, sa pourpre ; v. natale de Thalès.

mīlĭa, *ĭum*, pl. de *mille*.

① **mīlĭārĭus**, *a*, *um*, qui renferme le
nombre mille ; subst. n., *miliarium*, *ii*,
1. un millier ; **2.** borne milliaire marquant les distances sur les routes de
mille en mille pas.

② **mīlĭārĭus**, *a*, *um*, relatif au mil ; qui se
nourrit de mil (l'ortolan).

mīlĭēs, **mīlĭens**, adv., mille fois ; un
nombre incalculable de fois.

mīlĭtāris, *e*, adj., militaire, de soldat,
guerrier, ~ *res* : art de la guerre ; subst.
m. pl., *militares*, *ium*, guerriers.

mīlĭtārĭtĕr, adv., militairement.

mīlĭtĭa, *æ*, f., **1.** service militaire, métier
de soldat ; *militiæ* : en temps de guerre ;
domi militiæque : en paix comme en
guerre ; **2.** campagne militaire ; **3.** esprit
militaire, bravoure, courage ; armée.

mīlĭto, *ās*, *āre*, intr., être soldat, faire son
service militaire.

mīlĭum, *ĭi*, n., mil.

millĕ, indécl. au sing., pl. **mīlĭa** ou
millĭa, *ĭum*, adj., mille, **1.** *mille*, subst. n.

à l'origine, ~ *passuum* : un millier de pas,
puis adj., ~ *passus* : mille romain = environ 1 475 m ; **2.** *milia*, a) apposé : *tria* ~
sagittarios habebat : il avait 3 000 archers ;
b) + gén. : *duo* ~ *militum* : (= deux milliers de soldats) 2 000 soldats.

millēsĭmus (millensĭmus), *a*, *um*,
millième ; adv., *millesimum*, pour la millième fois.

millĭārĭus, **millĭārĭum**, **millĭēs**,
millĭa, V. *miliarius*, *milies*, *milia*.

① **Mīlo**, *ōnis*, m., Milon, surnom d'une
branche de la *gens Annia* ; spéc., T. Annius Milo, meurtrier de Clodius et défendu par Cicéron ‖ **Mīlōnĭānus**, *a*, *um*,
de Milon ‖ **Mīlōnĭāna**, *æ*, f., la Milo-
nienne, le discours de Cicéron pour Milon.

② **Mīlo (~ōn)**, *ōnis*, m., Milon, célèbre
athlète de Crotone.

Miltĭădēs, *is* ou *i*, m., Miltiade, général
athénien, vainqueur de Marathon.

milva, *æ*, f., milan femelle, terme injurieux.

milvīnus, *a*, *um*, de milan ; fig., rapace ;
subst. f., *milvina*, *æ*, faim de loup.

Milvĭus, V. *Mulvius*.

milvus, *i*, m., milan, oiseau de proie ; milan de mer ; étoile près de la Grande
Ourse ; homme rapace.

mīma, *æ*, f., mime, comédienne.

Mīmās, *antis*, m., Mimas, **1.** mt. de l'Ionie ; **2.** Géant foudroyé par Jupiter ; **3.** un
compagnon d'Énée.

mīmĭcē, adv., à la manière des mimes ;
en comédien.

mīmĭcus, *a*, *um*, de mime ; digne d'un
mime ; fig., faux, simulé.

mīmŏgrăphus, *i*, m., mimographe,
auteur de mimes.

mīmus, *i*, m., **1.** mime, acteur, farceur ;
2. mime, farce.

mĭna, *æ*, f., **1.** mesure grecque de poids
= 100 drachmes ; **2.** monnaie d'argent
= 100 drachmes ; **3.** monnaie d'or = 1 000
drachmes.

mĭnācĭtĕr, adv., [~*cius*], en menaçant.

mĭnæ, *ārum*, f. pl., pointes saillantes, créneaux ; ordin., menaces.

mĭnantĕr, adv., avec menace.

mĭnātĭo, *ōnis*, f., menace.

mĭnax, *ācis*, adj., [~*cior*, ~*cissimus*], menaçant.

Mincĭus, *ĭi*, m., Mincius, fl. de la Gaule
Transpadane, auj. Mincio.

mĭnĕo, *ēs*, *ēre*, intr., faire saillie, avancer.

Mĭnerva (arch. **Mĕnerva**), *æ*, f., **1.** Minerve identifiée avec Pallas Athéna, fille
de Zeus, déesse grecque de la raison (cf.

mens) ; **2.** travail de la laine ‖ **Mĭnervālis,** *e,* et **Mĭnervĭus,** *a, um,* de Minerve.

Mĭnervĭum, *ĭi,* n., **1.** temple de Minerve ; **2.** Minervium, v. de Calabre.

mingo, *ĭs, ĕre, minxi* et *mixi, minctum* et *mictum,* intr. et tr., uriner.

mĭnĭātŭlus, *a, um,* légèrement teinté au minium.

mĭnĭātus, *a, um,* V. minio.

mĭnĭmē (~ŭmē), adv., superl. de *parum,* **1.** sens rel. : le moins ; **2.** sens abs., très peu, nullement ; qqf., = *non* : pas du tout (dans un dialogue).

① **mĭnĭmum,** V. minime.

② **mĭnĭmum,** *i,* n., la plus petite quantité ; très peu.

mĭnĭmus (~ŭmus), *a, um,* superl. de *parvus,* très petit ; le plus petit ; ~ *natu omnium* : le moins âgé de tous.

mĭnĭo, *ās, āre,* tr., enduire de vermillon, passer au rouge.

mĭnĭstĕr, *tri, (minus + ter,* cf. *magister),* m., serviteur, subordonné ; instrument, agent.

mĭnĭstĕrĭum, *ĭi,* n., fonction de serviteur ; service.

mĭnĭstra, *æ,* f., servante ; aide.

mĭnĭstrātŏr, *ōris,* m., celui qui sert, qui assiste.

mĭnĭstro, *ās, āre,* tr., **1.** servir, spéc. à table ; **2.** procurer, administrer.

mĭnĭtābundus, *a, um,* qui fait de grandes menaces.

mĭnĭtor, *āris, āri,* (arch. **mĭnĭto,** *ās, āre)* tr. et intr., menacer souvent ou vivement, ~ *alicui rem* ou *re* : menacer qqn. de qqch.

mĭnĭum, *ĭi,* n., minium, vermillon, cinabre.

Mĭnōis, *ĭdis,* f., fille de Minos, Ariane ‖ **Mĭnōĭus,** *a, um,* de Minos.

① **mĭnor,** *āris, āri,* tr. et intr., **1.** menacer, *alicui aliquid* ou *aliquā re* : qqn. de qqch. ; + prop. inf., *minatur sese abire* : il menace de s'en aller ; **2.** poét., annoncer, promettre hautement ; viser.

② **mĭnŏr,** *ŭs,* gen. *ōris,* comp. de *parvus,* moindre, plus petit, ~ *natu* : moins âgé, plus jeune ; subst. m. pl., *minores,* les plus jeunes d'une génération, poét., les descendants ; subst. n., *minus,* moins de ; *minoris vendere* : vendre moins cher.

Mĭnōs, *ōis,* m., Minos, roi de Crète, fils de Zeus, roi d'Europe, juge des Enfers, époux de Pasiphaé et père d'Ariane et de Phèdre ‖ **Mĭnōtaurus,** *i,* m., Minotaure, monstre mi-homme, mi-taureau, fils de Pasiphaé, tué par Thésée ‖ **Mĭnōus,** *a, um,* de Minos.

Mĭnturnæ, *ārum,* f. pl., Minturnes, v. du Latium ‖ **Mĭnturnenses,** *ĭum,* m. pl., les hab. de Minturnes ‖ **Mĭnturnensis,** *e,* adj., de Minturnes.

Mĭnūcĭus (~tĭus), *ĭi,* m., Minucius, nom d'une famille rom., spéc., M. Minucius Rufus, adjoint du dictateur Q. Fabius Maximus, et Minucius Felix, apologiste chrétien (IIe s. ap. J.-C.).

mĭnŭo, *ĭs, ĕre, mĭnŭi, mĭnūtum,* tr., diminuer, rendre plus petit, **1.** mettre en miettes, fendre, découper (poét.) ; **2.** diminuer, réduire ; **3.** affaiblir, chercher à détruire ; **4.** poét., cesser petit à petit.

① **mĭnŭs,** *ōris,* n., V. minor ②.

② **mĭnŭs,** adv., comp. de *parum,* **1.** moins, *minus minusque* : de moins en moins ; *minus quam* : moins que ; sans *quam* ou avec un abl. de différence, *minus dimidio* ou *dimidio minus* : moins de la moitié ; *eo minus* : d'autant moins ; *me minus uno* : excepté moi ; **2.** moins qu'il ne faut, trop peu ; **3.** souv. avec le sens d'une nég., *si minus* : si ... ne... pas, *sin minus* : autrement, sinon ; *quid obstat quo minus sis beatus ?* : qu'est-ce qui empêche que tu sois heureux ?

mĭnuscŭlus, *a, um,* un peu plus petit ; assez petit.

mĭnūtăl, *ālis,* n., hachis.

mĭnūtālis, *e,* adj., petit, insignifiant ; subst. n. pl., *minutalia, ium,* menus objets.

mĭnūtātim, adv., **1.** en miettes ; **2.** en détail, peu à peu.

mĭnūtē, adv., [~*tius,* ~*tissime*], **1.** en petits morceaux ; **2.** fig., par le menu ; **3.** rhét., de façon étriquée.

mĭnūtĭa, *æ,* ou **mĭnūtĭēs,** *ēi,* f., petite parcelle ; poussière.

mĭnūtim, V. minutatim.

mĭnūtĭo, *ōnis,* f., diminution.

mĭnūtus, *a, um,* [~*tior,* ~*tissimus*], menu ; de peu de valeur.

Mĭnўæ, *ārum,* m. pl., les Minyens, les Argonautes ‖ **Mĭnўās,** *æ,* m., Minyas, roi d'Orchomène ‖ **Mĭnўēĭás,** *ădis,* f., fille de Minyas ‖ **Mĭnўēĭdes,** *um,* f. pl., les filles de Minyas, changées en chauves-souris pour avoir travaillé pendant les fêtes de Bacchus ‖ **Mĭnўēĭus,** *a, um,* de Minyas.

mīrābĭlis, *e,* adj., [~*lior*], admirable, étonnant, merveilleux, *dictu* : à dire.

mīrābĭlĭtĕr, adv., [~*lius*], admirablement, étonnamment.

mīrābundus, *a, um,* tout étonné ; se demandant avec étonnement + interr. indir. ; regardant avec étonnement + acc.

mīrācŭlum, *i,* n., merveille ; miracle ; *miraculo est* : c'est un objet d'étonnement que + prop. inf.

mīrandus, *a, um,* adj. vb. de *miror,* merveilleux, étonnant, extraordinaire.

mīrātĭo, *ōnis,* f., étonnement, admiration.

mīrātŏr, *ōris,* m., admirateur.

mīrātrix, *īcis,* f., admiratrice.

mīrātŭs, *ūs,* m., admiration.

mīrē, adv., étonnamment.

mīrĭfĭcē, V. *mire.*

mīrĭfĭcus, *a, um,* [~*cissimus* ou ~*centissimus*], qui étonne, extraordinaire.

mirmillo (murm~), *ōnis,* m., mirmillon, type de gladiateur portant un heaume sur lequel était dessiné un poisson, et qui combattait contre le rétiaire.

mīror, *āris, āri,* tr., 1. s'étonner, être surpris ; s'étonner que + prop. inf., de ce que + *quod* ; se demander avec étonnement, être curieux de savoir + interr. indir. ; + *si* : s'étonner, se demander si ; 2. regarder avec étonnement, admirer, *aliquid,* qqch., *aliquem,* qqn.

mīrus, *a, um,* étonnant, merveilleux, étrange, *mirum in modum* : d'une manière surprenante, *mirum est quomodo, ut* + subj. : il est étonnant comment ; *quid mirum si ?* : qu'y a-t-il d'étonnant si ? ; *mirum ni (nisi)* : il serait étonnant si … ne… pas ; *mirum quam, mirum quantum* : étonnamment.

miscellānĕa, *ōrum,* n. pl., nourriture grossière des gladiateurs.

miscellānĕus, *a, um,* mêlé, mélangé.

miscellus, V. *miscellaneus.*

miscĕo, *ēs, ēre, miscŭi, mixtum,* tr., 1. mélanger, mêler, ~ *vinum aquā* : du vin avec de l'eau, mettre de l'eau dans du vin ; 2. *se* ~ + dat. : se mêler à ; 3. poét., ~ *manus, proelia* : en venir aux mains, engager le combat ; ~ *vulnera* : échanger des coups ; 4. mêler, confondre, bouleverser ; 5. produire (par mélange) ; produire en remuant, en agitant.

mĭsellus, *a, um,* dim. de *miser,* pauvre, chétif, misérable.

Mīsēna, *ōrum,* n. pl., le cap Misène ‖ **Mīsēnensis**, *e,* du cap Misène ‖ **Mīsēnum**, *i,* n., ou **Mīsēnus**, *i,* m., Misène, promontoire et v. de Campanie, base d'une des escadres de la marine rom. ‖ **Mīsēnus**, *i,* m., 1. Misène, trompette de la suite d'Énée ; 2. le cap Misène.

mĭsĕr, *ěra, ěrum,* [~*erior,* ~*errimus*], 1. (pers.) misérable, malheureux, *heu me miserum* : hélas ! malheureux que je suis ; *miserrimum habere aliquem* : tourmenter qqn. ; 2. malheureux, déplorable, lamentable (choses) ; en mauvais état phys. ou mor.

mĭsĕrābĭlě, n. adv., V. *miserabiliter.*

mĭsĕrābĭlis, *e,* adj., digne de pitié ; lamentable.

mĭsĕrābĭlĭtěr, [~*lius*], adv., de manière à exciter la pitié.

mĭsĕrandus, *a, um,* adj. vb. de *miseror,* (pers.) digne de pitié ; (choses) déplorable.

mĭsĕrantěr, adv., en excitant la pitié.

mĭsĕrātĭo, *ōnis,* f., 1. pitié, compassion ; 2. rhét., pathétique ; au pl., *miserationes, um,* mouvements pathétiques.

mĭsĕrē, [~*erius,* ~*errime* ou ~*errume*], adv., 1. malheureusement, d'une façon pitoyable ; 2. désespérément, éperdument.

mĭsĕrĕo, *ēs, ēre,* V. le suiv.

mĭsĕrĕor, *ēris, ēri, mĭsĕrĭtus* ou *mĭsertus sum,* intr., avoir pitié de + gén., ou abs. ; impers., *miseretur, miseritum est* : provoquer la compassion (+ acc. de la pers. suj. et gén. de l'objet), *me ejus miseritum est* : j'ai eu pitié de lui, Pl.

mĭsĕresco, *ĭs, ěre,* intr., s'apitoyer + gén. (même usage de l'impers. que le préc.)

mĭsĕrět (*me*), impers., j'ai pitié, *eorum nos* ~ : nous avons pitié d'eux, V. *misereor.*

mĭsĕrĭa, *æ,* f., 1. malheur, adversité ; 2. misère, ennui, inquiétude.

mĭsĕrĭcordĭa, *æ,* f., sentiment de pitié, pitié, ~ *vulgi* : la compassion de la foule.

mĭsĕrĭcors, *cordis,* adj., [~*dior*], sensible à la pitié, miséricordieux ; inspiré par la pitié.

mĭsĕror, *āris, āri,* tr. et rar. intr., prendre en pitié, plaindre ; compatir, s'apitoyer.

mīsi, V. *mitto.*

missīcĭus, *ĭi,* m., soldat libéré.

missĭle, *is,* n., 1. toute arme de jet ; ordin. au pl., *missilia, ium* ; 2. au pl., spéc., cadeaux jetés au peuple sur l'ordre de l'empereur.

missĭlis, *e,* adj., qu'on peut jeter, qu'on lance.

missĭo, *ōnis,* f., 1. action d'envoyer ; 2. libération (d'un prisonnier), congé (d'un soldat) ; 3. grâce faite à un gladiateur de se retirer du combat, *sine missione* = jusqu'à la mort ; 4. pardon ; 5. fin, achèvement (des jeux).

missĭto, *ās, āre,* (fréq. de *mitto*), tr., envoyer coup sur coup.

missŏr, *ōris,* m., qui lance.

① **missus**, *a, um,* V. *mitto.*

② **missŭs**, *ūs,* m., 1. envoi, surt. à l'abl., *missu Cæsaris* : de la part de César ; 2. action de lancer ; 3. laisser-aller ; entrée des gladiateurs ; départ d'une course.

mītě, adv., [~*tius,* ~*tissime*], avec douceur, doucement.

mĭtella, æ, f., petit turban, bandeau ; bande.

mītesco, ĭs, ĕre, intr., **1.** s'adoucir, mûrir ; s'amollir par la cuisson ; **2.** s'adoucir (température) ; s'apprivoiser, devenir traitable.

Mĭthrās (~ēs), æ, m., Mithra, **1.** dieu perse du soleil ; **2.** prêtre d'Isis.

Mĭthrĭdātēs, is, m., Mithridate, roi du Pont ‖ **Mĭthrĭdātēus** (~ĭus) ou **Mĭthrĭdātĭcus**, a, um, de Mithridate.

mītĭfĭco, ās, āre, tr., amollir, attendrir ; fig., adoucir.

mītĭgātĭo, ōnis, f., action d'adoucir, d'apaiser.

mītĭgo, ās, āre, tr., **1.** amollir, ameublir (la terre), rendre doux ; **2.** adoucir, calmer, pacifier.

mītis, e, adj., [~tior, ~tissimus], **1.** doux, mûr (fruits) ; **2.** pacifique, sans violence, apprivoisé ; **3.** doux, sans âpreté (style).

mitra, æ, f., mitre, coiffure des Orientaux (bonnet avec mentonnières).

mĭtrātus, a, um, coiffé d'une mitre.

mitto, ĭs, ĕre, mīsi, missum, tr., sens primitif : laisser aller, laisser partir, d'où : envoyer, lancer,
I 1. envoyer, alicui litteras ~ : expédier une lettre à qqn. ; ~ aliquem leto : envoyer qqn. à la mort ; ~ pabulatum : envoyer faire du fourrage ; ~ ad visendas provincias : envoyer inspecter les provinces ; **2.** envoyer dire à qqn. (ad + acc.) ; part. subst. m. pl., missi : les envoyés ; **3.** envoyer avec une dédicace, dédier ; **4.** poét., produire, India mittit ebur : l'Inde fournit l'ivoire ; **5.** envoyer de soi, émettre, ~ fumum : émettre de la fumée ; faire entendre, vocem : sa voix ; lancer, jeter, pila : des traits ; **6.** faire sortir, ~ sanguinem alicui : tirer du sang à qqn.
II 1. laisser aller, laisser partir, equos : les chevaux (dans le cirque) ; laisser voir, signa timoris : des signes de peur ; abandonner, laisser de côté, timorem : les craintes, curas : les soucis ; **2.** laisser de côté, omettre, passer sous silence ; **3.** congédier, manu ~ : affranchir ; envoyer en congé ; libérer du service militaire ; jur., mettre hors de cause.

Mĭtўlēnē, ēs, f., et **Mĭtўlēnæ**, ārum, f. pl., Mytilène, cap. de Lesbos ‖ **Mĭtўlēnæi**, ōrum, m. pl., les hab. de Mytilène ‖ **Mĭtўlēnæus**, a, um, et **Mĭtўlēnensis**, e, adj., de Mytilène.

mixtim, adv., pêle-mêle.

mixtūra, æ, f., mélange.

mixtus, a, um, V. misceo.

Mnēmŏnĭdes, um, f. pl., les Muses.

Mnēmŏsўnē, ēs, f., Mnémosyne, déesse de la mémoire, mère des Muses.

mōbĭlis, e, (pour movibilis, cf. moveo) adj., [~lior], **1.** qu'on peut mouvoir, mobile ; **2.** souple, flexible ; **3.** agile, rapide, prompt ; **4.** changeant, mobile.

mōbĭlĭtās, ātis, f., **1.** mobilité, agilité, rapidité ; **2.** fig., agilité, vivacité, animi : de l'esprit ; **3.** inconstance, humeur changeante.

mōbĭlĭtĕr, adv., avec mobilité, vivement.

mŏdĕrāmĕn, ĭnis, n., **1.** moyen de diriger, gouvernail ; **2.** direction, conduite ; **3.** fig., gouvernement de l'État.

mŏdĕrantĕr, adv., en dirigeant.

mŏdĕrātē, adv., [~tius, ~tissime], avec modération, avec mesure.

mŏdĕrātim, adv., peu à peu.

mŏdĕrātĭo, ōnis, f., **1.** action de modérer, modération, mesure ; **2.** action de diriger, le gouvernement.

mŏdĕrātŏr, ōris, m., celui qui modère, celui qui dirige.

mŏdĕrātrix, īcis, f., celle qui modère, celle qui dirige.

mŏdĕrātus, a, um, part. adj., [~tior, ~tisimus], **1.** (pers.) modéré, mesuré, réglé ; **2.** (choses) qui est dans la juste mesure.

mŏdĕro, ās, āre, tr., modérer, régler.

mŏdĕror, āris, āri, **1.** tr., tenir dans la mesure, être maître de, diriger ; imposer une limite à, modérer ; **2.** intr., retenir + dat., ~ linguæ : retenir sa langue ; régler, diriger.

mŏdestē, adv., [~tius], avec modération, sagement.

mŏdestĭa, æ, f., **1.** modération, mesure ; fig., ~ hiemis : douceur de l'hiver ; **2.** modestie, discrétion, docilité ; pudeur ; **3.** phil., sagesse pratique, sens de l'opportunité, tact.

mŏdestus, a, um, [~tior, ~tissimus], tempéré, mesuré, modeste, docile, vertueux.

mŏdĭcē, adv., **1.** avec modération ; **2.** avec calme, patiemment ; **3.** moyennement.

mŏdĭcus, a, um, qui est dans la mesure, modéré ; limité, suffisant ; subst. n., modicum, i, peu de chose ; adv., modicum ou modico, un peu.

mŏdĭfĭcātĭo, ōnis, f., forme réglée, composition.

mŏdĭfĭco, ās, āre, tr., régler (suivant une mesure) ; modificata verba : mots détournés de leur usage.

mŏdĭus, ĭi, m., **1.** mesure de capacité surt. pour le blé (environ 8,75 l), boisseau ; fig., pleno modio : en abondance ; **2.** mesure de superficie : un tiers du jugère.

mŏdŏ, adv. et conj.,
I dans cette mesure, du moins, 1. seulement : *non modo... sed (verum) etiam* : non seulement, mais encore ; *non modo non... sed etiam* : non seulement... ne... pas, mais encore ; *non modo non, sed ne... quidem* : non seulement... ne... pas, mais... ne... pas même ; 2. pourvu que + subj., ou avec *ut/ne* + subj. : que/que... ne... pas ; pourvu du moins que (en prop. rel. à l'ind. ou au subj.) ; 4. *si modo* : si seulement, si du moins + ind.
II temporel : justement, d'où : tout à l'heure, tantôt, 1. à l'instant, récemment ; 2. *modo... modo* : tantôt... tantôt ; *modo... tum* : tantôt..., puis ; 3. peu après.

mŏdŭlātē, adv., harmonieusement.

mŏdŭlātĭo, *ōnis*, f., 1. action de mesurer ; 2. cadence rythmique.

mŏdŭlātŏr, *ōris*, m., qui donne le rythme ; musicien.

① **mŏdŭlātus**, *a, um*, part. adj., [*~tior, ~tissimus*], rythmé, harmonieux.

② **mŏdŭlātŭs**, *ūs*, m., harmonie, rythme.

mŏdŭlor, *āris, āri*, tr., 1. mesurer ; 2. soumettre à un rythme, une mesure musicale ; marquer le rythme ; 3. chanter des vers sur la lyre ; noter musicalement ; tirer des accords.

mŏdŭlus, *i*, m., dim. de *modus*, mesure, mode, mélodie.

mŏdus, *i*, m., 1. mesure ; 2. étendue, extension ; 3. mus., mesure, *extra modum* : en dehors de la mesure ; 4. règle, juste mesure, *modum facere alicui* : dicter des lois à qqn. ; *modum statuere* : fixer une limite ; 5. modération dans le caractère ; 6. manière, façon, *modo oratoris* : à la manière d'un orateur ; *omni modo* : de toute façon ; *ejusmodi, hujusmodi* : de cette façon.

mœcha, *æ*, f., adultère (pers.), prostituée.

mœchor, *āris, āri*, intr., commettre l'adultère, vivre en concubinage.

mœchus, *i*, m., adultère (pers.), débauché.

mœnĭa, *ĭum*, n. pl., 1. murs, murailles, fortifications ; 2. poét., enceinte, parois, confins ; 3. ville ; 4. palais.

Mœsĭa, *æ*, f., Mésie, entre le Danube et la Thrace, auj. Serbie et Bulgarie.

mŏla, *æ*, f., 1. meule, meule de moulin ; 2. moulin, surt. au pl., *molæ, arum* ; 3. *mola salsa* ou *mola*, farine sacrée de blé torréfié répandue sur la tête des victimes (cf. *immolo*).

mŏlāris, *e*, adj., de moulin ; subst. m., *molaris, is*, meule ; grosse pierre ; dent molaire.

mŏlārĭus, *a, um*, qui tourne la meule.

mŏlēs, *is*, f., 1. masse ; 2. môle, jetée ; 3. machines de guerre ; 4. a) masse, poids, charge ; b) travail considérable, effort, peine ; c) édifice gigantesque ; d) bouleversement des flots.

mŏlestē, adv., [*~tius, ~tissime*], 1. avec peine, *~ ferre* + prop. inf. : supporter avec peine que ; 2. d'une manière désagréable.

mŏlestĭa, *æ*, f., 1. peine, désagrément, ennui ; 2. affectation de style.

mŏlesto, *ās, āre*, tr., importuner.

mŏlestus, *a, um*, [*~tior, ~tissimus*], 1. pénible, embarrassant, fâcheux ; 2. affecté.

mŏlīmĕn, *ĭnis*, n., effort pénible ; chose importante.

mŏlīmentum, *i*, n., grand effort.

mŏlĭor, *īris, īri, ītus sum*, tr., 1. remuer avec effort, *terram* : la terre ; *~ ancoras* : lever les ancres ; *~ habenas* : manier les rênes ; forcer, abattre, *portas* : des portes ; 2. construire, faire avec effort ; 3. entreprendre, préparer, machiner ; 4. mettre en mouvement, provoquer ; 5. se remuer, faire des efforts, tenter.

mŏlītĭo, *ōnis*, f., 1. action de déplacer ; démolition ; 2. construction, entreprise.

mŏlītŏr, *ōris*, m., 1. celui qui construit ou fait avec effort ; 2. celui qui machine, ourdit.

mŏlītrix, *īcis*, f., celle qui construit ou machine.

① **mŏlĭtus**, *a, um*, V. *molo* ; *molita cibaria* : farine ; subst. n., *molitum, i*, farine.

② **mŏlītus**, *a, um*, V. *molior*.

mollesco, *ĭs, ĕre*, intr., devenir mou ; s'adoucir.

mollīmentum, *i*, n., amollissement ; adoucissement.

mollĭo, *īs, īre, īvi (ĭi), ītum*, tr., 1. rendre souple, amollir ; 2. adoucir, atténuer ; péj., amollir, énerver.

mollĭpēs, *pĕdis*, adj., qui a les pieds tendres.

mollis, *e*, adj., [*~llior, ~llissimus*], 1. mou au toucher, souple, doux ; 2. tendre, agréable ; mou, sans énergie ; efféminé.

mollĭtĕr, adv., 1. moelleusement, mollement ; 2. avec douceur ; sans énergie.

mollĭtĭa, *æ*, ou **mollĭtĭēs**, *ēi*, f., 1. souplesse, mollesse, douceur ; 2. faiblesse, manque d'énergie ; vie facile.

mollĭtūdo, *ĭnis*, f., 1. souplesse, mollesse, douceur ; 2. délicatesse ; mollesse.

mŏlo, *ĭs, ĕre, ŭi, ĭtum*, tr., moudre, *hordeum* : de l'orge.

Mŏlo ou **Mŏlōn**, *ōnis*, m., Molon de Rhodes, célèbre rhéteur, maître de Cicéron.

Mŏlossi, *ōrum*, m. pl., Molosses, hab. de la Molossie ‖ **Mŏlossĭa**, *æ*, et **Mŏlossis**, *ĭdis*, f., Molossie, région d'Épire ‖ **Mŏlossīcus**, *a*, *um*, relatif aux Molosses ‖ **Mŏlossus**, *a*, *um*, du pays des Molosses ; *Molossi canes* : chiens molosses (excellents pour la chasse) ‖ **Mŏlossus**, *i*, m., 1. chien molosse, dogue ; 2. métr., pied de trois longues.

mŏlў, *ўos*, n., moly, espèce d'ail, utilisé contre les enchantements.

mōmĕn, *ĭnis*, n., impulsion.

mōmentum, *i*, n., (pour *movimentum*), 1. mouvement, impulsion ; 2. poids (qui détermine l'impulsion), importance, *nihil momenti habere* : n'avoir aucune importance ; motif déterminant, cause ; 3. durée d'un mouvement, instant, *momento, momento temporis* : en un clin d'œil ; *parvo momento antecedere* : avoir une longueur d'avance.

mŏmordi, V. *mordeo*.

Mŏna, *æ*, f., île entre la Bretagne et l'Hibernie (Irlande), auj. Man.

mŏnĕo, *ēs*, *ēre*, *ŭi*, *ĭtum*, (R. men~, cf. *memini*), tr., 1. faire penser, faire souvenir, *~ aliquem de aliquā re* : faire songer qqn. à qqch. ; avec acc. n. adv. : *id te moneo* : je t'en avertis ; + prop. inf. : faire observer que ; 2. avertir, conseiller, exhorter, avec *ut/ne* + subj. : de, de ne pas ; + subj. seul, inf. actif ou passif : de ; 3. corriger, réprimander ; 4. éclairer, inspirer ; prédire, annoncer.

Mŏnēta, *æ*, (cf. *moneo*), f., Monéta, 1. mère des Muses ; 2. surnom de Junon, qui avait averti les Romains d'un tremblement de terre imminent ; 3. temple élevé à Junon Monéta sur le Capitole et où l'on fabriquait la monnaie, d'où le suiv.

mŏnēta, *æ*, f., 1. hôtel de la monnaie ; 2. monnaie, argent monnayé ; 3. coin servant à frapper les monnaies.

mŏnētālis, *e*, adj., de monnaie.

mŏnētārĭus, *ĭi*, m., monnayeur.

mŏnīlĕ, *is*, n., collier ; au pl., monilia, *ium*, bijoux, joyaux.

mŏnīmentum, V. *monumentum*.

mŏnĭta, *ōrum*, n. pl., 1. avertissements, avis, conseils ; 2. prédictions, signes prophétiques.

mŏnĭtĭo, *ōnis*, f., avertissement, avis, conseil.

mŏnĭtŏr, *ōris*, m., 1. qui avertit, qui conseille ; spéc., esclave nomenclateur ; 2. qui réprimande.

mŏnĭtŭs, *ūs*, m., 1. avertissement, conseil ; 2. prédiction, oracle.

Mŏnœcus, *i*, m., surnom d'Hercule ; *arx Monœci* : forteresse de Monœcus, en Ligurie, auj. Monaco.

mŏnŏgrammus, *a*, *um*, ou **mŏnŏgrammŏs**, *ŏn*, composé de simples lignes, ébauché, esquissé.

mŏnŏpŏdĭum, *ĭi*, n., guéridon.

mŏnŏtrŏpus, *i*, m., celui qui vit seul, solitaire.

mons, *tis*, m., 1. mont, montagne ; 2. masse énorme, grande quantité ; 3. poét., proéminence rocheuse (rivage, rocher).

monstrābĭlis, *e*, adj., qu'on peut citer, remarquable.

monstrātĭo, *ōnis*, f., action de montrer.

monstrātŏr, *ōris*, m., celui qui montre, qui enseigne.

monstrātus, *a*, *um*, 1. V. *monstro* ; 2. adj., signalé, distingué.

monstrĭfĕr, *ĕra*, *ĕrum*, qui produit des monstres ; monstrueux, horrible.

monstrĭfĭcus, *a*, *um*, qui crée des monstres ; étrange.

monstro, *ās*, *āre*, tr., 1. montrer, indiquer ; 2. faire voir, faire connaître ; + inf. montrer à faire qqch. ; + interr. indir. *monstra quod bibam* : dis-moi ce que je dois boire, PL. ; 3. désigner, prescrire ; dénoncer ; avertir, conseiller.

monstrum, *i*, n., avertissement, avertissement céleste, d'où : 1. prodige, 2. monstre.

monstrŭōsē (~trōsē), adv., étrangement.

monstrŭōsus (~trōsus), *a*, *um*, [*~sior, ~sissimus*], monstrueux ; étrange.

montānus, *a*, *um*, de montagne ; subst. n. pl., *montana*, *orum*, régions montagneuses ; m. pl., *montani*, *orum*, montagnards.

Montānus, *i*, m., Montanus, surnom rom. ; spéc., Curtius Montanus, poète, ami de Tibère.

montĭcŏla, *æ*, m. et f., qui habite les montagnes.

montĭvăgus, *a*, *um*, qui parcourt les montagnes.

montŭōsus (~tōsus), *a*, *um*, montagneux, montueux ; subst. n. pl., *montuosa*, *orum*, régions montagneuses.

mŏnŭi, V. *moneo*.

mŏnŭmentum, *i*, n., 1. ce qui rappelle un souvenir ; 2. monument, spéc. funéraire ; 3. acte commémoratif ; signe de reconnaissance.

Mopsŏpĭa, *æ*, f., Mopsopie, l'Attique.

Mopsus, *i*, m., 1. devin et roi des Argiens ; 2. devin de Thessalie, un des Argonautes ; 3. berger.

① **mŏra**, æ, f., 1. retard, délai, *sine morā* : sans retard ; 2. pauses, temps d'arrêt ; 3. obstacle, empêchement.

② **mŏra**, æ, f., corps de troupes lacédémonien.

mŏrātŏr, ōris, m., 1. celui qui retarde, qui arrête ; 2. traînard, maraudeur ; 3. avocat subalterne qui amuse le tapis.

① **mŏrātus**, a, um, V. *moror* ①.

② **mŏrātus**, a, um, 1. qui a telles ou telles mœurs, *bene* ~ : de bonnes mœurs ; 2. où les mœurs, les caractères sont bien étudiés, *morata recte fabula* : pièce aux caractères bien dessinés, HOR.

morbĭdus, a, um, malade ; malsain.

Morbōnĭa (~bōvĭa, æ, f., Morbonie = « le pays de la maladie », *Morboniam abire* : aller à tous les diables, SUÉT.

morbōsus, a, um, 1. malade ; 2. spéc., malade d'amour.

morbus, i, m., maladie, désordre phys., *in morbo esse* : être malade, *in morbum cadere* : tomber malade.

mordācĭtās, ātis, f., 1. capacité de piquer ; saveur âcre ; 2. force pour mordre.

mordācĭtĕr, adv., en mordant.

mordax, ācis, adj., [~cior, ~cissimus], 1. mordant ; pointu, piquant ; 2. caustique, satirique.

mordĕo, ēs, ēre, mŏmordi, morsum, tr., 1. mordre ; 2. fig., mordre en paroles, déchirer à belles dents ; piquer, blesser, tourmenter.

mordĭcŭs, adv., en mordant ; obstinément.

mōrē, adv., sottement.

mŏrētum, i, n., mets composé d'herbes, d'ail, de fromage et de vin.

mŏrĭbundus, a, um, mourant, moribond.

mŏrĭgĕro, ās, āre, et surt. **mŏrĭgĕror**, āris, āri, intr., être complaisant pour, condescendre à, essayer de plaire à + dat.

mŏrĭgĕrus, a, um, qui supporte le commandement, obéissant, complaisant.

Mŏrĭni, ōrum, m. pl., Morins, peuple de Belgique.

mōrĭo, ōnis, m., fou, bouffon.

mŏrĭor, ĕris, i, mortŭus sum (part. fut. *moriturus*), intr., pr. et fig., mourir.

① **mŏror**, āris, āri,

I intr., 1. s'attarder ; 2. s'arrêter, rester, demeurer ; part. subst. m. pl., *morati, orum*, soldats laissés en arrière ; 3. attendre.

II tr., 1. retarder, suspendre ; hésiter à + inf. ; 2. *aliquem nihil* ~ : laisser libre qqn. ; 3. *aliquid nihil* ou *non* ~ : ne pas se soucier de qqch., ne pas faire cas de qqch.

② **mŏror**, āris, āri, intr., être fou.

mōrōsē, adv., [~sius, ~sissime], 1. avec une humeur chagrine ; 2. minutieusement, scrupuleusement.

mōrōsĭtās, ātis, f., morosité, humeur chagrine ; raffinement, purisme.

mōrōsus, a, um, [~sior], morose, chagrin ; difficile, exigeant ; pénible.

Morpheūs, ĕi ou ĕos, m., Morphée, fils du Sommeil et de la Nuit.

mors, mortis, f., 1. mort, *mortem abire* : mourir ; *morte multare* : punir de mort, *morte afficere* : frapper de mort ; 2. la Mort, divinité ; 3. cadavre ; 4. agent de la mort, meurtrier.

morsĭco, ās, āre, tr., mordiller.

morsĭuncŭla, æ, f., morsure légère.

morsum, i, n., morceau enlevé en mordant.

① **morsus**, a, um, V. *mordeo*.

② **morsŭs**, ūs, m., 1. morsure ; poét., en parlant d'une agrafe, d'une ancre, etc. ; 2. attaque, ~ *rubiginis* : la rouille qui ronge ; morsure ; âcreté.

mortālis, e, adj., [~lior], 1. mortel, sujet à la mort ; 2. humain ; subst. m., *mortalis, is*, mortel, être humain ; n. pl., *mortalia, ium*, les affaires humaines ; 3. périssable.

mortālĭtās, ātis, f., condition mortelle.

mortārĭum, ĭi, n., 1. mortier (à piler) ; 2. mortier, ciment ; 3. auge de maçon.

mortĭcīnus, a, um, crevé, mort, en parlant d'animaux ou de chair morte ; subst. n., *morticinum*, i, charogne (t. d'insulte).

mortĭfĕr (~fĕrus), fĕra, fĕrum, qui porte ou cause la mort.

mortĭfĕrē, adv., mortellement.

mortŭālĭa, ĭum, n. pl., 1. vêtements de deuil ; 2. chants funèbres.

mortŭus, a, um, V. *morior*.

mŏrŭlus, a, um, noir, moricaud.

mōrum, i, n., mûre, fruit du mûrier.

① **mōrus**, a, um, fou, extravagant.

② **mōrus**, i, f., mûrier.

mōs, mōris, m., 1. manière d'agir, volonté, caprice ; 2. règle, usage (loi non écrite, opp. à *lex*, la loi écrite), ~ *majorum* : la tradition ; ~ *est ut* + subj. : c'est la coutume que ; 3. surt. au pl., *mores, um*, genre de vie, mœurs, caractère ; 4. règle, loi, norme, *varius cæli* ~ : variabilité du temps ; *supra morem* : démesurément ; *sine more* : sans mesure, au hasard, VIRG.

Mōsēs (Mōȳsēs), is, m., Moïse, législateur des Juifs.

mōtĭo, ōnis, f., action de mouvoir, mouvement, impulsion.

mōto, *ās*, *āre*, (fréq. de *moveo*), tr., mouvoir souvent ou avec force.

① **mōtus**, *a*, *um*, V. *moveo*.

② **mōtŭs**, *ūs*, m., **1.** mouvement, *terræ ~* : tremblement de terre ; geste, action oratoire, mouvement du corps ; **2.** fig., a) mouvement de l'âme, trouble, passion ; b) mouvement de foule ; c) mobile, motif ; d) rhét., trope.

mŏvens, *entis*, **1.** V. *moveo* ; **2.** adj., mobile ; *res moventes* : biens meubles ; *voluptas stans, ~* : le plaisir au repos, en mouvement, Cic.

mŏvĕo, *ēs*, *ēre*, *mōvi*, *mōtum*, tr. et qqf. intr.,
I pr., **1.** mettre en mouvement, mouvoir, remuer, *vis movendi* : force motrice ; *membra ~* ou *moveri* : se remuer, danser ; ~ *castra, signa* ou *movere* seul : lever le camp ; **2.** changer, éloigner, écarter, *aliquem senatu* ou *de senatu* : exclure qqn. du sénat ; **3.** réfl. ou passif : pousser, produire, *se gemmæ movent* : les bourgeons poussent ; **4.** intr., spéc. au part. prés. et au pf., être en mouvement, trembler.
II fig., **1.** pousser, déterminer, *aliquem ut* : qqn. à faire qqch. ; écarter, ~ *aliquem de sententiā* : faire changer d'avis qqn. ; **2.** toucher, émouvoir (l'un des buts de l'orateur) ; **3.** provoquer, *alicui fletum, risum* ~ : faire pleurer, rire qqn. ; produire, manifester, ~ *numen* : manifester la volonté des dieux ; **4.** remuer, agiter des pensées dans son esprit ; **5.** faire chanceler, ébranler, *sententiam alicujus* : l'opinion de qqn. ; affecter, rendre malade ; violer, profaner.

mox, adv., **1.** bientôt, sous peu ; **2.** bientôt après, ensuite, *paulo ~* : peu après.

Mŏȳsēs, V. *Moses*.

mūcĕo, *ēs*, *ēre*, intr., être moisi, gâté (pour le vin).

mūcĭdus, *a*, *um*, **1.** moisi, gâté ; **2.** morveux.

Mūcĭus, *a*, *um*, de Mucius ‖ **Mūcĭus**, *ĭi*, m., Mucius, nom d'une famille rom. : spéc., C. Mucius Scævola, qui ne parvint pas à tuer le roi étrusque Porsenna et se brûla la main droite pour se punir ; Q. Mucius Scævola, juriste fameux et gouverneur d'Asie.

mūcro, *ōnis*, m., **1.** pointe, extrémité aiguë ; **2.** arme, épée ; **3.** tranchant, pointe.

mūgĭnor, *āris*, *āri*, intr., ruminer, réfléchir trop longtemps.

mūgĭo, *īs*, *īre*, *mūgīvi* (*ĭi*), *mūgītum*, **1.** intr., mugir, beugler ; fig., mugir, retentir ; **2.** tr., crier, hurler.

mūgītŭs, *ūs*, m., beuglement, ~ *boum* : les mugissements des bœufs, Virg. ; fig., grondement, fracas.

mūla, *æ*, f., mule.

mulcĕo, *ēs*, *ēre*, *mulsi*, *mulsum*, tr., **1.** toucher doucement, palper, caresser ; **2.** calmer, charmer, adoucir.

Mulcĭbĕr, *bĕri* ou *bĕris*, m., Mulciber, un des noms de Vulcain ; fig., le feu.

mulco, *ās*, *āre*, tr., battre, frapper, maltraiter.

mulcta~, V. *multa~*.

mulctra, *æ*, f. vase à traire.

mulctus, *a*, *um*, V. *mulgeo*.

mulgĕo, *ēs*, *ēre*, *mulxi* ou *mulsi*, *mulctum* ou *mulsum*, tr., traire.

mŭlĭĕbris, *e*, adj., de femme.

mŭlĭĕbrĭtĕr, adv., comme une femme.

mŭlĭĕr, *ĕris*, f., femme ; femme mariée.

mŭlĭĕrārĭus, *a*, *um*, de femme ; subst. m., *mulierarius, ii*, homme à femmes.

mŭlĭercŭla, *æ*, f., **1.** petite femme ; **2.** femmelette ; **3.** femme de plaisir.

mŭlĭĕrōsĭtās, *ātis*, f., passion pour les femmes.

mŭlĭĕrōsus, *a*, *um*, passionné pour les femmes.

mūlĭo, *ōnis*, m., muletier ; surnom de Vespasien.

mūlĭōnĭus, *a*, *um*, de muletier.

mullĕus, *a*, *um*, de couleur rouge ; ~ *calceus* ou subst. m., *mulleus, i*, brodequin rouge réservé aux sénateurs ayant exercé une magistrature curule.

mullus, *i*, m., surmulet (variété de rouget).

mulsĕus, *a*, *um*, miellé.

mulsum, *i*, n., (ss.-ent. *vinum*), vin miellé.

mulsus, *a*, *um*, **1.** V. *mulceo* ; **2.** adj., doux, spéc., adouci avec du miel.

multa (**mulcta**), *æ*, f., amende, *multam alicui dicere* : infliger à qqn. une amende, *multam committere* : encourir une amende (mot d'origine osque).

multātĭo, *ōnis*, f., amende.

multātīcĭus, *a*, *um*, provenant d'une amende.

multīcĭus, *a*, *um*, tissé de fils fins.

multĭfārĭam, adv., en beaucoup d'endroits.

multĭfĭdus, *a*, *um*, fendu en plusieurs morceaux.

multĭformis, *e*, adj., varié, changeant.

multĭgĕnĕris, *e*, et ~**gĕnĕrus**, ou ~**gĕnus**, *a*, *um*, adj., de plusieurs sortes.

multĭjŭgis, *e*, et ~**jŭgus**, *a*, *um*, adj., attelé avec plusieurs ; fig., multiple, complexe ; nombreux.

multĭmŏdīs, adv., de beaucoup de manières.

multĭplex, ĭcis, adj., **1.** qui a beaucoup de plis, de replis, sinueux ; **2.** bien plus nombreux, bien plus grand ; **3.** composé de nombreux éléments ; **4.** contourné, compliqué ; **5.** variable, changeant.

multĭplĭcābĭlis, e, adj., multipliable.

multĭplĭcātĭo, ōnis, f., multiplication, accroissement ; arithm., multiplication.

multĭplĭcĭtĕr, adv., de plusieurs manières, fréquemment.

multĭplĭco, ās, āre, tr., multiplier, augmenter.

multĭtūdo, ĭnis, f., **1.** multitude, grand nombre ; **2.** foule, masse ; **3.** le vulgaire.

① **multō**, adv., beaucoup, de beaucoup (avec comp.).

② **multo (mulcto)**, ās, āre, tr., punir, *exsilio, morte* : d'exil, de mort.

multum, n. adv., beaucoup, très, souv. avec vb., mar avec adj.

multus, a, um, [*plures, plurimi*], **1.** ordin. au pl., *multi, æ, a*, nombreux, beaucoup de ; subst. n., *multum, i*, une grande quantité ; n. pl. *multa, orum*, beaucoup de choses, de paroles, *ne multa, ne multis* : bref ; m. pl., *multi, orum*, beaucoup de gens, la multitude ; **2.** au sg., a) poét., le sg. pour le pl., *multa victima* : de nombreuses victimes ; b) long, avancé, en grande partie (en parlant du temps), *multo die* : le jour étant bien avancé ; c) prolixe, verbeux ; d) actif, pressant ; e) important, abondant ; poét., *multa pax* : paix profonde.

mūlus, i, m., mulet.

Mulvĭus, a, um, de Mulvius, Mulvius, ~ *pons* : le pont Mulvius, sur le Tibre, près de Rome. ‖ **Mulvĭus**, ĭi, m., Mulvius, nom d'h.

Mummĭus, ĭi, m., Mummius, nom d'une famille rom. ; spéc., L. Mummius Achaicus, destructeur de Corinthe en 146 av. J.-C.

Munda, æ, f., Munda, v. de Bétique (près de Cordoue) où Scipion vainquit les Carthaginois en 214 av. J.-C. et César, les fils de Pompée en 45 av. J.-C.

mundānus, a, um, du monde, de l'univers, du ciel, sidéral ; subst. m., *mundanus, i*, citoyen de l'univers (= cosmopolite), Cic.

mundātus, a, um, **1.** V. *mundo* ; **2.** adj., nettoyé.

mundē, adv., [~*issime*], proprement ; avec élégance.

Mundensis, e, adj., de Munda.

mundĭtĕr, adv., proprement, décemment.

mundĭtĭa, æ, et **mundĭtĭēs**, ēi, f., propreté ; élégance ; pureté de style.

mundo, ās, āre, tr., nettoyer.

mundŭlus, a, um, arch., propret.

① **mundus**, a, um, [~*dior*], propre, net ; *in mundo esse* : être prêt, à la disposition ; élégant, raffiné.

② **mundus**, i, m., toilette de femme ; parure.

③ **mundus**, i, m., **1.** l'ensemble des corps célestes, l'univers ; **2.** en part., a) le ciel, le firmament ; b) le monde, la terre habitée, les hommes ; c) le monde infernal, les Enfers.

mūnĕrārĭus, a, um, (cf. *munus*), **1.** de présent ; **2.** relatif aux gladiateurs ; subst. m., *munerarius, ii*, **1.** donateur ; **2.** qui offre un spectacle de gladiateurs.

mūnĕrātus, a, um, V. *munero* et *muneror*.

mūnĕro, ās, āre, et **mūnĕror**, āris, āri, tr., donner en présent, *aliquid alicui* : qqch. à qqn. ; gratifier, *aliquem aliquā re* : qqn. de qqch.

mūnĭa, (cf. *munus, com-munis*, etc.), n. pl., charges, fonctions, devoirs.

mūnĭceps, ĭpis, m. et f., qui prend part aux charges, citoyen d'une v. municipale ; compatriote, concitoyen.

mūnĭcĭpālis, e, adj., municipal, de municipe ; de petite ville.

mūnĭcĭpĭum, ĭi, n., municipe, v. municipale.

mūnĭfex, ĭcis, adj., qui fait son service.

mūnĭfĭcē, adv., avec munificence, généreusement, libéralement.

mūnĭfĭcentĭa, æ, f., munificence, générosité.

mūnĭfĭco, ās, āre, tr., gratifier.

mūnĭfĭcus, a, um, [~*centissimus*], qui donne des présents ; généreux.

mūnīmĕn, ĭnis, n., fortification.

mūnīmentum, i, n., **1.** fortification ; **2.** fig., rempart, défense, protection.

mūnĭo (arch. **mœnio**), īs, īre, īvi (ĭi), ītum, tr., **1.** construire (un mur, un retranchement) ; **2.** fortifier ; **3.** fig., abriter, protéger.

mūnis, e, adj., qui fait son devoir.

mūnītĭo, ōnis, f., **1.** travail de terrassement, action de fortifier ; **2.** fortification, retranchement ; **3.** construction, réparation, *viarum* : de routes.

mūnīto, ās, āre, (fréq. de *munio*), tr., ouvrir un chemin.

mūnītŏr, ōris, m., **1.** celui qui construit des remparts, une ville ; **2.** travailleur militaire, terrassier, mineur.

mūnītus, a, um, **1.** V. *munio* ; **2.** adj., [~*tior, ~tissimus*], fortifié, défendu, protégé.

mūnŭs (arch. **mœnus**), ĕris, n., **1.** charge, fonction ; **2.** charge, obligation ; **3.** tâche

accomplie ; service rendu ; don, présent ;
4. spectacle offert, jeux, combats de gladiateurs.

mūnuscŭlum, *i*, n., dim. de *munus*, petit
présent.

Mūnўchĭa, *æ*, f., Munychie, port de l'Attique.

mūræna (mūrēna), *æ*, f., murène.

Mūræna, V. *Murena.*

mūrālis, *e*, adj., de mur, de rempart ; *corona* ~ : couronne d'honneur offerte au
soldat qui parvient le premier au sommet du rempart ; subst. f., *muralis, is,*
couronne de Cybèle (formée de tours).

Murcĭa, Murtĭa, *æ*, f., Vénus Murcia
(de *Myrtia* ou *Myrtea*, à cause du myrte
qui lui est consacré).

Mūrēna, *æ*, m., Muréna, surnom d'une
branche de la *gens Licinia* ; spéc., L. Licinius Murena, défendu par Cicéron.

mūrex, *ĭcis*, m., **1.** coquillage d'où on ti-
rait la pourpre, murex ou pourpre ;
2. couleur pourpre ; **3.** rocher pointu ;
4. ce qui est hérissé de pointes.

mūrĭa, *æ*, f., eau salée, saumure.

murmillo, V. *mirmillo.*

murmŭr, *ŭris*, n., **1.** murmure, bruit confus de voix ; **2.** grondement, rugissement ;
3. bourdonnement ; **4.** sons rauques.

murmŭrātĭo, *ōnis*, f., murmure (d'oiseau) ; plainte.

murmŭro, *ās, āre*, intr. et qqf. tr., murmurer, faire entendre un grondement.

murmŭror, *āris, āri*, intr. et qqf. tr., **1.** V.
murmuro ; **2.** murmurer contre.

① **murrha**, V. *myrrha.*

② **murrha** ou **murra**, *æ*, f., murrhe,
sorte de terre fine, dont on faisait des vases précieux.

murr(h)ĕus, *a, um*, fait de murrhe.

① **murrhĭnus**, V. *myrrhĭnus.*

② **murrhĭnus** ou **murrĭnus**, *a, um*, fait
de murrhe ; subst. n. pl., *murrhina, orum,*
vases murrhins (venus de Perse ou de
Chine ?).

mūrus, *i*, m., **1.** mur (de maison ou de
ville) ; **2.** rempart, protection.

mūs, *mūris*, m., rat, souris.

Mūsa, *æ*, f., **1.** une des Muses ; au pl.,
Musæ, arum, les Muses ; **2.** fig., chant,
poème ; au pl., études.

Mūsæus, *i*, m., Musée, poète grec contemporain d'Orphée.

musca, *æ*, f., mouche.

muscārĭus, *a, um*, qui concerne les mouches ; subst. n., *muscarium, ii*, chasse-
mouches.

muscĭpŭla, *æ*, f., et **muscĭpŭlum**, *i*, n.,
ratière, souricière.

muscōsus, *a, um*, mousseux, couvert de
mousse.

muscŭlus, *i*, m., dim. de *mus*, **1.** petit rat,
petite souris ; **2.** moule ; poisson ; **3.** muscle ; **4.** machine de guerre : galerie couverte qui protège les assaillants.

muscus, *i*, m., mousse.

Mūsēum, *i*, n., endroit consacré aux Muses : musée, bibliothèque, cabinet d'étude.

mūsēus (mūsæus), *a, um*, inspiré des
Muses, harmonieux.

① **mūsĭca**, *æ*, et **mūsĭcē**, *ēs*, f., musique ;
poésie.

② **mūsĭca**, *ōrum*, n. pl., musique.

mūsĭcus, *a, um*, relatif à la musique ;
subst. m., *musicus, i*, musicien.

mussĭto, *ās, āre*, (fréq. de *musso*), **1.** intr.,
se taire ; **2.** tr., dire tout bas.

musso, *ās, āre*, **1.** intr., parler bas, murmurer, chuchoter ; **2.** tr., taire.

mustācĕum, *i*, n., et **mustācĕus**, *i*, m.,
sorte de gâteau de noce, où il entrait du
vin doux et des feuilles de laurier *mustax*

mustārĭus, *a, um*, relatif au moût.

mustax, *ācis*, f., espèce de laurier.

mustella (~ēla), *æ*, f., belette.

mustĕus, *a, um*, doux comme le vin nouveau ; frais, nouveau.

mustŭlentus, *a, um*, abondant en vin
doux.

mustum, *i*, n., vin nouveau, vin doux,
moût ; subst. n. pl., *musta, orum*, vendange, automne.

mūtābĭlis, *e*, adj., [~*lior*], **1.** qu'on peut
changer, variable ; **2.** qui peut changer,
changeant.

mūtābĭlĭtās, *ātis*, f., mobilité ; fig., inconstance.

mūtātĭo, *ōnis*, f., **1.** changement, ~ *rerum* : révolution politique ; **2.** échange.

mūtātŏr, *ōris*, m., celui qui change ou qui
échange.

mŭtĭlo, *ās, āre*, tr., mutiler, tronquer ;
amoindrir.

mŭtĭlus, *a, um*, mutilé, tronqué.

Mŭtĭna, *æ*, f., v. de la Gaule Transpadane, auj. Modène ‖ **Mŭtĭnensis**, *e*, adj.,
de Modène.

mūto, *ās, āre*, tr. et intr.,
I tr., **1.** mettre en mouvement, déplacer,
~ *aliquem civitate* : exiler qqn. ; **2.** changer, modifier, *sententiam, consilium* : son
avis, sa décision ; *mutari* : se changer, se
modifier ; **3.** changer, échanger.
II intr., se changer, changer, être différent.

mūtŭātĭo, *ōnis*, f., emprunt.

mūtŭē, V. *mutuo* ①.

① **mūtŭō**, adv., mutuellement, réciproquement.

② **mūtŭo**, *ās*, *āre*, et **mūtŭor**, *āris*, *āri*, tr., emprunter ; fig., tirer de, se procurer.

mūtus, *a*, *um*, **1.** muet ; **2.** silencieux ; **3.** qui ne dit rien.

mūtŭum, *i*, n., **1.** emprunt, prêt ; *mutuo*, à titre de prêt ; **2.** réciprocité.

mūtŭus, *a*, *um*, **1.** prêté, emprunté ; **2.** réciproque, mutuel.

Mȳcălē, *ēs*, f., Mycale, mt. et v. d'Ionie.

Mȳcēnæ, *ārum*, f. pl., **Mȳcēna**, *æ*, et **Mȳcēnē**, *ēs*, f., Mycènes, v. d'Argolide, résidence d'Agamemnon ‖ **Mȳcēnæus**, *a*, *um*, de Mycènes ‖ **Mȳcēnenses**, *ĭum*, m. pl., les hab. de Mycènes ‖ **Mȳcēnis**, *ĭdis*, f., la Mycénienne : Iphigénie, fille d'Agamemnon.

Mȳcŏnus (**~nŏs**), *i*, f., Myconos, île des Cyclades.

Mygdŏnĭa, *æ*, f., Mygdonie, région de la Macédoine ; région de l'Asie Mineure.

Mȳlæ, *ārum*, f. pl., **Mȳlē**, *ēs*, f., Myles, **1.** v. de Sicile ; **2.** v. de Thessalie ; **3.** nom de deux îles proches de la Crète.

Myndus (**~dŏs**), *i*, f., Mynde, v. de Carie.

mȳŏpăro, *ōnis*, m., brigantin, barque de pirates.

mȳrīca, *æ*, f., tamaris, bruyère.

Myrmĭdŏnes, *um*, m. pl., Myrmidons, peuple de Thessalie, dont Achille était le roi.

Mȳro ou **Mȳrōn**, *ōnis*, m., Myron, statuaire.

myrrha, *æ*, f., myrrhe, résine odorante.

myrrhĕus, *a*, *um*, **1.** jaune comme la myrrhe ; **2.** parfumé de myrrhe.

myrrhĭnus, *a*, *um*, de myrrhe.

myrtētum, *i*, n., lieu planté de myrtes.

myrtĕus, *a*, *um*, fait de myrte ; orné de myrte ; planté de myrtes.

myrtītēs, *æ*, m., vin de myrte.

myrtum, *i*, n., baie de myrte.

myrtŭs (**mur~**), *i* et *ūs*, f., myrte, arbre de Vénus, symbole de l'immortalité.

Mȳsi, *ōrum*, m. pl., Mysiens, hab. de la Mysie ‖ **Mȳsĭa**, *æ*, f., la Mysie, région d'Asie Mineure.

mystăgōgus, *i*, m., mystagogue ; guide.

mystērĭum, *ĭi*, n., ordin. au pl., **mystērĭa**, *ōrum*, **1.** cérémonie religieuse secrète ; **2.** mystère, secret, énigme.

mystēs ou **mysta**, *æ*, m., initié aux mystères.

mystĭcus, *a*, *um*, mystique, relatif aux mystères.

Mȳtĭl~, V. *Mityl~*.

N

N, n, f. et n., indécl., **1.** n, treizième lettre de l'alph. latin ; **2.** N., abr. de *Numerius* ; *N. L.* = *non liquet* : il y a doute (le juge demande un supplément d'information).

Năbătæa (Nābăth~), æ, f., Nabathée, région de l'Arabie Pétrée ‖ **Nābătæi (Nābăth~),** *ōrum,* m. pl., les Nabatéens, hab. de la Nabathée ‖ **Nābătæus (Nābăth~),** *a, um,* nabathéen ; de l'Arabie.

Nābis, *ĭdis,* m., Nabis, tyran de Sparte (200 av. J.-C.).

nacca, æ, m., teinturier.

nactus, *a, um,* V. *nanciscor.*

næ, V. *ne* ①.

nænĭa, V. *nenia.*

Nævĭa porta, æ f., porte Nævia, une des portes de Rome.

Nævĭānus, *a, um,* de Nævius, le poète latin ‖ **Nævĭus,** *ĭi,* m., Nævius, poète latin mort en exil à Utique vers 200 av. J.-C.

nævus, *i,* m., **1.** tache sur la peau, signe naturel ; **2.** défaut, tache.

Nāĭăs, *ădis,* et **Nāis,** *ĭdis,* f., Naïade, nymphe des fontaines.

nam, conj., le plus souv. en tête de phrase, **1.** partic. d'affirmation : en vérité, de fait, voyons (souv. dans le dialogue comique) ; **2.** joint à des pron. ou des adv. interr., *quisnam ?* : qui donc ?, *ubinam ?* : où donc ? ; **3.** quant à, pour ce qui est de (pour passer à une autre idée ou un autre fait) : **4.** conj. causale (sens le plus fréquent) : car, en effet.

Namnētes, *um,* m. pl., Namnètes, peuple celtique sur la rive droite de la Loire, auj. v. de Nantes.

namquĕ, conj., (= *nam,* renforcé), car en fait.

nanciscor, *ĕris, i, nactus* et *nanctus sum,* tr., **1.** rencontrer, tomber sur, trouver par hasard ; **2.** obtenir, acquérir, gagner.

Nanneiāni, *ōrum,* m. pl., Nannéiani, acquéreurs des biens de Nannéius, proscrit par Sylla.

Nantŭātes, *um,* m. pl., Nantuates, peuple celtique de la haute vallée du Rhône, auj. v. de Nantua.

nānus, *i,* m., nain.

Nāpææ, *ārum,* f. pl., Napées, nymphes des bois et des vallées.

nāpus, *i,* m., navet.

Nār, *Nāris,* m., Nar, fl. de Sabine, affluent du Tibre.

Narbo, *ōnis,* m. (f. dans Martial), ou **Narbo Martĭus,** Narbonne, v. de Gaule méridionale ‖ **Narbōnensis,** *e,* adj., de Narbonne ; *Gallia ~* : la Gaule Narbonnaise, province rom., cap. Narbonne.

narcissus, *i,* m., narcisse (fleur).

Narcissus, *i,* m., Narcisse, **1.** fils de Céphise, changé en narcisse : **2.** affranchi de Claude.

nardum, *i,* n., et **nardus,** *i,* f., nard, espèce de valériane ; parfum.

nāris, *is,* f., ordin. au pl. **nāres,** *ĭum,* **1.** narines, nez, *naribus uti* : froncer le nez par dédain ; **2.** pénétration, sagacité, sens critique, *acutæ nares* : esprit critique.

narrābĭlis, *e,* adj., qu'on peut raconter.

narrātĭo, *ōnis,* f., narration, récit.

narrātĭuncŭla, æ, f., court récit.

narrātŏr, *ōris,* m., narrateur.

① **narrātus,** *a, um,* V. *narro.*

② **narrātŭs,** *ūs,* m., narration, récit.

narro, *ās, āre,* tr., **1.** raconter, *alicui aliquid ~* : raconter qqch. à qqn. ; **2.** parler, *alicui de aliquā re* : à qqn. de qqch. ; **3.** *narrant* ou *narratur* + prop. inf. : on raconte que ; tour pers. : *narratur Catonis mero caluisse virtus* : on raconte que la vertu de Caton se réchauffait avec du vin pur ; **4.** faire mention de, exposer.

narthēcĭum, *ĭi,* n., petite boîte à parfums ou à médicaments.

nārus, V. *gnarus.*

Nārўcĭa, æ, f., Narycie, **1.** v. de la Locride Ozole, patrie d'Ajax ; **2.** Locres, sa colonie en Italie ‖ **Nārўcĭus,** *a, um,* de Narycie.

Năsămōnes, *um,* m. pl., Nasamons, peuple sauvage de Cyrénaïque ‖ **Năsămōnĭăcus,** *a, um,* nasamon, africain ‖ **Năsămōnĭăs,** *ădis,* f., Nasamonienne ‖ **Năsămōnĭus,** *a, um,* nasamon.

nascor, *ĕris, i, nātus sum* (R. gen/gna~, gnascor~) : litt., on me met au monde), **1.** venir au monde, naître ; naître de : abl. seul ou *ab, ex, de* + abl. ; **2.** commencer d'être, tirer son origine de ; se produire.

nāsīca, æ, m., qui a le nez long, mince et pointu.

Nāsīca, æ, m., Nasica, surnom dans la famille des Scipions.

Nāsīdĭus, *ĭi*, m., Nasidius, nom d'une famille rom. ; spéc., L. Nasidius, partisan de Pompée.

nāsĭterna, *æ*, f., sorte d'arrosoir.

Nāso, *ōnis*, m., Nason, surnom rom. ; spéc., P. Ovidius Naso : Ovide, le poète latin, désigné par son surnom.

Nāsŏs, V. *Nasus*.

nassa et **naxa**, *æ*, f., nasse (de pêcheur) ; mauvais pas, embarras.

nassĭterna, V. *nasiterna*.

nasturtĭum ou **nasturcĭum**, *ĭi*, n., es-pèce de cresson.

nāsum, *i*, n., V. *nasus*.

nāsus, *i*, m., **1.** nez ; odorat ; **2.** sagacité, finesse, esprit moqueur.

Nāsus, *i*, f., Nasos, l'Île (quartier de Sy-racuse).

nāsūtē, adv., avec du flair, habilement, finement.

nāsūtus, *a, um*, **1.** qui a le nez long ; **2.** qui a du flair, de la finesse, de l'esprit.

nāta (**gnāta**), *æ*, f., fille.

nātāle, *is*, n., lieu de naissance.

nātāles, *ĭum*, m. pl., **1.** naissance, extrac-tion ; **2.** droits de naissance ; **3.** anniver-saire.

nātālĭcĭa, *æ*, f., repas d'anniversaire.

nātālĭcĭum, *ĭi*, n., cadeau d'anniver-saire.

nātālĭcĭus, *a, um*, qui concerne le jour de la naissance, relatif à un anniversaire.

nātālis, *e*, adj., relatif à la naissance ; ~ *dies* : anniversaire ; subst. m., *natalis, is*, anniversaire ; génie qui préside à la nais-sance.

nătătĭo, *ōnis*, f., action de nager.

nătătŏr, *ōris*, m., nageur.

nătātŭs, *ūs*, m., action de nager.

nātĭo, *ōnis*, f., **1.** naissance, extraction ; **2.** race, espèce, sorte ; **3.** nation (souv. barbare), peuple, tribu ; **4.** secte, classe, catégorie.

nătis, *is*, f., fesse.

nātīvus, *a, um*, **1.** né, qui a commencé d'être ; **2.** inné, naturel.

năto, *ās, āre*, tr. et intr., **1.** nager ; part. subst. f. pl., *natantes, ium*, les poissons ; **2.** parcourir en nageant, *freta* : la mer ; **3.** fig., voguer, ondoyer ; **4.** fig., être incer-tain, hésitant ; **5.** ruisseler, être inondé ; (yeux) être noyé.

nătrix, *īcis*, m. et f., serpent d'eau, hydre.

nātū (abl. de l'inus. *natus, us*, m.), par la naissance, par l'âge, *major, minor* ~ : l'aîné, le cadet (de deux), *grandis* ~ : d'un âge avancé.

nātūra, *æ*, (cf. *nascor*), f., **1.** action de met-tre au monde, génération, naissance ;

2. nature, constitution, essence (d'un être) ; **3.** disposition naturelle, tempéra-ment, caractère ; **4.** ordre naturel, cours des choses, *naturæ concedere* : obéir à la nature = mourir, SALL. ; **5.** le monde physique, ~ *rerum* : la Nature, *de rerum naturā* : « la Naissance du monde », LUCR. ; **6.** matière, élément, *quattuor naturæ* : les quatre éléments.

nātūrālis, *e*, adj., **1.** de naissance, natu-rel ; **2.** inné, conforme aux lois de la na-ture ; **3.** naturel, réel, vrai ; **4.** qui con-cerne la nature, *quæstiones naturales* : les questions de physique.

nātūrālĭtĕr, adv., naturellement, par nature, conformément à la nature.

① **nātus**, *a, um*, part. adj. de *nascor*, **1.** né pour + dat. ; **2.** âgé de + acc., *puer decem annos* ~ : un enfant âgé de 10 ans.

② **nātus** (**gnātus**), *i*, m., fils.

③ **nātŭs**, *ūs*, m., V. *natu*.

nauclērĭcus, *a, um*, de patron de navire.

nauclērus, *i*, m., patron de navire.

naucum, *i*, n., **1.** zeste de noix ; **2.** objet sans valeur, un rien, *nauci non esse* : ne pas valoir un clou.

naufrăgĭum, *ĭi*, (cf. *navis, frango*), n., **1.** naufrage ; tempête ; **2.** désastre, ruine ; **3.** spéc., au pl., *naufragia, orum*, épaves, débris.

naufrăgo, *ās, āre*, intr., faire naufrage.

① **naufrăgus**, *a, um*, **1.** naufragé, qui a fait naufrage ; **2.** ruiné, perdu ; **3.** qui fait faire naufrage.

② **naufrăgus**, *i*, m., un naufragé.

naulum, *i*, n., frais de passage ou de transport par eau ; fret.

naumăchĭa, *æ*, f., naumachie, représen-tation d'un combat naval ; lieu où se donne cette représentation.

① **naumăchĭārĭus**, *a, um*, de naumachie.

② **naumăchĭārĭus**, *ĭi*, m., acteur dans une naumachie.

Naupactŏs (**~us**), *i*, f., Naupacte (Lé-pante), v. d'Étolie, sur le golfe de Corinthe.

Nauplĭădēs, *æ*, m., fils de Nauplius (Palamède).

nauplĭus, *ĭi*, m., sorte de crustacé.

Nauplĭus, *ĭi*, m., Nauplius, roi d'Eubée et père de Palamède.

nausĕa (**~ĭa**), *æ*, f., mal de mer ; nausée ; dégoût.

nausĕābundus, *a, um*, qui éprouve des nausées, qui souffre du mal de mer.

nausĕātŏr, *ōris*, m., celui qui le mal de mer.

nausĕo (**~ĭo**), *ās, āre*, intr., **1.** avoir le mal de mer ; **2.** avoir mal au cœur, vomir ; **3.** éprouver du dégoût ; faire le dégoûté.

nausĕŏla, æ, f., légère nausée.

nausĕōsus, a, um, qui donne la nausée.

nausī~, V. *nause~*.

Nausĭcăa, æ, et **Nausĭcăē**, ēs, f., Nausicaa, fille d'Alcinoüs, roi des Phéaciens.

nauta, æ, m., 1. marin, matelot ; 2. marchand.

nautĕa, æ, f., eau de cale qui donne la nausée.

Nautēs, æ, m., Nautès, prêtre troyen de Pallas, ancêtre de la famille Nautia de Rome.

nautĭci, ōrum, m. pl., marins, équipage d'un navire.

nautĭcus, a, um, de marin, naval, nautique.

năvāle, is, n., port, rade ; chantier de construction navale.

năvālĭa, ĭum, n. pl., 1. chantiers ; spéc., à Rome, quartier de l'arsenal, voisin du Champ de Mars, qui longe le Tibre ; 2. agrès.

năvālis, e, adj., naval, de navire, ~ *pugna* : bataille navale.

năvarchus (nauarchus), i, m., navarque, commandant de navire.

năvē, adv., avec soin.

năvĭcŭla, æ, f., petit bateau.

năvĭcŭlārĭa, æ, f., commerce maritime, métier d'armateur.

năvĭcŭlārĭs, e, et **năvĭcŭlārĭus**, a, um, adj., qui concerne le commerce maritime ou la marine marchande.

năvĭcŭlārĭus, ĭi, m., armateur.

năvĭcŭlor (nauclor), āris, āri, intr., aller en barque.

năvĭfrăgus, a, um, qui brise les navires, qui fait faire naufrage.

năvĭgābĭlis, e, adj., navigable.

năvĭgātĭo, ōnis, f., navigation, voyage sur l'eau, traversée.

năvĭgātŏr, ōris, m., navigateur, marin.

năvĭgĕr, gĕra, gĕrum, qui porte les navires ; *navigera similitudo* : ressemblance avec un navire en marche, PL.-J.

năvĭgĭŏlum, i, n., dim. de *navigium*, petite barque.

năvĭgĭum, ĭi, n., navire, bateau.

năvĭgo, ās, āre, 1. intr., naviguer, voyager par eau ; 2. tr., *terram navigare* : naviguer sur terre (en parlant de Xerxès) ; parcourir, traverser à la voile.

năvis, is, (acc. *navem* ou *navim*, abl. *navi* ou *nave*), f., navire, vaisseau, ~ *longa* : de guerre, ~ *actuaria* : de course, léger, ~ *oneraria* : de transport ; *nave vehi* ou *ferri* : naviguer ; *navem deducere* : mettre un navire à l'eau, *naves subducere* : tirer

des bateaux au sec, sur le rivage, *navem solvere* : appareiller.

năvĭta, æ, m., poét., V. *nauta*.

năvĭtās (gnāv~), ātis, f., zèle, ardeur.

năvĭtĕr (gnāv~), adv., 1. avec empressement ; 2. complètement.

Navĭus, a, um, de Navius ‖ **Navĭus**, ĭi, m. Navius, célèbre augure du temps de Tarquin l'Ancien.

năvo, ās, āre, tr., conduire à bonne fin faire avec soin ; ~ *operam alicui* : servi qqn. avec zèle.

năvus (gnāv~), a, um, diligent, actif.

Naxŏs (~us), i, f., Naxos, île de la mer Égée, la plus grande des Cyclades, célèbre par son vin ; Ariane y fut abandonnée par Thésée.

① **nē (næ)**, adv., oui, certes ; en tête de phrase et joint à un pron. pers. ou dém. vraiment, *egone ? - tu ne* : moi ? - oui, toi PL.

② **nē**, adv. et conj. de sub.

I. adv., ne... pas
 1. *ne... quidem* : pas même, non plus
 2. en composition, V. *ne ~*
 3. en prop. indép. + subj.
  a) défense : ne... pas
  b) concession : supposons que... ne... pas...
  c) souhait (souv. avec *utinam*)
II. conj. de sub. + subj.
 1. complétives : que... ne
  a) avec vb. de crainte
  b) avec vb. d'empêchement (et une princ. affirm.)
  c) avec vb. de volonté et d'activité
 2. circonstancielles :
  a) finales : pour que... ne... pas
  b) conditionnelles : pourvu que... ne... pas

I adv., ne... pas, 1. *ne... quidem* : pas même, non plus, *ne* et *quidem* encadrant les mots sur lesquels porte la nég., : *ne venit quidem* : il n'est même pas venu, *ne ille quidem venit* : il n'est pas venu non plus ; 2. compos., *nequaquam* : pas du tout ; *nequiquam* : en vain ; 3. en prop. indép. pour exprimer a) défense, avec impér. (arch. et poét.) ou subj. (class.), *equo ne credite* : ne vous fiez pas au cheval, VIRG. ; *ne requiras* : qu'on ne recherche pas ; *hoc ne feceris* (subj. pf.) : ne fais pas cela ; b) concession, supposition : admettons, supposons que... ne... pas, *ne fuerit* : supposons qu'il n'ait pas existé, *ne sit summum malum dolor* : admettons que la douleur ne soit pas le mal suprême ; c) souhait (souv. avec *utinam*), *utinam ne advenerit* : puisse-t-il ne pas être arrivé !

II conj. nég. avec subj. : que ne, pour que ne pas, **1.** complétives, a) avec vb. de crainte comme *metuo, timeo, vereor* : *timeo ne non impetrem* : je crains de ne pas obtenir ; b) avec vb. d'empêchement comme *impedio, prohibeo, caveo*, si la princ. est affirm. : *impedior ne proficiscar* : je suis empêché de partir ; c) avec vb. de volonté et d'activité, suivi d'une compl. nég. : *suadeo tibi ne legas* : je te conseille de ne pas lire, *caveant consules ne quid respublica detrimenti capiat* : que les consuls évitent à l'État de subir un dommage ; **2.** circonstancielles, a) finales : pour éviter que, pour que ne... pas ; avec ellipse du vb. : *considerandum est ne quid temere* : il faut éviter de rien (faire) à la légère, *ne multa, ne multis* : pour ne pas en dire trop, bref ; b) cond. : *ita... ne*, avec cette condition que... ne... pas, pourvu que... ne... pas.

nē~, adv. de nég. arch., non ; seul. compos., *nevis = non vis*, PL. ; utilisé aussi pour former de nombreux mots nég., *neque, nemo, nescio*, etc.

~nĕ, partic. interr., est-ce que ?
I interr. simple, **1.** dir. : joint au mot qui précède et sur lequel porte la question : *vidistine Romam ?* : as-tu vu Rome ? *Romamne vidisti ?* : est-ce Rome que tu as vue ? ; **2.** indir., *dic mihi Romamne videris* : dis-moi si tu as vu Rome.
II interr. double, **1.** dir. : *vigilasne an dormis* : es-tu éveillé ou dors-tu ? ; *vigilasne annon ?* : es-tu éveillé ou non ? ; **2.** indir., *dic mihi pacemne an bellum adferas* : dis-moi si tu apportes la paix ou la guerre ; *quæritur sintne di necne* : on cherche si les dieux existent ou non, CIC.

Nĕăpŏlis, *is*, f., **1.** Naples ; **2.** Néapolis, quartier de Syracuse ‖ **Nĕăpŏlītānus**, *a, um*, de Naples ‖ **Nĕăpŏlītāni**, *ōrum*, m. pl., les Napolitains.

Nĕarchus, *i*, m., Néarque, amiral d'Alexandre.

nĕbŭla, *æ*, f., **1.** brouillard, brume, vapeur ; **2.** nuage de fumée ; **3.** substance vaporeuse ; **4.** obscurité.

nĕbŭlo, *ōnis*, m., garnement, vaurien.

nĕbŭlōsus, *a, um*, nébuleux, nuageux, obscur.

① nĕc, adv. nég. arch. = *non, senator qui nec aderit* : le sénateur qui ne sera pas présent ; *nec procul* : non loin.

② nĕc (plutôt devant cons.) ou **nĕquĕ** (plutôt devant voy. ou *h*), conj. de coord., **1.** et ne... pas, *abiit neque unquam rediit* : il est parti et il n'est jamais revenu (nég. et coord. sont réunies en un seul mot) ; d'où : *neque quisquam* (et non *et nemo*), *neque ullus* (et non *et nullus*) *neque quidquam*

(et non *et nihil*), *neque umquam, usquam* (et non *et numquam, nusquam*) ; **2.** avec d'autres partic. ou adv. : *neque est minus* : et cela n'empêche pas que ; *neque vero* : et vraiment... ne... pas ; *neque enim* : car... ne... pas, puisque... ne... pas ; *neque tamen* : et pourtant... ne... pas ; *neque autem* : et, mais non plus ; **3.** = *ne... quidem, nec ipse* : lui non plus ; = *sed non* : mais non, *id quod utile videbatur neque erat* : ce qui semblait utile mais ne l'était pas ; **4.** en tête de phrase et suivi d'une nég. : et il n'est pas vrai que, *nec ille non vidit* : et il n'est pas vrai qu'il n'ait pas vu ; en poésie, *necnon* ou *necnon et* équivaut à *et* : *nec non et Tyrii... convenere* : et les Tyriens eux aussi s'assemblèrent, VIRG. ; en parataxe : *neque in his corporibus inest quiddam quod vigeat, non inest in hoc tanto naturæ tam præclaro motu* : il n'est pas vrai que, tandis qu'il existe dans nos corps un principe vivant, il n'y en ait pas un dans ce mouvement extraordinaire de la nature, CIC. ; **5.** répété : *neque... neque*, ni... ni ; *neque (nec)... et* : d'une part... ne... pas..., d'autre part ; *et... neque (nec)* : d'une part... ne... pas.

necdum et **nĕquĕdum**, **1.** conj., et pas encore ; **2.** adv., pas encore.

nĕcessārĭa, *æ*, f., parente, alliée.

nĕcessārĭē ou **nĕcessārĭō**, adv., nécessairement.

① nĕcessārĭus, *a, um*, **1.** nécessaire, forcé, inévitable ; **2.** urgent, pressant, *necessaria res* : l'urgence, la nécessité ; **3.** nécessaire, indispensable ; subst. n. pl., *necessaria, orum*, besoins de l'existence, choses nécessaires à la vie ; **4.** étroitement lié ; connexe.

② nĕcessārĭus, *ĭi*, m., parent ; ami intime ; patron ; client.

nĕcesse, (*ne + cesse = cedere*, litt. : impossible de reculer), adj. n. indécl., **1.** inévitable, inéluctable, nécessaire, *~ habere* : tenir pour nécessaire ; + dat. et inf. : *homini ~ est mori* : pour l'homme, la mort est inéluctable ; + prop. inf. ; **2.** indispensable, obligatoire, + subj. avec ou sans *ut*, *istum condemnetis ~ est* : vous devez nécessairement condamner cet individu.

nĕcessĭtās, *ātis*, f., **1.** nécessité, fatalité, loi inexorable ; **2.** contrainte, besoin, *vitæ necessitates* : les contraintes de l'existence ; **3.** moment critique ; **4.** obligation absolue ; **5.** nécessité logique ; **6.** lien.

nĕcessĭtūdo, *ĭnis*, f., **1.** lien étroit de famille, d'amitié, etc. ; au pl., *necessitudines, um*, les parents, la famille, les amis ; **2.** nécessité, contrainte, besoin.

nĕcessum et **nĕcessus est** = *necesse est*.

nĕcis, gén. de *nex*.

neclec~, neclĕg~, V. *negl~*.

necnĕ, adv., 2ᵉ terme d'une interr. : ou non.

necnon ou **nĕquĕ non**, V. *nec ~*.

nĕco, *ās, āre*, tr., tuer, faire périr ; détruire.

nĕcŏpīnans et **nĕc (nĕquĕ) ŏpīnans**, *antis*, adj., surpris, à l'improviste.

nĕcŏpīnātō, adv., à l'improviste.

nĕcŏpīnātus, *a, um*, inopiné, imprévu.

nĕcŏpīnus, *a, um*, 1. inopiné, imprévu ; 2. qui n'est pas sur ses gardes.

nectăr, *ăris*, n., 1. nectar, boisson des dieux ; 2. nectar, parfum des dieux ; 3. toute boisson ou odeur délicieuse.

nectărĕus, *a, um*, de nectar ; délicieux comme le nectar.

necto, *ĭs, ĕre, nexŭi* et *nexi, nexum*, tr., 1. nouer, attacher, tresser ; 2. enchaîner, emprisonner pour dettes ; part. subst. m., *nexus, i*, esclave pour dettes ; 3. fig., tramer, ourdir, machiner ; 4. fig., lier ensemble, *virtutes omnes inter se nexæ sunt* : toutes les vertus se tiennent, CIC.

nēcŭbi, conj., pour éviter que... quelque part.

nēcundĕ, conj., pour éviter que... de quelque part.

nēdum, 1. conj. + subj., bien loin que ; 2. adv., à plus forte raison.

nĕfandum, *i*, n., crime.

nĕfandus, *a, um*, (*ne + fandus*, adj. vb. de *for*), qui ne peut pas s'exprimer, horrible, impie.

nĕfārĭē, adv., d'une manière impie ou criminelle.

nĕfārĭum, *ĭi*, n., forfait abominable.

nĕfārĭus, *a, um*, sacrilège, criminel.

nĕfās, (*ne + fas*) n. indécl., 1. ce qui est contraire au droit religieux, sacrilège ; *nefas !*, interj. : horreur ! ; 2. monstre, personne impie, criminelle.

nĕfastum, *i*, n., crime, impiété.

nĕfastus, *a, um*, 1. interdit par le droit religieux, *dies nefasti* : jours où l'on ne pouvait siéger un tribunal ; 2. mauvais, pervers ; 3. néfaste, funeste, maudit, *terra nefasta victoriæ* : terrain où l'on ne peut vaincre, LIV.

nĕgantĭnummĭus, *a, um*, qui ne veut pas payer (ou *negotinummius*, V. ce mot).

nĕgātĭo, *ōnis*, f., 1. action de nier ; négation ; 2. particule négative.

nĕgĭto, *ās, āre*, tr., nier obstinément, dire obstinément que... ne... pas.

neglectĭo, *ōnis*, f., action de négliger ; indifférence pour.

① **neglectus**, *a, um*, 1. V. *neglego* ; 2. adj., [*~ issimus*], négligé, dédaigné.

② **neglectŭs**, *ūs*, m., négligence.

neglĕgens, *entis*, part. adj., [*~tior*], 1. négligent, indifférent ; 2. négligé, qui marque ou dénote la négligence.

neglĕgentĕr, adv., [*~tius, ~tissime*], négligemment, sans soin.

neglĕgentĭa, *æ*, f., négligence, indifférence ; mépris pour, *~ tua* : le manque d'égards pour toi, TÉR.

neglĕgo, *ĭs, ĕre, lexi, lectum*, (*nec + lego*), tr., 1. négliger, ne pas s'occuper de ; 2. ne pas tenir compte de, être indifférent à.

neglĭg~, V. *negleg~*.

nĕgo, *ās, āre*, intr. et tr.,
I intr., dire non, répondre non.
II tr., 1. dire que... ne... pas ; 2. nier ; 3. refuser.

nĕgōtĭālis, *e*, adj., concernant l'affaire, la question de fait.

nĕgōtĭans, *antis*, 1. V. *negotior* ; 2. subst. m., homme d'affaires, banquier, commerçant.

nĕgōtĭātĭo, *ōnis*, f., commerce de gros ; affaires ; trafic.

nĕgōtĭātŏr, *ōris*, m., commerçant en gros ; banquier ; marchand.

nĕgōtĭnummĭus, *a, um*, qui coûte de l'argent.

nĕgōtĭŏlum, *i*, n., petite affaire.

nĕgōtĭor, *āris, āri*, intr., faire le commerce en gros ; faire du commerce ; trafiquer.

nĕgōtĭōsus, *a, um*, [*~sior*], 1. affairé, occupé ; 2. qui donne du travail, laborieux, difficile.

nĕgōtĭum, *ĭi*, (*nec + otium*), n., 1. litt., absence de loisir, d'où : activité, occupation, *nihil habere negotii* : n'avoir rien à faire, CIC. ; 2. affaire suscitant tracas ou embarras, *nihil est negotii* + inf. : ce n'est pas une affaire de, CIC. ; *~ exhibere alicui* : susciter des embarras à qqn. ; *nullo negotio* : sans peine ; 3. activité politique, *in negotio sine periculo vel in otio cum dignitate esse* : participer à la vie publique sans danger ou, en retraite politique, avoir droit à la considération, CIC. ; 4. affaire, tâche à traiter ; 5. affaire judiciaire, procès ; *forensia negotia* : l'activité des tribunaux, les travaux d'un avocat ; 6. affaires commerciales ; 7. chose, objet, *luteum ~* : chose sans valeur ; être, créature, *inhumanum ~* : un être sans humanité.

Nēlēĭus ou **Nēlēus**, *a, um*, de Nélée ‖ **Nēlēĭus**, *ĭi*, m., Nestor, le fils de Nélée ‖ **Nēlēŭs**, *ĕi* ou *ĕos*, m., Nélée, roi de Pylos, père de Nestor ‖ **Nēlīdēs**, *æ*, m., fils de Nélée.

Nĕmausus, *i*, f., et **Nĕmausum**, *i*, n., v. de la Narbonnaise, auj. Nîmes.

① **Nĕmĕa**, *æ*, et **Nĕmĕē**, *ēs*, f., Némée, v. et forêt de l'Argolide ‖ **Nĕmĕa**, *ōrum*, n. pl., Jeux néméens (l'une des quatre grandes fêtes panhelléniques) ‖ **Nĕmĕæus**, *a*, *um*, de Némée ; ~ *leo*, le lion de Némée tué par Hercule.

② **Nĕmĕa**, *æ*, m., fl. du Péloponnèse.

Nĕmĕsis, *ĕōs* ou *is*, f., Némésis, 1. fille de Jupiter et de la Nécessité, déesse de la justice et de la vengeance ; 2. femme aimée de Tibulle.

Nĕmētes, *um*, m. pl., Némètes, peuple germanique de la Gaule Belgique, auj. région de Strasbourg.

nēmo, *ĭnis*, (*ne* + *homo*), m. et qqf. f., pron. et adj., (seul. class. : nemo, dat. nemini, acc. neminem),
I pron., personne ; aucun homme, aucune femme ; *nemo non* : tout le monde ; *non nemo* : quelques-uns ; renforcement de *nemo* suivi de *neque… neque* ou de *ne… quidem* : nemo umquam neque poeta neque orator fuit : il n'y eut jamais ni poète ni orateur ; *nemo est qui* + subj. : il n'est personne qui…
II adj., nul, aucun, *nemo vir bonus* : aucun homme de bien.

nĕmŏrālis, *e*, adj., de bois, de forêt ; du bois sacré de Diane à Aricie, MART., V. le suiv.

Nĕmŏrensis, *e*, adj., du bois d'Aricie, *rex* ~, prêtre de Diane d'Aricie ‖ **Nĕmŏrense**, *is*, n., maison de campagne à Aricie.

nĕmŏrĭcultrix, *īcis*, f., habitante des bois.

nĕmŏrĭvăgus, *a*, *um*, qui erre dans les bois.

nĕmŏrōsus, *a*, *um*, 1. couvert de bois ; 2. épais (forêt) ; 3. feuillu, touffu (arbre).

nempĕ, adv., 1. sans doute ; c'est-à-dire ; 2. dans les réponses, souv. iron. : n'est-ce pas ? ; 3. dans les interr. : ainsi donc ?

nĕmŭs, *ŏris*, n., 1. bois coupé de pâturages ; 2. bois sacré, spéc. de Diane à Aricie ; 3. arbre ; vignoble.

nēnĭa (næ~), *æ*, f., 1. nénie, chant funèbre ; chant plaintif ; 2. chant magique ; 3. ritournelle ; futilité.

nĕo, *ēs*, *ēre*, *nēvi*, *nētum*, tr., filer, tisser.

Nĕŏbŭlē, *ēs*, f., Néobulé, fille de Lycambe, femme aimée du poète satirique Archiloque.

Nĕŏclēs, *is* ou *i*, m., Néoclès, père de Thémistocle ‖ **Nĕŏclīdēs**, *æ*, m., le fils de Néoclès : Thémistocle.

Nĕŏcrētes, *um*, m. pl., soldats d'Antiochus armés à la crétoise.

Nĕŏptŏlĕmus, *i*, m., Néoptolème ou Pyrrhus, fils d'Achille.

nĕpa, *æ*, f., 1. scorpion ; 2. le Scorpion, constellation ; 3. écrevisse.

Nēpe, V. *Nepete* ‖ **Nĕpĕsīnus**, *a*, *um*, de Népé ‖ **Nĕpĕsīni**, *ōrum*, m. pl., les hab. de Népé ‖ **Nĕpĕte**, *is*, n., Népé, v. d'Étrurie.

Nĕphĕlē, *ēs*, f., Néphélé, première femme d'Athamas, mère de Phrixus et d'Hellé ‖ **Nĕphĕlēĭas**, *ădis*, et **Nĕphĕlēis**, *ĭdos*, f., Hellé, fille de Néphélé.

nĕpōs, *ōtis*, m., 1. petit-fils, fils du fils ou de la fille ; neveu (post-class.) ; 2. poét., *nepotes* : descendants, neveux, postérité ; 3. petit, rejeton ; 4. dissipateur, prodigue.

Nĕpōs, *ōtis*, m., Népos, nom d'une famille rom. ; spéc., Cornélius Népos, historien du Ier s. av. J.-C., ami de Cicéron.

nĕpōtātŭs, *ūs*, m., dissipation : prodigalité.

nĕpōtīnus, *a*, *um*, de prodigue.

nĕpōtor, *āris*, *āri*, intr., vivre en héritier, en prodigue ; tourner à la prodigalité.

nĕpōtŭlus, *i*, m., gentil petit-fils.

neptis, *is*, f., petite-fille ; nièce (post-class.).

Neptūnālĭa, *ĭum* ou *ĭōrum*, n. pl., Neptunales, fêtes de Neptune ‖ **Neptūnīnē**, *ēs*, f., petite-fille de Neptune : Thétis ‖ **Neptūnĭus**, *a*, *um*, de Neptune ; *Neptunia Troja* : Troie, fortifiée par Neptune ; *Neptunia arva* : les champs de Neptune, la mer ; ~ *dux*, iron. : le chef descendant de Neptune (Sextus Pompée) ‖ **Neptūnus**, *i*, m., 1. Neptune, dieu de la mer ; *uterque* ~, les deux Neptune, le dieu de la mer et celui des eaux douces ; 2. fig., mer, eau.

nēquăm, adj. indécl., [~ *quior*, ~ *quissimus*], de mauvaise qualité, sans valeur ; mauvais, vicieux, *homo* ~ : un vaurien ; subst. n. indécl., 1. tort, dommage ; 2. bamboche, débauche.

nēquāquam, adv., nullement, en aucune manière.

nĕquĕ, V. *nec*.

nēquĕdum, V. *necdum*.

nĕquĕo, *īs*, *īre*, *īvi* (*ĭi*), *ĭtum*, (cf. *queo*), intr., ne pas pouvoir, n'être pas en état de ; ~ *quin* + subj. : ne pouvoir s'empêcher de, *nequeo quin fleam* : je ne peux m'empêcher de pleurer.

nēquicquam, **nēquidquam**, **nēquiquam**, adv., 1. en vain, inutilement ; 2. sans raison, sans but ; impunément.

Nĕquīnum, *i*, n., Néquinum, v. d'Ombrie sur le fl. Nera, auj. Narni.

nēquĭtĕr, adv., [~ *quius*, ~ *quissime*], de façon indigne, mal, misérablement.

nēquĭtĭa, *æ*, f., **1.** mauvaise qualité d'une chose ; **2.** méchanceté d'une pers. ; mollesse, paresse ; **3.** finesse, fourberie.

nēquĭtĭēs, *ēi*, V. le préc.

Nērēĭdes et **Nērēĭdes**, *um*, f. pl., les Néréides (filles de Nérée et de Doris, nymphes de la mer) ‖ **Nērēis** et **Nērēis**, *ĭdis*, f., Néréide ‖ **Nērēĭus**, *a, um*, de Nérée ‖ **Nēreūs**, *ĕi* ou *ĕos*, m., Nérée, dieu de la mer ; la mer ‖ **Nērīnē**, *ēs*, f., Néréide.

Nērĭtŏs (**~us**), *i*, Nérite, **1.** f., île voisine d'Ithaque ; **2.** m., mt. d'Ithaque ‖ **Nērĭtĭus**, *a, um*, de Nérite ; d'Ithaque, *dux ~* : le roi d'Ithaque, Ulysse, Ov.

Nĕro, *ōnis*, m., Néron, surnom dans la *gens Claudia* ; spéc., **1.** C. Claudius Nero, vainqueur d'Hasdrubal au Métaure en 207 av. J.-C. ; **2.** Ti. Claudius Nero, dit communément Tibère, gendre et fils adoptif d'Auguste, empereur de 14 à 37 ap. J.-C. ; **3.** L. Claudius Nero, fils d'Agrippine, adopté par Claude, empereur de 54 à 68 ap. J.-C. ‖ **Nĕrōnĕus**, *a, um*, de Néron ‖ **Nĕrōnĭa**, *ōrum*, n. pl., jeux institués par Néron en son propre honneur et célébrés tous les 5 ans ‖ **Nĕrōnĭānus**, *a, um*, de Néron ‖ **Nĕrōpŏlis**, *is*, f., Néropolis, nom que Néron voulut donner à Rome.

Nerva, *æ*, m., Nerva, surnom des *Coccei* et des *Silii* ; M. Cocceius Nerva, empereur (96-98 ap. J.-C.).

nervĭa, *ōrum*, n. pl., muscles.

nervĭæ, *ārum*, f. pl., cordes d'un instrument de musique.

Nervĭi, *ōrum*, m. pl., Nerviens, peuple de la Gaule Belgique, entre Escaut et Meuse.

nervōsē, adv., [~*sius*], avec de la force, avec énergie.

nervōsus, *a, um*, [~*sior*], **1.** nerveux, musculeux ; **2.** vigoureux (style).

nervŭli, *ōrum*, m. pl., nerfs, vigueur.

nervus, *i*, m., **1.** tendon, nerf ; au pl., *nervi, orum*, muscles ; **2.** membre viril ; **3.** corde d'un instrument ou d'un arc ; arc, cuir ; **4.** lien ; fers, prison ; **5.** fig., nerf, force, énergie ; *nervi belli, pecunia* : le ressort essentiel de la guerre, l'argent, Cic.

nescĭo, *īs, īre, īvi* (*ĭi*), *ītum*, tr., **1.** ne pas savoir, ignorer ; + prop. inf. ; + interr. indir. (jamais introd. par *num*), *nescio an, nescio an non* + subj. : peut-être que, peut-être que... ne... pas ; *nescio quis, quid, quando, quomodo*, je ne sais qui, ce que, quand, comment, expr. qqf. suivies du subj., formant ordin. un mot composé : *nescio quis venit* : il est venu je ne sais qui ;

2. ne pas être capable de, en état de, ~ *Græce loqui* : ne pas pouvoir s'exprimer en grec, ignorer le grec ; + inf. : *irasci nescit* : il est incapable de se fâcher, *vincere scis, Hannibal, victoriā uti nescis* : tu sais vaincre, Hannibal, mais tu es incapable de profiter de la victoire, Liv.

nescĭus, *a, um*, **1.** qui ne sait pas, ignorant de + gén. ; + interr. ind. ou prop. inf., *non sum ~ ista dici* : je sais bien que cela se dit ; **2.** qui ne peut pas, qui n'est pas en état de, *cedere ~* : incapable de céder ; **3.** sens passif : ignoré, inconnu, *nescium habere* : ignorer.

Nēsis, *ĭdis*, f., Nésis, petite île près de Pouzzoles.

Nessēus, *a, um*, de Nessus ‖ **Nessus**, *i*, m., Nessus, **1.** centaure tué par Hercule ; **2.** rivière de Thrace.

Nestŏr, *ŏris*, m., Nestor, roi de Pylos, héros de la guerre de Troie, célèbre pour sa sagesse, son éloquence et son expérience (il avait vécu trois vies d'homme).

nētē, *ēs*, f., dernière corde de la lyre, la note la plus aiguë.

Nētum, *i*, n., Nétum, v. de Sicile, auj. Noto.

neu, V. *neve*.

Neuri, *ōrum*, m. pl., Neuriens, peuple scythe ‖ **Neurĭcus**, *a, um*, des Neuriens.

neutĕr, *tra, trum*, (*ne* + *uter*) pron.-adj., ni l'un ni l'autre, aucun des deux, *neutri* : ni les uns, ni les autres ; *neutræ res* : les choses qui ne sont ni bonnes ni mauvaises, les choses indifférentes ; *neutrum genus* : le genre neutre ; gramm., *neutra, orum*, les noms neutres.

neutĭquam, adv., nullement, en aucune manière.

neutrō, adv., vers aucun des deux côtés.

neutrŭbi, adv., ni dans un endroit ni dans un autre.

nēvĕ (**neu**), conj., et que... ne... pas.

nex, *nĕcis*, f., mort violente, meurtre.

nexi, V. *necto*.

nexĭlis, *e*, adj., attaché ensemble, noué.

nexum, *i*, n., ou **nexŭs**, *ūs*, m., **1.** vente, cession ; **2.** esclavage pour dettes.

① **nexus**, *a, um*, V. *necto*.

② **nexŭs**, *ūs*, m., **1.** nœud, lien ; **2.** enlacement, étreinte ; **3.** contrat, engagement (V. *nexum*).

nī, **1.** adv. arch., = *non* : *quid ego ni fleam* ? : comment ne pleurerais-je pas ? ; **2.** conj. arch., = *ne* : *monent ni teneant cursum* : ils conseillent de ne pas garder leur route ; **3.** conj., = *nisi*, *moriar ni puto* : que je meure si je ne crois pas ; *sive... nive*, soit que, soit que... ne... pas.

Nīcæa, æ, f., Nicée, **1.** v. de Bithynie ; **2.** v. de Ligurie, auj. Nice ; **3.** v. de Locride ‖ **Nīcæenses**, ĭum, m. pl., les hab. de Nicée.

Nīcæus, a, um, qui donne la victoire, surnom de Jupiter.

Nĭcĭās, æ, m., Nicias, nom de diff. pers., dont un général athénien du Vᵉ s. av. J.-C.

Nĭcŏmēdēs, is, m., Nicomède, nom de plusieurs rois de Bithynie.

nĭcto, ās, āre, intr., cligner les yeux.

nīdāmentum, i, n., matériaux pour un nid.

nīdĭfĭcĭum, ĭi, n., construction d'un nid.

nīdĭfĭco, ās, āre, intr., construire un nid.

nīdĭfĭcus, a, um, qui fait un nid ; ver nidificum : le printemps qui fait les nids.

nīdŏr, ōris, m., odeur, fumée, exhalaison qui vient de la cuisson d'aliments.

nīdŭlus, i, m., petit nid ; refuge.

nīdus, i, m., **1.** nid ; **2.** fig., maison, demeure ; **3.** nichée ; portée ; **4.** casier, rayon de bibliothèque.

nĭgellus, a, um, noirâtre.

nĭgĕr, gra, grum, [~grior, ~ gerrimus], **1.** noir, sombre ; **2.** qui a la peau noire ; **3.** foncé, ténébreux, nigri venti : vents de tempête ; **4.** en deuil, funeste, nigra domus : la maison sinistre, la maison de la mort ; **5.** perfide, méchant.

Nĭgĕr (**Nĭgris**), is, m., Niger, fl. africain.

Nĭgĭdĭus, ĭi, m., Nigidius Figulus, phil. pythagoricien ami de Cicéron.

nĭgrēdo, ĭnis, f., noirceur, couleur noire.

nĭgresco, ĭs, ĕre, nigrŭi, intr., devenir noir, noircir.

nĭgrĭtĭa, æ, **nĭgrĭtĭēs**, ēi, **nĭgrĭtūdo**, ĭnis, f., noirceur, couleur noire.

nĭgro, ās, āre, **1.** intr., être noir ; **2.** tr., rendre noir.

nĭgrŏr, ōris, m., noirceur, couleur noire.

nĭgrum, i, n., le noir, la couleur noire.

nĭhĭl (**nīl**), (cf. nihilum),

I subst. n. indécl., **1.** rien, nihil agere : ne rien faire (= agir inutilement, ne parvenir à rien) ; nihil dicere : ne rien dire (de sensé), Cɪᴄ. ; a) avec adj., nihil novi : rien de nouveau ; nihil invidum, nihil atrox habere : n'avoir ni haine, ni violence, Cɪᴄ. ; b) renforcé de nec, neque ; c) précédé ou suivi de non : non nihil : qqch., nihil non : tout ; d) nihil ad : rien qui concerne ; rien en comparaison de ; e) nihil nisi, nihil aliud nisi, et plus rar., nihil aliud quam : rien que (litt., si ce n'est que), rien d'autre que ; f) rel. conséc. ou indéterminée : nihil habeo quod + subj. : je n'ai aucun motif de ; nihil est quod ou nihil est cur, quin, quominus + subj. : il n'y a pas de raison pour que ; **2.** rien, nullité, zéro,

nihil esse : ne rien valoir ; nihil est mittere : il est inutile d'envoyer.

II adv., en rien, pas du tout, nihil litteris studeo : je n'aime pas du tout la littérature.

nĭhildum, adv., rien encore.

nĭhĭlōmĭnŭs (**nĭhĭlō mĭnŭs**, **nīlōmĭnŭs**), adv., **1.** en rien moins ; **2.** pas moins, tout aussi bien.

nĭhĭlum (**nīlum**), i, (ne + hilum, cf. nihil), n., **1.** rien, aucune chose, néant, ex nihilo oriri : naître de rien, pro nihilo habere, ducere : tenir pour rien, nihilo devant un comp., nihilo beatior : en rien plus heureux ; nihilo secius, V. nihilominus ; **2.** adv., en rien, pas du tout.

nīl, V. nihil.

Nīlĭăcus, a, um, du Nil, d'Égypte ; Niliaca fera : la bête du Nil, le crocodile ‖ **Nīlus**, i, m., le Nil, fl. d'Égypte et son dieu.

nīlus, i, m., aqueduc.

nimbātus, a, um, semblable à un nuage, inexistant.

nimbĭfĕr, ĕra, ĕrum, qui apporte la pluie.

nimbōsus, a, um, orageux, pluvieux.

nimbus, i, m., **1.** nuage de pluie, vent de tempête, orage ; **2.** nuage, nuée (de fumée, de poussière, etc.) ; **3.** fig., orage, malheur.

nĭmĭō, adv., extrêmement, beaucoup, ordin. avec un comp., nimio plus : beaucoup plus.

nĭmĭŏpĕre (**nĭmĭo ŏpĕre**), adv., trop.

nīmīrum, adv., assurément, certainement ; iron., sans doute.

nĭmĭs, adv., **1.** trop, de façon excessive, ne quid ~ : rien de trop ; **2.** extrêmement, beaucoup, ~ quam formido : j'ai très peur, Pʟ.

① **nĭmĭum**, adv., **1.** trop, excessivement ; **2.** extrêmement, o fortunatos ~ agricolas ! : ah ! trop heureux paysans, Vɪʀɢ.

② **nĭmĭum**, ĭi, n., excès, trop grande quantité.

nĭmĭus, a, um, **1.** excessif ; **2.** démesuré ; **3.** extraordinaire, nimia mira : merveilles extraordinaires, Pʟ.

ningit (**ninguit**), ĕre, ninxit, **1.** impers., il neige ; **2.** tr., faire neiger ; faire tomber sur ; passif, ninguitur, il neige.

ningor, ōris, m., chute de neige.

ninguis, is, f., neige.

① **Nĭnus**, i, m., Ninus, roi d'Assyrie, époux de Sémiramis.

② **Nĭnus** ou **Nĭnŏs**, i, f., Ninive.

Nĭŏba, æ, ou **Nĭŏbē**, ēs, f., Niobé, fille de Tantale et femme d'Amphion ‖ **Nĭŏbēus**, a, um, de Niobé.

Nīphātēs, æ, m., Niphate, 1. fl. d'Arménie ; 2. mt. d'Arménie dans la chaîne du Taurus.

Niptra, ōrum, n. pl., « Les Purifications », titre d'une tragédie de Sophocle et de Pacuvius.

Nīreūs, ĕi ou ĕŏs, m., Nirée, roi de Samos.

nĭsĭ, conj., 1. si... ne... pas ; 2. à moins que, id, nisi Quintus mavult, suscipiam : je m'en chargerai, à moins que Quintus ne préfère le faire, Cic. ; 3. sens adv., ap. nég. : si ce n'est, sauf, nemo nisi improbus : personne si ce n'est un malhonnête homme ; nihil nisi : rien que, nihil aliud fecerunt, nisi detulerunt : ils n'ont fait que dénoncer la chose, Cic. ; non... nisi ou nisi... non (nonnisi, post-class.) : ne... que ; 4. nisi forte, nisi vero : à moins peut-être que (iron.) ; 5. renforcé par quod (= à propos de quoi) en tête de phrase oratoire : quod nisi : que si... ne... pas, à distinguer de nisi quod : si ce n'est que.

① **nīsus**, a, um, V. nitor.

② **nīsŭs**, ūs, m., 1. action de s'appuyer, effort ; 2. effort pour se mouvoir ; 3. travail d'enfantement.

Nīsus, i, m., Nisus, nom de diff. pers., not. un Troyen, ami légendaire d'Euryale, Virg.

nītēdŭla, æ, f., petit mulot, rat des champs.

① **nītens**, entis, V. nitor.

② **nītens**, entis, part. adj. de niteo, 1. brillant ; 2. éclatant de santé, de beauté ; 3. orné, brillant (style).

nītĕo, ēs, ēre, nītŭi, intr., 1. briller, luire ; 2. être éclatant de santé, de beauté ; 3. être abondant, prospère ; 4. fig., briller, être éclatant.

nītesco, ĭs, ĕre, intr., 1. commencer à briller, devenir luisant ; 2. engraisser, pousser ; 3. acquérir de l'éclat.

nītĭdē, adv., avec éclat ; splendidement.

nītĭdus, a, um, [~dior, ~dissimus], 1. brillant, resplendissant ; 2. luisant, gras, florissant ; 3. élégant, orné.

① **nītor**, ĕris, i, nīsus ou nixus sum, intr., 1. s'appuyer sur (avec abl. ou, poét., in + abl.) ; 2. se fier, s'en remettre à ; 3. se déplacer avec effort pour marcher, pour voler, pour gravir, etc. ; 4. fig., s'efforcer avec inf., ou ut, ne + subj. ; soutenir que + prop. inf.

② **nītŏr**, ōris, m., 1. éclat, brillant ; 2. beauté, richesse, élégance ; 3. beauté, pureté du style.

nītrum, i, n., nitre, soude naturelle (nitrate de potassium) ; fig., détergent.

nĭvālis, e, adj., 1. de neige, neigeux ; 2. blanc comme la neige ; 3. glacé.

nĭvātus, a, um, rafraîchi avec de la neige.

nīvĕ, V. neve et ni.

nĭvĕus, a, um, 1. de neige, neigeux ; 2. blanc comme la neige ; 3. pur comme la neige.

nĭvōsus, a, um, couvert de neige.

nix, nĭvis, f., 1. neige ; 2. au pl., nives, um, les pays froids ; les cheveux blancs.

nixor, āris, āri, (fréq. de nitor), intr. 1. s'appuyer sur, reposer sur ; 2. faire de grands efforts.

① **nixus**, a, um, V. nitor.

② **nixŭs**, ūs, V. nisus ②.

nō, ās, āre, nāvi, intr., 1. nager ; 2. naviguer ; 3. voler ; 4. être flottant ; être noyé (en parlant du regard).

nōbĭlis (arch. **gnōbĭlis**), e, (R. gno~, cf. nosco, nomen), adj., [~lior, ~lissimus], 1. connu, bien connu, facile à connaître ; 2. célèbre, renommé, fameux (en bonne ou mauvaise part) ; 3. de noble naissance, noble.

nōbĭlĭtās, ātis, f., 1. célébrité, gloire ; 2. naissance noble ; 3. l'aristocratie ; 4. l'excellence.

nōbĭlĭtĕr, adv., [~lius, ~lissime], d'une manière remarquable ; excellemment.

nōbĭlĭto, ās, āre, tr., faire connaître ; rendre fameux (en bonne ou mauvaise part) ; ennoblir, rehausser.

nŏcens, entis, part. adj., [~tior, ~tissimus], nuisible, malfaisant ; coupable, criminel ; subst. m., malfaiteur.

nŏcentĕr, adv., d'une manière nuisible ou de manière à nuire.

nŏcĕo, ēs, ēre, nŏcŭi, nŏcĭtum, (cf. nex, neco, noxa), intr., 1. nuire, faire du mal, du tort, alicui : à qqn. ; avec l'acc. du pron. n., aliquid : en qqch., nihil : en rien ; 2. passif impers., mihi nihil ab istis noceri potest : ces gens-là ne peuvent rien contre moi, Cic. ; noceri : être nuisible, Cic.

noctē et **noctū**, abl. de nox pris adv., de nuit ; pendant la nuit.

noctĭvăgus, a, um, qui erre pendant la nuit.

noctŭa, æ, f., l'oiseau de nuit, la chouette.

noctŭăbundus, a, um, qui voyage pendant la nuit.

noctŭīnus, a, um, de chouette.

nocturnus, a, um, de nuit ; nocturne ; Nocturnus, le dieu de la nuit.

noctŭvĭgĭlus, a, qui veille la nuit.

nŏcŭus, a, um, nuisible.

nōdo, ās, āre, tr., nouer, lier ; part., nodatus, a, um, noueux.

nōdōsus, a, um, [~sissimus], 1. plein de nœuds ; noueux ; 2. compliqué, embrouillé ; 3. rusé.

nōdŭlus, *i*, m., petit nœud.

nōdus, *i*, m., **1.** nœud ; **2.** jointure, articulation ; **3.** fig., la massue d'Hercule ; étoile de la constellation des Poissons ; ~ *anni* : l'équinoxe ; **4.** embarras, difficulté ; nœud d'une pièce.

Nōla, *æ*, f., Nole, v. de Campanie ‖ **Nōlānus**, *a, um*, de Nole.

nōlo, *non vīs, nolle, nōlŭi* (*ne* + *volo*), tr., **1.** ne pas vouloir ; + acc., *alia velle, alia* ~ : vouloir certaines choses, ne pas en vouloir d'autres ; + subj., *nolo accusator adferat* : je ne veux pas que l'accusateur apporte, Cɪᴄ. ; impér. *noli, nolito, nolite* + inf. ou prop. inf., spéc. pour exprimer la défense : *nolite existimare* : ne croyez pas ; subj., *velim nolim* : que je le veuille ou non ; **2.** être mal disposé, *alicui* : pour qqn.

Nŏmădes, *um*, m. pl., Nomades ou Numides.

nōmĕn, *ĭnis*, n., (R. *gno*~, cf. *gnosco, nosco*), **1.** nom, ~ *dare, edere, profiteri* : donner son nom, se faire inscrire sur les listes ; *ad* ~ *respondere* : répondre à l'appel de son nom ; **2.** nom de famille, entre le *prænomen* et le *cognomen* ; **3.** race, catégorie, personne, ~ *Romanum* : le peuple romain ; *vestrum* ~ = vous ; **4.** titre, mot, terme, *uno nomine* : en un mot ; **5.** gramm., nom ; **6.** expr. div., *nomine, in nomine, sub nomine, per nomen* : a) à cause de, *meo nomine* : à cause de moi ; b) sous prétexte de ; c) au nom de, *tuo nomine* : en ton nom ; **7.** le nom, l'apparence (opp. à la réalité) ; **8.** le renom, la réputation ; **9.** nom d'un accusé ; nom d'un débiteur, *nomina exigere* : faire rentrer ses créances, *nomina solvere* : payer ses dettes.

nōmenclātŏr (~**cŭlātŏr**), *ōris*, m., esclave chargé de rappeler à son maître les noms des personnes rencontrées.

Nōmentum, *i*, n., Nomentum, v. du Latium, auj. Mentana ‖ **Nōmentānus**, *a, um*, de Nomentum ‖ **Nōmentāni**, *ōrum*, m. pl., les hab. de Nomentum.

nōmĭnātim, adv., nommément, en désignant par le nom.

nōmĭnātĭo, *ōnis*, f., **1.** appellation, dénomination ; **2.** nomination à une charge, *in locum alicujus* : à la place de qqn.

nōmĭnātīvus, *a, um*, relatif au nom ; gramm., ~ *casus* et subst. m., *nominativus, i*, le cas nominatif.

nōmĭno, *ās, āre*, tr., **1.** désigner par un nom, appeler ; **2.** prononcer le nom, citer ; au passif, *nominari* : être cité, avoir un nom ; **3.** nommer à une fonction ; **4.** citer en justice ; dénoncer, accuser.

nŏmisma, *ătis*, n., pièce de monnaie ; monnaie ; jeton donné aux chevaliers, qu'ils échangeaient contre une coupe de vin au théâtre.

nōn, adv., (anc. *nœnum* < *ne oinom,* = *ne unum*), **1.** ne... pas, non (pas), nég. qui porte sur un mot ou une prop. (distinguer : *id fieri non potest* : cela ne peut pas arriver, et *id non fieri potest* : cela peut ne pas arriver) ; **2.** avec une autre nég. : a) affirm. renforcée si *non* suit une nég. composée : *nemo non* : tout le monde (= il n'est personne qui ne) ; b) affirm. restreinte si *non* précède une nég. composée : *non nemo* : quelques-uns ; **3.** avec *ut* en prop. compl., concess. ou conséc. : *mavult existimari vir bonus ut non sit, quam esse ut non putetur* : il aime mieux passer pour un homme de bien sans l'être que de l'être, sans passer pour tel, Cɪᴄ. ; **4.** *non tantum (solum, modo)... sed* : non seulement... mais ; **5.** à plus forte raison... ne... pas, *res spectatur, non verba penduntur* : c'est la réalité qu'on regarde, loin de peser les mots ; **6.** *non ita, non tam* : pas tellement ; qqf., *non* seul = non.

nōna, *æ*, f., **1.** ss.-ent. *hora* : neuvième heure du jour ; **2.** ss.-ent. *pars* : neuvième partie d'une chose.

Nōnācrīnus, *a, um*, de Nonacris ; d'Arcadie, *virgo Nonacrina* : Callisto ‖ **Nōnācris**, *is*, f., Nonacris, v. et région septentrionale d'Arcadie ‖ **Nōnācrĭus**, *a, um*, de Nonacris ; d'Arcadie, ~ *heros* : le héros arcadien, Évandre.

nōnæ, *ārum*, f. pl., les Nones, le 9ᵉ jour avant les Ides, i. e. le 5 du mois (le 7 en mars, mai, juillet et octobre).

nōnāgēnārĭus, *a, um*, de 90.

nōnāgēni, *æ, a*, adj. num. distr. par 90, 90 chacun.

nōnāgēsĭmus, *a, um*, 90ᵉ.

nōnāgĭēs (~**gĭens**), adv., 90 fois.

nōnāgintā, adj. num. indécl., quatre-vingt-dix.

nōnānus, *a, um*, de la 9ᵉ légion ; subst. m., *nonanus, i*, soldat de la 9ᵉ légion.

nōnārĭus, *a, um*, de la 9ᵉ heure ; subst. f., *nonaria, æ*, prostituée (d'après l'heure de sortie).

nondum, adv., ne... pas encore.

nongenti, *æ, a*, neuf cents.

nonnĕ, adv., **1.** interr. dir. : est-ce que... ne... pas ? **2.** interr. indir. (rar.) : si... ne... pas.

nonnēmo, pron. indéf., quelqu'un.

nonnĭhĭl, pron. indéf., quelque chose.

nonnǐsǐ, conj. à valeur adv., ne... que, seulement.

nonnullus, *a, um*, quelque ; au pl., *non-nulli, æ, a*, quelques-uns.

nonnumquam (nonnun~), adv., quelquefois, parfois.

nonnusquam, adv., dans quelques endroits.

nōnus, *a, um*, neuvième.

nōnus dĕcĭmus, *nōnă dĕcĭma, nōnum dĕcĭmum*, dix-neuvième.

Nōra, *ōrum*, n. pl., Nora, **1.** v. de Sardaigne ; **2.** v. de Cappadoce.

nōram, *as*, V. *nosco*.

Norba, *æ*, f., Norba, v. du Latium ‖ **Norbānus**, *a, um*, de Norba ‖ **Norbāni**, *ōrum*, m. pl., les hab. de Norba.

Nōrēia, *æ*, f., Noréia, v. du Norique.

Nōrensis, *e*, adj., de Nora, en Sardaigne ‖ **Nōrenses**, *ĭum*, m. pl., les hab. de Nora.

Nōrĭcum, *i*, n., Norique, région voisine de la Pannonie ‖ **Nōrĭcus**, *a, um*, du Norique ‖ **Nōrĭci**, *ōrum*, m. pl., les hab. du Norique.

nōrim, *is*, V. *nosco*.

norma, *æ*, f., **1.** équerre ; **2.** règle, modèle, exemple.

nōs, gén. *nostri* (de notre être) et *nostrum* (de nos personnes), pron. pers., nous (souv. pl. de majesté = je).

noscĭto, *ās, āre*, (fréq. de *nosco*) tr., chercher à reconnaître ; examiner.

nosco, *ĭs, ĕre, nōvi, nōtum*, (anc. *gnosco*, R. *gno~*, cf. *nomen, nobilis*), tr., **1.** apprendre à connaître, *nosce te* : apprends à te connaître, Cɪᴄ. ; pf., *novi, novisse (nosse)*, connaître, savoir ; part., *notus, a, um*, connu, *aliquid notum habere* : connaître une chose théoriquement ; **2.** examiner, étudier ; jur., connaître de ; **3.** reconnaître, chercher à reconnaître ; **4.** reconnaître, admettre.
Au pf., formes syncopées : *nosti, nostis, norunt, norim, noram, nossem, nosse.*

nosmĕt, pron., = *nos* avec suff. d'insistance *met* : nous-mêmes.

nosse, V. *nosco*.

nostĕr, *tra, trum*, **1.** notre, le nôtre, *provincia nostra* : notre province ; **2.** qui nous est cher, qui est notre concitoyen, *Ennius ~* : le poète latin Ennius ; *nostri* : les nôtres, nos soldats ; **3.** qui nous est favorable.

nosti, V. *nosco*.

nostrās, *ātis*, adj., qui est de notre pays ; subst. m. pl., *nostrates, ium*, compatriotes.

① **nostri**, gén. de *nos*.

② **nostri**, V. *noster*.

nŏta, *æ*, f., **1.** marque, signe ; **2.** signe conventionnel (d'écriture, de musique, etc.), *litterarum notæ* : lettres de l'alphabet ; **3.** signe ou marque naturels ou artificiels sur le corps ; **4.** marque d'infamie, marque au fer rouge, flétrissure ; **5.** étiquette pour les vins (« millésime », « terroir » d'où : marque, qualité ; **6.** annotation note du censeur, blâme ; **7.** signe de la main.

nŏtābĭlis, *e*, adj., **1.** notable, perceptible reconnaissable ; **2.** remarquable.

nŏtābĭlĭtĕr, adv., **1.** d'une manière remarquable ; **2.** visiblement.

① **nŏtārĭus**, *a, um*, relatif à l'écriture.

② **nŏtārĭus**, *ĭi*, m., **1.** sténographe ; **2.** secrétaire.

nŏtātĭo, *ōnis*, f., **1.** action de marque d'un signe ; **2.** blâme du censeur ; **3.** remarque ; observation ; étymologie.

nŏtātus, *a, um*, part. adj. [*~tior, ~tissimus*], marqué, signalé, connu.

nōtesco, *ĭs, ĕre, nōtŭi*, intr., commencer être connu, *alicui* : de qqn.

nŏthus, *a, um*, **1.** bâtard, illégitime croisé ; **2.** emprunté ; dérivé.

nōtĭo, *ōnis*, (cf. *nosco*), f., **1.** action d'apprendre à connaître ; **2.** droit d'investigation, spéc. des censeurs ; **3.** capacité intellectuelle ; notion, idée, *forma et ~ viri boni* : la figure idéale de l'homme de bien, Cɪᴄ.

nōtĭtĭa, *æ*, f., **1.** notoriété ; **2.** connaissance de qqn. ou de qqch. ; **3.** notion idée, *habere notitiam aliquam dei* : se faire une certaine idée de Dieu, Cɪᴄ.

nōtĭtĭēs, *ēi*, V. *notitia*.

nŏto, *ās, āre*, tr., **1.** marquer d'un signe ou comme d'un signe ; **2.** écrire, sténographier, etc. ; **3.** noter d'infamie, censurer blâmer ; **4.** désigner, exprimer ; relever.

nōtŏr, *ōris*, m., garant, qui répond de qqn.

nōtus, *a, um*, part. adj. de *nosco*, [*~tior ~tissimus*], **1.** connu ; + gén. : à cause de pour ; **2.** subst. m. pl., *noti, orum* : connaissances (pers.) ; personnes qui connaissent (rar.).

Nŏtus (~ŏs), *i*, m., Notus, vent du S. vent orageux.

nŏvācŭla, *æ*, f., **1.** rasoir ; **2.** couteau épée.

Nŏvæ, *ārum*, f. pl., Boutiques Neuves, a N. du Forum romain.

nŏvāle, *is*, n., terre nouvellement défrichée ; jachère ; au pl., *novalia, ium* champs cultivés.

① **nŏvālis**, *e*, adj., qui est en jachère.

② **nŏvālis**, *is*, f., V. *novale*.

Nŏvātilla, *æ*, f., Novatilla, fille de M. Annæus Novatus, nièce de Sénèque.

nŏvātus, *a, um*, V. *novo*.

Nŏvātus, *i*, m., M. Annæus Novatus, frère de Sénèque.

nŏvē, adv., en innovant, d'une manière nouvelle ; au superl., *novissime*, dernièrement, tout récemment.

nŏvello, *ās, āre*, tr., planter de nouvelles vignes.

nŏvellus, *a, um*, dim. de *novus*, nouveau, jeune ; récent.

nŏvem, adj. num. indécl., neuf.

Nŏvembĕr (Nŏvembris), *bris, bre*, adj., du neuvième mois (à partir de mars), de novembre ; ~ *mensis* ou subst. m., *November, bris*, le mois de novembre.

Nŏvempŏpŭli, *ōrum*, m. pl. 1. la Novempopulanie ; 2. les hab. de la Novempopulanie, partie de l'Aquitaine.

nŏvēnārĭus, *a, um*, de neuf unités, ~ *sulcus* : un sillon de trois pieds de profondeur et trois pieds de largeur.

nŏvendĭālis, *e*, adj., 1. qui dure neuf jours ; 2. qui a lieu le neuvième jour ; ~ *cena* : repas de deuil qui a lieu neuf jours après la sépulture.

Nŏvensīles dīvi,m. pl., divinités nouvelles importées de l'étranger.

nŏvēnus, *a, um*, ordin. au pl., **nŏvēni**, *æ, a*, neuf par neuf ; *virgines ter novenæ* : trois fois neuf jeunes filles, Liv.

nŏverca, *æ*, f., belle-mère ; marâtre ; prov., *apud novercam queri* : se plaindre inutilement.

nŏvercālis,*e*, adj., de belle-mère, de marâtre ; fig., hostile.

nŏvīcĭus, *a, um*, nouveau, récent ; subst. m. pl., *novicii, orum*, nouveaux esclaves.

nŏvīēs (nŏvĭens), adv., neuf fois.

Nŏvĭŏdūnum, *i*, n., Noviodunum, 1. v. des Éduens, sur la Loire, auj. Nevers ; 2. v. des Suessions, auj. Soissons ; 3. v. des Bituriges.

nŏvissĭmē, V. *nove*.

nŏvĭtās, *ātis*, f., 1. nouveauté ; 2. caractère inattendu, étrangeté ; 3. qualité d'*homo novus*.

nŏvo, *ās, āre*, tr., 1. renouveler, remettre à neuf ; 2. rafraîchir ; 3. inventer, faire du nouveau ; *res ~* : faire une révolution, Liv.

nŏvus, *a, um*, [~*vior*, rar. ; ~*vissimus*], 1. nouveau, jeune ; *res novæ* : révolution (ou, qqf., événements extraordinaires) ; 2. expr. : *homo novus* : homme qui a fondé sa noblesse (le premier d'une lignée à s'occuper de la chose publique) ; subst. n., *novum, i*, nouveauté, *aliquid novi* : qqch. de neuf ; m. pl., *novi, orum*, les modernes ; 3. inexpérimenté ; dont on n'a pas l'habitude ; 4. étrange, extraordinaire ; 5. varié, neuf ; autre, second,

~ *Camillus* : un autre Camille ; 6. superl., le plus nouveau, qui vient en dernier : *novissimum agmen* : l'arrière-garde ; *novissima expectare* : attendre la mort.

① **nox**, V. *nocte*.

② **nox**, *noctis*, f., 1. nuit, *nocte intempestā* : au cœur de la nuit ; 2. la Nuit personnifiée, divinité ; 3. fig., ce qui se fait la nuit : repos, veille, sommeil, débauche ; 4. obscurité, ombre ; nuit de la mort, des Enfers ; 5. situation sombre, difficile ; abl. arch., *noctu* ; *hāc noctu* : cette nuit.

noxa, *æ*, (cf. *noceo, nex*), f., 1. dommage, préjudice ; 2. ce qui cause un dommage : délit, faute ; 3. punition, châtiment.

noxĭa, *æ*, f., 1. tort, dommage, *alicui esse noxiæ* : causer un dommage à qqn. ; 2. faute, méfait, *noxiæ esse alicui* : être imputable à qqn.

noxĭōsus, *a, um*, 1. nuisible, funeste ; 2. coupable.

noxĭus, *a, um*, 1. nuisible ; 2. coupable ; subst. m. pl., *noxii, orum*, les coupables, les criminels.

nūbēcŭla, *æ*, f., 1. nuée, petit nuage ; 2. point obscur ; 3. nuage de tristesse, air sombre.

nūbēs, *is*, (cf. *nubo*), f., 1. nuage, nuée ; 2. fig., grande quantité (de poussière, de soldats, etc.) ; 3. expression sombre ; 4. situation triste ; orage, calamité ; 5. chose vaine, inconsistante, *nubes captare* : se perdre dans les nuées.

nūbĭfĕr, *fĕra, fĕrum*, qui amène les nuages.

nūbĭgĕna, *æ*, m. et f., né dans les nuages ; au pl., *nubigenæ, arum*, les centaures (fils des nuées).

nūbĭlis, *e*, adj., nubile.

nūbĭlo, *ās, āre*, 1. impers., se couvrir de nuages ; 2. intr., être terne.

nūbĭlōsus, *a, um*, produit par les nuages, nuageux.

nūbĭlum, *i*, n., 1. temps couvert, accumulation de nuages ; au pl., *nubila, orum*, nuées, brouillards ; 2. voile de tristesse.

nūbĭlus, *a, um*, 1. nuageux, brumeux ; 2. sombre, obscur, noir ; 3. qui a l'air sombre, égaré, troublé ; 4. malveillant, *alicui* : envers qqn.

nūbo, *ĭs, ĕre, nupsi, nuptum*, 1. tr. couvrir, voiler ; 2. intr., se voiler, d'où : se marier (femme), *alicui* : avec qqn. ; se marier à (plante).

Nūcērĭa, *æ*, f., Nucérie, v. de Campanie ‖ **Nūcērīnus**, *a, um*, de Nucérie ‖ **Nūcērīni**, *ōrum*, m. pl., les hab. de Nucérie.

nŭcētum, *i*, n., lieu planté de noyers.

nŭcĕus, *a, um*, en bois de noyer.

nŭcĭfrangĭbŭlum, *i*, n., casse-noix, en parlant des dents.

nŭcĭpersĭcum, *i*, n., sorte de pêche greffée sur un noyer.

nŭcĭprūnum, *i*, n., sorte de prune greffée sur un noyer.

nŭcis, gén. de *nux*.

nŭclĕus, *i*, m., **1.** amande de la noix et des fruits semblables ; **2.** noyau, pépin ; **3.** le noyau dur d'un corps.

nŭcŭla, *æ*, f., petite noix.

nūdātĭo, *ōnis*, f., action de mettre à nu.

nūdĭus, (*nunc + dius*), adv., ne s'emploie que joint à adj. num. ordinal, ~ *tertius* : le jour où nous sommes est le troisième (le dixième, etc.), c'est aujourd'hui le 3ᵉ jour depuis = avant-hier.

nūdo, *ās*, *āre*, tr., **1.** mettre à nu, déshabiller ; **2.** dépouiller, découvrir, ~ *gladios* : dégainer les épées ; **3.** laisser sans défense, dégarnir ; **4.** dépouiller, priver ; part. *nudatus*, *a*, *um*, privé de ; **5.** dévoiler, révéler.

nūdus, *a*, *um*, nu, ~ *membra* : avec les membres nus ; vêtu légèrement ; **2.** découvert, sans ressources ; sans armes, sans défense ; **3.** pur et simple, privé de ; **4.** (style) nu, sans ornement.

nūgæ, *ārum*, f. pl., bagatelles, sornettes ; vers légers ; badinages, farceurs.

nūgātŏr, *ōris*, m., diseur de riens ; imposteur ; débauché.

nūgātōrĭus, *a*, *um*, futile, vain, léger.

nūgax, *ācis*, adj., vain, sot ; léger.

nūgĭgĕrŭlus, *a*, *um*, colporteur de bagatelles.

nūgor, *āris*, *āri*, intr., dire des bagatelles ; s'amuser à des riens.

nullus, *a*, *um*, (*ne + ullus*), pron.-adj., **1.** nul, aucun… ne, *nullum amicum habeo* : je n'ai aucun ami ; je n'ai pas d'ami ; **2.** au sg., qqf., = *nemo* ou *non*, *nullum esurit* : il n'a pas faim ; **3.** nul, non existant, ~ *sum* : je suis perdu ; *mortui nulli sunt* : les morts n'existent plus ; **4.** sans importance, sans valeur.

nullusdŭm, nullādŭm, nullumdŭm, aucun jusqu'à présent, aucun encore.

num, **1.** adv., en interr. dir. (réponse nég. attendue) : est-ce que par hasard ? ; *num quis, qui, quæ ?*, etc. : est-ce que qqn., qq., qqne ? ; *num quando ?* : est-ce que parfois, est-ce que jamais ?, *num nam ?* : est-ce que vraiment ?, *numne ?* : est-ce que par hasard ; **2.** conj. en interr. indir. : si par hasard.

~num, maintenant, V. *etiamnum*, *nunc*.

Nŭma, *æ*, m., Numa Pompilius, second roi de Rome.

Nŭmantĭa, *æ*, f., Numance, v. de Tarraconnaise, détruite par Scipion Émilien ‖ **Nŭmantīnus**, *a*, *um*, de Numance ‖

Nŭmantīni, *ōrum*, m. pl., les hab. de Numance.

numcŭbi, adv., est-ce que qqp. ?

nŭmella, *æ*, f., numelle, sorte de carcan.

nūmĕn, *ĭnis*, (cf. *~nuo*), n., **1.** signe, mouvement de tête ; **2.** volonté (des dieux) ; **3.** divinité, dieu, déesse ; majesté, puissance divine.

nŭmĕrābĭlis, *e*, adj., qu'on peut compter ; en petit nombre.

nŭmĕrātĭo, *ōnis*, f., action de compter de l'argent.

nŭmĕrātum, *i*, n., argent comptant ; fig., *in numerato habere* : avoir tout prêt.

Nŭmĕrĭus, *ĭi*, m., Numérius, prénom, abrégé en N. ou Num.

① **nŭmĕrō**, adv., **1.** vite, promptement ; **2.** trop vite, trop tôt.

② **nŭmĕro**, *ās*, *āre*, tr., **1.** compter, nombrer ; calculer ; **2.** compter, payer ; part., *numeratus*, *a*, *um*, comptant, en numéraire ; **3.** avoir ; **4.** compter parmi, mettre au nombre de ; regarder comme.

nŭmĕrōsē, adv., [*~sius*, *~sissime*], **1.** en grand nombre ; **2.** en cadence, de façon rythmée.

nŭmĕrōsus, *a*, *um*, **1.** nombreux, en grand nombre ; **2.** cadencé, rythmé.

nŭmĕrus, *i*, m., **1.** nombre, ~ *inibatur* : on évaluait le nombre ; *hostium numero esse* : être au nombre des ennemis, *ex illo numero = ex illorum numero* : d'entre eux ; *obsides ad numerum mittere* : envoyer des otages selon le nombre fixé ; **2.** grande quantité ; classe, catégorie, division ; au pl., *numeri, orum*, corps de troupes ; **3.** le nombre, la foule ; **4.** arithm., au pl., les nombres ; gramm., le nombre ; **5.** rang, ordre ; valeur, considération, (*in*) *aliquo numero esse* : compter un peu ; *in numero* + gén. : en qualité de ; **6.** partie d'un tout : jour, pied rythmique, rythme ; au pl., mouvements rythmés ; poét., cadence, ordre.

Nŭmĭda, *æ*, adj. m., de Numidie, Numide ; *Numida dens*, l'ivoire ; rar., nomade, VITR. ‖ **Nŭmĭdæ**, *ārum*, m. pl., les Numides, cavaliers réputés, peuple d'Afrique ‖ **Nŭmĭdĭa**, *æ*, f., Numidie, région de l'Afrique septentrionale à l'E. de la Mauritanie ‖ **Nŭmĭdĭānus**, *a*, *um*, de Numidie ‖ **Nŭmĭdĭcus**, *a*, *um*, de Numidie, numide ; surnom donné à Q. Cæcilius Metellus pour sa victoire sur Jugurtha.

nŭmisma, V. *nomisma*.

Nŭmĭtŏr, *ōris*, m., Numitor, roi d'Albe, grand-père de Romulus et Rémus.

nummārĭus, *a*, *um*, **1.** relatif à l'argent monnayé ; **2.** qui se vend, vénal.

nummātus, *a, um*, qui a de l'argent, riche.

Nummosexpalponĭdēs, *æ,* m., nom plaisant forgé par Plaute pour un extorqueur d'argent.

nummŭlus, *i,* m., petite pièce de monnaie.

nummus, qqf. **nūmus**, *i,* m., 1. argent monnayé, pièce de monnaie ; 2. sesterce (gén. pl., *nummum*) ; 3. sou, centime, *ad nummum* : au sou près ; 4. drachme ou double drachme en Grèce.

numnăm, **numně**, V. *num.*

numquam (nunquam), adv., 1. jamais ; *numquam non* : toujours ; *non numquam* : quelquefois ; 2. pas du tout.

Numquămērĭpĭdēs, *æ,* m., à qui on ne reprend jamais, nom plaisant forgé par Plaute.

numquando, V. *num.*

numquī, adv., est-ce que en qq. façon ?

numquid, adv., est-ce qu'en qqch. ? ; en interr. indir. : si.

nunc (*num* + *~ce*), adv., 1. maintenant, *nunc... quondam* : à présent..., autrefois, *nunc demum* : maintenant seulement, *nunc ipsum*, ou *nunc (cum) maxime* : à l'heure qu'il est, *etiamnunc* : encore maintenant ; 2. avec vb. au passé ou au fut. : alors, à ce moment-là ; désormais ; 3. ap. une cond. à l'irréel, *nunc (nunc autem, nunc vero)* marque le retour à la réalité : mais au contraire, or au contraire, mais en fait (qqf., mais malheureusement), *si dives essem, non avarus essem, nunc pauper sum* : si j'étais riche, je ne serais pas avare ; (malheureusement) je suis pauvre.

nuncĭam, adv., = *nunc jam*, précisément maintenant.

nuncŭpātĭo, *ōnis,* f., 1. appellation, dénomination ; 2. prononciation solennelle de vœux, de prières, etc. ; 3. désignation d'un héritier ; dédicace d'un livre.

nuncŭpātŏr, *ōris,* m., celui qui nomme, qui désigne par un nom.

nuncŭpo, *ās, āre,* (cf. *nomen, capio*), tr., 1. nommer, appeler ; 2. prononcer solennellement ; désigner comme héritier ; 3. dédier, consacrer.

nundĭnæ, *ārum,* (cf. *novem dies*), f. pl., jour de marché (chaque 9ᵉ jour selon la façon de compter rom., chaque 8ᵉ selon la nôtre) ; marché ; trafic.

nundĭnātĭo, *ōnis,* f., marché, trafic, gain.

nundĭnor, *āris, āri,* intr. et tr., 1. faire du commerce ; 2. affluer (comme sur un marché) ; 3. acheter ou vendre.

nundĭnum, *i,* n., intervalle de temps entre deux marchés.

nundĭnus, *a, um,* qui a lieu tous les neuf jours.

nuntĭa, *æ,* f., annonciatrice, messagère.

nuntĭātĭo, *ōnis,* f., 1. action d'annoncer ; 2. déclaration (des augures).

nuntĭo, *ās, āre,* tr., 1. annoncer, faire savoir, déclarer ; + prop. inf. ; passif impers. avec prop. inf. ; 2. avec *ut* + subj. : dire de, inviter à ; avec *ne* + subj. : dire de ne pas, inviter à ne pas ; + inf. : dire de.

① **nuntĭus**, *a, um,* annonciateur.

② **nuntĭus**, *ĭi,* m., 1. messager, courrier ; 2. message, nouvelle, ordre.

~nŭo, *ĭs, ĕre,* intr., compos., faire un signe de tête.

nūper, adv., récemment, naguère ; il y a déjà qq. temps.

nupsi, V. *nubo.*

nupta, *æ,* f., épouse.

nuptĭæ, *ārum,* f. pl., noces, mariage ; union.

nuptĭālis, *e,* adj., de noces, nuptial.

nuptŭrĭo, *ĭs, ĭre, ĭi,* intr., avoir envie de se marier.

nuptus, *a, um,* V. *nubo ;* iron., *novus ~* : nouveau marié.

Nursĭa, *æ,* f., Nursie, v. des Sabins ‖ **Nursīnus**, *a, um,* de Nursie ‖ **Nursīni**, *ōrum,* m. pl., les hab. de Nursie.

nŭrŭs, *ūs,* f., belle-fille, bru ; jeune femme.

nusquam, adv., nulle part (avec ou sans mvt.) ; en aucune occasion.

nūtābĭlis, *e,* adj., chancelant.

nūtābundus, *a, um,* vacillant.

nūtātĭo, *ōnis,* f., 1. action de faire un signe de tête ; 2. balancement du corps ; fig., état chancelant.

nŭto, *ās, āre,* (cf. ~ *nuo*), intr., 1. faire un signe de la tête ; 2. chanceler ; 3. vaciller, hésiter.

nūtrĭcātŭs, *ūs,* m., action de nourrir.

nūtrīcĭum, *ĭi,* n., soins nourriciers.

nūtrīcĭus, *a, um,* nourricier ; qui nourrit, qui élève ; subst. m, *nutricius, ii, ~ regis* : gouverneur du prince.

nūtrīco, *ās, āre,* tr., nourrir, élever.

nūtrīcor, *āris, āri,* V. le préc.

nūtrīcŭla, *æ,* f., nourrice.

nūtrīmentum, *i,* n., surt. au pl., **nūtrīmenta**, *ōrum,* nourriture (pr. et fig.) ; éducation.

nūtrĭo, *īs, īre, īvi (ĭi), ītum,* tr., 1. nourrir, alimenter ; 2. soigner, entretenir (pr. et fig.).

nūtrītŏr, *ōris,* m., nourricier.

nūtrix, *īcis,* f., nourrice ; au pl., *nutrices, um,* seins.

nūtŭs, *ūs,* m., 1. signe de tête ; mouvement de haut en bas ; 2. pesanteur, gravitation ;

3. signe pour marquer la volonté ; ordre, commandement.

nux, *nŭcis*, f., noix ; fruit à écorce dure ; noyer, amandier.

Nyctělius, *a, um*, de Bacchus ‖

Nyctělius, *ĭi*, m., Nyctélius, un des noms de Bacchus, parce que les Bacchanales se déroulaient la nuit.

Nycteūs, *ĕi* ou *ĕos*, m., Nyctée, fils de Neptune et père d'Antiope.

nympha, *æ*, ou **nymphē**, *ēs*, f., **1.** nymphe, divinité des bois, des fontaines et de la mer ; **2.** eau, fontaine ; **3.** jeune fille ou jeune femme.

nymphæum, *i*, n., nymphée, grotte ou sanctuaire consacrés aux nymphes.

Nymphæum, *i*, n., Nymphée, promontoire et port d'Illyrie.

Nymphĭdius, *ĭi*, m., Nymphidius, préfet du prétoire sous Néron.

① **Nȳsa**, *æ*, f., Nysa, **1.** nourrice de Bacchus ; **2.** nymphe tuée par Bacchus.

② **Nȳsa**, **Nyssa**, *æ*, f., Nysa, **1.** mt. et v. de l'Inde consacrées à Bacchus ; **2.** v. de Carie ‖ **Nȳsæus**, *a, um*, **1.** de Nysa ; **2.** de Bacchus ‖ **Nȳsæi**, *ōrum*, m. pl., les hab. de Nysa ‖ **Nȳsēis**, *ĭdis*, adj. f., de Nysa ‖ **Nȳseūs**, *ĕi* ou *ĕos*, m., le Nysien, épith. de Bacchus ‖ **Nȳsĭās**, *ădis*, adj. f., de Nysa ‖ **Nȳsĭgěna**, *æ*, m. et f., né à Nysa ‖ **Nȳsĭus**, *a, um*, de Nysa ‖ **Nȳsĭus**, *ĭi*, m., le Nysien, épith. de Bacchus.

O

), o, f. et n., indécl., **1.** o, quatorzième lettre de l'alph. latin ; **2.** *o*, abr. de *optimus, omnis*, etc., I.O.M. = *Iovi Optimo Maximo* ; O.V. = *optimi viri, optimo viro*.

), ōh, interj., ô ! oh ! ah !, **1.** + voc. pour l'appel : *O ! mi fili !* : Ô mon fils ! ; **2.** + nom. pour l'admiration : *O laudandus poeta !* Oh, le poète digne de louange ! ; **3.** + (ordin.) acc. excl., *o me miserum !* : ah ! malheureux que je suis.

)ărĭōn, *ōnis*, V. Orion.

)axēs (~is), *is*, m., Oaxès, fl. de Crète.

)b, prép. + acc., **1.** avec vb. de mvt. ou d'état : devant, *ob oculos* : devant les yeux ; **2.** pour, à cause de, *quam ob rem (quamobrem)* : et c'est pourquoi ; **3.** pour, en échange de ; **4.** *ob rem* : avantageusement.

)bærātus, *a, um*, endetté ; subst. m. pl., *obærati, orum*, débiteurs.

)bambŭlo, *ās, āre*, intr., **1.** se promener devant ou autour + dat. ou acc. ; **2.** aller et venir, marcher de long en large.

)barmo, *ās, āre*, tr., armer contre.

)băro, *ās, āre*, tr., labourer tout autour.

)baudĭo, *īs, īre, ĭi*, intr., obéir, *alicui* : à qqn.

)bc~, V. occ~.

)bdo, *īs, ĕre, dĭdi, dĭtum*, tr., **1.** mettre devant, fermer ; **2.** boucher ; **3.** exposer.

)bdormĭo, *īs, īre, īvi (ĭi), ītum*, intr., dormir profondément, dormir.

)bdormisco, *īs, ĕre, īvi*, intr., s'endormir profondément.

)bdūco, *īs, ĕre, duxi, ductum*, tr., **1.** conduire devant ; ajouter ; **2.** tirer devant ; étendre ; répandre ; **3.** couvrir ; voiler ; fermer ; **4.** tirer à soi, aspirer, boire.

)bductĭo, *ōnis*, f., action de couvrir, de voiler ; voile.

)bdūresco, *īs, ĕre, dūrŭi*, intr., **1.** devenir dur ; **2.** s'endurcir, devenir insensible.

)bdūro, *ās, āre*, **1.** intr., tenir bon, persister ; **2.** tr., endurcir, rendre insensible.

)bēd~, V. *obaed~*.

)bēliscus, *i*, m., broche de fer ; obélisque ; bouton de rose.

)bĕo, *īs, īre, īvi (ĭi), ītum*, intr. et tr., intr., **1.** aller vers, devant ou contre ; **2.** disparaître (astre) ; se coucher ; **3.** s'en aller, mourir, *morbo* : de maladie.

II tr., **1.** aller vers, aller voir, visiter ; **2.** se charger de, entreprendre, *negotium* : une tâche ; ~ *hereditates* : recevoir des héritages ; **3.** *diem* ~ : se présenter au jour fixé ; **4.** spéc., *diem* ou *diem suum* ~ : mourir ; **5.** poét., entourer, aller autour.

ŏbĕquĭto, *ās, āre*, intr., chevaucher devant ou autour + dat.

ŏberro, *ās, āre*, intr., errer devant ou autour ; fig., se tromper.

ŏbēsĭtās, *ātis*, f., obésité ; développement excessif.

ŏbēsus, *a, um*, (*ob* + *esus*, cf. edo ②) bien nourri, gras, replet ; obèse ; épais, grossier.

ŏbex, *ĭcis*, m. et f., **1.** barre, verrou ; **2.** obstacle, empêchement.

obf~, V. off~.

obfŭi, V. obsum.

obfŭtūrus, *a, um*, part. fut. de obsum.

obg~, V. ogg~.

ŏbhærĕo, *ēs, ēre*, intr., rester attaché à + dat.

ŏbhæresco, *īs, ĕre, hæsi*, intr., s'attacher à + dat., s'arrêter.

ōbĭcĭo, V. objicio.

ŏbĭcis, gén. de obex.

ŏbĭens, *ĕuntis*, V. obeo.

ŏbĭi, V. obeo.

ŏbīrascor, *ĕris, i, īrātus sum*, intr., s'irriter contre + dat.

ŏbīrātĭo, *ōnis*, f., colère, rancune.

ŏbīrātus, *a, um*, irrité contre + dat.

ŏbĭtĕr, adv., chemin faisant ; en passant ; à l'instant.

① ŏbĭtus, *a, um*, V. obeo.

② ŏbĭtŭs, *ūs* (qqf., *i*), m., **1.** arrivée, visite ; **2.** disparition, coucher (des astres) ; **3.** fin, mort, destruction.

objăcĕo, *ēs, ēre, jăcŭi*, intr., être étendu devant ou auprès.

objĕci, V. objicio.

objectāmentum, *i*, n., reproche, accusation.

objectātĭo, *ōnis*, f., V. le préc.

objecto, *ās, āre*, (fréq. de objicio), tr., **1.** jeter ou placer devant ; **2.** exposer, livrer ; **3.** objecter, reprocher + inf. ou prop. inf.

① objectus, *a, um*, V. objicio.

② objectŭs, *ūs*, m., **1.** action de placer devant ; **2.** obstacle, barrière ; **3.** spectacle.

objex, V. *obex*.

objício (ōbício), *ĭs*, *ĕre*, *jēci*, *jectum*, tr., 1. jeter ou mettre devant, *hostium telis se ~* : s'offrir aux coups des ennemis ; au passif, *objici* : se présenter ; 2. placer devant (comme protection), opposer ; 3. exposer ; au passif, *objici* : être en butte à ; 4. inspirer, *terrorem alicui* : de la terreur à qqn. ; 5. reprocher, objecter + prop. inf. ou *quod* ; part. subst. n. pl., *objecta, orum*, accusations, reproches ; 6. proposer.

objurgātĭo, *ōnis*, f., blâme, reproche.

objurgātŏr, *ōris*, m., celui qui blâme, qui réprimande.

objurgātŏrĭus, *a*, *um*, de blâme, de reproche ; de réprimande.

objurgĭto, *ās*, *āre*, fréq. de objurgo, V. le suiv.

objurgo, *ās*, *āre*, tr., 1. blâmer, réprimander ; 2. châtier, punir ; 3. détourner de ; inviter à.

objurgor, *āris*, *āri*, V. objurgo.

objūrĭgo, *ās*, *āre*, V. objurgo.

oblanguesco, *ĭs*, *ĕre*, *langŭi*, intr., s'alanguir.

oblātrātrix, *īcis*, f., aboyeuse, mégère.

oblātro, *ās*, *āre*, intr., aboyer contre, *alicui* : contre qqn.

oblātus, *a*, *um*, V. offero.

oblectāmĕn, *ĭnis*, poét., et **oblectāmentum**, *i*, n., divertissement, amusement.

oblectātĭo, *ōnis*, f., amusement, plaisir, récréation.

oblecto, *ās*, *āre*, tr., 1. charmer, amuser, distraire ; *se ~* ou *oblectari* avec abl. seul, *in* ou *cum* + abl. : se distraire de ou avec ; 2. occuper agréablement.

oblēnĭo, *ĭs*, *īre*, tr., adoucir, calmer.

oblīdo, *ĭs*, *ĕre*, *īsi*, *īsum*, tr., serrer fortement ; étouffer, écraser.

oblĭgātĭo, *ōnis*, f., lien, chaîne, entrave ; responsabilité pour autrui.

oblĭgātus, *a*, *um*, 1. V. obligo, lié, obligé, engagé ; promis ; 2. adj., [*~tior*], obligé de qqn. + dat.

oblĭgo, *ās*, *āre*, tr., 1. lier, attacher, bander ; 2. fig., a) lier, enchaîner, engager ; *se ~*, *obligari* : se lier + abl., *sacramento* : par un serment ; + dat., *deo* : au dieu ; avec *ad* ou *in* + acc. ; avec *in* + abl. ; + inf. ; avec *ut* + subj. ; b) obliger, attacher qqn. par les services qu'on lui rend, *obligari alicui* : être l'obligé de qqn. ; part., *obligatus* : tenu, engagé ; c) impliquer, rendre responsable ou coupable : *scelere, fraude, d'un crime* ; d) jur., hypothéquer.

oblĭgūrĭo, *ĭs*, *īre*, *ĭi*, tr., lécher ; manger, dissiper.

oblīmo, *ās*, *āre*, tr., 1. couvrir de limon, de boue ; 2. combler, boucher ; 3. gaspiller, dissiper ; brouiller, obscurcir.

oblĭno, *ĭs*, *ĕre*, *lēvi*, *lĭtum*, tr., 1. enduire, imprégner ; 2. fig., boucher ; effacer ; recouvrir ; souiller.

oblīquē, adv., tr., 1. obliquement, de côté ; 2. indirectement, de façon détournée.

oblīquĭtās, *ātis*, f., 1. obliquité ; 2. ambiguïté.

oblīquo, *ās*, *āre*, tr., 1. faire obliquer ; 2. présenter d'une manière détournée ; 3. déformer, adoucir.

oblīquus (oblīcus), *a*, *um*, [*~quior*], 1. oblique, de côté, de biais ; 2. fig., indirect (parenté, descendance) ; gramm., *casus ~* : cas oblique ; *oratio obliqua, obliqua allocutio* : style indirect ; 3. détourné, dissimulé, obscur.

obliscor, V. obliviscor.

oblīsi, oblīsus, *a*, *um*, V. oblido.

oblītĕro~, V. oblittero.

oblītesco (cf. *lateo*), *ĭs*, *ĕre*, *lĭtŭi*, intr., se cacher.

oblittĕro (oblītĕro), *ās*, *āre*, tr., 1. effacer, biffer ; 2. effacer du souvenir, faire oublier ; 3. détruire.

oblĭtŭi, V. oblitesco.

① **oblĭtus**, *a*, *um*, V. oblino.

② **oblītus**, *a*, *um*, V. obliviscor.

oblīvĭo, *ōnis*, f., 1. action d'oublier, oubli ; 2. manque de mémoire ; 3. distraction.

oblīvĭōsus, *a*, *um*, 1. oublieux ; 2. qui produit l'oubli.

oblīvīscor, *ĕris*, *i*, *oblītus sum*, tr. et intr., 1. ne plus penser à, oublier, + gén. ou acc., *~ injurias* : oublier les injustices + inf., prop. inf., interr. indir. ; 2. être infidèle à + gén., *sui oblitus* : infidèle à soi-même ; part. passé qqf. de sens passif, *oblita carmina* : poèmes oubliés, VIRG.

oblīvĭum, *ĭi*, n., ordin. au pl., **oblīvĭa**, *ōrum*, et poét., oubli.

oblŏcūtŏr, *ōris*, m., interrupteur, contradicteur.

oblongus, *a*, *um*, allongé, oblong.

oblŏquor, *ĕris*, *i*, *oblōcūtus* ou *lŏquūtus sum*, intr. et tr., 1. interrompre, *alicui* : qqn. ; 2. contredire, parler contre ; 3. accompagner de la voix ou d'un instrument.

obluctor, *āris*, *āri*, intr., lutter contre, s'opposer à, + dat. de la pers. ou de la chose.

oblūdo, *ĭs*, *ĕre*, *lūsi*, *lūsum*, intr., jouer, s'amuser ; tromper, faire illusion.

obmōlĭor, *īris*, *īri*, *mōlītus sum*, tr., 1. élever, accumuler ; 2. obstruer, boucher.

obmŏvĕo, *ēs*, *ēre*, tr., présenter.

obmurmŭro, *ās*, *āre*, 1. intr., murmurer contre + dat. ; protester ; 2. tr., murmurer, dire à voix basse.

obmūtesco, *ĭs*, *ĕre*, *mūtŭi*, intr., 1. devenir muet, perdre la voix ; 2. garder le silence, rester muet ; 3. se taire, cesser.

obnātus, *a*, *um*, né près de + dat.

obnītor, *ĕris*, *i*, *nīsus* ou *nixus sum*, intr., 1. s'appuyer contre, se raidir contre + dat. ; 2. faire des efforts pour résister, lutter contre, résister.

obnixē, adv., avec effort, obstinément.

obnixus, *a*, *um*, part. adj. de *obnitor*, ferme, inébranlable, obstiné.

obnoxĭē, adv., 1. d'une manière coupable ; 2. humblement, avec humilité.

obnoxĭōsē, adv., d'une manière soumise.

obnoxĭōsus, *a*, *um*, soumis, humble.

obnoxĭus, *a*, *um*, 1. soumis à, lié, assujetti, *alicui*, *alicui rei* : à qqn., à qqch. ; 2. digne de punition, punissable, *alicui* : par qqn. ; 3. coupable de + dat. ; 4. esclave, servile, *supplex et ~* : suppliant et esclave ; *pax obnoxia* : paix avilissante ; 5. exposé à + dat., *ad* ou *in* + acc. ; 6. exposé au danger, fragile, *obnoxium est* + inf. : il est dangereux de, Tac.

obnūbĭlo, *ās*, *āre*, tr., entourer d'un nuage, obscurcir ; part., *obnubilatus*, asphyxié, Apul.

obnūbĭlus, *a*, *um*, couvert de nuages ; ténébreux.

obnūbo, *ĭs*, *ĕre*, *nupsi*, *nuptum*, tr., couvrir d'un voile, not. la tête d'un condamné à mort ; voiler, envelopper.

obnuntĭātĭo, *ōnis*, f., annonce de mauvais présages.

obnuntĭo, *ās*, *āre*, intr., 1. déclarer que les présages sont défavorables ; 2. s'opposer à ; 3. en gén., annoncer une mauvaise nouvelle.

obnupsi, V. *obnubo*.

obnuptus, *a*, *um*, V. *obnubo*.

ŏbœdĭens, *entis*, part. adj., [*~tior*, *~tissimus*], obéissant, soumis, + dat. ou *ad* + acc.

ŏbœdĭentĕr, adv., [*~tius*, *~tissime*], avec obéissance, docilement.

ŏbœdĭentĭa, *æ*, f., obéissance, soumission.

ŏbœdĭo, *ĭs*, *īre*, *īvi* (*ĭi*), *ītum*, intr., 1. prêter l'oreille, *alicui* : à qqn. ; 2. obéir, se plier à, être soumis.

ŏbŏlĕo, *ēs*, *ēre*, *ŏlŭi*, 1. intr., exhaler une odeur ; 2. tr., avoir une odeur, sentir.

ŏbŏlus, *i*, m., obole, monnaie grecque égale au sixième de la drachme ; poids (= 0,568 g).

ŏbŏrĭor, *īris* ou *ĕris*, *īri*, *ortus sum*, intr., naître, se produire, apparaître.

ŏbortus, *a*, *um*, V. *oborior*.

obp~, V. *opp~*.

obrēpo, *ĭs*, *ĕre*, *repsi*, *reptum*, intr., 1. se glisser, s'insinuer furtivement, s'avancer à pas de loup ; 2. s'approcher, *alicui* : de qqn. ; 3. surprendre, faire illusion.

obrepto, *ās*, *āre*, (fréq. de *obrepo*), intr., se glisser par surprise, surprendre.

obreptus, *a*, *um*, V. *obrepo*.

obrētĭo, *ĭs*, *īre*, tr., envelopper de filets.

obrīgesco, *ĭs*, *ĕre*, *rĭgŭi*, intr., 1. devenir raide, devenir dur ou froid ; 2. s'endurcir, devenir insensible.

obrōdo, *ĭs*, *ĕre*, tr., ronger autour, ronger.

obrŏgātĭo, *ōnis*, f., proposition de modification d'une loi.

obrŏgo, *ās*, *āre*, tr., proposer une loi de modification ou d'abrogation.

obrŭo, *ĭs*, *ĕre*, *rŭi*, *rŭtum*, tr., 1. recouvrir de terre, enfouir ; 2. ensevelir ; engloutir ; 3. charger, étouffer, écraser, *ære alieno obrui* : être écrasé de dettes.

obrŭtus, *a*, *um*, V. *obruo*.

obrussa, *æ*, f., 1. épreuve de l'or par le feu ; 2. fig., épreuve, pierre de touche.

obsæpĭo (**obsē~**, **obsī~**), *ĭs*, *īre*, *sæpsi*, *sæptum*, tr., fermer devant ; barrer, fermer, obstruer, *alicui iter ~* : fermer à qqn. une route.

obsătŭro, *ās*, *āre*, tr., rassasier.

obscæn~, V. *obscen~*.

obscævo, *ās*, *āre*, intr., porter malheur à + dat.

Obscē, V. *Osce*.

obscēnē, adv., [*~nius*, *~nissime*], d'une manière indécente, obscène.

obscēnĭtās, *ātis*, f., 1. défaveur ; 2. indécence ; 3. obscénité.

obscēnus, *a*, *um*, (cf. *scævus* ?), [*~nior*, *~nissimus*], 1. de mauvais augure ; sinistre ; 2. indécent, *re honestum est, nomine obscenum* : l'acte est bon, mais les mots pour le dire sont inconvenants, Cic. ; 3. sale, hideux, obscène ; subst., n., *obscenum, i*, et pl., *obscena, orum* : a) les parties génitales ; b) les excréments.

obscūrātĭo, *ōnis*, f., obscurcissement ; *~ solis* : éclipse de soleil ; fig., obscurité.

obscūrē, adv., [*~rius*, *~rissime*], 1. confusément ; 2. secrètement, en cachette ; 3. obscurément ; d'une manière obscure ; d'une manière enveloppée, peu claire.

obscūrĭtās, *ātis*, f., 1. obscurité ; 2. obscurcissement, défaut de clarté, mystère ; 3. naissance obscure ; condition humble.

obscūro, *ās*, *āre*, tr., **1.** obscurcir, rendre obscur ; **2.** voiler, dissimuler, cacher ; assourdir ; **3.** au passif, *obscurari* : s'effacer, disparaître.

obscūrum, *i*, n., obscurité, ténèbres.

obscūrus, *a*, *um*, **1.** sombre, obscur, *ibant obscuri solā sub nocte* : ils allaient, obscurs, sous la nuit solitaire, VIRG. ; **2.** fig., peu intelligible ; peu connu, inconnu, sans gloire, *obscuro loco natus* : d'humble naissance ; **3.** caché, dissimulé.

obsěcrātĭo, *ōnis*, f., **1.** prière instante, supplication ; **2.** rhét., obsécration ; **3.** prière publique (pour apaiser les dieux).

obsěcro, *ās*, *āre*, tr., **1.** prier, supplier, conjurer, *aliquem* : qqn., *ut*, *ne* + subj. : de, de ne pas ; **2.** en incise : je t'en conjure, au nom du Ciel, etc.

obsěcundo, *ās*, *āre*, intr., consentir à, se prêter à + dat.

obsěcūtŏr, *ōris*, m., qui suit fidèlement.

obsēp~, V. *obsæp~*.

obsěquens, *entis*, part. adj., [*~tior*, *~tissimus*], complaisant ; favorable, propice.

obsěquentěr, adv., avec déférence ; avec obéissance.

obsěquentĭa, *æ*, f., condescendance.

obsěquĭōsus, *a*, *um*, plein de complaisance.

obsěquĭum, *ĭi*, n., **1.** complaisance, condescendance ; **2.** obéissance, soumission ; servilité ; **3.** au pl., *obsequia feralia* : devoirs funèbres.

obsěquor, *ěris*, *i*, *sěcūtus sum*, intr., + dat., **1.** céder à, se prêter à, se soumettre à ; **2.** fig., se plier à, *æs malleis obsequitur* : le bronze est malléable.

obsěquūt~, V. *obsecut~*.

① **obsěro**, *ās*, *āre*, tr., verrouiller, fermer.
② **obsěro**, *ĭs*, *ěre*, *sēvi*, *sĭtum*, tr., **1.** ensemencer ; semer, planter ; **2.** part., *obsitus*, *a*, *um*, a) ensemencé ; b) fig., couvert de, rempli de.

observābĭlis, *e*, adj., **1.** observable, visible ; **2.** remarquable.

observans, *antis*, part. adj., qui a des égards pour, qui respecte ; qui observe, qui obéit + gén.

observantěr, adv., [*~tius*, *~tissime*], avec soin ; avec respect.

observantĭa, *æ*, f., **1.** attention ; **2.** respect ; considération ; **3.** observation scrupuleuse (d'une loi, d'un devoir).

observātĭo, *ōnis*, f., **1.** observation, *siderum* : des astres ; **2.** attention, scrupule, circonspection ; **3.** respect des règles, règle ; culte.

observĭto, *ās*, *āre*, (fréq. de *observo*), tr., observer avec soin.

observo, *ās*, *āre*, tr., **1.** observer, remarquer ; **2.** surveiller, faire attention à, avec *ut*, *ne* + subj. ; **3.** observer, *leges* : les lois se conformer à ; respecter.

obsěs, *ĭdis*, m. et f., **1.** otage (de guerre) **2.** garant, caution.

obsessĭo, *ōnis*, f., action d'assiéger siège, investissement, blocus.

obsessŏr, *ōris*, m., **1.** celui qui demeure l'habitant ; **2.** celui qui assiège, l'assiégeant.

obsessus, *a*, *um*, V. *obsideo* et *obsido*.

obsēvi, V. *obsero* ②.

obsībĭlo, *ās*, *āre*, tr., faire entendre en sifflant.

obsĭdĕo, *ēs*, *ēre*, *sēdi*, *sessum*,
I intr., être assis, se tenir auprès.
II tr., **1.** occuper un lieu ; **2.** investir, assiéger ; **3.** fig., a) tenir ; b) se tenir aux aguets, épier.

obsĭdĭo, *ōnis*, f., **1.** action d'assiéger siège, blocus ; **2.** détention, captivité **3.** fig., situation pénible, péril.

obsĭdĭōnālis, *e*, adj., obsidional, de siège.

① **obsĭdĭum**, *ĭi*, n., **1.** siège ; **2.** attaque piège, danger.
② **obsĭdĭum**, *ĭi*, n., condition d'otage.

obsīdo, *ĭs*, *ěre*, *sēdi*, *sessum*, tr., assiéger occuper ; envahir.

obsignātĭo, *ōnis*, f., action de sceller.

obsignātŏr, *ōris*, m., celui qui appose un sceau.

obsigno, *ās*, *āre*, tr., **1.** fermer d'un sceau sceller, cacheter ; **2.** rédiger en forme imprimer, empreindre.

obsīpo, *ās*, *āre*, tr., jeter, répandre devant.

obsisto, *ĭs*, *ěre*, *stĭti*, *stĭtum*, intr. et tr. **1.** se tenir devant ; **2.** s'opposer à, résister ; empêcher que, avec *ne* ou *quominus* + subj. ; **3.** part., *obstitus*, *a*, *um*, a) frappé de la foudre ; b) placé en face.

obsĭtus, *a*, *um*, V. *obsero* ②.

obsŏlěfăcĭo, *ĭs*, *ěre*, *fēci*, *factum*, tr., faire tomber en désuétude.

obsŏlěfīo, *ĭs*, *fĭěri*, *factus sum*, passif du préc., **1.** tomber en désuétude ; **2.** se déconsidérer, s'avilir.

obsŏlesco, *ĭs*, *ěre*, *lēvi*, intr., tomber en désuétude ; perdre de son prix.

obsŏlētē, adv., de façon surannée.

obsŏlētus, *a*, *um*, part. adj. de *obsolesco* **1.** tombé en désuétude, usé, vieux **2.** commun, banal ; **3.** souillé, flétri.

obsŏlēvi, V. *obsolesco*.

obsōnātŏr, *ōris*, m., acheteur au marché pourvoyeur.

obsōnātŭs, *ūs*, m., achat de provisions.

obsōnĭto, *ās*, *āre*, intr., tenir table ouverte.

obsōnĭum, *ĭi*, n., plat, mets (qui se mange avec le pain, sauf les viandes rôties) ; plat de poisson.

① **obsŏno**, *ās*, *āre*, intr., interrompre par un bruit.

② **obsŏno**, *ās*, *āre*, tr., 1. faire son marché, acheter des provisions de bouche ; 2. donner un repas.

obsorbĕo, *ēs*, *ēre*, *sorbŭi*, tr., avaler, engloutir.

obstācŭlum, *i*, n., obstacle, empêchement.

① **obstantĭa**, *æ*, f., résistance, obstacle.

② **obstantĭa**, *ĭum*, n. pl., part. subst. de *obsto*, obstacles ; ~ *silvarum* : l'obstacle des forêts, Tac.

obsterno, *ĭs*, *ĕre*, tr., étendre devant.

obstĕtrix, *īcis*, f., accoucheuse, sage-femme.

obstĭnātē, adv., [~*tius*, ~*tissime*], avec une fermeté obstinée.

obstĭnātĭo, *ōnis*, f., fermeté obstinée ; ~ *sententiæ* : cohérence, Cic.

obstĭnātus, *a*, *um*, part. adj., [~*tior*, ~*tissimus*], 1. persévérant, ferme, constant ; 2. arrêté.

obstĭno, *ās*, *āre*, tr., vouloir d'une volonté obstinée ; s'obstiner à.

obstĭpesco, V. *obstupesco*.

obstĭpus, *a*, *um*, penché, incliné (en avant, en arrière ou de côté) ; de travers, à l'oblique.

obstĭti, V. *obsisto* et *obsto*.

obstĭtrix, V. *obstetrix*.

obstĭtus, *a*, *um*, V. *obsisto*.

obsto, *ās*, *āre*, *stĭti*, part. fut. *stātūrus*, intr., 1. se tenir devant ; 2. faire obstacle, résister ; être un obstacle ; empêcher que, de, avec *quominus*, *quin*, *ne* + subj.

obstrĕpĕrus, *a*, *um*, qui retentit par-devant.

obstrĕpo, *ĭs*, *ĕre*, *strĕpŭi*, *strĕpĭtum*, intr. et tr., 1. retentir, faire du bruit devant ; 2. faire un bruit importun, couvrir, ~ *alicui* : couvrir la voix de qqn. ; 3. troubler, gêner ; 4. fig., troubler par des cris, fatiguer.

obstrictus, *a*, *um*, part. adj. de *obstringo*, attaché.

obstrĭgillo, *ās*, *āre*, intr., faire obstacle, *alicui* : à qqn. ; blâmer, censurer.

obstringillo, V. le préc.

obstringo, *ĭs*, *ĕre*, *strinxi*, *strictum*, tr., 1. attacher, lier ; tenir enfermé ; 2. obliger ; 3. impliquer, rendre coupable ou complice de ; 4. engager, garantir.

obstructĭo, *ōnis*, f., action d'enfermer ; dissimulation, obstacle qui empêche de voir.

obstrūdo, V. *obtrudo*.

obstrŭo, *ĭs*, *ĕre*, *struxi*, *structum*, tr., 1. bâtir, construire devant ; 2. barrer, obstruer, boucher.

obstŭpĕfăcĭo, *ĭs*, *ĕre*, *fĕci*, *factum*, tr., stupéfier, engourdir ; frapper de stupeur, d'étonnement.

obstŭpĕfīo, *ĭs*, *fĭĕri*, *factus sum*, passif du préc., 1. devenir stupide, interdit ; 2. être frappé de stupeur, d'étonnement.

obstŭpesco (obstĭp~), *ĭs*, *ĕre*, *stŭpŭi* (*stĭpŭi*), intr., 1. devenir immobile ou insensible, s'engourdir ; 2. être stupéfait, interdit ; se glacer.

obstŭpĭdus, *a*, *um*, stupide, stupéfait.

obsum, *ŏbes*, *ŏbesse*, *obfŭi* (*offŭi*), intr., être devant, faire obstacle ; faire tort, nuire à + dat.

obsŭo, *ĭs*, *ĕre*, *sŭi*, *sūtum*, tr., coudre autour ; fermer, boucher.

obsurdesco, *ĭs*, *ĕre*, *surdŭi*, intr., devenir sourd ; ne pas écouter.

obtædescit (opt~), *ĕre*, impers., on se dégoûte.

obtectus, *a*, *um*, V. *obtego*.

obtĕgo, *ĭs*, *ĕre*, *texi*, *tectum*, tr., recouvrir ; cacher, dissimuler ; protéger.

obtempĕrātĭo, *ōnis*, f., obéissance, docilité.

obtempĕro, *ās*, *āre*, intr., se conformer à la volonté de, obtempérer, obéir.

obtendo, *ĭs*, *ĕre*, *tendi*, *tentum*, tr. 1. tendre ou étendre devant ; au passif, *obtendi* : s'étendre ; 2. couvrir (comme d'un voile), masquer, voiler ; 3. fig., mettre en avant, prétexter.

① **obtentus**, *a*, *um*, V. *obtendo* et *obtineo*.

② **obtentŭs**, *ūs*, m., 1. action de tendre ou d'étendre devant ; 2. prétexte ; obstacle ; voile.

obtĕro, *ĭs*, *ĕre*, *trīvi*, *trītum*, tr., 1. broyer, écraser ; 2. fouler aux pieds ; mépriser, déprécier ; 3. frotter, nettoyer en frottant.

obtestātĭo, *ōnis*, f., engagement pris en attestant les dieux ; serment, prière ou supplication.

obtestor, *āris*, *āri*, tr., 1. attester, prendre à témoin ; 2. supplier, prier, *ut* : de, *ne* : de ne pas + subj. ; 3. + prop. inf., protester, affirmer solennellement que ; 4. part. à sens passif, *obtestatus* : prié, supplié.

obtexi, V. *obtego*.

obtexo, *ĭs*, *ĕre*, *texŭi*, *textum*, tr., 1. tisser devant ou sur ; 2. fig., mettre en avant des prétextes ; 3. couvrir, voiler.

obtĭcĕo, *ēs*, *ēre*, intr., garder le silence.

obtĭcesco, *ĭs, ĕre, cŭi,* V. le préc.

obtĭgi, V. *obtingo.*

obtĭnĕo, *ēs, ēre, tĭnŭi, tentum,* tr. et intr., 1. tenir solidement ; 2. être maître de, posséder, occuper ; 3. rester maître de, conserver ; ~ *causam* : gagner une cause ; 4. faire prévaloir un avis, prouver ; 5. obtenir, réussir, ~ *ut* : obtenir que, ~ *ne* : empêcher que, ~ *non potuit quin* : il n'a pu empêcher que ; 6. prévaloir, être établi, *ea fama obtinuit* : l'opinion a prévalu.

obtingo, *ĭs, ĕre, tĭgi,* 1. tr., toucher, parvenir à ; 2. intr., arriver (événement) ; échoir en partage ; *quod cuique obtigit, id quisque teneat* : que chacun se contente de ce qu'il a eu en partage, CIC.

obtinnĭo, *ĭs, īre,* intr., résonner.

obtorpesco, *ĭs, ĕre, torpŭi,* intr., s'engourdir, être interdit, se glacer (d'effroi).

obtorquĕo, *ēs, ēre, torsi, tortum,* tr., tourner, faire tourner ; tourner violemment, tordre.

obtrectātĭo, *ōnis,* f., dénigrement, critique malveillante, jalousie.

obtrectātŏr, *ōris,* m., critique malveillant, détracteur, envieux.

obtrecto, *ās, āre,* intr. et tr., dénigrer, rabaisser ; critiquer + dat. ou acc.

obtrītus, *a, um,* V. *obtero.*

obtrīvi, V. *obtero.*

obtrūdo, *ĭs, ĕre, trūsi, trūsum,* tr., 1. pousser brutalement contre ; 2. donner de force, imposer ; 3. avaler gloutonnement ; 4. recouvrir ; 5. fermer, boucher.

obtrunco, *ās, āre,* tr., tailler (la vigne) ; décapiter, tuer, massacrer.

obtrūsi, V. *obtrudo.*

obtŭdi, V. *obtundo.*

obtŭĕor, *ēris, ēri,* tr., regarder en face ; apercevoir, voir.

obtŭli, V. *offero.*

obtundo, *ĭs, ĕre, tŭdi, tūsum (tunsum),* tr., 1. frapper violemment ; 2. émousser en frappant ; 3. émousser, affaiblir ; 4. assommer, étourdir ; importuner.

obtunsus, V. *obtusus.*

obturbo, *ās, āre,* tr., 1. rendre trouble, troubler ; 2. mettre en désordre ; 3. troubler, importuner ; 4. interrompre.

obturgesco, *ĭs, ĕre, tursi,* intr., s'enfler, se gonfler.

obtūro, *ās, āre,* tr., 1. boucher, fermer, ~ *aures* : se boucher les oreilles ; 2. arrêter, mettre fin à.

obtūsus, *a, um,* part. adj. de *obtundo,* émoussé, affaibli ; stupide, obtus, lourd.

obtūtŭs, *ūs,* m., action de regarder en face ; regard, contemplation.

ŏbumbro, *ās, āre,* tr., 1. ombrager ; 2. obscurcir ; 3. couvrir, dissimuler.

ŏbunctus, *a, um,* parfumé.

ŏbuncus, *a, um,* crochu, recourbé.

ŏbustus, *a, um,* brûlé ; durci au four ; brûlé, durci par la gelée.

obvāgĭo, *ĭs, īre,* intr., vagir.

obvallo, *ās, āre,* tr., entourer d'un retranchement ; part., *obvallatus* : fortifié.

obvāro, *ās, āre,* intr., faire obstacle + dat.

obvĕnĭo, *ĭs, īre, vēni,* intr., 1. se trouver sur le chemin de, rencontrer ; 2. survenir, se présenter, arriver ; 3. tomber en partage, échoir.

obversor, *āris, āri,* intr., 1. se trouver devant, se présenter à ; 2. résister.

obverto (~vorto), *ĭs, ĕre, verti, versum,* tr., 1. tourner vers ou contre, *obvertunt pelago proras* : ils retournent les proues vers la mer, VIRG. ; 2. au passif, *obverti* : se tourner vers ou contre.

obvĭăm, adv., 1. sur le chemin de, à la rencontre de, au-devant de ; 2. à la disposition de, ~ *alicui esse* : être à la disposition de qqn. ; 3. en opposition à, *cupiditati hominum ~ ire* : s'opposer à la cupidité humaine.

obvĭgĭlo, *ās, āre,* intr., veiller, être vigilant.

obvĭus, *a, um,* 1. qui va au-devant, qui est sur la route ; qu'on rencontre ; subst. m., *obvius, ii,* passant ; 2. qui vient au-devant en ennemi ; 3. qui vient au-devant en ami, prévenant, *obvia comitas* : courtoisie, affabilité, TAC. ; 4. qui se présente à proximité, sous la main ; 5. qui s'offre aux regards ; exposé à.

obvolvo, *ĭs, ĕre, volvi, vŏlūtum,* tr., 1. envelopper, voiler ; 2. fig., dissimuler, cacher.

occæco, *ās, āre,* tr., 1. aveugler (pr. et fig.) ; 2. obscurcir (pr. et fig.) ; 3. recouvrir (de terre) ; 4. paralyser.

occallātus, *a, um,* endurci ; rendu insensible.

occalesco, *ĭs, ĕre, callŭi,* intr., devenir calleux ; fig., s'endurcir, devenir insensible.

occăno, *ĭs, ĕre, cănŭi,* intr., 1. se mettre à chanter (oiseaux, en part. de mauvais augure) ; 2. sonner, retentir (trompettes).

occanto, *ās, āre,* tr., jeter un sort à, envoûter.

occāsĭo, *ōnis,* f., 1. occasion, moment favorable, ~ *major* : occasion plus belle, *minor* : moins belle ; 2. facilité ; 3. *occasionem amittere, præmittere, dimittere* : perdre, laisser passer, négliger une occasion ; *dare occasionem ut* : donner l'occasion de.

occāsĭuncŭla, *æ,* f., petite occasion.

occāsūrus, *a, um*, part. fut. de *occido* ①.

① **occāsus**, *a, um*, V. *occido* ①.

② **occāsus**, *ūs*, m., 1. coucher des astres ou du soleil ; chute du jour, soir ; couchant, occident ; 2. déclin, fin, ruine.

occātǐo, *ōnis*, f., hersage.

occātŏr, *ōris*, m., celui qui herse.

occēdo, *ĭs, ĕre*, cessi, intr., aller au-devant de.

occensus, *a, um*, brûlé.

occento, *ās, āre*, tr., chanter devant qqn. ou devant la porte de qqn. ; donner une aubade ou une sérénade.

occepto, *ās, āre*, (fréq. de *occipio*), tr. et intr., commencer.

occǐdens, *entis*, 1. V. *occido* ① ; 2. subst. m., occident, couchant, ouest.

occǐdentālis, *e*, adj., occidental, du couchant.

① **occǐdi**, V. *occido* ①.

② **occǐdi**, V. *occido* ②.

occīdǐo, *ōnis*, f., massacre, carnage.

① **occǐdo**, *ĭs, ĕre*, occǐdi, occāsum, (cf. *cado*), intr., 1. tomber ; 2. tomber mort, périr, succomber ; fig., être perdu, finir, s'éteindre ; 3. (astres) se coucher, disparaître ; au part., *sol occasus* : le coucher du soleil.

② **occǐdo**, *ĭs, ĕre*, occīdi, occīsum, (cf. *cædo*), tr., 1. réduire en miettes ; 2. faire périr, tuer ; 3. fig., causer la perte de ; assommer, importuner.

occǐdŭus, *a, um*, qui se couche ; de l'occident, du couchant ; mourant.

occillo, *ās, āre*, tr., briser comme avec une herse.

occǐno, *ĭs, ĕre*, cěcǐni et cǐnŭi, V. *occano*.

occǐpǐo, *ĭs, ĕre*, cēpi, ceptum, tr. et intr., 1. commencer, entreprendre ; 2. commencer, débuter.

occǐpǐtǐum, *ǐi*, n., dim. de *occiput*, derrière de la tête.

occǐpŭt, *ǐtis*, V. le préc.

occīsǐo, *ōnis*, f., coup mortel ; meurtre.

occīsŏr, *ōris*, m., meurtrier.

occīsus, *a, um*, part. adj. de *occido* ②, tué, anéanti ; superl. iron., *occisissimus*, PL.

occlāmǐto, *ās, āre*, intr., criailler ; + prop. inf., PL.

occlūdo, *ĭs, ĕre*, clūsi, clūsum, tr., clore, fermer ; enfermer, *aures ~* : se boucher les oreilles, *~ linguam* : clouer le bec.

occlūsus, *a, um*, part. adj. de *occludo*, [~*sior*, ~*sissimus*], bouché, stupide.

occo, *ās, āre*, tr., herser, briser les mottes.

occœpi, = *occepi*, V. *occipio*.

occŭbo, *ās, āre*, cŭbŭi, cŭbĭtum, intr., 1. être couché auprès de + dat. ; 2. être couché mort, *~ morte* : être mort.

occŭbŭi, V. *occubo* et *occumbo*.

occŭcurri, V. *occurro*.

occulco, *ās, āre*, tr., fouler aux pieds, piétiner.

occŭlo, *ĭs, ĕre*, cŭlŭi, cultum, tr., 1. cacher ; couvrir ; 2. taire.

occultātǐo, *ōnis*, f., 1. action de cacher ; 2. action de se cacher ; 3. rhét., prétérition.

occultātŏr, *ōris*, m., celui qui cache.

occultē, adv., [~*tius*, ~*tissime*], en secret, en cachette, insensiblement.

occulto, *ās, āre*, (fréq. de *occulo*), tr., 1. cacher avec soin, couvrir, dérober, *~ se silvis* : se cacher dans les bois ; 2. taire.

occultus, *a, um*, part. adj. de *occulo*, [~*tior*, ~*tissimus*], 1. caché ; 2. secret, mystérieux ; 3. qui cache ses sentiments, dissimulé ; 4. subst. n. pl., *occulta, orum*, secrets ; partie cachée, *templi* : d'un temple ; 5. expr. adv., *ex occulto, in occulto, per occultum* : secrètement.

occŭlŭi, V. *occulo*.

occumbo, *ĭs, ĕre*, cŭbŭi, cŭbĭtum, tr. et intr., 1. se coucher sur ; 2. tomber mort, succomber, *~ mortem, morte* ou *morti*, mourir ; 3. se coucher (astre).

occŭpātǐo, *ōnis*, f., 1. action d'occuper ou de prendre possession ; 2. occupation, activité ; 3. rhét., a) prétérition ; b) *ante ~* : prévention de l'argument adverse.

occŭpātus, *a, um*, part. adj., [~*tior*, ~*tissimus*], occupé, absorbé, affairé ; subst. m. pl., *occupati, orum*, les gens affairés.

occŭpǐo, V. *occipio*.

occŭpo, *ās, āre*, tr., 1. prendre le premier possession de, occuper ; 2. prévenir, devancer ; 3. se hâter de, *occupant bellum facere* : ils se hâtent de faire la guerre les premiers ; 4. s'emparer de, accaparer ; 5. placer de l'argent.

Occŭpo, *ōnis*, m., le Rafleur (surnom de Mercure, dieu des voleurs).

occurro, *ĭs, ĕre*, curri (qqf. occŭcurri), cursum, intr., 1. courir à la rencontre de ; 2. se présenter (aux yeux ou à la pensée de qqn.), *mihi occurrunt Athenæ* : Athènes me vient à l'esprit, CIC. ; 3. remédier à, prévenir, *pericula* : un danger ; faire face à, pourvoir, *bello* : à une guerre ; 4. aller contre, attaquer ; fig., s'opposer à, répliquer.

occursācŭlum, *i*, n., spectre, apparition.

occursātǐo, *ōnis*, f., action d'aller au-devant de qqn. ; prévenances.

occursātŏr, *ōris*, m., empressé ; fâcheux.

occurso, *ās, āre*, intr. et tr., 1. aller à la rencontre, se présenter ; 2. venir à l'esprit ;

3. attaquer ; faire obstacle ; **4.** remédier à ; **5.** accourir vers.

occursōrĭus, *a, um*, préliminaire, de rencontre ; *occursoria potio* : la coupe de bienvenue.

occursŭs, *ūs*, m., action de venir à la rencontre, rencontre.

Ōcĕānītis, *ĭdis*, f., fille de l'Océan ‖ **Ōcĕānus**, *i*, m., **1.** Océan, dieu de la mer, fils du Ciel et de la Terre, époux de Téthys ; **2.** *mare ~* : l'océan Atlantique, Cés.

ŏcellāti, *ōrum*, m. pl., **1.** petites pierres précieuses de forme ovale (comme de petits yeux) ; **2.** billes dont les enfants se servent pour jouer.

ŏcellus, *i*, m., dim. de *oculus*, petit œil ; fig., chose ou pers. chère ; perle, bijou.

Ōcĕlum, *i*, n., Océlum, v. des Alpes Cottiennes, auj. Ulzio.

ochra, *æ*, f., ocre, terre jaune.

Ōchus, *i*, m., **1.** fl. d'Asie ; **2.** nom de roi, de prince perse.

ōcĭor, *ĭus*, gén. *ōris*, adj. au comp., plus rapide, plus prompt ; superl., *ocissimus*, *a, um*, très rapide.

ōcĭtĕr, adv., [*~cius, ~cissime*], rapidement, promptement.

ŏclīfĕrĭus, *a, um*, qui saute aux yeux.

Ocnus, *i*, m., Ocnus, **1.** fondateur de Mantoue ; **2.** pers. myth.

ŏcrĕa, *æ*, f., jambière, guêtre de cuir.

ŏcrĕātus, *a, um*, qui porte des guêtres.

Ōcrīcŭlānus, *a, um*, d'Ocriculum ‖ **Ōcrīcŭlum**, *i*, n., Ocriculum, v. d'Ombrie, auj. Otricoli.

octangŭlus, *a, um*, qui a huit angles, octogone.

octāvāni, *ōrum*, m. pl, les soldats de la 8ᵉ légion.

Octāvĭa, *æ*, f., Octavie, nom de femme ; spéc., la sœur d'Auguste, et la fille de Claude, femme de Néron ‖ **Octāvĭānus**, *i*, m., Octavia, surnom des membres de la *gens Octavia*, adoptés dans la *gens Julia* ‖ **Octāvĭānus**, *a, um*, d'Octave ‖ **Octāvĭus**, *ĭi*, m., Octave, nom d'une famille rom., spéc. Octave, devenu l'empereur Auguste ‖ **Octāvĭus**, *a, um*, d'Octave.

octāvum, **1.** adv., pour la huitième fois ; **2.** subst. n., *octavum, i*, l'octuple, *ager efficit cum octavo* : le champ rapporte huit fois (la semence).

octāvus, *a, um*, huitième, *octava (hora)* : la huitième (heure), environ 2 heures de l'après-midi.

octāvus dĕcĭmus, *octāvā dĕcĭma, octāvum dĕcĭmum*, dix-huitième.

octĭēs (~tĭens), adv., huit fois ; pour la huitième fois.

octingēni, *æ, a*, adj. num. distr., par unités de 800 ; 800 chacun.

octingentēsĭmus, *a, um*, huit centième.

octingenti, *æ, a*, adj. num., 800.

octingentĭēs, adv., 800 fois.

octĭpēs, *pĕdis*, adj., à huit pieds.

octĭplīco, *ās, āre*, tr., multiplier par huit.

octō, adj. num. indécl., huit.

Octōbĕr, *bris, bre*, adj., du huitième mois (à partir de mars), d'octobre ; *mensis ~* et subst. m., *October, bris* : octobre ; *~ equus* : le cheval annuellement sacrifié à Mars le 15 octobre.

octōdĕcim, indécl., dix-huit.

Octōdūrensis, *e*, adj., d'Octodurus ‖ **Octōdūrenses**, *ium*, m. pl., les hab. d'Octodurus ‖ **Octōdūrus**, *i*, m., Octodurus, en Narbonnaise, chez les Véragres, auj. Martigny (Valais).

octōgēnārĭus, *a, um*, âgé de 80 ans.

octōgēni, *æ, a*, adj. num. distr., 80 chacun ; à chaque fois 80.

octōgēsĭmus, *a, um*, 80ᵉ.

octōgĭēs (~gĭens), adv., 80 fois.

octōgintā, adj. num. indécl., 80.

octōjŭgis, *e*, adj., huit à la fois, huit de front (attelage).

octōnārĭus, *a, um*, qui renferme huit unités ; *~ versus* : octonaire iambique.

octōni, *æ, a*, adj. num., **1.** distr., huit chaque fois ou pour chacun ; **2.** huit.

octŏphŏron (octă~), *i*, n., litière à huit porteurs.

octŏphŏros (octă~), *on*, adj., porté par huit hommes.

octŭāgintā, V. *octoginta*.

octŭplĭcātus, *a, um*, multiplié par huit, rendu huit fois plus grand.

octŭplum, *i*, n., somme octuple.

octŭplus, *a, um*, octuple, huit fois plus grand.

octussis, *is*, m., somme de huit as.

ŏcŭlātus, *a, um*, [*~tior, ~tissimus*], **1.** qui a des yeux, clairvoyant ; **2.** visible ; *oculata die vendere* : vendre argent comptant.

ŏcŭlĕus, *a, um*, **1.** qui a beaucoup d'yeux, *Argus totus* : Argus qui a des yeux partout ; **2.** qui a bonne vue, pers. picace.

ŏcŭlicrĕpĭda, *æ*, m., dont les yeux retentissent de coups, aux yeux pochés, Pl.

ŏcŭlissĭmus, *a, um*, qu'on aime comme la prunelle de ses yeux.

ŏcŭlus, *i*, m., **1.** œil, *oculum amittere* : perdre un œil ; *altero oculo capitur* : il devient aveugle d'un œil, Liv. ; *in oculis civium vivere* : vivre sous les regards de ses concitoyens ; *aliquid ante oculos ponere* ou *sub oculos ponere* : se représenter qqch. ; **2.** chose chère ou précieuse, perle, joyau, *ocule mi* ! : mon trésor ! ; *in oculis aliquem ferre* : vouloir beaucoup de bien à qqn. ; *in oculis esse alicujus* : être bien vu de qqn. ; **3.** tache, moucheture ; d'où : œil de la peau des panthères, de la queue du paon ; œil d'une plante.

ŏdărĭum, *ĭi*, n., chant, chanson.

Ŏdĕssŏs, *i*, f., Odessa.

ōdēum (~ĭum), *i*, n., théâtre couvert (destiné aux concours de poésie et de musique) ; odéon.

ōdi, *ōdisti, ōdisse*, part. fut. *ōsūrus*, tr., déf., haïr, avoir en aversion, ~ *aliquem* : qqn. ; haïr de faire qqch., *oderunt peccare boni* : les bons ne supportent pas de faire le mal, HOR.

ŏdĭendus, *a, um*, haïssable.

ŏdĭōsē, adv., d'une manière désagréable.

ŏdĭōsĭcus, V. *odiosus*.

ŏdĭōsus, *a, um*, [~*sior*, ~*sissimus*], **1.** odieux, haïssable ; **2.** déplaisant, importun, *odiosum est carere* : il est fâcheux de manquer.

① **ŏdĭum**, *ĭi*, n., **1.** haine, antipathie, aversion ; + gén. ou avec *in, erga, adversus* + acc. : contre ; + gén. subjectif ou adj. poss. : haine éprouvée par qqn., *meum* ~ : la haine que je ressens ; + gén. objectif, *Antonius, ~ omnium hominum* : Antoine, objet de la haine de tous les hommes ; *nemini odio esse* : n'être haï par personne ; *in odio esse apud aliquem* : être haï de qqn. ; **2.** ce qui est odieux ; conduite déplaisante ; caractère haïssable.

② **ŏdĭum**, *ĭi*, V. *odeum*.

ŏdŏr, *ōris*, m., **1.** odeur bonne ou mauvaise ; **2.** parfum, not. au pl., *incendere odores* : brûler des parfums ; **3.** fig., odeur, indice, *quidam* ~ *suspicionis* : une vague odeur de soupçon ; ~ *dictaturæ* : un « parfum » de dictature ; ~ *legum* : la bonne odeur des lois.

ŏdōrātĭo, *ōnis*, f., action de flairer.

① **ŏdōrātus**, *a, um*, part. adj., [~*tior, ~tissimus*], odorant, parfumé, *male* ~ : malodorant.

② **ŏdōrātŭs**, *ūs*, m., odorat, action de flairer ; odeur.

ŏdōrĭfĕr, *fĕra, fĕrum*, odoriférant, parfumé ; qui produit des parfums.

ŏdōro, *ās, āre*, tr., parfumer.

ŏdōror, *āris, āri*, tr., **1.** sentir, flairer ; **2.** fig., se mettre en quête de ; aspirer à ; **3.** ne faire qu'effleurer.

ŏdōrus, *a, um*, **1.** parfumé ; **2.** puant ; **3.** qui a du flair.

ŏdōs, *ōris*, V. *odor*.

Ŏdrŷsæ (Ŏdrŭ~), *ārum*, m. pl., Odryses, peuple de Thrace || **Ŏdrŷsĭus**, *a, um*, des Odryses, des Thraces, ~ *rex* : Térée, roi de Thrace || **Ŏdrŷsĭus**, *ĭi*, m., le Thrace = Orphée || **Ŏdrŷsĭi**, *ōrum*, m. pl., les Odryses, les Thraces.

Ŏdyssēa, *æ*, f., **1.** « L'Odyssée », poème d'Homère ; **2.** ~ *Latina* : le poème de Livius Andronicus ; **3.** *Odysseæ portus* : Port-Ulysse, pointe de Sicile méridionale.

Œa, *æ*, f., Œa, auj. Tripoli.

Œăgrĭus, *a, um*, d'Éagre ; de Thrace || **Œăgrus**, *i*, m., Éagre, roi de Thrace, père d'Orphée.

Œbălĭa, *æ*, f., Œbalie ou Tarente, v. fondée par Sparte || **Œbălĭdēs**, *æ*, m., descendant d'Œbalus, Spartiate || **Œbălĭdæ**, *ārum*, m. pl., Castor et Pollux || **Œbălis**, *ĭdis*, f., de Sparte, descendante d'Œbalus, Hélène ; *Œbalides matres*, les Sabines (les Sabins passaient pour descendre des Spartiates) || **Œbălĭus**, *a, um*, d'Œbalus, spartiate ; des Sabins || **Œbălus**, *i*, m., Œbalus, **1.** ancien roi de Sparte, père de Tyndare, aïeul d'Hélène ; **2.** roi des Téléboens, allié de Turnus.

Œchălĭa, *æ*, f., Œchalie, **1.** v. d'Eubée, détruite par Hercule ; **2.** v. de Messénie || **Œchălis**, *ĭdis*, f., femme d'Œchalie.

Œcleūs, *ĕi* (ou *ĕos*), m., Œclée, père d'Amphiaraüs || **Œclīdēs**, *æ*, m., descendant d'Œclée, Amphiaraüs.

œcŏnŏmĭa, *æ*, f., disposition, ordre, arrangement ; économie (d'une œuvre littéraire).

œcŏnŏmĭcus, *a, um*, relatif à l'administration d'une maison, bien disposé, bien ordonné ; subst. m., *Œconomicus, i*, « L'Économique » (traité de Xénophon).

Œdĭpŏdĭŏnĭdēs, *æ*, m., fils d'Œdipe ; au pl., *Œdipodionidæ, arum*, Étéocle et Polynice || **Œdĭpŏdĭŏnĭus**, *a, um*, d'Œdipe || **Œdĭpūs**, *ŏdis*, m, Œdipe, fils de Laïos et de Jocaste, père d'Étéocle et de Polynice.

Œensis, *e*, adj., d'Œa, de Tripoli.

Œnēis, *ĭdis*, f., fille d'Œnée, Déjanire || **Œnēïus** et **Œnēus**, *a, um*, d'Œnée || **Œneūs**, *ĕi* (ou *ĕos*), m., Œnée, roi de Calydon, père de Méléagre, de Tydée, de Déjanire || **Œnīdēs**, *æ*, m., **1.** fils d'Œnée, Méléagre ; **2.** petit-fils d'Œnée, Diomède.

œnŏfŏrum, V. *œnophorum*.

Œnŏmäus, *i*, m., Œnomaüs, roi d'Élide, fils de Mars, et père d'Hippodamie.

Œnōnē, *ēs*, f., Œnone, nymphe de Phrygie.

œnŏphŏrum, *i*, n., œnophore, récipient pour transporter le vin.

Œnŏpĭa, æ, f., Œnopie, anc. nom d'Égine ‖ **Œnŏpĭus**, a, um, d'Œnopie, d'Égine.

œnŏpōlĭum, ĭi, n., cabaret.

Œnōtrĭa, æ, f., Œnotrie, l'Italie méridionale ‖ **Œnōtrĭus** et **Œnōtrus**, a, um, d'Œnotrie, d'Italie.

œnus, arch., = unus.

œstrus, i, m., taon ; fureur (prophétique), délire, enthousiasme (poétique).

œsus, arch., = usus.

œsўpum, i, n., 1. le suint de la laine ; 2. onguent tiré du suint.

Œta, æ, et **Œtē**, ēs, f., Œta, mt. de Thessalie, bûcher d'Hercule ‖ **Œtæus**, a, um, de l'Œta ; ~ deus et subst. m., Œtæus, i, Hercule.

ŏfella, æ, f., dim. de offa, petite bouchée de viande.

offa, æ, f., 1. morceau, bouchée ; prov., inter os et offam multa interveniunt : il y a loin de la coupe aux lèvres ; 2. morceau de viande ; 3. fig., tumeur.

offātim, adv., par petits morceaux.

offēci, V. officio.

offendo, ĭs, ĕre, fendi, fensum,
I intr., 1. se heurter contre ; heurter, buter ; 2. échouer, subir un échec ; 3. broncher, commettre une erreur, perdre, apud judices ~ : perdre son procès ; 4. déplaire, apud aliquem : à qqn., être mal vu ; 5. si in me aliquid offendistis : si qqch. en moi vous a heurtés.
II tr., 1. heurter ; 2. tomber sur, rencontrer, trouver ; 3. choquer, blesser ; fig., mécontenter, offenser.

offensa, æ, f., 1. heurt, choc ; achoppement ; 2. incommodité physique, malaise, contrariété ; 3. défaveur, disgrâce ; 4. mécontentement, rancune ; insulte, offensas vindicare : venger les insultes.

offensātĭo, ōnis, f., heurt, choc ; faute.

offensātŏr, ōris, m., celui qui bronche, qui se trompe.

offensĭo, ōnis, f., 1. choc, heurt, ~ pedis : faux pas ; nihil offensionis habere : ne présenter aucune aspérité ; 2. incommodité phys., malaise ; 3. échec, revers, offensiones belli : défaites ; 4. irritation, mécontentement ; 5. action de déplaire, offense ; discrédit, mauvaise réputation.

offensĭuncŭla, æ, f., légère contrariété ; petit échec.

offenso, ās, āre, tr., 1. heurter, choquer ; 2. trébucher ; balbutier.

① **offensus**, a, um, part. adj. de offendo, 1. choqué, froissé ; 2. mécontent, hostile ; 3. odieux, détesté ; subst. n., offensum, i, chose odieuse.

② **offensŭs**, ūs, m., 1. rencontre, choc ; 2. vexation, désagrément.

offĕro, fers, ferre, obtŭli, oblātum, tr., 1. présenter, mettre sous les yeux, montrer, alicui se ~ : se montrer à qqn. ; au passif, offerri : se présenter ; 2. faire avancer à la rencontre (comme adversaire), opposer ; 3. exposer, livrer, offrir, corpus suum : son corps ; ~ vitam in discrimen : risquer sa vie ; ~ operam suam : prêter son concours ; 4. fournir, procurer ; faire subir.

offĕrŭmentæ, ārum, f., offrandes, iron. pour coups.

offĭcĭālis, is, m., serviteur, subalterne.

offĭcīna, æ, f., atelier, fabrique ; boutique.

offĭcĭo, ĭs, ĕre, fēci, fectum,
I intr., 1. se mettre devant, faire obstacle, + dat. ; 2. faire ombre, gêner, faire tort.
II tr., barrer, entraver ; au passif, offici : trouver un obstacle.

offĭcĭōsē, adv., [~sius, ~sissime], obligeamment.

① **offĭcĭōsus**, a, um, [~sior, ~sissimus], 1. obligeant, complaisant ; 2. conforme au devoir, juste, moral.

② **offĭcĭōsus**, i, m., 1. garçon de bains ; 2. vil complaisant, homme de mœurs faciles.

offĭcĭum, ĭi, (opi-, cf. opus ; ~ficium, cf. facio), n., 1. service, fonction, charge ; 2. serviabilité, complaisance (qqf. péj.) ; d'où : au pl., officia, orum, a) les services rendus, les bienfaits, officiorum conjunctio : la réciprocité des services ; b) les devoirs sociaux : respect et présence dans les mariages, enterrements, etc., savoir-vivre, suprema officia : les derniers devoirs ; 3. devoir (au sens stoïcien), obligation morale, fungi officio : s'acquitter de son devoir ; deesse officio, deserere officium, discedere ab officio : manquer au devoir ; 4. sentiment du devoir, homo summo officio : un homme très scrupuleux ; 5. fidélité, obéissance au devoir ; 6. au pl., le personnel d'État, les fonctionnaires.

offīgo, ĭs, ĕre, fixi, fixum, tr., clouer, attacher, fixer.

offirmātē, adv., obstinément.

offirmātus, a, um, part. adj., ferme, constant ; obstiné.

offirmo, ās, āre, tr., 1. affermir, consolider ; 2. suivre obstinément ; 3. s'obstiner à.

offla, æ, f., V. offula ; crucis ~ : gibier de potence.

offlecto, ĭs, ĕre, tr., détourner, faire virer.

offōco, ās, āre, tr., suffoquer.

offrēno, *ās, āre,* tr., dompter, domestiquer.

offūcĭa, *æ,* f., fard ; au pl., *officiæ, arum,* tromperies.

offūdi, V. *offundo.*

offŭla, *æ,* f., petit morceau ; boulette (de pain, de viande).

offulcĭo, *īs, īre, offultum,* tr., fermer, boucher.

offulgĕo, *ēs, ēre, fulsi,* intr., briller devant ou aux yeux de ; apparaître.

offundo, *īs, ĕre, fūdi, fūsum,* tr., **1.** répandre devant ou autour de ; *passif : offundi,* se répandre autour ; **2.** fig., verser, inonder, remplir ; **3.** voiler, éclipser, obscurcir.

oggannĭo, *īs, īre, īvi (ĭi), ītum,* intr. et tr., **1.** chuchoter ; **2.** répéter ; **3.** reprocher.

oggĕro, *īs, ĕre,* tr., donner en abondance.

Ŏgўgēs, *is* ou *i,* m., Ogygès, fondateur de Thèbes en Béotie ‖ **Ŏgўgĭa,** *æ,* f., Ogygie, **1.** une des filles d'Amphion ; **2.** île de Calypso ‖ **Ŏgўgĭdæ,** *ārum,* m. pl., les descendants d'Ogygès, les Thébains ‖ **Ŏgўgĭus,** *a, um,* d'Ogygès, ~ *deus :* Bacchus.

ōh, interj., oh ! ah ! ahi !

ōhē (ŏhē), interj., holà ! ~ *desine :* holà ! ça suffit.

oho, interj., oh ! ah !

oiei, interj., aïe !

Ŏīleūs, *ĕi* ou *ĕos,* m., **1.** Oïlée, roi des Locriens, père d'Ajax ; **2.** Ajax ‖ **Ŏīlĭădēs** et **Ŏīlĭdēs,** *æ,* m., le fils d'Oïlée, Ajax.

Olbĭa, *æ,* f., Olbia, **1.** v. de Sardaigne ; **2.** v. de Bithynie (plus tard, Nicée) ‖ **Olbĭānus,** *a, um,* d'Olbia en Bithynie ‖ **Olbĭensis,** *e,* adj., d'Olbia en Sardaigne.

ŏlĕa, *æ,* f., **1.** olivier ; **2.** olive.

ŏlĕāgĭnĕus, *a, um,* **1.** d'olivier ; **2.** semblable à l'olive ; qui est de la couleur de l'olive.

ŏlĕāgĭnus, *a, um,* d'olivier.

ŏlĕāris, *e,* adj., huilé.

ŏlĕārĭus, *a, um,* relatif à l'huile, d'huile ; subst. m., *olearius, ii,* m., marchand d'huile.

Ŏlĕăros (~ĕărus, ~ĭăros), f., Oléaros, île des Cyclades.

ŏlĕaster, *tri,* m., olivier sauvage.

ŏlĕītās, *ātis,* f., récolte des olives.

Ŏlēnĭus, *a, um,* d'Olène, d'Achaïe.

ŏlens, *entis,* part. adj., **1.** odorant, parfumé ; **2.** puant, infect.

ŏlentĭcētum, *i,* n., lieu infect.

Ŏlĕnus, *i,* f., Olène, v. d'Achaïe où la chèvre Amalthéa allaita Jupiter.

ŏlĕo, *ēs, ēre, ŭi,* **1.** intr., avoir une odeur, répandre une odeur, *aurum huic olet :* il

sent mon or, PL. ; **2.** tr., sentir, exhaler une odeur de ; fig., indiquer, annoncer.

ŏlētas, V. *oleitas.*

ŏlētum, *i,* n., oliveraie.

ŏlĕum, *i,* n., **1.** huile, huile d'olive ; **2.** fig., palestre (parce que les athlètes se frottaient d'huile).

olfăcĭo, *īs, ĕre, fēci, factum,* tr., **1.** sentir, flairer ; deviner ; **2.** faire sentir, donner à respirer.

olfacto, *ās, āre,* tr., flairer, humer.

ŏlĭdus, *a, um,* **1.** qui a de l'odeur ; **2.** qui sent mauvais, infect, puant.

ŏlim, adv., **1.** un jour (dans le passé), autrefois ; **2.** un jour (à venir) ; **3.** depuis longtemps ; **4.** d'ordinaire.

Ŏlĭsīpo, *ōnis,* m., Lisbonne ‖ **Ŏlĭsīpōnensis,** *e,* adj., de Lisbonne.

ŏlĭtŏr (hŏl~), *ōris,* m., jardinier, maraîcher, marchand de légumes.

ŏlĭtōrĭus, *a, um,* de légumes, *forum olitorium :* marché aux légumes ; potager.

ŏlīva, *æ,* f., **1.** olivier ; **2.** olive ; **3.** rameau d'olivier, bâton d'olivier.

ŏlīvētum, *i,* n., lieu planté d'oliviers.

ŏlīvĭfĕr, *fĕra, fĕrum,* **1.** qui produit beaucoup d'olives ; **2.** fait de branches d'olivier.

ŏlīvĭtās, *ātis,* f., olivaison ; récolte, cueillette des olives.

ŏlīvum, *i,* n., **1.** huile d'olive ; **2.** huile dont se frottent les gymnastes ; palestre, gymnastique ; **3.** huile parfumée, essence.

olla, *æ,* f., marmite ; urne cinéraire.

ollāris, *e,* adj., conservé dans une marmite en terre.

olle, (dat., *olli*), arch., = *ille.*

ollus, *a, um,* arch., = *ille.*

① **ŏlŏr,** *ōris,* m., cygne.

② **ŏlŏr,** *ōris,* m., odeur.

ŏlŏrīnus, *a, um,* de cygne.

ŏlŭi, V. *oleo.*

ŏlŭs (hŏl~), *ĕris,* n., légume, herbe potagère ; chou.

ŏluscŭlum, *i,* n., petit légume.

Olympēni, *ōrum,* m. pl., les hab. d'Olympe, en Lycie.

Olympĭa, *æ,* f., Olympie en Élide, où l'on célébrait les Jeux olympiques ‖ **Olympĭa,** *ōrum,* n. pl., les Jeux olympiques, ~ *vincere :* vaincre aux Jeux olympiques ‖ **Olympĭăcus,** *a, um,* d'Olympie, olympique.

Olympĭădes, *um,* f. pl., les Muses qui habitent l'Olympe.

① **ŏlympĭăs,** *ădis,* f., **1.** olympiade, espace de quatre ans ; **2.** lustre, espace de cinq ans.

② **olympĭăs**, æ, m., olympias, vent de l'O.-NO. en Eubée.

Ŏlympĭăs, ădis, f., Olympias, mère d'Alexandre.

Ŏlympĭcus, a, um, d'Olympie, olympique ‖ **Ŏlympĭŏnīcēs**, æ, m., vainqueur aux Jeux olympiques ‖ **Ŏlympĭum**, ĭi, n., temple de Jupiter à Olympie ‖ **Ŏlympĭus**, a, um, d'Olympie, olympique ; subst. n. pl., V. *Olympia*.

Ŏlympŭs (~os), i, m., Olympe, **1.** mt. entre Thessalie et Macédoine, demeure des dieux ; **2.** fig., le ciel ; **3.** nom d'autres montagnes ; **4.** flûtiste légendaire ; **5.** v. de Pamphylie.

Ŏlynthĭa, æ, f., le territoire d'Olynthe ‖ **Ŏlynthĭus**, a, um, d'Olynthe ‖ **Ŏlynthĭi**, ōrum, m. pl., les hab. d'Olynthe ‖ **Ŏlynthus (~os)**, i, f., Olynthe, v. de Thrace détruite par les Athéniens.

ŏmāsum, i, n., tripes de bœuf.

Omber, Ombrĭa, V. *Umber, Umbria*.

ōmĕn, ĭnis, n., **1.** signe favorable ou défavorable, présage ; **2.** vœu, souhait (pour qqn.), *ominibus optimis prosequi* : accompagner des meilleurs souhaits ; **3.** condition, pacte, *eā lege et omine ut* : à la condition expresse que ; **4.** rite augural, *prima omina* : les présages pris au commencement du mariage, le mariage lui-même.

ōmentum, i, n., **1.** membrane qui enveloppe les intestins, épiploon ; **2.** intestins ; **3.** membrane (en gén.) ; **4.** graisse.

ōmĭnātŏr, ōris, m., devin.

ōmĭnor, aris, āri, tr., **1.** présager, annoncer ; **2.** souhaiter, faire des vœux.

ōmĭnōsus, a, um, qui est de mauvais augure.

ŏmissus, a, um, part. adj. de *omitto*, [~sior] insouciant, négligent.

ŏmitto, ĭs, ĕre, mīsi, missum, tr., **1.** laisser aller, laisser partir, lâcher (qqch. qu'on tire) ; **2.** laisser échapper, renoncer à, oublier ; + inf. : cesser de ; *non ~ quominus* : ne pas manquer de ; **3.** passer sous silence, taire, omettre.

omnĭcănus, a, um, qui chante tout, partout.

omnĭfĕr, fĕra, fĕrum, qui produit toutes choses.

① **omnĭgĕnus**, a, um, **1.** de tout genre ; **2.** qui produit toutes choses.

② **omnĭgĕnŭs**, acc. adv. de tout genre.

omnĭmŏdīs, adv., de toute manière.

omnĭmŏdō, adv., de toute manière.

omnĭmŏdus, a, um, de toute sorte.

omnīnō, adv., **1.** tout à fait, entièrement, absolument, ~ *nemo* : absolument personne ; ~ *non* : pas du tout ; **2.** en géné-

ral ; **3.** en tout, seulement, *erant ~ itinera duo* : il n'y avait que deux routes, Cés. ; pour tout dire, même seulement ; **4.** concess. : sans doute, assurément.

omnĭpărens, entis, adj., qui fait naître toutes choses.

omnĭpŏtens, entis, adj. [~tior, ~tissimus], tout-puissant ; subst. m., le Tout-Puissant, Jupiter.

omnis, e, adj., tout, toute, **1.** tout, chaque, ~ *regio* : chaque pays ; *omni tempore* : en toute circonstance ; **2.** subst. m. pl., *omnes, ium*, tous ; n. sg., *omne, is*, et pl., *omnia, ium*, tout, toutes choses, *in eo sunt mihi omnia* : cette affaire est tout pour moi, Cic. ; poét., *omnia*, en tout ; **3.** tout ensemble, tout entier, *Gallia ~* : la Gaule dans son ensemble, Cés. ; **4.** tout sorte, espèce, *omnibus precibus* : avec toute espèce de prières.

omnĭtŭens, entis, adj., qui voit tout.

omnĭvăgus, a, um, qui erre de tous côtés.

omnĭvŏlus, a, um, qui veut tout.

ŏmœŏmĕrīa, V. *homœomeria*.

Omphălē, ēs, et **Omphăla**, æ, f., Omphale, reine de Lydie, dont Hercule fut l'esclave.

omphălos, i, m., nombril, ombilic.

ŏnăgĕr et **ŏnăgrus**, gri, m., onagre, **1.** âne sauvage ; **2.** machine de guerre pour lancer de grosses pierres.

Onchesmītēs, æ, m., vent qui souffle du port d'Onchesme (Épire).

onco, ās, āre, intr., braire.

ŏnĕrārĭus, a, um, de charge, de transport ; subst. f., *oneraria, æ*, navire marchand.

ŏnĕro, ās, āre, tr., **1.** charger (des navires, des bêtes de somme) ; **2.** couvrir, accabler, charger, ~ *mensam dapibus* : charger la table de mets ; *argumentis ~ judicem* : écraser un juge sous les arguments ; **3.** aggraver, alourdir, accroître, *curas, pericula* : les soucis, les dangers ; **4.** charger sur, mettre dans ; **5.** attaquer, accuser, Tac.

ŏnĕrōsus, a, um, [~sior], **1.** lourd, pesant ; **2.** indigeste ; **3.** fig., pénible, accablant.

Ŏnēsĭcrĭtus, i, m., Onésicrite, historien d'Alexandre.

ŏnŭs, ĕris, n., **1.** poids, charge, fardeau, *jumentis onera deponere* : décharger des bêtes de somme, *onera bestiis imponere* : charger les bêtes de somme ; **2.** charge, embarras, gêne, *oneri alicui esse* : être à charge à qqn. ; **3.** au pl., *onera, um*, charges, impôts ; dépenses.

ŏnustus, a, um, **1.** chargé de + abl., qqf. + gén. ; **2.** rempli de, plein.

ŏnyx, *ўchis*, m., onyx, espèce d'agate ; vase d'onyx.

ŏpācĭtās, *ātis*, f., 1. ombrage, ombre ; 2. obscurité, ténèbres.

ŏpāco, *ās, āre*, tr., ombrager, couvrir d'ombre.

ŏpācus, *a, um*, [~cior, ~cissimus], 1. ombragé ; 2. qui donne de l'ombre ; touffu ; sombre, *opaca locorum* : lieux sombres, VIRG.

ŏpella, *æ*, f., petit travail.

ŏpĕra, *æ*, f., 1. travail, activité, *linguā factiosi, inertes operā* : actifs à parler, mais paresseux pour agir, PL. ; *forensis ~, ~ publica* : activité au forum, action politique ; *operam præbere, ponere, conferre, dare* : donner son concours ; 2. peine prise pour autrui, aide, service, *amico operam dare* : aider un ami ; *operæ pretium est* : il vaut la peine ; *operā* : par expérience ; 3. journée de travail ; ouvrier ; au pl., *operæ*, *arum*, main-d'œuvre, mercenaires ; 4. soin, attention, *dare operam ut, ne* + subj. : faire en sorte que, que… ne… pas ; *operā meā, tuā, suā* : grâce à moi, à toi, à lui ; *eādem operā* : du même coup ; 5. libre disposition de soi, possibilité, *operæ mihi est* : je dispose de moi ; *non operæ mihi est* : je ne veux pas ; *non operæ est* + inf. : a) il n'est pas possible que ; b) il n'est pas opportun que.

ŏpĕrans, *antis*, V. *operor* ; subst. m., ouvrier.

ŏpĕrārĭus, *a, um*, de travail, de travailleur ; subst. m., *operarius, ii*, ouvrier, manœuvre ; f., *operaria, æ*, ouvrière.

ŏpĕrātus, *a, um*, part. adj., occupé ; efficace.

ŏpercŭlum, *i*, n., couvercle.

ŏpĕrīmentum, *i*, n., couverture (en gén.).

ŏpĕrĭo, *īs, īre, ŏpĕrŭi, ŏpertum*, tr., 1. couvrir ; 2. couvrir de terre, ensevelir ; 3. fermer, *~ oculos morientibus* : fermer les yeux des mourants ; *~ ostium* : fermer une porte ; 4. cacher, dissimuler ; 5. fig., recouvrir.

ŏpĕror, *āris, āri*, intr. et tr., 1. travailler, s'occuper à + dat. ; 2. (*sacris*)~ : faire un sacrifice ; servir un dieu ; 3. travailler.

ŏpĕrōsē, adv., avec peine, laborieusement ; avec soin.

ŏpĕrōsĭtās, *ātis*, f., excès de travail ou de soin ; difficulté, peine, embarras.

ŏpĕrōsus, *a, um*, [~sior, ~sissimus], 1. actif, laborieux ; poét., efficace ; 2. qui coûte de la peine, pénible, difficile, *operosa carmina* : vers laborieux ; *artes operosæ* : les arts mécaniques, les métiers.

ŏperto, *ās, āre*, tr., couvrir.

ŏpertōrĭum, *ĭi*, n., couverture ; tombeau.

① **ŏpertus**, *a, um*, V. *operio* ; subst. n., *opertum, i*, lieu retiré ; mystère, secret, *~ Bonæ Deæ* : sanctuaire de la Bonne Déesse (réservé aux femmes) ; *Apollinis operta* : les arcanes d'Apollon.

② **ŏpertŭs**, *ūs*, m., 1. action de couvrir ; 2. voile.

ŏpĕrŭla, *æ*, f., 1. petit travail ; 2. maigre salaire.

ŏpes, *um*, f. pl., V. *ops*.

Ŏphīŏn, *ŏnis*, m., Ophion, 1. géant détrôné par Saturne ; 2. centaure, compagnon de Cadmus et père d'Amycus ‖ **Ŏphĭŏnĭdēs**, *æ*, m., Amycus, fils du centaure Ophion ‖ **Ŏphĭŏnĭus**, *a, um*, d'Ophion, thébain.

Ŏphĭūchus, *i*, m., le Serpentaire, constellation.

Ŏphĭūsa, *æ*, f., Ophiusa, anc. nom de Chypre et de Rhodes ; nom d'autres îles et d'une v. du Pont ‖ **Ŏphĭūsĭus**, *a, um*, d'Ophiusa, de Chypre.

ophthalmĭās, *æ*, m., sorte de poisson.

ophthalmĭcus, *i*, m., oculiste.

Ŏpĭcus, *a, um*, 1. opique, osque (d'un peuple de Campanie) ; 2. barbare, rustre, grossier.

ŏpĭfĕr, *fĕra, fĕrum*, secourable ; salutaire.

ŏpĭfex, *ĭcis*, (*opus* + *facio*), m. et f., 1. créateur, auteur, *~ mundi Deus* : Dieu auteur de l'univers, CIC. ; 2. ouvrier, artisan ; artiste, maître.

ŏpĭfĭcīna, V. *officina*.

ŏpĭlĭo (ŭpĭlĭo), *ōnis*, m., berger.

ŏpīmātus, *a, um*, 1. V. *opimo* ; 2. adj., gras.

ŏpīmē, adv., abondamment, grassement.

Ŏpīmĭānus, *a, um*, opimien, du consulat d'Opimius (en parlant du vin).

ŏpīmĭtās, *ātis*, f., embonpoint ; abondance ; au pl., *opimitates, um*, richesses.

Ŏpīmĭus, *ĭi*, m., Opimius, nom d'une famille rom., not. M. Opimius dont le consulat coïncida avec une bonne année pour le vin (121 av. J.-C.) et avec la mort de C. Gracchus.

ŏpīmo, *ās, āre*, tr., engraisser ; fertiliser ; enrichir ; honorer.

ŏpīmus, *a, um*, [~mior, ~missimus], 1. gras, bien nourri ; 2. fécond, fertile ; 3. riche, magnifique ; subst. n. pl., *opima* (*spolia*) : dépouilles opimes, remportées par celui qui a tué de sa propre main le général ennemi.

ŏpīnābĭlis, *e*, adj., conjectural.

ŏpīnātĭo, *ōnis*, f., opinion, préjugé.

ŏpīnātŏr, *ōris*, m., **1.** celui qui conjecture ; **2.** commissaire aux vivres (sous l'Empire).

① **ŏpīnātus**, *a, um*, part. à sens passif de *opinor*.

② **ŏpīnātŭs**, *ūs*, m., opinion.

ŏpīnĭo, *ōnis*, f., **1.** opinion, conjecture, croyance, *contra opiniones omnium* : contre l'attente de tous ; **2.** préjugé, supposition, idée qu'on se fait, *non re ductus, sed opinione* : entraîné non par la réalité mais par une idée toute faite, *opiniones de diis* : opinions, idées sur les dieux ; avec *ut* + subj., *adducere aliquem in eam opinionem ut putet* : faire croire à qqn. que ; **3.** estime, réputation ; haute idée qu'on donne de soi à autrui, ~ *integritatis meæ* : ma réputation d'honnêteté, Cɪᴄ.

ŏpīno, *ās, āre*, intr. et tr., V. *opinor*.

ŏpīnor, *āris, āri*, tr., **1.** en incise : croire, supposer, *ut opinor* : comme je le crois ; **2.** conjecturer, se faire telle ou telle idée, *aliquid ~ de aliquo* : avoir telle opinion sur qqn. ; *sapiens nihil opinatur* : le sage ne hasarde aucune opinion, Cɪᴄ.

ŏpīnus, V. *inopinus, necopinus*.

ŏpĭpărē, adv., abondamment ; richement.

ŏpĭpăris, *e*, et **ŏpĭpărus**, *a, um*, adj., abondant, somptueux, magnifique.

ŏpis, gén. de *ops*.

ŏpĭtŭlātŏr, *ōris*, adj., secourable.

ŏpĭtŭlor, *āris, āri*, tr., secourir, porter secours, assister + dat.

ŏpĭum, *ĭi*, n., opium.

ŏpŏbalsămum, *i*, n., suc du baumier ; baume.

ŏportet, *ēre, ŏpŏrtŭit*, impers., il faut, il convient (c'est un devoir), *non solum~, sed etiam necesse est* : c'est non seulement un devoir, mais une nécessité, Cɪᴄ. ; + subj. ou prop. inf. : il faut que.

oppango, *ĭs, ĕre, pēgi, pactum*, tr., ficher devant ou contre ; appliquer.

oppecto, *ĭs, ĕre*, tr., éplucher un poisson en séparant la chair des arêtes.

oppēdo, *ĭs, ĕre*, intr., péter au nez de + dat.

oppĕrĭor, *īris, īri, pertus (peritus*, arch.) *sum*, intr. et tr., attendre.

oppĕto, *ĭs, ĕre, īvi (ĭi), ītum*, tr., aller au-devant de, affronter, ~ *mortem*, ou *oppetere* seul : affronter la mort.

oppexŭs, *ūs*, m., coiffure.

oppĭco, *ās, āre*, tr., enduire de poix.

oppĭdānus, *a, um*, d'une ville (autre que Rome), d'une ville de province ; subst. m. pl., *oppidani, orum*, les citadins, les assiégés.

oppĭdātim, adv., de ville en ville.

oppĭdō, adv., tout à fait, beaucoup ; dans le dialogue : oui, sans doute ; assurément.

oppĭdŭlum, *i*, n., petite ville.

oppĭdum, *i*, n., **1.** ville fortifiée ; place forte ; **2.** cité en général.

oppignĕro, *ās, āre*, tr., engager, donner en gage ; engager, lier, ~ *se* : se lier, promettre son dévouement.

oppĭlo, *ās, āre*, tr., boucher ; obstruer.

Oppĭus, *a, um*, d'Oppius, *Oppia lex* : loi Oppia ‖ **Oppĭus**, *ĭi*, m., Oppius, nom d'une famille rom.

opplĕo, *ēs, ēre, plēvi, plētum*, tr., remplir entièrement + abl.

opplētus, *a, um*, V. *oppleo*.

oppōno, *ĭs, ĕre, pŏsŭi, pŏsĭtum*, tr., **1.** poser, placer, mettre devant ; **2.** exposer, *morti se ~* : affronter la mort, **3.** opposer, placer comme obstacle, *alicui se ~* : se dresser contre qqn. comme adversaire ; **4.** opposer, alléguer, objecter ; **5.** mettre en regard, comparer ; **6.** hypothéquer, engager, mettre en gage.

opportūnē (ōport~), adv., [~*nius*, ~*nissime*], à propos, à point, à temps.

opportūnĭtās (ōport~), *ātis*, f., opportunité, occasion favorable ; commodité, facilité, avantage.

opportūnus (ōport~), *a, um*, [~*nior*, ~*nissimus*], **1.** convenable, favorable, opportun, *locus ~* : lieu favorable, mais *loca opportuna* : lieux exposés, qu'il faut fortifier ; **2.** approprié, utile ; **3.** exposé à, sujet à.

① **oppŏsĭtus**, *a, um*, part. adj. de *oppono*, **1.** placé devant, situé en face ; **2.** contraire ; subst. n. pl., *opposita, orum*, antithèses.

② **oppŏsĭtŭs**, *ūs*, m., action de placer devant ou contre ; le fait d'être placé devant ; fig., action d'opposer, d'objecter.

oppŏsŭi, V. *oppono*.

oppressi, V. *opprimo*.

oppressĭo, *ōnis*, f., action d'étouffer ; violence contre, suppression violente.

oppressĭuncŭla, *æ*, f., légère pression.

oppressŏr, *ōris*, m., oppresseur (fig.) ; destructeur.

oppressus, abl. *ū*, m., action de presser ou de peser sur ; écroulement.

opprĭmo, *ĭs, ĕre, pressi, pressum*, tr., **1.** presser sur, appuyer sur, *terrā oppressus* : recouvert de terre, enterré ; fermer, *os ~* : se taire ; **2.** retenir, tenir caché, dissimuler, *iram* : sa colère ; **3.** étouffer, écraser, fig., ~ *libertatem* : étouffer la liberté ; *litteræ oppressæ* : lettres étouffées dans la prononciation ; *opprimi ære alieno* : être écrasé de dettes ; **4.** vaincre, dompter, terrasser, *bello* ~ : vaincre à la guerre ; *repressus, non oppressus* : vaincu mais non dompté, Cic. ; **5.** tomber sur, surprendre, cueillir, *occasionem* ~ : cueillir l'occasion ; *opprimi morte, nocte, die* : être supris par la mort, par la nuit, par le jour.

oppróbrāmentum, *i*, n., reproche injurieux.

oppróbrātĭo, *ōnis*, f., reproche, réprimande.

oppróbrĭum, *ĭi*, n., **1.** opprobre, déshonneur, honte ; **2.** injure, outrage.

oppróbro, *ās, āre*, tr., reprocher, *aliquid* : qqch., *alicui* : à qqn.

oppugnātĭo, *ōnis*, f., **1.** assaut, attaque, siège ; **2.** art de mener un assaut ; méthode de siège.

oppugnātŏr, *ōris*, m., assaillant, assiégeant, ennemi.

① **oppugno**, *ās, āre*, tr., **1.** attaquer, assiéger, donner l'assaut ; prendre d'assaut, *urbs obsessa et oppugnata* : cité assiégée et prise d'assaut ; **2.** fig., attaquer, poursuivre (en justice), faire de l'opposition à.

② **oppugno**, *ās, āre*, tr., frapper avec le poing.

ops, *ŏpis*, f., et pl., **ŏpes**, *um* (sg. usité seul. aux gén., abl., et acc.)

I sg., **1.** pouvoir, faculté, moyen, *omni ope et operā eniti* : s'efforcer par tous les moyens et de toutes ses forces, *non opis est nostræ* + inf. : nous ne sommes pas en mesure de ; **2.** aide, assistance, secours, *opem petere ab aliquo* : demander assistance à qqn., *opem ferre alicui* : porter secours à qqn.

II pl., **1.** ressources, richesses, fortune, *pro opibus*, selon ses moyens ; **2.** puissance, autorité, force, *divitiæ ut utare, opes ut colare* : l'argent pour s'en servir, l'influence pour être respecté, Cic. ; **3.** qqf., aide en argent ; **4.** souv., forces militaires.

Ops (Ŏpis), *Ŏpis*, f., Ops, déesse de la fécondité et de l'abondance, identifiée à Rhéa et à Cybèle.

optābĭlis, *e*, adj., désirable, souhaitable.

optātĭo, *ōnis*, f., désir, souhait, vœu, *alicui tres optationes dare* : accorder trois vœux à qqn. ; figure de rhét., optation.

optātō, adv., selon le désir, à souhait.

optātus, *a, um*, part. adj., [*~tior, ~tissimus*], **1.** agréable, désiré, souhaité ; **2.** précieux, cher ; subst. n., *optatum, i*, souhait, vœu, désir, *præter optatum meum* : au-delà de mes vœux, *mihi in optatis est* + inf. : je forme le vœu que.

optĭmās, *ātis*, adj., aristocratique ; subst. m. pl., *optimates, ium* ou *um*, les meilleurs (selon Cicéron), les aristocrates, les conservateurs (= le parti du sénat).

optĭmē (optŭ~), adv., superl. de *bene*, très bien, parfaitement.

optĭmus (optŭ~), *a, um*, superl. de *bonus*, très bon, le meilleur, excellent, ~ *quisque* : tous les meilleurs ; *optimum factu est petere auxilium* : la meilleure chose à faire est de demander de l'aide.

① **optĭo**, *ōnis*, f., choix, option, droit de choisir, *dare alicui optionem eligendi* : donner à qqn. la liberté de choisir.

② **optĭo**, *ōnis*, m., aide, adjoint ; mil., adjoint du centurion, adjudant.

optīvus, *a, um*, dont on a fait choix.

opto, *ās, āre*, tr., **1.** choisir, vouloir ; **2.** souhaiter, désirer, demander ; **3.** avec *ut, ne, ut ne* + subj. : souhaiter que, que… ne… pas ; avec subj. seul : que.

ŏpŭlens, *entis*, V. *opulentus*.

ŏpŭlentē et **ŏpŭlentĕr**, adv., richement, magnifiquement.

ŏpŭlentĭa, *æ*, f., richesse, opulence ; au pl., *opulentiæ, arum*, les richesses ; les grandeurs ; puissance.

ŏpŭlento, *ās, āre*, tr., enrichir.

ŏpŭlentus, *a, um*, [*~tior, ~tissimus*], **1.** qui a beaucoup de ressources à sa disposition ; opulent, riche ; au pl., *opulenti, orum*, les riches ; **2.** puissant, influent ; **3.** (choses) abondant, copieux, somptueux.

① **ŏpŭs**, *ĕris*, n., **1.** œuvre, travail (des hommes et des animaux), *opus quærunt* : ils vont à la recherche du travail, ~ *rusticum* : le travail des champs, *opera ruris* : les travaux agricoles ; **2.** travail de construction, de fortification, ~ *castrorum* : l'édification d'un camp ; au pl., *opera, um*, travaux de siège ; **3.** travail forcé, *in opus, ad opus damnari* : être condamné aux travaux forcés ; **4.** travail de l'homme, ouvrage non naturel, *locus egregie naturā atque opere munitus* : un site naturellement protégé et fortifié par l'art des hommes, Cés. ; travail d'un artiste, d'un écrivain, ~ *oratorium* : le travail oratoire ; style, facture, *hydria præclaro opere* : une aiguière d'un travail admirable ; **5.** œuvre, effet, travail produit, bâtiment, fortification, machine de siège, digue, etc. ; **6.** office, fonction, affaire relevant d'une compétence, ~ *censorium* : un acte de censeur ; *operum hoc tuorum est* : cela relève de tes compétences ; **7.** action, entreprise, *opus aggredi* : commencer une œuvre, Tac. ; **8.** peine, fatigue, *magno opere* : avec beaucoup d'effort, V. *magnopere, tantopere*, etc.

② **ŏpŭs**, n., indécl., chose nécessaire, besoin, utilité ; dans la loc. *opus est* : il est besoin (besoin qui dépend de nous, opp. à *necesse est* : il faut absolument), *non quod ~ est, sed quod necesse est* : non ce qui est utile, mais ce qui est indispensable, V. aussi *oportet* ; **1.** constr. pers. avec la chose nécessaire comme sujet, *mihi frumentum non ~ est* : je n'ai pas besoin de blé ; **2.** constr. impers., avec la chose nécessaire à l'abl., au gén., à l'acc., ou *opus* + inf., prop. inf., *ut* + subj. : *mihi opus est aliquā re* : j'ai besoin de qqch. ; avec l'abl. du part. passé, *mature facto ~ est* : il faut agir vite ; avec l'abl. du sup., *~ est dictu* : il est besoin de dire.

Ŏpŭs, *untis*, f., Oponte, cap. de la Locride.

ŏpuscŭlum, *i*, n., petit ouvrage, petit écrit.

① **ōra**, *æ*, f., **1.** extrémité, bord, rivage, côte ; **2.** contrée, région ; poét., *luminis oræ* : les régions de la lumière, le monde, Lucr., Virg. ; **3.** au pl., *oræ, arum*, les contours, les limites (= *fines*), *oræ belli* : le tableau de la guerre, Virg.

② **ōra**, *æ*, f., câble, amarre.

③ **ōra**, nom., voc. et acc. n. pl. de *os* ①.

④ **ōrā**, impér. de *oro*.

ōraclum, V. *oraculum*.

ōrăcŭlārĭus, *a, um*, qui donne des oracles.

ōrăcŭlum, *i*, n., **1.** oracle, parole divine ; **2.** prédiction, prophétie ; sentence, adage ; **3.** temple (où se rendent les oracles).

ōrārĭus, *a, um*, de côte, côtier, *navis oraria* : caboteur.

ōrātĭo, *ōnis*, f., **1.** faculté de parler, langage, parole ; **2.** propos, paroles ; **3.** expression ; style, *genus orationis* : genre de style ; **4.** discours, *orationem habere de aliquā re* : prononcer un discours sur qqch. ; **5.** prose (opp. à vers) ; **6.** message impérial.

ōrātĭuncŭla, *æ*, f., petit discours.

ōrātŏr, *ōris*, m., **1.** orateur, *~ a M. Catone finitur vir bonus dicendi peritus* : l'orateur est défini par M. Caton comme un honnête homme qui sait parler, Quint. ; **2.** porte-parole, envoyé, ambassadeur.

ōrātōrĭa, *æ*, f., art oratoire, rhétorique.

ōrātōrĭē, adv., d'une manière oratoire.

ōrātōrĭus, *a, um*, oratoire, propre à l'orateur ; *oratio diserta et oratoria* : discours éloquent et digne d'un orateur, Cic.

ōrātrix, *īcis*, f., **1.** celle qui prie, *~ pacis* : celle qui demande la paix ; **2.** la rhétorique, V. *oratoria*.

① **ōrātus**, *a, um*, V. *oro* ; subst. n. pl., *orata, orum*, demandes, prières.

② **ōrātus**, *ūs*, m., prière, demande.

orbātĭo, *ōnis*, f., privation.

orbātŏr, *ōris*, m., celui qui prive qqn. de ses enfants.

orbĭcŭlātus, *a, um*, arrondi, rond.

orbĭcŭlus, *i*, m., **1.** petit cercle, rondelle ; **2.** petite roue, roulette ; poulie.

Orbĭlĭus, *ĭi*, m., Orbilius, grammairien, maître d'Horace.

orbis, *is*, m., **1.** rond, cercle, tour ; formation militaire en cercle ; **2.** fig., cercle, cours (des affaires, d'une discussion, de connaissances) ; **3.** *~ terræ* ou *terrarum* : disque de la terre ; *orbis* seul : la Terre ; **4.** diff. choses en forme de cercle : bouclier, roue, orbite de l'œil, œil ; **5.** qqf. abl., *orbi* ; loc., *orbi terrarum* ou *terræ* : dans l'univers.

orbīta, *æ*, f., **1.** trace d'une roue, ornière ; **2.** révolution, orbite (d'un astre) ; **3.** fig., exemple, trace ; marque, empreinte.

orbĭtās, *ātis*, f., **1.** privation, perte (spéc., de ses parents, de ses enfants) ; veuvage ; **2.** en gén., privation, perte, *~ luminis* ou *orbitas* seul : cécité.

orbo, *ās, āre*, **1.** priver qqn. de ses parents, de ses enfants ; **2.** priver de, *omni spe salutis orbatus* : privé de tout espoir de salut.

Orbōna, *æ*, f., Orbona, déesse invoquée par les parents pour leurs enfants en danger de mort.

orbus, *a, um*, privé de (spéc., de ses parents, de ses enfants) ; subst. m., *orbus, i*, orphelin ; f., *orba, æ*, orpheline (ou veuve) ; privé de la vue, aveugle.

① **orca**, *æ*, f., **1.** orque, cétacé.

② **orca**, *æ*, f., **1.** jarre, tonne ; **2.** cornet à dés.

Orcădes, *um*, f. pl., Orcades, îles au N. de la Grande-Bretagne.

orchăs, *ădis*, f., espèce d'olive.

orchestra, *æ*, f., **1.** orchestre, lieu du théâtre réservé en Grèce aux évolutions du chœur ; à Rome, places réservées aux sénateurs ; **2.** fig., le sénat.

orchīta (**~ēs**), *æ*, et **orchītis**, *is*, f., espèce d'olive de forme allongée.

Orchŏmĕnĭus, *a, um*, d'Orchomène ‖ **Orchŏmĕnĭi**, *ōrum*, m. pl., les Orchoméniens ‖ **Orchŏmĕnum** (**~on**), *i*, n., et **Orchŏmĕnŏs** (**~us**), *i*, m., Orchomène, v. de Béotie.

Orcīnĭānus, *a, um*, de l'Orcus, de Pluton, des Enfers ‖ **Orcīnus**, *a, um*, V. le préc. ; *orcini senatores* : sénateurs désignés après la mort de César ‖ **Orcus**, *i*, m., **1.** l'Orcus, l'Averne, le monde des morts ; **2.** Orcus-Pluton, divinité infernale ; **3.** la mort.

orde~, V. *horde~*.

ordĭa prīma, V. *primordia*.

ordĭnārĭus, *a, um*, **1.** rangé en ordre ; **2.** régulier, normal, ordinaire, *~ consul* : consul entré normalement en charge.

ordĭnātim, adv., en ordre, régulièrement.

ordĭnātĭo, *ōnis*, f., **1.** mise en ordre, arrangement, *~ vitæ* : plan de vie, *~ anni* : calendrier ; **2.** administration, gouvernement de l'État, *quid ordinatione civilius ?* : qu'y a-t-il de plus politique que l'administration ?, PL.-J. ; **3.** ordonnance, décret de l'empereur ; **4.** nomination à une charge.

ordĭnātŏr, *ōris*, m., ordonnateur, *rerum ~* : l'ordonnateur du monde, Dieu, APUL. ; *litis ~* : le juge d'instruction, SÉN.

ordĭnātus, *a, um*, part. adj., [*~tior, ~tissimus*], réglé, régulier.

ordĭno, *ās, āre*, tr., mettre en ordre, disposer, arranger ; organiser ; instruire.

ordĭor, *īris, īri, orsus sum*, tr., **1.** ourdir, faire la trame d'un tissu ; **2.** commencer, entamer ; + inf., *~ loqui*, ou *ordiri* seul : commencer à parler ; *a principio ordiamur* : commençons par le commencement.

ordo, *ĭnis*, m., **1.** rangée, file, ligne, *directo ordine* : en ligne droite ; rang de rames, rangée de sièges au théâtre, *quatuordecim ordines* : les 14 gradins réservés aux chevaliers ; **2.** rang, file de soldats ; centurie, *primus ~* : la 1ʳᵉ centurie de la 1ʳᵉ cohorte ; grade de centurion, *primi ordines* : les centurions du plus haut grade ; **3.** classe de citoyens, ordre (sénatorial, équestre) ; **4.** ordre, succession, *ordines temporum* : ordre chronologique ; **5.** bon ordre, régularité, *ordine, in ordine, per ordinem* : en ordre, point par point ; *extra ordinem* : irrégulièrement.

Ŏrēăs, *ădis*, f., Oréade, nymphe des montagnes.

Ŏrestæ, *ārum*, m. pl., Orestes, peuple entre Macédoine et Épire.

Ŏrestēs, *æ (is, i)*, m., Oreste, fils d'Agamemnon et de Clytemnestre, meurtrier de sa mère et d'Égisthe, ami de Pylade ‖ **Ŏrestēus**, *a, um*, d'Oreste.

Ŏrestis, *ĭdis*, f., Orestide, région de Macédoine habitée par les Orestes.

Ŏrētāni, *ōrum*, m. pl., Orétains, peuple de Celtibérie.

ŏrexis, *is*, f., appétit.

orf~, V. *orph~*.

organĭcus, *a, um*, **1.** mécanique ; **2.** mélodieux ; subst. m., *organicus, i*, musicien.

orgănum, *i*, n., **1.** instrument (en gén.) ; mécanisme, ressort ; **2.** instrument de musique ; orgue hydraulique ; orgue à vent.

Orgĕtŏrix, *īgis*, m., Orgétorix, chef des Helvètes.

orgĭa, *ōrum*, n. pl., orgies, Mystères de Bacchus ; objets sacrés ; en gén., rites, cérémonies sacrées ; fig., mystères, secrets.

Ŏrībāsus, *i*, m., Oribase, chien d'Actéon.

ŏrĭchalcum, *i*, n., **1.** orichalque, laiton ; **2.** trompette en cuivre ; **3.** au pl., *orichalca, orum*, armes en cuivre.

ŏrĭcilla, **ŏrĭcŭla**, V. *auric~*.

Ŏrīcīni, *ōrum*, m. pl., les hab. d'Oricum ‖ **Ŏrīcĭus**, *a, um*, d'Oricum ‖ **Ŏrīcum**, *i*, n., et **Ŏrīcŏs**, *i*, f., Oricum, v. d'Épire.

ŏrĭens, *entis*, m., part. subst. **1.** soleil levant, dieu-soleil ; poét., jour ; **2.** orient, levant, est, *ab oriente ad occidentem* : de l'orient au couchant ; **3.** les pays du levant, l'Orient.

ŏrĭfĭcĭum, *ĭi*, n., ouverture, orifice.

ŏrīga, V. *auriga*.

ŏrĭgănītum vīnum, *i*, n., vin parfumé à l'origan.

ŏrĭgănon (~um), *i*, n., et **ŏrĭgănus**, *i*, m., origan, plante parfumée.

Ŏrĭgĕnēs, *is*, m., Origène, Père de l'Église (IIIᵉ s. ap. J.-C.).

ŏrĭgĭnālis, *e*, adj., primitif.

ŏrĭgĭnātĭo, *ōnis*, f., étymologie.

ŏrĭgo, *ĭnis*, (cf. *orior*) f., **1.** origine, commencement, naissance, *populi Romani ~* : les origines du peuple romain, CIC. ; *originem ab aliquo ducere, deducere, habere, trahere* : tirer ses origines de qqn., descendre de qqn. ; **2.** en part., mère patrie, métropole ; **3.** fondateur, créateur, ancêtre, *Æneas, Romanæ stirpis ~* : Énée, fondateur de la souche romaine, VIRG. ; **4.** origine, cause, principe ; **5.** au pl., *Origines, um*, « Les Origines », titre d'une œuvre de Caton sur les origines de Rome.

Ŏrīōn, *ōnis* et *ŏnis*, m., Orion, chasseur changé par Diane en constellation.

ŏrĭor, *ĕris, īri, ortus sum*, part. fut. *ŏrĭtūrus*, intr., **1.** se lever, sortir du lit ; (astre) se lever, se montrer, paraître, *ortā luce* : au matin ; **2.** naître, commencer, *clamor oritur* : des cris s'élèvent ; **3.** tirer son origine, être issu de, *a se ortus* : homme qui s'est fait lui-même, CIC. ; *philosophia a Socrate orta* : la philosophie qui tire son origine de Socrate, CIC.

Ŏrīthyīa, *æ*, f., Orithye, **1.** fille du roi d'Athènes Érechthée, enlevée par Borée qui la transporta en Thrace ; **2.** reine des Amazones.

ŏrĭundus, *a, um*, issu, descendant de ; qui tire son origine de, *ab, ex* + abl. ou abl. seul.

Ormĕnis, *ĭdis*, f., Astydamie, descendante d'Orménos.

ornāmentum, *i*, n., **1.** appareil, attirail, équipement ; au pl., *ornamenta, orum*, le matériel de guerre ; **2.** ornement, parure ; insignes, *ornamenta triumphalia, consularia, prætoria* : les insignes du triomphateur, du consul, du préteur ; fig., les figures de style ; **3.** honneur, distinction, dignité.

ornātē, adv., [*~tius, ~tissime*], avec recherche, avec élégance.

ornātrix, *ĭcis*, f., celle qui orne ; femme de chambre, coiffeuse.

① **ornātus**, *a, um*, part. adj. V. *orno*, [*~tior, ~tissimus*], **1.** équipé, muni ou pourvu de ; **2.** orné, paré ; beau, élégant ; **3.** distingué, honorable, glorieux.

② **ornātŭs**, *ūs*, m., **1.** apprêt, équipement ; costume ; **2.** ornement, parure ; beauté (spéc., du style) ; éclat.

ornĕus, *a, um*, d'orne.

Ornēus, *i*, m., Ornée, centaure.

ornīthōn, *ōnis*, m., volière.

orno, *ās, āre*, tr., **1.** préparer, équiper, munir, *prandium ~* : apprêter le déjeuner ; **2.** orner, parer, embellir ; **3.** honorer, célébrer, vanter.

ornus, *i*, f., **1.** orne ou frêne ; **2.** lance en bois d'orne.

ōro, *ās, āre*, tr., **1.** parler, dire ; **2.** parler comme orateur ; part. subst. m. pl., *orantes, ium*, les orateurs, *~ pro aliquo* : plaider pour qqn. ; *ars orandi* : l'art oratoire ; *causam ~* : plaider une cause ; **3.** prier, solliciter, implorer + double acc. : *~ aliquem libertatem* : demander à qqn. la liberté ; + acc. de la chose ou acc. de la pers. ; avec *ut* ou *ne* + subj. ; + inf. ; + acc. et inf. ; avec *a(b)* + abl. ; avec *cum* + abl., avec *pro* + abl. abs. ; **4.** souv. avec un autre vb. de même sens, *rogo atque oro, oro et attestor, oro atque obsecro* : je te prie et te supplie, je te conjure ardemment ; **5.** en incise : *oro te* : je te prie, de grâce.

Ŏrŏanda, *æ*, f., Oroande, v. de Pisidie ‖ **Ŏrŏandenses**, *ĭum*, m. pl., les hab. d'Oroande ‖ **Ŏrŏandĭcus**, *a, um*, d'Oroande.

Ŏrōdēs, *is*, m., Orode, **1.** roi des Parthes qui fit prisonnier Crassus ; **2.** fils du préc. ; **3.** roi de Colchide ; **4.** guerrier tué par Mézence.

Ŏrōmĕdōn, *ontis*, m., Oromédon, un des Géants.

Ŏrontēs, *æ (is, i)*, m., Oronte, **1.** fl. de Syrie ; **2.** chef des Lyciens et compagnon d'Énée ‖ **Ŏrontēus**, *a, um*, de l'Oronte.

Ōrōpōs (~us), *i*, f., Oropos, v. de Béotie, aux confins de l'Attique.

Orpheūs, *ĕi* ou *ĕos*, m., Orphée, joueur de lyre thrace, fils de Calliope, époux d'Eurydice ‖ **Orphēus**, *a, um*, d'Orphée ‖ **Orphēĭcus (~phĭcus)**, *a, um*, orphique.

① **orsus**, *a, um*, V. *ordior* ; subst. n. pl., *orsa, orum*, **1.** commencements, entreprise ; **2.** vers, poésie ; paroles, discours.

② **orsŭs**, *ūs*, m., **1.** trame ; **2.** entreprise.

ort~, V. *hort~*.

orthĭus, *a, um*, élevé, aigu ; *orthium carmen* : mode musical aigu.

orthŏgrăphĭa, *æ*, f., orthographe ; profil vertical (d'une construction).

ortīvus, *a, um*, **1.** levant, naissant ; **2.** oriental.

Ortōna, *æ*, f., Ortona, v. du Latium.

① **ortus**, *a, um*, V. *orior*.

② **ortŭs**, *ūs*, m., **1.** naissance, origine ; **2.** lever des astres.

Ortўgĭa, *æ*, et **Ortўgĭē**, *ēs*, f., Ortygie, **1.** autre nom de Délos ; **2.** petite île en face de Syracuse ; **3.** autre nom d'Éphèse ; **4.** forêt près d'Éphèse ‖ **Ortўgĭus**, a, um, d'Ortygie, de Délos.

ŏryx, *ўgis*, m., gazelle.

ŏrўza, *æ*, f., riz.

① **ōs**, *ōris*, n., **1.** bouche, *habere aliquid in ore* : parler toujours d'une chose, Cic. ; *pervenire in ora vulgi* : être sur toutes les lèvres, Cat. ; *volitare per ora virum* : voler sur les lèvres des hommes, Enn. ; *uno ore* : unanimement, Cic. ; *ore tenus* : en parole seulement, Tac. ; **2.** visage, face, figure, *in os laudare* : louer en face, Tér. ; *os lædere* : injurier ouvertement ; *os molle* : timidité, Sén. ; *os ducere* : grimacer, Cic. ; *ante ora, in ore* : sous les yeux, devant ; **3.** impudence, *~ durissimum* : parfaite insolence, Cic. ; **4.** entrée, ouverture, proue, *ora navium rostrata* : les proues garnies d'éperons, Hor.

② **ŏs**, *ossis*, n., **1.** os, ossement, poét., = le fond de l'être, la moelle des os, *dolor ossibus ingens* : un violent ressentiment intime, Virg. ; **2.** fig., au pl., *ossa, ium*, le squelette = la charpente (d'un discours) ; **3.** le cœur (d'un arbre) ; le noyau (d'un fruit).

Osca, *æ*, f., Osca, v. d'Espagne Tarraconaise, auj. Huesca.

Oscē, adv., en langue osque.

oscĕn, *ĭnis*, m., oscène (oiseau augural par son chant).

Oscensis, *e*, adj., d'Osca ‖ **Oscenses**, *ĭum*, m. pl., les hab. d'Osca.

Osci, *ōrum*, m. pl., Osques, ancien peuple de Campanie ‖ **Oscus**, *a, um*, osque.

oscillātĭo, *ōnis*, f., jeu de la balançoire.

oscillum, *i*, n., **1.** petite cavité d'où sort le germe ; **2.** petite figurine suspendue aux arbres en offrande à Bacchus ou à Saturne ; **3.** balançoire.

oscĭtans, *antis*, part. adj., somnolent, indolent.

oscĭtantĕr, adv., en bâillant, avec nonchalance.

oscĭtātĭo, *ōnis*, f., **1.** bâillement ; **2.** indolence, nonchalance.

oscĭto, *ās, āre*, intr., **1.** ouvrir la bouche ; **2.** être indolent ; **3.** s'ouvrir (fleur).

oscĭtor, *āris, āri*, V. le préc.

oscŭlābundus, *a, um*, qui couvre de baisers.

oscŭlātĭo, *ōnis*, f., baiser.

osculo, *ās, āre*, ou **osculor**, *āris, āri*, tr., baiser, donner un baiser à ; caresser, choyer.

oscŭlum, *i*, n., **1.** petite bouche, lèvre ; **2.** baiser, *oscula accipere et dare* : recevoir et donner des baisers.

Ŏsīris, *is* et *ĭdis*, m., Osiris, **1.** génie du Nil et mari d'Isis ; **2.** guerrier rutule.

Osismi, *ōrum*, m. pl., Osismes, peuple de la Gaule du N.-O.

ōsŏr, *ōris*, m., celui qui hait, ennemi.

Ossa, *æ*, f., Ossa, mt. de Thessalie, séjour des centaures ‖ **Ossæus**, *a, um*, de l'Ossa.

ossĕus, *a, um*, osseux ; dur comme un os.

ossĭfrăga, *æ*, f., orfraie, aigle de mer.

ossis, gén. de *os* ②.

ostendo, *ĭs, ĕre, tendi, tentum* (et *tensum*), tr., étendre devant, **1.** présenter, exposer, *os suum populo Romano ~* : montrer son visage au peuple romain, Cic. ; **2.** montrer, faire voir, *~ apertum pectus* : mettre son cœur à nu, Cic. ; **3.** démontrer que + prop. inf.

ostensĭo, *ōnis*, f., exhibition, manifestation.

ostensus, *a, um*, V. *ostendo*.

ostentātĭo, *ōnis*, f., **1.** démonstration, manifestation ; **2.** ostentation, faux-semblant ; parade.

ostentātŏr, *ōris*, m., **1.** celui qui montre avec ostentation ; **2.** celui qui met en lumière.

ostentātrix, *īcis*, f. du préc.

ostento, *ās, āre*, tr., **1.** présenter, montrer avec insistance ; **2.** faire voir, étaler ; **3.** indiquer, déclarer + inf. ou interr. indir.

ostentum, *i*, n., prodige ; monstre ; merveille ; *ostenta facere* : accomplir des prodiges.

① **ostentus**, *a, um*, V. *ostendo*.

② **ostentŭs**, *ūs*, m., étalage ; preuve apparente ou réelle.

ostēs, *æ*, m., sorte de tremblement de terre.

Ostĭa, *æ*, f., et **Ostĭa**, *ōrum*, n. pl., Ostie, v. et port à l'embouchure du Tibre.

ostĭārĭum, *ĭi*, n., taxe sur les portes.

ostĭārĭus, *ĭi*, m., portier, concierge.

ostĭātim, adv., de porte en porte.

ostĭŏlum, *i*, n., petite porte.

ostĭum, *ĭi*, (cf. *os* ①), n., entrée ; porte ; embouchure.

ostrĕa, *æ*, f., et **ostrĕum**, *i*, n., huître.

ostrĕārĭus, *a, um*, relatif aux huîtres.

ostrĭfĕr, *fĕra, fĕrum*, qui produit des huîtres.

ostrīnus, *a, um*, de pourpre.

ostrum, *i*, n., pourpre (colorant tiré d'un coquillage) ; étoffe de pourpre ; couleur pourpre.

ōsus, *a, um*, part. adj. de *odi*, qui hait.

Ŏtho, *ōnis*, m., Othon, surnom rom., not. L. Roscius Otho, ami de Cicéron et tribun de la plèbe (V. *Roscius*) ; M. Salvius Otho, empereur en 69, après Galba, et avant Vitellius ‖ **Ŏthōnĭānus**, *a, um*, d'Othon (l'empereur) ‖ **Ŏthōnĭāni**, *ōrum*, m. pl., les partisans d'Othon.

Ŏthrўădēs, *æ*, m., **1.** Panthus, fils d'Othrys ; **2.** Othryadès, général spartiate unique survivant dans un combat contre les Argiens ‖ **Ŏthrŷs**, *ўos*, m., Othrys, **1.** père de Panthus ; **2.** mt. de Thessalie.

ōtĭor, *āris, āri*, intr., être de loisir ; prendre du repos.

ōtĭōsē, adv., **1.** dans le loisir ; **2.** tranquillement ; **3.** à loisir, à son aise.

ōtĭōsus, *a, um*, **1.** inoccupé, de loisir, *Scipio dicere solebat numquam se minus otiosum esse, quam cum ~* : Scipion avait l'habitude de dire qu'il n'avait jamais moins de loisir que quand il était de loisir, Cic. ; **2.** en part., éloigné des affaires publiques, de la vie politique ; **3.** neutre, indifférent ; **4.** tranquille, calme ; *animo otioso esse* : être tranquille, Tér. ; **5.** (style) diffus, prolixe ; **6.** oiseux, superflu, inutile.

ōtĭum, *ĭi*, n., **1.** loisir, temps libre, repos ; en part., retrait de la politique, *~ cum dignitate* : une retraite politique honorable, Cic. ; **2.** inaction, oisiveté ; **3.** loisir pour l'étude, *~ litteratum* : loisir consacré à la littérature, *otia nostra* : mon loisir poétique, Ov. ; **4.** paix, tranquillité, calme, *per ~* : a) à loisir ; b) en temps de paix.

ōtŏpĕta, *æ*, m., qui a de longues oreilles.

Ōtus (**Ŏthus, Ŏthos**), *i*, m., Otus, Géant, frère d'Éphialtès, fils de Poséidon.

ŏvātĭo, *ōnis*, f., ovation, petit triomphe
où le général vainqueur défilait à pied
ou à cheval, couronné de myrte.

① **ŏvātus**, *a, um*, de forme ovale ; tacheté.

② **ŏvātus**, *a, um*, V. *ovo*, ovationné.

Ŏvĭdĭus, *ĭi*, m., Ovide, nom d'une famille rom., en part. P. Ovidius Naso,
Ovide, le poète latin né à Sulmone en 43
av.J.-C., mort à Tomi en 17 ap. J.-C.

ŏvīle, *is*, n., **1.** étable à brebis ou à chèvres, bergerie ; **2.** partie close du Champ
de Mars où l'on votait.

ŏvīlis, *e*, adj., de brebis.

ŏvillus, *a, um*, de brebis ; subst. f., *ovilla*,
æ, viande de mouton.

ōvĭpărus, *a, um*, ovipare.

ŏvis, *is*, f., **1.** brebis, mouton ; **2.** laine de
mouton ; **3.** sot, niais.

ŏvo, *ās, āre*, intr., **1.** avoir les honneurs de
l'ovation, triompher ; **2.** pousser des cris
de joie, faire une ovation à qqn.

ōvum, *i*, n., **1.** œuf, ~ *parere, edere, ponere,
facere* : pondre ; *gemino ab ovo* : à partir
des deux œufs de Léda (Castor et Pollux
dans l'un, Hélène et Clytemnestre dans
l'autre), Hor. ; **2.** œuf en bois au cirque,
servant à marquer chaque tour de piste
fait par les chars de course ; **3.** capacité
d'une coquille d'œuf.

Oxĭŏnes, *um*, m. pl., Oxions, peuple germain.

oxos, *i*, n., vinaigre.

Oxus (~os), *i*, m., Oxus, fl. d'Asie, auj.
Amou-Daria.

oxўmĕlĭ, *ĭtis*, ou **oxўmĕl**, *mellis*, ou
oxymĕlum, *i*, n., oxymel, vinaigre
miellé.

oxўmōrus, *a, um*, rhét., oxymore, d'apparence spirituellement contradictoire
ex., *cum tacent clamant* : ils crient muette-
ment.

P

P, p, f. et n., indécl., **1.** p, quinzième lettre de l'alph. latin ; **2.** *P*, abr. de *Publius, parte, pater, pedes, pondo, populus, posuerunt, publicus,* etc. ; *P. C.* = *patres conscripti* ; *P. M.* = *pontifex maximus* ; *P. R.* = *populus Romanus.*

păbŭlāris, *e,* adj., relatif au fourrage, fourrager.

păbŭlātĭo, ŏnis, f., **1.** action de paître, pâturage ; **2.** mil., fourrage, action d'aller au fourrage.

păbŭlātŏr, ŏris, m., celui qui va au fourrage, fourrageur.

păbŭlor, āris, āri, intr., **1.** prendre sa nourriture, paître ; **2.** chercher sa nourriture ; **3.** aller au fourrage.

păbŭlum, i, n., **1.** (animaux) pâturage, fourrage ; **2.** (pers.) nourriture, aliment.

păcālis, *e,* adj., **1.** de paix, relatif à la paix, *olea* ~ : l'olivier symbole de paix ; **2.** de la déesse Paix.

păcātē, adv., [~*tius, ~tissime*], pacifiquement, paisiblement.

păcātŏr, ŏris, m., pacificateur.

păcātus, *a, um,* part. adj., [~*tior, ~tissimus*], pacifique, paisible ; tranquille, *pacatum per mare* : sur une mer calme ; subst. n., *pacatum, i,* pays en paix ; paix, rapports amicaux.

Păchỹnum, i, n., et **Păchỹnus (~ŏs),** i, m. et f., Pachynum, promontoire au S.-E. de la Sicile.

păcĭfĕr, fĕrā, fĕrum, qui apporte la paix, pacificateur ; qui est un symbole de paix.

păcĭfĭcātĭo, ŏnis, f., retour à la paix, pacification ; réconciliation.

păcĭfĭcātŏr, ŏris, m., pacificateur.

păcĭfĭcātōrĭus, *a, um,* propre à rétablir la paix.

păcĭfĭco, ās, āre, et arch. **păcĭfĭcor,** āris, āri, **1.** intr., faire la paix ; **2.** tr., apaiser.

păcĭfĭcus, *a, um,* qui aime la paix, pacifique ; *pacifica persona* : rôle de pacificateur, Cic.

păcisco, ĭs, ĕre, V. *paciscor.*

păciscor, ĕris, i, *pactus sum,* **1.** intr., faire un traité, un pacte ; conclure un arrangement ; **2.** tr., convenir de, stipuler ; **3.** tr., engager ; *vitam pro laude* ~ : sacrifier sa vie pour la gloire, Virg.

① păco, ās, āre, tr., pacifier, soumettre, dompter.

② păco, ĭs, ĕre, arch., = *pango.*

Pācōnĭus, ĭi, m., Paconius, nom d'une famille rom.

Păcŏrus, i, m., Pacorus, roi des Parthes, vaincu par Ventidius Bassus, lieutenant d'Antoine ; Pacorus II, roi des Parthes à l'époque de Domitien.

pacta, æ, f., fiancée.

pactĭo, ŏnis, f., **1.** convention, pacte, arrangement, traité, ~ *verborum* : expression, formule ; *per pactionem* : par convention ; **2.** adjudication des impôts publics ; **3.** accord illicite, entente, corruption.

Pactōlis, ĭdis, f., du Pactole ‖ **Pactōlus,** i, m., Pactole, fl. de Lydie, qui roulait de l'or dans ses eaux.

pactŏr, ŏris, m., contractant, négociateur.

pactum, i, n., **1.** pacte, convention, contrat, traité ; **2.** manière, façon ; à l'abl. (= *modo, ratione), nullo pacto* : en aucune manière, *isto pacto* : de cette manière.

① pactus, *a, um,* V. *paciscor* : au sens passif, convenu, conclu, *filia pacta alicui* : fille promise (en mariage) à qqn. ; *pacto inter se ut* : la convention étant faite entre eux que.

② pactus, *a, um,* V. *pango.*

Pactỹē, ēs, f., Pactia, v. de Chersonèse de Thrace.

Pācŭvĭus, ĭi, m., Pacuvius, **1.** poète tragique latin, né à Brindes (220-140 av. J.-C.) ; **2.** citoyen de Capoue qui conseilla l'alliance avec Hannibal.

Pădŭa, æ, f., Padoue, une des bouches du Pô ‖ **Pădus,** i, m., Pô, principal fl. d'Italie, qui se jette dans l'Adriatique ‖ **Pădūsa,** æ, f., Padusa, canal du Pô qui passe à Ravenne.

Pæān, ānis, m., **1.** Péan, un des noms d'Apollon (le guérisseur) ; **2.** péan, hymne en l'honneur d'Apollon ou d'un autre dieu ; **3.** cri de joie, *dicite : io pæan !* : criez : iô bravo !, Ov. ; **4.** V. *pæon.*

pædăgōgĭum, ĭi, n., lieu où l'on instruit les enfants ; école de pages ; enfants, élèves, pages qui fréquentent le *pædagogium.*

pædăgōgus, i, m., **1.** pédagogue, esclave qui accompagne les enfants à l'école et les surveille à la maison, précepteur ; **2.** maître, guide, mentor.

pædīcātŏr, ōris, m., pédéraste.

① **pædīco**, ās, āre, **1.** intr., pratiquer la pédérastie ; **2.** tr., sodomiser.

② **pædīco**, ōnis, m., pédéraste.

pædīdus, a, um, [~dissimus], sale, crasseux.

pædŏr, ōris, m., **1.** saleté, crasse ; au pl. pædores, um, la malpropreté ; **2.** mauvaise odeur.

pægnĭārĭus, ĭi, m., gladiateur, escrimeur.

pælex, pælīcātŭs, V. pell~.

Pæligni, V. Peligni.

Pæmāni, ōrum, m. pl., Pémanes, peuple de Belgique.

pænĕ (pēnĕ), adv., [~nissime], presque, perdidit me pænissime : il a bien failli me perdre.

pæninsŭla ou **pēninsŭla**, æ, f., péninsule, presqu'île.

pænĭtendus, a, um, **pænĭtens**, V. pæniteo.

pænĭtentĭa, æ, f., repentance, regret ; pænitentiam alicujus rei agere : se repentir de qqch.

pænĭtet, ēre, pænĭtŭit, impers., et **pænĭtĕo**, ēs, ēre, pænĭtŭi, pers., **1.** impers., + acc. de la pers.-suj. et gén. de la chose dont on se repent (gén. de cause) ; eos pænitet culpæ suæ : ils se repentent de leur faute ; me pænitet : je ne suis pas content ; me non pænitet : je suis content ; + inf., me pænitet peccavisse : je me repens d'avoir péché ; vis pænitendi : la force du repentir ; **2.** rar. pers., intr. et tr., être mécontent, se repentir ; part. prés., pænitens : qui se repent ; adj. vb., pænitendus : dont on doit se repentir.

pænĭtūrus, a, um, part. fut. de pæniteo.

pænŭla (pēn~), æ, f., pénule, manteau d'hiver, sans manches, à capuchon ; couverture.

pænŭlātus, a, um, revêtu de la pénule.

pænūltīmus, a, um, pénultième, avant-dernier.

pænūrĭa, V. penuria.

pæon, ōnis, m., péon, pied de quatre syllabes dont une longue.

Pæon, ōnis, m., Péonien, de Péonie ‖ **Pæones**, um, m. pl., les Péoniens, hab. de la Péonie ‖ **Pæonĭa**, æ, f., Péonie, région de Macédoine, Macédoine ‖ **Pæonĭs**, ĭdis, f., de Péonie.

① **Pæonĭus**, a, um, de Péonie, péonien.

② **Pæonĭus**, a, um, de Péon (ou Péan), dieu de la médecine ; d'où : médicinal, salutaire.

Pæstānus, a, um, de Paestum ‖ **Pæstāni**, ōrum, m. pl., les hab. de Pæstum ‖ **Pæstum**, i, n., Pæstum, v. de Lucanie (Posi-

donie pour les Grecs), célèbre pour ses roses.

pætŭlus, a, um, qui louche un tout petit peu.

pætus, a, um, qui louche un peu.

Pætus, i, m., Pétus, surnom rom.

pāgānĭcus, a, um, de village ; subst. f., paganica (ss.-ent. pila), sorte de balle bourrée de plume.

pāgānus, a, um, **1.** de village, de la campagne ; subst. m., paganus, i, villageois, campagnard ; **2.** opp. à militaire : civil, bourgeois, et milites et pagani : les soldats et les civils ; **3.** chr., païen.

Păgăsa, æ, f., ou **Păgăsæ**, ārum, f. pl., Pagase, v. de Thessalie, où fut construit le navire Argo ‖ **Păgăsæus (~ēius)**, a, um, de Pagase.

pāgātim, adv., par villages.

pāgella, æ, f., feuille de papier.

Pagĭdās (~da), æ, m., Pagida, **1.** fl. d'Afrique ; **2.** fl. de Phénicie.

pāgĭna, æ, (R. pag~), f., **1.** feuille de papyrus, page, complere paginam : écrire toute la page ; extrema, postrema ~ : la dernière page ; utramque paginam facere : remplir les deux colonnes de l'avoir et de la dette = faire la pluie et le beau temps ; **2.** écrit, liste.

pāgĭnŭla, æ, f., petite page.

pāgus, i, (R. pag~), m., **1.** bourg, village ; **2.** canton, district, en Gaule et en Germanie.

pāla, æ, f., **1.** bêche ; pelle ; **2.** chaton d'une bague.

Pălæmon, ŏnis, m., Palémon, **1.** dieu marin, fils d'Athamas et de Leucothoé ; **2.** Remmius Palémon, grammairien de Vicence (Ier s. ap. J.-C.) ; **3.** berger ‖ **Pălæmonĭus**, a, um, de Palémon ; des Jeux isthmiques (Corinthe) en l'honneur de Palémon.

Pălæstina, æ, et **Pălæstīnē**, ēs, f., Palestine ‖ **Pălæstīnus**, a, um, de Palestine, Palæstina aqua : l'Euphrate ‖ **Pălæstīni**, ōrum, m. pl., les hab. de la Palestine.

pălæstra, æ, f., **1.** palestre, lieu où l'on pratique la lutte et les exercices phys. ; exercices, gymnastique ; **2.** lieu où l'on s'exerce à la parole, école, exercices rhétoriques ; **3.** souplesse politique ou oratoire.

pălæstrĭcus, a, um, qui regarde la palestre, palestrici motus : mouvements de gymnastique ; ~ doctor ou magister, ou subst. m., palæstricus, i : maître de gymnastique.

pălæstrīta, æ, m., **1.** maître de gymnastique ; **2.** lutteur, athlète.

pălăm, adv. et prép., **1.** adv., a) ouvertement, publiquement, *luce* ~ : en plein jour ; ~, *intus* : extérieurement, intérieurement ; ~ *facere alicui* : dévoiler à qqn. ; b) franchement, ~ *dicere* : parler clairement ; **2.** prép. + abl. : en présence de, *te* ~ : en ta présence ; ~ *populo* : devant le peuple.

Pălămēdēs, *is*, m., Palamède, fils de Nauplius, roi d'Eubée (déjoua la ruse d'Ulysse qui se faisait passer pour fou afin de ne pas participer à la guerre de Troie ; inventeur de beaucoup de jeux et de plusieurs lettres de l'alph. grec, dont le γ inspiré du vol des grues) ; *Palamedis avis* : la grue.

pălangæ, V. *phalangæ*.

pălans, *antis*, V. *palor*.

Pălātīnus, *a, um*, **1.** du mt. Palatin ; *Palatina (tribus)* : la tribu du Palatin ; **2.** du palais impérial ; *Palatina domus* : le palais impérial ‖ **Pălātīum**, *ĭi*, n., **1.** le mt. Palatin, et la quatrième région de Rome ; **2.** le palais des Césars sur le Palatin ; **3.** palais en gén., *Palatia cæli* : le palais des dieux.

pălātum, *i*, n., **1.** voûte du palais, palais (organe du goût) ; **2.** goût, jugement ; **3.** voûte (du ciel).

① **pălātus**, *a, um*, V. *palo* ① et *palor*.

② **pălātus**, *i*, m., V. *palatum*.

pălē, *ēs*, f., lutte.

pălĕa, *æ*, f., **1.** paille, balle du blé, *paleæ jactantur inanes* : les balles vides voltigent ; **2.** paillette (de métal), limaille ; **3.** barbe du coq.

pălĕăr, *āris*, n., **1.** fanon (du bœuf) ; **2.** gorge, arrière-bouche (des ruminants).

Pălēs, *is*, f., Palès, déesse des bergers.

pălæstrīta, V. *palæstrita*.

Pălīci, *ōrum*, m. pl., les Palices, fils de Jupiter et de la nymphe Thalie, qui se rendirent à Palica en Sicile, où ils étaient l'objet d'un culte particulier.

Pălīlis, *e*, adj., de Palès ‖ **Pălīlĭa** ou **Părīlĭa**, *ĭum* ou *ĭorum*, n. pl., Palilies ou Parilies, fêtes de Palès pour l'anniversaire de la fondation de Rome par les bergers (21 avril).

pălimbacchīus (pes), *ĭi*, m., pied métrique de deux longues et d'une brève.

pălimpsestus (~ŏs), *i*, m., palimpseste, parchemin que l'on grattait pour y écrire à nouveau.

Pălīnūrus, *i*, m., **1.** Palinure, pilote d'Énée naufragé et enterré au cap Palinure (en Lucanie) ; **2.** cap Palinure.

pălĭūrus, *i*, m., paliure, sorte de ronce.

palla, *æ*, f., **1.** palla, grand manteau de femme ; **2.** manteau des acteurs tragiques ; **3.** tenture, rideau.

pallăca, *æ*, f., concubine.

pallăcāna, *æ*, f., ciboulette.

Pallacīnus, *a, um*, de Pallacine, lieu-dit de Rome.

① **Pallădĭus**, *a, um*, de Pallas Athéné, de Minerve ; fig., savant, habile ‖ **Pallădĭum**, *ĭi*, n., Palladium, statue de Pallas, miraculeusement tombée du ciel à Troie ; *Palladii latices* : l'huile d'olive, *Palladii arces* : la citadelle d'Athènes consacrée à Pallas.

② **Pallădĭus**, *ĭi*, m., Palladius, agronome latin.

Pallantēum, *i*, n., Pallantée, **1.** v. d'Arcadie, fondée par Pallas, aïeul d'Évandre ; **2.** v. fondée par Évandre sur le mont Palatin à l'emplacement de la Rome future ‖ **Pallantēus**, *a, um*, de Pallantée.

Pallantĭăs, *ădis*, et **Pallantis**, *ĭdis*, f., l'Aurore, descendante du Géant Pallas.

Pallantĭus, *a, um*, descendant de Pallas, Évandre.

① **Pallās**, *ădis* et *ădos*, f., **1.** Pallas Athéné ou Minerve, *Palladis arbor* : l'olivier, *Palladis ales* : la chouette ; **2.** Palladium, statue de Pallas ; **3.** le temple de Vesta (où était conservé le Palladium) ; **4.** olivier, olive ; huile ; **5.** Pallas, nom donné au nombre sept, fils de la seule unité (en tant que nombre premier) comme Pallas est la fille du seul Jupiter.

② **Pallās**, *antis*, m., Pallas, **1.** fils de Pandion ; **2.** un des Géants, père d'une Minerve par qui il fut tué ; **3.** aïeul et fils d'Évandre ; **4.** affranchi de Claude.

Pallēnæus, *a, um*, de Pallène ‖ **Pallēnē**, *ēs*, f., Pallène, **1.** v. de Macédoine, sur le golfe Thermaïque, théâtre de la lutte des dieux et des Géants ; **2.** v. d'Arcadie ‖ **Pallēnensis**, *e*, adj., de Pallène.

pallens, *entis*, part. adj., **1.** pâle, blême ; **2.** jaunâtre, verdâtre ; **3.** qui rend pâle.

pallĕo, *ēs, ēre, pallŭi*, **1.** intr., être pâle ; pâlir de fatigue ou de crainte ; **2.** tr., poét., *multo* ~ *colores* : changer de couleurs plusieurs fois, PROP. ; pâlir devant, redouter ; pâlir sur (à force de travail).

pallĕŏlātim, V. *palliolatim*.

pallesco, *ĭs, ĕre, pallŭi*, intr., devenir pâle ; se décolorer, pâlir, jaunir, *pallescunt frondes* : les feuilles jaunissent.

pallĭastrum, *i*, n., mauvais manteau.

pallĭātus, *a, um*, **1.** vêtu d'un pallium, manteau à la grecque (spéc. porté par les philosophes) ; *modo togatus, modo* ~ : tantôt en toge, tantôt en pallium ; *palliata fabula* ou subst. f., *palliata* : comédie

grecque par le sujet et le lieu de l'action ;
2. couvert, garanti.

pallĭdŭlus, *a*, *um*, un peu pâle.

pallĭdus, *a*, *um*, [~*dior*, ~*dissimus*],
1. pâle, blême, livide ; 2. qui rend pâle,
qui fait pâlir, *pallida mors* : la mort qui
fait pâlir, HOR. ; 3. pâle d'effroi.

pallĭōlātim, adv., en pallium.

pallĭōlātus, *a*, *um*, couvert d'un capuchon.

pallĭōlum, *i*, n., 1. petit pallium, petit
manteau grec ; 2. capuchon.

pallĭum, *ĭi*, n., 1. pallium, manteau grec ;
2. couverture, voile ; 3. tenture ; 4. au pl.,
pallia, *orum*, chiffons, guenilles.

pallŏr, *ōris*, m., 1. pâleur, couleur livide ;
effroi ; 2. la Pâleur personnifiée, déesse
de la peur, *Pavorem Palloremque Tullus
Hostilius figuravit et coluit* : Tullus Hostilius éleva des statues à la Peur et à la Pâleur, et institua leur culte, LIV.

pallŭla, *æ*, f., petit manteau de femme.

palma, *æ*, f., 1. paume de la main ;
2. main, *passis palmis* : les mains éten-
dues (dans l'attitude des suppliants) ;
3. pale, plat de la rame, *verrere æquora
palmis* : frapper les flots des rames ;
4. palmier, fruit du palmier, datte ; branche de palmier (pour donner meilleur
goût au vin) ; palme, prix ou symbole de
la victoire, *palmam ferre* : remporter le
prix ; 5. le vainqueur ou l'adversaire ;
6. = *palmes* : pousse, rejeton, jet ;
7. = *parma* : petit bouclier.

① **palmāris**, *e*, adj., 1. de palmier ; 2. qui
mérite la palme, *statua* ~ : statue mer-
veilleuse ; ~ *dea* : la Victoire.

② **palmāris**, *e*, adj., long d'un palme,
d'un travers de main.

palmārĭus, *a*, *um*, V. *palmaris* ①.

palmătĭās, *æ*, m., secousse de tremblement de terre.

palmātus, *a*, *um*, 1. qui porte l'empreinte
d'une main ou qui a la forme d'une
main ; 2. qui a les cornes ramifiées, *pal-
mati cervi* : cerfs aux cornes palmées ;
3. qui a la forme d'une palme ; où figu-
rent des palmes, *tunica*, *toga*, *vestis pal-
mata* : la tunique, la toge, le costume or-
nés de palmes des triomphateurs.

palmēs, *ĭtis*, m., 1. sarment, bois de la vigne ; 2. vigne ; 3. en gén., branche.

palmētum, *i*, n., lieu planté de palmiers.

① **palmēus**, *a*, *um*, de palmier, en bois
de palmier.

② **palmĕus**, *a*, *um*, long ou haut d'un
palme.

palmĭfĕr, *fĕra*, *fĕrum*, qui produit des
palmiers.

palmĭgĕr, *gĕra*, *gĕrum*, qui porte une
branche de palmier.

palmĭpĕdālis, *e*, adj., qui mesure un
pied et un palme.

① **palmĭpēs**, *pĕdis*, adj., qui a le pied
palmé, palmipède.

② **palmĭpēs**, *pĕdis*, V. *palmipedalis*.

palmōsus, *a*, *um*, abondant en palmiers.

palmŭla, *æ*, f., 1. paume d'une petite
main ; 2. pale d'une petite rame, *stringat
~ cautes* : que la rame rase les rochers,
VIRG. ; 3. palmier ; dattier.

palmus, *i*, m., 1. paume de la main ;
2. palme, mesure égale au travers de la
main.

Palmȳra, *æ*, f., Palmyre, v. de Syrie.

① **pālo**, *ās*, *āre*, tr., étayer, échalasser.

② **pālo**, *ās*, *āre*, V. *palor*.

pālor, *āris*, *āri*, intr., errer, aller çà et là,
vagi palantesque : errants et dispersés,
LIV. ; *palantia sidera* : les astres errants,
LUCR.

palpātĭo, *ōnis*, f., caresse, attouchement,
aufer hinc palpationes : va porter ailleurs
tes caresses, PL.

palpātŏr, *ōris*, m., qui caresse, flatteur.

palpĕbra, *æ*, f., ordin. au pl., **palpĕbræ**,
ārum, 1. paupière, paupières ; 2. cils.

palpĭtātĭo, *ōnis*, f., palpitation, battement, *cordis* : battement de cœur ;
~ *oculorum* : clignement des paupières.

palpĭto, *ās*, *āre*, intr., remuer, s'agiter,
palpiter.

palpo, *ās*, *āre*, et **palpor**, *āris*, *āri*, tr. et
intr., palper, caresser, flatter ; fig., cajoler, flatter + dat. ou acc.

palpum, *i*, n., ou **palpus**, *i*, m., caresse,
flatterie, *timidam palpo percutit* : il ama-
doue la pauvre petite par la flatterie, PL.

pălūdāmentum, *i*, n., manteau militaire, spéc. manteau blanc ou pourpre
des généraux.

pălūdātus, *a*, *um*, revêtu du manteau
militaire, en grande tenue de général.

pălūdōsus, *a*, *um*, marécageux.

palum, *i*, n., V. *palus* ①.

pălumbēs (~**bis**), *is*, f. et m., et **pălum-
bus**, *i*, m., palombe, pigeon ramier, *nos
tibi palumbem ad aream usque adduximus* :
nous t'avons amené le pigeon jusque sur
l'aire (où on les attirait avec le blé)
= nous t'avons fourni une belle occasion,
PL. ; fig., tourtereau.

① **pālus**, *i*, m., 1. poteau, pieu, échalas ;
cheville ; 2. mil., poteau d'exercice ; fig.
exerceamur ad palum : exerçons-nous au
poteau = aguerrissons nos âmes, SÉN. ;
3. membre viril.

② **pălŭs**, *ūdis*, f., **1.** marais, eau du Styx, *Dis juranda ~* : le Styx, par lequel les dieux juraient ; **2.** jonc, roseau de marais.

pălustĕr, *tris, tre*, et **pălustris**, *tre*, adj., **1.** marécageux ; subst. n. pl., *palustria, ium*, marécages ; **2.** de marécage ; fig., fangeux.

pammăchĭum, *ĭi*, n., pancrace (lutte et pugilat).

Pammĕnēs, *is*, m., Pamménès rhéteur grec, maître de Brutus.

Pamphĭlus, *i*, m., Pamphile, nom de diff. pers.

Pamphȳlĭa, *æ*, f., Pamphylie, région du S. de l'Asie Mineure ‖ **Pamphȳlĭus**, *a, um*, de Pamphylie ‖ **Pamphȳlĭi**, *ōrum*, m. pl., les Pamphyliens.

pampĭnārĭus, *a, um*, qui produit du pampre.

pampĭnātĭo, *ōnis*, f., épamprement de la vigne.

pampĭnātŏr, *ōris*, m., celui qui épampre la vigne.

pampĭnātus, *a, um*, part. adj., orné de pampres, en forme de pampre.

pampĭnĕus, *a, um*, de pampre, couvert de pampres, *pampineæ vites* : vignes chargées de pampres ; *pampineæ hastæ* : thyrses ; *pampineæ ulmi* : ormes revêtus de pampres, vigne mariée aux ormeaux.

pampĭno, *ās, āre*, tr., épamprer la vigne, émonder.

pampĭnōsus, *a, um*, qui a beaucoup de pampres, de feuilles.

pampĭnus, *i*, m., pampre, jeune pousse de la vigne, vrille.

Pān, *Pānos* et *Pānis*, acc. *Pana*, m., Pan, dieu grec des bergers, honoré en Arcadie ; représenté avec les pieds et les cornes d'un bouc ; inventeur de la flûte de Pan (à sept tuyaux) ‖ **Pānes**, *um*, acc. *as*, m. pl., Pans, faunes.

pănăca, *æ*, f., vase en terre pour boire.

pănăcēa, *æ*, f., ou **pănăcēs**, *is*, n., ou **pănax**, *ăcis*, m., panacée, plante imaginaire qui guérissait toutes les maladies.

Pănætĭus, *ĭi*, m., Panétius, célèbre stoïcien de Rhodes, maître et ami de Scipion Émilien.

Pănætōlĭcus, *a, um*, et **Pănætōlĭus**, *a, um*, de toute l'Étolie ‖ **Pănætōlĭum**, *ĭi*, n., assemblée générale des Étoliens.

pănārĭcĭum, *ĭi*, n., panaris.

pānārĭŏlum, *ĭi*, n., petite corbeille à pain.

pānārĭum, *ĭi*, n., corbeille à pain.

Pănăthēnăĭca, *ōrum*, n. pl., Panathénées, la plus grande et la plus ancienne fête à Athènes ‖ **Pănăthēnăĭcus**, *i*, m., « Panathénaïque (ou Panégyrique d'Athè-nes) », discours d'Isocrate prononcé aux Panathénées (vers 380 av. J.-C.).

Panchæus (*~ăĭcus*, *~ăĭus*), *a, um*, de Panchaïe ‖ **Panchāĭa**, *æ*, f., Panchaïe, île fabuleuse de la mer Rouge, près de l'Arabie heureuse, abondante en parfums, not. en encens.

panchrestus, *a, um*, bon à tout, *panchrestum medicamentum* : remède universel (l'argent), Cɪᴄ.

pancrătĭastēs, *æ*, m., pancratiaste, athlète qui combat au pancrace.

pancrătĭcē, adv., comme un lutteur.

pancrătĭon (*~um*), *ĭi*, n., pancrace (lutte et pugilat) ; nom donné à la chicorée pour son efficacité.

Pandărus, *i*, m., Pandarus, **1.** compagnon d'Énée tué par Turnus ; **2.** archer lycien, fils de Lycaon.

Pandătărĭa (*~tērĭa*), *æ*, f., Pandataria, auj. Ventotene, petite île de la mer Tyrrhénienne, lieu de relégation sous l'Empire.

Pandectæ, *ārum*, f. pl., « Les Pandectes », compilation justinienne (533 ap. J.-C.) des traités juridiques romains.

pandĭcŭlor, *āris, āri*, intr., s'étendre, s'allonger en bâillant.

Pandīōn, *ōnis*, m., **1.** Pandion, mythique roi d'Athènes, père d'Érechthée, de Procné et de Philomèle ; **2.** le rossignol ‖ **Pandĭōnĭus**, *a, um*, **1.** de Pandion ; **2.** d'Athènes ; *Pandionæ volucres* : l'hirondelle et le rossignol en qui furent transformées Procné et Philomèle.

① **pando**, *ās, āre*, **1.** tr., courber, arquer ; passif, *pandari* : se courber, se fléchir ; **2.** intr., se courber.

② **pando**, *ĭs, ĕre, pandi, pansum* et *passum*, tr., **1.** étendre, déployer, *passis pennis* : aux ailes déployées ; *velis passis* : à pleines voiles ; fig., *passis verbis* : en prose ; **2.** ouvrir ; passif, *pandi* : s'ouvrir, se découvrir ; **3.** faire connaître, expliquer, révéler, *rerum naturam ~* : révéler les mystères de la nature ; **4.** étendre, faire sécher, *uva passa* : raisin sec ; *lac passum* : lait caillé.

Pandōra, *æ*, f., Pandore, nom de la première femme, forgée par Vulcain et dotée par les dieux de toutes les qualités ; envoyée aux hommes avec tous les maux enfermés dans une boîte pour la punition du vol du feu par Prométhée.

Pandrŏsos, *i*, f., Pandrosos, fille de Cécrops.

pandūra, *æ*, f., pandore, luth à 3 cordes, inventée par Pan.

pandus, *a, um*, voûté, courbé, arqué.

pāne, *is*, n., V. *panis*.

pănēgўrĭcus, *a, um*, laudatif ; subst. m., *panegyricus, i,* 1. « Panégyrique », discours d'Isocrate ; 2. panégyrique, éloge.

Pangæus, *a, um*, du Pangée, de Thrace ‖ Pangæa, *ōrum*, n. pl., Pangée, chaîne de montagnes entre la Macédoine et la Thrace.

pango, *ĭs, ĕre, panxi* et *pĕpĭgi, panctum* et *pactum,* (R. *pag~*), tr., 1. enfoncer, ficher, ~ *clavum* : enfoncer un clou ; planter ; 2. composer, écrire (un poème) ; chanter, célébrer ; 3. au pf., convenir, conclure, stipuler ; avec *ut, ne* + subj. : stipuler que, que… ne… pas ; avec inf. : s'engager à ; 4. promettre en mariage.

Pănhormītānus (Pănorm~), *a, um*, de Palerme, palermitain ‖ Pănhormus (Pănorm~), *i, f.,* et Pănhormum (Pănorm~), *i,* n., nom de plusieurs v., en part. Palerme en Sicile.

pānĭcĕus, *a, um*, fait de pain ; subst. m. pl., *Panicei, orum*, hommes de Pain, jeu de mots de Plaute sur Pana, v. du Samnium, et *panis,* pain.

pānĭcum, *i,* n., panic, sorte de millet.

pānĭfĭcĭum, *ĭi,* n., 1. fabrication du pain ; 2. pain, gâteau, galette.

pānĭon, V. *satyrion.*

Pănĭōnĭum, *ĭi,* n., confédération des cités ioniennes ; lieu de réunion des délégués de toutes ces cités ‖ Pănĭōnĭus, *a, um*, qui concerne l'Ionie tout entière.

pānis, *is,* m., 1. pain, *cibarius ~* : pain ordinaire, ~ *siligineus* : pain de fleur de farine ; *mollia panis* : la mie ; *crusta panis* : la croûte ; 2. pain, boule, masse.

Pāniscus, *i,* m., petit Pan.

pannĭcŭlus, *i,* m., petit morceau d'étoffe ; chiffon.

Pannōnĭa, *æ,* f., Pannonie, auj. Hongrie ‖ Pannŏnĭăcus et Pannŏnĭcus, *a, um*, de Pannonie ‖ Pannŏnis, *ĭdis,* adj. f., pannonienne ‖ Pannŏnĭus, *ĭi,* m., Pannonien ‖ Pannŏnĭi, *ōrum,* m. pl., les Pannoniens, hab. de la Pannonie.

pannōsus, *a, um*, 1. déguenillé, couvert de haillons ; subst. m. pl., *pannosi, orum,* les gueux ; 2. ridé, rugueux, *pannosa fæx aceti* : la croûte du vinaigre gâté, Pers. ; *arida et pannosa macies* : maigreur sèche et rugueuse, Sén.

Pannūcēāti, *ōrum,* m. pl., « Les Déguenillés », titre d'une comédie de Pomponius.

pannūcĕus (~cĭus), *a, um*, déguenillé, rapiécé ; ridé.

pannŭlus, *i,* m., lambeau, haillon.

pannus, *i,* m., 1. morceau d'étoffe, *purpureus ~* : lambeau de pourpre, morceau brillant (d'une œuvre), Hor. ; 2. haillon,

guenille ; 3. compresse, bande ; 4. couche, lange ; 5. sac.

Pănomphæus, *a, um*, de qui émanent tous les oracles, épith. de Jupiter.

① Pănŏpē, *ēs,* f., Panopé, v. de Phocide ② Pănŏpē, *ēs,* et Pănŏpēa, *æ,* f., Panope, une des Néréides.

Pănorm~, V. *Panhorm~.*

pansa, *æ,* m., qui a les pieds larges, qui marche jambes écartées.

Pansa, *æ,* m., surnom rom. ; spéc., C. Vibius Pansa, consul mort en 43 av. J.-C. à Modène.

pansus, *a, um*, V. *pando* ②.

Pantăgĭās (~ĭēs), *æ,* m., Pantagia, petite rivière de Sicile, près de Syracuse (auj. Fiume di Porcari).

pantex, *ĭcis,* ordin. au pl., pantĭces, *um,* m. pl., intestin, panse, abdomen.

Panthĕŏn (~ēum), *i,* n., Panthéon 1. grand temple consacré par Agrippa à Jupiter ; 2. statue d'une divinité qui réunissait les attributs de plusieurs autres.

panthēra, *æ,* f., panthère.

panthērīnus, *a, um*, 1. de panthère ; 2. moucheté, tacheté (comme la peau d'une panthère).

Panthŏīdēs, *æ,* m., 1. le fils de Panthus, Euphorbe ; 2. Pythagore, qui prétendit être la réincarnation d'Euphorbe ‖ Panthūs (Panthŏus), *i,* m., Panthus, prêtre troyen d'Apollon, père d'Euphorbe.

pantŏmīma, *æ,* f., actrice de pantomime.

pantŏmīmĭcus, *a, um*, qui concerne la pantomime.

pantŏmīmus, *i,* m., 1. pantomime, pièce ; 2. acteur de pantomime.

păpæ !, interj., oh ! oh ! ; ah !

păpārĭum, *ĭi,* n., bouillie pour les enfants.

păpās, *æ,* m., gouverneur d'enfants, père nourricier.

păpāvĕr, *ĕris,* n. (et m. dans Plaute) 1. pavot ; prov., *objicere formicis papaverem* : jeter du pavot à des fourmis, i.e. qqch. qui est promptement consommé, Pl. ; 2. tête de pavot ; 3. pépin (de figue).

păpāvĕrātus, *a, um*, blanchi avec des pavots, *papaverata toga* : toge d'une extrême blancheur.

păpāvĕrĕus, *a, um*, de pavot.

Păphĭē, *ēs,* f., la Paphienne, surnom de Vénus honorée à Paphos ‖ Păphĭus, *a, um,* 1. de Paphos, de Chypre ‖ Păphĭī, *ōrum,* m. pl., les hab. de Paphos ; 2. de Vénus, consacré à Vénus, *Paphiæ lampades* : l'étoile de Vénus.

Paphlăgo, *ŏnis,* m., Paphlagonien ‖ Paphlăgŏnes, *um,* m. pl., les Paphlagoniens

Paphlăgŏnĭa, æ, f., Paphlagonie, région d'Asie Mineure ‖ **Paphlăgŏnĭus**, a, um, de Paphlagonie, paphlagonien.

① **Păphŏs** (~ŏs), i, f., Paphos, v. de Chypre consacrée au culte de Vénus.

② **Păphus** (~ŏs), i, m., Paphus, fils de Pygmalion, fondateur de la ville de Paphos.

ăpīlĭo, ōnis, m., 1. papillon ; 2. pavillon, tente.

ăpilla, æ, f., 1. bouton du sein ; 2. mamelle, sein.

ăpīnĭānus, i, m., Papinien, célèbre juriste rom. sous Septime Sévère, décapité par ordre de Caracalla.

ăpīrĭānus, a, um, de Papirius ‖ **Păpīrĭus**, ĭi, m., nom d'une famille rom. ‖ **Păpīrĭus**, a, um, relatif à un Papirius, Papiria lex : la loi Papiria.

appus, i, m., 1. vieillard ; grand-père ; 2. laine des plantes, duvet des chardons.

ăpŭla, æ, f., papule, bouton, pustule.

ăpȳrĭfĕr, fĕra, fĕrum, qui produit le papyrus.

ăpȳrĭus, a, um, relatif au papyrus.

ăpȳrum, i, n., et **păpȳrus**, i, f., 1. papyrus, roseau d'Égypte ; 2. papier fait avec l'écorce du papyrus ; livre, écrit.

ăr, păris, adj. et subst.,
adj., 1. égal, équivalent, pari intervallo : à égale distance, + dat., gén., rar. + abl., avec cum + abl., avec inter se, avec et, ac ou atque ; 2. pareil, semblable, pares cum paribus congregantur : qui se ressemble s'assemble, CIC. ; 3. égal à, de même force, cantare pares : d'égale force à chanter ; jumeau ; 4. ~ numerus : nombre pair.
I subst., 1. m. et f., compagnon, compagne, pair ; rival, habebo parem Hannibalem : j'aurai pour rival Hannibal, LIV. ; 2. n., paire, couple, ~ amicorum : paire d'amis ; gladiatorum ~ nobilissimum : les deux gladiateurs les plus célèbres ; chose égale, paria paribus facere cum aliquo : rendre la pareille, paria facere cum aliquo : régler un compte avec qqn., ex pari : à égalité ; rhét., paria : membres de phrases égaux.
II par est : il est convenable, approprié, juste ; ut ~ est : comme il convient.

ărābĭlis, e, adj., facile à acquérir.

ărăbŏlē, ēs, f., comparaison, similitude.

ărădoxi, ōrum, m. pl., mimes ; vainqueurs inattendus à la lutte et au pancrace.

ărădoxon, i, n., paradoxe, affirmation contraire à l'opinion commune ; Paradoxa Stoicorum : « Les Paradoxes des Stoïciens », titre d'une œuvre de Cicéron.

Părætŏnĭum, ĭi, n., 1. Parétonium, v. de Libye ; 2. craie blanche qu'on trouve près de Parétonium ‖ **Părætŏnĭus**, a, um, 1. de Parétonium ; ‖ 2. égyptien, africain.

Părălus, i, m., Paralus, héros mythique athénien, qui donnait son nom à la galère paralienne.

părălȳsis, is, f., paralysie d'un côté du corps.

părălȳtĭcus, i, m., paralytique d'un côté du corps.

părăphrăsis, is, f., paraphrase.

părapsis, V. paropsis.

părărĭus, ĭi, m., intermédiaire, courtier.

părăsanga, æ, m., parasange, mesure itinéraire perse (environ 5 000 mètres).

părăsīta, æ, f., femme parasite.

părăsītastĕr, tri, m., misérable parasite.

părăsītātĭo, ōnis, f., flatterie de parasite.

părăsītĭcus, a, um, de parasite.

părăsītor, āris, āri, intr., faire le métier de parasite.

părăsītus, i, m., 1. invité, convive ; 2. parasite, pique-assiette, écornifleur.

părastĭchis, ĭdis, f., acrostiche.

părātē, adv., [~tius, ~tissime], 1. avec préparation, avec soin ; 2. avec habileté, présence d'esprit, à-propos.

părātĭo, ōnis, f., 1. préparation ; 2. acquisition ; 3. aspiration à, regni ~ : aspiration à la tyrannie.

părātrăgœdo, ās, āre, intr., déclamer avec emphase, comme un acteur tragique.

① **părātus**, a, um, part. adj., [~tior, ~tissimus], 1. préparé, prêt ; 2. bien armé, en mesure de, décidé à, fortitudo satis est parata per se : le courage est assez bien armé par lui-même, CIC. ; + abl., parati scutis telisque : pourvus de boucliers et d'armes de jet ; ~ simulatione : passé maître en fourberie, TAC. ; avec in + acc. ; avec ab + abl., si paratior ab exercitu esses : si tu étais mieux organisé « du côté » de ton armée ; avec in + abl., in jure paratissimus : très versé dans la science du droit.

② **părātus**, ūs, m., 1. préparation, apprêt, dispositions, préparatifs ; 2. appareil ; au pl., paratus, uum, costume.

Parca, æ, f., la Parque, déesse du destin ; la destinée ; au pl., Parcæ, arum, les trois Parques, divinités des Enfers (Clotho, Lachésis, Atropos, ou, en latin, Nona, Decuma et Morta) ; cf. les Moires grecques.

parcē, adv., [~cius ~cissime], 1. avec économie ; 2. avec modération, scripsi de te ~ : j'ai peu parlé de toi ; ~ parcus : modérément économe ; 3. rarement.

parcĕprōmus, i, m., avare, « dur à la détente ».

parcĭlŏquĭum, *ĭi*, n., sobriété de paroles.

parcĭmōnĭa, V. *parsimonia*.

parcĭtās, *ātis*, f., économie, modération ; rareté.

parco, *ĭs*, *ĕre*, *pĕperci* et rar. *parsi*, *parsum* et *parcĭtum*, intr. ; poét. ou arch. : tr., **1.** épargner, ménager, + dat., ~ *labori*, *operæ* : épargner sa fatigue, sa peine ; + acc. (arch. et poét.), *oleas* ~ : ménager (mettre en réserve) les olives ; ~ *pecuniam* : ménager l'argent ; **2.** fig., respecter, préserver, *tibi parce* : ménage-toi ; ~ *famæ* : prendre soin de sa réputation ; *thyrso parcente ferire* : effleurer le thyrse, STACE ; **3.** cesser de, éviter, ~ *bello* : cesser la guerre, *parce metu* : cesse de craindre, *a cædibus* ~ : renoncer aux massacres.

parcus, *a*, *um*, [~*cior*, ~*cissimus*], **1.** économe, ménager, avare, ~ *pecuniæ* : économe de son argent ; + abl., *operā haud fui parcus meā* : je n'ai pas ménagé ma peine, PL. ; avec *in* + abl., ~ *in largiendā civitate* : avare dans l'octroi du droit de cité ; **2.** fig., sobre, *elegantium parcissimus* : le plus sobre des écrivains raffinés, CIC. ; **3.** poét., rare, peu abondant, ~ *sal* : un peu de sel ; *vento lintea parca dare* : envoyer trop peu de toile au vent, OV.

pardālis, *is*, f., panthère.

pardus, *i*, m., panthère mâle.

părēlĭŏn (**părhēlĭŏn**), *ĭi*, n., parhélie, image du soleil reflétée par un nuage épais formant miroir.

① **părens**, *entis*, m. et f., **1.** père ; mère ; au pl. *parentes, um* (rar. *ium*), les père et mère, *caritas inter natos et parentes* : l'affection entre enfants et parents ; **2.** sous l'Empire : *parentes = patres*, aïeux, ancêtres ; **3.** fig., auteur, fondateur, inventeur, *Socrates ~ philosophiæ* : Socrate, père de la philosophie, CIC. ; par antonomase : Jupiter.

② **părens**, *entis*, part. adj., obéissant ; subst. m. pl., *parentes, ium*, les sujets.

părentālis, *e*, adj., **1.** qui concerne les parents (le père, la mère) ; **2.** qui concerne les parents morts ; subst. n. pl., *Parentalia, ium*, Parentales, fêtes funèbres célébrées en février pour les parents morts.

părento, *ās*, *āre*, intr., **1.** célébrer une cérémonie funèbre (pour des parents) ; *alicui* ~ : honorer un défunt ; **2.** venger un mort, *civibus Romanis* ~ : venger la mort de citoyens romains ; **3.** calmer, apaiser.

părēo, *ēs*, *ēre*, *părŭi*, *părĭtum*, intr.,
1. paraître, apparaître ; **2.** impers., *paret*, il est clair, avéré, manifeste, *quid quærendum est ? factumne sit ? at constat ; a quo ? at paret* : que faut-il rechercher ? si la chose a été faite ? cela est certain ; par qui ? cela

saute aux yeux, CIC. ; **3.** paraître sur l'ordre de qqn., se mettre à ses ordres, servir, d'où :
II 1. se soumettre, obéir à + dat., *in omnia ad omnia* ou *omnia* à l'acc. de relation : en tout, pour tout ; **2.** passif impers., *dicto paretur* : on obéit à l'ordre, *legato a centurionibus parebatur* : les centurions se soumettaient au légat ; **3.** céder à, *iracundiæ* ~ : se laisser entraîner par la colère ; **4.** (choses) être en harmonie avec, *virtuti hæc omnia parent* : tout cela est du domaine de la vertu.

părergon, *i*, n., ornement accessoire.

părhēlĭon, V. *parelion*.

părĭambus, *i*, m., pariambe, pied composé d'une brève et de deux longues ; ou d'une longue et de trois brèves ; ou de deux brèves (appelé aussi *pyrrhichius*).

Părĭānus, *a*, *um*, de Parium.

părĭcīda, V. *parricida*.

părĭēs, *ĕtis*, m., **1.** paroi, muraille, mur, *intra parietes* : entre quatre murs, chez soi ; prov., *utrosque parietes linere* : enduire les deux murs = ménager la chèvre et le chou, PÉTR. ; *duo parietes de eādem fidelia dealbare* : blanchir deux murs avec l'enduit du même pot = faire d'une pierre deux coups ; *ego ero* ~ : je vais me mettre entre vous = je vais vous séparer, PL. ; **2.** clôture, haie.

părĭētīnæ, *ārum*, f. pl., murs délabrés, ruines.

Părīlĭs, V. Palilis.

părīlis, *e*, adj., pareil, semblable, égal.

părīlĭtās, *ātis*, f., parité, ressemblance, égalité.

① **părĭo**, *ās*, *āre*, tr., rendre égal, égaler.

② **părĭo**, *ĭs*, *ĕre*, *pĕperi*, *părĭtum* et *partum*, tr., **1.** enfanter, mettre bas (animaux), pondre ; **2.** produire, engendrer, faire naître, *quæ terra parit* : les produits du sol ; **3.** créer, inventer ; **4.** produire, engendrer, procurer, ~ *fiduciam* : faire naître la confiance ; ~ *sibi laudem* : acquérir de la gloire ; part. subst. n. pl., *parta, orum*, acquisitions, *bene parta* : les choses bien acquises.

Părĭon, V. Parium.

Păris, *ĭdis*, m., Pâris, fils de Priam et d'Hécube, appelé aussi Alexandre ; berger sur le mont Ida, il jugea Vénus plus belle que Junon et que Minerve ; il obtint en récompense Hélène, femme de Ménélas, ce qui fut la cause de la guerre de Troie.

Părīsĭi, *ōrum*, m. pl., Parisiens, peuple de la Gaule Celtique dont la capitale était Lutèce (*Lutetia Parisiorum*).

părĭtĕr, adv., **1.** également, en parts égales ; **2.** + *ac, atque, ut* : de même que, comme ; **3.** ensemble ; **4.** + *cum* : en même temps, au même moment, ~ *cum occasu solis* : en même temps que le soleil se couche.

părĭto, *ās, āre*, intr., s'apprêter à, se disposer à, être sur le point de, avec inf. ou *ut* + subj.

① **părĭtūrus**, *a, um*, part. fut. de *pario* ②.

② **pārĭtūrus**, *a, um*, part. fut. de *pareo*.

Părĭum, *ĭi*, n., Parium, v. de Mysie, sur l'Hellespont.

Părĭus, *a, um*, de Paros ‖ **Părĭi**, *ōrum*, m. pl., les hab. de Paros.

parma, *æ*, f., **1.** parme, petit bouclier rond ; **2.** le gladiateur thrace, armé d'une parme ; **3.** bouclier ; **4.** soupape d'un soufflet.

Parma, *æ*, f., Parme, v. de la Gaule Transpadane, renommée pour ses laines ‖ **Parmensis**, *e*, adj., de Parme ‖ **Parmenses**, *ĭum*, m. pl., les hab. de Parme.

parmātus, *a, um*, armé d'une parme.

Parmĕnĭdēs, *is*, m., Parménide, célèbre philosophe d'Élée.

Parmĕnĭo et **Parmĕnĭōn**, *ōnis*, m., Parménion, un des généraux d'Alexandre.

parmŭla, *æ*, f., petit bouclier rond.

parmŭlārĭus, *ĭi*, m., celui qui prend le parti des gladiateurs thraces, armés d'une parme.

Parnāsis ou **Parnassis**, *ĭdis*, f., du Parnasse ‖ **Parnāsĭus**, *a, um*, du Parnasse ‖ **Parnāsŏs** (~**us**) ou **Parnassŏs** (~**us**), *i*, m., Parnasse, mt. de Phocide, près de Delphes, consacré à Apollon et aux Muses.

Parnēs, *ēthis*, m., Parnès, mt. de l'Attique, sur les frontières de la Béotie.

① **păro**, *ās, āre*, tr., **1.** préparer, disposer, arranger, ~ *bellum* : se préparer à la guerre, ~ *convivium* : apprêter un festin ; **2.** se préparer, s'apprêter, se disposer à, avec inf., *ut* ou *ne* + subj. ; abs., faire des préparatifs ; **3.** destiner, réserver (poét.) ; **4.** se procurer, acquérir, acheter (avec ou sans réfl.).

② **păro**, *ās, āre*, tr., apparier ; partager.

③ **păro**, *ōnis*, m., barque.

părŏchus, *i*, m., **1.** fournisseur des magistrats en voyage ; **2.** le maître de la maison, l'amphitryon.

părōnychĭa, *ōrum*, n. pl., et **părōnychĭæ**, *ārum*, f. pl., panaris.

părŏpsis, *ĭdis*, f., plat.

Părŏs (~**us**), *i*, f., Paros, île de la mer Égée, une des Cyclades, patrie du poète Archiloque et célèbre pour ses carrières de marbre.

parra, *æ*, f., oiseau de mauvais augure (chouette ou huppe).

Parrhăsĭa, *æ*, ou **Parrhăsĭē**, *ēs*, f., Parrhasie, v. d'Arcadie ‖ **Parrhăsis**, *ĭdis*, adj. f., d'Arcadie ; ~ *ursa* ou *Arctos* : l'ourse d'Arcadie : Callisto, fille de Lycaon, roi d'Arcadie, changée en ourse par Junon, puis en constellation par Jupiter ; subst. f., la Parrhasienne, Callisto ‖ **Parrhăsĭus**, *a, um*, **1.** parrhasien, d'Arcadie ; **2.** du mt. Palatin (où s'était établi l'Arcadien Évandre), impérial.

Parrhăsĭus, *ĭi*, m., Parrhasius, célèbre peintre grec d'Éphèse.

parrĭcīda (**pārĭ~**), *æ*, m. et f., litt., homicide, d'où : assassin, meurtrier (d'un parent, de concitoyens), *parricidæ rei publicæ* : ennemis de la patrie, SALL. ; (par fausse étym.) meurtrier du père, parricide ; sacrilège.

parrĭcīdālis, *e*, adj., de parricide, parricide.

parrĭcīdātŭs, *ūs*, m., parricide (acte).

parrĭcīdĭum, *ĭi*, n., **1.** parricide (acte) ; **2.** meurtre d'un fils, d'un frère, d'une sœur, d'un proche parent ; **3.** meurtre d'un citoyen (homme libre) ; **4.** haute trahison ; ~ *patriæ* : attentat contre la liberté de la patrie, CIC. ; **5.** nom donné par décret du sénat aux Ides de mars, jour de l'assassinat de César.

pars, *partis*, f., **1.** partie, part, portion, *duæ partes* : deux tiers, *tres partes* : trois quarts, *tertia* ~ : un tiers ; *pars... pars*, ou *pars... alii*, ou *pars... ceteri* : les uns..., les autres ; *pro meā, tuā, suā parte* : pour ma, ta, sa part ; *pro virili parte* : autant qu'on peut, suivant ses moyens ; **2.** côté, direction, sens, *omni ex parte* : de tout point ; *omnibus partibus, in omnes partes* : à tous égards ; *in utramque partem* : dans les deux sens ; *in eam partem ut, ne* + subj. : dans l'intention que, que... ne... pas ; **3.** partie, cause (dans un procès), *advocati partis adversæ* : les avocats de la partie adverse ; *nullius partis esse* : être neutre ; **4.** parti, faction politique, *in alterā parte esse* : être du parti opposé ; souv. au pl., *civis bonarum partium* : un citoyen du parti conservateur (le bon parti) ; *transire in partes* : passer dans un parti ; *ducere aliquem in partes* : attirer qqn dans son parti ; **5.** au pl., *partes, ium*, a) parts, tantièmes ; b) rôle d'un acteur, *primas partes agere* : jouer le premier rôle ; au fig., *partes accusatoris* : rôle d'accusateur ; d'où : fonction, charge, devoir, *nobis a naturā constantiæ partes datæ sunt* : la nature nous a imposé le devoir d'être fermes, CIC. ; **6.** portion de nourriture ; partie du corps ; partie du monde.

parsĭmōnĭa, æ, f., 1. épargne, économie ; prov., *sera ~ in fundo est* : il n'est plus temps d'économiser quand on a touché le fond, Sén. ; 2. fig., sobriété de l'orateur.

Parthāōn, *ŏnis*, m., Parthaon, roi de Calydon en Étolie, père d'Œnée ‖ **Parthāōnĭdēs**, æ, m., fils ou descendant de Parthaon, Méléagre ‖ **Parthāōnĭus**, *a, um*, de Parthaon, d'Étolie.

Parthēni (**~ĭni**), *ōrum*, m. pl., Parthéniens, peuple d'Illyrie, près de Dyrrachium.

① **Parthēnĭus**, *a, um*, 1. du mt. Parthénius ; 2. *mare Parthenium*, partie de la Méditerranée entre Chypre et l'Égypte. ‖ **Parthēnĭus**, *ĭi*, m., mt. Parthénius en Arcadie.

② **Parthēnĭus**, *ĭi*, m., Parthénius, 1. poète et grammairien grec, maître de Virgile ; 2. compagnon d'Énée.

Parthĕnōn, *ŏnis*, m., 1. le Parthénon, temple d'Athéna-Minerve sur l'Acropole d'Athènes ; 2. nom d'un portique dans la villa de Pomponius Atticus.

Parthĕnŏpæus, *i*, m., Parthénopée, fils de Méléagre et d'Atalante, un des sept chefs devant Thèbes.

Parthĕnŏpē, *ēs*, f., Parthénopé, ancien nom de Néapolis (Naples), bâtie à l'endroit où le corps de Parthénopé, une des Sirènes, fut rejeté par les flots, lorsque celles-ci se précipitèrent de désespoir dans la mer après qu'Ulysse leur eut échappé ‖ **Parthĕnŏpēĭus**, *a, um*, de Parthénopé, de Naples, napolitain.

Parthi, *ōrum*, m. pl., Parthes, et ext., Perses ‖ **Parthĭa**, æ, f., la Parthie ou Parthiène, pays habité par les Parthes ‖ **Parthĭcus**, *a, um*, parthique, des Parthes ‖ **Parthĭēnē**, *ēs*, f., la Parthiène ou Parthie, pays des Parthes ‖ **Parthus**, *a, um*, relatif aux Parthes, *~ eques* : cavalier parthe.

Parthīni, V. *Partheni*.

partĭārĭō, adv., en partageant par moitié.

partĭceps, *cĭpis*, 1. adj., participant, qui a sa part de, qui partage + gén. : 2. subst. m., compagnon, associé, camarade.

partĭcĭpātĭo, *ōnis*, f., participation, partage.

partĭcĭpo, *ās*, *āre*, tr., 1. faire participer, admettre au partage, *~ aliquem aliquā re* ou *alicujus rei*, faire participer qqn. à qqch. ; passif, *participari* : être admis au partage ; 2. partager, répartir, *~ rem cum aliquo* : partager une chose avec qqn. ; 3. prendre part à, participer à.

partĭcŭla, æ, f., 1. petite partie, parcelle, particule ; 2. rhét., incise.

partĭcŭlāris, *e*, adj., particulier.

partĭcŭlārĭtĕr, adv., en particulier.

partĭcŭlātim, adv., par morceaux, en détail.

partim, adv., 1. acc. arch. adv. : en partie ; une partie, *eorum*, *ex illis* : d'entre eux ; 2. en balancement : *partim… partim…*, les uns…, les autres ; *partim… partim*, même sens ; *partim quod… partim quod* : en partie parce que…, en partie parce que ; 3. principalement, surtout (préclass.).

① **partĭo**, *īs*, *īre*, *īvi* (*ĭi*), *ītum*, tr., partager, répartir, distribuer.

② **partĭo**, *ōnis*, f., accouchement.

partĭor, *īris*, *īri*, *partītus sum*, tr., 1. diviser ; 2. partager, distribuer ; adj. vb., *partiendus*, *a, um*, qui doit être divisé, partagé.

partītē, adv., avec méthode.

partītĭo, *ōnis*, f., 1. partage, division, distribution ; 2. division, analyse, énumération, *Partitiones oratoriæ* : « Divisions de l'art oratoire », titre d'une œuvre de Cicéron ; annonce du plan.

partītūdo, *ĭnis*, f., accouchement.

partŭrĭo, *īs*, *īre*, *īvi* (*ĭi*), 1. intr., être en mal d'enfant, en travail, en couches, *parturiunt montes, nascetur ridiculus mus* : la montagne accouche d'une souris ridicule, Hor. ; 2. fig., souffrir ; 3. tr., fig., porter dans son sein, couver, *res publica periculum parturit* : la République porte en son sein un péril, Cic. ; enfanter, produire.

① **partus**, *a, um*, V. *pario* ②.

② **partŭs**, *ūs*, m., 1. enfantement, accouchement ; 2. descendance, enfants, petits, *partum eniti*, *edere*, *reddere* : accoucher ; 3. productions (des plantes, de l'esprit…).

părum, adv., 1. trop peu, pas assez + gén., *satis eloquentiæ, sapientiæ* ~ : assez d'éloquence, de sagesse trop peu, Sall. ; ~ *est ut* + subj. : il ne suffit pas que ; ~ *habere* + inf. : ne pas se contenter de ; *non parum sæpe* : assez souvent ; 2. guère ; abs., *parum !* encore !, Pl. (V. *minus* et *minime*).

părumpĕr, adv., 1. pendant un peu de temps ; 2. en peu de temps, vite.

Părus, V. *Paros*.

parvĭŏr, parvissĭmus, fam., V. *parvus*.

parvĭtās, *ātis*, f., petitesse, faible importance.

parvŭlus, *a, um*, tout petit, *a parvulo* ou *parvulis* : dès la toute petite enfance ; trop petit.

parvus, *a, um*, [*minor, minimus*], 1. petit, de petite dimension ; 2. = peu de,

~ *cruor* : peu de sang ; subst. n., *parvum, i,* (très utilisé au gén. et à l'abl.), *parvi facere, æstimare, ducere* : faire peu de cas de ; *parvi esse* : avoir peu de valeur ; *parvo contentus* : qui se contente de peu ; *parvo vendere* : vendre à bas prix ; **3.** temps : court, bref, *in parvo tempore* : en peu de temps ; âge : en bas âge, *parvi* : les enfants, *a parvis, a parvo* : dès l'enfance ; **4.** valeur : *beneficium non parvum* : un important bienfait ; *parvi esse animi* : avoir une âme petite ; *parvum carmen* : une poésie sans grandeur ; *parvo pretio vendere* : vendre à bas prix ; **5.** rang : *parvi et ampli* : les petits et les grands ; **6.** rar. devant comp., *parvo plures* : un peu plus ; *parvo post* : peu après.

Pāsargădæ, *ārum,* f. pl., Pasargade, v. de Perse.

pascālis, *e,* adj., de pâturage ; qui paît.

pascĕŏlus, *i,* m., petit sac en cuir, bourse.

pasco, *ĭs, ĕre, pāvi, pastum,* tr., **1.** faire paître, mener paître, *bene, male* ~ : être bon, mauvais éleveur ; **2.** mettre en pâturage, *collium asperrima pascunt* : ils donnent en pâturage la partie la plus sèche des collines, VIRG. ; **3.** fig., donner à manger, nourrir, *viginti ventres pasco et canem* : j'ai vingt bouches à nourrir et de plus un chien, PÉTR. ; *polus dum sidera pascet* : tant que le ciel alimentera les astres (de ses feux), VIRG. ; **4.** fig., faire croître, ~ *barbam* : laisser croître sa barbe ; repaître, assouvir, réjouir, ~ *oculos aliquā re* : repaître ses yeux de qqch. ; **5.** paître, brouter.

pascor, *ĕris, i, pastus sum,* tr., paître, brouter, manger ; + acc. : se nourrir de, VIRG.

pascŭum, *i,* n., et **pascŭa,** *ōrum,* n., pl., pâturages.

pascŭus, *a, um,* propre au pâturage.

Pāsĭphăa, *æ,* et **Pāsĭphăē,** *ēs,* f., (= la toute brillante), Pasiphaé, fille du Soleil, épouse de Minos, mère de Phèdre, d'Ariane, du Minotaure ‖ **Pāsĭphāĕīus,** *a, um,* de Pasiphaé ‖ **Pāsĭphāĕīa,** *æ,* f., la fille de Pasiphaé ; Phèdre.

Pāsĭtĕlēs, *is,* m., Pasitélès, sculpteur.

Pāsĭthĕa, *æ,* et **Pāsĭthĕē,** *ēs,* f., Pasithée, l'une des trois Grâces.

Pāsītĭgris, *ĭdis,* m., nom du Tigre à son confluent avec l'Euphrate.

passĕr, *ĕris,* m., **1.** passereau, moineau ; ~ *mortuus est meæ puellæ,* / ~ *, deliciæ meæ puellæ* : il est mort, le moineau de mon amante, / le moineau, seule joie de mon amante, CAT. ; **2.** poisson, turbot, carrelet.

passercŭlus, *i,* m., petit moineau, t. affectueux dans Plaute.

passim, adv., **1.** de toutes parts, partout ; **2.** en désordre ; indistinctement.

passĭo, *ōnis,* f., **1.** passion, souffrance ; **2.** perturbation, accident de la nature.

passīvē, adv., çà et là, de côté et d'autre ; confusément, pêle-mêle.

passīvus, *a, um,* confus ; errant.

passum, *i,* n., vin de raisins secs.

① **passus,** *a, um,* V. *pando* ② et *patior.*

② **passŭs,** *ūs,* m., pas, enjambée ; empreinte, trace ; mesure de longueur = environ 1, 475 m ; *mille passus* : mille pas, un mille.

pastillus, *i,* m., petit pain ; pastille, pilule (pour l'haleine).

pastĭnātĭo, *ōnis,* f., action de travailler le sol avec la houe.

pastĭnātŏr, *ōris,* m., ouvrier qui travaille le sol avec la houe.

pastĭnātum, *i,* n., terrain remué à la houe.

pastĭno, *ās, āre,* tr., travailler le sol avec la houe ; bêcher pour planter la vigne.

pastĭnum, *i,* n., sorte de houe.

pastĭo, *ōnis,* f., **1.** action de faire paître ; **2.** pâturage.

pastŏphŏri, *~rōrum* et *~rum,* m. pl., pastophores, prêtres qui portaient dans des châsses les images des dieux.

pastŏr, *ōris,* m., **1.** berger, pâtre ; pasteur de brebis ; **2.** gardien d'animaux divers ; **3.** guide.

pastŏrālis, *e,* adj., de berger, de pâtre.

pastŏrīcĭus et **pastŏrīus,** *a, um,* de berger, pastoral, *Pastoria sacra,* V. *Palilia.*

① **pastus,** *a, um,* V. *pasco* et *pascor.*

② **pastŭs,** *ūs,* m., **1.** pâture ; **2.** nourriture des animaux ; **3.** nourriture.

pătăgĭārĭus, *ĭi,* m., frangier.

pătăgĭātus, *a, um,* orné de franges ; garni d'une bordure.

pătăgĭum, *ĭi,* n., frange appliquée sur la robe des dames romaines.

Pătăra, *ōrum,* n. pl., Patare, v. de Lycie, avec un port et un oracle célèbre d'Apollon ‖ **Pătăræus,** *a, um,* de Patare ‖ **Pătărānus,** *a, um,* de Patare ‖ **Pătărāni,** *ōrum,* m. pl., les hab. de Patare ‖ **Pătăreūs,** *ĕi* et *ĕos,* m., Patarée, épith. d'Apollon.

pătăvīnĭtās, *ātis,* f., patavinité, façon de parler propre aux habitants de Padoue ‖ **Pătăvīnus,** *a, um,* padouan ‖ **Pătăvīni,** *ōrum,* m. pl., les Padouans ‖ **Pătăvĭum,** *ĭi,* n., Padoue, v. de Vénétie, patrie de Tite-Live.

pătĕfăcĭo, *ĭs, ĕre, fĕci, factum,* tr., **1.** ouvrir, ~ *iter* : ouvrir une route ; **2.** rendre visible, découvrir, dévoiler,

~ *odium suum in aliquem* : manifester sa haine contre qqn.

pătěfactĭo, *ōnis*, f., découverte.

pătěfīo, *fīs*, *fĭěri*, *factus sum*, passif de *patefacio*.

Pătēla (**~ella**) et **Pătēlāna**, *æ*, f., Patella, déesse qui fait éclore le blé.

pătella, *æ*, f., 1. petit plat, assiette (en terre ou en métal) servant à cuire et à servir les aliments ; prov., *invenit patella operculum* : le plat a trouvé son couvercle ; 2. plat servant aux sacrifices, patène, *edere de patellā* : manger ce qu'il y a dans la patène, commettre un sacrilège ; *patellarii dii*, les dieux lares (à qui l'on servait les mets dans un plat).

pătens, *entis*, part. adj., [~*tior*, ~*tissimus*], ouvert, découvert ; large ; manifeste.

pătentěr, adv., ouvertement, clairement.

pătěo, *ēs*, *ēre*, *pătŭi*, intr., 1. être ouvert, découvert, *ædes non patent* : la maison est fermée ; *nares semper patent* : les narines ne se ferment jamais ; être exposé, *patens vulneri* : exposé aux coups ; 2. être accessible, à la disposition ; 3. s'ouvrir, s'étendre, *Helvetiorum fines milia passuum ducenta et quadraginta patebant* : le territoire des Helvètes s'étendait sur 240 milles, Cés. ; 4. être visible ; être évident, *patet* + prop. inf. : il est évident que.

pătěr, *tris*, m., 1. père, *patre certo nasci* : avoir un père connu, *patre nullo* : de père inconnu ; 2. ~ *familias* ou *familiæ* : chef de famille, maître de maison ; qqf., citoyen quelconque ; 3. au pl., *patres, um*, a) pères, aïeux, ancêtres, *memoriā patrum* : du temps de nos pères ; b) désignation honorifique des sénateurs et des patriciens, *patres conscripti* : les sénateurs (pour les distinguer des patriciens en gén.) ; 4. père, comme titre donné par respect aux vieillards, aux héros, aux dieux, à Jupiter : ~ *Æneas* : le vénérable Énée ; ~ *patriæ* : père de la patrie ; ~ *patratus* : le chef des Féciaux (prêtre chargé de conclure les traités) ; ~ *cenæ* : l'hôte, l'amphitryon ; ~ *gregis* : le mâle du troupeau, le bouc ; 5. créateur, fondateur, ~ *eloquentiæ* : le père de l'éloquence.

pătěra, *æ*, f., patère, coupe plate et large employée dans les sacrifices.

Pătercŭlus, *i*, m., Paterculus, surnom rom. ; spéc., C. Velleius Paterculus, historien (Ier s. ap. J.-C.).

păterfămĭlĭās, V. *pater*.

păternus, *a, um*, 1. paternel, du père ; 2. de la patrie, natal, *terra paterna* : le sol natal.

pătesco, *ĭs, ĕre, pătŭi*, intr., 1. s'ouvrir, s'étendre ; 2. se révéler, apparaître, se découvrir.

păthĭcus, *a, um*, 1. inverti ; 2. impudique, obscène.

pătĭbĭlis, *e*, adj., 1. supportable ; 2. sensible.

pătĭbŭlātus, *a, um*, attaché au gibet.

pătĭbŭlum, *i*, n., 1. gibet, fourche patibulaire (sur laquelle on attachait les condamnés pour les fouetter) ; 2. verrou pour fermer la porte ; 3. échalas fourchu pour soutenir la vigne.

pătĭens, *entis*, part. adj., [~*tior*, ~*tissimus*], 1. patient, endurant ; 2. poét., dur tenace ; 3. indulgent.

pătĭentěr, adv., [~*tius*, ~*tissime*], patiemment, avec résignation.

pătĭentĭa, *æ*, f., 1. action de supporter endurance ; 2. capacité de supporter, résistance, courage ; 3. soumission, servilité.

pătĭna, *æ*, f., plat à poisson ; casserole.

pătĭnārĭus, *a, um*, 1. de poissonnière ; de plat ; 2. gourmand.

pătĭo, *ĭs, ĕre*, arch., V. *patior*.

pătĭor, *ĕris, i, passus sum*, tr., 1. souffrir, endurer, subir, *facile*, *æquo animo* ~ : supporter facilement, de sang-froid ; *ægre*, *iniquo animo, moleste* ~ : subir à contrecœur, mal supporter ; *injuriam facere*, ~ : commettre l'injustice, la subir, Cic. 2. endurer patiemment ; 3. permettre, admettre, *non possum* ~ *quin* : ne puis m'empêcher de + prop. inf., *oratorem se patiuntur eumdem esse philosophum* : s'ils admettent que l'orateur soit en même temps philosophe, Cic. ; avec *ut* + subj.

pătisco, V. *patesco*.

Patmŏs (**~us**), *i*, f., Patmos, île des Sporades, où l'apôtre Jean, exilé, écrivi l'Apocalypse.

pătŏr, *ōris*, m., ouverture.

Pătræ, *ārum*, f. pl., Patras, v. et por d'Achaïe, sur le golfe de Corinthe ‖ **Pătrensis**, *e*, adj., de Patras ‖ **Pătrenses**, *ĭum*, m. pl., les hab. de Patras.

pătrātĭo, *ōnis*, f., accomplissement, conclusion.

pătrātŏr, *ōris*, m., exécutant, auteur.

pătrātus, *a, um*, V. *patro* ; *pater* ~ : le che des Féciaux (V. *pater*).

pătrĭa, *æ*, f., patrie, pays natal, *duas censeo patrias, unam naturæ, alteram civitatis* : je pense qu'il existe deux patries celle du sol, celle de la citoyenneté, Cic. *major* ~ : la mère patrie (opp. aux colonies) ; ~ *est ubicumque est bene* : où l'on est bien, là est la patrie, Pacuv.

pătrĭcē, adv., en père, paternellement.

pătrĭcĭātŭs, *ūs*, m., patriciat, conditio de patricien à Rome.

pătrĭcīda, æ, m., meurtrier de son père ou de sa mère.

pătrĭcĭus, a, um, de patricien, patricien ; subst. m. pl., *patricii, orum*, patriciens, *exire e patriciis* : se faire adopter (quand on est de famille patricienne) par un plébéien ; subst. m., *patricius, ii*, patricien.

pătrĭē, adv., paternellement.

pătrĭmōnĭum, ĭi, n., patrimoine, biens de famille.

pătrīmus, a, um, qui a encore son père.

pătrītus, a, um, hérité du père.

pătrĭus, a, um, 1. du père, ~ *animus* : un cœur de père ; 2. des ancêtres, *Dii patrii* : dieux transmis par les pères aux enfants, dieux domestiques, Pénates, ~ *mos* : coutume transmise ; *nomen patrium* : nom patronymique, ~ *sermo* : langue maternelle, nationale.

pătro, ās, āre, tr., exécuter, faire ; ~ *pacem* : signer la paix ; ~ *jusjurandum* : sceller une alliance.

pătrōcĭnĭum, ĭi, n., 1. protection, patronage ; 2. défense en justice, ~ *Siciliense* : la défense des Siciliens, Cɪᴄ. ; 3. justification.

pătrōcĭnor, āris, āri, intr., défendre, protéger + gén. ; ~ *sibi* : se justifier.

Pătrŏclus, i, m., Patrocle, cousin et ami d'Achille, tué par Hector.

pătrōna, æ, f., 1. protectrice ; 2. maîtresse qui affranchit un esclave.

pătrōnus, i, m., 1. protecteur ; 2. ancien maître d'un affranchi ; 3. défenseur ; avocat.

pătrŭēlis, e, adj., de cousin germain, *patruelia dona* : pour Ajax, les armes d'Achille (dont le père, Pélée, était frère du père d'Ajax) ; subst. m., *patruelis, is*, qui descend du frère du père, cousin germain (du côté du père) ; f., cousine germaine.

① **pătrŭus**, a, um, 1. d'oncle paternel ; 2. sévère ; 3 iron., *patrue mi patruissime* : ô mon cher oncle, le plus oncle des oncles, Pʟ.

② **pătrŭus**, i, m., 1. oncle paternel, frère du père (opp. à *avunculus*, frère de la mère, oncle maternel) ; 2. fig., moraliste, censeur, *ne sis ~ mihi* : ne joue pas avec moi les oncles grondeurs, Hᴏʀ.

Pătŭlcĭānus, a, um, de Patulcius, débiteur de Cicéron, *nomen Patulcianum* : la dette de Patulcius ‖ **Pătŭlcĭus**, ĭi, m., 1. surnom de Janus, parce que son temple était toujours ouvert en temps de guerre (cf. *pateo*) ; 2. Patulcius, nom d'un débiteur de Cicéron.

pătŭlus, a, um, 1. ouvert, découvert, *patulæ aures* : oreilles largement ouvertes ;

2. large, vaste, étendu ; 3. ouvert à tous, commun, trivial, ~ *orbis* : lieu commun.

paucĭlŏquĭum, ĭi, n., sobriété de langage.

paucĭtās, ātis, f., rareté, sobriété.

paucŭlus, a, um, surt. au pl., **paucŭli** æ, a, très peu, en très petite quantité.

paucus, a, um, surt. au pl., **pauci**, æ, a, [~*ciores*, ~*cissimi*], 1. peu nombreux, en petit nombre ; 2. qqf., les gens éclairés, *paucorum judicium* : le jugement des spécialistes ; 3. *quam paucissimis verbis* : avec le moins de mots possible.

paulātim, adv., peu à peu, insensiblement.

paulispĕr, adv., un petit moment, un instant, un peu de temps.

paull~, V. *paul~*.

paulō, adv., un peu (devant un comp.).

paulŭlātim, adv., peu à peu, insensiblement.

paulŭlō, adv., un petit peu (devant un comp.).

paulŭlum, adv., très peu.

paulŭlus, a, um, très petit ; subst. n., *paululum, i*, une très petite quantité.

paulum, adv., un peu.

paulus, a, um, petit, faible, peu considérable ; subst. n., *paulum, i*, un peu de.

Paulus (Paullus), i, m., Paul, surnom de la *gens Æmilia* ; spéc., Paul-Émile, tué à Cannes, et son fils, vainqueur de Persée.

paupĕr, ĕris, adj., [~*erior, ~errimus*], pauvre (*paucus + pario* = celui qui acquiert ou produit peu).

paupercŭlus, a, um, misérable.

paupĕrĭēs, ēi, f., pauvreté.

paupĕro, ās, āre, tr., 1. appauvrir ; 2. dépouiller.

paupertās, ātis, f., pauvreté, manque de moyens, *paupertatem inopiâ mutare* : passer de la pauvreté à la misère.

paupertīnus, a, um, pauvre, misérable.

pausa, æ, f., pause, repos, arrêt.

Pausănĭās, æ, m., Pausanias, 1. général des Lacédémoniens à la bataille de Platée ; 2. Macédonien meurtrier de Philippe.

pausārĭus, ĭi, m., chef des rameurs qui marquait un arrêt par un coup de marteau.

pausĕa (pausĭa, posĭa), æ, f., sorte d'olive, de saveur amère, donnant une huile excellente.

Pausĭăcus, a, um, de Pausias ‖ **Pausĭās**, æ, m., Pausias, célèbre peintre de Sicyone.

pausill~, V. *pauxill~*.

pauxillātim, adv., peu à peu, insensiblement.

pauxillispĕr, adv., en très peu de temps ; en détail.

pauxillŭlum, adv., très peu.

pauxillŭlus, *a, um*, très petit ; subst. n., *pauxillulum, i*, une très petite quantité.

pauxillum, adv., un peu.

pauxillus, *a, um*, en petite quantité ; subst. n., *pauxillum, i*, une petite quantité de.

păvĕfactus, *a, um*, effrayé.

păvĕo, *ēs, ēre, pāvi*, 1. intr., être effrayé, bouleversé ; avoir peur ; 2. tr., craindre, redouter, avec *ne* + subj. : que ; avec inf. : de.

păvesco, *ĭs, ĕre*, 1. intr., s'effrayer ; 2. tr., craindre, redouter.

pāvi, V. *pasco* et *paveo*.

păvīcŭla, *æ*, f., hie ou demoiselle, instrument de paveur.

păvĭdē, adv., avec frayeur, avec crainte.

păvĭdus, *a, um*, 1. saisi d'effroi, effrayé, tremblant, + gén., ~ *nandi* : ayant peur de nager, avec *ad* + inf. ; acc. adv., *pavidum* : avec effroi ; 2. peureux, troublé par la peur ; 3. qui trouble, qui fait peur.

păvīmentātus, *a, um*, carrelé, pavé, dallé.

păvīmento, *ās, āre*, tr., 1. battre le sol, aplanir ; 2. abattre.

păvīmentum, *i*, n., 1. aire en terre battue ; 2. pavé, dallage.

păvĭo, *ĭs, īre, ĭvi, ītum*, tr., 1. aplanir, niveler ; 2. battre (en gén.).

păvĭtātĭo, *ōnis*, f., tremblement de frayeur.

păvĭto, *ās, āre*, intr., 1. trembler de peur ; 2. trembler de fièvre.

pāvo, *ōnis*, m., paon.

pāvōnīnus, *a, um*, 1. de paon ; 2. varié de couleurs.

păvŏr, *ōris*, m., 1. trouble irraisonné ; 2. effroi, terreur, épouvante, ~, *metus mentem loco movens* : l'épouvante, une crainte qui fait perdre la tête, CIC. ; au pl. *falsos pavores induere* : succomber à de vaines terreurs, TAC.

Păvŏr, *ōris*, m., la Terreur, divinité consacrée par Tullus Hostilius.

păvōs, V. *pavor*.

pāvus, *i*, V. *pavo*.

pax, *pācis*, (cf. *pango*), f., 1. paix, traité de paix ; *pace* : en paix ; *in pace, in bello* : en paix, en guerre ; ~ *civilis* : la paix entre citoyens (opp. à *bellum civile*) ; *pacem pangere, componere, conficere* : conclure la paix ; *pace uti, in pace esse* : être en paix ; *Romana* ~ : la domination pacifique de Rome ; 2. fig., calme, tranquillité ; 3. faveur, bienveillance, appui, *pacem veniam-*

que precari deorum : demander l'aide et l'indulgence des dieux ; *sine pace tuā* : sans ton consentement, *pace tuā* : avec ton permission ; 4. interj., *pax !* : paix ! silence ! ; 5. la Paix divinisée.

paxillus, *i*, m., petit pieu, piquet, échalas.

peccans, *antis*, V. *pecco* ; 2. adj., coupable, *odium peccantis* : la haine contre le coupable.

peccātum, *i*, n., faute, erreur, action coupable.

pecco, *ās, āre*, intr., 1. commettre une faute, faire mal, faillir ; 2. être fautif, défectueux ; 3. + acc. d'objet interne : *unam peccavisses syllabam* : si tu t'étais trompé même d'une syllabe, PL. ; + acc. n., *si quid in te peccavi* : si j'ai commis quelque faute à ton égard.

pĕcŏrōsus, *a, um*, riche en troupeaux.

pectĕn, *ĭnis*, m., 1. peigne pour les cheveux ; 2. peigne pour carder ou tisser ; le tissage lui-même ; 3. râteau ; 4. plectre (de lyre) ; lyre ; chant ; *alterno pectine* : en distiques élégiaques (hexamètres et pentamètres alternés) ; 5. poils ou os du pubis ; 6. pétoncle, mollusque ; 7. veines du bois ; 8. ~ *Veneris* : cerfeuil ; 9. disposition entrelacée des doigts.

pectĭnātim, adv., en forme de peigne.

pectĭnātus, *a, um*, part. adj., disposé, partagé en forme de peigne.

pectĭno, *ās, āre*, tr., peigner, carder, herser.

pecto, *ĭs, ĕre, pexi, pexum* ou *pectĭtum*, tr., 1. peigner, *pexus doctor* : docteur bien peigné, QUINT. ; 2. peigner, carder ; 3. fig., *fusti* : donner une « peignée » (avec un bâton), PL. ; 4. herser, nettoyer.

pectŏrālis, *e*, adj., de la poitrine ; subst. n., *pectorale, is*, cuirasse.

pectŏrōsus, *a, um*, à large poitrine.

pectuncŭlus, *i*, m., petit peigne de mer, pétoncle.

pectŭs, *ŏris*, n., 1. poitrine de l'homme et des animaux ; 2. cœur, sentiment, âme, courage, *toto pectore* : de tout son cœur ~ *purum* : conscience pure, sans reproche ; 3. esprit, intelligence, pensée : *novo pectore versat consilia* : il roule dans son esprit de nouveaux projets, VIRG. ; *excidere pectore* : sortir de la mémoire ; *de summo pectore dicere* : parler superficiellement, sans réfléchir.

pĕcu, n. indécl., troupeau, bétail ; au pl. *pecua, uum*, troupeaux.

pĕcŭārĭus, *a, um*, 1. de troupeaux, de bétail, *pecuaria res* : troupeaux, ~ *canis* : chien de berger ; 2. subst. m., *pecuarius, ii*, a) éleveur de bestiaux ; b) fermier des pâturages publics ; **3.** subst. f., *pecuaria*, æ, a) troupeau ; b) élevage, *pecuariam facere* : élever des troupeaux ; subst. n. pl., *pecuaria, orum,* troupeaux.

pĕcŭīnus, *a, um,* de bétail, de bête, de brute.

pĕcūlātŏr, *ōris,* m., concussionnaire.

pĕcūlātŭs, *ūs,* (cf. *pecus* et *pecunia*), m., péculat, concussion, détournement de deniers publics ; fig., privation d'un gain.

pĕcūlĭāris, *e,* adj., **1.** du pécule ; **2.** qui appartient en propre ; *peculiarem rem publicam facere* : se faire un état à soi, Liv. ; spécial, exceptionnel.

pĕcūlĭārĭtĕr, adv., en pécule ; particulièrement.

pĕcūlĭo, *ās, āre,* tr., pourvoir d'un pécule.

pĕcūlĭŏlum, *i,* n., petit pécule.

pĕcūlĭōsus, *a, um,* qui possède un riche pécule.

pĕcūlĭum, *ĭi,* (cf. *pecus* et *pecunia*), n., **1.** pécule, bien personnel d'un esclave ; **2.** en gén., épargne, réserve ; **3.** biens personnels, d'une épouse, d'un fils de famille, d'un soldat ; **4.** fig., profit moral.

pĕcūlor, *āris, āri,* intr., être concussionnaire.

pĕcūnĭa, *æ,* (cf. *pecus*), f., **1.** fortune, avoir, richesse ; **2.** argent comptant, monnaie, ~ *præsens* : numéraire ; *pecuniam deferre alicui* : prêter de l'argent à qqn. ; au pl., *pecuniæ, arum,* sommes d'argent ; **3.** ~ *publica* : l'argent du Trésor ; *dies pecuniæ* : le jour du paiement de l'échéance ; **4.** Pécunia, déesse du gain.

pĕcūnĭārĭus, *a, um,* d'argent.

pĕcūnĭōsus, *a, um,* [~*sior,* ~, *sissimus*], **1.** riche ; **2.** lucratif.

① **pĕcŭs**, *ŏris,* n., **1.** bétail, troupeau ; ~ *bubulum, volatile, ovillum, caprinum* : les bœufs, les volailles, les brebis, les chèvres ; **2.** tête de bétail ; **3.** fig., vil troupeau, troupe.

② **pĕcŭs**, *ŭdis,* f., **1.** tête de bétail, animal, spéc. domestique ; **2.** le menu bétail, moutons, brebis, ~ *Helles* : le bélier d'Hellé (à la toison d'or, changé en constellation) ; **3.** en gén., bête, animal ; **4.** fig., brute, bête.

pĕdālis, *e,* adj., relatif au pied ; de la grandeur d'un pied ; adapté au pied ; subst. n., *pedale, is,* chaussure.

pĕdāmĕn, *ĭnis,* et **pĕdāmentum**, *i,* n., échalas.

Pĕdānus, *a, um,* de Pédum ‖ **Pĕdāni**, *ōrum,* m. pl., les hab. de Pédum ‖ **Pĕdānum**, *i,* n., villa de Pédum.

pĕdārĭus, *a, um,* ordin. au m. pl., **pĕdārii**, *ōrum,* sénateurs pédaires qui, n'ayant pas exercé de magistrature curule, se contentent d'aller voter et appuient l'avis des autres (*pedibus ire in sententiam alicujus*).

① **pĕdātus**, *a, um,* qui a des pieds.

② **pĕdātŭs**, *a, um,* V. *pedo* ①.

③ **pĕdātŭs**, *ūs,* m., attaque, charge.

① **pĕdĕs**, *ĭtis,* m., **1.** qui va à pied ; **2.** soldat à pied, fantassin, et coll. : l'infanterie ; **3.** les plébéiens, qui servaient à pied (opp. aux chevaliers), *equites peditesque* : nobles et plébéiens.

② **pĕdĕs**, *um,* pl. de *pes.*

③ **pĕdĕs**, *ĭum,* pl. de *pedis.*

pĕdĕstĕr, *tris, tre,* adj. **1.** qui est à pied, pédestre ; **2.** de fantassin, d'infanterie ; subst. m. pl., *pedestres, ium,* les fantassins ; **3.** de terre, terrestre, *pedestre iter* : route par terre ; **4.** terre à terre, qui ne s'élève pas (style) ; prosaïque, *pedestris Musa* : vers semblables à la prose, Hor.

pĕdĕtemptim (~tentim), adv., pas à pas, lentement ; peu à peu, avec précaution.

pĕdĭca, *æ,* f., **1.** liens pour les pieds ; lacets, lacs (pour les animaux) ; **2.** fig., liens, *nuptiales pedicæ* : les liens du mariage ; *amoris pedicis alligare aliquem* : enlacer quelqu'un dans les lacs de l'amour, Apul.

pĕdĭcŭlāris, *e,* adj., et **pĕdĭcŭlārĭus**, *a, um,* relatif aux poux, pédiculaire ; ~ *morbus* : maladie pédiculaire ; ~ *herba* : herbe aux poux.

pĕdĭcŭlōsus, *a, um,* pouilleux, rongé de vermine.

① **pĕdĭcŭlus**, *i,* m., petit pied ; pédoncule.

② **pĕdĭcŭlus**, *i,* m., pou, vermine.

pĕdis, *is,* m., pou.

pĕdĭsĕqua, *æ,* f., suivante, esclave qui accompagne.

pĕdĭsĕquus, *i,* m., esclave qui accompagne, compagnon, acolyte.

pĕdĭtastellus, *i,* m., « biffin ».

① **pĕdĭtātus**, *a, um,* d'infanterie.

② **pĕdĭtātŭs**, *ūs,* m., l'infanterie.

pēdĭtum, *i,* n., pet, incongruité.

Pĕdĭus, *a, um,* Pédius, nom d'une famille rom.

① **pēdo**, *ās, āre,* tr., munir de pieds ; échalasser les arbres, la vigne.

② **pēdo**, *ĭs, ĕre, pĕpēdi, pĕdĭtum,* intr., péter.

Pĕdo, *ōnis,* m., Pédon, nom rom.

Pĕdūcæānus, *a, um,* de Péducæus ‖ **Pĕdūcæus**, *a, um,* de Péducæus ‖

Pēdŭcæus, *i*, m., Péducæus, nom d'une famille rom.

pēdŭcŭl~, V. *pedicul~*.

pĕdūlis, *e*, adj., pour les pieds ; subst. n., *pedule*, *is*, semelle.

pĕdum, *i*, n., houlette.

Pĕdum, *i*, n., Pédum, anc. v. du Latium (vraisemblablement auj., Gallicano).

Pēgæ, V. *Pege*.

Pēgăsēĭus, *a*, *um*, ou **Pēgăsēŭs**, *a*, *um*, de Pégase ; ext., poét., *Pegaseo gradu* : d'un pas rapide ‖ **Pēgăsis**, *ĭdis*, f., 1. adj., de Pégase ; 2. subst., Naïade ‖ **Pēgăsīdes**, *um*, f. pl., les Muses ‖ **Pēgăsus** (~ŏs), *i*, m., Pégase, 1. cheval ailé des Muses, né du sang de Méduse, qui d'un coup de sabot fit jaillir la fontaine Hippocrène sur l'Hélicon ; 2. constellation ; 3. race fabuleuse des chevaux ailés ; 4. fig., messager ailé ; 5. jurisconsulte du temps de Vespasien.

Pēgē, *ēs*, f., Pèges, source en Bithynie.

pegma, *ătis*, n., machine, échafaud, estrade ; 1. rayons de bibliothèque ; 2. au théâtre, machine élévatrice.

pegnĭārĭus, V. *pægniarius*.

pējĕrātĭuncŭla, *æ*, f., petit parjure.

pējĕro, *ās*, *āre*, 1. intr., faire un faux serment, se parjurer ; 2. tr., violer, *jus pejeratum* (cf. *jus jurandum*) : faux serment, Hor. ; 3. intr., mentir, *perge, optime perjuras* : continue, tu mens à merveille, Pl.

pējŏr, *pējŭs*, comp. de *malus*.

pējūro, V. *pejero*.

pējūrus, V. *perjurus*.

pĕlăgē, n. pl., V. *pelagus*.

pĕlăgĭcus, *a*, *um*, de la mer, de la haute mer.

pĕlăgĭus, *a*, *um*, de la mer ; de la haute mer ; subst. f., *pelagia*, *æ*, pourpre (coquillage) ; n., *pelagium*, *ii*, la pourpre.

Pĕlăgĭus, *ĭi*, m., Pélage, adversaire hérétique de saint Augustin.

Pĕlăgōnes, *um*, m. pl., Pélagons, peuple qui habitait le N. de la Macédoine ‖ **Pĕlăgŏnĭa**, *æ*, f., la Pélagonie, territoire et v. des Pélagons.

pĕlăgus, *i*, n., 1. la haute mer ; la mer ; 2. les eaux débordées d'un fleuve ; 3. grande quantité, abondance.

pĕlămis, *ĭdis*, et **pĕlămўs**, *ўdis*, f., jeune thon qui n'a pas plus d'un an (plus tard on l'appelle *thynnus*).

Pĕlasgi, *ōrum*, m. pl., Pélasges, les plus anc. immigrants de la Grèce, regardés par Hérodote comme les hab. primitifs du pays ; les plus anc. hab. des pays méditerranéens ‖ **Pĕlasgĭa**, *æ*, f., la Pélasgie, terre des Pélasges (Péloponnèse, ou Thessalie, ou Lesbos) ‖ **Pĕlasgĭăs**, *ădis*, f.,

pélasgienne, grecque ‖ **Pĕlasgĭcus**, *a*, *um*, pélasgique ‖ **Pĕlasgis**, *ĭdis*, f., 1. adj., pélasgique, de Lesbos ; 2. subst., la Pélasgide, anc. nom de la Thessalie ‖ **Pĕlasgus**, *a*, *um*, des Grecs, grec, *laurus Pelasga* : nom d'une espèce de laurier.

Pēlēĭus, *a*, *um*, de Pélée ; d'Achille, *Peleia virgo* : la jeune captive d'Achille, Briséis

Pĕlethrōnĭus, *a*, *um*, péléthronien, d'une contrée de Thessalie habitée par les Lapithes (renommés comme cavaliers) et les centaures ‖ **Pĕlethrōnĭus**, *ĭi*, m., Péléthronius, roi des Lapithes (inventeur du mors).

Pēlēus, *ĕi* ou *ĕos*, m., Pélée, roi de Thessalie, fils d'Éaque, époux de Thétis et père d'Achille.

pēlex, V. *pellex*.

Pĕlĭa, V. *Pelias* ②.

Pĕlĭăcus, *a*, *um*, du mt. Pélion.

Pĕlĭădes, *um*, f. pl., filles de Pélias.

① **Pĕlĭăs**, *ădis*, f., du mt. Pélion (le navire *Argo*, ou la lance d'Achille dont le bois venait du Pélion).

② **Pĕlĭăs**, *æ*, m., Pélias, roi de Thessalie tué par ses filles qui croyaient le rajeunir sur les conseils de la magicienne Médée

pĕlĭcātŭs, V. *pellicatus*.

Pēlīdēs, *æ*, m., le fils de Pélée, Achille.

Pēligni (**Pæligni**), *ōrum*, m. pl., Pélignes ou Péligniens, peuple du Samnium auj. Abruzzes ‖ **Pēlignus**, *a*, *um*, relatif aux Pélignes ou Péligniens ; *Peligna frigora* : froid pélignien, Hor.

Pēlĭŏn, *ĭi*, n., ou **Pēlĭŏs**, *ĭi*, m., le Pélion mt. de Thessalie, continuation de l'Ossa ‖ **Pēlĭus**, *a*, *um*, du Pélion.

Pella, *æ*, f., Pella, v. de Macédoine, patrie d'Alexandre le Grand.

pellăcĭa, *æ*, f., tromperie, perfidie, *~ placidi ponti* : le calme trompeur de la mer Lucr.

Pellæus, *a*, *um*, 1. de Pella, *~ juvenis* Alexandre le Grand ; 2. d'Alexandrie d'Égypte.

pellax, *ācis*, adj., séducteur, perfide.

Pellē, *ēs*, V. *Pella*.

pellĕcĕbra, *æ*, f., séduction, flatterie.

pellectĭo, *ōnis*, f., lecture complète.

pellectus, *a*, *um*, V. *pellego* et *pellicio*.

pellĕgo, V. *perlego*.

Pellēnæi, *ōrum*, m. pl., les hab. de Pellène ‖ **Pellēnē**, *ēs*, f., Pellène, v. d'Achaïe sur le golfe de Corinthe ‖ **Pellēnensis**, *e*, adj., de Pellène.

pellex (**pēlex, pælex**), *ĭcis*, f., 1. concubine, maîtresse ; 2. rivale d'une femme mariée ; 3. mignon.

pellĭcātŭs, *ūs*, m., concubinage.

pellĭcĭo, *ĭs, ĕre, pellexi, pellectum*, tr., 1. attirer, séduire, *mulierem ad se ~* : séduire une femme ; 2. gagner (des suffrages) ; 3. attirer magiquement ou magnétiquement.

pellĭcŭla, *æ*, f., petite peau, *pelliculam curare* : prendre soin de sa petite personne, HOR. ; condition (dans laquelle on est), sentiments.

pellĭcŭlo, *ās, āre*, tr., couvrir d'une peau.

pellĭgo, V. *pellego*.

pellĭo, *ōnis*, m., pelletier, fourreur.

pellis, *is*, f., 1. peau d'animal, fourrure, toison, *~ caprina* : peau de chèvre ; *~ hædina* : peau de chevreau ; 2. vêtement, habit, chaussure en peau ou en cuir ; *nec vagus in laxa pes tibi pelle natet* : que ton pied ne danse pas dans ta chaussure trop large, OV. ; 3. tente des soldats (recouverte de peaux) ; 4. parchemin, *pellibus exiguis artatur Livius ingens* : l'œuvre immense de Tite-Live est condensée dans quelques feuilles de parchemin, MART.

pellītus, *a, um*, couvert d'une peau, d'une fourrure ; vêtu de peaux, *pelliti Sardi* : les Sardes habillés de peaux ; *pelliti testes* : témoins de Sardaigne.

pello, *ĭs, ĕre, pĕpŭli, pulsum*, tr., 1. frapper, battre, mettre en mouvement, *terram pede ~* : battre la terre du pied (en dansant) ; 2. chasser, éloigner, *pulsi fugatique* : repoussés et mis en fuite ; *~ in exilium* : envoyer en exil ; 3. fig., émouvoir (les sens ou l'âme), toucher, agiter ; 4. toucher à un sujet, aborder, *longi sermonis initium pepulisti* : tu viens de toucher à un point qui peut faire l'objet d'un long entretien, CIC.

pellū, V. *perlu*.

Pĕlŏpēa, *æ*, f., Pélopée, fille de Thyeste et mère d'Égisthe ; titre d'une tragédie.

Pĕlops, *ŏpis*, m., Pélops, fils de Tantale qui a donné son nom au Péloponnèse ‖ **Pĕlŏpēïas**, *ădis*, et **Pĕlŏpēis**, *ĭdis*, f., de Pélops, du Péloponnèse ‖ **Pĕlŏpēïus** (~ēus), *a, um*, de Pélops, du Péloponnèse ‖ **Pĕlŏpĭdæ**, *ārum*, m. pl., Pélopides, descendants de Pélops ‖ **Pĕlŏpĭus**, *a, um*, V. *Pelopeius* ‖ **Pĕlŏponnēnsis**, *e*, adj., **Pĕlŏponnēsĭăcus** ou **Pĕlŏponnēsĭus**, *a, um*, du Péloponnèse ‖ **Pĕlŏponnēnses**, *ĭum*, ou **Pĕlŏponnēsĭăci**, *ōrum*, ou **Pĕlŏponnēsĭi**, *ōrum*, m. pl., les hab. du Péloponnèse ‖ **Pĕlŏponnēsus** (~ŏs), *i*, f., le Péloponnèse, presqu'île de la Grèce méridionale, appelée aussi Morée.

Pĕlōrĭăs, *ădis*, et **Pĕlōris**, *ĭdis*, f., Pélore, promontoire de Sicile en face de la Calabre.

pĕlōris, *ĭdis*, f., péloride ou palourde.

Pĕlōrus (~ŏs), *i*, m., et **Pĕlōrum**, *i*, n., Pélore, promontoire au N.-E. de la Sicile, auj. Capo di Faro ou phare de Messine.

pelta, *æ*, f., pelte, petit bouclier en forme de croissant.

peltastæ, *ārum*, m. pl., peltastes, soldats armés de la pelte.

peltātus, *a, um*, armé d'une pelte.

peltĭfĕr, *fĕra, fĕrum*, qui porte la pelte, *peltiferæ puellæ* : les Amazones.

Pēlūsĭăcus et **Pēlūsĭānus**, *a, um*, de Péluse ‖ **Pēlūsĭōta** et **Pēlūsĭōtās**, *æ*, m., Pélusien, hab. de Péluse ‖ **Pēlūsĭum**, *ĭi*, n., Péluse, v. d'Égypte près d'une bouche du Nil à laquelle elle a donné son nom.

pelvis, *is*, f., bassin de métal pour se laver ; chaudron.

pemma, *ătis*, n., sorte de gâteau, pâtisserie.

pĕnārĭus (**pĕnŭārĭus**), *a, um*, relatif aux provisions, aux vivres, *cella penaria* : garde-manger, cellier.

Pĕnātes, *ĭum* (cf. *penus*), m. pl., 1. Pénates, dieux protecteurs de la famille ou de l'État ; 2. fig., maison, foyer domestique, *a suis diis penatibus ejectus* : chassé de sa maison, CIC. ; 3. alvéole des abeilles ; nid d'un oiseau ; 4. temple.

pĕnātĭgĕr, *gĕra, gĕrum*, qui emporte ses Pénates.

pendĕo, *ēs, ēre, pĕpendi*, intr., 1. pendre, être suspendu, *~ ex arbore in arbore* : être suspendu à un arbre ; *~ apte* : tomber avec grâce (pour un vêtement) ; 2. être suspendu à une porte pour être fouetté (esclaves) ; être affiché, mis en vente, *~ ad lanium* : pendre chez le boucher ; 3. être suspendu en l'air, *scopulus raucis pendet adesus aquis* : un rocher pend miné par les eaux grondantes, OV. ; *dum nubila pendent* : tant que les nuages planent, VIRG. ; être pendant, flasque, *fluidi pendent lacerti* : les bras languissants pendent, OV. ; 4. peser, *cyatus pendet drachmas decem* : un cyate pèse dix drachmes ; 5. fig., être suspendu à, être attentif, *~ ab ore alicujus* : être suspendu aux lèvres de qqn. ; *~ ex vultu* : fixer le visage ; 6. fig., dépendre de qqn. ou de qqch., *res publica pendet Bruto* : le salut de l'État dépend de Brutus, CIC. ; *salus nostra spe exiguā pendet* : notre salut tient à un mince espoir, CIC. ; 7. fig., être arrêté, interrompu, *pendent opera interrupta* : les travaux restent suspendus, VIRG. ; 8. fig., être flottant, indécis, incertain, *ne diutius pendeas* : pour ne pas te faire attendre plus longtemps ; *animi, animo, animis ~* : être en attente, anxieux, CIC.

pendo, *ĭs, ĕre, pĕpendi, pensum*, tr. et intr., **1.** peser ; compter, payer, *~ pœnas* : expier ; **2.** fig., estimer, juger, *rem suo pondere penditote* : vous apprécierez la chose à sa valeur, Cic. ; + gén., *parvi, nihili, magni, minoris aliquid, aliquem* : faire peu de cas, aucun cas, grand cas, moins de cas de qqch., de qqn. ; **3.** peser, avoir un poids.

pendŭlus, *a, um*, **1.** suspendu, pendant, *potes pendulum zonâ elidere collum* : tu peux te pendre et t'étrangler avec ta ceinture, Hor. ; **2.** en pente, incliné ; **3.** incertain, indécis, *dubiæ spe ~ horæ* : suspendu dans l'attente d'une heure incertaine, Hor.

pĕnĕ, V. *pæne*.

Pēnēis, *ĭdis*, f., du Pénée, *Peneides undæ* : les eaux du Pénée ; *~ nympha* : la nymphe du Pénée (Daphné) ‖ **Pēnēïus**, *a, um*, du Pénée, *Peneia Tempe* : la vallée de Tempé, arrosée par le Pénée.

Pēnĕlŏpa, *æ*, **Pēnĕlŏpē**, *ēs*, ou **Pēnĕlŏpēa**, *æ*, f., Pénélope, **1.** fille d'Icare, femme d'Ulysse, mère de Télémaque ; **2.** épouse de Mercure, mère de Pan ; **3.** ext., épouse fidèle ‖ **Pēnĕlŏpēus**, *a, um*, relatif à Pénélope.

Pēnĕōs, V. *Peneus*.

pĕnĕs, prép. + acc., **1.** entre les mains de, au pouvoir de, *quem ~ est virtus* : celui qui possède la vertu, Pl. ; *~ se esse* : être dans son bon sens ; **2.** chez (= *apud*).

Pĕnestæ, *ārum*, m. pl., Pénestes, peuple de l'Illyrie grecque ‖ **Pĕnestĭa**, *æ*, f., le pays des Pénestes.

pĕnĕtrābĭlis, *e*, adj., **1.** pénétrable, accessible ; **2.** pénétrant.

pĕnĕtrăl, *ālis*, V. *penetralis* 2.

pĕnĕtrālis, *e*, adj., **1.** pénétrant ; **2.** intérieur, retiré, secret, *adyta penetralia* : le fond du sanctuaire ; *Dii Penates, etiam penetrales a poetis vocati* : les dieux Pénates, nommés aussi dieux de l'intérieur par les poètes, Cic. ; subst. n., *penetrale, is*, ord. au pl., *penetralia, ium*, le fond, l'endroit le plus retiré, *penetrale urbis* : le cœur de la cité ; *veterum penetralia regum* : les appartements les plus reculés des anciens rois, Virg. ; le sanctuaire, les Pénates ; les secrets, les mystères (d'une science).

pĕnĕtrātĭo, *ōnis*, f., action de percer, piqûre.

pĕnĕtro, *ās, āre*, **I** tr., **1.** faire entrer, *intra portam ~ pedem* : mettre le pied de l'autre côté de la porte ; *~ se* : se glisser ; **2.** pénétrer dans, s'enfoncer dans ; fig., faire impression sur l'esprit, venir à l'esprit, *id Tiberii animum penetravit* : cela s'imprima dans

l'esprit de Tibère, Tac. ; *penetrabat eos* + prop. inf. : leur venait à l'esprit que, Lucr.

II intr., pénétrer, entrer, s'introduire, *quo non ars penetrat ?* : où l'art ne pénètre-t-il point ?, Ov.

Pēnēus, *i*, m., Pénée, fl. de Thessalie.

pēnĭcillum, *i*, n., et **pēnĭcillus**, *i*, m., **1.** pinceau (de peintre) ; **2.** pinceau (de l'écrivain), touche, style, *pingam coloribus tuis, penicillo meo* : je peindrai avec tes couleurs, en conservant ma touche, Cic. ; **3.** tampon de charpie ; **4.** éponge pour essuyer.

pēnĭcŭlāmentum, *i*, n., queue ; fig., queue, pointe de vêtement.

pēnĭcŭlus, *i*, m., brosse faite avec une queue de vache.

pēninsŭla, V. *pæninsula*.

pēnis, *is*, m., **1.** queue des quadrupèdes ; **2.** brosse à peindre ; **3.** sexe masculin.

pēnissĭmē (pæn~), V. *pæne*.

pēnĭtē, adv., profondément.

① **pĕnĭtŭs**, adv., **1.** à l'intérieur ; **2.** profondément, jusqu'au fond, *~ intellegere* : comprendre à fond ; **3.** tout à fait, radicalement, *religionem ~ tollere* : détruire de fond en comble la religion ; **4.** avec comp., de beaucoup, *~ crudelior* : beaucoup plus cruel.

② **pĕnĭtus**, *a, um*, [*~tior, ~tissimus*], intérieur, intime, qui est au fond, *usque ex penitis faucibus* : du fond de la gorge, Pl. ; *mente penita* : au fond de la pensée, Apul. ; subst. n. pl., *penita, orum*, les parties profondes.

Pēnĭus, *ĭi*, m., Pénius, fl. de Colchide qui se jetait dans le Pont-Euxin.

penna, *æ*, f., **1.** penne, plume, aile ; **2.** au pl., *pennæ, arum*, ailes, *pennas vertere* : s'envoler, s'enfuir ; *majores pennas nido extendere* : se sentir pousser des ailes, s'élever au-dessus de sa condition, Hor. ; **3.** vol de présage, auspices ; **4.** plumes d'une flèche ; flèche ; **5.** extrémité d'une terre, cap, *Sicania tribus excurrit in æquora pennis* : la Sicile s'avance en mer par trois caps, Ov.

pennātus, *a, um*, **1.** emplumé ou empenné ; ailé, *pennatum ferrum* : flèche ; **2.** avec des barbes (épis).

pennĭfĕr, *fĕra, fĕrum*, ailé.

pennĭgĕr (pinnĭgĕr), *ĕra, ĕrum*, ailé ; empenné.

Penninus (Pēnī~, Pœnī~), *a, um*, des Alpes Pennines ; *Penninæ Alpes, ~ mons* ou subst. m., *Penninus, i*, les Alpes Pennines (du Saint-Bernard au Saint-Gothard).

pennĭpēs, V. *pinnipes*.

pennĭpŏtens, *entis*, adj., ailé ; subst. f. pl., *pennipotentes, ium*, oiseaux.

pennŭla, V. *pinnula*.

pensātĭo, *ōnis*, f., **1.** compensation ; **2.** examen.

pensĭcŭlātē, adv., exactement, tout bien pesé.

pensĭcŭlo, *ās, āre*, tr., penser, examiner attentivement.

pensĭlis, *e*, adj., **1.** qui pend, pendant, suspendu, *se facere pensilem* : se pendre ; ~ *uva* : raisin suspendu (pour être conservé) ; subst. n. pl., *pensilia, ium*, fruits que l'on suspend pour les conserver, fruits séchés ; **2.** t. d'architecture, suspendu, *pensiles horti* : jardins suspendus.

pensĭo, *ōnis*, f. **1.** pesée ; **2.** paiement, ~ *præsens* : paiement comptant ; **3.** prix de location, loyer ; **4.** dédommagement.

pensĭto, *ās, āre*, tr., peser avec soin ; fig., *vitam æquā lance* ~ : peser la vie dans une juste balance, l'apprécier à sa juste valeur, PL.-J. ; **2.** payer, ~ *vectigalia* : payer des impôts, être soumis à une taxe ; **3.** examiner avec soin, réfléchir, *sæpe apud se pensitato an* : après avoir bien réfléchi si..., TAC.

pensĭuncŭla, *æ*, f., petit paiement, solde de compte.

penso, *ās, āre*, tr., **1.** peser avec soin, *pensatum auro caput* : tête (de C. Gracchus) payée son pesant d'or ; **2.** peser, apprécier, estimer, ~ *Romanos scriptores eādem trutinā* : juger de la même manière tous les écrivains romains, HOR. ; **3.** balancer, compenser, ~ *adversa secundis* : balancer les revers par des succès ; ~ *virtutibus vitia* : racheter les vices par les vertus ; ~ *vicem alicujus rei* : remplacer une chose, en tenir lieu ; ~ *iter* : abréger la route ; **4.** échanger, acheter, ~ *lætitiam mærore* : payer la joie par la douleur ; **5.** calmer, apaiser.

pensum, *i*, n., **1.** poids de laine à filer en un jour ; tâche, *pensum facere* : filer la laine chaque jour ; **2.** tâche, devoir, fonction.

pensūra, *æ*, f., pesée.

pensus, *a, um*, part. adj. de *pendo*, de poids, précieux, *nihil pensi habere* : (n'avoir rien de pesé) ne faire cas de rien, ne se préoccuper de rien ; avec interr. indir., avec *quin*, avec inf., avec *in* + abl. : *nihil pensi habuit quin prædaretur omni modo* : il ne se fit aucun scrupule de piller de toutes façons, SUÉT.

pentămĕtĕr, *tri*, m., pentamètre, vers contenant cinq pieds.

Pentēlensis, *e*, adj., ou **Pentēlĭcus**, *a, um*, du Pentélique, mt. de l'Attique, aux carrières de marbre fameuses ; *Hermæ Pentelici* : hermès, statues de Mercure, en marbre du Pentélique.

Penthĕsīlēa, *æ*, f., Penthésilée, reine des Amazones, tuée devant Troie par Achille.

Penthēus, *ĕi* ou *ĕos*, m., Penthée, roi de Thèbes, tué par sa mère, ses sœurs et les autres Bacchantes, pour avoir méprisé le culte de Bacchus ‖ **Penthēus** (**Penthēĭus**), *a, um*, de Penthée ‖ **Penthĭăcus**, *a, um*, de Penthée ‖ **Penthĭăcum**, *i*, n., fricandeau à la Penthée, PÉTR. ‖ **Penthīdēs**, *æ*, m., Penthide, descendant mâle de Penthée.

Pentri, *ōrum*, m. pl., Pentres, peuple du Samnium.

pēnul~, V. *pænul~*.

pēnūrĭa, *æ*, f., **1.** manque de vivres ; **2.** manque, besoin.

pĕnŭs, *ūs* et *i*, m. et f., et **pĕnŭs**, *ŏris*, ou **pĕnum**, *i*, n., provisions de bouche, vivres (mis en réserve à l'intérieur de la maison).

pĕpēdi, V. *pedo* ②.

pĕpendi, V. *pendeo* et *pendo*.

pĕperci, V. *parco*.

pĕpĕri, V. *pario*.

pĕpĭgi, V. *pango*.

peplum, *i*, n., et **peplus**, *i*, m., péplum, long et large manteau, richement brodé, à l'usage des femmes (on ornait les statues des dieux, not. la statue de Minerve à Athènes) ; manteaux de luxe en gén.

pĕpŭgi, V. *pungo*.

pĕpŭli, V. *pello*.

per, prép. + acc.

I. lieu :
  1. à travers, par ; (sans mvt.) dans, sur, par
  2. devant, le long de
  3. par (distributif)
II. temps :
  1. tout le temps de, pendant
  2. par (successif)
III. manière, moyen, etc. :
  1. avec, en + part. prés.
  2. par le moyen de
  3. par, à cause de, grâce à
  4. au nom de

I lieu : **1.** à travers, par (pour tous les noms de lieu, y compris les villes), *per urbem* : à travers la ville, *iter feci per Galliam* : je suis passé par la Gaule, *iter feci per Romam* : je suis passé par Rome ; dans, sur (sans mvt.), *per vias* : dans les rues, *per forum* : sur le forum ; *per terga cædi* : être frappé sur le dos ; **2.** devant, le long de, *per ora vestra* : devant vos yeux ; *per oram maritimam* : le long de la côte ; **3.** avec idée distrib. : *per domos* : de maison en maison, *per manus* : de main en main.

II temps : **1.** tout le temps de, pendant, a) l'action dure sans interruption : *per duos dies iter fecerunt* : ils ont marché pendant deux jours de suite ; b) sans détermination : *per bellum* : pendant la guerre ; **2.** avec idée de succession : *per singulos dies* : jour après jour, chaque jour.

III manière, moyen, etc., **1.** manière : avec, en + part. prés., *per summum dedecus* : dans le plus grand déshonneur ; *per ridiculum* : en plaisantant, *per ludum* : par jeu, en jouant ; *per causam* ou *speciem* + gén. : sous le prétexte de ; *per tempus* : à propos, en temps voulu ; **2.** moyen : par, au moyen de, *per litteras* : par lettre ; *per me, per te, per se* : par mes, tes, ses propres moyens ; *ipsum per se laudabile* : intrinsèquement estimable ; **3.** cause : à cause de, grâce à, *per noctem* : à la faveur de la nuit ; *per nos ulciscuntur* : ils se vengent par nos mains ; *per me licet* : il est permis par moi = je permets ; *per me stat quominus* : j'empêche de ; **4.** par, au nom de, *per deos* : au nom des dieux, *per ego te deos oro* : je te prie au nom des dieux, TÉR.

per~, préf., **1.** valeur intensive : donne aux adj. et aux adv. un sens superl. et aux vb. une idée de durée, d'achèvement complet ; se rencontre en tmèse, *grata perque jucunda* (= et perjucunda) : des choses agréables et délicieuses ; **2.** valeur nég. (déviation, rupture).

pēra, *æ*, f., besace.

pĕrabsurdus, *a*, *um*, très absurde.

pĕraccommŏdātus, *a*, *um*, avec tmèse : tout à fait convenable.

pĕrācĕr, *cris*, *cre*, adj., **1.** très aigre ; **2.** fig., très fin ; très vif.

pĕrācerbus, *a*, *um*, **1.** très aigre ; **2.** fig., très désagréable.

pĕrācesco, *ĭs*, *ĕre*, *ăcŭi*, intr., **1.** devenir tout à fait aigre ; **2.** fig., s'irriter, s'aigrir.

pĕractĭo, *ōnis*, f., achèvement ; dénouement.

pĕrăcūtē, adv., d'une voix très aiguë ; très finement.

pĕrăcūtus, *a*, *um*, très aigu ; très subtil.

pĕrădŭlescens, *entis*, m., tout jeune homme encore.

pĕrădŭlescentŭlus, *i*, m., tout jeune homme, extrêmement jeune.

Pĕræa, *æ*, f., Pérée, **1.** région côtière de la Carie ; **2.** région de Transjordanie ; **3.** colonie de Mytilène.

pĕrædĭfĭcātus, *a*, *um*, construit complètement.

pĕræquātĭo, *ōnis*, f., **1.** conformité, symétrie parfaite ; **2.** répartition égale des impôts.

pĕræquē, adv., exactement de même, également.

pĕræquo, *ās*, *āre*, tr., égaler, niveler.

pĕrăgĭto, *ās*, *āre*, tr., **1.** remuer en tout sens ; harceler ; **2.** fig., exciter, stimuler ; **3.** conduire à terme.

pĕrăgo, *ĭs*, *ĕre*, *ēgi*, *actum*, tr., **1.** poét., traverser, transpercer, ~ *latus ense* : percer le flanc de son épée, Ov. ; **2.** remuer, travailler sans relâche, *humum* : la terre, *freta remo* : les flots avec la rame ; **3.** a) poursuivre, achever, accomplir, ~ *inceptum* : mener à terme une entreprise, ~ *mandata* : exécuter des ordres ; b) tenir, faire, *comitia*, *concilium* : les élections, une assemblée ; c) passer le temps, terminer sa vie ; passif, *peragi* : mourir, abs., vivre ; **4.** jur., poursuivre, ~ *reum* : faire déclarer qqn. coupable ; ~ *accusationem* : prouver une accusation ; (théâtre) représenter, jouer son rôle, *partes suas* ~ : remplir, soutenir son rôle ; **5.** exposer, traiter complètement, *populi Romani res pace belloque gestas peragam* : j'exposerai en totalité la conduite du peuple romain dans la paix comme dans la guerre, LIV.

pĕrăgrātĭo, *ōnis*, f., action de parcourir, parcours.

pĕrăgro, *ās*, *āre*, tr. et intr., parcourir, traverser, visiter ; fig., *orator peragrat per animos hominum* : l'orateur pénètre dans l'âme des hommes, CIC.

pĕralbus, *a*, *um*, très blanc.

pĕrāmans, *antis*, adj., très attaché à.

pĕrămantĕr, adv., très affectueusement.

pĕrambŭlo, *ās*, *āre*, tr., parcourir, traverser ; visiter.

pĕrămīcē, adv., très amicalement.

pĕrămœnus, *a*, *um*, très agréable, charmant.

pĕramplus, *a*, *um*, très grand, très étendu, très vaste.

pĕranceps, *cĭpĭtis*, adj., très douteux.

pĕrangustē, adv., très étroitement ; très brièvement.

pĕrangustus, *a*, *um*, très étroit, très resserré.

pĕranno, *ās*, *āre*, intr., durer, vivre une année.

pĕrantīquus, *a*, *um*, très ancien.

pĕrappŏsĭtus, *a*, *um*, très convenable à + dat.

pĕrardŭus, *a*, *um*, très difficile.

pĕraresco, *ĭs*, *ĕre*, *ārŭi*, intr., se dessécher entièrement.

pĕrargūtus, *a*, *um*, **1.** qui a un son très aigu ; **2.** fig., très fin, très spirituel.

pĕrārĭdus, *a, um*, très sec, très aride.

pĕrarmātus, *a, um*, bien armé.

pĕrāro, *ās, āre*, tr., 1. sillonner, *pontum* : la mer ; 2. tracer, écrire.

pĕrattentē, adv., très attentivement.

pĕrattentus, *a, um*, très attentif.

perbacchor, *āris, ārī*, 1. intr., faire des orgies ; 2. tr., dévaster.

perbāsĭo, *ās, āre*, tr., baiser avec effusion.

perbĕātus, *a, um*, très heureux.

perbellē, adv., parfaitement bien, à merveille, finement.

perbĕnē, adv., très bien, parfaitement.

perbĕnĕvŏlus, *a, um*, très bienveillant.

perbĕnignē, adv., avec beaucoup de bonté ; avec tmèse, *per mihi benigne respondit* : il me répondit avec beaucoup de bonté.

Perbĭbĕsĭa, *æ*, f., mot forgé par Plaute : « le pays où l'on boit bien ».

perbĭbo, *ĭs, ĕre, bĭbi*, tr., absorber, s'imprégner de ; se pénétrer de, s'abreuver.

perbĭto, *ĭs, ĕre*, intr., périr.

perblandus, *a, um*, très amical, très séduisant, très insinuant.

perbŏnus, *a, um*, très bon.

perbrĕvĭ, adv., très peu (de temps).

perbrĕvis, *e*, adj., très bref, très court ; très concis ; avec tmèse : *per... brevis*.

perbrĕvĭtĕr, adv., très brièvement.

perca, *æ*, f., perche.

percædo, V. *percido*.

percălĕfăcĭo, *ĭs, ĕre*, tr., échauffer fortement.

percălĕfĭo, *ĭs, fĭĕri, factus sum*, passif du préc., s'échauffer fortement.

percălesco, *ĭs, ĕre, călŭi*, intr., passif du préc., s'échauffer fortement, devenir de plus en plus chaud.

percallesco, *ĭs, ĕre, callŭi*, 1. intr., s'endurcir à ; s'instruire, se former, *~ usu rerum* : apprendre par l'expérience de la vie ; 2. tr., apprendre à fond ; connaître parfaitement.

percandĭdus, *a, um*, très blanc.

percārus, *a, um*, 1. très cher, très précieux ; 2. très cher, très aimé.

percautus, *a, um*, très circonspect.

percĕlĕbĕr, *bris, bre*, adj., très célèbre.

percĕlĕbro, *ās, āre*, tr., 1. rendre très fréquent ; 2. répéter, *percelebrata sermonibus res est* : la chose est sur toutes les lèvres, Cic.

percĕlĕr, *ĕris, ĕre*, adj., très rapide.

percĕlĕrĭtĕr, adv., très rapidement.

percello, *ĭs, ĕre, cŭli, culsum*, tr., 1. terrasser, renverser, abattre ; prov., *plaustrum perculi* : j'ai renversé le char = je suis ruiné, Pl. ; 2. fig., ébranler, ruiner, anéantir, *~ rem publicam* : renverser l'État ; 3. heurter, frapper, *~ genu femur* : donner un violent coup de genou sur la cuisse ; 4. fig., émouvoir, effrayer, faire fuir ; 5. attirer, séduire.

percensĕo, *ēs, ēre, censŭi*, tr., 1. faire le dénombrement complet de, passer en revue ; 2. examiner, apprécier ; 3. parcourir, visiter.

perceptĭo, *ōnis*, f., 1. récolte ; 2. perception, connaissance.

percīdo, *ĭs, ĕre, cīdi, cīsum*, tr., mettre en pièces, briser, fracasser.

percĭĕo, *ēs, ēre*, et **percĭo**, *ĭs, īre, cīvi (ĭi), cĭtum*, tr., 1. ébranler, agiter fortement ; 2. fig., insulter.

percĭpĭo, *ĭs, ĕre, cēpi, ceptum*, tr., 1. s'emparer de, envahir, *mihi horror membra percipit* : un frisson saisit mes membres, Pl. ; 2. recueillir, recevoir, *præmia* : des récompenses, *~ fructus* : récolter les fruits ; 3. fig., percevoir, éprouver (par les sens), *quod neque oculis neque auribus neque ullo sensu percipi potest* : ce que ne peut percevoir ni la vue, ni l'ouïe, ni aucun sens, Cic. ; *percipite quæ dicam* : écoutez mes paroles, Cic. ; 4. apprendre, écouter, percevoir (par l'intelligence), *~ animo* : comprendre, *vis percipiendi* : la faculté de comprendre, *~ præcepta artis* : apprendre les préceptes d'un art ; 5. connaître avec certitude, *percepta artis* : les connaissances fondamentales d'une science.

percĭtus, *a, um*, part. adj., 1. agité, excité ; 2. emporté, violent.

percīvīlis, *e*, adj., très bienveillant.

percognosco, *ĭs, ĕre, nōvi, nĭtum*, tr., étudier à fond, connaître parfaitement.

① **percŏlo**, *ās, āre*, tr., filtrer, passer ; laisser passer, digérer.

② **percŏlo**, *ĭs, ĕre, cŏlŭi, cultum*, tr., 1. cultiver avec soin ; 2. mettre la dernière main à, terminer ; 3. respecter, honorer ; 4. orner, parer ; 5. cultiver, pratiquer une science.

percŏlŏpo, *ās, āre*, tr., souffleter d'importance.

percōmis, *e*, adj., très aimable, très affable.

percommŏdē, adv., très à propos, *~ accidit quod* : il arrive très à propos que.

percommŏdus, *a, um*, très utile, très avantageux.

percōnor, *āris, āri*, tr., mener à bonne fin (une entreprise).

percontātĭo, *ōnis*, f., enquête, interrogatoire ; rhét., interrogation.

percontātŏr, *ōris*, m., questionneur, enquêteur.

perconto (percuncto), *ās*, *āre*, V. *percontor* ; passif, *percontari* : être interrogé.

percontor (percunctor), *āris*, *āri*, tr., se renseigner, interroger, questionner, *aliquem de aliquā re, aliquid ab (ex) aliquo, aliquem aliquid, aliquet* et interr. indir. : s'informer auprès de qqn. sur qqch.

percontŭmax, *ācis*, adj., très entêté.

percōpĭōsus, *a, um*, très abondant (orateur).

percŏquo, *ĭs, ĕre, coxi, coctum*, tr., 1. faire cuire parfaitement ; 2. mûrir, amener à parfaite maturité ; 3. faire chauffer ; 4. part., *percoctus* : cuit, basané.

percrassus, *a, um*, très gros, très épais.

percrēbresco et **percrēbesco**, *ĭs, ĕre, crēbrŭi* et *crēbŭi*, intr., se répandre, *fama percrebuit* + prop. inf. : le bruit s'est répandu que, *percrebuerat antiquitus urbem nostram ali sustentarique non posse* : l'opinion courante était depuis longtemps que notre ville ne pouvait être nourrie et ravitaillée, PL.-J.

percrĕpo, *ās, āre, crĕpŭi, crĕpĭtum*, 1. intr., résonner, retentir bruyamment de + abl. ; 2. tr., chanter, célébrer.

percrŭcĭo, *ās, āre*, tr., torturer.

percrŭdus, *a, um*, 1. tout à fait vert, non mûr ; 2. (cuir) brut, non préparé.

percŭcurri, V. *percurro*.

percŭli, V. *percello*.

perculsus, *a, um*, V. *percello*.

percultus, *a, um*, V. *percolo* ②.

percunct~, V. *percont~*.

percŭpĭdus, *a, um*, très attaché, très dévoué à + gén.

percŭpĭo, *ĭs, ĕre*, tr., désirer vivement, avoir grande envie de.

percŭrĭōsus, *a, um*, très curieux, très attentif, très vigilant.

percŭro, *ās, āre*, tr., guérir complètement (pr. et fig.).

percurro, *ĭs, ĕre, cŭcurri* ou *curri, cursum*, I intr., 1. courir à travers, ~ *per mare et terras* : parcourir mer et terres, LUCR. ; 2. passer par ; 3. parcourir.
II tr., 1. traverser ; 2. fig., parcourir, suivre la série de, ~ *honores* : faire une carrière politique (*cursus honorum*) ; 3. parcourir par la pensée, *sit boni oratoris multa legendo percurrisse* : un bon orateur doit avoir beaucoup lu, CIC. ; 4. passer en revue par le discours, ~ *omnia pœnarum nomina* : nommer et énumérer tous les supplices, VIRG. ; 5. (sentiments) envahir, se glisser dans, *omnium pectora*

metu percurrente : la crainte se glissant dans tous les cœurs, Q.-CURCE.

percursātĭo, *ōnis*, f., action de parcourir, course, tournée, *Italiæ* ~ : la visite de l'Italie, CIC.

percursĭo, *ōnis*, f., action de parcourir par la pensée ; revue rapide.

percurso, *ās, āre*, 1. intr., courir çà et là, rôder ; 2. tr., parcourir, traverser.

percussi, V. *percutio*.

percussĭo, *ōnis*, f., 1. action de frapper coup, *capitis percussiones* : les coups sur la tête ; 2. mus. et rhét., battement, mesure, *percussiones numerorum* : les temps forts des pieds.

percussŏr, *ōris*, m., celui qui frappe ; assassin, meurtrier.

① **percussus**, *a, um*, V. *percutio*.

② **percussŭs**, *ūs*, m., action de frapper ; coup, choc, battement, *venarum percussus* : le pouls.

percŭtĭo, *ĭs, ĕre, cussi, cussum*, tr., 1. traverser en frappant, ~ *venam* : ouvrir une veine ; ~ *fossam* : creuser un fossé ; 2. frapper mortellement, tuer ; 3. frapper, battre, heurter, ~ *terram pede* : battre la terre du pied ; ~ *locum* : toucher le point juste ; 4. fig., atteindre, émouvoir, *percussus calamitate* : frappé d'un malheur ; 5. sens spéciaux : a) battre monnaie ; b) presser, serrer la trame, *lacerna male percussæ pectine* : tuniques mal fabriquées ; c) conclure un traité ; d) tromper, duper.

perdĕcŏrus, *a, um*, très beau.

perdēlīrus, *a, um*, insensé, très extravagant.

perdensus, *a, um*, très dense, très condensé.

perdepso, *ĭs, ĕre, depsŭi*, tr., érot., pétrir à fond.

Perdicca (~ās), *æ*, m., Perdiccas, nom macédonien.

perdĭdi, V. *perdo*.

perdĭdĭci, V. *perdisco*.

perdiffĭcĭlis, *e*, adj., très difficile.

perdiffĭcĭlĭtĕr, adv., très difficilement.

perdignus, *a, um*, très digne, *homo* ~ *tuā amicitiā* : homme très digne de ton amitié, CIC.

perdīlĭgens, *entis*, adj., très consciencieux, *res est hominis perdiligentis* : l'affaire demande une grande ponctualité CIC.

perdīlĭgentĕr, adv., très soigneusement, très ponctuellement.

perdisco, *ĭs, ĕre, dĭdĭci*, tr., apprendre à fond ; pf. : savoir parfaitement + inf. ou prop. inf.

perdīsertē, adv., en termes excellents, avec une grande éloquence.

perdĭtē, adv., en homme perdu, d'une manière infâme ; éperdument, excessivement.

perdĭtŏr, ōris, m., destructeur, corrupteur, fléau.

① **perdĭtus**, a, um, part. adj., [~tior, ~tissimus], **1.** perdu, ruiné, sans espoir, ~ mærore : plongé dans le chagrin, ~ ære alieno : perdu de dettes ; ~ in quādam : désespérément amoureux d'une femme, PROP. ; **2.** éperdu, excessif ; **3.** perdu moralement, corrompu, pervers, perdita nequitia : perversité extrême, vita perditissima : une vie totalement dépravée.

② **perdĭtus**, ūs, m., ruine, perte.

perdĭū, adv., pendant très longtemps.

perdĭus, a, um, pendant tout le jour.

perdĭūturnus, a, um, qui dure très longtemps.

perdīvĕs, ĭtis, adj., très riche.

perdix, īcis, f., perdrix.

Perdix, īcis, m., Perdix, jeune Athénien changé en perdrix par Minerve.

perdo, ĭs, ĕre, perdĭdi, perdĭtum, tr., **1.** perdre, ruiner, détruire, capitis te perdam : je te ferai condamner à mort, PL. ; puerum perditum perdere : consommer la ruine d'un enfant, CIC. ; ~ civitatem : ruiner l'État ; **2.** perdre, dépenser, dissiper, operam : sa peine, tempus : son temps ; nomen perdidi : j'ai oublié le nom, TÉR. ; **3.** perdre, corrompre, pervertir.

perdŏcĕo, ēs, ēre, dŏcŭi, doctum, tr., instruire à fond ; enseigner complètement ; montrer, prouver, suam stultitiam ~ : prouver sa sottise.

perdoctē, adv., très savamment, à fond.

perdoctus, a, um, part. adj. de perdoceo, très savant, docte tibi illam perdoctam dabo : je te la donnerai très bien dressée, PL.

perdŏlĕo, ēs, ēre, dŏlŭi, dŏlĭtum, intr., être affligé profondément ; impers. (V. doleo), perdolitum est cuidam T. Manlio + prop. inf. : un certain T. Manlius fut exaspéré de voir que, GELL.

perdŏlesco, ĭs, ĕre, dŏlŭi, intr., ressentir une profonde douleur.

perdŏlŭi, V. perdoleo et perdolesco.

perdŏmĭtus, a, um, V. perdomo.

perdŏmo, ās, āre, dŏmŭi, dŏmĭtum, tr., dompter (des animaux) ; soumettre (des nations) ; pétrir (la farine) ; ameublir (un terrain).

perdormisco, ĭs, ĕre, intr., dormir toute la nuit.

perdūco, ĭs, ĕre, duxi, ductum, tr., **1.** conduire jusqu'à, conduire (qqn. ou qqch.

qq/p.), ~ legionem in Allobroges : une légion chez les Allobroges ; munitiones, murum ~ : tracer des fortifications, un mur ; viam a Bononiā perduxit Arretium : il traça une route de Bologne à Arrétium, LIV. ; **2.** mener, amener à un but, ~ aliquem ad perniciem : mener qqn. à sa perte ; en quo discordia cives perduxit miseros : voilà où la discorde a mené nos malheureux concitoyens, VIRG. ; ~ aliquem ad suam sententiam : gagner qqn. à son parti, à son avis ; **3.** prolonger jusqu'à, faire durer, ~ orationes in noctem : prolonger les propos jusqu'au bout de la nuit, LIV. ; **4.** absorber, boire ; **5.** recouvrir, imprégner, totum nati corpus ambrosiæ odore perduxit : elle parfuma d'ambroisie tout le corps de son fils, VIRG.

perducto, ās, āre, tr., conduire par le bout du nez.

perductŏr, ōris, m., guide (celui qui fait visiter une maison à qqn.) ; corrupteur.

perdūdum, adv., depuis longtemps.

perdŭellĭo, ōnis, f., haute trahison.

perdŭellis, is, m., **1.** ennemi public, ennemi de guerre (V. hostis) ; **2.** ennemi privé (V. inimicus).

perdulcis, e, adj., très doux.

perdūro, ās, āre, **1.** tr., rendre dur ; **2.** intr., durer ; résister.

Pĕrēdĭa, æ, f., « le pays où l'on mange », PL., V. Perbibesia.

pĕrēdo, ĭs, ĕre, ēdi, ēsum, tr., dévorer entièrement ; ronger entièrement ; fig., dévorer, consumer.

pĕrēgrē, adv., **1.** au-dehors, en pays étranger, animus est ~ : mon esprit est ailleurs, HOR. ; **2.** du dehors, de l'étranger ; **3.** vers l'étranger, ~ exire : partir en voyage.

pĕrēgrĕgĭus, a, um, excellent, très beau.

pĕrēgrī, adv., en pays étranger (V. peregre 1).

pĕrēgrīnābundus, a, um, qui court le monde.

pĕrēgrīnātĭo, ōnis, f., voyage à l'étranger, séjour à l'étranger, longue course.

pĕrēgrīnātŏr, ōris, m., amateur de grands voyages.

pĕrēgrīnĭtās, ātis, f., **1.** condition d'étranger, peregrinitatis reus : accusé d'usurper la qualité de citoyen (romain) ; **2.** manières étrangères ; **3.** accent étranger.

pĕrēgrīnor, āris, āri, intr., **1.** voyager à l'étranger ; **2.** voyager, hæc studia nobiscum peregrinantur : l'étude des belles-lettres nous accompagne en voyage, CIC. ; **3.** être étranger.

pĕrĕgrīnus, *a, um, (per + ager),* 1. étranger, exotique, *peregrinum cælum* : climat étranger ; *peregrini amores* : amours pour des femmes étrangères, Ov. ; 2. étranger (opp. à citoyen) ; d'étranger, *prætor ~* : le préteur des étrangers (qui rendait la justice aux étrangers domiciliés) ; subst. m., *peregrinus, i,* étranger ; f., *peregrina, æ,* étrangère ; 3. étranger, novice, inexpérimenté.

pĕrēlĕgans, *antis,* adj., de très bon goût.

pĕrēlĕgantĕr, adv., très élégamment.

pĕrēmi, V. *perimo.*

pĕremnis, *e,* adj., pour le passage d'un fleuve ; subst. n. pl., *peremnia, ium,* auspices pris avant le passage d'un fleuve.

pĕrēmo, V. *perimo.*

pĕremptŏr, *ōris,* m., meurtrier.

pĕremptus, *a, um,* V. *perimo.*

pĕrendĭē, adv., après-demain.

pĕrendĭnus, *a, um,* du surlendemain.

pĕrennis, *e,* adj., 1. qui dure une année entière ; 2. qui dure, solide, durable, *perenne vinum* : vin de garde ; *fons ~* : source intarissable.

pĕrennĭservus, *i,* m., esclave à perpétuité, Pl.

pĕrennĭtās, *ātis,* f., durée continue, perpétuité.

pĕrenno, *ās, āre,* intr., durer longtemps.

pĕrĕo, *īs, īre, pĕriī* (rar. *pĕrīvi*), *pĕrĭtum,* intr., 1. s'en aller, disparaître ; 2. périr, être détruit ; 3. être perdu (= passif de *perdo*) ; 4. mourir, *perii* : je suis perdu ; 5. mourir d'amour ; 6. être perdu, être inutile ; 7. être perdu (procès) ; devenir caduc.

pĕrĕquĭto, *ās, āre,* 1. intr., aller à cheval de côté et d'autre ; 2. tr., parcourir à cheval.

pĕrerro, *ās, āre,* tr., 1. errer à travers ; 2. parcourir en tous sens, successivement.

pĕrērŭdītus, *a, um,* très instruit.

pĕrēsus, *a, um,* V. *peredo.*

pĕrexcelsus, *a, um,* très élevé.

pĕrexĭgŭē, adv., très peu.

pĕrexĭgŭus, *a, um,* très petit, très restreint ; très faible ; très court.

pĕrexpĕdītus, *a, um,* très dégagé.

perfăbrĭco, *ās, āre,* tr., tromper, duper, refaire.

pĕrfăcētē, adv., très plaisamment.

pĕrfăcētus, *a, um,* très spirituel.

pĕrfăcĭlē, adv., très facilement ; très volontiers.

pĕrfăcĭlis, *e,* adj., très facile ; très complaisant.

pĕrfămĭlĭāris, *e,* adj., très lié ; intime + dat.

perfectē, adv., [*~tius, ~tissime*], complètement, parfaitement.

perfectĭo, *ōnis,* f., perfection, complet achèvement.

perfectŏr, *ōris,* m., celui qui perfectionne, Tér. ; celui qui achève, qui accomplit.

① **perfectus**, *a, um,* part. adj. de *perficio,* [*~tior, ~tissimus*], achevé, accompli ; parfait.

② **perfectŭs**, *ūs,* m., 1. achèvement ; 2. pl., *perfectus, uum,* effets.

perfĕrens, *entis,* part. adj., qui supporte avec patience + gén.

perfĕro, *fers, ferre, tŭli, lātum,* tr., 1. porter jusqu'au bout, entraîner ; 2. transmettre, faire savoir, *ad me perfertur* + prop. inf. : on m'apprend que ; 3. soutenir jusqu'à la fin, mener à terme ; 4. subir, endurer.

perfĭca, *æ,* f., celle qui achève, Lucr.

perfĭcĭo, *ĭs, ĕre, fēci, fectum,* tr., 1. achever, accomplir ; 2. préparer, réussir ; former, *~ oratorem* : former un orateur accompli ; 3. obtenir, faire que, que… ne… pas (avec *ut, ut non* + subj.) ; empêcher que (avec *ne, quominus* + subj.).

perfĭdē, adv., perfidement.

perfĭdēlis, *e,* adj., très fidèle, très digne de confiance.

perfĭdĭa, *æ,* f., perfidie, mauvaise foi.

perfĭdĭōsē, adv., [*~sius*], perfidement, déloyalement.

perfĭdĭōsus, *a, um,* [*~sissimus*], perfide, déloyal.

perfĭdum, adv., perfidement.

perfĭdus, *a, um,* 1. perfide, déloyal (pers.) ; 2. trompeur, peu sûr, dangereux.

perfīgo, *ĭs, ĕre,* tr., transpercer.

perflābĭlis, *e,* adj., pénétrable, exposé à l'air libre, aéré.

perflāgĭtĭōsus, *a, um,* très déshonorant, infâme.

perflātŭs, *ūs,* m., action de souffler à travers ; courant d'air.

perflo, *ās, āre,* 1. intr., souffler ; 2. tr., souffler à travers, *terras turbine perflant* : (les vents) soufflent en tourbillons sur la terre, Virg.

perfluctŭo, *ās, āre,* tr., se répandre dans, grouiller dans.

perflŭo, *ĭs, ĕre, fluxi, fluxum,* intr., 1. couler à travers, couler, passer ; être inondé, *sudore* : de sueur ; 2. fuir, laisser échapper ; 3. flotter, traîner, tomber (vêtement).

perfŏdĭo, *ĭs, ĕre, fŏdi, fossum*, tr., traverser; transpercer, ~ *dentes* : se curer les dents.

perfŏro, *ās, āre*, tr., percer, trouer; ouvrir (pour ménager une vue).

perfortĭtĕr, adv., très bravement.

perfossŏr, *ōris*, m., perceur de murailles.

perfossus, *a, um*, V. *perfodio*.

perfractus, *a, um*, V. *perfringo*.

perfrēgi, V. *perfringo*.

perfrĕquens, *entis*, adj., très fréquenté.

perfrĭco, *ās, āre, frĭcŭi (frĭcāvi), frĭcātum* ou *frictum*, tr., **1.** frotter, ~ *caput* : se gratter la tête (en signe d'embarras); ~ *os, faciem, frontem* : frotter son front (pour l'empêcher de rougir), s'armer d'audace; **2.** frictionner, enduire, oindre.

perfrictus, *a, um*, V. *perfrico*.

perfrĭcŭi, V. *perfrico*.

perfrĭgĕfăcĭo, *ĭs, ĕre*, tr., glacer (de peur).

perfrĭgesco, *ĭs, ĕre, frixi*, intr., se refroidir; prendre froid.

perfrĭgĭdus, *a, um*, très froid.

perfringo, *ĭs, ĕre, frēgi, fractum*, tr., **1.** briser entièrement, mettre en pièces; **2.** fig., briser, abattre, détruire; **3.** se frayer un chemin, forcer; pénétrer de force, *animos* : les cœurs.

perfrixi, V. *perfrigesco*.

perfructus, *a, um*, V. *perfruor*.

perfrŭor, *ĕris, i, fructus sum*, intr., jouir pleinement, se délecter de + abl.; s'acquitter de.

perfūdi, V. *perfundo*.

perfŭga, *æ*, m., déserteur, transfuge.

perfŭgĭo, *ĭs, ĕre, fūgi*, intr., **1.** se réfugier vers; **2.** déserter, passer à l'ennemi, ~ *a Pompeio ad Cæsarem* : passer du camp de Pompée à celui de César; *in fidem Ætolorum* ~ : se mettre sous la protection des Étoliens, Liv.

perfŭgĭum, *ĭi*, n., refuge, asile, abri.

perfunctĭo, *ōnis*, f., exercice (d'une charge); accomplissement (d'un travail, d'un devoir).

perfunctus, *a, um*, V. *perfungor*.

perfundo, *ĭs, ĕre, fūdi, fūsum*, tr., **1.** verser sur, mouiller, arroser; **2.** teindre, imprégner, couvrir, *ostro perfusæ vestes* : vêtements teints en pourpre; **3.** fig., donner une teinture de; combler, *perfundi lætitiâ* : être comblé de joie.

perfungor, *ĕris, i, functus sum*, intr., **1.** s'acquitter de, remplir une fonction; **2.** au passé : avoir passé par, être arrivé au bout, *vitâ perfungi* : achever son existence; part. de sens passif : *perfunctum periculum* : le danger couru.

perfŭro, *ĭs, ĕre*, intr., être en pleine fureur; exercer sa fureur dans.

perfūsĭo, *ōnis*, f., action de mouiller, d'arroser.

perfūsōrĭus, *a, um*, superficiel; vague.

perfūsus, *a, um*, V. *perfundo*.

Pergăma, *ōrum*, n. pl., Pergame, citadelle de Troie ‖ **Pergămēnus**, *a, um*, de Pergame en Mysie ‖ **Pergămēni**, *ōrum*, m. pl., les hab. de Pergame en Mysie ‖ **Pergămĕus**, *a, um*, de Pergame ‖ **Pergămŏs (~us)**, *i*, f., V. *Pergama* ‖ **Pergămum**, *i*, n., **1.** V. *Pergama*; **2.** v. de la Grande Mysie.

pergaudĕo, *ēs, ēre*, intr., se réjouir beaucoup.

pergo, *ĭs, ĕre, perrexi, perrectum*, tr., **1.** continuer, poursuivre, achever; **2.** abs., se diriger, marcher; **3.** fig., abs., continuer, *pergin ?* : vas-tu avancer ?, Pl.

pergræcor, *āris, āri*, intr., faire bombance (à la grecque).

pergrandis, *e*, adj., très grand, énorme, ~ *natu* : très âgé.

pergrātus, *a, um*, très agréable; avec tmèse, *per mihi, per, inquam, gratum feceris si* : tu m'auras fait très, très grand plaisir en, Cic.

pergrăvis, *e*, adj., très lourd; très important.

pergrăvĭtĕr, adv., très gravement, très fort.

pergŭla, *æ*, f., construction en saillie, balcon; boutique; atelier (de peintre); tonnelle; école; cabane; alcôve de courtisane.

pĕrhaurĭo, *ĭs, īre, hausi, haustum*, tr., vider tout à fait; engloutir, avaler.

pĕrhĭbĕo, *ēs, ēre, hĭbŭi, hĭbĭtum*, tr., **1.** fournir, présenter; attribuer; **2.** rapporter, raconter, *ut perhibent* : comme on le rapporte; **3.** citer, nommer.

pĕrhīlum, adv., très peu.

pĕrhŏnōrĭfĭcē, adv., très honorablement.

pĕrhŏnōrĭfĭcus, *a, um*, très honorable; très respectueux.

pĕrhorresco, *ĭs, ĕre, horrŭi*, **1.** intr., frissonner de tout son corps, frémir d'effroi; **2.** tr., avoir horreur de, redouter.

pĕrhorrĭdus, *a, um*, affreux, horrible.

pĕrhūmānĭtĕr, adv., très obligeamment.

pĕrhūmānus, *a, um*, très obligeant, très poli.

Pĕrĭandĕr (~drus), *dri*, m., Périandre, roi de Corinthe, l'un des Sept Sages.

Pĕrĭclēs, *is*, m., Périclès, homme politique athénien du Ve s. av. J.-C. (mort en 429).

pĕrīclĭtābundus, *a, um*, qui essaie, qui fait l'épreuve d'+ acc. ou gén.

pĕrīclĭtātĭo, *ōnis*, f., épreuve ; expérience.

pĕrīclĭtor, *āris, āri*,
I tr., 1. essayer, éprouver, expérimenter, *periclitandæ vires ingenii* : il faut éprouver les forces intellectuelles, Cic. ; 2. mettre en danger, *non est salus periclitanda rei publicæ* : il ne faut pas risquer le salut de l'État, Cic.
II intr., 1. faire un essai ; 2. être en danger.

pĕrīcŭlōsē, adv., dangereusement.

pĕrīcŭlōsus, *a, um*, [~*sior*, ~*sissimus*], dangereux, périlleux (choses) ; qui met en danger (pers.), *in nosmetipsos periculosi fuissemus* : nous nous serions mis nous-mêmes en danger, Cic.

pĕrīcŭlum, *i*, (cf. *peritus*), n., 1. essai, expérience ; spéc., exercice littéraire ; 2. danger, péril, risque, ~ *sumere, subire, suscipere, ingredi* : s'exposer à un danger ; *meo periculo* : à mes risques et périls ; 3. danger couru en justice, procès ; condamnation, procès-verbal de condamnation.

pĕrĭdōnĕus, *a, um*, très propre à.

Pĕrĭllēus, *a, um*, de Périllus ‖ **Pĕrĭllus**, *i*, m., Périllus, artiste athénien qui fit pour Phalaris le taureau d'airain où il périt lui-même.

pĕrillustris, *e*, adj., en pleine lumière ; très connu, très considéré.

pĕrimbēcillus, *a, um*, très faible.

Pĕrĭmēdēus, *a, um*, de Périmède (nom d'une magicienne dans Théocrite).

Pĕrĭmēlē, *ēs*, f., Périmélé, fille d'Hippodamas, changée en île.

pĕrĭmo, *is, ĕre, ēmi, emptum* ou *emtum*, tr., 1. supprimer, détruire ; 2. poét., tuer, faire mourir.

pĕrĭnānis, *e*, adj., tout à fait vide.

pĕrincertus, *a, um*, très incertain.

pĕrincommŏdē, adv., très mal à propos.

pĕrincommŏdus, *a, um*, qui arrive très mal à propos.

pĕrindĕ, adv., 1. de la même manière, pareillement, comme ; 2. avec conj., *ac (atque)* : de même que, ~ *ac si, quasi, tanquam* : comme si ; *haud* ~ : insuffisamment ; 3. tout à fait, beaucoup.

pĕrindignē, adv., avec une profonde indignation.

pĕrindulgens, *entis*, adj., très indulgent, très faible.

pĕrinfāmis, *e*, adj., très décrié, perdu de réputation + gén. de cause.

pĕrinfirmus, *a, um*, très faible.

pĕringĕnĭōsus, *a, um*, très doué.

pĕringrātus, *a, um*, très ingrat.

pĕrinīquus, *a, um*, très injuste ; très mécontent.

pĕrinjūrĭus, *a, um*, très injuste.

pĕrinsignis, *e*, adj., très remarquable.

Pĕrinthĭa, *æ*, f., « La Périnthienne », comédie de Ménandre ‖ **Pĕrinthĭus**, *a, um* de Périnthe ‖ **Pĕrinthŏs** (~*us*), *i*, f., Périnthe, cité thrace.

pĕrinvălĭdus, *a, um*, très faible.

pĕrinvīsus, *a, um*, très odieux à + dat.

pĕrinvītus, *a, um*, tout à fait malgré soi.

Pĕrĭpătētĭcus, *a, um*, péripatéticien, de l'école d'Aristote ‖ **Pĕrĭpătētĭcōrum**, m. pl., les péripatéticiens.

pĕrĭpĕtasma, *ătis*, n., tapisserie, tapis.

pĕrĭphrăsis, *is*, f., périphrase.

pĕrīrātus, *a, um*, très irrité contre + dat.

pĕriscĕlis, *ĭdis*, f., périscélide, anneau que les femmes portaient à la cheville.

pĕristăsis, *is*, f., sujet, thème (d'un discours).

pĕristrōma, *ătis*, n., couverture, tapis.

pĕristỹlum (~*stỹlĭum*), *i*, n., péristyle, colonnade.

pĕrītē, adv., [~*tius*, ~*tissime*], habilement, avec art.

pĕrītĭa, *æ*, f., expérience, connaissance ; habileté, talent, art.

pĕrītus, *a, um*, [~*tior*, ~*tissimus*], capable, expérimenté, connaisseur, qui a la pratique de, avec gén., abl., *de* ou *in* + abl. + inf. : habile à.

perjūcundē, adv., très agréablement.

perjūcundus, *a, um*, très agréable.

perjūrātĭuncŭla, V. *pejeratiuncula*.

perjūrĭōsus, *a, um*, parjure.

perjūrĭum, *ĭi*, n., parjure, faux serment.

perjūro, V. *pejero*.

perjūrus, *a, um*, [~*rior*, ~*rissimus*], parjure ; menteur, imposteur.

perlābor, *ĕris, i, lapsus sum*, 1. intr., pénétrer, se glisser dans ; 2. tr., glisser sur.

perlætus, *a, um*, très joyeux.

perlātē, adv., très loin.

perlătĕo, *ēs, ēre, lătŭi*, intr., rester toujours caché.

perlātus, *a, um*, V. *perfero*.

perlĕcēbra, V. *pellecebra*.

perlĕgo, *is, ĕre, lēgi, lectum*, tr., 1. parcourir des yeux, examiner ; 2. lire en entier.

perlĕpĭdē, adv., avec beaucoup d'agrément.

perlēvi, V. *perlino*.

perlĕvis, *e*, adj., très léger, très faible.

ꝑerlěvĭtěr, adv., très légèrement, très faiblement.

ꝑerlĭbens, *entis*, adj., qui fait ou qui voit qqch. très volontiers, *me perlibente* : à ma grande satisfaction.

ꝑerlĭbentěr, adv., très volontiers.

ꝑerlīběrālis, *e*, adj., bien élevé, distingué.

ꝑerlīběrālĭtěr, adv., très obligeamment, très généreusement.

ꝑerlĭbet, *ēre*, *lĭbŭit*, impers., il est très agréable de + inf.

ꝑerlĭcĭo, V. *pellicio*.

ꝑerlĭnĭo, *ĭs*, *īre*, et **perlĭno**, *ĭs*, *ĕre*, *(lēvi)*, *lĭtum*, tr., enduire entièrement, frotter de (souv. fig.).

ꝑerlĭto, *ās*, *āre*, intr., offrir un sacrifice agréable aux dieux en trouvant les victimes favorables.

ꝑerlongē, adv., très loin.

ꝑerlonginquus, *a*, *um*, très long.

ꝑerlongus, *a*, *um*, très long ; qui dure très longtemps.

ꝑerlŭb~, V. *perlib~*.

ꝑerlūcěo, *ēs*, *ēre*, *luxi*, intr., 1. être transparent, limpide ; fig., *perlucens oratio* : style limpide ; 2. briller, paraître, luire à travers.

ꝑerlūcĭdŭlus, *a*, *um*, de la plus fine transparence.

ꝑerlūcĭdus, *a*, *um*, 1. transparent ; 2. qui brille.

ꝑerluctŭōsus, *a*, *um*, très triste, déplorable.

ꝑerlŭo, *ĭs*, *ĕre*, *lŭi*, *lūtum*, tr., laver, rincer, nettoyer, *sudore perlutus* : trempé de sueur ; passif, *perlui* : se baigner.

ꝑerlustro, *ās*, *āre*, tr., parcourir des yeux, considérer ; visiter ; purifier.

ꝑerlūtus, *a*, *um*, V. *perluo*.

ꝑerluxi, V. *perluceo*.

ꝑermăděfăcĭo, *ĭs*, *ĕre*, tr., fig., inonder.

ꝑermădesco, *ĭs*, *ĕre*, *mădŭi*, intr., 1. être trempé, être inondé ; 2. fig., s'amollir.

ꝑermæstus, *a*, *um*, très affligé, très triste.

ꝑermagnus, *a*, *um*, très grand, très considérable, *permagnum est* + prop. inf. : c'est un grand bonheur que ; *permagni* (gén. de prix) *facere* : estimer beaucoup ; *permagno* : très cher.

ꝑermānantěr, adv., en se communiquant.

ꝑermānasco, *ĭs*, *ĕre*, intr., arriver aux oreilles de qqn. (rumeur).

ꝑermănĕo, *ēs*, *ēre*, *mansi*, *mansum*, intr., 1. demeurer jusqu'au bout, rester, persister, *vox permanens* : voix sûre, tenue ; 2. rester fidèle, ~ *in officio* : à son devoir.

ꝑermāno, *ās*, *āre*, intr., 1. couler à travers, s'insinuer, se répandre ; 2. pénétrer dans, jusqu'à, avec *in* et *ad* + acc. ; 3. se divulguer, s'ébruiter.

ꝑermansi, V. *permaneo*.

ꝑermansĭo, *ōnis*, f., 1. séjour, action de séjourner ; 2. persévérance, persistance.

ꝑermărīni (**Lares**), m. pl., les Lares protecteurs des navigateurs.

ꝑermātūresco, *ĭs*, *ĕre*, *mātūrŭi*, intr., devenir tout à fait mûr.

ꝑermědĭŏcris, *e*, adj., très faible, très médiocre.

ꝑermědĭtātus, *a*, *um*, bien préparé, bien endoctriné.

ꝑermensus, *a*, *um*, V. *permetior*.

ꝑerměo, *ās*, *āre*, 1. tr., traverser ; 2. intr., aller jusqu'à, pénétrer dans.

Permessis, *ĭdis*, f., du Permesse ‖ **Permessĭus**, *a*, *um*, du Permesse ‖ **Permessus**, *i*, m., Permesse, fl. de Béotie, consacré aux Muses.

ꝑermětĭor, *īris*, *īri*, *mensus sum*, tr., mesurer entièrement ; parcourir ; part. de sens actif et passif : *permensus*, *a*, *um*.

ꝑermīrus, *a*, *um*, très étonnant, très merveilleux.

ꝑermiscěo, *ēs*, *ēre*, *miscŭi*, *mixtum* ou *mistum*, tr., 1. mélanger, unir à, avec dat., abl., *cum* + abl. ; 2. troubler, bouleverser, *omnia divina humanaque jura permiscentur* : toutes les lois divines et humaines sont brouillées, Cés.

ꝑermissĭo, *ōnis*, f., action de livrer à la discrétion de qqn. ; soumission sans condition ; permission.

① **permissus**, *a*, *um*, V. *permitto*.

② **permissŭs**, abl. *ū*, m., permission ; autorisation.

ꝑermĭtĭēs, V. *pernicies*.

ꝑermitto, *ĭs*, *ĕre*, *mīsi*, *missum*, tr., 1. laisser passer, laisser aller ; lancer, exporter ; 2. fig., laisser libre, lâcher ; 3. abandonner, livrer, confier, *se ~ in dicionem alicujus* : se soumettre à qqn. ; 4. permettre, accorder ; laisser la responsabilité, *tibi permitto* : je te passe l'affaire ; 5. pardonner ; sacrifier.

ꝑermixtē ou **permixtim**, adv., confusément ; pêle-mêle.

ꝑermixtĭo, *ōnis*, f., 1. mélange ; 2. fig., confusion.

ꝑermixtus, *a*, *um*, part. adj. de *permisceo*, mêlé, mélangé, confus.

ꝑermŏdestus, *a*, *um*, très modéré, très réservé, très modeste.

ꝑermŏdĭcus, *a*, *um*, très mesuré, très petit.

ꝑermŏlestē, adv., avec le plus grand déplaisir.

permŏlestus, *a*, *um*, très pénible, très désagréable.

permōtĭo, *ōnis*, f., mouvement de l'âme ; émotion ; passion.

permŏvĕo, *ēs*, *ēre*, *mōvi*, *mōtum*, tr., 1. agiter fortement ; 2. fig., remuer, toucher, *in commovendis judicibus permoveri* : se montrer ému pour émouvoir les juges, CIC., *permotus ad miserationem, in gaudium* : ému de pitié, transporté de joie ; 3. rar., faire naître, exciter, *invidiam, misericordiam* ~ : susciter la haine, la compassion.

permulcĕo, *ēs*, *ēre*, *mulsi*, *mulctum* et *mulsum*, tr., 1. caresser ; toucher légèrement ; 2. fig., flatter ; charmer ; 3. apaiser, calmer.

permultō, adv. devant comp., beaucoup, extrêmement.

permultum, adv., beaucoup, ~ *ante* : bien longtemps auparavant.

permultus, *a*, *um*, très nombreux ; subst. n., *permultum, i*, une grande quantité de.

permūnĭo, *īs*, *īre*, *īvi*, *ītum*, tr., achever de fortifier ; fortifier convenablement.

permūtātĭo, *ōnis*, f., 1. changement, modification ; 2. échange ; commerce ; lettre de change ; 3. rhét., échange d'expression.

permūto, *ās*, *āre*, tr., 1. changer complètement ; 2. déplacer, échanger, ~ *captivos* : échanger des prisonniers, *aliquid aliquā re* : qqch. contre qqch. HOR. ; 3. faire un échange d'argent ; payer par lettres de change.

perna, *æ*, f., 1. cuisse (d'homme ou d'animal) ; 2. jambon ; 3. pinne marine, mollusque ; 4. partie inférieure d'une branche coupée ou arrachée au tronc.

pernĕcessărĭus, *a*, *um*, 1. très nécessaire ; 2. (ami) très intime.

pernĕcessĕ, adj. n., indécl., très nécessaire.

pernĕgo, *ās*, *āre*, tr., 1. nier absolument ; 2. refuser absolument.

pernĕo, *ēs*, *ēre*, *ēvi*, *ētum*, tr., filer jusqu'au bout (Parques).

pernĭcĭābĭlis ou **pernĭcĭālis**, *e*, adj., pernicieux, funeste.

pernĭcĭēs, *ēi*, f., perte, ruine, destruction, malheur.

pernĭcĭōsē, adv., pernicieusement, d'une manière funeste.

pernĭcĭōsus, *a*, *um*, [~*sior*, ~*sissimus*], pernicieux, funeste.

pernĭcĭtās, *ātis*, f., légèreté, agilité, vitesse.

pernĭcĭtĕr, adv., légèrement ; rapidement.

pernĭmĭum, adv., beaucoup trop.

pernix, *īcis*, adj., [~*cior*, ~*cissimus*], 1. infatigable ; 2. rapide, léger, agile, *pernicio vento* : plus rapide que le vent ; *pernicissimum tempus* : le temps si prompt.

pernōbĭlis, *e*, adj., très connu, très célèbre.

pernocto, *ās*, *āre*, intr., passer la nuit.

pernōnĭdēs, *æ*, m., « descendant de jambon », « jambonide » (mot inventé par Plaute).

pernosco, *ĭs*, *ĕre*, *nōvi*, tr., chercher à bien connaître, approfondir ; pf. : connaître à fond.

pernōtesco, *ĭs*, *ĕre*, *nōtŭi*, intr., devenir connu de tous, être notoire.

pernōtus, *a*, *um*, V. *pernosco*, très connu.

pernox, *noctis*, adj., qui dure toute la nuit.

pernŭmĕro, *ās*, *āre*, tr., compter, payer entièrement.

pēro, *ōnis*, m., chaussure ou guêtre de cuir à l'usage des soldats.

Pērō, *ūs*, f., Péro, fille de Nélée et sœur de Nestor.

pĕrobscūrus, *a*, *um*, très obscur.

pĕrōdi, *ōdisse*, *ōsus sum*, tr., haïr fort, détester, avoir en horreur.

pĕrŏdĭōsus, *a*, *um*, très désagréable, très odieux.

pĕroffĭcĭōsē, adv., avec beaucoup d'égards.

pĕrŏlĕo, *ēs*, *ēre*, *ēvi*, intr., puer.

pĕropportūnē, adv., très à propos.

pĕropportūnus, *a*, *um*, très opportun.

pĕroptātō, adv., d'une manière très opportune.

pĕrōpŭs, adv., tout à fait nécessaire, ~ *est* : il faut absolument.

pĕrōrātĭo, *ōnis*, f., discours ; péroraison, conclusion d'un discours.

pĕrornātus, *a*, *um*, très orné (discours).

pĕrorno, *ās*, *āre*, tr., orner beaucoup, rehausser, TAC.

pĕrōro, *ās*, *āre*, tr., 1. plaider, parler, exposer jusqu'au bout ; 2. achever, conclure.

pĕrōsus, *a*, *um*, part. adj. de *perodi*, qui hait fort, qui déteste.

perpāco, *ās*, *āre*, tr., pacifier complètement.

perparcē, adv., très parcimonieusement.

perparvŭlus, *a*, *um*, minuscule.

perparvus, *a*, *um*, très petit ; subst. n. *perparvum, i*, une très petite quantité.

perpastus, *a*, *um*, part. adj., bien repu, gras.

perpaucŭlus, *a*, *um*, extrêmement peu.

perpaucus, *a, um*, surt. au pl., **perpauci**, *æ, a*, très peu nombreux ; subst. m. pl., *perpauci, orum*, très peu de gens ; n. pl., *perpauca, orum*, très peu de choses.

① **perpaulum**, adv., très peu.

② **perpaulum**, *i*, n., une très petite quantité de.

perpaupĕr, *ĕris*, adj., très pauvre.

perpello, *ĭs, ĕre, pŭli, pulsum*, tr., 1. pousser fortement ; 2. décider, déterminer à, *ut, ne* + subj., à, à ne pas.

perpendĭcŭlum, *i*, n., fil à plomb.

perpendo, *ĭs, ĕre, pendi, pensum*, tr., peser attentivement, évaluer.

perpĕrăm, adv., de travers, mal ; par erreur.

perpĕs, *ĕtis*, adj., non interrompu, continu ; entier, *noctem perpetem, perpeti nocte* : toute la nuit.

perpessĭo, *ōnis*, f., courage à endurer, constance, fermeté.

perpĕtĭor, *ĕris, i, pessus sum*, (cf. *patior*), tr., supporter courageusement, endurer.

perpĕtro, *ās, āre*, tr., achever, accomplir ; avec *ut* + subj. : obtenir que ; avec *ne* + subj. : empêcher que.

perpĕtŭĭtās, *ātis*, f., continuité, ~ *temporis* : durée continue ; *ad perpetuitatem* : pour toujours.

① **perpĕtŭō**, adv., sans interruption, continuellement, perpétuellement.

② **perpĕtŭo**, *ās, āre*, tr., faire durer sans interruption.

perpĕtŭum, adv., à jamais.

perpĕtŭus, *a, um*, 1. ininterrompu, continu ; 2. continuel, perpétuel ; 3. général, universel, *jus perpetuum* : le droit commun.

perplăcĕo, *ēs, ēre*, intr., plaire beaucoup.

perplexē, adv., tortueusement, d'une façon ambiguë, équivoque.

perplexus, *a, um*, 1. entrelacé, tortueux ; 2. fig., embrouillé, obscur, ambigu.

perplĭcātus, *a, um*, emmêlé, embrouillé.

perplŭo, *ĭs, ĕre*, 1. intr., pleuvoir à travers, laisser passer la pluie ; 2. tr., mouiller, arroser ; faire pleuvoir dans.

perpŏlĭo, *ĭs, īre, īvi, ītum*, tr., polir entièrement ; donner la dernière touche.

perpŏpŭlor, *āris, āri*, tr., ravager, dévaster.

perpōtātĭo, *ōnis*, f., action de boire avec excès, orgie.

perpōto, *ās, āre*, tr., boire avec excès, boire entièrement.

perprĭmo, *ĭs, ĕre*, tr., 1. presser continuellement ou fortement ; 2. faire sortir en pressant ; 3. érot., serrer de près.

perprŏpinquus, *a, um*, très proche ; subst., très proche parent.

perpugnax, *ācis*, adj., très disputeur, obstiné.

perpŭli, V. *perpello*.

perpulsus, *a, um*, V. *perpello*.

perpurgo, *ās, āre*, tr., 1. nettoyer entièrement ; 2. mettre au net ; apurer des comptes.

perpŭsillus, *a, um*, très petit ; n. adv., *perpusillum*, très peu.

perpŭto, *ās, āre*, tr., expliquer en détail.

perquăm, adv., tout à fait (devant adj. ou adv.).

perquĭesco, *ĭs, ĕre*, intr., se reposer pendant.

perquīro, *ĭs, ĕre, quīsīvi, quīsītum*, tr., rechercher avec soin, s'informer complètement.

perquīsītē, adv., avec soin.

perquīsītŏr, *ōris*, m., enquêteur, investigateur.

perrārō, adv., très rarement.

perrārus, *a, um*, très rare.

perrĕcondĭtus, *a, um*, très caché.

perrectūrus, *a, um*, part. fut. de *pergo*.

perrectus, *a, um*, V. *pergo*.

perrēpo, *ĭs, ĕre, repsi, reptum*, 1. intr., se glisser, se traîner vers ; 2. tr., ramper sur.

perrepto, *ās, āre*, tr., se glisser vers, parcourir.

Perrhæbĭa, *æ*, f., Perrhébie, région de Thessalie ‖ **Perrhæbus**, *a, um*, de Perrhébie, thessalien ‖ **Perrhæbi**, *ōrum*, m. pl., les Perrhèbes.

perrīdĭcŭlē, adv., de façon très plaisante.

perrīdĭcŭlus, *a, um*, très ridicule.

perrŏgātĭo, *ōnis*, f., approbation d'une loi.

perrŏgo, *ās, āre*, tr., demander successivement à tous, ~ *sententias* : recueillir les votes ; faire passer une loi.

perrumpo, *ĭs, ĕre, rūpi, ruptum*, 1. intr., passer à travers en brisant, ~ *per medios hostes* : se frayer une route à travers les ennemis ; 2. tr., rompre, forcer, briser ; 3. tr., fig., détruire, violer ; échapper à, *periculum* : à un danger, *quæstiones* : aux enquêtes.

① **Persa**, *æ*, f., Persa, nymphe, épouse du Soleil et mère de Circé, de Pasiphaé, etc.

② **Persa**, *æ*, m., un Perse ‖ **Persæ**, *ārum*, m. pl., les Perses ou les Parthes.

persæpĕ, adv., très souvent.

persalsē, adv., très spirituellement.

persalsus, *a, um*, très spirituel.

persălūtātĭo, *ōnis*, f., salutations faites à chacun à la ronde.

persălŭto, *ās*, *āre*, tr., saluer successivement tout le monde.

persanctē, adv., très religieusement.

persăpĭens, *entis*, adj., très sage.

perscĭentĕr, adv., très savamment.

perscindo, *ĭs*, *ĕre*, *scĭdi*, *scissum*, tr., déchirer, fendre d'un bout à l'autre.

perscītus, *a*, *um*, très gracieux ; très fin, très intelligent.

perscrībo, *ĭs*, *ĕre*, *scripsi*, *scriptum*, tr., 1. écrire tout au long ; 2. mettre par écrit, rédiger ; 3. assigner, destiner à ; porter sur un livre de compte.

perscriptĭo, *ōnis*, f., 1. rédaction d'un acte officiel ; 2. écritures ; 3. billet à ordre.

perscriptŏr, *ōris*, m., teneur de livre.

perscrūtātĭo, *ōnis*, f., investigation, recherche.

perscrūto, *ās*, *āre*, V. *perscrutor*.

perscrūtor, *āris*, *āri*, tr., 1. fouiller, visiter soigneusement ; 2. fig., scruter, sonder, approfondir.

persēco, *ās*, *āre*, *sĕcŭi*, *sectum*, tr., couper entièrement, retrancher, percer ; fig., *rerum naturas* ~ : pénétrer les mystères de la nature, Cic.

persector, *āris*, *āri*, tr., 1. poursuivre sans relâche ; 2. s'appliquer à, rechercher.

persĕcūtĭo, *ōnis*, f., poursuite judiciaire.

persĕdĕo, *ēs*, *ēre*, *sēdi*, *sessum*, intr., rester longtemps assis ; fig., fréquenter, *apud philosophum* : l'école d'un philosophe.

persēdi, V. *persedeo* et *persido*.

persentĭo, *īs*, *īre*, *sensi*, tr., sentir vivement ; s'apercevoir.

persentisco, *ĭs*, *ĕre*, V. le préc.

Persĕphŏnē, *ēs*, f., Perséphone, nom grec de Proserpine ; la Mort.

Persĕpŏlis, *is*, f., Persépolis, cap. de la Perside.

persĕquens, *entis*, 1. V. *persequor* ; 2. adj., acharné à poursuivre.

persĕquor, *ĕris*, *i*, *sĕcūtus* et *sĕquūtus sum*, tr., 1. suivre sans s'arrêter, suivre jusqu'au bout, *vestigia alicujus* ~ : s'attacher aux pas de qqn. ; parcourir ; 2. poursuivre par vengeance, ~ *mortem alicujus* : venger la mort de qqn. ; poursuivre en justice, ~ *jus suum* : réclamer son droit ; 3. fig., aspirer à, chercher à obtenir, ~ *utilia* : rechercher son intérêt ; 4. marcher sur les traces de, imiter, ~ *mores patris* : suivre l'exemple paternel ; 5. accomplir ; faire rentrer (de l'argent) ; 6. exposer, raconter, traiter ; 7. explorer.

① **Persēs**, *æ*, *m.*, 1. Persès, fils de Persée et d'Andromède, fondateur de la nation perse ; 2. Persès, fils du Soleil et de Persa,

père d'Hécate ; 3. Persée, dernier roi de Macédoine, vaincu par Paul-Émile.

② **Persēs**, *æ*, m., de Perse ; Perse.

① **Perseus**, *a*, *um*, de Persès.

② **Persēus**, *a*, *um*, de Persée ‖ **Perseūs**, *ĕi* et *ĕos*, m., Persée, 1. fils de Jupiter et de Danaé, vainqueur de Méduse ; 2. constellation ; 3. roi de Macédoine.

persĕvērans, *antis*, part. adj., [~*tior*, ~*tissimus*], persévérant, constant.

persĕvērantĕr, adv., [~*tius*, ~*tissime*] avec persévérance, opiniâtreté.

persĕvērantĭa, *æ*, f., persévérance acharnée ; longue durée.

persĕvēro, *ās*, *āre*, 1. intr., persévérer, persister, demeurer ferme ; 2. tr., continuer ; avec *ut* + subj., persister à ; + prop. inf., soutenir obstinément que.

Persĭa, *æ*, f., la Perse, région d'Asie ‖ **Persĭcus**, *a*, *um*, 1. de Persée, *bellum Persicum* : la guerre contre Persée ; 2. de Perse, persique ; subst. f., *persicus*, *i*, pêcher ; n., *persicum*, *i*, pêche ; n. pl., *Persica*, *orum* : l'histoire des Perses ‖ **Persĭcē** adv., à la manière des Perses ‖ **Persĭcē porticus**, f., portique perse à Sparte (orné du butin pris aux Perses).

persĭdĕo, V. *persedeo*.

persīdo, *ĭs*, *ĕre*, *sēdi*, *sessum*, intr., s'arrêter, séjourner dans.

persigno, *ās*, *āre*, tr., tenir note de, enregistrer ; tatouer.

persĭmĭlis, *e*, adj., très semblable à + gén. ou dat.

persimplex, *ĭcis*, adj., très simple.

Persis, *ĭdis* ou *ĭdos*, f., 1. adj., de Perse ; 2. subst. la Perse.

persisto, *ĭs*, *ĕre*, *stĭti*, intr., persister, continuer.

Persĭus, *ĭi*, m., 1. Persius, orateur du IIe s. av. J.-C. ; 2. Perse, poète satirique (Ier s. ap. J.-C.).

persolla, *æ*, f., petit masque, caricature.

persŏlūtus, *a*, *um*, V. *persolvo*.

persolvo, *ĭs*, *ĕre*, *solvi*, *sŏlūtum*, tr., 1. payer intégralement, acquitter ; 2. fig., payer, acquitter ; subir, expier, ~ *pœnas* : subir une peine ; 3. résoudre (une question, un problème).

persōna, *æ*, f., 1. masque (que portaient les acteurs), *personam capiti detrahere alicujus* : démasquer qqn., Mart. ; 2. caractère, personnage, rôle au théâtre et dans la vie, *personam capere*, *sumere*, *induere*, *suscipere*, *ferre* : prendre un rôle, soutenir un personnage ; *personam mutare* : changer de rôle ; *tueri personam principis* : remplir les devoirs d'un chef d'État ; 3. caractère propre, personnalité.

persōnātus, *a, um,* 1. masqué ; 2. déguisé, faux.

persŏno, *ās, āre, sŏnŭi, sŏnĭtum,*
I intr., 1. résonner, retentir ; 2. se faire entendre ; jouer.
II tr., 1. faire résonner, ~ *aurem* : crier à l'oreille ; ~ *classicum* : sonner la trompette ; 2. + prop. inf., proclamer que.

persŏnus, *a, um,* retentissant.

perspectē, adv., sagement.

perspecto, *ās, āre,* tr., 1. regarder jusqu'au fond, à travers ; 2. regarder jusqu'à la fin ; 3. examiner attentivement.

perspectus, *a, um,* 1. examiné à fond ; 2. reconnu ; évident, manifeste.

perspĕcŭlor, *āris, āri,* tr., examiner attentivement.

perspergo, *ĭs, ĕre,* tr., arroser, baigner ; fig., ~ *orationem sale* : assaisonner d'esprit un discours.

perspexi, V. *perspicio.*

perspĭcax, *ācis,* adj., [~*cior, ~cissimus*], qui a la vue perçante ; perspicace, pénétrant.

perspĭcĭentĭa, *æ, f.,* vue pénétrante ; connaissance approfondie.

perspĭcĭo, *ĭs, ĕre, spexi, spectum,* tr., 1. voir à travers, percer du regard ; 2. observer attentivement, examiner, *urbis situm* : le site d'une ville ; *mores hominum penitus* ~ : étudier à fond les caractères, Cic.

perspĭcŭē, adv., clairement, évidemment.

perspĭcŭĭtās, *ātis, f.,* 1. transparence ; 2. clarté de style ; évidence.

perspĭcŭus, *a, um,* 1. transparent, limpide ; 2. clair, évident.

perspissō, adv., très lentement.

perstĭti, V. *persisto* et *persto.*

persto, *ās, āre, stĭti,* part. fut. *stātūrus,* intr., 1. se tenir en place, demeurer ferme ; 2. durer, persister ; 3. fig., persister, persévérer, continuer, ~ *in sententĭā* : persister dans une opinion ; ~ *in bello* : s'obstiner à la guerre ; + inf. : persister à.

perstrĕpo, *ĭs, ĕre, strĕpŭi,* 1. intr., faire du bruit ; 2. tr., faire résonner.

perstringo, *ĭs, ĕre, strinxi, strictum,* tr., 1. serrer fortement ; 2. fig., frapper, étourdir, blesser, *oculos* : la vue ; *aciem animi* : l'intelligence ; *horror ingens spectantes perstringit* : les assistants frémissent d'horreur, Liv. ; 3. effleurer, toucher légèrement, piquer.

perstŭdĭōsē, adv., avec beaucoup de zèle.

perstŭdĭōsus, *a, um,* passionné de + gén.

persuādĕo, *ēs, ēre, suāsi, suāsum,* tr. et intr., 1. persuader, convaincre, abs. ; + dat. de la pers. et acc. de la chose (rar. + acc. de la pers.), + prop. inf. ; 2. persuader de, déterminer à, *huic persuadet uti transeat* : il le décide à passer, Cés. ; 3. avec *habeo : habeo persuasum* : j'ai la conviction intime ; *persuasum est mihi* : c'est chose assurée pour moi ; *sibi persuaderi* : être convaincu.

persuāsĭo, *ōnis, f.,* 1. persuasion, action de persuader ; 2. persuasion, conviction, croyance.

① **persuāsus**, *a, um,* V. *persuadeo,* déterminé, décidé.

② **persuāsŭs**, abl. *ū, m.,* instigation, conseil.

persubtīlis, *e,* adj., très subtil ; très ingénieux.

persulto, *ās, āre,*
I intr., 1. sauter, bondir ; 2. se promener librement ; 3. se faire entendre.
II tr., 1. sauter à travers, parcourir ; 2. proclamer.

pertædet, *ēre, tæsum est,* impers., être très dégoûté de, être las de + acc. de la pers. et gén. de la chose, *me sermonis pertæsumst* : je suis dégoûté de la conversation, Pl.

pertæsus, *a, um,* dégoûté de, las de + gén. ou acc.

pertendo, *ĭs, ĕre, tendi,*
I tr., 1. terminer, achever ; 2. affirmer.
II intr., 1. se diriger vers, *Romam* : vers Rome ; 2. s'obstiner, persister.

pertento (**pertempto**), *ās, āre,* tr., 1. essayer, éprouver ; 2. occuper, pénétrer ; agiter.

pertĕnŭis, *e,* adj., très fin, très faible, très léger.

pertĕrĕbro, *ās, āre,* tr., transpercer.

pertergĕo, *ēs, ēre, tersi, tersum,* tr., essuyer complètement ; effleurer.

pertĕro, *ĭs, ĕre, trītum,* tr., broyer, concasser.

perterreo, *ēs, ēre, terrŭi, terrĭtum,* tr., épouvanter.

perterrĭcrĕpus, *a, um,* qui fait un bruit terrible.

pertersi, V. *pertergeo.*

pertexo, *ĭs, ĕre, texŭi, textum,* tr., 1. tisser entièrement ; 2. achever de dire.

pertĭca, *æ, f.,* perche, gaule ; perche d'arpenteur ; mesure de longueur (2,957 m).

pertĭmesco, *ĭs, ĕre,* tr., 1. être épouvanté ; redouter ; 2. craindre, *de laude* : pour sa gloire ; avec *ne* + subj. : que… ne.

pertĭnācĭa, *æ, f.,* ténacité, obstination, constance, persévérance.

pertĭnācĭtĕr, adv., [~cius, ~cissime], avec obstination, fermeté.

pertĭnax, ācis, adj., [~cior, ~cissimus], 1. qui tient bien ; 2. tenace ; 3. obstiné ; ferme, constant.

pertĭnĕo, ēs, ēre, tĭnŭi, intr., 1. s'étendre jusqu'à, aboutir à ; 2. s'étendre à, s'appliquer à, concerner, *quod ad me pertinet* : pour ce qui me regarde ; 3. tendre à, avoir pour but de, *quo illa oratio pertinuit ?* : à quoi tendait ce discours ?, SALL. ; 4. importer, être utile.

pertorquĕo, ēs, ēre, tr., faire tordre, faire grimacer, LUCR.

pertractātē, adv., d'une manière banale.

pertractātĭo, ōnis, f., 1. étude approfondie ; 2. maniement des affaires, administration.

pertracto (~trecto), ās, āre, tr., 1. manier, palper, tâter ; 2. diriger ; 3. étudier, examiner, approfondir.

pertractus, a, um, V. pertraho.

pertrăho, ĭs, ĕre, traxi, tractum, tr., tirer jusqu'à, entraîner, attirer.

pertransĕo, ĭs, ĭre, ĭvi (ĭi), ĭtum, intr. et tr., traverser.

pertraxi, V. pertraho.

pertristis, e, adj., très triste ; très sévère.

pertrītus, a, um, part. adj. de pertero, écrasé ; trivial, rebattu.

pertundo, ĭs, ĕre, tŭdi, tūsum, tr., percer, transpercer.

perturbātē, adv., confusément, en désordre.

perturbātĭo, ōnis, f., agitation ; désordre ; trouble (de l'âme), passion.

perturbātŏr, ōris, m., perturbateur.

perturbātrix, īcis, f. du préc.

perturbātus, a, um, part. adj., [~tior, ~tissimus], très troublé ; bouleversé.

perturbo, ās, āre, tr., 1. troubler fortement, mettre le désordre ; rompre ; 2. troubler, remuer vivement.

perungo, ĭs, ĕre, unxi, unctum, tr., enduire entièrement ; barbouiller.

pĕrurbānus, a, um, très spirituel ; trop raffiné.

pĕrūro, ĭs, ĕre, ussi, ustum, tr., brûler, consumer ; fig., enflammer.

Pĕrūsĭa, æ, f., Pérouse, cité étrusque ‖ **Pĕrūsīnus**, a, um, de Pérouse ‖ **Pĕrūsīnum**, i, n., territoire de Pérouse ‖ **Pĕrūsīni**, ōrum, m. pl., les hab. de Pérouse.

pĕrūtĭlis, e, adj., très utile.

pervādo, ĭs, ĕre, vāsi, vāsum, 1. intr., se répandre, pénétrer jusqu'à ; 2. tr., envahir, gagner.

pervăgātus, a, um, part. adj., répandu commun, rebattu ; général, universel.

pervăgor, āris, āri, 1 intr., 1. errer, se répandre ; 2. deveni commun. II tr., parcourir, envahir.

pervărĭē, adv., d'une manière très variée.

pervāsi, V. pervado.

pervasto, ās, āre, tr., dévaster.

pervĕho, ĭs, ĕre, vexi, vectum, tr., 1. trans porter ; 2. passif, pervehi : se transporte (à cheval, en voiture, par eau, par terre

pervello, ĭs, ĕre, velli, tr., 1. tirer, pincer ~ aurem alicui : tirer l'oreille à qqn. (fair appel à sa mémoire) ; ~ sibi : chercher se rappeler ; 2. stimuler, éveiller ; 3. criti quer, harceler.

pervĕnĭo, ĭs, ĕre, vēni, ventum, intr., 1. ar river à, parvenir à ; 2. fig., arriver, attein dre, parvenir à qqch. ; 3. revenir à qqn. 4. arriver (au succès).

perversē (arch., ~vorsē), adv., de tra vers ; fig., de façon erronée, par erreur ~ dicere : mal parler ; erras pervorse : tu t trompes complètement, PL.

perversĭtās, ātis, f., 1. corruption, dépra vation ; 2. extravagance, déraison.

perversus (~vorsus), a, um, part. adj de perverto, renversé, mis à l'envers ; vi cieux, mauvais, pervers.

perverto (~vorto), ĭs, ĕre, verti, versum tr., 1. renverser, abattre ; 2. fig., renver ser, détruire ; 3. corrompre, pervertir.

pervestīgātĭo, ōnis, f., investigation, re cherche minutieuse.

pervestīgo, ās, āre, tr., suivre à la piste fig., épier, rechercher avec soin, explorer

pervĕtus, ĕris, adj., très ancien, trè vieux ; qui a vécu il y a longtemps.

pervĭam, adv., de manière accessible.

pervĭcācĭa, æ, f., 1. obstination, opiniâ treté ; 2. fermeté, constance ; 3. résis tance.

pervĭcācĭtĕr, adv., obstinément.

pervĭcax, ācis, adj., 1. obstiné, opiniâtre 2. ferme, solide ; 3. qui s'attache à ~ recti : obstiné au bien.

pervĭci, V. pervinco.

pervictus, a, um, V. pervinco.

pervĭdĕo, ēs, ēre, vīdi, tr., 1. voir complè tement ; 2. examiner avec soin ; 3. voi clairement, reconnaître, constater.

pervĭgĭl, ĭlis, adj., éveillé, qui ne dort pa de la nuit.

pervĭgĭlātĭo, ōnis, f., veillée ; au pl., pervi gilationes, um, fêtes religieuses nocturnes.

pervĭgĭlĭum, ĭi, n., longue veille ; fête religieuse célébrée la nuit.

pervĭgĭlo, *ās, āre*, intr., passer la nuit à veiller.

pervinco, *ĭs, ĕre, vīci, victum*, tr., **1.** vaincre complètement ; **2.** vaincre entièrement, surmonter, dominer ; **3.** amener à ; obtenir avec effort, ~ *ut* + subj. : obtenir que ; **4.** prouver victorieusement.

pervĭum, *ĭi*, n., communication, passage.

pervĭus, *a, um*, **1.** accessible, ouvert, praticable ; **2.** poét., qui s'ouvre une voie.

pervŏlĭto, *ās, āre*, intr. et tr., voler à travers.

① **pervŏlo**, *ās, āre*, **1.** intr., voler à travers ; voler jusqu'à ; **2.** tr., parcourir rapidement.

② **pervŏlo**, *vīs, velle, vŏlŭi*, tr., désirer vivement.

pervŏlūto, *ās, āre*, tr., feuilleter, lire assidûment.

pervŏlūtus, *a, um*, V. *pervolvo*.

pervolvo, *ĭs, ĕre, volvi, vŏlūtum*, tr., **1.** rouler ; fig., aller et venir ; **2.** feuilleter, lire.

pervor~, V. *perver~*.

pervulgātē, adv., suivant l'usage commun.

pervulgo, *ās, āre*, tr., **1.** publier, répandre, divulguer ; **2.** fréquenter, parcourir souvent.

pēs, *pĕdis*, m., **1.** pied, patte, serre ; **2.** expr. nombreuses et div. : *pedem ferre* : aller, marcher, VIRG. ; *in pedes se conjicere* : prendre ses jambes à son cou ; *pedibus ire* : aller à pied ou aller par terre ; *manibus pedibusque* : des pieds et des mains ; *sub pedibus esse* ou *jacere* : être foulé aux pieds, méprisé ; *pedibus ire in alicujus sententiam* : se ranger à l'avis de qqn. ; mil., *pedibus merere (stipendium)* : servir dans l'infanterie ; *pedem referre* : lâcher pied ; *presso pede retro cedere* : se retirer lentement ; **3.** écoute, *pedem facere* : manœuvrer une écoute ; pied d'une taille ; tige ou queue d'une plante ou d'un fruit ; **4.** mesure de longueur (environ 0,30 m), *fossa quindecim pedes larga* : un fossé d'une largeur de 15 pieds.

pessĭmē (arch., **pessŭmē**), adv., superl. de *male*.

pessĭmus (arch., **pessŭmus**), *a, um*, superl. de *malus*.

Pessĭnuntĭus, *a, um*, de Pessimonte ‖ **Pessĭnūs**, *untis*, f., Pessinonte, v. de Galatie, célèbre à cause du culte de Cybèle.

pessŭlus, *i*, m., verrou.

pessum, adv., **1.** au fond ; **2.** fig., ~ *ire* : tomber dans le malheur, se perdre.

pessumdo, **pessundo**, **pessum do**, *ās, āre, dĕdi, dătum*, tr., précipiter au fond, noyer ; fig., perdre, détruire.

pestĭfĕr, *fĕra, fĕrum*, qui apporte la ruine, funeste ; pestilentiel.

pestĭfĕrē, adv., d'une manière désastreuse.

pestĭlens, *entis*, adj., **1.** pestilentiel, insalubre ; **2.** pernicieux, funeste.

pestĭlentĭa, *æ*, f., **1.** peste, épidémie ; **2.** insalubrité ; **3.** fig., venin, méchanceté.

pestis, *is*, f., **1.** peste, contagion ; **2.** fig., malheur, ruine ; **3.** fléau, peste, être malfaisant.

pĕtăsātus, *a, um*, coiffé d'un pétase.

pĕtăsus, *i*, m., pétase, chapeau à larges bords pour voyager ou pour se garantir du soleil et de la pluie (chapeau de Mercure et des voyageurs).

pĕtauristārĭus, *ĭi*, m., équilibriste.

pĕtaurum, *i*, n., instrument d'équilibriste.

Pĕtēlĭa (~**tīlĭa**), *æ*, f., Pétélie, v. du Bruttium, colonie des Lucaniens ‖ **Pĕtēlīnus**, *a, um*, de Pétélie ‖ **Pĕtēlīni**, *ōrum*, m. pl., les hab. de Pétélie.

pĕtesso, *ĭs, ĕre*, tr., aspirer à, rechercher, désirer.

pĕtītĭo, *ōnis*, f., **1.** attaque, assaut, botte ; **2.** demande, supplique ; **3.** candidature, *consulatus* : au consulat ; *commentariolum petitionis* : aide-mémoire du candidat (Quintus Cicéron) ; **4.** plainte en justice.

pĕtītŏr, *ōris*, m., **1.** candidat (à une charge publique) ; **2.** demandeur, plaignant (en matière civile) ; **3.** prétendant.

pĕtītŭrĭo, *ĭs, īre*, intr., avoir envie de se porter candidat.

pĕto, *ĭs, ĕre, īvi (ĭi), ītum*, tr., **1.** se diriger vers, chercher à atteindre, gagner ; **2.** attaquer, assaillir ; **3.** se diriger vers, aborder ; **4.** aspirer à, chercher à obtenir, ~ *fugam* : prendre la fuite ; poét., + inf. : chercher à ; **5.** demander, *aliquid ab aliquo alicui* : qqch. à qqn. pour qqn. ; ~ *pœnas ab aliquo* : tirer vengeance de qqn. ; avec *ut/ne* + subj. : demander de, de ne pas ; demander en mariage ; **6.** briguer une charge, ~ *consulatum*, briguer le consulat ; **7.** réclamer en justice, être demandeur.

pĕtōrĭtum (~**torrītum**), *i*, n., chariot gaulois à quatre roues et découvert.

pĕtra, *æ*, f., pierre, roche.

Pĕtra, *æ*, f., Pétra, nom de plusieurs v. bâties sur des rochers (en Arabie et en Sicile) ‖ **Pĕtræus**, *a, um*, de la v. de Pétra ‖ **pĕtræus**, *a, um*, rocheux ; *Arabia Petræa* : Arabie Pétrée.

Pĕtrēius, *i*, m., Pétréius, lieutenant du consul Antonius, qui défit Catilina à Pistoïa, prit le parti de Pompée et, vaincu (à Thapsus), se donna la mort.

Pĕtrŏcŏrĭi, *ōrum*, m. pl., Pétrocoriens, peuple de l'Aquitaine, auj. Périgord.

Pĕtrōnĭus, *ĭi*, m., nom d'une famille rom. ; spéc., Petronius Arbiter, Pétrone, poète latin (l'auteur du « Satyricon » ?), favori de Néron, puis condamné par lui à s'ouvrir les veines.

pĕtrōsus, *a, um*, pierreux, rocheux.

pĕtŭlans, *antis*, adj., effronté ; pétulant.

pĕtŭlantĕr, adv., avec effronterie.

pĕtŭlantĭa, *æ*, f., agressivité, insolence, fougue, caractère exubérant ; qqf., légèreté.

pĕtulcus, *a, um*, qui frappe de ses cornes, qui cosse.

pexātus, *a, um*, qui porte un vêtement neuf dont la laine est longue.

pexi, V. *pecto*.

pexus, *a, um*, part. adj. de *pecto* ; qui a son poil neuf.

Phæāces, *um*, m. pl., les Phéaciens, qui accueillirent Ulysse ; peuple de marins amis d'une vie facile ‖ **Phæax**, *ācis*, m., Phéacien ‖ **Phæācĭus** et **Phæācus**, *a, um*, des Phéaciens ‖ **Phæācĭa**, *æ*, f., Phéacie, île des Phéaciens.

Phædo (~**dōn**), *ōnis*, m., Phédon, disciple de Socrate ; titre d'un dialogue de Platon.

Phædra, *æ*, f., Phèdre, fille de Minos et de Pasiphaé, épouse de Thésée.

Phædrus, *i*, m., Phèdre, **1.** disciple de Socrate ; **2.** fabuliste latin (1er s. ap. J.-C.).

Phăĕthōn, *ontis*, m., Phaéthon ou Phaéton, fils du Soleil, qui périt en voulant conduire le char de son père ‖ **Phăĕthontēus**, *a, um*, de Phaéton ‖ **Phăĕthontĭās**, *ădis*, adj. f., de Phaéton ‖ **Phăĕthontĭădes**, *um*, f. pl., les sœurs de Phaéton, changées en peupliers ‖ **Phăĕthūsa**, *æ*, f., Phaéthuse, une des sœurs de Phaéton.

Phălæcus, *i*, m., Phalæcus, poète grec inventeur du vers phalécien (hendécasyllabe).

phălangæ, *ārum*, f. pl., rouleaux de bois pour le déplacement des vaisseaux ; leviers, perches, bâtons.

Phălantus, *i*, m., Phalante, nom d'un Spartiate, qui émigra en Italie et fonda Tarente ‖ **Phălantīnus**, *a, um*, de Phalante.

phălanx, *angis*, f., **1.** phalange, corps combattant en rangs serrés (formation militaire grecque, macédonienne, gauloise ou germaine) ; **2.** troupe, armée.

phălārĭca, V. *falarica*.

Phălāris, *ĭdis*, m., Phalaris, tyran d'Agrigente, célèbre par sa cruauté.

phălĕra, *ōrum*, n. pl., V. *phaleræ*.

Phălĕra, *ōrum*, n. pl., V. *Phalerum*.

phălĕræ, *ārum*, f. pl., **1.** phalères, collier de cabochons suspendu au harnais de chevaux ou donné comme récompense militaire ; **2.** collier du même genre, ornement des femmes ; **3.** clinquant.

phălĕrātus, *a, um*, orné de phalères.

Phălērum, *i*, n., Phalère, le plus ancien port d'Athènes.

Phănæ, *ārum*, f. pl., Phanées, promontoire de Chios, célèbre par ses vins ‖ **Phănæus**, *a, um*, de Phanées, *rex* ~ : le vin de Phanées, roi des vins.

phantăsĭa, *æ*, f., idée, conception ombre, fantôme, ~, *non homo* : ce n'es pas un homme, c'est un fantôme, PÉTR.

phantasma, *ătis*, n., fantôme, spectre.

Phăōn, *ōnis*, m., Phaon, nom de diff pers.

phărĕtra, *æ*, f., carquois.

phărĕtrātus, *a, um*, qui porte un carquois, *pharetrata virgo* : Diane.

Phărĭus, *a, um*, de Pharos, d'Égypte *Pharia juvenca* : la vache Io ; *Pharia turba* les prêtres d'Isis ‖ **Phărŏs** (~**us**), *i*, f (qqf. m.), **1.** Pharos, île d'Égypte, près d'Alexandrie ; **2.** le phare (de Pharos) l'Égypte ; **3.** phare, fanal.

Pharsālĭa, *æ*, f., « La Pharsale », poème de Lucain ‖ **Pharsālĭcus** ou **Pharsālĭus**, *a, um*, de Pharsale ‖ **Pharsālus** (~**ŏs**), *i*, f. Pharsale, v. de Thessalie, où César vainquit Pompée, en 48 av. J.-C.

phăsēlus (~**ŏs**), *i*, m. et f., **1.** fève **2.** embarcation légère de forme allongée

Phāsĭācus, *a, um*, du Phase de Colchide ‖ **Phāsĭānus**, *a, um*, du Phase, *Phasiana avis* : faisan ‖ **Phāsis**, *is* ou *ĭdos*, m. Phase, fl. de Colchide qui se jette dans le Pont-Euxin ‖ **Phāsis**, *ĭdis*, f., **1.** adj., du Phase, de Colchide, *Phasides volucres* : les faisans ; **2.** subst., femme du Phase = Médée.

Phĕræ, *ārum*, f. pl., Phères, v. de Thessalie, résidence d'Admète et du tyran Alexandre ‖ **Phĕræus**, *a, um*, de Phères, de Thessalie, d'Admète ‖ **Phĕræus**, *i*, m. Alexandre, tyran de Phères ‖ **Phĕræi** *ōrum*, m. pl., les hab. de Phères.

phĭăla, *æ*, f., coupe (large et basse) ; fiole

Phĭdĭăcus, *a, um*, de Phidias ‖ **Phĭdĭās**, *æ*, m., Phidias, le plus célèbre des sculpteurs grecs.

phĭdĭtĭa (~**lĭtĭa**), *ōrum*, n. pl., agapes publiques chez les Lacédémoniens.

Phĭlæ, *ārum*, f. pl., Philé, petite île du Nil au sud d'Éléphantine.

Phĭlæni, *ōrum*, m. pl., les frères Philènes, Carthaginois qui par dévouement pour leur pays se laissèrent enterrer vifs ; *Aræ Philænorum* ou *Philænon* : autels des Philènes, port extrême de la Cyrénaïque.

Phĭlēmo (**~mōn**), *ŏnis*, m., Philémon, **1.** poète comique grec (nouvelle comédie) ; **2.** époux de Baucis ; **3.** historien du temps d'Auguste.

Phĭlippēus, *a, um*, **1.** de Philippes ; **2.** de Philippe ; subst. m. pl., *philippei, orum*, philippes, monnaie d'or **‖ Phĭlippi**, *ōrum*, m. pl., Philippes, v. de Macédoine où Antoine et Octave vainquirent Brutus et Cassius en 42 av. J.-C. **‖ Phĭlippĭcus**, *a, um*, **1.** de Philippes ; **2.** de Philippe ; *Philippicæ orationes* : discours de Démosthène contre Philippe ; subst. f., *Philippica, æ*, Philippique, un des discours de Cicéron contre Antoine **‖ Phĭlippus**, *i*, m., Philippe, roi de Macédoine.

phĭlippus, *i*, m., monnaie d'or à l'effigie du roi Philippe.

Phĭlo (**~lōn**), *ōnis*, m., Philon, **1.** philosophe académicien, maître de Cicéron ; **2.** architecte athénien ; **3.** médecin de Tarse.

Phĭloctētēs (**~ta**), *æ*, m., Philoctète, abandonné, après la guerre de Troie, sur l'île de Lemnos, avec l'arc et les flèches d'Hercule.

phĭlŏlŏgĭa, *æ*, f., **1.** amour de la science ; **2.** étude des écrivains.

phĭlŏlŏgus, *a, um*, littéraire, érudit ; subst. m., *philologus, i*, lettré, savant.

Phĭlŏmēla, *æ*, f., Philomèle, fille de Pandion et sœur de Procné, changée en rossignol.

Phĭlŏmēlĭenses, *ĭum*, m. pl., les hab. de Philomélium **‖ Phĭlŏmēlĭum**, *ĭi*, n., Philomélium, v. de Phrygie.

Phĭlŏpœmēn, *ĕnis*, m., Philopœmen, chef de la ligue achéenne.

phĭlŏsŏphĭa, *æ*, f., la philosophie ; au pl., *philosophiæ, arum*, systèmes philosophiques.

phĭlŏsŏphor, *āris, āri*, intr., philosopher, être philosophe, parler ou agir en philosophe, *satis est philosophatum* : assez philosophé !, Pl.

phĭlŏsŏphus, *a, um*, de philosophe ; subst. m., *philosophus, i*, philosophe.

philtrum, *i*, n., philtre, breuvage magique.

phĭlўra (**~lŭra**), *æ*, f., tilleul.

Phĭlўra, *æ*, f., Philyra, nymphe fille de l'Océan et mère du centaure Chiron, changée en tilleul.

phīmus, *i*, m., cornet à dés.

Phīnēus (**~ēĭus**), *a, um*, de Phinée **‖ Phīnēus**, *ĕi* ou *ĕos*, m., Phinée, **1.** roi de Thrace qui fit crever les yeux de ses enfants et que les dieux rendirent aveugle ; **2.** frère de Céphée.

① **Phintĭa**, *æ*, f., Phintia, v. de Sicile, auj. Licata.

② **Phintĭa** (**~ās**), *æ*, m., Phintias ou Pythias, pythagoricien célèbre par son amitié pour Damon.

Phlĕgĕthōn, *ontis*, m., Phlégéthon, fl. brûlant des Enfers.

Phlĕgra, *æ*, f., Phlégra, ancien nom de la presqu'île de Pallène en Macédoine, où les Géants furent foudroyés **‖ Phlĕgræus**, *a, um*, phlégréen ; volcanique ; *~ campus* : la plaine de Pharsale ; *Phlegræi campi* : les champs Phlégréens, près de Naples.

Phlĕgўās, *æ*, m., Phlégyas, fils de Mars, roi des Lapithes, père d'Ixion, menacé éternellement aux Enfers par un rocher.

phōca, *æ*, et **phōcē**, *ēs*, f., phoque.

Phōcæa, *æ*, f., Phocée, v. d'Ionie, métropole de Marseille **‖ Phōcæenses**, *ĭum*, et **Phōcæi**, *ōrum*, m. pl., les Phocéens **‖ Phōcăĭcus**, *a, um*, **1.** de Phocée ; **2.** de Marseille ; *Phocaicæ Emporiæ* : comptoirs Phocéens, en Tarraconnaise, auj. Ampurias ; **3.** de Phocide.

Phōcenses, *ĭum*, m. pl., les hab. de la Phocide **‖ Phōcēus**, *a, um*, de Phocide **‖ Phōcĭi**, *ĭōrum*, m. pl., les Phocéens, hab. de la Phocide **‖ Phōcis**, *ĭdis*, f., Phocide, région de Grèce entre Béotie et Étolie.

Phōcus, *i*, m., Phocus, fils d'Éaque, tué par son frère Pélée.

Phœbē, *ēs*, f., Phébé, **1.** sœur d'Apollon, Diane ; **2.** la lune ; **3.** fille de Leucippe ; **3.** fille de Léda et sœur d'Hélène.

Phœbus, *i*, m., Phébus, Apollon ; le soleil ; région du ciel **‖ Phœbēĭus** (**~bēus**), *a, um*, de Phébus **‖ Phœbēum**, *i*, n., Phœbée, près de Sparte (lieu consacré à Phébus).

Phœnīcē, *ēs*, f., Phénicie (en Syrie) **‖ Phœnīces**, *um*, m. pl., les Phéniciens, hab. de la Phénicie, fondateurs de Carthage ; les Carthaginois.

phœnīcĕus, *a, um*, d'un rouge pourpre (V. *puniceus*).

Phœnissus, *a, um*, phénicien ; carthaginois ; *Phænissa (urbs)* : Carthage ; *Phænissa Dido* : la Phénicienne Didon.

phœnix, *īcis*, m., phénix, oiseau fabuleux renaissant de ses propres cendres.

Phœnix, *īcis*, m., Phénix, **1.** compagnon d'Achille ; **2.** frère de Cadmus, fondateur de Thèbes.

Phorcis, *ĭdis* ou *ĭdos*, f., la fille de Phorcus, Méduse **‖ Phorcīdes**, *um*, f. pl., les

Grées, filles de Phorcus ‖ **Phorcus**, *i*, m., Phorcus, fils de Neptune et père des Gorgones ‖ **Phorcynis**, *idos*, V. *Phorcis* ‖ **Phorcys**, *ўis*, V. *Phorcus*.

Phrăātēs, *æ*, m., Phraate, roi des Parthes.

phrĕnēsis, *is*, f., frénésie, délire frénétique.

phrĕnētĭcus (~ītĭcus), *a*, *um*, frénétique.

Phrixēus, *a*, *um*, de Phrixus ; *Phrixea vellera*, toison d'or ‖ **Phrixus**, *i*, m., Phrixus, fils d'Athamas, tué par Éétès, qui voulait s'emparer de la toison d'or.

Phrўges, *um*, m. pl., Phrygiens ; Troyens ‖ **Phrўgĭa**, *æ*, f., Phrygie, contrée d'Asie Mineure ‖ **Phrўgĭus**, *a*, *um*, phrygien ; *Phrygia mater* : Cybèle ‖ **Phryx**, *ўgis*, m., Phrygien ; galle (prêtre de Cybèle) ; Marsyas.

Phrўnē, *ēs*, f., Phryné, **1.** courtisane d'Athènes ; **2.** courtisane romaine ; **3.** entremetteuse, TIB.

Phthīa, *æ*, f., Phthie, v. de Thessalie, patrie d'Achille ‖ **Phthīōta**, *æ*, m., hab. de Phthie ‖ **Phthīōtæ**, *ārum*, m. pl., les hab. de Phthie ‖ **Phthīus**, *a*, *um*, de Phthie, *~ vir* : Achille.

phthĭsĭcus, *a*, *um*, phtisique.

phthĭsis, *is*, f., phtisie.

Phўlăcē, *ēs*, f., Phylacé, **1.** v. de Thessalie, où régnait Protésilas ; **2.** v. d'Épire.

phўlarchus, *i*, m., chef de tribu, émir.

phўsĭca, *æ*, f., la physique, les sciences naturelles.

phўsĭcē, adv., en physicien, en naturaliste.

phўsĭcus, *a*, *um*, physique, naturel, des sciences naturelles ; subst. m., *physicus, i*, physicien, naturaliste ; n. pl., *physica, orum*, physique, sciences de la nature.

phўsĭognōmōn, *ŏnis*, m., physionomiste.

phўsĭŏlŏgĭa, *æ*, f., les sciences de la nature, la physique.

pĭābĭlis, *e*, adj., qui peut être expié.

pĭācŭlāris, *e*, adj., expiatoire.

pĭācŭlum, *i*, n., **1.** expiation, victime et sacrifice expiatoire ; **2.** tout ce qui rend nécessaire un sacrifice expiatoire : impiété, sacrilège, forfait, *sine piaculo* : sans crime ; malheur.

pĭca, *æ*, f., pie.

pĭcārĭa, *æ*, f., fabrique où l'on prépare la poix.

pĭcātus, *a*, *um*, empoissé ; au goût de poix.

pĭcĕa, *æ*, f., épicéa, pin sylvestre.

Pīcens, *entis*, adj., du Picénum ‖ **Pīcentes**, *ĭum*, m. pl., les hab. du Picénum ‖ **Pīcentia**, *æ*, f., Picentia, v. de Campanie, auj. Vicenza ‖ **Pīcentīnus**, *a*, *um*, de Pi-

centia ou du Picénum ‖ **Pīcēnum**, *i*, n., Picénum, contrée de l'Italie centrale, auj. territoire d'Ancône ‖ **Pīcēnus**, *a*, *um*, du Picénum.

pĭcĕus, *a*, *um*, **1.** de poix ; **2.** noir comme la poix.

pĭco, *ās*, *āre*, tr., enduire de poix, gou[dronner.

Pictāvi, *ōrum*, m. pl., Pictaves, peupl[e] d'Aquitaine, auj. Poitou.

Picti, *ōrum*, m. pl., Pictes, hab. de la Calédonie.

pictĭlis, *e*, adj., brodé.

Pictōnes, *um*, m. pl., Pictons, V. *Pictavi*.

pictŏr, *ōris*, m., peintre.

Pictŏr, *ōris*, m., surnom dans la *gens Fabia*.

pictūra, *æ*, f., **1.** la peinture, l'art de pein[dre ; **2.** peinture, tableau, *~ textilis* : tapisserie ; mosaïque ; **3.** enluminure fard ; **4.** fig., tableau, description.

pictus, *a*, *um*, **1.** V. *pingo* ; **2.** adj., peint *tabula picta* : tableau ; brodé ; orné ; *pictus* n'existe qu'en peinture, faux.

pīcus, *i*, m., pivert ; griffon.

Pīcus, *i*, m., anc. dieu du Latium, fils d[e] Saturne, changé en pivert par Circé.

pĭē, adv., **1.** pieusement, religieusement **2.** conformément aux sentiments natu[re]rels ; **3.** tendrement, avec affection.

Pīĕrĭa, *æ*, f., Piérie, **1.** zone côtière de Macédoine jusqu'au mt. Olympe, aux confins de la Thessalie, demeure des Mu[s]ses appelées Piérides ; **2.** région N. de la Syrie (cap., *Seleucea Pieria*) ‖ **Pīĕrĭdes**, *um* f. pl., les Piérides, **1.** filles de Piérus (changées en pies par les Muses) ; **2.** les Muses ‖ **Pīĕris**, *ĭdis*, f., Muse ‖ **Pīĕrus** (~**ŏs**), *i*, m., Piérus, **1.** père des Piérides **2.** père des Piérides changées en pies **3.** mt. de Thessalie, consacré aux Muses ‖ **Pīĕrĭus**, *a*, *um*, **1.** du mt. Piérus ; **2.** des Muses ; ext., poétique.

pĭĕtās, *ātis*, f., sentiment du devoir **1.** envers les dieux : piété, dévotion **2.** envers les parents : tendresse, amour (filial, fraternel, etc.) ; **3.** envers la patrie : patriotisme (envers : *adversus, in, erga +* acc.).

Pĭĕtās, *ātis*, f., la Piété, déesse.

pĭger, *gra*, *grum*, [*~grior*, *~gerrimus*]. **1.** pers. : paresseux, indolent, lent (*in +* abl., *ad +* acc.) ; poét., + gén., *~ militiæ* : impropre au service ; + inf., *~ scribend[i]i ferre laborem* : incapable d'écrire avec soin, HOR. ; **2.** choses : a) inerte, traînant, qui rend inerte ; *mare pigrum* : mer calme ; *~ annus* : année interminable ; b) triste, mélancolique.

pĭgĕt, *ēre*, *pĭgŭit* ou *pĭgĭtum est*, impers., **1.** répugner à, être ennuyé de (acc. de la pers. et gén. de la chose), *fratris me piget* : mon frère me fait peine, *illud quod piget* : ce qui répugne, PL. ; **2.** se repentir, avoir honte, *pigenda verba* : paroles regrettables, PROP.

ᵒigmentārĭus, *ĭi*, m., marchand de couleurs ou de parfums.

ᵒigmentum, *i*, n., et ordin. pl. **pigmenta**, *ōrum*, **1.** couleur pour peindre ; fig., *aliquem pingere pigmentis ulmeis* : enluminer qqn. de coups de bâton, PL. ; **2.** fard ; **3.** couleurs, ornements du style ; **4.** baume, aromates.

ᵒignĕrātŏr, *ōris*, m., prêteur sur gages.

ᵒignĕro, *ās*, *āre*, tr., **1.** engager, donner en gage ; **2.** obliger, attacher, *~ aliquem sibi beneficio* : s'attacher qqn. par un service.

ᵒignĕror, *āris*, *āri*, tr., **1.** prendre en gage ; **2.** prendre pour gage, s'assurer.

ᵒignŭs, *ŏris* et *ĕris*, n., **1.** gage, caution, *pignori accipere* : recevoir en gage ; **2.** enjeu ; **3.** au pl., gages de tendresse, objets d'affection, enfants, parents ; **4.** témoignage, preuve.

ᵒigrē, adv., avec paresse, nonchalamment.

ᵒigrĕo, *ēs*, *ēre*, intr., être paresseux, lent à + inf.

ᵒigresco, *ĭs*, *ĕre*, intr., se ralentir.

ᵒigrĭtĭa, *æ*, et **pĭgrĭtĭēs**, *ēi*, f., répugnance ; paresse ; repos.

ᵒigror, *āris*, *āri*, intr., être paresseux ; être lent à, négliger de.

ᵒigŭit, V. *piget*.

① **pĭla**, *æ*, f., mortier à piler, baquet.

② **pĭla**, *æ*, f., **1.** pile, *pontis* : d'un pont ; pilier, colonne ; portique des libraires ; **2.** môle, digue, *saxea ~* : digue de pierre.

③ **pĭla**, *æ*, f., **1.** balle, paume ; **2.** boule ; globe (de la terre) ; pelote de laine ; mannequin-leurre pour les taureaux.

pīlānus, *i*, m., triaire, soldat armé du *pilum* qui combattait au 3ᵉ rang.

pīlātus, *a*, *um*, armé du pilum.

pīlĕātus (**pill~**), *a*, *um*, coiffé du piléus, affranchi.

pīlentum, *i*, n., char à 4 roues (d'origine gauloise) à l'usage des dames romaines.

pīlĕŏlus, *i*, m., dim. de *pileus*.

pīlĕus (**pill~**), *i*, m., et qqf. **pīlĕum** (**pill~**), *i*, n., **1.** piléus, sorte de bonnet phrygien en feutre ou en laine donné à l'esclave le jour de son affranchissement ; **2.** symbole de liberté ou d'affranchissement, *pileum redimere* : racheter sa liberté.

pĭlĭcrĕpus, *i*, m., joueur de balle.

pĭlōsus, *a*, *um*, couvert de poils, poilu, velu.

pĭlŭla, *æ*, f., dim. de *pila* ③, boulette ; pilule.

① **pīlum**, *i*, n., pilon.

② **pīlum**, *i*, n., pilum, javelot (de l'infanterie romaine) ; iron., *~ injecisti mihi* : tu m'as porté l'estocade.

① **pīlus**, *i*, m., poil ; cheveu ; fig., un rien.

② **pīlus**, *i*, m., compagnie des pilaires ou triaires (armés du pilum) ; *primus ~* ou *primuspilus* : primipile, centurion de la première compagnie des triaires, le premier des 60 centurions de la légion.

pīna (**pinna**), *æ*, f., pinne marine (coquillage).

pĭnăcŏthēca, *æ*, f., galerie de tableaux, musée.

Pīnārĭus, *a*, *um*, de la *gens Pinaria* ‖ **Pīnārĭus**, *ĭi*, m., Pinarius, nom d'une *gens* consacrée au culte d'Hercule.

Pindărēus, *a*, *um*, de Pindare ‖ **Pindărĭcus**, *a*, *um*, de Pindare, pindarique, lyrique ‖ **Pindărus**, *i*, m., Pindare, poète lyrique grec de Thèbes, contemporain d'Eschyle (début Vᵉ s. av. J.-C.).

Pindŏs (**~us**), *i*, m., Pinde, mt. de Thessalie consacrée aux Muses.

pīnĕa, *æ*, f., pomme de pin.

pīnētum, *i*, n., pinède.

pīnĕus, *a*, *um*, de pin, *~ ardor* : feu de bois de pin ; ext., de navire.

pingo, *ĭs*, *ĕre*, *pinxi*, *pictum*, tr., **1.** peindre, *tabula picta* : tableau peint ; *~ simulacrum alicujus* : peindre le portrait de qqn. ; **2.** broder, *~ acu* : à l'aiguille ; **3.** colorer, barbouiller ; **4.** dépeindre, décrire ; **5.** fig., donner de la couleur ; décorer, orner ; passif, *pingi* : se farder.

pingue, *is*, n., graisse ; embonpoint.

pinguēdo, *ĭnis*, f., obésité, graisse.

pinguĕfăcĭo, *ĭs*, *ĕre*, *fēci*, *factum*, tr., engraisser.

pinguesco, *ĭs*, *ĕre*, intr., s'engraisser ; devenir gras.

pinguis, *e*, adj., [*~guior*, *~guissimus*], **1.** gras, bien nourri ; **2.** gras, graisseux, *pingues aræ* : autels arrosés de la graisse des victimes ; **3.** riche, fécond, fertile, *pingue flumen* : les eaux fécondantes du Nil ; **4.** épais, lourd (laud. ou péj.) ; **5.** calme, agréable ; **6.** accentué (prononciation).

pinguĭtĕr, adv., grassement.

pinguĭtĭa, *æ*, et **pinguĭtĭēs**, *ēi*, f., graisse ; prononciation appuyée.

pīnĭfĕr, *fĕra*, *fĕrum*, et **pīnĭgĕr**, *gĕra*, *gĕrum*, qui produit des pins.

pinna, *æ*, f., **1.** V. *penna* et *pina* ; **2.** créneau.

pinnātus, V. *pennatus*.

pinnĭgĕr, *gĕra, gĕrum*, muni de nageoires.
pinnĭpēs, *pĕdis*, adj., qui a des plumes aux pieds.
pinnĭrăpus, *i*, m., qui cherche à enlever l'aigrette du casque (i.e. l'antagoniste du gladiateur samnite, qui porte un casque surmonté d'une aigrette).
pinnŭla, *æ*, f., petite plume ; petite aile.
pinŏphўlax, *ăcis*, et **pinŏtērēs**, *æ*, m., pinotère, petit crabe qui se loge dans la pinne marine.
pinsĭto, *ās, āre*, tr., bien broyer.
① **pinso (pīso)**, *ās, āre, pinsātus*, tr., réduire en poudre.
② **pinso (pīso)**, *ĭs, ĕre, pinsŭi* et *pinsi, pistum* et *pinsum* ou *pinsĭtum*, tr., battre, piler ; frapper.
pīnus, *ūs* et *i*, f., **1.** pin, arbre consacré à Cybèle et à Diane ; **2.** div. objets faits avec le pin, navire, torche, lance, etc... ; **3.** forêt de pins.
pinxi, V. *pingo*.
pĭo, *ās, āre*, tr., **1.** rendre propice ; **2.** honorer ; **3.** expier, réparer ; **4.** venger, punir.
pĭpĕr, *ĕris*, n., poivre ; fig., mots mordants.
pĭpĕrātum, *i*, n., sauce poivrade.
pĭpĕrātus, *a, um*, poivré ; mordant, *piperata manus* : main voleuse, MART.
pīpĭo, *ĭs, īre*, intr., piauler.
pīpo, *ās, āre*, intr., piauler ; glousser (poule).
pīpŭlum, *i*, n., ou **pīpŭlus**, *i*, m., criaillerie ; vagissement.
Pīræēūs, *ĕi* ou *ĕos*, m., et **Pīræus**, *i*, m., Le Pirée, port d'Athènes ‖ **Pīræus**, *a, um*, du Pirée.
pīrāta, *æ*, m., pirate.
pīrātĭca, *æ*, f., piraterie, *piraticam facere* : pratiquer la piraterie.
pīrātĭcus, *a, um*, de pirate, *piraticum bellum* : la guerre contre les Pirates.
Pīrēna, *æ*, ou **Pīrēnē**, *ēs*, f., Pirène, fontaine près de Corinthe, consacrée aux Muses ‖ **Pīrēnis**, *ĭdis*, adj. f., de Pirène, ~ *Ephyre*, Éphyre ou Corinthe.
Pīrĭthŏūs, *i*, m., Pirithoüs, fils d'Ixion, ami de Thésée, qui l'accompagna aux Enfers pour enlever Proserpine.
pĭrum, *i*, n., poire.
pĭrus, *i*, f., poirier.
Pīsa, *æ*, f., ou **Pīsæ**, *ārum*, f. pl., Pise, **1.** v. d'Élide ; **2.** au pl. seul, v. d'Étrurie ‖ **Pīsæus**, *a, um*, de Pise en Élide ‖ **Pīsānus**, *a, um*, de Pise en Étrurie.
Pīsaurum, *i*, n., Pisaurum, v. d'Ombrie, auj. Pesaro.
piscātŏr, *ōris*, m., **1.** pêcheur ; **2.** marchand de poisson.

piscātŏrĭus, *a, um*, de pêcheur.
piscātŭs, *ūs*, m., pêche (action ou pro-duit).
piscĭcŭlus, *i*, m., petit poisson.
piscīna, *æ*, f., **1.** vivier, étang à poisson ; **2.** piscine, bassin ; **3.** mare ; écluse ; c[...] terne.
piscīnārĭus, *ĭi*, m., celui qui a de[...] viviers.
piscis, *is*, m., poisson ; au pl., *Pisces, iun*[...] les Poissons, constellation (signe d[...] zodiaque).
piscor, *āris, āri*, intr., pêcher, ~ *in ære* pêcher en l'air, perdre son temps, PL.
piscōsus, *a, um*, poissonneux.
piscŭlentus, *a, um*, poissonneux ; subs[...] n., *pisculentum, i*, remède composé de[...] poissons.
Pīsĭdæ, *ārum*, m. pl., les hab. de la Pis[...] die ‖ **Pīsĭdĭa**, *æ*, f., la Pisidie (en Asie M[...] neure) ‖ **Pīsĭdĭcus**, *a, um*, de Pisidie.
Pīsistrătĭdæ, *ārum*, m. pl., les fils de P[...] sistrate (Hipparque et Hippias) ‖ **Pīsistrātus**, *i*, m., Pisistrate, tyra[...] d'Athènes (VIe s. av. J.-C.).
pīso, *ās, āre*, et **pīso**, *ĭs, ĕre*, V. *pinso* ① et ②
Pīso, *ōnis*, m., Pison, surnom dans la *gen* *Calpurnia* ‖ **Pīsōnĭānus**, *a, um*, de Pison.
pistillum, *i*, n., et **pistillus**, *i*, m., pilon
pistŏr, *ōris*, m., **1.** celui qui pile le grai[...] dans un mortier ; **2.** boulanger ; **3.** pâtis[...] sier ; **4.** épith. de Jupiter qui inspira au[...] Romains assiégés dans le Capitole l'idé[...] de jeter du pain aux Gaulois (pour simu[...] ler l'abondance).
Pistōrĭensis, *e*, adj., de Pistorium ‖ **Pistōrĭenses**, *ĭum*, m. pl., les Boulanger[...] (jeu de mots de Plaute) ‖ **Pistōrĭum**, *ĭi*, n[...] Pistorium, v. d'Étrurie, auj. Pistoia.
pistrīna, *æ*, (cf. *pistor*), f., boulangerie.
pistrīnensis, *e*, adj., de moulin.
pistrīnum, *i*, n., **1.** moulin, *aliquem in pis* *trinum tradere (dedere)* : envoyer qqn. a[...] moulin, le condamner à tourner l[...] meule ; **2.** boulangerie.
① **pistrix**, *īcis*, f., boulangère.
② **pistrix**, *īcis*, f., baleine ; la Balein[...] (constellation).
pistūra, *æ*, f., action de piler le grain, d[...] moudre ; mouture.
pistus, *a, um*, V. *pinso* ②.
pittăcĭum, *ĭi*, n., morceau de cuir, de toile[...] de papier ; étiquette (de vase) ; billet.
Pittăcus (~os), *i*, m., Pittacus, philoso[...] phe de Mitylène, un des Sept Sages de l[...] Grèce.
pītŭīta, *æ*, f., **1.** pituite, humeur, rhume[...] **2.** pus ; **3.** pépie **4.** écoulement des arbres[...]

ītŭītōsus, *a, um,* pituiteux, lymphatique.

ĭus, *a, um,* **1.** pers. : qui accomplit ses devoirs, a) envers les dieux : pieux, religieux ; b) envers la patrie, les parents, etc. : affectueux, dévoué ; **2.** choses : pieux, sacré, *pium far* : orge sacré ; légitime, *pia ac justa arma* : guerre juste et légitime ; **3.** subst. m. pl., *pii, orum,* les morts, les justes.

ĭx, *pĭcis,* f., poix.

lācābĭlis, *e,* adj., **1.** qu'on peut apaiser ; doux, clément ; **2.** propre à apaiser, capable d'apaiser.

lācābĭlĭtās, *ātis,* f., indulgence, clémence.

lācābĭlĭtĕr, adv., de manière à apaiser.

lācāmĕn, *ĭnis,* et **plācāmentum,** *i, n.,* moyens d'apaiser.

lācātē, adv., avec calme.

lācātĭo, *ōnis,* f., action d'apaiser.

lācātus, *a, um,* part. adj., [~*tior, ~tissimus*], **1.** apaisé, fléchi, calmé ; **2.** + dat. : bienveillant, propice ; **3.** paisible, calme.

lācens, *entis,* part. adj., plaisant ; aimé, chéri.

lăcenta, *æ,* f., galette, gâteau.

lăcentĭa, *æ,* f., désir de plaire.

lăcentĭa, *æ,* f., Placentia, v. d'Italie sur le Pô, auj. Plaisance ‖ **Plăcentīnus,** *a, um,* de Placentia ‖ **Plăcentīni,** *ōrum,* m. pl., les hab. de Placentia.

lăcĕo, *ēs, ēre, plăcŭi, plăcĭtum,* intr., **1.** plaire, vouloir plaire à, *sibi ~* : être satisfait de soi ; **2.** impers., paraître bon à, *si diis placet* : s'il plaît aux dieux ; *ut placet Stoicis* : selon l'opinion des stoïciens ; *placet mihi ut* + subj. : je trouve bon de.

lăcĭdē, adv., **1.** avec douceur, avec bonté ; **2.** avec calme ; **3.** sans bruit, doucement.

lăcĭdĭtās, *ātis,* f., douceur, caractère doux.

lăcĭdus, *a, um,* [~*dior, ~dissimus*], doux, calme, paisible.

lăcĭto, *ās, āre,* (fréq. de *placeo*), intr., plaire beaucoup.

lăcĭtum, *i, n.,* ce qui plaît, souhait, désir ; ordonnance, précepte.

lăcĭtus, *a, um,* part. adj. de *placeo,* qui a plu, qui plaît, agréable.

lăco, *ās, āre,* tr., apaiser, calmer ; tâcher d'apaiser, de calmer.

lăcŭi, V. *placeo.*

① plăga, *æ,* f., coup, blessure (pr. et fig.).

② plăga, *æ,* f., étendue ; zone, région.

③ plăga, *æ,* f., corde, filet, piège (surt. pl., *plagæ, arum*).

plăgĭārĭus, *ĭi,* m. **1.** plagiaire : voleur d'esclaves ou vendeur de pers. libres comme esclaves ; **2.** fig., plagiaire (voleur de textes).

plăgĭgĕr, *gĕra, gĕrum,* et **plāgĭgĕrŭlus,** *a, um,* fait pour recevoir des coups, Pl.

plāgōsus, *a, um,* brutal ; couvert de coups.

plăgŭla, *æ,* f., **1.** pan d'une toge ; **2.** couverture de lit ; **3.** tapis ; feuille de papier.

Plancĭus, *ĭi,* m., nom d'une famille rom.

planctŭs, *ūs,* m., **1.** action de frapper avec bruit ; **2.** bruit des vagues ; **3.** coups qu'on se donne dans la douleur ; **4.** lamentations.

plānē, adv., [~*nius, ~nissime*], **1.** de plainpied, horizontalement ; **2.** sans détours, clairement ; **3.** tout à fait ; **4.** oui certes, certainement.

plango, *ĭs, ĕre, planxi, planctum,* tr., **1.** frapper avec bruit ; passif : *ales plangitur* : l'oiseau bat des ailes ; **2.** abs., montrer une douleur bruyante ; se lamenter ; **3.** pleurer qqn ou qqch.

plangŏr, *ōris,* m., coups ; coups qu'on se donne dans la douleur ; lamentations.

plānĭtĭa, *æ,* et **plānĭtĭēs,** *ēi,* f., surface plane ; plaine, pays plat.

planta, *æ,* f., **1.** plant, rejeton, bouture ; **2.** plante, herbe, végétal ; **3.** plante du pied, pied.

plantārĭa, *ĭum,* n. pl., **1.** jeunes plants, boutures ; **2.** pépinière, végétation ; **3.** fig., les cheveux.

plantāris, *e,* adj., relatif aux plants ; subst. n. pl., *plantaria, ium,* talonnières (ex., ailerons de Mercure).

① plānus, *a, um,* [~*nior, ~nissimus*], **1.** plan, plat, uni, égal ; **2.** facile, aisé ; clair, évident ; **3.** subst. n., *planum,* i, terrain plat, *in plano* : sans avoir à monter ; ext., *de, e, in plano* : en dehors du tribunal, *in plano* : dans la vie quotidienne.

② plănus, *i,* m., vagabond, charlatan.

planxi, V. *plango.*

plastēs, *æ,* m., celui qui modèle l'argile, sculpteur.

plastĭca, *æ,* et **plastĭcē,** *ēs,* f., la plastique, l'art de modeler (en argile, en cire).

Plătææ, *ārum,* f. pl., Platée, v. de Béotie célèbre par la victoire des Grecs sur les Perses ‖ **Plătæenses,** *ĭum,* m. pl., les hab. de Platée.

plătălĕa, *æ,* f., spatule (oiseau).

plătănōn, *ōnis,* m., lieu planté de platanes.

plătănus, *i,* et **plătănŭs,** *ūs,* f., platane.

① plătĕa, *æ,* f., place ; grande rue.

② plătĕa, V. *platalea.*

Plătō, ōnis, m., Platon, phil. grec fondateur de l'Académie ; autre du même nom ‖ **Plătōnĭcus**, a, um, de Platon, platonique ‖ **Plătōnĭci**, ōrum, les platoniciens.

plaudo (plōdo), ĭs, ĕre, plausi, plausum, intr. et tr., 1. frapper, battre ; 2. battre des mains, applaudir ; 3. approuver + dat. ; 4. faire du bruit (en signe de mécontentement).

plausĭbĭlis, e, adj., digne d'être approuvé ou applaudi, louable.

plausŏr, ōris, m., applaudisseur ; claqueur.

plaustellum, i, n., petit chariot.

plaustrum, i, n., chariot ; le Chariot, (constellation).

① **plausus**, a, um, V. plaudo.

② **plausŭs**, ūs, m., 1. bruit produit en frappant, battement ; 2. applaudissement ; approbation.

Plautīnus, a, um, de Plaute, ~ pater : un père de Plaute (père de comédie) ‖ **Plautus**, i, m., T. Maccius Plautus, Plaute, célèbre auteur comique (251-184 av. J.-C.).

plēbēcŭla, æ, f., dim. de plebs, populace, menu peuple.

plēbēĭus (~jus), a, um, plébéien, du peuple ; commun, vulgaire, ~ sermo : langue commune ; subst. m., plebeius, ii, plébéien.

plēbēs, ĕi et ī, forme arch. de plebs.

plēbĭcŏla, æ, m., démagogue.

plēbiscītum, V. scitum.

plebs, ēbis, f., 1. la plèbe, les plébéiens (opp. aux patriciens) ; 2. le peuple, la foule.

① **plecto**, ĭs, ĕre, tr., frapper, châtier ; passif, plecti : être puni.

② **plecto**, ĭs, ĕre, plexi et plexŭi, plexum, tr., rouler ; entrelacer, tresser.

plectrum, i, n., 1. plectre pour toucher les cordes de la lyre ; 2. lyre ; 3. poésie lyrique ; 4. timon de navire.

Plēĭădes (Plīădes), um, f. pl., les Pléiades, sept filles d'Atlas et de Pleioné, changées en constellation ‖ **Plēĭăs** ou **Plīăs**, ădis, f., une Pléiade.

Plēĭŏnē, ēs, f., Pléioné, nymphe, fille de l'Océan et de Téthys, épouse d'Atlas et mère des Pléiades.

plēnē, adv., [~nius, ~nissime], plein jusqu'aux bords ; pleinement, tout à fait.

plēnus, a, um, [~nior, ~nissimus], 1. plein, rempli de + gén. ou abl. ; 2. f., pleine, enceinte ; 3. chargé, abondant, riche, gros, gras ; 4. plein, complet, entier, ad plenum : jusqu'au bord ; pleno ore : pleine bouche ; 5. sonore (voix), pleniore voce : avec une voix plus pleine ; 6. subst. n.,

plenum, i, comble, plein ; in plenum : ‹ général.

plērīquĕ, V. plerusque.

plērumquĕ, adv., 1. la plupart ‹ temps ; 2. parfois.

plērusquĕ, plērăquĕ, plērumquĕ, 1. rar. ‹ sg., pris dans sa plus grande parti‹ 2. au pl., plerique, pleræque, pleraque, plupart, ~Belgæ : la plupart des Belge ~ Pœnorum : la plupart des Cartha‹ nois ; plerique ex factione ejus : la plupa‹ de ses camarades de parti ; 3. subst. ▶ plerumque : la plus grande part, nocti‹ de la nuit.

plĭco, ās, tr., plier, replier.

Plīnĭus, ĭi, m., 1. Pline l'Ancien (C. P.‹ nius Secundus Major), auteur d'une N‹ turalis historia, mort en 79 ap. J.-C. da‹ l'éruption du Vésuve ; 2. Pline le Jeu‹ (C. Plinius Cæcilius Secundus Junio‹ neveu du précédent, ami de Trajan, cé‹ bre épistolier.

plōdo, V. plaudo.

plœres, V. plures.

plōrātŭs, ūs, m., pleurs, lamentation‹ larmes qui coulent d'un arbre.

plōro, ās, āre, 1. intr., pleurer en criant, l‹ crimandum est, non plorandum : il fa‹ pleurer, non gémir, SÉN. ; 2. tr., dépl‹ rer ; + inf. ou prop. inf., déplorer de ‹ que.

plŭit, V. pluo.

plūma, æ, f., 1. plume ; au pl., plum‹ arum, plumage ; 2. fig., une plume, u‹ rien, plumā haud interest : aucune diff‹ rence ; 3. duvet, première barbe ; 4. a‹ pl., écailles d'une cuirasse.

plumbāgo, ĭnis, f., plombagine, mine ‹ plomb.

plumbārĭus, a, um, de plomb, relatif a‹ plomb.

plumbātus, a, um, garni de plomb ; fa‹ en plomb.

plumbĕa, æ, f., balle de plomb.

plumbĕum, i, n., vase de plomb.

plumbĕus, a, um, de plomb, qui est ‹ plomb ; lourd, accablant ; stupide‹ ~ (nummus), m., monnaie de plomb (sa‹ valeur).

plumbo, ās, āre, tr., souder avec d‹ plomb, plomber.

plumbōsus, a, um, rempli de plomb.

plumbum, i, n., 1. plomb ; 2. ~ albu‹ candidum : étain ; 3. balle de plom‹ tuyau de plomb.

plūmĕus, a, um, de plume, de duvet ; l‹ ger comme la plume.

plūmĭpēs, pĕdis, adj., qui a les pieds, le‹ pattes garnis de plumes.

plūmo, *ās, āre*, 1. intr., se couvrir de plumes ; 2. tr., couvrir de plumes, *in avem se plumare* : se changer en oiseau.

plūmōsus, *a, um*, emplumé.

plŭo, *ĭs, ĕre, plŭi* (arch., *plūvi*), 1. intr., pleuvoir ; a) impers., *pluit* : il pleut ; + abl., ~ *sanguine* : il pleut du sang ; b) pers., tomber comme la pluie ; 2. tr., faire pleuvoir.

plūres, *plūra*, pl. de *plus*.

plūrĭfārĭăm, adv., en plusieurs lieux ; de plusieurs manières.

plūrĭmum, 1. n. de *plurimus*, une très grande quantité, ou la plus grande quantité de + gén. ; au gén. de prix : *plurimi esse* : avoir le plus de prix ; à l'abl. : *quam plurimo vendere* : vendre le plus cher possible ; 2. adv., le plus, surtout ; *cum ~, ubi ~, ut ~* : le plus possible.

plūrĭmus, *a, um*, superl. de *plus* et de *multus*, le plus grand nombre ; 1. au sg., très grand, très considérable ; répété, répandu ; 2. surt. au pl., *plurimi, æ, a*, les plus nombreux, très nombreux, la plupart, *plurimi equitum* : la majeure partie des cavaliers ; 3. au gén. ou à l'abl. de prix, V. *plurimum*.

plūs, comp. de *multus, multum*,

I subst. au sg. n., *plus, pluris*, 1. qui est en plus grande quantité, + gén. : ~ *auctoritatis habere* : avoir plus d'autorité ; au gén. de prix : *pluris emere* : acheter plus cher ; 2. au pl., *plures, plura*, gén. *ium*, a) plus nombreux ; *quid plura ?, ne plura* : à quoi bon davantage ?, pour abréger, bref ; b) trop nombreux, *pluribus verbis* : de façon diffuse.

II adv., plus, davantage, ~ *posse* : être plus puissant ; ~ *æquo* : plus que de raison ; ~ *nimio* : excessivement ; avec *quam* : ~ *quam semel* : plus d'une fois ; avec *ac* : *non ~ ac* : pas plus que ; sans conj. : ~ *millies* : plus de mille fois, *paulo ~ mille passus* : à un peu plus d'un mille.

pluscŭlus, *a, um*, un peu plus de, *plusculæ noctes* : un peu plus de nuits ; subst. n., *plusculum, i*, un peu plus de + gén.

plusscĭus, *a, um*, qui en sait long, roué.

Plūtarchus, *i, m.*, Plutarque, phil. et biographe grec, contemporain de Trajan, né à Chéronée (50-120 ap. J.-C.).

plŭtĕum, *i, n.*, et **plŭtĕus**, *i, m.*, 1. panneau, abri monté sur roues protégeant les assaillants ; fig., *vineam pluteosque agere* : mettre en œuvre toutes les batteries, Pl. ; 2. tout ce qui est fait de planches assemblées : toit, parapet, étagère, dos de lit de table, lit de table, etc.

Plūto (**~tōn**), *ōnis, m.*, Pluton, frère de Jupiter et de Neptune, dieu des Enfers ‖

Plūtōnĭus, *a, um*, de Pluton, *domus Plutonia* : le monde des morts ‖ **Plūtōnĭa**, *ōrum*, n. pl., région empestée d'Asie.

Plūtus, *i, m.*, Plutus, dieu de la richesse.

plŭvĭa, *æ, f.*, pluie ; eau de pluie.

plŭvĭālis, *e*, adj., pluvieux ; de pluie, qui produit ou que produit la pluie.

plŭvĭus, *a, um*, de pluie ; qui fait pleuvoir (épith. de Jupiter) ; ~ *arcus* : arc-en-ciel.

pōcillum, *i, n.*, dim. de *poculum*, petite coupe, petit vase à boire.

pōcŭlum (**pōclum**), *i, n.*, 1. coupe, vase à boire, *eodem poculo bibere* : boire à la même coupe (= partager l'infortune), Pl. ; *in poculis* : la coupe à la main ; 2. boisson, ~ *amoris, desiderii* : philtre d'amour ; 3. poison.

pŏdăgra, *æ, f.*, goutte (aux pieds).

pŏdăgrĭcus et **pŏdăgrōsus**, *a, um*, goutteux, podagre ; subst. m., *podagricus, i*, un podagre, *podagrici pedibus suis maledicunt* : les goutteux disent du mal de leurs pieds, Pétr.

Pœcĭlē, *ēs, f.*, le Pœcile, portique à Athènes garni de peintures.

pŏēma, *ătis, n.*, 1. poème, pièce de vers ; 2. poésie (sg. ou pl.).

pŏēmătĭum, *ĭi, n.*, petit poème.

pœna, *æ, f.*, 1. compensation, rachat, peine, châtiment, *pœnas dare, solvere, luere, pendere, dependere alicui* : donner des compensations à quelqu'un = être puni ; *pœnas ab aliquo petere* : tirer de qqn. un châtiment ; *capite pœnas solvere, expendere* : payer de sa tête ; 2. peine, souffrance, mauvais traitement.

Pœni, *ōrum, m. pl.*, Carthaginois ‖ **Pœnus**, *a, um*, phénicien, carthaginois ‖ **Pœnus**, *i, m.*, Carthaginois, spéc. le Carthaginois : Hannibal ; fig., fourbe ‖ **Pœnĭcus**, *a, um*, ou **Pūnĭcus**, *a, um*, punique, fides punica* : mauvaise foi ; *Punicum malum* ou *punicum, i*, n., grenade ‖ **Pœnŭlus**, *i, m.*, « Le jeune Carthaginois », titre d'une comédie de Plaute.

pŏēsis, *is, f.*, poésie ; pièce de vers.

pŏēta, *æ, m.*, fabricant, créateur, inventeur ; qqf. péj., intrigant ; spéc., poète.

pŏētĭca, *æ, f.*, poésie ; art poétique.

pŏētĭcē, adv., en poète.

pŏētĭcus, *a, um*, poétique ; subst. m., *poeticum, i*, expression poétique ; n. pl., *poetica, orum*, poésies, œuvres poétiques.

pŏētrĭa, *æ, f.*, poétesse.

pŏl, interj., par Pollux (formule de serment) ; certainement.

Pŏlĕmo (**~mōn**), *ōnis, m.*, Polémon, 1. phil. d'Athènes (Académie), maître de Zénon ; 2. roi du Pont.

pŏlenta, *æ,* f., ou **pŏlenta**, *ōrum,* n. pl., polenta, bouillie de farine d'orge.

pŏlĭo, *īs, īre, īvi, ītum,* tr., **1.** polir, lisser ; **2.** crépir, fourbir, donner du brillant ; **3.** fouler, apprêter (un drap) ; **4.** cultiver avec soin ; **5.** fig., polir, orner ; ~ *orationem, carmina* : polir une harangue, des vers.

Pŏlĭorcētēs, *æ,* m., Démétrius Poliorcète (= preneur de villes), roi de Macédoine.

pŏlītē, adv., avec élégance ; avec art.

Pŏlītēs, *æ,* m., Polite, fils de Priam, tué par Pyrrhus.

pŏlītīa, *æ,* f., organisation politique, gouvernement ; « La République », titre d'un dialogue de Platon.

pŏlītīcus, *a, um,* qui concerne la science du gouvernement, relatif aux affaires publiques.

pŏlītūra, *æ,* f., polissage, poli, crépi ; apprêt ou calendrage des étoffes ; « peaufinage » d'un texte.

pŏlītus, *a, um,* [*~tior, ~tissimus*], part. adj., **1.** poli ; décoré avec goût ; **2.** poli (par l'éducation) ; élégant, accompli ; **3.** châtié (style).

pollĕn, *ĭnis,* n., et **pollis**, *ĭnis,* m. et f., **1.** fleur de farine ; **2.** poussière, poudre très fine.

pollens, *entis,* part. adj., puissant ; *vini ~ Liber* : Bacchus, le seigneur du vin ; + inf. : capable de.

pollĕo, *ēs, ēre,* intr., **1.** être puissant ; pouvoir ; être au pouvoir, régner ; **2.** être efficace ; **3.** être riche en.

pollex, *ĭcis,* m., **1.** pouce, *pollicem premere* : appuyer le pouce sur l'index, approuver, *pollicem vertere* : renverser le pouce, désapprouver, demander la mort d'un gladiateur ; **2.** pouce du pied, gros orteil ; **3.** pouce, mesure.

pollĭcĕor, *ēris, ēri, pollĭcĭtus sum,* tr., **1.** promettre, *alicui maria montesque ~* : promettre à qqn. monts et merveilles ; **2.** + inf. ou prop. inf. : promettre de ou que.

pollĭcĭtātĭo, *ōnis,* f., promesse (rare au sg.).

pollĭcĭtor, *āris, āri,* tr. et intr., multiplier les promesses.

pollĭcĭtum, *i,* n., promesse.

pollĭcĭtus, *a, um,* **1.** qui a promis ; **2.** sens passif : promis.

pollingo, *īs, ĕre, pollinxi, pollinctum,* tr., embaumer et ensevelir un mort (pr. et fig.).

Pollĭo, *ōnis,* m., Pollion, surnom rom. ; spéc., Asinius Pollion, ami d'Auguste.

pollūcĕo, *ēs, ēre, luxi, luctum,* tr., **1.** offrir en sacrifice ; offrir ; **2.** servir sur une table ; régaler.

polluctum, *i,* n., portion de victime abandonnée au peuple.

polluctūra, *æ,* f., bombance.

pollŭo, *īs, ĕre, lŭi, lūtum,* tr., **1.** salir, souiller ; **2.** profaner, insulter ; **3.** violer.

pollūtus, *a, um,* [*~tior, ~tissimus*], souillé ; profané.

Pollux, *ūcis,* m., Pollux, fils de Jupiter et de Léda, frère de Castor.

polluxi, V. *polluceo.*

pŏlus, *i,* m., **1.** pôle du monde ; le Nord ; **2.** le ciel.

polv~, V. *pulv~.*

Pŏlўbĭus, *ĭi,* m., Polybe, historien grec, ami de Scipion Émilien (204-122 av. J.-C.).

Pŏlўclītus, *i,* m., Polyclète de Sicyone, célèbre statuaire de l'époque de Périclès.

Pŏlўcrātēs, *is,* m., Polycrate, tyran de Samos.

Pŏlўdămās, *antis,* m., Polydamas, prince troyen, ami d'Hector, tué par Ajax.

Pŏlўdectēs, *æ,* m., Polydecte, roi de l'île de Séripho, qui éleva Persée et fut changé en rocher.

Pŏlўdōrus, *i,* m., Polydore, dernier fils de Priam, tué traîtreusement par Polymnestor.

Pŏlygnōtus, *i,* m., Polygnote, peintre grec.

Pŏlўhymnĭa, *æ,* f., Polymnie, une des Muses.

Pŏlўnīcēs, *is,* m., Polynice, fils d'Œdipe, frère d'Étéocle.

Pŏlўphēmus (**~ŏs**), *i,* m., Polyphème, Cyclope, fils de Neptune.

pŏlўpus, *i,* m., polype ; fig., homme rapace.

Pŏlyxĕna, *æ,* f., Polyxène, fille de Priam, sacrifiée par Pyrrhus sur la tombe d'Achille.

pōmārĭum, *ĭi,* n., **1.** verger ; **2.** fruitier, cellier à fruits.

pōmārĭus, *a, um,* de verger ; subst. m., *pomarius, ii,* marchand de fruits, fruitier.

pōmĭfĕr, *fĕra, fĕrum,* qui produit des fruits.

pōmœrĭum (**pœmē~**), *ĭi, (post-murum),* n., pomérium, espace vide et consacré, de part et d'autre des remparts de Rome.

Pōmōna, *æ,* f., Pomone, déesse des fruits.

pōmōsus, *a, um,* abondant en fruits.

pompa, *æ,* f., **1.** procession, cortège (à l'occasion des cérémonies publiques ou de funérailles) ; **2.** procession où l'on promenait les images des dieux ou des

Césars ; **3.** faste, luxe, apparat, ~ *rheto-rum* : grandes phrases des rhéteurs.

Pompēia, æ, f., Pompéia, **1.** fille de Pompée et femme de Faustus Sylla ; **2.** femme répudiée de César ; **3.** Pompeia Paulina, femme de Sénèque.

Pompēii, *ōrum*, m. pl., Pompéi, v. de Campanie ensevelie par l'éruption du Vésuve (79 ap. J.-C.) ‖ **Pompēiānum**, *i, n.*, villa de Cicéron, près de Pompéi ‖ **Pompēiānus**, *a, um*, de Pompéi ‖ **Pompēiāni**, *ōrum*, m. pl., les hab. de Pompéi.

Pompēius, *i*, m., nom d'une *gens* ; spéc., Cn. Pompeius, surnommé Magnus, Pompée, triumvir, rival de César (106-48 av. J.-C. ‖ **Pompēiānus**, *a, um*, de Pompée, du parti de Pompée ‖ **Pompēiāni**, *ōrum*, m. pl., les Pompéiens, les partisans de Pompée ‖ **Pompēius**, *a, um*, de Pompée.

Pompĭlĭus, *ĭi*, m., nom d'une famille rom. ; spéc., Numa Pompilius, second roi de Rome ‖ **Pompĭlĭus**, *a, um*, de Numa ou de la *gens Pompilia*.

Pompōnĭus, *ĭi*, m., **1.** Pomponius, poète contemporain de Catulle, auteur d'atellanes ; **2.** Pomponius Atticus, ami de Cicéron.

Pomptīnus (Pompt~, Pont~), *a, um*, Pontin (adj. désignant une contrée marécageuse du Latium) ‖ **Pomptīnum**, *i, n.*, le pays Pontin.

pōmum, *i*, n., **1.** fruit d'un arbre (figue, datte, noix, etc.) ; **2.** arbre fruitier.

pōmus, *i*, f., **1.** arbre fruitier ; **2.** fruit.

pondĕro, *ās, āre*, tr., **1.** peser ; **2.** fig., évaluer, estimer.

pondĕrōsus, *a, um*, lourd, pesant ; important.

pondō, abl. de l'inus., *pondus, i*, en poids ; livre, *auri quinque pondo* : cinq livres d'or.

pondŭs, *ĕris*, n., **1.** poids (à peser), *pondera iniqua* : faux poids ; qqf., poids d'une livre ; **2.** poids (d'un objet), *saxa magni ponderis* : pierres d'un grand poids ; **3.** fardeau, charge, spéc. *pondera uteri* : le fardeau maternel, l'enfant ; **4.** pesanteur, gravité, *tellus ponderibus librata suis* : la terre maintenue en équilibre par son propre poids, Ov. ; **5.** quantité, *magnum ~ argenti, æris* : une grande quantité d'argent, de bronze ; **6.** charge morale, *curarum pondera* : le poids des préoccupations, Luc. ; **7.** sérieux, gravité, constance, *nulla diu femina pondus habet* : aucune femme n'est longtemps sérieuse, Prop.

pondusculum, *i, n.*, faible poids, léger fardeau.

pōnĕ, **1.** adv., en arrière ; **2.** prép. + acc., derrière.

pōno, *ĭs, ĕre, pŏsŭi, pŏsĭtum, (pos-sino)*, tr.,
I 1. placer, poser, *in provinciā pedem ~* : mettre le pied dans une province ; part., *positus, a, um*, installé, situé, *Roma in montibus posita* : Rome établie sur des montagnes, Cic. ; **2.** déposer, étendre, ~ *artus in litore* : étendre ses membres sur le rivage, Virg. ; *ponere terrā* : ensevelir, Virg. ; **3.** déposer, laisser, ~ *tabulas testamenti in ærario* : déposer le testament aux archives ; **4.** déposer, quitter, ~ *tunicam, arma* : déposer sa tunique, les armes ; **5.** servir, *positæ mensæ* : tables servies ; **6.** disposer, arranger, ~ *castra* : établir son camp, ~ *insidias* : préparer une embuscade, un attentat ; représenter, ~ *Venerem* : faire le portrait de Vénus ; **7.** apaiser, *freta* : les flots ; abs., se calmer ; **8.** consacrer, *tempus in aliquā re* : du temps à qqch. ; déposer, placer, *pecuniam* : de l'argent, *beneficium apud aliquem* : un bienfait sur qqn.
II 1. faire consister dans, faire dépendre de, *in te positum est ut* : il dépend de toi que ; **2.** mettre dans, compter comme, ~ *mortem in malis* : estimer la mort un mal ; **3.** fixer, établir, ~ *rebus novis nova nomina* : donner à des réalités nouvelles des noms nouveaux ; **4.** proposer, exposer, ~ *quæstiunculam* : soulever une toute petite question, ~ *argumentum* : présenter un argument ; **5.** supposer, poser en principe, *hoc posito* : ce principe étant posé.

pons, *pontis*, m., **1.** pont, passerelle, *pons sublicius* : le pont Sublicius (= sur pilotis) ; **2.** pont mobile pour le siège d'une ville ; **3.** pont de navire ; plancher d'une tour ; **4.** passerelle de navire ; aux élections, passerelle sur laquelle les électeurs s'engageaient un à un pour aller déposer leurs votes.

pontĭcŭlus, *i*, m., petit pont.

Pontĭcus, *a, um*, pontique, du Pont, *Ponticum mare* : mer Noire ‖ **Pontĭcum**, *i, n.*, mer Noire.

pontĭfex, *ĭcis*, m., pontife, prêtre (= constructeur de pont), *collegium pontificum* : le collège des Pontifes, ~ *maximus* : le grand pontife, président du collège des Pontifes, chef de la religion et des prêtres.

pontĭfĭcālis, *e*, adj., de pontife, pontifical.

pontĭfĭcātŭs, *ūs*, m., pontificat, charge et dignité de pontife.

pontĭfĭcĭus, *a, um*, de pontife ; *pontificium jus* : le droit pontifical ; *pontificii (libri)* : livres des Pontifes.

Pontĭus, *ĭi*, m., nom d'une famille rom., originaire du Samnium ; spéc., Pontius Hérennius, général des Samnites qui fit passer l'armée romaine sous le joug des Fourches Caudines.

pontus, *i*, m., **1.** la haute mer, la mer, *æquora ponti* : les plaines de la mer, Lucr. ; *maris ~* : l'abîme des mers ; **2.** vague.

Pontus, *i*, m., **1.** le Pont-Euxin, la mer Noire ; **2.** le Pont (région proche de la mer Noire) ; **3.** le Pont, région au N.-E. de l'Asie Mineure, royaume de Mithridate devenu province romaine.

pŏpa, *æ*, m., victimaire.

pŏpellus, *i*, m., menu peuple, petit peuple.

Pŏpīlĭus et **Pŏpillĭus**, *ĭi*, m., nom d'une famille rom. ; spéc., C. Popilius, tribun militaire qui tua Cicéron.

pŏpīna, *æ*, f., **1.** auberge, taverne ; **2.** cuisine de taverne.

pŏpīno, *ōnis*, m., habitué de taverne.

pŏplĕs, *ĭtis*, m., **1.** jarret ; **2.** genou.

pŏposci, V. *posco*.

Poppæa, *æ*, f., Poppée, femme de Néron ‖ **poppæānus**, *a*, *um*, de Poppée.

pŏpŭlābĭlis, *e*, adj., qu'on peut ravager.

pŏpŭlābundus, *a*, *um*, qui ravage, qui dévaste.

pŏpŭlārĭa, *ĭum*, n. pl., place des plébéiens dans l'amphithéâtre.

pŏpŭlāris, *e*, adj., **1.** du peuple, fait pour le peuple ; **2.** aimé du peuple ; **3.** dévoué au peuple ; subst. m. pl., *populares, ium*, les partisans du peuple, les démocrates (opp. aux *optimates*) ; **4.** qui concerne la population civile, *populares* signifiant alors les hab. d'une cité, ou les bourgeois (opp. aux *milites*) ; **5.** qui appartient au populaire, vulgaire, trivial ; **6.** du pays, indigène ; **7.** du même pays, compatriote ; **8.** compagnon, associé, complice.

pŏpŭlārĭtās, *ātis*, f., **1.** recherche de popularité ; faveur populaire ; **2.** qualité de compatriote.

pŏpŭlārĭtĕr, adv., **1.** selon l'usage ordinaire ; **2.** pour plaire au peuple.

pŏpŭlātĭo, *ōnis*, f., **1.** ravage, dévastation ; **2.** au pl., *populationes, um*, dépouilles, razzia ; **3.** destruction.

pŏpŭlātŏr, *ōris*, m., dévastateur, pillard, destructeur.

pōpŭlētum, *i*, n., lieu planté de peupliers.

pōpŭlĕus, *a*, *um*, de peuplier.

pōpŭlĭfĕr, *fĕra*, *fĕrum*, riche en peupliers.

pŏpŭliscītum ou **pŏpŭli scītum**, V. *scitum*.

pŏpŭlo, *ās*, *āre*, et **pŏpŭlor**, *āris*, *āri*, tr., **1.** ravager, dévaster, *populata provincia* : province ravagée ; **2.** détruire.

① **pŏpŭlus**, *i*, (cf. *plebs* ?), m., **1.** peuple (communauté politique constituant l'État), nation ; **2.** les hab. d'un pays, population ; **3.** le peuple romain, opp. au sénat, *Senatus Populusque Romanus* (*S.P.Q.R.*) : le sénat et le peuple romain ; **4.** le peuple (à Rome) comme corps politique (dont la plèbe, *plebs*, n'est qu'une partie) ; **5.** la foule, la multitude ; **6.** les gens, le monde ; **7.** voie publique, opp. à *Lar*, intérieur de la maison, Ov.

② **pŏpŭlus**, *i*, f., peuplier.

por~, préf. alternant avec *pro*~ et *per*~ dans des vb. comme *por-rigo, por-tendo…*

por, m., arch. pour *puer*, esclave, dans *marcipor, publipor, gaipor* : esclave de Marcus, de Publius, de Gaius.

porca, *æ*, f., **1.** truie ; poét., porc ; **2.** bande de terre faisant saillie entre deux sillons ; **3.** mesure agraire espagnole.

porcellus, *i*, m., cochon de lait, petit porc, marcassin.

porcĕo, *ēs*, *ēre*, *porxi*, tr., éloigner.

porcīna, *æ*, f., viande de porc.

porcīnus, *a*, *um*, de porc.

Porcĭus, *ĭi*, m., Porcius, nom d'une famille rom. ; spéc., M. Porcius Cato Censorius ou Major (Caton l'Ancien) et M. Porcius Cato Uticensis (Caton d'Utique) ‖ **Porcĭus**, *a*, *um*, de Porcius.

porcŭlus, *i*, m., dim. de *porcus*, **1.** cochon de lait ; **2.** ~ *marinus* : marsouin ; **3.** crochet de pressoir.

porcus, *i*, m., **1.** porc, truie, *Epicuri de grege ~* : un porc du troupeau d'Épicure, Hor. ; **2.** ~ (*marinus*) : marsouin ; **3.** mil., *caput porci* : formation de combat en coin.

porgo, V. *porrigo* ②

porrectĭo, *ōnis*, f., allongement, extension ; ligne droite.

① **porrectus**, *a*, *um*, V. *porricio*.

② **porrectus**, *a*, *um*, part. adj. de *porrigo* ②, **1.** étendu, allongé, *porrecta et aperta loca* : lieux vastes et ouverts ; subst. n., *porrectum, i*, ligne droite ; **2.** fig., non froncé, déridé ; **3.** prolongé (du temps).

porrexi, V. *porrigo*.

porrĭcĭo, *ĭs*, *ĕre*, *porrectum*, tr., **1.** offrir en sacrifice ; prov., *inter cæsa et porrecta* : entre l'immolation et l'offrande sur l'autel (= jusqu'au dernier moment on n'est pas sûr de rien) ; **2.** produire.

① **porrīgo**, *ĭnis*, f., teigne.

② **porrĭgo**, *ĭs*, *ĕre*, *rexi*, *rectum*, tr., **1.** tendre, étendre, allonger, *cælo bracchia porrexit* : il tendit les bras vers le ciel ; passif, *porrigi* : s'étendre ; **2.** poét., étendre à terre, coucher ; part., *porrectus* : étendu, couché ; **3.** tendre, offrir ; **4.** poursuivre, prolonger.

porrō, adv., **1.** en avant, plus loin, loin ; **2.** désormais, à l'avenir ; **3.** puis ; en outre ; **4.** rar., jadis ; **5.** interj., *age porro !* : avançons donc !

porrum, *i*, n., et **porrus**, *i*, m., poireau.

Porsēna (Porsĕna) ou **Porsenna (~ĭna, ~inna)**, *æ*, m., Porsenna, roi étrusque de Clusium, fit la guerre à Rome pour restaurer Tarquin le Superbe ; *bona Porsinæ regis veneunt* : on vend les biens du roi Porsenna (formule consacrée annonçant la vente du butin).

porta, *æ*, f., **1.** porte de ville ; **2.** au pl., *portæ, arum*, portes, défilé ; **3.** ext., porte, issue, passage, *Tænaria* : la porte de Ténare (par laquelle Hercule descendit aux Enfers) ; fig., moyens, *quibus e portis* : par quels moyens, LUCR.

portātĭo, *ōnis*, f., port, transport.

portendo, *ĭs, ĕre, tendi, tentum*, tr., **1.** présager, prédire, annoncer ; **2.** passif, *portendi* : se révéler.

portentĭfĭcus, *a, um*, gros de présages funestes.

portentōsa, *ōrum*, n. pl., difformités ; monstres.

portentōsē, adv., d'une manière étrange.

portentōsus, *a, um* [*~sior, ~sissimus*], merveilleux, prodigieux, monstrueux.

portentum, *i*, n., **1.** présage, prodige, signe, *esse sapientem ~ est* : être sage est un prodige, CIC. ; **2.** monstruosité, monstre ; au fig., rebut, déchet ; **3.** au pl., *portenta, orum*, fictions, fables.

portentūōsus, V. *portentosus*.

portĭcŭla, *æ*, f., petite galerie.

portĭcŭs, *ūs*, f., **1.** galerie, passage couvert ; portique (du préteur) ; **2.** le Portique, les stoïciens ; **3.** l'entrée d'une tente ; **4.** parapet, auvent (dans un siège) ; abri ; **5.** dernier rang de gradins (dans l'amphithéâtre).

portĭo, *ōnis*, f., **1.** portion, part, partie ; **2.** proportion, rapport, *pro portione* : à proportion ; *pro ratā portione*, ou *portione* seul, ou *ad portionem* : proportionnellement ; *pro suā portione* : pour sa part ; *pro virili portione = pro virili parte* : en proportion de ses forces.

portiscŭlus, *i*, m., bâton de commandement avec lequel le chef des rameurs donne le rythme.

① **portĭtŏr**, *ōris*, m., receveur du péage, douanier d'un port.

② **portĭtŏr**, *ōris*, m., **1.** batelier, nocher ; **2.** porteur, transporteur.

porto, *ās, āre*, tr., **1.** porter, transporter ; **2.** fig., apporter, contenir, avoir en soi ; produire.

portōrĭum, *ĭi*, n., péage, droits de port.

portŭla, *æ*, f., petite porte.

Portūnālis, *e*, adj., du dieu Portunus ‖ **Portūnālĭa**, *ĭum*, n. pl., Portunalia, fêtes en l'honneur de Portunus (17 août) ‖ **Portūnus**, *i*, m., Portunus, dieu des ports.

portŭōsus, *a, um*, riche en ports, *navigatio minime portuosa* : navigation sans escales.

portŭs, *ūs*, m., **1.** ouverture, passage, port, *e portu solvere* : quitter le port ; **2.** fig., port, abri, refuge ; **3.** poét., bouches d'un fleuve.

posco, *ĭs, ĕre, pŏposci, (porc-sco*, cf. *precor)*, tr., **1.** demander, réclamer, exiger, *aliquid aliquem* ou *aliquid ab aliquo* : qqch. à qqn. ; **2.** *poscere (uxorem)* : demander en mariage ; **3.** passif, *posci* : être demandé ; **4.** réclamer en justice ; accuser, citer ; **5.** poét., invoquer, implorer, appeler, *tua numina posco* : j'implore ta protection divine.

pōsĕa ou **pōsĭa**, V. *pausea*.

Pŏsīdōnĭus, *ĭi*, m., Posidonius, **1.** philosophe stoïcien, disciple de Panétius et maître de Cicéron ; **2.** célèbre sculpteur d'Éphèse.

pŏsĭtĭo, *ōnis*, f., **1.** action de mettre, de placer, *nominis pro nomine ~* : usage d'un nom pour un autre (métonymie), QUINT. ; **2.** position, situation, place, *~ locorum* : disposition des lieux ; *~ mentis* : état moral ; **3.** gramm., terminaison ; radical ; position d'une syllabe (où une brève devient longue).

pŏsĭtŏr, *ōris*, m., fondateur.

pŏsĭtūra, *æ*, f., position, disposition, *~ (mundorum) dei* : ordre (du monde) établi par la divinité, PROP.

① **pŏsĭtus**, *a, um*, V. *pono*.

② **pŏsĭtŭs**, *ūs*, m., position, place ; arrangement.

possēdi, V. *possideo* et *possido*.

① **possessĭo**, *ōnis*, (cf. *possideo*), f., **1.** action de posséder, possession ; **2.** propriété ; au pl., *possessiones, um*, biens.

② **possessĭo**, *ōnis*, (cf. *possido*), f., occupation, prise de possession.

possessĭuncŭla, *æ*, f., petite propriété.

possessŏr, *ōris*, m., **1.** possesseur, maître ; propriétaire ; **2.** jur., défendeur (en face du *petitor* ou *actor*, plaignant).

possessus, *a, um*, V. *possideo* et *possido*.

possĭdĕo, *ēs, ēre, sēdi, sessum, (potis + sedeo)*, tr., avoir en sa possession, être propriétaire de.

possīdo, *ĭs, ĕre, sēdi, sessum*, tr., **1.** se rendre maître de ; **2.** fig., s'emparer de.

possum, *pŏtĕs*, *posse*, *pŏtŭi*, (*potis-sum*), intr. et tr. **1.** pouvoir, être capable de, *possum hoc facere* : je pourrais le faire (ind. à sens cond.) ; *dormiri non potest* : on ne peut dormir (avec inf. passif impers.) ; *non potest* : c'est impossible ; *fieri potest ut* : il peut arriver que ; *non possum facere quin* ou *non possum quin* : je ne puis m'empêcher de ; **2.** avoir du pouvoir, de l'influence (pers.), *plus potest qui plus valet* : qui est plus fort a plus de pouvoir ; avoir une action, être efficace (choses), *multum potest fortuna* : la chance fait beaucoup.

post, adv. et prép.,
 I adv., **1.** espace : après, derrière, *qui post erant* : ceux qui venaient ensuite ; **2.** temps : puis, après, ensuite, *multis post annis* : plusieurs années après ; *paulo (aliquanto, multo) post* : peu de (quelque, beaucoup de) temps après ; **3.** dans une énumération : enfin, bref, finalement.
 II prép. + acc. ; **1.** espace : derrière, après, *post eos* : derrière eux ; **2.** temps : depuis, au bout de, *post diem tertium* : au bout de trois jours ; *post Urbem Conditam* : depuis la fondation de Rome ; *post omnia* : à la fin ; *hunc post* : après lui.

postĕ, arch. pour *post*.

postĕā, adv., après cela, ensuite, *postea quam* = *posteaquam* : après que ; en outre, *quid postea ?* : et après ?, Cic.

postĕāquam, conj., après que (souv. pour *postquam*, chez Cicéron).

postĕri, V. *posterus*.

postĕrĭŏr, *ŭis*, gén. *ōris*, comp. de *posterus*, **1.** le suivant, le second (en parlant de deux), *posteriores pedes* : les pattes de derrière ; subst. m. pl., *posteriores, um*, la postérité ; n. pl., *posteriora, um*, la partie postérieure ; n. adv., *posterius* : en second lieu, plus tard ; **2.** fig., qui occupe le second rang, inférieur ; *nihil posterius* : rien de pire.

postĕrĭtās, *ātis*, f., **1.** avenir ; **2.** descendance, postérité.

postĕrus, *a, um*, [*posterior, postremus* et *postumus*], **1.** qui vient après, qui suit, suivant, *postero die mane* : le lendemain matin ; **2.** subst. m. pl., *posteri, orum*, la postérité ; **3.** subst. n., *posterum, i*, a) l'avenir ; b) conséquence.

postfĕro, *fers, ferre*, tr., estimer moins.

postfŭtūrus, *a, um*, qui viendra après ; subst. n., *postfuturum, i*, l'avenir.

postgĕnĭtus, *a, um*, né après ; subst. m. pl., *postgeniti, orum*, les descendants, la postérité.

posthăbĕo, *ēs, ēre, hăbŭi, hăbĭtum*, tr., estimer moins.

posthāc, adv., ensuite ; à l'avenir.

posthæc, **post hæc**, adv., après cela, ensuite.

postīca, *æ*, f., porte de derrière.

postīcŭla, *æ*, f., petite porte de derrière.

postīcŭlum, *i*, n., petite chambre de derrière.

postīcum, *i*, n., **1.** arrière-corps de bâtiment ; **2.** porte de derrière d'une maison.

postīcus, *a, um*, de derrière, par-derrière.

postĭlĭo, *ōnis*, f., réclamation d'une divinité auprès des hommes pour un sacrifice oublié ; expiation.

postis, *is*, m., **1.** montant, jambage d'une porte ; **2.** au pl., *postes, ium*, porte ; fig., les yeux (comparés à des portes).

postlātus, *a, um*, V. *postfero*.

postlīmĭnĭum, *ĭi*, n., **1.** rentrée chez soi (= retour au seuil paternel) d'un exilé ou d'un prisonnier ; *postliminio* : en vertu du droit de retour ; **2.** recouvrement, restitution.

postmĕrīdĭānus, *a, um*, de l'après-midi.

postmŏdŏ et **postmŏdum**, adv., dans la suite, après.

postpōno, *ĭs, pŏsui, pŏsĭtum*, tr., placer après, mettre en seconde ligne.

postquăm, conj., après que, depuis que, souv. + ind.

postrēmō, adv., enfin, bref.

postrēmum, adv., pour la dernière fois.

postrēmus, *a, um*, superl. de *posterus*, **1.** le dernier, celui qui vient après tous les autres, *postrema acies* : arrière-garde ; **2.** le pire, *homines postremi* : les pires des hommes.

postrīdĭē, adv., le lendemain, ~ *ejus diei* : le lendemain de ce jour.

postscænĭum, *ĭi*, n., le derrière de la scène, les coulisses.

postŭlātĭo, *ōnis*, f., **1.** demande, sollicitation, **2.** plainte, réclamation ; **3.** demande d'autorisation de poursuite ; poursuite.

postŭlātŏr, *ōris*, m., demandeur, plaignant.

postŭlātum, *i*, n., ordin. au pl., **postŭlāta**, *orum*, demande, exigence.

postŭlātŭs, abl. *ū*, m., requête ; plainte.

postŭlo, *ās, āre*, (cf. *posco*), tr., **1.** demander (ce qui est dû), exiger, réclamer, *aliquid ab aliquo, aliquid aliquem* : qqch. à qqn. ; avec *ut, ne* + subj. : demander que, que… ne… pas ; + inf. ou prop. inf., demander de ; **2.** accuser, citer en justice, ~ *de repetundis, repetundarum, repetundis* : accuser de concussion.

Postŭmĭus, *ĭi*, m., Postumius, nom d'une famille rom. ‖ **Postŭmĭus** ou **Postŭmĭānus**, *a, um*, de Postumius.

postŭmus, *a*, *um*, superl. de *posterus*, le dernier ; subst. m., *postumus*, *i*, fils posthume.

Postŭmus, *i*, V. *Postumius*.

postus, *a*, *um*, pour *positus*, V. *pono*.

pŏsŭi, V. *pono*.

pōtātĭo, *ōnis*, f., action de boire ; orgie.

pōtātŏr, *ōris*, m., buveur, ivrogne.

pōtātŭs, *ūs*, m., action de boire (du vin).

pŏtĕ, V. *potis*.

pŏtens, *entis*, part. adj. de *possum*, [~*tior*, ~*tissimus*], 1. puissant, capable de ; 2. puissant, fort ; subst. m. pl., *potentes*, *ium*, les puissants, les riches ; 3. maître, souverain, *diva* ~ *Cypri* : la divine reine de Chypre, Vénus, HOR. ; 4. poét., qui a obtenu, qui possède ; 5. capable de, *regni* : de régner.

pŏtentātŭs, *ūs*, m., le souverain pouvoir ; suprématie, primauté.

pŏtentĭa, *æ*, f., 1. pouvoir, puissance ; vertu, propriété ; 2. puissance politique, crédit ; autorité.

Pŏtentĭa, *æ*, f., Potentia, v. du Picénum.

pŏtestās, *ātis*, f., 1. pouvoir, propriété, ~ *verborum* : valeur des mots ; 2. droit, faculté, autorité, *vitæ necisque potestatem habere in aliquem* : avoir droit de vie et de mort sur qqn. ; 3. dignité, charge, magistrature, ~ *tribunicia* : pouvoir du tribun ; 4. pouvoir politique, autorité (des magistratures inférieures) ; au pl. *potestates*, *um*, les magistrats ; 5. faculté, occasion, possibilité, *potestatem facere* : permettre.

① **pŏtĭo**, *īs*, *īre*, *īvi*, *ītum*, tr., mettre en possession de.

② **pŏtĭo**, *ōnis*, f., 1. action de boire ; 2. boisson, breuvage ; poison.

① **pŏtĭor**, *īris*, *īri*, *pŏtītus sum*, tr. et intr., 1. s'emparer de, se rendre maître de ; conquérir, obtenir ; + abl., qqf. gén., rar. acc., *totius Galliæ* ~ : s'emparer de toute la Gaule ; 2. être maître de, posséder ; + gén., ~ *rerum* : être le maître.

② **pŏtĭor**, *ĭus*, gén. *ōris*, comp. de *potis*, 1. préférable, meilleur ; 2. de plus de prix.

pŏtis, *e*, adj. indécl. arch., [~*tior*, ~*tissimus*], qui peut, capable de ; possible, *qui* ~ *est ?* : comment est-ce possible ? ; *potin* (= *potisne*) *rogas ?* : peux-tu ? ; *quantum pote* : autant que possible.

pŏtissĭmē ou **pŏtissĭmum**, adv., de préférence, par-dessus tout.

pŏtissĭmus, *a*, *um*, superl. de *potis*, le principal, le plus important ; le meilleur ; *potissima causa* : la raison la plus importante.

pōtĭto, *ās*, *āre*, tr., boire beaucoup, souvent.

pŏtītus, *a*, *um*, V. *potio* ① et *potior*.

pōtĭuncŭla, *æ*, f., petit coup (en buvant).

pŏtĭŭs, adv. au comp., plutôt, de préférence, ~ *quam* : plutôt que.

Potnĭæ, *ārum*, f. pl., Potnies, v. de Béotie, près de Thèbes, célèbre par l'herbe de ses prairies qui rendait furieux les chevaux et les ânes ‖ **Potnĭăs**, *ădis*, adj. f., de Potnies, *Potniades quadrigæ* : les cavales de Potnies (qui écrasèrent leur maître Glaucus).

pōto, *ās*, *āre*, *pōtāvi*, *pōtātum*, et *pōtum*, tr., 1. boire, s'abreuver ; 2. s'imprégner de.

pōtŏr, *ōris*, m., 1. buveur (d'eau ou de vin) ; 2. fig., riverain.

pōtōrĭum, *ĭi*, n., vase à boire, coupe.

pōtōrĭus, *a*, *um*, qui concerne la boisson, sert pour boire.

pōtrix, *īcis*, f., buveuse, ivrognesse.

pŏtŭi, V. *possum*.

pōtŭlentus, *a*, *um*, 1. ivre ; 2. bon à boire ; subst. n. pl., *potulenta*, *orum*, boissons.

① **pōtus**, *a*, *um*, V. *poto* ; 1. qui a bu, ivre ; 2. sens passif : bu.

② **pōtŭs**, *ūs*, m., 1. action de boire ; 2. boisson.

præ, adv. et prép.,
I adv., 1. devant, en avant ; 2. *præ quam* ou *præquam*, *præ ut* ou *præut* : en comparaison de, eu égard à.
II prép. + abl., 1. devant, *præ se ferre* : montrer avec ostentation, parader ; 2. en comparaison de, *præ nobis beatus* : heureux par rapport à nous ; 3. à cause de, par suite de, *præ metu* : par crainte, de peur.

præ~, préf. indiquant que l'action exprimée par le vb. se fait à l'avance (temps) ou par-devant (espace) ; marque aussi la supériorité, l'excellence, le degré extrême ou l'excès (pour les adj., équivaut souv. à un superl.).

præācūtus, *a*, *um*, pointu par le bout, qui se termine en pointe.

præbĕo, *ēs*, *ēre*, *bŭi*, *bĭtum*, (*præ-habeo*), tr., 1. présenter, tendre, offrir, ~ *os* : tendre la joue ; ~ *terga* : montrer le dos, prendre la fuite ; 2. montrer, témoigner, *se* ~ : se montrer ; 3. offrir, fournir ; 4. faire naître, ~ *opinionem timoris* : faire croire que l'on a peur ; 5. poét., permettre, + inf., *præbuit ipsa rapi* : elle s'est laissé enlever.

præbĭbo, *īs*, *ĕre*, *bĭbi*, tr., boire à la santé, *alicui* : de qqn.

præbĭtŏr, *ōris*, m., fournisseur.

præbĭtus, *a*, *um*, V. *præbeo* ; subst. n. pl., *præbita*, *orum*, fournitures ; entretien.

præbŭi, V. *præbeo*.

præcălĭdus, *a*, *um*, très chaud, bouillant.

præcānus, *a, um*, blanchi prématurément.

præcautus, *a, um*, V. *præcaveo.*

præcăvĕo, *ēs, ēre, cāvi, cautum*, intr. et tr., 1. prendre des mesures, prendre garde, veiller ; avec *ne* + subj. : pour empêcher que, à ce que... ne... pas ; 2. protéger, défendre ; qqn. contre + dat. et *a* + abl. ; 3. empêcher ; 4. éviter de, avec *ne* + subj.

præcĕcĭni, V. *præcino.*

præcēdo, *ĭs, ĕre, cessi, cessum*, intr. et tr., 1. marcher devant, précéder ; 2. fig., l'emporter sur, être supérieur à.

præcellens, *entis*, adj., [*~tior, ~tissimus*], supérieur, excellent, extraordinaire.

præcello, *ĭs, ĕre*, 1. intr., exceller ; 2. tr., dépasser.

præcelsus, *a, um*, très haut ; très élevé.

præcentĭo, *ōnis*, f., prélude musical à un sacrifice ou à une bataille.

præcento, *ās, āre*, intr., prononcer préventivement une formule magique, *alicui* : pour qqn.

præcēpi, V. *præcipio.*

præceps, *cĭpĭtis*, (*præ* + *caput*), adj., 1. la tête la première ; 2. qui se précipite, rapide, ~ *Anio* : le rapide Anio, ~ *profectio* : départ précipité ; 3. penché, incliné ; en pente, escarpé, ~ *locus* : lieu en pente raide ; 4. dangereux, périlleux, qui mène à la ruine ; 5. qui est sur son déclin ; qui touche à sa fin ; 6. subst. n., précipice, abîme, *in præceps dare, agere* : pousser au précipice ; 7. adv., *præceps*, au fond, dans l'abîme ; précipitamment, brusquement.

præceptĭo, *ōnis*, f., 1. idée préconçue ; 2. enseignement, précepte.

præceptŏr, *ōris*, m., 1. précepteur, maître ; 2. celui qui donne un ordre, qui commande.

præceptrix, *īcis*, f., maîtresse, *sapientiā præceptrice* : à l'école de la sagesse.

præceptum, *i*, n., précepte, leçon ; règle, ordre.

præceptus, *a, um*, V. *præcipio.*

præcerpo, *ĭs, ĕre, cerpsi, cerptum*, tr., 1. cueillir avant le temps ; 2. déflorer, gâter, flétrir ; 3. ext., détacher, arracher ; *libros* ~ : faire des extraits d'un livre.

præcessus, *a, um*, V. *præcedo.*

præcīdānĕus, *a, um*, immolé avant, précidané.

præcīdo, *ĭs, ĕre, cīdi, cīsum*, tr., 1. couper par-devant, tailler ; 2. couper court, *præcide !* : abrège ! ; 3. fig., rompre, enlever, ~ *spem alicui* : supprimer l'espoir à qqn. ; 4. refuser ; 5. mutiler, châtrer.

præcinctus, *a, um*, V. *præcingo.*

præcingo, *ĭs, ĕre, cinxi, cinctum*, tr., 1. ceindre, *ense præcingi* : ceindre une épée ; *recte*

præcincti pueri : des esclaves bien habillés ; 2. entourer, enceindre ; revêtir.

præcĭno, *ĭs, ĕre, cĕcĭni* ou *cĭnŭi*, 1. intr., jouer (d'un instrument) devant ou pour ; 2. tr., réciter, entonner ; 3. tr., prédire, prophétiser.

præcinxi, V. *præcingo.*

præcĭpĭo, *ĭs, ĕre, cēpi, ceptum*, tr., 1. prendre d'avance, ~ *pecuniam mutuam* : emprunter à l'avance ; 2. anticiper, goûter d'avance, *animo victoriam* ~ : compter d'avance sur la victoire ; 3. recommander, prescrire, ordonner ; avec *ut, ne* + subj., ordonner que, que... ne... pas ; 4. apprendre, enseigner.

præcĭpĭtātĭo, *ōnis*, f., chute, écroulement.

præcĭpĭtĭum, *ĭi*, n., 1. chute ; 2. précipice.

præcĭpĭto, *ās, āre*, tr. et intr.,

I tr., 1. faire tomber ; passif, *præcipitari* : se précipiter ; 2. pencher, courber ; laisser retomber ; part., *præcipitatus* : qui est à sa fin ; 3. précipiter, hâter, ~ *currum scopulis* : lancer un char à travers des rochers ; ~ *moras* : abréger les délais, VIRG.

II intr., 1. se jeter ; 2. tirer à sa fin, *sol præcipitat* : le soleil est à son déclin ; 3. courir à sa perte, se tromper ; dégringoler.

præcĭpŭē, adv., spécialement, principalement, surtout.

præcĭpŭus, *a, um*, 1. spécial, particulier ; 2. extraordinaire, exceptionnel ; 3. distingué, supérieur, éminent ; 4. subst. m. pl., *præcipui, orum*, les premiers ; 5. subst. n., *præcipuum, i*, le principal ; n. pl., *præcipua, orum*, les choses les plus importantes ; phil., les avantages (ce qui, sans être le *summum bonum*, a du prix pour un stoïcien) ; 6. propre à ; spécifique.

præcīsē, adv., 1. brièvement ; 2. nettement, absolument, de façon tranchante.

præcīsus, *a, um*, part. adj. de *præcido*, 1. coupé, séparé de ; 2. abrupt ; 3. châtré ; subst. m. pl., *præcisi, orum*, castrats ; 4. rhét., abrégé, coupé, succinct.

præclārē, adv., [*~rius, ~rissime*], 1. très clairement, très nettement ; 2. supérieurement, à merveille, *simulacrum* ~ *factum* : statue merveilleusement exécutée, CIC.

præclārus, *a, um*, [*~rior, ~rissimus*], 1. très clair, lumineux, brillant ; 2. très beau, remarquable, excellent ; 3. très efficace.

præclūdo, *ĭs, ĕre, clūsi, clūsum*, tr., 1. fermer, barrer, obstruer ; 2. fig., interdire, empêcher, ~ *vocem alicui* : fermer la bouche à qqn.

præco, *ōnis*, m., 1. héraut, crieur public (vente à l'encan) ; 2. panégyriste.

præcoctus, *a, um*, V. *præcoquo*.

præcōgĭto, *ās, āre*, tr., penser d'avance à, préméditer.

præcognōsco, *ĭs, ěre, cognōvi, cognĭtum*, tr., connaître d'avance.

præcŏlo, *ĭs, ěre, cŏlŭi, cultum*, tr., 1. cultiver, prédisposer ; 2. courtiser d'avance.

præconcinnātus, *a, um*, prémédité.

præcōnĭum, *ĭi*, n., 1. charge de crieur public ; 2. fig., publication, annonce, proclamation (faite par le crieur) ; 3. éloge publique.

præcōnĭus, *a, um*, de crieur public, ~ *questus* : profession de crieur, d'huissier.

præconsūmo, *ĭs, ěre, sumptum*, tr., épuiser d'avance, consumer prématurément.

præcŏquo, *ĭs, ěre, coxi, coctum*, tr., 1. hâter la maturité de ; 2. mûrir entièrement (raisin).

præcordĭa, *ōrum*, n. pl., 1. diaphragme ; 2. viscères, estomac, cœur ; 3. poét., poitrine, sein ; 4. cœur, sentiments, esprit, *stolidæ ~ mentis* : la pensée d'un esprit stupide ; le corps tout entier.

præcorrumpo, *ĭs, ěre, rūpi, ruptum*, tr., séduire.

præcox, *ŏcis*, adj., 1. précoce, mûr avant le temps ; 2. qui rapporte avant le temps, *præcocia loca* : terrains hâtifs ; 3. prématuré.

præcoxi, V. *præcoquo*.

præcŭcurri, V. *præcurro*.

præcultus, *a, um*, 1. préparé ; 2. très orné.

præcurro, *ĭs, ěre, curri* et *cŭcurri, cursum*, 1. intr., courir devant ; subst. n. pl., *præcurrentia, ium*, signes avant-coureurs ; devancer, *alicui*, qqn. ; 2. tr., prévenir, devancer ; l'emporter sur.

præcursĭo, *ōnis*, f., 1. action de devancer, de prévenir ; 2. combat d'avant-postes ; 3. rhét., préparation, entrée en matière.

præcursŏr, *ōris*, m., 1. celui qui court devant, qui ouvre la marche ; 2. éclaireur, espion.

præcursōrĭus, *a, um*, envoyé en avant.

① **præcursus**, *a, um*, V. *præcurro*.

② **præcursŭs**, abl. *ū*, m., avant-garde.

præcŭtĭo, *ĭs, ěre, cussi, cussum*, tr., secouer, agiter devant soi.

præda, *æ*, f., 1. proie, butin, dépouilles, *prædam* ou *prædas agere, facere, parere* : faire du butin ; 2. gain, profit ; proie, prise.

prædābundus, *a, um*, pillard, dévastateur.

prædamno, *ās, āre*, tr., condamner d'avance.

prædātĭo, *ōnis*, f., pillage.

prædātŏr, *ōris*, m., pillard, voleur.

prædātōrĭus, *a, um*, de pillard, de pirate.

prædātrix, *īcis*, f., pillarde ; rapace.

prædātus, *a, um*, V. *prædo* et *prædor*.

prædestíno, *ās, āre*, tr., réserver par avance.

prædĭātŏr, *ōris*, m., acquéreur de biens confisqués ou vendus par l'État.

prædĭātōrĭus, *a, um*, relatif à une adjudication, *prædiatorium jus* : droit des adjudicataires.

prædĭātus, *a, um*, possédant, riche.

prædĭcābĭlis, *e*, adj., digne d'éloges, louable.

prædĭcātĭo, *ōnis*, f., 1. publication, annonce ; 2. éloge, louange.

prædĭcātus, *a, um*, V. *prædico* ①.

① **prædĭco**, *ās, āre*, tr., 1. proclamer, publier (office du *præco*) ; 2. dire hautement, affirmer ; 3. louer, vanter.

② **prædĭco**, *ĭs, ěre, dixi, dictum*, tr., 1. dire d'abord ; dire à l'avance, prédire ; 2. mentionner auparavant ; part., *prædictus, a, um*, dont on a parlé antérieurement, précité ; 3. fixer, déterminer ; avec *ut, ne* : ordonner de ne pas.

prædictĭo, *ōnis*, f., 1. action de prédire ; 2. prédiction ; 3. ordre, commandement.

prædidĭci, V. *prædisco*.

prædĭŏlum, *i*, n., petite propriété, petit bien.

prædisco, *ĭs, ěre, dĭdĭci*, tr., apprendre à l'avance.

prædĭtus, *a, um*, 1. muni de, pourvu de + abl., ~ *animo et sensibus* : pourvu d'une âme et de sens ; 2. préposé à + dat.

prædĭum, *ĭi*, n., propriété, bien-fonds.

prædīvěs, *ĭtis*, adj., très riche.

prædīvīnātĭo, *ōnis*, f., divination ; pressentiment.

prædīvīno, *ās, āre*, tr., prévoir ; pressentir.

prædīvīnus, *a, um*, prophétique.

prædixi, V. *prædico* ②.

① **prædo**, *ās, āre*, tr., V. *prædor* ; passif, *prædari* : être pris comme butin.

② **prædo**, *ōnis*, m., pillard, voleur.

prædŏcĕo, *ēs, ěre, dŏcŭi, doctum*, tr., instruire d'avance.

prædŏmo, *ās, āre, dŏmŭi*, tr., dompter d'avance.

prædor, *āris, āri*, 1. intr., faire du butin ; 2. tr., piller, enlever, *singula de nobis anni* *prædantur euntes* : chaque année nous ravit qqch. de nous-mêmes, HOR.

prædūco, *ĭs, ĕre, duxi, ductum*, tr., mener devant, tirer, tracer.

prædulcis, *e*, adj., **1.** très doux ; **2.** très agréable.

prædūro, *ās, āre*, tr. et intr., durcir.

prædūrus, *a, um*, **1.** très dur ; **2.** endurci, résistant.

præēmĭnĕo, *ēs, ēre*, **1.** intr., être proéminent ; **2.** tr., dépasser, ~ *ceteros* : l'emporter sur tous les autres.

præĕo, *ĭs, īre, īvi (ĭi), ĭtum*,
I intr., **1.** aller devant, précéder + dat. ; **2.** guider, *naturā præeunte* : la nature servant de guide.
II tr., **1.** précéder, devancer ; **2.** réciter avant qqn. (une formule à répéter) ; **3.** dicter ; ordonner.

præfātĭo, *ōnis*, f., **1.** formule préliminaire ; **2.** action de parler d'abord de ; **3.** préambule.

præfātus, *a, um*, V. *præfor*.

præfēci, V. *præficio*.

præfectūra, *æ*, f., **1.** gouvernement, autorité, commandement, ~ *morum* : surveillance des mœurs, ~ *annonæ* : surveillance des approvisionnements (de Rome spéc.) ; **2.** charge de préfet ; administration d'une province (sous l'Empire) ; **3.** v. italienne administrée par un magistrat envoyé de Rome ; **4.** district, province.

① **præfectus**, *a, um*, V. *præficio*.

② **præfectus**, *i*, m., **1.** préfet, chef, intendant, ~ *equitum* : préfet de la cavalerie, ~ *classis* : amiral, ~ *ærarii* ou *ærario* : intendant du Trésor ; **2.** sous l'Empire, gouverneur de province.

præfĕro, *fers, ferre, tŭli, lātum*, tr., **1.** porter devant, ~ *fasces consuli* : porter les faisceaux devant un consul ; **2.** passif, *præferri* : passer rapidement devant ; **3.** présenter, offrir ; **4.** laisser voir, montrer ; **5.** préférer, aimer mieux ; **6.** anticiper.

præfĕrox, *ōcis*, adj., emporté, violent ; arrogant.

præferrātus, *a, um*, ferré ; à pointe de fer ; chargé de fers.

præfervĭdus, *a, um*, **1.** très chaud, bouillant ; **2.** fig., furieux, *præfervida ira* : colère furieuse.

præfestīno, *ās, āre*, **1.** intr., se presser vivement + inf. ; **2.** tr., ~ *sinum* : traverser rapidement un golfe.

præfica, *æ*, f., pleureuse professionnelle.

præfīcĭo, *ĭs, ĕre, fēci, fectum*, tr., mettre à la tête de, donner comme chef, ~ *aliquem*

bello gerendo : confier la conduite de la guerre à qqn.

præfīdens, *entis*, adj., qui a trop de confiance, ~ *sibi* : présomptueux.

præfīgo, *ĭs, ĕre, fixi, fixum*, tr., **1.** ficher, placer devant ; **2.** munir à l'extrémité, devant ; **3.** boucher ; **4.** transpercer ; **5.** ensorceler.

præfīnĭo, *ĭs, īre, īvi, ītum*, tr., déterminer d'avance, fixer ; + prop. inf., prescrire ; *præfinito* : suivant une limite.

præfixi, V. *præfigo*.

præfixus, *a, um*, V. *præfigo*.

præflōrĕo, *ēs, ēre, flōrŭi*, intr., fleurir hâtivement.

præflōro, *ās, āre*, tr., flétrir, faner avant le temps ; déflorer.

præflŭo, *ĭs, ĕre*, **1.** intr., couler devant ; **2.** tr., baigner.

præflŭus, *a, um*, qui coule devant, qui baigne.

præfōco, *ās, āre*, tr., boucher ; étouffer, étrangler.

præfōdĭo, *ĭs, ĕre, fōdi, fossum*, tr., **1.** creuser devant ; **2.** creuser auparavant ; **3.** enfouir auparavant.

præfor, *āris, āri, ātus sum*, déf., tr., **1.** relig., dire avant ; **2.** commencer par dire que ; dire d'avance, ~ *honorem, veniam* : dire pardon ; **3.** intr., s'exprimer.

præformīdo, *ās, āre*, tr., craindre à l'avance.

præformo, *ās, āre*, tr., **1.** façonner d'avance ; **2.** tracer, esquisser, *materiam* : un plan de discours, *litteras infantibus* : des lettres pour les enfants.

præfossus, *a, um*, V. *præfodio*.

præfractē, adv., opiniâtrement, obstinément.

præfractus, *a, um*, **1.** part. adj. de *præfringo*, **2.** heurté, dur, opiniâtre.

præfrīgĭdus, *a, um*, très froid, glacé.

præfringo, *ĭs, ĕre, frēgi, fractum*, tr., briser (à la partie antérieure) ; ébrécher, émousser.

præfŭi, V. *præsum*.

præfulcĭo, *ĭs, īre, fulsi, fultum*, tr., **1.** étayer, soutenir ; **2.** donner comme appui, *aliquem ~ suis negotiis* : se reposer sur qqn. du soin de ses affaires ; **3.** établir fermement, *ut* : que.

præfulgĕo, *ēs, ēre, fulsi*, intr., **1.** briller en avant ; **2.** briller de façon éclatante.

præfulsi, V. *præfulcio* et *præfulgeo*.

præfultus, *a, um*, V. *præfulcio*.

præfurnĭum, *ĭi*, n., bouche de four ; chambre de chauffe.

prægĕlĭdus, *a, um*, très froid, glacial.

prægĕro, *ĭs*, *ĕre*, *gestum*, tr., mettre devant.

prægestĭo, *ĭs*, *īre*, intr., désirer vivement + inf.

prægnans, *antis*, et **prægnās**, *atis*, adj., 1. f., enceinte, grosse ; 2. près d'entrer en végétation ; 3. fig., *plagæ prægnantes* : coups qui vont faire des petits, PL. ; 4. enflé, gonflé.

prægnātĭo, *ōnis*, 1. f., grossesse ; 2. gestation (animaux) ; 3. production (plantes) ; 4. principe fécondant.

prægrăcĭlis, *e*, adj., très grêle.

prægrandis, *e*, adj., très grand, colossal.

prægrăvis, *e*, adj., 1. très lourd ; insupportable ; 2. chargé de.

prægrăvo, *ās*, *āre*, 1. tr., surcharger ; fig., écraser ; 2. intr., l'emporter, être prépondérant.

prægrĕdĭor, *ĕris*, *i*, *gressus sum*, 1. intr., précéder, devancer ; 2. tr., dépasser.

prægressĭo, *ōnis*, f., action de précéder, *nihil fit nisi prægressione causæ* : rien n'advient sans une cause préalable, CIC.

① **prægressus**, *a*, *um*, V. *prægredior*.

② **prægressŭs**, *ūs*, m., action de précéder, première occurrence, prodrome, *rerum causas videt earumque prægressus* : il voit les causes des choses et leurs premières manifestations, CIC.

prægustātŏr, *ōris*, m., dégustateur (esclave chargé de goûter les mets à la table impériale) ; celui qui a les prémices.

prægusto, *ās*, *āre*, tr., 1. goûter le premier ; 2. prendre à l'avance un contrepoison ; 3. fig., savourer d'avance.

præiens, *euntis*, V. *præeo*.

præjăcĕo, *ēs*, *ēre*, *jăcŭi*, 1. intr., être situé devant ; 2. tr., s'étendre devant, *~ castra* : s'étendre devant le camp.

præjăcĭo, *ĭs*, *ĕre*, *jactum*, tr., jeter devant ; fig., répandre.

præjūdĭcātum, *i*, n., chose jugée d'avance ; préjugé.

præjūdĭcātus, *a*, *um*, préjugé, *præjudicata opinio* : opinion préconçue.

præjūdĭcĭum, *ĭi*, n., 1. décision antérieure ; précédent ; 2. préjugé, prévention ; 3. présage, pronostic ; 4. préjudice, dommage.

præjūdĭco, *ās*, *āre*, tr., juger préalablement, préjuger.

præjŭvo, *ās*, *āre*, tr., aider auparavant, raffermir.

prælābor, *ĕris*, *i*, *lapsus sum*, tr., 1. glisser devant, fuir ; 2. raser, glisser sur ; 3. devancer en se glissant.

prælambo, *ĭs*, *ĕre*, tr., 1. goûter, déguster auparavant ; 2. baigner en coulant.

prælapsus, *a*, *um*, V. *prælabor*.

prælātus, *a*, *um*, V. *præfero*.

prælautus, *a*, *um*, fastueux ; qui aime le luxe.

prælectĭo, *ōnis*, f., explication (d'un maître), lecture explicative.

prælectŏr, *ōris*, m., maître qui lit et explique.

prælĕgo, *ĭs*, *ĕre*, *lēgi*, *lectum*, tr., 1. lire à haute voix, commenter, expliquer (un auteur) ; 2. trier, choisir ; 3. longer.

prælĭcentĕr, adv., avec une trop grande liberté.

prælĭgo, *ās*, *āre*, tr., 1. lier par-devant, autour ; 2. couvrir, bander ; *præligatum pectus* : cœur insensible, PL.

prælĭno, *ĭs*, *ĕre*, *lĭtum*, tr., enduire auparavant.

prælongus, *a*, *um*, très long, trop long.

prælŏquor, *ĕris*, *i*, *lŏcūtus* ou *lŏquūtus sum*, intr. et tr., 1. parler le premier, dire d'abord ; 2. faire un préambule.

prælūcĕo, *ēs*, *ēre*, *luxi*, 1. intr., luire devant ; fig., briller ; 2. tr., faire luire devant, éclairer.

prælūcĭdus, *a*, *um*, très brillant.

prælūdo, *ĭs*, *ĕre*, *lūsi*, *lūsum*, 1. intr., préluder, se préparer à ; 2. tr., préparer.

prælūsi, V. *præludo*.

præluxi, V. *præluceo*.

præmandāta, *ōrum*, n. pl., mandat d'arrêt.

① **præmando**, *ās*, *āre*, tr., 1. recommander, prescrire d'avance, ordonner, *ut* + subj. : que ou de ; 2. recommander qqn.

② **præmando**, *ĭs*, *ĕre*, tr., mâcher auparavant ; fig., expliquer en détail.

præmātūrē, adv., prématurément, trop tôt.

præmātūrus, *a*, *um*, hâtif, précoce ; prématuré.

præmĕdĭcātus, *a*, *um*, qui a pris d'avance des antidotes.

præmĕdĭtātĭo, *ōnis*, f., préparation, méditation ; prévision.

præmĕdĭtor, *āris*, *āri*, tr., 1. méditer d'avance, songer d'avance que + prop. inf. ; 2. abs., préluder (sur la lyre).

præmercor, *āris*, *āri*, tr., acheter d'avance.

præmĕtŭens, *entis*, part. adj., qui craint d'avance.

præmĕtŭentĕr, adv., avec appréhension.

præmĕtŭo, *ĭs*, *ĕre*, tr., craindre d'avance ; appréhender.

præmĭnistro, *ās*, *āre*, 1. intr., être près de qqn. pour le servir ; 2. tr., procurer d'avance.

præmīsi, V. *præmitto*.

præmissus, *a, um*, V. *præmitto*.

præmĭtto, *ĭs, ĕre, mīsi, missum*, tr., 1. envoyer devant ; 2. annoncer d'avance que + prop. inf. ; 3. publier, émettre.

præmĭum, *ĭi, (præ + emo)*, n., part qu'on prend avant les autres, 1. avantage, profit ; faveur, *præmia fortunæ* : les faveurs de la fortune ; 2. récompense, ~ *alicui dare, præmio aliquem afficere* : récompenser qqn. ; 3. butin à la chasse ou au combat, VIRG., HOR., TAC.

præmŏlestĭa, *æ,* f., souci prématuré, CIC.

præmōlĭor, *īris, īri*, tr., préparer d'avance.

præmollĭo, *īs, īre, ītum*, tr., adoucir d'avance.

præmollis, *e*, adj., 1. très mou ; 2. très doux.

præmŏnĕo, *ēs, ēre, mŏnŭi, mŏnĭtum*, tr., 1. avertir à l'avance, prévenir ; 2. recommander, *ut* + subj. : de ; 3. présager, prédire.

præmŏnĭtŭs, *ūs,* m., avertissement, avis.

præmonstro, *ās, āre*, tr., 1. montrer à faire une chose, guider, ~ *viam* : montrer la route ; 2. prédire.

præmordĕo, *ēs, ēre, mordi, morsum*, tr., intr., 1. mordre le bout de, mordre ; 2. rogner, retrancher.

præmŏrĭor, *ĕris, i, mortŭus sum*, intr., 1. mourir prématurément ; 2. fig., s'affaiblir.

præmortŭus, *a, um*, déjà mort ; épuisé, éteint.

præmulcĕo, *ēs, ēre, mulsum*, tr., passer doucement la main sur.

præmūnĭo (~mœnĭo), *īs, īre, īvi, ītum*, tr., 1. fortifier ; 2. fig., garantir, prémunir ; 3. fortifier d'avance.

præmūnītĭo, *ōnis,* f., fig., préparation, protection.

prænăto, *ās, āre*, 1. intr., nager devant ; 2. tr., couler le long de, baigner.

prænāvĭgātĭo, *ōnis,* f., cabotage.

prænāvĭgo, *ās, āre*, intr. et tr., côtoyer, longer ; fig., traverser rapidement.

Prænestĕ, *is,* n., Préneste, v. du Latium, auj. Palestrina ‖ **Prænestīnus**, *a, um*, de Préneste ‖ **Prænestīni**, *ōrum,* m. pl., les hab. de Préneste.

prænĭtĕo, *ēs, ēre, nĭtŭi*, intr., 1. briller plus vivement ; 2. plaire davantage ; l'emporter sur qqn. + dat.

prænōmen, *ĭnis,* n., 1. prénom ; 2. titre, ~ *imperatoris* : titre d'empereur.

prænosco, *ĭs, ĕre, nōvi, nōtum*, tr., savoir par anticipation, connaître d'avance.

prænŏto, *ās, āre*, tr., 1. marquer devant, noter ; 2. intituler.

prænuntĭa, *æ,* f., celle qui annonce.

prænuntĭo, *ās, āre*, tr., 1. annoncer d'avance ; 2. indiquer, signaler.

① **prænuntĭus**, *a, um*, qui annonce.

② **prænuntĭus**, *ĭi,* m., avant-coureur ; messager.

præoccŭpātĭo, *ōnis,* f., 1. occupation préalable d'un lieu ; 2. rhét., prolepse ; 3. obstruction intestinale.

præoccŭpo, *ās, āre*, tr., 1. occuper le premier, envahir ; 2. fig., s'emparer de ; 3. prévenir, se hâter de faire qqch. avant qqn. + inf.

præopto, *ās, āre*, tr., préférer, aimer mieux.

præpando, *ĭs, ĕre*, tr., 1. étendre, étaler par-devant ; 2. répandre, communiquer ; 3. annoncer.

præpărātĭo, *ōnis,* f., préparation ; apprêt.

præpărāto, V. *præparo* 2.

① **præpărātus**, *a, um*, 1. V. *præparo* ; 2. préparé, prêt.

② **præpărātŭs**, *ūs,* m., préparatifs, apprêts.

præpăro, *ās, āre*, tr., 1. préparer, disposer à l'avance, *præparata oratio* : discours préparé ; 2. *præparato* ou *ex præparato* : après préparation, avec préméditation ; 3. acquérir, se procurer d'avance.

præpĕdĭo, *īs, īre, īvi (ĭi), ītum*, tr., 1. entraver ; 2. embarrasser, gêner ; empêcher.

præpendĕo, *ēs, ēre*, intr., être suspendu par-devant, être pendu en avant.

① **præpĕs**, *ĕtis*, adj., 1. qui vole en avant ; 2. dont le vol est de bon augure ; 3. ailé ; rapide.

② **præpĕs**, *ĕtis*, 1. f., oiseau de proie, ~ *Jovis* : l'oiseau de Jupiter, l'aigle ; 2. m., créature ailée, ~ *Medusæus* : cheval ailé né du sang de Méduse, Pégase.

præpĭlātus, *a, um*, garni d'une boule par-devant, moucheté ; inoffensif.

præpinguis, *e*, adj., très gras ; empâté.

præpollens, *entis*, part. adj., très puissant.

præpollĕo, *ēs, ēre, pollŭi*, intr., être très puissant.

præpondĕro, *ās, āre*, intr., 1. être plus pesant ; faire pencher la balance ; avoir le dessus ; 2. surpasser ; passif, *præponderari* : être inférieur.

præpōno, *ĭs, ĕre, pŏsŭi, pŏsĭtum*, tr., 1. mettre devant ; 2. mettre à la tête de ; 3. aimer mieux, préférer ; part. subst. n. pl., *præposita, orum*, V. *præcipua*.

præporto, *ās, āre*, tr., porter devant soi, être armé de.

præpŏsĭtĭo, *ōnis,* f., action de mettre devant.

præpŏsĭtus, *i*, m., chef, officier ; intendant, préposé.

præpostĕrē (~tĕro), adv., inversement ; à rebours, mal.

præpostĕrus, *a, um*, 1. interverti ; 2. intempestif ; 3. (pers.) qui agit à contre-temps.

præpŏtens, *entis*, adj., très puissant.

præpŏtentes, *ĭum*, m. pl., les puissants.

præprŏpĕrantĕr, præprŏpĕrē, adv., en toute hâte ; avec précipitation, trop rapidement.

præprŏpĕrus, *a, um*, précipité ; trop prompt, *præpropera festinatio* : hâte excessive.

præpūtĭum, *ĭi*, n., prépuce.

præquam, V. *præ*.

præquestus, *a, um*, qui s'est plaint auparavant.

prærādĭo, *ās, āre*, 1. intr., briller ; 2. tr., éclipser.

prærăpĭdus, *a, um*, très rapide ; impétueux.

præreptus, *a, um*, V. *præripio*.

prærĭgesco, *ĭs, ĕre, rĭgŭi*, intr., se raidir de froid, Tac.

prærĭpĭo, *ĭs, ĕre, rĭpŭi, reptum*, tr., 1. enlever, soustraire ; 2. se hâter de saisir, prévenir, devancer ; 3. attraper, saisir le premier.

prærōdo, *ĭs, ĕre, rōsi, rōsum*, tr., ronger par le bout ; grignoter.

prærŏgātīva, *æ*, f., 1. centurie prérogative (qui vote la première) ; 2. vote de la centurie prérogative ; 3. choix antérieur ou préalable ; 4. gage, marque, indice ; 5. prérogative, privilège.

prærŏgātīvus, *a, um*, qui vote le premier ; subst. n. pl., *prærogativa, orum*, les premiers suffrages.

prærumpo, *ĭs, ĕre, rūpi, ruptum*, tr., rompre par-devant, briser.

præruptum, *i*, n., précipice.

præruptus, *a, um*, part. adj. de *prærumpo*, 1. abrupt, escarpé ; 2. brusque, emporté, violent ; 3. aventuré, dangereux, *prærupta audacia* : témérité aveugle.

① **præs**, adv., = *præsto*, là, tout près, sous la main.

② **præs**, *ædis*, m., 1. caution, répondant, *prædem esse pro aliquo* : répondre pour qqn. ; *cavere populo prædibus ac prædiis* : garantir l'État avec des garants et des hypothèques ; 2. gage, biens du répondant.

præsæp~, V. *præsep~*.

præsāgĭo, *ĭs, īre, īvi (ĭi)*, tr., 1. pressentir, présager, prévoir ; 2. annoncer, prophétiser.

præsāgītĭo, *ōnis*, f., pressentiment.

præsāgĭum, *ĭi*, n., pressentiment, présage ; prédiction.

præsāgus, *a, um*, 1. qui pressent ; 2. qui présage ; 3. qui annonce.

præscĭo, *ĭs, īre, īvi, ītum*, tr., savoir d'avance.

præscisco, *ĭs, ĕre, scīvi*, tr., pressentir, savoir à l'avance.

præscītĭo, *ōnis*, f., connaissance de l'avenir, prévision.

præscītum, *i*, n., pressentiment.

præscītus, *a, um*, V. *præscio*.

præscĭus, *a, um*, 1. instruit de ; 2. qui prévoit ; 3. qui prédit.

præscīvi, V. *præscio* et *præscisco*.

præscrībo, *ĭs, ĕre, scripsi, scriptum*, tr., 1. écrire en tête ; 2. indiquer préalablement ; 3. prétexter ; 4. prescrire, *ut, ne* + subj. : de, de ne pas.

præscriptĭo, *ōnis*, f., 1. action d'intituler, titre ; 2. prescription, règle ; 3. allégation, prétexte ; 4. échappatoire, *exceptiones et præscriptiones philosophorum* : les subtilités et les échappatoires des philosophes, Sén.

præscriptum, *i*, n., 1. exemple d'écriture ; 2. prescription, recommandation, limite tracée.

præsĕco, *ās, āre, sĕcŭi, sĕcātum et sectum*, tr., couper par-devant ; raccourcir, rogner.

præsēdi, V. *præsideo*.

præsens, *entis*, (cf. *præsum*), adj., [~*tior*, ~*tissimus*], 1. présent, qui assiste en personne ; 2. présent, actuel, *in præsenti, in præsens, ad præsens* : maintenant, pour le moment ; 3. subst. n. pl., *præsentia, ium*, circonstances présentes ; 4. immédiat, ~ *pecunia* : argent comptant ; ~ *periculum* : danger pressant ; 5. déterminé, résolu, *præsenti ingenio* : de sang-froid ; 6. énergique, efficace, ~ *auxilium* : secours efficace, poét., ~ *vertere* : capable de tourner, Hor. ; ~ *propice, favorable, ~ *numen* : divinité propice.

præsensi, V. *præsentio*.

præsensus, *a, um*, V. *præsentio*.

præsentānĕus, *a, um*, immédiat, instantané ; subst. n., *præsentaneum, i*, remède instantané.

præsentārĭus, *a, um*, 1. qu'on a sous la main ; 2. violent, qui agit immédiatement.

præsentĭa, *æ*, f., 1. présence, ~ *animi* : présence d'esprit ; *in præsentiā* ou *in præsentiā rerum* (*impræsentiarum*) : pour le moment ; *deorum præsentiæ* : les apparitions des dieux, Cic. ; 2. efficacité, puissance ; ~ *veri* : l'évidence de la vérité.

præsentĭo, *īs, īre, sensi, sensum*, tr., pressentir, se douter de, avoir une idée innée.

præsēpe (~**sæpe**), *is*, n., **præsēpes**, *is*, f., **præsēpĭum**, *ĭi*, n., 1. étable, écurie ; 2. maison, table, habitation ; ruche ; mauvais lieu.

præsēpĭo (~**sæpĭo**), *īs, īre, sepsi, septum*, tr., fermer par-devant, barricader, obstruer.

præseptus, *a, um*, V. *præsepio*.

præsertim, adv., surtout, ~ *cum* ou *cum* ~ : d'autant plus que + subj. ; ~ *cum* + ind. : surtout au moment où.

præsěs, *ĭdis*, m. et f., 1. qui se tient devant pour protéger, ~ *dextra* : main protectrice ; 2. qui se tient devant pour diriger, chef, ~ *provinciæ* : gouverneur de province.

præsĭdens, *entis*, m., part. subst. de *præsideo*, gouverneur, chef.

præsĭdeo, *ēs, ēre, sēdi*, intr. et tr.,
I intr., 1. être assis en avant ; 2. diriger, conduire ; avoir la présidence, le commandement.
II tr., 1. protéger ; 2. commander.

præsĭdĭārĭus, *a, um*, placé comme garde, pour protéger.

præsĭdĭum, *ĭi*, n., 1. protection, secours ; défense, *præsidio esse alicui* (double dat.) : protéger qqn. ; 2. escorte, garde ; détachement d'escorte ; 3. garnison, poste, *præsidia ponere, collocare* : établir des postes ; 4. camp, lignes ; 5. fig., secours, appui, protection.

præsignĭfĭco, *ās, āre*, tr., faire connaître à l'avance.

præsignis, *e*, adj., très remarquable.

præsigno, *ās, āre*, tr., marquer auparavant.

præsŏno, *ās, āre, sŏnŭi*, intr., résonner d'abord.

præspargo, *īs, ĕre*, tr., répandre devant.

præstābĭlis, *e*, adj., 1. excellent, *nihil amicitiā præstabilius* : rien n'est meilleur que l'amitié ; 2. avantageux, *præstabilius est* + prop. inf. : il est plus avantageux que.

præstans, *antis*, part. adj., 1. (choses et pers.), éminent, supérieur, extraordinaire ; 2. efficace, puissant.

præstantĭa, *æ*, f., supériorité (des pers. et des choses) ; efficacité.

præstat, impers., V. *præsto* ②.

præstātĭo, *ōnis*, f., garantie, engagement, responsabilité, *ad præstationem scribere* : répondre de ce qu'on écrit.

præsterno, *īs, ĕre*, tr., étendre devant, joncher ; fig., passif, *præsterni* : s'étendre, s'ouvrir.

præstěs, *ĭtis*, m. et f., celui ou celle qui préside, qui protège, *præstites Lares* : Lares tutélaires.

præstĭgĭa, *æ*, f., et ordin. **præstĭgĭæ**, *ārum*, f. pl., prestiges, illusions, jongleries ; ~ *nubium* : figures fantastiques des nuages ; ~ *verborum* : jongleries de mots.

præstĭgĭātŏr, *ōris*, m., jongleur, imposteur.

præstĭgĭātrix, *īcis*, f. du préc.

præstĭgĭōsus, *a, um*, éblouissant, trompeur.

præstĭno, *ās, āre*, tr., acheter.

præstĭti, V. *præsto* ②.

præstĭtŏr, *ōris*, m., celui qui donne, qui procure.

præstĭtŭo, *īs, ĕre, stĭtŭi, stĭtūtum*, tr., fixer d'avance ; déterminer, prescrire.

① **præstō**, adv., à portée, sous la main ; ~ *esse* : aider + dat.

② **præsto**, *ās, āre, stĭti, stătum* et *stĭtum* (part. fut., *stātūrus*), intr. et tr.,
I intr., 1. se tenir debout devant, ~ *in aliquā re* : tenir le premier rang en qqch. ; 2. fig., être supérieur, ~ *alicui aliquā re* : l'emporter sur qqn. en qqch. ; 3. impers., *præstat* : il vaut mieux, il est préférable, *præstat mori quam servire* : il vaut mieux mourir que d'être esclave.
II tr., 1. dépasser, vaincre, *eloquentiā omnes* ~ : être le plus éloquent de tous ; 2. répondre de, garantir, *culpam* ~ : répondre d'une faute, *voluptatem perpetuam* ~ *alicui* : garantir un bonheur sans fin à qqn. ; 3. montrer, ~ *virtutem* : faire preuve de courage, *te præsta eum qui* : montre-toi capable de ; *se* ~ : se montrer (avec attr.) ; 4. observer, respecter, *suum munus* ~ : faire son devoir, *fidem* ~ : tenir parole ; 5. faire que, que... ne... pas, *ut/ne* + subj. : garantir que, que... ne... pas ; 6. donner, fournir, *pecuniam* ~ : fournir de l'argent.

præstŏlor, *āris, āri*, intr. et tr., attendre.

præstringo, *īs, ĕre, strinxi, strictum*, tr., 1. serrer ; 2. effleurer ; 3. émousser, aveugler.

præstrŭo, *īs, ĕre, struxi, structum*, tr., 1. construire en avant ; 2. fig., bâtir, ménager d'avance ; 3. obstruer, boucher.

præsŭl, *ŭlis*, m., 1. chef des danseurs ; 2. chef, à la tête de.

præsulsus, *a, um*, très salé.

præsultātŏr, *ōris*, V. *præsul* ①.

præsulto, *ās, āre*, intr., sauter devant (en signe de raillerie).

præsŭm, *præes, præesse, præfŭi*, intr., 1. être à la tête de, commander + dat. ; 2. protéger.

præsūmo, *ĭs, ĕre, sumpsi, sumptum*, tr., 1. prendre d'avance, *tempus præsumptum* : temps gagné, avance prise ; 2. se faire une idée, présumer, conjecturer ; 3. supprimer, annuler.

præsumptĭo, *ōnis*, f., 1. jouissance anticipée ; 2. supposition, conjecture, prévision ; 3. opinion préconçue.

præsŭo, *ĭs, ĕre, sūtum*, tr., coudre par-devant.

præsūtus, *a, um*, V. *præsuo*.

prætectus, *a, um*, V. *prætego*.

prætĕgo, *ĭs, ĕre, texi, tectum*, tr., couvrir par-devant, abriter.

prætendo, *ĭs, ĕre, tendi, tentum*, tr., 1. tendre devant, tenir en avant de soi ; 2. protéger, cacher ; 3. passif, *prætendi* : s'étendre devant ; 4. mettre en avant, prétexter, faire voir, VIRG.

prætento (~tempto), *ās, āre*, tr., 1. tendre en avant ; 2. tâter, explorer ; essayer.

prætĕnŭis, *e*, adj., très mince, très délié ; très faible.

prætĕr, adv. et prép.,

I adv., si ce n'est, sauf, excepté.

II prép. + acc., 1. le long de, devant ; 2. outre, contre, ~ *spem* : contre toute espérance, ~ *opinionem* : contre toute attente ; 3. plus que, ~ *ceteros alicui imponere* : imposer à qqn. plus qu'aux autres, CIC. ; 4. excepté, *nihil habeo ~ auditum* : je ne sais rien que par ouï-dire ; 5. outre, en plus de, ~ *se* : en plus d'eux-mêmes.

præter~, préf. indiquant le passage devant, le long de, à côté ; le dépassement.

prætĕrăgo, *ĭs, ĕre*, tr., faire passer outre.

præterdūco, *ĭs, ĕre*, tr., conduire devant.

prætĕrĕā, adv., en outre ; désormais.

prætĕrĕo, *ĭs, īre, ĭi* (qqf. *īvi*), *ĭtum*, intr. et tr., 1. passer devant ; 2. pr. et fig., s'écouler ; part., *præteritus, a, um*, écoulé, passé, *præteritum tempus* : le passé, CIC. ; 3. dépasser, surpasser, *aliquem cursu ~* : dépasser qqn. à la course ; 4. échapper à l'esprit, à la mémoire, *non me præterit* : il ne m'échappe pas, je n'ignore pas que, + prop. inf. ou interr. indir. ; 5. omettre, laisser de côté, ~ *quod* : je laisse de côté ce fait que ; 6. négliger de, *non ~ quin* : ne pas négliger de.

prætĕrfĕror, *ferris, ferri, lātus sum*, constr. passif, passer au-delà, dépasser.

prætĕrflŭo, *ĭs, ĕre*, 1. tr., longer en coulant ; 2. intr., s'écouler, se perdre.

prætergrĕdĭor, *ĕris, i, gressus sum*, tr., passer devant, dépasser.

prætĕrĭens, *euntis*, V. *prætereo*.

prætĕrlābor, *ĕris, i, lapsus sum*, intr. et tr., 1. couler auprès ; 2. baigner, longer ; 3. fig., échapper, s'écouler.

prætĕrlŭens, *entis*, part. adj. de l'inus. *præterluo*, qui baigne en passant.

prætermĕo, *ās, āre*, 1. intr., passer outre ou devant ; 2. tr., longer, baigner.

prætermissĭo, *ōnis*, f., 1. omission ; 2. refus de s'occuper de telle ou telle chose.

prætermitto, *ĭs, ĕre, mīsi, missum*, tr., 1. laisser passer, ~ *neminem* : ne laisser passer personne ; 2. laisser échapper, *diem* : un jour ; 3. omettre de, négliger de, *nihil ~ quin ou quominus* : ne négliger en rien de ; 4. permettre, fermer les yeux sur, ~ *vitia* : fermer les yeux sur les défauts (de qqn).

præternāvĭgo, *ās, āre*, intr. et tr., dépasser, doubler en naviguant.

prætĕro, *ĭs, ĕre, trīvi, trītum*, tr., user, limer par-devant.

præterproptĕr, adv., approximativement.

præterquam, adv., outre, excepté, ~ *quod* : excepté que ; outre que.

prætervectĭo, *ōnis*, f., traversée, passage.

prætervĕhor, *ĕris, i, vectus sum*, tr., 1. passer devant ou le long de ; 2. laisser de côté, longer ; 3. passer devant, dépasser.

prætervŏlo, *ās, āre*, tr., 1. traverser en volant ; 2. échapper, passer vite.

prætexo, *ĭs, ĕre, texŭi, textum*, tr., 1. tisser devant, border, *prætextæ purpurā tunicæ* : tuniques bordées de pourpre ; 2. mettre en tête, *auctores volumini* : mettre en tête du livre le nom des auteurs ; 3. alléguer, prétexter ; 4. munir de.

prætexta, *æ*, f., 1. prétexte (toge blanche bordée de pourpre) ; 2. *prætexta* (*fabula*) : tragédie à sujet romain.

prætextātus, *a, um*, 1. vêtu de la prétexte (toge des enfants) ; subst. m., *prætextatus, i*, adolescent (jusqu'à 16 ans) ; 2. libre, licencieux, dissolu.

prætextum, *i*, n., 1. ornement ; 2. prétexte, *prætexto classem alloquendi* : sous prétexte de haranguer la flotte, TAC.

① **prætextus**, *a, um*, 1. V. *prætexo* ; 2. adj., vêtu de la toge prétexte.

② **prætextŭs**, *ūs*, m., 1. ornement ; 2. prétexte, *sub prætextu quæstionis* : sous prétexte de s'informer.

prætŏr, *ōris*, (*præ-itor*), m., 1. celui qui va devant ; 2. chef suprême, confondu au début de la République avec le consul ; 3. préteur (à partir de 367 av. J.-C.), magistrat civil distinct qui rend la justice ; à partir de 242 av. J.-C., dédoublement de la fonction entre préteur urbain (chargé des procès entre citoyens romains) et préteur pérégrin (arbitrant les conflits entre étrangers ou entre citoyens et étrangers) ; leur nombre augmente (jusqu'à 8 sous Sylla) ; **4.** propréteur ou préteur à sa sortie de charge, et de fait gouverneur de province ; **5.** spéc., a) ~ *maximus* = le dictateur ; b) sous Auguste, *prætores ærarii* : intendants du Trésor public ; c) président de chambre pour les enquêtes permanentes (*quæstiones perpetuæ*).

① **prætōrĭānus**, *a, um*, prétorien, de la garde impériale, ~ *miles* : un prétorien ; subst. m. pl., *prætoriani, orum*, les prétoriens.

② **prætōrĭānus**, *a, um*, relatif au préteur.

prætōrĭum, *ĭi, n.*, **1.** prétoire, tente du général ; **2.** palais du préteur ou du propréteur ; **3.** place (autour de la tente du général) où se trouvait l'autel et où siégeait le tribunal ; **4.** garde prétorienne ; les prétoriens ; **5.** conseil de guerre ; **6.** cellule de la reine des abeilles, Virg. ; **7.** maison, villa.

prætōrĭus, *a, um*, **1.** du préteur ; **2.** prétorien ; subst. m., *prætorius, ii*, ancien préteur ; **3.** spéc., *prætoria comitia* : comices pour l'élection du préteur ; *jus prætorium* : le droit du préteur (= les édits du préteur) ; *porta prætoria* : la porte prétorienne (située en face de la tente du général) ; *prætoria cohors* : la cohorte du général ; *prætoria navis* : navire amiral.

prætorquĕo, *ēs, ēre, tortum*, tr., tordre au préalable, tourner.

prætrĕpĭdus, *a, um*, tout tremblant, agité.

prætrītus, *a, um*, **1.** V. *prætero* ; **2.** adj., usé.

prætrīvi, V. *prætero*.

prætrunco, *ās, āre*, tr., couper par le bout.

prætūra, *æ, f.*, préture, charge de préteur.

præūro, *ĭs, ĕre, ussi, ustum*, tr., brûler par le bout, *præusta nive membra* : membres gelés.

præut, adv., en comparaison de ce que.

prævādo, *ĭs, ĕre*, tr., passer devant ; se dispenser de, *dictaturam ~* : laisser la dictature.

prævălens, *entis*, **1.** V. *prævaleo* ; **2.** adj., supérieur ; très robuste.

prævălĕo, *ēs, ēre, vălŭi*, intr., **1.** être très fort ; **2.** l'emporter sur, prévaloir ; **3.** avoir plus d'efficacité.

prævălesco, *ĭs, ĕre*, intr., devenir vigoureux.

prævălĭdē, adv., puissamment.

prævălĭdus, *a, um*, **1.** très fort, vigoureux ; **2.** fig., très fort, puissant ; très fertile, Virg.

prævārĭcātĭo, *ōnis, f.*, prévarication, entente secrète avec la partie adverse.

prævārĭcātŏr, *ōris, m.*, prévaricateur, traître à son devoir, ~ *Catilinæ* : faux accusateur de Catilina.

prævārĭcor, *āris, āri*, (cf. *varico, varus* ①), intr., s'écarter du droit chemin, dévier ; fig., manquer à son devoir, commettre des irrégularités.

prævĕhor, *ĕris, i, vectus sum*, intr. et tr., **1.** prendre les devants (à cheval) ; **2.** passer devant, dépasser, longer ; **3.** être emporté rapidement, passer, couler.

prævĕlox, *ōcis*, adj., très rapide.

prævĕnĭo, *īs, īre, vēni, ventum*, **1.** intr., prendre les devants ; **2.** tr., devancer, prévenir ; surpasser, l'emporter sur.

prævent ŏr, *ōris, m.*, éclaireur ; de l'avant-garde.

præverto (~**vorto**), *ĭs, ĕre, verti, versum*, tr., **1.** faire passer devant ; **2.** préférer, *rem rei* : une chose à une autre ; passif, *præverti* : être mis devant, passer devant ; **3.** devancer, précéder, saisir le premier ; **4.** prévenir, empêcher ; rendre inutile.

prævertor, *ĕris, i, tr. et intr.*, **1.** se tourner d'abord vers, s'occuper de ; **2.** + dat., s'appliquer à ; **3.** faire passer devant ; devancer.

prævĭdĕo, *ēs, ēre, vīdi, vīsum*, tr., **1.** voir d'avance ; **2.** prévoir.

prævĭtĭo, *ās, āre*, tr., gâter d'avance, empoisonner.

prævĭus, *a, um*, qui va devant, qui précède.

prævŏlo, *ās, āre*, intr., voler devant.

pragmătĭcus, *a, um*, **1.** relatif à la politique ; **2.** habile, expérimenté ; subst. m. pl., *pragmatici, orum*, experts, assesseurs des avocats.

prandĕo, *ēs, ēre, prandi, pransum*, **1.** intr., déjeuner, prendre le repas du matin ; **2.** tr., manger à son repas du matin.

prandĭum, *ĭi, n.*, déjeuner (vers midi), repas léger consistant en poisson, viande froide, fruits ; spéc., repas d'animaux.

pransus, *a, um*, V. *prandeo*, part. de sens actif, qui a mangé, ~ *potus* : qui a bien mangé et bien bu.

Prasii, *ōrum*, m. pl., Prasiens, peuple de l'Inde.

prăsĭnātus, *a, um*, vêtu de vert.

prăsĭnĭānus, *i, m.*, partisan des Verts (aux courses du Cirque).

prăsĭnus, *a, um*, **1.** vert poireau, vert ; **2.** partisan des Verts (aux courses du

Cirque), *prasina factio* : le parti vert ; subst. m., *prasinus, i,* cocher vert.

prātens, *entis*, adj., de pré.

prātensis, *e*, adj., qui vient, qui pousse dans les prés.

prātŭlum, *i*, n., petite prairie.

prātum, *i*, n., 1. pré, prairie ; 2. herbe ; 3. étendue, plaine.

prāvē, adv., [~*vissime*], de travers ; mal.

prāvĭtās, *ātis*, f., 1. difformité, *corporis pravitates* : les défauts physiques ; 2. fig., défaut, irrégularité ; 3. vice, perversité, *animi* ~ : difformité morale ; ~ *mentis* : esprit mal fait.

prāvus, *a, um*, 1. tordu, déformé ; 2. fig., défectueux, mauvais, vicieux, pervers ; 3. subst. n., *pravum, i,* difformité ; méchanceté.

Praxĭtēlēs, *is*, m., Praxitèle, sculpteur athénien du IVᵉ s. av. J.-C. ‖ **Praxĭtēlīus**, *a, um,* de Praxitèle, relatif à Praxitèle.

prěcārĭō, adv., 1. en suppliant ; 2. de façon précaire.

prěcārĭus, *a, um*, 1. obtenu par la prière ; mendié, *orare precariam opem* : solliciter le secours de la pitié ; 2. mal assuré, incertain, précaire.

prěcātĭō, *ōnis*, f., prière.

prěcātŏr, *ōris*, m., intercesseur.

prěces, *um*, V. *prex*.

prěcor, *āris*, *āri*, tr., 1. prier, supplier, demander, *aliquid alicui* : qqch. pour qqn. ; avec double acc., ~ *aliquid aliquem* : demander qqch à qqn. ; *aliquid ab aliquo* : même sens ; avec *ut, ne* : prier de, de ne pas ; en incise : *precor* : je te prie, je vous en prie ; 2. souhaiter, *mala* ou *male alicui* : du mal à qqn. ; abs., *alicui* : maudire qqn.

prěhendo (prendo) (*præ-hendo*, saisir), *ĭs, ěre, prěhendi (prendi), prěhensum (prensum)*, tr., 1. saisir, prendre, *aliquem manu* ou *alicujus manum* : la main de qqn. ; 2. arrêter qqn. (pour lui parler) ; 3. prendre sur le fait, *in furto* ou *furto* ou *furti* : en flagrant délit de vol, surprendre ; 4. s'emparer de, arrêter ; 5. occuper ; 6. fig., saisir par la pensée, atteindre.

prěhensĭo, V. *prensio*.

prěhenso, V. *prenso*.

prēlum, *i,* n., pressoir ; presse (à étoffes).

prěmo, *ĭs, ěre, pressi, pressum*, tr., 1. presser, écraser, fouler, ~ *vestigia alicujus* : marcher sur les traces de qqn. ; 2. fig., écraser, accabler, *invidiā et odio premi* : être écrasé par l'envie et la haine, *ære alieno premi* : être couvert de dettes ; 3. toucher, raser, ~ *litus* : longer la côte ; 4. arrêter, retenir, comprimer, ~ *habenas* : serrer les rênes, ~ *sanguinem* : arrêter le

sang (d'une blessure), *vestigia* ~ : suspendre sa marche ; 5. serrer de près, violenter ; 6. fabriquer en pressant ~ *oleum* : presser de l'huile, ~ *vinum* : presser du vin, ~ *caseum* : fabriquer du fromage ; 7. poursuivre, harceler, *hostes* ~ : presser l'ennemi ; *aliquem verbo* ~ : chicaner qqn. pour un mot, CIC. ; 8. fermer, bloquer, *obsidione hostem* ~ : bloquer l'ennemi ; 9. charger, ~ *merce navem* : charger de marchandises un navire ; 10. abaisser, dénigrer, ~ *famam alicujus* : déprécier qqn. ; 11. abattre, tuer, ~ *paucos* : en tuer quelques-uns, TAC. ; 12. écraser, dominer, *Mycenas servitio* ~ : tenir Mycènes en esclavage, VIRG. ; 13. planter, ~ *virgulta* : planter des arbustes, VIRG. ; 14. pr. et fig., émonder, tailler, ~ *vitem* : tailler la vigne, HOR. ; ~ *tumentia* : émonder les enflures de style, QUINT.

prensātĭō, *ōnis*, f., efforts pour obtenir une charge, brigue.

prensĭo, *ōnis*, f., saisie au corps ; droit d'arrêter.

prenso, *ās, āre*, tr., 1. saisir fortement ; faire effort pour saisir, ~ *genua* : embrasser les genoux, TAC. ; 2. arrêter qqn. pour le prier ; 3. se porter candidat, briguer activement une charge.

pressē, adv., 1. en pressant ; 2. avec précision, ~ *loqui* : bien articuler.

pressi, V. *premo*.

pressim, adv., en serrant fortement.

pressĭo, *ōnis*, f., 1. pression ; poids ; 2. point d'appui d'un levier.

presso, *ās, āre*, tr., presser, serrer, ~ *ubera palmis* : traire, VIRG.

pressōrĭum, *ĭi,* n., presse, pressoir.

pressōrĭus, *a, um*, qui sert à presser.

pressŭlē, adv., en pressant un peu.

pressŭlus, *a, um*, un peu aplati.

pressūra, *æ*, f., 1. pression ; 2. coup de pressoir ; 3. jus exprimé ; 4. presse ; 5. charge ; 6. tribulation.

① **pressus**, *a, um*, 1. V. *premo* ; 2. adj., a) qui est appuyé, contenu, lent, *presso pede* ou *gressu* : à pas lents ; b) serré, resserré ; étouffé, *pressa vox* : voix sourde ; c) sobre, concis.

② **pressŭs**, *ūs*, m., pression, ~ *oris* : serrement de lèvres (pour parler à mi-voix).

prestēr, *ēris*, m., 1. tourbillon de feu ; 2. espèce de serpent.

prětĭōsē, adv., richement, magnifiquement.

prětĭōsus, *a, um*, [~*sior*, ~*ssimus*], 1. précieux, de prix ; 2. qui coûte cher ; 3. qui paie cher, ~ *emptor* : un acheteur généreux.

prĕtĭum, *ĭi*, (pre-tium, cf. *paro* ① : acheter), n., **1.** valeur vénale d'une chose, prix, ~ *constituere* : fixer un prix ; *esse in pretio* : avoir du prix, *magno pretio esse* : valoir beaucoup, *parvi pretii* : de peu de valeur ; **2.** prix, argent reçu, *pretio emere* : acheter à prix d'argent ; **3.** gage, salaire ; rançon ; **4.** *operæ ~ est* : il vaut la peine de + inf. ; *operæ ~ facere* : a) faire qqch. qui en vaut la peine ; b) fixer le prix de la peine.

prex, *prĕcis*, (R. *prec~* : demander), f., surt. au pl., **prĕces**, *prĕcum*, **1.** prière, *per precem, prece* : en priant, *cum magnâ prece* : en priant vivement ; **2.** au pl., *omnibus precibus orare* ou *petere ut* : supplier instamment de ; **3.** souhaits, vœux ; **4.** malédictions, imprécations.

Prĭămēis, *ĭdis*, f., fille de Priam, Cassandre ‖ **Prĭămēĭus**, *a, um*, de Priam ‖ **Prĭămĭdēs**, *æ*, m., fils de Priam ‖ **Prĭămĭdæ**, *ārum*, m. pl., **1.** les fils de Priam ; **2.** les Troyens ‖ **Prĭămus**, *i*, m., Priam, fils de Laomédon, dernier roi de Troie.

Prĭāpus (~**ŏs**), *i*, m., Priape, dieu de la végétation et de la force génératrice ; fig., un Priape, homme voluptueux ou objet de la forme de Priape.

prīdem, adv., il y a qq. temps, *non ita ~* : il n'y a pas longtemps ; *jam ~* : depuis longtemps.

prīdĭānus, *a, um*, de la veille.

prīdĭē, adv., la veille ; + gén. ou acc., *pridie Kalendas, Nonas, Idus* : la veille des Calendes, des Nones, des Ides.

Prĭēnē, *ēs*, f., Priène, v. d'Ionie où naquit le sage Bias.

prīmævus, *a, um*, qui est du premier âge, jeune, *primævo flore* : dans la fleur de l'âge, VIRG.

prīmāni, *ōrum*, m. pl., soldats de la première légion.

prīmārĭus, *a, um*, premier, du premier rang, distingué, ~ *parasitus* : un parasite de premier ordre, PL.

prīmātŭs, *ūs*, m., premier rang, prééminence.

prīmē, adv., éminemment.

prīmĭgĕnĭus, *a, um*, primitif, premier de son espèce.

prīmĭgĕnus, *a, um*, primitif, LUCR.

prīmĭpīlāris, *e*, adj., de la première centurie des triaires ; subst. m., *primipilaris, is*, centurion primipile.

prīmĭpīlus, *i*, m., primipile, centurion le plus élevé en grade (commandant la première centurie du premier manipule de la première cohorte).

prīmĭtĭæ, *ārum*, f. pl., **1.** prémices, premières productions de la terre, *metallo-*

rum ~ : minerai, TAC. ; **2.** commencements, débuts ; essai.

prīmĭtīvus, *a, um*, premier ; premier-né.

prīmō, adv., au commencement, d'abord.

prīmordĭum, *ĭi*, n., surt. au pl., **prīmordĭa**, *ōrum*, **1.** origines, commencements ; **2.** avènement ; **3.** éléments, principes ; *ordia prima* chez Lucrèce.

prīmōris, *e*, adj., **1.** premier, antérieur, précédent ; **2.** fig., du premier rang ; **3.** de l'extrémité, du bout de, *digituli primores* : le bout des doigts ; **4.** subst. m. pl., *primores, um*, soldats du premier rang ; les premiers, les grands.

prīmum, adv., d'abord, en premier lieu, ~ *omnium* : avant tout.

prīmus, *a, um*, (pris-mus), superl. du comp. *prior* (= le premier de plusieurs), **1.** le premier ; qui est en avant, au commencement, *primum agmen* : l'avant-garde ; subst. m. pl., *primi, orum*, ceux qui sont en tête ; n., *primum, i*, et au pl., *prima, orum*, première ligne ; **2.** ext., le premier dans le temps, *Kalendæ primæ* : les prochaines Calendes ; d'où : **3.** la première partie de, *primâ luce* : au commencement du jour ; *primâ nocte* : à la tombée de la nuit ; *a primo* : dès le commencement ; *in primis* : d'abord, avant tout ; subst. n. pl., *prima, orum*, débuts, commencements ; **4.** le premier par le rang, le plus remarquable ; *primi ex omnibus philosophis* : les premiers philosophes de tous ; *prima tenere* : occuper le premier rang, VIRG. ; *primæ partes* : le premier rôle ; *prima virorum* : la fleur des héros, LUCR. ; **5.** phil., *prima naturæ* ou *naturalia* : les instincts, les impulsions premières de la nature humaine (et les biens qui y correspondent) ; chez Lucrèce, *prima* : les éléments, les atomes.

prīnceps, *cĭpis*, (primus + capio), adj. et subst., **1.** le premier, qui est le premier à faire, *exordium ~ esse debet* : la première place revient à l'exorde ; **2.** le premier, le plus considéré, ~ *Æduorum* : le chef des Éduens, ~ *senatus* : le premier sénateur, titre attribué par les censeurs au sénateur le plus influent, le premier inscrit sur la liste du sénat et le premier à donner son avis ; **3.** à partir d'Auguste, le Prince = l'empereur ; **4.** au pl., *principes, um*, soldats (d'abord de première ligne) de seconde ligne, derrière les *hastati* et devant les triaires ; *princeps* : a) un manipule des *principes* ; b) un centurion des *principes*.

prīncĭpālis, *e*, adj., **1.** premier, primitif ; **2.** principal, le plus important ; **3.** du Prince, de l'empereur ; **4.** relatif au quartier général, *via* ~ : voie qui traverse le camp.

princĭpātŭs, *ūs*, m., 1. commencement, origine ; 2. prééminence, primauté, supériorité ; 3. suprématie, hégémonie ; 4. principat, dignité impériale ; 5. phil., principe dominant, *animi* ~, *id est ratio* : le principe dominant de l'esprit, c'est-à-dire la raison.

princĭpĭum, *ĭi*, n., 1. principe, commencement, origine, *a principio* : d'abord, dès le commencement ; 2. exorde ; ce qui commence ; 3. *principia, orum*, éléments, principes ; 4. domination ; 5. mil., *principia* : a) premières lignes ; b) quartier général.

prĭŏr, *prĭŭs*, gén. *prĭōris*, adj. comp. [superl., *primus*], 1. premier de deux, antérieur, précédent ; subst. m. pl., *priores, um*, les ancêtres ; 2. supérieur, plus important, *numero priores* : plus nombreux ; *nihil prius habere quam* + inf. : n'avoir rien de plus pressé que de…

prĭscē, adv., à l'antique (= sévèrement).

Prĭscĭānus, *i*, m., Priscien, célèbre grammairien.

prĭscus, *a, um*, 1. ancien, primitif ; 2. dur, sévère ; 3. précédent, d'auparavant.

Prĭscus, *i*, m., l'Ancien, surnom de Tarquin.

prĭstīnus, *a, um*, 1. ancien, d'autrefois ; 2. précédent ; 3. du vieux temps.

prĭstis, *is*, f., 1. cétacé, baleine ; 2. navire de guerre (petit et rapide).

prĭŭs, adv., auparavant, plus tôt, ~ *quam* ou *priusquam* : 1. avant de ou avant que ; 2. plutôt, de préférence.

prīvātim, adv., 1. en son nom propre, à titre privé, *publice privatimque petere* : demander au nom de l'État et en son nom particulier ; 2. à la maison, chez soi ; à part.

prīvātĭo, *ōnis*, f., suppression, absence (d'une chose).

prīvātus, *a, um*, privé, particulier, individuel ; subst. m., *privatus, i*, simple particulier, simple citoyen, individu privé.

Prīvernās, *ātis*, adj., de Privernum ‖ **Prīvernātes**, *ĭum*, m. pl., les Privernates ‖ **Prīvernum**, *i*, n., Privernum, v. volsque du Latium, auj. Piperno.

prīvigna, *æ*, f., belle-fille, fille d'un premier lit.

prīvignus, *i*, m., beau-fils, fils d'un premier lit.

prīvĭlēgĭum, *ĭi*, n., 1. loi d'exception qui vise un particulier (et faite contre lui) ; 2. privilège, faveur.

prīvo, *ās, āre*, tr., 1. dépouiller, priver, ~ *vitā* : faire mourir ; 2. délivrer, exemp-

---

ter, ~ *exsilio* : rappeler de l'exil ; ~ *dolore* : délivrer d'une souffrance.

prīvus, *a, um*, 1. chacun, chaque ; 2. isolé, pris à part, particulier ; 3. propre, spécial ; 4. rar., privé, dépouillé.

① **prō (prōh)**, interj., 1. oh ! ah !, ~ *dii immortales !* : ah ! grands dieux ! 2. hélas !

② **prō**, prép. + abl., 1. devant, sur le devant ; 2. en vue de, en faveur de, pour, *pro me* : en ma faveur, *pro Milone dicere* : parler, plaider pour Milon ; 3. au lieu de, en guise de ; 4. en échange de, pour ; 5. à titre de, comme, *pro victis* : comme des vaincus, *pro amicis* : à titre d'amis ; 6. en proportion de, *pro viribus* : selon ses forces, *pro virili parte* : dans la mesure de son énergie ; 7. en vertu de, eu égard à, *pro tuā prudentiā* : en raison de ta sagesse.

prō~, prŏ~, prōd~, préf. indiquant que l'action se fait en avant, vers l'avant ou antérieurement.

prŏăgŏrus, *i*, m., proagore, premier magistrat d'une ville en Sicile.

prŏauctŏr, *ōris*, m., premier auteur.

prŏăvĭa, *æ*, f., bisaïeule, mère de l'aïeul ou de l'aïeule.

prŏăvus, *i*, m., bisaïeul (paternel ou maternel) ; ancêtre.

prŏbābĭlis, *e*, adj., 1. digne d'approbation, recommandable ; 2. acceptable, probable ; 3. apte à persuader.

prŏbābĭlĭtās, *ātis*, f., probabilité, vraisemblance.

prŏbābĭlĭtĕr, adv., 1. de façon louable ; 2. avec vraisemblance.

prŏbātĭo, *ōnis*, f., 1. épreuve, essai, examen ; 2. approbation, agrément ; 3. vraisemblance ; 4. preuve, démonstration.

prŏbātŏr, *ōris*, m., approbateur, partisan.

prŏbātus, *a, um*, [~*tior*, ~*tissimus*], 1. estimé, éprouvé, approuvé ; 2. agréable, bienvenu, *alicui* : à qqn.

prŏbē, adv., 1. bien, comme il convient ; 2. complètement.

prŏbĭtās, *ātis*, f., valeur morale, honnêteté.

prŏbo, *ās, āre*, tr., 1. essayer, éprouver ; 2. juger, apprécier ; 3. approuver, ~ *aliquem imperatorem* : accepter qqn. comme commandant en chef ; 4. faire approuver ou agréer, *aliquid alicui* : qqch. à qqn. ; ~ *se alicui* : se faire bien venir de qqn., plaire à qqn. ; 5. prouver, démontrer ; 6. faire passer, ~ *aliquem pro aliquo* : faire passer qqn. pour un autre.

prŏbrōsē, adv., ignominieusement.

prŏbrōsus, *a, um*, [~*sior*], 1. infamant, injurieux ; 2. infâme, déshonoré.

prŏbrum, *i*, n., 1. action honteuse, infamante ; 2. infamie, déshonneur ; 3. au pl., *probra, orum*, reproches, insultes, outrages.

prŏbus, *a, um*, [~*bior*, ~*bissimus*], 1. de bonne qualité ; *probum navigium* : un navire bien construit ; de bon aloi ; 2. bon, honnête, vertueux, *proba oratio* : discours vertueux.

Prŏca, V. *Procas*.

prŏcācĭtās, *ātis*, f., effronterie, hardiesse (du langage).

prŏcācĭtĕr, adv., avec hardiesse, insolence.

Prŏcās, *æ*, m., Procas, roi d'Albe.

prŏcax, *ācis*, (cf. *proco*), adj., [~*cior*, ~*cissimus*], qui demande effrontément, insolent, déchaîné.

prŏcēdo, *ĭs, ĕre, cessi, cessum*, intr., 1. aller en avant, s'avancer ; 2. se montrer, paraître, *in medium* : en public ; 3. avancer, faire des progrès ; 4. s'étendre ; 5. temps : avancer, s'écouler, *procedente tempore* : avec le temps ; 6. arriver à une fin, aboutir, *bene, pulchre* ~ : bien réussir ; 7. avoir du succès, être utile, réussir.

prŏcella, *æ*, f., orage, tempête, coup de vent (pr. et fig.), *procellæ civiles* : troubles politiques.

prŏcello, *ĭs, ĕre*, tr., projeter, ~ *se* : se coucher.

prŏcellōsus, *a, um*, orageux, houleux ; qui amène la tempête.

prŏcĕr, *ĕris*, (R. *cer/cre*~, cf. *cresco*), m., surt. au pl., **prŏcĕres**, *um*, 1. les nobles, les grands ; 2. les maîtres (dans un art).

prŏcērē, adv., seul. au comp., **prŏcērĭŭs**, trop en avant.

prŏcērĭtās, *ātis*, f., 1. longueur ; hauteur, haute stature ; taille ; 2. longueur des syllabes.

prŏcērus, *a, um*, 1. allongé, grand, long ; 2. métr., long ; *procerior numerus* : un mètre plus grave.

prŏcessi, V. *procedo*.

prŏcessĭo, *ōnis*, f., 1. marche ; 2. cortège, procession.

prŏcessŭs, *ūs*, m., 1. action de s'avancer ; 2. progrès ; 3. succès.

Prŏchўta, *æ*, et **Prŏchўtē**, *ēs*, f., Prochyta, île du golfe de Naples, auj. Procida.

prŏcĭdo, *ĭs, ĕre, cĭdi*, (cf. *cado*), intr., tomber en avant, s'écrouler.

① **prŏcinctus**, *a, um*, tout armé, prêt pour le combat (part. adj. de *procingo*, inus.).

② **prŏcinctŭs**, *ūs*, m., costume du soldat équipé et prêt ; fig., *in procinctu habere* : avoir sous la main, tenir prêt.

prōclāmo, *ās, āre*, intr., crier fort, réclamer, protester.

prōclīno, *ās, āre*, tr., faire pencher en avant, incliner.

prōclīvĕ et **prōclīvī**, adv., vers le bas, en pente ; rapidement ; facilement.

prōclīvis, *e*, adj., 1. penchant, en pente ; 2. prédisposé à ; 3. aisé, facile.

prōclīvĭtās, *ātis*, f., pente, penchant naturel.

prōclīvĭtĕr, adv., facilement, surt. au comp. *proclivius*, *labi proclivius* : avoir une cadence trop précipitée, Cɪᴄ.

prōclīvus, *a, um*, V. *proclivis*.

Procnē (~**gnē**), *ēs*, f., Procné, fille de Pandion, changée en hirondelle ; hirondelle.

prŏco, *ās, āre*, tr., demander, exiger.

prŏcœtōn, *ōnis*, m., antichambre.

prōconsŭl, *ŭlis*, m., proconsul : 1. sous la République, ancien consul qui gouverne une province ; gouverneur de province ; 2. sous l'Empire, gouverneur d'une province sénatoriale.

prōconsŭlāris, *e*, adj., de proconsul, proconsulaire, ~ *(vir)* : ancien proconsul ; ~ *imago* : un fantôme de consulat (en parlant du tribunat militaire substitué au consulat).

prōconsŭlātŭs, *ūs*, m., proconsulat ; fonction de gouverneur.

prōcor, *āris, āri*, V. *proco*.

prōcrastĭnātĭo, *ōnis*, f., remise au lendemain ; ajournement, délai.

prōcrastĭno, *ās, āre*, tr., renvoyer au lendemain ; différer, remettre, ajourner.

prōcrĕātĭo, *ōnis*, f., procréation ; produit, enfant.

prōcrĕātŏr, *ōris*, m., créateur ; *procreatores* : les parents.

prōcrĕātrix, *īcis*, f., mère.

prōcrĕo, *ās, āre*, tr., 1. engendrer, produire ; 2. faire naître, déterminer.

prōcresco, *ĭs, ĕre*, intr., croître, se former, se développer.

Prŏcris, *is* ou *ĭdis*, f., Procris, fille d'Érechthée, femme de Céphale.

Prŏcrustēs, *æ*, m., Procruste ou Procuste, brigand de l'Attique, tué par Thésée.

prŏcŭbĭtŏr, *ōris*, m., sentinelle.

prōcŭbo, *ās, āre*, intr., 1. être couché à terre ; 2. s'étendre.

prōcŭbŭi, V. *procumbo*.

prōcŭcurri et **prōcurri**, V. *procurro*.

prōcūdo, *ĭs, ĕre, cūdi, cūsum*, tr., 1. travailler au marteau, forger ; 2. produire, façonner.

prŏcŭl, (cf. *pro*), adv., en avant, **1.** à une certaine distance ; **2.** au loin (avec ou sans mvt.) ; de loin ; **3.** *haud ~ inde* : non loin de là ; **4.** fig., beaucoup, *~ errare* : faire une grave erreur ; *haud ~ est quin* ou *haud ~ abest quin* + subj. : il s'en faut de bien peu que… ne ; **5.** constr. a) avec *a*, *ab* + abl., *~ a castris* : loin du camp ; b) + abl., *~ negotiis* : loin des affaires, Hor. ; c) sans, hors de, *~ dubio* : sans doute, Liv.

prŏculcātus, *a, um*, part. adj., foulé, frayé, rebattu.

prŏculco, *ās, āre*, tr., **1.** fouler, marcher sur ; **2.** fig., fouler aux pieds, mépriser.

prŏcumbo, *ĭs, ĕre, cŭbŭi, cŭbĭtum*, intr., **1.** se pencher en avant ; **2.** s'allonger, pencher ; **3.** se prosterner, *~ ad pedes, ad genua* : tomber aux pieds, aux genoux ; **4.** s'abattre, s'écrouler ; **5.** s'abandonner.

prŏcūrātĭo, *ōnis*, f., **1.** administration, gestion ; **2.** charge de *procurator* ; **3.** cérémonie expiatoire, expiation.

prŏcūrātiuncŭla, *æ*, f., petit emploi.

prŏcūrātŏr, *ōris*, m., **1.** administrateur, gérant, mandataire ; **2.** procurateur (mandataire de l'empereur, chargé des impôts dans une province) ; sorte de gouverneur.

prŏcūrātrix, *īcis*, f., celle qui donne ses soins à.

prŏcūro, *ās, āre*, tr., **1.** soigner, s'occuper de, *~ corpus* : réparer ses forces, Virg. ; *~ sacrificia publica* : accomplir avec soin les sacrifices officiels, Cés. ; **2.** gérer, administrer, *~ alicujus negotia* : les affaires de qqn. ; **3.** être procurateur impérial ; **4.** sacrifier en expiation, conjurer, *~ monstra, prodigia* : interpréter et détourner l'effet des prodiges.

prŏcurro, *ĭs, ĕre, cŭcurri* et *curri, cursum*, intr., **1.** courir en avant ; **2.** s'avancer, faire saillie ; **3.** progresser, augmenter, *pecunia procurrens* : l'afflux d'argent, Sén.

prŏcursātĭo, *ōnis*, f., escarmouche.

prŏcursātŏr, *ōris*, m., soldat d'avant-garde.

prŏcursĭo, *ōnis*, f., attaque, marche en avant (de l'orateur) ; digression.

prŏcurso, *ās, āre*, intr., courir en avant (pour combattre), engager une escarmouche.

prŏcursŭs, *ūs*, m., **1.** course en avant, attaque ; **2.** avance, saillie ; **3.** première manifestation, *initia procursusque virtutis* : les germes et les premières manifestations de la valeur, Val.-Max.

prŏcurvus, *a, um*, courbé, recourbé.

prŏcus, *i*, m., prétendant.

Prŏcўōn, *ōnis*, m., Procyon, étoile dans la constellation du Petit Chien.

prōdactus, *a, um*, V. *prodigo*.

prōde~, V. *pro~* ; *prode esse*, V. *prodesse*.

prōdēgi, V. *prodigo*.

prōdĕo, *īs, īre, īvi* (*ĭi*), *ĭtum*, intr., **1.** s'avancer, *in prœlium ~* : marcher au combat, *obviam ~ alicui* : aller à la rencontre de qqn. ; **2.** paraître, comparaître, se montrer, *~ in lucem* : venir à la lumière ; **3.** croître, pousser.

prōdesse, V. *prosum*.

prōdīco, *ĭs, ĕre, dixi, dictum*, tr., **1.** indiquer d'avance, *~ diem* : fixer un jour ; **2.** différer, ajourner.

Prōdĭcus, *i*, m., Prodicus de Céos, sophiste contemporain de Socrate.

prōdĭgē, adv., avec prodigalité.

prōdĭgentĭa, *æ*, f., prodigalité, gaspillage.

prōdĭgĭālis, *e*, adj., **1.** qui détourne les mauvais présages ; **2.** prodigieux, merveilleux.

prōdĭgĭālĭtĕr, adv., prodigieusement, merveilleusement.

prōdĭgĭōsē, adv., d'une manière surnaturelle ; étrangement.

prōdĭgĭōsus, *a, um*, merveilleux, étrange ; monstrueux.

prōdĭgĭum, *ĭi*, n., **1.** prodige, miracle, *perita, ut vulgo Etrusci, cælestium prodigiorum mulier* : femme au fait, comme le sont généralement les Étrusques, des prodiges célestes, Liv. ; **2.** acte inouï ; **3.** être monstrueux ; fléau, *~ rei publicæ* : (Clodius), fléau de l'État, Cic.

prōdĭgo, *ĭs, ĕre, ēgi, actum*, tr., **1.** pousser devant soi ; **2.** jeter, prodiguer, dissiper.

prōdĭgus, *a, um*, **1.** prodigue, dépenser ; **2.** qui donne en abondance ; riche, *prodiga tellus* : terre féconde ; **3.** qui fait gaspiller, coûteux.

prōdĭi, V. *prodeo*.

prōdĭtĭo, *ōnis*, f., révélation ; trahison, perfidie.

prōdĭtŏr, *ōris*, m., celui qui révèle ; celui qui trahit, traître.

prōdo, *ĭs, ĕre, dĭdi, dĭtum*, tr., **1.** faire sortir ; produire ; **2.** proclamer, nommer ; publier ; **3.** révéler, *~ conscios* : donner les noms de ses complices, Cic. ; **4.** trahir, mettre en péril ; **5.** transmettre, rapporter, raconter, *scriptores prodiderunt* : les historiens ont rapporté, Cic. ; **6.** faire passer, léguer ; **7.** renvoyer.

prōdŏcĕo, *ēs, ēre*, tr., enseigner publiquement.

prōdrŏmus, *i*, m., **1.** avant-coureur, messager ; **2.** pl., *prodromi, orum*, vents de N.-N.-E. qui soufflent durant sept jours avant la canicule ; **3.** figue précoce.

prōdūco, *ĭs, ĕre, duxi, ductum,* tr., **1.** faire avancer, faire sortir, *castris ~ exercitum* : faire sortir l'armée du camp ; **2.** faire paraître, produire, *auctores testesque ~* : produire les informateurs et les témoins ; ~ *in scænam* ou seul. *producere* : mettre en scène (un acteur) ; **3.** mettre au monde ; former, éduquer ; ~ *arborem* : surveiller la croissance d'un arbre ; **4.** allonger, prolonger, faire durer, ~ *sermonem in multam noctem* : prolonger la conversation fort avant dans la nuit ; **5.** accompagner, ~ *aliquem funere* : faire un convoi funèbre à qqn. ; **6.** remettre, différer.

prōductē, adv., en allongeant.

prōductĭo, *ōnis,* f., **1.** allongement ; **2.** prolongation.

prōductus, *a, um,* **1.** V. *produco ;* **2.** adj., étendu, allongé, long ; subst. n. pl., *producta, orum,* biens extérieurs (santé, beauté, etc.) qui, sans être le souverain bien, sont préférables (pour les stoïciens).

prōduxi, V. *produco.*

prœlĭāris, *e,* adj., des combats.

prœlĭātŏr, *ōris,* m., combattant, guerrier ; adj., brave au combat.

prœlĭor, *āris, āri,* intr., combattre, livrer bataille ; fig., bataille.

prœlĭum, *ĭi,* n., combat, bataille, ~ *committere* : livrer bataille, *anceps ~* : bataille indécise ; au pl., *prælia, orum,* soldats, PROP.

Prœtis, *ĭdis,* f., Prœtis, fille de Prœtus ‖ **Prœtĭdes,** *um,* f. pl., filles de Prœtus, que Junon fit tomber en démence : elles se croyaient changées en génisses ‖ **Prœtus,** *i,* m., Prœtus, roi de Tirynthe.

① **prŏfāno,** *ās, āre,* t., offrir à la divinité.

② **prŏfāno,** *ās, āre,* tr., **1.** rendre profane ; **2.** souiller ; **3.** divulguer.

prŏfānus, *a, um,* (cf. *fanum*), **1.** en avant de l'enceinte consacrée, profane, non sacré ; **2.** impie, impur ; **3.** non initié, ignorant ; **4.** de mauvais augure.

prŏfātum, *i,* n., maxime, précepte.

① **prŏfātus,** *a, um,* V. *profor.*

② **prŏfātŭs,** abl. *ū,* m., action de parler, paroles.

prŏfēci, V. *proficio.*

prŏfectĭo, *ōnis,* f., **1.** départ ; **2.** origine.

prŏfectō, adv., sûrement, assurément.

① **prŏfectus,** *a, um,* V. *proficiscor.*

② **prŏfectus,** *a, um,* V. *proficio.*

③ **prŏfectŭs,** *ūs,* m., **1.** avancement, progrès ; **2.** succès, profit ; **3.** amélioration (santé).

prŏfĕro, *fers, ferre, tŭli, lātum,* tr., **1.** faire avancer, *signa* : les enseignes, l'armée ; **2.** présenter, montrer, offrir ; **3.** produire, faire pousser ; **4.** citer, produire, mentionner ; **5.** divulguer, manifester ; **6.** allonger, étendre, *manum, digitum* : la main, le doigt ; **7.** reculer, avancer, *pomerium ~* : étendre l'enceinte ; **8.** remettre, *in diem posterum* : au lendemain ; ~ *fata parentis* : reculer la mort de son père, VIRG.

prŏfessĭo, *ōnis,* f., **1.** déclaration, promesse ; **2.** déclaration publique, ~ *flagitii* : aveu public de sa honte, TAC. ; **3.** profession, emploi, métier.

prŏfessŏr, *ōris,* m., celui qui enseigne, maître, *sapientiæ professores* : les maîtres de philosophie, TAC.

prŏfessōrĭus, *a, um,* de professeur, de rhéteur.

prŏfessus, *a, um,* V. *profiteor* ; part. de sens passif : reconnu, avoué.

prŏfestus, *a, um,* non férié, ~ *dies* : jour ouvrable.

prŏfĭcĭo, *ĭs, ĕre, fēci, fectum,* intr., **1.** avancer, s'avancer ; **2.** faire des progrès, profiter, réussir, *in oppugnatione urbis nihil ~* : échouer dans le siège d'une ville ; **3.** être utile.

prŏfĭcisco, *ĭs, ĕre,* V. *proficiscor.*

prŏfĭciscor, *ĕris, i, fectus sum,* (inchoatif de *proficio*), intr., **1.** se mettre en marche, partir, s'en aller ; **2.** passer à, venir à ; **3.** partir de, commencer par ; **4.** venir de, provenir.

prŏfĭtĕor, *ēris, ēri, fessus sum,* tr., **1.** déclarer publiquement ; **2.** se reconnaître pour ; *se* ~ + attr. : se donner comme ; + prop. inf., prétendre que ; **3.** faire profession de, *philosophiam* : de philosophie ; **4.** proposer, promettre, ~ *operam suam* : offrir ses services ; **5.** ~ *nomen* ou *profiteri* seul : être candidat.

prŏflictus, *a, um,* V. *profligo* ②.

prŏflīgātŏr, *ōris,* m., destructeur ; dissipateur, prodigue.

prŏflīgātus, *a, um,* **1.** V. *profligo* ① ; **2.** adj., a) perdu, dépravé ; b) avancé, *profligatæ ætatis* : d'un âge avancé.

① **prŏflīgo,** *ās, āre,* tr., **1.** abattre ; **2.** ruiner, détruire ; **3.** décider, conclure.

② **prŏflīgo,** *ĭs, ĕre, flictus,* tr., abattre, renverser.

prŏflo, *ās, āre,* tr., souffler, exhaler ; fondre.

prŏflŭens, *entis,* part. adj., **1.** qui coule, ~ *aqua* : eau courante ; subst. f., ~ (*aqua*) : cours d'eau ; **2.** fig., coulant, facile.

prŏflŭentĕr, adv., comme de source, abondamment.

prŏflŭo, *ĭs, ĕre, fluxi, fluxum,* intr., découler, couler ; provenir ; se laisser aller à.

prŏflŭvĭum, *ĭi,* n., écoulement, flux.

prŏfluxi, V. *profluo.*

prŏfor, *āris, āri, fātus sum*, tr., dire, énoncer ; prédire, prophétiser.

prŏfŏre, inf. fut. de *prosum*.

prŏfūdi, V. *profundo*.

prŏfŭgĭo, *ĭs, ĕre, fūgi, fŭgĭtum*, 1. intr., s'enfuir, s'échapper ; 2. tr., fuir, quitter.

① **prŏfŭgus**, *a, um*, 1. qui s'est enfui, qui s'est échappé ; 2. exilé, proscrit ; 3. errant, fugitif.

② **prŏfŭgus**, *i*, m., exilé, banni.

prŏfŭi, V. *prosum*.

prŏfundo, *ĭs, ĕre, fūdi, fūsum*, tr., 1. verser, répandre, *lacrimas* : des larmes, *cruor* : du sang ; 2. étendre, relâcher, *somnus membra profundit* : le sommeil repose les membres ; passif, *profundi*, : se répandre ; 3. produire, pousser, ~ *clamorem* : pousser un cri, ~ *voces* : prononcer des paroles ; 4. donner, sacrifier ; 5. dissiper, gaspiller ; 6. employer.

prŏfundum, *i*, n., profondeur, abîme ; la mer.

prŏfundus, *a, um*, 1. profond, sans fond ; 2. haut, élevé, *profundum cælum* : les hauteurs du ciel ; 3. infernal, *profunda nox* : la nuit infernale ; 4. immense, démesuré ; 5. inconnu, caché, secret.

prŏfūsē, adv., [~*sius, ~sissime*], 1. en désordre ; 2. sans mesure ; 3. à grands frais.

prŏfūsĭo, *ōnis*, f., 1. action de répandre, flux ; 2. prodigalité.

prŏfūsus, *a, um*, part. adj. de *profundo*, 1. extrême ; excessif ; 2. prodigue, dissipateur ; 3. coûteux.

prōgĕnĕro, *ās, āre*, tr., produire, engendrer.

prōgĕnĭēs, *ĕi*, f., 1. descendance, race ; 2. postérité, descendants ; 3. petits (d'animaux).

prōgĕnĭtŏr, *ōris*, m., aïeul, ancêtre.

prōgĕnĭtus, *a, um*, V. *progigno*.

prōgĕnŭi, V. *progigno*.

prōgĕro, *ĭs, ĕre, gessi, gestum*, tr., porter dehors, emporter.

prōgigno, *ĭs, ĕre, gĕnŭi, gĕnĭtum*, tr., engendrer ; produire.

prognātus, *a, um*, issu de, né de, + abl. ou avec *ex, ab* + abl.

Prognē, V. *Procne*.

prognōstĭca, *ōrum*, n. pl., pronostics ; titre d'un ouvrage grec d'Aratus.

prōgrĕdĭor, *ĕris, i, gressus sum*, intr., 1. s'avancer, sortir ; 2. fig., avancer, faire des progrès.

prōgressĭo, *ōnis*, f., 1. progrès, profit ; 2. gradation.

① **prōgressus**, *a, um*, V. *progredior*.

② **prōgressŭs**, *ūs*, m., 1. marche ; 2. commencement, début, *primo pro-*gressu* : dès le début ; 3. progrès, développement.

proh !, interj., V. *pro* ①.

prŏhĭbĕo, *ēs, ēre, hĭbŭi, hĭbĭtum*, (pro-habeo), tr., 1. tenir éloigné ; écarter, *aliquem (ab) aliquā re* : qqn. de qqch. ; 2. empêcher, interdire, ~ *itinere exercitum* : interdire le passage à l'armée ; ~ *hostem a pugnā* : empêcher l'ennemi de combattre ; 3. empêcher qqn. de, *aliquem exire domo* ~ : empêcher qqn. de sortir de chez lui ; avec *ut, ne, quominus* + subj., empêcher que ; 4. préserver, garantir, protéger, *rem publicam a periculo* : l'État du danger, *tenuiores injuriā* : les faibles contre l'injustice.

prŏhĭbĭtĭo, *ōnis*, f., défense, interdiction.

prŏhĭbŭi, V. *prohibeo*.

prŏindĕ, abrégé en **prŏin**, adv., 1. ainsi donc, par conséquent (en phrase exhortative) ; 2. de même que ; de même ; avec *ac, atque, quasi*.

prōjēci, V. *projicio*.

① **prōjectus**, *a, um*, part. adj. de *projicio*, [~*tior, ~tissimus*], 1. qui fait saillie, proéminent ; 2. lancé vers, porté à ; 3. bas, vil, abject.

② **prōjectŭs**, abl. *ū*, m., action d'étendre, ~ *corporis* : place occupée par un corps étendu, Lucr.

prōjĭcĭo, *ĭs, ĕre, jēci, jectum*, tr., 1. jeter devant soi, *se* ~ *in forum* : courir au forum, Liv. ; 2. allonger, étendre ; 3. jeter audehors, exiler ; 4. jeter à terre, déposer, *arma* : les armes ; 5. rejeter, abandonner ; 6. abattre, humilier ; 7. renvoyer.

prōlābor, *ĕris, i, lapsus sum*, intr., 1. glisser, tomber en avant ; 2. se laisser aller à ; 3. tomber en ruine ; 4. fig., se tromper, faillir ; se dégrader, s'avilir.

prōlapsĭo, *ōnis*, f., 1. faux pas ; 2. écroulement ; 3. erreur.

prōlātĭo, *ōnis*, f., 1. énonciation, citation ; 2. agrandissement ; 3. ajournement.

prōlāto, *ās, āre*, tr., 1. étendre, agrandir ; 2. remettre, différer.

prōlātus, *a, um*, V. *profero*.

prōlecto, *ās, āre*, (cf. *prolicio*), tr., 1. faire jaillir ; 2. attirer, allécher, séduire.

prōlēs, *is*, (pro-oles, R. ol- ul- al-, cf. *adolesco, indoles*), f., 1. race, lignée ; 2. enfants ; 3. jeunes gens.

prōlētārĭus, *a, um*, qui n'est compté que par le nombre de ses enfants ; commun, vulgaire ; subst. m., *proletarius, ii*, prolétaire, citoyen de la dernière classe.

prōlĭcĭo, *ĭs, ĕre*, tr., attirer, allécher, séduire.

prōlĭquātus, *a, um*, fluide, qui coule.

prōlixē, adv., 1. abondamment ; 2. avec empressement.

prōlixus, *a, um*, 1. qui s'épanche, allongé, long ; 2. long, prolixe ; 3. de sens étendu ; 4. facile, libéral.

prōlŏcūtus, *a, um*, V. *proloquor*.

prōlŏgus, *i*, m., 1. prologue de comédie ou de tragédie ; 2. récitant du prologue (acteur).

prōlŏquor, *ĕris, i, lŏcūtus sum*, intr. et tr., 1. parler à haute voix ; 2. déclarer ; 3. prédire.

prōlŭbīdo, *ĭnis*, f., et **prōlŭbĭum**, *ĭi*, n., désir, caprice ; plaisir.

prōlŭdo, *ĭs, ĕre, lūsi, lūsum*, intr., s'essayer, se préparer, préluder.

prōlŭo, *ĭs, ĕre, lŭi, lūtum*, tr., 1. entraîner dans son cours ; 2. balayer, emporter ; fig., gaspiller ; 3. baigner, arroser.

prōlūsi, V. *proludo*.

prōlūsĭo, *ōnis*, f., prélude, préambule.

prōlŭvĭēs, *ēi*, f., inondation ; débordement.

prōmĕrĕo, *ēs, ĕre, mĕrŭi, mĕrĭtum*, et **prōmĕrĕor**, *ĕris, ĕri, mĕrĭtus sum*, 1. tr., mériter, gagner, obtenir ; 2. intr., bien ou mal mériter de, ~ *de aliquo, in aliquem* : rendre service à qqn.

prōmĕrĭtum, *i*, n., bon ou mauvais service, *male promerita* : offenses, PL.

Prŏmētheūs, *ĕi*, m., Prométhée, fils de Japet, frère d'Épiméthée, père de Deucalion ; il vola le feu du ciel et fut puni au Caucase ; il fut délivré par Hercule
‖ **Prŏmētheūs**, *a, um*, de Prométhée
‖ **Prŏmēthĭădēs**, *æ*, m., Deucalion, fils de Prométhée.

prōmĭco, *ās, āre*, intr. et tr., 1. sortir, poindre ; 2. développer.

prōmĭnens, *entis*, part. adj., saillant ; subst. n., *prominens, entis*, saillie, pointe, *in prominenti litoris* : sur une pointe du rivage, TAC.

prōmĭnĕo, *ēs, ĕre, mĭnŭi*, intr., s'avancer, *in altum* : dans la mer ; fig., s'étendre jusqu'à.

prōmiscē et **prōmiscŭē**, adv., indistinctement, en désordre.

prōmiscus (~**cŭus**), *a, um*, 1. mêlé, confus, indistinct, *divina atque humana promiscua habere* : ne pas faire de distinction entre le divin et l'humain, ne plus rien respecter, SALL. ; *conubia promiscua* : mariages entre patriciens et plébéiens ; 2. gramm., des deux genres ; 3. fig., commun, vulgaire, banal.

prōmīsi, V. *promitto*.

prōmisse, inf. pf. arch. de *promitto*.

prōmissĭo, *ōnis*, f., promesse.

prōmissŏr, *ōris*, m., celui qui promet qui garantit.

prōmissum, *i*, n., promesse, *facere, implere promissum* : remplir sa promesse *promissis stare* ou *manere* : même sens.

prōmissus, *a, um*, 1. qu'on a laissé pousser, *capillo esse promisso* : porter les cheveux longs ; 2. qui excite l'attente.

prōmisti, pour *promisisti*, V. *promitto*.

prōmitto, *ĭs, ĕre, mīsi, missum*, tr., 1. laisser aller en avant, ~ *capillum et barbam* laisser pousser ses cheveux et sa barbe 2. fig., promettre, assurer, *aliquid alicui* qqch. à qqn. ; *a se* ~ : promettre de sa propre initiative ; + inf. : promettre de + prop. inf. (inf. fut.) : promettre que 3. annoncer, présager.

prōmo, *ĭs, ĕre, prompsi, promptum*, (*proemo*) tr., 1. tirer, retirer, faire sortir ; 2. fig., produire, mettre au jour ; pratiquer 3. exprimer, raconter, exposer.

prōmŏnĕo, *ēs, ĕre*, tr., attirer l'attention sur.

prōmŏtus, *a, um*, part. adj. de *promoveo*, avancé, *promota nocte* : la nuit étant avancée ; subst. n. pl., *promota, orum*, V. *producta*.

prōmŏvĕo, *ēs, ĕre, mŏvi, mōtum*, tr., 1. faire avancer, pousser en avant ; 2. luxer, déboîter ; 3. étendre, agrandir, *imperium* : l'Empire ; 4. élever à, *aliquem in amplissimum ordinem* : qqn. à la dignité suprême de sénateur, PL.-J. ; 5. développer ; avancer; réussir.

prompsi, V. *promo*.

promptē, adv., [~*tius*, ~*tissime*], 1. vite ; 2. avec facilité ; 3. nettement.

prompto, *ās, āre*, tr., tirer souvent (de la cassette), dépenser sans compter.

promptŭārĭum, *ĭi*, n., garde-manger, magasin ; fig., ~ *oratoris* : ressources de l'orateur.

① **promptus**, *a, um*, part. adj. de *promo*, [~*tior*, ~*tissimus*], 1. tiré au grand jour, exposé, visible, évident ; 2. (choses) prêt, sous la main, *omnia prompta habere* : avoir tout sous la main, TAC. ; *promptum est* + inf. : il est facile de ; 3. (pers.) disposé à ; résolu à.

② **promptŭs**, abl. *ū*, m., seul. dans l'expr. *in promptu*, 1. *in promptu esse* : être clair, évident ; 2. *in promptu est* + inf. : il est facile de ; 3. *in promptu esse alicui* : être à la disposition de qqn.

prōmulgātĭo, *ōnis*, f., promulgation (officielle d'une loi) par affichage.

prōmulgo, *ās, āre*, tr., faire connaître, publier (par affichage).

prōmulsis, *ĭdis*, f., entrée de table, plat d'entrée.

prōmuntŭrĭum (~ūrĭum), *ĭi*, n., **1.** contrefort (d'une mt.) ; **2.** promontoire, cap.

prōmus, *i*, m., chef d'office, intendant.

prōmūtŭus, *a, um*, perçu d'avance.

prōnĕ, adv., en se penchant.

prōnĕpōs, *ōtis*, m., arrière-petit-fils.

prōneptis, *is*, f., arrière-petite-fille.

prōnūba, *æ*, f., celle qui assiste la mariée (opp. à *auspex*, celui qui assiste le marié) ; ~ *Juno* : Junon protectrice du mariage, VIRG.

prōnuntĭātĭo, *ōnis*, f., **1.** déclaration, publication, annonce ; **2.** arrêt, sentence ; **3.** déclamation, débit (d'orateur ou d'acteur).

prōnuntĭātŏr, *ōris*, m., celui qui raconte, narrateur.

prōnuntĭo, *ās, āre*, tr., **1.** annoncer à haute voix, proclamer, ~ *aliquem prætorem* : proclamer qqn. préteur, LIV. ; **2.** faire connaître, raconter, dire ; **3.** publier, promettre ; **4.** prononcer, réciter ; **5.** exprimer un vote ; rendre un arrêt ; **6.** avec *ut* : ordonner ; avec *ne* : défendre de.

prōnūpĕr, adv., tout récemment.

prōnŭrŭs, *ūs*, f., femme du petit-fils.

prōnus, *a, um*, **1.** penché en avant ; **2.** qui court en avant, qui descend ; subst. n., *pronum*, *i*, pente ; **3.** fig., qui a du penchant pour, porté, enclin ; **4.** favorable, *in aliquem, alicui* : à qqn. ; **5.** facile, aisé.

prŏœmĭum, *ĭi*, n., exorde, début ; prélude.

prōpāgātĭo, *ōnis*, f., **1.** provignement ; **2.** fig., propagation, ~ *nominis* : action de perpétuer un nom ; **3.** prolongation, agrandissement, extension, ~ *vitæ* : prolongation de la vie.

prōpāgātŏr, *ōris*, m., **1.** celui qui prolonge, qui fait proroger (une magistrature), *provinciæ* ~ : celui qui proroge le gouvernement d'une province ; **2.** celui qui étend les limites, *Juppiter* ~ : Jupiter conquérant.

① **prōpāgo**, *ās, āre*, (R. *pag~*), tr., **1.** provigner ; perpétuer ; **2.** étendre, reculer, *fines imperii* : les bornes de l'empire ; **3.** prolonger ; proroger.

② **prōpāgo**, *ĭnis*, f., **1.** bouture, pousse ; **2.** fig., rejeton ; lignée, race, *Romana* ~ : la race romaine, les Romains.

prōpălăm, adv., ouvertement, publiquement.

prōpătŭlus, *a, um*, ouvert, public ; subst. n., *propatulum*, *i*, lieu découvert, *in propatulo* : en plein air, en public, à découvert.

prōpĕ, adv. et prép., [*propius, proxime*],

I adv., **1.** près ; **2.** proche ; **3.** presque, à peu près, ~ *est factum ut* : peu s'en fallut que, LIV.

II prép. + acc., **1.** près de, *propius urbem* : plus près de la ville, CÉS. ; ~ *lucem* : à l'approche du jour ; **2.** fig., tout près de, ~ *annos sexaginta natus* : âgé de près de 60 ans.

prōpĕdĭem, adv., très prochainement.

prōpello, *ĭs, ĕre, pŭli, pulsum*, tr., **1.** pousser devant soi, faire avancer ; **2.** chasser, éloigner ; poét., abattre ; **3.** pousser à, exciter à.

prŏpĕmŏdō et **prŏpĕmŏdum**, adv., presque, à peu près.

prōpendĕo, *ēs, ēre, pendi, pensum*, intr., **1.** pendre en avant ; **2.** pencher, s'incliner, *propendet boni lanx* : le plateau du bien penche, CIC. ; **3.** fig., prévaloir ; **4.** être favorable à.

prōpendo, *ĭs, ĕre*, V. *propendeo*.

prōpensē, adv., spontanément.

prōpensĭo, *ōnis*, f., penchant.

prōpensus, *a, um*, part. adj. de *propendeo*, **1.** pendant ; **2.** lourd ; **3.** porté à ; **4.** qui incline vers, qui se rapproche de.

prōpĕrans, *antis*, part. adj., qui se hâte, prompt, rapide.

prōpĕrantĕr, adv., à la hâte, impatiemment, TAC.

prōpĕrantĭa, *æ*, f., hâte.

prōpĕrātō, adv., en hâte.

prōpĕrātus, *a, um*, précipité, prématuré.

prōpĕrē, adv., à la hâte.

prōpĕro, *ās, āre*, **1.** intr., se hâter de, *properat redire* : il se hâte de revenir ; *properato opus est* : il faut se presser ; **2.** tr., hâter, accélérer, *opus* : un ouvrage ; *pecuniam heredi* ~ : gagner vite de l'argent pour son héritier.

Prŏpertĭus, *ĭi*, m., Q. Aurelius Propertius, Properce, poète élégiaque latin (47-15 av. J.-C.).

prōpĕrus, *a, um*, empressé, rapide, impatient de + inf. ou gén.

prōpexus, *a, um*, peigné en avant ; long.

prōpīnātĭo, *ōnis*, f., invitation à boire.

prōpīno, *ās, āre*, tr., **1.** boire à la santé de qqn., ~ *alicui salutem* : même sens ; **2.** offrir à boire ; **3.** offrir, donner.

prōpinquĭtās, *ātis*, f., **1.** proximité, voisinage ; **2.** parenté, alliance.

prōpinquo, *ās, āre*, **1.** intr., approcher, s'approcher ; **2.** tr., hâter, rapprocher.

prōpinquus, *a, um*, **1.** rapproché, voisin ; **2.** prochain, peu éloigné ; **3.** proche, analogue ; **4.** proche, parent ; **5.** subst. m., *propinquus*, *i*, parent ; f., *propinqua*, *æ*, parente ; m. pl., *propinqui*, *orum*, parents.

prŏpĭŏr, *prŏpĭŭs*, gén. *prŏpĭŏris*, adj. au comp., **1.** plus proche + dat., acc., *ab* + abl. ; **2.** plus rapproché, plus imminent ; **3.** plus proche parent ; **4.** plus semblable ; **5.** plus intime, plus profond ; **6.** plus favorable ; plus adapté.

prŏpĭtĭo, *ās, āre*, tr., rendre propice, favorable.

prŏpĭtĭus, *a, um*, propice, favorable.

prŏpĭŭs, **1.** adv., comp. de *prope* ; **2.** adj., V. *propior*.

propnĭgĕŏn (**~um**), *i*, n., étuve (de bains).

Prŏpœtĭdes, *um*, f. pl., Propétides, filles de Chypre changées en pierres par Vénus.

prŏpōla, *æ*, m., brocanteur ; revendeur.

prŏpŏlis, *is*, f., propolis (des abeilles), sorte de cire, de résine.

prŏpōno, *ĭs, ĕre, pŏsŭi, pŏsĭtum*, tr., **1.** placer devant, *~ vexillum* : arborer un étendard ; **2.** mettre en vente, *~ aliquid venale* : vendre une chose ; **3.** présenter, offrir, *(sibi) ~ oculis* ou *ante oculos* : (se) représenter, (se) figurer ; *~ remedia morbo* : appliquer des remèdes à une maladie ; *præmium ~* : offrir une récompense ; *~ pœnam alicui* : menacer qqn. d'un châtiment ; **4.** avancer, établir, citer ; **5.** se proposer (comme but), *mihi propositum est* + inf. ou avec *ut* + subj. : j'ai l'intention de, je suis décidé à ; **6.** exposer, raconter ; **7.** promettre.

Prŏpontĭăcus, *a, um*, de Propontide ‖ **Prŏpontis**, *ĭdis*, f., Propontide, mer de Marmara.

prŏporrō, adv., de plus, en outre ; tout à fait.

prŏportĭo, *ōnis*, f., proportion, rapport, analogie.

prŏpŏsĭtĭo, *ōnis*, f., **1.** présentation, représentation ; *~ animi* : idée, conception de l'esprit ; **2.** thème, sujet, question ; **3.** majeure d'un syllogisme ; **4.** proposition, phrase.

prŏpŏsĭtum, *i*, n., **1.** modèle, plan ; **2.** projet ; **3.** thème, sujet ; **4.** thèse ; **5.** majeure d'un syllogisme.

prŏpŏsĭtus, *a, um*, V. *propono* ; **1.** exposé, offert, *telis fortunæ ~* : exposé aux coups de la fortune ; **2.** imminent.

prŏpŏsŭi, V. *propono*.

prŏprætŏr, *ōris* (**prō prætōre**), m., **1.** propréteur ; **2.** ancien préteur envoyé pour gouverner une province.

prŏprĭē, adv., **1.** en particulier ; **2.** en propre ; individuellement ; **3.** en termes appropriés, avec précision ; **4.** surt., *~ tuum* : ce qui n'appartient qu'à toi seul, Cic.

prŏprĭĕtās, *ātis*, f., **1.** caractère propre ; **2.** propriété des mots ; **3.** droit de propriété, possession.

prŏprĭus, *a, um*, **1.** qui appartient en propre à ; subst. n., *proprium, ii*, a) bien propre ; b) caractère propre ; **2.** propre à, le propre de + gén. ; **3.** approprié, *proprium nomen* : mot propre ; **4.** stable, durable.

proptĕr, adv. et prép., **1.** adv., à côté tout près ; **2.** prép. + acc., qqf. postposé a) près de, le long de ; b) à cause de.

proptĕrĕā, adv., **1.** à cause de cela ; **2.** avec *quod, quia* : par le fait que ; avec *ut / ne* + subj. : afin que / que... ne... pas.

prŏpŭdĭōsus, *a, um*, infâme, obscène.

prŏpŭdĭum, *ĭi*, n., **1.** infamie ; **2.** homme infâme.

prŏpugnācŭlum, *i*, n., **1.** ouvrage de défense, rempart ; **2.** fig., défense, protection.

prŏpugnātĭo, *ōnis*, f., défense.

prŏpugnātŏr, *ōris*, m., **1.** combattant, défenseur ; **2.** champion.

prŏpugno, *ās, āre*, **1.** intr., s'élancer pour combattre ; **2.** intr. et tr., combattre en avant de, défendre, protéger.

prŏpŭli, V. *propello*.

prŏpulsātĭo, *ōnis*, f., action de repousser.

prŏpulsātŏr, *ōris*, m., celui qui repousse, défenseur.

prŏpulso, *ās, āre*, tr., **1.** repousser ; **2.** fig., écarter, *~ suspicionem a se* : éloigner de soi tout soupçon ; *~ periculum* : conjurer un danger.

① **prŏpulsus**, *a, um*, V. *propello*.

② **prŏpulsŭs**, *ūs*, m., impulsion.

Prŏpȳlæŏn, *i*, n., et **Prŏpȳlæa**, *ōrum*, n. pl., les Propylées, portique de l'Acropole d'Athènes.

prŏquæstŏr, *ōris* (**prō quæstōre**), m., proquesteur.

prŏquăm, conj., selon que, à proportion que.

prŏquĭrīto, *ās, āre*, tr., proclamer.

prōra, *æ*, f., **1.** proue ; **2.** navire.

prōrēpo, *ĭs, ĕre, repsi, reptum*, intr., **1.** s'avancer en rampant ; apparaître ; **2.** pousser, croître ; **3.** s'étendre, se répandre.

prōrēta, *æ*, m., marin de proue, vigie.

prōrĭpĭo, *ĭs, ĕre, rĭpŭi, reptum*, tr., traîner dehors, entraîner ; *se ~* : s'échapper.

prōrīto, *ās, āre*, tr., **1.** attirer dehors ; **2.** provoquer, stimuler.

prōrŏgātĭo, *ōnis*, f., **1.** prolongation, prorogation ; **2.** délai, ajournement ; **3.** accroissement.

prōrŏgo, *ās, āre,* tr., **1.** prolonger, proroger ; **2.** différer, ajourner.

prorsum (arch., **prōsum**), adv., **1.** en avant ; **2.** directement ; **3.** absolument, ~ *nihil* : absolument rien.

① **prorsŭs** (**prōsŭs**), (*pro + versus* ①), adv., **1.** en avant ; **2.** directement ; **3.** complètement ; **4.** en un mot, enfin.

② **prorsus** (**prōsus**), *a, um,* droit, en ligne droite ; fig., *prorsā et vorsā facundiā* : en prose et en vers.

prōrumpo, *ĭs, ĕre, rūpi, ruptum,* **1.** tr., pousser avec violence, lancer, *se* ~ ou *prorumpi* : se déchaîner ; **2.** intr., s'élancer, se précipiter ; éclater, *incendium proruperat* : l'incendie avait éclaté, Tac.

prōrŭo, *ĭs, ĕre, rŭi, rŭtum,* **1.** tr., pousser en avant, renverser ; *se* ~ : s'élancer ; **2.** intr., s'écrouler, tomber.

prōrŭpi, V. *prorumpo.*

prōruptĭo, *ōnis,* f., irruption, sortie.

prōsa, *æ,* f., prose.

proscænĭum (**proscē~**), *ĭi,* n., avant-scène, devant de la scène ; la scène, le théâtre.

proscindo, *ĭs, ĕre, scĭdi, scissum,* tr., **1.** sillonner, fendre, ouvrir ; **2.** insulter, déchirer.

proscrībo, *ĭs, ĕre, scripsi, scriptum,* tr., **1.** marquer au front ; **2.** afficher, publier, annoncer ; **3.** mettre en vente, *proscriptus* : à vendre ; **4.** confisquer ; **5.** proscrire, part. subst. m., *proscriptus* : un proscrit ; m. pl., *proscripti* : les proscrits.

proscriptĭo, *ōnis,* f., **1.** affichage pour une vente ; **2.** proscription (= bannissement et confiscation des biens).

proscriptŭrĭo, *ĭs, īre,* intr., désirer vivement proscrire.

prōsĕco, *ās, āre, sĕcŭi, sectum,* tr., **1.** couper, ouvrir ; **2.** spéc., ouvrir les entrailles, sacrifier.

prōsecta, *ōrum,* n. pl., les viscères des victimes.

① **prōsectus**, *a, um,* V. *proseco.*

② **prōsectŭs**, *ūs,* m., coupure, entaille.

prōsĕcŭi, V. *proseco.*

prōsĕcūtus, *a, um,* V. *prosequor.*

prōsĕda, *æ,* f., prostituée.

prōsēmĭno, *ās, āre,* tr., **1.** semer, disséminer ; **2.** fig., faire naître, créer, propager.

prōsĕquor, *ĕris, i, sĕcūtus (sĕqūūtus) sum,* tr., **1.** suivre, accompagner, *aliquem rus* ~ : accompagner qqn. à la campagne ; **2.** suivre les funérailles, *exsequias* ~ : assister aux obsèques ; *se* ~ : assister à ses propres funérailles ; **3.** traiter qqn. bien ou mal, *aliquem* ~ *omnibus officiis* : combler qqn. d'égards, ~ *aliquem liberaliter oratione* : adresser à qqn. des paroles bien-

veillantes ; **4.** poursuivre, rechercher ; **5.** continuer d'exposer, de raconter, poursuivre, *prosequitur pavitans* : il poursuit en tremblant, Virg.

Prōserpĭna, *æ,* f., Proserpine, fille de Jupiter et de Cérès, épouse de Pluton.

prōserpo, *ĭs, ĕre,* intr., **1.** s'avancer en rampant ; **2.** pousser, croître, paraître.

prōsĭlĭo, *ĭs, īre, sĭlŭi (sĭlīvi, sĭlĭi),* intr., **1.** sauter en avant, s'élancer, se précipiter ; **2.** fig., jaillir, *lacrumæ prosiliunt mihi* : des larmes jaillissent de mes yeux, Pl. ; **3.** pousser, croître ; **4.** en venir rapidement à.

prospecto, *ās, āre,* tr., **1.** regarder en avant, au loin ; **2.** être tourné vers, ~ *septentrionem* : regarder au nord ; **3.** être attentif à ; attendre, *te quoque fata prospectant paria* : le même sort t'attend, Virg. ; **4.** s'attendre à, être résigné à, *exsilium* ~ : attendre l'exil, Cic.

① **prospectus**, *a, um,* V. *prospicio.*

② **prospectŭs**, *ūs,* m., **1.** action de regarder au loin, vue, perspective, *prospectum impedire, adimere, prohibere, eripere* : empêcher de voir ; **2.** vue, aspect, *esse in prospectu* : être en vue (être au loin) ; *animum pascit ~ inanem* : la vue donne un vain plaisir à l'esprit, Virg.

prospĕcŭlor, *āris, āri,* **1.** intr., regarder au loin, reconnaître ; **2.** tr., guetter, épier.

prospĕr, V. *prosperus.*

prospĕrē, [*~erius, ~errime*], adv., avec bonheur, heureusement, favorablement, ~ *cedere, procedere, cadere, evenire* : réussir.

prospĕrĭtās, *ātis,* f., prospérité, bonheur, *improborum prosperitates* : les succès des méchants, Cic.

prospĕro, *ās, āre,* tr., **1.** rendre heureux ; **2.** favoriser, ~ *rem alicui* ou abs. ; *amico meo prosperabo* : je servirai mon ami, Pl.

prospĕrus, *a, um,* (*pro + spes*), [*~erior, ~errimus*], **1.** conforme aux vœux, heureux, *prosperæ res* : la prospérité ; subst. n. pl., *prospera, orum,* succès ; **2.** favorable, propice.

prospexi, V. *prospicio.*

prospĭcĭens, *entis,* part. adj., prudent.

prospĭcĭentĭa, *æ,* f., prudence.

prospĭcĭo, *ĭs, ĕre, spexi, spectum,* **1.** intr., a) regarder au loin, de loin ; b) être aux aguets, être attentif, ~ *sibi, patriæ* : penser à soi, au salut de la patrie ; ~ *ut, ne* + subj. : faire en sorte que, que… ne… pas ; **2.** tr., a) apercevoir ; épier ; b) avoir une vue sur, donner sur ; c) entrevoir ; prévoir ; d) chercher à se procurer.

prospĭcŭē, adv., avec prévoyance, avec soin.

prospĭcŭus, *a, um*, 1. en vue, élevé ; 2. prévoyant.

prosterno, *ĭs, ĕre, strāvi, strātum*, tr., 1. coucher, étendre, *se ~ ad pedes alicujus* : se jeter aux pieds de qqn. ; 2. renverser, abattre ; 3. fig., ruiner, anéantir, *carminum studium ~* : tuer le goût de la poésie, TAC. ; 4. prostituer.

prostĭti, V. *prosto*.

prostĭtŭo, *ĭs, ĕre, stĭtŭi, stĭtūtum*, tr., 1. exposer ; mettre en vente ; 2. prostituer ; déshonorer.

prosto, *ās, āre, stĭti*, intr., 1. avancer, faire saillie ; 2. s'exposer, faire du commerce ; 3. être en vente ; 4. se prostituer.

prostrāvi, V. *prosterno*.

prōsŭbĭgo, *ĭs, ĕre*, tr., 1. gratter devant, *pede ~ terram* : remuer le sol devant soi avec le pied, VIRG. ; 2. travailler au marteau, forger.

① **prōsum**, adv., V. *prorsum*.

② **prōsum**, *prōdĕs, prōdesse, prōfŭi*, intr., être utile ; abs. ou + dat. ; *ad* ou *in* + acc. ; *quid prodest ?* : à quoi sert-il ?, OV.

Prōtăgŏrās, *æ, m.*, Protagoras d'Abdère, sophiste grec, contemporain de Socrate.

prōtectŏr, *ōris, m.*, garde du corps.

prōtĕgo, *ĭs, ĕre, texi, tectum*, tr., 1. couvrir d'un avant-toit ; 2. abriter, protéger, garantir.

prōtēlum, *i, n.*, seul. à l'abl. sg. et pl., 1. attelage de bœufs ; 2. suite, série ininterrompue, *protelo* : sans interruption, CAT.

prōtendo, *ĭs, ĕre, tendi, tentum* ou *tensum*, tr., 1. tendre en avant, étendre, allonger ; passif, *protendi* : s'étendre ; 2. prolonger, allonger (dans la prononciation).

prōtĕnŭs, V. *protinus*.

prōtermĭno, *ās, āre*, tr., allonger, grandir.

prōtĕro, *ĭs, ĕre, trīvi, trītum*, tr., 1. fouler aux pieds, écraser, broyer, *~ frumentum* : moudre le blé ; 2. écraser, abattre ; 3. fig., humilier, avilir ; 4. part., *protritus* : usé, rebattu.

prōterrĕo, *ēs, ēre, terrŭi, terrĭtum*, tr., chasser en effrayant, effrayer, mettre en fuite.

prōtervē, adv., hardiment ; effrontément.

prōtervĭtās, *ātis, f.*, effronterie, insolence.

prōtervus, *a, um*, 1. effronté, insolent ; 2. fig., violent, *venti protervi* : vents violents, furieux, OV.

Prōtĕsĭlāus, *i, m.*, Protésilas, mari de Laodamie, premier Grec tué au siège de Troie.

prōtestor, *āris, āri*, tr., 1. attester, témoigner ; 2. déclarer.

Prōteus, *ĕi* ou *ĕos, m.*, 1. Protée, dieu de la mer (célèbre par ses métamorphoses) *Protei columnæ* : les colonnes de Protée, en Égypte ; 2. fig., un Protée, un homme versatile, changeant, roué.

prōtexi, V. *protego*.

prōtĭnăm (prō~) ou **prōtĭnis**, V. *protinus*.

prōtĭnŭs et **prōtĕnŭs** (*pro + tenus*), adv., 1. devant soi, en avant, *pergere protinus* : continuer à avancer, CIC. ; en ligne droite ; 2. aussitôt, immédiatement ; 3. sans interruption, d'une manière continue.

Prōtŏgĕnēs, *is, m.*, Protogène, peintre grec (IVᵉ s. av. J.-C.).

prōtollo, *ĭs, ĕre*, tr., 1. porter en avant, étendre ; 2. prolonger, différer.

prōtŏpraxĭa, *æ, f.*, créance privilégiée, PL.-J.

prōtŏtŏmus, *a, um*, coupé le premier, *prototomi caules, coliculi*, et subst. m. pl., *prototomi, orum*, les premières tiges de choux ; brocolis.

prōtrăho, *ĭs, ĕre, traxi, tractum*, tr., 1. tirer dehors, faire sortir ; 2. conduire, entraîner, *ad paupertatem ~* : réduire à la misère, PL. ; 3. révéler, dévoiler ; 4. prolonger, retarder.

protreptĭcŏn, *i, n.*, exhortation (par écrit).

prōtrīmenta, *ōrum, n. pl.*, hachis, APUL.

prōtrītus, *a, um*, V. *protero*.

prōtrīvi, V. *protero*.

prōtrūdo, *ĭs, ĕre, trūsi, trūsum*, tr., 1. pousser avec force en avant ; 2. chasser ; passif, *protrudi* : être mis à la porte ; 3. ajourner, différer, *comitia in Januarium mensem ~* : renvoyer les élections à janvier.

prōtŭli, V. *profero*.

prōtŭmĭdus, *a, um*, renflé, gonflé.

prōturbo, *ās, āre*, tr., 1. chasser violemment devant soi ; 2. faire sortir, exhaler, *~ murmur pectore* : pousser un profond soupir, SIL.

prŏŭt, conj., selon que, comme, dans la mesure où.

prŏvectus, *a, um*, 1. V. *proveho* ; 2. adj., avancé, *ætate ~* ou *ætate provectā* : d'un âge avancé, CIC. ; *provectior* : plus âgé.

prŏvĕho, *ĭs, ĕre, vexi, vectum*, tr., 1. porter en avant, transporter, pousser ; passif, *provehi* : s'avancer à cheval, en voiture ou en bateau, *in altum* : en pleine mer ; 2. faire avancer, élever, *ad honores* : aux charges ; 3. passif, *provehi* : arriver, avancer ; 4. amener, entraîner.

prōvĕnĭo, *īs, īre, vēni, ventum*, intr., **1.** s'avancer, apparaître, *proveniebant oratores novi* : il paraissait de nouveaux orateurs ; **2.** naître, germer, croître, *frumentum angustius proveniebat* : la récolte de blé avait été peu abondante, CÉS. ; **3.** produire, *novā ubertate provenit terra* : la terre est extraordinairement fertile, TAC. ; **4.** se produire, *alicui provenit ostentum* : à qqn. arrive un présage, SUÉT. ; **5.** avoir une issue bonne ou mauvaise, *proveni nequiter* : j'ai mal tourné, PL. ; **6.** réussir, *carmina proveniunt* : les vers naissent facilement, Ov.

prōvĕntŭs, *ūs*, m., **1.** naissance (d'animaux), production ; **2.** récolte ; **3.** abondance, grande quantité, *proventum poetarum hic annus attulit* : cette année-ci a été fertile en poètes, PL.-J. ; **4.** succès.

prōverbĭālis, *e*, adj., proverbial.

prōverbĭum, *ĭi*, n., proverbe, dicton, *in proverbii consuetudinem venire, in proverbium venire, proverbio increbrescere* : devenir proverbial.

prōversus, V. *prorsus*.

prōvĭdens, *entis*, part. adj., [~*tior*, ~*tissimus*], prévoyant, prudent, *id est providentius* : il est plus sage, CIC.

prōvĭdentĕr, adv., [~*tius*, ~*tissime*], avec prévoyance, sagement.

prōvĭdentĭa, *æ*, f., **1.** prévision ; **2.** prévoyance, sagesse ; **3.** la Providence, Dieu, *M. Tullius, dono quodam providentiæ genitus* : Cicéron, né en quelque sorte grâce à la Providence, QUINT.

prōvĭdĕo, *ēs, ēre, vīdi, vīsum*, tr., **1.** voir devant soi, voir le premier ; **2.** prévoir, pressentir ; **3.** être prévoyant, veiller ; prendre des mesures, pourvoir ; **4.** veiller, *ut / ne* + subj. : à ce que / à ce que... ne... pas.

prōvĭdus, *a, um*, **1.** qui prévoit, ~ *rerum futurarum* : l'avenir ; **2.** (pers.) prévoyant, attentif ; **3.** (choses) prudent, *providum est* + inf. : il est prudent de.

prōvincĭa, *æ*, f., **1.** tâche imposée, obligation, *provinciam conficere* : terminer la tâche qui a été imposée au commencement de la magistrature, LIV. ; affaire, soin, *ipsi obsonant, quæ parasitorum ante erat provincia* : ils font le marché, ce qui était autrefois l'office des parasites, PL. ; **2.** compétence d'un magistrat, mission, fonction ; **3.** charge de gouverneur de province, *provinciam deponere* : abandonner sa charge ; **4.** province, pays conquis hors d'Italie, *in provinciam redigere* : réduire en province, CIC. ; ~ *consularis, prætoria* : province administrée par un

consul, par un propréteur ; **5.** *Provincia* : la Narbonnaise (d'où le français : Provence).

prōvincĭālis, *e*, adj., **1.** de province, des provinces ; **2.** de gouverneur ou de gouvernement des provinces, ~ *scientia* : l'art de gouverner une province ; subst. m., *provincialis, is*, hab. de la province ; au pl., *provinciales, ium*, les hab. de la province.

prōvincĭātim, adv., par provinces.

prōvīsĭo, *ōnis*, f., **1.** prévision ; **2.** précautions, prévoyance.

① **prōvīsō**, adv., avec calcul, de façon préméditée.

② **prōvīso**, *īs, ĕre*, intr. et tr., aller ou venir voir, s'informer.

prōvīsŏr, *ōris*, m., **1.** celui qui prévoit ; **2.** celui qui pourvoit à.

① **prōvīsus**, *a, um*, V. *provideo*.

② **prōvīsŭs**, abl. *ū*, m., **1.** action de voir au loin ; **2.** prévision ; **3.** précaution.

prōvīvo, *īs, ĕre, vixi*, intr., continuer à vivre.

prōvŏcātĭo, *ōnis*, f., **1.** défi ; **2.** appel, droit d'appel, *pœna sine provocatione* : sentence sans appel.

prōvŏcātŏr, *ōris*, m., **1.** provocateur ; **2.** sorte de gladiateur (qui harcèle son adversaire).

prōvŏco, *ās, āre*, tr., **1.** appeler au-dehors ; **2.** provoquer, défier ; **3.** jur., en appeler, *ad populum* : au peuple ; **4.** exciter, provoquer.

prōvŏlo, *ās, āre*, intr., **1.** s'envoler, s'enfuir en volant ; **2.** s'élancer, accourir ; se propager.

prōvolvo, *īs, ĕre, volvi, vŏlūtum*, tr., **1.** rouler en avant ; faire rouler ; **2.** *se* ~, ou *provolvi* : se jeter, *ad pedes, genibus alicujus* : aux pieds, aux genoux de qqn. ; **3.** fig., s'humilier, s'abaisser ; **4.** *multi fortunis provolvebantur* : beaucoup étaient ruinés, TAC.

prōvŏmo, *īs, ĕre*, tr., vomir, exhaler.

prōvorsus (~*versus*), *a, um*, qui s'avance en ligne droite, *transvorsus, non* ~ *cedit* : il avance de travers, et non en ligne droite, PL.

prōvulgo, *ās, āre*, tr., publier, divulguer.

prox, interj. reproduisant un *crepitus ventris*, prout.

proxĕnēta, *æ*, m., courtier, entremetteur, proxénète.

proxĭmē (~*ŭmē*), adv., superl. de *prope*, **1.** très près ; **2.** presque, ~ *accedere virtuti alicujus* : atteindre presque à la vertu de qqn. ; **3.** tout à l'heure, tout récemment.

proxĭmĭtās, *ātis*, f., **1.** voisinage ; **2.** ressemblance ; **3.** parenté ; **4.** réunion.

proxĭmus (~ŭmus), *a*, *um*, superl. de *propior*, **1.** le plus proche, le plus voisin ; très proche, très voisin ; subst. m. pl., *proximi*, *orum*, les voisins, les limitrophes ; n., *proximum*, *i*, voisinage, proximité ; **2.** temps : le plus récent, précédent, suivant, *proximā nocte* : la nuit dernière ou la nuit suivante ; **3.** le plus proche par le rang, la parenté ; subst. m. pl., *proximi*, *orum*, les proches (parents, amis) ; **4.** le plus semblable ; **5.** à portée de la main, clair, évident, *argumentum proximum* : le premier argument venu, argument commode.

prūdens, *entis* (cf. *providens*), adj., [*~tior*, *~tissimus*], **1.** prévoyant, qui agit en connaissance de cause ; **2.** compétent, expérimenté, ~ *in jure civili* : compétent en droit civil ; + gén., inf. ou prop. inf. ; **3.** sage, réfléchi, prudent, *consilium* ~ : sage décision.

prūdentĕr, adv., [*~tius*, *~tissime*], avec sagesse, avec prudence ; habilement.

prūdentĭa, *æ*, f., **1.** prévision ; **2.** compétence, savoir, expérience ; **3.** prudence, sagacité.

prūĭna, *æ*, f., **1.** frimas, gelée ; **2.** neige ; **3.** hiver.

prūĭnōsus, *a*, *um*, couvert de givre, glacé.

prūna, *æ*, f., charbon ardent, braise.

prūnĭcĕus (~cĭus), *a*, *um*, de bois de prunier.

prūnum, *i*, n., prune, prunelle.

prūnus, *i*, f., prunier.

prūrīgo, *ĭnis*, f., démangeaison, prurit.

prūrĭo, *īs*, *īre*, intr., **1.** éprouver des démangeaisons ; **2.** brûler d'envie.

prūrītŭs, *ūs*, m., démangeaison.

Prūsa, *æ*, f., Pruse, v. de Bithynie ‖ **Prūsenses**, *ĭum*, m. pl., les hab. de Pruse.

Prūsĭa, *æ*, m., V. *Prusias* ‖ **Prūsĭăcus**, *a*, *um*, de Prusias ‖ **Prūsĭădēs**, *æ*, m., descendant de Prusias ‖ **Prūsĭās**, *æ*, m., Prusias, roi de Bithynie, hôte d'Hannibal.

Prūsĭās, *ădis*, V. *Prusa*.

prўtănēum, *i*, m., prytanée, résidence des prytanes, entretenus par l'État pour services rendus.

prўtănis, *is*, m., prytane ; premier magistrat de Rhodes.

psallo, *īs*, *ĕre*, *psalli*, intr., jouer de la cithare ; chanter en s'accompagnant de la cithare.

psaltērĭum, *ĭi*, n., cithare ; fig., chant, morceau de chant.

psaltēs, *æ*, m., joueur de cithare ; chanteur, musicien.

psaltrĭa, *æ*, f., joueuse de cithare, chanteuse, musicienne.

Psămăthē, *ēs*, f., Psamathé, **1.** fille de Crotopus, roi d'Argos ; **2.** nymphe de l[a] mer, mère de Phorcus ; **3.** source de La[co]conie.

psēphisma, *ătis*, n., décret du peupl[e] (en Grèce).

Pseudŏcáto, *ōnis*, m., une espèce de Ca[to]ton, un petit Caton, Cɪc.

Pseudŏlus, *i*, m., « Pseudolus (Le Men[teur]teur) », titre d'une comédie de Plaute.

Pseudŏphĭlippus, *i*, m., le faux Phi[lippe]lippe (Andriscus) qui se fit passer pou[r] le fils du roi de Macédoine Persée.

pseudŏthўrum, *i*, n., porte dérobée[,] porte de derrière ; fig., échappatoire.

psīthĭum, *a*, *um*, psithien, d'une espèc[e] de vigne et de raisin, *psithium vinum* : vi[n] de raisins secs (V. *passum*).

psittăcus, *i*, m., perroquet.

Psōphĭdĭus, *a*, *um*, de Psophis ‖ **Psōphis** *ĭdis*, f., Psophis, v. du Péloponnèse.

psōra, *æ*, f., gale.

psōrĭcus, *a*, *um*, relatif à la gale.

Psўchē, *ēs*, f., Psyché, épouse de Cupido[n]

Psўchŏmăchĭa, *æ*, f., « Le Combat de[s] âmes (contre la passion) », titre d'u[n] poème de Prudence.

psўchŏmantīum, *ĭi*, n., lieu où l'on évo[que] que les âmes ; évocation des âmes.

Psyllĭ, *ōrum*, m. pl., Psylles, peuple d[e] Libye (qui savait charmer les serpents e[t] guérir leur morsure).

~ptĕ, partic. pron. enclitique jointe au[x] adj. poss., spéc. à l'abl. sg., et qqf. au[x] pron. pers. : propre, *suopte pondere* : pa[r] leur propre poids.

Ptŏlĕmæum, *i*, n., tombeau des Ptolé[mées] mées ‖ **Ptŏlĕmæus**, *a*, *um*, de Ptolémé[e] égyptien ‖ **Ptŏlĕmæus**, *i*, m., Ptolémé[e] général d'Alexandre et roi d'Égypte ; no[m] de ses descendants et successeurs.

pūbens, *entis*, adj., couvert de duvet[,] pubère.

pūbertas, *ātis*, f., **1.** puberté ; **2.** signes d[e] la puberté, poils, barbe ; duvet des plan[tes] tes ; **3.** jeunes gens.

① **pūbes**, *ĕris*, adj., **1.** adulte, pubère [;] subst. m. pl., *puberes*, *um*, les adultes ; **2.** velu, garni de duvet.

② **pūbēs**, *is*, f., **1.** poil, barbe, duvet ; **2.** pubis, aine ; **3.** fig., jeunesse, *Italiæ* ~ : l[a] jeunesse italienne ; **4.** le peuple, les gen[s]

pūbesco, *īs*, *ĕre*, *pūbŭi*, intr., **1.** entr[er] dans la puberté, être adolescent ; **2.** s[e] développer, croître ; **3.** devenir velout[é,] se couvrir de duvet, *prata pubescun[t]* *flore* : les prairies se couvrent de fleur[s] comme d'un duvet, Ov.

① **pūbis**, *ĕris*, V. *pubes* ①.

) pūbis, *is*, V. *pubes* ②.

ūblĭcānus, *a*, *um*, relatif à la ferme des impôts, *publicana muliercula*, femme d'un fermier d'impôts (avec un sens méprisant), Cic. ; subst. m., *publicanus, i*, publicain, fermier d'impôts, receveur d'impôts (ordin. de la classe des chevaliers).

ūblĭcātĭo, *ōnis*, f., confiscation, vente à l'encan.

ūblĭcē, adv., 1. officiellement, au nom de l'État ; 2. aux frais de l'État ; 3. publiquement.

ūblĭcĭus, *ĭi*, m., nom d'une famille rom. ‖ **Pūblĭcĭus**, *a*, *um*, de Publicius, *clivus* ~, nom d'une colline à Rome (où les frères Publicius Malleolus, édiles, firent élargir et paver une voie).

ūblĭco, *ās*, *āre*, tr., 1. donner à l'État ; 2. adjuger à l'État, confisquer ; 3. publier, révéler.

ūblĭcŏla, *æ*, (*populus* + *colo*), m., « ami du peuple », surnom de Valérius, consul avec Brutus, après la démission de Tarquin Collatin.

ūblĭcum, *i*, n., 1. le domaine public, le territoire ; 2. le Trésor public, revenus de l'État ; 3. l'intérêt public ; 4. les archives ; 5. la place publique ; le public, la foule, *in publicum prodire* : paraître en public, Cic.

ūblĭcus, *a*, *um*, (cf. *populus* ou *pubes* ② 4 ?), 1. relatif à l'État ; 2. public, officiel, *sumptu publico* : aux frais de l'État ; *consilium publicum* : le sénat ; *res publica* : la chose publique, l'État ; 3. général, public, à l'usage de tous ; 4. commun, trivial, vulgaire.

ūblĭlĭa, *æ*, f., Publilia, seconde femme de Cicéron.

ūblĭlĭus, *ĭi*, m., nom d'une famille rom. ; Publilius Syrus, auteur et acteur de mimes de l'époque de César.

ūblĭus, *ĭi*, m., Publius, prénom rom. abrégé en P.

ūbŭi, V. *pubesco*.

ŭdendus, *a*, *um*, dont on doit rougir, honteux, infamant ; subst. n. pl., *pudenda, orum*, le sexe.

ŭdens, *entis*, 1. V. *pudeo* ; 2. adj., [~*tior*, ~*tissimus*], qui a de la pudeur ; modeste, réservé ; qui a le sentiment de l'honneur ; subst. m. pl., *pudentes, ium*, hommes qui se respectent, Cés.

ŭdentĕr, adv., avec réserve, retenue, modestement.

ŭdĕo, *ēs*, *ēre*, *pŭdŭi*, *pŭdĭtum*, 1. intr., avoir de la honte ; 2. tr., causer de la honte, *non te hæc pudent ?* : n'as-tu pas honte de ces choses ?, Tér. ; 3. impers., *pudet*, + acc. de la pers. qui a honte et

a) + gén. de la pers. ou de la chose dont on a honte, *pudet me non tui sed Chrysippi* : je n'ai pas honte de toi mais de Chrysippe, Cic. ; b) + inf., *puderet me dicere* : j'aurais honte de dire ; c) + supin en ~*u*, *pudet dictu* : on a honte de dire ; d) + prop. inf., *pudendum est* : on doit avoir honte de voir que.

pŭdĭbundus, *a*, *um*, 1. qui rougit facilement ; confus, honteux ; 2. dont on doit rougir, honteux, infâme.

pŭdīcē, adv., pudiquement, vertueusement.

pŭdīcĭtĭa, *æ*, f., pudicité, chasteté, pudeur.

pŭdīcus, *a*, *um*, 1. pudique, chaste, modeste, réservé ; 2. pur, irréprochable, *pudici mores* : conduite irréprochable, Ov.

pŭdŏr, *ōris*, m., 1. pudeur, honte, retenue ; 2. sentiment du devoir, honneur ; 3. honte, déshonneur, *Proh pudor !* : Ô honte ! ; *pudori esse alicui* (double dat.) : être un objet de honte pour qqn.

pŭella, *æ*, f., 1. jeune fille ; 2. femme aimée.

pŭellāris, *e*, adj., de jeune fille ; tendre, délicat.

pŭellārĭtĕr, adv., en jeune fille, innocemment.

pŭellus, *i*, m., petit garçon.

pŭĕr, *ĕri*, m., 1. enfant, garçon ou fille (jusqu'à 17 ans), *a puero*, *a pueris* : dès l'enfance ; 2. fils ; 3. jeune esclave, serviteur ; page ; 4. célibataire, garçon.

pŭĕrasco, *ĭs*, *ĕre*, intr., entrer dans l'âge qui suit la première enfance, grandir.

pŭĕrīlis, *e*, adj., 1. d'enfant, enfantin, puéril ; 2. puéril, irréfléchi ; subst. n. pl., *puerilia, ium*, enfantillages.

pŭĕrīlĭtās, *ātis*, f., 1. enfance ; 2. puérilité, enfantillage.

pŭĕrīlĭtĕr, adv., à la manière des enfants ; naïvement.

pŭĕrĭtĭa, *æ*, f., 1. enfance, âge au-dessous de 17 ans, *a pueritiā* : depuis, dès l'enfance ; 2. au pl., *pueritiæ, arum*, commencement.

pŭerpĕra, *æ*, (*puer* + *pario*), f., accouchée ; femme en travail.

pŭerpĕrĭum, *ĭi*, n., 1. accouchement ; 2. nouveau-né, enfant.

pŭerpĕrus, *a*, *um*, d'accouchement, d'enfantement.

pŭĕrŭlus, *i*, m., jeune garçon ; jeune esclave.

pŭgĭl, *ĭlis*, (cf. *pugnus*), m., athlète pour le pugilat, boxeur.

pŭgĭlātŭs, *ūs*, m., pugilat.

pŭgillāres, *ĭum*, m. pl., tablettes (à écrire).

pŭgillārĭa, *ĭum*, n. pl., V. le préc.

pŭgillus, *i*, m., ce qui peut tenir dans la main fermée, poignée.

pūgĭo, *ōnis*, m., poignard ; insigne du pouvoir de vie et de mort (spéc., des empereurs).

pūgĭuncŭlus, *i*, m., petit poignard.

pugna, *æ*, (cf. *pugnus*), f., **1**. étym., combat à coups de poing, pugilat ; **2**. bataille, ~ *Cannensis* : la bataille de Cannes ; **3**. ordre de bataille ; **4**. fig., discussion, débat ; **5**. mauvais tour.

pugnācĭtās, *ātis*, f., combativité.

pugnācĭtĕr, adv., [~*cius*, ~*cissime*], avec acharnement.

pugnācŭlum, *i*, n., lieu fortifié ; rempart.

pugnans, *antis*, **1**. V. *pugno* ; **2**. subst. m. pl., *pugnantes, ium*, les combattants ; n. pl., *pugnantia, ium*, antithèses, arguments contradictoires.

pugnātŏr, *ōris*, m., combattant.

pugnātōrĭus, *a, um*, relatif au combat ; adapté au combat, tranchant.

pugnātrix, *īcis*, f., combattante ; guerrière.

pugnax, *ācis*, adj., [~*cior*, ~*cissimus*], **1**. belliqueux, guerrier ; **2**. ennemi, contraire, *est ignis aquæ* : le feu est l'ennemi de l'eau ; **3**. obstiné, opiniâtre ; **4**. violent.

pugno, *ās, āre*, intr., et qqf. tr., **1**. combattre, se battre, *eminus* : de loin, *cominus* : de près, *cum* + abl., *in* et *adversus* + acc. : contre ; **2**. *pugnam* ~ : livrer bataille ; **3**. être en lutte, en contradiction, en désaccord, *tecum pugnas* : tu te contredis ; **4**. poét., + dat. : lutter contre, résister à ; **5**. lutter pour, *ut/ne* + subj. : pour que, pour que… ne… pas ; poét., + inf.

pugnus, *i*, m., **1**. poing, *pugnum facere* : serrer le poing, Cic. ; **2**. poignée (mesure).

pulchellus (pulcellus), *a, um*, dim. de *pulcher*, joli, gracieux.

pulchĕr, *chra, chrum*, [~*chrior*, ~*cherrimus*], **1**. beau ; **2**. fig., beau, glorieux, grand, *pulchrum est* + inf. : il est beau, louable de.

Pulchĕr, *chri*, m., surnom rom. ; spéc., P. Claudius Pulcher, V. *Clodius* ; *Pulchri promuntorium* : le promontoire de Pulcher, en Afrique, au N. de Carthage, auj. cap Bon.

pulchrē (pulcrē), adv. [~*chrius*, ~*cherrime*], bien, très bien, ~ *dicere* : parler avec talent ; ~ *intellegere* : comprendre parfaitement ; ~ *esse* : se donner du bon temps, Pl. ; excl., bien ! très bien ! bravo !

pulchrĭtūdo, *ĭnis*, f., **1**. beauté (phys. ou mor.), excellence ; **2**. fig., ~ *virtutis* : la beauté de la vertu.

pūlēium (pulejum), *i*, n., **1**. pouli (plante aromatique) ; **2**. fig., parfum charme, agrément.

pūlex, *ĭcis*, m., puce ; puceron.

pūlĭcōsus, *a, um*, couvert de puces.

pullārĭus, *a, um*, **1**. relatif aux petits de animaux (not. les poussins) ; **2**. subst. m *pullarius, ii*, le gardien des poulets sacré qui prédit l'avenir suivant qu'ils mar gent ou ne mangent pas, augure.

pullātus, *a, um*, (cf. *pullus* ②), **1**. vêtu d deuil ; **2**. vêtu de couleur brune, m vêtu ; subst. m. pl., *pullati, orum*, le peu ple en deuil.

pullŭlo, *ās, āre*, **1**. intr., pulluler, croître se répandre ; **2**. tr., produire, engendre

pullum, *i*, n., la couleur brune, le som bre ; au pl., *pulla, orum*, les vêtemen sombres.

① **pullus**, *a, um*, **1**. jeune, petit, *meus passer* : mon petit moineau, Pl. ; **2**. subs m., *pullus, i*, a) jeune animal, ~ *milvinus* jeune milan, rapace (dit d'un homm avide, Cic.), *ranæ pulli* : raimettes, etc. ; au pl., *pulli, orum*, les poulets sacré (servant à la divination) ; c) fig., t. affectueu poulet, mignon ; d) jeune pousse.

② **pullus**, *a, um*, **1**. obscur, brun, sombr *tunica pulla* : tunique sombre des pau vres gens, Cic. ; **2**. de deuil, funèbre.

pulmentārĭum, *ĭi*, n., ragoût.

pulmentum, *i*, (cf. *pulpamentum*), n plat de viande, fricot, ragoût.

pulmo, *ōnis*, m., poumon ; au pl., *pulmo nes, um*, les deux lobes du poumon.

pulpa, *æ*, f., la partie maigre de la viand (sans graisse ni os) ; chair, viande.

pulpāmentum, *i*, n., **1**. chair (viand poissons) ; **2**. plat de viande, ragoût, *mil ~ est fames* : la faim me sert de ragoû Cic.

pulpĭtum, *i*, n., **1**. tréteaux, estrade ; **2** scène ; fig., le théâtre.

puls, *pultis*, f., **1**. bouillie, polenta (de fa rine ou de fèves) avant l'usage du pain **2**. nourriture des pauvres ; **3**. pâtée de poulets sacrés.

pulsātĭo, *ōnis*, f., **1**. action de frappe choc, heurt ; **2**. au pl., *pulsationes cordi* pulsations du cœur ; **3**. coup porté à un personne ; fig., ~ *pudoris* : attentat à l pudeur.

pulso, *ās, āre*, (fréq. *de pello*), tr., **1**. pous ser, frapper, ébranler, *pede ~ tellurem* frapper la terre du pied, Hor. ; **2**. ma traiter ; pousser violemment ; *vento pul sari* : être battu du vent ; **3**. faire vibre faire résonner, *septem discrimina vocu digitis pulsat* : il fait vibrer avec les doigt les sept cordes de la lyre, Virg. ; **4**. f ner, fouler, parcourir ; **5.** repousser, tenir loin ; **6.** exciter, troubler, émouvoir ; **7.** accuser, poursuivre en justice.

① **pulsus**, *a, um*, V. pello.

② **pulsŭs**, *ūs*, m., **1.** impulsion, battement, ~ *remorum* : battement des rames ; ~ *venarum* : pouls ; **2.** impression, *pulsu imaginum* : sous l'empire de visions.

pultārĭus, *ĭi*, m., (vase à puls), sorte de pot à usages divers.

pultātĭo, *ōnis*, f., action de frapper à la porte.

pultĭcŭla, *æ*, f., polenta, bouillie.

Pultĭphăgōnĭdēs, *æ*, ou **Pultĭphăgus**, *i*, m., mangeur de polenta (iron. = Romain), mot forgé par Plaute.

pulvĕrātĭo, *ōnis*, f., action de réduire en poussière les mottes de terre au pied des ceps de vigne.

pulvĕrĕus, *a, um*, **1.** de poussière, *pulverea nubes* : nuage de poussière, VIRG. ; **2.** poudreux, couvert de poussière.

pulvĕrŭlentus, *a, um*, **1.** couvert de poussière ; **2.** qui s'acquiert avec peine.

pulvīnăr (polv~), *āris*, n., **1.** coussin, lit où on plaçait les statues des dieux pour un festin (*lectisternium*), *pulvinar suscipere* : célébrer un lectisterne ; **2.** temple ; **3.** lit de la déesse ou de l'impératrice ; **4.** place impériale dans le cirque ; **5.** iron., mouillage d'un bateau.

pulvīnārĭum, *ĭi*, V. le préc.

pulvīnātus, *a, um*, rebondi, rembourré.

pulvīnus, *i*, m., **1.** coussin, oreiller ; **2.** planche, plate-bande.

pulvis, *ĕris*, m. (qqf. f.), **1.** poussière, *sulcos in pulvere ducere* : labourer le sable, faire un travail inutile ; **2.** carrière, arène ; **3.** effort, fatigue, *sine pulvere palmæ* : palmes conquises sans effort ; **4.** terre, pays, ~ *Etrusca* : le pays d'Étrurie ; **5.** poussière, sable où les mathématiciens traçaient leurs figures.

pūmex, *ĭcis*, m., **1.** pierre ponce (not. pour polir les livres) ; **2.** pierre poreuse ; fragment de lave.

pūmĭcĕus, *a, um*, de pierre ponce.

pūmĭcōsus, *a, um*, poreux, spongieux.

pūmĭlĭo, *ōnis*, m. et f., nain, naine.

pūmĭlus, *i*, m., nain.

punctim, adv., de la pointe, en piquant.

punctĭo, *ōnis*, f., pointe, piqûre, élancement.

punctĭuncŭla, *æ*, f., légère douleur, élancement ; fig., ce qui pique (mor.).

punctum, *i*, n., **1.** petit trou ; stigmate ; **2.** point mathématique, espace presque imperceptible, ~ *est istud in quo regna disponitis* : c'est un simple point, cet espace que vous divisez en royau-

mes, SÉN. ; **3.** temps : instant, *puncto temporis eodem* : au même instant ; ~ *est quod vivimus* : notre vie ne dure qu'un instant ; **4.** vote, suffrage (point dont on marquait le nom du candidat) ; **5.** point d'équilibre de la balance ; **6.** point marqué sur un dé.

① **punctus**, *a, um*, **1.** V. pungo ; **2.** instantané, *puncto tempore* : en un instant, LUCR.

② **punctŭs**, *ūs*, m., **1.** piqûre ; **2.** point.

pungo, *ĭs, ĕre, pŭpŭgi* (arch., *pĕpŭgi*), *punctum*, tr., **1.** piquer, percer ; **2.** faire souffrir, tourmenter ; poindre.

Pūnĭcānus, *a, um*, carthaginois ‖ **Pūnĭcē**, adv., à la manière des Carthaginois ; en langue punique ‖ **Pūnĭcĕus**, *a, um*, carthaginois.

pūnĭcĕus, *a, um*, rouge ; pourpre ; rose.

pūnĭcus, *a, um*, grenat, écarlate ; subst. n., *punicum, i*, grenade.

Pūnĭcus, *a, um*, V. Pœnicus.

pūnĭo (arch. **pœnĭo**), *ĭs, ĭre, ĭvi* (*ĭi*), *ītum* et **pūnĭor** (*pœnĭor*), *īris, īri, ītus sum*, tr., **1.** punir, châtier ; **2.** venger.

pūnītĭo, *ōnis*, f., punition, châtiment.

pūnītŏr, *ōris*, m., celui qui punit ; vengeur.

pūpa, *æ*, f., **1.** petite fille ; **2.** poupée.

pūpilla, *æ*, f., **1.** jeune fille sans parents ; orpheline ; **2.** pupille (de l'œil), prunelle.

pūpillāris, *e*, adj., de pupille, de mineur.

pūpillus, *i*, m., orphelin, pupille, mineur.

Pūpīnĭa, *æ*, f., Pupinia, dans le Latium, pays très stérile.

Pūpĭus, *a, um*, de Pupius., *lex Pupia* : loi Pupia, présentée par le tribun Pupius, qui interdisait que le sénat se réunisse le jour des Comices ‖ **Pūpĭus**, *ĭi*, m., Pupius, nom d'une famille rom.

puppis, *is*, f., **1.** poupe, arrière d'un navire ; **2.** fig., le vaisseau de l'État ; le dos, PL.

pŭpŭgi, V. pungo.

pūpŭla, *æ*, f., **1.** petite fille ; **2.** pupille de l'œil.

pūpŭlus, *i*, m., **1.** petit garçon ; **2.** poupée.

pūpus, *i*, m., petit garçon, enfant.

pūrē, adv., [~*rius, ~rissime*] **1.** proprement ; clairement ; **2.** purement, correctement, vertueusement ; **3.** clairement, sans obscurité.

purgāmĕn, *ĭnis*, n., **1.** immondices, ordures ; **2.** moyen de purification, d'expiation.

purgāmentum, *i*, n., **1.** ordures ; **2.** résidu, déchet ; **3.** lie, rebut.

purgātĭo, ōnis, f., 1. nettoyage ; curage ; purgation ; 2. fig., justification ; purification.

purgo, ās, āre, (cf. *purus*) tr., 1. nettoyer ; 2. méd., débarrasser, purger ; 3. justifier, disculper, *aliquem crimine* : qqn. d'un crime ; + prop. inf. : s'excuser en disant que ; 4. apurer, régler, ~ *rationes* : régler les comptes.

pūrĭfĭcātĭo, ōnis, f., purification.

pūrĭfĭco, ās, āre, tr., 1. nettoyer, laver ; 2. expier, purifier.

purpŭra, æ, f., 1. le pourpre (coquillage) ; 2. couleur pourpre ; 3. la pourpre (vêtement), ~ *regalis* : la pourpre royale ; insigne des hautes fonctions.

purpŭrātus, *a, um,* 1. vêtu de pourpre ; 2. subst. m., *purpuratus, i,* homme vêtu de pourpre ; courtisan.

purpŭrĕus, *a, um,* 1. de pourpre, couleur de pourpre ; 2. vêtu de pourpre ; 3. brillant, éclatant.

purpŭro, ās, āre, tr. et intr., 1. rendre sombre, brunir, rougir ; 2. embellir, orner, émailler ; 3. être pourpré, brillant, éclatant.

pūrŭlentē, adv., avec suppuration.

pūrŭlentus, *a, um,* purulent, plein de pus ; subst. n. pl., *purulenta, orum,* chair sanglante ; pus.

pūrus, *a, um,* 1. pur, propre, *pura ædes* : maison bien tenue, PL. ; subst. n., *purum, i,* ciel pur, serein, VIRG. ; 2. fig., sans mélange, uni, naturel, *toga pura* : toge blanche (sans pourpre), *hasta pura* : lance sans fer (récompense militaire) ; 3. fig., pur, sans tache, innocent, *sceleris* ~ : qui n'a pas commis de crime, HOR. ; *purum piumque duellum* : guerre juste et sainte, LIV. ; 4. (style) simple, naturel ; 5. jur., absolu, sans condition.

pūs, *pūris,* n., pus, humeur ; fig., fiel (de la calomnie).

pūsa, æ, f., petite fille.

pŭsillus, *a, um,* 1. très petit, *pusilla Roma* : une Rome en miniature ; subst. n. et adv., *pusillum* : un peu ; 2. mesquin, petit, ~ *animus* : a) petit esprit, CIC. ; b) esprit pauvre, sec, HOR. ; subst. n. pl., *pusilla, orum,* les petites choses, les détails.

pūsĭo, ōnis, m., jeune garçon.

pustŭla, æ, f., pustule, ampoule.

pŭsus, *i,* m., petit garçon.

pŭtā, impér. de *puto,* employé adv. : par exemple (V. *puto*).

pŭtāmĕn, *ĭnis,* n., écaille, coquille, épluchure.

pŭtātŏr, *ōris,* m., élagueur.

pŭtĕăl, *ālis,* n., 1. margelle ; 2. enceinte, en forme de margelle, autour d'un lieu sacré (frappé par la foudre) ; le Putéal de Libon, au Forum, où se réunissaient les hommes d'affaires.

pŭtĕālis, *e,* adj., de puits.

pŭtĕānus, *a, um,* de puits.

pŭtĕārĭus, *ĭi,* m., puisatier.

pŭtĕo, ēs, ēre, pūtŭi, intr., être pourri, gâté ; puer.

Pŭtĕōlānus, *a, um,* de Putéoles ‖ **Pŭtĕōlānum**, *i,* n., propriété de Cicéron à Putéoles ‖ **Pŭtĕōlāni**, *ōrum,* m. pl., les hab. de Putéoles ‖ **Pŭtĕōli**, *ōrum,* m. pl., Putéoles, v. de Campanie, près de Naples, auj. Pouzzoles.

pŭtĕr ou **pŭtris**, *tris, tre,* adj., 1. pourri, gâté ; vermoulu, délabré ; 2. friable, sec, *glæba putris* : terre désagrégée, VIRG. ; 3. languissant, *oculi putres* : yeux languides, HOR.

pŭtesco, *ĭs, ĕre, pūtŭi,* intr., devenir puant, se corrompre.

pŭtĕus, *i,* m., 1. trou, fosse, *puteum demittere* : creuser un trou ; 2. puits (de mine, de carrière, ou source) ; 3. souterrain, cachot.

pūtĭdē, adv., avec affectation.

pūtĭdĭuscŭlus, *a, um,* fatigant, importun.

pūtĭdus, *a, um,* 1. puant, pourri, gâté ; 2. fig., puant de prétention ; 3. (style) recherché, affecté, prétentieux.

pŭto, ās, āre, tr., 1. nettoyer ; émonder ; 2. apurer, ~ *rationem cum aliquo* : faire les comptes avec qqn. ; 3. évaluer, calculer, *magni, pluris, parvi, minimi, nihili* : beaucoup, plus, peu, très peu, rien ; 4. considérer comme, ~ *aliquem civem* : considérer qqn. comme citoyen ; 5. penser, réfléchir, méditer + prop. inf. ; 6. croire, *deos* : à l'existence des dieux ; en incise : a) *puto, ut puto* : je crois, comme je le crois ; b) *puta* : suppose, par exemple ; *ut puta* : comme par exemple.

pūtŏr, *ōris,* m., mauvaise odeur, puanteur.

pŭtrĕfăcĭo, *ĭs, ĕre, fēci, factum,* tr., pourrir, corrompre ; dissoudre.

pŭtrĕfīo, *fīs, fĭĕri, factus sum,* passif du préc., tomber en putréfaction, se pourrir.

pŭtresco, *ĭs, ĕre, pŭtrŭi,* intr., 1. se gâter, se pourrir ; 2. pourrir, s'amollir.

pŭtrĭdus, *a, um,* 1. pourri, gâté, *putridi dentes* : dents gâtées ; 2. flasque.

pŭtrŭi, V. *putresco.*

pŭtus, *a, um,* pur, propre ; employé ordin. avec *purus* : *purus* ~ *hic sycophanta est* : c'est un parfait sycophante, PL. ; *meæ putissimæ orationes* : mes discours les plus soignés, CIC.

pycta, æ, et **pyctēs**, æ, m., lutteur au pugilat.

Pydna, æ, f., Pydna, v. de Macédoine, où le roi Persée fut vaincu par Paul-Émile (168 av. J.-C.) ‖ **Pydnæi**, ōrum, m. pl., les hab. de Pydna.

Pygmæi, ōrum, m. pl., Pygmées, peuple fabuleux de nains que les Grecs plaçaient en Éthiopie ‖ **Pygmæus**, a, um, relatif aux Pygmées ; nain.

Pygmălĭŏn, ōnis, m., Pygmalion, **1.** frère de Didon, roi de Tyr ; **2.** roi de Chypre et sculpteur amoureux d'une statue à qui Vénus donna la vie.

Pylădēs, æ, m., **1.** Pylade, fidèle ami d'Oreste ; **2.** un Pylade, un ami fidèle ‖ **Pylădēus**, a, um, digne de Pylade.

pylæ, ārum, f. pl., portes ; gorges, défilé.

Pylæ, ārum, f. pl., les Thermopyles ‖ **Pylăïcus**, a, um, des Thermopyles.

Pylĭus, a, um, de Pylos, pylien ; surnom donné à Nestor ‖ **Pylŏs** (~us), i, f., Pylos, v. de Messénie, patrie de Nestor.

pyra, æ, f., bûcher.

Pyra, æ, f., endroit du mt. Œta où Hercule monta sur le bûcher.

Pyracmōn, ŏnis, m., Pyracmon, un des Cyclopes de Vulcain.

Pyracmŏs, i, m., Pyracmos, un des centaures, contemporain de Pirithoüs.

Pyrămēus, a, um, de Pyrame ; **Pyramea arbor** : l'arbre de Pyrame, le mûrier.

pyrămis, ĭdis, f., pyramide.

① **Pyrămus**, i, m., Pyrame, jeune Babylonien, amant de Thisbé, qui, la croyant morte, se donna la mort sous un mûrier.

② **Pyrămus**, i, m., Pyrame, fl. de Cilicie.

Pyrēnæus, a, um, pyrénéen, des Pyrénées, **Pyrenæi montes**, les monts Pyrénées ; **Pyrenæi saltus**, **saltus** ~, ou subst. m., **Pyrenæus**, i : même sens ‖ **Pyrēnē**, ēs, f., Pyréné, **1.** une des 50 filles de Danaé ; **2.** fille de Bébryx, amante d'Hercule, elle donna son nom aux Pyrénées, lieu de sa sépulture ; **3.** les Pyrénées.

Pyrgensis, e, adj., de Pyrges, pyrgien ‖ **Pyrgi**, ōrum, m. pl., Pyrges, v. d'Étrurie.

Pyrgō, ūs, f., Pyrgo, nourrice des enfants de Priam.

Pyrgŏpŏlīnīcēs, is, m., Pyrgopolinice, mot forgé par Plaute (= le preneur de tours et de villes).

Pyriphlĕgĕthōn, ontis, m., Pyriphlégéthon, fl. des Enfers.

Pyrŏïs et **Pyrŏeis**, entis, m., **1.** Pyrois, un des chevaux du Soleil ; **2.** la planète Mars (l'Étincelante).

pyrōpus, i, m., pyrope, alliage de cuivre et d'or.

① **Pyrrha**, æ, f., Pyrrha, **1.** fille d'Épiméthée et femme de Deucalion ; **2.** nom d'Achille déguisé en femme à Scyros.

② **Pyrrha**, æ, f., Pyrrha, nom de diff. v., spéc. dans l'île de Lesbos.

Pyrrhæus, a, um, de Pyrrha.

Pyrrhĭa, æ, f., Pyrrhia, la Rousse, esclave avare et ivrognesse, HOR.

pyrrhĭcha, æ, et **pyrrhĭchē**, ēs, f., pyrrhique, danse guerrière des Lacédémoniens.

pyrrhĭcĭus, ĭi, m., pyrrhique, pied de deux brèves.

Pyrrhĭdæ, ārum, m. pl., les Épirotes (< Pyrrhus, roi d'Épire).

Pyrrho, ōnis, m., Pyrrhon (d'Élis), philosophe sceptique ‖ **Pyrrhōnēi**, ōrum, m. pl., pyrrhoniens.

Pyrrhus, i, m., Pyrrhus **1.** (appelé aussi Néoptolème), fils d'Achille et de Déidamie, roi d'Épire, assassiné à Delphes par Oreste ; **2.** roi d'Épire, ennemi des Romains (III s. -av. J.-C.).

Pythăgŏrās, æ, m., Pythagore de Samos, célèbre philosophe (vers 550 av. J.-C.) ‖ **Pythăgŏrēus** (~ius), a, um, de Pythagore ‖ **Pythăgŏrēi** (~ii), ōrum, m. pl., pythagoriciens, disciples de Pythagore.

pythaula (~ēs), æ, m., joueur de flûte.

Pythĕās, æ, m., Pythéas, célèbre géographe marseillais du IVe s. av. J.-C.

Pythĭa, æ, f., la Pythie ou Pythonisse, prêtresse d'Apollon à Delphes ‖ **Pythĭa**, ōrum, n. pl., Jeux pythiques, célébrés tous les cinq ans à Delphes en l'honneur d'Apollon, qui tua le serpent Python.

Pythĭās, ădis, f., Pythias, nom d'une esclave dans la comédie romaine.

Pythĭcus, a, um, pythien, pythique, relatif à l'oracle de Delphes et aux Jeux pythiques ‖ **Pythĭus**, a, um, pythien, de Delphes ‖ **Pythĭus**, ĭi, m., Apollon Pythien ‖ **Pytho**, ūs, f., ancien nom de Delphes ‖ **Pythōn**, ŏnis, m., le serpent Python, tué par Apollon à Delphes.

pyxis, ĭdis, f., boîte, coffret (pour les médicaments, les pommades ou les objets de toilette) ; capsule métallique.

Q

Q, q, f. et n., indécl., **1.** q, seizième lettre de l'alph. latin, venue du *koppa* des Grecs ; **2.** Q, abr. de *Quintus, quæstor, quinquennalis* ; de *Quiritium,* dans le sigle *S. P. Q. R.,* i.e. *Senatus Populus Quiritium Romanus* (communément développé en *Senatus Populusque Romanus*) ; *Q. V. A.* = *qui vixit annos.*

① **quā,** nom. f. sg. ou nom. et acc. n. pl. de *quis,* ② (qqf. *quæ*).

② **quā,** adv., (abl. f. sg. du pron. rel. *qui* et interr. *quis,* ss.-ent. *viā* ou *parte*), **1.** par où, du côté où, d'où, *eādem quā ceteri fugere* : fuir par la même route que les autres, Cic., *quā longissime prospectari poterat* : d'où la vue pouvait s'étendre très loin, Tac. ; **2.** dans la mesure où, en tant que, comme, (*sapiens*) *cursu omnes antebit, quā velox est, non quā sapiens* : le sage battra tout le monde à la course par sa vitesse, non par sa sagesse, Sén. ; **3.** répété : *quā..., quā* : ici..., là ; d'un côté..., de l'autre, *quā feminæ, quā viri* : les femmes et les hommes, *quā falsa, quā vera* : et le faux et le vrai, Liv. ; **4.** adv. interr., a) dir., *illuc quā veniam ?* : comment irai-je là-bas ? ; b) indir., *scire quā ituri sint* : savoir par où ils partiront ; **5.** comme, par le moyen que, c'est possible, *prædico Antonium delectus quā possit habiturum* : je prédis qu'Antoine fera des levées partout où il le pourra, Cic. ; **6.** indéf., en quelque manière, *neglegens ne quā populus laboret* : sans s'inquiéter si le peuple souffre en quoi que ce soit, Hor. (= *aliquā,* après certaines conj.).

quācumquĕ (~cunquĕ), adv., **1.** rel., partout où, de quelque côté que, ~ *iter fecit* : partout où il a passé ; **2.** indéf., de toute manière.

quādamtĕnŭs, adv., **1.** jusqu'à un certain point ; avec tmèse : *est quādam prodire tenus* : on peut toujours avancer jusqu'à un certain point, Hor. ; **2.** dans une certaine mesure.

Quādi, *ōrum,* m. pl., Quades, peuple de Germanie, auj. Moravie.

quădra, *æ,* f., **1.** carré, forme carrée ; **2.** socle de colonne, plinthe ; **3.** morceau, carré, quartier (de fromage, de pain), fig., *alienā vivere quadrā* : manger le pain d'autrui, Juv.

quădrāgēnārĭus, *a, um,* **1.** de quarante ; **2.** de quarante ans ; subst. m., *quadragenarius, ii,* quadragénaire.

quădrāgēni, *æ, a,* adj. num. distr., quarante chacun ; chaque fois quarante.

quădrāgēsĭma, *æ,* f., **1.** ss.-ent. *pars,* la quarantième partie ; **2.** impôt du quarantième.

quădrāgēsĭmus, *a, um,* quarantième.

quădrāgĭēs (~ĭens), adv., quarante fois ; *sestertium* (HS) *ter et* ~ : quatre millions trois cent mille sesterces.

quădrāgintā, adj. num. indécl., quarante.

quădrans, *antis* (gén. pl., *antum*), m., **1.** quart, quatrième partie (de l'unité) ; **2.** monnaie ; quatrième partie de l'as, trois onces, *quadrante lavari* : se baigner pour un quart d'as (prix ordinaire d'un bain) ; **3.** mesure ; quart de jugère (arpent) ; quart de livre ; quart d'un setier (trois cyathes) ; quart d'un pied.

quădrantăl, *alis,* n., **1.** cube, dé ; **2.** mesure de capacité, = *amphora* (huit conges).

quădrantālis, *e,* adj., d'un quart, *crassitudine quadrantali* : de l'épaisseur d'un quart de pied, Pline.

quădrantārĭus, *a, um,* **1.** du quart, *quadrantariæ tabulæ* = *lex Valeria feneratoria* : loi qui réduisait les dettes d'un quart ; **2.** de la valeur d'un quart d'as.

quădrātĭo, *ōnis,* f., carré.

quădrātum, *i,* n., **1.** géom., carré ; **2.** astron., quadrature.

quădrātus, *a, um,* **1.** carré, *quadrata Roma* : l'anc. Rome carrée (bâtie comme les cités étrusques), Enn., *agmine quadrato* : en ordre de bataille (marche en carré) ; **2.** bien taillé, bien proportionné ; régulier.

quădrĭangŭlus, *a, um,* quadrangulaire.

quădrĭdŭum, *i,* n., espace de quatre jours.

quădrĭennĭum, *ĭi,* n., espace de quatre ans.

quădrĭfărĭăm, adv., en quatre parties.

quădrĭfĭdus, *a, um,* fendu, divisé en quatre.

quădrĭfŏris, *e,* adj., qui a quatre ouvertures.

quădrīgæ, *ārum,* f. pl., et à l'ép. impériale, **quădrīga,** *æ,* f., **1.** attelage à quatre, *curru quadrigarum vehi* : être traîné dans un char à quatre chevaux ; **2.** le char lui-même, quadrige ; **3.** fig., course rapide, *quadrigis poeticis* : avec le quadrige rapide de la poésie, Cic. ; *navibus atque quadrigio petimus bene vivere* : sur terre et sur mer nous courons au bonheur, Hor.

quădrĭgārĭus, *a, um*, de quadrige, *~ habitus* : costume de cocher ; subst. m., *quadrigarius, ii*, cocher de quadrige (au cirque).

Quădrĭgārĭus, *ĭi*, m., Q. Claudius Quadrigarius, historien rom. du temps de Sylla.

quădrĭgātus, *a, um*, qui porte l'empreinte d'un quadrige ; subst. m., *quadrigatus* (ss.-ent. *nummus*), *i*, pièce d'argent marquée d'un quadrige.

quădrĭgĕmĭnus, *a, um*, quadruple.

quădrĭgŭla, *æ*, f., et **quădrĭgŭlæ**, *ārum*, f. pl., petit quadrige.

quădrĭjŭgæ, V. *quadrigæ*.

quădrĭjŭgis, *e*, adj., qui fait partie d'un attelage à quatre, *~ currus* : char attelé de quatre chevaux.

quădrĭjŭgus, *a, um*, V. le préc. ; subst. m. pl., *quadrijugi, orum*, attelage de quatre chevaux.

quădrĭmātŭs, *ūs*, m., l'âge de quatre ans.

quădrĭmestris, *e*, adj., de quatre mois.

quădrĭmus, *a, um*, âgé de quatre ans.

quădringēnārĭus, *a, um*, de quatre cents (chacun), *cohortes quadringenariæ* : cohortes de quatre cents soldats chacune.

quădringēni, *æ, a*, adj. num. distr., à quatre cents chacun, chaque fois.

quădringentēsĭmus, *a, um*, quatre centième.

quădringenti, *æ, a*, quatre cents.

quădringentĭēs (~ĭens), adv., quatre cents fois, *~ sestertium* (*HS*) : quarante millions de sesterces.

quădrīni, *æ, a*, adj. num. distr., chacun quatre ; quatre par quatre ; quatre.

quădrĭpartītus et **quădrĭpertītus (quadru~)**, *a, um*, divisé en quatre, quadripartite, *commutationes temporum quadrupertitæ* : la succession des quatre saisons.

quădrĭrēmis, *e*, adj., à quatre rangs de rames ; subst. f., *quadriremis, is*, quadrirème.

quădrĭvĭum, *ĭi*, n., **1.** carrefour, croisement de quatre voies ; **2.** fig., quadrivium, ensemble des quatre sciences mathématiques (arithmétique, musique, géométrie, astronomie).

quădro, *ās, āre*, **1.** tr., équarrir, rendre carré ; faire cadrer, compléter ; **2.** intr.,

a) convenir, être symétrique ; b) se rapporter parfaitement, *~ in aliquem* : à qqn. ; c) être exact (somme).

quădrum, *i*, n., **1.** carré ; **2.** ordre, symétrie.

quădrŭpĕdans, *antis*, adj., qui va sur quatre pieds, qui galope ; subst. m., cheval, coursier, Virg.

quădrŭpĕdus, *a, um*, V. le préc., *quadrupedo cursu* : au galop.

quădrŭpēs (quădrĭ~), *pĕdis*, adj., **1.** V. le préc., *quadrupedi cursu* : au galop, Apul. ; **2.** qui a quatre pieds ou quatre pattes ; **3.** subst. m., f. et n., quadrupède.

quădrŭplātŏr, *ōris*, m., **1.** celui qui quadruple ; **2.** celui qui exagère ; **3.** a) celui qui perçoit les impôts moyennant un quart de remise ; b) délateur qui percevait un quart des biens de l'accusé.

quădrŭplex, *ĭcis*, adj., quadruple, *~ judicium* : procès jugé par les centumvirs (devant les quatre sections réunies) ; subst. n., le quadruple.

quădrŭplus, *a, um*, quadruple ; subst. n., *quadruplum, i*, le quadruple (comme amende ou peine).

quærīto, *ās, āre*, tr., **1.** chercher avec ardeur ; **2.** chercher à se procurer ; demander.

quæro, *ĭs, ĕre*, *quæsīvi* (*ĭi*), *quæsītum*, tr., **1.** chercher ; **2.** chercher à retrouver, chercher en vain, *ut in uberrimā Siciliæ parte Siciliam quæreremus* : si bien que dans la partie la plus fertile de la Sicile, nous cherchions en vain la Sicile, Cic. ; **3.** (choses) réclamer, nécessiter, *bellum repens dictatoriam majestatem quærit* : une guerre improvisée rend nécessaire l'autorité d'un dictateur, Liv. ; **4.** chercher à obtenir, se procurer, *victum ~* : chercher sa nourriture, *opus* : du travail, *mors quæsita* : mort volontaire, suicide, Tac. ; *in aliquem invidiam ~* : soulever la haine contre qqn. ; **5.** vouloir trouver, faire dépendre de, *in naturā ~ summum bonum* : chercher le souverain bien dans la nature, Cic. ; **6.** chercher à savoir, demander, *aliquid ab, ex, de aliquo ~* : demander une chose à qqn. ; *~ num* + subj. : demander si, *~ utrum...* an : demander si... ou si ; *si verum quæris, si quæris* : si tu veux savoir ; **7.** faire une recherche sur, étudier, examiner, considérer, *oratorem hoc loco quærimus* : c'est de l'orateur que nous nous occupons ici, Cic. ; *de aliquā re ~* : étudier une question ; **8.** faire une enquête judiciaire, *rem ~* : instruire une affaire ; *~ de servo in dominum* : torturer un esclave pour en obtenir un témoignage contre son maître.

quæsītĭo, *ōnis*, f., **1.** recherche ; **2.** question, torture.

quæsītŏr, *ōris*, m., chercheur ; instructeur ; juge.

quæsītum, *i*, n., **1.** question, problème ; **2.** ce qu'on a amassé, gagné ; **3.** chose affectée.

quæsītus, *a, um*, part. adj. de *quæro*, **1.** cherché ; **2.** recherché, affecté ; **3.** rare, raffiné.

quæsīvi, V. *quæro* et *quæso*.

quæso, *ĭt, ĕre, quæsīvi (ĭi)*, déf., (anc. forme de *quæro*), tr., **1.** chercher à obtenir ; **2.** prier, supplier, *deos quæso ut* : je supplie les dieux que, TÉR. ; *a te peto, quæso et obtestor* : je te demande, te supplie et te conjure, CIC. ; **3.** abs., en incise, *quæso, quæsumus* : je t'en prie, de grâce, nous vous en prions ; interj., par charité ! pour l'amour du Ciel !

quæstīcŭlus, *i*, m., petit gain.

quæstĭo, *ōnis*, f., **1.** recherche, *cave fuas mi in quæstione* : que je n'aie pas à te chercher, PL. ; **2.** question, enquête ; problème ; **3.** enquête judiciaire, *quæstionem inter sicarios exercere* : instruire un procès pour assassinat, CIC. ; *quæstiones perpetuæ* : chambres d'enquête permanentes sur un crime en particulier, présidées par un préteur ou par un *quæsitor* ; **4.** compte rendu d'une enquête ; **5.** question, torture.

quæstĭuncŭla, *æ*, f., petite question, problème sans importance.

quæstŏr, *ōris*, m., **1.** questeur (avec deux missions : juge au criminel et administrateur du Trésor), premier grade du *cursus honorum* (28 ans) ; **2.** *quæstores militares, provinciales* : questeurs accompagnant les gouverneurs de province et les préteurs ; **3.** sous l'Empire, *quæstores Cæsaris*, représentants de l'empereur au sénat.

quæstōrĭum, *ĭi*, n., **1.** résidence du questeur en province ; **2.** tente du questeur.

quæstōrĭus, *a, um*, de questeur ; subst. m., *quæstorius, ii*, ancien questeur.

quæstŭōsē, adv., seul. au comp., *quæstuosius*, et au superl., *quæstuosissime*, avec bénéfice, avantageusement.

quæstŭōsus, *a, um*, [~*sior*, ~*sissimus*], **1.** lucratif ; **2.** âpre au gain ; **3.** riche.

quæstūra, *æ*, f., **1.** questure, charge de questeur ; **2.** caisse du questeur, *translator quæsturæ* : qui a détourné la caisse du questeur, CIC.

quæstŭs, *ūs*, m., **1.** bénéfice, gain ; **2.** trafic, métier, profession.

quālĭbĕt (~lŭbĕt), adv., **1.** par quelque endroit que ce soit, partout ; **2.** par tous les moyens.

quālis, *e*, adj., **1.** interr., quel, quelle, de quelle nature, de quelle sorte, *doce me quales sint corpore* : enseigne-moi quelle espèce de corps ils ont, CIC. ; **2.** rel., en corrél. ou non avec *talis* : tel que comme ; sens adv. : ainsi, pareillement ~ *Philomela mærens* : telle la triste Philomèle, VIRG. ; **3.** excl., quel ! ; **4.** indéf. d'une certaine qualité, d'une certaine nature, *prius aliquid esse debet, deinde qual esse* : il faut d'abord qu'une chose soit puis qu'elle soit telle ou telle, SÉN.

quāliscumquĕ (~cunquĕ), *quālĕcumquĕ*, adj., **1.** rel. indéf., quel, quelle que de quelque nature que soit, *homines benivolos, qualescunque sunt, grave est insequ contumeliā* : il est fâcheux d'être obligé de dire du mal de ceux qui nous veulent du bien, quels qu'ils puissent être, CIC. ; en corrél. avec *talis* : tel… que, ou tel… tel *licet videre, qualescunque summi civitatis viri fuerint, talem civitatem fuisse* : on peu voir que, quels qu'aient été les premiers d'une cité, telle a toujours été la cité CIC. ; **2.** adj. indéf., n'importe quel, quel conque, *sin qualecumque locum sequimur* mais si nous cherchons un lieu quelconque, CIC.

quālislĭbĕt, *quālĕlĭbĕt*, adj. indéf., te qu'on voudra.

quālisnam, *quālĕnam*, adj. interr., de quelle sorte donc ?

quālĭtās, *ātis*, f., qualité, manière d'être nature.

quālĭtĕr, adv., **1.** interr., de quelle manière ; **2.** rel., ainsi que, comme.

quālum, *i*, n., et **quālus**, *i*, m., corbeille panier.

quam, adv. et conj.,

I adv., à quel point, combien, **1.** devant un positif, *quam valde* : avec quelle force CIC. ; postposé pour renforcer un adj. ou un adv., *mire quam delectat* : il plaît étonnamment ; **2.** devant un superl. , avec ou sans *possum* : *quam maximis potest itineribus* : à marche forcée, *quam celerrime* : le plus rapidement possible, *quam primum* le plus tôt possible.

II conj., **1.** après un comp. d'égalité, er corrél. avec *tam* : *tam bonus quam sapiens* aussi bon que sage ; avec ellipse de *tam* homo non, quam isti sunt, gloriosus* : un homme moins vantard que ces gens-ci CIC. ; **2.** ap. un comp. de supériorité, *major quam* : plus grand que ; *acrior quam pertinacior* : plus violent que durable LIV. ; *major quam ut, quam qui* + subj. trop grand pour, *major quam pro* + abl.

même sens ; avec comp. ss.-ent., *pacem quam bellum probabam* : j'approuvais la paix plutôt que la guerre, TAC. ; **3.** ap. les adj. num. et ordinaux et les adj. de multiplication : de ce que, que, *duplex quam* : double de ce que, *multiplex quam pro numero damnum est* : le dommage est plus considérable que le nombre ne le comportait, LIV. ; **4.** avec expr. temporelle, *postero die quam, postridie quam* : le lendemain du jour où.

quamdĭū (quam dĭū), adv., **1.** interr., combien de temps ?, *quam diu etiam furor iste tuus nos eludet ?* : pendant combien de temps encore ta folie furieuse se jouera-t-elle de nous ?, CIC. ; depuis quand ? ; **2.** rel., aussi longtemps que, tant que.

quamdūdum (quam dūdum), adv. interr., depuis combien de temps ?

quamlĭbĕt (~lŭbĕt), adv., **1.** autant qu'on veut, à loisir, à discrétion ; **2.** quelque… que ; quoi que.

quămŏbrĕm (quăm ŏb rĕm), adv. et conj., **1.** interr., pour quelle raison ? **2.** rel., pourquoi, *multæ sunt causæ ~* : il y a beaucoup de raisons pourquoi, TÉR. ; **3.** conj., c'est pourquoi.

quamquăm (quanquăm), (= *quam quam,* à quelque degré que), adv. et conj., **1.** conj., quoique, bien que, le plus souv. + ind. ; **2.** adv., pour apporter en tête de phrase une atténuation à ce qui vient d'être dit : quoique à la rigueur, et pourtant, mais du reste, *~ quid loquor ?* : mais, qu'est-ce que je dis là ?, CIC.

quamvīs, adv. et conj., **1.** adv., autant qu'on voudra, autant que ; + superl., *~ vitiosissimus* : aussi détestable que l'on veut ; + adj. pour marquer une concession : je veux bien ; **2.** conj., a) + adj. ou adv., quelque… que, en gén. + subj, qqf. + ind. ; avec *licet* : *~ licet insectemur* : nous pouvons bien les attaquer (les stoïciens) tant que nous voudrons, pourtant…, CIC. ; b) = *quamquam,* + ind., bien que (post-class.).

quānam, adv. interr., par où donc ? par quel moyen donc ?

quandō, adv. et conj.,
I adv., **1.** interr., quand ?, à quelle époque ? (dir. et indir.) ; **2.** indéf., = *aliquando* (ap. *si, nisi, ne, num*), *si ~* : si parfois, si jamais.
II conj., **1.** quand ; **2.** puisque.

quandōcumquĕ, adv. et conj., **1.** conj., toutes les fois que ; **2.** adv., un jour ou l'autre.

quandōquĕ, adv. et conj., **1.** toutes fois que, *indignor, ~ bonus dormitat Homerus* : je suis furieux toutes les fois que le

bon Homère s'assoupit, HOR. ; **2.** du moment que, parce que ; **3.** un jour ou l'autre ; de temps en temps.

quandōquĭdem (~ō~), conj., puisque.

quantī, V. *quantus.*

quantillus, *a, um,* combien petit.

quantĭtās, *ātis,* f., quantité.

quantō, V. *quantus.*

quantŏpĕrĕ ou **quantō ŏpĕrĕ,** adv., combien ; en corrél., *tantopere… quantopere* : autant… que ; *quantopere… tantopere* : autant…, autant.

quantŭlus, *a, um,* combien petit, *quantulum quantulum* : si peu que ce soit ; subst. n., *quantulum, i,* **1.** interr., combien peu ? ; **2.** rel., aussi peu que.

quantŭluscumquĕ, *ăcumquĕ, umcumquĕ,* quelque petit que ; si petit que ; n. adv., si peu que, *quantulumcumque dicebamus* : si faible que fût notre talent oratoire, CIC.

quantum, V. *quantus.*

quantumvīs, adv. et conj., **1.** adv., autant qu'on voudra ; très ; **2.** conj., V. *quamvis* : quoique, tout… que.

quantus, *a, um,* **1.** interr. et excl., combien grand, quel, *quantum adiit periculum !* : quel grand danger il a affronté ! **2.** rel. (avec ou sans *tantus*), aussi grand que ; **3.** n. adv., *quantum,* a) combien ?, combien ! ; b) autant que, *quantum in me est* : autant qu'il est en moi, CIC. ; c) renforce *mirum, immane, immensum, nimium* : *id mirum quantum profuit* : cette mesure fut merveilleusement utile, LIV. ; **4.** *quanti,* gén. de prix, a) à quel prix ; b) aussi cher que ; c) à qq. prix que ce soit ; **5.** *quanto,* avec un comp., a) combien ? combien plus ?, *quanto præstat !* : combien il vaut mieux ! ; b) autant que, *quanto magis…, tanto magis* : plus…, plus ; **6.** *quantus quantus,* V. *quantuscumque* ; **7.** rar. et poét., = *quot* : *milia quanta* : combien de milliers, PROP.

quantuscumquĕ, *ăcumquĕ, umcumquĕ,* **1.** rel., si grand que, *quantumcumque possum* : autant que je peux ; **2.** indéf., de n'importe quelle grandeur (grande ou petite).

quantuslĭbĕt, *ălĭbĕt, umlĭbĕt,* aussi grand qu'on veut.

quantusvīs, *ăvīs, umvīs,* aussi grand qu'on voudra.

quāproptĕr, adv., **1.** interr. ou rel., pourquoi ; **2.** conj., c'est pourquoi.

quāquā, adv., rel. et indéf., de quelque manière que ; dans tous les sens ; partout où.

quārē, adv. et conj., **1.** interr., pourquoi ? ; **2.** rel., par quoi ; **3.** conj., c'est pourquoi.

quarta, *æ,* f., (ss.-ent. *pars*), le quart.

quartădĕcŭmāni, *ōrum*, m. pl., soldats de la 14ᵉ légion.

quartānus, *a, um*, du quatrième jour ; *quartana (febris)* ou subst. f., *quartana, æ*, fièvre quarte ; subst. m. pl., *quartani, orum*, soldats de la 4ᵉ légion.

quartārĭus, *ĭi*, m., 1. le quart d'une mesure (ex., un *sextarius*) ; 2. pièce d'or valant le quart d'un *aureus* ; 3. muletier à quart de solde.

quartō, V. *quartus*.

quartum, V. *quartus*.

quartus, *a, um*, 1. quatrième, *quarta pars* : le quart ; 2. subst. m., *quartus, i*, a) ss.-ent. *liber* : le quatrième livre ; b) ss.-ent. *lapis* : la quatrième borne ; c) ss.-ent. *dies* : le quatrième jour ; 3. subst. f., *quarta, æ*, a) ss.-ent. *pars* : le quart ; b) ss.-ent. *hora* : la quatrième heure (entre 8 et 10 heures du matin) ; 4. subst. n., *quartum, i*, le quart ; n. adv., *quartum*, pour la quatrième fois ; 5. *quarto* : même sens.

quartusdĕcĭmus ou **quartus dĕcĭmus**, *quarta dĕcĭma, quartum dĕcĭmum*, quatorzième.

quăsĭ, (*quam si*, cf. chez Plaute *magis quasi* : plus que si), conj. et adv.,
I conj., 1. comme si, a) + subj., en corrél. avec *proinde, perinde*, etc. ; b) avec part., ~ *confecto bello* : comme si la guerre était achevée ; 2. = *ut* : comme, de même que.
II adv., 1. pour ainsi dire ; 2. à peu près.

quăsillus, *i*, m., et **quăsillum**, *i*, n., petite corbeille (en gén.) ; corbeille à laine.

quassātĭo, *ōnis*, f., 1. ébranlement, secousse ; 2. action de frapper sur un instrument.

quasso, *ās, āre*, 1. tr., secouer, brandir ; briser, endommager ; ébranler, affaiblir ; 2. intr., branler, trembler.

quassus, *a, um*, 1. V. *quatio* ; 2. adj., cassé, affaibli ; brisé, renversé.

quătĕfăcĭo, *ĭs, ĕre, fēci, factum*, tr., fig., ébranler.

quătĕnŭs, adv. et conj., 1. jusqu'à quel point (interr. indir.) ; 2. pendant combien de temps ? ; 3. dans la mesure où ; 4. puisque.

quătĕr, adv., quatre fois.

quăternārĭus, *a, um*, quaternaire, composé de quatre.

quăterni, *æ, a*, (gén. pl., *quaternum*), adj. num. distr., quatre par quatre, quatre à la fois ou chaque fois, *cenare quaternos* : dîner par lits de quatre ; *quaternæ centesimæ* : 4% (par mois).

quătĭo, *ĭs, ĕre, quassum*, tr., 1. secouer, agiter ; 2. frapper, ébranler ; 3. pousser, chasser ; 4. battre, ébranler, brandir ; 5. émouvoir, troubler.

quattŭŏr (**quătŭŏr**), adj. num. indécl., quatre.

quattŭordĕcim, indécl., quatorze ; *sedere in ~ ordinibus* : être chevalier (avoir un siège dans les quatorze bancs réservés au théâtre), Suét.

quattŭorvĭri, *ōrum*, m. pl., les quatre premiers magistrats d'un municipe ou d'une colonie.

~quĕ, partic. enclitique : et, 1. se place ordin. ap. le second mot des t. coordonnés, *senatus populusque Romanus* : le sénat et le peuple romains ; 2. réuni au dernier t. d'une énumération, *mulieres, senes puerique* : les femmes, les vieillards et les enfants ; 3. avec valeur explicative : c'est-à-dire, *Italiam… Laviniaque venit litora* : il vint en Italie, aux rivages de Lavinium, Virg. ; 4. avec valeur augmentative : et même, *deni duodenique* : par dix et même par douze, Cés. ; 5. avec valeur conséc. : et par suite, *in inopia et fame, summæque annonæ caritate* : dans une période de disette et de famine, et donc d'extrême cherté des vivres, Cic. ; 6. *itemque* : et aussi ; *vicissimque* : et pareillement, en retour.

quĕmadmŏdum ou **quĕm ăd mŏdum**, adv. et conj., 1. interr. dir., comment ? ; 2. interr. indir., comment, de quelle façon ; 3. rel., ainsi que, comme ; en corrél. avec *ita, sic* : de même que, … ainsi ; 4. ainsi, par exemple.

quĕo, *īs, īre, quīvi (ĭi), quītum*, tr., pouvoir, être en état de ; employé surt. nég., *non queo* : je ne peux pas (= *nequeo*) ; au passif avec un inf. passif, *nosci non quita est* : elle n'a pu être reconnue, Tér.

quercĕus, *a, um*, de chêne.

quercŭs, *ūs*, f., chêne, couronne en feuilles de chêne ; gland.

quĕrēla (**~ella**), *æ*, f., 1. plainte, lamentation ; 2. chant plaintif ; 3. au pl., *querelæ, arum*, plaintes, réclamations ; 4. plainte en justice ; 5. affection, maladie.

quĕrĭbundus, *a, um*, plaintif ; qui se plaint.

quĕrĭmōnĭa, *æ*, f., 1. plainte, cri de douleur, regrets ; 2. plainte, grief ; 3. querelle, brouille.

quĕrĭtor, *āris, āri*, intr., se plaindre beaucoup.

quernĕus et **quernus**, *a, um*, de chêne.

quĕror, *ĕris, i, questus sum*, intr. et tr., 1. se plaindre de, avec acc. ou *de* + abl. ; avec prop. inf. ou *quod* + ind. ou subj. : de ce que ; *cum aliquo, apud aliquem* : auprès de qqn. ; 2. crier, gémir (surt. oiseaux) ; 3. se plaindre (en justice).

querquĕdŭla, æ, f., sarcelle.

querquĕra (febris), æ, f., fièvre avec frissons.

Querquĕtŭlānus, a, um, de la forêt de chênes, ~ mons : colline près de Rome, appelée plus tard mont Cælius ; Querquetulana porta : la porte Querquétulane, à Rome, entre le Cælius et l'Esquilin.

querquĕtum, i, n., chênaie, forêt de chênes.

quĕrŭlus, a, um, **1.** plaintif, gémissant ; **2.** qui se plaint, chagrin, maussade.

questĭo, ōnis, f., plainte ; questiones : passages pathétiques, Cɪᴄ.

① **questus**, a, um, V. queror.

② **questŭs**, ūs, m., **1.** plaintes ; **2.** reproche ; **3.** chant plaintif du rossignol.

① **quī**, quæ, quŏd, (quŏ-i),

I pron.-adj. rel., qui, que, lequel, laquelle (s'accorde en genre et en nombre avec le nom – l'antécédent – auquel il se rapporte, mais se met au cas voulu par sa fonction dans la prop. rel. qu'il introduit), Germani qui trans Rhenum incolunt : les Germains qui habitent au-delà du Rhin ;

A. rapports du rel. avec son antéc. : **a)** antéc. répété, erant itinera duo, quibus itineribus domo exire possent : il y avait deux routes qui leur permettaient de sortir de leur pays ; **b)** antéc. apposé, fines Carnutum, quæ regio Galliæ media habetur (= regio quæ) : le territoire des Carnutes, contrée qui est considérée comme le centre de la Gaule ; **c)** antéc. « attiré » dans la rel. placée av. lui, quas scripsisti litteras, eæ mihi jucundissimæ fuerunt (= litteræ quas) : la lettre que tu as écrite m'a été très agréable ; **d)** antéc. ss.-ent., quod dicis probo : j'approuve ce que tu dis ; errat qui putat : celui qui pense… se trompe, c'est se tromper que de penser… ;

B. attraction en genre et en nombre du rel. avec son attr., de règle seul. si la prop. rel. est accessoire, Alesia, quod est oppidum Mandubiorum : Alésia, qui est la place forte des Mandubiens, animal quem vocamus hominem : l'être vivant que nous appelons homme ;

C. rel. de liaison : qui = et is : et il ; qui = is enim : en effet, il ; = is autem : or, il ; = is igitur : donc, il ; ex., ad te scripsi ; quas litteras non accepisti : Je t'ai écrit mais tu n'as pas reçu cette lettre ;

D. prop. rel. au subj., **a)** de but ou conséc., qui = ut is (ego, tu) : afin que celui-ci (je, tu), de sorte que celui-ci (je, tu) ; **b)** de cause ou concess., qui = cum is (ego, tu), puisque celui-ci (je, tu), quoique celui-ci

(je, tu) ; **3.** de cond., qui = si is : qqf. si quis : si qqn. ;

E. prop. rel. au subj., avec nuances de possibilité ou d'indétermination ; **a)** dignus qui : digne de, dignus est qui imperet : il est digne de commander ; **b)** sunt qui : il y a des gens qui, sunt qui putent : il y a des gens qui pensent ; **c)** nihil est quod : il n'y a aucune raison pour que, quid est quod ? : quelle raison y a-t-il pour que ? ; **d)** is qui : tel qu'il, homme à ; **e)** major quam qui : trop grand pour ; **f)** expr. restrictives, qui quidem, qui modo : qui du moins ; omnium, quos quidem noverim, doctissimus : le plus savant, de tous ceux du moins que je connaisse.

II pron.-adj. interr. (quod toujours adj.), qui ? quel ? lequel ? laquelle ?, qui esset ignorabas : tu ignorais ce qu'il était, Cɪᴄ.

III pron.-adj. indéf. (quod toujours adj.), quelque, quelqu'un, quelque chose (ap. si, nisi, ne, num, cum, an), si qui cantet : si qqn. chantait, Cɪᴄ.

② **quī** (anc. abl. de qui rel. et de quis interr.), adv., **1.** rel., en quoi, par quoi, comment, nihil ut esset qui distingueretur pallor ille : si bien qu'il n'y avait rien par quoi on pût distinguer (aucun moyen de distinguer) cette pâleur, Cɪᴄ. ; **2.** interr. (dir. et indir.), comment ? en quoi ? pourquoi ?, qui fit ut ? : comment se fait-il que ? ; **3.** indéf., en quelque manière, qui illi di irati ! : que les dieux soient irrités contre lui !

quĭă, conj., parce que (le plus souv. + ind.), souv. en corrél. : eo, idcirco, propterea, ob hoc ~ : par cela, pour cette raison que.

quĭănăm, adv. interr., pourquoi donc ?

quĭănĕ, adv. interr., est-ce parce que ?

quĭbam, **quĭbo**, impf. et fut. de queo.

quicquam, **quicquid**, V. quisquam, quisquis.

quīcum, = cum quo, Cɪᴄ.

quīcumquĕ, quæcumquĕ, quodcumquĕ, pron.-adj. rel. indéf., **1.** pron., qui que ce soit qui, quiconque ; au pl., quicumque : tous ceux qui ; quæcumque : tout ce qui, tout ce que ; **2.** adj., n'importe quel ; tout… qui.

quīcumvīs, = cum quovis, avec n'importe quoi, Pʟ.

quid, V. quis.

quĭdam, quædam, quoddam (adj.) et quiddam (pron.), pron.-adj. indéf., certain, un certain ; un, une (désigne qqn. ou qqch. de réel et qu'on pourrait faire préciser), quidam venit : un homme est venu, vir quidam, Rufus nomine : un homme du nom de Rufus ; adj., une sorte de (sens fréquent), furor quidam : une sorte de folie ; au pl., *quidam putant* : certains pensent (qu'on ne précise pas).

quĭdem, adv., à la vérité ; **1.** prépare une opp. : certes, bien sûr, assurément mais ; **2.** introduit une restriction : du moins, *illis quidem temporibus* : en ces temps-là du moins ; *re quidem verā* : mais en réalité ; **3.** renchérit : et qui plus est ; **4.** *ne... quidem* : a) même pas ; b) non plus, *ne ille quidem venit* : lui non plus n'est pas venu.

quidlĭbĕt, V. *quilibet*.

quĭdnam, V. *quisnam*.

quidnī (**quid nī**), adv. interr., pourquoi ne... pas ?

quidpĭăm, **quidquăm**, V. *quispiam*, *quisquam*.

quidquĕ, **quidquid**, V. *quisque*, *quisquis*.

quĭdum, adv. interr., comment donc ?, Pl.

quidvīs, V. *quivis*.

quĭens, *entis*, V. *queo*.

quĭēs, *ētis*, f., **1.** repos ; **2.** sommeil, *quieti se dare, quietem capere* : dormir ; **3.** inaction, paix ; **4.** calme, silence ; **5.** sommeil de la mort.

quĭesco, *ĭs, ĕre, quĭēvi, quĭētum*, intr. et tr., **1.** se reposer, être inactif ; **2.** dormir ; **3.** rester calme, rester tranquille ; s'abstenir ; **4.** tr., faire cesser, cesser.

quĭētē, adv., [*~tius, ~tissime*], tranquillement, paisiblement.

quĭētus, *a, um*, [*~tior, ~tissimus*], **1.** en repos, calme, tranquille ; **2.** inactif, neutre, indifférent ; **3.** endormi.

quĭēvi, V. *quiesco*.

quĭi, V. *queo*.

quīlĭbĕt, *quælĭbĕt, quodlĭbĕt* (adj.) et *quidlĭbĕt* (pron.), pron.-adj. indéf., n'importe qui, n'importe quel, n'importe quoi.

quīlŭbet, V. *quilibet*.

quīn (*qui ne*), adv. et conj.,
I adv., **1.** comment ne... pas ? pourquoi ne... pas ? que ne ? ; **2.** allons !, *quin me aspice !* : allons ! regarde-moi ; **3.** *quin ou quin etiam* : bien plus ; **4.** avec subj., et sens conséc. : qui ne... pas, *nihil est quin intereat* : il n'est rien qui ne meure.
II conj. + subj., **1.** ap. vb. d'empêchement, *facere non possum quin* : je ne puis m'empêcher de ; **2.** ap. vb. de doute, *non dubito, quis dubito quin* : je ne doute pas que, qui doute que.

quīnăm, *quænăm, quodnăm*, pron.-adj. interr. (*quodnam* seul. adj.), qui donc, quel donc ? ; qqf., = *uter* ? : lequel des deux ?

quīnārĭus, *a, um*, de cinq ; de cinq pouces ; subst. m., *quinarius, ii*, demi-denier.

Quinctĭānus (**~tĭus**), *a, um*, de Quinctius Cincinnatus ‖ **Quinctĭus**, *ĭi*, m., nom d'une famille rom., not. L. Quinctius Cincinnatus, le dictateur, et T. Quinctius Flamininus, vainqueur de Philippe, roi de Macédoine.

quincunx, *uncis*, m., **1.** les cinq douzièmes (d'un as, d'un jugère, etc.) ; **2.** quinconce (disposition des cinq points du dé).

quindĕcĭens (**~ĭēs**), adv., quinze fois ; *HS quindeciens pecunia* : somme d'un million cinq cent mille sesterces.

quindĕcim, indécl., quinze.

quindĕcimprīmī, *ōrum*, m. pl., les quinze premiers sénateurs (ou curions) d'un municipe.

quindĕcimvĭrālis, *e*, adj., de quindécimvir.

quindĕcimvĭri, *um* ou *ōrum*, m. pl., **1.** quindécimvirs (magistrats gardiens des livres sibyllins) ; **2.** commission de quinze membres chargés d'une administration quelconque.

quīnĕ, *quænĕ, quodnĕ*, pron. rel. interr., est-ce celui qui, celle qui ?, *quine* (= *iine qui*) *putetis*, êtes-vous gens à croire ?, Hor.

quīnĕtĭam, V. *quin*.

quingēnārĭus, *a, um*, de cinq cents (chacun).

quingēni, *æ, a*, **1.** distr., cinq cents chacun, cinq cents chaque fois ; **2.** cinq cents.

quingentēsĭmus, *a, um*, cinq centième.

quingenti, *æ, a*, cinq cents ; grand nombre indéterminé, comme « mille » en français.

quingentĭens (**~ĭēs**), adv., cinq cents fois.

quīni, *æ, a*, **1.** distr., cinq chacun, cinq chaque fois ; **2.** cinq (en multiplication) : *quater quinis minis = viginti minis*, à quatre fois cinq mines = au prix de vingt mines, Pl. ; **3.** au sg., *annorum lex quina vicenaria* : la loi des vingt-cinq ans (limite d'âge inférieure pour avoir le droit d'emprunter).

quīnī dēni, *quīnæ dēnæ, quīna dēna*, adj. num. distr., quinze chacun.

quīnī vīcēni, *quīnæ vīcēnæ, quīna vīcēna*, adj. num. distr., vingt-cinq chacun, chaque fois.

quinquāgēnārĭus, *a, um*, de cinquante.

quinquāgēnus, *a, um*, de cinquante chaque fois ; au pl., *quinquageni, æ, a*, **1.** distr., cinquante chacun, cinquante chaque fois ; **2.** cinquante.

quinquāgēsĭmus, *a, um*, cinquantième ; subst. f., *quinquagesima, æ*, impôt du cinquantième, 2%.

quinquāgĭens (**~ĭēs**), adv., cinquante fois.

quinquāgintā, adj. num. indécl., cinquante.

Quīnquātrĭa, *ĭum*, n. pl., V. *Quinquatrus*.

Quinquātrūs, *ŭum*, f. pl., Quinquatries, **1.** grandes Quinquatries (fêtes en l'honneur de Minerve qui avaient lieu cinq jours ap. les Ides de mars) ; **2.** petites Quinquatries (~ *minores* ou *minusculæ*), cinq jours ap. les Ides de juin.

① **quinquĕ**, adj. num. indécl., cinq.

② **quinquĕ** = *et quin*, et que ne... pas.

quinquennālis, *e*, adj., **1.** quinquennal, qui a lieu tous les cinq ans ; **2.** qui dure cinq ans ; subst. m., *quinquennalis, is*, a) magistrat quinquennal, espèce de censeur, dans les municipes et les colonies ; b) *decurionum quinquennales* : chefs du collège de décurions quinquennaux (prêtres d'Isis du grade le plus élevé), Apul.

quinquennis, *e*, adj., **1.** âgé de cinq ans ; **2.** quinquennal ; subst. n. pl., *quinquennia, ium*, jeux célébrés tous les cinq ans.

quinquennĭum, *ĭi*, n., espace de cinq ans ; lustre.

quinquĕprīmi ou **quinquĕ prīmi**, *ōrum*, m. pl., les cinq premiers magistrats d'un municipe.

quinquĕrēmis, *is*, f., navire à cinq rangs de rames, quinquérème.

quinquĕvĭr, *vĭri*, m., ordin. au pl.

quinquĕvĭri, *ōrum*, commission de cinq magistrats chargés de certaines fonctions administratives.

quinquĕvĭrātŭs, *ūs*, m., quinquévirat, charge du quinquévir.

quinquĭēs (**~ĭens**), adv., cinq fois.

quinquĭplĭco, *ās, āre*, tr., quintupler.

quintădĕcĭmāni (**~dĕcŭmāni**), *ōrum*, m. pl., soldats de la 15ᵉ légion.

quintāna (**vĭa**), *æ*, f., rue transversale du camp romain, derrière le *prætorium*, où se tenait le marché.

quintāni, *ōrum*, m. pl., soldats de la 5ᵉ légion.

quintānus, *a, um*, qui est le cinq en cinq.

Quintĭlĭānus, *i*, m., M. Fabius Quintilianus, Quintilien, célèbre professeur de rhétorique, maître de Pline le Jeune et de Juvénal (Iᵉʳ s. ap. J.-C.).

Quintĭlis, *e*, adj., relatif au cinquième mois (à partir de mars), ~ (*mensis*) : le mois de Quintilis (juillet).

Quintĭlĭus, *ĭi*, m., nom d'une famille rom., not. Quintilius Varus, poète de Crémone, ami d'Horace, et Quintilius

Varus, proconsul en Syrie, anéanti avec son armée par Arminius en Germanie.

quintō et **quintum**, V. *quintus*.

quintus, *a, um*, cinquième, *quinta pars* : la quintessence (la partie la plus fine) ; n. adv., *quinto, quintum* : pour la cinquième fois.

Quintus, *i*, m., Quintus, prénom rom., abrégé en Q.

quintus dĕcĭmus, *quinta dĕcĭma, quintum dĕcĭmum*, quinzième.

quippĕ (*quid-pe*, pourquoi donc ?), adv. et conj., **1.** assurément, bien sûr ; **2.** car, en effet ; **3.** avec conj. marquant la cause, *quippe cum, quia, quando*, puisque ; **4.** *quippe qui* + subj., bien sûr lui qui, puisqu'il ; *quippe qui* (adv. indéf.), chez Plaute et Térence = *quippe* ; **5.** avec un part. : parce que.

quippĭăm, V. *quispiam*.

quippĭnī, **quippĕnī**, adv., pourquoi non ? ext., oui, Pl., Apul.

quīquī, abl. arch. de *quisquis*, de quelque manière que, à quelque prix que.

Quĭrīnālĭa, *ĭum*, n. pl., Quirinales, fêtes en l'honneur de Romulus, célébrées le 17 février ‖ **Quĭrīnālis**, *e*, adj., de Quirinus (Romulus) ; ~ *mons* ou *collis*, le Quirinal, une des collines de Rome ‖ **Quĭrīnus**, *a, um*, ~ *collis*, le Quirinal ‖ **Quĭrīnus**, *i*, m., Quirinus, **1.** nom de Romulus divinisé ; **2.** nom donné à Janus ; **3.** nom donné à Antoine ; **4.** nom donné à Auguste.

Quĭris, *ītis*, (cf. *Cures*), m., natif de Cures, sabin ; citoyen rom. ‖ **Quĭrītes**, *ĭum* ou *um*, m. pl., **1.** l'élément sabin fondu dans la population romaine ; **2.** les citoyens romains en tant que simples particuliers ; *jus Quiritium* : le droit romain, le droit civil ; **3.** épith. péj. adressée par César à ses soldats : « bourgeois ».

quĭrīto, *ās, āre*, intr., **1.** crier au secours, appeler à l'aide ; gémir, se plaindre ; **2.** appeler, invoquer les citoyens.

① **quīs** (ou **qui**), *quæ, quod* (pron.) et *quod* (adj.), pron.-adj. interr., **1.** pron. interr. dir. et indir., qui, lequel, laquelle ; *quid* : a) quelle chose, quoi ; adv., pourquoi ?, à quoi bon ? ; b) eh quoi ? ; répété dans une énumération pressante : et ?, et ? ; c) *quid quod* : que dire encore de ceci que ; d) *quid est quod ?* : quelle raison ou a-t-il pour que ? **2.** adj. interr., *quis senator ?* : quel sénateur ?

② **quĭs** (ou **qui**), *quæ* ou *qua, quid* (pron.) et *quod* (adj.), pron.-adj. indéf., quelque, quelqu'un, quelque chose (le plus souv. ap. *si, nisi, ne, num*), *ne quid nimis* : rien de trop, Tér.

③ **quīs**, dat.-abl. pl. arch. de *qui*.

quisnăm, *quidnăm*, pron., **1.** interr., qui donc ?, quoi donc ? ; **2.** indéf., ap. *num*, quelque chose.

quispĭăm, *quæpĭăm*, *quidpĭăm* ou *quippĭăm* (pron.) et *quodpĭăm* (adj.), pron.-adj. indéf., quelqu'un, quelque, quelque chose, *quispiam dicet* : qqn. dira, *si alius quispiam* : si qqn. d'autre, Cic.

quisquăm, *quæquăm*, *quidquăm* (ou *quicquăm*), pron.-adj. indéf., quelque, quelqu'un, quelque chose ; souv. avec sens nég., personne, rien, *nec quisquam* : et personne ; *nec quidquam* : et rien ; *si quisquam* : plus que tout autre.

quisquĕ, *quæquĕ*, *quidquĕ* (pron.) et *quodquĕ* (adj.), pron.-adj. indéf., **1.** chacun, chaque, *sua quemque trahit voluptas* : chacun suit son plaisir ; *pro se quisque* : chacun pour soi ; avec superl., *optimus quisque* : tous les meilleurs ; avec adj. ordinal, *decimus quisque* : un sur dix, tous les dix ; *quinto quoque anno* : tous les cinq ans ; **2.** rar. rel., = *quicumque*.

quisquĭlĭa, *ōrum*, n. pl., ou **quisquĭlĭæ**, *ārum*, f. pl., **1.** brins de bois mort, feuilles sèches ; **2.** déchet, rebut.

quisquis, pron.-adj., *quidquid* ou *quicquid*, pron., **1.** rel., qui que ce soit qui, quiconque ; **2.** indéf., n'importe quel, quelconque, *quoquo modo* : de toute façon.

quīvi, V. *queo*.

quīvīs, *quævīs*, *quidvīs* (pron.) et *quodvīs* (adj.), pron.-adj. indéf., n'importe quel, quiconque, *cujusvis hominis est errare* : tout le monde peut se tromper, Cic.

quīviscumquĕ, *quæviscumquĕ*, *quodviscumquĕ*, V. *quivis*.

quō, **1.** abl. de *quid*, *quo loci*, *quo locorum* : en quel endroit ; **2.** adv. de lieu avec mvt., a) interr. dir. et indir. : où, jusqu'où, à quoi ; b) indéf., quelque part ; c) rel., où, *locus quo aditus non erat* : un lieu auquel il n'y avait pas accès ; **3.** abl. de *quod*, a) rel. de liaison, = *et eā re*, *eā re autem* : et c'est pourquoi ; *quo factum est ut* : il s'ensuivit que ; b) adv. en corrél. avec *eo*, *hoc* et un comp. : d'autant que, *eo magis… quo*, d'autant plus que ; *quo magis… eo magis* : plus…, plus ; c) conj., = *ut eo*, afin que par là (devant un comp.) ; d), *non quo* + subj., *sed quia* + ind. : non que…, mais parce que ; *non quo… sed ut* : non que…, mais pour que.

quŏăd, adv., conj. et prép., **1.** adv. interr. et rel., a) interr., jusqu'à quel point, jusqu'où ? ; b) rel., jusqu'où ; **2.** conj., a) aussi longtemps que, *quoad vixit* : tant qu'il a vécu ; b) jusqu'à ce que ; **3.** prép. + acc., pour ce qui est de, quant à.

quōcircā, adv., c'est pourquoi, en conséquence.

quōcumquĕ, adv. de lieu avec mvt., **1.** rel., partout où ; **2.** indéf., n'importe où.

① **quŏd**, V. *qui* et *quis* ① et ②.

② **quŏd**, adv. rel. et conj.,
I adv. rel., quant à ce fait que, *qui[d] quod ?* : et que dire du fait que.
II conj., **1.** ce fait que, *multum ei detraxi[t] quod alienæ erat civitatis* : le fait qu'il étai[t] d'un pays étranger lui fit beaucoup d[e] tort, Nép. ; *adde quod* : ajoute que ; **2.** + ind. : parce que (cause réelle) ; - subj. : parce que, dit-on (cause allégué[e] ou prétextée), *Aristides nonne ob eam cau[-]sam expulsus est, quod præter modum jus[-]tus esset ?* : Aristide ne fut-il pas exil[é] sous prétexte qu'il était trop juste ? Cic. ; **3.** ap. vb. de sentiment : de ce que, en ce que (+ ind. ou subj.), *gaudeo quo[d] vales* : je me réjouis de ce que tu te porte[s] bien ; *gaudet quod valeas* : il se réjouit à l[a] pensée que tu te portes bien ; **4.** + comp. *quod* : d'autant plus que, *quo[?] destior (est) quod doctus est* : il est d'autan[t] plus modeste qu'il est instruit ; **5.** expr[.] courantes, a) nuance d'indéterminatio[n] et de possibilité (+ subj.) : *nihil est quod* il n'y a rien qui ; *est quod* : il y a une raison pour que ; *quid est quod ?* : quelle raison y a-t-il pour que ? ; b) nuance res[-]trictive, *quod sciam* : que je sache, *quo[d] meminerim* : autant que je m'en sou[-]vienne ; c) *quod si*, *quod nisi*, *quod quia[?]*, *quod ubi* (*quod*, anc. rel. de liaison ne s[e] traduit pas).

quōdammŏdō ou **quōdam mŏdō**, adv., en quelque sorte, en quelque façon.

Quŏdsēmĕlărrĭpĭdēs, *æ*, m., « l'homm[e] qui garde ce qu'il a saisi une fois », mo[t] burlesque de Plaute.

quŏlĭbĕt, adv. de lieu avec mvt., n'im[-] porte où, partout où l'on voudra.

quŏm, V. *cum*, conj.

quōmĭnus, conj., **1.** ap. vb. d'empêche[-] ment, *quid obstat quominus sis beatus ?* qu'est-ce qui empêche que tu sois heu[-] reux ? ; **2.** pour que… ne… pas, pour em[-] pêcher que, *deest aliquid quominus* : il manque quelque chose pour que.

quōmŏdŏ, adv., **1.** interr., comment (dir[.] et indir.) ; **2.** rel., de la manière dont comme ; **3.** en corrél., *quomodo… sic* ou *ita* : de même que…, de même.

quōmŏdŏcumquĕ, adv., **1.** rel., de quelque manière que ; **2.** indéf., de tout[e] manière.

quōnăm, adv. interr., où donc (ave[c] mvt.), *quonam usque ?* : jusqu'où donc ?

quondăm, adv., **1.** à un certain moment, une fois ; autrefois, jadis ; **2.** un jour à venir ; **3.** parfois.

quŏnĭăm, conj., **1.** après que ; **2.** ordin., puisque, comme.

quōpĭăm, adv., quelque part (avec mvt.).

quōquăm, adv., quelque part (avec mvt.).

① **quŏquĕ**, adv., aussi (jamais en tête de phrase, mais ap. le mot qu'il souligne).

② **quŏquĕ**, abl. de *quisque*.

③ **quŏquĕ** = *et quo*.

① **quŏquō**, adv., rel. indéf., en quelque lieu que (avec mvt.), de quelque côté que.

② **quŏquō**, abl. de *quisquis*.

quŏquōmŏdŏ ou **quŏquō mŏdō**, adv., **1.** rel., de quelque manière que ; **2.** indéf., de toute manière.

quŏquōversŭs (~vorsŭs, ~versum, ~vorsum), adv., de tous côtés ; en tous sens.

quorsum, (quorsŭs), adv. interr., **1.** dans quelle direction ?, de quel côté ? ; **2.** fig., dans quel but ?

quŏt, pron.-adj. pl. indécl., **1.** excl., interr. dir. et indir., combien (nombre) ; **2.** rel., aussi nombreux que, autant que, *quot homines, tot sententiæ* : autant d'hommes, autant d'opinions.

quŏtannis (quŏt annis), adv., tous les ans.

quotcumquĕ, adj. pl. indécl., quelque nombreux que.

quŏtēni, *æ, a*, adj. distrib. interr., combien chaque fois ? ; combien pour chacun ?

quŏtīdĭānō (tempŏre), adv., chaque jour, journellement.

quŏtīdĭānus (cōtīd~, cottīd~), *a, um*, **1.** quotidien, journalier ; **2.** familier, habituel, vulgaire.

quŏtīdĭē (cōtīd~, cottīd~), adv., tous les jours, chaque jour.

quŏtĭens (~ĭēs), adv., **1.** interr., combien de fois ; **2.** rel. en corrél. avec *totiens* : toutes les fois que.

quŏtĭescumquĕ, adv., toutes les fois que.

quotquŏt, pron.-adj. pl. indécl., **1.** rel., en quelque nombre ; **2.** indéf., tous les, chaque, *quotquot annis* : tous les ans.

quŏtus, *a, um*, adj. interr. dir. et indir., en quel nombre, *hora quota est ?* : quelle heure est-il ?

quŏtuscumquĕ, *ăcumquĕ, umcumquĕ*, pron.-adj. rel. indéf., en quelque nombre que ; si petite que soit (la fraction).

quŏtusquisquĕ, *quæquĕ, quodquĕ*, pron. interr., combien peu ?

quŏusquĕ, adv., **1.** jusqu'où, jusqu'à quel point ; **2.** jusques à quand, jusqu'à quand.

quōvis, adv. de lieu avec mvt., où tu voudras, *quovis gentium* : au diable, TÉR.

quŭm, V. *cum*, conj.

R

R, r, f. et n., indécl., **1.** r, dix-septième lettre de l'alph. latin ; **2.** *R,* abr. de *Rufus, Romanus ; R. P. = res publica ;* dans les nombres, représente le chiffre 80, et, surmonté d'un trait, 80 000.

răbĭdē, adv., avec rage, avec fureur.

răbĭdus, *a, um,* **1.** enragé, *os rabidum, rabida ora* : la bouche écumante (de la Sibylle), VIRG. ; **2.** fig., violent, furieux, *rabida fames* : faim dévorante.

răbĭēs, acc. *em,* abl. *ē,* f., **1.** rage (maladie) ; **2.** fig., fureur, frénésie.

răbĭo, *ĭs, ĕre,* intr., être furieux, emporté.

răbĭōsē, adv., avec fureur.

răbĭōsŭlus, *a, um,* un peu furieux.

răbĭōsus, *a, um,* **1.** enragé ; **2.** fig., furieux, emporté.

Răbīrius, *ĭi,* m., Rabirius, nom d'une famille rom., not. C. Rabirius Postumus et C. Rabirius, défendus par Cicéron ; C. Rabirius, poète contemporain de Virgile et d'Ovide.

răbo (rhăbo), *ōnis,* m., abr. iron. de *arrhabo,* chez Plaute, arrhes, gages.

răbŭla, *æ,* m., braillard (en parlant d'un avocat).

racco, V. *ranco.*

răcēmātus, *a, um,* garni de grappes.

răcēmĭfĕr, *fĕra, fĕrum,* **1.** qui porte des grappes ; **2.** qui est en grappes.

răcēmōsus, *a, um,* **1.** qui a de grosses grappes ; **2.** en forme de grappe.

răcēmus, *i,* m., grappe, partie de la vigne.

rădĭans, *antis,* part. adj., rayonnant, radieux.

rădĭātĭo, *ōnis,* f., rayonnement.

rădĭātus, *a, um,* **1.** garni de rais (en parlant d'une roue) ; **2.** rayonnant, brillant (pr. et fig.).

rādīcesco, *ĭs, ĕre,* intr., prendre racine.

rādīcĭtŭs, adv., **1.** de la racine, jusqu'à la racine ; **2.** fig., à fond.

rādīcor, *āris, āri,* intr., prendre racine, pousser des racines.

rādīcōsus, *a, um,* qui a beaucoup de racines.

rādīcŭla, *æ,* f., **1.** petite racine ; **2.** radis.

rădĭo, *ās, āre,* **1.** tr., munir de rayons, rendre rayonnant ; **2.** intr., rayonner.

rădĭŏlus, *i,* m., **1.** petit rayon ; **2.** sorte d'olive ; **3.** sorte de fougère.

rădĭus, *ĭi,* m., **1.** baguette ; baguette de géomètre ; **2.** rayon de roue ; spéc., navette de tisserand ; **3.** rayon lumineux ; **4.** nombreux autres sens : os du bras, espèce d'olive longue, ergot, etc.

rādix, *īcis,* f., **1.** racine ; en part., *~ Syriac* ou *radix* seul : racine comestible, raifort ; **2.** pied, racine ; base, origine.

rādo, *ĭs, ĕre, rāsi, rāsum,* tr., **1.** déchirer, raser ; **2.** raboter, racler, polir ; **3.** gratter, écorcher ; **4.** effleurer, longer.

ræda (rēda), *æ,* f., (mot gaulois), chariot (à quatre roues).

rædārĭus (rēdārĭus), *a, um,* de chariot ; subst. m., *rædarius, ii,* conducteur de chariot, cocher.

Ræti (Rhæti), *ōrum,* m. pl., Rhètes, habit. de la Rhétie ‖ **Rætĭa (Rhætĭa),** *æ,* f., Rhétie, contrée des Alpes orientales, entre le Rhin et le Danube, pays des Grisons ‖ **Rætĭcus, Rætĭus, Rætus,** *a, um,* rhétique, de la Rhétie.

rāia, *æ,* f., raie, poisson.

rallus, *a, um,* à poil ras (étoffe), *ralla tunica* : tunique légère.

rāmāle, *is,* n., bois sec ; ordin. au pl., *ramalia, ium,* branchages.

rāmenta, *æ,* f., ou **rāmentum,** *i,* n., raclure, parcelle ; limaille, paillettes.

rāmĕus, *a, um,* de branches sèches.

rāmex, *ĭcis,* m., **1.** bâton ; **2.** au pl., *ramices* ou *ramites, um,* ramifications, vaisseaux des poumons ; **3.** hernie, varicocèle.

Ramnenses (Rhamnenses), *ĭum,* m. pl., Ramnenses ou Ramnes, une des trois tribus rom. primitives, d'origine latine (les Titienses étaient sabins et les Luceres probablement étrusques), dont Romulus forma les trois centuries de chevaliers ‖ **Ramnes (Rhamnes),** *ĭum,* m. pl., V. *Ramnenses ; celsi ~* : arrogants jeunes chevaliers, HOR.

rāmōsus, *a, um,* [*~sior, ~sissimus*], **1.** branchu ; **2.** multiple, compliqué, *ramosa hydra* : l'hydre aux cent têtes.

rāmŭlus, *i,* m., petite branche.

rāmus, *i,* m., **1.** rameau, branche ; **2.** fig., ramification (mt., fl., etc.) ; **3.** branches symboliques de l'upsilon grec indiquant les directions du vice et de la vertu.

rāna, *æ,* f., **1.** grenouille, *inflat se tamquam ~* : il se gonfle comme la grenouille, APUL. ; **2.** *~ marina* : baudroie

3. ranule, tumeur sous la langue des animaux.

rancĭdē, adv., avec un goût de rance ; désagréablement.

rancĭdus, *a, um*, 1. rance ; 2. déplaisant, désagréable.

ranco, *ās, āre*, intr., feuler (tigre).

rancŏr, *ōris*, m., rancidité ; rancœur.

rānŭla, *æ*, f., 1. petite grenouille ; 2. ranule (tumeur).

rānuncŭlus, *i*, m., 1. petite grenouille (iron. pour un hab. des marais) ; 2. renoncule.

răpācĭtās, *ātis*, f., rapacité ; penchant au vol.

răpax, *ācis*, adj., [*~cior, ~cissimus*], 1. qui ravit, qui emporte ; voleur, pillard ; 2. avec gén., qui s'empare de ; adj. subst. f., *Rapax, acis*, la Rapace, surnom de la 21e légion ; m. pl., *Rapaces, um*, les soldats de cette légion.

răphănīnus, *a, um*, préparé avec du raifort.

răphănus, *i*, m., raifort, radis noir.

răpīcĭus, *a, um*, de raifort ; subst. m. pl., *rapicii, orum*, feuilles de raifort.

răpĭdē, adv., rapidement ; avec la force entraînante d'un torrent.

răpĭdĭtās, *ātis*, f., rapidité du courant d'un fleuve.

răpĭdus, *a, um*, (cf. *rapio*), [*~dior, ~dissimus*], 1. poét., qui entraîne, qui emporte ; 2. rapide, violent, *rapidum venenum* : poison violent, Tac.

① **răpīna**, *æ*, f., 1. rapine, pillage, vol ; 2. butin.

② **răpīna**, *æ*, f., 1. rave ; 2. champ de raves.

răpĭo, *ĭs, ĕre, răpŭi, raptum*, tr., 1. saisir vivement, ~ *arma* : prendre les armes, Virg. ; ~ *flammas* : prendre feu, Ov. ; ~ *colorem* : prendre rapidement une couleur ; 2. entraîner, emporter, ~ *aliquem ad supplicium* : traîner qqn. au supplice, Cic. ; *rapit acer totam aciem in Teucros* : il entraîne avec ardeur toute l'armée contre les Troyens, Virg. ; 3. hâter, *gressus* : le pas, *letum* : la mort, Luc. ; 4. *se* ~ ou *rapi* : se précipiter, être emporté ; 5. dérober, voler, fig., ~ *oscula* : voler des baisers, Hor. ; *spem* : ~ caresser l'espoir, Tac. ; 6. conquérir, prendre d'assaut, *agunt, rapiunt* : on vole, on pille, *castra urbesque* : emporter camps et villes ; 7. fig., entraîner, ~ *aliquem in invidiam* : rendre qqn. odieux, *rapi in invidiam* : se rendre odieux ; *rapi in errorem* : se laisser entraîner dans l'erreur ; *ipsæ res verba rapiunt* : l'argument lui-même entraîne les mots, Cic.

rāpistrum, *i*, n., rave sauvage.

raptim, adv., en hâte, précipitamment.

rapto, *ās, āre*, tr., 1. entraîner ou emporter de force ; 2. saccager.

raptŏr, *ōris*, m., ravisseur, voleur.

raptum, *i*, n., rapine, vol, *rapto gaudere* : se plaire au pillage, Liv.

raptŭs, *ūs*, m., enlèvement, rapt.

răpŭi, V. *rapio*.

rāpŭlum, *i*, n., petite rave.

rāpum, *i*, n., 1. rave, navet ; 2. bulbe d'une racine.

rārē, adv., [*~rius, ~rissime*], 1. d'une manière peu serrée ; 2. rarement.

rārĕfăcĭo, *ĭs, ĕre, fēci, factum*, tr., raréfier.

rārĕfīo, *fīs, fĭĕri, factus sum*, passif du préc., se raréfier.

rāresco, *ĭs, ĕre*, intr., 1. se raréfier ; 2. devenir moins serré, s'espacer ; 3. s'affaiblir.

rārĭtās, *ātis*, f., 1. manque de densité, porosité ; 2. petit nombre, rareté.

rārĭtūdo, *ĭnis*, f., le fait d'être peu serré, porosité.

rārō, adv., [*~rius, ~rissime*], 1. d'une façon clairsemée ; 2. rarement.

rārus, *a, um*, [*~rior, ~rissimus*], 1. peu serré, *retia rara* : filets à larges mailles, Virg. ; 2. espacé, épars, *rari nantes in gurgite vasto* : des naufragés surnageant çà et là sur le gouffre marin, Virg. ; 3. peu nombreux, rare ; 4. rare, remarquable, *rara avis* : oiseau rare (le paon), Hor.

rāsi, V. *rado*.

rāsĭlis, *e*, adj., 1. qu'on peut racler ou polir ; 2. rendu poli.

rāsĭto, *ās, āre*, tr., raser souvent.

rastellus, *i*, m., petit hoyau.

rastĕr, *tri*, m., ordin. au pl., **rastri**, *ŏrum*, et **rastrum**, *i*, n., usité au pl., râteau, bêche, hoyau ; *mihi res ad rastros redit* : je n'ai plus qu'à aller planter mes choux, je suis ruiné, Tér.

rāsūra, *æ*, f., action de racler, de raser, de ratisser.

① **rāsus**, *a, um*, V. *rado*.

② **rāsŭs**, abl. *ū*, m., action de racler.

rătĭo, *ōnis*, f., (cf. *reor*), I 1. compte, calcul, *rationem reddere* : rendre compte ; *ratione inita* : tout compte fait ; fig., *vix ~ iniri potest* : il est à peine possible de calculer ; 2. évaluation, *pro ratione pecuniæ* : en fonction de la fortune ; au pl., *rationes, um*, comptes, *rationes conferre* : remettre des comptes ; 3. concr., registre, liste, ~ *carceris* : registre d'écrou ; 4. affaires, relations commerciales, intérêts, *meæ, tuæ rationes* : mon, ton intérêt ; 5. considération, souci, *rationem habere*, avec gén. ou *ut* + subj. : se soucier, tenir compte de, prendre en compte ; **6.** système, procédé, méthode, *tua ~ est ut* : ta méthode est de, *cogitandi ~* : méthode de pensée, ~ *disserendi* : l'art d'argumenter ; **7.** manière d'être, disposition, *in ratione rerum* : dans la nature des choses ; *eādem ratione* : de la même manière.

II 1. raison, jugement, intelligence, *homo rationis est particeps* : l'homme est doué de raison, Cic. ; **2.** raisonnement, *rationem concludere* : conclure une argumentation ; **3.** théorie scientifique, système, *rei militaris ~* : l'art militaire ; *Epicuri ~* : la théorie d'Épicure.

rătĭŏcĭnātĭo, *ōnis,* f., **1.** calcul, raisonnement ; **2.** syllogisme.

rătĭŏcĭnātŏr, *ōris,* m., calculateur, comptable.

rătĭŏcĭnor, *āris, āri,* intr., **1.** calculer ; **2.** raisonner, conclure ; réfléchir + interr. indir. ou inf.

rătĭŏnābĭlis, *e,* adj., raisonnable, doué de raison.

rătĭŏnālis, *e,* adj., **1.** raisonnable, doué de raison ; **2.** où l'on applique le raisonnement.

rătĭŏnālĭtĕr, adv., raisonnablement ; logiquement.

rătĭŏnārĭum, *ĭi,* n., état ; statistique.

rătis, *is,* f., **1.** radeau ; **2.** pont volant ; **3.** poét., bateau, navire.

rătĭuncŭla, *æ,* f., **1.** petit compte ; **2.** faible raisonnement ; au pl., *ratiunculæ, arum,* subtilités.

rătus, *a, um,* V. *reor,* **1.** sens actif : ayant pensé, pensant, croyant ; **2.** sens passif : a) calculé, compté, *pro ratā parte* : à proportion ; b) réglé, constant ; c) ratifié, valable.

raucĭtās, *ātis,* f., **1.** enrouement ; **2.** son rauque.

raucus, *a, um,* **1.** enroué ; **2.** au son rauque ; fig., assourdi.

Raudĭus, *a, um,* raudien, *Raudii campi* : vaste plaine de l'Italie du N., près de Verceil, où Marius battit les Cimbres.

raudŭs (rōdŭs), *ĕris,* n., morceau de cuivre brut, non travaillé ; au pl., *rodera* ou *rudera, um,* lingots de cuivre servant de monnaie.

rauduscŭlum, *i,* n., **1.** petit lingot de cuivre ; **2.** fig., petite dette.

Raurāci, *ōrum,* m. pl., Rauraques, peuple celtique au N. de la Suisse ‖ **Raurăcum,** *i,* n., Rauracum, cap. des Rauraques, auj. Augst, près de Bâle ‖ **Raurĭc~,** V. *Raurac~.*

Răvenna, *æ,* f., Ravenne, v. de la Gaule Cispadane, sur l'Adriatique ‖ **Răvennās,** *ātis,* adj., de Ravenne ‖ **Ravennātes,** *ĭum,* m. pl., les hab. de Ravenne.

rāvĭdus, *a, um,* un peu gris.

rāvĭo, *īs, īre,* intr., s'enrouer en parlant.

rāvis, *is,* f., enrouement.

rāvus, *a, um,* gris (tirant sur le jaune).

rĕ~ (rĕd~ devant voy. et *h*), préf. indiquant **1.** mvt. en arrière ; **2.** retour à un état préc. ; **3.** répét. de l'action ; **4.** mvt en sens contraire ; annulation.

rĕa, *æ,* f., accusée.

rĕāpsĕ (*re* + *eapse*), adv., = *re ipsa,* en réalité (opp. à *oratione* : en paroles, et à *specie* : en apparence).

Rĕāte, *is,* n., Réate, v. des Sabins, auj. Rieti ‖ **Rĕātĭnus,** *a, um,* de Réate.

rĕbellātĭo, *ōnis,* f., révolte, insurrection.

rĕbellĭo, *ōnis,* f., reprise des hostilités, rébellion, révolte.

rĕbellis, *e,* adj., qui recommence la guerre, rebelle, qui se révolte ; subst. m. pl., *rebelles, ium,* les rebelles.

rĕbello, *ās, āre,* intr., reprendre les armes ; se révolter.

rĕbŏo, *ās, āre,* **1.** intr., répondre par un mugissement ; résonner, retentir ; **2.** tr., faire résonner.

rĕcalcĭtro, *ās, āre,* intr., **1.** se cabrer, regimber ; **2.** + dat., faire opposition à.

rĕcalco, *ās, āre,* tr., fouler de nouveau, ~ *vestigia priora* : revenir sur ses pas, Apul.

rĕcălĕo, *ēs, ēre,* intr., se réchauffer.

rĕcălesco, *ĭs, ĕre, călŭi,* intr., se réchauffer.

rĕcalfăcĭo, *ĭs, ĕre, fēci,* tr., réchauffer.

rĕcalfĭo, *ĭs, fĭĕri, factus sum,* passif du préc., se réchauffer.

rĕcandesco, *ĭs, ĕre, candŭi,* intr., **1.** devenir ou redevenir blanc, blanchir ; **2.** redevenir chaud ; se rallumer.

rĕcăno, *ĭs, ĕre,* intr., **1.** répondre en chantant ; **2.** détruire un enchantement.

rĕcanto, *ās, āre,* tr., **1.** répéter en écho ; **2.** part., *recantatus, a, um,* a) rétracté, désavoué ; b) éloigné par des enchantements.

rĕcāsūrus, *a, um,* part. fut. de *recido* ①.

rĕcēdo, *ĭs, ĕre, cessi, cessum,* intr., **1.** marcher en arrière, se retirer ; **2.** se séparer, s'éloigner de ; **3.** s'écarter, *ab officio* : du devoir ; *ab armis ~* : mettre bas les armes.

rĕcello, *ĭs, ĕre,* **1.** intr., rebondir en arrière ; **2.** tr., faire reculer, ramener en arrière.

rĕcens, *entis,* adj., [~*tior,* ~*tissimus*], **1.** frais, récent, nouveau, *lege hac recenti ac novā* : par cette loi récente et nouvelle, Cic. ; subst. m. pl., *recentiores,* les modernes ; *recens a vulnere Dido* : Didon dont la blessure saigne encore, Virg. ; *recenti re* *recenti negotio* : sur le fait, à l'instant ; **2.** fig., qui n'est pas fatigué, frais, *recentes equi* : des chevaux tout frais ; **3.** n. adv., *recens*, récemment.

rĕcēpi, V. *recipio*.

rĕceptācŭlum, *i*, n., **1.** réceptable, magasin ; **2.** refuge, asile.

rĕceptātĭo, *ōnis*, f., action de reprendre haleine.

rĕceptĭo, *ōnis*, f., action de recevoir, PL.

rĕcepto, *ās*, *āre*, tr., **1.** retirer, reprendre ; **2.** recevoir, donner retraite à, *se* ~ : se retirer.

rĕceptŏr, *ōris*, m., recéleur.

rĕceptrix, *īcis*, f., **1.** recéleuse ; **2.** celle qui reçoit, recueille.

rĕceptum, *i*, n., engagement, promesse.

① **rĕceptus**, *a, um*, **1.** V. *recipio* ; **2.** adj., admis, reçu.

② **rĕceptus**, *ūs*, m., **1.** mil., retraite, *receptui canere* : sonner la retraite ; **2.** fig., rétractation ; **3.** refuge ; **4.** action de reprendre souffle.

rĕcessi, V. *recedo*.

rĕcessim, adv., à reculons.

rĕcessŭs, *ūs*, m., **1.** action de se retirer, de s'éloigner (pr. et fig.) ; reflux ; **2.** refuge, retraite, solitude ; **3.** fond, recoins, *grammatica plus habet in recessu quam fronte promittit* : la grammaire est plus importante au fond qu'elle n'en a l'air, QUINT.

rĕcĭdīvus, *a, um*, qui retombe = qui récidive, d'où : renaissant.

① **rĕcĭdo**, *ĭs, ĕre, reccĭdi* et *rĕcĭdi, rĕcāsum*, (cf. *cado*), intr., **1.** retomber, *in morbum* : dans la maladie, rechuter ; **2.** aboutir à ; arriver.

② **rĕcīdo**, *ĭs, ĕre, cīdi, cīsum*, (cf. *cædo*), tr., **1.** tailler en coupant ; **2.** retrancher, supprimer.

rĕcinctus, *a, um*, V. *recingo*.

rĕcingo, *ĭs, ĕre, cinxi, cinctum*, tr., **1.** dénouer, *zonam* : une ceinture ; **2.** ceindre de nouveau, reprendre.

rĕcĭno, *ĭs, ĕre*, (*re~ + cano*), **1.** intr., sonner à nouveau ; **2.** tr., faire sonner, répéter, chanter en réplique ; **3.** abs., se désavouer.

rĕcĭpĭo, *ĭs, ĕre, cēpi, ceptum*, tr., **1.** rentrer en possession, reprendre, *anhelitum*, PL., *animam, spiritum* ~ : reprendre son souffle, sa respiration ; *se* ~ : se rétablir ; **2.** ramener en arrière, *se* ~ (autre sens) : se replier, battre en retraite ; **3.** tirer, retirer, prendre (pr. et fig.), ~ *ensem* : retirer le fer (de la blessure), VIRG. ; ~ *pecuniam ex +* abl. : retirer de l'argent de, CIC. ; ~ *pœnas ab aliquo* : se venger de qqn. ; **4.** recevoir, accueillir ; **5.** en part., recevoir la soumission de ; **6.** admettre, se charger de ; promettre ; abs., *recipio* : j'en réponds ; **7.** jur., a) recevoir une accusation, la déclarer recevable ; b) se réserver par contrat, PL.

rĕcĭprŏco, *ās, āre*, tr. et intr., **1.** faire aller et venir ; ramener en arrière ; *ista reciprocantur* : ces propositions sont réciproques ; **2.** avoir un mouvement alterné.

rĕcĭprŏcus, *a, um*, qui va et vient, *reciprocum mare* : mer qui reflue.

rĕcīsĭo, *ōnis*, f., action de couper, diminution.

rĕcīsus, *a, um*, **1.** V. *recido* ② ; **2.** adj., diminué, coupé, rogné.

rĕcĭtātĭo, *ōnis*, f., **1.** lecture à haute voix ; **2.** lecture publique.

rĕcĭtātŏr, *ōris*, m., **1.** lecteur ; **2.** auteur qui lit ses ouvrages.

rĕcĭto, *ās, āre*, tr., **1.** lire à haute voix ; **2.** faire une lecture publique ; **3.** prononcer ; déclamer, réciter.

rĕclāmātĭo, *ōnis*, f., cris de désapprobation.

rĕclāmĭto, *ās, āre*, intr., crier contre ; protester.

rĕclāmo, *ās, āre*, intr., **1.** crier contre, protester, *alicui rei* : contre qqch., *alicui* : contre qqn. ; **2.** poét., résonner, retentir.

rĕclīnis, *e*, adj., tr., **1.** penché, renversé en arrière ; **2.** étendu sur.

rĕclīno, *ās, āre*, tr. **1.** pencher en arrière, *se* ~ : s'appuyer ; **2.** faire reposer sur ; donner du repos.

rĕclūdo, *ĭs, ĕre, clūsi, clūsum*, tr., **1.** ouvrir, découvrir, mettre à nu ; **2.** rar., fermer, enfermer.

rĕclūsi, V. *recludo*.

rĕcoctus, *a, um*, V. *recoquo*.

rĕcōgĭto, *ās, āre*, intr., **1.** repasser dans son esprit ; **2.** réfléchir, examiner.

rĕcognĭtĭo, *ōnis*, f., **1.** revue, examen, inspection, ~ *sui* : examen de conscience, SÉN. ; **2.** reconnaissance.

rĕcognōsco, *ĭs, ĕre, cognōvi, cognĭtum*, tr., **1.** reconnaître, retrouver ; se remémorer ; **2.** inspecter, vérifier ; **3.** réviser.

rĕcollĭgo, *ĭs, ĕre, collēgi, collectum*, tr., **1.** rassembler, réunir ; **2.** ressaisir, reprendre ; retrouver, *primos annos* : ses jeunes années ; *se* ~ : se remettre ; **3.** réconcilier, ramener.

rĕcŏlo, *ĭs, ĕre, cŏlŭi, cultum*, tr., **1.** cultiver de nouveau ; **2.** visiter de nouveau ; **3.** pratiquer de nouveau, ~ *studia* : reprendre des études ; **4.** restaurer, *imagines* ~ : redresser des statues, TAC. ; **5.** repasser dans son esprit.

rĕcommentor, *āris, āri*, tr., se rappeler, PL.

rĕcommĭniscor, *ĕris, i*, intr., se ressouvenir de.

rĕcompōno, *ĭs*, *ĕre*, tr., 1. remettre en place ; 2. fig., remettre en état, apaiser, calmer.

rĕconcĭlĭātĭo, *ōnis*, f., 1. rétablissement ; 2. réconciliation.

rĕconcĭlĭātŏr, *ōris*, m., 1. celui qui rétablit ; 2. celui qui réconcilie.

rĕconcĭlĭo, *ās*, *āre*, tr., 1. rétablir, *existimationem* : la réputation ; ~ *detrimentum* : réparer un dommage ; ~ *in gratiam aliquem cum aliquo* : réconcilier deux personnes ; 2. ramener, *aliquem domum* : qqn. à la maison ; ~ *in libertatem* : rendre à la liberté, PL. ; ~ *animum alicujus alicui* : ramener à qqn. les sentiments d'un autre, les réconcilier.

rĕconcinno, *ās*, *āre*, tr., raccommoder, réparer.

rĕcondĭdi, V. *recondo*.

rĕcondĭtus, *a*, *um*, 1. V. *recondo* ; 2. adj., caché, retiré, enfoncé, secret, *in recondito* : sous clef ; *recondita templi* : les parties secrètes d'un temple, CÉS. ; 3. profond, abstrait, *reconditi mores* : le fond du caractère, CIC. ; *recondita verba* : expressions vieillies, SUÉT. ; 4. peu expansif, réservé, *naturā tristi et reconditā* : d'un caractère mélancolique et peu expansif, CIC. ; sournois.

rĕcondo, *ĭs*, *ĕre*, *dĭdi*, *dĭtum*, tr., 1. replacer, remettre en place ; 2. cacher, dissimuler ; 3. enfouir, plonger.

rĕconflo, *ās*, *āre*, tr., reforger ; réparer, rétablir.

rĕcŏquo, *ĭs*, *ĕre*, *coxi*, *coctum*, tr., 1. faire recuire ; reforger ; 2. *se* ~ : se retremper ; part., *recoctus*, *a*, *um*, arrivé à la perfection.

rĕcordātĭo, *ōnis*, f., 1. remémoration ; 2. souvenir.

rĕcordor, *āris*, *āri*, (cf. *cor*), tr., 1. rappeler à sa mémoire, se rappeler, *pueritiæ memoriam* ~ *ultimam* : rappeler les plus anciens souvenirs de son enfance, CIC. ; avec gén., *de* + abl., prop. inf., interr. indir. ; 2. se figurer ; songer à l'avenir.

rĕcorrĭgo, *ĭs*, *ĕre*, *rexi*, *rectum*, tr., réformer, corriger.

rĕcoxi, V. *recoquo*.

rĕcrastĭno, *ās*, *āre*, tr., remettre au lendemain.

rĕcreātĭo, *ōnis*, f., rétablissement.

rĕcrĕo, *ās*, *āre*, tr., 1. produire de nouveau ; 2. rétablir, *se* ~ ou *recreari* : se remettre, se guérir.

rĕcrĕpo, *ās*, *āre*, 1. intr., retentir, résonner ; 2. tr., faire retentir.

rĕcresco, *ĭs*, *ĕre*, *crēvi*, *crētum*, intr., croître de nouveau, repousser, renaître.

rĕcrūdesco, *ĭs*, *ĕre*, *crūdŭi*, intr., redevenir saignant ; se rouvrir (blessure) ; fig. devenir plus violent.

rectā (viā), adv., tout droit, directement.

rectē, adv., [~ *tius*, ~ *tissime*], 1. en ligne droite, horizontalement, verticalement, ~ *ferri* : suivre la ligne droite (en parlant des atomes), CIC. ; 2. bien, correctement, comme il faut ; ~ *facere* : bien agir ; *mulier* ~ *olet ubi nil olet* : une femme est bien parfumée quand elle n'a aucun parfum, PL. ; 3. en toute sûreté, sans danger, ~ *se alicui committere* : se confier à qqn. sans risque, CÉS. ; 4. bien, convenablement, ~ *esse*, *valere* : se bien porter ; 5. dans un dialogue : bien !, bravo ! (pour approuver et pour éviter de répondre).

rectĭo, *ōnis*, f., direction, gouvernement.

rectŏr, *ōris*, m., directeur, guide, chef ; *navis* ~ ou *rector* seul : pilote, timonier ; *elephantis* ~ : cornac ; *animus*, ~ *humani generis* : l'esprit, guide des hommes, SALL.

rectrix, *īcis*, f., directrice, maîtresse, reine.

rectus, *a*, *um*, (cf. *rego*), [~ *tior*, ~ *tissimus*], 1. droit (horizontalement ou verticalement), en ligne droite, *recto itinere* : par une marche directe, tout droit, CÉS. ; *intueri rectis oculis* : regarder en face, CIC. ; *recta saxa* : rochers verticaux, LIV. ; 2. régulier, bon, bien, *est ista recta docendi via* : tu as la bonne méthode pour enseigner, CIC. ; 3. simple, naturel ; 4. bon, raisonnable, *rectum est* + inf., *rectius est* + inf. : il est bon de, il vaut mieux, QUINT. ; 5. droit, bon moralement, *rectum est* + prop. inf. : il est juste que ; 6. subst. n., *rectum*, *i*, le bien, le juste, *rectum pravumque* : le bien et le mal, CIC.

rĕcŭbo, *ās*, *āre*, intr., être couché sur le dos, être étendu.

rĕcŭbŭi, V. *recumbo*.

rĕcŭcurri, V. *recurro*.

rĕcŭla, *æ*, f., dim. de *res*, petit avoir, faibles ressources.

rĕcultus, *a*, *um*, V. *recolo*.

rĕcumbo, *ĭs*, *ĕre*, *cŭbŭi*, intr., 1. se coucher ; 2. se mettre à table ; 3. pencher, s'affaisser, tomber ; 3. s'étendre, s'allonger.

rĕcŭpĕrātŏr, *ōris*, m., 1. celui qui recouvre, qui reprend ; 2. récupérateur, juge dans des litiges financiers.

rĕcŭpĕrātōrĭus, *a*, *um*, relatif aux récupérateurs.

rĕcŭpĕro, *ās*, *āre*, tr., 1. rentrer en possession de, ~ *aliquid ab aliquo* : reprendre qqch. à qqn. 2. regagner, reconquérir,

~ *voluntatem alicujus, alicujus gratiam* : rentrer dans les bonnes grâces de qqn.

rĕcūro, *ās*, *āre*, tr., **1.** travailler avec soin, soigner ; **2.** rétablir à force de soins, soigner.

rĕcurro, *ĭs*, *ĕre*, *curri* (*cŭcurri*), *cursum*, intr., **1.** revenir en courant, revenir vite ; **2.** revenir, *ad fontem* ~ : remonter vers sa source ; **3.** être réversible, *quædam in contrarium non recurrunt* : quelquefois la réciproque n'est pas vraie, QUINT. ; **4.** revenir à l'esprit ; **5.** avoir recours à.

rĕcurso, *ās*, *āre*, intr., **1.** courir en arrière ; **2.** revenir souvent.

rĕcursŭs, *ūs*, m., **1.** course en arrière, reflux ; **2.** retour ; **3.** chemin pour revenir.

rĕcurvo, *ās*, *āre*, tr., **1.** recourber ; **2.** faire refluer.

rĕcurvus, *a, um*, **1.** recourbé ; **2.** sinueux.

rĕcūsātĭo, *ōnis*, f., **1.** récusation, refus, *sine recusatione* : sans refuser, CIC. ; **2.** nausée, dégoût ; **3.** jur., réclamation, *pœna recusationem non habet* : la peine est inévitable ; **4.** réplique, *petitio, ~* : l'attaque et la défense.

rĕcūso, *ās*, *āre*, (cf. *causa*), tr., **1.** refuser, récuser, *populum Romanum disceptatorem non* ~ : accepter le peuple romain comme arbitre ; **2.** se refuser à, avec *de* + abl. ; avec *ne* + subj., refuser de ; *non* ~ *quin* + subj : ne pas s'opposer à ce que ; *non* ~ + inf. : ne pas refuser de ; **3.** jur., opposer une réclamation (répondre à une accusation).

rĕcussus, *a, um*, V. *recutio*.

rĕcŭtĭo, *ĭs*, *ĕre*, *cussi, cussum*, tr., **1.** faire rebondir ; **2.** repousser.

rĕcŭtītus, *a, um*, écorché.

rēda, V. *ræda*.

rĕdactus, *a, um*, V. *redigo*.

rĕdambŭlo, *ās*, *āre*, intr., revenir de la promenade.

rĕdămo, *ās*, *āre*, tr., rendre amour pour amour.

rĕdargŭo, *ĭs*, *ĕre*, *argŭi, argūtum*, tr., **1.** réfuter, confondre, *aliquem, aliquid*, qqn., qqch. ; **2.** fig., montrer la vanité de, *improborum prosperitates redarguunt vim omnem deorum ac potestatem* : les succès des méchants sont un argument contre toute la force et la puissance des dieux, CIC. ; **3.** réprouver, blâmer en retour.

rĕdārĭus, V. *rædarius*.

rĕdauspĭco, *ās*, *āre*, intr., iron., consulter une seconde fois les auspices.

reddĭdi, V. *reddo*.

reddo, *ĭs*, *ĕre*, *dĭdi, dĭtum*, (*red-do*), tr., **1.** rendre, restituer, *depositum* : un dépôt, *obsides* : des otages, *aliquid alicui* : qqch.

à qqn. ; **2.** *se* ~ ou *reddi* : revenir, *se convivio reddidit* : il reprit sa place à table, LIV. ; **3.** donner, remettre, offrir ; **4.** s'acquitter de, échanger, ~ *beneficium* : rendre un bienfait ; *pœnas* ~ + gén. : être puni pour ; **5.** produire en retour (terre) ; **6.** traduire, rendre, ~ *verbum pro verbo*, CIC., *verbum verbo*, HOR. : rendre mot à mot ; **7.** citer, répéter, reproduire ; **8.** rendre, faire, *meliora dies vina reddit* : le temps bonifie les vins ; **9.** donner, remettre, *litteras* : une lettre ; *jus* ~ : rendre la justice, *judicium redditur an* + subj. : justice est rendue sur le point de savoir si ; **10.** exhaler, faire sortir, ~ *sanguinem* : vomir du sang, *ultimum* ~ *spiritum* : exhaler son dernier souffle ; **11.** rapporter, exposer, raconter.

rēdēgi, V. *redigo*.

rēdēmi, V. *redimo*.

rĕdemptĭo, *ōnis*, f., **1.** rachat, rançon ; **2.** marché, trafic, ~ *judicii* : corruption des juges ; **3.** prise à bail, adjudication.

rĕdempto, *ās*, *āre*, tr., racheter.

rĕdemptŏr, *ōris*, m., **1.** entrepreneur de travaux publics, de fournitures, adjudicataire ; **2.** jur., avoué, celui qui se charge d'un procès, moyennant salaire ; **3.** celui qui rachète de l'esclavage.

rĕdemptūra, *æ*, f., adjudication ou entreprise de travaux publics.

rĕdemptus, *a, um*, V. *redimo*.

rĕdĕo, *īs*, *īre, ĭi* (rar. *īvi*), *ĭtum*, intr., **1.** revenir, *de exsilio* ~, *domum* ~ : revenir d'exil, revenir chez soi ou dans sa patrie ; **2.** fig., ~ *ad se* : redevenir soi-même ; ~ *in gratiam cum aliquo* : se réconcilier avec qqn. ; **3.** revenir, être le revenu de, donner des revenus ; **4.** en venir à, être réduit à, *ut ad pauca redeam* : pour abréger, TÉR. ; *res ad nihilum redeunt* : tout s'anéantit, LUCR. ; **5.** revenir à, échoir à.

rĕdhālo, *ās*, *āre*, tr., exhaler de nouveau.

rĕdhĭbĕo, *ēs*, *ēre, hĭbŭi, hĭbĭtum*, (cf. *habeo*), tr., **1.** rendre, restituer, en part. au vendeur un objet vendu ; **2.** reprendre un objet (vendeur).

Rĕdĭcŭlus, *i*, m., Rédiculus, nom du dieu qui fit reculer Hannibal aux portes de Rome.

rĕdĭens, *rĕdĕuntis*, V. *redeo*.

rĕdĭgo, *ĭs*, *ĕre, ēgi, actum*, tr., **1.** faire revenir, ramener ; fig., ~ *in gratiam* : réconcilier ; ~ *in memoriam* : remettre en mémoire ; **2.** faire rentrer, retirer de l'argent, *pecuniam* ~ *ex bonis alicujus* : retirer de l'argent des biens de qqn. ; ~ *in publicum* : faire rentrer, verser (l'argent) au Trésor public ; **3.** réduire, contraindre à, ~ *in servitutem* : réduire en esclavage ; ~ *in provinciam* : réduire au statut de province ; ~ *ad nihilum* : anéantir ; **4.** ramener, diminuer.

rĕdĭi, V. *redeo*.

rĕdĭmīcŭlum, *i*, n., **1.** bandeau de front ; bande, ruban ; **2.** fig., lien.

rĕdĭmĭo, *īs, īre, ĭmĭi, ĭmītum*, tr., couronner, *sertis redimiri* : être ceint de guirlandes.

rĕdĭmo, *ĭs, ĕre, ēmi, emptum*, (cf. emo), tr., **1.** racheter ; **2.** délivrer, affranchir, ~ *servitute captos* : délivrer des prisonniers de l'esclavage, *se ~ a Gallis auro* : payer son rachat aux Gaulois à prix d'or ; **3.** prendre à ferme ; **4.** acheter, obtenir, *largitione militum voluntates ~* : acheter par sa générosité le dévouement des soldats.

rĕdintĕgro, *ās, āre*, tr., **1.** recommencer, répéter, *orationem* : son discours ; **2.** ranimer, *spem* : l'espoir ; ~ *legentium animos* : réveiller l'intérêt des lecteurs.

rĕdĭpiscor, *ĕris, i*, tr., ravoir, recouvrer.

rĕdĭtĭo, *ōnis*, f., retour, *domum reditionis spes* : l'espoir du retour dans sa patrie, Cés.

rĕdĭtŭs, *ūs*, m., **1.** retour ; **2.** retour périodique, révolution d'un astre ; **3.** fig., rentrée, retour, *in gratiam* : en faveur ; **4.** revenu, *esse in reditu* : rapporter, produire un revenu.

rĕdĭvīvus, *a, um*, **1.** utilisé de nouveau (vieux matériaux) ; subst. n., *redivivum, i*, et au pl., *rediviva, orum*, vieux matériaux ; **2.** qui revit, renouvelé, renaissant.

rĕdŏlĕo, *ēs, ēre, ŏlŭi*, (cf. *oleo*), intr. et tr., exhaler une odeur ; **1.** sentir, être parfumé, *redolent thymo fragrantia mella* : le miel sent le thym ; **2.** exhaler, *vinum* : l'odeur du vin ; ~ *antiquitatem* : sentir son vieil âge ; **3.** venir à la connaissance.

rĕdŏmĭtus, *a, um*, dompté de nouveau ; assagi.

Rĕdŏnes, *um*, m. pl., Rédons, peuple de Gaule, auj. région de Rennes.

rĕdŏno, *ās, āre*, tr., **1.** rendre, restituer ; **2.** faire le sacrifice de.

rĕdūco, *ĭs, ĕre, duxi, ductum*, tr., **1.** ramener ; faire reculer ou faire revenir ; **2.** reconduire qqn. ; **3.** rappeler, *aliquem ex exsilio* : qqn. d'exil ; ~ *exercitum, copias, legiones* : battre en retraite ; **4.** fig., ramener (à tel ou tel état), ~ *aliquem in gratiam* : réconcilier ; rétablir (une loi, une coutume) ; **5.** amener à, ~ *in formam* : donner une forme, Ov.

rĕductĭo, *ōnis*, f., action de retirer en arrière, de ramener.

rĕductŏr, *ōris*, m., **1.** celui qui ramène ; **2.** fig., celui qui rétablit, qui restaure.

rĕductus, *a, um*, **1.** V. *reduco* ; **2.** adj., a) ramené ; b) retiré, à l'écart ; c) spéc., en peinture : au second plan ; d) phil., subst. n. pl., *reducta, orum*, biens secondaires (choses non désirables).

rĕdulcĕro, *ās, āre*, tr., ulcérer de nouveau.

rĕduncus, *a, um*, **1.** courbé en arrière ; **2.** crochu.

rĕdundans, *antis*, **1.** V. *redundo* ; **2.** adj., débordant, superflu.

rĕdundantĕr, adv., trop abondamment avec excès.

rĕdundantĭa, *æ*, f., **1.** trop-plein, excès ; **2.** redondance du style.

rĕdundātĭo, *ōnis*, f., **1.** engorgement, ~ *stomachi* : nausée, Pline ; **2.** révolution des astres ; **3.** surabondance.

rĕdundo, *ās, āre*, intr., **1.** déborder, *redundat mare* : la mer sort de son lit ; **2.** être inondé, ruisseler de + abl. ; **3.** fig., être trop abondant, être en excès, en parlant d'orateurs ; **4.** se déverser, rejaillir, retomber sur, *in aliquem* : sur qqn. ; **5.** tr., faire déborder ; part., *redundatus* = *redundans*.

rĕdŭvĭa, *æ*, f., **1.** panaris, envie ; prov., *reduviam curare*, soigner une envie, s'occuper d'un rien ; **2.** restes, débris.

rĕdux, *dūcis*, adj., **1.** qui ramène (épith. de Jupiter et de la Fortune) ; **2.** qui est de retour.

rĕduxi, V. *reduco*.

rĕfēci, V. *reficio*.

rĕfectĭo, *ōnis*, f., **1.** réparation, restauration ; **2.** fig., délassement, repos.

rĕfectŏr, *ōris*, m., restaurateur (d'un monument).

① **rĕfectus**, *a, um*, **1.** V. *reficio* ; **2.** adj., réconforté.

② **rĕfectŭs**, *ūs*, m., repas.

rĕfello, *ĭs, ĕre, felli*, (cf. *fallo*), tr., réfuter, démentir, *eorum vitā refellitur oratio* : leurs propos sont démentis par leur façon de vivre, Cic.

rĕfercio, *īs, īre, fersi, fertum*, (cf. *farcio*), tr., **1.** bourrer, remplir ; fig., ~ *aures* : rebattre les oreilles ; **2.** fig., entasser, accumuler.

rĕfĕrĭo, *īs, īre*, tr., **1.** frapper à son tour, rendre un coup ; **2.** refléter, réfléchir (une image).

rĕfĕro, *fers, ferre, rĕtŭli* ou *rettŭli, rĕlātum*, tr., **1.** porter en arrière, *me referunt pedes in Tusculanum* : mes pieds me ramènent à Tusculum, j'ai grande envie de revenir à Tusculum, Cic. ; *pedem, gradum ~* : reculer, faire marche arrière ; **2.** *se ~* ou *referri* : mil., reculer, se replier, lâcher pied, *referri ad triarios* : se replier sur

les triaires (« faire donner la garde ») ;
sol se refert : le soleil rétrograde ; **3.** se
mettre, se remettre à, *animum ad stu-
dia ~* : remettre son esprit à l'étude ; **4.** ramener, détourner, *~ oculos ad aliquem* :
ramener les yeux sur qqn. ; rapporter ;
remporter, *victoriam* : la victoire ; **5.** restituer, rendre, *ad equestrem ordinem judicia ~* : rendre aux chevaliers les pouvoirs
judiciaires ; **6.** a) renvoyer un son ; b) témoigner en retour, *gratiam* : sa reconnaissance ; **7.** rendre, restituer, payer,
~ æra : payer une dette, HOR. ; **8.** rejeter,
vomir, *cum sanguine mixta vina refert* : il
rend des flots de vin mêlés avec son
sang, VIRG. ; **9.** apporter, donner , *~ rationes* : rendre les comptes ; *~ consulatum ad
patrem suum* : donner le consulat à son
père, le lui transférer, CIC. ; **10.** porter sur
(un registre, etc.), consigner ; **11.** mettre
au nombre de, *aliquem in deos* ou *in deorum numerum* ou *in deorum numero* : qqn.
au nombre des dieux, CIC. ; **12.** rapporter
à (un critère d'évaluation), *~ omnia ad voluptatem corporis doloremque* : rapporter
tout au plaisir et à la douleur physique,
CIC. ; **13.** répliquer, répondre ; **14.** répéter, reproduire, *Actia pugna per pueros
refertur* : la bataille d'Actium est jouée
par des enfants, HOR. ; **15.** rapporter, raconter, dire, chanter, *sæpe aliter est dictum, aliter ad nos relatum* : souvent ce qui
a été dit d'une manière nous l'est raconté
d'une autre ; **16.** faire un rapport au sénat, *de aliquā re ad senatum ~*, ou *rem ad
senatum ~* : porter une question à l'ordre
du jour au sénat.

rĕfersi, V. refercio.

rĕfert, *ferre, tŭlit,* (re, abl. de *res* + *fero*),
1. intr. et pers., être important, importer,
quid id refert meā ? : en quoi cela m'im-
porte-t-il ?, PL. ; *magni refert studium atque voluptas* : sont de grande importance
la passion et le plaisir ; **2.** impers., il importe, il est de l'intérêt de, il est utile,
quid meā refert ? : qu'est-ce que cela me
fait ?, PL. ; *quid refert si ?* : qu'importe
si ?, CIC. ; *refert verum dicere* : il importe
de dire la vérité (autres constr. de la
chose qui importe avec prop. inf. ou interr. indir.).

rĕfertus, *a, um,* part. adj. de *refercio,*
[*~tior, ~tissimus*], **1.** plein, rempli de +
abl. ou gén. ; **2.** abs., riche, opulent.

rĕfervens, *entis,* adj., brûlant ; fig., *~ falsum crimen* : une calomnie brûlante,
atroce.

rĕfervesco, *ĭs, ĕre,* intr., s'échauffer fortement, bouillonner.

rĕfībŭlo, *ās, āre,* tr., déboucler, dégager,
libérer.

rĕfĭcĭo, *ĭs, ĕre, fēci, fectum,* tr., **1.** refaire,
reconstruire, réparer, *muros, portas, clas-
sem ~* : réparer des murs, des portes (de
villes), des bateaux ; **2.** nommer une seconde fois, réélire, *lex de tribunis reficien-
dis* : loi sur la réélection (illimitée) des
tribuns, CIC. ; **3.** reformer, reconstituer,
ordines : les rangs ; **4.** ranimer, rendre des
forces à, *~ aliquem* : rendre la santé à
qqn., *~ exercitum ex labore* : remettre l'armée de ses fatigues, CÉS. ; *saltus reficit
roscida luna* : la lune ranime les bois par
la rosée, VIRG. ; *animum ~* : reprendre
courage ; **5.** retirer de l'argent, couvrir
une dépense.

rĕfīgo, *ĭs, ĕre, fixi, fixum,* tr., **1.** desceller,
déclouer, arracher ; **2.** fig., abolir, *leges* :
des lois ; *æra* : des dettes.

rĕfingo, *ĭs, ĕre,* tr., façonner de nouveau,
refaire.

rĕfixi, V. refigo.

rĕfixus, *a, um,* V. refigo.

rĕflāgĭto, *ās, āre,* tr., redemander.

① **rĕflātus**, *a, um,* V. reflo.

② **rĕflātŭs**, *ūs,* m., vent contraire.

rĕflecto, *ĭs, ĕre, flexi, flexum,* tr., **1.** courber en arrière, recourber ; **2.** détourner,
oculos : les yeux ; *~ animum* : réfléchir,
VIRG. ; **3.** abs., se retirer, disparaître.

rĕflexi, V. reflecto.

① **rĕflexus**, *a, um,* V. reflecto.

② **rĕflexŭs**, *ūs,* m., enfoncement, golfe.

rĕflo, *ās, āre,* intr. et tr., **1.** souffler en sens
contraire ; **2.** souffler de nouveau, *aer ducitur atque reflatur* : l'air est aspiré et
expiré ; **3.** gonfler.

rĕflōresco, *ĭs, ĕre,* intr., refleurir.

rĕflŭo, *ĭs, ĕre,* intr., couler en sens contraire, refluer.

rĕflŭus, *a, um,* qui reflue ; qui a un flux
et un reflux.

rĕfŏdĭo, *ĭs, ĕre, fŏdi, fossum,* tr., **1.** creuser
de nouveau ; **2.** mettre à nu en creusant ;
déterrer.

rĕformātĭo, *ōnis,* f., **1.** transformation,
métamorphose ; **2.** réforme, *~ morum* :
conversion, SÉN.

rĕformātŏr, *ōris,* m., réformateur, celui
qui renouvelle.

rĕformīdātĭo, *ōnis,* f., appréhension,
vive crainte.

rĕformīdo, *ās, āre,* tr., redouter, appréhender, *animus dicere reformidat* : mon esprit se refuse à dire, CIC.

rĕformo, *ās, āre,* tr., **1.** rendre à sa première forme, rétablir ; **2.** refaire, réparer ;
améliorer.

rĕfossus, *a, um,* V. refodio.

rĕfōtus, *a, um,* V. refoveo.

rĕfŏvĕo, *ēs, ēre, fōvi, fōtum*, tr., réchauffer, rallumer, ranimer (pr. et fig.).

rĕfractārĭus, *a, um*, contestataire, chicanier.

rĕfractus, *a, um*, V. *refringo*.

rĕfrāgor, *āris, āri*, intr., **1.** voter contre, s'opposer à ; **2.** fig., être opposé, résister, *si materia non refragatur* : si le sujet s'y prête, PL.

rĕfrēgi, V. *refringo*.

rĕfrēnātĭo, *ōnis*, f., répression.

rĕfrēno, *ās, āre*, tr., **1.** arrêter par le frein ; **2.** retenir, maîtriser, *adulescentes ~ a gloriā* : mettre un frein à l'ambition des jeunes gens.

rĕfrīco, *ās, āre, frīcŭi*, part. fut. *frīcātūrus*, tr., **1.** frotter de nouveau, *~ vulnus* : rouvrir une blessure ; **2.** fig., renouveler, réveiller, *~ memoriam* : réveiller un souvenir.

rĕfrīgĕrātĭo, *ōnis*, f., rafraîchissement, fraîcheur.

rĕfrīgĕrātōrĭus, *a, um*, rafraîchissant.

rĕfrīgĕrātrix, *īcis*, adj. f., rafraîchissante.

rĕfrīgĕro, *ās, āre*, tr., **1.** refroidir, rafraîchir ; passif, *refrigerari* : se rafraîchir ; **2.** fig., refroidir, ralentir, glacer ; au passif : se refroidir ; *refrigerata accusatio* : une accusation qui se refroidit, qui tombe, CIC.

rĕfrīgesco, *ĭs, ĕre, frixi*, intr., **1.** devenir froid ; **2.** fig., se refroidir, *amor non refrixit* : l'affection ne s'est pas refroidie ; **3.** tomber en discrédit.

rĕfringo, *ĭs, ĕre, frēgi, fractum*, tr., **1.** briser, enfoncer ; **2.** abattre ; **3.** réfracter ; **4.** déchirer.

rĕfrixi, V. *refrigesco*.

rĕfūdi, V. *refundo*.

rĕfŭgĭo, *ĭs, ĕre, fūgi*, intr. et tr.,
I intr., **1.** fuir en arrière, reculer ; **2.** se réfugier, *ad suos* : auprès des siens ; **3.** être écarté ; **4.** s'écarter de.
II tr., éviter, fuir, refuser, se dérober à.

rĕfŭgĭum, *ĭi*, n., **1.** fuite ; **2.** refuge, asile.

rĕfŭgus, *a, um*, **1.** fugitif ; subst. m. pl., *refugi, orum*, les fuyards ; **2.** qui fuit, qui s'échappe.

rĕfulgĕo, *ēs, ēre, fulsi*, intr., **1.** resplendir, briller ; **2.** fig., briller, se distinguer.

rĕfundo, *ĭs, ĕre, fūdi, fūsum*, tr., **1.** verser de nouveau, reverser ; **2.** refouler, rejeter ; **3.** faire répandre ; passif, *refundi* : se répandre ; **4.** fig., rendre, restituer.

rĕfūsus, *a, um*, V. *refundo*.

rĕfūtātĭo, *ōnis*, f., réfutation.

rĕfūto, *ās, āre*, tr., **1.** reculer, repousser ; **2.** fig., réprimer ; **3.** réfuter, démentir ; poét., nier que + prop. inf., LUCR.

rēgāles, *ĭum*, m. pl., princes du sang.

rēgālis, *e*, adj., royal, du roi, *regum rex regalior* : un roi des rois plus royal encore, PL.

rēgālĭtĕr, adv., royalement, en roi ; en despote.

rĕgĕlo, *ās, āre*, **1.** tr., faire dégeler, réchauffer ; passif, *regelari* : se réchauffer ; **2.** intr., se refroidir.

rĕgĕmo, *ĭs, ĕre*, intr., répondre par des gémissements.

rĕgĕnĕro, *ās, āre*, tr., faire renaître ; reproduire en soi.

rĕgermĭnātĭo, *ōnis*, f., nouvelle pousse.

rĕgermĭno, *ās, āre*, intr., germer ou pousser de nouveau, repousser.

rĕgĕro, *ĭs, ĕre, gessi, gestum*, tr., **1.** porter en arrière ; remblayer ; **2.** fig., renvoyer, *faces* : des torches (sur les assiégés), TAC. ; **3.** reporter (sur un livre), consigner ; **4.** répliquer, *convicia* : par des injures, HOR. ; **5.** entasser.

rĕgestus, *a, um*, V. *regero*.

rēgĭa, *æ*, f., **1.** palais royal ; **2.** tente royale dans un camp ; **3.** la cour ; la royauté ; **4.** capitale (siège du roi) ; **5.** basilique ; **6.** puissance royale.

Rēgĭa, *æ*, f., la Régia, palais de Numa Pompilius sur la Voie sacrée, résidence du *pontifex maximus*.

rēgĭē, adv., **1.** royalement ; **2.** despotiquement.

Rēgĭensis, *e*, adj., de Régium, en Gaule Cispadane ‖ **Rēgĭenses**, *ĭum*, m. pl., les hab. de Régium.

rēgĭfĭcus, *a, um*, royal, magnifique.

rēgigno, *ĭs, ĕre*, tr., reproduire.

Rēgillensis, *is*, m., Régillensis, surnom de Postumius qui vainquit les Latins près du lac Régille ‖ **Rēgillum**, *i*, n., Régille, cité sabine d'où vint à Rome Appius Claudius ‖ **(lacus) Rēgillus**, *i*, m., le lac Régille, dans le Latium.

rĕgĭmĕn, *ĭnis*, n., **1.** action de conduire, direction ; **2.** poét., gouvernail ; **3.** fig., gouvernement, administration.

rēgīna, *æ*, f., **1.** reine ; **2.** *virgines reginæ* : les princesses du sang ; **3.** titre donné aux déesses ; **4.** maîtresse ; **5.** fig., reine, souveraine, *~ pecunia* : Sa Majesté l'Argent, HOR.

Rēgīnus, *a, um*, de Régium (Bruttium) ‖ **Rēgĭni**, *ōrum*, m. pl., les hab. de Régium.

rēgĭo, *ōnis*, f., **1.** direction, ligne droite, sens, *e regione* : en droite ligne, tout droit ou en face, vis-à-vis ; **2.** zone augurale (dans le ciel) ; **3.** horizon, limites ; **4.** région, province, pays ; quartier (à Rome).

Rēgĭon, *ĭi*, n., Régium, auj. Reggio de Calabre.

rĕgĭōnātim, adv., **1.** par régions ; **2.** par quartiers.

Rēgĭum, *ĭi*, n., Régium, **1.** cité de la Gaule Cispadane, sur la voie Émilienne, appelée aussi Regium Lepidum, auj. Reggio Emilia ; **2.** cité du Bruttium, auj. Reggio de Calabre.

rēgĭus, *a, um*, **1.** royal, de roi, du roi ; **2.** digne d'un roi ; **3.** despotique, tyrannique ; **4.** spéc., a) épith. de plantes ; b) ~ *morbus* : la jaunisse ; c) subst. m. pl., *regii, orum*, les soldats du roi ; les satrapes.

regnātŏr, *ōris*, m., maître, souverain, roi, chef, ~ *lyricæ cohortis* : le roi des lyriques (Pindare), STACE.

regnātrix, *īcis*, adj. f., (famille) régnante, souveraine.

regno, *ās, āre*, intr. et tr.,
I intr., **1.** régner, être roi ; **2.** exercer un pouvoir absolu ; **3.** fig., régner (avec un nom de chose comme suj.).
II tr., seul. passif : *regnari volebant* : ils voulaient un gouvernement monarchique, LIV. ; *terra regnata Lycurgo* : pays sur lequel régna Lycurgue, VIRG.

regnum, *i*, n., **1.** royauté, gouvernement monarchique ; **2.** fig., souveraineté, pouvoir suprême ; **3.** tyrannie, despotisme ; **4.** royaume ; au pl., *regna, orum*, empire ; **5.** au pl., les rois.

rĕgo, *is, ĕre, rexi, rectum*, tr., **1.** diriger, conduire ; spéc., *fines* ~ : tracer des limites ; **2.** pr. et fig., diriger, gouverner, *tu* ~ *imperio populos memento* : souviens-toi de gouverner le monde, VIRG. ; **3.** remettre dans la bonne voie.

regrĕdĭor, *ĕris, i, gressus sum*, intr., **1.** retourner, revenir ; **2.** mil., battre en retraite ; **3.** fig., revenir, *in memoriam regredior me audisse* : il me revient en mémoire que j'ai entendu, PL.
① **rĕgressus**, *a, um*, V. regredior.
② **rĕgressŭs**, *ūs*, m., **1.** retour, retraite ; **2.** moyen de revenir ; **3.** recours.

rēgŭla, *æ*, f., **1.** règle, équerre ; **2.** fig., loi, principe, règle, *lex est juris atque injuriæ* ~ : la loi est la règle du juste et de l'injuste, CIC. ; **3.** barre, bâton.

rēgŭlāris, *e*, adj., en barre.

rēgŭlus, *i*, (cf. *rex*), m., petit roi ; petit prince ; jeune roi.

Rēgŭlus, *i*, m., surnom rom. ; not. **1.** M. Attilius Regulus, mis à mort par les Carthaginois ; **2.** L. Livineius Regulus, lieutenant de César dans la guerre d'Afrique.

rĕgusto, *ās, āre*, tr., **1.** regoûter ; **2.** fig., savourer.

rĕgyro, *ās, āre*, intr., revenir après un circuit.

rējēci, V. *rejicio*.

rējectānĕus, *a, um*, qui est à rejeter ; subst. n. pl., *rejectanea, orum*, choses non désirables, biens inférieurs (stoïcisme).

rējectĭo, *ōnis*, f., **1.** action de rejeter ; **2.** rejet, refus ; **3.** action d'imputer à un autre, de rejeter sur un autre.

rējecto, *ās, āre*, tr., **1.** rejeter, vomir ; **2.** renvoyer un son.

rējectus, *a, um*, à rejeter ; subst. n. pl., *rejecta, orum*, les choses à rejeter bien qu'elles ne soient pas mauvaises (stoïcisme).

rējĭcĭo (**reĭcĭo**), *is, ĕre, jēci, jectum*, tr., **1.** jeter en réponse, renvoyer, *Cæsar suis imperavit ne quod omnino telum in hostes rejicerent* : César demanda à ses soldats de rester sans réagir ; **2.** jeter en arrière ; **3.** mil., repousser, écarter ; **4.** fig., refuser, dédaigner ; **5.** renvoyer une affaire à qqn., ~ *rem ad senatum, ad populum* : renvoyer une affaire au sénat, au peuple (= se déclarer incompétent) ; **6.** remettre, différer.

rĕlābor, *ĕris, i, lapsus sum*, intr., **1.** glisser en arrière, tomber, disparaître ; **2.** refluer ; **3.** revenir à.

rĕlanguesco, *is, ĕre, langŭi*, intr., **1.** s'affaisser (être mourant) ; **2.** s'affaiblir ; **3.** se calmer.

rĕlapsus, *a, um*, V. relabor.

rĕlātĭo, *ōnis*, f., **1.** action de porter à nouveau ; **2.** ~ *criminis* : action de rejeter sur un autre une accusation, CIC. ; **3.** action de donner en retour, ~ *gratiæ* : témoignage de reconnaissance, SÉN. ; **4.** relation, récitation, *in relatione gentium* : dans notre revue ethnographique, PLINE ; **5.** mise à l'ordre du jour, *jus relationis* : droit de saisir le sénat d'une affaire (= droit d'initiative parlementaire) ; **6.** rhét., rapprochement, mise en relation.

rĕlātŏr, *ōris*, m., rapporteur (au sénat).
① **rĕlātus**, *a, um*, V. refero.
② **rĕlātŭs**, *ūs*, m., **1.** rapport officiel sur une affaire ; **2.** narration, récit.

rĕlaxātĭo, *ōnis*, f., détente, relâche, repos.

rĕlaxo, *ās, āre*, tr., **1.** relâcher, desserrer, ouvrir ; **2.** détendre, reposer ; **3.** lâcher la bride, *relaxari* ou *se* ~ : se dégager.

rĕlectus, *a, um*, V. relego ②.

rĕlēgātĭo, *ōnis*, f., relégation (forme plus légère d'exil qui ne comportait pas la perte des droits civiques).
① **rĕlēgo**, *ās, āre*, tr., **1.** écarter, éloigner ; spéc., condamner à un exil temporaire ; **2.** fig., écarter, refuser ; **3.** rejeter sur, attribuer à, ~ *in aliquem* : imputer à qqn.

② **rĕlĕgo**, *ĭs, ĕre, lēgi, lectum*, tr., **1.** recueillir de nouveau, reprendre ; **2.** parcourir de nouveau, repasser par ; **3.** relire ; repenser.

rĕlĕvi, V. *relino*.

rĕlĕvo, *ās, āre*, tr., **1.** soulever ; **2.** alléger, *relevari catenā* : être délivré de ses fers, Ov. ; **3.** soulager, *casum* : le malheur, Cic. ; ~ *sitim, famem* : apaiser la soif, la faim, Ov. ; **4.** reposer, rétablir, ~ *caput* : reposer la cervelle, délasser.

rĕlictĭo, *ōnis*, f., abandon, délaissement.

① **rĕlictus**, *a, um*, V. *relinquo*.

② **rĕlictŭs**, *ūs*, m., abandon, *relictui esse* : être laissé à l'abandon.

rĕlĭcŭus, V. *reliquus*.

rĕlĭgātĭo, *ōnis*, f., action de lier (la vigne).

rĕlĭgĭo (poét., **rellĭgĭo**), *ōnis*, (cf. *religo* ②), f., **1.** scrupule, conscience, *religionem adhibere* : montrer du scrupule, Cic., *religionem habere* : se faire un cas de conscience ; **2.** engagement, obligation, *sancta ~ societatis* : les obligations sacrées qu'impose la société ; ~ *officii* : l'obligation morale, Cic. ; **3.** sentiment religieux, crainte des dieux, *natio admodum dedita religionibus* : nation qui obéit en tout à des scrupules religieux, Cés. ; *superstitione tollendā ~ non tollitur* : en supprimant la superstition on ne supprime pas la religion, Cic. ; **4.** croyances superstitieuses, *perversa atque impia ~* : superstitions folles et impies, Cic., *religionum animum nodis exsolvere* : délivrer l'âme de l'emprise des craintes superstitieuses, Lucr., ; **5.** religion, pratiques religieuses, culte, *religiones colere* : se livrer aux pratiques du culte, Cic. ; **6.** caractère sacré, sainteté, ~ *jusjurandi* : la religion du serment ; **7.** offense contre la religion, sacrilège ; malédiction, *inexpiabiles religiones in rem publicam inducere* : entraîner l'État dans des sacrilèges inexpiables, Cic. ; **8.** lien religieux, devoir sacré, obligation, *timori magis quam religioni consulere* : prendre conseil de la peur plutôt que du devoir ; **9.** objet sacré, chose sainte (surt. au pl.), *alicui religionem restituere* : rendre à qqn. un objet de culte ; *religiones ipsæ* : les lieux sacrés eux-mêmes, Cic. ; **10.** signe sacré, présage céleste, *aliquid habere religionis* : considérer une chose comme un avertissement du ciel.

rĕlĭgĭōsē, adv., **1.** religieusement, consciencieusement ; **2.** pieusement, avec dévotion.

rĕlĭgĭōsus, *a, um*, [*~sior, ~sissimus*], **1.** consciencieux, scrupuleux ; **2.** pieux, religieux ; **3.** arch., superstitieux (opp. à *religens* : pieux), *religentem esse oportet, re-*

ligiosum nefas : il faut être pieux, il est impie d'être superstitieux, Gell. ; **4.** vénérable, sacré, *loca religiosa* : lieux consacrés ; frappé d'interdiction, *religiosum es-* + inf. : c'est une impiété de, Liv.

① **rĕlĭgo**, *ās, āre*, tr., **1.** lier par-derrière, attacher, *naves ad terram ~* : amarrer les navires au rivage ; fig., *quæ (prudentia), s. extrinsecus religata pendeat* : si elle (la sagesse) était attachée à des choses extérieures, si elle en dépendait, Cic. ; **2.** délier, détacher.

② **rĕlĭgo**, *ĭs, ĕre*, (cf. *lego* ②), = avoir égard à, d'où : *religens, entis*, part. adj., religieux (V. *religio*).

rĕlĭno, *ĭs, ĕre, lēvi, lĭtum*, tr., enlever l'enduit, d'où : ouvrir, *relevi dolia omnia* : j'ai mis en perce tous les tonneaux, Tér. ; *servata mella ~* : ôter les réserves de miel, Virg.

rĕlinquo, *ĭs, ĕre, lĭqui, lictum*, tr., **1.** laisser en arrière (ne pas emmener) ; laisser dans tel ou tel état (avec double acc.), *integram rem ~* : laisser une question non traitée, Cic., *Morinos pacatos ~* : laisser les Morins pacifiés, Cés. ; **2.** passif, *relinqui* rester en arrière, demeurer ; **3.** laisser abandonner, laisser là (en plan) ; **4.** laisser en héritage ; **5.** permettre, accorder ; **6.** délaisser, négliger, *pro relicto habere* : considérer comme démodé, Cic. ; **7.** laisser de côté, passer sous silence.

① **rĕlĭqui**, *ōrum*, m. pl., V. *reliquus*.

② **rĕlĭqui**, V. *relinquo*.

rĕlĭquĭæ, *ārum*, f. pl., reste ou restes, ~ *pugnæ* : les survivants du combat ; débris ou restes d'un repas ; cendres d'un mort ; excréments.

rĕlĭquus (rĕlĭcŭus), *a, um*, **1.** qui reste, restant ; subst. m. pl., *reliqui, orum*, les autres ; n., *reliquum, i*, le reste, le restant ; n. pl., *reliqua, orum*, le reste, le restant ; les dettes, les arriérés ; **2.** qui reste (temps), avenir, *reliqua et sperata gloria* : la gloire qu'on espère encore, Cic. ; *in reliquum (tempus)* : à l'avenir ; **3.** expr. div. : *reliquum est ut* : il reste à ; *aliquid reliqui facere* : laisser qqch. de reste ; *nihil reliqui facere* : ne rien laisser ; *reliqua Ægyptus* : le reste de l'Égypte ; *relicuus populus* : le reste du peuple ; n. pl. adv., *reliqua* : quant au reste.

rellĭg~, V. *relig~*.

rĕlŏquus, *a, um*, qui répond.

rĕlūcĕo, *ēs, ēre, luxi*, intr., **1.** réfléchir la lumière ; refléter ; **2.** fig., briller, éclairer.

rĕlūcesco, *ĭs, ĕre, luxi*, intr., recommencer à briller ; impers., *paulum reluxit* : une faible lueur réapparut.

rĕlucto, *ās, āre*, intr., résister, lutter.

rĕluctor, *āris*, *ārī*, intr., **1.** lutter contre, résister à ; **2.** fig., résister à ; + inf., s'efforcer de.

rĕlūdo, *ĭs*, *ĕre*, intr., rendre la balle, riposter.

rĕluxi, V. *reluceo* et *relucesco*.

rĕmando, *ĭs*, *ĕre*, tr., remâcher, ruminer.

rĕmănĕo, *ēs*, *ĕre*, *mansi*, *mansum*, intr., **1.** rester, s'arrêter, séjourner ; **2.** fig., rester, demeurer, durer ; avec attribut, *integrum ~* : demeurer intact, Cés.

rĕmāno, *ās*, *āre*, intr., refluer.

rĕmansi, V. *remaneo*.

rĕmansĭo, *ōnis*, f., séjour.

rĕmĕābĭlis, *e*, adj., qui revient, *remeabile saxum (Sisyphi)* : rocher (de Sisyphe) qui retombe toujours.

rĕmĕācŭlum, *i*, n., retour.

rĕmĕdĭābĭlis, *e*, adj., **1.** guérissable ; **2.** salutaire, qui guérit.

rĕmĕdĭum, *ĭi*, n., **1.** remède, médicament ; traitement ; **2.** moyen, remède contre + gén. ou dat. ; *remedio esse alicui rei* : servir de remède à qqch.

rĕmēlīgo, *ĭnis*, f., lambine, PL.

rĕmensus, *a*, *um*, V. *remetior*.

rĕmĕo, *ās*, *āre*, **1.** intr. retourner, revenir ; **2.** tr., revenir dans ; reparcourir, *ævum ~ peractum* : recommencer sa vie.

rĕmētĭor, *īris*, *īri*, *mensus sum*, tr., **1.** mesurer une seconde fois ; **2.** parcourir de nouveau ; part. de sens passif, *remensus*, *a*, *um* ; **3.** repasser dans son esprit ; **4.** raconter de nouveau, répéter ; **5.** rendre mesure pour mesure ; **6.** iron., restituer, *~ vomitu* : vomir, Sén.

rĕmex, *ĭgis*, m., rameur, *uno remige* : avec un seul rameur (= Charon), Sén. ; coll. *remige* : avec des rameurs, à la rame, Virg.

Rēmi (Rhēmi), *ōrum*, m. pl., **1.** Rèmes, peuple de la Gaule Belgique ; **2.** Rémi, cap. des Rèmes, auj. Reims.

rĕmĭgātĭo, *ōnis*, f., action de ramer, manœuvre à la rame.

rĕmĭgĭum, *ĭi*, n., **1.** rang de rames, rames ; **2.** action de ramer, *remigio veloque festina* : cours à rames et à voiles, i.e. en toute hâte ; *meo remigio rem gero* : je conduis ma barque à ma guise ; **3.** rameurs, équipage ; **4.** fig., *remigio alarum* : par le mouvement des ailes ; **5.** ouvriers qui construisent ou radoubent des navires.

rĕmĭgo, *ās*, *āre*, **1.** intr., ramer ; **2.** tr., conduire à la rame.

rĕmĭgro, *ās*, *āre*, intr., revenir habiter ; fig., revenir, *remigrat animus mihi* : je reprends mes esprits, PL.

rĕmĭniscor, *ĕris*, *i*, tr. et intr., **1.** se rappeler, se ressouvenir ; avec gén., *de* + abl., acc., prop. inf., interr. indir. ; **2.** imaginer.

rĕmiscĕo, *ēs*, *ĕre*, *miscŭi*, *mixtum* et *mistum*, tr., **1.** remêler ; **2.** mêler, mélanger, unir, *veris falsa ~* : faire un mélange de vrai et de faux, Hor.

rĕmīsi, V. *remitto*.

rĕmissārĭus, *a*, *um*, qu'on peut serrer et desserrer facilement.

rĕmissē, adv., **1.** librement, sans rigueur ; **2.** avec négligence ; doucement ; **3.** gaiement.

rĕmissĭo, *ōnis*, f., **1.** action de renvoyer, renvoi ; **2.** action de détendre, de relâcher, relâchement ; réduction, *~ pœnæ* : adoucissement de la peine, Cic. ; *~ animi* : indulgence ; **3.** délassement, détente, *~ animi* : divertissement ; **4.** indolence, faiblesse.

rĕmissus, *a*, *um*, **1.** V. *remitto* ; **2.** adj. [*~ssior*, *~ssissimus*], a) relâché, détendu ; b) adouci ; doux, calme, *ventus remissior* : vent moins fort ; *remissior æstimatio* : prix tempéré ; c) fig., doux, indulgent ; gai, enjoué ; d) péj., indolent, mou, apathique.

rĕmitto, *ĭs*, *ĕre*, *mīsi*, *missum*, tr., **1.** renvoyer, *aliquem domum* : qqn. chez lui, *obsides alicui* : ses otages à qqn. ; *~ litteras alicui* : répondre par lettre à qqn. ; *~ vocem* : renvoyer des paroles (en écho) ; **2.** rendre, restituer, *umorem* : de l'humidité ; *sonum* : un son ; *ædes alicui* : sa maison à qqn. ; *beneficium* : une faveur accordée (dont on ne veut plus) ; **3.** retirer, *manum* : sa main ; laisser aller, *habenas* : les rênes ; déposer, abandonner, *~ opinionem* : abandonner une opinion ; **4.** relâcher, détendre, *~ contentionem* : relâcher l'attention ; *frontem ~* : reposer le visage ; *se ~*, *remitti* ou *~ animum* : se distraire ; **5.** laisser s'affaiblir, laisser tomber ; libérer, *ab religione animos* : des scrupules religieux, Liv. ; **6.** calmer, apaiser ; abs., se calmer, *ventus remittit* : le vent tombe, Cés. ; **7.** abandonner, renoncer à + inf., remettre, *~ pœnam alicui* : remettre une peine à qqn., lui en faire grâce ; **8.** concéder, accorder, permettre, *ut/ne* + subj. : de/de ne pas.

rĕmixtus, *a*, *um*, V. *remisceo*.

Remmĭus, *a*, *um*, de Remmius, *lex Remmia* : loi de Remmius (qui portait que tout accusateur qui ne pouvait prouver son accusation devait être puni) ‖ **Remmĭus**, *ĭi*, m., Remmius, nom d'une famille rom., dont on ne connaît que l'auteur de la *lex Remmia* et Remmius Palæmon, grammairien.

rĕmōlĭor, *īris, īri, mōlītus sum*, tr., 1. soulever, déplacer avec effort ; part. de sens passif, *remolitus, a, um* ; 2. reprendre, soulever de nouveau, ~ *arma* : rallumer la guerre.

rĕmollesco, *ĭs, ĕre*, intr., 1. se ramollir ; 2. fig., se laisser fléchir ; 3. s'amollir, s'énerver.

rĕmollĭo, *īs, īre, īvi, ītum*, tr., 1. rendre mou ; 2. adoucir, fléchir ; 3. énerver.

rĕmŏnĕo, *ēs, ēre*, tr., avertir de nouveau.

rĕmŏra, *æ*, f., 1. retard ; 2. rémora (poisson).

Rĕmŏra, *æ*, f., Rémora, la cité de Rémus, nom que devait porter Rome si Rémus en avait été le fondateur, ENN.

rĕmŏrāmĕn, *ĭnis*, n., retard, empêchement.

rĕmŏrātus, *a, um*, V. *remoror*.

rĕmordĕo, *ēs, ēre, morsum*, tr., 1. mordre à son tour ; 2. fig., ronger, tourmenter ; 3. être piquant au goût.

Rĕmŏrĭa (Rĕmūrĭa), *æ*, f., Rémoria, sommet de l'Aventin d'où Rémus prit les auspices (pour la fondation de Rome).

rĕmŏror, *āris, āri*, 1. intr., tarder, rester ; 2. tr., retarder, arrêter ; empêcher de, *quominus* + subj.

rĕmōtē, adv., seul. au comp., *remotius*, et au superl., *remotissime*, au loin.

rĕmōtĭo, *ōnis*, f., 1. action d'écarter, de retirer ; 2. fig., action de faire retomber sur autrui une accusation ; ~ *criminis* : justification, CIC.

rĕmōtus, *a, um*, part. adj. de *removeo*, [~*tior*, ~*tissimus*] 1. éloigné, écarté, reculé, *in remoto* : au loin ; 2. éloigné de, étranger à ; à l'abri de, *ab omni minimi errati suspicione remotissimus* : à l'abri de tout soupçon de la moindre faute ; 3. subst. n. pl., *remota, orum* dans la phil. stoïcienne, biens véritables, à mépriser cependant.

rĕmŏvĕo, *ēs, ēre, mōvi, mōtum*, tr., 1. écarter, éloigner, ~ *aliquid ab oculis ou de medio* : faire disparaître qqch. ; 2. *se ~ ab* : se détourner de, rompre avec ; 3. chasser, priver de.

rĕmūgĭo, *īs, īre*, intr., 1. répondre par des mugissements ; 2. retentir, résonner.

rĕmulcĕo, *ēs, ēre, mulsi, mulsum*, tr., 1. tirer doucement en arrière ; 2. apaiser, calmer ; 3. caresser, charmer.

rĕmulcum, *i*, n., (nom. inus.), corde de halage, câble pour remorquer, *navem remulco trahere* : remorquer un bateau.

rĕmulsus, *a, um*, V. *remulceo*.

Rĕmŭlus, *i*, m., Rémulus, 1. roi d'Albe (dans Tite-Live, Romulus Silvius), foudroyé pour avoir voulu imiter la foudre ; 2. héros de « L'Énéide ».

rĕmūnĕrātĭo, *ōnis*, f., rémunération, récompense.

rĕmūnĕro, *ās, āre*, et **rĕmūnĕror**, *āris, āri*, tr., 1. récompenser, rendre un bienfait ; 2. punir à proportion.

① **Rĕmūrĭa**, *æ*, V. *Remoria*.

② **Rĕmūrĭa**, *ōrum*, n. pl., Rémuria, fêtes funèbres en l'honneur de Rémus, appelées ensuite *Lemuria*.

rĕmurmŭro, *ās, āre*, 1. intr., répondre par un murmure, retentir ; 2. tr., redire tout bas, murmurer.

rēmus, *i*, m., rame, *remis contendere* : faire force de rames, CÉS. ; prov., *velis remisque* ou *ventis remis* : à force de voiles et de rames, par tous les moyens possibles ; *remi corporis* : les rames naturelles (bras et jambes), Ov.

① **Rēmus**, *i*, m., un Rème (peuple de la Gaule Belgique, auj. région de Reims).

② **Rēmus**, *i*, m., Rémus, le frère de Romulus, *Remi nepotes* : les Romains, CAT.

rēn, *rēnis*, m., employé seul. au pl., *rēnes, um ou ĭum*, les reins, *ex renibus laborare* : avoir un accès de coliques néphrétiques, être malade des reins, CIC.

rĕnarro, *ās, āre*, tr., raconter de nouveau.

rĕnascor, *ĕris, i, nātus sum*, intr., renaître (pr. et fig.).

rĕnātus, *a, um*, V. *renascor*.

rĕnāvĭgo, *ās, āre*, 1. intr., revenir par eau ; 2. tr., retraverser.

rĕnĕo, *ēs, ēre*, tr., filer de nouveau.

rĕnīdĕo, *ēs, ēre*, intr., 1. briller, être brillant de ; 2. fig., rayonner (de joie) ; être riant, épanoui.

rĕnīdesco, *ĭs, ĕre*, intr., commencer à briller.

rĕnīsus, *a, um*, V. *renitor*.

rĕnītor, *ĕris, i, nīsus ou nixus sum*, intr., faire effort contre, résister, s'opposer.

① **rĕno**, *ās, āre*, intr., 1. flotter, surnager ; 2. revenir à la nage.

② **rĕno (rhēno)**, *ōnis*, m., (mot gaulois), renne, peau de renne dont se couvraient les Germains.

rĕnōdo, *ās, āre*, tr., dénouer, détacher (la chevelure ramassée en chignon, derrière la tête).

rĕnŏvāmĕn, *ĭnis*, n., métamorphose.

rĕnŏvātĭo, *ōnis*, f., 1. renouvellement, rénovation (pr. et fig.) ; 2. spéc., cumul des intérêts.

rĕnŏvo, *ās, āre*, tr., 1. renouveler, rétablir, ~ *templum* : réparer un temple ; 2. laisser reposer, ~ *agrum* : mettre un champ en jachère ; mais ~ *agrum aratro, terram* : remuer, labourer la terre, Ov. ; 3. recommencer, reprendre, ~ *bellum* : reprendre la guerre ; répéter ; **4.** ranimer, reposer.

rĕnūdo, *ās, āre,* tr., **1.** mettre à nu, à découvert ; **2.** faire voir, montrer.

rĕnŭi, V. renuo.

rĕnŭmĕro, *ās, āre,* tr., payer (en retour), rembourser.

rĕnuntĭātĭo, *ōnis,* f., proclamation, annonce ; spéc., du candidat élu, ~ *suffragiorum* : proclamation du scrutin.

rĕnuntĭo, *ās, āre,* tr., **1.** annoncer en retour, rapporter ; **2.** annoncer officiellement, ~ *postulata Cæsaris* : exposer les demandes de César ; **3.** proclamer, déclarer, nommer (élections), ~ *aliquem consulem* : proclamer qqn. consul ; **4.** faire savoir qu'on renonce à, renoncer à, ~ *ad aliquem* : se dédire auprès de qqn., ~ *societatem* : rompre avec un hôte, *ne Stoïcis renuntiaretur* : pour éviter une rupture avec les stoïciens, Cic.

rĕnŭo, *ĭs, ĕre, nŭi,* **1.** intr., faire signe que non, refuser, désapprouver ; **2.** tr., refuser, rejeter, ~ *nullum convivium* : ne décliner aucune invitation à dîner, Cic.

Rēnus, V. Rhenus.

rĕnūto, *ās, āre,* intr., refuser.

rĕnūtŭs, *ūs,* m., refus.

rĕor, *rēris, rēri, rătus sum,* tr., calculer, penser, croire, + prop. inf. ; en incise, *reor* : je pense.

rĕpāgŭla, *ōrum,* n. pl., **1.** barres de fermeture (de portes à deux battants) ; **2.** prop. et fig., barrière.

rĕpando, *ĭs, ĕre,* tr., rouvrir.

rĕpandus, *a, um,* **1.** retroussé, *calceoli repandi* : souliers à pointes relevées ; **2.** arrondi, proéminent (en parlant d'animaux à nez ou bec retroussé, comme le dauphin).

rĕpango, *ĭs, ĕre,* tr., enfoncer ou planter de nouveau.

rĕpărābĭlis, *e,* adj., **1.** qu'on peut acquérir de nouveau ; **2.** réparable ; **3.** qui renaît, qui se renouvelle ; **4.** qui reproduit les sons.

rĕparco, *ĭs, ĕre,* intr., être avare de, s'abstenir de.

rĕpastĭnātĭo, *ōnis,* f., **1.** binage, second labour ; **2.** fig., révision, correction.

rĕpastĭno, *ās, āre,* tr., **1.** biner ; **2.** défricher ; **3.** nettoyer ; **4.** corriger.

rĕpecto, *ĭs, ĕre, pexum,* tr., peigner de nouveau.

rĕpĕdo, *ās, āre,* intr., rétrograder, reculer.

rĕpello, *ĭs, ĕre, reppŭli* ou *rĕpŭli, rĕpulsum,* tr., **1.** repousser, chasser ; **2.** écarter, éloigner, *periculum* : le danger, *sitim* : la soif ; **3.** détourner, exclure, empêcher, ~ *aliquem a spe* : empêcher qqn. d'espérer ;

4. repousser, dédaigner ; part., *repulsus* : blackboulé (à une élection) ; **5.** réfuter, confondre.

rĕpendo, *ĭs, ĕre, pendi, pensum,* tr., **1.** contrebalancer ; **2.** payer, donner en échange, *suum cuique decus posteritas rependit* : la postérité donne à chacun la gloire qu'il mérite, Tac. ; **3.** racheter un prisonnier ; **4.** considérer.

① **rĕpens**, *entis,* adj., **1.** subit, imprévu, soudain ; adv., soudainement ; **2.** seul. dans Tacite, récent, nouveau.

② **rĕpens**, *entis,* V. repo.

rĕpenso, *ās, āre,* tr., **1.** compenser, contrebalancer ; **2.** faire pencher la balance.

rĕpensus, *a, um,* V. rependo.

rĕpentĕ, adv., soudain, à l'improviste.

rĕpentīnō, V. le préc.

rĕpentīnus, *a, um,* subit, imprévu, soudain, ~ *exercitus* : armée improvisée, Liv. ; *rĕpentīnum venenum* : poison violent (dont l'effet est subit) ; *de repentino* ou en un seul mot, *derepentino* : soudain.

rĕperco, V. reparco.

rĕpercussĭo, *ōnis,* f., **1.** contrecoup, répercussion ; **2.** réflexion de la lumière.

rĕpercussŭs, *ūs,* m., action de renvoyer ; répercussion, choc en retour ; réverbération, ~ *maris* : le ressac, Pl.-J. ; ~ *solis* : réverbération du soleil, Sén.

rĕpercŭtĭo, *ĭs, ĕre, percussi, percussum,* tr., **1.** repousser par un choc ; **2.** renvoyer (le son), répercuter, *repercussæ voces* : voix répercutées ; **3.** renvoyer (la lumière), refléter ; **4.** rhét., réfuter, rétorquer ; **5.** éblouir, *aciem nostram repercutiunt* : ils éblouissent notre vue, Sén.

rĕpĕrĭo, *ĭs, ĭre, reppĕri* ou *rĕpĕri, rĕpertum,* (cf. *pario* ②), tr., **1.** retrouver, trouver ; **2.** se procurer, obtenir, ~ *sibi salutem* : trouver un moyen de salut ; **3.** trouver, découvrir, *si quærimus cur…, causas reperimus duas* : si nous cherchons pourquoi…, nous trouverons deux raisons, Cic. ; **4.** trouver écrit, lire, *Pythagoras venisse reperitur* : il est avéré par l'histoire que Pythagore vint, Cic. ; **5.** imaginer, inventer, ~ *viam quā* : trouver le moyen de, Cic. ; part. subst. n. pl., *reperta, orum,* découvertes, inventions, Lucr.

rĕpertŏr, *ōris,* m., inventeur, auteur.

rĕpertrix, *īcis,* f., inventrice.

① **rĕpertus**, *a, um,* V. reperio.

② **rĕpertŭs**, *ūs,* m., **1.** action de retrouver ; **2.** action d'inventer.

rĕpĕtentĭa, *æ,* f., ressouvenir.

rĕpĕtītĭo, *ōnis,* f., **1.** réclamation ; **2.** répétition, mention fréquente ; **3.** rhét., anaphore (reprise d'un mot en début de phrase ou de membre de phrase).

rĕpĕtītŏr, *ōris*, m., celui qui réclame.

rĕpĕto, *ĭs*, *ĕre*, *pĕtīvi* (*ĭi*), *pĕtītum*, tr., 1. attaquer de nouveau, contre-attaquer ; 2. poursuivre de nouveau (en justice) ; 3. aller de nouveau à, retourner à, *ipse urbem repeto* : je reviens dans ma cité, VIRG. ; 4. retourner, chercher, faire revenir, *repudiatus repetor* : on me reprend après m'avoir évincé, TÉR. ; 5. reprendre, recommencer, se remettre à ; 6. raconter en remontant, *altius* : remonter plus haut ; avec *a*, *ab*, *ex* + abl. : partir de ; 7. reprendre par la pensée, évoquer, *alicujus rei memoriam* ~ ou *aliquid memoriā* ~ : évoquer le souvenir de qqch., CIC. ; 8. jur., revendiquer, réclamer ; *pœnas ab aliquo* : châtier qqn. ; ~ *jus suum* : réclamer son droit ; 9. réclamer un bien en justice, exercer une répétition, *lex de pecuniis repetundis* : loi sur l'argent à réclamer (parce que extorqué ou perçu contre tout droit), autrement appelée loi sur la concussion ; 10. répéter, redire, *multum ante repetito concordem* (*esse*) *sibi conjugem* : après qu'il eut déclaré souvent qu'il s'entendait bien avec son épouse, TAC.

rĕpĕtundæ, *ārum*, f. pl., concussion (V. *repeto* 9).

rĕpexus, *a*, *um*, V. *repecto*.

rĕplaudo, *ĭs*, *ĕre*, tr., frapper à coups redoublés.

rĕplĕo, *ēs*, *ĕre*, *plēvi*, *plētum*, tr., 1. emplir de nouveau, remplir ; 2. compléter, ~ *exercitum* : remplir les vides de l'armée, la remettre au complet ; 3. remplir, rassasier, gorger (pr. et fig.), ~ *se cibo* : se gorger de nourriture, PÉTR. ; 4. part., *repletus*, *a*, *um*, plein de, rempli de + abl., rar. gén.

rĕplētus, *a*, *um*, V. *repleo* 4.

rĕplĭcātĭo, *ōnis*, f., 1. action de revenir sur soi-même ; 2. révolution céleste.

rĕplĭco, *ās*, *āre*, tr., 1. replier, recourber, *labra fastidio replicantur* : les lèvres se replient dédaigneusement, QUINT. ; 2. refléter, renvoyer les rayons ; 3. dérouler (un volume), compulser, parcourir ; dire, raconter ; 4. rouler dans son esprit, réfléchir à.

rĕplumbo, *ās*, *āre*, tr., dessouder.

rĕpo, *ĭs*, *ĕre*, *repsi*, *reptum*, intr., 1. ramper, se glisser en rampant ; 2. se glisser, s'insinuer ; 3. se traîner, marcher difficilement.

rĕpōno, *ĭs*, *ĕre*, *pŏsŭi*, *pŏsĭtum*, (cf. *pono*), tr., I RE~ = de nouveau, 1. remettre en place, replacer ; 2. remettre en scène, rejouer ; 3. rétablir, restaurer, *pontes* : des ponts ; 4. rendre, restituer, *injuriam* ~ : répliquer (à l'injustice) par l'injustice ; 5. mettre à

la place de, substituer, ~ *verbum aliud* : mettre un mot à la place d'un autre.

II RE~ = en arrière, 1. ramener en arrière, replier, ~ *cervicem* : renverser la tête, LUCR. ; 2. mettre de côté, en réserve, ~ *odium* : conserver la haine, TAC. ; 3. déposer, quitter, abandonner, *odium* : sa haine ; *tellure repostus* : déposé au tombeau, enseveli, VIRG.

III RE~ = déplacement, 1. faire reposer sur (pr. et fig.), *spem* ~ *in virtute* : mettre tout son espoir dans le courage ; 2. mettre au nombre de, ~ *in numero* ou *in numerum deorum* : ranger parmi les dieux.

rĕporrĭgo, *ĭs*, *ĕre*, tr., présenter, tendre de nouveau.

rĕporto, *ās*, *āre*, tr., 1. ramener ; 2. rapporter, revenir avec ; 3. poét., rapporter (une nouvelle).

rĕposco, *ĭs*, *ĕre*, tr., 1. redemander (ce qu'on a perdu), demander en retour ; avec double acc., *Verrem simulacrum Cereris* ~ : demander à Verrès la restitution de la statue de Cérès ; 2. exiger, réclamer ; avec acc. de la chose et *ab* + abl. de la personne, ~ *pœnas ab aliquo* : punir qqn. ; 3. avec un seul acc. : exiger, *gratiam* ~ : de la reconnaissance ; *rationem* ~ : demander compte.

rĕpŏsĭtōrĭum, *ĭi*, n., plateau de table.

rĕpŏsĭtus (**rĕpostus**), *a*, *um*, part. adj. de *repono*, 1. écarté, éloigné ; 2. subst. n., *repositum*, *i*, provisions, réserves.

rĕpŏsīvi, pf. arch. de *repono*.

rĕpostŏr, *ōris*, m., restaurateur (de monuments).

rĕpŏsŭi, V. *repono*.

rĕpōtĭa, *ōrum*, n. pl., 1. action de boire après un repas ; 2. nouveau repas (le lendemain de la noce) ; lendemain de noce.

reppĕri, V. *reperio*.

reppŭli, V. *repello*.

rĕpræsentātĭo, *ōnis*, f., 1. action de mettre sous les yeux, représentation, tableau ; 2. rhét., hypotypose ; 3. paiement au comptant.

rĕpræsento, *ās*, *āre*, (cf. *præsens*), tr., 1. mettre sous les yeux, représenter (pr.) ; 2. reproduire, être l'image de ; 3. rendre effectif, faire sur-le-champ, ~ *medicinam* : éprouver immédiatement les effets d'un remède ; 4. payer comptant.

rĕprĕhendo (**rĕprendo**), *ĭs*, *ĕre*, *prĕhendi* (*prendi*), *prĕhensum* (*prensum*), tr., 1. ressaisir ; saisir par-derrière ; arrêter ; 2. reprendre, critiquer, *aliquid in aliquo* : qqch. chez qqn. ; ~ *quod* : blâmer le fait que ; *reprehenditur ut* : on (leur) reproche de ; 3. rhét., réfuter.

rĕprĕhensĭo, ōnis, f., 1. rectification, correction ; 2. réprobation, critique, ~ *vitæ* : critique de la vie privée ; 3. faute, défaut ; 4. rhét., réfutation.

rĕprĕhenso, ās, āre, tr., retenir, ramener de force.

rĕprĕhensŏr, ōris, m., censeur, critique.

rĕprĕhensus, a, um, V. reprehendo.

rĕpren~, V. reprehen~.

rĕpressē, adv., seul. au comp. repressius, avec retenue.

rĕpressi, V. reprimo.

rĕpressŏr, ōris, m., celui qui réprime.

rĕpressus, a, um, V. reprimo.

rĕprīmo, ĭs, ĕre, pressi, pressum, (cf. premo), tr., 1. faire reculer, repousser, repressus, non oppressus : (ennemi) repoussé, mais pas écrasé, Cic. ; 2. fig., réprimer, repousser, contenir, ~ fugam : empêcher de fuir, Cés. ; ~ aliquem : maîtriser qqn., ~ se : se maîtriser, vix reprimor quin : j'ai de la peine à m'empêcher de, Pl.

rĕprōmissĭo, ōnis, f., promesse réciproque.

rĕprōmitto, ĭs, ĕre, mīsi, missum, tr., 1. promettre en retour ; 2. promettre de nouveau.

repsi, V. repo.

reptābundus, a, um, qui se traîne.

reptātĭo, ōnis, f., action de se traîner (petits enfants).

① **reptātus**, a, um, part. adj., sur quoi l'on a rampé.

② **reptātŭs**, ūs, m., action de grimper (vigne).

repto, ās, āre, intr., 1. ramper, se traîner ; 2. fig., marcher avec peine ; 3. parcourir en rampant, traverser à la nage.

rĕpŭbesco, ĭs, ĕre, intr., rajeunir ; reverdir.

rĕpŭdĭātĭo, ōnis, f., rejet, refus, dédain.

rĕpŭdĭo, ās, āre, tr., 1. repousser, legem : une loi ; ~ consilium senatus a re publica : priver la république de la sage direction du sénat, Cic. ; 2. répudier (sa femme), rompre avec, éconduire ; 3. renoncer à une succession.

rĕpŭdĭum, ĭi, n., répudiation, divorce, ~ alicui remittere ou renuntiare : signifier le divorce.

rĕpŭĕrasco, ĭs, ĕre, intr., redevenir enfant ; fig., tomber en enfance, dire ou faire des enfantillages.

rĕpugnans, antis, part. adj., contradictoire, incompatible ; subst. n. pl., repugnantia, ium, rhét., choses incompatibles.

rĕpugnantĕr, adv., à contrecœur, avec répugnance.

① **rĕpugnantĭa**, æ, f., 1. moyen de défense ; 2. incompatibilité, contradiction, opinionum inter se ~ : la contradiction des opinions entre elles, Cic.

② **rĕpugnantĭa**, ĭum, n. pl., V. repugnans.

rĕpugno, ās, āre, intr., 1. opposer de la résistance, lutter ; + inf., amare repugno : je ne veux pas aimer, Ov. ; avec ne + subj., s'opposer à ce que ; avec quominus + subj., non ~ quominus : ne pas s'opposer à ce que ; 2. être contradictoire, être incompatible.

rĕpŭli, V. repello.

rĕpullŭlo, ās, āre, intr., repulluler, repousser.

rĕpulsa, æ, f., 1. échec (d'une candidature), repulsam ferre : subir un échec ; 2. refus, fin de non-recevoir.

rĕpulso, ās, āre, tr., 1. renvoyer, répercuter (un son) ; 2. fig., repousser.

① **rĕpulsus**, a, um, 1. V. repello ; 2. adj., écarté, éloigné.

② **rĕpulsŭs**, ūs, m., 1. répercussion (du son) ; 2. réverbération, reflet ; 3. choc, coup.

rĕpungo, ĭs, ĕre, tr. fig., piquer à son tour.

rĕpurgo, ās, āre, tr., 1. nettoyer ; 2. ôter en nettoyant, supprimer ; retoucher.

rĕpŭtātĭo, ōnis, f., méditation, réflexion, examen ; considération.

rĕpŭto, ās, āre, tr., 1. calculer, évaluer ; 2. examiner, faire des réflexions, reputando (abs.) : en y réfléchissant, Sall. ; vere reputantes : ceux qui voient juste, Tac. ; 3. ~ secum, animo, cum animo : réfléchir, songer, se dire + prop. inf., interr. indir.

rĕquĭēs, ētis, acc. requietem ou requiem, f., repos, relâche, récréation.

rĕquĭesco, ĭs, ĕre, quĭēvi, quĭētum, 1. intr., prendre du repos, se reposer, dormir ; fig., s'appuyer, se reposer sur ; 2. tr., faire reposer, arrêter.

rĕquĭētus, a, um, V. requiesco ; reposé, frais.

rĕquīro, ĭs, ĕre, quīsīvi, quīsītum, tr., 1. chercher, rechercher ; 2. demander, s'informer, aliquid ab ou ex ou de aliquo : de qqch. auprès de qqn. ; 3. demander, exiger ; 4. chercher en vain, regretter l'absence de ; avoir besoin de.

rĕquīsītĭo, ōnis, f., recherche.

rĕquīsītus, a, um, 1. V. requiro ; 2. adj., recherché, nécessaire ; subst. n. pl., requisita, orum, besoins, exigences.

rēs, rĕi, f., 1. chose matérielle, être, corps, créature, rerum natura creatrix, rerum natura parens : la Nature qui a tout créé, mère de toutes choses, Lucr. ; concordia

rerum : l'harmonie des éléments, HOR. ;
felix qui potuit rerum cognoscere causas :
heureux qui a pu distinguer les causes
des phénomènes, VIRG. ; **2.** le fait, la
réalité ; le fond (opp. à la forme) : l'idée
(opp. au mot), *re ipsā*, TÉR., *re verā*, CIC. :
en fait, en réalité ; au fond ; *et sic se ~
habet* : la chose se passe ainsi, CIC. ; *rem
sectari, non verba* : s'attacher au fond, et
non aux mots ; *sine re nomen* : mot vide
de sens, OV. ; **3.** chose, affaire, a) précisé
par un adj., *~ divina*, ou au pl. *res divinæ* :
sacrifice, office, cérémonies du culte ; *~ frumentaria* : approvisionnement en blé ;
~ militaris : métier des armes, etc. ; b) gén.
pl., *rerum* explétif, *causæ rerum* : les
causes ; *in naturā rerum omnium* : dans
toute la nature ; **4.** situation, circonstances, conjoncture, *res adversæ* : adversité,
échec, *res secundæ* : prospérité, bonheur,
succès ; *pro re* : selon la circonstance, en
l'occurrence ; **5.** intérêt, avantage, utilité,
in rem est : il est utile ; *ex meā, tuā re* : dans
mon intérêt, dans ton intérêt ; *ex re
publicā* : dans l'intérêt général ; *ab re* :
contre l'intérêt ; **6.** propriété, bien, richesses, *~ familiaris* : le patrimoine, *rem
augere* : augmenter sa fortune ; **7.** cause,
motif, moyen, *eā re* : pour ce motif ;
quamobrem : c'est pourquoi ; **8.** fait,
événement ; acte (not. historique), *res
gestæ* : les actions (surt. d'éclat), les hauts
faits, l'histoire, *res populi Romani* : l'histoire du peuple romain, LIV. ; *rerum
scriptor* : historien ; **9.** la chose publique,
les affaires, le gouvernement, l'État, *usus
rei publicæ* : l'expérience politique ; *in re
publicā peccare* : faire des fautes
politiques ; *tria genera rerum publicarum* :
trois formes d'État, trois constitutions ;
10. débat, procès, affaire judiciaire, *rem
habere cum aliquo* : avoir une affaire avec
qqn. ; *res* = le fait, à distinguer de la
cause (*causa*), ou du litige (*lis*) ; **11.** affaires, relations d'affaires, *rem cum aliquo
transigere* : faire une transaction avec
qqn. ; **12.** sujet traité ou à traiter ; question, *in medias res* : en plein sujet, HOR.

rĕsăcro (rĕsĕcro), *ās, āre*, tr., **1.** relever
d'une interdiction ; **2.** supplier de nouveau.

rĕsălūtātĭo, *ōnis*, f., salut rendu.

rĕsălūto, *ās, āre*, tr., **1.** saluer de nouveau ; **2.** rendre un salut.

rĕsānesco, *ĭs, ĕre, sānŭi*, intr., revenir à la
raison.

rĕsarcĭo, *ĭs, īre, sarsi, sartum*, tr., **1.** rapié-
cer ; **2.** fig., réparer (un dommage), compenser (une perte).

rescindo, *ĭs, ĕre, scĭdi, scissum*, tr., **1.** déchirer de nouveau, rouvrir, *vulnus* : une

blessure ; **2.** couper, déchirer, rompre,
cælum ~ : ouvrir une brèche dans le ciel,
VIRG. ; **3.** abroger, annuler.

rescĭo, *ĭs, īre, scīvi (scĭi)*, tr., venir à savoir,
apprendre.

rescisco, *ĭs, ĕre, scīvi (scĭi)*, (inchoatif du
préc.), tr., venir à savoir.

rescissus, *a, um*, V. *rescindo*.

rescrībo, *ĭs, ĕre, scripsi, scriptum*, tr.,
1. écrire en retour, répondre par écrit,
~ epistulam : répondre par une lettre ; *litteris, ad litteras, ad epistulam* : à une lettre ;
2. répondre pour réfuter, réfuter, *de or-
thographiā rescripsit* : il fit un traité contre
l'orthographe, SUÉT. ; **3.** donner une réponse officielle (rescrit de l'empereur) ;
4. recomposer, refaire ; inscrire de nouveau, enrôler de nouveau ; **5.** mettre au
débit ou au crédit de qqn. ; faire passer
(sur un rôle).

rescripsi, V. *rescribo*.

rescriptum, *i*, n., rescrit, réponse (par
écrit) du prince.

rescŭla, V. *recula*.

rĕsĕco, *ās, āre, sĕcui, sectum*, tr., **1.** couper,
tailler ; **2.** fig., retrancher, supprimer.

rĕsĕcro, V. *resacro*.

rĕsectĭo, *ōnis*, f., taille de la vigne.

rĕsectus, *a, um*, V. *reseco*.

rĕsĕcūtus, *a, um*, V. *resequor*.

rĕsēda, *æ*, f., bot., réséda.

rĕsēdi, V. *resideo* et *resido*.

rĕsēdo, *ās, āre*, tr., calmer, guérir.

rĕsegmĕn, *ĭnis*, n., rognure.

rĕsēmĭno, *ās, āre*, tr., reproduire.

rĕsĕquor, *ĕris, i, sĕcūtus sum*, tr., répondre immédiatement, *aliquem* : à qqn.

rĕsĕrātus, *a, um*, V. *resero* ①.

① **rĕsĕro**, *ās, āre*, tr., **1.** pr. et fig., ouvrir ;
2. dévoiler, révéler.

② **rĕsĕro**, *ĭs, ĕre, sēvi*, tr., ensemencer de
nouveau, replanter.

rĕservo, *ās, āre*, tr., **1.** mettre de côté, réserver ; *~ aliquid in diem* : renvoyer qqch.
à un autre temps ; **2.** sauver, conserver,
garder.

rĕsĕs, *sĭdis*, (cf. *resideo*), adj., **1.** qui reste,
qui séjourne ; immobile ; **2.** oisif, inactif.

rĕsēvi, V. *resero* ②.

rĕsĭdĕo, *ēs, ēre, sēdi, sessum*, intr. et tr.,
1. rester assis, séjourner ; *corvus arbore
residens* : corbeau sur un arbre perché,
PHÈDR. ; **2.** être inactif, oisif ; **3.** fig., rester, demeurer ; **4.** tr., chômer, *venter gut-
turque resident esuriales ferias* : mon ventre et mon gosier chôment la fête du
jeûne, PL.

ĕsīdo, ĭs, ĕre, sēdi, sessum, intr., 1. s'asseoir, se poser ; se fixer ; 2. s'abaisser ; 3. se calmer.

ĕsĭdŭus, a, um, 1. qui reste, *residuæ pecuniæ* : reliquat d'argent, arrérages ; subst. n., *residuum, i*, restant ; 2. inactif, désœuvré.

ĕsigno, ās, āre, tr., 1. décacheter, ouvrir, *lumina morte resignat* : il rouvre les yeux fermés par la mort, Virg. ; 2. briser, rompre, enfreindre ; 3. dévoiler, révéler ; 4. rendre, rembourser ; 5. assigner.

ĕsĭlĭo, ĭs, īre, sĭlŭi, sultum, intr., 1. sauter en arrière ; revenir en sautant ; 2. rebondir, rejaillir, être repoussé ; 3. se retirer sur soi-même, se dérober à.

ĕsīmus, a, um, recourbé, retroussé.

ĕsīna, æ, f., résine.

ĕsīnācĕus, a, um, résineux.

ĕsīnātus, a, um, 1. mélangé de résine, *resinata vina* : vins résinés ; 2. épilé avec de la résine.

ĕsīnōsus, a, um, de résine ; mélangé de résine.

ĕsĭpĭo, ĭs, ĕre, tr. et intr., 1. avoir la saveur de, avoir goût de ; 2. fig., se ressentir de, *homo minime resipiens patriam* : un homme qui n'a rien de son pays, Cic.

ĕsĭpisco, ĭs, ĕre, sĭpŭi ou sĭpĭi ou sĭpīvi, intr., 1. reprendre ses sens, revenir à soi ; 2. redevenir sage.

ĕsisto, ĭs, ĕre, stĭti, intr., 1. s'arrêter ; 2. résister, tenir tête, *alicui, alicui rei* : à qqn., à qqch. ; *non resistere quominus* : ne pas empêcher de ; 3. (choses) résister, s'opposer.

ĕsŏlūtus, a, um, 1. V. *resolvo* ; 2. adj., a) amolli ; b) sans contrainte.

ĕsolvo, ĭs, ĕre, solvi, sŏlūtum, tr., 1. délier, dénouer ; ouvrir ; 2. résoudre, désagréger, dissoudre ; 3. relâcher, délivrer ; 4. supprimer, dissiper, *Lucifer tenebras resolvit* : Lucifer dissipa les ténèbres, Virg. ; *~ vectigal* : supprimer une taxe ; 5. démolir, abattre ; 6. résoudre, éclairer ; 7. rompre, *pudoris jura ~* : violer les lois de la pudeur ; 8. payer, réparer, compenser.

ĕsŏnābĭlis, e, adj., qui renvoie les sons.

① **rĕsŏno**, ās, āre, sŏnāvi et sŏnŭi, 1. intr., résonner, renvoyer les sons ; 2. tr., faire retentir ; répéter en écho, *formosam resonare doces Amaryllida silvas* : tu apprends aux forêts à redire le nom de la belle Amaryllis, Virg.

② **rĕsŏno**, ĭs, ĕre, V. le préc.

rĕsŏnus, a, um, qui renvoie un son ; retentissant, sonore.

rĕsorbĕo, ēs, ēre, tr., 1. ravaler ; fig., *~ lacrimas* : ravaler ses larmes ; 2. aspirer de nouveau ; 3. passif, *resorberi* : être refoulé.

respecto, ās, āre, intr. et tr., 1. regarder sans cesse derrière soi ; 2. être en attente ; 3. ne pas perdre de vue, s'intéresser à ; 4. attendre ou espérer (de qqn.) en retour.

① **respectus**, a, um, V. *respicio*.

② **respectŭs**, ūs, m., 1. action de regarder en arrière ; 2. considération, réflexion ; 3. refuge, recours, *respectum ad senatum non habere* : ne pouvoir recourir au sénat, Cic.

respergo, ĭs, ĕre, spersi, spersum, tr., 1. éclabousser, arroser ; 2. fig., couvrir, *aliquem infamiā* : qqn. d'infamie ; 3. inonder (de lumière).

respexi, V. *respicio*.

respersĭo, ōnis, f., 1. libation ; 2. action de verser, de répandre, *~ pigmentorum* : couleurs jetées au hasard (sur un tableau).

respersus, a, um, V. *respergo*.

respĭcĭo, ĭs, ĕre, spexi, spectum, intr. et tr., 1. regarder par-derrière ; se retourner (pour regarder), *amissam Creusam, Eurydicem suam* : pour voir Créuse qu'il a perdue, Virg., pour voir sa chère Eurydice, Ov. ; 2. fig., faire attention à, avoir égard à ; 3. considérer, avoir en vue ; 4. regarder, concerner ; 5. regarder favorablement, protéger ; 6. attendre, espérer.

respīrāmĕn, ĭnis, n., canal de la respiration (trachée-artère) ; respiration.

respīrātĭo, ōnis, f., 1. respiration ; 2. pause pour reprendre haleine ; 3. évaporation, exhalaison.

respīrātŭs, ūs, m., respiration.

respīro, ās, āre, tr., 1. respirer, exhaler, rendre un souffle, *~ animam* : respirer ; 2. prendre haleine, se reposer ; *ita respiratum* : à cette nouvelle on respira, Liv. ; 3. se ralentir, cesser.

resplendĕo, ēs, ēre, splendŭi, intr., reluire, resplendir.

respondĕo, ēs, ēre, spondi, sponsum, (cf. *spondeo*), tr., 1. assurer, garantir de son côté ; 2. répondre (oralement ou par écrit) ; + prop. inf., que ; + interr. indir. ; spéc., promettre (oracles) ; 3. reproduire, réfléchir, *res sibi respondent* : les objets se reproduisent (dans le miroir) ; 4. répondre à une citation en justice, comparaître ; 5. être digne de, égaler, correspondre à ; rendre, réussir ; 6. payer, répondre aux engagements ; 7. jur., *alicui de jure ~* : donner à qqn. des consultations de droit.

responsĭo, ōnis, f., réponse, réplique.

responsĭto, ās, āre, tr., donner des consultations de droit.

responso, *ās*, *āre*, intr., 1. répondre ; 2. répliquer ; 3. correspondre ; 4. résister, s'opposer.

responsŏr, *ōris*, m., celui qui donne une réponse.

responsum, *i*, n., 1. réponse ; 2. consultation ; 3. réponse d'un oracle, oracle.

respŭblĭca (**rēs pŭblĭca**), *rēipŭblĭcæ*, V. *res*.

respŭo, *ĭs*, *ĕre*, *spŭi*, tr., 1. recracher, rejeter ; 2. repousser, dédaigner, ~ *quod fieri non potest* : rejeter l'impossible, refuser d'y croire.

restagnātĭo, *ōnis*, f., débordement.

restagno, *ās*, *āre*, intr., 1. déborder, former une nappe d'eau ; 2. être inondé.

restauro, *ās*, *āre*, tr., 1. réparer, rebâtir ; 2. recommencer.

restĭbĭlis, *e*, adj., qui est cultivé tous les ans.

restĭcŭla, *æ*, f., cordelette, ficelle.

restillo, *ās*, *āre*, intr. et tr., (s')introduire goutte à goutte.

restinctĭo, *ōnis*, f., étanchement (de la soif).

restinguo, *ĭs*, *ĕre*, *stinxi*, *stinctum*, tr., 1. éteindre ; 2. fig., refroidir, calmer, apaiser, ~ *ardorem cupiditatum* : refroidir l'ardeur des passions ; 3. détruire, anéantir.

restĭo, *ōnis*, m., cordier ; iron., qqn. qui est fouetté, PL. ; titre d'un mime de Labérius.

restĭpŭlātĭo, *ōnis*, f., restipulation, stipulation réciproque.

restĭpŭlor, *āris*, *āri*, tr., stipuler de nouveau, stipuler réciproquement.

restis, *is*, acc. *im* ou *em*, abl. *i* ou *e*, f., 1. corde, *restim ductare* : tenir le bout de la corde, conduire la danse, TÉR. ; prov., *colubra restem non parit* : couleuvre n'engendre pas corde (= tel père, tel fils), PÉTR. ; 2. queue (d'ail, d'oignon).

restĭti, V. *resisto* et *resto*.

restĭto, *ās*, *āre*, (fréq. de *resto*), intr., 1. s'arrêter souvent ; 2. s'opposer, résister.

restĭtŭo, *ĭs*, *ĕre*, *stĭtŭi*, *stĭtūtum*, tr., 1. remettre en place, replacer ; 2. ramener, rappeler (spéc. chez Cicéron, d'exil) ; 3. relever, restaurer (pr. et fig.), ~ *animum*, *animos alicui* : rendre le courage à qqn. ; 4. réparer, *damna* : les pertes, *vires* : les forces ; 5. rendre, redonner, ~ *se alicui* : redevenir l'ami de qqn. ; 6. redresser, casser, *judicia* : des jugements.

restĭtūtĭo, *ōnis*, f., 1. réparation, rétablissement ; 2. rappel (de l'exil), réintégration, ~ *damnatorum* : amnistie.

restĭtūtŏr, *ōris*, m., 1. celui qui rebâtit ; 2. fig., celui qui rétablit, ~ *salutis meæ* :

mon sauveur, celui à qui je dois la vi[e], CIC.

resto, *ās*, *āre*, *stĭti*, (*re* → + *sto*), intr., 1. s'a[r]rêter, rester en arrière ; 2. persister, d[u]rer, *amor restat* : l'amour est persévéra[nt], PROP. ; 3. rester, être de reste, *quod restat* dorénavant ; *hoc* ou *id restat ut* : res[te] que, il ne reste plus qu'à ; *nihil aliud rest[a]t nisi* ou *quam* + inf., ou simpl. *restat* + inf. : il ne reste plus qu'à ; 4. résister.

restrictē, adv., [~*tius*, ~ *tissime*], 1. ave[c] ménagements, avec réserve ; 2. stricte[ment], rigoureusement.

restrictus, *a*, *um*, 1. V. *restringo* ; 2. adj[.] a) serré fortement, attaché ; b) resserr[é] étroit ; c) retenu, modeste ; d) ménage[r] avare ; e) rigoureux, sévère.

restringo, *ĭs*, *ĕre*, *strinxi*, *strictum*, tr[.] 1. serrer étroitement ; 2. resserrer, ~ *de[n] tes* : montrer les dents ; 3. fig., attache[r] lier ; 4. contenir ; réprimer, supprimer[;] 5. desserrer, ouvrir, ~ *labra* : desserrer le[s] lèvres (pour rire), QUINT.

rĕsūdo, *ās*, *āre*, 1. intr., dégager de l'hu[-] midité ; 2. tr., rendre, rejeter (un liquide[).]

rĕsulto, *ās*, *āre*, intr. et tr., 1. sauter en a[r-] rière, rebondir, rejaillir ; 2. retentir, fair[e] écho, *sonum* ~ : renvoyer le son ; 3. résis[-] ter à.

rĕsūmo, *ĭs*, *ĕre*, *sumpsi*, *sumptum*, tr[.] 1. reprendre ; 2. recommencer ; 3. retrou[-] ver, *somnum* : le sommeil ; recouvre[r] *vires* : ses forces ; 4. guérir.

rĕsumpsi, V. *resumo*.

rĕsumptus, *a*, *um*, V. *resumo*.

rĕsŭo, *ĭs*, *ĕre*, *sŭi*, *sūtum*, tr., découdre.

rĕsŭpīnātus, *a*, *um*, 1. V. *resupino* ; 2. adj[.] a) couché sur le dos ; b) couché.

rĕsŭpīno, *ās*, *āre*, tr., 1. faire pencher e[n] arrière ; 2. coucher sur le dos ; passif, *r[e] supinari* : se coucher ou dormir sur le dos[;] 3. *se* ~ : se renverser en arrière fièreme[nt.]

rĕsŭpīnus, *a*, *um*, 1. penché en arrièr[e] renversé ; 2. couché sur le dos ; pass[if] 3. qui se redresse, qui porte la tête haut[e] fier ; 4. nonchalant ; insouciant.

rĕsurgo, *ĭs*, *ĕre*, *surrexi*, *surrectum*, intr[.] 1. se relever ; 2. se rétablir, renaître ; 3. s[e] renouveler, recommencer, *rursusque r[e] surgens sævit amor* : et l'amour se réveill[e] et de nouveau l'assaille, VIRG.

rĕsuscĭto, *ās*, *āre*, tr., 1. reconstruire[;] 2. réveiller, ranimer.

rĕsūtus, *a*, *um*, V. *resuo*.

rētæ, *ārum*, f. pl., végétation (arbres) qu[i] encombre le lit ou les rives d'une rivière[.]

rĕtardātĭo, *ōnis*, f., retardement, délai.

rĕtardo, *ās*, *āre*, tr., 1. retarder, arrêter[;] passif, *retardari* : se ralentir ; 2. arrête[r] réprimer, empêcher, *aliquem a scribend[o]* qqn. d'écrire, *ad fruendum non retardat senectus* : la vieillesse n'empêche pas d'en profiter (de la campagne), Cic. ; **3.** abs., être en retard.

rĕtaxo, *ās, āre*, tr., censurer à son tour, récriminer.

rēte, *is*, n., **1.** filet de chasse ou de pêche ; *rete texunt* : (les araignées) tissent leur toile, Cic. ; **2.** piège, séduction.

rĕtĕgo, *ĭs, ĕre, texi, tectum*, tr., **1.** découvrir, ouvrir, *~ orbem radiis* : éclairer le monde de ses rayons, Virg. ; **2.** dévoiler, révéler, *clara dies Pharsalica damna retexit* : le jour en brillant découvrit le désastre de Pharsale, Luc.

rĕtempto, *ās, āre*, tr., **1.** essayer, tenter de nouveau ; **2.** chercher à ressaisir ; **3.** repasser dans son esprit.

rĕtendo, *ĭs, ĕre, tendi, tensum* ou *tentum*, tr., détendre, relâcher, *arcus retentus* : arc débandé, Ov.

rĕtentĭo, *ōnis*, (cf. *retineo*), f., **1.** action de retenir ; **2.** action de maintenir ; **3.** retenue, Cic.

① **rĕtento**, *ās, āre*, (fréq. de *retineo*), tr., **1.** retenir, contenir ; **2.** maîtriser ; **3.** conserver, maintenir.

② **rĕtento**, V. *retempto*.

rĕtentus, *a, um*, V. *retendo* et *retineo*.

rĕtĕro, *ĭs, ĕre, trītum*, tr., frotter, user complètement.

rĕtexi, V. *retego*.

rĕtexo, *ĭs, ĕre, texŭi, textum*, tr., **1.** défaire (un tissu), détisser ; **2.** défaire, détruire, annuler ; **3.** tisser de nouveau, refaire ; **4.** raconter de nouveau.

rētĭārĭus, *ĭi*, m., rétiaire, gladiateur armé d'un trident et d'un filet ; prov., *contra retiarium ferula* : se défendre avec un sabre de bois, Mart.

rĕtĭcentĭa, *æ*, f., **1.** long silence, silence obstiné, *~ posterorum* : le silence des générations futures, Cic. ; **2.** le fait de taire ; *pœna reticentiæ* : peine établie contre ceux qui taisent (les défauts d'une marchandise).

rĕtĭcĕo, *ēs, ēre, tĭcŭi*, (cf. *taceo*), tr., **1.** se taire, être silencieux ; **2.** garder le silence ; **3.** se taire sur, passer sous silence ; adj. vb. subst. n. pl., *reticenda, orum*, les secrets.

rētĭcŭlātus, *a, um*, fait en forme de filet réticulaire.

rētĭcŭlum, *i*, n., et **rētĭcŭlus**, *i*, m., **1.** filet à petites mailles ; **2.** sachet, sac, et en gén. tout objet ressemblant à un filet à petites mailles : résille, gibecière, etc.

Retĭna, *æ*, f., Rétina, bourg de Campanie, à l'E. de Naples, près du Vésuve, auj. Resina.

rētĭnācŭlum, *i*, (cf. *retineo*), n., lien, corde, cordage, etc.

rĕtĭnens, *entis*, part. adj., **1.** qui retient, qui garde ; **2.** attaché à.

rĕtĭnentĭa, *æ*, f., action de retenir (dans sa mémoire), ressouvenir.

rĕtĭnĕo, *ēs, ēre, tĭnŭi, tentum*, tr., **1.** retenir, arrêter ; tenir solidement ; **2.** maintenir, contenir ; **3.** conserver, garder, *oppidum* : la place ; **4.** observer, être fidèle à ; **5.** garder en mémoire, *~ memoriam alicujus rei, ~ aliquid memoriā* et abs., *retinere* : garder qqch. dans sa mémoire.

rĕtĭnnĭo, *īs, īre*, intr., tinter en retour, résonner.

rĕtĭnŭi, V. *retineo*.

rētis, *is*, f., V. *rete*.

rĕtōno, *ās, āre*, intr., retentir.

rĕtonsus, *a, um*, coupé, fauché de nouveau.

rĕtorquĕo, *ēs, ēre, torsi, tortum*, tr., **1.** tourner en arrière, ou de côté ; retourner ; **2.** passif, *retorqueri* : faire une conversion ; **3.** fig., rétorquer un argument (= le retourner) ; **4.** changer, *mentem* : ses dispositions d'esprit.

rĕtorrĭdus, *a, um*, **1.** desséché, sec ; **2.** rabougri, ratatiné ; **3.** renfrogné.

rĕtortus, *a, um*, V. *retorqueo*.

rĕtractātĭo, *ōnis*, f., **1.** refus, résistance, *sine ullā retractatione* : sans aucune hésitation ; **2.** remaniement, correction, *sine retractatione* : sans un remaniement ; **3.** rhét., répétition du même mot pris dans un autre sens.

rĕtractātus, *a, um*, retouché, corrigé.

① **rĕtracto** (**rĕtrecto**), *ās, āre*, (cf. *tracto*), tr., **1.** toucher de nouveau ; **2.** retoucher, corriger ; **3.** entreprendre de nouveau ; **4.** repasser dans son esprit.

② **rĕtracto**, *ās, āre*, (fréq. de *retraho*), tr., **1.** retirer, reprendre, *~ dicta* : rétracter ses paroles, Virg. ; **2.** abs., refuser, hésiter, *quid jam, Turne, retractas ?* : pourquoi, Turnus, encore tergiverser ?, Virg. ; **3.** rabaisser.

rĕtractus, *a, um*, **1.** V. *retraho* ; **2.** adj., éloigné, retiré, enfoncé.

rĕtrăho, *ĭs, ĕre, traxi, tractum*, tr., **1.** tirer en arrière, ramener, retirer, *manum ~* : retirer la main ; **2.** soustraire à ; sauver de ; **3.** ramener de force, détourner, iron., *~ argentum fugitivum* : rattraper de l'argent perdu (qui s'est enfui), Tér. ; *ex fugā retractus* : arrêté dans sa fuite, Sall. ; **4.** réduire, abréger (pr. et fig.), *~ vires ingenii* : modérer l'essor de son génie, Sén. ; **5.** tirer de nouveau ; traîner en justice ; faire revenir à : **6.** renouveler, faire revivre, *verba* : des mots, *nomina ærarii obliterata* : des créances éteintes.

rĕtrecto, V. *retracto*.

rĕtrĭbŭo, *ĭs, ĕre, trĭbŭi, trĭbūtum,* tr., 1. donner en échange ; 2. rendre, restituer.

rĕtrītus, *a, um,* V. *retero*.

rĕtrō (*re-ter-o*), adv. et prép.,

I adv., 1. en arrière, par-derrière (avec mvt.), *ingredi ~* : marcher à reculons, Cᴵᴄ. ; souv. pléonastique avec vb. préfixés par *re~* ; 2. en arrière, par-derrière (sans mvt.), *~ vivere* : vivre à rebours, au contraire des autres ; 3. (temps) a) en arrière du présent, en remontant vers le passé, *et deinceps ~ ad Romulum* : ainsi de suite jusqu'à Romulus, Cᴵᴄ. ; b) en sens inverse, réciproquement, en sens contraire (cf. 2).

II prép., rar., + acc., derrière.

rĕtrōăgo, *ĭs, ĕre, ēgi, actum,* tr., 1. ramener, faire reculer, *~ iram* : refouler sa colère ; 2. annuler ; 3. retourner, changer, *~ ordinem* : intervertir l'ordre.

rĕtrōcēdo, *ĭs, ĕre, cessi,* intr., reculer, rétrograder.

rĕtrōcessŭs, *ūs,* m., mouvement rétrograde.

rĕtrŏĕo, *ĭs, īre,* intr., reculer.

rĕtrōflecto (**rĕtrō flecto**), *ĭs, ĕre, flexi, flexum,* tr., ramener, plier en arrière.

rĕtrōgrădĭor, *ĕris, i, gressus sum,* intr., rétrograder, reculer.

rĕtrōgrădis, *e,* adj., rétrograde.

rĕtrōgrădus, *a, um,* V. le préc.

rĕtrōpendŭlus, *a, um,* qui pend par-derrière.

rĕtrorsum (**rĕtrorsŭs, rĕtrōversum** ou **~vorsum, rĕtrōversŭs** ou **~vorsŭs**), adv., 1. en arrière ; 2. réciproquement, en sens inverse.

① **rĕtrorsŭs**, V. *retrorsum*.

② **rĕtrorsus**, *a, um,* tourné en arrière, retourné.

rĕtrōversum, V. *retrorsum*.

① **rĕtrōversŭs**, V. *retrorsum*.

② **rĕtrōversus**, *a, um,* 1. renversé ; 2. inverse (V. *retrorsus* ②).

rĕtrūdo, *ĭs, ĕre, trūsum,* tr., 1. pousser en arrière, faire reculer ; 2. reléguer, mettre à l'écart.

rĕtrūsus, *a, um,* 1. mis à l'écart ; 2. enfoui, enfermé ; dissimulé.

rettŭdi et **rĕtŭdi**, V. *retundo*.

rettŭli et **rĕtŭli**, V. *refero*.

rĕtundo, *ĭs, ĕre, rettŭdi* et *rĕtŭdi, rĕtūsum* et *rĕtūnsum,* tr., 1. repousser, refouler ; 2. émousser, affaiblir ; briser.

rĕtūsus, *a, um,* part. adj. de *retundo*, 1. émoussé, obtus ; 2. affaibli.

rĕus, *i,* m., et **rĕa**, *æ,* f., 1. celui ou celle qui est engagé(e) dans un procès (le défendeur ou le demandeur) ; au m. pl., *rei orum,* les parties ; 2. prévenu, accusé, *aliquem de ambitu reum facere* : accuser qqn. de fraude électorale ; *judex reusque* : juge et partie ; 3. débiteur, responsable, *~ voti* : lié par un vœu.

rĕvălesco, *ĭs, ĕre, vălŭi,* intr., 1. guérir ; 2. reprendre des forces.

rĕvălŭi, V. *revalesco*.

rĕvĕho, *ĭs, ĕre, vexi, vectum,* tr., ramener (en transportant) ; passif, *revehi* (avec ou sans *equo, curru, nave*) : revenir (à cheval, en voiture, par mer) ; remonter à (dans le temps).

rĕvello, *ĭs, ĕre, velli, vulsum,* tr., 1. arracher, détacher, *caput a cervice revulsum* : tête violemment séparée du cou, Vɪʀɢ. ; 2. séparer violemment, détruire ; 3. arracher à la tombe, violer une sépulture, *patris cineres manesque ~* : profaner les cendres et les mânes du père, Vɪʀɢ.

rĕvēlo, *ās, āre,* tr., 1. mettre à nu, découvrir ; 2. éclaircir, dévoiler, révéler.

rĕvĕnĭo, *ĭs, īre, vēni, ventum,* intr., revenir.

rĕvērā ou **rē vērā**, loc. adv., en fait, réellement (V. *res*).

rĕverbĕro, *ās, āre,* tr., 1. repousser, faire rebondir ; 2. repousser, *~ iram fortunæ* : repousser les coups de la fortune, les parer, Sᴇɴ.

rĕvĕrendus, *a, um,* adj. vb. de *revereor*, vénérable.

rĕvĕrens, *entis,* adj., 1. qui craint, respectueux ; 2. respectable, vénérable.

rĕvĕrentĕr, adv., [*~tius, ~tissime*], avec déférence, respectueusement.

rĕvĕrentĭa, *æ,* f., 1. crainte, timidité, *~ poscendi* : pudeur de demander, Pʀᴏᴘ. ; 2. timidité jointe au respect, *maxima debetur puero ~* : on doit avoir un très grand respect pour les enfants, Jᴜᴠ. ; *alicui reverentiam habere* ou *præstare* : témoigner du respect à qqn., Pʟ.-J.

rĕvĕrĕor, *ēris, ēri, vĕrĭtus sum,* (cf. *vereor*), tr., 1. éprouver une crainte profonde (par respect, par pudeur, par scrupule) ; 2. révérer, vénérer, *~ numinum monitus* : tenir compte des avertissements des dieux, Pʟ.-J.

rĕverro (**rĕvorro**), *ĭs, ĕre,* tr., 1. balayer de nouveau ; 2. dépenser, dissiper.

rĕversĭo (**rĕvor~**), *ōnis,* f., 1. retour, demi-tour ; retraite ; 2. retour (périodique) ; réapparition ; 3. rhét., anastrophe (*mecum* pour *cum me*).

rĕversus, *a, um,* V. *reverto* et *revertor*.

rĕvertĭcŭlum, *i,* n., retour, Aᴘᴜʟ.

rĕverto (**rĕvorto**), *ĭs, ĕre, verti* (*vorti*), *versum* (*vorsum*), et **rĕvertor** (**rĕvortor**), *ĕris, i, versus (vorsus) sum*, intr., **1.** revenir, retourner, *domum* : chez soi, *ad aliquem* : auprès de qqn., *ad propositum* : à son sujet ; **2.** tourner à, *ad corporis commodum revertitur* : il tourne à l'avantage du corps, Cic. ; retomber sur, *ne ira victoris in tribunos reverteretur* : pour que la colère du vainqueur ne retombât pas sur les tribuns, Tac. ; (en gén. formes actives au pf. et temps dérivés ; formes dép. au prés., impf., fut.).

rĕvexi, V. *reveho*.

rĕvīci, V. *revinco*.

rĕvictūrus, *a, um*, part. fut. de *revivo*.

rĕvictus, *a, um*, V. de *revinco*.

rĕvĭdĕo, *ēs, ēre*, intr., revenir voir.

rĕvīgesco, *ĭs, ĕre, vĭgŭi*, intr., reprendre sa vigueur.

rĕvīlesco, *ĭs, ĕre*, intr., perdre sa valeur.

rĕvincĭo, *īs, īre, vinxi, vinctum*, tr., **1.** lier par-derrière ; **2.** attacher fortement, lier ; fig., ~ *mentem amore* : enchaîner le cœur par l'amour, Cat.

rĕvinco, *ĭs, ĕre, vīci, victum*, tr., **1.** vaincre de nouveau ; **2.** vaincre en retour ; **3.** réfuter victorieusement ; convaincre, confondre.

rĕvinctus, *a, um*, V. *revincio*.

rĕvinxi, V. *revincio*.

rĕvīresco, *ĭs, ĕre, vĭrŭi*, intr., **1.** reverdir ; **2.** rajeunir ; **3.** reprendre des forces.

rĕvīsĭto, *ās, āre*, tr., revisiter, visiter souvent.

rĕvīso, *ĭs, ĕre, vīsi, vīsum*, **1.** intr., revenir voir ; **2.** tr., revisiter, visiter de nouveau, *revise nos* : reviens nous voir, Cic. ; *fortuna te revisit* : la fortune te rend tes faveurs, Virg.

rĕvīvisco (~vesco), *ĭs, ĕre, rĕvixi*, intr., **1.** revivre ; **2.** renaître, repousser ; **3.** fig., renaître, se rétablir.

rĕvīvo, *ĭs, ĕre*, part. fut. *rĕvictūrus*, intr., revivre.

rĕvŏcābĭlis, *e*, adj., qu'on peut rappeler, qu'on peut faire revenir.

rĕvŏcāmĕn, *ĭnis*, n., **1.** rappel ; **2.** action de dissuader.

rĕvŏcātĭo, *ōnis*, f., **1.** rappel, *a bello* : de la guerre ; **2.** fig., ~ *ad contemplandas voluptates* : le retour (de l'esprit) vers la contemplation des plaisirs, Cic.

rĕvŏco, *ās, āre*, tr. (cf. *voco*), tr.,
I. RE~ = en arrière, **1.** rappeler, faire revenir, ~ *aliquem ex itinere* : arrêter qqn. dans sa route, lui faire rebrousser chemin ; ~ *gradum* : revenir sur ses pas, Virg. ; **2.** mil., ramener, faire replier ; **3.** rappeler (un acteur), redemander ; **4.** faire revenir, ramener, rétablir, ~ *vires* : réparer ses forces ; ~ *priscos mores* : ramener les an-

ciennes mœurs ; **5.** retenir, *me ipse revoco* : je me retiens moi-même ; **6.** détourner, dégager, ~ *aliquem a scelere* : détourner qqn. du crime, *a consuetudine* : d'une habitude ; **7.** ramener à, ~ *se ad se*, et simpl., ~ *se* : revenir à soi ; ~ *animos ad mansuetudinem* : ramener les âmes à la douceur, Cic. ; **8.** reprendre, retirer, ~ *promissum* : rétracter une promesse.

II RE~ = de nouveau, **1.** appeler de nouveau, ~ *milites* : rappeler sous les drapeaux des soldats ; **2.** convoquer à une élection ; **3.** citer de nouveau en justice.

III RE~ = en retour ou en sens contraire, **1.** redemander, réclamer, *pecunias, præmia* : de l'argent, des récompenses ; **2.** ramener à, rapporter à, *rem ad manus* : en venir à la violence ; juger d'après, ~ *ad veritatem rationem* : confronter la théorie avec la réalité, Cic. ; **3.** inviter en retour, *vulpem* : le renard à un repas, Phædr. ; **4.** réduire, restreindre.

rĕvŏlo, *ās, āre*, intr., revenir en volant, revoler.

rĕvolsĭo, V. *revulsio*.

rĕvŏlūbĭlis, *e*, adj., qui recule en arrière, réversible.

rĕvŏlūtus, *a, um*, V. *revolvo*.

rĕvolvo, *ĭs, ĕre, volvi, vŏlūtum*, tr., **1.** rouler en arrière ; **2.** passif, *revolvi* : retomber, *revoluta toro est* : elle retomba sur le lit, Virg. ; **3.** faire sa révolution, *revoluta dies* : le retour du jour ; **4.** revenir par la pensée, en revenir à ; **5.** dérouler (un volume), lire, relire ; **6.** repasser (dans son esprit), avec ou sans *secum* ; **7.** rappeler, raconter.

rĕvŏmo, *ĭs, ĕre, vŏmŭi*, tr., revomir, rejeter.

rĕvor~, V. *rever~*.

rĕvulsĭo, *ōnis*, f., action d'arracher.

rĕvulsus, *a, um*, V. *revello*.

rex, *rēgis* (cf. *rego*), m., **1.** roi, souverain, monarque, *reges* : le roi et la reine ou la famille royale ou encore les fils du roi ; les princes du sang ; ~ *regum* : le roi des rois (Agamemnon), Liv. ; *populus late* ~ : le peuple-roi (= le peuple romain), Virg. ; **2.** péj., sous la République : despote, tyran, ~ *populi Romani* : le tyran de Rome (César), Cic. ; **3.** en part., le roi de Perse ; **4.** expr., ~ *sacrorum* : roi des sacrifices, prêtre chargé de sacrifices réservés anc. au roi ; ~ *mensæ* : président du banquet ; **5.** fig., patron, protecteur, grand ou riche personnage.

Rex, *Rēgis*, m., Rex, surnom de la *gens* Marcia.

rexi, V. *rego*.

rhăbo, V. *rabo*.

Rhăcōtēs, æ, ou **Rhăcōtis**, is, f., Rhacotis, acropole d'Alexandrie d'Égypte.

Rhădămanthus (~**ŏs**), i, m., Rhadamanthe, fils de Jupiter et d'Europe, frère de Minos et l'un des juges des Enfers.

rhădĭnē, ēs, f., femme de santé délicate.

Rhæt~, V. *Ræti*.

Rhamnenses, Rhamnes, V. *Ramnenses, Ramnes*.

Rhamnūs, *untis*, f., Rhamnonte, **1.** bourg de l'Attique, célèbre par un temple antique et une statue de Némésis ; **2.** port de Crète ‖ **Rhamnūsis**, *ĭdis*, f., la déesse de Rhamnonte, Némésis ‖ **Rhamnūsĭus**, *a, um*, de Rhamnonte, *Rhamnusia virgo* : Némésis, CAT.

Rhamsēs, *is*, m., Ramsès, roi d'Égypte.

rhapsōdĭa, æ, f., rapsodie, chant d'un poème homérique.

① **Rhĕa**, æ, f., Rhéa, Ops ou Cybèle, fille du Ciel et de la Terre, épouse de Saturne, mère des dieux.

② **Rhĕa**, æ, f., Rhéa Silvia, ou Ilia, fille de Numitor, mère de Romulus et de Rémus.

rhēd~, V. *ræd~*.

Rhēdŏnes, V. *Redones*.

Rheg~, V. *Reg~*.

Rhemi, Rhemmĭus, V. *Rem~*.

Rhēnānus, *a, um*, du Rhin, rhénan ‖ **Rhēnĭgĕna**, æ, m. et f., né sur les bords du Rhin.

rhēno, V. *reno* ②.

Rhēnus, *i*, m., Rhin, **1.** fl. entre la Gaule et le Germanie ; **2.** un des affluents du Pô, près de Bologne, auj. Reno ‖ **Rhēnus**, *a, um*, du Rhin, *Rhenum flumen* : le Rhin, HOR.

Rhēsus, *i*, m., Rhésus, **1.** roi de Thrace, tué par Diomède et Ulysse qui lui enlevèrent ses chevaux ; **2.** fl. de Troade ; **3.** fl. du Pont.

rhētŏr, *ŏris*, m., **1.** rhéteur, maître d'éloquence ; **2.** orateur.

rhētŏrĭca, æ, f., rhétorique, art de la parole.

① **rhētŏrĭcē**, adv., en orateur.

② **rhētŏrĭcē**, ēs, V. *rhetorica*.

rhētŏrĭcus, *a, um*, qui concerne la rhétorique, l'art de la parole, l'éloquence, *rhetorici doctores* : les maîtres de rhétorique ; subst. m. pl., *rhetorici, orum*, les livres de rhétorique de Cicéron ; n. pl., *rhetorica, orum*, traité de rhétorique.

rhīnŏcĕrōs, *ōtis*, m., **1.** rhinocéros ; **2.** vase en corne de rhinocéros.

Rhīpæus, *a, um*, des monts Riphées, scythique ; *Rhipæi montes* : monts Riphées en Scythie.

rhō, n., indécl., rhô, lettre de l'alph. grec.

Rhŏda, æ, f., Rhoda, **1.** v. de la Tarraconnaise, auj. Rosas ; **2.** v. de la Gaule Narbonnaise, sur le Rhône.

Rhŏdănus, *i*, m., Rhône, fl. de Gaule.

Rhŏdĭăcus, *a, um*, de Rhodes ‖ **Rhŏdĭensis**, *e*, et **Rhŏdĭus**, *a, um*, de Rhodes ‖ **Rhŏdĭi**, *ōrum*, m. pl., les hab. de Rhodes.

Rhŏdŏpē, ēs, f., Rhodope, chaîne de mt en Thrace ‖ **Rhŏdŏpēïus**, *a, um*, du Rhodope, thrace, ~ *vates* : Orphée ‖ **Rhŏdŏpēus**, *a, um*, du Rhodope.

Rhŏdŏs (~**us**), *i*, f., Rhodes, île et v. de la mer Égée, célèbre par son école de rhéteurs et son colosse.

Rhoduntĭa, æ, f., un des sommets du mt. Œta.

Rhœtēïus, *a, um*, du promontoire Rhétée ; ext., troyen, romain ‖ **Rhœtēum**, *i* n., Rhétée, v., promontoire et mer de Troade ‖ **Rhœtēus**, *a, um*, rhétéen, troyen

Rhœtus, *i*, m., Rhétus, **1.** un des Géants **2.** un des centaures.

rhombŏs (~**us**), *i*, m., **1.** rhombe (figure géom.), losange ; **2.** fuseau ou roue d'airain dont on se servait dans les enchantements ; **3.** poisson de mer, sole ou turbot.

rhonchus, *i*, m., **1.** ronflement ; **2.** coassement de la grenouille ; **3.** ricanement moquerie.

rhŏpălĭcus, *a, um*, en forme de massue fig., qui va en s'élargissant ; ~ *versus* vers rhopalique (où chaque mot a une syllabe de plus que le préc.).

Rhōsĭcus, *a, um*, de Rhosos ‖ **Rhōsĭus**, *a um*, de Rhosos ‖ **Rhōsŏs** (~**us**), *i*, f., Rhosos, v. de Syrie.

Rhoxŏlāni (**Ro~**), *ōrum*, m. pl., Rhoxolans, peuple sarmate, auj., Bessarabie.

rhўpărŏgráphos, *i*, m., rhyparographe peintre de choses grossières et viles, ou de natures mortes.

rhythmĭcē, ēs, f., rythmique.

rhythmĭcus, *a, um*, qui concerne le rythme, rythmique, cadencé ; subst. m. pl. *rhythmici, orum*, les techniciens du rythme.

rhythmus, *i*, m., rythme, cadence (mus. métr. et rhét.).

rhўtĭŏn (~**um**), *ĭi*, n., vase à boire (en forme de corne).

rīca, æ, f., voile carré en laine, bordé de franges, porté sur la tête par les dames rom. (et tombant sur les épaules) spéc., pour les sacrifices ou pour se déguiser.

rīcĭnĭum, *ĭi*, n., ricinium, petit voile carré, en laine, porté plié en deux sur la tête (surt. par les femmes et ordin. en signe de deuil).

① **rīcīnus**, *a, um*, qui a la tête couverte du voile appelé *rica*.

② **rīcīnus**, *i*, m., 1. tique (insecte) ; prov., *in alio peduculum vides, in te ricinum non vides* : tu vois le pou chez autrui, et tu ne vois pas la tique chez toi (= la paille et la poutre), PÉTR. ; 2. ricin, plante ; 3. mûre qui n'est pas encore parvenue à maturité.

ictum, *i*, n., V. *rictus*.

ictŭs, *ūs*, m., 1. ouverture de la bouche, bouche ouverte (pour rire), *risu diducere rictum auditoris* : faire rire l'auditeur à gorge déployée, HOR. ; 2. (animaux) gueule béante ; 3. ouverture des yeux.

īdĕo, *ēs, ēre, rīsi, rīsum*, intr. et tr.,

intr., 1. rire, *in aliquā re* : à propos de qqch., *ridet, plorat* : elle (la foule) rit d'un œil et pleure de l'autre, ~ *usque ad lacrimas* : rire aux larmes ; 2. sourire, être gai, *tibi rident æquora ponti* : les espaces marins te sourient, LUCR.

I tr., 1. rire de qqch., de qqn. ; passif, *rideri* : prêter à rire ; adj. vb., *ridendus, a, um*, risible, ridicule, *satius est rideri quam derideri* : il vaut mieux faire rire qu'être moqué ; 2. bien rire, se moquer de.

īdĕor, *ēris, ēri*, V. *rideo*.

īdĭbundus, *a, um*, qui rit de bon cœur, qui a la mine riante.

īdĭcŭlārĭus, *a, um*, bouffon, plaisant ; subst. n. pl., *ridicularia, orum*, bouffonneries, plaisanteries.

īdĭcŭlē, adv., 1. plaisamment, en plaisantant, *multa ~ dicere* : faire beaucoup d'esprit ; 2. péj., d'une manière ridicule, *homo ~ insanus* : un fou ridicule, CIC.

īdĭcŭlus, *a, um*, 1. qui fait rire, plaisant, comique ; subst. m., *ridiculus, i*, un bouffon, un plaisant ; ~, *ridiculum, i*, bon mot, mot d'esprit, plaisanterie ; *per ridiculum* : pour rire, en plaisantant ; 2. péj., risible, ridicule, *ridiculum est* + prop. inf. : il est risible que, + inf. : il est ridicule de.

īgens, *entis*, part. adj., 1. raide, glacé ; immobile ; 2. fig., dur, insensible.

īgĕo, *ēs, ēre*, intr., 1. être raide, être dur ; 2. être glacé, engourdi (de froid) ; 3. se raidir, se dresser ; 4. être insensible, être dur, implacable.

īgesco, *ĭs, ĕre, rĭgŭi*, intr., 1. se raidir, se durcir ; 2. devenir raide de froid ; se hérisser (cheveux) ; 3. fig., devenir rigide.

īgĭdē, adv., 1. avec raideur ; 2. en droite ligne, ~ *pilam mittere* : lancer raide une balle, SÉN. ; 3. en se durcissant solidement ; 4. fig., *rigidius* : plus sévèrement.

īgĭdo, *ās, āre*, tr., fig., durcir, rendre dur.

rigĭdus, *a, um*, [~*dior*, ~*dissimus*], 1. raide, dur ; 2. durci par le froid, glacé ; 3. raide, droit, tendu, *rigidā cervice* : avec le cou raide ; 4. dur à la fatigue, au travail ; 5. dur, sévère, insensible.

rigo, *ās, āre*, tr., 1. mouiller, arroser ; baigner ; 2. fig., répandre, faire circuler ; se répandre.

rigŏr, *ōris*, (cf. *rigeo*), m., 1. raideur, dureté ; 2. raideur causée par le froid, froid, gelée ; 3. rigueur, sévérité.

rigŭi, V. *rigesco*.

rigŭus, *a, um*, 1. qui arrose, qui baigne ; subst. m., *riguus, i*, conduite d'eau ; 2. baigné, arrosé ; subst. n. pl., *rigua, orum*, terrains bien arrosés, lieux humides.

rīma, *æ*, f., fente, fissure, crevasse, *rimas agere, ducere, facere* : se fendre, se lézarder ; *rimas explere* : remplir les vides (d'un discours), CIC. ; *rimam reperire* : trouver une porte de sortie.

rīmābundus, *a, um*, qui explore avec soin.

rīmor, *āris, āri*, tr., 1. chercher une fissure ; fendre, ouvrir ; 2. fouiller, explorer ; 3. rechercher, approfondir.

rīmōsus, *a, um*, fendu, crevassé ; poreux ; fig., percé.

ringor, *ĕris, i*, intr., 1. montrer les dents (chiens) ; 2. fig., grogner, enrager.

rīnŏcĕrōs, V. *rhinoceros*.

rīpa, *æ*, f., rive ; rivage, côte.

Rīpæi, *ōrum*, m. pl., = *Rhipæi montes*, V. *Rhipæus*.

rīpŭla, *æ*, f., petite rive.

riscus, *i*, m., coffre en osier recouvert de cuir.

rīsi, V. *rideo*.

rīsĭo, *ōnis*, f., rire.

rīsŏr, *ōris*, m., un rieur, un bouffon, un plaisant.

① **rīsus**, *a, um*, V. *rideo*.

② **rīsus**, *ūs*, m., 1. rire, rire, *risu corruere* : mourir de rire, CIC., *risum tollere* : faire éclater de rire, HOR., *risum movere* : faire rire ; 2. dérision, moquerie, *aliquid in risum vertere* : tourner qqch. en dérision, HOR. ; 3. objet de risée ; 4. le Rire (divinité thessalienne).

rītē, adv., (anc. abl. de *ritis = ritus*), 1. selon les rites, religieusement ; 2. selon la règle, comme il faut ; 3. selon les formes légales ; 4. heureusement, favorablement.

rītŭs, *ūs*, m., 1. rite, cérémonie religieuse ; 2. usage, coutume, ~ *moresque* : les us et coutumes ; *ritu* + gén. : à la manière de.

rīvālis, *e*, adj., **1.** de ruisseau ; **2.** subst. m., *rivalis, is*, a) riverain ; b) rival (en amour).

rīvălĭtās, *ātis*, f., rivalité amoureuse, jalousie.

rīvŭlus, *i*, m., petit ruisseau.

rīvus, *i*, m., **1.** ruisseau, cours d'eau ; **2.** canal, conduite d'eau ; écluse ; **3.** fig., flots, torrent ; courant.

rixa, *æ*, f., rixe, querelle, lutte, débat.

rixātŏr, *ōris*, m., querelleur, chicaneur.

rixor, *āris, āri*, intr., **1.** se quereller, se disputer ; **2.** lutter, être en lutte, ~ *cum theatro* : s'emporter contre le théâtre, MART.

rixōsus, *a, um*, querelleur, batailleur.

rŏbĕus, V. *rubeus* ①.

Rōbīgālĭa, *ĭum*, n. pl., Robigalia, fêtes en l'honneur de Robigo ou Robigus (25 avril).

rōbīgĭno, *ās, āre*, intr., se rouiller.

rōbīgĭnōsus, *a, um*, **1.** rouillé ; **2.** envieux.

rōbīgo (rūbīgo), *ĭnis*, f., **1.** rouille ; **2.** dépôt sur la pierre ; tartre des dents ; **3.** nielle, maladie des blés ; fig., rouille, corruption de l'âme ; désœuvrement, *ingenium longâ robigine læsum* : esprit rouillé par une longue inaction, Ov. ; **4.** mauvaises habitudes.

Rōbīgo (Rūbīgo), *ĭnis*, f., et **Rōbīgus**, *i*, m., divinité romaine (tantôt déesse et tantôt dieu) invoquée pour détourner la nielle, maladie des blés.

rōbŏrĕus, *a, um*, de bois de chêne.

rōbŏro, *ās, āre*, tr., **1.** fortifier, consolider ; **2.** fig., affermir.

rōbŭr (rōbŏr), *ŏris*, n., **1.** rouvre, sorte de chêne très dur ; **2.** bois dur, *illi~ circa pectus erat* : il avait un cœur de chêne (un cœur d'acier) ; **3.** objets en chêne ou en bois dur : banc, lance, massue ; cachot ; **4.** pr. et fig., dureté, solidité, force ; énergie ; **5.** ce qui dans une chose est le plus fort ; élite, *Celtiberi, id est ~ Hispaniæ* : les Celtibères qui sont comme le cœur de l'Espagne, FLOR. ; *quod fuit roboris periit* : l'élément le plus solide de l'armée a succombé, CÉS.

rōbustus, *a, um*, [*~tior, ~tissimus*], **1.** de rouvre, de chêne ; **2.** fig., solide, vigoureux, robuste, ~ *animus* : âme forte, CIC.

Rŏdĭensis, V. *Rhodiensis*.

rōdo, *ĭs, ĕre, rōsi, rōsum*, (cf. *rado*), tr., **1.** ronger (pr. et fig.), ~ *ripas* : miner les rives, LUCR. ; *roditur robigine ferrum* : le fer est rongé par la rouille, Ov. ; **2.** déchirer, dénigrer, médire, *absentem ~ amicum* : dire du mal d'un ami absent.

rŏgālis, *e*, adj., de bûcher, mis sur le bûcher.

rŏgātĭo, *ōnis*, f., **1.** rar., demande, sollicitation ; **2.** souv., proposition ou projet de loi, *rogationem ferre, promulgare, antiquare* : présenter, promulguer (faire affi-cher), repousser une proposition de loi.

rŏgātĭuncŭla, *æ*, f., **1.** petite question 2. projet de loi peu important.

rŏgātŏr, *ōris*, m., **1.** auteur d'un projet de loi ; **2.** scrutateur aux élections, ~ *comitiorum* : président des comices, *primus ~* : celui qui recueillait les voix de la première centurie appelée à voter ; **3.** qui prie, qui sollicite ; mendiant.

rŏgātum, *i*, n., demande, question.

① **rŏgātus**, *a, um*, V. *rogo*.

② **rŏgātŭs**, abl. *ū*, m., demande, prière.

rŏgĭtātĭo, *ōnis*, f., proposition de loi.

rŏgĭto, *ās, āre*, tr., demander avec insistance, questionner à plusieurs reprises.

rŏgo, *ās, āre*, tr., **1.** interroger, demander *aliquem aliquid* : qqch. à qqn., *aliquem sententiam* : son avis à qqn., *hoc respondi quod rogo* : réponds à ce que je te demande, ~ *num* + interr. indir., demande si ; **2.** pol., *legem, populum* : faire, présenter au peuple une proposition de loi « *uti rogas* » : comme tu le proposes (= oui, approuvé) ; **3.** proposer un candidat ~ *magistratum populum* (ou *plebem*) : demander au peuple qu'il désigne un magistrat ; **4.** mil., faire prêter serment ~ *milites sacramento* : consulter les soldats selon une formule de serment (ex., *an consul*) ; **5.** *rogare ut, ne* + subj. : demander que, que... ne... pas ; + subj. seul ou inf., ou acc. et inf. : même sens ; **6.** inviter, prier, *aliquem ad rem* ou *in rem* : qqn. à une chose.

rŏgus, *i*, m., **1.** bûcher funèbre, *defuger rogos* : éviter le bûcher, être immortel Ov. ; **2.** tombeau.

Rōma, *æ*, f., Rome, v. et cap. du Latium et de l'Empire romain, située sur la rive gauche du Tibre, sur le mt. Palatin le 21 avril 753 par Romulus, et vénérée comme déesse dans un temple.

Rōmāna, *æ*, f., Romaine ‖ **Rōmāna**, *ōrum* n. pl., le territoire romain ; l'Empire romain ; l'histoire romaine ‖ **Rōmānē**, adv. en romain ; en latin ‖ **Rōmāna**, *ōrum* pl., les Romains ‖ **Rōmānĭcus**, *a, um*, romain ‖ **Rōmānĭensis**, *e*, adj., romain **Rōmānus**, *a, um*, de Rome, romain ; *Romani ludi* : Jeux romains (les plus anc. Rome), fête commençant le 4 septembre en l'honneur de Jupiter ; *more Romano* : à la romaine, franchement ‖ **Rōmānus**, *i*, m. un Romain, le Romain ; coll., le peuple romain.

Rŏmŭlus, *a*, *um*, 1. de Romulus ; 2. romain ‖ **Rŏmŭlus**, *i*, m., Romulus, légendaire fondateur et premier roi de Rome ; divinisé sous le nom de Quirinus.

ronchus, V. *rhonchus*.

rŏrārĭi, *ōrum*, m. pl., vélites (soldats d'infanterie légère chez les Romains).

rŏrātĭo, *ōnis*, f., 1. rosée, chute de la rosée ; 2. coulure de la vigne ; 3. eau qui tombe goutte à goutte dans la clepsydre.

rŏrĭdus, *a*, *um*, couvert de rosée.

rŏro, *ās*, *āre*, intr. et tr., 1. faire tomber la rosée ; impers., *rorat* : la rosée tombe ; 2. dégoutter, tomber goutte à goutte ; 3. être mouillé, ruisseler de, *rorantes lacte capellæ* : chèvres gonflées de lait, VIRG. ; 4. faire couler, distiller ; 5. mouiller, arroser, *~ ora lacrimis* : baigner de larmes le visage, LUCR.

rŏs, *rōris*, m., 1. rosée ; 2. tout liquide qui coule goutte à goutte (eau, larmes, vin, etc.) ; 3. *~ marinus* ou *rosmarinus*, *~ maris* ou *ros* seul : romarin.

rŏsa, *æ*, f., 1. rose ; 2. rosier ; 3. coll., roses, couronne de roses ; 4. t. de tendresse, *mea rosa* : mon cœur.

rŏsācĕus, *a*, *um*, de rose, fait de rose.

rŏsārĭum, *ĭi*, n., champ de roses, roseraie.

rŏsārĭus, *a*, *um*, de roses.

roscĭdus, *a*, *um*, 1. de rosée ; 2. couvert de rosée, *roscida luna* : la lune qui répand la rosée (les Anciens croyaient que d'elle venait la rosée) ; 3. humide de rosée.

Roscĭus, *ĭi*, m., Roscius, nom d'une famille rom. ; not. L. Roscius Otho, auteur d'une loi (*Roscia lex*) qui réservait dans le théâtre des places pour les chevaliers ; Sex. Roscius d'Amérie, défendu par Cicéron ; l'acteur Q. Roscius, ami de Cicéron et défendu par lui ; L. Roscius, lieutenant de César.

Rŏsĕa, *æ*, f., Roséa, région de la Sabine, auj. Rieti.

rŏsētum, *i*, n., rosier, haie de rosiers.

rŏsĕus, *a*, *um*, 1. de rose, garni de roses ; 2. rose (couleur), rosé, incarnadin.

Rŏsĕus, *a*, *um*, de Roséa.

rōsi, V. *rodo*.

Rŏsĭa, V. *Rosea*.

rōsĭdus, *a*, *um*, de rosée.

rŏsĭo, *ōnis*, f., douleurs d'entrailles, coliques.

rosmărīnum, *rŏrismărīni*, n., et **rosmărīnus**, *rŏrismărīni*, m., V. *ros* 3.

rostellum, *i*, n., 1. petit bec ; 2. museau.

rostra, *ōrum*, n. pl., V. *rostrum* 5.

rostrātus, *a*, *um*, 1. recourbé en forme de bec ; 2. armé d'un éperon.

rostrum, *i*, n., 1. bec d'oiseau ; 2. pointe recourbée d'un objet (serpette, charrue, etc.) ; 3. museau, mufle, groin ; gueule, iron. pour les hommes, *~ barbatum habere* : avoir de la barbe au menton, ne plus être blanc-bec, PL. ; 4. éperon de navire ; proue ; 5. au pl., *rostra*, *orum*, les rostres, la tribune aux harangues (ornée des éperons des navires pris à l'ennemi), *in rostra escendere* : monter à la tribune ; le Forum ; *a rostris* : depuis le Forum, depuis Rome.

rōsus, *a*, *um*, V. *rodo*.

rŏta, *æ*, f., 1. roue d'un char, *rotarum orbes* : les cercles des roues, LUCR. ; 2. roue de machine ; poulie ; roue de potier ; 3. roue (de supplice) ; rouleau ; 4. char ; 5. disque, *solis ~* : le disque du soleil ; 6. fig., roue, *fortunæ* : de la fortune ; tour, révolution.

rŏto, *ās*, *āre*, 1. tr., tourner, faire tourner ; passif, *rotari* : se mouvoir en rond, tourner, tournoyer ; 2. intr., = *rotari*, rouler.

Rōtŏmăgus, *i*, f., ou **Rōtŏmăgi**, *ōrum*, m. pl., Rotomagus, v. de Gaule Lyonnaise, auj. Rouen.

rŏtŭla, *æ*, f., petite roue.

rŏtundē, adv., 1. d'une manière arrondie, en rond ; 2. fig., en un langage bien tourné.

rŏtundĭtās, *ātis*, f., rondeur.

rŏtundo, *ās*, *āre*, tr., arrondir ; compléter.

rŏtundus, *a*, *um*, [*~dior*, *~dissimus*], 1. qui a la forme d'une roue, rond, *mutat quadrata rotundis* : il rend rond ce qui est carré, il change tout, HOR. ; 2. fig., arrondi ; poli, harmonieux (style).

Roxānē, *ēs*, f., Roxane, épouse d'Alexandre le Grand.

Roxŏlāni, V. *Rhoxolani*.

rŭbĕfăcĭo, *ĭs*, *ĕre*, tr., rendre rouge, rougir.

rŭbellĭo, *ōnis*, f., rouget.

rŭbellus, *a*, *um*, rougeâtre.

rŭbens, *entis*, part. adj., 1. rouge ; 2. rougissant de colère ou de pudeur.

rŭbĕo, *ēs*, *ēre*, *rŭbŭi*, intr., 1. être rouge ; s'enflammer ; être doré ; 2. être rouge de pudeur, de honte.

rŭbĕr, *bra*, *brum*, [*~brior*, *~berrimus*], rouge, *Oceani rubrum æquor* : flots rougis (par les feux du couchant), VIRG. ; *rubræ leges* : les lois écrites en lettres rouges, JUV.

Rŭbĕr, *bra*, *brum*, épith. géog., *Rubrum mare* : la mer Rouge ou le golfe Persique ; *Rubra æquora*, même sens ; *Saxa Rubra*, auj. Grottarossa, bourg d'Étrurie, près de la Crémère, où moururent les 306

Fabius dans une bataille contre les Véiens (477 av. J.-C.).

rŭbesco, *ĭs*, *ĕre*, *rŭbŭi*, intr., **1.** devenir rouge ; **2.** rougir de pudeur, de honte.

rŭbēta, *æ*, f., crapaud (qui vit dans les buissons).

rŭbētum, *i*, n., buisson de mûres sauvages, lieu plein de ronces.

① **rŭbĕus**, *a*, *um*, (cf. *ruber*), rougeâtre, rouge.

② **rŭbĕus**, *a*, *um*, (cf. *rubus*), de ronce.

Rŭbi, *ōrum*, m. pl., Rubi, v. d'Apulie, auj. Ruvo.

rŭbĭa, *æ*, f., garance, plante à teinture.

Rŭbĭco (**Rŭbĭcōn**), *ōnis*, m., Rubicon, petite rivière entre la Gaule Cisalpine et l'Italie ; en le franchissant en 49, César donna le signal de la guerre civile.

rŭbĭcundus, *a*, *um*, d'un rouge vif, rubicond, *rubicunda Ceres* : moisson dorée.

rŭbĭdus, *a*, *um*, rouge foncé, rouge-brun.

rŭbīg~, V. *robig~*.

Rŭbīgo, V. *Robigo*.

rŭbŏr, *ōris*, m., **1.** rouge, couleur rouge ; **2.** fig., rouge, rougeur (de la pudeur, de la honte) ; d'où : honte, déshonneur, *ruborem alicui afferre* : donner de la honte à qqn, TAC.

rŭbrīca, *æ*, f., **1.** ocre rouge ; **2.** terre rouge ; **3.** rubrique, titre de loi écrit en rouge.

rŭbrīcātus, *a*, *um*, teint en rouge.

rŭbrīcōsus, *a*, *um*, riche en craie rouge.

Rŭbrum mărĕ, n., V. *Ruber*.

rŭbŭi, V. *rubeo* et *rubesco*.

rŭbus, *i*, m. et f., **1.** ronce ; **2.** framboisier.

ructo, *ās*, *āre*, et **ructor**, *āris*, *āri*, intr. et tr., **1.** roter, avoir des renvois ; **2.** vomir ; **3.** exhaler, exprimer.

ructŭs, *ūs*, m., rot, renvoi.

① **rŭdens**, *entis*, V. *rudo*.

② **rŭdens**, *entis*, m., grosse corde, cordage, câble ; titre d'une comédie de Plaute.

Rŭdĭæ, *ārum*, f. pl., Rudies, v. de Calabre, patrie d'Ennius, auj. Rotigliano ou Rugge.

rŭdĭārĭus, *ĭi*, m., gladiateur qui a reçu son congé (V. *rudis* ②).

rŭdĭcŭla, *æ*, f., petite cuiller à pot, spatule.

rŭdĭmentum, *i*, n., commencements, apprentissage ; en part., apprentissage du service militaire.

Rŭdīnus, *a*, *um*, de Rudies, ~ *homo* : Ennius.

① **rŭdis**, *e*, adj., **1.** qui n'est pas travaillé ; brut ; **2.** nouveau, jeune, neuf ; **3.** inculte, grossier, ignorant.

② **rŭdis**, *is*, f., **1.** cuiller, spatule ; **2.** baguette d'exercice des soldats et des gladiateurs ; **3.** baguette de mise en congé,

après son temps, d'un gladiateur, *ruden〈〉 accipere* : recevoir son congé.

rŭdo (**rūdo**), *ĭs*, *ĕre*, *īvi*, *ītum*, intr〈〉 braire ; rugir ; crier fortement ; bramer〈〉 grincer.

① **rūdus**, V. *raudus*.

② **rūdŭs**, *ĕris*, n., **1.** pierres pilées, concas〈〉 sées ; **2.** plâtras, gravats ; au pl., *rudera〈〉 um*, décombres, ruines.

rūduscŭlum, V. *raudusculum*.

Rūfīnus, *i*, m., Rufinus, général qui ser〈〉 vit en Gaule et fut mis à mort par Vitel〈〉 lius pour avoir soutenu la révolte de〈〉 Vindex (contre Néron).

rūfus, *a*, *um*, roux ; rouge.

Rūfus, *i*, m., Rufus, surnom rom.

rūga, *æ*, f., **1.** ride (du visage) ; **2.** fig., ru〈〉 gosité, aspérité ; **3.** au pl., *rugæ*, *arum*, le〈〉 rides, l'âge ; **4.** plis dans les vêtements.

rūgo, *ās*, *āre*, tr., **1.** rider ; part., *rugatus, a〈〉 um*, ridé ; **2.** se froncer, faire des plis.

rūgōsus, *a*, *um*, ridé ; plissé ; rugueux.

rŭīna, *æ*, f., **1.** chute, écroulement ; **2.** ef〈〉 fondrement, chute (de bâtiments), *ruinam〈〉 dare*, *ruinas facere* : s'effondrer, s'écrouler〈〉 VIRG., HOR. ; **3.** fig., destruction, désas〈〉 tre ; mort ; massacre.

rŭīnōsus, *a*, *um*, **1.** qui menace ruine〈〉 ruineux ; **2.** en ruine, ruiné.

rŭītūrus, *a*, *um*, part. fut. de *ruo*.

Rullus, *i*, m., Rullus, surnom rom. (=〈〉 gueux), not. P. Servilius Rullus attaqu〈〉 par Cicéron dans ses discours sur la lo〈〉 agraire.

rūma, *æ*, f., **1.** œsophage ou premier es〈〉 tomac (des ruminants) ; **2.** estomac, ven〈〉 tre, panse ; **3.** mamelle des animaux.

rūmĕn, *ĭnis*, n., V. *ruma*.

rŭmex, *ĭcis*, m. et f., **1.** rumex ou petit〈〉 oseille ; **2.** sorte de dard.

rūmĭfĕro ou **rūmĭfĭco**, *ās*, *āre*, tr., di〈〉 vulguer.

rūmĭgĕrātĭo, *ōnis*, f., action de colporte〈〉 des bruits.

rūmĭgĕrŭlus, *a*, *um*, colporteur de nou〈〉 velles, bavard.

rūmĭgo, *ās*, *āre*, tr., ruminer.

Rūmīna, *æ*, f., Rumina, déesse de l'allai〈〉 tement des enfants (adorée près du fi〈〉 guier où Romulus et Rémus avaient ét〈〉 allaités par une louve) ‖ **Rūmīna ficus〈〉 Rūmīnālis ficus**, **Rūmīnālis arbor**, f., l〈〉 figuier Ruminal (sous lequel furent allai〈〉 tés Romulus et Rémus).

rūmīnātĭo, *ōnis*, f., **1.** rumination ; **2.** c〈〉 qu'on rumine, projet, idée ; **3.** répétition〈〉 redite.

rūmĭno, *ās*, *āre*, et **rūmĭnor**, *āris*, intr., ruminer ; rabâcher.

rūmis, *is*, V. *ruma*.

rūmĭto, *ās*, *āre*, intr., propager des bruits.

Rūmo, *ōnis*, m., Rumon, anc. nom du Tibre.

rūmŏr, *ōris*, m., **1.** bruit sourd, murmure, rumeur d'une foule, *rumore secundo* : avec l'approbation générale ; **2.** on-dit, nouvelle sans garantie, *incertis rumoribus servire* : se fier à des bruits sans consistance ; ~ *est* + prop. inf. : on dit que, le bruit court que ; **3.** réputation (bonne ou mauvaise), *adverso rumore* : avec mauvaise réputation.

rumpo, *ĭs*, *ĕre*, *rūpi*, *ruptum*, tr., **1.** rompre, briser, *vincula*, *catenas* : des liens, des chaînes ; **2.** déchirer, fendre, ouvrir ; **3.** faire éclater ; fig., *invidiā rumpi* : crever d'envie, VIRG. ; **4.** ouvrir, se frayer, *viam* : une route ; **5.** faire jaillir, *se* ~ ou *rumpi* : s'élancer, jaillir ; **6.** rompre, briser, détruire, ~ *nuptias* : rompre un mariage, HOR. ; ~ *jus gentium* : violer le droit des gens ; **7.** interrompre, couper court à, ~ *horas* : ne pas différer plus longtemps ; ~ *sacra* : interrompre le sacrifice ; *silentium, silentia* ~ : rompre le silence.

rūmuscŭlus, *i*, m., dim. de *rumor*, bavardage, menus propos, cancans.

rūna, *æ*, f., javeline.

rūnātus, *a*, *um*, armé d'une javeline.

runcātĭo, *ōnis*, f., **1.** sarclage ; **2.** sarclure.

runcātŏr, *ōris*, m., sarcleur.

runcĭna, *æ*, f., rabot.

runcĭno, *ās*, *āre*, tr., raboter.

① **runco**, *ās*, *āre*, tr., **1.** sarcler ; **2.** épiler.

② **runco**, *ōnis*, m., sarcloir.

rŭo, *ĭs*, *ĕre*, *rŭi*, *rŭtum*, part. fut. *rŭĭtūrus*, intr. et tr.,

I intr., **1.** se précipiter, courir, ~ *ad interitum* : à la mort ; poét., + inf., se précipiter pour ; **2.** tomber, s'écrouler, s'effondrer ; fig., *ruit res publica* : l'État va à la ruine, CIC.

II tr., **1.** précipiter, faire tomber ; **2.** soulever, rouler, entraîner.

rūpēs, *is*, f., **1.** paroi de rocher ; **2.** antre, caverne (~ *cava*) ; **3.** défilé ; **4.** précipice.

rūpi, V. *rumpo*.

rūpĭcăpra, *æ*, f., chamois.

Rūpĭlĭus, *a*, *um*, de Rupilius ‖ **Rūpĭlĭus**, *ĭi*, m., Rupilius, nom d'une famille rom.

rūpīna, *æ*, f., rochers, falaise.

ruptŏr, *ōris*, m., celui qui rompt, qui trouble, qui viole.

ruptūra, *æ*, f., rupture ; fracture.

ruptus, *a*, *um*, V. *rumpo*.

rūrālis, *e*, adj., des champs, champêtre, rustique.

rūrātĭo, *ōnis*, f., vie champêtre, agriculture.

rūrestris, *e*, adj., champêtre, rustique.

rūrĭcŏla, *æ*, adj. m. et f. ou subst. m., champêtre ; paysan, qui cultive les champs.

rūrĭgĕna, *æ*, m. et f., paysan (né à la campagne).

rūro, *ās*, *āre*, et **rūror**, *āris*, *āri*, intr., vivre à la campagne.

rursum et **rursŭs**, arch. **rūsum**, (cf. *versus*), adv., **1.** en arrière ; **2.** en revanche, inversement ; **3.** une seconde fois, de nouveau.

rūs, *rūris*, n., **1.** campagne, propriété rurale ; **2.** la campagne ; **3.** fig., rusticité ; grossièreté.

Rūsellānus, *a*, *um*, de Ruselle, v. étrusque ‖ **Rūsellāni**, *ōrum*, m. pl., les hab. de Ruselle.

ruspor, *āris*, *āri*, tr., sonder, fouiller.

russātus, *a*, *um*, teint en rouge.

russesco, *ĭs*, *ĕre*, intr., devenir rouge, rougir, roussir.

russĕus, *a*, *um*, rougeâtre ; teint en rouge, ~ *auriga* : un cocher de la faction des Rouges.

russum, **russŭs**, V. *rursum*.

russus, *a*, *um*, rouge, roux.

rustĭcānus, *a*, *um*, rustique, de la campagne, *vita rusticana* : la vie des champs (en tant que simple séjour à la campagne) ; subst. m. pl., *rusticani, orum*, les gens de la campagne.

rustĭcātĭo, *ōnis*, f., **1.** séjour à la campagne, vie des champs ; **2.** travaux des champs, agriculture.

rustĭcē, adv., **1.** en paysan ; **2.** gauchement, grossièrement.

rustĭcĭtās, *ātis*, f., **1.** la vie champêtre, les choses de la campagne ; **2.** laud., simplicité rustique, franchise ; **3.** péj., grossièreté ; naïveté.

rustĭcor, *āris*, *āri*, intr., **1.** vivre à la campagne ; **2.** s'occuper aux travaux des champs.

rustĭcŭla (gallīna), *æ*, f., gélinotte.

rustĭcŭlus, *i*, m., campagnard, paysan.

rustĭcus, *a*, *um*, **1.** de la campagne, *res rusticæ* : travaux des champs, *vita rustica* (opp. à *rusticana vita*), la vie (et les travaux) des champs ; subst. m., *rusticus, i*, paysan ; **2.** laud., simple ; **3.** péj., inculte, grossier, lourd.

Rustĭcus, *i*, m., Rusticus, surnom de L. Junius Arulenus que Néron fit périr.

① **rūta**, *æ*, f., **1.** bot., rue ; prov., *in rutæ folium conjicere aliquem* : faire entrer qqn. dans un trou de souris, PÉTR. ; **2.** amertume, âcreté.

② **rūta**, *ōrum*, n. pl., seul. dans l'expr. *ruta cæsa* ou *ruta et cæsa* : objets que le vendeur se réserve (tout ce qui est extrait du sol - *ruta* - ou coupé - *cæsa* - sans être travaillé) ; matériaux, meubles.

rŭtābŭlum, *i*, n., **1.** pelle à feu (de boulanger) ; **2.** cuiller, spatule ; **3.** sexe d'homme.

rūtātus, *a, um*, assaisonné de rue.

rŭtellum, *i*, n., petite pelle ; racloir.

Rūtēni, *ōrum*, m. pl., Rutènes, peuple et v. de l'Aquitaine, auj. Rodez.

rŭtĭlans, *antis*, **1.** V. *rutilo* ; **2.** adj., d'un rouge ardent, qui brille comme l'or.

rŭtĭlātus, *a, um*, **1.** V. *rutilo* ; **2.** adj., roux, *promissæ et rutilatæ comæ* : de longs cheveux roux, Liv.

rŭtĭlesco, *ĭs, ĕre*, intr., **1.** devenir roux ; **2.** briller.

Rŭtĭlĭus, *ĭi*, m., Rutilius, nom d'une famille rom., not. Claudius Rutilius Namatianus, poète latin (ve s. ap. J.-C.).

rŭtĭlo, *ās, āre*, **1.** tr., rendre roux, teindre en rouge ; **2.** intr., briller (comme l'or).

rŭtĭlus, *a, um*, rouge, fauve, ardent, éclatant.

rŭtrum, *i*, n., **1.** pelle ; bêche ; **2.** truelle.

rŭtŭba, *æ*, f., confusion.

rŭtŭla, *æ*, f., bot., rue.

Rŭtŭlus, *a, um*, rutule, des Rutules ‖ **Rŭtŭli**, *ōrum*, m. pl., les Rutules, **1.** peuple du Latium ayant pour cap. Ardée ; **2.** hab. de Sagonte (colonie d'Ardée).

rŭtundus, *a, um*, V. *rotundus*.

S

S, s, f. et n., indécl., s, dix-huitième lettre de l'alph. latin ; abr., **1.** *S* ou plus souv. *Sex.* = *Sextus*, *Sp.* = *Spurius* (prénoms) ; **2.** sur les monnaies, *S* = *semissis* (demi-as) ; **3.** formules, *S. C.* = *senatus consultum*, décret du sénat ; *S. P. Q. R.* = *senatus populusque Romanus* ; **4.** dans les lettres, *S.* = *salutem* ; *S. D.* = *salutem dicit* ou *dat* : salue ; **5.** dans les inscriptions, *S. P.* = *suā pecuniā*, à ses frais.

Săbæa, æ, f., la Sabée, la région de Saba (partie de l'Arabie heureuse) ‖ **Săbæi,** *ōrum,* m. pl., les Sabéens, hab. de Saba ‖ **Săbæus,** *a, um,* de Saba, sabéen, d'Arabie, *Sabæum tus* : l'encens d'Arabie.

Săbāzĭa, *ōrum,* n. pl., Sabazies, fêtes en l'honneur de Bacchus ‖ **Săbāzĭus,** *ĭi,* m., Sabazius, surnom de Bacchus.

sabbătum, *i,* n., et **sabbăta,** *ōrum,* n. pl., sabbat.

Săbelli, *ōrum,* m. pl., **1.** Sabelles (petit peuple voisin des Sabins) ; **2.** Sabins ‖ **Săbellĭcus,** *a, um,* des Sabelles, des Sabins ‖ **Săbellus,** *a, um,* **1.** V. *Sabellicus* ; subst. m., *Sabellus, i,* le Sabin = Horace, propriétaire d'un bien dans la Sabine ; **2.** fig., sobre, frugal.

Săbīnæ, *ārum,* f. pl., les Sabines ‖ **Săbīni,** *ōrum,* m. pl., les Sabins ‖ **Săbīnus,** *a, um,* des Sabins, sabin ‖ **Săbīnus,** *i,* m., les Sabinus, surnom de diff. Rom.

Săbis, *is,* m., Sabis, fl. de la Gaule Belgique, auj. Sambre.

săbŭlēta, *ōrum,* n. pl., endroit couvert de gros sable.

săbŭlo, *ōnis,* m., gravier.

săbŭlōsus, *a, um,* plein de gros sable.

săbŭlum (sablum), *i,* n., gros sable.

săburra, æ, f., sable ; spéc., pour lester les navires, lest.

săburro, *ās, āre,* tr., lester.

Săcæ, *ārum,* m. pl., Saces, population iranienne au N. de l'empire perse.

saccāria, æ, f., métier de porteur de sacs.

saccārĭus, *a, um,* de sac, *saccaria navis* : navire chargé de sacs ; subst. m., *saccarius, ii,* porteur de sacs.

saccātus, *a, um,* **1.** V. *sacco* ; **2.** adj., filtré, *~ humor* : urine, LUCR.

saccellus, *i,* m., bourse, sacoche.

saccĭpērĭum, *ĭi,* n., poche, bourse.

sacco, *ās, āre,* tr., filtrer.

saccŭlus, *i,* m., **1.** petit sac (de blé) ; **2.** filtre à vin ; **3.** petite bourse.

saccus, *i,* m., **1.** sac (ex., à argent, bourse) ; **2.** filtre, *~ vinarius* : à vin ; *~ nivarius* : passoire à rafraîchir le vin (avec de la neige) ; **3.** besace, *ire ad saccum* : prendre la besace, aller mendier, PL.

săcellum, *i,* n., (dim. de *sacrum*), petite enceinte consacrée, pourvue d'un autel ; petit sanctuaire, petite chapelle.

săcellus, V. *saccellus.*

săcĕr, *cra, crum,* (cf. *sancio*), [*~errimus*] **1.** sacré, voué à un dieu ; *sacræ ædes* : temple, CIC. ; *sacræ voces* : paroles magiques, HOR. ; **2.** saint, sacré, vénérable ; **3.** consacré aux dieux infernaux, d'où : maudit (« tabou », intouchable), *~ esto* : qu'il soit voué aux dieux infernaux (formule pénale) ; fig., exécrable, infâme, *auri sacra fames* : soif maudite de l'or, VIRG., *homo sacerrumus* : infâme coquin, PL.

Săcĕr, *cra, crum,* sacré, épith. de lieu, *mons ~* : le mont Sacré (près de Rome) où le peuple fit retraite ; *Sacra via* ou *~ clivus* : la Voie sacrée (à Rome).

săcerdōs, *dōtis,* (*sacer* + R. *dhe~,* cf. *facio*), m. et f., **1.** prêtre ; prêtresse ; **2.** fig., + gén., ministre de.

Săcerdōs, *dōtis,* m., Sacerdos, surnom rom. porté par un grand nombre de personnes et surt. dans la *gens Licinia.*

săcerdōtālis, *e,* adj., de prêtres, sacerdotal.

săcerdōtĭum, *ĭi,* n., sacerdoce, dignité sacerdotale ; dignité d'augure.

Săcēs, æ, m., Sace au pl., *Sacæ, arum,* V. ce mot.

săcrāmentum, *i,* n., **1.** dépôt d'un objet en litige entre les mains du pontife, consignation d'une somme comme enjeu (perdue par les perdants du procès) ; **2.** procès au civil, *justo sacramento contendere cum aliquo* : faire à qqn. un procès en forme (pr. et fig.) ; **3.** serment militaire, enrôlement, *~ dicere alicui* : prêter serment à qqn., lui jurer fidélité ; **4.** serment, engagement, obligation.

săcrārĭum, *ĭi,* n., **1.** sanctuaire, chapelle ; **2.** fig., asile, réduit, retraite.

săcrātus, *a, um,* **1.** V. *sacro* ; **2.** adj., a) consacré, saint ; b) auguste, sacré, *~ dux* : chef divinisé (Auguste).

săcrĭcŏla, æ, m., sacrificateur, victimaire, prêtre.

săcrĭfĕr, fĕra, fĕrum, qui porte les objets sacrés.

săcrĭfĭcātĭo, ōnis, f., sacrifice, action de sacrifier.

① **săcrĭfĭcātus**, a, um, V. sacrifico et sacrificor.

② **săcrĭfĭcātŭs**, ūs, m., action de sacrifier.

săcrĭfĭcĭum, ĭi, n., sacrifice, interdicere (alicui) sacrificiis : exclure (qqn.) des sacrifices, excommunier, Cés.

săcrĭfĭco, ās, āre, et **săcrĭfĭcor**, āris, āri, 1. intr., offrir un sacrifice ; 2. tr., offrir en sacrifice.

săcrĭfĭcŭlus, i, m., sacrificateur, ~ rex : roi des sacrifices (celui qui accomplissait les sacrifices confiés anc. au roi).

săcrĭfĭcus, a, um, 1. relatif aux sacrifices ; 2. qui sacrifie.

săcrĭlĕgĭum, ĭi, n., 1. sacrilège, vol d'objets sacrés ; 2. sacrilège, profanation, impiété.

săcrĭlĕgus, a, um, 1. relatif à un sacrilège, au pillage d'un temple ; subst. m., sacrilegus, i, voleur sacrilège ; 2. sacrilège, profanateur, impie ; subst. m., injure chez les poètes comiques : bandit, scélérat.

Săcrĭpōrtŭs, ūs, m., Sacriport, 1. v. des Volsques, près de Préneste ; 2. v. sur le golfe de Tarente.

săcro, ās, āre, tr., 1. consacrer, vouer ; 2. rendre sacré, inviolable, lex sacrata : loi dont la violation entraîne une punition ; 3. dévouer, maudire ; 4. poét., consacrer, immortaliser.

săcrŏsanctus, a, um, consacré (par la religion), sacré, inviolable, sacrosancta potestas : l'inviolabilité des tribuns du peuple, Liv.

săcrum, i, n., et plus souv. au pl., **săcra**, ōrum, 1. objet sacré, objet du culte ; temple ; 2. acte religieux : cérémonie, rite, culte ; sacrifice ; 3. caractère sacré, sainteté, cælestia sacra : le culte de la poésie, Ov. ; 4. prov., inter sacrum saxumque stare : être entre la victime et la pierre tranchante (entre l'enclume et le marteau), Pl. ; hereditas sine sacris : un héritage sans frais.

saeclum, V. sæculum.

saecŭlāris, e, adj., séculaire, sæculares (ludi) : jeux séculaires, célébrés tous les cent ans ; carmen sæculare : poème (d'Horace) chanté pendant les jeux séculaires.

saecŭlum (sēcŭlum, sæclum), i, n., 1. génération, race ; 2. génération, durée ordinaire de la vie humaine ; 3. siècle, es-

pace de cent ans ; 4. au pl., sæcula, orum, suite, durée indéfinie ; 5. siècle, époque, âge, sæcula aurea : l'âge d'or ; 6. esprit du temps.

saepĕ, adv., [~pius, ~pissime], souvent, fréquemment.

saepĕnŭmĕrō (saepĕ nŭmĕrō), adv., souvent.

saepēs (sēpēs), is, f., haie, enceinte, clôture.

saepĭo (sēpĭo), īs, īre, sæpsi, sæptum, tr., 1. entourer d'une haie, enclore ; 2. fig., préserver, protéger ; 3. embrasser par la pensée, ~ locum cogitatione : assurer sa prise sur un sujet (métaph. de la chasse).

saeptum (septum), i, n., clôture, barrière, enceinte ; spéc., au pl., sæpta, orum, enclos de vote au Forum ou au Champ de Mars.

saeptus (septus), a, um, V. sæpio.

saeta (sēta), æ, f., 1. soie de porc, de sanglier ; crinière de cheval ; 2. piquants.

saetĭgĕr, gĕra, gĕrum, hérissé de soies, ~ sus : sanglier ; subst. m., sætiger, geri, sanglier.

saetōsus, a, um, 1. hérissé de soies ; 2. couvert de poils, velu.

saevē, adv., [~vius, ~vissime], cruellement.

saevĭdĭcus, a, um, au langage dur.

saevĭo, īs, īre, sævĭi, sævĭtum, intr., être en fureur, en rage, s'emporter, 1. (animaux) pousser des cris ; 2. (pers.) être cruel, abs., ou avec in ou adversus + acc. ou + dat. ; + inf. ; 3. (choses) sævit ventus : le vent fait rage ; sævit amor ferri : c'est la passion guerrière dans sa fureur.

saevĭtĕr, adv., cruellement.

saevĭtĭa, æ, f., 1. fureur, violence ; 2. cruauté, insensibilité, rigueur.

saevus, a, um, [~vior, ~vissimus], 1. (animaux) en fureur, en rage ; 2. (pers.) cruel, inhumain, insensible + dat. ou inf. ; 3. (choses) violent, terrible, sævum mare : mer furieuse, Sall. ; subst. n. pl. sæva, orum, événements cruels.

saga, æ, f., 1. sorcière, magicienne ; 2. entremetteuse.

săgācĭtās, ātis, f., 1. finesse de l'odorat (chiens), flair ; 2. fig., sagacité, finesse, pénétration.

săgācĭtĕr, adv., [~cius, ~cissime], 1. avec l'odorat subtil ; 2. avec flair, avec pénétration.

Săgăris, is, et **Sangărĭus**, ĭi, m., Sagaris, 1. fl. de Phrygie ; 2. héros troyen, Virg.

Săgărītis, ĭdis, f., du Sagaris.

săgātus, a, um, vêtu d'un sayon.

săgax, ācis, adj., [~cior, ~cissimus], 1. qui a les sens, l'odorat subtils ; 2. sagace, fin pénétrant + gén. ou dat. ; + inf. : ~ *ventura videre* : qui sait lire dans l'avenir, Ov.

săgīna, *æ*, f., **1.** action d'engraisser ; **2.** nourriture abondante, bonne chère ; **3.** embonpoint, ventre ; graisse.

săgīnārĭum, *ĭi*, n., lieu où l'on engraisse les animaux.

săgīnātĭo, *ōnis*, f., action d'engraisser.

săgīnātus, *a, um*, part. adj., engraissé.

săgīno, *ās, āre*, tr., engraisser ; fig., gaver ; passif, *saginari* : s'engraisser.

săgĭo, *ĭs, īre*, intr., avoir du flair.

săgitta, *æ*, f., **1.** flèche, *sagittam jacere, conjicere* : décocher une flèche ; **2.** objet qui a la forme d'une flèche ; **3.** la Flèche, constellation.

săgittārĭus, *a, um*, de flèche ; subst. m., *sagittarius, ii*, **1.** archer, *eques ~* : archer à cheval (légèrement armé), Tac. ; **2.** le Sagittaire, constellation.

săgittĭfĕr, *fĕra, fĕrum*, **1.** armé de flèches ; **2.** qui contient des flèches.

săgitto, *ās, āre*, **1.** intr., lancer des flèches ; **2.** tr., viser avec des flèches.

sagmĕn, *ĭnis*, n., brin d'herbe sacrée (cueilli dans la citadelle) ; ordin. au pl., *sagmina, um*.

Sagra, *æ*, m. ou f., Sagra, riv. du Bruttium.

săgŭlāris, *e*, et **săgŭlārĭus**, *a, um*, de sayon, de manteau.

săgŭlātus, *a, um*, vêtu du sayon.

săgŭlum, *i*, n., **1.** manteau ; spéc., manteau militaire ou manteau de général ; **2.** sayon, costume des Gaulois, *versicolor ~* : plaid, Tac.

săgum, *i*, (mot celtique) n., **1.** sayon ou saie, manteau des Gaulois ou des Germains ; **2.** couverture ; **3.** casaque ou capote militaire (servant à désigner la guerre comme *toga* la paix), *saga sumere* : prendre les armes.

Săguntĭa, V. *Segontia* ‖ **Săguntĭi**, *ĭum*, m. pl., les Sagontins, hab. de Sagonte ‖ **Săguntīnus**, *a, um*, de Sagonte ‖ **Săguntīni**, *ōrum*, m. pl., les Sagontins, hab. de Sagonte ‖ **Săguntum**, *i*, n., et **Săguntus**, *i*, f., Sagonte, v. de la Tarraconnaise.

① **săgus**, *a, um*, (cf. *sagio*), qui sait, qui présage, prophétique.

② **săgus**, *i*, m., V. *sagum*.

Săis, *is*, f., Saïs, v. d'Égypte, dans le delta du Nil ‖ **Săītæ**, *ārum*, m. pl., les hab. de Saïs ‖ **Săītēs**, *æ*, m., de Saïs.

săl, *sălis*, m., **1.** sel ; au pl., *sales, ium*, grains de sel ; **2.** méton., l'onde salée, la mer, *~ Tyrrhenus* : la mer Tyrrhénienne ; **3.** fig., sel, finesse, esprit, *Plautini sales* : les saillies de Plaute, *sale nigro delectari* : aimer les plaisanteries mordantes, Hor.

sălāco, *ōnis*, m., vaniteux, fanfaron.

Sălămīnĭi, *ōrum*, m. pl., les hab. de Salamine ‖ **Sălămīnĭus**, *a, um*, de Salamine ‖ **Sălămīs**, *ĭnis*, f., Salamine, **1.** île et v. en face d'Éleusis, célèbre par la victoire de Thémistocle sur les Perses (480 av. J.-C.) ; **2.** v. de l'île de Chypre.

Sălāpĭa, *æ*, f., Salapie, v. d'Apulie, auj. Salpi ‖ **Sălāpīni**, *ōrum*, m. pl., les Salapiniens, hab. de Salapie ‖ **Sălāpīnus**, *a, um*, de Salapie ‖ **Sălāpītāni**, *ōrum*, m. pl., V. *Salapini*.

sălāput(t)ĭum, *ĭi*, n., nabot (injure).

Sălārĭa (**vĭa**), *æ*, f., la voie Salaria, commençant à la porte Colline (par où le sel arrivait de la mer).

sălārĭum, *ĭi*, n., **1.** ration de sel ; solde pour acheter du sel ; **2.** solde d'un officier ; traitement ; salaire, honoraires.

sălārĭus, *a, um*, de sel ; subst. m., *salarius, ii*, marchand de salaisons.

Sălassi, *ōrum*, m. pl., Salassiens, peuple du val d'Aoste.

sălax, *ācis*, (cf. *salio* ②), adj., **1.** salace, lubrique ; **2.** aphrodisiaque.

săle, *is*, n., arch. pour *sal*.

sălĕbra, *æ*, f., ordin. au pl., **sălĕbræ**, *ārum*, **1.** aspérités du sol ; **2.** fig., difficulté ; rudesse, inégalité (de style).

sălĕbrōsus, *a, um*, **1.** raboteux, rocailleux ; **2.** fig., rocailleux, inégal (style).

Sălentīni, *ōrum*, m. pl., Salentins, peuple d'Apulie, auj. Calabre ‖ **Sălentīnus**, *a, um*, salentin.

Sălernum, *i*, n., Salerne, v. du Picénum.

săles, V. *sal*.

salgăma, *ōrum*, n. pl., conserves, salaisons.

sălĭāris, *e*, adj., dansant.

Sălĭāris, *e*, adj., **1.** relatif aux Saliens, *saltus ~* : saut à la façon des Saliens (démarche sautillante) ; **2.** fig., somptueux, splendide, *Saliares dapes* : festins splendides, Hor., *Saliarem in modum epulari* : festoyer, Cic.

sălĭātŭs, *ūs*, m., dignité de prêtre Salien.

① **sălictārĭus**, *a, um*, de saule.

② **sălictārĭus**, *ĭi*, m., celui qui a soin des saules, qui les taille.

sălictum, *i*, n., **1.** saussaie, lieu planté de saules ; **2.** saule.

sălĭens, *entis*, V. *salio* ; subst. m. pl., *salientes, ium* (ss.-ent. *fontes*), jets d'eau, fontaines.

sălignĕus et **sălignus**, *a, um*, de bois de saule, d'osier.

Sălĭi, *ōrum*, (cf. *salio* ②), m. pl., les Saliens, **1.** prêtres de Mars ; **2.** prêtres d'Hercule, Virg.

sălillum, *i*, n., petite salière.

sălīnæ, *ārum*, f. pl., **1.** mines de sel, salines ; **2.** fig., bons mots.

Sălīnæ, *ārum*, f. pl., les Salines, quartier de Rome.

sălīnātŏr, *ōris*, m., marchand de sel, saunier.

Sălīnātŏr, *ōris*, m., Salinator, surnom rom.

① **sălĭo (sallĭo)**, *īs*, *īre*, *ĭi*, *ītum*, tr., saler.

② **sălĭo**, *īs*, *īre*, *sălŭi* (rar., *salĭi*), *saltum*, intr., **1.** sauter, bondir ; jaillir, *aqua saliens* : eau courante ; **2.** palpiter, battre ; tressaillir ; **3.** tr., saillir, couvrir (d'où : *salax*).

sălĭpŏtens, *entis*, adj., maître de la mer, surnom de Neptune, PL.

Sălĭsubsĭlus, *i*, m., prêtre dansant, Salien.

sălĭunca, *æ*, f., bot., valériane celtique.

Sălĭus, *a*, *um*, relatif aux Saliens (V. *Saliaris* et *Salii*).

sălīva, *æ*, f., **1.** salive (qu'on a dans la bouche, opp. à *sputum* : crachat) ; fig., *salivam movere* : faire venir l'eau à la bouche ; **2.** bave, humeur, suintement ; **3.** goût, saveur.

sălīvo, *ās*, *āre*, tr., **1.** saliver ; **2.** faire saliver.

sălīvōsus, *a*, *um*, visqueux, baveux ; qui ressemble à la salive.

sălix, *ĭcis*, f., saule ; osier.

Sallentīni, V. *Salentini*.

sallĭo et sallo, V. *salio* ①.

Sallustĭānus, *a*, *um*, de Salluste ‖ **Sallustĭānus**, *i*, m., un imitateur de Salluste ‖ **Sallustĭus**, *ĭi*, m., Sallustius, nom d'une famille rom., not. C. Sallustius Crispus, Salluste, célèbre historien (86-35).

Salmăcĭdēs, *æ*, m., le Salmacide, i.e. l'homme efféminé (V. *Salmacis*).

salmăcĭdus, *a*, *um*, saumâtre.

Salmăcis, *ĭdis*, f., nymphe et fontaine de Carie (aux eaux amollissantes).

salmo, *ōnis*, (mot gaulois), m., saumon.

Salmōneūs, *ĕi* ou *ĕos*, m., Salmonée, fils d'Éole, frère de Sisyphe, qui voulut contrefaire la foudre de Jupiter et fut foudroyé par lui ‖ **Salmōnis**, *ĭdis*, f., Tyro, fille de Salmonée, mère de Nélée et de Pélias.

Sălōmōn, *ōnis*, m., chr., Salomon, fils de David.

Sălōna, *æ*, f. et **Sălōnæ**, *ārum*, f., pl. Salone, v. de Dalmatie ‖ **Sălōnīnus**, *i*, m., Saloninus, surnom du fils d'Asinius Pollion, qui avait pris Salone.

salpa, *æ*, f., merluche, sorte de morue.

salsāmentārĭus, *a*, *um*, de poisson salé relatif aux salaisons ; subst. m., *salsamentarius*, *ii*, marchand de salaisons.

salsāmentum, *i*, n., **1.** salaison, poisson salé ; **2.** saumure.

salsē, adv., [*~sius*, *~sissime*], avec sel avec esprit.

salsūgo, *ĭnis*, f., **1.** salure ; **2.** eau salée eau de mer.

salsūra, *æ*, f., **1.** salage ; poisson salé **2.** fig., aigreur, *meæ animæ ~ evenit* : j'ai le cœur aigri, PL.

salsus, *a*, *um*, [*~sior*, *~sissimus*], **1.** salé **2.** âcre, mordant, *salsæ lacrimæ* : larmes amères, LUCR. ; **3.** fig., spirituel, piquant subst. n. pl., *salsa*, *orum*, traits d'esprit CIC., *male salsus* : mauvais plaisant, HOR

saltābundus, *a*, *um*, qui danse ; sautillant.

saltătim, adv., d'une façon sautillante.

saltătĭo, *ōnis*, f., danse.

saltătŏr, *ōris*, m., danseur ; mime.

saltātōrĭus, *a*, *um*, de danse, *~ orbis* danse.

saltātrĭcŭla, *æ*, f., petite danseuse, ballerine.

saltātrix, *īcis*, f., danseuse.

saltātŭs, *ūs*, m., danse.

saltěm (saltim), (cf. *salvus*, *sollus*), adv., litt., en tout ; du moins, au moins ; *si non…*, *at ~* : sinon…, du moins ; *vix ~* : à peine ; *non*, *neque ~* : pas même, même pas.

saltim, V. *saltem*.

salto, *ās*, *āre*, **1.** intr., danser, sauter **2.** tr., représenter en pantomime ; jouer mimer.

saltŭārĭus, *ĭi*, m., garde forestier, garde champêtre.

saltŭōsus, *a*, *um*, boisé.

① **saltŭs**, *ūs*, m., saut, bond.

② **saltŭs**, *ūs*, (cf. *salio* ②), m., **1.** pas ; passage étroit et accidenté, défilé, sault **2.** terrain boisé ; **3.** domaine rural (bois et pâturages).

sălūběr et sălūbris, *bris*, *bre*, (cf. *salvus*) adj., [*~brior*, *~berrimus*], **1.** utile à la santé sain, salubre ; **2.** bon, salutaire, favorable ; **3.** sain, bien-portant.

sălūbrĭtās, *ātis*, f., **1.** santé ; moyen d'assurer la santé ; **2.** bonne santé ; fig., pureté du style.

sălūbrĭtěr, adv., [*~brius*, *~berrime*]. **1.** d'une manière saine ; **2.** avantageusement.

sălum, *i*, n., **1.** haute mer ; **2.** mer ; **3.** agitation de la mer, courants ; mouvements d'une riv. ; **4.** mouvement d'un navire

① **sălūs**, *i*, m., arch., V. *salum*.

② **sălūs**, *ūtis*, (cf. *salvus, sollus*), f., 1. santé, conservation de la vie ; 2. sauvegarde, salut ; *saluti esse alicui* : sauver qqn., Cés. ; être utile à qqn. (choses) ; 3. bon état, prospérité ; droits du citoyen ; 4. bonjour, salut, compliments ; abr. dans les lettres : *sal. = salus !* ou *s. d. = salutem dat* ou *dicit* ; *Cicero Attico sal.* : Cicéron à Atticus, salut ! ; 5. adieu, *salutem foro dicere* : dire adieu au forum.

Sălūs, *ūtis*, f., Salus, divinité de la santé, du bonheur.

sălūtārĭs, *e*, adj., [~*rior*] 1. qui donne la santé, *ars ~* : la médecine, Hor. ; 2. efficace, utile, favorable ; subst. m. pl., *salutaria, ium*, remèdes ; 3. qui sauve, *~ littera* : la lettre qui about (= A : première lettre du mot *absolvo*)

Sălūtāris, *is*, m. et f., épith. de Jupiter : le Sauveur ; ss.-ent. *collis* : colline Salutaire (un des quatre sommets du Quirinal).

sălūtārĭtĕr, adv., d'une façon salutaire, utile, avantageuse.

sălūtātĭō, *ōnis*, f., 1. salutation, salut ; 2. visite, *dare se salutationi amicorum* : recevoir la visite de ses amis ; *meritoria ~* : visite intéressée (des clients à leurs patrons).

sălūtātŏr, *ōris*, m., 1. adj., qui salue ; 2. subst., visiteur, client, courtisan.

sălūtātōrĭus, *a, um*, qui concerne les salutations, les visites, *salutatorium cubiculum* : pièce de réception.

sălūtātrix, *īcis*, f., qui salue ; qui fait sa cour.

sălūtĭfĕr, *fĕra, fĕrum*, qui apporte la santé, le salut ; salutaire.

sălūtĭgĕr, *gĕra, gĕrum*, 1. salutaire ; 2. qui salue ; messager.

sălūtĭgĕrŭlus, *a, um*, 1. chargé de saluer ; 2. messager.

sălūto, *ās, āre*, tr., 1. dire à qqn. *salve*, i.e. le saluer ; 2. accueillir, saluer ; 3. venir saluer, visiter ; honorer ; *~ plebem* : faire sa cour au peuple ; 4. dire adieu à.

Salūvĭi (Sallūvĭi), *ōrum*, m. pl., Salluviens, peuple ligure de la Gaule Narbonnaise.

① **salvĕ**, impér. de *salveo*, formule de salut : salut ! bonjour !

② **salvĕ**, adv., en bon état, en bonne santé.

salvĕo, *ēs, ēre*, intr., être en bonne santé, se bien porter ; à l'impér., salut ! bonjour ; *~ jubere* : saluer, souhaiter le bonjour ; saluer (un dieu).

salvēto, impér. fut. de *salveo* ; V. *salve* ①.

salvĭa, *æ*, f., bot., sauge.

salvus, *a, um*, (cf. *salus* ②, *sollus*), sain et sauf, bien-portant, en bon état, *satine* ou *satin salvæ?* : tout va-t-il bien ?, Pl., Tér. ; *salvo officio* : sans manquer au devoir ; *~ sum* : je suis sauvé, je respire (dans la conversation) ; *ne ~ sim* : que je meure si…, Cic.

Sămărīa, *æ*, f., Samarie, v. et province de Palestine ‖ **Sămărītæ**, *ārum*, m. pl., les Samaritains.

Sămărŏbrīva, *æ*, f., Samarobriva, v. de la Gaule Belgique, auj. Amiens.

sambūca, *æ*, f., sambuque, 1. sorte de harpe ; 2. sorte de machine de guerre.

sambūcĕus, *a, um*, de sureau.

sambūcistrĭa, *æ*, f., joueuse de sambuque.

sambūcus, *i*, f., sureau.

Sămē, *ēs*, f., Samé, anc. nom de l'île de Céphallénie ‖ **Sămŏs**, v. et port de Céphallénie.

Sămĭŏlus, *a, um*, en terre de Samos, Pl.

Sămīrămis, V. *Semiramis*.

Sămĭus, *a, um*, de Samos ; *~ vir, senex* : le grand homme, le vieillard de Samos, Pythagore ; *Samia (vasa)* : vaisselle en terre de Samos, poterie de Samos.

Samnīs, *ītis*, adj., du Samnium, samnite ; subst. m., Samnite ‖ **Samnītes**, *ĭum*, m. pl., les Samnites ; spéc., gladiateurs ‖ **Samnītĭcus**, *a, um*, des Samnites ‖ **Samnĭum**, *ĭi*, n., Samnium, région d'Italie centrale, au N. de la Campanie, dont les hab. descendaient des Sabins.

Sămŏs et **Sămus**, *i*, f., Samos, île en face d'Éphèse, patrie de Pythagore.

Sămŏthrācē, *ēs*, **Sămŏthrāca**, *æ*, et **Sămŏthrācĭa**, *æ*, f., Samothrace, île et v. de la mer Égée, en face de la Thrace ‖ **Sămŏthrācēnus**, *a, um*, de Samothrace ‖ **Sămŏthrāces**, *um*, m. pl., les Samothraces, hab. de Samothrace ; adj., des Samothraces, *~ dii*, ou abs. *Samothraces* : les dieux Cabires ‖ **Sămŏthrācĭus**, *a, um*, de Samothrace.

Sampsĭcĕrāmus, *i*, m., Sampsicéramus, roi d'Émèse, au Liban, vaincu par Pompée ; iron., Pompée, *ille noster Sampsiceramus*, Cic.

sampsūchum, *i*, n., et **sampsūchus**, *i*, f., marjolaine (plante aromatique).

sānābĭlis, *e*, adj., guérissable.

sānātĭo, *ōnis*, f., guérison.

sancaptis, *ĭdis*, f., sorte de parfum, Pl.

sancĭo, *īs, īre, sanxi (sancĭi), sanctum (sancītum)*, (cf. *sacer*), tr., établir par un acte religieux, rendre inviolable, consacrer, *~ legem* : instituer une loi ; *lege ~ ut* : prescrire par une loi que ; 2. interdire, *lex*

sancit ne + subj. : la loi interdit que ;
3. convenir que + prop. inf. ; **4.** punir, *ali-quam rem aliquā re* : une faute d'une peine ; **5.** ratifier, confirmer, conclure, *~ fœdus* : conclure une alliance.

sanctē, adv., [*~tius, ~tissime*], **1.** d'une façon inviolable ; **2.** religieusement, scrupuleusement.

sanctĭmōnĭa, æ, f., **1.** sainteté, caractère sacré ; **2.** probité, loyauté ; **3.** pureté, chasteté.

sanctĭo, ōnis, f., **1.** sanction d'une loi, clause pénale jointe à la loi ; **2.** clause (d'une loi, d'un traité).

sanctĭtās, ātis, f., **1.** caractère sacré, inviolabilité ; **2.** piété, sentiment religieux ; **3.** probité, honneur ; pureté.

sanctĭtūdo, ĭnis, f., sainteté, caractère sacré.

sanctŏr, ōris, m., celui qui décrète.

sanctus, a, um, part. adj. de *sancio*, [*~tior, ~tissimus*], **1.** sacré, inviolable ; **2.** saint, divin, vénérable ; **3.** saint, pur, honnête, *homo sanctissimus* : le plus honnête des hommes, CIC.

Sancus, i, m., Sancus, l'Hercule des Sabins.

sandălĭum, ĭi, n., sandale (chaussure de femme).

sandăpīla, æ, f., cercueil, bière (des gens de basse condition ; *la lectica* est réservée aux riches).

sandyx, ўcis, m. et f., sandyx, **1.** rouge artificiel ; **2.** plante de teinture.

sānē, adv., **1.** sainement, sagement ; **2.** oui ; assurément, sans doute ; **3.** tout à fait, très, beaucoup (avec adv. et adj.) ; *~ quam* : absolument.

sānesco, ĭs, ĕre, intr., se guérir, guérir.

① **Sangărĭus,** a, um, du Sangarius, phrygien, *~ puer* : le jeune Phrygien (= Attis).

② **Sangărĭus,** ĭi, V. *Sagaris*.

sanguĕn, ĭnis, n., V. *sanguis*.

sanguĭcŭlus, i, m., boudin de sang.

sanguĭnālis, e, adj., de sang ; *herba ~* : herbe qui arrête le sang, renouée.

sanguĭnārĭus, a, um, de sang ; *herba sanguinaria*, V. *sanguinalis* ; fig., sanguinaire.

sanguĭnĕus, a, um, **1.** de sang ; **2.** sanglant, teint de sang ; **3.** rouge, de couleur sang ; **4.** sanguinaire, cruel.

sanguĭno, ās, āre, intr., **1.** saigner, être ensanglanté ; **2.** être de couleur sang.

sanguĭnŏlentus, a, um, **1.** ensanglanté, sanglant ; **2.** couleur de sang ; **3.** sanguinaire.

sanguis, ĭnis, m., **1.** sang, liquide clair des veines (opp. à *cruor* : sang rouge et épais, qui sort du corps) ; *sanguinis missio* : saignée ; **2.** sang versé, meurtre, *san-*

guinem fundere, effundere, haurire : répandre le sang ; **3.** sang, parenté, origine ; **4.** force vitale, vigueur ; sève.

sanguīsūga, æ, f., sangsue.

sănĭēs, ĕi, f., **1.** sang corrompu, pus ; humeur ; **2.** suc tinctorial du pourpre marc d'huile ; **3.** bave du serpent, venin.

sănĭōsus, a, um, couvert de sanie.

sānĭtās, ātis, f., **1.** santé (du corps) ; **2.** santé (de l'esprit), raison, bon sens ; **3.** pureté, bon goût ; bon état (des choses).

sanna, æ, f., grimace (faite pour se moquer).

sannĭo, ōnis, m., faiseur de grimaces, bouffon.

sāno, ās, āre, tr., **1.** guérir physiquement ; **2.** fig., guérir, remédier à ; réparer.

Sanquālis, e, adj., consacré à Sancus, *avis ~* : oiseau consacré à Sancus, orfraie.

Santŏnes, um, et **Santŏni,** ōrum, m. pl., Santons, peuple de la Gaule Aquitaine, auj. Saintonge.

sānus, a, um, [*~nior, ~nissimus*], **1.** sain, bien-portant ; **2.** sain d'esprit, sensé, raisonnable ; **3.** pur, sobre, de bon goût (style).

sanxi, V. *sancio*.

săpa, æ, f., vin cuit.

săpĭdē, adv., usité seul. au superl., *sapidissime*, d'une manière très savoureuse.

săpĭdus, a, um, qui a du goût, de la saveur.

săpĭens, entis, part. adj., [*~tior, ~tissimus*], intelligent, sage, raisonnable ; subst. m., celui qui sait ; le savant, le sage ; le philosophe ; *septem Sapientes* : les Sept Sages (de la Grèce).

săpĭentĕr, adv., [*~tius, ~tissime*], sagement, prudemment.

săpĭentĭa, æ, f., **1.** science, habileté ; capacité ; savoir ; **2.** philosophie ; **3.** intelligence, jugement, bon sens.

săpĭo, ĭs, ĕre, *săpii* (*săpīvi* et *săpŭi*, rar.), intr. et tr.,

I intr., **1.** avoir de la saveur, du goût ; **2.** avoir une odeur, sentir ; **3.** fig., sentir, avoir du goût ; **4.** avoir de l'intelligence, du sens, être sage.

II tr., savoir, connaître, comprendre.

săplūtus, a, um, très riche, PÉTR.

săpo, ōnis, (mot celtique) m., savon (qui servait aux Gaulois d'onguent ou de pommade).

săpŏr, ōris, m., **1.** saveur, goût ; **2.** ext. odeur ; **3.** goût, sens, raison ; **4.** plaisanterie de bon goût.

Sapphō, ūs, f., Sapho, poétesse de Lesbos.

sappīnĕus et **sappīnĭus**, *a, um*, de sapin.

sappīnus, *i, f.*, sorte de sapin ou de pin.

săprŏphăgo, *ās, āre*, intr., manger des aliments corrompus.

săprus, *a, um*, corrompu, pourri.

sapsa, arch. pour *ipsa*, V. *ipse*.

sarcīmĕn, *ĭnis, n.*, couture, raccommodage.

sarcĭna, *æ, f.*, **1.** bagage, paquet ; effets ; en gén. au pl. *sarcinæ, arum* ; **2.** fig., fardeau, poids, charge ; **3.** qqf., enfant, petit, *sarcinam effundere* : mettre bas, PHÆDR.

sarcĭnālis, *e*, adj., de somme, *sarcinalia jumenta* : bêtes de somme.

sarcĭnārius, *a, um*, V. le préc., *sarcinaria jumenta* : bêtes de somme ; subst. m., *sarcinarius, ii*, muletier.

① **sarcĭnātŏr**, *ōris, m.*, raccommodeur, ravaudeur, tailleur.

② **sarcĭnātŏr**, *ōris, m.*, porteur de bagages.

sarcĭnātus, *a, um*, chargé de bagages.

sarcĭnōsus, *a, um*, lourdement chargé.

sarcĭnŭla, *æ, f.*, léger bagage ; effets (en gén. au pl., *sarcinulæ, arum*) ; iron., trousseau de mariée.

sarcĭo, *īs, īre, sarsi, sartum*, tr., raccommoder, réparer (V. *sartus*).

sarcŏphăgus, *a, um*, qui consume les chairs ; subst. m., *sarcophagus, i*, sarcophage, tombeau.

sarcŭlātĭo, *ōnis, f.*, sarclage.

sarcŭlo, *ās, āre*, tr., sarcler.

sarcŭlum, *i, n.*, et **sarcŭlus**, *i, m.*, sarcloir, houe.

sarda, *æ, f.*, **1.** sardine ; **2.** cornaline.

Sardănăpălus (~allus), *i, m.*, Sardanapale, dernier roi d'Assyrie, célèbre par ses mœurs efféminées et sa mort tragique ; fig., homme voué au luxe et aux plaisirs.

Sardi, *ōrum, m. pl.*, Sardes, hab. de la Sardaigne (connus pour leur perfidie).

Sardĭānus, *a, um*, de Sardes ∥ **Sardĭāni**, *ōrum, m. pl.*, les hab. de Sardes.

sardīna, V. *sarda*.

Sardĭnĭa, *æ, f.*, Sardaigne ∥ **Sardĭnĭensis**, *e*, adj., de Sardaigne.

Sardis, *ĭum, f. pl.*, Sardes, anc. cap. de la Lydie.

Sardŏnĭus (~ĭcus), *a, um*, de Sardaigne, *Sardonia herba* : renoncule.

sardŏnyx, *ўchis, m.* et *f.*, sardoine, pierre précieuse.

Sardŏus, *a, um*, et **Sardus**, *a, um*, de Sardaigne ; *Sardoa (Sardonia) herba* : plante vénéneuse, renoncule.

Sārentīni, V. *Salentini*.

Sārepta, *æ, f.*, Sarepte, v. de Phénicie (entre Sidon et Tyr), célèbre pour son vin.

sargus, *i, m.*, sarge, poisson de mer recherché des Romains.

sārĭo, *īs, īre, īvi* ou *ŭi, ītum*, tr., sarcler ; ~ *saxum* : perdre sa peine.

sărīsa (~issa), *æ, f.*, sarisse, longue pique des Macédoniens ; méton., *sarissæ, arum*, les Macédoniens.

sărīsŏphŏrus, *i, m.*, sarissophore, soldat macédonien armé de la sarisse.

Sarmăta, *æ, m.*, un Sarmate ; coll., les Sarmates ∥ **Sarmătæ**, *ārum, m. pl.*, les Sarmates ∥ **Sarmătĭa**, *æ, f.*, la Sarmatie, vaste région au N. de la mer Noire et à l'E. de la Vistule ∥ **Sarmătĭcē**, adv., à la manière des Sarmates ∥ **Sarmătĭcus**, *a, um*, des Sarmates, *Sarmaticum mare* : Pont-Euxin ∥ **Sarmătis**, *ĭdis*, adj. f., de Sarmatie.

sarmĕn, *ĭnis*, V. *sarmentum*.

sarmentōsus, *a, um*, sarmenteux, plein de sarments.

sarmentum, *i*, (cf. *sarpio*), n., **1.** sarment ; menue branche ; **2.** au pl., *sarmenta, orum*, fagot, fascines.

Sărōnĭcus sĭnŭs, *m.*, golfe Saronique, entre l'Attique et le Péloponnèse.

Sarpēdōn, *ŏnis, m.*, Sarpédon, **1.** fils de Jupiter, roi de Lycie, qui vint au secours de Troie et fut tué par Patrocle ; **2.** promontoire de Cilicie.

sarpĭo (sarpo), *īs, ĕre, sarpsi, sarptum*, tr., tailler, émonder.

Sarra, *æ, f.*, Sarra, la Zor des Hébreux, anc. nom de Tyr en Phénicie ∥ **Sarrānus**, *a, um*, de Sarra, tyrien, phénicien ; *Sarranum ostrum* : pourpre de Phénicie.

Sarrastes, *um, m. pl.*, Sarrastes, peuple de Campanie.

sarrĭo, V. *sario*.

sarrīt~, V. *sart~*.

sarsi, V. *sarcio*.

Sarsĭna (Sassĭna), *æ, f.*, Sarsine, en Ombrie, patrie de Plaute ∥ **Sarsĭnās**, *ātis*, adj., de Sarsine ∥ **Sarsĭnātis**, *is, f.*, Sarsinienne ∥ **Sarsĭnātes**, *ĭum, m. pl.*, les Sarsiniens.

sartāgo, *ĭnis, f.*, poêle à frire, poêlon ; fig., ~ *loquendi* : friture de paroles, mots ronflants, PERS.

sartĭo, *ōnis, f.*, sarclage.

① **sartŏr**, *ōris*, (cf. *sarcio*), m., qui raccommode, ravaudeur.

② **sartŏr**, *ōris*, (cf. *sario*), m., sarcleur ; fig., *sator sartorque scelerum* : artisan de crimes (semeur et sarcleur de crimes), PL.

sartōrĭus, *a, um*, relatif au sarclage.

sartrix, *īcis*, f., ravaudeuse.

① **sartūra**, *æ*, (cf. *sarcio*), f., raccommodage, réparation.

② **sartūra**, *æ*, (cf. *sario*), f., sarclage.

sartus, *a, um*, part. de *sarcio* dans l'expression *sartus et tectus*, ou *sartus tectus* :
« réparé et couvert », en bon état, bien
entretenu ; subst. n. pl., *sarta tecta* : entretien et réparation.

săt, adv., = *satis*, assez ; 1. subst. + gén.,
assez de ; *sat est* + inf., il suffit de, + prop.
inf., il suffit que ; 2. suffisamment.

săta, *ōrum*, (cf. *sero* ③), n. pl., semailles,
terres ensemencées, récoltes.

sătăgĭto, *ās, āre*, intr., se donner assez de
mal ; avoir assez à faire.

sătăgĭus, *a, um*, qui s'inquiète, qui se
tourmente.

sătăgo, *ĭs, ĕre, sătĕgi*, (*sat + ago*), intr., 1. se
donner du mal, s'agiter ; 2. satisfaire,
payer.

sătellēs, *ĭtis*, m. et f., 1. garde du corps
(d'un prince), satellite, soldat ; au pl., *sa-
tellites, um*, la garde, l'escorte ; 2. fig.,
compagnon, serviteur ; complice.

sătĭās, *ātis*, f., 1. satiété, abondance ;
2. satiété, dégoût.

Sătĭcŭla, *æ*, f., Saticula, v. du Samnium ‖
Sătĭcŭlānus, *a, um*, de Saticula ‖
Sătĭcŭlāni, *ōrum*, m. pl., les hab. de Sati-
cula ‖ **Sătĭcŭlus**, *i*, m., hab. de Saticula.

sătĭēs, *ēi*, f., satiété.

sătĭĕtās, *ātis*, f., 1. suffisance, abondance,
satiété ; 2. satiété, dégoût ; lassitude.

sătin', = *satisne* ?, est-ce que... assez ?

① **sătĭo**, *ās, āre*, tr., 1. rassasier, assouvir ;
saturer ; 2. fig., rassasier, contenter ; satisfaire ; 3. dégoûter, fatiguer, *satiatus
aratro* : fatigué de la charrue, Tib.

② **sătĭo**, *ōnis*, f., 1. ensemencement ;
plantation ; 2. au pl., *sationes, um*, semailles, champs ensemencés.

sătĭra, *æ*, (arch. **satura**), f., litt., macédoine de légumes, plat composite, V. *satura*, d'où : 1. satire, forme de poésie,
mélange de vers et de prose ; 2. ext.,
poème satirique.

sătĭs, adj. et adv., [~*tius*],

I adj., 1. suffisant, *plus quam ~ est* : plus
qu'il ne faut ; 2. + gén. : assez de ; 3. ~ *est*
+ inf. : il suffit de ; ~ *habeo* + inf. : je me
contente de.

II adv., a) assez, assez bien, ~ *constat* :
c'est un fait bien établi (V. *consto*) ; b) de
manière suffisante, suffisamment.

sătĭs accĭpĭo, *ĭs, ĕre*, tr., recevoir une
caution.

sătĭs ăgĭto, V. *satagito*.

sătĭs ăgo, V. *satago*.

sătisdătĭo, *ōnis*, f., action de donner caution.

sătisdătō, abl. n. adv., sur caution (litt.,
après que caution a été donnée).

sătisdo (**sătĭs do**), *ās, ăre, dĕdi, dătum*,
intr., donner caution.

sătisfăcĭo, *ĭs, ĕre, fēci, factum*, intr., 1. satisfaire à, s'acquitter de, suffire à ; 2. satisfaire un créancier ; 3. faire réparation,
~ *de injuriis* : réparer des dommages,
Cés.

sătisfactĭo, *ōnis*, f., 1. satisfaction donnée à un créancier, paiement d'une
dette ; 2. réparation (d'un tort), satisfaction (d'une injure) ; 3. peine, punition.

sătisfĭo, *fĭĕri, factum est*, passif de *satisfa-
cio*, seul. impers.

sătĭus, comp. de *satis*, mieux, préférable,
~ *est* + inf. ou prop. inf. : il vaut mieux.

sătīvus, *a, um*, semé, cultivé ; subst.
n. pl., *sativa, orum*, plantes cultivées.

sătŏr, *ōris*, m., 1. semeur, planteur ;
2. créateur, auteur, artisan.

sătōrĭus, *a, um*, qui concerne les semailles.

sătrăpa, V. *satrapes*.

sătrăpēa, V. *satrapia*.

sătrăpēs, *æ*, m., satrape, gouverneur de
province, chez les Perses.

sătrăpīa, *æ*, f., satrapie, province gouvernée par un satrape.

sătullus, *a, um*, assez rassasié.

sătum, *i*, n., V. *satus* ① et *sero* ③.

sătŭr, *ŭra, ŭrum*, 1. rassasié, gorgé de
+ gén. ou abl. ; 2. riche, abondant, fécond ; 3. saturé, chargé, foncé (couleur).

sătŭra (ss.-ent. *lanx*), *æ*, f., plat garni
d'une sorte de macédoine ; ragoût, farce ;
per saturam : sans ordre, pêle-mêle.

sătŭrātus, *a, um*, rassasié ; saturé ; foncé.

sătŭrēĭa, *æ*, f., et **sătŭrēĭum**, *i*, n., bot.,
sarriette.

Sătŭrēĭānus, *a, um*, de Saturéium (région de Tarente).

Sătŭrĭo, *ōnis*, m., Saturion (= le rassasié),
nom d'un parasite inventé par Plaute.

sătŭrĭtās, *ātis*, f., 1. rassasiement, *ad satu-
ritatem* : jusqu'à satiété ; 2. abondance ;
3. saturation (d'une couleur).

Sāturnālĭa, *ĭum* et *ĭōrum*, n. pl., Saturnales, fêtes célébrées en l'honneur de Saturne, à partir du 17 décembre ; *non semper ~ erunt* : ce ne sera pas toujours fête
(carnaval), Sén. ‖ **Sāturnālĭcĭus**, *a, um*, relatif aux Saturnales, *Saturnalicium tribu-
tum* : cadeaux qu'on offrait aux Saturnales ‖ **Sāturnĭa**, *æ*, f., Saturnia, 1. fille de
Saturne, Junon ; 2. v. fondée par Saturne
sur le mt. Capitolin (origine légendaire
de Rome) ; 3. v. d'Étrurie.

Sāturnīnus, *i*, m., Saturninus, surnom rom.

Sāturnĭus, *a*, *um*, de Saturne, saturnien, *Saturnia arva* ou *tellus* : l'Italie, VIRG. ; *Saturnia regna* : le règne de Saturne, l'âge d'or ; ~ *versus* : vers saturnien (vers italique primitif) ‖ **Sāturnĭus**, *ĭi*, m., le fils de Saturne : Jupiter ou Pluton ‖ **Sāturnus**, *i*, m., Saturne, **1.** dieu du Latium, identifié à Cronos, père de Jupiter, de Junon, de Pluton, de Neptune ; **2.** dieu du Temps, *Saturni sacra dies* : jour consacré à Saturne (samedi) ; **3.** la planète Saturne.

sătŭro, *ās*, *āre*, tr., **1.** rassasier ; **2.** assouvir, remplir de, *Juno necdum antiquum saturata dolorem* : Junon qui n'avait pas encore assouvi son ancien ressentiment, VIRG. ; **3.** dégoûter.

① **sătus**, *a*, *um*, V. *sero* ③ ; **1.** planté, semé ; **2.** fils de + abl., ~ *Anchisā* : le fils d'Anchise ; subst. n., *satum*, *i*, surt. au pl., *sata*, *orum*, semailles ; récoltes.

② **sătŭs**, *ūs*, m., **1.** action de semer, plantation ; **2.** naissance, génération ; origine.

sătўra, V. *satura*.

Sătўrĭcus, *a*, *um*, qui concerne les Satyres.

sătўrĭon, *ĭi*, n., nom de diff. orchidées.

Sătўriscus, *i*, m., petit Satyre ‖ **Sătўrus**, *i*, m., **1.** Satyre, compagnon de Bacchus ; **2.** au pl., drame satyrique (où jouaient des Satyres) ; **3.** sorte de singe.

saucaptis, *ĭdis*, f., nom d'un condiment imaginaire, PL.

saucĭātĭo, *ōnis*, f., action de blesser, blessure.

saucĭo, *ās*, *āre*, tr., **1.** blesser ; battre ; **2.** déchirer, ouvrir.

saucĭus, *a*, *um*, **1.** blessé ; **2.** lésé, endommagé ; troublé (par la boisson) ; **3.** attaqué, malade, atteint, *regina saucia gravi curā* : la reine (Didon) cruellement touchée par l'amour, VIRG.

Sauroctŏnos, *i*, m., Tueur de lézards, surnom d'Apollon ; statue du dieu, œuvre de Praxitèle.

Saurŏmătēs, *æ*, m., Sarmate ‖ **Saurŏmătæ**, *ārum*, m. pl., les Sarmates.

sāvĭātĭo, *ōnis*, f., baiser.

sāvillum, *i*, n., gâteau au fromage et au miel.

sāvĭŏlum, *i*, n., baiser tendre, petit baiser.

sāvĭor, *āris*, *ārī*, tr., baiser.

sāvĭum, *ĭi*, n., **1.** lèvres qui s'avancent pour donner un baiser ; **2.** baiser ; *meum* ~ : mon amour.

saxātĭlis, *e*, adj., **1.** qui se tient dans les pierres ; **2.** qui se fait dans les pierres.

saxētum, *i*, n., terrain pierreux.

saxĕus, *a*, *um*, **1.** de rocher, de pierre ; **2.** fig., dur comme la pierre, insensible.

saxĭfĕr, *fĕra*, *fĕrum*, qui supporte ou qui lance des pierres.

saxĭfĭcus, *a*, *um*, qui pétrifie.

saxĭfrăgus, *a*, *um*, qui brise les rochers ; subst. f., *saxifraga*, *æ*, et n., *saxifragum*, *i*, bot., saxifrage.

saxōsus, *a*, *um*, pierreux, rocailleux.

saxŭlum, *i*, n., petit rocher.

saxum, *i*, n., **1.** roche, rocher ; *Saxum* : la Roche sacrée (sur l'Aventin) d'où Rémus avait consulté les auspices ; roche Tarpéienne ; **2.** bloc de pierre ; **3.** mur de pierre.

scăbellum (~**illum**), *i*, n., **1.** escabeau, tabouret ; **2.** semelle de bois (avec une lame de métal) que le joueur de flûte frappait pour marquer la mesure.

scăbĕr, *bra*, *brum*, **1.** rude, âpre, raboteux ; **2.** malpropre ; **3.** galeux.

scăbi, V. *scabo*.

scăbĭēs, *ĕi*, f., **1.** rugosité, aspérité ; **2.** malpropreté ; gale ; **3.** démangeaison, envie ; **4.** prurit.

scăbĭōsus, *a*, *um*, **1.** raboteux ; **2.** galeux ; **3.** gâté, pourri.

scăbĭtūdo, *ĭnis*, f., lèpre ; démangeaison.

scăbo, *ĭs*, *ĕre*, *scăbi*, tr., gratter ; fig., chatouiller.

scăbrĕo, *ēs*, *ēre*, intr., être hérissé.

scăbrĭtĭa, *æ*, et **scăbrĭtĭēs**, *ĕi*, f., **1.** aspérité ; **2.** gale.

Scădĭnāvĭa ou **Scandĭnāvĭa**, *æ*, f., Scandinavie, probablement la Suède, dont la pointe méridionale s'appelle encore auj. la Scanie.

Scæa porta, *æ*, f., et **Scææ portæ**, *ārum*, f. pl., la porte Scée à Troie.

scæna (**scēna**), *æ*, f., **1.** scène d'un théâtre, théâtre, *agitur res in scænis* : une action dramatique est jouée sur des scènes ; **2.** ext., lieu ensoleillé, bordé d'arbres ; **3.** scène, lieu public ; **4.** mise en scène, spectacle.

scænĭcē, adv., d'une façon théâtrale.

scænĭcus, *a*, *um*, scénique, théâtral, ~ *rex* : roi de théâtre, roi imaginaire ; subst. m., *scænicus*, *i*, acteur, comédien ; histrion.

scæptrum, V. *sceptrum*.

① **scæva**, *æ*, m., gaucher.

② **scæva**, *æ*, f., signe (qui s'observe à gauche), présage, augure ; *canina* ~ : présage tiré de la rencontre d'un chien.

Scæva, *æ*, m., Scæva, surnom rom.

scævĭtās, *ātis*, f., **1.** gaucherie, maladresse ; **2.** malheur.

Scævŏla, æ, m., Scævola, surnom dans la *gens Mucia* ; not., Mucius Scævola, qui, pour se punir de n'avoir pas tué le roi étrusque Porsenna, plaça sa main droite sur un brasier.

scævus, *a*, *um*, 1. gauche ; 2. à gauche ; 3. maladroit.

scāla, æ, f., et **scālæ**, *ārum*, f. pl., 1. échelle ; 2. degrés d'escalier, escalier ; 3. étage.

Scaldis, *is*, m., Escaut, fl. de la Gaule Belgique.

scalmus, *i*, m., cheville pour attacher l'aviron ; ext., rame, aviron, et embarcation.

scalpellum, *i*, n., et **scalpellus**, *i*, m., scalpel, bistouri.

scalpo, *ĭs*, *ĕre*, *scalpsi*, *scalptum*, tr., 1. gratter, frotter ; 2. graver, sculpter.

scalprum, *i*, n., 1. outil tranchant ; 2. burin, ciseau ; 3. bistouri, scalpel ; 4. serpe.

scalptŏr, *ōris*, m., graveur (sur métaux, sur pierre) ; sculpteur.

scalptūra, æ, f., action de graver, gravure ; sculpture.

scalpurrĭo, *ĭs*, *īre*, tr., gratter, chatouiller.

Scămander, *dri*, m., Scamandre, fl. de la Troade.

scambus, *a*, *um*, cagneux.

scămellum et **scămillum**, *i*, n., petit banc.

scammōnĕa (~ĭa), æ, f., scammonée, plante purgative.

scammōnĕum (~ĭum), *ĭi*, n., suc de scammonée.

scamnum, *i*, (*scab-num*, cf. *scipio*), n., 1. escabeau, marchepied ; 2. banc ; 3. banquette de terre ; 4. espace (en largeur).

Scandĭa, V. *Scandinavia*.

Scandīnāvĭa, V. *Scadinavia*.

scando, *ĭs*, *ĕre*, *scandi*, *scansum*, 1. intr., monter, s'élever ; 2. tr., monter sur, gravir ; escalader.

scandŭla, æ, f., bardeau, planche servant à couvrir les toits.

scandŭlāris, *e*, adj., fait de bardeaux.

scansĭlis, *e*, adj., où l'on peut monter ; fig., progressif, graduel.

scansĭo, *ōnis*, f., action de monter ; fig., ~ *sonorum* : gamme.

scăpha, æ, f., canot, barque.

scăphĭum, *ĭi*, n., 1. vase, vaisseau ; 2. coupe.

Scăpŭla, æ, m., Scapula, surnom rom.

scăpŭlæ, *ārum*, f. pl., épaules, dos.

scăpus, *i*, (R. *scap~*, ou *scab~*), m., 1. tige, support ; 2. fût (de colonne) ; 3. cylindre pour rouler un manuscrit ; 4. traverse d'un métier de tisserand.

scărăbæus, *i*, m., escarbot (sorte de scarabée).

scărīfīcātĭo ou **scărīfĭcātĭo**, *ōnis*, f., 1. scarification, légère incision de la peau ou de l'écorce ; 2. fig., grattage, labour léger.

scărus, *i*, m., scare, poisson de mer.

scătĕbra, æ, f., 1. jaillissement de l'eau, jet ; 2. au pl., *scatebræ*, *arum*, eau jaillissante, cascade.

scătĕo, *ēs*, *ĕre*, et **scăto**, *ĭs*, *ĕre*, intr., 1. jaillir en abondance ; 2. être abondant, fourmiller ; 3. abonder en + abl.

scătūrĭgĭnōsus, *a*, *um*, abondant en sources.

scătūrĭgo et **scăturrĭgo**, *ĭnis*, f., 1. eau jaillissante, source (sg. et pl.) ; 2. fig., une foule, un torrent de.

scătūrĭo (scăturrĭo), *ĭs*, *īre*, *īvi*, intr., 1. sourdre, jaillir ; 2. être plein de, être abondant.

scaurus, *a*, *um*, qui a un pied bot.

Scaurus, *i*, m., Scaurus, surnom rom. dans les familles *Æmilia* et *Aurelia*.

scāzōn, *ontis*, m., scazon, trimètre iambique dont le dernier pied est un spondée ou un trochée.

scĕlĕrātē, adv., criminellement, méchamment.

scĕlĕrātus, *a*, *um*, [~*tior*, ~*tissimus*], part. adj., 1. souillé d'un crime ; ~ *vicus* : la rue Scélérate à Rome (où Tullia fit passer son char sur le cadavre de son père Servius Tullius) ; 2. criminel, impie, sacrilège ; 3. dangereux, funeste, fatal ; *scelerata porta* : la porte du malheur (par où sortirent les 306 Fabius).

scĕlĕro, *ās*, *āre*, tr., souiller, profaner.

scĕlĕrōsus, *a*, *um*, criminel, infâme, impie.

scĕlĕrus, *a*, *um*, abominable, détestable.

scĕlestē, adv., criminellement ; malicieusement.

scĕlestus, *a*, *um*, [~*tior*, ~*tissimus*], 1. criminel, infâme, impie ; subst. m., *scelestus*, *i*, coquin, bandit (chez les comiques) ; au superl., *scelestissimus*, *i*, maître coquin ; subst. f., *scelesta*, æ, coquine ; 2. malheureux, désastreux, funeste ; 3. horrible.

scĕlĕtus, *i*, m., corps desséché, momie, et (abusivement) squelette.

scĕlŭs, *ĕris*, n., 1. crime, forfait, attentat (opp. à *pietas*) ; 2. malheur, fléau, désastre ; 3. scélérat, brigand, canaille (spéc. chez les comiques).

scēn~, V. *scæn~*.

sceptrĭfĕr, *fĕra*, *fĕrum*, et **sceptrĭger**, *gĕra*, *gĕrum*, qui porte un sceptre.

sceptrum (**scæptrum**), *i*, n., **1.** sceptre ; **2.** royauté, royaume.

sceptŭchus, *i*, m., prince, porte-sceptre.

schĕda (**schĭda**) et **scĭda**, *æ*, f., feuillet de papyrus, page.

schēma, *ătis*, n., et **schēma**, *æ*, f., **1.** manière d'être, figure, mine, attitude ; **2.** figure géométrique ou rhétorique.

Schœnēis, *ĭdis*, f., la fille de Schœnée, roi de Béotie, Atalante ‖ **Schœnēius**, *a*, *um*, de Schœnée, *Schœneia (virgo)* : la fille de Schœnée, Atalante.

schœnus, *i*, m., et **schœnum**, *i*, n., **1.** jonc, roseau dont les Romains se servaient pour aromatiser le vin ; **2.** parfum vulgaire (tiré du jonc) utilisé par les prostituées ; **3.** mesure itinéraire chez les Perses.

schŏla, *æ*, f., **1.** loisir consacré à l'étude ; étude littéraire ou scientifique ; traité, cours, leçon ; **2.** lieu où l'on enseigne, école ; **3.** école phil., secte ; système.

schŏlastĭcus, *a*, *um*, d'école ; relatif à l'étude de l'éloquence ; subst. n. pl., *scholastica*, *orum*, déclamations ; m., *scholasticus*, *i*, a) étudiant, élève ; b) rhéteur, maître d'éloquence ; c) pédant.

Scĭăthŏs (**~us**), *i*, f., Sciathos, petite île de la mer Égée.

scĭda, V. *scheda*.

scĭens, *entis*, [*~tior*, *~tissimus*], **1.** V. *scio* ; qui sait, en connaissance de cause ; **2.** adj., instruit, savant, habile ; subst. m., un connaisseur.

scĭentĕr, adv., [*~tius*, *~tissime*], **1.** avec du savoir ; **2.** savamment ; judicieusement.

scĭentĭa, *æ*, f., **1.** connaissance (qu'on a des hommes ou des choses), science, *futurorum malorum ~* : la connaissance des maux à venir, Cic. ; **2.** ensemble de connaissances, savoir ; science ; **3.** connaissance phil.

scĭi, V. *scio*.

scīlĭcĕt, (*sci*, sache-le + *licet*, tu le peux), adv., **1.** il est évident que, évidemment (sorte de parenthèse) ; **2.** sans doute, il est vrai (pour faire une concess.) ; **3.** iron., apparemment, naturellement ; **4.** évidemment (pour souligner une constatation désagréable) ; **5.** c'est-à-dire, à savoir, par exemple.

scilla, *æ*, f., **1.** scille, oignon de mer ; **2.** squille, écrevisse de mer.

scillīnus, *a*, *um*, préparé avec de la scille.

scillĭtēs, *æ*, m., vin ou vinaigre de scille.

scillĭtĭcus, *a*, *um*, préparé avec de la scille.

scimpŏdĭum, *ĭi*, n., lit de repos.

scin, = *scisne*, V. *scio*.

scindo, *ĭs*, *ĕre*, *scĭdi*, *scissum*, tr., **1.** déchirer, fendre, arracher ; prov., *alicui pænulam ~* : déchirer le manteau de qqn. = importuner qqn. ; trancher ; **2.** séparer, diviser, partager ; passif, *scindi* : se diviser, se partager ; **3.** détruire, forcer ; **4.** interrompre ; **5.** rouvrir une blessure (pr. et fig.).

Scīnis, V. *Sinis*.

scintilla, *æ*, f., étincelle (pr. et fig.) ; point brillant dans une pierre.

scintillātĭo, *ōnis*, f., éblouissement.

scintillo, *ās*, *āre*, intr., scintiller, étinceler, briller (pr. et fig.).

scintillŭla, *æ*, f., petite étincelle.

scĭo, *īs*, *īre*, *scīvi* (*ĭi*), *scītum*, tr., **1.** savoir, abs., ou + acc., + inf., + acc. et inf., + prop. interr. ; avec *de* + abl. ; *non opinari sed ~* : ne pas croire mais savoir, Cic. ; *~ licet* : il est clair que, Lucr. ; *at scin quomodo* : sais-tu bien comment (tu vas être traité), Pl. ; *haud scio an* : je ne sais pas si... ne... pas, je crois bien que ; *non ~*, à la place de *nescire* ; **2.** connaître, être instruit dans ; être capable de, *~ litteras* : savoir lire et écrire ; *~ Græce, Latine* : savoir le grec, le latin ; *vincere scis, Hannibal, victoria uti nescis* : tu es capable de vaincre, Hannibal, mais incapable de profiter de la victoire, Liv. ; **3.** percevoir, prendre conscience de.

Scīpĭădēs (**~ēs**), *æ*, m., poét., un Scipion.

scīpĭo, *ōnis*, m., bâton, *~ eburneus* : bâton d'ivoire, bâton triomphal.

Scīpĭo, *ōnis*, m., Scipion, surnom d'une célèbre branche de la *gens Cornelia* ; not., P. Cornelius Scipio Africanus major, le vainqueur de Zama (202 av. J.-C.) ; P. Cornelius Scipio Æmilianus Africanus minor, qui détruisit Carthage (146 av. J.-C.) et Numance (133 av. J.-C.).

scīrōn, *ōnis*, m., sciron, vent d'Attique.

Scīrōn, *ōnis*, m., Sciron, **1.** brigand fameux, tué par Thésée ; **2.** épicurien du temps de Cicéron.

scirpĕa ou **sirpĕa**, *æ*, f., panier, manne.

scirpĕus ou **sirpĕus**, *a*, *um*, de jonc.

scirpĭcŭlus (**sir~**, **sur~**) *a*, *um*, de jonc ; subst. m., *scirpiculus*, *i*, panier de jonc.

scirpo (**sirpo**), *ās*, *āre*, tr., tresser ou attacher avec du jonc.

scirpus (**sirpus**), *i*, m., jonc ; prov., *nodum in scirpo quærere* : chercher un nœud sur un jonc (= chercher midi à quatorze heures).

sciscĭtātĭo, *ōnis*, f., information, enquête.

sciscĭtŏr, *ōris*, m., chercheur, enquêteur.

sciscĭto, *ās*, *āre*, V. *sciscitor*.

sciscĭtor, *āris*, *āri*, tr. et intr., chercher à savoir, interroger, ~ *aliquid ex aliquo* : s'informer de qqch. auprès de qqn.

scisco, *ĭs*, *ĕre*, *scīvi*, *scītum*, tr., 1. chercher à savoir ; 2. décider, décréter (officiellement, en parlant du peuple) ; 3. voter.

scissĭlis, *e*, adj., 1. facile à déchirer ; 2. déchiré.

scissŏr, *ōris*, m., écuyer tranchant.

scissūra, *æ*, f., 1. déchirure ; 2. déchirement.

scissus, *a*, *um*, 1. V. *scindo* ; 2. adj., fendu, brisé ; divisé ; arraché ; *vocis genus scissum* : débit saccadé, accent (de voix) brisé.

scītāmenta, *ōrum*, (cf. *scitus* ②), n. pl., 1. friandises ; 2. fig., délicatesses du style.

scītātĭo, *ōnis*, f., enquête, recherche.

scītātŏr, *ōris*, m., chercheur ; celui qui interroge.

scītē, adv., [~*tius*, ~*tissime*], avec art, à propos.

scītor, *āris*, *āri*, tr., chercher à savoir, demander, s'informer.

scītŭlē, adv., joliment.

scītŭlus, *a*, *um*, joli, charmant.

scītum, *i*, (cf. *scisco*) n., 1. ordonnance, décret ; *plebis* ~ : décision du peuple, plébiscite ; 2. axiome, principe (d'un phil.).

① **scītus**, *a*, *um*, V. *scio*.

② **scītus**, *a*, *um*, part. adj. de *scisco*, [~*tior*, ~*tissimus*], 1. expérimenté, fin, avisé ; 2. (choses) savant, sage, sensé ; 3. joli, charmant, élégant ; 4. convenable, approprié.

③ **scītŭs**, *ūs*, m., décret (du peuple), *plebis scitu* : par un plébiscite.

scĭūrus, *i*, m., écureuil.

scīvi, V. *scio* et *scisco*.

sclingo, *ĭs*, *ĕre*, intr., crier (oie).

scloppus ou **stloppus**, *i*, m., bruit produit en frappant sur les joues gonflées.

scŏbīna, *æ*, f., râpe, lime.

scŏbis, *is*, f., limaille, raclure, copeaux, scories.

Scŏdra, *æ*, f., Scodra, v. d'Illyrie, auj. Scutari (Sköder, en Albanie) ‖ **Scŏdrenses**, *ĭum*, m. pl., les hab. de Scodra.

scŏla, V. *schola*.

scŏlŏpendra, *æ*, f., scolopendre ou mille-pieds, insecte ; scolopendre de mer, néréide.

scombĕr, *bri*, m., scombre, maquereau.

scŏpæ, *ārum*, f. pl., 1. brindilles ; 2. balai ; prov,. *scopas dissolvere* : défaire un balai = brouiller une affaire ; ~ *solutæ* : bon à rien (balai défait), CIC.

Scŏpās, *æ*, m., Scopas, 1. célèbre sculpteur grec de Paros ; 2. prince thessalien.

scŏpĭo, *ōnis*, m., rafle ; grappe de raisin sans grains.

scŏpŭla, *æ*, f., et **scŏpŭlæ**, *ārum*, f. pl., petit balai.

scŏpŭlōsus, *a*, *um*, 1. rocheux, semé d'écueils ; 2. périlleux, pénible, difficile.

① **scŏpŭlus**, *i*, m., 1. écueil, rocher ; 2. écueil, fléau, ruine.

② **scŏpŭlus**, *i*, m., cible.

① **scŏpus**, *i*, V. *scopio*.

② **scŏpus**, *i*, m., but, cible.

scordălĭa, *æ*, f., querelle, dispute.

scordălus, *i*, m., chamailleur, querelleur.

Scordisci, *ōrum*, m. pl., Scordisques, 1. peuple de Pannonie ; 2. peuple d'Illyrie.

Scordus, *i*, m., Scordus, mt. d'Illyrie.

scŏrĭa, *æ*, f., scorie.

scorpĭo, *ōnis*, m., 1. scorpion, insecte venimeux ; 2. le Scorpion, constellation ; 3. scorpion, machine de guerre, pour lancer des pierres et des flèches ; 4. javelot lancé par le scorpion ; 5. plante épineuse ; 6. poisson de mer armé de pointes.

scorpĭŏs (~**us**), *ĭi*, V. *scorpio*.

scortātŏr, *ōris*, m., coureur de femmes.

scortātŭs, *ūs*, m., fréquentation des prostituées.

scortĕa, *æ*, f., manteau de peau.

scortĕus, *a*, *um*, 1. de cuir, de peau ; subst. n. pl., *scortea*, *orum*, objets de peau ; 2. fig., flasque, ratatiné ; *scortum scorteum* : courtisane ratatinée (comme un parchemin), « vieille peau », APUL.

scortor, *āris*, *āri*, intr., fréquenter les prostituées.

scortum, *i*, n., 1. cuir, peau ; 2. courtisane, prostituée, *scortorum cohors prætoria* : une cohorte prétorienne de prostituées, CIC.

Scōti, *ōrum*, m. pl., Scots, peuple hab. le S. de l'Écosse (*Caledonia*) et l'Irlande (*Hibernia*).

Scōtĭnŏs (~**us**), *a*, *um*, l'Obscur, surnom d'Héraclite.

scrapta, **scratta**, **scrātĭa**, **scrattĭa**, *æ*, f., épith. injurieuse pour désigner les prostituées.

scrĕātŏr, *ōris*, m., celui qui crache.

scrĕātŭs, *ūs*, m., crachement.

scrĕo, *ās*, *āre*, intr., cracher.

scrība, *æ*, m., 1. scribe ; greffier ; 2. secrétaire.

scrībo, *ĭs*, *ĕre*, *scripsi*, *scriptum*, tr., 1. tracer, marquer avec un style, *lineam* ~ : tracer une ligne ; 2. écrire ; graver, *scriptumst* c'est écrit, c'est sur le papier ; 3. écrire une lettre, annoncer ; + prop. inf., écrire que ; avec *ut* + subj., écrire de ; 4. écrire, composer (un ouvrage) ; 5. rapporter, raconter (par écrit), décrire ; spéc., célébrer, chanter, *scriberis hostium victor* : tu seras célébré comme vainqueur, Hor. ; 6. écrire, rédiger officiellement (une loi, un traité, un sénatus-consulte) ; nommer par écrit, *aliquem heredem* ~ : instituer qqn. son héritier ; 7. inscrire, enrôler (des soldats) ; 8. inscrire en compte, reconnaître une dette ; 9. inscrire, imprimer dans l'esprit.

Scrībōnĭa, *æ*, f., Scribonia, première femme d'Auguste ‖ **Scrībōnĭus**, *ĭi*, m., Scribonius, nom d'une famille rom.

scrīnĭum, *ĭi*, n., cassette de forme cylindrique (pour les livres, des papiers, des parfums) ; coffret, écrin.

scripsi, V. *scribo*.

scriptĭlis, *e*, adj., qui peut être écrit.

scriptĭo, *ōnis*, f., 1. action d'écrire ; 2. rédaction, composition ; 3. ce qui est écrit, le texte, *ex scriptione interpretari* : interpréter d'après la lettre.

scriptĭto, *ās*, *āre*, (fréq. de *scribo*), tr., 1. écrire souvent ; 2. composer souvent.

scriptŏr, *ōris*, m., 1. écrivain, copiste, secrétaire ; 2. écrivain, auteur, *rerum* ~ : historien ; 3. rédacteur public (ex., d'une loi).

scriptum, *i*, n., 1. ligne (spéc. sur un damier) ; 2. écrit ; ouvrage ; 3. le texte, la lettre, ~ *legis* : le texte de la loi.

scriptūra, *æ*, f., 1. ligne tracée, écriture ; 2. composition, rédaction ; 3. ouvrage, livre, lettre ; 4. droit perçu sur les pâturages.

① **scriptus**, *a*, *um*, V. *scribo*.

② **scriptŭs**, *ūs*, m., fonction de greffier, de secrétaire.

scrīpŭlum (scrŭp~), *i*, n., 1. scrupule, fraction de l'unité (ex., 24ᵉ partie de l'once) ; 2. fig., la plus faible partie d'une mesure (comme un degré, une minute).

scrŏbĭcŭlus, *i*, m., petite fosse.

scrŏbis, *is*, m. et f., fosse, trou (pour planter les arbres ou des pieux acérés).

scrōfa, *æ*, f., truie.

scrōfīnus, *a*, *um*, de truie.

scrōfīpascus, *i*, m., nourrisseur de truies.

scrōfŭlæ, *ārum*, f. pl., scrofules.

scrūpěus, *a*, *um*, pierreux, rocailleux ; difficile.

scrūpōsus, V. le préc.

scrūpŭlōsē, adv., scrupuleusement, minutieusement.

scrūpŭlōsĭtās, *ātis*, f., exactitude minutieuse.

scrŭpŭlus, *i*, (dim. de *scrupus*), m., 1. petite pierre pointue ; 2. difficulté, inquiétude, scrupule, *injeci scrupulum homini* : je lui ai mis la puce à l'oreille (litt., un caillou dans sa chaussure) ; 3. recherches minutieuses, subtilités.

scrŭpus, *i*, m., 1. pierre pointue ; 2. souci, inquiétude.

scrūta, *ōrum*, n. pl., hardes, nippes.

scrūtans, *antis*, part. adj., qui recherche attentivement.

scrūtārĭa, *æ*, f., commerce de fripier.

scrūtātĭo, *ōnis*, f., recherche attentive.

scrūtātŏr, *ōris*, m., chercheur attentif.

scrūtor, *āris*, *āri*, tr., 1. fouiller ; 2. chercher minutieusement, chercher à savoir.

sculpo, *ĭs*, *ěre*, *sculpsi*, *sculptum*, tr., graver, ciseler, sculpter.

sculpsi, V. *sculpo*.

sculptĭlis, *e*, adj., sculpté, gravé, ciselé.

sculptūra, *æ*, f., sculpture, gravure.

scurra, *æ*, m., 1. badaud, désœuvré, freluquet, *urbanus* ~ : citadin bon à rien ; 2. bouffon ; parasite, ~ *Atticus* : le bouffon d'Athènes (= Socrate), Cic.

scurrīlis, *e*, adj., de bouffon ; comique.

scurrīlĭtās, *ātis*, f., bouffonnerie.

scurrīlĭtěr, adv., en bouffon.

scurror, *āris*, *āri*, intr., 1. faire le bouffon ; 2. faire le flatteur, flagorner.

scurrŭla, *æ*, m., petit bouffon, méchant bouffon.

scūta, V. *scutra*.

scūtāle, *is*, n., poche de la fronde.

scūtārĭus, *a*, *um*, de bouclier ; subst. m. pl., *scutarii*, *orum*, gardes du corps (armés d'un bouclier).

scūtātus, *a*, *um*, armé d'un bouclier ; subst. m. pl., *scutati*, *orum*, soldats armés de boucliers.

scūtella, *æ*, f., petite coupe, petite soucoupe.

scūtĭca, *æ*, f., 1. courroie de fouet ; 2. martinet, fouet à lanières (t. moins fort que *flagellum*, mais plus fort que *ferula*).

scūtĭgěrŭlus, *i* m., esclave qui portait le bouclier de son maître.

scūtra, *æ*, f., plateau, écuelle.

① **scūtŭla**, *æ*, f., 1. plat en forme de losange ; 2. carreau en losange (pour carrelage) ; 3. losange, figure géom. ; 4. losange de chiffon qu'on mettait sur les yeux (pour ne pas être nommé) ; 4. greffe en écusson ; 5. maille, tricot.

② **scūtŭla**, *æ*, f., cylindre, rouleau de bois pour faire glisser les navires sur le rivage.

scŭtŭlātus, *a*, *um*, 1. en forme de losange ; 2. à mailles ; ~ *color equi* : couleur

de la robe d'un cheval pommelé ; subst.
n. pl., *scutulata, orum*, vêtement à carreaux.

scŭtŭlum, *i*, n., petit bouclier.

scŭtum, *i*, n., bouclier long, rectangulaire, incurvé en forme de tuile, composé de planches et couvert de cuir ; *~ reicere* : mettre son bouclier sur le dos (quand on prend la fuite) ; fig., défense, *scuto vobis magis quam gladio opus est* : vous avez plutôt à vous défendre qu'à attaquer, LIV.

Scȳlācēum, *i*, n., promontoire de Scylacée, v. du Bruttium, auj. Squillace.

Scylla, *æ*, f., Scylla, 1. écueil entre l'Italie et la Sicile, en face de Charybde ; 2. fille de Phorcus, changée en monstre marin ; 3. fille de Nisus, roi de Mégare, changée en alouette ‖ **Scyllæus**, *a, um*, 1. de Scylla (la fille de Phorcus), écueil ou monstre marin ; 2. de Scylla (la fille de Nisus) ; *Scyllæa rura* : les plaines de Mégare.

scȳphus, *i*, m., vase à boire, coupe ; *inter scyphos* : à table, CIC.

Scȳrĭăs, *ădis*, adj. f., de Scyros, *~ puella* : Déidamie ‖ **Scȳrĭus**, *a, um*, de Scyros, *~ juvenis* : Pyrrhus, fils d'Achille et de Déidamie ; *Scyria pubes* : soldats de Pyrrhus, VIRG. ‖ **Scȳros (~us)**, *i*, f., Scyros, île de la mer Égée, en face de l'Eubée, où Achille se cacha à la cour de Lycomède, auj. Sciro.

scȳtăla, *æ*, et **scȳtălē**, *ēs*, f., 1. bâton, rouleau (V. *scutula* ②) ; 2. scytale, bâton cylindrique entouré d'une bande de parchemin écrit ; 3. lettre secrète, ordre secret ; 4. serpent qui a la même grosseur dans toute sa longueur.

Scȳtha et **Scȳthēs**, *æ*, m., 1. adj., scythique, *Pontus Scytha* : le Pont-Euxin ; 2. subst., Scythe ‖ **Scȳthæ**, *ārum*, m. pl., les Scythes, nom général de tous les peuples nomades de l'Europe et de l'Asie, au-delà de la mer Noire ‖ **Scȳthĭa**, *æ*, f., le pays des Scythes, la Scythie ‖ **Scȳthĭcus**, *a, um*, de Scythie, scythique, *~ amnis* : le Tanaïs (auj. Don), *Scythicum fretum* : le Pont-Euxin, *Scythica Diana* : la Diane taurique (honorée dans la Chersonèse) ; *Scythica herba* : réglisse ‖ **Scȳthis**, *ĭdis*, f., femme scythe ‖ **Scȳthissa**, *æ*, f., une Scythe.

① **sē**, acc. et abl. du pron. réfl. *sui*, V. ce mot.

② **sē (sēd)**, prép. arch., = *sine*, sans + abl., *se fraude esto* : il sera sans faute (XII Tables).

① **sĕ~** ou **sē ~ (sĕd~, sŏ~, sō~)**, préf. indiquant privation ou séparation, mise à l'écart, 1. privation, *se-curus (= sine curā), se-dulus (= sine dolo)* ; 2. séparation,

se-pono : je mets à part, *sed-itio* : le fai[t] d'aller à part, d'où : sédition.

② **sē~**, = *semi* : demi, *se-libra, se-modius*.

③ **sē~**, = *sex* : six, *se-mestris*.

sēbācĕus, *a, um*, de suif ; subst. m. pl. *sebacei, orum*, chandelles de suif.

sēbālis, *e*, adj., enduit de suif, suiffé.

Sēbēthis (Sēbētis), *ĭdis*, adj. f., du Sé[-] béthos ; fille du Sébéthos ‖ **Sēbēthŏ**[s] **(~us)**, *i*, m., Sébéthos, riv. de Campani[e] qui se jette dans le golfe de Naples.

sēbo (sēvo), *ās, āre*, tr., enduire de suif[,] suiffer, *candelas ~* : faire des chandelles[.]

sēbōsus, *a, um*, plein de suif.

sēbum (sēvum), *i*, n., suif.

sĕcăle, *is*, n., seigle.

sĕcāmenta, *ōrum*, n. pl., petits ouvrage[s] de menuiserie.

sēcēdo, *ĭs, ĕre, cessi, cessum*, intr., 1. alle[r] à part, s'écarter, s'éloigner ; 2. se retirer chercher la retraite, le repos ; 3. se retirer faire sécession, *plebs a patribus secessit* : le peuple s'est séparé des patriciens 4. fig., se séparer de qqn. (opinion) ; s[e] retirer, *in te ipse secede* : rentre en toi même ; 5. être éloigné, être distant (a[u] pf.), *villa ab urbe secessit* : la ferme étai[t] éloignée de la ville, PL.-J.

sēcerno, *ĭs, ĕre, crēvi, crētum*, tr., 1. sépa[-] rer, mettre à part ; 2. distinguer, séparer 3. mettre de côté, éliminer.

sēcessi, V. *secedo*.

sēcessĭo, *ōnis*, f., 1. action de s'éloigner d'aller à l'écart ; 2. scission, désunion 3. la retraite du peuple sur le mont Sacré[.]

sēcessŭs, *ūs*, m., 1. retraite, départ 2. retraite, isolement ; 3. lieu reculé maison de campagne ; 4. sécession d[u] peuple.

sēcĭus ou (mieux) **sētĭus**, adv., 1. moins *nihilo ~* : néanmoins ; 2. moins bien, mal *~ loqui de aliquo* : parler mal de qqn., SÉN[.]

sēclūdo, *ĭs, ĕre, clūsi, clūsum*, tr., 1. enfer[-] mer séparément, isoler ; passif, *secludi* se cacher, PROP. ; *nemus seclusum* : bois à l'écart, solitaire ; 2. séparer de ; 3. mettre à part, bannir.

sēclum, V. *sæculum*.

sēclūsōrĭum, *ĭi*, n., volière.

sĕco, *ās, āre, sĕcŭi, sectum*, tr., 1. couper[,] trancher ; mettre en morceaux ; 2. cou[-] per, amputer ; 3. déchirer, écorcher 4. fendre, traverser, *~ maria, æquor, pon[-] tum* : sillonner la mer ; *~ viam* : se fraye[r] un chemin ; 5. séparer, diviser, *spem ~* s'ouvrir, se ménager une espérance VIRG.

sēcrētārĭum, *ĭi*, n., lieu retiré, retraite.

sēcrētim, adv., à l'écart.

sēcrētĭo, *ōnis*, f., séparation.

sēcrētō, adv., **1.** à l'écart ; **2.** secrètement.

sēcrētum, *i*, (cf. *secerno*) n., **1.** lieu écarté, retraite, solitude, *se in secreta removere* : se retirer du monde, HOR., *in secreto* : à l'écart, sans témoins ; **2.** secret, pensée secrète ; entretien secret, ~ *petere* : litt. rechercher la solitude, d'où : demander un entretien secret, une audience particulière ; *secreto suo satiatus* : rassasié du plaisir d'être seul, TAC. ; **3.** seul. pl., *secreta, orum*, culte secret, Mystères.

sēcrētus, *a*, *um*, **1.** V. *secerno* ; **2.** adj., a) séparé, à part, distinct ; b) solitaire, isolé, *studia secreta* : études personnelles à l'écart ; c) secret, caché, mystérieux, *secretæ artes* : la magie ; d) rare, peu usité, *lingua secretior* : expression inhabituelle.

sēcrēvi, V. *secerno*.

secta, *æ*, (cf. *sequor*), f., **1.** conduite, manière d'agir ; **2.** ligne politique, parti, *alicujus sectam sequi* : embrasser le parti de qqn., CIC. ; **3.** doctrine, école phil. ; **4.** bande de voleurs, APUL.

sectātŏr, *ōris*, m., **1.** partisan ; au pl., *sectatores, um*, suite, clientèle ; **2.** sectateur, disciple.

sectātus, *a*, *um*, V. *sector* ①.

sectĭlis, *e*, adj., **1.** susceptible d'être partagé ; **2.** partagé, fendu.

sectĭo, *ōnis*, f., **1.** action de couper, coupure, amputation ; **2.** partage, morcellement, vente à l'encan par lots (du butin ou des biens confisqués) ; **3.** objets vendus, butin.

① **sector**, *āris*, *āri*, (fréq. de *sequor*), tr., **1.** suivre, accompagner, escorter ; **2.** fréquenter ; rechercher, faire la cour à, ~ *mulieres* : courir les femmes (les suivre dans la rue), PL. ; **3.** avec idée d'hostilité : poursuivre, harceler, chasser.

② **sectŏr**, *ōris*, (cf. *seco*), m., **1.** qui coupe ; **2.** qui vend à l'encan ; **3.** acquéreur de biens confisqués.

sectūra, *æ*, f., **1.** coupure ; **2.** tranchée, mine.

sectus, *a*, *um*, V. *seco*.

sēcŭbĭto, *ās*, *āre*, intr., faire lit à part.

sēcŭbĭtus, *ūs*, m., **1.** action de coucher à part ; **2.** chasteté.

sēcŭbo, *ās*, *āre*, *cŭbŭi*, *cŭbĭtum*, intr., **1.** coucher ou dormir seul, faire lit à part ; **2.** vivre solitaire, *angulo secubans* : qui vit dans son coin, à part, APUL.

sēcŭi, V. *seco*.

sēcŭla, *æ*, f., faucille.

sēcŭlāris, **sēcŭlum**, V. *sæcul~*.

sēcum, = *cum se*, V. *cum* et *sui*.

sēcundāni, *ōrum*, m. pl., soldats de la 2ᵉ légion.

Sĕcundānōrum cŏlōnĭa, f., v. de la Narbonnaise, auj. Orange.

sĕcundārĭus, *a*, *um*, qui est du second rang ; de seconde qualité ; subst. n., *secundarium, ii*, ce qui est secondaire, accessoire.

① **sĕcundō**, adv., en second lieu ; une seconde fois.

② **sĕcundo**, *ās*, *āre*, tr., **1.** favoriser, *secundante vento* : avec un vent favorable, TAC. ; exaucer ; **2.** rendre favorable un présage.

① **sĕcundum**, adv., derrière ; immédiatement après.

② **sĕcundum**, prép. + acc., **1.** lieu : derrière, fig. en parlant du rang ; le long de, auprès de ; **2.** temps : immédiatement après ; **3.** manière : selon, suivant, conformément à, ~ *aliquem sentire* : être de l'avis de qqn., SUÉT. ; **4.** jur., en faveur de, pour.

sĕcundus, *a*, *um*, adj. vb. de *sequor*, [~*dior*, ~*dissimus*], **1.** qui suit, qui vient ensuite, *partes secundæ* ou subst. f. pl., *secundæ, arum*, second rôle ; **2.** inférieur, ~ *panis* : pain de seconde qualité, CIC. ; **3.** qui suit le cours ou le courant, *secundo flumine* : en descendant le courant, d'où : **4.** favorable, heureux, *res secundæ* : succès ; **5.** subst. n., *secundum*, et spéc. au pl., *secunda, orum*, bonheur, prospérité.

Sĕcundus, *i*, m., surnom des deux Pline.

sēcūrē, adv., **1.** tranquillement, sans se faire de souci ; **2.** sans danger, en toute sécurité.

sēcūrĭfĕr, *fĕra*, *fĕrum*, ou **sēcūrĭgĕr**, *gĕra*, *gĕrum*, qui porte une hache.

sēcūris, *is*, (cf. *seco*) f., **1.** hache, cognée, *securi ferire* ou *percutere* : décapiter, CIC. ; **2.** coup de hache ; **3.** fig., hache du licteur, entourée de faisceaux (signe de l'autorité consulaire), d'où : autorité et puissance souveraine, *Gallia, securibus subjecta* : la Gaule soumise à l'autorité romaine, CÉS.

sēcūrĭtās, *ātis*, f., **1.** absence d'inquiétude, tranquillité de l'âme ; **2.** péj., insouciance, négligence ; **3.** sûreté, paix, repos.

sēcūrus, *a*, *um*, (*se~* + *cura*), **1.** sans crainte, sans inquiétude ; tranquille ; **2.** insouciant, négligent ; **3.** où l'on n'a rien à craindre, tranquille, sûr ; subst. n. pl., *secura, orum*, la sécurité.

① **sĕcŭs**, adv., **1.** loin (sens primitif) ; **2.** autrement, *nemo dicet* ~ : personne ne dira le contraire, CIC. ; *non* ~ *quam* ou *atque* : non autrement que, comme ; *recte an* ~, *recte secusne*, *bene aut* ~ : bien ou mal, à tort ou à raison ; **2.** autrement qu'il ne faut, mal.

② **sĕcŭs**, prép. + acc. (= *secundum*), 1. le long de ; 2. selon ; 3. compos. : *intrinsecus*, etc.

③ **sĕcŭs**, n., indécl., = *sexus*, sexe (souv. à l'acc. de relation).

sĕcŭtŏr, *ōris*, m., qui suit, qui accompagne ; spéc., gladiateur (armé du casque, du bouclier et de l'épée) opposé au rétiaire.

sĕcūtus, *a, um*, V. *sequor*.

① **sĕd**, V. *se* ②.

② **sĕd**, (cf. *se~* ①), conj., mais, 1. après une nég., *non... sed* : ne... pas, mais, *non solum* (*tantum*)... *sed etiam* : non seulement, ... mais encore, *non modo non... sed ne... quidem* : non seulement... ne... pas, mais... ne... pas même ; 2. au début de la phrase, pour marquer une faible opp. (simple transition) ; 3. pour marquer une restriction : oui, mais ; 4. pour couper court : *sed hæc hactenus* : mais en voici assez sur ce point ; 5. pour revenir à un développement interrompu : *sed redeamus ad Hortensium* : mais revenons à Hortensius.

sēdātē, adv., avec calme.

sēdātĭo, *ōnis*, f., 1. action d'apaiser, de calmer ; 2. calme, *animi* : calme de l'âme.

sēdātus, *a, um*, 1. V. *sedo* ; 2. adj., calme, tranquille ; apaisé, calmé.

sēdĕcim et **sexdĕcim**, indécl., seize.

sēdĕcŭla, *æ*, f., petite chaise.

sĕdentārĭus, *a, um*, 1. à quoi l'on travaille assis ; 2. qui travaille assis, *sedentaria fatigatio* : la fatigue d'être longtemps assis, APUL.

sĕdĕo, *ēs, ēre, sēdi, sessum*, intr., 1. être assis, ~ *in equo* : être à cheval ; 2. siéger (juges et magistrats) ; 3. s'arrêter, demeurer, séjourner ; prov., *compressis manibus sedere* : demeurer les bras croisés, LIV. ; 4. mil., être campé ; 5. demeurer fixé, rester gravé, *vox auribus sedens* : voix pénétrante, QUINT. ; 6. descendre, s'abaisser, s'étendre.

sēdēs, *is*, f., 1. siège (chaise, banc) ; place ; 2. séjour, résidence, habitation ; 3. siège, emplacement, fondement.

sēdi, V. *sedeo* et *sido*.

sĕdīle, *is*, n., 1. siège, banc ; 2. action de s'asseoir.

sēdĭtĭo, *ōnis*, f., 1. désunion, division, querelle ; 2. sédition, soulèvement, révolte.

sēdĭtĭōsē, adv., [*~sius, ~sissime*], séditieusement.

sēdĭtĭōsus, *a, um*, 1. séditieux, querelleur ; 2. remuant, agité.

sēdo, *ās, āre*, (cf. *sedeo*), tr., 1. faire asseoir faire tomber, ~ *pulverem* : abattre la poussière ; 2. apaiser, calmer.

sēdūco, *ĭs, ĕre, duxi, ductum*, tr., 1. conduire à l'écart ; 2. détourner ; soustraire 3. diviser, séparer.

sēductĭo, *ōnis*, f., action de prendre à part.

sēductus, *a, um*, 1. V. *seduco* ; 2. adj. a) pris à part ; b) retiré, solitaire ; éloigné

sēdŭlē, adv., soigneusement, assidûment.

sēdŭlĭtās, *ātis*, f., 1. empressement, application ; 2. soin assidu, complaisance.

sēdŭlō, (*sē* + *dolo*), adv., 1. sans fraude franchement ; 2. soigneusement, avec empressement ; 3. attentivement ; ponctuellement.

sēdŭlus, *a, um*, 1. soigneux, empressé attentif ; 2. trop empressé, importun.

sĕdum, *i*, n., bot., joubarbe des toits.

Sēdūni, *ōrum*, m. pl., les hab. de Sédunum, auj., Sion, dans le Valais.

Sedusĭi, *ōrum*, m. pl., les Sédusiens, peuple de Germanie.

sēduxi, V. *seduco*.

Segedūnum ou **Segodūnum**, *i*, n., Segodunum, cap. des Rutènes, auj. Rodez

sĕgĕs, *ĕtis*, f., 1. champ ; 2. terre labourée ou ensemencée, champ de blé, moisson (sur pied), ~ *lini* : moisson de lin, ~ *avenæ* : moisson d'avoine ; 3. fig., grande quantité, abondance ; 4. champ terrain, matière ; 5. fruit, rapport, bénéfice.

① **Sĕgesta**, *æ*, f., Ségeste, 1. v. de Sicile, voisine du mt. Eryx ; 2. ~ *Tigulliorum*, v. de Ligurie, auj. Sestri di Levante **Sĕgestāni**, *ōrum*, m. pl., les Ségestains **Sĕgestānum**, *i*, n., territoire de Ségeste **Sĕgestānus**, *a, um*, de Ségeste ‖ **Sĕgestenses**, *ĭum*, m. pl., les hab. de Ségeste.

② **Sĕgesta**, V. *Segetia*.

sĕgestre, *is*, n., couverture de paille tressée ou de peau (ex., pour couvrir les voitures).

sĕgestrĭa, *æ*, f., fourrure.

Sĕgĕtĭa, *æ*, f., Ségétia, déesse des moissons.

segmĕn, *ĭnis*, V. *segmentum*.

segmentātus, *a, um*, garni de petites bandes de pourpre ou d'or, chamarré.

segmentum, *i*, (cf. *seco*), n., 1. coupure, entaille ; 2. bande, chamarrure ; 3. *aurea segmenta* : galons d'or.

segnē, adv., avec lenteur.

segnĭpēs, *pĕdis*, adj., qui marche lentement (poét., en parlant d'un cheval usé), JUV.

segnis, *e*, adj., [*~gnior* ou *~gnitior, ~ gnis-simus*], lent, paresseux, indolent.

segnĭtās, *ātis*, V. *segnitia*.

segnĭtĕr, adv., [*~gnius*], lentement, avec paresse, indolence.

segnĭtĭa, *æ*, et **segnĭtĭēs**, *ēi*, f., lenteur, indolence, paresse, *~ maris* : bonace, TAC.

Ségontĭa, *æ*, f., Ségontia, v. de la Tarraconnaise, auj. Sigüenza.

Segontĭāci, *ōrum*, m. pl., Ségontiaques, peuple de la Bretagne méridionale.

Segovĭa, *æ*, f., Ségovie, v. de la Tarraconnaise.

sēgrĕgātus, *a, um*, part. adj., séparé, mis à l'écart.

sēgrĕgo, *ās, āre*, (cf. *grex*), tr., 1. séparer du troupeau ; 2. isoler, écarter, retrancher, *~ sermonem* : garder pour soi ses réflexions, se taire ; 3. distinguer de, *~ virtutem a summo bono* : ne pas confondre la vertu avec le souverain bien ; 4. ôter (à qqn.), soustraire.

sēgrex, *grĕgis*, adj., séparé, isolé.

Sēguntĭa, V. *Segontia*.

Sēgūsĭāvi, *ōrum*, m. pl., Ségusiaves, peuple de la Gaule Lyonnaise, auj. département de la Loire.

sei, conj., arch. pour *si*.

Sējānĭānus, *a, um*, de Séjan ‖ **Sējānus**, *i*, m., L. Ælius Sejanus, Séjan, favori de Tibère (exécuté en 31 ap. J.-C.).

sējŭgis ou **sexjŭgis**, *e*, adj., attelé de six chevaux ; subst. m. pl., *sejuges, ium*, attelage de six chevaux.

sējŭgo, *ās, āre*, tr., séparer, *sejugatus ab* + abl. : séparé de.

sējunctim, adv., à part, séparément.

sējunctĭo, *ōnis*, f., 1. séparation, division ; 2. dissentiment.

sējungo, *ĭs, ĕre, junxi, junctum*, tr., 1. séparer, disjoindre ; 2. séparer, distinguer.

sēlectĭo, *ōnis*, f., sélection, choix.

sēlēgi, V. *seligo*.

Sēlēnē, *ēs*, f., Séléné, 1. fille d'Antiochus ; 2. fille de Marc-Antoine et de Cléopâtre.

Sēleucēa (*~īa*), *æ*, f., Séleucie, nom de diff. v. d'Asie, not. en Babylonie, près du Tigre, cap. des Parthes ; en Syrie ; en Cilicie ‖ **Sēleucensis**, *e*, adj., de Séleucie (des Parthes) ‖ **Sēleucenses**, *ĭum*, m. pl., les hab. de Séleucie ‖ **Sēleucus**, *i*, m., Séleucus Nicator, célèbre général d'Alexandre le Grand, gouverneur de Babylone et de Médie, plus tard roi de Syrie, qui fonda la dynastie des Séleucides.

sēlībra, *æ*, f., demi-livre.

sēligo, *ĭs, ĕre, lēgi, lectum*, tr., séparer, choisir, trier, *selecta pectora* : cœurs

d'élite, *selecti judices* : juges (choisis par les préteurs) dans les procès criminels, *selecti dii* : les grands dieux (au nombre de vingt, selon Varron : douze dieux et huit déesses).

Sēlīnuntĭi, *ōrum*, m. pl., les hab. de Sélinonte ‖ **Sēlīnūs**, *untis*, Sélinonte. 1. f., v. de Sicile ; v. de Cilicie ; 2. m., fl. de Cilicie.

sella, *æ*, (*sed-la*, cf. *sedeo*), f., 1. siège, chaise ; 2. chaise de travail d'un artisan ; 3. chaire d'un professeur ; 4. chaise curule ; 5. chaise à porteurs, litière (*sella gestatoria*).

sellărĭŏlus, *a, um*, de débauchés, *sellariolæ popinæ* : mauvais lieux, MART.

sellārĭus, *a, um*, de siège ; subst. f., *sellaria, æ*, boudoir ; m., *sellarius, ii*, débauché.

sellisternĭum, *ĭi*, n., sellisterne, repas sacré en l'honneur des déesses, dont les images étaient placées sur des sièges (V. *lectisternium*).

sellŭla, *æ*, f., 1. petit siège ; 2. petite chaise à porteurs.

sellŭlārĭus, *a, um*, sédentaire, *sellularia ars* : métier où l'on travaille assis, métier de cordonnier ; *~ artifex* et subst. m., *sellularius, ii*, ouvrier qui travaille assis.

sĕmĕl (cf. *simplex, singuli*), adv., 1. une fois, une seule fois ; 2. une fois pour toutes, à un moment donné ; 3. la première fois, *~... iterum* : la première fois..., la seconde fois, CIC. ; 4. avec conj., *ut ~, cum ~* : une fois que.

Sĕmēlē, *ēs*, et qqf., aux cas obliques, **Sĕmēla**, *æ*, f., Sémélé, fille de Cadmus, mère de Bacchus, qu'elle eut de Jupiter ‖ **Sĕmēlēĭus** (*~lēus*), *a, um*, de Sémélé.

sēmĕn, *ĭnis*, (cf. *sero* ③), n., 1. semence, graine ; 2. au pl., *semina, um*, éléments, molécules, atomes ; 3. jeune plant, bouture ; 4. origine, souche, race ; postérité, descendance ; 5. origine, source, cause.

sēmestris, V. *semestris*.

sēmentis, *is*, f., 1. ensemencement, semailles, *sementem facere* : ensemencer ; prov., *ut sementem feceris, ita metes* : comme tu auras semé, tu récolteras ; 2. temps des semailles ; 3. semence, semis ; moisson en herbe.

sēmentīvus, *a, um*, relatif aux semailles ; *sementiva pira* : poires d'automne.

sēmermis et **sēmermus**, V. *semiermis*.

① **sēmestris** (**sēmenstris**), *e*, (*se~ = semi*), adj., d'un demi-mois ; *~ luna* : pleine lune.

② **sēmestris** (**sēmenstris**), *e*, (*se~ = sex*), adj., de six mois ; qui dure six mois ; âgé de six mois.

sēmēsus, *a, um*, à demi mangé, à demi consommé.

sēmet, acc. et abl. de *suimet*, soi-même.

sēmĭ~, préf., demi, à demi.

sēmĭădăpertus, *a, um*, à demi ouvert, entrouvert.

sēmĭădŏpertŭlus, *a, um*, à demi fermé, mi-clos.

sēmĭambustus, *a, um*, à demi brûlé.

sēmĭămictus, *a, um*, à demi vêtu, demi-nu.

sēmĭănĭmis, *e*, et **sēmĭănĭmus**, *a, um*, à demi mort, mourant.

sēmĭăpertus, *a, um*, à demi ouvert.

sēmĭbarbărus, *a, um*, à demi barbare.

sēmĭbōs, *bŏvis*, adj., qui est à moitié bœuf, *~ vir* : le Minotaure, Ov.

sēmĭcānus, *a, um*, à moitié blanc, grisonnant.

sēmĭcăpĕr, *căpri*, m., qui est à moitié bouc (Faunes et Satyres).

sēmĭcinctĭum, *ĭi*, n., demi-ceinture, cordon pour ceinture.

sēmĭclausus (**~clūsus**), *a, um*, à demi clos, enfermé à demi.

sēmĭcrĕmātus et **sēmĭcrĕmus**, *a, um*, à demi brûlé.

sēmĭcrūdus, *a, um*, 1. à moitié cru ; 2. qui n'est digéré qu'à moitié.

sēmĭcŭbĭtālis, *e*, adj., long d'une demi-coudée.

sēmĭdĕa, *æ*, f., demi-déesse.

sēmĭdĕus, *a, um*, demi-dieu, *semideum genus* : les Néréides, Ov., *semideum pecus* : la troupe des Faunes, STACE, *semidei reges* : les Argonautes ; subst. m., *semideus, i*, demi-dieu, héros.

sēmĭdoctus, *a, um*, demi-savant.

sēmĭermis, *e*, et **sēmĭermus**, *a, um*, qui est à moitié armé, armé à demi.

sēmĭēsus, V. *semesus*.

sēmĭfactus, *a, um*, à moitié fait, inachevé.

sēmĭfĕr, *fĕra, fĕrum*, 1. qui est moitié homme et moitié bête ; subst. m., un centaure (Chiron) ; un être monstrueux (ex., Cacus) ; 2. à demi barbare ; à demi sauvage.

sēmĭgermānus, *a, um*, à demi germain.

sēmĭgræcus, *a, um*, à demi grec.

sēmĭgrăvis, *e*, adj., à demi ivre.

sēmĭgro, *ās, āre*, intr., quitter, se séparer de, avec *ab* + abl.

sēmĭhĭans, *antis*, adj., à moitié ouvert, entrouvert.

sēmĭhŏmo, *hŏmĭnis*, m., qui est à moitié homme, mi-bête mi-homme ; au fig., à moitié sauvage.

sēmĭhōra, *æ*, f., demi-heure.

sēmĭnānis (**sēmĭnānis**), *e*, adj., à moitié vide, à moitié plein.

sēmĭlăcĕr, *ĕra, ĕrum*, à moitié déchiré.

sēmĭlautus, *a, um*, à moitié lavé.

sēmĭlībĕr, *ĕra, ĕrum*, à moitié libre.

sēmĭlixa, *æ*, m., demi-goujat (injure).

sēmĭmărīnus, *a, um*, qui est à moitié poisson ; amphibie.

sēmĭmās, *ăris*, adj. et subst. m., 1. qui est à moitié mâle et à moitié femelle, hermaphrodite, androgyne ; 2. castrat, eunuque ; châtré.

sēmĭmortŭus, *a, um*, à demi mort.

sēmĭnănis, V. *semiinanis*.

sēmĭnārĭum, *ĭi*, n., 1. pépinière, vivier ; 2. pépinière, source, principe.

sēmĭnārĭus, *a, um*, relatif aux semences.

sēmĭnātŏr, *ōris*, m., 1. semeur ; 2. fig. procréateur, auteur.

sēmĭnex, *nĕcis*, adj., à demi mort.

sēmĭnĭum, *ĭi*, n., 1. semence (pour la reproduction de créatures vivantes) ; 2. race (d'animaux).

sēmĭno, *ās, āre*, tr., 1. ensemencer ; 2. engendrer ; 3. produire.

sēmĭnūdus, *a, um*, 1. à demi nu ; presque désarmé ; 2. trop nu, sans ornements (style).

Sēmĭnŭmĭda, *æ*, m., demi-Numide.

sēmĭobrŭtus, *a, um*, à moitié enfoui.

sēmĭorbis, *is*, m., demi-cercle.

sēmĭperfectus, *a, um*, 1. à demi achevé ; 2. incomplet, imparfait.

Sēmĭpersa, *æ*, m., demi-Perse.

sēmĭpēs, *pĕdis*, m., 1. demi-pied (mesure) ; 2. demi-pied d'un vers.

sēmĭpiscīna, *æ*, f., petit vivier.

Sēmĭplăcentīnus, *a, um*, à moitié placentin (de Plaisance du côté de sa mère).

sēmĭplēnus, *a, um*, 1. à demi plein, incomplet ; 2. fig., inachevé, imparfait.

sēmĭpŭella, *æ*, f., qui n'a que la moitié du corps d'une jeune fille, sirène.

sēmĭpullātus, *a, um*, à moitié vêtu de noir.

sēmĭpŭtātus, *a, um*, à moitié taillé, émondé.

Sēmīrămis, *is* et *ĭdis*, f., Sémiramis, 1. épouse et successeur de Ninus, roi d'Assyrie, reine de Babylone (qu'elle embellit), célèbre par sa vie dissolue ; 2. fig., homme efféminé ‖ **Sēmīrămĭus**, *a, um*, de Sémiramis ; de Babylone.

sēmĭrāsus, *a, um*, à demi tondu.

sēmĭrĕductus, *a, um*, à demi courbé ou ramené en arrière.

sēmĭrŏtundus, *a, um*, à demi rond, semi-circulaire.

sēmĭrŭtus, *a, um*, à demi renversé, à moitié détruit.

sēmis, *sēmissis*, m., et **sēmis**, indécl., (*semi~ + as*), **1.** moitié ; **2.** demi-as ; demi-arpent ; demi-pied ; **3.** intérêt de 0,5 % par mois, équivalant à 6 % par an ; *semissibus magna copia est* : à 6 %, on trouve beaucoup d'argent, Cic.

sēmĭsomnis, *e*, et **sēmĭsomnus**, *a, um*, à moitié endormi, assoupi.

sēmĭsōpītus, *a, um*, à moitié endormi.

sēmĭsŭpīnus, *a, um*, à demi renversé sur le dos.

sēmĭta, *æ*, f., **1.** voie latérale (à une route), trottoir, *de viā in semitam degredi* : quitter la chaussée pour le trottoir (sortir d'embarras), Pl. ; **2.** sentier, ruelle ; prov., *qui sibi semitam non sapiunt, alteri monstrant viam* : ceux qui ne connaissent pas leur chemin montrent à autrui la route, Enn. ; **3.** chemin, voie, passage.

sēmĭtārĭus, *a, um*, de ruelle, qui se tient dans les ruelles.

sēmĭtectus, *a, um*, à moitié vêtu, à demi nu.

sēmĭto, *ās, āre*, tr., diviser par des sentiers.

sēmĭtrĕpĭdus, *a, um*, presque tremblant.

sēmĭtrītus, *a, um*, à demi broyé.

sēmĭuncĭa, **~ cĭālis**, **~ cĭārius**, V. *semunc~*.

sēmĭustŭlātus (**sēmustŭlātus**), *a, um*, à demi brûlé.

sēmĭustŭlo, *ās, āre*, tr., brûler à demi.

sēmĭustus (**sēmustus**), *a, um*, à demi brûlé.

sēmĭvĭr, *vĭri*, adj. et subst. m., **1.** qui est mi-homme mi-animal, centaure ; *~ bos* : le Minotaure, Ov. ; **2.** mi-homme mi-femme ; androgyne, hermaphrodite ; **3.** eunuque, castrat ; **4.** efféminé, amolli.

sēmĭvīvus, *a, um*, à moitié mort, *semivivæ voces* : voix presque éteintes.

Semnōnes, *um*, m. pl., Semnons, peuple de Germanie entre l'Elbe et la Vistule.

Sēmo, *ōnis*, m., demi-dieu, épith. de Sancus (V. ce mot).

sēmōdĭālis, *e*, adj., d'un demi-modius (demi-boisseau).

sēmōdĭus, *ĭi*, m., demi-modius, demi-boisseau ; demi-muid.

sēmōtus, *a, um*, **1.** V. *semoveo* ; **2.** adj., a) éloigné ; à l'abri ; subst. n. pl., *semota, orum*, lieux écartés ; *a curis, e curā ~* : exempt de souci ; b) différent, distinct ; c) secret.

sēmŏvĕo, *ēs, ēre, mōvi, mōtum*, tr., écarter, éloigner (pr. et fig.) ; exclure.

sempĕr, adv., toujours, sans cesse ; de tout temps ; qqf., valeur d'adj. avec un

subst. : *eri ~ lenitas* : l'éternelle tolérance d'un maître, Tér. ; *~ non = nunquam.*

sempĭternō (**sempĭternum**), adv., éternellement.

sempĭternus, *a, um*, qui dure toujours, perpétuel, éternel.

Semprōnĭus, *a, um*, de Sempronius ‖ **Semprōnĭus**, *ĭi*, m., Sempronius, nom d'une *gens* comprenant diff. familles, dont les Gracques.

sēmŭl, arch., V. *simul.*

sēmuncĭa, *æ*, f., **1.** demi-once, 24ᵉ partie de l'as ; **2.** 24ᵉ partie d'un arpent, de la livre, d'un tout ; **3.** fig., parcelle ; **4.** sorte de panier.

sēmuncĭālis, *e*, adj., d'une demi-once.

sēmuncĭārĭus, *a, um*, V. le préc.

Sēmūrĭum, *ĭi*, n., Sémurium, canton voisin de Rome.

sēmustus, V. *semiustus.*

Sēna, *æ*, Séna, **1.** f., v. d'Ombrie ; **2.** m., fl. d'Ombrie.

sĕnācŭlum, *i*, m., salle de séances pour le sénat.

sēnārĭŏlus, *i*, m., un petit sénaire (ïambique).

sēnārĭus, *a, um*, composé de six ; subst. m., *senarius, ii*, vers de six pieds (ordin., vers ïambiques), sénaire.

sĕnātŏr, *ōris*, m., sénateur, **1.** membre du sénat de Rome ; **2.** membre d'un sénat étranger.

sĕnātōrĭus, *a, um*, sénatorial.

sĕnātŭs, *ūs*, (cf. *senex*), m., **1.** sénat (conseil des anciens), le conseil dirigeant l'État romain, *princeps senatus* : le premier sénateur (le plus ancien, inscrit le premier sur l'*album senatorium*, la liste des sénateurs) ; *senatus (senati) consultum* : décision du sénat, sénatus-consulte ; *in senatum venire* : entrer au sénat, devenir sénateur, ou venir au sénat, aller assister aux séances ; **2.** ext., conseil, assemblée délibérante, chez d'autres peuples, ou métaph. (qqf. iron.), *senatum convocabo in corde consiliarium* : je réunirai le sénat de mes pensées, Pl. ; **3.** réunion du sénat, séance du sénat, *senatum habere* : tenir séance, *senatum mittere, dimittere* : lever la séance ; *~ frequens* : sénat en nombre ; **4.** salle du sénat, et spéc., places réservées aux sénateurs.

sĕnātŭs consultum, *i*, n., V. *senatus* ; abr. : *S. C.*

Sĕnĕca, *æ*, m., Sénèque, nom d'une branche de la *gens Annæa* ; not., M. Annæus Seneca, Sénèque le Rhéteur, né à Cordoue, et L. Annæus Seneca (4-65), fils du préc., célèbre phil. stoïcien, précepteur et ministre de Néron.

sĕnĕcĭo, *ōnis*, m., petit vieillard ;
Sĕnĕcĭo, *ōnis*, m., Sénécion, surnom rom.

sĕnecta, *æ*, f., **1.** grand âge, âge avancé, vieillesse (mot des comiques et des poètes) ; **2.** dépouille des serpents.

① **sĕnectus**, *a, um*, arch., vieux ; vieilli.

② **sĕnectūs**, *ūtis*, f., **1.** vieillesse, âge avancé ; **2.** fig., maturité ; **3.** tristesse, sérieux ; **4.** coll., les vieux ; **5.** vétusté (d'une chose) ; **6.** dépouille des serpents.

Sēnensis, *e*, adj., de Séna, v. d'Ombrie.

sĕnĕo, *ēs*, *ēre*, intr., être vieux.

sĕnesco, *ĭs*, *ĕre*, *sĕnŭi*, intr., **1.** vieillir, devenir vieux ; **2.** fig., vieillir, s'affaiblir, décliner, *sensim senescit ætas* : la vieillesse vient tout doucement, *senescunt vires* : les forces s'affaiblissent ; **3.** vieillir (dans un travail), se consumer sur.

sĕnex, *sĕnis*, adj., [*~nior*], âgé, vieux ; subst. m., vieux ; ancien ; f., vieille ; m. pl., *seniores*, *um*, (opp. à *juniores*), a) soldats de réserve ; b) les gens âgés.

sēni, *æ, a*, distr. de *sex*, **1.** six par six à la fois, chacun six ; **2.** = *sex*, six ; ~ *pedes* : l'hexamètre ; *bis ~ dies* : douze jours.

Sĕnĭæ balnĕæ, *ārum*, f. pl., les bains *Senii* à Rome.

sĕnĭcŭlus, *i*, m., petit vieux.

sĕnīlis, *e*, adj., de vieillard, sénile (pr. et fig.) ; ~ *hiems* : le vieillard hiver.

sĕnīlĭtĕr, adv., à la manière des vieillards, comme un vieillard.

sĕnĭo, *ōnis*, m., le six au jeu de dés.

sĕnĭor, comp. de *senex*, V. ce mot.

sĕnĭum, *ĭi*, n., **1.** vieillesse, décrépitude ; **2.** (choses) vétusté, dépérissement, déclin ; **3.** humeur morose, tristesse ; affliction, peine, souci.

Sĕnōnes, *um*, m. pl., Sénons, **1.** peuple de la Gaule Lyonnaise, cap. Agédincum, auj. Sens ; **2.** peuple de la Gaule Cisalpine.

sensa, *ōrum*, n. pl., sentiments, pensées.

sensi, V. *sentio*.

sensĭbĭlis, *e*, adj., **1.** sensible ; subst. n. pl., *sensibilia, ium*, les objets sensibles, les corps ; **2.** doué de perception.

sensĭfĕr, *fĕra, fĕrum*, qui cause une sensation.

sensĭlis, *e*, adj., sensible, matériel.

sensim, adv., **1.** insensiblement, peu à peu, graduellement ; **2.** modérément, un peu.

① **sensus**, *a, um*, V. *sentio* et *sensa*.

② **sensūs**, *ūs*, m., **1.** perception, conscience, *utere argumento sensus tui* : serstoi, comme preuve, de ton expérience personnelle, Cic. ; **2.** sensation, sensibilité ; **3.** organe des sens, ~ *oculorum* ou *vi-*

dendi : la vue, ~ *aurium* : l'ouïe ; **4.** sensibilité morale ; sentiment, ~ *amoris amandi*, *diligendi* : sentiments d'affection ; **5.** disposition d'esprit, pensée, jugement, *sensus communis* : sentiments communs à tous les hommes, Cic. ; **6.** intelligence, raison, ~ *communis* : sens commun, bon sens ; **7.** idée, concept ; sens ; signification ; phrase, période.

sententĭa, *æ*, f., **1.** sentiment, avis, opinion ; prov., *quot homines, tot sententiæ* : autant de têtes, autant d'avis ; *meā sententiā* : à mon avis, *ex animi sententiā* : en mon âme et conscience ; **2.** volonté, désir, détermination, *ex sententiā* : à souhait (à mon gré, à ton gré) ; **3.** avis (ex., émis au sénat), vote, sentence, *sententiam dicere, dare* : donner son avis, *voter*, *in sententiam alicujus discedere, ire*, ou *pedibus ire* : se ranger à l'avis de qqn. ; **4.** sens, signification, *sub voce sententiam subjicere* : donner à un mot un certain sens ; **5.** maxime, pensée, trait ; **6.** teneur d'un discours ; **7.** phrase, période.

sententĭŏla, *æ*, f., petite maxime.

sententĭōsē, adv., **1.** avec une grande force de pensée ; **2.** de façon sentencieuse.

sententĭōsus, *a, um*, brillant.

sentĭcētum, *i*, n., lieu plein d'épines, ronceraie, *Nihil sentio. - Non enim es in senticeto* : Je ne remarque rien. - C'est que tu n'es pas sur des épines (jeu de mots sur *senticeto* et *sentis*), Pl.

sentĭcōsus, *a, um*, épineux.

sentĭna, *æ*, f., sentine ; fond d'un navire, *naves quæ sentinam trahit* : navire qui fait eau, Sén. ; **2.** bas-fond, lie, rebut.

sentĭo, *īs*, *īre*, *sensi, sensum*, tr.,
I percevoir par les sens, **1.** sentir, ressentir, abs. ou + acc., *omne animal sentit* : tout être vivant éprouve des sensations, Cic. ; ~ *odores, frigus, colorem* : sentir les odeurs, le froid, voir une couleur ; ~ *voluptatem, dolorem* : sentir le plaisir, la douleur ; + inf. ou prop. inf., ~ *sonare* : entendre résonner ; **2.** sentir les effets de qqch., éprouver, *famem ~* : sentir la faim.
II percevoir par l'intellect, **1.** sentir, se rendre compte, comprendre, *penitus ~* : être intimement convaincu, *non ut dictum est, sed ut sensum est* : non d'après les mots mais d'après l'idée, Cic. ; **2.** penser, juger, croire, *de se ~* : se juger soi-même, *recte ~* : avoir des pensées justes ; **3.** être d'avis que, penser que + prop. inf. ; **4.** pol., voter, exprimer un avis.

sentis, *is*, m., surt. au pl., *sentes, ium*, épines, ronces ; fig., mains crochues (esclaves voleurs), Pl.

sentus, *a, um*, 1. épineux, plein de ronces ; 2. hérissé, repoussant ; 3. hérissé, hirsute.

sĕnŭi, V. *senesco*.

sēnus, *a, um*, V. *seni*.

sĕorsŭs et **sĕorsum**, (dissyllabique chez les poètes), 1. adv., séparément, à part, en particulier ; 2. prép + abl. chez Lucrèce, *seorsum corpore* : sans corps, indépendamment du corps.

sēpărābĭlis, *e*, adj., séparable.

sēpărātē, adv., seul. au comp., *separatius*, séparément, à part.

sēpărātim, adv., 1. séparément, à part ; 2. ~ *ab* : à part de ; 3. d'une manière générale (indépendamment du cas en question), abstraitement.

sēpărātĭo, *ōnis*, f., 1. séparation, distinction ; 2. figure de rhét., séparation (= action de placer un mot entre deux mots semblables : *duc, age, duc ad nos*).

① **sēpărātus**, *a, um*, 1. V. *separo* ; 2. adj., séparé, distinct, *separatum volumen* : volume détaché.

② **sēpărātŭs**, *ūs*, m., séparation.

sēpăro, *ās, āre*, tr., 1. séparer, disjoindre ; 2. fig., séparer, distinguer, ~ *utilitatem* : faire abstraction de l'intérêt, Cic.

sĕpēlībĭlis, *e*, adj., qu'on peut enfouir ; fig., qu'on peut cacher, dissimuler.

sĕpēlĭo, *īs, īre*, *pēlīvi* et *pēlĭi*, *pultum*, tr., 1. enterrer ; brûler ; *sepulti* : les morts ; 2. fig., enterrer, étouffer, ~ *bellum* : une guerre ; *sommum ~ omnem* : dormir son saoul, Pl. ; 3. endormir, plonger dans, *sepultus somno vinoque* : plongé dans le sommeil et l'ivresse, Virg.

① **sēpēs**, *pēdis*, adj., qui a six pieds.

② **sēpēs**, V. *sæpes*.

sēpĭa, *æ*, f., 1. seiche, mollusque qui rend une liqueur noire ; 2. encre.

sēpĭo, V. *sæpio*.

Sēplăsĭa, *æ*, f., **Sēplăsĭæ**, *ārum*, f. pl., et **Sēplăsĭa**, *ōrum*, n. pl., Séplasia, place de Capoue où se vendaient des parfums ‖ **Sēplăsĭum**, *ĭi*, n., parfum de Séplasia.

sēpōno, *īs, ĕre, pŏsŭi, pŏsĭtum*, tr., 1. mettre à part, mettre en réserve, ménager, *sibi partem ~* : se réserver sa part ; ~ *sibi tempus ad* : se ménager du temps pour ; 2. placer à part ; passif, *seponi* : rester à l'écart ; 3. séparer, distinguer, choisir, *inurbanum lepido ~ dicto* : faire la différence entre une plaisanterie de bon goût et une grossièreté, Hor. ; 4. exclure, bannir ; reléguer, exiler.

sēpŏsĭtus, *a, um*, 1. V. *sepono* ; 2. adj., a) mis à part, réservé ; b) choisi, *seposita vestis* : vêtement soigné ; c) éloigné, lointain.

sēpŏsŭi, V. *sepono*.

① **seps**, *sēpis*, m. et f., 1. serpent venimeux ; 2. mille-pieds, insecte.

② **seps**, V. *sæpes*.

sepsĕ (*se + ~pse*, V. *ipse*), soi-même.

septa, *ōrum*, n. pl., V. *sæptum*.

septem, adj. num. indécl., sept ; ~ *et decem* : dix-sept, *decem septemque, decem ~* : même sens ; subst., *septem* : les Sept Sages.

September, *bris, bre*, adj., du septième mois, de septembre, *mensis ~* : le mois de septembre ‖ **September**, *bris*, m., le septième, puis (comme auj.) le neuvième mois de l'année romaine, septembre.

septemdĕcim ou **septendĕcim**, indécl., dix-sept.

septemflŭus, *a, um*, qui a sept embouchures (le Nil).

septemgĕmĭnus, *a, um*, septuple ; ~ *Nilus* : le Nil aux sept embouchures ; *septemgemina Roma* : Rome aux sept collines.

septempĕdālis, *e*, adj., haut de sept pieds.

septemplex, *plĭcis*, adj., septuple.

septemtrĭo (**septentrĭo**), *ōnis*, m., et ordin. au pl., **septemtrĭōnes**, *um*, 1. les sept étoiles de la Grande ou de la Petite Ourse (V. *Triones*) ; 2. le septentrion ; le nord, les pays du N. ; le vent du N. ; le pôle Nord.

septemtrĭōnālis, *e*, adj., septentrional ; subst. n. pl., *septemtrionalia, ium*, contrées septentrionales.

septemvĭr, *vĭri*, m., septemvir ; ordin. au pl., **septemvĭri**, *ōrum*, collège de sept membres chargés d'attributions div. ; spéc., *septemviri epulones* : les septemvirs épulons, chargés du partage des terres aux colons.

septemvĭrālis, *e*, adj., septemviral ; subst. m. pl., *septemvirales, ium*, les anciens septemvirs.

septemvĭrātŭs, *ūs*, m., dignité de septemvir.

septēnārĭus, *a, um*, septénaire ; composé de sept ; ~ *versus* : vers septénaire (iambique ou trochaïque) ; subst. m. pl., *septenarii, orum*, vers septénaires.

septendĕcim, V. *septemdecim*.

septēni, *æ, a*, adj. num., 1. distr., sept par sept, chacun sept, sept chaque fois ; 2. sept, *septenæ viæ* : sept embouchures ; au sg., *Septenus Ister* : l'Ister aux sept embouchures.

septentrĭo, ~**ĭonalis**, V. *septemtrio~*.

Septĭcĭānus, *a, um*, de Septicius, *libra Septiciana* : la livre de Septicius (qui valait huit onces et demie au lieu de douze onces, dévaluation survenue lors de la 2ᵉ guerre punique).

septiēs (~**ïens**), adv., sept fois, ~ *milliens* (*sestertium*) : 700 millions de sesterces, Cic.

septĭmānus, *a, um*, relatif au nombre sept, *nonæ septimanæ* : les nones qui tombent le sept du mois ; subst. f., *septimana, æ*, semaine ; m. pl., *septimani, orum*, soldats de la 7ᵉ légion.

Septĭmātrūs, *ŭum*, f. pl., Septimatries, fête célébrée le 7ᵉ jour après les Ides d'un mois, peut-être mars (V. *Quinquatrus*), en l'honneur de Minerve.

Septĭmĭus, *ĭi*, m., Septimius, nom d'une famille rom. ; ~ *Severus*, Septime Sévère, empereur rom. (193-211).

Septĭmontĭālis, *e*, adj., relatif au Septimontium ‖ **Septĭmontĭum**, *ĭi*, n., 1. l'enceinte des sept collines de Rome; 2. fête célébrée à Rome, en décembre, en l'honneur des sept collines de la ville.

septĭmum, adv., pour la septième fois.

septĭmus, *a, um*, septième ; *septimŭs dĕcĭmus, septĭma dĕcĭma, septĭmum dĕcĭmum*, dix-septième ; *die septimei (septimi)*, arch. : le septième jour, Pl.

septĭngēni, *æ, a*, adj. num. distr., sept cents à la fois ou chacun.

septingentēsĭmus, *a, um*, sept centième.

septingenti, *æ, a*, adj. num., sept cents, *septingenta* (ss.-ent. *sestertia*) : 700 000 sesterces, Mart.

septingentĭēs(~**ĭens**), adv., sept cents fois.

septĭrēmis (**septem rēmis**), *e*, adj., à sept rangs de rames.

Septĭzōnĭum, *ĭi*, n., Septizone, 1. monument à sept niveaux construit à Rome par Titus ; 2. autre édifice du même genre construit par Septime Sévère.

septŭāgēni, *æ, a*, adj. num. distr., soixante-dix à la fois ou chacun.

septŭāgēsĭmus, *a, um*, soixante-dixième.

septŭāgĭēs, adv., soixante-dix fois.

septŭāgintā, adv. num. indécl., soixante-dix.

septum, V. *sæptum*.

septŭmus, V. *septimus*.

septunx, *uncis*, m., sept douzièmes d'un tout (monnaie, poids, mesure) ; *septunces auri* : sept onces d'or ; sept cyathes ; sept douzièmes de jugère.

sĕpulcrālis, *e*, adj., sépulcral.

sĕpulcrētum, *i*, n., cimetière.

sĕpulcrum, *i*, n., 1. tombe, sépulcre, tombeau ; tumulus, tertre, *aliquem condere sepulcro* : ensevelir qqn. ; 2. lieu de crémation, bûcher ; 3. tombeau avec monument et épitaphe, *sepulcrum exstruere* : élever un monument funéraire ; 4. poét. les défunts, les morts ; deuil, ruine.

sĕpultūra, *æ*, f., 1. sépulture, inhumation ; crémation ; *sepulturā aliquem afficere* : ensevelir qqn. ; 2. lieu de sépulture tombe.

sĕpultus, *a, um*, 1. V. *sepelio* ; 2. adj. étouffé, plongé dans.

Sēquăna, *æ*, m., Seine.

Sēquăni, *ōrum*, m. pl., Séquanes, peuple gaulois, auj. Bourgogne et Franche Comté ‖ **Sēquănĭcus** et **Sēquănus**, *a, um* des Séquanes, séquanais.

sĕquax, *ācis*, adj., 1. qui suit promptement ou facilement, qui s'attache à acharné ; 2. qui se laisse diriger, docile souple, flexible.

sĕquens, *entis*, part. adj., 1. suivant 2. successif, *sequenti nocte* : la nuit suivante ; subst. n. pl., *sequentia, ium*, la suite des événements, Tac.

sĕquestĕr, *tra, trum*, et **sĕquestĕr**, *tris tre*, adj., qui intervient, médiateur, *pace sequestrā* : à la faveur de la paix ; subst. m., *sequester, tri* ou *tris*, a) médiateur, intermédiaire ; négociateur ; péj. agent chargé de corrompre les juges et le peuple à prix d'argent ; b) dépositaire d'objets en litige, séquestre ; subst. n., *sequestrum, i*, et *sequestre, is*, séquestre, dépôt d'un objet en litige ; f., *sequestra, æ*, médiatrice, entremetteuse.

sĕquĭor, *sĕquĭŭs*, adj. au comp., ce qui vient après, inférieur, moindre, pire.

sĕquĭŭs, adv. au comp., (cf. *secus* ①), 1. autrement ; 2. différemment.

sĕquor, *ĕris, i, sĕcūtus* (*sĕquūtus*) *sum*, tr. 1. suivre, accompagner, escorter ; 2. courir après, poursuivre, *hostes ~* : poursuivre l'ennemi, Cés. ; 3. tendre à, vers, chercher à atteindre, *Italiam non sponte sequor* : c'est malgré moi que je cherche à atteindre l'Italie, Virg. ; 4. succéder, venir ensuite ; 5. suivre, venir de soi même ; 6. suivre comme conséquence, comme résultat, *sequitur ut doceam* : il me reste à montrer, Cic. ; s'ensuivre ; 7. échoir à, tomber en héritage.

sĕquūt~, V. *secut~*.

① **Sēr**, *Sēris*, m., Sère ; au pl., *Seres, um*, les Sères, peuple de l'Asie orientale (Chine actuelle).

② **Ser.**, abr. de *Servius*.

① **sĕra**, *æ*, f., barre pour fermer une porte ; verrou, serrure.

② **sĕrā**, n. pl. adv., tard.

Sĕrāpĭōn, *ōnis*, m., Sérapion, nom propre grec ; 1. spéc., sobriquet de P. Corne-

...ius Scipio Nasica ; **2.** gouverneur de l'île de Chypre.

ĕrāpis, *is* ou *ĭdis,* m., Sérapis, divinité égyptienne.

ĕrēnātŏr, *ōris,* m., qui rend l'air serein (épith. de Jupiter).

ĕrēnĭtās, *ātis,* f., **1.** sérénité (du temps) ; **2.** fig., sérénité (de l'âme), calme (de l'esprit) ; faveur (de la fortune).

ĕrēno, *ās, āre,* tr., **1.** rasséréner, rendre serein ; fig., *fronte serenat spem* : son front s'illumine d'un rayon d'espérance, VIRG. ; **2.** apaiser, fléchir, égayer.

ĕrēnus, *a, um,* **1.** serein, sans nuages, limpide ; subst. n., *serenum, i,* ciel serein ; *aperta serena* : beaux jours ; **2.** calme, tranquille ; heureux, favorable ; **3.** au sens actif, qui rend serein.

ĕres, *um,* m. pl., V. *Ser* ①.

① **sĕresco,** *ĭs, ĕre,* intr., devenir sec.

② **sĕresco,** *ĭs, ĕre,* intr., tourner (lait).

ĕergĭa, *a, um,* de Sergius, ‖ **Sergĭus,** *ĭi,* m., Sergius, nom d'une *gens,* not. L. Sergius Catilina.

① **sērĭa,** *æ,* f., vase de terre pour conserver l'huile, le vin) ; jarre, cruche.

② **sērĭa,** *ōrum,* n. pl., V. *serius* ②.

ērĭcātus, *a, um,* vêtu de soie.

ērĭcĕus, *a, um,* de soie.

ērĭcus, *a, um,* de soie ; subst. n. pl., *serica, orum,* étoffes ou vêtements de soie.

ērĭcus, *a, um,* des Sères, du pays de la soie, V. *Ser* ①.

ĕrĭēs, acc. *em,* abl. *e,* (cf. *sero* ②), f., **1.** rangée, suite, file : **2.** enchaînement, succession, série ; conséquence ; **3.** suite de générations, descendance.

ērĭō, adv., avec sérieux.

ĕrīphos (~us), *i,* f., Sériphos, île des Cyclades.

ĕris, *ĭdis,* f., endive.

ērĭsāpĭa, *æ,* f., qui a un goût tardif (désignation comique d'un mets), PÉTR.

① **sērĭus,** comp. de *sero* ①.

② **sērĭus,** *a, um,* **1.** sérieux, grave, réel ; **2.** subst. n., *serium, ii,* et au pl., *seria, orum,* le sérieux, les choses sérieuses ; *joca, seria* : les plaisanteries et les choses sérieuses, CIC. ; *aliquid in serium convertere* : prendre qqch. au sérieux, PL.

ermo, *ōnis,* (cf. *sero* ②), enchaîner), m., **1.** conversation suivie, entretien, *sermonem cum aliquo conferre, habere* : s'entretenir avec qqn. ; **2.** objet des propos, *venire in sermonem hominum* : faire parler de soi, *per urbem solus ~ est* : il est la fable de la ville, PL. ; **3.** conversation littéraire ou scientifique, dialogue, discussion ; **4.** propos familiers, conversation ; chez Horace, œuvre en vers qui se rapproche de

la prose (satire, épître) ; **5.** manière de s'exprimer, style, *~ plebeius* : style ordinaire ; **6.** langue, *consuetudo sermonis nostri* : l'usage de notre langue, *Latinus, Græcus ~* : la langue latine, grecque.

sermōcĭnātĭo, *ōnis,* f., entretien, dialogue.

sermōcĭnātrix, *īcis,* f., **1.** femme bavarde ; **2.** adj., de la conversation quotidienne.

sermōcĭnor, *āris, āri,* intr., s'entretenir, *cum aliquo* : avec qqn.

sermuncŭlus, *i,* m., racontars, cancans.

① **sērō,** adv., **1.** tard ; **2.** trop tard.

② **sĕro,** *ĭs, ĕre,* (*sĕrŭi*), *sertum,* tr., **1.** lier, entrelacer (pr. seul. au part., *sertus, a, um*) ; **2.** fig., enchaîner, entremêler.

③ **sĕro,** *ĭs, ĕre, sēvi, sătum,* (R. *se~/sa~,* cf. *semen*), tr., **1.** semer, planter ; **2.** engendrer, faire naître ; *Anchisâ satus* : fils d'Anchise ; **3.** fig., semer, répandre, produire ; constituer ; **4.** ensemencer.

sĕrōtĭnus, *a, um,* tardif.

serpens, *entis,* (cf. *serpo*), m. et f., **1.** serpent ; **2.** le Dragon (constellation) ; **3.** l'Hydre (constellation) ; **4.** ver, pou.

serpentĭgĕna, *æ,* m. et f., né d'un serpent.

serpentĭpēs, *pĕdis,* adj., dont les pieds sont des serpents.

serpĕrastra, *ōrum,* n. pl., éclisses pour redresser les jambes arquées des enfants ; fig., redresseurs, pour désigner des officiers qui maintiennent les soldats dans le devoir, CIC.

serpo, *ĭs, ĕre, serpsi, serptum,* intr., **1.** se glisser, ramper ; **2.** fig., se glisser, se répandre peu à peu, s'insinuer.

serpullum, serpyllum et **serpillum,** *i, n.,* serpolet.

serra, *æ,* f., **1.** scie ; **2.** fig., prov., *serram cum aliquo ducere de aliquâ re* : discuter avec qqn. sur qqch. ; **3.** manœuvre militaire (qui consiste à avancer et à reculer tour à tour) ; **4.** scie, poisson de mer.

serrābĭlis, *e,* adj., sciable.

serrācum (sarrācum), *i, n.,* chariot.

① **Serrānus,** *i,* m., Serranus, **1.** surnom de C. Atilius Regulus, puis de la *gens Atilia* ; **2.** nom de guerrier chez Virgile.

② **Serrānus,** V. *Sarranus.*

serrātim, adv., en forme de scie.

serrātus, *a, um,* en forme de scie, dentelé ; subst. m. pl., *serrati (nummi), orum,* écus dentelés.

serro, *ās, āre,* tr., scier.

serrŭla, *æ,* f., petite scie.

serta, *æ,* f., et **serta,** *ōrum,* n. pl., V. *sertum.*

Sertōrĭānus, *a*, *um*, de Sertorius ‖ **Sertōrĭus**, *ĭi*, m., Sertorius, partisan de Marius, qui fit de l'Espagne un royaume indépendant et résista à Sylla, avant d'être assassiné.

sertum, *i*, n., le plus souv. au pl., **serta**, *ōrum*, guirlande, tresse, couronne.

① **sĕrum**, *i*, n., petit-lait, sérum ; liquide séreux.

② **sĕrum**, *i*, n., heure tardive, ~ *erat diei* : il était tard (V. le suiv.).

sĕrus, *a*, *um*, **1.** qui vient tard, tardif ; **2.** qui a de la durée ; **3.** trop tardif.

serva, *æ*, f., une esclave.

servābĭlis, *e*, adj., qui peut être sauvé.

servans, *antis*, **1.** V. *servo* ; **2.** adj., [~*tissimus*], qui observe, *servantissimus æqui* : le plus intègre (des Troyens), VIRG.

servātĭo, *ōnis*, f., observation (d'une règle).

servātŏr, *ōris*, m., celui qui sauve ; libérateur.

servātrix, *īcis*, f. du préc.

servātus, *a*, *um*, V. *servo* ; conservé, sauvé ; réservé.

Servīlĭānus, *a*, *um*, de Servilius, ~ *lacus*, V. *Servilius lacus* ; *horti Serviliani* : jardins au S. de Rome.

servīlis, *e*, adj., d'esclave, qui appartient aux esclaves, servile.

① **Servīlĭus**, *a*, *um*, de Servilius ; ~ *lacus* : bassin de Servilius (réservoir établi sur le Forum où l'on exposait les têtes des proscrits).

② **Servīlĭus**, *ĭi*, m., Servilius, nom d'une famille rom.

servĭo, *īs*, *īre*, *īvi* (*ĭi*), *ītum*, intr., **1.** être esclave, vivre dans la condition d'esclave, ~ *alicui* : être l'esclave de qqn. ; *servitutem ~ apud aliquem* : même sens ; **2.** être au service de ; être dépendant de, être soumis à ; **3.** (choses) être utile, être employé à, servir à ; jur., être frappé d'une servitude ; **4.** avoir en vue, viser, ~ *valetudini* : ménager sa santé.

servĭtĭum, *ĭi*, n., **1.** condition d'esclave ; **2.** esclavage, servage ; **3.** sg. coll. ou pl., les esclaves.

servĭtūs, *ūtis*, f., **1.** condition d'esclave ; **2.** servitude, dépendance, assujettissement ; **3.** coll., les esclaves ; **4.** jur., servitude.

Servĭus, *ĭi*, m., Servius (abr. : Ser.), prénom introduit par le roi Servius Tullius, plus tard en usage dans la famille des *Sulpicii*.

servo, *ās*, *āre*, (cf. *servus* ②), tr., **1.** observer, veiller ; **2.** conserver, sauver, préserver, *fidem ~* : observer ses engagements ;

3. poét., garder (un lieu) ; séjourner, ha[biter.

servŭla, *æ*, f., petite esclave.

servŭlus, *i*, m., petit esclave.

① **servus**, *a*, *um*, **1.** d'esclave ; **2.** asservi **3.** jur., assujetti.

② **servus**, *i*, m., esclave, *servi publici* : es[claves publics, esclaves de l'État ; *quo[servi, tot hostes* : autant d'esclaves, autan[d'ennemis, SÉN.

sēsăma (**sēsī~**, **sēsŭ~**), *æ*, et **sēsămē** *ēs*, f., bot., sésame.

sēsămum (**~on**) et **sīsămum**, *i*, n V. le préc.

sescēnāris, *e*, adj., t. techn. du sacrifice rapporté à *bos* : d'un an et demi (?).

sescēnārĭus, *a*, *um*, de six cents, *cohorte sescenariæ* : cohortes de 600 hommes.

sescēni, *æ*, *a*, adj. num. distr., six cents la fois, ou chacun.

sescennāris, V. *sescenaris*.

sescentēni, V. *sesceni*.

sescentēsĭmus, *a*, *um*, six centième.

sescenti, *æ*, *a*, adj. num., **1.** six cents **2.** un très grand nombre, mille.

sescentĭēs (**~ĭens**), adv., **1.** six cent fois ; **2.** un nombre infini de fois.

Sescentōplāgus, *a*, *um*, surnom forg[par Plaute : Mille-Coups (de fouet).

sescuncĭa, *æ*, f., une once et demie ; u[douzième et demi.

sescŭplex et **sesquĭplex**, *plĭcis*, adj qui contient une fois et demie.

sēsē, acc. et abl. renforcé de *sui*.

sĕsĕlis, *is*, f., séséli, plante ombellifère.

Sĕsōsis et **Sĕsostris**, *ĭdis*, m., Sésostris roi d'Égypte.

sesquĭ, adv., le plus souv. compos., dan[un rapport sesquialtère = une fois et de[mie en plus.

sesquĭaltĕr, *ĕra*, *ĕrum*, sesquialtère ; qu[est dans le rapport de 1,5 à 1.

sesquĭhōra, *æ*, f., une heure et demie.

sesquĭjūgĕrum, *i*, n., un jugère et dem[

sesquĭmensis, *is*, m., un mois et demi

sesquĭmŏdĭus, *ĭi*, m., un modius e[demi.

sesquĭŏbŏlus, *i*, m., une obole et demie

sesquĭpĕdālis, *e*, adj., d'un pied e[demi ; fig., énorme, *sesquipedalia verba* mots longs d'une toise, HOR.

sesquĭpēs, *pĕdis*, m., un pied et demi.

sesquĭplāga, *æ*, f., un coup et demi, *ses[quiplagā interfectus* : tué une fois et de[mie.

Sesquĭŭlixēs (**Sescŭl~**), *is*, m., u[Ulysse et demi, i.e. un fourbe et demi.

essĭlis, *e*, adj., sur quoi l'on peut s'asseoir ; qui peut servir de siège ou de base.

essĭo, *ōnis*, f., 1. action de s'asseoir, position assise, *sessiones* : sièges, places ; 2. pause, halte ; 3. séance, audience.

essĭto, *ās*, *āre*, intr., être assis habituellement.

essĭuncŭla, *æ*, f., cercle peu nombreux, petite réunion.

essŏr, *ōris*, m., 1. spectateur assis au théâtre ; habitué ; 2. cavalier ; 3. habitant.

essum, V. *sedeo* et *sido*.

estertĭārĭus, *a*, *um*, qui vaut un sesterce = de peu de valeur.

estertĭŏlum, *i*, n., mille petits sesterces.

① **sestertĭus**, *a*, *um*, qui contient deux et demi, 1. ~ *nummus* : sesterce ; gén. pl., *sestertium nummum*, V. *sestertius* ② ; 2. fig., *sestertio nummo* ou *nummo sestertio* : pour une petite somme, à vil prix.

② **sestertĭus**, *ĭi*, m., 1. sesterce, monnaie d'argent, équivalant à 2 as et demi = 1/4 de denier, abr. : HS = II et S (*emis*), (*sestertius = semistertius*, le 3ᵉ as étant 1/2) ; 2. de 1 à 1 000, l'usage de *sestertius* est normal : *quinque sestertii, centum sestertii*, etc. ; 3. au-dessus de 1 000, le gén. pl. est *sestertium* (rar. *sestertiorum*), *bina milia sestertium* : 2 000 sesterces ; 4. le plus souv., *sestertium* n'est plus senti comme gén. pl., mais comme nom. sg. n., *sestertium*, *ii* : 1 000 sesterces ; *decem milia sestertium* se simplifie en *decem sestertia* (HS X̅), *centum milia sestertium* en *centum sestertia* (HS C̅) ; les adv. multiplicatifs *decies, vicies, centies* (ss.-ent. *centena milia*) indiquent la somme de 100 000 sesterces ; *decies sestertium* (HS |X̅|) = 1 million de sesterces ; *centies sestertium* (XS |C̅|) = 10 millions de sesterces ; *milies sestertium* : (HS |M̅|) = 100 millions de sesterces.

Sestĭācus, de Sestos.

Sestĭānus, V. *Sextianus*.

Sestŏs (~us), *i*, f., Sestos, v. de Thrace sur l'Hellespont, en face d'Abydos (légende d'Héro et Léandre).

set, conj., V. *sed* ②.

sēta, V. *sæta*.

Sētĭa, *æ*, f., Sétia, v. du Latium, célèbre par ses vins, auj. Sezze ‖ **Sētīnus**, *a*, *um*, de Sétia ‖ **Sētīni**, *ōrum*, m. pl., les hab. de Sétia.

sētĭus, V. *secius*.

seu, V. *sive*.

sĕvērē, adv., [~*rius*, ~*rissime*], sévèrement ; durement.

sĕvērĭtās, *ātis*, f., sévérité, dureté, rigueur.

sĕvērus, *a*, *um*, [~*rior*, ~*rissimus*], 1. sévère, grave ; 2. dur, rigoureux ; 3. (choses) *severa silentia noctis* : le sombre silence de la nuit, LUCR. ; *severum Falernum* : l'âpre (vin de) Falerne, HOR. ; 4. subst. m. pl., *severi, orum*, les (gens) austères ; n. pl., *severa, orum*, les choses sérieuses ; sens spéc. : les dangers, LUCR.

Sĕvērus, *i*, m., Sévère, surnom et nom de diff. pers. rom., spéc. dynastie d'empereurs.

sēvi, V. *sero* ③.

sēvĭr (sexvĭr), *vĭri*, m., sévir, membre d'un collège de six personnes.

sēvĭrātŭs, *ūs*, m., dignité de sévir.

sēvo, V. *sebo*.

sēvŏco, *ās*, *āre*, tr., 1. appeler, prendre à part ; 2. séparer, détacher, *animum ~ ab aliquā re* : distraire l'esprit de qqch.

sēvōsus, sēvum, V. *seb~*.

sex, adj. num. indécl., six ; ~ *septem* : six ou sept, HOR.

sexāgēnārĭus, *a*, *um*, 1. qui contient soixante ; 2. sexagénaire ; subst. m. pl., *sexagenarii, orum*, les sexagénaires (qui n'avaient plus le droit de vote).

sexāgēni, *æ*, *a*, adj. num. distr., soixante à la fois, soixante chacun.

sexāgēsĭmus, *a*, *um*, soixantième.

sexāgĭēs (~ĭens), adv., soixante fois, *sestertium sexagiens* : six millions de sesterces (V. *sestertius* 4).

sexāgintā, adj. num. indécl., soixante.

sexangŭlus, *a*, *um*, hexagonal.

sexātrūs, *ŭum*, f. pl., le sixième jour après les Ides.

sexcen~, V. *sescen~*.

sexennis, *e*, adj., de six ans, *sexenni die* : dans un délai de six ans.

sexennĭum, *ĭi*, n., espace de six ans.

sexĭēs (~ĭens), adv., six fois.

sexjŭgis, V. *sejugis*.

sexprĭmi, *ōrum*, m. pl., les six premiers d'un collège de dix magistrats dans les municipes et les colonies.

sextădĕcĭmāni, *ōrum*, m. pl., soldats de la 16ᵉ légion.

sextāni, *ōrum*, m. pl., soldats de la 6ᵉ légion.

sextans, *antis*, m., 1. le sixième d'un tout divisé en douze parties (un héritage, une livre, un jugère) ; 2. le sixième d'un as, sextant.

sextārĭus, *ĭi*, m., setier, 1. un sixième du conge (environ un demi-litre) ; 2. un seizième du *modius*.

Sextĭānus, *a*, *um*, de Sextius.

sextīlis, *e*, adj., le sixième (mois) ; subst. m., *Sextilis, is*, le mois d'août (sixième mois de l'année romaine commençant au mois de mars).

Sextĭus (Sestĭus), *a, um,* relatif à un Sestius, de Sestius ; *Aquæ Sextĭæ,* colonie romaine, près de Marseille, auj. Aix-en-Provence ‖ **Sextĭus (Sestĭus)**, *ĭi,* m., Sestius, nom d'une famille rom.

sextŭla, *æ,* (ss.-ent. *pars*), f., le sixième d'une once ; le soixante-douzième de l'as ; la soixante-douzième partie d'un tout.

sextus, *a, um,* sixième ; n. adv., *sextum,* pour la sixième fois.

Sextus, *i,* m., prénom rom. (abr. : Sex.).

sextus dĕcĭmus, *sexta dĕcĭma, sextum dĕcĭmum,* seizième.

sexŭs, *ūs,* m., sexe (masculin ou féminin).

sexvĭr, V. *sevir.*

si (arch. **sei**), conj., si,
I cond. + ind. ou subj., **1.** + ind., a) s'il est vrai que : *si vis pacem, para bellum* : si tu veux la paix, prépare la guerre ; b) chaque fois que : *si legebas, lætus eram* : si tu lisais (et chaque fois que tu lisais), j'étais content ; c) fut. éventuel : *si venies (veneris), lætus ero* : si tu viens, je serai content ; **2.** + subj., a) prés. ou pf., s'il arrivait que, à supposer que (potentiel) ; b) impf. ou p.q.pf. : si, contrairement à ce qui est ou à ce qui fut (irréel) ; *si venires, lætus essem* : si tu venais (maintenant), je serais content ; *si venisses, lætus fuissem* : si tu étais venu (autrefois), j'aurais été content.
II a) restriction : si toutefois, si néanmoins, *aut nemo, aut, si quisquam, ille sapiens fuit* : ou il n'y eut jamais de sage, ou, s'il y en eut un, ce fut lui (ce fut un sage ou il n'y en eut jamais) ; *si forte* : si par hasard ; *si modo* : si du moins ; b) concess. : même si, quand même, *non possum istum accusare, si cupiam* : quand je le voudrais, je ne peux l'accuser, Cic. ; c) cause : *si quidem* : puisque ; *si est ita necesse* : puisque c'est inévitable ; d) temps : quand, *si messis erit* : au moment de la moisson, Virg. ; e) souhait : si, si seulement, *si nunc se nobis ille ramus ostendat* : si seulement ce rameau d'or venait frapper mes yeux, Virg.
III ap. vb. d'attente ou d'effort : pour le cas où, avec l'idée que, *sæpius si perrumpere possent conati* : après des efforts répétés pour (litt. : en essayant s'ils pourraient) se frayer passage, Cés. ; introduit qqf une interr. indir.

sĭbi, dat. du pron. réfl. *sui.*

sībĭlo, *ās, āre,* **1.** intr., siffler ; produire un sifflement ; **2.** tr., siffler, huer, *aliquem* : qqn.

① **sībĭlus**, *a, um,* sifflant ; subst. n. pl., *sĭbila, orum,* sifflements.

② **sībĭlus**, *i,* m., sifflement ; sifflet ; huées, *sibilis aliquem explodere* : accueill[ir] qqn. à coups de sifflets.

Sĭbylla, *æ,* f., Sibylle, prophétesse et pr[ê]tresse d'Apollon ; spéc., la Sibylle de C[u]mes considérée par les Romains comm[e] l'Oracle par excellence ‖ **Sĭbyllīnus**, *a, um,* sibyllin, de la Sibylle, *libri Sibyllin[i]* ou *fata Sibyllina* ou subst. m. pl., *Sibyllin[i] orum,* les livres sibyllins (conservés a[u] Capitole), *Sibyllini versus,* les vers sibyllins, les prédictions de la Sibylle.

sīc (**sīcĕ**), adv., ainsi, de cette manière, **1.** renvoyant à ce qui précède : ainsi, voilà comment, *sic prorsus exi[s]timo* : tel est absolument mon avis, Cic. ; **2.** renvoyant à ce qui suit : en ces terme[s] *ingressus est sic loqui* : il commença à pa[r]ler comme suit ; **3.** dans les comp. : *(quemadmodum, tanquam, quomodo, s[i]cut)..., sic* : de même que..., de même[;] *ut quisque + superl..., sic + superl.[..] plus..., plus* ; **4.** suivi d'une consécu[tive] *sic... ut + subj.* : à tel point que ; avec res[...] triction, *sic tamen ut* : mais de telle faço[n] pourtant que ; **5.** avec subj. optatif o[u] ind. fut. : aussi vrai que, *sic me dii am[...]bunt, ut...* : les dieux me seront propice[s] aussi vrai que... ; **6.** pour marquer le de[...]gré, a) supérieur : tant, tellement ; b) in[...]férieur : si peu, *sic tenuiter* : tout doucement.

sīca, *æ,* f., **1.** poignard ; **2.** fig., assassina[t.]

Sĭcambĕr, Sĭcambrĭa, V. *Sugamb~.*

Sĭcāni, *ōrum,* m. pl., Sicaniens, peupl[e] ibérique, installé en Sicile.

sīcārĭus, *ĭi,* m., assassin, meurtrier.

siccānĕus et **siccānus**, *a, um,* d'une na[...]ture sèche, sec.

siccātĭo, *ōnis,* f., dessication.

siccē, adv., **1.** en lieu sec, au sec ; **2.** briè[...]vement, séchement.

siccesco, *ĭs, ĕre,* intr., devenir sec, se des[...]sécher.

siccĭnĕ, V. *sicine.*

siccĭtās, *ātis,* f., **1.** sécheresse, nature sè[...]che ; **2.** temps de sécheresse ; **3.** com[...]plexion sèche du corps, santé ; **4.** ma[...]greur, pauvreté du style.

sicco, *ās, āre,* intr. et tr., **1.** sécher, faire se[...]cher ; **2.** assécher, vider, tarir ; **3.** deveni[r] sec ; impers., *siccat* : il fait sec.

siccum, *i,* n., lieu sec ; *in sicco* : au sec, su[r] la rive ; au pl., *sicca, orum,* lieux secs, [la] terre ferme.

siccus, *a, um,* [*~cior, ~cissimus*], **1.** sec, sans humidité, *siccum lignum* : bois sec [;] *sicca signa* : constellations qui ne se cou[...]chent pas (qui ne se plongent pas dan[s] la mer) ; **2.** (corps) sec, sain, nerveux ; altéré ; à jeun ; **3.** sobre, tempérant ; qui n'a pas bu ; **4.** froid, indifférent ; **5.** météor., sans humidité, sec ; **6.** (style) nerveux, sobre.

Sĭcĕlis, ĭdis, f., **1.** adj., de Sicile, sicilienne ; **2.** subst., une Sicilienne.

Sĭchæus, i, m., Sichée, époux de Didon, reine de Carthage, tué par Pygmalion, frère de celle-ci.

Sĭcĭlĭa, æ, f., Sicile.

sĭcĭlĭcissĭto, ās, āre, intr., prendre l'accent sicilien, PL.

sĭcĭlĭcŭla, ae, f., petite faucille.

sĭcĭlĭcus, i, m., sicilique, le quart du l'once, le 48e de la livre, le quart du pouce, le 48e du jugère, le 48e de l'heure.

Sĭcĭlĭensis, e, adj., sicilien ; ~ annus : l'année de ma questure en Sicile, CIC. ; ~ peregrinatio : séjour (d'un voyageur) en Sicile, SUÉT.

sĭcĭlĭo, ās, āre, tr., faucher.

sĭcĭlis, is, f., faucille ; arme de guerre.

sĭcĭlisso, V. sicilissito.

sĭcĭnĕ, sīcin, adv. interr., est-ce ainsi que ?

sĭcinnĭum, ĭi, n., danse particulière au drame satyrique.

Sĭcŏris, is, m., Sicoris, affluent de l'Èbre, auj. Segre.

sĭcŭbi, adv., si quelque part ; = alibi, APUL.

sĭcŭla, æ, f., petit poignard ; faucille.

Sĭcŭli, ōrum, m. pl., **1.** Sicules, anc. peuple de Gaule Cisalpine, puis du Latium, émigré en Sicile ; **2.** Siciliens ∥ **Sĭcŭlus**, a, um, de Sicile, sicilien ; ~ pastor : le berger de Sicile, Théocrite ; Siculi cantus : les chants des Sirènes.

sĭcundĕ, adv., = si alicunde, si de quelque part.

sĭcŭt et sīcŭti, adv., **1.** comme, de même que, ~ ait Ennius : comme dit Ennius, CIC. ; **2.** pour confirmer une assertion : comme c'est la vérité, comme réellement ; **3.** pour comparer : comme, pour ainsi dire ; pour introduire un exemple : comme, par exemple (rar.) ; pour indiquer la qualité ou l'état où l'on se trouve : ~ eram fugio : je m'enfuis dans l'état où je me trouvais ; **4.** comme si (chez Salluste) ; **5.** puisque.

Sĭcўōn, ōnis, m. et f., Sicyone, v. du Péloponnèse, patrie d'Aratus ∥ **Sĭcўōnĭus**, a, um, de Sicyone, sicyonien ; Sicyonii calcei et subst. n. pl., Sicyonia, orum, chaussures de Sicyone (élégantes) ∥ **Sĭcўōnĭi**, ōrum, m. pl., les Sicyoniens, hab. de Sicyone.

Sĭda, æ, f., Sida, v. de Pamphylie.

sīdĕrĕus, a, um, **1.** relatif aux étoiles, étoilé ; siderea dea : la déesse étoilée, la Nuit, PROP. ; siderei ignes : les étoiles, OV. ; **2.** relatif au soleil, du soleil ; **3.** divin, brillant ; d'une beauté divine.

Sīdētæ, ārum, m. pl., les hab. de Sida.

sīdi, V. sido.

Sĭdĭcĭnus, a, um, sidicin ∥ **Sĭdĭcīni**, ōrum, m. pl., les Sidicins, peuple de Campanie.

sīdo, ĭs, ĕre, sīdi et sēdi, sessum, intr. **1.** s'asseoir, se poser ; **2.** s'abaisser, s'affaisser (pr. et fig.) ; **3.** s'arrêter, se fixer ; s'échouer.

Sīdōn, ōnis, f., Sidon, v. de Phénicie ; ext., Tyr ∥ **Sĭdōnĭcus**, a, um, de Sidon ∥ **Sĭdōnis**, ĭdis, f. **1.** adj., de Sidon, de Tyr, ~ concha : pourpre de Tyr ; ~ tellus : Phénicie ; **2.** subst., la Sidonienne (Europe, Didon, Anna, sœur de Didon) ∥ **Sĭdōnĭus**, a, um, **1.** de Sidon, de Tyr, de Phénicie ; Sidonium ostrum : pourpre ; **2.** de Thèbes en Béotie, fondée par le Tyrien Cadmus ; des Carthaginois (originaires de Phénicie) ∥ **Sĭdōnĭi**, ōrum, m. pl., les Sidoniens, les Tyriens, les Phéniciens.

sīdŭs, ĕris, n., **1.** étoile ou groupe d'étoiles, constellation ; **2.** au pl., sidera, une, les astres, le ciel, ad sidera ferre : porter aux nues, VIRG. ; **3.** la nuit étoilée ; **4.** saison, température, climat ; triste Minervæ : la funeste tempête déchaînée par Minerve, VIRG. ; **5.** au fig., éclat, ornement.

sĭem, sĭēs, subj. arch. de sum.

Sĭgamber, Sĭgambri, Sĭgambrĭa, V. Sugamb~.

Sĭgēĭus, a, um, de Sigée ∥ **Sīgēum**, i, n., promontoire de Sigée, en Troade, où se trouvait le tombeau d'Achille ∥ **Sīgēus**, a, um, de Sigée, troyen.

Sĭgillārĭa, ōrum (ĭum) n. pl., Sigillaires, **1.** fête des statuettes et figurines échangées en cadeaux après les Saturnales ; **2.** lieu de Rome où se tenait le marché des figurines et statuettes.

sĭgillārĭus, a, um, relatif aux statuettes ; subst. n. pl., sigillaria, orum, statuettes de cire ou d'argile.

sĭgillātus, a, um, orné de figurines.

sĭgillum, i, (cf. signum), n., **1.** petite figure, figurine, statuette ; **2.** figure gravée sur un cachet, sceau.

Sĭgĭmērus (Segi~), i, m., Sigimer, prince des Chérusques et père d'Arminius.

sigma, ătis, n., sigma, **1.** lettre grecque ; **2.** objet ayant une forme semi-circulaire, ex. le lit du triclinium.

signātē, adv., clairement, de manière expressive.

signātŏr, *ōris*, m., celui qui scelle un acte, signataire, témoin, *falsi signatores* : faussaires.

signātŏrĭus, *a, um*, qui sert à sceller.

signātus, *a, um*, bien gardé ; protégé.

Signĭa, *æ*, f., Signia, v. du Latium, auj. Segni.

signĭfĕr, *fĕra, fĕrum*, **1.** orné de figures ou de figurines ; **2.** constellé, étoilé, ~ *orbis* : le zodiaque ; subst. m., *signifer, feri*, le zodiaque ; **3.** porte-enseigne, porte-drapeau ; fig., chef, guide.

significans, *antis*, **1.** V. *significo* ; **2.** adj., qui rend bien la pensée, expressif.

significantĕr, adv., [~*tius*, ~*tissime*], clairement, d'une manière expressive.

significantĭa, *æ*, f., force d'expression, valeur expressive.

significātĭo, *ōnis*, f., **1.** action de faire signe ; **2.** indication, annonce, marque ; **3.** signe, marque d'approbation, applaudissement ; **4.** sens, signification (d'un mot) ; **5.** rhét., énergie (de l'expression).

① **significātus**, *a, um*, V. *significo*.

② **significātŭs**, *ūs*, m., **1.** indice, signe ; **2.** sens.

significo, *ās, āre*, tr., **1.** faire signe ; faire comprendre, *Zenonem significabat* : il faisait allusion à Zénon, Cic. ; avec prop. inf., interr. indir., *ut* + subj. : demander par signe que ; **2.** annoncer, présager ; **3.** signifier, vouloir dire.

Signīnus, *a, um*, de Signia ‖ **Signīnum**, *i*, n., mortier de Signia (fait de briques cassées) ‖ **Signīni**, *ōrum*, m. pl., les hab. de Signia, v. des Volsques.

signo, *ās, āre*, tr., **1.** marquer d'un signe, caractériser, distinguer ; **2.** marquer, toucher ; graver, tracer ; **3.** sceller ; frapper d'une empreinte, *æs, argentum, aurum* ~ : frapper une monnaie de bronze, d'argent, d'or ; désigner, nommer, ~ *aliquem superum honore* : imprimer aux traits de qqn. une majesté divine, Virg. ; **4.** remarquer, distinguer.

signum, *i*, n., **1.** signe, marque ; indice, preuve ; **2.** mil., a) signal, *prœlii committendi* ~ *dare* : donner le signal d'engager le combat, *signa canere* : donner le signal de la bataille ; b) mot d'ordre ; c) enseigne, drapeau, étendard, *signa ferre, movere* : lever le camp, se mettre en marche ; *infestis signis* : en formation d'attaque ; **3.** signe, présage, symptôme ; **4.** image travaillée avec art, statue, *æneum, marmoreum, eburneum* : statue de bronze, de marbre, d'ivoire, Cic. ; ~ *pictum* : portrait, Tib. ; **5.** sceau ; **6.** constellation, signe du zodiaque, *in signo Leonis* : dans le signe du Lion.

Sīla, *æ*, f., Sila, immense forêt dans [l]e Bruttium.

sīlānus, *i*, m., jet d'eau (qui jaillit d'une tête de Silène).

Sīlānus, *i*, m., surnom dans la *gens Junia*.

Sīlărus, *i*, m., Silarus, fl. de Lucanie.

sĭlens, *entis*, **1.** V. *sileo* ; **2.** adj., silencieux ; subst. m. pl., *silentes, ium* (poét. ~ *um*), les silencieux = a) les ombres (des morts), les mânes ; b) la réunion des muets (*cœtus silentum*, les disciples de la secte pythagoricienne).

sĭlentĭum, *ii*, n., **1.** silence ; poét., au pl. *silentia noctis* : le silence de la nuit, Lucr. Ov. ; **2.** t. augural, absence de tout signe défavorable, ~ *esse videtur* : tout est propice (formule augurale) ; **3.** silence calme, *vitam transire silentio* : traverser la vie sans faire de bruit, Sall.

Sīlēnus, *i*, m., **1.** Silène, père nourricier et compagnon de Bacchus ; **2.** au pl., *Sileni, orum*, les Silènes, divinités des forêts ; **3.** Silénus, historien grec biographe d'Hannibal.

sĭlĕo, *ēs, ēre, sĭlŭi*, **1.** intr., se taire, être silencieux ; ne faire aucun bruit, être calme ; **2.** tr., passer sous silence, taire ; adj. vb. subst. n. pl., *silenda, orum*, choses qu'on doit taire, secrets, mystères.

sĭlĕr, *ĕris*, n., osier.

sĭlesco, *ĭs, ĕre*, intr., devenir silencieux.

sĭlex, *ĭcis*, m. et rar. f., **1.** toute pierre dure, silex, caillou ; fig., *e silice natus* : cœur de pierre, Cic. ; **2.** rocher, roc.

sĭlĭcĕus, *a, um*, de silex, de caillou.

sĭlĭgĭnĕus, *a, um*, de froment, préparé avec de la fleur de farine.

sĭlīgo, *ĭnis*, f., froment de première qualité ; fleur de farine.

sĭlĭqua, *æ*, f., **1.** gousse, cosse des légumes ; au pl., *siliquæ, arum*, légumes ; **2.** *Græca* ou *siliqua* seul : caroube ; **3.** fenugrec (plante) ; **4.** mesure et monnaie, 1/6 du *scripulum*, 1/24e du *solidus*.

sĭlĭquastrum, *i*, n., sorte de piment.

Sīlĭus, *ii*, m., nom d'une famille rom., not. Silius Italicus, poète épique (25-101).

sĭlŭi, V. *sileo*.

Sĭlŭres, *um*, m. pl., Silures, peuple de Bretagne, à l'O. de la Severn et de l'Avon.

sĭlūrus, *i*, m., silure, poisson de rivière.

sīlus, *a, um*, camard, camus.

silva, *æ*, f., **1.** forêt, bois ; **2.** parc, bosquet ; **3.** au pl., *silvæ, arum*, arbres, feuillage ; **4.** grande quantité, foule ; **5.** au pl., titre d'un livre, mélanges, variétés.

Silvānus, *i*, m., Silvain, dieu des forêts ; au pl., *Silvani, orum*, les Silvains.

silvātĭcus, *a, um*, de forêt ; sauvage.

silvesco, *ĭs, ĕre*, intr., pousser trop de bois.

silvestĕr, *tris, tre*, et **silvestris**, *e*, adj., 1. de forêt, couvert de forêts, boisé ; subst. n. pl., *silvestria, ium*, régions boisées ; 2. qui vit dans les forêts ; 3. sauvage ; champêtre, *silvestrem musam meditaris* : tu essaies une chanson pastorale, Virg.

Silvĭa, *æ, f.*, 1. Rhéa Silvia, fille de Numitor et mère de Romulus et de Rémus ; 2. Silvia, fille de Tyrrhénus.

silvĭcŏla, *æ, m.*, hab. des forêts.

silvĭgĕr, *gĕra, gĕrum*, boisé.

Silvĭus, *ĭi, m.*, Silvius, fils d'Énée ; fils d'Ascagne, 2ᵉ roi d'Albe ; nom donné ensuite à tous les rois d'Albe.

silvōsus, *a, um*, boisé.

silvŭla, *æ, f.*, bosquet, petit bois.

sīmĭa, *æ, f.*, 1. singe ; 2. imitateur.

sīmĭla, *æ, f.*, fleur de farine.

sĭmĭlis, *e*, adj., [~*lior*, ~*illimus*], semblable, ressemblant, + gén. ou dat. (rar.), ou avec *cum* + abl., ou suivi de *ac, atque*, ut *si, tamquam si* ; ~ *patris* : totalement semblable à son père, *alii vestri similes* : d'autres qui vous ressemblent, *veri simillimum* : chose très vraisemblable ; (peinture ou sculpture) *sui* ~ *species* : son autoportrait ; ~ *Aristoteles* : portrait d'Aristote ; subst. n., *simile, is*, ressemblance, similitude.

sĭmĭlĭtĕr, adv., [~*lius*, ~*illime*], 1. pareillement, semblablement ; avec *ac* ou *atque, ac si, ut si* ; 2. fidèlement, exactement.

sĭmĭlĭtūdo, *ĭnis, f.*, 1. ressemblance ; au pl., *similitudines, um*, analogies ; 2. représentation, portrait, *similitudinem reddere* : faire un tableau ressemblant ; 3. comparaison, rapprochement.

sīmĭŏlus, *i, m.*, petit singe.

sĭmĭtū, adv., en même temps.

sīmĭus, *ĭi, m.*, 1. singe ; 2. imitateur servile.

sīmo, *ās, āre*, tr., aplatir (le nez).

Sīmo, *ōnis, m.*, Simon, nom d'un pers. dans la comédie latine.

Sīmŏis, *entis* ou *entos, m.*, Simoïs, riv. de la campagne de Troie.

Sīmŏnĭdēs, *is, m.*, Simonide, poète lyrique de Céos.

simplex, *ĭcis*, (R. *sem*~, cf. *semel, similis*), adj., [~*cior*, ~*cissimus*], 1. qui n'a qu'un pli, d'où : simple ; non mélangé, ~ *aqua* : eau pure ; 2. seul, un ; isolé, *simplici ordine* : sur une seule file ; 3. naturel, non artificiel, ~ *ratio* : procédé simple ; 4. mor., simple, droit ; ingénu, naïf.

simplĭcĭtās, *ātis, f.*, 1. simplicité, unité (= substance simple) ; *sunt solidā primordia simplicitate* : les atomes sont unis et compacts, Lucr. ; 2. mor., droiture, franchise ; candeur, naïveté.

simplĭcĭtĕr, adv., [~*cius*, ~*cissime*], 1. simplement, isolément, séparément ; 2. avec simplicité, tout bonnement ; 3. mor., simplement, avec franchise, à cœur ouvert.

simplus, *a, um*, simple, unique ; subst. n., *simplum, i*, l'unité ; *simplum solvere* : payer seulement la somme due.

simpŭlum, *i, n.*, petite coupe pour les libations ; prov., *excitare fluctus in simpulo* : soulever une tempête dans un verre d'eau, Cic.

simpŭvĭum, V. *simpulum*.

sĭmŭl, (R. *sem*~, cf. *semel, similis*), 1. adv., a) ensemble, en même temps, *multa simul rogitas* : tu poses mille questions à la fois, Pl. ; b) *simul... simul* : à la fois, *simul spernebant, simul metuebant* : ils méprisaient et redoutaient tout à la fois, Liv. ; c) *simul cum* + abl. : en même temps que ; *simul cum aliquo* : en compagnie de qqn. ; on trouve *simul et..., simul et... et..., simul... que, simul... atque* ; 2. prép. + abl., en même temps que, *simul his* : en même temps qu'eux, Hor. ; 3. conj., *simul* ou *ac* ou *atque*, ou *simul* seul : aussitôt que, dès que.

sĭmŭlac ou **sĭmŭlatque**, V. *simul*.

sĭmŭlācrum, *i, n.*, 1. représentation, image ; portrait, statue, ~ *Helenæ pingere* : faire le portrait d'Hélène, *ad simulacrum alicujus rei* : sur le modèle d'un objet ; spéc., *simulacra* : mannequins d'osier, Cés. ; 2. image, apparence, imitation, faux-semblant ; 3. fig., fantôme, ombre, spectre ; phil., image des objets, Lucr. ; 4. image répétée dans un miroir ou dans l'eau ; portrait moral.

sĭmŭlāmĕn, *ĭnis, n.*, représentation, imitation.

sĭmŭlāmentum, *i, n.*, stratagème, leurre.

sĭmŭlans, *antis*, 1. V. *simulo* ; 2. adj., imitateur.

sĭmŭlantĕr et **sĭmŭlātē**, adv., avec feinte.

sĭmŭlātĭo, *ōnis, f.*, 1. imitation, apparence ; 2. mensonge, comédie, *artificio simulationis eruditus* : hypocrite consommé, Cic. ; spéc. au pl., *simulationes, um*, hypocrisie, *simulationum falsa* : les ruses de l'hypocrisie, Tac.

sĭmŭlātŏr, *ōris, m.*, 1. qui contrefait, imitateur ; 2. qui simule ; qui joue.

sĭmŭlātus, *a, um*, 1. V. *simulo* ; 2. adj., a) feint, imité ; b) qui a pris l'apparence de, *Minerva simulata Mentori* : Minerve sous les traits de Mentor, CIC.

sĭmŭlo, *ās*, *āre*, tr., **1.** reproduire, représenter (V. *simulatus*) ; imiter ; **2.** feindre, affecter, simuler, *~ se furere* : jouer la folie, CIC.

sĭmultās, *ātis*, f., **1.** compétition, concurrence ; **2.** hostilité ; **3.** spéc. au pl., *simultates*, *um*, rapports tendus, démêlés.

sĭmultĕr, adv., d'une manière semblable, exactement de la même manière, PL.

sīmŭlus, *a*, *um*, un peu camus.

sīmus, *a*, *um*, **1.** aplati ; **2.** camus.

sīn, conj., mais si, si au contraire.

sĭnāpī, n. indécl., et **sĭnāpĕ (~pis)**, *is*, f., sénevé, graine de moutarde.

sincērē, adv., **1.** bien, comme il faut ; **2.** franchement, sincèrement.

sincērĭtās, *ātis*, f., **1.** pureté, intégrité ; **2.** sincérité, loyauté.

sincērus, *a*, *um*, (R. *sem~*, cf. *simplex*, et R. *cer~*, cf. *cresco*), [*~rior*, *~rissimus*], **1.** pur, non mêlé ; **2.** sain, intact ; **3.** pur, net, propre ; **4.** franc, loyal, sincère.

sincĭput, *ĭtis*, (*semi* + *caput*), n., **1.** demi-tête ; **2.** tête, cervelle ; *non tibi sanum est ~* : tu n'as pas la tête à toi, PL.

sindōn, *ōnis*, f., fin tissu, mousseline.

① **sĭnē** (*sĕ~nĕ*), prép. + abl., sans, *sine dubio* et *sine ulla dubitatione* : sans hésiter ; *sine ullo periculo* : sans risque.

② **sĭnĕ**, impér. de *sino*.

singillātim et **sigillātim**, adv., isolément, séparément, en détail.

singŭlāris, *e*, adj., **1.** seul, isolé ; un à un ; **2.** d'un seul, personnel, particulier ; **3.** où l'on est seul, écarté, solitaire ; **4.** unique en son genre, exceptionnel ; **5.** subst. m. pl., *singulares*, *ium*, gardes du corps (à cheval) institués par Auguste.

singŭlārĭtĕr, adv., **1.** individuellement, isolément ; **2.** particulièrement, beaucoup.

singŭlārĭus, *a*, *um*, **1.** isolé, unique ; **2.** extraordinaire.

singŭlātim, V. *singillatim*.

singŭli, *æ*, *a*, (R. *sem~*, cf. *semel*, *simplex*), adj., un à un, un à la fois, **1.** distr., chacun un, un par tête, *in dies singulos* : un par jour ; **2.** chacun en particulier, un par un, un seul, *~ atque universi vos* : vous personnellement et collectivement, CIC. ; *nunquam sumus ~* : nous ne sommes jamais seuls avec nous-mêmes, SÉN. ; **3.** au sg., *singulus*, *a*, *um*, a) seul, isolé, unique ; b) distr., chaque fois un.

singultim, adv., en hoquetant, en sanglotant.

singultĭo, *īs*, *īre*, intr., **1.** avoir des hoquets ; **2.** sangloter ; **3.** glousser.

singulto, *ās*, *āre*, intr. et tr., **1.** hoqueter sangloter, *verba singultantia* : paroles ha letantes, entrecoupées, STACE ; **2.** râler palpiter ; exhaler en râlant.

singultŭs, *ūs*, m., **1.** hoquet, sanglot **2.** râle ; **3.** gloussement, croassement **4.** glouglou, gazouillement.

singŭlus, *a*, *um*, V. *singuli*.

Sĭnis, *is*, m., Sinis, brigand de l'isthme de Corinthe, tué par Thésée.

sĭnistĕr, *tra*, *trum*, **1.** gauche, qui est du côté gauche ; subst. f., *sinistra*, *æ*, la main gauche, la main qui vole ; m. pl., *sinistrorum*, l'aile gauche (d'une armée) ; n., *sinistrum*, *i*, le côté gauche, *a sinistro* : à gauche ; **2.** mauvais, funeste, pervers subst. n., *sinistrum*, *i*, le mal ; **3.** relig.: a) chez les Romains : à gauche = favorable, de bon présage ; b) chez les Grecs : à gauche = fâcheux, défavorable, *sinistro pede profectus* : parti du mauvais pied APUL.

sĭnistĕrĭtās, *ātis*, f., maladresse, gaucherie.

sĭnistrē, adv., à gauche ; mal, de travers.

sĭnistrorsum et **sĭnistrōversŭs (sĭnistrōversŭs)**, adv., à gauche, à main gauche, vers la gauche.

sĭno, *īs*, *ĕre*, *sīvi*, *sĭtum*, tr., placer, pose (sens pr. conservé au part. *situs*, *a*, *um*, e dans *pono = posino*), d'où : **1.** laisser, permettre, + prop. inf. : *præcipitem amicum ferri sinit obsequium* : la complaisance laisse un ami se perdre, CIC. ; avec u + subj, ou subj. seul, *sine sciam* : laisse-moi savoir, LIV., *sine veniat* : laisse-le venir seulement, qu'il y vienne (menace), TÉR. ; + acc., laisser, *sinite arma viris* : laissez aux hommes les armes, VIRG., **2.** dans la conversation, *sine* : laisse faire ! très bien ! *sine modo* : pourvu que d'abord, laisse seulement ; **3.** part.: a) bâti, élevé ; b) déposé (chez un banquier) ; déposé (dans la tombe), *hic situs est* : ici repose, ci-gît, TIB.

Sĭnōn, *ōnis*, m., Sinon, le Grec trompeur qui sut convaincre les Troyens de laisser entrer le cheval de Troie.

Sĭnōpa, *æ*, et **Sĭnōpē**, *ēs*, f., Sinope, **1.** v. et port de Paphlagonie, patrie de Diogène ; **2.** nom grec de Sinuessa, colonie rom. du Latium ‖ **Sĭnōpensis**, *e*, adj., de Sinope ‖ **Sĭnōpenses**, *ĭum*, m. pl., les hab. de Sinope ‖ **Sĭnōpeūs**, *ĕi*, m., de Sinope, *~ cynicus* : Diogène.

Sĭnōpis, *ĭdis*, f., terre de Sinope (sorte de terre rouge).

Sĭnŭessa, *æ*, f., Sinuessa, v. du Latium, appelée d'abord Sinope, V. *Sinopa* ‖ **Sĭnŭessānus**, *a*, *um*, de Sinuessa.

sīnum, *i*, n., et **sīnus**, *i*, m., jatte, vase d'argile pour le vin et le lait.

sĭnŭo, *ās, āre*, tr., rendre courbe, plier, recourber ; passif, *sinuari* : se plier, faire une courbe.

sĭnŭōsē, adv., d'une manière sinueuse ; au comp., *sinuosius*, fig., d'une manière plus tortueuse.

sĭnŭōsus, *a, um*, 1. recourbé, sinueux ; 2. fig., contourné, compliqué ; prolixe, diffus ; 3. profond, *sinuoso in pectore* : au fond (dans les replis) du cœur, PERS.

sĭnŭs, *ūs*, m., 1. courbure, sinuosité, pli ; spéc., courbure de la voile, voile ; 2. concavité ; pli de la toge, d'où : poche, bourse ; 3. sein, poitrine, bras ; au fig., cœur, affection, *esse in sinu* : être cher ; *in sinu gaudere* : se réjouir intérieurement, CIC. ; 4. creux, partie retirée, *in sinu urbis* : au cœur de la ville ; 5. golfe, baie.

sĭpărĭum, *ĭi*, n., 1. petit rideau de théâtre (manœuvre entre les scènes ; *l'aulæum*, le rideau principal, était baissé au commencement et levé à la fin de la pièce) ; fig., *post siparium* : derrière le rideau, en secret, CIC. ; 2. style comique, *multa sipario fortiora* : beaucoup de pensées trop relevées pour la scène comique, SÉN. ; 3. rideau protégeant du soleil au tribunal.

sĭpārum (ou **sĭphărum**), *i*, n., petite voile de perroquet.

sĭpho (**sīpo**), *ōnis*, m., 1. tuyau, siphon ; 2. petit tube (à boire) ; 3. pompe à incendie ; 4. jet d'un liquide.

Sīpontum, *i*, n., Siponte, port important d'Apulie.

Sĭpȳlēĭus, *a, um*, et **Sĭpȳlensis**, *e*, adj., du Sipyle ‖ **Sĭpȳlēus**, *a, um*, du Sipyle ‖ **Sĭpȳlus**, *i*, m., Sipyle, mt. de Lydie sur laquelle Niobé fut changée en rocher.

sīquandŏ ou **sī quandŏ**, conj., si jamais, *nunc mihi, si quando, favete* : maintenant surtout, soyez-moi favorables, OV.

sīquĭdem ou **sī quĭdem**, conj., 1. si toutefois, si du moins ; 2. puisque, vu que.

sīquis ou **sī quis**, *sīquă, sīquid*, pron. indéf., si qqn., si qqch. ; quiconque ; tout ce qui, tout ce que.

sīremps (**sīrempsĕ**), adj. indécl., en tout point semblable ; *omnium rerum ~ lex esto* : que tout soit soumis à la même loi, SÉN.

Sīrēn, *ēnis*, f., Sirène ; *improba Siren, desidia* : la séduisante paresse, HOR. ‖ **Sīrēnes**, *um*, f. pl., les Sirènes (d'après la tradition de « L'Odyssée », êtres fabuleux, moitié femme et moitié oiseau ou poisson, qui, près du golfe de Naples et

du détroit de Sicile, attiraient les navigateurs par leurs chants pour les engloutir) ; *Sirenum scopuli* ou *petræ* : rochers des Sirènes entre Sorrente et Caprée ; *Sirenum domus* : le séjour des Sirènes, Naples, APUL.

Sīrĭus, *a, um*, de Sirius, de la Canicule ‖ **Sīrĭus**, *ĭi*, m., Sirius, une des étoiles de la Canicule ; la Canicule.

Sirmĭo, *ōnis*, f., Sirmione, v. située au S. du lac de Garde, où Catulle avait une propriété.

sīs, = *sī vīs*, si tu veux, s'il te plaît.

Sīsenna, *æ*, m., Sisenna, surnom rom.

sĭsĕr, *ĕris*, n., raiponce.

sisto, *īs, ĕre, stĭti, stătum*, tr. et intr.,
I tr., 1. faire ou tenir, placer, poser, *huc siste sororem* : fais venir ici ma sœur, VIRG. ; 2. ériger, dresser ; 3. jur., faire comparaître, *~ se* : se présenter devant la justice ; métaph., se joindre, rendre visite à qqn., *sisto tibi me* : je viens te voir, PL. ; 4. arrêter, retenir, contenir (pr. et fig.) ; 5. fixer, consolider (pr. et fig.).
II intr., 1. être placé, se tenir ; 2. comparaître en justice, V. I, 3. s'arrêter ; tenir bon, résister ; 4. se maintenir, subsister, *non sisti potest* : on ne peut plus tenir, c'est fini, PL.

sistrātus, *a, um*, qui porte un sistre (d'Isis).

sistrum, *i*, n., sistre (utilisé dans le culte d'Isis) ; instrument de musique guerrier, sorte de triangle.

sĭsūra et **sĭsurna**, *æ*, f., fourrure grossière.

sĭsymbrĭum, *ĭi*, n., menthe sauvage.

Sīsȳphĭdēs, *æ*, m., le fils de Sisyphe (= Ulysse) ‖ **Sīsȳphĭus**, *a, um*, 1. de Sisyphe (roi de Corinthe) ; 2. de Corinthe ‖ **Sīsȳphus** (**~ŏs**), *i*, m., 1. Sisyphe, roi de Corinthe, tué par Thésée ; 2. nain d'Antoine.

sĭtella, *æ*, f., urne (de scrutin).

Sīthŏnĭus, *a, um*, de Sithonie, de Thrace ‖ **Sīthŏnĭi**, *ōrum*, m. pl., les Sithoniens, les hab. de Sithonie, les Thraces.

sĭtĭcĕn, *ĭnis*, m., musicien qui joue aux funérailles.

sĭtĭcŭlōsus, *a, um*, 1. altéré ; 2. aride.

sĭtĭentĕr, adv., 1. avec soif, avidement ; 2. ardemment.

sĭtĭo, *īs, īre, īvi* (*ĭi*), *ītum*, intr. et tr.,
I intr., 1. avoir soif, *esurio et sitio* : j'ai faim et soif, prov., *medii ~ in undis* : mourir de soif au milieu de la mer, languir dans les richesses ; 2. manquer d'eau, être aride ; prov., *ipsi fontes jam sitiunt* : les fontaines mêmes ont soif = il faut porter

de l'eau à la rivière, donner à ceux qui possèdent.
II tr., **1.** désirer boire, *quo plus sunt potæ, plus sitiuntur aquæ* : plus on a bu d'eau, plus on veut boire, Ov. ; **2.** fig., désirer ardemment ; ~ *honores* : être avide d'honneurs ; part., *sitiens, entis*, avide de + gén.

sĭtis, *is*, f., **1.** soif, *sitim depellere* ou *explere* : étancher sa soif, Cic. ; **2.** manque d'eau, sécheresse ; **3.** fig., désir ardent, avidité.

sĭtĭtŏr, *ōris*, m., qui a soif (pr. et fig.).

sĭtŭla, *æ*, f., **1.** seau pour l'eau ; **2.** urne de vote, V. *sitella*.

① **sĭtus**, *a, um*, part. adj. de *sino*, **1.** situé, placé ; **2.** (morts) placé dans la tombe, enseveli, *hic ~ est* : ci-gît (V. *sino*) ; **3.** élevé, dressé ; **4.** fig., placé disposé, *spes in fugâ sita* : espoir placé dans la fuite ; d'où : consistant en, dépendant de, *quantum est situm in nobis* : autant qu'il dépend de nous.

② **sĭtŭs**, *ūs*, m., **1.** position, situation ; disposition ; site, pays ; **2.** édifice, construction ; **3.** abandon, jachère ; moisissure, rouille ; fig., *verborum ~* : rouille des mots (mots désuets), Sén. ; **4.** malpropreté, défaut de soin ; **5.** inaction, oisiveté.

sīvĕ et **seu**, conj., **1.** employé avec *si* : ou si, ou plutôt, *si*... *sive*, si... ou si ; *si vis sive non vis* : si tu veux ou si tu ne veux pas, Sén. ; **2.** employé seul, disjonctif : ou si l'on veut ; ou, ce qui revient au même, *ejectus sive emissus* : rejeté ou renvoyé ; *sive etiam* : ou même ; *sive adeo, sive potius* : ou pour mieux dire ; **3.** répété comme conj. de coord. disjonctive : ou... ou, ou... ou si l'on veut, *sive ex animo... sive simulate* : ou sincèrement... ou mensongèrement ; **4.** répété avec ind. ou qqf. subj. : *si fatum est ex morbo convalescere, sive medicum adhibueris, sive non adhibueris, convalesces* : si ton destin est de guérir, que tu aies appelé le médecin ou non, tu guériras, Cic. ; **5.** chez Tacite, *sive... an* : soit..., soit plutôt ; *sive... seu... an* : soit..., soit..., soit plutôt.

sīvi, V. *sino*.

smăragdus, *i*, m., **1.** émeraude ; **2.** en gén., pierre précieuse verte.

smĭlax, *ăcis*, f., **1.** if ; **2.** sorte d'yeuse ; **3.** liseron.

Smīlax, *ăcis*, f., jeune fille qui fut changée en liseron.

Smynthēus, *a, um*, de Smynthée, d'Apollon ‖ **Smyntheūs**, *ĕi* ou *ĕos*, m., Smynthée, surnom d'Apollon.

smyrna, *æ*, f., myrrhe.

Smyrna, *æ*, f., Smyrne, v. d'Ionie (qui prétendait - ce d'autres - être la patrie d'Homère) ‖ **Smyrnæi**, *ōrum*, m. pl., hab. de Smyrne ‖ **Smyrnæus**, *a, um*, de Smyrne.

sŏbŏles, V. *suboles*.

sōbrĭē, adv., **1.** sobrement, avec tempérance ; **2.** fig., sagement, prudemment.

sōbrĭĕtās, *ātis*, f., **1.** tempérance (dans l'usage du vin) ; **2.** sobriété, frugalité ; chasteté.

sōbrīna, *æ*, f., cousine (issue de germain).

sōbrīnus, *i*, m., cousin (issu de germain).

sōbrĭus, *a, um*, (*se~ + ebrius*), **1.** à jeun, non ivre, *non sobria verba* : propos d'ivrogne, Mart. ; **2.** fig., sobre, tempérant, frugal ; sage, mesuré ; *sobrii oratores* : orateurs maîtres de leurs facultés.

soccātus, *a, um*, chaussé de brodequins.

soccŭlus, *i*, m., petit brodequin.

soccus, *i*, m., **1.** chaussure basse et légère portée par les femmes, et spéc. par les acteurs comiques ; **2.** la comédie, le genre comique, *ad tragicos soccum transferre cothurnos* : passer de la comédie à la tragédie, Mart.

sŏcĕr, *ĕri*, m., beau-père.

sŏcĭa, *æ*, f., **1.** compagne ; **2.** épouse.

sŏcĭābĭlis, *e*, adj., **1.** qui peut être uni ; **2.** uni, sociable, amical, ~ *consortio* : concorde (entre rois), Liv.

sŏcĭāle bellum, n., la guerre sociale (= contre l'octroi du droit de cité aux alliés de Rome).

sŏcĭālis, *e*, adj., **1.** fait pour vivre en société, social, sociable, (*homo*) *sociale animal* : l'homme, un animal fait pour vivre en société, Sén. ; **2.** d'allié (V. le préc.) ; **3.** conjugal, *amor ~* : amour conjugal.

sŏcĭālĭtās, *ātis*, f., **1.** sociabilité ; **2.** compagnie, entourage.

sŏcĭālĭtĕr, adv., amicalement, en bon camarade.

sŏcĭĕtās, *ātis*, f., **1.** association, communauté, société ; ~ *generis humani* ou ~ *hominum inter ipsos* : la société humaine ; **2.** association commerciale ; société première ; **3.** association politique, alliance.

sŏcĭo, *ās, āre*, tr., **1.** partager, mettre en commun, *cum aliquo* : avec qqn. ; **2.** associer, mettre ensemble ; unir (par le mariage).

① **sŏcĭus**, *a, um*, **1.** associé, joint, uni ; **2.** allié ; **3.** conjugal, nuptial.

② **sŏcĭus**, *ĭi*, m., **1.** compagnon, associé ; **2.** allié, *socii et Latini* : les alliés et les Latins ; **3.** associé (dans les affaires).

ŏcordĭa (sēcordĭa), *æ*, (*se~ + cor*), f., **1.** sottise ; **2.** lâcheté, mollesse.

ŏcordĭtĕr, adv., seul. comp., *socordius*, avec plus de mollesse.

ŏcors, *cordis*, (*se~ + cor*), adj., **1.** sot, stupide ; **2.** sans cœur, lâche, nonchalant.

ōcrătēs, *is*, m., Socrate, célèbre philosophe athénien (470-399 av. J.-C.) ; au pl., *Socratæ, arum*, des Socrates ‖ **Sŏcrătĭcus**, *a, um*, de Socrate, socratique ‖ **Sŏcrătĭci**, *ōrum*, m. pl., les disciples de Socrate.

ŏcrŭs, *ūs*, f., belle-mère.

ŏdālĭcĭum, *ĭi*, n., **1.** camaraderie, amitié ; **2.** repas de corps ; **3.** association secrète, cabale.

ŏdālĭcĭus, *a, um*, de camaraderie, de société.

① **sŏdālis**, *e*, adj., de compagnon, d'ami, *turba ~* : troupe d'amis, Ov.

② **sŏdālis**, *is*, m., **1.** compagnon, ami ; **2.** membre d'un collège, d'une corporation ; **3.** ami politique, complice.

ŏdālĭtās, *ātis*, f., **1.** camaraderie, liaison, amitié ; **2.** réunion de convives ; **3.** confrérie, corporation, sodalité ; **4.** association secrète.

ŏdālĭtĭ~, V. *sodalici~*.

ŏdes (*= si audes*), formule familière de courtoisie : s'il te plaît, si tu veux, je te prie, *dic ~* : dis-moi donc, Tér.

Sogdĭāna (rĕgĭō), *æ*, f., Sogdiane, région de l'Asie centrale, au N. de la Bactriane ‖ **Sogdĭāni**, *ōrum*, m. pl., les hab. de la Sogdiane.

ŏl, *sōlis*, m., **1.** soleil, *~ oriens* : soleil levant, *~ occidens* : soleil couchant ; poét., jour, journée ; **2.** lumière du soleil ; prov., *sole ipso est clarius* : c'est plus clair que la lumière du soleil, Cic. ; *nondum omnium dierum ~ occidit* : ce n'est pas encore aujourd'hui la fin du monde, Liv. ; **3.** fig., le plein jour, la vie publique ; **4.** en parlant d'un grand homme : un soleil, un astre ; **5.** *Sol* : le Soleil (personnifié), le dieu Soleil.

ŏlācĭum, *ĭi*, n., **1.** consolation, soulagement ; **2.** aide, secours ; refuge ; **3.** compensation.

ŏlāmĕn, *ĭnis*, n., consolation, soulagement.

ŏlāris, *e*, adj., du soleil, solaire ; tourné vers le soleil.

ŏlārĭum, *ĭi*, n., **1.** cadran solaire, *ad solarium versari* : fréquenter les parages du cadran solaire (célèbre lieu de rendez-vous sur le Forum) ; **2.** clepsydre ; **3.** balcon, terrasse (exposés au midi).

ŏlārĭus, *a, um*, solaire.

ŏlātĭum, V. *solacium*.

ŏlātŏr, *ōris*, m., consolateur.

① **sōlātus**, *a, um*, frappé d'un coup de soleil.

② **sōlātus**, *a, um*, V. *solo*.

③ **sōlātus**, *a, um*, V. *solor*.

soldūrĭi, *ōrum*, (mot celtique), m. pl., compagnons gaulois, liés à leur chef à la vie, à la mort.

soldus, V. *solidus*.

sŏlĕa, *æ*, f., **1.** sandale (d'intérieur) ; **2.** entraves (aux pieds des criminels) ; **3.** garniture du sabot des bêtes de somme ; **4.** pressoir ; **5.** sole.

sŏlĕārĭus, *ĭi*, m., fabricant de sandales.

sŏlĕātus, *a, um*, chaussé de sandales, négligé (on ne les mettait pas en public).

sŏlemn~ et **sŏlenn~**, V. *sollemn~*.

sŏlĕo, *ēs, ēre, sŏlĭtus sum*, intr., **1.** avoir l'habitude, *ut solet (fieri)* : comme d'ordinaire ; part., *solens, entis*, habitué ; **2.** avoir commerce, *cum aliquo* : avec qqn.

sŏler~, V. *soller~*.

Sŏli ou **Sŏlœ**, *ōrum*, m. pl., Soles, v. de Cilicie.

① **sŏli**, dat. de *sol*.

② **sŏli**, gén. de *solum*.

③ **sŏli**, dat. sg. et nom. m. pl. de *solus*.

sŏlĭdātĭo, *ōnis*, f., consolidation ; au pl., *solidationes, um*, fondations.

sŏlĭdē, adv., **1.** solidement ; **2.** avec un corps compact (sans cavité intérieure) ; **3.** entièrement, tout à fait.

sŏlĭdesco, *ĭs, ĕre*, intr., **1.** devenir solide ; **2.** se raffermir.

sŏlĭdĭpēs, *pĕdis*, adj., solipède ; dont le sabot est entier, non fendu.

sŏlĭdĭtās, *ātis*, f., **1.** solidité, consistance, densité ; **2.** grosseur d'un arbre.

sŏlĭdo, *ās, āre*, tr., **1.** souder (des os, des nerfs) ; **2.** consolider, affermir, réparer ; **3.** *~ rationes* : balancer les comptes.

sŏlĭdum, *i*, n., **1.** terrain solide, base ferme ; **2.** sécurité, sûreté, *in solido* : en lieu sûr ; **3.** totalité d'une somme, solde ; **4.** *solidum*, adv., fortement.

① **sŏlĭdus**, *a, um*, [*~dior*, *~dissimus*], **1.** dense, solide, consistant ; **2.** complet, entier ; **3.** vrai, réel ; inébranlable.

② **solidus**, *i*, m., monnaie d'or de l'ép. impériale.

sŏlĭfĕr, *fĕra, fĕrum*, qui amène le soleil, oriental.

sŏlĭferrĕum (soll~), *i*, n., javelot tout en fer.

sŏlistĭmum (sŏlistŭmum, sollistĭmum) trĭpŭdĭum *ĭi*, n., augure favorable (quand les oiseaux sacrés, dans leur avidité, laissaient tomber des grains de leur bec).

sŏlistĭt~, V. *solstit~*.

sōlĭtan(n)æ cochlĕæ, *ārum,* f. pl., sorte d'escargots (d'Afrique).

sōlĭtārĭus, *a, um,* **1.** isolé, réduit à ses propres forces ; **2.** seul, retiré.

sōlĭtūdo, *ĭnis,* f., **1.** solitude, lieu désert, *vastæ solitudines* : déserts immenses ; **2.** isolement, abandon ; **3.** manque, absence de.

sōlĭtus, *a, um,* part. adj. de *soleo,* habituel, ordinaire ; subst. n., *solitum, i,* usage, coutume, chose habituelle ; *plus solito* : plus que de coutume.

sŏlĭum, *ĭi,* n., **1.** siège, trône ; fig., pouvoir suprême ; **2.** siège du père de famille, du patron, du jurisconsulte ; **3.** cuve, baignoire ; **4.** cercueil, sarcophage.

sōlĭvăgus, *a, um,* **1.** qui erre isolément ; sauvage ; qui se meut de son propre mouvement ; **2.** isolé ; incomplet.

sollemnis, *e,* (*sollus + annus*), adj., **1.** qui revient chaque année, solennel, consacré ; subst. n., *sollemne, is,* solennité, cérémonie ; au pl., *sollemnia, ium,* victimes, sacrifice ; **2.** habituel, ordinaire, usuel ; subst. n., *sollemne, is,* coutume, usage.

sollemnĭtās, *ātis,* f., solennité, fête solennelle.

sollemnĭtĕr, adv., **1.** solennellement, selon les rites ; **2.** selon les coutumes.

sollers (**sōlers**), *ertis,* (*sollus + ars*), adj., [*~tior, ~tissimus*], **1.** inventif, adroit, habile + gén. : fin, rusé ; **2.** (choses) ingénieux, intelligent.

sollertĕr (**sōlertĕr**), adv., [*~tius, ~tissime*], ingénieusement, habilement.

sollertĭa (**sōlertĭa**), *æ,* f., adresse, intelligence, habileté ; savoir-faire, finesse.

sollĭcĭtātĭo, *ōnis,* f., **1.** sollicitation, séduction ; **2.** souci, inquiétude.

sollĭcĭtē, adv., [*~tius, ~tissime*], **1.** avec inquiétude, *minimum est de quo sollicitissime agitur* : ce dont on s'inquiète le plus est très peu de chose, SÉN. ; **2.** avec soin, attentivement.

sollĭcĭto, *ās, āre,* (*sollus + cito*), tr., **1.** remuer (entièrement), ébranler, agiter ; brandir, poursuivre ; **2.** fig., troubler, inquiéter, tourmenter, *multa me sollicitant* : j'ai beaucoup d'inquiétudes, CIC. ; *de aliquā re sollicitari* : être en peine de qqch. ; **3.** provoquer, exciter, entraîner, avec *ad* + acc., *ut* ou *ne* + subj. : engager à, à ne pas ; **4.** péj., chercher à séduire, corrompre.

sollĭcĭtūdo, *ĭnis,* f., inquiétude, souci, préoccupation.

sollĭcĭtus, *a, um,* (*sollus + citus*), [*~tior, ~tissimus*], **1.** agité (fortement) ; *~ motus* : agitation continuelle, mouvement vio-

lent, LUCR. ; **2.** fig., inquiet, troublé, *ex re de re, in re, pro re, propter rem, circa rem* – inquiet de qqch. ou pour qqch. ; *~ ut, n* + subj. : qui craint de, de ne pas ; **3.** (an maux) attentif, en éveil ; **4.** (choses a) passif : troublé, tourmenté ; b) actif inquiétant, préoccupant.

sollus, *a, um,* (mot anc. d'origine osque tout entier.

sōlo, *ās, āre,* tr., dévaster, dépeupler.

Sōlo (**Sŏlōn**), *ōnis,* m., Solon, célèbre le gislateur athénien, l'un des Sept Sages.

sŏlœcismus, *i,* m., solécisme, erreur d syntaxe.

sŏlœcus, *a, um,* qui fait des solécismes.

sōlor, *āris, āri,* tr., **1.** rendre les forces, ré tablir ; **2.** réconforter, soulager, consc ler ; **3.** adoucir, calmer, *~ famem* : la fain

solstĭtĭālis, *e,* adj., **1.** solsticial, du sols tice d'été (opp. à *brumalis*), *~ dies* : le jou le plus long de l'année, *~ nox* : la nuit l plus longue de l'année ; **2.** de l'été, de l plus grande chaleur ; **3.** solaire, annue *~ orbis* : révolution solaire, année, LIV.

solstĭtĭum, *ĭi,* (*sol + sisto*), n., **1.** solstice *~ æstivum* : solstice d'été ; *~ hibernum o brumale* : solstice d'hiver ; **2.** spéc., le jou le plus long de l'année (opp. à *bruma,* l plus court) ; **3.** chaleurs de l'été.

sŏlūbĭlis, *e,* adj., qui se dissout, se désa grège.

① **sōlum,** adv., **1.** seulement, en tout e pour tout ; **2.** *non solum… sed etiam* : no seulement…, mais encore ; *non solu non… sed ne… quidem* : non seulement n ne… pas, mais… ne… pas même.

② **sŏlum,** *i,* n., **1.** base, fondement, sol fond ; **2.** plante des pieds ; **3.** terre, ter rain, *terræ solum* : la terre, LUCR. ; prov *quodcumque in solum (venit)* : tout ce qu se présente devant les pieds = tout ce qu vient à l'esprit ; **4.** propriété ; **5.** pays contrée.

Sŏluntīnus, *a, um,* de Solonte
Sŏluntīni, *ōrum,* m. pl., les hab. de So lonte.

sōlus, *a, um,* gén. *sōlīus,* dat. *sōli,* **1.** seu unique ; **2.** isolé, sans compagnie ; **3.** dé sert, solitaire, *solā sub nocte* : dans la nui solitaire, VIRG.

Sŏlūs, *untis,* f., Solonte, v. de Sicile.

sŏlūtē, adv., **1.** sans cohésion, LUCR. **2.** d'une manière dégagée, sans contrain tes ; **3.** d'une manière négligée, relâchée

sŏlūtĭlis, *e,* adj., qui peut se défaire.

sŏlūtĭo, *ōnis,* f., **1.** dissolution ; aisance liberté, *~ linguæ* : langue déliée, CIC. **2.** relâchement ; **3.** paiement, acquitte ment ; **4.** solution, explication.

sŏlūtus, *a, um,* 1. V. solvo ; 2. adj., [~tior, ~tissimus], a) sans liens, libre, dénoué ; b) dégagé, aisé ; délivré de ; c) relâché, insouciant, négligent, abandonné à ; d) *soluta oratio* : le style délié, la prose ; e) payé ; subst. n., *solutum, i,* paiement, SÉN.

solvo, *īs, ĕre, solvi, sŏlūtum,* tr., 1. défaire, *nodum ~* : dénouer, ~ *epistulam* : ouvrir une lettre, ~ *equum* : dételer un cheval, ~ *ancoram* ou *navem* : lever l'ancre, appareiller ; 2. fig., délivrer, détacher ; 3. payer, acquitter, ~ *alicui* : payer qqn. ; 4. remplir un engagement, ~ *fidem* : tenir sa parole, *pœnas ~* : être puni ; 5. détacher, affranchir, ~ *aliquem legibus* : dispenser qqn. d'obéir aux lois, CIC. ; 6. rompre, détruire, résoudre ; 7. détendre, amollir, *solvi in somnos* : trouver le repos dans le sommeil, VIRG. ; faire mourir, *solvi* : mourir ; 8. faire cesser, éloigner, bannir ; 9. résoudre (une question) ; 10. mettre en prose (des vers), *numeri lege soluti* : vers libres (rythmes affranchis des règles), HOR.

Sŏlўma, *ōrum,* n. pl., et **Sŏlўma**, *æ,* f., Solyme, Jérusalem ‖ **Sŏlўmus**, *a, um,* de Solyme, de Jérusalem ‖ **Sŏlўmi**, *ōrum,* m. pl., 1. Solyme ou Jérusalem ; 2. les hab. de Jérusalem.

Sŏlўmus, *i,* Solymus, 1. m., un des compagnons d'Énée, qui fonda une colonie à Sulmone ; 2. f., v. d'Italie, auj. Sulmone.

somnīcŭlōsē, adv., avec somnolence.

somnīcŭlōsus, *a, um,* 1. somnolent ; 2. endormi.

somnĭfĕr, *fĕra, fĕrum,* 1. qui endort ; 2. qui fait mourir.

somnĭfĭcus, *a, um,* 1. soporifique ; 2. mortel.

somnĭo, *ās, āre,* 1. intr., rêver, avoir un songe, *mirum somnium ~* : faire un songe merveilleux, PL. ; 2. tr., voir en rêve, *ovum ~* : rêver d'œuf, CIC. ; + prop. inf., rêver que.

somnĭum, *ĭi,* n., 1. songe, rêve ; 2. chimère, *fabulæ ! somnia !* : chansons ! chimères !, TÉR. ; 3. sommeil, assoupissement.

somnus, *i,* m., 1. sommeil, *somnum capere* : dormir ; *somno se dare* : se livrer au sommeil, *ducere somnos* : prolonger son sommeil, *somno, per somnum, in somnis* : pendant le sommeil, en songe ; 2. léthargie ; indolence, paresse ; 3. *longus ~* : la mort ; 4. la nuit ; 5. songe ; 6. Morphée.

sŏnābĭlis, *e,* adj., sonore, retentissant.

sŏnans, *antis,* part. adj., sonore, retentissant, *litteræ sonantes* : les voyelles, APUL.

sŏnĭpēs, *pĕdis,* adj., dont le sabot résonne ; plus souv., subst. m., cheval, coursier.

sŏnĭtŭs, *ūs,* m., 1. son, bruit, fracas, *sonitum dare* ou *reddere* : produire ou renvoyer un son ; 2. ext., en parlant du style oratoire : bruit, éclat, *verborum ~ inanis* : vain fracas de paroles, mots creux et sonores, CIC.

sŏnĭvĭus, *a, um,* qui fait du bruit en tombant par terre (grains que les poulets sacrés faisaient tomber en mangeant).

sŏno, *ās, āre, sŏnŭi, sŏnĭtum,* intr. et tr.,
I intr., 1. sonner, résonner, retentir, ~ *graviter, acute* : rendre un son grave, aigu ; 2. renvoyer un son ; 3. avoir tel ou tel accent.
II tr., 1. faire entendre ; 2. avoir un sens, vouloir dire ; 3. vanter, chanter, célébrer.

sŏnŏr, *ōris,* m., son, bruit.

sŏnōrus, *a, um,* 1. sonore, retentissant ; 2. fig., ronflant.

sons, *sontis,* adj., coupable, criminel ; subst. m. le coupable, *comprehensio sontium* : l'arrestation des coupables.

sontĭcus, *a, um,* dangereux, grave, *morbus ~* : maladie grave (servant d'excuse légitime au plaideur ou au soldat) ; *sontica causa* : excuse légitime.

sŏnŭi, V. sono.

sŏnus, *i,* m., 1. son, bruit ; 2. voix, ~ *acutissimus* : la voix la plus aiguë, voix de soprano, ~ *gravissimus* : voix de basse ; 3. mot, parole, *inanes sonos fundere* : parler en l'air ; 4. ton, inflexion, accent ; 5. sonorité, éclat (du style).

sŏphĭa, *æ,* f., sagesse.

sŏphisma, *ătis,* n., sophisme.

sŏphistēs et **sŏphista**, *æ,* m., sophiste.

sŏphistĭcus, *a, um,* sophistique, captieux ; subst. n. pl., *sophistica, orum,* sophismes.

Sŏphŏclēs, *is,* m., Sophocle, poète tragique grec (495-406 av. J.-C.) ‖ **Sŏphŏclēus**, *a, um,* de Sophocle.

Sŏphŏnība, *æ,* f., Sophonisbe, fille d'Hasdrubal et femme du roi numide Syphax.

① **sŏphōs**, adv., bravo ! très bien ! ; subst. n., applaudissement, un « bravo ».
② **sŏphōs (~us)**, *i,* m., un sage.

Sōphrŏniscus, *i,* m., Sophronisque, sculteur, père de Socrate.

sōpĭo, *īs, īre, īvi (ĭi), ītum,* tr., 1. assoupir, endormir ; 2. calmer ; 3. poét., faire périr ; 4. faire tomber en syncope ; passif, *sopiri* : s'évanouir.

sōpītus, *a, um,* V. sopio ; *sopita virtus* : vertu éteinte, CIC. ; *sopiti ignes* : feu assoupi (le feu sacré de Vesta), VIRG. ;

quiete ~ : qui dort du dernier sommeil, mort, Lucr.

sŏpŏr, ōris, m., **1.** sommeil profond ; **2.** sommeil de la mort ; **3.** torpeur, engourdissement ; **4.** apathie, nonchalance ; **5.** *Sopor* : le dieu du Sommeil ; **6.** narcotique, breuvage soporifique ; **7.** tempe (siège du sommeil).

sŏpōrātus, a, um, **1.** V. *soporo* ; **2.** adj., a) assoupi, endormi ; b) doué d'une vertu soporifique.

sŏpōrĭfĕr, fĕra, fĕrum, soporifique, somnifère, qui fait dormir.

sŏpōro, ās, āre, tr., et qqf. intr., **1.** endormir, assoupir ; **2.** fig., éteindre, *rogum* : un bûcher, Stace ; **3.** calmer, apaiser, *soporatus dolor* : douleur endormie, assoupie ; **4.** intr., dormir ; part., *soporans, antis*, endormi.

sŏpōrus, a, um, qui apporte le sommeil.

Sōra, æ, f., Sora, v. du Latium.

Sōracte (Sauracte), is, n., Soracte, mt. à environ 9 km au N. de Rome, en Étrurie, où se trouvait un temple fameux d'Apollon ‖ **Sōractīnus**, a, um, du Soracte.

sōrăcum, i, n., coffre (où l'on range les costumes de théâtre).

Sōrax, actis, m., V. *Soracte*.

① **Sōrānus**, a, um, de Sora.

② **Sōrānus**, i, m., Soranus, mis à mort sous Néron.

sorbĕo, ēs, ēre, sorbŭi, sorptum, tr., **1.** avaler, gober, humer ; prov., *simul flare sorbereque* : souffler et boire en même temps (faire deux choses dont l'une exclut l'autre) ; **2.** fig., engloutir, dévorer, ~ *odia* : dévorer sa haine, Cic.

sorbĭlis, e, adj., facile à avaler.

sorbillo (sorbĭlo), ās, āre, tr., boire à petites gorgées.

sorbĭlō, adv., goutte à goutte, à petits coups ; ~ *victitare* : vivoter misérablement, Pl.

sorbĭtĭo, ōnis, f., **1.** action de boire ; **2.** breuvage ; pâtée.

sorbo, ĭs, ĕre, V. *sorbeo*.

sorbŭi, V. *sorbeo*.

sorbum, i, n., fruit du sorbier, sorbe.

sorbus, i, f., sorbier.

sordĕo, ēs, ēre, sordŭi, intr., **1.** être sale, malpropre ; **2.** être sans valeur ; **3.** être dédaigné, méprisable, *alicui* : pour qqn. ; *sordent tibi munera nostra* : tu dédaignes mes présents, Virg.

sordēs, is, f., ordin. au pl., **sordes**, ĭum, **1.** saleté, crasse, ordure ; **2.** tenue de deuil ; **3.** personne sale ; rebut, déchet (de la société) ; **4.** bassesse de condition, du style ; **5.** bassesse d'âme ; **6.** avarice sordide, mesquinerie.

sordesco, ĭs, ĕre, sordŭi, intr., **1.** se salir ; **2.** se couvrir de mauvaises herbes.

sordĭdātus, a, um, **1.** sale, mal vêtu ; **2.** en vêtement de deuil.

sordĭdē, adv., **1.** salement ; **2.** bassement ; **3.** misérablement.

sordĭdus, a, um, [~didior, ~didissimus] **1.** sale, crasseux, malpropre ; **2.** bas, misérable, *sordidiores artes* : arts moins nobles, arts manuels, Cic. ; **3.** crasseux, avare, sordide.

sordĭtūdo, ĭnis, f., saleté, Pl.

sordŭi, V. *sordeo* et *sordesco*.

sōrex (saurex), ĭcis, m., souris.

sōrĭcīnus, a, um, de souris.

sōrītēs, æ, m., log., sorite, sorte d'argument (sophisme du « tas » ou polysyllogisme).

sŏrŏr, ōris, f., **1.** sœur, *doctæ sorores* : les doctes sœurs, les Muses (appelées aussi *novem sorores* : les neuf sœurs) ; *sorores tres* : les trois sœurs, les Parques ; **2.** cousine germaine ; **3.** amie, compagne ; **4.** en parlant d'objets f. semblables ou réunis par couple, ~ *dextræ* : la main gauche (la jumelle de la droite).

sŏrōrĭcīda, æ, m., meurtrier de sa sœur.

sŏrōrĭus, a, um, de sœur ; *sororium tigillum* : place à Rome où Horace expia le meurtre de sa sœur (litt., « poutre de la sœur »).

sors, sortis, (cf. *sero* ②), f., **1.** sort (objet mis dans une urne pour tirer au sort, tablette, en part. au pl., *sortes, ium*), *sortem ducere* : tirer au sort ; **2.** tirage au sort, *extra sortem* : sans recourir au tirage au sort ; *ei sorte provincia Sicilia obvenit* : le sort lui assigna la Sicile pour province, Cic. ; **3.** ce qui échoit par le sort, a) lot, part ; b) tâche, fonction ; **4.** sort, condition, rang ; destin, partage ; **5.** capital prêté à intérêt.

sorsŭs et **sorsum**, V. *seorsus* et *seorsum*.

sortĭcŭla, æ, f., petite tablette (pour tirer au sort) ; bulletin de vote.

sortĭgĕr, gĕra, gĕrum, qui rend des oracles.

sortĭlĕgus, a, um, prophétique ; subst. m., *sortilegus, i*, devin.

sortĭo, ĭs, ĭre, ĭvi, ĭtum, arch., V. *sortior* **1.** intr., tirer au sort ; **2.** tr., partager.

sortĭor, īris, īri, ītus sum, intr. et tr., **1.** tirer au sort ; **2.** a) fixer par le sort, ~ *provincias* : tirer des provinces (= des commandements) au sort ; b) obtenir par le sort, ~ *provinciam* : un commandement ; c) gagner, recevoir ; d) choisir ; e) répartir, réserver ; **3.** part., *sortitus, a, um*, actif ou passif : tiré au sort.

sortis, is, f., arch. pour *sors*.

sortĭtĭo, *ōnis*, f., tirage au sort.

sortītō, adv., par la voie du sort ; par la force des choses.

sortītŭs, *ūs*, m., 1. tirage au sort ; 2. bulletin ; 3. sort, partage, lot.

Sōsĭa et **Sōsĭās**, *æ*, m., Sosie, esclave de comédie (nom grec).

Sōsĭus, *ĭi*, m., nom d'h. ‖ **Sōsĭi**, *ōrum*, les Sosies, célèbres libraires à Rome du temps d'Horace.

sospěs, *ĭtis*, adj., 1. sauvé, échappé au danger ; 2. sauveur, qui protège ; 3. heureux, propice.

Sospĭta, *æ*, f., libératrice, protectrice (épith. de Junon).

sospĭtālis, *e*, adj., protecteur, tutélaire.

sospĭto, *ās*, *āre*, tr., sauver, protéger.

Sōtădēs, *is*, m., Sotadès, poète de Crète, inventeur d'un vers lisible à rebours (de sens érot.) ‖ **Sōtădēus** et **Sōtădĭcus**, *a*, *um*, de Sotadès, sotadéen ‖ **Sōtădĭci** (ss. -ent. *versus*), *ōrum*, m. pl., vers sotadéens.

Sōtēr, *ēris*, m., 1. Sauveur, épith. de Jupiter ; 2. le Sauveur, surnom de Ptolémée Ier d'Égypte.

sōtērĭa, *ōrum*, n. pl., 1. cadeaux de convalescence, MART. ; 2. titre d'un poème adressé à un convalescent, STACE.

spādix, *ĭcis*, m., 1. branche de palmier avec ses fruits ; 2. instrument de musique ; 3. adj., couleur de datte, brun, bai.

spādo, *ōnis*, m., eunuque.

spādōnĭus, *a*, *um*, stérile (plantes).

spargo, *ĭs*, *ĕre*, *sparsi*, *sparsum*, tr., 1. semer, répandre ; 2. spéc., jeter, lancer ; 3. disséminer, éparpiller, *sparsus silebo* : je me laisserai mettre en pièces plutôt que dire, SÉN. ; ~ *se in fugam* : s'éparpiller en fuyant, LIV. ; disperser, morceler ; 4. répandre, étendre, couvrir ; 5. semer, saupoudrer, arroser, *genas lacrimis* : inonder les joues de larmes, LUCR. ; 6. répandre, colporter, *spargitur* + prop. inf. : on répand le bruit que.

sparsi, V. *spargo*.

sparsim, adv., çà et là.

sparsĭo, *ōnis*, f., 1. aspersion de parfums (dans le cirque et dans le théâtre) ; 2. distribution au peuple.

sparsus, *a*, *um*, 1. V. *spargo* ; 2. adj., a) épars ; b) bigarré, moucheté.

Sparta, *æ*, et **Spartē**, *ēs*, f., Sparte, Lacédémone.

Spartăcus, *i*, m., Spartacus, célèbre gladiateur thrace, qui soutint contre les Romains la guerre dite des gladiateurs (73-71 av. J.-C.).

Spartānus, *a*, *um*, de Sparte ‖ **Spartănus**, *i*, m., Spartiate.

spartārĭus, *a*, *um*, de sparte (sorte de jonc), abondant en spartes.

spartĕus, *a*, *um*, en sparte, *spartea* (*solea*), semelle de sparte.

Sparti (~**tœ**), *ōrum*, m. pl., les Spartes (= les Semés), guerriers nés tout armés des dents du dragon, semées par Cadmus.

Spartĭātēs, *æ*, m., Spartiate ‖ **Spartĭātæ**, *ārum*, m. pl., les Spartiates ‖ **Spartĭātĭcus** et **Spartĭcus**, *a*, *um*, de Sparte.

spartŏn (~**um**), *i*, n., sparte, sorte de jonc dont on faisait les nattes, des cordes et des câbles.

spărŭlus, *i*, m., petit spare.

① **spărus**, *i*, m., spare, poisson de mer.

② **spărus**, *i*, m., et **spărum**, *i*, n., petit épieu de chasse ; javelot.

spasma, *ătis*, n., et **spasmus** (~**ŏs**), *i*, m., spasme, convulsion, crampe.

spastĭcus, *a*, *um*, sujet aux spasmes.

spătha, *æ*, f., 1. spatule (pour les tisserands sur un métier) ; 2. spatule (utilisée par les apothicaires) ; 3. épée à deux tranchants.

spăthŭla, V. *spatula*.

spătĭātŏr, *ōris*, m., coureur, grand promeneur.

spătĭor, *āris*, *āri*, intr., 1. aller et venir, se promener ; 2. marcher, s'avancer ; 3. s'étendre.

spătĭōsē, adv., au large.

spătĭōsus, *a*, *um*, [~*sior*, ~*sissimus*], 1. spacieux, étendu, vaste ; long, large ; 2. de longue durée (dans le temps) ; 3. vaste, complexe.

spătĭum, *ĭi*, n., 1. carrière, champ de courses ; 2. étendue, distance, espace, *mille passuum intermisso spatio* : à la distance d'un mille, *æquo spatio* : à égale distance, *magnum* ~ *abesse* : être à une grande distance, CÉS. ; 3. chemin, étape ; au pl., *spatia*, *orum*, tours de piste ; 4. lieu de promenade, place, tour de promenade ; 5. espace ; dimensions ; 6. espace de temps, période, (*in*) *brevi spatio* : en peu de temps ; 7. temps, délai, ~ *habere*, *sumere ad* : avoir, prendre le temps de.

spătŭla (~**thŭla**), *æ*, f., 1. spatule ; 2. omoplate.

spěcĭālis, *e*, adj., spécial, particulier.

spěcĭālĭtĕr, adv., en particulier, spécialement.

spěcĭēs, *ĕi*, (R. *spec*~), f., 1. sens actif : vue, coup d'œil, regard (rar.) ; 2. sens passif : aspect, air (ce qui est vu), *præter speciem stultus es* : tu es encore plus sot que tu n'en as l'air, PL. ; 3. forme extérieure, spectacle ; 4. aspect brillant, éclat, beauté ; 5. apparence (sans réalité) ;

d'où : apparition, fantôme ; **6.** apparence (opp. à réalité) ; prétexte, faux-semblant, *in speciem* : en apparence, *ad speciem* : pour donner le change ; **7.** portrait, statue ; **8.** cas particulier, espèce ; **9.** notion, idée ; phil., représentation qu'on se fait d'une chose ; **10.** type, espèce.

spĕcillum, *i*, n., **1.** instrument de chirurgie, sonde ; **2.** petit miroir.

spĕcĭmĕn, *ĭnis*, n., **1.** preuve, marque, indice, ~ *dare* : donner un échantillon ; **2.** modèle, idéal, type.

spĕcĭo (spĭcĭo), *ĭs*, *ĕre*, *spexi*, *spectum*, (R. *spec~*), arch., tr., voir, regarder, *nunc specimen spicitur* : maintenant il s'agit de faire ses preuves, PL.

spĕcĭōsē, adv., [~*sius*, ~*sissime*], avec éclat, avec grâce.

spĕcĭōsus, *a*, *um*, [~*sior*, ~*sissimus*], **1.** beau, de belle apparence ; **2.** éclatant, brillant ; **3.** fig., qui fait illusion, spécieux.

spectābĭlis, *e*, adj., **1.** visible ; **2.** remarquable.

spectācŭlum (~clum), *i*, n., **1.** vue, aspect, spectacle, *spectaculo esse* : être un spectacle, attirer les regards, CIC. ; **2.** spectacle, représentation (au cirque, au théâtre) ; **3.** au pl., *spectacula, orum*, places au cirque ; au théâtre.

spectātē, adv., usuel seul. au superl., *spectatissime*, d'une manière très remarquable.

spectātĭo, *ōnis*, m., f., **1.** action de regarder, vue ; **2.** observation, épreuve, essai (de l'argent).

spectātŏr, *ōris*, m., **1.** spectateur, observateur, témoin ; **2.** spectateur (au théâtre) ; **3.** critique, connaisseur ; contrôleur (de monnaies).

spectātrix, *īcis*, f., **1.** spectatrice ; **2.** juge.

spectātus, *a*, *um*, part. adj., **1.** éprouvé, qui est à l'épreuve, *mihi spectatum est* + prop. inf. : c'est pour moi un fait certain que ; **2.** estimé, considéré, en vue, remarquable.

spectĭo, *ōnis*, f., **1.** observation augurale (du vol des oiseaux, etc.) ; **2.** droit d'observation réservé aux plus hauts magistrats.

specto, *ās*, *āre*, (R. *spec~*, cf. *specio*), intr. et tr., **1.** regarder, observer, contempler ; **2.** regarder un spectacle ; **3.** regarder avec admiration ; **4.** considérer, faire attention à, *rem, non verba* ~ : considérer les idées, non les mots, CIC. ; **5.** être tourné vers ; **6.** avoir en vue, tendre à ; **7.** éprouver, apprécier, juger.

① **spĕcŭla**, *æ*, (cf. *spes*), f., faible espoir.

② **spĕcŭla**, *æ*, (R. *spec~*), f., **1.** observatoire ; **2.** hauteur, sommet ; **3.** fig., observation, garde, *in speculis esse* : être aux aguets, CIC., OV.

spĕcŭlābundus, *a*, *um*, **1.** qui se tient aux aguets ; **2.** qui observe.

spĕcŭlāris, *e*, adj., **1.** de miroir ; **2.** transparent, ~ *lapis* : pierre spéculaire (sélénite utilisée pour faire des vitres) ; subst. n. pl. *specularia, ium*, vitres, carreaux.

spĕcŭlātĭo, *ōnis*, f., **1.** espionnage ; **2.** rapport d'un espion.

spĕcŭlātŏr, *ōris*, m., **1.** espion ; **2.** informateur, courrier ; au pl., *speculatores, um*, éclaireurs ; **3.** garde du corps ; **4.** observateur.

spĕcŭlātōrĭus, *a*, *um*, d'espion ; d'éclaireur.

spĕcŭlātrix, *īcis*, f., **1.** observatrice, espionne ; **2.** qui regarde, qui a vue sur.

spĕcŭlor, *āris*, *āri*, **1.** tr., observer, surveiller, espionner ; **2.** intr., être en observation.

spĕcŭlum, *i*, n., **1.** miroir (lame de métal brillant) ; **2.** fig., image (fidèle), reflet.

spĕcŭs, *ūs*, m., **1.** caverne, grotte ; galerie souterraine ; **2.** conduite d'eau ; canal ; **3.** puits de mine, mine ; **4.** cavité, ouverture, creux.

spēlæum, *i*, n., tanière, repaire.

spēlunca, *æ*, f., caverne, grotte ; **2.** nom d'une villa de Tibère, près de Terracine.

spērābĭlis, *e*, adj., qu'on peut espérer.

Sperchēis, *ĭdis*, adj. f., du Sperchius ‖ **Sperchēŏs (~us)** et **Sperchĭŏs (~us)**, *ī* m., Sperchius, fl. de Thessalie ‖ **Sperchīæ** *ārum*, f. pl., Sperchies, v. de Thessalie ‖ **Sperchīŏnĭdēs**, *æ*, m., Sperchionide nom d'h., OV.

spēres, nom. et acc. pl. arch. de *spes*.

spergo, V. *spargo*.

spernax, *ācis*, adj., qui méprise, dédaigneux.

spernendus, *a*, *um*, adj. vb. de *sperno* méprisable.

sperno, *ĭs*, *ĕre*, *sprēvi*, *sprētum*, tr., **1.** détourner, écarter, éloigner ; **2.** repousser mépriser.

spernor, *āris*, *āri*, V. le préc.

spēro, *ās*, *āre*, tr., attendre, s'attendre à **1.** sens favorable : espérer, *bene ~ de aliquo* : fonder de bons espoirs sur qqn. + prop. inf., souv. fut. ; **2.** péj., craindre redouter d'avance.

spēs, *ĕi*, f., **1.** espoir, attente, ~ *vera* : espérance fondée, CIC., *præter spem* : contre l'attente, CIC., *in aliquâ re, in aliquo spen collocare* : placer son espoir en qqch., en qqn., *spe dejectus, repulsus, lapsus* : déchu dans son espérance ; *spem afferre ut* : lais-

ser espérer que ; 2. espoir d'héritage ;
3. *Spes* : l'Espérance, divinité ; 4. espoir,
objet de l'espoir ; 5. attente, pressentiment, crainte.

Speusippus, *i*, m., Speusippe, phil. académique d'Athènes.

spexi, V. *specio*.

sphăcos, *i*, m., sauge.

sphæra (spæra), *æ*, f., 1. sphère, globe,
boule ; 2. sphère céleste ; 3. sphère de révolution des planètes ; 4. balle à jouer,
paume ; 5. corps céleste.

sphæristērĭum, *ĭi*, n., salle de jeu de
paume.

sphærŏmăchĭa, *æ*, f., lutte au jeu de
paume.

sphinx, *sphingis*, f., 1. sphynge ou
sphinx, a) d'Égypte (corps de lion, tête
d'h.) ; b) de Thèbes (corps de lion, tête de
femme, elle proposait des énigmes aux
passants et dévorait ceux qui ne pouvaient les résoudre) ; 2. sorte de
singe.

spīca, *æ*, f., et **spīcum**, *i*, n., 1. pointe,
épi ; prov., *in segetem spicas fundere* : porter des épis dans un champ de blé (perdre son temps) ; 2. tête, gousse, *alii* :
d'ail ; 3. l'Épi, étoile de la constellation
de la Vierge.

spīcĕus, *a, um*, d'épi, *spicea messis* : moisson, blé.

spīcĭfĕr, *fĕra, fĕrum*, 1. qui porte des
épis ; 2. qui produit des épis.

spīcĭo, V. *specio*.

spīco, *ās, āre*, tr., 1. munir de piquants ;
2. former en épi ; part., *spicatus, a, um*,
pointu.

spīcŭlo, *ās, āre*, tr., rendre pointu.

spīcŭlum, *i*, n., 1. dard (de l'abeille, du
scorpion, etc.) ; 2. pointe d'un trait,
d'une flèche ; 3. javelot ; 4. bouton de
rose ; 5. rayon de soleil.

spīna, *æ*, f., 1. épine, *alba ~* : aubépine ;
2. fig., au pl., *spinæ, arum*, difficultés,
subtilités, *~ disserendi* : les épines de la
dialectique ; 4. épine dorsale, dos, *sacra ~* : os
sacrum ; 5. arête de poisson ; 6. muret
qui traversait le cirque dans sa longueur.

spīnētum, *i*, n., buisson d'épines.

spīnĕus, *a, um*, d'épine, épineux.

spīnĭfĕr, *fĕra, fĕrum*, épineux.

spīnĭgĕr, *gĕra, gĕrum*, épineux.

spīnōsus, *a, um*, 1. couvert d'épines, épineux ; 2. poignant, aigu ; 3. subtil, captieux.

spinthēr (~tēr), *ēris*, n., bracelet de
femme, en forme de serpent, porté en
haut du bras gauche.

spinturnīcĭum, *ĭi*, n., petit oiseau de
mauvais augure (injure).

spīnus, *i*, f., prunier sauvage.

Spĭŏ, *ūs*, f., Spio, nom d'une Néréide.

spīra, *æ*, f., 1. spirale ; 2. au pl., *spiræ,
arum*, anneaux, replis (des serpents) ;
nœuds (d'arbres) ; 3. tore de colonne ;
4. tresse, natte de cheveux ; 5. cordon
pour attacher le chapeau, mentonnière.

spīrābĭlis, *e*, adj., 1. respirable ; 2. vivifiant ; 3. aérien.

spīrācŭlum, *i*, n., soupirail, ouverture.

spīrāmĕn, *ĭnis*, n., 1. ouverture par où
passe l'air, soupirail, *spiramina naris* : narines ; 2. souffle, haleine ; respiration ;
gramm., aspiration.

spīrāmentum, *i*, n., 1. ouverture, canal,
conduit ; 2. souffle, haleine ; 3. temps de
respirer, pause ; 4. action de respirer.

spīrĭtŭs, *ūs*, m., 1. souffle d'air ; 2. air aspiré, respiré, *spiritum ducere, haurire* : aspirer l'air, *spiritum reddere* : expirer l'air ;
3. souffle vital, vie ; 4. poét., soupir ;
gramm., aspiration ; 5. exhalaison,
odeur ; 6. souffle, inspiration poétique,
quasi divino quodam spiritu inflari : être
inspiré en qq. sorte d'une espèce de souffle divin ; 7. esprit, âme ; 8. arrogance,
orgueil ; 9. disposition d'esprit, sentiments.

spīro, *ās, āre*, intr. et tr.,
I intr., 1. souffler (vent) ; bouillonner ;
2. s'exhaler, avoir une odeur ; 3. souffler,
respirer ; vivre ; 4. être inspiré.
II tr., 1. souffler, lancer en soufflant ;
2. exhaler (une odeur) ; 3. aspirer à, viser
à ; 4. avoir l'air de, manifester.

spissē, adv., 1. d'une manière serrée ;
2. fréquemment ; 3. avec peine, lentement.

spissesco, *ĭs, ĕre*, intr., s'épaissir, se condenser.

spissĭgrădus, *a, um*, à la marche lente,
PL.

spissĭtās, *ātis*, f., densité.

spissĭtūdo, *ĭnis*, f., densité, consistance.

spisso, *ās, āre*, tr., 1. épaissir, condenser ;
2. fig., faire souvent, répéter.

spissus, *a, um* [*~ssior, ~ssissimus*],
1. serré, dense, compact, *spissæ (vestes)* :
étoffes épaisses, grossières ; 2. lent, long,
pénible, *opus spissum et operosum* : œuvre
laborieuse et difficile, CIC. ; 3. accumulé,
répété.

splēn, *ēnis*, m., rate.

splendĕo, *ēs, ēre*, intr., briller, resplendir, étinceler.

splendesco, *ĭs, ĕre*, intr., devenir brillant.

splendĭdē, adv., [*~didius, ~didissime*]
d'une manière brillante, avec éclat.

splendĭdus, *a*, *um*, [~*dior*, ~*dissimus*], brillant, éclatant, splendide (pr. et fig.).

splendŏr, *ōris*, m., **1.** éclat, brillant, beauté ; **2.** fig., faste, gloire, éclat ; **3.** clarté, pureté.

splēnĭum, *ĭi*, n., **1.** asplénium, cétérach (contre la maladie de la rate) ; **2.** emplâtre, mouche (pour cacher un défaut).

spŏdĭum, *ĭi*, n., cendre.

Spŏlētīnus (Spōlētānus), *a*, *um*, de Spolète ‖ **Spōlētīni**, *ōrum*, m. pl., les hab. de Spolète ‖ **Spōlētĭum**, *ĭi*, et **Spōlētum**, *i*, n., Spolète, v. importante d'Ombrie, auj. Spoleto.

spŏlĭārĭum, *ĭi*, n., **1.** vestiaire de l'amphithéâtre où l'on achevait et dépouillait les gladiateurs blessés ; **2.** fig., repaire d'assassins, de brigands.

spŏlĭātĭo, *ōnis*, f., **1.** spoliation, pillage ; **2.** fig., vol, perte.

spŏlĭātŏr, *ōris*, m., spoliateur.

spŏlĭātrix, *īcis*, f. du préc.

spŏlĭātus, *a*, *um*, part. adj. dépouillé, nu.

spŏlĭo, *ās*, *āre*, **1.** dépouiller, déshabiller ; **2.** déposséder, ~ *fana* : piller les temples, Cic. ; **3.** ravir, enlever.

spŏlĭum, *ĭi*, n., **1.** dépouille, peau ; **2.** au pl., *spolia, orum*, dépouilles, butin.

sponda, *æ*, f., bois de lit ; lit ; bière (d'un mort).

spondǣus, V. *spondeus*.

spondǎĭcus, V. *spondiacus*.

spondālĭum (spondaulĭum), *ĭi*, n., récitatif avec accompagnement de flûte dans une tragédie.

spondĕo, *ēs*, *ēre*, *spŏpondi*, *sponsum*, tr., **1.** promettre solennellement (dans les formes) ; **2.** se porter caution, *pro aliquo* : pour qqn. ; **3.** s'engager à, *pacem* : à faire la paix ; promettre, *filiam uxorem* : sa fille en mariage ; **4.** promettre, assurer ; assurer que + prop. inf.

spondēum, *i*, n., vase pour les libations.

spondēus (~īus), *i*, m., spondée, pied métrique formé de deux longues.

spondĭācus, *a*, *um*, spondaïque.

spongĭa (~ĕa), *æ*, f., **1.** éponge (spéc. pour faire suffoquer, supplice) ; **2.** plastron en pierre ponce des gladiateurs ; **3.** pierre ponce ; **4.** au pl., *spongiæ, arum*, racines d'asperge, de menthe.

spongĭōsus, *a*, *um*, spongieux, poreux.

spons, *spontis*, f., V. *sponte*.

sponsa, *æ*, f., fiancée.

sponsālis, *e*, adj., de fiançailles ; subst. n. pl., *sponsalia, ium* et *iorum*, **1.** fiançailles ; **2.** repas, fête de fiançailles.

sponsĭo, *ōnis*, f., **1.** engagement, promesse ; **2.** jur., promesse (verbale et réciproque) de payer une certaine somme (en cas de non-respect d'une condition) ; *sponsione vincere* (accusateur), et *sponsione vincere* (accusé) : gagner la somme stipulée, l'enjeu, le procès.

sponsŏr, *ōris*, m., répondant, garant.

sponsum, *i*, n., **1.** chose promise, promesse ; **2.** V. *sponsio*, contrat.

① **sponsus**, *i*, m., fiancé, prétendant.

② **sponsŭs**, *ūs*, m., promesse, engagement ; stipulation, *ex sponsu agere cum aliquo* : poursuivre qqn. en garantie (V *sponsio*).

spontālis, *e*, adj., spontané, volontaire.

spontĕ, abl. de l'inus. *spons*, à valeur adv., **1.** volontairement, spontanément ; **2.** + gén. : d'après la volonté, *alicujus* : de qqn., *a sponte ejus* : d'après sa volonté ; **3.** *sponte meā, tuā, suā* : de mon, de ton, de son propre mouvement ; **4.** par soi-même, sans appui ; **5.** par soi-même, sa propre nature.

spŏpondi, V. *spondeo*.

Spŏrădes, *um*, f. pl., Sporades, îles de la mer Égée.

sporta, *æ*, f., **1.** panier, corbeille ; **2.** filtre.

sportella, *æ*, f., **1.** petite corbeille ; **2.** aliment froid (présenté dans une corbeille).

sportŭla, *æ*, f., **1.** petit panier ; **2.** sportule (provisions, argent donnés par un patron à ses clients) ; **3.** largesses, cadeaux.

sprētŏr, *ōris*, (cf. *sperno*), m., qui méprise, contempteur.

sprētus, *a*, *um*, V. *sperno*.

sprēvi, V. *sperno*.

spūma, *æ*, f., écume, bave, *spumas agere in ore* : avoir l'écume à la bouche, écumer (de rage).

spūmābundus, *a*, *um*, écumant.

spūmātŭs, *ūs*, m., action d'écumer ; écume, bave (d'un serpent).

spūmĕus, *a*, *um*, écumeux, écumant.

spūmĭfĕr, *fĕra*, *fĕrum*, écumant.

spūmĭgĕr, *gĕra*, *gĕrum*, qui apporte de l'écume.

spūmo, *ās*, *āre*, **1.** intr., écumer ; **2.** tr., couvrir d'écume.

spūmōsus, *a*, *um*, écumeux, écumant.

spŭo, *ĭs*, *ĕre*, *spŭi*, *spūtum*, **1.** intr., cracher ; **2.** tr., rejeter en crachant.

spurcātus, *a*, *um*, part. adj., dégoûtant.

spurcē, adv., [~*cius*, ~*cissime*], salement.

spurcĭtĭa, *æ*, et **spurcĭtĭēs**, *ēi*, f., saleté, ordure.

spurco, *ās*, *āre*, tr., salir, gâter.

spurcus, *a*, *um*, [~*cior*, ~*cissimus*], **1.** sale ; **2.** affreux, repoussant.

Spurinna, *æ*, m., Spurinna, nom (étrusque) de diff. pers., en part. l'haruspice de César.

spŭrĭus, *a, um*, **1.** bâtard ; **2.** faux.

Spŭrĭus, *ii*, m., Spurius, prénom rom. (abr. : Sp.).

spūto, *ās, āre*, tr., **1.** cracher souvent ; **2.** éloigner (un mal) en crachant, *qui spu-tatur morbus* : l'épilepsie, PL.

spūtum, *i*, n., crachat.

squālĕo, *ēs, ēre*, intr., **1.** litt., être couvert ou se couvrir d'écailles ; **2.** être hérissé ; **3.** être aride ; **4.** être en deuil, être sale ; *squalens barba* : barbe inculte.

squālĭdē, adv., seul. au comp., *squali-dius*, d'un style plus négligé.

squālĭdus, *a, um*, **1.** hérissé, écailleux ; **2.** malpropre, négligé ; **3.** en deuil ; **4.** désert, inculte ; **5.** fig., (style) sec, aride.

squālŏr, *ōris*, m., **1.** surface rugueuse, aspérité ; **2.** aspect sombre ; saleté ; extérieur négligé (en signe de deuil) ; **3.** tristesse, désolation.

① **squālus**, *a, um*, sale.

② **squālus**, *i*, m., squale.

squāma, *æ*, f., **1.** écaille (des poissons, des serpents) ; **2.** maille de cuirasse ; **3.** pellicule, paillette, *~ in oculis* : cataracte ; **4.** fig., rudesse du style.

squāmĕus, *a, um*, écailleux, couvert d'écailles.

squāmĭfĕr, *fĕra, fĕrum*, couvert d'écailles.

squāmĭgĕr, *gĕra, gĕrum*, couvert d'écailles ; subst. m. pl., *squamigeri, um*, les poissons.

squamma, V. *squama*.

squāmōsus (~ossus), *a, um*, couvert d'écailles ; âpre, rude, aride.

squāmŭla, *æ*, f., petite écaille.

squilla, V. *scilla*.

st !, interj., chut ! silence !

Stăbĭæ, *ārum*, f. pl., Stabies, v. de Campanie, entre Pompéi et Surrentum ‖ **Stăbĭānus**, *a, um*, de Stabies ‖ **Stăbĭānum**, *i*, n., **1.** propriété de Marius, près de Stabies ; **2.** territoire de Stabies.

stăbĭlīmentum, *i*, n., appui, soutien (pr. et fig.).

stăbĭlĭo, *īs, īre, īvi, ītum*, tr., **1.** rendre stable ou ferme ; **2.** fig., consolider, soutenir, affermir.

stăbĭlis, *e*, (R. *sta*~, cf. *sto* ②), adj., **1.** solide, ferme, assuré, *~ via* : route sûre (où l'on va de pied ferme), *stabili gradu* : de pied ferme, sans reculer ; **2.** fig., ferme, fixe, inébranlable ; subst. n. pl., *stabilia, ium*, choses fermes, durables.

stăbĭlĭtās, *ātis*, f., **1.** solidité, fermeté ; **2.** fermeté, constance.

stăbĭlĭtĕr, adv., **1.** fermement, solidement ; **2.** d'une manière constante, invariable.

stăbĭlĭtŏr, *ōris*, m., appui, soutien.

stăbŭlārĭus, *ĭi*, m., **1.** palefrenier : **2.** aubergiste, logeur.

stăbŭlātĭo, *ōnis*, f., **1.** séjour dans l'étable ; **2.** demeure d'h.

stăbŭlo, *ās, āre*, **1.** tr., garder à l'étable ; **2.** intr., être à l'étable, à l'écurie.

stăbŭlor, *āris, āri*, intr., habiter (animaux), être parqué.

stăbŭlum, *i*, n., **1.** lieu de séjour, domicile ; **2.** séjour des animaux, *ferarum sta-bula* ou *stabula* seul : gîtes des bêtes fauves ; **3.** étable, bergerie ; poulailler ; ruche ; **4.** auberge, hôtellerie ; **5.** mauvais lieu, bouge.

stacta, *æ*, et **stactē**, *ēs*, f., myrrhe.

stădĭum, *ĭi*, (gén. pl. *stadiorum* et *sta-dium*), n., **1.** stade, mesure grecque de 125 pas (environ 185 m) ; **2.** stade, carrière, *stadium currere* : faire la course du stade.

Stăgīra, *ōrum*, n. pl., Stagire, v. de Macédoine, patrie d'Aristote ‖ **Stăgīrītēs (Stăgē~)**, *æ*, m., le Stagirite = Aristote.

① **stagno**, *ās, āre*, intr. et tr.,

I intr., **1.** stagner, être stagnant ; **2.** être inondé, *stagnantia (loca)* : lieux inondés.

II tr., **1.** rendre stagnant ; **2.** couvrir d'eaux stagnantes, inonder.

② **stagno**, *ās, āre*, tr., **1.** recouvrir d'étain, souder ; **2.** fig., durcir, *se adversus insi-dias ~* : se protéger contre les attentats.

stagnōsus, *a, um*, couvert d'eaux stagnantes, marécageux, *stagnosa (loca)* : marécages.

① **stagnum**, *i*, n., **1.** eau stagnante, marais, étang ; **2.** étendue d'eau, lac, mer.

② **stagnum (stannum)**, *i*, n., plomb argentifère ; étain.

stāmĕn, *ĭnis*, n., **1.** chaîne du métier à tisser ; **2.** fil de la quenouille, du fuseau, *stamina ducere, deducere, torquere* : filer, Ov. ; **3.** fil des Parques ; destin ; **4.** diff. fils : fil d'Ariane, corde d'instrument ; **5.** tissu ; bandelette.

stāmĭnĕus, *a, um*, de fil, garni de fil ; fibreux.

stannĕus, *a, um*, d'étain.

stannum, V. *stagnum* ②.

stătārĭus, *a, um*, **1.** qu'on fait debout ; **2.** qui reste en place, immobile ; **3.** calme, *stataria (comœdia)* : comédie sans action ; subst. m. pl., *statarii, orum*, acteurs d'une stataria.

Statelli et **Statĭelli**, *ōrum*, m. pl., Statielliens, peuple de Ligurie.

stătēra, æ, f., **1.** balance, trébuchet ; **2.** joug d'attelage ; **3.** bassin, plat ; **4.** valeur, prix d'achat.

stătĭcŭlum, i, n., statuette, figurine.

stătĭcŭlus, i, m., danse sur place, sorte de pantomime.

Statĭellæ Aquæ, ou **Aquæ Statĭellorum**, f. pl., Statielles, cap. des Statielliens, auj. Acqui.

stătim, (cf. *sto* ②), adv., **1.** de pied ferme, ~ *rem gerere* : combattre de pied ferme ; constamment, régulièrement ; **2.** aussitôt, ~ *ac, atque* : aussitôt que, ~ *post* : aussitôt après.

stătĭo, ōnis, f., **1.** immobilité ; **2.** station, séjour ; lieu de réunion ; poste ; **3.** mouillage, rade ; **4.** poste militaire, garde, *in statione esse* : être de garde, Cés. ; **5.** fig., poste, fonction.

stătĭōnārĭus, a, um, de garde, en garnison ; subst. m. pl. *stationarii, orum*, soldats de garde.

Stătĭus, ĭi, m., Statius, nom d'h., spéc., **1.** Cæcilius Statius, poète comique (époque d'Ennius) ; **2.** P. Papinius Statius, Stace, poète épique (sous Domitien).

stătīva, ōrum, n. pl., **1.** campement fixe, quartiers, garnison ; **2.** lieu de séjour, halte (dans un voyage).

stătīvus, a, um, fixe, stationnaire, *præsidium stativum* : poste militaire, *stativa castra* : V. *stativa*.

stătŏr, ōris, m., planton (esclave public).

Stătŏr, ōris, m., Stator, surnom de Jupiter : qui arrête la fuite, qui maintient debout.

stătŭa, æ, f., statue (d'un h., opp. à *simulacrum* : statue d'un dieu), *statuam ponere*, *statuere* : placer, dresser une statue, Cic.

stătŭārĭa (**ars**), æ, f., la statuaire.

stătŭārĭus, a, um, de statue, statuaire ; subst. m., *statuarius, ii*, sculpteur.

stătūmĕn, ĭnis, n., **1.** soutien, échalas ; **2.** pièce de membrure de vaisseau ; varangue ; **3.** lit de pierres ; **4.** première couche, base de la fabrication du papier.

stătūmĭno, ās, āre, tr., soutenir, étayer.

stătuncŭlum, i, n., statuette, figurine.

stătŭo, ĭs, ĕre, stătŭī, stătūtum, (R. *sta~*), tr., **1.** placer, poser ; **2.** construire, dresser, élever, ~ *statuam* : une statue ; **3.** établir, fixer, *exemplum, documentum* : faire un exemple ; déterminer, ~ *locum, tempus* : fixer un lieu, un temps ; **4.** décider, déclarer, juger, ~ *de capite* : prononcer sur une affaire capitale ; **5.** résoudre, avec *ut/ne* + subj. : de/de ne pas ; **6.** se mettre dans la tête, imaginer, croire, + prop. inf.

stătūra, æ, f., stature, taille.

① **stătus**, a, um, **1.** V. *sisto* ; **2.** adj., fixé périodique.

② **stătŭs**, ūs, m., **1.** position debout (opp à position assise) ; immobilité (opp. à mouvement) ; **2.** position, attitude de combattant ; **3.** état, situation ; condition ; régime (politique) ; **4.** bon état, stabilité ; **5.** jur., condition sociale.

stĕ, = *iste*.

stĕga, æ, f., pont de navire, tillac.

stēla, æ, f., stèle ; monument funéraire.

stēlĭo, V. *stellio*.

stella, æ, f., **1.** étoile, *sidera et stellæ* : les constellations et les étoiles, *stellæ inerrantes* : étoiles fixes, *stellæ errantes* ou *vagæ* : planètes ; **2.** figure d'une étoile, étoile ; **3.** éclat du regard ; **4.** étoile de mer ; **5.** point brillant sur une pierre précieuse.

stellans, antis, part. adj., **1.** constellé ; **2.** scintillant, brillant.

Stellātis campus ou **ăgĕr**, m., le canton de Stella, au S. de Calès, en Campanie.

stellātus, a, um, **1.** étoilé, parsemé d'étoiles ; **2.** constellé ; ~ *Argus* : Argus aux cent yeux ; **3.** étincelant.

stellĭfĕr, fĕra, fĕrum, étoilé.

stellĭgĕr, gĕra, gĕrum, étoilé.

stellĭo (**stēlĭo**), ōnis, m., **1.** stellion, sorte de lézard ; **2.** fourbe.

stello, ās, āre, **1.** tr., semer d'étoiles ; **2.** intr., être couvert d'étoiles, étinceler, briller.

stemma, ătis, n., **1.** bandelette, guirlande ; **2.** arbre généalogique ; **3.** noblesse, antique origine.

Stentŏr, ŏris, m., Stentor, héros d'Homère à la voix puissante.

stercĭlīnum, V. *sterculinum*.

stercŏrārĭus, a, um, de fumier, d'excréments.

stercŏrātĭo, ōnis, f., action de fumer une terre.

stercŏro, ās, āre, tr., fumer une terre.

stercŏrōsus, a, um, **1.** bien fumé ; **2.** plein de fumier, fangeux, sale.

sterculīnĭum, ĭi, et **sterculīnum**, i, n., **1.** tas de fumier, fosse à fumier ; **2.** fig., fumier.

stercŭs, ŏris, n., **1.** excrément, fumier ; **2.** fig., fumier, ordure (t. d'injure).

stĕrĭlesco, ĭs, ĕre, intr., devenir stérile.

stĕrĭlis, e, adj., **1.** infécond, stérile ; **2.** improductif, inutile ; **3.** fig., vide, vain ; **4.** poét., qui rend stérile.

stĕrĭlĭtās, ātis, f., **1.** stérilité, infécondité ; **2.** disette ; **3.** indigence, impuissance.

stĕrĭlus, a, um, V. *sterilis*.

sternax, *ācis*, adj., qui jette par terre, ~ *equus* : cheval qui renverse son cavalier, VIRG.

sterno, *ĭs*, *ĕre*, *strāvi*, *strātum*, tr., 1. étendre, étaler ; 2. coucher, prosterner ; passif, *sterni* : s'étendre ; part., *stratus*, *a*, *um*, couché ; 3. abattre, renverser ; 4. aplanir, égaliser ; 5. recouvrir, joncher, *lectum* ~ : préparer un lit ; 6. paver, *via strata* : route pavée ; frayer, ouvrir ; 7. seller, harnacher.

sternūmentum, *i*, n., 1. éternuement ; 2. un sternutatoire.

sternŭo, *ĭs*, *ĕre*, *sternŭi*, 1. intr., éternuer ; pétiller (lampe) ; 2. tr., donner en éternuant un présage favorable.

sternūtāmentum, *i*, n., éternuement.

sternūtātĭo, *ōnis*, f., éternuement.

sternūto, *ās*, *āre*, intr., éternuer à plusieurs reprises.

Stĕrŏpē, *ēs*, f., Steropé, fille d'Atlas, aimée de Mars, changée en l'une des Pléiades.

Stĕrŏpēs, *is*, m., Stérope, un des Cyclopes.

sterquĭlīnĭum (~num), V. *sterculinium*.

Stĕrtĭnĭus, *a*, *um*, de Stertinius ‖ **Stĕrtīnĭus**, *ĭi*, m., Stertinius, phil. stoïcien.

sterto, *ĭs*, *ĕre*, *stertŭi*, intr., 1. ronfler ; 2. dormir profondément.

Stēsĭchŏrus, *i*, m., Stésichore, poète lyrique grec de Sicile (VIIᵉ-VIᵉ s. av. J.-C.).

stĕti, V. *sto* ②.

Sthĕnĕlēis, *ĭdis*, adj. f., de Sthénélus ‖ **Sthĕnĕlēĭus**, *a*, *um*, de Sthénélus ‖ **Sthĕnĕlus**, *i*, m., Sthénélus, 1. fils de Capanée, compagnon de Diomède ; 2. fils de Persée et d'Andromède, père d'Eurysthée ; 3. roi de Ligurie, père de Cycnus, changé en cygne.

stĭbădĭum, *ĭi*, n., stibadium, lit de table semi-circulaire.

stĭbi, *is*, et **stĭbĭum**, *ĭi*, n., antimoine ; fard noir.

Stĭchus, *i*, m., Stichus, nom commun d'esclave (titre d'une comédie de Plaute).

stigma, *ătis*, n., et **stigma**, *æ*, f., 1. marque au fer rouge ; 2. fig., flétrissure ; 3. coupure, cicatrice (de rasoir).

stigmătĭās, *æ*, m., esclave marqué à l'épaule, stigmatisé.

stĭlĭcĭdĭum, V. *stillicidium*.

stilla, *æ*, f., 1. goutte ; 2. petite quantité.

stillārĭum, *ĭi*, n., don d'une goutte, petit supplément.

stillĭcĭdĭum, *ĭi*, n., 1. liquide tombant goutte à goutte ; 2. eau de pluie.

stillo, *ās*, *āre*, intr. et tr.,
I intr., 1. tomber goutte à goutte ; 2. être dégouttant de.
II tr., 1. laisser tomber goutte à goutte, distiller ; 2. fig., glisser.

stĭlus, *i*, m., 1. pieu, instrument agricole ; 2. poinçon pour écrire (large en haut pour effacer, pointu en bas), *stilum vertere* : retourner le style (pour corriger), CIC. ; 3. ext., style, manière d'écrire, expression ; 4. bulletin de vote.

stĭmŭlātĭo, *ōnis*, f., action d'aiguillonner, aiguillon, stimulant.

stĭmŭlātŏr, *ōris*, m., instigateur.

stĭmŭlātrix, *īcis*, f. du préc.

stĭmŭlo, *ās*, *āre*, tr., 1. aiguillonner ; 2. fig., tourmenter, faire souffrir ; 3. stimuler, exciter ; ~ *ut* : pousser à, *stimulari ne* : être poussé à ne pas ; poét., avec inf., VIRG.

stĭmŭlus, *i*, m., 1. aiguillon (pour exciter les bêtes) ; 2. coup de fouet (pour les esclaves), *seges stimulorum* : champ à battre (en parlant de l'échine d'un esclave), PL. ; 3. tourment, blessure ; 4. fig., stimulant, excitation, *stimulos alicui admovere* : éperonner qqn. ; 5. mil., tige pointue, chausse-trappe.

stinguo, *ĭs*, *ĕre*, tr., éteindre ; passif, *stingui* : s'éteindre, LUCR.

~stinguo, *ĭs*, *ĕre*, compos. : piquer, V. *distinguo*.

stĭpātĭo, *ōnis*, f., 1. condensation ; 2. rassemblement ; foule, affluence, presse ; cortège ; 3. fig., amas.

stĭpātŏr, *ōris*, m., garde du corps ; au pl., *stipatores, um*, péj.

stĭpendĭārĭus, *a*, *um*, 1. soumis à un tribut, tributaire ; 2. mercenaire, stipendié.

stĭpendĭor, *āris*, *āri*, intr., servir, être à la solde de, *alicui* : de qqn.

stĭpendĭum, *ĭi*, n., 1. impôt, tribut, contribution (de guerre) ; 2. poét., punition, réparation ; 3. solde militaire, paie, *stipendia merere* : faire son service ; 4. année de solde, campagne, *tricena, quadragena stipendia* : trente, quarante années de service ; 5. fig., *vitæ stipendia* : les obligations de la vie, SÉN.

stĭpes, *ĭtis*, m., 1. tronc, souche ; fig., bûche (imbécile) ; poét., arbre ; 2. pieu, bâton ; poteau.

stĭpo, *ās*, *āre*, tr., 1. rendre compact, serrer, presser ; *Græci stipati* : les Grecs entassés (sur les lits de table), CIC. ; 2. entourer en foule, escorter ; 3. remplir, encombrer.

stips, *stĭpis*, f., 1. petite pièce de monnaie, obole, *stipem cogere* : faire la quête ; 2. argent, profit (mince).

stĭpŭla, æ, f., **1.** tige des céréales, chaume, paille ; *flamma de stipula* : feu de paille ; **2.** chalumeau, pipeau.

stĭpŭlātĭo, ōnis, f., stipulation (à l'origine on rompt une paille) ; obligation verbale solennelle (d'un débiteur).

stĭpŭlātĭuncŭla, æ, f., stipulation insignifiante.

stĭpŭlātŏr, ōris, m., celui qui fait promettre par contrat.

stĭpŭlor, āris, āri, tr., **1.** se faire promettre solennellement, exiger un engagement formel ; **2.** s'engager avec promesse formelle ; part. de sens passif, *stipulatus, a, um*, promis par stipulation.

stīrĭa, æ, f., goutte congelée, glaçon qui pend ; roupie (qui pend du nez).

stirpesco, ĭs, ĕre, intr., pousser des rejetons.

stirpĭtŭs, adv., radicalement.

stirps, *stirpis*, f., **1.** partie inférieure de l'arbre, tronc, souche ; **2.** souche, origine, race, famille ; lignée, descendance ; **3.** racine, principe, fondement, *a stirpe* : au commencement, à la source.

stīti, V. *sisto*.

stīva, æ, f., manche de charrue.

stlāta (stlatta), æ, f., navire marchand.

stlātārĭus, a, um, apporté par bateau (= cher).

stlis, arch. pour *lis*.

stlŏcus, arch. pour *locus*.

① **sto**, arch., = *isto*, V. *iste*.

② **sto**, *ās, āre, stĕti, (stătum)*, intr., **1.** se tenir debout, *stant, non sedent* : ils sont debout, pas assis, PL. ; *statua quæ stabat* : la statue qui se dressait, CIC. ; **2.** être saillant, se hérisser, *stant in vertice cristæ* : une aigrette se dresse sur sa tête, Ov. ; **3.** être couvert, rempli de, *stat nive Soracte* : le Soracte n'est plus qu'un manteau de neige ; **4.** être debout à son poste, combattre ; se tenir au mouillage ; reposer sur, avec *in* + abl., *omnis in Ascanio stat cura parentis* : toute la sollicitude de son père repose sur Ascagne, VIRG. ; **5.** se tenir (à tel prix), coûter ; **6.** se tenir du côté de qqn., *ab aliquo* ou *cum aliquo* ~ : être pour qqn. ; **7.** dépendre de, *per me stat* : il dépend de moi, *ut, que, quominus, quin, ne* : d'empêcher que ; **8.** se tenir immobile, rester fixé ; s'arrêter ; **9.** résister, ne pas céder ; **10.** être ferme, inébranlable, durer (choses) ; **11.** s'en tenir à, *promissis* : aux promesses, ~ *in fide* : être fidèle à sa parole, CIC. ; **12.** se soutenir, plaire, avoir du succès, *cadat an stet fabula* : que la pièce tombe ou se soutienne, HOR. ; **13.** être décidé, *stat sententia* : la décision est prise.

Stōĭca, ōrum, n. pl., la philosophie stoïcienne ‖ **Stōĭcē**, adv., en stoïcien, stoïquement ‖ **Stōĭci**, ōrum, m. pl., les stoïciens ‖ **Stōĭcĭda**, æ, m., disciple des stoïciens ‖ **Stōĭcus**, a, um, des stoïciens, stoïcien, stoïque ‖ **Stōĭcus**, i, m., un stoïcien.

stŏla, æ, f., **1.** longue robe qui couvrait le corps depuis le cou jusqu'aux genoux ; **2.** robe des dames rom. de la bonne société ; **3.** fig., femme de haut rang, patricienne ; **4.** vêtement (grec) d'homme ; **5.** robe des flûtistes ; **6.** robe des prêtres d'Isis.

stŏlātus, a, um, vêtu d'une longue robe, V. le préc.

stŏlĭdē, adv., sottement ; d'une manière insensée.

stŏlĭdĭtās, ātis, f., sottise, stupidité ; déraison.

stŏlĭdus, a, um, [~dior, ~dissimus], **1.** (pers. et choses) stupide, sot, insensé ; **2.** (choses) brutal, aveugle ; **3.** inerte.

stŏlo, ōnis, m., **1.** lourdaud ; **2.** rejeton, bouture.

stŏmăchābundus, a, um, qui exhale sa bile ; dépité, furieux.

stŏmăchĭcus, a, um, **1.** stomacal ; **2.** qui souffre de l'estomac.

stŏmăchor, āris, āri, intr., **1.** exhaler sa bile, se fâcher, s'irriter, ~ *cum aliquo* : se quereller avec qqn. ; avec *ob* + acc. : à propos de ; avec *quod* : parce que, avec *si* : si ; **2.** + acc. pron. n., *stomachor omnia* : tout m'irrite.

stŏmăchōsē, adv., avec humeur, colère.

stŏmăchōsus, a, um, **1.** qui est de mauvaise humeur ; **2.** qui indique la mauvaise humeur.

stŏmăchus, i, m., **1.** œsophage ; **2.** estomac ; appétit ; **3.** bonne humeur, calme, tranquillité, *ferre aliquid Ciceronis stomacho* : supporter qqch. avec la bonne humeur de Cicéron, QUINT. ; **4.** mauvaise humeur, irritation, colère, *stomachum movere alicui* : donner de l'humeur à qqn., *gravis Pelidæ* ~ : la funeste irritation d'Achille, HOR.

stŏrĕa (~ĭa), æ, f., natte de paille, jonc, corde.

străbo, ōnis, m., louche, atteint de strabisme.

Străbo, ōnis, m., Strabon, surnom rom.

străbōnus, a, um, louche.

străbus, a, um, qui louche, aux yeux de travers.

străgēs, is, (cf. *sterno*), f., **1.** renversement, ruine, destruction, *stragem facere* : dévaster ; **2.** amas, monceau ; **3.** carnage, massacre, *strages facere, edere* : provoquer un carnage.

strāgŭla, æ, f., couverture, linceul.

strāgŭlum, i, n., 1. tapis, couverture de lit ; 2. linceul ; 3. housse ; 4. litière (pour la couvaison).

strāgŭlus, a, um, qu'on étend, *stragula vestis* : couverture de lit, matelas.

strāmĕn, ĭnis, n., ce qu'on étend à terre, couche de feuillage, litière ; chaume d'une cabane.

strāmentum, i, n., 1. ce qu'on étend (paille, chaume, couverture, tapis) ; 2. couverture, tapis, housse (de cheval).

strāmĭnĕus, a, um, 1. fait de paille, *straminea casa* : chaumière ; 2. couvert de paille.

strangŭlātĭo, ōnis, f., étranglement, rétrécissement.

strangŭlo, ās, āre, tr., 1. étrangler, étouffer ; suffoquer ; 2. fig., serrer, prendre à la gorge, tourmenter ; *plures pecunia strangulat* : pour d'autres plus nombreux, le bourreau, c'est l'argent, JUV.

strangŭrĭa, æ, f., strangurie, rétention d'urine.

strătēgēma, ătis, n., ruse de guerre, stratagème, ruse.

strătēgĭa, æ, f., préfecture militaire.

strătēgus, i, m., général ; fig., président d'un banquet.

strătĭōtĭcus, a, um, militaire, de soldat, ~ *homo* : homme de guerre, PL.

Strătŏnīcēa, æ, f., Stratonicée, v. de Carie ‖ **Strătŏnīcensis**, e, adj., de Stratonicée ‖ **Strătŏnīcenses**, ĭum, m. pl., les hab. de Stratonicée ‖ **Strătŏnīcēŭs**, i, adj. m., de Stratonicée.

Strătŏnīcēum, i, n., temple de Vénus Stratonicis.

Strătŏnīcis, ĭdis, f., Stratonicis, surnom donné à Vénus par les hab. de Smyrne.

strātŏr, ōris, m., écuyer.

strātum, i, n., 1. couverture, coussin, matelas ; 2. lit (ordin. au pl., *strata, orum*) ; 3. selle, bât ; prov., *qui asinum non potest, stratum cædit* : quand on ne peut le faire avec l'âne, on frappe sur le bât ; 4. pavage, *strata viarum saxea* : le pavage en pierres des routes, LUCR.

strātūra, æ, f., pavage (de la route).

① **strātus**, a, um, V. *sterno*.

② **strātŭs**, ūs, m., 1. action d'étendre ; 2. couverture.

strāvi, V. *sterno*.

strēna, æ, f., 1. pronostic, présage ; 2. cadeau de fête, étrenne.

strēnŭē, adv., activement, vivement, bravement, *agite* ~ ! : dépêchez ! alerte !, PL.

strēnŭĭtās, ātis, f., activité, entrain ; vaillance.

strēnŭus, a, um, 1. (pers.) actif, vif, empressé ; résolu, *si minus fortis, at tamen* ~ : sinon courageux, au moins actif ; 2. hardi, valeureux ; péj., turbulent ; 3. (choses) prompt, décidé, *strenua inertia* : activité stérile, HOR.

strĕpĭto, ās, āre, intr., 1. faire grand bruit, crier, hurler ; 2. résonner, retentir de cris.

strĕpĭtŭs, ūs, m., 1. bruit violent et confus, tumulte, vacarme ; 2. bruits divers (du murmure au fracas) ; 3. spéc., son de la lyre.

strĕpo, ĭs, ĕre, strĕpŭi, strĕpĭtum, 1. intr., faire du bruit, résonner, retentir ; 2. tr., remplir de bruit.

strĭa, æ, f., 1. strie ; 2. cannelure ; 3. pli d'un vêtement.

strĭbīlĭgo (striblīgo), ĭnis, f., solécisme.

strĭcōsus, V. *strigosus*.

strictē, adv., en serrant ; de près.

strictim, adv., 1. étroitement ; 2. en effleurant, à la hâte.

strictūra, æ, f., masse de fer trempée et forgée.

strictus, a, um, 1. serré, étroit ; dense ; 2. concis ; 3. sévère, rigoureux.

strīdĕo, ēs, ēre, et **strīdo**, ĭs, ĕre, strīdi, intr., faire un bruit aigu.

strīdŏr, ōris, m., 1. son aigu, grincement ; 2. sifflement.

strīdŭlus, a, um, aigu, grinçant.

① **strīga**, æ, (cf. *stringo*), f., raie, ligne, rangée.

② **strīga**, æ, (cf. *strix*), f., sorcière.

strĭgĭlis, is, f., strigile, étrille, brosse (après le bain).

strigmentum, i, n., 1. ce qu'on racle avec la brosse ; 2. crasse.

strĭgo, ās, āre, intr., faire halte (en labourant) ; se reposer.

strĭgōsus, a, um, [~sior, ~sissimus], efflanqué, maigre ; fig., sec, indigent (style).

stringo, ĭs, ĕre, strinxi, strictum, tr., 1. serrer, étreindre ; ~ *gladium* : tirer l'épée ; 2. cueillir, couper, *frondes* : du feuillage, VIRG., ~ *oleam* : cueillir l'olive ; 3. raser, effleurer, blesser.

stringŏr, ōris, m., élancement douloureux.

strĭo, ās, āre, tr., rayer, strier, faire des cannelures ; part., *striatus, a, um*, strié, cannelé ; ridé.

strix, strĭgis, f., strige, hibou (qui passait pour sucer le sang des enfants), vampire.

strŏpha, æ, f., 1. chant d'accompagnement du mouvement du chœur (de

droite à gauche), strophe ; **2.** spéc.,
au pl., *strophæ, arum*, détour, ruse.

Strŏphădes, *um*, f. pl., Strophades, îles
de la mer Ionienne, séjour des Harpyes.

strŏphĭum, *ĭi*, n., **1.** bande, corset ;
2. couronne ; **3.** corde.

Strŏphĭus, *ĭi*, m., Strophius, roi de Phocide, père de Pylade, l'ami d'Oreste.

structĭlis, *e*, adj., relatif à la construction.

structŏr, *ōris*, m., **1.** constructeur, architecte ; **2.** esclave maître d'hôtel.

structūra, *æ*, f., **1.** construction ; **2.** organisation.

strŭēs, *is*, f., **1.** amas, pile, monceau ;
2. sorte de gâteaux sacrés (en forme de
doigts joints).

strūma, *æ*, f., écrouelles.

strūmōsus, *a, um*, scrofuleux.

strŭo, *ĭs, ĕre, struxi, structum*, tr., **1.** disposer par couches, mettre en piles, entas-
ser ; **2.** construire, disposer avec ordre,
~ *copias* : ranger des troupes, ~ *verba* : arranger les mots ; **3.** bâtir, élever ; **4.** fig.,
tramer, machiner ; ~ *alicui insidias* : dresser à qqn. des pièges.

strūt(h)ēus (~īus) *a, um*, de moineau ;
struthea mala et subst. n. pl., *struthea,
orum*, pommes à moineau, petite espèce
de coings.

strūthŏcămēlīnus, *a, um*, d'autruche.

strūthŏcămēlus, *i*, m. et f., autruche.

struxi, V. *struo*.

Strȳmo (~ōn), *ŏnis* et *ŏnos*, m., Strymon,
fl. de Thrace ǁ poét., la Thrace ǁ **Strȳmŏnis**,
ĭdis, f., du Strymon, femme thrace, Amazone ǁ **Strȳmŏnĭus**, *a, um*, du Strymon ; de
Thrace ou du nord.

stuc, V. *istuc* ①.

stŭdĕo, *ēs, ēre, stŭdŭi*, intr., **1.** s'appliquer
à + dat., *laudi, virtuti* : à la gloire, à la
vertu ; rechercher, ~ *pecuniæ* : courir
après l'argent ; **2.** + acc. n. des pron. : viser, avoir en vue ; **3.** + inf. ou prop. inf. :
désirer, souhaiter que ; **4.** avec *ut* : s'efforcer de, avec *ne* : s'appliquer à ne pas ;
5. s'intéresser à, soutenir, favoriser, ~ *alicui* : être du parti de qqn. ; **6.** étudier,
s'instruire.

stŭdĭōsē, adv., [~*sius, ~sissime*], avec application, avec ardeur, délibérément.

stŭdĭōsus, *a, um*, [~*sior, ~sissimus*],
1. appliqué à, passionné pour, qui aime :
avec gén., *in* + abl, *ad* + acc. ; **2.** attaché à,
partisan ; **3.** savant, lettré.

stŭdĭum, *ĭi*, n., **1.** ardeur, goût, passion,
summo studio : avec beaucoup d'ardeur,
~ *discendi* ; le goût de l'étude ; **2.** dévouement, passion (not. pol.), sympathie, *sine
irâ et studio* : sans colère et sans partialité,
TAC. ; ~ *erga, in aliquem* : sympathie pour

qqn., CIC. ; **3.** application à l'étude
étude, *natura, studium* : les dons naturels
l'étude, CIC.

stŭdŭi, V. *studeo*.

stultē, adv., [~*tius, ~tissime*], sottement
haud ~ sapis : tu n'es pas bête, TÉR.

stultĭlŏquentĭa, *æ*, f., et **stultĭlŏquĭum**
ĭi, n., bavardage, sottise.

stultĭlŏquus, *a, um*, sot, bavard.

stultĭtĭa, *æ*, f., **1.** sottise, niaiserie ; **2.** fo
lie de jeunesse ; **3.** au pl., *stultitiæ, arum*
sottises, niaiseries.

stultĭvĭdus, *a, um*, qui a la berlue.

stultus, *a, um*, [~*tior, ~tissimus*], sot, in
sensé, fou, *stulta arrogantia* : folle pré
somption.

stūpa, V. *stuppa*.

stŭpĕfăcĭo, *ĭs, ĕre, fēci, factum*, tr., frap
per de stupeur.

stŭpĕfīo, *fīs, fĭĕri, factus sum*, passif d
préc., être interdit, stupéfait.

stŭpendus, *a, um*, adj. vb. de *stupeo*
étonnant.

stŭpens, *entis*, V. *stupeo*, étonné, interdit

stŭpĕo, *ēs, ēre, stŭpŭi*, intr. et tr.-
I intr. **1.** être paralysé ; **2.** être frappé de
stupeur, être interdit ; **3.** s'arrêter.
II tr., regarder avec étonnement, admira
tion ; voir avec étonnement que + prop
inf.

stŭpesco, *ĭs, ĕre*, intr., demeurer immo
bile de stupeur.

stŭpĭdĭtās, *ātis*, f., stupidité.

stŭpĭdus, *a, um*, **1.** étonné, stupéfait
2. immobile, en extase ; **3.** stupide, sot
niais.

stŭpŏr, *ōris*, m., **1.** paralysie, stupeur
2. stupidité.

stuppa (stūpa), *æ*, f., étoupe.

stuppārĭus, *a, um*, d'étoupe.

stuppĕus, *a, um*, d'étoupe.

stŭprātŏr, *ōris*, m., corrupteur, séduc
teur.

stŭpro, *ās, āre*, tr., **1.** déshonorer
2. souiller.

stŭprōsus, *a, um*, corrupteur.

stŭprum, *i*, n., **1.** déshonneur ; **2.** débau
che ; **3.** courtisane.

stŭpŭi, V. *stupeo*.

sturnus, *i*, m., étourneau.

Stȳgĭus, *a, um*, **1.** du Styx, des Enfers
2. fatal, infernal, mortel.

Stymphālis, *ĭdis*, f., du Stymphale ǁ
Stymphālīdes aves et **Stymphālĭdes**
um, f. pl., oiseaux du lac Stymphale, aux
ailes de bronze, exterminés par Hercule
ǁ **Stymphālīus**, *a, um*, du Stymphale ǁ
Stymphālŏs (~us), *i*, m., et **Stymphālum**

i, n., Stymphale, lac, fl., mt. et v. d'Arcadie.

styptĭcus, *a*, *um*, astringent, âpre.

stўrax (stŏrax), *ăcis*, m. et f., styrax, ou storax, arbre résineux ; baume ou parfum qu'on en tire.

Styx, *Stўgis* et *Stўgos*, f., Styx, **1.** fontaine d'Arcadie, dont l'eau glacée était mortelle ; **2.** fl. des Enfers, par lequel juraient les dieux ; **3.** les Enfers.

suādēla, *æ*, f., **1.** art de persuader, éloquence ; **2.** *Suadela* : déesse de la persuasion.

suādĕo, *ēs*, *ēre*, *suāsi*, *suāsum*, (cf. *suavis*), litt., faire agréer, **1.** intr., conseiller, donner un conseil, *amici bene suadentes* : amis bons conseillers ; **2.** tr., conseiller, *pacem* : la paix ; ~ *legem* : soutenir une loi ; + inf., conseiller de, *alicui ut/ne* : à qqn. de/de ne pas ; + subj. seul ; + prop. inf.

suādus, *a*, *um*, persuasif.

suārĭus, *a*, *um*, de porcs ; subst. m., *suarius*, *ii*, porcher.

suāsi, V. *suadeo*.

suāsĭo, *ōnis*, f., **1.** conseil ; **2.** discours en faveur de, ~ *legis* : appui donné à une loi ; **3.** *suasiones* : rhét., discours du genre délibératif.

suāsŏr, *ōris*, m., **1.** qui conseille ; **2.** qui parle en faveur d'une loi.

suāsōrĭus, *a*, *um*, qui tend à persuader, persuasif ; subst. f., *suasoria*, *æ*, rhét., discours pour conseiller, discours du genre délibératif.

suāsŭs, *ūs*, m., conseil.

suāvĕ, adv., agréablement.

suāvĕŏlens (suāvĕ ŏlens), *entis*, adj., au doux parfum.

suāvĭātĭo, V. *saviatio*.

suāvĭdĭcus, *a*, *um*, au doux langage.

suāvĭlŏquens, *entis*, adj., au doux parler.

suāvĭlŏquentĭa, *æ*, f., doux parler.

suāvĭŏlum, V. *saviolum*.

suāvĭor ou **sāvĭor**, *āris*, *āri*, tr., embrasser, baiser.

suāvis, *e*, adj., [~*vior*, ~*vissimus*], doux, agréable.

suāvĭtās, *ātis*, f., **1.** douceur ; **2.** charme, agrément.

suāvĭtĕr, adv., [~*vius*, ~*vissime*], agréablement, doucement.

suāvĭum ou **sāvĭum**, *ĭi*, n., baiser.

sŭb (subs), prép. + abl. et acc.,
I + abl.,
A. lieu : **1.** sous, *sub terrā habitare* : habiter sous la terre, Cic. ; *sub sole* : au soleil, en plein soleil, Virg. ; *sub coronā*, *sub hastā vendere* : vendre des prisonniers de guerre à l'encan ; **2.** au pied de, au bas de ; **3.** poét., immédiatement après ; **4.** au fond ;
B. temps : vers, à, pendant ; au moment de, *sub Tiberio Cæsare* : sous le règne de Tibère ;
C. circ. div. : sous la dépendance de, sous les ordres de ; *sub eā condicione* : à cette condition, *sub lege ne* : sous la condition de ne pas ; *sub mortis pœnā* : sous peine de mort.
II + acc.,
A. lieu (en gén. avec vb. de mvt.), **1.** sous, *exercitum sub jugum mittere* : faire passer une armée sous le joug, Cés. ; fig., *sub sensum cadere* : tomber sous le sens, Cic. ; **2.** au pied de (avec ou sans mvt.) ;
B. temps : **1.** vers, un peu avant, *sub lucem*, *vesperum*, *noctem* : à l'approche du jour, du soir, de la nuit ; **2.** immédiatement après, *sub eas litteras* : aussitôt après cette lettre ;
C. circ. :, sous la dépendance de, *sub alicujus imperium dicionemque cadere* : tomber au pouvoir et sous la domination de qqn.

sub~, outre les sens prép., marque, **1.** mvt. de bas en haut : *surgere*, *supinus* (qui a la tête en l'air), *summus* (celui qui monte le plus, le plus élevé), *super* (anc. comp. de *sub*) ; **2.** remplacement, substitution : *succedo*, etc. ; **3.** diminution (un peu) : *subiratus* : infériorité, action furtive, etc.

sŭbabsurdē, adv., d'une manière un peu absurde.

sŭbabsurdus, *a*, *um*, un peu absurde, un peu étrange.

sŭbaccūso, *ās*, *āre*, tr., accuser quelque peu, légèrement.

sŭbăcĭdus, *a*, *um*, aigrelet, un peu acide.

sŭbactĭo, *ōnis*, f., trituration, broiement ; fig., exercice, gymnastique de l'esprit.

sŭbactus, *a*, *um*, V. *subigo*.

sŭbadrŏgantĕr, V. *subarroganter*.

sŭbadsentĭens, V. *subassentiens*.

sŭbagrestis, *e*, adj., un peu rustique, un peu grossier, peu poli ou cultivé.

sŭbalbus, *a*, *um*, blanchâtre.

sŭbămārus, *a*, *um*, un peu amer.

sŭbarrŏgantĕr, adv., avec un peu de présomption.

sŭbassentĭens, *entis*, adj., qui s'accorde avec.

sŭbaudĭo, *īs*, *īre*, *ītum*, tr., **1.** entendre un peu ; **2.** sous-entendre.

sŭbaurātus, *a*, *um*, légèrement doré.

sŭbausculto, *ās*, *āre*, tr., écouter furtivement, épier.

subblandĭor, *īris*, *īri*, intr., flatter un peu, caresser, cajoler.

subcăvus, *a*, *um*, creusé intérieurement, souterrain.

subcent~, V. *succent~*.

subcerno, *īs*, *ĕre*, *crēvi*, *crētum*, tr., 1. tamiser ; 2. fig., agiter.

subcingo, V. *succingo*.

subcīsīvus, V. *subsicivus*.

subcl~, V. *succl~*.

subcontŭmēlĭōsē, adv., un peu ignominieusement.

subcresco, V. *succresco*.

subcrispus, *a*, *um*, un peu crépu.

subcub~, V. *succub~*.

subcumbo, V. *succumbo*.

subdēbĭlis, *e*, adj., un peu faible, claudicant.

subdēfĭcĭo, *īs*, *ĕre*, intr., s'affaiblir, défaillir.

subdĭdi, V. *subdo*.

subdifffĭcĭlis, *e*, adj., un peu difficile.

subdītīvus, *a*, *um*, supposé, substitué, faux.

subdīvālis (**subdĭālis**), *e*, adj., à l'air libre.

subdo, *īs*, *ĕre*, *dĭdi*, *dĭtum*, tr., 1. mettre sous, placer sous ; ~ *ignem, ignes, faces* : mettre le feu ; ~ *pugionem pulvino* : cacher un poignard sous son oreiller ; part., *subditus, a, um*, (lieu), placé ou situé sous ; 2. soumettre, assujettir ; exposer à ; 3. substituer, mettre à la place de, *aliquem in locum alicujus* : qqn. à la place de qqn. ; 4. supposer, mettre faussement à la place, *subditus* : enfant supposé, ~ *aliquem reum* : fabriquer un coupable.

subdŏcĕo, *ēs*, *ĕre*, tr., instruire à la place d'un maître.

subdŏlē, adv., un peu artificieusement.

subdŏlus, *a*, *um*, rusé, traître.

subdūco, *īs*, *ĕre*, *duxi, ductum*, tr., **I** retirer d'un lieu bas, 1. faire monter ; ~ *supercilia* : froncer les sourcils, SÉN. ; ~ *copias in collem* : retirer ses troupes sur une colline ; 2. tirer au sec des navires. **II** tirer de dessous, 1. retirer, ôter ; 2. emmener ; 3. soustraire, enlever ; 4. enlever secrètement, furtivement, *alicui anulum* : un anneau à qqn. **III** compter, calculer, supputer, *rationibus subductis* : tout compte fait.

subductĭo, *ōnis*, f., 1. action de tirer les navires au sec ; 2. calcul, compte.

subĕdo, *īs*, *ĕre*, *ĕdi*, (*ēsum*) tr., ronger en dessous, miner.

subēgi, V. *subigo*.

subĕo, *īs*, *īre*, *īvi* (*ĭi*), *ĭtum*, intr. et tr., 1. aller sous, abs. ; + dat., ~ *feretro* : porter une civière, VIRG. ; + acc., ~ *tectum* : entrer sous un toit, CÉS. ; ~ *dorso onus* : porter une charge sur son dos, HOR. ; 2. supporter, affronter, *casum* : un malheur, *pericula* : les dangers ; 3. s'approcher, s'avancer, avec *sub* + abl., *ad* + acc., dat. ou acc. seul ; assaillir ; 4. se glisser furtivement, pénétrer ; 5. suivre immédiatement, succéder ; croître, pousser ; 6. arriver, se présenter, survenir ; 7. fig., venir à l'esprit, abs. + dat., acc., prop. inf. ou interr. indir.

sūbĕr, *ĕris*, n., chêne-liège ; bouchon de liège.

sūbĕrĕus, *a*, *um*, de liège.

subf~, V. *suff~*.

subg~, V. *sugg~*.

sŭbhærĕo, *ēs*, *ĕre*, intr., rester attaché à.

sŭbhorrĭdus, *a*, *um*, un peu hirsute.

sūbĭces, *um*, f. pl., marchepied des dieux, ENN.

sūbĭcĭo, V. *subjicio*.

sūbĭgo, *īs*, *ĕre*, *ēgi, actum*, tr., 1. pousser sous, faire avancer ; 2. forcer, contraindre à, avec *ad* ou *in* + acc., inf., *ut* + subj. 3. soumettre, réduire ; 4. remuer, travailler ; lisser, filer (la laine) ; 5. former, façonner (l'esprit).

sŭbĭnānis, *e*, adj., un peu vain.

sŭbindĕ, adv., 1. immédiatement après ; 2. successivement ; souvent.

sŭbinsulsus, *a*, *um*, peu spirituel, assez insipide.

sŭbinvĭdĕo, *ēs*, *ĕre*, intr., envier un peu + dat.

sŭbinvīsus, *a*, *um*, un peu odieux, mal vu.

sŭbinvīto, *ās*, *āre*, tr., inviter un peu, engager à.

sŭbīrascor, *ĕris*, *i*, *īrātus sum*, intr., s'irriter un peu, se fâcher, ~ *alicui* : avoir du dépit contre qqn.

sŭbīrātus, *a*, *um*, un peu irrité, un peu fâché, *alicui* : contre qqn.

sŭbĭtārĭus, *a*, *um*, fait à la hâte, improvisé.

sŭbĭtō, adv., subitement, tout à coup.

sŭbĭtus, *a*, *um*, 1. V. *subeo* ; 2. adj., a) soudain, imprévu, improvisé ; b) frais, récent ; c) subst. n., *subitum, i*, événement imprévu, chose pressante ; au pl., *subita, orum*, improvisation.

subjăcĕo, *ēs*, *ĕre*, *jăcŭi*, intr., 1. être couché dessous ; 2. être soumis à, dépendre de.

subjēci, V. *subjicio*.

subjectē, adv., seul. au superl., *subjectissime*, le plus humblement.

subjectĭo, *ōnis*, f., 1. action de mettre sous, devant ; ~ *sub oculos* : vive représentation, hypotypose ; 2. supposition ; rhét., réponse à une question que l'orateur se pose à lui-même.

subjecto, *ās, āre,* tr., 1. mettre sous, approcher, ~ *alicui stimulos* : donner de l'aiguillon à qqn. ; 2. élever, soulever.

subjectŏr, *ōris,* m., fabricateur (de testaments).

subjectus, *a, um,* 1. V. *subjicio* ; 2. adj., a) voisin ; proche, *alicui rei* : de qqch. ; b) subst. n. pl., *subjecta, orum,* lieux bas, fonds (des vallées) ; c) soumis, subordonné ; subst. m., *subjectus, i,* inférieur ; au pl., *subjecti, orum,* sujets.

subjĭcĭo (sŭbĭcĭo), *ĭs, ĕre, jēci, jectum,* tr., 1. mettre sous, *res quæ subjectæ sunt sensibus* ou *sub sensus* : ce qui tombe sous les sens, les choses sensibles ; ~ *sententiam sub voce, rem voci* : attacher une idée, un sens à un mot, *vis subjecta vocibus* : force des mots, Cic. ; 2. mettre auprès, approcher, *aciem, legiones* : des troupes, des légions ; 3. soumettre, assujettir ; exposer à ; inclure ; 4. mettre à la place de, substituer ; 5. ajouter, mettre après ; 6. soumettre, présenter ; rappeler ; suggérer ; 7. jeter de bas en haut, soulever ; *se* ~ : s'élever, pousser.

subjŭgĭus, *a, um,* qui sert à attacher le joug ; subst. n. pl., *subjugia, orum,* courroies pour attacher le joug.

subjŭgus, *a, um,* assujetti par un joug.

subjungo, *ĭs, ĕre, junxi, junctum,* tr., 1. mettre sous le joug, atteler ; 2. joindre, ajouter ; 3. soumettre, subjuguer ; 4. mettre à la place, substituer.

sublābor, *ĕris, i, lapsus sum,* intr., 1. s'affaisser, s'évanouir ; s'écrouler ; 2. glisser, s'insinuer.

sublātē, adv., 1. à une grande hauteur ; 2. fig., dans un style élevé ; 3. comp., *sublatius,* avec trop de hauteur.

sublātĭo, *ōnis,* f., 1. action d'élever ; 2. exaltation ; 3. éducation ; 4. suppression ; 5. métr., temps faible (opp. à *positio).*

sublātus, *a, um,* 1. V. *tollo* ; 2. adj., [~*tior, ~tissimus*], élevé ; enflé, orgueilleux.

sublecto, *ās, āre,* tr., séduire, tromper.

sublĕgo, *ĭs, ĕre, lēgi, lectum,* tr., 1. ramasser à terre ; 2. soustraire ; dérober ; 3. substituer ; 4. adjoindre.

sublĕvātĭo, *ōnis,* f., soulagement.

sublĕvo, *ās, āre,* tr., 1. soulever ; 2. secourir, soutenir, soulager ; 3. affaiblir, épargner.

sublīca, *æ,* f., pieu, piquet, pilotis.

sublīcĭus, *a, um,* sur pilotis, de charpente ; ~ *pons* : pont de charpente qu'Ancus Marcius fit jeter sur le Tibre.

sublĭgācŭlum, *i,* et **sublĭgăr**, *āris,* n., caleçon.

sublĭgo, *ās, āre,* tr., 1. attacher en dessous ; 2. attacher, *lateri ensem* : l'épée au côté (ceindre l'épée).

① **sublīmĕ**, adv., en haut, en l'air ; en style sublime.

② **sublīme**, *is,* n., hauteur.

sublīmis, *e,* adj., [~*mior, ~missimus*], 1. haut, suspendu dans les airs ; 2. fig., haut, élevé, grand, *sublimia curare* : avoir le souci des grandes choses ; 3. hautain, fier ; 4. (style) noble ; sublime.

sublīmĭtās, *ātis,* f., 1. hauteur ; 2. fig., grandeur ; 3. élévation du style.

sublīmĭtĕr, adv., en haut, avec grandeur.

sublīmo, *ās, āre,* tr., 1. élever, ~ *se* et *sublimari* : s'élever ; 2. exalter, glorifier.

sublīmus, *a, um,* Enn. et Lucr., V. *sublimis.*

sublingĭo, *ōnis,* m., lécheur (de plats) en second, aide de cuisine, Pl.

sublīno, *ĭs, ĕre, lēvi, lĭtum,* tr., 1. enduire, appliquer par-dessous ; faire un fond (en peinture) ; 2. recouvrir, crépir ; *os alicui* ~ : barbouiller la figure de qqn., se moquer de lui.

sublūcĕo, *ēs, ēre, luxi,* intr., luire un peu, briller à travers.

sublŭo, *ĭs, ĕre, lŭi, lūtum,* tr., 1. laver en dessous ; 2. arroser, baigner.

sublustris, *e,* adj., faiblement éclairé, ~ *umbra noctis* : demi-obscurité de la nuit, clair-obscur.

sublŭvĭēs, *ēi,* f., boue, vase ; abcès au pied.

submergo (summ~), *ĭs, ĕre, mersi, mersum,* tr., 1. submerger, plonger, couler ; passif, *submergi* : se noyer ; 2. fig., engloutir.

submĕrus, *a, um,* presque pur.

submĭnistrātŏr, *ōris,* m., fournisseur, pourvoyeur.

submĭnistro (summ~), *ās, āre,* tr., 1. fournir, procurer ; produire ; 2. fig., inspirer, *timores* : des craintes.

submīsi, V. *submitto.*

submissē (summ~), adv., 1. doucement, à voix basse ; sur un ton peu élevé ; 2. humblement.

submissim (summ~), adv., doucement, à voix basse, ~ *ridere* : rire sous cape.

submissĭo (summ~), *ōnis,* f., 1. action de baisser la voix ; 2. simplicité (du style) ; 3. humilité.

submissus (summ~), *a, um,* 1. V. *summitto* ; 2. adj., a) abaissé, baissé ; bas ;

b) abaissé, *voce summissā* : à voix basse ;
c) bas, vil ; d) modeste.

submitto (summ~), *ĭs, ĕre, mīsi, missum*, tr., **1.** mettre dessous, abaisser, *~ fasces* : abaisser les faisceaux (= baisser pavillon), *~ oculos* : baisser les yeux, *~ animum, animos* : perdre courage ; passif, *submitti* : descendre (l'eau d'un fl.) ; **2.** laisser pousser, *barbam ac capillum* : barbe et cheveux, Sén. ; **3.** faire pousser, *~ flores* : faire naître des fleurs (sous les pas), Lucr. ; **4.** élever, lever, *manus* : les mains (en suppliant) ; **5.** envoyer, *(milites) auxilio* : au secours), *alicui* : un remplaçant à qqn.

submŏlestē, adv., avec un peu de peine.

submŏlestus, *a, um*, un peu désagréable.

submŏnĕo (summ~) *ēs, ēre, mŏnŭi*, tr., avertir secrètement.

submŏrōsus, *a, um*, un peu grincheux.

submŏvĕo (summ~), *ēs, ēre, mōvi, mōtum*, tr., **1.** écarter, éloigner ; **2.** faire écarter (licteur) ; abs., *summoto* : quand la foule eut fait place, Liv. ; **3.** repousser (l'ennemi) ; **4.** diviser, séparer (lieu) ; **5.** éloigner, détourner.

submūto, *ās, āre*, tr., échanger.

subnascor, *ĕris, i, nātus sum*, intr., naître en dessous ; renaître, repousser.

subnecto, *ĭs, ĕre, nexŭi, nexum*, tr., **1.** attacher sous, nouer ; **2.** ajouter, joindre (en parlant ou en écrivant).

subnĕgo, *ās, āre*, tr., refuser un peu.

subnervo, *ās, āre*, tr., couper les nerfs ; fig., couper court à, Apul.

subnexus, *a, um*, V. *subnecto*.

subnixus (~nīsus), *a, um*, (*sub + nitor*), **1.** appuyé sur + abl. ; **2.** qui se repose sur, confiant, fort de + abl. ; **3.** abs., confiant.

subnŏto, *ās, āre*, tr., **1.** annoter ; viser ; prendre en note ; **2.** remarquer ; désigner.

subnūbĭlus, *a, um*, un peu obscur.

sŭbo, *ās, āre*, intr., être en chaleur.

sŭbobscēnus, *a, um*, un peu obscène.

sŭbobscūrus, *a, um*, fig., un peu obscur.

sŭbŏdiōsus, *a, um*, assez ennuyeux.

sŭboffendo, *ĭs, ĕre*, intr., déplaire un peu, froisser.

sŭbŏlĕo, *ēs, ēre*, intr., répandre une odeur, *hoc subolet mihi* ou *subolet mihi* : je sens, je flaire, fig.

sŭbŏlēs, *is*, f., **1.** rejeton, pousse ; **2.** fig., descendants, lignée, postérité ; **3.** petits (des animaux).

sŭbŏlesco, *ĭs, ĕre*, intr., naître à la suite, former une lignée.

sŭbŏrĭor, *ĕris, īri*, intr., renaître, se reproduire.

sŭborno, *ās, āre*, tr., **1.** équiper, pourvoir ; **2.** tenir prêt, s'assurer les services de ; péj., préparer en dessous, en secret *~ fictum testem* : suborner un témoin.

subp~, V. *supp~*.

subrādo, *ĭs, ĕre, rāsi, rāsum*, tr., **1.** racler en dessous ; **2.** arroser, baigner le pied de (rivière).

subraucus, *a, um*, un peu rauque.

subrectus, *a, um*, V. *subrigo*.

subrēmĭgo, *ās, āre*, intr., ramer sous l'eau.

subrēpo (surr~), *ĭs, ĕre, repsi, reptum*, tr. et intr., **1.** se glisser sous ; **2.** fig., s'insinuer, *alicui ~* : surprendre (prendre en traître) qqn.

subreptus, *a, um*, V. *subripio*.

subrexi, V. *subrigo*.

subrīdĕo, *ēs, ēre, rīsi, rīsum*, intr., sourire.

subrīdĭcŭlē, adv., assez plaisamment.

subrĭgo (surrĭgo), *ĭs, ĕre, rexi, rectum*, tr., dresser, relever.

subringor, *ĕris, i*, intr., être contrarié, faire la moue.

subrĭpĭo, V. *surripio*.

subrīsi, V. *subrideo*.

subrŏgo (surr~), *ās, āre*, tr., faire choisir à la place, élire en remplacement ou en plus, *~ sibi aliquem collegam* : se faire adjoindre qqn. comme collègue.

subrostrāni, *ōrum*, m. pl., habitués des rostres, badauds, V. *rostrum*.

subrŭbĭcundus, *a, um*, rougeâtre.

subrŭfus, *a, um*, aux cheveux un peu roux.

subrŭo, *ĭs, ĕre, rŭi, rŭtum*, tr., **1.** arracher par-dessous, miner, abattre ; **2.** fig., saper, détruire.

subrustĭcus, *a, um*, un peu rustique.

subrŭtĭlus, *a, um*, tirant sur le rouge.

subscrībo, *ĭs, ĕre, scripsi, scriptum*, tr., **1.** écrire dessous, inscrire au bas ; **2.** signer une accusation, *in aliquem* : contre qqn. ; s'associer à une accusation ; **3.** approuver, souscrire à ; **4.** inscrire, enregistrer ; **5.** noter, flétrir (censeur).

subscriptĭo, *ōnis*, f., **1.** inscription au bas de, au-dessous de ; **2.** action d'accuser ou de s'associer à une accusation ; **3.** inscription, note ; **4.** indication de l'objet d'un blâme.

subscriptŏr, *ōris*, m., **1.** associé à l'accusation ; **2.** approbateur, partisan.

subsĕcīvus, V. *subsicivus*.

subsĕco, *ās, āre*, tr., couper en dessous, rogner.

subsēdi, V. *subsido*.

subsellĭum, ĭĭ, n., **1.** petit banc ; **2.** banc, banquette ; **3.** au pl., *subsellia* , *orum*, bancs au théâtre ; sièges des sénateurs dans la curie ; bancs des tribunaux ; fig., les tribunaux, la justice.

subsĕquor, ĕris, i, sĕcŭtus sum, tr., **1.** suivre immédiatement, venir derrière ; **2.** suivre, accompagner ; **3.** suivre, imiter.

subsĕro, ĭs, ĕre, (sĕrŭi), sertum, tr., insérer.

subservĭo, ĭs, īre, intr., **1.** être au service de + dat. ; **2.** seconder + dat.

subsessŏr, ōris, m., celui qui se tient à l'affût, chasseur ; suborneur.

subsĭcīvus, a, um, (sub + seco), retranché, rogné, **1.** ce qui reste après mesure ; subst. n., *subsicivum, i*, parcelle ; **2.** dérobé, de reste, *subsiciva tempora* : moments perdus ; **3.** peu important, accessoire, *philosophia non est res subsiciva, or dinaria est* : la philosophie n'est pas un passe-temps, c'est l'occupation principale, Sén. ; **4.** accidentel.

subsĭdĭālis, e, adj., de réserve, de renfort.

subsĭdĭārĭus, a, um, de réserve ; subst. m. pl., *subsidiarii, orum*, troupes de réserve.

subsĭdĭum, ĭĭ, n. **1.** réserve (ordin. au pl. *subsidia, orum*) ; **2.** secours, renfort ; **3.** aide, appui ; **4.** refuge, asile.

subsīdo, ĭs, ĕre, sēdi, sessum, intr. et tr., **1.** se baisser ; **2.** s'affaisser, tomber, déposer ; **3.** s'arrêter, rester ; **4.** diminuer, cesser ; **5.** attendre en embuscade.

subsignānus, a, um, sous les drapeaux ; *subsignani milites* : légionnaires de la réserve (au centre).

subsigno, ās, āre, tr., **1.** transcrire ci-après ; **2.** consigner, enregistrer ; **3.** engager, offrir en garantie ; fig., ~ *fidem* : donner sa parole, Pl.-J.

subsĭlĭo (**suss~**), ĭs, īre, sĭlŭi, intr. **1.** sauter en l'air, bondir ; sortir (point de dés) ; **2.** se dégager, sauter à l'intérieur.

subsisto, ĭs, ĕre, stĭti, intr. et tr., **1.** s'arrêter ; **2.** rester, demeurer ; résister ; **3.** s'arrêter, cesser ; **4.** tenir tête à, *feras ~* : affronter les bêtes sauvages, Liv.

subsōlānus, a, um, tourné vers l'orient ; de l'est ; subst. m., *subsolanus, i*, vent d'E.

subsortĭor, īris, īri, sortītus sum, tr., tirer au sort (pour remplacer) ; choisir de nouveaux juges.

subsortītĭo, ōnis, f., tirage au sort de remplacement.

substantĭa, æ, f., **1.** substance, être ; réalité, *non habere substantiam* : être dé-

pourvu d'existence réelle ; **2.** soutien, support ; **3.** biens, fortune.

substerno, ĭs, ĕre, strāvi, strātum, tr., **1.** étendre sous ; **2.** soumettre, subordonner ; péj., abandonner ; **3.** joncher, garnir.

substĭti, V. *subsisto*.

substĭtŭo, ĭs, ĕre, stĭtŭi, stĭtūtum, tr., **1.** mettre sous ; **2.** se représenter ; **3.** soumettre à, rendre responsable ; **4.** mettre à la place, substituer, *philosophiam pro rei publicæ procuratione substitutam putare* : considérer la philosophie comme un substitut de la politique, Cic. ; **5.** substituer comme héritier.

substrātus, a, um, V. *substerno*.

substrāvi, V. *substerno*.

substrĕpo, ĭs, ĕre, tr., murmurer faiblement.

substrictus, a, um, serré, étroit, maigre.

substringo, ĭs, ĕre, strinxi, strictum, tr., **1.** attacher par-dessous ; **2.** resserrer, restreindre, contenir.

substructĭo, ōnis, f., construction en sous-sol, fondation ; grande muraille.

substrŭo, ĭs, ĕre, struxi, structum, tr., **1.** construire en dessous, faire des fondations ; **2.** munir de fondations ; **3.** paver.

subsultim, adv., par soubresauts, en sautillant.

subsulto, ās, āre, intr., **1.** bondir ; **2.** être sautillant.

subsum, subĕs, subesse, subfŭi et fŭi sub, intr., **1.** être sous ; **2.** être proche ; **3.** fig., être caché dessous, *aliqua subest causa* : il y a là-dessous quelque cause ou motif, Cic.

subtĕmĕn (**~ tegmĕn**), ĭnis, n., **1.** trame d'un tissu ; **2.** tissu ; **3.** fil des Parques.

subtĕr, **1.** adv., au-dessous ; **2.** prép. + abl. et acc., au bas de, près de ; **3.** compos., a) au-dessous ; b) en secret.

subterdūco, ĭs, ĕre, duxi, tr., emmener secrètement, soustraire.

subterflŭo, ĭs, ĕre, intr. et tr., couler au-dessous.

subterfŭgĭo, ĭs, ĕre, fūgi, intr. et tr., fuir secrètement ; se dérober à.

subtĕrhăbĕo, ēs, ĕre, tr., placer au-dessous, déprécier.

subterlābor, ĕris, i, lapsus sum, tr., **1.** couler sous ; **2.** glisser, s'esquiver.

subterrānĕus, a, um, souterrain.

subterrēnus, a, um, souterrain, Apul.

subtervăcans, antis, adj., qui est vide en dessous.

subtĕrvolvo, ĭs, ĕre, tr., faire rouler en dessous.

subtexto, *ĭs, ĕre, texŭi, textum*, tr., **1.** tisser dessous ; **2.** étendre devant ; **3.** couvrir d'un tissu ; **4.** ajouter en tissant.

subtīlis, *e*, adj., [~*lior*, ~*lissimus*], **1.** fin, délié, subtil ; **2.** fig., fin, ingénieux, pénétrant ; **3.** juste, exact ; (style) sobre, précis, simple.

subtīlĭtās, *ātis*, f., **1.** finesse, ténuité ; **2.** pénétration, précision ; **3.** simplicité du style.

subtīlĭtĕr, adv., [~*lius*, ~*lissime*], **1.** finement ; **2.** avec pénétration ; **3.** simplement.

subtĭmĕo, *ēs, ēre*, tr., craindre un peu.

subtrăho, *ĭs, ĕre, traxi, tractum*, tr., **1.** retirer, soustraire ; **2.** enlever, ôter ; **3.** retirer, ne pas donner ; **4.** retrancher, passer sous silence.

subturpis, *e*, adj., un peu honteux.

subtŭs, adv., en dessous, par-dessous.

subtūsus, *a, um*, un peu broyé, Tib.

sŭbūcŭla, *æ*, f., tunique de dessous, chemise.

sŭbŭla, *æ*, f., alène ; prov., *subulā leonem excipere* : attendre le lion avec une alène (être mal armé contre le danger).

sŭbulcus, *i*, m., porcher.

sŭbŭlo, *ōnis*, m., nom étrusque pour *tibicen*, joueur de flûte.

Sŭbūra, *æ*, f., Subure, rue de Rome (entre Cælius et Esquilin) mal famée (tavernes et prostituées) ‖ **Sŭbūrānus**, *a, um*, de la rue de Subure, *Suburana magistra* : maîtresse d'école de Subure (= prostituée).

sŭburbānĭtās, *ātis*, f., banlieue de Rome.

sŭburbānus, *a, um*, dans la banlieue de Rome ; subst. m. pl., *suburbani, orum*, les hab. de la banlieue de Rome ; n., *suburbanum, i*, propriété de banlieue.

sŭburbĭum, *ĭi*, n., faubourg, banlieue.

sŭburgŭĕo (~*urgĕo*), *ēs, ēre*, tr., pousser près de, rapprocher.

sŭbūro, *ĭs, ĕre, (ussi), ustum*, tr., brûler légèrement ; fig., ronger, miner.

Sŭburra, V. *Subura*.

subvectĭo, *ōnis*, f., transport (par eau, etc.).

subvecto, *ās, āre*, tr., transporter, voiturer.

subvectŭs, *ūs*, m., transport par eau.

subvĕho, *ĭs, ĕre, vexi, vectum*, tr., **1.** transporter de bas en haut, remonter ; **2.** transporter.

subvĕnĭo, *ĭs, īre, vēni, ventum*, intr., **1.** survenir ; venir à l'esprit ; **2.** venir au secours, *alicui* : de qqn. ; **3.** secourir + dat. ; remédier à.

subvento, *ās, āre*, intr., accourir au secours, Pl.

subvĕrĕor, *ēris, ēri*, intr., craindre un peu.

subversŏr, *ōris*, m., destructeur.

subverto (~*vorto*), *ĭs, ĕre, verti, versum*, tr., **1.** retourner, renverser ; **2.** ruiner, détruire.

subvexus, *a, um*, qui s'élève en pente.

subvŏlo, *ās, āre*, intr., s'élever en volant.

subvolvo, *ĭs, ĕre*, tr., rouler de bas en haut.

succēdānĕus, *a, um*, et **succīdānĕus**, *a, um*, substitué, qui remplace.

succēdo, *ĭs, ĕre, cessi, cessum*, intr. et qqf. tr., **1.** se mettre sous, ~ *oneri* : se charger d'un fardeau ; **2.** aller de bas en haut, monter, gravir ; **3.** aller au pied de, s'approcher ; **4.** succéder, *alicui, in locum alicujus* : prendre la place de ; **5.** venir après, suivre ; avoir telle ou telle issue, tel ou tel résultat, *res nulla successerat* : rien n'avait réussi ; *bene, prospere* ~ : bien réussir.

succendo, *ĭs, ĕre, cendi, censum*, tr., **1.** allumer par-dessous, incendier ; **2.** enflammer.

succensĕo, V. *suscenseo*.

succensĭo, *ōnis*, f., embrasement, incendie.

succentŏr, *ōris*, m., **1.** mus., accompagnateur ; **2.** conseiller, instigateur.

successĭo, *ōnis*, f., **1.** succession, remplacement ; **2.** héritage ; **3.** issue, résultat.

successŏr, *ōris*, m., remplaçant, successeur, héritier.

successŭs, *ūs*, m., **1.** approche, arrivée ; **2.** suite, succession ; **3.** succès, réussite.

succīdānĕus, V. *succedaneus*.

succīdĭa, *æ*, f., quartier de porc ; fig., ressource, réserve.

① **succĭdo**, *ĭs, ĕre, cĭdi, (sub + cado)*, intr., **1.** tomber sous ; fig., être compris dans ; **2.** s'affaisser, succomber ; fig., se laisser abattre.

② **succīdo**, *ĭs, ĕre, cĭdi, cīsum, (sub + cædo)*, tr., trancher, faucher.

succĭdŭus, *a, um*, qui s'affaisse.

succinctē, adv., brièvement, succinctement.

succinctus, *a, um*, **1.** V. *succingo* ; **2.** adj., a) prêt, préparé ; b) serré, court.

succingo, *ĭs, ĕre, cinxi, cinctum*, tr., **1.** retrousser ; relever (un vêtement) ; part., *succinctus, a, um*, avec un vêtement (robe, tunique) retroussé, relevé (ex., pour courir) ; **2.** ceindre, entourer ; *gladio succinctus* : l'épée au côté ; **3.** fig., munir, garnir de + abl.

succingŭlum, *i*, n., baudrier.

succĭno, *ĭs*, *ĕre*, **1.** intr., répondre en écho ; fig., faire écho, chanter à son tour ; **2.** tr., chanter en réponse.

succīsīvus, V. *subsicivus*.

succīsus, *a*, *um*, V. *succido* ②.

succlāmātĭo, *ōnis*, f., en gén. au pl., **succlāmātĭones**, *um*, cris en réponse.

succlāmo, *ās*, *āre*, intr., crier en réponse à + dat.

succollo, *ās*, *āre*, tr., charger sur ses épaules.

succresco (subc~), *ĭs*, *ĕre*, *crēvi*, *crētum*, intr., **1.** pousser au-dessous ; **2.** repousser ; **3.** surgir, se produire après.

succrēvi, V. *subcerno* et *succresco*.

succŭba, *æ*, f., concubine.

succŭbo, *ās*, *āre*, intr., être couché sous + dat.

succŭbŭi, V. *succumbo*.

succumbo, *ĭs*, *ĕre*, *cŭbŭi*, *cŭbĭtum*, (*sub* + *cumbo*, cf. *accumbo*, etc.), intr., **1.** s'affaisser sous, fléchir, s'aliter ; **2.** succéder : être vaincu.

succurro, *ĭs*, *ĕre*, *curri*, *cursum*, intr., **1.** courir sous ; **2.** affronter ; **3.** venir à l'esprit ; **4.** courir au secours ; **5.** secourir ; **6.** remédier à.

succussi, V. *succutio*.

succussĭo, *ōnis*, f., secousse tellurique.

succussŭs, *ūs*, m., secousse, secouement.

succŭtĭo, *ĭs*, *ĕre*, *cussi*, *cussum*, tr., secouer en haut, remuer ; fig., ébranler, agiter.

sūcĭdus, *a*, *um*, humide, moite ; plein de sève.

sūcĭnum, *i*, n., ambre jaune (*electrum*).

sūcĭnus, *a*, *um*, d'ambre jaune.

sūcōsus, *a*, *um*, qui a du suc ; riche.

Sucro, *ōnis*, m., Sucron, **1.** fl. de la Tarraconnaise, auj. Jucar ; **2.** v. du même nom ‖ **Sucrōnensis**, *e*, adj., de Sucron, ~ *sinus* : golfe de Sucron, auj. de Valence.

suctus, *a*, *um*, V. *sugo*.

sūcŭla, *æ*, f., jeune truie.

sūcus (succus), *i*, m., **1.** suc, jus ; suc extrait de poissons : décoction, tisane, extrait ; **2.** fig., sève, force ; santé ; **3.** goût, saveur.

sūdārĭum, *ĭi*, n., mouchoir.

sūdātĭo, *ōnis*, f., **1.** sueur, transpiration ; **2.** étuve.

sūdātŏr, *ōris*, m., qui transpire facilement.

sūdātōrĭum, *ĭi*, n., étuve.

sūdĭcŭlum, V. *suduculum*.

sūdis, *is*, f., pieu, piquet, pointe.

sūdo, *ās*, *āre*, intr. et tr.,

I intr., **1.** être en sueur, transpirer ; **2.** suer, se donner de la peine, *vides ~ me laborantem ut* : tu vois que je sue sang et eau pour, Cic. ; **3.** être humide, suinter.

II tr., **1.** distiller, verser ; **2.** tremper de sueur ; **3.** fig., faire avec peine.

sūdŏr, *ōris*, m., **1.** sueur ; **2.** liquide, ~ *maris* : eau de mer ; **3.** peine, effort, fatigue.

sūdōrus, *a*, *um*, qui est en sueur.

sūdŭcŭlum, *i*, n., linge pour la sueur ; ~ *flagri* : qui fait transpirer le fouet (injure à un esclave), Pl.

sūdus, *a*, *um*, sans humidité, sec, serein ; subst. n., *sudum*, *i*, ciel pur, temps clair.

Suēba, *æ*, f., femme suève ‖ **Suēbi**, *ōrum*, m. pl., les Suèves, peuple germanique ‖ **Suēbĭa**, *æ*, f., le pays des Suèves ‖ **Suēbĭcus**, *a*, *um*, suève, *Suebicum mare* : mer Baltique ‖ **Suēbus**, *a*, *um*, suève.

suesco, *ĭs*, *ĕre*, *suēvi*, *suētum*, **1.** intr., s'accoutumer à ; au pf., *suevi* : j'ai l'habitude ; **2.** tr., accoutumer, habituer.

Suessa, *æ*, f., Suv. de Campanie (*Suessa Aurunca*) ; **2.** v. du Latium (*Suessa Pometia*).

Suessōnes et **Suessĭōnes**, *um*, m. pl., Suessions, peuple de la Gaule Belgique, auj. région de Soissons.

Suētōnĭus, *ĭi*, m., Suétonius, nom d'une famille rom. ; spéc., C. Suetonius Tranquillus, Suétone, célèbre historien latin (75-160).

suētus, *a*, *um*, V. *suesco*, **1.** accoutumé, habitué ; **2.** habituel, ordinaire ; **3.** subst. n., *suetum*, *i*, coutume, habitude.

Suēv~, V. *Sueb~*.

suēvi, V. *suesco*.

sūfes (et non *suffes*), *ĕtis*, m., suffète, magistrat suprême à Carthage (ils sont plusieurs).

suffarcĭno, *ās*, *āre*, tr., bourrer, remplir.

suffēci, V. *sufficio*.

Suffēnus, *i*, m., Suffénus, mauvais poète contemporain de Catulle.

suffĕro (sub~), *fers*, *ferre*, tr., **1.** mettre sous, présenter, ~ *tergum* : présenter son dos ; **2.** soutenir, *se* ~ : se soutenir, se maintenir ; **3.** supporter, endurer, *laborem*, *solem*, *sitim* : la fatigue, le soleil, la soif ; ~ *pœnas alicui* : être puni par qqn.

suffertus, *a*, *um*, bien rempli, plein, nourri.

sufficĭens, *entis*, part. adj., suffisant, qui fait face à.

sufficĭo, *ĭs*, *ĕre*, *fēci*, *fectum*, tr. et intr.,

I tr., **1.** mettre sous, imprégner ; **2.** fournir, offrir (cf. *suppedito*) ; **3.** mettre à la place de, ~ *regem* : élire un nouveau roi, Virg. ; *suffectus consul* : consul subrogé (qui remplace le consul ordinaire).

II intr., **1.** suffire, être suffisant, abs. ou + dat., avec *in, ad* + acc. ; + inf., *ut* ou *ne, nec nos obniti contra sufficimus* : et nous ne sommes pas capables de résister, VIRG.

suffīgo (subf~), *ĭs, ĕre, fixi, fixum,* tr., **1.** attacher en dessous, clouer, suspendre, ~ *aliquem cruci* ou *in cruce* ou *in crucem* : crucifier qqn. ; **2.** garnir, couvrir.

suffīmĕn, *ĭnis,* V. *suffimentum.*

suffīmentum, *i,* n., fumigation ; parfum.

suffīo, *ĭs, īre, īvi (ĭi), ītum,* **1.** intr., faire des fumigations (avec) ; **2.** tr., fumiger, parfumer ; **3.** poét., échauffer.

suffītīo, *ōnis,* f., fumigation, action de parfumer par la vapeur.

suffītŏr, *ōris,* m., celui qui fumige.

suffītŭs, *ūs,* m., fumigation.

suffixus, *a, um,* V. *suffigo.*

sufflāmĕn, *ĭnis,* n., **1.** sabot de freinage ; **2.** obstacle, entrave.

sufflātus, *a, um,* part. adj., enflé, gonflé (de colère, d'orgueil).

sufflo, *ās, āre,* **1.** intr., se gonfler, *suffla* : *sum* : gonfle-toi pour crier : « Je suis », PERS. ; **2.** tr., souffler, gonfler.

suffōcātĭo, *ōnis,* f., suffocation, étouffement.

suffōco, *ās, āre,* tr., étouffer, suffoquer.

suffŏdĭo (subf~), *ĭs, ĕre, fŏdi, fossum,* tr., **1.** creuser sous, percer, miner ; **2.** percer en dessous ; **3.** faire en creusant, creuser.

suffossĭo, *ōnis,* f., excavation, mine.

suffossus, *a, um,* V. *suffodio.*

suffrāgātĭo, *ōnis,* f., **1.** vote favorable ; **2.** fig., faveur, appui.

suffrāgātŏr, *ōris,* m., électeur, partisan.

suffrāgātōrĭus, *a, um,* qui concerne le vote, *suffragatoria amicitia* : amitié d'un vote, éphémère.

suffrāgĭum, *ĭi,* (sub + frango) n., **1.** fragment de poterie (avec lequel à l'origine on votait), d'où : vote, suffrage, ~ *ferre* : voter, ~ *inire* : aller voter, *in* ~ *mittere* : faire voter ; **2.** droit de suffrage ; **3.** approbation, faveur.

suffrāgor, *āris, āri,* intr., **1.** voter pour ; **2.** favoriser, approuver, ~ *legi* : appuyer une loi.

suffringo (subf~), *ĭs, ĕre, frēgi, fractum,* tr., rompre en bas, briser par en bas.

suffūdi, V. *suffundo.*

suffŭgĭo, *ĭs, ĕre, fūgi, fŭgĭtum,* **1.** intr., s'enfuir sous, se mettre à couvert ; **2.** tr., échapper à.

suffŭgĭum, *ĭi,* n., refuge, abri, ~ *imbris* : contre la pluie.

suffulcĭo, *ĭs, īre, fulsi, fultum,* (sub + fulcio), tr., étayer, soutenir.

suffultus, *a, um,* V. *suffulcio.*

suffundo, *ĭs, ĕre, fūdi, fūsum,* tr., **1.** verser, répandre par-dessous ; **2.** baigner mouiller, *lacrimis oculos suffusus* : les yeux baignés de larmes, VIRG. ; **3.** voiler couvrir, *suffundi ora rubore* : rougir **4.** imprégner de ; **5.** verser en mélangeant.

suffūsĭo, *ōnis,* f., action de verser, épanchement.

suffūsus, *a, um,* **1.** V. *suffundo* ; **2.** adj., timide.

Sŭgambĕr, *bra, brum,* sicambre, des Sicambres ‖ **Sŭgambra,** *æ,* f., une Sicambre ‖ **Sŭgambri,** *ōrum,* m. pl., les Sicambres, peuple de Germanie.

Sugd~, V. *Sogd~.*

suggĕro, *ĭs, ĕre, gessi, gestum,* tr., **1.** porter sous, mettre sous, *invidiæ flammam* ~ attiser la haine ; **2.** entasser ; **3.** procurer fournir, donner ; **4.** inspirer, conseiller **5.** faire succéder ; **6.** faire suivre, ajouter suppléer ; **7.** spéc., apporter sous la main, ~ *ludum Druso* : jouer un tour à Drusus, CIC.

suggessi, V. *suggero.*

suggestum, *i,* n., **1.** lieu élevé ; **2.** tribune.

suggestŭs, *ūs,* m., **1.** soubassement **2.** hauteur ; **3.** tribune ; **4.** trône de César dans la curie.

suggillātĭo (sūgil~), *ōnis,* f., **1.** meurtrissure ; **2.** fig., raillerie mordante outrage.

suggillo (sūgil~), *ās, āre,* tr., **1.** meurtrir, contusionner ; **2.** fig., outrager.

suggrandis, *e,* adj., un peu grand.

suggrĕdĭor, *ĕris, i, gressus sum,* intr., s'avancer à la dérobée ; **2.** tr., attaquer.

sūgo, *ĭs, ĕre, suxi, suctum,* tr., sucer ; fig., *cum lacte errorem* ~ : sucer l'erreur avec le lait.

① **sŭi, sĭbi, sē,** gén., dat., abl et acc. du pron. réfl. sg. et pl. : de soi, à soi ; à lui, à elle, etc. ; **1.** renvoyant au suj., *ipse se quisque diligit* : chacun s'aime lui-même **2.** renvoyant au suj. de la princ. (et joint à *suus*) : *Cæsar Labieno imperat ut ad se suas copias adducat* : César ordonne à Labiénus de *lui* amener (à lui, César) *ses* troupes (celles de Labiénus) ; **3.** emplois spéc., *per se* : de soi-même ; *propter se* : pour soi ; *inter se* : entre soi, *inter se diligunt* : ils s'aiment l'un l'autre.

② **sŭi,** V. *suo.*

sŭīle, *is,* n., porcherie.

sŭilla, *æ,* f., viande de porc.

sŭillus, *a, um,* de porc.

Sŭiōnes, *um,* m. pl., Suions, peuple du N. de la Germanie (Suède).

ⓓ **sŭïs**, gén. de *sus* ②.

ⓔ **sŭïs**, dat.-abl. pl. de *suus*.

ⓕ **sŭïs**, 2ᵉ pers. sg. de *suo*.

ulcāmĕn, *ĭnis*, n., sillon.

ulcātŏr, *ōris*, m., qui trace un sillon ; laboureur.

ulco, *ās*, *āre*, tr., **1.** sillonner, labourer ; **2.** ouvrir, creuser ; **3.** traverser, parcourir.

ulcus, *i*, m., **1.** sillon ; labour ; **2.** fig., sillon (dans l'eau), sillage ; rides de la peau ; sillon de lumière, etc.

ulfŭr (**sulphŭr**, **sulpŭr**), *ŭris*, n., soufre.

ulfŭrātĭo, *ōnis*, f., soufrière, mine de soufre.

ulfŭrātum, *i*, n., brin soufré, allumette.

ulfŭrātus, *a*, *um*, soufré.

ulfŭrĕus, *a*, *um*, de soufre, sulfureux.

ᵘulla, *æ*, m., Sylla, surnom de la *gens Cornelia* ; spéc., L. Cornelius Sylla, vainqueur de Mithridate, rival de Marius, dictateur à vie, surnommé Felix ‖ **Sullāni**, *ōrum*, m. pl., les partisans de Sylla ‖ **Sullānus**, *a*, *um*, de Sylla.

ᵘullātŭrĭo, *īs*, *īre*, intr., faire son Sylla.

ᵘulmo, *ōnis*, m., Sulmone, v. du Samnium, patrie d'Ovide ‖ **Sulmōnenses**, *ĭum*, m. pl., les hab. de Sulmone.

ᵘulphŭr et **sulpŭr**, V. *sulfur*.

ᵘum, *ĕs*, *esse*, *fŭi*, (R. *es~* et *bhu~*), sens plein, **1.** être, exister, *nullus sum* : je n'existe plus, je suis mort, PL. ; *adhuc sumus* : nous sommes encore en vie, CIC. ; **2.** = il y a, *flumen est Arar* : il y a un fleuve, l'Arar, CÉS. ; **3.** être dans un lieu, dans une situation, *~ in aere alieno, in servitute, in odio* : être endetté, esclave, détesté ; **4.** reposer sur, dépendre de, *non est id in nobis* : cela ne dépend pas de nous, CIC. ; **5.** être du côté de, partisan de qqn., *~ ab aliquo* ; **6.** *sunt qui*, a) + ind. : il y a des gens qui ; b) + subj. : il y a des gens pour ; *est quod* : il y a une raison pour que ; *quid est quod ?* : quelle raison y a-t-il pour que ? ; **7.** se trouver, être réellement, *est ut dicis* : c'est exactement comme tu dis ; *esto* : soit, *verum esto* : mais admettons ; *est ut* + subj., a) il arrive vraiment que ; b) il y a lieu de ; *est* + inf. : il est possible de, VIRG. ; *in eo res est ut*, ou *in eo est ut* : a) les choses en sont au point que ; b) les choses sont sur le point de ; **8.** appartenir à + dat ; avoir à faire avec (*cum* + abl.).

Ⅰ vb. copulatif, **1.** avec attr., *ego tu sum, tu es ego* : moi c'est toi, et toi c'est moi, PL. ; *sumus otiosi* : nous avons du loisir, CIC. ; *nos numerus sumus* : nous, nous sommes le nombre, HOR. ; *hoc est, id est* :

c'est-à-dire ; **2.** + gén., a) arch., *quid illuc est hominum* : quelle espèce d'hommes est-ce là ? ; b) poss. : *domus est patris* : la maison appartient à mon père (distinguer : *domus est patri* : mon père a une maison) ; *Pompei totus sum* : je suis tout entier à Pompée, CIC. ; c) + inf., *est regis tueri cives* : c'est le propre du roi de protéger ses concitoyens, *tuum est imperare* : ton rôle est de commander ; d) + gén. de qual., *nullius animi, nullius consilii fui* : j'ai manqué de fermeté, de sagesse ; e) + gén. de prix, *~ summi laboris* : exiger de grands efforts, *magni, pluris, plurimi ~* : valoir cher, plus cher, très cher ; **3.** + abl. de prix ou de qual., *~ sestertiis duobus* : coûter deux sesterces ; **4.** + dat. de destination ou de but ou *ad* + acc., *argumento* : être une preuve, *solvendo ~* : être solvable, *~ oneri ferendo* : être capable de porter une charge ; **5.** avec double dat. (pers. et chose), *alicui ~ prædæ, impedimento* : être pour qqn. une proie, un obstacle ; **6.** avec dat. éthique, *erit ille mihi semper deus* : pour moi (à mes yeux), il sera toujours un dieu, VIRG.

sūmĕn, *ĭnis*, n., **1.** tétine, spéc. de truie (mets apprécié) ; **2.** truie ; **3.** fig., terre riche.

summa, *æ*, f., **1.** le point le plus élevé ; **2.** fig., la partie essentielle, le principal ; **3.** total, somme, montant, *ad summam* : en somme, au total ; **4.** fig., totalité, ensemble, tout.

summ~, V. aussi *subm~*.

summāno, *ās*, *āre*, **1.** intr., couler sous ; **2.** tr., couler, escamoter, PL.

summārĭum, *ĭi*, n., sommaire, résumé, abrégé.

summās, *ātis*, adj. m. et f., de haute naissance, éminent.

summātim, adv., **1.** à la surface ; **2.** sommairement, superficiellement.

summātŭs, *ūs*, m., souveraineté.

summē, adv., au plus haut degré.

summer~, V. *submer~*.

summĭnistro, V. *subministro*.

summiss~, V. *submiss~*.

summŏnĕo, V. *submoneo*.

summŏpĕrĕ, adv., avec le plus grand soin.

summŏvĕo, V. *submoveo*.

summŭla, *æ*, f., petite somme.

ⓐ **summum**, adv., **1.** au plus, tout au plus ; **2.** pour la dernière fois.

ⓑ **summum**, *i*, n. **1.** le sommet, le haut ; **2.** fig., le point le plus élevé ; **3.** au pl., *summa, orum*, les extrémités (du corps) ; le chef suprême, *summa ducum Atrides* : l'Atride (Agamemnon), le roi des rois, OV.

summus, *a, um*, **1.** le plus haut, le plus élevé ; **2.** le sommet de, ~ *mons* : le sommet de la montagne ; la surface de, *aqua summa* : la surface de l'eau ; **3.** fig., le plus élevé, a) (son) *summā voce* : à voix très haute ; b) (temps) *hieme summā* : au cœur de l'hiver ; *summa dies* : le dernier jour, VIRG. ; c) (degré, rang, importance) *summum bonum* : le souverain Bien, CIC. ; *summo loco natus* : d'une très haute naissance.

sūmo, *ĭs, ĕre, sumpsi, sumptum*, (*subs + emo*), tr., **1.** prendre, se saisir de, *pecuniam mutuam* ~ : emprunter de l'argent ; *mortem (sponte)* ~ : se donner la mort ; *arma, cibum* ~ : prendre les armes, de la nourriture ; **2.** fig., prendre, *spatium ad cogitandum* : du temps pour réfléchir ; ~ *animum* : prendre courage ; ~ *operam frustra* : perdre sa peine ; ~ *pœnam ex aliquo* : infliger une peine à qqn. ; **3.** prendre pour soi, assumer, *operam* : une tâche, ~ *bellum* : entreprendre une guerre ; **4.** s'arroger, s'attribuer, *sumpsi hoc mihi ut* : j'ai pris sur moi de ; **5.** poser en principe, admettre + prop. inf.

sumpsi, V. *sumo*.

sumptĭto, *ās, āre*, tr., prendre souvent.

sumptŭārĭus, *a, um*, qui concerne la dépense, *rationes sumptuariae* : comptes de dépenses, CIC.

sumptŭōsē, adv., [~*sius*], à grands frais.

sumptŭōsus, *a, um*, [~*sior, ~sissimus*], **1.** coûteux, onéreux ; **2.** dépensier, prodigue.

① **sumptus**, *a, um*, V. *sumo*.

② **sumptŭs**, *ūs*, m., coût, dépense, frais, *suo sumptu* : à ses frais, *sumptu publico* : aux frais de l'État.

Sūnĭŏn, *ĭi*, n., Sunium, promontoire, v. et temple au S. de l'Attique.

sŭo, *ĭs, ĕre, sŭi, sūtum*, tr., coudre ; fig., *aliquid suo capiti* ~ : s'attirer une méchante affaire, TÉR.

sŭŏvĕtaurīlĭa (**sŭŏvĭ~**), *ĭum*, n. pl., (*cf. sus, ovis, taurus*), sacrifice d'une truie, d'une brebis et d'un taureau, qui étaient conduits autour du peuple assemblé et ensuite immolés à Mars comme victimes expiatoires.

sŭpellex, *ectīlis*, (*super + lego* ②), f., mobilier, bagage ; *amicos parare, optimam vitæ suppellectilem* : se faire des amis, le meilleur mobilier de la vie, CIC.

sŭper, adv. et prép.,
I adv., **1.** en dessus, par-dessus ; **2.** fig., en plus, au-delà, *satis superque vixisse* : avoir vécu assez et au-delà, assez et même trop, CIC. ; **3.** en outre, *super quam quod* : outre que ; **4.** de plus, de reste.

II prép.,
A. + abl., **1.** lieu : sur, *super cervice* : sur tête ; **2.** temps : pendant, *nocte super mediā* : au milieu de la nuit, VIRG. ; **3.** circ. div. : sur, *super aliquā re scribere* : écrire sur un sujet ; en plus de, *super his* en plus de cela ;
B. + acc., **1.** lieu (avec ou sans mvt.) : au-dessus de, *stricto super capita gladio* : avec l'épée nue sur les têtes, LIV., au-dessus de (sur le lit de table) ; b) géog., au-delà de, *super Numidiam* : au-delà de la Numidie ; **2.** temps : pendant, *super cenam* : pendant le repas ; **3.** circ. div. : a) en plus de ; b) au-dessus de, ~ *omnia* par-dessus tout.

sŭpĕrā, (ss.-ent. *parte*), = *supra*, **1.** adv. au-dessus ; **2.** prép., sur, LUCR.

sŭpĕrābĭlis, *e*, adj., **1.** qui peut être franchi ; **2.** qu'on peut vaincre.

sŭpĕraddo (**sŭpĕr addo**), *ĭs, ĕre, addĭdi additum*, tr., ajouter sur.

sŭpĕrans, *antis*, part. adj., **1.** qui domine ; **2.** prédominant.

sŭpĕrātōr, *ōris*, m., vainqueur.

sŭpĕraurātus, *a, um*, doré.

sŭperbē, adv., [~*bius, ~bissime*], orgueilleusement, avec arrogance.

sŭperbĭa, *æ*, f., **1.** orgueil, insolence ; **2.** laud., noblesse.

sŭperbĭo, *ĭs, īre*, intr., **1.** s'enorgueillir, *quod* : à l'idée que ; **2.** être superbe, briller.

sŭperbus, *a, um*, [~*bior, ~bissimus*], **1.** orgueilleux, fier, arrogant ; **2.** dur, sévère, injuste, *superbum bellum* : guerre cruelle, *superbum est* + inf. : il est tyrannique de ; **3.** laud., noble, glorieux.

Sŭperbus, *i*, m., le Superbe (surnom de Tarquin, dernier roi de Rome).

sŭpercĭlĭōsus, *a, um*, sourcilleux, renfrogné.

sŭpercĭlĭum, *ĭi*, n., **1.** sourcil ; partie saillante ; **2.** fig., fierté, gravité, sévérité, orgueil.

sŭpĕrēmĭnĕo, *ēs, ēre*, **1.** tr., dépasser ; **2.** intr., s'élever au-dessus.

sŭperfĕro, *fers, ferre, tŭli, lātum*, tr., **1.** porter au-dessus ; passif, *superferri* être porté à la surface ; **2.** dépasser, reculer.

sŭperfĭcĭēs, *ēi*, f., **1.** partie supérieure, surface ; **2.** propriété (maison, vigne etc.) sur un terrain qui appartient à autrui ; bâtiment sur un terrain dont on n'a que l'usufruit ; **3.** superficie.

sŭperfĭo, *fīs, fĭĕri*, intr., être de reste, rester.

sŭperfixus, *a, um*, attaché sur.

sŭperflŭo, *ĭs, ĕre, fluxi*, intr. et tr.,

intr., **1.** déborder ; **2.** surabonder, être de trop ; regorger + abl. ; part., *superfluens, entis*, débordant.

¶ tr., échapper à, ~ *aures* : ne pas être entendu.

ŭperfūdi, V. *superfundo*.

ŭperfúi, V. *supersum*.

ŭperfulgĕo, *ēs, ēre,* tr., briller au-dessus de.

ŭperfundo, *ĭs, ĕre, fūdi, fūsum,* tr., **1.** verser sur, répandre ; **2.** passif, *superfundi* : se répandre ; **3.** fig., *se* ~ : s'étendre ; **4.** recouvrir de ; envelopper.

ŭpergrĕdĭor, *ĕris, i, gressus sum,* tr., **1.** passer au-delà, franchir ; **2.** fig., dépasser ; **3.** surmonter, l'emporter sur.

ŭpergressus, *a, um,* part. à sens passif de *supergredior,* dépassé.

ŭpĕri, *ōrum,* m. pl., **1.** les dieux d'en haut ; **2.** les hab. de la terre, les mortels (opp. à *inferi*).

ŭperimmĭnĕo, *ēs, ēre,* intr., être suspendu au-dessus, menacer.

ŭpĕrimpendens, *entis,* adj., suspendu au-dessus, menaçant.

ŭpĕrimpōno, *ĭs, ĕre, (pŏsŭi), pŏsĭtum,* tr., mettre dessus, superposer.

ŭpĕrincĭdo, *ĭs, ĕre,* intr., tomber d'en haut sur.

ŭpĕrindŭo, *ĭs, ĕre, dŭi, dūtum,* tr., endosser par-dessus, revêtir.

ŭpĕrĭor, *ĭŭs,* gén. *ōris,* comp. de *superus,* **1.** plus haut ou le haut de, *domus ~* : la partie supérieure de la maison ; **2.** temps : antérieur, précédent, *superioribus diebus* : les jours précédents ; ~ *ætas* : âge plus avancé ; *in superiore vitā* : dans la partie antérieure de la vie ; **3.** rang : supérieur ; plus puissant.

ŭperjăcĭo, *ĭs, ĕre, jēci, jectum (jactum),* tr., **1.** jeter dessus, placer dessus ; **2.** lancer sur ; **3.** fig., dépasser ; **4.** fig., exagérer, renchérir sur.

ŭperjacto, *ās, āre,* tr., **1.** jeter par-dessus ; **2.** dépasser, franchir.

ŭperjūmentārĭus, *ĭi,* m., inspecteur des haras.

ŭperlātĭo, *ōnis,* f., exagération, hyperbole.

ŭperlātus, *a, um,* exagéré, hyperbolique.

ŭperlĭno, *ĭs, ĕre, lēvi, lĭtum,* tr., appliquer sur, oindre, enduire.

ŭpernās, *ātis,* adj., du pays haut, de l'Adriatique.

ŭpernăto, *ās, āre,* intr., flotter sur, surnager.

ŭpernē (sŭpernĕ), adv., d'en haut, en haut.

sŭpernus, *a, um,* placé en haut, supérieur.

sŭpĕro, *ās, āre,* intr. et tr.,
I intr., **1.** être en haut, s'élever au-dessus ; **2.** mil., avoir l'avantage ; d'où : l'emporter sur ; **3.** être de reste ; être très abondant ; **4.** rester, survivre.
II tr., **1.** aller au-delà, dépasser, franchir ; **2.** doubler un cap ; **3.** fig., dépasser, *aliquem virtute* : qqn. en vertu ; vaincre, *hostes prælio* : les ennemis au combat, Cés.

sŭperpōno, *ĭs, ĕre, pŏsŭi, pŏsĭtum,* tr., **1.** placer sur ; **2.** placer plus haut, préférer ; **3.** placer auprès, ajouter.

sŭperrŭo, *ĭs, ĕre,* intr. et tr., tomber sur.

sŭperscando (~scendo), *ĭs, ĕre,* tr., passer par-dessus, franchir, escalader.

sŭperscrībo, *ĭs, ĕre, scripsi, scriptum,* tr., écrire par-dessus, corriger.

sŭpersĕdĕo, *ēs, ēre, sēdi, sessum,* intr. et tr., **1.** être assis, posé sur ; **2.** présider + dat. ; **3.** différer, s'abstenir de + dat., abl., acc. ; renoncer à + inf.

sŭpersīdo, *ĭs, ĕre,* intr., s'asseoir sur.

sŭpersisto, *ĭs, ĕre, stĭti,* tr., s'arrêter au-dessus de + acc.

sŭperstagno, *ās, āre,* intr., former un lac.

sŭpersterno, *ĭs, ĕre, strāvi, strātum,* tr., étendre sur.

sŭperstĕs, *ĭtis,* (*super + sto* ②), adj., **1.** qui est présent, témoin ~ + gén. ou dat. ; **2.** qui reste, survivant à + gén. ou dat.

sŭperstĭtĭo, *ōnis,* (cf. *superstes*), f., **1.** « don de présence, de seconde vue », divination charlatanesque, non romaine ; **2.** superstition, croyance ; **3.** observation scrupuleuse ; **4.** objet de crainte religieuse ; **5.** laud., culte religieux, sentiment religieux.

sŭperstĭtĭōsē, adv., **1.** superstitieusement ; **2.** trop scrupuleusement.

sŭperstĭtĭōsus, *a, um,* **1.** superstitieux ; **2.** doué de divination ; *superstitiosæ hariolationes* : prophéties superstitieuses, Enn.

sŭpersto, *ās, āre, stĕti,* **1.** intr., se tenir au-dessus ; **2.** tr., se tenir sur, *aliquem* : sur qqn.

sŭperstrātus, *a, um,* V. *supersterno*.

sŭperstringo, *ĭs, ĕre, strinxi, strictum,* tr., attacher au-dessus.

sŭperstrŭo, *ĭs, ĕre, struxi, structum,* tr., bâtir par-dessus, élever sur.

sŭpersŭm, *ĕs, esse, fŭi,* intr., **1.** rester, être de reste ; *quod superest* : a) ce qui reste, Virg. ; b) quant au reste ; *superest* + inf. ou avec *ut* : il reste à ; **2.** survivre, *patri* : à son père ; **3.** surabonder ; **4.** suffire, *labori* : à une tâche, Virg. ; **5.** assister, venir en aide ; 6. être au-dessus, dominer.

sŭpertĕgo, *ĭs, ĕre, texi, tectum,* tr., couvrir, abriter.

sŭpĕrurgĕo, *ēs, ĕre,* intr., presser d'en haut.

sŭpĕrus, *a, um,* comp. *superior,* superl. *supremus* (V. ces mots), 1. qui est en haut, supérieur, *mare superum* ou *superum* seul : la mer supérieure = l'Adriatique ; subst. n. pl., *supera, orum,* les choses d'en haut, les astres ; 2. qui est en haut, sur la terre (opp. aux Enfers) ; V. *superi.*

sŭpervăcānĕus, *a, um,* 1. qui est en plus, supplémentaire ; 2. qui est de trop, inutile.

sŭpervăco, *ās, āre,* intr., surabonder, être de trop.

sŭpervăcŭō, adv., surabondamment ; inutilement.

sŭpervăcŭus, *a, um,* 1. surabondant ; 2. superflu, inutile.

sŭpervādo, *ĭs, ĕre,* tr., franchir, escalader.

sŭpervĕhor, *ĕris, i, vectus sum,* tr., 1. être transporté au-delà ; 2. franchir, doubler (cap, promontoire).

sŭpervĕnĭo, *ĭs, īre, vēni, ventum,* intr. et tr., 1. venir par-dessus, recouvrir + acc. ; 2. survenir, se jeter sur + dat. ou acc. ; fig., *vis teneros supervenit annos* : le courage vient surprendre le jeune âge (la valeur n'attend pas le nombre des années), Stace ; 3. arriver ; venir au secours + dat. ; 4. dépasser.

sŭperventŭs, *ūs,* m., arrivée imprévue.

sŭpervīvo, *ĭs, ĕre, vixi,* intr., survivre, abs. et + dat.

sŭpervŏlĭto, *ās, āre,* tr., voltiger au-dessus + acc.

sŭpervŏlo, *ās, āre,* 1. intr., voler au-dessus ; 2. tr., survoler.

sŭpīnē, adv., avec indifférence, insouciance.

sŭpīno, *ās, āre,* tr., 1. renverser sur le dos ; 2. retourner, labourer ; 3. lever ; 4. lieu : passif, *supinari* : s'étendre devant.

sŭpīnus, *a, um,* 1. penché en arrière, couché sur le dos ; tourné vers le haut, renversé ; 2. incliné, qui penche ; 3. qui recule, qui reflue ; 4. paresseux, indolent ; 5. qui renverse orgueilleusement la tête en arrière.

suppænĭtet, *ĕre,* impers., se repentir un peu, être un peu mécontent.

suppār, *ăris,* adj., à peu près égal.

suppărăsītor, *āris, āri,* intr., flatter en parasite.

suppărum, *i,* n., et **suppărus**, *i,* m[...] 1. vêtement de dessus féminin, châle[...] 2. voile de perroquet.

suppĕdītātĭo, *ōnis,* f., abondance.

suppĕdīto (subpĕd~), *ās, āre,* intr. [...] tr.,
I intr., 1. être en abondance, sous la main[...] 2. + inf., *neque dicere suppeditat* : on n[...] saurait dire, Lucr. ; 3. suffire à.
II tr., 1. fournir, procurer ; 2. passif, *su[...] peditari* : être fourni, pourvu en abon[...] dance de.

suppĕtĭæ, *ārum,* f. pl., (seul. nom. [...] acc.), secours, aide.

suppĕtĭor, *āris, āri,* intr., secourir + da[...]

suppĕto, *ĭs, ĕre, īvi (ĭi), ītum,* intr., 1. êtr[...] sous la main, en abondance ; 2. être su[...] fisant, suffire.

suppīlo, *ās, āre,* tr., dérober, voler.

suppingo, *ĭs, ĕre, pēgi, pactum,* tr., 1. [...] foncer sous ; 2. garnir en dessous.

supplanto, *ās, āre,* tr., 1. donner un cro[...] en-jambe, *aliquem* : à qqn. ; 2. renverser[...] 3. estropier (les mots).

supplēmentum, *i,* n., 1. supplémen[...] complément, *in* ou *ad supplementum* [...] pour compléter ; 2. renfort ; aide, se[...] cours.

supplĕo, *ēs, ēre, plēvi, plētum,* tr., 1. rem[...] plir à nouveau (pour combler un vide)[...] 2. ajouter, compléter ; 3. suppléer, rem[...] placer.

supplex, *plĭcis,* adj., qui plie les genou[...] suppliant, abs. ou + dat. ; subst. m. et [...] un suppliant.

supplĭcātĭo, *ōnis,* f., prières publiques [...] actions de grâces.

supplĭcĭtĕr, adv., en suppliant, humble[...] ment.

supplĭcĭum, *ĭi,* n., 1. action de s'age[...] nouiller ; supplication aux dieux ; prièr[...] qui accompagne la supplication ; 2. plu[...] souv., supplice, châtiment.

supplĭco, *ās, āre,* intr., plier sur ses ge[...] noux, 1. adresser des supplications au[...] dieux ; 2. supplier (en gén.).

supplōdo (supplaudo), *ĭs, ĕre, plōs[...] plōsum,* tr., frapper sur le sol, *pedem* [...] frapper du pied.

supplōsĭo, *ōnis,* f., action de frapper d[...] pied.

suppōno, *ĭs, ĕre, pŏsŭi, pŏsĭtum,* t[...] 1. mettre sous, placer sous ; mettre a[...] pied ; 2. soumettre, subordonner ; préfé[...] rer ; 3. mettre à la place, *aliquem alicu[...] qqn. à la place d'un autre.

supporto, *ās, āre,* tr., transporter, ame[...] ner.

uppressĭo, ōnis, f., 1. appropriation frauduleuse ; 2. étouffement, oppression.

uppressus, a, um, part. adj. de *suprimo*, 1. retenu ; 2. étouffé, bas, *suppressa vox* : voix basse ; 3. rentrant, effacé.

upprĭmo, ĭs, ĕre, pressi, pressum, (sub + *premo*), tr., 1. couler (des navires) ; 2. contenir, arrêter, ~ *habenas* : retenir les rênes, Ov. ; 3. retenir, détourner ; étouffer, supprimer.

uppŭdet, ēre, impers., être un peu honteux.

uppūrātĭo, ōnis, f., suppuration, écoulement, plaie suppurante, abcès.

uppūro, ās, āre, 1. intr., suppurer, être en suppuration ; 2. tr., engendrer un abcès ; seul. au part. suppuratus, a, um, qui suppure ; *suppurata tristitia* : tristesse qui ronge (comme un abcès), Sén.

uppŭto, ās, āre, tr., 1. tailler, émonder ; 2. supputer.

uprā, adv. et prép.,
adv., 1. à la partie supérieure, en haut ; 2. plus haut, précédemment ; 3. en plus, ~ *adjicere* : surenchérir.
1 prép. + acc., 1. au-dessus, sur ; 2. temps : avant ; 3. plus de ; 4. au-delà de, ~ *leges esse* : se mettre au-dessus des lois, Cic.

uprascando, ĭs, ĕre, tr., dépasser, franchir.

uprēma, ōrum, n. pl. de *supremus*, 1. les derniers instants, la mort ; 2. les derniers honneurs ; 3. les dernières volontés, le testament ; 4. les cendres (les restes brûlés).

uprēmō, adv., enfin, à la fin.

① **suprēmum**, n. adv. de *supremus*, 1. pour la dernière fois ; 2. une dernière fois ; à jamais, pour toujours, Tac.

② **suprēmum**, i, n., le moment ultime, *ventum ad supremum est* : nous voici à l'heure suprême.

uprēmus, a, um, superl. de *superus*, 1. le plus haut, le sommet de, *supremi montes* : le sommet des montagnes ; 2. le dernier, *supremus vitæ dies* : le dernier jour de la vie, Cic. ; 3. le plus haut, le plus grand, *supremum supplicium* : le dernier supplice, Cic.

ūra, æ, f., mollet, jambe.

urclo, V. *surculo*.

urcŭlācĕus, a, um, ligneux.

urcŭlārīs, e, adj., qui produit des rejetons.

urcŭlārīus, a, um, d'arbrisseau.

urcŭlo, ās, āre, tr., 1. ébrancher ; 2. *surclo*, t. de cuisine : fixer sur une petite broche.

surcŭlōsē, adv., comme du bois.

surcŭlōsus, a, um, ligneux.

surcŭlus, i, (cf. *surus*) m., 1. jeune branche ; 2. greffe, bouture ; 3. écharde ; 4. baguette ; 5. jeune arbre.

surdastěr, tra, trum, un peu sourd, dur d'oreille.

surdē, adv. arch., à la manière des sourds.

surdĭtās, ātis, f., surdité.

surdus, a, um, 1. sourd, *surdo narrare fabulam* : prêcher à un sourd, perdre son temps, Tér. ; 2. fig., sourd, insensible ; 3. qu'on entend mal, ou qu'on n'entend pas ; assourdi ; faible ; 4. silencieux ; inconnu.

Surēna (~ās), æ, m., Suréna, 1. titre du grand vizir chez les Parthes ; 2. nom du vainqueur de Crassus.

surgo, ĭs, ĕre, surrexi, surrectum, (sub + *rego*), tr. et intr.,
I tr., lever.
II intr., 1. se lever, ~ *e lecto* : de son lit ; 2. s'élever, se dresser, surgir, *surgit dies* : le jour se lève, Virg. ; 3. naître, paraître, commencer ; 4. croître, grandir.

Sŭri, Sŭri~, V. *Syri, Syri~*.

surpĭcŭlus, V. *scirpiculus*.

surr~, V. aussi *subr~*.

surrectus, a, um, V. *subrigo* et *surgo*, dressé, levé.

Surrentīnus, a, um, de Sorrente, sorrentin ‖ **Surrentīni**, ōrum, m. pl., les Sorrentins, *Surrentina (vina)*, orum, vins de Sorrente ‖ **Surrentum**, i, n., Sorrente, v. de Campanie.

surrēpo, ĭs, ĕre, V. *subrepo*.

surrexi, V. *surgo*.

surrĭgo, V. *subrigo* et *surgo*.

surringor, V. *subringor*.

surrĭpĭo, ĭs, ĕre, rĭpŭi, reptum, (sub + *rapio*), tr., 1. soustraire, enlever, voler, ~ *aliquid ab aliquo* : voler qqch. à qqn., Cic. ; *se* ~ *alicui* : se soustraire à la vue de qqn., Pl. ; 2. fig., enlever (par la ruse) ; passif, *surripi* : échapper à une condamnation, Cic.

surrōgo, V. *subrogo*.

sursum, (sub + *versum*), adv., 1. en haut, en montant, ~ *deorsum commeare* : circuler de haut en bas ; 2. en haut (sans mvt.) ; *quod* ~ *est, deorsum facere* : mettre tout sens dessus dessous, Pétr.

sūrus, i, m., pieu, piquet.

① **sūs**, adv., dans l'expr. *susque deque* : en haut et en bas (= indifféremment).

② **sūs**, sŭis, m. et f., porc, truie ; prov., ~ *Minervam docet* : c'est un pourceau qui en remontre à Minerve (il fait la leçon à plus fort que soi).

Sūsa, ōrum, n. pl., Suse (anc. cap. de la Perse).

suscensĕo (succ~), ēs, ēre, censŭi, censum, intr., 1. être enflammé ; 2. être irrité, en colère, *alicui* : contre qqn. ; avec pron. n., *id, nihil, aliquid* : pour cela, pour rien, pour qqch.

suscēpi, V. *suscipio*.

susceptĭo, ōnis, f., action de se charger de, entreprise.

suscĭpĭo, ĭs, ĕre, cēpi, ceptum, tr.,
I 1. prendre par-dessous, soutenir, étayer ; 2. soulever un enfant (pour le reconnaître) ; engendrer, mettre au monde ; passif, *suscipi* : venir au monde ; 3. accueillir ; soutenir, défendre.
II 1. prendre sur soi, se charger de (opp. à *recipio*), ~ *causam, patrocinium* : prendre en main un procès, une défense ; 2. entreprendre ; 3. subir, supporter, affronter, ~ *culpam* : être rendu responsable ; ~ *pœnam* : subir une peine ; ~ *odium alicujus* : encourir la haine de qqn.

suscĭto, ās, āre, tr., 1. lever, dresser ; 2. faire lever, réveiller ; 3. animer, stimuler.

Sūsĭānē, ēs, f., Susiane, province de Perse ‖ **Sūsĭāni**, ōrum, m. pl., les hab. de la Susiane ou de Suse.

sūsĭnus, *a, um*, fait de lis.

Sūsĭs, ĭdis, f., de Suse ‖ **Sūsĭdes Pylæ**, f. pl., portes de Suse (défilé).

suspecto, ās, āre, tr., 1. regarder de bas en haut ; 2. suspecter, soupçonner.

① **suspectus**, *a, um*, 1. V. *suspicio* ; 2. adj., suspect, soupçonné, ~ *alicui* : suspect à qqn., *de aliquā re* : de qqch., + inf., ~ *fovisse* : soupçonné d'avoir favorisé, TAC.

② **suspectŭs**, ūs, m., 1. action de regarder en haut ; 2. hauteur ; 3. fig., estime, admiration.

suspendĭum, ĭi, n., action de se pendre, pendaison.

suspendo, ĭs, ĕre, pendi, pensum, tr.,
1. suspendre, ~ *malo ab alto* : au sommet d'un mât, *aliquem ~ arbori infelici* : attacher qqn. à la potence, le pendre ; 2. suspendre en offrande ; peser ; 3. maintenir en l'air, *suspenso gradu, suspenso pede* : sur la pointe des pieds ; 4. tenir en suspens, dans l'incertitude ; 5. suspendre, retenir, *spiritum, fletum* : le souffle, les larmes.

suspensūra, æ, f., voûte.

suspensus, *a, um*, 1. V. *suspendo* 2. adj., a) suspendu, qui plane, *suspensis alis* : en vol plané, LIV. ; b) subordonné à, dépendant de ; c) en suspens, incertain, indécis.

suspexi, V. *suspicio*.

suspĭcātus, *a, um*, V. *suspicor*.

suspĭcax, ācis, adj., 1. soupçonneux ; 2. suspect.

① **suspĭcĭo**, ĭs, ĕre, spexi, spectum, (F spec~), intr. et tr., 1. regarder vers l haut ; 2. contempler, *cælum, astra* : le cie les astres ; 3. fig., admirer ; 4. soupçon ner.

② **suspīcĭo**, ōnis, (cf. *suspicor*), f 1. soupçon, suspicion, *in suspicionem ve nire alicui* : être soupçonné par qqn. de CIC., *suspicione carere* : être à l'abri d soupçon ; 2. conjecture, idée ; apparence

suspĭcĭōsē, adv., de manière à faire naî tre des soupçons.

suspĭcĭōsus, *a, um*, 1. soupçonneux ombrageux ; 2. suspect.

suspĭco, ās, āre, V. *suspicor*.

suspĭcor, āris, āri, tr., 1. soupçonner + prop. inf., soupçonner que ; 2. se dou ter de, conjecturer, pressentir.

suspīrātĭo, ōnis, f., soupir, plainte.

suspīrātŭs, ūs, m., soupir, gémissemen V. *suspiritus*.

suspīrĭōsus, *a, um*, asthmatique, pous sif.

suspīrĭtŭs, ūs, m., profond soupir, gé missement.

suspīrĭum, ĭi, n., 1. respiration pro fonde ; 2. soupir, *suspiria trahere penitus* pousser de profonds soupirs, OV. 3. asthme.

suspīro, ās, āre, 1. intr., respirer profon dément, soupirer ; 2. tr., exhaler.

susque dĕquĕ, V. *sus* ①.

suss~, V. *subs~*.

sustentācŭlum, i, n., 1. soutien, sup port ; 2. entretien, nourriture.

sustentātĭo, ōnis, f., 1. soutien ; 2. actio de retenir (fig. de rhét.) ; 3. délai, remise retard.

① **sustentātus**, *a, um*, 1. V. *sustento* 2. adj., a) soutenu ; b) différé.

② **sustentātŭs**, ūs, m., action de soute nir en l'air, APUL.

sustento, ās, āre, tr., 1. soutenir, suppor ter ; 2. fig., conserver, maintenir ; 3. ali menter, nourrir ; 4. supporter, résister arrêter ; 5. différer.

sustĭnĕo, ēs, ēre, tĭnŭi, tentum, tr., 1. te nir, soutenir ; 2. porter, supporter ; 3. ar rêter, retenir, ~ *equos* : arrêter des che vaux (lancés au galop) ; 4. mainteni conserver en état ; 5. entretenir, nourrir 6. supporter, soutenir, *impetum* : le cho (des ennemis) ; 7. résister, tenir bon 8. suspendre, ajourner.

sustollo, ĭs, ĕre, tr., 1. lever en haut, éle ver ; 2. enlever, supprimer.

sustŭli, V. *tollo*.

sŭsum, V. *sursum*.

sŭsurrāmĕn, *ĭnis*, n., formule (magique) marmottée.

sŭsurrātim, adv., dans un murmure.

sŭsurrātŏr, *ōris*, m., celui qui chuchote.

sŭsurro, *ās*, *āre*, 1. intr., murmurer, chuchoter ; médire ; bourdonner (abeilles) ; 2. tr., fredonner, chuchoter.

① **sŭsurrus**, *a*, *um*, qui murmure, qui chuchote.

② **sŭsurrus**, *i*, m., 1. murmure, bourdonnement ; 2. chuchotement ; *Sussuri* : les Chuchotements (personnifiés), la Rumeur (de la renommée), Ov.

sūta, *ōrum*, (cf. *suo*), n. pl., objets cousus, assemblage, *æra suta* : cuirasse formée de lamelles de bronze, Virg.

sūtēla, *æ*, f., assemblage de pièces cousues, d'où : fig., tissu de fourberies.

sūtĭlis, *e*, adj., cousu, fait de pièces entrelacées ou enchâssées, ~ *auro balteus* : baudrier de cuir, recouvert de plaques d'or battu, Virg.

sūtŏr, *ōris*, m., cordonnier, savetier, prov., *ne ~ ultra crepidam (judicet)* : que le cordonnier dans ses jugements, ne se mêle que de sa chaussure (à chacun son métier), Pl.-J.

sūtōrĭus, *a*, *um*, de cordonnier ; subst.m., *sutorius*, *ii*, ex-cordonnier.

sūtrīna, *æ*, f., 1. boutique de cordonnier ; 2. métier de cordonnier.

sūtrīnum, *i*, n., boutique ou métier de cordonnier.

sūtrīnus, *a*, *um*, de cordonnier.

Sūtrīnus (et **Sūtrĭus**), *a*, *um*, de Sutrium ‖ **Sūtrĭum**, *ĭi*, n., Sutrium, v. d'Étrurie, auj. Sutri.

sūtūra, *æ*, f., couture, suture.

sūtus, *a*, *um*, V. *suo*.

sŭus, *a*, *um*, son, sa, (le) sien (la) sienne, (le) leur, (les) leurs,

I pron.-adj. poss. de sens réfl. (= renvoyant au suj. de la prop. ou au suj. du vb. de la princ. et ne s'employant pas au nom.), *pater laborat sibi et suis liberis* : le père travaille pour lui et pour ses enfants ; *Helvetii Cæsarem orabant ut suæ civitati parceret* : les Helvètes demandaient à César d'épargner leur cité.

II pron.-adj. poss. (= ne renvoyant pas forcément au sujet), 1. son propre ; particulier ; personnel ; 2. avec *quisque* (chacun), *trahit sua quemque voluptas* : son plaisir entraîne chacun (chacun suit son plaisir), Virg. ; 3. propre, favorable ; 4. subst. m. pl., *sui* : les siens ; n., *suum* : son bien, leur bien ; n. pl., *sua* : ses biens, leurs biens ; 5. renforcé de *met* ou *pte*, *suāpte manu* : de sa propre main.

suxi, V. *sugo*.

Sŷbăris, *is*, f., Sybaris, 1. v. de Lucanie (golfe de Tarente), connue pour le luxe et la mollesse de ses hab. ; 2. fl. de Lucanie ‖ **Sŷbărītæ**, *ārum*, m. pl., les Sybarites ‖ **Sŷbărītĭcus**, *a*, *um*, voluptueux.

Sŷchæus, *i*, m., V. *Sichæus* ‖ **Sŷchæus**, *a*, *um*, de Sychée.

sŷcŏphanta, *æ*, m., 1. sycophante, délateur, fourbe ; 2. flatteur, parasite.

sŷcŏphantĭa, *æ*, f., fourberie, imposture.

sŷcŏphantĭōsē, adv., en fourbe, astucieusement.

sŷcŏphantor, *āris*, *āri*, intr., ruser, user de fourberie.

Sŷēnē, *ēs*, f., Syène, v. d'Égypte célèbre pour son granit rouge ; granit rouge ‖ **Sŷēnītēs**, *æ*, adj. m., de Syène ; ~ *lapis* : granit rouge (qui servit à construire les obélisques égyptiens ‖ **Sŷēnītæ**, *ārum*, m. pl., les Syénites, hab. de Syène.

Sŷgambĕr, V. *Sugamber*.

Sylla, V. *Sulla*.

syllăba, *æ*, f., syllabe ; au pl., *syllabæ*, *arum*, vers.

syllăbātim, adv., syllabe par syllabe, minutieusement.

syllŏgismus, *i*, m., syllogisme.

sylv~, V. *silv~*.

Sylv~, V. *Silv~*.

Sŷmæthēus, *a*, *um*, du Symèthe ‖ **Sŷmæthĭus**, *a*, *um*, du Symèthe ‖ **Sŷmæthis**, *ĭdis*, f., nymphe du Symèthe ‖ **Sŷmæthus**, *i*, m., Symèthe, fl. de Sicile.

symbŏla, *æ*, et **symbŏlē**, *ēs*, f., cotisation pour un repas, écot ; *de symbolis edere* : faire un pique-nique, Tér. ; au pl., *symbolæ*, *arum*, le repas lui-même ou la participation de chacun à la conversation.

symbŏlum, *i*, n., et **symbŏlus**, *i*, m., 1. signe, marque distinctive ; 2. pièce d'identité ; 3. cachet, sceau.

Symmăchus, *i*, m., Q. Aurelius Symmachus, Symmaque, consul et préfet de Rome au IVᵉ siècle, orateur et épistolier célèbre.

sympăthĭa, *æ*, f., sympathie, accord, affinité.

symphōnĭa, *æ*, f., 1. accord, harmonie ; 2. concert, *ad symphoniam canere* : chanter avec accompagnement, Sén.

symphōnĭăcus, *a*, *um*, de concert, de musique ; *symphoniaci pueri* ou *servi* : esclaves symphonistes, musiciens d'orchestre, choristes.

Symplēgădes, *um*, f. pl., Symplégades (ou Cyanées), écueils (prétendus mobiles) à l'entrée du Pont-Euxin.

sympŏsĭăcus, *a*, *um*, de banquet ; subst. n. pl., *Symposiaca, orum*, «Les Symposiaques (Propos de table)», œuvre de Plutarque.

sympŏsĭŏn et **sympŏsĭum**, *ĭi*, n., banquet ; « Le Banquet », œuvres de Platon et de Xénophon.

sўnĕdrus, *i*, m., synèdre (sénateur chez les Macédoniens).

Sўnĕphēbi, *ōrum*, m. pl., « Les Synéphèbes », comédie de Ménandre, imitée par Cécilius.

syngrăpha, *æ*, f., billet, reconnaissance écrite, obligation, *per syngrapham alicui credere* : prêter à qqn. contre une reconnaissance.

syngrăphus, *i*, m., **1.** billet, contrat ; **2.** passeport.

Synnăda, *ōrum*, n. pl., et **Synnăs**, *ădis*, f., Synnada, v. de Phrygie (célèbre pour ses marbres) ‖ **Synnădensis**, *e*, adj., de Synnada ‖ **Synnădĭcus**, *a*, *um*, de Synnada.

synthĕsĭna, *æ*, f., costume de table ou robe d'intérieur.

synthĕsis, *is*, f., **1.** service de table, collection d'ustensiles ; **2.** vêtement de repas, MART.

syntŏnum, *i*, n., syntonon, instrument de musique (V. *scabellum* 2).

Sўphax, *ācis*, m., Syphax, roi de Numidie.

Sўrācŏsĭus, *a*, *um*, syracusain, de Syracuse ‖ **Sўrācŏsĭi**, *ōrum*, m. pl., les Syracusains ‖ **Sўrācūsæ**, *ārum*, f. pl., Syracuse ‖ **Sўrācūsānus**, *a*, *um*, syracusain ‖

Sўrācūsāni, *ōrum*, m. pl., les Syracusain ‖ **Sўrācūsĭus**, *a*, *um*, syracusain, de Syracuse ‖ **Sўrācūsĭi**, *ōrum*, m. pl., les Syracusains.

Sўri (**Sūri**), *ōrum*, m. pl., Syriens, hab de la Syrie ‖ **Sўrĭa** (**Sūrĭa**), *æ*, f., Syrie ‖ **Sўrĭācus**, *a*, *um*, de Syrie.

Sўrĭcus, *a*, *um*, de Syros.

sўrinx, *ingis*, f., **1.** roseau ; flûte de ro seau, flûte de Pan ; **2.** au pl., *syringes*, *um* galeries souterraines.

Sўrinx, *ingis*, f., Syrinx, nymphe changé en roseau.

Sўrisca, *æ*, f., la Syrienne, nom de femme

Sўriscus, *i*, m., le Syrien, nom d'h. **2.** dim. de *Syrus*.

① **Sўrĭus**, *a*, *um*, syrien, de Syrie, ~ *ros* essence de nard ; *Syria dea* : la déess syrienne, mère de tous les vivants.

② **Sўrĭus**, *a*, *um*, de Syros.

syrma, *ătis*, n., **1.** robe traînante ; **2.** rob portée par les tragédiens ; **3.** tragédie.

Sўros, *i*, f., Syros, île de la mer Égée l'une des Cyclades.

Syrtis, *is* ou *ĭdos*, f., Syrte, banc de sabl ‖ **Syrtes**, *um* (*ĭum*), f. pl., Syrtes, bas fonds entre Cyrène et Carthage, *Syrti major*, la Grande Syrte, près de la Cyré naïque, auj. Sidra ; *Syrtis minor*, la Petit Syrte, auj. Gabès ; fig., *Syrtis patrimonii* le naufrage du patrimoine ‖ **Syrtĭcus**, *a um*, des Syrtes.

① **Sўrus**, *a*, *um*, de Syrie ‖ **Sўri**, *ōrum* m. pl., les Syriens.

② **Sўrus**, *i*, m., Syrus, nom d'h.

T

T, t, f. et n., indécl., t, dix-neuvième lettre de l'alph. latin ; abr., **1.** T. = *Titus* ; Ti. = *Tiberius* ; **2.** dans les anciens sénatus-consultes, T = *tribunus plebis* pour indiquer aussi l'approbation des tribuns de la plèbe.

tăbānus, *i*, m., taon.

tăbĕfăcĭo, *ĭs*, *ĕre*, part. *tabefactus, a, um,* tr., fondre, liquéfier.

tăbella, *æ*, f., **1.** petite planche ; **2.** échiquier ; **3.** tablette à écrire ; spéc., au pl., *tabellæ publicæ* : registres de l'état civil, Cic. ; ~ *quæstionis* : procès-verbal de l'interrogatoire ; ~ *dotis* : contrat de mariage ; **4.** bulletin de vote, a) aux comices (avec abr. : *VR* = *uti rogas* : comme tu le proposes = oui, *A* = *antiquo* : je rejette = non) ; b) au tribunal (avec abr. : *A* = *absolvo* : j'acquitte ; *C* = *condemno* : je condamne ; *NL* = *non liquet* : ce n'est pas clair = abstention ou supplément d'enquête ; **5.** petit tableau ; **6.** ex-voto.

tăbellārĭus, *a*, *um*, **1.** relatif aux lettres, *tabellariæ naves* : navires postaux ; **2.** relatif aux bulletins de vote, *leges tabellariæ* : lois électorales, Cic. ; subst. m., *tabellarius, ii,* messager, courrier.

tābĕo, *ēs*, *ēre*, intr., **1.** fondre, se décomposer ; **2.** se désagréger, se dissoudre ; **3.** ruisseler ; **4.** se languir.

tăberna, *æ*, f., **1.** cabane ; **2.** échoppe, boutique ; ~ *(libraria)* : boutique de libraire ; ~ *argentaria* : comptoir de banquier ; **3.** auberge, ~ *(devorsoria)* : hôtellerie ; **4.** allée couverte au cirque ; **5.** *Tres Tabernæ,* Les Trois Tavernes, lieu-dit sur la Via Appia à 30 milles de Rome.

tăbernācŭlum, *i*, n., **1.** tente, ~ *ponere, collocare, statuere* : planter, dresser une tente ; **2.** tente augurale (dressée hors de la ville, avant les élections, pour y prendre les auspices).

tăbernārĭus, *a*, *um*, de boutique, grossier, trivial ; subst. m., *tabernarius, ii,* boutiquier.

tăbernŭla, *æ*, f., **1.** petite boutique ; **2.** petite taverne, bouge.

tābēs, *is*, f., **1.** dissolution, liquéfaction ; **2.** déliquescence, gâchis ; bave du serpent ; **3.** contagion, épidémie, fléau ; **4.** maladie qui ronge.

tābesco, *ĭs*, *ĕre*, *tābŭi,* intr., **1.** se dissoudre, se consumer, ~ *dolore* : se consumer

de chagrin, *desiderio* : d'amour ; **2.** diminuer ; **3.** languir.

tābĭdus, *a*, *um*, **1.** fondu, liquéfié ; corrompu ; **2.** qui corrompt, destructeur.

tābĭfĭcus, *a*, *um*, **1.** qui fait fondre ; **2.** qui corrompt, qui désagrège ; **3.** corrompu, empesté.

tābĭtūdo, *ĭnis*, f., langueur, consomption.

tăbŭla, *æ*, f., **1.** planche, ais, *tabulam arripere de naufragio* : saisir une planche de salut dans un naufrage ; **2.** damier, échiquier ; **3.** tablette à écrire ; au pl., *tabulæ, arum,* écrits de toute sorte ; registres de comptes, *tabulas conficere* : tenir (à jour) des livres de comptes ; *duodecim tabulæ* : les Douze Tables, recueil de lois du v⁰ s. av. J.-C., exposé sur le Forum ; **4.** au pl., tables, listes de proscription ; **5.** affiche ; liste des censeurs ; **6.** bureau de change ; **7.** ~ *(picta)* : tableau sur bois, peinture ; prov., *manum de tabulā* : assez ! quitte le pinceau, Cic.

tăbŭlāris, *e*, adj., de planche, ~ *clavus* : clou de parquet ; propre à faire des planches ; subst. m., *tabulare, is,* plancher ; pl., *tabularia, ium,* planches de bois (instrument de torture).

tăbŭlārĭum, *ĭi*, n., archives, *populi tabularia* : les archives publiques.

tăbŭlārĭus, *a*, *um*, relatif aux documents écrits ; subst. m., *tabularius, ii,* teneur de livres, archiviste.

tăbŭlātĭo, *ōnis*, f., assemblage de planches, étage.

tăbŭlātum, *i*, n., **1.** échafaudage, plancher ; étage ; **2.** étagère à fruits ; **3.** branches (d'orme, servant d'étais à la vigne).

tăbŭlātus, *a*, *um*, planchéié.

tăbŭlīnum (tablīnum), *i*, n., **1.** endroit planchéié, galerie ; **2.** archives ; **3.** galerie de tableaux.

tābum, *i*, n., **1.** sang corrompu, sanie, pus ; **2.** contagion, peste.

Tăburnus, *i*, m., Taburnus, petite chaîne de mt. du Samnium.

tăcĕo, *ēs*, *ēre*, *tăcŭi, tăcĭtum,* intr. et tr.,
I intr., **1.** se taire ; **2.** être silencieux, *tacet ager* : la campagne est silencieuse, Virg.
II tr., **1.** taire ; **2.** passif, *taceri* : être passé sous silence, *dicenda tacenda locutus* : disant ce qu'il faut dire et ce qu'il faut cacher (parlant à tort et à travers), Hor.

tăcĭtē, adv., **1.** en silence ; **2.** sans bruit, en secret.

tăcĭtum, *i*, n., **1.** secret ; **2.** silence, *per tacitum* : silencieusement, VIRG. ; *per tacitum terræ* : à travers les routes silencieuses de la terre, LUCR.

tăcĭturnĭtās, *ātis*, f., **1.** action de garder le silence, silence, réticence ; **2.** discrétion ; **3.** caractère renfermé.

tăcĭturnus, *a*, *um*, [*~nior, ~nissimus*], **1.** taciturne ; **2.** (choses) silencieux, *taciturna silentia* : silence profond, LUCR., Ov.

tăcĭtus, *a*, *um*, **1.** silencieux, *tacito me* : sans que je le dise, CIC. ; *luminibus tacitis* : avec des regards muets, sans rien dire, VIRG. ; **2.** dont on ne parle pas, *aliquid tacitum relinquere, tenere* : passer qqch. sous silence, garder une chose secrète ; *non feres tacitum* : tu n'auras pas le dernier mot, CIC.

Tăcĭtus, *i*, m., P. Cornelius Tacitus, Tacite, historien rom. (55-120).

tactĭlis, *e*, adj., touchable.

tactĭo, *ōnis*, f., **1.** action de toucher ; **2.** le sens du toucher.

① **tactus**, *a*, *um*, V. *tango*.

② **tactŭs**, *ūs*, m., **1.** action de toucher ; **2.** action, influence ; **3.** le sens du toucher.

tăcŭi, V. *taceo*.

tæda (tēda), *æ*, f., **1.** torche de résine, pin ; **2.** torche nuptiale, d'où : mariage ; *tædas morari* : retarder les noces, VIRG. ; **3.** instrument de torture.

tædet, *ēre*, *tædŭit* et *tæsum est*, impers., être dégoûté, *eos vitæ tædet* (+ acc. de la pers. et gén. de la chose) : ils sont dégoûtés de la vie ; + inf., *tædet eadem audire millies* : on est fatigué d'entendre mille fois la même chose.

tædĭfĕr, *fĕra*, *fĕrum*, qui porte une torche (Cérès).

tædĭum, *ĭi*, n., **1.** dégoût, fatigue, aversion ; **2.** objet de dégoût.

tædŭit, V. *tædet*.

Tænăra, *ōrum*, V. *Tænarum*.

Tænărĭdēs, *æ*, m., le Ténaride (Hyacinthe) ‖ **Tænăris**, *ĭdis*, f., Ténaride, de Sparte ; Hélène ‖ **Tænărĭus**, *a*, *um*, de Ténare, de Sparte ; *~ lapis* : marbre (noir) de Ténare ; *Tænariæ fauces* : l'entrée des Enfers ‖ **Tænărum (~ŏn)**, *i*, n., **Tænăra**, *ōrum*, n. pl., et **Tænărus (~ŏs)**, *i*, m. et f., Ténare, promontoire de Laconie, auj. cap Matapan, et v. célèbre par son temple de Neptune, ses marbres noirs et une caverne considérée comme une des entrées des Enfers ; poét., les Enfers.

tænĭa (tænĕa), *æ*, f., **1.** bande, ruban, bandelette ; **2.** ténia, ver solitaire **3.** plate-bande de l'architrave d'une colonne ; **4.** bande de papyrus ; **5.** banc de récifs en mer où l'on recueillait le pourpre (coquillage utilisé en teinture).

tæsum, V. *tædet*.

tætĕr (tētĕr), *tra*, *trum*, [*~trior, ~terrimus*], **1.** repoussant, hideux ; **2.** ignoble odieux (mor.).

tætrē, adv., d'une façon repoussante, hideuse.

Tagastē, *ēs*, f., Tagaste, v. de Numidie où naquit saint Augustin ‖ **Tagastensis** *e*, adj., de Tagaste.

tăgax, *ācis*, adj., qui touche à, qui vole.

Tăgēs, *ĕtis*, m., Tagès, Étrusque inventeur de la divination.

tăgo, *ĭs*, *ĕre*, *taxi*, arch., V. *tango*, PL.

Tăgus, *i*, m., Tage, fl. de Lusitanie, qui roulait des paillettes d'or.

Tălăīŏnĭdēs, *æ*, m., fils de Talaüs (Adraste) ‖ **Tălăīŏnĭus**, *a*, *um*, de Talaüs

tālārĭa, *ĭum*, n. pl., **1.** chevilles du pied **2.** talonnières, brodequins ailés que les poètes donnent à Mercure, à Persée et à Minerve ; prov., *talaria videamus* : songeons à lever le pied ; **3.** robe longue descendant jusqu'aux chevilles ; **4.** instrument de supplice qui serre les chevilles, brodequin.

tālāris, *e*, adj., qui descend jusqu'aux talons, long, traînant ; de femme, efféminé

tālārĭus, *a*, *um*, en tunique qui descend jusqu'aux talons ; *~ ludus* : représentation scénique licencieuse.

Tălassĭo, *ōnis*, **Tălāsĭus**, *ĭi*, et **Tălassus**, *i*, m., Talasio, cri d'invocation nuptiale ; *servire Talasio* : se marier, CAT.

Tălăus, *i*, m., Talaüs, Argonaute, père d'Adraste, d'Eurydice, d'Ériphyle.

tālĕa, *æ*, f., **1.** pieu, piquet ; **2.** rejeton **3.** cheville, solive ; **4.** *~ ferrea* : barre de fer servant de monnaie chez les Bretons

tălentum, *i*, n., talent, **1.** poids grec variable (valant environ 50 livres) ; **2.** unité de compte grecque variable (en Attique talent d'argent : 60 mines).

tālĭo, *ōnis*, f., talion, peine du talion ; *sine talione* : impunément.

tālis, *e*, adj., **1.** tel, de cette nature ; **2.** en corrél. avec *qualis* : tel que ; avec *ac*, *atque* : le même que ; avec *ut* ou *qui* + subj conséc., V. *qualis*.

tālĭtĕr, adv., de telle manière, *qualiter...* : *taliter* : de même que..., de même.

tālĭtrum, *i*, n., chiquenaude.

talpa, *æ*, f., taupe.

Talthўbĭus, *ĭi*, m., Talthybius, héraut et messager d'Agamemnon.

tālus, *i*, m., **1.** astragale ; **2.** cheville du pied ; **3.** talon, pied ; **4.** osselet à jouer marqué de quatre côtés (opp. aux *tesseræ* marquées de six côtés comme nos dés).

① **tam**, adv., **1.** autant, à ce degré, à ce point ; **2.** en corrél. avec *quam* : aussi, autant… que ; avec *atque, quasi* : aussi… que ; avec *ut* ou *qui* + subj. conséc. : tellement que, assez pour.

② **tam**, adv., = *tamen*, ENN., PL.

Tămăsēus, *a*, *um*, de Tamasos ‖ **Tămăsōs**, *i*, f., v. de l'île de Chypre.

tamdīu (tam dīu), adv., aussi long-temps, si longtemps ; en corrél. avec *quamdiu* : aussi longtemps que ; avec *quoad* : tant que ; avec *ut* conséc. : si long-temps que.

tămĕn, adv., pourtant, toutefois, cepen-dant ; *ac tamen, at tamen* : et cependant ; après une sub. concess., annonce la princ.

tămĕnetsi ou **tămĕn etsi**, conj., quoi-que, bien que.

Tămĕsa, *æ*, et **Tămĕsis**, *is*, m., Tamise, fl. de Bretagne.

tămetsi (tămĕn etsi), **1.** conj., quoique, bien que ; **2.** adv. en début de phrase, pour rectifier ce qui vient d'être dit : et pourtant, mais.

tam mŏdŏ, adv., à l'instant, PL.

Tamphĭlus, *i*, m., Tamphile, surnom rom.

tamquam (tan~), adv., **1.** comme, de même que ; en corrél. avec *sic* ou *ita* ; **2.** pour ainsi dire, *dare tamquam ansas ad reprehendendum* : donner pour ainsi dire des anses à la critique, prêter le flanc, CIC. ; **3.** *tamquam si* ou *tamquam* seul + subj. : comme si.

Tănăgĕr, *gri*, m., Tanagre, fl. de Lucanie.

Tănăgra, *æ*, f., Tanagra, v. de Béotie.

Tănăïs, *ĭs* ou *ĭdis*, m., Tanaïs, **1.** fl. qui sé-pare l'Europe de l'Asie, auj. Don ; **2.** v. à l'embouchure de ce fl. ; **3.** fl. de Numi-die ; **4.** nom d'h.

Tănăquĭl, *ĭlis*, f., Tanaquil, femme du roi Tarquin l'Ancien ; fig., femme ambi-tieuse.

tandem, adv., **1.** enfin, à la fin, *tandem aliquando* ou *aliquando tandem* : enfin une bonne fois, *tandem aliquando Catilinam ex urbe ejecimus* : nous sommes enfin parve-nus à chasser Catilina de la ville, CIC. ; **2.** dans les interr. passionnées, *quo usque tandem abutere, Catilina, patientiā nostrā ?* : jusqu'où abuseras-tu donc, Catilina, de notre patience ?, CIC. ; **3.** en fin de compte (conclusif).

tango, *ĭs*, *ĕre*, *tĕtĭgi*, *tactum*, tr., **I** pr., **1.** toucher ; toucher à, atteindre ; **2.** être contigu ; **3.** frapper, atteindre.

II fig., **1.** toucher, émouvoir ; **2.** blesser, piquer ; **3.** toucher un sujet, traiter ; **4.** tromper, attraper.

tangŏmĕnas făcĕre, boire à tire-lari-got, PÉTR.

tanquam, V. *tamquam*.

Tantălĕus, *a*, *um*, de Tantale ‖ **Tantă-lĭdēs**, *æ*, m., Tantalide, fils ou descen-dant de Tantale (Pélops, Atrée, Thyeste, Agamemnon) ; *Tantalidæ fratres* : Atrée et Thyeste ‖ **Tantălis**, *ĭdis*, f., fille ou des-cendante de Tantale (Niobé, etc.) ‖ **Tantălus (~ŏs)**, *i*, m., Tantale, roi de Phrygie, fils de Jupiter, père de Pélops et de Niobé.

tanti, gén. de *tantus*, marque le prix : tant, si cher, autant, aussi cher, *tanti emere, vendere* : acheter, vendre si cher ; *tanti est* : cela (dont on parle) en vaut la peine, *nihil est tanti* : ce n'est pas la peine, CIC. ; *tanti esse ut* + subj. : avoir une va-leur si grande que.

tantīdem, adv., de même prix.

tantīspĕr, adv., **1.** aussi longtemps que (= conj. avec *dum* et *quoad*) ; **2.** pendant ce temps, en attendant.

tantō, adv., **1.** abl. de comp. devant comp., tant, autant, d'autant, *tanto carior est patria, quanto miserior* : la patrie est d'autant plus chère qu'elle est plus mal-heureuse ; **2.** abl. de diff. : *tanto ante, post* : si longtemps avant, après ; *altero tanto longior* : deux fois plus long (litt., plus long d'une autre quantité égale), CIC. ; *tanto melior* : tant mieux, bravo, PL., *tanto nequior* : tant pis (litt. d'autant plus mauvais), TÉR.

tantŏpĕrĕ (tantō ŏpĕrĕ), adv., **1.** tant, tellement ; **2.** en corrél. avec *quantopere* : autant… que.

tantŭlō, abl. de prix, à si bas prix.

① **tantŭlum**, n. adv., si peu que ce soit, *ne tantulum quidem* : pas le moins du monde, CIC.

② **tantŭlum**, *i*, n., une aussi petite quan-tité, tant soit peu (de + gén.).

tantŭlus, *a*, *um*, aussi petit, si petit, avec *ut* + subj., tellement petit que.

① **tantum**, n. adv. de *tantus*, **1.** a) autant ; avec *quantum* : que, *tantum quantum me amas* : en raison de ton amitié pour moi (autant que tu m'aimes, dans la mesure où tu m'aimes) ; b) tant, tellement, avec *ut* + subj. conséc. : que ; *tantum abest ut… ut* : il s'en faut tellement que… que (1er *ut* compl.), *tantum abest ut erres, ut verum dicas* : bien loin de te tromper, tu dis vrai ; **2.** seulement, *non tantum…, sed (etiam)* : non seulement…, mais encore.

② **tantum**, n., une aussi grande quantité, autant, ni plus ni moins, *tantum verborum est quantum necesse est* : il y a autant de mots que nécessaire, Cic. ; *tantum animi ut* : assez de courage pour ; avec sens restreint : juste assez pour.

tantumdem, n., juste autant.

tantummŏdŏ (tantum mŏdŏ), adv., **1.** seulement, *non – ... , sed* : non seulement..., mais ; **2.** pourvu que, *~ ne* : pourvu que... ne... pas.

tantundem, V. *tantumdem*.

tantus, *a, um, (tam-tus)*, pron.-adj. dém. de quantité (non dénombrable, opp. à *tot*) : de cette grandeur, de cette quantité, **1.** aussi grand (en corrél. avec *quantus* : que) ; **2.** si grand, *tot tantaque vitia* : tant et de si grands vices, Cic. ; en corrél. avec *ut* ou *qui* + subj. : que, *nulla est tanta vis quæ frangi non possit* : il n'y a pas de force si grande qu'on ne puisse la briser.

tantusdem, *ădem, umdem*, adj., arch., aussi grand, *tantumdem est periculum quantum* : il y a juste autant de danger que, Pl.

tăpanta, n., mot grec (= le tout), factotum, *Trimalchionis tapanta est* : c'est l'homme à tout faire de Trimalchion, Pétr.

tăpēte (tappēte), *is*, et **tăpētum**, *i*, n., tapis, tapisserie.

Tāprŏbănē, *ēs*, f., Taprobane, île de l'océan Indien (Ceylan ?).

Tărănis, *is*, ou **Tărănus**, *i*, m., Taranis, divinité gauloise identifiée à Jupiter.

Tărās, *antis*, m., Tarente, **1.** fondateur de Tarente ; **2.** V. *Tarentum*.

Tărătalla, indécl., mot grec (pris dans Homère) utilisé de manière burlesque pour désigner un cuisinier, Mart.

tărătantăra, onomatopée qui imite le son de la trompette, Enn.

Tarbelli, *ōrum*, m. pl., Tarbelles, peuple de Gaule Aquitaine, auj. région de Dax.

Tarcondimotus, *i*, m., Tarcondimotus, nom d'un petit roi de Pisidie, Cic.

tardē, adv., *[~dius, ~dissime]*, **1.** lentement ; **2.** tardivement, tard.

tardesco, *ĭs, ĕre, tardŭi*, intr., devenir lent, s'engourdir, *tardescit lingua* : la langue s'empâte, Lucr.

tardĭlŏquus, *a, um*, qui parle lentement.

tardĭpēs, *pĕdis*, adj., qui marche lentement.

tardĭtās, *ātis*, f., **1.** lenteur, *~ pedum* : marche pesante ; **2.** lenteur d'esprit, *~ hominum* : la sottise humaine, Cic.

tardĭtūdō, *ĭnis*, f., lenteur.

tardo, *ās, āre*, **1.** tr., retarder, ralentir, arrêter, *~ impetum hostium* : l'élan de l'en-

nemi ; passif, *tardari* + inf. : hésiter à Cés. ; *tardari animo* : perdre l'enthou siasme, Cic. ; **2.** intr., tarder, être en re tard.

tardus, *a, um, [~dior, ~dissimus]*, **1.** lent **2.** tardif ; **3.** poét., qui engourdit ; **4.** qu dure longtemps, prolongé, invétéré **5.** fig., lourd, lent, stupide.

Tărentīnus, *a, um*, tarentin, de Tarente **Tărentīni**, *ōrum*, m. pl., les hab. de Ta rente.

Tărentŏs, *i*, m., V. *Terentum*.

① **Tărentum**, *i*, n., et poét., **Tărentus** *i*, f., Tarente, v. de Grande-Grèce, auj. er Calabre.

② **Tărentum**, *i*, n., et **Tărentus**, *i*, m. V. *Terentum*.

Tărīchĕa, *æ*, f., ou **Tărīchĕæ**, *ārum* f. pl., Tarichée, v. de Galilée, sur le lac du Tibériade.

Tarpeia, *æ*, f., Tarpéia, jeune fille qui li vra la citadelle de Rome (le Capitole aux Sabins ‖ **Tarpēius**, *a, um*, tarpéien *~ mons* ou *Tarpeium saxum* : roche Tar péienne, d'où l'on précipitait les crimi nels ; *Tarpeia arx* : le Capitole ; *pater ~* Jupiter capitolin ‖ **Tarpēius**, *i*, m., Tar péius, nom d'une famille rom., not. Sp Tarpeius, père de Tarpéia, qui comman dait le Capitole.

Tarquĭniānus, *a, um*, des Tarquins **Tarquĭnienses**, *ĭum*, m. pl., les Tarqui niens, hab. de Tarquinies ‖ **Tarquĭnien sis**, *e*, adj., de Tarquinies ‖ **Tarquĭnii** *ōrum*, m. pl., Tarquinies, v. d'Étrurie, où s'était établi le premier Tarquin ‖ **Tarquĭnĭus**, *a, um*, tarquinien, de Tar quinies ou de la famille des Tarquins ‖ **Tarquĭnĭus**, *ĭi*, m., Tarquin, nom de deux rois de Rome, Tarquin l'Ancien e Tarquin le Superbe (VIIᵉ-VIᵉ s. av. J.-C.) *Tarquinii, orum*, m. pl., les Tarquins.

Tarrăcīna, ou **Terrăcīna**, *æ*, f., ou **Tarrăcīnæ**, *ārum*, f. pl., Terracine, v. du Latium ‖ **Tarrăcīnenses (Terr~)**, *ĭum*, m pl., les hab. de Terracine.

Tarrăco, *ōnis*, f., Tarragone, v. princ d'Espagne Tarraconnaise ‖ **Tarrăcōnen sis**, *e*, adj., de la Tarraconnaise, *colonia* ou *Hispania ~* : l'Espagne Tarraconnaise ou citérieure, la Tarraconnaise.

Tarsenses, *ĭum*, m. pl., les hab. de Tarse **Tarsensis**, *e*, adj., de Tarse ‖ **Tarsus (~ŏs)** *i*, f., Tarse, v. de Cilicie.

Tartărĕus, *a, um*, **1.** du Tartare, des En fers ; **2.** horrible, effrayant ‖ **Tartărus (~ŏs)** *i*, m., et **Tartăra**, *ōrum*, n. pl., le Tar tare, les Enfers.

Tartessĭăcus et **Tartessĭus**, *a, um*, de Tartessos, espagnol ‖ **Tartessii**, *ōrum*, m pl., les hab. de Tartessos ‖ **Tartes(s)us**

(~ŏs), *i*, f., Tartessos, v. d'Espagne, à l'embouchure du Bétis (auj. Guadalquivir).

Tătĭus, *a, um*, de Tatius ‖ **Tătĭus**, *ĭi*, m., Tatius, roi des Sabins, plus tard associé de Romulus.

Tāŭgĕta, V. *Taygeta.*

Tāŭgĕtē, V. *Taygete.*

Taulantĭi, *ōrum*, m. pl., Taulentiens, peuple d'Illyrie ‖ **Taulantĭus**, *a, um*, des Taulentiens.

Taunus, *i*, m., Taunus, chaîne de mt. en Germanie.

taurĕa, *æ*, f., lanière de cuir de bœuf.

taurĕus, *a, um*, de taureau, de cuir.

Tauri, *ōrum*, m. pl., Taures, hab. de la Chersonèse Taurique, de la Tauride.

taurĭfer, *fĕra, fĕrum*, riche en taureaux.

taurĭformis, *e*, adj., qui a la forme d'un taureau.

Taurĭi (lūdi), *ōrum*, m. pl., jeux Tauriens ou Taurilies, célébrés à Rome en l'honneur des dieux infernaux.

Taurīni, *ōrum*, m. pl., Tauriniens, peuple de Gaule Cisalpine, de race ligure, cap. Turin.

taurīnus, *a, um*, de taureau, de bœuf.

Taurŏmĕnītāni, *ōrum*, m. pl., les Tauroméniciens, hab. de Taormina ‖ **Taurŏmĕnītānus**, *a, um*, de Tauroménium ‖ **Taurŏmĕnĭum**, *ĭi*, n., Tauroménium, v. maritime de Sicile, auj. Taormina.

taurus, *i*, m., 1. taureau, bœuf ; prov., *potest taurum tollere, qui vitulum sustulerit* : celui-là peut voler un taureau qui a enlevé un veau (qui vole un œuf, vole un bœuf) ; 2. le taureau d'airain de Phalaris ; 3. le Taureau (constellation) ; 4. butor ; 5. racine d'arbre.

Taurus, *i*, m., Taurus, chaîne de mt. de l'Asie Mineure ; *Tauri Pylæ* : les Portes du Taurus, entre la Cappadoce et la Cilicie.

tax, V. *tuxtax.*

taxātĭo, *ōnis*, f., estimation, appréciation.

taxillus, *i*, m., petit dé à jouer.

taxo, *ās, āre*, tr., 1. toucher fortement ou fréquemment ; 2. fig., attaquer, censurer ; 3. évaluer, estimer, apprécier.

taxus, *i*, f., if.

Tāȳgĕta (Tāŭ~), *ōrum*, n. pl., et **Tāȳgĕtus**, *i*, m., le Taygète, mt. de Laconie.

Tāȳgĕtē et **Tāŭgĕtē**, *ēs*, f., Taygète, fille d'Atlas, une des Pléiades.

tĕ, acc. et abl. de *tu.*

~tĕ, suff. pron. de renforcement de *tu* et de *te.*

Tĕānenses, *ĭum*, m. pl., les hab. de Téanum ‖ **Tĕānum**, *i*, n., Téanum, 1. v. d'Apu-

lie (*Teanum Apulum* ou *Apulorum*) ; 2. v. de Campanie (*Teanum Sidicinum*).

techĭna, V. le suiv.

techna, *æ*, f., ruse, fourberie, tromperie.

technĭcus, *i*, m., maître d'un art, technicien, spécialiste.

Tecmessa, *æ*, f., Tecmesse, fille de Teuthras, prince de Phrygie, épouse d'Ajax.

tectē, adv., 1. à couvert ; 2. en cachette.

tectŏr, *ōris*, m., stucateur, badigeonneur.

tectōrĭŏlum, *ĭi*, n., petit ouvrage de stuc.

tectōrĭum, *ĭi*, n., 1. couvercle ; 2. revêtement d'un mur, stuc ; 3. couche, enduit, fard.

tectōrĭus, *a, um*, 1. qui sert à couvrir ; 2. qui sert à revêtir les murs.

Tectŏsăges, *um*, et **Tectŏsăgi**, *ōrum*, m. pl., Tectosages, peuple de Gaule Narbonnaise.

tectum, *i*, (cf. *tego*), n., 1. toit, toiture ; 2. plafond ; 3. baldaquin, HOR. ; 4. abri, toit, maison ; ~ *non subire* : n'avoir pas de domicile fixe ; 5. asile, repaire de bêtes sauvages ; nid.

tectus, *a, um*, part. adj. de *tego*, [*~tior, ~tissimus*], 1. couvert ; caché, souterrain ; 2. fig., a) (choses) : secret, dissimulé, *verba tecta* : mots couverts, CIC. ; ~ *amor* : amour secret ; b) (pers.) : discret, dissimulé, circonspect, *in dicendo tectissimus* : très circonspect dans ses discours, CIC.

tēcum, = *cum te*, avec toi.

tēd, arch., = *te*, acc. ou abl., PL.

tēda, V. *tæda.*

Tĕgĕa, *æ*, et **Tĕgĕē**, *ēs*, f., Tégée, v. d'Arcadie ; l'Arcadie ‖ **Tĕgĕæus** (**Tĕgĕēus**), *a, um*, de Tégée ; poét., de l'Arcadie, ~ *aper* : le sanglier d'Érymanthe ; *Tegeæa parens* : Carmenta, mère d'Évandre (appelée aussi *Tegeæa sacerdos*) ‖ **Tĕgĕæa**, *æ*, f., l'Arcadienne, Atalante ‖ **Tĕgĕātæ**, *ārum*, m. pl., les Tégéates, hab. de Tégée ‖ **Tĕgĕātēs**, *æ*, m., Tégéate, de Tégée ‖ **Tĕgĕātus**, *a, um*, de Tégée, arcadien ‖ **Tĕgĕātis**, *ĭdis*, f., Tégéenne, Arcadienne.

tĕges, *ĕtis*, f., natte, couverture.

tĕgile, *is*, n., couverture, vêtement.

tĕgillum, *i*, n., petite couverture, PL.

tĕgĭmĕn (**tĕgŭmĕn**) et **tegmĕn**, *ĭnis* (cf. *tego*), n., tout ce qui sert à couvrir le corps, couverture, cuirasse, etc. ; fig., protection.

tĕgĭmentum (**tĕgŭm~**) et **tegmentum**, *i*, n., 1. couverture, enveloppe, vêtement ; 2. protection, peau.

tĕgo, *ĭs, ĕre, texi, tectum*, tr., 1. couvrir, recouvrir ; ~ *corpora veste* : couvrir le corps d'un vêtement ; ~ *lumina somno* : se laisser fermer les yeux par le sommeil,

VIRG. ; **2.** abriter, cacher, dérober, *sidera texit nox* : la nuit voila les étoiles, LUC. ; **3.** couvrir, protéger, garantir ; **4.** accompagner, VIRG.

tĕgŭla, æ, f., tuile ; toiture (surt. au pl.).

Tēii, *ōrum,* m. pl., les hab. de Téos ‖ **Tēïus,** *a, um,* **1.** de Téos, v. d'Asie Mineure (Ionie) ; **2.** du poète de Téos, d'Anacréon.

tēla, æ, f., **1.** tissu, toile ; toile de l'araignée ; **2.** chaîne d'une étoffe ; trame d'un tissu ; métier de tisserand ; **3.** fig., trame, intrigue, *ea ~ texitur* : la trame est ourdie.

Tĕlămo (~ōn), *ōnis,* m., Télamon, roi de Salamine, l'un des Argonautes, père d'Ajax et de Teucer.

tĕlămōnes, *um,* m. pl., cariatides.

Tĕlămōnĭădēs, æ, m., le fils de Télamon, Ajax ‖ **Tĕlămōnĭus,** *a, um,* de Télamon ‖ **Tĕlămōnĭus,** *ĭi,* m., le fils de Télamon, Ajax.

tēlānæ fĭcūs, V. *tellanæ ficus.*

Telchīnes, *um,* m. pl., les Telchines, famille de prêtres-magiciens, installée à Rhodes.

Tēlĕbŏæ, *ārum,* m. pl., Téléboens, peuple de l'Acarnanie ; colonie des Téléboens établie dans l'île de Caprée, auj. Capri.

Tēlĕgŏni, *orum,* m. pl., fig., les Télégones (nom donné par Ovide à ses poèmes érotiques parce qu'ils causèrent la perte de leur auteur) ‖ **Tēlĕgŏnŏs (~us),** *i,* m., Télégone, fils d'Ulysse et de Circé, meurtrier de son père et fondateur de Tusculum.

Tēlĕmăchus, *i,* m., Télémaque, fils d'Ulysse et de Pénélope.

Tēlĕmus, *i,* m., Télème, devin.

Tēlĕphus (~ŏs), *i,* m., Télèphe, **1.** fils d'Hercule et roi de Mysie, allié de Priam ; **2.** contemporain et ami d'Horace.

tĕlĕta, æ, f., initiation, consécration aux Mystères.

tēlĭnum, *i,* n., parfum préparé avec la plante appelée *telis.*

tellānæ fĭcūs, f. pl., espèce de figues noires.

tellus, *ūris,* f., **1.** la terre, le sol ; **2.** pays, région, population ; **3.** terre, bien de campagne ; **4.** *Tellus* : la déesse Terre, la Terre nourricière.

Telmesses, *ĭum,* m. pl., les hab. de Telmesse ‖ **Telmessĭcus,** *a, um,* de Telmesse ‖ **Telmessis,** *ĭdis,* adj. f., de Telmesse ‖ **Telmessĭus,** *a, um* de Telmesse ‖ **Telmessŏs (~us),** *i,* f., Telmesse, v. maritime de Lycie.

tēlum, *i,* n., **1.** arme pour combattre de loin ; trait, flèche, javelot, *telum, tela mittere* : lancer un trait, des traits ; **2.** en gén. toute arme offensive, arme (surt. au pl. opp. à *arma,* armes défensives) ; **3.** fig. rayon du soleil ; trait de la foudre arme(s), moyen(s) ; *tela fortunæ* : les coups de la fortune.

Tĕmēnītēs, æ, m., Téménite, épith. d'Apollon, dieu de Téménos ‖ **Tĕmēnītis,** *ĭdis,* f., **1.** la Téménite (épith. d'une porte de Tarente) ; **2.** source de Téménos, près de Syracuse ‖ **Tĕmēnŏs,** *i,* m., Téménos lieu voisin de Syracuse consacré à Apollon.

tĕmĕrārĭē, adv., témérairement, inconsidérément, à la légère.

tĕmĕrārĭus, *a, um,* **1.** accidentel, fortuit **2.** inconsidéré, irréfléchi, *homines temerarii atque imperiti* : des hommes irréfléchis et incapables, CÉS.

tĕmĕrātŏr, *ōris,* m., corrupteur.

tĕmĕrātus, *a, um,* V. *temero.*

tĕmĕrē, adv., pr., à l'aveugle, **1.** au hasard, à l'aventure, à la légère ; sans réflexion, *non ~ est* : ce n'est pas sans raison que, PL. ; **2.** seul. avec nég. : facilement, *non ~* : non facilement, rarement.

tĕmĕrĭtās, *ātis,* f., **1.** hasard aveugle, événement fortuit ; **2.** irréflexion, témérité étourderie.

tĕmĕrĭtĕr, V. *temere.*

tĕmĕro, *ās, āre,* tr., traiter de manière inconsidérée ; profaner, violer, souiller.

Tĕmĕsa, æ, et **Tĕmĕsē,** *ēs,* f., **Tĕmĕsæ** *ārum,* f. pl., et **Tempsa,** æ, f., Témésa v. du Bruttium.

tēmētum, *i,* n., boisson capiteuse, vir pur.

temno, *ĭs, ĕre,* tr., mépriser, dédaigner

Temnŏs (~us), *i,* f., Temnos, v. d'Éolide.

tēmo, *ōnis,* m., **1.** timon (d'un char ou d'une charrue) ; **2.** char ; **3.** le Chariot, la Grande Ourse.

Tempē, n. pl., seul. au nom. et à l'acc. **1.** la vallée de Tempé en Thessalie **2.** fig., tout lieu de calme et de délices.

tempĕrācŭlum, *i,* n., travail du fer.

tempĕrāmentum, *i,* n., **1.** combinaison proportionnée, juste mesure ; **2.** sage proportion, équilibre.

tempĕrans, *antis,* part., adj., [*~tior, ~tissimus*], qui garde le juste milieu, équilibré, retenu, *potestatis ~* : qui n'abuse pas du pouvoir, TAC.

tempĕrantĕr, adv., avec mesure, avec modération.

tempĕrantĭa, æ, f., mesure, modération retenue.

tempěrātē, adv., 1. avec mesure, modérément ; 2. fig., avec réserve, avec modération.

tempěrātǐo, ōnis, f., 1. proportion convenable des éléments d'une chose, ~ *rei publicæ* : bonne constitution (pol.) ; 2. juste proportion, juste distribution, *mensum* ~ : sage répartition des saisons, Cic. ; 3. principe organisateur, *sol mens mundi et* ~ : le soleil, principe intelligent et régulateur du monde, Cic.

tempěrātŏr, ōris, m., qui règle, équilibre, tempère, *temperatores voluptatis* : ceux qui usent modérément du plaisir, Sén.

tempěrātūra, æ, f., 1. composition exacte ou équilibrée, juste mélange ; 2. température, ~ *cæli* : climat.

tempěrātus, *a, um*, part. adj., [~*tior*, ~*tissimus*], 1. bien disposé, bien réglé ; 2. modéré, mesuré ; 3. fig., modéré, calme, tempéré.

tempěrī (~ŏrī), adv., à temps ; au comp., *temperius* : plus tôt.

tempěrǐēs, *ěi*, f., 1. juste mélange, alliage, équilibre ; 2. ~ *cæli* : température.

tempěro, *ās, āre*, tr. et intr.,
I tr., 1. mêler en de justes proportions ; composer, préparer, *vinum* : du vin, *venenum* : un poison ; 2. organiser, régler ; 3. modérer, calmer, ~ *iras* : calmer la fureur (des vents), Virg.
II intr., 1. être modéré, se contenir, ~ *linguæ* : tenir sa langue ; ~ *victoriæ* : se montrer mesuré dans la victoire ; 2. se retenir de, avec *a(b)* + abl., *ne* + subj., avec inf., avec *quin* + subj. ; 3. épargner, respecter, avec dat. ou *a(b)* + abl., ~ *sociis, ab sociis* : épargner ses alliés.

tempestās, *ātis*, f., 1. temps, époque, *eā tempestate* : à cette époque ; 2. temps qu'il fait, beau ou mauvais ; tempête ; 3. fig., trouble, orage, désastre, *Verres, Siculorum* ~ : Verrès, le fléau de la Sicile, Cic.

tempestīvē, adv., à temps, à propos, à point.

tempestīvǐtās, *ātis*, f., 1. temps opportun, favorable ; 2. disposition appropriée.

tempestīvō, adv., au bon moment, à propos.

tempestīvus, *a, um*, 1. opportun, favorable, *tempestivum est* : c'est le bon moment ; *tempestiva oratio* : un discours plein d'à-propos, de circonstance ; 2. mûr, qui est à point (pers., fruits) ; 3. précoce, prématuré ; 4. qui commence trop tôt, *tempestivum convivium* : festin prolongé.

templum, *i*, (R. *tem*~ : couper, découper), n., 1. espace tracé dans le ciel par le bâton recourbé de l'augure pour prendre les auspices ; 2. espace embrassé par le regard ; 3. lieu saint, lieu consacré ; 4. temple, lieu consacré à une divinité.

tempŏrālis, *e*, adj., temporaire, momentané.

tempŏrārǐus, *a, um*, 1. né des circonstances, accidentel ; 2. passager, de brève durée.

Tempsa, V. *Temesa*.

temptābundus, *a, um*, tâtonnant.

temptāměn, *ǐnis*, n., 1. essai, tentative ; 2. expérience.

temptāmentum, *i*, n., essai, tentative.

temptātǐo, ōnis, f., 1. atteinte, accès (maladie) ; 2. essai, tentative.

tempto (tento), *ās, āre*, tr., 1. toucher, manier ; 2. chercher à atteindre, aspirer à ; 3. attaquer, assaillir, *morbo temptari* : être attaqué par la maladie, Cic. ; 4. essayer, tenter, éprouver, *tentavi quid possem* : j'ai essayé de quoi j'étais capable, Cic. ; 5. chercher à gagner, séduire.

① **tempŭs**, *ŏris*, (cf. *tempero* ?), n., 1. temps, division du temps ; époque, *tempore* : avec le temps, *in omne* ~ : pour toujours, ~ *anni* : saison ; 2. moment, ~ *committendi prœlii* : le moment d'engager le combat ; *certis temporibus* : à des époques déterminées, *uno tempore* : du même coup ; 3. époque favorable, occasion, *tempore capto* : ayant saisi le moment propice, ~ *dimittere* : laisser perdre l'occasion, ~ *est* + inf. : c'est le moment de ; 4. conjoncture, situation, *tempori cedere* : se plier aux circonstances ; spéc., circonstances critiques, difficiles ; 5. temps de la vie ; 6. expr., *in tempore* : au bon moment, Liv. ; *in* ~ : pour un temps, Tac. ; *ad* ~ : au moment fixé ; *ex tempore* : sur-le-champ ; *per* ~ : à temps.

② **tempŭs**, *ŏris*, n., et **tempŏra**, *um*, n. pl., la tempe, les tempes ; visage, tête.

tēmǔlentěr, adv., en état d'ivresse.

tēmǔlentǐa, æ, f., ivresse.

tēmǔlentus, *a, um*, 1. ivre ; subst. m. pl., *temulenti, orum*, les ivrognes ; 2. fig., saturé de ; 3. qui se ressent de l'ivresse.

těnācǐa, æ, f., caractère rétif (chevaux).

těnācǐtās, *ātis*, f., 1. force avec laquelle on retient ; 2. avarice, parcimonie.

těnācǐtěr, adv., [~*cius*, ~*cissime*], 1. en tenant fortement ; 2. opiniâtrement.

těnax, *ācis*, adj., [~*cior*, ~*cissimi*], 1. qui tient fortement ; 2. parcimonieux, avare ; 3. fig., tenace, ferme ; 4. obstiné ; rétif.

Tenctěri, *ōrum* et *um*, m. pl., Tenctères, peuple de Germanie (sur le Rhin).

tendǐcǔla, æ, f., petit piège (surt. au pl.).

tendo, *ĭs, ĕre, tĕtendi, tensum* ou *tentum*, (cf. *teneo*), tr. et intr.,
I tr., **1.** tendre, étendre, *retia* : des filets ; *manus* : les mains ; ~ *arcum* : bander un arc ; **2.** présenter, offrir ; *munera* : des cadeaux ; ~ *insidias alicui* : tendre des pièges à qqn. ; **3.** diriger, *cursum, iter* : sa course ; **4.** dresser, *prætorium* : la tente du général ; **5.** ~ *se* : s'étendre.
II intr., **1.** se rendre, se diriger vers ; **2.** tendre vers, viser à, chercher à + inf. ; **3.** s'efforcer, avec *ut* + subj. : pour obtenir que ; s'opposer à ; **4.** camper.

tĕnĕbræ, *ārum, f. pl.,* **1.** obscurité ; ténèbres, spéc. de la nuit ; **2.** évanouissement qui obscurcit la vue ; **3.** ténèbres de la mort, les Enfers ; **4.** cécité ; prison ; oubli ; **5.** confusion d'une situation difficile ; douleur, tristesse.

tĕnĕbrĭcōsus, tĕnĕbrĭcus, tĕnĕbrōsus, *a, um,* ténébreux, obscur.

Tĕnēdĭi, *ōrum, m. pl.,* les hab. de Ténédos ‖ **Tĕnēdĭus**, *a, um,* de Ténédos ‖ **Tĕnĕdŏs** (~us), *i, f.,* Ténédos, petite île de la mer Égée en face de Troie.

tĕnĕo, *ēs, ēre, tĕnŭi, tentum,* (cf. *tendo*), tr. et intr.,
I tr., **1.** tenir, avoir en main (pr. et fig.) ; **2.** tenir dans son esprit, savoir, comprendre ; **3.** surt. mar., diriger, mettre le cap sur, rejoindre, *portum* ~ : arriver au port, ~ *terram* : accoster ; *(classe)* ~ : mettre le cap sur, se diriger vers ; **4.** tenir, posséder, occuper ; **5.** conserver, maintenir, *consuetudinem* ~ : garder une habitude ; *fidem* ~ : maintenir la parole donnée ; *memoriā* ~ : se souvenir ; *tenet fama* + prop. inf. : on rapporte que ; *fama tenuit* + prop. inf. : la tradition a prévalu que ; **6.** retenir, attacher, lier ; retenir, arrêter, *se* ~ *ab accusando* : se retenir d'accuser, ~ *se non posse quin* + subj. : ne pouvoir se retenir de ; **7.** soutenir ; avec *ut* ou *ne* + subj. : obtenir que, que... ne... pas.
II intr., tenir, se maintenir, durer.

tĕnĕr, *ĕra, ĕrum,* [~*erior,* ~*errimus*], **1.** tendre, léger, délicat ; **2.** tendre, du premier âge, *teneræ arbores* : jeunes arbres, VIRG. ; *parcendum est teneris* : il faut ménager le jeune âge ; *a tenero* : dès le jeune âge ; **3.** doux, sensible, délicat.

tĕnĕrasco, *ĭs, ĕre,* intr., devenir tendre.

tĕnĕrē, *adv.,* [~*erius,* ~*errime*], tendrement, délicatement, mollement.

tĕnĕresco, *ĭs, ĕre,* intr., s'amollir.

tĕnĕrĭtās, *ātis, f.,* mollesse, délicatesse, tendreté.

tĕnĕrĭtūdo, *ĭnis, f.,* délicatesse, tendresse, mollesse.

tĕnŏr, *ōris, m.,* **1.** course ininterrompue, mouvement continu ; **2.** continuité, suite, cours, *eodem tenore* : dans le même esprit, LIV. ; *uno tenore* : tout d'un trait, sans interruption ; **3.** ton, accent de la voix.

Tĕnŏs et **Tĕnus**, *i, f.,* Ténos, une des Cyclades, près de Délos.

tensa, *æ, f.,* char sur lequel on promenait les images des dieux dans les jeux du cirque.

tensus, *a, um,* part. adj. de *tendo,* tendu étendu.

tentīgo, *ĭnis, f.,* priapisme, rut.

tento, V. *tempto.*

tentōrĭum, *ĭi, n.,* tente.

tentus, *a, um,* V. *tendo* et *teneo.*

Tentўra, *ōrum, n. pl.,* et **Tentўris**, *ĭdis f.,* Tentyra, v. de la Haute-Égypte ‖ **Tentўrītæ**, *ārum, m. pl.,* les hab. de Tentyra. ‖ **Tentўrītēs**, *æ,* adj. m., de Tentyra.

tĕnŭātus, *a, um,* V. *tenuo.*

① **tĕnŭi**, V. *teneo.*

② **tĕnŭi**, dat. et abl. sg. de *tenuis.*

tĕnŭĭcŭlus, *a, um,* très mince, chétif, pauvre.

tĕnŭis, *e, adj.,* [~*uior,* ~*uissimus*], **1.** mince, fin, léger, ~ *vestis* : vêtement d'étoffe légère ; faible ; **2.** maigre, petit, de peu d'importance, *tenues opes* : maigres ressources, *homines tenues* : gens de petite condition ; **3.** clair, limpide ; **4.** fin subtil, délicat.

tĕnŭĭtās, *ātis, f.,* **1.** délicatesse, finesse ; **2.** faiblesse, pauvreté ; **3.** limpidité, clarté ; **4.** subtilité, finesse (style).

tĕnŭĭtĕr, *adv.,* [~*uius,* ~*uissime*], **1.** finement, délicatement ; **2.** fig., finement, subtilement ; **3.** faiblement, pauvrement.

tĕnŭo, *ās, āre, tr.,* **1.** amincir, affaiblir ; **2.** fig., diminuer, amoindrir ; **3.** polir, composer.

tĕnŭs, postposition + gén. ou abl., jusqu'à **1.** + gén., *Corcyræ* ~ : jusqu'à Corcyre **2.** + abl., *Tauro* ~ : jusqu'au Taurus ; *vulneribus* ~ : allant jusqu'à blesser ; *verbo* ~, *nomine* ~ : en parole (et non en réalité).

Tĕŏs (~us), *i, f.,* Téos, v. d'Ionie, patrie d'Anacréon.

tĕpĕfăcĭo, *ĭs, ĕre, fēci, factum,* tr., faire tiédir, échauffer.

tĕpĕfacto, *ās, āre,* tr., réchauffer.

tĕpĕfīo, *ĭs, fĭĕri, factus sum,* passif de *tepefacio,* s'échauffer, devenir tiède.

tĕpĕo, *ēs, ēre,* intr., **1.** être tiède, être chaud ; **2.** fig., brûler (d'amour) ; **3.** aimer froidement, être tiède, languissant.

tĕpesco, ĭs, ĕre, tĕpŭi, intr., **1.** commencer à s'échauffer ; **2.** se refroidir ; **3.** fig., perdre son ardeur.

tĕpĭdārĭum, ĭi, n., tépidarium, salle de bains tièdes.

tĕpĭdārĭus, a, um, qui concerne l'eau tiède, les bains tièdes.

tĕpĭdē, adv., [~dĭus, ~dissime], **1.** tièdement ; **2.** faiblement.

tĕpĭdo, ās, āre, tr., faire tiédir.

tĕpĭdus, a, um, **1.** tiède, un peu chaud ; **2.** tiède, refroidi.

tĕpŏr, ōris, m., **1.** faible chaleur, tiédeur ; **2.** manque de chaleur, tiédeur, froideur.

tĕr, adv., **1.** trois fois, ter in anno ou in annum : trois fois par an ; **2.** = plusieurs fois, bis terque : à plusieurs reprises ; o terque quaterque beati : oh ! mille fois heureux, VIRG. ; **3.** par trois fois ; pour la troisième fois.

tercen~, V. trecen~.

terdĕcĭēs (~ĭens), adv., trente fois.

tĕrĕbinthus (~ŏs), i, f., térébinthe, arbre résineux.

tĕrĕbra, æ, f., **1.** tarière, foret, vrille ; **2.** trépan ; **3.** machine de siège pour percer les murs.

tĕrĕbrātĭo, ōnis, f., **1.** action de percer ; **2.** trou.

tĕrĕbro, ās, āre, tr., **1.** percer, trouer ; trépaner ; **2.** fouiller, gratter, creuser ; **3.** s'insinuer, PL.

tĕrēdo, ĭnis, f., **1.** ver du bois ; **2.** teigne, mite ; **3.** larve (de la viande).

Tĕrentĭa, æ, f., Térentia, épouse de Cicéron.

Tĕrentĭānus, a, um, **1.** de Térence (l'auteur comique), ~ Chremes : le Chrémès de Térence ; ille ~ : le personnage (tel ou tel) de Térence, CIC. ; **2.** de Térentius Varron.

Tĕrentīnus, a, um, de Térentus (V. Terentum).

Tĕrentĭus, ĭi, m., Térentius, nom d'une famille rom. ; spéc., P. Terentius Afer, Térence, l'auteur comique (affranchi de Terentius Lucanus) ; C. Terentius Varro, Varron, le consul vaincu à Cannes ; M. Terentius Varro, Varron, célèbre polygraphe contemporain de Cicéron.

Tĕrentum, i, n., et **Tĕrentŏs (~us),** i, m., Térentus, endroit du Champ de Mars où l'on célébrait les jeux séculaires.

tĕrĕs, ĕtis, (cf. tero), adj., **1.** arrondi, rond, fig., vir sapiens ~ atque rotundus : un sage arrondi et sphérique (sur qui glissent les événements), HOR. ; **2.** joli, bien tourné, bien fait ; **3.** délicat, poli.

Tĕrēsĭās, V. Tiresias.

Tĕreūs, ĕi ou ĕos, m., Térée, roi de Thrace, métamorphosé en huppe.

tergĕmĭnus, V. trigeminus.

tergĕo, ēs, ēre, et **tergo,** ĭs, ĕre, tersi, tersum, tr., **1.** essuyer, nettoyer ; **2.** fig., chatouiller, exciter, palatum : le palais, HOR. ; écorcher, aures terget sonus : le son racle les oreilles, LUCR. ; corriger (un livre) ; expier (une faute).

Tergeste, is, et **Tergestum,** i, n., Tergeste, v. de l'Istrie, auj. Trieste.

tergĭnum, i, n., lanière de cuir, fouet.

tergĭversātĭo, ōnis, f., tergiversation, lenteur calculée, détour.

tergĭversātŏr, ōris, m., qui tergiverse, qui use de détours.

tergĭversor, āris, āri, intr., tergiverser (litt., tourner le dos), user de détours ; hésiter.

tergo, V. tergeo.

tergum, i, n., **1.** dos (de l'h. et des animaux), tergo ac capite puniri : payer de son dos et de sa tête, LIV. ; terga vertere ou dare : tourner le dos (fuir) ; a tergo, post tergum : par-derrière ; **2.** partie postérieure d'une chose, derrière ; **3.** surface, superficie d'une chose ; **4.** ce qui recouvre ; peau, cuir ; terga ferri : les lames de fer (du bouclier) ; **5.** corps d'un animal.

tergŭs, ŏris, n., **1.** dos ; **2.** corps d'un animal ; **3.** peau, cuir ; armure, cuirasse.

termĕs, ĭtis, m., branche, rameau.

Termĭnālĭa, ĭum et ōrum, n. pl., Terminalies, fête du dieu Terme (23 février).

termĭnālis, e, adj., **1.** terminal, des confins ; **2.** final, définitif, ~ tuba : trompette qui annonce la fin des jeux, APUL.

termĭnātĭo, ōnis, f., **1.** délimitation ; ce qui limite, bornage, frontière ; **2.** définition ; **3.** rhét., clausule, cadence rythmique d'une période.

termĭno, ās, āre, tr., **1.** limiter, délimiter, séparer ; **2.** borner, limiter, fixer (fig.) ; **3.** terminer, clore, finir.

termĭnus, i, m., **1.** borne, limite ; **2.** fig., limites, bornes, jus terminis circumscribere : circonscrire le droit dans des limites ; **3.** terme, fin, conclusion, vitæ : de la vie.

Termĭnus, i, m., le dieu Terme qui préside aux limites, aux bornes.

termo, ōnis, m., terme, borne, ENN.

terni, æ, a, adj. num. **1.** distr., trois par trois, trois à la fois, trois chacun ; **2.** poét., trois.

ternox, noctis, f., triple nuit (où Hercule vint au monde).

tĕro, ĭs, ĕre, trīvi, trītum, tr., **1.** frotter ; **2.** user par le frottement, émousser ; **3.** battre le blé en le foulant aux pieds ;

4. frotter pour nettoyer, polir ; **5.** avoir souvent dans les mains, employer (trop) souvent, *tritum verbum* : mot usuel, Cıc. ; **6.** venir souvent, fréquenter ; **7.** *se* ~ : se consumer, *teritur dies* : le temps se passe, Pl. ; passer sa vie.

Terpsĭchŏrē, *ēs*, f., Terpsichore, muse de la danse ; muse, poésie.

terra, *æ*, (cf. *torreo* ; *terra* = « la sèche », opp. à la mer), f., **1.** terre, globe terrestre ; **2.** la terre comme élément, matière, *terrā orti* : nés de la terre ; **3.** la terre (opp. à la mer, au ciel, à l'air), *orbis terrarum* : la terre, *ubi terrarum ?* : en quelle partie du monde ? ; **4.** pays, région, contrée, ~ *mea* : mon pays, Ov. ; *ubicumque terrarum* : partout, en tout lieu ; **5.** *Terra* : la Terre, la déesse Terre.

Terrăcīn~, V. *Tarracin~*.

terræmōtŭs (terræ mōtŭs), *ûs*, m., tremblement de terre.

terrēnus, *a*, *um*, **1.** formé, composé de terre, *tumulus* ~ : tertre, tumulus ; subst. n., *terrenum*, *i*, terre, terrain ; **2.** terrestre ; subst. n. pl., *terrena*, *orum* : animaux terrestres ; poét., mortel, ~ *eques* : cavalier mortel, Hor. ; **3.** souterrain, *terrena numina* : divinités infernales, Ov.

terrĕo, *ēs*, *ēre*, *terrŭi*, *terrĭtum*, tr., **1.** faire trembler, effrayer, *territus animi* : l'âme pleine d'effroi, Sall., Liv. ; avec *ne* : *territi ne opprimerentur* : craignant d'être écrasés, Liv. ; **2.** faire fuir, mettre en fuite ; **3.** empêcher de ; passif, *terreri* : se trouver empêché de, être détourné (avec *ne* ou *quominus* + subj.).

terrestĕr, *tris*, *tre*, et **terrestris**, *e*, adj., **1.** terrestre, relatif à la terre, *res cælestes atque terrestres* : les choses célestes et terrestres, Cıc. ; **2.** relatif à la terre ferme, *terrestris archipirata* : pirate de terre ferme, Cıc. ; *animantium genus terrestre* : les animaux qui vivent sur la terre, Cıc.

terrĕus, *a*, *um*, fait de terre.

terrĭbĭlis, *e*, adj., terrible, qui inspire la peur, *terribiles formæ visu* : fantômes épouvantables à voir, Virg.

terrĭbĭlĭtĕr, adv., d'une manière effrayante.

terrĭcŏla, *æ*, m. et f., hab. de la terre.

terrĭcŭlum, *i*, n., surt. au pl., **terrĭcŭla**, *ōrum*, fantôme, spectre.

terrĭcŭlāmentum, *i*, n., fantôme, objet d'épouvante.

terrĭfĭco, *ās*, *āre*, tr., effrayer, épouvanter.

terrĭfĭcus, *a*, *um*, qui inspire l'effroi, terrible, épouvantable.

terrĭgĕna, *æ*, gén. pl., *terrigenum* et ~*genarum*, m. et f., né de la terre (h. ou ani-

maux) ; fils de la terre, *genus terrigenarum* : la race des premiers hommes, Lucr.

terrĭlŏquus, *a*, *um*, effrayant en paroles.

terrĭto, *ās*, *āre*, tr., épouvanter ; effrayer ; intimider.

terrĭtōrĭum, *ĭi*, n., territoire, terre appartenant à une ville.

terrŏr, *ōris*, m., **1.** terreur, effroi, épouvante, ~ *belli* : l'effroi qu'inspire la guerre ; ~ *exercitus* : la terreur qui s'empare de l'armée ; *terrorem alicui incere*, *inferre*, *facere*, *afferre*, *incutere* : inspirer de l'effroi à qqn. ; **2.** objet qui inspire la terreur ; nouvelle effrayante.

terruncĭus, *ĭi*, m., trois onces, **1.** le quart d'un as ; un centime ; **2.** le quart d'un héritage.

tersi, V. *tergeo* et *tergo*.

① **tersus**, *a*, *um*, **1.** V. *tergeo* et *tergo* ; **2.** adj., [~*sior*, ~*sissimus*], a) propre, net ; b) fig., poli, élégant, soigné ; pur, correct (style).

② **tersŭs**, *ûs*, m., action d'essuyer, nettoyage.

tertĭădĕcĭmāni (~dĕcŭmāni), *ōrum*, m. pl., soldats de la 13e légion.

tertĭānus, *a*, *um*, **1.** qui revient le troisième jour, *febris tertiana* : fièvre tierce, Cıc. ; **2.** qui appartient à la troisième légion ; subst. m., *tertianus*, *i*, (sg. coll.), et pl., *tertiani*, *orum*, soldats de la 3e légion.

tertĭārĭus, *a*, *um*, **1.** qui contient le tiers d'une chose ; subst. m., *tertiarius*, *ii*, un tiers ; **2.** le troisième (dans une énumération).

tertĭātō, adv., trois fois.

tertĭātus, *a*, *um*, V. *tertio* ②.

① **tertĭō**, adv., **1.** pour la troisième fois ; **2.** en troisième lieu ; **3.** trois fois.

② **tertĭo**, *ās*, *āre*, tr., **1.** répéter pour la troisième fois ; **2.** donner un troisième labour.

tertĭum, adv., **1.** pour la troisième fois ; **2.** au troisième rang.

tertĭus, *a*, *um*, troisième, *tertia pars* : un tiers ; *ab Jove* ~ : l'arrière-petit-fils de Jupiter (Ajax) ; *tertio quoque die* : tous les deux jours, Cıc. ; ~ *e nobis* : l'un de nous trois, Ov. ; *numina tertia* : les divinités infernales, Ov. ; subst. f. pl., *tertiæ (partes)*, *arum*, un tiers.

Tertĭus, *ĭi*, m., **Tertĭa**, *æ*, f., noms propres donnés au troisième fils ou à la troisième fille d'une maison.

tertĭus dĕcĭmus, *tertĭa dĕcĭma*, *tertĭum dĕcĭmum*, treizième.

tertĭusvīcēsĭmus ou **tertĭus vīcēsĭmus**, *a*, *um*, vingt-troisième.

tĕruncĭus, V. *terruncius*.

ervĕnēfĭcus, *i*, m., triple empoisonneur (injure), PL.

esca (tesqua), *ōrum*, n. pl., lieux sauvages.

essella, *æ*, f., 1. petite pièce carrée ; 2. cube pour la marqueterie ou les mosaïques ; 3. dé à jouer.

essellātus, *a, um*, fait en mosaïque.

essĕra, *æ*, f., 1. dé à jouer, portant un numéro sur les six faces (opp. au *talus*), *tesseris ludere* : jouer aux dés, *tesseras jacere, mittere* : jeter les dés ; 2. tessère, petite tablette carrée sur laquelle était écrit le mot d'ordre, d'où : mot d'ordre, mot de ralliement ; 3. tessère, signe de reconnaissance entre hôtes ; 4. tessère, marque distribuée au peuple pour avoir de l'argent ou du blé ; 5. élément de marqueterie ou de mosaïque.

essĕrārĭus, *a, um*, relatif aux pièces de mosaïque ou aux dés ; subst. m., *tesserarius, ii*, tesséraire, celui qui transmet aux soldats le mot d'ordre du général.

essĕrātus, V. tessellatus.

essĕrŭla, *æ*, f., 1. au pl., *tesserulæ, arum*, fragments de mosaïque ; 2. tablette de vote ; 3. bon, jeton donné au peuple pour recevoir du blé ; 4. dé à jouer.

esta, *æ*, f., 1. brique, tuile ; 2. vase de terre cuite, pot, cruche, urne ; 3. coquille, écaille (pour voter, chez les Grecs) ; 4. coquillage ; 5. au pl., *testæ, arum*, applaudissement avec la paume des mains (comme avec des tuiles, V. *imbrex*).

estācĕus, *a, um*, 1. de terre cuite ; de briques ; subst. n., *testaceum, i*, brique pilée ; 2. de la couleur de la brique ; 3. qui a une écaille, une coquille ; crustacé.

estāmentārĭus, *a, um*, testamentaire ; subst. m., *testamentarius, ii*, falsificateur de testaments, faussaire.

estāmentum, *i*, n., testament, dernières volontés, *testamenti factionem habere* : avoir le droit de tester, ~ *irritum facere* : annuler un testament, ~ *obsignare* : sceller un testament, ~ *rumpere* : le casser.

estātĭo, *ōnis*, f., 1. appel en témoignage, action de prendre à témoin, *fœderum ruptorum* : de la violation des traités, LIV. ; 2. déposition, témoignage.

estātō, adv., (abl. n. du part. *testatus*), 1. devant témoins ; 2. après avoir testé, en laissant un testament.

estātŏr, *ōris*, m., testateur, celui qui fait un testament.

estātus, *a, um*, part. adj., [~*tior, ~tissimus*], attesté, constaté, manifeste.

estĭfĭcātĭo, *ōnis*, f., 1. déposition, témoignage en justice ; 2. témoignage, preuve.

testĭfĭcor, *āris, āri*, tr., 1. attester qqch. comme témoin ; + prop. inf., attester que ; 2. déclarer, faire connaître, *amorem* : son amour, CIC., *sententiam* : sa pensée, CIC. ; 3. part., *testificatus, a, um*, a) sens actif : après avoir déposé ; b) sens passif : manifesté, *testificata tua voluntas* : ta volonté bien déclarée, CIC.

testĭmōnĭum, *ĭi*, n., 1. témoignage écrit ou oral, déposition ; 2. ext., preuve.

① **testis**, *is*, (*ter + sti~* de *sto* ②), m. et f., 1. témoin, *testes dare, edere* : produire des témoins ; 2. témoin oculaire.

② **testis**, *is*, m., 1. testicule (ordin. au pl.) ; 2. jeu de mots avec *testis* ①, PL.

testor, *āris, āri*, tr., 1. déposer comme témoin, attester, + prop. inf. : que ; sens passif : être proclamé ; 2. prendre à témoin, *testem te testor mihi* : je te prends à témoin, PL., + prop. inf. : que ; 3. faire un testament, tester.

testū, n. indécl., 1. couvercle d'argile ; 2. vase d'argile.

testūdĭnātus (~nĕatus), *a, um*, en voûte.

testūdĭnĕus, *a, um*, 1. de tortue ; 2. fait en écaille de tortue.

testūdo, *ĭnis*, (cf. *testa*), f., 1. tortue, prov., ~ *volat* : c'est une tortue qui vole (en parlant d'une chose impossible) ; 2. écaille de tortue incrustée ; 3. tout instrument à cordes à caisse bombée : lyre, cithare, luth ; 4. construction en voûte ; 5. mil., a) machine de guerre avec toit en bois protégeant les assiégeants ; b) manœuvre de soldats formant une « tortue » avec leurs boucliers ; 6. enveloppe, carapace du hérisson.

testŭla, *æ*, f., 1. tesson d'argile ; spéc., l'écaille servant au vote des Athéniens (not. pour l'ostracisme) ; 2. petite lampe d'argile.

testum, *i*, n., V. testu.

tĕtănĭcus, *a, um*, atteint du ténanos.

tĕtănus, *i*, m., tétanos, contraction des muscles, crampe.

tētĕ, acc. et abl. de *tute*, V. *tu*.

tĕtendi, V. tendo.

tĕtĕr, V. tæter.

Tēthŷs, *ўos*, f., 1. Téthys, déesse de la mer, femme de l'Océan, mère des fleuves et des nymphes de la mer ; 2. la mer.

tĕtĭgi, V. tango.

tĕtrachmum, *i*, n., monnaie grecque d'argent valant quatre drachmes.

tĕtrādĭum ou **tĕtrădĕum**, *i*, n., le nombre 4.

tĕtrăgōnum, *i*, n., tétragone, carré.

tĕtrămĕtrus, *a, um*, tétramètre (vers à quatre pieds simples ou doubles).

tĕtrăo, ōnis, m., coq de bruyère.

tĕtrarchēs, æ, m., tétrarque (gouverneur du quart d'un pays) ; ext., prince, gouverneur.

tĕtrarchĭa, æ, f., tétrarchie, pays gouverné par un tétrarque.

tĕtrē, V. *tætre*.

tĕtrĭcus, a, um, sombre, farouche ; austère, sérieux.

tĕtŭli, pf. arch. de *fero*.

Teucĕr (Teucrus), i, m., Teucer, 1. fils de Télamon, roi de Salamine, et frère d'Ajax ; 2. fils du Scamandre de Crète, beau-père de Dardanos, et premier roi de Troie ‖ **Teucri**, ōrum, m. pl., 1. les Troyens ; 2. les Romains ‖ **Teucrĭa**, æ, f., la Troade ‖ **Teucris**, ĭdis, f., la Troyenne (sobriquet d'une intermédiaire entre Cicéron et Antoine) ‖ **Teucrĭus**, a, um, troyen, de Troie ‖ **Teucrus**, a, um, troyen, de Troie ‖ **Teucrus**, i, V. *Teucer*.

Tĕum ou **Tĕus**, V. *Teos*.

Teumēsĭus, a, um, de Teumésos, thébain ‖ **Teumēsŏs**, i, m., Teumésos, colline aux environs de Thèbes.

Teutātēs (Theutātēs), æ, m., Teutatès, divinité gauloise.

Teuthras, antis, m., Teuthras, 1. fl. de Campanie ; 2. roi de Mysie, père de Thespius ; 3. compagnon d'Énée.

Teutoburgĭensis, e, adj., de Teutoburgium, ~ *saltus* : la forêt de Teutoburg, TAC.

Teutŏnes, um, et **Teutŏni**, ōrum, m. pl., Teutons, nom coll. de tous les Germains, puis d'un peuple germain qui envahit l'Italie avec les Cimbres ‖ **Teutŏnĭcus**, a, um, teutonique, des Teutons.

texi, V. *tego*.

texo, ĭs, ĕre, texŭi, textum, tr., 1. tisser, *telam* ~ : tisser la toile (fig., ourdir ou tisser une trame) ; 2. tresser, entrelacer, construire, ~ *naves* : construire des navires, VIRG., ~ *basilicam* : élever une basilique, CIC. ; 3. fig., composer, ~ *epistulas cotidianis verbis* : composer les lettres avec des mots de tous les jours, CIC.

textĭlis, e, adj., 1. tissé ; subst. n., *textile*, is, tissu, étoffe, drap ; 2. tressé, entrelacé ; *textilia serta* : guirlandes, MART.

textŏr, ōris, m., tisserand.

textōrĭus, a, um, 1. de tisserand ; 2. captieux, *textorium totum istud est* : tout cela est une trame inextricable, SÉN.

textrīna, æ, f., boutique de tisserand.

textrīnum, i, n., 1. boutique de tisserand ; 2. art de tisser, tissage ; 3. chantier naval.

textrix, ĭcis, f., tisseuse ; au pl., *textrices*, um, les Parques.

textum, i, n., 1. tissu, étoffe, vêtement ; 2. contexture, assemblage, *texta pinea (navis)* : charpente en pin (d'un navire), OV. ; 3. tissu du discours, style.

textūra, æ, f., tissu ; fig., enchaînement, contexture.

① **textus**, a, um, V. *texo*.

② **textŭs**, ūs, m., 1. tissu ; entrelacement ; 2. fig., trame ; 3. texte ; 4. teneur, récit.

texŭi, V. *texo*.

Thaïs, ĭdos, f., Thaïs, célèbre courtisane d'Athènes ; nom de diff. autres femmes.

thălămēgus, i, f., thalamège, sorte de yacht.

thălămus, i, m., 1. pièce, chambre intérieure d'une maison ; en gén., demeure, séjour ; 2. chambre à coucher ; lit nuptial ; 3. mariage, noces.

thălassĭcus, a, um, marin ; des marins.

thălassĭnus, a, um, bleu-vert de mer.

Thălĕa, V. *Thalia*.

Thălēs, ētis, m., Thalès, phil. de Milet, l'un des Sept Sages.

Thălīa, æ, f., Thalie, 1. muse de la comédie ; 2. muse de la poésie en gén. ; 3. l'une des Grâces ; 4. l'une des Néréides.

Thămўrās, æ, ou **Thămўris**, is, m., Thamyras, poète thrace qui perdit la voix et la vue pour avoir défié les Muses.

Thapsŏs (~us), i, f., Thapsos, 1. v. d'Afrique où César vainquit les Pompéiens (46 av. J.-C.) ; 2. v. et promontoire de Sicile, près de Syracuse.

Thăsĭus, a, um, de Thasos, ~ *lapis* : marbre de Thasos ‖ **Thăsŏs (~us)**, i, f., Thasos, île de la mer Égée.

Thaumantēus, a, um, de Thaumas, *Thaumantea virgo* : Iris, fille de Thaumas ‖ **Thaumantĭās**, ădis, et **Thaumantis**, ĭdis f., la fille de Thaumas, Iris ‖ **Thaumās**, antis, m., Thaumas, père d'Iris.

thĕātrālis, e, adj., 1. relatif au théâtre, théâtral, *theatrales operæ* : la claque, PL.-J. TAC. ; 2. feint, faux ; 3. libre, licencieux.

thĕātrum, i, n., 1. théâtre, salle de spectacle ; utilisé comme salle de réunion politique en Grèce ; amphithéâtre, pour compétition sportive, VIRG. ; 2. les spectateurs, le public ; ext., auditeurs, assemblée ; 3. fig., scène, théâtre, *magno theatro* : sur un grand théâtre, aux yeux du monde.

Thēbæ, ārum, f. pl., Thèbes, 1. v. de Béotie, fondée par Cadmus, patrie de Pindare ; 2. Thèbes aux cent portes, cap. de la Haute-Égypte ; 3. v. de Mysie, patrie d'Andromaque, détruite par Achille ; 4. *Thebæ Phtioticæ* ou *Phthiæ*, v. de Phthiotide en Thessalie, possédant port ‖ **Thēbăĭcus**, *a*, *um*, de Thèbes (en Égypte) ; subst. f., *Thebaica* (ss.-ent. *palmula*), *æ*, dattier de Thèbes ‖ **Thēbăĭdes**, *um*, f. pl., les Thébaines ‖ **Thēbăĭs**, *ĭdis*, f., **1**. adj., de Thèbes (en Béotie) ; **2**. subst., la Thébaïde, région de Haute-Égypte ‖ **Thēbăĭs**, *ĭdos*, f., « Thébaïde », poème de Stace ‖ **Thēbāna**, *æ*, f., la Thébaine = Andromaque (de Thèbes en Mysie) ‖ **Thēbāni**, *ōrum*, m. pl., les Thébains, hab. de Thèbes (en Béotie) ‖ **Thēbānus**, *a*, *um*, thébain, de Thèbes (en Béotie) ; *Thebani modi* : les rythmes de Pindare, HOR. ; *Thebani duces* ou *Thebani fratres* : Étéocle et Polynice ; ~ *deus* : Hercule ; *Thebana dea* : la déesse Ino ; *Thebana soror* : Antigone, sœur d'Étéocle.

Thēbē, *ēs*, f., **1**. Thèbes, a) v. de Haute-Égypte ; b) v. de Cilicie et d'Éolide ; **2**. Thèbe, nymphe aimée par le fl. Asopus ; **3**. Thébé, femme d'Alexandre, tyran de Phères.

thēca, *æ*, f., **1**. étui, gaine, fourreau ; **2**. boîte, cassette ; **3**. étui pour ranger les roseaux à écrire.

Thēlis, arch. pour *Thetis*.

thēma, *ătis*, n., **1**. sujet traité ou à traiter ; **2**. thème astrologique de naissance.

Thĕmis, *ĭdis*, f., Thémis, fille du Ciel et de la Terre, déesse de la Justice.

Thĕmistŏclēs, *is* et *i*, m., Thémistocle, célèbre général athénien, vainqueur de Salamine ‖ **Thĕmistŏclēus**, *a*, *um*, de Thémistocle.

thensa, V. *tensa*.

thensaurus, V. *thesaurus*.

Thĕōcrĭtus, *i*, m., Théocrite, poète bucolique de Syracuse (IIIᵉ s. av. J.-C.).

Thĕŏdectēs, *is* et *i*, m., Théodecte, orateur grec célèbre pour sa mémoire.

Thĕŏgŏnĭa, *æ*, f., « La Théogonie, (Généalogie des dieux) », œuvre du poète Hésiode.

thĕŏlŏgus, *i*, m., un théologien, celui qui écrit sur Dieu et les choses divines.

Thĕŏphănēs, *is*, m., Théophane, historien, ami de Pompée.

Thĕŏphrastus, *i*, m., Théophraste, phil. grec, disciple de Platon et d'Aristote.

Thĕŏpompus, *i*, m., Théopompe, historien grec de Chios, disciple d'Isocrate.

Thērāmĕnēs, *æ*, m., Théramène, un des Trente tyrans d'Athènes.

thermæ, *ārum*, f. pl., **1**. thermes, bains chauds ; **2**. cabaret où l'on vend des boissons chaudes.

Thermæ, *ārum*, f. pl., Thermes, v. de Sicile ‖ **Thermĭtāni**, *ōrum*, m. pl., les hab. de Thermes ‖ **Thermĭtānus**, *a*, *um*, de Thermes en Sicile.

Thermōdōn, *ontis*, m., Thermodon, fl. de Cappadoce, sur les rives duquel habitaient les Amazones ‖ **Thermōdontēus** (~tĭăcus, ~tĭus), *a*, *um*, du Thermodon, des Amazones.

thermŏpōlĭum (thermĭ~), *ĭi*, n., cabaret où l'on vend des boissons chaudes.

thermŏpōto, *ās*, *āre*, tr., régaler d'une boisson chaude.

Thermŏpўlæ, *ārum*, f. pl., les Thermopyles, célèbre défilé de Locride, à la frontière de la Thessalie, où se sacrifièrent Léonidas et trois cents Spartiates (480 av. J.-C.) ; les Romains y remportèrent la victoire sur Antiochus le Grand.

Thersītēs, *æ*, m., Thersite, célèbre chez les Grecs, durant la guerre de Troie, pour sa laideur et ses médisances.

Thēsaurŏchrўsŏnīcochrўsĭdēs, *æ*, m., Thésaurochrysonicochrysidès, nom d'avare inventé par Plaute (trésor + d'or + d'or).

thēsaurus (thensaurus), *i*, m., **1**. provision, trésor, ~ *auri* : quantité d'or, PL. ; *thesaurum effodere*, *obruere*, *invenire* : déterrer, enfouir, trouver un trésor ; **2**. fig., *leno*, *thensaurus meus* : le léno, trésor où je puise, PL. ; **3**. lieu où l'on conserve, trésorerie, magasin, ~ *publicus* : trésor public ; **4**. fig., dépôt, répertoire, collection.

Thēsēĭus, *a*, *um*, de Thésée ‖ **Thēseūs**, *ĕi* et *ĕos*, m., Thésée, roi d'Athènes, père d'Hippolyte ‖ **Thēsēus**, *a*, *um*, **1**. de Thésée ; **2**. d'Athènes, de l'Attique, *Theseum templum* : le Théséion, à Athènes ‖ **Thēsīdæ**, *ārum*, m. pl., les Athéniens ‖ **Thēsīdēs**, *æ*, m., descendant de Thésée, Hippolyte.

thĕsis, *is*, f., **1**. proposition, question, problème ; **2**. temps fort en métrique.

Thesmŏphŏrĭa, *ōrum*, n. pl., Thesmophories, fêtes en l'honneur de Cérès en Grèce.

Thespĭădes, *um*, f. pl., **1**. les filles de Thespius ; **2**. les Muses (spéc. vénérées à Thespies) ‖ **Thespĭæ**, *ārum*, f. pl., Thespies, v. de Béotie ‖ **Thespĭenses**, *ĭum*, m. pl., les hab. de Thespies ‖ **Thespĭi**, *ōrum*, m. pl., les Thespiens, hab. de Thespies.

Thespis, *ĭdis*, m., Thespis, poète grec inventeur de la tragédie.

Thespĭus, *a*, *um*, de Thespies ‖ **Thespĭus**, *ĭi*, m., Thespius, fondateur de Thespies en Béotie.

Thesprōtĭa, *æ*, f., la Thesprotie, région d'Épire.

Thessăli, *ōrum*, m. pl., Thessaliens ‖ **Thessălĭa**, *æ*, f., Thessalie, région de la Grèce du N., aux confins de la Macédoine et de l'Épire, où l'on pratiquait la magie ‖ **Thessălĭcus**, *a, um*, de Thessalie ‖ **Thessălis**, *ĭdis*, adj. f., thessalienne.

Thessălŏnīca, *æ*, et **Thessălŏnīcē**, *ēs*, f., Thessalonique, v. de Macédoine, auj. Salonique ‖ **Thessălŏnīcenses**, *ĭum*, m. pl., les Thessaloniciens.

Thessălus, *a, um*, de Thessalie ‖ **Thessălus**, *i*, m., le Thessalien, Achille.

Thestĭus, *ĭi*, m., Thestius, roi d'Étolie, père de Léda.

Thĕtis, *ĭdis*, f., Thétis, nymphe de la mer, fille de Nérée, épouse de Pélée, mère d'Achille ; poét., la mer.

thĭăsus, *i*, m., thiase, danse en l'honneur de Bacchus.

Thisbē, *ēs*, f., Thisbé, **1.** amante de Pyrame ; **2.** v. de Béotie.

thŏlus, *i*, m., **1.** coupole, voûte ; **2.** temple de forme ronde ; **3.** édifice avec coupole.

thŏrax, *ācis*, m., **1.** poitrine, thorax ; **2.** cuirasse ; **3.** ceinture, pourpoint.

Thŏrĭus, *ĭi*, m., Thorius, nom d'une famille rom. ; spéc., Sp. Thorius Balbus, tribun de la plèbe, auteur de la *lex Thoria*, loi agraire qui abolit celle de C. Gracchus.

Thot (**Thoth, Theuth**), m. indécl., dieu égyptien inventeur des arts libéraux ; premier mois de l'année égyptienne.

Thrāca, *æ*, et **Thrācē**, *ēs*, V. *Thracia* ‖ **Thrāces**, *um*, m. pl., les Thraces, hab. de là Thrace ‖ **Thrācia**, *æ*, f., Thrace, région au N. de la Grèce, au-delà de la Macédoine et du Pont ‖ **Thrācĭus** et **Thrācus**, *a, um*, thrace, de Thrace ‖ **Thræcĭdĭca**, *ōrum*, n. pl., armes d'un Thrace, d'un gladiateur thrace ‖ **Thræcĭdĭcus**, *a, um*, de gladiateur thrace ‖ **Thræissa** (**Thræssa**), *æ*, f., une Thrace ‖ **Thræx**, *æcis*, m., gladiateur thrace.

Thrăsĕa, *æ*, m., Pétus Thrasea, phil. stoïcien et sénateur rom. sous Néron.

Thrăso, *ōnis*, m., Thrason (le soldat fanfaron), personnage de Térence.

Thrăsўbūlus, *i*, m., Thrasybule, général athénien qui chassa d'Athènes les Trente tyrans.

Thrax, *ācis*, m., **1.** un Thrace ; **2.** sg. coll., le Thrace = les Thraces ; **3.** gladiateur armé en thrace.

Thrēc~, V. *Thrac~*.

thrŏnus (**thrŏnŏs**), *i*, m., trône.

Thūcydĭdēs, *is*, m., Thucydide, célèbre Athénien, général et historien de la guerre du Péloponnèse (vers 470-vers 395 av. J.-C) ‖ **Thūcydĭdĭi**, *ōrum*, m. pl., imitateurs de Thucydide, CIC. ‖ **Thūcydĭdīus** (~**ēus**), *a, um*, de Thucy-

dide, *Thucydidio genere* : dans le style de Thucydide.

Thūlē (**Thŷlē**), *ēs*, f., Thulé, île de l'extrême N. de l'Europe, diversement identifiée (peut-être l'Islande).

Thūnīa, V. *Thynia*.

thunnus, V. *thynnus*.

Thūrĭi, *ōrum*, m. pl., Thurium, v. du Bruttium, aux confins de la Lucanie et de la Calabre, dans le golfe de Tarente (anc Sybaris) ‖ **Thūrīnus**, *a, um*, de Thurium.

thūs, V. *tus*.

Thўăs, V. *Thyias*.

Thўbris, *ĭdis*, m. et f., poét. pour *Tiberis*

Thўestæus (~**tēus**), *a, um*, de Thyeste ‖ **Thўestēs**, *æ* et rar. *is*, m., Thyeste, fils de Pélops et frère d'Atrée, père d'Egisthe ‖ **Thўestĭădēs**, *æ*, m., le fils de Thyeste, Égisthe.

Thўĭăs, *ădis*, f., Bacchante.

thymbra, *æ*, f., sarriette, plante aromatique.

Thymbra, *æ*, et **Thymbrē**, *ēs*, f., Thymbrée, v. de Troade, avec un temple fameux d'Apollon ‖ **Thymbræus**, *a, um* Thymbréen, épith. d'Apollon vénéré à Thymbrée.

thўmĕlē, *ēs*, f., thymélé, petit autel élevé au milieu de l'orchestre dans les théâtres grecs et autour duquel évoluait le chœur.

thўmōsus, *a, um*, riche en thym, fait avec du thym.

thўmum, *i*, n., et **thўmus**, *i*, m. **1.** thym ; **2.** fig., grâce, parfum.

Thŷnĭa, *æ*, f., région de Bithynie.

thynnus (**thunnus**), *i*, m., thon, poisson.

Thŷnus, *a, um*, relatif aux Bithyniens.

Thўōnē, *ēs*, f., Thyoné, mère du cinquième Bacchus, CIC. ‖ **Thўōneūs**, *ĕi* et *ĕos*, m., le fils de Thyoné, Bacchus ‖ **Thўōnĭānus**, *i*, m., Bacchus.

thyrsus, *i*, m., **1.** tige des plantes **2.** thyrse (bâton de Bacchus et des Bacchantes, entouré de lierre et de pampres).

Ti., abr. de *Tiberius*.

tĭāra, *æ*, f., et **tĭārās**, *æ*, m., tiare, coiffure des Orientaux, turban.

Tĭbĕrĭānus, *a, um*, de Tibère.

Tĭbĕrīnus, *a, um*, du Tibre, ~ *amnis* ou *Tiberinum flumen* : le fleuve Tibre ; *ostium Tiberinum* : l'embouchure du Tibre ‖ **Tĭbĕrīnus**, *i*, m., **1.** le Tibre, ~ *flavus* : le Tibre blond, VIRG. ; **2.** Tibérinus, roi d'Albe qui donna son nom au Tibre ‖ **Tĭbĕris**, *is*, m., Tibre, fl. d'Italie centrale et spéc. de Rome, V. *Albula, Rumo*.

Tǐbĕrǐus, *ǐi*, m.,Tibère, **1.** prénom rom., abrégé en Ti. ou Tib. ; **2.** *Tiberius* seul : l'empereur Tibère, Tiberius Claudius Nero, successeur d'Auguste (14-31).

tǐbǐa, *æ*, f., **1.** tibia, os antérieur de la jambe ; **2.** flûte (souv. au pl. parce qu'on distingue ~ *dextra* : dessus de flûte, flûte aiguë, et ~ *sinistra* : basse de flûte).

① **tǐbǐālis**, *e*, adj., relatif à la flûte, de flûte.

② **tǐbǐālis**, *e*, adj., de jambe ; subst. n., *tibiale*, *is*, bande destinée à envelopper la jambe pour la tenir au chaud.

tǐbīcĕn, *ǐnis*, m., **1.** joueur de flûte ; **2.** fig., soutien, pilier, support.

tǐbīcǐna, *æ*, f., joueuse de flûte, flûtiste.

tǐbīcǐnǐum, *ǐi*, n., art de jouer de la flûte.

Tǐbullus, *i*, m., Albius Tibullus, Tibulle, poète élégiaque, ami d'Horace et d'Ovide (v. 48-19 av. J.-C.).

Tǐbŭr, *ŭris*, n., Tibur, v. du Latium, sur les rives de l'Anio, lieu de villégiature estivale des Romains riches, auj. Tivoli ‖ **Tǐburnus**, *a*, *um*, de Tibur, de Tivoli ‖ **Tǐburnus**, *i*, m., **1.** hab. de Tibur ; **2.** le fondateur (mythique) de Tibur (V. *Tiburtus*) ‖ **Tǐburs**, *urtis*, adj., de Tibur ‖ **Tǐburtes**, *ǐum* et *um*, m. pl., les Tiburtins, hab. de Tibur ‖ **Tǐburtīnum**, *i*, villa ou propriété à Tibur ‖ **Tǐburtīnus**, *a*, *um*, tiburtin, de Tibur ‖ **Tǐburtus**, *i*, m., Tiburtus, nom du fondateur éponyme de Tibur.

Tǐcīnum, *i*, n., Ticinum, v. de Gaule Cisalpine, sur le Tessin, auj. Pavie.

Tǐcīnus, *a*, *um*, du Tessin ‖ **Tǐcīnus**, *i*, m., Tessin, fl. de Gaule Cisalpine, affluent du Pô (victoire d'Hannibal en 218 av. J.-C.).

Tǐfernum, *i*, n., Tifernum, nom de plusieurs v. d'Italie.

Tǐgellīnus, *i*, m., Tigellin, préfet du prétoire et favori de Néron.

Tǐgellǐus, *ǐi*, m.,Tigellius, nom de deux chanteurs et musiciens, **1.** Tigellius de Sardes, favori de César ; **2.** Tigellius Hermogène, fils du précédent, contemporain d'Horace.

tǐgillum, *i*, n., **1.** petite poutre, soliveau, *sororium* ~ : « poutre de la sœur », lieu-dit à Rome (allusion à l'expiation d'Horace pour le meurtre de sa sœur Camille, Liv.) ; **2.** poutre du toit, toit, Pl.

tǐgnārǐus, *a*, *um*, de poutre, de charpente.

tǐgnum, *i*, n., **1.** matériaux de construction ; **2.** poutre, solive.

Tǐgrānēs, *is*, m., Tigrane, **1.** roi d'Arménie, gendre de Mithridate et son allié contre les Romains ; **2.** fils du précédent.

Tǐgrānŏcerta, *æ*, f., et **Tǐgrānŏcerta**, *ōrum*, n. pl., Tigranocerte, cap. de l'Arménie.

tǐgrīnus, *a*, *um*, tigré, moucheté.

tǐgris, *ǐdis* et *is*, m. et f., **1.** tigre ; peau de tigre ; **2.** nom propre, Tigré ou Tigre, a) nom d'un chien d'Actéon, à peau tigrée ; b) « le Tigre », nom d'un navire décoré d'une tête de tigre, Virg.

Tǐgris, *ǐdis* et *is*, m., Tigre, fl. d'Asie (qui reçoit l'Euphrate).

Tǐgŭrīnus, *a*, *um*, tigurin, ~ *pagus* : l'un des quatre cantons helvètes, auj. Zurich ‖ **Tǐgŭrīni**, *ōrum*, m. pl., les Tigurins, hab. de ce canton.

tǐlǐa, *æ*, f., **1.** tilleul ; **2.** au pl., *tilæ*, *arum*, tablettes en bois de tilleul.

Tǐmæus, *i*, m., Timée, **1.** historien grec de Sicile ; **2.** phil. pythagoricien contemporain de Platon ; **3.** titre d'un dialogue de Platon traduit en latin par Cicéron.

Tǐmāgĕnēs, *is*, m., Timagène, historien et rhéteur du temps d'Auguste.

Tǐmanthēs, *is*, m., Timanthe, peintre grec du IVe s. av. J.-C.

Tǐmāvus, *i*, m., Timave, fl. d'Istrie.

tǐmĕfactus, *a*, *um*, effrayé.

tǐmendus, *a*, *um*, adj. vb. de timeo, redoutable, effrayant ; subst. n. pl., *timenda*, *orum*, tout ce qui inspire la peur.

tǐmens, *entis*, part. adj., **1.** qui craint, qui a peur de qqch. + gén. ; **2.** abs., craintif, peureux ; subst. m. pl., *timentes*, *ium*, les peureux, *timentes confirmat* : il rassure ceux qui ont peur, Cés.

tǐmĕo, *ēs*, *ēre*, *tǐmŭi*, tr., **1.** craindre ; avec acc. : qqch. ou qqn. ; avec *ut* ou *ne non* + subj. : que... ne... pas ; avec *ne* + subj. : craindre que + inf. : avoir peur de, ne pas oser ; **2.** + prop. inf. ou interr. indir., attendre avec anxiété que.

tǐmǐdē, adv., [~*dius*, ~*dissime*], avec crainte, timidement.

tǐmǐdǐtās, *ātis*, f., **1.** timidité, appréhension ; **2.** au pl., accès de timidité.

tǐmǐdus, *a*, *um*, [~*dior*, ~*dissimus*], timide, craintif, peureux ; effrayé ; + inf., *pro patriā non ~ mori* : qui n'hésite pas à mourir pour la patrie, Hor.

Tǐmŏlĕōn, *ontis*, m., Timoléon, général corinthien qui libéra Syracuse de la tyrannie de Denys le Jeune ‖ **Tǐmŏlĕōntēus**, *a*, *um*, de Timoléon.

Tǐmŏlus, V. *Tmolus*.

Tǐmōn, *ōnis*, m., Timon, célèbre misanthrope d'Athènes, contemporain d'Aristophane ‖ **Tǐmōnēus**, *a*, *um*, de Timon.

tǐmŏr, *ōris*, m., **1.** crainte, peur, appréhension, ~ *metus mali appropinquantis* : la crainte est l'appréhension d'un mal qui approche, Cic. ; *facere, injicere timorem* : inspirer de la crainte, Cic. ; **2.** crainte religieuse, peur des dieux ; **3.** Timor, personnification de la Peur ; **4.** effroi, objet d'effroi.

Tīmŏthĕus, *i*, m., Timothée. **1.** fils de Conon, général athénien qui rétablit les murs d'Athènes ; **2.** musicien de Milet.

tĭmŭi, V. *timeo*.

tĭmum, V. *thymum*.

tinctĭlis, *e*, adj., qui sert à teindre.

tinctōrĭus, *a, um*, qui sert à teindre, tinctorial.

tinctūra, *æ*, f., teinture.

tinctus, *a, um*, V. *tingo* ; subst. n. pl., *tincta, orum*, choses teintes.

tĭnĕa, *æ*, f., teigne ou mite.

tingo (tinguo), *ĭs, ĕre, tinxi, tinctum*, tr., **1.** mouiller, baigner, teindre, tremper ; **2.** fig., imprégner, *tinctus litteris* : imprégné de culture littéraire, Cic.

tĭnĭa, V. *tinea*.

tinnīmentum, *i*, n., tintement (d'oreilles).

tinnĭo (qqf. tīnĭo), *ĭs, īre, īvi (ĭi), ītum*, intr., **1.** tinter, rendre un son clair ; **2.** avoir une voix claire et perçante, corner aux oreilles ; **3.** fig., faire sonner, payer.

tinnītŭs, *ūs*, m., **1.** son, tintement ; **2.** tintement des oreilles, bourdonnement ; **3.** cliquetis de mots.

tinnŭlus, *a, um*, **1.** sonore, éclatant ; **2.** retentissant, puissant (voix).

tinnuncŭlus, *i*, m., crécerelle (oiseau).

tintinnābŭlum, *i*, n., grelot, clochette.

tintinnācŭlum, *a, um*, qui fait entendre un cliquetis de chaînes, mis aux fers, Pl. ; selon d'autres, bourreau (qui porte une clochette).

tinxi, V. *tingo*.

Tīphўs, *ўis* ou *ўos*, m., Tiphys, pilote des Argonautes.

Tīrĕsĭās (Tēr~), *æ*, m., Tirésias, célèbre devin aveugle de Thèbes ; un Tirésias = un aveugle.

Tīrĭdātēs, *is* ou *æ*, m., Tiridate, nom de plusieurs rois d'Arménie.

tīro, *ōnis*, m., **1.** jeune soldat, recrue, conscrit, ~ *exercitus* : une armée composée de recrues ; **2.** ext., débutant, novice, Suét.

Tīro, *ōnis*, m., M. Tullius Tiro, Tiron, esclave secrétaire de Cicéron, affranchi en 53 av. J.-C.

tīrōcĭnĭum, *ĭi*, n., **1.** apprentissage de la guerre, premières armes ; inexpérience ; **2.** ext., début, coup d'essai, apprentissage, *in Paulo accusando ~ ponere* : faire ses premières armes en accusant Paulus, Liv.

tīruncŭlus, *i*, m., jeune recrue, nouveau soldat ; novice en gén.

Tīryns, *ynthis*, f., Tirynthe, v. d'Argolide où Hercule fut élevé ‖ **Tīrynthĭa**, *æ*, f. Alcmène, mère d'Hercule ‖ **Tīrynthĭi** *ōrum*, m. pl., les hab. de Tirynthe ‖ **Tīrynthĭus**, *a, um*, de Tirynthe ‖ **Tīrynthĭus**, *ĭi*, m., Hercule.

tīs, gén. arch. de *tu*, Pl.

Tisaphernēs, V. *Tissaphernes*.

Tīsĭās, *æ*, m., Tisias, Sicilien fondateur avec Corax de la rhétorique.

Tīsĭphŏnē, *ēs*, f., Tisiphone, une des Furies (elle venge les meurtres) ‖ **Tīsĭphŏnēus**, *a, um*, de Tisiphone ; fig., criminel, *Tisiphonea tempora* : époque criminelle, Ov.

Tissaphernēs, *is*, m., Tissapherne, satrape perse d'Artaxerxès.

Tītān, *ānis*, m., **1.** Titan = un des Titans **2.** descendant d'un Titan ; spéc., le Soleil fils du Titan Hypérion ; Prométhée, fils du Titan Japet ‖ **Tītānes**, *um*, m. pl., les Titans, fils d'Uranus et de la Terre, qui tentèrent d'escalader le Ciel et furent vaincus par Jupiter ‖ **Tītāni**, V. *Titanes* ‖ **Tītānĭa**, *æ*, f., Titanienne = fille d'un Titan ou sœur d'un Titan (Diane Latone, Circé, Pyrrha) ‖ **Tītānĭăcus**, *a, um*, (né du sang) des Titans ‖ **Tītānis**, *ĭdis* et *ĭdos*, f., des Titans, une Titanide, spéc. Circé, fille du Soleil, Téthys, sœur des Titans, Diane ‖ **Tītānĭus**, *a, um*, de Titan, des Titans.

Tīthōnĭa, *æ*, f., la Tithonienne = l'Aurore, femme de Tithon ‖ **Tīthōnis**, *ĭdis*, f., la Tithonide = l'Aurore, femme de Tithon ‖ **Tīthōnĭus**, *a, um*, tithonien, de Tithon ‖ **Tīthōnus**, *i*, m., Tithon, fils de Laomédon, frère de Priam et mari de l'Aurore ; père de Memnon.

Tĭtĭēs et **Tĭtĭenses**, *ĭum*, m. pl., Titienses, **1.** la seconde des trois tribus primitives de Rome (de race sabine) ; **2.** une des trois centuries de chevaliers créées par Romulus (du nom de Titus Tatius).

tītillātĭo, *ōnis*, f., chatouillement.

tītillo, *ās, āre*, tr., chatouiller, caresser (pr. et fig.).

Tĭtĭus, *a, um*, **1.** de Titius, *lex Titia* : loi Titia (du tribun Sex. Titius) ; **2.** de Tatius = institué par le roi (sabin) Titus Tatius ‖ **Tĭtĭus**, *ĭi*, m., Titius, nom d'une famille rom. ; not., Sextus Titius, tribun du peuple, qui donna son nom à la fois à une loi (cf. *supra*) et à une danse (à cause d'une démarche sautillante).

tītŭbantĕr, adv., en balançant, en hésitant.

tĭtŭbantĭa, æ, f., démarche vacillante ; hésitation, ~ linguæ : bégaiement, bredouillement.

tĭtŭbātĭo, ōnis, f., **1.** marche chancelante ; **2.** fig., hésitation, irrésolution.

tĭtŭbo, ās, āre, intr., **1.** chanceler, faire des faux pas ; tituber, vestigia titubata : pas chancelants, VIRG. ; **2.** bégayer, titubat lingua : sa langue balbutie (il bégaie), OV. ; **3.** fig., être incertain, hésiter ; broncher, faire une faute.

tĭtŭlus, i, m., **1.** écriteau, affiche, d'où : **2.** titre, inscription (spéc., épitaphe) ; **3.** fig., appellation ; titre d'honneur, renommée ; péj., prétexte, sub titulo + gén. : sous le beau prétexte de.

Tĭtŭrĭānus, um, de Titurius ‖ **Tĭtŭrĭus**, ĭi, m., Titurius, lieutenant de César en Gaule.

Tĭtus, i, m., Titus, prénom rom., abrégé en T. ; spéc., Titus Flavius Vespasianus, fils de l'empereur Vespasien et son successeur (79-81).

Tĭtyŏs, ўi, m., Tityus, géant précipité dans le Tartare et dont le foie était dévoré par un vautour.

Tĭtўrus, i, m., Tityre, nom d'un berger des églogues de Virgile et de Calpurnius ; d'où : poét. a) « Les Bucoliques » ; b) Virgile ; c) un berger.

Tlēpŏlĕmus, i, m., Tlépolème, fils d'Hercule.

Tmărus (~ŏs), i, m., Tmarus, mt. d'Épire.

tmēsis, is, f., gramm., tmèse, coupure d'un mot en deux parties.

Tmōlītēs, æ, m., du Tmolus ‖ **Tmōlĭus**, a, um, du Tmolus, tmolien ‖ **Tmōlĭus**, ĭi, m., le vin du Tmolus, VIRG. ‖ **Tmōlus (Tīmōlus)**, i, m., le Tmolus, **1.** mt. de Lydie d'où naît le Pactole ; **2.** v. sur le mt. Tmolus : **3.** dieu du mt. Tmolus ; **4.** ruisselet qui coule du Tmolus.

tŏcullĭo, ōnis, m., usurier.

tōfīnus, a, um, de tuf.

tōfōsus, a, um, spongieux comme le tuf.

tōfus (tōphus), i, m., tuf, pierre poreuse et friable.

tŏga, æ, (cf. tego), f., **1.** toit, toiture (ce qui couvre), d'où : vêtement en général ; **2.** spéc., le vêtement romain en temps de paix, ~ virilis : la toge virile sans ornement (prise à 17 ans), ~ prætexta : toge prétexte, bordée de pourpre, portée par les magistrats et les enfants les plus libres, ~ candida : toge blanche des candidats aux charges publiques ; **3.** temps de paix, vie civile, cedant arma togæ : que les armes le cèdent à la toge, CIC. ; **4.** sous l'Empire : emploi, charge dans la cité.

tŏgāta, æ, f., **1.** (ss.-ent. fabula), togata, pièce de théâtre en costume et à sujet romain (opp. à la palliata de sujet grec) ; **2.** courtisane, prostituée.

tŏgātus, a, um, **1.** vêtu de la toge, en toge = en Romain, Gallia togata : la Gaule romaine ou Cisalpine ; **2.** civil (opp. à militaire) ; subst. m. pl., togati, orum, les citoyens romains et au sens large les Latins (opp. aux étrangers).

tŏgŭla, æ, f., petite toge.

tŏlĕrābĭlis, e, adj., **1.** supportable ; **2.** tolérant, patient.

tŏlĕrābĭlĭtĕr, adv., **1.** d'une manière supportable ; **2.** patiemment.

tŏlĕrandus, a, um, adj. vb. de tolero, supportable.

tŏlĕrans, antis, part. adj., qui supporte, qui endure + gén., corpus laborum ~ : corps résistant aux fatigues, TAC.

tŏlĕrantĕr, adv., **1.** patiemment ; **2.** au comp., tolerantius : plus raisonnablement.

tŏlĕrantĭa, æ, f., constance à supporter ; patience, résistance.

tŏlĕrātĭo, ōnis, f., capacité de supporter.

tŏlĕrātus, a, um, **1.** V. tolero ; **2.** adj., supportable.

tŏlĕro, ās, āre, (cf. tollo), tr., **1.** supporter, endurer, souffrir, hiemem : le froid, militiam : les fatigues militaires ; **2.** tenir, porter ; **3.** entretenir, soutenir, ~ egestatem alicujus : soulager la détresse de qqn., PL. ; **4.** tenir bon, rester, persister ; **5.** résister à, combattre.

tollēno, ōnis, (cf. tollo), m., **1.** machine à puiser de l'eau (avec une bascule) ; **2.** machine de siège pour soulever des objets lourds.

tollo, ĭs, ĕre, sustŭli, sublātum, (R. tel~, tol~, tle~), tr., **1.** élever, soulever, se ~ ou tolli : s'élever, ~ in cælum : monter au ciel, VIRG. ; ~ manus, oculos : lever les mains, les yeux, CIC. ; liberos ~ : soulever de terre des enfants (et les reconnaître par cela même) ; **2.** fig., clamorem ~ : pousser un cri ; aliquid laudibus ~ : porter qqch. aux nues ; cachinnum, risum ~ : éclater de rire ; spéc., ~ animos alicui : encourager qqn. ; **3.** lever, enlever, ~ aliquid alicui : prendre qqch. à qqn. ; ~ mensam : enlever d'une table les plats ; tolle, lege : prends, lis, AUG. ; spéc., prendre à bord, tollite me, Teucri : prenez-moi à bord, Troyens !, VIRG. ; **4.** détruire, supprimer, ~ aliquem de medio ou e medio : faire disparaître qqn. ; ~ deos : nier l'existence des dieux, CIC. ; legem ~ : abolir une loi ; spéc., ~ diem : faire perdre un jour (pour gagner du temps par ailleurs), CIC.

Tŏlōsa, æ, f., Toulouse, v. de Gaule Narbonnaise ‖ **Tŏlōsani**, ōrum, m. pl., les Toulousains ‖ **Tŏlōsānus**, a, um, de Toulouse ‖ **Tŏlōsās**, ātis, adj., de Toulouse ‖ **Tŏlōsātes**, ĭum, m. pl., les Toulousains, hab. de Toulouse, Cés.

tŏlūtārĭus, a, um, qui va au trot, ~ equus : trotteur, Sén.

tŏlūtim, adv., **1.** au trot ; **2.** en courant, au pas de course.

tŏmāclum (**~cŭlum**), i, n., saucisson, cervelas.

Tŏmārus, V. Tmarus.

tōmentum, i, n., bourre (pour remplir des matelas ou des coussins), circense ~ : paillasse, Sén.

Tŏmi (**~œ**), ōrum, m. pl., et **Tŏmĭs**, ĭdis, f., Tomi, v. de Mésie, sur la mer Noire, où Ovide mourut en exil ‖ **Tŏmītæ**, ārum, m. pl., les hab. de Tomi ‖ **Tŏmītānus**, a, um, de Tomi.

tōmix (**thōmix, tōmex**), īcis, f., corde de jonc ou de chanvre.

tŏmus, i, m., coupure, morceau, d'où : partie d'un ouvrage, tome.

Tŏmўris (**Tămўris** ou **Thămўris**), is, f., Tomyris, reine des Massagètes, qui vainquit et tua Cyrus l'Ancien.

tŏnans, antis, part. adj., épith. de Jupiter, Jupiter ~, Capitolinus ~, ou Tonans seul : Jupiter Tonnant.

tondĕo, ēs, ēre, tŏtŏndi, tonsum, tr., **1.** tondre, raser, couper ; passif, tonderi : se raser, reus tonsus : accusé aux cheveux courts (qui n'a pas laissé pousser ses cheveux en signe de chagrin et par conséquent acquitté), Mart. ; **2.** cueillir, couper, enlever ; **3.** brouter, dévorer ; **4.** dépouiller de, tondebo eum auro : je le dépouillerai de son or, Pl.

tŏnĭtrālis, e, adj., relatif à la foudre, au tonnerre.

tŏnĭtrŭs, ūs, m., et **tŏnĭtrŭum**, i, n., tonnerre.

tŏno, ās, āre, tŏnŭi, intr. et tr.,
I intr., **1.** tonner, tonat, impers., il tonne ; **2.** retentir, résonner, cælum tonat fragore : le ciel retentit avec fracas, Virg. ; **3.** éclater, tonner (orateur).
II tr., faire retentir ; appeler d'une voix de tonnerre, ~ ore deos : invoquer les dieux à grands cris, Virg.

tŏnŏr, ōris, m., accent d'une syllabe, Quint. (V. tenor).

tŏnŏs, V. tonus.

tonsa, æ, f., rame, aviron, spéc. au pl.

tonsĭlis, e, adj., **1.** qui peut être tondu, coupé ; **2.** tondu, rasé.

tonsillæ, ārum, f. pl., amygdales.

tonsŏr, ōris, m., barbier, perruquier (taille aussi les ongles).

tonsōrĭus, a, um, de barbier, qui sert à tondre, à raser, ~ culter : rasoir (pour la barbe, les cheveux et les ongles), Pétr.

tonstrīcŭla, æ, f., barbière.

tonstrīna, æ, f., échoppe de barbier.

tonstrīnus, a, um, de barbier ; subst. n., tonstrinum, i, le travail du barbier, Pétr. ; tonstrinus, i, m., barbier.

tonstrix, īcis, f., barbière, perruquière.

tonsūra, æ, f., tonte, coupe, taille, rasage.

tonsus, a, um, V. tondeo.

tŏnŭi, V. tono.

tŏnus (**~ŏs**), i, m., **1.** tension d'une corde ; intensité d'un son ; **2.** ton, son d'un instrument ; accent tonique ; **3.** tonnerre ; **4.** le clair-obscur (en peinture).

tŏpanta, V. tapanta.

tŏpĭārĭus, a, um, de jardinier décorateur ; subst. m., topiarius, ii, jardinier décorateur ; topiaria (ss.-ent. ars), æ, f., art de dessiner des jardins ; topiarium, ii, art de dessiner les jardins ; le jardin lui-même.

Tŏpĭca, ōrum, n. pl., « Les Topiques », titre d'un ouvrage d'Aristote, traduit par Cicéron, sur les « topoï » (sources de développements).

tŏpĭcē, ēs, f., la topique, art de trouver les arguments.

tŏrăl, ālis, n., couverture, coussin (de lit de repas).

torcŭlăr, āris, n., **1.** pressoir (machine) ; **2.** pressoir (lieu où est la machine).

torcŭlārĭus, a, um, de pressoir.

torcŭlum, i, n., pressoir.

torcŭlus, a, um, (cf. torqueo), de pressoir.

tŏreuma, ātis, n., vase d'or ou d'argent ciselé.

tormentum, i, (cf. torqueo), n., **1.** corde enroulée autour d'un cylindre et câble tendu pour lancer des projectiles, d'où : machine de siège ; **2.** projectile lancé par la machine ; **3.** treuil, cabestan ; **4.** instrument de torture, d'où : **5.** tourments, tortures (au pl.) ; **6.** pompe à eau.

tormĭna, um, n. pl., mal de ventre, colique.

tormĭnōsus, a, um, sujet aux coliques.

torno, ās, āre, tr., tourner, façonner au tour ; fig., versus male tornati : vers mal tournés, Hor.

tornus, i, m., **1.** tour, instrument de tourneur ; **2.** art de tourner les vers.

tŏrōsus, a, um, musculeux, charnu, épais ; (bâton) noueux.

torpēdo, ĭnis, f., **1.** engourdissement, torpeur ; **2.** torpille (poisson).

orpĕo, *ēs*, *ēre*, intr., **1.** être engourdi, sans vie, immobile ; **2.** mor., être paralysé ; **3.** (choses) être calme, immobile, silencieux.

orpesco, *ĭs*, *ĕre*, intr., **1.** s'engourdir ; **2.** se paralyser, *torpuerat lingua metu* : ma langue était paralysée par la peur, Ov. ; **3.** se ternir, se flétrir.

orpĭdus, *a*, *um*, engourdi, immobile, stupide.

orpŏr, *ōris*, m., **1.** torpeur, engourdissement ; **2.** indolence, inertie, inaction.

orpŭi, V. *torpesco*.

orquātus, *a*, *um*, qui porte un collier.

Torquātus, *a*, *um*, des Torquatus ‖ **Torquātus**, *i*, m., Torquatus, surnom de Titus Manlius qui s'orna d'un collier pris à un Gaulois qu'il avait tué.

orquĕo, *ēs*, *ēre*, *torsi*, *tortum*, tr., **1.** tordre, tourner, entortiller ; **2.** faire tourner, brandir, lancer, *~ fundam* : faire tournoyer la fronde ; **3.** tourner de travers, faire dévier, *~ ora* : faire grimacer ; **4.** torturer ; **5.** fig., tourmenter.

orquĕs (*~is*), *is*, m. et f., collier d'attelage ; guirlande.

orrĕfăcĭo, *ĭs*, *ĕre*, *fēci*, *factum*, tr., torréfier, dessécher.

① **torrens**, *entis*, **1.** V. *torreo* ; **2.** adj., a) ardent, brûlant ; b) rapide, impétueux, violent.

② **torrens**, *entis*, m., **1.** torrent ; **2.** courant, flux.

orrĕo, *ēs*, *ēre*, *torrŭi*, *tostum*, tr., **1.** dessécher, brûler, rôtir, griller ; **2.** enflammer, brûler (amour).

torresco, *ĭs*, *ĕre*, intr., se dessécher, se rôtir.

torrĭdus, *a*, *um*, **1.** desséché, sec, aride ; **2.** sec, maigre ; **3.** brûlant, torride.

torris, *is*, m., tison ardent (allumé ou sans flamme).

orrŭi, V. *torreo*.

orsi, V. *torqueo*.

tortē, adv., de côté, de travers.

tortĭlis, *e*, adj., enroulé, tortillé.

torto, *ās*, *āre*, tr., **1.** tourmenter, torturer ; **2.** passif, *tortari* : se tordre (sous l'effet de la douleur).

tortŏr, *ōris*, m., **1.** tortionnaire, bourreau, *Apollo ~* : Apollon, bourreau de Marsyas, Suét. ; **2.** frondeur (qui tord la fronde).

tortŭōsus, *a*, *um*, **1.** tortueux, sinueux ; **2.** entortillé, embrouillé.

① **tortus**, *a*, *um*, part. adj. de *torqueo*, **1.** tordu, tortueux, *torta via* : la route sinueuse (du Labyrinthe), Prop. ; **2.** fig., ambigu, équivoque ; **3.** affligé, tourmenté.

② **tortŭs**, *ūs*, m., **1.** repli (d'un serpent), *tortus dare* : faire des replis, Virg. ; **2.** courbure ; **3.** action de faire tourner (ex., la courroie d'une fronde).

tŏrŭlus, *i*, m., petit bourrelet, **1.** chignon ou bandeau pour la tête ; **2.** muscle saillant ; au pl., *toruli*, *orum*, les chairs ; **3.** aubier (arbres) ; **4.** petit lit.

tŏrus, *i*, m., **1.** toron de corde ; **2.** par comp. avec les renflements des torons entrelacés d'une corde : a) protubérance d'un muscle sous la peau, *lacertorum tori* : muscles des bras, Cic. ; fig., *orationem nervi, historiam tori et quasi jubæ decent* : à l'éloquence il faut des nerfs, à l'histoire des muscles et pour ansi dire l'abondance d'une chevelure, Pl.-J. ; b) coussin, couche, lit (de table ou nuptial), *toro sic orsus ab alto* : voici le récit qu'il commença depuis la place d'honneur au festin, Virg. ; d'où : mariage ; qqf. lit funèbre ; c) renflement de terrain, talus, *~ riparum* : berges, Virg.

torvĭtās, *ātis*, f., air farouche, menaçant.

torvĭtĕr, adv., arch., d'un air farouche, de travers.

torvus, *a*, *um*, [*~vior*, *~vissimus*], **1.** qui regarde de travers, farouche ; **2.** poét., acc. sg. ou pl. n., adv., *torvum* et *torva tueri* : adresser de farouches regards, *torvum clamare* : pousser des cris affreux, Virg. ; **3.** laud., mâle, imposant.

tostus, *a*, *um*, V. *torreo*.

tŏt (anc. *toti* ?), adj. dém. en fonction num. indécl., autant de (quantité dénombrable, opp. à *tantus*) : **1.** un si grand nombre de, *tot viri* : tant d'hommes ; **2.** en corrél. avec a) *quot*, *quot homines, tot sententiæ* : autant d'hommes, autant d'avis, Cic. ; b) *quotiens* : autant que ; c) *ut* conséc. : tellement nombreux que.

tŏtĭdem, adj. num. pl. indécl., en nombre égal, aussi nombreux, autant.

tŏtĭens (*~iēs*), adv., tant de fois, autant de fois, si souvent, *toties… quoties* : aussi souvent que.

tŏtondi, V. *tondeo*.

① **tŏtus**, *a*, *um*, gén. *tōtīus* (*~ĭus*), dat. *tōtī*, (cf. *tam*), **1.** tout entier, tout, *in toto orbe terrarum* : dans le monde entier, *tota terra* : la terre entière (i.e. *tota quota est terra* : « cette terre comme elle est ») ; **2.** = entièrement, *sum ~ vester* : je suis totalement de votre côté, Cic. ; **3.** subst. n., *totum*, *i*, a) le tout = l'entier (opp. à la fraction) ; b) la totalité, *in totum, in toto, ex toto* : en totalité, qqf. en général.

② **tŏtus**, *a*, *um*, (cf. *tot*), aussi grand (au sens d'égal à la même fraction).

toxĭcum (~ŏn), *i*, n., **1.** poison à l'usage des flèches ; **2.** poison (en gén.) ; **3.** sorte de laudanum.

trăbālis, *e*, adj., **1.** de poutre, de solive ; **2.** gros comme une poutre, énorme.

trăbĕa, *æ*, f., trabée, espèce de toge ou de manteau entièrement de pourpre, ou avec des bandes de pourpre, portée par les rois, les chevaliers, les augures et surt. les consuls.

Trăbĕa, *æ*, m., Q. Trabea, anc. poète comique latin.

trăbĕātus, *a*, *um*, vêtu de la trabée ; subst. f., *trabeata* (ss.-ent. *fabula*), rom., genre de comédie inventée par C. Melissus et dont les personnages étaient des Romains distingués (classe des chevaliers).

trabs, *trăbis*, f., **1.** poutre ; **2.** arbre (élevé) ; **3.** navire ; **4.** toit ; **5.** massue ; javelot ; **6.** torche ; au pl., *trabes*, *ium*, météores en forme de poutre.

Trāchin, *īnis*, f., Trachine, v. de Thessalie, au pied de l'Œta où Hercule édifia son bûcher ‖ **Trāchĭnĭæ**, *ārum*, f. pl., « Les Trachiniennes », tragédie de Sophocle ‖ **Trāchīnĭus**, *a*, *um*, de Trachine.

tracta, *æ*, f., pâte allongée (V. *tractum*).

tractābĭlis, *e*, adj., **1.** maniable, traitable ; **2.** souple (voix) ; **3.** fig., traitable, accommodant.

tractātĭo, *ōnis*, f., **1.** maniement, traitement ; exercice, ~ *armorum* : maniement des armes ; ~ *philosophiæ*, *litterarum* : étude assidue de la philosophie, de la littérature ; **2.** procédé, conduite, traitement ; **3.** rhét., mise en œuvre, *materia et* ~ : la matière et la forme, Cic. ; manière de traiter un sujet ; emploi particulier d'un mot.

tractātŏr, *ōris*, m., esclave qui masse.

tractātrix, *īcis*, f. du préc.

① **tractātus**, *a*, *um*, V. *tracto*.

② **tractātŭs**, *ūs*, m., **1.** action de toucher ; **2.** maniement, pratique ; **3.** action de traiter, de débattre une question, ~ *communis locorum* : développement des lieux communs ; ~ *troporum* : emploi des tropes, Quint. ; **4.** traité, écrit, ouvrage.

tractim, (cf. *traho*), adv., **1.** en traînant ; **2.** lentement, peu à peu ; **3.** de suite, sans interruption.

tractĭo, *ōnis*, f., dérivation d'un mot, Quint.

tracto, *ās*, *āre*, (fréq. de *traho*), tr.,
I pr., **1.** tirer avec violence, traîner ; maltraiter ; déchirer ; **2.** toucher souvent, manier, ~ *gubernacula* : manier le gouvernail ; d'où : travailler, traiter.

II fig., **1.** s'occuper de, administrer, gérer ; **2.** manier, façonner les esprits ; **3.** traiter qqn. de telle ou telle manière ~ *aliquem ut consulem* : traiter qqn. en consul (ce qu'il est), Cic. ; **4.** traiter, parler de, exposer (une question).

tractum, *i*, n., et plus souv. au pl., **tracta**, *ōrum*, **1.** laine cardée qui entoure le fuseau ; **2.** pâte feuilletée (V. *tracta*).

① **tractus**, *a*, *um*, part. adj. de *traho* **1.** tiré de, venant de, *nervi a corde tracti* nerfs issus du cœur ; **2.** fig., allongé étendu, *genus orationis fusum atque tractum* : style ample et sans heurts, Cic.

② **tractŭs**, *ūs*, m., **1.** action de tirer, trait traînée, *Syrtes ab tractu nominatæ* : le Syrtes ainsi nommées parce qu'elles entraînent – en grec *syren* – (le sable et le pierres), Sall. ; **2.** allongement, développement (dans l'espace), ~ *oppidi* : quartier d'une ville, ~ *muri* : tracé d'un mur **3.** fig., déroulement lent, longueur, lenteur (du temps), *perpetuo ævi tractu* : l'éternel déroulement du temps, Lucr. époque ; **4.** mouvement continu (du style).

trādĭdi, V. *trado*.

trādĭtĭo, *ōnis*, f., **1.** action de remettre, de transmettre ; livraison, reddition (d'une ville) ; **2.** enseignement, transmission **3.** tradition, relation, récit, Tac.

trādĭtŏr, *ōris*, m., **1.** traître ; **2.** celui qu transmet, maître.

trādo (**transdo**), *ĭs*, *ĕre*, *trādĭdi*, *trādĭtum* tr., **1.** faire passer à un autre, transmettre, ~ *alicui hereditatem* : transmettre à qqn. un héritage, Cic. ; **2.** confier, remet tre, *obsides Æduis custodiendos* : aux Éduens la garde des otages, Cés. ; **3.** li vrer, abandonner, *se* ~ : se livrer, *quieti au sommeil* ; **4.** transmettre oralemen ou par écrit, *nobis poetæ tradiderunt* : le poètes nous ont transmis la tradition qu + prop. inf., Cic. ; **5.** passif pers. ou im pers. : on raconte, on rapporte que *Lycurgi temporibus Homerus fuisse tradi tur* : Homère exista, dit-on, du temps de Lycurgue, Cic. ; *traditum est* + prop. inf la tradition est que ; **6.** transmettre pa l'enseignement, enseigner.

trādūco (**transdūco**), *ĭs*, *ĕre*, *duxi*, *duc tum*, tr., **1.** faire passer, conduire au delà ; spéc. + double acc. ~ *copias flumen* : faire traverser le fleuve aux trou pes ; **2.** conduire, transporter, faire veni qqp., ~ *aliquem ad optimates* : faire passe qqn. du côté des aristocrates, *a dispu tando ad dicendum traducti* : on les fai passer de la discussion à l'exposé (l'ar oratoire), Cic. ; **3.** traduire (d'une langu dans une autre) ; **4.** faire connaître, expo ser au grand jour (qqf. à la risée) ; **5.** passer, couler (temps) ; **6.** ~ *munus* : s'acquitter d'une fonction.

răductĭo, *ōnis*, f., **1.** action de faire passer d'un point à un autre ; **2.** fig., passage, transfert, ~ *alicujus ad plebem* : le transfert de qqn. à la plèbe, ~ *temporis* : le passage du temps ; **3.** exposition en spectacle (déshonorante, qqf. honorable).

răductŏr, *ōris*, m., celui qui fait passer d'un état à un autre, d'une classe sociale à une autre.

răductus, *a, um*, V. traduco.

răductŭs, *ūs*, m., passage (concr., comme lieu de passage).

rădux, *dŭcis*, m., sarment de vigne (qu'on fait passer d'un arbre à un autre).

răduxi, V. traduco.

răgĭcē, adv., tragiquement, à la manière des poètes tragiques.

răgĭcus, *a, um*, **1.** tragique, de tragédie, ~ *poeta* : auteur de tragédies ; subst. m., *tragicus, i,* a) auteur tragique ; b) acteur de tragédie, tragédien ; **2.** fig., à la hauteur du style tragique, CIC. ; élevé, noble, ~ *orator* : orateur pathétique ; digne de la tragédie, effrayant, terrible, *tragicum scelus* : crime horrible, LIV.

răgœdĭa, *æ*, f., **1.** tragédie ; **2.** fig., au pl., *tragœdiæ, arum,* effets tragiques, *tragœdias agere in nugis* : recourir à des effets pathétiques pour peu de chose, CIC. ; langage de tragédie, grands mots.

răgœdus, *i*, m., acteur tragique, tragédien ; épith. de Jupiter, pour une statue érigée en son honneur par Auguste au *vicus Tragœdus* à Rome.

răgŭla, *æ*, f., **1.** tragula, javelot particulier aux Gaulois et aux Espagnols, muni d'une courroie de cuir ; **2.** fig., trait perfide, *injicere tragulam in aliquem* : lancer une perfidie à qqn., PL.

răgus, *i*, m., **1.** tragus, poisson non identifié ; **2.** odeur d'aisselle (de bouc).

răho, *ĭs, ĕre,* traxi, tractum, tr., **1.** tirer ; fig., attirer, *trahit sua quemque voluptas* : chacun suit son propre plaisir, VIRG. ; reporter sur, attribuer, *in se crimen* ~ : prendre sur soi une accusation ; interpréter (dans tel ou tel sens), ~ *cuncta in deterius* : interpréter tout en mauvaise part, calomnier tous les actes, TAC. ; **2.** traîner ; fig., entraîner, ~ *aliquem in suam sententiam* : faire partager à qqn. ses propres idées, LIV. ; **3.** traîner derrière soi, avec peine, *vestem* : un costume, HOR., ~ *pedem* : se traîner, SÉN. ; **4.** entraîner avec soi, *exercitum* : une armée, LIV., *liberos* : des enfants ; **5.** tirer à soi,

absorber, ~ *spiritum* ou *animum* : respirer ; ~ *pocula* : avaler des coupes, HOR. ; **6.** assumer, prendre ; tirer, *a deo nomen* ~ : tirer son nom d'un dieu, CIC. ; **7.** extraire, *aquam ex puteis* : de l'eau des puits, *vocem e pectore* : sa voix du fond de sa poitrine, VIRG. ; **8.** fig., faire dériver, faire découler ; évoquer, *lunam* ~ : évoquer (magiquement) la lune, la faire descendre du ciel, OV. ; **9.** contracter, resserrer, ~ *vultum* : froncer les sourcils ; *vela* ~ : carguer les voiles, VIRG. ; **10.** allonger, faire traîner, *bellum* : la guerre ; différer, retarder, *comitia* : les élections ; passif, *trahi* : être lanterné ; **11.** filer, carder (la laine) ; **12.** fig., tirailler, être tiraillé, ~ *cum animo suo* : se poser mentalement la question (de savoir si... ou si), SALL.

Trājānus, *a, um*, de Trajan ‖ **Trājānus**, *i*, m., M. Ulpius Trajanus, Trajan, empereur romain (98-117 ap. J.-C.).

trājēci, V. trajicio.

trājectĭo, *ōnis*, f., **1.** traversée, passage ; **2.** fig., déplacement, ~ *in alium* : le déplacement (de responsabilité) sur autrui, CIC. ; **3.** rhét., hyperbate, inversion, transposition des mots.

trājĭcĭo (**trāĭcĭo, transjĭcĭo**), *ĭs, ĕre, jēci, jectum,* (trans + jacio), tr., **1.** jeter au-delà ; **2.** faire passer d'un lieu dans un autre, ~ *legiones in Siciliam* : transférer les légions en Sicile ; fig., ~ *invidiam in alium* : faire retomber la haine sur un autre, CIC. ; rhét., transposer des mots (hyperbate) ; **3.** réfl. (*se*) ~ : traverser, passer au-delà, ~ *ex Siciliā in Africam* : faire la traversée de Sicile en Afrique ; + acc. du lieu, *Padum* ~ : traverser le Pô ; **4.** traverser, transpercer.

trālāt~, V. translat.

① **Tralles**, *ĭum*, m. pl., Tralles, population illyrienne.

② **Tralles**, *ĭum*, f. pl., Tralles, v. de Lydie, en Asie Mineure ‖ **Trallĭāni**, *ōrum*, m. pl., les hab. de Tralles ‖ **Trallĭānus**, *a, um*, de Tralles ‖ **Trallīs**, *ĭum*, f. pl., Tralles.

trālŏquor, *ĕris, i,* tr., raconter du début à la fin.

trāma, *æ*, f., chaîne d'un tissu, trame, ~ *figuræ* : figure décharnée, PERS. ; *tramæ putridæ* : bagatelles, PL.

trāmĕs, *ĭtis,* (trans + meo), m., **1.** chemin de traverse, sentier ; **2.** chemin, route, course.

trāmĭgro, V. transmigro.

trāmitto, V. transmitto.

trānăto (**trans~**), *ās, āre,* tr., traverser à la nage.

trāno (trans~), *ās, āre,* tr., **1.** traverser en nageant ; nager vers ; **2.** traverser, franchir, pénétrer.

tranquillē, adv., [~*lius, ~lisssime*], tranquillement, calmement.

tranquillĭtās *ātis,* f., **1.** calme de la mer ; **2.** tranquillité.

① **tranquillō,** adv., tranquillement.

② **tranquillō,** *ās, āre,* tr., rendre serein, calmer, apaiser.

tranquillus, *a, um,* [~*lior, ~lissimus*], litt., transparent, d'où : **1.** serein, tranquille ; subst. n., *tranquillum, i,* bonace, mer calme, temps calme ; **2.** fig., serein, tranquille, calme.

Tranquillus, *i,* m., Tranquillus, surnom rom., not. C. Suetonius Tranquillus, Suétone, l'historien.

trans, prép. + acc., **1.** au-delà de, ~ *Rhenum* : au-delà du Rhin ; **2.** à travers, ~ *mare* : à travers la mer.

transăbĕo, *īs, īre, ăbĭī, ĭtum,* tr., **1.** aller au-delà, dépasser, laisser derrière soi ; **2.** traverser, transpercer.

transactŏr, *ōris,* m., intermédiaire, entremetteur.

transactus, *a, um,* V. *transigo.*

transădĭgo, *īs, ĕre, ădēgi, ădactum,* tr., **1.** faire passer à travers, faire pénétrer ; **2.** percer de part en part, transpercer.

transalpīnus, *a, um,* situé au-delà des Alpes, transalpin ; subst. m. pl., *Transalpini, orum,* les peuples transalpins, les Transalpins.

transcendo, *īs, ĕre, scendi, scensum,* (*trans + scando*), intr. et tr.,
I intr., **1.** monter en passant par-delà, ~ *in Italiam* : passer en Italie (en franchissant les Alpes) ; **2.** fig., s'élever, passer à, *ab asinis ad boves* : de la classe des baudets à celle des bœufs, PL. ; ~ *ad leviora* : passer à des arguments plus faibles, QUINT.
II tr., **1.** franchir, passer ; **2.** fig., transgresser, enfreindre ; dépasser, surpasser.

transcīdo, *īs, ĕre, cīdi, cīsum,* (*trans + cædo*), tr., couper d'un bout à l'autre ; battre comme plâtre, rouer de coups.

transcrībo, *īs, ĕre, scripsi, scriptum,* tr., **1.** transcrire, copier, recopier (spéc., pour falsifier un acte) ; **2.** jur., transporter (une créance), aliéner ; faire passer (qqch. à qqn. par écrit) ; **3. a)** faire passer dans ; fig., *cum te in viros philosophia transcripserit* : quand la sagesse t'aura fait homme, SÉN. ; **b)** passif, *transcribi* : passer à ; **c)** enregistrer, *transcribunt urbi matres* : ils inscrivent des femmes pour la ville future, VIRG.

transcurro, *īs, ĕre, curri* et *cŭcurri, cursum,* intr. et tr.,
I intr., **1.** courir au-delà, se porter au de course ; passer rapidement ; **2.** traver ser l'espace, parcourir, *cursum suum transcurrere* : faire sa carrière au pas de course (acc. d'objet interne), CIC. ; s'écou ler (temps).
II tr., **1.** traverser rapidement ; **2.** traite rapidement, effleurer.

① **transcursus,** *a, um,* V. *transcurro.*

② **transcursŭs,** *ūs,* m., **1.** action de tra verser ou de passer devant, ~ *fulguris* : le passage de la foudre, SUÉT. ; **2.** fig., ex posé rapide, *transcursu* ou *in transcursu* en passant, en courant.

transdī~, transdo, transdū~, V. *trad~*

transēgi, V. *transigo.*

transenna (trās~), *æ,* (mot d'origine étrusque), f., **1.** lacet, filet ; **2.** fig., filets piège.

transĕo, *īs, īre, ĭvi* (*ĭi*), *ĭtum,* intr. et tr.,
I intr., **1.** passer d'un lieu dans un autre *ex Italiā in Siciliam* ~ : passer d'Italie en Sicile ; **2.** passer à un autre argument **3.** passer d'un parti dans un autre, *a Cæ sare ad Pompeium* ~ : abandonner César pour Pompée, CÉS. ; **4.** se changer, *in hu mum saxumque* ~ : en terre et en pierre Ov. ; **5.** se passer, s'écouler (temps) **6.** passer par, traverser.
II tr., **1.** passer, franchir ; **2.** dépasser vaincre, *equum cursu* : un cheval à la course, VIRG. ; ~ *modum* : passer la me sure ; **3.** effleurer, parcourir ; **4.** traverse en passant, *vitam* ~ : passer la vie ; **5.** né gliger, omettre, ~ *aliquid silentio* : passe sous silence ; **6.** passer devant, longer **7.** échapper, fuir ; mourir.

transĕro (transsĕro), *īs, ĕre, sĕrŭi, ser tum,* tr., faire passer à travers, planter enter.

transfĕro, *fers, ferre, tŭli, translātum* et *trālātum,* tr., **1.** porter d'un lieu dans un autre ; **2.** transporter, transplanter **3.** transcrire, copier ; **4.** fig., faire retom ber sur, *culpam in alios* : la faute sur d'autres ; **5.** *se* ~ ou *transferri* : s'appli quer à ; **6.** différer, reporter ; **7.** traduire **8.** employer métaphoriquement un mot **9.** changer, transformer.

transfĭgo, *īs, ĕre, fixi, fixum,* tr., **1.** percer transpercer ; **2.** faire passer de part et part.

transfĭgŭro, *ās, āre,* tr., **1.** transformer changer ; **2.** opérer une métamorphose.

transfixi, V. *transfigo.*

transfixus, *a, um,* V. *transfigo.*

transflŭo, *īs, ĕre, fluxi,* intr., **1.** couler à travers, se répandre ; **2.** fig., s'écouler couler (temps).

transfŏdĭo, ĭs, ĕre, fōdi, fossum, tr., percer, transpercer.

transformis, e, adj., qui se transforme, qui change de forme.

transformo, ās, āre, tr., transformer, métamorphoser ; fig., *transformari ad naturam alicujus* : prendre l'aspect de qqch., Quint.

transfossus, a, um, V. transfodio.

transfrĕtātĭo, ōnis, f., traversée (par mer).

transfrĕto, ās, āre, intr. et tr., traverser, passer une mer.

transfūdi, V. transfundo.

transfŭga, æ, m., transfuge, déserteur, celui qui passe à l'ennemi ; fig., ~ *mundi* : déserteur de notre monde (Pompée en fuite vers l'Orient depuis Pharsale), Luc.

transfŭgĭo, ĭs, ĕre, fugi, fŭgĭtum, intr., déserter, passer à l'ennemi ; fig., abandonner, passer de l'autre côté.

transfŭgĭum, ĭi, n., désertion ; fig., abandon, retraite.

transfundo, ĭs, ĕre, fūdi, fūsum, tr., 1. transvaser ; 2. fig., déverser sur, reporter sur ; répandre.

transfūsĭo, ōnis, f., 1. action de transvaser, transfusion ; 2. apport étranger, mélange.

transfūsus, a, um, V. transfundo.

transgrĕdĭor, ĕris, i, gressus sum, intr. et tr.,
¶ intr., 1. passer de l'autre côté, ~ *in Italiam* : passer en Italie (en franchissant les Alpes), ~ *in Corsicam* : passer en Corse (en traversant la mer) ; 2. passer d'un parti à un autre, d'une chose à une autre.
¶ tr., 1. traverser, franchir ; 2. fig., passer (la mesure) ; surpasser ; 3. exposer complètement ; 4. passer sous silence.

transgressĭo, ōnis, f., 1. passage, *Gallorum* : des Alpes par les Gaulois, Cic. ; 2. rhét., transition dans le discours ; déplacement de mots (hyperbate).

① **transgressus**, a, um, V. transgredior.

② **transgressŭs**, ūs, m., passage, traversée.

transiăcĭo et **transĭcĭo**, V. trajicio.

transiec~, V. trajec~.

transĭgo, ĭs, ĕre, ēgi, actum, (trans + ago), tr., 1. pousser à travers, faire passer à travers ; transpercer ; 2. pousser (le temps) jusqu'au bout, terminer ; 3. finir, régler (une affaire), *transactum est* : c'est une affaire réglée ; ~ *rem cum aliquo* ou abs., *cum aliquo* ~ : en venir à une transaction avec qqn. ; ~ *cum aliquā re* : en finir avec qqch.

transĭi, V. transeo.

transjĭc~, V. trajic~.

transĭlĭo (transs~), ĭs, īre, sĭlŭi (rar. sĭlīi ou sĭlīvi), (trans + salio ②), intr et tr., 1. sauter par-dessus (pr. et fig.) ; 2. sauter par-dessus, franchir, ~ *muros* : sauter les murs ; 3. sauter, omettre, ~ *partem vitæ* : passer sous silence une part de sa vie, Ov. ; 4. dépasser, ~ *naturalem modum* : dépasser une limite naturelle.

transĭtĭo, ōnis, f., 1. passage ; *transitiones*, um, au pl., passages = lieux de passage (concr.) ; 2. passage d'un parti à un autre, défection ; changement de condition sociale ; 3. contagion ; 4. rhét., transition ; modification de forme des mots (selon cas et temps).

transĭtōrĭus, a, um, 1. qui sert de passage ; *domus transitoria* : « maison du passage » que se fit construire Néron et qui s'étendait du Palatin à l'Esquilin ; 2. passager, court, momentané.

① **transĭtus**, a, um, V. transeo.

② **transĭtŭs**, ūs, m., 1. passage, trajet ; traversée ; 2. fig., changement (d'âge, de parti) ; 3. lieu de passage, achèvement, *in transitu* : en passant, au passage ; 4. transition ; ex., passage d'une nuance de couleur à une autre, transition dans un discours.

transīvi, V. transeo.

translātĭcĭus (trālā~), a, um, (cf. *transfero*), 1. transmis par la tradition, traditionnel ; 2. ordinaire, usuel, *more translaticio* : suivant l'usage habituel, Phèdr.

translātĭo (trālā~), ōnis, f., 1. transfert, transport, ~ *domicilii* : changement de domicile ; 2. transplantation ; 3. jur., rejet (sur autrui) d'une accusation ; action de décliner la compétence d'un juge ; 4. rhét., transposition de mots ; 5. traduction (en une autre langue).

translātīvus, a, um, 1. relatif au changement (de juridiction) ; *translativa constitutio* : cause de récusation, exception déclinatoire, Cic. ; subst. f., *translativa, æ*, rhét., métalepse ; 2. = translaticius : *translativum jus* : le droit fixé par la tradition, Suét.

translātŏr, ōris, m., 1. qui emporte ailleurs, qui détourne ; 2. traducteur.

① **translātus** (trālā~), a, um, V. transfero.

② **translātŭs** (trālā~), ūs, m., action de promener en procession, procession, cortège.

① **translĕgo**, ās, āre, tr., transmettre par héritage.

② **translĕgo**, ĭs, ĕre, tr., lire à la hâte, parcourir.

translŏquor, V. traloquor.

translūcĕo (trālū~), *ēs, ēre,* intr., 1. renvoyer la lumière ; se réfléchir ; 2. briller à travers ; 3. être transparent, diaphane.

translūcĭdus, *a, um,* 1. transparent ; 2. fig., brillant, recherché (style).

transmărīnus (trāmă~), *a, um,* d'outremer.

transmĕo (trāmĕo), *ās, āre,* tr., 1. traverser ; 2. pénétrer (froid).

transmĭgro, *ās, āre,* intr., émigrer, passer d'un lieu dans un autre.

transmĭnĕo, *ēs, ēre,* intr., dépasser, ressortir, PL.

transmīsi, V. *transmitto.*

transmissĭo, *ōnis,* f., 1. trajet, traversée, passage, *ab urbe ~ in Græciam* : le passage de cette ville en Grèce, CIC. ; 2. rejet d'une faute sur un autre.

① **transmissus** (trāmissus), *a, um,* V. *transmitto.*

② **transmissŭs,** *ūs,* m., 1. traversée, passage ; 2. transmission.

transmitto (trāmitto), *ĭs, ĕre, mīsi, missum,* tr. et intr., 1. transporter, faire passer (pr. et fig.) ; 2. laisser passer, être incapable de contenir, *~ imbres* : livrer passage à la pluie, PLINE ; 3. céder, remettre, transmettre, *~ hereditatem filiæ* : faire passer l'héritage à la fille, PL.-J. ; 4. consacrer, vouer, *~ suum tempus* : passer son temps, CIC., *~ vigiles operi noctes* : consacrer ses veilles au travail, SUÉT. ; 5. traverser, franchir, parcourir, *~ ex Corsica in Sardiniam* : passer de Corse en Sardaigne, LIV. ; 6. passer sous silence, omettre, négliger, *~ nihil silentio* : ne rien passer sous silence, TAC. ; 7. (V. 4), laisser passer (le temps), *~ vitam per obscurum* : vivre dans l'obscurité, SÉN., d'où : 8. résister à, *febrium ardorem ~* : supporter l'ardeur de la fièvre, PL.-J.

transmontānus, *a, um,* qui se trouve au-delà des monts ; subst. m. pl., *transmontani, orum,* peuples d'au-delà des monts.

transmŏvĕo, *ēs, ēre, mōvi, mōtum,* tr., 1. transporter ; 2. fig., déplacer sur, rejeter sur, TÉR.

transmūto, *ās, āre,* tr., changer de place, transposer.

transnăto, V. *tranato.*

transno, V. *trano.*

transnōmĭno, *ās, āre,* tr., changer le nom, désigner par un nom nouveau, *Pansam se transnominavit* : il a changé son nom en celui de Pansa, SUÉT.

transnŭmĕro, *ās, āre,* tr., compter d'un bout à l'autre, solder.

Transpădāni, *ōrum,* m. pl., Transpadans, hab. de l'Italie Transpadane ‖

Transpădānus, *a, um,* situé au-delà du Pô ‖ transpadan ‖ **Transpădānus,** *i, m.,* Transpadan, qui habite au-delà du Pô.

transpectŭs, *ūs,* m., vue au travers, LUCR.

transpĭcĭo, *ĭs, ĕre,* tr., voir au travers, au dehors.

transpōno, *ĭs, ĕre, pŏsŭi, pŏsĭtum,* tr., 1. transporter ailleurs ; 2. transporter (par eau) ; 3. transplanter.

transportātĭo, *ōnis,* f., émigration, déplacement.

transporto, *ās, āre,* tr., 1. transporter, faire passer au-delà ; + double acc. *~ exercitum Rhenum* : faire traverser le Rhin à l'armée, CÉS. ; 2. reléguer, déporter ; 3. permettre le passage à.

transpŏsĭtus, *a, um,* V. *transpono.*

transpŏsŭi, V. *transpono.*

Transrhēnāni, *ōrum,* m. pl., ceux qui habitent au-delà du Rhin ‖ **Transrhēnānus,** *a, um,* qui habite au-delà du Rhin.

transs~, V. *trans~,* ex., *transscribo,* V. *transcribo.*

Transtĭbĕrīni, *ōrum,* m. pl., ceux qui habitent au-delà du Tibre ‖ **Transtĭbĕrīnus,** *a, um,* situé au-delà du Tibre.

transtĭnĕo, *ēs, ēre,* intr., livrer passage à travers, PL.

transtrum, *i,* n., 1. poutre, traverse ; 2. banc de rameurs.

transtŭli, V. *transfero.*

transulto (transsulto), *ās, āre,* intr., sauter (d'un cheval sur un autre), LIV.

transūmo, *ĭs, ĕre, sumpsi, sumptum,* tr., prendre ou recevoir d'un autre.

transumptĭo, *ōnis,* f., rhét., métalepse.

transŭo (transsŭo), *ĭs, ĕre, sŭi, sūtum,* tr., percer avec une aiguille, coudre.

transvectĭo (trāvectĭo), *ōnis,* f., 1. traversée, *~ Acherontis* : le passage de l'Achéron, CIC. ; 2. transport ; 3. revue, défilé des chevaliers rom. devant le censeur, SUÉT.

transvectus, *a, um,* V. *transveho.*

transvĕho (trāvĕho), *ĭs, ĕre, vexi, vectum,* tr., 1. transporter, faire passer au delà ; 2. passer, traverser ; 3. porter en triomphe ; 4. défiler devant le censeur ; 5. (temps) passer, s'écouler, *transvectum est tempus quo* : le temps n'est plus où…, TAC.

transverbĕro, *ās, āre,* tr., transpercer ; (oiseaux) fendre (l'air), APUL.

transversārĭus, *a, um,* placé en travers, transversal, *transversaria tigna* : traverses, solives transversales, CÉS.

transversē, adv., de travers, obliquement.

ransversus (transvorsus, trāversus), part. adj. de *transverto*, **1.** oblique, transversal ; **2.** fig., qui dévie, qui s'égare ; **3.** expr., *in transversum, per transversum, e transverso, de ou e transverso* : inopinément.

ransverto (transvorto), *ĭs, ĕre, verti (vorti), versum (vorsum),* tr., **1.** retourner, changer de côté ; **2.** convertir en, détourner.

ransvexi, V. *transveho.*

ransvŏlĭto, *ās, āre,* tr., traverser en volant.

ransvŏlo, *ās, āre,* tr., **1.** traverser en volant ; **2.** fig., franchir comme en volant ; **3.** négliger, ne pas faire cas de ; **4.** ne pas frapper l'attention.

ransvors~, transvort~, V. *transvers~, transvert~.*

răpētes, *um,* m. pl., **trăpētus,** *i,* m., et **trăpētum,** *i,* n., pressoir ou moulin à olives.

răpĕzīta, *æ,* m., banquier, changeur.

răpĕzŏphŏrum, *i,* n., pied de table.

răpĕzūs, *untis,* f., Trapézonte, v. du Pont, auj. Trébizonde.

rāsenna, V. *transenna.*

răsŭmēnus, *a, um,* du Trasimène ‖ **Trăsŭmēnus** et **Trăsŭmennus (Trăsĭmēnus** ou **Trăsўmēnus),** *i,* m., le Trasimène, lac d'Étrurie, célèbre par la victoire d'Hannibal sur Flaminius et les Romains (217 av. J.-C.), près de l'actuelle Pérouse.

raulizī, forme vb. transcrite du grec : elle gazouille, LUCR.

rāv~, V. *transv~.*

raxi, V. *traho.*

răbātĭus, *ĭi,* m., C. Trebatius Testa, juriste ami de Cicéron.

răbellĭus, *ĭi,* m., nom d'une famille rom.

răbĭa, *æ,* f., **1.** la Trébie, affluent du Pô, célèbre par la victoire d'Hannibal sur les Romains (218 av. J.-C) ; **2.** Trébia, v. d'Ombrie ‖ **Trĕbĭāni,** *ōrum,* m. pl., les hab. de Trébia ‖ **Trĕbĭānus,** *a, um,* de Trébia, v. d'Ombrie ‖ **Trĕbĭātes,** *um,* m. pl., les hab. de Trébia.

rebla, *æ,* f., V. *tribulum.*

rĕbōnĭus, *ĭi,* m., Trébonius, nom d'une famille rom., C. Trebonius, légat de César en Gaule et ami de Cicéron.

rĕbŭla, *æ,* f., Trébula, **1.** v. de Sabine (*Trebula Mutusca*) ; **2.** autre v. de Sabine (*Trebula Suffena*) ; **3.** v. de Campanie ‖ **Trĕbŭlānum,** *i,* n., Trébulanum, maison de campagne près de Trébula (en Campanie) ‖ **Trĕbŭlānus,** *a, um,* de Trébula (en Campanie).

trĕcēni, *æ, a,* adj. num. distr., trois cents chacun, trois cents à la fois ; trois cents.

trĕcentēsĭmus, *a, um,* trois centième.

trĕcenti, *æ, a,* trois cents ; ext., une foule.

trĕcentĭēs (~ĭens), adv., trois cents fois.

trĕchĕdipnum, *i,* n., vêtement ou chaussure d'un parasite qui court au dîner, léger et court-vêtu, JUV.

trĕdĕcim, indécl., treize (aussi *decem et tres, decem tres*).

trĕmĕbundus (trĕmĭ~), *a, um,* tremblant.

trĕmĕfăcĭo, *ĭs, ĕre, fēci, factum,* tr., faire trembler, ébranler.

trĕmendus, *a, um,* part. adj., redoutable, effrayant.

trĕmesco (trĕmisco), *ĭs, ĕre,* inchoatif de *tremo,* **1.** intr., trembler ; **2.** tr., trembler à la vue de, craindre.

trĕmĭbundus, V. *tremebundus.*

trĕmisco, V. *tremesco.*

trĕmo, *ĭs, ĕre, trĕmŭi,* **1.** intr., trembler (de froid, de peur) ; au fig., *toto pectore tremens* : trembler de toute son âme ; **2.** tr., redouter, ~ *aliquem* : trembler devant qqn., VIRG.

trĕmŏr, *ōris,* m., **1.** tremblement ; frisson ; scintillement ; tremblement de terre ; **2.** ce qui cause de l'effroi, terreur.

trĕmŭi, V. *tremo.*

trĕmŭlē, adv., en tremblant.

trĕmŭlus, *a, um,* **1.** tremblant, agité ; vacillant, *tremula flamma* : flamme vacillante ; *tremulum mare* : mer agitée ; subst. m. pl., *tremuli, orum,* gens atteints d'un tremblement nerveux ; **2.** qui fait trembler, *tremulum frigus, ~ horror* : froid, terreur qui donne des frissons.

Trĕmŭlus, *i,* m., Trémulus, surnom rom.

trĕpĭdantĕr, adv., avec timidité, en tremblant.

trĕpĭdātĭo, *ōnis,* f., agitation, désordre, trouble.

trĕpĭdē, adv., **1.** en s'agitant ; **2.** avec crainte.

trĕpĭdo, *ās, āre,* intr., **1.** s'agiter, s'alarmer, être en désordre ; ~ *ad arma* : courir aux armes, LIV. ; **2.** trembler, *metu* : de peur ; *trepidat ne venias* : il tremble que tu ne viennes, JUV. ; **3.** (choses) s'agiter, palpiter ; **4.** tr., avoir peur de, ~ *lupos* : redouter les loups, SÉN.

trĕpĭdus, *a, um,* **1.** agité, affairé ; inquiet, alarmé, ~ *formidine* : tremblant de peur, VIRG., *trepidi rerum suarum* : tremblant sur le sort qui les attend, LIV. ; **3.** (choses) inquiétant, grave, critique, *in re trepidā, in rebus trepidis* : dans ces circonstances critiques ; **4.** frémissant, palpitant, bouillonnant.

três, *tria*, **1.** trois, ~ *et decem, decem* ~ : treize ; **2.** pour indiquer un très petit nombre : *te tribus verbis volo* : j'ai deux mots à te dire, PL.

tresvĭri ou **tres vĭri**, *trium virorum*, m. pl., triumvirs (V. *triumvir*).

Trēvĕri (Trēvĭri), *ōrum*, m. pl., **1.** Trévères ou Trévires, peuple de la Belgique d'origine germanique, sur les rives de la Moselle ; **2.** Tréviri, cap. des Trévires, anc. appelée *Augusta Treverorum*, auj. Trèves ‖ **Trēvĕrĭcus**, *a, um*, des Trévères ‖ **Trēvĭr**, *ĭri*, m., un Trévire ; dans Cicéron, jeu de mots avec *tresviri*, les triumvirs, qui s'occupaient des prisons ou des monnaies.

trĭangŭlus, *a, um*, triangulaire ; subst. n., *triangulum, i*, triangle.

trĭārĭi, *ōrum*, m. pl., triaires, soldats vétérans combattant au troisième rang derrière les *hastati* et les *principes* et formant la réserve ; prov., *res ad triarios rediit* : on a eu recours aux triaires (= aux dernières ressources).

trĭăs, *ădis*, f., triade.

trĭbāca, *æ*, f., pendant d'oreille formé de trois perles.

trĭbăs, *ădis*, f., tribade (femme homosexuelle).

Trĭbōces, *um*, et **Trĭbŏci**, *ōrum*, m. pl., Triboques, peuple germanique de la rive gauche du Rhin.

trĭbrăchus, *i*, et **trĭbrăchȳs**, *ўos*, m., tribraque, pied métrique de trois brèves.

trĭbŭārĭus, *a, um*, qui concerne une tribu, *tribuarium crimen* : accusation d'avoir voulu acheter les suffrages d'une tribu.

trĭbŭlātus, *a, um*, V. *tribulo*.

trĭbŭlis, *is*, m., **1.** qui est de la même tribu ; **2.** pauvre, misérable.

trĭbŭlo, *ās, āre*, tr., presser avec la herse.

trĭbŭlum, *i*, n., sorte de herse servant à battre le blé.

trĭbŭlus (trĭbŏlus), *i*, m., **1.** chausse-trappe ; **2.** tribule (plante épineuse).

trĭbūnăl, *ālis*, (cf. *tribus* ①), n., **1.** tribunal, estrade en demi-cercle, où siégeaient les magistrats (à l'origine, les tribuns) ; **2.** tribune du général dans le camp ; **3.** loge du préteur, au théâtre ; **4.** monument funèbre élevé à la mémoire d'un général ou d'un magistrat ; **5.** hauteur, élévation ; **6.** levée, digue.

trĭbūnātŭs, *ūs*, m., tribunat, **1.** charge d'un tribun de la plèbe ; **2.** charge d'un tribun militaire.

trĭbūnīcĭus, *a, um*, de tribun (du peupl[e] ou militaire), tribunicien, *tribunicia potes[tas]* : la puissance tribunicienne subst. m., *tribunicius, ii*, ancien tribun d[u] peuple.

trĭbūnus, *i*, (cf. *tribus* ①), m., tribu[n] (c'est-à-dire chef d'une des trois tribu[s] primitives), **1.** *tribuni plebis* ou abs., *tri[-] buni*, tribuns de la plèbe (du peuple[s] chargés de défendre les intérêts d[u] peuple ; **2.** *tribuni militares* ou *militum* tribuns militaires (six par légion) qu[i] commandaient à tour de rôle pendan[t] deux mois la légion entière ; *tribun[i] militum consulari potestate* ou *tribun[i] consulares* : tribuns militaires investis d[u] pouvoir consulaire ; *tribuni cohortium* tribuns militaires des cohortes en garni[-] son ; **3.** *tribuni ærarii* : tribuns du trésor adjoints aux questeurs ; depuis la lo[i] Aurélia, ils rendaient la justice (*quæstio[-] nes perpetuæ*).

trĭbŭo, *ĭs, ĕre, bŭi, būtum*, (cf. *tribus* ①) tr., **1.** litt., répartir entre les tribus, d'o[ù] répartir, distribuer, ~ *suum cuique* : don[-] ner à chacun ce qui lui revient ; **2.** accor[-] der, concéder, *aliquid valetudini* : qqch. sa santé, CIC. ; **3.** avoir de la considéra[-] tion pour, ~ *alicui plurimum* : faire le plu[s] grand cas de (qqn ; **4.** attribuer, assigner consacrer un temps à qqch. ; **5.** diviser ~ *rem universam in partes* : le tout e[n] parties.

① **trĭbŭs**, *ūs*, (cf. *tres* ?) f., **1.** tribu (divi[-] sion du peuple rom.) ; primitivement a[u] nombre de trois : *Ramnes, Tities, Luceres* distinguées à partir de Servius Tullius e[n] *tribus urbanæ*, tribus urbaines ou citadi[-] nes, et *tribus rusticæ*, tribus campa[-] gnardes, *populum in tribus convocare* convoquer le peuple par tribus, *tribu mo[-] vere* : exclure d'une tribu (punition infli[-] gée par le censeur), *tribum ferre* : fair[e] voter la tribu, LIV. ; ext., *grammaticas am[-] biare tribus* : briguer les suffrages de[s] gens de lettres, HOR. ; **2.** méton., la foul[e] la classe pauvre.

② **trĭbŭs**, dat. et abl. de *tres*.

trĭbūtārĭus, *a, um*, qui concerne le tribut tributaire ; *tributariæ tabulæ* : reconnais[-] sances de dettes, CIC.

trĭbūtim, adv., par tribus, ~ *et centuria[-] tim* : par tribus et par centuries, CIC.

trĭbūtĭo, *ōnis*, f., **1.** division, partage **2.** paiement d'une contribution.

① **trĭbūtus**, *a, um*, V. *tribuo*.

② **trĭbūtus**, *a, um*, qui se fait par tribus *comitia tributa* : comices tributes, élec[-] tions par tribus.

③ **trĭbūtŭs**, *ūs*, m., tribut, taxe.

rĭcæ, *ārum*, f. pl., **1.** sornettes, bagatelles ; **2.** embarras, difficultés, tracasseries.

Tricastīni, *ōrum*, m. pl., Tricastins, peuple gaulois, auj. Drôme et Isère.

Tricca, *æ*, et **Triccē**, *ēs*, f., Tricca, v. de Thessalie, lieu de naissance d'Esculape.

trĭcēnārĭus, *a, um*, de trente, qui contient le nombre trente ; ~ *(homo)* : un homme de trente ans.

trĭcēni, *æ, a*, adj. num. **1.** distr., trente chacun, trente à la fois ; **2.** trente.

trĭcent~, V. trecent~.

trĭceps, *cĭpĭtis*, adj., **1.** qui a trois têtes ; **2.** triple.

trĭcēsĭmus, *a, um*, trentième.

trĭcessis, *is*, m., monnaie de trente as.

trĭchīla, *æ*, f., berceau de verdure, tonnelle.

trĭchĭnus, *a, um*, mince, chétif, pauvre.

trĭchōrum, *i*, n., logement composé de trois pièces.

trĭcĭēs (~ĭens), adv., trente fois, *Tricies* et *HS triciens* : trois millions de sesterces, Cic.

Tricĭpĭtīnus, *i*, m., Tricipitinus, surnom dans la *gens* Lucretia.

trĭclīnĭāris, *e*, adj., de triclinium, de salle à manger ; subst. n. pl., *tricliniaria, ium*, **1.** salle à manger ; **2.** tapis de table.

trĭclīnĭum, *ĭi*, n., triclinium, lit de table pour trois personnes, ~ *sternere* ou *ponere* : dresser la table ; **2.** salle de repas.

trĭco, *ōnis*, m., chercheur de querelles, chicaneur.

trĭcor, *āris*, *āri*, intr., susciter des embarras, créer des difficultés.

trĭcorpŏr, *ŏris*, adj., qui a trois corps.

trĭcuspis, *ĭdis*, adj., qui a trois pointes.

trĭdens, *dentis*, adj., à trois dents, à trois pointes (éperon d'un navire) ; subst. m., **1.** trident, harpon du pêcheur ; **2.** sceptre, arme de Neptune ; **3.** trident des rétiaires.

trĭdentĭfĕr, *fĕri*, et **trĭdentĭgĕr**, *gĕri*, m., qui porte le trident (Neptune).

Trĭdentum, *i*, n., Trente, v. de Rhétie.

trĭdŭānus, *a, um*, qui dure trois jours, de trois jours.

trĭdŭum, *i*, n., espace de trois jours, *hoc triduo* : pendant ces trois derniers jours, Cic.

trĭennĭa, *ĭum*, n. pl., fêtes de Bacchus, célébrées à Thèbes tous les trois ans.

trĭennĭum, *ĭi*, n., espace de trois ans, *per* ~ : trois années durant, Cic.

trĭens, *entis*, m., **1.** un tiers, la troisième partie d'un tout, *hæres ex triente* : héritier pour un tiers, Suét. ; **2.** monnaie : tiers d'un as ; tiers de l'*aureus* (monnaie d'or) ;

3. intérêt d'un tiers pour cent au mois (4% par an) ; **4.** mesure de longueur, tiers d'un jugère ; **5.** mesure de capacité : tiers d'un setier (quatre cyathes) ; **6.** le tiers du nombre parfait 6 : 2.

trĭentābŭlum, *i*, n., terrain donné par le sénat aux créanciers de l'État et équivalant au tiers de leur créance.

trĭentālis, *e*, adj., qui est long d'un tiers de pied (quatre pouces).

trĭērarchus, *i*, m., triérarque, commandant d'une trirème.

trĭēris, *e*, adj., à trois rangs de rames ; subst. f., *trieris*, *is*, trirème.

trĭĕtērĭcus, *a, um*, triennal, qui revient tous les trois ans ; *trieterica sacra* ou *orgia* : fêtes de Bacchus à Thèbes (V. *triennia*) ; subst. n. pl., *trieterica, orum*, fêtes triennales en l'honneur de Bacchus (célébrées à Thèbes).

trĭĕtēris, *ĭdis*, f., espace de trois ans ; au pl., *Trieterides* = *trieterica* ; fête triennale des jeux Néméens.

trĭfārĭam, adv., **1.** en trois parties, de trois côtés ; **2.** de trois manières.

trĭfārĭus, *a, um*, triple, de trois sortes.

trĭfaux, *faucis*, adj., de trois gosiers, *latratu trifauci* : avec un aboiement qui sort d'une triple gueule (Cerbère).

trĭfax, *fācis*, f., sorte de trait long et mince (lancé par les catapultes).

trĭfĕr, *fĕra, fĕrum*, qui porte des fruits trois fois l'an.

trĭfĭdus, *a, um*, fendu en trois, qui a trois pointes.

Trĭfōlīnus, *a, um*, de Trifolium (mt. de Campanie).

trĭfŏlĭum, *ĭi*, n., bot., trèfle.

trĭformis, *e*, adj., **1.** qui a trois formes, trois têtes (la Chimère, Cerbère, Diane) ; **2.** triple, ~ *mundus* = le monde composé de trois éléments (l'air, la terre et la mer).

trĭfūr, *fūris*, m., triple voleur, triple coquin, Pl.

trĭfurcĭfĕr, *fĕri*, m., triple pendant, Pl.

trĭgārĭum, *ĭi*, n., **1.** champ de courses, manège ; **2.** ensemble de trois choses, triade.

Trĭgĕmĭna porta, f., *æ*, porte Trigémina, une des portes de Rome.

trĭgĕmĭnus (tergĕ~), *a, um*, **1.** né le troisième d'un triple enfantement ; subst. m. pl., *trigemini, orum*, les trois jumeaux ; *trigemina spolia* : les dépouilles des trois frères jumeaux (les Curiaces) ; **2.** triple, *tergemina Hecate* : la triple Hécate (Lune, Diane et Proserpine) ; *trigemini honores* : les trois plus hautes dignités (édilité, préture et consulat).

trĭgemmis, *e*, adj., qui a trois boutons ou bourgeons.

trĭgēni, V. *triceni*.

trĭgēsĭmus, V. *tricesimus*.

trĭgĭēs, V. *tricies*.

trĭgintā, adj. num. indécl., trente.

trĭgon, *ōnis*, m., balle pour jeu à trois.

trĭgōnālis, *e*, adj., triangulaire, ~ *pila* : balle pour jeu à trois, MART.

trĭgōnum, *i*, n., triangle.

trĭgōnus, *a, um*, triangulaire ; subst. m., *trigonus, i*, triangle.

trĭlībris, *e*, adj., qui pèse trois livres.

trĭlinguis, *e*, adj., **1.** qui a trois langues (Cerbère) ; **2.** qui parle trois langues.

trĭlix, *īcis*, adj., **1.** tissu de trois fils ; **2.** d'un triple tissu.

Trĭmalchĭo, *ōnis*, m., Trimalcion, personnage de parvenu du « Satyricon » de Pétrone.

trĭmĕtrŏs (~us), *i*, m., vers trimètre (trois fois deux pieds).

trĭmestris, *e*, adj., de trois mois.

trĭmŏdĭum, *ĭi*, n., récipient contenant trois boisseaux.

trĭmŭlus, *a, um*, qui n'a que trois ans.

trĭmus, *a, um*, âgé de trois ans.

Trīnācrĭa, *æ*, f., Trinacrie (= qui a trois promontoires), anc. nom de la Sicile ‖ **Trīnācris**, *ĭdis*, f., **1.** adj., de Sicile ; **2.** subst., la Trinacrie, la Sicile ‖ **Trīnăcrĭus**, *a, um*, trinacrien, sicilien.

trīni, *æ, a*, (cf. *tres*), **1.** trois (avec les noms qui n'ont pas de sg.), *trinæ litteræ* : trois lettres ; *trina castra* : trois camps, CÉS. ; **2.** poét. et à l'ép. impériale : trois, *trina bella civilia* : trois (peut-être trois séries de) guerres civiles, TAC.

Trinobantes, *ĭum*, m. pl., Trinobantes, peuple de Bretagne.

trĭnoctĭum, *ĭi*, n., espace de trois nuits.

trĭnōdis, *e*, adj., qui a trois nœuds.

Trĭnummus (Trĭnūmus), *i*, m., « L'Homme aux trois écus », titre d'une comédie de Plaute.

trĭŏbŏlus, *i*, m., pièce de trois oboles (ou d'une demi-drachme).

Trĭŏcăla, *ōrum*, n. pl., Triocala, place-forte sicilienne (entre Sélinonte et Héraclée) ‖ **Trĭŏcălīnus**, *a, um*, de Triocala, *in Triocalino* : sur le territoire de Triocala ‖ **Trĭŏcălīni**, *ōrum*, m. pl., les hab. de Triocala.

Trĭōnes, *um*, m. pl., la Grande et la Petite Ourse (V. *septemtrio*).

trĭparcus, *a, um*, triple avare, PL.

trĭpectŏrus, *a, um*, qui a trois poitrines, *tripectora tergemini vis Geryonai* : la puis-

sance des trois poitrines du triple corps de Géryon, LUCR.

trĭpĕdālis, *e*, et **trĭpĕdānĕus**, *a, um*, de trois pieds (de long, de large ou de haut).

trĭpertītō (trĭpart~), adv., en trois parties ; ~ *aggredi* : s'avancer en trois colonnes, LIV.

trĭpertītus, *a, um*, divisé en trois parties.

trĭpēs, *pĕdis*, adj., qui a trois pieds, aux trois pieds ; subst. m., trépied.

trĭplex, *ĭcis*, adj., triple, divisé en trois (l'âme, Diane, le monde ou l'univers), *triplices sorores* ou *deæ* : les Parques ; subst. n., le triple.

trĭplĭces, *um*, m. pl., tablette à trois feuilles, tablette à écrire.

trĭplĭcĭtĕr, adv., de trois manières.

trĭplĭco, *ās, āre*, tr., tripler, multiplier par trois.

trĭplus, *a, um*, triple ; subst. n., *triplum*, le triple.

Trĭpŏlis, *is*, f., Tripolis, **1.** v. et région de Thessalie ; **2.** v. de Laconie ; **3.** v. d'Afrique, auj. Tripoli ; **4.** v. de Phénicie ‖ **Trĭpŏlĭtānus**, *a, um*, de Tripolis, tripolitain.

Trĭptŏlĕmus, *i*, m., Triptolème, roi d'Éleusis, inventeur de l'agriculture ; prov., *Triptolemo dare fruges* : donner du blé à Triptolème = porter de l'eau à la rivière.

trĭpŭdĭo, *ās, āre*, intr., **1.** danser à trois temps ; sauter sur un pas de danse (danse religieuse ou guerrière) ; **2.** fig., sauter, trépigner, bondir (de joie).

trĭpŭdĭum, *ĭi*, (*tri + pes*), n., **1.** danse religieuse ou guerrière à trois temps ; spéc., danse des Bacchantes ; **2.** augure favorable (quand les poulets sacrés mangeaient avec précipitation et faisaient tomber des grains), *omnis avis ~ facere potest* : tout oiseau peut faire augure, CIC.

trĭpūs, *pŏdis*, m., **1.** trépied (souv. donné en prix au vainqueur dans les jeux grecs) ; **2.** trépied de la Pythie à Delphes ; fig., oracle.

trĭquĕtrus, *a, um*, triangulaire ; *triquetra littera* : la lettre triangulaire, le delta ; *triquetra insula* : l'île triangulaire, la Bretagne, CÉS. ; *triquetra tellus* : la terre triangulaire, la Sicile, HOR.

trĭrēmis, *e*, adj., à trois rangs de rames ; subst. f., *triremis, is*, trirème, navire à trois rangs de rames.

trīs, V. *tres*.

triscurrĭum, *ĭi*, (*tri + scurra*), n., triple bouffonnerie, trivialité.

Trismĕgistus, *i*, m., Trismégiste (trois fois très grand), épith. d'Hermès.

ristĕ, adv., **1.** tristement ; **2.** avec difficulté ; **3.** durement.

① **tristi**, = **trivisti**, 2ᵉ pers. sg. pf. de *tero*.

② **tristī**, dat. et abl. sg. de *tristis*.

risticŭlus, *a*, *um*, un peu triste.

ristĭfĭcus, *a*, *um*, qui attriste.

ristĭmōnĭum, *ĭi*, n., tristesse, affliction, PÉTR.

rĭstis, *e*, adj., [~*tior*, ~*tissimus*], **1.** triste, affligé, chagrin, ~, *capite demisso* : triste et la tête basse, CÉS. ; **2.** (choses) triste, tragique, sinistre ; subst. n. pl., *tristia, ium*, les événements fâcheux, *tristia miscentur lætis* : la tristesse se mêle à la joie ; **3.** nocif, funeste, *triste lupus stabulis* : le loup, fléau des bergeries, VIRG. ; **4.** triste, sombre, sévère, *tristes sorores* : les sombres sœurs, les Parques, TIB.

rĭstĭtĭa, *æ*, f., **1.** tristesse, chagrin ; mauvaise humeur ; **2.** (choses) tristesse, ~ *temporum* : circonstances affligeantes, CIC. ; *lenitate verbi rei tristitiam mitigare* : mitiger la dureté de la chose par la douceur de l'expression, CIC. ; **3.** sévérité ; dureté.

rĭstĭtĭēs, *ēi*, V. *tristitia*.

Trĭstĭtĭēs, *ēi*, f., Tristities, nom d'une servante de Psyché.

rĭstĭtūdo, *ĭnis*, V. *tristitia*.

trĭsulcus, *a*, *um*, qui a trois pointes ; triple, *trisulca lingua serpentis* : le triple dard du serpent, VIRG.

trĭtăvus, *i*, m., ascendant au sixième degré (père de l'*atavus* ou de l'*atavia*).

trĭtē, *ēs*, f., troisième corde d'un instrument de musique).

trĭtĭcĕĭus et **trĭtĭcĕus**, *a*, *um*, de froment.

Trĭtōn, *ōnis*, m., Triton, **1.** dieu marin, fils de Neptune ; **2.** poisson de mer ; **3.** lac d'Afrique où serait née Pallas ‖ **Trĭtōnes**, *um*, m. pl., les Tritons, dieux marins ‖ **Trĭtōnĭa**, *æ*, f., la Tritonienne = Minerve (ou Pallas), ainsi nommée du lac Triton en Afrique ‖ **Trĭtōnĭăcus**, *a*, *um*, tritonien, **1.** de Minerve, *Tritoniaca arundo* : flûte inventée par Minerve ; **2.** de Triton, lac de Thrace, ~ *lacus* : lac Triton (en Thrace) ‖ **Trĭtōnis**, *ĭdis* et *ĭdos*, f., **1.** la Tritonide = Minerve née sur la rive du lac Triton (en Afrique) ; **2.** l'olivier (consacré à Minerve) ; **3.** le lac Triton ‖ **Trĭtōnis**, *ĭdis*, adj. f., **1.** tritonienne (du lac Triton, en Afrique), *Pallas* ~ : Pallas Tritonienne, LUCR. ; **2.** de Pallas-Minerve, *arx* ~ : le rocher de Pallas, Athènes ; **3.** de Triton (en Thrace), ~ *palus* : le marais de Triton ‖ **Trĭtōnĭus**, *a*, *um*, tritonien (du lac Triton, en Afrique), *Tritonia Pallas* ou *Virgo*, Minerve.

trītŏr, *ōris*, m., **1.** broyeur, *colorum* : de couleurs ; **2.** qui use, *compedium* : les entraves, *stimulorum* : les fouets (injures pour un esclave).

trītūra, *æ*, f., **1.** frottement ; **2.** battage du blé.

① **trītus**, *a*, *um*, part. adj. de *tero*, [~*tior*, ~*tissimus*], **1.** battu, frayé, fréquenté, *via trita* : voie frayée, CIC. ; *tritissima quæque via* : les chemins les plus empruntés, SÉN. ; **2.** souvent employé, habituel, *tritum sermone proverbium* : proverbe d'un usage commun, maxime devenue proverbiale, CIC. ; **3.** exercé, habitué, *tritæ aures* : oreilles exercées (= goût raffiné) ; **4.** usé, abîmé, *trita vestia* : vêtement qui montre la corde, HOR. ; *trita via* : chemin défoncé, OV.

② **trītūs**, *ūs*, m., frottement ; broiement.

trĭumf~, V. *triumph~*.

trĭumphālis, *e*, adj., triomphal, de triomphe, ~ *provincia* : province dont la soumission donne lieu à un triomphe ; ~ *porta* : porte triomphale par où le triomphateur entrait à Rome ; ~ *vir*, OV., ~ *senex*, SÉN., et subst. m., *triumphalis*, *is*, homme qui a reçu les honneurs du triomphe ; *ornamenta triumphalia*, SUÉT., et subst. n. pl., *triumphalia, ium*, ornements du triomphe (couronne d'or, toge brodée, etc.), décernés sous le empereurs même sans triomphe, à titre honorifique.

trĭumphātŏr, *ōris*, m., triomphateur (épith. de Jupiter, Hercule, etc.) ; fig., vainqueur de + gén.

trĭumpho, *ās*, *āre*, intr. et tr.,
I intr., **1.** triompher, obtenir les honneurs du triomphe (avec *ex* ou *de* + abl.) ; **2.** être vainqueur ; **3.** exulter, *lætaris et triumphas* : tu te réjouis, tu triomphes, CIC.
II tr., **1.** triompher de, ~ *aliquem* ou *aliquid* : de qqn. ou de qqch. ; **2.** passif, *triumphari* : être mené en triomphe, *triumphatæ gentes* : nations dont la défaite a donné lieu à des triomphes, VIRG. ; part., *triumphatus, a, um*, conquis par la victoire, pris à l'ennemi.

trĭumphus (arch. **trĭumpus**), *i*, m., **1.** triomphe, entrée solennelle à Rome par la porte triomphale d'un général victorieux, et montée au Capitole sur un char attelé de chevaux blancs ; *triumpe !* anc. acclamation des frères Arvales ; *io triumphe !* : triomphe ! bravo ! (acclamation du peuple qui assiste au défilé triomphal) ; *triumphum decernere alicui* : décerner le triomphe à qqn., *triumphum agere de aliquo* ou *ex aliquo* : remporter le triomphe sur qqn. ; **2.** fig., triomphe, victoire, *triumphos ducere* (= *agere*) : célébrer des triomphes, Sén.

trĭumvĭr, *vĭri*, m., triumvir ; surt. au pl. *triumviri, orum*, triumvirs, collège ou commission de triumvirs (c'est-à-dire de trois membres) ; ~ *agrarius* : commissaire agraire (chargé de conduire des colonies à leur destination et de leur partager des terres) ; *triumviri capitales* : triumvirs chargés de la police et des exécutions ; *triumviri rei publicæ constituendæ* : les triumvirs Octave, Antoine et Lépide, chargés de la réforme de l'État ; en gén., *triumviri* : chargés de mission par le sénat.

trĭumvĭrālis, *e*, adj., triumviral, des triumvirs, et spéc., 1. des *triumviri capitales* (V. *triumvir*), *triumvirali supplicio aliquem afficere* : condamner à la peine capitale, Tac ; 2. le second triumvirat, ~ *proscriptio* : la liste de proscription d'Octave, Antoine et Lépide.

trĭumvĭrātŭs, *ūs*, m., triumvirat, 1. commission de trois membres ; 2. le second triumvirat (Octave, Antoine, Lépide).

trĭvĕnēfĭca, *æ*, f., triple empoisonneuse, Pl.

trīvi, V. *tero*.

Trĭvĭa, *æ*, f., des carrefours, épith. de Diane (Hécate) qui a des chapelles aux carrefours.

trĭvĭālis, *e*, adj., de carrefour = trivial, vulgaire.

trĭvĭum, *ĭi*, n., 1. carrefour où se rencontrent trois chemins ; 2. en gén., voie publique, place publique, *arripere maledictum ex trivio* : ramasser une injure sur le trottoir, Cic.

trĭvĭus, *a, um*, de carrefour (épith. des divinités qui ont des chapelles aux carrefours).

Trŏădes, *um*, f. pl., les Troyennes ‖ **Trŏăs**, *ădis*, f., 1. adj., de Troie, troyenne ; 2. subst., a) Troyenne ; b) la Troade, Troie.

trŏchæus, *i*, m., trochée, 1. pied composé d'une longue et d'une brève ; 2. autre pied composé de trois brèves (tribraque).

trŏchlĕa (**trŏclĕa**), *æ*, f., poulie ; fig., *trochleis pituitam adducere* : expectorer avec effort, Quint.

trŏchus, *i*, m., trochus, cerceau de fer avec lequel jouent les enfants.

trŏclĕa (**~ĭa**), V. *trochlea*.

Trocmi, *ōrum*, m. pl., Trocmes, peuple de Galatie.

Trōes, *um*, m. pl., Troyens.

Trœzēn, *ēnis*, et **Trœzēnē**, *ēs*, f., Trézène, v. de l'Argolide.

Trōgŏdўtæ (**Trōglŏ~**), *ārum*, m. pl., Tro‖ godytes ou Troglodytes (= hab. de cavernes), population africaine établie au N. de l'Éthiopie ‖ **Trōgŏdўtĭcŭ** (**Trōglŏ~**), *ēs*, f., la Troglodytique, région africaine au N. de l'Éthiopie ‖ **Trōgŏdўtĭcus** (**Trōglŏ~**), *a, um*, troglodytique, des Troglodytes.

Trōgus Pompēĭus, *i*, m., Trogue-Pompée, historien rom. de l'ép. d'Auguste.

Trōĭa (**Trōja**), *æ*, f., Troie, 1. v. d'Asie Mineure (en Troade ou Phrygie) ; 2. v. fondée par Énée en Italie ; 3. v. d'Épire fondée par Hélénus ; 4. jeu de Troie joute traditionnelle exécutée dans le cirque par des escadrons de jeunes nobles (appelée aussi *Troiæ ludus*, Suét., et *ludicrum Troiæ*, Tac.) ‖ **Trōĭānus**, *a, um*, troyen, de Troie ; *equus* ~ : le cheval de Troie, Cic., titre d'une tragédie de Livius Andronicus et d'une autre de Nævius ; *Troiani ludi* : jeux troyens, V. 4 ‖ **Trōĭăni** *ōrum*, m. pl., les hab. de Troie ‖ **Trōĭcus** *a, um*, troyen.

Trōĭlŏs (**~us**), *i*, m., Troïle, fils de Priam.

Trōĭŭgĕna, *æ*, adj. m. et f., troyen ‖ **Trōĭŭgĕna**, *æ*, m., Troyen ; de souche troyenne (= Romain) ‖ **Trōĭŭgĕnæ**, *ārum* m. pl., les Troyens ; les Romains ‖ **Trōĭus**, *a, um*, de Troie.

Tromentīna trĭbŭs, f., une des tribus rurales.

trŏpa, adv., *ludere* ~ : jouer à mettre dans un trou à distance des dés, etc.

trŏpæātus, *a, um*, honoré d'un trophée.

trŏpæŏphŏrus, *a, um*, qui porte le trophée, vainqueur (épith. de Jupiter).

trŏpæum, *i*, n., 1. trophée, monument de victoire ; primitivement, arbre où l'on suspendait les armes prises à l'ennemi ; ~ *statuere* ou *ponere* : ériger un trophée ; 2. fig., victoire, triomphe ; 3. monument, souvenir.

Trŏphōnĭānus, *a, um*, de Trophonius ‖ **Trŏphōnĭus**, *ĭi*, m., Trophonius, 1. frère d'Agamède, avec lequel il construisit le temple d'Apollon à Delphes ; 2. Jupiter Trophonius, qui rendait des oracles dans un antre près de Lébadée en Béotie.

trŏpĭcus, *a, um*, 1. relatif aux changements ; subst. m., *tropicus, i*, tropique ; n. pl., *tropica, orum*, conversions, changements ; 2. fig., figuré, métaphorique.

trŏpŏs (**~pus**), *i*, m., trope, emploi figuré, métaphorique d'un mot.

Trōs, *Trōis*, m., Tros, roi de Phrygie, petit-fils de Dardanus, qui donna son nom à Troie ‖ **Trōs**, *Trōis*, adj., m., troyen.

Trossŭli, *ōrum*, m. pl., 1. Trossules, surnom des chevaliers romains (du nom de la v. de Trossule, conquise sans les fantassins) ; 2. petits-maîtres, élégants.

Trossŭlum, *i*, n., Trossule, v. d'Étrurie.

rŭa, *æ*, f., 1. évier ; 2. écumoire, cuiller à pot.

rublĭum, V. *tryblium*.

rŭcīdātĭo, *ōnis*, f., 1. action de couper, coupe, taille ; 2. égorgement, massacre, carnage.

rŭcīdo, *ās*, *āre*, (*trux* + *cædo*), tr., 1. égorger, détruire, tuer ; 2. fig., avaler, éteindre, étouffer ; 3. décrier, ruiner (de réputation) ; écraser.

rŭcŭlentĕr, adv., [~*tius*, ~*tissime*], farouchement, brutalement.

rŭcŭlentĭa, *æ*, f., 1. dureté (de caractère), brutalité ; 2. inclémence, ~ *cæli*, du climat.

rŭcŭlentus, *a*, *um*, 1. farouche, bourru, *oculi truculenti* : yeux féroces ; 2. fig., dur, cruel (de caractère) ; menaçant, houleux (mer).

Trŭcŭlentus, *i*, « Le Bourru » ou « Le Rustre » (titre d'une comédie de Plaute).

rŭdis, *is*, f., 1. pique garnie de fer ; 2. perche ferrée, croc.

rŭdo, *ĭs*, *ĕre*, *trūsi*, *trūsum*, tr., 1. pousser avec force, bousculer ; 2. pousser, mener, chasser ; prov., *fallacia alia aliam trudit* : une ruse chasse l'autre (à bon chat bon rat), Tér. ; 3. entraîner, *in vitia alter alterum trudimus* : nous nous poussons mutuellement au vice, Sén.

rŭella, V. *trulla*.

rūgōnus, V. *trygonus*.

rulla, *æ*, f., 1. petite écumoire, vase à puiser le vin dans le *crater* pour le verser dans les coupes ; 2. brasier, chaufferette ; 3. truelle (de maçon) ; 4. vase de nuit.

rullĕum, *i*, n., et **trullĕus**, *i*, m., cuvette.

runco, *ās*, *āre*, tr., tronquer ; amputer, ~ *olus foliis* : éplucher les légumes.

① **truncus**, *a*, *um*, 1. coupé, mutilé, tronqué ; 2. fig., mutilé, *urbs trunca* : ville mutilée.

② **truncus**, *i*, m., 1. tronc d'arbre ; 2. fig., tronc, buste ; 3. morceau ; 4. bûche, souche (en parlant de qqn. de stupide).

rūsātĭlis, *e*, adj., qu'on pousse, qui sert à broyer, ~ *mola* : meule à bras.

rūsi, V. *trudo*.

rūso, *ās*, *āre*, tr., pousser avec violence.

rūsus, *a*, *um*, V. *trudo*.

rŭtĭna, *æ*, f., 1. aiguille de la balance ; 2. balance, *aliquem in trutinā eādem ponere* : loger qqn. à la même enseigne, le traiter comme il vous traite, Hor.

trux, *ŭcis*, adj., 1. farouche, sauvage ; 2. fig., dur, violent ; ~ *pelagus* : mer houleuse, Hor.

tryblĭum (**trublĭum**), *ĭi*, n., écuelle, plat.

trȳgōnus, *i*, m., pastenague, sorte de raie.

tū, *tŭi*, *tĭbi*, *tē*, pron. pers., tu, toi, *ego tu sum, tu es ego* : je suis toi, tu es moi (nous ne faisons qu'un), Pl. 1. renforcé par a) -*te* ou -*met* : *tute, tibimet* ; b) -*te* et -*met* ensemble, *tutemet* ; 2. dat. éthique, *alter tibi descendit de Palatio* : l'autre (vous) descend du mont Palatin, Cic.

tŭaptĕ, **tŭoptĕ**, abl. sg. f. et m. de *tuus* avec suffixe -*pte*.

tŭātim, adv., à ta manière, selon ton caractère.

tŭba, *æ*, f., 1. trompette, spéc. militaire, *concinunt tubæ* : les trompettes sonnent, Liv. ; trompette utilisée aussi pour diverses solennités ; fig., celui qui donne le signal, l'instigateur ; 2. fig., signal du combat ; fracas : poésie épique, sonore.

① **tŭbĕr**, *ĕris*, (cf. *tumeo*), n., 1. tumeur, bosse ; prov., *ubi uber, ibi tuber* : où il y a mamelle, il y a bosse (= pas de roses sans épines), Apul. ; 2. nœud des arbres, des racines ; 3. espèce de champignon, truffe (aussi t. injurieux).

② **tŭbĕr**, *ĕris*, 1. f., azerolier (arbre) ; 2. m., azerole, fruit de l'azerolier.

tŭbercŭlum, *i*, n., petit gonflement, petite bosse, petite tumeur.

tŭbĕro, *ās*, *āre*, intr., gonfler, enfler.

Tŭbĕro, *ōnis*, m., Tubéron, surnom dans la *gens Ælia*.

tŭbĕrōsus, *a*, *um*, rempli de proéminences.

tŭbĭcĕn, *ĭnis*, m., trompette, celui qui sonne de la trompette, *ad tubicines mittere* : appeler les musiciens (= préparer les funérailles), Pétr.

tŭbĭlustrĭum, *ĭi*, n., fête de la purification des trompettes employées dans les sacrifices.

tŭbŭla, *æ*, f., petite trompette.

tŭbŭlātus, *a*, *um*, 1. qui a la forme d'un tuyau, creux ; 2. pourvu de tuyaux.

tŭbŭlus, *i*, m., 1. petit tuyau, petit conduit ; 2. masse de métal.

tŭbŭlustrĭum, V. *tubilustrium*.

tŭbŭr, *ūris*, V. *tuber* ②.

tŭburcĭnor, *āris*, *āri*, tr., manger gloutonnement, dévorer.

tŭbus, *i*, m., 1. tuyau, canal, conduit ; 2. trompette dans les sacrifices.

Tucca, *æ*, m., Tucca, surnom rom. ; not., M. Plotius Tucca, ami de Virgile qui publia « L'Énéide » avec Varius.

tuccētum et **tūcētum**, *i*, n., saucisson (de viande conservée) fabriqué en Gaule Cisalpine.

Tŭder, *ĕris*, n., Tuder, v. d'Ombrie, auj. Todi ‖ **Tŭdernis**, *e*, adj., de Tuder ‖ **Tŭdĕrs**, *ertis*, adj. m., de Tuder ‖ **Tŭdertes**, *um*, m. pl., les hab. de Tuder.

Tŭdītānus, *i*, m., Tuditanus, surnom dans la *gens Sempronia*.

tŭdĭto, *ās*, *āre*, (cf. *tundo*), tr., 1. pousser, faire avancer, choquer ; 2. abattre de la besogne, forger.

tŭĕor, *ēris*, *ēri*, *tŭĭtus sum*, tr., 1. avoir les yeux sur, regarder, observer ; + prop. inf., constater que ; 2. veiller sur, défendre, protéger ; 3. maintenir en bon état, entretenir ; ~ *se*, *vitam corpusque* : se protéger, protéger sa vie et son corps, Cic.

tŭgŭrĭŏlum, *i*, n., petite hutte.

tŭgŭrĭum, *ĭi*, (cf. *tego*), n., cabane, hutte.

tŭi, 1. gén. de *tu* ; 2. V. *tuus*.

Tŭisco, *ōnis*, m., Tuisco, ancêtre des Germains, honoré par eux comme une divinité.

tŭĭtĭo, *ōnis*, f., défense, garde, protection.

tŭĭtus, *a*, *um*, V. *tueor*.

tŭli, V. *fero*.

Tullĭa, *æ*, f., Tullia, 1. fille du roi Servius Tullius ; 2. fille de Cicéron.

Tullĭānus, *a*, *um*, relatif à un Tullius, spéc. à Cicéron ‖ **Tullĭānum**, *i*, n., le Tullianum, partie inférieure de la prison d'État à Rome, construite par le roi Servius Tullius.

Tullĭŏla, *æ*, f., dim. de *Tullia* (ma petite Tullia).

Tullĭus, *ĭi*, m., Tullius, nom d'une famille rom. ; spéc., Servius Tullius, sixième roi de Rome, M. Tullius Cicero, Cicéron, et son frère Q. Tullius Cicero.

tullĭus, *ĭi*, m., cascade, jet d'eau.

Tullus, *i*, m., Tullus Hostilius, troisième roi de Rome.

(tŭlo, *ĭs*), *ĕre*, *tŭli* et *tĕtŭli*, arch., V. *fero*.

tum, adv., 1. (pour marquer la coïncidence entre deux moments, en corrél. avec *cum*, *ubi*, *postquam*, *si* ou un abl. abs. ; renforcé par *demum*, *denique*, *deinde*, *vero*, *maxime*) alors, à ce moment-là, *tum cum tu es iratus* : alors que tu es irrité, Cic. ; *tum maxime* : alors surtout que, surtout quand ; 2. pour indiquer une chose qui arrive après un certain moment : puis, ensuite, *quid tum ?* : et puis après ?, Cic. ; 3. pour indiquer l'ordre, la succession : *tum… tum* : tantôt… tantôt ; *cum… tum* : non seulement… mais encore ; d'une part…, d'autre part et surtout (*tum* est dans ce cas souv. renforcé par *maxime*, *præcipue*, *in primis*).

tŭmĕfăcĭo, *ĭs*, *ĕre*, *fēci*, *factum*, tr., gonfler ; fig., part. *tumefactus*, *a*, *um*, enflé d'orgueil.

tŭmĕo, *ēs*, *ēre*, intr., 1. être gonflé, enflé ; 2. fig., être gonflé (de colère, d'orgueil), s'emporter, *sapientis animus numquam tu[met]* : l'âme du sage ne s'emporte jamais, Cic.

tŭmesco, *ĭs*, *ĕre*, *tŭmŭi*, intr., s'enfler, se gonfler (de colère, d'orgueil).

tŭmĕt, V. *tu*.

tŭmĭdē, adv., en se gonflant ; fig., avec enflure, emphase.

tŭmĭdŭlus, *a*, *um*, un peu enflé.

tŭmĭdus, *a*, *um*, 1. enflé, gonflé ; 2. fig., gonflé, enflé (sous l'effet des passions) ; 3. rhét., emphatique, ampoulé ; 4. poét. au sens actif : qui gonfle, ~ *auster* : l'auster qui gonfle la voile, Virg.

tŭmŏr, *ōris*, m., 1. enflure, gonflement, bouffissure ; 2. fig., agitation, effervescence (des passions) ; 3. (style) emphase.

tŭmŭi, V. *tumesco*.

tŭmŭlo, *ās*, *āre*, tr., amonceler, ensevelir.

tŭmŭlōsus, *a*, *um*, montueux.

tŭmultŭārĭus, *a*, *um*, (cf. *tumultus*) 1. levé, enrôlé à la hâte, ~ *exercitus* : armée improvisée, Liv. ; 2. fait précipitamment, désordonné, *tumultuaria pugna* : combat confus, Liv.

tŭmultŭātĭo, *ōnis*, f., trouble, désarroi.

tŭmultŭo, *ās*, *āre*, intr., être agité, faire du bruit.

tŭmultŭor, *āris*, *āri*, intr., être agité, faire du désordre, ~ *Gallias comperit* : il apprend que la Gaule est révoltée, Suét.

tŭmultŭōsē, adv., [~*sius*, ~*sissime*] tumultueusement, en désordre.

tŭmultŭōsus, *a*, *um*, [~*sior*, ~*sissimus*] 1. tumultueux, bruyant, *tumultuosissimum pugnæ* : le plus fort de la mêlée, Liv. ; 2. troublé, confus ; 3. alarmant, inquiétant.

tŭmultŭs, *ūs*, (cf. *tumeo*) m., 1. trouble, désordre, tumulte ; 2. fracas, agitation (éléments) ; 3. mil., soulèvement, attaque soudaine (spéc., en parlant des Gaulois), *decernere tumultum* : décréter l'état de tumulte (c'est-à-dire une levée en masse) ; 4. trouble (de l'esprit), confusion (en gén.).

tŭmŭlus, *i*, (cf. *tumeo*) m., 1. élévation de terrain, éminence, tertre, *tumuli* : collines, hauteurs ; 2. amoncellement de terre, tombeau, *tumulum facere*, *statuere*, *struere* : élever un tombeau ; ~ *inanis* : cénotaphe, Virg.

tunc (*tum-ce*), adv., 1. pour indiquer une coïncidence d'action : *tunc cum* : à cette époque où, alors que ; 2. pour indiquer un moment particulier du passé : *tunc temporis* : à cette époque, APUL. ; *tunc erat, nunc est* : alors c'était…, maintenant c'est ; *jam tunc* : dès lors, CIC.

tundo, *ĭs, ĕre, tŭtŭdi, tunsum* et *tūsum*, tr., **1.** battre à coups redoublés, frapper, ~ *pectora manu* : se frapper la poitrine ; prov., ~ *eamdem incudem* : battre la même enclume (enfoncer le clou), CIC. ; **2.** piler, broyer ; **3.** fig., fatiguer, assommer, ~ *aures* : rebattre les oreilles, PL.

tundŏr, *ōris*, m., action de frapper.

Tūnēs, *ētis*, m., Tunis, v. d'Afrique du N.

Tungri, *ōrum*, m. pl., Tongres, peuple de Gaule Belgique.

tŭnĭca, *æ*, f., **1.** tunique, vêtement de dessous des Romains hommes et femmes, *tunicæ manicatæ* : tuniques à longues manches (étrangers et homosexuels) ; prov., ~ *propior pallio* : la tunique touche de plus près que le manteau (charité bien ordonnée commence par soi-même), PL. ; **2.** enveloppe, peau, membrane ; tissu de la peau.

tŭnĭcātus, *a, um*, vêtu d'une tunique, *tunicati* = *tunicatus populus*, les gens pauvres, le petit peuple.

tŭnĭcŭla, *æ*, f., petite tunique.

① **tŭor**, *ĕris, i*, V. tueor.

② **tŭŏr**, *ōris*, m., sens de la vue.

tūrārĭus, *a, um*, relatif à l'encens.

Tūrārĭus vīcus, *i*, m., nom du huitième quartier de Rome.

turba, *æ*, f., **1.** confusion d'une foule en désordre ; **2.** foule, cohue, bande, ~ *ferarum, canum, volucrum* : bande de bêtes sauvages, meute de chiens, troupe d'oiseaux, OV. ; ~ *inanium verborum* : flux d'inutiles paroles.

turbāmentum, *i*, n., **1.** occasion de trouble ; **2.** désordre, trouble.

turbātē, adv., en désordre.

turbātĭo, *ōnis*, f., trouble, désordre, confusion.

turbātŏr, *ōris*, m., perturbateur, agitateur, *turbatores belli* : fomenteurs de guerre, LIV.

turbātrix, *īcis*, f., perturbatrice, semeuse de trouble.

turbātus, *a, um*, part. adj., pr. et fig., troublé, agité.

turbēlæ (~ellæ), *ārum*, f. pl., **1.** vacarme, bruit ; **2.** petite foule ; **3.** sédition, révolte.

turbĕn, *ĭnis*, m. et n., toupie.

turbĭdē, adv., avec trouble, en désordre.

turbĭdo, *ās, āre*, tr., troubler.

turbĭdus, *a, um*, [~*dior*, ~*dissimus*], **1.** troublé, agité, confus, *pectora turbidiora mari* : cœurs plus agités que la mer, OV. ;

2. fangeux, trouble ; **3.** troublé, emporté, orageux ; **4.** subst. n., *turbidum, i*, situation troublée ; **5.** n. adv., *turbidum, mens turbidum lætatur* : le cœur est secoué de joie, HOR.

turbĭnātĭo, *ōnis*, f., forme conique.

turbĭnātus, *a, um*, qui a une forme conique.

turbĭnĕus, *a, um*, tourbillonnant.

① **turbo**, *ās, āre*, tr., **1.** troubler, agiter, mettre en désordre, ~ *aciem peditum* : rompre les rangs de l'infanterie, LIV. ; **2.** rendre trouble (un liquide) ; **3.** fig., troubler, renverser, *omnia divina humanaque* ~ : mettre en désordre le ciel et la terre, LIV. ; *Aristoteles multa turbat* : Aristote embrouille beaucoup de choses, CIC. ; ~ *turbas* : brouiller tout, PL. ; **4.** mettre du désordre ; passif impers. : *si in Hispaniā turbatum esset* : s'il y avait eu des troubles en Espagne.

② **turbo**, *ĭnis*, m., **1.** tourbillon, tournoiement ; **2.** fig., agitation, tourmente ; **3.** toupie ; objet de forme arrondie, tonneau ; **4.** mouvement circulaire, rotation, révolution.

turbŭlentē et **turbŭlentĕr**, adv., avec confusion ; *non* ~ : sans perdre la tête.

turbŭlentus, *a, um*, [~*tior, ~tissimus*], **1.** agité, troublé, orageux ; **2.** fig., *turbulenti animi* : âmes que troublent les passions ; **3.** qui cause du désordre, pernicieux.

Turdētāni, *ōrum*, m. pl., Turdétains, peuple de l'Espagne Bétique, auj. Séville.

Turdŭli, *ōrum*, m. pl., Turdules, peuple de la Bétique, voisin des Turdétains.

turdus, *i*, m., **1.** grive (oiseau) ; **2.** tourd (poisson de mer).

tūrĕus, *a, um*, d'encens, relatif à l'encens.

turgĕo, *ēs, ēre, (tursi)*, intr., **1.** être gonflé, enflé, *uva turget mero* : la grappe se gonfle de vin, MART. ; **2.** être plein de ; **3.** fig., être gonflé de colère ; **4.** (style) être boursouflé, emphatique.

turgesco, *ĭs, ĕre*, intr., **1.** se gonfler, s'enfler ; **2.** s'emporter ; **3.** (style) devenir emphatique, ampoulé.

turgĭdus, *a, um*, **1.** enflé, gonflé ; **2.** fig. (style) emphatique, boursouflé.

tūrĭbŭlum (thū~), *i*, n., cassolette à encens, encensoir.

tūrĭcrĕmus, *a, um*, où l'on brûle de l'encens.

tūrĭfĕr, *fĕra, fĕrum*, **1.** qui produit de l'encens ; **2.** qui offre l'encens.

tūrĭlĕgus, *a, um*, qui recueille l'encens.

Tūrīnus, V. Thurinus.

turma, *æ*, f., **1.** turme, escadron de cavalerie (la dixième partie d'une aile, soit

30/32 hommes) ; **2.** ext., troupe, bataillon, foule ; ~ *Gallica* : troupe des Galles (prêtres d'Isis), Ov.

turmālis, *e*, adj., d'escadron, de cavalier, de chevalier ; subst. m. pl., *turmales, ium*, cavaliers d'un escadron ; n. adv., *turmale* : comme un escadron.

turmātim, adv., par escadrons, par bandes.

Turnus, *i*, m., Turnus, roi des Rutules, tué par Énée.

Tŭrŏnes, *um*, et **Tŭrŏni**, *ōrum*, m., pl., Turons, peuple gaulois, auj. région de Tours ‖ **Tŭrŏnus**, *i*, m., le Turon (sg. coll.), Tac.

turpĕ, adv., V. *turpis*.

turpĭcŭlus, *a, um*, vilain, assez laid, *turpiculo puella naso* : fille au vilain petit nez, Cat.

turpĭfĭcātus, *a, um*, dégradé, souillé.

Turpĭlius, *ĭi*, m., Turpilius, nom d'une famille rom. ; spéc., Sextus Turpilius, poète comique latin, ami de Térence, Cic.

turpĭlŭcrĭcŭpĭdus, *a, um*, avide d'un gain malhonnête, Pl.

Turpĭo, *ōnis*, m., Ambivius Turpio, acteur comique.

turpis, *e*, adj., [~*pior*, ~*pissimus*], **1.** d'aspect laid, vilain, difforme ; **2.** fig., mor., honteux, déshonorant, infâme, indécent ; subst. n., *turpe*, *is*, chose honteuse, infamie ; n. adv., *turpe*, honteusement, de façon indécente.

turpĭtĕr, adv., [~*pius*, ~*pissime*], **1.** d'une manière laide ou difforme, ~ *desinere in piscem* : se terminer hideusement en poisson, Hor. ; **2.** fig., honteusement.

turpĭtūdo, *ĭnis*, f., **1.** laideur, difformité ; **2.** fig., laideur morale, honte, indignité, déshonneur, *per turpitudinem* : honteusement, Sall.

turpo, *ās, āre*, tr., **1.** enlaidir, défigurer, souiller ; **2.** fig., déshonorer, souiller.

Turrānius, *ĭi*, m., nom d'une famille rom. ; spéc., Turranius Niger, agronome ami de Varron et de Cicéron, et Turranius, poète tragique.

turrĭcŭla, *æ*, f., **1.** tourelle, petite tour ; **2.** cornet à dés de la forme d'une tour, Mart.

turrĭgĕr, *gĕra, gĕrum*, qui porte les tours (éléphants) ; *turrigera* : épith. de Cybèle (qui porte une couronne de tours), Ov.

turris, *is*, f., **1.** tour ; tour en bois (utilisée comme machine de siège, sur les navires, sur le dos des éléphants) ; **2.** château, palais, *regum turres* : les palais des rois, Hor. ; **3.** colombier, pigeonnier ; **4.** formation de combat en carré.

turrītus, *a, um*, **1.** garni de tours ; qui porte une tour (éléphant) ; épith. de Cybèle (qui porte une couronne de tours) ; **2.** en forme de tour, haut, élevé.

tursi, V. *turgeo*.

turtŭr, *ŭris*, m. et f., tourterelle.

tŭrunda, *æ*, f., **1.** pâtée (pour engraisser les oies) ; **2.** sorte de gâteau ; **3.** charpie pour les blessures.

tūs (thūs), *tūris*, n., encens ; grain d'encens, *tria tura* : trois grains d'encens, Ov.

Tuscānĭcus et **Tuscānus**, *a, um*, des Toscans, étrusque, toscan ‖ **Tuscē**, adv., en Étrurie, en Toscan ‖ **Tusci**, *ōrum* m. pl., Toscans ou Étrusques, hab. de l'Étrurie ‖ **Tuscĭa**, *æ*, f., l'Étrurie, la Toscane ‖ **Tuscus**, *a, um*, toscan, étrusque, ~ *vicus* : quartier toscan à Rome (commerçant et populeux, fréquenté par les prostituées).

Tuscŭlānensis, *e*, adj., de Tusculum, *Tusculanenses dies* : les jours passés à Tusculum, Cic. ‖ **Tuscŭlāni**, *ōrum*, m. pl., les hab. de Tusculum ‖ **Tuscŭlānum**, *i*, n., la plus célèbre des maisons de campagne de Cicéron (près de Tusculum) ‖ **Tuscŭlānus**, *a, um*, de Tusculum (ville, territoire ou villa) ; *disputationes Tusculanæ* : « Les Tusculanes » (œuvre de Cicéron) ‖ **Tuscŭlum**, *i*, n., Tusculum, v. du Latium, auj. Frascati.

tussēdo, *ĭnis*, f., toux.

tussĭcŭla, *æ*, f., petite toux.

tussĭo, *īs, īre*, intr., tousser.

tussis, *is*, f., toux ; au pl., *tusses, ium*, quintes de toux.

tūsus, *a, um*, V. *tundo*.

tūtāmĕn, *ĭnis*, n., défense, abri.

tūtāmentum, *i*, n., protection, défense.

tūtātŏr, *ōris*, m., défenseur, protecteur.

① **tūtē**, V. *tu*.

② **tūtē**, (cf. *tutus*), adv., [~*tius*, ~*tissime*], en sûreté, en sécurité.

tūtēla, *æ*, f., **1.** soin, garde, protection, in *alicujus esse tutelā* : être sous la protection de qqn., Cic. ; **2.** gardien, protecteur, défenseur ; **3.** jur., tutelle, *in suam tutelam venire* : devenir son propre tuteur = être majeur, Cic. ; **4.** au sens passif : le protégé, le pupille ; le patrimoine du pupille.

① **tūtō**, adv., en sécurité, sans danger.

② **tūto**, *ās, āre*, tr., protéger, défendre.

① **tūtor**, *āris, āri*, tr., **1.** veiller sur, garder, défendre, garantir ; **2.** se préserver de, s'assurer contre.

② **tūtŏr**, *ōris*, m., **1.** défenseur, protecteur, gardien ; **2.** jur., tuteur, curateur.

tŭtŭdi, V. *tundo*.

tŭtŭlātus, *a, um*, qui porte un *tutulus*, ENN.

tŭtŭlus, *i*, m., tutulus, touffe de cheveux rassemblés et relevés au-dessus du front, coiffure du flamine et de sa femme.

tūtus, *a, um*, (cf. *tueor*), [~*tior*, ~*tissimus*], **1.** bien gardé, protégé, sûr, ~ *ab hostibus* : protégé contre l'ennemi ; ~ *insidio* : à l'abri des pièges ; **2.** circonspect, prudent, sage ; subst. n., *tutum, i*, sécurité, *esse in tuto* : être en sûreté, *in tutum collocare* : mettre en lieu sûr ; *tutum est* + inf. : il est prudent de.

tŭus, *a, um*, (cf. *tu*), pron.-adj. poss., ton, ta, (le) tien, (la) tienne, **1.** tien ; subst. m. pl., *tui, orum*, les tiens (famille, amis, partisans) ; n., *tuum, i*, et pl., *tua, orum*, ton bien, tes affaires (en gén.) ; *tuum est* + inf. : il t'appartient de, PL., TÉR. ; **2.** favorable à toi, *tempore tua* : occasion qui t'est favorable, *tempore tuo* : au moment opportun (pour toi) ; **3.** ton maître, en possession de toi, ~ *es* : tu ne relèves que de toi, STACE ; **4.** envers toi, *honos* ~ : l'hommage qui t'est rendu ; *neglegentia tua* : l'indifférence à ton égard (et non « ton indifférence »).

tuxtax, indécl., onomatopée, « clac-clac » (bruit des coups de fouet), PL.

Tўăna, *ōrum*, n. pl., Tyane, v. de Cappadoce, au pied du Taurus.

Tўbris, Tўbŭr, V. *Tiberis, Tibur*.

Tўcha, *æ*, f., Tycha, quartier de Syracuse (ainsi nommé à cause d'un temple de la Fortune, Tyché en grec).

Tўdeūs, *ěi* ou *ěos*, m., Tydée, père de Diomède ‖ **Tўdīdēs**, *æ*, m., le fils de Tydée, Diomède.

tympănizo, *ās, āre*, intr., jouer du tambour phrygien.

tympănum, *i*, n., **1.** tambour phrygien (employé spéc. par les prêtres de Cybèle) ; tambourin (qui remplace la *tuba* chez les Parthes pour donner le signal du combat) ; **2.** symbole de vie efféminée ; **3.** roue pleine (des voitures, des moulins, des grues).

Tyndărěum, *i*, n., Tyndaris (V. *Tyndaris*).

Tyndărěus, *ěi*, m., Tyndare, roi de Sparte, époux de Léda, père de Castor et de Pollux, d'Hélène et de Clytemnestre ‖ **Tyndărīdæ**, *ārum*, m. pl., les Tyndarides, les descendants (fils et filles) de Tyndare,

fortissima *Tyndaridarum* : la plus brave des descendants de Tyndare, Clytemnestre, HOR. ‖ **Tyndărīdēs**, *æ*, m., fils de Tyndare ‖ **Tyndăris**, *ĭdis* et *ĭdos*, f., la fille de Tyndare, Hélène ou Clytemnestre.

Tyndăris, *ĭdis*, f., Tyndaris, v. bâtie par Denys l'Ancien sur la côte N. de la Sicile, auj. Tindari ‖ **Tyndărītāni**, *ōrum*, m. pl., les hab. de Tyndaris ‖ **Tyndărītānus**, *a, um*, de Tyndaris.

Tyndărīus, *a, um*, de Tyndare, *Tyndarii fratres* : Castor et Pollux ; tyndarien = spartiate.

Tўnēs, V. *Tunes*.

tўpănum, V. *tympanum*.

Tўphōeūs, *ěi* ou *ěos*, m., Typhée, géant foudroyé par Jupiter et enseveli sous l'Etna ‖ **Tўphōis**, *ĭdos*, adj., f., de Typhée ‖ **Tўphōïus**, *a, um*, de Typhée.

tўphōn, *ōnis*, m., **1.** typhon, tourbillon ; **2.** comète.

Tўphōn, *ōnis*, m., Typhon, autre nom du géant Typhée.

tўpus, *i*, m., **1.** image, bas-relief ; **2.** phase (d'une maladie).

tўrannĭcē, adv., tyranniquement, despotiquement.

tўrannĭcīda, *æ*, m., meurtrier d'un tyran.

tўrannĭcīdĭum, *ĭi*, n., meurtre d'un tyran.

tўrannĭcus, *a, um*, tyrannique, d'un tyran.

tўrannis, *ĭdis*, f., **1.** sens grec : domination d'un seul, tyrannie ; **2.** fig., pouvoir absolu, despotisme ; **3.** royaume.

tўrannoctŏnus, *i*, m., meurtrier d'un tyran.

tўrannus, *i*, m., **1.** sens grec : souverain absolu, monarque, roi (Énée, Neptune, Pluton) ; **2.** fig., tyran.

Tўrĭus, *a, um*, **1.** de Tyr, de Phénicie, tyrien ; *Tyria puella* : Europe (fille du roi de Tyr Agénor) ; **2.** pourpre, V. *Tyrus* ; **3.** de Thèbes ou de Carthage (fondées par des Tyriens) ‖ **Tўrĭi**, *ōrum*, m. pl., les hab. de Tyr ; les Carthaginois.

Tyrrhēni, *ōrum*, m. pl., Tyrrhéniens, Étrusques ‖ **Tyrrhēnĭa**, *æ*, f., la Tyrrhénie, l'Étrurie ‖ **Tyrrhēnus**, *a, um*, tyrrhénien, étrusque.

Tўrus (~*ŏs*), *i*, f., **1.** Tyr, v. de Phénicie célèbre pour la pourpre ; **2.** poét., la pourpre de Tyr, la couleur pourpre.

U (V)

u (non distinct du V en capitale), f. et n., indécl., u, vingtième lettre de l'alph. latin ; alterne qqf. avec *i*, *optimus* et *optumus*, *satira* et *satura* ; abr. : *U.* = *urbs* (Rome) dans *U. C.* ou *u. c.*, *urbis conditæ*, de la fondation de Rome ; *ab U. C.* = *ab Urbe Conditā* : depuis la fondation de Rome.

① **ūbĕr**, *ĕris*, n., **1.** sein, mamelle, pis ; surt. au pl., *ubera, um* ; **2.** fig., fécondité, abondance, richesse.

② **ūbĕr**, *ĕris*, adj., [*~erior*, *~errimus*], **1.** fécond, fertile, abondant ; **2.** riche ; **3.** (style) riche, profus ; **4.** pesant.

ūbĕrĭus, **ūberrĭmē**, adv., plus abondamment, très abondamment.

ūbertās, *ātis*, f., **1.** fécondité, fertilité, abondance ; **2.** fruit, produit ; **3.** richesse, abondance ; **4.** (style) profusion, richesse, *Livii lactea* = Tite-Live qui a la richesse nourrissante du lait, QUINT.

ūbertim, adv., abondamment.

ūberto, *ās*, *āre*, tr., rendre fécond.

ŭbī et **ŭbĭ**, adv. rel. ou interr. et conj.,
I adv. rel. ou interr. (dir. ou indir.) du lieu où l'on est, **1.** où, (*ibi*) *ubi* : là où ; **2.** où ? en quel endroit ?, *ubi terrarum sim nescio* : je ne sais où (litt., en quel endroit du monde) je suis, PL.
II conj. **1.** quand, dès que, lorsque, *ubi primum* : aussitôt que ; **2.** + subj., = *cum*, du moment que.

ŭbĭcumquĕ, ou **~cunquĕ**, ou (arch.) **~quomquĕ**, adv., **1.** rel., partout où ; **2.** indéf., n'importe où, partout.

Ubĭi, *ōrum*, m. pl., Ubiens, peuple germanique (hab. sur la rive droite du Rhin, près de Cologne, puis déporté sur la rive gauche sous Auguste).

ŭbĭlĭbĕt, adv., n'importe où, partout.

ŭbĭnam, adv. interr., où donc ?

① **ŭbĭquĕ**, adv., **1.** en quelque lieu que ce soit ; **2.** partout, en tout lieu.

② **ŭbĭquĕ**, = *et ubi*.

Ubĭus, *a, um*, ubien, V. *Ubii*.

ŭbĭvīs, adv., où l'on veut, n'importe où.

ūdus, *a, um*, **1.** mouillé, humide ; **2.** pris de vin ; **3.** mou, souple.

Ūfens, *entis*, m., Ufens, petite riv. du Latium, auj. Ofanto ; nom d'h. ‖ **Ūfentīnus**, *a, um*, de l'Ufens.

ulcĕro, *ās*, *āre*, tr., blesser, écorcher.

ulcĕrōsus, *a, um*, couvert de plaies, meurtri.

ulciscor, *ĕris, i, ultus sum*, tr., **1.** se venger de, punir, *aliquem* : qqn. ; *aliquid* : qqch. ; **2.** venger.

ulcŭs, *ĕris*, n., **1.** ulcère, plaie, ; prov., ~ *tangere* : toucher à un point délicat, TÉR. ; **2.** blessure.

ūlīgo, *ĭnis*, f., humidité naturelle du sol.

Ŭlixēs, *is*, m., Ulysse, fils de Laërte, époux de Pénélope, roi d'Ithaque, héros de « L'Odyssée » d'Homère ‖ **Ŭlixēus**, *a, um*, d'Ulysse.

ullus, *a, um*, (*unulus*, dim. de *unus*), pron.-adj. indéf. employé en prop. nég., interr. ou hypoth., **1.** adj., quelque, quelqu'un ; aucun, *sine ullo domino esse* : être sans maître, *sine ullo maleficio* : sans aucun dommage ; *est ulla res ?* : y a-t-il une chose ? ; **2.** pron., quelqu'un, personne ; n., *ullum* : quelque chose, rien.

ulmĕus, *a, um*, d'orme (le bois dont on fait les bâtons).

ulmĭtrība, *æ*, m., fustigé (à coups de bâton d'orme).

ulmus, *i*, f., orme, ormeau (support de la vigne ; sert aussi à fabriquer les verges).

ulna, *æ*, f., **1.** avant-bras, coude ; **2.** bras ; **3.** mesure de longueur : coudée, aune.

Ulpĭus, *ĭi*, m., Ulpius, nom d'une famille rom. (la *gens Ulpia*, à laquelle appartenait l'empereur Trajan).

ultĕrĭor, *ĭus*, adj., **1.** qui est au-delà, de l'autre côté, *Gallia ulterior* : la Gaule Transalpine ; **2.** qui est en outre, qui s'ajoute ; **3.** reculé, lointain, passé.

ultĕrĭus, comp. de *ultra*, adv., **1.** plus loin ; **2.** plus, davantage.

ultĭmē, adv., **1.** enfin, en dernier lieu ; **2.** au dernier point, APUL.

ultĭmus, *a, um*, **1.** le plus au-delà, le plus reculé (dans l'espace et le temps) ; **2.** extrême (le plus haut ou le plus bas), dernier, *ultimum supplicium* : la peine de mort, CÉS., *ultimum consilium* : le suicide, SÉN. ; subst. n. *ultimum, i*, le plus haut point ; *ultima pati* : souffrir les pires maux, LIV. ; **3.** le plus bas, *ultima laus* : l'honneur le plus infime, HOR.

ultĭo, *ōnis*, f., vengeance, châtiment.

ultŏr, *ōris*, m., vengeur, qui punit ; surnom de Mars.

ultrā, adv. et prép.,
I adv., 1. au-delà, plus loin ; 2. au-delà, plus longtemps ; 3. en outre, de plus, davantage ; 4. ~ *quam satis est* : au-delà de ce qui est nécessaire, trop.
II prép. + acc., 1. au-delà de (dans l'espace ou dans le temps) ; 2. plus que, au-dessus de.

ultrix, *īcis*, f., vengeresse.

ultrō, adv., 1. au-delà, de l'autre côté ; 2. joint à *citro* : de part et d'autre, réciproquement ; 3. en outre, de plus ; 4. en prenant les devants, de soi-même ; 5. *ultro tributa, orum*, n. pl., avances consenties par un entrepreneur-adjudicataire au Trésor public.

ultrōnĕus, *a, um*, qui agit librement, de son plein gré, spontanément.

Ŭlŭbrae, *ārum*, f. pl., Ulubres, bourg du Latium, auj. Cisterna ‖ **Ŭlŭbrānus**, *a, um*, d'Ulubres.

ŭlŭla, *æ*, f., chat-huant.

ŭlŭlātŭs, *ūs*, m., 1. hurlement, cri perçant ; 2. cri plaintif, gémissement, lamentation.

ŭlŭlo, *ās, āre*, intr. et tr.,
I intr., 1. hurler ; 2. pousser des cris ; 3. retentir de hurlements.
II tr., 1. appeler par des hurlements ; 2. faire retentir de hurlements.

ulva, *æ*, f., ulve (herbe des marais).

ulvōsus, *a, um*, riche en ulves.

umbella, *æ*, f., parasol, ombrelle.

Umbĕr, *bra, brum*, ombrien, d'Ombrie.

umbĭlĭcus, *i*, m., 1. ombilic, nombril ; 2. milieu, centre ; 3. extrémité du cylindre autour duquel on enroulait les volumes, d'où : le cylindre, d'où : le dernier feuillet du volume, *librum usque ad umbilicum revolvere* : dérouler (lire) un livre jusqu'à la fin, Sén.

umbo, *ōnis*, m., 1. bosse (au centre d'un bouclier) ; 2. bouclier ; 3. convexité, renflement.

umbra, *æ*, f., 1. ombre ; spéc., l'ombre en peinture ; 2. lieu couvert, ombrage, *studia in umbrā* : études que l'on fait dans son cabinet de travail, Tac. ; duvet des joues ; 3. protection, abri ; 4. ombre, apparence, prétexte ; 5. fantôme, *Umbræ* : les Ombres, les Morts ; 6. compagnon inséparable, Hor.

umbrācŭlum, *i*, n., 1. ombrage ; 2. abri, couvert ; 3. lieu retiré et tranquille ; 4. école.

umbrātĭcŏla, *æ*, m., qui cherche l'ombre, efféminé.

umbrātĭcus, *a, um*, 1. d'ombre, qui est à l'ombre ; 2. mou, efféminé ; 3. qui se fait à l'ombre, chez soi, à loisir.

umbrātĭlis, *e*, adj., 1. qui reste à l'ombre, inactif, désœuvré ; 2. d'école, dans le cabinet de travail.

Umbrĭa, *æ*, f., l'Ombrie (entre le Pô et le Tibre, à l'E. de l'Étrurie).

umbrĭfĕr, *fĕra, fĕrum*, qui donne de l'ombre.

umbro, *ās, āre*, tr., donner de l'ombre, ombrager, couvrir d'ombre.

umbrōsus, *a, um*, où il y a beaucoup d'ombre, ombreux ; sombre, obscur.

ūmecto, **ūmĕfăcĭo**, **ūmĕo**, **ūmesco**, **ūmĭdus**, **ūmŏr**, V. *hum~*.

ŭmĕrus, V. *humerus*.

umquam (**unquam**), adv. indéf., surt. dans les prop. nég., interr. et hypoth. : quelquefois, un jour ; *si* ~ : si jamais.

ūnā, adv., ensemble, en même temps, ~ *cum* + abl., en même temps que.

ūnănĭmĭtās, *ātis*, f., bonne intelligence, accord, entente.

ūnănĭmus, *a, um*, (*unus* + *animus*), qui est du même avis, qui vit en bon accord.

uncĭa, *æ*, f., 1. l'once, la douzième partie de l'unité (de la livre, du jugère) ; un pouce ; 2. intérêt d'un douzième (1 % par an) ; 3. très petite quantité.

uncĭālis, *e*, adj., d'une once.

uncĭārĭus, *a, um*, d'une once, d'un douzième.

uncĭnātus, *a, um*, recourbé, crochu, *uncinata corpora* : atomes crochus.

unctĭo, *ōnis*, f., 1. onction, friction ; 2. ext., gymnase ; 3. huile pour frictionner.

unctĭto, *ās, āre*, tr., oindre ordinairement.

unctŏr, *ōris*, m., esclave qui frictionne et parfume, soigneur.

unctōrĭum, *ĭi*, n., salle où l'on frictionne.

① **unctus**, *a, um*, part. adj. de *ungo*, 1. oint, enduit, frotté ; 2. gras (pr. et fig.) ; riche ; somptueux ; voluptueux ; subst. n., *unctum, i*, repas somptueux, Hor.

② **unctŭs**, *ūs*, m., onction, friction.

① **uncus**, *a, um*, crochu, recourbé.

② **uncus**, *i*, m., 1. croc, crochet, crampon ; 2. croc avec lequel on traînait les condamnés aux Gémonies et dans le Tibre ; 3. poét., ancre.

unda, *æ*, (R. *wed~, ud~*), f., 1. eau agitée, onde, flot ; 2. vague, courant ; 3. fig., agitation, trouble ; 4. flot, foule.

undātim, adv., 1. en ondulant, en ondoyant ; 2. en foule.

undĕ, adv. rel. ou interr. de lieu, 1. d'où, de l'endroit où ; 2. interr. dir. ou indir. : d'où, *unde venis ?* : d'où viens-tu ?, *unde sit nescio* : je ne sais d'où il est ; 3. pour marquer la cause, l'origine, le moyen, la manière ; d'où, par où, comment.

undēcentēsĭmus, *a, um*, quatre-vingt-dix-neuvième.

undēcentum, indécl., quatre-vingt-dix-neuf.

undĕcim, indécl., onze.

undĕcĭmus, *a, um*, onzième, *undecima* (*hora*) : la onzième heure.

undĕcimvĭri, *ōrum*, m. pl., les onze (magistrats chargés des exécutions à Athènes).

undĕcŭmāni, *ōrum*, m. pl., soldats de la 11ᵉ légion.

undĕcumquĕ, adv., de quelque part que ce soit, de tous les côtés.

undēni, *æ, a*, adj. num. distr., onze par onze.

undēnōnāgēsĭmus, *a, um*, quatre-vingt-neuvième.

undēnōnāgintā, indécl., quatre-vingt-neuf.

undēoctōgintā, indécl., soixante-dix-neuf.

undēquādrāgēsĭmus, *a, um*, trente-neuvième.

undēquādrāgintā, indécl., trente-neuf.

undēquinquāgēsĭmus, *a, um*, quarante-neuvième.

undēquinquāgintā, indécl., quarante-neuf.

undēsexāgēsĭmus, *a, um*, cinquante-neuvième.

undēsexāgintā, indécl., cinquante-neuf.

undētrīcēsĭmus (**~trīgēsĭmus**), *a, um*, vingt-neuvième.

undētrīgintā, indécl., vingt-neuf.

undēvīcēni, *æ, a*, adj. num. distr., dix-neuf par dix-neuf.

undēvīcēsĭmus (**~vīgēsĭmus**), *a, um*, dix-neuvième.

undēvīgintī, indécl., dix-neuf.

undĭquĕ, adv., de tous côtés, de partout.

undĭsŏnus, *a, um*, qui résonne du bruit des vagues.

undo, *ās, āre*, intr. et tr.,

I intr., **1.** faire des vagues, se soulever ; **2.** être agité, bouillonnant ; **3.** être ondoyant ; **4.** abonder en.

II tr., inonder.

undōsus, *a, um*, plein de vagues, agité, houleux.

undŭlātus, *a, um*, onduleux (étoffes), moiré.

ūnetvīcēsĭmāni, *ōrum*, m. pl., soldats de la 21ᵉ légion.

ūnetvīcēsĭmus, *a, um*, vingt et unième.

ungo (**unguo**), *ĭs, ĕre, unxi, unctum*, tr., **1.** oindre, enduire, frotter ; **2.** enduire, mettre de la graisse ; **3.** mouiller, tremper.

unguĕn, *ĭnis*, n., graisse, corps gras.

unguentārĭus, *a, um*, relatif aux parfums ; subst. m., *unguentarius, ii*, parfumeur ; f., *unguentaria, æ*, parfumeuse ; n., *unguentarium, ii*, **1.** argent pour acheter des parfums ; **2.** vase à parfums.

unguentātus, *a, um*, parfumé.

unguentum, *i*, n., essence, parfum, essence parfumée ; baume, onguent.

unguĭcŭlus, *i*, m., ongle (des mains ou des pieds).

unguĭnōsus, *a, um*, gras, huileux.

unguis, *is*, m., ongle, griffe, serre, sabot.

ungŭla, *æ*, f., corne du pied des animaux, sabot ; fig., ongle, griffe ; prov., *omnibus ungulis* : de toutes ses forces, Cɪᴄ.

① **ungŭlus**, *i*, m., ongle du pied.

② **ungŭlus**, *i*, m., **1.** anneau, bague ; **2.** bracelet.

ūnĭcē, adv., d'une façon unique, particulière, exceptionnelle.

ūnĭcŏlŏr, *ōris*, adj., qui est d'une seule couleur.

ūnĭcus, *a, um*, **1.** unique, seul ; **2.** unique en son genre, remarquable.

ūnĭfōrmis, *e*, adj., qui n'a qu'une seule forme, uniforme, simple.

ūnĭgĕna, *æ*, m. et f., **1.** né d'un même enfantement, jumeau ; **2.** né seul, unique.

ūnĭgĕnĭtus, *a, um*, chr., né seul, unique (Jésus-Christ, fils unique de Dieu).

ūnĭjūgus, *a, um*, attaché à un seul joug.

ūnĭmamma, *æ*, f., qui n'a qu'une mamelle (Amazones).

ūnĭmănus, *a, um*, qui n'a qu'une main.

① **ūnĭo**, *ĭs, īre*, tr., unir, réunir.

② **ūnĭo**, *ōnis*, **1.** f., le nombre un, l'unité ; **2.** m., grosse perle qui se porte seule ; **3.** m., sorte d'oignon.

ūnĭtās, *ātis*, f., **1.** unité ; **2.** identité, uniformité ; **3.** concorde.

ūnĭtĕr, adv., de manière à ne faire qu'un, étroitement.

ūnĭusmŏdi (**ūnīus mŏdi**), adv., d'une seule (et même) espèce.

ūnĭversālis, *e*, adj., universel, général.

ūnĭversē, adv., en général, en bloc.

ūnĭversĭtās, *ātis*, f., **1.** ensemble, totalité ; **2.** le monde, l'univers.

ūnĭversus, *a, um* (*unus + verto*), **1.** réuni en un tout ; tout entier ; **2.** universel, général ; **3.** au pl., *universi, æ, a*, tous ensemble ; **4.** subst. n., *universum, i*, ou au pl., *universa, orum*, l'univers, la totalité du monde.

ĭnĭvorsus, arch., V. *universus*.

ĭnŏcŭlus, *a, um*, qui n'a qu'un œil.

Ūnŏmammĭa, *æ*, f., Unomammie (mot inventé par Plaute pour désigner le pays où les femmes n'ont qu'un sein comme les Amazones).

ĭnorsus, V. *universus*.

ĭnōsē, adv., ensemble, d'un coup.

ĭnquam, V. *umquam*.

ūnus, *a, um*, gén. *unīus*, dat. *unī*, 1. pron.-adj. num., un, un seul, *unæ litteræ* : une lettre, *omnes ad unum* : tous jusqu'au dernier (tous sans exception), Cic. ; 2. seul, unique ; le même, *unius modi* : d'une seule espèce ; ~ *et idem* : un seul et même ; 3. renforce le superl., un par excellence, un entre tous, *res una omnium difficillima* : la chose entre toutes la plus difficile ; 4. un, quelque, quelqu'un, ~ *e multis* : un parmi beaucoup, qqn. d'ordinaire, le premier venu ; *nemo* ~ : absolument personne.

ūnusquisque, *ūnăquæque, ūnumquodque* (~*quidque*, pron.), pron.-adj. indéf., chaque, chacun.

ŭpŭpa, *æ*, f., 1. huppe (oiseau) ; 2. sorte de pioche.

Ūrănĭa, *æ*, f., Uranie, muse de l'astronomie.

urbānē, adv., 1. à la manière des gens de la ville, civilement, poliment ; 2. finement, élégamment.

urbānĭtās, *ātis*, f., 1. séjour à la ville (spéc. à Rome) ; 2. politesse, savoir-vivre, urbanité ; 3. politesse du langage, bon goût, élégance ; 4. fine plaisanterie, mot spirituel.

urbānus, *a, um*, 1. de la ville, citadin (de Rome en part.) ; *prætor* ~ : préteur urbain (qui rend la justice aux citoyens romains) ; *cohortes urbanæ* : cohortes urbaines (en garnison à Rome) ; 2. civil, poli, qui a du savoir-vivre ; 3. élégant, fin, spirituel, ~ *homo* : homme du monde ; 4. péj., arrogant, *frons urbana* : un air effronté, Hor.

Urbĭcŭa, *æ*, f., Urbicua, v. de Tarraconaise, en Espagne.

urbĭcus, *a, um*, de ville, de la ville, de Rome.

Urbĭgěnus pāgus, *i*, m., région d'Urba, en Helvétie.

Urbīnās, *ātis*, adj., d'Urbinum ‖ Urbīnum, *i*, n., Urbinum, v. d'Ombrie, auj. Urbino.

Urbĭus clīvus, *i*, m., Urbius clivus, quartier et rue de Rome (qui conduisait à l'Esquilin).

urbs, *urbis*, f., 1. ville (entourée d'une enceinte) ; 2. capitale, en parlant de Rome ; *esse ad urbem* : attendre aux portes de Rome (pour les généraux qui attendent d'être autorisés par le sénat à entrer dans Rome au moment du triomphe) ; 3. les hab. de la ville, de Rome.

urcěātim, adv., à seaux (averse).

urcěŏlus, *i*, m., petit vase en terre, cruchon.

urcěus, *i*, m., vase en terre, cruche.

ūrēdo, *ĭnis*, f., nielle ou charbon (des plantes) ; démangeaison, urticaire.

urgens, *entis*, adj., pressant, urgent.

urgěo, *ēs, ēre, ursi*, tr. et intr.,
I tr., 1. presser, pousser ; 2. enfoncer, forcer, harceler, poursuivre (un ennemi) ; 3. insister pour obtenir, presser, hâter.
II intr., presser, être urgent, *tempus urget* : le temps presse.

ūrīgo, *ĭnis*, f., prurit, chaleur.

ūrīna, *æ*, f., urine.

ūrīnātŏr, *ōris*, m., plongeur.

ūrīno, *ās, āre*, et ūrīnor, *āris, ari*, intr., plonger.

ūrīnus, *a, um*, clair (œuf).

Ūrĭŏs, *ĭi*, m., Ourios (qui donne un vent favorable), épith. de Jupiter.

urna, *æ*, f., urne, 1. à puiser de l'eau ; 2. pour tirer au sort ou pour déposer les suffrages ; 3. cinéraire (pour y déposer les cendres des morts) ; 4. mesure de capacité : une demi-amphore.

urnālis, *e*, adj., de la contenance d'une urne.

ūro, *ĭs, ěre, ussi, ustum*, tr., 1. brûler, faire brûler, incendier ; 2. enflammer, consumer, dévorer (pr. et fig.) ; 3. tourmenter, dévaster.

ursa, *æ*, f., ourse ; la Grande ou la Petite Ourse.

ursīnus, *a, um*, d'ours.

ursus, *i*, m., ours.

urtīca, *æ*, f., 1. ortie ; 2. démangeaison.

ūrus, *i*, m., urus, aurochs, bison.

urvo, *ās, āre*, intr., tracer avec la charrue le sillon déterminant l'enceinte d'une ville.

Uscāna, *æ*, f., Uscana, v. d'Illyrie, auj. Voscopoli ‖ Uscānenses, *ĭum*, m. pl., les hab. d'Uscana.

Ūsĭpětes, *um*, et Ūsĭpĭi, *ōrum*, m. pl., Usipètes, peuple de Germanie (sur le Rhin).

ūsĭtātē, adv., conformément à l'usage.

ūsĭtātus, *a, um*, en usage, accoutumé, reçu.

uspĭam, adv., en quelque lieu, quelque part.

usquam, adv., (surt. dans les prop. nég., interr. et hypoth.), en quelque lieu, quelque part.

usquĕ, adv. et prép.,
I adv., depuis le commencement jusqu'à la fin, continuellement, toujours.
II prép. (précisée en gén. par une autre prép.), 1. *usque a(b)* + abl., depuis, de ; 2. *usque ad* + acc., jusqu'à ; 3. *usque Romam* : jusqu'à Rome ; 4. avec adv. de lieu, *usque eo* : jusqu'à ce point, + conj., *usque eo quoad* : jusqu'à ce que, *usque eo ut* : jusqu'au point de.

usquĕquāquĕ, adv., 1. en tout lieu, partout ; 2. en tout temps, toujours.

Ustĭca, æ, f., Ustica, petite colline de la Sabine (près de la villa d'Horace).

ustŏr, ōris, m., celui qui brûle les cadavres.

ustrīna, æ, f., 1. combustion ; 2. lieu où l'on brûle les cadavres.

ustŭlo, ās, āre, tr., brûler.

① **ūsūcăpĭo**, ĭs, ĕre, cēpi, captum, tr., acquérir par usucapion (légalement, à la suite d'une longue possession).

② **ūsūcăpĭo**, ōnis, f., usucapion, acquisition légale à la suite d'une longue possession.

ūsūra, æ, f., 1. usage, jouissance (d'une chose) pour un temps déterminé ; 2. usage de l'argent prêté ; intérêt de l'argent prêté ; 3. rapport, bénéfice.

ūsūrārĭus, a, um, 1. qui sert pour un certain temps ; 2. relatif aux intérêts ; 3. qui paie ou produit des intérêts.

ūsurpātĭo, ōnis, f., emploi, usage, pratique.

ūsurpo, ās, āre, tr., 1. faire usage de, employer, pratiquer (habituellement) ; 2. remplir (une tâche, un devoir) ; exercer, ~ *libertatem* : son droit de suffrage, Cic. ; 3. revendiquer la possession de ; prendre possession de ; 4. usurper, s'arroger illégalement ; 5. saisir par les sens, voir, entendre ; 6. faire mention de ; 7. appeler, nommer.

ūsŭs, ūs, m., 1. usage, emploi ; pratique ; 2. droit, jouissance, usufruit ; 3. utilité, avantage, *usui esse alicui* : être utile à qqn. ; *ex usu est* + prop. inf. : il est avantageux que ; 4. besoin, nécessité, ~ *est* = *opus est* : il est besoin de ; 5. habitude, usage, *est alicui in usu* + inf. : c'est l'habitude de qqn. de ; *usu* : habituellement ; 6. relations habituelles, familiarité, intimité.

ūsusfructŭs, ūs, m., usufruit.

ŭt (plus rar. **ŭtī**), adv. et conj. de sub.

I. adv.
  1. rel.,
    a) comme, en tant que
    b) dans la pensée que (avec part.), dans l'intention de (avec part. fut.)
  2. interr.
    a) dir., V. le suiv.
    b) indir. : comme, comment, combien
  3. excl. : comme ! que !
  4. optatif (souhait) : que ! si seulement
II. conj. de sub.
  A. + ind. :
    1. causal : comme, puisque, étant donné que, en tant que
    2. temporel : lorsque, quand, dès que
    3. comp. : de même que, comme (comp. cond. : V. B 2 d)
  B. + subj. :
    1. compl. :
      a) ap. vb. exprimant ordre, conseil volonté, demande, souhait : que, de
      b) ap. vb. exprimant soin, précaution effort : que, de
      c) ap. vb. exprimant crainte nég. : que... ne... pas, de ne pas
      d) ap. vb. impers. : que
      e) *ut* explicatif : (à savoir) que
    2. circ.,
      a) finale : pour que, afin que
      b) conséc. : (de telle sorte, si bien) que
      c) concess. : à supposer, en admettant que
      d) comp. cond. (avec *si*) : comme si.

I adv., sens originel : de quelque manière, 1. rel. (valeurs proches de la cause, V. II A 1.), a) *Diogenes, ut Cynicus* : Diogène, en tant que Cynique ; avec le rel *qui* (*quæ, quod*) + subj. : en homme qui parce qu'il... ; b) *ut re conjectā* : pensant que l'affaire était terminée ; *ut a Caietā navem conscensurus* : avec l'intention de s'embarquer à Caiète, Liv. ; 2. interr., a) dir., *ut vales ?* : comment vas-tu ? ; b) indir., *dic mihi ut valeas* : dis-moi comment tu vas ; 3. excl., *ut ille erat demissus !* : comme il était humble ! ; 4. optatif (souhait), *ut illum dei perdant !* : puissent les dieux l'anéantir.

II conj. de sub.,
A. + ind., 1. *ut* causal : comme, puisque, étant donné que, en tant que, *ut nihil respondebam* : comme je ne répondais rien ; 2. *ut* temporel : lorsque, quand, *hæc ut audiit* : quand il entendit cela ; *ut a primum* : dès que ; 3. *ut* comp. (V. I, 1.), souv. en corrél. avec *ita, sic*, dans des

prop. souv. elliptiques, *ut optasti res est* : la chose est comme tu l'as souhaitée ; *ut initium, sic finis* : tel a été le début, telle est la fin ; expr. : a) *ut... ita* ou *ut... sic* opposent qqf. deux faits également vrais mais contraires : si... par contre ; b) *ut quisque* + superl., *ita (sic)* + superl. : plus... plus..., *ut quisque est vir optimus, ita difficillime esse alios improbos suspicatur* : plus on est homme de bien, plus il est difficile de supposer les autres malhonnêtes, Cic. ; comme si, V.B 2 d. ;

B. + subj., 1. en prop. compl., a) ap. vb. exprimant ordre, conseil, volonté, demande, souhait : *dic ut veniat* : dis qu'il vienne (à distinguer de *dic eum venire* : dis qu'il vient), *Messalæ dixit ut sine curā esset* : il dit à Messala de ne pas s'inquiéter ; *opto ut pæniteat eos* : je souhaite qu'ils se repentent ; b) ap. vb. exprimant soin, précaution, effort, *cura ut valeas* : veille à te bien porter ; c) ap. vb. de crainte nég., *ut = ne... non, vereor ut Dolabella nobis prodesse possit* : j'ai peur que Dolabella ne puisse pas nous aider (en fait, interr. indir. = je me demande avec crainte comment Dolabella pourrait nous aider) ; d) ap. vb. impers., *sæpe fit ut erremus* : il arrive souvent que nous nous trompions (compl. suj.) ; e) développant un nom ou pron. (*ut* explicatif) : *eo consilio ut* : avec l'intention que, dans l'intention de, *mos est ut* : la coutume est que, *illud cupio ut* : ce que je désire c'est que, *eā condicione ut* : avec cette condition que ; 2. en prop. circ. : a) finale : pour (que), afin que/de, *audi ut discas* : écoute pour apprendre : *Romani ab aratro Cincinnatum abduxerunt ut dictator esset* : les Romains enlevèrent Cincinnatus à sa charrue pour le faire dictateur ; b) consec. : (de telle sorte) que, (si bien) que (*ut* est souv. annoncé dans la princ. par un adv., *ita, sic, adeo* ou un pron.-adj., *is, talis, tantus*), *Tarquinius sic Servium diligebat ut is ejus filius vulgo haberetur* : Tarquin chérissait tant Servius que celui-ci passait souvent pour son fils ; *ut* compl. avec *ut* conséc., *tantum abest ut* (compl.) *erres, ut* (conséc.) *verum dicas* : il s'en faut tellement que tu te trompes, que tu dis la vérité, bien loin de te tromper, tu dis vrai ; c) concess. ou restrictive : à supposer que, en admettant que, *ut quæras omnia, non reperies* : à supposer que tu cherches tout, tu ne trouveras pas ; d) comp. cond. : *ut si* : comme si, V. *si*.

utcumquĕ, 1. adv. rel., de quelque manière que ; 2. adv. indéf., de toute façon ; 3. conj., du moment où, dès que ; si toutefois.

ūtendus, *a, um*, adj. vb. de *utor*, dont on doit ou dont on peut se servir, *scyphos utendos dare* : prêter des coupes à qqn., Pl.

ūtens, *entis*, part. adj. de *utor*, 1. qui fait usage de ; 2. bien pourvu, riche.

ūtensĭlĭa, *ĭum*, n. pl., objets nécessaires à la vie (ustensiles, provisions, bagages).

① **ŭtĕr**, *ŭtra, ŭtrum*, gén. *ŭtrīus*, dat. *ŭtrī*, pron.-adj., 1. interr., lequel des deux ; 2. indéf., l'un ou l'autre (en prop. nég. ou interr.).

② **ŭtĕr**, *ŭtris*, m., 1. outre (pour contenir les liquides ou traverser les cours d'eau) ; 2. fig., vaniteux.

ŭtercumquĕ (~cunquĕ), *ŭtrăcumquĕ, ŭtrumcumquĕ*, pron.-adj. rel. indéf., qui que ce soit des deux qui ; n'importe lequel des deux.

ŭterlĭbĕt, *ŭtrălĭbĕt, ŭtrumlĭbĕt*, pron.-adj. indéf., n'importe lequel des deux.

ŭterquĕ, *ŭtrăquĕ, ŭtrumquĕ*, gén. *ŭtrīusquĕ*, dat. *ŭtrīquĕ*, pron.-adj. indéf., l'un et l'autre, tous les deux, chacun des deux (pris individuellement), *utraque fortuna* : le bonheur et le malheur, *utraque lingua* : les deux langues, le grec et le latin, Hor. ; au pl., *utrique* : les deux groupes ou partis.

ŭtĕrus, *i*, m., et **ŭtĕrum**, *i*, n., 1. ventre ; 2. sein, ventre (de la mère) ; 3. fig., cavité, intérieur, flanc.

ŭtervīs, *ŭtrăvīs, ŭtrumvīs*, pron.-adj. indéf., celui des deux qu'on voudra, n'importe lequel des deux, *in aurem utramvis dormire* : dormir sur les deux oreilles, Tér., *in oculum utrumvis conquiescere* : même sens, Pl.

① **ŭtī**, V. *ut*.

② **ŭtī**, V. *utor*.

Ūtĭca, *æ*, f., adj., Utique, v. au N. de Carthage ‖ **Ūtĭcenses**, *ĭum*, m. pl., les hab. d'Utique ‖ **Ūtĭcensis**, *e*, adj., d'Utique ; surnom de Caton le Jeune.

ūtĭlis, *e*, adj., utile, profitable, avantageux ; avec dat. ou *ad/in* + acc. : à quelqu'un ou à quelque chose ; subst. n., *utile, is*, l'utile.

ūtĭlĭtās, *ātis*, f., 1. utilité, avantage, profit ; 2. au pl., *utilitates, um*, services rendus.

ūtĭlĭtĕr, adv., utilement, avantageusement.

ŭtĭnam, adv. excl. avec subj. de souhait, si seulement ; avec *ne* : si seulement... ne... pas !

① **ŭtĭquĕ**, adv., 1. de quelque manière que ce soit, d'une façon ou d'une autre ; en tout cas ; 2. tout à fait, absolument ; 3. du moins.

② **ŭtĭquĕ** = *et uti* = *et ut*.

ūtor, *ĕris, i, usus sum*, intr. + abl. (plus rar. + acc.), **1.** se servir de, utiliser, employer ; **2.** jouir de, profiter de ; adj. vb. *utendus, a, um*, qu'on peut utiliser, pour utiliser ; **3.** vivre de ; **4.** avoir, posséder, *~ amico* : avoir un ami ; avec attr. : avoir pour ami ; *~ secundis præliis* : livrer des combats heureux ; **5.** avoir des relations habituelles avec quelqu'un ; se comporter de telle ou telle manière avec qqn.

utpŏtĕ, adv. et conj., souv. suivi du rel. *qui, quæ, quod* + subj. : comme, étant donné que ; vu qu'il, en tant qu'il, *utpote qui peregre depugnarit* : pour quelqu'un qui a combattu à l'étranger, Cic. ; pour préciser le sens causal du part. : *puerulo me, utpote non amplius novem annos nato* : quand j'étais tout petit, car je n'avais pas plus de neuf ans, Nép.

ŭtrālĭbĕt (ss.-ent. *parte*), adv., de celui des deux côtés que vous voudrez, d'un des deux côtés indifféremment.

ŭtrārĭus, *ĭi*, m., porteur d'eau (dans l'armée).

ŭtrĭcīda, *æ*, m., « outricide », Apul.

ŭtrĭcŭlārĭus, *ĭi*, m., joueur de cornemuse.

① **ŭtrĭcŭlus**, *i*, m., petite outre.

② **ŭtrĭcŭlus**, *i*, m., bas-ventre (de la mère).

ŭtrimquĕ, adv., de part et d'autre, des deux côtés.

ŭtrō, adv., vers l'un des deux côtés ; interr., vers lequel des deux côtés ?

ŭtrŏbi, adv. interr., dans lequel des deux endroits ?

ŭtrŏbīdem, adv., des deux côtés.

ŭtrŏbīquĕ, adv., des deux côtés, dans les deux cas.

ŭtrōlĭbet, adv., d'un côté ou de l'autre.

ŭtrōquĕ, adv., dans les deux endroits, dans les deux sens ; V. *utrobi*.

ŭtrŭbi, adv., dans les deux endroits, dans les deux sens ; V. *utrobi*.

ŭtrum, pron.-adj. n., laquelle des deux choses ; adv. de l'interr. double : est-ce que... ou bien, *utrum ea vestra an nostra culpa est ?* : est-ce votre faute ou la nôtre ? ; interr. indir. : si, *spectare utrum saluber locus sit annon* : regarder si l'endroit est sain ou non.

ŭtŭt, adv. et conj., de quelque manière que.

ūva, *æ*, f., raisin, vigne, grappe.

ūvesco, *ĭs, ĕre*, intr., devenir humide, moite.

ūvĭdŭlus, *a, um*, un peu humide, mouillé.

ūvĭdus, *a, um*, **1.** humide, mouillé ; **2.** qui a bu.

Uxellŏdūnum, *i*, n., Uxellodunum, place forte gauloise d'Aquitaine, auj. Capdenac.

uxŏr, *ōris*, f., femme légitime, épouse (de l'homme libre), *uxorem ducere, adjungere* : prendre femme.

uxorcŭla, *æ*, f., petite femme (iron.) ; chère petite femme (t. d'affection).

uxōrĭus, *a, um*, **1.** d'épouse, de femme mariée, *uxoria res* : dot ; **2.** asservi à sa femme.

V

V, v, v, graphie du *u* consonne ; certaines éditions écrivent *u* pour *v*, *uiuo* = *vivo*) ; abr. : *V* = *vir, vivus, vixit, votum, vale*, etc. ; le signe numérique *V* (sans rapport avec la lettre de l'alph.) désigne le 5 (= moitié de *X* : dix).

Văcălus, *i*, V. *Vahalis.*

văcantĕr, adv., inutilement.

văcătĭo, *ōnis*, f., **1.** exemption, dispense, *dare vacationem sumptus, laboris* : exempter des frais, du travail, Cic. ; *militiæ ~* : exemption du service militaire, Cés. ; *~ ætatis* : privilège de l'âge (droit de ne plus assister aux séances du sénat après 60 ans) ; *deprecari vacationem adulescentiæ* : invoquer le bénéfice de l'âge (ici, de la jeunesse) ; **2.** congé ; **3.** prix de l'exemption du service ; **4.** fig., absence, *~ malorum* : l'absence de maux, Sén.

vacca, *æ*, f., vache.

Vaccæi, *ōrum*, m. pl., Vaccéens, peuple de Tarraconnaise (près du Douro) en Espagne ; les « pays de la vache » (appellation iron. de Cicéron).

vaccīnĭum, *ĭi*, n., **1.** bot., vaciet ; **2.** airelle (fruit du vaciet, utilisé en teinture) ; V. aussi *hyacinthus.*

vaccīnus, *a, um*, de vache.

văcēfĭo, *fis*, *fĭĕri*, intr., devenir vide.

văcerra, *æ*, f., pieu ; clôture de pieux ; fig., souche, bûche (t. de mépris).

Văcerra, *æ*, m., Vacerra, jurisconsulte du temps de Cicéron.

văcerrōsus, *a, um*, insensé, stupide (bûche).

văcillātĭo, *ōnis*, f., vacillation, balancement.

văcillo, *ās, āre*, intr., chanceler, vaciller, *~ ex vino* : tomber d'ivresse.

văcīvē, adv., à loisir.

văcīvĭtās, *ātis*, f., privation, manque de qqch.

văcīvus (vŏc~), *a, um*, vide ; privé de, *~ virium* : sans forces, Pl. ; *tempus vacivum laboris* : temps libre, moment de loisir, Tér.

văco, *ās, āre*, intr., **1.** être vide, désert : *vacat spatium* : l'espace est libre, Lucr. ; **2.** être exempt de, *~ culpā* : n'être pas coupable ; **3.** être inoccupé, d'où : être de loisir pour s'occuper de quelque chose, *~ philosophiæ* : faire de la philosophie ;

4. impers., *vacat* : il y a du temps, *vacat alicui* : quelqu'un a le temps de + inf. ; **5.** être vacant, surabondant, inutile.

văcŭēfăcĭo, *ĭs, ĕre, fēci, factum*, tr., rendre vide, vider.

văcŭēfĭo, *fis, fĭĕri, factus sum*, passif du préc., devenir vide ou désert.

văcŭĭtās, *ātis*, f., **1.** espace vide ; **2.** exemption, absence, *~ doloris* : absence de douleur, Cic., *~ ab angoribus* : exemption d'inquiétudes, Cic. ; **3.** vacance d'un emploi (ex., du consulat).

Văcūna, *æ*, f., Vacuna, déesse du repos des champs chez les Sabins ‖ **Văcūnālis**, *e*, adj., de Vacuna.

văcŭo, *ās, āre*, tr., rendre vide, vider.

văcŭus, *a, um*, **1.** vide, inoccupé ; subst. n., *vacuum, i*, le vide, l'espace, Lucr. ; **2.** libre, ouvert, accessible, *aures vacuæ* : oreilles ouvertes, attentives, Hor. ; **3.** libre, sans maître, *vacua possessio regni* : trône vacant ; (femme) sans mari ou veuve ; **4.** fig., exempt de, privé de, *~ curis* : de soucis ; avec *a(b)* + abl., *~ a culpā* : innocent, Sall. ; **5.** inoccupé, de loisir ; poét., (lieu) solitaire, tranquille, *vacuæ Athenæ* : tranquille Athènes ; **6.** tranquille, serein, *ab omni molestiā ~* : libre de toute inquiétude, Cic. ; **7.** *vacuum est* + inf. : on est libre de ; **8.** vide, vain.

① **Vada**, *æ*, f., Vada, v. de Gaule Belgique, sur le territoire des Bataves.

② **Văda**, *ōrum*, n. pl., Vada, v. de Ligurie, auj. Savone dont le port s'appelle encore Vado.

③ **Văda (Vŏlāterrāna)**, *ōrum*, n. pl., Vada Volaterrana, port d'Étrurie au S. de Pise, auj. Torre di Vado.

vādātus, *a, um*, part. adj. de *vador* ; au sens passif : **1.** assigné en justice ; **2.** fig., obligé, engagé.

vădĭmōnĭum, *ĭi*, n., **1.** engagement, moyennant caution, de comparaître en justice ; action de fournir la caution ; *ad ~ venire* : comparaître en justice, *~ deserere* : ne pas comparaître (litt., abandonner son cautionnement) ; **2.** en gén., engagement, promesse.

vādo, *ĭs, ĕre*, intr., aller, marcher, s'avancer (avec résolution) ; fig., *~ in sententiam cursu*, Pl., *pedibus*, Apul. : se ranger avec empressement à une opinion.

vădor, *āris*, *āri*, tr., assigner en justice (en faisant donner caution), *vadatur hic me* : il me fournit une caution, il me protège contre les poursuites, PL. ; *vadato* (abl. abs. sans suj.) : après avoir fourni caution, s'être engagé.

vădōsus, *a*, *um*, qui a beaucoup de gués, peu profond.

vădum, *i*, n., **1.** gué, bas-fond ; **2.** a) passe dangereuse ; b) endroit guéable, sûr, *in vado esse* : être en sécurité ; **3.** fond (de la mer, d'un fleuve, d'un puits) ; **4.** eaux, flots.

væ, interj., hélas ! ; (menace) *væ victis !* : malheur aux vaincus !

væcordĭa, V. *vecordia*.

vænĕo, V. *veneo*.

væsān~, V. *vesan~*.

văfĕr, *fra*, *frum*, fin, rusé, adroit.

văfrāmentum, *i*, n., tour d'adresse, ruse.

văfrē, adv., avec ruse.

văfrĭtĭa, *æ*, f., finesse, ruse.

Văga, *æ*, f., Vaga, v. de Numidie ‖ **Văgenses**, *ĭum*, m. pl., les hab. de Vaga.

văgātĭo, *ōnis*, f., **1.** vie errante ; **2.** changement.

văgē, adv., de côté et d'autre, d'une façon errante.

văgĭi, V. *vagio*.

văgīna, *æ*, f., **1.** gaine, fourreau d'épée ; **2.** gaine, étui, enveloppe.

văgīnŭla, *æ*, f., balle du blé.

văgĭo, *īs*, *īre*, *īvi* (*ĭi*), *ītum*, intr., **1.** vagir, crier (enfants) ; **2.** grogner ; **3.** retentir, résonner.

văgītŭs, *ūs*, m., **1.** vagissement, cri (de l'enfant au berceau) ; **2.** bêlement ; **3.** cri de douleur.

văgo, *ās*, *āre*, V. *vagor* ①.

① **văgor**, *āris*, *āri*, intr., **1.** aller çà et là, errer ; **2.** s'étendre ; se répandre, *vagabitur tuum nomen longe atque late* : ta renommée s'étendra au loin, CIC. ; **3.** flotter, aller à l'aventure ; **4.** (style) faire des digressions, laisser errer sa plume.

② **văgŏr**, *ōris*, V. *vagitus*.

văgus, *a*, *um*, **1.** errant, vagabond, nomade ; **2.** flottant, incertain ; **3.** instable, indécis, inconstant ; **4.** (style) sans plan, sans ordre.

văh, interj., (surprise, joie, douleur, colère) ah ! oh !

Văhălis, *is*, m., le Waal, bras gauche du Rhin à son embouchure.

valdē, adv., [~*dius*, ~*dissime*], **1.** très fort, beaucoup, extrêmement, *valdissime diligere* : aimer par-dessus tout, SÉN. ; **2.** dans les réponses : oui, très certainement.

văle, *vălēte*, impér. de *valeo*, formule d'adieu, porte-toi bien !, portez-vous bien ! (spéc. à la fin des lettres), *æternum vale* : adieu pour toujours, VIRG.

vălĕdīco (**văle dīco**), *īs*, *ĕre*, *vălĕdixi*, intr., dire adieu, + dat. : à qqn.

vălĕfăcĭo, *īs*, *ĕre*, *fēci*, intr., faire ses adieux.

vălens, *entis*, part. adj., **1.** fort, robuste, bien-portant ; **2.** fort, puissant ; **3.** énergique, efficace.

Vălens, *entis*, m., Valens, héros d'Arcadie, père d'un des Mercures.

vălentĕr, adv., **1.** fortement, puissamment ; **2.** énergiquement, avec force.

Vălentĭa, *æ*, f., Valence, nom de plusieurs v. (en Espagne Tarraconnaise, en Narbonnaise — auj. Valence —, en Sardaigne, en Mauritanie, dans le Bruttium, V. *Vibo Valentia*) ‖ **Vălentīni**, *ōrum*, m. pl., les Valentiens, hab. de Vibo Valentia.

vălentŭlus, *a*, *um*, assez vigoureux.

vălĕo, *ēs*, *ēre*, *ŭi*, part. fut. *vălĭtūrus*, intr., **1.** être fort, être en bonne santé ; **2.** en début de lettre, abr., S. V. B. E. E. V. = *si vales, bene est, ego valeo* : si tu vas bien, tant mieux, moi je vais bien ; comme formule d'adieu, *vale, valete* (V. ces mots) ; **3.** être capable de, avoir la force de + inf. ; avec *ad* ou *in* + acc. ; **4.** fig., être puissant, avoir de l'influence, *mos majorum, qui tum ut lex valebat* : la tradition qui alors avait force de loi ; **5.** viser à, avoir tel ou tel effet, *nescis quo valeat nummus ?* : ne sais-tu pas à quoi sert l'argent ? ; **6.** signifier, valoir (en parlant de mots ou au sens économique).

Vălĕrĭus, *ĭi*, m., Valérius, nom d'une famille rom., not. P. Valerius Publicola (associé à Brutus dans l'expulsion des Tarquins), Q. Valerius Antias, chroniqueur rom., Valerius Cato, grammairien et poète de l'époque de Sylla, Valerius Flaccus, poète épique du temps des Flaviens.

vălesco, *īs*, *ĕre*, *vălŭi*, intr., **1.** devenir fort, vigoureux ; **2.** fig., trouver crédit, s'imposer.

vălētŭdĭnārĭum, *ĭi*, n., infirmerie, hôpital.

vălētŭdĭnārĭus, *a*, *um*, malade ; subst. m., *valetudinarius, ii*, un malade, un patient.

vălētŭdo, *ĭnis*, f., **1.** bonne santé (sens anc.), *valetudinem amittere* : perdre la santé, CIC. ; **2.** état de santé (précisé par un adj.), *incommoda ~* : mauvaise santé, CIC. ; *mala ~ animi* : maladie de l'âme, CIC. ; **3.** mauvaise santé, maladie, *excusa-*

tione uti valetudinis : donner pour excuse sa mauvaise santé.

valgus, *a*, *um*, qui a les jambes tournées en dehors ; tourné en dehors, retroussé, disgracieux.

vălĭdē, adv., [~*dius*, ~*dissime*], **1.** fort, fortement, beaucoup ; **2.** dans le dialogue : certainement, à merveille.

vălĭdus, *a*, *um*, [~*dior*, ~*dissimus*], **1.** fort, vigoureux ; en bonne santé ; **2.** puissant ; **3.** (choses) violent, solide, résistant.

vălĭtūdo, V. *valetudo*.

vălĭtūrus, *a*, *um*, part. fut. de *valeo*.

vāllāris, *e*, adj., de rempart, de retranchement, *corona* ~ : couronne décernée à celui qui franchit le rempart le premier.

vallis et **valles**, *is*, f., **1.** vallée, vallon ; **2.** fig., creux, cavité.

vallo, *ās, āre*, tr., **1.** entourer de retranchements, fortifier ; **2.** fig., défendre, protéger ; **3.** ceindre, entourer.

vallum, *i*, n., **1.** retranchement, rempart, *agger valli* : le parapet du retranchement ; **2.** fig., défense, rempart, protection.

① **vallus**, *i*, m., **1.** pieu pour soutenir la vigne ; **2.** pieu de palissade ; **3.** palissade ; **4.** fig., ~ *pectinis* : les dents du peigne.

② **vallus**, *i*, f., petit van.

valva, *æ*, f., et **valvæ**, *ārum*, f. pl., battants d'une porte ; porte à double battant.

valvŏlæ (**valvŭ~**), *ārum*, f. pl., ou **valvŏli**, *ōrum*, m. pl., cosse, gousse (des légumineuses).

Vandăli, **Vandălĭi** (**~dīlĭi**), *ōrum*, m. pl., Vandales, peuple germanique qui s'établit plus tard en Espagne.

vānesco, *ĭs, ĕre*, intr., s'évanouir.

Vangĭŏnes, *um*, m. pl., Vangions, peuple de Germanie (sur le Rhin).

vānĭdĭcus, *a*, *um*, hâbleur, menteur.

vānĭlŏquentĭa, *æ*, f., fanfaronnades ; jactance ; vanité.

Vānĭlŏquĭdōrus, *i*, m., beau parleur (nom de menteur inventé par Plaute).

vānĭlŏquus, *a*, *um*, fanfaron, menteur.

vānĭtās, *ātis*, f., **1.** état de vide ; **2.** fausseté, mensonge ; **3.** paroles creuses, trompeuses ; **4.** légèreté, inutilité ; **5.** jactance, fanfaronnade.

vānĭtūdo, *ĭnis*, f., discours mensonger.

vannus, *i*, f., van, tamis, *mystica* ~ *Iacchi* : van mystique de Bacchus (utilisé comme symbole de purification), VIRG.

vānus, *a*, *um*, **1.** vide ; **2.** creux, vain, *vana oratio* : vain discours ; **3.** faux, mensonger, trompeur ; **4.** sans fondement ; inutile ; ~ *veri* : dénué de vérité, VIRG. ; **5.** subst. n., *vanum*, *i*, néant, *ex vano* : sans

raison, LIV. ; *in vanum* : pour rien, inutilement, SÉN. ; **6.** *vanum est* + inf. : il est faux que.

văpĭdus, *a*, *um*, éventé, gâté.

văpŏr (arch. **văpōs**), *ōris*, m., **1.** vapeur, exhalaison ; **2.** air chaud, bouffées de chaleur ; **3.** feu, flamme.

văpōrārĭum, *ĭi*, n., calorifère.

văpōrātē, adv., chaudement.

văpōrātĭo, *ōnis*, f., **1.** évaporation, exhalaison ; **2.** transpiration, sueur.

văpōro, *ās, āre*, tr. et intr.,

I tr., **1.** remplir de vapeur ; **2.** échauffer.

II intr., **1.** exhaler de la vapeur ; **2.** être consumé, se vaporiser ; au fig., *invidiā, ceu fulmine, summa vaporant* : l'envie, comme la foudre, consume ce qui est grand, LUCR.

văpōrōsus, *a*, *um*, **1.** plein de vapeur ; **2.** plein de chaleur, chaud.

văpōs, V. *vapor*.

vappa, *æ*, f., **1.** vin éventé ; **2.** fig., vaurien.

vāpŭlāris, *e*, adj., qui reçoit les coups, ~ *tribunus* : le chef de ceux qu'on rosse, le chef des esclaves, PL.

vāpŭlo, *ās, āre*, intr., **1.** être battu, étrillé ; ~ *eum jubeo* : qu'il aille se faire pendre, PL., TÉR. ; **2.** être défait (à la guerre) ; souffrir ; se dissiper (fortune) ; être ruiné.

vāra, *æ*, f., traverse en bois ; chevalet (de scieur de bois).

Vardæi, *ōrum*, m. pl., Vardéens, peuple de Dalmatie.

Varguntēius, *i*, m., Lucius Vargunteius, complice de Catilina.

vărĭa, *æ*, f., panthère ; pie.

Vărĭa, *æ*, f., Varia, **1.** petite v. du Latium, sur l'Anio, auj. Vicovaro ; **2.** v. d'Apulie ; **3.** v. d'Espagne Tarraconnaise.

vărĭantĭa, *æ*, f., variété.

Vărĭānus, *a*, *um*, de Varus.

vărĭātĭo, *ōnis*, f., variation, différence, *sine ullā variatione* : à l'unanimité, sans partage de voix, LIV.

vărĭātus, *a*, *um*, **1.** V. *vario* ; **2.** adj., nuancé.

vărĭco, *ās, āre*, **1.** intr., écarter beaucoup les jambes ; **2.** tr., enjamber.

vărĭcōsus, *a*, *um*, qui a des varices, variqueux.

① **vărĭcŭs**, adv., en écartant les jambes.

② **vărĭcus**, *a*, *um*, qui écarte les jambes.

vărĭē, adv., **1.** avec des nuances diverses ; **2.** de diverses manières, ~ *bellatum est* : on fit la guerre avec des chances diverses, LIV. ; **3.** avec des contradictions.

vărĭēgo, *ās*, *āre*, **1.** tr., bigarrer ; **2.** intr., être bigarré.

vărĭĕtās, *ātis*, f., **1.** variété (spéc. de couleurs) ; **2.** diversité ; **3.** divergence (d'opinions) ; **4.** vicissitudes, changement ; **5.** humeur changeante, inconstance.

vărĭo, *ās*, *āre*, tr. et intr.,

I tr., **1.** varier, nuancer ; **2.** changer, modifier.

II intr., **1.** être varié, être nuancé ; **2.** fig., différer, varier, être instable.

vărĭus, *a*, *um*, **1.** bigarré, nuancé, varié ; **2.** divers, différent, *varia victoria* : victoire indécise, SALL. ; **3.** changeant, mobile.

Vărĭus, *ĭi*, m., Varius, nom d'une famille rom., not. Q. Varius Hybrida, tribun de la plèbe, L. Varius, poète, ami de Virgile et d'Horace.

vărix, *ĭcis*, m. et f., varice.

Varro, *ōnis*, m., Varron, surnom rom. (spéc. dans la *gens Terentia*), not. C. Terentius Varro, consul battu à Cannes par Hannibal, M. Terentius Varro, le polygraphe, P. Terentius Varro Atacinus (Varron de l'Atax), poète (né en Gaule Narbonnaise), contemporain d'Auguste.

① **vărus**, *a*, *um*, **1.** qui a les jambes tournées en dedans, cagneux ; **2.** recourbé ; **3.** fig., divergent, opposé.

② **vărus**, *i*, m., bouton, pustule (sur le visage).

① **Vārus**, *i*, m., Varus, surnom rom., spéc. P. Quintilius Varus, dont l'armée fut anéantie (en 9 ap. J.-C.) par Arminius en Germanie.

② **Vārus**, *i*, m., Var, fl. de Gaule Narbonnaise.

① **văs**, *vădis*, m., caution en justice, répondant, *vades poscere* : exiger des répondants, CIC. ; *vades deserere* : ne pas comparaître, faire défaut (laisser les répondants payer la caution).

② **văs**, *vāsis*, et **vāsum**, *i*, n., **vāsa**, *i*, m., **vāsa**, *ōrum*, n. pl., **1.** vase, vaisseau, pot, vaisselle, meubles ; **2.** au pl., bagages, *conclamare vasa* : donner le signal du départ (crier « aux bagages ! »), CÉS., *vasa colligere* : plier bagage, CIC. ; ruches.

vāsārĭum, *ĭi*, n., **1.** indemnité d'installation (frais de déplacement d'un gouverneur ou d'un magistrat) ; **2.** prix de location d'un pressoir à huile ; **3.** cuve (dans les bains) ; **4.** archives.

vāsārĭus, *a*, *um*, relatif aux vases.

Vascōnes, *um*, m. pl., Vascons, peuple d'Espagne Tarraconnaise, auj. Basques.

vasculārĭus, *ĭi*, m., fabricant de vases en métal ; orfèvre.

vasculum, *i*, n., **1.** petit vase ; **2.** ruche ; **3.** bot., capsule.

vastābundus, *a*, *um*, qui promène partout la dévastation.

vastātĭo, *ōnis*, f., ravage, dévastation.

vastātŏr, *ōris*, m., ravageur, dévastateur.

vastātōrĭus, *a*, *um*, qui ravage, qui dévaste.

vastātrix, *īcis*, f., celle qui dévaste (pr. et fig.).

vastē, adv., **1.** au loin, au large ; **2.** lourdement, grossièrement ; *~ loqui* : prononcer en ouvrant trop la bouche.

vastīfĭcus, *a*, *um*, dévastateur.

vastĭtās, *ātis*, f., **1.** désert, solitude ; **2.** dévastation, ravage ; **3.** vaste dimension, immensité ; fig., *~ vocis* : vaste volume de la voix ; *~ laboris* : énormité d'un travail.

vastĭtĭēs, *ēi*, f., dévastation, destruction.

vastĭto, *ās*, *āre*, tr., dévaster souvent, ravager.

vastĭtūdo, *ĭnis*, f., **1.** dévastation, ravage ; **2.** grosseur extraordinaire.

vasto, *ās*, *āre*, tr., **1.** rendre désert, dépeupler ; **2.** dévaster, ravager, saccager.

vastus, *a*, *um*, [*~tior*, *~tissimus*], **1.** vide, désert ; **2.** ravagé, dévasté ; **3.** prodigieusement grand ; **4.** insatiable ; fig., *~ animus* : esprit démesuré, SALL. ; **5.** sauvage, grossier, inculte.

vātēs (**~is**), *is*, m. et f., **1.** m., devin, prophète ; f., devineresse, prophétesse ; **2.** poète (inspiré des dieux, opp. à *poeta*, simple fabricant de vers) ; **3.** fig., maître (dans un art) ; oracle.

① **Vātīcānus**, *a*, *um*, du Vatican, *~ mons* ou *collis* : le mt. Vatican, une des collines de Rome.

② **Vātīcānus**, *i*, m., Vaticanus, **1.** dieu des premières paroles d'un enfant ; **2.** dieu du Vatican.

vātĭcĭnātĭo, *ōnis*, f., prédiction, oracle, prophétie.

vātĭcĭnātŏr, *ōris*, m., devin, prophète.

vātĭcĭnĭum, *ĭi*, n., prédiction, oracle, prophétie.

vātĭcĭnĭus, *a*, *um*, prophétique.

vātĭcĭnor, *āris*, *āri*, (*vates* + *cano*), tr., **1.** prophétiser ; **2.** enseigner comme un oracle ; **3.** fig., délirer.

vātĭcĭnus, *a*, *um*, prophétique.

vătillum, *i*, n., **1.** récipient creux avec un manche, ayant la forme d'une cuiller ; **2.** pelle à braise ; **3.** poêle (V. aussi *batillum*).

vătīnĭus, *ĭi*, m., verre à boire (inventé par Vatinius).

Vātīnĭus, *ĭi*, m., Vatinius, nom d'une famille rom. ; spéc. P. Vatinius, partisan de César, décrié par Cicéron ; Vatinius de Bénévent, cordonnier inventeur d'un verre à boire.

văvăto, *ōnis*, m., poupée, marionnette.

~vĕ, partic. enclitique, ou, ou bien, *albus aterve* : blanc ou noir, Cic. ; *plus minusve* : plus ou moins, Cic.

vē~ (væ~), préf. inséparable à valeur péj. ou privative, ex. *vecors, vesanus*.

Vecilĭus, *ĭi*, m., *mons ~*, Vécilius (mt. du Latium).

vēcordĭa, *æ*, f., folie, démence ; méchanceté, sottise.

vēcors, *cordis*, adj., 1. égaré, fou ; 2. stupide ; 3. méchant.

vectābĭlis, *e*, adj., transportable.

vectābŭlum, *i*, n., chariot, voiture.

vectātĭo, *ōnis*, f., transport en voiture, à cheval.

vectĭgăl, *ālis*, n., 1. revenu (de l'État), impôt, redevance, *vectigalia redimere* : prendre à ferme les impôts ; *tributa aut vectigalia* : contributions directes ou indirectes ; 2. rente perçue (par un magistrat dans sa province), *~ prætorium* : imposition au bénéfice du préteur, du gouverneur ; *~ ædilicium* : imposition au bénéfice des édiles (pour payer jeux et spectacles) ; 3. revenu d'un particulier, rente ; prov., *magnum ~ est parsimonia* : l'économie est un grand revenu, Cic.

vectĭgālis, *e*, adj., 1. d'impôt, de tribut, *~ pecunia* : argent des impôts ; 2. qui paie le tribut, tributaire ; 3. qui rapporte un revenu.

vectĭo, *ōnis*, f., transport.

vectis, *is*, m., 1. levier ; 2. barre d'un pressoir ; 3. pilon ; 4. verrou.

Vectis, *is*, f., l'île de Vectis, auj. de Wight.

vecto, *ās*, *āre*, tr., 1. porter, traîner, transporter ; 2. passif, *vectari* : être porté, se déplacer, se promener.

Vectōnes, V. *Vettones*.

vectŏr, *ōris*, m., 1. celui qui transporte ; 2. au sens passif : celui qui est transporté, le passager (spéc., sur un navire).

vectōrĭus, *a, um*, qui sert à transporter, *vectoria navigia* : navires de transport.

vectūra, *æ*, f., 1. transport (par terre ou par eau) ; 2. prix du transport.

vectus, *a, um*, V. *veho*.

Vēdĭŏvis, V. *Veiovis* ; avec jeu sur le préf. *ve-* : Jupiter enfant.

Vēdĭus, *ĭi*, m., Védius, nom d'une famille rom. ; spéc., Védius Pollion, cité par Sénèque pour sa cruauté envers ses esclaves.

vĕgĕo, *ēs*, *ēre*, 1. intr., être vif, alerte ; 2. tr., pousser, exciter.

vĕgĕtātĭo, *ōnis*, f., mouvement, excitation.

Vĕgĕtĭus, *ĭi*, m., Végèce (Flavius Vegetius Renatus), écrivain latin des IVe-Ve s. ap. J.-C.

vĕgĕto, *ās*, *āre*, tr., animer, exciter, faire croître (phys. et mor.).

vĕgĕtus, *a, um*, [*~tissimus*], 1. vif, fort, vigoureux ; 2. fig., *vegetum ingenium* : esprit vif, Liv. ; *color vegetissimus* : couleur éclatante, Pline.

vēgrandis, *e*, adj., 1. qui n'a pas sa grandeur normale, petit, chétif ; 2. qui a une grandeur excessive, *~ macies* : maigreur extrême.

vĕhĕmens, *entis*, adj., [*~tior, ~tissimus*], 1. emporté, passionné, violent ; 2. fort, puissant, énergique, intense.

vĕhĕmentĕr, adv., [*~tius, ~tissime*] 1. avec emportement, violence, passion ; 2. fortement, beaucoup ; 3. sévèrement, durement, *~ incusare aliquem* : reprendre qqn. âprement ; *vehementius alicui minari* : menacer qqn. avec beaucoup d'énergie, Cic.

vĕhĕmentĭa, *æ*, f., 1. véhémence, passion ; 2. fig., force, intensité (spéc., oratoire).

vĕhĕs, *is*, f., charretée.

vĕhĭcŭlāris, *e*, et **vĕhĭcŭlārĭus**, *a, um*, de voiture, de charroi, *res vehicularia* : la poste (= les voitures qui assurent le service impérial de la poste).

vĕhĭcŭlum, *i*, n., 1. moyen de transport, véhicule ; 2. voiture, chariot ; bateau, navire.

vĕho, *ĭs*, *ĕre*, *vexi*, *vectum*, tr., 1. porter, transporter (à dos d'h. ou d'animaux, en voiture, en bateau) ; au passif, *equo* ou *in equo vehi* : aller à cheval ; 2. fig., amener, apporter, *Deus omnia vehit* : Dieu conduit tout, Sén. ; 3. intr., au part. prés. et au gér., *lectica per urbem vehendi jus* : le droit de se faire transporter en litière dans Rome, Suét.

Vēĭens, *entis*, adj., véien, de Véies ‖ **Vēĭentāni**, *ōrum*, m. pl., les Véiens, les hab. de Véies ‖ **Vēĭentānum**, *i*, n., a) propriété de Véies ; b) vin de Véies (de qualité inférieure) ‖ **Vēĭentānus**, *a, um*, Véien, de Véies ‖ **Vēĭentes**, *ĭum*, m. pl., les Véiens, les hab. de Véies.

Vēĭento, *ōnis*, m., Véienton, surnom des Fabricius.

Vēĭi, *ōrum*, m. pl., Véies, v. d'Étrurie ‖ **Vēĭus**, *a, um*, de Véies.

Vēĭŏvis (arch. **Vēdĭŏvis**) *is*, m., Véiovis, anc. divinité identifiée à Jupiter souterrain, dieu de la punition et de la vengeance.

vĕl (cf. *volo* ②), adv. et conj., 1. ou si l'on veut, *oppidum vel urbs* : place forte ou ville, Cic. ; *vel potius* : ou plutôt ; 2. et aussi ; 3. pour renforcer (not. le superl.), a) même : *vel maxime* : même au plus haut point ; b) vraiment, peut-être, *vir vel elegantissimus* : l'homme vraiment le plus élégant ; 4. en particulier, par exemple, *vel quasi egomet* : comme moi par exemple, Pl. ; 5. *vel... vel* (répété plusieurs fois) ou... ou, etc. ; disons... ou bien.

Vēlābrum, *i*, n., le Vélabre, nom de deux quartiers de Rome, ~ *majus* : le grand Vélabre, marché aux comestibles au pied de l'Aventin, ~ *minus* : le petit Vélabre près des Carènes ; au pl., *Velabra, orum*, les deux Vélabres.

vēlāmĕn, *ĭnis*, n., 1. enveloppe, couverture ; voile ; 2. dépouille, peau (d'animal).

vēlāmentum, *i*, n., 1. couverture, voile ; 2. enveloppe (membrane) ; 3. au pl., *velamenta, orum*, bandelettes de laine blanche enroulées autour de rameaux d'olivier (insignes des suppliants) ; 4. manteau pour cacher qqch.

vēlāris, *e*, adj., de rideau, de voile.

vēlārĭum, *ĭi*, n., voile étendu au-dessus du théâtre pour garantir les spectateurs du soleil.

vēlāti, *ōrum*, m. pl., soldats surnuméraires en réserve et sans armes (V. *accensus, accensi*).

Vĕlēda, *æ*, f., Véléda, prophétesse divinisée par les Germains.

vēlēs, *ĭtis*, m., et ordin. au pl. **vēlĭtes**, *um*, vélites, soldats armés à la légère et non organisés en formation régulière, qui harcelaient l'ennemi ; fig., provocateur agressif ou taquin.

Vēlĭa, *æ*, f., Vélia, 1. petite éminence dans la partie E. du Forum ; 2. nom latin de la v. d'Élée en Lucanie ‖ **Vēlĭenses**, *ĭum*, m. pl., les hab. de Vélia ‖ **Vēlĭensis**, *e*, adj., de Vélia ; d'Élée.

vēlĭfĕr, *fĕra, fĕrum*, 1. qui porte des voiles ; 2. qui gonfle les voiles.

vēlĭfĭcātĭo, *ōnis*, f.,déploiement des voiles.

vēlĭfĭco, *ās, āre*, 1. intr., faire voile, naviguer ; 2. tr., traverser à la voile.

vēlĭfĭcor, *āris, āri*, intr., 1. faire voile, naviguer ; 2. travailler pour favoriser + dat.

vēlĭfĭcus, *a, um*, qui se fait au moyen des voiles.

Vēlīna trĭbŭs, et abs., **Vēlīna**, *æ*, f., tribu Vélina, une des tribus rom.

① **Vēlīnus**, *a, um*, de Vélia.

② **Vēlīnus**, *i*, m., Vélinus, lac et fl. de Sabine, auj. lac de Piediluco et fl. Velino.

Velĭocasses, *ĭum*, et **Velĭocassi**, *ōrum*, m. pl., Véliocasses, peuple gaulois sur la rive droite de la Seine, auj. Vexin.

vēlĭtāris, *e*, adj., relatif aux vélites subst. m. pl., *velitares, ium*, vélites, soldats armés à la légère.

vēlĭtātĭo, *ōnis*, f., escarmouche ; fig., assaut d'injures.

Vĕlīterni, *ōrum*, m. pl., les hab. de Vélitres ‖ **Vĕlīternus**, *a, um*, de Vélitres.

vēlĭtor, *āris, āri*, 1. intr., escarmoucher se quereller ; 2. tr., menacer de.

Vĕlītræ, *ārum*, f. pl., Vélitres, v. des Volsques dans le Latium, auj. Velletri.

vēlĭvŏlans, *antis*, adj., qui vole avec des voiles.

vēlĭvŏlus, *a, um*, 1. qui va à la voile 2. où l'on va à la voile.

Vellaunŏdūnum, *i*, n., Vellaunodunum, v. des Sénons dans la Gaule Lyonnaise (Montargis ?).

Vellāvi, *ōrum*, m. pl., Vellaves, population gauloise des Cévennes, auj. Velay.

Vellēĭus, *i*, m., Velléius, nom d'une famille rom., not. C. Velleius Paterculus historien rom. (contemporain d'Auguste et de Tibère), C. Velleius, phil. épicurien ami de l'orateur Crassus.

vellĭcātĭo, *ōnis*, f., 1. action de pincer 2. fig., taquinerie.

vellĭco, *ās, āre*, tr., 1. tirailler, pincer, picoter ; 2. piquer (par des paroles), persifler, mordre ; 3. maltraiter, blesser ; 4. piquer, stimuler.

vello, *ĭs, ĕre, vulsi (volsi)* et *velli, vulsum (volsum)*, tr., 1. arracher, détacher en tirant, ~ *pilos* : arracher des poils ; ~ *oves* tondre les brebis ; ~ *poma* : cueillir des fruits ; ~ *signa* : enlever les enseignes, lever le camp ; 2. tirer, pincer (sans arracher) ; ~ *barbam alicui* : tirer la barbe à qqn., le houspiller, Hor. ; ~ *aurem alicui* tirer l'oreille à qqn. (pour l'avertir) 3. fig., tourmenter, faire souffrir.

Vellocasses, V. *Veliocasses*.

① **vellŭs**, *ĕris*, n., 1. toison, peau avec la laine, *vellera trahere* : filer la laine ; spéc. toison d'or ; 2. laine, flocons de laine 3. flocons de soie ; 4. flocons de neige.

② **vellus**, *i*, arch. pour *villus*.

vēlo, *ās, āre*, tr., 1. voiler, couvrir d'un voile, ~ *caput togā* : se couvrir la tête de sa toge ; adj. vb. n. pl., *velanda*, les parties sexuelles ; part. subst. m. pl., *velati*, V. ce mot ou *accensus* ; 2. revêtir, vêtir ; 3. ceindre, orner ; ~ *tempora myrto* se ceindre les tempes de myrte ; 4. cacher, dissimuler.

vēlōcĭtās, *ātis*, f., 1. vitesse, rapidité, *locitates* : mouvements rapides, Cic. ; fig., *velocitates mali* : rapides progrès du mal, TAC. ; **2.** (style) vivacité.

vēlōcĭtĕr, adv., [~*cius*, ~*cissime*], rapidement.

vēlox, *ōcis*, adj., [~*cior*, ~*cissimus*] **1.** prompt, rapide ; **2.** fig., vif, prompt, rapide.

① **vēlum**, *i*, (cf. *veho* ?), n., **1.** voile de navire ; surt. au pl., *vela pandere* : déployer les voiles, mettre à la voile ; fig., *dare vela, vela facere* : aller à pleines voiles, se diriger droit sur, CIC. ; **2.** poét., navire.

② **vēlum**, *i*, (cf. *vestis* ?), n., **1.** toile, tenture, rideau ; **2.** voile de théâtre (contre le soleil), vélarium.

vĕlŭt (**vĕlŭtī**), adv., **1.** comme, ainsi que, de même que ; dans les comp., *velut… sic* ou (rar.) *ita* : comme…, de même ; **2.** ainsi, par exemple, *velut hac nocte proximā somniavi* : moi, par exemple, j'ai eu la nuit dernière un songe, PL. ; **3.** comme, pour ainsi dire ; **4.** *velut* ou *velut si* : comme si.

vēmens, V. *vehemens*.

vēmentĕr, V. *vehementer*.

vēna, *æ*, f., **1.** veine, *alicujus venas incidere* : ouvrir les veines de qqn., CIC., *venas abrumpere, abscindere, exsolvere, interscindere* : s'ouvrir ou se faire ouvrir les veines (par ordre de l'empereur) ; **2.** pouls ; **3.** fig., a) veine ou filon de métal ; b) veine du bois, de la pierre, du marbre ; **4.** fig., le cœur, le fond d'une chose ; veine poétique, talent.

vēnābŭlum, *i*, n., épieu de chasseur.

Vēnāfrānus, *a*, *um*, de Vénafre ‖ **Vēnāfrum**, *i*, n., Vénafre, v. de Campanie, renommée pour son huile, auj. Venafro.

vēnālīcĭum, *ĭi*, n., lot d'esclaves à vendre, marché aux esclaves.

① **vēnālīcĭus**, *a*, *um*, qui est à vendre.

② **vēnālīcĭus**, *ĭi*, m., marchand d'esclaves.

vēnālis, *e*, adj., **1.** à vendre, vénal ; subst. m., *venalis, is*, esclave mis en vente ; **2.** vénal, qui se vend, *vox* ~ : voix de crieur public, CIC.

vēnātīcĭus et **vēnātĭcus**, *a*, *um*, de chasse, *canis venaticus* : chien de chasse, CIC.

vēnātĭo, *ōnis*, f., **1.** chasse ; **2.** chasse donnée en spectacle au cirque ; **3.** gibier, venaison.

vēnātŏr, *ōris*, m., **1.** chasseur ; adj., qui chasse, ~ *canis* : chien de chasse ; **2.** fig., investigateur, chasseur.

vēnātōrĭus, *a*, *um*, de chasse, de chasseur.

vēnātrix, *īcis*, f., chasseresse, **1.** chienne de chasse ; **2.** Diane.

vēnātūra, *æ*, f., chasse ; fig., action d'épier.

① **vēnātus**, *a*, *um*, V. *venor*.

② **vēnātŭs**, *ūs*, m., **1.** chasse ; **2.** gibier tué ; **3.** pêche.

vendĭbĭlis, *e*, adj., **1.** facile à vendre ; **2.** en vogue, à succès, ~ *orator* : orateur à succès, CIC.

vendĭdi, V. *vendo*.

vendĭtātĭo, *ōnis*, f., action de faire valoir, montre, étalage, *sine venditatione* : sans ostentation, CIC.

vendĭtātŏr, *ōris*, m., qui fait étalage de.

vendĭtĭo, *ōnis*, f., **1.** vente ; mise en vente ; **2.** vente aux enchères.

vendĭto, *ās*, *āre*, (fréq. de *vendo*), tr., **1.** chercher à vendre, mettre en vente ; **2.** vendre, trafiquer de ; **3.** faire valoir, recommander, ~ *se alicui* : se faire valoir auprès de qqn.

vendĭtŏr, *ōris*, m., **1.** vendeur ; **2.** fig., qui trafique de.

vendĭtus, *a*, *um*, V. *vendo* ; subst. n., *venditum, i*, vente.

vendo, *ĭs*, *ĕre*, *vendĭdi*, *vendĭtum*, (cf. *venum do*), tr., **1.** vendre, *pluris, minoris* : plus cher, moins cher ; vendre aux enchères ; **2.** livrer pour de l'argent, trafiquer de, *vendere auro patriam* : trahir sa patrie à prix d'argent ; **3.** faire valoir, vanter.

Vĕnĕdi, *ōrum*, m. pl., Vénèdes, peuple germain à l'embouchure de la Vistule.

vĕnēfĭca, *æ*, f., V. *veneficus*.

vĕnēfĭcĭum, *ĭi*, n., **1.** crime d'empoisonnement ; breuvage empoisonné ; **2.** maléfice, sortilège, ~ *amoris* : philtre.

vĕnēfĭcus, *a*, *um*, magique, qui jette des maléfices ; subst. m., *veneficus, i*, empoisonneur ; f., *venefica, æ*, empoisonneuse.

Venelli, *ōrum*, m. pl., Vénelles, peuple gaulois, auj. Basse-Normandie.

vĕnēnārĭus, *a*, *um*, de poison ; subst. m., *venenarius, ii*, empoisonneur.

vĕnēnātus, *a*, *um*, **1.** V. *veneno* ; **2.** adj., a) empoisonné, venimeux ; b) envenimé, mordant ; c) enchanté, magique.

vĕnēnĭfĕr, *fĕra*, *fĕrum*, venimeux ; subst. m., *Venenifer, feri*, le Scorpion (constellation).

vĕnēno, *ās*, *āre*, tr., **1.** empoisonner ; **2.** teindre, colorer.

vĕnēnum, *i*, n., **1.** breuvage magique, sortilège, enchantement ; **2.** breuvage, drogue, poison, venin ; **3.** fléau, ruine ; **4.** teinture, couleur.

vēnĕo, *īs*, *īre*, *vēnĭi*, (cf. *venum eo*), intr., sert de passif à *vendo*, **1.** être mis en vente, être vendu ; 2. être adjugé aux enchères.

vĕnĕrābĭlis, *e*, adj., 1. vénérable, respectable ; 2. au sens actif : qui vénère, respectueux.

vĕnĕrābĭlĭtĕr, adv., avec respect.

vĕnĕrābundus, *a*, *um*, plein de respect, respectueux.

vĕnĕrandus, *a*, *um*, adj. vb. de *veneror*, vénérable, respectable.

vĕnĕrātĭo, *ōnis*, f., 1. vénération, respect (qu'on éprouve), *habere venerationem* : inspirer le respect ; 2. caractère vénérable.

vĕnĕrātŏr, *ōris*, m., celui qui révère.

Vĕnĕrĭus, *a*, *um*, de Vénus, *Venerii servi* ou *Venerii* seul : esclaves du temple de Vénus ‖ **Vĕnĕrĭus**, *ĭi*, m., le coup de Vénus aux dés (le plus heureux, quand chaque dé présente un point différent).

① **vĕnĕro**, *ās*, *āre*, tr., orner avec grâce.

② **vĕnĕro**, *ās*, *āre*, V. *veneror* ; *venero te ne* + subj. : je te demande respectueusement de ne pas.

vĕnĕror, *āris*, *āri*, tr., 1. révérer, honorer ; 2. prier, supplier respectueusement ; 3. part., *veneratus*, *a*, *um*, au sens passif : vénéré, adoré.

① **Vĕnĕti**, *ōrum*, m. pl., les Vénètes, 1. hab. de la Vénétie, auj. région de Venise ; 2. hab. de la Vénétie gauloise, auj. région de Vannes.

② **Vĕnĕti**, V. *Venedi*.

Vĕnĕtĭa, *æ*, f., Vénétie, 1. région de Gaule Cisalpine, auj. région de Venise ; 2. région de Gaule Transalpine, auj. région de Vannes ‖ **Vĕnĕtĭcus**, *a*, *um*, relatif aux Vénètes, *Veneticum bellum* : la guerre contre les Vénètes, Cés. ‖ **Vĕnĕtus**, *a*, *um*, des Vénètes.

vĕnĕtus, *a*, *um*, (cf. *Veneti* ①), bleu azuré, *veneta factio* : la faction des Bleus (dans les jeux du cirque) ; subst. m., *venetus*, *i*, cocher du parti bleu.

vĕnĭa, *æ*, f., 1. grâce, faveur, autorisation, *alicui veniam dare ut* : accorder à qqn. la faveur, lui permettre de ; *bonā veniā* : avec la permission ; *bonā cum veniā* : avec indulgence ; 2. pardon, rémission, excuse.

vēnĭi, V. *veneo*.

Vĕnīlĭa, *æ*, f., Vénilia, nymphe, 1. mère de Turnus ; 2. épouse de Janus.

vĕnĭo, *īs*, *īre*, *vēni*, *ventum*, intr., 1. venir, arriver, ~ *Athenis Delum* : venir d'Athènes à Délos ; avec double dat., ~ *alicui subsidio* : venir en aide à qqn. ; revenir, *Romam* : à Rome ; 2. arriver, se présenter, *veniens annus* : l'année qui vient, l'année prochaine ; 3. venir, naître, pousser, croî-

tre, *veniens sol* : le soleil levant ; 4. être amené à, ~ *in invidiam*, *in odium* : devenir un objet de jalousie, de haine ; *eo discordiæ ventum est ut…* : on en vint à ce point de discorde que… ; 5. provenir, naître de ; 6. arriver à, *venit mihi in mentem Catonis* : il me souvient de Caton, Cic. ; échoir ; 7. passer à (dans un discours) avec *ad* + acc. ; 8. aller en justice, intervenir pour (*pro* + abl.) ou contre (*contra* + acc.).

vennŭcŭla ou **vennuncŭla (uva)**, *æ*, f., espèce de raisin conservé de Campanie.

vēnor, *āris*, *āri*, 1. intr., chasser ; 2. tr., chasser, donner la chasse à, poursuivre ; fig., chercher, attirer.

vēnōsus, *a*, *um*, 1. veineux, plein de veines ; 2. aux veines saillantes, vieux.

vensīca, **vensīcŭla**, V. *vesica*, *vesicula*.

ventĕr, *tris*, m., 1. ventre ; 2. sein de la mère, *ventrem ferre* : être enceinte ; 3. renflement, flanc.

ventĭlātĭo, *ōnis*, f., exposition à l'air.

ventĭlātŏr, *ōris*, m., 1. vanneur ; 2. jongleur.

ventĭlo, *ās*, *āre*, tr., 1. agiter dans l'air, remuer, battre l'air ; 2. exciter, attiser (pr. et fig.).

ventĭo, *ōnis*, f., venue, arrivée.

ventĭto, *ās*, *āre*, (fréq. de *venio*), intr., venir souvent.

ventōsē, adv., avec beaucoup de vent.

ventōsus, *a*, *um*, 1. plein de vent ; 2. exposé au vent, orageux ; 3. rapide comme le vent ; 4. mobile, léger ; 5. enflé, gonflé, vaniteux.

ventrāle, *is*, n., ceinture.

ventrĭcŭlus, *i*, m., 1. ventricule du cœur ; 2. petit ventre ; 3. estomac.

ventrĭōsus, *a*, *um*, ventru.

ventŭlus, *i*, m., léger vent.

ventūrus, *a*, *um*, part. fut. adj. de *venio*, poét., à venir, futur.

① **ventus**, *i*, m., 1. vent, *ventum expectare* : attendre un vent favorable (pour naviguer), Cic. ; fig., *ventis verba et vela dare* : lever l'ancre et ne pas tenir parole, Ov. ; *profundere verba ventis*, Lucr., et *verba in ventos dare*, Ov. : parler aux vents (= parler inutilement) ; prov., *in vento et in aquā scribere* : perdre sa peine, Cat. 2. air, souffle vital ; 3. au pl., *venti*, *orum* : airs, souffles, vents ; 4. fig., souffle de la fortune (favorable ou défavorable), *venti secundi* : bonheur ; 5. rumeur publique (faveur ou tempête).

② **ventŭs**, *ūs*, m., venue, arrivée.

vēnŭla, *æ*, f., 1. petite veine ; 2. fig., faible veine (de talent).

vēnum, acc. (le nom. n'est pas attesté), dat. **veno** (**venui** chez Apulée), m., vente, ~ *dare* : mettre en vente (d'où : *venundare* et *vendere*) ; *venum ire* : venir en vente, être vendu (d'où : *venire*).

vēnundo et **vēnumdo**, *dās, dăre, dĕdi, dătum*, tr., mettre en vente, vendre (spéc. des esclaves).

Vĕnus, *ĕris*, (cf. *venus*), f., Vénus. **1.** déesse de beauté, épouse de Vulcain, mère de l'Amour (Cupidon) et d'Énée ; **2.** planète.

vĕnus, *ĕris*, (R. wen~ : désirer), f., **1.** amour, plaisirs de l'amour, amante, personne aimée ; **2.** beauté, charme, grâce ; **3.** coup de Vénus aux dés (V. *Venerius*).

Vĕnūsia, *æ*, f., Venouse, v. d'Apulie, patrie d'Horace ‖ **Vĕnūsīni**, *ōrum*, m. pl., les hab. de Venouse ‖ **Vĕnŭsīnus**, *a, um*, de Venouse.

vĕnustās, *ātis*, f., **1.** beauté physique ; **2.** fig., grâce, agrément, élégance, *venustates verborum* : les grâces de l'expression ; **3.** joie, plaisir.

vĕnustē, adv., [~*tius*, ~*tissime*], avec grâce, avec élégance.

vĕnustŭlus, *a, um*, gracieux, joli, gentil.

vĕnustus, *a, um*, [~*tior*, ~*tissimus*], **1.** charmant, joli, gracieux ; **2.** fig., joli, spirituel, agréable.

vēpallĭdus, *a, um*, très pâle.

vĕprēs, *is*, m., le plus souv. au pl., **vĕpres**, *ium*, (f. chez Lucrèce), épines, buisson épineux ; prov., *inter vepres rosæ nascuntur* : les roses naissent au milieu des épines.

vĕprētum, *i*, n., lieu rempli d'épines, de buissons.

vēr, *vēris*, n., **1.** printemps, *vere novo, primo vere* : au début du printemps ; **2.** les fleurs, les productions du printemps ; prov., *vere numerare flores* : vouloir compter les fleurs du printemps (tenter l'impossible) ; **3.** ~ *sacrum*, offrande due aux dieux de tout ce qui était né au printemps, ~ *sacrum vovere* : vouer aux dieux tout ce qui doit naître au printemps, Liv., ~ *sacrum facere* : immoler aux dieux tout ce qui est né au printemps.

Vĕrăgri, *ōrum*, m. pl., Véragres, peuple celtique, auj. Valais.

vērātrum, *i*, n., ellébore (plante médicinale).

vērax, *ācis*, adj., [~*cior*, ~*cissimus*], véridique, sincère.

Verbannus lăcŭs, m., lac Verbannus, auj. lac Majeur.

verbascum, *i*, n., bot., bouillon-blanc.

verbēna, *æ*, f., verveine, herbe sacrée, et ordin. au pl., **verbēnæ**, *ārum*, branche ou feuillage d'arbre consacré (olivier, myrte, laurier) dont se couronnait le fécial (déclaration de paix ou de guerre), que portaient les prêtres suppliants ou l'officiant d'un sacrifice.

verbēnārĭus, *ĭi*, m., fécial qui porte un rameau sacré.

verbēnātus, *a, um*, couronné de feuillage sacré.

verbĕr, *ĕris*, n., au sg. seul. gén. et abl. ; ordin. au pl., **verbĕra**, *um*, **1.** fouet, verge, bâton ; **2.** courroie de fronde ; **3.** coups de bâton, bastonnade ; **4.** fig., coup, choc, attaque, *fortunæ verbera* : coups du sort.

verbĕrābĭlis, *e*, adj., qui mérite le fouet.

verbĕrātĭo, *ōnis*, f., **1.** coup de fouet ; **2.** fig., correction, réprimande.

verbĕrābundus, *a, um*, qui fouette, qui fustige.

verbĕrĕus, *a, um*, fait pour les coups.

① **verbĕro**, *ās, āre*, tr., **1.** frapper, battre ; **2.** battre (en gén.), ~ *æthera alis* : battre l'air de ses ailes, Virg. ; **3.** maltraiter en paroles, *ne mi verbera aures* : ne me rebats pas les oreilles, Pl.

② **verbĕro**, *ōnis*, m., vaurien, pendard (qui mérite des coups).

Verbĭgĕnus păgus, V. *Urbigenus pagus*.

verbĭgĕro, *ās, āre*, intr., chicaner, discuter.

verbĭvēlĭtātĭo, *ōnis*, f., escarmouche en paroles, V. *velitatio*.

verbōsē, adv., verbeusement, avec prolixité.

verbōsus, *a, um*, [~*sior*, ~*sissimus*], verbeux, diffus, prolixe.

verbum, *i*, (R. wer~ : dire), n., **1.** mot, terme, expression, ~ *voluptatis* : le mot « plaisir », Cic. ; **2.** parole, *verba facere* : parler, causer, Pl., prononcer un discours, Cic. ; *verbis minoribus uti* : modérer ses expressions, son langage, Ov. ; **3.** mot, opp. à la chose, *verbo… re* (*verā*) : en apparence… en réalité ; *verba alicui dare* : payer de mots qqn., lui en imposer, lui donner le change ; **4.** les mots, la forme, *de re magis quam de verbis laborans* : plus préoccupé du contenu que de la forme ; **5.** expr., a) *ad* ~ : mot pour mot ; *reddere ~ pro verbo, ~ verbo* : rendre mot pour mot ; b) *verbo* : d'un mot, par un seul mot ; c) *verbi causā* ou *gratiā* : par exemple ; *meis, tuis, alicujus verbis* : en mon nom, en ton nom, au nom de qqn. ; d) *bona verba !* tout doux ! ; **6.** mot, proverbe.

Vercellæ, *ārum*, f. pl., Vercelles, v. de Gaule Cisalpine, près du lac de Côme, auj. Verceil.

Vercingětŏrix, *ĭgis*, m., Vercingétorix, prince arverne, chef de la Gaule coalisée contre César, vaincu à Alésia en 52 av. J.-C.

vercŭlum, *i*, n., petit printemps (terme de caresse), Pl.

vērē, adv., [*~rius*, *~rissime*], 1. vraiment, avec vérité, justement, *verissime loqui* : parler avec une très grande justesse ; 2. véritablement, réellement.

věrēcundē, adv., avec retenue, avec réserve ; avec pudeur.

věrēcundĭa, *æ*, f., 1. retenue, modestie, réserve ; 2. respect, déférence pour l'âge ; 3. crainte, timidité, scrupules.

věrēcundor, *āris*, *āri*, intr., 1. avoir de la honte, de la timidité, se gêner pour ; 2. exprimer le respect.

věrēcundus, *a*, *um*, 1. retenu, réservé, timide ; 2. respectable, vénéré.

věrēdus, *i*, m., cheval de poste ; cheval de chasse.

věrendus, *a*, *um*, 1. adj. vb. de *vereor* ; 2. respectable, vénérable ; qui inspire la crainte ; subst. n. pl., *verenda, orum*, les parties sexuelles.

věrěor, *ēris*, *ēri*, *věrĭtus sum*, tr. et intr., 1. éprouver une crainte religieuse, respecter ; 2. craindre, redouter, *~ periculum* : redouter un danger ; *omnium veritus existimationem* : par respect humain, Cés. ; être préoccupé par + dat. ou avec *de* + abl. ; 3. constr., a) + inf. : craindre (e ; b) + acc. et inf. (rar. sauf chez Plaute) ; c) + interr. indir. : se demander avec inquiétude si ; d) avec *ne* + subj. : craindre que ; avec *ne… non* : craindre que… ne… pas (on trouve aussi *ut* + subj.) ; 4. abs., avoir peur.

Vergĭl~, V. *Virgil~*.

Vergĭlĭæ, *ārum*, f. pl., les Pléiades, constellation.

vergo, *ĭs*, *ĕre*, intr. et tr.,
I intr., 1. être tourné vers, incliner, pencher ; 2. s'étendre, *Gallia ad septemtrionem vergit* : la Gaule s'étend vers le nord, Cés. ; 3. tendre vers ; 4. être au déclin.
II tr., pencher, incliner ; passif, *vergi in* : se diriger vers.

vergŏbrētus, *i*, m., vergobret, magistrat suprême des Éduens.

věrĭcŭlātus, V. *veruculatus*.

věrĭcŭlum, V. *veruculum*.

věrīdĭcus, *a*, *um*, 1. véridique, qui dit la vérité ; 2. sûr, certain.

vērĭlŏquĭum, *ĭi*, n., étymologie.

vērīsĭmĭlis (vērī sĭmĭlis), *e*, adj., vraisemblable (V. *similis*).

vērīsĭmĭlĭtěr, adv., vraisemblablement.

vērīsĭmĭlĭtūdo (vērī sĭmĭlĭtūdo), *ĭnis* f., vraisemblance, V. *similitudo*.

vērĭtās, *ātis*, f., 1. la vérité, le vrai, *nihil a veritatem loqui* : ne rien dire de conform à la vérité, *veritatem patefacere* : mettre a jour la vérité, Cic. ; 2. la réalité, *in omn re vincit imitationem ~* : en tout la réalité surpasse la copie ; *expers veritatis* : san expérience, sans pratique, Cic. ; 3. vérité franchise, sincérité.

věrĭtus, *a*, *um*, V. *vereor*.

vermĭcŭlātē, adv., en forme de mosaïque.

vermĭcŭlātĭo, *ōnis*, f., état de ce qui es vermoulu.

vermĭcŭlātus, *a*, *um*, 1. vermoulu 2. marqué, tacheté (mosaïques), vermiculé.

vermĭcŭlor, *āris*, *āri*, intr., être piqué de vers, vermoulu.

vermĭcŭlus, *i*, m., petit ver, vermisseau

vermĭna, *um*, n. pl., 1. spasmes, convulsions ; 2. mouvements désordonnés.

vermĭnātĭo, *ōnis*, f., maladie des vers démangeaison, douleur aiguë.

vermĭno, *ās*, *āre*, intr., 1. avoir des vers être rongé par les vers ; 2. éprouver des démangeaisons.

vermĭnor, *āris*, *āri*, intr., 1. éprouver les douleurs de l'enfantement ; 2. fig., donner des élancements.

vermĭnōsus, *a*, *um*, véreux, plein de vers.

vermis, *is*, m., 1. ver ; 2. poisson (du genre des lamproies).

verna, *æ*, m. et f., 1. esclave né dans la maison du maître, esclave de naissance (opp. à ceux qui le sont devenus en perdant la liberté) ; bouffon, mauvais plaisant ; 2. indigène, né dans le pays, *~ liber* : livre écrit à Rome.

vernācŭlus, *a*, *um*, 1. relatif aux esclaves nés dans la maison ; subst. m. pl., *vernaculi, orum*, esclaves nés dans la maison grossiers personnages ; 2. qui est du pays, indigène, national (= romain), *vocabula vernacula* : termes de la langue nationale, *~ sapor* : saveur du terroir (à Rome, finesse citadine).

vernālis, *e*, adj., de printemps, printanier.

vernātĭo, *ōnis*, f., mue, dépouille du serpent.

vernīlis, *e*, adj., 1. d'esclave né dans la maison ; 2. servile, bas ; 3. plaisant, bouffon.

vernīlĭtās, *ātis*, f., 1. servilité ; 2. bouffonnerie, pétulance grossière.

vernīlĭtĕr, adv., **1.** en esclave ; **2.** de façon bouffonne.

Vernĭōnes, *um*, m. pl., « Les Jeunes Esclaves », titre d'une comédie de Pomponius.

verno, *ās*, *āre*, intr., **1.** être au printemps, reverdir ; **2.** fig., changer de peau, reprendre son chant, rajeunir.

vernŭla, *æ*, m. et f., **1.** jeune esclave né dans la maison ; **2.** indigène, du pays.

vernus, *a*, *um*, du printemps, printanier ; subst. n., *vernum*, *ī*, printemps.

① **verō**, adv. et conj.,
I adv., **1.** vraiment, réellement ; **2.** dans les réponses : oui, vraiment ; **3.** après forte ponctuation : au vrai.
II conj., pour marquer une assez faible opp. : or, par ailleurs.

② **vēro**, *ās*, *āre*, tr., dire la vérité.

Vērōna, *æ*, f., Vérone, v. de Gaule Cisalpine, patrie de Catulle ‖ **Vērōnenses**, *ĭum*, m. pl., les hab. de Vérone ‖ **Vērōnensis**, *e*, adj., de Vérone.

verpa, *æ*, f., membre viril.

verpus, *ī*, m., circoncis.

verrēs, *is*, m., verrat, porc.

Verrēs, *is*, m., Verrès, surnom rom. ; not. C. Cornelius Verres, propréteur de Sicile accusé par Cicéron dans « Les Verrines » ‖ **Verrĭa**, *ōrum*, n. pl., Verries, fêtes instituées par Verrès en son propre honneur ‖ **Verrīnæ**, *ārum*, f. pl., « Les Verrines », les discours de Cicéron contre Verrès.

verrīnus, *a*, *um*, de verrat, de porc.

Verrīnus, *a*, *um*, de Verrès, *jus Verrinum* : la justice de Verrès et le jus de porc (jeu de mots).

① **Verrĭus**, *a*, *um*, de Verrès.

② **Verrĭus**, *ĭī*, m., Verrius, nom d'une famille rom., spéc., Verrius Flaccus, érudit de l'époque d'Auguste.

verro (*vorro*), *ĭs*, *ĕre*, *versum* (*vorsum*), tr., **1.** balayer ; **2.** enlever en balayant ; **3.** fig., voler, emporter ; **4.** poét., laisser traîner, ~ *cæsariem* : sa chevelure, Ov.

verrūca, *æ*, f., **1.** éminence, hauteur ; **2.** excroissance, verrue, tache ; **3.** défaut.

verrunco, *ās*, *āre*, (cf. *verto* ?), intr., tourner (événements), *bene* ~ : bien tourner, avoir une heureuse issue.

verrūtum, V. *verutum*.

versābĭlis, *e*, adj., mobile, variable, versatile.

versābundus, *a*, *um*, qui tourne sur soi-même, qui tourbillonne.

versātĭlis, *e*, adj., **1.** qui tourne, mobile ; **2.** versatile ; souple.

versātĭo, *ōnis*, f., **1.** action de tourner, de faire tourner ; **2.** changement, révolution.

versĭcăpillus, *a*, *um*, aux cheveux grisonnants.

versĭcŏlŏr, *ōris*, adj., aux couleurs changeantes, chatoyant, bigarré, ~ *sagulum* : le plaid des Celtes, Tac. ; ~ *elocutio* : style chatoyant, Quint.

versĭcŭlus, *ī*, m., petite ligne d'écriture ; petit vers, vers burlesque.

versĭfĭcātĭo, *ōnis*, f., art de faire des vers, versification.

versĭfĭcātŏr, *ōris*, m., versificateur, ~ *quam poeta melior* : meilleur versificateur que poète, Quint.

versĭfĭco, *ās*, *āre*, **1.** intr., faire des vers ; **2.** tr., mettre en vers.

versĭpellis, *e*, adj., **1.** qui se métamorphose ; subst. m., *versipellis*, *is*, loup-garou ; **2.** souple, protéiforme.

verso (*vorso*), *ās*, *āre*, (fréq. de *verto*), tr., **1.** tourner souvent, faire tourner, *se* ~ et *versari* : se tourner, tourner, *mundus versatur circum axem* : le monde tourne sur son axe, Cic. ; **2.** pousser, faire avancer ; **3.** diriger, plier ; **4.** ~ *aliquid in pectore, in animo*, rouler qqch. (dans son esprit).

versor (*vorsor*), *āris*, *āri*, intr., **1.** se trouver habituellement, vivre ; **2.** être, ~ *in pace* : avoir la paix ; **3.** s'appliquer à, s'occuper de ; consister en.

versūra (*vorsūra*), *æ*, f., **1.** action de se tourner ; extrémité du sillon ; direction ; **2.** glissement d'un créancier à l'autre, *versurā solvere, dissolvere* : payer en faisant un nouvel emprunt ; en gén., emprunter (*versuram facere*).

① **versŭs** (*vorsŭs*) et **versum** (*vorsum*), adv., dans la direction de, du côté de, vers, avec *in* ou *ad* + acc., ou acc. du nom de ville avec mvt., *Romam* ~ : vers Rome.

② **versus**, *a*, *um*, V. *verro* et *verto*.

③ **versŭs**, *ūs*, (cf. *verto*), m., **1.** sillon ; **2.** ligne, rangée ; rang des rameurs ; **3.** ligne d'écriture ; vers ; **4.** mesure agraire (100 pieds carrés).

versŭtē, adv., avec adresse.

versŭtĭa, *æ*, f., ruse, fourberie.

versŭtus, *a*, *um*, [~*tior*, ~*tissimus*], **1.** qui sait se retourner, adroit, ingénieux ; **2.** fourbe, roué.

vertĕbra, *æ*, f., vertèbre, articulation.

vertĕbrātus, *a*, *um*, vertébré, mobile.

vertex (*vortex*), *ĭcis*, m., **1.** tourbillon d'eau, de vent, de feu ; **2.** sommet de la tête ; tête ; sommet, cime, *a vertice* : d'en haut, Virg. ; **3.** point le plus haut, pôle.

vertĭcōsus, *a*, *um*, plein de tourbillons.

vertīgo, *ĭnis*, f., **1.** mouvement de rotation, tour, révolution ; **2.** vertige, étourdissement, éblouissement.

verto (**vorto**), *ĭs, ĕre, verti (vorti), versum (vorsum)*, tr. et intr.

I tr., **1.** tourner, retourner, ~ *se* : se retourner ; *terga* ~ : tourner le dos, s'enfuir ; *hostem in fugam* ~ : mettre l'ennemi en fuite, LIV. ; **2.** passif, *verti* : se tourner, tourner, donner sur, être tourné vers ; **3.** renverser, abattre ; **4.** fig., donner telle ou telle direction, *aliquid* ~ *in suam contumeliam* : faire tourner qqch. à sa honte ; **5.** changer, transformer, ~ *in lapidem* : métamorphoser en pierre, OV. ; ~ *solum* : émigrer, CIC. ; ~ *sententiam* : changer d'avis, LIV. ; ~ *se in* : se transformer en ; *versâ vice* : réciproquement, SÉN. ; **6.** traduire, *e Græco in Latinum* : du grec en latin ; **7.** rouler sur, reposer sur ; **8.** faire passer à, attribuer.

II intr., **1.** se tourner, se diriger, ~ *in fugam* : fuir ; en venir à ; **2.** tourner de telle ou telle façon ; devenir un bien ou un mal, *quæ res tibi vertat male !* : puisse-t-il t'arriver malheur !, TÉR. ; **3.** tourner, changer, *jam verterat fortuna* : déjà la chance avait tourné, LIV. ; **4.** s'écouler (temps), *anno vertente* : dans le cours d'une année.

Vertumnālĭa, *ĭum*, n. pl., Vertumnales, fêtes en l'honneur de Vertumne ‖ **Vertumnus (Vor~)**, *i*, m., Vertumne, dieu de la succession des saisons et des changements, époux de Pomone ; près de sa statue au Forum se tenaient les boutiques des libraires.

vĕrū, *ūs*, n., **1.** broche ; **2.** dard, pique ; **3.** signe critique en marge (pour signaler un mot suspect), obèle.

vĕrūcŭlātus, *a, um*, qui a une petite broche.

vĕrūcŭlum, *i*, n., petite broche, brochette.

vĕrūīna, *æ*, f., pique, javeline.

① **vĕrum**, adv. et conj., **1.** adv., vraiment, oui, sans doute ; **2.** conj., a) pour marquer une forte opp. : mais en vérité ; b) pour marquer une simple transition ; c) après une nég. : *non modo (tantum, solum)…, verum etiam* : non seulement…, mais encore ; d) *verum enimvero* : mais pour le coup.

② **vĕrum**, *i*, n., **1.** le vrai, la vérité, le réel ; **2.** le juste.

③ **vĕrum**, *i*, V. *veru*.

vērumtămen, **vērumtāmen**, **vērum tămen**, adv. **1.** mais pourtant ; **2.** après une parenth. : mais, dis-je.

vērus, *a, um*, (cf. *verbum* ?) **1.** vrai, véritable, réel, *vera amicitia* : l'amitié véritable ;

~ *timor* : crainte fondée ; *si verum est* avec prop. inf. ou *ut* + subj. : s'il est vrai que ; **2.** légitime, juste, *vera causa* : cause juste ; **3.** véridique, sincère.

vērūtum, *i*, n., javelot, dard.

vērūtus, *a, um*, armé d'un dard.

vervactum, *i*, n., terre en jachère.

vervăgo, *ĭs, ĕre, ēgi, actum*, tr., retourner (une jachère) ; labourer, défricher.

vervex, *ēcis*, m., **1.** mouton, bélier ; **2.** fig., mouton, imbécile.

Vĕsævus, V. *Vesevus*.

vēsānĭa, *æ*, f., folie, délire.

vēsānĭens, *entis*, part. adj., furieux (vents).

vēsānus, *a, um*, insensé, fou ; furieux.

vescor, *ĕris, i*, intr., **1.** se nourrir de, vivre de + abl. ; **2.** abs., se nourrir, manger ; **3.** jouir de, avoir.

vescus, *a, um*, **1.** qui mange, qui ronge, ~ *sal* : sel qui ronge ; **2.** maigre, mal nourri, sans appétit.

Vĕsēvus, *a, um*, du Vésuve ‖ **Vĕsēvus**, *i*, V. *Vesuvius*.

vēsīca (vessīca), *æ*, f., **1.** vessie ; **2.** objet en peau de vessie ; **3.** ampoule, bouton.

vēsīcŭla, *æ*, f., **1.** vessie, vésicule ; **2.** gousse.

Vĕsontĭo, *ōnis*, f., Besançon, v. des Séquanes.

vespa, *æ*, f., guêpe.

Vespāsĭa, *æ*, f., Vespasie, mère de l'empereur Vespasien ‖ **Vespāsĭānus**, *i*, m., Vespasien (Titus Flavius Vespasianus), empereur romain (69-79) ‖ **Vespāsĭus**, *ĭi*, m., Vespasius, aïeul maternel de Vespasien.

vespĕr, *ĕri* et *ĕris*, m., **1.** soir ; **2.** repas du soir ; **3.** Vesper, l'étoile du soir ou étoile de Vénus ; **4.** le couchant, l'occident.

vespĕra, *æ*, f., le soir, la soirée ; le couchant, l'occident.

vespĕrasco, *ĭs, ĕre, vespĕrāvi*, intr., arriver au soir, commencer à faire nuit.

vespertīlĭo, *ōnis*, m., chauve-souris.

vespertīnus, *a, um*, **1.** du soir ; **2.** au couchant, occidental.

vespĕrūgo, *ĭnis*, f., **1.** l'étoile du soir ; **2.** chauve-souris.

vespillo, *ōnis*, m., croque-mort (des pauvres qui étaient enterrés le soir).

Vesta, *æ*, f., **1.** Vesta, fille de Saturne et d'Ops, déesse du feu et du foyer ; **2.** le temple de Vesta, *Vestæ sacerdos* : le grand pontife (César), OV. ; **3.** le feu, le foyer ‖ **Vestālĭa**, *ĭum*, n. pl., Vestalies, fêtes de Vesta (célébrées le 9 juin) ‖ **Vestālis**, *e*, adj., de Vesta ou des Vestales, de Vestale

‖ **Vestālis**, *is*, f., Vestale, prêtresse de Vesta.

vostĕr (**vostĕr**), *tra, trum*, (cf. *vos*), **1.** adj. et pron. poss., votre, vôtre, le vôtre ; a) subjectif (le plus fréquent) : *majores vestri* : vos ancêtres, *vestrum est dare* : c'est à vous de donner ; b) objectif : *vestrum odium* : la haine qu'on a de vous, (l'expr. normale est *odium vestri*) ; **2.** subst. n., *vestrum, i,* a) votre manière d'être ; b) votre bien, votre argent ; n. pl., *vestra, orum,* vos œuvres, ce qui vous appartient ; m., *voster, tri,* votre maître, PL. ; m. pl. *vestri, orum,* les vôtres (vos amis, etc.).

vestiārĭum, *ĭi,* n., **1.** armoire ou coffre à serrer les habits ; **2.** habits, garde-robe.

vestiārĭus, *a, um,* d'habits, relatif aux habits ; subst. m., *vestiarius, ii,* marchand d'habits.

vestĭbŭlum, *i,* n., **1.** vestibule (d'une maison), entrée, seuil ; **2.** fig., commencement, début.

vestĭceps, *cĭpis,* adj., **1.** qui prend la toge (virile), qui est pubère ; **2.** iron., corrompu, APUL.

vestĭcontŭbernĭum, *ĭi,* n., partage du même lit (action de coucher sous la même couverture).

vestĭgātĭo, *ōnis,* f., recherche.

vestĭgātŏr, *ōris,* m., **1.** à la chasse : traqueur, rabatteur, tr., en gén., chercheur (ex., un essaim d'abeilles) ; **2.** espion.

vestĭgĭum, *ĭi,* n., **1.** semelle du pied ; **2.** empreinte de pied, *vestigia tenere* : ne pas perdre la trace ; fig., *vestigiis alicujus ingrĕdi* : marcher sur les traces de qqn., CIC. ; **3.** en gén., trace, empreinte, vestige (pr. et fig.), *vestigia verberum* : traces des coups, *vestigia sceleris* : traces d'un crime ; **4.** place occupée, poste, *eodem vestigio remanere* : rester en place ; *in suo vestigio mori* : mourir à son poste, TAC. ; **5.** moment, instant, *vestigio temporis* : en un moment, à l'instant même ; *e(x) vestigio* : à l'instant, sur-le-champ.

vestĭgo, *ās, āre,* tr., **1.** suivre à la trace, chercher ; **2.** chasser, dépister, rechercher avec soin.

vestīmentum, *i,* n., **1.** vêtement, habit, couverture ; prov., *nudo detrahere vestimenta* : vouloir déshabiller une personne nue (chercher l'impossible), PL. ; **2.** couverture, tapis (de lit).

vestĭo, *īs, īre, īvi* (*ĭi*), *ītum,* tr., **1.** couvrir, vêtir, habiller ; **2.** orner, revêtir ; intr. (rar.), se revêtir ; **3.** fig., habiller, *sententias* : les pensées (style), QUINT.

vestis, *is,* f., **1.** vêtement, habillement, costume, *mutare vestem* : se changer, en part. prendre le deuil ; **2.** toile, couver-

ture, voile, étoffe, tapis ; **3.** tout ce qui recouvre, revêt.

① **vestītus**, *a, um,* V. *vestio.*

② **vestītŭs**, *ūs,* m., **1.** vêtement, habillement, costume, *vestitum mutare* : prendre le deuil ; **2.** fig., vêtement, ~ *viridis riparum* : la verte parure des rives, CIC. ; ~ *orationis* : les ornements du style, CIC.

vestri, V. *vester* et *vos.*

vestrum, V. *vester* et *vos.*

Vĕsŭlus, *i,* m., le Vésule, mt. de Ligurie, auj. mt. Viso.

Vĕsŭvĭus et **Vesvĭus** (**Vesb~**), *ĭi,* m., le Vésuve ‖ **Vesvīnus**, *a, um,* du Vésuve.

vĕtĕr, V. *vetus.*

Vĕtĕra, *um,* et **Vĕtĕra Castra**, n. pl., Vétéra, v. fortifiée des Bataves sur la rive gauche du Rhin, auj. Xanten.

vĕtĕrāmentārĭus, *a, um,* qui concerne les vieilles choses, ~ *sutor* : cordonnier en vieux, savetier, SUÉT.

vĕtĕrānus, *a, um,* vieux, ancien, vétéran, *veterani milites* et subst. m. pl., *veterani, orum,* soldats vétérans, vétérans, *hostis veteranus* : ennemi aguerri, LIV.

vĕtĕrārĭus, *a, um,* relatif à ce qui est vieux ; subst. n., *veterarium, ii,* cave pour le vin vieux ; n. pl., *veteraria, orum,* provision de vin vieux.

vĕtĕrasco, *ĭs, ĕre,* intr., devenir vieux, vieillir.

vĕtĕrātŏr, *ōris,* m., **1.** celui qui a vieilli dans quelque chose, *in causis privatis satis* ~ : assez rompu aux affaires civiles, CIC. ; **2.** vieux routier, vieux renard.

vĕtĕrātōrĭē, adv., habilement, avec rouerie.

vĕtĕrātōrĭus, *a, um,* **1.** de vieux routier, *minime veteratoria ratio dicendi* : une éloquence exempt de la banalité de la routine, CIC. ; **2.** qui sent le métier.

vĕtĕrātrix, *īcis,* f., rouée.

vĕtĕres, *um,* m. pl. de *vetus,* **1.** les anciens ; **2.** les ancêtres ; **3.** les écrivains d'autrefois.

Vĕtĕres (ss.-ent. *Tabernæ*), *um,* f. pl., Les Anciennes Boutiques (partie S. de l'anc. Forum).

vĕtĕrētum, *i,* n., terre en friche.

vĕtĕrīnārĭus, *a, um,* relatif aux bêtes de somme, vétérinaire ; subst. m., *veterinarius, ii,* médecin vétérinaire, vétérinaire.

vĕtĕrīnus, *a, um,* (trop vieux, qui n'est plus bon qu'à porter une charge), **1.** propre à porter ; **2.** de bête de somme ; subst. f. pl., *veterinæ, arum,* ou n. pl., *veterina, orum,* bêtes de somme ou de trait.

vĕternōsus, *a, um,* **1.** atteint de somnolence, de léthargie ; **2.** fig., somnolent, engourdi ; vieux, radoteur.

① **vĕternus**, *a*, *um*, vieux, ancien.

② **vĕternus**, *i*, m., **1.** vétusté, vieillesse ; **2.** vieilles ordures ; vieilleries ; **3.** fig., assoupissement, inertie.

vĕtĭtus, *a*, *um*, V. *veto* ; subst. n., *vetitum*, *i*, **1.** ce qui est interdit ; **2.** interdiction, *jussa ac vetita* : les prescriptions et les défenses, CIC.

vĕto, *ās*, *āre*, *vĕtŭi*, *vĕtĭtum*, tr., **1.** défendre, interdire ; formule du tribun de la plèbe : *veto*, quand il fait opposition ; *lex de jubendis legibus ac vetandis* : loi sur l'adoption ou le rejet des lois, CIC. ; passif, *vetor fatis* : les destins m'en empêchent, VIRG. ; **2.** constr., a) + prop. inf., *vallo legatos Cæsar discedere vetuerat* : César avait défendu aux lieutenants de s'éloigner du retranchement, CÉS. ; passif pers., *equites Romani flere vetabantur* : interdiction était faite aux chevaliers romains de pleurer, CIC. ; b) + inf. seul ; c) avec *ut* ou *ne* + subj. ; d) avec *quominus* ou *quin* + subj., si une nég. précède : *nemo vetat quin emas* : personne ne t'interdit d'acheter, PL. ; e) + subj. seul : *sis mihi lenta veto* : cesse d'être insensible pour moi, je le veux, TIB.

Vettĭus, *ĭi*, m., Vettius, nom d'une famille rom.

Vettōnes (Vect~), *um*, m. pl., Vettons, peuple de Lusitanie, auj. Estrémadure (entre le Tage et le Douro) ‖ **Vettōnĭa**, *æ*, f., Vettonie, pays des Vettons.

vĕtŭlus, *a*, *um*, assez vieux ; subst. m., *vetulus*, *i*, vieillard, vieux ; fam., *mi vetule* : mon petit vieux ; f., *vetula*, *æ*, petite vieille, vieille (avec nuance de mépris).

vĕtŭo, V. *veto*.

① **Vĕtŭria**, *æ*, f., Véturie, mère de Coriolan.

② **Vĕtŭria (Vŏt~) trĭbŭs**, f., la tribu Véturia à Rome.

Vĕtŭrĭus, *ĭi*, m., Véturius, nom d'une famille rom.

vĕtus (arch. **vĕtĕr**), *ĕris*, adj., [arch. *veterior*, class. *vetustior*, *veterrimus*], **1.** (h., animaux, plantes) vieux, ancien ; **2.** de vieille date, antique, *vinum ~* : vin vieux, ~ *ætas* : les temps passés (ép. antérieure à la bataille d'Actium), TAC. ; subst. n., *vetera*, *um*, les choses d'autrefois, l'antiquité ; **3.** vieilli dans, expérimenté, ~ *militia* : blanchi dans le métier des armes, sous le harnois ; ~ *regnandi* : vieux roi, TAC.

vĕtustās, *ātis*, f., **1.** vieillesse, ancienneté, grand âge, *familiarum vetustates* : ancienneté des familles ; **2.** ancien temps, antiquité ; **3.** longue durée, *vetustatem habere* : durer longtemps, *vetustatem ferre* : porter bien les années, *vetustate vicisti* :

l'expérience t'a fait triompher, CIC., *memoria vetustate abiit* : son souvenir s'es[t] effacé avec le temps, CIC. ; **4.** ancienne amitié, lien ancien ; **5.** postérité.

vĕtustē, adv., à la manière des anciens.

vĕtustesco (~tisco), *ĭs*, *ĕre*, intr., deve[-]nir vieux, vieillir (vin).

vĕtustus, *a*, *um*, [~*tior*, ~*tissimus*, qui ser[-]vent aussi de comp. et de superl. à *vetus*] **1.** vieux, ancien, *vetustum hospitium* hospitalité qui dure depuis longtemps e[t] qu'on entretient (à distinguer de *vetus[-] hospitium* : hospitalité établie il y a long temps) ; *vetustissimi auctores* : les anciens auteurs, les auteurs antérieurs à la période classique, QUINT. ; **2.** archaïque (*Lælius*) *vetustior et horridior quam Scipio* Lélius (comme orateur) est plus archaï[-]que et rude que Scipion.

vexātĭo, *ōnis*, f., **1.** secousse, ébranle[-]ment ; **2.** douleur, souffrance (phys. ou mor.) ; **3.** tourment, mauvais traitement persécution.

vexātŏr, *ōris*, m., persécuteur, bourreau

vexi, V. *veho*.

vexillārĭus, *ĭi*, m., **1.** porte-enseigne, fig., chef de bande ; **2.** au pl., *vexillarii*, *orum*, vexillaires (corps de vétérans sous l'Empire) ; détachement de soldats (autour d'un *vexillum*).

vexillātĭo, *ōnis*, f., **1.** détachement de vexillaires ; **2.** corps de cavalerie.

vexillum, *i*, (cf. *velum* ①, *veho*), n., **1.** étendard, drapeau, enseigne, *vexillo tollere* : déployer les étendards (pour al[-]ler fonder une colonie) ; **2.** compagnie, cohorte (en gén.), troupe réunie autour d'un *vexillum*) ; **3.** drapeau rouge hissé sur la tente du général pour donner le signal du combat ; **4.** étiquette sur une amphore à vin, PL.

vexo, *ās*, *āre*, tr., **1.** agiter fortement, se[-]couer, ballotter ; **2.** attaquer, faire souf[-]frir, malmener ; **3.** en gén., maltraiter, traiter durement (en paroles).

vĭa, *æ*, f., **1.** chemin, route, voie, bonne route (opp. à *semita*, sentier) ; **2.** voie, rue (avec dénomination), *Appia via* : la voie Appienne, *Sacra via* : la Voie sacrée ; **3.** passage, conduit, canal ; **4.** route, voyage, trajet ; **5.** fig., voie, moyen, mé[-]thode, *viā et arte* : avec art et méthode, CIC.

vĭālis, *e*, adj., relatif aux chemins, *Lares viales* : Lares protecteurs des voyageurs.

vĭārĭus, *a*, *um*, relatif aux routes, *lex via[-]ria* : loi concernant la réparation des rou[-]tes.

vĭātĭcātus, *a*, *um*, muni de provisions, d'argent pour le voyage.

vĭātĭcum, *i*, n., **1.** argent pour le voyage ; **2.** frais de voyage, provisions de voyage ; **3.** pécule du soldat en campagne.

vĭātĭcus, *a, um*, de voyage, *viatica cena* : dîner de voyage (pour fêter le retour de qqn.).

vĭbex, *īcis*, f., V. le suiv.

vĭbīces, *um*, f. pl., meurtrissures, marques (de coups de fouet) ; le sg. *vibex* ou *vibix*, meurtrissure, est tardif (ép. impériale).

Vĭbo (**Vălentĭa**), *ōnis*, f., Vibo Valentia, v. du Bruttium, auj. Bivona ‖ **Vĭbōnensis**, *e*, adj., de Vibo.

vĭbrāmĕn, *ĭnis*, n., action de darder sa langue (pour un serpent).

vĭbro, *ās, āre*, tr. et intr.,

tr., **1.** imprimer un mouvement vibratoire à qqch., agiter, brandir ; **2.** friser ; **3.** lancer, darder, *vibratus ab æthere fulgor* : éclair brandi du haut du ciel, VIRG.

¶ intr., **1.** vibrer, osciller ; **2.** scintiller, étinceler ; **3.** (style) être vigoureux, pénétrant, *oratio incitata et vibrans* : style vif et impétueux, CIC.

vĭburnum, *i*, n., viorne, petit alisier (arbrisseau).

vīcānus, *a, um*, de bourg, de village ; subst. m., *vicanus, i*, hab. d'un village.

Vīca Pōta, *æ*, f., Vica Pota, déesse de la victoire.

vĭcārĭus, *a, um*, qui tient la place d'un autre ; subst. f., *vicaria, æ*, remplaçante ; m., *vicarius, ii*, **1.** remplaçant ; **2.** esclave en sous-ordre (soumis à un autre esclave) ; **3.** remplaçant d'un soldat.

vīcātim, adv., **1.** quartier par quartier ; **2.** de bourg en bourg, par bourgs.

vĭcĕ, vĭcĕm, V. *vicis*.

vīcēnālis, *e*, adj., qui contient le nombre vingt.

vīcēni, *æ, a*, adj. num., **1.** distr., vingt à la fois, chacun vingt ; **2.** vingt.

vīcens~, V. *vices~*.

Vīcent~, V. *Vicet~*.

vīces, V. *vicis*.

vīcēsĭmāni, *ōrum*, m. pl., soldats de la 20ᵉ légion.

vīcēsĭmārĭus, *a, um*, relatif au vingtième (impôt), *vicesimarium aurum* : impôt du vingtième ; subst. m., *vicesimarius, ii*, percepteur de l'impôt du vingtième.

vīcēsĭmus (**vīcens~**), et **vīgēsĭmus**, *a, um*, vingtième ; subst. f., *vicesima, æ*, **1.** vingtième partie, le vingtième ; **2.** l'impôt du vingtième (5 %), a) payé par le maître qui affranchit l'esclave ; b) sur les héritages ; c) sur les importations et exportations.

Vĭcētĭa, *æ*, f., Vicétia,v. de Gaule Transpadane, auj. Vicence ‖ **Vĭcētīni**, *ōrum*, m. pl., les hab. de Vicétia.

vīci, V. *vinco*.

vĭcĭa, *æ*, f., bot., vesce.

vĭcĭēs (**~ĭens**), adv., vingt fois ; *~ centena milia, HS ~* ou simpl. *vicies* : deux millions de sesterces.

Vĭcĭlīnus, *i*, m., le Vigilant, épith. de Jupiter.

vīcīnālis, *e*, adj., de voisin, de voisinage, voisin, *ad vicinalem usum* : pour l'usage des voisins ; *vicinalia bella* : guerres avec les voisins.

vīcīnĭa, *æ*, f., **1.** voisinage, proximité ; **2.** le voisinage, les voisins ; **3.** rapport, analogie, parenté.

vīcīnĭtās, *ātis*, f., **1.** voisinage, proximité, *vicinitates* : relations de voisinage, CIC. ; **2.** le voisinage, les voisins ; au pl., même sens ; **3.** rapport, analogie, parenté.

vīcīnus, *a, um*, (cf. *vicus*), **1.** voisin, qui est à proximité (temps ou espace), *vicinum bellum* : guerre dans un pays voisin, LIV. ; subst. m., *vicinus, i*, un voisin ; f., *vicina, æ*, une voisine ; n., *vicinum, i*, le voisinage ; n. pl., *vicina, orum*, les alentours, les lieux voisins ; **2.** proche, prochain ; **3.** voisin, analogue, qui se rapproche de + gén. ou dat.

vĭcis, gén. (sans nom.), acc. *vicem*, abl. *vice* ; au pl., nom. et acc. *vices*, dat. et abl. *vicibus*, f., **1.** succession, alternative, changement, *vicibus loquendi* : en parlant et en répondant, à tour de rôle ; *annorum vices* : la succession des années ; *mutuā vice* : tour à tour, réciproquement ; *versā vice* ou *vice versā, per vices, in vices, in vicem* : tour à tour, successivement ; **2.** sort, vicissitudes du sort ; **3.** réciprocité, échange, retour, *vicem reddere* : rendre la pareille ; *vices exigere* : exiger la réciprocité ; **4.** tour, roulement ; d'où : place, lieu ; fonction, rôle, *meam vicem, tuam vicem* : à ma place, à ta place ; *vice* : à la place de, pour + gén. ; **5.** comme, en guise de, *oraculi vicem* : comme un oracle.

vĭcissātim, V. *vicissim*.

vĭcissim, adv., **1.** en retour, réciproquement ; **2.** tour à tour, à son tour.

vĭcissĭtūdo, *ĭnis*, f., **1.** vicissitude, changement, alternance, *vicissitudines dierum et noctium* : l'alternance des jours et des nuits ; **2.** réciprocité, échange, *officiorum* : de bons offices.

victĭma, *æ*, f., **1.** victime (gros animal destiné au sacrifice) ; **2.** fig., victime.

victĭmārĭus, *a*, *um*, relatif aux victimes ; subst. m., *victimarius*, *ii*, a) victimaire, officiant du sacrifice ; b) marchand d'animaux destinés au sacrifice.

victĭmo, *ās*, *āre*, tr., sacrifier comme victime.

victĭto, *ās*, *āre*, intr., vivre, se nourrir de + abl. ; abs., vivre.

victŏr, *ōris*, m., **1.** vainqueur, ~ *belli* : à la guerre, ~ *victorum* : le vainqueur des vainqueurs, le plus grand des vainqueurs, PL., *victores*, *victi* : les vainqueurs, les vaincus ; **2.** adj., victorieux ; fig., ~ *propositi* : qui a réussi dans ses projets, HOR.

Victŏr, *ōris*, m., **1.** le Vainqueur, épith. d'Hercule ; **2.** Victor, nom d'h. ; spéc., Sextus Aurelius Victor, historien rom. du IVᵉ s. ap. J.-C.

victōrĭa, *æ*, f., **1.** victoire, *victoriam ex aliquo ferre* ou *referre*, *ab aliquo reportare* : être vainqueur de qqn, *omittere victoriam* : laisser échapper la victoire ; **2.** fig., victoire, succès, avantage.

Victōrĭa, *æ*, f., **1.** la Victoire, déesse ; **2.** statue de la Victoire.

victōrĭātus, *a*, *um*, marqué de l'image de la Victoire ; subst. m., *victoriatus* (ss.-ent., *nummus*), *i*, **1.** pièce de monnaie à l'effigie de la Victoire, valant un demi-denier ; fig., *rhetores victoriati* : rhéteurs de peu de valeur ; **2.** poids d'une demi-drachme (employé en médecine).

Victōrĭŏla, *æ*, f., statuette de la Victoire.

victōrĭōsus, *a*, *um*, victorieux.

Victōrĭus, *ii*, m., Victorius, nom d'un centurion ; Marcellus Victorius, avocat, favori de l'empereur Domitien, dédicataire de « L'Institution oratoire » de Quintilien.

victrix, *īcis*, adj. f. et n., **1.** victorieuse, relative à la victoire, *victrices litteræ*, *tabellæ* : bulletin de victoire ; **2.** qui triomphe, *victricia arma* : armes victorieuses, VIRG.

victŭālis, *e*, adj., alimentaire.

victum, V. *vinco* et *vivo*.

victŭma, V. *victima*.

Victumŭlæ, *ārum*, f. pl., Victumules, v. près de Plaisance.

victūrus, *a*, *um*, part. fut. de *vinco* et de *vivo*.

① **victus**, *a*, *um*, V. *vinco* et *vivo*.

② **victŭs**, *ūs*, (cf. *vivo*), m., **1.** nourriture, vivres, aliments ; **2.** genre de vie, habitudes.

vīcŭlus, *i*, m., bourgade.

vīcus, *i*, m., **1.** village, bourg ; **2.** domaine, propriété ; **3.** quartier d'une ville ; rue.

vĭdēlĭcet (*videre licet*), adv., **1.** il est év dent, il va de soi que + prop. inf. prim tivement ; **2.** évidemment (souv. iron.) **3.** apparemment, sans doute.

vĭdĕn = *videsne* ? vois-tu ? tu vois, n'es ce pas ?

vĭdĕo, *ēs*, *ēre*, *vīdi*, *vīsum*, tr., **1.** voir, per cevoir par la vue, *sensus videndi* : le ser de la vue, CIC. ; **2.** distinguer, a) *vidi eu ingredientem* : je l'ai vu (en train d') entre (la prop. part. correspond à une opéra tion des sens) ; b) *vidi eum ingredi* : j'ai v (= j'ai constaté) son entrée (la prop. in correspond à une opération intelle tuelle) ; **3.** aller voir, visiter ; **4.** regarde avoir vue sur ; **5.** examiner, réfléchir, *vid quid agas* : songe à ce que tu fais, CIC. **6.** prendre des mesures, veiller avec u ne + subj. : *videndum est ne* : il faut évite que ; mais distinguer a) sens nég. : *v deant consules ne quid res publica detr menti capiat* : que les consuls veillent éviter que l'État ne subisse aucun dom mage (formule du *senatus consultum ult mum*) ; b) sens assertif : ne pas perdre d vue que, prendre garde à, *vide ne quid C tulus attulerit religionis* : fais attentio Catulus pourrait bien avoir soulevé u cas de conscience, CIC. ; **7.** voir, assiste être témoin de ; **8.** dans la comédie : re garder qqn en face, *me vide* : regarde moi bien, tu peux m'en croire, PL.

vĭdĕor, *ēris*, *ēri*, *vīsus sum*, **1.** passif de *v deo*, être vu (sens fréquent chez César), *nullo videbatur* : il n'était vu par per sonne ; *visum est* : c'est tout vu !, PL. **2.** sembler, paraître (passif pers.), *perbea fuisse illi videntur* : il semble que ces gen là ont été très heureux, CIC. ; **3.** qqf., s montrer, apparaître visiblement, *pabul tione prohibituri hostes videbantur* : le ennemis empêcheraient manifestemer d'aller au fourrage, CÉS. ; **4.** avoir l'im pression (constr. pers.), *mihi videor*, *til videris*, *sibi videtur ægrotare* : je crois, t crois, il croit être malade ; **5.** constr. im pers., a) expr., *ut videar ægrotare* : à c qu'il semble, *ut mihi videtur* : à ce qu me semble ; b) + inf. : *mihi videtur* = j suis d'avis, je trouve bon de.

vĭdŭa, *æ*, f., veuve.

vĭdŭātus, *a*, *um*, V. *viduo* ; + abl. ou gén privé de, *manuum viduata* : sans le mains, LUCR.

vĭdŭĭtās, *ātis*, f., **1.** privation ; **2.** veu vage.

Vĭdŭlārĭa, *æ*, f., « La Valise », titre d'un comédie de Plaute.

vīdŭlus, *i*, m., **1.** sac de cuir, valise **2.** panier à poisson.

ĭdŭo, *ās*, *āre*, tr., **1.** rendre vide, priver ; **2.** rendre veuve.

ĭdŭus, *a*, *um*, **1.** privé, qui manque de ; **2.** veuf ou veuve.

Ⅴienna, *æ*, f., Vienne, v. de Gaule Narbonnaise sur le Rhône ‖ **Viennenses**, *ium*, m. pl., les hab. de Vienne ‖ **Viennensis**, *e*, adj., de Vienne.

ĭĕo, *ēs*, *ēre*, *vĭētum*, tr., lier, nouer, tresser.

ĭesco, *ĭs*, *ĕre*, intr., se dessécher, se flétrir.

ĭētus, *a*, *um*, **1.** flétri, fané ; **2.** blet (fruit) ; **3.** desséché, cassé (par l'âge).

ĭgēni, V. viceni.

ĭgĕo, *ēs*, *ēre*, *vĭgŭi*, intr., **1.** être jeune, vigoureux, *Fama mobilitate viget* : La Renommée ne vit que par le mouvement, Virg., *animo ~* : être plein d'énergie, *~ memoriā* : avoir une bonne mémoire ; **2.** être en honneur, être en vogue, fleurir, *avaritia vigebat* : la passion de l'argent régnait, Sall., *philosophia viget* : la philosophie est en honneur, Cic.

ĭgesco, *ĭs*, *ĕre*, intr., prendre de la force.

ĭgēsĭmus, V. vicesimus.

ĭgĭl, *īlis*, adj., **1.** éveillé, vigilant, attentif ; subst. m., gardien, garde de nuit (spéc. au pl.) ; *vigiles mundi* : les gardes du monde (le soleil et la lune), Lucr. ; **2.** qui tient éveillé.

ĭgĭlans, *antis*, part. adj., éveillé, vigilant, attentif.

ĭgĭlantĕr, adv., [*~tius*, *~tissime*], avec vigilance, avec soin, attentivement.

ĭgĭlantĭa, *æ*, f., **1.** habitude de veiller, activité nocturne ; **2.** vigilance, soin, attention.

ĭgĭlātē, adv., avec soin.

ĭgĭlax, *ācis*, adj., **1.** toujours éveillé ; **2.** qui tient éveillé.

ĭgĭlĭa, *æ*, f., **1.** veille, absence de sommeil ; **2.** garde de nuit ; **3.** faction de nuit, veille (nuit divisée en quatre veilles) ; **4.** sentinelle, poste, *vigilias ponere* : placer des sentinelles, *vigilias circuire* : visiter les postes ; **5.** veillée religieuse, Pl. ; **6.** soin vigilant, attention.

ĭgĭlĭārĭum, *ĭi*, n., guérite d'une sentinelle.

ĭgĭlĭum, *ĭi*, n., V. vigilia.

ĭgĭlo, *ās*, *āre*, intr. et tr.,
intr., **1.** veiller, ne pas dormir ; **2.** être vigilant, être attentif, avec *ut* ou *ne* + subj.
tr., **1.** passer en veillant ; **2.** faire avec soin.

ĭgintī, adj. num. indécl., vingt (abr. XX).

ĭgintīvĭr (abr. : XX vir), *ĭri*, m., vigintivir ; au pl., *vigintiviri*, *orum*, **1.** les vigin-

tivirs (commission de vingt membres nommés par César pour la distribution de terres aux vétérans) ; **2.** magistrats subalternes auprès du préteur, occupant des fonctions diverses.

vīgintīvĭrātŭs, *ūs*, m., vigintivirat, dignité et fonction des vigintivirs **1.** commission pour la distribution de terres aux vétérans ; **2.** ensemble de vingt magistrats subalternes.

vĭgŏr, *ōris*, m., vigueur, force vitale, énergie, activité, *animi ~* : énergie morale, *~ ingenii* : force intellectuelle.

vĭgŭi, V. vigeo.

vīlĭca (**villĭca**), *æ*, f., fermière.

vīlĭcātĭo, *ōnis*, f., administration d'une ferme.

① **vīlĭco** (**villĭco**), *ās*, *āre*, **1.** intr., administrer une ferme, être fermier ; **2.** tr., diriger comme fermier.

② **vīlĭco** (**villĭco**), *ōnis*, m., fermier.

vīlĭcus, *a*, *um*, relatif à une ferme, campagnard ; subst. m., *vilicus, i*, fermier, régisseur.

vīlis, *e*, adj., [*~lior*, *~lissimus*], **1.** à bas prix, bon marché, *vili emere*, *vili vendere* : acheter, vendre à bas prix, Pl. ; qui coûte peu, d'où : commun, *neque quicquam est vile nisi mores mali* : rien ne court plus les rues que l'immoralité, Pl. ; **2.** fig., a) sans valeur ; prov., *vile est quod licet* : nous méprisons ce qui est licite, Pétr. ; b) vil, méprisable.

vīlĭtās, *ātis*, f., **1.** bas prix, bon marché ; **2.** absence de valeur, dépréciation, *~ sui* : le mépris de soi, Sén., Pl.-J.

vīlĭtĕr, adv., **1.** à bon marché ; **2.** petitement.

villa, *æ*, (cf. *vicus*), f., **1.** maison de campagne, propriété, ferme ; **2.** *villa publica* ; a) édifice public dans le Champ de Mars (où se faisaient les enrôlements, le cens) ; b) résidence des ambassadeurs étrangers (qui n'étaient pas autorisés à entrer dans la ville).

villāris, *e*, et **villātĭcus**, *a*, *um*, de ferme.

villĭc~, V. vilic~.

villōsus, *a*, *um*, velu, couvert de poils.

villŭla, *æ*, f., petite maison de campagne, petite ferme.

villum, *i*, n., petit vin, piquette.

villus, *i*, m., touffe de poils, poil ; mousse des arbres.

vīmĕn, *ĭnis*, n., bois flexible, baguette, osier.

vīmentum, *i*, n., branchage de bois flexible.

vīmĭnālis, *e*, adj., souple, propre à nouer, à tresser.

Vīmĭnālis (collis), *is*, m., le Viminal, une des sept collines de Rome, ~ *porta* : porte Viminale, une des portes de Rome.

vīmĭnētum, *i*, n., oseraie, saulaie.

vīmĭnĕus, *a*, *um*, fait de bois souple, d'osier.

vīn ? = *visne ?* : veux-tu ?

vīnācĕa (~cĭa), *æ*, f., marc de raisin.

vīnācĕum, *i*, n., 1. pépin de raisin ; 2. marc de raisin.

vīnācĕus, *a*, *um*, de vin ; subst. m., *vina-ceus*, *i*, 1. pépin de raisin ; 2. peau d'un grain de raisin.

Vīnālĭa, *ĭum*, n. pl., Vinalies, fêtes du vin, célébrées le 23 avril (*Vinalia priora*) en l'honneur de Jupiter (pour la floraison) et le 19 août (*Vinalia rustica*) en l'honneur de Vénus (pour la vendange).

vīnālis, *e*, adj., de vin, relatif au vin ; vineux.

vīnārĭus, *a*, *um*, de vin, relatif au vin, *vas vinarium* ou subst. n., *vinarium, ii*, vase à mettre le vin ; n. pl., *vinaria, orum*, amphores ; m., *vinarius, ii*, marchand de vin.

vincĭbĭlis, *e*, adj., 1. qui peut être gagné, ~ *causa* : procès facile à gagner ; cause juste ; 2. convaincant, victorieux.

vincĕus, V. *junceus*.

vincĭo, *īs*, *īre*, *vinxi*, *vinctum*, tr., 1. pr., lier, attacher, enchaîner ; 2. fig., lier, enchaîner ; captiver ; 3. serrer, fortifier ; 4. fig., enchaîner (par le sommeil, l'ivresse) ; 5. lier, assujettir les phrases (par un rythme), *oratio vincta numeris* : style enchaîné par les liens du rythme, CIC.

vinco, *īs*, *ĕre*, *vīci*, *victum*, tr., 1. vaincre à la guerre, être vainqueur, *Galliam bello* ~ : vaincre la Gaule par les armes, CÉS. ; ~ *judicium, causam suam* : gagner son procès, CIC. ; 2. l'emporter sur, dominer, ~ *aliquem eloquentiā* : vaincre qqn. en éloquence ; 3. prouver, démontrer victorieusement, + prop. inf., avec *ut* + subj., *nec vincet hoc ratio ut…* : le raisonnement n'arrivera pas à faire la preuve que…, HOR. ; 4. passif, *vinci* : céder, *victus genitor* : son père vaincu, cédant à ses prières, VIRG. ; 5. abs., *vincere* : triompher, avoir raison, *vicimus, vicimus* : nous triomphons, victoire !, CIC., *vicisti* : tu as raison, PL.

vinctĭo, *ōnis*, f., 1. action de lier ; 2. ligature.

vinctūra, *æ*, f., 1. action de lier, lien ; 2. ligament, ligature.

① **vinctus**, *a*, *um*, V. *vincio*.

② **vinctŭs**, *ūs*, m., lien.

vincŭlum et **vinclum**, *i*, n., 1. lien, attache, corde ; sandale ; 2. liens, chaînes, fers ; prison, *in vincula conjicere aliquem* :

jeter qqn. en prison ; 3. fig., lien, chaîne, *vincula concordiæ* : les liens qui maintiennent la concorde, CIC. ; *vincula numerorum* : les liens du rythme, CIC.

Vindalĭcus, *i*, m., Vindalicus, riv. de Gaule Narbonnaise (Sorgue ?).

Vindĕlĭci, *ōrum*, m. pl., Vindéliciens, peuple de Germanie, au N. de la Rhétie, auj. Augsbourg.

vindēmĭa, *æ*, f., 1. vendange ; 2. raisin ; 3. cueillette.

vindēmĭātŏr, *ōris*, m., 1. vendangeur ; 2. le Vendangeur, étoile de la constellation de la Vierge.

vindēmĭo, *ās*, *āre*, intr., vendanger.

vindēmĭŏla, *æ*, f., petite vendange ; fig., petites économies.

vindēmĭtŏr, V. *vindemiator*.

vindex, *ĭcis*, m. et f., 1. répondant en justice, garant, caution ; 2. protecteur, défenseur, sauveur ; 3. vengeur, qui punit.

Vindex, *ĭcis*, m., surnom rom. ; not., C. Julius Vindex, procurateur de la Gaule, chef d'un soulèvement contre Néron.

vindĭcātĭo, *ōnis*, f., 1. réclamation d'un droit (en justice) ; 2. action de venger, de punir ; 3. action de défendre, de protéger.

vindĭcĭæ, *ārum*, f. pl., réclamation en justice (d'un objet en litige, faite par les deux parties devant le préteur) entraînant la possession provisoire de l'objet, *dare* ou *dicere vindicias secundum libertatem* : prononcer la liberté provisoire.

vindĭco, *ās*, *āre*, tr., 1. réclamer en justice, revendiquer (V. *vindiciæ*), ~ *sponsam in libertatem* : réclamer la mise en liberté de sa fiancée, LIV. ; 2. en gén., réclamer, revendiquer ; 3. *in libertatem aliquem* ~ : ramener qqn. à l'état de liberté, rendre qqn. la liberté ; 4. protéger de, soustraire qqn. ou qqch. à (avec *ab* ou *ex* + abl.) ; 5. venger, punir ; passif impers. avec *in* + acc., *in eos vindicatum est* : on a sévi contre eux ; *se ab aliquo* ~ : se venger de qqn.

vindicta, *æ*, f., 1. baguette dont le préteur touchait la tête de l'esclave qu'on affranchissait ; 2. action de revendiquer, de reconquérir ; 3. punition, vengeance.

Vindŏbŏna, *æ*, f., Vindobona, v. de Pannonie, auj. Vienne.

vīnĕa, *æ*, f., 1. vigne, vignoble ; 2. cep de vigne ; 3. machine de siège (construite en berceau de vigne).

vīnĕālis, *e*, **vīnĕārĭus**, *a*, *um* et **vīnĕātĭcus**, *a*, *um*, relatif à la vigne, de vigne, vignoble.

vīnētum, *i*, n., lieu planté de vignes, vignoble, vigne ; prov., *vineta sua cædere* jeter des pierres dans son jardin, dire du mal de soi.

vīnĭtŏr, ōris, m., vigneron ; vendangeur.

vinnŭlus, a, um, gentil, mignon, doux (sens douteux), PL.

vīnŏlentĭa, æ, f., ivresse ; ivrognerie.

vīnŏlentus, a, um, **1.** ivre ; subst. m. pl., *vinolenti, orum*, les ivrognes ; **2.** où il entre du vin.

vīnōsus, a, um, [~*sior*, ~*sissimus*], **1.** adonné au vin ; **2.** ivre, gorgé de vin ; **3.** vineux.

vīnŭlent~, V. *vinolent~*.

vīnum, i, n., **1.** vin ; au pl., *vina, orum*, sortes de vin ; *in vino, per ~* : en buvant, dans l'ivresse ; **2.** raisin, vigne ; **3.** boisson tirée d'autres fruits.

vīnus, i, m., V. *vinum*.

vinxi, V. *vincio*.

vĭo, ās, āre, intr., faire route, être en voyage ; part. subst. m. pl., *viantes, ium*, les voyageurs.

vĭŏla, æ, f., **1.** violette ; **2.** couleur violette.

vĭŏlābĭlis, e, adj., **1.** qui peut être blessé ; **2.** fig., qu'on peut violer, profaner.

vĭŏlācĕus, a, um, violet, de couleur violette.

vĭŏlārĭum, ĭi, n., plate-bande de violettes.

vĭŏlārĭus, ĭi, m., teinturier en violet.

vĭŏlātĭo, ōnis, f., violation, outrage, profanation.

vĭŏlātŏr, ōris, m., **1.** violateur, **2.** profanateur.

vĭŏlens, entis, adj., violent, emporté (poét. pour *violentus*).

vĭŏlentĕr, adv., [~*tius*, ~*tissime*], avec violence, avec emportement, ~ *tolerare* : s'indigner vivement de.

vĭŏlentĭa, æ, f., **1.** (pers.) violence, caractère emporté ou farouche, ~ *vultus* : air farouche ; **2.** (choses) force violente.

vĭŏlentus, a, um, [~*tior*, ~*tissimus*], **1.** (pers.) violent, emporté ; farouche, cruel ; **2.** (choses) violent, impétueux.

vĭŏlo, ās, āre, tr., **1.** faire violence à, maltraiter ; **2.** violer, enfreindre, transgresser ; **3.** souiller, offenser ; **4.** altérer (une couleur), teindre, VIRG.

vīpĕra, æ, f., **1.** vipère ; **2.** fig., vipère (t. injurieux) ; **3.** serpent.

vīpĕrĕus, a, um, **1.** de vipère, de serpent ; **2.** entouré de serpents.

vīpĕrīnus, a, um, de vipère, de serpent, *nodus ~* : nœud de vipères, HOR.

Vipsānĭus, ĭi, m., nom d'une famille rom., not. M. Vipsanius Agrippa, gendre d'Auguste ‖ **Vipsānus**, a, um, de Vipsa-

nius, *Vipsanæ columnæ* : colonnes du portique d'Agrippa.

Vipstānus, i, m., Vipstanus Messala, orateur et historien du Iᵉʳ s. ap. J.-C.

vir, vĭri, m., **1.** en gén., homme (opp. à femme), *virum me natam vellem* : je voudrais être née homme, TÉR. ; **2.** homme (à distinguer de *homo* = être humain), personnage, homme de caractère ; **3.** mari, époux ; homme fait, adulte (opp. à *puer*) ; **4.** mil., soldat, en gén. au pl., *viri, orum*, soldats, troupe et spéc., fantassins ; **5.** celui dont il s'agit (à la place de *is* ou *ille*) ; **6.** au pl., poét., les hommes opp. aux dieux.

vīrāgo, ĭnis, (cf. *vir*), f., femme robuste ou virile ; femme guerrière.

vĭrectum, i, n., **1.** lieu verdoyant, bocage ; **2.** vert, couleur verte.

vĭrens, entis, part. adj., **1.** verdoyant, vert ; subst. n. pl., *virentia, ium*, les végétaux, les plantes ; **2.** fig., épanoui, dans la fleur de l'âge.

① **vĭrĕo**, ēs, ēre, vĭrŭi, intr., **1.** être vert ; **2.** être florissant, être dans la force de l'âge.

② **vĭrĕo**, ōnis, m., verdier ou verdet.

vīres, ĭum, pl. de *vis* ②.

vĭresco, ĭs, ĕre, vĭrŭi, intr., **1.** devenir vert ; **2.** atteindre la maturité, être vigoureux.

virga, æ, f., **1.** branche verte ; baguette ; **2.** rejeton, bouture ; **3.** baguette (pour battre), verge ; not. au pl., *virgæ, arum*, faisceau des licteurs ; **4.** baguette magique (de Circé, de Mercure : caducée) ; **5.** bande colorée sur un vêtement ou dans le ciel ; **6.** rameau généalogique, lignée.

virgātŏr, ōris, m., fouetteur.

virgātus, a, um, **1.** tressé avec des baguettes en osier ; **2.** rayé (étoffe).

virgētum, i, n., lieu planté d'osier, oseraie.

virgĕus, a, um, de jeunes branches d'osier ; subst. n. pl., *virgea, orum*, branches flexibles.

virgĭdēmĭa, æ, f., vendange de coups (mot forgé d'après *vindemia*), PL.

Virgĭlĭæ, V. *Vergiliæ*.

Virgĭlĭānus, a, um, de Virgile ‖ **Virgĭlĭus** (**Vergĭlĭus**), ĭi, m., Virgile (P. Virgilius Maro), prince des poètes latins (70-19 av. J.-C.).

virgĭnālis, e, adj., de jeune fille, de vierge, virginal ; subst. n., *virginale, is*, virginité.

virgĭnārĭus, a, um, V. le préc., *virginaria feles* : ravisseur de jeunes filles.

Virgĭnensis (~**nĭensis** (ss.-ent. *dea*), is, f., déesse du mariage.

virgĭnesvendōnĭdēs, æ, m., vendeur de jeunes filles (mot forgé par Plaute).

virgĭnĕus, a, um, de jeune fille, de vierge, virginal.

Virgĭnĭa (Ver~), æ, f., Virginie, jeune fille dont la mort amena la chute du décemvir Appius Claudius.

virgĭnĭtās, ātis, f., **1.** virginité ; **2.** = les jeunes filles.

Virgĭnĭus (Ver~), ĭi, m., L. Virginius, centurion qui tua sa fille pour la soustraire aux poursuites du décemvir Appius Claudius.

virgo, ĭnis, f., (o de virgo long dans Virgile, Ovide ; bref dans Stace, Juvénal), **1.** jeune fille, vierge, Sabinæ virgines : les Sabines ; doctæ virgines : les doctes vierges = les Muses ; ~ bellica : la vierge guerrière = Pallas, Ov. ; ~ Saturnia = Vesta, fille de Saturne, Ov. ; ~ dea = Diane, Ov., MART. ; **2.** sans adj., virgines : les Vestales ; Virgo : la Vierge, Diane ; Virgines : les Danaïdes ; **3.** en gén., jeune femme ; **4.** la Vierge, constellation ; Aqua Virgo et abs. Virgo, l'Eau vierge, l'eau amenée à Rome par l'aqueduc d'Agrippa et qui alimente auj. la fontaine de Trevi ; **5.** adj. f., (rar.) vierge, intacte.

virgŭla, æ, f., petite branche, petite baguette ; signe.

virgŭlātus, a, um, rayé, strié.

virgultum, i, n., et surt. au pl., **virgulta**, ōrum, pl., **1.** menues branches, jeunes pousses ; **2.** broussailles, buissons, ronces.

virgultus, a, um, couvert de broussailles.

virguncŭla, æ, f., petite fille, fillette.

Vĭrĭāt(h)ĭnus, a, um, de Viriate ou Viriathe ‖ **Vĭrĭāt(h)us**, i, m., Viriate ou Viriathe, chef des Lusitaniens, soulevé contre les Romains au IIᵉ s av. J.-C.

vĭrĭcŭlum (vĕrŭ~ ou **vĕrĭ~)**, i, n., **1.** brochette ; **2.** petite pique.

vĭrĭdans, antis, part. adj., verdoyant, vert.

vĭrĭdārĭum (vĭrĭdĭa~), ĭi, n., lieu planté d'arbres, jardin, parc.

vĭrĭdĕ, adv., de couleur verte.

vĭrĭdis, e, adj., **1.** vert, verdoyant ; subst. n., viride, is, le vert, la couleur verte ; n. pl. viridia, ium, plantes verdoyantes, ombrage, verdure ; **2.** fort, frais, jeune.

vĭrĭdĭtās, ātis, f., **1.** verdure, couleur verte ; **2.** fraîcheur de l'âge, verdeur.

vĭrĭdo, ās, āre, tr., rendre vert ; passif, viridari : verdir.

Vĭrĭdŏmārus (Virdŏ~, Virdŭ~, Virdŏma~), i, m., Viridomarus, chef gaulois tué par M. Claudius Marcellus.

vĭrīlis, e, adj., **1.** d'homme, mâle, masculin ; **2.** d'homme, d'homme fait, viril,

~ toga : toge virile (que les jeunes Romains prenaient à la puberté) ; **3.** individuel, personnel, pro virili parte ou por tione : pour sa part, pour son compte **4.** fig., mâle, énergique ; subst. n. pl., virilia, ium, a) parties sexuelles de l'h. ; b) actions viriles, actes de courage.

vĭrīlĭtās, ātis, f., **1.** virilité, âge viril **2.** virilité, sexe de l'h. ; activité sexuelle **3.** virilité, vigueur mâle.

vĭrīlĭtĕr, adv., virilement, d'une manière mâle.

vĭrĭpŏtens, entis, adj., puissant (surnom de Jupiter).

vĭrĭtim, adv., **1.** par homme, par tête **2.** individuellement.

Vīrŏmandŭi (Vēro~), ōrum, m. pl., Vi romanduens, peuple de Gaule Belgique (anc. province du Vermandois).

① **vĭrōsus**, a, um, qui recherche les hom mes.

② **vĭrōsus**, a, um, **1.** fétide, infect ; **2.** ve nimeux.

virtūs, ūtis, (cf. vir), f., **1.** ensemble des qualités phys. et mor. de l'h., animi corporis virtuti ante ponitur : l'excellence morale passe avant l'excellence physi que, CIC. ; **2.** valeur, courage, bravoure Helvetii reliquos Gallos virtute præcedunt les Helvètes dépassent le reste des Gau lois en courage, CÉS. ; **3.** au pl., virtutes qualités, actes de valeur, virtutes dicend alicujus : les qualités oratoires de qqn. **4.** spéc., vertu, perfection morale, ~ animi : les qualités viriles de l'âme, SALL

vĭrŭi, V. vireo et viresco.

vĭrŭlentus, a, um, venimeux ; fig., em poisonné.

vīrus, i, n., **1.** suc, jus, humeur ; **2.** bave venin, poison ; **3.** mauvaise odeur, infec tion ; amertume ; **4.** fig., fiel, amertume.

① **vīs**, 2ᵉ pers. sg. ind. prés. de volo ②.

② **vīs**, acc. vim, abl. vi, pl. vires, ium, f. **1.** force, puissance, pouvoir, vires corpo ris : force physique, vires animi : force morale ; summâ vi : avec le plus grand ef fort ; **2.** emploi de la force, violence, vim facere in aliquem : faire violence à qqn per vim, e vi : avec violence ouverte **3.** force des armes, vi expugnare : empor ter d'assaut ; au pl., forces militaires corps de troupes ; **4.** quantité, impor tance, magna ~ auri : une grande quantité d'or ; **5.** influence, efficacité ; **6.** essence caractère essentiel ; propriété ; valeur sens, portée d'un mot, ~ verborum : signi fication des paroles ; **7.** au pl., moyens ressources (spéc., financières).

viscātus, a, um, englué, frotté de glu fig., alléchant.

vĭscĕra, *um*, V. *viscus*.

vĭscĕrātim, adv., par lambeaux.

vĭscĕrātĭo, *ōnis*, f., 1. distribution de viande au peuple ; 2. repas de viande ; festin rituel.

vĭsco, *ās*, *āre*, tr., enduire de glu.

vĭscōsus, *a*, *um*, visqueux.

vĭscum, *i*, n., et **vĭscus**, *i*, m., 1. gui ; 2. glu.

vĭscŭs, *ĕris*, n., plus souv. au pl., **vĭscĕra**, *um*, 1. viscères, intestins, entrailles ; 2. chair de sa chair, fruit des entrailles, progéniture ; 3. fig., les entrailles, le cœur, l'intérieur, *ex rei publicæ visceribus* : en saignant l'État, CIC.

vīsendus, *a*, *um*, adj. vb. de *viso*, digne d'être vu, curieux ; subst. n. pl., *visenda*, *orum*, curiosités.

vīsi, V. *viso*.

vīsĭbĭlis, *e*, adj., visible.

vīsĭo, *ōnis*, f., 1. vue, action de voir ; 2. vision, idée, perception mentale ; 3. spectacle, apparition.

vīsĭto, *ās*, *āre*, (fréq. de *viso*), tr., 1. voir souvent ; 2. visiter, venir voir.

vīso, *ĭs*, *ĕre*, *vīsi*, *vīsum*, (cf. *video*), tr., 1. considérer, contempler, *visendi causā*, *studio* : pour voir, par curiosité ; 2. venir voir ; 3. aller voir, visiter.

vĭspillo, V. *vespillo*.

Vĭstŭla, *æ*, f., Vistule, fl. de Germanie, auj. en Pologne.

vīsum, *i*, n., 1. chose vue, vision ; 2. représentation, perception, image ; 3. rêve, songe, vision nocturne.

Vĭsurgis, *is*, m., Visurgis, fl. de Germanie, auj. Weser.

① **vīsus**, *a*, *um*, V. *video* et *viso*.

② **vīsŭs**, *ūs*, m., 1. vue, sens de la vue ; 2. au pl., *visus*, *uum*, yeux ; 3. regard ; 4. aspect, apparence.

vīta, *æ*, f., 1. vie, existence, *agere*, *degere vitam* : passer sa vie ; *trahere vitam* : traîner une (misérable) vie, VIRG. ; *excedere (e) vitā*, *vitā defungi* : mourir ; 2. manière de vivre, *omne vitæ genus* : tout genre de vie, *~ rustica* : la vie des champs, CIC. ; 3. vie, moyens d'existence, ressources ; 4. vie racontée, biographie ; 5. t. de tendresse : être cher, *mea ~ !* : ma vie, mon âme !, PL., CIC. ; 6. les êtres vivants ; 7. les âmes, les Ombres (aux Enfers).

vītābĭlis, *e*, adj., qu'on doit éviter.

vītābundus, *a*, *um*, qui cherche à éviter + acc.

vītālĭa, *ĭum*, n. pl., 1. les organes essentiels à la vie, *~ rerum* : le principe vital, LUCR. ; 2. les vêtements d'un mort, la toilette funèbre.

vītālis, *e*, adj., 1. de la vie, relatif à la vie, vital, *~ spiritus* : souffle vital ; 2. capable de vivre ; 3. digne d'être vécu, *vita ~* : une vie digne de ce nom, ENN.

vītālĭtās, *ātis*, f., vitalité, principe vital.

vītālĭtĕr, adv., avec un principe de vie, de manière à vivre.

vītātĭo, *ōnis*, f., action d'éviter.

vītēcŭla, V. *viticula*.

Vĭtellĭa, *æ*, f., Vitellia, 1. v. du Latium, auj. Civitella ; 2. divinité latine, épouse de Faunus.

vĭtellĭāni, *ōrum*, m. pl., vitelliens, sorte de tablettes à écrire.

Vĭtellĭāni, *ōrum*, m. pl., les Vitelliens, les soldats de Vitellius ‖ **Vĭtellĭānus**, *a*, *um*, vitellien, de Vitellius ‖ **Vĭtellĭus**, *a*, *um*, de Vitellius, *Vitellia via* : la voie Vitellia (du Janicule à la mer) ‖ **Vĭtellĭus**, *ĭi*, m., Vitellius, nom d'h. ; Aulus Vitellius, empereur rom. (avril-décembre 69 ap. J.-C.).

vĭtellus, *i*, m., 1. petit veau ; 2. jaune d'œuf.

vītĕus, *a*, *um*, de vigne.

vītex, *ĭcis*, f., espèce de saule, agnus-castus.

vĭtĭābĭlis, *e*, adj., corruptible.

vĭtĭārĭum, *ĭi*, n., plant de vigne, vignoble.

vĭtĭātŏr, *ōris*, m., corrupteur.

vītĭcŭla, *æ*, f., petit cep de vigne, sarment.

vītĭfĕr, *fĕra*, *fĕrum*, qui produit de la vigne, planté de vigne.

vītĭgĕnus et **vītĭgĕnĕus**, *a*, *um*, de vigne, qui provient de la vigne, *vitigeni latices* : le vin, LUCR.

vītĭlīgo, *ĭnis*, f., dartre, lèpre ; tache blanche.

vītĭlis, *e*, adj., tressé avec du bois flexible ; subst. n. pl., *vitilia*, *ium*, objets tressés, corbeilles.

vĭtĭo, *ās*, *āre*, tr., 1. corrompre, gâter, *~ auras* : polluer l'air, OV. ; 2. déshonorer, souiller ; 3. falsifier ; 4. entacher d'irrégularité, frapper de nullité (au moyen de l'*obnuntiatio*, V. ce mot) ; *~ comitia* : annuler une élection (le jour fixé n'étant pas faste).

vĭtĭōsē, adv., [*~sius*, *~sissime*], 1. d'une manière défectueuse, mal ; 2. irrégulièrement, contrairement aux auspices.

vĭtĭōsĭtās, *ātis*, f., 1. disposition vicieuse ; 2. tare, vice.

vĭtĭōsus, *a*, *um*, [*~sior*, *~sissimus*], 1. gâté, corrompu ; 2. défectueux, fautif, mauvais ; 3. irrégulier, contraire aux auspices ; 4. mauvais, pervers.

vītĭparra, *æ*, f., chardonneret.

vītis, *is*, f., **1.** vigne ; **2.** baguette du centurion (faite d'un cep de vigne) ; **3.** poét., grade de centurion.

vītĭsătŏr, *ōris*, m., qui a planté la vigne (Bacchus).

vĭtĭum, *ĭi*, n., **1.** vice, défaut, défectuosité, ~ *corporis* : défaut corporel ; *vitia orationis, sermonis* : fautes de style, de langue ; **2.** défaut moral, vice, ~ *ingenii, mentis* : travers d'esprit ; **3.** faute, acte coupable, ~ *est* + inf. : c'est une faute de, *in vitio esse* : être en faute, *vitio alicui aliquid vertere* : reprocher qqch. à qqn. ; **4.** irrégularité, non-respect des augures, *vitio creati consules* : consuls élus irrégulièrement ; **5.** viol, attentat à la pudeur.

vīto, *ās, āre*, tr., **1.** éviter, fuir, échapper à ; **2.** fig., *se ipsum* ~ : se fuir soi-même, être mécontent de soi ; ~ *vituperationem* : éviter le blâme ; avec *ne* + subj. : éviter que ; + dat., ~ *huic verbo* : éviter cette expression, PL.

vītŏr, *ōris*, m., vannier.

vĭtrĕārĭus, *ĭi*, m., verrier, celui qui souffle le verre.

vĭtrĕus, *a, um*, **1.** de verre, en verre ; subst. n., *vitreum, i*, vase de verre ; n. pl., *vitrea, orum*, objets en verre, verrerie ; **2.** clair, transparent, brillant comme le verre, *Vitrea Circe* : la brillante Circé, HOR. ; **3.** fragile comme le verre.

vĭtrīcus, *i*, m., beau-père (mari de la mère).

vĭtrum, *i*, n., **1.** verre ; **2.** guède, pastel servant à teindre en bleu.

Vĭtrūvĭus, *ĭi*, m., Vitruve (M. Vitruvius Pollio), architecte contemporain d'Auguste à qui il dédia son traité en dix livres.

vitta, *æ*, f., **1.** ruban, bandelette (des prêtres et des victimes) ; **2.** ruban nouant les cheveux des femmes de condition libre.

vittātus, *a, um*, orné de bandelettes, de rubans ; pavoisé (navire).

vĭtŭla, *æ*, f., génisse.

Vĭtŭla, *æ*, f., Vitula, déesse de la victoire et des réjouissances qui suivent la victoire.

Vĭtŭlārĭa vĭa, *æ*, route Vitulaire, aux environs d'Arpinum, CIC.

vĭtŭlīnus, *a, um*, de veau ; subst. f., *vitulina* (ss.-ent. *caro*), *æ*, f., viande de veau.

vĭtŭlor, *āris, āri*, intr., exulter de joie.

vĭtŭlus, *i*, m., **1.** veau, jeune taureau ; **2.** petit d'un animal ; **3.** ~ *marinus*, et abs., *vitulus* : veau marin, phoque.

Vītumnus, *i*, m., Vitumnus, dieu qui conserve la vie du nouveau-né.

vĭtŭpĕrābĭlis, *e*, adj., blâmable, répréhensible.

vĭtŭpĕrātĭo, *ōnis*, f., **1.** blâme, reproche au pl., *vituperationes, um*, reproches **2.** caractère répréhensible (d'une action)

vĭtŭpĕrātŏr, *ōris*, m., censeur, critique.

① **vĭtŭpĕro**, *ās, āre*, tr., **1.** blâmer, reprendre, critiquer, ~ *aliquem in aliquā re* blâmer qqn. en qqch. ; prov., ~ *cælum* trouver à redire à tout, PHÆDR. ; **2.** gâter vicier.

② **vĭtŭpĕro**, *ōnis*, m., censeur, critique.

vīvācĭtās, *ātis*, f., **1.** vitalité ; **2.** longue vie ; **3.** vivacité.

vīvārĭum, *ĭi*, n., **1.** parc à gibier, garenne vivier ; **2.** parc à huîtres.

vīvax, *ācis*, adj., [~*cior, ~cissimus*], **1.** qu vit longtemps ; qui vit trop longtemps durable ; **2.** vivace, vif, ardent.

vīvē, adv., vivement, beaucoup.

vīverra, *æ*, f., furet (animal).

vīvesco (**vīvisco**), *ĭs, ĕre, vixi*, intr. **1.** commencer à vivre ; **2.** se développer *verbum quod cupido adfixum cordi vivesci ut ignis* : une parole qui se fixe dans le cœur tourmenté de désir et brûle comme un feu, LUCR.

vīvĭdē, adv., vivement ; fig., d'une manière expressive.

vīvĭdus, *a, um*, **1.** vivant, plein de vie **2.** fig., vif, vigoureux, énergique, *vivida odia* : haines violentes.

vīvĭfĭcus, *a, um*, qui vivifie.

vīvĭpărus, *a, um*, vivipare, qui met au monde des petits vivants.

vīvĭrādix, *īcis*, f., plant vif, plante avec sa racine.

vīvo, *ĭs, ĕre, vixi, victum*, intr., **1.** vivre être vivant, ~ *ac spirare* : vivre et respirer *studia illa quibus nunc etiam vivimus* : ces études à qui encore aujourd'hui nous sommes redevables de la vie, CIC. ; *dun vitam vivas* : tant que tu es en vie, PL. ; *ne vivam, si…* : que je meure, si…, CIC. **2.** jouir de la vie, *vivamus, mea Lesbia !* goûtons la vie, ma Lesbie ! ; **3.** vivre, durer, subsister, ~ *in diem, in horam* : vivre au jour le jour ; **4.** vivre de, entretenir sa vie, ~ *piscibus* : se nourrir de poissons ~ *rapto, ex rapto* : vivre de pillage ; **5.** vivre, passer sa vie, ~ *parvo bene* : vivre heureux en se contentant de peu, HOR. ~ *litteris* : cultiver la littérature ; ~ *secum* ne songer qu'à soi ; **6.** expr., *vixit* : il a vécu (= il est mort).

vīvus, *a, um*, **1.** vivant, vif, animé, en vie *me, se eo vivo* : tant que je vivrai, qu'il vivra, pendant ma vie, sa vie ; subst. m. *vivus, i*, un vivant ; n., *vivum, i*, le vif, la chair vive, *ad vivum resecare* : couper jusqu'au vif ; **2.** vif, vivant, qui vivant, *viva aqua* : eau vive ; ~ *vultus* : portrait ressemblant ; 3. vif, actif, ardent.

vix, adv., 1. avec peine, difficilement, (placé comme *non*) *vix dici potest* : on peut difficilement dire, Cic. ; 2. temporel : à peine, en corrél. avec *cum* : *vix ea fatus erat cum…* : à peine avait-il dit cela que, Virg. ; *vix… et* (sans *cum* dans la seconde prop.), à peine… que ; 3. renforcé de *tandem* : tout de même enfin.

vixdum, adv., à peine encore, *vixdum… cum, vixdum… et* : à peine… quand.

vixi, V. *vivesco* et *vivo*.

vōbiscum = *cum vobis*, V. *vos*.

vŏcābĭlis, *e*, adj., sonore.

vŏcābŭlum, *i*, n., 1. nom, dénomination, *rebus imponere vocabula* : donner des noms aux choses ; 2. gramm., le nom, le substantif ; 3. prétexte, Tac.

vōcālis, *e*, adj., 1. doué de la voix, qui parle ; 2. qui parle, qui crie, qui chante ; 3. sonore, retentissant ; subst. f., *vocalis, is*, voyelle, en gén. au pl., *vocales, ium* : les voyelles ; m. pl., *vocales, ium* : musiciens, chanteurs ; 4. poét., avec valeur causative : qui inspire les chants, *Castaliæ vocales undæ* : les eaux de la fontaine Castalie inspiratrices de la poésie, Stace.

vōcālĭtĕr, adv., d'une manière sonore, en criant.

vŏcāmĕn, *ĭnis*, n., dénomination, nom, Lucr.

vŏcātĭo, *ōnis*, f., 1. citation en justice ; 2. invitation à un repas.

vŏcātīvus, *a, um*, qui sert à appeler : *casus* ~ et subst. m., *vocativus, i*, le vocatif.

vŏcātŏr, *ōris*, m., celui qui est chargé d'inviter (à un repas) ; celui qui appelle, qui convoque.

vŏcātŭs, *ūs*, m., 1. convocation (seul. à l'abl., *vocatu*) ; 2. invitation, prière ; 3. invitation (à un repas).

Vocetĭus mons, m., le mt. Vocétius (Jura oriental) en Helvétie, auj. Bözberg, dans le canton de Berne.

vōcĭfĕrātĭo, *ōnis*, f., clameurs, grands cris.

vōcĭfĕro, *ās, āre*, V. *vociferor* ; passif impers. : *vociferatum fuerat ferociter* + prop. inf. : on avait proclamé à grands cris que…, Liv.

vōcĭfĕror, *āris, āri*, 1. intr., pousser de grands cris, faire entendre des clameurs ; 2. tr., crier fort, proclamer hautement, *ratio tua cæpit ~ naturam rerum* : ton système philosophique se met à proclamer à tous la nature de ce qui existe, Lucr.

vōcĭfĭco, *ās, āre*, 1. intr., se faire entendre (abeilles) ; 2. tr., indiquer, faire connaître.

vŏcĭto, *ās, āre*, tr., 1. appeler habituellement, nommer ; 2. appeler à haute voix.

vŏcīvus, V. *vacivus*.

① **vŏco**, *ās, āre*, (cf. *vox*), tr., 1. appeler, convoquer, *senatum, in senatum, patres* : le sénat ; *in jus, in judicium* : en justice ; ~ *ad cenam* : inviter à dîner ; 2. inviter, engager, exhorter, ~ *aliquem in spem* : donner espoir, faire espérer à qqn. ; 3. amener à, réduire à ; ~ *aliquem in invidiam* : exposer qqn. à la haine, le rendre odieux ; 4. invoquer, implorer, ~ *deos auxilio* : implorer le secours des dieux, ~ *divos in vota* : supplier les dieux d'accueillir ses vœux ; 5. nommer, appeler.

② **vŏco**, *ās, āre*, V. *vaco*, Pl.

Vŏcōnĭus, *a, um*, de Voconius ‖ **Vŏcōnĭus**, *ĭi*, m., Voconius, nom rom., spéc. Q. Voconius Saxa, tribun du peuple, auteur d'une loi limitant pour les femmes le droit d'hériter.

Vŏcontĭi, *ōrum*, m. pl., Voconces, peuple du S. de la Gaule, auj. le Vaucluse ‖ **Vŏcontĭus**, *a, um*, des Voconces.

vōcŭla, *æ*, f., dim. de *vox*, 1. voix faible, inflexion douce de la voix ; mais ~ *stridens* : voix criarde (d'une vieille femme), Apul. ; 2. au pl., *voculæ, arum*, propos tenus à voix basse, chuchotements, médisances ; 3. gramm., petit mot, monosyllabe.

vŏla, *æ*, f., 1. paume ou creux de la main ; 2. dessous du pied ; prov., *nec ~ nec vestigium exstat* : il n'en reste pas trace (il n'y en a pas plus que dans le creux de la main).

vŏlæmum (vŏlē~) pirum, et abs. **vŏlæmum**, *i*, n., voléma, espèce de grosse poire qui remplit le creux de la main.

Vŏlăterræ, *ārum*, f. pl., Volterra, v. d'Étrurie ‖ **Vŏlăterrāni**, *ōrum*, m. pl., les hab. de Volterra ‖ **Vŏlăterrānus**, *a, um*, de Volterra.

vŏlātĭcus, *a, um*, 1. qui vole, ailé ; subst. f., *volatica, æ*, sorcière (censée voler comme un oiseau) et *volatica* (ss.-ent. *ars*), *æ*, sorcellerie, magie ; 2. fugitif, éphémère.

vŏlātĭlis, *e*, adj., 1. qui vole, ailé ; subst. n. pl., *volatilia, ium*, les oiseaux ; 2. fig., léger, rapide ; *volatile ferrum* : flèche ; 3. fugitif, passager, éphémère.

vŏlātūra, *æ*, f., 1. action de voler ; 2. bande d'oiseaux.

vŏlātŭs, *ūs*, m., 1. action de voler ; 2. faculté de voler ; 3. course, rapidité.

Volcæ, *ārum*, m. pl., les Volques, Tectosages (cap. Tolosa, auj. Toulouse) et

Arécomiques (cap. Némausus, auj. Nîmes), peuple du S. de la Gaule.

Volcān~, V. *Vulcan~*.

vŏlēmum, V. *volæmum*.

vŏlens, *entis*, part. adj. de *volo*, **1.** qui agit librement, de son plein gré, qui veut bien, *volens nolens* : bon gré mal gré ; **2.** bien disposé, favorable, propice ; **3.** agréable, bien accueilli.

vŏlentĕr, adv., volontiers.

vŏlentĭa, *æ*, f., volonté, inclination, penchant.

① **volgō**, adv., V. *vulgo* ①.

② **volgo**, *ās*, *āre*, V. *vulgo* ②.

volgus, V. *vulgus*.

vŏlĭto, *ās*, *āre*, intr., **1.** voleter, voltiger ; (choses), se remuer comme en volant, *voces volitant per auras* : les voix traversent les airs, LUCR. ; fig., ~ *per ora virum* : voler sur les lèvres des hommes (ENN. cité par Cicéron) ; **2.** aller et venir, s'agiter, ~ *in foro* : courir sur le forum (se faire voir) ; **3.** se donner du repos, du temps libre ; **4.** se démener, insister.

volnĕro, V. *vulnero*.

volnŭs, V. *vulnus*.

① **vŏlo**, *ās*, *āre*, intr., **1.** pr., voler (oiseaux) ; part. subst. f. pl., *volantes, ium*, les oiseaux ; **2.** fig., voler, courir, fuir rapidement, *volat ætas* : le temps vole, CIC.

② **vŏlo**, *vīs*, *velle*, *vŏlŭi*, tr., **1.** vouloir, désirer, + acc., *pacem ~* : vouloir la paix, CIC. ; + inf., *volo audire* : je suis curieux de savoir, LIV. ; + prop. inf., *vult se esse carum suis* : il désire être aimé des siens ; + subj., *volo sis clemens* : je veux que tu sois clément ; avec *ut / ne* + subj., *volo uti mihi respondeas num* : je veux que tu me répondes si..., CIC. ; + expr. div., *velim nolim* : que je le veuille ou non ; *alicujus causâ aliquid ~* : vouloir qqch. dans l'intérêt de qqn., vouloir du bien à qqn. ; formule de courtoisie : *sis = si vis, sultis = si vultis* : si tu veux, si vous voulez, s'il te (vous) plaît, de grâce ; formule de congé fam. : *numquid vis ?* ou *numquid vis aliud ?* : tu n'as plus rien à me dire ? ; **3.** *quid sibi vult ?*, a) avec nom de pers. pour suj. : vouloir = avoir dans l'esprit, *quid tibi vis ?* quelle idée te prend ? ; b) avec nom de chose pour suj. : vouloir dire, signifier, *quid vult sibi hæc oratio ?* : que signifie ce discours ? ; **4.** vouloir, décider, statuer, *velitis jubeatis* : qu'il vous plaise ordonner (formule usitée au commencement des propositions de lois) ; **5.** avoir telle ou telle opinion, prétendre, soutenir + prop. inf. ; **6.** s'efforcer de, chercher ; **7.** *volo = malo*, vouloir plutôt, préférer.

③ **vŏlo**, *ōnis*, m., volontaire, spéc. au pl. *volones, um*, esclaves enrôlés après la bataille de Cannes, les hommes libres en état de porter les armes faisant défaut.

Volsci, *ōrum*, m. pl., Volsques, peuple du Latium ‖ **Volscus**, *a, um*, volsque, des Volsques.

volsella (vuls~), *æ*, f., petite pince, pincette ; tenette.

Volsĭnĭenses, *ĭum*, m. pl., les hab. de Volsinies ‖ **Volsĭnĭensis**, *e*, adj., de Volsinies ‖ **Volsĭnĭi**, *ōrum*, m. pl., Volsinies, v. d'Étrurie, auj. Bolsena ‖ **Volsĭnĭus**, *a, um*, de Volsinies.

volsus, V. *vello*.

Voltĭnĭa tribŭs, f., la tribu Voltinia, une des tribus rom. ‖ **Voltĭnĭenses**, *ĭum*, m. pl., les citadins de la tribu Voltinia.

Voltumna, *æ*, f., Voltumna, déesse de la confédération étrusque.

voltŭr, V. *vultur*.

Voltŭr~, V. *Vultur~*.

voltŭs, V. *vultus*.

vŏlūbĭlis, *e*, adj., **1.** aisé à tourner, qui roule, qui tourne, *volubile buxum* : toupie qui tourne, VIRG. ; **2.** changeant, variable ; **3.** (style) coulant, rapide.

vŏlūbĭlĭtās, *ātis*, f., **1.** mouvement circulaire, rotation, *mundi* : du monde ; **2.** rondeur, forme ronde ; **3.** fig., mobilité, inconstance (de la fortune) ; **4.** facilité d'élocution.

vŏlūbĭlĭtĕr, adv., **1.** en roulant rapidement ; **2.** avec abondance, avec facilité.

vŏlŭcĕr, *cris, cre*, adj., **1.** qui vole, ailé , subst., V. *volucris* ; **2.** poét., qui se meut rapidement, rapide, léger, *volucris sagitta* : flèche rapide, VIRG. ; *nihil est tam volucre quam maledictum* : rien ne vole aussi vite qu'une médisance, CIC. ; **3.** rapide, fugitif, passager, *volucre gaudium* : joie d'un moment, TAC.

vŏlŭcra, *æ*, f., et **vŏlŭcre**, *is*, n., (et **vŏlŭcres**, *um*, f. pl.), pyrale ou rouleuse, chenille qui s'enroule dans les feuilles de la vigne.

vŏlŭcris, *is*, f. (et qqf. m.), **1.** oiseau, *Junonis ~* : l'oiseau de Junon = le paon ; plus souv. au f. pl., *volucres, um*, oiseaux, CIC. ; astron., en parlant de la constellation du Cygne, et, au pl., de celles du Cygne et de l'Aigle ; **2.** insecte ; abeille ou mouche.

vŏlŭcrĭtĕr, adv., rapidement.

vŏlūmĕn, *ĭnis*, (cf. *volvo*), n., **1.** enroulement, courbure ; **2.** rouleau d'un manuscrit, volume, livre, ouvrage, *evolvere ~ epistularum* : dérouler un volume de lettres ; **3.** = *liber*, partie d'un ouvrage tome, volume ; **4.** mouvement circulaire, révolution, vicissitude.

Vŏlumnĭa, æ, f., Volumnie, **1.** épouse de Coriolan ; **2.** femme mime maîtresse d'Antoine.

ŏluntārĭus, a, um, **1.** volontaire, qui agit librement, de sa propre volonté, ~ *senator* : qui s'est fait lui-même sénateur, *voluntarii milites* : soldats volontaires, ~ *exercitus* : armée de volontaires ; subst. m. pl., *voluntarii, orum,* soldats volontaires ; **2.** qu'on fait volontairement, spontané.

ŏluntās, ātis, (cf. volo ②), f., **1.** volonté, consentement, intention, résolution, *meā (tuā, suā) voluntate,* et abs., *voluntate, ex voluntate* : de mon (ton, son) plein gré ; **2.** intention, disposition, sentiment envers qqn. ; spéc., bonne disposition, ~ *mutua* : bienveillance réciproque, Cɪᴄ. ; **3.** dernières dispositions, dernières volontés ; **4.** signification, sens.

ŏlŭp (par apocope de l'e final), adv., d'une manière agréable, avec plaisir, ~ *est (mihi)* : c'est un plaisir pour moi, Pʟ.

ŏluptābĭlis, e, adj., qui fait plaisir, agréable.

ŏluptārĭē, adv., dans le plaisir, voluptueusement.

ŏluptārĭus, a, um, **1.** relatif au plaisir ; **2.** qui cause de la joie, du plaisir ; **3.** adonné au plaisir, voluptueux ; subst. m. pl., *voluptarii, orum,* les philosophes du plaisir, les partisans du plaisir (épicuriens) ; **4.** sensible aux plaisirs, sensuel.

ŏluptās, ātis, (cf. volo ②), f., **1.** plaisir (de l'âme ou du corps), *ex aliquā re voluptatem capere, percipere* : prendre, trouver plaisir à qqch. ; **2.** plaisir des sens ; **3.** au pl., *voluptates,* réjouissances publiques, jeux donnés au peuple ; **4.** t. de tendresse, *mea* ~ : ma joie, Pʟ., Vɪʀɢ.

ŏluptŭārĭus, V. *voluptarius.*

ŏluptŭōsus, a, um, délicieux, agréable ; qui plaît.

ŏlūta, æ, f., volute.

ŏlūtābrum, i, n., bourbier, bauge (de sanglier).

ŏlūtābundus, a, um, qui aime à se rouler, se vautrer.

ŏlūtātĭo, ōnis, f., **1.** action de se rouler, de se vautrer ; **2.** agitation de l'âme, inquiétude ; **3.** instabilité.

① **vŏlūtātus**, a, um, V. *voluto.*

② **vŏlūtātŭs**, ūs, m., action de rouler.

ŏlūto, ās, āre, (fréq. de *volvo*), tr., **1.** rouler, faire tourner, *se* ~ *in pulvere* : se rouler dans la poussière ; passif, *volutari* : se rouler, se jeter (aux pieds) ; **2.** faire rouler (le son), faire entendre, faire retentir,

vocem volutant litora : le rivage retentit de leurs cris, Vɪʀɢ. ; **3.** rouler dans son esprit, méditer, *ita secum corde volutat* : il roule en secret dans son cœur de telles pensées, Vɪʀɢ. ; **4.** examiner, traiter.

① **vŏlūtus**, a, um, V. *volvo.*

② **vŏlūtŭs**, ūs, m., faculté de se rouler, de s'enrouler (des serpents).

volva (vulva), æ, f., **1.** vulve, matrice ; **2.** vulve de la truie (mets goûté des Romains) ; **3.** enveloppe, ~ *fungorum* : volve des champignons.

volvo, ĭs, ĕre, volvi, vŏlūtum, tr., **1.** rouler, faire tourner, *oculos huc illuc* ~ : rouler ses yeux çà et là, Vɪʀɢ. ; **2.** faire rouler, entraîner ; soulever ; **3.** dérouler (un manuscrit) pour le lire ; dévider (du fil), V. 6 ; **4.** *se* ~ *et volvi* : se rouler, s'enrouler (serpent), *volvitur leto* : il roule expirant, Vɪʀɢ. ; **5.** fig., rouler dans son cœur, dans sa pensée (accompagné de *cum animo suo, secum, in animo, animo, in* ou *sub pectore, intra se*) ; **6.** dérouler (temps), ~ *vices* : déterminer la suite des événements, Lᴜᴄʀ. ; *sic* ~ *Parcas* : (elle avait appris) qu'ainsi l'avaient décidé les Parques, Vɪʀɢ. ; *volventibus annis* : dans la suite des temps ; *volvens annus* : le cours de l'année, Ov. ; **7.** rhét., dérouler une période.

volvus ou **bulbus**, i, m., bulbe.

vōmĕr, ĕris, et **vōmĕris**, is, m., soc de la charrue.

vŏmĭca, æ, f., **1.** abcès, tumeur ; dépôt d'humeur ; **2.** renflement, vésicule ; **3.** fig., plaie, fléau, peste.

vŏmĭfĭcus, a, um, qui fait vomir.

vŏmis, arch. pour *vomer.*

vŏmĭtĭo, ōnis, f., vomissement, action de vomir.

vŏmĭto, ās, āre, intr., vomir souvent ou beaucoup.

vŏmĭtŏr, ōris, m., celui qui vomit.

vŏmĭtōrĭus, a, um, qui provoque le vomissement ; subst. n. pl., *vomitoria, orum,* vomitoires, passages par où s'écoulait la foule dans l'amphithéâtre.

① **vŏmĭtus**, a, um, V. *vomo.*

② **vŏmĭtŭs**, ūs, m., **1.** action de vomir, vomissement ; **2.** matières vomies ; **3.** injures.

vŏmo, ĭs, ĕre, vŏmŭi, vŏmĭtum, **1.** intr., vomir, *edunt ut vomant* : ils mangent pour vomir, Sᴇɴ. ; **2.** tr., vomir, cracher, répandre, ~ *argentum* : rendre gorge, Pʟ. ; ~ *animam* : rendre l'âme.

vŏmŭi, V. *vomo.*

Vŏpiscus, i, m., Vopiscus, surnom rom.

vŏrācĭtās, ātis, f., **1.** voracité, avidité ; **2.** nature dévorante.

vŏrāgĭnōsus, *a, um*, plein de trous, de gouffres, de remous.

vŏrāgo, *ĭnis*, f., **1.** abîme, gouffre, remous ; **2.** fig., gouffre, abîme.

vŏrax, *ācis*, adj., **1.** dévorant ; **2.** qui engloutit, qui consume.

vŏro, *ās, āre*, tr., **1.** dévorer, engloutir, manger avidement ; prov., ~ *hamum* : mordre à l'hameçon, se laisser prendre ; **2.** fig., engloutir, faire disparaître ; ronger, dissiper ; s'appliquer avidement à qqch.

vorro, V. *verro*.

vors~, vort~, V. *vers~, vert~*.

vōs, gén. *vestri* et *vestrum*, dat. et abl. *vobis*, pl. du pronom *tu*, vous (V. *tu*).

Vŏsĕgus, *i*, m., chaîne de mt. en Gaule, auj. Vosges.

vosmĕt, pron. *vos* renforcé, V. *tu*.

vostĕr, V. *vester*.

vōtīvus, *a, um*, **1.** votif, voué, promis par un vœu ; dédié, consacré, *votiva tabula* : tableau votif, ex-voto ; **2.** désiré, conforme à ses vœux, agréable, *votivæ nuptiæ* : mariage désiré, Apul.

vŏto, arch. pour *veto*.

vōtum, *i*, n., **1.** vœu, promesse solennelle faite aux dieux, ~ *solvere, reddere, exsolvere* : acquitter un vœu ; *voti reus = voti damnatus* : dont le vœu a été exaucé, enchaîné par un vœu ; **2.** objet promis par un vœu, offrande, *Danai in voto latent* : les Grecs sont cachés dans leur offrande (le cheval de bois), Pétr. ; **3.** vœu, souhait, désir, *hoc erat in votis* : voici ce que je désirais, Hor.

vōtus, *a, um*, V. *voveo*.

vŏvĕo, *ēs, ēre, vōvi, vōtum*, tr., **1.** promettre en vœu, consacrer, dédier ; abs., faire un vœu ou des vœux à une divinité ; faire vœu que + acc. ou inf. ; faire vœu que, avec *ut* + subj. ; **2.** désirer, souhaiter, avec *ut* + subj., *ut sim tua* ~ : je désire être à toi, Ov.

vōvi, V. *voveo*.

vox, *vōcis*, f., **1.** voix, son de la voix (humaine), ton, ~ *acuta, gravis, cita, tarda, magna, parva* : voix haute, basse, rapide, lente, forte, faible, *voce maximâ clamare* : crier de toutes ses forces, Cic. ; **2.** cri des animaux, *porcina* ~ : le grognement des porcs ; **3.** son en gén., ton, note (d'un instrument), bruit, *bucina litora voce replet* : le son de la trompette retentit partout sur le rivage, Virg. ; **4.** mot, parole, spéc., au pl., paroles, discours, propos ; **5.** parole magique (qqf.), *voces sacræ* : formules magiques, Hor. ; **6.** langage, langue.

Vulcānālĭa, *ĭum* (et *ĭōrum*), n. pl., Vulcanales, fêtes en l'honneur de Vulcain ‖

Vulcānālis, *e*, adj., de Vulcain ‖ **Vulcānĭus** (**Vol~**), *a, um*, de Vulcain ; poétacies Vulcania* : l'armée de Vulcain, le fe l'incendie ‖ **Vulcānus** (**Vol~**), *i*, m **1.** Vulcain, dieu du feu, fils de Jupiter de Junon, époux de Vénus ; *Vulcani insula* : l'île de Vulcain, la plus méridional des îles Lipari, principale résidenc (sous l'Etna) de Vulcain ; **2.** fig., poét., feu, l'incendie.

vulgāris, *e*, adj., **1.** commun, général, ordinaire, ~ *opinio* : l'opinion commune *vulgare est* + prop. inf. : c'est l'habitud de ; subst. m. pl., *vulgares, ium*, le peuple n. pl., *vulgaria, ium*, ce qui est commun ordinaire.

vulgārĭtĕr, adv., communément, suvant l'usage.

vulgārĭus, *a, um*, V. *vulgaris*.

vulgātŏr, *ōris*, m., celui qui divulgue, révélateur.

vulgātus, *a, um*, **1.** V. *vulgo* ; **2.** adj [~*tior*, ~*tissimus*], a) divulgué, généralement connu ; b) commun, accessible tous ; c) prostitué.

vulgĭvăgus, *a, um*, vagabond.

① **vulgō** (**volgō**), adv., **1.** en foule, généralement, partout ; **2.** en public, ouvertement ; **3.** communément, ordinairement.

② **vulgo** (**volgo**), *ās, āre*, tr., **1.** répandre, propager ; **2.** publier, divulgue *vulgavit rumor, fama, fabula* + prop. inf. le bruit se répandit que.

vulgus (**volgus**), *i*, n., et rar. m., **1.** l commun des hommes, le peuple, l foule, la masse, le vulgaire, *odi profanu ~ et arceo* : je hais le vulgaire profane e le tiens à l'écart, Hor. ; *ignotus in* ~ ignoré dans la foule, Cic. ; **2.** multitude masse ; coll., les soldats sans grade.

vulnĕrābĭlis, *e*, adj., **1.** vulnérable **2.** qui blesse.

vulnĕrārĭus, *a, um*, relatif aux blessures ; subst. m., *vulnerarius, ii*, chirurgien

vulnĕrātĭo, *ōnis*, f., tr., **1.** blessure, lésion ; **2.** atteinte, dommage, ~ *famæ* : atteinte à la réputation, Cic.

vulnĕro, *ās, āre*, tr., **1.** blesser, endommager, *vulnerata navis* : navire endommagé ; **2.** fig., offenser, *aliquem voce* ~ blesser qqn. par ses paroles.

vulnĭfĭcus, *a, um*, qui blesse, *vulnificutelum* : arme meurtrière, Ov.

vulnŭs (**volnŭs**), *ĕris*, (cf. *vello*) **1.** blessure, ~ *inferre* : faire une blessure blesser, Cés. ; **2.** toute espèce de lésion coup, *sine ullo vulnere victoriâ potiri* : obtenir la victoire sans coup férir, Hor.

3. blessure de l'âme, blessure d'amour ;
4. l'arme qui cause la blessure.

vulpĕcŭla, æ, f., renardeau.

vulpēs (vol~), is, f., renard ; prov. div.,
jungere vulpes : atteler des renards (= tenter l'impossible) ; ~ *pilum mutat, non mores* : le renard change de poil mais non
de caractère, Suét. ; *domi leones, foras vulpes* : chez eux, ce sont des lions ; au-
dehors, de fins renards, Pétr.

vulpīnor, āris, āri, intr., faire le renard,
ruser.

vulpīnus, a, um, de renard.

vulpĭo (vol~), ōnis, m., rusé comme un
renard.

vulpis, V. *vulpes*.

Vulsci, V. *Volsci*.

vulsi, V. *vello*.

Vulsĭn~, V. *Volsin~*.

vulsĭo, ōnis, f., convulsion, spasme.

vulso, ās, āre, intr., avoir des convulsions.

vulsūra, æ, f., action d'arracher la laine
de la peau de l'animal.

vulsus (volsus), a, um, part. adj. de
vello, **1.** sans poils, rasé, épilé ; efféminé ;
2. mou, *mens volsa* : esprit faible, Mart. ;
3. qui souffre de convulsions, qui a des
spasmes.

vultĭcŭlus, i, m., air quelque peu sombre.

vultŭōsus, a, um, **1.** qui fait des grimaces ; **2.** maniéré, grimacier ; **3.** qui a l'air
sombre, renfrogné.

Vultŭr (Vol~), ŭris, m., le Vultur, mt.
d'Apulie dans le voisinage du Vésuve,
auj. Voltore.

vultŭr (volt~), ŭris, m., vautour ; fig.,
rapace.

vultŭrīnus, a, um, de vautour.

vultŭrĭus, ĭi, m., **1.** vautour, oiseau de
proie ; **2.** fig., homme rapace.

Vulturnālĭa, ĭum, n. pl., Vulturnales, fêtes en l'honneur de Vulturne ‖ **Vul-
turnālis**, e, adj., relatif au dieu Vulturne.

Vulturnum (Volturnum), i, n., Vulturnum, v. de Campanie.

① **Vulturnus (Volturnus)**, i, m., Vulturne, **1.** fl. de Campanie ; **2.** divinité romaine ‖ **Vulturnus**, a, um, du Vulturne.

② **Vulturnus (Volturnus)**, i, m., Vulturne, vent du S.-E.

vultŭs (volt~), ūs, (cf. *volo* ② ?), m.,
1. visage, expression de la volonté, air,
physionomie, *vultum fingere* : composer
son visage, garder l'air impassible, Cés. ;
au pl., *vultus, uum*, jeux de physionomie ;
2. air, apparence, d'où : **3.** portrait, *Epicuri* ~ : le portrait d'Épicure.

vulva, V. *volva*.

X

X, x, f. et n., indécl., x, vingt et unième lettre de l'alph. latin ; X, signe numérique qui représente *decem*, dix, et *denarius*, le denier.

Xanthippē, *ēs*, f., Xanthippe, femme de Socrate.

Xanthippus, *i*, m., Xanthippe, **1.** général athénien, père de Périclès ; **2.** général spartiate au service des Carthaginois.

Xanthō, *ūs*, f., Xantho, une des Océanides, VIRG.

Xanthŏs (~us), *i*, m., Xanthos, **1.** riv. de Troie, appelée aussi Scamandre, VIRG. ; **2.** riv. de Lycie ; **3.** petite riv. d'Épire.

xĕnĭŏlum, *i*, n., petit cadeau à un hôte.

xĕnĭum, *i*, n., cadeau fait à un hôte après le repas ; au pl., *xenia, orum*, « Les Xénies (les dons d'hospitalité) », titre du treizième livre des « Épigrammes » de Martial ; ext., cadeau d'amitié (à un avocat, à un magistrat).

Xĕno, *ōnis*, m., Xénon, phil. épicurien d'Athènes, du temps de Cicéron.

Xĕnŏcrătēs, *is*, m., Xénocrate, phil. de Chalcédoine, disciple de Platon, chef de l'Académie après Speusippe.

Xĕnŏphănēs, *is*, m., Xénophane, célèbre phil. grec de Colophon, fondateur de l'école d'Élée.

Xĕnŏphōn, *ontis*, m., **1.** Xénophon d'Athènes, disciple de Socrate, célèbre comme phil., comme historien et comme général (vᵉ-IVᵉ s. av. J.-C.) ; **2.** Xénophon médecin de l'empereur Claude

Xĕnŏphontēus (~īus), *a*, *um*, de Xénophon, *Hercules Xenophontius ille* : l'Hercule dont parle Xénophon, CIC.

xērampĕlĭna, *æ*, f., chlamyde de la couleur des feuilles mortes (de vigne).

Xerxēs (Xersēs), *is* et *i*, m., Xerxès, ro de Perse, fils de Darius, vaincu par les Grecs à Salamine (480 av. J.-C.).

xĭphĭās, *æ*, m., **1.** espadon ; **2.** espèce de comète en forme d'épée (ou d'espadon).

xĭphĭŏn (~um), *ĭi*, n., iris, glaïeul.

xўlĭnus, *a*, *um*, de bois, d'arbre ; *xylina lina* : étoffe de coton.

xўlŏbalsămum, *i*, n., baumier, bois du baumier.

xўlŏcinnămŏmum et **xўlŏcinnămum** *i*, n., cannelier, bois du cannelier.

Xўnĭæ, *ārum*, f. pl., Xynies, v. de Thessalie.

xystĭcus, *a*, *um*, de xyste, de palestre, de gymnase ; subst. m. pl., *xystici, orum*, athlètes qui s'exerçaient dans des xystes.

xystum, *i*, n., et plus souv. **xystus**, *i*, m., **1.** chez les Grecs, portique couvert où s'exerçaient les athlètes pendant l'hiver ; **2.** chez les Romains, promenade découverte plantée d'arbres.

Y

Y, y, f. et n., indécl., y, vingt-deuxième lettre de l'alph. latin, employée assez tard pour transcrire les mots techniques tirés du grec ; représente l'upsilon et s'est généralisé à l'époque de Cicéron.

ўæna (hўæna), *æ*, f., hyène.

ўdr~, V. *hydr~*.

ymn~, V. *hymn~*.

ўpŏgæum, V. *hypogæum*.

Z

Z, z, f. et n., indécl., z, vingt-troisième lettre de l'alph. latin, empruntée à l'alph. grec, représente le dzêta.

Zăcynthĭus, *a, um,* de Zacynthe ‖ **Zăcynthŏs (~us),** *i,* f., Zacynthe, île de la mer Ionienne, auj. Zanthe.

zæta, V. *diæta.*

Zăleucus, *i,* m., Zaleucus, célèbre législateur de Locres en Italie (vers 650 av. J.-C.).

Zalmoxis, *is,* m., Zalmoxis, phil. et législateur thrace.

Zăma, *æ,* f., Zama, v. de Numidie, célèbre par la victoire de Scipion sur Hannibal (202 av. J.-C.) ‖ **Zămenses,** *ĭum,* m. pl., les hab. de Zama ‖ **Zămensis,** *e,* adj., de Zama.

zāmĭa, *æ,* f., dommage, perte, préjudice, PL.

Zanclæi, *ōrum,* m. pl., les hab. de Zanclé ‖ **Zanclæus,** *a, um,* de Zanclé, *Zanclæa arena* : la Sicile, Ov. ‖ **Zanclē,** *ēs,* f., Zanclé, anc. nom de Messana, en Sicile, auj. Messine ‖ **Zanclēĭus,** *a, um,* de Zanclé, *Zancleia mœnia* : Messine.

zăplūtus, *a, um,* extrêmement riche.

zĕa, *æ,* f., 1. épeautre, sorte de blé ; 2. sorte de romarin.

zēlo, *ās, āre,* tr., 1. aimer ardemment ; 2. être jaloux, envier, AUG.

zēlŏtўpa, *æ,* f., V. *zelotypus.*

zēlŏtўpĭa, *æ,* f., jalousie, envie.

zēlŏtўpus, *a, um,* jaloux, envieux ; subst. m., *zelotypus, i,* jaloux ; f., *zelotypa, æ,* jalouse.

Zēno (~ōn), *ōnis,* m., Zénon, 1. Zénon de Citium, fondateur du stoïcisme ; 2. Zénon d'Élée, inventeur de la dialectique et maître de Périclès ; 3. phil. épicurien, maître de Cicéron et d'Atticus.

Zēnŏbĭa, *æ,* f., Zénobie, 1. princesse d'Arménie, fille de Mithridate ; 2. reine de Palmyre, vaincue par l'empereur Aurélien.

Zĕphўrītis, *ĭdis,* f., Zéphyride, Arsinoé, sœur de Lysimaque et première femme de Ptolémée Philadelphe, adorée après sa mort sous le nom de Vénus Zéphyritis.

Zĕphўrĭum, *ĭi,* n., Zéphyrium, 1. place-forte sur la côte de Cilicie ; 2. promontoire sur la côte E. du Bruttium, auj. cap Brussano ou Bruzzano.

zĕphўrus, *i,* m., zéphyr, vent d'O., doux et tiède en Italie, qui amène la fonte des neiges et le commencement du printemps ; en gén., zéphyr, vent ; Zéphyr (le zéphyr personnifié).

Zērynthĭus, *a, um,* de Zérynthe ‖ **Zērynthus,** *i,* f., Zérynthe, v. de l'île de Samothrace.

① **zēta,** V. *diæta.*

② **zēta,** f. et n., indécl., dzêta, lettre de l'alph. grec ; comme chiffre, le sixième chant de « L'Iliade ».

Zētēs, *æ,* m., Zétès, fils de Borée et frère de Calaïs, l'un des Argonautes.

Zēthus, *i,* m., Zéthus, fils de Jupiter et frère d'Amphion.

Zētus, *i,* m., Zétus, célèbre mathématicien.

Zeugis, *is,* et **Zeugĭtāna rĕgĭo,** f., Zeugitane, région fertile de l'Afrique du N., avec sa capitale, Carthage.

zeugma, *ătis,* n., gramm., zeugma.

Zeugma, *ătis,* n., Zeugma, v. de Syrie, sur l'Euphrate.

Zeuxippus, *i,* m., Zeuxippe, chef des Béotiens.

Zeuxis, *ĭdis* et *ĭdos,* m., Zeuxis, célèbre peintre grec né à Héraclée.

zingĭbĕr, *ĕris,* n., **zingĭbĕri** et **zimpĭbĕri (zin~),** n. indécl., gingembre.

zinzĭo et **zinzĭto,** *ās, āre,* intr., crier (grive).

zīzĭphum (zīzў~), *i,* n., jujube, fruit du jujubier.

zīzĭphus (zīzў~), *i,* f., jujubier.

zmar~, V. *smar~.*

zmīlax, Zmīlax, V. *smilax, Smilax.*

Zminth~, V. *Sminth~.*

Zmyrn~, V. *Smyrn~.*

zmўrus, *i,* m., le mâle de la murène.

zōdĭăcus, *a, um,* zodiacal, du zodiaque ; subst. m., *zodiacus, i,* le zodiaque.

Zōĭlus, *i,* m., Zoïle, grammairien alexandrin, critique malveillant d'Homère ; fig., un zoïle, un détracteur.

zōna, *æ,* f., 1. ceinture des femmes ; 2. ceinture des hommes pour mettre de l'argent, bourse, *qui zonam perdidit* : celui qui a perdu son argent, HOR. ; 3. ceinture d'Orion, les trois étoiles centrales de la constellation d'Orion ; 4. bordure d'un vêtement ; 5. au pl., *zonæ, arum,* zones

de climats ; **6.** érysipèle, éruption de
rougeurs qui forment comme une ceinture.

zōnărĭus, *a*, *um*, relatif aux ceintures ;
subst. m., *zonarius*, *ii*, fabricant de ceintures.

zōnŭla, *æ*, f., petite ceinture.

zōŏphŏrus (zōph~), *i*, m., frise (t. d'architecture).

zōpissa, *æ*, f., goudron de résine et de
cire qu'on racle sur les vieux navires.

Zōpȳrus, *i*, m., Zopyre, **1.** ancien esclave
d'origine thrace considéré comme le
fondateur de la physiognomonie ; **2.** noble perse qui assura à Darius la prise de
Babylone ; **3.** rhéteur de Clazomène.

Zōrŏastrēs, *is*, m., Zoroastre, roi des
Bactriens, fondateur de la religion des
Perses, auteur du « Zend-Avesta ».

Zōstēr, *ēris*, m., v. et promontoire d'Attique, sur le golfe Saronique, auj. cap de
Vari.

zōthēca, *æ*, f., cabinet de repos, boudoir.

zōthēcŭla, *æ*, f., petit boudoir.

① **zȳgĭa**, *æ*, f., concernant le mariage ;
~ *tibia* : flûte nuptiale ; *Zygia (dea)*, épith.
de Junon, déesse de l'hymen.

② **zȳgĭa**, *æ*, f., sorte d'érable.

zȳthum, *i*, n., sorte de bière, faite avec
de l'orge (chez les Égyptiens).

Composition réalisée par NORD COMPO

Achevé d'imprimer en Europe (Allemagne)
par Elsnerdruck à Berlin
Librairie Générale Française - 43, quai de Grenelle - 75015 Paris.
Dépôt légal Éditeur : 5797-09/2000
ISBN : 2-253-08533-2

30/8533/9